# 日本人物レファレンス事典
## 教育篇

日外アソシエーツ

# BIOGRAPHY INDEX

16,488 Japanese Educators
Appearing in 620 Volumes of
433 Biographical Dictionaries and Encyclopedias

Compiled by
Nichigai Associates, Inc.

©2018 by Nichigai Associates, Inc.
Printed in Japan

本書はディジタルデータでご利用いただくことができます。詳細はお問い合わせください。

●編集担当● 城谷 浩／山本 幸子

## 刊行にあたって

　本書は、日本の教育に関わる人物が、どの事典にどんな名前で掲載されているかが一覧できる総索引である。

　人物について調べようとするとき、事典類が調査の基本資料となる。しかし、人名事典、百科事典、歴史事典、テーマごとの専門事典、都道府県別・国別の事典など、数多くの事典類の中から、特定の人物がどの事典のどこに掲載されているかを把握することは容易ではない。そうした人物調査に役立つ総索引ツールとして、小社では「人物レファレンス事典」シリーズを刊行してきた。1983年から最初のシリーズを刊行開始し、1996年から、その後に出版された事典類を索引対象に追加、時代別に再構成した新訂増補版として、「古代・中世・近世編」「古代・中世・近世編 II（1996-2006）」「古代・中世・近世編III（2007-2016）」「明治・大正・昭和（戦前）編」「明治・大正・昭和（戦前）編 II（2000-2009）」「昭和（戦後）・平成編」「昭和（戦後）・平成編 II（2003-2013）」の7種を刊行、さらにそこでは索引対象に入っていなかった地方人物事典、県別百科事典を対象とした「郷土人物編」「郷土人物編 第II期（2008-2017）」を2018年7月までに刊行した。また、外国人を対象とした「外国人物レファレンス事典」シリーズでは、1999年から2011年に、時代別に「古代-19世紀」「古代-19世紀 第II期（1999-2009）」「20世紀」「20世紀 第II期（2002-2010）」の4種を刊行した。これらのシリーズは、人物調査の第一段階の基本ツールとして、時代や地域に応じてご活用いただいているが、特定分野の人物を広範に調べるためには、日本人は9種、外国人は4種すべてを検索する必要があった。

　本書では、分野別の事典総索引として、既刊の「文芸篇」「美術篇」「科学技術篇」「音楽篇」「思想・哲学・歴史篇」「芸能篇」「政治・外交篇（近現代）」「軍事篇（近現代）」「皇族・貴族篇」「女性篇」「武将篇」「江戸

時代の武士篇」「商人・実業家・経営者篇」「名工・職人・技師・工匠篇」に続き、433種620冊の事典から日本の教育に関わる人物を幅広く選定。古代から現代までの、大陸の先進文化を伝えた渡来人、足利学校、江戸時代の各地の藩校、寺子屋など中近世の学校の設置者・指導者、近現代の学校の創設者、教鞭をとった人物など16,488人を収録した。人名見出しには、人物同定に役立つよう、人名表記・読み・生没年、事典類に使われた異表記・異読み・別名を示し、加えて活動時期や身分、肩書、係累などを簡潔に示して人物の概要がわかるようにした。その上で、どの事典にその人物が載っているか、どんな見出し（表記・読み・生没年）で掲載されているかを一覧することができ、古代から現代までの日本の教育分野の人物を網羅的に収録した最大級の人名ツールとして使える。

　ただし誤解のないように改めて付言するが、本書はあくまでも既存の事典類の総索引である。そのため、索引対象とした事典類（収録事典一覧を参照）に掲載されていない人物は本書にも掲載されない。したがって従来の事典に全く掲載されていない人物は収録されていない。

　編集にあたっては、誤りのないよう調査・確認に努めたが、人物確認や記述に不十分な点もあるかと思われる。お気づきの点はご教示いただければ幸いである。本書が、既刊の「人物レファレンス事典」シリーズと同様に、人物調査の基本ツールとして図書館・研究機関等で広く利用されることを期待したい。

2018年8月

　　　　　　　　　　　　　　　　　　　　　　日外アソシエーツ

# 凡　例

1．本書の内容

　　本書は、国内で刊行された人物事典、百科事典、歴史事典、地域別人名事典などに掲載されている、古代から現代までの日本の教育に関わる人物の総索引である。ただしプロフィール記載のない"職歴名簿"の類いは索引対象外とした。見出しとしての人名表記・読みのほか、異表記・異読み・別名、生没年、その人物の活動時期、身分・肩書・職業・係累・業績など人物の特定に最低限必要なプロフィールを補記するとともに、その人物がどの事典にどのような表記・読みで掲載されているかを明らかにしたものである。

2．収録範囲と人数

(1) 別表「収録事典一覧」に示した433種620冊の事典類に掲載されている、古代から現代までの日本の教育に関わる人物を収録した。

(2) 収録対象は、学校を中心とした教育機関で指導した人物、教育機関を設置、また制度を整備した大名・政治家・実業家など、日本の教育に関わった人物を幅広く収録した。伝説上の人物や一部の世襲名も収録対象とした。軍事、ビジネス、芸術、芸能、スポーツなど専門分野の指導者、トレーナー、コーチ等や、大学など学術機関の研究者は教育学分野を除き収録対象外とした。

(3) 外国人は，原則として収録しなかった。

(4) 上記の結果として 16,488 人、事典項目のべ 67,642 件を収録した。

3．記載事項

(1) 人名見出し

　　1) 同一人物は、各事典での表記・読みに関わらず1項目にまとめた。その際、最も一般的と思われるものを代表表記・代表読みとし、太字で見出しとした。

　　2) 代表表記に対し同読みの異表記がある場合は、代表表記の後に（　）で囲んで示した。

例：田中不二麿（田中不二麻呂）
3) 代表読みに対し部分的に清濁音・拗促音の差のある読みが存在する場合は、代表読みの後に「, 」で区切って表示した。
例：いざわしゅうじ, いさわしゅうじ
4) 事典によっては読みの「ぢ」「づ」を「じ」「ず」に置き換えているものと、両者を区別しているものとがある。本書は、代表読みでは区別する方式を採った。その上で、事典によって「ぢ」「じ」、「づ」「ず」の違いがある場合は、代表読みの後に「, 」で区切って表示した。
例：しまじもくらい, しまぢもくらい

(2) 人物説明
1) 生没年表示
①対象事典に掲載されている生没年（月日）を代表生没年として示した。
②生没年に諸説ある場合、過半数の事典で一致する年（月日）があればそれを採用した。過半数の一致がない場合は＊で示した（比較は生年、没年それぞれで行った）。
③年表示は和暦と西暦の併記とした。和暦・西暦のいずれか一方だけが掲載されている場合は編集部で換算して記載した。事典類に掲載されている年単位の対応を採用、または一律に換算したため、月日によっては誤差の生じる可能性がある。およその目安としてご利用いただきたい。
④生年のみ不詳、没年は判明の場合、生年の部分には「？」を用いた。没年のみ不詳の場合も同様とした。
⑤生年・没年とも不詳の場合は、「生没年不詳」とした。

2) 異表記・異読み・別名
本書の見出しと異なる表記・読みを採用している事典がある場合は、それらをまとめて㊥として掲載した。

3) プロフィール
人物を同定するための最低限の情報として、その人物の活動時期と身分・肩書・職業、係累、業績を記載した。
①本書の活動時期はおおむね以下の目安で区分した。
・上代　6世紀半ば（仏教伝来、宣化・欽明朝の頃）まで

- 飛鳥時代　8世紀初頭（奈良遷都、文武・元明朝の頃）まで
- 奈良時代　8世紀末（長岡・平安遷都、桓武朝の開始頃）まで
- 平安時代前期　9世紀末～10世紀初頭（醍醐朝の開始頃）まで
- 平安時代中期　11世紀後半（後三条天皇即位、白河院政開始）まで
- 平安時代後期　12世紀末（平氏滅亡、鎌倉幕府成立）まで
- 鎌倉時代前期　13世紀後半（元寇、北条氏得宗家専制の確立）まで
- 鎌倉時代後期　14世紀前半（鎌倉幕府滅亡）まで
- 南北朝時代　14世紀末（南北朝の合一）まで
- 室町時代　15世紀後半（応仁・文明の乱）まで
- 戦国時代　16世紀半ば（織田信長上洛、室町幕府滅亡）まで
- 安土桃山時代　17世紀初頭（江戸幕府成立、元和偃武）まで
- 江戸時代前期　17世紀末（綱吉将軍就任、元禄時代開始）まで
- 江戸時代中期　18世紀末（田沼時代終焉、家斉将軍就任）まで
- 江戸時代後期　19世紀半ば（黒船来航、開国）まで
- 江戸時代末期　1867～68年（王政復古、明治改元）まで
- 明治期　1912年まで
- 大正期　1926年まで
- 昭和期　1988年まで
- 平成期　1989年以降

②人物の身分・肩書、係累・業績を簡潔に記載した。

(3) 掲載事典

1) その人物が掲載されている事典を¶の後に略号で示した。（略号は別表「収録事典一覧」を参照）
2) 事典における記載が、見出しの代表表記、代表読み、生没年表示と異なるときは略号の後に（　）で囲んでその内容を示した。その際、生年は㊤、没年は㊦で表した。
3) 事典が西暦・和暦のいずれかしか記載していない場合はそれを示し、西暦・和暦の両方を記載していれば両方を示した。

(4) 共通事項

1) 漢字は原則新字体・常用漢字に統一した。また正字・俗字などの異体字も一部統一した。
2) 和暦における「元年」は「1年」と表示した。

3）典拠に人名読みが記載されていなかったものについては編集部で読みを補記し、末尾に「★」を付した。

4．参照項目
　見出しの代表表記、代表読みと異なる別表記・別読みからは、必要に応じて参照項目を立てた。

5．排　列
（1）人名見出しの読みの五十音順に排列した。
（2）「ぢ」「づ」と「じ」「ず」は排列上も区別した。
（3）同読みの場合は同じ表記のものをまとめた。
（4）読み、表記とも同一の人物は、おおむね活動時期の古い順番に並べた。
（5）掲載事典は略号の五十音順に記載した。

6．収録事典一覧
（1）本書で索引対象にした事典類の一覧を次ページ以降（9～20ページ）に掲げた。
（2）略号は本書において掲載事典名の表示に用いたものである。
（3）掲載は略号の五十音順とした。

# 収録事典一覧

| 略号 | 書　名 | 出版社 | 刊行年 |
|---|---|---|---|
| 愛　知 | あなたの知らない愛知県ゆかりの有名人100 | 洋泉社 | 2014.2 |
| 愛知女 | 愛知近現代女性史人名事典 | 愛知女性史研究会 | 2015.5 |
| 愛知百 | 愛知百科事典 | 中日新聞本社 | 1976.10 |
| 会　津 | 会津大事典 | 国書刊行会 | 1985.12 |
| 青森人 | 青森県人名事典 | 東奥日報社 | 2002.8 |
| 青森美 | 近現代の美術家（青森県史叢書 平成二十三年度） | 青森県 | 2012.3 |
| 青森百 | 青森県百科事典 | 東奥日報社 | 1981.3 |
| 秋田人2 | 秋田人名大事典（第二版） | 秋田魁新報社 | 2000.7 |
| 秋田百 | 秋田大百科事典 | 秋田魁新報社 | 1981.9 |
| 朝　日 | 朝日日本歴史人物事典 | 朝日新聞社 | 1994.11 |
| ア　ナ | 日本アナキズム運動人名事典 | ぱる出版 | 2004.4 |
| 石川現九 | 石川県人名事典 現代編九 | 石川出版社 | 2005.3 |
| 石川現十 | 石川県人名事典 現代編十 | 石川出版社 | 2007.5 |
| 石川現終 | 石川県人名事典 現代編最終編 | 石川出版社 | 2016.6 |
| 石川百 | 書府太郎―石川県大百科事典 改訂版 | 北國新聞社 | 2004.11 |
| 石川文 | 石川近代文学事典 | 和泉書院 | 2010.3 |
| 維　新 | 明治維新人名辞典 | 吉川弘文館 | 1981.9 |
| 伊　豆 | 伊豆大事典 | 羽衣出版 | 2010.6 |
| 茨城百 | 茨城県大百科事典 | 茨城新聞社 | 1981.10 |
| 茨城歴 | 茨城 歴史人物小事典 | 茨城新聞社 | 2017.3 |
| 岩　歌 | 岩波現代短歌辞典 | 岩波書店 | 1999.12 |
| 岩　史 | 岩波日本史辞典 | 岩波書店 | 1999.10 |
| 岩手人 | 岩手人名辞典 | 新渡戸基金 | 2009.6 |
| 岩手百 | 岩手百科事典 新版 | 岩手放送 | 1988.10 |
| 浮　絵 | 浮世絵大事典 | 東京堂出版 | 2008.6 |
| 海　越 | 海を越えた日本人名事典 | 日外アソシエーツ | 1985.12 |
| 海越新 | 海を越えた日本人名事典 新訂増補版 | 日外アソシエーツ | 2005.7 |
| 映　監 | 日本映画人名事典 監督篇 | キネマ旬報社 | 1997.11 |
| 映　人 | 日本の映画人 | 日外アソシエーツ | 2007.6 |
| 映　男 | 日本映画人名事典 男優篇 | キネマ旬報社 | 1996.10 |
| 江神奈 | 江戸時代 神奈川の100人 | 有隣堂 | 2007.3 |
| 江　人 | 江戸時代人名控1000 | 小学館 | 2007.10 |
| 江　戸 | 江戸市井人物事典 | 新人物往来社 | 1974.11 |

(9)

| 略号 | 書　名 | 出版社 | 刊行年 |
|---|---|---|---|
| 江戸東 | 江戸東京市井人物事典 | 新人物往来社 | 1976.10 |
| 愛媛 | 愛媛県史 人物 | 愛媛県 | 1989.2 |
| 愛媛人 | 愛媛人物博物館―人物博物館展示の愛媛の偉人たち | 愛媛県生涯学習センター | 2016.3 |
| 愛媛百 | 愛媛県百科大事典〈上，下〉 | 愛媛新聞社 | 1985.6 |
| 江表 | 江戸期おんな表現者事典 | 現代書館 | 2015.2 |
| 江文 | 江戸文人辞典 | 東京堂出版 | 1996.9 |
| 演奏 | 日本の演奏家 クラシック音楽の1400人 | 日外アソシエーツ | 2012.7 |
| 黄檗 | 黄檗文化人名辞典 | 思文閣出版 | 1988.12 |
| 近江 | 近江人物伝 | 滋賀県文化振興事業団 | 2015.2 |
| 大分百 | 大分百科事典 | 大分放送 | 1980.12 |
| 大分歴 | 大分県歴史人物事典 | 大分合同新聞社 | 1996.8 |
| 大坂 | 大坂の陣豊臣方人物事典 | 宮帯出版社 | 2016.12 |
| 大阪人 | 大阪人物辞典 | 清文堂出版 | 2000.11 |
| 大阪墓 | 大阪墓碑人物事典 | 東方出版 | 1995.11 |
| 大阪文 | 大阪近代文学事典 | 和泉書院 | 2005.5 |
| 岡山 | あっ晴れ岡山人第25回国民文化祭 | 岡山県実行委員会 | 2010.10 |
| 岡山人 | 岡山人名事典 | 日本文教出版 | 1978.2 |
| 岡山百 | 岡山県大百科事典〈上，下〉 | 山陽新聞社 | 1980.1 |
| 岡山歴 | 岡山県歴史人物事典 | 山陽新聞社 | 1994.10 |
| 沖縄百 | 沖縄大百科事典〈上，中，下〉 | 沖縄タイムス社 | 1983.5 |
| 織田 | 織田信長家臣人名辞典 | 吉川弘文館 | 1995.1 |
| 音楽 | 新音楽辞典 人名 | 音楽之友社 | 1982.10 |
| 音人 | 音楽家人名事典 | 日外アソシエーツ | 1991.1 |
| 音人2 | 音楽家人名事典 新訂 | 日外アソシエーツ | 1996.10 |
| 音人3 | 音楽家人名事典 新訂第3版 | 日外アソシエーツ | 2001.11 |
| 科学 | 事典日本の科学者―科学技術を築いた5000人 | 日外アソシエーツ | 2014.6 |
| 香川人 | 香川県人物・人名事典 | 四国新聞社 | 1985.6 |
| 香川百 | 香川県大百科事典 | 四国新聞社 | 1984.4 |
| 科技 | 科学・技術人名事典 | 北樹出版 | 1986.3 |
| 革命 | 現代革命運動事典 | 流動出版 | 1981.10 |
| 鹿児島百 | 鹿児島大百科事典 | 南日本新聞社 | 1981.9 |
| 科人 | 科学者人名事典 | 丸善 | 1997.3 |
| 学校 | 学校創立者人名事典 | 日外アソシエーツ | 2007.7 |
| 角史 | 角川日本史辞典 新版 | 角川書店 | 1996.11 |
| 神奈川人 | 神奈川県史 別編1 人物 神奈川歴史人名事典 | 神奈川県 | 1983.3 |
| 神奈川百 | 神奈川県百科事典 | 大和書房 | 1983.7 |
| 神奈女 | 時代を拓いた女たち かながわの131人 | 神奈川新聞社 | 2005.4 |
| 神奈女2 | 時代を拓いた女たち 第Ⅱ集 かながわの111人 | 神奈川新聞社 | 2011.6 |

| 略号 | 書　名 | 出版社 | 刊行年 |
|---|---|---|---|
| 歌　舞 | 歌舞伎人名事典 | 日外アソシエーツ | 1988.9 |
| 歌舞新 | 歌舞伎人名事典 新訂増補版 | 日外アソシエーツ | 2002.6 |
| 歌舞事 | 歌舞伎事典 新版 | 平凡社 | 2011.3 |
| 歌舞大 | 最新歌舞伎大事典 | 柏書房 | 2012.7 |
| 鎌　倉 | 鎌倉事典 新装普及版 | 東京堂出版 | 1992.1 |
| 鎌倉新 | 鎌倉事典 新編 | 文芸社 | 2011.9 |
| 鎌　古 | 鎌倉古社寺辞典 | 吉川弘文館 | 2011.7 |
| 鎌　室 | 鎌倉・室町人名事典 | 新人物往来社 | 1985.11 |
| 眼　科 | 眼科医家人名辞書 | 思文閣出版 | 2006.10 |
| 科　学 | 事典日本の科学者 科学技術を築いた5000人 | 日外アソシエーツ | 2014.6 |
| 監　督 | 日本映画監督全集 | キネマ旬報社 | 1976.12 |
| 紀伊文 | 紀伊半島近代文学事典 和歌山・三重 | 和泉書院 | 2002.12 |
| 北　墓 | 北の墓—歴史と人物を訪ねて〈上,下〉 | 柏艪舎 | 2014.6 |
| 岐阜百 | 岐阜県百科事典〈上,下〉 | 岐阜日日新聞社 | 1968.2～4 |
| 弓　道 | 弓道人名大事典 | 日本図書センター | 2003.5 |
| 教　育 | 教育人名辞典 | 理想社 | 1962.2 |
| 京近江 | 京近江の豪商列伝(淡海文庫58) | サンライズ出版 | 2017.7 |
| 京　都 | 京都事典 新装版 | 東京堂出版 | 1993.10 |
| 郷　土 | 郷土史家人名事典 | 日外アソシエーツ | 2007.12 |
| 郷土茨城 | 郷土歴史人物事典 茨城 | 第一法規出版 | 1978.10 |
| 郷土愛媛 | 郷土歴史人物事典 愛媛 | 第一法規出版 | 1978.7 |
| 郷土香川 | 郷土歴史人物事典 香川 | 第一法規出版 | 1978.6 |
| 郷土神奈川 | 郷土歴史人物事典 神奈川 | 第一法規出版 | 1980.6 |
| 郷土岐阜 | 郷土歴史人物事典 岐阜 | 第一法規出版 | 1980.12 |
| 郷土群馬 | 郷土歴史人物事典 群馬 | 第一法規出版 | 1978.10 |
| 郷土滋賀 | 郷土歴史人物事典 滋賀 | 第一法規出版 | 1979.7 |
| 京都大 | 京都大事典 | 淡交社 | 1984.11 |
| 郷土千葉 | 郷土歴史人物事典 千葉 | 第一法規出版 | 1980.1 |
| 郷土栃木 | 郷土歴史人物事典 栃木 | 第一法規出版 | 1977.2 |
| 郷土長崎 | 郷土歴史人物事典 長崎 | 第一法規出版 | 1979.4 |
| 郷土長野 | 郷土歴史人物事典 長野 | 第一法規出版 | 1978.2 |
| 郷土奈良 | 郷土歴史人物事典 奈良 | 第一法規出版 | 1981.10 |
| 京都府 | 京都大事典 府域編 | 淡交社 | 1994.3 |
| 郷土福井 | 郷土歴史人物事典 福井 | 第一法規出版 | 1985.6 |
| 京都文 | 京都近代文学事典 | 和泉書院 | 2013.5 |
| 郷土和歌山 | 郷土歴史人物事典 和歌山 | 第一法規出版 | 1979.10 |
| キリ | キリスト教人名辞典 | 日本基督教出版局 | 1986.2 |
| 近　医 | 日本近現代医学人名事典 1868-2011 | 医学書院 | 2012.12 |

| 略号 | 書　名 | 出版社 | 刊行年 |
|---|---|---|---|
| 近現 | 日本近現代人名辞典 | 吉川弘文館 | 2001.7 |
| 近女 | 近現代日本女性人名事典 | ドメス出版 | 2001.3 |
| 近世 | 日本近世人名辞典 | 吉川弘文館 | 2005.12 |
| 近土 | 近代日本土木人物事典 | 鹿島出版会 | 2013.6 |
| 近美 | 近代日本美術事典 | 講談社 | 1989.9 |
| 近文 | 日本近代文学大事典〈1～3(人名)〉 | 講談社 | 1977.11 |
| 公卿 | 公卿人名大事典 | 日外アソシエーツ | 1994.7 |
| 公卿普 | 公卿人名大事典 普及版 | 日外アソシエーツ | 2015.10 |
| 公家 | 公家事典 | 吉川弘文館 | 2010.3 |
| 熊本近 | 異風者伝—近代熊本の人物群像 | 熊本日日新聞社 | 2012.1 |
| 熊本人 | 言葉のゆりかご—熊本ゆかりの人物語録 | 熊本日日新聞社 | 2015.4 |
| 熊本百 | 熊本県大百科事典 | 熊本日日新聞社 | 1982.4 |
| 群新百 | 群馬新百科事典 | 上毛新聞社 | 2008.3 |
| 群馬人 | 群馬県人名大事典 | 上毛新聞社 | 1982.11 |
| 群馬百 | 群馬県百科事典 | 上毛新聞社 | 1979.2 |
| 系東 | 戦国大名系譜人名事典 東国編 | 新人物往来社 | 1985.11 |
| 芸能 | 日本芸能人名事典 | 三省堂 | 1995.7 |
| 現朝 | 現代日本朝日人物事典 | 朝日新聞社 | 1990.12 |
| 剣豪 | 全国諸藩剣豪人名事典 | 新人物往来社 | 1996.3 |
| 幻作 | 日本幻想作家名鑑 | 幻想文学出版局 | 1991.9 |
| 現詩 | 現代詩大事典 | 三省堂 | 2008.1 |
| 現執1期 | 現代日本執筆者大事典〈1～4〉 | 日外アソシエーツ | 1978.5～1980.4 |
| 現執2期 | 現代日本執筆者大事典 77/82〈1～4〉 | 日外アソシエーツ | 1984.3～1986.3 |
| 現執3期 | 新現代日本執筆者大事典〈1～4〉 | 日外アソシエーツ | 1992.12～1993.6 |
| 現執4期 | 現代日本執筆者大事典 第4期〈1～4〉 | 日外アソシエーツ | 2003.11 |
| 現情 | 現代人名情報事典 | 平凡社 | 1987.8 |
| 現人 | 現代人物事典 | 朝日新聞社 | 1977.3 |
| 現政 | 現代政治家人名事典 新訂 | 日外アソシエーツ | 2005.2 |
| 幻想 | 日本幻想作家事典 | 国書刊行会 | 2009.1 |
| 現日 | 現代日本人物事典 | 旺文社 | 1986.11 |
| 現俳 | 現代俳句大事典 | 三省堂 | 2005.11 |
| 現文 | 現代文学鑑賞辞典 | 東京堂出版 | 2002.3 |
| 考古 | 日本考古学人物事典 | 学生社 | 2006.2 |
| 高知経 | 高知経済人列伝 | 高知新聞社 | 2016.7 |
| 高知人 | 高知県人名事典 新版 | 高知新聞社 | 1999.9 |
| 高知先 | 高知・ふるさとの先人 | 高知新聞社 | 1992.11 |
| 高知百 | 高知県百科事典 | 高知新聞社 | 1976.6 |
| 国際 | 国際人事典 幕末・維新 | 毎日コミュニケーションズ | 1991.6 |

| 略号 | 書名 | 出版社 | 刊行年 |
| --- | --- | --- | --- |
| 国史 | 国史大辞典〈1～15〉 | 吉川弘文館 | 1979.3～1997.4 |
| 国書 | 国書人名辞典〈1～4(本文)〉 | 岩波書店 | 1993.11～1998.11 |
| 国書5 | 国書人名辞典〈5(補遺)〉 | 岩波書店 | 1999.6 |
| 国宝 | 人間国宝事典 工芸技術編 増補最新版 | 芸艸堂 | 2012.9 |
| 古史 | 日本古代史大辞典 | 大和書房 | 2006.1 |
| 古人 | 日本古代人名辞典 | 東京堂出版 | 2009.12 |
| 古代 | 日本古代氏族人名辞典 | 吉川弘文館 | 1990.11 |
| 古代普 | 日本古代氏族人名辞典 普及版 | 吉川弘文館 | 2010.11 |
| 古中 | 日本古代中世人名辞典 | 吉川弘文館 | 2006.11 |
| 御殿場 | 御殿場の人物事典(文化財のしおり 第33集) | 御殿場市教育委員会 | 2010.9 |
| 古物 | 日本古代史人物事典 | KADOKAWA | 2014.2 |
| 後北 | 後北条氏家臣団人名辞典 | 東京堂出版 | 2006.9 |
| コン改 | コンサイス日本人名事典 改訂版 | 三省堂 | 1990.4 |
| コン4 | コンサイス日本人名事典 第4版 | 三省堂 | 2001.9 |
| コン5 | コンサイス日本人名事典 第5版 | 三省堂 | 2009.1 |
| 埼玉人 | 埼玉人物事典 | 埼玉県 | 1998.2 |
| 埼玉百 | 埼玉大百科事典〈1～5〉 | 埼玉新聞社 | 1974.3～1975.5 |
| 埼玉文 | 埼玉現代文学事典(増補改訂版) | 埼玉県高等学校国語科教育研究会 | 1999.11 |
| 佐賀百 | 佐賀県大百科事典 | 佐賀新聞社 | 1983.8 |
| 作家 | 現代作家辞典 新版 | 東京堂出版 | 1982.7 |
| 作曲 | 日本の作曲家 | 日外アソシエーツ | 2008.6 |
| 札幌 | 札幌人名事典 | 北海道新聞社 | 1993.9 |
| 薩摩 | 郷土と日本を築いた 熱き薩摩の群像700名 | 指宿白水館 | 1990.12 |
| 讃岐 | さぬきもん | 香川県話し言葉研究会 | 2015.5 |
| 詩歌 | 和漢詩歌作家辞典 | みづほ出版 | 1972.11 |
| 視覚 | 視覚障害人名事典 | 名古屋ライトハウス愛育報恩会 | 2007.10 |
| 史学 | 歴史学事典 5 歴史家とその作品 | 弘文堂 | 1997.10 |
| 滋賀百 | 滋賀県百科事典 | 大和書房 | 1984.7 |
| 滋賀文 | 滋賀近代文学事典 | 和泉書院 | 2008.11 |
| 史研 | 日本史研究者辞典 | 吉川弘文館 | 1999.6 |
| 四国文 | 四国近代文学事典 | 和泉書院 | 2006.12 |
| 詩作 | 詩歌作者事典 | 鼎書房 | 2011.11 |
| 児作 | 現代日本児童文学作家事典 | 教育出版センター | 1991.10 |
| 史人 | 日本史人物辞典 | 山川出版社 | 2000.5 |
| 児人 | 児童文学者人名事典 日本人編〈上,下〉 | 出版文化研究会 | 1998.10 |
| 静岡女 | 道を拓いた女たち—静岡県女性先駆者の歩み 年表編 | しずおか女性の会 | 2006.3 |
| 静岡百 | 静岡大百科事典 | 静岡新聞社 | 1978.3 |
| 静岡歴 | 静岡県歴史人物事典 | 静岡新聞社 | 1991.12 |

| 略号 | 書　名 | 出版社 | 刊行年 |
| --- | --- | --- | --- |
| 思想 | 日本の思想家 | 日外アソシエーツ | 2005.11 |
| 思想史 | 日本思想史辞典 | 山川出版社 | 2009.4 |
| 実業 | 日本の実業家 | 日外アソシエーツ | 2003.7 |
| 児文 | 児童文学事典 | 東京書籍 | 1988.4 |
| 島根人 | 島根県人名事典 | 伊藤菊之輔 | 1970.9 |
| 島根百 | 島根県大百科事典〈上,下〉 | 山陰中央新報社 | 1982.7 |
| 島根文 | 人物しまね文学館 | 山陰中央新報社 | 2010.5 |
| 島根文続 | 人物しまね文学館 続 | 山陰中央新報社 | 2012.5 |
| 島根歴 | 島根県歴史人物事典 | 山陰中央新報社 | 1997.11 |
| ジヤ | 新・世界ジャズ人名辞典 | スイングジャーナル社 | 1988.5 |
| 社運 | 日本社会運動人名辞典 | 青木書店 | 1979.3 |
| 写家 | 日本の写真家 | 日外アソシエーツ | 2005.11 |
| 社史 | 近代日本社会運動史人物大事典〈1〜5〉 | 日外アソシエーツ | 1997.1 |
| 写真 | 日本写真家事典 | 淡交社 | 2000.3 |
| 写人 | 現代写真人名辞典 | 日外アソシエーツ | 2005.12 |
| 重要 | 日本重要人物辞典 新訂版 | 教育社 | 1988.12 |
| 出版 | 出版人物事典 | 出版ニュース社 | 1996.10 |
| 出文 | 出版文化人物事典―江戸から近現代・出版人1600人 | 日外アソシエーツ | 2013.6 |
| 小説 | 日本現代小説大事典 増補縮刷版 | 明治書院 | 2009.4 |
| 庄内 | 庄内人名辞典 新編 | 庄内人名辞典刊行会 | 1986.11 |
| 女運 | 日本女性運動資料集成 別巻 | 不二出版 | 1998.12 |
| 植物 | 植物文化人物事典―江戸から近現代・植物に魅せられた人々 | 日外アソシエーツ | 2007.4 |
| 食文 | 日本食文化人物事典 | 筑波書房 | 2005.4 |
| 諸系 | 日本史諸家系図人名辞典 | 講談社 | 2003.11 |
| 女史 | 日本女性史大辞典 | 吉川弘文館 | 2008.1 |
| 女性 | 日本女性人名辞典 | 日本図書センター | 1993.6 |
| 女性普 | 日本女性人名辞典 普及版 | 日本図書センター | 1998.10 |
| 女文 | 現代女性文学辞典 | 東京堂出版 | 1990.10 |
| 新芸 | 新撰 芸能人物事典 明治〜平成 | 日外アソシエーツ | 2010.11 |
| 神史 | 神道史大辞典 | 吉川弘文館 | 2004.7 |
| 真宗 | 真宗人名辞典 | 法藏館 | 1999.7 |
| 信州女 | 信州女性史年表 II | 龍鳳書房 | 2013.4 |
| 信州人 | 信州の人物 余聞 | ほおずき書籍 | 2010.4 |
| 新宿 | 新宿ゆかりの文学者 | 新宿歴史博物館 | 2007.9 |
| 新宿女 | 新宿 歴史に生きた女性一〇〇人 | ドメス出版 | 2005.9 |
| 人書79 | 人物書誌索引 | 日外アソシエーツ | 1979.3 |
| 人書94 | 人物書誌索引 78/91 | 日外アソシエーツ | 1994.6 |
| 人情 | 年刊人物情報事典 81〈上,下〉 | 日外アソシエーツ | 1981.6 |

| 略号 | 書　名 | 出版社 | 刊行年 |
|---|---|---|---|
| 人情 1 | 年刊人物情報事典 82(1) | 日外アソシエーツ | 1982.10 |
| 人情 2 | 年刊人物情報事典 82(2) | 日外アソシエーツ | 1982.10 |
| 人情 3 | 年刊人物情報事典 82(3) | 日外アソシエーツ | 1982.10 |
| 人情 4 | 年刊人物情報事典 82(4) | 日外アソシエーツ | 1982.10 |
| 人情 5 | 年刊人物情報事典 82(5) | 日外アソシエーツ | 1982.10 |
| 神　人 | 神道人名辞典 | 神社新報社 | 1986.7 |
| 新　撰 | 「新撰組」全隊士録 | 講談社 | 2003.11 |
| 新　隊 | 新選組隊士録 | 新紀元社 | 2011.12 |
| 新　潮 | 新潮日本人名辞典 | 新潮社 | 1991.3 |
| 新　文 | 新潮日本文学辞典 増補改訂 | 新潮社 | 1988.1 |
| 人　名 | 日本人名大事典 覆刻版〈1～6〉 | 平凡社 | 1979.7 |
| 人名 7 | 日本人名大事典〈7〉現代 | 平凡社 | 1979.7 |
| 心　理 | 日本心理学者事典 | クレス出版 | 2003.2 |
| 数　学 | 日本数学者人名事典 | 現代数学社 | 2009.6 |
| 世　紀 | 20世紀日本人名事典〈1,2〉 | 日外アソシエーツ | 2004.7 |
| 政　治 | 政治家人名事典 新訂 明治～昭和 | 日外アソシエーツ | 2003.10 |
| 姓氏愛知 | 角川日本姓氏歴史人物大辞典 23(愛知県) | 角川書店 | 1991.10 |
| 姓氏石川 | 角川日本姓氏歴史人物大辞典 17(石川県) | 角川書店 | 1998.12 |
| 姓氏岩手 | 角川日本姓氏歴史人物大辞典 3(岩手県) | 角川書店 | 1998.5 |
| 姓氏沖縄 | 角川日本姓氏歴史人物大辞典 47(沖縄県) | 角川書店 | 1992.10 |
| 姓氏鹿児島 | 角川日本姓氏歴史人物大辞典 46(鹿児島県) | 角川書店 | 1994.11 |
| 姓氏神奈川 | 角川日本姓氏歴史人物大辞典 14(神奈川県) | 角川書店 | 1993.4 |
| 姓氏京都 | 角川日本姓氏歴史人物大辞典 26(京都市) | 角川書店 | 1997.9 |
| 姓氏群馬 | 角川日本姓氏歴史人物大辞典 10(群馬県) | 角川書店 | 1994.12 |
| 姓氏静岡 | 角川日本姓氏歴史人物大辞典 22(静岡県) | 角川書店 | 1995.12 |
| 姓氏富山 | 角川日本姓氏歴史人物大辞典 16(富山県) | 角川書店 | 1992.7 |
| 姓氏長野 | 角川日本姓氏歴史人物大辞典 20(長野県) | 角川書店 | 1996.11 |
| 姓氏宮城 | 角川日本姓氏歴史人物大辞典 4(宮城県) | 角川書店 | 1994.7 |
| 姓氏山口 | 角川日本姓氏歴史人物大辞典 35(山口県) | 角川書店 | 1991.12 |
| 姓氏山梨 | 角川日本姓氏歴史人物大辞典 19(山梨県) | 角川書店 | 1989.6 |
| 世　人 | 世界人名辞典 新版 日本編 増補版 | 東京堂出版 | 1990.7 |
| 世　百 | 世界大百科事典〈1～23〉 | 平凡社 | 1964.7~1967.11 |
| 世百新 | 世界大百科事典 改訂新版〈1～30〉 | 平凡社 | 2007.9 |
| 戦　沖 | 戦後沖縄の特殊教育人物史 | 比嘉興文堂 | 2013.3 |
| 先　駆 | 事典近代日本の先駆者 | 日外アソシエーツ | 1995.6 |
| 戦　合 | 戦国武将・合戦事典 | 吉川弘文館 | 2005.3 |
| 戦　国 | 戦国人名辞典 増訂版 | 吉川弘文館 | 1973.7 |
| 戦　西 | 戦国大名家臣団事典 西国編 | 新人物往来社 | 1981.8 |

| 略号 | 書名 | 出版社 | 刊行年 |
| --- | --- | --- | --- |
| 戦辞 | 戦国人名辞典 | 吉川弘文館 | 2006.1 |
| 全書 | 日本大百科全書〈1～24〉 | 小学館 | 1984.11～1988.11 |
| 戦人 | 戦国人名事典 | 新人物往来社 | 1987.3 |
| 全戦 | 全国版 戦国時代人物事典 | 学研パブリッシング | 2009.11 |
| 全幕 | 全国版 幕末維新人物事典 | 学研パブリッシング | 2010.3 |
| 戦武 | 戦国武将事典—乱世を生きた830人 | 新紀元社 | 2008.6 |
| 戦補 | 戦国人名辞典 増訂版（補遺） | 吉川弘文館 | 1973.7 |
| 川柳 | 川柳総合大事典 第1巻 人物編 | 雄山閣 | 2007.8 |
| 創業 | 日本の創業者—近現代起業家人名事典 | 日外アソシエーツ | 2010.3 |
| 体育 | 体育人名辞典 | 逍遙書院 | 1970.3 |
| 対外 | 対外関係史辞典 | 吉川弘文館 | 2009.2 |
| 大百 | 大日本百科事典〈1～23〉 | 小学館 | 1967.11～1971.9 |
| 武田 | 武田氏家臣団人名辞典 | 東京堂出版 | 2015.5 |
| 太宰府 | 太宰府百科事典—太宰府天満宮編 | 太宰府顕彰会 | 2009.3 |
| 多摩 | 多摩の人物史 | 武蔵野郷土史刊行会 | 1977.6 |
| 短歌 | 現代短歌大事典 | 三省堂 | 2000.6 |
| 短歌普 | 現代短歌大事典 普及版 | 三省堂 | 2004.7 |
| 男優 | 日本映画俳優全集 男優篇 | キネマ旬報社 | 1979.10 |
| 千葉百 | 千葉大百科事典 | 千葉日報社 | 1982.3 |
| 千葉百追 | 千葉大百科事典 追訂版 | 千葉日報社 | 1982.12 |
| 千葉房総 | 房総人物伝—千葉ゆかりの先覚者たち | 崙書房出版 | 2013.3 |
| 茶道 | 茶道人物辞典 | 柏書房 | 1981.9 |
| 中世 | 日本中世史事典 | 朝倉書店 | 2008.11 |
| 中濃 | 今を築いた中濃の人びと | 岐阜新聞社 | 2006.12 |
| 中濃続 | 今を築いた中濃の人びと 続 | 岐阜新聞社 | 2017.2 |
| 地理 | 日本地理学人物事典 近世編・近代編1 | 原書房 | 2011.5～12 |
| 哲学 | 近代日本哲学思想家辞典 | 東京書籍 | 1982.9 |
| 鉄道 | 鉄道史人物事典 | 鉄道史学会 | 2013.2 |
| テレ | テレビ・タレント人名事典 第6版 | 日外アソシエーツ | 2004.6 |
| 伝記 | 世界伝記大事典 日本・朝鮮・中国編 | ほるぷ出版 | 1978.7 |
| 天皇 | 天皇皇族歴史伝説大事典 | 勉誠出版 | 2008.12 |
| 東海 | 東海の異才・奇人列伝 | 風媒社 | 2013.4 |
| 東京文 | 東京の文人たち（ちくま文庫） | 筑摩書房 | 2009.1 |
| 陶工 | 現代陶工事典 | 北辰堂 | 1998.1 |
| 東北近 | 東北近代文学事典 | 勉誠出版 | 2013.6 |
| 徳川将 | 徳川歴代将軍事典 | 吉川弘文館 | 2013.9 |
| 徳川臣 | 徳川幕臣人名辞典 | 東京堂出版 | 2010.8 |
| 徳川代 | 徳川幕府全代官人名辞典 | 東京堂出版 | 2015.3 |

| 略号 | 書　名 | 出版社 | 刊行年 |
|---|---|---|---|
| 徳川松 | 徳川・松平一族の事典 | 東京堂出版 | 2009.8 |
| 徳島百 | 徳島県百科事典 | 徳島新聞社 | 1981.1 |
| 徳島歴 | 徳島県歴史人名鑑（徳島県人名事典 別冊） | 徳島新聞社 | 1994.6 |
| 渡　航 | 幕末・明治 海外渡航者総覧 | 柏書房 | 1992.3 |
| 栃木人 | 栃木人 | 石崎常蔵 | 2017.4 |
| 栃木百 | 栃木県大百科事典 | 栃木県大百科事典刊行会 | 1980.6 |
| 栃木文 | 栃木県近代文学アルバム | 栃木県文化協会 | 2000.7 |
| 栃木歴 | 栃木県歴史人物事典 | 下野新聞社 | 1995.7 |
| 鳥取百 | 鳥取県大百科事典 | 新日本海新聞社 | 1984.11 |
| 土　木 | 土木人物事典 | アテネ書房 | 2004.12 |
| 富山考 | 富山県考古学研究史事典 | 橋本正春 | 2009.8 |
| 富山人 | 近現代を生きたとやま人 | 富山県図書館協会 | 2012.3 |
| 富山百 | 富山大百科事典 | 北日本新聞社 | 1994.8 |
| 富山文 | 富山県文学事典 | 桂書房 | 1992.9 |
| 内　乱 | 日本中世内乱史人名事典〈上,下〉 | 新人物往来社 | 2007.5 |
| 長　岡 | 郷土長岡を創った人びと | 長岡市 | 2009.3 |
| 長崎百 | 長崎県大百科事典 | 長崎新聞社 | 1984.8 |
| 長崎遊 | 長崎遊学者事典 | 渓水社 | 1999.10 |
| 長崎歴 | 長崎事典 歴史編 1988年版 | 長崎文献社 | 1988.9 |
| 長野百 | 長野県百科事典 補訂版 | 信濃毎日新聞社 | 1981.3 |
| 長野歴 | 長野県歴史人物大事典 | 郷土出版社 | 1989.7 |
| なにわ | なにわ大坂をつくった100人 16世紀～17世紀篇 | 関西・大阪21世紀協会 | 2017.11 |
| 奈良文 | 奈良近代文学事典 | 和泉書院 | 1989.6 |
| 新潟人 | ふるさと人物小事典 新潟が生んだ100人 | 新潟日報事業社 | 2009.6 |
| 新潟百 | 新潟県大百科事典〈上,下〉 | 新潟日報事業社 | 1977.1 |
| 新潟百別 | 新潟県大百科事典 別巻 | 新潟日報事業社 | 1977.9 |
| 西　女 | 西日本女性文学案内 | 花書院 | 2016.2 |
| 日　音 | 日本音楽大事典 | 平凡社 | 1989.3 |
| 日　画 | 20世紀物故日本画家事典 | 美術年鑑社 | 1998.9 |
| 日　芸 | 世界に誇れる日本の芸術家555 | PHP研究所 | 2007.3 |
| 日　思 | 日本思想史辞典 | ぺりかん社 | 2001.6 |
| 日　史 | 日本史大事典〈1～7〉 | 平凡社 | 1992.11～1994.2 |
| 日　児 | 日本児童文学大事典〈1,2〉 | 大日本図書 | 1993.10 |
| 日　女 | 日本女性文学大事典 | 日本図書センター | 2006.1 |
| 日　人 | 講談社日本人名大辞典 | 講談社 | 2001.12 |
| 日　文 | 日本文化文学人物事典 | 鼎書房 | 2009.2 |
| 日　本 | 日本人名事典 | むさし書房 | 1996.7 |
| 根　千 | 根室・千島歴史人名事典 | 根室・千島歴史人名事典刊行会 | 2002.3 |

| 略号 | 書　名 | 出版社 | 刊行年 |
|---|---|---|---|
| 能狂言 | 能・狂言事典 新版 | 平凡社 | 2011.1 |
| 濃飛 | 濃飛歴史人物伝 | 岐阜新聞社 | 2009.7 |
| 俳諧 | 俳諧人名辞典 | 巌南堂 | 1960.6 |
| 俳句 | 俳句人名辞典 | 金園社 | 1997.2 |
| 俳文 | 俳文学大辞典 普及版 | 角川学芸出版 | 2008.1 |
| 俳優 | 映画俳優事典 戦前日本篇 | 未来社 | 1994.8 |
| 幕埼 | 幕末維新埼玉人物列伝 | さきたま出版会 | 2008.7 |
| 幕末 | 幕末維新人名事典 | 新人物往来社 | 1994.2 |
| 幕末大 | 幕末維新大人名事典〈上,下〉 | 新人物往来社 | 2010.5 |
| 藩主1 | 三百藩藩主人名事典1 | 新人物往来社 | 1986.7 |
| 藩主2 | 三百藩藩主人名事典2 | 新人物往来社 | 1986.9 |
| 藩主3 | 三百藩藩主人名事典3 | 新人物往来社 | 1987.4 |
| 藩主4 | 三百藩藩主人名事典4 | 新人物往来社 | 1986.6 |
| 藩臣1 | 三百藩家臣人名事典1 | 新人物往来社 | 1987.12 |
| 藩臣2 | 三百藩家臣人名事典2 | 新人物往来社 | 1988.2 |
| 藩臣3 | 三百藩家臣人名事典3 | 新人物往来社 | 1988.4 |
| 藩臣4 | 三百藩家臣人名事典4 | 新人物往来社 | 1988.7 |
| 藩臣5 | 三百藩家臣人名事典5 | 新人物往来社 | 1988.12 |
| 藩臣6 | 三百藩家臣人名事典6 | 新人物往来社 | 1989.10 |
| 藩臣7 | 三百藩家臣人名事典7 | 新人物往来社 | 1989.5 |
| 美家 | 美術家人名事典―古今・日本の物故画家3500人 | 日外アソシエーツ | 2009.2 |
| 東三河 | 近世近代 東三河文化人名事典 | 未刊国文資料刊行会 | 2015.9 |
| 美建 | 美術家人名事典 建築・彫刻篇―古今の名匠1600人 | 日外アソシエーツ | 2011.9 |
| 美工 | 美術家人名事典 工芸篇―古今の名工2000人 | 日外アソシエーツ | 2010.7 |
| 美術 | 日本美術史事典 | 平凡社 | 1987.5 |
| 飛騨 | 飛騨人物事典 | 高山市民時報社 | 2000.5 |
| 百科 | 大百科事典〈1～15〉 | 平凡社 | 1984.11～1985.6 |
| 兵庫人 | 兵庫県人物事典〈上,中,下〉 | のじぎく文庫 | 1966.12～1968.6 |
| 兵庫百 | 兵庫県大百科事典〈上,下〉 | 神戸新聞出版センター | 1983.10 |
| 兵庫文 | 兵庫近代文学事典 | 和泉書院 | 2011.10 |
| 広島百 | 広島県大百科事典〈上,下〉 | 中国新聞社 | 1982.11 |
| 広島文 | 広島県現代文学事典 | 勉誠出版 | 2010.12 |
| 冨嶽 | 冨嶽人物百景―富士山にゆかりある人々 | 富士吉田市歴史民俗博物館 | 2013.6 |
| 福井俳 | 福井俳句辞典 | 福井県俳句史研究会 | 2008.4 |
| 福井百 | 福井県大百科事典 | 福井新聞社 | 1991.6 |
| 福岡百 | 福岡県百科事典〈上,下〉 | 西日本新聞社 | 1982.11 |
| 福岡文 | 福岡県文学事典 | 勉誠出版 | 2010.3 |
| 福島百 | 福島大百科事典 | 福島民報社 | 1980.11 |

| 略号 | 書　名 | 出版社 | 刊行年 |
|---|---|---|---|
| 福島百追 | 福島大百科事典 追録版 | 福島民報社 | 1981.11 |
| 豊 前 | ふるさと豊前 人物再発見 | 求菩提資料館 | 2015.3 |
| 仏 教 | 日本仏教人名辞典 | 法蔵館 | 1992.1 |
| 仏 史 | 日本仏教史辞典 | 吉川弘文館 | 1999.11 |
| 仏 人 | 日本仏教人名辞典 | 新人物往来社 | 1986.5 |
| ふ る | ふるさと人物伝 愛蔵版 | 北國新聞社 | 2010.8 |
| 文 学 | 日本文学小辞典 | 新潮社 | 1968.1 |
| 平 家 | 平家物語大事典 | 東京書籍 | 2010.11 |
| 平 史 | 平安時代史事典 | 角川書店 | 1994.4 |
| 平 日 | 平凡社日本史事典 | 平凡社 | 2001.2 |
| 平 和 | 平和人物大事典 | 日本図書センター | 2006.6 |
| 北 条 | 北条氏系譜人名辞典 | 新人物往来社 | 2001.6 |
| 北 文 | 北海道文学事典 | 勉誠出版 | 2013.7 |
| 北陸20 | ほくりく20世紀列伝〈上,中,下〉 | 時鐘社 | 2007.12 |
| 北海道建 | 北海道建設人物事典 | 北海道建設新聞社 | 2008.1 |
| 北海道百 | 北海道大百科事典〈上,下〉 | 北海道新聞社 | 1981.8 |
| 北海道文 | 北海道文学大事典 | 北海道新聞社 | 1985.10 |
| 北海道歴 | 北海道歴史人物事典 | 北海道新聞社 | 1993.7 |
| マス2 | 現代マスコミ人物事典 第2版 | 幸洋出版 | 1980.3 |
| マス89 | 現代マスコミ人物事典 1989版 | 二十一世紀書院 | 1989.2 |
| 町田歴 | 町田歴史人物事典 | 小島資料館 | 2005.4 |
| 漫 人 | 漫画家人名事典 | 日外アソシエーツ | 2003.2 |
| 万 葉 | 万葉集歌人事典 新装版 | 雄山閣出版 | 1992.1 |
| 三 重 | 三重先賢伝 | 玄玄荘 | 1931.7 |
| 三重続 | 三重先賢伝 續 | 別所書店 | 1933.7 |
| ミ ス | 日本ミステリー事典 | 新潮社 | 2000.2 |
| 密 教 | 日本密教人物事典〈上,中〉 | 国書刊行会 | 2010.5～2014.5 |
| 宮城百 | 宮城県百科事典 | 河北新報社 | 1982.4 |
| 宮崎百 | 宮崎県大百科事典 | 宮崎日日新聞社 | 1983.10 |
| 宮崎百一 | みやざきの百一人(ふるさと再発見1) | 宮崎日日新聞社 | 1999.3 |
| 民 学 | 民間学事典 人名編 | 三省堂 | 1997.6 |
| 武蔵人 | 中世武蔵人物列伝―時代を動かした武士とその周辺 | さきたま出版会 | 2006.3 |
| 室 町 | 室町時代人物事典 | 新紀元社 | 2014.4 |
| 名 画 | 日本名画家伝 | 青蛙房 | 1967.11 |
| 名 工 | 現代名工・職人人名事典 | 日外アソシエーツ | 1990.4 |
| 明治1 | 図説明治人物事典―政治家・軍人・言論人 | 日外アソシエーツ | 2000.2 |
| 明治2 | 図説明治人物事典―文化人・学者・実業家 | 日外アソシエーツ | 2000.11 |
| 名 僧 | 事典日本の名僧 | 吉川弘文館 | 2005.2 |

| 略号 | 書　名 | 出版社 | 刊行年 |
|---|---|---|---|
| 山形百 | 山形県大百科事典 | 山形放送 | 1983.6 |
| 山形百新 | 山形県大百科事典 新版 | 山形放送 | 1993.10 |
| 山川小 | 山川 日本史小辞典 | 山川出版社 | 2016.8 |
| 山口人 | 昭和山口県人物誌 | マツノ書店 | 1990.4 |
| 山口百 | 山口県百科事典 | 大和書房 | 1982.4 |
| 山口文 | やまぐちの文学者たち（再版） | やまぐち文学回廊構想推進協議会 | 2006.3 |
| 山梨人 | 山梨「人物」博物館―甲州を生きた273人 | 丸山学芸図書 | 1992.10 |
| 山梨百 | 山梨百科事典 増補改訂版 | 山梨日日新聞社 | 1989.7 |
| 山梨文 | 山梨の文学 | 山梨日日新聞社 | 2001.3 |
| 洋　画 | 20世紀物故洋画家事典 | 美術年鑑社 | 1997.3 |
| 洋　学 | 日本洋学人名事典 | 柏書房 | 1994.7 |
| 陸　海 | 日本陸海軍総合事典 第2版 | 東京大学出版会 | 2005.8 |
| 琉　沖 | 琉球・沖縄 歴史人物伝 | 沖縄時事出版 | 2007.1 |
| 履　歴 | 日本近現代人物履歴事典 | 東京大学出版会 | 2002.5 |
| 履歴2 | 日本近現代人物履歴事典 第2版 | 東京大学出版会 | 2013.4 |
| 歴　大 | 日本歴史大事典〈1～3〉 | 小学館 | 2000.7 |
| ＹＡ | ＹＡ人名事典 | 出版文化研究会 | 2000.10 |
| 和歌山人 | 和歌山県史 人物 | 和歌山県 | 1989.3 |
| 和　俳 | 和歌・俳諧史人名事典 | 日外アソシエーツ | 2003.1 |
| 和　モ | 和モノ事典―Hotwax presents 1970's 人名編 | ウルトラ・ヴァイヴ | 2006.12 |

# 日本人物レファレンス事典

## 教育篇

## 【あ】

**あい**(1)
江戸時代の女性。教育。美濃多芸郡島田村の地主千秋氏。寺子屋を開いた。
¶江表（あい（岐阜県））

**あい**(2)
1850年～
江戸時代後期の女性。教育。小林菊三郎の娘。
¶江表（あい（東京都））　㉺嘉永3（1850）年頃）

**秋鹿見橘**　あいかけんきつ
明治2（1869）年～昭和29（1954）年
明治～昭和期の教育者、私立沼津精華学園の創立者。
¶静岡歴，姓氏静岡

**相川高雄**　あいかわたかお
大正9（1920）年6月25日～平成6（1994）年9月9日
昭和～平成期の教育心理学者。筑波大学教授。著書に「教育心理学要論」「新小学校特別活動事典」など。
¶現執1期，現執2期，現執3期，心理

**合川正道**　あいかわまさみち
？～明治27（1894）年10月1日
江戸時代末期～明治期の弁護士。英吉利法律学校（後の中央大学）創設者。
¶学校

**鮎沢伊太夫**　あいざわいだゆう
→鮎沢伊太夫（あゆざわいだゆう）

**相沢一好**　あいざわかずよし
昭和4（1929）年8月28日～平成10（1998）年9月9日
昭和～平成期の歌人、教育者。
¶現情，世紀，短歌

**会沢正志斎**　あいざわせいしさい
天明2（1782）年5月25日～文久3（1863）年7月14日
㉺会沢安《あいざわやすし》
江戸時代後期の儒学者、水戸藩士。水戸斉昭の藩政改革の中心の人物。彰考館総裁、藩校弘道館の初代総教。著作に「新論」「言志篇」など。
¶朝日（㊐天明2年5月25日（1782年7月5日）㊐文久3年7月14日（1863年8月27日）），維新，茨城百，茨城歴，岩史（会沢安　あいざわやすし），江人，角史（会沢安　あいざわやすし　㊐天明1（1781）年），教育，郷土茨城（会沢安　あいざわやすし　キリ㊐文久3年7月14日（1863年8月27日）），近世，国史，国書，コン改（㊐天明1（1781）年），コン4（㊐天明1（1781）年），コン5（㊐天明1（1781）年），詩歌，史人，思想史，重要，神史，人書94，神人（㊐天明2（1782）年5月　㊐文久3（1863）年7月），新潮，人名，世人（会沢安　あいざわやすし　㊐天明1（1781）年5月25日），世百，全書，全幕（会沢安　あいざわやすし），大百，日史，日人，幕末（㊐1863年8月27日），幕末大，藩臣

2，百科，冨嶽，山川小，歴大

**相沢善三**　あいざわぜんぞう
明治8（1875）年～昭和23（1948）年
明治～大正期の教育者。
¶神奈川人，姓氏神奈川

**藍沢南城**　あいざわなんじょう
寛政4（1792）年～万延1（1860）年
江戸時代末期の漢学者。
¶国書（㊐万延1（1860）年3月），詩歌（㊐1791年），人名，新潟百，日人，和俳（㊐寛政3（1791）年）

**会沢信彦**（合沢信彦）　あいざわのぶひこ
文久2（1862）年8月～大正11（1922）年2月15日
明治～大正期の教育家。私立竹田女学校（後の竹田南高等学校）を開いた。初等教育に尽力。
¶大分歴（合沢信彦），学校，人名，世紀，日人

**相沢秀夫**　あいざわひでお
昭和24（1949）年～
昭和～平成期の研究者。宮城教育大学教授。専門は、国語教育。
¶現執4期

**藍沢無満**　あいざわむまん
*～元治1（1864）年　㊐無満《むまん》
江戸時代後期の国学者。
¶郷土群馬（㊐1777年），群馬百（㊐1774年），群馬人（㊐安永3（1774）年），群馬百（㊐1774年），国書（無満　むまん　㊐安永7（1778）年　㊐元治1（1864）年10月），人名（㊐1775年），姓氏群馬（㊐1774年），日人（㊐1775年），俳句（無満　むまん）

**会沢安**　あいざわやすし
→会沢正志斎（あいざわせいしさい）

**鮎田昌平**　あいだしょうへい★
明治44（1911）年7月22日～
昭和期の西方村教育長。
¶栃木人

**会田俊盈**　あいだとしみつ
明和4（1767）年～天保4（1833）年12月4日
江戸時代中期～後期の日光御成道大門宿の本陣、問屋兼名主、寺子屋師匠。
¶埼玉人

**鮎田実**　あいだまこと★
明治45（1912）年1月15日～
昭和期の西方村教育長。
¶栃木人

**愛知揆一**　あいちきいち
明治40（1907）年10月10日～昭和48（1973）年11月23日
大正～昭和期の官僚、政治家。参議院議員、衆議院議員。吉田から田中に至る各内閣で通産相・法相・文相・外相・蔵相などを歴任。
¶岩史，近現，現朝，現執1期，現情，現人，現日，コン4，コン5，史人，新潮，人名7，世紀，政治，姓氏宮城，日人，宮城百，履歴，履歴2

**愛知すみ**　あいちすみ
明治期の教育者。共立女子職業学校（後の共立女子学園）の設立に関わる。
¶学校

**相徳コト**　あいとくこと
嘉永5（1852）年～大正5（1916）年
明治～大正期の東京実践女学校寄宿舎取締、加世田麓婦人会初代会長。
¶姓氏鹿児島

**相徳哲**　あいとくてつ
安政5（1858）年～明治31（1898）年
江戸時代末期～明治期の教員。
¶姓氏鹿児島

**相場伸**　あいばしん
明治40（1907）年～平成5（1993）年
昭和～平成期の群馬大学教授、上武大学学長。
¶姓氏群馬

**相場朋厚**　あいばともあつ
天保5（1834）年～明治44（1911）年
江戸時代末期～明治期の志士、画家。足利学校遺跡保存に尽力。
¶人名，栃木歴，日人，美家（[没]明治44（1911）年6月22日）

**相場博明**　あいばひろあき
生没年不詳
平成期の児童科学書作家、幼稚園教諭。
¶児人

**合原琴**　あいはらきん
明治期の教育者。共立女子職業学校（後の共立女子学園）の設立に関わる。
¶学校

**相原賢**　あいばらけん
文政4（1821）年～明治22（1889）年9月14日
江戸時代末期～明治時代の漢学者。学制頒布後、小学校で子弟の教育に従事。
¶愛媛，幕末，幕末大

**相原伊孝**　あいはらこれたか
明治43（1910）年～平成4（1992）年
昭和～平成期の教育者。
¶姓氏岩手

**相原末治**　あいはらすえじ
昭和3（1928）年5月20日～
昭和～平成期の音楽教育者、合唱指導者。
¶音人，音人2，音人3

**合原窓南**　あいはらそうなん
寛文3（1663）年～元文2（1737）年8月20日　[別]合原窓南《ごうはらそうなん》，草野権八《くさのごんぱち》
江戸時代中期の筑後久留米藩士、儒学者。
¶国書（ごうはらそうなん），人名，日人，藩臣7，福岡百（ごうはらそうなん）

**相原勇治郎**　あいはらゆうじろう
元治1（1864）年～大正10（1921）年
明治～大正期の教育者、考古学啓蒙者。
¶姓氏長野，長野歴

**相部和男**　あいべかずお
昭和3（1928）年10月11日～
昭和～平成期のカウンセラー。青少年問題、家庭教育などに取り組む。相部教育研究所を主宰。
¶現執3期

**相見正義**　あいみまさよし
明治26（1893）年4月19日～昭和56（1981）年9月16日
明治～昭和期の教育者。
¶世紀，鳥取百，日人

**秋元安民**　あいもとやすたみ
→秋元正一郎（あきもとしょういちろう）

**青木愛子**　あおきあいこ
明治40（1907）年10月10日～昭和51（1976）年7月6日
昭和期の教育者。ノートルダム財団理事。清心高等女学校を経営。
¶女性，女性普

**青木あさ**　あおきあさ
明治30（1897）年12月4日～昭和49（1974）年7月8日
大正～昭和期の教育者。戸板学園理事長。裁縫教育界に革新をもたらす。
¶現情，女性，女性普，人名7，世紀，日人

**青木逸民**　あおきいつみん
文化14（1817）年～明治25（1892）年4月20日
江戸時代末期～明治期の教育者。盛岡藩医学校設立に際し学制決定に努力。
¶姓氏岩手（[生]1818年），幕末，幕末大

**青木以文**　あおきいぶん
安永3（1774）年～安政2（1855）年
江戸時代中期～末期の寺子屋師匠。
¶長野歴

**青木薫**　あおきかおる
昭和11（1936）年8月8日～
昭和～平成期の教育学者。広島大学教授。教育経営学を研究。著書に「アメリカの教育思想と教育行政」など。
¶現執3期

**青木和雄**　あおきかずお
昭和5（1930）年～
昭和～平成期の児童文学作家、教育カウンセラー。
¶児人

**青木一貞**　あおきかずさだ
安永5（1776）年～天保2（1831）年
江戸時代後期の大名。摂津麻田藩主。
¶諸系，日人，藩主3（[没]天保2（1831）年8月6日）

**青木包高**　あおきかねたか
寛保3（1743）年～文政10（1827）年　[別]青木包高《あおきほうこう》
江戸時代中期～後期の数学者。

¶人名(あおきほうこう)，姓氏長野(㉛1829年)，長野歴，日人

**青木勘二** あおきかんじ
明治8(1875)年3月15日〜昭和45(1970)年7月9日
昭和期の教師、黒土村長。
¶豊前

**青木恭庵** あおききょうあん
文政5(1822)年9月〜明治34(1901)年
江戸時代後期〜明治期の教育者。
¶三重

**青木欣四郎** あおききんしろう
慶応2(1866)年〜大正12(1923)年
明治〜大正期の教育者。
¶姓氏岩手

**青木健真** あおきけんしん
昭和16(1941)年〜
昭和〜平成期の挿絵画家、教諭。
¶児人

**青木研蔵** あおきけんぞう
文化12(1815)年〜明治3(1870)年
江戸時代末期〜明治期の蘭方医、長州(萩)藩医。長州(萩)藩主毛利敬親の侍医、好生堂教諭役。
¶長崎遊

**青木弘安** あおきこうあん
寛政11(1799)年〜安政3(1856)年
江戸時代末期の漢学者。
¶国書(㉛安政3(1856)年11月6日)，人名，日人

**青木昆陽** あおきこんよう
元禄11(1698)年〜明和6(1769)年　㊼青木文蔵《あおきぶんぞう》，甘藷先生《かんしょせんせい》
江戸時代中期の儒学者、書誌学者、蘭学者。享保の改革に寄与。
¶朝日(㊌元禄11年5月12日(1698年6月19日)　㉛明和6年10月12日(1769年11月9日))，岩史(㊌元禄11(1698)年5月12日　㉛明和6(1769)年10月12日)，江人，江戸，江文，科学(㊌元禄11(1698)年5月12日　㉛明和6(1769)年10月12日)，角史，教育，郷土千葉，近世，考古(㊌明和6年(1769年10月12日))，国史，国書(㊌元禄11(1698)年5月12日　㉛明和6(1769)年10月12日)，コン改，コン4，コン5，埼玉百，史人(㊌1698年5月12日　㉛1769年10月12日)，思想史，重要(㊌元禄11(1698)年5月12日　㉛明和6(1769)年10月12日)，植物(㊌元禄11年5月12日(1698年6月19日)　㉛明和6年10月12日(1769年11月9日))，食文(㊌元禄11年5月12日(1698年6月19日)　㉛明和6年10月12日(1769年11月9日))，人書79，人書3，新潮(㊌元禄11(1698)年5月12日　㉛明和6(1769)年10月12日)，人名，姓氏京百，世人(㊌元禄11(1698)年5月12日　㉛明和6(1769)年10月12日)，世百，全書，対外，大百，多摩(青木文蔵　あおきぶんぞう)，千葉百，千葉房総，伝記，徳川将，徳川臣，長崎遊，長野歴，日思，日史(㊌元禄11(1698)年5月12日　㉛明和6(1769)年10月12日)，日人，百科，平日，山川小

(㊌1698年5月12日　㉛1769年10月12日)，山梨百(㊌明和6(1769)年10月12日)，洋学，歴大

**青木貞正** あおきさだまさ
文化12(1815)年〜明治11(1878)年9月24日
江戸時代末期〜明治時代の習字塾主宰。
¶幕末，幕末大

**青木実三郎** あおきじつさぶろう
明治18(1885)年7月14日〜昭和43(1968)年4月16日
明治〜昭和期の教育者。
¶島根人，島根百，島根歴，世紀，日人

**青木周弼** あおきしゅうすけ
享和3(1803)年〜文久3(1863)年12月16日　㊼青木周弼《あおきしゅうひつ》
江戸時代末期の医師、蘭学者、長州(萩)藩士。長州(萩)藩主毛利敬親の侍医、好生堂教諭役。
¶朝日(㊌享和3年1月3日(1803年1月25日)　㉛文久3年12月16日(1864年1月24日))，維新，江人(あおきしゅうひつ)，江文，科学(㊌享和3(1803)年1月3日)，近世，国史，国書(㊌享和3(1803)年1月3日)，コン改(あおきしゅうひつ)，コン4(あおきしゅうひつ)，コン5(あおきしゅうひつ)，史人(㊌1803年1月3日)，思想史，新潮(㊌享和3(1803)年1月3日)，人名(あおきしゅうひつ)，姓氏山口，世人，全書(あおきしゅうひつ)，大百，長崎遊，日人(㉛1864年)，幕末(㉛1864年1月24日)，幕末大(㊌享和3(1803)年1月3日　㉛文久3(1864)年12月16日)，藩旺6，山口百，洋学，歴大

**青木周弼** あおきしゅうひつ
→青木周弼(あおきしゅうすけ)

**青木順一** あおきじゅんいち
文化9(1812)年〜明治23(1890)年2月9日
江戸時代後期〜明治期の教育家。
¶岡山人，岡山百

**青木信而** あおきしんじ
明治32(1899)年〜昭和47(1972)年
大正〜昭和期の教育者。
¶伊豆，静岡歴

**青木輔清** あおきすけきよ
？〜明治42(1909)年11月6日
明治期の啓蒙家。
¶埼玉人，埼玉百(生没年不詳)

**青木精斎** あおきせいさい★
天保2(1831)年〜明治15(1882)年11月
明治期の教育者。角館郷校教授。
¶秋田人2

**青木青城** あおきせいじょう
文政6(1823)年〜明治2(1869)年
江戸時代末期の漢学者。
¶国書，人名，日人(㊌1824年　㉛1870年)

**青木誠四郎** あおきせいしろう
明治27(1894)年3月15日〜昭和31(1956)年12月9日

あ

昭和期の児童・教育心理学者。東京家政大学教授。教育心理学を教育実践と結びつけた研究の先駆け。著書に「学習心理学」など。
¶現情，新潮，人名7，心理，世紀，長野百，長野歴，日人

**青木善平** あおきぜんぺい
天保10（1839）年～明治4（1871）年1月6日
江戸時代末期～明治期の筑前藩留学生、英学教授。アメリカ留学ののち藩校修猷館で英学を教授。
¶海越（生没年不詳），海越新，洋学

**青木壮一郎** あおきそういちろう
明治32（1899）年6月9日～昭和45（1970）年1月9日
[別]今西成美《いまにしなるみ》
昭和期の文芸評論家、教育評論家。
¶社史

**青木多嘉二** あおきたかじ
大正10（1921）年～
昭和期の剣道家、剣道教育者。法政大学教授、全国大学保健体育協議会常任理事。
¶体育

**青木孝頼** あおきたかより
大正13（1924）年9月8日～
昭和～平成期の教育学者。筑波大学教授。道徳教育・特別活動・教育心理学を研究。
¶現執1期，現執2期，現執3期，心理

**青木千代作** あおきちよさく
明治17（1884）年～昭和46（1971）年
明治～昭和期の教育家。三島高校創立者。
¶伊豆，学校，静岡歴，姓氏静岡

**青木存義** あおきながよし
明治12（1879）年8月15日～昭和10（1935）年4月19日
明治～昭和期の国文学者、唱歌作詞家。東京音楽学校教授。小学唱歌「菊の花」「どんぐりころころ」などを作詞。
¶児文，日児

**青木延春** あおきのぶはる
明治35（1902）年2月18日～昭和61（1986）年12月3日
昭和期の教護教育者・医師。
¶埼玉人

**青木一** あおきはじめ
明治44（1911）年8月15日～
昭和～平成期の教育評論家。
¶現執2期

**青木文蔵** あおきぶんぞう
→青木昆陽（あおきこんよう）

**青木文造** あおきぶんぞう
嘉永7（1854）年～大正8（1919）年
明治～大正期の教育家。鹿児島県師範学校教諭、実践女学校副校長などを務める。
¶佐賀百（[生]嘉永7（1854）年7月14日　[没]大正8（1919）年7月18日），人名，日人

**青木包高** あおきほうこう
→青木包高（あおきかねたか）

**青木正興** あおきまさおき
嘉永2（1849）年～大正10（1921）年9月30日
明治・大正期の教育者。
¶岩手人

**青木まつ** あおきまつ
明治10（1877）年1月10日～昭和34（1959）年1月23日
明治～大正期の社会事業家、保母。幼稚園で無料保育を行うなど福祉と教育に尽力。
¶女性，女性普

**青木道代** あおきみちよ
昭和8（1933）年3月4日～
昭和期の市民活動家、教育カウンセラー。
¶視覚

**青木勇三** あおきゆうぞう
明治30（1897）年7月19日～昭和55（1980）年9月1日
明治～昭和期の数学者。
¶香川人，香川百，数学

**青木要吉** あおきようきち
慶応3（1867）年～昭和13（1938）年6月8日
明治～昭和期の教育者・実業家。
¶岡山歴

**青木陽子** あおきようこ
昭和36（1961）年11月27日～
昭和～平成期の教育者。
¶視覚

**青木義夫** あおきよしお
明治38（1905）年～
昭和期の教育者。
¶多摩

**青木義正** あおきよしまさ
文久2（1862）年4月8日～大正9（1920）年6月4日
明治～大正期の郷土史家。
¶郷土，高知人，高知百

**青木嘉之** あおきよしゆき
安政1（1854）年～大正14（1925）年
明治～大正期の教育者。
¶群馬人

**青木竜峰** あおきりゅうほう
天保1（1830）年～明治42（1909）年
江戸時代末期～明治期の書家、越前福井藩士。
¶人名，日人

**青地林宗** あおじりんそう
→青地林宗（あおちりんそう）

**青田強** あおたつよし
明治40（1907）年4月23日～昭和61（1986）年2月14日
大正～昭和期の学校創立者。日生学園高等学校の設立に関わる。

¶学校

**青地忠三** あおちちゅうぞう
明治18(1885)年6月2日～昭和45(1970)年10月25日
大正～昭和期の記録映画作家、映画監督。日本の視聴覚教育の開拓者の一人。
¶映監(㊅1885年6月)，映人，監督，現朝，写家，世紀，日人

**青地林宗** あおちりんそう
安永4(1775)年～天保4(1833)年2月22日　㊅青地林宗《あおじりんそう》
江戸時代後期の蘭学者、伊予松山藩士。蛮書和解御用。
¶朝日(㊅天保4年2月22日(1833年4月11日))，江戸(あおじりんそう)，愛媛百（㊅安永3(1774)年)，江文，科学，角史，教育，郷土愛媛，近世，国史，国書，コン改，コン4，史人，新潮，人名(㊅1784年)，世人，世百，全書，大百，日史(㊅天保4(1833)年2月21日)，日人，藩松6，百科，洋学，歴大

**青戸信賢** あおとしんけん
明治9(1876)年7月～？
明治～大正期の教育者。
¶渡航

**青直樹** あおなおき
文久2(1862)年～昭和7(1932)年
明治～昭和期の教育者。津和野小学校長。
¶島根歴

**青沼秀鳳** あおぬましゅうほう
明治40(1907)年8月8日～昭和55(1980)年
昭和期の書道教育の功労者。
¶札幌，北海道百，北海道歴

**青葉半山** あおばはんざん
？　～寛政7(1795)年
江戸時代中期の漢学者。
¶人名，日人

**青柳一円斎** あおやぎいちえんさい
→青柳真武(あおやぎさねたけ)

**青柳賢治** あおやぎけんじ
明治29(1896)年12月2日～昭和48(1973)年7月1日
大正・昭和期の教育者。戦後北海道根室の公民館長、教育長。
¶根千

**青柳剛斎** あおやぎごうさい
天保2(1831)年～明治23(1890)年
明治期の漢学者、教育家。柏崎学校一等教師。菁莪舎を設立して教育にあたる。著書に「孔門宗要」。
¶国書(㊅明治23(1890)年9月6日)，人名(㊅1847年　㊅1906年)，新潟百，日人，幕末(㊅1890年9月)，幕末大(㊅明治23(1890)年9月6日)

**青柳真武** あおやぎさねたけ
享和2(1802)年～文久2(1862)年　㊅青柳一円斎《あおやぎいちえんさい》
江戸時代末期の剣術家、奇兵隊長。
¶剣豪(青柳一円斎　あおやぎいちえんさい)，人名，日人

**青柳新米** あおやぎしんべい
元治2(1865)年～昭和33(1958)年
明治～昭和期の教育家。
¶群新百

**青柳瀬兵衛** あおやぎせへえ
生没年不詳
江戸時代末期～明治期の寺子屋師匠。
¶姓氏山口

**青柳善吾** あおやぎぜんご
明治17(1884)年4月1日～昭和32(1957)年1月17日
大正～昭和期の音楽教育家。小・中学校の音楽教育の発展・充実に尽力。
¶音楽，音人，現情，世紀，姓氏愛知，福島百

**青柳千万吉** あおやぎちまきち
明治9(1876)年6月2日～昭和37(1962)年4月7日
明治～昭和期の教育家。
¶群馬人

**青柳兵司** あおやぎひょうじ
明治45(1912)年～昭和46(1971)年
昭和期の魚類学者。
¶沖縄百(㊅昭和46(1971)年3月8日)，科学，新潟百

**青柳有美** あおやぎゆうび
明治6(1873)年9月27日～昭和20(1945)年7月10日
明治～大正期のジャーナリスト、随筆家。著書に「有美臭」「有美道」「有美式」など。
¶秋田人2，秋田百，京都文，近文，現詩，社史，新宿，新潮，新文，世紀，東北近，日人，文学

**青柳はるよ** あおやなぎはるよ
明治5(1872)年～昭和14(1939)年
明治～昭和期の明治女学校教諭。
¶姓氏宮城

**青山延寿** あおやまえんじゅ
→青山延寿(あおやまのぶひさ)

**青山於菟** あおやまおと
明治16(1883)年～昭和43(1968)年
明治～昭和期の静岡県教育会の指導者。
¶静岡歴，姓氏静岡

**青山小三郎** あおやまこさぶろう
→青山貞(あおやまてい)

**青山貞** あおやまさだ
→青山貞(あおやまてい)

**青山三治郎** あおやまさんじろう
慶応3(1867)年7月27日～？

**青山拙斎** あおやませっさい
→青山延于(あおやまのぶゆき)

**青山貞** あおやまただし
→青山貞(あおやまてい)

**青山忠誠** あおやまただしげ
安政6(1859)年~明治20(1887)年　㊋青山忠誠《あおやまただよし》
明治期の陸軍軍人。中尉、子爵。学校の設立、旧藩士救済などに尽力。
¶諸系、人名、日人、兵庫人(あおやまただよし)　㊅安政6(1859)年2月15日　㊥明治20(1887)年7月)

**青山貞** あおやまただす
→青山貞(あおやまてい)

**青山忠高** あおやまただたか
享保19(1734)年11月5日~文化13(1816)年8月14日
江戸時代中期~後期の大名。丹波篠山藩主。
¶国書、諸系、日人、藩主3

**青山忠揚** あおやまただたか
明治19(1886)年12月25日~昭和13(1938)年1月17日
大正~昭和期の教育家。子爵。奈良や長野の高等女学校などで教える。
¶人名、世紀、日人

**青山忠誠** あおやまただよし
→青山忠誠(あおやまただしげ)

**青山貞** あおやまてい
文政9(1826)年~明治31(1898)年　㊋青山小三郎《あおやまこさぶろう》、青山貞《あおやまさだ、あおやまただし、あおやまただす》
江戸時代末期~明治期の福井藩士、官吏。貴族院議員。維新後、参与職、司法書記官等を歴任。
¶郷土群馬(あおやまただし)、郷土福井、群馬人(あおやまただし)、群馬百(あおやまさだ)、新潮(あおやまただす)　㊅文政9(1826)年9月3日　㊥明治31(1898)年10月22日)、日人、藩臣3、福井百(青山小三郎　あおやまこさぶろう)

**青山鉄槍** あおやまてっそう
→青山延寿(あおやまのぶひさ)

**青山利永** あおやまとしなが
→青山利永(あおやまりえい)

**青山延寿** あおやまのぶひさ
文政3(1820)年~明治39(1906)年　㊋青山鉄槍《あおやまてっそう》、青山延寿《あおやまえんじゅ》
江戸時代末期~明治期の儒学者。弘道館助教授。維新後新政府に出仕した。著書に「鉄槍斎文鈔」など。
¶維新、コン改(青山鉄槍　あおやまてっそう)、コン5(青山鉄槍　あおやまてっそう)、詩歌(㊅1819年)、人名(あおやまえんじゅ)、全書(青山鉄槍　あおやまてっそう)、大百(青山鉄槍　あおやまてっそう)、日人、幕末(㊥1906年11月)

**青山延光** あおやまのぶみつ
文化4(1807)年~明治4(1871)年　㊋青山佩弦斎《あおやまはいげんさい》
江戸時代末期~明治期の儒学者。彰考館編集総裁、弘道館教授。著書に「国史紀事本末」など。
¶朝日(㊅文化4年10月23日(1807年11月22日)　㊥明治4(1871)年9月29日)、維新(㊥1870年)、茨城百、茨城歴、江人(青山佩弦斎　あおやまはいげんさい)、近世、国史、国書(㊅文化4(1807)年10月23日　㊥明治3(1870)年9月29日)、コン改(㊥明治3(1870)年)、コン4(㊥明治3(1870)年)、コン5(㊥明治3(1870)年)、詩歌(㊅1806年)、史人(㊅1807年10月23日　㊥1871年9月29日)、新潮(㊅文化4(1807)年10月23日　㊥明治4(1871)年9月29日)、人名(㊥1870年)、全書(青山佩弦斎　あおやまはいげんさい)、大百(青山佩弦斎　あおやまはいげんさい)(㊅1808年)、哲学(㊥1870年)、日人、日本(㊅文政4(1821)年)、幕末(㊥1870年9月)、幕末大(㊅文化4(1807)年10月　㊥明治3(1870)年9月)、藩臣2(㊥明治3(1870)年)、歴大、和俳(㊥明治3(1870)年)

**青山延于** (青山延干) あおやまのぶゆき
安永5(1776)年~天保14(1843)年9月6日　㊋青山拙斎《あおやませっさい》
江戸時代後期の儒学者、水戸藩士。彰考館総裁、弘道館の教授頭取。
¶朝日(㊥天保14年9月6日(1843年9月29日))、茨城百、茨城歴、岩史、江人(青山拙斎　あおやませっさい)、角史、近世、国史、国書、コン改、コン4、コン5、詩歌(青山延干)、史人、思想史(青山拙斎　あおやませっさい)、神人、新潮、人名(青山延干)、全書(青山拙斎　あおやませっさい)、大百(青山拙斎　あおやませっさい)(㊅1775年)、日史、日人、藩臣2、百科、歴大、和俳

**青山佩弦斎** あおやまはいげんさい
→青山延光(あおやまのぶみつ)

**青山三枝** あおやまみつえ
大正9(1920)年~
昭和期の教師、新日本婦人の会愛知県本部代表。
¶愛知女

**青山良道** あおやまよしみち
大正3(1914)年3月31日~昭和61(1986)年4月23日
昭和期の教育者、政治家。東京都中野区区長。
¶現朝、現政、世紀、日人、平和

**青山利永** あおやまりえい
㊋青山利永《あおやまとしなが》
江戸時代中期の数学者。
¶国書(あおやまとしなが　生没年不詳)、人名、数学(あおやまとしなが)、日人(あおやまとし

なが　生没年不詳）

**赤井運次郎**　あかいうんじろう
明治10（1877）年～昭和44（1969）年
明治～昭和期の教育者。
¶山形百

**赤池博**　あかいけひろし
昭和22（1947）年～
昭和～平成期の就職評論家。MRA研究所代表取締役。企業の採用コンサルティング、大学の就職活動の講演などで活躍。
¶現執3期

**赤石敏夫**　あかいしとしお
昭和26（1951）年9月23日～
昭和～平成期の作曲家、音楽教育家。
¶作曲

**赤石宏**　あかいしひろし
大正15（1926）年9月27日～平成19（2007）年10月29日
昭和期の小説家・教育者。
¶東北近

**赤井東海**　あかいとうかい
天明7（1787）年～文久2（1862）年11月14日
江戸時代後期の儒学者。
¶維新、江文、国書、人名、日人（㊤1863年）、洋学（㊤天明6（1786）年）

**赤井米吉**　あかいよねきち
明治20（1887）年6月1日～昭和49（1974）年2月26日
大正～昭和期の教育者。明星学園を創設。著書に「愛と理性の教育」など。
¶石川百、学校、近現、現朝、現情、現人、国史、史人、社史、新潮、人名7、世紀、姓氏石川、多摩、哲学、日人、ふる

**赤梅昭三**　あかうめしょうぞう
昭和3（1928）年11月10日～
昭和期の馬瀬村教育長。
¶飛騨

**赤尾勝己**　あかおかつみ
昭和32（1957）年2月25日～
昭和～平成期の教育学者。関西大学文学部教授。専門は、教育学、生涯学習論。
¶現執4期

**赤尾虚舟**　あかおきょしゅう
江戸時代末期～明治期の教育者。
¶三重

**赤尾好夫**　あかおよしお
明治40（1907）年3月31日～昭和60（1985）年9月11日
大正～昭和期の出版人、放送事業家。旺文社・テレビ朝日社長。旺文社設立の後、民間放送開局と同時に日本短波放送、日本教育テレビ（のちテレビ朝日）を設立。
¶近文、現情、現人、現日、コン改、コン4、コン5、社史、出版、出文（㊤明治40（1907）

年5月5日）、新潮、世紀、創業（㊤明治40（1907）年5月5日）、体育、日人、マス2、マス89、民学、山梨人、山梨百

**赤川晩翠**　あかがわばんすい
文政11（1828）年～明治7（1874）年12月12日
㊥赤川又太郎《あかがわまたろう》
江戸時代末期～明治期の長州（萩）藩士。
¶維新（赤川又太郎　あかがわまたろう）、姓氏山口、幕末、藩臣6

**赤川又太郎**　あかがわまたろう
→赤川晩翠（あかがわばんすい）

**赤木愛太郎**　あかぎあいたろう
明治6（1873）年～昭和31（1956）年
明治～昭和期の教育者。
¶神奈川人、神奈川百、姓氏神奈川

**赤木亀代**　あかぎかめよ
大正1（1912）年～平成7（1995）年
昭和～平成期の教育者。大三沢洋裁学院創始者。
¶青森人

**赤木かん子**　あかぎかんこ
昭和～平成期の児童図書研究者、児童文学評論家。文庫「海賊船」主宰。子どもの本・子どもの生活について執筆・発言。
¶現執4期、世紀

**赤木周行**　あかぎしゅうこう
安政4（1857）年～明治29（1896）年3月8日
江戸時代末期～明治期の学校創立者。東京物理学講習所（後の東京理科大学）の設立に関わる。
¶学校

**赤城文治**　あかぎぶんじ
明治33（1900）年～昭和31（1956）年
大正～昭和期の俳人、教育者。弘前アララギ会の指導者。
¶青森人

**赤木将為**　あかぎまさため
明治18（1885）年～昭和36（1961）年
明治～昭和期の教育家。
¶宮城百

**赤木万二郎**　あかぎまんじろう
明治1（1868）年～昭和6（1931）年
明治～昭和期の教育者。
¶岡山人

**赤崎海門**　あかさきかいもん、あかざきかいもん
寛保2（1742）年～享和2（1802）年　㊥赤崎源助《あかざきげんすけ》
江戸時代中期～後期の漢学者。
¶朝日（㊤元文4（1739）年　㊦享和2年8月29日（1802年9月25日））、江文（あかざきかいもん　㊦文化2（1805）年）、国書（あかざきかいもん　㊦文化2（1805）年8月29日）、コン改（赤崎源助　あかざきげんすけ）、コン4（赤崎源助　あかざきげんすけ）、詩歌（㊤1739年）、新潮（赤崎源助　あかざきげんすけ　㊦文化2（1805）年8月29日、（異説）享和2（1802）年8月29日）、人名

## あ

### 赤崎休蔵　あかざききゅうぞう
明治10(1877)年～昭和30(1955)年
明治～昭和期の教育者。知覧小学校長、知覧町助役。
¶姓氏鹿児島

### 赤崎源助　あかざきげんすけ
→赤崎海門（あかさきかいもん）

### 赤座弥太郎　あかざやたろう
文政13(1830)年～明治35(1902)年
江戸時代末期～明治期の豊後岡藩士。
¶大分歴、人名、日人(⊕1831年)、幕末(⊗1902年5月1日)、藩臣7

### 赤沢鍾美　あかざわあつみ
元治1(1864)年～昭和12(1937)年
明治～昭和期の教育者。
¶世紀(⊕元治1(1864)年10月16日　⊗昭和12(1937)年3月29日)、日人

### 赤沢乾一　あかざわけんいち
明治6(1873)年3月5日～昭和37(1962)年7月3日
明治～昭和期の医師、社会事業家。
¶岡山人、岡山百、岡山歴、近医、世紀、日人

### 赤沢立三　あかざわりゅうぞう
昭和15(1940)年6月22日～
昭和～平成期のピアノ教育、音楽教育学。
¶音人2、音人3

### 明石覚一　あかしかくいち，あかしがくいち
？～建徳2/応安4(1371)年　⊛覚一《かくいち》、覚一検校《かくいちけんぎょう》、明石検校《あかしけんぎょう》
鎌倉時代後期～南北朝時代の平家琵琶演奏者。
¶朝日(覚一　かくいち　⊗応安4/建徳2年6月29日(1371年8月10日))、岩史(⊗応安4(1371)年6月29日)、音楽(⊕1300年頃)、神奈川百、鎌室、教育(⊕1300年？　⊗1371年？)、郷土神奈川(あかしがくいち　⊕1310年)、芸能(覚一検校　かくいちけんぎょう　⊗正安2(1300)年　⊗応安4(1371)年6月29日)、国史、国書(覚一　かくいち　⊗応安4(1371)年6月29日)、古中、コン改(生没年不詳)、コン4(生没年不詳)、史人(⊗1371年6月)、新潮、⊗応安4/建徳2(1371)年6月、人名、世人、世百、全書(⊕1300年？)、大百(⊕1300年頃)、日音(覚一検校　かくいちけんぎょう　⊗正安頃(1300年？)　⊗建徳2/応安4(1371)年6月29日)、日人(覚一検校　かくいちけんぎょう、兵庫人、兵庫百、歴人(⊕1300年ころ)

### 明石嘉聞　あかしかもん
明治30(1897)年8月15日～昭和48(1973)年10月4日
明治～昭和期の医師。聖マリアンナ医科大学を創設した。

¶学校、近医

### 明石志都香　あかししずか
明治32(1899)年9月25日～昭和19(1944)年12月29日
明治～昭和期の女性。渡米し、ロサンゼルス市郊外で日本人児童の教育に従事。
¶女性、女性普

### 明石秋室　あかししゅうしつ
寛政5(1793)年～慶応1(1865)年
江戸時代末期の豊後佐伯藩士、教育家。
¶大分百、大分歴、藩臣7

### 赤司鷹一郎　あかしたかいちろう
明治9(1876)年5月10日～昭和8(1933)年11月7日
明治～昭和期の官吏。文部次官、大日本職業指導協会会長、海外殖民協会会長などを務めた。
¶人名、世紀、渡航、日人

### 明石智成　あかしちじょう
文政12(1829)年～明治18(1885)年5月27日
江戸時代末期・明治期の龍谷山東雲寺住職。教育者。
¶町田歴

### 明石博高　あかしひろあきら
天保10(1839)年10月4日～明治43(1910)年6月20日　⊛明石博高《あかしひろたか》
江戸時代末期～明治期の化学者、殖産事業家、歌人。京都に製糸場、外国語学校、病院など多くの施設を創立。
¶朝日(⊕天保10年10月4日(1839年11月9日))、維新、科学、京都、京都大、京都府、近医、近現、国史、史人(⊗1910年1月5日)、写家、新潮、人名(あかしひろたか)、姓氏京都、大百、日人、幕末、幕末大、洋学

### 明石博高　あかしひろたか
→明石博高（あかしひろあきら）

### 明石要一　あかしよういち
昭和23(1948)年1月17日～
昭和～平成期の教育学者。千葉大学教授。
¶現執2期、現執4期

### 赤田臥牛　あかたがぎゅう，あかだがぎゅう
延享4(1747)年～文政5(1822)年
江戸時代後期の儒学者。
¶岐阜百(あかだがぎゅう)、国書(あかだがぎゅう　⊗文政5(1822)年7月22日)、詩歌、人名(あかだがぎゅう)、和俳

### 赤谷重郎　あかだにしげろう
明治18(1885)年4月2日～昭和35(1960)年12月28日
明治～昭和期の教育者。
¶庄内

### 県秀彦　あがたひでひこ
昭和36(1961)年6月25日～
昭和～平成期の中学高校教諭、図鑑執筆者。
¶現執4期、YA

**県緑香** あがたりょくこう
→県緑香(あがたりょっこう)

**県緑香** あがたりょっこう
寛政6(1794)年～安政4(1857)年　[別]県緑香《あがたりょくこう》
江戸時代末期の肥前平戸藩士。
¶人名，日人(あがたりょくこう)

**赤地加久子** あかちかくこ
大正13(1924)年7月12日～平成17(2005)年8月21日
昭和・平成期の教師、保護司、茶人。
¶石川現十

**秋月天放** あかづきてんぽう
→秋月天放(あきづきてんぽう)

**赤津盛孝の妻** あかつもりたかのつま★
江戸時代後期の女性。教育。倉田氏の娘。赤津寺子屋の三代目赤津盛孝の妻。
¶江表(赤津盛孝の妻(秋田県))

**赤津盛正** あかつもりまさ★
元文4(1739)年～安永9(1780)年4月27日
江戸時代中期の教育者。
¶秋田人2

**赤津盛理** あかつもりまさ★
文化10(1813)年～文久3(1863)年10月8日
江戸時代末期の教育家。
¶秋田人2

**赤禰謙次** あかねけんじ
天保8(1837)年～明治27(1894)年1月15日
江戸時代末期～明治時代の神官倅、教員。第二奇兵隊の創立に尽力。のち教員となる。
¶幕末，幕末大

**赤羽王郎** あかばねおうろう, あかはねおうろう
明治19(1886)年4月17日～昭和56(1981)年5月21日
明治～昭和期の教育運動家、小学校教師。
¶薩摩，世紀，姓氏長野(あかはねおうろう)，長野歴(あかはねおうろう)，日人(あかはねおうろう)

**赤羽規次郎** あかはねきじろう
嘉永6(1853)年～昭和11(1936)年
明治～昭和期の教育者。
¶姓氏長野

**赤羽忠幸** あかばねただゆき
明治44(1911)年5月11日～昭和9(1934)年4月17日
昭和期の小学校教員。
¶社史

**赤羽児哉** あかはねちごや
弘化4(1847)年～大正8(1919)年
江戸時代末期～大正期の教育者。
¶姓氏長野

**赤羽長重** あかばねちょうじゅう, あかはねちょうじゅう
明治4(1871)年1月2日～大正2(1913)年
明治～大正期の教育者。
¶世紀([没]大正2(1913)年8月27日)，長野歴(あかはねちょうじゅう)，日人(あかはねちょうじゅう)

**赤星仙太** あかぼしせんた
明治13(1880)年～大正12(1923)年
明治～大正期の教育家、キリスト教伝道者。
¶宮城百

**赤星朝暉** あかほしともてる
慶応3(1867)年～昭和9(1934)年
明治～昭和期の教育者。新潟県立加茂農林高等学校校長、千葉高等園芸学校校長。
¶新潟百

**赤星直忠** あかぼしなおただ
明治35(1902)年4月17日～平成3(1991)年3月11日
昭和期の考古学者、教育家。神奈川県文化財保護審議会委員。神奈川県内の遺跡を調査研究。
¶郷土，郷土神奈川，考古，史研，世紀，姓氏神奈川，日人

**赤堀侃司** あかほりかんじ, あかぼりかんじ
昭和19(1944)年7月21日～
昭和～平成期の教育工学者。東京工業大学教授。著書に「講座教育情報科学」など。
¶現執3期(あかぼりかんじ)，現執4期

**赤堀得平** あかほりとくへい
明治30(1897)年3月2日～？
昭和期の教育者、歌人、キリスト教徒。
¶視覚

**赤堀正雄** あかほりまさお
明治41(1908)年12月20日～平成6(1994)年2月26日
昭和・平成期の弁護士。元県教育長。
¶岩手人

**赤堀峯吉** あかぼりみねきち, あかほりみねさち
文化13(1816)年～明治37(1904)年
江戸時代末期～明治期の料理学校創設者。
¶江戸東，食文(あかほりみねきち　[没]1904年11月3日)，人情5，人名，日人(あかほりみねきち)

**赤松照幢** あかまつしょうどう
文久2(1862)年～大正10(1921)年
明治～大正期の僧、社会事業家。
¶世紀([没]大正10(1921)年8月24日)，姓氏山口，日人，山口百

**赤松寸雲** あかまつすんうん
文化14(1817)年～明治12(1879)年10月2日
江戸時代末期～明治期の儒学者。
¶岡山人([生]文政1(1818)年)，岡山歴，国書([生]文政1(1818)年)，人名，日人

**赤松まさえ** あかまつまさえ
大正10(1921)年～
昭和～平成期の小中学校教諭、児童文学作家。
¶京都文, 児人

**赤松安子** あかまつやすこ
慶応1(1865)年～大正2(1913)年2月2日
明治期の社会事業家。白蓮女学校創立者。孤児救済の先駆者。地方への仏教思想の普及に尽力。
¶学校, 女性, 女性普, 世紀, 先駆, 日人

**赤松蘭室** あかまつらんしつ
寛保3(1743)年～寛政9(1797)年
江戸時代中期の播磨赤穂藩士、儒学者。
¶国書(⊕寛政9(1797)年3月26日), 詩歌, 人名, 日人, 藩臣5, 日俳

**赤松良子** あかまつりょうこ
昭和4(1929)年8月24日～
昭和～平成期の官僚、政治家。文京女子大学教授。労働省婦人少年局長となり、男女雇用機会均等法の成立に尽力。細川・羽田内閣の文相。
¶近女, 現朝, 現執3期, 現執4期, 現情, 現政, 世紀, 日人, マス89, 履歴, 履歴2, YA

**赤松連城** あかまつれんじょう
天保12(1841)年1月17日～大正8(1919)年7月20日
明治～大正期の浄土真宗西本願寺派僧侶。初めて欧米を視察した日本の僧侶の一人。
¶朝日, 石川百, 岩史, 海越, 海越新, 京都大(⊕天保11(1840)年), 近現, 国際, 国史, コン改, コン5, 史人, 真宗, 新潮, 人名, 世紀, 姓氏石川, 全書, 大百, 哲学, 渡航, 日史(⊕天保12(1841)年1月), 日人, 百橘, 百科, 仏教百(⊕天保12(1841)年1月), 仏人, 民学, 山口百, 歴大

**赤山寿彦** あかやまとしひこ
寛政6(1794)年～明治5(1872)年1月12日
江戸時代後期～明治期の教育者。
¶岡山歴

**東江康治** あがりえやすはる
昭和3(1928)年9月10日～
昭和～平成期の教育心理学者。琉球大学教授。
¶現情

**上尾信也** あがりおしんや
昭和36(1961)年3月11日～
昭和～平成期の音楽教育者、音楽学者(音楽社会史)。
¶音人3, 現執3期

**阿川丈参** あがわじょうさん
天保1(1830)年～1900年
江戸時代後期～明治期の医師・教育家。
¶多摩(⊕明治33(1900)年頃)

**安芸愛山** あきあいざん
安政4(1857)年～大正10(1921)年12月9日
明治～大正期の社会教育家。
¶四国文

**秋枝謙二** あきえだけんじ
寛政11(1799)年～明治9(1876)年
江戸時代後期～明治期の教育家。
¶姓氏山口, 山口百

**秋尾弘道** あきおひろみち
昭和10(1935)年2月15日～
昭和～平成期の音楽教育家(声楽)。
¶音人

**安芸喜代香** あきぎよか
安政4(1857)年～大正10(1921)年12月10日
明治～大正期の政治家。「土陽新聞」主筆、高知県議会議長、高知県教育会会長。
¶高知人, 高知百, 社史

**秋草芳雄** あきくさよしお
大正5(1916)年12月15日～平成4(1992)年
昭和期の学校創立者。秋草学園を創設。
¶学校

**安芸左代** あきさよ
明治9(1876)年11月14日～昭和36(1961)年
明治～昭和期の教育者。
¶札幌

**安芸思温** あきしおん
→安芸恭雅(あきやすまさ)

**秋重実恵** あきしげじつえ
明治30(1897)年7月13日～昭和63(1988)年9月7日
明治～昭和期の軍人。
¶陸海

**秋月橘門** あきずききつもん
→秋月橘門(あきづききつもん)

**秋月種樹** あきずきたねたつ
→秋月種樹(あきづきたねたつ)

**秋田喜三郎** あきたきさぶろう
明治20(1887)年3月17日～昭和21(1946)年4月12日
明治～昭和期の教育者。
¶郷土滋賀, 滋賀百, 世紀, 日人

**秋田健一** あきたけんいち
昭和30(1955)年1月26日～
昭和～平成期の教師。小学校教頭。専門は、小学校教育・社会科。
¶現執4期

**秋田隆信** あきたたかのぶ
慶応1(1865)年～昭和12(1937)年
明治～昭和期の教育者。僻地教育の進展に寄与。
¶姓氏石川

**安芸田面** あきたのも
→安芸恭雅(あきやすまさ)

**秋田茂兵衛** あきたもへえ
寛政5(1793)年～明治19(1886)年
江戸時代後期～明治期の教育者。

¶京都府，日人

**秋田美子** あきたよしこ
明治41(1908)年～昭和42(1967)年10月5日
昭和期の保母、保育行政家。東京都保育研究会会長。保母養成の学校作りに尽力。
¶近女([生]明治40(1907)年)，女性，女性普，世紀，日人

**秋田倩季** あきたよしすえ
宝暦1(1751)年～文化10(1813)年
江戸時代中期～後期の大名。陸奥三春藩主。
¶国書([没]文化10(1813)年8月10日)，諸系，日人，藩主1([没]文化10(1813)年8月)

**秋月韋軒** あきづきいけん
文政7(1824)年7月2日～明治33(1900)年 [別]秋月悌次郎《あきづきていじろう》，秋月胤永《あきづきかずひさ，あきづきたねなが》
江戸時代末期～明治期の会津藩士、教育者。公武合体に尽力。晩年は「敗余の卒」と称して信念教育を施した。
¶会津(秋月胤永 あきづきかずひさ)，江人，熊本人(秋月悌次郎 あきづきていじろう)，コン5，詩作(秋月胤永 あきづきかずひさ [没]明治33(1900)年1月5日)，全幕(秋月悌次郎 あきづきていじろう)，日人，幕末大(秋月悌次郎 あきづきていじろう [没]明治33(1900)年1月5日)，福島百(秋月胤永 あきづきたねなが)，履歴(秋月悌次郎 あきづきていじろう [没]明治33(1900)年1月3日)

**秋月胤永** あきづきかずひさ
→秋月韋軒(あきづきいけん)

**秋月橘門** あきづききつもん，あきずききつもん
文化6(1809)年～明治13(1880)年 [別]秋月竜《あきづきりょう》，水筑竜《みずきりゅう》
江戸時代後期～明治期の儒学者。
¶維新，大分百，大分歴，国書([没]明治13(1880)年4月26日)，詩歌，人名(秋月竜 あきづきりょう)，千葉百(水筑竜 みずきりゅう [没]明治13(1880)年4月)，日人，幕末([没]1880年4月26日)，藩臣7，和俳(あきずききつもん)

**秋月桂太郎** あきづきけいたろう
明治4(1871)年～大正5(1916)年1月19日
明治～大正期の新派俳優。関西に新派隆盛時代を築く。当たり役に「金色夜叉」の貫一など。
¶大阪人([没]大正5(1916)年1月)，大阪墓，芸能([生]明治4(1871)年2月12日)，コン改，コン5，人名，日人([生]明治4(1871)年2月12日)

**秋月庄馬** あきづきしょうま
文政4(1821)年～明治33(1900)年1月31日
江戸時代末期～明治時代の医師。回春堂という私塾を設立し子弟の教育に尽力。
¶幕末，幕末大

**秋月新太郎** あきづきしんたろう
*～大正2(1913)年
明治期の教育家、官吏。貴族院議員。東京女子高等師範学校長、文部参事官などを歴任。
¶人名([生]1839年)，日人([生]1841年)

**秋月種茂** あきづきたねしげ
寛保3(1743)年11月30日～文政2(1819)年11月6日 [別]秋月種穎《あきづきたねひで》
江戸時代中期～後期の大名。日向高鍋藩主。
¶国書(秋月種穎 あきづきたねひで)，諸系([生]1744年)，人名，日人([生]1744年)，藩主4([生]寛保3(1743)年11月晦日)，宮崎百

**秋月種樹** あきづきたねたつ，あきずきたねたつ
天保4(1833)年～明治37(1904)年10月17日
江戸時代末期～明治期の政治家。貴族院議員。学問所奉行、将軍徳川家茂の侍読、維新後は明治天皇の侍読をつとめた。
¶朝日([生]天保4年10月17日(1833年11月28日))，維新，海越新([生]天保4(1833)年10月17日)，近現，近世，国際，国史，コン改，コン4，コン5，史人([生]1833年10月)，諸系，人書94(あきずきたねたつ)，新潮，人名，渡航([生]1833年10月)，日人，幕末，藩臣7，宮崎百([生]天保4(1833)年1月17日)

**秋月種殷** あきづきたねとみ
文化14(1817)年～明治7(1874)年3月18日
江戸時代末期～明治期の高鍋藩主、高鍋藩知事。砂糖栽培による富国をはかったほか、西洋兵式を採用して領内に砲台を築いた。
¶朝日([生]文化14年6月9日(1817年7月22日))，維新，近現，近世，国史，コン改([生]文政1(1818)年)，コン4([生]文政1(1818)年)，コン5([生]文政1(1818)年)，諸系，新潮([生]文政1(1818)年)，人名([生]1818年)，日人，幕末，藩主4([生]文化14(1817)年6月9日)，宮崎百([生]文化14(1817)年6月13日)

**秋月胤永** あきづきたねなが
→秋月韋軒(あきづきいけん)

**秋月種穎** あきづきたねひで
→秋月種茂(あきづきたねしげ)

**秋月悌次郎** あきづきていじろう
→秋月韋軒(あきづきいけん)

**秋月天放** あきづきてんぽう
天保12(1841)年～大正2(1913)年 [別]秋月天放《あかづきてんぽう》
明治～大正期の漢詩人、教育者、政治家。貴族院議員。東京女子高等師範学校校長。詩と書に長じ、「天放存稿」一巻など著した。
¶近文，詩歌([生]1839年)，詩作(あかづきてんぽう)

**秋月竜** あきづきりょう
→秋月橘門(あきづききつもん)

**秋野太郎** あきのたろう
安政6(1859)年～昭和15(1940)年
明治～昭和期の教育者。
¶姓氏長野，長野歴

**秋野茂右衛門** あきのもえもん
天保9(1838)年～明治23(1890)年

江戸時代末期～明治期の公益家。米沢藩での教育、道路、橋梁などの事業を助成した。
¶庄内（[没]明治23（1890）年8月10日），人名，日人

**秋葉馬治** あきばうまじ
明治13（1880）年10月22日～？
明治～昭和期の教育者。官立東京盲学校校長。
¶視覚

**秋葉英則** あきばひでのり
昭和16（1941）年1月22日～
昭和～平成期の心理学者。大阪教育大学教授。発達心理学・社会心理学・教育心理学を研究。
¶現執1期，現執3期，現執4期

**秋浜三郎** あきはまさぶろう
明治29（1896）年3月1日～昭和63（1988）年1月21日
大正・昭和期の教育者。石川啄木の教え子。
¶岩手人

**秋保親孝** あきほちかたか
明治12（1879）年3月13日～昭和40（1965）年7月4日
明治～昭和期の教育者。
¶庄内

**秋間為子** あきまためこ
文久元（1861）年11月14日～昭和8（1933）年4月9日
明治～大正期の教育者。
¶神奈女2，世紀，多摩，日人

**秋元与** あきもとあたい
享和1（1801）年～明治18（1885）年
江戸時代後期～明治期の喜連川藩士、藩儒。維新後は新政府公議所議員。
¶栃木歴

**秋元梅吉** あきもとうめきち
明治25（1892）年8月26日～昭和50（1975）年2月8日
大正～昭和期の社会福祉事業家、伝道者。
¶キリ，視覚，多摩

**秋本嵎夷** あきもとぐうい
元禄1（1688）年～宝暦1（1751）年
江戸時代中期の三河岡崎藩士、儒学者。岡崎藩儒官。
¶姓氏愛知，藩臣4

**秋元国子** あきもとくにこ
天保6（1835）年～明治41（1908）年
明治期の幼児教育者。
¶信州女

**秋元正一郎** あきもとしょういちろう
文政6（1823）年～文久2（1862）年8月29日　[別]秋元安民《あいもとやすたみ，あきもとやすたみ》
江戸時代末期の国学者、洋学家。
¶朝日（[生]文政6年1月1日（1823年2月11日）[没]文久2年8月29日（1862年9月22日）），維新（秋元安民　あきもとやすたみ），科学（[生]1823年（文政6）1月1日），近世（秋元安民　あきもとやすたみ），国史（秋元安民　あきもとやすたみ），国書（秋元安民　あきもとやすたみ　[生]文政6（1823）年1月1日），コン改，コン4，神史（秋元安民　あきもとやすたみ），神人（秋元安民　あいもとやすたみ　[生]文政6（1823）年1月1日），新潮（[生]文政6（1823）年1月1日），人名，世人，日人，幕末（秋元安民　あきもとやすたみ），藩臣5（秋元安民　あきもとやすたみ），兵庫人（秋元安民　あきもとやすたみ　[生]文政6（1823）年1月1日），兵庫百（秋元安民　あきもとやすたみ），洋学（秋元安民　あきもとやすたみ），和俳

**秋元永定** あきもとながさだ
宝暦9（1759）年？～弘化4（1847）年
江戸時代中期～後期の喜連川藩主侍講、良伯。
¶栃木歴

**秋元梅園** あきもとばいえん
→秋元与助（あきもとよすけ）

**秋本誠** あきもとまこと
昭和22（1947）年7月21日～
昭和期の教育ジャーナリスト。
¶現執2期

**秋元美奈子** あきもとみなこ
生没年不詳
昭和～平成期の紙芝居作家、高校教諭。
¶児人

**秋元安民** あきもとやすたみ
→秋元正一郎（あきもとしょういちろう）

**秋元与助** あきもとよすけ
享和1（1801）年9月9日～明治18（1885）年3月16日
[別]秋元梅園《あきもとばいえん》
江戸時代末期～明治期の政治家、教育者。著書に「栃木県史」「塩谷紀略」など多数。
¶国書（秋元梅園　あきもとばいえん），藩臣2

**秋元良仲** あきもとりょうちゅう
？～天保5（1834）年8月11日
江戸時代後期の寺子屋師匠・医師。
¶埼玉人

**安芸恭雅** あきやすまさ
文化12（1815）年～文久3（1863）年　[別]安芸思温《あきしおん》，安芸田面《あきたのも》
江戸時代末期の儒学者。
¶維新（安芸田面　あきたのも），人名（安芸思温　あきしおん），徳島百（安芸田面　あきたのも　[生]文化12（1815）年8月1日　[没]文久3（1863）年6月26日），徳島歴（安芸田面　あきたのも　[生]文化12（1815）年8月1日　[没]文久3（1863）年6月26日），日人（安芸田面　あきたのも），幕末（[没]1863年8月2日）

**秋山岩吉** あきやまいわきち
明治6（1873）年～昭和33（1958）年
明治～昭和期の教育者。
¶神奈川人

**秋山和夫** あきやまかずお
昭和4(1929)年8月26日〜
昭和〜平成期の幼児教育学者。岡山大学教授。
¶現執2期

**秋山吉次郎** あきやまきちじろう
明治7(1874)年〜昭和32(1957)年
明治〜昭和期の教育者・郷土史家。
¶郷土，群新百，群馬人，群馬百，姓氏群馬

**秋山玉山** あきやまぎょくさん，あきやまぎよくさん
元禄15(1702)年〜宝暦13(1763)年
江戸時代中期の漢学者。
¶朝日(⊕元禄15年6月29日(1702年7月23日) ㊣宝暦13年12月12日(1764年1月14日))，江文，大分歴，教育，近世(あきやまぎよくさん)，熊本人，熊本百(㊣宝暦13(1763)年12月11日)，国史，国書(⊕元禄15(1702)年6月29日 ㊣宝暦13(1763)年12月12日)，コン改，コン4，詩歌，詩作(⊕元禄15(1702)年6月29日 ㊣宝暦13(1763)年12月12日)，史人(⊕1702年6月29日 ㊣1763年12月11日)，新潮(⊕元禄15(1702)年6月29日 ㊣宝暦13(1763)年12月12日)，人名，世人(⊕宝永5(1708)年 ㊣宝暦13(1763)年12月11日)，世百，全書(⊕?)，日人(㊣1764年)，藩臣7(あきやまぎよくさん)，百科，冨嶽，歴大，和俳

**秋山金次郎** あきやまきんじろう
明治3(1870)年〜昭和24(1949)年5月1日
明治〜昭和期の教育者。
¶群馬人，世紀，姓氏群馬，日人

**秋山蠕山** あきやまごうざん
嘉永2(1849)年〜昭和4(1929)年
江戸時代後期〜昭和期の教育者。
¶三重

**秋山左衛門** あきやまさえもん
文化9(1812)年〜明治1(1868)年
江戸時代末期の藩校日新館教授，医学師範。
¶日人，幕末(㊣1868年11月6日)，幕末大(㊣慶応4(1868)年9月6日)

**秋山山谿** あきやまさんけい
文化9(1812)年〜明治4(1871)年4月18日
江戸時代後期〜明治期の教育者。
¶山梨百

**秋山春五** あきやましゅんご
明治31(1898)年〜昭和42(1967)年
昭和の教育者・体育指導者。
¶神奈川人

**秋山照禅** あきやましょうぜん
明治22(1889)年7月14日〜昭和25(1950)年6月11日
大正〜昭和期の小学校教員，青年団運動指導者。岡山県社会教育主事。
¶社史

**秋山四郎** あきやましろう
嘉永2(1849)年〜?

明治期の教育者。共立女子職業学校(後の共立女子学園)の設立に関わる。
¶学校

**秋山隆志郎** あきやまたかしろう
昭和9(1934)年2月22日〜
昭和〜平成期の教育工学者。東京情報大学教授。コミュニケーション，手話などについて執筆。
¶現執2期，現執3期

**秋山断** あきやまたけし
→秋山龍斎(あきやまひさい)

**秋山恒太郎** あきやまつねたろう
*〜明治44(1911)年
江戸時代後期〜明治期の教育家。
¶国際(⊕天保3(1832)年)，新潟百(⊕1839年)

**秋山恬堂** あきやまてんどう
文政9(1826)年〜明治19(1886)年
江戸時代末期〜明治期の儒学者。著書に「訓蒙迩言」「銚子紀行」など。
¶姓氏愛知，幕末，藩臣4

**秋山俊夫** あきやまとしお
昭和6(1931)年9月3日〜
昭和〜平成期の心理学者。福岡教育大学教授。編著に「学校心理学」，編訳に「心理療法の基礎知識」など。
¶現執3期

**秋山白巌** あきやまはくがん
*〜昭和29(1954)年
明治〜昭和期の書家，秋山塾の創立者。
¶姓氏長野，長野歴(⊕慶応3(1867)年)，北海道百(⊕元治1(1864)年)，北海道歴(⊕元治1(1864)年)

**秋山白貴堂** あきやまはくひどう
*〜明治7(1874)年
江戸時代後期〜明治期の儒学者。
¶日人(⊕1798年)，三重(⊕寛政11年4月28日)

**秋山龍斎** あきやまひさい
嘉永2(1849)年〜昭和4(1929)年 ㊕秋山断《あきやまたけし》
江戸時代末期〜昭和期の漢学者。家塾で子弟の教育にあたる。
¶世紀(秋山断 あきやまたけし ㊣昭和4(1929)年11月13日)，日人

**秋山むめ** あきやまむめ
明治20(1887)年3月〜昭和51(1976)年12月13日
明治〜昭和期の教育者。
¶埼玉人

**秋吉宗鎮** あきよしむねしげ
明治27(1894)年7月31日〜昭和58(1983)年1月2日
大正〜昭和期の音楽教育家。
¶岡山歴

**阿久沢栄太郎** あくざわえいたろう
大正8(1919)年〜

あ

昭和期の教育者。
¶群馬人

**芥川玉潭** あくたがわぎょくたん
安永6(1777)年～天保3(1832)年　[別]芥川輸《あくたがわてつ》
江戸時代後期の越前鯖江藩士。
¶国書([没]天保3(1832)年2月20日)，人名([生]1787年　[没]1842年)，人名(芥川輸　あくたがわてつ)，日人，藩臣3

**芥川三九郎** あくたがわさんくろう
天保4(1833)年～明治14(1881)年4月7日
江戸時代末期～明治時代の剣士。克己堂師範となり家士を育成。
¶幕末，幕末大

**芥川準一郎** あくたがわじゅんいちろう
明治16(1883)年～昭和36(1961)年
明治～昭和期の教育者。
¶愛媛

**芥川輸** あくたがわてつ
→芥川玉潭(あくたがわぎょくたん)

**芥田菊太郎** あくたきくたろう
慶応3(1867)年～昭和18(1943)年
明治～昭和期の教育者、私立浜松女子高校の創立者。
¶静岡歴，姓氏静岡

**阿久津環之丞** あくつたまのじょう
明治15(1882)年～昭和15(1940)年
明治～昭和期の政治家。祖母井町長。栃木県内実業教育の創始者。
¶栃木歴

**アグネス・チャン**
昭和30(1955)年8月20日～
昭和～平成期の歌手、タレント。日本ユニセフ国内大使、目白大学教授。専門は教育学、異文化コミュニケーション論。ファッション界、広報や募金活動等多彩な活動を行う。
¶芸能，現執4期，現日([生]1955年8月10日)，世紀，テレ，日人，マス89，和モ

**上見朋行** あげみともゆき
昭和10(1935)年11月21日～
昭和期の丹生川村教育長。
¶飛騨

**明峯栄泉** あけみねえいせん
明治5(1872)年～＊
明治～大正期の僧侶、教育者。
¶群新百([没]1922年)，群馬人([没]大正12(1923)年)

**安香烈** あこうれつ
明治期の教育者。共立女子職業学校(後の共立女子学園)の設立に関わる。
¶学校

**阿佐** あさ
江戸時代前期の女性。京都曇華院学頭。武芸者、尼僧。
¶江表(阿佐(新潟県))，女性(生没年不詳)，人名，日人(生没年不詳)

**アサ**
江戸時代末期の女性。教育。岡村氏。嘉永7年、麹町隼町に寺小屋松声堂を開業。
¶江表(アサ(東京都))

**浅井栄熙**(浅井栄凞) あさいえいき
安政6(1859)年～昭和6(1931)年
明治～昭和期の英語教師。浅井鼎泉の嫡男。
¶熊本近(浅井栄凞)，熊本人

**浅井嘉七郎** あさいかしちろう
？～明治18(1885)年
江戸時代後期の寺子屋師匠。
¶神奈川人，姓氏神奈川

**浅井きを** あさいきお，あさいきを
宝暦9(1759)年～？
江戸時代後期の女性。心学者。中沢道二の参前舎の門弟。幕府御家人浅井喜太郎の妻。
¶朝日，国書(あさいきを　生没年不詳)，女性，日人(あさいきを)

**浅井洌** あさいきよし
→浅井洌(あさいれつ)

**浅井熊太郎** あさいくまたろう
明治5(1872)年～昭和19(1944)年
明治～昭和期の教育家。静岡県立榛原高校創立者。
¶学校，静岡歴，姓氏静岡

**浅井柞** あさいさく
天保14(1843)年3月～明治39(1906)年3月20日
江戸時代後期～明治期の教育者・日本基督教婦人矯風会の運動家。
¶近女，女運，女史

**浅井次郎** あさいじろう
明治44(1911)年1月1日～昭和63(1988)年1月3日
昭和期の教育者。
¶岡山歴

**浅井猛** あさいたけし
大正9(1920)年1月8日～平成3(1991)年
昭和～平成期の私学経営者。
¶札幌，北海道歴

**浅井忠良** あさいただよし
？～文化10(1813)年
江戸時代後期の書家、寺子屋師匠。
¶神奈川人，姓氏神奈川

**浅井継世** あさいつぎよ
明治3(1870)年～昭和7(1932)年　[別]浅井継世《あさいつぐよ》
明治～昭和期の教育者。
¶群馬人，姓氏群馬(あさいつぐよ)

**浅井継世** あさいつぐよ
→浅井継世(あさいつぎよ)

**浅井鼎泉** あさいていせん
　文政9(1826)年～明治31(1898)年
　江戸時代末期・明治期の熊本藩校時習館の訓読師。
　¶熊本人

**浅井正保** あさいまさやす
　明治41(1908)年1月～
　昭和期の小学校教員。愛知県第一師範学校付属小学校訓導。
　¶社史

**浅井道博** あさいみちひろ
　天保14(1843)年～明治18(1885)年
　江戸時代後期～明治時代の数学者。開成所取締役、沼津兵学校二等教授。
　¶数学(㊥明治18(1885)年10月12日)、徳川臣(㊥？)、幕末大(㊥天保14(1843)年6月19日 ㊥明治18(1885)年10月28日)

**浅井淑子** あさいよしこ
　大正6(1917)年7月4日～昭和55(1980)年1月4日
　昭和期の教育者、服飾研究家。北海道ドレスメーカー学院の創設者。
　¶学校、北墓、札幌、北海道百、北海道歴

**浅井洌**(浅井洌) あさいれつ
　嘉永2(1849)年～昭和13(1938)年　㊦浅井洌《あさいきよし》
　明治～大正期の教育者。
　¶郷土長野(あさいきよし)、世紀(浅井洌 ㊥嘉永2(1849)年10月10日 ㊥昭和13(1938)年2月17日)、姓氏長野(あさいきよし)、長野百、長野歴、日人

**浅岡杏庵** あさおかきょうあん
　天保11(1840)年～大正3(1914)年
　江戸時代末期～明治時代の医師。泰平寺に新民社を設立して二等訓導。
　¶伊豆、静岡歴、姓氏静岡、幕末、幕末大

**浅岡一** あさおかはじめ
　嘉永4(1851)年～昭和1(1926)年9月25日
　明治～大正期の教育者。長野県師範学校長。信州教育の発展に貢献。
　¶会津、姓氏長野、長野百、長野歴、日人、幕末、幕末大

**浅生敷栄** あさおしきえい
　文政8(1825)年9月～
　江戸時代後期～末期の津藩士、教育者。
　¶三重

**安積艮斎** あさかごんさい
　寛政3(1791)年～万延1(1860)年11月21日
　江戸時代末期の儒学者、陸奥二本松藩士。昌平坂学問所儒官。
　¶朝日(㊥寛政3年3月2日(1791年4月4日) ㊥万延1年11月21日(1861年1月1日))、維新(㊥1861年)、岩史(㊥寛政2(1790)年3月2日)、江人、江戸、江文(㊥寛政2(1790)年)、角史、教育、近世(㊥1861年)、国史(㊥1861年)、国書(㊥寛政2(1790)年3月2日)、コン改、コン4、コン5、詩歌(㊥1790年)、詩作(㊥寛政3(1791)年3月2日　㊥万延1(1861)年11月21日)、史人(㊥1861年3月30日)、思想史、新潮(㊥寛政2(1790)年3月2日)、人名、世人(㊥寛政3(1791)年3月2日)、世百、全書、全幕、大百(㊥1791年？)、徳川臣(㊥1861年)、日史(㊥寛政3(1791)年3月2日)、日人(㊥1861年)、幕末(㊥1790年　㊥1861年1月1日)、幕末大(㊥寛政2(1790)年3月2日　㊥文久1(1861)年3月30日)、藩臣5(㊥寛政2(1790)年)、百科、福島百(㊥寛政2(1790)年)、歴大(㊥1790年)、和俳(㊥寛政3(1791)年3月2日)

**浅香弾正** あさかだんじょう
　生没年不詳
　江戸時代の教育者・医師。
　¶姓氏群馬

**浅香宗模** あさかむねのり
　弘化3(1846)年～？
　江戸時代後期～明治期の教育者、政治家。葛巻村村長。旧八戸藩士。
　¶姓氏岩手

**浅川じゅん** あさかわじゅん
　昭和23(1948)年12月26日～
　昭和～平成期の児童文学作家、教育者。
　¶幻作、幻想、児作、児人(㊥1949年)、世紀、日児

**朝川尚網** あさかわしょうけい
　天保8(1837)年～大正1(1912)年
　江戸時代末期～明治期の儒学者。
　¶国書(生没年不詳)、日人

**浅川英雄** あさかわひでお
　昭和6(1931)年4月17日～
　昭和期の教育者。
　¶視覚

**浅川道雄** あさかわみちお
　昭和6(1931)年7月2日～
　昭和～平成期の少年非行・家庭教育専門家。
　¶現執2期、現執4期

**朝倉征夫** あさくらいさお
　昭和16(1941)年6月2日～
　昭和～平成期の教育学者。早稲田大学教授。社会教育・生涯教育学を研究。著書に「子どもにとって現代とは」など。
　¶現執3期、現執4期

**朝倉重治** あさくらじゅうじ
　明治21(1888)年～昭和43(1968)年
　大正～昭和期の教育者。
　¶姓氏神奈川

**朝倉石峰** あさくらせきほう
　明治24(1891)年～昭和14(1939)年
　大正～昭和期の書道教育家。
　¶群新百、群馬人

**朝倉武夫** あさくらたけお
　明治31(1898)年～昭和58(1983)年
　大正～昭和期の教育者、政治家。栃木県議会議員。

¶栃木歴

あ

**朝倉一二三** あさくらひふみ
明治41(1908)年～平成4(1992)年
昭和～平成期の教育者、歌人、郷土史家。
¶姓氏岩手

**朝倉豊次** あさくらぶんじ
明治27(1894)年～昭和41(1966)年
大正～昭和期の海軍軍人、黒部市教育長。
¶姓氏富山

**朝倉福温** あさくらよしはる
昭和3(1928)年～
昭和期の高校教師、地理学者。
¶現執1期

**朝倉隆太郎** あさくらりゅうたろう
大正10(1921)年～
昭和期の地理学者、社会科教育研究者。宇都宮大学教授。
¶現執1期

**アサ子** あさこ★
天保14(1843)年～大正8(1919)年
江戸時代後期～大正時代の女性。教育。佐賀藩の儒学者武富圯南の娘。
¶江表(アサ子(佐賀県))

**浅田栄次** あさだえいじ
慶応1(1865)年～大正3(1914)年
明治～大正期の英語学者。青山学院大学教授。英語教育に尽力した。
¶海越([生]慶応1(1865)年4月28日 [没]大正3(1914)年11月11日), 海越新([生]慶応1(1865)年4月28日 [没]大正3(1914)年11月11日), キリ([生]慶応1(1865)年4月28日 [没]大正3(1914)年11月11日), コン改, コン5, 人名, 世紀([生]慶応1(1865)年5月22日 [没]大正3(1914)年11月9日), 渡航([生]1865年3月 [没]1914年11月9日), 日人

**麻田剛立** あさだごうりゅう
享保19(1734)年～寛政11(1799)年5月22日
[別]綾部剛立《あやべごうりゅう》,綾部妥彰《あやべやすあき》
江戸時代中期の天文暦学者、医学者。
¶朝日([生]享保19年2月6日(1734年3月10日) [没]寛政11年5月22日(1799年6月25日)), 岩史([生]享保19(1734)年2月6日), 大分百, 大分歴, 大阪人, 大阪墓, 科学([生]1734年(享保19)2月6日), 角史, 近世, 国史, 国書([生]享保19(1734)年2月6日), コン改, コン4, 史人([生]1734年2月6日), 人書94, 新潮([生]享保19(1734)年2月6日), 人名, 世人, 世百, 全書, 大百, 日思, 日史, 日人, 藩臣7, 百科, 洋学, 歴大

**浅田春耕** あさだしゅんこう
? ～明治10(1877)年
江戸時代後期～明治期の尾張藩重臣志水氏の私塾時習館学頭。
¶姓氏愛知

**麻田直** あさだなお
天明1(1781)年～嘉永1(1848)年
江戸時代中期～後期の女子教育家。
¶高知人

**麻田直子** あさだなおこ
天明1(1781)年～嘉永1(1848)年4月21日
江戸時代後期の女性。教育者。土佐国佐川郷の女子教育の祖。
¶江表(直子(高知県)), 女性

**浅田正雄** あさだまさお
明治43(1910)年～
昭和期の明星学園教師。
¶社史

**浅田みか子** あさだみかこ
明治4(1871)年10月5日～昭和30(1955)年12月22日
明治～昭和期の教育者。
¶女運

**浅田良逸** あさだりょういつ
明治12(1879)年～昭和33(1958)年
明治～昭和期の東奥義塾塾長、陸軍中将、男爵。
¶青森人

**安里源秀** あさとげんしゅう
明治36(1903)年9月28日～昭和63(1988)年3月15日
昭和期の教育家。琉球大学第3代学長、沖縄国際大学学長兼理事長。戦前は教職を務め、戦後は琉球大学の創設に尽力。
¶現情, 現人, 社史, 世紀, 姓氏沖縄, 日人

**安里成忠** あさとせいちゅう
明治45(1912)年～昭和8(1933)年
昭和期の沖縄教育労働者組合組合員。
¶沖縄百, 社史, 姓氏沖縄

**安里延** あさとのぶ
大正2(1913)年1月10日～昭和25(1950)年5月20日
昭和期の教育行政官、沖縄史研究者。
¶沖縄百, 姓氏沖縄

**安里彦紀** あさとひこのり
明治39(1906)年4月16日～平成2(1990)年11月16日
昭和期の教育者。日本科学者会議参与。
¶世紀, 姓氏沖縄, 日人

**朝長熊平** あさながくまへい
→朝長熊平(ともながくまへい)

**朝長晋亭** あさながしんてい
寛政12(1800)年～弘化1(1844)年 [別]朝長晋亭《ともながしんてい》
江戸時代後期の儒学者。
¶江文, 国書(ともながしんてい), 日人(ともながしんてい [没]1845年)

**麻沼仙作** あさぬませんさく
明治7(1874)年～昭和21(1946)年

明治～昭和期の教育者。
¶姓氏長野

**浅沼武男** あさぬまたけお
大正4(1915)年5月26日～昭和51(1976)年10月11日
昭和期の教育者。
¶町田歴

**浅沼嘉雄** あさぬまよしお
明治5(1872)年～昭和21(1946)年
明治～昭和期の実業家、教育者。
¶鳥取百

**浅野昭夫** あさのあきお
大正14(1925)年9月11日～平成10(1998)年8月23日
昭和・平成期の学校長。
¶飛騨

**浅野彬** あさのあきら
昭和5(1930)年3月10日～
昭和期の小学校教師、口演童話研究家。実践童話の会代表。
¶現執2期

**浅野一摩** あさのかずま
嘉永5(1852)年～昭和9(1934)年
明治～昭和期の剣道家。父祖3代剣道師範家として有馬侯に仕えた。
¶人名，日人，福岡百([生]嘉永5(1852)年4月8日　[没]昭和9(1934)年10月30日)

**朝野鹿取** あさのかとり
→朝野鹿取(あさののかとり)

**浅野勘兵衛** あさのかんべえ
？ ～天保5(1834)年
江戸時代後期の心学者。
¶長野歴

**浅野研真** あさのけんしん
明治31(1898)年7月25日～昭和14(1939)年7月7日
昭和期の教育運動家、浄土真宗大谷派僧侶。東京労働学校開設・運営に尽力。
¶近現，国史，コン改，コン5，社運，社史，真宗([没]昭和14(1939)年7月10日)，新潮，人名7，世紀，哲学，日人([没]昭和14(1939)年7月7日，(異説)7月10日)，仏教([没]昭和14(1939)年7月10日)，平和

**浅野五兵衛** あさのごへえ
文化13(1816)年～明治3(1870)年
江戸時代末期～明治期の山口流剣術・宝蔵院流槍術師範。私財をもって演武場を建て藩士や有志を教授。
¶剣豪，人名，日人，幕末，幕末大，藩臣3

**浅野重晟** あさのしげあきら
寛保3(1743)年～文化10(1813)年
江戸時代中期～後期の大名。安芸広島藩主。
¶朝日，コン改，コン4，諸系([没]1814年)，新潮([没]文化10(1813)年1月13日)，人名，日人([没]1814年)，藩主4([生]寛保3(1743)年10月17日　[没]文化10(1813)年閏11月13日)，広島百([生]寛保3(1743)年10月17日　[没]文化10(1813)年閏11月11日)

**浅野順平** あさのじゅんぺい
＊～大正14(1925)年
明治～大正期の政治家。第四高等学校の設置を推進。
¶石川百([生]1855年)，日人([生]1856年)

**浅野松閣** あさのしょうかく
文政5(1822)年～明治15(1882)年
江戸時代後期～明治期の教育者。
¶三重

**浅野次郎** あさのじろう
明治43(1910)年3月25日～昭和57(1982)年10月30日
昭和期の編集者。小学館取締役、所沢市教育委員長。
¶日児

**浅野仁一郎** あさのじんいちろう
昭和7(1932)年11月3日～
昭和期の教育者。
¶視覚

**浅野醒堂** あさのせいどう
安政4(1857)年～昭和9(1934)年
明治～大正期の教育者。詩の第一人者。著書に「醒堂詩文鈔」など。
¶愛知百([生]1857年7月6日　[没]1934年8月9日)，姓氏愛知，幕末([没]1934年10月24日)

**浅野総一郎** あさのそういちろう
嘉永1(1848)年3月10日～昭和5(1930)年11月9日
明治～大正期の実業家。浅野財閥創業者。浅野セメントを中核として一代で浅野財閥を築く。浅野総合中学校を創立。
¶岩史，学校，角史，神奈川人，神奈川百，郷土神奈川，近現，近土，現朝([生]嘉永1年3月10日(1848年4月13日))，国史，コン改，コン5，史人，実業，重要，新潮，人名，世紀，姓氏神奈川，姓氏京都，姓氏群馬，姓氏富山，世人，世百，全書，創業，大百，鉄道([生]1848年4月13日)，土木，富山百，日史，日人，日本，幕末([生]1848年4月13日)，百科，平日，明治2([生]1884年)，履歴，歴大

**浅野孝之** あさのたかゆき
明治21(1888)年2月3日～昭和23(1948)年7月25日
大正～昭和期の教育家。山口経済専門学校長。仏教哲学を専攻し、社会教育面に貢献。
¶現情，人名7，世紀，日人

**浅野正** あさのただし
明治27(1894)年3月8日～昭和47(1972)年1月24日
大正・昭和期の教育者。根室漁業協同組合専務理事。
¶根千

**浅野鶴子**　あさのつるこ
明治40(1907)年頃～昭和57(1982)年3月16日
昭和期の教育者。財団法人言語文化研究所付属東京日本語学校校長。
¶女性([生]明治40(1907)年頃), 女性普

**浅野蔵郎**　あさのとしろう
明治31(1898)年～昭和36(1961)年1月23日
昭和期の児童演劇運動家、劇作家。アサノ児童劇学校を創立。
¶児文, 栃木歴([生]明治28(1895)年), 日児

**浅野長興**　あさのながおき
→浅野長勲(あさのながこと)

**浅野長勲**　あさのながこと
天保13(1842)年7月23日～昭和12(1937)年2月1日　[別]浅野長興《あさのながおき》
江戸時代末期～明治期の広島藩主、政治家。貴族院議員、侯爵。幕府に批判的な大名の代表。維新後は元老院議官、駐伊公使などを歴任。浅野学校、徴古館、山中高等女学校などを創設。
¶朝日([生]天保13年7月23日(1842年8月28日)), 維新, 岩史, 海越, 海越新, 学校, 角史, 近現, 近世, 国際, 国史, コン改, コン4, コン5, 史人, 諸系, 新潮, 人名, 全書, 大百, 日史, 日人, 幕末, 藩主3(浅野長興　あさのながおき), 藩主4, 百科, 広島百, 履歴, 歴大

**朝野朝臣鹿取**　あさののあそんかとり
→朝野鹿取(あさののかとり)

**朝野鹿取**　あさののかとり
宝亀5(774)年～承和10(843)年6月11日　[別]朝野鹿取《あさのかとり,あさののしかとり》,朝野朝臣鹿取《あさののあそんかとり》
平安時代前期の文人、公卿(参議)。大和国の正六位上忍海連鷹取の子。
¶朝日([没]承和10年6月11日(843年7月11日)), 公卿(あさののしかとり), 国史, 国書(あさのかとり), 古代(朝野朝臣鹿取　あさののあそんかとり), 古中, コン改, コン4, 詩歌, 史人, 新潮, 人名(あさのかとり), 日史, 日人, 百科, 平史, 和俳

**朝野鹿取**　あさののしかとり
→朝野鹿取(あさののかとり)

**浅野誠**　あさのまこと
昭和21(1946)年10月21日～
昭和～平成期の教育学者。中京大学教授。専門は生活指導・教育史。
¶現執2期, 現執3期, 現執4期

**浅野政周**　あさのまさちか
文化1(1804)年～明治22(1889)年4月　[別]浅野栗斎《あさのりっさい》
江戸時代末期～明治期の加賀藩士。学校読師を務め、前田利義に仕える。
¶国書(浅野栗斎　あさのりっさい), 姓氏石川([生]?), 幕末

**朝野三輪**　あさのみわ
～文化3(1806)年
江戸時代中期～後期の女性。俳人。
¶江表(三輪女(愛知県))

**浅野幸尚**　あさのゆきなお
天保14(1843)年～明治39(1906)年4月15日
江戸時代後期～明治期の剣術師範。
¶徳島百, 徳島歴

**浅野陽吉**　あさのようきち
慶応4(1868)年3月3日～昭和19(1944)年2月12日
明治～昭和期の教育者、政治家、郷土史家。
¶福岡百

**浅野吉久**　あさのよしひさ
大正15(1926)年12月16日～
昭和期の教師・郷土史研究者。
¶飛騨

**浅野栗斎**　あさのりっさい
→浅野政周(あさのまさちか)

**浅羽靖**　あさばしずか
→浅羽靖(あさばやすし)

**浅葉スミ**　あさばすみ
明治30(1897)年3月13日～昭和40(1965)年2月2日
昭和期の政治家、社会教育家。厚木市議会議員。
¶神奈川人, 神奈女2, 姓氏神奈川

**浅羽晴二**　あさばせいじ
昭和期の中学校教師。
¶現執2期

**浅羽千之助**　あさばせんのすけ
昭和14(1939)年11月17日～
昭和期の編集者。出版労連教科書対策委員会事務局次長。
¶現執2期

**浅羽靖**　あさばやすし
安政1(1854)年1月8日～大正3(1914)年　[別]浅羽靖《あさばしずか》
明治～大正期の政治家。衆議院議員。北海道拓殖事業に尽力。北海中学を経営し育英に努めた。
¶大阪人([没]大正3(1914)年10月), 札幌(あさばしずか), 人名, 世紀(あさばしずか　[没]大正3(1914)年10月22日), 日人, 根千(あさばしずか　[没]大正3(1914)年10月22日), 北海道建(あさばしずか　[没]大正3(1914)年10月22日), 北海道百(あさばしずか), 北海道歴(あさばしずか)

**浅羽譲**　あさばゆずる
天保11(1840)年～明治41(1908)年4月3日
江戸時代末期～明治時代の教育者。戊辰戦争で砲術長。
¶維新, 幕末, 幕末大

**浅羽慶夫**　あさばよしお
大正5(1916)年4月1日～
昭和期の児童文化運動家。静岡中原幼稚園長、全

国童話人協会委員長。
¶日児

**朝原悦右衛門** あさはらえつえもん
明治39(1906)年2月25日～平成9(1997)年8月24日
昭和・平成期の教育者。
¶飛騨

**朝原道永** あさはらのみちなが
生没年不詳 [別]朝原道永《あさはらみちなが》
奈良時代の官吏。
¶国書(あさはらみちなが), 日人, 平史

**朝原道永** あさはらみちなが
→朝原道永(あさはらのみちなが)

**朝比奈義一** あさひなぎいち
明治34(1901)年～昭和38(1963)年
大正～昭和期の教育者。
¶神奈川人

**朝比奈天涯** あさひなてんがい
文化7(1810)年～*
江戸時代後期～明治期の教育者。
¶姓氏長野([没]1886年), 長野歴([没]明治17(1884)年)

**朝比奈百太郎** あさひなひゃくたろう
明治10(1877)年～昭和34(1959)年
明治～昭和期の教育者。
¶群馬人

**朝比奈六郎**(朝夷六郎) あさひなろくろう
安政4(1857)年～大正10(1921)年
明治期の教育者。
¶神奈川人, 姓氏神奈川, 鳥取百(朝夷六郎 [生]? [没]明治42(1909)年)

**旭福泉** あさひふくせん
明治期の教育者。大島郡伊仙町の人。
¶姓氏鹿児島

**朝日稔** あさひみのる
明治41(1908)年2月17日～平成8(1996)年11月18日
昭和期の哺乳動物学・生態学者。兵庫医科大学教授。
¶埼玉人

**阿佐博** あさひろし
大正11(1922)年4月8日～
大正～昭和期の教師、編集者。
¶視覚

**浅松一夫** あさまつかずお
大正10(1921)年3月30日～
昭和期の児童劇作家。全国中学校演劇教育研究会副会長。
¶児作, 児人, 日児

**浅見絅斎** あさみけいさい
慶安5(1652)年8月13日～正徳1(1711)年12月1日
江戸時代中期の儒学者。
¶朝日([生]承応1年8月13日(1652年9月15日) [没]正徳1年12月1日(1712年1月8日)), 岩史, 角史, 教育, 京都, 郷土滋賀, 京都大, 近世, 国史, 国書, コン改, コン4, 詩歌, 滋賀百, 史人, 重要, 神史, 人書79, 人書94, 神人, 新潮, 人名, 姓氏京都, 世人, 世百, 全書, 大百, 日思, 日史, 日人([没]1712年), 百科, 歴大, 和俳

**浅見修次** あさみしゅうじ
文政6(1823)年～明治17(1884)年1月18日
江戸時代末期～明治時代の徳山藩士、教育者。学館興譲館最後の学長。
¶幕末, 幕末大([生]文政6(1823)年10月22日)

**浅見匡** あさみただし
昭和10(1935)年8月15日～
昭和～平成期の教育者。専門は技術教育。中学校教諭、文部省教科調査官などを務める。
¶現執3期

**浅見与七** あさみよしち
明治27(1894)年3月12日～昭和51(1976)年11月6日
大正～昭和期の果樹園芸学者。東京大学教授。教育界、演芸学会の発展、果樹園芸産業新興に寄与。
¶科学, 近現, 現情, 国史, 植物, 人名7, 世紀, 日人

**浅見好文** あさみよしぶみ
明治36(1903)年11月15日～昭和50(1975)年7月28日
昭和期の社会教育功労者・埼玉県公民館協会初代会長。
¶埼玉人

**浅村忠晴** あさむらただはる
明治40(1907)年～昭和46(1971)年
昭和期の教育者。
¶鳥取百

**浅本義一郎** あさもとぎいちろう
明治44(1911)年11月23日～
昭和期の教師・歌人。
¶飛騨

**足利義兼** あしかがよしかね
?～正治1(1199)年3月8日 [別]源義兼《みなもとのよしかね, みなもとよしかね》
平安時代後期～鎌倉時代前期の武将。足利学校の創設者ともいわれる。
¶朝日([没]正治1年3月8日(1199年4月5日)), 神奈川人, 鎌倉([生]久寿1(1154)年), 鎌室, 郷土栃木([生]1153年 [没]1190年), 国史, 古人(源義兼 みなもとのよしかね [生]?), 古中, コン改, コン4, コン5, 史人, 重要, 諸系, 新潮, 人名, 世人, 全書, 栃木歴, 内乱([生]久安4(1148)年), 日史([生]久寿1(1154)年), 日人, 百科([生]久寿1(1154)年), 平史(源義兼 みなもとのよしかね), 北条

**足利義政** あしかがよしまさ
永享8(1436)年～延徳2(1490)年1月7日 [別]義政〔足利家(絶家)〕《よしまさ》, 義政《よしまさ》,

あ

慈昭院《じしょういん》, 慈照院《じしょういん》, 慈照院殿《じしょういんどの》, 足利義成《あしかがよししげ》, 東山殿《ひがしやまどの》
室町時代～戦国時代の室町幕府第8代の将軍(在職1449～1473)。6代義教の次男。東山文化を主導。
¶朝日([生]永享8年1月2日(1436年1月20日) [没]延徳2年1月7日(1490年1月27日)), 岩史([生]永享8(1436)年1月2日), 沖縄百([生]永享8(1436)年1月2日), 角史, 鎌室, 京都([生]永享7(1435)年), 京都大, 公卿([生]永享7(1435)年1月2日), 公卿普([生]永享7(1435)年1月2日), 公家(義政〔足利家(絶家)〕　よしまさ　[生]永享7(1435)年1月2日), 国史([生]1435年), 国書([生]永享8(1436)年1月2日), 古中([生]1435年), コン改, コン4, コン5, 史人([生]1436年1月2日), 思想史, 重要, 諸系([生]1435年), 人書94, 新潮([生]永享8(1436)年1月2日), 人名, 姓氏京都, 世人, 世百, 戦合([生]1435年), 全書, 戦人, 大百([生]1435年), 茶道, 中世, 伝記, 内乱([生]永享8(1435)年), 日史([生]永享8(1436)年1月2日), 日人([生]1435年), 日文, 俳文(義政　よしまさ　[生]永享7(1435)年), 百科([生]永享7(1435)年), 平日, 室町, 山川小([生]1436年1月2日), 歴大

**芦川照江**　あしかわてるえ
大正8(1919)年10月4日～
昭和期の詩人、教諭。
¶現人, 世紀

**鯵坂二夫**　あじさかつぎお
明治42(1909)年2月8日～平成17(2005)年
昭和～平成期の教育学者。聖ペトロ学園理事長、甲南女子大学学長。教育学が専門で、鹿児島大学教授、京都大学教授、教育学部長を歴任。
¶現朝, 現執1期, 現情, 世紀, 日人, 平和

**芦田恵之助**(蘆田恵之助)　あしだえのすけ
明治6(1873)年1月8日～昭和26(1951)年12月9日
明治～昭和期の教育運動家。東京高等師範学校附属小学校訓導。随意選題綴方の創始者。
¶岩史, 角史, 教育, 近現, 近文, 現朝, 現情, 現人, 国史, コン改, コン4, コン5, 史人, 児文(蘆田恵之助), 社史, 新潮, 人名7, 世紀, 姓氏京都, 世百新, 全書, 大百, 哲学, 日史, 日児, 日人, 百科, 兵庫百, 兵庫文, 民学, 履歴, 履歴2, 歴大

**芦東山**　あしとうざん
元禄9(1696)年11月23日～安永5(1776)年6月2日
江戸時代中期の仙台藩儒者。
¶岩手人

**安次富松蔵**　あしとみまつぞう
→安次富松蔵(あじふまつぞう)

**芦葉浪久**　あしばなみひさ
昭和4(1929)年～
昭和～平成期の教育学者。十文字学園女子短期大学教授。専門は教育情報学。著書に「コンピュータの学校教育利用」など。
¶現執3期

**安次富松蔵**　あじふまつぞう
*～昭和44(1969)年3月11日　[別]安次富松蔵《あしとみまつぞう》
大正～昭和期の教育者、農政研究者。
¶沖縄百(あしとみまつぞう　[生]明治21(1888)年6月26日), 姓氏沖縄([生]1887年)

**芦部猪之吉**(芦部猪野吉)　あしべいのきち
明治4(1871)年～昭和21(1946)年
明治～昭和期の教育者、海外発展の唱導者。
¶郷土長野, 長野歴(芦部猪野吉)

**芦部啓太郎**　あしべけいたろう
明治29(1896)年～昭和61(1986)年
大正～昭和期の教育者、政治家。初代駒ヶ根市長。
¶姓氏長野, 長野歴

**蘆谷重教**　あしやしげのり
嘉永4(1851)年～昭和3(1928)年
明治～大正期の教育者、田沼小学校長。
¶栃木歴

**足代立渓**　あじろりっけい
元禄16(1703)年～宝暦11(1761)年
江戸時代中期の漢学者。
¶国書([生]元禄16(1703)年9月2日　[没]宝暦11(1761)年10月2日), 人名, 日人, 三重続

**東栄吉**　あずまえいきち
昭和4(1929)年4月12日～
昭和期の教育者。学校長。
¶飛騨

**東其石**　あずまきせき
明治20(1887)年2月10日～大正10(1921)年
明治～大正期の教育者。
¶三重

**東正**　あずまただし
昭和4(1929)年9月18日～
昭和～平成期の教育学者。大分大学教授。教育心理学を研究。著書に「子どもの行動変容」「行動教育への招待」など。
¶現執1期, 現執3期

**東八郎**　あずまはちろう
大正10(1921)年3月25日～
昭和期の学校長。
¶飛騨

**東洋**　あずまひろし
昭和1(1926)年2月3日～
昭和～平成期の教育学者。清泉女学院短期大学学長、東京大学教授。日本学術会議会員。著書に「学習指導論」「子どもの能力と教育評価」などがある。
¶現朝, 現執1期, 現執2期, 現執3期, 現執4期, 現情, 心理, 世紀, 日人

**東茂吉**　あずまもきち
明治32(1899)年4月20日～昭和60(1985)年
大正～昭和期の教育者、道教育委員長。
¶札幌, 北海道歴

**東竜太郎** あずまりゅうたろう
→東竜太郎（あずまりょうたろう）

**東竜太郎** あずまりょうたろう
明治26（1893）年1月16日～昭和58（1983）年5月26日　[別]東竜太郎《あずまりゅうたろう》
昭和期の医学・体育学者、政治家。東京帝国大学教授、東京都知事。大学学長を歴任した後東京都知事に当選。IOC委員となり東京五輪を開催。
¶岩史，大阪人（あずまりゅうたろう　[没]昭和58（1983）年5月），科技（あずまりゅうたろう），近医，近現，現朝，現情（あずまりゅうたろう），現人，現日，コン改，コン4，コン5，新潮，世紀，政治，世人，世百新，体育，大百（あずまりゅうたろう），日史，日人，日本，百科，履歴，履歴2，歴大（あずまりゅうたろう　[生]1894年）

**安住伊三郎** あずみいさぶろう
慶応3（1867）年～昭和24（1949）年
明治～昭和期の実業家。大阪貿易学校の創立に関わった。
¶大阪人，世紀（[没]昭和24（1949）年8月31日），鳥取百，日人

**麻生勝利** あそうかつとし
明治37（1904）年～平成3（1991）年
昭和～平成期の教育者。大分県教育委員長。
¶大分歴

**麻生観八** あそうかんぱち
慶応1（1865）年～昭和3（1928）年
明治～大正期の実業家。地域教育振興などに努めた。
¶大分百，大分歴，世紀（[生]元治2（1865）年1月10日　[没]昭和3（1928）年8月2日），日人

**麻生貞樹** あそうさだき
天保8（1837）年～大正8（1919）年5月1日
江戸時代末期～大正期の地方功労者。初代宇佐郡長、朝陽銀行監査役など歴任。帆足記念文庫の創立に尽力するなど官民両面で活躍。
¶大分歴，幕末，藩臣7

**麻生繁樹** あそうしげき
明治33（1900）年1月15日～平成8（1996）年6月21日
昭和期の学校創立者。麻生学園を設立。
¶学校

**麻生正蔵** あそうしょうぞう
文久4（1864）年1月9日～昭和24（1949）年11月28日
明治～昭和期の教育家。日本女子大学校学監。男女平等感に基づく女子教育を実践。
¶大分百，世紀，哲学，渡航，日人

**麻生誠** あそうまこと
昭和7（1932）年3月30日～
昭和～平成期の教育学者。大阪大学教授。専門は教育社会学・教育計画論。著書に「近代化と教育」「生涯教育論」など。
¶現執1期，現執2期，現執3期，現執4期，現情，世紀，マス89

**阿蘇惟友** あそこれとも
大正12（1923）年～昭和61（1986）年
昭和期の教員。
¶熊本人

**足立荒人** あだちあらと
明治1（1868）年～昭和22（1947）年
昭和期のジャーナリスト、教育者。
¶山口人

**足立猪三郎** あだちいさぶろう
～文久2（1862）年8月18日
江戸時代末期の書塾経営。
¶飛騨

**足達丑六** あだちうしろく
明治10（1877）年～昭和30（1955）年
明治～昭和期の教育者。
¶高知人

**足立悦男** あだちえつお
昭和22（1947）年1月25日～
昭和～平成期の教育学者。専門は国語教育学。著書に「国語教材研究・詩篇」「新しい詩教育の理論」など。
¶現執3期，現執4期

**安立数衛** あだちかずえ
文政4（1821）年～？
江戸時代後期の和算家。1000人の門人を教えた。
¶長岡

**安達久吾** あだちきゅうご
明治39（1906）年？～昭和60（1985）年4月30日
昭和期の教員。山形県教育労働者組合シンパ。
¶社史

**足立誾励** あだちぎんれい
明治20（1887）年8月20日～昭和59（1984）年12月21日
明治～昭和期の学校創立者。稲沢高等女学校（後の稲沢女子高等学校）を設立。
¶学校

**足立鍬太郎** あだちくわたろう
慶応3（1867）年2月10日～昭和7（1932）年11月18日
明治～大正期の地方史研究家、教育家。静岡県史編纂主事。静岡県史を研究。
¶伊豆，郷土，考古（[没]昭和7（1931）年11月8日），史研，静岡歴，島根歴（[生]慶応2（1866）年），世紀，姓氏静岡，日人

**安達月識** あだちげっしん
安永8（1779）年～安政5（1858）年　[別]清墨庵《せいぼくあん》
江戸時代後期の俳人・歌人。
¶神奈川人，神奈川人（清墨庵　せいぼくあん）

**足立謙吉** あだちけんきち
明治6（1873）年10月～？
明治～大正期の教師。

¶渡航

**安達幸之助** あだちこうのすけ
文政7(1824)年～明治2(1869)年 ⑲安達寛栗
《あだちひろかた》
江戸時代後期～明治期の兵法家。
¶石川百(㊥?)，維新，近現，近世，国史，コン改(㊥文政7(1824)年，(異説)1821年)，コン4(㊥文政7(1824)年，(異説)1821年)，コン5，新潮(㊥明治2(1869)年9月4日)，人名(㊥1821年)，姓氏石川(安達寛栗 あだちひろかた ㊥?)，日人，幕末(㊥1869年10月8日)，藩臣3(㊥?)，ふる(㊥?)

**安立権斎** (足立権斎) あだちごんさい
文政4(1821)年～明治36(1903)年9月7日
江戸時代末期～明治期の教育者。信濃川の水路測量などを行う。
¶科学，数学(足立権斎 ㊥文政4(1821)年12月17日)，日人

**安達成之** あだちしげゆき
明治21(1888)年～昭和49(1974)年
大正～昭和期の教育者。
¶群馬人

**足立自朗** あだちじろう
昭和12(1937)年8月21日～
昭和期の教育心理学者。
¶現執2期

**足立正** あだちせい
慶応1(1865)年～昭和22(1947)年
大正～昭和期の考古学研究家。米子市立山陰歴史館館長。考古学を研究。山陰徴古館を開設。
¶郷土(㊥慶応1(1865)年1月10日 ㊥昭和27(1952)年10月29日)，考古，史研，世紀(㊥元治2(1865)年1月10日 ㊥昭和27(1952)年10月29日)，鳥取百(㊥元治1(1864)年)，日人

**安達征一** あだちせいいち
明治38(1905)年～
昭和期の小学校教員。
¶社史

**安達清河** あだちせいか，あだちせいが
享保11(1726)年～寛政4(1792)年
江戸時代中期の漢詩人。
¶江文(あだちせいが)，国書(㊥享保11(1726)年4月27日 ㊥寛政4(1792)年閏2月6日)，詩歌(あだちせいが)，人名，日人，百科，和俳

**安達清風** あだちせいふう
天保6(1835)年3月23日～明治17(1884)年9月15日
江戸時代末期～明治期の鳥取藩士。有功学舎創立者。尊皇攘夷運動に従事。維新後は日本原開墾に尽力。
¶維新，岡山人，岡山百，岡山歴，学校，京都大，近世，国史，国書，コン改，コン4，コン5，詩歌，新潮，人名，姓氏京都，鳥取百，日人，幕末，藩臣5，和俳

**安達拓二** あだちたくじ
昭和3(1928)年3月24日～
昭和～平成期のフリーライター。教育情報センター主幹。著書に「戦後教育史への証言」など。
¶現執2期，現執3期，現執4期

**安達禎** あだちただし
明治17(1884)年7月10日～昭和40(1965)年12月15日
明治～昭和期の教育者。初代山梨大学学長。
¶山梨百

**安達常正** あだちつねまさ
文久1(1861)年～昭和12(1937)年
明治～大正期の教育者。栃木県師範学校長。
¶栃木歴

**足立てる子** あだちてるこ
明治33(1900)年2月3日～平成8(1996)年6月14日
昭和期の学校創立者。稲沢高等女学校(後の稲沢女子高等学校)を設立。
¶学校

**安達寿男** あだちとしお
明治20(1887)年8月3日～昭和46(1971)年6月12日
明治～昭和期の口演童話家。
¶熊本人，熊本百，日児

**安達寿雄** あだちとしお
大正3(1914)年1月4日～?
昭和～平成期の教育者。学校創立者。安達学園を創立。
¶学校

**足立直寿** あだちなおとし
明治23(1890)年～昭和39(1964)年
大正～昭和期の教育者。
¶神奈川人，姓氏神奈川

**足立仁太郎** あだちにたろう
明治6(1873)年8月13日～昭和23(1948)年8月7日
明治～昭和期の学校長・古川町議。
¶飛騨

**足立久夫** あだちひさお
明治35(1902)年6月9日～昭和55(1980)年5月21日
大正・昭和期の学校長。
¶飛騨

**足立秀穎** あだちひでとし
～明治32(1899)年1月
明治期の私塾教師。足立貞恭の孫。
¶飛騨

**安達寛栗** あだちひろかた
→安達幸之助(あだちこうのすけ)

**足立浩** あだちひろし
明治40(1907)年～
昭和期の教育家。
¶郷土奈良

## 安達安子 あだちやすこ
天保6(1835)年10月12日～大正2(1913)年7月28日
明治期の女子教育家。金沢に女学校を創立の後、女子師範教諭。共立女子職業学校(後の共立女子学園)の設立に関わる。慈愛女学校校長などを歴任。
¶朝日(⊕天保6年10月12日(1835年12月1日))、学校、近女、コン改、コン5、女性、女性普、新潮、人名、姓氏京都、日人

## 足立義雄 あだちよしお
明治39(1906)年～昭和63(1988)年
昭和期の教育家、政治家。臼杵市長。風成反公害闘争時に対処。
¶大分歴

## アダムス, ウィリアム
→三浦按針(みうらあんじん)

## 阿知和誠造 あちわせいぞう
明治12(1879)年～昭和34(1959)年
明治～昭和期の教育者、政治家。
¶姓氏愛知

## 厚沢八郎 あつざわはちろう
明治23(1890)年10月11日～昭和54(1979)年10月3日
大正～昭和期の教育者・文化財保護推進者。
¶埼玉人

## 熱田真吉 あつたしんきち
明治4(1871)年4月8日～大正7(1918)年
明治～大正期の教育者。中等学校教師。
¶札幌

## 熱海則夫 あつみのりお
昭和8(1933)年1月15日～
昭和～平成期の教育学者。文部省小学校教育課長、国立放送教育開発センター教授などを務める。
¶現執2期、現執3期、現執4期

## 熱海又治 あつみまたじ
文化12(1815)年～明治11(1878)年3月3日 ㊙熱海光隆《あつみみつたか》
江戸時代末期～明治期の和算家。
¶国書、人名、数学(熱海光隆 あつみみつたか)、姓氏宮城、日人

## 熱海光隆 あつみみつたか
→熱海又治(あつみまたじ)

## 阿刀田令造 あとうだれいぞう
明治11(1878)年8月7日～昭和22(1947)年5月21日 ㊙阿刀田令造《あとだれいぞう》
大正～昭和期の地方史研究家、教育者。第二高等学校長。宮城県史を研究。
¶郷土、現情(あとだれいぞう)、考古(⊕明治11(1878)年8月)、史研、人名7(あとだれいぞう)、世紀、姓氏宮城百、日人、宮城百

## 阿藤伯海 あとうはくみ
明治27(1894)年2月17日～昭和40(1965)年4月4日 ㊙阿藤伯海《あとうはっかい、あどうはっかい》

あ

大正～昭和期の教育者、漢学者。一高教授、漢詩人。没後漢詩集「大簡詩草」が編集された。
¶岡山(あとうはっかい)、岡山人(あどうはっかい)、岡山百(⊕明治29(1896)年)、岡山歴(⊕明治27(1894)年2月10日)、近文(あとうはっかい)、現情、人名7、世紀、日人

## 阿藤伯海 あとうはっかい、あどうはっかい
→阿藤伯海(あとうはくみ)

## 阿閉政太郎 あとじせいたろう
安政5(1858)年～昭和15(1940)年
明治～昭和期の教育者。
¶石川百

## 阿刀田令造 あとどれいぞう
→阿刀田令造(あとうだれいぞう)

## 阿刀大足 あとのおおたり
生没年不詳 ㊙阿刀宿禰大足《あとのすくねおおたり》
平安時代前期の学者。空海のおじ。伊予親王の侍講。空海に経書、史伝を授く。
¶朝日、古代(阿刀宿禰大足 あとのすくねおおたり)、新潮、日人、平史

## 阿刀宿禰大足 あとのすくねおおたり
→阿刀大足(あとのおおたり)

## 跡見花蹊(跡見花渓) あとみかけい
天保11(1840)年4月9日～大正15(1926)年1月10日
明治～大正期の女子教育家。跡見女学校(後の跡見学園)を創設、日本女性の伝統的教養の育成を重んじた。
¶朝日(⊕天保11年4月9日(1840年5月10日))、大阪人(㊙大正15(1926)年1月)、学校、教育、近現、近女(跡見花渓)、近美(⊕天保11(1840)年4月 ㊙大正15(1926)年1月12日)、国史、コン改、コン5、史人、女史、女性、女性普、新潮、人名、世紀、姓氏京都(跡見花渓)、世百、先駆、全書、大百、短歌普、哲学、日画、日史、日人(跡見花渓)、日本、美家、百科、名画

## 跡見玉枝 あとみぎょくし
安政6(1859)年4月～昭和18(1943)年
明治～大正期の日本画家。子女の絵画教育に尽力。
¶近女、近美(㊙昭和18(1943)年5月12日)、植物(㊙昭和18(1943)年8月7日)、女性、女性普、人名7、世紀(㊙昭和18(1943)年8月7日)、日画(㊙昭和18(1943)年8月7日)、日人、美家(㊙昭和18(1943)年8月7日)、名画(⊕1858年)

## 跡見李子 あとみももこ
明治1(1868)年10月18日～昭和31(1956)年12月17日
明治～昭和期の教育者。跡見学園学長、跡見学園校長。日本の女子教育に貢献。跡見学園初代理事長。
¶近女、現情、女性、女性普、人名7、世紀、日人

## 穴沢長秀 あなざわながひで
安永3(1774)年～天保5(1834)年

江戸時代中期～後期の和算家。
¶数学

**安仁屋政栄** あにやせいえい
？ ～
昭和期の小学校教員。沖縄県糸満小学校訓導。
¶社史

**姉崎洋一** あねざきよういち
昭和25（1950）年～
昭和期の社会教育学者。
¶現執2期

**阿波根朝松** あはごんちょうしょう
明治33（1900）年～昭和59（1984）年
大正～昭和期の教員、宜野座・首里・興南など各高校の校長。
¶姓氏沖縄

**阿波根直成** あはごんちょくせい
明治37（1904）年5月10日～昭和47（1972）年7月5日
昭和期の高等学校長、連合教育区教育長。
¶沖縄百

**阿波根直誠** あはごんちょくせい
昭和9（1934）年10月23日～
昭和期の教育史学者。琉球大学教授。
¶現執2期

**安彦専一** あびこせんいち
明治42（1909）年～平成7（1995）年
昭和～平成期の教育者。
¶姓氏岩手

**安彦忠彦** あびこただひこ
昭和17（1942）年3月16日～
昭和～平成期の教育学者。名古屋大学教授。中等教育課程論を研究。著書に「学校の教育課程編成と評価」など。
¶現執2期，現執3期，現執4期

**阿仏** あぶつ
→阿仏尼（あぶつに）

**阿仏尼** あぶつに
？ ～弘安6（1283）年　[別]阿仏《あぶつ》
鎌倉時代後期の女性歌人。「十六夜日記」の作者。
¶朝日（[没]弘安6年4月8日（1283年5月6日）），岩史（[没]弘安6（1283）年4月8日），角史（阿仏　あぶつ　[生]貞応1（1222）年？），神奈川人，神奈川百，鎌倉，鎌室，教育（[生]1209年），京都，郷土神奈川（[生]1222年），京都大，国史，国書（[生]貞応1（1222）年頃？　[没]弘安6（1283）年4月8日），古中，コン改（[没]弘安6（1283）年？），コン4（[没]弘安6（1283）年？），詩歌，史人（[没]1283年4月8日），重要（[没]弘安6（1283）年9月），諸系，女史，女性（[生]承元3（1209）年　[没]弘安6（1283）年4月8日），人書94（[生]1209年），新潮（[没]弘安6（1283）年4月6日），新文，人名（[生]1209年），姓氏京都，世人（[生]承元3（1209）年　[没]弘安6（1283）年9月），世百，全書，大百，日史（[生]貞応1（1222）年？　[没]弘安6（1283）年4月8日），日人，百科，兵庫百（生没年不詳），仏教（[生]貞応1（1222）年？　[没]弘安6（1283）年4月8日），文学，平日，歴大（[生]1222年ころ），和俳（[没]弘安6（1283）年4月8日）

**阿部明子** あべあかし
昭和2（1927）年12月10日～
昭和～平成期の教育学者。東京家政大学教授。専門は幼児教育・児童教育心理学。
¶現執3期，児人

**阿部有清** あべありきよ
文政4（1821）年5月30日～明治30（1897）年12月20日
江戸時代末期～明治期の数学者、天文学者。数学、天文学、蘭学を修める。帰郷後は徳島において師弟の育成に従事。
¶国書，数学，徳島百，徳島歴，日人，幕末，幕末大，洋学

**安部井政治** あべいせいじ
弘化2（1845）年～明治2（1869）年　[別]安部井政治《あべいまさじ》
江戸時代末期の陸奥会津藩士。
¶会津，日人（あべいまさじ），幕末（[生]1836年　[没]1869年6月9日），藩臣2

**安部磯雄**（安倍磯雄） あべいそお
元治2（1865）年2月4日～昭和24（1949）年2月10日
明治～昭和期の社会運動家、キリスト教社会主義者。衆議院議員、日本学生野球協会会長、早稲田大学教授。社会主義の啓蒙に努めた。また、早稲田大学に野球部を創設。
¶朝日（[生]元治2年2月4日（1865年3月1日）），岩史，海越新，岡山人（安倍磯雄），岡山百，岡山歴，角史，京都文，キリ（[生]慶応1年2月4日（1865年3月1日）），近現，近文，現朝（[生]元治2年2月4日（1865年3月1日）），現情，現人，現日，国史，コン改，コン4，史人，社運，社史（[生]元治2（1865）年2月4日），重要，女史，新潮，新文，人名7，世紀，政治，世人，世百，先駆，全書，体育，大百，哲学，伝記，渡航，日史，日人，日本，百科，福岡百，文学，平和，明治1，履歴，履歴2，歴大

**阿部一行** あべいっこう
天保11（1840）年～明治37（1904）年
江戸時代末期～明治期の教育者。私塾培根舎を設立。漢学と筆道を教授。
¶大分百，日人，幕末，幕末大

**安部井帽山** あべいぼうさん，あべいぼうざん
安永7（1778）年～弘化2（1845）年
江戸時代後期の陸奥会津藩士、儒学者。
¶会津（あべいぼうざん），国書（あべいぼうざん　[没]弘化2（1845）年1月26日），人名（あべいぼうざん），日人（あべいぼうざん），藩臣2，福島百（あべいぼうざん）

**安部井政治** あべいまさじ
→安部井政治（あべいせいじ）

## 阿部宇之八　あべうのはち
文久1(1861)年2月28日～大正13(1924)年
明治～大正期のジャーナリスト。北海タイムス理事。地方ジャーナリズムのパイオニア。北海道帝国大学の設立に尽力。
¶朝日(㊥文久1年2月28日(1861年4月7日)㊥大正13(1924)年11月14日)，近現，国史，コン改，コン5，札幌，四国文(㊥大正13(1924)年11月14日)，世紀(㊥大正13(1924)年11月14日)，先駆(㊥大正13(1924)年11月14日)，徳島歴(㊥文久2(1862)年)，日人，北海道百(㊥文久2(1862)年)，北海道文(㊥文久2(1862)年2月28日　㊥大正13(1924)年11月10日)，北海道歴(㊥文久2(1862)年)

## 阿部栄之助　あべえいのすけ
明治13(1880)年8月1日～昭和29(1954)年4月26日
昭和期の地方史研究家、教育家。岐阜大学講師。岐阜県史を研究。
¶岐阜百，郷土，郷土岐阜，史研，世紀，長野歴，日人

## 阿部益斎　あべえきさい
? ～安政1(1854)年
江戸時代後期の医者・教育者。
¶姓氏神奈川

## 阿部治　あべおさむ
昭和30(1955)年7月25日～
昭和～平成期の環境教育学、環境科学研究者。立教大学社会学部・異文化コミュニケーション研究科教授。専門は、環境教育学、環境科学。
¶現執4期

## 阿部和夫　あべかずお
昭和9(1934)年2月3日～
昭和期の高校教師、歴史地理学者。
¶現執2期

## 安倍喜平　あべきへい
天保12(1841)年～大正4(1915)年2月10日
江戸時代末期～大正期の学者、経世家。人材養成、思想善導、文化開発、新聞創刊等社会に貢献。
¶人名，世紀(㊥天保12(1841)年7月)，日人，兵庫(㊥天保12(1841)年7月1日)，兵庫百

## 安部清見　あべきよみ
明治17(1884)年～昭和21(1946)年4月30日
明治～昭和期の教育者。
¶徳島歴

## 安部清美　あべきよみ
明治33(1900)年9月18日～昭和56(1981)年11月24日
大正～昭和期の小学校教員。福岡県宗像郡神興尋常高等小学校主席訓導、福岡県早良郡脇山尋常高等小学校校長。
¶社史，政治，福岡百

## 阿部欽次郎　あべきんじろう
生没年不詳
明治期のキリスト教主義教育者。

¶新潟百別

## 阿部恵吉　あべけいきち
慶応1(1865)年～大正12(1923)年
明治～大正期の教育者、考古学者。
¶長野歴

## 阿部現亮　あべげんりょう
明治27(1894)年5月13日～昭和49(1974)年11月30日
大正～昭和期の教育家、真宗大谷派僧侶。光華女子大学学長。
¶現情，真宗，人名7，世紀，日人，仏教，仏人

## 阿部耕雲　あべこううん
文化11(1814)年～明治11(1878)年
江戸時代後期～明治期の漢学者。
¶群馬人，群馬百，国書(㊥文化2(1805)年)，姓氏群馬

## 阿部真臣　あべさねみ
明治25(1892)年～昭和48(1973)年
大正～昭和期の教育者・神官。
¶姓氏岩手

## 阿部三郎　あべさぶろう
明治25(1892)年～昭和10(1935)年
大正～昭和期の教育者。
¶山口百

## 阿部茂夫　あべしげお
明治25(1892)年1月～昭和35(1960)年8月3日
明治～昭和期の教育者、政治家。社会大衆党市民委員長、衆議院議員。
¶社運，政治，徳島歴

## 阿部重孝　あべしげたか
明治23(1890)年2月11日～昭和14(1939)年6月5日
昭和期の教育学者。東京帝国大学教授。制度化された教育事実を対象とする学問的立場を構築。
¶教育，近現，現国，国史，コン改，コン5，史人，社史，新潮，人名7，世紀，世万，全書，大百，哲学，新潟百，日人，百科

## 安倍志摩治　あべしまじ
明治1(1868)年～大正13(1924)年
明治～大正期の教育者。
¶大分歴

## 阿部俊道　あべしゅんどう
明治37(1904)年1月～
昭和期の教育者・僧侶。
¶群馬人

## 阿部松園　あべしょうえん
享和1(1801)年～慶応2(1866)年
江戸時代後期～末期の儒学者。
¶国書(㊥慶応2(1866)年10月16日)，日人

## 安部小芦角　あべしょうろかく
明治29(1896)年～昭和54(1979)年
大正～昭和期の俳人、八束町教育委員長。
¶島根歴

**阿部進** あべすすむ
昭和5(1930)年6月11日～
昭和～平成期の教育・児童評論家。創造教育センター代表。"カバゴン"の愛称でマスコミに登場。現代っ子なる新語を使い注目を集める。
¶現朝，現執1期，現執2期，現執3期，現執4期，現情，現人，現日，現日人，世紀，日児，日人，マス89

**阿部清兵衛** あべせいべえ
享和1(1801)年～慶応2(1866)年
江戸時代末期の儒学者。
¶コン改，コン4，新潮，㊄享和1(1801)年?)，日人，和歌山人(生没年不詳)

**安部摂津守信允** あべせっつのかみのぶちか
→安部信允(あべのぶちか)

**安倍多喜恵** あべたきえ★
明治1(1868)年10月29日～大正9(1920)年2月4日
明治・大正期の教育者。宮麓小訓導兼校長。
¶秋田人2

**安部武雄** あべたけお
明治42(1909)年12月5日～昭和53(1978)年2月14日
昭和期の教育者・動物研究家。
¶姓氏富山，富山百

**阿部淡斎** あべたんさい
文化10(1813)年～*
江戸時代末期～明治期の儒学者。私塾緑筠園を設立し子弟教育に貢献。
¶大分百(㊄1883年)，大分歴(㊄明治13(1880)年)，人名(㊄1880年)，日人(㊄1880年)，幕末(㊄1883年)，幕末大(㊄明治16(1883)年)

**安倍長俊** あべちょうしゅん
天保8(1837)年～大正1(1912)年
江戸時代後期～明治期の医師・教育者。
¶姓氏岩手

**安部綱義** あべつなよし
明治38(1905)年1月21日～
昭和期の教育者。埼玉県教組委員長。教育労働運動に参加。埼玉県教職員組合執行委員長を経て，県教育委員を務める。
¶コン改，コン5，社史，世紀，日人，平和

**安部恒久** あべつねひさ
昭和24(1949)年～
昭和期の教育心理学者。
¶現執2期

**阿部トシヨ** あべとしよ
明治22(1889)年～昭和38(1963)年
大正～昭和期の女子教育者，婦人運動家。
¶姓氏岩手

**阿部富太郎** あべとみたろう
万延1(1860)年1月14日～昭和3(1928)年11月22日
明治～昭和期の教育者。
¶庄内

**阿倍朝臣真勝** あべのあそんまかつ
天平勝宝6(754)年～天長3(826)年 ㊄阿倍真勝《あべのまかつ》,安倍真勝《あべのまかつ》
奈良時代～平安時代前期の官人。
¶古代，日人(阿倍真勝 あべのまかつ)，平史(安倍真勝 あべのまかつ)

**安部惟忠** あべのこれただ
平安時代中期の官人。
¶古人

**安部信允** あべのぶちか
享保13(1728)年～寛政10(1798)年12月12日 ㊄安部摂津守信允《あべせっつのかみのぶちか》
江戸時代中期の大名。武蔵岡部藩主。
¶埼玉人，埼玉百(安部摂津守信允 あべせっつのかみのぶちか)，諸系(㊄1799年)，日人(㊄1799年)，藩主1

**阿部信行** あべのぶゆき
昭和18(1943)年2月21日～
昭和～平成期のバリトン歌手、音楽教育者。
¶音人3

**阿部昇** あべのぼる
昭和29(1954)年3月17日～
昭和～平成期の教師，教育学者。国語教育・生活指導を研究。著書に「教師のための分析の技術」など。
¶現執3期，現執4期

**阿部真勝**(安倍真勝) あべのまかつ
→阿倍朝臣真勝(あべのあそんまかつ)

**阿部野利恭** あべのりきょう
明治3(1870)年～昭和25(1950)年7月1日
明治～昭和期の学校創立者。東洋語学専門学校校長、熊本海外協会理事長。
¶学校，熊本近，熊本人，熊本百(㊄明治3(1870)年6月26日)

**阿部治平** あべはるひら
昭和14(1939)年～
昭和～平成期の高校教師。
¶現執4期

**阿部秀雄** あべひでお
昭和12(1937)年8月3日～
昭和～平成期の幼児教育研究家。教育における抱っこの重要性を主張。著書に「自閉症児のための抱っこ法入門」など。
¶現執3期

**阿部仁志** あべひとし
昭和4(1929)年6月22日～
昭和～平成期の音楽教育者。
¶音人3

**阿部洋** あべひろし
昭和6(1931)年6月19日～
昭和期のアジア教育史・比較教育学者。国立教育研究所勤務。
¶現執1期，現執2期

**安部富士男** あべふじお
　昭和5(1930)年9月4日〜
　昭和〜平成期の教育学者。安部幼稚園理事長・園長、日本体育大学女子短期大学教授。専門は保育・幼児教育、生活教育。著書に「感性を育てる保育」など。
　¶現執3期、現執4期

**阿部文明** あべふみあき
　大正13(1924)年7月15日〜
　昭和〜平成期の教育者、エッセイスト。
　¶四国文

**阿部文右衛門** あべぶんえもん
　生没年不詳
　江戸時代後期の教育者。
　¶国書

**阿部文治郎** あべぶんじろう
　天保5(1834)年〜文久3(1863)年
　江戸時代末期の和算家。
　¶人名、日人

**阿部真** あべまこと
　大正4(1915)年〜昭和50(1975)年
　昭和期の教育家。
　¶姓氏岩手

**阿部正二朗** あべまさじろう
　大正14(1925)年〜昭和59(1984)年
　昭和の雪氷物理学者・教育者。
　¶山形百新

**阿部真人** あべまさと
　昭和5(1930)年8月26日〜
　昭和期の国語教育研究者、児童文学研究者。
　¶児作、児人、日児

**阿部正倫** あべまさとも
　延享2(1745)年2月9日〜文化2(1805)年8月21日
　江戸時代中期〜後期の大名。備後福山藩主。
　¶国書、諸系、日人、藩主4、広島百

**阿部正簡** あべまさひろ
　安永1(1772)年〜文政8(1825)年
　江戸時代後期の大名。上総佐貫藩主。
　¶諸系、日人、藩主2(㊤安永1(1772)年5月4日 ㊦文政8(1825)年2月29日)

**阿部万助** あべまんすけ
　明治41(1908)年〜平成6(1994)年
　昭和〜平成期の教育者。
　¶姓氏岩手

**阿部光忠** あべみつただ
　? 〜明治41(1908)年
　明治期の官吏、歌人。
　¶日人

**阿部宗孝** あべむねたか
　明治8(1875)年〜昭和19(1944)年
　明治〜昭和期の教育者。
　¶神奈川人、姓氏神奈川

**阿部宗光** あべむねみつ
　大正2(1913)年〜昭和47(1972)年
　昭和期の教育問題専門家。
　¶現執1期

**阿部黙斉** あべもくさい
　文政11(1828)年〜明治25(1892)年
　江戸時代後期〜明治期の私塾経営者。
　¶姓氏岩手

**安倍弥吉** あべやきち★
　文久1(1861)年4月15日〜明治39(1906)年12月12日
　明治の教員。
　¶秋田人2

**阿部ヤス** あべやす
　明治3(1870)年1月3日〜昭和24(1949)年3月5日
　明治〜昭和期の教育者。女子教育に貢献し、私立阿部裁縫女学校を創立。
　¶学校、女性(㊤昭和24(1949)年3月)、女性普(㊦昭和24(1949)年3月)、世紀、姓氏山口、日人、山口人、山口百

**阿部保孝** あべやすたか
　明治19(1886)年〜昭和32(1957)年
　明治〜昭和期の医師。地域医療と学校保健教育の充実に貢献した。
　¶青森人

**阿部八代太郎** あべやよたろう
　明治16(1883)年12月3日〜昭和26(1951)年7月8日
　明治〜昭和期の数学者。東京高等師範学校教授。数学教育者の養成と数学教育の発展に貢献。戦後の混乱期に、学会再建を達成。
　¶科学、現情、人名7、数学、世紀、日人

**阿部洋** あべよう
　文久3(1863)年〜昭和13(1938)年
　明治〜昭和期の教育者。女子教育の必要性を説き、女子実業学校の設立に尽力。
　¶姓氏岩手

**安倍能成** あべよししげ
　明治16(1883)年12月23日〜昭和41(1966)年6月7日　㊦能成《のうせい》
　明治〜昭和期の哲学者、教育者。貴族院議員、文相、学習院院長。個人と全体との弁証法的総合を強調した。平和問題にも発言。
　¶岩史、愛媛、愛媛人、愛媛百、教育、郷土愛媛、近現、近文、現朝、現執1期、現情、現人、現日(㊤1883年12月19日)、国史、コン改、コン4、コン5、滋賀文、四国文、史人、思想、重要、新宿、新潮、新文、人名7、世紀、政治、世人、世百、世百新、全書、大百、哲学、奈良文(㊤明治16年12月28日)、日史、日人、日本、俳句(能成《のうせい》)、百科、文学、平和、履歴、履歴2、歴大

**阿部与七郎** あべよしちろう
　? 〜寛永12(1635)年
　江戸時代前期の砲術家。

¶人名，日人

**阿部芳春**　あべよしはる
明治25（1892）年～昭和59（1984）年
大正～昭和期の教育者、地方史家。
¶長野歴

**阿部義宗**　あべよしむね
明治19（1886）年12月3日～昭和55（1980）年3月1日
大正～昭和期の日本メソジスト教会監督。
¶青森百，キリ，現情，世紀，渡航

**阿部与之助**　あべよのすけ
天保13（1842）年12月～大正2（1913）年
明治期の開拓者。木材雑穀商、土地開墾事業を経営し学校の新設、道路の開鑿等に尽力した。
¶札幌，庄内，植物（[没]大正2（1913）年6月30日），人名，世紀（[生]天保13（1843）年12月　[没]大正2（1913）年6月30日），日人（[生]1843年），北海道建（[没]大正2（1913）年6月）

**阿部良平**　あべりょうへい
明治7（1874）年～昭和19（1944）年
明治～昭和期の教育者。
¶兵庫百

**阿部和作**　あべわさく
天保5（1834）年～明治16（1883）年
江戸時代後期～明治時代の和算家。
¶数学

**阿保迪斎**　あぼうてきさい
天保元（1830）年10月10日～明治23（1890）年1月
江戸時代後期～明治期の詩歌人・俳人・僧侶・教育家。
¶東三河

**阿保直彦**　あぼなおひこ
昭和4（1929）年9月5日～
昭和～平成期の書家。福岡教育大学教授。書道教育に努める。著書に「書写書道教育史資料」「現代書写字典」など。
¶現執3期

**阿保人上**　あぼのひとがみ
奈良時代～平安時代前期の官人。
¶古人

**天笠義人**　あまがさよしひと
明治17（1884）年11月14日～昭和4（1929）年5月6日
明治～昭和期の教育者。
¶群馬人

**天城勲**　あまぎいさお
大正4（1915）年5月12日～平成23（2011）年7月22日
昭和期の文部行政官。著書に「教育行政」「学校教育法逐条解説」など。
¶現朝（[生]1911年5月12日），現執1期，現執2期，世紀，日人，履歴，履歴2

**天木円了**　あまきえんりょう
明治22（1889）年12月26日～昭和46（1971）年4月9日
大正・昭和期の教師。
¶飛騨

**天木繁**　あまきしげる
昭和5（1930）年10月23日～
昭和期の学校教頭。
¶飛騨

**天木時中**　あまきじちゅう，あまぎじちゅう
元禄10（1697）年～元文1（1736）年9月16日
江戸時代中期の儒学者。
¶国書（あまぎじちゅう　[生]元禄9（1696）年），コン改，コン4，新潮，人名，姓氏愛知（[生]1696年），姓氏京都（あまぎじちゅう　[生]1696年），世人，日人（[生]1696年），三重

**天木哲夫**　あまきてつお
明治38（1905）年1月3日～平成3（1911）年6月10日
昭和・平成期の学校長・神職。
¶飛騨

**尼子誉一**　あまこたかいち
明治22（1889）年～昭和44（1969）年
大正～昭和期の教育家。
¶愛媛，愛媛百（[生]明治22（1889）年11月16日　[没]昭和44（1969）年11月16日）

**天田滝治**　あまだたきじ
明治20（1887）年～昭和38（1963）年
明治～昭和期の政治家。群馬県議会議員、教育者。
¶群馬人，姓氏群馬

**天沼恒庵**　あまぬまこうあん
寛保3（1743）年12月12日～寛政6（1794）年
江戸時代中期の儒学者。
¶江文，国書，埼玉人，人名，日人（[生]1744年）

**天野皎**　あまのあきら
嘉永4（1851）年～明治30（1897）年10月
江戸時代後期～明治期の実業家、教育者、官吏、ジャーナリスト。
¶大阪人

**天野郁夫**　あまのいくお
昭和11（1936）年1月7日～
昭和～平成期の教育学者。国立学校財務センター教授、東京大学教授。教育社会学が専門で、著書に「教育と選抜」「試験の社会史」など。
¶現朝，現執1期（[生]1935年），現執2期，現執3期，現執4期，現情，世紀，日人，マス89

**天野鍛助**　あまのかすけ
明治16（1883）年4月24日～昭和41（1966）年3月19日　[別]金城鍛助《きんじょうかすけ》
明治～昭和期の教育者、政治家。
¶沖縄百，姓氏沖縄（金城鍛助　きんじょうかすけ）

**天野勝市**　あまのかついち
明治15（1882）年～大正13（1924）年11月24日

明治～大正期の教育家。細民学校長。貧民教育に尽力。
¶コン改，コン5，人名，世紀，日人

**天野儀太夫** あまのぎだゆう
文化1(1804)年～明治10(1877)年
江戸時代末期～明治期の伊勢亀山藩士、剣道師範。
¶藩臣4

**天野敬亮** あまのけいりょう
?～安政6(1859)年10月
江戸時代後期～末期の医家。教育者。
¶山梨百

**天野佐一郎** あまのさいちろう
明治9(1876)年9月25日～昭和35(1960)年2月26日
大正・昭和期の教師、郷土史家。
¶町田歴

**天野蜀山** あまのしょくざん
明和5(1768)年7月7日～文政11(1828)年10月19日
江戸時代中期～後期の甲府医学所教授。
¶山梨百

**天野拙斎** あまのせっさい
→矢野拙斎(やのせっさい)

**天野貞祐** あまのていゆう
明治17(1884)年9月30日～昭和55(1980)年3月6日
明治～昭和期の哲学者、教育家。甲南高校・一高校長、文相、獨協大学初代学長。カントの「純粋理性批判」の翻訳を完成。獨協大学を創立して初代学長となった。
¶岩史，学校，神奈川百，教育，郷신奈川，京都大，近現，近文，現朝，現執1期，現情，現人，現日(⊕1884年9月20日)，コン改，コン4，コン5，史人，思想，新潮，新文，世紀，政治，姓氏神奈川，姓氏京都，世百新，全書，大百，多摩，哲学，日史，日人，日本，百科，文学，平和，マス2，マス89，履歴，履歴2，歴大

**天野藤男** あまのふじお
明治20(1887)年9月25日～大正10(1921)年10月10日
明治～大正期の教育者、社会事業家。
¶静岡歴，女史，世紀，姓氏静岡，日人

**天野美亀雄** あまのみきお
明治38(1905)年9月5日～平成5(1993)年11月3日
昭和～平成期の教育学者。徳島大学教育学部長、徳島県サッカー協会長。
¶徳島歴

**天野元敬** あまのもとゆき
明治17(1884)年～昭和28(1953)年
明治～昭和期の教育者。
¶愛媛

**雨森芳洲** あまのもりほうしゅう
→雨森芳洲(あめのもりほうしゅう)

**雨宮春潭** あまみやしゅんたん
天保12(1841)年1月5日～明治37(1904)年12月1日
江戸時代後期～明治期の漢学者・私塾経営者。
¶埼玉人

**雨森芳洲** あまもりほうしゅう
→雨森芳洲(あめのもりほうしゅう)

**天利秀雄** あまりひでお
明治42(1909)年～
昭和期の僧、教育者、桐生文化史談会長。
¶群馬人

**阿万鉄嵬** あまんてつがい
文化7(1810)年～明治9(1876)年
江戸時代末期の日向飫肥藩士。
¶国書(⊕文化7(1810)年6月18日　②明治9(1876)年6月3日)，人名(⊕?)，日人

**阿万豊蔵** あまんとよぞう
文化7(1810)年～明治9(1876)年6月3日
江戸時代後期～明治期の清武郷中野地頭所の参政。藩校振徳堂の教授。
¶維新，幕末，藩臣7，宮崎百(⊕文化7(1810)年6月)，宮崎百一

**網野長左衛門** あみのちょうざえもん
天保9(1838)年～明治39(1906)年
明治期の教育者。
¶埼玉人(⊕天保9(1838)年7月15日　②明治39(1906)年8月25日)，日人

**亜武巣マーガレット** あむすまーがれっと
明治10(1877)年～昭和35(1960)年1月18日
明治～昭和期の宣教師。日本に帰化したカナダ人宣教師。日本の幼児教育にその生涯をささげる。
¶女性，女性普，ふる

**雨森菊太郎** あめのもりきくたろう
→雨森菊太郎(あめもりきくたろう)

**雨森三哲** あめのもりさんてつ
寛文7(1667)年～享保7(1722)年
江戸時代中期の漢学者。
¶人名，日人

**雨森精翁** あめのもりせいおう
→雨森精斎(あめのもりせいさい)

**雨森精斎** あめのもりせいさい
文政5(1822)年～明治15(1882)年　⑲雨森精翁《あめのもりせいおう》
江戸時代後期～明治期の儒学者。
¶維新(雨森精翁　あめのもりせいおう)，大阪人(②明治15(1882)年9月)，国書(⊕文政5(1822)年5月22日　②明治15(1882)年9月15日)，島根人(雨森精翁　あめのもりせいおう)，島根百(雨森精翁　あめのもりせいおう)，島根歴(雨森精翁　あめのもりせいおう)，人名，日人，幕末(雨森精翁　あめのもりせいおう)，②1882年9月16日)，藩臣5(雨森精翁　あめのもりせいおう)

**雨森東五郎**　あめのもりとうごろう
→雨森芳洲（あめのもりほうしゅう）

**雨森信成**　あめのもりのぶしげ
安政5（1858）年～明治39（1906）年
明治期のクリーニング業経営者。ラフカディオ・ハーンの日本語教師。
¶洋学

**雨森芳洲**　あめのもりほうしゅう
寛文8（1668）年～宝暦5（1755）年　[別]雨森東五郎《あめのもりとうごろう》，雨森芳洲《あまのもりほうしゅう，あまもりほうしゅう》
江戸時代中期の儒学者。
¶朝日（[生]寛文8年5月17日（1668年6月26日）[没]宝暦5年1月6日（1755年2月16日）），岩史（[生]寛文8（1668）年5月17日　[没]宝暦5（1755）年1月6日），江文，近江（[生]寛文8（1668）年　[没]宝暦5（1755）年），角史，教育（[生]1621年　[没]1708年），郷土滋賀，郷土長崎，近世，国史，国書（[生]寛文8（1668）年5月17日　[没]宝暦5（1755）年1月6日），コン改，コン4，コン5，詩歌（[生]1621年　[没]1708年），史人（[生]1668年5月17日　[没]1755年1月6日），思想史，人書94，新潮（[生]寛文8（1668）年5月17日　[没]宝暦5（1755）年1月6日），人名，姓氏京都，世人（[没]宝暦5（1755）年1月9日），世百，全書，対外，大百，徳川将，長崎百，日思，日史（[没]宝暦5（1755）年1月6日），日人，藩臣7（雨森東五郎　あめのもりとうごろう），百科，平日，山川小（あまのもりほうしゅう　[生]1668年5月17日　[没]1755年1月6日），歴大（あまもりほうしゅう），和俳

**雨宮哲助**　あめみやてつすけ
生没年不詳
江戸時代末期の興譲館教授。
¶山梨百

**雨宮義人**　あめみやよしと
大正4（1915）年～平成6（1994）年
昭和～平成期の歴史学者、教育家。
¶郷土，栃木歴

**雨森菊太郎**　あめもりきくたろう
安政5（1858）年～大正9（1920）年　[別]雨森菊太郎《あめのもりきくたろう》
明治～大正期の政治家、実業家。京都私立独逸学校（後の京都薬科大学）設立に貢献。
¶学校（[生]安政5（1858）年9月　[没]大正9（1920）年5月4日），京都大，姓氏京都（あめのもりきくたろう　[没]1921年），日人

**天羽呑鯨**　あもうどんげい
元治1（1864）年2月4日～昭和5（1930）年1月8日
明治～昭和期の教育者、郷土史家。
¶徳島歴

**阿屋**　あや★
1804年～
江戸時代後期の女性。教育。阿国利右衛門の娘。
¶江表（阿屋（東京都）　[生]文化1（1804）年頃）

**綾子**　あやこ★
安政4（1857）年～明治15（1882）年
江戸時代末期～明治時代の女性。教育。安芸広島の吉川左近の娘。
¶江表（綾子（広島県））

**綾部条信**　あやべくめのぶ
明治13（1880）年～昭和36（1961）年
大正～昭和期の教育者。
¶神奈川人

**綾部絅斎**　あやべけいさい
延宝4（1676）年～寛延3（1750）年
江戸時代中期の儒学者。
¶国書（[生]延宝4（1676）年1月27日　[没]寛延3（1750）年9月19日），コン改，コン4，新潮，人名，全書，大百，日人，藩臣7

**綾部重麗**　あやべじゅうれい
生没年不詳
江戸時代中期の日向高鍋藩儒。
¶国書，人名，日人

**綾部融**　あやべとおる
天明6（1786）年～天保8（1837）年
江戸時代後期の儒学者、日向高鍋藩士。
¶人名，日人

**鮎貝ひでこ**　あゆがいひでこ
明治19（1886）年11月28日～昭和19（1944）年6月14日
明治～昭和期の教育者。女子教員、婦人会指導者として活躍。
¶女性，女性普

**鮎沢伊太夫**　あゆざわいだゆう
文政7（1824）年～明治1（1868）年　[別]鮎沢伊太夫《あいざわいだゆう》，鮎沢国維《あゆざわくにつな》
江戸時代末期の志士。
¶朝日（[没]明治1年10月1日（1868年11月14日）），維新，国書（鮎沢国維　あゆざわくにつな　[没]明治1（1868）年10月1日），コン改，コン4，新潮（[没]明治1（1868）年10月1日），人名（あいざわいだゆう），日人，幕末（[没]1868年11月14日），藩臣2

**鮎沢国維**　あゆざわくにつな
→鮎沢伊太夫（あゆざわいだゆう）

**鮎田如牛**　あゆたじょぎゅう
文政6（1823）年～明治20（1887）年4月14日　[別]鮎田如牛《あゆたにょぎょう》，鮎田如中《あゆたにょちゅう》
江戸時代後期～明治期の教育者、漢学者、歌人。
¶姓氏宮城（鮎田如中　あゆたにょちゅう），北海道文，北海道歴（あゆたにょぎょう）

**鮎田如牛**　あゆたにょぎょう
→鮎田如牛（あゆたじょぎゅう）

**鮎田如中**　あゆたにょちゅう
→鮎田如牛（あゆたじょぎゅう）

**新井郁男** あらいいくお
昭和10(1935)年6月4日～
昭和～平成期の教育学者。上越教育大学教授。専門は教育社会学・生涯教育。
¶現執1期, 現執2期, 現執3期, 現執4期

**新井雨窓** あらいうそう,あらいうぞう
文化10(1813)年～明治8(1875)年4月22日
江戸時代末期～明治期の経済学者、国学者。戊辰戦争の際、輪王寺宮を奉戴し天下の諸侯と大儀をなすべきと主張。
¶国書, 人名, 姓氏宮城(あらいうぞう), 日人, 幕末, 宮城百([生]文化7(1810)年 [没]明治5(1872)年)

**新井瀛洲** あらいえいしゅう
宝暦5(1755)年～享和3(1803)年
江戸時代後期の儒学者。
¶人名, 日人

**新井円次** あらいえんじ
慶応3(1867)年～昭和21(1946)年
明治～昭和期の教員、郷土史家。
¶会津

**新井奥邃**(荒井奥邃) あらいおうすい
弘化3(1846)年～大正11(1922)年6月16日 [別]新井常之進《あらいつねのしん》
明治～大正期の宗教家。キリスト教徒。講和舎を起こす。著書に「奥邃広録」など。
¶アナ([生]弘化3(1846)年5月5日), 海越(荒井奥邃), 海越新, キリ([生]弘化3年5月5日(1846年5月29日)), 近文, コン改, コン5, 社史(新井常之進 あらいつねのしん [生]1846年5月29日), 人名, 世紀([生]弘化3(1846)年5月5日), 姓氏宮城, 東北近([生]弘化3(1846)年5月5日), 渡航(新井奥邃・新井常之進 あらいおうすい・あらいつねのしん), 日人, 平和, 宮城百, 民学, 歴大

**新井嘉一** あらいかいち
明治28(1895)年2月21日～昭和55(1980)年
大正～昭和期の教育者。
¶群馬人

**新井玩三** あらいがんぞう
文政6(1823)年～明治38(1905)年7月6日
江戸時代末期～明治期の数学者。
¶科学, 人名, 数学, 日人

**荒井強平** あらいきょうへい
昭和14(1939)年11月1日～
昭和期の教育者。日体協バスケットA級コーチ。
¶飛騨

**新井金次郎** あらいきんじろう
明治30(1897)年4月1日～昭和25(1950)年7月
昭和期の農民、荷車輓。
¶群馬人

**荒井邦昭** あらいくにあき
昭和期の社会教育・婦人教育専門家。
¶現執2期

**新井邦二郎** あらいくにじろう
昭和22(1947)年1月27日～
昭和～平成期の児童・教育心理学者。
¶現執2期, 現執4期

**新井蔵之助** あらいくらのすけ
嘉永5(1852)年～明治43(1910)年
明治期の教育者、政治家。大和村長。
¶神奈川人, 姓氏神奈川

**荒井恵信** あらいけいしん
明治35(1902)年7月21日～平成5(1993)年8月21日
昭和・平成期の白川村議・同村教育委員長。
¶飛騨

**新井毫** あらいごう
安政5(1858)年～明治42(1909)年
明治期の政治家・教育者。
¶郷土群馬([没]1902年), 群新百, 群馬人, 群馬百, 姓氏群馬([没]1902年)

**新井剛斎** あらいごうさい
天明6(1786)年～天保5(1834)年
江戸時代後期の国学者。
¶人名, 日人

**新井貞寛** あらいさだひろ
天保14(1843)年～明治38(1905)年
江戸時代後期～明治期の教育者。
¶姓氏群馬

**新井静夫** あらいしずお
明治36(1903)年1月3日～昭和54(1979)年2月28日
昭和期の教育者。
¶埼玉人

**新井雀里** あらいじゃくり
文化10(1813)年～明治33(1900)年
江戸時代末期～明治期の教育家。維新後、南淵塾という私塾を開き生徒の教育にあたる。
¶群新百, 群馬人([生]文化11(1814)年), 群馬百, 姓氏群馬, 藩臣2([生]文化11(1814)年)

**新井周三郎** あらいしゅうざぶろう,あらいしゅうさぶろう
文久2(1862)年～明治18(1885)年
明治期の教員。「秩父事件」関係者。
¶埼玉人(あらいしゅうさぶろう [生]文久2(1862)年2月 [没]明治18(1885)年5月17日), 埼玉百, 社史(あらいしゅうさぶろう [生]慶応2年(1866年?) [没]1885年5月), 日人

**新井順二郎** あらいじゅんじろう
明治41(1908)年～昭和53(1978)年
昭和期の高崎経済大学長(第9代)。
¶群馬人

**荒井庄十郎** あらいしょうじゅうろう
生没年不詳 [別]森平右衛門《もりへいえもん》
江戸時代中期のオランダ通詞、蘭学者。
¶朝日, 江文, 近世, 国史, 新潮, 日人, 洋学

**新井静斎** あらいせいさい
生没年不詳
江戸時代後期の儒学者。
¶日人

**新井滄洲** あらいそうしゅう
正徳4(1714)年～寛政4(1792)年
江戸時代中期の儒学者、陸奥仙台藩士。
¶国書([没]寛政4(1792)年4月16日)，人名，日人，宮城百

**新井竹子** あらいたけこ
昭和10(1935)年4月29日～
昭和～平成期の教師、人間研究家。親子読書地域文庫全国連絡会会長。著書に「本は僕らの友だち」「手話でこんにちわ」など。
¶現執2期，現執3期，埼玉文，児作，児人，世紀，日児

**新井多治見** あらいたじみ
天保1(1830)年～明治34(1901)年
江戸時代後期～明治期の教育者。
¶姓氏群馬

**新井太平治** あらいたへいじ
生没年不詳
江戸時代末期の教育者。
¶姓氏群馬

**荒井庸夫** あらいつねお
明治10(1877)年6月10日～昭和14(1939)年10月6日
大正期の地方史研究家、教育家。茨城県立水海道中学校長。茨城県史を研究。
¶郷土，史研

**新井常之進** あらいつねのしん
→新井奥邃(あらいおうすい)

**新井照吉** あらいてるきち
明治20(1887)年～昭和39(1964)年
明治～昭和期の教育者。
¶群馬人，姓氏群馬

**新井桐蔭** あらいとういん
江戸時代末期の漢学塾師匠。
¶埼玉百

**新井淑之** あらいとしゆき
昭和5(1930)年8月24日～
昭和～平成期の音楽教育者、クラリネット奏者。
¶音人3

**新井富一** あらいとみかず
大正11(1922)年11月28日～昭和60(1985)年7月31日
昭和期の久々野町教育長。
¶飛騨

**新井巴** あらいともえ
明治1(1868)年～昭和13(1938)年
明治～昭和期の教育者。
¶群馬人，姓氏群馬

**荒井友三郎** あらいともさぶろう
明治23(1890)年～昭和28(1953)年
大正～昭和期の教育者。
¶神奈川人，姓氏神奈川

**新井信義** あらいのぶよし
昭和6(1931)年～
昭和～平成期の小・中学校教諭、挿絵画家。
¶児人

**新井白蛾** あらいはくが
正徳4(1714)年～寛政4(1792)年
江戸時代中期の易学研究者。加賀藩校明倫堂の初代学頭。
¶ふる

**新井白石** あらいはくせき
明暦3(1657)年2月10日～享保10(1725)年5月19日　[別]新井君美《あらいきみよし》
江戸時代前期～中期の学者、政治家。甲府藩主徳川綱豊の侍講から綱豊が6代将軍家宣となると白石も幕臣として政治に参画、正徳の治を主導した。吉宗が8代将軍になると失脚。主な著書に「読史余論」「古史通」「采覧異言」「折りたく柴の記」など。
¶朝日([生]明暦3年2月10日(1657年3月24日)　[没]享保10年5月19日(1725年6月29日))，岩史，江人，江戸，江文，沖縄百，角史，神奈川人，鎌倉，鎌倉新，教育，キリ，近世，群馬人，群馬百，考古([生]明暦3年(1657年2月1日)　[没]享保10年(1725年5月9日))，国史，国書，古史，コン改，コン4，コン5，詩歌，詩作，史人，思想史，重要([生]明暦3(1657)年2月11日)，神史，人書79，人書94，人情3，神人([生]明暦3(1657)年2月　[没]享保10(1725)年5月)，新潮，新文([生]明暦3(1657)年2月11日)，人名，姓氏神奈川，世人，世百，全書，対外，大百，千葉百，地理，伝記，徳川将，徳川臣，日音，日思，日史，日人，藩臣3，百科，文学，平史，平日，北海道百，北海道歴，山川小，山梨百([没]享保10(1725)年5月9日)，洋学，歴大，和俳

**新井彦左衛門** あらいひこざえもん
生没年不詳
江戸時代中期の三河吉田藩士、剣術師範。
¶剣豪，藩臣4

**新井兵吾** あらいひょうご
明治15(1882)年～昭和32(1957)年
明治～昭和期の教育者。
¶群馬人，姓氏群馬

**新井福二郎** あらいふくじろう
明治16(1883)年～昭和50(1975)年
明治～昭和期の教育者。
¶群馬人

**荒井不二夫** あらいふじお
生没年不詳
昭和期の小学校教員。
¶社史

## 新井万吉 あらいまんきち
明治6(1873)年〜昭和31(1956)年
明治〜昭和期の実業家、政治家。烏山町長。烏山町立実践女学校の創設に寄与。
¶栃木歴

## 新井要太郎 あらいようたろう
明治41(1908)年〜昭和34(1959)年
昭和期の教育者。万葉植物図譜を作成。
¶姓氏群馬

## 荒井由松 あらいよしまつ
明治15(1882)年6月22日〜昭和36(1961)年4月19日
明治〜昭和期の実業家。勝山精華女学校(のち勝山南高)を創立。
¶郷土福井, 世紀, 日人, 福井百

## 荒井和水 あらいわすい
享和1(1801)年〜安政6(1859)年4月9日
江戸時代後期〜末期の心学者。
¶国書, 庄内, 山形百

## 荒尾洪基 あらおこうき
明治13(1880)年〜昭和21(1946)年
明治〜昭和期のクリスチャン教育者。
¶高知人

## 新垣幸吉 あらかきこうきち
明治35(1902)年〜?
昭和期の小学校教員。伊平屋尋常高等小学校訓導。
¶社史

## 新垣邦三 あらかきこうぞう
? 〜
昭和期の沖縄県中頭郡伊波小学校教員。
¶社史

## 新垣助次郎 あらかきすけじろう
明治40(1907)年〜平成14(2002)年
昭和・平成期の教育者。
¶戦沖

## 新垣盛繁 あらかきせいはん
明治27(1894)年〜昭和55(1980)年
大正〜昭和期の学校経営者、政治家。中城村長。
¶姓氏沖縄

## 新垣壮永 あらかきそうえい
明治37(1904)年1月14日〜
大正期の沖縄県中頭郡伊波小学校教員。
¶社史

## 新垣千代吉 あらかきちよきち
明治37(1904)年〜昭和42(1967)年
昭和期の教育者。ブラジル移民。のち帰国し伊平屋村長。
¶姓氏沖縄

## 新垣安助 あらかきやすすけ
明治33(1900)年〜昭和51(1976)年
大正〜昭和期の政治家。村長、初代伊平屋村教育委員長、立法院議員。
¶姓氏沖縄

## 荒川勇 あらかわいさむ
大正7(1918)年〜
昭和期の障害児教育研究者。東京学芸大学教授。
¶現執1期

## 荒川喜一 あらかわきいち
明治35(1902)年12月3日〜平成6(1994)年1月23日
昭和・平成期の学校長・歌人・郷土史家。
¶飛騨

## 荒川重秀 あらかわしげひで
安政6(1859)年〜昭和6(1931)年7月1日
明治〜昭和期の教育者。
¶札幌, 渡航(㊤?), 北海道文

## 荒川重理 あらかわしげみち
明治17(1884)年1月14日〜昭和51(1976)年2月26日
明治〜昭和期の昆虫学者・教育者。
¶愛媛百

## 荒川重平 あらかわじゅうへい
嘉永4(1851)年〜昭和8(1933)年12月25日
明治〜大正期の数学者、教育者。海軍の数学教育に貢献。日本で初の横書きの数学書「幾何問題解式」を著す。
¶朝日, 科学, 数学, 世紀, 日人

## 荒川正平 あらかわしょうへい
明治30(1897)年5月28日〜昭和49(1974)年10月2日
大正・昭和期の教育者。学校長。
¶飛騨

## 荒川文吉 あらかわぶんきち
文化4(1807)年〜明治11(1878)年
江戸時代後期〜明治期の教育者。寺子屋を開き、地域子弟の教育に寄与。
¶姓氏長野

## 荒川文礼 あらかわぶんれい
宝暦4(1754)年〜文化2(1805)年
江戸時代後期の私塾教育者。
¶栃木歴

## 荒川文六 あらかわぶんろく
明治11(1878)年11月18日〜昭和45(1970)年2月9日
明治〜昭和期の電気工学者。九州帝国大学総長ほか電気学会会長、九州タイムズ社長などを歴任。
¶科学, 現朝, 現情(㊤1878年11月), コン改, コン4, コン5, 新潮, 人名7, 世紀, 渡航, 日人, 日本, 福岡百(㊦昭和45(1970)年4月18日), 履歴, 履歴2

## 荒川義男 あらかわよしお
明治22(1889)年〜昭和34(1959)年
大正〜昭和期の教育者。
¶長野歴

## 荒木一助 あらきかずすけ
? 〜文久2(1862)年
江戸時代の漢学者。

¶人名，日人

**新木公子** あらききみこ
昭和8(1933)年3月31日～
昭和期の学校長。
¶飛騨

**荒木さだ** あらきさだ
明治23(1890)年～昭和32(1957)年
大正・昭和期の教育者・女性議員。
¶群新百

**荒木サダ** あらきさだ
明治23(1890)年12月20日～昭和32(1957)年3月22日
明治～昭和期の教育者、政治家。前橋市議会議員。教職を経て、戦後第1回の前橋市議会選挙で当選。
¶群馬人，女性，女性普

**荒木貞夫** あらきさだお
明治10(1877)年5月26日～昭和41(1966)年11月2日
大正～昭和期の陸軍軍人、政治家。大将、文相。教育の軍国主義化を推進。東京裁判でA級戦犯に指名され、終身禁固刑の判決を受けた。
¶岩史，角史，郷土和歌山，近現，現朝，現情，現人，現日，国史，コン改，コン4，コン5，詩作，史人，重要，新潮([没]昭和41(1966)年11月1日)，人名7，世紀，政治，世人([生]明治10(1877)年5月)，世百，世百新，全書，渡航，日史，日人，日本，百科，平日，陸海，歴大，和歌山人

**荒木周道** あらきしゅうどう
天保11(1840)年～明治43(1910)年11月
明治期の地方史研究家、俳人。長崎県史を研究。
¶郷土，史研，人名，日人

**荒木正三郎** あらきしょうざぶろう，あらきしょうさぶろう
明治39(1906)年9月17日～昭和44(1969)年6月16日
昭和期の労働組合運動家、教育者。参議院議員、初代日教組委員長。初代日教組委員長。民政連委員も務める。
¶大阪人([没]昭和44(1969)年6月)，現朝(あらきしょうさぶろう)，現情，コン改，コン4，コン5，人名7，世紀，政治，日人

**荒木スヱヲ** あらきすえお，あらきすえを
明治24(1891)年4月17日～昭和51(1976)年3月27日
明治～昭和期の教育家。隈府女子技芸学校設立者。
¶学校，熊本百(あらきすえを)

**荒木正恭** あらきせいきょう
明治20(1887)年2月1日～昭和20(1945)年3月30日
明治～昭和期の教育者。
¶群馬人，姓氏群馬

**荒木堯治** あらきたかじ
明治15(1882)年～昭和6(1931)年
明治～昭和期の教育者。
¶群馬人

**荒木田尚賢** あらきだひさかた
元文4(1739)年～天明8(1788)年　[別]蓬莱尚賢《ほうらいひさかた》
江戸時代中期の神宮祠官。
¶国書(蓬莱尚賢　ほうらいひさかた　[生]元文4(1739)年9月18日　[没]天明8(1788)年7月2日)，神人(蓬莱尚賢　ほうらいひさかた　[没]天明8(1788)年7月)，人名，日人

**荒木民次郎** あらきたみじろう
？　～大正14(1925)年10月
明治～大正期の教育家。隈府女子技芸学校創立者・初代校長。
¶学校

**新木輝雄** あらきてるお
昭和7(1932)年10月5日～
昭和期の学校長。
¶飛騨

**荒木得三** あらきとくぞう
明治24(1891)年3月16日～昭和27(1952)年10月13日
大正～昭和期の音楽家。
¶姓氏富山，富山百

**荒木俊馬** あらきとしま
明治30(1897)年3月20日～昭和53(1978)年7月10日
昭和期の理論天文学者。京都帝国大学教授、京都産業大学学長。京都帝国大学を依頼退官ののち、戦後京都産業大を創立。
¶科学，学校，京都大，熊本近，熊本人，熊本百，現朝，現情([没]1978年7月30日)，現人，現日，史人，新潮，世紀，姓氏京都，世百新，全書，日人，百科，広島百，履歴，履歴2，歴大

**荒木寅三郎** あらきとらさぶろう，あらきとらざぶろう
慶応2(1866)年10月17日～昭和17(1942)年1月28日
明治～昭和期の生化学者。京都帝国大学総長、学習院院長。生体内乳酸生成を研究、日本生化学の開祖の一人。
¶海越，海越新，岡山百，岡山歴，科学，郷土群馬，京都大，近医，群新百，群馬人，群馬百，国史，コン改，コン5，新潮，人名7，世紀，姓氏京都，姓氏群馬(あらきとらざぶろう)，世百，全書，大百，渡航，日人，百科，履歴

**荒木紀幸** あらきのりゆき
昭和17(1942)年2月10日～
昭和～平成期の心理学者。兵庫教育大学教授。専門は教育心理学・認知心理学。編著書に「道徳教育はこうすればおもしろい」など。
¶現執1期，現執2期，現執3期，現執4期

**荒木房治** あらきふさじ★
明治5(1872)年11月1日～大正10(1921)年9月16日
明治・大正期の教育者。校長。

¶秋田人2

**荒木藤男** あらきふじお
大正12(1923)年2月25日～
昭和期の教育者。学校長。
¶飛驒

**荒木万寿夫** あらきますお
明治34(1901)年7月17日～昭和48(1973)年8月24日
昭和期の政治家。衆議院議員。逓信省、満州国政府に勤務。戦後は池田内閣文相として新教育課程の実施を手がける。
¶現朝, 現情, 現人, 現日, コン改, コン4, コン5, 新潮, 人名7, 世紀, 政治, 日人, 福岡百, 履歴, 履歴2

**荒木義夫** あらきよしお
明治28(1895)年～昭和53(1978)年
大正～昭和期の教育家。
¶郷土奈良

**新崎盛長** あらさきせいちょう
明治39(1906)年1月14日～昭和20(1945)年4月20日
昭和期の小学校教員。沖縄教育労働者組合メンバー。
¶社史

**荒崎良徳** あらさきりょうとく
昭和3(1928)年10月21日～
昭和～平成期の教師、曹洞宗僧侶。雲龍寺住職。著書に「ほとけさまと子どもたち」「心眼をひらく」など。
¶現執3期

**荒田及年** あらたきゅうねん
弘化2(1845)年～大正5(1916)年
江戸時代末期～大正期の教育者・文人。
¶多摩

**荒田狷介** あらたけんすけ
明治32(1899)年～昭和54(1979)年
大正～昭和期の教育学者。信州大学教育学部教授。
¶青森人

**新谷ひろし** あらやひろし
昭和5(1930)年12月7日～
昭和期の俳人・教育者・寺山修司俳句研究先駆者。
¶東北近

**新屋由高** あらやよしたか
江戸時代中期の暦数家。
¶人名, 日人(生没年不詳)

**蘭千寿** あららぎちとし
昭和24(1949)年6月1日～
昭和～平成期の心理学者。専門は社会心理学・教育心理学。著書に「パーソン・ポジティヴィティの社会心理学」など。
¶現執3期, 現執4期

**有井進斎** ありいしんさい
天保1(1830)年～明治22(1889)年
江戸時代末期～明治期の儒学者。長崎師範学校教官から東京府師範学校兼中学校教官となる。
¶維新, 人名, 徳島歴([没]明治22(1889)年5月22日), 日人

**有賀長雄** ありがながお
万延1(1860)年10月1日～大正10(1921)年6月17日 [別]有賀長雄《ありがながかつ, あるがながお》
明治～大正期の国際法学者、社会学者。陸軍大学校教授。社会学的実証主義の学風を持つ。中国の袁世凱の法律顧問を務めた。
¶朝日([生]万延1年10月1日(1860年11月13日) [没]大正10(1921)年5月17日), 海越, 海越新, 大阪人(ありがながかつ [没]大正10(1921)年6月), 大阪文, 角史(あるがながお), 教育, 近現(あるがながお), 近文, 国史(あるがながお), コン改, コン5, 史研(あるがながお), 史人(あるがながお), 社史([生]万延1年10月1日(1860年11月13日)), 新潮(あるがながお [没]大正10(1921)年5月17日), 新文, 人名, 心理([没]大正10(1921)年5月17日), 世紀(あるがながお [没]大正10(1921)年5月17日), 世人, 世百, 全書, 大百([没]1920年), 哲学(あるがながお), 渡航, 日史(あるがながお), 日人(あるがながお), 日本, 百科, 文学, 平和, 履歴(あるがながお), 歴大([没]1920年)

**有賀長雄** ありがながかつ
→有賀長雄(ありがながお)

**有賀文章** ありがふみあき
昭和11(1936)年～
昭和～平成期の公立学校教員、生物研究家。
¶児人

**蟻川明男** ありかわあきお
昭和14(1939)年～
昭和～平成期の高校教諭。
¶YA

**有側末広** ありかわすえひろ
昭和7(1932)年2月23日～平成16(2004)年11月19日
昭和・平成期の教育者。声優。劇団代表。
¶石川現十

**有川ひろゑ** ありかわひろえ
明治20(1887)年～昭和34(1959)年
明治～昭和期の教育者。
¶姓氏宮城

**有木春来** ありきはるき
明治31(1898)年2月～昭和56(1981)年3月4日
明治～昭和期の教育者。国本高等女学校を創立した。
¶学校

**有坂新助** ありさかしんすけ
明治12(1879)年～昭和46(1971)年
明治～昭和期の教育者。
¶姓氏群馬

**有坂誠人** ありさかまさと
昭和21(1946)年3月23日～
昭和～平成期の予備校講師。著書に「現代文速解・例の方法」「有坂誠人の大学受験生活指導要領」など。
¶現執3期

**有園格** ありぞのいたる
昭和10(1935)年2月8日～
昭和～平成期の教育評論家、教育ジャーナリスト。日本教育新聞論説委員。
¶現執2期

**有薗格** ありぞのいたる
昭和10(1935)年2月8日～
昭和～平成期の教育評論家、教育ジャーナリスト。静岡文化芸術大学文化政策学部国際文化学科教授。専門は、教育学(学校論・教育方法論)、教育課程論。
¶現執4期

**有田和正** ありたかずまさ
昭和10(1935)年8月3日～
昭和～平成期の教育学者。愛知教育大学教授。専門は社会科教育・生活科教育。著書に「子どもの生きる社会科授業の創造」など。
¶現執2期, 現執3期, 現執4期

**有田喜一** ありたきいち
明治34(1901)年4月30日～昭和61(1986)年2月9日
昭和期の政治家。国会議員。佐藤内閣防衛庁長官、文相、経企庁長官を歴任。
¶現朝, 現情, 現人, コン改, コン4, コン5, 世紀, 政治, 日人, 兵庫百, 履歴, 履歴2

**有田徳一** ありたとくいち
?～明治29(1896)年1月21日
江戸時代末期～明治期の教育家、軍人。関西法律学校(後の関西大学)創設に参画。
¶学校

**有田村武一** ありたむらぶいち
文政8(1825)年～明治4(1871)年
江戸時代末期～明治期の農民。百姓一揆指導者。
¶日人

**有富光子** ありとみみつこ
明治34(1901)年7月30日～昭和54(1979)年3月11日
大正～昭和期の教育者。跡見学園短大教授、学長。鹿児島女子師範、大分女子師範、東京帝国女子専門学校などの教諭を歴任。
¶現情, 女性(㊤昭和44(1969)年3月17日), 女性普(㊤昭和44(1969)年3月17日), 世紀, 日人

**在原朝臣行平** ありはらのあそんゆきひら
→在原行平(ありわらのゆきひら)

**在原行平** ありはらのゆきひら
→在原行平(ありわらのゆきひら)

**有馬朗人** ありまあきと
昭和5(1930)年9月13日～
昭和～平成期の物理学者、俳人。東京大学教授、参議院議員。原子核物理学を研究、文相、科学技術庁長官を歴任。国際俳句交流協会会長を務め、句集に「母国」など。
¶大阪文, 現朝, 現執2期, 現執3期, 現執4期, 現情, 現政, 現俳, 滋賀文, 詩作, 世紀, 日人, 俳文, マス89, 履歴, 履歴2

**有馬源内** ありまげんない
嘉永5(1852)年～明治25(1892)年10月10日
江戸時代末期～明治時代の熊本藩士。同志と自由民権主義の植木中学校を創立。
¶幕末, 幕末大

**有馬厚軒** ありまこうけん
文政4(1821)年～明治21(1888)年
江戸時代後期～明治期の藩校造士館の句読師。
¶姓氏鹿児島

**有馬誉純** ありましげすみ, ありましげずみ
明和6(1769)年4月17日～天保7(1836)年10月27日
江戸時代中期～後期の大名。越前丸岡藩主。
¶国書, 諸系(ありましげずみ), 人名(㊤1766年), 日人(ありましげずみ), 藩主3

**有馬俊一** ありましゅんいち
大正4(1915)年～平成13(2001)年
昭和・平成期の音楽教育家。
¶熊本人

**有馬峻太郎** ありましゅんたろう
?～明治8(1875)年
江戸時代末期の漢学者。
¶人名, 日人

**有馬純義** ありますみよし
明治37(1904)年～昭和63(1988)年
昭和期の政治家、教育者。松元町議会議員、上伊集院村・松元町の教育長。
¶姓氏鹿児島

**有馬大五郎** ありまだいごろう
明治33(1900)年9月12日～昭和55(1980)年10月3日
大正～昭和期の音楽教育家。NHK交響楽団副理事長、国立音楽大学学長。ウィーン留学後、国立音大学長として教育に尽力。
¶音楽, 音人, 芸能, 現執1期, 現情, コン改(㊤1906年), コン4(㊤明治39(1906)年), コン5(㊤明治39(1906)年), 作曲, 新潮, 世紀, 日音, 日人, 兵庫百

**有松勘吉** ありまつかんきち
明治38(1905)年～昭和34(1959)年
昭和期の教育者。
¶鳥取百

**有馬白嶼** ありまはくしょ
享保20(1735)年～文化14(1817)年
江戸時代中期～後期の肥後熊本藩儒。
¶国書(㊤文化14(1817)年1月20日), 人名, 日人

## 有馬百鞭　ありまひゃくべん
天保6(1835)年～明治39(1906)年
江戸時代末期～明治期の儒学者、神職。
¶維新, 人名(㊤？), 日人, 幕末(㊥1906年5月30日, 藩臣4, 美家(㊤天保6(1835)年10月25日　㊦明治39(1906)年5月30日), 三重(㊤天保6年10月25日)

## 有馬頼貴　ありまよりたか
延享3(1746)年～文化9(1812)年
江戸時代中期～後期の大名。筑後久留米藩主。
¶諸系, 人名(㊤1745年), 藩主4(㊤延享3(1746)年4月2日　㊦文化9(1812)年2月3日)

## 有馬頼万　ありまよりつむ
元治1(1864)年～昭和2(1927)年
明治～大正期の華族。
¶世紀(㊤元治1(1864)年6月15日　㊦昭和2(1927)年3月21日), 日人

## 有馬頼寧　ありまよりやす
明治17(1884)年12月17日～昭和32(1957)年1月10日
大正～昭和期の政治家。衆議院議員、中央競馬会理事長。久留米昭和高等女学校の設立に関わる。
¶岩史, 学校, 角史, 近現, 現朝, 現情, 現人, 現日(㊦1957年1月9日), 国史, コン改, コン4, コン5, 史人, 社史, 新潮, 人名7, 世紀, 政治, 世人, 世百新, 全書, 大百, 渡航(㊦1957年1月9日), 日史, 日人, 百科, 福岡百(㊦昭和32(1957)年1月9日), 平ハ, 平和, 履歴(㊦昭和32(1957)年1月9日), 履歴2(㊦昭和32(1957)年1月9日), 歴大

## 有光勲　ありみついさお
昭和17(1942)年7月22日～
昭和期の教員、点字ワープロ開発者。
¶視覚

## 有光次郎　ありみつじろう
明治36(1903)年12月15日～平成7(1995)年2月22日
昭和期の文部行政官。文部次官。日本芸術院長、武蔵野美術大学学長などを歴任。
¶現朝, 現執2期, 現情, 高知人, 世紀, 日人, 履歴, 履歴2

## 有光輝一朗　ありみつてるいちろう
明治38(1905)年～昭和45(1970)年
昭和期の歌人・教師。
¶愛媛, 愛媛百(㊤明治38(1905)年3月11日　㊦昭和45(1970)年4月17日)

## 有宗義輝　ありむねよしてる
昭和18(1943)年11月24日～
昭和期の理療科教員。
¶視覚

## 有村連　ありむられん
安政2(1855)年～昭和6(1931)年
明治期の教育者、政治家。鹿児島県議会議員、粟野郷戸長。西南戦争に従軍。
¶薩摩

## 有銘シズ　ありめしず
明治41(1908)年11月3日～昭和51(1976)年12月26日
昭和期の教育者。財団法人沖縄県学徒援護会沖英寮の寮監を10数年務め、寮生から深く慕われた。
¶沖縄百, 女性, 女性普, 姓氏沖縄

## 有本章　ありもとあきら
昭和16(1941)年10月26日～
昭和～平成期の教育学者。広島大学大学教授。教育社会学・科学社会学・高等教育論を研究。著書に「大学人の社会学」など。
¶現執3期, 現執4期

## 有元久五郎　ありもときゅうごろう
明治8(1875)年8月10日～昭和38(1963)年7月18日
明治～昭和期の教育者。
¶埼玉人, 埼玉百

## 有本圭希　ありもとけいすけ
昭和29(1954)年1月4日～
昭和～平成期の教師。
¶視覚

## 有元史郎　ありもとしろう
明治29(1896)年6月25日～昭和13(1938)年
明治～昭和期の教育家、政治家。東京高等工商学校創設者、津山市長。
¶岡山歴(㊦昭和13(1938)年5月3日), 学校(㊦昭和13(1938)年5月30日)

## 有元宥貞　ありもとひろさだ
寛延3(1750)年～文政3(1820)年8月
江戸時代中期～後期の教育者。
¶岡山歴

## 有元稔　ありもとみのる
？～大正8(1919)年
明治～大正期の教育者。
¶岡山人, 岡山歴

## 有山玄統　ありやまげんとう
生没年不詳
江戸時代中期の心学者。
¶国書

## 有吉蔵器　ありよしぞうき
享保19(1734)年～寛政12(1800)年9月13日
江戸時代中期～後期の備前岡山藩士。
¶岡山人(㊤享保18(1733)年　㊦寛政11(1799)年), 岡山百, 岡山歴(㊤享保18(1733)年　㊦寛政11(1799)年9月26日), 人名, 日人, 藩臣6(㊤享保18(1733)年)

## 在原行平　ありわらのゆきひら
弘仁9(818)年～寛平5(893)年7月19日　㊧在原行平《ありはらのゆきひら, ありわらゆきひら》, 在原朝臣行平《ありはらのあそんゆきひら》
平安時代前期の歌人、公卿(中納言)。平城天皇の皇子阿保親王の三男。
¶朝日(㊦寛平5年7月19日(893年9月3日)), 角史, 教育, 公卿, 国史(ありはらのゆきひら),

国書(ありわらゆきひら)，古史(ありはらのゆきひら ㊦813年)，古代(在原朝臣行平 ありはらのあそんゆきひら)，古中(ありはらのゆきひら)，コン改，コン4，詩歌，史人，諸系(ありはらのゆきひら)，新潮，人名，姓氏京都，世人，全書，大百，鳥取百，日史，日人(ありはらのゆきひら)，百科，平史(ありはらのゆきひら)，歴大，和俳

## 在原行平 ありわらゆきひら
→在原行平(ありわらのゆきひら)

## 有賀恭一 あるがきょういち
明治28(1895)年〜昭和27(1952)年
明治〜昭和期の郷土史家、歌人。
¶郷土，姓氏長野，長野歴

## 有賀善五郎〔14代〕あるがぜんごろう
天保12(1841)年〜明治18(1885)年
明治期の商人。
¶群馬人，日人

## 有賀長雄 あるがながお
→有賀長雄(ありがながお)

## 有賀秀成 あるがひでなり
天保7(1836)年〜明治18(1885)年
江戸時代後期〜明治期の生糸商・教育者。
¶姓氏群馬

## 有賀盈重 あるがみつしげ
嘉永6(1853)年〜昭和12(1937)年
明治〜昭和期の教育家、歌人。
¶長野歴

## 阿波加脩造（阿波加修造）あわかしゅうぞう
天保6(1835)年12月13日〜大正5(1916)年
江戸時代末期〜明治期の医師、教育者。
¶国書5(㊦大正5(1916)年5月12日)，姓氏富山(阿波加修造)，富山百，洋学

## 粟津キヨ あわづきよ
大正8(1919)年〜昭和63(1988)年9月6日
大正〜昭和期の盲学校教師。
¶視覚

## 粟野健次郎 あわのけんじろう
文久4(1864)年〜昭和11(1936)年
明治〜昭和期の教育者。
¶岩手人(㊦1864年5月18日 ㊨1936年8月23日)，岩手年，姓氏岩手，渡航(㊨1936年8月)，日人，宮城百

## 粟屋活輔 あわやかつすけ
元治1(1864)年〜昭和12(1937)年7月1日
明治〜昭和期の教育者。長門興風学校初代校長。
¶学校，世紀，姓氏山口(㊦1863年)，日人，山口百

## 粟屋謙 あわやけん
明治16(1883)年3月21日〜昭和13(1938)年4月2日
明治〜昭和期の文部官僚。
¶履歴

## 安西篤子 あんざいあつこ
昭和2(1927)年8月11日〜
昭和〜平成期の小説家。神奈川県教育委員長。「張少子の話」で直木賞受賞。中国史に造詣が深く歴史物を多数発表。
¶近文，現朝，現執2期，現執3期，現執4期，現情，作家，小説，女文(㊦昭和2(1926)年8月11日)，新文，世紀，日女，日人，兵庫文，マス89

## 安西義一 あんざいぎいち
明治23(1890)年〜昭和38(1963)年
大正〜昭和期の教育者。
¶神奈川人

## 安西祐子 あんざいさちこ
昭和7(1932)年〜昭和56(1981)年10月12日
昭和期の教諭、バレーボール指導者。全国家庭婦人バレーボール連盟理事長。
¶女性，女性普

## 安西重貴 あんざいしげき
昭和22(1947)年4月26日〜
昭和〜平成期の指揮者、音楽教育者。
¶音人3

## 安斎省一 あんざいしょういち
昭和14(1939)年〜
昭和〜平成期の教師。東京女学館常務理事、東京女学館中・高等学校長。
¶現執4期

## 安在武八郎 あんざいたけはちろう
大正1(1912)年〜平成4(1992)年
昭和期の体育学者。山形大学教授。
¶体育，山形百新

## 安西道子 あんざいみちこ
大正13(1924)年〜
昭和期の教育者。長野県初の公立学校女性校長。
¶信州女

## 庵逧巌 あんさこいわお
昭和5(1930)年〜
昭和期の国語教育研究者、日本芸能史研究者。
¶現執1期

## 安沢順一郎 あんざわじゅんいちろう
昭和18(1933)年2月4日〜
昭和〜平成期の教育学者。高校教師、文部省視学官などを務める。
¶現執3期

## 安藤秋三郎 あんどうあきさぶろう
明治9(1876)年12月28日〜昭和37(1962)年2月11日
明治〜昭和期の教育家。
¶愛知百

## 安藤有山 あんどううさん
生没年不詳
江戸時代後期の寺子屋師匠。
¶姓氏神奈川

**安藤永年　あんどうえいねん**
安永7(1778)年～天保3(1832)年
江戸時代後期の画家。
¶人名，日人

**安東薫　あんどうかおる**
明治43(1910)年～昭和56(1981)年
昭和期の大分県教育長。
¶大分歴

**安藤一雄　あんどうかずお**
昭和25(1950)年10月18日～
昭和～平成期の文化評論家、芸術家、エコジャーナリスト。国際マインド創造センター主幹。国際ボランティア活動の支援、21世紀に向けた文化・教育・アートについて提言を行う。
¶現執3期

**安藤歌泉　あんどうかせん**
天保7(1836)年～明治22(1889)年
江戸時代末期の寺子屋師匠。
¶埼玉人

**安藤紀一　あんどうきいち**
慶応1(1865)年～昭和10(1935)年
明治～大正期の教育者。
¶姓氏山口，山口百

**安藤箕山　あんどうきざん**
元文3(1738)年～天明1(1781)年
江戸時代中期の因幡鳥取藩士、儒学者。
¶国書(⊕天明1(1781)年4月12日)，人名，鳥取百，日人，藩臣5

**安東清人　あんどうきよと**
嘉永7(1854)年5月～明治19(1886)年9月17日
明治期の文部省官吏。鉱山学研修のため文部省第1回留学生として、ドイツに渡る。
¶海越，海越新，渡航

**安藤修平　あんどうしゅうへい**
昭和12(1937)年4月16日～
昭和‐平成期の日本語学者。専門は国語教育。著書に「ねらいに即した感想文指導の展開」など。
¶現執3期，現執4期

**安藤秋里　あんどうしゅうり**
生没年不詳
江戸時代後期～末期の漢学者。
¶大阪人，大阪墓

**安藤重良　あんどうじゅうろう**
明治24(1891)年～昭和53(1978)年
大正～昭和期の郷土史家、教育者。
¶鳥取百

**安藤寿康　あんどうじゅこう**
昭和33(1958)年3月21日～
昭和～平成期の教育心理学、行動遺伝学研究者。慶応義塾大学文学部人間関係学科教授。専門は、教育心理学、行動遺伝学。
¶現執4期

**安藤昌益　あんどうしょうえき**
元禄16(1703)年～宝暦12(1762)年10月14日
江戸時代中期の農本思想家、漢方医。著作に「自然真営道」など。
¶青森人，青森百(⊕?)，秋田人2，秋田百，朝日(⊕宝暦12年10月14日(1762年11月29日))，岩史，岩手人，岩手百，江人，科学，角史(⊕元禄16(1703)年?)，教育(⊕1701年⊗?)，近世，国史(⊕?)，国書(⊕?)，コン改，コン4，コン5，史人(⊕1707年?)，思想史，重要(⊕元禄16(1703)年?)，植物(⊗宝暦12年10月14日(1762年11月29日))，食文(⊕元禄16(1703)年?　⊗宝暦12年10月14日(1762年11月29日))，人書79，人書94，人情3，新潮(⊕?)，人名，姓氏岩手，世人(⊕元禄14(1701)年?　⊗?)，世百(⊕1701年⊗?)，全書，大百，伝記，徳川将，日思，日史(⊕元禄16(1703)年?)，日人(⊕1703年?)，百科(⊕元禄16(1703)年?)，仏教(⊕元禄16(1703)年?)，平日，山川小(⊕1707年?)，歴大

**安東節菴(安東節庵)　あんどうせつあん**
天明5(1785)年～天保6(1835)年
江戸時代後期の筑後柳河藩士、儒学者。
¶国書(安東節庵)(⊗天保6(1835)年3月5日)，人名(安東節庵)，日人(安東節庵)，藩臣7，福岡百(⊗天保6(1835)年3月)

**安藤堯雄　あんどうたかお**
明治37(1904)年2月11日～昭和40(1965)年12月8日
昭和期の教育学者。東京教育大学教授。主著「教育制度提要」「教育行政学」はこの分野の先駆的業績。学生間で評判の名物教授。
¶現情，人名7，世紀，日人

**安藤玉治　あんどうたまじ**
大正4(1915)年9月10日～
昭和期の小学校教師、サルベージ業・建設業従事者。
¶社中

**安藤忠吉　あんどうちゅうきち**
大正7(1918)年～平成2(1990)年
昭和～平成期の教育者。
¶北海道歴

**安藤輝夫　あんどうてるお**
明治42(1909)年～昭和56(1981)年
昭和期の教育者。
¶鳥取百

**安藤輝次　あんどうてるつぐ**
昭和25(1950)年10月3日～
昭和～平成期の教育学研究者。福井大学教育地域科学部教授。専門は、社会科教育、教育課程論。
¶現執4期

**安藤藤二　あんどうとうじ**
文政5(1822)年～明治21(1888)年
江戸時代末期～明治期の平戸藩家老。鳥羽・伏見の戦いでは奥羽に転戦。

¶維新，人名，日人，幕末（[没]1888年7月2日）

**安東寿郎** あんどうとしろう
明治12（1879）年2月～昭和32（1957）年12月19日
明治～昭和期の数学者。
¶大分歴，科学

**安藤知冬** あんどうともふゆ
→安藤陽州（あんどうようしゅう）

**安藤直紀** あんどうなおき
天保8（1837）年10月3日～大正1（1912）年
江戸時代末期～明治期の教育者。公立篠山中学校校長など歴任、育英事業に従事。
¶藩臣5，兵庫人

**安藤仲市** あんどうなかいち
明治33（1900）年2月13日～
大正～昭和期の牧師。日本キングスガーデン理事長、東京キリスト教学園理事長。
¶キリ

**安藤のぶ** あんどうのぶ
江戸時代末期～明治期の教育者。私塾を開き女子教育に尽力。
¶女性（生没年不詳），女性普

**安藤信成** あんどうのぶなり
寛保3（1743）年～文化7（1810）年　[別]安藤信成《あんどうのぶひら》
江戸時代中期～後期の大名。美濃加納藩主、陸奥磐城平藩主。
¶岐阜百（[生]寛延1（1748）年），諸系，人名（[没]？），日人，藩主1（[生]寛延1（1748）年[没]文化7（1810）年5月14日），藩主2（あんどうのぶひら），福島百（[生]寛延1（1748）年）

**安藤信成** あんどうのぶひら
→安藤信成（あんどうのぶなり）

**安藤紀典** あんどうのりすけ
昭和期の教育学者。
¶現執1期

**安藤政兼** あんどうまさかね
明治31（1898）年～昭和45（1970）年
大正～昭和期の教育者。
¶神奈川人

**安藤正純** あんどうまさずみ
明治9（1876）年9月25日～昭和30（1955）年10月14日
昭和期の政治家、日本宗教連盟理事長。東京朝日新聞編集局長を経て衆議院議員。国務相・文相を歴任。
¶近現，現朝，現情，現日（[生]1876年9月），国史，コン改，コン4，コン5，史人，社史，真宗，新潮（[生]明治9（1876）年9月），人名7，世紀，政治，世人（[生]明治9（1879）年9月25日），日史，日人，履歴，履歴2

**安東正虎** あんどうまさとら
天保9（1838）年～明治22（1889）年2月7日
江戸時代末期～明治時代の勤王家。学塾行余堂を開設。新政府で司法省に勤務。
¶岡山人，岡山百（[生]天保9（1838）年9月2日），岡山歴（安東桂二郎　あんどうけいじろう　[生]天保8（1837）年9月20日），幕末，幕末大

**安藤操** あんどうみさお
昭和11（1936）年1月25日～
昭和～平成期の評論家、教育者。
¶郷土，現執2期，児作，児人，世紀，日児

**安藤祐専** あんどうゆうせん
明治19（1886）年～昭和48（1973）年
大正～昭和期の教育者。広島高等学校校長などを歴任。
¶姓氏愛知

**安藤豊** あんどうゆたか
昭和19（1944）年8月14日～
昭和～平成期の教育学研究者。北海道教育大学旭川校教授。専門は、社会科教育。
¶現執4期

**安藤陽州**（安藤陽洲） あんどうようしゅう
享保3（1718）年10月～天明3（1783）年4月12日
[別]安藤知冬《あんどうともふゆ》
江戸時代中期の伊予宇和島藩士、儒学者。
¶愛媛百，郷土愛媛，国書（安藤陽洲），人名（安藤知冬　あんどうともふゆ），日人（安藤陽洲），藩臣6

**安藤嘉英** あんどうよしひで
昭和14（1939）年2月19日～平成17（2005）年5月5日
昭和～平成期の理療科教員。
¶視覚

**安藤劉太郎** あんどうりゅうたろう
→関信三（せきしんぞう）

**安部立郎** あんべりつろう
明治19（1886）年2月6日～大正13（1924）年2月29日
明治～大正期の政治家。川越市議会議員、教育運動家。
¶埼玉人

**安保英司** あんぼえいじ
大正4（1915）年～
昭和期の教育者。群馬高専校長。
¶群馬人

**安保小市郎** あんぼしょうしろう★
明治1（1868）年1月29日～昭和17（1942）年12月11日
明治～昭和期の米田小初代校長。
¶秋田人2

## 【い】

**飯尾宗祇**（飯尾宗祇） いいおそうぎ
→宗祇（そうぎ）

飯河三角　いいかわかずみ
　慶応2（1866）年6月27日〜昭和12（1937）年1月23日
　明治〜昭和期の岡山県の工業学校創設者。
　　¶岡山歴

飯河成信　いいかわしげのぶ
　→飯河成信（いいかわせいしん）

飯河成信　いいかわせいしん
　天保9（1838）年〜明治21（1888）年　㊡飯河成信《いいかわしげのぶ》
　江戸時代末期〜明治期の数学者、官僚。大蔵省に出仕。南峯村校堂を新築し金子校と称し校長となる。
　　¶人名，数学（いいかわしげのぶ　㊤天保9（1838）年8月20日　㊦明治21（1888）年8月31日），日人

飯坂兵治　いいざかひょうじ★
　明治21（1888）年1月15日〜昭和35（1960）年12月23日
　大正・昭和期の自由教育運動の実践者。
　　¶秋田人2

飯柴永吉　いいしばえいきち
　明治6（1873）年2月26日〜昭和11（1936）年6月17日
　明治〜昭和期の教育者。
　　¶植物

飯島雪斎　いいじませっさい,いいじませつさい
　享和2（1802）年〜元治1（1864）年
　江戸時代後期〜末期の蘭法医。
　　¶群馬人，姓氏群馬（いいじませっさい）

飯島武雄　（飯嶋武雄）　いいじまたけお
　安永3（1774）年〜弘化3（1846）年
　江戸時代後期の数学者。
　　¶国書（飯嶋武雄　生没年不詳），人名，数学（飯嶋武雄　㊦弘化3（1846）年7月29日），日人（飯嶋武雄）

飯島保　いいじまたもつ
　大正2（1913）年4月23日〜
　昭和期の教育者。
　　¶群馬人

飯田義資　いいだぎすけ
　明治27（1894）年12月12日〜昭和48（1973）年11月30日　㊡飯田義資《いいだよしすけ》
　昭和期の教育家、地方史研究家。徳島県文化財保護委員。徳島県史を研究。
　　¶郷土，史研，徳島百，徳島歴（いいだよしすけ）

飯田吉三郎　いいだきちさぶろう
　？〜
　大正期の西野田職工学校校長。
　　¶社史

飯田熊太　いいだくまた
　文政6（1823）年11月25日〜明治29（1896）年10月3日
　江戸時代後期〜明治期の教育者。

¶熊本百

飯田澄美子　いいだすみこ
　昭和5（1930）年3月6日〜
　昭和〜平成期の学校保健・母子看護学者。神奈川県立衛生短期大学教授。
　　¶現執2期，現執4期

飯田正　いいだただし
　大正11（1922）年2月22日〜
　昭和期の在日朝鮮・韓国人教育問題専門家。
　　¶現執2期

飯田忠文　いいだただふみ
　昭和5（1930）年6月15日〜
　昭和〜平成期の声楽家、音楽教育家。
　　¶音人

飯田晁三　いいだちょうぞう
　明治34（1901）年8月4日〜
　昭和期の教育学者。東京都立大学教授。
　　¶現情

飯田年平　いいだとしひら
　文政3（1820）年〜明治19（1886）年6月26日
　江戸時代末期〜明治期の国学者、歌人。鳥取藩国学所教授。明治以後は神祇大録、式部大属を歴任。
　　¶朝日，維新，近文，国書（㊤文政3（1820）年8月），コン改，コン4，コン5，神人（㊤文政3（1820）年8月6日），新潮（㊤文政3（1820）年8月），人名，鳥取百，日人，幕末，幕末大，藩臣5，百科，和俳

飯田秀雄　いいだひでお
　寛政3（1791）年8月15日〜安政6（1859）年3月7日
　江戸時代後期の国学者、歌人。
　　¶国書，コン改，コン4，神人，新潮，人名，鳥取百，日人，藩臣5，和俳

飯田宏　いいだひろし
　明治34（1901）年〜昭和48（1973）年
　大正〜昭和期の教育者。
　　¶静岡歴，姓氏静岡

飯田広太郎　いいだひろたろう
　明治27（1894）年2月16日〜昭和29（1954）年
　大正〜昭和期の国語教育者。
　札幌，根千（㊦昭和29（1954）年7月15日），北海道百，北海道歴

飯田正宣　いいだまさのぶ
　弘化4（1847）年〜？
　明治期の教員養成指導者。
　　¶姓氏長野，長野歴

飯田正紀　いいだまさのり
　宝永5（1708）年〜宝暦3（1753）年
　江戸時代中期の歌人。
　　¶人名，日人（㊦1754年），山梨百（㊤宝永4（1707）年），和俳

飯田稔　いいだみのる
　昭和8（1933）年1月23日〜
　昭和〜平成期の教師、教育学者。浦安市浦安小学

校長などを歴任。著書に「教室経営の技術」など。
¶現執3期，現執4期

い

**飯田雄太郎** いいだゆうたろう
慶応2(1866)年～明治42(1909)年4月
明治期の教師、画家。日本エスペラント協会第1期評議員。
¶社史

**飯田義資** いいだよしすけ
→飯田義資(いいだぎすけ)

**飯田与惣雄** いいだよそお
明治31(1898)年7月～
大正～昭和期の教育者。
¶群馬人

**飯塚界輔** いいづかかいすけ
寛政1(1789)年～万延1(1860)年
江戸時代後期～末期の寺子屋師匠。
¶姓氏群馬

**飯塚国三郎** いいづかくにさぶろう
明治8(1875)年～昭和33(1958)年7月25日
明治～昭和期の柔道家。講道館十段。至剛館を開設。戦後は道場を開放して学校柔道の普及に尽す。
¶郷土栃木([生]1874年)，現情([生]1875年2月)，新潮，人名7，世紀，体育，栃木人([生]明治8(1875)年2月13日 [没]昭和33(1958)年1月25日)，栃木歴，日人([生]明治8(1875)年2月)

**飯塚二郎** いいづかじろう
大正3(1914)年7月25日～
昭和～平成期の映画監督。
¶群馬人

**飯塚スヅ** いいづかすづ
明治40(1907)年3月17日～平成6(1994)年9月24日
大正～平成期の看護師(従軍看護婦)。
¶近医，埼玉人

**飯塚利弘** いいづかとしひろ
昭和5(1930)年～
昭和～平成期の中学校教員。ビキニ被災事件の調査・研究者。
¶平和

**飯塚正明** いいづかまさあき
明治41(1908)年～
昭和期の教育者。
¶群馬人

**井伊直中** いいなおなか
明和3(1766)年6月11日～天保2(1831)年5月25日
江戸時代中期～後期の大名。近江彦根藩主。
¶国書，諸系，人名，日人，藩主3

**飯沼長蔵** いいぬまちょうぞう
天保11(1840)年～明治29(1896)年
江戸時代末期～明治期の教育者。ドイツのフレセニウスの定量分析書を翻訳し、「定量試砿撰要」全2巻を刊行。
¶洋学

**飯尾宗祇** いいのおそうぎ
→宗祇(そうぎ)

**飯原藤一** いいはらとういち
明治33(1900)年～昭和41(1966)年 [別]飯原藤一《いはらとういち》
大正～昭和期の武道家。
¶姓氏富山，姓氏富山(いはらとういち)

**飯原好市** いいはらよしいち
明治30(1897)年～昭和53(1978)年
大正～昭和期の教育者。
¶香川人

**飯村宇平太** いいむらうへいた★
寛政6(1794)年～明治12(1879)年5月19日
江戸時代後期～明治期の私塾教育家。
¶秋田人2

**飯村丈三郎** いいむらじょうざぶろう
嘉永6(1853)年～昭和2(1927)年8月13日
明治～大正期の政治家、実業家。衆議院議員。自由民権運動の中心人物。茨城中学校(後の茨城高等学校)の設立に関わる。
¶茨城百，学校([生]嘉永6(1853)年5月)，郷土茨城，日人，幕末

**飯利雄一** いいりゆういち
昭和4(1929)年11月24日～
昭和～平成期の理科教育学者。信州大学教授。文部省視学官などを務める。著書に「図解中学校理科観察と実験の方法」など。
¶現執3期

**井内南涯** いうちなんがい
天明4(1784)年～弘化3(1846)年
江戸時代後期の大名。漢学者、肥前佐賀藩主。
¶人名，日人

**家子** いえこ★
～明治38(1905)年
江戸時代末期～明治時代の女性。教育・和歌。伊具郡金山の加藤氏の娘。
¶江表(家子(宮城県))

**家里二郎** いえさとじろう
明治9(1876)年4月9日～昭和10(1935)年1月10日
明治～昭和期の部落改善運動家・融和教育家。
¶埼玉人

**伊江朝勇** いえちょうゆう
昭和18(1943)年～
昭和期の教育者。
¶戦沖

**家長知史** いえながさとし
昭和29(1954)年～
昭和～平成期の高校教諭、教科書執筆者。
¶YA

**家永三郎** いえながさぶろう
大正2(1913)年9月3日～平成14(2002)年11月29日
昭和・平成期の日本思想史研究者。教科書検定裁

判を提訴。
¶愛知，近文，現朝，現執1期，現執2期，現執3期，現情，現人，現日，コン4，コン5，史学，思想，社史，新潮，世紀，世人，日人，日本，平和，マス89，履歴，履歴2

**家長韜庵** いえながとうあん
？～慶応2(1866)年
江戸時代末期の儒学者。
¶国書([生]文化6(1809)年 [没]慶応2(1866)年10月22日)，コン改，コン4，新潮，人名，日人([生]1809年)，和俳

**家原氏主** いえはらのうじぬし
延暦20(801)年～貞観16(874)年
平安時代前期の博士。
¶人名，日人，平史

**家本芳郎** いえもとよしろう
昭和5(1930)年2月24日～
昭和～平成期の教育評論家、教師。生活指導を研究。著書に「行事の創造」「いま問われる子育ての知識」など。
¶現執2期，現執3期，現執4期，世紀，YA

**井岡大造** いおかたいぞう
嘉永3(1850)年～大正3(1914)年 [別]井岡大造《いのおかたいぞう》
江戸時代末期～大正期の機業教育家。
¶群馬人，姓氏群馬(いのおかたいぞう)

**庵原存園** いおはらそんえん
文化5(1808)年～明治12(1879)年9月24日
江戸時代末期～明治時代の儒学者。明倫堂監生、退職後「修文塾」を開校。
¶幕末，幕末大

**庵原朝成** いおはらともなり
→庵原朝成(いはらあさなり)

**猪飼麻二郎** いかいあさじろう
安政2(1855)年～明治34(1901)年
明治期の教育家。長崎商業学校長。上海日清貿易研究所教頭となり教育につとめた。
¶人名，日人

**猪飼英一** いかいえいいち
大正6(1917)年～昭和50(1975)年
昭和期の教員、俳人、郷土史家。
¶姓氏愛知

**猪飼敬所** いかいけいしょ，いがいけいしょ
宝暦11(1761)年3月22日～弘化2(1845)年11月10日
江戸時代中期～後期の儒学者。
¶朝日([生]宝暦11年3月22日(1761年4月26日) [没]弘化2年11月10日(1845年12月8日))，岩史(いがいけいしょ)，角史(いがいけいしょ)，京都(いがいけいしょ)，近世(いがいけいしょ)，国史(いがいけいしょ)，国書，コン改，コン4，史人，新潮(いがいけいしょ)，人名，姓氏京都，世人(いがいけいしょ)，世百，全書(いがいけいしょ)，大百(いがいけいしょ)，日思，日人，藩臣5，三重([生]宝暦11年3月)，歴大(いがいけいしょ)

**猪飼南浦** いかいなんぽ
～明治9(1876)年
江戸時代後期～明治期の教育者。
¶三重

**猪飼道夫** いかいみちお
大正2(1913)年5月28日～昭和47(1972)年1月3日
昭和期の運動生理学者。著書に「教育生理学」など多数。
¶科学([生]1913年(大正2)5月18日)，近医，現朝，現執1期，現情，人名7，世紀，日人

**五十川訒堂** いかがわじんどう
→五十川訒堂(いそがわじんどう)

**伊賀小四郎** いがこしろう
明治10(1877)年～昭和45(1970)年
明治～昭和期の教育者。
¶香川人，香川百

**伊賀駒吉郎** いがこまきちろう
明治2(1869)年10月21日～昭和21(1946)年3月3日
明治～昭和期の女子教育家。
¶大阪人，心理

**伊ケ崎暁生**(伊ヶ崎暁生) いがさきあきお
昭和5(1930)年11月26日～平成16(2004)年
昭和～平成期の教育学者。富山国際大学人文社会学部教授。戦争体験から平和を守るのは教育であると教育評論家になる。著書に「戦後民主教育の一軌跡」など。
¶現朝(伊ヶ崎暁生)，現執1期(伊ヶ崎暁生)，現執2期(伊ヶ崎暁生)，現執3期(伊ヶ崎暁生)，現執4期(伊ヶ崎暁生)，現情(伊ヶ崎暁生)，世紀(伊ヶ崎暁生)，日人(伊ヶ崎暁生)，平和

**筏井嘉一** いかだいかいち
明治32(1899)年12月28日～昭和46(1971)年4月21日
大正～昭和期の音楽教員、歌人。合同歌集「新風十人」に参加。大日本歌人協会賞を受賞。
¶岩歌，近文，現朝，現情，社史，新文，世紀，姓氏富山，全書，短歌，富山百([没]昭和45(1970)年4月21日)，富山文，日人，ふる，文学

**伊賀武寛** いがたけひろ
→伊賀風山(いがふうざん)

**伊賀風山** いがふうざん
正保1(1644)年～享保3(1718)年 [別]伊賀武寛《いがたけひろ》
江戸時代前期～中期の兵学者。風山流兵学の創始者。
¶朝日([没]享保3年9月7日(1718年9月30日))，国書(伊賀武寛 いがたけひろ [没]享保3(1718)年9月7日)，人名([生]1649年)，日人

**猪谷千春** いがやちはる
昭和6(1931)年5月20日～
昭和～平成期のスキー選手。IOC委員、JOC理

事。コルチナ・ダルペッツォ五輪で日本人初の冬季五輪で銀メダル獲得。
¶現朝, 現情, 現人, 現日, コン4, コン5, 新潮, 世紀, 体育, 大百（㊗1932年）, 日人, 日本, 履歴2

**伊賀陽太郎** いがようたろう
嘉永4（1851）年～明治30（1897）年5月3日
江戸時代末期～明治期の留学生。男爵。戊辰戦争で宿毛機勢隊を引率して参加。
¶海越（生没年不詳）, 海越新, 高知人, 渡航, 幕末

**五十嵐顕** いがらしあきら
大正5（1916）年12月20日～平成7（1995）年9月17日
昭和期の教育学者。東京大学教授。
¶現朝, 現執1期, 現執2期, 現情, 世紀, 日人, 平和, マス89

**五十嵐儀一** いがらしぎいち
文政2（1819）年～明治7（1874）年
江戸時代後期～明治期の儒学者。
¶日人, 幕末（㊗1874年7月27日）, 藩臣2

**五十嵐貞信** いがらしさだのぶ
天保4（1833）年11月9日～明治39（1906）年1月9日
江戸時代後期～明治期の寺子屋師匠、のち小学校教員。
¶埼玉人

**五十嵐三作** いからしさんさく
慶応3（1867）年10月10日～昭和4（1929）年4月24日
明治～昭和期の教育者。
¶庄内

**五十嵐孝三** いがらしたかぞう
明治19（1886）年8月23日～昭和34（1959）年1月11日
大正・昭和期の政治家、町田女学校設立者。
¶町田歴

**五十嵐正** いがらしただし
明治5（1872）年10月19日～昭和22（1947）年1月5日
明治～昭和期の教育者、牧師。東北学院中学部長。
¶埼玉人

**五十嵐力** いがらしちから
明治7（1874）年11月22日～昭和22（1947）年1月11日
大正～昭和期の国文学者。早稲田大学教授。「早稲田文学」記者を経て早稲田大学教授、文学部長歴任。著書に「軍記物語研究」など。
¶近文, 現朝, コン改, 新潮, 新文（㊗明治7（1874）年11月12日）, 人名7, 世紀, 世人, 全書, 大百, 哲学, 東北近, 日人, 日本, 文学, 山形百

**五十嵐長之丞** いがらしちょうのじょう
明治8（1875）年～昭和11（1936）年
明治～昭和期の教育者。

¶神奈川人

**五十嵐悌三郎** いがらしていざぶろう, いからしていざぶろう
明治26（1893）年～昭和15（1940）年
大正～昭和期の音楽教育家。
¶庄内（いからしていざぶろう）, 山形百

**五十嵐富夫** いがらしとみお
大正5（1916）年1月～
昭和期の教育者・郷土史家。
¶群馬人

**五十嵐豊吉** いがらしとよきち
明治5（1872）年11月12日～昭和16（1941）年3月9日
明治～昭和期の教育家。東北中学校校長・理事長。
¶学校, 世紀, 日人, 宮城百

**五十嵐信敬** いがらしのぶたか
昭和15（1940）年4月23日～平成9（1997）年12月21日
昭和～平成期の教育者。
¶視覚

**五十嵐房吉** いがらしふさきち
明治31（1898）年～昭和39（1964）年
大正～昭和期の政治家。群馬県議会議員、教育者。
¶群馬人

**五十嵐正義** いがらしまさよし
明治6（1873）年7月13日～昭和36（1961）年4月13日
明治～昭和期の教育者。
¶庄内

**五十嵐光雄** いがらしみつお
昭和7（1932）年8月28日～
昭和期の教師。
¶視覚

**五十嵐裕** いがらしゆたか
昭和28（1953）年～
昭和～平成期の教育研究家。
¶YA

**五十嵐良雄** いがらしよしお
昭和5（1930）年5月20日～
昭和～平成期の教育学者。現代教育研究所所長、相模女子大学教授。アジア・アフリカ問題、国際教育学を研究。著書に「裁かれる大学」「国際教育論序説」など。
¶現執1期, 現執3期, 現情, 世紀, 平和, マス89

**五十嵐米八郎** いがらしよねはちろう
明治17（1884）年～昭和28（1953）年
大正～昭和期の教育者。
¶神奈川人

**猪狩三郎** いかりさぶろう
昭和15（1940）年～
昭和～平成期の高校教諭。
¶YA

**猪狩史山** いかりしざん, いがりしざん
明治6 (1873) 年～*
明治～昭和期の漢学者、教育者。日本中学校長。「佐々木高美」編集。
¶近文 ([没]1938年), 福島百 (いがりしざん [没]昭和31 (1956) 年)

**五十里秋三** いかりしゅうそう
明治23 (1890) 年9月7日～昭和27 (1952) 年3月21日
大正～昭和期の教育者。
¶埼玉人

**五十里つね** いかりつね
明治期の裁縫女学校経営者。
¶姓氏富山

**猪狩又蔵** いかりまたぞう
明治6 (1873) 年12月5日～昭和13 (1938) 年12月13日
明治～昭和期の漢学者、教育者。日本中学校長。
¶世紀

**猪川静雄** いかわしずお
天保5 (1834) 年4月3日～明治41 (1908) 年4月11日
江戸時代後期～明治期の教師、新聞・雑誌の編集発行人、自由民権運動家。
¶岩手人, 姓氏岩手

**伊川義安** いかわよしやす
昭和6 (1931) 年4月3日～
昭和～平成期の教育カウンセラー。芸濃中学校 (三重県) 校長、東海スクールカウンセリング専門学院主宰、日本教育催眠学会研修委員長。専門は、臨床心理学、教育催眠、教育相談、生涯学習。
¶現執4期

**壱岐宗淳** いきそうじゅん
弘化1 (1844) 年～明治25 (1892) 年
江戸時代末期～明治期の医師。
¶日人, 宮崎百 ([没]明治25 (1892) 年4月7日)

**壱岐桐園** いきとうえん
生没年不詳
江戸時代末期の儒学者。
¶国書, 人名, 日人

**李慶泰** いきょんて
明治44 (1911) 年12月1日～平成11 (1999) 年10月14日
昭和期の教育者。
¶日人

**イ・キョンテ**
明治44 (1911) 年12月1日～平成11 (1999) 年10月14日
大正～平成期の教育者。
¶世紀

**いく** (1)
江戸時代末期～明治時代の女性。教育。金子治喜の妻。
¶江表 (いく (東京都))

**いく** (2)
江戸時代後期の女性。教育。淵東の百瀬氏。天保から弘化期まで家塾を開く。
¶江表 (いく (長野県))

**生井修斎** いくいしゅうさい
文政11 (1828) 年10月～明治18 (1885) 年11月8日
江戸時代末期・明治期の教育者・医師。
¶飛騨

**生城重竜** いくしろしげたつ
明治12 (1879) 年～昭和46 (1971) 年
明治～昭和期の教育者、地方自治功労者。
¶高知人

**生田安宅** いくたあたか
天保11 (1840) 年～明治35 (1902) 年4月6日 [別]生田安宅《いくたあんたく》
江戸時代末期～明治時代の医師。岡山医学館二等教授。性病予防・治療に尽力し、著書に「生理提要附録」など。
¶岡山, 岡山人 (いくたあんたく), 岡山百, 岡山歴 ([生]天保11 (1840) 年11月 [没]明治35 (1902) 年4月3日), 科学 ([生]天保11 (1840) 年11月 [没]明治35 (1902) 年4月3日), 幕末, 幕末大, 洋学

**生田あゆむ** いくたあゆむ
昭和18 (1943) 年～
昭和～平成期の児童文学作家、小学校教諭。
¶児人

**生田安宅** いくたあんたく
→生田安宅 (いくたあたか)

**幾田右門** いくたうもん
→幾田伊俊 (いくたこれとし)

**生田箕山** いくたきざん
文化12 (1815) 年～明治4 (1871) 年
江戸時代後期～明治期の弘道館学頭。
¶姓氏山口

**生田国秀** いくたくにひで
→生田万 (いくたよろず)

**幾田伊俊** いくたこれとし
寛政9 (1797) 年～安政5 (1858) 年 [別]幾田右門《いくたうもん》
江戸時代末期の因幡鳥取藩士、武術家。
¶剣豪 (幾田右門 いくたうもん), 日人, 藩臣5

**生田神助** いくたしんすけ
文化2 (1805) 年～明治4 (1871) 年
江戸時代末期～明治時代の郷校弘道館祭酒。
¶幕末 ([没]1871年3月3日), 幕末大 ([没]明治4 (1871) 年1月13日)

**生田政恵** いくたまさえ
明治25 (1892) 年～昭和53 (1978) 年
大正～昭和期の幼児教育者。聖徳保育園園長。
¶郷土岐阜, 中濃

**生玉慈照** いくたまじしょう
明治11(1878)年～昭和47(1972)年
明治～昭和期の僧、日曜学校開設。
¶青森人

**生田益雄** いくたますお
元治1(1864)年～明治42(1909)年12月4日
江戸時代末期～明治期の化学者。
¶科学，写家

**生田万** いくたまん
→生田万(いくたよろず)

**生田宗嘉** いくたむねよし
生没年不詳
江戸時代末期の癸未義塾教員。
¶飛騨

**生田万** いくたよろず
享和1(1801)年～天保8(1837)年6月1日 [別]生田国秀《いくたくにひで》,生田万《いくたまん》
江戸時代後期の石見浜田藩士、上野館林藩士、国学者。
¶朝日，岩史，角史，郷土群馬，近世，群馬人([生]享和2(1802)年)，国史，国書，コン改，コン4，史人，重要，神史，人書94，新潮，人名(いくたまん)，姓氏群馬，世人，世百，全書，大百，新潟百，日思，日史，日人，幕末，藩臣2，藩臣5(生田国秀 いくたくにひで)，百科，歴大

**生田竜謙** いくたりゅうけん
大正9(1920)年7月20日～
昭和～平成期の教育者。愛知県立桃陵高等学校長。食べ物と人体との関わりを研究。著書に「教育としての学校保建」など。
¶現執3期

**生田良佐** いくたりょうすけ
天保8(1837)年～文久1(1861)年
江戸時代末期の志士。
¶維新，人名([生]1836年)，姓氏山口([没]1860年)，日人，幕末([没]1862年12月14日)，藩臣6

**井口愛子** いぐちあいこ
明治43(1910)年1月28日～昭和59(1984)年12月1日
昭和期のピアニスト、ピアノ教育者。東京音楽大学教授。門下生に、野島稔、中村紘子、宮沢明子など。
¶演奏，音楽，音人，現朝，現情，女性，女性普，新芸，世紀，日人

**井口秋子** いぐちあきこ
明治38(1905)年11月1日～昭和59(1984)年10月2日
昭和期のピアニスト、ピアノ教育者。東京芸術大学教授。桐朋学園大講師、洗足学園大教授としても活躍。
¶演奏，音楽，音人，近女，芸能，現朝，現情，女性，女性普，新芸，世紀，日人

**井口阿くり**(井口あぐり) いぐちあくり,いぐちあぐり
→井口あぐり(いのぐちあぐり)

**井口喜源治** いぐちきげんじ
明治3(1870)年～昭和13(1938)年7月21日
明治～昭和期の教育家。研成義塾を創立し、青年教育に当たる。
¶郷土長野，キリ([生]明治3年4月3日(1870年5月3日))，世紀([生]明治3(1870)年5月2日)，姓氏長野，哲学，長野百，長野歴，日人([生]明治3(1870)年6月1日)，民学([没]昭和3(1928)年)，歴大

**井口喜四郎** いぐちきしろう
明治3(1870)年～昭和17(1942)年
明治～昭和期の神道実行教の教師大教正。
¶静岡歴，姓氏静岡

**井口元泉** いぐちげんせん
天保11(1840)年2月22日～明治33(1900)年2月9日
江戸時代末期・明治期の教育者・清見村助役。
¶飛騨

**井口三郎** いぐちさぶろう
明治27(1894)年3月～昭和53(1978)年7月21日
大正・昭和期の教育者。高山航空工業学校長。
¶飛騨

**井口糺**(井口糾) いぐちただす
天保14(1843)年～明治38(1905)年1月16日
[別]井口糺《いのくちただす,いのぐちただす》
江戸時代末期～明治期の教育者、祠官。
¶維新，人名(井口糾 [生]1835年 [没]1897年)，世紀(いのくちただす [生]天保14(1843)年8月13日)，日人，幕末(いのぐちただす)，幕末大(いのぐちただす [生]天保14(1843)年8月13日)，藩臣1(いのぐちただす)

**井口信雄** いぐちのぶお
明治26(1893)年～昭和39(1964)年
大正～昭和期の教育者。
¶青森人

**井口基成** いぐちもとなり
明治41(1908)年5月17日～昭和58(1983)年9月29日
昭和期のピアニスト、ピアノ教育者。東京音楽学校教授。日本初の本格的ピアニスト、桐朋学園短大初代学長、日本演奏家連盟初代理事長を歴任。
¶演奏，音楽，音人，芸能，現朝，現情，現人，現日，コン改，コン4，コン5，新芸，新潮，世紀，全書，大百，鳥取百，日人，日本

**井口榴荘** いぐちりゅうそう
文政5(1822)年～明治36(1903)年8月22日
江戸時代後期～明治期の漢学者。
¶国書，新潟百

**生野臨犀** いくのりんさい
文化8(1811)年～明治28(1895)年
江戸時代末期の儒学者。
¶国書([生]文化5(1808)年 [没]明治28(1895)年2

月9日)，人名，姓氏長野，長野百，長野歴，日人(㊄1808年，(異説)1811年)

**幾本幸代** いくもとさちよ
昭和36(1961)年～
昭和～平成期の小学校教諭、児童文学作家。
¶児人

**生山正方** いくやままさかた
明和1(1764)年～天保1(1830)年　㊚生山正方
《おいやままさかた》
江戸時代後期の国学者。
¶人名，日人(おいやままさかた)，山梨百(おいやままさかた　㊚天保1(1830)年9月7日)

**生山泰** いくやまやすし
大正3(1914)年11月6日～昭和38(1963)年7月9日
昭和期の享誠塾塾長。
¶石川現十

**伊芸三郎** いげいさぶろう
明治28(1895)年～昭和18(1943)年
大正期の小学校訓導。惣慶信用販売購買利用組合長。
¶姓氏沖縄

**池内実吉** いけうちじつきち
明治9(1876)年～昭和39(1964)年
明治～昭和期の教育者。
¶高知人

**池内精一郎** いけうちせいいちろう
明治19(1886)年～昭和59(1984)年
明治～昭和期の諏訪地方の地理学研究者、詩人。
¶姓氏長野，長野歴

**池上巌** いけがみいわお
昭和7(1932)年～
昭和～平成期の小学校教諭、児童文学作家。
¶児人

**池上公介** いけがみこうすけ
昭和15(1940)年9月29日～
昭和～平成期の教育者。池上学院学院長、池上学院高校理事長。
¶学校

**池上隆祐** いけがみたかすけ
＊～昭和61(1986)年4月3日
大正～昭和期の教育者、政治家。信濃木崎夏期大学理事長、松本交響楽団長などをつとめる。
¶郷土(㊄明治29(1896)年1月)，世紀(㊄明治29(1896)年1月)，政治(㊄明治29(1896)年1月)，姓氏長野(㊄1906年)，長野歴㊄明治39(1906)年)，日人(㊄明治39(1906)年1月15日)

**池上正道** いけがみまさみち
昭和4(1929)年～
昭和期の中学教師、教育学者。
¶現執1期

**池上真澄** いけがみますみ
明治14(1881)年～大正11(1922)年
明治～大正期の作詞者、教師。

¶姓氏鹿児島

**池上保太** いけがみやすた
明治38(1905)年8月19日～昭和57(1982)年1月21日
昭和期の英語教育学者。
¶岡山歴

**池上雪枝** いけがみゆきえ
文政9(1826)年～明治24(1891)年5月2日
明治期の社会事業家。易断を営み神道大成教の神官となり祈祷所を設け、感化院を開く。感化院的施設の先駆者。
¶朝日(㊄文政9年2月1日(1826年3月9日))，大阪人(㊄明治24(1891)年5月)，大阪墓(㊄文政8(1825)年)，近現，近女，国史，女性(㊄文政9(1826)年2月1日)，女性普(㊄文政9(1826)年2月1日)，先駆(㊄文政9(1826)年2月1日)，日人

**池上林造** いけがみりんぞう
明治30(1897)年11月7日～平成3(1991)年12月2日
大正～平成期の教育者。
¶岡山歴

**池ケ谷直美**(池ヶ谷直美)　いけがやなおみ
昭和24(1949)年～
昭和～平成期の学習塾講師。
¶YA(池ヶ谷直美)

**池木清** いけききよし
昭和13(1938)年12月29日～
昭和～平成期の文部官僚。
¶現執1期，現執2期，現執4期

**池口尚夫** いけぐちひさお
明治32(1899)年5月27日～
昭和～平成期の矯正教育家。
¶現情

**池知淳一郎** いけじじゅんいちろう
明治43(1910)年～昭和55(1980)年
昭和期の教育者、刀剣研究家。
¶高知人

**池尻始** いけじりはじめ
→池尻茂左衛門(いけじりもざえもん)

**池尻茂左衛門** いけじりもざえもん
享和2(1802)年～明治11(1878)年　㊚池尻始《いけじりはじめ》
江戸時代末期～明治期の久留米藩士。久留米藩の藩校明善堂教授、議事院副議長を務める。
¶維新(㊄1877年)，国書(池尻始　いけじりはじめ　㊄明治11(1878)年11月13日)，コン改(池尻始　いけじりはじめ)，コン4(池尻始　いけじりはじめ)，コン5(池尻始　いけじりはじめ)，新潮(池尻始　いけじりはじめ　㊄明治10(1877)年11月13日)，人名(池尻始　いけじりはじめ)，日人，幕末(㊄明治10(1877)年11月13日)，幕末大(㊄明治10(1877)年11月13日)，藩臣7(㊄享和2(1802)年頃)，福岡百(池尻始　いけ

じりはじめ ㋝文政5(1822)年 ㋬明治11(1878)年11月11日

**池田猪佐巳** いけだいさみ
大正13(1924)年12月25日～
昭和期の体育学者。全国小学校体育研究連盟理事長、日本ティーム・ティーチング研究会常任理事。
¶現執1期，現執2期，体育(㋝1933年)

**池田五律** いけだいつのり
昭和35(1960)年～
昭和～平成期の平和運動家、予備校講師。
¶平和

**池田和夫** いけだかずお
明治38(1905)年10月12日～昭和20(1945)年3月30日 ㋱楓薫
昭和期の小学校教員。
¶社史

**池田勝昭** いけだかつあき
昭和17(1942)年6月1日～
昭和期の肢体不自由児教育学者。
¶現執2期

**池田鴨平** いけだかもへい
天保10(1839)年1月27日～明治43(1910)年5月23日
江戸時代後期～明治期の学校創設者。
¶埼玉人

**池田寛月** いけだかんげつ
？～享和2(1802)年2月2日
江戸時代中期～後期の心学者。
¶国書，埼玉百

**池田寛治** いけだかんじ
？～明治14(1881)年1月8日 ㋱池田政懋《いけだせいぼう》
江戸時代末期～明治期の外交官。岩倉使節団に随行。文部省・大蔵省・内務省に出仕した。
¶維新，国際，渡航(池田寛治・池田政懋　いけだかんじ・いけだせいぼう)

**池田菊左衛門**(池田菊左エ門) いけだきくざえもん
明治5(1872)年～昭和24(1949)年
明治～昭和期の教育家。
¶姓氏宮城，宮城人(池田菊左エ門)

**池田謙斎** いけだけんさい
天保12(1841)年～大正7(1918)年4月30日 ㋱池田秀之《いけだひでゆき》
明治～昭和期の医学者。陸軍軍医総監、宮内省侍医局長官。文部省留学生としてドイツに留学後東大医学部初代総理となる。日本最初の医学博士となる。
¶朝日(㋝天保12年11月1日(1841年12月13日))，維新，海越(㋝天保12(1841)年11月1日)，海越新(㋝天保12(1841)年11月1日)，科学(㋝天保12(1841)年11月10日)，近医，近現，近世，国際，国史，史人(㋝1841年11月10日)，人書94，新潮(㋝天保12(1841)年11月1日)，先駆(㋝天保12(1841)年11月1日)，渡航(池田謙斎・池田秀之　いけだけんさい・いけだひでゆき(㋝1841年11月10日))，長崎遊，新潟百別，日史(㋝天保12(1841)年11月10日)，日人，幕末，幕末大(㋝天保12(1841)年11月1日)，百科，洋学，履歴(㋝天保12(1841)年11月10日)

**池田健三** いけだけんぞう
明治35(1902)年～昭和61(1986)年
昭和期の教育者。
¶青森人

**池田謙三** いけだけんぞう
明治15(1882)年9月20日～昭和28(1953)年11月9日
明治～昭和期の工学者、教育者。秋田鉱専校長。
¶秋田人2，秋田百，科学

**池田興雲** いけだこううん
明治9(1876)年～昭和37(1962)年
明治～昭和期の図画教師・日本画家。
¶島根人，島根百，島根歴

**池田栄** いけださかえ
生没年不詳
昭和期の小学校教員。
¶社史

**池田祥子** いけださちこ
昭和18(1943)年3月21日～
昭和～平成期の教育・育児学者。著書に『「女」「母」それぞれの神話』『教育のなかの国家』など。
¶現執3期

**池田諭** いけださとし
大正12(1923)年～昭和50(1975)年
昭和期の教育評論家、高校教師。
¶現執1期

**池田繁太郎** いけだしげたろう
明治8(1875)年～昭和10(1935)年
大正期の立命館大学理事長。
¶姓氏京都

**池田重寛** いけだしげのぶ
延享3(1746)年～天明3(1783)年 ㋱池田重寛《いけだしげひろ》
江戸時代中期の大名。因幡鳥取藩主。
¶諸系，人名，鳥取百(いけだしげひろ)，日人，藩主4(㋝延享3(1746)年7月11日　㋬天明3(1783)年10月12日)

**池田重寛** いけだしげひろ
→池田重寛(いけだしげのぶ)

**池田実美** いけだじつみ
明治38(1905)年1月19日～昭和61(1986)年8月21日
昭和期の小学校教員。
¶社史

**池田昌意** いけだしょうい
→池田昌意(いけだまさおき)

**池田史郎** いけだしろう
大正5(1916)年～平成2(1990)年

昭和期の日本史学者。高等学校教諭。佐賀県史を研究。
¶郷土（㊥大正5（1916）年3月13日　㊣平成2（1990）年9月2日）、史研

**池田進**　いけだすすむ
明治42（1909）年～昭和51（1976）年
昭和期の教育学者。京都大学教授。
¶現執1期

**池田政懋**　いけだせいぼう
→池田寛治（いけだかんじ）

**池田草庵**　いけだそうあん
文化10（1813）年7月23日～明治11（1878）年9月24日
江戸時代末期～明治期の儒学者、漢学者。郷村に青谿書院を開き、但馬聖人と仰がれる。著書に「読易録」など。
¶朝日（㊥文化10年7月23日（1813年8月18日））、維新、角史、教育、国書、コン改、コン4、コン5、詩歌、思想、人書79、人書94（㊥1812年）、新潮、人名、哲学、日人、幕末、兵庫人、兵庫百

**池田孝雄**　いけだたかお
昭和2（1927）年5月19日～
昭和期の教師、労働運動史・部落問題専門家。
¶現執2期

**池田多助**　いけだたすけ
明治16（1883）年～昭和39（1964）年12月29日
明治～昭和期の教育功労者。
¶兵庫人、兵庫百

**池田種生**　いけだたねお
明治30（1897）年11月8日～昭和49（1974）年12月20日
明治～昭和期の出版業者、教育評論家。中央教育復興会議常任幹事。「教育週報」「週刊教育新聞」を編集、著書に「プロレタリア教育の足跡」など。
¶アナ（㊥明治30（1897）年11月18日）、現朝、現情、現人、社運、社史㊥1897年11月18日）、新潮、世紀、口人、平和

**池田貫**　いけだたもう
天保3（1832）年3月1日～明治36（1903）年2月3日
江戸時代後期～明治期の教育者。
¶庄内

**池田太郎**　いけだたろう
明治41（1908）年～
昭和期の教育者。
¶郷土滋賀

**池田輝樹**　いけだてるき
昭和6（1931）年8月26日～
昭和～平成期の音楽教育者（器楽指導、器楽合奏）。
¶音人2、音人3

**池田俊彦**　いけだとしひこ
明治13（1880）年4月～昭和26（1951）年9月13日
明治～昭和期の教育者。鹿児島県教育会長。
¶鹿児島百、薩摩、世紀、姓氏鹿児島、日人

**池田豊志智**　いけだとよしち
弘化1（1844）年～大正7（1918）年
江戸時代末期～大正期の教育者。
¶姓氏群馬

**池田長顕**　いけだながあき
？　～文久2（1862）年
江戸時代末期の幕臣、講武所総裁。
¶人名、日人

**池田夏苗**　いけだなつなえ
明治5（1872）年～？
明治期の教育者。
¶群馬人

**池谷観海**　いけたにかんかい
文久3（1863）年～昭和15（1940）年
明治～昭和期の漢学者。
¶静岡百、静岡歴、姓氏静岡

**池田治政**　いけだはるまさ
寛延3（1750）年～文政1（1818）年12月19日
江戸時代中期～後期の大名。備前岡山藩主。
¶岡山人、岡山百（㊥寛延3（1750）年1月10日）、岡山歴（㊥寛延3（1750）年1月9日）、国書（㊥寛延3（1750）年1月10日）、諸系（㊥1819年）、人名、茶道、日人（㊥1819年）、藩主4（㊥寛延3（1750）年1月9日）

**池田光**　いけだひかる
昭和22（1947）年7月26日～
昭和～平成期の教育学・文化史学者。編著書に「日本文学の"素材"」など。
¶現執3期

**池田寿枝**　いけだひさえ
生没年不詳
昭和～平成期の児童文学作家、教師。
¶児人

**池田秀男**　いけだひでお
昭和5（1930）年1月25日～
昭和～平成期の教育学者。広島大学教授。教育社会学・生涯学習論を研究。
¶現執1期、現執2期、現執3期

**池田秀夫**　いけだひでお
大正9（1920）年～
昭和期の教育者・民俗学研究家。
¶群馬人

**池田秀之**　いけだひでゆき
→池田謙斎（いけだけんさい）

**池田央**　いけだひろし
昭和7（1932）年4月19日～
昭和～平成期の教育学者。立教大学教授。教育評価法、心理・教育測定学、教育統計学を研究。著書に「テストと測定」など。
¶現執1期、現執3期、心理

**池田浩**　いけだひろし
明治41（1908）年2月11日～平成2（1990）年2月20日

昭和～平成期の音楽教育学者。
¶埼玉人

**池田昌意** いけだまさおき
生没年不詳 ㊙池田昌意《いけだしょうい》,古郡彦左衛門《ふるごおりひこざえもん》
江戸時代前期の和算家,暦算家。
¶朝日,科学,近世,国史,国書,新潮,人名(いけだしょうい),数学,世人,大百(いけだしょうい),日人

**池田摩耶子** いけだまやこ
昭和2(1927)年～昭和60(1985)年6月9日
昭和期の教育者。お茶の水女子大教授。外国人留学生に対する日本語教育者として著名。著書に「日本語再発見」など。
¶女性,女性普,世紀(㊨昭和2(1927)年4月),日人(㊨昭和2(1927)年4月8日)

**池田光政** いけだみつまさ
慶長14(1609)年4月4日～天和2(1682)年5月22日
㊙池田新太郎《いけだしんたろう》
江戸時代前期の大名。播磨姫路藩主,因幡鳥取藩主,備前岡山藩主。藩校花畠教場や郷学閑谷校を開設。
¶朝日(㊨慶長14年4月4日(1609年5月7日)㊨天和2年5月22日(1682年6月27日)),岩史,江人,岡山(池田光政,綱政 いけだみつまさ,つなまさ),岡山人,岡山百(㊨天和2(1682)年4月22日),岡山歴,角史,教育,近世,国史,国書,コン改,コン4,コン5,史人,思想史,重要,諸系,神史,人書94,神人,新潮,世人(㊨慶長14(1609)年4月),世百,全書,戦人,大百,伝記,徳川将,鳥取百,日史,日人,藩主3,藩主4,百科,平日,山川小,歴大

**池田茂一郎** いけだもいちろう
明治6(1873)年～昭和17(1942)年
明治～昭和期の教育者,政治家。
¶鳥取百

**池田雄一郎** いけだゆういちろう
明治36(1903)年～昭和48(1973)年
昭和期の信州大学学長。
¶長野歴

**池田洋子** いけだようこ
昭和8(1933)年～
昭和期の教育者。
¶戦沖

**池田芳雄** いけだよしお
昭和4(1929)年5月2日～
昭和～平成期の教師,地学研究者。著書に「大地は語る」「豊川市の地質・地盤の特性と液状化現象」など。
¶現執3期

**池田義郎**(池田義朗) いけだよしろう
慶応1(1865)年6月16日～昭和22(1947)年1月23日
明治～昭和期の教育者。
¶埼玉人,埼玉百(池田義朗)

**池知重利** いけちしげとし
→池知退蔵(いけぢたいぞう)

**池知退蔵** いけぢたいぞう,いけちたいぞう
天保2(1831)年～明治23(1890)年 ㊙池知重利《いけちしげとし,いけともしげとし》
江戸時代末期～明治期の地方功労者。教育,士族授産のために尽力。「高陽新報」「弥生新聞」を発行し皇室尊崇を唱えた。
¶維新(いけちたいぞう),コン改(池知重利 いけともしげとし),コン4(池知重利 いけともしげとし),コン5(池知重利 いけともしげとし),新潮(池知重利 いけちしげとし ㊨明治23(1890)年7月20日),人名(池知重利 いけともしげとし),日人,幕末(いけちたいぞう ㊨1890年7月23日),幕末大(いけちたいぞう ㊨明治23(1890)年7月23日),藩臣6(いけちたいぞう)

**池知重利** いけともしげとし
→池知退蔵(いけぢたいぞう)

**池永二郎** いけながじろう
昭和3(1928)年～平成5(1993)年
昭和～平成期の日本史研究者。
¶郷土(㊨昭和3(1928)年4月29日 ㊨平成5(1993)年4月27日),史研

**池野治** いけのおさむ
明治36(1903)年～昭和50(1975)年
大正・昭和期の教育者。
¶愛媛

**池坊専慶** いけのぼうせんけい
生没年不詳
室町時代の僧,立花巧者。池坊花道の元祖。
¶朝日,岩史,鎌室,教育,国史,古中,コン改,コン4,史人,重要,新潮,世人,全書,戦補,伝記,日史,日人,仏教

**池速夫** いけはやお
昭和6(1931)年5月30日～
昭和期の教育者,児童文学作家。
¶児人,日児

**池原五左衛門** いけはらござえもん
慶長13(1608)年～貞享3(1686)年
江戸時代中期の剣道家。
¶剣豪,人名,日人

**池原日南** いけはらにちなん
天保1(1830)年～明治17(1884)年
江戸時代末期～明治期の医師,国学者。
¶日人

**池淵正** いけぶちただし
明治41(1908)年9月～昭和36(1961)年11月 ㊙池淵正《いけふちまさ,いけぶちまさ》
昭和期の社会事業家,政治家。富山県議会議員,氷見女性文化会長。富山県初の女性県会議員。地元氷見の教育の振興,母子保護などに尽力。
¶女性(いけぶちまさ),女性普,姓氏富山(いけぶちまさ),富山百(いけふちまさ ㊨明治41

(1908)年9月23日 [没]昭和36(1961)年11月16日)

**池淵正** いけふちまさ,いけぶちまさ
→池淵正(いけぶちただし)

**池部汝玉** いけべじょぎょく
享保17(1732)年～安永7(1778)年 [別]池辺璞《いけべはく》
江戸時代中期の暦数家、水泳家、肥後熊本藩士。
¶人名,日人(池辺璞 いけべはく)

**池部清真** いけべせいしん
江戸時代後期の和算家。
¶数学

**池辺璞** いけべはく
→池部汝玉(いけべじょぎょく)

**池辺蘭陵** いけべらんりょう
享保11(1726)年～天明2(1782)年
江戸時代中期の肥後熊本藩の文学者。
¶国書([没]天明2(1782)年9月2日),詩歌,人名,日人,和俳

**池村恒章** いけみやこうしょう
→池村恒章(いけむらこうしょう)

**池村恵興** いけむらけいこう
大正5(1916)年～昭和56(1981)年
昭和期の教育者。2代目の沖縄県教育長。
¶姓氏沖縄

**池村恒章** いけむらこうしょう
明治22(1889)年9月16日～昭和39(1964)年9月20日 [別]池村恒章《いけみやこうしょう》
大正～昭和期の教育者。
¶沖縄百(いけみやこうしょう),姓氏沖縄

**池本佐恵子** いけもとさえこ
昭和23(1948)年～
昭和～平成期の翻訳家、高校教諭。
¶児人

**池本鼎湖** いけもとていこ
生没年不詳
明治期の教育家・漢詩人。
¶東三河

**池守秋水** いけもりしゅうすい
安永7(1778)年～嘉永1(1848)年
江戸時代後期の儒学者。
¶江文,国書([没]嘉永1(1848)年10月23日),人名,日人

**渭虹** いこう
→土肥秋窓(どひしゅうそう)

**生馬茂** いこましげる
明治24(1891)年～
大正～昭和期の医師、視聴覚教育推進者。
¶郷土和歌山

**生駒東太** いこまとうた
弘化4(1847)年～明治33(1900)年
明治期の教育者。
¶日人

**生駒藤之** いこまふじゆき
天保14(1843)年～大正8(1919)年
江戸時代末期～大正期の教育者。
¶静岡歴,姓氏静岡

**生駒盛文** いこまもりふみ
明治14(1881)年～昭和45(1970)年
明治～昭和期の教育思想家。
¶姓氏鹿児島

**伊坂員維** いさかかずい
明治25(1892)年12月16日～昭和42(1967)年
大正～昭和期の教育者。
¶札幌,北海道百,北海道歴

**猪坂直一** いさかなおかず
明治30(1897)年8月11日～昭和61(1986)年12月3日
明治～昭和期の文化運動指導者。
¶郷土,世紀,姓氏長野,長野歴,日人

**井阪湧子** いさかゆうこ
大正3(1914)年～
昭和期の教師、組合運動家。数学教育協議会県支部長。
¶近女

**井坂行男** いさかゆきお
大正2(1913)年10月12日～平成6(1994)年8月10日
昭和期の教育学者。筑波大学教授。
¶現執1期,現情,心理

**井坂洋子** いさかようこ
昭和24(1949)年12月16日～
昭和～平成期の詩人。教師を務めながら詩作を続ける。詩集「男の黒い服」「愛の発生」など。
¶現朝,現詩,現執2期,現執3期,現執4期,現情,女文,世紀,日女,日人,マス89

**飯盛挺二** いさかりていぞう
嘉永4(1851)年8月24日～大正5(1916)年3月6日
江戸時代末期～大正期の物理学者、教育家。
¶佐賀百

**伊佐九三四郎** いさくみしろう
昭和7(1932)年3月9日～
昭和～平成期の教師、著述家。日本における旅・生活史を研究。著書に「伊豆七島歴史散歩」「幻の人車鉄道」など。
¶現執3期,現執4期

**伊佐地郁郎** いさじいくろう
昭和5(1930)年3月9日～平成9(1997)年9月20日
昭和・平成期の学校長。
¶飛騨

**伊佐常綱** いさじょうこう
生没年不詳
昭和期の教員。小学校校長。
¶社史

### 伊佐庭如矢　いさにわゆきや
文政11(1828)年～明治40(1907)年9月4日
江戸時代末期～明治期の漢学者、官僚。維新後、愛媛県の幹部。
¶愛媛百（㊤文政11(1828)年9月12日）、郷土愛媛、日人、幕末

### 伊佐早謙　いさはやけん
安政4(1857)年～昭和5(1930)年6月5日
大正期の日本史研究家。米沢図書館長。米沢図書館創設に尽力。
¶郷土、史研、山形百

### 諫山菽村　いさやましゅくそん
文政8(1825)年～明治26(1893)年
江戸時代末期～明治期の医師。棄児の養育を始め三本松に養育館を設立。
¶維新、大分百（諫山淑村）、大分歴、人名、日人、幕末（㊦1893年1月25日）

### 勇山家継　いさやまのいえつぐ
平安時代前期の学者。
¶古人

### 伊佐山真実　いさやまままなみ
昭和37(1962)年～
昭和～平成期の翻訳家、幼稚園教諭。
¶児人

### 伊沢エイ　いざわえい
明治18(1885)年5月28日～昭和40(1965)年1月2日
大正～昭和期の体育指導者。東京女子体育短期大学校長。新分野の女子運動を開拓し、その普及に尽力。
¶女性、女性普、人名7、世紀、体育、日人

### 伊沢三右衛門　いざわさんうえもん
明治5(1872)年～昭和40(1965)年
明治～昭和期の郷土史家。
¶郷土、山形百新

### 伊沢修二　いざわしゅうじ、いさわしゅうじ
嘉永4(1851)年6月29日～大正6(1917)年5月3日
明治～大正期の音楽教育家、近代的教育の指導者。東京音楽学校校長、貴族院議員。音楽取調掛として伝習生の教育、教科書の編集を行う。著書に「小学唱歌」など。
¶愛知百、朝日（いさわしゅうじ）　㊤嘉永4年6月29日（1851年7月27日））、岩史（いさわしゅうじ）、海越新、江戸東、音楽、音人（㊤嘉永4(1851)年6月2日）、角史、教育、郷土長野、近現（いさわしゅうじ）、近文（いさわしゅうじ）、芸能（いさわしゅうじ　㊦大正6(1917)年5月1日）、現詩、国際、国史（いさわしゅうじ）、コン改、コン5、作曲（いさわしゅうじ）、視覚（いさわしゅうじ）、史人（いさわしゅうじ）、児文、重要、信州人、新潮、人名、心理、世紀、姓氏愛知、姓氏長野（いさわしゅうじ）、世人、世百、先駆、全書、体育、大百、哲学（いさわしゅうじ）、渡航（㊦1917年5月）、長野百、長野歴（いさわしゅうじ）、日音（いさわしゅうじ）、日史（いさわしゅうじ）、日児（㊤嘉永4(1851)年6月30日）、日人、日本、百科、民学、明治2、履歴、歴大（いさわしゅうじ）

### 伊沢集治　いざわしゅうじ
生没年不詳
昭和期の小学校教員。
¶社史

### 井沢十郎左衛門　いざわじゅうろうざえもん
→井沢蟠竜（いざわばんりゅう）

### 井沢純　いざわじゅん
大正14(1925)年～
昭和期の教師。国立淡路青年の家所長。
¶現執1期

### 井沢恒美　いざわつねみ
明治15(1882)年～昭和29(1954)年
明治～昭和期の早期教育実践家。
¶高知人、高知百

### 井沢長秀　いざわながひで
→井沢蟠竜（いざわばんりゅう）

### 井沢蟠竜　いざわばんりゅう
寛文8(1668)年～享保15(1730)年12月3日　㋐井沢十郎左衛門《いざわじゅうろうざえもん》、井沢長秀《いざわながひで》、井沢蟠竜《いざわばんりょう》
江戸時代中期の神道家。肥後熊本藩士。
¶教育、近世、熊本百、剣豪（井沢十郎左衛門いざわじゅうろうざえもん）、考古（井沢長秀いざわながひで）、国史（いざわばんりょう　㊦享保15(1730)年12月30日）、史人、神史、人書94（いざわばんりょう）、神人、新潮、人名（いざわばんりょう）、日人（いざわばんりょう　㊦1731年）、藩臣7

### 井沢蟠竜　いざわばんりょう
→井沢蟠竜（いざわばんりゅう）

### 石井郁男　いしいいくお
昭和7(1932)年8月8日～
昭和～平成期の社会科教師、教育学者。著書に「新版歴史教育入門」「驚きと発見の授業」「中学生の勉強法」など。
¶現執3期、現執4期

### 石井郁子　いしいいくこ
昭和15(1940)年10月10日～
昭和～平成期の教育学者、政治家。衆議院議員。子どもの発達論を研究。共産党から衆議院議員に当選し、文教委員などを務める。
¶現執3期、現政、マス89（㊤1926年）

### 石井勲　いしいいさお
大正8(1919)年9月2日～
昭和～平成期の教師。石井教育研究所所長。幼時からの独自の漢字教育を実践。著書に「漢字の教え方」「幼児はみんな天才」など。
¶現執3期、現執4期

### 石井石吉　いしいいしきち
明治42(1909)年1月7日～

教育篇　　　　　　　55　　　　　　いしいし

昭和期の小学校教員。
¶社史

**石井以豆美　いしいいずみ**
天保11（1840）年～大正3（1914）年
江戸時代末期～大正期の神官・教育者。
¶多摩

**石井逸太郎　いしいいつたろう**
明治22（1889）年1月3日～昭和30（1955）年
昭和期の地理学者。富山大学教授、富山地学会会長。
¶現情（㊥1955年8月28日）、姓氏富山、富山百（㊥昭和30（1955）年8月27日）、ふる

**石井晦逸　いしいかいいつ**
天保2（1831）年～明治6（1873）年9月9日
江戸時代後期～明治期の美作勝山藩の教育者。
¶岡山歴

**石井鶴山　いしいかくざん**
延享1（1744）年～寛政2（1790）年
江戸時代中期の漢学者、肥前佐賀藩士。
¶国書（㊥寛政2（1790）年4月9日）、人名、日本

**石井一朝　いしいかずとも**
大正7（1918）年7月29日～
昭和期の教育評論家、教員組合運動家。改憲派。「うれうべき教科書問題」など、反日教組活動を続ける。
¶現朝、現情、現人、現日、世紀、日人、マス89

**石井吉五郎　いしいきちごろう**
明治25（1892）年～昭和32（1957）年
明治～昭和期の医師。医学教育、外科。
¶近医

**石井潔　いしいきよし**
明治23（1890）年8月3日～昭和38（1963）年10月10日
大正～昭和期の教育者。
¶埼玉人

**石井金吾　いしいきんご**
大正10（1921）年8月18日～
昭和～平成期の音楽教育家。
¶音人2、音人3

**石井愚鑑　いしいぐかん**
天保10（1839）年1月14日～昭和3（1928）年10月17日
明治～昭和期の僧侶・特殊教育者。
¶埼玉人

**石井国次　いしいくにじ**
明治7（1874）年11月3日～昭和29（1954）年3月3日
明治～昭和期の教育家。学習院大学教授。東宮御学問所御用掛を経て、宮中顧問官。
¶人名7、日人

**石井謙道　いしいけんどう**
天保11（1840）年～明治15（1882）年
江戸時代末期～明治期の医学者。大阪医学校校長。ポンペや緒方塾に学び、幕府の医学所教授、

維新後は文部中教授などを歴任。
¶江文（㊥天保8（1837）年）、科学（㊥天保11（1840）年11月　㊦明治15（1882）年1月20日）、新潮（㊥天保11（1840）年11月　㊦明治15（1882）年1月20日）、日人、幕末（㊦1882年1月12日）、幕末大（㊦明治15（1882）年1月12日）、藩臣6、洋学

**石井鹿之助　いしいしかのすけ**
明治14（1881）年～昭和28（1953）年
明治～昭和期の教育家、神職。
¶神人

**石井十次　いしいじゅうじ**
慶応1（1865）年4月11日～大正3（1914）年1月30日
明治期のキリスト教社会事業家。岡山孤児院の創立者で、里親教の企画など生涯孤児教育事業に携わる。
¶朝日（㊥慶応1年4月11日（1865年5月5日））、岩史、岡山、岡山人、岡山百（㊦大正3（1914）年2月4日）、岡山歴（㊦大正3（1914）年2月4日）、教育、キリ、近医、近現、国史、コン改、コン5、史人、新潮、全書、大百、哲学、日史、日人、百科、宮崎百、宮崎百一、民学、履歴、歴大

**石井縄斎　いしいじょうさい**
天明6（1786）年～天保11（1840）年11月4日
江戸時代後期の駿河田中藩士、漢学者。
¶江文、国書、静岡歴（㊥天明5（1785）年）、姓氏静岡（㊥1785年）、藩臣4

**石井庄司　いしいしょうじ**
明治33（1900）年7月15日～　㊦石井桐陰《いしいとういん》
昭和期の日本文学者、国語教育研究者。東京高等師範学校教授。
¶近文（石井桐陰　いしいとういん）、現執1期、現執2期、現情（石井桐陰　いしいとういん）、児文、日児（㊥明治33（1900）年8月15日）

**石井次郎(1)　いしいじろう**
明治43（1910）年～
昭和期の教育学者。九州大学教授。
¶現執1期

**石井次郎(2)　いしいじろう**
慶応4（1868）年5月19日～昭和14（1939）年3月19日
昭和期の教育学者。九州大学教授。
¶佐賀百

**石井信市　いしいしんいち**
大正13（1924）年～
昭和期の教育者。
¶群馬

**石井信敬　いしいしんけい**
嘉永4（1851）年～昭和6（1931）年
明治～昭和期の教育者、政治家。栃木県師範学校初代校長、栃木県女学校長、日光町長。
¶栃木歴

い

**石井新八郎** いしいしんぱちろう
生没年不詳
江戸時代後期の寺子屋の師匠。
¶姓氏神奈川

**石井素** いしいすなお
明治29（1896）年～昭和3（1928）年
大正・昭和期の教員。
¶愛媛

**石井清二郎** いしいせいじろう
大正3（1914）年9月7日～
昭和期の教育者。
¶群馬人

**石井択所** いしいたくしょ
？　～天保13（1842）年
江戸時代中期の儒学者。
¶江文，国書，埼玉人，埼玉百，人名，日人

**石井辰子** いしいたつこ
文久3（1863）年～昭和2（1927）年
明治～大正期の社会事業家。
¶岡山歴，世紀（[没]昭和2（1927）年3月21日），日人

**石井民也** いしいたみや
大正14（1925）年～
昭和期の教師、教育学者。横浜市立聾学校校長。
¶現執1期

**石井哲夫** いしいてつお
昭和2（1927）年7月15日～
昭和～平成期の臨床心理学者。日本社会事業大学教授。専門は児童福祉学、障害児教育。著書に「しつけの再発見」「自閉症児の治療教育」など。
¶現執1期，現執2期，現執3期，現執4期，心理

**石井桐陰** いしいとういん
→石井庄司（いしいしょうじ）

**石井南畊** いしいなんこう
大正10（1921）年11月3日～昭和59（1984）年5月14日
昭和期の書家、書道教育家。
¶富山百

**石井信生** いしいのぶお
昭和12（1937）年6月18日～
昭和～平成期の音楽教育者。
¶音人2，音人3

**石井筆子** いしいふでこ
慶応1（1865）年4月16日～昭和19（1944）年1月24日　[別]渡辺筆子《わたなべふでこ》
明治～昭和期の教育者。滝乃川学園園長。滝乃川学園創立者石井亮一と再婚後、学園の経営に尽力。著書に「火影」など。
¶近女，国際（渡辺筆子　わたなべふでこ），女性，女性普，日人

**石井満** いしいみつる
明治24（1891）年2月9日～昭和52（1977）年11月13日
昭和期の出版人、教育学者。日本出版協会会長、精華学園理事長。GHQを背景に、戦争責任出版社の粛正を図る。著書に「新渡戸稲造伝」など。
¶近文，現情，コン改，コン4，コン5，出版，出文，新潮，人名7，世紀，日人

**石井睦雄** いしいむつお
明治15（1882）年12月21日～？
明治～大正期の教育者。
¶群馬人

**石井祚景** いしいむらかげ
文政3（1820）年～明治24（1891）年
江戸時代末期～明治期の漢学者。
¶秋田人2（[生]文政4年　[没]明治24年9月），人名，日人

**石井桃子** いしいももこ
明治40（1907）年3月10日～平成20（2008）年4月2日
昭和～平成期の児童文学作家、翻訳家。かつら文庫主宰、東京子ども図書館理事。岩波書店などで児童書の企画編集と翻訳に携わる。作品に「ノンちゃん雲に乗る」など。
¶近女，近文，現朝，幻作，現執2期，現情，現人，幻想，現日，コン改，コン4，コン5，埼玉文，作家，児作，児人，児文，小説，女文，新潮，新文，世紀，全書，大百，日児，日女，日人，日本，文学，マス89

**石井之夫** いしいゆきお
昭和5（1930）年11月16日～
昭和～平成期の音楽教育者。
¶音人2，音人3

**石井竜右衛門** いしいりゅうえもん
文政8（1825）年～明治15（1882）年
江戸時代末期～明治時代の教育者。家塾純粋社を開校し江藤新平らが師事。
¶幕末，幕末大

**石井亮一** いしいりょういち
慶応3（1867）年5月25日～昭和12（1937）年6月13日
明治～昭和期の社会事業家。東京府児童研究所所長。孤女学院を開設、知的障害児童の教育に専念。
¶海越新，教育，キリ（[生]慶応3年5月25日（1867年6月27日）），近医，近現，現朝（[生]慶応3年5月25日（1867年6月27日）），国史，コン改，コン5，佐賀百（[没]昭和12（1937）年6月30日），史人，新潮，人名，心理，世紀，世百，先駆，全書，渡航（[没]1937年6月14日），日史，日人，日本，百科，民学

**石井良図** いしいりょうと
文政10（1827）年～明治36（1903）年
江戸時代後期～明治期の教育者。
¶姓氏山口

**石井蠡** いしいれい
元文3（1738）年～文化9（1812）年
江戸時代中期～後期の本草学者。
¶国書（[生]元文3（1738）年6月　[没]文化9（1812）年

8月29日），人名，日人，藩臣2，洋学

**石内徹** いしうちとおる
昭和22（1947）年1月1日～
昭和～平成期の高校教師、日本文学者。近代文学を研究。折口信夫、神西清の書誌を編集。
¶現執3期，現執4期

**石王塞軒** いしおうそくけん
→石王塞軒（いしおうそっけん）

**石王塞軒** いしおうそっけん
元禄14（1701）年～安永9（1780）年 ㊙石王塞軒《いしおうそくけん》
江戸時代中期の儒学者。
¶国書（いしおうそくけん ㊓元禄14（1701）年4月18日 ㊚安永9（1780）年1月21日），人名，姓氏京都（いしおうそくけん），日人（いしおうそくけん）

**イシガオサム**
明治43（1910）年4月1日～平成6（1994）年10月17日
昭和期のキリスト教徒。筑陽学園高教諭。良心的兵役拒否をしたキリスト教徒。
¶現朝，現人，社史，世紀，日人，平和

**石垣恵美子** いしがきえみこ
昭和6（1931）年3月15日～
昭和～平成期の教育学者、歌人。聖和大学教授。専門は幼児教育学・保育学。著書に「就学前教育の研究」、歌集「棘―石垣島蔦紅集」など。
¶現執3期

**石垣柯山** いしがきかざん
文政11（1828）年～明治31（1898）年
江戸時代末期～明治期の漢学者、教育家。
¶藩臣1

**石城東山** いしがきとうざん
→石城一作（いしきいっさく）

**石城南陔** いしがきなんがい
宝暦5（1755）年～文政5（1822）年 ㊙石城南陔《いわきなんがい》
江戸時代中期～後期の儒学者。
¶人名（いわきなんがい ㊓1753年 ㊚1820年），長野百，長野歴，日人

**石金瀬浜** いしがねらいびん，いしがねらいひん，いしがねらいびん
享保6（1721）年～宝暦8（1758）年
江戸時代中期の儒学者。
¶江文（いしがねらいびん），国書（いしがねらいひん），人名，日人（いしがねらいひん）

**石上太郎** いしがみたろう
？ ～
昭和期の師範学校教諭。愛知県第一師範学校教諭、学習院大学教授。
¶社史

**石上憲定** いしがみのりさだ
安政4（1857）年～大正13（1924）年
明治～大正期の神奈川県巡査、小学校教師。
¶姓氏神奈川

**石上正夫** いしがみまさお
大正13（1924）年4月18日～
昭和～平成期の評論家、教師、児童文学者。児童文学を教材にした平和教育運動を行う。著書に「戦争児童文学三五〇選」「萬歳岬の虹」など。
¶現執1期（㊓1925年），現執2期，現執3期，児作，児人，世紀，日児

**石ケ森恒蔵** いしがもりつねぞう
明治43（1910）年～昭和62（1987）年
昭和期の画家、美術教育者。
¶青森人

**石川朝子** いしかわあさこ
明治24（1891）年～昭和58（1983）年
大正～昭和期の教育者。伊波小学校、美里小学校訓導、石川市婦人会会長・同市教育委員。
¶姓氏沖縄

**石川安貞** いしかわあんてい
→石川香山（いしかわこうざん）

**石川維徳** いしかわいとく
→石川重左衛門（いしかわじゅうざえもん）

**石川岩吉** いしかわいわきち
明治8（1875）年2月22日～昭和35（1960）年6月6日
大正～昭和期の教育家。国学院大学学長。皇子傅育官、東宮傅育官、宮内省御用掛を歴任。著書に「日本倫理史稿」など。
¶現情，人名7，世紀，日人

**石川暎作** いしかわえいさく
安政5（1858）年～明治19（1886）年
明治期の雑誌記者。明治女学校創立者。著書に「泰西政治類典」などの訳書がある。
¶人名，洋学

**石川栄助** いしかわえいすけ
明治43（1910）年1月20日～平成11（1999）年5月12日
昭和・平成期の教育者。
¶岩手人

**石川角次郎** いしかわかくじろう
慶応3（1867）年7月3日～昭和4（1929）年12月29日
明治～昭和期の牧師、キリスト教教育者。
¶海越新，キリ，渡航，栃木歴（㊚昭和5（1930）年）

**石川一成** いしかわかずしげ
昭和4（1929）年9月8日～昭和59（1984）年10月23日
昭和期の歌人、教師。
¶近文，現情，世紀，短歌

**石川吉次郎** いしかわきちじろう
寛政12（1800）年～慶応3（1867）年 ㊙石川清賞《いしかわせいしょう》
江戸時代末期の水戸藩士。
¶維新，国書（石川清賞 いしかわせいしょう

[没]慶応3(1867)年4月5日), 人名(石川清賞 いしかわせいしょう), 日人(石川清賞 いしかわせいしょう), 幕末([没]1867年5月8日), 藩臣2

**石川公寛** いしかわきみひろ
天保8(1837)年5月20日～明治33(1900)年10月22日
江戸時代末期・明治期の小学校訓導。
¶町田歴

**石河清** いしかわきよし
昭和3(1928)年4月17日～
昭和～平成期の音楽教育者。
¶音人2, 音人3

**石川金石**(石川金谷) いしかわきんこく
元文2(1737)年～*
江戸時代中期の大炊御門家の儒員。
¶国書(石川金谷 [没]安永7(1778)年11月29日), 人名, 日人(石川金谷 [没]1779年)

**石川金谷** いしかわきんこく
元文2(1737)年～安永7(1778)年
江戸時代中期の教育者。
¶三重

**石川倉次** いしかわくらじ
安政6(1859)年1月26日～昭和19(1944)年12月23日
明治～大正期の教育者。訓盲点字翻訳者で、盲亜者の教育に従事、拗音点字も公式承認される。
¶教育, 郷土千葉, 視覚, 静岡百([生]安政5(1858)年 [没]昭和20(1945)年), 静岡歴, 新潮, 人名7, 世紀, 姓氏静岡, 先駆, 千葉百, 千葉房総([生]安政6(1859)年1月26日 [没]昭和19(1944)年12月23日), 日人

**石川継述** いしかわけいじゅつ
明治3(1870)年3月22日～昭和20(1945)年3月13日
明治～昭和期の書道教師。
¶庄内

**石川敬信** いしかわけいしん
大正11(1922)年3月7日～平成18(2006)年8月20日
昭和・平成期の教育者。松任市教育委員会委員。
¶石川現十

**石川謙** いしかわけん
明治24(1891)年4月29日～昭和44(1969)年7月12日
明治～昭和期の教育史学者。お茶の水女子大教授。日本教育史、石門心学研究に貢献、著書に「日本庶民教育史」など。
¶教育, 近現, 現朝, 現情, 国史, コン改, コン4, コン5, 史研, 史人, 児文, 新潮, 人名7, 世紀, 姓氏愛知, 哲学, 日人

**石川彦岳** いしかわげんがく
→石川剛(1)(いしかわごう)

**石川謙吾** いしかわけんご
明治21(1888)年～昭和37(1962)年
大正～昭和期の教育家。
¶宮城百

**石川剛(1)** いしかわごう
延享3(1746)年～文化12(1815)年 [別]石川彦岳《いしかわげんがく》
江戸時代中期～後期の豊前小倉藩士、儒学者。
¶江文(石川彦岳 いしかわげんがく [没]文化13(1816)年), 国書(石川彦岳 いしかわげんがく [没]文化12(1815)年2月2日), 人名(石川彦岳 いしかわげんがく), 日人(石川彦岳 いしかわげんがく), 藩臣7

**石川剛(2)** いしかわごう
明治16(1883)年10月～?
明治～大正期の教育者。
¶渡航

**石川香山** いしかわこうざん
元文1(1736)年～文化7(1810)年 [別]石川安貞《いしかわあんてい》
江戸時代中期の儒学者。
¶国書([生]元文1(1736)年8月8日 [没]文化7(1810)年12月2日), コン改(石川安貞 いしかわあんてい), コン4(石川安貞 いしかわあんてい), 新潮(石川安貞 いしかわあんてい [没]文化7(1810)年12月), 人名([生]1730年), 世人([没]文化7(1810)年12月2日), 日人, 藩臣4

**石河光瑞** いしかわこうずい
享保9(1724)年6月～寛政2(1790)年
江戸時代中期～後期の教育者。
¶三重

**石川惟徳**(石川維徳) いしかわこれのり
→石川重左衛門(いしかわじゅうざえもん)

**石川作庵** いしかわさくあん
文化10(1813)年～明治35(1902)年
江戸時代後期～明治期の教育者。
¶神奈川人

**石川婗穂** いしかわさくお
明治7(1874)年～明治28(1895)年12月9日
明治期の女性。桃生郡広淵小学校で教師を務め、閨秀の評価を高めた。実家は徳川慶喜の侍医。
¶女性, 女性普

**石川総弘** いしかわさとひろ
天保2(1831)年～明治28(1895)年
江戸時代末期～明治期の日出村戸長。致道館訓導兼居寮生監督などを歴任し、私塾を開設。大分尋常小学校でも教鞭をとった。
¶藩臣7

**石川達** いしかわさとる
昭和24(1949)年～
昭和～平成期の中学校教諭、歴史書執筆者。
¶YA

**石川子温** いしかわしおん
→石川重左衛門(いしかわじゅうざえもん)

石河之槩 いしかわしけい
→石川竹厓(いしかわちくがい)

石川重幸 いしかわしげゆき
安政4(1857)年～昭和4(1929)年
明治～昭和期の教育者。
¶世紀(㊌昭和4(1929)年1月31日)、日人

石川志づ いしかわしず
明治19(1886)年5月13日～昭和55(1980)年7月17日
明治～昭和期の教育者。鷗友学園高等女学校校長。家裁調停委員、人権擁護委員等を歴任。鷗友学園理事長、鷗友学園高等女学校校長。
¶学校、女性、女性普

石川重左衛門 いしかわじゅうざえもん
安永5(1776)年～安政3(1856)年8月30日 ㊙石川惟徳《いしかわこれのり》、石川維徳《いしかわいとく、いしかわこれのり》、石川子温《いしかわしおん》
江戸時代後期の信濃高遠藩代官。
¶国書(石川子温 いしかわしおん)、人名(石川維徳 いしかわいとく)、数学(石川惟徳 いしかわこれのり)、日人(石川維徳 いしかわこれのり)、藩臣3

石川照勤 いしかわしょうきん
明治2(1869)年10月10日～大正13(1924)年1月31日 ㊙石川照勤《いしかわしょうごん》
明治～大正期の僧侶。成田山新勝寺住職。成田山五大事業を完成させ、留学後は各地に新寺の建立、廃寺の復興に尽力。
¶朝日(㊌明治2年10月10日(1869年11月13日))、コン改、コン5、新潮、人名(いしかわしょうごん)、世紀、千葉百、渡航、日人、仏人

石川照勤 いしかわしょうごん
→石川照勤(いしかわしょうきん)

石川二郎 いしかわじろう
昭和6(1931)年12月31日～
昭和～平成期の教師。東京総合教育センター所長。著書に「子どもと生きる教師」「どうする『学校五日制』」など。
¶現執2期、現執3期

石川清賞 いしかわせいしょう
→石川吉次郎(いしかわきちじろう)

石川正通 いしかわせいつう
明治30(1897)年9月25日～昭和57(1982)年12月2日
昭和期の英語教育者。順天堂医科大学・国士舘大学教授。
¶社史、世紀、姓氏沖縄、日人

石川尚子 いしかわたかこ
昭和15(1940)年2月6日～
昭和期の体育・教育心理学者。
¶現執2期

石川啄木 いしかわたくぼく
明治19(1886)年2月20日～明治45(1912)年4月13日
明治期の歌人、詩人。一首三行書き詩集「一握の砂」「悲しき玩具」は近代短歌史上不朽の作品。
¶朝日、アナ、岩歌、岩史、岩手百、角史、教育(㊌1885年)、近現、近文、現詩、現日、国史、コン改、札幌、詩歌、史人、社運、社史、重要、小説、新潮、新文、人名(㊌1885年)、世紀、姓氏岩手、世人(㊌明治19(1886)年10月28日)、世百(㊌1885年)、全書、大百、短歌普、哲学、伝記、日思、日史、日人、日本、百科、文学、平日、平文、北海道百、北海道文、北海道歴、履歴、歴大

石川武男 いしかわたけお
大正10(1921)年5月5日～平成14(2002)年9月9日
昭和期の農学者。農業技術に基盤をおいた土地改良の提唱と実践をすすめる。
¶科学、現朝、現情、現人、世紀、日人、平和、マス89

石川武彦 いしかわたけひこ
明治41(1908)年～
昭和期の教員。
¶社史

石川直中 いしかわただなか
天保7(1836)年10月～明治23(1890)年3月27日
江戸時代後期～明治期の教育者。
¶埼玉人、埼玉百

石川為蔵 いしかわためぞう
明治24(1891)年1月31日～昭和52(1977)年7月10日
昭和期の教育者。
¶現情

石川竹厓(石川竹厓) いしかわちくがい
寛政5(1793)年～天保14(1843)年9月25日 ㊙石河之槩《いしかわしけい》、石川之槩《いしかわこれかげ》
江戸時代後期の儒学者。
¶国書(石川竹厓 ㊌寛政6(1794)年8月1日 ㊂天保15(1844)年9月26日)、コン改、コン4(石川竹厓)、新潮、人名(石河之槩 いしかわしけい)、日人(石川竹厓 ㊌1794年 ㊂1844年)

石川長次郎 いしかわちょうじろう
江戸時代末期の和算家、旧福山藩士。
¶数学

石川勤 いしかわつとむ
大正2(1913)年12月21日～
昭和期の教育方法研究者。岡崎女子短期大学教授。
¶現執1期、現執2期

石河定源 いしかわていげん
貞享4(1687)年4月～明和2(1765)年
江戸時代前期～中期の教育者。
¶三重

石川貞治 いしかわていじ
明治期の教育家、文化人類学者。北海高校創立者。

¶学校

**石川乗紀** いしかわのりただ
→松平乗紀(まつだいらのりただ)



**石川半右衛門** いしかわはんえもん
文化8(1811)年6月～明治9(1876)年5月2日
江戸時代末期・明治期の教育者。
¶飛騨

**石川秀雄** いしかわひでお
明治35(1902)年4月6日～昭和47(1972)年5月17日
大正～昭和期の教員。実業補習学校教諭。
¶社史

**石川裕美** いしかわひろみ
昭和28(1953)年～
昭和～平成期の小学校教師。著書に「教師の才能を伸ばす」「すぐに使える片々の授業技術」など。
¶現執3期，現執4期

**石川ふさ** いしかわふさ
明治10(1877)年12月11日～昭和19(1944)年12月23日
明治～昭和期の教育者。
¶神奈女，近女

**石川総弾** いしかわふさただ
宝暦5(1755)年～寛政7(1795)年
江戸時代中期の大名。常陸下館藩主。
¶諸系，日人，藩主3([没]寛政7(1795)年6月14日)

**石川総博** いしかわふさひろ
宝暦9(1759)年～文政2(1819)年
江戸時代中期～後期の大名。伊勢亀山藩主。
¶諸系，日人，藩主3([生]宝暦9(1759)年2月15日　[没]文政2(1819)年6月5日)

**石川武平** いしかわぶへい
天保2(1831)年～？
江戸時代後期～明治期の教育者。
¶姓氏愛知

**石川文平** いしかわぶんぺい
明治15(1882)年4月13日～？
明治～大正期の聾唖教育者。
¶渡航

**石川正一** いしかわまさいち
明治27(1894)年11月10日～昭和51(1976)年4月12日
大正～昭和期の教育者。埼玉県出納長。
¶埼玉人

**石川正夫** いしかわまさお
昭和14(1939)年4月21日～
昭和～平成期の小学校教師。学級経営、教科指導法について執筆。著書に「指導技術シリーズ」「新しい学級経営の展開」など。
¶現執2期，現執3期

**石川正恒** いしかわまさつね
→石川麟洲(いしかわりんしゅう)

**石川真清** いしかわますみ
文政11(1828)年～明治31(1898)年
江戸時代後期～明治期の国学者。
¶国書([没]明治31(1898)年1月11日)，姓氏愛知，日人

**石川松太郎** いしかわまつたろう
大正15(1926)年4月20日～
昭和期の日本近世教育史研究者。日本女子大学教授。
¶現執1期，現執2期

**石川水穂** いしかわみずほ
昭和22(1947)年2月17日～
昭和～平成期の新聞記者。産経新聞編集委員・論説委員。専門は、教育問題、歴史教科書問題、大学問題。
¶現執4期

**石川木魚** いしかわもくぎょ
明治33(1900)年～昭和60(1985)年
大正～昭和期の書家、教育者。
¶栃木歴

**石川百合子** いしかわゆりこ
昭和26(1951)年～
昭和～平成期の小学校教諭、児童文学作家。
¶児人

**石川麟洲** いしかわりんしゅう
宝永4(1707)年～宝暦9(1759)年　[別]石川正恒《いしかわまさつね》
江戸時代中期の豊前小倉藩儒。
¶国書([生]宝永4(1707)年8月15日　[没]宝暦9(1759)年閏7月13日)，詩歌([没]1757年)，人名([没]1757年)，姓氏京都，日人，藩臣7(石川正恒　いしかわまさつね)，福岡百(石川正恒　いしかわまさつね　[没]宝暦9(1759)年7月13日)，和俳([没]宝暦7(1757)年)

**石川林四郎** いしかわりんしろう
明治12(1879)年12月～昭和14(1939)年8月31日
明治～昭和期の英語英文学者。東京文理科大学教授。口頭直接教授法の普及に努め、「コンサイス英和辞典」「同和英辞典」を編纂。
¶植物([生]明治12(1879)年12月19日)，新潮，人名7，世紀，栃木歴，日人

**石川魯庵** いしかわろあん
安永2(1773)年～天保12(1841)年4月3日
江戸時代後期の儒学者。
¶国書，コン改，コン4，新潮，日人，藩臣4

**石城一作** いしきいっさく
天保5(1834)年～慶応3(1867)年　[別]石城一作《いわきいっさく》，石城東山《いしがきとうざん》
江戸時代末期の信濃高島藩士、国学者。
¶コン改，コン4，人名(いわきいっさく　[生]1832年　[没]1865年)，日人(石城東山　いしがきとうざん)，藩臣3(石城東山　いしがきとうざん)

**石倉八十七郎** いしくらやそしちろう
文久2(1862)年～昭和15(1940)年

教育篇　　　　　　　　　　　　　　　　61　　　　　　　　　　　　　　　　いしさき

　　明治〜昭和期の図画教師。
　　¶姓氏石川

**石黒一郎**　いしぐろいちろう
　　大正7（1918）年12月19日〜平成11（1999）年10月7
　　日
　　昭和〜平成期の音楽教育者。
　　¶音人2，音人3

**石黒修**　いしぐろおさむ
　　昭和21（1946）年1月28日〜
　　昭和〜平成期の小学校教師。著書に「学習への集
　　中のさせ方」「『討論』で授業を変える」など。
　　¶現執3期，現執4期

**石黒圭三郎**　いしぐろけいざぶろう
　　天保11（1840）年〜大正1（1912）年12月6日　㉟桂
　　正直《かつらまさなお》
　　江戸時代末期〜明治期の加賀藩儒者。藩校明倫堂
　　訓導。
　　¶人名（桂正直　かつらまさなお　㊤1839年），
　　人名（㊤1839年），姓氏石川（桂正直　かつらま
　　さなお），日人，幕末（桂正直　かつらまさなお
　　㊤1840年12月2日），幕末大（桂正直　かつらま
　　さなお　㊤天保11（1840）年11月9日）

**石黒鐘二**　いしぐろしょうじ
　　明治24（1891）年〜昭和45（1970）年
　　大正〜昭和期の教育者。
　　¶姓氏愛知

**石黒須賀雄**　いしぐろすがお
　　文政9（1826）年〜明治22（1889）年1月24日
　　江戸時代末期〜明治期の神官・教育者。
　　¶姓氏愛知，東三河

**石黒千尋**　いしぐろちひろ
　　文化1（1804）年〜明治5（1872）年
　　江戸時代後期〜明治期の国学者。
　　¶国書（㊤文化1（1804）年9月16日　㊦明治5
　　（1872）年8月5日），神人（㊤明治5（1872）年8
　　月），人名，姓氏石川，日人，幕末（㊦1872年9
　　月7日），藩臣3（㊤文化9（1812）年），ふる

**石黒つぎ子**　いしぐろつぎこ
　　明治34（1901）年11月21日〜昭和37（1962）年1月
　　10日
　　昭和期の児童文学者。和歌山県保育協会会長。和
　　歌山市みどり幼稚園初代園長。作品に童話集「そ
　　らはあおぞら」など。
　　¶児文，女性，女性普，世紀，日児

**石黒英彦**　いしぐろひでひこ
　　明治17（1884）年〜昭和20（1945）年
　　明治〜昭和期の文部官僚。
　　¶岩百百，神人，姓氏岩手，履歴（㊤明治17
　　（1884）年12月20日　㊦昭和20（1945）年6月21
　　日）

**石黒義栄**　いしぐろよしひで
　　明治42（1909）年1月3日〜
　　昭和期の教員，小学校長。
　　¶社史

**石黒修**　いしぐろよしみ
　　明治32（1899）年6月3日〜昭和55（1980）年8月
　　15日
　　昭和期の国語学者、教育評論家。中京大学教授。
　　¶現執1期，現情，社史，日児（㊤明治32（1899）
　　年6月）

**石毛拓郎**　いしげたくろう
　　昭和21（1946）年9月4日〜
　　昭和〜平成期の小学校教諭、児童文学作家。
　　¶現詩，現執2期，児，世紀

**石河正養**　いしこまさかい
　　文政4（1821）年〜明治24（1891）年11月17日
　　江戸時代末期〜明治期の国学者。平田篤胤の没後
　　門人で、官に仕え教導職大教正となる。著書に
　　「産土氏神」「大祓私釈」。
　　¶朝日（㊤文政4年8月2日（1821年8月29日）），国
　　書（㊤文政4（1821）年8月2日），コン改，コン
　　4，コン5，神人（㊤文政4（1821）年8月2日），新
　　潮（㊤文政4（1821）年8月2日），人名，日人，幕
　　末，藩臣5

**石坂弘一**　いしさかこういち
　　大正6（1917）年6月20日〜
　　昭和期の教育者。
　　¶群馬人

**石坂実行**　いしさかさねゆき
　　〜明治36（1903）年
　　江戸時代末期〜明治時代の和算家。屋敷分村の
　　人。手習い塾・石坂塾を経営。
　　¶数学

**石坂正信**　いしさかまさのぶ
　　万延1（1860）年〜昭和9（1934）年11月9日
　　明治〜昭和期の教育者。
　　¶海越新（㊤万延1（1860）年10月5日），世紀
　　（㊤万延1（1860）年10月5日），渡航（㊤1860年
　　10月），日人

**石坂道子**　いしさかみちこ，いしさかみちこ
　　明治19（1886）年6月29日〜？
　　大正〜昭和期の教育者。東京女子師範学校教授。
　　東京女子師範学校で教鞭を執った後、皇室の女子
　　教育に従事。
　　¶女性，女性普，姓氏富山（いしさかみちこ
　　㊦1962年）

**石阪美那子**　いしさかみなこ
　　慶応元（1865）年10月18日〜昭和17（1942）年4月
　　10日
　　明治〜昭和期の教師。
　　¶神奈女，女史

**石崎直義**　いしさきなおよし
　　明治37（1904）年10月23日〜平成3（1991）年5月
　　23日
　　昭和期の教師、郷土史家。
　　¶現執1期，富山文

**石崎ナカ**　いしさきなか
　　文政2（1819）年〜明治17（1884）年

い

江戸時代末期〜明治期の女性。伊予国の木綿問屋三津屋の長女。夫の死後、三津屋に寺子屋を開き多数の子弟を教育。
¶愛媛百（[生]文政2（1819）年3月），女史，女性，女性普

**石崎秀和**　いしざきひでかず
昭和18（1943）年〜
昭和〜平成期の教育学者。
¶児人

**石崎宏男**　いしざきひろお
昭和5（1930）年5月13日〜
昭和〜平成期のバリトン歌手、音楽教育者。
¶音人2，音人3

**石沢泰治**　いしざわやすち
明治42（1909）年3月6日〜昭和12（1937）年11月11日
昭和期の小学校教員。
¶社史

**石沢吉磨**　いしざわよしま
明治8（1875）年2月18日〜昭和18（1943）年12月2日
明治〜昭和期の家政学者。奈良女子高等師範学校教授。家事化学と衣類整理を担当。理論的意味づけを試みた家事教育と教授法における開拓者。
¶人名7，日人

**石三次郎**　いしさんじろう
明治33（1900）年4月10日〜昭和43（1968）年7月30日
昭和期の教育学者。東京教育大学教授。専門は学校経営学。教育学部長在任中、付属「桐ヶ丘養護学校」を創設し初代校長。
¶現情，人名7，世紀，日人

**石島英文**　いしじまえいぶん
明治43（1910）年2月16日〜平成4（1992）年4月9日
昭和期の教育者、詩人。文芸雑誌「若い人」主宰。
¶社史

**石島筑波**　いしじまつくば
宝永5（1708）年〜宝暦8（1758）年8月17日　[別]石島正猗《いしじままさき》
江戸時代中期の漢詩人。
¶朝日（[生]宝永5年8月8日（1708年9月21日）[没]宝暦8年8月17日（1758年9月18日）），江文，国書（[生]宝永5（1708）年8月8日），コン改（石島正猗　いしじままさき），コン4（石島正猗　いしじままさき），詩歌，新潮（石島正猗　いしじままさき），人名，日人，和俳

**石島正猗**　いしじままさき
→石島筑波（いしじまつくば）

**石塚源内**　いしずかげんない
→石塚源内（いしづかげんない）

**石塚寿雄**　いしずかとしお★
大正5（1916）年6月9日〜昭和61（1986）年11月25日
昭和期の教育者。
¶秋田人2

**石附忠平**　いしずきちゅうへい
→石附忠平（いしづきちゅうへい）

**石附実**　いしずきみのる
→石附実（いしづきみのる）

**石津亮澄**　いしずすけずみ
→石津亮澄（いしづすけずみ）

**石津照璽**　いしずてるじ
→石津照璽（いしづてるじ）

**石関黒山**　いしぜきこくざん
寛政12（1800）年〜安政5（1858）年
江戸時代後期〜末期の篤学の士。
¶群馬人，群馬百（[生]1790年），姓氏群馬

**石田アヤ**　いしだあや
→西村アヤ（にしむらあや）

**石田（西村）アヤ**　いしだあや
明治41（1908）年9月4日〜昭和63（1988）年2月18日
昭和期の教育家・英米文学者。
¶紀伊文（石田アヤ）

**石田栄一**　いしだえいいち
大正8（1919）年10月6日〜平成5（1993）年7月31日
昭和・平成期の国府町教育長。
¶飛驒

**石田音次郎**　いしだおとじろう
文久3（1863）年〜昭和27（1952）年
明治〜昭和期の教育者・俳人。
¶姓氏群馬

**石田学而**　いしだがくじ
大正1（1912）年12月23日〜平成4（1992）年12月30日
昭和期の僧侶。旭川竜谷高等学校を創設。
¶学校

**石田和男**　いしだかずお
昭和3（1928）年〜
昭和〜平成期の小学校教師、性教育研究家。
¶YA

**石田勝太郎**　いしだかつたろう
明治3（1870）年〜明治43（1910）年
明治期の教育者。
¶群新百，群馬人

**石田喜四治**　いしだきしじ
明治44（1911）年2月4日〜昭和11（1936）年4月17日
昭和期の小学校教員。
¶社史

**石田袈裟一**　いしだけさいち
大正5（1916）年〜
昭和期の特殊教育功労者。
¶群馬人

**井下健蔵** いしたけんぞう
明治36 (1903) 年1月9日～昭和48 (1973) 年4月13日
大正・昭和期の学校長・書家。
¶飛驒

**石田五郎七** いしだごろしち
天保5 (1834) 年～明治29 (1896) 年8月20日
江戸時代末期～明治時代の塾教育者。坂下組大肝煎となり子弟の教育に尽力。
¶幕末，幕末大

**石田佐久馬** いしださくま
大正8 (1919) 年12月5日～
昭和～平成期の教育学者。十文字女子短期大学教授。専門は国語教育。著書に「若い教師のための国語授業ヒント」「よい授業を創る」など。
¶現執1期，現執2期，現執3期，児人，世紀

**石田佐々雄** いしださざお
明治28 (1895) 年～昭和41 (1966) 年
大正・昭和期の教育者・宗教家。
¶愛媛

**石田純一** いしだじゅんいち
大正8 (1919) 年2月1日～平成5 (1993) 年11月27日
昭和～平成期の音楽教育者、合唱指導者。
¶音人2

**石田真一** いしだしんいち
大正10 (1921) 年11月25日～
昭和期の同和教育専門家。部落問題研究所常務理事。
¶現執1期，現執2期

**石田新太郎** いしだしんたろう
明治3 (1870) 年～昭和2 (1927) 年1月27日
明治～大正期の教育家。慶応義塾理事。慶応義塾大学の経営と医科大学の完成に貢献した。日本成人教育協会を組織。
¶人名，世紀，日人

**石田甚太郎** いしだじんたろう
大正11 (1922) 年3月27日～
昭和～平成期の作家、教師。著書に「未知の国との対面」「ヤマトンチュの沖縄日記」「殺した殺された」など。
¶現執3期，現執4期

**石田忠男** いしだただお
昭和18 (1943) 年7月16日～
昭和期の数学教育研究者。
¶現執2期

**石田知白斎** いしだちはくさい
？ ～安政2 (1855) 年
江戸時代後期の心学者。
¶長野歴

**石田恒好** いしだつねよし
昭和7 (1932) 年2月18日～
昭和～平成期の教育心理学者。文教大学教授。
¶現執1期，現執4期

**石田東陵** いしだとうりょう
元治2 (1865) 年1月26日～昭和9 (1934) 年12月6日
明治～昭和期の漢学者。大東文化学院教授、漢詩人。著書に「大学説」など。
¶近文，詩歌，詩作，人名，世紀，日人

**石田友治** いしだともじ
明治14 (1881) 年5月20日～昭和17 (1942) 年
大正期の宗教家。キリスト教の教化指導者。大正デモクラシーの中で新しい人道主義を標榜した。
¶アナ ([没]昭和17 (1942) 年5月16日)，コン改，コン5，社史 ([没]1942年5月16日)，世紀，日人 ([没]昭和17 (1942) 年5月17日)

**石田信次** いしだのぶじ
明治17 (1884) 年10月11日～昭和35 (1960) 年10月31日
明治～昭和期の教育者。万代小学校長。
¶世紀，日人

**石田梅岩** (石田梅巌) いしだばいがん
貞享2 (1685) 年～延享1 (1744) 年9月24日
江戸時代中期の心学者。石門心学創始者。京都の商家で働いた後に塾を開設。神・仏・儒・老荘を採り入れ、庶民の人生哲学として広まった。
¶朝日 ([生]貞享2年9月15日 (1685年10月12日) [没]延享1年9月24日 (1744年10月29日))，岩史 ([生]貞享2 (1685) 年9月15日)，江人，大阪人 ([没]延享1 (1744) 年9月)，大阪墓，角史，教育 (石田梅巌)，京都，京都大，京都府，近世，国史，国書 ([生]貞享2 (1685) 年9月15日)，コン改，コン4，コン5，史人 ([生]1685年9月15日)，思想史，重要 ([生]貞享2 (1685) 年9月15日)，神史，人書94，人情3 (石田梅巌)，神人 ([生]貞享2 (1685) 年9月　[没]延享1 (1744) 年9月)，新潮 ([生]貞享2 (1685) 年9月15日)，人名 (石田梅巌)，姓氏京都，世人 (石田梅巌　[生]貞享2 (1685) 年9月15日)，世百 (石田梅巌)，全書，大百 (石田梅巌)，伝記 (石田梅巌)，徳川将，日思，日史 ([生]貞享2 (1685) 年9月15日)，日人，百科，仏教 ([生]貞享2 (1685) 年9月15日)，平日，山川小 ([生]1685年9月15日)，歴大

**石田文記** いしだぶんき
明治43 (1910) 年～
昭和期の教育学者。尚絅大学教授。
¶現執1期

**石田雅人** いしだまさと
昭和24 (1949) 年9月26日～
昭和～平成期の心理学者。専門は学習心理学、比較学習心理学。著書に「強化の学習心理学」など。
¶現執3期

**石田正利** いしだまさとし
大正3 (1914) 年5月30日～平成7 (1995) 年11月22日
昭和～平成期の教育者。
¶埼玉人

**石田みね** いしだみね
大正5 (1916) 年12月1日～
昭和期の教育者。学校長。

¶飛騨

**石田泰照** いしだやすてる
昭和7（1932）年12月7日～
昭和～平成期の小学校校長。都内公立小学校の児童文化、国語部を研究。著書に「子どもの喜ぶことわざ3分間話」など。
¶現執3期、児人

**石田米助** いしだよねすけ
安政3（1856）年11月23日～大正4（1915）年10月2日
明治～大正期の実業家。広陵中学校設立者・校主。
¶学校、広島百

**石田磊三** いしだらいぞう
明治22（1889）年5月26日～昭和23（1948）年
大正・昭和期の教育家。
¶札幌、根千（⊕昭和23（1948）年6月7日）

**石田利作** いしだりさく
明治19（1886）年～昭和42（1967）年
明治～昭和期の矢作町出身の教育者・郷土史家。
¶姓氏愛知

**石塚確斎** いしづかかくさい
明和3（1766）年～文化14（1817）年
江戸時代後期の儒学者。
¶江文、国書（⊕明和3（1766）年10月27日　⊕文化14（1817）年2月7日）、人名、日人

**石塚清司** いしづかきよし
昭和26（1951）年6月1日～
昭和～平成期の教育者。日進小学校（さいたま市）校長。
¶現執4期

**石塚源内** いしづかげんない、いしずかげんない
明治37（1904）年～
昭和期の小学校教師。
¶社史（いしずかげんない）

**石塚松司** いしづかしょうじ
明治40（1907）年～
昭和期の哲学・教育学者。新潟大学教授。
¶現執1期

**石塚豊民** いしつかほうみん
文化12（1815）年～明治11（1878）年10月4日
江戸時代末期～明治時代の学者、昌平黌教官。江戸にでて諸藩の右筆を務めた。
¶幕末、幕末大

**石塚茂吉** いしつかもきち
明治1（1868）年～昭和8（1933）年
明治期の教育者。下野盲啞学校を創立、栃木県特殊教育の開始者。
¶栃木歴

**石津灌園** いしづかんえん
天保14（1843）年～明治24（1891）年
江戸時代末期～明治期の儒学者。京都にて生徒を教育。著書に「近時記要」など。
¶人名、日人

**石附五作** いしづきごさく
文政9（1826）年～明治18（1885）年
明治期の政治家、教育者。
¶新潟百別

**石附忠平（石付忠平）** いしづきちゅうへい、いしずきちゅうへい
明治27（1894）年2月7日～昭和56（1981）年8月19日
昭和期の新聞社経営者。
¶現情（石付忠平）、札幌、社史（いしずきちゅうへい　⊕1894年2月）、北海道文（いしずきちゅうへい）

**石附実** いしづきみのる、いしずきみのる
昭和9（1934）年11月29日～
昭和～平成期の教育学者。大阪市立大学教授。比較教育学、国際教育交流史を研究。著書に「近代日本の海外留学史」など。
¶現執3期（いしずきみのる）、現執4期

**石津亮澄** いしづすけずみ、いしずすけずみ
安永8（1779）年～天保11（1840）年2月9日
江戸時代後期の歌人、国学者。
¶朝日（⊕天保11年2月9日（1840年3月12日））、大阪人（いしずすけずみ　⊕安永7（1778）年　⊕天保11（1840）年2月）、大阪墓、国書（⊕安永8（1779）年10月13日）、コン改、コン4、新潮（⊕安永8（1779）年10月13日）、人名、日人、和俳（いしすすけずみ）

**石津照璽** いしづてるじ、いしずてるじ
明治36（1903）年2月26日～昭和47（1972）年6月6日
大正～昭和期の宗教哲学者。東北大学教授、慶応義塾大学教授。著書に「天台実相論の研究」「宗教哲学の場面と根底」など。
¶学校（いしずてるじ）、現朝、現執1期、現情、世紀、姓氏山口、哲学、日人、仏教、仏人、宮城百、山口人、山口百

**石堂豊** いしどうゆたか
大正1（1912）年2月9日～
昭和期の教育者、僧侶。広島大学教授。
¶現執1期、現情

**石戸亀之助** いしどかめのすけ
明治9（1876）年～？
大正～昭和期の社会教育家。
¶姓氏京都

**石野瑛** いしのあきら
明治22（1889）年4月21日～昭和37（1962）年12月5日
昭和期の考古学者。武相学園長。考古学、神奈川県史を研究。
¶学校、神奈川人、神奈川百、郷土、考古、史研、姓氏神奈川

**石野樵水** いしのしょうすい
文化11（1814）年～明治9（1876）年
江戸時代後期～明治期の儒学者。
¶江文、国書、人名（⊕？）、日人、藩臣5

**石野東陵** いしのとうりょう
生没年不詳
江戸時代中期の播磨林田藩士、儒学者。
¶国書，人名，日人，藩臣5，兵庫人（[生]天明4(1784)年　[没]文政1(1818)年10月19日）

**石橋絢彦** いしばしあやひこ
嘉永5(1852)年12月27日～昭和7(1932)年
江戸時代後期～昭和時代の幕臣、土木技術者。工手学校（後の工学院大学）の設立に関わる。
¶海越（[生]嘉永5(1853)年12月），海越新（[生]嘉永5(1853)年12月），科学（[没]昭和7(1932)年11月25日），学校（[生]嘉永5(1852)年12月　[没]昭和7(1932)年10月15日），神奈川人，近土（[没]1932年11月25日），静岡歴，人名，世紀（[生]嘉永5(1853)年12月），姓氏神奈川，先駆（[生]嘉永5(1853)年12月），大百，渡航（[生]1852年12月），土木（[没]1932年11月25日），日人（[生]1853年），幕末大（[没]昭和7(1932)年10月25日）

**石橋一弥** いしばしかずや
大正11(1922)年3月19日～平成11(1999)年3月5日
昭和～平成期の政治家。衆議院議員、文相。
¶現政，政治

**石橋勝治** いしばしかつじ
明治44(1911)年2月6日～平成6(1994)年11月10日
大正～平成期の小学校教員、図書・教材出版業者。日本標準会長。
¶社史，出文，姓氏岩手

**石橋規満** いしばしきまん
寛政12(1800)年～明治16(1883)年　[別]石橋規満《いしばしのりみつ》
江戸時代末期～明治期の数学者。
¶人名，数学（いしばしのりみつ　[没]明治16(1883)年12月9日），日人

**石橋重吉** いしばしじゅうきち
明治4(1871)年11月25日～昭和28(1953)年11月21日
明治～昭和期の教育者、郷土史家。
¶郷土，郷土福井，世紀（[生]明治4(1872)年11月25日），日人（[生]明治4(1872)年11月25日），福井百

**石橋蔵五郎** いしばしぞうごろう
明治8(1875)年7月20日～昭和39(1964)年4月20日
明治～昭和期の教育家。上野学園理事長。リズムと運動感覚の結合による教育を提唱。著書に「音楽と体育・女学講義」など。上野学園の設立に関わる。
¶青森人，青森百，音楽，学校，埼玉人

**石橋達三** いしばしたつぞう
明治37(1904)年4月13日～
大正～昭和期の児童文学作家。東邦幼稚園理事長。
¶児作，児人，児文，日児

**石橋哲郎** いしばしてつろう
明治37(1904)年12月31日～昭和55(1980)年12月25日
昭和期の教育者。
¶岩手人，姓氏岩手

**石橋規満** いしばしのりみつ
→石橋規満（いしばしきまん）

**石橋寿男** いしばしひさお
*～平成3(1991)年7月31日
昭和～平成期の教育者。
¶岩手人（[生]1908年5月20日），姓氏岩手（[生]1909年）

**石橋秀夫** いしばしひでお
明治43(1910)年4月3日～平成2(1990)年4月11日
昭和～平成期の教育者。
¶埼玉人

**石橋政方** いしばしまさかた
天保11(1840)年3月～大正5(1916)年12月26日
江戸時代末期～明治期の通詞、官吏。外務大書記官。オランダ通詞として長崎、神奈川で活躍、英語にも熟達し、会話指南書「英語箋」を著す。
¶近現，近世，国史，国書，新潮，日人，洋学（[生]天保12(1841)年）

**石原学山** いしはらがくざん
天保14(1843)年～明治21(1888)年
江戸時代後期～明治期の画家、教育者。
¶姓氏愛知

**石原キク** いしはらきく
*～昭和42(1967)年11月27日
明治～昭和期の児童教育者。キリスト教保育連盟関東部会会長。欧米の保育法を導入して学生を指導。
¶女性（[生]明治14(1881)年6月16日），女性普（[生]明治14(1881)年6月16日），世紀（[生]明治17(1884)年6月16日），先駆（[生]明治14(1881)年6月16日），渡航（[生]1884年6月16日），日人（[生]明治17(1884)年6月16日）

**石原堅正** いしはらけんしょう
明治17(1884)年～昭和54(1979)年
明治～昭和期の教育者。金沢高等予備学校設立者。
¶石川百，学校，ふる

**石原呉郷** いしはらごきょう
明治6(1873)年6月6日～昭和7(1932)年1月8日
[別]石原六郎《いしはらろくろう》
明治～昭和期の実業家・社会教育家。
¶徳島百，徳島歴（石原六郎　いしはらろくろう）

**石原重固** いしはらしげかた
天保8(1837)年～？
明治期の教育者・小田原藩士。
¶神奈川人，姓氏神奈川

**石原醜男** いしはらしこお
明治7(1874)年3月26日～昭和11(1936)年10月20日
明治～昭和期の神風連の研究家、教育者。

¶熊本人，熊本百

い

**石原次郎** いしはらじろう
天保12(1841)年～明治14(1881)年
江戸時代末期～明治期の教育者。
¶藩臣2

**石原大助** いしはらだいすけ
明治28(1895)年6月30日～昭和45(1970)年6月7日
大正・昭和期の学校長。
¶飛騨

**石原勉** いしはらつとむ
大正14(1925)年7月1日～
昭和期の学校長。
¶飛騨

**石原哲弥** いしはらてつや
昭和4(1929)年6月10日～平成6(1994)年8月19日
昭和・平成期の高山市教育長。
¶飛騨

**石原信貴** いしはらのぶき
天保4(1833)年～明治25(1892)年1月6日
江戸時代末期～明治時代の政治家。衆議院議員。藩学教授。維新後に藩権大属。
¶幕末，幕末大

**石原信文** いしはらのぶふみ
弘化4(1847)年～大正7(1918)年
明治・大正期の教育者。今治町長。
¶愛媛

**石原万岳** いしはらばんがく
→石原和三郎(いしはらわさぶろう)

**石原伴鳳** いしはらばんぽう
享和2(1802)年～明治8(1875)年
江戸時代後期～明治期の教育者。
¶多摩

**石原昌江** いしはらまさえ
昭和12(1937)年3月2日～
昭和～平成期の養護教育専門家。
¶現執1期，現執2期

**石原六郎** いしはらろくろう
→石原呉郷(いしはらごきょう)

**石原和三郎** いしはらわさぶろう
慶応1(1865)年10月12日～大正11(1922)年1月4日 [別]石原万岳《いしはらばんがく》，石原和三郎《いしわらわさぶろう》
明治～大正期の童謡詩人。言文一致唱歌運動に共鳴，「金太郎」など口語体の平易な歌を作った。
¶郷土群馬(いしわらわさぶろう)，近文(いしわらわさぶろう)，群新百，群馬人，群馬百，芸能，児文(いしわらわさぶろう)，人名(いしわらわさぶろう)，世紀，姓氏群馬，日児(石原万岳 いしはらばんがく [生]慶応1(1865)年11月29日)，日人

**井島茂作** いじまもさく
安政2(1855)年～大正14(1925)年
明治～大正期の実業家，政治家。四日市町立商業学校を創立。
¶世紀([生]安政2(1855)年8月8日 [没]大正14(1925)年8月31日)，日人，三重続([生]安政2年8月)

**石丸喜世子** いしまるきせこ
明治24(1891)年2月21日～昭和40(1965)年8月19日
大正・昭和期の教育評論家。
¶近文，現情，女性，女性普，世紀，東北近，日児，日人

**石丸亀峰** いしまるきほう
享保20(1735)年～文化9(1812)年
江戸時代中期～後期の肥前佐賀藩儒。
¶人名，日人

**石丸石泉** いしまるせきせん
文化10(1813)年～明治32(1899)年
江戸時代末期～明治期の画家。
¶人名，日人

**石丸典子** いしまるのりこ
昭和33(1958)年5月5日～
昭和～平成期の音楽教育者。
¶音人3

**伊志嶺朝次** いしみねちょうじ
昭和6(1931)年6月19日～
昭和～平成期の音楽教育者。
¶音人，音人2，音人3

**石本一雄** いしもとかずお
大正1(1912)年12月2日～平成12(2000)年4月24日
昭和～平成期の音楽教育者，合唱指揮者。
¶音人2，音人3

**石本繁作** いしもとしげさく
明治33(1900)年5月14日～昭和61(1986)年12月31日
大正・昭和期の国府町教育長。
¶飛騨

**石本仲** いしもとなか
天保11(1840)年～大正11(1922)年
江戸時代末期～大正期の教育家。
¶岡山人，岡山歴

**石森史郎** いしもりしろう
→石森史郎(いしもりふみお)

**石森延男** いしもりのぶお
明治30(1897)年6月16日～昭和62(1987)年8月14日
昭和期の国語教育学者，児童文学作家。昭和女子大学教授。国民学校教科書，国定教科書，検定国語教科書の編纂に携わる。
¶近文，現朝，現執1期，現情，現人，現日，コン改，コン4，コン5，作家，札幌，四国文，児作，児人，児文，小説，新潮，新文，世紀，全書，

大百，日児，日人，日本，文学，北文，北海道文，北海道歴，マス89，町田歴（[没]昭和62（1987）年8月1日），山梨百

**石森史郎** いしもりふみお
昭和6（1931）年7月31日～　[別]石森史郎《いしもりしろう》
昭和～平成期のシナリオライター、映画プロデューサー。シナリオ塾寺子屋主宰、石森史郎プロダクション代表。映画やテレビの人気作品を多数手掛ける。作品に「同棲時代」「必殺仕置人」など。
¶映監（いしもりしろう），映人，現情，世紀，日人，北海道文（いしもりしろう）

**石森門之助** いしもりもんのすけ
明治43（1910）年～昭和32（1957）年
昭和期の教育家。
¶姓氏宮城，宮城百

**石山勝太郎** いしやまかつたろう
明治39（1906）年10月1日～平成8（1996）年1月18日
昭和・平成期の教育者。学校長。
¶飛騨

**石山脩平**（石山修平） いしやましゅうへい
明治32（1899）年11月18日～昭和35（1960）年6月18日
昭和期の教育学者。東京教育大学教育学部長。ギリシャを中心とする西洋教育史の研究、コア・カリキュラム運動の指導に活躍。
¶教育，現朝，現情（石山修平），コン改，コン4，コン5，静岡歴，新潮，人名7，世紀，姓氏静岡，哲学，日人，平和

**石山輝夫** いしやまてるお
昭和6（1931）年～
昭和～平成期の英会話講師。大学、企業で英語の研修指導に当たる。著書に「社長さんのビジネス英会話」など。
¶現執3期

**石山久男** いしやまひさお
昭和11（1936）年～
昭和～平成期の歴史教育者。歴史教育者協議会事務局長。
¶現執4期，YA

**石山孫六** いしやままごろく
文政11（1828）年～明治37（1904）年
江戸時代末期～明治期の武術家。鍛治橋藩の剣術指南。
¶高知人，高知百，人名，日人，幕末（[生]1837年 [没]1904年7月10日）

**井尻艶太** いじりつやた
明治8（1875）年3月26日～昭和35（1960）年10月6日
明治～昭和期の教育者。吉備商業学校校長。
¶岡山人（[没]昭和37（1962）年），岡山百（[生]明治8（1875）年3月28日　[没]昭和35（1960）年10月7日），岡山歴，学校，世紀，日人（[生]明治8（1875）年3月28日　[没]昭和35（1960）年10月7日）

**石幡貞** いしわたてい
天保10（1839）年～大正5（1916）年3月15日
江戸時代末期～大正時代の教育者。著書に「遭難詩紀」など。
¶幕末，幕末大

**石渡延男** いしわたのぶお
昭和17（1942）年6月24日～
昭和～平成期の教師。専門は世界史、特に朝鮮の歴史。
¶現執3期，現執4期

**石渡担豊**（石渡坦豊） いしわたやすとよ
慶応1（1865）年1月～昭和12（1937）年
明治～昭和期の教育家。横須賀市長、横須賀商業学校校長。
¶学校（石渡坦豊），神奈川人，姓氏神奈川

**石原和三郎** いしわらわさぶろう
→石原和三郎（いしはらわさぶろう）

**伊津野満仁太** いずのまにた
→伊津野満仁太（いづのまにた）

**出淵平兵衛** いずぶちへいべえ
生没年不詳
江戸時代中期の越前福井藩士、剣術師範。
¶剣豪（[没]天和2（1682）年），日人，藩臣3，福井百

**泉家久** いずみいえひさ★
天保1（1830）年3月20日～明治19（1886）年2月8日
江戸時代末期・明治期の教育家。藩士。漢詩家。
¶秋田人2

**泉勘十郎** いずみかんじゅうろう
天保3（1832）年～明治38（1905）年
江戸時代末期～明治期の篤農家。開墾、米麦の改良など殖産農業に尽力。
¶姓氏石川，日人，幕末（[没]1905年1月）

**泉菊囿** いずみきくゆう
生没年不詳
明治期の教育者。根室管内別海町の床丹小学校初代校長。
¶根千

**泉敬太郎** いずみけいたろう
明治32（1899）年1月8日～昭和59（1984）年12月7日
明治～昭和期の教育者、政治家。新居浜市長。
¶愛媛，愛媛百，世紀，政治，日人

**和泉貞義** いずみさだよし
明治41（1908）年4月16日～
昭和期の学校長。
¶飛騨

**泉沢修斎** いずみさわしゅうさい★
文化3（1806）年10月～明治3（1870）年10月13日
江戸時代末期・明治期の教育者。
¶秋田人2

い

**泉信三** いずみしんぞう
→竹内真一（たけうちしんいち）

**芳泉晋太郎** いずみしんたろう
生没年不詳
明治期の教育者。
¶山形百

**泉全斎** いずみぜんさい
文政1（1818）年～元治2（1865）年3月15日
江戸時代後期～末期の漢学者。
¶国書，島根人，島根歴

**泉谷力治** いずみだにりきじ★
天保5（1834）年9月5日～明治42（1909）年12月5日
江戸時代末期・明治期の教育者。
¶秋田人2

**泉仲愛** いずみちゅうあい
元和9（1623）年～元禄15（1702）年3月20日
江戸時代前期～中期の備前岡山藩士。
¶岡山人，岡山百，岡山歴，人名，日人，藩臣6

**泉直子** いずみなおこ
嘉永2（1849）年～昭和5（1930）年
明治～昭和期の教育者。那須郡小川村に裁縫教場の塾を開設。
¶栃木歴

**泉豊洲** いずみほうしゅう
宝暦8（1758）年～文化6（1809）年
江戸時代後期の儒学者。
¶江文，国書（[生]宝暦8（1758）年3月26日 [没]文化6（1809）年5月6日），人名（[生]1760年），日人

**泉芳朗** いずみほうろう
→泉芳朗（いずみよしろう）

**泉致広** いずみむねひろ
慶応1（1865）年～明治42（1909）年
江戸時代末期～明治期のアイヌ教育の先覚者。
¶北海道百，北海道歴

**泉屋利吉** いずみやりきち
？ ～平成12（2000）年2月25日
昭和～平成期の教育者。金沢工業大学創設者・最高顧問。
¶学校

**泉芳朗** いずみよしろう
明治38（1905）年3月18日～昭和34（1959）年4月9日 [別]泉芳朗《いずみほうろう》
昭和期の奄美大島日本復帰協議会議長。
¶アナ（いずみほうろう），沖縄百（いずみほうろう），鹿児島百（いずみほうろう），薩摩，社史（いずみほうろう），世紀，姓氏鹿児島（いずみほうろう），日人（いずみほうろう）

**和泉竜渓** いずみりゅうけい
明治4（1871）年8月15日～＊
明治～昭和期の教育者、漢詩人。
¶島根百（[没]昭和35（1960）年9月30日），島根歴（[没]昭和33（1958）年）

**和泉林市郎** いずみりんいちろう
明治10（1877）年～昭和44（1969）年
明治～昭和期の漁村教育者、政治家。北浜村村長。
¶島根人，島根歴

**出雲屋和助** いずもやわすけ
→植松自謙（うえまつじけん）

**何森仁** いずもりひとし
昭和20（1945）年9月～
昭和～平成期の高校教師。専門は数学。著書に「サイコロで人生を語れるか」など。
¶現執3期

**いせ**
江戸時代後期～末期の女性。教育。勢多郡大胡の寺子屋師匠。
¶江表（いせ（群馬県））

**井関圭一** いせきけいいち
昭和6（1931）年11月4日～
昭和期の教師。
¶視覚

**井関鎮衛** いせきちんえい
嘉永3（1850）年～大正14（1925）年
江戸時代末期～大正期の村民から信頼された教育者。
¶青森人

**井関ふさ** いせきふさ
安政4（1857）年～昭和12（1937）年
明治～昭和期の女子教育に取り組んだ教育者。
¶青森人

**井石邦献** いせきほうけん
天保8（1837）年～明治26（1893）年
江戸時代後期～明治期の三重県の女子教育提唱者。
¶三重続

**井関義久** いぜきよしひさ
昭和5（1930）年8月5日～
昭和～平成期の教育学者。横浜国立大学教授。専門は国語教育。著書に「国語教育の記号論」「批評の文法」など。
¶現執3期，現執4期

**伊勢貞丈** いせさだたけ
享保2（1717）年12月28日～天明4（1784）年 [別]伊勢貞丈《いせていじょう》
江戸時代中期の和学者。有職故実に精通した。
¶朝日（[生]享保2年12月28日（1718年1月29日） [没]天明4年5月28日（1784年7月15日）），岩史（[没]天明4（1784）年5月28日），江戸東，江文，角史，教育，近世，考古（[没]天明4年（1784年6月5日）），国史，国書（[没]天明4（1784）年5月28日），コン改，コン4，史人（[没]1784年5月28日，（異説）6月5日），諸系（[生]1718年），神史，神人（[没]天明4（1784）年6月5日），新潮（[没]天明4（1784）年5月28日），人名，姓氏神奈川，世人（[生]天徳5（1715）年 [没]天明4（1784）年6月5日），世百，全書，大百，日史（[没]天明4（1784）年5月28日），日人（[生]1718年），百科，平史，

歴大

**伊勢貞親** いせさだちか
応永24（1417）年～文明5（1473）年1月21日
室町時代の政所執事。武家故実の権威。
¶朝日（[没]文明5年2月21日（1473年3月19日）），岩史，鎌室，教育，京都，京都大，国史，国書，古中，コン改，コン4，史人，重要，諸系，新潮，人名，姓氏京都，世人，世百（[生]1399年），戦合，戦辞（[没]文明5年1月21日（1473年2月18日）），全書，日史，日人，百科，歴大

**伊勢宗瑞** いせそうずい
→北条早雲（ほうじょうそううん）

**伊勢田亮** いせだりょう
昭和20（1945）年7月21日～
昭和～平成期の教師、教育学者。専門は障害児教育、演劇教育。著書に「障害児の遊び・リズム・劇」など。
¶現執3期

**伊勢時雄** いせときお
安政4（1857）年～昭和2（1927）年
明治～昭和期の牧師、教育家、代議士。
¶愛媛

**伊瀬敏郎** いせとしお
大正13（1924）年1月7日～平成17（2005）年11月23日
昭和～平成期の政治家、実業家。奈良県議、大和ガス創業者、奈良学園創立者。奈良学園を創立、奈良産業大学を開学。
¶学校

**伊勢盛時** いせもりとき
→北条早雲（ほうじょうそううん）

**井芹経平** いせりつねひら
慶応1（1865）年5月1日～大正15（1926）年12月14日
明治～大正期の教育者。
¶熊本人，熊本百，世紀，日人

**磯淳** いそあつし
文政10（1827）年～明治9（1876）年　[別]磯淳《いそじゅん》
江戸時代末期～明治期の秋月藩藩士、漢学者。秋月藩校教授。廃藩後は家塾を開き子弟の教育に当たる。秋月の乱で自刃。
¶朝日（[没]明治9（1876）年10月28日），人名，日人，藩臣7（いそじゅん）

**磯江潤** いそえじゅん
慶応2（1866）年10月10日～昭和15（1940）年1月18日
江戸時代末期～昭和期の学校創立者。京華中学校、京華商業学校、京華高等女学校を設立。
¶学校

**磯尾岩夫** いそおいわお
明治7（1874）年～昭和25（1950）年
明治～昭和期の教育者。
¶鳥取百

**礒貝勇** いそがいいさみ
→礒貝勇（いそがいいさむ）

**礒貝勇** いそがいいさむ
明治38（1905）年1月10日～昭和53（1978）年4月6日　[別]礒貝勇《いそがいいさみ》
昭和期の工業教育家、民俗学者。中部工業大学教授。日本民族学会付属民族学研究所研究員として民具の研究と各地の民俗調査。
¶現情（いそがいいさみ），人名7（いそがいいさみ），世紀，日人

**磯貝三郎** いそがいさぶろう
明治40（1907）年～
昭和期の教育者。
¶群馬人

**磯貝泰助** いそがいたいすけ
明治5（1872）年～昭和10（1935）年
明治～昭和期の教育者。
¶長野歴

**磯貝敬** いそがいたかし
大正7（1918）年～
昭和期の教師。杉並区立松渓中学校校長。
¶現執1期

**磯川重作** いそかわしげさく
明治11（1878）年11月7日～昭和31（1956）年12月26日　[別]磯川重作《いそかわじゅうさく》
明治～昭和期の教育者。
¶世紀，多摩（いそかわじゅうさく），日人

**磯川重作** いそかわじゅうさく
→磯川重作（いそかわしげさく）

**五十川訒堂**（五十川訊堂） いそがわじんどう，いそかわじんどう
天保6（1835）年～明治35（1902）年　[別]五十川訒堂《いかがわじんどう》
江戸時代末期～明治期の教育者。著書に「竹雨山房文鈔」「併得録」など。
¶大阪文（五十川訊堂　いそかわじんどう），国書（いそかわじんどう　[没]明治35（1902）年2月），人名，日人，幕末（いかがわじんどう　[没]1902年2月19日），幕末大（いかがわじんどう　[没]明治35（1902）年2月19日），藩臣6（いかがわじんどう）

**磯治** いそじ
？　～宝暦3（1753）年
江戸時代中期の漂流民。日本語学校教師。
¶日人

**磯淳** いそじゅん
→磯淳（いそあつし）

**磯田一雄** いそだかずお
昭和7（1932）年～
昭和～平成期の教育学者。成城大学教授。
¶現執1期

**磯田健斎** いそだけんさい
宝暦11（1761）年～天保6（1835）年

**磯田東郭** いそだとうかく
江戸時代後期の書家。
¶国書, 埼玉百, 人名, 日人

**磯田東郭** いそだとうかく
？～嘉永4(1851)年
江戸時代末期の書家、中津藩祐筆。
¶人名, 日人

**磯長武雄** いそながたけお
明治34(1901)年～昭和13(1938)年
大正～昭和期の教育者。
¶姓氏鹿児島

**磯沼定美** いそぬまさだみ
明治20(1887)年～昭和45(1970)年
明治～昭和期の教育者、郷土史家。
¶青森人

**石上朝臣宅嗣** いそのかみのあそみやかつぐ
→石上宅嗣 (いそのかみのやかつぐ)

**石上朝臣宅嗣** いそのかみのあそんやかつぐ
→石上宅嗣 (いそのかみのやかつぐ)

**石上宅嗣** いそのかみのやかつぐ
天平1(729)年～天応1(781)年6月24日　㊁石上宅嗣《いそのかみやかつぎ, いそのかみやかつぐ》, 石上朝臣宅嗣《いそのかみあそんやかつぐ, いそのかみのあそんやかつぐ》
奈良時代の文人、官人。文部大輔(大納言)。左大臣石上麻呂の孫、中納言石上乙麻呂の子。日本初の公開図書館「芸亭」を開設。
¶朝日 (㊁天応1年6月24日 (781年7月19日))、岩史, 角史, 神奈川人, 教育 (いそのかみやかつぐ　㊁728年), 公卿 (いそのかみやかつぐ　㊁神亀5 (728) 年), 公卿普 (いそのかみやかつぐ　㊁神亀5 (728) 年), 国史, 国書 (いそのかみやかつぐ), 古史 (いそのかみやかつぐ), 古人, 古代 (石上朝臣宅嗣　いそのかみのあそみやかつぐ), 古中, コン改, コン4, コン5, 史人, 重要, 諸系, 新潮, 人名, 世人, 世百, 全書, 対外, 日史, 日人, 日文, 百科, 平日, 万葉 (石上朝臣宅嗣　いそのかみのあそみやかつぐ), 山川小, 歴大

**石上宅嗣** いそのかみやかつぎ
→石上宅嗣 (いそのかみのやかつぐ)

**石上宅嗣** いそのかみやかつぐ
→石上宅嗣 (いそのかみのやかつぐ)

**磯野響** いそのひびき
江戸時代後期～明治時代の和算家。長野師範学校教官。著書に『小学形体面積早見法』『新撰和算大全』など。
¶数学

**磯野栗子** いそのりつこ
大正1(1912)年11月17日～昭和60(1985)年12月29日
昭和期の教育者。
¶世紀, 日人

**礒部勘次**(磯部勘次) いそべかんじ
明治45(1912)年～平成3(1991)年
昭和～平成期の美術教育家。
¶群馬人, 姓氏群馬 (磯部勘次)

**礒部醇** いそべじゅん
安政6(1859)年2月～昭和11(1936)年10月10日
江戸時代末期～昭和期の弁護士、教育者。英吉利法律学校(後の中央大学)創設者、長崎商業学校長、名古屋弁護士会会長。
¶学校

**礒部所蔵** いそべしょぞう
安政1(1854)年～明治36(1903)年
江戸時代末期～明治期の教育者。
¶高知人

**磯辺泰** いそべたい
天保7(1836)年～大正1(1912)年　㊁磯部泰《いそべやすし》
江戸時代末期～明治期の数学者。遠州藩藩校算学所長。廃藩後は小学教育に従事し、のち数学測量を教授した。
¶人名, 数学 (磯部泰　いそべやすし　㊁大正1 (1912) 年10月24日), 日人

**礒部常助** いそべつねすけ
明治27(1894)年～昭和53(1978)年
昭和期の平生町教育委員長。
¶山口人

**礒部隼人** いそべはやと
明治24(1891)年～昭和50(1975)年
大正～昭和期の教育者。
¶神奈川人

**礒部物外** いそべぶつがい
天保6(1835)年～明治27(1894)年
明治期の政治家、教育者。
¶静岡百, 静岡歴, 姓氏静岡

**礒部百三** いそべもモぞう
明治5(1872)年～昭和19(1944)年
明治～昭和期の教師。
¶神人

**磯辺弥一郎**(磯部弥一郎) いそべやいちろう
文久1(1861)年～昭和6(1931)年
明治～昭和期の英語学者、英語教育家。米人と協力して国民学舎を創立。また「古事記」「菜根譚」を英訳し海外に紹介。
¶コン改 (磯部弥一郎), コン5, 人名, 世紀 (㊁文久1 (1861) 年2月　㊁昭和6 (1931) 年4月23日), 渡航 (㊁1861年2月7日　㊁1931年4月), 日人

**磯部泰** いそべやすし
→磯辺泰 (いそべたい)

**磯道源助** いそみちげんすけ
明治31(1898)年～昭和54(1979)年
大正～昭和期の教育者。
¶姓氏鹿児島

**磯村春子** いそむらはるこ
明治10(1877)年3月16日〜大正7(1918)年1月31日
明治〜大正期のジャーナリスト、新聞記者。「やまと新聞」の記者。日本近代小説の英訳を目指すが病死。著書に「今の女」。
¶朝日, 近女(㋞明治12(1879)年), 女史, 女性, 女性普, 世紀, 先駆, 日人

**板井青霞** いたいせいか
元文1(1736)年〜文化3(1806)年
江戸時代中期〜後期の儒学者。
¶人名, 日人

**板垣源次郎** いたがきげんじろう
慶応2(1866)年〜大正12(1923)年
明治〜大正期の教育者。
¶群馬人

**板垣慧** いたがきさとし
昭和5(1930)年〜
昭和・平成期の教師、教育学者。専門は小学校理科・生活科教育。著書に「自然認識と理科の授業」など。
¶現執3期

**板垣政一** いたがきまさかず
明治2(1869)年〜
明治期の教育家。
¶岩手人

**板垣胖** いたがきゆたか
生没年不詳
江戸時代末期〜明治期の儒学者。学習院教授。漢文、習字などを教えた。
¶藩臣1

**板垣四十六郎** いたがきよそろくろう
明治16(1883)年〜昭和20(1945)年
明治〜昭和期の教育者。
¶高知人

**板倉勝資** いたくらかつすけ
寛政1(1789)年〜嘉永1(1848)年
江戸時代後期の大名。備中庭瀬藩主。
¶諸系, 日人, 藩主4(㋞嘉永1(1848)年8月17日)

**板倉勝澄** いたくらかつずみ
享保4(1719)年6月28日〜明和6(1769)年
江戸時代中期の大名。伊勢亀山藩主、備中松山藩主。
¶岡山人(㋞享保1(1716)年), 岡山歴(㋞明和6(1769)年5月3日), 諸系, 日人, 藩主3(㋞享保1(1716)年 ㋞明和6(1769)年5月4日), 藩主4(㋞明和6(1769)年5月3日)

**板倉勝尚** いたくらかつなお
＊〜文政3(1820)年8月26日
江戸時代後期の大名。上野安中藩主。
¶国書(㋞?), 諸系(㋞1785年), 日人(㋞1785年), 藩主1(㋞?)

**板倉勝政** いたくらかつまさ
宝暦9(1759)年3月20日〜文政4(1821)年3月2日
江戸時代中期〜後期の大名。備中松山藩主。
¶岡山人(㋞宝暦7(1757)年), 岡山歴, 諸系, 日人, 藩主4

**板倉勝正** いたくらかつまさ
→板倉勝正(いたくらしょうせい)

**板倉聖宣** いたくらきよのぶ
昭和5(1930)年5月2日〜
昭和〜平成期の科学史教育者。仮説実験授業研究会を組織し、科学教育の改革運動を展開。著書に「科学と方法」など。
¶現朝, 現執1期, 現執2期, 現執3期, 現執4期, 現情, 現人, 児人, 世紀, 日児, 日人

**板倉璜渓** いたくらこうけい
→板倉帆邱(いたくらはんきゅう)

**板倉勝正** いたくらしょうせい
天保9(1838)年〜明治19(1886)年　㋱板倉勝正《いたくらかつまさ》
江戸時代末期〜明治期の数学者。後進子弟の教授に専念した。
¶人名, 数学(いたくらかつまさ ㋞明治19(1886)年8月30日), 日人

**板倉帆邱** いたくらはんきゅう
宝永6(1709)年〜延享4(1747)年　㋱板倉璜渓《いたくらこうけい》
江戸時代中期の儒学者。
¶江文(板倉璜渓　いたくらこうけい ㋞宝永4(1707)年), 国書(板倉璜渓　いたくらこうけい ㋞延享4(1747)年6月24日), 人名, 日人(板倉璜渓　いたくらこうけい)

**板倉弘幸** いたくらひろゆき
昭和28(1953)年2月〜
昭和〜平成期の小学校教師。
¶現執4期

**板坂宗商** いたさかそうしょう
→板坂卜斎〔1代〕(いたさかぼくさい)

**板坂卜斎〔1代〕**(――〔代数なし〕)いたさかぼくさい, いたさかぼくさい
㋱板坂宗商《いたさかそうしょう》
戦国時代の医師。
¶新潮(――〔代数なし〕　生没年不詳), 人名(いたざかぼくさい), 武田(板坂宗商　いたさかそうしょう), 日人(いたざかぼくさい　生没年不詳)

**板坂卜斎〔2代〕**(――〔代数なし〕, 板阪卜斎)いたさかぼくさい, いたさかぼくさい
天正6(1578)年〜明暦1(1655)年
安土桃山時代〜江戸時代前期の侍医。徳川家家臣。「浅草文庫」を公開。公共図書館の先駆となる。
¶江戸東(――〔代数なし〕), 郷土和歌山(板阪卜斎), 国書(――〔代数なし〕 ㋞明暦1(1655)年11月12日), 人名(いたざかぼくさい), 姓氏山梨(――〔代数なし〕), 戦人(――〔代数なし〕), 戦補(いたざかぼくさい), 日人(いたざかぼくさい), 藩臣5(――〔代数な

し〕)，和歌山人(――〔代数なし〕)

**井田澹泊** いだたんぱく
？ ～慶応2(1866)年
江戸時代中期の儒学者。
¶国書([没]慶応2(1866)年1月23日)，人名，日人

**伊谷以知二郎** いたにいちじろう
元治1(1864)年12月3日～昭和12(1937)年3月30日
明治～大正期の技術教育者。日本水産学会会長。日本近代漁業振興の功労者。
¶科学，近現，国史，史人，植物，食文([生]元治1年12月3日(1864年12月31日))，世紀，渡航，日人

**井谷善則** いたによしのり
昭和18(1943)年3月18日～
昭和～平成期の教育学者。大阪教育大学教授。専門は障害児教育、発達人間学。著書に「『障害児の発見』と現代教育」など。
¶現執3期

**板野不着** いたのふちゃく
安政3(1856)年9月2日～明治41(1908)年6月16日
江戸時代末期～明治期の教育家。春靄学舎創立者、春靄中学校校長。
¶岡山歴，学校

**板橋源** いたばしげん
明治41(1908)年8月25日～平成2(1990)年11月22日
大正～平成期の日本史学者、教育家。岩手大学教授。考古学、古代史を研究。
¶岩手人，郷土，現情，考古([生]明治40(1907)年8月25日)，史研，世紀，姓氏岩手

**板橋並治** いたばしなみじ
明治41(1908)年2月8日～
昭和期の英語教育者。日米会話学院院長、国際教育振興会理事長。
¶現情

**伊丹巳之吉** いたみみのきち
明治38(1905)年～
昭和期の小学校教員。
¶社史

**板谷英紀** いたやえいき
昭和3(1928)年1月1日～
昭和～平成期の音楽教育者、宮沢賢治研究家、エッセイスト。
¶音人2，音人3，児人

**板谷菊男** いたやきくお
明治31(1898)年～*
大正～昭和期の教員。開成学園教諭。怪談をよくし、作品に幻想的な時代小説集「天狗童子」がある。
¶幻作([没]19??年)，幻想([没]1984年)

**板谷まる** いたやまる
明治3(1870)年～昭和33(1958)年8月7日
明治～昭和期の女性。陶芸家板谷波山の妻。夫の影響で陶芸に励み、新聞雑誌は「夫婦窯」と宣伝した。
¶女性，女性普，世紀，日人，美工

**板谷元右衛門** いたやもとうえもん
天保13(1842)年～明治41(1908)年
明治期の料理屋経営者。
¶多摩，日人

**井田仁康** いだよしやす
*～？　[別]一安《いちあん》
昭和～平成期の地理教育研究者。
¶現執4期([生]1958年7月19日)，川柳(一安　いちあん　[生]1868年)

**いち**(1)
宝永7(1710)年～
江戸時代中期の女性。音楽・教育。備前岡山の塩見平右衛門行重と加藤氏の娘。
¶江表(いち(福島県))

**いち**(2)
1837年～
江戸時代後期の女性。教育。松前藩藩士志村氏の家族。
¶江表(いち(北海道)　[生]天保8(1837)年頃)

**一安** いちあん
→井田仁康(いだよしやす)

**市浦管窺** いちうらかんき
天和2(1682)年～延享5(1748)年1月17日　[別]市浦管窺《いちうらかんきゅう》
江戸時代中期の漢学者。
¶岡山人(いちうらかんきゅう)，岡山歴

**市浦管窺** いちうらかんきゅう
→市浦管窺(いちうらかんき)

**市浦毅斎** いちうらきさい
寛永19(1642)年～正徳2(1712)年
江戸時代前期～中期の備前岡山藩士。
¶岡山人，岡山百，岡山歴([没]正徳2(1712)年9月6日)，国書([没]正徳2(1712)年9月6日)，人名，日人，藩臣6

**市浦南竹** いちうらなんちく
？ ～*
江戸時代中期の儒学者。
¶国書([没]天明4(1784)年12月23日)，日人([没]1785年)

**一円** いちえん
→無住(むじゅう)

**市岡鋌造** いちおかていぞう
安政4(1857)年9月6日～大正5(1916)年2月8日
明治・大正期の教師。
¶飛騨

**市岡正義** いちおかまさよし
明治31(1898)年～昭和53(1978)年
大正～昭和期の教育者、政治家。飯野小学校校長、上原村村長。

教育篇　　　　　　　　　　　　　73　　　　　　　　　　　　いちかわ

¶姓氏富山

**一門恵子**　いちかどけいこ
昭和13（1938）年11月30日〜
昭和期の障害児教育専門家。
　¶現執2期

**市川泉**　いちかわいずみ
生没年不詳
昭和期の小学校教員。
　¶社史

**市川一学**　いちかわいちがく
安永7（1778）年〜*
江戸時代後期の上野高崎藩士、兵学者。
　¶群馬人（㊞安永3（1774）年　㊞安政1（1854）年）、国書（㊞安政5（1858）年12月23日）、庄内（㊞安政5（1858）年12月23日）、姓氏群馬（㊞1774年㊞1854年）、日人（㊞1859年）、藩臣2（㊞安永3（1774）年　㊞安政1（1854）年）、北海道百（㊞安政5（1858）年）、北海道歴（㊞安政5（1858）年）

**市川斎宮**　いちかわいつき
　→市川斎宮（いちかわさいぐう）

**市川宇門**　いちかわうもん
明治16（1883）年〜昭和14（1939）年
明治〜昭和期の弘前市が生んだ偉大な剣道家。
　¶青森人、青森百

**市川栄一**　いちかわえいいち
昭和4（1929）年11月22日〜
昭和〜平成期の児童文学作家、教育者。
　¶児作、児人、世紀、日児

**市川栄之助**　いちかわえいのすけ
天保2（1831）年〜明治5（1872）年
江戸時代末期の日本語教師、キリスト教殉難者。
　¶キリ（㊞天保6年頃（1835年）㊞明治5（1872）年11月26日）、近現、国史、コン改、コン5、史人（㊞1831年、（異説）1833年？㊞1872年11月26日）、新潮（㊞明治5（1872）年11月25日）、先駆（㊞明治5（1872）年11月26日）、日人（㊞1831年？）、兵庫百（㊞人？）、洋学

**市川鶴鳴**　いちかわかくめい
元文5（1740）年〜寛政7（1795）年　㊞市川匡麻呂《いちかわただまろ》
江戸時代中期の漢学者、上野高崎藩士。寛政異学の禁に反対した五鬼の一人。
　¶朝日（㊞寛政7年7月8日（1795年8月22日））、江文、近世、国史、国書（㊞寛政7（1795）年7月8日）、コン改、コン4、新潮（㊞寛政7（1795）年7月8日）、人名、世百（市川匡麻呂　いちかわたずまろ）、全書、日人、藩臣2（㊞人？）、歴大

**市川嘉七**　いちかわかしち
明治14（1881）年12月26日〜昭和7（1932）年10月4日
明治〜昭和期の教育者。鶴川尋常高等小学校第2代校長。
　¶町田歴

**市川方静**　いちかわかたきよ
　→市川方静（いちかわほうせい）

**市川兼恭**　いちかわかねのり
　→市川斎宮（いちかわさいぐう）

**市川兼恭**　いちかわかねやす
　→市川斎宮（いちかわさいぐう）

**市河寛斎**（市川寛斎）　いちかわかんさい
寛延2（1749）年6月16日〜文政3（1820）年7月10日
㊞市河米庵《いちかわべいあん》
江戸時代中期〜後期の漢詩人、儒者、越中富山藩士。
　¶朝日（㊞寛延2年6月16日（1749年7月29日）　㊞文政3年7月10日（1820年8月18日））、岩史、江文、角史、郷土群馬、近世、群馬人、群馬百、考古、国史、国書、コン改、コン4、詩人、詩代、史人（㊞1749年6月16日？）、人書94、新潮、人名、姓氏群馬、姓氏富山、世人、世百、全書、大百（㊞1748年）、富山百（市川寛斎）、富山文、日史（㊞寛延2（1749）年6月16日？）、日人、藩3（市川寛斎）、百科、平史、歴大、和俳

**市川慶蔵**　いちかわけいぞう
明治35（1902）年3月1日〜昭和45（1970）年3月28日
大正〜昭和期の教育者。
　¶世紀、姓氏長野、長野歴、日人

**市川堅一**　いちかわけんいち
明治42（1909）年11月2日〜平成元（1989）年1月31日
昭和期の木材業者。根室管内中標津町教育委員長。
　¶根千

**市川玄翠**　いちかわげんすい
江戸時代中期の儒学者。
　¶人名、日人（生没年不詳）

**市川源三**　いちかわげんぞう
明治7（1874）年2月11日〜昭和15（1940）年3月25日
明治〜昭和期の女子教育家。東京府立第一高等女学校長、鴎友学園高等女学校長。鴎友学園創立者。女子教育の普及・向上のため全国高等女学校長協会等を創設。
　¶学校、女史、人名7、心理、長野歴、日人（㊞明治7（1874）年2月1日）、歴大

**市川玄伯**　いちかわげんぱく
寛政8（1796）年〜嘉永5（1852）年
江戸時代末期の儒臣。
　¶人名、姓氏山口、日人、幕末（㊞1852年2月13日）、藩臣6、洋学（㊞寛政6（1794）年）

**市川行英**　いちかわこうえい
　→市川行英（いちかわゆきひで）

**市原権三郎**　いちかわごんざぶろう
明治41（1908）年12月15日〜昭和62（1987）年12月6日　㊞市原権三郎《いちはらごんざぶろう》
昭和期の教育学者。
　¶郷土（いちはらごんざぶろう）、郷土千葉

**市川権平** いちかわごんべい
安永4（1775）年～天保7（1836）年
江戸時代後期の教育家。
¶高知人

**市川斎宮** いちかわさいぐう
文政1（1818）年～明治32（1899）年8月26日　[別]市川兼恭《いちかわかねのり，いちかわかねやす》，市川斎宮《いちかわいつき》
江戸時代末期～明治期の洋学者。東京学士会院会員。幕府の天文方和解御用、蕃書調書の教授手伝いとして活躍、維新後は大阪兵学寮教師。
¶朝日（市川兼恭　いちかわかねのり　[生]文政1年5月11日（1818年6月14日）），維新（市川兼恭　いちかわかねのり），大阪人（市川兼恭　いちかわかねやす　[没]明治32（1899）年5月），科学（[生]1818年（文政1）5月11日），近現，国史，史人（[生]1818年5月11日），写家（[生]文政1年5月11日），新潮（市川兼恭　いちかわかねのり　[生]文政1（1818）年5月11日），人名（市川兼恭　いちかわかねやす），数学（市川兼恭　いちかわかねやす　[没]明治32（1899）年5月26日），日人（市川兼恭　いちかわかねのり），幕末（市川兼恭　いちかわかねのり　[生]1818年7月16日　[没]1889年8月26日），福井百（いちかわいつき），洋学（市川兼恭　いちかわかねのり），歴大（市川兼恭　いちかわかねのり）

**市川左近** いちかわさこん
？　～明治23（1890）年
江戸時代末期～明治期の漢学者。貧困のために学資に窮する者を救済するための助金制度確立に貢献。高崎小学校近代校舎建築に大きく寄与。
¶群馬人，藩臣2

**市川三郎** いちかわさぶろう
明治43（1910）年1月～
昭和期の教育者。
¶群馬人

**市川十郎** いちかわじゅうろう
文化10（1813）年～明治1（1868）年　[別]市川松筠《いちかわしょういん》
江戸時代末期の蝦夷地調査者。
¶維新，国書（市川松筠　いちかわしょういん　[没]慶応4（1868）年3月14日），日人，幕末（[没]1868年4月6日），北海道百，北海道歴

**市川純斎** いちかわじゅんさい
天明8（1788）年～弘化2（1845）年
江戸時代後期の儒学者。
¶人名，日人

**市川松筠** いちかわしょういん
→市川十郎（いちかわじゅうろう）

**市川昭午** いちかわしょうご
昭和5（1930）年4月16日～
昭和～平成期の教育学者。専門は教育政策、教育行財政。国立教育研究所、筑波大学などに勤務。
¶現執1期，現執2期，現執3期，現執4期，現情，世紀

**市川伸一** いちかわしんいち
昭和28（1953）年5月29日～
昭和～平成期の心理学者。専門は認知心理学、教育心理学、教育工学。編著に「心理測定法への招待」など。
¶現執3期，現執4期

**市川新十郎〔3代〕** いちかわしんじゅうろう
慶応2（1866）年4月8日～昭和4（1929）年7月1日
[別]市川団七《いちかわだんしち》，市川福之助〔1代〕《いちかわふくのすけ》，小山元之助
明治～昭和期の歌舞伎役者。明治7年～昭和4年頃に活躍。
¶歌舞（[生]慶応3（1867）年4月8日），歌舞新（[生]慶応3（1867）年4月8日），芸能，世紀，日人

**市川匡麻呂** いちかわたずまろ
→市川鶴鳴（いちかわかくめい）

**市川達譲** いちかわたつじょう
明治9（1876）年～昭和30（1955）年
明治～昭和期の教育者。長野県にスキー術を導入した。
¶姓氏長野，長野百，長野歴

**市川たま** いちかわたま
明治22（1889）年～昭和51（1976）年11月13日
大正～昭和期の教育者。長屋私立第一幼稚園園長。市川房枝の姉。女子教育、幼児教育に尽力したほか、婦選運動にも協力。
¶愛知女，女性，女性普

**市川亭三郎** いちかわていざぶろう
明治19（1886）年8月12日～昭和26（1951）年9月28日
明治～昭和期の教育者。
¶群馬人

**市川哲夫** いちかわてつお
大正10（1921）年～
昭和期の短歌評論家、高校教師。
¶現執1期

**市川敏雄** いちかわとしお
明治1（1868）年8月28日～昭和5（1930）年10月12日
明治～大正期の地方史研究家、教育家。徳島師範学校教論。徳島県史を研究。
¶郷土，史研，徳島歴

**市川寅治** いちかわとらじ★
元治1（1864）年5月13日～昭和6（1931）年11月10日
明治～昭和期の粕毛小初代校長。
¶秋田人2

**市川信次郎** いちかわのぶじろう
文久3（1863）年～昭和9（1934）年
明治～昭和期の教育者。
¶姓氏愛知

**市川肇** いちかわはじめ
大正6（1917）年3月31日～平成5（1993）年8月7日

昭和～平成期の出版人。教育芸術社社長。
¶出文

## 市川博 いちかわひろし
昭和12（1937）年～
昭和期の社会科教育・中国教育研究者。
¶現執1期

## 市川彬斎 いちかわひんさい
生没年不詳
江戸時代末期の儒学者。
¶高知人、国書、日人

## 市川復斎 いちかわふくさい
文政11（1828）年～文久2（1862）年
江戸時代末期の儒学者。
¶島根人、島根歴、人名、日人（㉞1863年）、幕末（㉞1863年1月3日）、藩臣5

## 市川文吉 いちかわぶんきち
弘化4（1847）年～昭和2（1927）年
明治期の外務省官吏、ロシア語教師。外務書記官、東京外国語学校教授。榎本武揚公使に従い外務書記官として渡露、黒田清隆の外遊にも同行。
¶朝日（㉞弘化4年6月23日（1847年8月3日）㉞昭和2（1927）年7月30日）、維新（㉞?）、海越（㉞弘化4（1847）年5月11日　㉞昭和2（1927）年6月30日）、海越新（㉞弘化4（1847）年5月11日　㉞昭和2（1927）年6月30日）、国際、渡航（㉞?）㉞1927年7月）、日人、幕末（㉞1847年8月3日　㉞1927年7月30日）、洋学

## 市河米庵（市河米菴、市川米庵）いちかわべいあん
安永8（1779）年～安政5（1858）年7月18日
江戸時代後期の書家。三筆の一人。
¶朝日（㉞安永8年9月6日（1779年10月15日）㉞安政5年7月18日（1858年8月26日））、石川百、維新、岩史（㉞安永8年9月6日）、江戸、角史、郷土群馬（市河米菴㉞1857年）、近世、群馬人（㉞安永8（1779）年9月6日）、群馬百（㉞1857年）、国史、国書（㉞安永8（1779）年9月16日）、コン改、コン4、詩歌、常人（㉞1779年9月6日）、人等79、新潮（㉞安永8（1779）年9月6日）、人名（市川米庵）、姓氏石川、姓氏群馬（㉞1857年）、世人、世百、全書、日史（㉞安永8（1779）年9月6日）、幕末（㉞1858年8月26日）、美術、百科、歴大

## 市川方静 いちかわほうせい
天保5（1834）年10月24日～明治36（1903）年11月28日　㉞市川方静《いちかわたきよ》
江戸時代末期～明治期の数学者。測量器製作の先駆者。
¶維新、科学、国際、国書、人名、数学（いちかわたきよ）、先駆、日人、幕末、幕末人、藩臣2、福島百、洋学

## 市川三枝子 いちかわみえこ
大正3（1914）年4月27日～昭和35（1960）年7月26日
昭和期の教育者、国文学者。
¶女性、女性普、北海道百、北海道文、北海道歴

## 市川森三郎（市川盛三郎）いちかわもりさぶろう
嘉永5（1852）年8月20日～明治15（1882）年10月26日　㉞平岡盛三郎《ひらおかもりさぶろう》
江戸時代末期～明治時代の幕府留学生、教育者。1866年イギリスに渡る。
¶海越、海越新、科学（平岡盛三郎　ひらおかもりさぶろう）、新潮（平岡盛三郎　ひらおかもりさぶろう）、日人（平岡盛三郎　ひらおかもりさぶろう）、洋学（市川盛三郎）

## 市川保定 いちかわやすさだ
文化10（1813）年～明治16（1883）年4月7日
江戸時代後期～明治期の蘭方医。
¶科学、人名（㉞1814年）、日人、幕末、藩臣7

## 市川雄一郎 いちかわゆういちろう
明治24（1891）年～昭和25（1950）年
明治～昭和期の郷土史家。
¶郷土、長野歴

## 市川行英 いちかわゆきひで
文化2（1805）年～安政1（1854）年　㉞市川行英《いちかわこうえい》
江戸時代末期の数学者。
¶群馬人（いちかわこうえい）、国書（㉞?）、人名（いちかわこうえい）、世人（生没年不詳）、日人（いちかわこうえい）

## 一木喜徳郎 いちききとくろう
慶応3（1867）年4月4日～昭和19（1944）年12月17日　㉞一木喜徳郎《いっききとくろう》
明治～昭和期の法学者、政治家。東京帝国大学教授、枢密院議長。法制局長官、第二次大隈内閣文相、内相などを歴任。
¶岩史（いっききとくろう）、海越、海越新、沖縄百、角史、教育、近現、現朝（㉞慶応3年4月4日（1867年5月7日））、現日、国史、コン改、コン5、史人、静岡百（いっききとくろう）、静岡歴（いっききとくろう）、重要（㉞慶応3（1867）年4月）、神人（㉞昭和11（1936）年）、新潮、人名7、世紀、姓氏沖縄、姓氏静岡（いっききとくろう）、世人、世百、全書、大百、渡航、日史、日本、百科、明治1、履歴、歴大

## 市毛勝雄 いちげかつお
昭和6（1931）年9月14日～
昭和～平成期の教育学者。埼玉大学教授。専門は国語教育。著書に「主題認識の構造」「文学的文章で何を教えるか」など。
¶現執3期

## 市毛金太郎 いちげきんたろう
明治10（1877）年～昭和44（1969）年
明治～昭和期の女子教育家。清水女子学園創立者。
¶学校、静岡歴、姓氏静岡

## 一山一寧 いちざんいちねい
→一山一寧（いっさんいちねい）

## 市島謙吉 いちしまけんきち、いちじまけんきち
安政7（1860）年2月17日～昭和19（1944）年4月21日
明治～昭和期の政治家、随筆家。読売新聞主筆、

い

日本図書館協会会長。東京専門学校の創立・運営に尽力、随筆に「春城筆語」など。
¶岩史(いちじまけんきち), 近現, 国史, コン改(いちじまけんきち), コン5(いちじまけんきち), 史人, 出版(いちじまけんきち), 出文, 新潮(いちじまけんきち), 人名7, 世紀, 新潟百, 日人

**市島春城** いちじましゅんじょう
万延1(1860)年～昭和19(1944)年
明治～昭和期の随筆家。読売新聞主筆。改進党や東京専門学校の発足に協力。早稲田の三尊の一人。著書に「春城随筆」など。
¶近文, 全書

**一条兼良** いちじょうかねよし
応永9(1402)年～文明13(1481)年4月2日 [別]一条兼良《いちじょうかねら》, 兼良《かねら》, 後成恩寺関白《ごじょうおんじかんぱく, のちのじょうおんじかんぱく》
室町時代～戦国時代の歌学者・公卿(関白・太政大臣)。左大臣・関白一条経嗣の次男。
¶朝日([生]応永9年5月7日(1402年6月7日) [没]文明13年4月2日(1481年4月30日)), 岩史([生]応永9(1402)年5月27日), 角史, 鎌室(いちじょうかねら), 教育, 京都(いちじょうかねら), 京都大(いちじょうかねら), 公卿([生]応永9(1402)年5月7日), 国史, 国書([生]応永9(1402)年5月7日), 古中, コン改(いちじょうかねら), コン4(いちじょうかねら), 詩歌, 詩作([生]応永9(1402)年5月7日), 史人([生]1402年5月27日), 重要(いちじょうかねら), 諸系, 神史, 人書94, 神人([生]応永9(1402)年5月 [没]文明13(1481)年4月), 新潮([生]応永9(1402)年5月7日), 新文([生]応永9(1402)年5月7日), 人名, 姓氏京都, 世人(いちじょうかねら [生]応永9(1402)年5月7日), 世百(いちじょうかねら), 全書(いちじょうかねら), 大百(いちじょうかねら), 伝記(いちじょうかねら), 日思, 日史([生]応永9(1402)年5月27日), 日人, 俳句(兼良 かねら), 百科(いちじょうかねら), 仏教([生]応永9(1402)年5月27日), 文学, 平史, 歴大, 和俳([生]応永9(1402)年5月7日)

**一条兼良** いちじょうかねら
→一条兼良(いちじょうかねよし)

**一条尊昭** いちじょうそんしょう
大正8(1919)年3月25日～
昭和期の中宮寺門跡。公爵一条実孝の養女。
¶近女, 現朝, 世紀, 日人

**一谷孝** いちたにたかし
昭和2(1927)年8月1日～
昭和期の教師。
¶視覚

**一寧** いちねい
→一山一寧(いっさんいちねい)

**市野キミ** いちのきみ
大正元(1912)年8月21日～昭和49(1974)年10月29日
昭和期の教師。
¶神奈女2

**一瀬正助**(一瀬庄助) いちのせしょうすけ
生没年不詳
江戸時代中期の儒学者。
¶国書(一瀬庄助), 人名, 日人(一瀬庄助)

**市瀬禎太郎** いちのせていたろう
万延1(1860)年～明治41(1908)年
明治～大正期の教育家。郷里丹波篠山町に私塾を開き、子弟の教育に努めた。
¶人名, 日人, 兵庫人([生]万延1(1860)年2月15日 [没]明治41(1908)年3月17日)

**一ノ瀬義法** いちのせよしのり
昭和9(1934)年1月27日～
昭和～平成期の教師、曹洞宗僧侶。法正寺住職。武田信玄、伊那地方史を研究。著書に「伊那のむかし話」「激戦川中島」など。
¶現執3期

**一野辺イチ** いちのべいち
明治36(1903)年～平成3(1991)年
昭和～平成期の教育者。
¶姓氏岩手

**一戸三之助** いちのへさんのすけ
延宝9(1681)年～宝暦3(1753)年
江戸時代中期の陸奥弘前藩士、武道家。
¶青森百, 剣豪([没]宝暦2(1752)年), 人名, 日人, 藩臣1

**一宮松次** いちのみやまつじ
→一宮松次(いちのみやまつつぐ)

**一宮松次** いちのみやまつつぐ
明治30(1897)年10月15日～昭和47(1972)年8月25日 [別]一宮松次《いちのみやまつじ》
昭和期の地方史研究家、教育家。徳島県立阿波中学校校長。徳島県史を研究。
¶郷土, 史研(いちのみやまつじ), 世紀, 徳島百(いちのみやまつじ), 徳島歴, 日人

**一宮道子** いちのみやみちこ
明治30(1897)年9月30日～昭和45(1970)年9月7日
大正～昭和期の教育者。日本女子大学教授。幼児教育の専門家。東京成徳短期大学教授、星美学園短期大学教授を歴任。
¶女性, 女性普

**市橋賢能** いちはしけんのう
嘉永7(1854)年7月1日～明治28(1895)年
江戸時代末期～明治期の教育者。
¶庄内

**市橋長昭** いちはしながあき
安永2(1773)年～文化11(1814)年 [別]市橋長昭《いちはしながあきら》
江戸時代後期の大名。近江仁正寺藩主。
¶江文, 国書(いちはしながあきら [生]安永2(1773)年4月7日 [没]文化11(1814)年10月8日), 諸系, 新潮([没]文化11(1814)年10月8

日），人名，日人，藩主3（[生]安永2（1773）年4月7日　[没]文化11（1814）年9月27日）

**市橋長昭** いちはしながあきら
→市橋長昭（いちはしながあき）

**市原菊雄** いちはらきくお
昭和10（1935）年10月25日～
昭和～平成期の教師。文部省調査官なども務める。専門は国語教育、国語学。
¶現執3期

**市原権三郎** いちはらごんざぶろう
→市原権三郎（いちかわごんざぶろう）

**一宮俊一** いちみやしゅんいち
昭和5（1930）年5月19日～
昭和～平成期の教育学者。徳島大学教授。専門は障害児教育。著書に「現代障害児教育学」など。
¶現執3期

**市村今朝蔵** いちむらけさぞう
明治31（1898）年～昭和25（1950）年
大正～昭和期の政治学者。早稲田大学教授。軽井沢夏期大学を戦後復活させた。
¶姓氏長野，長野歴

**市村水香** いちむらすいこう
天保13（1842）年～明治32（1899）年
明治期の漢学者。経史に通じた。
¶詩歌，人名，日人

**市村鷹雄** いちむらたかお
明治27（1894）年～昭和26（1951）年
大正～昭和期の教育家。
¶姓氏長野

**市村尚久** いちむらたかひさ
昭和8（1933）年2月16日～
昭和～平成期の教育学者。早稲田大学教授。専門は教育思想史、アメリカ教育哲学。著書に「アメリカ六・三制の成立過程」など。
¶現執3期

**市村利央** いちむらとしお
文政1（1818）年～明治6（1873）年
江戸時代後期の寺子屋師匠。
¶神奈川人

**市村ひでの** いちむらひでの
明治17（1884）年～昭和38（1963）年
明治～昭和期の市村与市金城学院院長夫人、幼稚園保母。
¶愛知女

**市村咸人** いちむらみなと
明治11（1878）年1月2日～昭和38（1963）年11月28日
大正～昭和期の地方史研究家。長野県高等女学校教諭。長野県史を研究。
¶郷土，郷土長野，近現，考古（[生]明治11（1978）年1月2日），史研，世紀，姓氏長野，長野百，長野歴，日人

**市村与市** いちむらよいち
明治14（1881）年4月10日～昭和28（1953）年4月8日
明治～昭和期の教育者、宗教家、私学経営者。
¶愛知百，姓氏愛知，姓氏長野，長野歴

**市郁芳樹** いちむらよしき
明治1（1868）年3月5日～昭和16（1941）年1月1日
江戸時代末期～昭和期の教育者。私立尾道商業学校を開校。その後、名古屋女子商業学校（後の市郁学園）を創立。
¶愛知女（[生]1867年），愛知百，学校，世紀，姓氏愛知，日人

**一柳安次郎** いちりゅうやすじろう
明治5（1872）年～
明治期の教員。
¶大阪人

**いつ**
～慶応4（1868）年
江戸時代末期の女性。教育。下総諸徳持村の名主で、大原幽学門の菅谷又左衛門の妻。
¶江表（いつ（千葉県））

**イツ**
江戸時代後期の女性。教育。熊本藩士中村氏の家族。日奈久村で天保5年、寺子屋を開業する。
¶江表（イツ（熊本県））

**一木喜徳郎** いっききとくろう
→一木喜徳郎（いちききとくろう）

**一休** いっきゅう
→一休宗純（いっきゅうそうじゅん）

**一休宗純** いっきゅうそうじゅん
応永1（1394）年～文明13（1481）年11月21日
[別]一休《いっきゅう》，宗純《しゅうじゅん，そうじゅん》
室町時代の臨済宗の僧。
¶朝日（[没]文明13年11月21日（1481年12月12日）），岩史，大阪人（[生]明徳5（1394）年1月1日），角史，鎌室，教育，京都，京都大，京都府，国史，国書（[生]明徳5（1394）年1月1日），古中，コン改，コン4，詩歌，史人，重要，食文（[生]明徳5（1394）年1月1日），諸系，人書79，人書94，人情（[没]？），人情5，新潮（[生]応永1（1394）年1月1日），新文（[生]応永1（1394）年1月1日），人名，姓氏京都，世人，世百，全書，大百，茶道，伝記，日思，日史（一休　いっきゅう　[生]応永1（1394）年1月1日），日人，美術（一休　いっきゅう），百科（一休　いっきゅう），仏教（[生]明徳5（1394）年1月1日），仏史，仏人（一休　いっきゅう），文学，名僧，歴大，和俳

**一山一寧** いっさんいちねい
モンゴル・定宗2（1247）年～文保1（1317）年10月24日　[別]一山一寧《いちざんいちねい》，一寧《いちねい》，一寧一山《いちねいいっさん》，寧一山《ねいいっさん》
鎌倉時代後期の来日した元の僧。南禅寺住持。
¶朝日（[没]文保1年10月24日（1317年11月28日）），

いつしき

岩史，神奈川人，鎌倉，鎌室，教育（一寧　い
ちねい），京都，京都大，群馬人，国史，国書，
古中，コン改，コン4，詩歌，史人，新潮，人名
（いちざんいちねい），姓氏京都，姓氏長野，世
人（㊂文保1（1317）年10月25日），世百，全書，
大百，長野歴，日思，日史，日人，美術，百科，
仏教（㊂文保1（1317）年9月24日），仏史，仏人
（一寧　いちねい），名僧，歴大，和俳

**一色直文**　いっしきなおぶみ
明治36（1903）年9月26日〜昭和53（1978）年9月
30日
明治〜昭和期の教育者。
¶視覚

**一色八郎**　いっしきはちろう
大正11（1922）年1月2日〜平成7（1995）年1月20日
昭和〜平成期の幼児教育家、児童科学書執筆家、
手の工学研究家。日本科学造形教育研究所主宰。
著書に「幼児の手と道具」「図説手の世界」「箸の
文化史」など。
¶現執2期，現執3期，児人，世紀

**一志茂樹**　いっししげき
明治26（1893）年11月12日〜昭和60（1985）年2月
27日
大正〜昭和期の郷土史家。信濃史学会会長。長野
県史を研究。
¶郷土，郷土長野，近現，現朝，現情，考古，史
研，世紀，姓氏長野，長野歴，日人，民学，歴大

**伊津野朋弘**　いつのともひろ
昭和3（1928）年〜
昭和期の教育学者。東京学芸大学教授。
¶現執1期

**伊津野満仁太**　いつのまにた，いずのまにた
元治1（1864）年7月21日〜大正8（1919）年4月25日
江戸時代末期〜大正期の教育者。盲啞学校創立者。
¶熊本人，熊本百（いずのまにた），世紀，日人

**一遍**　いっぺん
延応1（1239）年〜正応2（1289）年8月23日　㊃一
遍上人《いっぺんしょうにん》，一遍智真《いっ
ぺんちしん》，智真《ちしん》，円照大師《えんしょう
だいし》，証誠大師《しょうじょうだいし》，遊行上
人《ゆぎょうしょうにん》
鎌倉時代後期の時宗の僧（開祖）。念仏唱名を称
えて各地を遍歴・遊行して「遊行上人」とも呼ば
れる。
¶愛知百（㊂1239年2月15日），朝日（㊂延応1年2
月15日（1239年3月21日）　㊂正応2年8月23日
（1289年9月9日）），岩史（㊂延応1（1239）年2月
15日），岩手百（一遍上人　いっぺんしょうに
ん），愛媛百，大分百（一遍上人　いっぺんしょ
うにん），大阪人，岡山歴（一遍智真　いっぺん
ちしん　㊂延応1（1239）年2月15日），角史，神
奈川人，神奈川百，鎌倉（一遍智真　いっぺんち
しん），鎌室（嘉禎3（1237）年），教育，京都，
郷土愛媛，京都大，郷土長野，群馬人，芸能
（㊂延応1（1239）年2月15日），国史，国書（智
真　ちしん），古中，コン改，コン4，埼玉人
（㊂延応1（1239）年2月15日），史人（㊂1239年2

月15日），重要（㊂延応1（1239）年2月15日），
諸系，人書79，人書94，神人，新潮（㊂延応1
（1239）年2月15日），人名，姓氏岩手，姓氏京
都，姓氏群馬，世人，世百，全書，大百，伝記，
長野百，長野歴，日音（㊂延応1（1239）年2月15
日），日思，日史（㊂延応1（1239）年2月15日），
日人，百科，兵庫百（一遍智真　いっぺんちし
ん），仏教，仏人，名僧，歴大，和歌山人

**一遍智真**　いっぺんちしん
→一遍（いっぺん）

**出雲屋和助**　いづもやわすけ
→植松自謙（うえまつじけん）

**井出新**　いであらた
明治3（1870）年〜昭和18（1943）年
明治〜昭和期の農学者、教育者。
¶大分歴

**井出馬太郎**　いでうまたろう
明治3（1870）年1月〜明治43（1910）年9月18日
明治期の美術教育者。
¶渡航

**出浦市郎左衛門**　いでうらいちろうざえもん
文化3（1806）年〜明治20（1887）年
江戸時代後期〜明治期の寺子屋師匠。
¶埼玉百

**出浦力雄**　いでうらりきお
明治期の英語教育者。
¶渡航

**井出菊太郎**　いできくたろう
明治29（1896）年5月22日〜昭和41（1966）年1月5
日
大正〜昭和期の教育者、政治家。村長。
¶埼玉人

**井出耕一郎**　いでこういちろう
大正10（1921）年10月16日〜
昭和〜平成期の教師、教育学者。千葉大学教授、
日本理科教育学会会長。専門は理科教育。編著に
「実験記録をどう取らせるか」など。
¶現執3期

**井出三洋**　いでさんよう
天保5（1834）年2月3日〜明治41（1908）年10月
29日
江戸時代末期〜明治期の医師。阿波徳島藩医、洋
学校教授。
¶徳島歴

**井手淳二郎**　いでじゅんじろう
明治25（1892）年〜昭和51（1976）年
大正・昭和期の教育者。
¶愛媛

**井手仙太郎**　いでせんたろう
\*〜？
大正〜昭和期の小学校教員。
¶アナ（㊂明治40（1907）年），社史（㊂1906年？）

**井出達郎** いでたつろう
明治37(1904)年7月31日～平成6(1994)年7月8日
昭和～平成期の社会科教育学者。
¶埼玉人

**井出為吉** いでためきち
安政6(1859)年9月29日～明治38(1905)年
明治期の教員、役場書記。「秩父事件」指導者。
¶埼玉人([没]明治38(1905)年5月24日)，社史([没]1905年5月)，姓氏長野，長野百，長野歴，日人

**井手正光** いでまさみつ
嘉永7(1854)年～明治43(1910)年
明治期の教育家・政治家。
¶愛媛，愛媛百([生]安政1(1854)年11月19日 [没]明治43(1910)年10月28日)

**出道直** いでみちなお
元治1(1864)年8月10日～昭和13(1938)年2月11日
明治～昭和期の教育者。美作高等学校初代校長。
¶岡山歴

**井出村由江** いでむらよしえ
昭和7(1932)年1月29日～
昭和期の読書運動家、小学校教師。
¶児人，日児

**井出泰文** いでやすぶみ
明治20(1887)年～昭和34(1959)年
明治～昭和期の教育者。
¶神奈川人

**井出弥門** いでやもん
明治25(1892)年2月15日～*
大正～昭和期の教育者。
¶数学([没]昭和58(1983)年12月14日)，姓氏長野([没]?)

**いと**
1818年～
江戸時代後期の女性。教育。北川泰次郎の母。寺子屋晴江舎を開業。
¶江表(いと(東京都) [生]文政1(1818)年頃)

**糸魚川祐三郎** いといがわゆうざぶろう
明治30(1897)年～昭和42(1967)年
大正～昭和期の教育者。
¶長野百，長野歴

**糸井茂雄** いといしげお★
明治10(1877)年8月20日～昭和40(1965)年6月16日
明治～昭和期の角間川小教諭、大曲小学校長。
¶秋田人2

**糸井茅斎** いといぼうさい★
天明8(1788)年～文政11(1828)年1月
江戸時代後期の教育者。
¶秋田人2

**伊藤顕道** いとうあきみち
明治33(1900)年6月20日～昭和57(1982)年4月26日 [別]伊藤顕道《いとうけんどう》
大正～昭和期の政治家・教育者。
¶群新百，群馬人，政治(いとうけんどう)，姓氏群馬

**伊藤篤** いとうあつし
昭和32(1957)年～
昭和～平成期の教育学者。
¶現執4期

**伊藤勇雄** いとういさお
明治31(1898)年9月11日～昭和50(1975)年1月8日
大正～昭和期の社会運動家であり教育者。
¶岩手人，岩手百，姓氏岩手

**伊藤一郎(1)** いとういちろう
嘉永3(1850)年～大正4(1915)年
明治期の政治家。衆議院議員。讃岐の多度津藩校自明館で教えた。板垣退助が愛国公党を組織するとこれに協力した。
¶香川人，人名，日人

**伊藤一郎(2)** いとういちろう
大正6(1917)年～
昭和期の教育者。
¶郷土千葉

**伊藤允譲** いとういんじょう
天保3(1832)年～明治43(1910)年
江戸時代末期～明治期の有志者。廃藩後は教育に努め、自宅を小学校とした。また地方産業のために私財を投じた。
¶愛媛，人名，日人，美工([没]明治43(1910)年8月8日)

**伊藤卯一** いとううういち
慶応3(1867)年～昭和16(1941)年
江戸時代末期～昭和期の茶道家、教育家。南坊流家元(16代目)、藤ノ花学園創設者。
¶愛知女，学校

**伊藤うた** いとううた
明治1(1868)年12月10日～昭和9(1934)年4月11日
明治～昭和期の教育者。山梨裁縫学校を開く。
¶学校，女性，女性普，世紀([生]明治1(1869)年12月10日)，日人([生]明治1(1869)年12月10日)，山梨人，山梨百

**伊藤修** いとうおさむ
*～大正9(1920)年
江戸時代末期～大正期の法律家。法政大学創立者。
¶大分歴([生]安政1(1854)年)，学校([生]安政2(1855)年)

**伊東尾四郎** いとうおしろう
明治2(1869)年11月3日～昭和24(1949)年8月24日
大正～昭和期の地方史研究家、教育家。福岡県立図書館長。福岡県史を研究。
¶郷土，史研，福岡百

伊東覚念　いとうかくねん
万延1(1860)年〜昭和19(1944)年
明治〜昭和期の僧侶・教育家。
¶神奈川人，姓氏神奈川

伊藤和衛　いとうかずえ
明治44(1911)年4月28日〜
昭和期の学校経営者。山梨県立女子短期大学学長。
¶現執1期，現執2期

伊藤和男　いとうかずお
昭和22(1947)年2月4日〜
昭和期の教育者。
¶視覚

糸賀一雄　いとうかずお
→糸賀一雄（いとがかずお）

伊藤和貴　いとうかずたか
明治9(1876)年〜昭和29(1954)年　㊚伊藤和貴《いとうわき》
明治〜昭和期の教育者。
¶高知人，高知百（いとうわき）

伊藤和孝　いとうかずたか
昭和15(1940)年3月8日〜
昭和期の小坂町教育長。
¶飛驒

伊藤閑牛　いとうかんぎゅう
文化13(1816)年〜明治5(1872)年
江戸時代末期の儒学者。
¶人名，日人

伊東貫斎（伊東貫斉）　いとうかんさい
文政9(1826)年5月19日〜明治26(1893)年7月28日
江戸時代末期〜明治期の蘭方医。西洋医学所教授，大典医を歴任，訳著に「眼科新編」「遠西方彙」など。
¶維新，岡山人（伊東貫斉），科学，眼科，近医，近現，近世，国史，国書，新潮，多摩，長崎遊，日人，幕末（㊚1826年6月24日），幕末大，洋学

伊東喜一郎　いとうきいちろう
明治41(1908)年10月18日〜昭和45(1970)年2月14日
大正・昭和期の宮村教育長。
¶飛驒

伊藤鬼一郎　いとうきいちろう
慶応3(1867)年〜昭和7(1932)年
明治〜昭和期の教育者。
¶千葉百

伊藤規矩治　いとうきくじ
明治45(1912)年〜平成14(2002)年
昭和・平成期の社会学者，教育者。
¶群新百

伊東希元　いとうきげん
天保8(1837)年〜明治43(1910)年3月20日
江戸時代末期〜明治時代の僧侶。善福寺住職。私塾敬業学舎を創設。

¶神奈川人，姓氏神奈川，幕末，幕末大

伊藤宜堂　いとうぎどう
寛政4(1792)年〜明治7(1874)年
江戸時代末期の漢学者。
¶国書（㊚寛政4(1792)年7月　㊙明治7(1874)年2月17日），島根人，島根歴，人名，鳥取百，日人

伊藤公一　いとうきみかず
昭和10(1935)年9月6日〜
昭和〜平成期の法学者。大阪大学教授。専門は公法学，教育法学，憲法学。著書に「教育法の研究」「憲法概要」など。
¶現執1期，現執2期，現執3期

伊藤鏡河（伊藤鏡花）　いとうきょうか，いとうきょうが
宝暦2(1752)年〜文政12(1829)年　㊚伊藤作内左衛門《いとうさくないざえもん》
江戸時代中期〜後期の豊後岡藩士。
¶大分百，大分歴（伊藤鏡花），剣豪（伊藤作内左衛門　いとうさくないざえもん），国書（㊚文政12(1829)年3月6日），人名，世人，日人，藩臣7（いとうきょうが）

伊藤清澄　いとうきよずみ
天保13(1842)年〜明治44(1911)年
江戸時代末期〜明治期の和算家。
¶数学（㊚明治44(1911)年8月13日），日人

伊藤欽哉　いとうきんや
明治8(1875)年〜昭和21(1946)年
明治〜昭和期の幼児教育者。
¶山形百新

伊藤熊四郎　いとうくましろう
→白斎（はくさい）

伊藤敬　いとうけい
昭和11(1936)年6月8日〜
昭和〜平成期の学校経営学者。静岡大学教授。
¶現執2期

伊藤謙一　いとうけんいち
嘉永2(1849)年〜大正14(1925)年12月
明治〜大正期の漢詩人，教育家。藩学進修館教授。教育行政に二十有余年たずさわった。漢詩を好み，詠出三千篇と称される。
¶人名，世紀（㊚嘉永2(1849)年8月8日），日人，兵庫人（㊚嘉永2(1849)年8月）

伊藤謙斎　いとうけんさい★
寛政7(1795)年〜安政2(1855)年4月10日
江戸時代後期の教育者。桧山郷校の崇徳書院教授。
¶秋田人2

伊藤顕蔵　いとうけんぞう
文政11(1828)年〜明治4(1871)年
江戸時代後期〜明治期の私塾経営者。
¶島根歴

伊藤顕道　いとうけんどう
→伊藤顕道（いとうあきみち）

**伊藤源之助** いとうげんのすけ★
嘉永4(1851)年～昭和5(1930)年12月
明治～昭和期の教育者。校長。
¶秋田人2

**伊藤固庵** いとうこあん
寛永18(1641)年～宝永8(1711)年
江戸時代前期～中期の儒学者。
¶国書([没]宝永8(1711)年1月14日), 人名, 日人

**伊藤功一** いとうこういち
昭和5(1930)年4月21日～
昭和～平成期の教師。高森山授業研修センター代表。授業改革、不登校児童生徒の指導などを行う。著書に「授業を追求するということ」など。
¶現執3期

**伊藤克施** いとうこくし
安政5(1858)年2月5日～昭和8(1933)年4月19日
明治～昭和期の教育者。
¶庄内

**伊藤五松斎** いとうごしょうさい
天保3(1832)年～明治43(1910)年8月8日
江戸時代後期～明治期の砥部焼功労者・教育者。
¶愛媛百

**伊藤作左衛門** いとうさくざえもん
明治1(1868)年～昭和25(1950)年
明治～昭和期の私塾経営者。
¶姓氏長野, 長野百, 長野歴

**伊藤作内左衛門** いとうさくないざえもん
→伊藤鏡河(いとうきょうか)

**伊藤定敬** いとうさだたか
文化6(1809)年8月～明治28(1895)年2月24日
江戸時代後期～明治時代の和算家。
¶数学

**伊藤佐太郎** いとうさたろう
明治17(1884)年3月1日～昭和30(1955)年6月10日
大正～昭和期の小学校教員、歌人。
¶社史

**伊藤悟** いとうさとる
昭和28(1953)年4月27日～
昭和～平成期の作家。著書に「東大一直線」「ひょっこりひょうたん島熱中ノート」など。
¶現執2期, 現執3期, 現執4期

**伊東茂光** いとうしげみつ
明治19(1886)年7月27日～昭和41(1966)年12月10日
明治～昭和期の教育者。小学校校長として同和教育を先駆的に実践。
¶京都大, 現朝([生]1886年7月4日), 現情, 薩摩, 社史([生]1886年7月4日), 人名7, 世紀, 姓氏鹿児島, 姓氏京都([生]1849年 [没]1913年), 日史, 日人

**伊藤茂**(1) いとうしげる
明治39(1906)年5月8日～昭和42(1967)年8月27日
大正・昭和期の教育者。学校長。
¶飛騨

**伊藤茂**(2) いとうしげる
昭和4(1929)年1月8日～
昭和期の岳人・学校長。
¶飛騨

**伊東静江**(伊藤静江) いとうしずえ
明治26(1893)年9月1日～昭和46(1971)年2月12日
昭和期の教育者。大和農芸女子専門学校(後の大和学園女子短期大学)を設立。
¶学校, 神奈川人, 神奈女, 女性([生]明治16(1883)年9月1日), 女性普([生]明治16(1883)年9月1日), 女性普(伊藤静江 [生]明治16(1883)年9月1日), 世紀, 姓氏神奈川, 日人

**伊藤静枝** いとうしずえ
明治33(1900)年～昭和55(1980)年11月16日
大正～昭和期の出版事業家。両親教育協会記者として腕を振るう。著書に「赤十字救護看護婦採用案内」。
¶女性, 女性普, 世紀, 日人

**伊東忍** いとうしのぶ★
安政5(1858)年12月23日～昭和2(1927)年1月15日
明治～昭和期の教員。弁護士。
¶秋田人2

**伊藤周一** いとうしゅういち
明治32(1899)年～昭和53(1978)年
昭和期の教育者。
¶山口人

**伊藤秀允** いとうしゅういん
宝暦5(1755)年～天保9(1838)年 [別]伊藤秀允《いとうひでみつ》
江戸時代後期の数学者。
¶人名([生]1756年), 数学(いとうひでみつ [没]天保9(1838)年4月15日), 日人

**伊藤重治郎** いとうじゅうじろう
明治11(1878)年～?
明治～大正期の英語教育者。早稲田大学教授。
¶渡航

**伊藤順** いとうじゅん
明治44(1911)年11月～
昭和期の教育者。
¶群馬人

**伊藤順子** いとうじゅんこ
明治27(1894)年1月21日～昭和53(1978)年3月2日
大正～昭和期の児童教育者。父の勤めで中国に移住。大連、韓国などで幼稚園保母を務める。
¶女性, 女性普

**伊藤春畝** いとうしゅんぼ
→伊藤博文(いとうひろぶみ)

### 井藤正一　いとうしょういち
明治35(1902)年～昭和35(1960)年
昭和期の同和教育・同和実業家。
¶徳島百（㊞明治35(1902)年10月28日　㊞昭和35(1960)年3月29日），徳島歴（㊞明治35(1902)年10月18日　㊞昭和35(1960)年5月29日）

### 伊藤樵渓　いとうしょうけい
寛政3(1791)年～万延1(1860)年
江戸時代末期の豊後岡藩士。
¶人名，日人，藩臣7

### 伊藤真愚　いとうしんぐ
昭和10(1935)年～
昭和～平成期の鍼灸師。漢方思之塾主宰。東洋医学を研究。著書に「東洋医学の知恵」「さて，死ぬか」など。
¶現執3期

### 伊藤仁斎　いとうじんさい
寛永4(1627)年7月20日～宝永2(1705)年3月12日
江戸時代前期～中期の京都町衆。古義学を開設。
¶朝日（㊞寛永4年7月20日(1627年8月30日)　㊞宝永2年3月12日(1705年4月5日)），岩史，江人，角史，教育，京都，京都大，近世，国史，国書，コン改，コン4，コン5，詩歌，詩作，史人，思想史，重要，人書79，人書94，新潮，新文，人名，姓氏京都，世人，世百，全書，大百，伝記，徳川将，日思，日史，日人，百科，文学，平日，山川小，歴大，和俳

### 伊藤慎蔵　いとうしんぞう
文政8(1825)年～明治13(1880)年6月17日
江戸時代末期～明治期の洋学者。大野藩洋学館長。蘭学教育，翻訳著述，牛痘種痘法の普及など大きな功績をあげた。
¶近現，近世，国史，国書（㊞文政9(1826)年），史人，人名，数学（㊞文政9(1826)年　㊞明治13(1880)年6月13日），全書（㊞文政9(1826)年），大百，日人（㊞1825年，（異説)1826年），幕末，幕末大，福井百（㊞文政9(1826)年），洋学（㊞文政9(1826)年）

### 伊藤莘野　いとうしんや
→伊藤祐之（いとうすけゆき）

### 伊東祐賢（伊藤祐賢）　いとうすけかた
天保7(1836)年～明治35(1902)年
江戸時代末期～明治期の政治家。衆議院議員。三重県会副議長，初代津市長を歴任，私立学校励精館や関西鉄道の創設に尽力。
¶維新（伊藤祐賢），日人，藩臣5

### 伊藤祐兼（伊東祐兼）　いとうすけかね
江戸時代末期～明治期の政治家。宮崎県飯野の区長として教育を推進。
¶人名，日人（伊東祐兼　生没年不詳）

### 伊藤祐胤　いとうすけたね
→伊藤千里（いとうせんり）

### 伊東祐民　いとうすけたみ
寛政4(1792)年～文化9(1812)年
江戸時代後期の大名。日向飫肥藩主。
¶諸系，日人，藩主4（㊞寛政4(1792)年2月22日　㊞文化9(1812)年6月29日）

### 伊東祐相　いとうすけとも
文化9(1812)年～明治7(1874)年10月21日
江戸時代末期～明治期の飫肥藩主，飫肥藩知事。
¶維新，国書（㊞文化9(1812)年8月12日），諸系，人名（㊞1808年），日人，幕末，藩主4（㊞文化9(1812)年8月12日）

### 伊藤祐之（伊東祐之）　いとうすけゆき
天和1(1681)年～享保21(1736)年　別伊藤莘野
《いとうしんや》
江戸時代中期の儒学者。経史に通じ，加賀で弟子を教授。
¶国書（伊藤莘野　いとうしんや　㊞享保21(1736)年2月22日），詩歌（伊藤祐之），人名（伊東祐之），姓氏石川（㊞?），日人（伊藤莘野　いとうしんや），和俳（伊東祐之）

### 伊藤祐祥　いとうすけよし
→伊藤万年(2)（いとうまんねん）

### 伊藤温　いとうすなお
大正9(1920)年1月15日～
昭和～平成期のテノール歌手，音楽教育者。
¶音人，音人2，音人3

### 伊藤世粛　いとうせいしゅく
宝暦2(1752)年～天保4(1833)年
江戸時代中期～後期の教育者，郷黌毓英館を創立。
¶姓氏鹿児島

### 伊藤説朗　いとうせつろう
昭和15(1940)年～
昭和～平成期の教育学者。東京学芸大学教授。専門は数学教育。著書に「算数科・新しい問題解決の指導」など。
¶現執3期

### 伊藤専一　いとうせんいち
？～
昭和期の小学校教員。
¶社史

### 伊藤善右衛門　いとうぜんえもん
明治15(1882)年2月25日～昭和40(1965)年5月18日
明治～昭和期の教育者。宮城県栗原郡瀬峰小学校校長，宮城県新田村村長。
¶世紀，日人，宮城百

### 伊藤仙峰　いとうせんぼう
明治2(1869)年11月3日～昭和37(1962)年1月10日
明治期の牧師，教員。ユニヴァーサリスト教会牧師。
¶社史

### 伊藤千里　いとうせんり
元文2(1737)年～享和2(1802)年　別伊藤祐胤
《いとうすけたね》
江戸時代中期～後期の因幡鳥取藩士。

¶国書（伊藤祐胤　いとうすけたね　[没]享和2（1802）年1月），日人，藩臣5

**伊藤宗輔** いとうそうすけ
明治16（1883）年10月20日～昭和10（1935）年7月2日
明治～昭和期の教育者。
¶庄内

**伊藤湊** いとうたい
→矢嶋作郎（やじまさくろう）

**伊藤泰輔** いとうたいすけ
明治22（1889）年～昭和39（1964）年
大正～昭和期の教育者、『伊那路』を創刊した地方史家。
¶長野歴

**伊藤武雄** いとうたけお
明治38（1905）年8月2日～昭和62（1987）年12月2日
昭和期の声楽家（バリトン）、教育者。桐朋学園大学教授。演奏と教育の両面において日本の声楽界の発展の基礎を作る。
¶演奏，音楽，音人，芸能，現朝，現情，現人，コン改，コン4，コン5，新芸，世紀，日人

**伊藤達夫** いとうたつお
→伊藤達夫（いとうたてお）

**伊藤竜太郎** いとうたつたろう
→伊藤竜太郎（いとうりゅうたろう）

**伊藤達夫** いとうたてお
明治20（1887）年11月29日～昭和35（1960）年
[別]伊藤達夫《いとうたつお》
明治～昭和期の教育者。
¶愛媛，愛媛百（[没]昭和35（1960）年2月19日），弓道（いとうたつお　[没]昭和35（1960）年1月19日）

**伊藤単朴** いとうたんぼく
延宝8（1680）年～宝暦8（1758）年8月4日
江戸時代中期の談義本作者。
¶朝日（[没]宝暦8年8月4日（1758年9月5日）），国書，コン改，コン4，新潮，多摩，日人，和俳

**伊藤竹塘** いとうちくとう
天保7（1836）年～明治13（1880）年3月28日
江戸時代末期～明治時代の福山藩士。誠之館素読掛り、のちに教授。
¶幕末，幕末大

**伊藤竹坡** いとうちくは
宝暦10（1760）年～文政11（1828）年
江戸時代中期～後期の備後福山藩士。
¶国書（[没]文政11（1828）年7月17日），人名，日人（[生]1761年），藩臣6

**伊藤竹里** いとうちくり
元禄5（1692）年～宝暦6（1756）年
江戸時代中期の儒学者。
¶江文，国書（[没]宝暦6（1756）年9月11日），人名，姓氏京都，世人，日人

**伊藤忠一** いとうちゅういち
昭和5（1930）年7月19日～
昭和期の教師、障害者体育研究者。
¶視覚

**伊藤長七** いとうちょうしち
明治10（1877）年～昭和5（1930）年4月19日
明治～昭和期の教育家。東京府立第五中学校校長。東京府立第五中学校創立、自由主義的教育家として活躍。
¶郷土長野，近現，国史，コン改，コン5，人名（[生]1870年），世紀，姓氏長野，長野百，長野歴，日人（[生]明治10（1877）年4月13日）

**伊藤恒夫** いとうつねお
大正1（1912）年～
昭和期の産業社会学・教育学者。松山商科大学教授。
¶郷土愛媛，現執1期

**伊藤経子** いとうつねこ
昭和3（1928）年11月13日～
昭和～平成期の小学校教師。専門は国語教育。著書に「ことばの感覚を育てる国語指導」「読む子への道」など。
¶現執3期

**伊藤常八** いとうつねはち
明治12（1879）年～昭和19（1944）年
明治～昭和期の剣道師範。
¶青森人

**伊藤鶴代** いとうつるよ
明治1（1868）年9月19日～昭和8（1933）年9月14日
江戸時代末期～昭和期の教育家。鶴岡裁縫女学校創立者・校長。
¶学校，庄内

**伊藤諦丈** いとうていじょう
生没年不詳
江戸時代末期～明治期の教育者。
¶姓氏愛知

**伊藤貞太郎** いとうていたろう
*～？
大正期の小学校教員。
¶アナ（[生]明治36（1903）年），社史（[生]1904年？）

**伊藤東涯** いとうとうがい
寛文10（1670）年4月28日～元文1（1736）年7月17日　[別]伊藤長胤《いとうちょういん》
江戸時代中期の儒学者。古義学を大成。古義堂を継承し多数の門人を教えた。
¶朝日（[生]寛文10年4月28日（1670年6月15日）[没]元文1年7月17日（1736年8月23日）），岩史，江人，角史，教育，京都，京都大，近世，考古，国史，国書，コン改，コン4，コン5，詩歌，詩作，史人，思想史，重要，人書94，新潮，人名，姓氏京都，世人，世百，全書，大百，伝記，日思，日史，日人，百科，平史，山川小，歴大，和俳

**伊藤道機** いとうどうき
明治33（1900）年11月20日～平成6（1994）年3月2

い

日
昭和期の教育学者。早稲田大学教授。
¶現情、心理

**伊藤東所** いとうとうしょ
享保15(1730)年〜文化1(1804)年
江戸時代中期〜後期の儒学者、三河挙母藩士。古義堂第3代塾主。
¶朝日(㊀享保15年8月24日(1730年10月5日)㊁文化1年7月29日(1804年9月3日))、京都大、国書(㊀享保15(1730)年8月24日 ㊁文化1(1804)年7月29日)、新潮(㊀享保15(1730)年8月24日 ㊁文化1(1804)年7月29日)、人名(㊀1742年)、姓氏京都、世人(㊀寛保2(1742)年)、日人、藩臣4

**伊藤東峯** いとうとうほう
寛政11(1799)年〜弘化2(1845)年
江戸時代後期の儒学者。
¶国書(㊀寛政11(1799)年5月19日 ㊁弘化2(1845)年8月14日)、日人

**伊藤東里** いとうとうり
宝暦7(1757)年〜文化14(1817)年
江戸時代後期の儒学者。古義堂第4代塾主。
¶朝日(㊀宝暦7年3月23日(1757年5月10日)㊁文化14年5月24日(1817年7月8日))、国書(㊀宝暦7(1757)年3月23日 ㊁文化14(1817)年5月24日)、コン改、コン4、コン5、人名、姓氏宮城(㊀1832年 ㊁?)、日人、和俳

**伊藤得三郎** いとうとくさぶろう
明治1(1868)年〜明治43(1910)年
江戸時代末〜明治期の教育者。西海尋常小学校長。
¶青森人

**伊藤利明** いとうとしあき
昭和27(1952)年2月10日〜
昭和期の教育哲学者。
¶現執2期

**伊藤俊夫** いとうとしお
昭和5(1930)年7月19日〜
昭和〜平成期の文部官僚、社会教育専門家。
¶現執1期、現執2期、現執4期

**伊藤友宣** いとうとものり
昭和9(1934)年10月14日〜
昭和〜平成期の親子問題カウンセラー。神戸心療親子研究室主宰。家庭養護促進協会事務局長もつとめた。著書に「親と子」「家庭のなかの対話」など。
¶現執2期、現執3期、現執4期

**伊藤直記** いとうなおき
文政9(1826)年〜大正4(1915)年
江戸時代末期〜明治期の算術教育者。安積疎水事業に関わり不朽の業績を残す。私塾(伊藤春左右衛門社)を開き数学、測量術の大衆化を進めた。
¶数学、藩臣2

**伊東長寛** いとうながとも
明和1(1764)年7月24日〜嘉永3(1850)年6月11日
江戸時代中期〜後期の大名。備中岡田藩主。
¶岡山人、岡山歴、諸系、日人、藩主4

**伊藤夏子** いとうなつこ
大正3(1914)年〜平成5(1993)年
昭和・平成期の名古屋市教育委員会社会教育課女性担当。
¶愛知女

**伊藤信夫** いとうのぶお
明治23(1890)年7月19日〜昭和56(1981)年10月19日
明治〜昭和期の弓道家、弓道範士。
¶弓道、姓氏鹿児島

**伊東延吉** いとうのぶきち
明治24(1891)年5月1日〜昭和19(1944)年2月7日
明治〜昭和期の文部官僚。
¶履歴

**伊藤信隆** いとうのぶたか
昭和2(1927)年4月20日〜
昭和〜平成期の教育学者。兵庫教育大学教授。専門は科学教育学、理科教育課程論。著書に「科学教育思想史」「学校教科成立史論」など。
¶現執3期

**伊藤昇** いとうのぼる
明治41(1908)年8月29日〜平成1(1989)年5月20日
昭和期のジャーナリスト、評論家。朝日新聞社論説委員、津田塾大学教授。民主主義と自由を基調にした評論活動を展開。
¶現朝、現執1期、現情、世紀、日人

**伊藤乗義** いとうのりよし
文政12(1829)年〜大正1(1912)年
江戸時代後期〜明治期の国学者、教育家。
¶高知人

**伊藤博文** いとうはくぶん
→伊藤博文(いとうひろぶみ)

**伊藤初太郎** いとうはつたろう
明治16(1883)年5月18日〜昭和51(1976)年5月27日
明治〜昭和期の和田村(現、根室市)の篤学清廉な教育家、文化財研究者。
¶根千

**伊藤春男** いとうはるお
明治40(1907)年〜昭和32(1957)年
昭和期の教育者。
¶神奈川人

**伊藤秀夫** いとうひでお
明治16(1883)年〜昭和37(1962)年
明治〜昭和期の教育者。
¶愛媛、愛媛百(㊀明治16(1883)年9月19日 ㊁昭和37(1962)年12月30日)

**伊藤秀允　いとうひでみつ**
→伊藤秀允（いとうしゅういん）

**伊東博　いとうひろし**
大正8（1919）年3月2日～平成12（2000）年8月19日
昭和～平成期の教育学者。横浜国立大学教授。
¶現執1期，心理

**伊藤広七　いとうひろしち**
明治10（1877）年2月19日～昭和33（1958）年7月31日
明治～昭和期の教育者。学校長。
¶飛騨

**伊藤広之助　いとうひろのすけ**
慶応3（1867）年～昭和25（1950）年
明治～昭和期の教育者。
¶世紀（㊙昭和25（1950）年6月10日），千葉百，日人

**伊藤裕春　いとうひろはる**
寛政6（1794）年～明治4（1871）年
江戸時代後期～明治時代の和算家。菊池長良に和算を学び、算術を教授。
¶数学

**伊藤博文　いとうひろぶみ**
天保12（1841）年9月2日～明治42（1909）年10月26日　㊙伊藤春畝《いとうしゅんぽ》，伊藤博文《いとうひろぶみ，いとうはくぶん》
明治期の政治家。公爵、首相。憲法制定に尽力し内閣制度を創設、初代首相となる。韓国統監となり、韓国合併推進中に暗殺された。東京女学館の設立に関わる。
¶朝日（㊙天保12年9月2日（1841年10月16日）），維新，岩史，海越，海越新，愛媛百，沖縄百，学校，角史，神奈川人，神奈川百，近現，近文（伊藤春畝　いとうしゅんぽ），現日，国際，国史，コン改，コン4，コン5，詩歌，詩作（いとうひろぶみ，いとうはくぶん），史人，思想史，重要，人書94，人物，人情1，新潮，人名，世紀，姓氏山口，世人，世百，先駆，全書，全暮，大百，太宰府，鉄道（㊙1841年10月16日），伝記，渡航，長崎遊，日思，日史，日人，日本，幕末，幕大，藩臣6，百科，兵庫人，兵庫百，平日，北海道建，明治1，山川小，山口百，履歴，歴え

**伊東冨士雄　いとうふじお**
昭和23（1948）年～
昭和～平成期の教師。専門は社会科教育。町田市教育委員会指導主事なども務める。
¶現執3期

**伊藤鳳山　いとうほうざん**
文化3（1806）年～明治3（1870）年1月23日
江戸時代末期～明治期の三河田原藩校成章館教授。
¶江戸，国書，庄内，人名，姓氏愛知，日人，幕末（㊙1870年2月23日），藩臣4，東三河，山形百

**伊東保乃麿　いとうほのまろ**
明治5（1872）年5月28日～？
明治期の教育者。
¶群馬人

**伊藤万亀三郎　いとうまきさぶろう**
明治15（1882）年～昭和21（1946）年
明治～昭和期の教育者。
¶群新百，群馬人，群馬百

**伊藤雅子　いとうまさこ**
大正6（1917）年11月8日～昭和60（1985）年2月9日
昭和期の音楽教育者。
¶女性，女性普

**伊藤正則　いとうまさのり**
昭和10（1935）年～
昭和～平成期の教師。国際教育問題に関わる。著書に「世界の教育事情」「レポート・世界の学校」など。
¶現執3期，現執4期（㊙1935年8月23日）

**伊藤松子　いとうまつこ**
明治38（1905）年1月4日～昭和59（1984）年4月19日
昭和期の教育者。和洋女子大学教授。
¶女性，女性普

**伊藤守　いとうまもる**
昭和26（1951）年～
昭和～平成期のエッセイスト、教育家。医療法人社団好日会理事。
¶YA

**伊藤万年(1)　いとうまんねん**
→伊藤由貞（いとうゆうてい）

**伊藤万年(2)　いとうまんねん**
安永3（1774）年～文政12（1829）年　㊙伊藤祐祥《いとうすけよし》
江戸時代後期の出羽秋田藩士。
¶国書（伊藤祐祥　いとうすけよし　㊤安永3（1774）年3月26日　㊦文政12（1829）年5月5日），人名，日人

**伊藤道夫　いとうみちお**
昭和31（1956）年～
昭和～平成期の教育者。
¶視覚

**伊東貢　いとうみつぐ**
嘉永6（1853）年～明治33（1900）年
江戸時代後期～明治期の教育者。
¶姓氏長野

**伊藤湊　いとうみなと**
→矢嶋作郎（やじまさくろう）

**伊藤美代野　いとうみよの**
慶応1（1865）年12月1日～？
明治期の教育者。庄内婦人会を発足。自宅近くの女工を集め、修身・礼節などの5教科を教える。
¶庄内，女性，女性普

**伊藤致和　いとうむねかず**
明治32（1899）年5月1日～昭和44（1969）年1月21日
大正～昭和期の教育者。
¶埼玉人

伊東茂平　いとうもへい
明治31(1898)年9月5日～昭和42(1967)年2月3日
昭和期の服飾デザイナー、洋裁教育者。大阪・東京に女子美術洋裁学校を開校、立体裁断に基づく合理的な技法を開拓。
¶現情，現日，新潮，人名7，世紀，日人

伊藤盛兄　いとうもりえ
明治28(1895)年～平成9(1997)年
大正～平成期の教育者、高知市教育長。
¶高知人

伊藤輶軒　いとうゆうけん
天保2(1831)年～明治40(1907)年　⑲伊藤輶斎
《いとうゆうさい》
江戸時代末期～明治期の漢学者。
¶国書(伊藤輶斎　いとうゆうさい　㊤天保2(1831)年10月20日　㊦明治40(1907)年7月2日)，人名，日人

伊藤由哉　いとうゆうさい
天保4(1833)年～明治14(1881)年9月30日
江戸時代後期～明治期の私塾経営者。
¶埼玉人

伊藤輶斎　いとうゆうさい
→伊藤輶軒(いとうゆうけん)

伊藤由貞　いとうゆうてい
寛永18(1641)年～元禄14(1701)年　⑲伊藤万年
《いとうまんねん》，伊藤由貞《いとうよしさだ》
江戸時代前期～中期の儒学者。
¶国書(伊藤万年　いとうまんねん　㊦元禄14(1701)年7月)，人名，姓氏石川(いとうよしさだ?)，日人(伊藤万年　いとうまんねん)

伊藤幸弘　いとうゆきひろ
昭和27(1952)年6月13日～
昭和～平成期の非行カウンセラー。
¶現執4期

伊藤義雄　いとうよしお
大正15(1926)年12月3日～
昭和期の高根村教育長。
¶飛騨

井藤芳喜　いとうよしき
昭和5(1930)年～
昭和期の理科教育研究者。島根大学教授。
¶現執1期

伊藤嘉子　いとうよしこ
昭和14(1939)年4月11日～
昭和～平成期の音楽教育者。
¶音人2，音人3

伊藤由貞　いとうよしさだ
→伊藤由貞(いとうゆうてい)

伊藤吉二　いとうよしじ
生没年不明
大正～昭和期の小学校教員。
¶社史

伊藤吉春　いとうよしはる
明治44(1911)年2月20日～
昭和の労働運動。東京都教員組合委員長。組合運動に参加。北区立堀船小学校長在職中、勤評書提出を拒否し、懲戒免職。
¶現朝，現執1期，現人，世紀，日人

位頭義仁　いとうよしひと
昭和10(1935)年3月13日～
昭和の障害児教育学研究者。
¶現執2期

伊藤蘭畹　いとうらんえん
享保12(1727)年～天明8(1788)年
江戸時代中期の備後福山藩士。
¶国書(㊦天明8(1788)年8月30日)，人名，日人，藩臣6

伊藤蘭嵎　いとうらんぐう
元禄7(1694)年～安永7(1778)年
江戸時代中期の儒学者、紀伊和歌山藩儒。
¶朝日(㊤元禄7(1694)年5月1日(1694年5月24日)　㊦安永7年3月27日(1778年4月24日))，郷土和歌山，近世，国史，国書(㊤元禄7(1694)年5月1日　㊦安永7(1778)年3月27日)，コン改，コン4，詩歌，史人(㊤1694年5月1日　㊦1778年3月27日)，新潮，国書(㊤元禄7(1694)年5月1日　㊦安永7(1778)年3月27日)，人名，姓氏京都，世人，全書，大百，日人，和歌山人，和俳

伊藤蘭斎(1)　いとうらんさい
享保13(1728)年～安永5(1776)年
江戸時代中期の播磨姫路藩士。
¶国書(㊦安永5(1776)年6月27日)，日人，藩臣5

伊藤蘭斎(2)　いとうらんさい
宝暦12(1762)年～天保4(1833)年
江戸時代中期の尼崎藩儒、郷校教授。
¶兵庫百

伊藤蘭林　いとうらんりん
文化12(1815)年～明治28(1895)年3月14日
江戸時代末期～明治期の教育者。名教館教授で門下生に多数の勤皇志士。
¶高知人，高知先(㊤文化11年)，人名，日人，幕末，幕末大(㊤文化12(1815)年9月28日)

伊藤利一　いとうりいち
明治33(1900)年8月11日～平成4(1992)年9月29日
昭和・平成期の学校長。
¶飛騨

伊藤隆二　いとうりゅうじ
昭和9(1934)年2月3日～
昭和～平成期の心理学者。横浜市立大学教授。専門は教育人間学、知能心理学、こころの教育。著書に「子ども理解の心理学」など。
¶現執1期，現執2期，現執3期，現執4期，現情，心理，世紀

伊藤竜太郎　いとうりゅうたろう
天保6(1835)年～慶応3(1867)年　⑲伊藤竜太郎

《いとうたつたろう,いとうりょうたろう》
江戸時代末期の剣術家。
¶維新(いとうりょうたろう), 剣豪(いとうりょうたろう), コン改(いとうたつたろう), コン4(いとうたつたろう), 新潮([没]慶応3(1867)年11月18日), 人名(いとうたつたろう), 日人(いとうたつたろう), 幕末([没]1867年11月18日), 兵庫人(いとうたつたろう　[生]天保6(1835)年1月1日　[没]慶応3(1867)年11月8日), 兵庫百

**伊藤良二 いとうりょうじ**
明治42(1909)年9月8日～昭和58(1983)年4月2日
昭和期の教育者。ユネスコアジア文化センター理事長。
¶現情

**伊藤両村 いとうりょうそん**
寛政8(1796)年～安政6(1859)年
江戸時代末期の漢学者。
¶国書([生]寛政8(1796)年3月15日　[没]安政6(1859)年7月15日), 人名, 姓氏愛知, 日人

**伊藤竜太郎 いとうりょうたろう**
→伊藤竜太郎(いとうりゅうたろう)

**伊藤蘆汀 いとうろてい**
*～文政4(1821)年
江戸時代後期の備後福山藩士、儒学者。
¶国書([生]安永5(1776)年　[没]文政4(1821)年10月1日), 人名([生]?), 日人([生]1776年), 藩臣6([生]安永3(1774)年)

**伊藤和貴 いとうわき**
→伊藤和貴(いとうかずたか)

**糸賀一雄 いとがかずお**
大正3(1914)年3月29日～昭和43(1968)年9月18日　[別]糸賀一雄《いとうかずお》
昭和期の児童福祉活動家。近江学園やびわこ学園を創立。精神薄弱児福祉に尽力。著書に「福祉の思想」「この子等を世の光に」など。
¶郷土滋賀, キリ, 近医, 現朝, 現情(いとうかずお), 現人, 現日, コン4, コン5, 滋賀百, 滋賀文, 史人, 新潮, 世紀, 世百新, 鳥取百, 日史, 日人, 百科, 民学

**井土学圃 いどがくほ**
天明2(1782)年～文久2(1862)年
江戸時代中期～末期の儒学者。
¶国書([没]文久2(1862)年6月2日), 日人

**糸賀英憲 いとがひでのり**
大正6(1917)年6月22日～平成11(1999)年3月22日
昭和～平成期の指揮者、音楽教育者。
¶音人, 音人2, 音人3

**糸川雅子 いとかわまさこ**
昭和27(1952)年8月10日～
昭和～平成期の歌人。
¶四国文, 短歌

**糸子 いとこ★**
～明治16(1883)年
江戸時代末期～明治時代の女性。和歌・教育。摂津兵庫の竹中半右衛門の娘。
¶江表(糸子(兵庫県))

**伊と女 いとじょ★**
1817年～
江戸時代後期の女性。教育。石井安兵衛の妻。
¶江表(伊と女(東京都)　[生]文化14(1817)年頃)

**石徹白藤左ヱ門 いとしろとうさえもん★**
大正10(1921)年～
昭和期の教師。
¶中濃

**糸長蓬萊 いとながほうらい**
明治3(1870)年～昭和29(1954)年
明治～昭和期の教育家。
¶大分歴

**糸山貞幹 いとやまさだもと**
天保2(1831)年2月26日～大正8(1919)年5月6日
[別]糸山貞幹《いとやまていかん》
江戸時代末期～明治期の国学者。
¶郷土, 国書, 佐賀百(いとやまていかん　[没]大正8(1919)年5月), 神人, 日人

**糸山貞幹 いとやまていかん**
→糸山貞幹(いとやまさだもと)

**井鳥景雲 いとりけいうん**
元禄14(1701)年～天明2(1782)年　[別]影法師《かげぼうし》, 道島調心《みちしまちょうしん》
江戸時代中期の武術家。
¶剣豪, 人名, 日人

**稲置繁男 いなおきしげお**
明治42(1909)年6月17日～平成5(1993)年6月6日
昭和～平成期の教育者。学校法人稲置学園を創立。
¶石川現終([生]明治42(1910)年6月17日), 石川百, 学校, ふる

**稲垣乙丙 いながきいとへい**
→稲垣乙丙(いながきおとへい)

**稲垣乙丙 いながきおつへい**
→稲垣乙丙(いながきおとへい)

**稲垣乙丙 いながきおとへい**
文久3(1863)年11月4日～昭和3(1928)年3月27日
[別]稲垣乙丙《いながきいとへい, いながきおつへい》
明治～昭和期の農学者。東京高等師範学校教授、農科大学教授。農林物理学および気象学を講じた。
¶岩手人(いながきおつへい), 科学, 人名, 世紀, 姓氏長野(いながきいとへい), 渡航, 長野百, 長野歴, 日人

**稲垣一穂 いながきかずほ**
明治40(1907)年～平成5(1993)年
大正～平成期の映画評論家、教育者。
¶栃木歴

い

**稲垣寒翠** いながきかんすい
→稲垣武十郎（いながきぶじゅうろう）

**稲垣国三郎** いながきくにさぶろう
明治19（1886）年9月1日～昭和42（1967）年7月19日
大正～昭和期の教育家。沖縄師範付属小学校主事。綴方教育に力を注ぐ。「沖縄小話」を刊行。
¶沖縄百，コン改，コン5，世紀，姓氏沖縄，日人

**稲垣研岳** いながきけんがく
享和3（1803）年4月5日～天保14（1843）年10月18日
江戸時代後期の儒学者。津山松平藩儒官。
¶岡山人，岡山百，岡山歴，人名（[没]1842年）

**稲垣是成** いながきこれなり
明治41（1908）年～平成4（1992）年
昭和～平成期の北海道教育長。
¶北海道歴

**稲垣定穀** いながきさだよし
明和1（1764）年～天保6（1835）年　[別]稲垣定穀《いながきていこく》
江戸時代後期の天文地理研究家。商家の主人。
¶朝日（[生]明和1年6月29日（1764年7月27日）[没]天保6年11月19日（1836年1月7日）），科学，国書（いながきていこく　[生]宝暦14（1764）年3月5日　[没]天保6（1835）年11月19日），コン改，コン4，日人（いながきていこく　[没]1836年），三重続（[生]明和1年3月5日）

**稲垣秋荘** いながきしゅうそう
天保6（1835）年～明治34（1901）年5月19日
江戸時代末期～明治時代の漢学者。泊園書院助教、教授などを歴任。
¶大阪人（[没]明治34（1901）年5月），幕末，幕末大

**稲垣忠彦** いながきただひこ
昭和7（1932）年4月14日～
昭和～平成期の教育学者。東京大学教授、帝京大学教授。教育方法学、授業研究などに従事。著書に「明治教授理論史研究」「総合学習を創る」など。
¶現朝，現執1期，現執3期，現執4期，現情，世紀，日人

**稲垣千穎** いながきちかい
明治期の国文学者、歌人。近代的国語教科書の先駆者。唱歌「蝶々」「うつくしき」などを作詞。
¶近文，児文（生没年不詳）

**稲垣千代** いながきちよ
明治26（1893）年～昭和59（1984）年
大正～昭和期の愛知淑徳高女教員、新婦人協会会員。
¶愛知女

**稲垣定穀** いながきていこく
→稲垣定穀（いながきさだよし）

**稲垣信子** いながきのぶこ
昭和6（1931）年～
昭和～平成期の小説家、司書教諭。
¶児人，YA

**稲垣寿年** いながきひさとし
大正2（1913）年9月18日～
昭和期の小学校教員。
¶社史

**稲垣房男** いながきふさお
明治44（1911）年8月20日～昭和57（1982）年1月3日
大正～昭和期の出版人。光村図書出版社長。
¶出版，出文

**稲垣武十郎** いながきぶじゅうろう
享和3（1803）年～天保14（1843）年　[別]稲垣寒翠《いながきかんすい》
江戸時代後期の美作津山藩士、儒学者。
¶国書（稲垣寒翠　いながきかんすい　[生]享和3（1803）年4月5日　[没]天保14（1843）年10月18日），日人（稲垣寒翠　いながきかんすい），藩臣6

**稲垣真美** いながきまさみ
大正15（1926）年2月8日～
昭和～平成期の小説家、評論家。明日インターナショナル代表取締役。記録文学的手法を得意とし、著書に「ある英才教育の発見―実験教室60年の追跡調査」など。
¶京都文，近文，現執1期，現執2期，現執3期，現執4期，現情，世紀，日人，平和，マス89

**稲垣太清** いながきもときよ
天保11（1840）年～明治21（1888）年
江戸時代末期～明治期の山上藩主、山上藩知事。
¶諸系，日人，藩主3

**稲川東一郎** いながわとういちろう
明治38（1905）年～昭和42（1967）年
昭和期の桐生高野球部監督。
¶群馬人，姓氏群馬

**稲毛金七** いなげきんしち
明治20（1887）年6月5日～昭和21（1946）年3月14日　[別]稲毛詛風《いなげそふう》
大正～昭和期の教育学者。早稲田大学教授。大正期の新教育運動のなかで「八大教育主張」の一つ「創造教育論」を提唱。
¶教育，近文（稲毛詛風　いなげそふう），現情，コン改，コン4，コン5，新潮，人名7，心理，世紀，哲学，東北近（稲毛詛風　いなげそふう），日人，山形百（稲毛詛風　いなげそふう　[生]明治24（1891）年）

**稲毛詛風** いなげそふう
→稲毛金七（いなげきんしち）

**稲毛多喜** いなげたき
明治19（1886）年6月24日～昭和22（1947）年6月17日
明治～昭和期の教育者。桜丘女子商業学校校長。小説家立野信之の母。稲毛和洋裁縫学院、桜丘女子商業学校を創立。
¶学校，女性，女性普，世紀，日人

**稲毛森之助** いなげもりのすけ
明治44(1911)年～平成2(1990)年
昭和～平成期の静岡県高校野球連盟理事長。
¶静岡歴，姓氏静岡

**稲田香苗** いなだかなえ
明治35(1902)年～
昭和期の行政家。大分県教育委員長、家裁調停委員、労働委員。
¶大分百

**稲田邦植**(稲田邦稙) **いなだくにたね**
安政2(1855)年～昭和16(1931)年5月26日
明治期の開拓功労者。徳島藩家老、男爵。北海道静内郡に入植、教育所の開設など開拓を軌道に乗せた。
¶朝日(㊤安政2年11月18日(1855年12月26日))、維新、コン5、人名(稲田邦稙)、世紀(㊤安政2(1855)年11月18日)、徳島百(稲田邦稙㊤安政2(1855)年11月8日)、徳島歴(稲田邦稙㊥昭和2(1927)年)、日人(稲田邦稙)、幕末、藩臣6(㊥昭和2(1927)年)、北海道百、北海道歴

**稲田耕山** いなだこうざん
嘉永6(1853)年12月25日～明治27(1894)年2月25日
江戸時代後期～明治期の教育家・画人。
¶東三河

**稲田清助** いなだせいすけ
明治37(1904)年11月18日～平成3(1991)年9月28日
昭和期の教育行政官。
¶履歴、履歴2

**稲田積造** いなたつみぞう
明治38(1905)年～昭和49(1974)年
昭和期の教育者、政治家。講武村村議会議員。
¶島根歴

**稲田浩** いなだひろし
昭和8(1933)年1月18日～
昭和～平成期の音楽教育家、テノール歌手、合唱指揮者。
¶音人、音人2、音人3

**稲津永豊** いなづえいほう
享和1(1801)年～嘉永4(1851)年
江戸時代後期の和算家。
¶日人

**稲富一夢** いなとみいちむ
→稲富直家(いなとみなおいえ)

**稲富栄次郎** いなとみえいじろう
明治30(1897)年9月7日～昭和50(1975)年12月30日
明治～昭和期の哲学者、教育哲学者。日本教育学会会長、上智大学教授。戦後のプラグマティズム教育を批判、著書に「日本人と日本文化」など。
¶教育、現朝、現執1期、現情、思想、新潮、人名7、世紀、哲学、日人、福岡百(㊥昭和55

(1980)年12月30日)

**稲富祐直** いなとみすけなお
→稲富直家(いなとみなおいえ)

**稲富進** いなとみすすむ
昭和7(1932)年8月1日～
昭和～平成期の人権教育家。全国在日朝鮮人教育研究協議会事務局長。著書に「文字は空気だ一夜間中学とオモニたち」などがある。
¶現朝、現執3期、世紀

**稲富直家**(稲冨直家) **いなとみなおいえ**
天文21(1552)年～慶長16(1611)年2月6日　㊦稲富一夢《いなとみいちむ、いなどめいちむ》、稲富直家《いなどめなおいえ》、稲富祐直《いなとみすけなお、いなどめすけなお》、稲留祐直《いなどめすけなお》
安土桃山時代～江戸時代前期の砲術家、伊勢亀山藩士。稲富派の祖。
¶朝日(稲富祐直　いなどめすけなお　㊥慶長16年2月6日(1611年3月20日))、岩史(稲富一夢　いなどめいちむ)、織田(稲富祐直　いなとみすけなお　㊤天文20(1551)年)、角史(稲富一夢　いなどめいちむ)、教育(㊤?)、近世(稲富一夢　いなどめいちむ)、国史(稲富祐直　いなとみすけなお　㊤元亀2(1571)年)、コン改(稲富祐直　いなとみすけなお　㊤天文20(1551)年)、コン4(稲富祐直　いなとみすけなお　㊤天文20(1551)年)、新潮(稲富祐直　いなとみすけなお)、人名(㊤?)、戦合(稲富一夢　いなどめいちむ)、戦国(稲富祐直　いなとみすけなお)、全書(稲富一夢　いなとみいちむ　㊤1551年)、戦人(稲富祐直　いなどめすけなお)、大百(稲富一夢　いなとみいちむ　㊤1551年)、日史(いなどめなおいえ)、日人(稲富一夢　いなとみいちむ)、藩臣4(稲冨直家　㊤元亀2(1571)年)、百科(いなどめないえ)、歴大(稲富一夢　いなとみいちむ　㊤1549年)

**稲富一夢** いなどめいちむ
→稲富直家(いなとみなおいえ)

**稲富祐直** いなどめすけなお
→稲富直家(いなとみなおいえ)

**稲富直家** いなどめなおいえ
→稲富直家(いなとみなおいえ)

**稲野三重郎** いなのさんじゅうろう
享和1(1801)年～明治5(1872)年
江戸時代後期～明治期の和算家。
¶人名、数学、日人

**稲葉幾通** いなばいくみち
→稲葉幾通(いなばちかみち)

**稲葉修** いなばおさむ
明治42(1909)年11月19日～平成4(1992)年8月15日
昭和期の政治家。中央大学教授、文相。衆議院議員当選14回、三木内閣法相、党憲法調査会会長など歴任。

¶近現，現朝，現情，現政，現日，コン改，コン4，コン5，新潮，世紀，政治，日人，山形百新

**稲葉三郎**　いなばさぶろう★
明治20（1887）年1月～
明治・大正期の教育者。学習院教授。
¶栃木人

**稲村三伯**　いなばさんぱく
→稲村三伯（いなむらさんぱく）

**稲葉捨己**　いなばすてき
明治37（1904）年～平成6（1994）年
昭和～平成期の教育者。
¶青森人

**稲葉大壑**　いなばだいがく，いなばたいがく
文化4（1807）年～安政4（1857）年
江戸時代末期の儒学者、寺社奉行。
¶国書（いなばたいがく　[没]安政4（1857）年6月6日），人名，日人（いなばたいがく）

**稲葉幾通**　いなばちかみち
文化12（1815）年3月29日～＊　[別]稲葉幾通《いなばいくみち》
江戸時代後期の大名。豊後臼杵藩主。
¶国書（[没]天保14（1843）年12月17日），諸系（いなばいくみち　[没]1844年），日人（いなばいくみち　[没]1844年），藩主4（[没]天保14（1843）年12月17日）

**稲葉宏雄**　いなばひろお
昭和6（1931）年8月16日～
昭和～平成期の教育学者。京都大学教授。教育課程について研究。著書に「現代教育課程論」など。
¶現執2期，現執3期

**稲葉万蔵**　いなばまんぞう
明治2（1869）年～昭和9（1934）年
明治～昭和期の教育者。
¶青森人

**稲葉通古**　いなばみちひさ★
生没年不詳
江戸時代中期の家塾致道館門下。
¶秋田人2

**稲原竹舎**　いなはらちくしゃ
明治19（1886）年～昭和37（1962）年
昭和期の菊川町教育長。
¶山口人

**稲原寅惣**　いなはらとらそう
弘化2（1845）年～昭和5（1930）年
明治～大正期の郷土開発者。山口県耕地整理を推進した。その他勧業、教育、土木に貢献し、藍綬褒章受章。
¶人名，姓氏山口，日人

**稲見辰夫**　いなみたつお
昭和15（1940）年～
昭和～平成期の工業高校教諭。
¶YA

**稲村謙一**　いなむらけんいち
明治39（1906）年12月1日～
昭和期の小学校教員。鳥取市遷喬小学校校長。
¶社史

**稲村賢敷**　いなむらけんぷ
明治27（1894）年10月12日～昭和53（1978）年6月3日
昭和期の教育家、郷土史研究家。沖縄の郷土史や民族学の研究に従事、著書に「宮古島史跡めぐり」「宮古島庶民史」など。
¶沖縄百，郷土，コン改，コン4，コン5，社史（[生]1894年10月2日），新潮，世紀，姓氏沖縄，日人，琉沖

**稲村三伯**　いなむらさんぱく
宝暦8（1758）年～文化8（1811）年　[別]稲村三伯《いなばさんぱく》，海上随欧《うなかみずいおう，うながみずいおう》，海上随鷗《うなかみずいおう，うながみずいおう》
江戸時代後期の蘭学者。因幡鳥取藩医。最初の蘭日辞典「ハルマ和解」を完成。京都で蘭学を指導。
¶朝日（[没]文化8年1月16日（1811年2月9日）），岩史（[没]文化8（1811）年1月16日），江人，江文（[生]宝暦9（1759）年），大阪人（海上随欧　うなかみずいおう　[生]宝暦9（1759）年），科学（[没]文化8（1811）年1月16日），角史，京都，京都大，近世，国史，国書（海上随鷗　うながみずいおう　[没]文化8（1811）年1月16日），コン改，コン4，コン5，史人（[没]1811年1月16日），思想史，重要（[生]宝暦8（1758）年？　[没]文化8（1811）年1月18日），新潮（[生]宝暦9（1759）年　[没]文化8（1811）年1月16日），人名（[生]1759年），姓氏京都（いなばさんぱく），世人（[没]文化8（1811）年1月18日），世百（[生]1759年），全書，対外，大百，千葉百（海上随欧　うながみずいおう），鳥取百，長崎百，長崎遊，日史（[没]文化8（1811）年1月16日），日人，藩臣5，百科，山川小（[没]1811年1月16日），洋学（[生]宝暦9（1759）年），歴大（[生]1759年）

**稲本正**　いなもとただし
昭和20（1945）年～
昭和～平成期の工芸家。オーク・ヴィレッジ代表。木造建築・道具の制作、職人を養成。著書に「緑の生活」「森からの発想」など。
¶現執3期（[生]昭和20（1945）年2月），現執4期（[生]1945年2月5日），児人，世紀（[生]昭和20（1945）年2月5日），名工（[生]昭和20年2月）

**伊奈森太郎**　いなもりたろう
明治16（1883）年5月11日～昭和36（1961）年3月16日
明治～昭和期の教育者、郷土史家。
¶郷土，世紀，姓氏愛知，日人

**稲森康利**　いなもりやすとし
昭和9（1934）年10月18日～
昭和～平成期のジャズピアニスト、ジャズ教育家。稲森音楽教室主宰。映画音楽、記録映画の作曲なども手がける。著書に「コンテンポラリー・ジャズ・フルート」など。

¶現執3期

**稲荷山恂吾** いなりやまじゅんご
？ ～昭和18(1943)年
明治～昭和期の教育者。
¶大分百，日人

**乾彰夫** いぬいあきお
昭和25(1950)年1月12日～
昭和～平成期の教育学者。専門は教育哲学。著書に「自立にむかう旅」「日本の教育と企業社会」など。
¶現執2期，現執3期，現執4期

**乾元亨** いぬいげんきょう
元禄9(1696)年～宝暦6(1756)年11月11日
江戸時代中期の和算家。父に中西流の算学を学び姫路にて教授。
¶数学

**乾淳斎** いぬいじゅんさい
寛保2(1742)年～文化14(1817)年
江戸時代中期～後期の私塾経営者。
¶姓氏宮城

**乾百内** いぬいひゃくない
文化14(1817)年～明治24(1891)年
江戸時代末期～明治期の医師。
¶人名，日人

**犬飼松韻**(犬養松韻) いぬがいしょういん，いぬかいしょういん
弘化4(1847)年3月18日～明治23(1890)年1月13日
明治期の漢学者。私塾を開いて門生を教育した。
¶岡山人(犬養松韻 いぬかいしょういん)，岡山歴(いぬかいしょういん)，人名([生]1842年)

**犬飼松窓** いぬかいしょうそう，いぬがいしょうそう
文化13(1816)年～明治26(1893)年7月19日
江戸時代末期～明治期の儒学者、篤農家。聖賢の教えを農業に生かすことを力説。
¶維新，岡山人，岡山百，岡山歴，国書([生]文化13(1816)年3月10日 [没]明治26(1893)年6月7日)，人名(いぬがいしょうそう)，日人，幕末

**犬飼忠雄** いぬかいただお
明治41(1908)年11月24日～平成8(1996)年9月8日
昭和・平成期の金山町教育長。
¶飛驒

**犬養毅** いぬかいつよき
→犬養毅(いぬかいつよし)

**犬養毅** いぬかいつよし，いぬがいつよし
安政2(1855)年4月20日～昭和7(1932)年5月15日
[別]犬養毅《いぬかいつよき》，犬養木堂《いぬかいもくどう，いぬがいもくどう》
明治～昭和期の政治家。文相、内閣総理大臣。護憲運動、普選運動を推進、立憲政友会総裁となり組閣。五・一五事件で暗殺。漢詩を好み、著書に「木堂先生韻語」がある。
¶秋田人2，秋田百，朝日([生]安政2年4月20日(1855年6月4日))，岩史，岡山，岡山人，岡山百，岡山歴，角史，近現，近文(犬養木堂 いぬかいもくどう)，現朝([生]安政2年4月20日(1855年6月4日))，現日，国際，国史，コン改，コン5，詩歌(犬養木堂 いぬがいもくどう)，史人，重要，新潮，人名(いぬがいつよし)，世紀，世人，世百，全書，大百，太宰府，茶道，伝記，日史，日人，日本，幕末，百科，平日，平和，明治1(いぬかいつよき)，履歴，歴大

**犬養木堂** いぬかいもくどう，いぬがいもくどう
→犬養毅(いぬかいつよし)

**犬塚印南** いぬづかいなみ
寛延3(1750)年～文化10(1813)年閏11月12日
[別]犬塚印南《いぬづかいんなん》
江戸時代中期～後期の儒学者。
¶江文，国書(いぬづかいんなん)，人名，日人(いぬづかいんなん [没]1814年)

**犬塚印南** いぬづかいんなん
→犬塚印南(いぬづかいなみ)

**犬塚竹次** いぬづかたけじ
明治29(1896)年8月22日～昭和35(1960)年5月3日
大正～昭和期の教育者。佐賀盲学院を設立。
¶視覚

**犬塚蘭園** いぬづからんえん
？ ～文化3(1806)年
江戸時代後期の儒学者。
¶コン改，コン4，新潮，人名，日人

**犬伏武彦** いぬぶせたけひこ
昭和16(1941)年～
昭和～平成期の高校教師。木造建築について執筆。著書に「屋根の下に築く」「民家ロマンチック街道」など。
¶現執3期

**いね**
1851年～
江戸時代後期の女性。教育。斎藤実堯の妻。
¶江表(いね(東京都) [生]嘉永4(1851)年頃)

**依祢** いね★
1826年～
江戸時代後期の女性。教育。高田義宣の妻。
¶江表(依祢(東京都) [生]文政9(1826)年頃)

**稲倉儀三郎** いねくらぎさぶろう
慶応2(1866)年～？
明治期の小学校教員。
¶社史

**稲屋久五郎** いねやきゅうごろう
文政9(1826)年～明治5(1872)年
明治期の篤志家、役者。芝居を興行し好評を博す。小学校などに献金。
¶人名

**いの**
天保2(1831)年～
江戸時代後期の女性。教育。相模小田原藩藩士拝郷武矩の妻。
¶江表(いの(神奈川県))

**井上章** いのうえあきら
昭和11(1936)年7月7日～
昭和期の工業英語教育専門家。
¶現執2期

**井上為山** いのうえいさん,いのうえいざん
*～宝暦5(1755)年11月26日
江戸時代中期の漢学者。岡山藩儒官。
¶岡山人(いのうえいざん　[生]享保4(1719)年), 岡山歴([生]享保1(1716)年11月22日)

**井上伊兵衛** いのうえいへえ
文政4(1821)年～*
明治期の西陣織職人。京都府織工場教授。フランスで洋式織物技術を習得、洋式織機一式を購入し帰国。新技術の指導と普及に尽力。
¶朝日([没]明治14(1881)年?), 海越(生没年不詳), 海越新([没]明治14(1881)年頃), 京都大(生没年不詳), コン5([没]明治14(1881)年?), 新潮([没]?), 姓氏京都([生]1822年　[没]1889年), 先駆([没]?), 渡航, 日人([没]?)

**井上浦造** いのうえうらぞう
慶応3(1867)年～昭和27(1952)年4月5日
明治～昭和期の教育者。
¶群新百, 群馬人, 世紀([生]慶応3(1867)年11月11日), 姓氏群馬, 日人

**井上円了**(井上延陵) いのうええんりょう
安政5(1858)年2月4日～大正8(1919)年6月6日
[別]井上八郎《いのうえはちろう》
明治期の仏教哲学者。東洋大学創設者。怪異を合理的に論じた「妖怪学講義」を普及させ妖怪博士と呼ばれた。
¶朝日([生]安政5年2月4日(1858年3月18日)　[没]大正8(1919)年6月5日), 維新(井上八郎　いのうえはちろう　[生]文化13(1816)年9月16日　[没]明治30(1897)年4月2日), 岩史, 海越新, 科学, 学校, 角史, 教育, キリ, 近現, 近文, 幻想, 国史, コン改, コン5, 埼玉人, 詩歌, 詩作, 史人, 思想, 重要, 真宗, 新潮([生]安政5(1858)年2月), 新文([没]大正8(1919)年6月2日), 人名, 人名(井上延陵　[生]1816年　[没]1897年), 心理, 世紀, 世人, 世百, 先駆, 全書, 大百, 哲学([生]1858年2月2日), 伝記, 渡航, 長岡, 新潟人, 新潟百, 日思, 日史, 日人, 日本, 飛騨([没]大正8(1919)年6月5日), 百科, 福岡百, 仏教, 仏人, 文学, 民学, 明治2, 山形百新, 履歴([没]大正8(1919)年6月5日), 履歴2([没]大正8(1919)年6月5日), 歴大

**井上修** いのうえおさむ
天保12(1841)年～明治41(1908)年
江戸時代末期～明治期の岡山藩士、勤王家。藩主に尊王攘夷を上書し周旋方手許用となる。
¶維新, 岡山人, 人名, 日人, 幕末([没]1908年1月3日)

**井上香織** いのうえかおり
平成期のエッセイスト、高校教師。
¶YA

**井上勝也** いのうえかつや
昭和11(1936)年1月30日～
昭和期の教育史研究者。同志社大学教授。
¶現執2期

**井上恭安** いのうえきょうあん
寛政13(1801)年～明治5(1872)年
江戸時代後期～明治期の医師、漢詩人、洪愛義塾創設。
¶島根歴

**井上謹次** いのうえきんじ
大正15(1926)年1月3日～
昭和～平成期の音楽教育者。
¶音人3

**井上矩慶** いのうえくけい
享保9(1724)年～文化4(1807)年　[別]井上矩慶《いのうえのりよし》
江戸時代中期～後期の数学者、肥後熊本藩士。
¶人名, 数学(いのうえのりよし　[没]文化4(1807)年8月25日), 日人

**井上桂一** いのうえけいいち
明治41(1908)年10月8日～昭和44(1969)年8月27日
昭和期の政治家、教育者。
¶町田歴

**井上敬三** いのうえけいぞう
明治35(1902)年1月6日～昭和63(1988)年1月21日
昭和期の教育者。
¶町田歴

**井上源次郎** いのうえげんじろう
明治9(1876)年3月2日～昭和15(1940)年11月9日
明治～昭和期の教育者。
¶渡航

**井上源之丞** いのうえげんのじょう
明治12(1879)年11月3日～昭和26(1951)年11月20日
明治～昭和期の実業家。凸版印刷社長。巴川製紙所、東京セロファン紙などの社長を歴任。城北中学校の開校に関わった。
¶学校, 現朝, コン改, コン4, コン5, 実業, 出版, 出文, 新潮, 世紀, 日人

**井上幸八** いのうえこうはち
明治23(1890)年～昭和38(1963)年
大正～昭和期の教育者。
¶神奈川人

**井上毅** いのうえこわし
天保14(1843)年～明治28(1895)年
明治期の官僚、政治家。子爵、文相。政府の憲法綱領作成、明治憲法の起草に従事など憲法制定に

尽力、教育勅語草案を作成。
¶朝日 ([生]天保14年12月18日 (1844年2月6日) [没]明治28 (1895) 年3月17日), 維新, 岩史 ([生]天保14 (1843) 年12月18日 [没]明治28 (1895) 年3月15日), 海越 ([生]弘化1 (1844) 年12月18日 [没]明治28 (1895) 年3月15日), 海越新 ([生]弘化1 (1844) 年12月18日 [没]明治28 (1895) 年3月15日), 江戸東, 角史, 教育 ([生]1839年), 近現, 熊本近, 熊本人 ([生]1844年), 熊本百 ([生]天保14 (1843) 年12月18日 [没]明治28 (1895) 年3月15日), 国際 ([生]弘化1 (1844) 年), 国史, コン改 ([生]1844年), コン5, 史人 ([生]1843年12月18日 [没]1895年3月16日), 思想 ([生]天保14 (1843) 年12月18日 [没]明治28 (1895) 年3月17日), 重要 ([生]天保14 (1843) 年12月 [没]明治28 (1895) 年3月18日), 神人 ([生]天保14 (1843) 年12月 [没]明治28 (1885) 年3月), 新潮 ([生]天保14 (1843) 年12月 [没]明治28 (1895) 年3月17日), 人名 ([生]1844年), 世人 ([生]天保14 (1843) 年12月 [没]明治28 (1895) 年3月18日), 世百 ([生]1844年), 先駆 ([生]弘化1 (1844) 年2月6日 [没]明治28 (1895) 年3月17日), 全書, 体育, 大百 ([生]1844年), 哲学 ([生]1844年), 伝記 ([生]1844年), 渡航 ([生]1843年12月 [没]1895年3月15日), 長崎遊, 日思, 日史 ([生]天保14 (1843) 年12月18日 [没]明治28 (1895) 年3月17日), 日人 ([生]1844年), 日本, 幕末 ([没]1895年3月15日), 百科 ([生]弘化1 (1844) 年), 平日, 履歴 ([生]天保14 (1843) 年12月18日 [没]明治28 (1895) 年3月15日), 歴大

**井上治助** いのうえじすけ
天保11 (1840) 年～明治40 (1907) 年
明治期の神職、教育家。鎌倉宮主典、松輪小学校長。大和神社禰宜、肥前国県宮主典、鎌倉宮主典を歴任。育英事業にも尽力。
¶人名

**井上四明** いのうえしめい
享保15 (1730) 年～文政2 (1819) 年
江戸時代中期の儒学者。
¶江文 ([生]享保8 (1723) 年), 岡山人 ([生]享保8 (1723) 年), 岡山百, 岡山歴 ([没]文政2 (1819) 年7月2日), 国書 ([没]文政2 (1819) 年7月2日), 新潮 ([没]文政2 (1819) 年7月2日), 人名, 世人 ([没]文政2 (1819) 年4月21日), 日人

**井上十吉** いのうえじゅうきち
文久2 (1862) 年～昭和4 (1929) 年4月7日
大正～昭和期の英語学者。「井上英和大辞典」ほか大小十数種の辞書および英語の教科書を編纂。
¶海越 ([生]文久2 (1863) 年11月26日), 海越新 ([生]文久2 (1863) 年11月26日), 近現, 国史, 史人 ([生]1862年11月26日), 新潮 ([生]文久2 (1862) 年11月26日), 人名, 世紀 ([生]文久2 (1862) 年10月28日), 徳島百 ([生]文久2 (1862) 年10月28日), 徳島歴 ([生]文久2 (1862) 年10月28日), 渡航, 日人, 洋学, 履歴 ([生]文久2 (1862) 年10月26日)

**井上春甫** いのうえしゅんぽ
明治22 (1889) 年～昭和45 (1970) 年
大正・昭和期の神職・教員・俳人。
¶愛媛

**井上尚志** いのうえしょうし
文化14 (1817) 年～明治20 (1887) 年2月7日
江戸時代末期～明治時代の岩国藩士、儒学者。学館養老館学頭、吉川経幹の侍講。
¶幕末, 幕末大

**井上尚美** いのうえしょうび
昭和4 (1929) 年11月23日～
昭和～平成期の言語教育学者。創価大学教授。
¶現執1期, 現執3期, 現執4期

**井上治郎** いのうえじろう
大正12 (1923) 年～
昭和期の教育学者。筑波大学教授。
¶現執1期

**井上静軒** いのうえせいけん
寛政6 (1794) 年～嘉永6 (1853) 年
江戸時代中期の儒学者。
¶国書 (生没年不詳), 人名, 日人, 兵庫人 ([没]嘉永6 (1853) 年8月), 兵庫百

**井上星児** いのうえせいじ
昭和16 (1941) 年12月15日～
昭和期の比較教育学者。
¶現執2期

**井上清次郎** いのうえせいじろう
安政6 (1859) 年～明治21 (1888) 年12月16日
江戸時代末期・明治期の教育者。真敬学舎助教。
¶町田歴

**井上宗四郎** いのうえそうしろう
明治25 (1892) 年10月2日～昭和48 (1973) 年6月3日
大正～昭和期の教育運動家。
¶埼玉人

**井上孝昭** いのうえたかあき
昭和14 (1939) 年3月27日～
昭和期の教育者。
¶視覚

**井上武士** いのうえたけし
明治27 (1894) 年8月6日～昭和49 (1974) 年11月8日
明治～昭和期の教育家。東洋音楽大学教授。「チューリップ」「うみ」などを作曲。著書に「日本唱歌集」ほか多数。
¶音楽, 郷土群馬, 群新百, 群馬人, 群馬百, 現情, 作曲, 児文, 世紀, 姓氏群馬, 姓氏長野, 長野歴, 日児 ([生]明治27 (1894) 年7月23日 [没]昭和49 (1974) 年7月20日), 日人

**井上赳** いのうえたけし
明治22 (1889) 年～昭和40 (1965) 年7月20日
明治～昭和期の国語教育学者、政治家。二松学舎大学教授、衆議院議員。
¶児文, 島根人, 島根百 ([生]明治22 (1889) 年7月23日), 島根歴 ([没]昭和47 (1972) 年), 政治 ([生]明治22年7月), 日児 ([生]明治22 (1889) 年8

月6日　[没]昭和40(1965)年11月8日)

い

**井上忠雄** いのうえただお
嘉永4(1851)年～大正10(1921)年
江戸時代末期～大正期の教育者。
¶姓氏神奈川

**井上竹陵** いのうえちくりょう
文政3(1820)年12月8日～明治34(1901)年
江戸時代後期～明治期の教育者。
¶三重

**井上哲次郎** いのうえてつじろう
安政2(1855)年12月25日～昭和19(1944)年12月7日
明治～昭和期の哲学者。東京帝国大学教授、大東文化学院総長。日本におけるドイツ哲学優位の役割を果たし、またキリスト教を排撃し日本主義を唱える。
¶岩史，海越([生]安政2(1856)年12月25日)，海越新([生]安政2(1856)年12月25日)，角史，教育，キリ，近現，近文，現詩，国史，コン改，コン5，詩歌，史研，史人，思想，重要，神史，新潮，新文，人名7，心理([生]安政3(1856)年12月25日)，世紀([生]安政2(1856)年12月25日)，世人，世百，先駆([生]安政3(1856)年12月25日)，全書，大百，太宰府，哲学，渡航，日思，日史([没]昭和19(1944)年11月9日)，日人([生]1856年)，日本，百科，福岡百，福岡文，文学，明治2([生]1856年)，履歴([生]安政2(1855)年12月27日)，歴大

**井上敏明** いのうえとしあき
昭和10(1935)年2月1日～
昭和～平成期の臨床心理家、教育カウンセラー。六甲カウンセリング研究所所長、神戸海星女子学院大学教授。
¶現執2期，現執3期，現執4期

**井上敏夫** いのうえとしお
明治44(1911)年～
昭和期の国語教育学・日本文学者。埼玉大学教授。
¶現執1期

**井上都美子** いのうえとみこ
大正8(1919)年8月12日～昭和58(1983)年5月8日
昭和期の教育者。
¶女性，女性普

**井上直** いのうえなお
慶応2(1866)年10月14日～昭和4(1929)年4月10日
明治～昭和期の教育者。
¶埼玉人

**井上なつゑ**(井上なつえ) いのうえなつえ
明治31(1898)年7月25日～昭和55(1980)年11月13日
大正～昭和期の看護教育家、政治家。日本助産婦看護婦保健婦協会会長、参議院議員。初代看護協会長。生涯をかけて看護職の自立に貢献。日赤大阪支部病院看護婦長、日赤女子専門学校理事等を歴任。
¶近医，現朝(井上なつえ)，女性([生]明治31(1898)年7月)，女性普([生]明治31(1898)年7月)，世紀，政治，日人，兵庫百

**井上日召** いのうえにっしょう
明治19(1886)年4月12日～昭和42(1967)年3月4日
明治～昭和期の国家主義者。血盟団事件を起こし無期判決、大赦で出獄、戦後は護国団団長。
¶茨城百，岩史，角史，郷土群馬，近現，群馬人，群馬百，現朝，現情，現日，国史，コン改，コン4，コン5，史人，社史，重要，新潮，人名7，世紀，姓氏群馬，世人，世百，世百新，全書，大百，日史，日人，日本，百科，仏教，平日，民学，履歴，履歴2，歴大

**井上延太郎** いのうえのぶたろう
明治13(1880)年10月13日～昭和41(1966)年
昭和期の大正尋常小学校・夜間学校長。
¶町田歴

**井上矩慶** いのうえのりよし
→井上矩慶(いのうえくけい)

**井上八郎** いのうえはちろう
→井上円了(いのうええんりょう)

**井上はな** いのうえはな
明治4(1871)年4月10日～昭和21(1946)年5月8日
明治～昭和期の教育者。佐原淑徳裁縫女学校を設立。
¶学校，女性([生]明治9(1876)年)，女性普([生]明治9(1876)年)，世紀，日人

**井上治夫** いのうえはるお
明治42(1909)年～
昭和期の日本文学・国語教育研究者。京都教育大学教授。
¶現執1期

**井上半介** いのうえはんすけ
天保13(1842)年～明治43(1910)年
江戸時代末期～明治期の教育者。
¶京都府，日人

**井上久栄** いのうえひさえ
昭和9(1934)年8月9日～
昭和～平成期の音楽教育者、音楽療法士。
¶音人2，音人3

**井上久雄** いのうえひさお
大正6(1917)年4月22日～
昭和期の教育史学者。広島大学教授。
¶現情

**井上秀** いのうえひで
明治8(1875)年1月6日～昭和38(1963)年7月19日
[別]井上秀子《いのうえひでこ》
大正～昭和期の家政学者、教育家。日本女子大学校校長、日本婦人平和協会理事長。日本女子大学校教授、大日本社会教育会会長等を歴任。著書に「最新家事提要」など。
¶近女，現情，女運(井上秀子　いのうえひでこ)，女史，女性，女性普，人名7，世紀，哲

学，渡航，日人，兵庫百，歴大

## 井上秀子　いのうえひでこ
→井上秀（いのうえひで）

## 井上裕吉　いのうえひろきち
昭和9(1934)年7月29日〜
昭和〜平成期の教師、教育学者。三鷹市立第四中学校長、全日本中学校学校行事研究会長。
¶現執3期，現執4期

## 井上弘　いのうえひろし
大正6(1917)年〜
昭和期の教育学者。千葉大学教授。
¶現執1期

## 井上璞　いのうえまこと
明治12(1879)年8月7日〜昭和16(1941)年2月13日
大正・昭和期の軍人。教育者。
¶岩手人

## 井上正明　いのうえまさあき
昭和16(1941)年12月27日〜
昭和〜平成期の教育学者。福岡教育大学教育学部教授。専門は、教育心理学。
¶現執4期

## 井上正和　いのうえまさかず
？　〜明治5(1872)年
江戸時代後期〜明治期の大名、華族。
¶諸系，日人

## 井上正文　いのうえまさふみ
生没年不詳
昭和期の小学校教員。
¶社史

## 井上正義　いのうえまさよし
明治15(1882)年12月9日〜？
明治〜大正期の教育者。
¶群馬人

## 井上幹　いのうえみき
嘉永6(1853)年〜明治19(1886)年
明治期の自由民権運動家。
¶郷土千葉，千葉百(㊥明治19(1886)年5月)，日人

## 井上操　いのうえみさお
弘化4(1847)年〜明治38(1905)年
明治期の司法官。関西に私塾を設け、フランス法律学を教授した。大阪事件の裁判長。関西法律学校（後の関西大学）の設立に関わる。
¶学校(㊥弘化4(1847)年9月20日　㊥明治38(1905)年2月23日)，人名(㊥？)，姓氏長野，長野歴，日人

## 井上みどり　いのうえみどり
昭和3(1928)年〜
昭和期の高校教諭、児童文学作家。
¶児人

## 井上盛太　いのうえもりた
明治19(1886)年〜昭和40(1965)年
明治〜昭和期の教育者。
¶群馬人，姓氏群馬

## 井上弥太郎　いのうえやたろう
大正7(1918)年〜昭和59(1984)年
昭和期の教育者。
¶高知人

## 井上由紀子　いのうえゆきこ
昭和18(1943)年〜昭和53(1978)年6月3日
昭和期の彫刻家、教育者。鹿児島女流彫塑会を創立、重複障害児の情操教育に携わる。
¶女性(㊥昭和18(1943)年頃)，女性普，世紀，日人，美建

## 井上幸知　いのうえゆきとも
明治28(1895)年11月20日〜昭和30(1955)年11月4日
大正・昭和期の鶴川中学校初代校長。
¶町田歴

## 井上裕[1]　いのうえゆたか
昭和2(1927)年11月17日〜
昭和〜平成期の政治家。参議院議員、文相、東京歯科大学理事長。千葉県議、衆議院議員を経て、参議院議員を4期。参院予算委員長、参院議長などを歴任。
¶現政，世紀，政治，日人

## 井上裕[2]　いのうえゆたか
昭和8(1933)年8月29日〜
昭和〜平成期の経営学者。専修大学経営学部教授。
¶現執3期

## 井上吉之　いのうえよしゆき
明治29(1896)年11月20日〜昭和49(1974)年8月21日
昭和期の生化学者。京都大学教授、東亜大学長。日本農芸化学学会会長などを歴任。含窒素糖に関する研究、脂質に関する化学・生化学的研究など。
¶科学，学校，現情，人名7，世紀，日人，和歌山人

## 井上頼寿　いのうえよりとし
明治33(1900)年7月17日〜昭和54(1979)年3月23日
大正〜昭和期の民俗学者。
¶京都大，世紀，姓氏京都，日人

## 井上力太　いのうえりきた
大正7(1918)年6月25日〜平成11(1999)年2月28日
昭和・平成期の教育者。大気汚染研究者。北海道大学教授。
¶北海道建

## 井上陸太郎　いのうえりくたろう
明治39(1906)年3月31日〜平成2(1990)年4月10日
昭和〜平成期の教育者。
¶岡山歴

**井上れつ** いのうえれつ
慶応元（1865）年～昭和16（1941）年
明治～昭和期の教育者。
¶静岡女，静岡歴，世紀（[生]慶応1（1865）年10月6日　[没]昭和18（1943）年8月10日），姓氏静岡，日人（[没]1943年）

**稲生勁吾** いのうけいご
昭和4（1929）年～
昭和期の社会教育専門家。
¶現執1期

**稲生実男** いのうじつお
大正6（1917）年～昭和50（1975）年
昭和期の教育者。
¶姓氏愛知

**伊能真全女** いのうしんぜんじょ
生没年不詳
江戸時代後期の女性。教育者。
¶女性

**井内輝吉** いのうちてるよし
大正4（1915）年7月5日～
昭和～平成期の教員、詩人。
¶四国文

**伊能穎則** いのうひでのり
文化2（1805）年～明治10（1877）年7月11日
江戸時代末期～明治期の国学者。平田篤胤らに学び、江戸で家塾を開く。大学大教授、香取神宮少宮司を歴任。
¶朝日，維新，江文，近現，近世，国史，国書（[生]文化2（1805）年10月），コン改，コン4，コン5，神史，神人，新潮，人名，千葉百，日人，幕末（[没]1877年7月1日），幕末大，平史，和俳

**猪尾** いのお★
江戸時代末期の女性。教育。元武士の広田氏。中庄村で文久1年～慶応3年算術を教授。
¶江表（猪尾（滋賀県））

**井岡大造** いのおかたいぞう
→井岡大造（いおかたいぞう）

**飯尾宗祇** いのおそうぎ
→宗祇（そうぎ）

**井野川潔** いのかわきよし
明治42（1909）年5月15日～平成7（1995）年12月21日
昭和期の教育運動家、児童文学者。新教懇話会を創設し教育運動史の研究に尽力、著書に「論争・教育運動史」など。
¶現朝，現執1期，現情，現人，コン改，コン4，コン5，埼玉人，埼玉文，児人，新潮，世紀，日児，日人，平和

**猪木久馬三** いのきくまぞう
明治2（1869）年10月19日～昭和22（1947）年
明治～昭和期の医師。
¶世紀，日人

**猪木澄** いのきすみ
大正4（1915）年～昭和57（1982）年
昭和期の教育者、玉川大学講師・鹿児島純心短期大学教授。
¶姓氏鹿児島

**伊野銀蔵** いのぎんぞう
嘉永6（1853）年～明治44（1911）年
江戸時代後期～明治時代の和算家。農業の傍ら青年達に和算を教授。
¶数学

**井口あぐり**（井口阿くり） いのぐちあぐり，いのくちあくり，いのくちあぐり
明治3（1870）年11月22日～昭和6（1931）年3月26日　[別]井口阿くり《いぐちあくり》，井口あぐり《いぐちあぐり》，藤田あぐり《ふじたあぐり》
明治～昭和期の女子体育教育者。米留学で体育を専攻。帰国後、東京実修女学校設立。
¶秋田人2，秋田百，朝日（井口阿くり　いのくちあくり　[生]明治3年11月22日（1871年1月12日）），岩史（井口阿くり　いのくちあぐり），近現（井口阿くり　いぐちあくり），近女（井口阿くり　いのくちあくり），国史（井口阿くり　いぐちあくり），コン5（井口阿くり　いのくちあくり　[生]明治4（1871）年），女性（井口阿くり　いのくちあくり），女性普（井口阿くり　いのくちあくり），新潮（井口阿くり　いぐちあくり），人名（藤田あぐり　ふじたあぐり），世紀（いのくちあぐり　[生]明治3（1871）年11月22日），先駆（井口阿くり　いのくちあくり），体育（[没]1932年），渡航（井口あぐり・藤田あぐり　いのくちあぐり・ふじたあぐり），日人（いぐちあぐり　[生]明治3（1871）年11月22日），明治2（井口阿くり　いのくちあくり　[生]1871年），歴大（井口阿くり　いのくちあくり）

**井口在屋** いのくちありや
安政3（1856）年10月30日～大正12（1923）年3月25日
明治～大正期の機械工学者。東京帝国大学教授。「渦巻ポンプ」の研究は国際的に知られ、「井口式ポンプ」で商品化。工手学校（後の工学院大学）の設立に関わる。
¶朝日（[生]安政3年10月30日（1856年11月27日）），石川百，海越，海越新，科学（[没]1923年（大正12）3月35日），学校（[没]大正12（1923）年3月35日），近現，国史，コン改，コン5，史人，新潮（[生]安政3（1856）年10月3日），人名，世紀（[没]大正12（1923）年3月35日），姓氏石川，世百，先駆，全書，大百，渡航，日史，日人，百科，歴大

**井口経謙** いのくちけいけん★
生没年不詳
江戸時代後期の秋田藩士。明徳館教授。
¶秋田人2

**井口糺** いのくちただす，いのぐちただす
→井口糺（いぐちただす）

**猪熊耕信** いのくまこうしん
明治24（1891）年5月～？

明治〜昭和期の教師。
¶視覚

**伊野鯉之助** いのこいのすけ
明治15(1882)年〜昭和39(1964)年
明治〜昭和期の教育者・自治功労者。
¶姓氏愛知

**猪田民蔵** いのたみぞう
天保14(1843)年〜明治36(1903)年
江戸時代後期〜明治期の剣道師範。
¶和歌山人

**猪野中行** いのちゅうこう
？〜明治21(1888)年
明治期の国学者。幕府学問所の吏として「明史紀事本末」を校正出版。のち大学少助教となる。
¶人名

**猪平真理** いのひらまり
昭和22(1947)年5月28日〜
昭和期の教育者。
¶視覚

**井野部厳水** いのべげんすい
天保7(1836)年〜明治35(1902)年
江戸時代末期〜明治時代の土佐国家老福岡氏の家臣。高知藩留守居組となり致道館教授。
¶幕末(㊙1902年2月12日)、幕末大(㊙天保7(1836)年5月8日 ㊙明治35(1902)年12月)

**井野正人** いのまさと
大正4(1915)年〜
昭和期の教育学者。
¶現執1期

**猪俣功忠** いのまたかつてる
昭和9(1934)年5月29日〜平成15(2003)年10月14日
昭和〜平成期の教師、鍼灸師。
¶視覚

**猪股秀哉** いのまたしゅうさい
寛政6(1794)年〜慶応3(1867)年 ㊙猪股秀哉《いのまたしゅうや》、猪股独幹《いのまたどくかん》
江戸時代末期の医師。
¶国書(猪股独幹 いのまたどくかん ㊙慶応3(1867)年2月5日)、人名、姓氏宮城(いのまたしゅうや)、日人(いのまたしゅうや)

**猪股秀哉** いのまたしゅうや
→猪股秀哉(いのまたしゅうさい)

**猪股独幹** いのまたどくかん
→猪股秀哉(いのまたしゅうさい)

**猪股兵吉** いのまたひょうきち
文久3(1863)年〜昭和14(1939)年
明治〜昭和期の教育者。
¶姓氏宮城

**猪俣道之輔** いのまたみちのすけ
＊〜昭和15(1940)年

明治期の政治家。平塚町長。中郡盲人学校や中等教育学校の設立に尽力。
¶神奈川人(㊙1855年)、世紀(㊙安政2(1856)年12月 ㊙昭和15(1940)年11月24日)、姓氏神奈川(㊙1855年)、日人(㊙1856年)

**猪股弥織** いのまたやおり
明治19(1886)年〜昭和33(1958)年
明治〜昭和期の教育者。
¶大分歴

**井野紋右衛門** いのもんえもん
寛政9(1797)年〜万延1(1860)年
江戸時代後期〜末期の教育家。
¶多摩

**伊波久一** いはきゅういち
明治14(1881)年〜昭和49(1974)年
昭和期の政治家。美里村長、初代石川市議会議長、同市教育委員長、老人会長。
¶姓氏沖縄

**伊波邦子** いはくにこ
昭和4(1929)年〜平成15(2003)年
昭和・平成期の教育者。
¶戦沖

**伊庭想太郎** いばそうたろう
嘉永4(1851)年〜明治36(1903)年
明治期の教育者、テロリスト。東京農学校校長、日本貯蓄銀行頭取。星亨を暗殺、無期徒刑となり病死。
¶近現(㊙1907年)、国史、コン改、コン5、新潮(㊙嘉永4(1851)年10月 ㊙明治36(1903)年10月31日)、人名、世紀、日人、履歴(㊙嘉永4(1851)年10月 ㊙明治40(1907)年10月31日)

**井畑万** いはたまん
昭和4(1929)年1月30日〜
昭和の宮川村助役・教育長。
¶飛騨

**井端森三** いばたもりぞう
明治42(1909)年8月20日〜昭和48(1973)年7月28日
大正・昭和期の教育者。学校長。
¶飛騨

**井隼けい** いはやけい
明治42(1909)年4月30日〜 ㊙長島けい《ながしまけい》
昭和の小学校教員、託児所保母。
¶社史

**庵原朝成** いはらあさなり
宝暦5(1755)年〜天保12(1841)年 ㊙庵原朝成《いおはらともなり》
江戸時代中期〜後期の近江彦根藩家老。
¶人名(いおはらともなり)、日人(いおはらともなり)、藩臣4

**井原雲涯** いばらうんがい
慶応4(1868)年6月5日〜昭和3(1928)年4月17日
明治〜昭和期の書家、教育者。

¶島根人，島根百，島根歴

**茨木和生** いばらきかずお
昭和14（1939）年1月11日〜
昭和〜平成期の俳人、高校教師。「運河」主宰。
¶現執3期，現執4期，現俳，奈良文

**茨木定興** いばらきさだおき，いばらぎさだおき
天保6（1835）年6月9日〜明治45（1912）年7月12日
江戸時代後期〜明治期の漢詩人。
¶高知人（いばらきさだおき），四国文

**茨木清次郎** いばらきせいじろう
明治9（1876）年8月19日〜？
明治〜大正期の教育者。
¶渡航

**井原主信** いはらしゅしん
→井原道閲（いはらどうえつ）

**飯原藤一** いはらとういち
→飯原藤一（いいはらとういち）

**井原道閲** いはらどうえつ
慶安2（1649）年〜享保5（1720）年　㊗井原主信《いはらしゅしん》
江戸時代中期の医師。
¶国書（井原主信　いはらしゅしん　㊗享保5（1720）年10月23日），人名，姓氏京都（㊗1726年），日人

**井原伸允** いはらのぶちか
昭和3（1928）年2月19日〜
昭和〜平成期の経営教育学者。香蘭女子短期大学教授。
¶現執3期

**揖斐章** いびあきら
弘化1（1844）年〜明治14（1881）年
明治期の教育者、陸軍軍人。少将。西南戦争に従軍。
¶維新，静岡歴，幕末（生没年不詳）

**井深梶之助** いぶかかじのすけ
嘉永7（1854）年6月10日〜昭和15（1940）年6月24日
明治〜昭和期のプロテスタント教育家。明治学院総理。明治学院創立に尽力、著書に「新約聖書神学」など。
¶会津，維新，海越，海越新，神奈川人，キリ（㊗安政1年6月10日（1854年7月4日）），近現，現朝（㊗嘉永7年6月10日（1854年7月4日）），国史，コン改，コン5，史人，新潮，人名7，世紀，世百，全書，大百，哲学，渡航，日史，日人，幕末（㊗1854年7月5日），百科，福島百（㊗昭和10（1935）年），歴大

**井深次郎** いぶかじろう
明治8（1875）年〜昭和6（1931）年
明治〜昭和期の教育者。
¶姓氏長野，長野歴

**井深花** いぶかはな
元治2（1865）年2月4日〜昭和20（1945）年9月13日

㊗大島花《おおしまはな》
大正〜昭和期の教育者。日本基督教婦人矯風会監事。神戸女学院、東洋英和女学院で教鞭を執る。東京女子大学理事等を歴任。
¶海越新，女性（㊗？），世紀，渡航（井深花・大島花　いぶかはな・おおしまはな　㊗1865年3月1日），日人

**井深大** いぶかまさる
明治41（1908）年4月11日〜平成9（1997）年12月19日
大正〜平成期の実業家。ソニー社長、幼児開発協会理事長。ソニーの創始者で、独創的製品開発、海外市場開拓に尽力、代表的な技術者型経営者。
¶岩史，科学，郷土栃木，近現，現朝，現執1期，現情，現執2期，現執3期，現情，現人，コン改，コン4，コン5，史人，実業，新潮，世紀，全書，創業，大百，日人，日本，履歴，履歴2

**伊吹岩五郎** いぶきいわごろう
元治1（1864）年12月27日〜昭和30（1955）年
明治〜昭和期の教育者。
¶岡山百（㊗昭和30（1955）年1月9日），岡山歴（㊗昭和30（1955）年1月8日）

**伊吹新一** いぶきしんいち
大正14（1925）年3月2日〜
昭和〜平成期の指揮者、音楽教育者。
¶音人，音人2，音人3

**伊吹一** いぶきはじめ
昭和5（1930）年〜
昭和期の日本語・日本文学者、俳人。学際教育センター理事長・学長、日本現代語研究センター所長。
¶現執1期

**伊吹文明** いぶきぶんめい
昭和13（1938）年1月9日〜
昭和〜平成期の政治家。衆議院議員、労相、第8代文科相。
¶現政

**伊兵衛** いへえ
生没年不詳
江戸時代中期の漂流民。
¶日人

**井部健斎** いべけんさい
＊〜明治25（1892）年
江戸時代末期〜明治期の漢学者。著書に「左氏伝解」「孟子釈」がある。
¶人名（㊗1836年），日人（㊗1825年）

**井部香山** いべこうざん
寛政6（1794）年〜嘉永6（1853）年
江戸時代末期の漢学者。
¶江文，国書（㊗寛政5（1793）年　㊗嘉永6（1853）年4月8日），人名，新潟百，日人

**井部貞吉** いべさだきち
明治1（1868）年9月14日〜？
江戸時代末期〜明治期の教育者。

¶群馬人

**伊部正** いべただし
明治31(1898)年4月13日～
大正～昭和期の教育者、口演童話家。三鷹市立第三中学校校長。
¶日児

**五百住巨川** いほずみきょせん
文政12(1829)年～明治8(1875)年3月7日
江戸時代末期の漢学者。
¶山梨百

**いま**
江戸時代後期の女性。教育。吾妻郡大戸村の商人加部丈四郎の妻。寺小屋師匠として教育。
¶江表(いま(群馬県))

**今井岩五郎** いまいいわごろう
嘉永6(1853)年～大正10(1921)年
明治～大正期の教育者。
¶日人

**今井円治** いまいえんじ
明治44(1911)年9月1日～平成5(1993)年1月3日
昭和～平成期の音楽学者(音楽理論)、音楽教育者。
¶音人2

**今井乙三** いまいおとぞう
明治36(1903)年～昭和42(1967)年
昭和期の教育者。
¶群馬人，姓氏群馬

**今井晦堂** いまいかいどう
天保1(1830)年～明治10(1877)年　[別]今井潜《いまいせん》
江戸時代末期～明治期の儒学者。
¶栃木歴(今井潜　いまいせん)，日人

**今井一二** いまいかつじ
明治44(1911)年6月10日～平成14(2002)年7月27日
昭和・平成期の教育者。鳥屋町教育委員会委員、委員長、教育長を歴任。
¶石川現九

**今井兼寛** いまいかねひろ
慶応4(1868)年1月28日～昭和16(1941)年6月4日
江戸時代末期～昭和期の官吏。
¶世紀，日人

**今井鎌三郎** いまいかまさぶろう
明治1(1868)年～明治40(1907)年
江戸時代末期～明治期の教育者。下品野小学校訓導兼校長。
¶姓氏愛知

**今井鑑三** いまいかんぞう
明治41(1908)年10月11日～平成5(1993)年3月27日
昭和・平成期の国語教育者。萩原町名誉町民。
¶児文，日児，飛驒

**今井恭治郎** いまいきょうじろう
明治24(1891)年1月29日～昭和58(1983)年7月27日
大正・昭和期の竹原村長・学校長。
¶飛驒

**今井九郎右衛門** いまいくろうえもん
→今井師聖(いまいしせい)

**今城峴山** いまいけんざん
→今城峴山(いまきけんざん)

**今井静摩** いまいしずま
→今井湛斎(いまいたんさい)

**今井師聖** いまいしせい
享和3(1803)年～慶応3(1867)年　[別]今井九郎右衛門《いまいくろうえもん》
江戸時代末期の儒学者。
¶剣豪(今井九郎右衛門　いまいくろうえもん)，人名，長野歴，日人

**今泉蟹守** いまいずみかにもり
文政1(1818)年～明治31(1898)年2月7日
江戸時代末期～明治期の歌人。「白縫集」など肥前の近世の和歌を集成。
¶維新，国書，佐賀百([生]文化15(1818)年3月1日)，人名，日人，幕末，和俳

**今泉吉郎兵衛** いまいずみきちろうべえ
寛政9(1797)年～文久2(1862)年
江戸時代後期～末期の私塾の師匠。
¶山形百

**今泉亨吉** いまいずみこうきち
明治36(1903)年～平成5(1993)年
昭和期の郷土史家。
¶郷土，山形百新

**今泉定助** いまいずみさだすけ
文久3(1863)年2月9日～昭和19(1944)年9月11日
明治～昭和期の古典学者。国学院学監補。私立補充中学校(後の都立戸山高等学校)の設立に関わる。日本大学皇道学院を開設。著書に「平家物語講義」など。
¶学校，コン改，コン5，史研，神史，神人，世紀，日人，日本，履歴

**今泉岫雲** いまいずみしゅううん
天保5(1834)年～明治29(1896)年4月17日
江戸時代末期～明治時代の学者、教育者。私立日新館教授。
¶会津，幕末([生]1834年5月)，幕末大([生]天保5(1834)年4月)，藩臣2

**今泉博** いまいずみひろし
昭和24(1949)年3月4日～
昭和～平成期の小学校教師。
¶現執4期

**今泉雄作** いまいずみゆうさく
嘉永3(1850)年～昭和6(1931)年1月28日
明治～大正期の美術行政家、美術教育家。大倉集古館館長。東京美術学校設立に尽力、京都市立美

術工芸学校校長、帝室博物館美術部長を歴任。
¶海越，海越新，近現，考古，国際，国史，コン改，コン5，新潮（⊕嘉永3（1850）年6月19日），人名，世紀，茶道，渡航（⊕1850年6月19日），日人

## 今井精一　いまいせいいち
明治13（1880）年6月24日〜昭和16（1941）年11月29日
明治〜昭和期の教育者。
¶埼玉人，埼玉百

## 今井誠一　いまいせいいち
大正9（1920）年2月4日〜平成12（2000）年3月2日
昭和〜平成期の音楽教育者。
¶音人2，音人3

## 今井節造　いまいせつぞう
〜明治39（1906）年1月21日
明治期の医師・教育者。
¶飛騨

## 今井潜　いまいせん
→今井晦堂（いまいかいどう）

## 今井退蔵　いまいたいぞう
生没年不詳
明治期の教育者。
¶群馬人

## 今井孝　いまいたかし
明治33（1900）年〜平成11（1999）年
大正〜平成期の教育者。青森高校長。
¶青森人

## 今井誉次郎　いまいたかじろう
明治39（1906）年1月25日〜昭和52（1977）年12月16日
昭和期の教育家。綴方教育に尽力。
¶郷土岐阜，現朝，現情，現人，コン改，コン4，コン5，児作（⊕明治39（1908）年　㊙昭和53（1978）年），児人（㊙1978年），児文，新潮，人名7，世紀，中濃（⊕明治39（1906）年8月），日児，日人，平和

## 今井竹治　いまいたけじ
明治41（1908）年11月17日〜昭和62（1987）年1月18日
大正・昭和期の学校長。
¶飛騨

## 今井正　いまいただし
昭和7（1932）年〜
昭和期の千葉県教育長。
¶郷土千葉

## 今井湛斎　いまいたんさい
明治6（1769）年〜天保11（1840）年　㊙今井静摩
《いまいしずま》
江戸時代中期〜後期の筑後久留米藩士，剣術師範。
¶剣豪（今井静摩　いまいしずま），藩臣7

## 今井恒郎　いまいつねお
慶応1（1865）年〜昭和9（1934）年

明治〜大正期の教育者。
¶世紀（⊕慶応1（1865）年11月6日　㊙昭和9（1934）年10月27日），日人

## 今井八郎　いまいはちろう
江戸時代の川越藩儒、述古塾開設者、江戸住の浪人。
¶埼玉百

## 今井久雄⑴　いまいひさお
明治22（1889）年3月22日〜昭和51（1976）年11月16日
大正〜昭和期の実業家。諏訪ストリングソサエティを設立。
¶日人

## 今井久雄⑵　いまいひさお
明治30（1897）年4月14日〜昭和9（1934）年12月28日
大正〜昭和期の教育者。
¶群新百，群馬人

## 今井秀雄　いまいひでお
明治41（1908）年3月〜昭和55（1980）年4月
大正〜昭和期の教育者，エスペランティスト。神戸市立盲学校校長。
¶視覚

## 今井広亀　いまいひろき
明治30（1897）年〜昭和61（1986）年4月13日
明治〜昭和期の郷土史家。
¶弓道（⊕明治30（1897）年11月24日），郷土，長野歴

## 今井文山　いまいぶんざん★
文化7（1810）年4月8日〜明治10（1877）年8月1日
江戸時代末期・明治期の権少参事兼藩校教授。
¶秋田人2

## 今井真樹　いまいまき
明治1（1868）年〜昭和23（1948）年
江戸時代末期〜昭和期の郷土史家。
¶郷土，姓氏長野，長野歴

## 今井光隆　いまいみつたか
文化7（1810）年〜明治10（1877）年8月1日
江戸時代末期〜明治期の教育者。
¶幕末，幕末大（⊕文政7（1824）年），藩臣1

## 今井百代　いまいももよ
大正9（1920）年〜
昭和期の看護教育者。
¶兵庫百

## 今井亮二　いまいりょうじ
明治37（1904）年4月10日〜昭和61（1986）年4月17日
大正・昭和期の教育者。学校長。
¶飛騨

## 今尾清香　いまおきよか
文化2（1805）年5月28日〜明治6（1873）年
江戸時代末期の国学者。
¶国書（㊙明治6（1873）年4月24日），国書5（㊙明

治6(1873)年4月24日)，コン改，コン4，新潮([没]明治6(1873)年4月)，人名，日人，和俳

**今川岳南** いまがわがくなん
文政11(1828)年～明治29(1896)年10月17日
江戸時代末期～明治時代の教育者。周陽学舎長、右田小学校教師などを歴任。
¶幕末，幕末大

**今川貞世** いまがわさだよ
→今川了俊(いまがわりょうしゅん)

**今川以昌** いまがわもちあき
嘉永3(1850)年～明治27(1894)年10月1日
江戸時代末期～明治時代の教育者。著書に「白川遊記」。
¶姓氏石川，幕末([生]1850年4月)，幕末大([生]嘉永3(1850)年3月)

**今川了俊** いまがわりょうしゅん
嘉暦1(1326)年～？ [別]今川貞世《いまがわさだよ》，了俊《りょうしゅん》
南北朝時代～室町時代の武将、歌人、九州探題。
¶朝日(今川貞世 いまがわさだよ)，岩史(今川貞世 いまがわさだよ)，角史(今川貞世 いまがわさだよ 生没年不詳)，鎌室(今川貞世 いまがわさだよ)，教育([生]1324年 [没]1420年)，系東([生]1325年 [没]1420年)，国史(今川貞世 いまがわさだよ)，国書([没]応永21(1414)年？)，古中(今川貞世 いまがわさだよ)，コン改(今川貞世 いまがわさだよ [生]正中2(1325)年 [没]応永27(1420)年)，コン4(今川貞世 いまがわさだよ [生]正中2(1325)年 [没]応永27(1420)年)，詩歌，史人(今川貞世 いまがわさだよ)，重要([生]正中2(1325)年？ [没]応永27(1420)年？)，諸系，人書94([生]1325年 [没]1420年)，新潮(今川貞世 いまがわさだよ)，新文，人名([生]1324年 [没]1420年)，世人(今川貞世 いまがわさだよ 生没年不詳)，世百(今川貞世 いまがわさだよ [生]1325年 [没]1420年)，全書，大百([没]1420年)，日史(今川貞世 いまがわさだよ)，日人，俳句(了俊 りょうしゅん [没]応永27(1420)年8月28日)，百科(今川貞世 いまがわさだよ)，文学，平史，歴大(今川貞世 いまがわさだよ)，和俳

**今城猪登太** いまきいとうだ
→今城猪登太(いまきいとだ)

**今城猪登太** いまきいとだ
明治3(1870)年9月7日～昭和34(1959)年1月11日 [別]今城猪登太《いまきいとうだ》
明治～昭和期の教育者。
¶徳島百，徳島歴(いまきいとうだ)

**今城峴山** いまきけんざん
寛延1(1748)年～文化3(1806)年 [別]今城峴山《いまいけんざん》
江戸時代中期～後期の信濃松本藩士、儒学者。
¶国書，人名，長野百(いまいけんざん)，長野歴，日人，藩臣3

**今関秀雄** いまぜきひでお
明治22(1889)年～昭和27(1952)年
大正～昭和期の教育者。神戸県立盲学校校長、日本盲人会会長、日本鍼灸マッサージ師会会長。
¶視覚([生]明治22(1889)年7月10日 [没]1952年1月14日)，世紀，日人，兵庫百

**今瀬仲** いませなか
江戸時代末期の武茂郷健武山神社の宮司、馬頭郷校館守。
¶栃木歴

**今田純一** いまだじゅんいち
弘化4(1847)年～明治38(1905)年
江戸時代後期～明治期の教育者、郷土史家。
¶山口百

**今立吐酔** いまだてとすい
安政2(1855)年～昭和6(1931)年
江戸時代末期～昭和期の教育家、理化学教育者。
¶海越新，姓氏京都，渡航

**今谷順重** いまたにのぶしげ
昭和22(1947)年12月11日～
昭和～平成期の社会科教育学者。神戸大学助教授。
¶現執3期

**今富八郎** いまとみはちろう
安政5(1858)年10月19日～昭和14(1939)年3月31日
明治～昭和期の鍼灸師。下関博愛盲唖学校校長。
¶視覚

**今冨八郎**(今富八郎) いまどみはちろう
明治～昭和期の盲聾教育者。
¶姓氏山口([生]1852年 [没]1935年)，山口百(今富八郎 [生]1857年 [没]1939年)

**今西正立斎** いまにししょうりつさい
→今西正立斎(いまにししょうりゅうさい)

**今西正立斎** いまにししょうりゅうさい
天和3(1683)年～宝暦11(1761)年 [別]今西正立斎《いまにししょうりつさい》
江戸時代前期～中期の医師、神職。
¶大阪人([没]宝暦11(1761)年7月)，大阪墓([没]宝暦11(1761)年7月29日)，国書(いまにししょうりつさい [没]宝暦11(1761)年7月29日)，日人

**今西祐行**(今西裕行) いまにしすけゆき
大正12(1923)年10月28日～平成16(2004)年12月21日
昭和～平成期の児童文学作家。私立菅井農業小学校を開校、地域文化の向上・発展に尽力。代表作に「ゆみこのりす」。
¶大阪文，近文，現朝，現執2期，現情，現日，児作，児人，児文，小説，新文，世紀，全書，奈良文(今西裕行)，日児，日人，平和

**今橋盛勝** いまはしもりかつ
昭和16(1941)年4月3日～
昭和～平成期の教育・行政法学者。茨城大学教授。
¶現執2期，現執3期，現執4期

い

**今福忍** いまふくしのぶ
明治6(1873)年～大正12(1923)年
明治～大正期の論理学者。東京高商教授、文学博士。形式論理学の形式的取り扱いに反対。著書に「最新論理学要義」など。
¶姓氏神奈川，世百

**今藤惟宏** いまふじこれひろ
→今藤新左衛門(いまふじしんざえもん)

**今藤新左衛門** いまふじしんざえもん
天保6(1835)年～？　[別]今藤惟宏《いまふじこれひろ》
江戸時代末期～明治期の薩摩藩校造士館助教。
¶維新，国書(今藤惟宏　いまふじこれひろ)，幕末，幕末大([没]明治11(1878)年)，藩臣7

**今藤宏** いまふじひろし
天保6(1835)年～明治11(1878)年
江戸時代後期～明治期の教育者、鹿児島県庁第一課長。
¶姓氏鹿児島

**今宮小平** いまみやこへい
大正3(1914)年7月16日～
昭和期の社会文化評論家、編集者。「内外教育」編集長。
¶現情

**今村有隣** いまむらありちか
→今村有隣(いまむらゆうりん)

**今村幾太** いまむらいくた
*～平成3(1991)年4月10日
大正～昭和期の教育者。横浜訓盲院院長。
¶熊本人([生]1890年)，視覚([生]明治22(1889)年12月1日)

**今村直内** いまむらじきない
→今村竹堂(いまむらちくどう)

**今村茂** いまむらしげ
→前田茂(まえだしげ)

**今村順子** いまむらじゅんこ
慶応3(1867)年～？
明治期の教育者。東京女子高等師範学校で教鞭を執り、後輩の指導にあたる。
¶女性，女性普

**今村治郎** いまむらじろう
明治40(1907)年2月1日～平成1(1989)年8月2日
昭和期の小学校教員。
¶社史，平和

**今村武俊** いまむらたけとし
大正11(1922)年～
昭和～平成期の文部官僚、教育行政専門家。
¶現執1期

**今村忠夫** いまむらただお
明治20(1887)年～昭和38(1963)年
明治～昭和期の教育者。
¶高知人

**今村有** いまむらたもつ
明治30(1897)年2月1日～昭和54(1979)年10月6日
大正～昭和期の教育者。
¶福岡百

**今村竹堂** いまむらちくどう
宝暦13(1763)年12月8日～文化2(1805)年3月21日　[別]今村直内《いまむらじきない》
江戸時代中期～後期の筑後久留米藩士、漢学者・教育者。
¶国書，藩臣7(今村直内　いまむらじきない)，福岡百

**今村貞蔵** いまむらていぞう
明治44(1911)年～平成9(1997)年
昭和～平成期の教育者。下北の民俗芸能保存に努めた。
¶青森人

**今村敏** いまむらとし
明治36(1903)年～昭和51(1976)年
昭和期の教育者。
¶青森人

**今村波津** いまむらはつ
明治43(1910)年6月12日～昭和61(1986)年1月17日
昭和期の俳人、教育者。富士ふたば幼稚園を経営し幼児教育にあたる。著書に句集「華齢」。
¶女性，女性普

**今村文吾** いまむらぶんご
文化5(1808)年～元治1(1864)年
江戸時代末期の医師。
¶維新，コン改，コン4，新潮([生]文化5(1808)年2月5日　[没]元治1(1864)年1月4日)，人名，世人，日人，幕末([没]1864年2月11日)

**今村方子** いまむらまさこ
昭和23(1948)年8月29日～
昭和～平成期の音楽教育家(リトミック)。
¶音人2，音人3

**今村有隣** いまむらゆうりん
*～大正13(1924)年9月27日　[別]今村有隣《いまむらありちか》，豊後
明治～大正期のフランス学者。東京外国語学校教授、一高校長。フランス語教育者として著名。フランス政府より「教育功労勲章」受章。
¶朝日([生]弘化1(1844)年)，海越(いまむらありちか　[生]弘化2(1845)年4月)，海越新(いまむらありちか　[生]弘化2(1845)年4月)，コン改([生]1844年)，コン5([生]弘化1(1844)年)，人名([生]1844年)，世紀([生]弘化2(1845)年4月)，渡航([生]1844年)，日人([生]1845年)，洋学(いまむらありちか　[生]弘化2(1845)年)

**今村要道** いまむらようどう
昭和7(1932)年～
昭和～平成期のカウンセラー、性教育研究者。日本性教育学会理事。
¶YA

今村令子　いまむられいこ
　昭和6(1931)年7月2日～
　昭和～平成期の文部官僚、教育学者。
　¶現執2期，現執3期

今雪真一　いまゆきしんいち
　明治25(1892)年～昭和42(1967)年
　大正～昭和期の教育者。
　¶香川人，香川百，郷土香川

伊美哲夫　いみてつお
　？～
　大正期の教員。池袋児童の村小学校研究生。
　¶社史

井村荒喜　いむらあらき
　→井村荒喜(いむらこうき)

井村荒喜　いむらこうき
　明治22(1889)年11月3日～昭和46(1971)年5月10日　㊙井村荒喜《いむらあらき》
　明治～昭和期の実業家、政治家。不二越鋼材工業社長、衆議院議員。不二越鋼材工業の創業者、富山テレビ放送社長、経団連常任幹事などを歴任。不二越工科学校(後の不二越工業高等学校)を創立。
　¶学校，現朝，現情，実業，新潮(いむらあらき)，人名7，世紀，姓氏富山(いむらあらき)，創業，富山百，日人

居村栄　いむらさかえ
　大正6(1917)年9月12日～
　昭和期の社会教育・教育社会学者。岡山大学教授。
　¶現執1期，現執2期

井村鏘一　いむらそういち
　明治15(1882)年～昭和37(1962)年
　明治～昭和期の教育者。
　¶姓氏愛知

伊村元道　いむらもとみち
　昭和10(1935)年9月19日～
　昭和～平成期の英語教育学者。玉川大学文学部教授。
　¶現執3期

妹背治郎四郎　いもせじろしろう
　天明3(1783)年～文化10(1813)年
　江戸時代後期の心学者。
　¶和歌山人

井本常作　いもとつねさく
　明治13(1880)年～昭和44(1969)年
　明治～昭和期の政治家、教育者、弁護士。
　¶群新百，群馬人，群馬百

弥永信美　いやながのぶみ
　昭和23(1948)年1月22日～
　昭和～平成期の宗教史・教育問題著述家。
　¶現執3期，現執4期

猪山勝利　いやまかつとし
　昭和13(1938)年～
　昭和期の社会教育学・地域社会学者。長崎大学教授。
　¶現執1期

伊与　いよ★
　宝暦4(1754)年～文化1(1804)年
　江戸時代中期～後期の女性。教育。佐賀藩士光増邦高の娘。
　¶江表(伊与(佐賀県))

イヨノ
　文政8(1825)年～大正2(1913)年
　江戸時代後期～大正時代の女性。奥女中・教育。田雑氏。
　¶江表(イヨノ(佐賀県))

入伊泊清水　いりいどまりせいこう
　明治31(1898)年～昭和45(1970)年
　大正～昭和期の教師。
　¶姓氏沖縄

入江昶　いりえあきら
　明治29(1896)年～昭和55(1980)年
　大正～昭和期の教育者、政治家。鳥取市長。
　¶鳥取百

入江淡　いりえあわし
　天保3(1832)年～明治35(1902)年　㊙入江淡《いりえたん》
　江戸時代末期～明治期の教育家。小倉藩公議人としても藩の復興に尽力。
　¶人名(いりえたん)，日人，藩臣7

入江栄太郎　いりええいたろう
　明治14(1881)年～昭和45(1970)年
　明治～昭和期の教育者。
　¶兵庫百

入江克己　いりえかつみ
　昭和16(1941)年7月7日～
　昭和～平成期の体育教育学者。鳥取大学教授。
　¶現執3期

入江熊三郎　いりえくまさぶろう
　元治1(1864)年～昭和5(1930)年
　明治～昭和期の教育者、今市の報徳実業学校創設者。
　¶栃木歴

入江修敬　いりえしゅうけい
　元禄12(1699)年～安永2(1773)年6月14日　㊙入江修敬《いりえのぶたか》，入江東阿《いりえとうあ》，入江平馬《いりえへいま》
　江戸時代中期の算学者。
　¶数学(いりえのぶたか)

入江信三良(入江信三郎)　いりえしんざぶろう
　明治34(1901)年～平成3(1991)年
　大正～平成期の教育学者、宇都宮大学学芸学部長。
　¶郷土栃木(入江信三郎)，栃木歴

入江淡　いりえたん
　→入江淡(いりえあわし)

**入江致身**　いりえちしん
江戸時代中期～後期の心学者。
¶国書（[生]宝暦2（1752）年　[没]文政5（1822）年1月），和歌山人（[生]1765年　[没]？）

**入江南溟**　いりえなんめい
天和2（1682）年～明和6（1769）年
江戸時代中期の漢学者。荻生徂徠の弟子。
¶朝日（[生]延宝6（1678）年　[没]明和2年5月28日（1765年7月15日）），江文，国書（[生]貞享3（1686）年　[没]明和2（1765）年5月25日），コン改，コン4，詩歌（[生]1678年　[没]1765年），新潮，人名，日人，和俳

**入江陳重**　いりえのぶしげ
→穂積陳重（ほづみのぶしげ）

**入江修敬**　いりえのぶたか
→入江修敬（いりえしゅうけい）

**入江信順**　いりえのぶのり
～明治12（1879）年3月22日
江戸時代後期～明治時代の和算家。大倉亀洞に学び、和算を教授。
¶数学

**入江波光**　いりえはこう
明治20（1887）年9月26日～昭和23（1948）年6月9日
大正～昭和期の日本画家。教育と古画模写に専念し、法隆寺金堂壁画の模写に従事、六号壁「阿弥陀浄土変」を担当。
¶角史，京都大，近現，近美，現朝，現情，現人，国史，コン改，コン4，コン5，史人，新潮，人名7，世紀，姓氏京都，全書，茶道，日画，日芸，日人，美家，名画

**入江宏**　いりえひろし
昭和7（1932）年～
昭和期の教育学者。宇都宮大学教授。
¶現執1期

**入江文郎**　いりえふみお
→入江文郎（いりえぶんろう）

**入江文郎**　いりえぶんろう
天保5（1834）年～明治11（1878）年1月30日　[別]入江文郎《いりえふみお》
江戸時代末期～明治期のフランス語学者。横浜でフランス語を学び、蕃書調所教授方、開成所教授を歴任。フランスに留学中客死。
¶朝日（いりえふみお　[生]天保5年4月8日（1834年5月16日）），維新（いりえふみお），海越（[生]天保5（1834）年4月8日），海越新（[生]天保5（1834）年4月8日），国際，コン改，コン5，島根人，島根歴，新潮（いりえふみお　[生]天保5（1834）年4月8日），人名，渡航，日人（いりえふみお），幕末，洋学（いりえふみお）

**入江北海**　いりえほっかい★
正徳4（1714）年～寛政1（1789）年5月19日
江戸時代中期の伊賀藩の教師。
¶秋田人2

**入江道夫**　いりえみちお
明治42（1909）年～？　[別]入江道雄
昭和期の教育者、小学校教員。
¶社史

**入沢恭平**　いりさわきょうへい，いりざわきょうへい
天保2（1831）年～明治7（1874）年1月10日
江戸時代末期～明治期の洋方医教育者、陸軍軍医。陸軍一等軍医副。洋方医を志し、戸塚静海やポンペらに学び、今町で開業の傍ら門下生に西洋医学を教える。
¶朝日（[生]天保2年6月10日（1831年7月18日）），維新，科学（[生]天保2（1831）年6月7日），近医，近現（いりざわきょうへい），近世（いりざわきょうへい），国史（いりざわきょうへい），人名（いりざわきょうへい），長崎遊（いりざわきょうへい），新潟百別，日人，幕末，幕末大（[生]天保2（1831）年6月10日），洋学

**入沢昕江**　いりさわきんこう，いりざわきんこう
明治11（1878）年10月18日～昭和20（1945）年8月30日　[別]入沢賢治《いりざわけんじ》
明治～昭和期の教育者・書家。
¶岡山人（入沢賢治　いりざわけんじ），岡山百（いりざわきんこう），岡山歴

**入沢賢治**　いりざわけんじ
→入沢昕江（いりさわきんこう）

**入沢宗寿**　いりさわそうじゅ
明治18（1885）年12月23日～昭和20（1945）年5月6日　[別]入沢宗寿《いりさわむねとし》
昭和期の教育学者。東京帝国大学教授。欧米の新教育運動の理論紹介、体験教育理論を実地に展開。著書に「汎愛派教育思想の研究」。
¶教育，近現，国史，コン改（いりさわむねとし），コン5（いりさわむねとし），史人（[没]1945年5月12日），神人（いりさわむねとし　[没]？），新潮（いりさわむねとし），人名7，世紀，世百，全書（いりさわむねとし），哲学，鳥取百，日人（いりさわむねとし）

**入沢宗寿**　いりさわむねとし
→入沢宗寿（いりさわそうじゅ）

**入谷哲平**　いりたにあきひら
明治19（1886）年～昭和55（1980）年
明治～昭和期の政治家・教育功労者。
¶香川人

**入谷唯一郎**　いりたにただいちろう
明治38（1905）年～平成1（1989）年3月
大正～昭和期の水泳選手、地方公務員。大阪高槻市教育長。
¶大阪人，体育

**入田披雲**　いりたひうん
文政9（1826）年～明治40（1907）年
江戸時代末期～明治期の漢学者。
¶人名，日人

**色部正長**　いろべまさなが
明治41（1908）年～昭和62（1987）年

昭和期の体育教育者。
¶島根歴

**岩井応美** いわいおうみ
明治3(1870)年～昭和26(1951)年
大正～昭和期の教育者、私立喜界島学館(高等科)を創立。
¶姓氏鹿児島

**岩井重賢** いわいしげかた
文政11(1828)年～元治2(1865)年3月22日
江戸時代後期～末期の和算家。
¶数学

**岩井重遠** いわいしげとお
文化1(1804)年～明治11(1878)年 [別]岩井重遠《いわいじゅうえん》
江戸時代末期～明治期の和算家。
¶群馬人,国書([生]文化1(1804)年9月25日 [没]明治11(1878)年6月22日),人名(いわいじゅうえん),数学([生]文化1(1804)年9月25日 [没]明治11(1878)年6月22日),姓氏群馬,日人

**岩井重遠** いわいじゅうえん
→岩井重遠(いわいしげとお)

**岩井多喜一郎** いわいたきいちろう
明治16(1883)年～?
大正期の教育者。栃木県の工業高校建築教育の基礎を築く。
¶栃木歴

**岩井竜也** いわいたつや
大正6(1917)年～
昭和期の社会教育研究者。九州大学教授。
¶現執1期

**岩井伝十** いわいでんじゅう
明治22(1889)年～昭和54(1979)年
明治～昭和期の郷土史家。
¶郷土,長野歴

**岩井晩香** いわいばんこう
? ～明治11(1878)年
江戸時代末期～明治期の漢学者。
¶日人

**岩井文男** いわいふみお
明治35(1902)年～昭和58(1983)年
昭和期の教育者・牧師。
¶群新百,群馬人,姓氏群馬

**岩井正尾** いわいまさお
明治35(1902)年5月23日～平成8(1996)年8月24日
昭和・平成期の教育者。郷土史家。
¶飛騨

**岩井雅重** いわいまさしげ
嘉永4(1851)年3月5日～明治19(1886)年8月5日
江戸時代後期～明治時代の和算家。
¶数学

**岩井正浩** いわいまさひろ
昭和20(1945)年5月20日～
昭和～平成期の音楽科教育者。
¶音人,音人2,音人3

**岩井勇児** いわいゆうじ
昭和9(1934)年12月17日～
昭和期の教育心理学者。愛知教育大学教授。
¶現執1期,現執2期

**岩岡儀左衛門** いわおかぎざえもん
天保7(1836)年～明治17(1884)年1月8日
江戸時代末期～明治時代の農民。植林事業、寺子屋式教育に尽力。
¶幕末,幕末大

**岩岡喜代三郎** いわおかきよさぶろう
生没年不詳
江戸時代後期の心学者。
¶長野歴

**岩尾昭太郎** いわおしょうたろう
*～昭和27(1952)年10月
明治～昭和期の特効薬・日本丸の開発者。日田家政女学校を創立。
¶大分歴([生]明治3(1870)年),学校([生]?)

**岩垣月洲**(巖垣月洲) いわがきげっしゅう
文化5(1808)年～明治6(1873)年 [別]巖垣六蔵《いわがきろくぞう》
江戸時代末期～明治期の儒学者。修学所創設に際し教授就任するが、失明して辞任。著書に「科挙志略」「月洲遺稿」など。
¶維新(巖垣六蔵 いわがきろくぞう),幻想(巖垣月洲),コン改,コン5,新潮(巖垣月洲 [没]明治6(1873)年9月4日),人名,姓氏京都([没]1878年),日人,幕末(巖垣月洲 [没]1873年9月8日)

**岩垣忠一** いわがきちゅういち
明治41(1908)年10月7日～平成7(1995)年2月10日
昭和・平成期の神岡町教育長。
¶飛騨

**巖垣東園**(岩垣東園) いわがきとうえん
安永3(1774)年～嘉永2(1849)年12月3日 [別]巖垣松苗《いわがきまつなえ》
江戸時代後期の漢学者。
¶国書(岩垣東園 [生]安永3(1774)年7月11日),新潮(巖垣松苗 いわがきまつなえ [没]嘉永2(1849)年12月),人名,世人,全書(岩垣東園),大百,日人(岩垣東園 [没]1850年)

**巖垣松苗** いわがきまつなえ
→巖垣東園(いわがきとうえん)

**岩垣竜渓** いわがきりゅうけい
→岩垣竜渓(いわがきりょうけい)

**岩垣竜渓** いわがきりょうけい
寛保1(1741)年～文化5(1808)年 [別]岩垣竜渓《いわがきりゅうけい》
江戸時代中期～後期の儒学者。

い

¶京都大(いわがきりゅうけい), 国書(いわがきりゅうけい [生]寛保1(1741)年9月23日 [没]文化5(1808)年11月3日), 詩歌, 人名, 姓氏京都(いわがきりゅうけい), 日人(いわがきりゅうけい), 和俳



**巌垣六蔵** いわがきろくぞう
→岩垣月洲(いわがきげっしゅう)

**岩上薫** いわかみかおる
昭和11(1936)年1月25日〜
昭和〜平成期の教師。文京区立誠之小学校校長。
¶現執3期, 現執4期

**岩上進** いわかみすすむ
昭和15(1940)年3月3日〜
昭和〜平成期のエッセイスト。
¶郷土, 現執4期

**岩上広志** いわかみひろし
昭和2(1927)年10月5日〜
昭和〜平成期の音楽教育者。
¶音人2, 音人3

**石城一作** いわきいっさく
→石城一作(いしきいっさく)

**岩城魁** いわきかい
天保3(1832)年〜明治38(1905)年 [別]岩城魁太郎《いわきかいたろう》
江戸時代末期〜明治期の儒学者、教育者。著書に「読史偶詠」「欠伸録」など。
¶静岡歴, 姓氏静岡, 幕末, 藩臣4(岩城魁太郎 いわきかいたろう)

**岩城魁太郎** いわきかいたろう
→岩城魁(いわきかい)

**岩城隆韶** いわきたかつぐ
宝永4(1707)年〜延享2(1745)年
江戸時代中期の大名。出羽亀田藩主。
¶諸系, 日人, 藩主1([没]延享2(1745)年8月29日)

**岩城隆遠** いわきたかとう
文政5(1822)年〜明治19(1886)年
江戸時代後期〜明治期の教育者。
¶姓氏岩手

**岩城隆恕** いわきたかのり
*〜文化14(1817)年
江戸時代中期〜後期の大名。出羽亀田藩主。
¶江文([生]明和2(1765)年), 諸系([生]1767年), 日人([生]1767年), 藩主1([生]明和2(1765)年3月18日, (異説)明和4年3月18日 [没]文化14(1817)年5月18日)

**岩木太左衛門** いわきたざえもん
天明2(1782)年〜?
江戸時代中期〜後期の寺子屋の師匠。
¶姓氏富山

**石城南陔** いわきなんがい
→石城南陔(いしがきなんがい)

**岩城八百之助** いわきやおのすけ★
元文4(1739)年2月〜文政1(1818)年6月
江戸時代後期の学者。藩校長善館学頭。
¶秋田人2

**岩切洋一** いわきりよういち
昭和36(1961)年〜
昭和〜平成期の小学校教諭。
¶YA

**岩合茂** いわごうしげる
明治24(1891)年〜昭和45(1970)年
大正〜昭和期の教育者。
¶高知人, 高知百

**岩越昌三** いわこししょうぞう
明治42(1909)年〜昭和57(1982)年
昭和期の小説家、高校教員。著書に「石生藻」、短編集「われに一人の乙女ありき」など。
¶近文, 世紀, 姓氏神奈川

**岩浅農也** いわさあつや
大正8(1919)年12月7日〜
昭和期の社会科教育研究者。千葉大学教授。
¶現執1期, 現執2期

**岩崎明** いわさきあきら
昭和4(1929)年1月28日〜
昭和〜平成期の教育評論家。川崎市立平小学校長。
¶現執3期, 児作, 世紀

**岩崎浅之助** いわさきあさのすけ
明治6(1873)年〜昭和13(1938)年
明治〜昭和期の教育者・郷土史家。
¶姓氏岩手

**岩崎喜一** いわざききいち
明治39(1906)年〜昭和33(1958)年
昭和期の教育学者。
¶群馬人

**岩崎喜勢** いわさききせ
→岩崎喜勢子(いわさききせこ)

**岩崎喜勢子** いわさききせこ
弘化2(1845)年2月10日〜大正12(1923)年4月8日 [別]岩崎喜勢《いわさききせ》
江戸時代末期〜大正期の女性。実業家岩崎弥太郎の妻。私塾雛鳳館を邸内に設けて子女の教育を行う。
¶女性, 女性普, 人名, 日人, 幕末, 幕末大(岩崎喜勢 いわさききせ)

**岩崎小弥太** いわさきこやた
明治12(1879)年8月3日〜昭和20(1945)年12月2日
昭和期の実業家。三菱合資社長。三菱財閥を指導、重化学工業部門を大きく発展させ、教育文化事業にも尽力。
¶岩史, 近現, 現朝, 現情, 現人, 現日, 高知経, 高知人, 高知百, 国史, コン改, コン4, コン5, 史人, 実業, 新潮, 人名7, 世紀, 世百, 全書, 大百, 伝記, 渡航([没]1945年12月5日), 日史, 日人, 日本, 百科, 履歴, 履歴2, 歴大

**岩崎コヨ**　いわさきこよ
明治41(1908)年6月2日～昭和59(1984)年9月20日
昭和期の教育者。
¶岩手人，姓氏岩手

**岩崎佐一**　いわさきさいち
明治9(1876)年～昭和37(1962)年
明治～昭和期の障害児教育者。
¶大分歴

**巌崎三右衛門**　いわさきさんえもん
文政7(1824)年～明治16(1883)年
江戸時代後期～明治期の寺子屋師匠。
¶姓氏岩手

**岩崎重三**　いわさきじゅうぞう
明治2(1869)年4月～昭和16(1941)年6月
明治～昭和期の教育者、石炭の研究者。
¶熊本百

**岩崎重太郎**　いわざきじゅうたろう
明治32(1899)年～昭和49(1974)年
大正～昭和期の教育者。
¶鳥取百

**岩崎省三**　いわさきしょうぞう
文久1(1861)年～大正13(1924)年
明治～大正期の教育者。錦城小学校校長。
¶姓氏石川

**岩崎清一**　いわさきせいいち
明治26(1893)年10月20日～昭和44(1969)年
明治～昭和期の実業家。岩崎通信機青年学校を創立。後に岩崎女学校を併設。その後、岩崎学園久我山中学校を開校した。
¶学校([没]昭和44(1969)年9月20日)，創業([没]昭和44(1969)年9月25日)

**岩崎隆治**　いわさきたかはる
昭和9(1934)年11月6日～
昭和～平成期の教育コンサルタント、経営ジャーナリスト。
¶現執1期，現執2期，現執3期

**岩崎忠雄**　いわさきただお
*～明治43(1910)年8月10日
江戸時代末期～明治期の神官、医師。父の私塾東雲舎を継ぎ多くの人に教授。
¶幕末([生]1806年)，幕末大([生]？)

**岩崎多仲**　いわさきたちゅう
→岩崎恒固(いわさきつねかた)

**岩崎長思**　いわさきちょうし，いわざきちょうし
明治11(1878)年～昭和35(1960)年
明治～昭和期の郷土史家。
¶郷土，長野百(いわざきちょうし)，長野歴

**岩崎恒固**　いわさきつねかた
寛政12(1800)年～明治7(1874)年　[別]岩崎多仲《いわさきたちゅう》
江戸時代末期の武術家。
¶剣豪(岩崎多仲　いわさきたちゅう)，人名，日人

**岩崎春子**　いわさきはるこ
明治34(1901)年5月8日～昭和62(1987)年4月21日
昭和期の服飾デザイナー。立体裁断を日本に紹介。横浜洋裁専門女学院創設。
¶神奈女，女性([生]明治35(1902)年)，女性普([生]明治35(1902)年頃)，世紀，日人

**岩崎英正**　いわさきひでまさ
大正15(1926)年12月8日～平成18(2006)年1月4日
大正～平成期の教師。
¶視覚

**岩崎博秋**　いわさきひろあき
文政7(1824)年～明治28(1895)年
江戸時代末期～明治期の和算家、武士。
¶数学([没]明治28(1895)年8月)，長野歴，日人

**岩崎雅道**　いわさきまさみち
明治20(1887)年10月13日～
昭和期の音楽教育家。
¶現情

**岩崎弥之助**　いわさきやのすけ
嘉永4(1851)年1月8日～明治41(1908)年3月25日
明治期の実業家。男爵、三菱商会社長。事業分野を転換、三菱社、三菱合資設立。日銀総裁就任、金本位制実施を指導。東京女学館の設立に関わる。
¶朝日([生]嘉永4年1月8日(1851年2月8日))，岩史，岩手百，海越，海越新，学校，近現，高知人，高知百，国際，国史，コン改，コン5，史人，実業，新潮，人名，姓氏岩手，世人，世百，先駆，全書，茶道，鉄道([生]1851年2月8日)，渡航，日史，日人，日本，明治2，履歴，歴大

**岩崎行親**　いわさきゆきちか
安政2(1855)年～昭和3(1928)年4月26日
明治～大正期の教育者。
¶鹿児島百，薩摩，詩作，世紀，姓氏鹿児島，日人

**岩佐源二**　いわさげんじ
弘化2(1845)年～？
明治期の幕府留学生、教師(静岡学問所四等教授)。1866年イギリスに渡る。
¶海越，海越新

**岩佐純**　いわさじゅん
天保7(1836)年～明治45(1912)年
明治期の医師。男爵、明治天皇侍医。医学校設立を建言、取調御用掛任命。ドイツ医学採用を進言し医学教育の方向付けに尽力。
¶朝日([生]天保7年5月1日(1836年6月14日)　[没]明治45(1912)年1月5日)，維新，海越([生]天保6(1835)年5月　[没]明治45(1912)年1月6日)，海越新([生]天保6(1835)年5月　[没]明治45(1912)年1月6日)，科学([生]1836年(天保7)5月1日　[没]1912年(明治45)1月5日)，郷土福井([生]1835年)，近医，近現，国際([生]天保6(1835)年)，国史，史人([生]1836年5月1日　[没]1912年1月7日)，新潮([生]天保7(1836)年5月

1日 [没]明治45(1912)年1月5日),人名,渡航([没]1912年1月6日),日人,幕末([生]1835年 [没]1912年1月5日),藩臣3([生]天保6(1835)年),福井百([生]天保6(1835)年),洋学

い

**岩佐ふじ** いわさふじ
明治9(1876)年3月〜昭和29(1954)年7月
明治〜昭和期の女性。貴族院議員岩佐新の妻。大日本婦人教育会評議員として活躍。
¶女性,女性普

**岩佐普潤** いわさふにん
文政12(1829)年10月2日〜明治34(1901)年1月4日 [別]普潤《ふじゅん》
江戸時代末期〜明治期の天台宗僧侶。天台宗中学林校長。
¶仏教,仏人(普潤 ふじゅん)

**岩沢正作** いわさわしょうさく,いわざわしょうさく
明治9(1876)年〜昭和19(1944)年
明治〜昭和期の教育者・『毛野』主宰。
¶郷土群馬(いわざわしょうさく),群新百,群馬人,群馬百,考古,世紀([生]明治9(1876)年6月4日 [没]昭和19(1944)年6月21日),姓氏群馬,日人([生]明治9(1876)年6月4日 [没]昭和19(1944)年6月21日)

**岩沢文雄** いわさわふみお
大正4(1915)年5月22日〜
昭和期の文学教育研究家。千葉大学名誉教授、日本文学教育連盟副会長。芸術教育としての文学教育論を展開。主著に「文学と教育その接点」。
¶現執1期,児作,児人,児文,世紀,日児

**岩沢丙吉** いわざわへいきち,いわさわへいきち
*〜昭和18(1943)年 [別]アルセニイ,三里野人《みりやにん》
明治〜昭和期の神学者。陸軍大学教授。モスクワ神学校に学ぶため留学。ロシア語教育と普及に尽力。
¶伊豆(いわさわへいきち [生]文久2(1862)年),海越([生]安政6(1859)年),海越新([生]安政6(1859)年),キリ(いわさわへいきち [生]文久3(1863)年8月7日 [没]昭和18(1943)年10月23日),静岡歴(いわさわへいきち [生]文久2(1862)年),世紀(いわさわへいきち [生]文久3(1863)年8月7日 [没]昭和18(1943)年10月23日),姓氏静岡(いわさわへいきち [生]1862年),渡航(いわさわへいきち [生]1863年8月7日 [没]1943年10月23日),日人(いわさわへいきち [生]1863年)

**岩重政恒** いわしげまさつね
安政5(1858)年〜昭和5(1930)年
明治〜昭和期の教育者、地方政治家。
¶姓氏鹿児島

**岩下修** いわしたおさむ
昭和24(1949)年4月〜
昭和〜平成期の小学校教師。名古屋市立千石小学校教師。
¶現執3期

**岩下一徳** いわしたかずのり
明治21(1888)年〜昭和23(1948)年
大正〜昭和期の教育者。
¶長野歴

**岩下喜兵衛** いわしたきへえ
文化14(1817)年〜明治15(1882)年
江戸時代後期〜明治期の安蘇郡下彦間村の豪農、私塾指導者。
¶栃木歴

**岩下亀代** いわしたきよ
明治27(1894)年4月20日〜昭和59(1984)年2月19日
大正〜昭和期の教育者。聖心女子大学教授。日本で最初の聖心会修道女となる。刑務所や少年院で服従者の更正に尽力。
¶女性,女性普,世紀,日人

**岩下清周** いわしたきよちか
安政4(1857)年5月28日〜昭和3(1928)年3月19日 [別]岩下清周《いわしたせいしゅう》
明治〜大正期の実業家。1920年に温情舎小学校(のち不二聖心女学院)を創立。
¶海越(いわしたせいしゅう),海越新(いわしたせいしゅう),大阪人([没]昭和3(1928)年3月),学校(いわしたせいしゅう),近現(いわしたせいしゅう),現朝([生]安政4年5月28日(1857年6月19日)),国史(いわしたせいしゅう),コン改(いわしたせいしゅう),コン5(いわしたせいしゅう),史人(いわしたせいしゅう),実業(いわしたせいしゅう),新潮(いわしたせいしゅう),人名(いわしたせいしゅう),世紀(いわしたせいしゅう),世人(いわしたせいしゅう [没]昭和4(1929)年3月19日),鉄道([生]1857年6月19日),渡航(いわしたせいしゅう),長野百(いわしたせいしゅう),長野歴(いわしたせいしゅう),日人,履歴

**岩下熊** いわしたしぐま
安政3(1856)年〜昭和12(1937)年
明治〜昭和期の私塾経営者。
¶熊本人

**岩下清周** いわしたせいしゅう
→岩下清周(いわしたきよちか)

**岩下探春** いわしたたんしゅん
享保1(1716)年〜天明5(1785)年
江戸時代中期の儒学者、肥後熊本藩士。
¶国書([没]天明5(1785)年10月18日),人名,日人

**岩下富蔵** いわしたとみぞう
明治37(1904)年2月21日〜昭和45(1970)年2月13日
昭和期の教育学者。東京大学教授。神奈川師範学校女子部長、東京第一師範男子部長など歴任。
¶現情,人名7,世紀,栃木歴([没]?),日人

**岩下新太郎** いわしたにいたろう
大正9(1920)年6月7日〜
昭和期の教育行政学者。東北大学教授。
¶現執2期

**岩下春吉** いわしたはるきち
明治5(1872)年～昭和16(1941)年
明治～昭和期の教育者。
¶姓氏長野

**岩下恭士** いわしたやすし
昭和37(1962)年5月28日～
昭和～平成期の新聞記者、教育者。
¶視覚

**岩島公** いわしまとおる
明治39(1906)年7月15日～平成14(2002)年1月29日
明治・大正期の国語教育者・キリスト教伝道師。
¶視覚，飛騨

**岩代吉親** いわしろよしちか
明治34(1901)年～昭和57(1982)年
大正・昭和期の教師。熊本女子商に18年間勤務した。
¶熊本人

**岩瀬華沼** いわせかしょう
→岩瀬勘平(いわせかんぺい)

**岩瀬勘平** いわせかんぺい
享保17(1732)年～文化7(1810)年 [別]岩瀬華沼《いわせかしょう》
江戸時代中期～後期の肥前島原藩士。
¶江文(岩瀬華沼 いわせかしょう)，国書(岩瀬華沼 いわせかしょう [没]文化7(1810)年11月8日)，人名(岩瀬華沼 いわせかしょう)，日人(岩瀬華沼 いわせかしょう)，藩臣7

**岩瀬甚蔵** いわせじんぞう
明治10(1877)年～昭和22(1947)年
明治～昭和期の教育者。
¶千葉百

**岩田伊左衛門** いわたいざえもん
天保2(1831)年～明治35(1902)年
江戸時代末期～明治期の大庄屋。私財を投じて道路開通、由良川堤防構築などを推進。
¶維新，京都府，日人，幕末([没]1902年9月27日)

**岩田英子** いわたえいこ
明治6(1873)年5月5日～昭和7(1932)年9月22日
[別]岩田英子《いわたひでこ》
明治～大正期の教育者。篤志看護婦人会会長、大分裁縫伝習所創立者。大分裁縫伝習所を開く。大分婦人会評議員、大分県教育評議員を歴任。
¶大分百，大分歴，学校，近女，女性(いわたひでこ)，女性普(いわたひでこ)，世紀，日人

**岩田一彦** いわたかずひこ
昭和17(1942)年4月13日～
昭和～平成期の教育学者。兵庫教育大学教授。
¶現執3期，現執4期

**岩田勝蔵** いわたかつぞう
？ ～
大正期の教員。池袋児童の村小学校研究生。
¶社史

**岩田清** いわたきよし
明治39(1906)年～
昭和期の小学校教員。
¶社史

**岩田健治** いわたけんじ
明治30(1897)年10月19日～昭和36(1961)年3月3日
大正～昭和期の小学校教員。
¶郷土長野，社史，世紀，姓氏長野，長野百，長野歴，日人

**岩田孝之助** いわたこうのすけ
～明治2(1869)年月5日
江戸時代末期・明治期の教育者。家塾「一盲舎」を創設。
¶伊豆

**岩田渾一** いわたこんいち
昭和～平成期の性教育者。奈良県桜井女子短期大学教授。
¶YA

**岩田純一** いわたじゅんいち
昭和21(1946)年10月1日～
昭和～平成期の発達心理学者。
¶現執2期，現執4期

**岩田正** いわたただし
明治39(1906)年～昭和50(1975)年
大正～昭和期の教育者。文化活動の後援者。
¶大分百，大分歴

**岩田悌吉** いわたていきち
明治36(1903)年～昭和39(1964)年
大正・昭和期の教師。クリスチャン。
¶熊本人

**岩谷英太郎** いわたにえいたろう
→岩谷英太郎(いわやえいたろう)

**巌谷小波** いわたにさざなみ
→巌谷小波(いわやさざなみ)

**岩渓裳川** いわたにしょうせん
安政2(1855)年1月27日～昭和18(1943)年3月27日
明治～昭和期の教育者。
¶京都文，近文，詩作([生]嘉永5(1852)年)，世紀

**岩田のぶ** いわたのぶ
生没年不詳
昭和期の教員、実業補習学校助教諭心得。
¶社史

**岩田英子** いわたひでこ
→岩田英子(いわたえいこ)

**岩田博蔵** いわたひろぞう
明治6(1873)年～昭和24(1949)年
昭和期の教育者。
¶山口人

**岩田道雄** いわたみちお
昭和11(1936)年～

い

昭和～平成期の中学校教師。目黒区立第六中学校教師、児童言語研究会中央常任委員。
¶現執3期



**岩垂今朝吉** いわだれけさきち
慶応1(1865)年～大正6(1917)年
明治～大正期の教育者。
¶姓氏長野，長野百，長野歴

**石津潫斎** いわづちょうさい
文政6(1823)年～明治16(1883)年3月3日
江戸時代末期～明治期の広島の教育者。
¶広島百

**岩永芳実** いわながよしみ
明治14(1881)年～昭和46(1971)年
明治～昭和期の教育者、郷土史家。
¶鳥取百

**岩辺泰吏** いわなべたいじ
昭和18(1943)年～
昭和～平成期の小学校教諭、児童文学作家。
¶現執4期，YA

**岩波堯山** いわなみぎょうざん
宝暦12(1762)年～弘化1(1844)年
江戸時代後期の心学者。
¶姓氏長野，長野歴(生没年不詳)

**岩波良次** いわなみりょうじ
明治42(1909)年11月29日～
昭和期の小学校教員。
¶社史

**岩橋武夫** いわはしたけお
明治31(1898)年3月16日～昭和29(1954)年10月28日
昭和期の社会福祉事業家。日本盲人会連合会会長。盲人協会、ライトハウスを設立、日本ヘレン・ケラー協会幹事長などを歴任。
¶大阪人，教育([没]1955年)，キリ，近医，現朝，現情，現日，コン改，コン4，コン5，視覚，社史，新潮，人名7，世紀，世百新，日史，日人，百科，民学

**岩橋半三郎** いわはしはんざぶろう
？ ～慶応2(1866)年 [別]岡田栄吉《おかだえいきち》，里見二郎《さとみじろう》
江戸時代末期の志士。
¶維新，コン改，コン4，新潮，人名，日人([没]1867年)，幕末([没]1867年4月29日)，和歌山人([没]1867年)

**岩橋文吉** いわはしぶんきち
大正5(1916)年12月13日～
昭和期の教育学者。九州大学教授。
¶現執1期，現執2期

**岩久ツナ** いわひさつな
明治34(1901)年～昭和56(1981)年9月8日
昭和期の教育者。西日本婦人文化サークル大分教室副理事長、大分県教育委員長などを歴任。
¶大分百，大分歴，女性([生]？)，女性普([生]？)，世紀，日人

**岩淵新六** いわぶちしんろく
文政6(1823)年～明治38(1905)年
江戸時代後期～明治期の教育者。
¶姓氏長野

**岩淵たか** いわぶちたか
明治9(1876)年3月26日～昭和56(1981)年12月10日
明治～昭和期の女性。昭和天皇の皇后良子の養育係。
¶女性，女性普，日人

**岩淵経賢** いわぶちつねたか
天明7(1787)年～弘化4(1847)年
江戸時代中期～後期の教育者。
¶姓氏岩手

**岩間隆** いわまたかし
生没年不詳
昭和期の小学校教員。
¶社史

**岩松文弥** いわまつぶんや
明治31(1898)年12月18日～昭和29(1954)年1月7日
明治～昭和期の教育者、歌人。
¶世紀，日人，山口人，山口百，山口文

**岩松益男** いわまつますお
文政4(1821)年～明治6(1873)年
江戸時代後期～明治期の神官、私塾「岩松塾」経営。
¶栃木歴

**岩間孫兵衛** いわままごべえ
享和3(1803)年～明治3(1870)年9月17日
江戸時代後期～明治期の算盤教師。
¶山梨百

**岩間正男** いわままさお
明治38(1905)年11月1日～平成1(1989)年11月1日
昭和期の教員、政治家。参議院議員。教員運動指導者。日本共産党幹部。歌人としても活躍。
¶革命，近文，現朝，現執1期，現情，現人，現日，社史，世紀，政治，短歌，日人，平和，履歴，履歴2

**岩村信二** いわむらしんじ
大正9(1920)年～
昭和～平成期の牧師、キリスト教倫理・家庭教育研究者。
¶現執1期

**岩村真道** いわむらしんどう
天保2(1831)年～明治43(1910)年
江戸時代後期～明治期の教育者。
¶神奈川人

**岩村俊雄** いわむらとしお
明治18(1885)年～
明治～大正期の教育者。
¶高知人

**巌村南里** いわむらなんり
天明4 (1784) 年～天保13 (1842) 年
江戸時代後期の讃岐丸亀藩士、儒学者。
¶国書 ([没]天保13 (1842) 年8月27日), 人名, 日人, 藩臣6

**岩村芳麿** いわむらよしまろ
明治24 (1891) 年～昭和38 (1963) 年
大正～昭和期の各地の校歌を作詞。弘前の教育者、作詞家。
¶青森人, 青森百

**岩本石** いわもといし
明治18 (1885) 年1月11日～昭和29 (1954) 年3月6日
明治～昭和期の教育家。
¶高知先

**岩元悦郎** いわもとえつろう
明治40 (1907) 年6月11日～平成10 (1998) 年12月4日
昭和期の教育者。帯広盲唖院設立者。
¶視覚

**巌本琹城** いわもときじょう
？ ～明治36 (1903) 年
明治期の漢学者。古学の塾舎を開き子弟を教育し、古学復興に貢献した。
¶人名

**巌本琴城** いわもときんじょう
？ ～明治36 (1903) 年
明治期の漢学者。
¶日人

**岩本憲** いわもとけん
大正3 (1914) 年～
昭和期の教育学者。岐阜大学教授。
¶現執1期

**岩本正吉** いわもとしょうきち
明治35 (1902) 年～昭和56 (1981) 年
昭和期の島根県農業会常務、島根協同組合学校校長。
¶島根歴

**岩本贅庵** いわもとぜいあん
*～文久3 (1863) 年8月4日
江戸時代末期の阿波徳島藩士、儒学者。
¶国書 ([生]寛政4 (1792) 年), 徳島百 ([生]寛政4 (1792) 年), 徳島歴 ([生]寛政3 (1791) 年), 藩臣6 ([生]寛政3 (1791) 年)

**岩本節次** いわもとせつじ
嘉永2 (1849) 年～明治42 (1909) 年
江戸時代後期～明治期の教育者、国語研究者。
¶姓氏長野, 長野歴

**巌本善治** いわもとぜんじ
→巌本善治 (いわもとよしはる)

**岩本為雄** いわもとためお
明治21 (1888) 年12月23日～昭和47 (1972) 年12月3日
大正～昭和期の僧侶・弘徳学園長。
¶岡山歴

**岩本税** いわもとちから
昭和4 (1929) 年～平成24 (2012) 年
昭和・平成期の歴史教育者。
¶熊本人

**岩元禎** いわもとてい
明治2 (1869) 年5月3日～昭和16 (1941) 年7月14日
明治～昭和期の哲学者、ドイツ文学者。夏目漱石「三四郎」の広田先生のモデルとされ、偉大なる暗闇の渾名を持つ。
¶近文, 新潮, 世紀, 哲学, 日人, 履歴

**岩本広美** いわもとひろみ
昭和29 (1954) 年～
昭和～平成期の地理教育学者。奈良教育大学助教授。
¶現執3期, 現執4期

**岩本政蔵** いわもとまさぞう
明治38 (1905) 年～平成5 (1993) 年
昭和～平成期の音楽教育者。
¶栃木歴

**岩本康隆** いわもとやすたか
昭和4 (1929) 年11月13日～平成7 (1995) 年8月30日
昭和・平成期の学校長。
¶飛騨

**岩本義夫** いわもとよしお
大正14 (1925) 年1月21日～
昭和期の朝日村教育長。
¶飛騨

**巌本善治** いわもとよしはる
文久3 (1863) 年6月15日～昭和17 (1942) 年10月6日　[別]巌本善治《いわもとぜんじ》
明治～昭和期の女子教育家。明治女学院校長、「基督教新聞」主筆。キリスト教に基づく女子教育と女性の地位向上に尽力、「女学雑誌」創刊。
¶岩史, 角史 ([没]昭和18 (1943) 年), 教育 (いわもとぜんじ　[生]1868年), キリ ([生]文久3年6月15日 (1863年7月30日)　[没]昭和18 (1943) 年10月6日), 近現 (いわもとぜんじ), 近文, 現朝 ([生]文久3年6月15日 (1863年7月30日)), 国史 (いわもとぜんじ), コン改, コン5, 史人, 児文, 出版, 出文, 女史 (いわもとぜんじ), 新潮, 新文, 人名7, 世紀, 世人 (いわもとぜんじ), 世百 ([没]1943年), 先駆, 全書, 大百 ([没]1943年), 哲学 ([没]1943年), 日史, 日児 ([生]文久3 (1863) 年7月30日), 日人, 日本, 百科 ([没]昭和18 (1943) 年), 兵庫人 (いわもとぜんじ　[没]昭和18 (1943) 年11月5日), 兵庫文 ([没]昭和18 (1943) 年10月6日), 文学, 民学, 履歴, 歴大

**岩本廉蔵** いわもとれんぞう
天保2 (1831) 年～大正5 (1916) 年
江戸時代末期～大正期の大庄屋。牧場をつくり牛の品種改良に尽力。
¶鳥取百, 日人, 幕末

**岩谷英太郎** いわやえいたろう
慶応1（1865）年1月28日～？　[別]岩谷英太郎《いわたにえいたろう》
江戸時代末期～明治期の教育者・教育学者。
¶札幌，北海道百（いわたにえいたろう　生没年不詳），北海道歴

**巌谷小波** いわやさざなみ
明治3（1870）年6月6日～昭和8（1933）年9月5日
[別]巌谷季雄《いわやすえお》，巌谷小波《いわたにさざなみ》，小波《しょうは》
明治～大正期の小説家、児童文学作家。叢書「日本昔噺」「日本お伽噺」などで日本民話を定着させ、口演童話を開拓。
¶岩史（[生]明治3（1870）年5月8日），近江，角史，神奈川人，紀伊文，教育，京都大，京都文，近現，近文，群馬人，群馬百，芸能，現朝（[生]明治3年6月6日（1870年7月4日）），幻作，幻想，現日（いわたにさざなみ），現俳，国史，コン改，コン5，詩歌，滋賀百（[没]1934年），滋賀文，詩作，児作，史人，児文，重要，出文，小説（[生]明治3年6月6日（1870年7月4日）），新潮，新文，人名，世紀，姓氏京都，世人，世百，先駆，全書，大百，東京文，渡航（巌谷季雄・巌谷小波　いわやすえお・いわやさざなみ），長野歴（[没]明治8（1875）年），奈良文，日史，日児（[生]明治3（1870）年7月4日），日人，日本，俳諧（小波しょうは），俳句（小波　しょうは），俳文，百科，文学，北海道文，民学，明治2，履歴，歴大

**巌谷季雄** いわやすえお
→巌谷小波（いわやさざなみ）

**巌谷立太郎** いわやりゅうたろう
安政4（1857）年～明治24（1891）年
明治期の鉱山学者。ドイツに渡り、鉱山冶金学を学ぶ。採鉱冶金の技術改良に貢献。工手学校（後の工学院大学）の設立に関わる。
¶海越（[生]安政4（1857）年8月14日　[没]明治24（1891）年1月24日），海越新（[生]安政4（1857）年8月14日　[没]明治24（1891）年1月24日），科学（[没]1891年（明治24）1月24日），学校（[生]安政4（1857）年8月　[没]明治24（1891）年1月），人名，渡航（[生]1857年1月　[没]1891年1月），日人

**印定** いんじょう
安永6（1777）年～嘉永4（1851）年1月10日
江戸時代後期の浄土真宗の僧。
¶国書，人名，日人，仏教

**犬童球渓** いんどうきゅうけい
明治12（1879）年3月20日～昭和18（1943）年10月19日
明治～昭和期の教育者、作詞家。
¶熊本近，熊本人，熊本百，芸能，日人，兵庫百（[生]明治13（1880）年）

**印藤真楯** いんどうまたて
文久1（1861）年5月15日～大正3（1914）年
明治期の洋画家。作品に「古代美人図」など。著書に「油絵楷梯」など。
¶近美，世紀，日人，美家，名画，洋画

## 【う】

**宇井默斎** ういもくさい
享保10（1725）年～天明1（1781）年11月22日
江戸時代中期の儒学者。
¶江文，国書（[生]享保10（1725）年4月12日），人名，日人（[没]1782年）

**上岡一世** うえおかかずとし
昭和21（1946）年3月13日～
昭和～平成期の養護学校教諭。愛媛大学教育学部附属養護学校小学部主事。
¶現執3期，現執4期

**上河淇水** うえかわきすい
寛延1（1748）年11月9日～文化14（1817）年10月4日
江戸時代中期～後期の心学者。明倫舎第3世舎主。
¶朝日（[生]寛延1年11月9日（1748年12月28日）[没]文化14年10月4日（1817年11月12日）），岩史，京都大，近世，国史，国書，コン改，コン4，コン5，史人，思想史，新潮，人名，姓氏京都，世人，日人，歴大

**植木環山** うえきかんざん
文化5（1808）年～明治14（1881）年
江戸時代末期～明治期の医師。
¶国書（[没]明治14（1881）年3月5日），人名，日人，兵庫人（[没]明治14（1881）年5月）

**植木憲道** うえきけんどう
明治4（1871）年9月17日～昭和42（1967）年5月26日　[別]植木義雄《うえきよしお》
明治～昭和期の臨済宗僧侶。雲巌寺住職。
¶郷土栃木（植木義雄　うえきよしお），世紀，栃木百（植木義雄　うえきよしお　[生]明治11（1878）年），栃木歴，日人

**植木俊助** うえきしゅんすけ
明治25（1892）年～昭和17（1942）年
大正～昭和期の教育者・社会事業家。
¶神奈川人，姓氏神奈川

**植木第三郎** うえきだいざぶろう
明治3（1870）年6月1日～昭和30（1955）年2月8日
明治～大正期の陸軍放射線医学教育者。陸軍一等軍医正。X線の操作法を学び、組立性能検査を行い、操作技術を教え後進の養成に尽力。
¶人名7，日人

**植木筑峯** うえきちくほう
享保5（1720）年～安永3（1774）年
江戸時代中期の儒学者。
¶人名，日人

**植木義雄** うえきよしお
→植木憲道（うえきけんどう）

**植草こう** うえくさこう
明治37（1904）年6月8日～平成10（1998）年9月1日

昭和期の教育者。
¶世紀，日人

**上坂忠七郎** うえさかちゅうしちろう
天保10（1839）年～大正7（1918）年
江戸時代末期～大正期の漆業者。県議会議員、村長。土木事業、農事改良、学校や病院の設置、出征軍人や留守家族への援護にも尽力。
¶朝日（[生]天保10年9月10日（1839年10月16日）[没]大正7（1918）年5月26日），日人

**上迫忠夫** うえさこただお
大正10（1921）年～昭和61（1986）年10月20日
昭和期の体操選手、指導者。
¶現情，島根百（[生]大正10（1921）年10月14日），島根歴

**上里次介** うえさとじすけ
明治10（1877）年～昭和12（1937）年
明治～昭和期の小学校長、寺僧。
¶姓氏沖縄

**上里八蔵** うえざとはちぞう
明治12（1879）年～大正3（1914）年4月　[別]天来
明治期の教師、ジャーナリスト。伊江村村長。
¶社史

**上里吉堯** うえさとよしたか
明治40（1907）年～平成2（1990）年
昭和～平成期の教育者。仔羊幼稚園創立者。
¶姓氏沖縄

**上真行** うえさねみち
嘉永4（1851）年7月2日～昭和12（1937）年2月28日
明治～昭和期の雅楽家、作曲家。雅楽局楽長。雅楽奈良方の上家出身。唱歌「鉄道唱歌」「一月一日」など作曲。
¶音人，近現，芸能，国史，作曲，史人，新芸，人名，世紀，世百，日音，日人

**植芝盛平** うえしばもりへい
明治16（1883）年12月14日～昭和44（1969）年4月26日
大正～昭和期の武術家。合気道開祖。新宿に本部道場、茨城に野外道場を設置、海外普及にも尽力。
¶現朝，現情，コン改，コン4，コン5，新潮，人名7，世紀，世百新，日人，百科，履歴，履歴2，和歌山人

**上杉賢士** うえすぎけんし
昭和23（1948）年～
昭和～平成期の研究者。千葉大学大学院教育学研究科教授。専門は、教育臨床学。
¶現執4期

**上杉孝実** うえすぎたかみち
昭和10（1935）年9月15日～
昭和～平成期の社会教育学者。京都大学教授。
¶現執3期，現執4期

**上杉憲実** うえすぎのりざね
応永17（1410）年～文正1（1466）年
室町時代の武将、関東管領。足利学校を再興。
¶朝日（[没]文正1年閏2月6日（1466年3月22日）），伊豆（[生]応永18（1411）年），茨城百，茨城歴（[生]応永18（1411）年），岩史（[没]文正1（1466）年閏2月），角史（[生]応永18（1411）年），神奈川人，神奈川百（[生]1411年），鎌倉，鎌倉新（[生]応永17（1410）年？　[没]文正1（1466）年閏2月6日），鎌室，教育（[生]1411年），郷土茨城（[生]1411年），郷土群馬（[生]1411年），群新百，群馬人，系東，国史，古中，コン改（[生]応永18（1411）年），コン4（[生]応永18（1411）年），コン5（[生]応永18（1411）年），埼玉百（[生]1411年），史人（[没]1466年閏2月），静岡百（[生]応永18（1411）年），静岡歴（[生]応永18（1411）年），思想史，重要（[生]応永18（1411）年　[没]文正1（1466）年2月6日），諸系，新潮（[生]応永17（1410）年？　[没]文正1（1466）年閏2月6日？），人名（[生]1411年），姓氏神奈川，姓氏群馬（[生]1411年），姓氏静岡（[生]1411年），姓氏山口（[生]1411年），世人（[生]応永18（1411）年　[没]文正1（1466）年2月6日），世百，全書，大百，千葉百，中世，中世（[生]1411年），栃木歴，内乱，新潟百，日史（[生]応永18（1411）年　[没]文正1（1466）年閏2月），日人，百科（[生]応永18（1411）年），仏教（[生]応永18（1411）年　[没]文正1（1466）年閏2月，（異説）3月6日），平日（[生]1411年），室町，山川小（[没]1466年閏2月），歴大

**上杉治憲** うえすぎはるのり
寛延4（1751）年7月20日～文政5（1822）年　[別]上杉鷹山《うえすぎようざん》
江戸時代中期～後期の大名。出羽米沢藩主。
¶朝日（上杉鷹山　うえすぎようざん　[生]宝暦1年7月20日（1751年9月9日）　[没]文政5年3月12日（1822年5月3日）），岩史（[没]文政5（1822）年3月12日），江人（上杉鷹山　うえすぎようざん），角史，教育（上杉鷹山　うえすぎようざん　[生]1746年），近世（上杉鷹山　うえすぎようざん），国史（上杉鷹山　うえすぎようざん），国書（上杉鷹山　うえすぎようざん　[没]文政5（1822）年3月12日），コン改（上杉鷹山　うえすぎようざん），コン4（上杉鷹山　うえすぎようざん），コン5（上杉鷹山　うえすぎようざん），史人（[没]1822年3月12日），重要，食文（上杉鷹山　うえすぎようざん　[生]寛永4年7月20日（1751年9月9日）　[没]文政5年3月12日（1822年5月3日）），諸系（上杉鷹山　うえすぎようざん），人書79（上杉鷹山　うえすぎようざん），人書94（上杉鷹山　うえすぎようざん　[生]1746年），人情（上杉鷹山　うえすぎようざん），新潮（[没]文政5（1822）年3月12日），人名（上杉鷹山　うえすぎようざん），世人（[生]宝暦1（1751）年7月　[没]文政5（1822）年3月11日），世百，全書，大百（上杉鷹山　うえすぎようざん），伝記，徳川将，日史（[没]文政5（1822）年3月12日），日人（上杉鷹山　うえすぎようざん），藩主1（[没]文政5（1822）年3月12日），百科，平日，宮崎百（上杉鷹山　うえすぎようざん　[没]文政5（1822）年3月12日），山形百（上杉鷹山　うえすぎようざん），山川小（[没]1822年3月12日），歴大

**上杉深雄** うえすぎふかお
嘉永2（1849）年～大正6（1917）年10月15日

江戸時代末期〜大正時代の剣士。薩摩屋敷浪人組に参加し、のちに演武場教授。
¶幕末，幕末大（㊤嘉永2（1849）年4月16日）

う

**上杉鷹山** **うえすぎようざん**
→上杉治憲（うえすぎはるのり）

**上江洲智亨** **うえずちきょう**
明治33（1900）年〜昭和55（1980）年？
大正〜昭和期の沖縄県高校長・那覇連合区教育次長。
¶姓氏沖縄

**上江洲由恭**（上江州由恭） **うえずゆうきょう**
尚泰14（1861）年7月15日〜昭和9（1934）年8月23日 ㊞上江洲由恭《ゆうきょう》
明治〜昭和期の教育者、政治家。八重山村村長。
¶沖縄百（ゆうきょう），社史（上江州由恭），姓氏沖縄

**上田唯今** **うえだいこん**
？ 〜文化3（1806）年
江戸時代後期の心学者。
¶和歌山人

**上田一朗** **うえだいちろう**
生没年不詳
明治期の教育者。太田学校2代目校長。
¶姓氏愛知

**上田円増**（上田円僧） **うえだえんぞう，うえたえんぞう**
文政10（1827）年〜明治39（1906）年
明治期の漢学者。土佐藩校の教授。のち県下の各中等学校で数十年教鞭をとった。
¶高知人（うえたえんぞう），人名（上田円僧 ㊤？），日人

**上田槐堂** **うえだかいどう**
天明8（1788）年〜慶応2（1866）年
江戸時代後期の書家。
¶国書，人名，日人

**上田薫** **うえだかおる**
大正9（1920）年5月17日〜
昭和期の教育学者。主著「知られざる教育」がある。
¶現朝，現執1期，現執2期，現執3期，現情，世紀，日人，マス89

**上田万年** **うえだかずとし**
慶応3（1867）年1月7日〜昭和12（1937）年10月26日 ㊞上田万年《うえだまんねん》
明治〜昭和期の言語学者。帝国大学教授、神宮皇学館館長。日本の言語学の基盤を築き、「P音考」は日本音韻史研究の先駆的業績。
¶愛知百，岩史，海越，海越新，角史，神奈川人，教育，近現，近文，現朝（㊤慶応3年1月7日（1867年2月11日）），現詩，国史，コン改，コン5，史人，児文，神史，神人，新潮，新文，人名（うえだまんねん），世紀，姓氏愛知，世人，世百，全書，大百，哲学，渡航（㊤1867年1月1日），日思，日史，日児（㊤慶応3（1867）年2月11日），日人，日本，百科，文学，明治2，履歴，歴大

**上田勝行** **うえだかつゆき**
安政4（1857）年〜明治36（1903）年
明治期の教育家。ドイツ語学校、私立京都医学校薬学校（後の京都薬科大学）を創立。
¶学校（㊤安政4（1857）年9月16日 ㊦明治36（1903）年1月2日），人名，日人

**上田淇亭** **うえだきてい**
文化11（1814）年〜明治9（1876）年12月6日
江戸時代末期〜明治期の儒学者。
¶維新，郷土奈良，国書，人名，日人，幕末，藩臣4（㊤文化12（1815）年）

**上田及淵** **うえだきゅうえん**
→上田及淵（うえだしきぶち）

**上田敬次** **うえだけいじ**
大正6（1917）年5月〜
昭和期の教育者。
¶群馬人

**上田元冲** **うえだげんちゅう**
文化10（1813）年〜明治8（1875）年
江戸時代末期〜明治期の儒学者。
¶日人

**上田耕** **うえだこう**
→上田作之丞（うえださくのじょう）

**上田作之丞** **うえださくのじょう**
天明7（1787）年〜元治1（1864）年 ㊞上田耕《うえだこう》，上田竜郊《うえだりゅうこう》
江戸時代末期の儒学者、経世思想家。
¶石川百，近世，国史，国書（上田竜郊 うえだりゅうこう ㊦元治1（1864）年4月11日），コン改，コン4，新潮（㊦元治1（1864）年4月11日），人名（㊤1788年），姓氏石川（上田耕 うえだこう），姓氏石川，姓氏富山，世人（㊦元治1（1864）年4月），世百（㊤1788年），日人，幕末（上田耕 うえだこう ㊦1864年5月16日），歴大（㊤1787年，（異説）1788年）

**上田貞雄** **うえださだお**
明治24（1891）年11月11日〜昭和54（1979）年2月24日
大正〜昭和期の教育者。
¶熊本人，熊本百

**植田佐兵衛** **うえださべえ**
寛政12（1800）年〜明治14（1881）年
江戸時代後期〜明治期の教育者。
¶姓氏神奈川

**上田三平** **うえださんぺい**
明治14（1881）年〜昭和25（1950）年12月19日
大正〜昭和期の考古学者。文部省史蹟調査嘱託。考古学を研究。
¶郷土福井，考古，史研，植物（㊤明治14（1881）年3月15日），福井百

**上田及淵** **うえだしきのぶ**
→上田及淵（うえだしきぶち）

**上田及淵** うえだしきぶち
文政2(1819)年～明治12(1879)年6月12日 [別]上田及淵《うえだきゅうえん,うえだしきのぶ》
江戸時代末期～明治期の国学者。平田門国学を学び、岡山藩儒員、維新後神祇官を務め、著書に「大道安神妙説約」。
¶岡山人(うえだきゅうえん), 岡山百(うえだきゅうえん), 岡山歴(うえだきゅうえん [生]文政2(1819)年7月2日), 眼科(うえだきゅうえん), 熊本百([生]文政2(1819)年7月2日), 国書([生]文政2(1819)年7月2日 [没]明治12(1879)年6月13日), コン改(うえだしきのぶ), コン4(うえだしきのぶ), コン5(うえだしきのぶ), 新潮(うえだしきのぶ [没]明治12(1879)年6月), 人名(うえだしきのぶ), 日人, 幕末

**上田重次郎** うえだじゅうじろう
天保11(1840)年～昭和4(1929)年
明治～昭和期の教育者。
¶姓氏愛知

**上田収穂** うえたしゅうほ
昭和5(1930)年1月3日～
昭和～平成期の音楽教育者、合唱指揮者。
¶音人2, 音人3

**上田峻** うえだしゅん
生没年不詳
明治期の通訳、教育者。男女共学のさきがけ。
¶先駆

**上田庄三郎** うえだしょうざぶろう,うえたしょうさぶろう,うえたしょうざぶろう
明治27(1894)年11月10日～昭和33(1958)年10月19日
昭和期の教育評論家。雲雀ケ岡児童の村小学校校長。雑誌「綴方生活」を創刊、教育運動に関わりながら評論活動に従事。
¶現朝, 現情, 現人, 高知人(うえたしょうさぶろう), 高知百(うえたしょうざぶろう), コン改, コン4, コン5, 四国文, 社史, 新潮, 人名7, 世紀, 日人, 平和

**植田真一** うえだしんいち
明治29(1896)年7月1日～平成1(1989)年3月11日
明治～昭和期の学校創立者。清教学園を創立。
¶学校

**上田武治郎** うえだたけじろう
嘉永2(1849)年～大正6(1917)年
明治～大正期の地域開発者。
¶郷土奈良, 世紀([生]嘉永2(1849)年10月23日 [没]大正6(1917)年4月2日), 日人

**上田忠雄** うえだただお
明治36(1903)年～昭和63(1988)年
昭和期の教育者。
¶石川百

**上田唯郎** うえだただろう
明治37(1904)年～?
昭和期の教育ジャーナリスト。新興教育研究所中央委員。中文書房をおこし「教育科学研究」を発行(後発禁)。
¶コン改, コン4, コン5, 日人, 平和

**上田帯刀** うえだたてわき
文化6(1809)年～文久3(1863)年5月2日 [別]上田仲敏《うえだちゅうびん,うえだなかとし》
江戸時代末期の洋式兵学者、国学者、尾張藩士。
¶朝日([没]文久3年5月2日(1863年6月17日)), 維新, 科学, 国書(上田仲敏 うえだなかとし), コン4, 新潮, 人名(上田仲敏 うえだなかとし), 日人, 藩臣4, 洋学(上田仲敏 うえだちゅうびん)

**上田仲敏** うえだちゅうびん
→上田帯刀(うえだたてわき)

**上田纘明** うえだつぐあき
→上田茂右衛門(うえだもえもん)

**上田強** うえだつよし
明治29(1896)年～平成1(1989)年
昭和期の教育者。
¶山口人

**上田貞治** うえだていじ
明治44(1911)年8月20日～
昭和～平成期の教師。
¶奈良文

**上田敏見** うえだとしみ
大正10(1921)年9月25日～昭和63(1988)年6月22日
昭和期の教育・発達心理学者。奈良教育大学教授。
¶現執1期, 心理

**上田寅次郎** うえだとらじろう
明治12(1879)年1月27日～大正4(1915)年12月11日
明治～大正期の教育者、小説家。
¶岩手人, 北海道文

**上田仲敏** うえだなかとし
→上田帯刀(うえだたてわき)

**上田稔彦** うえだなるひこ
明治期の教育者。
¶埼玉百

**植田南畝** うえたなんぽ
安政4(1857)年～大正7(1918)年
明治～大正期の教育者。
¶香川人, 香川百

**上田農夫** うえだのうふ
弘化5(1848)年～明治28(1895)年8月29日
江戸時代末期～明治時代の政治家、馬産家。岩手県議会初代議長、衆議院議員。フランス語塾を開設し西洋教育に尽力。
¶岩手人([生]1848年5月30日), 岩手百, 社史([生]嘉永1年(1848年5月30日)), 姓氏岩手, 幕末, 幕末大

**上田八一郎** うえだはちいちろう
明治23(1890)年～昭和40(1965)年

明治〜昭和期の教育者。明星学園中学校、明星学園高等女学校を創立した。
¶学校

**上田八良** うえだはちりょう
大正15（1926）年7月7日〜
昭和期の教育問題・教職員労働問題専門家。日本教職員組合所属。
¶現執2期

**上田英明** うえだひであき
大正15（1926）年4月13日〜
昭和期の教育者。学校長。
¶飛騨

**上田鳳陽** うえだほうよう
→上田茂右衛門（うえだもえもん）

**植田政治** うえたまさじ
明治17（1884）年〜昭和18（1943）年
明治〜昭和期の教育功労者。
¶高知人

**上田正当** うえだまさとう
？〜明治41（1908）年
明治期の美術教育家。
¶姓氏京都

**植田又兵衛** うえだまたべえ
弘化3（1846）年12月20日〜大正3（1914）年4月9日
江戸時代後期〜大正時代の和算家。湯屋を営む。明治中頃私塾を開き教授。
¶数学

**上田万年** うえだまんねん
→上田万年（うえだかずとし）

**上田茂右衛門** うえだもえもん
→上田茂右衛門（うえだもえもん）

**上田茂右衛門** うえだもえもん
明和6（1769）年〜嘉永6（1853）年12月8日 ㊞上田纘明《うえだつぐあき》、上田鳳陽《うえだほうよう》、上田茂右衛門《うえだもえもん》
江戸時代中期〜後期の長州（萩）藩士、教育者。
¶維新（㊞1770年 ㊞1854年）、国書（上田纘明 うえだつぐあき）、コン改、コン4、新潮、人名（上田鳳陽 うえだほうよう）、姓氏山口（上田鳳陽 うえだほうよう）、日人（上田鳳陽 うえだほうよう ㊞1854年）、幕末（うえだもえもん ㊞1770年 ㊞1855年1月25日）、山口百（上田鳳陽 うえだほうよう）

**上田基** うえだもとい
明治35（1902）年9月3日〜昭和56（1981）年3月19日
昭和期の教育者。
¶岡山歴

**上田弥四郎** うえだやしろう
明和5（1768）年〜天保10（1839）年
江戸時代中期〜後期の花巻郷学教授。
¶姓氏岩手

**上田幸夫** うえだゆきお
昭和25（1950）年9月1日〜
昭和期の社会教育学者。
¶現執2期

**上田吉一** うえだよしかず
大正14（1925）年10月3日〜
昭和〜平成期の教育心理学者。龍谷大学教授、兵庫教育大学教授。
¶現執2期、現執3期、心理

**上田竜郊** うえだりゅうこう
→上田作之丞（うえださくのじょう）

**上西哲丈** うえにしあきたけ
昭和7（1932）年8月19日〜
昭和期の高山市教育長。
¶飛騨

**上野篤** うえのあつし
明治15（1882）年〜大正15（1926）年
明治・大正期の教育者。鹿児島7代市長。
¶薩摩

**上野伊栄太** うえのいえいた
明治35（1902）年〜平成3（1991）年
昭和〜平成期の教育者。高校長。
¶山形百新

**上野勇** うえのいさむ
明治44（1911）年11月22日〜昭和62（1987）年4月11日
大正〜昭和期の民俗学者。
¶郷土、群馬人、世紀、日人

**上野華山** うえのかざん
文政6（1823）年〜明治6（1873）年
江戸時代末期の書家。
¶人名、日人

**上野清** うえのきよし
嘉永7（1854）年閏7月17日〜大正13（1924）年6月21日
明治期の数学啓蒙家。私塾を開き多数の中等教科書を執筆。多くの数学雑誌を主宰。東京数学院（後の東京高等学校）、仙台数学院（後の東北高等学校）を創設。
¶朝日、科学、学校、人名、数学、日人

**上野銀** うえのぎん
明治期の教育者。共立女子職業学校（後の共立女子学園）の設立に関わる。
¶学校

**植野慶四郎** うえのけいしろう
明治1（1868）年〜昭和8（1933）年
江戸時代末期〜昭和期の教育家。柳井学園高校創立者。
¶学校、姓氏山口

**上野憲治** うえのけんじ
明治21（1888）年〜昭和21（1946）年
大正・昭和期の教育者。
¶薩摩

**上野源太夫** うえのげんだゆう
享和2(1802)年2月8日～明治12(1879)年1月8日
江戸時代後期～明治期の教育者。
¶庄内

**上野茂** うえのしげる
大正2(1913)年2月17日～昭和62(1987)年12月19日
昭和期の教育者。
¶埼玉人

**上野尚志** うえのしょうし
文化8(1811)年～明治17(1884)年　㊞上野尚志《うえのたかもと》
江戸時代後期～明治期の郷土史家。
¶郷土，姓氏長野(うえのたかもと)，長野百，長野歴

**上野志郎** うえのしろう
昭和6(1931)年～
昭和～平成期の教師、中国人強制連行問題研究家。
¶平和

**上野仙三** うえのせんぞう
明治36(1903)年～昭和43(1968)年
昭和期の教育者。
¶姓氏岩手

**上野泰応** うえのたいおう
？　～明治13(1880)年
江戸時代後期～明治期の教育者・僧侶。
¶姓氏群馬

**上野尚志** うえのたかもと
→上野尚志(うえのしょうし)

**上野辰美** うえのたつみ
大正10(1921)年～
昭和期の教育学者。佐賀大学教授。
¶現執1期

**上野豊次郎** うえのとよじろう
明治35(1902)年7月6日～平成10(1998)年3月28日
昭和・平成期の教育者。朝鮮鉄道から北海学園大学で指導。
¶北海道建

**上野登** うえののぼる
明治26(1893)年～昭和48(1973)年
昭和期の経済地理学者。宮崎大学教授。
¶姓氏岩手

**上野梅塢** うえのばいお
→上野梅塢(うえのばいおう)

**上野梅塢** うえのばいおう
天保3(1832)年～明治42(1909)年9月3日　㊞上野梅塢《うえのばいお》
江戸時代末期～明治時代の漢学者、書家。学制発布ののちに二、三の学校教官。
¶大阪人(うえのばいお　㊞明治42(1909)年9月)，幕末，幕末大

**上野盤山** うえのばんざん
天保10(1839)年～＊
明治期の教育家。
¶京都府(㊞明治45(1912)年)，日人(㊞1915年)

**上ノ坊仁** うえのぼうひとし
明治41(1908)年3月1日～昭和59(1984)年2月23日
昭和期の小学校教員。
¶社史

**上野満** うえのみつる
明治40(1907)年11月6日～昭和60(1985)年2月28日
昭和期の農業指導者。畜産主体の共同農場に併設された農学塾の塾長。
¶現朝(㊞1985年3月4日)，現執1期，現情，現人，世紀，日人

**上野康貴** うえのやすき
明治41(1908)年～昭和39(1964)年
昭和期の教育者。
¶山口人

**上野安紹** うえのやすのり
明治19(1886)年6月8日～昭和5(1930)年2月20日
明治～昭和期の教育者、政治家。宇都宮学園創設者、栃木県議。
¶学校，郷土栃木，世紀，栃木百，栃木歴，日人

**上野山丈二の娘** うえのやまじょうじのむすめ★
1841年～
江戸時代末期の女性。教育。安政5年～文久1年まで青蓮院宮の末弟湲泉堂土肥丈谷に従学。
¶江表(上野山丈二の娘(東京都)　㊞天保12(1841)年頃)

**上野葉** うえのよう
→上野葉子(うえのようこ)

**上野陽一** うえのよういち
明治16(1883)年10月28日～昭和32(1957)年10月15日
明治～昭和期の産業心理学者。立教大学教授、産業能率短大学長。産業能率・事務管理研究の開拓者で、能率の父と呼ばれ、人事院の創設に関与。産業能率短期大学(後の自由が丘産能短期大学)を創立し、学長になった。
¶学校，現朝，現情，現人，新潮，人名7，心理，世紀，哲学，日人，履歴，履歴2

**上野葉子** うえのようこ
明治19(1886)年4月5日～昭和3(1928)年　㊞上野葉《うえのよう》
明治～大正期の教師、小説家、評論家。教壇で「青鞜」を語り、政府の女子教育方針を公然と批判。
¶近女，近文(㊞1927年)，社史(㊞1928年7月17日)，女性，女性普，世紀(㊞昭和3(1928)年7月17日)，奈良文，日女(上野葉　うえのよう㊞昭和3(1928)年7月17日)，日人(㊞昭和2(1927)年)

う

**上野由二郎** うえのよしじろう
明治34(1901)年1月3日～昭和47(1972)年10月28日
明治～昭和期の教育者。
¶視覚

**上羽勝衛** うえばかつえ
→上羽勝衛(うえばかつえい)

**上羽勝衛** うえばかつえい
天保13(1842)年～大正5(1916)年10月30日
[別]上羽勝衛《うえばかつえ》
江戸時代末期～明治時代の教育者・銀行家。元宇土支藩士。教科書「童蒙読本」などを出版。
¶熊本人(うえばかつえ　[生]1843年)，幕末，幕末大

**上原一馬** うえはらかずま
大正5(1916)年1月4日～平成10(1998)年12月17日
昭和～平成期の音楽教育者。
¶音人，音人2，音人3

**上原喜久雄** うえはらきくお
明治36(1903)年～
昭和期の教育者。
¶群馬人

**上原賢斎** うえはらけんさい
文政11(1828)年～大正3(1914)年
江戸時代末期～大正期の医家・教育家。
¶群馬人，姓氏群馬

**上原源兵衛** うえはらげんべえ
文政10(1827)年～明治34(1901)年
江戸時代後期～明治期の漢籍教官、小学校初代経営者。
¶姓氏鹿児島

**上原孝一郎** うえはらこういちろう
昭和24(1949)年～
昭和～平成期の児童文学作家、小学校教諭。
¶児人

**上原轍三郎** うえはらしつさぶろう
→上原轍三郎(うえはらてつさぶろう)

**上原成自** うえはらせいじ
生没年不詳
大正期の小学校代用教員。
¶社史

**上原正二郎** うえはらせいじろう
昭和3(1928)年～平成22(2010)年
昭和・平成期の教育者。
¶戦沖

**上原宗仙** うえはらそうせん
天保13(1842)年～大正7(1918)年
江戸時代末期～大正期の医師、教育者。
¶姓氏長野

**上原種美** うえはらたねよし
明治18(1885)年1月1日～昭和25(1950)年10月30日
明治～昭和期の農業教育家、農業教育行政官。霞ヶ浦農科大学初代学長。農学関係行政官として農業教育制度の体系化と整備充実に尽力。
¶現情，人名7，世紀([生]明治18(1885)年1月)，日人

**上原轍三郎** うえはらてつさぶろう
明治16(1883)年8月25日～昭和47(1972)年2月27日　[別]上原轍三郎《うえはらしつさぶろう》
昭和期の地方史研究家。北海道帝国大学教授。北海道史を研究。
¶現情，札幌，史研，人名7，世紀，日人，広島百，北海道建(うえはらしつさぶろう)，北海道百，北海道歴

**上原とめ** うえはらとめ
明治21(1888)年～昭和37(1962)年
明治～昭和期の教育者。平塚高等家政女学校(後の鵠沼高等学校)を創立。
¶学校，神奈川人，神奈女2([生]明治21(1888)年5月18日　[没]昭和37(1962)年2月4日)

**上原白圭** うえはらはくけい
→上原平仲(うえはらへいちゅう)

**上原敏範** うえはらびんはん
明治23(1890)年～昭和41(1966)年
大正～昭和期の政治家。大里村議会議員、初代与那原町長、大里村立青年学校長。
¶姓氏沖縄

**上原平仲** うえはらへいちゅう
延享2(1745)年～文政8(1825)年　[別]上原白圭《うえはらはくけい》
江戸時代中期～後期の常陸土浦藩士。
¶日人(上原白圭　うえはらはくけい)，藩臣2

**上原無休** うえはらむきゅう
？～文化3(1806)年2月19日
江戸時代中期～後期の心学者。
¶国書5

**上原之雄** うえはらゆきお
明治10(1877)年10月9日～昭和22(1947)年3月31日
明治～昭和期の教育者、郷土史家。
¶徳島歴

**上原好人** うえはらよしと
生没年不詳
昭和期の小学校教員。
¶社史

**上原良知** うえはらりょうち
明治44(1911)年～昭和59(1984)年
昭和期の小学校訓導、校長。
¶姓氏沖縄

**植松勝次** うえまつかつじ
明治40(1907)年3月10日～昭和57(1982)年7月8日
昭和期の教育者。
¶群馬人

教育篇　　　　　　　　　　　　119　　　　　　　　　　　うえやま

### 植松果堂　うえまつかどう
　＊〜明治42（1909）年
　明治期の漢学者。国史総覧の編纂に従事し、岩崎家の静嘉堂文庫の編集をした。
　¶人名（㊄?），日人（㊤1847年）

### 植松是勝　うえまつこれかつ
　→植松是勝（うえまつぜしょう）

### 植松茂岳　うえまつしげおか
　寛政6（1794）年12月10日〜明治9（1876）年　㊛植松茂岳《うえまつもがく》
　江戸時代末期〜明治期の国学者。本居宣長の門下、国学、詠歌に優れ、著書に「山室日記」「土佐日記冠註」。
　¶愛知百（㊤1876年3月2日），朝日（㊤寛政6年12月10日（1795年1月30日）㊥明治9（1876）年3月20日），維新，近現，近世，国史，国書（㊤明治9（1876）年3月20日），コン改（㊤寛政5（1793）年），コン4（㊤寛政5（1793）年），コン5（㊤寛政5（1793）年），思想（㊥明治9（1876）年3月20日），神史，神人，新潮（㊥明治9（1876）年3月20日），人名（㊤1793年），姓氏愛知，長野歴（うえまつもがく），日人（㊤1795年），幕末（㊥1876年3月2日），藩臣4

### 植松自謙　うえまつじけん
　寛延3（1750）年〜文化7（1810）年　㊛出雲屋和助《いずもやわすけ, いづもやわすけ》
　江戸時代後期の心学者。和助菩薩。
　¶朝日（㊤文化7年5月4日（1810年6月5日）），江戸東，近世，国史，コン改，コン4，コン5，史人（㊥1810年5月4日），思想史，重要《出雲屋和助　いずもやわすけ　㊤文化7（1810）年5月4日），新潮（㊤文化7（1810）年5月4日），人名，姓氏長野，世人（㊤文化7（1810）年5月4日），長野百（㊤1751年），長野歴，日人，藩臣3，歴大（㊤1751年）

### 植松是勝　うえまつぜしょう
　寛政2（1790）年〜文久2（1862）年　㊛植松是勝《うえまつこれかつ》，中村勝蔵《なかむらかつぞう》
　江戸時代末期の数学者。
　¶国書（㊤文久2（1862）年4月13日），人名，数学（うえまつこれかつ　㊥文久2（1862）年4月13日），千葉百，日人

### 植松茂岳　うえまつもがく
　→植松茂岳（うえまつしげおか）

### 上夢香　うえむこう
　嘉永4（1851）年7月2日〜昭和12（1937）年2月28日
　明治〜昭和期の雅楽家、洋楽家、音楽教育家、作曲家、漢詩人、書家。
　¶京都文，近文，詩作

### 上村勝爾　うえむらかつじ
　明治9（1876）年9月28日〜昭和23（1948）年2月12日
　明治〜昭和期の教育者。林学博士。
　¶岩手人

### 植村花亭　うえむらかてい
　明治期の教育者。共立女子職業学校（後の共立女子学園）の設立に関わる。
　¶学校

### 上村希美雄　うえむらきみお
　昭和4（1929）年〜平成18（2006）年
　昭和・平成期の大学教員。
　¶熊本人

### 上村修蔵　うえむらしゅうぞう
　文政10（1827）年〜明治5（1872）年
　江戸時代末期〜明治期の教育者。宿毛日新館教授、本藩致道館教授などを歴任。
　¶高知人（㊤1871年），幕末（㊥1872年2月3日），幕末大（㊤文政10（1827）年8月19日　㊥明治4（1872）年12月25日）

### 上村昌訓　うえむらしょうくん
　慶応1（1865）年〜大正14（1925）年
　明治〜大正期の洋画家、美術教育者。
　¶高知人

### 植村正助　うえむらしょうすけ
　?　〜寛政6（1794）年2月7日　㊛植村荘助《うえむらそうすけ》
　江戸時代後期の漢学者。
　¶岡山人（植村荘助　うえむらそうすけ），岡山歴

### 植村荘助　うえむらそうすけ
　→植村正助（うえむらしょうすけ）

### 植村利夫　うえむらとしお
　明治43（1910）年1月1日〜昭和63（1988）年12月27日
　昭和期の教育者。
　¶植物

### 植村肇　うえむらはじむ
　大正1（1912）年〜
　昭和期の文部省職員。文部省主任教科書調査官。
　¶体育

### 上村福幸　うえむらよしゆき
　明治26（1893）年2月18日〜昭和29（1954）年4月20日
　大正〜昭和期の教育学者。東京帝国大学教授、早稲田大学教授。教育心理学・教育理論を研究。
　¶現情，人名7，心理，世紀，哲学，日人

### 上屋悦寿　うえやえつじゅ
　明治36（1903）年3月16日〜昭和52（1977）年6月17日
　大正・昭和期の教育者。学校長。
　¶飛騨

### 上山正英　うえやままさひで
　明治11（1878）年9月1日〜昭和15（1940）年12月30日
　大正〜昭和期の医学放射線技術教育者。クーリッジX線管球の発生理論と構造をわが国へ最初に紹介。
　¶科学，人名7，世紀，日人

う

**卯尾栄次郎** うおえいじろう
明治6(1873)年〜昭和19(1944)年
明治〜昭和期の教育者。
¶姓氏富山

**魚住忠久** うおずみただひさ
昭和16(1941)年4月25日〜
昭和〜平成期の教育学者。愛知教育大学教授、愛知県教育センター研究指導主事。
¶現執3期, 現執4期

**鵜飼金三郎** うかいきんざぶろう
明治1(1868)年〜昭和5(1930)年
明治〜昭和期の教育者。
¶姓氏愛知

**鵜飼順弥** うかいじゅんや
慶応3(1867)年〜昭和18(1943)年
明治〜昭和期の教育者。
¶長野歴

**鵜飼石斎** うかいせきさい, うがいせきさい
慶長20(1615)年1月15日〜寛文4(1664)年7月21日
江戸時代前期の儒学者。
¶岩史(うがいせきさい), 近世, 国史, 国書, コン改(うがいせきさい), コン4(うがいせきさい), 新潮, 人名(うがいせきさい), 姓氏京都(うがいせきさい), 日人, 兵庫百, 歴大(うがいせきさい)

**鵜飼徹** うかいとおる
大正14(1925)年8月13日〜
昭和〜平成期の教育学者。新教育者連盟常任理事、日本教育科学研究所専務理事。
¶現執3期

**宇賀神フク** うがじんふく
明治43(1910)年〜昭和48(1973)年10月11日
昭和期の教育者。東京学芸大学教授。山口県立女子専門学校教授等を務め、子女の教育に尽力。
¶女性, 女性普

**宇川久衛** うかわきゅうえい
明治8(1875)年〜昭和24(1949)年
明治〜昭和期の教師。
¶会津

**鵜川昇** うかわのぼる
大正9(1920)年8月10日〜
昭和〜平成期の教育者。桐蔭学園横浜大学学長、神奈川県教育委員長。
¶現執2期, 現執3期, 現執4期

**浮岳堯文** うきおかぎょうもん
明治2(1869)年〜大正9(1920)年
明治期の僧侶。
¶神奈川人, 姓氏神奈川

**宇喜多秀穂** うきたひでほ
安政6(1859)年〜昭和11(1936)年
明治期の教育者。愛媛県立獣医学校創立。
¶愛媛(生没年不詳), 香川人, 香川百

**浮橋康彦** うきはしやすひこ
昭和4(1929)年〜
昭和〜平成期の日本近世文学・国語教育研究者。新潟大学教授。
¶現執1期

**受田新吉** うけだしんきち
明治43(1910)年5月18日〜昭和54(1979)年9月21日
昭和期の教育者、政治家。
¶政治, 姓氏山口, 山口人, 山口百

**請地成元** うけちしげはる
昭和25(1950)年〜
昭和〜平成期の児童文学作家、小学校教諭。
¶児人

**宇佐美灊水** うさみうんすい
→宇佐美灊水(うさみしんすい)

**宇佐美恵助** うさみえすけ
→宇佐美灊水(うさみしんすい)

**宇佐美覚了** うさみかくりょう
昭和12(1937)年3月16日〜
昭和〜平成期の高校教師。私立高田高校教師。
¶現執3期, 現執4期

**宇佐美如水** うさみじょすい
文政3(1820)年10月16日〜明治10(1877)年
江戸時代後期〜明治期の教育者。
¶三重

**宇佐美灊水** うさみしんすい
宝永7(1710)年1月23日〜安永5(1776)年8月9日
[別]宇佐美灊水《うさみうんすい》, 宇佐美恵助《うさみえすけ》
江戸時代中期の儒学者。荻生徂徠の弟子。
¶朝日([生]宝永7年1月23日(1710年2月21日) [没]安永5年8月9日(1776年9月21日)), 江文, 近世, 国史, 国書, コン改, コン4, 詩歌(うさみうんすい), 史人, 島根人, 島根歴(宇佐美恵助 うさみえすけ), 新潮, 人名, 世人, 日思, 日史, 日人, 藩臣5, 百科, 和俳

**宇佐美毅** うさみたけし
明治36(1903)年12月9日〜平成3(1991)年1月19日
昭和期の官僚。宮内庁長官。昭和天皇の側近ナンバーワンとして象徴天皇制の定着に尽力。
¶現朝, 現情, 現人, 現日, 世紀, 日人, 山形百新, 履歴, 履歴2

**宇佐美ため** うさみため
明治29(1896)年12月13日〜昭和57(1982)年8月16日
昭和期の音楽教育者。東京音楽学校教授。東京音楽学校助教授、上野学園教授等を歴任。またピアノ演奏家としても高名。
¶女性, 女性普, 新芸

**宇佐美寛** うさみひろし
昭和9(1934)年4月16日〜
昭和〜平成期の教育学者。千葉大学教授。

¶現執1期，現執2期，現執3期，現執4期

**氏家喜四郎** うじいえきしろう
天保8 (1837) 年～大正7 (1918) 年6月16日
江戸時代末期～大正時代の自治功労者。学知寮を設け教育の普及発展に尽力。
¶幕末，幕末大

**氏家謙曹** うじいえけんそう
慶応2 (1866) 年～昭和14 (1939) 年10月25日
明治～昭和期の教育者。早稲田大学教授。
¶岩手人

**氏家寿子** うじいえひさこ
明治31 (1898) 年2月7日～昭和60 (1985) 年10月23日
大正～昭和期の家政学者。日本女子大学教授。「家政学」の名門のリーダー役。高度成長期の政策づくりにも尽力。
¶近女，現朝，現執1期，現情，現人，女性，女性普，世紀，日人，マス89

**氏家緑山** うじいえりょくざん
寛政9 (1797) 年～弘化4 (1847) 年　[別]氏家緑山《うじえりょくざん》
江戸時代後期の儒学者。
¶江文，国書（うじえりょくざん　[没]弘化4 (1847) 年3月22日），人名，日人

**氏家緑山** うじえりょくざん
→氏家緑山（うじいえりょくざん）

**潮木守一** うしおぎもりかず
昭和9 (1934) 年11月11日～
昭和～平成期の教育社会学者。名古屋大学大学院教授、名古屋大学附属図書館長。
¶現執1期，現執2期，現執3期，現執4期，世紀，マス89

**潮恵之輔**（潮恵之助） うしおしげのすけ
明治14 (1881) 年8月11日～昭和30 (1955) 年1月9日
明治～昭和期の内務官僚、政治家。貴族院勅選議員、広田弘毅内閣内相・文相。二・二六事件前後の時期の文教・思想対策に尽力。
¶近現，現朝，現情（[没]1955年1月19日），国史，コン改，コン4，コン5，島根人（潮恵之助），島根百，島根歴，新潮（潮恵之助），人名7，世紀，政治，日人，履歴，履歴2

**潮田江次** うしおだこうじ
明治34 (1901) 年6月9日～昭和44 (1969) 年5月9日
昭和期の政治学者。慶応義塾大学塾長。政治概念論争の口火を切った旗頭として有名。著書に「政治の概念」など。
¶現情，人名7，世紀，日人

**牛飼市助** うしがいいちすけ
大正1 (1912) 年～昭和46 (1971) 年
昭和期の教育者、政治家。鹿児島市の荒田青年学校長・山下小学校長、鹿児島市議会議員。
¶姓氏鹿児島

**牛込ちゑ** うしごめちえ
明治19 (1886) 年5月26日～昭和50 (1975) 年8月2日
昭和期の裁縫教育者。昭和女子大学教授、文部省中等教育裁縫研究部幹事。日本女子専門学校教授等を歴任。著書に「婦人子供服精義」など。
¶近女，現情，女性，女性普，人名7，世紀，日人

**牛沢搏美** うしざわうつみ
明治26 (1893) 年～昭和20 (1945) 年
大正～昭和期の教育者。
¶長野歴

**牛島五一郎** うしじまごいちろう
文政3 (1820) 年～明治31 (1898) 年12月8日
江戸時代末期～明治期の肥後熊本藩士、教学師範。
¶国書（[生]文政4 (1821) 年），幕末，幕末大

**氏原大作** うじはらだいさく，うじはらたいさく
明治38 (1905) 年3月20日～昭和31 (1956) 年12月31日
昭和期の児童文学作家。小学校教師を務め、のち作家活動に入る。代表作に「花の木鉄道」。
¶近文，現情，児作，児文，人名7，世紀，姓氏山口，日児，日人，山口人，山口百，山口文（うじはらたいさく）

**牛丸清** うしまるきよし
明治1 (1869) 年2月3日～昭和8 (1933) 年4月24日
明治～昭和期の大西尋常小学校長。
¶飛騨

**牛丸仁** うしまるひとし
昭和9 (1934) 年3月26日～
昭和～平成期の児童文学作家。
¶幻作，幻想，児作，児人，世紀

**牛山吉太** うしやまきちた
明治42 (1909) 年6月18日～
昭和期の小学校教員。
¶社史

**牛山今朝平** うしやまけさへい
明治37 (1904) 年～昭和43 (1968) 年
昭和期の教育者。
¶姓氏長野，長野歴

**牛山伝造** うしやまでんぞう
明治17 (1884) 年～昭和18 (1943) 年
明治～昭和期の博物学者、教育者。
¶姓氏長野，長野歴

**牛山初男** うしやまはつお
明治40 (1907) 年～昭和58 (1983) 年
昭和期の教育者、方言研究家。
¶姓氏長野，長野歴

**牛山充** うしやまみつる
明治17 (1884) 年6月12日～昭和38 (1963) 年11月9日
大正～昭和期の音楽舞踊評論家。マスコミを舞台にした評論活動のパイオニア。
¶音楽，音人，芸能，現朝，現情，人名7，世紀，

長野百，長野歴，日人



**宇城カ子** うしろかね
明治35（1902）年2月6日～平成15（2003）年12月8日
昭和期の学校創立者。筑紫洋裁女学院、東筑紫高等学校を設立。
¶学校

**宇城信五郎** うしろしんごろう
明治22（1889）年3月1日～昭和57（1982）年1月26日
明治～昭和期の学校創立者。筑紫洋裁女学院、東筑紫高等学校を設立。
¶学校

**後田茂** うしろだしげる
昭和7（1932）年～
昭和期の教育学者。愛知県立大学教授。
¶現執1期

**碓井数明** うすいかずあき
明治42（1909）年9月5日～昭和58（1983）年7月1日
昭和期の心理学者。
¶島根歴，心理

**碓井菊衛** うすいきくえ
明治38（1905）年5月10日～昭和38（1963）年10月20日
昭和期の小学校教員。
¶社史

**薄井熙州** うすいきしゅう
文政10（1827）年～明治40（1907）年
江戸時代後期～明治期の教育者。
¶福島百

**碓氷金吾** うすいきんご
天保7（1836）年～明治44（1911）年
江戸時代後期～明治期の教育者。
¶伊豆，静岡歴，姓氏静岡

**薄井こと** うすいこと
明治29（1896）年10月19日～昭和37（1962）年3月20日
大正・昭和期の教育者。女性団体リーダー。
¶神奈女

**薄井コト** うすいこと
明治29（1896）年～昭和37（1962）年
大正～昭和期の教育者。
¶神奈川人，姓氏神奈川

**臼井定民** うすいさだたみ
明治5（1872）年～
明治期の教育者。実業家。
¶岩手人

**臼井重晴** うすいしげはる
生没年不詳
昭和期の小学校教員。
¶社史

**碓井正平** うすいしょうへい
明治24（1891）年～昭和19（1944）年
昭和期の教育者。
¶神奈川人

**薄井セイ** うすいせい
文化14（1817）年～明治13（1880）年
江戸時代末期～明治期の私塾経営者。
¶栃木歴

**臼井治堅** うすいはるかた
文化6（1809）年～嘉永6（1853）年12月16日　[別]臼井治堅《うすいはるたか》
江戸時代末期の因幡鳥取藩士、国学者。
¶国書，人名，鳥取百（うすいはるたか），日人（[没]1854年），藩臣5

**臼井治堅** うすいはるたか
→臼井治堅（うすいはるかた）

**臼井雅胤** うすいまさたね
生没年不詳
江戸時代中期の神道家。伯家神道学頭。
¶近世，国史，国書，史人，神史，神人，新潮，世人，日人

**碓井正久** うすいまさひさ
大正11（1922）年5月30日～
昭和期の社会教育学者。東京大学教授。
¶現執1期，現情

**薄井道正** うすいみちまさ
昭和27（1952）年6月5日～
昭和～平成期の高校教師。滋賀県立長浜商工高校教師。
¶現執3期

**碓井岑夫** うすいみねお
昭和15（1940）年～
昭和期の近代日本教育史研究者。
¶現執1期

**薄井八代子** うすいやよこ
大正11（1922）年1月8日～
昭和～平成期の児童文学作家、高校教諭。
¶郷土，四国文，児人

**臼井嘉一** うすいよしかず
昭和20（1945）年10月7日～
昭和～平成期の教育学者。福島大学教授。
¶現執3期，現執4期

**臼杵横波** うすきおうは
→臼木駿平（うすきしゅんぺい）

**臼木駿平**（臼杵駿平） うすきしゅんぺい
文化3（1806）年～元治1（1864）年　[別]臼杵横波《うすきおうは》
江戸時代末期の敬業館教授。
¶国書（臼杵横波　うすきおうは　[没]元治1（1864）年6月21日），人名（臼杵駿平），日人（臼杵横波　うすきおうは），幕末（[生]1812年 [没]1864年7月24日），幕末大（[生]文化9（1812）年 [没]元治1（1864）年6月21日）

**臼杵鹿垣**　うすきろくえん
安永1（1772）年～文化10（1813）年
江戸時代中期～後期の儒学者。長門府中藩士、藩校敬業館教授。
¶国書（[没]文化10（1813）年6月27日），人名，日人，藩臣6（[生]明和8（1771）年）

**臼田寿恵吉**　うすだすえきち
明治4（1871）年～昭和27（1952）年
明治～昭和期の中等教育者、海外教育者。
¶長野歴

**磨田たけ**　うすだたけ
明治40（1907）年9月6日～昭和24（1949）年4月7日
昭和期の教育者・詩人。
¶埼玉人

**薄田東郊**　うすたとうこう
宝暦4（1754）年～文化5（1808）年
江戸時代中期～後期の弘前藩校創設御用掛の儒者。
¶青森人

**うた**(1)
1806年～
江戸時代後期の女性。教育。田中平右衛門の妻。
¶江表（うた（東京都）　[生]文化3（1806）年頃）

**うた**(2)
1836年～
江戸時代後期の女性。教育。上田氏。
¶江表（うた（東京都）　[生]天保7（1836）年頃）

**宇多**　うた★
1841年～
江戸時代後期の女性。教育。森市左衛門の妹。
¶江表（宇多（東京都）　[生]天保12（1841）年頃）

**歌**　うた★
1816年～
江戸時代後期の女性。教育。和田惣右衛門の長女。
¶江表（歌（東京都）　[生]文化13（1816）年頃）

**宇田愛**　うだあい
明治16（1883）年頃～昭和57（1982）年2月17日
明治～昭和期の教育者。東洋女子短期大学理事長を務めた。
¶女性（[生]明治16（1883）年頃），女性普

**宇高ラク**　うたからく
明治26（1893）年1月2日～平成6（1994）年8月22日
昭和期の教育者。豊島区立長崎中学校校長。
¶世紀，日人

**歌川秋南**　うたがわしゅうなん
文久2（1862）年～昭和2（1927）年
明治～大正期の教育家。
¶新潟百

**宇田川宏**　うだがわひろし
昭和3（1928）年8月25日～
昭和～平成期の教育学者。日本福祉大学教授、中野区民連絡会会長。
¶現執1期，現執2期，現執3期

**宇田川榕庵**（宇田川榕菴）　うだがわようあん，うたがわようあん
寛政10（1798）年3月9日～弘化3（1846）年6月22日
江戸時代後期の蘭学医。
¶朝日（[生]寛政10年3月9日（1798年4月24日）[没]弘化3年6月22日（1846年8月13日）），岩史，江文（宇田川榕菴），岡山人，岡山百，岡山歴（宇田川榕菴），科学，角史，教育（[没]1847年），郷土岐阜，近世，国史，国書，コン改，コン4，史人（[生]1798年3月9日，（異説）3月16日），重要，人書94，新潮，人名，世人，世百（宇田川榕菴），全書（宇田川榕菴），大百（宇田川榕菴），伝記（うたがわようあん），日音，日史，日人，藩臣6，百科（宇田川榕菴），平日，洋学（宇田川榕菴），歴大（宇田川榕菴）

**宇田健斎**　うだけんさい
文政2（1819）年～明治16（1883）年
江戸時代末期～明治期の医師、儒者。
¶京都府，人名，姓氏京都（[生]1818年），日人

**宇多子**　うたこ★
寛政9（1797）年～明治17（1884）年
江戸時代後期～明治時代の女性。教育。島原町の医師高田淑文の妻。
¶江表（宇多子（長崎県））

**宇多繁野**　うたしげの
大正期の教育者。東京青山に割烹学校を開校。
¶食文

**歌田靭雄**　うただゆきお
安政1（1854）年～明治35（1902）年4月15日
江戸時代末期～明治期の神職、教育者。公立円野学校初代校長や諸社の祠官を務める。
¶維新，山梨百

**宇田富晴**　うだとみはる
昭和25（1950）年5月5日～
昭和期の飛騨養護学校教員。
¶飛驒

**宇田友四郎**　うだともしろう
万延1（1860）年3月25日～昭和13（1938）年10月9日
明治～昭和期の実業家。土佐中学校を創設。
¶学校，高知人，高知百，世紀，日人

**歌原松陽**　うたはらしょうよう
＊～安政6（1859）年
江戸時代末期の伊予松山藩儒。
¶人名（[生]1798年），日人（[生]1797年）

**歌原蒼苔**　うたはらそうたい
明治8（1875）年7月12日～昭和17（1942）年5月2日
明治～昭和期の俳人。
¶愛媛百，俳文

**宇田尚**　うだひさし
？　～昭和43（1968）年3月7日
昭和期の教育者。学校創立者。東洋女子歯科医学専門学校（後の東洋女子短期大学）を設立。
¶学校

う

**内海和雄** うちうみかずお
昭和21(1946)年2月21日～
昭和～平成期の体育教育学者。一橋大学教授。
¶現執3期

**打垣内正** うちがいとしょう
明治40(1907)年2月1日～平成7(1995)年5月13日
昭和～平成期の音楽教育者、作曲家。
¶音人2

**内ケ崎作三郎**(内ヶ崎作三郎) うちがさきさくさぶろう
明治10(1877)年4月8日～昭和22(1947)年2月4日
明治～昭和期の教育者、政治家。早稲田大学教授、衆議院議員。近衛内閣文部政務次官。戦後は民本主義者として活躍。
¶キリ(内ヶ崎作三郎), 近現(内ヶ崎作三郎), 近文(内ヶ崎作三郎), 現朝(内ヶ崎作三郎), 現日(内ヶ崎作三郎 [生]1877年4月3日), 国史(内ヶ崎作三郎), コン改(内ヶ崎作三郎), コン5(内ヶ崎作三郎), 社運(内ヶ崎作三郎), 社史(内ヶ崎作三郎), 新潮(内ヶ崎作三郎 [生]明治10(1877)年4月3日), 人名7(内ヶ崎作三郎), 世紀, 政治, 姓氏宮城, 全書(内ヶ崎作三郎), 渡航(内ヶ崎作三郎), 日人([生]明治10(1877)年4月3日), 宮城百, 履歴(内ヶ崎作三郎), 履歴2(内ヶ崎作三郎), 歴大

**内田五観** うちだいずみ
→内田五観(うちだいつみ)

**内田五観** うちだいつみ, うちだいづみ
文化2(1805)年3月～明治15(1882)年3月29日
[別]内田弥太郎《うちだやたろう》, 内田五観《うちだいずみ》
江戸時代末期～明治期の天文・暦算家。天文局で太陽暦採用事業に従事、著書に「古今算鑑」など。
¶朝日, 江文, 科学, 近現, 近世, 国史, 国書, コン改(内田弥太郎　うちだやたろう), コン4(内田弥太郎　うちだやたろう), コン5(内田弥太郎　うちだやたろう), 史人, 新潮, 人名, 数学, 全書(うちだいずみ), 大百, 日史, 日人, 幕末, 百科(うちだいづみ), 洋学

**内田鵜洲** うちだうしゅう
→内田頑石(うちだがんせき)

**内田兼四郎** うちだかねしろう
大正6(1917)年～昭和59(1984)年
昭和期の郷土史家。
¶郷土, 島根歴

**内田頑石** うちだがんせき
元文1(1736)年～寛政8(1796)年12月12日 [別]内田鵜洲《うちだうしゅう, うちだていしゅう》
江戸時代中期の儒学者。
¶江文(内田鵜洲　うちだうしゅう), 国書(内田鵜洲　うちだていしゅう [生]元文1(1736)年6月19日), 人名, 日人(内田鵜洲　うちだていしゅう [没]1797年)

**内田菊次** うちだきくじ
元治1(1864)年11月28日～昭和36(1961)年1月16日
明治～昭和期の教育者。
¶高知人, 高知先

**内田久命** うちだきゅうめい
?　～慶応4(1868)年5月21日 [別]内田久命《うちだひさなか, うちだひさなが》
江戸時代末期の数学者。
¶国書(うちだひさなが), 人名, 数学(うちだひさなか), 日人

**内田粂太郎** うちだくめたろう
文久1(1861)年～昭和16(1941)年
明治～昭和期の音楽教育者。
¶郷土群馬, 群新百, 群馬人, 群馬百, 姓氏群馬

**内田進久** うちだしんきゅう
明治34(1901)年～昭和33(1958)年
昭和期の洋画家、教育者。栃木県の小中学校教育に貢献。
¶栃木歴, 美家([生]明治34(1901)年4月13日 [没]昭和33(1958)年8月20日), 洋画

**内田すゑ** うちだすえ
明治12(1879)年5月～昭和24(1949)年12月14日
明治～昭和期の教育者、民俗学者。明治期に沖縄研究に携わった唯一の女性研究者。
¶沖縄百, 郷土, 女性, 女性普, 世紀, 先駆, 日人

**内田恒次郎** うちだつねじろう
→内田正雄(うちだまさお)

**内田鵜洲** うちだていしゅう
→内田頑石(うちだがんせき)

**内田哲夫** うちだてつお
昭和5(1930)年～平成2(1990)年
昭和～平成期の郷土史家。
¶郷土([生]昭和5(1930)年10月15日 [没]平成2(1990)年10月7日), 史研

**内田八朗** うちだはちろう
明治42(1909)年8月22日～昭和63(1988)年11月6日
昭和期の土佐藩史研究家。
¶郷土, 高知人

**内田春雄** うちだはるお
大正1(1912)年～昭和49(1974)年
昭和期の教育者。
¶神奈川人

**内田久命** うちだひさなか, うちだひさなが
→内田久命(うちだきゅうめい)

**内田不賢** うちだふけん
天保4(1833)年～明治43(1910)年
江戸時代後期～明治期の書家、教育者。
¶姓氏愛知

**内田文皐** うちだぶんこう
天保13(1842)年8月～明治43(1910)年12月
[別]内田文皐《うちだぶんすい》
明治期の日本画家。
¶姓氏長野([生]1824年), 長野歴(うちだぶんす

い)，日画，美家

**内田文皐** うちだぶんすい
→内田文皐（うちだぶんこう）

**内田正雄** うちだまさお
天保9（1838）年～明治（1876）年2月1日　㊙内田恒次郎《うちだつねじろう》
江戸時代末期～明治時代の幕臣、教育者。1862年オランダに留学。
¶維新，海越（内田恒次郎　うちだつねじろう　㊐天保9（1839）年11月20日），海越新（内田恒次郎　うちだつねじろう　㊐天保9（1839）年11月20日），江文，教育（㊐？），国際（㊐天保9（1839）年），コン5，新潮，体育，地理，徳川臣（内田恒次郎　うちだつねじろう），渡航（内田正雄・内田恒次郎　うちだまさお・うちだつねじろう），日人（㊐1839年），幕末（㊐1839年1月5日），幕末大（㊐天保9（1838）年1月20日），洋学

**内田弥太郎** うちだやたろう
→内田五観（うちだいつみ）

**内田豊** うちだゆたか
生没年不詳
明治期の小学校教員。
¶社史

**内田律爾** うちだりつじ
明治23（1890）年9月21日～昭和54（1979）年9月21日
大正～昭和期の教育者。
¶岡山歴

**内田玲子** うちだれいこ
昭和11（1936）年7月1日～
昭和～平成期の家庭教育カウンセラー。日本マザーカウンセリング協会代表。
¶現執3期，現執4期

**内野吉次郎** うちのきちじろう
安政5（1858）年～昭和29（1954）年
明治～昭和期の教育者。南足立郡長。
¶多摩

**内野文造** うちのぶんぞう
文政3（1820）年～明治22（1889）年
江戸時代後期～明治期の教育家。
¶姓氏神奈川

**内野禄太郎** うちのろくたろう
明治17（1884）年～昭和47（1972）年
明治～昭和期の医師、教育者、郷土史家、政治家。大和村長。
¶多摩

**内堀維文** うちぼりこれぶみ，うちぼりこれふみ
明治5（1872）年4月13日～昭和8（1933）年1月1日
明治～大正期の漢学者、教育者。大東文化学院教授。神奈川、静岡、長野各県師範学校長。渡満し、旅順工科大学教授などを歴任。
¶人名，世紀，長野百，長野歴（うちぼりこれふみ），日人

**内堀大一郎** うちぼりだいいちろう
嘉永6（1853）年～大正9（1920）年
江戸時代末期～大正期の教育者。
¶多摩

**内堀守** うちぼりまもる
昭和33（1958）年～
昭和～平成期の高校教諭。
¶YA

**内丸休一郎** うちまるきゅういちろう
文久1（1861）年～明治35（1902）年
明治期の教育者、政治家。初代栗野小学校長、栗野村助役、4代村長。
¶姓氏鹿児島

**内丸恭一** うちまるきょういち
明治43（1910）年6月12日～昭和47（1972）年3月11日
昭和期の教師。
¶福岡百

**内海俊行** うちみとしゆき
昭和31（1956）年10月1日～
昭和～平成期の小学校教師。人の道研究会代表。専門は、道徳教育。
¶現執4期

**内村鑑三** うちむらかんぞう
文久1（1861）年～昭和5（1930）年3月28日
明治～大正期のキリスト教伝道者、思想家。福音主義信仰に立ち、日露戦争で非戦論を唱える。
¶朝日（㊐文久1年2月13日（1861年3月23日）），石川文，岩史（㊐文久1（1861）年2月13日），海越（㊐文久1（1861）年3月23日），海越新（㊐文久1（1861）年3月23日），角史，北émile，教育，郷土群馬，京都文（㊐万延2（1861）年2月13日（新暦3月23日）），キリ（㊐万延2年2月13日（新暦3月23日）），近現，近文，群新百，群馬人，群馬百，現朝（㊐万延2年2月13日（1861年3月23日）），現日（㊐1861年2月13日），国史，コン改，コン5，札幌（㊐文久1年2月13日），史人（㊐1861年2月13日），思想（㊐万延2（1861）年2月13日），社史（㊐文久1（1861）年3月27日），重要（㊐文久1（1861）年3月23日），小説（㊐文久1年2月13日（1861年3月23日）），新潮（㊐文久1（1861）年2月13日），新文（㊐万延2（1861）年2月13日），人名，世紀（㊐万延2（1861）年2月13日），姓氏群馬，世人（㊐文久1（1861）年3月23日），世百，先駆（㊐万延2（1861）年2月13日），全書，大百，哲学，伝記，渡航（㊐1861年2月13日），新潟百別，日思，日史（㊐万延2（1861）年2月13日），日人，日本，百科，文学，平日，平和，北文，北海道百，北海道文（㊐文久1年3月23日），北海道歴，民学，明治2，履歴（㊐万延2（1861）年2月13日），歴大

**内村良蔵** うちむらりょうぞう
？　～明治43（1910）年9月19日
明治期の文部省官吏。文部権大書記官。岩倉使節団に随行してアメリカに渡る。
¶海越，海越新，渡航，山形百新（㊐嘉永2

(1849)年)

**内村鱸香** うちむらろこう
文政4(1821)年〜明治34(1901)年5月22日
江戸時代末期〜明治期の儒学者、松江藩士。儒官として藩政に参与、維新の際、藩論を勤王に決定するするために尽力。
¶維新、国書(㊥文政4(1821)年4月5日)、詩歌、島根人、島根百(㊥文政4(1821)年4月5日)、島根歴、新潮(㊥文政4(1821)年5月22日)、人名、日人、幕末、和俳

**内山勇** うちやまいさむ
明治39(1906)年?〜
昭和期の教員。政獲同盟青森支部執行委員、日本共産党青森南部地区細胞員。
¶社史

**内山市郎** うちやまいちろう
明治36(1903)年3月4日〜昭和47(1972)年12月15日
昭和期の美術教育者。
¶広島百

**内山嘉吉** うちやまかきつ
明治33(1900)年12月9日〜昭和59(1984)年12月30日
昭和期の劇作家、演劇教育研究家。日本児童劇作家の会会長。学校劇の指導・劇作に活躍。木版画指導などで日中友好に尽力。
¶児人、児文、世紀、日児

**内山一雄** うちやまかずお
昭和5(1930)年〜
昭和〜平成期の社会教育専門家。天理大学教授。
¶現執2期

**内山源** うちやまげん
昭和7(1932)年1月11日〜
昭和期の学校保健・健康教育専門家。茨城大学教授。
¶現執1期、現執2期

**内山憲尚** うちやまけんしょう
明治32(1899)年1月3日〜昭和54(1979)年11月30日
大正〜昭和期の口演童話家、児童文化研究家。日本童話協会会長。蘆村の童話研究運動を継承し推進。「子供の人形座」を開設し上演活動に活躍。
¶現執1期、現情、児文、世紀、日児

**内山才吉** うちやまさいきち
明治39(1906)年〜昭和63(1988)年
昭和期の教育者。
¶山形百新

**内山武志** うちやまたけし
大正6(1917)年1月2日〜平成13(2001)年2月6日
大正〜平成期の教師、社会運動家。
¶視覚

**内山チヨ** うちやまちよ
明治26(1893)年〜昭和56(1981)年12月3日
大正〜昭和期の教育者。共立女子中学校教諭、女子学習院教授を務めた。
¶女性、女性普

**内山友諒** うちやまゆうりょう
生没年不詳
江戸時代後期の心学者。
¶長野歴

**宇津木昆岳** うつぎこんがく、うつつきこんがく
宝暦11(1761)年〜文化9(1812)年
江戸時代中期〜後期の近江彦根藩家老。
¶国書(㊥宝暦11(1761)年6月18 ㊧文化9(1812)年8月4日)、人名(うつつきこんがく㊧1821年)、日人、藩臣4

**宇津木与平** うつぎよへい
明治37(1904)年〜
昭和期の教育者。
¶群馬人

**宇津志健雄** うつしたけお
明治23(1890)年〜昭和41(1966)年
大正〜昭和期の教育家。
¶宮城百

**宇都宮達山** うつのみやきざん
文政5(1822)年〜明治31(1898)年
明治時代の医者。教育者。
¶長崎遊

**宇都宮圭斎** うつのみやけいさい
延宝5(1677)年〜享保9(1724)年
江戸時代前期〜中期の儒学者。
¶日人

**宇都宮士竜** うつのみやしりゅう
享保5(1720)年〜天明1(1781)年
江戸時代中期の備後三原藩士。
¶人名、日人

**宇都宮遯庵** うつのみやとんあん
寛永10(1633)年〜宝永4(1707)年10月10日
㊼宇都宮由的《うつのみやゆてき》
江戸時代前期〜中期の蘭学者。
¶朝日(㊥寛永10年2月30日(1633年4月8日) ㊧宝永6年10月10日(1709年11月11日))、岩史(㊥寛永10(1633)年2月30日 ㊧宝永6(1709)年10月10日)、角史(㊥寛永6(1709)年)、教育(㊥1634年 ㊧1709年)、京都大(㊥寛永11(1634)年 ㊧宝永6(1709)年)、近世、国史、国書、コン改(㊥寛永10(1633)年、(異説)1634年 ㊧宝永6(1709)年、(異説)1710年)、コン4(㊥寛永10(1633)年、(異説)1634年 ㊧宝永6(1709)年、(異説)1710年)、詩歌(㊥1634年 ㊧1709年)、史人(㊥1633年2月30日)、新潮、人名(㊥1634年 ㊧1709年)、姓氏京都、姓氏山口(宇都宮由的 うつのみやゆてき)、世人(㊧宝永6(1709)年5月2日)、全書、日史(㊧宝永6(1709)年5月2日)、日人、藩臣6、百科(㊥寛永10(1633)年、(異説)寛永11(1634)年 ㊧宝永6(1709)年、(異説)宝永7(1710)年)、山口百、歴大、和俳

**宇都宮平一** うつのみやへいいち
安政5(1858)年～明治29(1896)年
明治期の志士。西南の役に参加して捕らわれ、恩赦された。
¶人名, 日人

**宇都宮由的** うつのみやゆてき
→宇都宮遯庵(うつのみやとんあん)

**宇都宮竜山**(宇津宮竜山) うつのみやりゅうざん
享和3(1803)年～明治19(1886)年8月11日 [別]宇都宮竜山《うつのみやりょうざん》,宇都宮龍山《うつのみやりょうざん》
江戸時代末期～明治期の儒学者。山林奉行、新谷藩藩校教授、私塾朝陽館教師。備後の三原・尾道で儒学を講じ、三原藩の儒官となり藩政に参与。新政府の下、学区取り締まりや中学校教員を歴任。
¶朝日([生]享和3年3月12日(1803年5月3日)), 維新, 愛媛(宇都宮龍山 うつのみやりょうざん), 国書([生]享和3(1803)年3月12日), コン改, コン4, コン5, 新潮(宇津宮竜山 [生]享和3(1803)年3月12日), 人名(うつのみやりょうざん), 日人

**宇都宮竜山**(宇都宮龍山) うつのみやりょうざん
→宇都宮竜山(うつのみやりゅうざん)

**内海弘蔵** うつみこうぞう
明治5(1872)年3月24日～昭和10(1935)年12月7日
明治～昭和期の国文学者・スポーツ教育者。
¶神奈川人, 神奈川百([生]1873年), 姓氏神奈川, 日人

**内海静** うつみせい
明治3(1870)年1月～?
明治期の教育者。
¶渡航

**内海鈞経** うつみちょうけい
享和3(1803)年～明治12(1879)年
江戸時代後期～明治期の儒学者。
¶国書([没]明治12(1879)年8月29日), 人名, 日人, 藩臣2

**内海延吉** うつみのぶきち
明治23(1890)年～昭和41(1966)年
大正～昭和期の郷土史家。
¶神奈川人, 神奈川百

**内海文之助** うつみぶんのすけ
明治31(1898)年8月2日～
昭和期の社会教育家。
¶群馬人

**宇土虎雄** うととらお
明治24(1891)年1月30日～昭和61(1986)年12月23日
大正・昭和期の教育者。九州学院教師。熊本の近代スポーツ発展に尽力。
¶熊本人, 熊本百, 世紀, 日人

**烏兎沼宏之** うとぬまひろし
昭和4(1929)年～
昭和～平成期の小学校校長、児童文学作家。
¶YA

**鵜殿春風** うどのしゅんぷう
→鵜殿団次郎(うどのだんじろう)

**鵜殿新太郎** うどのしんたろう
明治20(1887)年～昭和37(1962)年
明治～昭和期の教育者。
¶千葉百

**鵜殿団次郎** うどのだんじろう
天保2(1831)年～明治1(1868)年 [別]鵜殿春風《うどのしゅんぷう》
江戸時代末期～明治期の蘭学者。蕃書調停書教授。越前大野藩の藩船大野丸で樺太調査を実施。維新後は幕府に招かれ軍艦役。
¶維新, 科学([没]明治1(1868)年12月9日), 国書(鵜殿春風 うどのしゅんぷう [没]明治1(1868)年12月9日), コン5, 人名, 数学, 全幕, 徳川臣, 新潟百(鵜殿春風 うどのしゅんぷう), 日人([没]1869年), 幕末([没]1869年2月9日), 幕末大([没]明治1(1869)年12月9日), 藩臣4, 洋学

**海上随欧**(海上随鷗) うなかみずいおう,うながみずいおう
→稲村三伯(いなむらさんぱく)

**鵜沼教** うぬまきょう
弘化3(1846)年～明治38(1905)年
江戸時代後期～明治期の教育者。拳母小学校校長。
¶姓氏愛知

**鵜沼国靖** うぬまくにやす★
宝暦5(1755)年10月～文政7(1824)年12月24日
江戸時代後期の亀田(岩城町)の藩校・長善館学正、家老。
¶秋田人2

**鵜沼国蒙** うぬまこくもう
天保3(1832)年～明治43(1910)年12月1日
江戸時代末期～明治時代の政治家、教育者。初代亀田町長、草創期の町政発展に尽力。
¶幕末, 幕末大, 藩臣1

**采沢信光** うねざわしんこう
明治40(1907)年5月20日～平成4(1992)年
昭和期の教育家、浄土宗僧侶。三宝院住職。
¶現情, 栃木歴

**宇野和博** うのかずひろ
昭和45(1970)年6月13日～
昭和～平成期の教師。
¶視覚

**宇野喜代之介** うのきよのすけ
明治27(1894)年4月6日～?
大正期の小説家。創作集に「お弓の結婚」など。
¶近文, 世紀

**宇野金太郎** うのきんたろう
文政11(1828)年～文久2(1862)年
江戸時代末期の剣術師範。

う

¶剣豪，幕末（[没]1862年9月12日），幕末大（[没]文久2（1862）年8月19日），藩臣6，山口百

**宇野之堅** うのこれかた
天保5（1834）年～明治31（1898）年
江戸時代末期～明治時代の教育者。藩校の舎長に任命される。
¶神奈川人，幕末，幕末大

**宇野精一** うのせいいち
明治43（1910）年12月5日～
大正～昭和期の中国哲学者。東京大学教授。国語問題では制限漢字の撤廃を主張。著書に「中国古典学の展開」など。
¶熊本百，現朝，現執1期，現情，世紀，日人，マス2，マス89

**宇野西海** うのせいかい
～天保1（1830）年
江戸時代中期の小田原藩儒官。
¶神奈川人

**宇野親美** うのちかよし
明治28（1895）年9月15日～昭和43（1968）年
大正～昭和期の文学者。
¶札幌，北海道百，北海道文（[没]昭和43（1968）年7月2日），北海道歴

**宇野名左衛門** うのなざえもん
明治19（1886）年～昭和27（1952）年
明治～昭和期の教育家、童話作家。
¶郷土福井

**卯野紀子** うののりこ
大正13（1924）年4月3日～平成5（1993）年3月31日
昭和・平成期の教育関係者。
¶石川現十

**宇野一** うのはじめ
大正10（1921）年9月6日～
昭和期の教育評論家。教育新聞社論説委員。
¶現執2期

**宇野茗翠**（宇野名翠） うのめいすい
明治19（1886）年8月1日～昭和27（1952）年9月28日
明治～昭和期の童話作家。福井県幼稚園協会長、福井県童話協会長。
¶世紀，日児（宇野名翠），日人，福井百

**宇野弥太郎** うのやたろう
安政6（1859）年～昭和4（1929）年
江戸時代末期～昭和期の料理教育者。
¶食文

**宇野雷沢** うのらいたく
～寛政4（1792）年
江戸時代中期の小田原藩儒官。
¶神奈川人

**姥柳惇平** うばやぎじゅんぺい
？ ～天保8（1837）年 [別]姥柳惇平《うばやなぎじゅんぺい》
江戸時代中期の漢学者、豊後岡藩士。
¶人名，日人（うばやなぎじゅんぺい）

**姥柳惇平** うばやなぎじゅんぺい
→姥柳惇平（うばやぎじゅんぺい）

**生方一麿** うぶかたいちまろ
→生方一麿（うぶかたかずまろ）

**生方一麿** うぶかたかずまろ
元治1（1864）年～昭和28（1953）年 [別]生方一麿《うぶかたいちまろ》
明治～昭和期の教育者。
¶群馬人，姓氏群馬（うぶかたいちまろ）

**生形無堂** うぶかたむどう
江戸時代後期の教育者。
¶三重

**馬居政幸** うまいまさゆき
昭和24（1949）年7月24日～
昭和～平成期の研究者。静岡大学教育学部教授。専門は、教育社会学。
¶現執4期

**馬田行啓** うまだぎょうけい
明治18（1885）年9月3日～昭和20（1945）年12月17日
明治～昭和期の仏教学者。立正大学教授。「妙法蓮華経」「無量義経」などを国訳。立正裁縫女学校を創立、財団法人立正学園を設立。
¶学校，世紀，哲学，仏人

**馬橋宇多次郎** うまはしうたじろう
文化13（1816）年～明治27（1894）年
江戸時代後期～明治期の寺子屋師匠・修験。
¶埼玉人

**海原徹** うみはらとおる
昭和11（1936）年～
昭和～平成期の教育学者、日本教育史者。京都大学教授。
¶現執3期

**梅** うめ★
1842年～
江戸時代後期の女性。教育。幕臣、小普請組石山喜三郎の妻。
¶江表（梅（東京都） [生]天保13（1842）年頃）

**梅崎光生** うめざきみつお
大正元（1912）年～平成12（2000）年
昭和・平成期の小説家、教育研究者。
¶福岡文

**梅沢英造** うめざわえいぞう
明治20（1887）年6月～昭和33（1958）年7月
明治～昭和期の教育者。
¶岐阜百，世紀，日人

**梅沢鋭三** うめざわえいぞう
昭和2（1927）年9月5日～平成4（1992）年9月25日
昭和～平成期の教育者。日本航空学園設立者、理事長。梅沢学園（後の日本航空学園）山梨航空工業高等学校を設立。

¶学校

**梅沢敬典** うめざわけいてん
寛政9(1797)年～安政6(1859)年 [別]梅沢敬典《うめざわたかのり》
江戸時代末期の書家。
¶国書(うめざわたかのり [没]安政6(1859)年11月25日), 人名, 日人(うめざわたかのり)

**梅沢敬典** うめざわたかのり
→梅沢敬典(うめざわけいてん)

**梅津白巌** うめずはくがん★
寛保2(1742)年～文政4(1821)年12月
江戸時代後期の明徳館教授。
¶秋田人2

**梅園介庵** うめぞのかいあん
文化13(1816)年～明治21(1888)年
江戸時代末期～明治時代の安芸広島藩校教官。
¶幕末, 幕末大, 藩臣6, 広島百([生]文化12(1815)年7月11日 [没]明治21(1888)年2月6日)

**梅園直雨** うめぞのちょくう
→梅園敏行(うめぞのびんこう)

**梅園春樹** うめぞのはるき
文化14(1817)年～明治24(1891)年
江戸時代後期～明治期の歌人・国学者、関堀村に私塾梅園塾を開設。
¶栃木歴

**梅園敏行** うめぞのびんこう
? ～嘉永1(1848)年 [別]梅園直雨《うめぞのちょくう》
江戸時代後期の数学者。
¶国書(梅園直雨 うめぞのちょくう [没]嘉永1(1848)年5月24日), 人名, 日人(梅園直雨 うめぞのちょくう)

**梅高秀山** うめたかしゅうざん
嘉永3(1850)年～明治40(1907)年
江戸時代後期～明治期の僧侶、教育家。扇城女学校創立者。
¶大分歴, 学校, 豊前([生]嘉永3(1850)年3月9日 [没]明治40(1907)年7月2日)

**梅田香樟** うめだこうしょう
～大正7(1918)年
明治～大正期の教育者。
¶三重

**梅田五月** うめださつき
天保6(1835)年～大正1(1912)年5月23日
江戸時代末期～明治時代の実業家、政治家。衆議院議員。廃藩後は殖産興業を志し、政治、経済、教育に尽くした。
¶石川百, 姓氏石川, 幕末, 幕末大, 藩臣3

**梅田千代** うめだちよ
文政7(1824)年～明治22(1889)年
明治期の教育者。
¶女史, 日人

**梅田みち** うめだみち
生没年不詳
明治期の女性。小学校卒業生第一号。
¶先駆

**梅津錦一** うめづきんいち
明治31(1898)年～昭和59(1984)年
昭和期の政治家・教育者。
¶群新百, 群馬人, 姓氏群馬

**梅辻秋漁** うめつじしゅうぎょ
文政7(1824)年～明治30(1897)年
江戸時代末期～明治期の漢学者。
¶国書([没]明治30(1897)年4月28日), 人名([生]1828年 [没]1901年), 日人

**梅辻春樵** うめつじしゅんしょう
安永5(1776)年～安政4(1857)年2月17日
江戸時代後期の漢詩人。
¶朝日([没]安政4年2月17日(1857年3月12日)), 京都大, 国書, コン改([生]安永6(1777)年), コン4, 詩歌, 新潮, 人名, 姓氏京都, 日人, 和俳

**梅津福次郎** うめづふくじろう
安政5(1858)年～昭和17(1942)年
明治～昭和期の実業家。函館の学校などに巨額の寄付を行い貢献。
¶世紀([生]安政5(1858)年2月4日 [没]昭和17(1942)年6月23日), 日人

**梅津正名** うめづまさな
明治28(1895)年～昭和51(1976)年
大正～昭和期の政治家。群馬県議会議員、教育者。
¶群馬人

**梅根悟** うめねさとる
明治36(1903)年9月12日～昭和55(1980)年3月13日
昭和期の教育学者。東京教育大学教授。和光大学を創設し、学長就任、著書に「西洋教育史」。
¶現朝, 現執1期, 現情, 現人, 現日, コン改, コン4, コン5, 埼玉人, 史人, 新潮, 世紀, 全書, 哲学, 日人, 福岡百, 平和, マス2, マス89, 町田歴([生]明治36(1903)年9月1日)

**梅野多喜蔵** うめのたきぞう
天保12(1841)年11月11日～昭和3(1928)年5月8日
江戸時代末期～明治期の筑後久留米藩士。
¶藩臣7, 福岡百

**梅野正信** うめのまさのぶ
昭和30(1955)年7月17日～
昭和～平成期の研究者。鹿児島大学教育学部教授。専門は、社会科教育学。
¶現執4期

**梅原賢融** うめはらけんゆう
→梅原融(うめはらとおる)

**梅原融** うめはらとおる
慶応1(1865)年～明治40(1907)年12月30日
[別]梅原賢融《うめはらけんゆう》
明治期の教育家。中央商業学校(後の中央商科短

期大学）創立者。同校主監の傍ら慶応義塾大学で教えた。
¶学校，真宗（梅原賢融　うめはらけんゆう　㊌慶応4（1865）年11月23日），人名，日人，福井百

## う

**梅原利夫**　うめはらとしお
昭和22（1947）年4月10日〜
昭和〜平成期の教育学者。和光大学教授。
¶現執2期，現執3期，現執4期

**梅原与惣次**　うめはらよそじ
明治34（1901）年〜昭和52（1977）年
昭和期の教育家，俳人。
¶郷土滋賀，滋賀百

**梅村久右衛門**　うめむらきゅううえもん
明治35（1902）年〜昭和63（1988）年
昭和期の教育家・詩人。
¶山形百新

**梅村清弘**　うめむらきよひろ
昭和12（1937）年4月25日〜
昭和〜平成期の体育社会学研究者。梅村学園総長，中京大学学長。
¶現執1期，現執3期

**梅村重操**　うめむらしげあや
→梅村重操（うめむらしげもち）

**梅村重操**　うめむらしげもち
文政1（1818）年〜明治29（1896）年　㊅梅村重操
《うめむらしげあや，うめむらじゅうそう》
江戸時代末期〜明治期の教育家。蔵奉行を勤め子弟の教育に尽力。
¶国書（うめむらしげあや　㊌文政1（1818）年11月　㊡明治29（1896）年12月21日），人名（うめむらじゅうそう　㊡1895年），数学（㊌文政1（1818）年11月10日　㊡明治29（1896）年12月21日），日人，幕末（㊌1820年　㊡1896年12月31日），幕末大（㊌文政3（1820）年　㊡明治29（1896）年12月31日）

**梅村七郎**　うめむらしちろう
文政12（1829）年〜明治26（1893）年
江戸時代後期〜明治期の中郷義学校教師。
¶姓氏愛知

**梅村重操**　うめむらじゅうそう
→梅村重操（うめむらしげもち）

**梅村甚太郎**　うめむらじんたろう
文久2（1862）年11月3日〜昭和21（1946）年3月21日
明治期の博物学者。著書「昆虫植物採集指南」で昆虫と植物について採集・保存の方法を詳述。
¶愛媛百，科学，静岡百，静岡歴，植物，新潮，世紀，姓氏愛知，日人，山梨百

**梅村清光**　うめむらせいこう
明治15（1882）年〜昭和8（1933）年
明治〜昭和期の教育家。中京商業学校（後の中京大学附属中京高等学校）を創立。その後，学校法人梅村学園を創設。
¶愛知百（㊌1882年10月30日　㊡1933年7月31日），学校，姓氏愛知

**梅村清明**　うめむらせいめい
明治41（1908）年9月10日〜平成5（1993）年7月14日
昭和期の体育学者、教育者。梅村学園理事長。中京大学学長、梅村学園総長、愛知県教育委員長。
¶学校，現情，世紀，体育

**梅村親信**　うめむらちかのぶ
昭和3（1928）年〜昭和58（1983）年
昭和期の教師。淋代小学校校長、東小学校校長。
¶青森人

**梅本きぬ**　うめもときぬ
大正10（1921）年〜平成23（2011）年
昭和・平成期の教師。
¶愛知女

**梅本二郎**　うめもとじろう
大正12（1923）年〜
昭和期の文部省職員。文部省教科調査官。
¶体育

**梅本新吉**　うめもとしんきち
明治33（1900）年〜昭和53（1978）年
昭和期の教育功労者。
¶愛媛，愛媛百（㊌明治33（1900）年7月31日　㊡昭和53（1978）年4月24日）

**梅本台鏡**　うめもとだいきょう，うめもとたいきょう
？　〜天保5（1834）年8月7日
江戸時代後期の心学者。
¶兵庫人，兵庫百（うめもとたいきょう）

**梅本八郎**　うめもとはちろう
明治19（1886）年9月15日〜昭和29（1954）年8月2日
大正〜昭和期の教育者。「梅八式理科教育」で名をあげた。
¶庄内，山形百

**梅山登**　うめやまのぼる
昭和18（1943）年2月22日〜
昭和〜平成期の音楽教育者、ピアニスト。
¶音人3

**梅良造**　うめりょうぞう
明治4（1871）年〜昭和14（1939）年
明治〜昭和期の教育家。
¶姓氏宮城，宮城百

**宇山禄郎**　うやまろくろう
大正1（1912）年〜
昭和期のソヴィエート大使館員語学教師。
¶社史

**浦井鍠一郎**　うらいこういちろう
慶応4（1868）年8月〜昭和7（1932）年5月13日
明治〜昭和期の西洋史家。第四高等学校教授。在職四十年西洋史を講義した。
¶石川現九（㊌明治1（1867）年8月26日），人名，世紀，日人

**浦井韶三郎** うらいしょうざぶろう
江戸時代末期～明治期の画家。宇都宮中学校教師。
¶栃木歴

**浦かずお** うらかずお
明治39(1906)年10月28日～昭和54(1979)年9月2日
昭和期の童謡詩人、教育者。
¶日児

**浦上盛栄** うらがみもりひで
明和4(1767)年～文政3(1820)年
江戸時代後期の公益家。
¶コン改，コン4，人名，日人

**浦上隆応** うらかみりゅうおう，うらがみりゅうおう
安政3(1856)年～昭和1(1926)年
明治～大正期の真言宗僧侶。無量寿院門主、御室派管長。
¶人名，世紀([没]大正15(1926)年11月10日)，日人，仏人(うらがみりゅうおう)

**浦川甚作** うらかわじんさく
？ ～
大正期の小学校教員。兵庫県小野小学校訓導、池袋児童の村小学校研究生。
¶社史

**宇良子** うらこ★
文化4(1807)年～明治6(1873)年
江戸時代後期～明治時代の女性。教育。常陸海老沢村の宇野利重の5女。加倉井砂山の妻。
¶江表(宇良子(茨城県))

**浦崎永錫** うらさきえいしゃく
明治33(1900)年11月19日～平成3(1991)年8月29日
大正～昭和期の美術評論家、美術史家。大潮会常任理事。美術文献や関連資料の収集に関心をもち、「美術界」発行、著書に「日本近代美術発達史」。
¶埼玉人，新潮([生]明治33(1900)年11月)，世紀，日人，洋画

**浦崎賢保** うらさきけんぼう
明治31(1898)年4月25日～昭和41(1966)年2月19日
大正～昭和期の教育者、実業家。竹富尋常高等小学校校長、八重山興行社長。
¶社史

**浦野鋭翁** うらのえいおう
文政10(1827)年～明治32(1899)年
江戸時代後期～明治期の漢学者、教育者。
¶静岡歴，姓氏静岡

**浦野神村** うらのじんそん
→浦野知周(うらのともちか)

**浦野知周** うらのともちか
延享1(1744)年～文政6(1823)年 [別]浦野神村《うらのじんそん》
江戸時代中期～後期の上野伊勢崎藩士。
¶国書(浦野神村 うらのじんそん [生]延享1(1744)年6月13日 [没]文政6(1823)年6月13日)，人名，日人，藩臣2

**浦野東洋一** うらのとよかず
昭和18(1943)年4月1日～
昭和～平成期の教育行政研究者。東京大学教授。
¶現執1期，現執2期，現執3期，現執4期

**浦野匡彦** うらのまさひこ
明治43(1910)年9月16日～昭和61(1986)年
昭和期の教育者・中国思想学者。
¶群新百，群馬人

**占部観順** うらべかんじゅん
文政7(1824)年～明治43(1910)年1月19日
江戸時代末期～明治期の真宗興正派学僧。真宗大学初代学監、三河一乗寺創立者。
¶真宗([生]文政7(1824)年7月)，仏教，仏人

**浦部民治郎** うらべたみじろう
嘉永5(1852)年～昭和10(1935)年
明治～昭和期の教育者・実業家。
¶群馬人

**卜部兼済** うらべのかねなり
平安時代後期の中宮宮主。兼友の子。
¶古人

**浦辺史** うらべひろし
明治38(1905)年6月25日～平成14(2002)年8月7日 [別]浦辺史《うらべふみ》
昭和期の評論家。日本福祉大学教授。社会福祉、保育問題を研究。著書に「日本の保育問題」「日本保育運動小史」など。
¶現朝(うらべふみ)，現執1期，現執2期，現執3期，現情，現人，社運，社史([没]？)，世紀，日人，平和

**浦辺史** うらべふみ
→浦辺史(うらべひろし)

**浦部良太郎** うらべりょうたろう
弘化4(1847)年3月3日～昭和3(1928)年3月3日
明治～昭和期の養蚕改良普及家。
¶埼玉人，埼玉百

**浦山太郎** うらやまたろう
昭和期の教育行政専門家。
¶現執1期

**瓜生岩** うりういわ
→瓜生岩(うりゅういわ)

**瓜巣克巳** うりすかつみ
大正7(1918)年2月18日～昭和49(1974)年12月3日
昭和期の教育者。学校長。
¶飛騨

**瓜生岩**(瓜生イワ) うりゅういわ
文政12(1829)年2月15日～明治30(1897)年4月19日 [別]瓜生岩《うりういわ》，瓜生岩子《うりゅういわこ》
江戸時代末期～明治期の社会事業家。福島教育所設置、済生病院創立等孤児、棄児、老病者、窮民

の救護や免囚保護事業に尽力。
¶会津（瓜生イワ），朝日（㋺文政12年2月15日（1829年3月19日）），岩史，江表（岩（福島県）），近医，近現，近女，近世，国史，コン改，コン4，コン5，史人，女史，女性，女性普，人書94（瓜生岩子　うりゅういわこ），新潮，人名，世人（㋺文政12（1829）年2月25日），世百（うりういわ　㋺1896年），先駆，全書，全幕（瓜生岩子　うりゅういわこ），日史，日人（瓜生イワ），日本，幕末（うりういわ），幕末大，福島百（瓜生岩子　うりゅういわこ），民学，歴大

**瓜生岩子**　うりゅういわこ
→瓜生岩（うりゅういわ）

**瓜生繁**　うりゅうしげ
→瓜生繁子（うりゅうしげこ）

**瓜生繁子**　うりゅうしげこ
*〜昭和3（1928）年11月3日　㋺瓜生繁《うりゅうしげ》，永井繁子《ながいしげこ》
明治期の音楽教育者，東京音楽学校教授。最初の女子留学生。アメリカへ渡航。
¶海越（永井繁子　ながいしげこ　㋺文久3（1863）年3月20日），海越新（永井繁子　ながいしげこ　㋺文久3（1863）年3月20日），演奏（㋺1861年（文久1年）3月20日），近女（㋺文久3（1863）年），芸能（瓜生繁　うりゅうしげ　㋺文久1（1861）年3月20日），国際（永井繁子　ながいしげこ　㋺文久3（1863）年），静岡女（永井繁子　ながいしげこ　㋺文久1（1861）年），静岡歴（㋺文久3（1863）年），女史（㋺1861年），女性（㋺文久2（1862）年3月20日），女性普（㋺文久2（1862）年3月20日），世紀（㋺文久2（1862）年3月20日），先駆（永井繁子　ながいしげこ　㋺文久3（1863）年3月20日），渡航（永井繁子・瓜生繁子　ながいしげこ・うりゅうしげこ），新潟百（㋺1861年），日人（㋺1862年）

**瓜生敏一**　うりゅうとしかず
明治44（1911）年2月20日〜平成6（1994）年8月3日　㋺瓜生敏一《うりゅうびんいち》
昭和期の近代文学研究家，郷土史研究家，教員。田川中学教諭。新傾向・自由律俳句の研究に従事。著書に「妙好俳人緑平さん」など。
¶近文，現情，現俳（うりゅうびんいち），世紀，俳人

**瓜生寅**　うりゅうとら
→瓜生寅（うりゅうはじむ）

**瓜生寅**　うりゅうはじむ
天保13（1842）年〜大正2（1913）年2月23日　㋺瓜生寅《うりゅうとら，うりゅうはじめ》
明治期の官僚，実業家。明治政府で学制や印紙税則制定に関与，日本鉄道会社幹事，馬関商業会議所副頭取を歴任。
¶朝日（うりゅうはじめ　㋺天保13年1月15日（1842年2月24日）），郷土福井（うりゅうとら），近現，国史，史人（㋺1842年1月15日），人書94（うりゅうとら），新潮（㋺天保13（1842）年1月15日），人名（うりゅうとら），大百（うりゅうとら），日人（うりゅうはじめ），

幕末（うりゅうとら），藩臣3（うりゅうとら），洋学（うりゅうはじめ）

**瓜生寅**　うりゅうはじめ
→瓜生寅（うりゅうはじむ）

**瓜生敏一**　うりゅうびんいち
→瓜生敏一（うりゅうとしかず）

**瓜生余所吉**　うりゅうよそきち
万延1（1860）年〜昭和12（1937）年
明治〜昭和期の教育者。江沼郡実科女学校長。
¶姓氏石川

**漆原智良**　うるしばらともよし
昭和9（1934）年1月19日〜
昭和〜平成期の教育評論家，児童文学作家。実践女子短期大学講師。
¶現執3期，現執4期，児作，児人，世紀

**漆雅子**　うるしまさこ
？〜昭和62（1987）年3月10日
昭和期の教育者。学校創立者。荏原女子技芸伝習所（後の品川女子学院）を創立。
¶学校

**宇留田敬一**　うるたけいいち
大正8（1919）年3月12日〜
昭和〜平成期の教育学者。文教大学教授，筑波大学教授。
¶現執1期，現執2期，現執3期

**宇留野元一**　うるのもとかず
*〜
昭和期の小説家，高校教師。著書に「樹海」「雲の中の第一歩」など。
¶近文（㋺1908年），世紀（㋺大正7（1918）年3月24日）

**閏間豊吉**　うるまとよきち
昭和15（1930）年7月26日〜
昭和〜平成期の音楽教育家。
¶音人2，音人3

**上木順三**　うわぎじゅんぞう
大正4（1915）年6月19日〜昭和49（1974）年2月23日
昭和期の教育者。学校長。
¶飛騨

**上野家文**　うわのかぶん
享保20（1735）年〜文化5（1808）年
江戸時代中期〜後期の俳人。
¶日人

**上野孝二郎**　うわのこうじろう
明治43（1910）年〜平成3（1991）年
昭和〜平成期の教育者。
¶姓氏岩手

**上森操**　うわもりみさお
安政5（1858）年10月21日〜昭和17（1942）年3月31日　㋺雲照律師《うんしょうりっし》，幽香
明治期の教育者。岡山女子懇親会幹事長。

¶岡山歴（㊗安政5(1858)年10月21日，近女，社史，女運，人名（雲照律師　うんしょうりっし　㊐1827年　㊙1909年）

**上柳四明** うわやなぎしめい
正徳1(1711)年～寛政2(1790)年
江戸時代中期の儒学者。
¶国書（㊐正徳1(1711)年9月17日　㊙寛政2(1790)年7月29日，人名，日人

**雲室** うんしつ
宝暦3(1753)年～文政10(1827)年5月9日　㊙雲室鴻漸《うんしつこうざん》，雲室上人《うんしつしょうにん》，武田雲室《たけだうんしつ》
江戸時代中期～後期の南画僧。
¶朝日（㊐宝暦3年3月5日(1753年4月8日)　㊙文政10年5月9日(1827年6月3日)），国書（㊐宝暦3(1753)年3月5日），コン改，コン4，埼玉人，埼玉百（雲室鴻漸　うんしつこうざん），新潮（㊐宝暦3(1753)年3月5日），人名，姓氏長野（武田雲室　たけだうんしつ），長野百，長野歴（武田雲室　たけだうんしつ），日人，仏教（㊐宝暦3(1753)年3月5日，(異説)宝暦7年3月5日），名画（雲室上人　うんしつしょうにん），和俳（㊐宝暦3(1753)年3月5日）

**雲室鴻漸** うんしつこうざん
→雲室（うんしつ）

**雲上軒田守** うんじょうけんたもり
？～文化7(1810)年
江戸時代後期の神官，寺子屋師匠。
¶長野歴

**雲照律師** うんしょうりっし
→上森操（うわもりみさお）

**運天恒子** うんてんつねこ
昭和6(1931)年～
昭和期の教育者。
¶戦沖

**雲幢** うんどう
宝暦9(1759)年～文政7(1824)年
江戸時代後期の浄土真宗の僧。
¶国書（㊙文政7(1824)年2月1日），人名，日人，広島百（㊙文政7(1824)年2月1日），仏教（㊙文政7(1824)年2月）、仏

**海野紫爛**（海野紫瀾）うんのしらん
安永3(1774)年～天保12(1841)年
江戸時代後期の出雲広瀬藩儒。
¶国書（海野紫瀾　㊙天保12(1841)年10月29日），島根人（海野紫瀾），島根歴（海野紫瀾），人名，日人（海野紫瀾）

**海野石窓** うんのせきそう
天明5(1785)年～安政4(1857)年
江戸時代中期～末期の漢学者。
¶姓氏静岡

**雲谷任斎** うんのにんさい
江戸時代末期～明治期の美濃大垣藩士。
¶岐阜百

**海野雅路** うんのまさみち
昭和15(1940)年2月5日～
昭和～平成期の音楽教育者。
¶音人2，音人3

**雲凰女史** うんぽうじょし
？～明治16(1883)年5月
江戸時代末期～明治期の教育者。開拓使女学校教授を経て，愛宕下に私塾を開き教育に従事。
¶女性，女性普

## 【え】

**ゑい**
1803年～
江戸時代後期の女性。教育。松崎利兵衛の母。
¶江表（ゑい(東京都)）　㊐享和3(1803)年頃）

**エイ**(1)
江戸時代後期の女性。教育。町役人中村氏。文政8年，麹町山元町に寺子屋大雅堂を開業。
¶江表（エイ(東京都)）

**エイ**(2)
江戸時代後期の女性。教育。訪部氏の長女。天保8年，深川常盤町に寺子屋文英堂を開業。
¶江表（エイ(東京都)）

**恵ひ** えい★
1808年～
江戸時代後期の女性。教育。平松真次郎の母。
¶江表（恵ひ(東京都)）　㊐文化5(1808)年頃）

**英雅** えいが
～慶応3(1867)年
江戸時代後期～末期の大里郡妻沼町の名刹歓喜院住職で私塾両宜塾の創始者。
¶埼玉百

**英子** えいし
～安永1(1772)年
江戸時代中期の女性。和歌・教育。福原氏。
¶江表（英子(広島県)）

**栄性** えいしょう
明和5(1768)年～天保8(1837)年10月13日
江戸時代後期の新義真言宗の僧。
¶国書（㊐明和5(1768)年4月14日），人名，長野歴，仏教，仏人，和歌山人（㊐1769年）

**英性** えいしょう
慶長16(1611)年～延宝5(1677)年
江戸時代前期の華厳宗の僧。
¶人名，日人，仏教（㊙延宝5(1677)年9月12日）

**永楽屋東四郎**〔1代〕えいらくやとうしろう
寛保1(1741)年～寛政7(1795)年
江戸時代中期の名古屋の書肆。
¶朝日（㊙寛政7年10月22日(1795年12月3日)），日人

**慧雲** えうん
享保15(1730)年～天明2(1782)年12月22日
江戸時代中期の浄土真宗の学僧。
¶近世，国史，国書，コン改，コン4，コン5，史人([生]1730年1月14日)，新潮([生]享保15(1730)年1月14日)，人名，日人([没]1783年)，仏教([生]享保15(1730)年1月14日)，仏史，仏人

**慧海**(恵海) えかい
宝永4(1707)年～明和8(1771)年
江戸時代中期の浄土真宗の僧。
¶国書(恵海　[没]明和8(1771)年8月13日)，コン改，コン4，新潮，人名([生]1701年　[没]1765年)，日人，仏教([生]元禄14(1701)年，(異説)宝永4(1707)年　[没]明和2(1765)年8月，(異説)明和8(1771)年8月13日)，仏人([生]1701年　[没]1765年)

**慧鶴** えかく
→白隠慧鶴(はくいんえかく)

**江頭千代子** えがしらちよこ
明治43(1910)年～平成15(2003)年
昭和期の教員・平和運動家。
¶平和

**江頭又吉郎** えがしらまたきちろう
慶応1(1865)年～昭和12(1937)年
明治～昭和期の教育者。
¶世紀([生]慶応1(1865)年4月　[没]昭和12(1937)年11月23日)，長崎百，日人

**江賀寅三** えがとらぞう
明治27(1894)年12月5日～昭和43(1968)年6月28日
昭和期のキリスト教伝道師、教育者、代書業者。北海道アイヌ協会理事。
¶社史，北海道百，北海道歴

**江上新** えがみあらた
明治33(1900)年9月23日～
大正～昭和期の私立南関女学校設立者。
¶熊本百

**江上秀雄** えがみひでお
明治29(1896)年7月19日～昭和61(1986)年11月19日
明治～昭和期の教育学者。
¶心理

**江上苓洲** えがみれいしゅう
宝暦8(1758)年～文政3(1820)年
江戸時代中期～後期の筑前福岡藩士、儒学者。
¶国書([没]文政3(1820)年7月7日)，人名，日人，藩臣7

**江川多喜雄** えがわたきお
昭和9(1934)年～
昭和～平成期の小学校教諭、児童科学書作家。
¶児人

**江川玟成** えがわびんせい
昭和17(1942)年12月3日～
昭和～平成期の教育方法研究者、スポーツ心理学者。東京学芸大学教授。
¶現執3期

**江川義清** えがわよしきよ
明治29(1896)年～昭和43(1968)年
昭和期の教育者。
¶兵庫百

**江木千之** えぎかずゆき
嘉永6(1853)年4月14日～昭和7(1932)年8月23日
明治～大正期の官僚、政治家。貴族院議員、文相。教育問題に取り組み、清浦内閣文相、枢密顧問官を歴任。
¶朝日([生]嘉永6年4月14日(1853年5月21日))，教育，近現，現朝([生]嘉永6年4月14日(1853年5月21日)　[没]1932年8月22日)，国史，コン改，コン5，史人，神人，新潮，人名，世紀，体育，栃木歴，日史，日人，日本，幕末([没]1932年8月22日)，百科，山口百，履歴

**江木衷** えぎちゅう
安政5(1858)年9月19日～大正14(1925)年4月8日
[別]江木衷《えぎまこと》
明治～大正期の法律家。東京弁護士会会長。英吉利法律学校(後の中央大学)の設立に関わる。著書に「刑法汎論」。
¶朝日([生]安政5年9月19日(1858年10月25日))，学校，コン改(えぎまこと)，コン5(えぎまこと)，新潮([没]大正14(1925)年4月10日)，人名，世紀，日史(えぎまこと)，日人，日本(えぎまこと)，明治1，山口百，履歴([没]大正14(1925)年4月10日)

**江木衷** えぎまこと
→江木衷(えぎちゅう)

**役藍泉** えきらんせん
→役藍泉(えんのらんせん)

**江木理一** えぎりいち
明治23(1890)年～昭和45(1970)年2月16日
昭和期のラジオ体操指導者。日本初のラジオ体操の放送担当、十一年間一日も休まず放送、ラジオ体操の普及に貢献。
¶現朝([生]1890年7月13日)，現情([生]1890年4月10日)，コン改([生]1891年)，コン4，コン5，新潮([生]明治24(1891)年4月10日)，人名7([生]1891年)，世紀([生]明治23(1890)年7月13日)，体育，日人([生]明治23(1890)年4月10日)

**江口寿子** えぐちかずこ
昭和16(1941)年8月4日～
昭和～平成期の音楽教育家。一音会ミュージックスクール主宰、子どもの音楽を考える会代表。
¶音人2，音人3，現執3期

**江口好三** えぐちこうぞう
明治35(1902)年～
昭和期の小学校教員。
¶社史

**江口季好** えぐちすえよし
大正14(1925)年10月9日～
昭和～平成期の詩人、国語教育者。大田区教育委

員会社会教育課主事。
¶現執2期，現執3期，児人，世紀，日兒

**江口保** えぐちたもつ
昭和3(1928)年～平成10(1998)年
昭和～平成期の教員，平和運動家。
¶平和

**江口俊博** えぐちとしひろ
明治6(1873)年4月11日～昭和21(1946)年5月27日
明治～昭和期の教育者。甲府中学(甲府一高)7代目校長。
¶山梨百

**江口ヒデ** えぐちひで
明治45(1912)年～平成6(1994)年
昭和～平成期の教育者。小学校長。
¶青森人

**江口文四郎** えぐちぶんしろう
昭和3(1928)年～昭和63(1988)年
昭和期の教育者、文筆家。
¶山形百新

**江口嘉明** えぐちよしあき
明治1(1868)年～明治29(1896)年
江戸時代末期～明治期の教育者。
¶姓氏愛知

**江黒美代松** えぐろみよまつ
文久3(1863)年6月16日～大正9(1920)年1月3日
明治・大正期の教員・俳人・歌人。
¶飛騨

**江黒美胤** えぐろよしたね
明治38(1905)年6月26日～
明治・大正期の学校長・歌人。
¶飛騨

**江越礼太** えごしれいた
文政10(1827)年～明治25(1892)年1月31日
江戸時代末期～明治期の教育者。伊万里の楠久炭鉱を開坑。陶芸教育に努めた。
¶維新，佐賀日(㊊文政10(1827)年6月)，人名，長崎遊，日人，幕末，幕末大

**江崎正剛** えざきせいごう
昭和18(1943)年11月16日～
昭和～平成期の音楽教育者(リトミック)。
¶音人，音人2，音人3

**江刺恒久** えさしつねひさ
文政9(1826)年～明治33(1900)年1月3日
江戸時代末期～明治時代の国学者。目付、藩学作人館教授などを歴任。
¶国書(㊊明治33(1900)年1月4日)，幕末，幕末大

**江沢潤一郎** えざわじゅんいちろう
嘉永5(1852)年～昭和2(1927)年
明治期の社会事業家。
¶郷土千葉，世紀(㊊嘉永5(1852)年3月 ㊋昭和2(1927)年3月)，日人

**江島小弥太** えじまこやた
*～天保13(1842)年
江戸時代後期の儒学者、日向飫肥藩士。
¶人名(㊊1807年)，日人(㊊1808年)

**江尻彦十郎** えじりひこじゅうろう
明治21(1888)年～昭和48(1973)年
大正～昭和期の教育者。
¶姓氏富山

**恵心** えしん
→源信(げんしん)

**江塚咲太郎** えづかさくたろう
→江塚咲太郎(えづかさくたろう)

**江角ヤス** えずみやす，えすみやす
明治32(1899)年2月15日～昭和55(1980)年11月30日
昭和期の社会事業家、教育家。純心女子学院校長。原爆孤児の福祉事業に尽力、長崎、鹿児島、川内、八王子に純心女子学園を設立。
¶学校，郷土長崎，島根百，島根歴，女性(えすみやす)，女性普(えすみやす)，世紀，長崎百(えすみやす)，日人(えすみやす)

**江連隆** えずれたかし
→江連隆(えづれたかし)

**江副隆秀** えぞえたかひで
昭和26(1951)年1月1日～
昭和～平成期の日本語教授法研究者、専門学校校長。新宿日本語学校校長。
¶現執3期

**江副浩正** えぞえひろまさ
昭和11(1936)年6月12日～平成25(2013)年2月8日
昭和～平成期の実業家。リクルート会長。情報産業のリクルートを創立。教育事業・不動産業にも進出。
¶現朝，現執2期，現情，現人，現日，出文，新潮，世紀，創業，日人，履歴，履歴2

**江田霞村** えだかそん
→江田重威(えだじゅうい)

**江田重威** えだしげとし
→江田重威(えだじゅうい)

**江田重威** えだじゅうい
文化12(1815)年～明治17(1884)年3月21日
㊞江田霞村《えだかそん》、江田重威《えだしげとし》
江戸時代末期～明治時代の教育者。
¶国書(江田霞村 えだかそん ㊊文化12(1815)年7月23日 ㊋明治17(1884)年3月31日)，姓氏岩手(えだしげとし)，幕末，幕末大

**江田忠** えだただし
大正2(1913)年～昭和55(1980)年
昭和期の社会教育学・民俗学者。福島女子短期大学教授。
¶現執1期，山形百

**枝広** えだひろし
明治10(1877)年～昭和34(1959)年
明治～昭和期の校医37年、学校保健に尽力した医師。
¶栃木歴

**枝益六** えだますろく
弘化4(1847)年11月～明治42(1909)年
明治期の教育者。
¶岡山百(㊤明治42(1909)年5月11日)、岡山歴(㊦明治42(1909)年6月11日)

**江田実** えだみのる
昭和2(1927)年～昭和61(1986)年
昭和期の高校教師、作家。
¶伊豆

**枝村彦三** えだむらひこぞう
？　～明治21(1888)年
江戸時代後期～明治期の私塾師匠。
¶姓氏山口

**枝吉神陽** えだよししんよう
→枝吉経種(えだよしつねたね)

**枝吉経種** えだよしつねたね
文政5(1822)年～文久2(1862)年　㊨枝吉神陽
《えだよししんよう》
江戸時代末期の志士、肥前佐賀藩校弘道館教諭。
¶朝日(㊤文政5年5月24日(1822年7月12日)㊦文久2年8月15日(1862年9月8日))、維新(枝吉神陽　えだよししんよう)、国書(枝吉神陽　えだよししんよう)㊤文政5(1822)年5月24日㊦文久2(1862)年8月15日)、コン改、コン4、コン5、佐賀百(枝吉神陽　えだよししんよう)㊤文政5(1822)年5月24日　㊦文久3(1863)年8月14日)、思想史、神人(枝吉神陽　えだよししんよう　㊤文政5(1822)年5月24日㊦文久2(1862)年8月15日)、新潮(㊤文政5(1822)年5月24日　㊦文久2(1862)年8月14日)、人名(枝吉神陽　えだよししんよう)、世人、全幕(枝吉神陽　えだよししんよう　㊤文久3(1863)年)、日人(枝吉神陽　えだよししんよう)、幕末(枝吉神陽　えだよししんよう　㊤1822年7月15日㊦1862年9月8日)、幕末大(枝吉神陽　えだよししんよう　㊤文政5(1822)年5月24日　㊦文久2(1862)年8月15日)、藩臣7(枝吉神陽　えだよししんよう)

**江塚咲太郎** えづかさくたろう、えずかさくたろう
明治12(1879)年～？　㊨三浦咲太郎
明治期の伝道師、教員、歯科医師。
¶社史(えずかさくたろう)

**江連隆** えづれたかし、えずれたかし
昭和10(1935)年12月19日～
昭和～平成期の文章表現研究者、国語漢文教育学者。弘前大学教授、弘前大学附属養護学校長。
¶現執3期(えずれたかし)、現執4期

**恵藤一郎** えとういちろう
明治27(1894)年7月～昭和34(1959)年12月8日
明治～昭和期の教育者。秋吉台科学博物館館長。

¶世紀、姓氏山口、日人、山口人、山口百

**衛藤薫** えとうかおる
文政7(1824)年～大正3(1914)年
江戸時代末期～大正期の公益家。瀧水乏しい高原に水路を開設して村の荒廃を救った。
¶大分歴、人名、日人

**江藤恭二** えとうきょうじ
昭和3(1928)年10月10日～
昭和～平成期の教育史研究者。名古屋大学教授。
¶現執2期

**江頭正五郎** えとうしょうごろう
嘉永5(1852)年～大正3(1914)年
明治期の教育者。
¶神奈川人、姓氏神奈川

**衛藤瀋吉** えとうしんきち
大正12(1923)年11月16日～平成19(2007)年12月12日
昭和～平成期の国際政治学者。
¶現朝、現執1期、現執2期、現執3期、現執4期、現情、現日、世紀、日人、マス89、履歴、履歴2

**江藤新平** えとうしんぺい
天保5(1834)年2月9日～明治7(1874)年4月13日
江戸時代末期～明治期の佐賀藩士、政治家。文部大輔、司法卿。
¶朝日(㊤天保5年2月9日(1834年3月18日))、維新、岩史、角史、教育(㊤1838年)、近現、近世、国際、国史、コン改、コン4、コン5、佐賀百、詩歌、詩作、史人、写家、重要、人書79、人書94、神人、新潮、人名、世人、全天保5(1834)年2月2日)、世百、先駆、全書、全幕、大百、太宰府、伝記、日史、日人、日本、幕末(㊤1834年3月18日)、幕末大、百科、明治1、山川小、履歴、歴大

**江藤千代** えとうちよ
天保4(1833)年～大正6(1917)年
江戸時代末期～大正時代の女性。江藤新平の妻。
¶江表(千代(佐賀県))

**江藤俊哉** えとうとしや
昭和2(1927)年11月9日～平成20(2008)年1月22日
昭和～平成期のヴァイオリニスト。桐朋学園大学学長。カーネギーホールで演奏者としてデビュー。教育者としても活躍。ヴァイオリン、ヴィオラ、指揮で活躍。
¶演奏、音楽、音人、音人2、音人3、芸能、現朝、現情、現人、現日、コン4、コン5、新芸、新潮、世紀、全書、日人、日本、大百

**江藤正澄** えとうまさずみ
天保7(1836)年10月12日～明治44(1911)年11月22日
明治期の神職、考古学者。太宰府神社宮司。考古学を研究。社会教育家、歌人としても活躍。
¶考古、国書、史研、神人、世紀、藩臣7、福岡百

**衛藤安馬** えとうやすま
　明治6(1873)年～昭和18(1943)年
　明治～昭和期の教育・社会事業家。
　¶大分歴

**江渡益太郎** えとますたろう
　大正2(1913)年～平成9(1997)年
　昭和～平成期の小中学校版画教育の指導者。
　¶青森人，青森美

**榎並よ袮** えなみよね
　文久1(1861)年～昭和18(1943)年
　明治～昭和期の小学校訓導。
　¶鳥取百

**榎田薫** えのきだかおる
　＊～？
　昭和期の小学校教員。
　¶アナ(㊞明治36(1903)年)，社史(㊞1904年？)

**榎下玄通** えのもとげんつう
　＊～延享1(1744)年
　江戸時代中期の医師、寺子屋師匠。
　¶姓氏長野(㊞1666年)，長野歴(㊞？)

**榎本貞義** えのもとさだよし
　嘉永2(1849)年～昭和2(1927)年
　明治期の教育者。
　¶多摩

**榎本白助** えのもとしろすけ
　慶応3(1867)年～明治32(1899)年
　江戸時代末期～明治期の教育功労者。
　¶多摩

**榎本園子** えのもとそのこ
　明治40(1907)年5月13日～昭和63(1988)年10月31日
　昭和期の幼児教育者。
　¶埼玉人

**榎本隆一郎** えのもとたかいちろう
　→榎本隆一郎(えのもとりゅういちろう)

**榎本武揚**(榎本武揚) えのもとたけあき
　天保7(1836)年8月25日～明治41(1908)年10月26日
　㊞榎本武揚《えのもとぶよう》
　江戸時代末期～明治期の政治家。子爵、外相。樺太・千島交換条約締結、天津条約締結に尽力し、第一次伊藤内閣逓信相、文相を歴任。育英黌農業科(後の東京農業大学)を創設。
　¶朝日(㊞天保7年8月25日(1836年10月5日))，維新，岩史，海越，海越新，江人，江戸(えのもとぶよう)，江文，学校，角史，神奈川人，北墓(榎本釜次郎　えのもとかまじろう)，近現，国際，国史，国書，コン改，コン4，コン5，詩歌，史人，重要，人書79，人書94，新潮，人名，世人(㊞明治41(1908)年10月27日)，世百，先駆，全書，全幕，大百，伝記，徳川将，徳川臣，渡航，長崎遊，日史，日人(榎本武揚)，幕末(㊞1836年10月5日)，幕末大，百科，平人，北海道建(㊞明治41(1908)年7月)，北海道百，北海道文(えのもとぶよう)，

北海道歴，明治1，山川小，陸海，歴大

**榎本常** えのもとつね
　安政2(1855)年12月～昭和13(1938)年10月
　明治～昭和期の教育者。
　¶岡山百，岡山歴

**榎本長裕** えのもとながひろ
　→榎本長裕(えのもとながみち)

**榎本長裕** えのもとながみち
　＊～大正3(1914)年10月22　㊞榎本長裕《えのもとながひろ》
　江戸時代後期～大正時代の幕臣、数学者。旧幕臣。開成所数学教授手伝並出役。
　¶数学(えのもとながひろ　㊞弘化2(1845)年)，幕末大(㊞嘉永2(1849)年6月7日)

**榎本武揚** えのもとぶよう
　→榎本武揚(えのもとたけあき)

**榎本義道** えのもとよしみち
　明治8(1875)年～昭和24(1949)年
　明治～昭和期の教育者。
　¶多摩

**榎本隆一郎** えのもとりゅういちろう
　明治27(1894)年2月8日～昭和62(1987)年2月7日
　㊞榎本隆一郎《えのもとたかいちろう》
　明治～昭和期の実業家、海軍技術者。中将、三菱瓦斯化学社長、国際基督教大学理事。社長として天然ガス活用、メタノールの製造などの事業を軌道に乗せる。
　¶郷土和歌山(えのもとたかいちろう)，現朝，現情，現人，実業，世紀，日人，陸海，和歌山人

**榎野譲** えのゆずる
　昭和4(1929)年～
　昭和～平成期の詩人、教諭。
　¶児人

**江幡五郎**(江鶏五郎) えはたごろう，えばたごろう
　→那珂通高(なかみちたか)

**江幡梧楼** えばたごろう★
　文政10(1827)年11月24日～明治12(1879)年5月1日
　江戸時代末期・明治期の漢学者、教育者。
　¶秋田人2

**江幡通理** えばたみちまさ★
　嘉永2(1849)年2月2日～大正10(1921)年1月31日
　明治・大正期の文人。教育家、医師。
　¶秋田人2

**江原英二** えばらえいじ
　明治40(1907)年～昭和47(1972)年10月19日
　昭和期の教育者。
　¶群馬人

**江原玄治郎** えばらげんじろう
　明治14(1881)年8月28日～昭和36(1961)年
　明治～昭和期の教育者。
　¶札幌(㊞昭和34年12月15日)，北海道百，北海

道歴

**穎原季善**　えはらすえよし
天保8(1837)年〜明治17(1884)年7月
江戸時代末期〜明治時代の医師、教育家。私学校の博依学者(凱風学舎)を設け、子弟の教育にあたる。
¶幕末，幕末大，藩臣7

**江原素六**　えはらすろく
→江原素六(えばらそろく)

**江原素六**　えばらそろく
天保13(1842)年1月29日〜大正11(1922)年5月19日　[別]江原素六《えはらすろく》
明治〜大正期の政治家、教育家。衆議院議員、東洋英和学校幹事。麻布中学校(後の麻布学園)創立者、校長として中等教育に尽力。社会教育者としての講演活動は著名。
¶朝日([生]天保13年1月29日(1842年3月10日)　[没]大正10(1921)年5月20日)，維新，海越新，学校，教育(えはらすろく)，キリ([生]天保13年1月29日(1842年3月10日))，近現，国史，コン改，コン5，史人([没]1922年5月20日)，静岡百，静岡歴，新潮，人名，世紀，姓氏静岡，世百，先駆([没]大正10(1921)年5月20日)，全書，大百，哲学，渡航，日史([没]大正11(1922)年5月20日)，日人，幕末([生]1842年3月10日)，百科，民学，履歴([没]大正11(1922)年5月20日)，履歴2([没]大正11(1922)年5月20日)，歴大

**江原忠弥**　えばらちゅうや
文政12(1829)年〜明治35(1902)年
江戸時代後期〜明治期の教育者。
¶姓氏群馬

**ゑひ**
1813年〜
江戸時代後期の女性。教育。高木善兵衛の妻。
¶江表(ゑひ(東京都)　[生]文化10(1813)年頃)

**海老沢亮**　えびさわあきら
明治16(1883)年1月23日〜昭和34(1959)年1月6日
昭和期の宗教教育者、牧師。日本基督教協議会総幹事。
¶キリ，現情

**蛯谷米司**　えびたによねじ
大正6(1917)年11月8日〜
昭和期の教科教育学者。広島大学教授。
¶現執1期，現執2期

**海老名邦武**　えびなくにたけ
？〜寛政7(1795)年　[別]海老名三平《えびなさんぺい》
江戸時代中期の三河挙母藩士、剣術師範。
¶剣豪(海老名三平　えびなさんぺい)，藩臣4

**海老名三平**　えびなさんぺい
→海老名邦武(えびなくにたけ)

**海老名弾正**　えびなだんじょう
安政3(1856)年〜昭和12(1937)年5月22日
明治〜大正期の牧師、キリスト教指導者。同志社総長。熊本英学校、熊本女学校創設、基督同志会を組織、本郷教会を再建し牧師となる。
¶朝日([生]安政3年8月20日(1856年9月18日))，アナ([生]安政3(1856)年8月20日)，岩史([生]安政3(1856)年8月20日)，学校([生]安政3(1856)年8月20日)，角史，教育，郷土群馬，京都大，京都文([生]安政3(1856)年9月18日)，キリ([生]安政3年8月20日(1856年9月18日))，近現，近文，熊本人，熊本百([生]安政3(1856)年9月18日)，群新百，群馬人，群馬百，現朝([生]安政3年8月20日(1856年9月18日))，国史，コン改，コン5，史人([生]1856年8月20日)，社史([生]安政3年8月20日(1856年9月18日))，重要([生]安政3(1856)年8月20日)，新潮([生]安政3(1856)年8月20日)，新文([生]安政3(1856)年9月18日)，人名，世紀([生]安政3(1856)年8月20日)，姓氏京都，姓氏群馬，世人([生]安政3(1856)年8月)，世百，全書，大百，哲学，日史([生]安政3(1856)年8月20日)，日人，日本，百科，兵庫百，福岡百([生]安政3(1856)年6月18日)，福岡文，文学，平日，平和，民学，明治2，履歴([生]安政3(1856)年8月20日)，歴大

**海老名リン**(海老名りん)　えびなりん
嘉永2(1849)年〜明治42(1909)年
明治期の教育者。幼児および女子教育に尽力。若松幼稚園、会津女学校を創立。
¶会津，女性，福島百(海老名りん)

**海老名隣**(海老名りん，海老名リン)　えびなりん
嘉永2(1849)年〜明治42(1909)年
明治期の教育者。幼児および女子教育に尽力。若松幼稚園、会津女学校を創立。
¶学校([生]嘉永2(1849)年4月　[没]明治42(1909)年4月20日)，近女(海老名りん　[生]嘉永1(1848)年)，女運(海老名リン　[生]1850年4月　[没]1909年4月20日)，女性普(海老名リン)，日人

**海老原邦雄**　えびはらくにお
大正〜昭和期の教育家。
¶心理

**海老原直**　えびはらすなお
大正6(1917)年2月28日〜昭和56(1981)年5月29日
昭和期の教育者、作曲家。
¶作曲，世紀，日人，宮崎百

**海老原治善**　えびはらはるよし
昭和1(1926)年6月6日〜
昭和〜平成期の教育学者。東海大学教授、国民教育文化総合研究所所長。近代日本教育史、教育政策を研究。著書に「現代日本教育政策史」など。
¶現朝，現執1期，現執2期，現執3期，世紀，日人

**江袋文男**　えぶくろふみお
大正4(1915)年5月8日〜平成1(1989)年8月1日
昭和期の社会教育者。
¶埼玉人

**江淵一公**　えぶちかずきみ
昭和8 (1933) 年～
昭和期の文化人類学・教育社会学者。福岡教育大学教授。
¶現執1期

**江部淳夫**　えべあつお
明治10 (1877) 年～大正12 (1923) 年
明治～大正期の教育者。旧制高知高等学校の初代校長。
¶高知人，高知百

**江馬元恭**　えまげんきょう
→江馬蘭斎 (えまらんさい)

**江馬元齢**　えまげんれい
文化9 (1812) 年～明治15 (1882) 年
江戸時代後期～明治期の医師。
¶国書 ([生]文化9 (1812) 年7月7日　[没]明治15 (1882) 年1月5日)，日人

**江馬春琢**　えましゅんたく
天保9 (1838) 年～明治34 (1901) 年
江戸時代末期～明治期の医師。大垣の開業医。維新後は自宅内に医学研修所を設立し子弟を育成。
¶洋学

**江馬春齢〔2代〕** (江馬春齢) えましゅんれい
→江馬蘭斎 (えまらんさい)

**江馬聖欽**　えませいきん
→江馬天江 (えまてんこう)

**江馬天江**　えまてんこう
文政8 (1825) 年11月3日～明治34 (1901) 年3月8日
[別]江馬聖欽《えませいきん》
江戸時代末期～明治期の医師。西園寺公望が自宅に設立した漢学塾の塾長を務める。
¶大阪人 (江馬聖欽　えませいきん　[没]明治34 (1901) 年3月)，眼科 (江馬聖欽　えませいきん　[没]明治35 (1902) 年)，郷土滋賀，京都大，京都文，滋賀百 (江馬聖欽　えませいきん)，滋賀文，詩作，姓氏京都，日人，幕末大 (江馬聖欽　えませいきん)

**江馬蘭斎**　えまらんさい
延享4 (1747) 年9月27日～天保9 (1838) 年7月8日
[別]江馬元恭《えまげんきょう》，江馬春齢〔2代〕《えましゅんれい》，江馬春齢《えましゅんれい》
江戸時代中期～後期の蘭方医。
¶朝日 ([生]延享4年9月27日 (1747年10月30日)　[没]天保9年7月8日 (1838年8月27日))，岩史，科学，角史，岐阜百，郷土岐阜，近世 (江馬春齢　えましゅんれい)，国史 (江馬春齢　えましゅんれい)，国書，コン改 ([生]延享3 (1746) 年)，コン4 ([生]延享3 (1746) 年)，史人，人情5，新潮 (江馬春齢〔2代〕　えましゅんれい)，人名，世人，日人，藩臣3，洋学 (江馬元恭　えまげんきょう)

**江馬榴園**　えまりゅうえん
文化1 (1804) 年～明治23 (1890) 年
江戸時代末期～明治期の蘭方医。御室門跡宮従医、府医業取締。京都で開業、種痘所有信堂、京都府立医学専門学校の創立に参画、著書に「室速篤内科書」。
¶国書 ([没]明治23 (1890) 年9月17日)，新潮，日人，洋学

**エミ**
江戸時代末期の女性。教育。武宮氏。文久年間に宮村城間郷正蓮寺の境内に寺子屋を開く。
¶江表 (エミ (長崎県))

**江村潤朗**　えむらじゅんろう
昭和13 (1938) 年8月15日～
昭和～平成期の教育工学研究者、エンジニア。日本アイ・ビー・エム研修主幹システムズ・エンジニア。
¶現執2期，現執3期

**江村北海**　えむらほくかい
→江村北海 (えむらほっかい)

**江村北海**　えむらほっかい
正徳3 (1713) 年～天明8 (1788) 年2月2日　[別]江村北海《えむらほくかい》
江戸時代中期の漢詩人。著作に「授業編」など。
¶朝日 ([生]正徳3年10月8日 (1713年11月25日)　[没]天明8年2月2日 (1788年3月9日))，岩史 ([生]正徳3 (1713) 年10月8日)，角史，岐阜百，教育 (えむらほくかい)，京都大，京都府，近世，国史，国書 ([生]正徳3 (1713) 年10月8日)，コン改，コン4，コン5，詩歌，史人 ([生]1713年10月8日)，新潮 ([生]正徳3 (1713) 年10月8日)，人名，姓氏京都，世人，世百，全書，大百，日史，日人，藩臣3，百科，兵庫人 ([生]正徳3 (1713) 年10月8日　[没]天明8 (1788) 年3月2日)，歴大，和俳

**江本登喜雄**　えもとときお
明治37 (1904) 年～昭和42 (1967) 年
昭和期の訓導。
¶鳥取百

**江森一郎**　えもりいちろう
昭和18 (1943) 年2月24日～
昭和～平成期の教育史学者。金沢大学教授。
¶現執3期

**江守清二**　えもりせいじ★
明治23 (1890) 年1月13日～昭和36 (1961) 年2月2日
大正・昭和期の大平学園会長。
¶栃木人

**江守節子**　えもりせつこ
明治44 (1911) 年2月6日～平成2 (1990) 年9月17日
昭和・平成期の教育者。
¶神奈女

**ゑん**
1820年～
江戸時代後期の女性。教育。芝崎氏。
¶江表 (ゑん (東京都)　[生]文政3 (1820) 年頃)

**円環**　えんかん
元禄9 (1696) 年～享保19 (1734) 年5月21日

江戸時代中期の浄土真宗の僧。
¶国書，人名，日人，仏教，仏人



**円月** えんげつ
→東陽円月（とうようえんげつ）

**円光寺元佶** えんこうじげんきつ
→閑室元佶（かんしつげんきつ）

**槐一男** えんじゅかずお
昭和4（1929）年～
昭和～平成期の歴史教育学者。歴史教育研究センター理事長、東京都立大学非常勤講師。
¶現執3期，YA

**袁晋卿**（遠晋卿） えんしんけい
生没年不詳 [別]清村晋卿《きよむらしんけい》
奈良時代の官僚。唐からの帰化人。
¶角史，国史，古史，古代，古中，コン改（清村晋卿 きよむらしんけい），コン4（清村晋卿 きよむらしんけい），史人，新潮，人名（清村晋卿 きよむらしんけい），世人（遠晋卿），日人，歴大

**遠藤伊平** えんどういへい
明治32（1899）年9月23日～昭和62（1987）年4月25日
大正・昭和期の下呂町助役・教育長。
¶飛驒

**遠藤栄治** えんどうえいじ
明治23（1890）年12月8日～昭和30（1955）年8月24日
大正～昭和期の盲人教育者。
¶庄内

**遠藤ゑつ** えんどうえつ
文化11（1814）年～文久2（1862）年
江戸時代末期の「換子教育」の実践者。
¶朝日，コン4，コン5，日人

**遠藤鶴洲** えんどうかくしゅう
→遠藤勝助（えんどうしょうすけ）

**遠藤勝助** えんどうかつすけ
→遠藤勝助（えんどうしょうすけ）

**遠藤克己** えんどうかつみ
元治元（1864）年2月～
明治期の教育功労者。
¶根千

**遠藤箕園** えんどうきえん
文化9（1812）年～明治17（1884）年
江戸時代末期～明治期の越後南蒲原郡上条村の義人。
¶人名，日人

**遠藤金市** えんどうきんいち
明治8（1875）年3月～？
明治～大正期の教育者。
¶渡航

**遠藤熊吉** えんどうくまきち
明治7（1874）年3月1日～昭和27（1952）年8月31日
明治～昭和期の教育者。秋田県西成瀬村での共通語（標準語）の普及につとめる。著書に「言語教育の理論と実際」。
¶秋田人2，秋田百，日人

**遠藤桂風** えんどうけいふう
明治13（1880）年9月11日～昭和12（1937）年5月26日
明治～昭和期の歌人。
¶秋田人2，東北近

**遠藤光司** えんどうこうじ
昭和31（1956）年～
昭和～平成期の高校教諭、歴史研究家。
¶YA

**遠藤五平太** えんどうごへいた
文化5（1808）年～明治21（1888）年
江戸時代末期～明治期の剣術家。
¶剣豪，人書94，姓氏長野（[没]1889年）

**遠藤悟朗** えんどうごろう
大正14（1925）年～
昭和期の動物園教育者。埼玉県立こども動物自然公園園長。
¶児人

**遠藤三郎** えんどうさぶろう
昭和2（1927）年8月8日～平成5（1993）年
昭和～平成期の音楽教育者、著述家。
¶音人2，現執3期

**遠藤秀明** えんどうしゅうめい
大正13（1924）年8月10日～昭和51（1976）年9月20日
昭和期の教育者・俳人。
¶徳島歴

**遠藤俊平** えんどうしゅんぺい
寛政6（1794）年～嘉永6（1853）年5月19日
江戸時代末期の教育者。
¶岩手人，幕末（[没]1853年6月25日），幕末大

**遠藤庄次** えんどうしょうじ
弘化1（1844）年～明治41（1908）年
江戸時代後期～明治期の教育者。
¶姓氏宮城

**遠藤勝助** えんどうしょうすけ
寛政1（1789）年～嘉永4（1851）年7月24日 [別]遠藤勝助《えんどうかつすけ》，遠藤鶴洲《えんどうかくしゅう》
江戸時代後期の儒学者。
¶江文（遠藤鶴洲 えんどうかくしゅう），剣豪（えんどうかつすけ），国書（遠藤鶴洲 えんどうかくしゅう），コン改，コン4，新潮，人名，日人（遠藤鶴洲 えんどうかくしゅう），洋学（[生]天明7（1787）年）

**遠藤石山** えんどうせきざん
天保3（1832）年～明治40（1907）年
江戸時代後期～明治期の教育者。
¶愛媛，愛媛百（[生]天保3（1832）年7月13日 [没]明治40（1907）年11月18日）

**遠藤宗作** えんどうそうさく
慶応2(1866)年5月23日～?
江戸時代末期～明治期の教育者。
¶群馬人

**遠藤早泉** えんどうそうせん
明治19(1886)年8月15日～?
大正期の国語教育者、児童図書研究者。著書に「現今少年読物の研究と批判」「日本偉人物語」など。
¶児文, 日児

**遠藤董** えんどうただす
嘉永6(1853)年～昭和20(1945)年
明治～昭和期の教育者。
¶世紀([生]嘉永6(1853)年1月22日 [没]昭和20(1945)年1月22日), 鳥取百, 日人

**遠藤徹** えんどうとおる
昭和36(1961)年10月4日～
昭和～平成期の小説家。同志社大学言語文化教育研究センター助教授。
¶現執4期, 幻想

**遠藤利貞** えんどうとしさだ
天保14(1843)年1月15日～大正4(1915)年4月20日
江戸時代後期～大正時代の数学家。数学教育の「算顆術授業法」を考案。
¶朝日([生]天保14年1月15日(1843年2月13日)), 科学, 教育, 近現, 国史, コン改, コン5, 史人, 新潮, 人名, 数学, 世紀, 大百, 日史, 日人, 百科, 三重続, 民学, 洋学

**遠藤友介** えんどうともすけ
明治40(1907)年～昭和30(1955)年
昭和期の小学校教師、歌人。
¶山形百

**遠藤知見** えんどうともみ
昭和5(1930)年～
昭和～平成期の盲・ろう・養護学校教師、児童文学作家。
¶児人

**遠藤豊吉** えんどうとよきち
大正13(1924)年5月3日～平成9(1997)年5月8日
昭和～平成期の教育評論家、小学校教師。全人教育の理想を主張。著書に「作文だいすき」「ぼくたちの学校」など。
¶現朝, 現執1期, 現執2期, 現執3期, 現情, 児人, 世紀, 日人, 平和, マス89

**遠藤誉** えんどうほまれ
昭和16(1941)年1月3日～
昭和～平成期のノンフィクション作家、留学生教育者。千葉大学教授。
¶現執3期, 現執4期, 世紀, マス89

**遠藤正** えんどうまさし
嘉永6(1853)年12月20日～昭和3(1928)年4月17日
明治～昭和期の教育者。
¶考古, 世紀([生]嘉永6(1854)年12月20日), 日人([生]1854年), 宮崎百, 宮崎百一

**遠藤政次郎** えんどうまさじろう
明治27(1894)年7月27日～昭和35(1960)年8月22日
大正～昭和期の服飾教育家、文化服装学院創立者。文化裁縫学院学院長。文化裁縫学院(後の文化服装学院)を開校し、世界に類を見ない一大服装学院を作る。
¶岩手人, 岩手百, 学校, 現情, 人名7, 世紀, 姓氏岩手, 日人

**遠藤三千次** えんどうみちじ
明治18(1885)年1月17日～?
明治～大正期の教育者。
¶群馬人

**遠藤稔** えんどうみのる
? ～
昭和期の教育者。
¶社史

**遠藤宗義** えんどうむねよし
安政3(1856)年3月2日～昭和15(1940)年11月20日
明治～昭和期の教育者。
¶庄内

**遠藤友麗** えんどうゆうれい
昭和18(1943)年～
昭和～平成期の文部省職員。文部省初等中等教育局中学校課・高等学校課教科調査官。
¶現執3期, 現執4期([生]1943年1月18日)

**遠藤豊** えんどうゆたか
大正14(1925)年3月25日～平成13(2001)年3月26日
昭和～平成期の教育評論家。自由の森学園学園長。明星学園を経て、全人教育を行う自由の森学園を設立。著書に「いま教育を変えなければ子どもは救われない」など。
¶学校, マス89

**遠藤与市郎** えんどうよいちろう★
明治7(1874)年6月12日～昭和28(1953)年1月29日
明治～昭和期の教育者。
¶秋田人2

**遠藤芳信** えんどうよしのぶ
昭和22(1947)年5月27日～
昭和期の教育方法学・近代日本軍制史研究者。
¶現執2期

**遠藤由晴** えんどうよしはる
宝暦9(1759)年～天保12(1841)年
江戸時代末期の教育者。
¶多摩

**遠藤力雄** えんどうりきお
明治25(1892)年～昭和56(1981)年
大正～昭和期の鹿児島県体育行政の草分け的存在。
¶薩摩

**遠藤隆吉** えんどうりゅうきち
明治7（1874）年10月～昭和21（1946）年
明治～昭和期の社会学者。東洋大学教授、早稲田大学教授。心理学的社会学を展開、社会有機体説と対立。著書に「社会力」など。巣鴨高等商業学校（後の千葉商科大学）を設立。
¶学校，群新百，群馬人，群馬百，人名7，心理（[生]明治7（1874）年10月2日　[没]昭和21（1946）年2月5日），世紀，姓氏群馬，世百，全書，大百，哲学，日人（[没]昭和21（1946）年2月5日）

**役藍泉** えんのらんせん
宝暦1（1751）年～文化6（1809）年　[別]役藍泉《えきらんせん》
江戸時代中期～後期の修験者。徂徠学派の儒者。
¶朝日（[没]文化6年9月29日（1809年11月6日）），国書（えきらんせん　[生]宝暦3（1753）年　[没]文化6（1809）年9月28日），コン改，コン4，新潮，人名（[生]1750年　[没]1806年），日人，藩臣6（えきらんせん　[生]宝暦3（1753）年），山口百（えきらんせん　[生]1753年），和俳

**塩谷依信** えんやよりのぶ
嘉永3（1850）年～明治41（1908）年2月16日
江戸時代後期～明治期の教育者。
¶徳島百，徳島歴

## 【お】

**及川儀右衛門** おいかわぎえもん
明治25（1892）年～昭和49（1974）年11月14日
昭和期の日本史学者。岩手県立盛岡短期大学教授。中世史を研究。
¶岩手人，史研，日人（[生]明治25（1892）年3月18日）

**及川為徳** おいかわためのり
文政2（1819）年～明治25（1892）年
江戸時代後期～明治期の教育者。
¶姓氏岩手

**及川恒道** おいかわつねみち
寛政11（1799）年～慶応1（1865）年
江戸時代後期～末期の遠野の郷学信成堂和算教授。
¶姓氏岩手

**及川時次郎** おいかわときじろう
明治24（1891）年～昭和63（1988）年
大正～昭和期の教育者。
¶姓氏岩手

**及川徳弥** おいかわとくや
大正13（1924）年～
昭和期の児童文学作家、小学校教諭。
¶児人

**及川トミ** おいかわとみ
明治36（1903）年～昭和50（1975）年
昭和期の教育者・婦人運動家。
¶姓氏岩手

**及川靖恵** おいかわはるえ
明和1（1764）年～天保2（1831）年
江戸時代中期～後期の教育者。
¶姓氏岩手

**及川英春** おいかわひではる
文政8（1825）年～明治32（1899）年
江戸時代末期～明治期の和算家。
¶人名，数学（[没]明治32（1899）年10月），姓氏岩手，日人

**及川ふみ** おいかわふみ
明治26（1893）年～昭和44（1969）年
大正～昭和期の幼児教育者。お茶の水女子大学文教育学部付属幼稚園園長、東横学園短期大学園長。幼児教育に指導的役割を演じた。著書に「幼児の手技の導き方」など。
¶大阪人，近女，女性，女性普，世紀（[没]昭和44（1969）年5月13日），日人（[生]明治26（1893）年10月17日　[没]昭和44（1969）年5月13日）

**及川平治** おいかわへいじ
明治8（1875）年3月28日～昭和14（1939）年1月1日
大正期の教育者。自主性を尊重する「分団式動的教育法」を提唱、カリキュラム改造運動を推進。
¶教育，近現，現朝，国史，コン改，コン5，史人，新潮，人名7，世紀，姓氏宮城，全書，大百，哲学，日人，百科，兵庫人，兵庫百，宮城百

**及川巳佐男** おいかわみさお
昭和4（1929）年1月28日～
昭和期の教育者。
¶視覚

**及川良寿** おいかわよしひさ
文政13（1830）年～明治40（1907）年
江戸時代末期～明治期の国学者、医師。著書に「出の森」「桃廼舎集」「桃亭薬撰」「桃亭医則」などがある。
¶国書（[生]文政13（1830）年9月13日　[没]明治40（1907）年1月27日），人名，日人

**尾池隆次郎** おいけたかじろう
明治17（1884）年2月1日～昭和51（1976）年4月16日
明治～昭和期の教育者。
¶群馬人

**笈田光吉** おいだこうきち
明治35（1902）年11月6日～昭和39（1964）年6月8日
大正～昭和期のピアニスト。
¶演奏，音楽，音人，芸能，現情，新芸，人名7，世紀，日人

**生山正方** おいやままさかた
→生山正方（いくやままさかた）

**相賀祥宏** おうがしょうこう
→相賀武夫（おうがたけお）

**相賀武夫** おうがたけお
明治30（1897）年4月2日～昭和13（1938）年8月12日　[別]相賀武夫《おおがたけお》，相賀祥宏《おう

がしょうこう》
大正～昭和期の出版人。小学館を創業。学年別学習誌を創刊。後に集英社を創立。
¶岡山人（相賀祥宏　おうがしょうこう），岡山百，岡山歴，現朝（おおがたけお），出版，出文，世紀，日人

**扇田繁治** おうぎだしげはる★
明治33（1900）年8月10日～昭和60（1985）年8月15日
大正・昭和期の小学校教師。
¶秋田人2

**扇田博元** おうぎだひろもと
大正12（1923）年11月1日～
昭和～平成期の創造教育学者、教育方法研究者。近畿大学教授、日本個性教育研究会会長。
¶現執1期，現執3期

**扇子道融** おうぎどうゆう
天保7（1836）年～明治28（1895）年
江戸時代後期～明治期の僧、教育者。
¶姓氏宮城

**扇本真吉** おうぎもとしんきち
明治8（1875）年9月6日～昭和17（1942）年
明治～昭和期の教育家。電機学校（後の東京電機大学）創設に参画。
¶学校（[没]昭和17（1942）年7月），飛驒（[没]昭和17（1942）年7月16日）

**扇谷尚** おうぎやしょう
大正6（1917）年5月3日～
昭和期の教育学者。大阪大学教授。
¶現情

**往還寺善秀** おうげんじぜんしゅう
～明治26（1893）年3月21日
明治期の教師。
¶飛驒

**淡海槐堂** おうみかいどう
文政5（1822）年～明治12（1879）年6月19日　[別]板倉重涂《いたくらしげみち》，板倉槐堂《いたくらかいどう》
江戸時代末期～明治期の尊攘派志士。
¶朝日（[生]文政5年12月1日（1823年1月12日）），維新，人名，日人（[生]1823年），幕末

**淡海真人三船** おうみのまひとみふね
→淡海三船（おうみのみふね）

**淡海三船** おうみのみふね
養老6（722）年～延暦4（785）年7月17日　[別]淡海三船《おうみみふね》，淡海真人三船《おうみのまひとみふね》
奈良時代の貴族、文人。「唐大和上東征伝」の著者。
¶朝日（[没]延暦4年7月17日（785年8月26日）），岩史，角史，国史，国書（おうみみふね），古史，古代（淡海真人三船　おうみのまひとみふね），古中，コン改（[生]養老5（721）年），コン4（[生]養老5（721）年），埼玉人，詩歌，史人，重要（[没]延暦4（785）年7月14日），諸系，新潮，人名，姓氏愛知，世人，世百，全書，大百，伝記，日音，日史，日人，百科，仏教，万葉（淡海真人三船　おうみのまひとみふね），歴大，和俳

**淡海三船** おうみみふね
→淡海三船（おうみのみふね）

**近江屋仁兵衛** おうみやにへえ
江戸時代中期の心学者。
¶人名

**王無久** おうむきゅう
→田辺清春（たなべきよはる）

**大麻勇次** おおあさゆうじ
明治20（1887）年1月16日～昭和49（1974）年2月22日
大正～昭和期の剣道家。十段。県警察、佐賀高等学校に奉職。霊雨堂道場を設立して青少年の育成に努める。
¶熊本人，熊本百，現情，佐賀百，人名7，世紀，日人

**大家百次郎**（大家百治郎） おおいえひゃくじろう
嘉永5（1852）年3月5日～大正4（1915）年10月27日
明治～大正期の園芸家。
¶愛媛百，植物，世紀，日人（大家百治郎）

**大井川霞南** おおいがわかなん
昭和6（1931）年2月19日～
昭和～平成期の書家。日本ペン習字研究会理事、日本書道学院理事。
¶現執3期

**大池蚕雄** おおいけさんゆう
明治20（1887）年～昭和37（1962）年
明治～昭和期の教育者。
¶姓氏長野，長野歴

**大井浩太郎** おおいこうたろう
明治42（1909）年～昭和63（1988）年4月2日
昭和期の地方史研究者。教師、沖縄大学教授。
¶郷土，姓氏沖縄

**大井才太郎** おおいさいたろう
安政3（1856）年11月17日～大正13（1924）年12月1日
明治～大正期の電気工学者。東京・神戸間の電話回線架設を指導。工手学校（後の工学院大学）の設立に関わる。
¶朝日（[生]安政3年11月17日（1856年12月14日）），海越新，科学，学校，コン改，コン5，新潮（[没]大正13（1924）年12月31日），人名，世紀，先駆，全書，大百，渡航（[生]1856年11月 [没]1924年12月31日），日人

**大石勝男** おおいしかつお
大正12（1923）年6月1日～
昭和～平成期の生徒指導研究者、学校経営研究者。帝京大学教授。
¶現執1期，現執2期，現執3期

**大石監二** おおいしかんじ
天保14（1843）年～明治32（1899）年

おおいし

江戸時代後期～明治期の教育者。
¶高知人

**大石源三** おおいしげんぞう
昭和4(1929)年7月10日～
昭和～平成期の教育者、日本文学研究家。
¶児作, 児人, 世紀, 日児

**大石貞和** おおいしさだかず
→大石貞和(おおいしていわ)

**大石十太夫** おおいしじゅうだゆう
? ～寛文7(1667)年
江戸時代前期の松江藩の新当流剣術師範。
¶島根歴

**大石スク** おおいしすく
明治13(1880)年5月2日～大正14(1925)年5月12日
明治～大正期の社会事業家。
¶札幌, 世紀, 日人, 北海道百, 北海道歴

**大石団蔵** おおいしだんぞう
天保4(1833)年～明治29(1896)年2月28日　㊋高見弥一郎《たかみやいちろう》
江戸時代末期～明治期の郷士、教育者。土佐勤王党に参加。
¶維新, 海越, 海越新, 高知人(㊍1831年), 高知百, 人名, 渡航(大石団蔵・高見弥一郎　おおいしだんぞう・たかみやいちろう), 日人, 幕末(㊍1837年), 幕末大(㊍天保2(1831)年1月)

**大石貞和** おおいしていわ
文化9(1812)年～明治11(1878)年11月21日
㊋大石貞和《おおいしさだかず》
江戸時代末期～明治時代の数学者。
¶数学(おおいしさだかず)

**大石登久** おおいしとく
慶応2(1866)年～?
江戸時代末期～昭和期の教育者。佐倉裁縫女学校を創設し、裁縫・茶道などを教授。
¶女性(㊍慶応2(1866)年頃), 女性普

**大石勿斎** おおいしふっさい
天保12(1841)年～明治42(1909)年
江戸時代末期～明治期の教育者。鳳鳴義塾をはじめ他府県の学校に奉職。
¶藩臣5

**大石安金** おおいしやすかね
文政5(1822)年～明治16(1883)年
江戸時代後期～明治時代の和算家。
¶数学

**大石保吉** おおいしやすきち
万延1(1860)年～明治31(1898)年
江戸時代末期～明治期の教育者。
¶高知人

**大井清吉** おおいせいきち
昭和6(1931)年10月12日～平成10(1998)年7月24日
昭和～平成期の障害児教育学者。東京学芸大学教授。
¶現執1期, 現執3期, 世紀, YA

**大井政子** おおいまさこ
明治34(1901)年9月25日～昭和58(1983)年9月3日
大正～昭和期の教育者、婦人運動家。
¶信州女, 世紀, 長野歴, 日人

**大井竜跳** おおいりゅうちょう
明治10(1877)年～昭和23(1948)年
明治～昭和期の教育者、僧侶。自修学校を創設。
¶学校, 神奈川人

**大岩貫一郎** おおいわかんいちろう
嘉永3(1850)年6月日～
明治期の教育者。福井藩の英語教育に尽力。
¶飛騨

**大上馨** おおうえかおる
昭和5(1930)年9月5日～
昭和期の教師、盲人バレーボールのルール考案者。
¶視覚

**大内玉江** おおうちぎょくこう
→大内正敬(おおうちせいけい)

**大内定盛** おおうちさだもり
天明2(1782)年～天保5(1834)年
江戸時代後期の儒学者。
¶国書(㊺天保5(1834)年5月4日), 人名, 日人

**大内茂男** おおうちしげお
大正10(1921)年1月8日～
昭和～平成期の教育心理学者。筑波大学教授。
¶現情, 心理, ミス

**大内進** おおうちすすむ
昭和24(1949)年7月25日～
昭和期の教育者。
¶視覚

**大内正敬** おおうちせいけい
天明4(1784)年～安政1(1854)年　㊋大内玉江《おおうちぎょくこう》
江戸時代後期の水戸藩士。
¶維新, 国書(大内玉江　おおうちぎょくこう)(㊺嘉永7(1854)年7月19日), 人名(大内玉江　おおうちぎょくこう), 日人(大内玉江　おおうちぎょくこう), 幕末(㊺1854年8月12日), 藩臣2

**大内善一** おおうちぜんいち
昭和22(1947)年2月20日～
昭和～平成期の教育学者。秋田大学教授。
¶現執3期, 現執4期

**大内地山** おおうちちざん
明治13(1880)年2月2日～昭和23(1948)年2月7日
大正～昭和期の郷土史家。水戸学塾を創設、水戸学や郷土史をおしえる。
¶茨城百(㊺1941年), 茨城歴(㊺昭和16(1941)年), 郷土, 世紀, 日人

**大内貞太郎** おおうちていたろう
安政4(1857)年～大正5(1916)年
明治～大正期の政治家、教育者。
¶姓氏岩手

**大内畔水** おおうちはんすい
明治39(1906)年～昭和56(1981)年
大正・昭和期の教育者、書家。
¶愛媛

**大内文子** おおうちふみこ
生没年不詳
明治期の教師。日本で初めてスキーを習った女性の一人。
¶先駆

**大内文一** おおうちぶんいち
昭和7(1932)年8月19日～
昭和～平成期の学校新聞・PTA広報専門家。
¶現執2期

**大内正夫** おおうちまさお
大正3(1914)年～
昭和期の理科教育研究者。京都教育大学教授。
¶現執1期

**大内森業** おおうちもりぎょう
明治27(1894)年～昭和50(1975)年
大正～昭和期の教育者。新制与論中学校初代校長。
¶姓氏鹿児島

**大浦教之助** おおうらきょうのすけ
→大浦教之助(おおうらのりのすけ)

**大浦猛** おおうらたけし
大正8(1919)年8月9日～平成13(2001)年12月15日
昭和期の教育学者。埼玉大学教授。
¶現執1期，現執2期，現情，世紀

**大浦遠** おおうらとおし
文化10(1813)年～*
江戸時代末期の対馬藩士。
¶維新([没]1864年)，人名([没]1864年)，日人([没]1865年)，幕末([没]1865年1月22日)

**大浦教之助** おおうらのりのすけ
寛政5(1793)年～元治1(1864)年　[別]大浦教之助《おおうらきょうのすけ》
江戸時代末期の対馬藩家老。対馬藩尊王攘夷派を主導。
¶朝日([没]元治1年10月24日(1864年11月23日))，維新，新潮([没]元治1(1864)年10月25日)，人名(おおうらきょうのすけ)，日人，幕末([没]1864年12月24日)，藩臣7

**大江礒吉**(大江磯吉) おおえいそきち
慶応4(1868)年5月22日～明治35(1902)年9月5日
江戸時代末期～明治期の教育者。兵庫県柏原中学校長。島崎藤村「破戒」の作中人物のモデルといわれる。
¶姓氏長野(大江磯吉)，鳥取百，長野百(大江磯吉)，長野歴(大江磯吉)，日人([没]明治35(1902)年9月6日)，履歴，履歴2

**大江市松** おおえいちまつ
明治4(1871)年～昭和18(1943)年2月1日
明治～昭和期の実業家、教育家。報徳実業学校を創設。
¶学校([生]明治4(1871)年5月2日)，兵庫人([生]明治4(1871)年5月25日)

**大江維時** おおえこれとき
→大江維時(おおえのこれとき)

**大江スミ** おおえすみ
明治8(1875)年9月7日～昭和23(1948)年1月6日
[別]宮川スミ《みやがわすみ》
明治～昭和期の家政学者、女子教育家。東京家政学院を創設。三ぼう主義の主唱者。家政学研究のためイギリスに留学。
¶海越，海越新，学校，近女，現朝，現情，女史，女性，女性普，新宿女，人名7，世紀，渡航(大江スミ・宮川スミ　おおえすみ・みやがわすみ)，日人，民学，歴大

**大江ちさと** おおえちさと
昭和5(1930)年～
昭和～平成期の児童文学作家、幼稚園園長。
¶児人

**大江千古** おおえちふる
→大江千古(おおえのちふる)

**大江時棟** おおえときむね
→大江時棟(おおえのときむね)

**大江斉光** おおえなりみつ
承平4(934)年～永延1(987)年　[別]大江斉光《おおえのただみつ》
平安時代中期の公卿(参議)。参議大江音人の曽孫。
¶公卿([没]永延1(987)年11月6日)，諸系(おおえのただみつ)，日人(おおえのただみつ)，平史(おおえのただみつ)

**大江有道** おおえのありみち
平安時代中期の官人。
¶古人

**大江維時** おおえのこれとき
仁和4(888)年～応和3(963)年6月7日　[別]大江維時《おおえこれとき》，江納言《ごうなごん》
平安時代中期の学者、公卿(中納言)。参議大江音人の孫。
¶朝日([没]応和3年6月7日(963年6月30日))，角史，公卿(おおえこれとき)，国史，国書(おおえこれとき)，古史，古中，コン改，コン4，詩歌，史人，諸系，新潮，人名，世人，全書，大百([生]889年)，日史，日人，百科，平史，歴大(おおえこれとき)，和俳

**大江維順** おおえのこれのぶ
生没年不詳
平安時代後期の肥後国司。
¶諸系，人名，日人，平史

**大江成衡** おおえのしげひら
[別]大江成衡《おおえのなりひら》

お

平安時代後期の官人。挙周の子。従四位上、大学頭・信濃守に至る。
¶古人，古人（おおえのなりひら）

**大江斉光** おおえのただみつ
→大江斉光（おおえなりみつ）

**大江千古** おおえのちふる
貞観8（866）年～延長2（924）年 [別]大江千古《おおえちふる》
平安時代中期の伊予国司。
¶国書（おおえちふる [生]？ [没]延長2（924）年5月29日），古史，諸系，人名（[生]？），日人，平史

**大江時棟** おおえのときむね
生没年不詳 [別]大江時棟《おおえときむね》
平安時代中期の学者、漢詩人。
¶国書（おおえときむね），コン改，コン4，諸系，新潮，人名，日人，平史，和俳

**大枝永山** おおえのながやま
平安時代前期の官人。
¶古人

**大江成衡** おおえのなりひら
→大江成衡（おおえのしげひら）

**大江正言** おおえのまさとき
→大江正言（おおえまさとき）

**大江行季** おおえのゆきすえ
平安時代後期の官人。
¶古人

**大江広海** おおえひろみ
明和6（1769）年～天保5（1834）年
江戸時代後期の国学者。
¶京都大，人名，姓氏京都，新潟百，日人

**大江正言** おおえまさとき
[別]大江正言《おおえのまさとき》
平安時代中期の歌人。
¶古人（おおえのまさとき）

**大岡育造** おおおかいくぞう
安政3（1856）年6月3日～昭和3（1928）年1月26日
明治～昭和期の政治家。中央新聞社社長、衆議院議員、文相。立憲政友会に参加、総務となる。衆議院議員議長。
¶近現，国史，コン改，コン5，埼玉人，史人（[没]1928年1月27日），新潮，人名，世紀，全書，日史，日人，日本，明治1，山口百，履歴（[生]安政3（1856）年6月13日），歴大（[生]1858年）

**大岡哲** おおおかさとり
→大岡哲（おおおかてつ）

**大岡主膳正忠正** おおおかしゅぜんのしょうただまさ
→大岡忠正（おおおかただまさ）

**大岡忠正** おおおかただまさ
天明1（1781）年9月15日～文化13（1816）年 [別]大岡主膳正忠正《おおおかしゅぜんのしょうただまさ》
江戸時代後期の大名。武蔵岩槻藩主。
¶埼玉人（[没]文化13（1816）年8月28日），埼玉百（大岡主膳正忠正 おおおかしゅぜんのしょうただまさ），諸系，日人，藩主1（[没]文化13（1816）年閏8月28日）

**大岡蔦枝**（大岡蔦江） おおおかつたえ
明治11（1878）年5月27日～昭和40（1965）年1月22日
明治～昭和期の教育者。米国に留学し家政学を学び、日本女子大学寮監長などを務める。著書に「西洋料理一般」など。
¶近女，女性（大岡蔦江），女性普，世紀

**大岡哲** おおおかてつ
弘化3（1846）年～大正10（1921）年2月3日 [別]大岡哲《おおおかさとり》
江戸時代末期～明治期の儒学者。
¶島根歴（おおおかさとり），幕末，藩臣5

**大久保要** おおおくぼかなめ
→大久保要（おおくぼかなめ）

**太神和好** おおがかずよし
明治37（1904）年～昭和52（1977）年
昭和期の教育者。
¶大分歴

**大垣恒五郎** おおがきつねごろう
弘化2（1845）年～明治39（1906）年
江戸時代後期～明治期の教育者、書家。
¶長野歴

**大春日朝臣雄継** おおかすがのあそんおつぐ
延暦9（790）年～貞観10（868）年 [別]大春日雄継《おおかすがのおつぐ》
平安時代前期の明経博士。
¶古代，日人（大春日雄継 おおかすがのおつぐ），平史（大春日雄継 おおかすがのおつぐ）

**大春日雄継** おおかすがのおつぐ
→大春日朝臣雄継（おおかすがのあそんおつぐ）

**大春日善道** おおかすがのよしみち
平安時代前期の官人。
¶古人

**相賀武夫** おおがたけお
→相賀武夫（おうがたけお）

**大金玄仙** おおがねげんせん
天保8（1837）年～大正5（1916）年
江戸時代末期～大正期の馬頭町の医師、私塾。
¶栃木歴

**大金新一** おおがねしんいち
大正7（1918）年～
昭和期の茨城県教育長。
¶郷土茨城

**大鐘雅勝** おおがねまさかつ
昭和～平成期の中学校教師。専門は、英語教育。
¶現執4期

**大上亮平** おおかみりょうへい
明治34（1901）年～昭和55（1980）年

**大川敬三** おおかわけいぞう
明治27（1894）年6月1日～昭和60（1985）年3月30日
大正～昭和期の同和教育推進者。
¶埼玉人

**大川恵良** おおかわけいりょう
明治41（1908）年～昭和61（1986）年
昭和期の教育者、伊良部村文化財調査委員、伊良部村史編集委員。
¶姓氏沖縄

**大川謙治** おおかわけんじ
嘉永7（1854）年5月11日～大正5（1916）年7月31日
明治～大正期の教育家。
¶佐賀百

**大川新八** おおかわしんぱち
？ ～明治39（1906）年
江戸時代末期～明治期の庄屋。寺子屋師匠。
¶姓氏長野

**大川平兵衛** おおかわへいべえ
＊～明治4（1871）年　㊙大川平兵衛英勝《おおかわへいべえひでかつ》
江戸時代末期～明治期の剣術家。
¶剣豪（㊕享和1（1801）年）、埼玉人（㊕寛政4（1792）年）、埼玉百（大川平兵衛英勝　おおかわへいべえひでかつ　㊕1801年）、幕末（㊕1802年　㊙1871年10月24日）、藩臣3（㊕享和2（1802）年）

**大川平兵衛英勝** おおかわへいべえひでかつ
→大川平兵衛（おおかわへいべえ）

**大川原潔** おおかわらきよし
昭和2（1927）年3月7日～
昭和期の教育者。
¶視覚

**大川原欽吾** おおかわらきんご
明治21（1888）年～＊
大正～昭和期の盲教育者。東京盲人会館常務理事。師範学校勤務ののち、盲教育に専心。著書に「点字発達史」など。
¶教育、群馬人（㊕？）、視覚（㊕明治21（1888）年7月　㊙1976年8月24日）

**大河原忠蔵** おおかわらちゅうぞう
大正14（1925）年1月21日～
昭和期の国語教育研究者。奈良教育大学教授。
¶現執1期、現執2期

**大河原具顕** おおかわらともあき
？ ～寛政1（1789）年
江戸時代中期の豊後岡藩士。
¶人名、日人、藩臣7

**大木薫** おおきかおる
昭和2（1927）年10月6日～
昭和～平成期の教師、教育評論家。

¶現執2期、現執4期

**大木喜代之進** おおききよのしん
明治21（1888）年～昭和10（1935）年
大正～昭和期の教育者。
¶福島百

**大木勝一** おおきしょういち
昭和18（1943）年～
昭和～平成期の絵本作家、小学校教諭。
¶児人

**大木喬任** おおきたかとう
天保3（1832）年～明治32（1899）年9月26日
明治期の政治家。東京府知事。初代文部卿以来3度にわたり文部卿・文相を務め、近代教育制度整備に貢献。
¶朝日（㊕天保3年3月23日（1832年4月23日））、維新、角史（㊕天保3（1832）年3月23日）、教育（㊕1831年）、近現、国際、国史、コン改、コン4、コン5、佐賀百（㊕天保3（1832）年3月　㊙明治32（1899）年6月26日）、史人（㊕1832年3月23日）、新潮（㊕天保3（1832）年3月23日）、人名、世人（㊕天保3（1832）年3月　㊙明治32（1899）年6月26日）、全書、全幕、体育（㊕1831年）、伝記、日史（㊕天保3（1832）年3月23日）、日人、日本、幕末（㊙1889年9月26日）、幕末大（㊕天保3（1832）年3月）、百科、平日、明治1、山川小（㊕1832年3月23日）、履歴（㊕天保3（1832）年3月23日）、歴大

**大木喜福** おおきのぶとみ
明治31（1898）年4月16日～昭和47（1972）年11月20日
昭和期の教育家、政治家。日本工業大学理事長、貴族院議員。東工学園理事長、東京高等工科学校長を歴任。教育功労者として藍綬褒章受章。
¶現情、人名7、世紀、日人

**大木実** おおきみのる
昭和27（1952）年12月18日～
昭和～平成期の高校教師。千葉県立成田国際高校図書館部長。
¶現執4期

**大儀見元一郎** おおぎみもといちろう
弘化2（1845）年～昭和16（1941）年12月27日
江戸時代末期～明治期の旧日本基督教会牧師、教育者。
¶海越新（㊕弘化2（1845）年1月15日）、キリ（㊕弘化2年1月15日（1845年2月21日）　㊙？）、静岡歴、姓氏静岡、渡航（㊕1845年2月21日）、日人

**大草鴻堆** おおくさこうたい
文政5（1822）年～明治29（1896）年
江戸時代末期の喜連川藩士、私塾帯径学舎塾主。
¶栃木歴

**大草晩翠** おおくさばんすい
文化1（1804）年～明治6（1873）年
江戸時代後期～明治期の砲術家。
¶日人

**大串隆吉** おおぐしりゅうきち
昭和20（1945）年2月11日～
昭和～平成期の社会教育専門家。
¶現執1期，現執2期，現執4期

**大口全三郎** おおぐちぜんさぶろう
慶応1（1865）年～昭和7（1932）年
明治～昭和期の教育者。
¶姓氏愛知

**大口知常** おおぐちともつね
？ ～文政5（1822）年4月
江戸時代中期～後期の心学者。
¶国書

**大口玲子** おおぐちりょうこ
昭和44（1969）年11月17日～
昭和期の歌人・日本語教師。
¶東北近

**大国隆正** おおくにたかまさ
寛政4（1792）年11月29日～明治4（1871）年8月17日　[別]野々口隆正《ののぐちたかまさ》
江戸時代末期～明治期の国学者。内国事務局権判事。帰正館を設立。著書に「学統弁論」「本学挙要」など。
¶朝日（[生]寛政4年11月29日（1793年1月11日）[没]明治4（1871）年8月17日），維新，岩史，江戸東，江文，大阪人（[没]明治4（1871）年8月），教育，京都大，近現，近世，国史，国書，コン改，コン4，コン5，詩歌，史人，思想，島根人，島根百，島根歴，神史，人書79，人書94，神人，新潮，人名，姓氏京都，世人，世百，全書，大百，哲学，日思，日史，日人（[生]1793年），日本，幕末（[生]1793年），藩臣5，藩臣6（野々口隆正　ののぐちたかまさ），百科，兵庫人，兵庫百，平史，民学，歴大

**大久保要** おおくぼかなめ
寛政10（1798）年～安政6（1859）年12月13日
[別]大久保要《おおおくぼかなめ》
江戸時代末期の尊王派志士。
¶朝日（[没]安政6年12月13日（1860年1月5日）），維新，茨城百（おおおくぼかなめ），大阪人（[没]安政6（1859）年12月），近世，国史，国書，コン改，コン4，人書94，新潮，人名，世人，全書，日人（[没]1860年），幕末（[没]1860年1月5日），藩臣2

**大久保きく** おおくぼきく
明治44（1911）年11月3日～昭和50（1975）年7月7日
昭和期の牧師、幼児教育家。
¶キリ

**大久保麑山** おおくぼげいざん
*～明治18（1885）年
江戸時代末期～明治期の中津藩士。
¶人名（[生]1825年），日人（[生]1826年）

**大久保黄斎** おおくぼこうさい
文化8（1811）年～明治28（1895）年
江戸時代末期～明治期の医師。坪井信道の日習堂塾頭。帰郷後、開業し名医として知られた。
¶洋学

**大久保孝平** おおくぼこうへい
明治42（1909）年8月2日～昭和53（1978）年5月18日
大正・昭和期の宮村教育長。
¶飛騨

**大久保治右衛門** おおくぼじえもん
生没年不詳
江戸時代末期の人。西郷隆盛らに漢学を教えた人。
¶薩摩

**大久保静平** おおくぼしずへい
明治26（1893）年～昭和43（1968）年
大正～昭和期の教育者、弁護士。
¶大分歴

**大久保千濤** おおくぼちなみ
明治10（1877）年～昭和18（1943）年
明治～昭和期の神職、教育者、郷土史家。
¶高知人

**大久保通次** おおくぼつうじ
明治28（1895）年5月13日～昭和21（1946）年3月
大正～昭和期の歯科医師・学校創設者。
¶埼玉人，埼玉百

**大久保典夫** おおくぼつねお
昭和3（1928）年11月19日～
昭和～平成期の文芸評論家。東京学芸大学教授、創価大学教授。近代日本文学を研究。雑誌「文学と教育」を創刊。著書に「岩野泡鳴」など。
¶近文，現執1期，現執2期，現執3期，現執4期，現情，新文，世紀，日人，マス89

**大久保適斎** おおくぼてきさい
天保11（1840）年～明治44（1911）年
江戸時代後期～明治期の教育者。群馬県医学校初代校長。
¶群新百，群馬人，群馬百，姓氏群馬

**大久保哲夫** おおくぼてつお
昭和10（1935）年～
昭和～平成期の教育学者。奈良教育大学教授。
¶現執1期

**大久保直広** おおくぼなおひろ
明治23（1890）年～昭和46（1971）年
大正～昭和期の教育者。
¶香川人

**大久保彦三郎** おおくぼひこさぶろう
安政6（1859）年～明治40（1907）年
明治期の教育者。尽誠舎（のち尽誠学園高校）創立者。
¶学校（[生]安政6（1859）年8月16日　[没]明治40（1907）年7月19日），日人

**大久保久子** おおくぼひさこ
昭和1（1926）年～
昭和期の教育者。洋裁学院長。
¶郷土茨城

**大久保文吉** おおくぼぶんきち
元治1(1864)年～昭和17(1942)年
明治～昭和期の教育者。
¶多摩

**大久保勝** おおくぼまさる
生没年不詳
大正期の小学校教員。
¶社史

**大久保松次郎** おおくぼまつじろう
明治33(1900)年～平成3(1991)年
大正～平成期の教育者。
¶高知人

**大久保魯堂** おおくぼろどう★
生没年不詳
江戸時代後期の郡奉行、秋田藩校直館長。
¶秋田人2

**大熊喜代松** おおくまきよまつ
昭和1(1926)年～
昭和～平成期の教育者。県立盲学校長。言語障害児の教育、治療に尽力。著書に「ことばを求めて」など。
¶現執1期，現執3期，世紀，日人([生]大正15(1926)年1月5日)

**大熊渓雲** おおくまけいうん
文化14(1817)年～明治3(1870)年
江戸時代後期の大間木の算学塾師匠。
¶埼玉人，埼玉百

**大熊権平** おおくまごんぺい
明治1(1868)年～昭和11(1936)年
明治～昭和期の教育者、地方史家。
¶長野歴

**大隈重信** おおくましげのぶ
天保9(1838)年2月16日～大正11(1922)年1月10日
明治～大正期の政治家、教育者。内閣総理大臣、早稲田大学総長、侯爵。大蔵省事務総裁、外務大臣などを歴任。日本最初の政党内閣を組織。著書に「大熊伯昔日譚」「開国五十年史」。東京専門学校(後の早稲田大学)を創立。
¶朝日([生]天保9年2月16日(1838年3月11日))，維新，岩史，学校，角史，教育，近現，現日，国際，国史，コン改，コン4，コン5，佐賀百，史研，史人，思想史，重要，植物，人書79，人書94，人情1，新潮，人名，世紀，世人，世百，先駆，全書，全幕，大百，太宰府([没]1921年)，哲学，鉄道([生]1838年3月11日)，伝記，長崎百，長崎遊，日史，日人，日本，幕末([生]1838年3月11日)，幕末大，百科，民学，明治1，山川小，履歴，歴大

**大熊徹** おおくまとおる
昭和23(1948)年7月29日～
昭和～平成期の研究者。東京学芸大学教育学部教授。専門は、国語科教育学。
¶現執4期

**大隈信常** おおくまのぶつね
明治4(1871)年8月16日～昭和22(1947)年1月11日
明治～昭和期の教育家、政治家。早稲田大学名誉総長、衆議院議員。早稲田大学教授、早稲田中学校長を歴任。大隈重信の養子で大隈首相秘書官をつとめる。
¶群新百，群馬人，群馬百，人名7，政治，姓氏群馬，渡航，日人

**大隈英麿** おおくまひでまろ
→南部英麿(なんぶひでまろ)

**大熊米子** おおくまよねこ
大正4(1915)年2月6日～昭和56(1981)年1月9日
昭和期の幼児教育者。
¶女性，女性普

**大倉亀洞** おおくらきどう
寛政7(1795)年～＊
江戸時代末期の数学者。
¶人名([没]1869年)，日人([没]1870年)

**大倉喜八郎** おおくらきはちろう
天保8(1837)年9月24日～昭和3(1928)年4月22日
明治～大正期の実業家。大倉商会。大倉財閥の創設者。中国や朝鮮に多数の事業を興す。男爵。大倉商業学校(後の東京経済大学)を創立。その後、大阪大倉商業学校(後の関西大倉高等学校)、朝鮮の京城に善隣商業学校を創設。
¶朝日([生]天保8年9月24日(1837年10月23日))，維新，岩史，海越，海越新，学校，角史，神奈川人，近現，現朝([生]天保8年9月24日(1837年10月23日))，国際，国史，コン改，コン5，史人，静岡百，静岡歴，実業，新潮，人名，姓氏神奈川，姓氏京都，姓氏静岡，世人，世百，先駆，全書，大百，茶道，鉄道，渡航，新潟百，日史，日人，日本，幕末，百科，平日，明治2，履歴，歴大

**大倉景子** おおくらけいこ
昭和～平成期のピアノ教育者。
¶音人2

**大蔵謙斎** おおくらけんさい
宝暦7(1757)年～弘化1(1844)年 [別]大蔵竜河《おおくらりゅうが》
江戸時代後期の儒学者。
¶江文(大蔵竜河 おおくらりゅうが)，国書([没]天保15(1844)年7月1日)，人名([生]1786年)，姓氏長野，長野歴，日人

**大倉幸也** おおくらこうや
明治35(1902)年～平成5(1993)年
昭和～平成期の植物研究家、教育者。
¶高知人

**大倉恒敏** おおくらつねとし
明治28(1895)年～昭和31(1956)年
大正～昭和期の教育者、新聞記者。
¶鳥取百

大蔵竜河　おおくらりゅうが
→大蔵謙斎(おおくらけんさい)

太黒マチルド　おおぐろまちるど
明治35(1902)年～昭和50(1975)年
昭和期の仏語教師。
¶北海道百，北海道歴

大郷学橋　おおごうがくきょう
→大郷学橋(おおごうがっきょう)

大郷学橋　おおごうがっきょう
天保1(1830)年～明治14(1881)年　⑨大郷学橋
《おおごうがくきょう》
江戸時代末期～明治期の儒学者。
¶江文(おおごうがくきょう)，人名，日人，幕末(おおごうがくきょう　㊥1829年　㊥1881年11月6日)，藩臣3(おおごうがくきょう　㊥文政12(1829)年)

大郷浩斎　おおごうこうさい
*～安政2(1855)年
江戸時代末期の漢学者。
¶江文(㊥文化1(1804)年)，国書(㊥寛政5(1793)年　㊥安政2(1855)年7月5日)，人名(㊥?)，日人(㊥1793年)

大郷信斎　おおごうしんさい
安永1(1772)年～弘化1(1844)年
江戸時代後期の儒学者。
¶江文，国書(㊥明和9(1772)年2月1日　㊥天保15(1844)年10月14日)，人名(㊥?)，日人

大河内一郎　おおこうちいちろう
明治38(1905)年11月14日～昭和60(1985)年5月22日
大正～昭和期の医師，社会事業家。
¶近医，世紀，日人

大河内輝高　おおこうちてるたか
享保10(1725)年～天明1(1781)年　⑨松平輝高
《まつだいらてるたか》
江戸時代中期の大名，老中。上野高崎藩主。
¶朝日(松平輝高　まつだいらてるたか　㊥享保10年8月29日(1725年10月5日)　㊥天明1年9月25日(1781年11月10日))，岩史(松平輝高　まつだいらてるたか　㊥天明1(1781)年9月23日)，コン4(松平輝高　まつだいらてるたか)，諸系，人名，日人，藩主1(㊥享保10(1725)年8月29日　㊥天明1(1781)年9月25日)

大河内輝剛　おおこうちてるたけ
*～明治42(1909)年
明治期の実業家。広島師範校長，衆議院議員，歌舞伎座社長。歌舞伎座の社長として座内部の組織を改良し劇道の発展を図った。
¶海越新(㊥安政1(1855)年11月28日　㊥明治42(1909)年10月9日)，群馬人(㊥安政1(1854)年)，群馬百(㊥1855年)，諸系(㊥1855年)，人名(㊥1854年)，姓氏群馬(㊥1854年)，渡航(㊥1854年11月21日　㊥1909年10月9日)，日人(㊥1855年)

大河内輝声　おおこうちてるな
嘉永1(1848)年10月15日～明治15(1882)年
江戸時代末期～明治期の高崎藩主，高崎藩知事。
¶群馬人(㊥弘化4(1847)年)，群馬百(㊥1847年)，国際，国書(㊥明治15(1882)年8月15日)，諸系，姓氏群馬(㊥1847年)，日人，藩主1(㊥明治15(1882)年8月)

大河内正義　おおこうちまさよし
→松平正義(まつだいらまさよし)

大郷博　おおごうひろし
昭和21(1946)年3月1日～
昭和期の教育者。実践教育活動「あぶらむの会」主宰。
¶飛騨

大越吾亦紅　おおごえわれもこう
→大越吾亦紅(おおこしわれもこう)

大越和孝　おおこしかずたか
昭和19(1944)年～
昭和～平成期の小学校教師。「小学国語」編集者。
¶現執3期，現執4期

大越俊夫　おおこしとしお
昭和18(1943)年～
昭和～平成期の教育者。師友塾塾長，国際教育アカデミー(AIE)理事長。
¶現執3期，現執4期(㊥1943年4月7日)

大越もん　おおこしもん
明治20(1887)年12月12日～昭和54(1979)年1月21日
明治～昭和期の田山花袋の小説『田舎教師』のモデル。
¶埼玉人

大越吾亦紅　おおこしわれもこう
明治22(1889)年4月5日～昭和40(1965)年2月28日　⑨大越吾亦紅《おおごえわれもこう》
大正～昭和期の俳人。「層雲」の幹部同人。
¶秋田人2，近文，世紀，東北近(おおごえわれもこう　㊥昭和40(1967)年2月28日)，俳文(おおごえわれもこう)

大胡田裕　おおごだゆたか
昭和56(1981)年1月3日～
昭和～平成期の教師。
¶視覚

大幸清方　おおさかきよかた
宝永4(1707)年～宝暦7(1757)年　⑨大幸清方
《おおさききよかた》
江戸時代中期の加賀大聖寺藩士。
¶人名(おおさききよかた)，日人，藩臣3

大坂鷹司　おおさかたかし
明治30(1897)年4月15日～昭和46(1971)年6月14日
明治～昭和期の牧師，社会事業。仙台基督教児院長。
¶岩手人，世紀，日人，宮城百

**大坂トヨ** おおさかとよ
明治30（1897）年～昭和12（1937）年
大正～昭和期の仙台基督教育児院経営者。
¶姓氏岩手

**大幸清方** おおさききよかた
→大幸清方（おおさかきよかた）

**大崎治右衛門** おおさきじえもん
生没年不詳
江戸時代末期の心学者。
¶和歌山人

**大迫尚敏** おおさこなおとし
弘化1（1844）年～昭和2（1927）年9月20日 [別]大迫尚敏《おおさこひさとし》
明治～昭和期の軍人。学習院院長。第五旅団長として日清戦争に出征し武名をあげる。子爵。
¶朝日（[生]弘化1年11月15日（1844年12月24日）），鹿児島百，コン改，コン5，新潮（[生]弘化1（1844）年11月15日），人名，世紀（[生]天保15（1844）年11月15日），姓氏鹿児島，渡航（[生]1844年11月 [没]1927年9月30日），日人，幕末，藩臣7（おおさこひさとし），陸海（[生]弘化1年11月15日）

**大迫尚敏** おおさこひさとし
→大迫尚敏（おおさこなおとし）

**大迫元繁** おおさこもとしげ
明治16（1883）年11月25日～昭和40（1965）年9月25日
明治～昭和期の政治家。宮崎市長。学校教育、都市計画などを推進。
¶世紀，日人

**大里猪熊** おおさといくま
慶応4（1868）年～昭和23（1948）年
明治～昭和期の教育者・翻訳家。
¶熊本人

**大里八郎** おおさとはちろう
天保7（1836）年～明治10（1877）年
江戸時代末期～明治期の熊本藩士。西南戦争では熊本隊を結成して参謀役。
¶人名，日人，幕末（[没]1877年10月26日）

**大里頼善** おおさとらいぜん
明治26（1893）年8月25日～昭和49（1974）年11月23日
大正～昭和期の教育者。
¶群馬人

**大沢栄蔵** おおざわえいぞう
明治23（1890）年12月1日～昭和35（1960）年1月12日
大正・昭和期の教育者。学校長。
¶飛騨

**大沢雅休** おおさわがきゅう
明治23（1890）年12月17日～昭和28（1953）年9月12日
明治～昭和期の歌人、書家。
¶郷土群馬，群馬人，群馬百，世紀，姓氏群馬，日人

**大沢欽治** おおさわきんじ
大正10（1921）年2月26日～
昭和期の音楽教育者。富山大学教授。
¶音人2，音人3，現情

**大沢了** おおざわさとる
昭和3（1928）年9月1日～
昭和期の教育者。学校長。
¶飛騨

**大沢茂** おおさわしげる
明治38（1905）年～昭和3（1928）年11月14日
昭和期の小学校教員、農民運動家。
¶社史

**大沢俊吉** おおさわしゅんきち
大正8（1919）年5月24日～昭和61（1986）年10月22日
昭和期の行田市史研究者。関東短期大学教授。
¶郷土，現執2期，埼玉人，埼玉文

**大沢章兵衛** おおさわしょうべえ
生没年不詳
江戸時代後期の親子2代にわたる心学者。
¶長野歴

**大沢鼎斎** おおさわていさい
文化10（1813）年～明治6（1873）年
江戸時代後期～明治期の儒学者。
¶国書（[没]明治6（1873）年4月24日），日人

**大沢博** おおさわひろし
昭和3（1928）年9月15日～
昭和～平成期の教育心理学者、臨床心理学者。岩手大学教授。
¶現執2期，現執3期，現執4期

**大沢勝** おおさわまさる
昭和6（1931）年7月16日～
昭和～平成期の教育学者。日本福祉大学教授。
¶現執1期，現情

**大沢睦子** おおさわむつこ
昭和20（1945）年～
昭和～平成期の高校教諭。
¶現執4期，YA

**大沢要八** おおさわようはち
明治38（1905）年11月～
昭和期の教育者・教育行政功労者。
¶群馬人

**大沢竜海** おおさわりゅうかい
？ ～弘化1（1844）年
江戸時代後期の修験者。寺子屋師匠。
¶姓氏群馬

**大沢竜太郎** おおさわりゅうたろう
天保1（1830）年～明治41（1908）年
江戸時代末期～明治時代の漢学者。家塾を開いて門弟らを指導。
¶幕末，幕末大

お

**大沢良輔** おおさわりょうすけ
安政2(1855)年～昭和6(1931)年
明治～昭和期の教育者。宮市松崎に周南女紅学舎を創設。
¶姓氏山口

**大塩中斎** おおしおちゅうさい
→大塩平八郎(おおしおへいはちろう)

**大塩平八郎** おおしおへいはちろう
寛政5(1793)年～天保8(1837)年3月27日　[別]大塩中斎《おおしおちゅうさい》
江戸時代後期の儒学者、大坂東町奉行所与力。私塾洗心洞で陽明学を教授。窮民救済に挙兵したが失敗。
¶朝日([生]寛政5年1月22日(1793年3月4日)　[没]天保8年3月27日(1837年5月1日))，岩史([生]寛政5(1793)年1月22日)，江人，大阪人，大阪墓，角史，教育(大塩中斎　おおしおちゅうさい)，近世，国史，国書([生]寛政5(1793)年1月22日)，コン改，コン4，コン5，詩歌([生]1794年)，詩作([生]寛政5(1793)年1月22日)，史人([生]1793年1月22日)，思想史，重要([生]寛政5(1793)年1月22日)，人書79，人書94，神人，新潮([生]寛政5(1793)年1月22日)，人名，世人，世百，全書，大百([生]1792年)，伝記，徳川臣，徳島百([没]天保8(1837)年3月36日)，徳島歴([生]寛政6(1794)年)，日思，日史([生]寛政5(1793)年1月22日)，日人，百科，富嶽，平日，三重，山川小([生]1793年1月22日)，歴大

**大鹿卓** おおしかたく
明治31(1898)年8月25日～昭和34(1959)年2月1日
昭和期の詩人、小説家。東京府立第八高女教師。「渡良瀬川」で新潮社文芸賞受賞。他の作品に「野蛮人」「谷中村事件」など。
¶京都文，近文，現朝，現詩，現情，コン改，コン4，コン5，埼玉文，詩歌，小説，新潮，新文，人名7，世紀，全書，東北近，栃木人，栃木文，栃木歴，日人，文学，北海道文

**大下勇助** おおしたゆうすけ
明治41(1908)年8月29日～平成7(1995)年3月17日
昭和・平成期の教員。
¶飛驒

**大地東川** おおじとうせん
→大地東川(おおちとうせん)

**大柴正己** おおしばまさみ
昭和～平成期の音楽教育研究家、作曲家。
¶音人2，音人3

**大柴衛** おおしばまもる
明治40(1907)年～
昭和期の教育学者。姫路工業大学教授。
¶現執1期

**大島幾太郎** おおしまいくたろう
明治4(1871)年9月8日～昭和24(1949)年2月15日
明治～昭和期の教育者、郷土史家。
¶郷土，島根人，島根百，島根歴，世紀，日人

**大島有隣**(大島有鄰) おおしまうりん
宝暦5(1755)年～天保7(1836)年
江戸時代中期～後期の心学者。
¶朝日([没]天保7年10月22日(1836年11月30日))，教育([生]1755年？)，近世，国史，国書([没]天保7(1836)年10月22日)，コン改，コン4，コン5，埼玉人([没]天保7(1836)年12月22日)，埼玉百(大島有鄰)，史人([没]1836年10月22日)，思想史，新潮([没]天保7(1836)年10月22日)，世人([生]宝暦5(1755)年12月4日　[没]天保7(1836)年10月22日)，日人

**大島英助** おおしまえいすけ
慶応1(1865)年～昭和12(1937)年
明治～昭和期の教育者。
¶郷土福井，世紀([生]慶応1(1865)年8月10日　[没]昭和12(1937)年6月29日)，日人，福井百

**大島勝次** おおしまかつじ
明治26(1893)年12月12日～昭和51(1976)年1月25日
大正～昭和期の教育者。
¶埼玉人

**大島義一** おおしまぎいち
生没年不詳
昭和期の小学校代用教員。
¶社史

**大島鍛** おおしまきとう
明治4(1871)年～昭和9(1934)年
明治～昭和期の教育者、青年指導者、八雲町建設の代表的人物。
¶北海道百，北海道歴

**大島健甫** おおしまけんすけ
大正13(1924)年1月10日～
大正～昭和期の教師、テープ図書「しののめ」発行者。
¶視覚

**大島貞敏** おおしまさだとし
天保9(1838)年11月23日～大正7(1918)年4月15日
江戸時代後期～大正期の司法官。関西法律学校(後の関西大学)創設に参画。
¶学校

**大島贄川**(大嶋贄川) おおしましせん
宝暦12(1762)年～天保9(1838)年
江戸時代後期の儒学者。
¶江文(大嶋贄川)，国書([生]宝暦12(1762)年6月23日　[没]天保9(1838)年閏4月29日)，人名([生]1763年)，日人

**大島信一** おおしましんいち
明治37(1904)年～昭和54(1979)年
昭和期の教育者。
¶姓氏富山

**大島仙蔵** おおしませんぞう
安政6(1859)年～明治26(1893)年　[別]大島直治

兄弟《おおしまなおじきょうだい》
江戸時代末期〜明治期の薩摩藩校造士館助教授、日本最初の鉄道技師。
¶沖縄百(大島直治兄弟　おおしまなおじきょうだい)、鹿児島百(大島直治兄弟　おおしまなおじきょうだい)、姓氏鹿児島

**大島理森** おおしまただもり
昭和21(1946)年9月6日〜
昭和〜平成期の政治家。衆議院議員、農水相、文相。
¶現政

**大島徹水** おおしまてっすい、おおしまてつすい
明治4(1871)年3月15日〜昭和20(1945)年1月24日
昭和期の浄土宗僧侶。浄土宗第5教校教授。家政女学校校長。増上寺法王。
¶新潮(㊛明治4(1871)年3月)、人名7、世紀、姓氏愛知(おおしまてっすい　㊛1946年)、日人、仏教、仏人

**大嶋利夫** おおしまとしお
昭和12(1937)年4月10日〜
昭和期の上宝村教育長。
¶飛騨

**大嶋利恭** おおしまとしやす
明治37(1904)年11月1日〜平成8(1996)年3月16日
昭和・平成期の教育者。学校長。
¶飛騨

**大島直治** おおしまなおじ
→大島直治(おおしまなおはる)

**大島直治** おおしまなおはる
明治12(1879)年5月2日〜昭和42(1967)年6月5日
㊛大島直治《おおしまなおじ》、大島直治兄弟《おおしまなおじきょうだい》
明治〜昭和期の倫理学者。九州帝国大学教授、北九州人学学長。北九州外国語大学学長、同短期大学学長を歴任。著書に「行為と自由意思」など。
¶沖縄百(大島直治兄弟　おおしまなおじきょうだい)、鹿児島百(大島直治兄弟　おおしまなおじきょうだい)、現情、薩摩(大島直治兄弟　おおしまなおじきょうだい　㊛?)、人名7、世紀、姓氏鹿児島(おおしまなおじ)、日人

**大島梅隠**(大島梅陰)　おおしまばいいん
文政8(1825)年〜明治25(1892)年9月19日
江戸時代後期〜明治期の画家。
¶徳島百、徳島歴(大島梅陰)

**大島梅窓** おおしまばいそう
文化11(1828)年〜明治30(1897)年
江戸時代末期〜明治期の教育家。自作の詩数百編を集めた詩文集「自娯集」がある。
¶大分歴、藩臣7

**大島花** おおしまはな
→井深花(いぶかはな)

**大島半隠** おおしまはんいん
寛永12(1635)年〜宝永1(1704)年
江戸時代前期〜中期の儒学者。
¶国書(㊛宝永1(1704)年9月22日)、日人

**大島豊南** おおしまほうなん
慶応2(1866)年〜大正7(1918)年
明治〜大正期の教育者。
¶大分歴

**大島正健** おおしままさかね
→大島正健(おおしままさたけ)

**大島正健** おおしままさたけ
安政6(1859)年〜昭和13(1938)年3月11日　㊛大島正健《おおしままさかね》
明治〜昭和期の教育者、牧師。同志社大学教授。キリスト教に基づく全人教育を施したクラーク精神を説いて教育界に大きな足跡を残す。
¶朝日(㊛安政6年7月15日(1859年8月13日))、神奈川百(おおしままさかね)、キリ(㊛安政6年7月25日(1859年8月23日))、コン5、札幌(㊛安政6年7月25日)、人名、世紀(㊛安政6(1859)年7月15日)、姓氏神奈川、全書(㊛1936年)、大百(㊛1949年)、日人、北海道百(㊛安政5(1858)年)、北海道文(㊛安政5(1858)年7月25日)、北海道歴(㊛安政5(1858)年)、山梨百

**大島正綬** おおしままさつな
嘉永6(1853)年〜明治21(1888)年
江戸時代後期〜明治期の中新田生まれの教育者。
¶姓氏神奈川

**大島正徳** おおしままさのり
明治13(1880)年11月11日〜昭和22(1947)年4月21日
大正〜昭和期の哲学者教育家。東京市教育局長、帝国教育会専務理事。第7回世界教育者会議の事務総長就任。
¶神奈川人、神奈川百(㊛1874年)、郷土神奈川(㊛1874年)、現朝、現情、コン改、コン4、コン5、社史、新潮、人名7、世紀、姓氏神奈川(㊛1946年)、哲学、口人、履歴2

**大島正博** おおしままさひろ
文政7(1824)年〜大正6(1917)年
江戸時代末期〜大正時代の名主。治水事業に尽力。戸長として教育振興に努めた。
¶神奈川人、姓氏神奈川、幕末、幕末大

**大島正満** おおしままさみつ
明治17(1884)年6月21日〜昭和40(1965)年6月26日
明治〜昭和期の動物学者。台湾総督府中央研究所動物学部長。台湾で寒国魚鱒を発見。サケ・マスなどの魚類の分布生態を調査。著書に「魚篭」など。
¶沖縄百、科学、近文、現情、新潮、人名7、世紀、姓氏神奈川、日児、日人

**大島正泰** おおしままさやす
大正8(1919)年9月20日〜
昭和〜平成期のピアニスト、ピアノ教育者。桐朋

学園大学教授。主として伴奏・室内楽の分野で活躍。
¶音楽，音人，音人2，音人3，現情，世紀

お

**大島三男**（大嶋三男） おおしまみつお
明治44（1911）年8月13日～昭和57（1982）年11月26日
昭和期の教育学者。東京学芸大学教授。
¶現執1期（大嶋三男），現情

**大嶋光次** おおしまみつじ
明治22（1889）年～昭和33（1958）年
大正～昭和期の教育者。
¶高知人，高知百

**大島義修**（大島義脩） おおしまよしなが
明治4（1871）年8月～昭和10（1935）年7月1日
明治～昭和期の教育者、宮中顧問官。文部省視学官、東京音楽学校長。第八高等学校長、女子学習院長、帝室博物館総長等を歴任。のち宮中顧問官。
¶愛知百（大島義脩 [生]1871年8月1日 [没]1935年7月14日），人名，世紀，姓氏愛知（大島義脩），日人，兵庫人

**大島良設** おおしまりょうせつ
*～宝永1（1704）年
江戸時代前期～中期の陸奥仙台藩士、儒学者。
¶姓氏宮城（[生]1635年），藩臣1（[生]正保1（1644）年），宮城百（[生]寛永9（1632）年）

**大島礼爾** おおしまれいじ
明治36（1903）年1月～
昭和期の教育者。
¶群馬人

**オーシロ笑美** おおしろえみ
生没年不詳
昭和～平成期の翻訳家、日本語講師。
¶児人

**大城亀助** おおしろかめすけ
明治37（1904）年～昭和61（1986）年
昭和期の教師、政治家。名護町長。
¶姓氏沖縄

**大城鎮雄** おおしろしずお
明治33（1900）年～平成3（1991）年11月13日
昭和・平成期の高校美術教師、画家。
¶伊豆

**大城正大** おおしろせいだい
昭和15（1940）年～
昭和期の教育者。
¶戦沖

**大城有** おおしろたもつ
明治16（1883）年～昭和20（1945）年
明治～昭和期の沖縄県立第2中学校教師。
¶姓氏沖縄

**大城朝次郎** おおしろちょうじろう
昭和11（1936）年～
昭和期の教育者。
¶戦沖

**大城彦五郎** おおしろひこごろう
明治4（1871）年6月13日～昭和13（1938）年3月15日
明治～昭和期の教育者、政治家。
¶沖縄百，姓氏沖縄

**大城森** おおしろもり
明治14（1881）年～昭和45（1970）年
明治～昭和期の南風原村教育委員。
¶姓氏沖縄

**大城勇一** おおしろゆういち
昭和12（1937）年～
昭和期の教育者。
¶戦沖

**大須賀筠軒** おおすがいんけん
天保12（1841）年～大正1（1912）年8月28日
明治期の地方史研究家。第二高等学校教授。福島県いわき市史を研究。
¶維新，郷土（[生]天保12（1841）年12月24日），考古（[生]天保12（1841）年12月24日），国書，コン5，詩歌，史研（[生]天保12（1841）年12月24日），詩作，人書94，人名，日人，幕末（[生]1841年12月），宮城百，和俳

**大菅権之丞** おおすがごんのじょう
宝暦4（1754）年～文化11（1814）年 [別]大菅南波《おおすがなんぱ》，大菅南坡《おおすがなんぱ》
江戸時代中期～後期の近江彦根藩士。
¶国書（大菅南坡 おおすがなんぱ [没]文化11（1814）年11月15日），人名（大菅南波 おおすがなんぱ），日人（大菅南坡 おおすがなんぱ），藩臣4

**大須賀富子** おおすがとみこ
？ ～
昭和期の小学校教員。
¶社史

**大菅南波**（大菅南坡） おおすがなんぱ，おおすがなんぱ
→大菅権之丞（おおすがごんのじょう）

**大須賀文右衛門** おおすがぶんえもん，おおすかぶんえもん
生没年不詳
江戸時代中期の剣術家、越後高田藩士。
¶剣豪（おおすかぶんえもん），人名，日人

**大須賀羊一** おおすかよういち，おおすがよういち
昭和6（1931）年12月6日～
昭和～平成期の音楽教育者。
¶音人2（おおすがよういち），音人3

**大隅紀和** おおすみのりかず
昭和15（1940）年2月11日～
昭和～平成期の教育学者。鳴門教育大学教授、教育ワープロ研究会主宰。
¶現執3期

**大角弥平** おおすみやへい
弘化2（1845）年～？
明治期の政治家。第四中学区の学務係、中島郡書

記、庶務課長。
¶姓氏愛知

**大関弾右衛門** おおぜきだんえもん
文政10(1827)年～明治9(1876)年
江戸時代末期～明治期の黒羽藩家老。
¶維新，人名，日人

**大関和**(大関ちか) おおぜきちか
安政5(1858)年～昭和7(1932)年　㊞大関ちか子《おおぜきちかこ》,大関チカ子《おおぜきちかこ》
江戸時代末期～昭和時代の女性。近代的な看護教育を受けた日本における初期の看護婦。
¶朝日(㊐安政5年4月11日(1858年5月23日)　㊡昭和7(1932)年5月22日)，近医，近女(大関ちか)，コン5，埼玉人(㊡昭和7(1932)年5月22日)，女運(㊐1858年4月11日　㊡1932年5月22日)，女史，女性，女性普，世紀(㊐安政5(1858)年4月11日　㊡昭和7(1932)年5月22日)，先駆，全書，栃木歴(大関チカ子　おおぜきちかこ　㊡？)，日人，歴大(大関ちか子　おおぜきちかこ)

**大関ちか子**(大関チカ子) おおぜきちかこ
→大関和(おおぜきちか)

**大関豊明** おおぜきとよあき
明治36(1903)年3月2日～平成1(1989)年12月3日
昭和期の歯科医・社会教育家。
¶埼玉人

**大関博** おおぜきひろし
明治40(1907)年～昭和46(1971)年
昭和期の国語教育者、栃木県文学散歩の会初代会長。
¶栃木歴

**大関増業** おおぜきますなり
天明2(1782)年9月～弘化2(1845)年3月19日
江戸時代後期の大名。下野黒羽藩主。
¶江文(㊐天明1(1781)年)，郷土栃木，近世，国史，国書，コン改，コン4，史人，諸系，新潮，世人(㊐天明1(1781)年　㊡弘化2(1845)年3月)，大百，栃木百(㊐天明1(1781)年)，栃木歴(㊐天明1(1781)年)，日人，藩主1(㊐天明1(1781)年6月9日，(異説)天明2年8月15日)，洋学

**大関良忠** おおぜきよしただ
？～明治25(1892)年
江戸時代後期～明治期の修験僧、真岡の算法塾西光院塾主。
¶栃木歴

**大瀬甚太郎** おおせじんたろう
慶応1(1865)年12月24日～昭和19(1944)年5月29日
大正～昭和期の教育学者。東京文理科大学学長。日本における欧米教育史研究の体系化に努めた。著書に「欧州教育史」など。
¶海越(㊐慶応1(1866)年12月24日)，海越新(㊐慶応1(1866)年12月24日)，教育，近現，国史，コン改，コン5，史人，新潮，人名7，心理(㊐慶応2(1866)年12月24日)，世紀(㊐慶応1(1866)年12月24日)，世百，全書，渡航，日人(㊐1866年)

**大瀬敏昭** おおせとしあき
昭和21(1946)年～平成16(2004)年
昭和・平成期の教育者。
¶熊本人

**太田昭臣** おおたあきおみ
昭和5(1930)年9月18日～
昭和～平成期の教育学者。琉球大学教授。
¶現執1期，現執3期

**大平晟** おおだいらあきら
慶応1(1865)年～昭和18(1943)年
明治～昭和期の教育者・登山家。
¶新潟百

**太田垣士精** おおたがきしせい
？～文政2(1819)年
江戸時代末期の但馬の心学者。
¶兵庫百

**大田垣猶川** おおたがきゆうせん
？～文政2(1819)年1月
江戸時代中期～後期の心学者。
¶国書

**大高坂芝山** おおたかさかしざん
正保4(1647)年～正徳3(1713)年5月2日　㊞大高坂芝山《おおたかさ(か)しざん，おおたかさしざん，おおだかさしざん》
江戸時代前期～中期の伊予松山藩士、土佐藩士、南学派の儒者。松山藩儒官。
¶朝日(㊡正徳3年5月2日(1713年5月25日))，愛媛百(㊐正保4(1647)年1月23日)，江文，神奈川人，郷土愛媛，近世，高知人(おおたかさ(か)しざん)，高知百(おおたかさしざん)，国史，国書(㊐正保4(1647)年1月23日)，コン改，コン4，詩歌，史人，新潮，人名，全書(㊐1649年)，日人(おおだかさしざん)，藩臣6，和俳

**大高坂芝山** おおたかさしざん，おおだかさしざん
→大高坂芝山(おおたかさかしざん)

**太田和彦** おおたかずひこ
明治38(1905)年～
昭和期の教育学者。
¶群馬人

**大滝末男** おおたきすえお
大正9(1920)年5月～平成17(2005)年1月9日
昭和～平成期の教育家、植物学者。
¶植物

**大滝十二郎** おおたきとうじろう
昭和8(1933)年～平成10(1998)年5月19日
昭和～平成期の民衆文学史家、高校教師。
¶郷土

**大田堯** おおたぎょう
→大田堯(おおたたかし)

お

お

**大田喬松** おおたきょうしょう
？ ～明治5（1872）年
江戸時代末期～明治期の儒学者。
¶日人

**大田錦城**（太田錦城） おおたきんじょう
明和2（1765）年～文政8（1825）年4月23日
江戸時代中期～後期の加賀大聖寺藩士、三河吉田藩士、学者、詩人。
¶朝日（[没]文政8年4月23日（1825年6月9日）），石川百，岩史（太田錦城），江戸東（太田錦城），江文，角史（太田錦城），教育，近世（太田錦城），国史（太田錦城），国書，コン改（太田錦城），コン4（太田錦城），詩歌，詩作，史人（太田錦城），人書94，新潮，人名，姓氏愛知，姓氏石川，世人（太田錦城），世百，全書（太田錦城），大百，日思，日史（太田錦城），日人，藩臣3，藩臣4，百科（太田錦城），歴大，和俳

**太田黒敏男** おおたぐろとしお
明治23（1890）年～昭和19（1944）年
大正・昭和期の教育者。明治大学教員。
¶熊本人

**大田啓治** おおたけいじ
明治40（1907）年～昭和51（1976）年
昭和期の長門市教育長。
¶山口人

**大竹三郎** おおたけさぶろう
昭和3（1928）年10月31日～
昭和～平成期の科学教育者。湘南工科大学教授。
¶現執2期，児人，世紀，日児

**大竹茂** おおたけしげる
明治35（1902）年11月30日～昭和21（1946）年8月13日
昭和期の小学校教員。
¶社史

**大竹正治** おおたけしょうじ
大正10（1921）年～昭和63（1988）年
昭和期の生物学専攻の教育者。
¶山形百新

**大竹千代子** おおたけちよこ
昭和19（1944）年～
昭和～平成期の化学者、環境問題教育者。
¶YA

**大竹誠** おおたけまこと
大正4（1915）年～
昭和期の教育心理学者。東京都立立川短期大学教授。
¶現執1期

**大竹政正** おおたけまさただ
天保1（1830）年2月～明治16（1883）年6月22日
江戸時代後期～明治期の教育者。
¶埼玉人

**大竹義則** おおたけよしのり
明治32（1899）年～平成5（1993）年
昭和期の郷土史家。
¶大分歴，郷土

**太田研斎** おおたけんさい
弘化3（1846）年～明治2（1869）年11月1日　[別]太田芳政《おおたよしまさ》
江戸時代末期の算学者。
¶数学（太田芳政　おおたよしまさ），幕末大

**巨田元尚** おおたげんしょう
大正5（1916）年～昭和63（1988）年
昭和期の教育者。
¶福井百

**太田耕士** おおたこうし
明治42（1909）年2月18日～平成10（1998）年3月8日
昭和期の教師、社会運動家。版画教育運動家。紙版画を国内外に広めた功績も大きい。
¶現朝，コン改，コン4，コン5，世紀，日人，美家，平和

**太田耕人** おおたこうじん
明治25（1892）年5月12日～昭和52（1977）年1月29日
明治～昭和期の俳人。佐賀同人俳句会主宰。
¶佐賀百，世紀，日人

**太田耕造** おおたこうぞう
明治22（1889）年12月15日～昭和56（1981）年11月26日
昭和期の政治家、弁護士。首相秘書官、文相。血盟団事件などの被告弁護に当たった。戦後亜細亜大学長。
¶学校，現朝，コン改，コン4，コン5，社史，新潮，世紀，政治，日人，履歴，履歴2

**太田五朗** おおたごろう
明治41（1908）年11月22日～昭和20（1945）年12月28日　[別]丘雪朗，丘乃散人，奈川朗，鈴木
昭和期の小学校教員。山形県教育労働者組合組合員。
¶社史

**大田幹** おおたこわし
天保5（1834）年～明治39（1906）年
江戸時代後期～明治期の松本中学の初代校長、長野県近代教育の指導者。
¶姓氏長野，長野歴

**太田貞固** おおたさだもと
→太田貞固（おおたていこ）

**太田静樹** おおたしずき
大正9（1920）年7月1日～
昭和期の教育学者。奈良教育大学教授。
¶現執2期

**太田秀穂** おおたしゅうほ
明治7（1874）年12月21日～昭和25（1950）年12月23日　[別]太田秀穂《おおたひでお》
明治～昭和期の教育者。
¶世紀（おおたひでお），哲学（[生]1875年），日人（おおたひでお）

**太田正右衛門** おおたしょうえもん
文政12(1829)年～明治32(1899)年
明治期の教育者。
¶静岡歴，姓氏静岡

**太田章三郎** おおたしょうさぶろう，おおたしょうざぶろう
明和7(1770)年～天保11(1840)年
江戸時代後期の文人、藩政家。
¶コン改，コン4，徳島百(おおたしょうざぶろう [生]明和7(1770)年3月28日 [没]天保11(1840)年9月6日)，徳島歴(おおたしょうざぶろう [生]明和7(1770)年3月28日 [没]天保11(1840)年9月6日)，日人(おおたしょうざぶろう)，和俳

**太田司朗** おおたしろう
明治37(1904)年1月7日～平成1(1989)年3月16日
昭和～平成期の声楽家、音楽教育家。
¶音人

**太田代恒徳** おおたしろこうとく
→太田代東谷(おおたしろとうこく)

**太田代恒徳** おおたしろつねのり
→太田代東谷(おおたしろとうこく)

**太田代東谷** おおたしろとうこく
*～明治34(1901)年3月24日 [別]太田代恒徳《おおたしろこうとく，おおたしろつねのり》
江戸時代末期～明治期の儒学者。
¶岩手人(太田代恒徳 おおたしろつねのり [生]1835年10月16日)，国書([生]天保5(1834)年10月11日)，人名(太田代恒徳 おおたしろこうとく [生]1834年)，姓氏岩手(太田代恒徳 おおたしろつねのり [生]1835年)，日人([生]1834年)，幕末(太田代恒徳 おおたしろつねのり [生]1835年)

**太田末夫** おおたすえお
？～
昭和期の小学校教員。
¶社史

**太田資愛** おおたすけよし
元文4(1739)年～文化2(1805)年
江戸時代中期～後期の大名。遠江掛川藩主。
¶京都大([没]？)，国書([生]延享2(1745)年9月28日 [没]文化2(1805)年2月17日)，静岡百，静岡歴，諸系，新潮，人名([没]？)，姓氏京都，姓氏静岡，日人，藩主2([没]文化2(1805)年2月21日)

**太田捨** おおたすて
明治5(1872)年～大正7(1918)年
明治・大正期の女性。牧師夫人。赤心幼稚園主任保母。
¶群新百

**太田晴軒**(太田晴軒) おおたせいけん
寛政7(1795)年～明治6(1873)年
江戸時代後期～明治期の儒学者。
¶江文，国書([没]明治6(1873)年10月15日)，人名(太田晴軒)，日人，藩臣4

**大田晴斎**(太田晴斎) おおたせいさい
天保4(1833)年～明治30(1897)年
江戸時代末期～明治期の儒学者。著書に「蛍雪余誌」「白酔余誌」「晴斎私誌」「探奇探勝」など。
¶国書([没]明治30(1897)年3月28日)，人名(太田晴斎 [生]1834年)，日人

**太田卓** おおたたかし
大正13(1924)年～
昭和期の教育学者。国学院大学教授。
¶現執1期

**大田堯** おおたたかし
大正7(1918)年3月22日～ [別]大田堯《おおたぎょう》
昭和～平成期の教育学者。東京大学教授、都留文科大学学長。西洋近代教育思想史を研究。日中教育研究交流会議代表。著書に「近代教育とリアリズム」など。
¶現朝，現執1期(おおたぎょう)，現執2期(おおたぎょう)，現執3期(おおたぎょう)，現執4期，現情，現人，世紀，日人，平和，マス89，YA

**太田雄寧** おおたたけやす
→太田雄寧(おおたゆうねい)

**太田達人** おおたたつと
慶応2(1866)年6月7日～昭和20(1945)年6月10日
明治～昭和期の教育者。
¶岩手人，姓氏岩手

**太田坦吾** おおたたんご
天保11(1840)年～明治20(1887)年
江戸時代後期～明治期の中土村戸長、寺子屋師匠。
¶姓氏長野

**大館謙三郎** おおだちけんざぶろう，おおたちけんざぶろう
文政7(1824)年～明治8(1875)年 [別]大館謙三郎《おおだてけんざぶろう》
江戸時代末期～明治期の詩家、志士。新田勤王党を結成したが発覚。
¶維新(おおだてけんざぶろう)，群馬人(おおだてけんざぶろう [生]文政7(1824)年9月 [没]明治8(1875)年5月)，人名(おおだてけんざぶろう)，姓氏群馬(おおたちけんざぶろう)，日人，幕末(おおだてけんざぶろう [没]1875年5月26日)

**大達茂雄** おおだちしげお
明治25(1892)年1月5日～昭和30(1955)年9月25日
昭和期の内務官僚、政治家。満州国国務員総務庁長、文相。小磯内閣内相。戦後教育二法の成立に尽力し、日教組と対立。
¶近現，現朝，現情，現人，現日，国史，コン改，コン4，コン5，島根人，島根百，島根歴，新潮，人名7，世紀，政治，日人，福井百，履歴，履歴2

**太田澄玄**(太田澄元) おおたちょうげん
享保6(1721)年～寛政7(1795)年10月12日
江戸時代中期の本草学者、医師。
¶科学，国書(太田澄元)，コン改，コン4，新潮

（太田澄元），人名，世人，日人（太田澄元），
　　洋学（太田澄元）

**太田鶴雄**　おおたつるお
　　安政6（1859）年〜大正9（1920）年
　　明治〜大正期の教育者。
　　¶長野百，長野歴

**太田貞固**　おおたていこ
　　*〜明治40（1907）年　㊙太田貞固《おおたさだも
　　と》
　　明治期の陸軍軍人。少将。日清・日露戦争に従軍
　　して殊勲をたてた。
　　¶人名（㊗1848年），日人（おおたさだもと
　　㊗1850年）

**大館謙三郎**　おおたてけんざぶろう
　　→大館謙三郎（おおだちけんざぶろう）

**大谷丑吉**　おおたにうしきち
　　慶応1（1865）年3月3日〜大正6（1917）年9月21日
　　明治期の教員、平民社シンパ。遊佐村村長。
　　¶社史

**大谷和明**　おおたにかずあき
　　昭和33（1958）年10月12日〜
　　昭和〜平成期の小学校教師。
　　¶現執4期

**大谷加代子**　おおたにかよこ
　　昭和31（1956）年4月23日〜
　　昭和〜平成期の英語学者、英語教授法研究者。玉
　　川大学講師。
　　¶現執3期

**大谷紀子**　おおたにきぬこ
　　明治26（1893）年5月15日〜昭和49（1974）年4月1
　　日
　　明治〜昭和期の女性。西本願寺仏教婦人総連盟総
　　裁。浄土真宗本願寺派法王光明の妻。貞明皇后の
　　妹。京都女子大学等の名誉学長。
　　¶現情，女性，女性普，真宗（㊗明治26（1893）年
　　3月15日），人名7，世紀，日人，仏教

**大谷喜美代**　おおたにきみよ
　　大正10（1921）年5月20日〜
　　昭和期の高山市教育委員。
　　¶飛驒

**大谷きよえ**　おおたにきよえ
　　元治1（1864）年〜明治27（1894）年
　　江戸時代末期〜明治期の教師・民権運動家。
　　¶近女

**大谷喜代衛**　おおたにきよえ
　　元治1（1864）年〜明治27（1894）年
　　江戸時代末期〜明治期の女性民権家、教育者。
　　¶高知人

**大谷句仏**　おおたにくぶつ
　　→大谷光演（おおたにこうえん）

**大谷光演**　おおたにこうえん
　　明治8（1875）年2月27日〜昭和18（1943）年2月6日

　　㊙句仏《くぶつ》，大谷句仏《おおたにくぶつ》
　　明治〜昭和期の真宗大谷派僧侶。本願寺23代法
　　主。多芸で謡曲、弓道などに堪能。句集に「夢の
　　跡」「我は我」。伯爵。北海女学校（後の札幌大谷
　　高等学校の母体）を開校。
　　¶学校，京都大，近現，近文（大谷句仏　おおたに
　　くぶつ），現俳，現俳（大谷句仏　おおたにくぶ
　　つ），国史，コン改，コン5，札幌，詩歌（大谷句
　　仏　おおたにくぶつ），滋賀文（大谷句仏　おお
　　たにくぶつ），史人，真宗，新潮，新文（大谷句
　　仏　おおたにくぶつ），人名7，世紀，大百（大
　　谷句仏　おおたにくぶつ），富山文（大谷句仏
　　おおたにくぶつ），日人，俳諧（句仏　くぶつ），
　　俳句（句仏　くぶつ），俳文（大谷句仏　おおた
　　にくぶつ），仏教，文学（大谷句仏　おおたにく
　　ぶつ），北海道文（大谷句仏　おおたにくぶつ）

**大谷光尊**　おおたにこうそん
　　嘉永3（1850）年〜明治36（1903）年1月18日
　　明治期の真宗大谷派僧侶。本願寺21代法主。明治
　　政府の教務省の大教正。刑務所教誨、軍務布教な
　　どを推進した。明如上人。相愛女学校（後の相愛
　　大学）を設立。
　　¶朝日（㊗嘉永3年2月4日（1850年3月17日）），維
　　新，学校（㊗嘉永3（1850）年2月5日），京都，京
　　都大，近現，国際，国史，コン改，コン5，史人
　　（㊗1850年2月4日），真宗（㊗嘉永3（1850）年2
　　月4日），新潮（㊗嘉永3（1850）年2月4日），人
　　名，姓氏京都，全書，大百，日人，幕末，仏教
　　（㊗嘉永3（1850）年2月4日），歴大

**太田仁左衛門**　おおたにざえもん
　　文化7（1810）年〜明治9（1876）年
　　江戸時代後期〜明治期の教育者。
　　¶静岡歴，姓氏静岡

**大谷智子**　おおたにさとこ
　　明治39（1906）年9月1日〜平成1（1989）年11月
　　15日
　　大正〜昭和期の女性。全日本仏教婦人会連盟会
　　長、光華女子学園総裁。浄土真宗大谷派法王大谷
　　光暢の妻。昭和天皇の皇后良子の妹。仏教音楽の
　　創作にも尽力。光華女子学園を設立。
　　¶学校，女性（㊗明治39（1906）年9月），女性普
　　（㊗明治39（1906）年9月），世紀，日人

**大谷茂**　おおたにしげる
　　明治33（1900）年1月14日〜昭和56（1981）年1月
　　24日
　　大正〜昭和期の植物学者。
　　¶神奈川百，植物

**大谷準蔵**　おおたにじゅんぞう
　　弘化2（1845）年〜慶応2（1866）年
　　江戸時代末期の因幡鳥取藩医。
　　¶維新，人名，日人

**大谷新二**　おおたにしんじ
　　安政4（1857）年〜大正2（1913）年
　　明治〜大正期の私塾経営者。
　　¶姓氏山口

**大谷末造** **おおたにすえぞう**
明治39(1906)年10月13日～昭和61(1986)年2月12日
大正・昭和期の教育者。学校長。
¶飛騨

**大谷尊由** **おおたにそんゆ**
明治19(1886)年8月19日～昭和14(1939)年8月1日　[別]尊由《そんゆう》,大谷尊由《おおたにそんゆう》
明治～昭和期の真宗大谷派僧侶、政治家。近衛内閣拓務相。事務取扱等宗派の要職を務めた。貴族院議員。北支開発総裁。金沢女子学院を創立。
¶学校，コン改(おおたにそんゆう)，コン5(おおたにそんゆう)，史人，真宗，新潮，人名7，世紀，日人，俳句(尊由　そんゆう)，仏教，仏人，履歴(おおたにそんゆう)

**大谷尊由** **おおたにそんゆう**
→大谷尊由(おおたにそんゆ)

**大谷猛夫** **おおたにたけお**
昭和21(1946)年～
昭和～平成期の中学校教師。足立区立第六中学校教諭。
¶現執3期

**大谷徳馬** **おおたにとくま**
明治16(1883)年～昭和33(1958)年
明治～昭和期の教育者。
¶高知人

**大谷広吉** **おおたにひろきち**
慶応2(1866)年1月25日～昭和17(1942)年
明治～昭和期の教育者。
¶群馬人

**大谷文子** **おおたにふみこ**
大正14(1925)年1月14日～昭和62(1987)年8月6日
昭和期の教育者。女性校長。
¶町田歴

**大谷みつよ** **おおたにみつよ**
明治34(1901)年～昭和51(1976)年4月13日
昭和期の小学校教員。東京市電自治会渋谷支部理事。
¶近女，社史，女運

**大渓専** **おおたにもはら**
明治5(1872)年～昭和6(1931)年
明治～昭和期の桜花高女(現桜花学園高校)創立者。
¶愛知女

**太田伯一郎** **おおたはくいちろう**
文久2(1862)年～昭和25(1950)年
明治～昭和期の教育者、自由民権運動家。
¶姓氏長野，長野百，長野歴

**太田はる** **おおたはる**
明治12(1879)年～昭和53(1978)年
明治～昭和期の教師、生活改善運動の功労者。
¶静岡歴，姓氏静岡

**太田晩成**(大田晩成) **おおたばんせい**
享和1(1801)年～慶応3(1867)年
江戸時代末期の儒学者。
¶江文(大田晩成)，人名([生]1799年　[没]1865年)，日人(大田晩成)

**太田秀穂** **おおたひでお**
→太田秀穂(おおたしゅうほ)

**大田報助** **おおたほうすけ**
天保6(1835)年～大正9(1920)年
江戸時代末期～明治期の歴史家。
¶日人，幕末([没]1920年5月27日)，藩臣6，山口百

**太田保明** **おおたほうめい**
天明4(1784)年～安政1(1854)年
江戸時代後期の算者。
¶人名，日人

**太田政男** **おおたまさお**
昭和21(1946)年10月6日～
昭和～平成期の教育学者。大東文化大学教授。
¶現執1期，現執2期，現執3期，現執4期

**太田正夫** **おおたまさお**
大正13(1924)年～
昭和期の教師、文学教育研究者。
¶現執1期

**太田政巳** **おおたまさみ**
昭和12(1937)年～
昭和～平成期の児童文学作家、教諭。
¶児人

**太田美農里**(大田美農里) **おおたみのり**
天保2(1831)年～明治42(1909)年10月　[別]大田良策《おおたりょうさく》
江戸時代末期～明治期の加賀藩医。緒方洪庵の適塾に入門、のちに塾頭。
¶石川百(大田美農里)，人名，姓氏石川([生]1841年)，日人，幕末([生]1841年)，幕末大([生]天保12(1841)年)，洋学(大田良策　おおたりょうさく)

**大田守松** **おおたもりまつ**
明治28(1895)年～昭和30(1955)年2月7日
大正～昭和期の小学校教員、政治家。大浜村村長、大浜町町長。
¶社史

**太田熊山** **おおたゆうざん**
生没年不詳
江戸時代末期の漢学者。
¶国書，人名，日人

**太田有終** **おおたゆうしゅう**
文政12(1829)年～明治35(1902)年
江戸時代後期～明治期の遠州の教育者。
¶静岡歴，姓氏静岡

**太田祐周** **おおたゆうしゅう**
昭和4(1929)年～
昭和期の教育学者。大谷大学教授。
¶現執1期

**太田雄寧** おおたゆうねい
嘉永4 (1851) 年1月～明治14 (1881) 年　[別]太田雄寧《おおたたけやす》
江戸時代末期～明治期の医者。愛媛県県立医学校長、東京医事新誌局長。医学教育に尽力し、「東京医事新誌」を創刊。
¶海越（おおたたけやす　[生]？　[没]明治14 (1881) 年7月18日），海越新（[没]明治14 (1881) 年7月18日），愛媛（おおたたけやす），近医，国際（おおたたけやす　[生]？），埼玉人（[没]明治14 (1881) 年7月14日），渡航（[没]1881年7月14日），洋学

**太田有孚** おおたゆうふ
天保1 (1830) 年～明治12 (1879) 年
江戸時代後期～明治期の教育家。
¶宮城百

**太田芳雄** おおたよしお
明治38 (1905) 年3月9日～平成4 (1992) 年3月29日
昭和期の小学校教員。
¶社史

**太田芳政** おおたよしまさ
→太田研斎（おおたけんさい）

**太田米吉** おおたよねきち
嘉永6 (1853) 年10月20日～大正7 (1918) 年4月16日
明治・大正期の教育者。稲取小学校長。
¶伊豆

**大田良策** おおたりょうさく
→太田美農里（おおたみのり）

**大多和音吉** おおたわおときち
明治20 (1887) 年～昭和32 (1957) 年5月
明治～昭和期の教育家。大多和学園理事長。
¶学校，島根歴

**大多和タカ** おおたわたか
明治26 (1893) 年～平成1 (1989) 年11月
明治～昭和期の教育家。大多和学園理事長。
¶学校，島根歴

**大地東川** おおちとうせん
元禄8 (1695) 年～宝暦4 (1754) 年　[別]大地東川《おおじとうせん》
江戸時代中期の儒学者。
¶江文（おおじとうせん），国書，人名（[生]？），日人

**大蝶美夫** おおちょうよしお
明治38 (1905) 年～昭和43 (1968) 年
昭和期の柔道家、教育者。
¶静岡歴，姓氏静岡

**大地義治** おおちよしはる
明治19 (1886) 年～昭和32 (1957) 年
大正～昭和期の教育者。
¶神奈川人

**大地亮一** おおちりょういち
文政8 (1825) 年～明治31 (1898) 年
江戸時代後期～明治期の金沢生まれの漢学者・教育者。
¶姓氏富山

**大津明子** おおつあきこ
昭和10 (1935) 年頃～昭和59 (1984) 年8月24日
昭和期のやり投げ選手、高等学校教諭。
¶女性（[生]昭和10 (1935) 年頃），女性普

**大塚一塘** おおつかいっとう
天保14 (1843) 年～大正12 (1923) 年10月19日
江戸時代末期～大正期の私塾師匠・花形塾師匠。
¶埼玉人

**大塚香** おおつかかおる
→大塚鉄軒（おおつかてっけん）

**大塚完斎** おおつかかんさい
天保12 (1841) 年～明治26 (1893) 年6月
江戸時代後期～明治期の教育家。
¶大阪人

**大塚観瀾** おおつかかんらん
宝暦11 (1761) 年4月8日～文政8 (1825) 年9月20日
江戸時代中期～後期の日向高鍋藩士、儒学者。
¶国書，人名，日人，藩臣7，宮崎百

**大塚清明** おおつかきよあき
大正4 (1915) 年1月14日～昭和41 (1966) 年2月24日
昭和期の牧師。教育者。のぞみ保育園長。
¶飛驒

**大塚恭一** おおつかきょういち
明治36 (1903) 年4月1日～
昭和期の映画評論家、教育家。
¶現情

**大塚敬業** おおつかけいぎょう
文政4 (1821) 年～明治7 (1874) 年9月25日　[別]大塚水石《おおつかすいせき》
江戸時代末期～明治期の富山藩儒者。著書に「登立山記」など。
¶江文（大塚水石　おおつかすいせき），国書（大塚水石　おおつかすいせき　[生]文政2 (1819) 年　[没]明治7 (1874) 年9月），人名，姓氏富山，富山百（[生]文政4 (1821) 年4月10日），富山文（[生]文政4 (1821) 年4月10日），日人，幕末

**大塚罫助** おおつかけいすけ
明治26 (1893) 年～昭和44 (1969) 年
大正～昭和期の教育者、私立島田学園の創始者。
¶静岡歴，姓氏静岡

**大塚源吉** おおつかげんきち
明治38 (1905) 年～？
大正～昭和期の徳島高等小学校教員、平民社シンパ。
¶アナ，社史（生没年不詳）

**大塚孝惟** おおつかこうい
慶応1 (1865) 年～昭和13 (1938) 年
昭和期の教育者。
¶神奈川人

**大塚孝綽** おおつかこうたく
→大塚孝綽（おおつかたかやす）

**大塚鋼太郎** おおつかこうたろう
安政6（1859）年4月26日～大正7（1918）年4月18日
明治～大正期の教育者。
¶群馬人

**大束重善** おおつかしげよし
安政3（1856）年8月21日～昭和10（1935）年12月19日　[別]大束重善《おおつかじゅうぜん》
明治～昭和期の教育者。群馬師範校長。
¶郷土群馬，群新百，群馬人，群馬百（おおつかじゅうぜん）

**大束重善** おおつかじゅうぜん
→大束重善（おおつかしげよし）

**大塚松処** おおつかしょうしょ
宝永4（1707）年～享和1（1801）年　[別]大塚良左衛門《おおつかりょうざえもん》
江戸時代中期～後期の儒学者。
¶剣豪（大塚良左衛門　おおつかりょうざえもん），国書（[没]享和1（1801）年10月13日），日人

**大塚次郎** おおつかじろう
大正12（1923）年～
昭和期の教育者。
¶群馬人

**大塚四郎右衛門** おおつかしろえもん
天保1（1830）年～大正9（1920）年
江戸時代末期～大正期の教育家・医師。
¶多摩

**大塚水石** おおつかすいせき
→大塚敬業（おおつかけいぎょう）

**大塚末子** おおつかすえこ
明治35（1902）年3月9日～平成10（1998）年11月25日
昭和期のきもの研究家、きものデザイナー。「改良きもの」を考案し和装界に新風を吹き込む。著書に「きもの全書」など。
¶郷土福井，近女，現朝，現情，現人，現日，コン改，コン4，コン5，世紀，日人，福井百，マス89

**大津一義** おおつかずよし
昭和20（1945）年4月25日～
昭和期の健康教育学者。
¶現執2期

**大塚精斎** おおつかせいさい
享保14（1729）年～＊
江戸時代中期～後期の日向高鍋藩儒。
¶人名（[没]1807年），日人（[没]1808年）

**大塚蒼梧**（大塚蒼悟） おおつかそうご
享保16（1731）年～享和3（1803）年6月29日　[別]大塚嘉樹《おおつかよしき》
江戸時代中期～後期の有職故実家。
¶朝日（[没]享和3年6月29日（1803年8月16日）），江文（大塚嘉樹　おおつかよしき），近世（大塚嘉樹　おおつかよしき），国史（大塚嘉樹　おおつかよしき），国書（大塚嘉樹　おおつかよしき），コン改，コン4，史人（大塚嘉樹　おおつかよしき），新潮，人名，世人（大塚蒼悟），日人，平史（大塚嘉樹　おおつかよしき），歴大（大塚嘉樹　おおつかよしき）

**大塚高信** おおつかたかのぶ
明治30（1897）年10月29日～昭和54（1979）年11月23日
昭和期の英語・英文学者。東京文理大教授。わが国における英語研究、英語教育の発展に尽力。英和辞典なども編纂。
¶岡山歴，現朝，現執1期，現情，コン改，コン4，コン5，世紀，日人

**大塚孝綽** おおつかたかやす
享保4（1719）年～寛政4（1792）年　[別]大塚孝綽《おおつかこうたく》
江戸時代中期の儒学者。
¶江文（おおつかこうたく），近世，国史，国書（[生]享保4（1719）年7月28日　[没]寛政4（1792）年7月18日），人名，日人

**大塚忠** おおつかただし
明治42（1909）年7月21日～　[別]大塚忠《おおつかちゅう》
昭和期の中学校教諭。安中公害対策被害者協議会を結成し会長として運動の中心となった。
¶群馬人（おおつかちゅう），現人，世紀

**大塚忠** おおつかちゅう
→大塚忠（おおつかただし）

**大塚禎** おおつかてい
大正3（1914）年～昭和63（1988）年
昭和期の栃木県歯科医師会長、地域医療および学校保健の発展に尽力。
¶栃木歴

**大塚貞三郎** おおつかていさぶろう
文政2（1819）年～明治32（1899）年
江戸時代末期～明治期の教育者。
¶日人

**大塚定彬** おおつかていひん★
明治25（1892）年4月1日～昭和38（1963）年2月20日
大正・昭和期の教師。秋田新聞社の記者。
¶秋田人2

**大塚鉄軒** おおつかてっけん
安政4（1857）年12月28日～大正7（1918）年10月7日　[別]大塚香《おおつかかおる》
明治～大正期の教育者。天城中学校校長、岡山県議。
¶岡山人（大塚香　おおつかかおる），岡山百（[没]大正7（1918）年10月17日），岡山歴（大塚香　おおつかかおる），学校，世紀（[生]安政4（1858）年12月28日），日人（[生]1858年）

**大塚晩香** おおつかばんこう
文政1（1818）年～元治1（1864）年
江戸時代後期～末期の学頭。

¶三重

お

**大塚孫市**　おおつかまごいち
明治10(1877)年～昭和35(1960)年
明治～昭和期の農業教育者。
¶島根歴

**大塚三綱**　おおつかみつな
明治33(1900)年～昭和55(1980)年
昭和期の教育者。
¶高知人

**大塚光徳**　おおつかみつのり
明治25(1892)年～昭和46(1971)年
昭和期の教育者。
¶神奈川人

**大塚三七雄**　おおつかみなお
明治37(1904)年～昭和30(1955)年
昭和期の教育学者。東京学芸大学教授。
¶群新百，群馬人，群馬百，哲学

**大塚稔**　おおつかみのる
明治36(1903)年10月25日～昭和57(1982)年2月6日
大正～昭和期の農民教育者。茶臼原農民道場長。
¶世紀，日人，宮崎百

**大塚明之助**　おおつかめいのすけ
天保9(1838)年～明治36(1903)年
江戸時代後期～明治期の航海学校の経営者。
¶大阪人

**大塚師政**　おおつかもろまさ
？　～寛保2(1742)年10月18日
江戸時代中期の漢学者、数学者。
¶国書，人名，数学，日人

**大塚豊**　おおつかゆたか
昭和26(1951)年2月19日～
昭和～平成期の比較教育学者。
¶現執2期

**大塚嘉樹**　おおつかよしき
→大塚蒼梧(おおつかそうご)

**大塚義高**　おおつかよしたか
天保4(1833)年～明治42(1909)年3月14日
江戸時代後期～明治時代の和算家。
¶数学

**大塚良左衛門**　おおつかりょうざえもん
→大塚松処(おおつかしょうしょ)

**大槻和夫**　おおつきかずお
昭和11(1936)年～
昭和～平成期の国語教育研究者。
¶現執1期

**大槻玄沢**　おおつきげんたく
宝暦7(1757)年9月28日～文政10(1827)年3月30日　[別]大槻磐水《おおつきばんすい》，磐水《ばんすい》
江戸時代後期の陸奥一関藩士、陸奥仙台藩士、蘭学者。江戸京橋に日本最初の蘭学塾芝蘭堂を開設。
¶朝日([生]宝暦7年9月28日(1757年11月9日) [没]文政10年3月30日(1827年4月25日))，岩史，岩手人，岩手百，江人，江文，科学，角史，教育，近世，国史，国書，コン改，コン4，コン5，詩歌(大槻磐水　おおつきばんすい)，史人，思想史，重要，人書79，人書94，新潮，人名，姓氏岩手，姓氏宮城，世人，世百，全書，対外，大百，地理，伝記，徳川将，徳川臣，長崎百，長崎遊，長崎歴，日思，日史，日人，藩臣1，百科，平日，宮城百([生]寛保3(1743)年　[没]文化10(1813)年)，山川小，洋学，歴大

**大槻習斎**　おおつきしゅうさい
文化8(1811)年～慶応1(1865)年
江戸時代末期の儒学者。
¶国書([没]慶応1(1865)年7月13日)，人名，姓氏宮城，日人

**大槻如電**　おおつきじょでん
弘化2(1845)年～昭和6(1931)年1月12日　[別]大槻如電《おおつきにょでん》
明治～大正期の蘭学者。文部省字書取調掛。和漢洋楽から舞踊まで博学多才。著書に「日本教育史」など。
¶岩手人(おおつきにょでん)，音人，近文(おおつきにょでん)，芸能(おおつきにょでん)，考古(おおつきにょでん)，国史，コン改，コン5，史研，史人(おおつきにょでん　[生]1845年8月17日)，新潮(おおつきにょでん　[生]弘化2(1845)年8月17日)，人名(おおつきにょでん)，世紀([生]弘化2(1845)年8月17日)，姓氏宮城，世百，全書，東北近，日音，日史(おおつきにょでん)，日児(おおつきにょでん　[生]弘化2(1845)年9月18日)，日人，百科(おおつきにょでん)，宮城百，民学，洋学，歴大

**大槻西磐**　おおつきせいばん
文政1(1818)年～安政4(1857)年2月24日　[別]大槻恒輔《おおつきつねすけ》，大槻瑞卿《おおつきずいきょう》
江戸時代末期の儒学者。
¶江文，近世，国史，国書，コン改，コン4，新潮，人名，日人，宮城百([生]文化13(1816)年)，洋学(大槻恒輔　おおつきつねすけ)

**大槻健**　おおつきたけし
大正9(1920)年8月28日～平成13(2001)年1月30日
昭和～平成期の教育学者。早稲田大学教授、日本教育学会常任理事。小・中学校の社会科教科書を編集執筆。著書に「学校と教師」など。
¶現朝，現執1期，現執2期，現執3期，現情，世紀，日人，平和，マス89

**大槻恒輔**　おおつきつねすけ
→大槻西磐(おおつきせいばん)

**大月照江**　おおつきてるえ
明治37(1904)年10月1日～昭和46(1971)年3月8日
昭和期の婦人運動家。日本女子大学教授、婦人有権者同盟国際連絡委員長。婦選発行の「ジャパニーズウィメン」を編集。日本婦人団体連盟中央

委員として活動。
¶岡山人，岡山歴，近女，女性，女性普，世紀，日人

**大槻如電** おおつきにょでん
→大槻如電（おおつきじょでん）

**大槻磐渓**（大槻盤渓，大槻磐渓） おおつきばんけい
享和1(1801)年5月15日〜明治11(1878)年6月13日
江戸時代末期〜明治期の儒学者、砲術家。開国論を主張した。著書に「献芹微衷」「近古史談」など。
¶朝日（㊅享和1年5月15日(1801年6月25日)），維新，岩手人（大槻磐渓），岩手百，江戸東，江文（大槻盤渓），近現，近世，近文，考古（大槻盤渓　㊅享和1年(1801年5月))，国際（㊅明治11(1876)年)，国史，国書，コン改，コン4，コン5，詩歌，詩作，史人，新潮，人名，姓氏岩手，姓氏宮城，世人，世百，全書，大百，東北近，長崎遊，日史，日人，日本，幕末，百科，町田歴，宮城百，洋学，歴大

**大槻磐水** おおつきばんすい
→大槻玄沢（おおつきげんたく）

**大槻宏樹** おおつきひろき
昭和8(1933)年2月5日〜
昭和期の近世近代日本社会教育史研究者。早稲田大学教授。
¶現執2期

**大築仏郎** おおつきぶつろう
明治12(1879)年2月23日〜？
明治〜昭和期の教育者。学校創立者。麹町女学校を開校。
¶学校

**大槻文彦** おおつきふみひこ
弘化4(1847)年11月15日〜昭和3(1928)年2月17日
明治〜大正期の国語学者、洋学史。文部省より辞書の編纂を命ぜられ、「言海」を著す。帝国学士院会員。
¶岩史，岩手人，岩手百，角史，教育，近現，近文，群馬人，群馬百，現執（㊅弘化4年11月15日(1847年12月22日))，考古，国際，国史，コン改，コン5，史研，史人，神人（㊅弘化4(1847)年10月15日)，新潮，新文，人名，世紀，姓氏岩手，姓氏群馬，姓氏宮城，世人，世百，先駆，全国，東北近，日思，日史，日人，日本，百科，文学，宮城百，民学，洋学，履歴，歴大

**大槻平泉** おおつきへいせん
安永2(1773)年〜嘉永3(1850)年
江戸時代後期の儒学者。
¶岩手百（㊅1772年)，国書（㊅嘉永3(1850)年1月17日)，人名，姓氏岩手，姓氏宮城，日人，宮城百

**大月松二** おおつきまつじ
明治37(1904)年〜昭和59(1984)年
大正〜昭和期の教育民俗学の提唱者。
¶長野歴

**大槻三好** おおつきみよし
明治36(1903)年2月25日〜
大正〜昭和期の教育者。
¶群馬人

**大月履斎** おおつきりさい
＊〜享保19(1734)年3月4日
江戸時代中期の伊予松山藩士、儒学者。松山藩儒官。
¶愛媛百（㊅延宝2(1674)年9月23日)，郷土愛媛（㊅1675年)，国書（㊅延宝2(1674)年9月23日)，人名（㊅1675年)，日人（㊅1674年)，藩臣6（㊅延宝3(1675)年）

**大津幸一** おおつこういち
昭和22(1947)年〜
昭和〜平成期の高校教諭。
¶YA

**大辻清司** おおつじきよし，おおつじきよじ
大正12(1923)年8月15日〜平成13(2001)年12月19日
昭和期の写真家、写真教育者。写真の可能性を開示する教育者としての信頼がある。
¶現朝，現情，現人（おおつじきよじ），写家（おおつじきよじ　㊅大正12年7月27日)，写真（おおつじきよじ），世紀（おおつじきよじ　㊅大正12(1923)年7月27日)，日芸（おおつじきよじ），日人（おおつじきよじ）

**大辻隆弘** おおつじたかひろ
昭和35(1960)年8月25日〜
昭和〜平成期の歌人、高校教諭。
¶紀伊文，現執4期，短歌

**大津遠太** おおつとおた
天保2(1831)年〜明治16(1883)年
江戸時代末期〜明治期の久留米藩海軍士官。下船後は、教育に尽力。
¶長崎遊，藩臣7

**大坪長節** おおつぼちょうせつ
明治40(1907)年11月3日〜平成6(1994)年1月10日
昭和・平成期の教育者。学校長。
¶飛騨

**大坪友太郎** おおつぼともたろう
明治1(1868)年〜昭和9(1934)年
明治〜昭和期の私立千台女学校（のちの高等千台女学校）創設者。
¶姓氏鹿児島

**大坪正武** おおつぼまさたけ
嘉永2(1849)年〜大正2(1913)年
江戸時代末期〜大正期の教育者。
¶鳥取百

**大坪嘉昭** おおつぼよしあき
昭和20(1945)年4月29日〜
昭和期の教育社会学者。
¶現執2期

**大妻コタカ**　**おおつまこたか, おおづまこたか**
明治17（1884）年6月21日～昭和45（1970）年1月3日
大正～昭和期の学校経営者。大妻学院学長。大妻女子大学創始者。著書に「ごもくめし」など。
¶学校，近女，現朝，現情，現人，現日（[没]1970年1月13日），高知人（おおづまこたか），高知百（おおづまこたか），コン改，コン4，コン5，女運，女史，女性，女性普，新潮，人名7，世紀，先駆，日女，日人，日本，広島百，マス89

**大津康**　**おおつやすし**
明治9（1876）年～大正11（1922）年2月4日
大正期の教育家。学習院、第一高等学校で教鞭を執った。
¶人名，世紀，日人

**大津和多里**（大津和多理）　**おおつわたり**
安政4（1857）年2月30日～大正6（1917）年
明治～大正期の教育家。北海英語学校創立者。
¶学校（大津和多理　[没]大正6（1917）年9月15日），札幌（大津和多理），北海道百，北海道歴

**大寺安純**　**おおでらやすずみ, おおてらやすずみ**
弘化3（1846）年～明治28（1895）年
明治期の陸軍軍人、第一師団参謀長。男爵。
¶維新，海越（[生]弘化3（1846）年2月　[没]明治28（1895）年2月9日），海越新（[生]弘化3（1846）年2月　[没]明治28（1895）年2月9日），コン改（おおてらやすずみ），コン5（おおてらやすずみ），人名，姓氏鹿児島，渡航（[生]1846年2月　[没]1895年1月30日），日人，幕末（[没]1895年1月30日），藩臣7，陸海（[生]弘化3年2月12日　[没]明治28年2月9日）

**大友亀太郎**　**おおともかめたろう**
天保5（1834）年～明治30（1897）年
江戸時代末期～明治期の北海道開拓者、政治家。神奈川県県議会議員。石狩地方の経営を任され御手作場を開く。用水路大友堀はのちの札幌建設の基となる。
¶朝日（[生]天保5年4月27日（1834年6月4日）　[没]明治30（1897）年12月14日），神奈川人，札幌（[生]天保5年4月27日），姓氏神奈川，日人，幕末（[没]1897年12月14日），北海道百，北海道歴

**大伴茂**　**おおともしげる**
明治25（1892）年3月1日～昭和46（1971）年3月29日
昭和期の教育心理学者。大伴教育研究所所長、関西学院大学教授。
¶現執1期，心理

**大友純**　**おおともじゅん**
明治32（1899）年11月21日～？
大正～昭和期の教師。音楽教師、俳優。
¶映男，新芸，男優

**大友松斎**　**おおともしょうさい★**
享和2（1802）年1月5日～
江戸時代後期の平鹿郡下吉田村の人。維新前寺子屋を経営。
¶秋田人2

**大友直枝**　**おおともなおえ**
天明5（1785）年～文政12（1829）年　[別]大友吉言《おおともよしとき》
江戸時代後期の出羽秋田藩士、国学者。
¶秋田百，国書（大友吉言　おおともよしとき　[生]天明5（1785）年1月25日　[没]文政12（1829）年6月12日），神人，日人，藩臣1

**大伴茫人**　**おおとものぼうじん**
昭和27（1952）年～
昭和～平成期の予備校講師、参考書執筆者。
¶YA

**大友吉言**　**おおともよしとき**
→大友直枝（おおともなおえ）

**大鳥圭介**　**おおとりけいすけ**
天保4（1833）年2月25日～明治44（1911）年6月15日
明治期の外交家。学習院院長、駐清国特命全権公司、枢密顧問官。著書に「南柯紀行」「獄中記」。
¶朝日（[生]天保4年2月25日（1833年4月14日）），維新，岩史，江人，江文（[生]天保3（1832）年），角史，近現，近土（[生]1832年2月28日），国際（[生]天保3（1832）年），国史，国書，コン改（[生]1832年），コン4，コン5，詩歌（[生]1832年），史人，写家，人書94，新潮，人名（[生]1832年），世人，世百（[生]1832年），先駆（[生]天保4（1833）年2月28日），全書，全幕，大百（[生]1832年），千葉百，徳川臣（[生]1832年），徳島百，徳島歴，渡航（[生]1832年2月28日），栃木歴（[生]天保3（1832）年），土木（[生]1832年2月28日），日史，日人，日本，幕末，幕末大，百科，兵庫人，兵庫百（[生]天保3（1832）年），平日，北海道建（[生]天保3（1832）年2月28日），北海道百（[生]天保3（1832）年），北海道歴（[生]天保3（1832）年），明治1，山川小，洋学（[生]天保3（1832）年），履歴（[生]天保3（1832）年2月28日），歴大

**大中臣良兼**　**おおなかとみのよしかね**
平安時代後期の官人。
¶古人

**大縄織衛**（太縄織衛）　**おおなわおりえ**
文化9（1812）年～明治15（1882）年1月31日　[別]大縄念斎《おおなわねんさい》
江戸時代末期～明治期の実業家、教育家。秋田県における石油開発の先駆者。著書に「念斎詩集」。
¶国書（大縄念斎　おおなわねんさい），日人，幕末（太縄織衛），幕末大（太縄織衛），藩臣1

**大縄念斎**　**おおなわねんさい**
→大縄織衛（おおなわおりえ）

**大西絹**　**おおにしきぬ**
安政4（1857）年～昭和8（1933）年2月2日
明治期の教育者。YMCA舎監。山陽英和女学校創立発起人となり、女子教育に携わる。
¶岡山人（[生]安政5（1858）年），岡山歴，女性（[生]安政4（1857）年頃），女性普

**大西伍一**　**おおにしごいち**
明治31（1898）年1月18日～平成4（1992）年5月

26日
大正〜昭和期の教員、研究者。小学校訓導、大日本連合青年団郷土資料陳列所主任。農村を主体とした独自な教育を展開。著書に「日本老農伝」。
¶アナ，コン改，コン4，コン5，社史，世紀，日人，民学

**大西正太郎** おおにししょうたろう
明治6（1873）年〜昭和19（1944）年
明治〜昭和期の教育者。
¶高知人

**大西政十** おおにしせいじゅう
文政10（1827）年〜明治39（1906）年
江戸時代後期〜明治期の剣道家。
¶多摩，日人

**大西正道** おおにしせいどう
大正1（1912）年11月7日〜昭和35（1960）年7月15日
昭和期の教育者、政治家。中央教育振興会議幹事長、衆議院議員。世界連邦建設同盟理事、全日本仏教会参与を歴任。著書に「教育復興」など。
¶現情，人名7，世紀，政治，日人，兵庫人

**大西仙洲** おおにしせんしゅう
江戸時代末期〜明治期の画家。
¶人名，日人（生没年不詳）

**大西忠治** おおにしちゅうじ
昭和5（1930）年3月3日〜平成4（1992）年2月28日
昭和〜平成期の教育評論家、教育者。都留文科大学教授、私立茗渓学園中学校長。科学的「読み」の授業研究会代表などを歴任。著書に「班のある学校」など。
¶現朝，現執1期，現執2期，現情，現人，世紀，日人，YA

**大西伝一郎** おおにしでんいちろう
昭和10（1935）年2月19日〜
昭和〜平成期の児童文学作家。
¶現執4期，四国文，児作，児人，世紀，日児

**大西道雄** おおにしみちお
昭和6（1931）年7月8日〜
昭和〜平成期の教育学者。福岡教育大学教授、福岡教育大学附属福岡小学校長。
¶現執3期，現執4期

**大西貢** おおにしみつぐ
昭和1（1926）年〜
昭和〜平成期の児童文学作家、中学・高校教諭。
¶児人

**大西克孝** おおにしよしたか
文久2（1862）年12月〜？
明治期の教育者。
¶渡航

**大西嘉幸** おおにしよしゆき
明治29（1896）年1月12日〜昭和32（1957）年11月25日
大正〜昭和期の教育者。
¶熊本人，熊本百

**大貫秋次郎** おおぬきしゅうじろう
元治元（1864）年8月〜明治40（1907）年
江戸時代末期・明治期の小山田学校の訓導。
¶町田歴

**大貫昇** おおぬきのぼる
大正10（1921）年〜昭和62（1987）年
昭和期の教育者、画家。
¶栃木歴

**大沼淳** おおぬまじゅん
→大沼淳（おおぬますなお）

**大沼淳** おおぬますなお
昭和3（1928）年4月11日〜 [別]大沼淳《おおぬまじゅん》
昭和〜平成期の学校経営者、実業家。文化女子大学学長、市村工業社長。文化学園理事長となり経営を再建。高度なファッション教育をめざし、大学を併設。
¶現朝，現情，現日（おおぬまじゅん），世紀，日人

**大沼与吉** おおぬまよきち
明治24（1891）年9月5日〜昭和23（1948）年4月7日
大正〜昭和期の教育者。
¶庄内

**大野勇** おおのいさむ
明治13（1880）年1月10日〜昭和48（1973）年11月4日
明治〜昭和期の教育者、政治家。高知市長。
¶高知先

**大野一郎** おおのいちろう
昭和4（1929）年〜平成3（1991）年
昭和〜平成期の教育者、洋画家。
¶高知人

**多梅稚** おおのうめわか
明治2（1869）年11月7日〜大正9（1920）年6月20日
明治期の音楽教育者。
¶芸能，作曲

**大野雲外** おおのうんがい
生没年不詳
明治期の図画教師。人類学教室の助手。
¶飛驒

**大野栄一** おおのえいいち
昭和25（1950）年〜
昭和〜平成期の高校教諭、数学書執筆者。
¶YA

**大野介堂** おおのかいどう
文化5（1808）年〜文久1（1861）年
江戸時代末期の儒学者。
¶人名，日人，幕末（[没]1861年4月）

**大野一夫** おおのかずお
昭和22（1947）年8月17日〜
昭和〜平成期の中学教師。専門は、社会科教育、政治思想史。
¶現執4期

**大野貫右衛門** おおのかんうえもん
明和8(1771)年～天保7(1836)年
江戸時代後期の常陸土浦藩士、教育家。
¶藩臣2

**大野喜代三** おおのきよぞう
明治43(1910)年5月20日～昭和43(1968)年8月29日
大正・昭和期の教育者。学校長。
¶飛騨

**大野鞾毅** おおのこうぎ
明治24(1891)年～昭和45(1970)年
大正～昭和期の教育者。
¶高知人

**大野孤山** おおのこざん
明治15(1882)年～昭和30(1955)年2月15日
明治～昭和期の軍人・教育家。
¶詩作

**大野作太郎** おおのさくたろう
明治19(1886)年～昭和43(1968)年
明治～昭和期の教育者・地質学研究者。
¶愛媛，愛媛人，愛媛百 ㊥明治19(1886)年9月7日 ㊦昭和43(1968)年11月29日)

**大野定子** おおのさだむこ
天保2(1831)年～明治26(1893)年7月18日
明治期の歌人。女性教師の草分け。著書に「千題千首明治歌集」。
¶江表(定子(東京都))，女性，女性普，日人，和俳

**大野静** おおのしずか
明治25(1892)年8月18日～昭和59(1984)年
大正～昭和期の歌人・教育者。
¶愛媛，愛媛百(㊦昭和59(1984)年11月18日)，四国文(㊦昭和59年11月8日)

**大野静竜** おおのしずたつ
昭和20(1945)年11月13日～
昭和～平成期のバリトン歌手、高校教師。
¶音人2，音人3

**大野丈助** おおのじょうすけ
明治12(1879)年3月21日～？
明治～昭和期の教育者。
¶日人

**大野笑三** おおのしょうぞう
明治16(1873)年10月13日～
明治期の教育者。植物研究者。色丹尋常小学校長。
¶根千

**大野竹瑞** おおのちくずい
生没年不詳
江戸時代中期の儒学者、医師。
¶国書，日人

**大野恥堂** (大野耻堂) おおのちどう
文化4(1807)年～明治17(1884)年
江戸時代末期～明治期の儒学者。文章に長じ三郷の社請。

¶維新(大野耻堂)，人名(大野耻堂 ㊥?)，日人，幕末(大野耻堂)

**大野長一** おおのちょういち
明治41(1908)年～平成8(1996)年
昭和～平成期の教育者、洋画家。
¶高知人

**大野つね** おおのつね
明治21(1888)年11月9日～昭和39(1964)年1月31日
明治～昭和期の教師、実業家。戦争中、国防婦人会飯能支部長として活躍。
¶埼玉人，女性，女性普

**大野恒哉** おおのつねや
天保10(1839)年7月～明治42(1909)年5月15日
明治期の賀茂・那賀両郡の郡長。豆陽学校。校長。
¶伊豆

**大野直司** おおのなおじ
大正5(1916)年7月13日～昭和56(1981)年
昭和期の教育者。
¶札幌，北海道歴

**大野秀男** おおのひでお
大正3(1914)年2月25日～？
昭和～平成期の教育者。
¶視覚

**大野平一** おおのへいいち
寛政9(1797)年～明治7(1874)年
江戸時代末期～明治時代の肥前蓮池藩士。蓮池藩校成章館教授と世子の教育係となる。
¶幕末，幕末大

**大野北海** おおのほっかい
生没年不詳
江戸時代中期の兵法家、儒者。
¶国書，日人

**大野誠** おおのまこと
天保5(1834)年～明治17(1884)年
江戸時代末期～明治期の剣術者。江戸で春風館を開いて東西の志士と交流。
¶人名(㊥?)，姓氏長野，長野歴，日人，幕末(㊦1884年10月27日)

**大野幸男** おおのゆきお
昭和9(1934)年5月15日～
昭和～平成期の小学校校長、教育者。文京区立根津小学校長。
¶現執3期

**大野連太郎** おおのれんたろう
大正8(1919)年～
昭和期の教育問題専門家。国立教育研究所勤務。
¶現執1期

**大野魯山** おおのろざん
元文3(1738)年～文化13(1816)年
江戸時代中期の加賀大聖寺藩儒。
¶人名，日人

**大庭景利** おおばかげとし
明治44(1911)年1月13日～
昭和期の教育学者。四国学院大学教授。
¶現執1期，現執2期

**大場加代子** おおばかよこ
昭和13(1938)年～
昭和期の書家・書道塾経営。
¶伊豆

**大葉久吉** おおばきゅうきち
→大葉久吉(おおばひさきち)

**大橋一蔵** おおはしいちぞう
嘉永1(1848)年～明治22(1889)年
江戸時代末期～明治期の志士。国事に動く。明訓校を興す。北海道開拓事業に挺身。
¶近現，国史，史人([生]1848年2月16日 [没]1889年2月20日)，新潮([没]明治22(1889)年2月)，新潟百，日人，幕末([没]1889年2月20日)，北海道百，北海道歴

**大橋景足** おおはしかげたり
弘化2(1845)年～明治45(1912)年12月2日
江戸時代後期～明治期の歌人・教育家・神官。
¶東三河

**大庭機** おおばしき
天保1(1830)年1月～明治37(1904)年
江戸時代後期～明治期の札幌最初の学校である資生館の館長。
¶札幌

**大橋精夫** おおはしきよお
大正7(1918)年5月10日～
昭和期の哲学・教育学者。名古屋大学教授。
¶現執1期，現執2期

**大場茂俊** おおばしげとし
大正12(1923)年～平成10(1998)年4月25日
昭和～平成期の福祉活動家。精薄児施設おしまコロニーを創設。生活寮、作業所など生涯にわたる総合施設づくりに取り組む。
¶世紀，日人([生]大正12(1923)年4月9日)

**大庭茂** おおばしげる
明治43(1910)年～昭和52(1977)年
昭和期の教育者。
¶青森人

**大橋謙策** おおはしけんさく
昭和18(1943)年10月26日～
昭和～平成期の教育福祉学者。日本社会事業大学教授。
¶現執1期，現執2期，現執3期，現執4期，YA

**大橋見竜** おおはしけんりゅう
文政10(1827)年5月～明治34(1901)年1月12日
江戸時代後期～明治期の医家・漢詩人・教育家。
¶東三河

**大橋十右衛門** おおはしじゅうえもん
安政6(1859)年3月1日～昭和15(1940)年2月2日
[別]大橋二水《おおはしにすい》
明治～昭和期の越中義塾の創設者。
¶姓氏富山，富山百，富山文(大橋二水 おおはしにすい)

**大橋順蔵** おおはしじゅんぞう
→大橋訥庵(おおはしとつあん)

**大橋暉吉** おおはしてるきち★
明治29(1896)年4月10日～
明治・大正期の都賀町教育長。
¶栃木人

**大橋輝平** おおはしてるへい
生没年不詳
昭和期の新潟県教育労働者組合メンバー。
¶社史

**大橋訥庵** おおはしとしあん
→大橋訥庵(おおはしとつあん)

**大橋訥庵**(大橋訥菴) おおはしとつあん
文化13(1816)年～文久2(1862)年7月12日 [別]大橋順蔵《おおはしじゅんぞう》，大橋訥庵《おおはしとしあん》
江戸時代末期の尊攘派志士、儒者。
¶朝日([没]文久2年7月12日(1862年8月7日))，維新(大橋訥菴)，岩史，江人，江戸，江文，角史，郷土栃木，キリ(大橋訥菴 [没]文久2年7月12日(1862年8月7日))，近世，群馬人，群馬百，国史，国書，コン改，コン4，コン5，詩歌(おおはしとしあん)，詩作，史人，思想史，重要，人書79，新潮，人名(大橋順蔵 おおはしじゅんぞう)，姓氏群馬，姓氏長野，世人，世百，全書，全幕，大百(大橋訥菴)，栃木百(大橋訥菴)，栃木歴(大橋訥菴)，長野歴，日史(大橋訥菴)，日人，幕末([没]1862年8月7日)，幕末大，百科(大橋訥菴)，歴大

**大橋二水** おおはしにすい
→大橋十右衛門(おおはしじゅうえもん)

**大橋広** おおはしひろ
明治15(1882)年3月18日～昭和48(1973)年2月20日
昭和期の教育者、植物学者。日本女子大学学長、日本家政学学会会長。学としての家政学を提唱、戦後の家政学確立に寄与。著書に「さやみどろの細胞学的研究」。
¶岡山人，岡山百，岡山歴，近女，現情，女性，女性普，人名7，世紀，日人

**大橋博明** おおはしひろあき
昭和15(1940)年7月31日～
昭和期の教育史研究者。中京大学教授。
¶現執2期

**大橋文夫** おおはしふみお
大正2(1913)年～昭和47(1972)年
昭和期の教育者。
¶群馬人，群馬百

**大橋巻子** おおはしまきこ
文政7(1824)年～明治14(1881)年12月23日
江戸時代末期～明治期の勤王家、歌人。思誠塾や

尊皇運動を助ける。「夢路日記」は志士の間で評判になり、出版された。
¶朝日（[生]文政7年10月29日（1824年12月19日）），維新，郷土栃木（[生]1823年），国書（[生]文政7（1824）年10月29日），女史，女性（[生]文政7（1824）年10月29日），女性普（[生]文政7（1824）年10月29日），栃木百，栃木歴，日人，幕末

**大庭雪斎** おおばせっさい
文化2（1805）年～明治6（1873）年
江戸時代末期～明治期の蘭学者。佐賀藩士。佐賀藩蘭学寮初代教導。著書に「訳和蘭文語」など。
¶朝日，維新，科学（[没]1873年（明治6）3月28日），近現，近世，国史，国書（[生]文化3（1806）年 [没]明治6（1873）年3月28日），コン4，コン5，佐賀百，新潮，日人，幕末，洋学

**大庭泰** おおばたい
江戸時代中期の儒学者。
¶人名，日人（生没年不詳）

**大畑耕一** おおはたこういち
昭和12（1937）年12月5日～
昭和～平成期の合唱指揮者、音楽教育者。
¶音人2，音人3

**大畑弥次兵衛** おおはたやじべえ
天保10（1839）年～大正10（1921）年
江戸時代末期～大正期の教育者。
¶静岡歴，姓氏静岡

**大畑佳司** おおはたよしじ
昭和5（1930）年3月10日～
昭和～平成期の教育者。埼玉県教育研究サークル連絡協議会事務局長、埼玉大学講師。
¶現執1期，現執2期，現執3期

**大庭恒次郎** おおばつねじろう
慶応1（1865）年～大正13（1924）年
明治～大正期の教育者。三戸小学校長。
¶青森人

**大場晴重** おおばはるしげ
明治34（1901）年～昭和35（1960）年
大正～昭和期の教育者。
¶神奈川人

**大葉久吉** おおばひさきち
明治6（1873）年5月17日～昭和8（1933）年11月8日
[別]大葉久吉《おおばきゅうきち》
明治～昭和期の出版人、実業家。宝文館創業者。
¶出版（おおばきゅうきち），出文，人名，世紀，日人

**大浜克己** おおはまかつみ
昭和17（1942）年～
昭和期の教育者。
¶戦沖

**大浜寛行** おおはまかんこう
明治38（1905）年9月～
昭和期の教育者、実業家。琉球石油八重山支店長。
¶社史

**大浜国浩** おおはまくにひろ
大正～昭和期の教育者、政治家。石垣国民学校校長、立法院議長。
¶社史（[生]1903年4月23日？　[没]1991年3月5日？），姓氏沖縄（[生]1903年　[没]1991年）

**大浜宣有** おおはませんゆう
明治36（1903）年12月31日～昭和34（1959）年3月6日
大正～昭和期の小学校教員。八重山支庁公務員。
¶社史

**大浜孫伴** おおはまそんぱん
明治16（1883）年～昭和30（1955）年2月22日
明治～大正期の教育者、政治家。竹富尋常小学校校長、石垣町町長。
¶沖縄百（[生]明治16（1883）年1月25日），社史（[生]1883年12月5日），姓氏沖縄

**大浜信泉** おおはまのぶもと
明治24（1891）年10月5日～昭和51（1976）年2月13日
昭和期の法学者。早稲田大学総長。沖縄協会会長などを歴任。商法研究に業績をあげる傍ら大学教育に貢献。
¶沖縄百（[生]明治24（1891）年10月19日），近現，現朝，現執1期，現情，現人，現日，国史，コン改，コン4，コン5，社史（[生]1891年10月19日），新潮，人名7，世紀，姓氏沖縄，日人，琉沖，履歴，履歴2

**大浜用要** おおはまようよう
明治6（1873）年8月9日～昭和20（1945）年7月3日
明治～昭和期の教育者、政治家。八重山高等小学校校長、沖縄県議会議員。
¶沖縄百，社史，姓氏沖縄

**大浜用立** おおはまようりゅう
明治39（1906）年3月31日～昭和56（1981）年7月14日
大正～昭和期の教育者、ジャーナリスト、労働運動家。八重山議会議員。
¶沖縄百，社史，姓氏沖縄

**大林千太郎** おおばやしせんたろう
明治22（1889）年5月21日～昭和44（1969）年8月29日
大正～昭和期の農民運動家、政治家。香川県高等農民学校長、坂本村長。
¶社運，社史

**大林広司** おおばやしひろし
昭和8（1933）年11月4日～
昭和期の小坂町教育長。
¶飛驒

**大林宣蔵** おおばやしよしぞう
？　～文政10（1827）年
江戸時代中期～後期の教育者。
¶姓氏群馬

**大原観山** おおはらかんざん
文政元（1818）年～明治8（1875）年

江戸時代末期～明治期の松山藩士。
¶愛媛，愛媛人

**大原敬子**　おおはらけいこ
昭和21（1946）年10月22日～
昭和～平成期の教育哲学研究家、教育史研究家。大原敬子研究室室長、大原とめ研究会代表。
¶現執3期

**大原桂南**　おおはらけいなん
明治13（1880）年11月9日～昭和36（1961）年11月19日
明治～昭和期の書道家。
¶岡山人，岡山百，岡山歴

**大原里靖**　おおはらさとやす
明治3（1870）年～大正8（1919）年
明治～大正期の教育者。
¶高知人

**大原寿恵子**　おおはらすえこ
明治44（1911）年6月29日～昭和15（1940）年9月24日
昭和期の社会運動家。自修塾を創設し、就学前の幼児の教育に専念。著書に「愛児」など。
¶社運，社史，女性，女性普，世紀，日人

**大原亨**　おおはらとおる
大正4（1915）年7月25日～平成2（1990）年4月7日
昭和期の教師、政治家。衆議院議員。
¶現執2期，現政，政治，平和（[没]平成8（1996）年）

**大原信久**　おおはらのぶひさ
弘化4（1847）年～大正14（1925）年
明治～大正期の近代簿記法の創始者。
¶長野歴

**大原広明**　おおはらひろあき
文政5（1822）年～明治29（1896）年12月6日
江戸時代末期～明治時代の漢学者。石岡藩の教授。
¶幕末，幕末大

**大原幽学**　おおはらゆうがく
寛政9（1797）年～安政5（1858）年
江戸時代末期の思想家。農民の教化活動および村落改革を指導。改心楼で独創的教育を実践。
¶朝日（[没]安政5年3月7日（1858年4月20日）），維新，岩史（[没]安政5（1858）年3月8日），江人，角史，教育，郷土滋賀，郷土千葉，近世，国史，国書（[生]寛政9（1797）年3月17日　[没]安政5（1858）年3月8日），コン改，コン4，コン5，史人（[没]1858年3月7日），思想史，重要（[生]寛政9（1797）年3月17日　[没]安政5（1858）年3月8日），食文（[生]寛政9年3月17日（1797年4月13日）　[没]安政5年3月8日（1858年4月21日）），女史，人書79，人書94，神人（[生]寛政9（1797）年3月　[没]安政5（1858）年3月），新潮（[没]安政5（1858）年3月7日），人名，世人（[没]安政5（1858）年3月8日），世百，全書，大百，千葉房総，伝記，徳川将，日思，日史（[没]安政5（1858）年3月7日），日人，幕末大（[没]安政5（1858）年3月8日），百科，平日，山川小（[没]1858年3月7日），歴大

**大原裕子**　おおはらゆうこ
昭和10（1935）年1月28日～昭和30（1955）年1月31日
昭和期の女子大学生。
¶女性普

**大庭陸太**　おおばりくた
明治4（1871）年～昭和18（1943）年
明治～昭和期の教育者。久留米女子職業学校（後の久留米高等学校）、南筑中学校（後の南筑高等学校）の設立に関わる。
¶学校

**大平勝馬**　おおひらかつま
明治40（1907）年9月17日～平成7（1995）年6月11日
昭和期の教育心理学者。金沢大学教授。
¶現執1期，心理

**大平浩哉**　おおひらこうや
昭和2（1927）年11月9日～
昭和～平成期の国語科教育学者。早稲田大学教授、文部省初中局高校教育課教科調査官。
¶現執2期，現執3期

**大平秀憲**　おおひらひでのり
大正12（1923）年10月4日～
昭和期の古川町教育長・同町の向善寺20世。
¶飛騨

**大平冨士子**　おおひらふじこ
大正15（1926）年8月27日～平成18（2006）年3月13日
昭和・平成期の小学校臨時教師。裏千家準教授。
¶石川現十

**大平真澄**　おおひらますみ
昭和9（1934）年5月1日～平成3（1991）年6月23日
昭和・平成期の教育者。学校長。
¶飛騨

**大淵清庵**　おおぶちせいあん
明治6（1873）年～昭和3（1928）年12月
明治～昭和期の障害児教育者。
¶福岡百

**大穂能一**　おおほのういち
文政2（1819）年～明治4（1871）年　[別]大穂能一《おおほよしかず》
江戸時代末期～明治期の算学家、小学校教員。福岡藩の鉄砲製造・台場築造などに参与。
¶国書（[没]明治4（1871）年9月21日），コン改，コン4，コン5，人名，数学（おおほよしかず　[生]文政2（1819）年12月25日　[没]明治4（1871）年9月21日），日人，幕末，幕末大，洋学（[生]文政1（1818）年）

**大穂能一**　おおほよしかず
→大穂能一（おおほのういち）

**大前元栄**　おおまえげんえい
生没年不詳
明治期の教師。もと西村の名主。
¶飛騨

お

**大前三郎**　おおまえさぶろう
大正4（1915）年6月3日～
昭和期の馬瀬村教育長。
¶飛驒

**大町桂月**　おおまちけいげつ
明治2（1869）年1月24日～大正14（1925）年6月10日　[別]桂月《けいげつ》，大町桂月《おおまつけいげつ》
明治期の詩人、評論家。美文・新体詩を発表、赤門派と呼ばれた。青少年の修養面に尽力。
¶青森人，青森百，朝日（[生]明治2年1月24日（1869年3月6日）），角史，神奈川人，近現，近文，群馬人，現詩，現俳，高知人，高知百，国史，コン改，コン5，詩歌，四国文，史人，島根人（おおまつけいげつ），島根百，島根歴，新潮，新文，人名，世紀，世人（[生]明治2（1869）年1月　[没]大正14（1925）年6月），世百，全書，大百，千葉百，哲学，奈良文，日史，日児（[生]明治2（1869）年3月6日），日人，日本，俳諧（桂月　けいげつ），俳句（桂月　けいげつ），俳文，百科，兵庫文，文学，北海道百，北海道文，北海道歴，明治2，山梨百，履歴，歴大

**大間知千津恵**　おおまちちづえ
明治44（1911）年1月26日～昭和46（1971）年4月26日
昭和期の音楽教育者。
¶富山百

**大町晩翠**　おおまちばんすい
文政2（1819）年～明治16（1883）年
江戸時代末期～明治期の儒学者、教育者。
¶高知人

**大間知芳之助**　おおまちよしのすけ
明治13（1880）年3月16日～大正15（1926）年1月27日
明治～大正期の実業家。済南などで日華貿易の誘導機関を設立。金融組合、小学校の設立に貢献。
¶人名，世紀，日人

**大町桂月**　おおまつけいげつ
→大町桂月（おおまちけいげつ）

**大松沢寿**　おおまつさわひさし
嘉永1（1848）年～大正13（1924）年
江戸時代末期～大正期の教育家。
¶姓氏宮城

**大松庄太郎**　おおまつしょうたろう
明治24（1891）年～昭和43（1968）年
大正～昭和期の小学校歴史教育の研究実践家。
¶姓氏富山

**大溝節子**　おおみぞせつこ
大正14（1925）年1月30日～昭和60（1985）年7月8日
昭和期の教育者。コングレガシオン・ド・ノートルダム修道会日本管区長をつとめる。
¶女性，女性普，世紀，日人

**大宮兵馬**　おおみやひょうま
慶応2（1866）年～大正12（1923）年　[別]大宮兵馬《おおみやへいま》
明治～大正期の教育者、神職。天理教校教頭、官幣大社龍田神社宮司。華族女学校、国学院大学等で神典を教授した。
¶神人（おおみやへいま），人名，日人

**大宮兵馬**　おおみやへいま
→大宮兵馬（おおみやひょうま）

**大村斐夫**　おおむらあやお
→大村桐陽（おおむらとうよう）

**大村勇**　おおむらいさむ
明治34（1901）年12月1日～平成3（1991）年4月10日
昭和期の牧師、教育者。日本基督教団総会議長。
¶キリ，現情，世紀

**大村桂巌**　おおむらけいがん
明治13（1880）年2月10日～昭和29（1954）年10月2日
明治～昭和期の教育家、宗教教育学者。大正大学長、宝仙短期大学教授。宗教教育の理念と実践に関して先駆的な役割を果たす。
¶世紀，哲学，日人，仏人

**大村純安**　おおむらじゅんあん
嘉永3（1850）年～明治3（1870）年
江戸時代末期の阿波徳島藩儒医。
¶人名，徳島歴（[没]明治3（1870）年9月3日），日人

**大村荘助**（大村庄助）　おおむらしょうすけ
享保9（1724）年～寛政1（1789）年7月19日　[別]大村蘭林《おおむららんりん》
江戸時代中期の美作津山藩士、儒学者。
¶岡山人（大村庄助），岡山歴（[生]享保10（1725）年2月23日），国書（大村蘭林　おおむららんりん），人名，日人，藩臣6

**大村恕三郎**　おおむらじょさぶろう
明治2（1869）年10月19日～昭和27（1952）年2月6日
明治～昭和期の雅楽演奏者、音楽教育者。
¶音人，芸能，世紀，日音

**大村純顕**　おおむらすみあき
文政5（1822）年～明治15（1882）年4月2日
江戸時代後期～明治期の大名、華族。
¶維新，諸系，日人，幕末，藩主4（[生]文政5（1822）年11月5日）

**大村純鎮**　おおむらすみしげ
→大村純鎮（おおむらすみやす）

**大村純長**　おおむらすみなが
寛永13（1636）年～宝永3（1706）年8月21日
江戸時代前期～中期の大名。肥前大村藩主。
¶国書，諸系，日人，藩主4（[生]寛永13（1636）年8月21日）

**大村純鎮**　おおむらすみやす
宝暦9（1759）年8月20日～文化11（1814）年7月16

日　[別]大村純鎮《おおむらすみしげ》
江戸時代中期～後期の大名。肥前大村藩主。
¶国書，諸系，人名（おおむらすみしげ），日人，藩主4

**大村清一** おおむらせいいち
明治25（1892）年5月4日～昭和43（1968）年5月24日
昭和期の内務官僚、政治家。文部次官、衆議院議員。6回当選。鳩山内閣防衛庁長官。
¶岡山人，岡山百，岡山歴，神奈川人，近現，現情，現日，国史，コン改，コン4，コン5，新潮，人名7，世紀，政治，長野歴，日人，履歴，履歴2

**大村武男** おおむらたけお
明治35（1902）年～
大正～昭和期の教育者。
¶群馬人

**大村忠二郎** おおむらちゅうじろう
文久2（1862）年～大正10（1921）年
明治～大正期の教育者。
¶大阪人，岡山人

**大村桐陽** おおむらとうよう
文政1（1818）年～明治29（1896）年4月24日　[別]大村斐夫《おおむらあやお》
江戸時代末期～明治期の津山藩儒臣。藩校文武稽古場の整備に参画。
¶岡山人，岡山百（大村斐夫　おおむらあやお　[生]文政1（1818）年11月10日），岡山歴（大村斐夫　おおむらあやお　[生]文政1（1818）年11月10日），人名，日人，幕末（大村斐夫　おおむらあやお）

**大村ナツ** おおむらなつ
明治35（1902）年～
明治期の教師・歌人。
¶熊本人

**大村典子** おおむらのりこ
昭和20（1945）年1月29日～
昭和～平成期の音楽教育者。
¶音人2，音人3

**大村はま** おおむらはま
明治39（1906）年6月2日～平成17（2005）年4月17日
昭和期の教師、国語教育研究家。中学校教諭。東京都教育功労賞、ペスタロッチ賞受賞。著書に「大村はま国語教室」。
¶神奈女2，近女，現朝，現執1期，現執2期，現執3期，現情，信州女，新潮，世紀，日女，日人，マス89

**大村益次郎** おおむらますじろう
文政7（1824）年～明治2（1869）年11月5日　[別]村田蔵六《むらたぞうろく》
江戸時代末期～明治期の兵学者、長州藩士。軍制改革のリーダー。幕府の蕃書調所、講武所に勤めた。
¶朝日（[生]文政7年5月3日（1824年5月30日）[没]明治2（1869）年11月5日），維新，岩史（[生]文政7（1824）年5月3日），江人（[生]1825年），愛媛百（村田蔵六　むらたぞうろく　[生]文政7（1824）年3月10日），江文，大分百（[生]1825年），大阪人，大阪墓，角史（[生]文政8（1825）年），京都，郷土愛媛，京都大，郷土長崎，近現（[生]1825年），近世（[生]1825年），国際，国史（[生]1825年），国書（[生]文政8（1825）年5月3日），コン改，コン4，コン5，詩歌，史人（[生]1824年5月3日），重要（[生]文政8（1825）年5月3日），人書79，新潮（[生]文政7（1824）年5月3日），人名，姓氏京都，姓氏山口（村田蔵六　むらたぞうろく　[生]1825年），世人（[生]文政7（1824）年3月10日　[没]明治2（1869）年11月15日），世百，先駆（[生]文政8（1825）年3月10日），全書（[生]1825年），全幕，大百，伝記，長崎遊，日史（[生]文政8（1825）年5月3日），日人，日本，幕末（[没]1869年12月7日），幕末大（[生]文政7（1824）年5月3日），藩臣6，百科，平日（[生]1825年），明治1（[生]1825年），山川小（[生]1824年5月3日），山口百（[生]1825年），洋学（[生]文政8（1825）年），陸海（[生]文政7年3月10日），歴大（[生]1825年）

**大村善永** おおむらよしなが
明治37（1904）年1月7日～平成1（1989）年2月22日
昭和期の教育者。奉天盲人福祉協会を設立。
¶視覚

**大村蘭林** おおむららんりん
→大村荘助（おおむらしょうすけ）

**大村和吉郎** おおむらわきちろう
文化8（1811）年～明治21（1888）年
江戸時代末期～明治時代の実業家、大場銀行創立者。大場村の教育・自治に協力。
¶伊豆（[没]明治21（1888）年10月11日），静岡歴，姓氏静岡，幕末，幕末大

**大元茂市郎**（大元茂一郎） おおもとしげいちろう
明治14（1881）年～昭和49（1974）年
明治～昭和期の教育者。
¶愛媛，愛媛百（大元茂一郎　[生]明治14（1881）年12月13日　[没]昭和49（1974）年4月22日）

**大本新次郎** おおもとしんじろう
明治5（1872）年～昭和43（1968）年
明治～昭和期の無産者教育に挺身したキリスト教徒。
¶愛媛，愛媛百（[生]明治5（1872）年3月　[没]昭和43（1968）年1月）

**大森修** おおもりおさむ
昭和21（1946）年～
昭和～平成期の教育家。村松東小学校（新潟県村松町）校長。
¶現執4期

**大森和子**(1) おおもりかずこ
大正4（1915）年3月6日～昭和61（1986）年8月16日
昭和期の家政学者。茨城大学教授、東京学芸大学教授。
¶現執1期，現執2期，埼玉人，女性，女性普，世紀

**大森和子**(2) おおもりかずこ
昭和8（1933）年3月12日～

昭和期の教育事業家。大森総合教育研究所所長。
¶現執2期

**大森金五郎** おおもりきんごろう
慶応3（1867）年4月25日〜昭和12（1937）年1月13日
明治〜昭和期の日本史学者。学習院教授。中世史を研究。著書に「武家時代の研究」「大日本全史」など。
¶鎌倉，郷土千葉，近現，考古，国史，コン改（㊷1936年），コン5（㊷昭和11（1936）年），史研，史人，新潮，世紀，姓氏神奈川，大百，千葉百（㊷慶応3（1867）年4月），日人

**大森三郎** おおもりさぶろう
明治41（1908）年〜
昭和期の小学校教員。
¶社史

**大森三益** おおもりさんえき
文化9（1812）年〜明治14（1881）年
江戸時代後期〜明治期の医師。
¶島根百（㊷文化9（1812）年2月25日　㊷明治14（1881）年11月13日），島根歴，日人

**大森繁子** おおもりしげこ
〜昭和36（1961）年
大正〜昭和期の教育者。
¶岡山人

**大森祥太郎** おおもりしょうたろう
明治6（1873）年〜昭和26（1951）年
明治〜昭和期の教育者。
¶長野歴

**大森忠三** おおもりちゅうぞう
明治9（1876）年〜明治40（1907）年
明治期の教育者。
¶長野歴

**大森テル** おおもりてる
明治19（1886）年〜昭和55（1980）年
明治〜昭和期の教育者。学校法人東奥学園を創立。
¶青森人，青森百，秋田人2，学校

**大森尚** おおもりひさし
明治44（1911）年〜
昭和期の小学校教員。
¶社史

**大森房吉** おおもりふさきち
明治8（1875）年1月18日〜？
明治〜大正期の教育者。
¶群馬人，姓氏群馬

**大森守之助** おおもりもりのすけ
大正11（1922）年9月14日〜
昭和期の学校長・小坂町文化協会長。
¶飛騨

**大森保平** おおもりやすへい
明治28（1895）年12月3日〜昭和16（1941）年3月14日
大正〜昭和期の教育者。

¶岡山百，岡山歴

**大守善治** おおもりよしはる★
明治23（1890）年10月1日〜昭和58（1983）年10月11日
大正・昭和期の教育者。
¶秋田人2

**大森隆碩** おおもりりゅうせき
弘化3（1846）年〜明治36（1903）年
江戸時代末期〜明治期の医師、教育者。
¶新潟百，日人

**大森良平** おおもりりょうへい
明治13（1880）年〜昭和10（1935）年
明治〜昭和期の教育者。
¶姓氏宮城

**大屋愷敷** おおやがいこう
→大屋愷敷（おおやよしあつ）

**大矢戒淳** おおやかいじゅん
明治6（1873）年〜昭和21（1946）年
明治〜昭和期の曹洞宗僧侶・教育者。
¶姓氏岩手

**大矢貫治** おおやかんじ
？〜明治4（1871）年
江戸時代末期〜明治期の信濃高遠藩士、剣術師範。
¶剣豪，藩臣3

**大谷木醇堂** おおやぎじゅんどう
天保9（1838）年〜明治30（1897）年
江戸時代末期〜明治期の漢学者。
¶国書（㊷天保9（1838）年1月18日　㊷明治30（1897）年3月14日），日人

**大屋貞雄** おおやさだお
大正14（1925）年3月20日〜
昭和期の飛騨教育事務所長・学校長。
¶飛騨

**大矢助次郎** おおやすけじろう
明治15（1882）年〜昭和35（1960）年
明治〜昭和期の教育者。
¶姓氏神奈川

**大矢せつ** おおやせつ
嘉永6（1853）年〜昭和6（1931）年
明治〜昭和期の教育者・針仕事師匠。
¶姓氏長野

**大矢武師** おおやたけみつ
大正10（1921）年1月3日〜
昭和期の国語教育・日本近代文学研究者。静岡大学教授。
¶現執1期，現執2期

**大山岩蔵** おおやまいわぞう
明治17（1884）年8月14日〜昭和45（1970）年10月24日
昭和期の教員。大宜味村議会議員、全国老人クラブ連合会理事、大宜味村産業組合長。
¶沖縄百，社史，姓氏沖縄

**大山勘治**　**おおやまかんじ**
？　～昭和55（1980）年5月13日
昭和期の教育者。学校創立者。久留米工業大学を創立、理事長を務める。
¶学校

**大山キク子**　**おおやまきくこ**
明治29（1896）年2月14日～昭和49（1974）年1月16日
大正～昭和期の教育者。宮古婦人連合会会長。
¶社史

**大山幸太郎**　**おおやまこうたろう**
明治6（1873）年6月8日～昭和42（1967）年7月28日
明治～昭和期の教育者、哲学者。
¶秋田人2（[没]昭和40年7月28日），秋田百，世紀，日人

**大山茂昭**　**おおやましげあき**
明治35（1902）年～昭和47（1972）年
昭和期の教育者。
¶岡山人

**大山捨松**　**おおやますてまつ**
安政7（1860）年1月23日～大正8（1919）年2月18日　[別]山川捨松《やまかわすてまつ》
明治～大正期の社会奉仕家。最初の女子留学生。赤十字社篤志看護婦会、愛国婦人会などで活躍。
¶会津（山川捨松　やまかわすてまつ），朝日（[生]万延1年2月24日（1860年3月16日）），海越，海越新，江戸東，近医，近女，国際（山川捨松　やまかわすてまつ），史人，女史，女性，女性普，新潮（[生]嘉永4（1851）年1月），人名（[生]1851年），世紀（[生]安政7（1860）年2月24日），先駆，大百（[生]1851年），渡航（大山捨松・山川捨松　おおやますてまつ・やまかわすてまつ　[生]1851年），栃木歴，日史，日人，幕末（山川捨松　やまかわすてまつ　[没]1919年2月24日），福島百，明治2，履歴（[生]万延1（1860）年2月24日），歴大

**大山為起**　**おおやまためおき**
慶安4（1651）年～正徳3（1713）年3月17日
江戸時代前期～中期の垂加派の神道家。
¶朝日（[没]正徳3年3月17日（1713年4月11日）），愛媛百，郷土愛媛，京都大，近世，国史，国書，コン改，コン4，史人，神史，神人，新潮，人名，姓氏京都，世人，日人

**大山信郎**　**おおやまのぶろう**
明治44（1911）年11月1日～？
大正～昭和期の眼科学・特殊教育研究者。東京教育大学教授。
¶現執1期，視覚

**大山弘**　**おおやまひろし**
昭和7（1932）年～
昭和期の教育者。
¶視覚

**太山融斎**（大山融斎）　**おおやまゆうさい**
寛政6（1794）年～文久3（1863）年
江戸時代末期の上野安中藩士、儒学者。
¶江文（大山融斎），群馬人，国書（大山融斎　[没]文久3（1863）年1月28日），姓氏群馬，日人，藩臣2

**大屋弥助**　**おおややすけ**
生没年不詳
明治期の私塾教師。
¶飛驒

**大屋八十八郎**　**おおややそはちろう**
元治1（1864）年～昭和25（1950）年
明治～昭和期の教育者。
¶神奈川人

**大屋愷敆**　**おおやよしあつ**
天保10（1839）年～明治34（1901）年6月　[別]大屋愷敆《おおやがいこう》
江戸時代末期～明治期の教育者。地方における初等教育の普及に尽力。著書に「萬国名数記」など。
¶人名（おおやがいこう），先駆（おおやがいこう），長崎遊，日人，幕末（おおやがいこう），幕末大（おおやがいこう　[生]天保10（1839）年8月）

**大類雅敏**　**おおるいまさとし**
昭和11（1936）年3月～
昭和～平成期の教育アドバイザー、著述業。大類作文教育研究所所長。
¶現執3期

**大脇自笑**　**おおわきじしょう**
文化5（1808）年～明治9（1876）年
江戸時代末期の武術家。
¶国書（[生]文化5（1808）年7月15日　[没]明治9（1876）年10月14日），人名，長野百，長野歴，日人

**大脇春嶺**　**おおわきしゅんれい**
→大脇春嶺（おおわきはるみね）

**大脇春嶺**　**おおわきはるみね**
寛政1（1789）年～天保5（1834）年12月23日　[別]大脇春嶺《おおわきしゅんれい》
江戸時代後期の国学者。
¶国書，人名，新潟百（おおわきしゅんれい），日人（[没]1835年）

**大和田楳之助**　**おおわだうめのすけ★**
明治3（1870）年9月22日～昭和14（1939）年9月30日
明治～昭和期の教育者。
¶秋田人2

**大和田肇**　**おおわだはじめ**
明治38（1905）年～平成2（1990）年
昭和～平成期の教育者・郷土史家。
¶姓氏岩手

**大童信太夫**　**おおわらしんだゆう**
天保3（1832）年11月29日～明治33（1900）年10月2日　[別]大童信太夫《おおわらべしんだゆう》
江戸時代末期～明治期の大番士。はやくから海外に目を向け子弟に洋書を教育。
¶維新（おおわらべしんだゆう），人名（おおわらべしんだゆう　[生]1831年），姓氏宮城，日人，

おおわら

幕末，幕末大，宮城百

**大童信太夫** おおわらべしんだゆう
→大童信太夫（おおわらしんだゆう）

**大湾政和** おおわんせいわ
明治37（1904）年1月18日～昭和18（1943）年2月19日
昭和期の方言学者、教育者。
¶沖縄百，姓氏沖縄

**岡綾** おかあや
明治41（1908）年3月20日～平成8（1996）年6月12日
昭和期の教員、社会運動家。戦後日本共産党に入党、県の母親大会議長などもつとめる。
¶近女，現職，埼玉人，社運，社史，女運，世紀，日人，平和

**岡井慎吾** おかいしんご
明治5（1872）年～昭和20（1945）年
明治～昭和期の教育者・漢文学者。
¶郷土福井，福井百

**岡市郎兵衛** おかいちろべえ
文化13（1816）年～明治25（1892）年
江戸時代後期～明治期の私塾経営者。
¶栃木歴

**岡内清太** おかうちせいた
文久3（1863）年12月28日～昭和19（1944）年9月25日
明治～昭和期の教育行政家。香川県育英会創設者。
¶香川人，香川百，学校，郷土香川，世紀（㊛文久3（1864）年12月28日），日人（㊛1864年）

**岡内綾川** おかうちりょうせん
明和1（1764）年～天保3（1832）年
江戸時代後期の漢学者。
¶香川人（㊛？），香川百（㊛？），国書（㊛天保3（1832）年11月11日），人名，日人

**岡雲臥** おかうんが
正徳3（1713）年～安永2（1773）年
江戸時代中期の儒学者。
¶岡山人（㊛宝永7（1710）年 ㊛安永1（1772）年），岡山百（㊛安永2（1773）年3月26日），岡山歴（㊛安永2（1773）年閏3月26日），人名（㊛1711年 ㊛1772年），日人

**岡嘉平治** おかかへいじ
→岡安定（おかやすさだ）

**岡熊臣** おかくまおみ
天明3（1783）年3月9日～嘉永4（1851）年8月6日
江戸時代後期の神官、国学者。石見津和野藩改革運動の指導者。
¶朝日（㊛天明3年3月9日（1783年4月10日）㊛嘉永4年8月6日（1851年9月1日）），維新，岩史（㊛嘉永4（1851）年8月5日），近世，国史，国書，コン改，コン4，史人，島根人，島根百，島根歴，神史，人書94，神人，新潮，人名，世人（㊛天明3（1783）年3月 ㊛嘉永4（1851）年8月5日），日思，日人，藩臣5，歴史

**岡倉覚三** おかくらかくぞう
→岡倉天心（おかくらてんしん）

**岡倉天心** おかくらてんしん
文久2（1862）年12月26日～大正2（1913）年9月2日
㊛岡倉覚三《おかくらかくぞう》
明治期の美術評論家、思想家。東京美術学校校長。ボストン美術館東洋部長。文展開設に際し図画玉成会を結成。著書に「日本の覚醒」など。
¶朝日（㊛文久2年12月26日（1863年2月14日）），茨城百，茨城歴，岩史，海越（㊛文久2（1863）年12月26日），海越新（㊛文久2（1863）年12月26日），角史，神奈川人，教育（岡倉覚三 おかくらかくぞう），郷土茨城，郷土神奈川，郷土福井，近現，近文，幻想，国史，コン改，コン5，詩歌，史研，史人，思想，重要，新潮，新文，人名（岡倉覚三 おかくらかくぞう），世紀（㊛文久2（1863）年12月26日），姓氏神奈川，世人，世田，先駆，全書，大百，太宰府，茶道，哲学，伝記，渡航（岡倉覚三・岡倉天心 おかくらかくぞう・おかくらてんしん），新潟百，日思，日史，日人（㊛1863年），日本，美術，百科，福井百，仏教，文学，平日，民学，明治2（㊛1863年），履歴，歴大（㊛1863年）

**岡倉由三郎** おかくらよしさぶろう，おかくらよしざぶろう
慶応4（1868）年2月22日～昭和11（1936）年10月31日
明治～昭和期の英語学者。高師教授。ラジオ英語講座を担当。「研究社大英和辞典」を編纂。
¶沖縄百，神奈川人（㊛1886年），教育，近現，近文，現日，国史，コン改（おかくらよしざぶろう），コン5，史人，新潮，人名，世紀，世百，全書，大百，渡航（㊛1868年2月），日史，日人，百科，履歴

**岡敬逸** おかけいいつ
安政4（1857）年3月28日～昭和2（1927）年8月19日
明治～昭和期の教育者・社会事業家。
¶岡山歴

**岡研介** おかけんかい
寛政11（1799）年～天保10（1839）年 ㊛岡研介《おかけんすけ》
江戸時代後期の蘭方医。鳴滝塾長。
¶朝日（㊛天保10年11月3日（1839年12月8日）），江人（おかけんすけ），大阪人，科学（㊛天保10（1839）年11月3日），近世，国史，国書（㊛天保10（1839）年11月3日），コン改（おかけんすけ），コン4，コン5，史人（㊛1839年11月3日），植物（㊛天保10年11月3日（1839年12月8日）），新潮（㊛天保10（1839）年11月3日），人名，姓氏山口（㊛1798年 ㊛1838年），世人（㊛天保12（1841）年11月3日），全書（おかけんすけ），対外，大百，長崎遊（㊛天保10（1839）年11月3日），日人，百科，山口歴，洋学

**岡研介** おかけんすけ
→岡研介（おかけんかい）

**岡崎猪十郎** おかざきいじゅうろう
＊～明治29（1896）年11月5日

江戸時代末期～明治期の郷士。家塾で子弟を教育。
¶幕末（[生]1813年），幕末大（[生]？）

**岡崎クニエ** おかざきくにえ
明治15（1882）年～昭和31（1956）年
明治～昭和期の教育者。島根県で最初の私立幼稚園開設。
¶島根歴

**岡崎邦子** おかざきくにこ
明治24（1891）年6月29日～昭和15（1940）年
大正～昭和期の教育者。
¶岡山歴

**岡崎鹿衛** おかざきしかえ
明治20（1887）年～昭和36（1961）年
明治～昭和期の教育者、高知学芸高校初代校長、地方政治家。
¶高知人，高知百

**岡崎章介** おかざきしょうすけ
安政1（1854）年～昭和21（1946）年
昭和期の教育者。
¶山口人

**岡崎清九郎** おかざきせいくろう
天保3（1832）年～大正6（1917）年
明治期の水産功労者。水産製造法の改良など公共の利益に尽力。藍綬褒章受章。
¶大分百，大分歴，人名，日人

**岡崎隆** おかざきたかし
明治34（1901）年～昭和38（1963）年
大正～昭和期の教育者。
¶香川人，香川百

**岡崎信夫** おかざきのぶお
慶応1（1865）年8月11日～昭和15（1940）年1月12日
明治～昭和期の教育家、郷土家。
¶徳島歴

**岡崎英彦** おかざきひでひこ
大正11（1922）年2月18日～昭和62（1987）年6月11日
昭和期の医師、福祉活動家。びわこ学園理事長。全国で2番目の重症心身障害児施設びわこ学園を発足させる。
¶岡山歴，郷土滋賀，近医，世紀，日人

**岡崎勝** おかざきまさる
昭和27（1952）年11月3日～
昭和～平成期の小学校教師。植田南小学校教師、がっこうコミュニティユニオン・あいち（ASCU）書記長。
¶現執3期，現執4期

**岡崎豊** おかざきみのる
大正15（1926）年5月15日～
昭和～平成期の伝統工芸研究家、小学校教師。伝統文化・工芸研究会会長。
¶現執3期

**岡崎義雄** おかざきよしお
明治16（1883）年～昭和19（1944）年
明治～昭和期の教育者。
¶高知人

**岡崎良梁** おかざきりょうりょう
享保7（1722）年～寛政10（1798）年
江戸時代中期～後期の兵法家。
¶国書（[没]寛政10（1798）年6月1日），日人

**岡崎林平** おかざきりんぺい
明治35（1902）年3月13日～昭和55（1980）年11月3日
大正～昭和期の実業家。福岡県教育長、山陽学園理事長。
¶岡山百，岡山歴，世紀，日人

**小笠毅** おがさたけし
昭和15（1940）年～
昭和～平成期の教育者。遠山真学塾主宰。
¶現執3期，現執4期，世紀，YA

**岡沢舜三** おかざわしゅんぞう
明治42（1909）年～
昭和期の小学校教員。
¶社史

**岡沢辰雄** おかざわたつお
生没年不詳
昭和期の小学校教員。
¶社史

**小笠原英三郎** おがさわらえいざぶろう
大正1（1912）年7月3日～平成5（1993）年
昭和期の教育法学者。静岡大学教授。
¶現執1期，現情，平和

**小笠原勝修** おがさわらかつなが
→小笠原午橋（おがさわらごきょう）

**小笠原冠山** おがさわらかんざん
宝暦13（1763）年～文政4（1821）年
江戸時代中期～後期の儒学者。
¶江文（[生]宝暦10（1760）年），国書（[没]文政4（1821）年4月21日），日人

**小笠原清務** おがさわらきよかね
→小笠原清務（おがさわらせいむ）

**小笠原九一** おがさわらくいち
明治31（1898）年～昭和33（1958）年
大正～昭和期の政治家。能生谷村長、新潟県議会議員、新潟県教育委員。
¶新潟百

**小笠原敬三** おがさわらけいぞう
明治14（1881）年2月15日～昭和15（1940）年7月7日
明治～昭和期の教育者。
¶岩手人

**小笠原午橋** おがさわらごきょう
文政5（1822）年～明治14（1881）年8月14日 [別]小笠原勝修《おがさわらかつなが》

お

江戸時代末期～明治期の儒学者。
¶江文，国書，人名（小笠原勝修　おがさわらかつなが），日人，幕末，藩臣2

**小笠原湘英** おがさわらしょうえい
文政6（1823）年～安政6（1859）年　[別]湘英《しょうえい》
江戸時代後期の女性。書家。
¶女性，人名，日人，俳句（湘英　しょうえい）

**小笠原清務** おがさわらせいむ
弘化3（1846）年11月～大正2（1913）年　[別]小笠原清務《おがさわらきよかね》
明治期の諸礼式家。和宮降嫁の礼式を司った。著書に「新選女礼式」「小学女礼式」などがある。神田高等女学校（後の神田女学園高等学校）の設立に関わる。
¶学校，弓道（おがさわらきよかね　[没]大正2（1913）年11月2日），人名，日人

**小笠原忠総** おがさわらただふさ
享保12（1727）年～寛政2（1790）年
江戸時代中期の大名。豊前小倉藩主。
¶諸系，人名（[生]1724年　[没]？），日人，藩主4（[生]享保12（1727）年8月22日　[没]寛政2（1790）年11月8日，（異説）12月12日）

**小笠原哲二** おがさわらてつじ
明治36（1903）年3月10日～昭和55（1980）年3月31日
昭和期の洋画家、教員。
¶岩手人

**小笠原東陽** おがさわらとうよう
天保1（1830）年～明治20（1887）年
江戸時代末期～明治期の儒学者。
¶江文，神奈川人，神奈川百，郷土神奈川，人名，日人

**小笠原長興** おがさわらながおき
正徳2（1712）年～天明6（1786）年6月24日
江戸時代中期の大名。豊前中津藩主、播磨安志藩主。
¶諸系，人名（[生]1713年），日人，藩主3，藩主4（[生]正徳2（1712）年2月26日）

**小笠原長時** おがさわらながとき
永正11（1514）年～天正11（1583）年2月25日
戦国時代～安土桃山時代の武将、信濃守。武田信玄の侵略を受け本拠林城を失う。
¶会津，朝日（[生]永正11年10月23日（1514年11月9日）　[没]天正11年2月25日（1583年4月17日）），岩史（[生]永正11（1514）年10月23日），教育（[生]1519年），系東（[生]1519年），国史，国書（[生]永正11（1514）年11月23日），古中，コン改，コン4，史人，諸系，新潮，人名（[生]1519年），姓氏長野，世人（[生]永正11（1514）年？），戦合，戦国（[生]1515年），戦辞（[没]天正11年2月25日（1583年4月17日）），全書（[生]1514年，（異説）1519年），戦人，長野百，長野歴，日史，日人，百科，山梨百（[生]永正16（1519）年），歴大

**小笠原長守** おがさわらながもり
天保5（1834）年～明治24（1891）年7月24日
江戸時代末期～明治期の勝山藩主、勝山藩知事。
¶諸系，日人，幕末，藩主3（[生]天保5（1834）年7月25日）

**小笠原のぶを** おがさわらのぶお
明治32（1899）年11月3日～昭和56（1981）年1月17日
昭和期の教育者。
¶神奈女2

**小笠原白也** おがさわらはくや
明治6（1873）年6月10日～昭和21（1946）年6月4日　[別]小笠原白也《おがさわらびゃくや》
明治～大正期の小説家、新聞記者。著書に「嫁ヶ淵」など。新聞に家庭小説を連載。
¶大阪人（生没年不詳），大阪文，島根歴（おがさわらびゃくや），世紀

**小笠原秀雄** おがさわらひでお
明治14（1881）年～昭和10（1935）年
明治～昭和期の伊那節の作詞者、教育者。
¶長野歴

**小笠原白也** おがさわらびゃくや
→小笠原白也（おがさわらはくや）

**小笠原二三男** おがさわらふみお
明治43（1910）年4月～昭和52（1977）年7月5日
大正～昭和期の教員組合運動家、政治家。参議院議員。
¶岩手百，政治，姓氏岩手

**小笠原政一** おがさわらまさいち
明治18（1885）年～昭和29（1954）年
明治～昭和期の教育者。
¶姓氏岩手

**小笠原正** おがさわらまさる
昭和15（1940）年2月9日～
昭和期の憲法・教育法学者。弘前学院大学教授。
¶現執2期

**小笠原道雄** おがさわらみちお
昭和11（1936）年2月12日～
昭和～平成期の教育哲学者。広島大学教授。
¶現執1期，現執3期，現執4期

**小笠原道生** おがさわらみちなり
明治32（1899）年～昭和30（1955）年
大正～昭和期の体育行政官。文部省体育局長。
¶近医，体育

**小笠原ミち雄** おがさわらみちを
明治35（1902）年～
大正・昭和期の教育文化研究所所長。
¶愛知女

**岡茂政** おかしげまさ
明治8（1875）年10月2日～昭和22（1947）年10月19日
明治～昭和期の教育者・民俗研究者。
¶福岡百

**岡茂** おかしげる
昭和20（1945）年7月13日～
昭和期の障害児教育研究者。
¶現執2期

**小鹿島右衛門** おがしまうえもん
文政10（1827）年～明治26（1893）年
江戸時代末期～明治期の肥前大村藩家老。
¶維新，人名，日人

**岡島繁** おかじましげる
明治42（1909）年～昭和48（1973）年
昭和期の教育者。
¶福井百

**丘修三** おかしゅうぞう
昭和16（1941）年4月5日～
昭和～平成期の児童文学作家。養護学校教諭を務める傍ら創作活動に励む。作品に「僕のお姉さん」など。
¶現執4期，幻想，児作，児人，世紀，日人

**岡昇平** おかしょうへい
明治30（1897）年～
大正～昭和期の教育者。
¶群馬人

**小柏丑二** おがしわうしじ
→小柏丑二（おがしわちゅうじ）

**小柏丑二** おがしわちゅうじ
明治22（1889）年～昭和37（1962）年　[別]小柏丑二《おがしわうしじ》
大正～昭和期の教育家。
¶群馬人，姓氏群馬（おがしわうしじ）

**岡千仞**（岡千仭） おかせんじん
→岡鹿門(2)（おかろくもん）

**岡薗助左衛門** おかぞのすけざえもん
明治20（1887）年2月18日～昭和58（1983）年1月7日
明治～昭和期の教育者。
¶宮崎百

**緒方昭広** おがたあきひろ
昭和31（1956）年10月5日～
昭和～平成期の教育者、理療科教員。
¶視覚

**岡田篤** おかだあつし
昭和38（1963）年6月～
昭和～平成期の小学校教師。専門は、理科教育、授業研究。
¶現執4期

**緒方郁蔵** おがたいくぞう
→緒方研堂（おがたけんどう）

**緒方惟準**（緒方維準） おがたいじゅん
→緒方惟準（おがたこれよし）

**岡田逸治郎** おかだいつじろう
天保11（1840）年～明治42（1909）年
江戸時代末期～明治期の実業家、政治家。滋賀県会議長、滋賀商業校長。
¶日人

**岡田英陸** おかだえいりく
文化8（1811）年～明治18（1885）年
江戸時代後期～明治期の芳賀郡秋場村名主、私塾経営者。
¶栃木歴

**岡田燕子** おかだえんし
慶応2（1866）年～昭和17（1942）年
明治～昭和期の俳人・教育者。
¶愛媛，愛媛百（[生]慶応2（1866）年4月21日　[没]昭和17（1942）年11月15日）

**岡田鴨里** おかだおうり
文化3（1806）年8月10日～明治13（1880）年9月5日　[別]岡田鴨里《おかだおおり》
江戸時代末期～明治期の徳島藩士。淡路の洲本学問所教授。
¶国書，徳島百（[生]文化5（1808）年8月10日），徳島歴，日人，幕末（おかだおおり　[生]1808年），幕末大（おかだおおり），兵庫人，兵庫百

**岡田鴨里** おかだおおり
→岡田鴨里（おかだおうり）

**岡田和雄** おかだかずお
昭和7（1932）年～
昭和～平成期の教育者、小学校校長。文京区立湯島小学校校長。
¶現執3期

**尾形亀吉** おがたかめきち
明治33（1900）年～昭和46（1971）年
昭和期の本州大学の初代学長。
¶長野歴

**岡田寒泉** おかだかんせん
元文5（1740）年11月4日～文化13（1816）年8月9日
江戸時代中期～後期の儒学者、幕府代官。
¶朝日（[生]元文5年11月4日（1740年12月22日）　[没]文化13年8月9日（1816年8月31日）），茨城百，岩史，江戸，江文，角史，岐阜百，郷土岐阜（[生]？），近世，国史，国書，コン改，コン4，史人，重要，人書94，新潮，人名，世人（[没]文化14（1817）年8月9日），日史，日人，歴大

**岡田キク** おかだきく
大正3（1914）年～
昭和期の教育者。
¶郷土栃木

**岡田清** おかだきよし
→岡田柳処（おかだりゅうしょ）

**岡田粂次郎** おかだくめじろう★
大正・昭和期の民政家。倉知村長。「全村学校」を開校。
¶中濃

**岡田景三** おかだけいぞう
明治43（1910）年5月21日～平成9（1997）年8月

12日
昭和・平成期の教育者。学校長。
¶飛騨

### 岡武三郎 おかたけさぶろう
安政5(1858)年11月16日～明治37(1904)年10月15日
江戸時代末期～明治期の教育者。
¶岡山歴

### 緒方健三郎 おがたけんざぶろう
明治21(1888)年4月1日～昭和42(1967)年11月17日
大正～昭和期の歌人・教育者。
¶岡山歴

### 岡田謙道 おかだけんどう
天保7(1836)年～明治22(1889)年
江戸時代末期～明治期の医師、神職。
¶人名、日人

### 緒方研堂 おがたけんどう
文化11(1814)年～明治4(1871)年 　別緒方郁蔵《おがたいくぞう》
江戸時代末期～明治期の蘭方医。独笑軒塾を開設。大阪医学校開設とともに少博士。
¶朝日（緒方郁蔵　おがたいくぞう）㋜明治4年7月9日(1871年8月24日))、江人（緒方郁蔵　おがたいくぞう）、大阪人（緒方郁蔵　おがたいくぞう）㋴文化13(1816)年 ㋜明治4(1871)年7月)、大阪墓（緒方郁蔵　おがたいくぞう）㋜明治4(1871)年7月9日)、岡山人㋴文化13(1816)年（緒方郁蔵　おがたいくぞう）㋜明治4(1871)年7月7日)、岡山歴（緒方郁蔵　おがたいくぞう）㋜明治4(1871)年7月7日)、科学（緒方郁蔵　おがたいくぞう）㋜明治4(1871)年7月9日)、高知人（緒方郁蔵　おがたいくぞう）、国書㋴文化13(1816)年 ㋜明治4(1871)年7月9日)、新潮（緒方郁蔵　おがたいくぞう）㋜明治4(1871)年7月9日)、人名(㋴1816年)、全書（緒方郁蔵　おがたいくぞう）、大百（緒方郁蔵　おがたいくぞう）、長崎遊（緒方郁蔵　おがたいくぞう）㋴文化13(1816)年)、日人(㋴1816年)、洋学（緒方郁蔵　おがたいくぞう）

### 緒方洪庵 おがたこうあん
文化7(1810)年7月14日～文久3(1863)年6月10日
江戸時代末期の医師、蘭学者。蘭学塾適々斎塾を開設。
¶朝日(㋴文化7年7月14日(1810年8月13日))㋜文久3年6月10日(1863年7月25日))、維新、岩史、江人、江文、大阪人、大阪墓、岡山、岡山人、岡山百、岡山歴、科学、角史、教育、近世、近現、国史、国書、コン改、コン4、コン5、史人、思想史、重要、人書79、人書94、人情、新潮、人名、世人、世百、全書、全幕、対外、大百、伝記、徳川臣、長崎百、長崎遊、長崎歴、日史、日人、幕末(㋜1863年7月25日)、幕末大、百科、平日、山川益、洋学、歴史

### 岡田五兎 おかだごと
慶応3(1867)年2月23日～昭和22(1947)年8月9日

明治～昭和期の教育者。御影師範学校教頭。師範教育に尽心。訳書にフロエリッヒ「科学的教育学」など。
¶教育、兵庫人、兵庫百

### 岡田呉陽 おかだごよう
文政8(1825)年～明治18(1885)年6月29日　別岡田信之《おかだのぶゆき》
江戸時代末期～明治期の教育家。養父、岡田栗園の開いた「学聚舎」で教えた。
¶維新（岡田信之　おかだのぶゆき）、人名、姓氏富山、富山百、富山文(㋴文政8(1825)年7月16日)、日人、幕末（岡田信之　おかだのぶゆき）㋴1825年8月31日)、幕末大（岡田信之　おかだのぶゆき）、藩臣3

### 緒方惟直 おがたこれなお
嘉永6(1853)年～明治11(1878)年4月4日
江戸時代末期～明治期の教師。緒方洪庵の10男。維新後ベニスで政治学などを学ぶが、のち客死。
¶海越(㋴嘉永6(1853)年9月12日)、海越新(㋴嘉永6(1853)年9月12日)、国際、渡航、日人、洋学

### 緒方惟準 おがたこれもり
→緒方惟準(おがたこれよし)

### 緒方惟準 おがたこれよし
天保14(1843)年8月1日～明治42(1909)年7月20日　別緒方惟準《おがたいじゅん、おがたこれもり、おがたこれより》、緒方維準《おがたいじゅん》
明治期の医師。陸軍軍医。緒方病院院長。緒方洪庵の子。
¶朝日(㋴天保14年8月1日(1843年8月25日))、維新、海越、海越新、江文、大阪人（おがたこれもり）㋜明治42(1909)年7月)、岡山人（緒方維準　おがたいじゅん）、岡山歴(㋜明治42(1909)年7月21日)、科学、眼科、近現、国際、国史、コン改、コン5、新潮(㋜明治42(1909)年7月21日)、人名（おがたいじゅん）、全書、大百、渡航、日人、幕末、洋学

### 緒方惟準 おがたこれより
→緒方惟準(おがたこれよし)

### 岡田貞造 おかださだぞう
明治15(1882)年10月18日～昭和41(1966)年12月29日
明治～昭和期の教育者。学校長。
¶飛騨

### 岡田茂 おかだしげる
昭和6(1931)年11月18日～
昭和～平成期のバス歌手、音楽教育者。
¶音人3

### 岡田治作 おかだじさく
生没年不詳
明治期の別府女紅場の主管者。
¶大分歴

岡田聿山　おかだしざん
　？〜明治33(1900)年
　江戸時代末期〜明治期の漢学者。維新後、大阪で啓蒙学館を開き子弟に教えた。
　¶人名, 日人

尾形静子　おがたしずこ
　昭和2(1927)年1月27日〜昭和46(1971)年2月7日
　昭和期の被爆教師。
　¶広島百

岡田十松　おかだじゅうまつ
　明和2(1765)年〜文政3(1820)年　㉕岡田十松吉利《おかだじゅうまつよしとし》
　江戸時代後期の剣術家、神道無念流・撃剣館主。
　¶江戸, 剣豪, 埼玉人(㉓文政3(1820)年8月15日、埼玉百(岡田十松吉利　おかだじゅうまつよしとし), 人名, 全書, 大百, 日人

岡田十松吉利　おかだじゅうまつよしとし
　→岡田十松(おかだじゅうまつ)

岡田淳　おかだじゅん
　昭和22(1947)年1月16日〜
　昭和〜平成期の児童文学作家。小学校の図工教師をつとめる傍らファンタジーを創作。作品に「放課後の時間割」など。
　¶現朝, 幻作, 幻想, 児作, 児人, 小説, 世紀, 日児, 日人, 兵庫文

岡田荘之輔　おかだしょうのすけ
　明治40(1907)年〜
　昭和期の方言研究家、国語教育家。
　¶兵庫百

緒方信一　おがたしんいち
　明治39(1906)年7月29日〜平成2(1990)年8月22日
　昭和期の教育行政官。
　¶履歴, 履歴2

小方深右衛門　おがたしんえもん
　天保8(1837)年〜明治37(1904)年
　江戸時代後期〜明治期の寺子屋師匠・学校世話役。
　¶神奈川人

岡田真治　おかだしんじ
　文政9(1826)年〜明治24(1891)年11月22日
　江戸時代末期〜明治時代の讃岐多度津藩校自明館助教。
　¶幕末, 幕末大, 藩臣6

岡田新川　おかだしんせん
　元文2(1737)年〜寛政11(1799)年
　江戸時代中期の尾張藩士、儒学者。
　¶国書(㉓元文2(1737)年7月7日　㉓寛政11(1799)年3月24日), 人名, 日人, 藩臣4

岡田進　おかだすすむ
　大正15(1926)年3月11日〜
　昭和期の算数・数学教育専門家。岡田塾経営。
　¶現執2期

岡田純夫　おかだすみお
　嘉永3(1850)年〜明治36(1903)年7月31日
　江戸時代後期〜明治期の教育者。
　¶岡山人, 岡山百(㉔嘉永3(1850)年3月24日), 岡山歴(㉓嘉永3(1850)年2月24日)

岡田井蔵　おかだせいぞう
　天保8(1837)年1月20日〜明治37(1904)年7月28日
　江戸時代末期の教授方手伝。1860年咸臨丸の教授方手伝としてアメリカに渡る。
　¶海越新(生没年不詳), 姓氏神奈川, 全幕, 幕末大

緒方拙斎　おがたせっさい, おがたせつぞう
　天保5(1834)年〜明治44(1911)年　㉕緒方拙蔵《おがたせつぞう》
　明治期の医師。
　¶維新, 大阪人(㉓明治44(1911)年12月), 近医, 人名, 日人, 幕末(おがたせっさい　㉓1911年12月15日), 洋学(緒方拙斎　おがたせつぞう)

緒方拙蔵　おがたせつぞう
　→緒方拙斎(おがたせっさい)

岡田惣右衛門　おかだそうえもん
　明和2(1765)年〜文政9(1826)年　㉕岡田惣右衛門奇良《おかだそうえもんきりょう》
　江戸時代後期の剣術家。
　¶剣豪, 埼玉人(㉔明和2(1765)年3月15日　㉓文政9(1826)年9月24日), 埼玉百(岡田惣右衛門奇良　おかだそうえもんきりょう), 人名(㉓1761年), 日人

岡田惣右衛門奇良　おかだそうえもんきりょう
　→岡田惣右衛門(おかだそうえもん)

尾形大治　おがただいじ
　明治35(1902)年〜昭和55(1980)年
　昭和期の教育者。
　¶姓氏岩手

岡田泰三　おかだたいぞう
　明治33(1900)年12月25日〜昭和28(1953)年11月23日
　大正〜昭和期の教員、童謡作家。
　¶日児

岡田僑　おかだたかし
　文化3(1806)年〜明治13(1880)年9月5日
　江戸時代末期〜明治期の庄屋。徳島藩士に列し洲本学問所教授。
　¶維新, 人名, 幕末

岡田隆行　おかだたかゆき
　昭和31(1956)年11月23日〜
　昭和〜平成期の小学校教師。三次市立神杉小学校教諭。
　¶現執3期

尾形猛男　おがたたけお
　明治18(1885)年〜昭和39(1964)年
　明治〜昭和期の教育者。
　¶千葉百

**岡田忠男** おかだただお
昭和2（1927）年～
昭和期の教育学者。東洋大学教授。
¶現執1期

**小形忠蔵** おがたちゅうぞう
明治3（1870）年～昭和2（1927）年
明治～大正期の教育者。
¶多摩

**尾形長蔵** おがたちょうぞう
明治17（1884）年3月2日～昭和23（1948）年1月10日
明治～昭和期の教育者。
¶庄内

**岡田恒輔** おかだつねすけ
明治16（1883）年4月22日～昭和37（1962）年
明治～昭和期の心理学者。
¶埼玉人（[没]昭和37（1962）年1月24日），埼玉百，心理

**岡田哲蔵** おかだてつぞう
明治2（1869）年10月22日～昭和20（1945）年10月13日
明治～昭和期の英文学者。青山学院、早稲田大学などで教育者として活躍。万葉集を最初に英訳した。
¶人名7，世紀，哲学，日人

**尾形洞簫** おがたどうしょう
享保10（1725）年～文化2（1805）年
江戸時代中期～後期の儒学者。
¶国書（[没]文化2（1805）年9月10日），日人

**尾形利雄** おがたとしお
大正11（1922）年～
昭和期の教育史研究者。上智大学教授。
¶現執1期

**岡田直軌** おかだなおき
明治8（1875）年～昭和8（1933）年
明治～昭和期の教育者。
¶姓氏富山

**岡田南山** おかだなんざん
→岡田寧処（おかだねいしょ）

**岡田日帰** おかだにちき
→岡田日帰（おかだにっき）

**岡田日帰** おかだにっき
*～昭和6（1931）年11月16日　[別]岡田日帰《おかだにちき》
明治～昭和期の日蓮宗僧侶。立正高等女学校創立者。立正高等女学校（後の東京立正高等学校）を創設。
¶学校（[生]？），仏人（おかだにちき　[生]1864年）

**岡田寧処** おかだねいしょ
寛保2（1742）年～文化7（1810）年12月4日　[別]岡田南山《おかだなんざん》
江戸時代中期～後期の阿波徳島藩儒。
¶大阪人（[生]元文2（1737）年　[没]文化2（1805）年），国書（岡田南山　おかだなんざん），人名（[生]1737年　[没]1805年），徳島歴，日人

**岡田牛養** おかだのうしかい
[別]岡田臣牛養《おかだのおみうしかい》
平安時代前期の明経博士。
¶古代（岡田臣牛養　おかだのおみうしかい），人名，日人（生没年不詳）

**岡田臣牛養** おかだのおみうしかい
→岡田牛養（おかだのうしかい）

**岡田信之** おかだのぶゆき
→岡田呉陽（おかだごよう）

**岡田日出士** おかだひでし
明治44（1911）年8月1日～昭和52（1977）年2月12日
昭和期の理科教師、科学読み物作家。
¶日児

**岡田秀之助** おかだひでのすけ
天保14（1843）年？　～？
江戸時代末期～明治期の教師。留学のためイギリスに渡る。加賀藩最初の留学生。
¶石川百，海越（生没年不詳），海越新

**尾形裕康** おがたひろやす
明治30（1897）年2月29日～昭和60（1985）年
昭和期の教育学者。早稲田大学教授、日本私学教育研究所所長。教育史を研究。
¶現執1期，現情，史研，児文，世紀（[没]昭和60（1985）年1月13日）

**岡田文男** おかだふみお
昭和7（1932）年1月1日～
昭和期の小学校教師、国語教育・学校図書館専門家。
¶現執2期

**岡田正章** おかだまさとし
大正14（1925）年9月4日～
昭和期の幼児教育学者。明星大学教授。
¶現執1期，現執2期

**岡田正美** おかだまさよし
明治4（1871）年3月28日～大正12（1923）年
明治～大正期の国語教育家。東京外国語学校教授。国語の整理・改革に尽力。国語調査会補助員。
¶近文，コン改，コン5，人名，世紀（[没]大正12（1923）年10月27日），日人（[没]大正12（1923）年10月21日）

**岡田勝** おかだまさる
明治37（1904）年～
昭和期の小学校教師。日本一般使用人組合執行委員。
¶社史

**岡田真理子** おかだまりこ
昭和28（1953）年～
昭和～平成期の小学校教諭、研究家。「現代子供と教育研究所」絵本部会長。
¶児人

**岡田みちと志** おかだみちとし
大正11(1922)年12月31日～昭和58(1983)年8月12日
大正～昭和期の教育者。
¶視覚

**岡田美津** おかだみつ
明治8(1875)年～昭和15(1940)年
明治～昭和期の英文学者。東京女子高等師範学校教授。「女高師問題批判演説会」で著名。著書に「現代英文学叢書」。
¶女性，女性普，世紀([生]明治8(1875)年9月19日 [没]昭和15(1940)年9月11日)，渡航([生]1875年9月 [没]?)，日人([生]明治8(1875)年9月19日 [没]昭和15(1940)年9月11日)

**岡田みゆき** おかだみゆき
大正6(1917)年10月5日～
昭和～平成期の教員、小説家。
¶四国文

**岡田美代子** おかだみよこ
昭和31(1956)年～
昭和～平成期の翻訳家、小学校教諭。
¶児人

**岡田盛清** おかだもりきよ
明治44(1911)年～
昭和期の社会教育家。
¶郷土奈良

**尾形寧吉** おがたやすよし
明治42(1909)年4月10日～
大正～昭和期の教育者、口演童話家。東京童話会会長。
¶日児

**岡田与市** おかだよいち
明治10(1877)年～昭和29(1954)年
明治～昭和期の教育者。
¶群馬人

**岡田義貞** おかだよしさだ
文政9(1826)年9月10日～明治29(1896)年8月25日
江戸時代後期～明治期の剣術家。関口玉心流。
¶岡山人，岡山歴，剣豪

**岡田栗園** おかだりつえん
天明6(1786)年～元治1(1864)年
江戸時代後期の儒学者。
¶国書([没]元治1(1864)年7月17日)，人名，日人，幕末([没]1864年8月18日)

**岡田柳処** おかだりゅうしょ
文化4(1807)年～明治11(1878)年3月23日 [別]岡田清《おかだきよし》
江戸時代末期～明治期の国学者、歌人。藩務に従事し藩の国学振興に尽力。
¶国書(岡田清 おかだきよし)，人名(岡田清 おかだきよし)，日人(岡田清 おかだきよし)，幕末，藩臣6(岡田清 おかだきよし [生]?)，広島百([生]文化4～5(1807～8)年頃)，和俳

**岡田良一郎** おかだりょういちろう
天保10(1839)年10月21日～大正4(1915)年1月1日
明治期の農政家。参議院議員、報徳社社長。報徳仕法の普及に尽力。著書に「大日本信用組合報徳結社論」など。
¶朝日([生]天保10年10月21日(1839年11月26日))，維新，岩史，角史，近現，国史，コン改，コン4，コン5，史人，静岡百，静岡歴，重要，新潮，人名，姓氏静岡，先駆，日史，日人，幕末，百科，平日

**岡田良平** おかだりょうへい
元治1(1864)年5月4日～昭和9(1934)年
明治～昭和期の文部官僚、政治家。京都帝国大学総長、文相。桂内閣文部次官、寺内内閣文相などを歴任。高等教育制度の改革を推進。
¶角史，教育，近現，現朝([生]元治1年5月4日(1864年6月7日) [没]1934年3月23日)，国史，コン改，コン5，史人([没]1934年3月23日)，静岡百，静岡歴，新潮([没]昭和9(1934)年5月23日)，人名，世紀([没]昭和9(1934)年3月23日)，姓氏京都，姓氏静岡，世人([没]昭和9(1934)年5月23日)，全書，渡航([没]1934年3月23日)，日史([没]昭和9(1934)年5月23日)，日人，日本，百科，履歴([没]昭和9(1934)年3月23日)，歴大

**おかだれいこ**
昭和11(1936)年11月30日～
昭和期のフリーライター。教育・中国問題をテーマに執筆。
¶現執2期

**岡千仞** おかちたて
→岡鹿門(2)(おかろくもん)

**岡津守彦** おかつもりひこ
大正8(1919)年10月28日～
昭和期の教育学者。東京大学教授。
¶現情

**岡貞一** おかていいち★
明治19(1886)年6月2日～昭和33(1958)年2月6日
明治～昭和期の教育者。小学校長。
¶秋田人2

**岡貞節** おかていせつ
?～慶応3(1867)年9月14日
江戸時代後期～末期の医者・教育者。
¶岡山歴

**岡戸文右衛門** おかどぶんうえもん
→岡戸文右衛門(おかどぶんえもん)

**岡戸文右衛門** おかどぶんえもん
天保6(1835)年～明治39(1906)年 [別]岡戸文右衛門《おかどぶんうえもん》
江戸時代後期～明治期の学校創設者・産業功労者。
¶学校，埼玉人([生]天保6(1835)年9月29日 [没]明治39(1906)年9月13日)，埼玉百(おかどぶんうえもん [生]1838年)

岡虎次郎　おかとらじろう
　明治19(1886)年3月18日～昭和17(1942)年10月9日
　明治～昭和期の教育者。
　　¶島根百，島根歴

岡直友　おかなおとも
　→岡縫右衛門（おかぬいえもん）

岡縫右衛門　おかぬいえもん
　寛保1(1741)年～天明5(1785)年　別岡直友《おかなおとも》
　江戸時代中期の漢学者、越後高田藩士。
　　¶国書（岡直友　おかなおとも），人名，日人（岡直友　おかなおとも）

岡上菊栄　おかのうえきくえ
　慶応3(1867)年～昭和22(1947)年12月14日
　明治～昭和期の社会事業家。小学校教育に尽力。高知慈善協会の経営する孤児収容施設博愛園の園長をつとめた。
　　¶近女，高知人，高知百，女性，女性普，世紀（㊧慶応3(1867)年9月5日）

岡上梁　おかのうえりょう
　明治13(1880)年～昭和29(1954)年
　明治～昭和期の教育者。
　　¶高知人

岡野教林　おかのきょうりん
　明治1(1868)年～大正9(1920)年
　明治～大正期の教育者。
　　¶姓氏富山

岡野澄　おかのきよし
　明治43(1910)年9月18日～
　昭和期の文部官僚。
　　¶現情

岡野清豪　おかのきよひで
　明治23(1890)年1月1日～昭和56(1981)年5月14日
　明治～昭和期の政治家。三和銀行頭取，文相。吉田内閣の文相、行政管理庁長官。通産相。
　　¶岡山百，岡山歴，現朝，現情，現人，現日，コン改，コン4，コン5，実業，新潮，世紀，政治，日人，履歴，履歴2

岡野敬次郎　おかのけいじろう
　慶応1(1865)年9月21日～大正14(1925)年
　明治～大正期の法学者、政治家。帝国大学教授、文相。貴族院議員。加藤内閣法相、山本内閣文相などを歴任。枢密院副議長。男爵。
　　¶朝日（㊧慶応1年9月21日(1865年11月9日)　㊨大正14(1925)年12月22日），海越（㊨大正14(1925)年12月22日），海越新（㊨大正14(1925)年12月22日），近現，群馬百，群馬人（㊧慶応1(1865)年9月　㊨大正14(1925)年12月23日），群馬百，国史，コン改，コン5，史人（㊨1925年12月22日），新潮（㊨大正14(1925)年12月22日），世百，先駆（㊨大正14(1925)年12月23日），全書，大百，渡航（㊨1925年12月23

日），日史（㊨大正14(1925)年12月22日），日人，百科，明治2，履歴（㊨大正14(1925)年12月23日），歴大

岡野さく　おかのさく
　明治25(1892)年8月23日～昭和60(1985)年9月16日
　昭和期の教育者。春日部共栄学園理事長。本田裁縫女学校、春日部共栄高校、幼稚園などを創立。
　　¶学校，女性，女性普

岡野定長次郎　おかのじょうちょうじろう
　明治13(1880)年6月20日～昭和19(1944)年12月10日
　明治～昭和期の体操教師。
　　¶飛驒

岡野石城　おかのせきじょう
　延享2(1745)年～文政13(1830)年
　江戸時代中期～後期の信濃松代藩儒。
　　¶国書（㊨文政13(1830)年9月29日），人名，姓氏長野，長野百，長野歴，日人

岡野貞一　おかのていいち
　明治11(1878)年2月16日～昭和16(1941)年12月29日
　大正～昭和期の音楽教育者、作曲家。
　　¶音楽，音人，芸能（㊧明治20(1887)年2月16日），作曲，児文，世紀，鳥取百，日児，日人

岡野徳右衛門　おかのとくえもん
　明治26(1893)年～昭和45(1970)年
　大正～昭和期の教育者。
　　¶伊豆，岡山歴（㊧明治26(1893)年8月1日　㊨昭和45(1970)年12月26日），静岡歴，姓氏静岡（㊨1907年）

岡野豊四郎　おかのとよしろう
　明治25(1892)年4月15日～昭和39(1964)年1月5日
　明治～昭和期の教育者。
　　¶世紀，日人

岡野弘　おかのひろし
　？　～昭和40(1965)年
　昭和期の教育者。学校創立者。共栄学園を設立。
　　¶学校

岡野弘彦　おかのひろひこ
　大正13(1924)年7月7日～
　昭和～平成期の歌人、国文学者。国学院大学栃木短期大学学長、国学院大学教授。専門は日本古代文学。昭和天皇の作歌の指南役をつとめる。著書に「折口信夫の晩年」など。
　　¶岩歌，紀伊文，京都文，近文，現朝，現執1期，現執2期，現執3期，現執4期，現人，作家，滋賀文，詩作，児人，静岡歴，新潮，新文，世紀，全書，短歌，富山文，奈良文，日人，マス89，履歴2

岡信兵之進　おかのぶへいのしん
　元治1(1864)年～昭和20(1945)年
　明治～昭和期の教育者。

¶姓氏宮城

**岡登貞治** おかのぼりていじ
明治21（1888）年5月18日〜昭和51（1976）年5月9日
昭和期の美術教育家、手工芸家。
¶現情，長野歴

**岡登益蔵** おかのぼりますぞう
明治44（1911）年4月1日〜昭和59（1984）年10月19日
昭和期の教育者。
¶埼玉人

**岡野松三郎** おかのまつさぶろう
天保4（1833）年〜明治29（1896）年4月5日
江戸時代末期〜明治期の岡山藩士、蘭学者。藩命で蘭学修業探索方。
¶維新，岡山人，岡山歴（㊤天保3（1832）年ごろ），科学，人名，日人，幕末

**岡野好太郎** おかのよしたろう
明治18（1885）年〜昭和42（1967）年6月
明治〜昭和期の柔道家。講道館十段。寝技の研究を指導に生かし高専柔道に寄与した。著書に「学生柔道の伝統」。
¶現情，人名7，世紀，日人（㊤明治18（1885）年4月24日 ㊦昭和42（1967）年6月2日）

**岡林清水** おかばやしきよみ
大正10（1921）年8月13日〜平成10（1998）年8月21日
昭和〜平成期の近代日本文学者。高知大学教授。
¶現情，高知人，四国文

**岡博** おかひろし
明治26（1893）年〜昭和45（1970）年
大正〜昭和期の教育者。
¶山形百新

**岡部うた子** おかべうたこ
昭和15（1040）年〜
昭和〜平成期の翻訳家、高校教諭。
¶児人

**岡部官太郎** おかべかんたろう
文久2（1862）年〜昭和5（1930）年
明治〜昭和期の教育者。初代岡枝小学校長。
¶姓氏山口

**岡部子登** おかべしと
寛政6（1794）年〜文政7（1824）年
江戸時代後期の筑前福岡藩儒。
¶人名，日人

**岡部拙斎** おかべせっさい
文禄2（1593）年〜明暦1（1655）年
江戸時代前期の漢学者。
¶国書（㊤明暦1（1655）年9月26日），人名（㊤？），日人

**岡部鎗三郎** おかべそうざぶろう
？〜平成1（1989）年10月25日
昭和期の高校教師。新島学園中学校、新島学園高等学校の設立に関わる。
¶学校

**岡部為吉** おかべためきち
明治7（1874）年1月〜大正11（1922）年6月4日
明治〜大正期の心理学者。
¶庄内，心理（㊤明治7（1874）年1月10日），渡航

**岡部恒治** おかべつねはる
昭和21（1946）年3月17日〜
昭和〜平成期の数学者、数学教育者。埼玉大学教授。
¶現執3期，現執4期，YA

**岡部東平** おかべとうへい
寛政6（1794）年〜安政3（1856）年　㊥岡部春平《おかべはるひら》，岡部東平《おかべはるひら》
江戸時代末期の石見浜田藩士、儒学者。
¶江文（おかべはるひら），国書（岡部春平　おかべはるひら　㊦安政3（1856）年12月26日），島根人（おかべはるひら），島根歴（おかべはるひら），人書94（㊤？），人名（㊤？），姓氏京都（岡部春平　おかべはるひら），日人（おかべはるひら　㊦1857年），藩臣5（おかべはるひら），和俳（㊤？）

**岡部直清** おかべなおきよ
弘化3（1846）年〜明治34（1901）年
明治期の教育者。
¶日人

**岡部長景** おかべながかげ
明治17（1884）年8月28日〜昭和45（1970）年5月30日
大正〜昭和期の官僚、政治家。内務大臣秘書官長、文相。貴族院議員。学徒動員、勤労動員を実施。子爵。
¶現朝，現情，現日，コン改，コン4，コン5，新潮，人名7，世紀，政治，日人，履歴，履歴2

**岡部長発** おかべながゆき
天保5（1834）年〜安政2（1855）年
江戸時代末期の大名。和泉岸和田藩主。
¶諸系，日人，藩主3（㊤天保5（1834）年9月21日 ㊦安政2（1855）年2月4日）

**岡部二喜造** おかべにきぞう
明治42（1909）年5月28日〜平成10（1998）年7月19日
昭和・平成期の教育者。高山市教職員組合執行委員長。
¶飛騨

**岡部春平**（岡部東平）おかべはるひら
→岡部東平（おかべとうへい）

**岡部福蔵** おかべふくぞう
明治5（1872）年〜昭和20（1945）年2月5日
明治〜昭和期の教育者・郷土史研究家。
¶郷土群馬，群新百，群馬人，群馬百，姓氏群馬

**岡部福造** おかべふくぞう
明治34（1901）年？〜昭和10（1935）年
昭和期の教員。山形高校ドイツ語教官。

¶社史

お

**岡部弥太郎** おかべやたろう
明治27（1894）年6月20日～昭和42（1967）年3月14日
大正～昭和期の教育学者、教育心理学者。東京大学・立教大学・上智大学教授。教育心理学研究の草分けの一人で幼児教育にも先鞭をつけた。
¶現情，人名7，心理，世紀，日人

**岡政** おかまさ
明治20（1887）年1月11日～昭和50（1975）年4月5日
明治～昭和期の教育者。
¶岡山百，岡山歴，世紀，日人

**岡松甕谷** おかまつおうこく
文政3（1820）年1月14日～明治28（1895）年2月18日　[別]岡松甕谷《おかまつようこく》
江戸時代末期～明治期の儒学者。東京帝国大学教授。東京で私塾紹成書院を開く。著書に「甕谷遺稿」がある。
¶朝日（[生]文政3年1月14日（1820年2月27日）），維新，大分歴（おかまつようこく），近現，熊本人，熊本百，国史，国書，コン改，コン4，コン5，神人，新潮，人名，日人，幕末，幕末大，歴大

**岡松甕谷** おかまつようこく
→岡松甕谷（おかまつおうこく）

**岡見京子** おかみきょうこ
安政6（1859）年8月15日～昭和16（1941）年9月2日
[別]岡見京子《おかみけいこ》
明治期の医師。ペンシルベニア大学で学び、初の女子医科大生となり、M・Dの称号を得る。
¶海越新，近医（おかみけいこ），近女，女史（おかみけいこ），女性，女性普，世紀，渡航（[没]1941年9月），日人

**岡見清致** おかみきよむね
安政2（1855）年10月2日～昭和10（1935）年5月30日
江戸時代末期～昭和期の学校創立者。頌栄女学校の設立に関わる。
¶学校

**岡見京子** おかみけいこ
→岡見京子（おかみきょうこ）

**岡見慎二** おかみしんじ
明治16（1883）年2月2日～？
明治～大正期の教育者。
¶渡航

**岡見彦蔵** おかみひこぞう
万延1（1860）年2月20日～昭和7（1932）年3月25日
江戸時代末期～昭和期の教育者。
¶渡航

**岡見義治** おかみよしじ
文久2（1862）年12月～昭和18（1943）年2月28日
江戸時代末期～昭和期の教育者。
¶渡航

**岡村秋蔵** おかむらあきぞう
明治39（1906）年11月2日～昭和49（1974）年5月17日
大正・昭和期の教育者。学校長。
¶飛騨

**岡村有長** おかむらありなが
宝暦9（1759）年～天保3（1832）年
江戸時代中期～後期の近江彦根藩士。
¶日人，藩臣4

**岡村閑翁** おかむらかんおう
文政10（1827）年～大正8（1919）年　[別]岡村鼎三《おかむらていぞう》
江戸時代末期～明治期の儒学者、教育者。柳生藩士。
¶郷土奈良，日人，幕末（岡村鼎三　おかむらていぞう　[没]1919年12月14日），藩臣4（岡村鼎三　おかむらていぞう）

**岡村九左衛門** おかむらきゅうざえもん
→岡村九左衛門（おかむらくざえもん）

**岡村九左衛門** おかむらくざえもん
宝暦1（1751）年～文政10（1827）年　[別]岡村九左衛門《おかむらきゅうざえもん》
江戸時代後期の弓術家、越後村上藩士。
¶人名，日人（おかむらきゅうざえもん）

**岡村圭三** おかむらけいぞう
弘化3（1846）年～明治43（1910）年
江戸時代後期～明治期の教育者。
¶姓氏山口

**岡村憲三** おかむらけんぞう
明治19（1886）年～昭和41（1966）年
昭和期の教育者。
¶山口人

**岡村進** おかむらすすむ
昭和6（1931）年～平成9（1997）年
昭和～平成期の教員。
¶平和

**岡村喬生** おかむらたかお
昭和6（1931）年10月25日～
昭和～平成期の声楽家。日伊音楽協会常任理事、音楽教育振興財団理事。ヨーロッパを中心に国際的バス歌手として活躍。帰国後、テレビ、講演、執筆など幅広い活動を行う。
¶演奏，音人，音人2，音人3，芸能，現朝，現執3期，現執4期，現情，現人，現日，世紀，日人，YA

**岡村威儀** おかむらたけのり
明治30（1897）年～昭和37（1962）年
大正～昭和期の教育者。
¶北海道百，北海道歴

**岡村達雄** おかむらたつお
昭和16（1941）年5月9日～
昭和～平成期の教育行政学者。関西大学教授。
¶現執2期，現執3期

**岡村千曳** おかむらちびき
明治15(1882)年12月1日～昭和39(1964)年5月5日
大正～昭和期の教育家。早稲田大学教授、図書館長。図書館功労者。洋学史料など多くの貴重書を収集。
¶近文，現情，史研，新潮，人名7，世紀，日人

**岡村千馬太** おかむらちまた
明治8(1875)年～昭和11(1936)年6月15日
明治～昭和期の教育者。
¶世紀，姓氏長野，長野百，長野歴，日人

**岡村鼎三** おかむらていぞう
→岡村閑翁(おかむらかんおう)

**岡村輝彦** おかむらてるひこ
安政2(1855)年12月～大正5(1916)年2月1日
明治～大正期の商法学者。横浜始審裁判所長。英吉利法律学校(後の中央大学)の設立に関わる。学長も務めた。
¶海越新，学校([生]安政2(1855)年12月20日)，コン改，コン5，人名，世紀([生]安政2(1856)年12月)，姓氏京都，渡航，日人([生]1856年)

**岡村登久子** おかむらとくこ
昭和6(1931)年～
昭和～平成期の児童文学作家、幼児教育家。
¶児人

**岡村教邦** おかむらのりくに
明和6(1769)年～天保12(1841)年
江戸時代中期～後期の近江彦根藩士。
¶人名，日人，藩臣4

**岡村文雄** おかむらふみお
昭和10(1935)年4月25日～
昭和期の教育者。
¶視覚

**岡村正昭** おかむらまさあき
昭和5(1930)年11月22日～
昭和期の教育者。学校長。
¶飛騨

**岡村正義** おかむらまさよし
安政2(1855)年2月23日～昭和6(1931)年5月29日
明治～昭和期の教育者。
¶岡山人，岡山歴

**岡本明人** おかもとあきひと
？～
昭和～平成期の教育学者。
¶現執3期

**岡本韋庵** おかもといあん
→岡本監輔(おかもとかんすけ)

**岡本勇** おかもといさむ
明治6(1873)年2月～？
明治～大正期の教育者。
¶渡航

**岡本いさを** おかもといさを，おかもといさお
明治23(1890)年～昭和59(1984)年
明治～昭和期の公選による長野県教育委員。戸隠村名誉村民第1号。婦人会活動のリーダー。
¶信州女([生]明治13(1880)年)，姓氏長野(おかもといさお)，長野歴(おかもといさお)

**岡本一平** おかもといっぺい
大正4(1915)年～
昭和期の教育学者。愛媛大学教授。
¶現執1期

**岡本巌** おかもといわお
慶応3(1867)年～昭和17(1942)年6月16日
江戸時代末期～昭和期の女子教育家。西遠女子学園創立者。
¶学校，静岡歴，姓氏静岡

**岡元雄** おかもとお
天保2(1831)年～明治18(1885)年5月31日
江戸時代末期～明治時代の医師、教育者。海防の大義名分を唱え藩士を鼓舞。
¶維新，幕末([生]1831年8月23日)，幕末大([生]天保2(1831)年7月16日)，和歌山人

**岡本包治** おかもとかねじ
昭和3(1928)年6月24日～
昭和～平成期の社会教育学者、生涯教育学者。立教大学教授。
¶現執1期，現執2期，現執3期

**岡本監輔** おかもとかんすけ
天保10(1839)年～明治37(1904)年11月9日
[別]岡本韋庵《おかもといあん》，岡本監輔《おかもとけんすけ》
明治期の樺太探検家。開拓使判官。樺太探検4回。著書に「北蝦夷新志」。
¶朝日，維新，国書(おかもとけんすけ　[生]天保10(1839)年10月17日)，コン改，コン4，コン5，詩歌(岡本韋庵　おかもといあん　[没]1903年)，四国文([生]天保10年11月　[没]明治37年11月11日)，新潮([生]天保10(1839)年10月17日)，人名，徳島百(岡本韋庵　おかもといあん　[生]天保10(1839)年10月17日)，徳島歴([生]天保10(1839)年10月17日)，日人，幕末，北海道百(おかもとけんすけ)，北海道歴

**岡本久八** おかもときゅうはち
明治16(1883)年～昭和53(1978)年
明治～昭和期の教育者。
¶鳥取百

**岡本金一郎** おかもときんいちろう
慶応3(1867)年～？
江戸時代末期～明治期の教育者。
¶群馬人

**岡本倉造** おかもとくらぞう
大正7(1918)年～
昭和期の教育者。
¶群馬人

お

**岡本監輔　おかもとけんすけ**
→岡本監輔（おかもとかんすけ）

**岡本孝方　おかもとこうほう**
？ ～安政3（1856）年　[別]岡本孝方《おかもとたかかた》
江戸時代末期の算者、因幡鳥取藩士。
¶人名，数学（おかもとたかかた　[没]安政3（1856）年11月11日），日人

**岡本晤叟　おかもとごそう**
文化5（1808）年～明治14（1881）年6月1日
江戸時代後期～明治期の儒学者。
¶徳島百（[生]文化5（1808）年3月23日），徳島歴，日人

**岡本重雄　おかもとしげお**
明治30（1897）年11月20日～昭和56（1981）年10月20日
明治～昭和期の心理学者。
¶現情，高知人，心理

**岡本斯文　おかもとしぶん**
天保14（1843）年～大正8（1919）年5月29日
明治～大正期の教育者。
¶徳島百（[生]天保14（1843）年4月20日），徳島歴，日人

**岡本重治　おかもとじゅうじ**
明治17（1884）年2月6日～昭和17（1942）年6月29日
明治～昭和期の教育者。
¶高知先

**岡本省一　おかもとしょういち**
明治45（1912）年～昭和61（1986）年
昭和期の青森県教育長。
¶青森人

**岡本対南　おかもとたいなん**
明治3（1870）年11月2日～昭和30（1955）年4月10日
明治～昭和期の教育者・漢学者。
¶徳島百

**岡本孝方　おかもとたかかた**
→岡本孝方（おかもとこうほう）

**岡本巍　おかもとたかし**
嘉永3（1850）年12月25日～大正9（1920）年4月15日
江戸時代末期～大正期の教育者。
¶岡山人，岡山歴

**岡本敏明　おかもととしあき**
明治40（1907）年3月19日～昭和52（1977）年10月21日
昭和期の作曲家、合唱指揮者。全日本合唱連盟理事、国立音楽大学教授。
¶音楽，音人，芸能，現情，作曲，人名7，世紀，日人

**岡本寧甫**（岡本寧浦）　**おかもとねいほ**
寛政1（1789）年～嘉永1（1848）年
江戸時代後期の乗光寺僧。
¶国書（岡本寧浦　[没]嘉永1（1848）年10月4日），コン改，コン4，人名（岡本寧浦），日人（岡本寧浦），幕末（岡本寧浦　[没]1848年11月4日），藩臣6

**岡本則録　おかもとのりぶみ，おかもとのりふみ**
弘化4（1847）年～昭和6（1931）年2月17日
明治～昭和期の数学者、数学教育家。大阪数学会社社長。正常学校教頭、校長を歴任。帝国学士院の蔵書目録を作成。
¶科学，近現，国史，コン改，コン5，史人（[生]1847年10月30日），新潮（[生]弘化4（1847）年10月30日），人名，数学（[生]弘化4（1847）年10月30日），世紀，日人，百科（おかもとのりふみ），洋学

**岡本英明　おかもとひであきら**
昭和12（1937）年11月15日～
昭和～平成期の教育哲学者、教育人間学者。九州大学教授。
¶現執1期，現執2期，現執3期

**岡本博文　おかもとひろぶみ**
昭和4（1929）年2月11日～
昭和～平成期の児童詩教育研究者、小学校教師。京都綴方の会会長、和歌山大学非常勤講師。
¶現執3期

**岡本洋三　おかもとひろみ**
昭和6（1931）年1月4日～
昭和～平成期の教育行政研究者、教育運動史学者。鹿児島大学教授。
¶現執1期，現執3期

**岡本道輔　おかもとみちすけ**
嘉永1（1848）年～大正1（1912）年
江戸時代後期～明治期の教育者。
¶姓氏山口

**岡本保孝**（岡本保考）　**おかもとやすたか**
＊～文政1（1818）年
江戸時代後期の書家。
¶人名（[生]1751年），日人（岡本保考　[生]1749年）

**岡本保誠　おかもとやすまさ**
文化8（1811）年～明治15（1882）年
江戸時代末期～明治期の書家。
¶人名，日人

**岡本由喜三郎　おかもとゆきさぶろう**
明治3（1870）年11月2日～昭和30（1955）年4月10日
明治～昭和期の教育者、儒家。
¶徳島歴

**岡本要八郎　おかもとようはちろう**
明治9（1876）年9月13日～昭和35（1960）年3月28日
明治～昭和期の鉱物学者・理学博士。
¶姓氏愛知，福岡百

**岡谷喜津　おかやきつ**
安永6（1777）年～安政4（1857）年1月7日

江戸時代中期～末期の女性。文人、教育家。。「教育いろは歌」の作者。
¶国書

**岡安定** おかやすさだ
文化7(1810)年～明治7(1874)年 [別]岡嘉平治《おかかへいじ》
江戸時代末期～明治期の本草学者。救荒食料の研究を行い、私塾勧善堂を設立。著書に「品物名彙」。
¶維新(岡嘉平治 おかかへいじ),国書([没]明治7(1874)年1月24日),人名([生]1816年),日人,洋学

**岡保義** おかやすよし
弘化4(1847)年～?
江戸時代末期～明治期の教師。留学のためイギリスに渡る。帰国後、開成所教授。
¶海越,海越新

**岡山兼吉** おかやまかねきち
→岡山兼吉(おかやまけんきち)

**岡山吉之助** おかやまきちのすけ
明治44(1911)年11月3日～平成8(1996)年5月9日
昭和・平成期の教育者。岐阜県教育委員長。
¶飛騨

**岡山兼吉** おかやまけんきち
安政1(1854)年～明治27(1894)年 [別]岡山兼吉《おかやまかねきち》
明治期の法律家。東京代言人新組合会長。英吉利法律学校(後の中央大学)創設に尽力。のち代議士となった。
¶学校(おかやまかねきち [生]安政1(1854)年7月 [没]明治27(1894)年5月28日),人名,日人

**岡山秀吉** おかやまひできち
慶応1(1865)年11月～?
明治期の教育者。
¶渡航

**岡吉胤** おかよしたね
天保2(1831)年～明治40(1907)年
江戸時代末期～明治期の神官、国学者。九州総督で皇道祭典教授方。
¶国書([生]天保2(1831)年10月28日 [没]明治40(1907)年7月13日),佐賀百([生]天保4(1833)年 [没]明治40(1907)年7月13日),神人([生]天保4(1833)年),人名([生]1833年),日人,幕末([没]1911年),幕末大([没]明治44(1911)年),三重([生]天保2年10月)

**岡鹿門**(1) おかろくもん
享和2(1802)年～天保8(1837)年
江戸時代後期の詩人。
¶姓氏宮城

**岡鹿門**(2) おかろくもん
天保4(1833)年11月2日～大正3(1914)年 [別]岡千仞《おかせんじん,おかちたて》,岡千伋《おかせんじん》
江戸時代末期～明治期の漢学者。東京府学教授。著書に「尊攘紀事」「観光紀游」など。
¶朝日([生]天保4年11月2日(1833年12月12日) [没]大正3(1914)年2月28日),維新(岡千仞 おかせんじん),近現,近世,近文(岡千仞 おかせんじん),考古(岡千伋 おかせんじん [没]大正3(1914)年1月18日),国史,国書([没]大正3(1914)年2月18日),コン改([生]1832年 [没]1913年),コン4([没]大正2(1913)年),コン5([没]大正2(1913)年),詩歌,史研(岡千仞 おかちたて [没]大正3(1914)年2月18日),史人([没]1914年2月28日),人書79(岡千仞 おかせんじん),新潮([没]大正2(1913)年2月18日),人名(岡千仞 おかせんじん),日人,幕末(岡千仞 おかせんじん [生]1835年 [没]1914年2月18日),幕末大(岡千仞 おかせんじん [没]大正3(1914)年2月18日),藩臣1(岡千仞 おかせんじん [生]天保3(1832)年 [没]大正2(1913)年)

**小川鷗亭** おがわおうてい
寛政4(1792)年～安政5(1858)年
江戸時代末期の出羽秋田藩士、漢学者。
¶人名,日人,藩臣1

**小川捷之** おがわかつゆき
昭和13(1938)年10月30日～平成8(1996)年12月6日
昭和～平成期の心理学者。上智大学教授、山王教育研究所主宰。臨床心理学、教育心理学を研究。著書に「夢分析」「自分を読む精神分析」など。
¶現執1期,現執2期,現執3期,心理

**小川潔**(1) おがわきよし
明治25(1892)年6月21日～昭和8(1933)年9月23日
明治～昭和期の教育者。町田町町会議員。
¶町田歴

**小川潔**(2) おがわきよし
明治23(1890)年12月29日～昭和53(1978)年3月9日
大正～昭和期の教育者。
¶岡山歴

**小川清** おがわきよし
天保11(1840)年～明治19(1886)年
江戸時代末期～明治期の小田原藩士。学制施行期の教育制度の整備に努力。
¶神奈川人,幕末

**小川銀次郎** おがわぎんじろう
慶応3(1867)年～昭和20(1945)年2月22日
江戸時代末期～昭和期の教育者。東京高等女学校(後の東京女子学園)の設立に関わる。
¶学校

**小川光一郎** おがわこういちろう
大正13(1924)年5月13日～
大正～昭和期の教育者。
¶視覚

**小川五郎** おがわごろう
明治35(1902)年7月12日～昭和44(1969)年11月27日
大正～昭和期の教育者。

¶郷土，考古，世紀，日人，山口人，山口百，山口文

**小川再治** おがわさいじ
大正15（1926）年5月18日～
昭和～平成期の教育学者。
¶心理

**小川重雄** おがわしげお
明治17（1884）年～昭和21（1946）年
明治～昭和期の教育者。
¶高知人

**小川茂周** おがわしげかね
天保6（1835）年～明治35（1902）年　[別]小川茂周《おがわしげちか》
江戸時代末期～明治期の大津村名主。三浦郡教育会を創設。
¶神奈川人（おがわしげちか），神奈川百（おがわしげちか），郷土神奈川，姓氏神奈川（おがわしげちか），日人，幕末（おがわしげちか），幕末大（おがわしげちか）

**小河滋次郎**（小河滋二郎） おがわしげじろう
文久3（1863）年12月3日～大正14（1925）年4月2日
明治～大正期の監獄学者、社会事業家。東京帝国大学法化監獄学授業嘱託。大阪府に方面委員制度を創立。
¶朝日（[生]文久3年12月3日（1864年1月11日）），岩史，大阪人，教育（小河滋二郎　[生]？），郷土長野（[生]1862年），近現，国史，コン改（[生]1862年），コン5（[生]文久2（1862）年），史人，社史（[生]文久3年12月3日（1864年1月11日）），新潮，人名（[生]1862年），世紀（[生]文久3（1864）年12月3日），姓氏長野，世百，全書，大百，長野百，長野歴，日史，日人（[生]1864年），百科（[生]文久2（1862）年），履歴，歴大

**小川茂周** おがわしげちか
→小川茂周（おがわしげかね）

**小川重朋** おがわしげとも
明治36（1903）年4月19日～平成2（1990）年12月27日
大正～昭和期の農民運動家，教員。日本農民組合島根県連合会書記長。
¶社史

**小川実也** おがわじつや
明治17（1884）年～昭和21（1946）年
大正～昭和期の教育評論家。西巣鴨家庭学校教師。生活指導・教育の発展に尽力。著書に「地域中心としての学校施設」。
¶コン改，コン5，世紀，姓氏京都，日人

**小川穟** おがわすい
弘化1（1844）年～明治41（1908）年5月8日
江戸時代末期～明治期の医者。著書に「兼六公園誌」など。
¶姓氏石川，幕末

**小川剛** おがわたけし
昭和9（1934）年1月1日～
昭和期の社会教育学者。お茶の水女子大学教授。
¶現執2期

**小川正** おがわただし
昭和6（1931）年～
昭和期の教育学者。関西大学教授。
¶現執1期

**小川太郎**(1) おがわたろう
明治37（1904）年12月8日～昭和61（1986）年11月25日
大正期の静岡高校社会科学研究会メンバー。
¶現執1期，現執2期，社史，世紀

**小川太郎**(2)（小川太朗） おがわたろう
明治40（1907）年11月16日～昭和49（1974）年1月31日
昭和期の教育学者。愛媛師範教師。戦後名古屋大学教授等歴任。日本教育学会理事、全国部落問題研究協議会会長として活躍。
¶愛媛，愛媛百，現朝，現執1期，現情，現人，コン改，コン4，コン5，四国文（小川太朗　[没]昭和49年2月31日），新潮，世紀，日人

**小川太郎**(3) おがわたろう
昭和17（1942）年7月10日～
昭和～平成期の歌人、ノンフィクション作家。
¶短歌

**小川天保** おがわてんぽう
～？
江戸時代後期の儒学者。
¶日人（生没年不詳），三重続

**尾川藤十郎** おがわとうじゅうろう
明治20（1887）年～昭和25（1950）年
明治～昭和期の教師。東京府下の尋常高等小学校の校長、東京都美術館館長。
¶姓氏群馬

**小川利夫** おがわとしお
昭和1（1926）年5月17日～
昭和～平成期の教育学者。名古屋大学教授。専門は社会教育学。著書に「社会教育と国民の学習権」「教育福祉の基本問題」など。
¶現朝，現執1期，現執2期，現執3期，現執4期，現情，世紀，日人，マス89

**小川直子** おがわなおこ
天保11（1840）年～大正8（1919）年9月6日
明治期の教育者。青森女子師範教頭。夫の名誉回復と家名再興に尽くす。明治天皇の皇女らの御用掛を務める。
¶青森人，朝日（[生]天保11年5月9日（1840年6月8日）），石川現九（[生]天保11（1840）年5月9日），石川百，江表（直子（石川県）），女史，女性（[生]天保11（1840）年5月9日），女性普（[生]天保11（1840）年5月9日），人名，姓氏石川，日人，幕末

**小川尚義** おがわなおよし
明治2（1869）年2月9日～昭和22（1947）年11月20日　[別]小川尚義《おがわひさよし》

明治～昭和期の言語学者。台北帝国大学教授。著書に「日台辞典」「台日辞典」など。
¶愛媛（おがわひさよし），愛媛人，愛媛百（おがわひさよし），現朝，コン改（おがわひさよし），コン5（おがわひさよし），世紀，世百新，日人，百科

### 小川夏子 おがわなつこ
天保14（1843）年～大正14（1925）年
江戸時代末期～明治時代の歌人。佐原藩藩士小川琴城の妻。村松繁枝、沢田重穎に師事。
¶江表（夏子（千葉県））

### 小川信 おがわのぶ
昭和11（1922）年～
昭和期の教育者。
¶戦沖

### 小川信夫 おがわのぶお
大正15（1926）年10月17日～
昭和～平成期の児童劇作家、教育者。
¶児作，児人，児文，世紀，日児

### 小川尚義 おがわひさよし
→小川尚義（おがわなおよし）

### 小川博 おがわひろし
昭和4（1929）年6月19日～
昭和～平成期の高校教師。専門は文化人類学、民俗学。著書に「文化人類学」「海の民俗誌」など。
¶現執1期，現執2期，現執3期，現執4期

### 小川博久 おがわひろひさ
昭和11（1936）年5月1日～
昭和～平成期の教育学者。日本女子大学教授。専門は幼児教育学、教育方法学。著書に「保育原理2001」「保育援助論」など。
¶現執1期，現執2期，現執3期，現執4期

### 小川福文 おがわふくぶみ
明治40（1907）年～昭和42（1967）年
昭和期の教育者。
¶群馬人

### 小川平二 おがわへいじ
明治43（1910）年1月14日～平成5（1993）年7月16日
昭和期の政治家。衆議院議員、鈴木善幸改造内閣文部大臣。
¶現情，政治，履歴，履歴2

### 小川昌成 おがわまさなり
安政2（1855）年～昭和1（1926）年
明治～大正期の教育者。
¶長野歴

### 小川正人 おがわまさひと
昭和25（1950）年3月1日～
昭和～平成期の教育行財政学者。
¶現執2期，現執4期

### 小川正行 おがわまさゆき
明治6（1873）年～昭和31（1956）年
明治～昭和期の教育学者。奈良女子高等師範学校

教授。日本における教育の実際と理論の統合を目指した。著書に「ペスタロッチーの生涯及事業」など。
¶教育，宮城百

### 小川通司 おがわみちじ
明治15（1882）年4月16日～大正15（1926）年2月20日
明治～大正期の教育家。
¶世紀，千葉百，日人

### 小川みなみ おがわみなみ
昭和25（1950）年～
昭和～平成期の児童文学作家、高校教諭。
¶児人

### 小川宮子 おがわみやこ
文政7（1824）年～明治33（1900）年8月10日
明治期の教育者。山形県宮ノ浦村の住民教育に従事。松操学校を創設。
¶庄内，女性，女性普

### 小川鳴崖 おがわめいがい
天保9（1838）年～明治39（1906）年
江戸時代後期～明治期の書道家・教育者。
¶姓氏宮城

### 小川行夫 おがわゆきお
大正4（1915）年～
昭和期の体育指導者。東京都教育委員会指導主事。
¶体育

### 小川義雄 おがわよしお
元治1（1864）年～昭和1（1926）年
明治～大正期の教育者。
¶姓氏岩手

### 小川芳男 おがわよしお
明治41（1908）年10月15日～平成2（1990）年7月31日
昭和期の英語教育学者。東京外国語大学教授。戦後のわが国の英語教育を指導。NHK基礎英語講座講師などを務める。
¶岡山歴，現朝，現執1期，現情，コン改，コン4，コン5，世紀，日人

### 小川喜道 おがわよしみち
昭和23（1948）年7月19日～
昭和期の福祉施設職員、教育者。
¶視覚

### 小川米作 おがわよねさく
明治1（1868）年～昭和8（1933）年
明治～昭和期の教育者。
¶大分歴

### 小河立所 おがわりっしょ
慶安2（1649）年～元禄9（1696）年
江戸時代前期の儒学者。
国書（㊷元禄9（1696）年7月17日），詩歌，人名，姓氏京都，日人，和俳

### 小川隆太郎 おがわりゅうたろう
明治43（1910）年～

大正〜昭和期の児童文学作家、小学校教諭。
¶京都文，児文，日児（㊥明治43（1910）年1月4日）

**小川渉** おがわわたる
天保14（1843）年〜明治40（1907）年2月5日
江戸時代末期〜明治期の会津藩士。青森県の政治産業、教育の貢献者。
¶会津，青森人，青森百（㊥明治32（1899）年），幕末

**荻生徂徠** おぎうそらい
→荻生徂徠（おぎゅうそらい）

**荻江** おぎえ★
嘉永4（1851）年〜明治32（1899）年
江戸時代後期〜明治時代の女性。教育・漢詩・和歌。秩父郡大宮郷の漢学者で医者松本万年の娘。
¶江表（荻江（埼玉県））

**沖垣寛** おきがきひろし
明治26（1893）年〜昭和44（1969）年
大正〜昭和期の教育者。
¶北海道百，北海道歴

**隠岐笹雄** おきささお
生没年不詳
江戸時代末期の寺子屋師匠。
¶姓氏長野

**興重人** おきしげと
明治44（1911）年〜昭和63（1988）年
昭和期の川柳人、松江教育事務所長。
¶島根歴

**荻島早苗** おぎしまさなえ
昭和28（1953）年〜
昭和〜平成期の翻訳家、日本語教師。
¶児人

**小木喬** おぎたかし
明治39（1906）年〜平成2（1990）年
昭和〜平成期の教育者。青森高校長。
¶青森人

**沖田行司** おきたゆくじ
昭和23（1948）年6月17日〜
昭和〜平成期の日本教育史研究者。
¶現執2期，現執4期

**興津湖山** おきつこざん
享保3（1718）年〜享和2（1802）年
江戸時代中期〜後期の兵学者・心学者。
¶国書，長野歴

**沖津醇** おきつじゅん
天保2（1831）年〜明治44（1911）年
江戸時代末期〜明治時代の会津藩士、教育者。天覧授業を実施。
¶会津，青森人（㊥明治32（1899）年），幕末，幕末大

**沖津日出雄** おきつひでお
大正14（1925）年1月10日〜平成6（1994）年4月4日
昭和・平成期の教育者。根室管内中標津町文化協会長。
¶根千

**沖津政由** おきつまさよし
明治12（1879）年〜昭和22（1947）年
明治〜昭和期の教育者。
¶神奈川人

**尾木直樹** おぎなおき
昭和22（1947）年1月3日〜
昭和〜平成期の教育評論家。臨床教育研究所・虹所長。専門は青年期教育論（中学生論）。著書に「いきいき中学生—自立へのらせん階段」など。
¶現執2期，現執3期，現執4期

**沖永荘衛**（沖永荘兵衛）おきながしょうべえ
→沖永荘兵衛（おきながそうべえ）

**沖永荘兵衛** おきながしょうべえ
明治36（1903）年12月8日〜昭和56（1981）年2月21日
大正〜昭和期の学校創立者。帝京商業学校を創立。
¶愛媛百，学校

**沖永荘兵衛** おきながそうべえ
明治36（1903）年〜昭和56（1981）年 ㊥沖永荘兵衛《おきながしょうべえ》，沖永荘兵衛《おきながしょうべえ》
昭和期の帝京学園理事長。
¶愛媛（沖永荘兵衛　おきながしょうべえ），愛媛人（おきながしょうべえ），郷土愛媛

**沖野清** おきのきよし
昭和3（1928）年12月19日〜
昭和期の教育者。学校長・ひだクリエイト協会主宰。
¶飛騨

**荻野国松** おぎのくにまつ
明治13（1880）年7月12日〜？
明治〜大正期の教育者。
¶群馬人

**荻野省二** おぎのしょうじ
明治34（1901）年11月13日〜昭和60（1985）年8月11日
昭和期の教育者。
¶町田歴

**荻野貞次郎** おぎのていじろう
明治3（1870）年〜昭和9（1934）年
明治〜昭和期の教育者。
¶群馬人

**荻野梅塢** おぎのばいう
→荻野八百吉（おぎのやおきち）

**荻野百太郎** おぎのひゃくたろう
慶応元（1865）年11月13日〜昭和3（1928）年7月19日
大正・昭和期の教師。
¶町田歴

**荻野文助** おぎのぶんすけ
天保11(1840)年11月7日～明治33(1900)年3月24日
江戸時代末期・明治期の教育者。
¶町田歴

**荻野万太郎** おぎのまんたろう
明治5(1872)年6月28日～昭和19(1944)年2月24日
明治～昭和期の足利市財界政界の重鎮、社会教育家。
¶郷土栃木，鉄道，栃木歴，日人

**荻野八百吉** おぎのやおきち
天明1(1781)年～天保14(1843)年 [別]荻野梅塢《おぎのばいう》
江戸時代後期の幕臣、幕府の天守番。
¶国書(荻野梅塢 おぎのばいう [没]天保14(1843)年5月15日)，人名([生]？)，日人

**沖原善賢** おきはらぜんけん
明治19(1886)年12月19日～？
大正期の小学校教員。
¶社史

**荻原千代** おぎはらちよ
明治42(1909)年～
昭和期の教育者。
¶群馬人

**沖原豊** おきはらゆたか
大正13(1924)年9月1日～
昭和～平成期の教育学者。広島大学教授。専門は比較教育学。教育課程審議会委員、大学設置・学校法人審議会会長などを務める。
¶現執2期，現執3期

**小木美代子** おぎみよこ
昭和13(1938)年5月16日～
昭和～平成期の教育学者。日本福祉大学教授、東海子どもの文化研究所代表。専門は社会教育、家庭教育。著書に「映像文化時代の子供達」など。
¶現執2期，現執3期，現執4期

**沖八潮** おきやしお
明治7(1874)年～昭和22(1947)年12月24日
明治～昭和期の三崎尋常高等小学校校長。朝鮮公立普通学校教諭など歴任。
¶高知先

**沖山岩作** おきやまいわさく
明治7(1874)年～大正4(1915)年
明治～大正期の教育者。南大東島玉置小学校初代校長。
¶姓氏沖縄

**荻生金谷** おぎゅうきんきんこく
→荻生金谷(おぎゅうきんこく)

**荻生金谷**(荻生金石) おぎゅうきんこく
元禄16(1703)年～安永5(1776)年 [別]荻生金谷《おぎゅうきんきんこく》
江戸時代中期の大和郡山藩士、儒学者。
¶江文，国書(おぎゅうきんきんこく [没]安永5(1776)年9月29日)，人名(荻生金石)，日人，藩臣4

**荻生児川** おぎゅうじせん
文政1(1818)年～明治18(1885)年12月12日
江戸時代末期～明治時代の治隆寺修験、俳人。近在の青少年に和漢の教授。著書に「児川句集」。
¶幕末，幕末大

**荻生徂徠** おぎゅうそらい
寛文6(1666)年～享保13(1728)年1月19日 [別]荻生徂徠《おぎうそらい》，物茂卿《ぶつもけい》
江戸時代中期の儒学者。江戸茅場町に私塾を開設。古文辞学を大成。
¶朝日([生]寛文6年2月16日(1666年3月21日) [没]享保13年1月19日(1728年2月28日))，岩史([生]寛文6(1666)年2月16日)，江人，江戸，江文，角史，教育，郷土千葉，近世，国史，国書([生]寛文6(1666)年2月16日)，コン改，コン4，コン5，埼玉百，詩歌，詩作([生]寛文6(1666)年2月16日)，史人([生]1666年2月16日)，思想史，重要([生]寛文6(1666)年2月16日)，人書79，人書94，新潮([生]寛文6(1666)年2月16日)，新文(おぎうそらい [生]寛文6(1666)年2月16日)，人名，世人([生]寛文6(1666)年2月16日)，世百(おぎうそらい)，全書，大百，千葉百，千葉房総，伝記，徳川将，徳川臣，日音([生]寛文6(1666)年2月16日)，日思，日史([生]寛文6(1666)年2月16日)，日人，日文，飛騨([生]寛文6(1666)年3月21日)，百科，文学，平日，山川小([生]1666年2月16日)，山梨人(おぎうそらい)，山梨百(おぎうそらい)，歴大，和俳([生]寛文6(1666)年2月16日)

**沖六鵬** おきりくほう
明治28(1895)年6月5日～昭和57(1982)年8月19日
明治～昭和期の書家。全日本書道連盟副理事長。
¶静岡百，静岡歴，世紀，姓氏静岡，日人

**荻原愛孝** おぎわらあいこう
明治33(1900)年～
大正～昭和期の教育家。
¶郷土奈良

**荻原重逸** おぎわらじゅういつ
明治11(1878)年3月20日～昭和32(1957)年6月2日
明治～昭和期の教育家。
¶庄内

**荻原靖弘**(おぎわらやすひろ) おぎわらやすひろ
昭和7(1932)年1月5日～
昭和～平成期の児童文学作家、小学校教諭。
¶児作(おぎわらやすひろ)，児人

**奥愛次郎** おくあいじろう
慶応1(1865)年2月7日～明治36(1903)年5月8日
明治期の教育家。私立中学校日彰館を創立し、発展に尽力。篤志熱誠の人であった。
¶朝日([生]慶応1年2月7日(1865年3月4日))，学校，コン改，コン5，人名，世紀，日人，広島百

**奥井寒泉** おくいかんせん
文政9(1826)年〜明治19(1886)年
江戸時代末期〜明治期の儒学者。
¶詩歌，人名，日人，和俳

**奥井智久** おくいともひさ
昭和12(1937)年1月15日〜
昭和〜平成期の教育学者。宇都宮大学教授・附属中学校校長。専門は理科教育学，幼児教育，放送教育。主編著書に「幼稚園『自然』指導の改造」など。
¶現執2期，現執3期，現執4期

**奥川平一** おくかわへいいち
明治33(1900)年〜昭和45(1970)年
昭和期の教育家。
¶姓氏京都

**奥崎嘉作** おくさきかさく
慶応2(1866)年〜昭和16(1941)年
明治〜昭和期の教育者。私立漢英学舎を設立。
¶青森人

**小具貞子** おぐさだこ
文久1(1861)年7月26日〜？
明治〜昭和期の教育者。婦人共立育児会幹事，愛国婦人会幹事。愛住女学校を創立し，我が国初の中国人女学生を受け入れる。
¶女性

**奥昌一郎** おくしょういちろう
明治31(1898)年1月16日〜平成4(1992)年4月26日
大正〜平成期の教師・郷土史家。
¶岩手人，姓氏岩手

**奥典雅** おくすけまさ
寛政5(1793)年〜*
江戸時代後期の砲術家，安芸広島藩士。
¶人名(㊥1849年)，日人(㊥1850年)

**奥瀬一学** おくせいちがく
寛政2(1790)年〜万延1(1860)年　別奥瀬一学《おくのせいちがく》，奥瀬清簡《おくせきよひろ》
江戸時代末期の陸奥弘前藩用人。
¶青森人，国書(奥瀬清簡　おくせきよひろ　㊥万延1(1860)年8月)，人名(おくのせいちがく)，日人，藩臣1

**奥瀬清簡** おくせきよひろ
→奥瀬一学(おくせいちがく)

**奥太一郎** おくたいちろう
明治3(1870)年〜昭和3(1928)年
明治〜昭和期の教師。活水女学校教頭，九州学院教頭，日本女子大教授を歴任。
¶熊本人

**奥平覚治** おくだいらかくじ
明治7(1874)年3月10日〜昭和15(1940)年10月2日
明治〜昭和期の教育者。
¶群馬人

**奥平昌高** おくだいらまさたか
天明1(1781)年〜安政2(1855)年6月10日
江戸時代後期の大名。豊前中津藩主。
¶朝日(㊐永4(1775)年　㊐安政2年6月10日(1855年7月23日))，維新，大分百，大分歴(㊐？)，近世，国史，国書(㊐天明1(1781)年11月4日)，コン改，コン4，史人(㊐1781年11月4日)，諸系，新潮(㊐天明1(1781)年11月4日)，人名，姓氏鹿児島，日人，幕末(㊐1855年7月23日)，藩主4(㊐永4(1775)年，(異説)天明1年11月4日)，洋学，和俳

**奥田鴬谷** おくだおうこく
宝暦10(1760)年〜文政13(1830)年11月18日
江戸時代後期の漢学者。
¶国書(㊐宝暦10(1760)年5月22日)，人名，日人(㊥1831年)

**奥田諫山** おくだかんざん
文久2(1862)年6月1日〜明治33(1900)年10月1日
江戸時代末期〜明治期の教育者・興譲館教授。
¶岡山歴

**奥田義人** おくだぎじん
→奥田義人(おくだよしと)

**奥田清** おくだきよし
昭和5(1930)年3月24日〜
昭和期の教育者。学校長。
¶飛騨

**奥田尚斎** おくだしょうさい
享保14(1729)年〜文化4(1807)年
江戸時代中期〜後期の儒学者。
¶国書(㊐文化4(1807)年8月12日)，人名，日人

**奥田正造** おくだしょうぞう
明治17(1884)年3月3日〜昭和25(1950)年3月9日
昭和期の茶道教育者。
¶茶道，長野百，長野歴，飛騨

**奥田真丈** おくだしんじょう
大正11(1922)年9月15日〜
昭和〜平成期の官僚，教育学者。芦屋大学学長，世界教育連盟総裁。専門は教育課程，教育経営など。著書に「教育課程の経営」「現代教育理念」など。
¶現朝，現執1期，現執2期，現執3期，世紀，日人

**奥田艶子** おくだつやこ
明治13(1880)年2月25日〜昭和11(1936)年9月23日
大正〜昭和期の女子教育家。東京女子高等職業学校長。奥田式裁縫を発明。奥田裁縫女学校，東京女子高等職業学校を創立。
¶学校，近女，コン改，コン5，女性，女性普，人名，世紀，日人

**奥田貞子** おくだていこ
生没年不詳
昭和〜平成期の児童文学作家，高校教諭。
¶児人

**奥田桃渓**　おくだとうけい
天保12（1841）年～明治39（1906）年
江戸時代後期～明治期の教育者。
¶岡山人

**奥田幹生**　おくだみきお
昭和3（1928）年3月21日～
昭和～平成期の政治家。衆議院議員、文相。
¶現政，政治

**奥保**　おくたもつ
明治40（1907）年～昭和47（1972）年
昭和期の詩人・教育者。
¶北文，北海道百，北海道文（[生]明治40（1907）年9月10日　[没]昭和47（1972）年9月2日），北海道歴

**奥田靖雄**　おくだやすお
大正8（1919）年10月19日～平成14（2002）年3月22日
昭和～平成期の言語学者、国語教育学者。宮城教育大学教授。文章の客観的な読みの方法と理論を提唱、現場の教師と共同研究を行う。著書に「読み方教育の理論」など。
¶現朝，世紀，日人

**奥田義人**　おくだよしと
万延1（1860）年6月14日～大正6（1917）年8月21日
[別]奥田義人《おくだぎじん,おくだよしひと,おくだよしんと,おくだよしんど》
明治～大正期の政治家、法学者。衆議院議員、文相、中央大学学長。英吉利法律学校（後の中央大学）創立に参与。
¶朝日（[生]万延1年6月14日（1860年7月31日）），学校，教育，近現，国史，コン改（おくだよしんど），コン5（おくだよしんと），史人，新潮，人名（おくだぎじん），世紀，先駆，渡航，鳥取百（おくだぎじん），日人，明治1，履歴（おくだよしひと）

**奥田義人**　おくだよしひと
→奥田義人（おくだよしと）

**奥田美穂**　おくだよしほ
明治42（1909）年5月24日～昭和60（1985）年6月12日
昭和期の小学校教員。
¶社史

**奥田義人**　おくだよしんと,おくだよしんど
→奥田義人（おくだよしと）

**奥田頼杖**　おくだらいじょう
？　～嘉永2（1849）年8月5日
江戸時代後期の心学者。
¶朝日（[没]嘉永2年8月5日（1849年9月21日）），江文（生没年不詳），教育（[生]1800年？），近世，国史，国書（[生]寛政4（1792）年），コン改，コン4，コン5，新潮，人名（[生]1800年？），世人，日人，藩臣6（[生]寛政4（1792）年），広島百（[生]寛政4（1792）年）

**奥地圭子**　おくちけいこ
昭和16（1941）年3月22日～
昭和～平成期の小学校教師。東京シューレ理事長。不登校の子供たちが学べるフリースクール・東京シューレを開設。著書に「登校拒否は病気じゃない」など。
¶現執3期，現執4期

**小口幸一**　おぐちこういち
明治14（1881）年～昭和18（1943）年
明治～昭和期の松本女子実業学校の創設者。
¶長野歴

**小口忠彦**　おぐちただひこ
大正6（1917）年6月4日～
昭和期の教育心理学者。お茶の水女子大学教授。
¶現執1期，現情，心理

**小口八郎**　おぐちはちろう
大正5（1916）年～
昭和期の保存科学・美術教育研究者。東京芸術大学教授。
¶現執2期

**小口正雄**　おぐちまさお
明治40（1907）年3月24日～昭和10（1935）年5月16日　[別]伊藤正雄《いとうまさお》
昭和期の小学校教員。
¶社史

**奥忠太郎**　おくちゅうたろう
嘉永2（1849）年～昭和8（1933）年
明治～昭和期の教育者。
¶姓氏岩手

**奥津文夫**　おくつふみお
昭和10（1935）年1月26日～
昭和～平成期の英語学者。和洋女子大学教授。専門は比較文化、対照言語学、英語教育。著書に「英語のことわざ―日本語の諺との比較」。
¶現執3期

**奥寺梅三郎**　おくでらうめさぶろう
？　～明治20（1887）年？
江戸時代後期～明治期の公立小学校大野学校の第3代校長。陸軍伍長。
¶姓氏岩手

**奥寺勇太**　おくでらゆうた
天保12（1841）年～明治37（1904）年
江戸時代後期～明治期の教育者。
¶姓氏岩手

**奥友亀吉**　おくともかめきち
文化5（1808）年～？
江戸時代後期の寺子屋手習師。
¶姓氏岩手

**小国玉淵**　おぐにぎょくえん
明和6（1769）年～文政13（1830）年
江戸時代中期～後期の儒学者。
¶国書（[没]文政13（1830）年9月2日），日人

**小国嵩陽**　おぐにすうよう
→小国融蔵（おぐにゆうぞう）

**小国テル子** おぐにてるこ
大正11（1922）年～昭和17（1942）年
昭和期の教育者。
¶姓氏岩手



**小国融蔵** おぐにゆうぞう，おくにゆうぞう
文政7（1824）年～慶応1（1865）年　[別]小国嵩陽《おぐにすうよう》
江戸時代末期の郷校育英館学頭。
¶維新，国書（小国嵩陽　おぐにすうよう　[没]慶応1（1865）年閏5月2日），人名，姓氏山口（おくにゆうぞう），日人，幕末（[没]1865年6月24日），幕末大（[没]慶応1（1865）年閏5月2日），藩臣6

**奥貫五平次** おくぬきごへいじ
→奥貫友山（おくぬきゆうざん）

**奥貫友山** おくぬきゆうざん
宝永5（1708）年～天明7（1787）年　[別]奥貫五平次《おくぬきごへいじ》
江戸時代中期の儒学者。
¶国書（[没]天明7（1787）年11月10日），埼玉人（[没]天明7（1787）年11月10日），埼玉百（[生]1705年），人書94，新潮（[没]天明7（1787）年3月），人名，世人（奥貫五平次　おくぬきごへいじ　[没]天明7（1787）年3月），日人

**奥野勘蔵** おくのかんぞう
文政12（1829）年～明治28（1895）年
江戸時代末期～明治期の郷士。
¶人名，日人

**奥野小山** おくのしょうざん
寛政12（1800）年～安政5（1858）年
江戸時代後期の儒学者。
¶大阪人（[没]安政5（1858）年8月），大阪墓（[没]安政5（1858）年8月20日），国書（[没]安政5（1858）年8月20日），コン改，コン4，詩歌，新潮（[没]安政5（1858）年8月20日），人名，日人，和俳

**奥野庄太郎** おくのしょうたろう
明治19（1886）年11月11日～*
明治～昭和期の教育家、編集者。
¶児文（[没]昭和43（1968）年），日児（[没]昭和42（1967）年12月19日）

**奥野誠亮** おくのせいすけ
大正2（1913）年7月12日～
昭和～平成期の政治家。衆議院議員。法務大臣、文部大臣などを歴任。国土庁長官時代、日中戦争をめぐる発言により辞任。
¶郷土奈良，現朝，現執2期，現情，現政，現日，世紀，政治，日人，履歴，履歴2

**奥瀬一学** おくのせいちがく
→奥瀬一学（おくせいちがく）

**奥野遜斎** おくのそんさい
天保1（1830）年～明治31（1898）年
江戸時代末期～明治期の儒学者。京都大学教師。経史に精通。
¶人名

**奥野大齢** おくのたいれい
～明治11（1878）年
江戸時代後期～明治期の教育家。
¶多摩

**奥野虎治** おくのとらじ
安政4（1857）年～大正8（1919）年
明治～大正期の教育者。
¶鳥取百

**奥宮暁峰** おくのみやぎょうほう
文政2（1819）年～明治26（1893）年12月17日
[別]奥宮暁峰《おくみやぎょうほう》
江戸時代末期～明治時代の致道館教授。
¶江文（おくみやぎょうほう），高知人，高知百，国書（おくみやぎょうほう），幕末，幕末大（[生]文政2（1819）年11月19日）

**奥宮慥斎** おくのみやぞうさい
文化8（1811）年～明治10（1877）年5月30日　[別]奥宮正由《おくのみやまさよし》，奥宮慥斎《おくみやぞうさい》
江戸時代末期～明治期の儒学者。土佐に初めて陽明学を伝えた。教部省に出仕し大録、大教院、大講義などを就任。
¶維新（[生]1818年　[没]1882年），江文（おくみやぞうさい），高知人，高知百，国書（[生]文化8（1811）年7月4日），コン改，コン4，コン5，神人（奥宮正由　おくのみやまさよし　[生]文政1（1818）年　[没]明治15（1882）年5月30日），新潮，人名（おくみやぞうさい），哲学，日人，幕末，藩臣6

**奥宮正由** おくのみやまさよし
→奥宮慥斎（おくのみやぞうさい）

**奥原碧雲** おくはらへきうん
明治6（1873）年～昭和10（1935）年
明治～昭和期の教育者。
¶郷土，島根人，島根百（[生]明治6（1873）年4月1日　[没]昭和10（1935）年12月8日），島根文，島根歴

**小熊均** おぐまひとし
昭和3（1928）年12月17日～
昭和～平成期の作家。専門は教育問題、老人問題。母の看護日記を「明日はわが身、ボケルが勝ち」として出版。
¶現執3期

**奥満雅** おくみつまさ
宝暦10（1760）年～文政6（1823）年
江戸時代中期の砲術家、安芸広島藩士。
¶人名，日人

**奥宮暁峰** おくみやぎょうほう
→奥宮暁峰（おくのみやぎょうほう）

**奥宮慥斎** おくみやぞうさい
→奥宮慥斎（おくのみやぞうさい）

**奥村円心** おくむらえんしん
天保14（1843）年～大正2（1913）年
明治期の僧侶。東本願寺朝鮮布教の先駆者。
¶真宗，人名，日人

**奥村権左衛門** おくむらごんざえもん
→奥村無我（おくむらむが）

**奥村三策** おくむらさんさく
元治1（1864）年～明治45（1912）年
明治期の鍼医。東京盲学校教諭。按摩鍼治の奥義を究めた。
¶近医，視覚（㊥元治1（1864）年3月22日　㊥1912年1月2日），人名，日人

**奥村重旧** おくむらしげひさ
→奥村無我（おくむらむが）

**奥村七太夫** おくむらしちだゆう
寛政12（1800）年～文久3（1863）年
江戸時代末期の備前岡山藩士。
¶岡山人，人名（㊥？），日人

**奥村政治郎** おくむらまさじろう
明治10（1877）年～昭和19（1944）年
明治～昭和期の小学校長，キリスト者。
¶姓氏長野，長野百，長野歴

**奥村無我** おくむらむが
万治2（1659）年～享保19（1734）年　㊥奥村権左衛門《おくむらごんざえもん》，奥村重旧《おくむらしげひさ》
江戸時代中期の兵法家。
¶剣豪（奥村権左衛門　おくむらごんざえもん），人名，日人（奥村重旧　おくむらしげひさ）

**奥村基之輔** おくむらもとのすけ
文化11（1814）年～安政5（1858）年8月10日
江戸時代後期～末期の暦学者，長久館教授。
¶徳島歴

**奥村吉当** おくむらよしまさ
文化11（1814）年～安政5（1858）年8月10日
江戸時代後期～末期の和算家，徳島藩士。
¶数学

**奥山朝恭** おくやまちょうきょう
→奥山朝恭（おくやまともやす）

**奥山朝恭** おくやまともやす
安政5（1858）年～昭和18（1943）年4月9日　㊥奥山朝恭《おくやまちょうきょう》
明治期の作曲家。
¶岡山人（おくやまちょうきょう），岡山百，岡山歴㊥安政5（1858）年8月6日），作曲（㊥安政5（1858）年8月6日，食文（㊥安政5年8月6日（1858年9月12日）），日人

**奥山典雄** おくやまのりお
昭和3（1928）年2月1日～昭和53（1978）年4月6日
昭和期の障害児教育者。
¶岡山歴

**奥山弘道** おくやまひろみち
*～享和2（1802）年
江戸時代中期～後期の筑前福岡藩儒。
¶人名（㊥1741年），日人（㊥1747年）

**奥山道枝** おくやまみちえ
明治39（1906）年2月8日～昭和53（1978）年11月26日
昭和期の教育者。
¶岡山歴

**奥山榕斎** おくやまようさい
*～天保12（1841）年　㊥糸井榕斎《いといようさい》
江戸時代後期の儒学者。
¶江文（㊥安永6（1777）年　㊥天保13（1842）年），国書（㊥天明1（1781）年　㊥天保12（1841）年4月23日），人名（㊥？），日人（㊥1781年）

**奥山亮** おくやまりょう
明治45（1912）年3月27日～昭和48（1973）年5月21日
昭和期の郷土史家。
¶郷土（㊥明治45（1912）年5月21日），札幌，北海道文

**奥好義** おくよしいさ
安政5（1858）年9月20日～昭和8（1933）年3月9日
明治～昭和期の雅楽家，作曲家。国歌「君が代」の作曲者。共立女子職業学校（後の共立女子学園）の設立に関わる。
¶音楽，音人，学校，近現，芸能，現朝（㊥安政4年9月22日（1857年11月8日）），国史，作曲，庄内（㊥安政5（1858）年9月），新芸，世紀，先駆，日音（㊥昭和8（1933）年3月6日，日人（㊥1857年），山形百

**小倉鹿門** おぐらかもん
元禄16（1703）年～安永5（1776）年　㊥小倉鹿門《おぐらかもん》，小倉実廉《おぐらさねかど》
江戸時代中期の長州（萩）藩士，儒学者。
¶国書（おぐらろくもん）　㊥安永5（1776）年10月20日），人名（小倉実廉　おぐらさねかど），日人（おぐらろくもん），藩臣6

**小倉金之助** おぐらきんのすけ
明治18（1885）年3月14日～昭和37（1962）年10月21日
大正～昭和期の数学者，随筆家，歌人。塩見理化学研究所所長。民主主義科学者協会会長。著書に「数学教育の根本問題」など。
¶青森百，岩史，大阪人（㊥昭和37（1962）年10月），大阪文，科学，科技（㊥1885年8月14日），角史，近現，近文，現朝，現情，現人，現日，国史，コン改，コン2，コン5，史研，史人，思想，社史，庄内，新潮，人名7，数学，世紀，世百，世百新，全書，大百，哲学，日史，日人，日本，百科，平和，宮城百，民学，山形百，履歴，履歴2，歴大

**小倉実廉** おぐらさねかど
→小倉鹿門（おぐらかもん）

**小倉実敏** おぐらさねとし
→小倉遜斎（おぐらそんさい）

**小倉尚斎** おぐらしょうさい
延宝5（1677）年～元文2（1737）年

小倉宗爾　おぐらそうじ
延享1(1744)年〜享和3(1803)年
江戸時代中期〜後期の藩医。
¶人名、日人

小倉遜斎　おぐらそんさい
文化2(1805)年〜明治11(1878)年5月17日　㊔小倉実敏《おぐらさねとし》
江戸時代後期〜明治期の儒学者。
¶江文、国書、人名(小倉実敏　おぐらさねとし)、日人、幕末、藩臣6

小倉久　おぐらひさし
嘉永5(1852)年〜明治39(1906)年11月4日
明治期の県知事。和歌山県知事、岐阜県知事を歴任。関西法律学校(後の関西大学)創設に参画。
¶学校(㊕嘉永5(1852)年8月15日)、岐阜百、人名、姓氏群馬、徳島歴(㊕嘉永5(1852)年1月15日)、渡航(㊕1852年8月15日)、富山百(㊕嘉永5(1852)年1月15日　㊁明治40(1907)年)、日人、和歌山人

小倉英子　おぐらひでこ
生没年不詳
昭和〜平成期の挿絵画家、中学校教諭。
¶児人

小倉学　おぐらまなぶ
大正13(1924)年12月20日〜
昭和期の学校保健研究者。茨城大学教授。
¶現執1期、現執2期

小倉百合子　おぐらゆりこ
生没年不詳
昭和期の小学校教員。
¶社史

小倉喜久　おぐらよしひさ
大正8(1919)年〜
昭和期の教育心理学者。山梨大学教授。
¶現執1期

小倉林一　おぐらりんいち
明治35(1902)年〜昭和34(1959)年
昭和期の教育者。
¶鳥取百

小倉鹿門　おぐらろくもん
→小倉鹿門(おぐらかもん)

小栗鶴皐　おぐりかくこう
宝永4(1707)年〜明和3(1766)年　㊔小栗鶴皐《おぐりかっこう》
江戸時代中期の文人。
¶国書(おぐりかっこう　㊁明和3(1766)年9月25日)、詩歌、人名、日人、和俳

小栗鶴皐　おぐりかっこう
→小栗鶴皐(おぐりかくこう)

---

おくらそ　196　日本人物レファレンス事典
江戸時代中期の長州(萩)藩士、儒学者。
¶国書(㊁元文2(1737)年11月2日)、人名、姓氏山口、日人、藩臣6、山口百

生越三郎　おごしさぶろう
明治30(1897)年〜昭和44(1969)年
大正〜昭和期の政治家、教育者、実業家。衆議院議員、益田工業高校理事長。
¶学校、島根人(㊕明治32(1899)年)、島根歴

小此木忠七郎　おこのぎちゅうしちろう
慶応2(1866)年〜昭和14(1939)年10月20日
明治〜昭和期の教育者。「福島県発見石器時代土偶図譜」を編集。
¶郷土、考古(㊕慶応2(1866)年3月)、幕末、福島百

小此木マツ　おこのぎまつ
→辻マツ(つじまつ)

大河平輝彦　おこひらてるひこ
慶応2(1866)年1月28日〜昭和14(1939)年12月8日
江戸時代末期〜昭和期の教育者。
¶渡航

尾坂鶴夫　おさかかくお
明治34(1901)年6月26日〜昭和50(1975)年4月9日
大正〜昭和期の教育者。
¶岡山歴

刑部真琴　おさかべまこと
嘉永3(1850)年〜大正9(1920)年
明治期の教育者。
¶多摩、日人

刑部正　おさかべまさ★
明治31(1898)年10月25日〜
明治・大正期の教育者。初代都賀村教育長。
¶栃木人

尾崎英子　おざきえいこ
*〜昭和7(1932)年12月28日
明治〜昭和期の英語教師。「日本神話集」を出版し名が知られた。他に「日本武勇伝」などを英訳。
¶女性(㊕明治3(1870)年12月25日)、女性普(㊕明治3(1870)年12月25日)、世紀(㊕明治3(1871)年12月25日)、日人(㊕明治3(1871)年12月25日)

尾崎咢堂　おざきがくどう
→尾崎行雄(おざきゆきお)

尾崎矯斉　おざききょうさい
文政8(1825)年〜明治25(1892)年
江戸時代末期・明治期の教育者。
¶愛媛

尾崎楠馬　おざきくすま
明治11(1878)年〜昭和29(1954)年
明治〜昭和期の教育者。
¶高知人、静岡歴

尾崎馨太郎　おざきけいたろう
大正3(1914)年12月15日〜昭和52(1977)年2月3日
昭和期の教育者。

¶埼玉人

**尾崎幸次郎** おざきこうじろう
文久1（1861）年～昭和15（1940）年
明治～昭和期の教育者。
¶世紀（[生]文久1（1861）年3月14日　[没]昭和15（1940）年11月29日），多摩，日人

**尾崎次郎右衛門** おざきじろうえもん
天明7（1787）年～慶応3（1867）年
江戸時代中期～末期の豪農。
¶日人

**尾崎清太郎** おざきせいたろう
明治18（1885）年5月～？
明治～昭和期の実業家。小学校設立資金として多額の寄付を行い貢献。
¶日人

**尾崎卓郎** おざきたくろう
明治23（1890）年～*
大正～昭和期の教育家、政治家。初代川本町長。
¶島根人（[没]昭和32（1957）年），島根歴（[没]昭和34（1959）年）

**尾崎はつ** おざきはつ
明治13（1880）年～昭和38（1963）年
明治～昭和期の教育者。長野文化学院を創立。婦人会を結成し、生活改善・子供の体位向上に尽力。
¶学校，女性，女性普，信州女，姓氏長野，長野百，長野歴

**小崎弘道** おざきひろみち
→小崎弘道（こざきひろみち）

**尾崎正** おざきまさし
明治2（1869）年～昭和6（1931）年
明治～昭和期の教育者。
¶姓氏愛知

**尾崎美津子** おざきみつこ
明治39（1906）年～昭和62（1987）年
昭和期の教育者。ガールスカウト運動を静岡県にひろめる。
¶静岡女

**尾崎光俊** おざきみつとし
大正6（1917）年～
昭和期の警察・組織犯罪・英語教育専門家、翻訳家。
¶現執1期

**尾埼山人** おざきやまんど
文政9（1826）年～明治36（1903）年9月11日
江戸時代末期～明治期の教育者。私塾三余学舎を興し、子弟の教育に生涯を捧げる。
¶維新，愛媛百（[生]文政9（1826）年7月28日），郷土愛媛，日人，幕末，幕末大，藩臣6

**尾崎行雄** おざきゆきお
安政5（1858）年11月20日～昭和29（1954）年10月6日　[別]尾崎咢堂《おざきがくどう》
明治～昭和期の政治家。東京市市長、文相。閥族を攻撃し、憲政の神様と言われた。戦後名誉議員の称号を贈られる。
¶朝日（[生]安政5年11月20日（1858年12月24日）），岩史，海越新，角史，神奈川人（[生]1859年），神奈川百，教育（[生]1859年），郷土神奈川（[生]1859年），郷土群馬（[生]1859年），近現，近文，群馬人（[生]安政6（1859）年），現朝（[生]安政5年11月20日（1858年12月24日）），現情（[生]安政5（1858）年11月20日（戸籍上は1859年）），現人（[生]1859年（実際は1858年）），現日（[生]1859年11月20日），国際（[生]安政6（1859）年），国史，コン改（[生]1859年），コン4，コン5，史人，思想，社史，重要，植物，新潮，人名7，世紀，政治，姓氏神奈川（[生]1859年），姓氏京都，世人（[生]安政6（1859）年11月20日），世百，世百新（[生]安政6（1859）年），全書，大百，哲学，伝記，渡航（尾崎行雄・尾崎咢堂　おざきゆきお・おざきがくどう），日史（[生]安政6（1859）年11月20日），日人，日本，百科（[生]安政6（1859）年），平日（[生]1859年），平和，明治1，履歴，履歴2，歴大

**小篠紀** おざさき
？～文化11（1814）年
江戸時代後期の石見浜田藩士、儒学者。
¶島根人（[没]文政4（1821）年），島根歴，藩臣5

**小篠御野**（小篠敏） おざさみぬ
享保13（1728）年～享和1（1801）年10月8日　[別]小篠敏《ささみぬ，ささみね》
江戸時代中期～後期の石見浜田藩士、儒学者。
¶国書（小篠敏），島根人，島根歴，神人（小篠敏　ささみね），人名（小篠敏　ささみぬ），日人（小篠敏），藩臣5

**小篠元予** おざさもとやす
寛延2（1749）年～文化1（1804）年
江戸時代後期の射術家。
¶人名，日人

**長田新** おさだあらた
明治20（1887）年2月1日～昭和36（1961）年4月18日
大正～昭和期の教育学者。広島文理科大学教授・学長。日本教育学会会長。教育学の民主的発展に尽力。
¶教育，郷土長野，近現，現朝，現情，現人，現日，国史，コン改，コン4，コン5，史人，社史，新潮，人名7，世紀，姓氏長野，世人，世百新，全書，大百，哲学，長野百，長野歴，日人，百科，広島百，広島文，平和，歴大

**長田うめ** おさだうめ
生没年不詳
昭和期の小学校教員。
¶社史

**長田勝郎** おさだかつろう
明治37（1904）年～昭和59（1984）年
昭和期の教育者・地方史研究家。
¶姓氏岩手

**長田新** おさだしん
昭和35（1960）年10月30日～

昭和～平成期のタレント。
¶テレ

**長田智康** おさだともやす
文政11(1828)年10月10日～明治37(1904)年3月12日
江戸時代後期～明治期の亀沢学校創立者。
¶山梨百

**小山内薫** おさないかおる
明治14(1881)年7月26日～昭和3(1928)年12月25日
明治～大正期の演出、小説家。慶応義塾大学教授、松竹キネマ研究所。著書に詩集「小野のわかれ」、小説「大川端」、戯曲「息子」など。
¶青森人、青森百、朝日、岩史、映人、角史、監督、教育、近現、近文、芸能、現朝、現詩、幻想、現日、国史、コン改、コン5、児作、史人、児文、社史、重要、小説、新潮、真作、人名、世紀、世人、世百、全書、大百、伝記、日児、日人、日本、百科、広島百、広島文、文学、民学、明治2、履歴、歴大

**小山内ちとせ** おさないちとせ
大正5(1916)年～昭和58(1983)年
昭和期の教育者。
¶青森人

**小山内もと** おさないもと
明治9(1876)年～昭和21(1946)年
明治～昭和期の弘前家政女学校創立者。
¶青森人

**小山内もとこ** おさないもとこ
明治9(1876)年～昭和21(1946)年
明治～昭和期の教育。高等家政女学校校長。札幌、弘前の高等女学校で教鞭を執る。弘前家政女学校を設立。
¶女性、女性普

**小沢愛次郎** おざわあいじろう
＊～昭和25(1950)年
明治～昭和期の剣道家、政治家。中等学校の正課に柔道、剣道を加えるため尽力。
¶埼玉人(⊕文久3(1863)年12月20日 ㊣昭和25(1950)年6月19日)、埼玉百(⊕1863年)、世紀(⊕文久3(1864)年12月 ㊣昭和25(1950)年6月20日)、政治(⊕文久3(1863)年12月 ㊣昭和25年6月20日)、体育(⊕1861年)、日人(⊕1864年)

**小沢昭巳** おざわあきみ
昭和4(1929)年6月24日～ ㊥小沢昭巳《こざわあきみ》
昭和～平成期の童話作家。║国立高岡短期大学非常勤講師(哲学・美学)。専門は、教育史学、教育学。
¶現執4期、富山文(こざわあきみ)

**小沢エイ** おざわえい
明治26(1893)年～昭和25(1950)年
大正～昭和期の教育者。
¶姓氏岩手

**小沢喜美子** おざわきみこ
大正3(1914)年～昭和58(1983)年2月15日
昭和期の服飾デザイナー。
¶女性、女性普、世紀(⊕大正3(1914)年4月18日)、日人(⊕大正3(1914)年4月18日)

**小沢金助** おざわきんすけ
文化13(1816)年～明治12(1879)年11月24日
江戸時代後期～明治の徳島藩剣術師範。
¶徳島歴

**小沢欽之助** おざわきんのすけ
明治2(1869)年～昭和29(1954)年
明治～昭和期の教育者。
¶高知人、高知百

**小沢健一** おざわけんいち
昭和17(1942)年2月～
昭和～平成期の高校教師。東野高校校長。著書に「数のこ・だ・ま」「楽しい数学イラストの世界」など。
¶現執3期

**小沢恒一** おざわこういち
明治16(1883)年6月6日～昭和38(1963)年7月21日
大正～昭和期の教育学者。早稲田大学教授。著書に「情熱の詩人啄木」など。
¶岩手人、岩手百、現情、世紀、姓氏岩手(㊣1905年)、日人

**小沢咲** おざわさき
→小沢咲(こざわさき)

**大沢咲**(小沢咲) おざわさき
文久3(1863)年～昭和23(1948)年
明治～昭和期の教育者、高等女学校教諭。久松幼稚園園長。
¶女性(小沢咲)

**小沢芝産** おざわしさん
元文1(1736)年～寛政3(1791)年
江戸時代中期～後期の伊那郡小野村の寺子屋師匠。
¶姓氏長野

**小沢周三** おざわしゅうぞう
昭和15(1940)年3月13日～
昭和～平成期の教育学者。東京外国語大学教授。比較教育学、英米の教育を研究。著書に「現代に生きる教育思想」など。
¶現執3期

**小沢祥司** おざわしょうじ
昭和31(1956)年～
昭和～平成期の環境教育コーディネーター。
¶YA

**小沢武** おざわたけし
→小沢武(こざわたけし)

**小沢種春** おざわたねはる
→柳園種春(りゅうえんたねはる)

**小沢千恵子** おざわちえこ
大正11 (1922) 年5月21日～平成1 (1989) 年9月27日
昭和期の教育者。
¶埼玉人

**小沢俊郎** おざわとしろう
大正10 (1921) 年9月15日～昭和57 (1982) 年3月14日
昭和期の日本文学研究家、教育者。京都教育大学教授。
¶児人，日児

**小沢豊功** おざわとよかつ
天明6 (1786) 年1月28日～安政2 (1855) 年4月13日
江戸時代後期の名主・寺子屋師匠。
¶埼玉人

**小沢宣弘** おざわのぶひろ
大正12 (1923) 年～
昭和～平成期の教育学者。関東甲信越中学校道徳教育研究会顧問。著書に「道徳の自作資料」「学級担任と道徳教育」「道徳授業散策」など。
¶現執3期

**小沢彦五郎** おざわひこごろう
弘化1 (1844) 年～昭和11 (1936) 年
明治～昭和期の教育者。
¶姓氏静岡

**小沢有作** おざわゆうさく
昭和7 (1932) 年10月27日～平成13 (2001) 年8月12日
昭和～平成期の教育学者。東京都立大学教授。専門は教育行政学。著書に「在日朝鮮人教育論」など。
¶現執1期，現執2期，現執3期，世紀，マス89

**小沢雄次郎** おざわゆうじろう
明治39 (1906) 年1月10日～
昭和期の小学校教員。
¶社史

**押川春浪** おしかわしゅんろう
明治9 (1876) 年3月21日～大正3 (1914) 年11月16日
明治期の小説家。冒険小説を執筆。作品に「海底軍艦」「武侠の日本」など。
¶朝日，愛媛百 ([没]大正3 (1914) 年11月17日)，神奈川人，教育 ([生]1877年)，近現，近文，幻作，幻想，国史，コン改，コン5，四国文，児作，史人，児文，出文，小説，新潮，新文，人名 ([生]1877年)，世紀，世人 ([生]明治10 (1877) 年3月21日)，世百，先駆，全書，大百，日史，日児，日人，日本，百科，文学，ミス，宮城百，民学 ([生]明治10 (1877) 年)，明治2，履歴 ([没]大正3 (1914) 年11月17日)，履歴2 ([没]大正3 (1914) 年11月17日)，歴大

**押川裕昭** おしかわひろあき
大正10 (1921) 年～
昭和～平成期の自動車整備教育者。
¶YA

**押川方義** おしかわほうぎ
→押川方義 (おしかわまさよし)

**押川方義** おしかわまさよし
嘉永2 (1849) 年12月5日～昭和3 (1928) 年1月10日
[別]押川方義《おしかわほうぎ》
明治期のキリスト教伝道者、政治家。東北学院院長、衆議院議員。仙台神学校 (後の東北学院) を創設、初代院長。宮城女学校 (後の宮城学院) の創設にも関わる。
¶朝日 ([生]嘉永4年12月16日 (1852年1月7日))，愛媛 ([生]嘉永4 (1851) 年)，愛媛百 ([生]嘉永4 (1851) 年12月16日)，学校 ([生]嘉永4 (1851) 年12月16日)，教育，郷土愛媛，キリ ([生]嘉永2年12月5日 (1850年1月17日))，近現 ([生]1851年)，近文 ([生]1851年)，国史 ([生]1851年)，コン改，コン5，四国文，史人 ([生]1849年12月5日，(異説) 1851年12月16日)，社史 ([生]嘉永2年12月16日 (1850年1月28日))，新潮 ([生]嘉永2 (1849) 年12月16日)，人名，世紀 ([生]嘉永4 (1852) 年12月16日)，姓氏宮城，世百，哲学 ([生]1852年)，東北近，新潟百別，日史，日人 ([生]1852年)，百科，福島百 (おしかわほうぎ)，宮城百 ([生]嘉永4 (1851) 年)，履歴 ([生]嘉永2 (1849) 年12月16日)，歴大 ([生]1850年)

**押谷由夫** おしたによしお
昭和27 (1952) 年～
昭和～平成期の教育学者。昭和女子大学教授。専門は道徳教育、教育社会学。編著に「子どもが自ら学ぶ道徳教育」がある。
¶現執3期，現執4期

**鴛海謙斎** おしのうみけんさい
文政5 (1822) 年～明治25 (1892) 年　[別]鴛海謙斎《おしみけんさい》
江戸時代末期～明治期の医師。
¶大分歴 ([生]文政4 (1821) 年)，人名 (おしみけんさい)，日人

**鴛海米岳** おしのうみべいがく
文政2 (1819) 年～明治29 (1896) 年　[別]鴛海米岳《おしみべいがく》
江戸時代末期～明治期の漢学者。
¶人名 (おしみべいがく)，日人

**鴛海暘谷** おしのうみようこく
天保1 (1830) 年～明治23 (1890) 年　[別]鴛海暘谷《おしみようこく》
江戸時代末期～明治期の漢学者。藩立高田学校の教職。
¶人名 (おしみようこく)，日人

**鴛海量容** おしのうみりょうよう
文政2 (1819) 年～明治29 (1896) 年
江戸時代後期～明治期の涵養舎 (北豊唯一の学舎) で子弟の教育に当った人。
¶大分百，大分歴

**尾芝静所** おしばせいしょ
？ ～文化1 (1804) 年
江戸時代中期～後期の儒学者。
¶国書 (生没年不詳)，日人，兵庫人 ([没]文化1

お

(1804)年11月6日
¶群馬人

**鴛原利蔵** おしはらとしぞう
大正4(1915)年～昭和52(1977)年
昭和期の音楽教育者。
¶石川百

**小島俊作** おじましゅんさく
明治43(1910)年8月20日～
昭和期の教育者。
¶群馬人

**小島徳教** おじまとくのり
～文政12(1829)年
江戸時代後期の教育者、高知藩士。
¶高知人

**小島弘道** おじまひろみち
昭和18(1943)年8月8日～
昭和～平成期の教育学者。専門は学校経営学、教育経営学。著書に「学校改革の課題」など。
¶現執3期，現執4期

**鴛海謙斎** おしみけんさい
→鴛海謙斎(おしのうみけんさい)

**鴛海米岳** おしみべいがく
→鴛海米岳(おしのうみべいがく)

**鴛海暘谷** おしみようこく
→鴛海暘谷(おしのうみようこく)

**小津恒子** おずつねこ
→小津恒子(おづつねこ)

**尾関育三** おぜきいくぞう
昭和4(1929)年11月4日～
昭和期の教師、点字数学記号改良者。
¶視覚

**小関豊吉** おぜきとよきち
明治10(1877)年4月1日～昭和15(1940)年11月20日
明治～昭和期の郷土史家。
¶郷土，高知人，高知百

**小瀬助信** おぜすけのぶ
? ～元禄5(1692)年
江戸時代中期の儒学者。
¶人名，日人

**小園江丹宮** おそのえたみや
? ～明治32(1899)年
江戸時代末期～明治期の国学者、教育者。高崎藩五万石騒動の影の指導者。
¶藩臣2

**於大** おだい
江戸時代末期の女性。教育。嘉永7年「孝行和讃」を書いて教材にする。
¶江表(於大(神奈川県))

**小代伝三郎** おだいでんざぶろう
明治12(1879)年～昭和27(1952)年
明治～昭和期の教育者。

¶群馬人

**おだいら光一**(小平光一) おだいらこういち
昭和35(1960)年1月19日～
昭和～平成期の作曲家、音楽教育家、音楽家。
GROUPE1102で活動。
¶音人(小平光一)，作曲

**小高皐柳** おだかこうりゅう
文化5(1808)年～嘉永3(1850)年7月6日
江戸時代後期の俳諧作者・書道教授。
¶埼玉人

**小田勝己** おだかつみ
昭和27(1952)年～
昭和～平成期の教育学研究者。
¶現執4期

**尾高豊作** おだかとよさく
→尾高豊作(おだかほうさく)

**尾高豊作** おだかほうさく
明治27(1894)年7月9日～昭和19(1944)年1月4日
㊗尾高豊作《おだかとよさく》
大正～昭和期の実業家、教育運動家。郷土教育連盟理事、日本技術教育協会会長。埼玉銀行など多数の会社役員を務めた。日本児童社会学会を創立。著書に「学校教育と郷土教育」など。
¶現執，コン改，コン5，埼玉人，社史(㊗1894年7月7日)，出版(おだかとよさく)，出文，新潮，人名7，心理，世紀，日人，民学

**織田喜作** おだきさく
嘉永3(1850)年～明治42(1909)年
江戸時代末期～明治期の自治功労者。麻機村村長。教育、治水、産業に尽力。藍綬褒章受章。
¶静岡歴，人名，姓氏静岡，日人

**織田淑子** おだきよこ
明治42(1909)年4月21日～昭和63(1988)年2月29日
昭和期の学校創立者。愛国学園の設立に関わる。
¶学校

**小田切明徳** おだぎりあきのり
昭和～平成期の中学校教諭、性教育者。
¶YA

**小田切義譲** おたぎりぎじょう
嘉永1(1848)年～明治38(1905)年
江戸時代後期～明治期の教育者。
¶姓氏長野

**小田切正** おだぎりただし
昭和15(1930)年～
昭和期の教育学者。北海道教育大学教授。
¶現執1期

**小田桐孫一** おだぎりまごいち
明治44(1911)年～昭和57(1982)年
昭和期の教育者。
¶青森人

**小竹千香子** おだけちかこ
生没年不詳
昭和〜平成期の高校教諭、食物研究家。
¶児人

**尾竹正躬** おだけまさみ、おたけまさみ
明治36(1903)年〜昭和60(1985)年
昭和期の日本画家。
¶姓氏長野(おたけまさみ)、長野歴(おたけまさみ)、日画

**小田源吉** おだげんきち
明治1(1868)年8月20日〜大正7(1918)年9月19日
明治〜大正期の教育家。格致学院創立者。
¶学校、広島百

**小田堅立** おだけんりつ
→小田堅立(おだけんりゅう)

**小田堅立** おだけんりゅう
元治2(1865)年1月10日〜昭和19(1944)年5月26日　別小田堅立《おだけんりつ、おだすえたつ》
明治〜大正期の教育者。
¶岡山人(おだすえたつ)、岡山百、岡山歴(おだけんりつ)、世紀(おだけんりつ)、日人

**小田亨叔** おだこうしゅく
延享3(1746)年〜享和1(1801)年
江戸時代中期〜後期の藩校敬業館学頭。
¶姓氏山口

**小田穀山** おだこくさん
元文5(1740)年1月15日〜文化1(1804)年
江戸時代後期の儒学者。
¶朝日(㊞元文4(1739)年　㊨文化1年6月6日(1804年7月12日))、江戸、国書(㊨文化1(1804)年6月6日)、コン4、新潮(㊨文化1(1804)年6月6日)、人名、世人、新潟百、日人

**織田小三郎** おだこさぶろう
明治23(1890)年3月11日〜昭和42(1967)年8月29日　別織田枯山楼《おだこさんろう》
明治〜昭和期の俳人。愛国学園の設立に関わる。
¶学校、四国文(織田枯山楼　おだこさんろう)

**織田枯山楼** おだこさんろう
→織田小三郎(おだこさぶろう)

**小田済川** おだせいせん
→小田済川(おだせいせん)

**小田静枝** おだしずえ
明治34(1901)年〜昭和44(1969)年
大正〜昭和期の教育者(栄養料理学)。
¶高知人

**小田志の** おだしの
明治1(1868)年〜昭和13(1938)年
明治〜昭和期の教育者。
¶鳥取百

**小田島孤舟**(小田島弧舟) おだしまこしゅう、おだじまこしゅう
明治17(1884)年3月1日〜昭和30(1955)年12月4日
明治〜昭和期の歌人。歌集に「郊外の丘」など。
¶岩手人(小田島弧舟　㊨1955年12月5日)、岩手百、近文(おだじまこしゅう)、現情(おだじまこしゅう)、世紀、姓氏岩手、東北近、日人

**小田島健史** おだじまたけし
大正12(1923)年〜昭和49(1974)年
昭和期の高等学校相撲指導者。
¶神奈川人

**小田真一** おだしんいち
明治40(1907)年8月9日〜昭和52(1977)年8月22日
昭和期の教育運動家。新興教育同盟準備会書記長。技術教育協会に参加。戦後「週刊教育新聞」責任者となる。
¶コン改、コン4、コン5、社運、世紀、日人、平和

**小田堅立** おだすえたつ
→小田堅立(おだけんりゅう)

**小田清雄** おだすがお
？〜明治27(1894)年
明治期の国学者、神職。住吉神社主典。奈良県中学校で教鞭を執った。著書に「国文全書」がある。
¶神人(㊨明治27(1894)年7月)、人名、日人

**小田済川** おだせいせん
延享4(1747)年〜寛政13(1801)年　別小田済川《おだせいせん》
江戸時代中期〜後期の医師(長門長府藩医)、儒者。
¶国書(おだせいせん　㊨寛政13(1801)年1月15日)、人名(おだせいせん)、日人(おだせいせん)、洋学

**小田千太郎** おだせんたろう
明治20(1887)年5月〜
明治・大正期の工業教育。庁立函館工業校長。
¶北海道建

**織田忠長** おだただなが
天保7(1836)年〜明治38(1905)年1月27日
江戸時代末期〜明治期の和算家・小学校教員。
¶埼玉人

**小田為綱** おだためつな
天保10(1839)年〜明治34(1901)年4月5日
江戸時代末期〜明治期の思想家、教育者、政治家。衆議院議員。藩校作人館のち県学校の寮長をつとめ、八戸義塾を開く。著書に「三陸開拓書」「国憲草稿評林」。
¶青森人(㊨明治32(1899)年)、岩手人、岩手百、史人(㊞1839年9月)、社史(㊨天保10年(1839年9月))、人書94、姓氏岩手、幕末、幕末大、藩臣1(㊨明治31(1898)年)

**織田鶴姫** おだつるひめ
天保8(1837)年〜明治29(1896)年11月
江戸時代末期〜明治期の女性。織田信長唯一の血統。死後、信長の血統は絶えたが、頌徳碑が建てられた。

¶女性，女性普，日人

**織田長清**　おだながすみ，おだながずみ
寛文2(1662)年9月25日～享保7(1722)年10月7日
江戸時代中期の大名。大和戒重藩主、大和芝村藩主。
¶国書(おだながずみ)，諸系，日人，藩主3

**小谷三治**　おだにさんじ
→小谷秋水(こたにしゅうすい)

**男谷下総守**　おたにしもうさのかみ
→男谷精一郎(おだにせいいちろう)

**男谷精一郎**　おだにせいいちろう，おたにせいいちろう
寛政10(1798)年～元治1(1864)年　[別]男谷下総守《おたにしもうさのかみ》
江戸時代末期の幕臣、剣術家、講武所奉行並。
¶朝日([没]元治1年7月16日(1864年8月17日))，維新，岩史([生]寛政10(1798)年1月1日　[没]元治1(1864)年7月16日)，角史，近世，剣豪(男谷下総守　おたにしもうさのかみ)，国史，コン改(おたにせいいちろう)，コン4(おたにせいいちろう)，史人([生]1798年1月1日　[没]1864年7月16日)，新潮([生]寛政10(1798)年1月1日　[没]元治1(1864)年7月16日)，人名(おたにせいいちろう　[生]1810年)，世人([生]文化7(1810)年)，全書，大百，日史([没]元治1(1864)年7月16日)，日人，幕末([没]1864年8月17日)，百科，歴大

**小谷巣松**　おだにそうしょう，おたにそうしょう
天明8(1788)年4月9日～嘉永7(1854)年　[別]小谷巣松《こたにそうしょう》
江戸時代後期の伊勢津藩儒。
¶国書(おたにそうしょう　[没]嘉永7(1854)年3月2日)，人名，日人(こたにそうしょう)，三重

**小田信樹**　おだのぶき
弘化1(1844)年～明治43(1910)年
明治期の政治家、教育者。
¶静岡歴

**織田信敬**　おだのぶたか
天保7(1836)年～安政1(1854)年
江戸時代末期の大名。丹波柏原藩主。
¶諸系，日人，藩主3([生]天保6(1835)年　[没]嘉永6(1853)年7月25日)

**織田信民**　おだのぶたみ
天保11(1840)年～慶応1(1865)年
江戸時代末期の大名。丹波柏原藩主。
¶諸系，日人，藩主3([没]慶応1(1865)年6月26日)

**織田秀雄**　おだひでお
明治41(1908)年12月10日～昭和17(1942)年12月15日
昭和期の教育運動家、詩人。綴方運動の傍ら昔話を収集。プロレタリア児童文化運動に参加。
¶岩手人，岩手百，コン5，児文，社運，社史，世紀，姓氏岩手，日児，日人，平和

**織田又太郎**　おだまたたろう
文久2(1862)年～大正7(1918)年
明治～大正期の農業技術者、教育者。
¶世紀([生]文久2(1862)年3月14日　[没]大正7(1918)年11月9日)，日人

**小田村鄜山**　おだむらふざん
元禄16(1703)年～明和3(1766)年　[別]小田村鄜山《おだむらろくざん》
江戸時代中期の長州(萩)藩士、儒学者。
¶国書(おだむらろくざん　[没]明和3(1766)年8月23日)，人名(おだむらろくざん)，日人(おだむらろくざん)，藩臣6

**小田村藍田**　おだむららんでん
寛保2(1742)年～文化11(1814)年
江戸時代中期～後期の漢学者。
¶人名，日人

**小田村鄜山**　おだむらろくざん
→小田村鄜山(おだむらふざん)

**小田原右源治**　おだわらうげんじ
文化3(1806)年～明治17(1884)年
江戸時代末期～明治期の地方功労者。私塾教育に専念し、三池地方の文化に貢献。
¶藩臣7

**小田原金一**　おだわらきんいち
大正6(1917)年～平成10(1998)年
昭和～平成期の教育評論家、作家。
¶青森人

**落合勇**　おちあいいさむ
明治36(1903)年1月20日～
昭和期の童謡詩人、小学校教員。
¶日児

**落合健次郎**　おちあいけんじろう
天保4(1833)年～明治28(1895)年
江戸時代後期～明治期の田老塾師匠・村社日枝神社別当。
¶姓氏岩手

**落合聡三郎**　おちあいそうざぶろう
明治43(1910)年3月14日～平成7(1995)年2月26日
昭和期の学校劇作家。青少年演劇の指導者。少年演劇センター主宰。著書に「世界の児童劇」など。
¶近文，現朝，現情，現人，児作，児人，児文，世紀，日児，日人

**落合双石**　おちあいそうせき
天明5(1785)年～明治1(1868)年
江戸時代後期の日向飫肥藩儒用人。
¶維新，国書([没]慶応4(1868)年7月17日)，人名，日人，幕末([没]1868年9月3日)，三重，宮崎百([没]慶応4(1868)年7月8日)

**落合東郭**　おちあいとうかく
慶応3(1867)年11月19日～昭和17(1942)年1月9日
明治～昭和期の教育者。
¶詩作

**落合東堤**　おちあいとうてい
寛延2(1749)年～天保12(1841)年

江戸時代後期の漢学者。
¶秋田百，国書（[生]寛延2（1749）年1月1日　[没]天保12（1841）年8月15日），人名（[生]1753年），日人

**落合義雄** おちあいよしお
～平成4（1992）年8月20日
昭和～平成期の俳優。群馬県教育文化事業団評議員。
¶新芸

**越智キヨ** おちきよ
明治10（1877）年11月28日～昭和31（1956）年11月24日
大正～昭和期の家政学者。奈良女子高等師範学校教授。同志社女子専門学校、平安女学院などの講師をつとめる。著書に「新時代家事教本」など。
¶近女，女性（[没]？），世紀，日人

**越智宣哲** おちせんてつ
慶応3（1867）年9月13日～昭和16（1941）年11月13日
明治～昭和期の教育者。正気書院商業学校創立者。
¶学校，郷土奈良，世紀，日人

**越智退次郎** おちたいじろう
文化14（1817）年～明治26（1893）年
江戸時代末期～明治期の教育者。三草藩廃藩後、小学校設立に尽力。翠渓学校・報国学校の凝視をつとめる。
¶藩臣5

**越智恒孝** おちつねたか
明治27（1894）年～昭和25（1950）年
大正～昭和期の教育者・画家。
¶愛媛，愛媛百（[生]明治27（1894）年12月6日　[没]昭和25（1950）年10月25日）

**越智俊夫** おちとしお
大正13（1924）年～昭和63（1988）年
昭和期の教育者・松山商科大学学長。
¶愛媛

**越智直三郎** おちなおさぶろう
明治19（1886）年～昭和40（1965）年
明治～昭和期の教育者・政治家。
¶愛媛，愛媛百（[生]明治19（1886）年9月10日　[没]昭和40（1965）年3月6日）

**越智鳳台** おちほうだい
延享3（1746）年～安永7（1778）年
江戸時代中期の儒学者。
¶国書（[没]安永7（1778）年6月5日），人名（[生]1731年），日人

**乙骨三郎** おつこつさぶろう，おっこつさぶろう
明治14（1881）年5月17日～昭和9（1934）年8月19日
明治～昭和期の音楽教育家，唱歌作詞家。東京音楽学校教授。文部省唱歌の編集委員、作詞作業にあたる。作品に「鳩」「浦島太郎」「汽車」など。
¶音楽（おっこつさぶろう），音人，現朝，世紀，哲学（おっこつさぶろう），日人

**乙骨耐軒** おっこつたいけん，おつこつたいけん
文化3（1806）年～安政6（1859）年
江戸時代後期の甲府徽典館学頭。
¶江文（おつこつたいけん），国書（おつこつたいけん　[没]安政6（1859）年7月16日），人名，日人（おつこつたいけん），幕末（[没]1859年8月），山梨文

**乙骨太郎乙** おっこつたろういつ，おつこつたろういつ
→乙骨太郎乙（おつこつたろうおつ）

**乙骨太郎乙** おつこつたろうおつ，おっこつたろうおつ
天保13（1842）年～大正10（1921）年7月19日
[別]乙骨太郎乙《おっこつたろういつ，おつこつたろういつ》
江戸時代末期～明治期の英学者、翻訳家。沼津兵学校教授、海軍省御用掛。漢・蘭・英に通じ開成所教授手伝、教授を歴任。各種の翻訳を担当。
¶朝日（[没]大正11（1922）年7月19日），維新（おつこつたろういつ），江文（[没]大正11（1922）年），コン5（おつこつたろういつ），静岡歴（[没]大正11（1922）年），徳川臣（[没]1922年），日人，幕末（おっこつたろういつ），幕末大（おっこつたろういつ），洋学（おっこつたろうおつ）

**小津恒子** おづつねこ，おずつねこ
大正6（1917）年～昭和63（1988）年2月21日
昭和期のピアノ教育者。
¶愛知女，女性（おずつねこ），女性普（おずつねこ）

**小寺藍洲** おでららんしゅう
天明7（1787）年～安政5（1858）年　[別]小寺藍州《こてららんしゅう》
江戸時代後期の漢学者。
¶人名，日人（小寺藍州　こてららんしゅう）

**音喜多富寿** おときたとみじゅ
明治38（1905）年～昭和50（1975）年　[別]音喜多富寿《おときたとみとし》，音喜多富壽《おときたとみとし》
明治～昭和期の考古学者、俳人。
¶青森人，青森百，郷土，考古（おときたとみとし　[生]明治38（1905）年1月5日　[没]昭和50（1975）年8月26日）

**音喜多富寿** おときたとみとし
→音喜多富寿（おときたとみじゅ）

**乙竹岩造** おとたけいわぞう
明治8（1875）年9月29日～昭和28（1953）年6月17日
明治～昭和期の教育学者，教育史学者。東京文理大学教授。日本教育史研究を先駆けた。著書に「日本庶民教育史」など。
¶教育，近現，現朝，国史，コン改，コン5，史人，児文，新潮，人名7，心理，世紀，世百，世百新，先駆，全書（[没]1952年），渡航（[生]1875年10月29日），日史，日人，百科

**乙部孝吉** おとべこうきち
明治16（1883）年～昭和19（1944）年1月25日
明治～昭和期の教育者。

¶岩手人

**尾鳥小兵衛** おとりこへえ
大正13(1924)年11月11日～
昭和～平成期の音楽教育者。
¶音人2、音人3

**音羽融** おとわとおる
大正3(1914)年～平成7(1995)年
昭和期の郷土史家。
¶郷土、島根歴

**小内悦太郎** おないえつたろう
明治14(1881)年6月23日～昭和18(1943)年5月28日
明治～昭和期の教育者。
¶群馬人

**翁長信全** おながしんぜん
明治26(1893)年11月18日～昭和55(1980)年9月27日
大正～昭和期の教育者、政治家。石垣町町長、石垣市市長。
¶社史、姓氏沖縄

**鬼形守三** おにがたもりぞう
明治25(1892)年～昭和34(1959)年
大正～昭和期の教育者。
¶群馬人

**鬼木豊** おにきゆたか
昭和10(1935)年7月25日～
昭和～平成期の感性教育研究家。日本感性教育研究所感性人間塾主宰。専門は感性人間学、感性人間実践学。著書に「ヒューマンパワー『感性が回復する』」など。
¶現執3期

**鬼木柳緑** おにきりゅうろく
安政6(1859)年7月5日～大正12(1923)年11月6日
明治・大正期の学者、教育家。
¶豊前

**鬼沢大海** おにざわおおうみ
→鬼沢大海(おにざわおおみ)

**鬼沢大海** おにざわおおうみ、おにざわおおみ
寛政5(1793)年～明治8(1875)年 ㊙鬼沢大海《おにざわおおうみ、きさわおおみ》
江戸時代末期～明治期の国学者。笠間藩、志筑藩に招かれて国学と和歌を教授。
¶茨城百(おにざわおおうみ)、茨城歴、国書(おにざわおおみ ㊤寛政3(1791)年 ㊦明治6(1873)年11月19日)、人書94(おにざわおおうみ)、神人(きさわおおみ)、日人、幕末(おにざわおおうみ ㊤1875年11月19日)、幕末大(おにざわおおうみ ㊦明治8(1875)年11月19日)

**鬼塚秋花** おにつかしゅうか
明治7(1874)年～大正1(1926)年
明治～大正期の教育者。小学校訓導・校長。鹿児島朝日新聞社支局長・立憲民政党鹿児島県代議員。

¶姓氏鹿児島

**小貫博堂** おぬきはくどう
明治12(1879)年6月13日～昭和35(1960)年1月18日 ㊙小貫廉《おぬきれん》
明治～昭和期の日本画家、教師。
¶庄内(小貫廉 おぬきれん)、山形百

**小貫廉** おぬきれん
→小貫博堂(おぬきはくどう)

**小沼洋夫** おぬまなみお
明治40(1907)年1月17日～昭和41(1966)年7月1日
大正～昭和期の文部官僚。
¶秋田人2、履歴、履歴2

**小野梓** おのあずさ
嘉永5(1852)年2月20日～明治19(1886)年1月11日
明治期の政治家、法学者。太政官少書記官。共存同衆を設立、立憲改進党を結成。東京専門学校の創立に貢献。著書に「国憲汎論」など。
¶朝日(㊤嘉永5年2月20日(1852年3月10日))、岩史、海越、海越新、角史、教育、近現、近文、高知人、高知百、国史、コン改、コン5、四国文、史人、社史、重要、出版、出文、新潮、人名、世人、世百、全書、大百、哲学、渡航、日史、日本、幕末(㊦1886年1月10日)、百科、民学、履歴、歴大

**小野アンナ** おのあんな
明治29(1896)年3月14日～昭和54(1979)年5月8日
明治～昭和期のヴァイオリニスト、音楽教育家。武蔵野音楽大学教授。ヴァイオリンの早期教育を目指し音楽教室を主宰。
¶音楽、音人(㊤1894年4月1日)、女性、女性普、新芸(㊤1894年4月1日)、新潮、世紀、日人

**小野以正** おのいせい
天明5(1785)年～安政5(1858)年 ㊙小野以正《おのもちまさ》、小野光右衛門《おのみつえもん》
江戸時代後期の数学者。
¶国書(おのもちまさ ㊦安政5(1858)年10月17日)、人名、日人(小野光右衛門 おのみつえもん)

**尾上三郎** おのうえさぶろう
明治21(1888)年9月4日～昭和44(1969)年3月9日
大正～昭和期の教育者。
¶埼人

**小野岡継光** おのおかけいこう★
宝暦7(1757)年6月6日～
江戸時代中期の秋田藩校の文学者。
¶秋田人2

**小野鶴山** おのかくさん
元禄14(1701)年～明和7(1770)年 ㊙小野道熈《おのみちひろ》
江戸時代中期の若狭小浜藩士、儒学者。
¶国書(㊦明和7(1770)年6月14日)、人名(小野

道凞　おのみちひろ)，姓氏京都，日人，藩臣3

**小野克子** おのかつこ
明治29(1896)年3月1日～昭和36(1961)年3月31日
大正～昭和期の教育者、歌人。教員生活の傍ら短歌を志す。「林間」等の同人誌で活躍。歌集に「犬に伏せる面」。
¶女性，女性普

**小野鵞堂**(小野鵝堂) おのがどう
文久2(1862)年～大正11(1922)年
明治～大正期の書家。大蔵省書記、東宮御用掛。和様の書を研究し斬華会を興し、書道の普及に尽力。鵞堂流。
¶朝日([生]文久2年2月11日(1862年3月11日) [没]大正11(1922)年12月6日)，近現，国史，コン改，コン5，史人([生]1862年2月11日　[没]1922年12月6日)，静岡百，静岡歴，新潮([生]文久2(1862)年2月12日　[没]大正11(1922)年12月7日)，人名(小野鵝堂)，世紀([生]文久2(1862)年2月11日　[没]大正11(1922)年12月6日)，姓氏静岡，世人([生]文久2(1862)年2月12日　[没]大正11(1922)年12月7日)，世百，全書，大百，伝記，日人，日本，美術，百科

**小野木義男** おのぎよしお
昭和12(1937)年～
昭和期の教育者。
¶中濃続

**小野清照** おのきよてる
嘉永4(1851)年1月5日～大正13(1924)年12月23日
江戸時代後期～大正時代のフランス語教師。
¶幕末大

**小野清典** おのきよのり
？～文化15(1818)年
江戸時代後期の安蘇郡上彦間村の修験者、和塾教師。
¶栃木歴

**小野倉蔵** おのくらぞう
明治41(1908)年2月24日～平成9(1997)年11月6日
昭和期の福祉活動家。
¶世紀，日人

**小野圭次郎** おのけいじろう
明治2(1869)年～昭和27(1952)年11月11日
明治～昭和期の英語学者、英語教育者。「英文の解釈」は広く受験生の愛読書。
¶愛媛，愛媛百([生]明治2(1869)年9月3日)，現朝([生]明治2年3月9日(1869年4月20日))，現情([生]明治2(1869)年3月9日)，新潮([生]明治2(1869)年3月9日)，人名7，世紀([生]明治2(1869)年3月9日)，日人([生]明治2(1869)年3月9日)，福岡百([生]明治2(1869)年9月3日)，福島百，民学

**小野啓三** おのけいぞう
大正4(1915)年6月8日～平成5(1993)年5月1日
昭和～平成期の教育者。
¶岡山歴

**小野玄信** おのげんしん
天明7(1787)年～文政11(1828)年
江戸時代後期の医師。
¶人名，日人

**小野玄忠** おのげんちゅう
弘化1(1844)年～明治22(1889)年
江戸時代後期～明治期の医師、寺子屋師匠。
¶姓氏岩手

**小野好純** おのこうじゅん
元禄3(1690)年～宝暦13(1763)年　[別]小野好純《おのよしずみ》
江戸時代中期の歌人。
¶大阪人(おのよしずみ　[没]宝暦13(1763)年10月)，大阪墓([没]宝暦13(1763)年10月2日)，国書(おのよしずみ　[没]宝暦13(1763)年10月2日)，人名(おのよしずみ　[生]？)，日人(おのよしずみ)

**小野浩三** おのこうぞう
昭和期の社会・教育心理学者。産業行動研究所所長。
¶現執2期

**小野広胖** おのこうはん
文化14(1817)年10月23日～明治31(1898)年10月29日　[別]小野広胖《おのこうはん(ひろとき)，おのひろなお》，小野友五郎《おのともごろう》，小野廣胖《おのひろなお》
江戸時代末期～明治期の数学者、実業家。軍艦操練所教授方。新橋・横浜鉄道建設のため測量。のち製塩業に従事。
¶朝日(小野友五郎　おのともごろう　[生]文化14年10月23日(1817年12月1日))，維新(小野友五郎　おのともごろう)，茨城百(小野友五郎　おのともごろう)，茨城歴(小野友五郎　おのともごろう)，海越(小野友五郎　おのともごろう)，海越新(小野友五郎　おのともごろう)，江人(小野友五郎　おのともごろう　[生]1831年)，江文(小野友五郎　おのともごろう)，科学(小野友五郎　おのともごろう)，郷土茨城(小野友五郎　おのともごろう)，近現，近世，近土(小野友五郎　おのともごろう)，国際(小野友五郎　おのともごろう)，国史，国書，コン改(生没年不詳)，コン4(生没年不詳)，コン5，人書94(小野友五郎　おのともごろう)，新潮，人名(小野友五郎　おのともごろう)，数学(おのひろなお)，世人(生没年不詳)，先駆(小野友五郎　おのともごろう)，全書(小野友五郎　おのともごろう　[生]1831年)，全幕(小野友五郎　おのともごろう)，大百(小野友五郎　おのともごろう　[生]1831年)，鉄道(小野友五郎　おのともごろう　[生]1817年12月1日)，徳川臣(おのこうはん(ひろとき))，土木(小野友五郎　おのともごろう)，長崎遊(小野友五郎　おのともごろう)，日人，幕末(小野友五郎　おのともごろう)，幕末大(小野友五郎　おのともごろう)，藩臣2(小野友五郎　お

のともごろう），民学（小野友五郎　おのともごろう），洋学（小野友五郎　おのともごろう）

**小野衡平**　おのこうへい
明治18（1885）年～昭和41（1966）年
明治～昭和期の教育者。
¶愛媛

**小野光洋**　おのこうよう
明治33（1900）年4月4日～昭和40（1965）年11月19日
昭和期の日蓮宗僧侶、政治家。立正学園創立者、参議院議員、文部政務次官。立正幼稚園、立正裁縫女学校を創立。立正学園（後の文教学園）理事長。
¶学校，現情，人名7，世紀，政治，日人，仏人（㊥1898年），山梨百

**小野権次郎**　おのごんじろう
文久2（1862）年～
明治～大正期の教育者。
¶神奈川人

**小野斎美**　おのさいみ
天保7（1836）年～明治28（1895）年
江戸時代後期～明治期の安蘇郡下彦間村の修験者、神主、和塾教師。
¶栃木歴

**小野崎順子**　おのざきじゅんこ
大正9（1920）年1月7日～昭和36（1961）年9月25日
昭和期の俳人、高等女学校教諭。
¶女性，女性普，北海道文

**小野崎晋三**　おのざきしんぞう
明治36（1903）年3月2日～昭和44（1969）年3月15日
昭和期の教育者、作曲家。
¶秋田人2，秋田百

**小野崎通亮**　おのざきみちあきら
→小野崎通亮（おのざきみちすけ）

**小野崎通亮**　おのざきみちすけ
天保4（1833）年～明治36（1903）年7月21日　㊥小野崎通亮《おのざきみちあきら》
江戸時代末期～明治期の祠官。秋田県神道界に長老として君臨、著書に「大日本史列女伝稟求」「古四王神社考」など。
¶維新，神人（㊥天保4（1833）年2月19日），人名（おのざきみちあきら），日人，幕末，藩臣1

**小野崎靱負**　おのさきゆきえ★
明治8（1875）年3月12日～昭和2（1927）年7月1日
明治～昭和期の教師。
¶秋田人2

**尾野作次郎**　おのさくじろう
明治34（1901）年11月20日～平成4（1992）年7月3日
大正～平成期の教育者。
¶岡山歴

**小野さつき**　おのさつき
明治34（1901）年6月14日～大正11（1922）年7月7日
明治～大正期の教育者。川でおぼれた児童を救助する際、殉職。義捐金をもとに「小野さつき女子奨励会」が設立。
¶近女，女性，女性普，人名，世紀，姓氏宮城，日人，宮城百

**小野里巴水**　おのざとはすい
？　～文政2（1819）年
江戸時代中期～後期の教育者。
¶姓氏群馬

**小野沢かつ**　おのざわかつ
生没年不詳
明治期の教員。
¶埼玉人

**小野沢恵斎**　おのざわけいさい
文化11（1814）年～明治11（1878）年　㊥小野沢律蔵《おのざわりつぞう》
江戸時代後期～明治期の飯山藩校の儒員。
¶姓氏長野（小野沢律蔵　おのざわりつぞう），長野百，長野歴

**小野沢平左衛門**　おのざわへいざえもん
→小野沢義信（おのざわよしのぶ）

**小野沢実**　おのざわみのる
昭和期の教育問題専門家。
¶現執2期

**小野沢義信**　おのざわよしのぶ
寛政3（1791）年～嘉永1（1848）年　㊥小野沢平左衛門《おのざわへいざえもん》
江戸時代後期の上野渋川の里正。
¶人名，日人（小野沢平左衛門　おのざわへいざえもん）

**小野沢律蔵**　おのざわりつぞう
→小野沢恵斎（おのざわけいさい）

**小野士格**　おのしかく
生没年不詳
明治～大正期の教員、新聞記者、政治家。
¶青森人

**小野茂**　おのしげる
明治38（1905）年～昭和51（1976）年
昭和期の教育者。
¶大分歴

**小野島右左雄**　おのしまうさお，おのじまうさお
大正～昭和期の教育学者、心理学者。水戸高等学校教授。ゲシュタルト体制論などから教育問題を研究。著書に「心理学要説」など。
¶教育（おのじまうさお　㊥1893年），㊦1944年），心理（㊥明治27（1894）年3月26日　㊦昭和16（1941）年1月24日）

**小野述信**　おのじゅっしん，おのじゅつしん
文政7（1824）年～明治43（1910）年
江戸時代末期～明治期の明倫館小学師匠、神祇

官。皇道宣教に尽力。
¶維新(おのじゅつしん)，神人，幕末(おのじゅつしん)，幕末大(おのじゅつしん)

**小野俊一** おのしゅんいち
明治12(1879)年～昭和46(1971)年
明治～昭和期の教育者。
¶静岡歴，姓氏静岡

**小野祥一郎** おのしょういちろう
昭和24(1949)年2月15日～
昭和期の教師。
¶視覚

**小野次郎右衛門〔忠明〕**(小野次郎右衛門) おのじろうえもん
→小野忠明(おのただあき)

**小野精市** おのせいいち
明治10(1877)年～昭和25(1950)年
大正期の教育家、地方史研究家。大分県立宇佐中学校教諭。大分県史を研究。
¶郷土(㊥明治10(1877)年11月27日)，史研

**小野忠明** おのただあき
？～寛永5(1628)年 ㊞小野次郎右衛門〔忠明〕《おのじろうえもん》，小野次郎右衛門《おのじろうえもん》，神子上忠明《みこがみただあき》，御子神典膳《みこがみてんぜん》
安土桃山時代～江戸時代前期の剣術家。将軍徳川秀忠の剣術師範。
¶朝日(㊥寛永5年11月7日(1628年12月2日))，江人(㊥1565年)，角史，近世，剣豪(小野次郎右衛門 おのじろうえもん ㊥永禄8(1565)年)，国史，史人(㊥1628年11月7日)，新潮(㊥寛永5(1628)年11月7日)，人名(神子上忠明 みこがみただあき)，世人(神子上忠明 みこがみただあき)，戦告，戦国，全書(㊥1565年)，戦人，全戦，大百(小野次郎右衛門〔忠明〕 おのじろうえもん)，徳川臣(㊥？)，日史(㊥寛永5(1628)年11月7日)，日人(㊥1565年)，百科，歴大(㊥1563年？)

**小野忠明** おのただあきら
明治36(1903)年～平成6(1994)年
大正～平成期の考古学研究者、教育者、美術家。
¶青森人，青森美

**小野忠男** おのただお
昭和20(1945)年～
昭和～平成期の教育学研究家。にっけん幼児教室理事長。
¶児人

**小野田元** おのだはじめ
明治期のキリスト者・教育者。
¶岡山人

**小野経男** おのつねお
昭和6(1931)年12月22日～
昭和～平成期の言語学者。名古屋大学教授。専門は応用言語学、英語学、英語教育。著書に「現代の英文法9・助動詞」など。

¶現執3期

**小野恒剛** おのつねたけ
嘉永5(1852)年～
明治期の教育者。
¶神奈川人

**小野寺あいし** おのでらあいし
明治19(1886)年～昭和43(1968)年
明治～昭和期の教育者。
¶宮城百

**小野寺文之進** おのでらふみのしん
明治16(1883)年？～昭和37(1962)年
明治～昭和期の教育者。
¶姓氏岩手

**小野藤兵衛〔3代〕** おのとうべえ
天保13(1842)年～明治36(1903)年
明治期の実業家。羽田小学校仮校舎の建設に資金や土地を提供。
¶日人

**小野友五郎** おのともごろう
→小野広胖(おのこうはん)

**小野連峯** おののつらみね
平安時代前期の官人。
¶古人

**小野道風** おののとうふう
寛平6(894)年～康保3(966)年12月27日 ㊞小野道風《おののみちかぜ, おのみちかぜ》
平安時代中期の能書家、公卿。和様の開祖。
¶愛知百，朝日(おののみちかぜ ㊥康保3年12月27日(967年2月9日))，岩史(おののみちかぜ)，角史(おののみちかぜ)，教育(㊥964年)，京都(おののみちかぜ)，京都大(おののみちかぜ)，国史(おののみちかぜ)，国書(おののみちかぜ)，古中(おののみちかぜ)，コン改(おののみちかぜ)，コン4(おののみちかぜ)，史人(おののみちかぜ)，重要，諸系(おののみちかぜ ㊥967年)，人書94(おののみちかぜ)，新潮(おののみちかぜ)，人名(㊥983年)，姓氏愛知(おののみちかぜ)，姓氏京都(おののみちかぜ)，世人(おののみちかぜ)，世百，全書，大百(㊥896年)，茶道，伝記，日史，日人(おののみちかぜ ㊥967年)，美術，百科，平史(おののみちかぜ)，歴大(おののみちかぜ)

**小野伸義**(小野信義) おののぶよし
昭和12(1937)年～
昭和～平成期の高校教諭、小説家。
¶幻作，幻想(小野信義)

**小野道風** おののみちかぜ
→小野道風(おののとうふう)

**小野花城** おのはなしろ★
明治22(1889)年8月10日～昭和32(1957)年3月20日
大正・昭和期の教育者。
¶秋田人2

お

**小野原琴水** おのばらきんすい
文化7(1810)年～明治6(1873)年5月13日　[別]小野原善言《おのはらぜんげん,おのばらぜんげん》
江戸時代後期～明治期の儒学者。
¶維新(小野原善言　おのはらぜんげん),新潮(小野原善言　おのばらぜんげん　[生]文化10(1813)年),人名(小野原善言　おのばらぜんげん　[生]1813年),日人,幕末(小野原善言　おのはらぜんげん),藩臣7(小野原善言　おのはらぜんげん)

**小野原善言** おのはらぜんげん,おのばらぜんげん
→小野原琴水(おのばらきんすい)

**小野浩** おのひろし
昭和10(1935)年1月1日～
昭和期の教育社会学・社会科教育学者。山梨大学教授。
¶現執2期

**小野広胖** おのひろとき
→小野広胖(おのこうはん)

**小野広胖** おのひろなお
→小野広胖(おのこうはん)

**小野弘度** おのひろのり
生没年不詳
江戸時代後期の心学者。
¶国書

**小野文子** おのふみこ
明治40(1907)年～昭和55(1980)年
昭和期の婦人教育指導者。
¶信州女,長野歴

**小野平八郎** おのへいはちろう
明治23(1890)年～昭和51(1976)年
大正～昭和期の教育家。
¶宮城百

**小野平六** おのへいろく
明治24(1891)年～昭和57(1982)年
大正～昭和期の教育家。
¶大分歴

**小野征夫** おのまさお
昭和18(1943)年4月23日～
昭和期の中等教育・社会教育研究者。
¶現執2期

**小野正文** おのまさふみ
大正2(1900)年1月4日～平成19(2007)年9月11日
昭和・平成期の郷土文学・太宰治研究家・教育者。
¶東北近

**小野三男治** おのみおじ
明治37(1904)年5月5日～昭和54(1979)年7月9日
昭和期の教育者、口演童話家。
¶日児

**小野道風** おのみちかぜ
→小野道風(おののとうふう)

**小野道凞** おのみちひろ
→小野鶴山(おのかくざん)

**小野光右衛門** おのみつえもん
→小野以正(おのいせい)

**小野光景**(小野三景) おのみつかげ
弘化2(1845)年3月15日～大正8(1919)年9月18日
明治期の実業家。横浜正金銀行頭取。横浜商法会議所、横浜商法学校の設立者。
¶神奈川人,神奈川百(小野三景),人名,世紀,姓氏神奈川,先駆,長野歴,日人

**小野以正** おのもちまさ
→小野以正(おのいせい)

**小野元佳** おのもとよし
天保7(1836)年～明治37(1904)年
江戸時代末期～明治期の教育者。
¶幕末([没]1904年1月20日),幕末大([生]天保7(1837)年11月30日　[没]明治37(1904)年1月26日),藩臣1

**小野懐之** おのやすゆき
文政8(1825)年～明治41(1908)年
明治期の教育者。
¶神奈川人

**小野有香** おのゆうこう
明治15(1882)年3月16日～昭和40(1965)年3月17日　[別]小野吉勝《おのよしかつ》
大正～昭和期の歌人、詩人、社会主義者。「直言」の編集にたずさわり、短歌「暗潮」などを発表。
¶アナ(小野吉勝　おのよしかつ),近文,社史,世紀,奈良文

**小野洋子** おのようこ
昭和6(1931)年～
昭和～平成期の児童文学作家、幼稚園教諭。
¶児人

**小野芳香** おのよしか
明治25(1892)年7月19日～昭和33(1958)年3月25日
明治～昭和期の小学校教師、郷土史家、作曲家。
¶作曲

**小野吉勝** おのよしかつ
→小野有香(おのゆうこう)

**小野好純** おのよしずみ
→小野好純(おのこうじゅん)

**小野由之丞** おのよしのじょう
明治6(1873)年～昭和25(1950)年
明治～昭和期の教育家。豊州女学校設立者。
¶大分歴,学校

**おのりえん**
昭和34(1959)年～
昭和～平成期の絵本作家、教育相談所心理相談員。
¶幻想,児人

**小野隆祥** おのりゅうしょう
明治43(1910)年3月30日～昭和61(1986)年12月

20日
昭和期の思想家。
¶岩手人

**小幡篤次郎**　おばたあつじろう
→小幡篤次郎(おばたとくじろう)

**小畠逸良**　おばたいつりょう
明治28(1895)年～？
大正～昭和期の教育家、政治家。京都府議会議員。
¶姓氏京都

**小畑鹿太**　おばたしかた
江戸時代末期の国学者、豊後岡藩士。
¶人名，日人(生没年不詳)

**小幡甚三郎**　おばたじんざぶろう
弘化2(1845)年12月5日～明治6(1873)年
江戸時代末期～明治期の教育者。開成所教授手伝。J.J.ルソーの紹介者。訳書に「西洋学校軌範」。
¶朝日(㊓弘化2年12月5日(1846年1月2日)　㊙明治6(1873)年1月29日)，海越(㊙明治6(1873)年1月)，海越新(㊙明治6(1873)年1月)，教育，国際，新潮(㊙明治6(1873)年1月20日)，先駆(㊓弘化2(1846)年12月5日　㊙明治6(1873)年1月29日)，渡航(㊓？　㊙1873年1月)，日人(㊓1846年)，洋学

**小畑哲雄**　おばたてつお
昭和2(1927)年～
昭和～平成期の教師・平和運動家。
¶平和

**小幡篤次郎**(小畑篤次郎)　おばたとくじろう
天保13(1842)年～明治38(1905)年4月16日
㊕小幡篤次郎《おばたあつじろう》
明治期の教育者。慶応義塾長。総合的科学入門書出版の第1号。貴族議員。著書に「博物新編補遺」「宗教原論」など。
¶朝日(㊓天保13年6月8日(1842年7月15日))，海越新(㊓天保13(1842)年6月8日)，江文，大分百，大分歴，教育，近現，国際(㊓天保12(1841)年)，国史，コン改(小畑篤次郎　㊓1841年)，コン5(㊓天保12(1841)年)，史人(㊓1842年6月8日)，新潮(㊓天保12(1841)年，(異説)天保13(1842)年)，人名，先駆(㊓天保12(1841)年6月8日)，全書，大百，哲学，渡航(㊓1842年6月)，日史(㊓天保13(1842)年6月8日)，日人，幕末(おばたあつじろう)，幕末大，藩臣7(おばたあつじろう)，百科，洋学，歴大

**御幡雅文**　おばたまさぶみ，おばたまさふみ
安政6(1859)年～大正1(1912)年
明治～大正期の中国語教師。日清貿易研究所教師。日清役通訳の養成者。
¶人名，渡航(おばたまさふみ　㊓1859年4月8日　㊙1912年3月10日)，日人

**小圃六一**　おばたろくいち
元治1(1864)年～昭和3(1928)年
明治～昭和期の美術教育者、画家。
¶姓氏岩手(㊓1863年)，姓氏宮城，宮城百

**尾花勇**　おばないさみ
大正3(1914)年5月10日～平成2(1990)年12月28日
昭和～平成期の音楽教育家。
¶埼玉人

**小花冬吉**　おばなとうきち
→小花冬吉(おばなふゆきち)

**小花冬吉**　おばなふゆきち
安政3(1856)年～昭和9(1934)年3月8日　㊕小花冬吉《おばなとうきち》
明治～昭和期の製鉄技師、鉱業教育家。秋田鉱山専門学校校長。古来の砂鉄製錬法の近代化に尽くす。鉱山技術者の育成に尽力。
¶秋田人2(㊓安政3年10月3日)，秋田百，海越(㊓安政3(1856)年1月10日)，海越新(㊓安政3(1856)年1月10日)，科学(㊓1856年(安政3)10月3日)，世紀(㊓安政3(1856)年10月3日)，全書，大百，渡航(おばなとうきち)，日人

**小浜氏興**　おばまうじおき
天保14(1843)年～大正2(1913)年
江戸時代末期～大正期の実業家。塩田経営者。工業従弟学校を創設。西南戦争では薩軍に参加。
¶姓氏鹿児島

**小浜芝亭**　おばましてい
元文1(1736)年～天保3(1832)年
江戸時代中期～後期の郷黌毓英館教授、初代総裁。
¶姓氏鹿児島

**小浜清渚**　おはませいしょ，おばませいしょ
寛政1(1789)年～安政2(1855)年　㊕小浜樸斎《おばまぼくさい》
江戸時代末期の漢学者、教育者。
¶江文(小浜樸斎　おばまぼくさい)，国書(おばませいしょ　㊙安政2(1855)年3月14日)，人名(㊓1793年　㊙1856年)，日人，三重(小浜樸斎)

**小浜樸斎**　おばまぼくさい
→小浜清渚(おはませいしょ)

**小浜嘉隆**　おはまよしたか
慶長5(1600)年～寛文4(1664)年　㊕小浜嘉隆《こはまよしたか》
江戸時代前期の砲術家。
¶大阪人(㊓慶長4(1599)年　㊙寛文4(1664)年3月)，大阪墓(㊙寛文4(1664)年3月23日)，人名(こはまよしたか)，日人(こはまよしたか)

**尾林栄治**　おばやしえいじ★
明治43(1910)年3月18日～
昭和期の大平町教育長。
¶栃木人

**尾原昭夫**　おばらあきお
昭和7(1932)年6月30日～
昭和～平成期の音楽教育者。
¶音人2，音人3

**小原君雄**　おはらきみお
宝暦2(1752)年～天保6(1835)年

お

江戸時代中期～後期の近江彦根藩士。
¶国書（[没]天保6（1835）年2月30日），人名，日人，藩臣4

**小原国芳** おばらくによし
明治20（1887）年4月8日～昭和52（1977）年12月13日
大正～昭和期の教育家、玉川学園学園長。成城小学校の経営に尽力。玉川学園を創設。個性教育を貫く。興亜工業大学（後の千葉工業大学）の設立にも関わる。
¶鹿児島百，学校，教育，キリ（[生]明治20（1886）年4月8日），近現，現朝，現執1期，現情，現人，現日，国史，コン改，コン4，コン5，薩摩，史人，児文，出版，出文，新潮，人名7，世紀，姓氏鹿児島，世百新，全書，哲学，日人，百科，町田歴，民学，履歴，履歴2，歴大

**小原光一** おはらこういち
昭和6（1931）年1月20日～
昭和～平成期の教育学者。専門は音楽教育。著書に「豊かな心を育てる音楽指導」など。
¶音人，音人2，音人3，現執3期

**小原春造** おはらしゅんぞう
宝暦12（1762）年～文政5（1822）年　[別]小原峒山《おはらとうざん》
江戸時代中期～後期の本草家。
¶朝日（[没]文政5年11月14日（1822年12月26日）），国書（小原峒山　おはらとうざん　[没]文政5（1822）年11月14日），コン改，コン4，人名（[生]？　[没]1820年），徳島百，徳島歴，日人，藩臣6，洋学

**尾原惣八**（尾原総八） おばらそうはち，おはらそうはち
*～明治26（1893）年
明治期の数学者。雲州松江藩士。多数の門人を教育。
¶島根人（尾原総八　[生]天保10（1839）年　[没]明治25（1892）年），島根歴（[生]天保10（1839）年　[没]明治25（1892）年），人名（[生]？），数学（おはらそうはち　[没]明治26（1893）年12月），日人（[生]？）

**小原大丈軒** おはらだいじょうけん
寛永14（1637）年～正徳2（1712）年11月6日　[別]小原正義《おはらまさよし》
江戸時代前期～中期の備前岡山藩士。
¶岡山人，岡山百，岡山歴（[生]寛永14（1637）年4月18日），国書，人名（小原正義　おはらまさよし），日人，藩臣6

**小原忠彦** おはらただひこ
生没年不詳
昭和期の小学校教員。
¶社史

**小原忠次郎** おばらちゅうじろう
嘉永3（1850）年～明治37（1904）年
江戸時代後期～明治期の教育者・書家。
¶姓氏岩手

**小原哲郎** おばらてつろう
大正10（1921）年8月8日～
昭和～平成期の教育学者。玉川大学教授。
¶現情

**小原峒山** おはらとうざん
→小原春造（おはらしゅんぞう）

**小原直哉** おばらなおや
昭和36（1961）年12月14日～
昭和～平成期の教育者。
¶視覚

**小原弘子** おはらひろこ
昭和21（1946）年～
昭和～平成期の児童文学作家、小学校教諭。
¶児人

**小原福治** おはらふくじ
明治16（1883）年～昭和40（1965）年
明治～昭和期の教育者、キリスト者。
¶姓氏長野，長野百，長野歴

**小原正義** おはらまさよし
→小原大丈軒（おはらだいじょうけん）

**小原義正** おばらよしまさ
明治38（1905）年～昭和41（1966）年
昭和期の詩人。教育者。
¶千葉百

**尾原亮太郎** おはらりょうたろう，おばらりょうたろう
慶応3（1867）年～大正15（1926）年
明治期の中国哲学者。儒教倫理学基礎論を展開。
¶島根歴（おばらりょうたろう），哲学

**小尾虎雄** おびとらお
明治40（1907）年7月29日～平成15（2003）年2月23日
昭和～平成期の教育者。文部省全国一斉学力テストの実施につくす。著書に「日本の学校」など。
¶現朝，現執1期（[生]1912年），現情，現人（[生]1912年），現日，世紀，日人，マス2（[生]1912年），マス89

**大日方千秋** おびなたちあき
大正11（1922）年～昭和62（1987）年
昭和期の童謡作家、児童詩教育者。
¶姓氏長野，長野歴

**大日方寛** おびなたひろし
昭和1（1926）年～
昭和～平成期の児童文学作家、高校教諭。
¶児人

**産田治衛** おぶたじえ
明治43（1910）年～昭和35（1960）年
昭和期の教育労働運動家。
¶高知人

**小保方鷲五郎** おぼかたわしごろう
元治1（1864）年～昭和6（1931）年
明治～昭和期の教育者。
¶姓氏群馬

**小保内喜代太** おぼないきよた
嘉永5(1852)年～大正10(1921)年
江戸時代末期～大正期の教育者。
¶姓氏岩手

**小保内謙吾** おぼないけんご
慶応2(1866)年～明治43(1910)年
江戸時代末期～明治期の教育者。
¶姓氏岩手

**小保内定身** おぼないていしん
天保5(1834)年2月24日～明治16(1883)年7月13日
江戸時代末期～明治期の志士、教育者。
¶岩手人

**小俣勇** おまたいさむ
→小俣勇造(おまたゆうぞう)

**小俣勇造** おまたゆうぞう
天保11(1840)年～大正3(1914)年 [別]小俣勇《おまたいさむ》
明治期の和算家。福田理軒に算学を学び、郷里に和算塾を開く。
¶数学(小俣勇 おまたいさむ [生]天保11(1840)年10月4日 [没]大正3(1914)年5月12日), 日人

**小町巌** おまちいわお
明治27(1894)年～
大正～昭和期の教育家・神官。
¶多摩

**尾見薫** おみかおる
明治7(1874)年8月20日～昭和2(1927)年4月30日
明治～大正期の外科医。大連医院院長、満州医科大学教授。欧米で医学教育の調査および研究をした。
¶科学, 近医, 人名, 世紀, 渡航, 日人([没]昭和2(1927)年4月)

**尾見緑塢** おみりょくお
文化3(1806)年～慶応2(1866)年
江戸時代後期～末期の儒学者。
¶国書([没]慶応2(1866)年9月2日), 日人

**小村公次** おむらこうじ
昭和23(1948)年10月10日～
昭和～平成期の音楽評論家、高校教師。
¶現執4期

**小室定彦** おむろさだひこ
明治42(1909)年～昭和49(1974)年
昭和期の島根県教育委員、県立図書館長。
¶島根歴

**表石二郎** おもていしじろう
安政5(1858)年～大正5(1916)年
明治～大正期の下村の寺子屋師匠。
¶姓氏富山

**小宅圭介** おやけけいすけ
明治37(1904)年3月23日～昭和45(1970)年3月5日
昭和期の歌人、教員。「短歌芸術」の編集にあたる。歌集に「黄土」など。
¶近文, 世紀

**親泊朝擢** おやどまりちょうたく
明治8(1875)年1月23日～昭和41(1966)年6月4日
明治～昭和期の教育者。
¶沖縄百, 世紀, 姓氏沖縄, 日人

**小谷部全一郎** おやべぜんいちろう
慶応3(1867)年～昭和16(1941)年3月12日
明治～昭和期のキリスト教事業家、歴史家。アイヌ人教育に献身、後半生没頭した義経研究で「成吉思汗は源義経也」を著し話題となった。
¶海越新([生]明治1(1869)年12月23日), 渡航, 北海道百, 北海道歴, 民学, 履歴([生]慶応3(1867)年12月23日)

**小山幸右衛門** おやまこうえもん
明治6(1873)年2月28日～昭和30(1955)年8月12日
明治～昭和期の農業指導者。
¶岩手人, 岩手百, 世紀, 姓氏岩手, 日人

**小山剛介** おやまごうすけ
? ～元治1(1864)年
江戸時代末期の藩校助教。
¶維新, 幕末([没]1864年11月15日), 幕末大([没]元治1(1864)年10月)

**小山作之助** おやまさくのすけ
→小山作之助(こやまさくのすけ)

**小山杉渓** おやまさんけい
文政2(1819)年～明治29(1896)年 [別]小山杉蹊《こやまさんけい》, 小山杉渓《こやまさんけい》
江戸時代末期～明治期の蘭学者。フランス軍事書翻訳の草分け。
¶岡山人, 国書([没]明治29(1896)年4月1日), 人名, 先駆(小山杉蹊 こやまさんけい), 新潟百別(こやまさんけい), 日人, 洋学(こやまさんけい)

**小山田勝治** おやまだかつじ
明治43(1910)年10月22日～
昭和期の教育学者。東京学芸大学教授。
¶現情

**尾山徹三** おやまてつぞう
天保7(1836)年～明治22(1889)年
江戸時代末期～明治期の教育家。維新後、江明学校・鷗島学校などを設立して教育に尽力した。
¶藩臣1, 北海道百, 北海道歴

**小山八郎** おやまはちろう
明治43(1910)年～昭和41(1966)年
昭和期の教育者。
¶山形百

**尾山宏** おやまひろし
昭和5(1930)年12月29日～
昭和～平成期の弁護士。
¶現執1期, 現執2期, 現執4期

**小山真菅** おやまますが
慶応3（1867）年～昭和8（1933）年
明治～昭和期の教育者。
¶姓氏岩手

**小山竜之輔**（小山龍之輔） おやまりゅうのすけ
明治14（1881）年～昭和38（1963）年
明治～昭和期の教育者。
¶愛媛（小山龍之輔）

**折井房之** おりいふさゆき
安政6（1859）年～昭和9（1934）年
明治～昭和期の小学校教育に50年奉職した教育功労者。
¶長野歴

**折居松太郎** おりいまつたろう
明治4（1871）年～大正13（1924）年
明治～大正期の盲教育者。
¶宮城百

**折井弥留枝** おりいやるえ
明治8（1875）年9月～＊
明治～昭和期の幼児教育者。旭東幼稚園・伊島幼稚園園長。岡山市立深柢・弘西・清輝・内山下・出石など7つの園長を兼任。
¶岡山人，岡山百（[没]昭和22（1947）年），岡山歴（[生]明治8（1875）年9月24日　[没]昭和22（1947）年4月18日），女性（[没]？），女性普（[没]？）

**折竹錫** おりたけたまう
明治17（1884）年1月11日～昭和25（1950）年1月13日　[別]折竹蓼峰《おりたけりょうほう》
明治～昭和期のフランス語学者。京都第三高等学校教授。正確無比な教授法で著名。
¶近文（折竹蓼峰　おりたけりょうほう），現情，新潮，人名7，世紀，日人

**折竹蓼峰** おりたけりょうほう
→折竹錫（おりたけたまう）

**折田権蔵** おりたごんぞう
→折田彦市（おりたひこいち）

**折田彦市** おりたひこいち
[別]折田権蔵《おりたごんぞう》
明治期の教育者。第三高等学校校長。岩倉具視の子弟に同行してアメリカに渡る。
¶海越（折田権蔵　おりたごんぞう　生没年不詳），海越新（折田権蔵　おりたごんぞう），海越新（[生]嘉永2（1849）年　[没]大正9（1910）年），姓氏京都（[生]1850年　[没]1920年），渡航（折田彦市・折田権蔵　おりたひこいち・おりたごんぞう　[生]1849年　[没]？），日人（[生]1850年　[没]1920年）

**折出健二** おりでけんじ
昭和23（1948）年10月1日～
昭和～平成期の研究者。愛知教育大学教授。専門は、教育学（生活指導、集団教育学）。
¶現執4期

**折登岩次郎** おりといわじろう
明治31（1898）年～昭和44（1969）年
明治～昭和期の郷土史家。
¶青森人，郷土

**織本東岳** おりもととうがく
天保4（1833）年～明治25（1892）年
江戸時代末期～明治時代の前橋藩明新館の教授。
¶郷土千葉，人名，千葉百，日人（[生]1834年），幕末（[没]1892年5月25日），幕末大（[没]明治25（1892）年5月25日），藩臣3

**小禄玄明** おろくげんめい
明治44（1911）年10月2日～昭和36（1961）年12月4日
昭和期の沖縄の教育者。
¶社史

**音察** おんさつ★
1818年～
江戸時代後期の女性。教育。高野直清の母。
¶江表（音察（東京都）　[生]文政1（1818）年頃）

**恩田栄三郎** おんだえいざぶろう
明治11（1878）年～昭和35（1960）年
明治～昭和期の教育者。
¶群馬人

**恩田鶴城** おんだかくじょう
元文4（1739）年～文化1（1804）年
江戸時代中期～後期の下総古河藩士、儒学者。
¶江文，国書（[生]元文4（1739）年8月12日　[没]文化1（1804）年2月16日），人名，日人，藩臣3

**恩田敬休** おんだけいきゅう
享保3（1718）年～天明3（1783）年　[別]恩田敬休《おんだたかやす》
江戸時代中期の儒学者。
¶高知人，国書（おんだたかやす　[没]天明3（1783）年10月8日），人名，日人（おんだたかやす）

**恩田蕙楼** おんだけいろう
寛保3（1743）年～文化10（1813）年
江戸時代中期～後期の漢学者。
¶国書（[生]寛保3（1743）年3月2日　[没]文化10（1813）年8月21日），人名，日人

**恩田重信** おんだしげのぶ
文久1（1861）年6月16日～昭和22（1947）年7月30日
明治～昭和期の薬学教育者。明治薬学校総理。「独和医学大辞典」などを完成。また現明治薬大を創設。薬剤師養成に一身を捧げた。
¶科学，学校，近医，現朝（[生]文久1年6月16日（1861年7月23日）），世紀，姓氏長野，長野歴，日人

**恩田城山** おんだじょうざん
天保7（1836）年～大正9（1920）年
江戸時代末期～大正期の教育者。日知学舎の舎長として経史教育にあたる。
¶藩臣3

**恩田敬休** おんだたかやす
→恩田敬休（おんだけいきゅう）

## 【か】

**河相洌** かあいきよし
→河相洌（かわいきよし）

**甲斐彰** かいあきら
昭和22（1947）年2月4日〜
昭和〜平成期の音楽教育者。
¶音人2，音人3

**甲斐織衛** かいおりえ
安政3（1856）年〜？
江戸時代末期〜明治期の教育者。
¶海越新，大分歴（㊥嘉永3（1850）年），渡航

**海音** かいおん
→望月海音（もちづきかいおん）

**甲斐喜与** かいきよ
明治28（1895）年10月6日〜昭和60（1985）年12月16日
明治〜昭和期の社会運動家。全国地域婦人団体連絡協議会副会長。
¶郷土栃木，世紀，栃木歴，日人

**快元** かいげん
？〜文明1（1469）年4月21日
室町時代の学僧。足利学校の初代庠主。
¶朝日（㊥文明1年4月21日？（1469）6月1日？）），鎌室（生没年不詳），国史（生没年不詳），古中（生没年不詳），コン改，コン5，史人，新潮（生没年不詳），人名，世人，中世（㊥？），栃木歴，日史，日人，百科，仏教，仏史（生没年不詳），山川小（㊥？），歴大

**海後勝雄** かいごかつお
明治38（1905）年3月11日〜昭和47（1972）年11月1日
昭和期の教育学者。埼玉大学教育学部教授、福島大学学長。戦後コア・カリキュラム運動に参画。編著書に「近代教育史」「海後勝雄教育著作集」。
¶現朝，現情，現人，コン改，コン4，コン5，社史，新潮，人名7，世紀，哲学，日人，平和

**海後宗臣** かいごときおみ
明治34（1901）年9月10日〜昭和62（1987）年11月22日
昭和期の教育学者。
¶茨城歴，教育，郷土茨城，近現，現朝，現執1期，現執2期，現情，現人，コン改，コン4，コン5，史研，史人，新潮，世紀，全書，日人，平和，マス89，履歴，履歴2

**甲斐慎軒** かいしんけん
文化12（1815）年〜明治31（1898）年　㊥甲斐隆義《かいたかよし，かいりゅうぎ》
江戸時代末期〜明治期の熊本藩士。測器精簡新儀を作成。
¶熊本百（㊥文化12（1815）年12月8日　㊥明治31（1898）年9月14日），国書（甲斐隆義　かいた

かよし　㊥明治31（1898）年9月），人名（甲斐隆義　かいりゅうぎ），日人（甲斐隆義　かいりゅうぎ），幕末（㊥1814年㊥1898年9月14日）

**海卓子** かいたかこ
明治42（1909）年11月23日〜
昭和期の教育者。国民生活学院教授、白金幼稚園園長。
¶社史

**甲斐隆義** かいたかよし
→甲斐慎軒（かいしんけん）

**海妻直縄** かいづまなおつな
文政7（1824）年〜明治42（1909）年
江戸時代末期〜明治期の儒学者。
¶日人

**海東駒斎（海東綱斎）** かいとうけいさい
寛政5（1793）年〜嘉永2（1849）年
江戸時代後期の儒学者。
¶江文（海東綱斎），国書（㊥嘉永2（1849）年2月22日），人名，日人

**海東恒衡** かいとうつねひら
江戸時代末期の磐城陸奥中村藩儒。
¶人名，日人（生没年不詳）

**垣内松三** かいとうまつぞう
→垣内松三（かいとまつぞう）

**垣内松三** かいとうまつみ
→垣内松三（かいとまつぞう）

**垣内松三** かいとまつぞう
明治11（1878）年1月11日〜昭和27（1952）年8月25日　㊥垣内松三《かいとうまつぞう，かいとうまつみ》
大正〜昭和期の国語学者、国語教育学者。東京教育大学講師。国語教育理論に独自の人文科学体系としての「形象理論」を構築。
¶岐阜百（かいとうまつぞう），教育（かいとうまつみ），郷土岐阜，近文，現朝，現情，コン改，コン4，コン5，史人（かいとうまつぞう），児文（かいとうまつぞう　㊥昭和49（1974）年），新潮（かいとうまつぞう），人名7（かいとうまつぞう），世紀，世百新，全書（かいとうまつぞう），大百，日人，飛騨（かいとうまつぞう），百科（かいとうまつぞう）

**戒如** かいにょ
生没年不詳
鎌倉時代の律僧。
¶鎌室，国書，人名，日人，仏教

**海沼松世** かいぬま
→海沼松世（かいぬままつよ）

**海沼松世** かいぬままつよ
昭和26（1951）年〜　㊥海沼松世《かいぬま》
昭和〜平成期の詩人、高校教諭。
¶児人（かいぬま）

かいのう

## 戒能義重 かいのうよししげ
生没年不詳
大正期の斐太中学校長。
¶飛騨

## 貝原益軒 かいばらえきけん
寛永7(1630)年11月14日～正徳4(1714)年8月27
㉔貝原益軒《かいばらえっけん》
江戸時代前期～中期の儒学者、博物学者。「養生訓」「女大学」「慎思録」「大和本草」などの著者。
¶朝日(かいばらえっけん) ㊤寛永7年11月14日(1630年12月17日) ㉔正徳4年8月27日(1714年10月5日))、岩史、江人、江文、大分歴(かいばらえっけん)、科学、角史、眼科(かいばらえっけん)、教育(かいばらえっけん)、京都大、近世(かいばらえっけん)、考古、国史(かいばらえっけん)、国書、コン改、コン4、コン5、詩歌、史人、思想史、重要、植物(㊤寛永7年11月14日(1630年12月17日) ㉔正徳4年8月27日(1714年10月5日))、食文(㊤寛永7年11月14日(1630年12月17日) ㉔正徳4年8月27日(1714年10月5日))、女史、神史(かいばらえっけん)、人書79、人書94、人情3、神人、新潮、人名、大百、太宰府、茶道、地理、伝記、徳川将、長崎遊、日思、日史、日人、藩臣7、百科、福岡百(㉔正徳4(1714)年12月26日)、文学、平日、山川小、歴大

## 貝原益軒 かいばらえっけん
→貝原益軒(かいばらえきけん)

## 貝原存斎 かいばらそんさい
元和8(1622)年～元禄8(1695)年12月12日
江戸時代前期の儒学者。
¶国書、人名、日人(㉔1696年)

## 槐原忠光 かいはらただみつ
？～
大正期の小学校教員。池袋児童の村小学校研究生。
¶社史

## 甲斐福一 かいふくいち
元禄5(1692)年～明和4(1767)年
江戸時代中期の算家、肥後熊本藩士。
¶大阪人(㉔明和4(1767)年6月)、人名、日人

## 海部忠蔵 かいふちゅうぞう
安政4(1857)年1月1日～昭和17(1942)年9月9日
明治～昭和期の教育者。
¶徳島歴

## 海部俊樹 かいふとしき
昭和6(1931)年1月2日～
昭和～平成期の政治家。衆議院議員、文相、首相。全国最年少で衆議院議員に当選。共通一次試験の導入に尽力。教育行政に精通、行政手腕が高く評価された。
¶近現、現朝、現執2期、現情、現政、現日、史人、新潮、世紀、政治、世人、日人、日本、履歴、履歴2

## 海保漁村 かいほぎょそん、かいぼぎょそん
寛政10(1798)年～慶応2(1866)年
江戸時代末期の儒学者、幕府医学館直舎儒学教授。
¶朝日(㊤寛政10年11月22日(1798年12月28日) ㉔慶応2年9月18日(1866年10月26日))、維新、江人、江文、角史、郷土千葉、近世(かいぼぎょそん)、国史(かいぼぎょそん)、国書(かいぼぎょそん ㊤寛政10(1798)年11月22日 ㉔慶応2(1866)年9月18日)、コン改、コン4、コン5、詩歌、史人(かいぼぎょそん) ㊤1798年11月22日 ㉔1866年9月18日)、思想史、新潮(㉔慶応2(1866)年9月18日)、人名、世百、全書、大百、千葉百(㊤寛政10(1798)年11月22日 ㉔慶応2(1866)年9月18日)、日史(㊤寛政10(1798)年11月22日 ㉔慶応2(1866)年9月18日)、日人(かいぼぎょそん)、幕末(㉔1866年10月26日)、幕末大(㊤寛政10(1798)年11月22日 ㉔慶応2(1866)年9月18日)、百科、歴大

## 海保青陵(海保育陵) かいほせいりょう、かいぼせいりょう
宝暦5(1755)年～文化14(1817)年5月29日
江戸時代中期～後期の経世思想家。
¶朝日(㉔文化14年5月29日(1817年7月13日))、石川百、岩史(かいぼせいりょう)、江文、大阪人、角史、京都大(海保育陵)、近世(かいぼせいりょう)、国史(かいぼせいりょう)、国書(かいぼせいりょう)、コン改、コン4、史人(かいぼせいりょう)、重要、人書79、人書94、新潮、人名、姓氏京都(かいぼせいりょう)、世人、世百、全書、大百、伝記、富山百、富山文、日思、日史、日人、百科、歴大

## 甲斐睦朗 かいむつろう
昭和14(1939)年1月26日～
昭和～平成期の言語学者。専門は国語学、国語教育学。増え続ける外来語の言い換えを提案。
¶現執2期、現執3期、現執4期

## 甲斐雍人 かいやすと
大正2(1913)年～平成10(1998)年
昭和・平成期の教師。
¶熊本人

## 養宇徳称 かいやとくしょう
文化10(1813)年～明治12(1879)年
江戸時代後期～明治期の教育者。最初の小学校仮校舎を聖泉寺に設置。
¶姓氏富山

## 甲斐隆義 かいりゅうぎ
→甲斐慎軒(かいしんけん)

## 甲斐隆春 かいりゅうしゅん
江戸時代後期の算家、肥州肥後熊本藩士。
¶人名(㊤？ ㉔1832年)、日人(㊤1774年 ㉔1833年)

## 甲斐隆豊 かいりゅうほう
享保18(1733)年～寛政2(1790)年
江戸時代中期の算家、肥後熊本藩士。
¶人名、日人

教育篇　　　　　　　　　　　　　　　215　　　　　　　　　　　　　　　かかみか

**海量** かいりょう
享保18(1733)年～文化14(1817)年11月21日
㊟佐々木海量《ささきかいりょう》
江戸時代中期～後期の漢学者。近江彦根藩学の興隆に貢献。
¶朝日(㊤享保8(1723)年　㊦文化4年11月21日(1807年12月19日))、郷土滋賀(佐々木海量ささきかいりょう)、国書(㊤享保18(1733)年8月14日)、コン改、コン4、滋賀百(佐々木海量ささきかいりょう)、新潮、人名、世人、富山文、日史、日人、百科、仏教(㊤享保8(1723)年　㊦文化4(1807)年11月21日)、歴大、和俳

**甲斐和里子** かいわりこ
明治1(1868)年～昭和37(1962)年
江戸時代末期～昭和期の女子教育者。顕道女学院創設者。
¶学校、真宗(㊤慶応4(1868)年6月15日　㊦昭和37(1962)年11月27日)、姓氏京都

**臥雲禅師** がうんぜんし
江戸時代末期の福昌寺住職。曹洞宗大本山越前永平寺住職。孝明天皇の侍講。
¶薩摩

**嘉悦氏房** かえつうじふさ
天保4(1833)年～明治41(1908)年10月30日
江戸時代末期～明治期の政治家。衆議院議員、憲政党東北支部長。緑川製糸所などを設立し、地域の産業、教育に尽力。九州改進党を設立。
¶朝日(㊤天保4(1833)年1月)、熊本人、熊本百(㊤天保4(1833)年1月)、コン改(㊦1834年)、コン5(㊤天保5(1834)年　㊦明治42(1909)年)、人名(㊦1834年)、日人、幕末

**嘉悦孝** かえつたか
→嘉悦孝子《かえつたかこ》

**嘉悦孝子** かえつたかこ
慶応3(1867)年1月26日～昭和24(1949)年2月5日
㊟嘉悦孝《かえつたか》
明治～昭和期の教育家。私立女子商業学校(後の嘉悦女子中学校・高等学校)創立。簿記珠算など経済知識の育成を重視。著書に「怒るな働け」。
¶学校(㊤慶応3(1867)年1月25日)、近女、熊本近(嘉悦孝　かえつたか)、熊本人、熊本百、コン改(嘉悦孝　かえつたか)、コン5(嘉悦孝　かえつたか)、食文(㊤慶応3年1月26日(1867年3月2日))、女史、女性(嘉悦孝　かえつたか)、女性普(嘉悦孝　かえつたか)、新潮(嘉悦孝　かえつたか)、人名7(嘉悦孝　かえつたか)、世紀(㊤慶応3(1867)年1月25日)、哲学、日児、日人

**佳尾** かお★
江戸時代後期の女性。教育・俳諧。赤岡の細木鷲仙とたのの娘。弘化4年～明治5年まで寺子屋を開く。
¶江表(佳尾(高知県))

**利井鮮妙**(利井鮮明) かがいせんみょう
天保6(1835)年～大正3(1914)年1月1日
明治～大正期の浄土真宗本願寺派学僧。専精舎を設立し、行信教校を創めて学徒を導き、興学につとめた。著書に「宗要論題」。
¶真宗(㊤天保6(1835)年10月14日)、人名(利井鮮明)、日人、仏教(㊤天保6(1835)年4月10日、(異説)10月14日？)、仏人(㊤1834年)

**嘉数喜孝** かかずきこう
昭和11(1936)年～
昭和期の教育者。
¶戦沖

**嘉数能愛** かかずのうあい
明治33(1900)年1月16日～昭和34(1959)年12月25日
大正～昭和期の画家。
¶沖縄百、姓氏沖縄

**嘉数昇** かかずのぼる
明治35(1902)年3月15日～昭和49(1974)年7月23日
大正～昭和期の経営者。琉球生命保険会社社長、嘉数学園創立者。沖縄保険業界の生みの親。私立学校教育の振興に尽力。
¶沖縄百、学校、現情、現人、世紀、姓氏沖縄、日人

**嘉数秀正** かかずひでまさ
大正1(1912)年？ ～
昭和期の具志頭小学校小使。
¶社史

**加賀谷謹之助** かがたにきんのすけ★
大正11(1922)年5月30日～平成10(1998)年1月3日
昭和・平成期の教育運動家。
¶秋田人2

**加賀谷林之助** かがたにりんのすけ
明治33(1900)年8月26日～昭和40(1965)年4月16日
大正～昭和期の東京研数学館と駿河台予備校の主任教授。
¶山梨百

**加賀野井久寿彦** かがのいくすひこ
明治14(1881)年～昭和19(1944)年
明治～昭和期の教育者、洋画家。
¶高知人

**加賀治雄** かがはるお
明治26(1893)年～昭和33(1958)年
大正～昭和期の教師。雑誌『土の香』を発行。
¶姓氏愛知

**加賀見市三郎** かがみいちさぶろう
生没年不詳
昭和期の教員。中州実業補習学校教諭。
¶社史

**加々美鶴灘** かがみかくだん
宝永1(1704)年～宝暦1(1751)年
江戸時代中期の熊本の儒者。
¶人名、日人

か

**加賀美嘉兵衛** かがみかへえ
＊～昭和8(1933)年
明治期の政治家、実業家。私塾成器舎で子弟の育成にあたる。
¶世紀(⊕文久3(1863)年8月28日　⊗昭和8(1933)年4月9日)、日人(⊕1861年)

**加賀見国雄** かがみくにお
生没年不詳
昭和期の小学校教員。
¶社史

**鏡鉦太郎** かがみしょうたろう
安政1(1854)年～昭和6(1931)年
明治～昭和期の教育者。
¶群馬人

**鏡玅** かがみつとむ
明治43(1910)年11月29日～昭和58(1983)年11月16日
昭和期の教育者、歌人。
¶徳島歴

**鏡淵意伯** かがみぶちいはく、かがみふちいはく
文政10(1827)年～明治32(1899)年12月28日
江戸時代末期～明治時代の医師。医之隊に入り病院副役兼剣術師範。
¶維新(かがみふちいはく)、幕末、幕末大

**加賀美光章**(加賀見光章) かがみみつあき
正徳1(1711)年～天明2(1782)年5月29日
江戸時代中期の神官、国学者。
¶朝日(加賀美光章)　⊕正徳1年2月15日(1711年4月2日)　⊗天明2年5月29日(1782年7月9日))、近世、国史、国書(⊕宝永8(1711)年2月15日)、コン改(加賀美光章)、コン4(加賀見光章)、史人(⊕1711年2月15日)、神史、神人、新潮(⊕正徳1(1711)年2月15日)、人名、日人、山梨百(⊕宝永5(1708)年2月15日)

**加賀山蕭山** かがやましょうさん、かがやましょうざん
宝暦1(1751)年～文政11(1828)年
江戸時代中期～後期の陸奥会津藩士、書道家。
¶会津(かがやましょうざん)、日人(⊕1752年)、藩臣2

**加賀山程吉** かがやまていきち
明治15(1882)年～？
明治～大正期の教育者。
¶群馬人

**香川綾** かがわあや
明治32(1899)年3月28日～平成9(1997)年4月2日
大正～昭和期の栄養学者。女子栄養大学学長。戦後の日本人の食生活改善と体格の向上を指導。女子栄養学園(後の女子栄養大学)を創設。
¶科学、科技、学校、郷土和歌山、近医、近女、現朝、現情、現人、食文、女史、女性普、世紀、日人、マス89

**香川琴橋** かがわきんきょう
寛政6(1794)年～嘉永2(1849)年
江戸時代後期の儒学者。

¶大阪人(⊗嘉永2(1849)年10月)、大阪墓(⊗嘉永2(1849)年10月18日)、国書(⊗嘉永2(1849)年10月18日)、人名、日人

**香川邦生** かがわくにお
昭和15(1940)年10月21日～
昭和期の教育学者。
¶視覚

**香川茂** かがわしげる
大正9(1920)年4月14日～平成3(1991)年5月13日
昭和～平成期の作家、児童文学者。野間児童文芸賞を受賞。中学校長退職後「中学生文学」の編集長を務め、中学生の作文指導、文学教育に貢献。
¶近文、現執2期、現情、四国文、児作、児人、児文、世紀、日児、日人

**香川春卿** かがわしゅんきょう
嘉永2(1849)年～大正5(1916)年
江戸時代末期～大正期の私塾経営者。
¶姓氏宮城

**香川松石** かがわしょうせき
＊～明治44(1911)年
江戸時代末期～明治期の書家。
¶郷土千葉(⊕1844年)、先駆(⊕天保15(1844)年1月15日　⊗明治44(1911)年9月28日)、千葉百(⊕弘化2(1845)年)、千葉房総(⊕1845年)、日人(⊕1844年)、幕末(⊕1845年　⊗1911年9月28日)

**香川昇三** かがわしょうぞう
明治28(1895)年9月28日～昭和20(1945)年7月17日
明治～昭和期の栄養学者。女子栄養大学創立者。
¶科学、香川人、香川百、学校、食文、世紀、日人

**香川静爾** かがわせいじ
明治19(1886)年～昭和43(1968)年
明治～昭和期の住職で教育者。
¶姓氏山口、山口人、山口百

**香川多仲** かがわたちゅう
文化8(1811)年～明治22(1889)年
江戸時代末期～明治期の漢学者、安芸広島藩士。
¶人名、日人

**賀川豊彦** かがわとよひこ
明治21(1888)年7月10日～昭和35(1960)年4月23日
明治～昭和期の宗教家、キリスト教社会運動家。日本基督教会牧師。御殿場農民福音学校高根学園を創設。
¶朝日、アナ、岩史、岡山歴、香川人(⊗昭和34(1959)年)、香川百(⊗昭和34(1959)年)、革命、角史、キリ、近現、近文、群新百、現朝、現詩、現情、現人、幻想、現日、国史、御殿場、コン改、コン4、コン5、埼玉人、滋賀文、四国文、史人、静岡歴、思想、児文、社運、社史、重要、小説、新潮、新文、人名(⊕明治21(1888)年7月12日)、世百、世百新、全書、創業、大百、哲学、伝記、徳島百、徳島歴、日思、日史、日児

（[生]明治21（1888）年7月14日），日人，日本，百科，兵庫人（[生]明治21（1888）年7月12日），兵庫百，兵庫文，広島文，文学，平日，平和，北海道文，町田歴，民学，履歴，履歴2，歴大

**香川南浜** かがわなんぴん
享保19（1734）年～寛政4（1792）年8月16日
江戸時代中期～後期の儒学者。
¶国書，コン改，コン4，新潮，人名，世人，日人，藩臣6，広島百

**香川英雄** かがわひでお
昭和期の学習指導専門家。
¶現執2期

**香川弘** かがわひろし
明治35（1902）年～昭和50（1975）年
昭和期の富山県柔道連盟会長、市教育委員長。
¶姓氏富山

**香川甫田** かがわほでん
文化10（1813）年～明治16（1883）年
江戸時代後期～明治期の私塾経営者。
¶姓氏山口

**香川政一** かがわまさいち
明治7（1874）年～昭和17（1942）年
明治～昭和期の教育者。
¶山口百

**香川昌子** かがわまさこ
明治5（1872）年1月1日～昭和28（1953）年12月17日
明治～昭和期の教育者。香川裁縫塾を開き、その後香川高等女学校、香川学園高等学校へと発展させた。
¶学校，女性，女性普，世紀，日人，山口人，山口百

**香川節** かがわみさお
大正13（1924）年～
昭和期の翻訳家、高校教諭。
¶児人

**香川良成** かがわよししげ
昭和7（1932）年1月6日～
昭和～平成期の演出家、評論家、演劇教育家。
¶現執4期

**香川麗橋** かがわれいきょう
文政10（1827）年～明治33（1900）年5月16日
江戸時代末期～明治時代の漢学者。東区第十一番小学校句読教師。
¶幕末，幕末大

**家寛** かかん
→家寛（けかん）

**柿内三郎** かきうちさぶろう
明治15（1882）年8月14日～昭和42（1967）年12月24日　[別]柿内三郎《かきうちさむろう》
大正～昭和期の生化学者。東京帝国大学教授。日本生化学会の創立に主導的役割を果す。著書に「生化学提要」。幼稚園教育にも尽力。
¶科学，科技（かきうちさむろう），近医，近現，現情，現人（かきうちさむろう），現日，国史，史人，新潮，人名7，世紀，日人

**柿内三郎** かきうちさむろう
→柿内三郎（かきうちさぶろう）

**垣内幸夫** かきうちゆきお
昭和26（1951）年4月24日～
昭和～平成期の音楽教育者。
¶音人，音人2，音人3

**柿岡林宗** かきおかりんそう
寛保3（1743）年～文化12（1815）年
江戸時代中期～後期の出羽秋田藩儒。
¶剣豪，国書（[生]寛保3（1743）年4月5日　[没]文化12（1815）年3月18日），人名，日人

**蠣崎知次郎** かきざきともじろう
明治10（1877）年～昭和20（1945）年
明治～昭和期の教育者、農業技術者。
¶北海道百，北海道歴

**柿崎鳳雲** かきさきほううん★
明治26（1893）年4月3日～昭和48（1973）年5月12日
大正・昭和期の書家、教員。
¶秋田人2

**柿崎守忠** かきざきもりただ
明治33（1900）年～昭和52（1977）年
大正～昭和期の教育者、政治家。
¶青森人

**柿沢靖斎** かきざわせいさい
天保7（1836）年3月15日～明治44（1911）年10月25日
江戸時代末期～明治期の教育者。深谷町三高院に登明学舎という漢学塾を再開し生涯を教育にささげる。
¶埼玉人，埼玉百，藩臣5

**垣下清一郎** かきしたせいいちろう
明治38（1905）年～昭和56（1081）年
昭和期の教育学者。
¶群馬人

**柿下保** かきしたたもつ
明治35（1902）年10月5日～昭和61（1986）年7月19日
大正・昭和期の教育者。学校長。
¶飛驒

**鍵富三作** かぎとみさんさく
天保4（1833）年～明治41（1908）年
明治期の実業家。新潟銀行取締役。北越屈指の富豪。北越鉄道会社の創立に関与。新潟港築港、新潟商業会議所設立に尽力。新潟中学の設立にも貢献。
¶朝日（[生]天保4年7月15日（1833年8月29日）[没]明治41（1908）年3月），新潟百，日人

**柿沼末太** かきぬますえた
明治33（1900）年3月17日～昭和63（1988）年4月8

**柿沼隆志** かきぬまたかし
昭和9（1934）年11月6日〜
昭和〜平成期の教育学者。専門は図書館学、教育学。
¶現執1期，現執3期

**柿沼谷蔵** かきぬまたにぞう
安政1（1854）年〜大正9（1920）年
明治〜大正期の実業家。東京紡績重役。公共、教育事業に貢献。東亜製粉、第一生命保険などの各重役を歴任。
¶人名，世紀（㊤嘉永7（1854）年6月11日 ㊥大正9（1920）年11月26日），日人

**柿沼利昭** かきぬまとしあき
昭和7（1932）年〜
昭和〜平成期の教育学者。青森大学教授。専門は消費者教育、エネルギー環境教育、国際理解教育。
¶現執3期

**柿沼肇** かきぬまはじめ
昭和17（1942）年6月28日〜
昭和〜平成期の教育学者。日本福祉大学教授。著書に「新興教育運動の研究」など。
¶現執3期

**柿沼昌芳** かきぬままさよし
昭和11（1936）年8月12日〜
昭和〜平成期の高校教師。全国高等学校教育法研究会会長。専門は教育法、数学教育。著書に「学校の常識と非常識」。
¶現執2期，現執3期，現執4期

**柿原富士子** かきはらふじこ
明治32（1899）年8月12日〜昭和45（1970）年8月1日
大正〜昭和期の教育委員・婦人会指導者。
¶埼玉人

**柿山清** かきやまきよし
明治2（1869）年10月26日〜昭和9（1934）年11月4日
明治〜昭和期の教育者。
¶日児

**花橋春渓** かきょうしゅんけい
文政7（1824）年〜明治16（1883）年
江戸時代末期〜明治時代の教員。戸籍法発布に伴う丹羽・春日井の戸籍整理に尽力。
¶姓氏愛知，幕末，幕末大

**かく**
江戸時代末期〜明治時代の女性。教育。椎橋重助の妻。明治7年まで、大門字屋塾で読み書き、習字を教える。
¶江表（かく（千葉県））

**覚一** かくいち
→明石覚一（あかしかくいち）

**覚一検校** かくいちけんぎょう
→明石覚一（あかしかくいち）

**角田桜岳** かくだおうがく，かくたおうがく
文化12（1815）年〜明治6（1873）年 ㊛角田桜岳
《つのだおうがく》
江戸時代後期〜明治期の儒学者。
¶静岡歴，人名（つのだおうがく），姓氏静岡（かくたおうがく ㊤1818年），日人，幕末

**角田寿桂** かくたじゅけい
文久1（1861）年〜昭和20（1945）年
明治〜昭和期の青少年教育者。
¶姓氏岩手

**角田猛彦** かくたたけひこ
嘉永5（1852）年〜大正14（1925）年
江戸時代後期〜大正期の考古学者。
¶青森人，郷土

**加来宣幸** かくのぶゆき
昭和6（1931）年1月3日〜
昭和〜平成期の児童文学者、小学校・中学校教師、劇作家、教育者。福岡県立養護学校長。
¶児作，児人，世紀（㊤昭和5（1930）年12月30日），日児

**覚芳** かくほう
元禄8（1695）年〜寛延3（1750）年
江戸時代中期の僧。
¶国書（㊥寛延3（1750）年2月），人名（㊤？），日人

**岳間沢玄恭** がくまざわげんきょう
天保9（1838）年〜明治29（1896）年10月
江戸時代末期〜明治時代の蘭学医、教育者。杉田玄端の門弟で斬学を学ぶ。
¶幕末，幕末大

**角光嘯堂** かくみつしょうどう
明治22（1889）年〜昭和41（1966）年
明治〜昭和期の教育者。
¶詩作

**加倉井砂山**（鹿倉井砂山）かくらいさざん
文化2（1805）年〜安政2（1855）年 ㊛加倉井久雍
《かくらいひさやす》
江戸時代末期の水戸藩郷士、教育者。日新塾で多くの人材を育成。
¶茨城百，茨城歴（鹿倉井砂山），国書（㊤文化2（1805）年11月3日 ㊥安政2（1855）年7月14日），人名（加倉井久雍 かくらいひさやす），日人，幕末，幕末大，藩臣2

**加倉井松山** かくらいしょうざん
→加倉井忠珍（かくらいただはる）

**加倉井忠珍** かくらいただはる
明和1（1764）年〜文政11（1828）年 ㊛加倉井松山《かくらいしょうざん》
江戸時代後期の漢学者。
¶国書（加倉井松山 かくらいしょうざん ㊥文政11（1828）年5月12日），人名，日人（加倉井松山 かくらいしょうざん）

**加倉井久雍** かくらいひさやす
→加倉井砂山（かくらいさざん）

**筧耕亭** かけいこうてい
？ ～嘉永4（1851）年
江戸時代後期の僧、教育者。
¶姓氏群馬

**筧舜亮** かけいしゅんすけ
→筧舜亮（かけいしゅんりょう）

**筧舜亮** かけいしゅんりょう
明治17（1884）年～＊ [別]筧舜亮《かけいしゅんすけ》
明治～昭和期の教育者。
¶岩手人（かけいしゅんすけ [没]1941年2月1日），庄内（[生]明治17（1884）年2月10日 [没]昭和13（1938）年）

**影浦攻** かげうらおさむ
昭和16（1941）年12月30日～
昭和～平成期の研究者。宮崎大学教育文化学部教授。専門は、英語教育。
¶現執4期

**景浦直孝** かげうらなおたか
明治8（1875）年7月12日～昭和37（1962）年8月19日
大正～昭和期の地方史研究家。愛媛県立松山高等女学校・北予中学校教諭。愛媛県史を研究。
¶愛媛，愛媛百，郷土，史研，世紀，日人

**懸田克躬** かけたかつみ
明治39（1906）年1月30日～平成8（1996）年3月1日
昭和期の精神科医師、医学教育者。順天堂大学学長。教育関連の審議会委員を歴任し医学教育行政も関わる。E.フロムなどの訳書多数。
¶科学，近医，現朝，現執1期，現情，心理，世紀，日人

**影田蘭山** かげたらんざん
寛政3（1791）年～嘉永5（1852）年12月19日
江戸時代末期の儒学者。
¶国書，人名，日人（[没]1853年）

**香月啓益** かげつけいえき
→香月牛山（かつきぎゅうざん）

**梯箕嶺** かけはしきれい
明和5（1768）年～文政2（1819）年 [別]梯隆恭《かけはしたかやす》
江戸時代中期～後期の筑後久留米藩士、儒学者。
¶国書（[没]文政2（1819）年1月14日），人名（梯隆恭 かけはしたかやす），日人，藩臣7

**梯隆恭** かけはしたかやす
→梯箕嶺（かけはしきれい）

**掛橋富松** かけはしとみまつ
明治15（1882）年2月8日～昭和42（1967）年6月27日
明治～昭和期の神職。
¶世紀，日人

**景山楳** かげやまうめ
→景山楳子（かげやまうめこ）

**景山楳子** かげやまうめこ
文政9（1826）年～明治42（1909）年1月18日 [別]景山楳《かげやまうめ》
江戸時代末期～明治期の教師、自由民権運動家。岡山県女子教訓所教授、女紅場校長。夫の私塾を助ける。
¶アナ，岡山人（景山楳 かげやまうめ），岡山百，岡山歴，近女（景山楳 かげやまうめ），社史，日人，幕末

**影山和子** かげやまかずこ
昭和23（1948）年7月24日～
昭和～平成期の文筆家。駿台予備学校論文科講師。
¶現執4期

**影山儀之助** かげやまぎのすけ
明治32（1899）年11月9日～昭和57（1982）年7月15日
昭和期の教育者。
¶視覚

**影山謙斉** かげやまけんさい
天保8（1837）年～明治40（1907）年
明治期の教育者、医者、飛駒村長。
¶栃木歴

**陰山元質**（蔭山元質） かげやまげんしつ
寛文9（1669）年～享保17（1732）年 [別]蔭山東門《かげやまとうもん》，陰山東門《かげやまとうもん》
江戸時代中期の紀伊和歌山藩儒、数学者。
¶朝日（蔭山東門 かげやまとうもん [没]享保17年5月12日（1732年6月4日）），近世（蔭山元質），国史（蔭山元質），国書（陰山東門 かげやまとうもん [没]享保17（1732）年閏5月12日），コン改，コン4，新潮（[没]享保17（1732）年5月12日），人名（蔭山元質），世人（[没]享保17（1732）年5月12日），日人（陰山東門 かげやまとうもん），和歌山人（蔭山東門 かげやまとうもん）

**景山粛** かげやましゅく
安永3（1774）年～文久2（1862）年
江戸時代後期の儒学者・医師。
¶国書，鳥取百，日人

**影山四郎** かげやましろう
大正10（1921）年12月16日～昭和62（1987）年7月8日
昭和期の実業家。影山医科歯科器材創業者。東北歯科大学（現・奥羽大学）創立者、理事長。東北歯科大学（後の奥羽大学）を創立。
¶学校

**影山誠治** かげやませいじ
明治42（1909）年6月4日～平成3（1991）年9月7日
昭和～平成期の詩人・教育者。
¶埼玉人

**蔭山東門**（陰山東門） かげやまとうもん
→陰山元質（かげやまげんしつ）

影山昇　かげやまのぼる
　昭和10(1935)年6月5日～
　昭和～平成期の教育学者。専門は日本近現代教育史、職業教育、水産教育史。著書に「日本近代教育の遺産」など。
　¶現執1期, 現執2期, 現執3期, 現執4期

陰山英男　かげやまひでお
　昭和33(1958)年3月7日～
　昭和～平成期の小学校教師。尾道市立土堂小学校校長。
　¶現執4期

景山英子　かげやまひでこ
　→福田英子(ふくだひでこ)

影山由美　かげやまゆみ
　昭和31(1956)年～
　昭和～平成期の幼稚園教諭、シナリオライター。
　¶YA

景山竜造(影山竜造)　かげまりゅうぞう
　文化14(1817)年～明治5(1872)年
　江戸時代末期～明治期の儒学者。鳥取藩の周旋方。隠岐騒動の事件処理に活躍。
　¶維新(㊥文化14(1817)年4月　㊥明治5(1872)年8月18日)、コン改(影山竜造)、コン4(影山竜造)、島根歴(㊥?)、新潮(㊥文化14(1817)年, (異説)文化11(1814)年　㊥明治5(1872)年8月18日, ㊥1814年), 人名(㊥1814年), 鳥取百, 日人, 幕末(㊥1872年9月20日), 藩臣5(影山竜造)

勘解由小路資善　かげゆこうじすけよし
　→勘解由小路資善(かでのこうじすけよし)

加古川顧言　かこがわこげん
　→加古川周蔵(かこがわしゅうぞう)

加古川周蔵　かこがわしゅうぞう
　延享3(1746)年～文化14(1817)年9月11日　㊥加古川顧言《かこがわこげん》、加古川遜斎《かこがわそんさい》
　江戸時代中期～後期の儒学者。
　¶江文(加古川顧言　かこがわこげん　㊥延享4(1747)年), 国書(加古川遜斎　かこがわそんさい　㊥延享4(1747)年2月6日), コン改(㊥延享3(1746)年, (異説)1747年　㊥文化13(1816)年, (異説)1817年), コン4(㊥延享3(1746)年, (異説)1747年　㊥文化13(1816)年, (異説)1817年), 新潮(㊥延享3(1746)年, (異説)延享4(1747)年), 人名, 日人(㊥1747年), 兵庫人

加古川遜斎　かこがわそんさい
　→加古川周蔵(かこがわしゅうぞう)

鹿児島愿六　かごしまげんろく
　江戸時代後期の宇都宮の私塾経営者。
　¶栃木歴

鹿児島吉男　かごしまよしお
　生没年不詳
　大正～昭和期の小学校教員。
　¶社史

籠谷次郎　かごたにじろう
　昭和4(1929)年～
　昭和期の高校教師、日本教育史・地方史研究者。
　¶現執1期

加古文雄　かこふみお
　昭和20(1945)年10月23日～
　昭和～平成期の郷土史家、小・中学校教師。
　¶郷土

籠山京　かごやまたかし
　明治43(1910)年11月15日～平成2(1990)年6月16日
　昭和期の医師。北海道大学教授、上智大学教授。最低生活費の研究者。社会保障制度審議会委員等歴任。
　¶近医, 現朝, 現執1期, 現執2期, 現情, 現人, 世紀, 日人, 北海道歴, マス2

賀古養節　かこようせつ
　明暦2(1656)年～正徳2(1712)年
　江戸時代中期の儒学者。
　¶人名, 日人

河西朝雄　かさいあさお
　昭和27(1952)年3月13日～
　昭和～平成期の高校教師。
　¶現執4期

葛西一清　かさいいっせい
　㊥佐藤一清《さとういっせい、さとうかずきよ》
　江戸時代末期の算家。
　¶国書(佐藤一清　さとうかずきよ　生没年不詳), 人名, 数学(佐藤一清　さとうかずきよ), 日人(生没年不詳)

葛西音弥　かさいおとや
　*～大正6(1917)年
　江戸時代末期～明治期の漢学者。弘前に大学校を組織して育英に従事。著書に「青森市沿革史」など。
　¶青森人(㊥天保10(1839)年), 青森百(㊥天保10(1839)年), 人名(㊥1834年), 日人(㊥1834年)

河西清義　かさいきよよし
　→河西清義(かさいせいぎ)

葛西国四郎　かさいくにしろう
　明治24(1891)年～昭和31(1956)年
　大正～昭和期の教育者。
　¶青森

葛西玄冲(葛西玄冲)　かさいげんちゅう
　天明4(1784)年～天保9(1838)年
　江戸時代後期の医師、漢学者。
　¶人名, 日人(葛西玄冲)

笠井三郎　かさいさぶろう
　明治23(1890)年6月9日～大正10(1921)年6月4日
　明治～大正期の教育者。
　¶世紀, 姓氏長野, 長野歴, 日人

**葛西静子** かさいしずこ
大正9(1920)年～昭和40(1965)年
昭和期の教育者。鷹ヶ岡服装学院院長。弘前高女庭球部の黄金時代を築いたテニスの名選手。結婚後は幼児・女子教育に尽力。
¶青森人, 女性, 女性普, 世紀, 日人

**葛西周楨** かさいしゅうてい
弘化2(1845)年～明治39(1906)年
江戸時代後期～明治期の蘭方医、教育者。
¶新潟百別

**河西周徳** かさいしゅうとく
元禄8(1695)年～宝暦3(1753)年
江戸時代中期の俳人。
¶姓氏長野

**楨西周徳** かさいしゅうとく
～明治1(1868)年
江戸時代後期～末期の漢方医。
¶新潟百別

**笠井新也** かさいしんや
明治17(1884)年6月22日～昭和31(1956)年1月10日
大正期の考古学者。徳島県立脇町中学校教諭。邪馬台国大和説を提唱。
¶郷土, 考古([生]明治17(1864)年6月22日), 史研, 徳島百, 徳島歴

**笠井誠一** かさいせいいち
→笠井栖乙(かさいせいおつ)

**笠井栖乙** かさいせいおつ
明治21(1888)年5月23日～昭和50(1975)年8月13日 [別]笠井誠一《かさいせいいち》
明治～昭和期の俳人。
¶岡山人, 岡山百, 岡山歴, 世紀, 奈良文(笠井誠一 かさいせいいち [没]?), 日人

**河西清義** かさいせいぎ
明和1(1764)年～嘉永2(1849)年 [別]河西清義《かさいきよよし》
江戸時代後期の算家。
¶人名, 数学(かさいきよよし), 日人(生没年不詳)

**葛西善太** かさいぜんた
? ～文化8(1811)年
江戸時代中期～後期の弘前藩校の学風変更に功績。
¶青森人

**葛西忠隆** かさいただたか
江戸時代中期の和算家、津軽藩士。
¶人名, 日人(生没年不詳)

**笠井寿人** かさいとしと
昭和3(1928)年～平成2(1990)年
昭和～平成期の島根県教職員組合執行委員長。
¶島根歴

**笠井南邨** かさいなんそん
明治44(1911)年～
昭和期の漢詩作家、教育者。山梨学院大学教授、大東文化学院教授。
¶詩歌

**葛西英昭** かさいひであき
昭和8(1933)年3月24日～
昭和～平成期の音楽教育者。
¶音人, 音人2, 音人3

**笠井英彦** かさいひでひこ
昭和32(1957)年～
昭和～平成期の中学校教諭。
¶YA

**葛西道之** かさいみちゆき
明治43(1910)年6月28日～昭和58(1983)年6月13日
大正・昭和期の教育者。
¶岩手人

**葛西満郎** かさいみつろう
大正11(1922)年3月5日～平成16(2004)年5月19日
昭和～平成期の音楽教育者。弘前大学教授。
¶音人3, 現情, 新芸

**笠井竜太郎** かさいりゅうたろう
昭和～平成期のピアノ教師。楽譜点訳の貢献者。
¶音人2, 音人3

**風戸須賀** かざとすが
明治28(1895)年3月28日～昭和58(1983)年3月7日
大正・昭和期の教師。
¶神奈女

**風野忠寛** かざのただひろ
寛政12(1800)年～明治7(1874)年
江戸時代後期～明治期の芳賀郡東郷村大前神社神官、塾主。
¶栃木歴

**笠羽映子** かさばえいこ
昭和24(1949)年6月25日～
昭和～平成期の音楽教育者。
¶音人, 音人2, 音人3

**枷場重男** かさばしげお
明治28(1895)年～昭和53(1978)年 [別]枷場重男《はさばしげお》
大正～昭和期の工学者。
¶姓氏石川, 姓氏富山(はさばしげお)

**風早保男** かざはややすお
大正8(1919)年1月9日～昭和60(1985)年7月25日
昭和期の教育者・チョウ採集家。
¶岡山歴

**風早八十二** かざはややそじ
明治32(1899)年8月10日～平成1(1989)年6月19日
大正～昭和期の社会政策学者、社会運動家。九州帝国大学教授。治安維持法批判の論文が発禁処分。著書に「日本社会政策史」。
¶岩史, 岡山百([生]明治32(1899)年8月24日),

か

岡山歴, 現朝, 現執1期, 現執2期 (⊕明治32 (1899) 年8月24日), 現情 (⊕1899年8月24日), 現人, コン改, コン4, コン5, 社運, 社史 (⊗1986年6月19日), 新潮 (⊕明治32 (1899) 年8月24日), 世紀, 世百新, 日史, 日人 (⊕明治32 (1899) 年8月24日), 百科, 平和, 履歴 (⊗平成1 (1989) 年6月18日), 履歴2 (⊗平成1 (1989) 年6月18日), 歴大

### 笠原吉郎 かさはらきちろう
明治31 (1898) 年3月3日～昭和50 (1975) 年11月3日
大正・昭和期の教師。飛騨古代文化研究会長。
¶飛騨

### 笠原義平 かさはらぎへい
明治12 (1879) 年11月10日～昭和20 (1945) 年7月11日
明治～昭和期の柔道教師。
¶埼玉人

### 笠原耨庵 かさはらじょくあん
文化9 (1812) 年～明治25 (1892) 年
江戸時代末期～明治期の医師。
¶人名, 日人

### 笠原田鶴子 かさはらたずこ
元治1 (1864) 年～明治38 (1905) 年6月29日
明治期の教育者。長崎女学院創立。家庭主義、訓育主義、技芸の奨励を信条に精神教育を重視。
¶学校, 女性, 女性普, 日人

### 笠原肇 かさはらはじめ
昭和10 (1935) 年12月17日～
昭和～平成期の児童文学作家。
¶児作 (⊕昭和10 (1935) 年12月27日), 児人, 世紀, 日児, 北海道文

### 笠原治久 かさはらはるひさ
明治42 (1909) 年1月～
昭和期の教育者。
¶群馬人

### 笠原筆子 かさはらふでこ
寛政12 (1800) 年5月～明治24 (1891) 年10月30日
江戸時代後期～明治期の女塾指導者。
¶埼玉人, 埼玉百

### 笠原良郎 かさはらよしろう
昭和6 (1931) 年6月25日～
昭和期の教育者。全国学校図書館協議会専務理事。
¶現執1期, 日児

### 笠間奥庵 かさまおうあん
安永7 (1778) 年～慶応1 (1865) 年
江戸時代後期の柳川藩儒。
¶国書 (⊕安永7 (1778) 年10月 ⊗慶応1 (1865) 年閏5月23日), 人名, 日人

### 風巻義雄 かざまきよしお
明治26 (1893) 年～昭和46 (1971) 年
大正～昭和期の教育者。
¶神奈川人

### 笠間達男 かさまたつお
昭和2 (1927) 年4月29日～
昭和～平成期の教育学者。専門は生活指導、歴史学。著書に「生徒指導基本事例集」など。
¶現執2期, 現執3期

### 笠松謙吾 かさまつけんご
天保9 (1838) 年～明治5 (1872) 年2月18日　⊛笠松宗謙《かさまつそうけん》
江戸時代末期～明治期の志士。川浦郷学を創設、教育に尽力。
¶維新, 近現, 近世, 国史, コン改, コン4, コン5, 史人 (⊕1838年12月), 新潮 (⊕天保9 (1838) 年12月), 人名 (笠松宗謙　かさまつそうけん), 日人 (⊕1839年), 幕末, 幕末大

### 笠松慎太郎 かさまつしんたろう
明治8 (1875) 年11月～昭和40 (1965) 年3月5日
明治～昭和期の教育者。
¶鉄道

### 笠松仙英 かさまつせんえい
明治17 (1884) 年10月20日～昭和34 (1959) 年12月20日
明治～昭和期の僧侶・特殊教育家。
¶埼玉人

### 笠松宗謙 かさまつそうけん
→笠松謙吾 (かさまつけんご)

### 笠間友作 かさまともさく
元治1 (1864) 年～昭和1 (1926) 年
明治～大正期の教育者。
¶姓氏神奈川

### 風間日法 かざまにっぽう
文久1 (1861) 年～昭和13 (1938) 年
明治～昭和期の僧侶。大僧正、日蓮宗管長。日蓮宗大学の設置、立正大学の開設など教学のために尽力。
¶人名, 世紀 (⊕文久1 (1861) 年6月1日　⊗昭和13 (1938) 年2月20日), 日人

### 笠間益三 かさまますぞう
弘化1 (1844) 年～明治30 (1897) 年
江戸時代末期～明治期の教育家、儒学者。「日本略記」を著し、全国の小学校で教科書として採用された。
¶人名, 日人, 藩臣7

### 風間道太郎 かざまみちたろう
明治34 (1901) 年6月6日～昭和63 (1988) 年8月25日
昭和期の作家、高校教師。作品に「尾崎秀実伝」など。反戦詩集「二十世紀の変貌」などもある。
¶現朝, 現情, 現人, 世紀, 日人, 平和

### 風見謙次郎 かざみけんじろう
明治13 (1880) 年6月24日～?
明治～昭和期の文部官僚。
¶心理

### 嵩俊海 かさみしゅんかい
天保8 (1837) 年～大正8 (1919) 年

明治〜大正期の僧、漢詩人。
¶埼玉人（㊥天保8(1837)年11月9日　㊧大正8(1919)年3月10日），埼玉百，日人

**笠森伝繁** かさもりでんぱん
明治20(1887)年〜昭和45(1970)年
明治〜昭和期の教育者。
¶石川百，姓氏石川

**風山広雄** かざやまひろお
弘化3(1846)年〜大正5(1916)年
江戸時代末期〜大正期の芳賀郡小山村の社掌・塾頭。明治35年『下野神社沿革誌』を発刊。
¶栃木歴

**梶浦逸外** かじうらいつがい
明治29(1896)年7月10日〜昭和56(1981)年2月10日
大正〜昭和期の臨済宗僧侶。妙心寺派管長、正眼短期大学創立者、日華仏教文化交流協会会長。正眼短期大学を創立。
¶学校，世紀，日人，仏人

**梶川栄吉** かじかわえいきち
明治6(1873)年〜昭和26(1951)年
大正〜昭和期の地方史研究家、教育家。京都府立第三中学校校長。鳥取県史を研究。
¶郷土（㊥明治6(1873)年1月9日），史研，鳥取百

**梶川景典** かじかわかげのり
天明8(1788)年〜明治3(1870)年12月25日
江戸時代後期の儒学者。
¶国書，人名，日人（㊧1871年）

**梶木隆一** かじきりゅういち
明治43(1910)年11月10日〜
昭和期の英文学者。東京外国語大学教授。大学英語教育指導者としての実績大。「研究英文法」など英語教育関係の著書多数。
¶現朝，現情，世紀，日人

**梶島二郎** かじしまじろう
明治20(1887)年1月21日〜昭和49(1974)年
明治〜昭和期の鹿児島県立工業専門学校創立初代校長、鹿児島県立大学学長兼工学部長。
¶鹿児島百，薩摩，数学

**梶田叡一** かじたえいいち
昭和16(1941)年4月3日〜
昭和〜平成期の教育学者。京都ノートルダム女子大学学長、聖ウルスラ学院理事長。専門は教育心理学、教育研究。著書に「自己教育への教育」など。
¶現執1期，現執2期，現執3期，現執4期

**梶谷永五郎** かじたにえいごろう
明治27(1894)年〜昭和60(1985)年
大正・昭和期の教育者。
¶愛媛

**梶田誠** かじたまこと
明治32(1899)年11月13日〜昭和49(1974)年1月日
大正・昭和期の教育者。学校長。

¶飛騨

**梶田正巳** かじたまさみ
昭和16(1941)年2月26日〜
昭和〜平成期の教育学者。名古屋大学教授。教育心理学。著書に「授業を支える学習指導論」など。
¶現執2期，現執3期，現執4期

**梶哲夫** かじてつお
大正14(1925)年〜
昭和期の教育学者。筑波大学教授。
¶現執1期

**梶野健二** かじのけんじ
大正12(1923)年1月5日〜
昭和〜平成期の音楽教育者。
¶音人2，音人3

**樫葉勇** かしばいさむ
明治29(1896)年2月26日〜*
昭和期の口演童話家、幼児教育家。白梅短期大学教授。口演童話を研究・普及し童話教育会を創立。著書に「おかあさん童話集」など。
¶現情（㊥1978年12月11日），児文（㊧？），世紀（㊧？），日児（㊧昭和53(1978)年12月11日）

**柏原知子** かしはらともこ
昭和〜平成期の小学校教師。
¶写人

**梶原康史** かじはらやすふみ
昭和2(1927)年〜
昭和〜平成期の教育学者。武庫川女子大学教授。著書に「生徒指導体制の確立と学校経営」など。
¶現執3期

**梶兵太郎** かじひょうたろう
元治1(1864)年8月15日〜昭和18(1943)年3月19日
明治〜昭和期の教師。
¶飛騨

**柏淵静夫** かしぶちしずお
文化10(1813)年〜明治25(1892)年
江戸時代末期〜明治期の国学者。
¶人名，日人

**鹿島なほ** かしまなお
明治29(1896)年〜昭和6(1931)年10月17日
大正〜昭和期の看護教育者。学校看護婦確立に尽す。女子経済専門学校、聖路加女子専門学校で教鞭を執った。
¶女性，女性普，世紀

**鹿島直子** かしまなおこ
明治29(1896)年〜昭和6(1931)年10月17日
大正〜昭和期の教育者。
¶日人

**我謝栄彦** がじゃえいけん，がじやえいげん
明治27(1894)年7月8日〜昭和28(1953)年3月15日
大正〜昭和期の農業技術者、農業教育家。甘蔗の新種作りに貢献。「沖縄県用農業参考書」など沖

縄農業に関する著作がある。
¶沖縄百, コン改, コン4, コン5, 世紀, 姓氏沖縄(かじやえいげん), 日人

**加治屋哲** かじやてつ
明治19(1886)年～昭和41(1966)年
明治～昭和期の鹿児島県社会教育主事, 鹿児島県立図書館課長。
¶姓氏鹿児島

**梶山陶斎** かじやまとうさい
江戸時代末期～明治期の教育者。
¶京都府(生没年不詳), 日人

**梶山立斎** かじやまりゅうさい
明和5(1768)年～天保8(1837)年
江戸時代後期の書家, 安芸広島藩士。
¶人名, 日人

**嘉治隆一** かじりゅういち
明治29(1896)年8月3日～昭和53(1978)年5月19日
昭和期の評論家, ジャーナリスト。朝日新聞出版局長。文部省大学設置審議会員, 東京市政調査会評議員などを務めた。著書に「緒方竹虎」。
¶近文, 現執1期, 現情, 社史, 新潮, 人名7, 世紀, 日人, 兵庫文, 平和, 履歴, 履歴2

**上代晧三** かじろこうぞう
明治30(1897)年2月2日～昭和59(1984)年5月22日
明治～昭和期の医師。専門は生化学。
¶岡山歴, 科学, 近医, 兵庫文(㊙昭和60(1985)年5月22日)

**上代淑** かじろよし
明治4(1871)年6月5日～昭和34(1959)年11月29日
明治～大正期の教育者。山陽英和学校校長。家政女塾を開設するなど各種事業に関与して, 女子教育の発展に尽力。山陽英和女学校の校長を務める。
¶海越新, 愛媛, 岡山, 岡山人, 岡山百, 岡山歴, 学校, 近女, 女性(㊙明治4(1871)年7月22日), 女性普(㊙明治4(1871)年7月22日), 世紀, 渡航(㊙1959年11月)

**柏木和夫** かしわぎかずお
？～
明治期の小学校教員。池袋児童の村小学校研究生。
¶社史

**柏木義円** かしわぎぎえん
万延1(1860)年～昭和13(1938)年1月8日
昭和期のキリスト教思想家, 牧師。安中教会牧師, 熊本英学校校長代理。「上毛教界月報」を創刊。
¶朝日(㊙万延1年3月9日(1860年3月30日)), アナ(㊙万延1(1860)年3月9日), 岩史(㊙安政7(1860)年2月17日), 角史, 郷土群馬, キリ(㊙安政7年3月9日(1860年3月30日)), 近現, 近文, 群新百, 群馬人, 群馬百, 現朝(㊙安政7年2月17日(1860年3月9日)), 国史, コン改, コン5, 史人(㊙1860年3月9日), 社史(㊙万延1(1860)年3月9日), 新潮(㊙万延1(1860)年3月9日), 世紀(㊙安政7(1860)年3月9日), 姓氏群馬, 全書, 哲学, 新潟百別, 日思, 日史(㊙万延1(1860)年2月17日), 日人, 日本, 百科, 平和(㊙大正9(1920)年), 民学, 履歴(㊙安政7(1860)年2月17日), 歴大

**柏木直平** かしわぎなおへい
明治2(1869)年9月17日～*
明治～大正期の社会教育者。
¶徳島百(㊙大正12(1923)年10月28日), 徳島歴(㊙大正11(1922)年10月28日)

**柏木隼雄** かしわぎはやお
明治26(1893)年3月15日～昭和40(1965)年1月5日
大正～昭和期の牧師, 教育者。ニューヨークYMCA主事, 新島学園校長。
¶キリ, 群新百, 姓氏群馬

**柏木治徳** かしわぎはるのり
明治16(1883)年～昭和46(1971)年
明治～昭和期の教育者。
¶神奈川人

**柏木英樹** かしわぎひでき
昭和24(1949)年～
昭和～平成期の小学校教師。
¶現執4期

**柏木広吉** かしわぎひろきち
明治22(1889)年9月9日～？
大正～昭和期の教育者。
¶群馬人

**柏倉一徳** かしわくらいっとく
安政6(1859)年～
明治期の教育者。佐渡中学校長。女子教育, 貧民教育に尽力。
¶教育

**柏倉とく** かしわくらとく
明治18(1885)年7月1日～*
大正～昭和期の社会事業家。夫柏倉松蔵とともに日本初の肢体不自由児施設柏学園を設立。
¶女性(㊙？), 女性普(㊙？), 世紀(㊙昭和41(1966)年7月6日), 日人(㊙昭和41(1966)年7月6日)

**柏倉秀克** かしわくらひでかつ
昭和31(1956)年～
昭和～平成期の教育学研究者, 拡大教科書編集者。
¶視覚

**柏倉松蔵** かしわぐらまつぞう
明治15(1882)年～昭和39(1964)年
明治～昭和期の医療体操研究者。
¶山形百新

**柏崎謙吾** かしわざきけんご
明治28(1895)年～昭和55(1980)年
大正～昭和期の社会事業家。初代下田町教育長, 公民館長, 保護司, 人権擁護委員。
¶青森人

**柏崎栄** かしわざきさかえ
明治39(1906)年2月～昭和59(1984)年3月30日
昭和期の小学校教員。
¶社史，姓氏岩手

**梶和三郎** かじわさぶろう
明治36(1903)年～昭和58(1983)年
昭和期の教育者。
¶香川人

**膳大丘** かしわでのおおおか
生没年不詳　[別]膳臣大丘《かしわでのおみおおおか》
奈良時代の学者、大学博士。
¶朝日，古代(膳臣大丘　かしわでのおみおおおか)，古代普(膳臣大丘　かしわでのおみおおおか)，コン改，コン4，コン5，新潮，人名，日人

**膳臣大丘** かしわでのおみおおおか
→膳大丘(かしわでのおおおか)

**柏原文太郎** かしわばらぶんたろう
明治2(1869)年～昭和11(1936)年　[別]柏原文太郎《かしわらぶんたろう》
明治～昭和期の政治家。衆議院議員。育英事業に従事、東亜商業学校、清華学校などを設立。
¶郷土千葉(かしわらぶんたろう)，人名，千葉百，日人([生]明治2(1869)年2月　[没]昭和11(1936)年8月10日)

**柏夢江** かしわむこう
宝暦6(1756)年～文政7(1824)年8月22日
江戸時代中期～後期の漢学者。
¶国書，姓氏宮城

**柏谷亀五郎** かしわやかめごろう
安政5(1858)年1月日～明治42(1909)年4月3日
明治期の教育者。花咲学校教員、根室英語学校校長、根室実修学校校長。海運・海産仲買業、第2期根室町議会議員。
¶根千([生]安政5(1858)年1月)

**柏谷秀一** かしわやひでいち
大正2(1913)年～昭和62(1987)年
昭和期の政治家。村長。村教育長。
¶青森人

**梶原清麿** かじわらきよまろ
生没年不詳
昭和期の小学校教員。
¶社史

**梶原日出男** かじわらひでお
明治44(1911)年1月1日～昭和50(1975)年7月14日
昭和期の福祉教育者。
¶福岡百

**柏原文太郎** かしわらぶんたろう
→柏原文太郎(かしわばらぶんたろう)

**梶原豊** かじわらゆたか
昭和13(1938)年3月22日～
昭和～平成期の経営学者。高千穂大学教授。専門は労務管理、経営教育。著書に「実践小集団活動」など。
¶現執2期，現執3期，現執4期

**賀須井千** かすいせん
明治17(1884)年9月6日～昭和37(1962)年11月22日
明治～昭和期の教育功労者。
¶兵庫人

**か寿ゑ** かずえ★
江戸時代後期の女性。教育。金井に住む父菊地弥曽吉と農業の傍ら、天保2年～明治5年まで家塾を開く。
¶江表(か寿ゑ(長野県))

**春日賢一** かすがけんいち
明治13(1880)年～昭和34(1959)年
明治～昭和期の考古学者。
¶郷土，長野歴

**春日敞** かすがたかし
明治43(1910)年8月15日～？
昭和期の小学校教員。
¶社史

**春日昇** かすがのぼる
？～昭和38(1963)年3月
昭和期の小学校教員。
¶社史

**春日正夫** かすがまさお
生没年不詳
昭和期の小学校教員。
¶社史

**春日満治** かすがみつはる
昭和8(1933)年3月2日～
昭和期の教師。
¶視覚

**春日宗信** かすがむねのぶ
文政7(1824)年～明治23(1890)年
江戸時代後期～明治期の寺子屋師匠、政治家。
¶姓氏長野

**数坂幸雄** かずさかゆきお
明治43(1910)年～昭和49(1974)年
昭和期の音楽教育者。
¶北海道百，北海道歴

**加世** かせ★
寛政10(1798)年～明治15(1882)年
江戸時代後期～明治時代の女性。教育・詩文・作詞。飫肥加茂の門川清蔵の娘。
¶江表(加世(宮崎県))

**加瀬谷みゆき** かせがいみゆき
明治38(1905)年～昭和61(1986)年1月12日
[別]加瀬谷みゆき《かせやみゆき》
明治～昭和期の教育者。二階堂体操塾第1期生。日本における女子体育会の草分けの一人。
¶女性(かせやみゆき)，女性普(かせやみゆき)，世紀，体育，日人([生]明治38(1905)年11月22

日）

**加世季弘** かせきこう
？ ～貞享2（1685）年
江戸時代前期の陽明学者。
¶人名，日人



**加瀬代助** かせだいすけ
安政4（1857）年～明治40（1907）年9月
江戸時代末期～明治期の学校創立者。東京物理学講習所（後の東京理科大学）の設立に関わる。
¶学校

**嘉瀬英夫** かせひでお
明治31（1898）年～昭和33（1958）年
大正～昭和期の第1回弘前市公選教育委員。
¶青森人

**加瀬正二郎** かせまさじろう
昭和9（1934）年7月28日～
昭和～平成期の英語英文学者、英語教育家。
¶富山文

**加瀬谷みゆき** かせやみゆき
→加瀬谷みゆき（かせがいみゆき）

**香宗我部和親** かそかべかずちか
文化3（1806）年～文久1（1861）年
江戸時代末期の漢学者。
¶人名，日人

**荷田春満** かだあずままろ
→荷田春満（かだのあずままろ）

**片岡一亀** かたおかかずき
明治23（1890）年～昭和49（1974）年
大正～昭和期の教育者。
¶高知人，高知百

**片岡啓治** かたおかけいじ
昭和3（1928）年3月1日～
昭和～平成期の評論家。独協大学教授。現代叢書同人、杉野女子大学を経て、私塾寺子屋教室の経営に加わる。著書に「大江健三郎論」など。
¶近文，現執1期，現執3期，現情，世紀，日人

**片岡朱陵** かたおかしゅりょう
正徳5（1715）年～明和5（1768）年
江戸時代中期の肥後熊本藩士、儒学者。
¶熊本百（[没]明和5（1768）年7月28日），人名，日人，藩臣7

**片岡宗助** かたおかそうすけ
明治32（1899）年6月9日～昭和51（1976）年5月1日
[別]片岡宗助《かたおかむねすけ》
大正～昭和期の教育者。
¶岡山人（かたおかむねすけ），岡山歴

**片岡尊月** かたおかそんげつ
明治41（1908）年～平成4（1992）年
昭和～平成期の小中学校長、「石楠花音頭」作詞。
¶島根歴

**片岡徳雄** かたおかとくお
昭和6（1931）年2月6日～
昭和～平成期の教育学者。広島大学教授。専門は教育社会学。著書に「いま教育を問う—高知の現実を手がかりに」など。
¶現執1期，現執2期，現執3期，現執4期

**片岡文雄** かたおかふみお
昭和8（1933）年9月12日～
昭和～平成期の詩人。嶋岡晨らの「貘」に参加し、ネオ・ファンテジズムを推進。高校教員として、詩教育を実践。詩集に「帰巣」など。
¶近文，現朝，現詩，現執2期，現執3期，現情，四国文，世紀，日人

**片岡宗助** かたおかむねすけ
→片岡宗助（かたおかそうすけ）

**片岡弥吉** かたおかやきち
明治41（1908）年～昭和55（1980）年2月21日
大正～昭和期のキリシタン研究家。純心女子短期大学副学長。
¶郷土長崎，キリ（[生]明治41（1908）年1月12日），現執1期，現情（[生]1908年1月2日），史研，世紀（[生]明治41（1908）年1月2日），長崎百，長崎歴，日人（[生]明治41（1908）年1月12日），民学

**片岡安** かたおかやすし
明治9（1876）年6月4日～昭和21（1946）年5月26日
明治～昭和期の建築家。毎日新聞本社、日本生命保険などを建てる。社会活動、財界活動にも活躍。関西工学専修学校（後の摂南大学）の設立に関わる。
¶石川百，大阪人，学校，現朝，高知人，高知百，人名7，世紀，姓氏石川，日人，美建

**片岡融悟** かたおかゆうご
昭和6（1931）年6月25日～
昭和～平成期の教育者。
¶滋賀文

**片岡好亀** かたおかよしき
明治36（1903）年10月24日～平成8（1996）年1月28日
昭和期の教育者。
¶視覚

**片尾章之丞** かたおゆきのじょう
明治9（1876）年5月22日～大正10（1921）年11月7日
明治～大正期の歌人・教育者。
¶岡山歴

**片上宗二** かたかみそうじ
昭和18（1943）年3月7日～
昭和～平成期の教育学研究家。広島大学大学院教育学研究科教授。専門は、教育学。
¶現執4期

**片桐格** かたぎりかく
大正1（1912）年10月12日～平成9（1997）年9月6日
昭和期の教育者。
¶世紀，日人

**片桐重男** かたぎりしげお
大正14（1925）年3月1日～

昭和〜平成期の教育学者。専門は数学科教育。著書に「算数・数学新しい問題の開発とその指導」など。
¶現執3期，現執4期

**片桐竜子** かたぎりたつこ
→片桐竜子（かたぎりりゅうこ）

**片桐竜子** かたぎりりゅうこ
明治23（1890）年5月18日〜昭和38（1963）年5月27日　㉕片桐竜子《かたぎりたつこ》
大正〜昭和期の教育者。片桐高等女学校校長。岐阜裁縫女学校を設立、後に片桐高等女学校と改称。著書に「天界地界」「万寿華」など。
¶学校，郷土岐阜，近女，女性（かたぎりたつこ），女性普（かたぎりたつこ），世紀，日人

**片倉兼太郎〔3代〕** かたくらかねたろう
明治17（1884）年9月20日〜昭和22（1947）年1月15日　㉕片倉兼太郎《かたくらけんたろう》
明治〜昭和期の実業家。片倉製糸紡績社長。日本蚕糸製造社長、八十二銀行頭取などを歴任。貴族院議員。松本女子実業学校（後の松本松南高等学校）を設立。
¶学校，現情（――〔代数なし〕　かたくらけんたろう　㊐1884年9月），新潮，人名7（――〔代数なし〕　かたくらけんたろう），世紀，日人

**片倉兼太郎** かたくらけんたろう
→片倉兼太郎〔3代〕（かたくらかねたろう）

**片島幸吉** かたしまこうきち
明治17（1884）年11月10日〜昭和37（1962）年10月19日
明治〜昭和期の宗教家・金光教教師。
¶岡山歴

**片島武矩** かたしまたけのり
江戸時代の「武芸訓」の著者。
¶教育

**堅田少輔** かただしょうすけ
嘉永3（1850）年10月26日〜大正8（1919）年11月29日　㉕堅田大和《かただやまと》
江戸時代後期〜大正期の教育者。長州（萩）藩家老、工部大学校教員。
¶維新，海越，海越新，渡航，幕末（堅田大和　かただやまと），幕末大（堅田大和　かただやまと），藩臣2（堅田大和　かただやまと），山口百

**堅田繁枝** かただとしえ
大正14（1925）年8月10日〜平成15（2003）年3月19日
昭和・平成期の小学教師。「かしま働く婦人の家」所長。
¶石川現九

**荷田蒼生子** かだたみこ
→荷田蒼生子（かだのたみこ）

**堅田大和** かただやまと
→堅田少輔（かただしょうすけ）

**荷田春満** かだのあずままろ
寛文9（1669）年〜元文1（1736）年7月2日　㉕荷田春満《かだあずままろ》，羽倉斎《はくらいつき》
江戸時代中期の国学者。復古神道を唱道。国学の四大人の一人。
¶朝日（㊐寛文9年1月3日（1669年2月3日）　㊥元文1年7月2日（1736年8月8日）），岩史（㊐寛文9（1669）年1月3日），江人（かだあずままろ），江戸東，角史，教育，京都，京都大，近世，国史，国書（かだあずままろ　寛文9（1669）年1月3日），コン改，コン4，コン5，詩歌，詩作（㊐寛文9（1669）年1月3日），史人，思想史，重要（㊐寛文9（1669）年1月3日），神史，人書94（かだあずままろ），神人（㊐寛文9（1669）年1月　㊥元文1（1736）年7月），新潮（㊐寛文9（1669）年1月3日），新文（㊐寛文9（1669）年1月3日），人名，姓氏京都，世人，世百（かだあずままろ），全書（かだあずままろ），大百，伝記，徳川将，日思，日史（㊐寛文9（1669）年1月3日），日人，日文，百科，文学，平史，平日，山川小，歴大，和俳（㊐寛文9（1669）年1月3日）

**片野宇平** かたのうへい
大正5（1916）年3月24日〜
昭和期の教育者。
¶群馬人

**荷田蒼生子** かだのたみこ
享保7（1722）年〜天明6（1786）年2月2日　㉕荷田蒼生子《かだたみこ》
江戸時代中期の女性。歌人、歌学者。国学者荷田春満の弟高惟の娘。
¶朝日（㊥天明6年2月2日（1786年3月1日）），江文（かだたみこ），近世，国史，国書（かだたみこ），コン改，コン4，詩歌，詩作，史人，女史，女性，新潮，人名（かだたみこ），日人，和俳

**荷田御風** かだののりかぜ
享保13（1728）年〜天明4（1784）年　㉕羽倉御風《はくらのりかぜ》，荷田御風《かだのりかぜ》
江戸時代中期の国学者。
¶江文（かだのりかぜ），国書（羽倉御風　はくらのりかぜ　㊐享保13（1728）年11月5日　㊥天明4（1784）年8月16日），人名，日人

**荷田御風** かだのりかぜ
→荷田御風（かだののりかぜ）

**片平周三郎** かたひらしゅうざぶろう
安政2（1855）年7月13日〜大正7（1918）年1月14日
明治〜大正期の教育者。
¶岡山歴

**片平信明** かたひらしんめい
→片平信明（かたひらのぶあき）

**片平富次郎** かたひらとみじろう
明治33（1900）年〜昭和34（1959）年
大正〜昭和期のバチュラー学園機関紙編集者。
¶北海道百，北海道歴

**片平信明** かたひらのぶあき
天保1（1830）年〜明治31（1898）年10月6日　㉕片

平信明 《かたひらしんめい》
明治期の農政家。農村教育のパイオニア。杉山報徳社を創立。
¶朝日（㊥天保1年3月15日（1830年4月7日）），近現（かたひらしんめい），国史（かたひらしんめい），コン改（㊥文政12（1829）年），コン4（㊥文政12（1829）年），コン5（㊥文政12（1829）年），静岡百，静岡歴，新潮（㊥天保1（1830）年3月15日），人名，姓氏静岡（㊥1842年），世人（かたひらしんめい），先駆（㊥天保1（1830）年3月15日），日人，幕末（㊥1842年）

片淵琢 かたぶちたく
安政6（1859）年～明治40（1907）年
明治期の東亜開拓者。「自活研究会」を設立し、学資に乏しい苦学生を補助した。露語学校創立に尽力。
¶人名，日人

片山石 かたやまいし
嘉永3（1850）年～大正6（1917）年　㊛片山石《かたやまいわ》
明治～大正期の教育者。私塾を創立、手芸、和裁、作法などを教えた。のち私塾を片山女子高等学校と改称。
¶岡山人（かたやまいわ），岡山歴（㊥嘉永3（1850）年10月1日　㊦大正6（1917）年2月12日），学校（㊥嘉永3（1850）年10月1日　㊦大正6（1917）年2月12日），女性（㊦大正6（1917）年3月），女性普（㊦大正6（1917）年3月）

片山石 かたやまいわ
→片山石（かたやまいし）

片山穎太郎 かたやまえいたろう
明治27（1894）年～昭和50（1975）年2月10日
昭和期の作曲家、教育家。大阪音楽大学教授。「三井寺」などの作品のほか、「和声学」など著訳書も多数。
¶音楽，音人（㊥明治27年12月8日），作曲（㊥明治27（1894）年12月18日）

片山カズ かたやまかず
明治8（1875）年4月20日～昭和26（1951）年11月17日
明治～大正期の教育者。徳島県の女性教員第1号。洋装主義を貫き、女子青年団など各種団体で活動。
¶女性，女性普，世紀，日人

片山貫一郎 かたやまかんいちろう
天保1（1830）年～明治7（1874）年1月21日
江戸時代末期～明治時代の吉田駐屯奇兵隊教授。
¶幕末，幕末大

片山恒斎 かたやまこうさい
寛政4（1792）年～嘉永2（1849）年
江戸時代後期の陸奥白河藩士、藩校学頭。
¶国書（㊥嘉永2（1849）年5月30日），人名，日人，藩臣2，藩臣4，三重

片山淳吉 かたやまじゅんきち
天保8（1837）年3月3日～明治20（1887）年6月29日
江戸時代後期～明治期の洋学者、教科書編纂者。慶応義塾大学助教授。日本最初の物理教科書の編者。
¶科学，新潮，大百，日人，洋学

片山尚絅 かたやましょうけい
天保8（1837）年～？
江戸時代後期～明治期の松江中学の漢学教師。
¶島根歴

片山清一 かたやませいいち
大正1（1912）年9月2日～
昭和期の哲学・教育学者。目白学園女子短期大学教授。
¶現執1期，現執2期

片山清太郎 かたやませいたろう
生没年不詳
明治期の教育者。
¶岩手人

片山潜 かたやません
安政6（1859）年12月3日～昭和8（1933）年11月5日
明治～昭和期の社会主義者、社会運動家。万国社会党大会日本代表。コミンテルン執行委員会幹部。「我社会主義」などを著す。
¶朝日（㊥安政6年12月3日（1859年12月26日）），岩史，海越（㊥安政6（1860）年12月），海越新（㊥安政6（1860）年12月），岡山，岡山人，岡山百（㊥安政6（1859）年12月7日），岡山歴（㊥安政6（1859）年12月7日），角史，教育，キリ（㊥安政6年12月3日（1859年12月26日）），近現，近文，現朝（㊥安政6年12月3日（1859年12月26日）），現日（㊥1934年11月5日），国史，コン改，コン5，史人，思想，社運，社史（㊥安政6年12月3日（1859年12月26日）），重要，新潮，新文，人名，世紀，世人（㊥安政6（1859）年12月），世百，先駆，全書，大百，哲学，伝記，渡航（㊥1859年12月），日思，日史，日人，日本，百科，文学，平和，北海道百，北海道歴，民学，明治2，履歴，歴大

片山冲堂 (片山沖堂) かたやまちゅうどう
文化13（1816）年～明治21（1888）年
江戸時代末期～明治期の儒学者。郷土史研究の重要な役割を果たす。著書「高松記」がある。
¶維新，香川人，香川百，国書（㊥明治21（1888）年1月9日），人名（片山沖堂），日人，幕末（㊥1888年1月11日），藩臣6

片山恬斎 かたやまてんさい
天明8（1788）年～元治1（1864）年
江戸時代後期の漢学者、讃岐高松藩儒。
¶国書（㊥元治1（1864）年8月），人名（㊥1787年），日人

片山徹 かたやまとおる
明治38（1905）年11月25日～昭和43（1968）年8月16日
大正～昭和期の教育者、独立伝道者。
¶キリ

片山豊次郎 かたやまとよじろう
万延1（1860）年～昭和3（1928）年

教育篇　　　　　　　　　　　　　　　　229　　　　　　　　　　　　　　　　かつかわ

江戸時代末期～昭和期の郷土史家。
¶大分歴，郷土

**片山信貞** かたやまのぶさだ
明治期の教育者。
¶岡山人

**片山ハルエ** かたやまはるえ
明治35（1902）年頃～昭和57（1982）年3月20日
大正～昭和期の社会事業家。社会福祉法人大洋社理事長。働く婦人を対象にした福祉活動に従事。母子寮、幼稚園、保育園等の施設造りに尽力。
¶群馬人（㊥明治34（1901）年11月　㊦昭和57（1982）年3月）、女性（㊥明治35（1902）年頃）、女性普

**片山英雄** かたやまひでお
昭和6（1931）年10月7日～
昭和期の教育心理学者。
¶現執2期

**片山鳳翮**（片山鳳翻）　かたやまほうへん，かたやまほうべん
元文5（1740）年～文化5（1808）年
江戸時代中期～後期の儒学者。
¶国書（㊦文化5（1808）年9月14日）、人名、姓氏山口（片山鳳翻　かたやまほうべん）、日人、山口百（かたやまほうべん）

**片山北海** かたやまほっかい
享保8（1723）年～寛政2（1790）年9月22日
江戸時代中期の儒学者、漢詩人。混沌社の盟主。
¶朝日（㊦寛政2年9月22日（1790年10月29日））、大阪人（㊦寛政2（1790）年9月）、大阪墓、京都大、近世、国史、国書、コン改、コン4、詩歌、史人（㊦1723年1月10日）、新潮、人名、姓氏京都、世人（㊦享保8（1723）年1月10日）、新潟百、日思、日史（㊦享保8（1723）年1月10日）、日人、百科、和俳

**片山緑** かたやまみどり
昭和5（1930）年2月4日～
昭和～平成期のピアノ教育者、作曲家。
¶音人3

**片山やす** かたやまやす
明治32（1899）年2月28日～昭和63（1988）年2月15日
大正～昭和期のバレリーナ、旧ソ連日本語教師。ソ日友好協会副会長。
¶社史

**片山嘉雄** かたやまよしお
大正9（1920）年4月17日～
昭和期の英語教育・音声学者。岡山大学教授。
¶現執2期

**かつ**(1)
1801年～
江戸時代後期の女性。教育。吉江重道の妻。
¶江表（かつ（東京都））　㊦享和1（1801）年頃）

**かつ**(2)
1817年～

江戸時代後期の女性。教育。筆学指南横山整治の妻。
¶江表（かつ（東京都））　㊦文化14（1817）年頃）

**か津** かつ★
1824年～
江戸時代後期の女性。教育。井上三四郎の妻。
¶江表（か津（東京都））　㊦文政7（1824）年頃）

**嘉津** かつ★
文政2（1819）年～
江戸時代後期の女性。教育。松本万平の妻。
¶江表（嘉津（東京都））

**勝浦捨造** かつうらすてぞう
～昭和57（1982）年2月1日
明治～昭和期の教育家。
¶岩手人

**勝雲山** かつうんざん
明治24（1891）年～昭和43（1968）年
大正～昭和期の書家。
¶長野百，長野歴

**かつおきんや**（勝尾金弥）
昭和2（1927）年9月20日～
昭和～平成期の教育者、児童文学作家。愛知県立大学教授、梅花女子教授。中学教師として作文教育・演劇教育を実践。歴史小説を経て、児童文学を書く。著書に「能登のお池づくり」など。
¶石川文，現朝，現執2期（勝尾金弥），現執3期，現執4期，児作，児人（勝尾金弥），児文，世紀，日児，日人

**勝尾外美子** かつおとみこ
昭和6（1931）年3月25日～
昭和期の読書運動家、教育者。
¶日児

**勝海舟** かつかいしゅう
文政6（1823）年1月30日～明治32（1899）年1月19日　㊙勝安芳《かつやすよし》
江戸時代末期～明治期の蘭学者、政治家。日本海軍創設者。咸臨丸艦長として初の太平洋横断に成功。枢密顧問官。
¶朝日（㊦文政6年1月30日（1823年3月12日））、維新、岩史、海越、海越新、江戸東、江文、角史、京都大、郷土長崎、近現、近世、近文、国際、国史、コン改、コン4、コン5、詩歌、史研、詩作、史人、静岡百、静岡歴、思想、重要、人書79、人書94、人情、人情1、新潮、新文（㊦文政6（1822）年1月30日）、人名、姓氏静岡、世人（勝安芳　かつやすよし）、先駆（勝安芳　かつやすよし）　㊦明治32（1899）年1月21日）、全書、大百、茶道、哲学、伝記、栃木歴、長崎百、長崎歴、日史、日人、日本、幕末（㊦1823年3月12日）、百科、兵庫百、文学（㊦1822年）、明治1、洋学、陸海（勝安芳　かつやすよし）　㊦文政6年1月31日　㊦明治32年1月20日）、歴大

**勝川武** かつかわたけし
大正9（1920）年9月15日～平成5（1993）年5月7日

大正～平成期の教師、社会運動家。
¶視覚

**香月牛山** かつきぎゅうざん
明暦2（1656）年～元文5（1740）年3月16日　[別]香月牛山《かつきござん，かづきござん》，香月啓益《かげつけいえき，かつきけいえき》
江戸時代中期の医師。後世派医家の代表。女子も手習い塾に学ぶ風習を述べた「小児必要養育草」がある。
¶朝日（[没]元文5年3月16日（1740年4月12日）），岩史，科学（[生]明暦2（1656）年10月7日），京都大（かつきござん），近世，国史，国書，コン改（香月啓益　かげつけいえき），コン4（香月啓益　かげつけいえき），コン5（香月啓益　かげつけいえき），史人（[生]1656年10月7日），女史（香月啓益　かつきけいえき），新潮（[生]明暦2（1656）年10月7日），人名（[生]1652年　[没]1736年），姓氏京都，世人（香月啓益　かげつけいえき），全書，大百（かづきござん），日史，日人，藩臣7，百科，福岡百（[生]元文5（1740）年　[没]文政8（1825）年），歴大

**香月啓益** かつきけいえき
→香月牛山（かつきぎゅうざん）

**香月牛山** かつきござん，かづきござん
→香月牛山（かつきぎゅうざん）

**勝木司馬之助** かつきしばのすけ
明治40（1907）年6月30日～平成5（1993）年4月20日
昭和期の内科学者。九州大学教授。
¶科学，近医，現情，宮崎百

**蒲田広** がつぎたひろし
安政2（1855）年～明治35（1902）年
明治期の教育者、政治家。
¶青森人，青森百，日人

**勝月枕山**（勝木枕山） かつきちんざん
宝永1（1704）年～天明4（1784）年　[別]枕山《ちんざん》
江戸時代中期の教育家。
¶国書（勝木枕山　[没]天明4（1784）年11月9日），人名，日人（勝木枕山），俳文（枕山　ちんざん）

**嘉津女** かつじょ★
1826年～
江戸時代後期の女性。教育。内田東助の妻。
¶江表（嘉津女（東京都）　[生]文政9（1826）年頃）

**勝田勝年** かつたかつとし，かったかつとし
明治37（1904）年11月24日～昭和63（1988）年
昭和期の修史家。旧制松江中学校教諭、東京帝国大学史料編纂所業務嘱託。近世史を研究。
¶郷土（[没]昭和63（1988）年11月1日），現執2期，史研，島根歴（かったかつとし）

**勝田馨子** かつたけいこ
明治6（1873）年1月～昭和18（1943）年12月7日
明治～昭和期の教育者。
¶新宿女

**勝田守一** かつたしゅいち
明治41（1908）年11月10日～昭和44（1969）年7月30日
昭和期の哲学者、教育学者。東京帝国大学教授。国民教育研究所などで民間教育運動に尽力。「勝田守一著作集」。
¶現朝，現執1期，現情，現人，コン改，コン4，コン5，史人，新潮，人名7，世紀，全書，哲学，日人，平和，履歴（[生]明治41（1908）年11月1日），履歴2（[生]明治41（1908）年11月1日）

**勝田昌二** かつたしょうじ
大正1（1912）年5月8日～
昭和期のソビエト教育研究者。
¶現情

**勝田白峯** かつたはくほう
？　～明治20（1887）年
江戸時代後期～明治期の教育者で文化人。
¶大分歴

**勝田鹿谷** かつたろくこく
→勝田鹿谷（かつだろっこく）

**勝田鹿谷** かつだろっこく，かつたろっこく
安永6（1777）年～嘉永2（1849）年　[別]勝田鹿谷《かつたろくこく》
江戸時代後期の信濃高島藩士、儒学者。
¶江文（かつたろくこく），国書（かつたろっこく　[没]嘉永2（1849）年10月1日），人名，姓氏長野，長野歴（かつたろっこく），日人，藩臣3

**甲藤義治** かっとうよしはる
明治25（1892）年～昭和55（1980）年
大正～昭和期の教育者。
¶高知人

**勝沼ます** かつぬまます
天保9（1838）年～大正2（1913）年2月7日
江戸時代末期～大正期の女性。医学者勝沼精蔵の祖母。出羽上山藩の明新学校女子部の主任教師を務めた。
¶女性，女性普，日人

**勝野重美** かつのしげみ
昭和5（1930）年～
昭和～平成期のホタル研究家、高校教諭。
¶児人

**勝野尚行** かつのなおゆき
昭和7（1932）年9月23日～
昭和～平成期の教育学者。岐阜経済大学教授。専門は教育原理、教育行政。
¶現執3期

**勝野良順** かつのよしのぶ
→勝野良順（かつのよしより）

**勝野良順** かつのよしより
天保11（1840）年～明治35（1902）年　[別]勝野良順《かつのよしのぶ》
江戸時代末期～明治期の武士、教育者。
¶人名（かつのよしのぶ），日人，藩臣4

**葛原次男** かつはらつぐお
明治34(1901)年〜昭和56(1981)年
大正〜昭和期の天間林村教育長、公民館長。
¶青森人

**勝部修** かつべおさむ
天保8(1837)年〜明治41(1908)年
江戸時代後期〜明治期の新聞人。山陰新聞初代社長。
¶島根人，島根百（㊤天保8(1837)年2月30日 ㊦明治41(1908)年4月21日），島根歴，日人

**勝部景浜** かつべかげはま
文政6(1823)年〜明治14(1881)年
江戸時代末期〜明治期の出雲の豪農。
¶人名，日人

**勝部其楽** かつべきらく
弘化3(1846)年6月3日〜昭和8(1933)年7月18日
㊦勝部只市《かつべただいち》
江戸時代末期〜昭和期の英語教育者。和漢塾砲蒙館を設立。
¶海越新，島根人，島根百，島根歴，世紀，渡航（勝部其楽・勝部只市 かつべきらく・かつべただいち），日人，幕末，幕末大

**勝部謙造** かつべけんぞう
明治18(1885)年3月14日〜昭和39(1964)年12月16日
明治〜昭和期の哲学者。桃山学院院長。ディルタイ哲学、教育哲学を研究。
¶現情，島根百，島根歴，人名7，世紀，哲学，日人

**勝部只市** かつべただいち
→勝部其楽《かつべきらく》

**勝部真長** かつべみたけ
大正5(1916)年3月30日〜
昭和〜平成期の倫理学者。比較倫理思想、道徳教育の研究で多くの業績がある。
¶現朝，現執1期，現執2期，現執3期，現情，世紀，日人

**勝俣銓吉郎** かつまたせんきちろう
明治5(1872)年11月18日〜昭和34(1959)年9月22日
明治〜昭和期の英語学者、英文家。早稲田大学教授。英語研究所などの編集数は25冊を越す。著書に「応用英和新辞典」。
¶神奈川人，郷土神奈川，近文，現情，コン改，コン4，コン5，人名7，世紀，姓氏神奈川，全書，日人

**勝又猛** かつまたたけし
大正15(1926)年〜昭和62(1987)年
昭和期の社会学・教育学博士。
¶山形百新

**勝又秀丸** かつまたひでまる
明治28(1895)年〜昭和62(1987)年
大正・昭和期の教育者。
¶御殿場

**勝間田芳麿** かつまたよしまろ
大正11(1922)年〜平成20(2008)年
昭和・平成期の教育者。
¶御殿場

**勝又頼治** かつまたよりじ
明治20(1887)年〜昭和38(1963)年
明治〜昭和期の教育家。
¶宮城百

**勝村久司** かつむらひさし
昭和36(1961)年6月1日〜
昭和〜平成期の理科教師。医療情報の公開・開示を求める市民の会事務局長、全国薬害被害者団体連絡協議会副代表世話人。専門は、医療問題、教育問題、司法問題、環境問題。
¶現執4期

**勝目実禎** かつめじつてい
嘉永6(1853)年〜昭和4(1929)年
明治〜昭和期の教育者、政治家。湊小学校長、西市来村6代村長。
¶姓氏鹿児島

**勝安芳** かつやすよし
→勝海舟《かつかいしゅう》

**勝山直吉** かつやまなおきち
明治12(1879)年〜昭和33(1958)年
大正〜昭和期の教育者。
¶神奈川人

**勝山信司** かつやまのぶじ
明治12(1879)年〜昭和30(1955)年
明治〜昭和期の教育者。
¶姓氏長野

**葛井温** かつらいおん
文化8(1811)年〜嘉永2(1849)年 ㊦葛井文哉《かつらいぶんさい》
江戸時代後期の博学者。
¶国書（葛井文哉 かつらいぶんさい ㊦嘉永2(1849)年7月8日），人名，日人（葛井文哉 かつらいぶんさい）

**桂井和雄** かつらいかずお
明治40(1907)年12月10日〜平成1(1989)年8月9日
大正〜昭和期の詩人。
¶郷土，現情，高知人，四国文

**葛井文哉** かつらいぶんさい
→葛井温《かつらいおん》

**桂井国幹** かつらがわくにもと
→桂川甫策《かつらがわほさく》

**桂川孟始** かつらがわたけし
大正15(1926)年3月3日〜平成9(1997)年1月16日
昭和・平成期の萩原町教育長。
¶飛騨

**桂川甫策** かつらがわほさく
天保3(1832)年〜明治22(1889)年10月19日

[別]桂川国幹《かつらがわくにもと》
江戸時代末期～明治期の化学者。大学南校化学教授。著書に「化学入門」「化学記事」「法朗西文典学類」。
¶朝日，江文（[没]明治23（1890）年），科学，国書（桂川国幹　かつらがわくにもと　[生]天保10（1839）年　[没]明治23（1890）年5月25日），コン5，新潮，徳川臣，日人（[生]1839年　[没]1890年），幕末大（[生]天保4（1833）年），洋学（[没]明治23（1890）年）

**葛城理吉**　かつらぎりきち
天保2（1831）年～明治30（1897）年
明治期の公共事業家。地方殖産興業に貢献、教育の普及にも尽力。
¶人名，日人

**桂田金造**　かつらだきんぞう
明治17（1884）年～大正13（1924）年
大正期の教師、教育ジャーナリスト。成蹊小学校訓導。生活の自己表現説を主張。退職後、雑誌「白鳩」を創刊し活躍。
¶滋賀文，児文，日児（[生]明治17（1884）年12月22日）

**桂太郎**　かつらたろう
弘化4（1847）年11月28日～大正2（1913）年10月10日
明治期の政治家。陸軍大将、公爵。軍制改革を推進。独逸学協会学校の創立に関わる。また、台湾協会学校（後の拓殖大学）を創立、初代校長に就任。
¶朝日（[生]弘化4年11月28日（1848年1月4日）），維新，岩史，海越（[生]弘化4（1848）年11月28日），海越新（[生]弘化4（1848）年11月28日），学校，角史，近現，現日，国際，国史，コン改，コン5，史人，重要，新潮，人名，世紀（[生]弘化4（1848）年11月28日），世人（[生]弘化6（1847）年11月28日），世百（[生]1848年），全書，大百，鉄道（[生]1848年1月4日），伝記，渡航，日史（[生]弘化4（1848）年11月28日），日人（[生]1848年），日本，幕末（[生]1848年　[没]1913年10月11日），藩臣6，百科，平日（[生]1848年），明治1（[生]1848年），山口百，陸海（[没]大正2年11月10日），歴大

**桂徳次郎**　かつらとくじろう
明治19（1886）年～昭和37（1962）年
明治～昭和期の医師、教育者。宮崎県延岡市市議会議員。
¶姓氏鹿児島

**桂南野**　かつらなんや
→桂広保（かつらひろやす）

**桂久春**　かつらひさはる
明治36（1903）年～昭和50（1975）年
昭和期の霧島町教育委員、同町社会福祉協議会会長・鹿児島県公安委員長。
¶姓氏鹿児島

**桂広介**　かつらひろすけ
明治42（1909）年10月13日～平成5（1993）年8月16日
昭和期の教育心理学者。東京教育大学教授。
¶現執1期，現執2期，現情，心理

**桂広保**　かつらひろやす
元禄1（1688）年～明和6（1769）年　[別]桂南野《かつらなんや》
江戸時代中期の長州（萩）藩士。
¶国書（桂南野　かつらなんや　[没]明和6（1769）年2月5日），人名，日人，藩臣6

**桂富士郎**　かつらふじろう
大正15（1926）年4月17日～平成7（1995）年4月21日
昭和～平成期の教育者。
¶四国文

**桂正直**　かつらまさなお
→石黒圭三郎（いしぐろけいざぶろう）

**葛山観在**　かつらやまかんざい
弘化4（1847）年7月7日～大正10（1921）年3月4日
江戸時代末期～明治期の教育者。高谿義塾を開き子弟を教授。
¶藩臣5，兵庫人

**葛山ひろし**　かつらやまひろし
明治22（1889）年12月18日～昭和21（1946）年2月12日
大正～昭和期の教育者、キリスト教徒。日本盲教育同志倶楽部理事長。
¶視覚

**勝連シヅ子**　かつれんしづこ
明治45（1912）年～
昭和期の教育者。
¶戦沖

**嘉手苅冷影**　かでかるれいえい
明治25（1892）年4月～昭和15（1940）年
大正期の教育者、小学校教員。
¶沖縄百，社史（生没年不詳）

**嘉手納宗徳**　かでなそうとく
大正2（1913）年～平成4（1992）年
昭和～平成期の日本史学者。前島小学校教頭。沖縄県史を研究。
¶郷土（[生]大正2（1913）年3月18日　[没]平成4（1992）年4月14日），史研，姓氏沖縄

**勘解由小路資善**　かでのこうじすけたる
→勘解由小路資善（かでのこうじすけよし）

**勘解由小路資善**　かでのこうじすけよし
安永7（1778）年～嘉永1（1848）年　[別]勘解由小路資善《かげゆこうじすけよし，かでのこうじすけたる》
江戸時代後期の公家（権大納言）。左京権大夫勘解由小路近光の子。
¶維新，公卿（かげゆこうじすけよし　[生]安永7（1778）年5月28日　[没]嘉永1（1848）年11月25日），国書（かでのこうじすけたる　[生]安永7（1778）年5月28日　[没]嘉永1（1848）年11月24日），諸系，人名，日人，幕末（[没]1848年12月19日）

加藤彰廉 かとうあきかど
文久元(1861)年～昭和8(1933)年
明治～昭和期の教育家。
¶愛媛, 愛媛百(⊕文久1(1861)年12月27日
(㊣昭和8(1933)年9月18日), 郷土愛媛, 世紀
(⊕文久1(1862)年12月27日 ㊣昭和8(1933)
年9月18日), 日人(㊣1862年)

加藤明 かとうあきら
昭和25(1950)年11月14日～
昭和～平成期の教育学者。京都ノートルダム女子
大学教授。専門は教育方法、教育評価など。著書
に「生活科で育つ子どもたち」「算数指導入門」
など。
¶現執3期, 現執4期

加藤勇 かとういさむ
文政11(1828)年～明治23(1890)年
江戸時代末期～明治期の肥前大村藩士。
¶維新, 人名, 日人

加藤一郎 かとういちろう
明治38(1905)年5月31日～昭和59(1984)年1月
24日
昭和期の教育者。
¶視覚

加藤岩吉 かとういわきち
明治22(1889)年～昭和30(1955)年
大正～昭和期の教育家・政治家。
¶多摩

加藤円斎 かとうえんさい
生没年不詳
江戸時代中期の儒学者。
¶大阪人, 国書, 人名, 日人

加藤桜老 かとうおうろう
文化8(1811)年～明治17(1884)年
江戸時代末期～明治期の儒学者。藩校明倫館教
授。藩政改革を図り閉門を命ぜられる。
¶茨城百, 茨城歴, 江文, 郷土茨城, 国際, 国書
(⊕文化8(1811)年7月28日 ㊣明治17(1884)
年12月12日), コン改, コン4, コン5, 詩歌,
神人(⊕文化8(1811)年7月28日 ㊣明治17(1884)年11月
12日), 人名, 日人, 幕末(㊣1884年11月12
日), 幕末大(㊣明治17(1884)年11月12日),
藩臣2, 和俳

加藤丘之助 かとうおかのすけ
明治29(1896)年～昭和26(1951)年
大正～昭和期の教育者・詩人。
¶神奈川人, 姓氏神奈川

加藤豈苟 かとうがいこう
→加藤十千(かとうじっせん)

加藤嘉一 かとうかいち
明治35(1902)年～昭和20(1945)年
昭和期の芳賀地区での自由教育の推進者、民俗学
研究者。
¶栃木歴

加藤覚亮 かとうかくりょう
明治15(1882)年～昭和27(1952)年
明治～昭和期の教育者。
¶新潟百

加藤景纉 かとうかげよし
→加藤棕盧(かとうそうろ)

加藤和信 かとうかずのぶ
大正11(1922)年～
昭和期の児童文学作家、小学校教諭。
¶児人

加藤嘉兵衛 かとうかへえ
天保9(1838)年～明治43(1910)年
江戸時代後期～明治期の大阪鴻池別家の家庭教師。
¶姓氏愛知

加藤歓一郎 かとうかんいちろう
明治38(1905)年5月10日～昭和52(1977)年3月
15日
大正～昭和期の教育者、社会運動家。
¶島根百, 島根歴, 世紀, 日人

加藤完治 かとうかんじ
明治17(1884)年1月22日～昭和42(1967)年3月
30日
明治～昭和期の農本主義者。旧満州開拓移民の指
導者。戦時中"満州移民の父"といわれる。
¶茨城百, 岩史, 郷土茨城, キリ(㊣昭和40
(1965)年3月30日), 近現, 現朝, 現情, 現人,
現日, 国史, コン改, コン4, コン5, 史人, 社
史, 新潮, 人名7, 世紀, 世百新, 全書, 哲学,
日史, 日人, 百科, 民学, 山形百, 履歴, 履歴
2, 歴大

加藤毅堂 かとうきどう
～明治20(1887)年
江戸時代後期～明治期の教育者。
¶三重

加藤錦子 かとうきんこ
文久3(1863)年～大正2(1913)年
明治期の教育者。アメリカに留学、我が国初の女
性として教育学を修める。
¶女性

加藤内蔵助 かとうくらのすけ
文化12(1815)年～慶応2(1866)年
江戸時代後期～末期の家塾師匠。
¶埼玉百

加藤謙吉 かとうけんきち
明治23(1890)年～昭和8(1933)年
大正～昭和期の教育功労者・素封家。
¶香川人, 香川百

加藤源左衛門 かとうげんざえもん
嘉永6(1853)年～?
明治～昭和期の算者。近隣の子弟に算法を教授。
測量術を学び、地租改正の際には実地測量に従事。
¶人名, 数学, 日人

**加藤謙二郎**（加藤謙次郎）　**かとうけんじろう**
天保2（1831）年～慶応3（1867）年
江戸時代末期の勤王家。
¶維新，コン改，コン4，新潮（[没]慶応3（1867）年3月9日），人名（加藤謙次郎），富山百（[生]天保3（1832）年　[没]慶応3（1867）年3月9日），日人，幕末（[没]1867年4月12日）

**加藤賢成**　**かとうけんせい**
天保11（1840）年～大正9（1920）年
江戸時代後期～大正期の郷土史家。
¶大分百，大分歴，郷土

**加藤源三**　**かとうげんぞう**
慶応3（1867）年～昭和18（1943）年
明治～昭和期の教育者。
¶青森人

**加藤佐助**　**かとうさすけ**
明治24（1891）年4月18日～昭和31（1956）年7月29日
大正・昭和期の教育者。学校長。
¶飛騨

**加藤三吾**　**かとうさんご**
慶応1（1865）年10月6日～昭和14（1939）年4月6日
明治～昭和期の沖縄研究者。
¶沖縄百，世紀，姓氏沖縄，日人

**加藤山治**　**かとうさんじ**
生没年不詳
明治期の教育者。
¶姓氏愛知

**加藤重慎**　**かとうしげちか**
文化11（1814）年～明治20（1887）年
江戸時代後期～明治期の儒学者。
¶日人

**加藤静夫**　**かとうしずお**
明治13（1880）年11月～昭和9（1934）年3月2日
明治～昭和期の電気工学者。
¶人名，日人

**加藤七郎兵衛**　**かとうしちろうべえ**
→加藤七郎兵衛（かとうしちろべえ）

**加藤七郎兵衛**　**かとうしちろべえ**
文化7（1810）年～文久3（1863）年　[別]加藤七郎兵衛《かとうしちろうべえ》
江戸時代末期の儒学者。
¶維新，神奈川人（[没]1744年），人名（[生]1811年），日人，幕末（かとうしちろうべえ　[没]1863年9月17日）

**加藤十千**　**かとうじっせん**
元禄12（1699）年6月8日～安永7（1778）年　[別]加藤豈苟《かとうがいこう》
江戸時代中期の安芸広島藩士、儒学者。
¶国書（加藤豈苟　かとうがいこう　[没]安永7（1778）年閏7月7日），人名，日人，藩臣6，広島百（[没]安永7（1778）年閏7月6日）

**加藤周四郎**　**かとうしゅうしろう**
明治43（1910）年5月25日～
昭和期の小学校教員。
¶社史

**加藤十八**　**かとうじゅうはち**
昭和2（1927）年3月18日～
昭和～平成期の教育学者。中京女子大学教授。アメリカ教育の現状と動向を研究。著書に「教育人類学の視点から」など。
¶現執3期

**加藤俊治**　**かとうしゅんじ**
天明3（1783）年～弘化2（1845）年　[別]加藤梅崖《かとうばいがい》
江戸時代後期の讃岐丸亀藩士、儒学者。
¶江文（加藤梅崖　かとうばいがい），国書（加藤梅崖　かとうばいがい　[没]弘化2（1845）年10月27日），人名（加藤梅崖　かとうばいがい），日人（加藤梅崖　かとうばいがい），藩臣6

**加藤詔士**　**かとうしょうじ**
昭和22（1947）年2月6日～
昭和～平成期の研究者。名古屋大学教育学部教授。専門は、教育社会史。
¶現執4期

**加藤鉦治**　**かとうしょうじ**
昭和22（1947）年2月6日～
昭和期の教育学者。
¶現執2期

**加藤次郎**　**かとうじろう**
*～明治10（1877）年
江戸時代末期～明治期の志士、中国研究家。戊辰戦争に従軍の後、上海に渡航。
¶岡山人（[生]嘉永2（1849）年），岡山百（[生]？），岡山歴（[生]？　[没]明治10（1877）年10月），人名（[生]1849年），日人（[生]1849年），幕末（[生]？　[没]1877年10月）

**加藤精一郎**　**かとうせいいちろう**
嘉永3（1850）年～？
明治期の音楽教育家。
¶山形百

**加藤正斎**　**かとうせいさい**
嘉永3（1850）年1月23日～昭和6（1931）年
江戸時代末期～大正期の剣術家。亀山演武場3代師範役。
¶藩臣4，三重続

**加藤拙斎**　**かとうせっさい**
文政10（1827）年～明治6（1873）年
江戸時代後期～明治期の漢学者、藩校明倫堂の司成（総長格）。
¶長野歴

**加藤せむ**　**かとうせむ**
明治2（1869）年～昭和31（1956）年
明治～昭和期の教育家。金城遊学館設立者、金城女学校校長。
¶石川百，学校，ふる

**加藤棕盧**(加藤棕廬) かとうそうろ
寛政2(1790)年〜嘉永4(1851)年8月23日　㊙加藤景樷《かとうかげよし》
江戸時代末期の安芸広島藩士、儒学者。
¶国書(加藤景樷　かとうかげよし)、人名(加藤棕廬)、日人(加藤棕廬)、藩臣6、広島百(加藤棕廬)

**加藤諦三**　かとうたいぞう
昭和13(1938)年1月26日〜
昭和〜平成期の評論家。早稲田大学教授、ハーバード大学ライシャワー研究所研究員。ラジオ講座「百万人の英語」講師を務める。著書に「自分と出会う心理学」など多数ある。
¶現執1期、現執2期、現執3期、現執4期、現情、現日(㊦1938年1月9日)、世紀、日人、マス89、YA

**加藤隆勝**　かとうたかかつ
昭和6(1931)年7月30日〜
昭和〜平成期の教育学者。筑波大学教授。専門は教育心理学、青年心理学。著書に「特別活動と自主性の育成」など。
¶現執1期、現執3期、心理

**加藤竹雄**　かとうたけお
明治25(1892)年〜
大正〜平成期の教育者。
¶福井百

**加藤忠男**　かとうただお
明治34(1901)年5月26日〜昭和57(1982)年4月3日
大正〜昭和期の社会事業家。
¶世紀、日人

**加藤辰雄**　かとうたつお
昭和26(1951)年11月20日〜
昭和〜平成期の小学校教師。著書に「小学校学級づくり入門12か月」など。
¶現執3期、現執4期

**河東田ヨシ**　かとったよし
明治30(1897)年1月5日〜昭和51(1976)年10月28日
大正〜昭和期の社会事業家・教育者。
¶埼玉人

**加藤竹窓**　かとうちくそう
文政9(1826)年〜嘉永5(1852)年
江戸時代末期の儒学者。
¶国書(㊦嘉永5(1852)年2月13日)、人名、日人、幕末(㊦1852年3月3日)

**加藤忠右衛門**　かとうちゅうえもん
明治41(1908)年〜昭和23(1948)年
昭和期の教育実践家。湯沢女子小学校教師。東北地方の凶作の救援活動と教育闘争を起こすことを提案。
¶コン改、コン5、世紀、日人(㊦明治41(1908)年1月5日、㊦昭和23(1948)年1月5日)

**加藤地三**　かとうつちみ
大正12(1923)年〜
昭和期の教育・青少年問題評論家。読売新聞論説委員。
¶現執1期

**加藤定斎**　かとうていさい
明和1(1764)年〜天保6(1835)年
江戸時代中期〜後期の安芸広島藩儒。
¶人名、日人

**加藤悌三**　かとうていぞう
大正5(1916)年8月21日〜昭和47(1972)年3月21日
昭和期の教育者。学校長。
¶飛騨

**加藤輝治**　かとうてるじ
昭和9(1934)年6月23日〜
昭和〜平成期の児童文学作家、小・中学校教員。
¶児作、児人、世紀、日児

**加藤伝一**　かとうでんいち
大正5(1916)年4月20日〜昭和62(1987)年7月15日
昭和期の教育者。飛騨教育事務所長・萩原町教育長。
¶飛騨

**加藤天山**　かとうてんざん
文化9(1812)年〜明治11(1878)年5月21日
江戸時代後期〜明治期の漢学者。
¶国書、姓氏長野、長野百、長野歴

**加藤俊子**　かとうとしこ
天保9(1838)年12月1日〜明治32(1899)年6月27日
明治期の教育者。女子独立学校長。中流階層以下の女性に、働きながら一身の経済的、人格的自立を図れる教育を行った。
¶朝日(㊦天保9年12月1日(1839年1月15日))、学校、女性、女性普、新宿女、新潟百別、日人(㊦1839年)

**加藤富美子**　かとうとみこ
昭和23(1948)年12月17日〜
昭和〜平成期の音楽教育者。
¶音人3

**加藤とよ**　かとうとよ
明治40(1907)年〜平成4(1992)年
昭和〜平成期の政治家・教育者。
¶静岡女

**加藤尚正**　かとうなおまさ
安政4(1857)年〜明治41(1908)年6月21日
江戸時代後期〜明治期の教育家・政治家。
¶東三河

**加藤仁平**　かとうにへい
明治27(1894)年〜平成5(1993)年4月12日
大正〜昭和期の日本教育史研究者。関東学院大学教授、日本武道学会理事。

¶教育，世紀，体育

**加藤二郎** かとうにろう
明治37（1904）年〜昭和40（1965）年
昭和期の教育者。
¶石川百

**加藤憲雄** かとうのりお
昭和21（1946）年〜
昭和〜平成期の高校教諭、平和教育研究家。
¶YA

**加藤梅崖** かとうばいがい
→加藤俊治（かとうしゅんじ）

**加藤光** かとうひかる
明治44（1911）年〜昭和22（1947）年
昭和期の児童文化評論家、児童劇作家、小学校教員。学校劇研究会の創立などを通して学校劇運動の推進、拡大に尽力。著書に「新学校劇集」。
¶児文

**加藤古風** かとうひさかぜ
明和3（1766）年〜嘉永1（1848）年11月25日
江戸時代中期〜後期の武蔵忍藩士。
¶江文，国書，埼玉県，埼玉百，人名，日人，藩臣3

**加藤弘之(1)** かとうひろゆき
天保7（1836）年6月23日〜大正5（1916）年2月9日
明治期の思想家、啓蒙学者。東京帝国大学総理。「人権新説」を著し、民権論と対立した。貴族院議員、枢密顧問官、帝国学士院院長などを歴任。独逸学協会学校の設立に関わる。
¶朝日（㊥天保7年6月23日（1836年8月5日）），維新，岩史，学校，角史，教育，キリ，近現，近文，国際，国史，国改，コン改，コン4，コン5，史人，静岡百，静岡歴，思想，思想史，重要，人書79，人書94，新潮，新文，人名，姓氏静岡，世人，世百，先駆，全書，大百，哲学，伝記，徳川臣，日思，日史，日人，日本，幕末，幕末大，藩臣5，百科，兵庫5，（㊥天保7（1836）年6月22日），兵庫百，兵庫文，文学，平日，明治2，山川小，履歴，歴大

**加藤弘之(2)** かとうひろゆき
昭和30（1955）年9月5日〜
昭和〜平成期の経済学者。神戸大学大学院経済学研究科教授。
¶現執4期

**加藤房子** かとうふさこ
大正1（1912）年10月20日〜？
昭和期の小学校教員。
¶社史

**加藤ふぢ** かとうふじ，かとうふぢ
明治19（1886）年4月1日〜昭和47（1972）年5月10日
大正〜昭和期の教育者。沼津市に淑徳女学院を創立し、積極的に社会に進出する人材養成を目指す。
¶学校，静岡女（かとうふぢ），静岡歴（かとうふぢ），女性，女性普，世紀（かとうふぢ），姓氏静岡，日人（かとうふぢ）

**加藤ふぢ** かとうふぢ
→加藤ふぢ（かとうふじ）

**加藤文三** かとうぶんぞう
昭和5（1930）年3月18日〜
昭和〜平成期の歴史家、中学校教師。専門は歴史教育、日本史。著書に「民謡歳時記」など。
¶現執1期，現執2期，現執3期，現執4期

**加藤邁宗** かとうまいぞう
生没年不詳
江戸時代末期〜明治期の僧、教育者。稲橋村瑞竜寺11世住職。
¶姓氏愛知

**加藤まさ** かとうまさ
明治26（1893）年12月20日〜昭和52（1977）年2月13日
明治〜昭和期の教育者、歌人。ドイツ人歴史学者リースの3女。女子学院高等科、桜井女塾で教鞭を執る。
¶女性，女性普，世紀，日人

**加藤正矩** かとうまさのり
天保10（1839）年〜明治38（1905）年11月18日
江戸末期・明治期の教育者。
¶岩手人

**加藤真澄** かとうますみ★
文政10（1827）年10月20日〜明治13（1880）年8月18日
江戸時代末期・明治期の寺子屋師匠。
¶秋田人2

**加藤松年** かとうまつとし
明治34（1901）年10月31日〜昭和55（1980）年8月21日
大正〜昭和期の教育者。
¶埼玉人

**加藤元助** かとうもとすけ
明治18（1885）年〜昭和51（1976）年
明治〜昭和期の植物研究家、農業指導者。
¶庄内，植物（㊥明治18（1885）年4月11日　㊦昭51（1976）年4月8日），山形百

**加藤元弥** かとうもとや
嘉永4（1851）年11月28日〜明治34（1901）年10月30日
江戸時代後期〜明治期の教育者。
¶庄内

**加藤守一** かとうもりかず
昭和7（1932）年2月16日〜
昭和期の教師、社会運動家。
¶視覚

**加藤守善** かとうもりよし
明治40（1907）年9月14日〜昭和53（1978）年3月7日
昭和期の教育者。
¶群馬人

**加藤康昭** かとうやすあき
昭和4（1929）年1月2日～平成14（2002）年10月8日
昭和～平成期の教育学者。
¶視覚

**加藤安雄** かとうやすお
昭和3（1928）年～
昭和期の心身障害児教育専門家。横浜国立大学教授。
¶現執1期

**加藤泰理** かとうやすただ
文化12（1815）年～慶応3（1867）年
江戸時代末期の大名。伊予新谷藩主。
¶諸系，日人，藩主4（[生]文化12（1815）年11月21日 [没]慶応3（1867）年3月20日）

**加藤泰賢** かとうやすまさ
明和4（1767）年～天保1（1830）年
江戸時代中期～後期の大名。伊予新谷藩主。
¶諸系，日人，藩主4（[生]明和4（1767）年4月22日 [没]天保1（1830）年10月21日）

**加藤泰衠** かとうやすみち
享保13（1728）年9月9日～天明4（1784）年閏1月13日
江戸時代中期の大名。伊予大洲藩主。
¶国書，諸系，日人，藩主4

**加藤勇次郎** かとうゆうじろう
安政4（1857）年～昭和9（1934）年
明治～昭和期の教育家。熊本藩士の子弟。
¶群新百

**加藤幸次** かとうゆきつぐ
昭和12（1937）年2月19日～
昭和～平成期の教育学者。上智大学教授。著書に「個別化教育入門」など。
¶現執3期，現執4期

**加藤善徳** かとうよしのり
明治40（1907）年1月31日～昭和62（1987）年11月21日
昭和期の編集者。社会教育雑誌の編集に従事。
¶視覚

**加藤成之** かとうよしゆき
明治26（1893）年9月6日～昭和44（1969）年6月30日
大正～昭和期の音楽教育家、音楽美学者。者東京芸術大学音楽部長。音楽史研究、音楽美学の開拓者の一人。
¶音人，現情，人名7，世紀，日人

**加藤米** かとうよね
慶応1（1865）年9月15日～？
明治～昭和期の教育者。共立女子職業学校（後の共立女子学園）の設立に関わる。
¶学校

**加藤利吉** かとうりきち
明治15（1882）年12月3日～昭和37（1962）年3月24日
明治～昭和期の教育者。仙台育英学校（現・仙台育英高校）創設者。
¶学校，世紀，日人，宮城百

**加藤良助** かとうりょうすけ
明治34（1901）年10月9日～昭和52（1977）年6月2日
大正・昭和期の神岡町教育長。
¶飛驒

**加藤鹿洲** かとうろくしゅう
明和2（1765）年～文政13（1830）年
江戸時代後期の肥前大村藩儒。
¶国書（[没]文政13（1830）年9月17日），人名，日人

**加藤和三郎** かとうわさぶろう
明治35（1902）年～
昭和期の教育者・歌人。
¶多摩

**鹿渡茂** かどしげる
昭和4（1929）年4月24日～平成15（2003）年11月5日
昭和・平成期の学校歯科医。
¶石川現九

**門田三郎兵衛** かどたさぶろうべえ
安政1（1854）年～明治35（1902）年11月
江戸時代末期～明治期の財界人。「大阪商業講習所」を設立。
¶大阪人

**門田雅人** かどたまさと
昭和23（1948）年～
昭和～平成期の小学校教諭、評論家。
¶児人

**門野幾之進** かどのいくのしん
安政3（1856）年3月14日～昭和13（1938）年11月18日
明治～大正期の教育者、実業家。慶応義塾大学教授。立志社を興した。千代田生命創立、社長就任。貴族院議員。
¶教育，近現，現朝（[生]安政3年3月14日（1856年4月18日）），国史，コン改，コン5，史人，実業，新潮，人名7，世紀，世人，渡航，日人，三重続，履歴

**門野晴子** かどのはるこ
昭和12（1937）年10月12日～
昭和～平成期の教育評論家、ノンフィクション作家。著書に「わが家の思春記」など。
¶現執3期，現執4期，世紀，マス89

**加登八郎** かとはちろう
明治35（1902）年～昭和60（1985）年
昭和期の教育者。
¶姓氏富山

**加戸守行** かともりゆき
昭和9（1934）年9月18日～
昭和～平成期の文部官僚、教育行政専門家。
¶現執2期，現政

か

門屋三平 かどやさんぺい
　明治6(1873)年～大正3(1914)年
　明治～大正期の教育者。
　¶姓氏岩手

角屋重樹 かどやしげき
　昭和24(1949)年11月8日～
　昭和～平成期の教育学者。広島大学大学院教育学研究科教授。専門は、理科教育。
　¶現執4期

門屋貞三 かどやていぞう
　明治36(1903)年～昭和55(1980)年
　昭和期の教育者。
　¶姓氏岩手

香取竹斎 かとりちくさい
　寛政12(1800)年～文久3(1863)年
　江戸時代末期の近江彦根藩儒。
　¶人名，日人

門脇厚司 かどわきあつし
　昭和15(1940)年9月30日～
　昭和～平成期の教育学者。筑波大学教授。専門は教育社会学(特に青年論)。著書に『現代の出世観』など。
　¶現執2期，現執3期，現執4期

金井兼造 かないけんぞう
　大正11(1922)年2月15日～平成16(2004)年11月24日
　昭和～平成期の教育者。金井学園創立者。金井学園を創立。
　¶学校，郷土福井

金井茂 かないしげる
　明治39(1906)年4月24日～昭和52(1977)年11月30日
　昭和期の教師、郷土史家。
　¶町田歴

金井七蔵 かないしちぞう
　明治21(1888)年8月13日～昭和31(1956)年9月22日
　大正～昭和期の教育者。
　¶群馬人

金井清八郎 かないせいはちろう
　天保1(1830)年～明治22(1889)年
　江戸時代後期～明治期の教育者。
　¶長野歴

金井為一郎 かないためいちろう
　明治20(1887)年3月10日～昭和38(1963)年5月22日
　明治～昭和期の牧師。教育、社会事業の分野で活躍。日本聖書神学校を創立。
　¶キリ，現情(㊥1887年3月30日)，世紀，哲学，長野歴

金井知義 かないともよし
　嘉永2(1849)年～大正6(1917)年
　明治期の教育家。漢学に造詣が深い。日本大学、浄土宗大学などで教鞭を執った。

¶人名，日人

金井虎雄 かないとらお
　明治23(1890)年～昭和49(1974)年
　大正～昭和期の教育者。
　¶長野歴

金井肇 かないはじめ
　昭和4(1929)年2月19日～
　昭和～平成期の教育学者。大妻女子大学教授。専門は道徳教育、教育原理。著書に『中学校道徳教育の基本的課題』など。
　¶現執3期，現執4期

金井博之 かないひろし
　大正5(1916)年1月23日～
　昭和期の教育者。
　¶群馬人

金井万造 かないまんぞう
　文政6(1823)年～明治33(1900)年
　江戸時代後期～明治期の医師・教育者。
　¶姓氏群馬

金井良子 かないよしこ
　昭和4(1929)年9月16日～
　昭和～平成期の教育インストラクター。話し方マナーズ代表。主な著書に『女性のための話し方』など。
　¶現執3期，現執4期

金井りつ かないりつ
　大正7(1918)年～平成18(2006)年
　昭和・平成期の高校教師。
　¶愛知女

鼎護城 かなえごじょう
　天保12(1841)年～明治41(1908)年
　江戸時代後期～明治期の寺子屋師匠。
　¶姓氏富山

金枝柳村 かなえだりゅうそん
　→金枝柳村(かねえだりゅうそん)

金尾馨 かなおかおる
　？～昭和57(1982)年7月26日
　昭和期の教育者。学校創立者。尾道高等学校の設立に関わる。
　¶学校

金岡勝一 かなおかしょういち
　昭和9(1934)年9月2日～
　昭和期の宮村教育長・同村の大幡寺23世。
　¶飛騨

金城三郎 かなぐすくさぶろう
　明治11(1878)年～昭和4(1929)年　㊙金城三郎《きんじょうさぶろう》
　明治～昭和期の植物学者。
　¶沖縄百(きんじょうさぶろう　㊥明治11(1878)年2月21日，㊥昭和4(1929)年3月7日)，植(㊥昭和4(1929)年3月)

**金久保通雄** かなくぼみちお
明治42(1909)年10月3日～昭和46(1971)年6月7日
昭和期の新聞人、教育評論家。読売新聞出版局長、報知新聞編集局長。企画の才に富む。新聞学習を提唱。著書に「ある社会部長の独白」など。
¶現情, 人名7, 世紀, 日人

**可直子** かなこ★
嘉永3(1850)年～
江戸時代後期の女性。教育。門井氏。
¶江表(可直子(東京都))

**金沢明二** かなざわあきじ
昭和8(1933)年11月1日～平成16(2004)年6月24日
昭和～平成期の理療科教員。
¶視覚

**金沢嘉市** かなざわかいち
明治41(1908)年10月2日～昭和61(1986)年10月10日
昭和期の教育研究家。子ども文化研究所長。校長として最後まで勤務評定に反対。著書に「ある小学校長の回想」など。
¶現朝, 現執1期, 現執2期, 現情, 現人, 現日, 児人, 新潮, 世紀, 姓氏愛知, 日児, 日人, 平和, マス2, マス89

**金沢覚太郎** かなざわかくたろう
明治39(1906)年6月23日～昭和45(1970)年9月15日
昭和期の放送人、放送研究家。民間放送連盟研究所副所長。放送の教育の開発研究に尽力。著書に「商業放送の研究」など。
¶岡山人, 現情, 人名7, 世紀

**金沢孝次郎** かなざわこうじろう
明治31(1898)年9月18日～昭和44(1969)年2月9日
大正～昭和期のピアニスト、教育家。後進の育成に尽力。
¶大阪人([没]昭和44(1969)年2月), 音楽([生]1905年), 音人, 現情, 新芸, 人名7, 世紀, 日人

**金沢実時** かなざわさねとき
→北条実時(ほうじょうさねとき)

**金沢正** かなざわただし
明和3(1766)年～嘉永5(1852)年
江戸時代中期～後期の佐川深尾家・家臣、名教館教授。
¶高知人

**金沢尚淑** かなざわなおよし
昭和5(1930)年6月6日～昭和60(1985)年10月7日
昭和期の実業家。大阪経済法科大学設立者、理事長。大阪経済法科大学の設立に関わる。
¶学校

**金田喜兵衛** かなだきひょうえ
昭和9(1934)年～
昭和～平成期の児童文学作家、小、中学校教諭。
¶児人

**金谷祖平次** かなだにそへいじ
明治44(1911)年1月14日～昭和60(1985)年12月8日
昭和期の農業教育近代化功労者。
¶岡山歴

**金丸重嶺** かなまるしげね
明治33(1900)年7月10日～昭和52(1977)年12月7日
昭和期の写真家、写真評論家。日本大学教授。「撃ちてし止まむ」の写真大壁画を作成。著書に「振興写真の作り方」。
¶現朝, 現情, 現人, 現日, 写家, 新潮, 人名7, 世紀, 世百新, 日人, 百科

**金丸鉄** かなまるまがね
嘉永5(1852)年～明治42(1909)年11月25日
江戸時代後期～明治期の弁護士。東京法学社(後の法政大学)創設に参画。
¶大分歴, 学校

**神波即山** かなみそくざん
→神波即山(かんなみそくざん)

**金光弥一兵衛** かなみつやいちひょうえ, かなみつやいちびょうえ
明治25(1892)年3月30日～昭和41(1966)年12月25日
明治～昭和期の柔道家。
¶岡山人(かなみつやいちびょうえ), 岡山百, 岡山歴, 世紀, 日人

**要** かなめ★
江戸時代後期の女性。教育。勢多郡大胡の寺子屋師匠で、男20人、女15人の筆子がいた。
¶江表(要(群馬県))

**金本摩斎** かなもとまさい
文政12(1829)年～明治4(1871)年 [別]金本顕蔵《かねもとけんぞう》, 金本摩斎《かねもとまさい》
江戸時代末期～明治期の儒学者。尊皇攘位を唱えた。著書に「楽山堂詩鈔」「皇史摘詠」など。
¶維新(かねもとまさい), 大阪人, 国書([生]文政12(1829)年10月28日 [没]明治4(1871)年4月2日), コン改, コン4, コン5, 島根人(かねもとまさい [生]文政11(1828)年), 島根歴, 新潮([生]文政12(1829)年10月 [没]明治4(1871)年4月2日), 人名, 日人, 幕末(かねもとまさい [没]1871年5月20日), 兵庫百(金本顕蔵 かねもとけんぞう)

**金盛浦子** かなもりうらこ
昭和12(1937)年2月8日～
昭和～平成期のセラピスト(心理療法士)、絵画療法士。東京心理教育研究所所長。著書に「困ったときの子育て救急箱」「子供は親の鏡」。
¶現執3期, 現執4期, 世紀, YA

**金森鋼平** かなもりこうへい
明治13(1880)年3月2日～昭和37(1962)年7月28日

明治～昭和期の校長。
¶飛騨

**金森通倫**　かなもりつうりん
安政4(1857)年8月15日～昭和20(1945)年3月4日　[別]金森通倫《かなもりみちとも》
明治～昭和期の牧師、社会教育家。「日本現今之基督教並ニ将来之基督教」を著し、「新神学」のリーダー。
¶岡山人([没]昭和22(1947)年)，岡山百([生]安政6(1859)年)，岡山歴(かなもりみちとも　[生]安政4(1857)年8月18日)，キリ([生]安政4年8月15日(1857年10月2日))，近現，近文，熊本人(かなもりみちとも)，熊本百(かなもりみちとも)，現朝(かなもりみちとも　[生]安政4年8月15日(1857年10月2日))，国史，コン改，コン5，史人，新潮，人名7([生]1859年)，世紀，姓氏京都(かなもりみちとも)，世人([没]昭和20(1945)年3月2日)，世百，全書，哲学，日史(かなもりみちとも)，日人，幕末(かなもりみちとも)，百科，履歴，歴大(かなもりみちとも)

**金森敏雄**　かなもりとしお
昭和15(1940)年7月2日～
昭和期の校長。
¶飛騨

**金森外見男**　かなもりとみお
明治2(1869)年3月27日～?
明治期の教育者。
¶群馬人

**金森通倫**　かなもりみちとも
→金森通倫(かなもりつうりん)

**金谷玉川**　かなやぎょくせん
宝暦9(1759)年～寛政11(1799)年
江戸時代中期の儒学者。
¶江文，国書([没]寛政11(1799)年11月7日)，人名，日人，和歌山人

**金矢金太郎**　かなやきんたろう
天保8(1837)年～大正4(1915)年
江戸時代末期～大正期の役場の「かきばん」。寺子屋師匠。
¶青森人

**金谷静台**　かなやせいだい
享保6(1721)年～宝暦7(1757)年11月29日
江戸時代中期の儒学者。
¶江文，国書，人名，日人([没]1758年)

**金山正**　かなやまただし
明治40(1907)年～昭和58(1983)年
大正・昭和期の教育者・詩人。
¶熊本人

**金山政五郎**　かなやままさごろう
嘉永6(1853)年～昭和6(1931)年
明治期の医師。自宅に医塾「愛生舎」を設立し、多くの子弟を育成。
¶洋学

**金谷洋子**　かなやようこ
昭和17(1942)年～
昭和～平成期の小学校教諭。
¶児人

**金成甚五郎**　かなりじんごろう
明治32(1899)年8月7日～昭和49(1974)年3月7日
大正～昭和期の教育者。和歌山県立盲唖学校校長。
¶視覚

**可児徳**　かにいさお
明治7(1874)年～
明治～昭和期の体育指導者。日本体育会体操学校理事、私立荒川女子高等学校長。
¶体育

**蟹江久太**　かにえきゅうた
生没年不詳
江戸時代末期～明治期の私塾教師。
¶姓氏愛知

**蟹江慶次郎**　かにえけいじろう
慶応2(1866)年～昭和19(1944)年
明治～昭和期の教育者。
¶姓氏愛知

**蟹谷乗養**　かにたにじょうよう
→蟹谷乗養(かにやのりやす)

**蟹谷乗養**　かにやのりやす
明治26(1893)年12月18日～昭和61(1986)年11月14日　[別]蟹谷乗養《かにたにじょうよう》
明治～昭和期の数学者。
¶科学(かにたにじょうよう)，現情(かにたにじょうよう)，数学，姓氏富山(かにたにじょうよう)

**蟹養斎**　かにようさい
宝永2(1705)年～安永7(1778)年
江戸時代中期の崎門派の儒学者。
¶愛知百([没]1778年8月14日)，朝日([没]安永7年8月14日(1778年10月4日))，教育，近世，国史，国書([没]安永7(1778)年8月14日)，新潮([没]安永7(1778)年8月14日)，人名，姓氏愛知，日人，藩臣4，三重

**鍛大角**(鍛冶大隅)　かぬちのおおすみ
→守部大隅(もりべのおおすみ)

**鍛冶造大角**　かぬちのみやつこおおすみ
→守部大隅(もりべのおおすみ)

**カネ**
江戸時代後期の女性。教育。松前の藤田氏。
¶江表(カネ(北海道))

**金枝柳村**(兼枝柳村)　かねえだりゅうそん
文政12(1829)年～明治12(1879)年　[別]金枝柳村《かなえだりゅうそん》
江戸時代末期～明治期の儒学者。
¶人名(兼枝柳村)，栃木歴(かなえだりゅうそん)，日人

**金岡助九郎** かねおかすけくろう
明治8 (1875) 年12月10日～昭和22 (1947) 年7月2日
明治～昭和期の教育者。
¶岡山歴

**金子修** かねこおさむ
昭和22 (1947) 年1月13日～
昭和期の教師、社会運動家。
¶視覚

**金子おなじ** かねこおなじ
明治5 (1872) 年～昭和39 (1964) 年5月17日
明治～昭和期の社会事業家。北海道に開拓農場を開き、前橋幼児園を設立するなど上毛愛隣社の基礎を築く。
¶女性，女性普，世紀，日人

**金子馨** かねこかおる
明治24 (1891) 年～昭和52 (1977) 年
大正～昭和期の教育事業家、教師。
¶郷土神奈川

**金子鶴村** かねこかくそん
宝暦9 (1759) 年～天保11 (1840) 年12月24日
江戸時代中期の加賀藩儒。
¶石川百，国書，人名，姓氏石川，日人 ([没]1841年)

**金子幹太** かねこかんた
明治9 (1876) 年～昭和31 (1956) 年
明治～昭和期の松山高等学校校長。
¶愛媛

**金子清邦** かねこきよくに
文政6 (1823) 年～慶応3 (1867) 年12月26日　[別]金子得処《かねことくしょ》, 金子与三郎《かねこよさぶろう》
江戸時代後期～末期の上山藩中老。上山藩校明新館の都講。
¶維新 (金子与三郎　かねこよさぶろう)，国書 (金子得処　かねことくしょ)，新潮 (金子与三郎　かねこよさぶろう)，人名，長崎遊，日人 ([没]1868年)，幕末 (金子与三郎　かねこよさぶろう　[没]1868年1月20日)，藩臣1，山形百

**金子魚洲** かねこぎょしゅう
～明治11 (1878) 年
明治期の明倫館の教授。
¶愛媛

**金子国五郎** かねこくにごろう
明治26 (1893) 年～昭和46 (1971) 年
大正～昭和期の教育者。
¶群馬人

**兼子鎮雄** かねこしずお
明治12 (1879) 年～昭和28 (1953) 年
明治～昭和期の教育者。
¶大分百，大分歴，鹿児島百 ([生]明治2 (1869) 年)，郷土，姓氏鹿児島

**金子重兵衛** かねこじゅうべえ
文政7 (1824) 年～明治40 (1907) 年
江戸時代後期～明治期の教員。
¶姓氏神奈川

**金子順孝** かねこじゅんこう
明治30 (1897) 年11月19日～昭和24 (1949) 年5月28日
大正・昭和期の教育者。金沢市立小将町中学校校長。石川県議会議員。
¶石川現九

**金子蕉隠** かねこしょういん
？　～＊
江戸時代中期～後期の漢学者。
¶人名 ([没]1808年)，日人 ([没]1809年)

**金子晋一** かねこしんいち
昭和12 (1937) 年10月16日～
昭和～平成期の音楽教育者。
¶音人3

**金子信三郎** かねこしんざぶろう
明治35 (1902) 年～昭和37 (1962) 年
昭和期の歌人・教育者。
¶群馬人，群馬百

**金子政次郎** かねこせいじろう
明治11 (1878) 年～
明治～昭和期の教育者。
¶神奈川人

**金子誠次郎** かねこせいじろう
明治33 (1900) 年～昭和44 (1969) 年
大正～昭和期の教育者。
¶神奈川人

**金子銓太郎** かねこせんたろう
慶応1 (1865) 年～昭和12 (1937) 年
明治～昭和期の教育者、旧豊後杵築藩士。
¶高知人，高知百

**金子泰蔵** かねこたいぞう
明治37 (1904) 年10月23日～昭和62 (1987) 年5月17日
大正～昭和期の学校創立者。東京国際大学学長。
¶学校，現情

**金子毅** かねこたけし
昭和2 (1927) 年～
昭和期の教育問題専門家、労働運動家。日本高等学校教職員組合委員長、統一戦線促進労組懇談会常任代表委員。
¶群馬人 ([生]昭和2 (1927) 年3月)，現執2期 ([生]昭和2 (1927) 年3月23日)

**金子竹太郎** かねこたけたろう
明治10 (1877) 年～昭和31 (1956) 年
明治～昭和期の教育者・実業家。
¶姓氏群馬

**我如古長友** がねこちょうゆう
明治12 (1879) 年～昭和28 (1953) 年
明治～昭和期の具志川尋常小学校訓導、平安座小学校長。
¶姓氏沖縄

**金子てい** かねこてい
　明治44(1911)年～昭和36(1961)年
　昭和期の文部省社会教育局初代婦人教育課長。
　¶山形百

**金子照房** かねこてるふさ
　?　～寛政11(1799)年
　江戸時代中期～後期の寺子屋師匠。
　¶姓氏神奈川

**金子照基** かねこてるもと
　昭和5(1930)年6月23日～
　昭和～平成期の教育制度学者。大阪大学教授。
　¶現執2期，現執4期

**兼子天聾** かねこてんろう
　宝暦9(1759)年～文政12(1829)年
　江戸時代後期の儒学者。
　¶国書(㋒宝暦9(1759)年9月18日　㋡文政12
　(1829)年1月6日)，人名，日人

**金子得処** かねことくしょ
　→金子清邦(かねこきよくに)

**金子尚政** かねこなおまさ
　生没年不詳
　明治期の教員養成指導者。
　¶姓氏長野，長野歴

**金子治喜** かねこはるよし
　天保12(1841)年～大正4(1915)年
　江戸時代末期～明治期の教育者。
　¶大阪人(㋡大正4(1915)年11月)，日人

**金子孫市** かねこまごいち
　大正3(1914)年5月2日～平成8(1996)年7月5日
　昭和期の教育学者。
　¶現執1期，現執2期，現情，世紀

**金子光男** かねこみつお
　大正8(1919)年～
　昭和期の教育哲学・倫理学者。東京家政大学教授。
　¶現執1期

**金子与三郎** かねこよさぶろう
　→金子清邦(かねこきよくに)

**金子好忠** かねこよしただ
　明治35(1902)年11月9日～昭和9(1934)年4月12
　日　㋒金子美津雄《かねこみつお》，内藤好忠《な
　いとうよしただ》
　大正～昭和期の小学校教員。
　¶社史

**金子楽山** かねこらくさん
　享保4(1719)年～文化2(1805)年
　江戸時代中期～後期の安芸広島藩士、儒学者。
　¶人名，日人，藩臣6，広島百(㋡文化2(1805)年
　5月5日)

**金子隆平** かねこりゅうへい
　昭和7(1932)年6月30日～
　昭和期の高山市教育委員長。
　¶飛騨

**兼坂止水** かねさかしすい
　天保4(1833)年2月22日～明治34(1901)年11月
　17日
　江戸時代末期～明治時代の熊本藩士。自習館句読
　師世話役、訓導助勤などを歴任。
　¶維新，熊本人，熊本百，幕末，幕末大

**金坂ちよ** かねさかちよ
　明治16(1883)年1月～昭和30(1955)年4月
　明治～昭和期の教育者。県下女教員の長老として
　表彰。勲八等をうける。
　¶女性，女性普

**金崎節郎** かねざきせつろう
　明治28(1895)年～昭和56(1981)年
　大正～昭和期の教育者、政治家。公選初代町長。
　¶姓氏岩手

**金沢実時** かねさわさねとき，かねざわさねとき
　→北条実時(ほうじょうさねとき)

**兼島由明** かねしまゆうめい
　明治23(1890)年3月12日～昭和32(1957)年1月
　10日
　大正～昭和期の教育者、政治家。
　¶沖縄百，姓氏沖縄

**兼城賢松** かねしろけんしょう
　明治37(1904)年～昭和47(1972)年12月13日
　昭和期の教員、教育指導者。敗戦までは沖縄各地
　の小・中学校に勤務。戦後は復帰運動、教育運動
　指導者として活躍。
　¶沖縄百(㋒明治37(1904)年11月14日)，現朝
　(㋒1904年4月23日)，現情(㋒1904年4月23
　日)，現人，社史(㋒1904年11月14日)，世紀
　(㋒明治37(1904)年4月23日)，姓氏沖縄，日
　人(㋒明治37(1904)年11月14日)，平和

**兼城三郎** かねしろさぶろう
　明治40(1907)年3月30日～　㋐兼城弘
　昭和期の小学校教員。
　¶社史

**金城徳安** かねしろとくあん
　?　～
　昭和期の小学校教員。
　¶社史

**金田志津枝** かねだしづえ
　昭和8(1933)年～
　昭和～平成期の小学校教諭、俳人。
　¶児人

**金田助蔵** かねたすけぞう
　明治21(1888)年～昭和47(1972)年
　大正～昭和期の相去小学校後援会長。
　¶姓氏岩手

**金田智成** かねだともなり
　大正10(1921)年～
　昭和期の文部官僚、日本語問題・社会教育専門家。
　¶現執1期

**金田英太郎** かねだひでたろう
慶応元(1865)年〜昭和24(1949)年
明治〜昭和期の教育者。
¶中濃続

**金田平** かねだひとし
昭和4(1929)年10月2日〜
昭和〜平成期の自然保護教育者。三浦半島自然保護の会会長。高校教師ののち日本自然保護協会理事などを務め、自然保護教育に携わる。
¶現朝, 世紀, 日人

**金田房吉** かねだふさきち
明治3(1870)年〜昭和17(1942)年
明治〜昭和期の軍人、岐阜県教育会長。
¶岐阜百

**金田正也** かねだまさや
昭和2(1927)年〜
昭和期の視聴覚教育・語学教育研究者。名古屋学院大学教授。
¶現執1期

**金平正** かねひらただし
大正15(1926)年3月7日〜
昭和期の児童劇作家、教育学者。
¶児作

**兼松三郎** かねまつさぶろう
→兼松誠(かねまつまこと)

**兼松成言** かねまつせいげん
→兼松誠(かねまつまこと)

**兼松石居** かねまつせっきょ
→兼松誠(かねまつまこと)

**兼松誠** かねまつまこと
文化7(1810)年〜明治10(1877)年 ㊙兼松成言《かねまつせいげん》、兼松三郎《かねまつさぶろう》、兼松石居《かねまつせっきょ》
江戸時代末期〜明治期の教育者、儒者。弘前藩校稽古館督学。東奥義塾創設者の1人。
¶青森人(兼松成言　かねまつせいげん)、維新、学校(兼松成言　かねまつせいげん)、人名(兼松成言　かねまつせいげん　生没年不詳)、日人、幕末(兼松石居　かねまつせっきょ ㊙1877年12月12日)、藩臣1(兼松三郎　かねまつさぶろう)

**金丸桝一** かねまるますかず
昭和2(1927)年8月7日〜
昭和期の詩人、教師。
¶現執2期

**金光敬叔** かねみつけいしゅく
明治36(1903)年6月27日〜昭和54(1979)年6月5日
昭和期の教育者。
¶岡山歴

**金本顕蔵** かねもとけんぞう
→金本摩斎(かなもとまさい)

**金本摩斎** かねもとまさい
→金本摩斎(かなもとまさい)

**兼良** かねら
→一条兼良(いちじょうかねよし)

**狩野永悳** かのうえいとく
文化11(1814)年12月15日〜明治24(1891)年1月29日 ㊙狩野立信《かのうりゅうしん》
江戸時代末期〜明治期の画家。フェノロサに鑑定法を教授。全国宝物取調局臨時監査掛。帝室技芸院。
¶朝日(㊙文化11年12月15日(1815年1月24日))、維新(狩野立信　かのうりゅうしん)、近美、国書、新潮、人名、日人(㊙1815年)、幕末(狩野立信　かのうりゅうしん)、幕末大(狩野立信　かのうりゅうしん)、美術、名画

**狩野金次郎** かのうきんじろう
慶応2(1866)年4月26日〜昭和8(1933)年1月30日
明治〜昭和期の教育者。
¶群馬人

**狩野亨吉**(狩野享吉) かのうこうきち
慶応1(1865)年7月28日〜昭和17(1942)年12月22日
明治期の哲学者、教育者。百科全書の唯物論者。京都帝国大学文科大学長。
¶秋田人2(㊙昭和17年12月23日)、秋田百、アナ、岩史、科学、角史、京都大、近現、近文、熊本人、現朝(㊙慶応1年7月28日(1865年9月27日))、国史、コン改、コン5、史研、史人、思想、社史(㊙慶応1(1865)年9月27日)、新潮、人名7、世紀、姓氏京都、世人(狩野享吉)、世百、全書、大百、哲学、東北近(㊙昭和17(1942)年12月23日)、日史、日人、百科、民学、履歴

**嘉納治五郎** かのうじごろう
万延1(1860)年10月28日〜昭和13(1938)年5月4日
明治〜昭和期の教育家。講道館柔道の開祖。大日本体育協会初代会長。貴族院議員。日本最初の国際オリンピック委員。
¶朝日(㊙万延1年10月28日(1860年12月10日))、岩史、海越新、角史、教育(㊙1939年)、近現、熊本百、現朝(㊙万延1年10月28日(1860年12月10日))、現日、国史、コン改、コン5、史人、新潮、人名、世紀、世人(㊙万延1(1860)年10月)、世百、先駆、全書、体育、大百、千葉百、哲学、伝記、渡航、日史、日人、日本、百科、兵庫人(㊙万延1(1860)年10月)、兵庫百、民学、明治2、履歴(㊙万延1(1860)年10月18日)、歴大

**狩野崇山** かのうそうざん
天明7(1787)年〜明治12(1879)年
明治期の教育者。
¶熊本人

**加納久宜**(加納久宜) かのうひさよし
弘化5(1848)年3月19日〜大正8(1919)年3月2日
明治・大正期の教育者。旧上総一宮藩主。
¶岩手人、薩摩(加納久宜)

か

**加納正巳** かのうまさみ
昭和6 (1931) 年5月21日～
昭和～平成期の教育学者。川村学園女子大学教授。専門は図書館学。
¶現執3期

**狩野立信** かのうりゅうしん
→狩野永悳(かのうえいとく)

**狩野良知** かのうりょうち★
文政12 (1829) 年1月～明治39 (1906) 年12月14日
江戸時代末期～明治期の出羽秋田藩校明徳館詰役支配、旧藩主佐竹家家令。著書に「支那教学史略」「宇内平和策」など。
¶秋田人2

**狩野廉士郎** かのうれんしろう
江戸時代末期～明治時代の数学者。『算学新書』を著す。
¶数学

**嘉能子** かのこ★
江戸時代末期の女性。教育・書簡。常陸水戸藩儒学者藤田幽谷と梅子の四女。
¶江表(嘉能子(茨城県))

**鹿子木コルネリア** かのこぎこるねりあ
明治22 (1889) 年～昭和45 (1970) 年5月19日
明治～昭和期の教育者。慶応大学教授鹿子木員信と結婚し、日本国籍を取得。私立武蔵高校講師。
¶埼玉人, 女性, 女性普, 世紀, 日人([没]昭和45 (1970) 年7月19日)

**狩野定八** かのさだはち
慶応2 (1866) 年～明治43 (1910) 年
江戸時代末期～明治期の教育家。
¶姓氏宮城

**鹿野清次郎** かのせいじろう
慶応1 (1865) 年3月～?
明治期の教育者。
¶渡航

**鹿又軍記** かのまたぐんき
文化12 (1815) 年～明治26 (1893) 年
江戸時代後期～明治期の私塾経営者。
¶姓氏宮城

**狩野陸三** かのりくぞう
明治40 (1907) 年～昭和39 (1964) 年
昭和期の教育家。
¶姓氏宮城

**蒲吾一郎** かばごいちろう
明治40 (1907) 年1月3日～昭和63 (1988) 年2月21日
大正・昭和期の坂上村助役・宮川村教育長。
¶飛驒

**樺島石梁** かばしませきりょう
宝暦4 (1754) 年～文政10 (1827) 年11月30日
江戸時代中期～後期の儒学者。
¶朝日([生]宝暦4年10月7日 (1754年11月20日) [没]文政10年11月30日 (1828年1月16日)), 江文, 国書([生]宝暦4 (1754) 年10月7日), 詩歌, 人名, 日人([没]1828年), 藩臣7, 福岡百([生]宝暦4 (1754) 年10月7日), 和俳

**樺正董** かばせいとう
→樺正董(かばまさしげ)

**蒲接蔵** かばせつぞう
明治44 (1911) 年3月10日～昭和59 (1984) 年6月12日
大正・昭和期の高山市教育長。
¶飛驒

**蒲善恵** かばぜんね
文化8 (1811) 年～明治14 (1881) 年
江戸時代末期～明治時代の僧侶。横須賀造船所のフランス人に日本語を教授。
¶神奈川人, 幕末, 幕末大

**蒲田多門** かばたたもん
江戸時代中期の陸奥弘前藩儒。
¶人名, 日人(生没年不詳)

**加畑徳次郎** かばたとくじろう
明治22 (1889) 年～昭和16 (1941) 年
大正～昭和期の教育者。
¶群馬人

**樺正董** かばまさしげ
文久3 (1863) 年～大正14 (1925) 年　[別]樺正董《かばせいとう》
明治～大正期の数学者。
¶数学, 鳥取百(かばせいとう)

**蒲正茂** かばまさもち
天明3 (1783) 年1月7日～天保8 (1837) 年1月5日
江戸時代後期の歌人・手習い教授。
¶飛驒

**蒲護** かばまもる
昭和6 (1931) 年4月3日～平成3 (1991) 年4月3日
昭和・平成期の学校長。
¶飛驒

**萱場今朝治** かばやけさじ
明治5 (1872) 年～昭和19 (1944) 年
明治～昭和期の教育家。
¶宮城百

**蒲八十村** かばやそむら
文化9 (1812) 年12月15日～慶応2 (1866) 年5月27日
江戸時代末期の歌人・手習い教授・能書家・酒造業。
¶飛驒

**樺山資紀** かばやますけのり
天保8 (1837) 年～大正11 (1922) 年2月8日
明治期の海軍軍人。大将、文相。初代台湾総督として島内を鎮圧。枢密顧問官、伯爵。
¶朝日([生]天保8年11月12日 (1837年12月9日)), 維新, 岩史([生]天保8 (1837) 年11月12日), 鹿児島百, 角史, 神奈川人, 教育, 近現, 国際, 国史, 御殿場, コン改, コン4, コン5, 薩摩,

史人（㊅1837年11月12日），重要（㊅天保8(1837)年10月20日），新潮（㊅天保8(1837)年11月12日），人名，姓氏鹿児島，世人（㊅天保8(1837)年11月），全書，全幕，大百，伝記，渡航，日史（㊅天保8(1837)年11月12日），日人，日本，幕末，幕末大（㊅天保8(1837)年11月12日），藩臣7，百科，明治1，山川小（㊅1837年11月12日），陸海（㊅天保8年10月20日），歴大

### 嘉平善幸　かひらぜんこう
明治21(1888)年3月26日～昭和19(1944)年9月
大正～昭和期の教育者，政治家。与那国尋常小学校校長，大浜村村長，沖縄県議会議員。
¶社史

### 鏑木忠正　かぶらぎただまさ
明治21(1888)年8月～昭和37(1962)年9月6日
明治～昭和期の学校創立者。昭和医学専門学校を創立。
¶学校

### 蕪城正芳　かぶらきまさよし
大正3(1914)年2月19日～平成15(2003)年12月10日
昭和・平成期の教育者。第一小学校長。松任町の公民館長，町内会長，老人会（仁成会）長。
¶石川現大

### 加部厳夫　かべいずお
嘉永2(1849)年～大正11(1922)年
江戸時代末期～大正期の神祇官，教育者，郷土史家。
¶島根人，島根歴

### 加部佐助　かべさすけ
大正15(1926)年5月10日～
昭和～平成期の教育学者。専門は国語教育，学校経営など。
¶現執3期

### 鎌木義昌　かまきよしまさ
大正7(1918)年12月18日～平成5(1993)年2月27日
昭和期の地方史研究者。
¶岡山歴，郷土，考古（㊅大正7(1918)年12月8日）

### 鎌倉芳太郎　かまくらよしたろう
明治31(1898)年10月19日～昭和58(1983)年8月3日
昭和期の伝承者。東京美術学校講師。日本工芸会正会員。「型絵染」の人間国宝。
¶香川人，香川百，郷土香川，国宝，新潮，世紀，姓氏沖縄，日人，美工，名工

### 釜瀬新平　かませしんぺい
明治1(1868)年～昭和5(1930)年
江戸時代末期～昭和期の教育家。九州高等女学校創立者。
¶学校，福岡百（㊅明治1(1868)年12月20日　㊙昭和5(1930)年2月2日）

### 鎌田一学　かまたいちがく
生没年不詳
江戸時代後期の心学者。
¶国書

### 鎌田一窓　かまだいっそう，かまたいっそう
享保6(1721)年～文化1(1804)年
江戸時代中期～後期の心学者。
¶近世（かまたいっそう），国史（かまたいっそう），国書（かまたいっそう　㊙文化1(1804)年6月5日），コン改，コン4，コン5，新潮（㊙文化1(1804)年6月5日），人名（かまたいっそう），日人（かまたいっそう），和歌山人（かまたいっそう）

### 鎌田栄吉　かまたえいきち，かまだえいきち
安政4(1857)年1月21日～昭和9(1934)年2月6日
明治～大正期の教育家，政治家。慶応義塾塾長。加藤内閣文相，枢密顧問官。帝国教育会長も就任。
¶大分百，大分歴，教育（かまだえいきち），郷土和歌山（かまだえいきち），近現，国史，新潮，人名（かまだえいきち），世紀，渡航（㊙1934年2月5日），日人，履歴

### 鎌田勝太郎　かまたかつたろう，かまだかつたろう
元治1(1864)年～昭和17(1942)年
明治～昭和期の実業家，政治家，教育者。衆議院議員。塩業の振興に努め，大日本塩業協会設立に参画。坂出塩業の父。
¶朝日（㊅元治1年1月22日(1864年2月29日)　㊙昭和17(1942)年3月28日），香川人（かまだかつたろう），香川百（かまだかつたろう），郷土香川（かまだかつたろう），考古，コン5，世紀（かまだかつたろう　㊅文久2(1862)年1月22日　㊙昭和17(1942)年3月28日），日人（かまだかつたろう）

### 鎌田観応　かまたかんおう
嘉永2(1849)年5月11日～大正12(1923)年8月8日
㊙鎌田観応《かまたかんのう》
明治～大正期の真言宗管僧侶。高野派管長，金剛峰寺座主。
¶人名，世紀，日人，仏教，仏人（かまたかんのう）

### 鎌田環斎　かまたかんさい，かまだかんさい
宝暦3(1753)年～文政5(1822)年
江戸時代中期の儒学者。
¶大阪人（かまだかんさい　㊙文政5(1822)年5月），国書（㊙文政5(1822)年5月7日），人名（㊙.），日人

### 鎌田観応　かまたかんのう
→鎌田観応（かまたかんおう）

### 鎌田金繍　かまたきんしゅう
文政5(1822)年11月1日～明治21(1888)年
江戸時代後期～明治期の教育者。
¶三重

### 鎌田純一　かまだじゅんいち
明治43(1910)年～昭和62(1987)年

昭和期の学校長。歌人。
¶青森人

**鎌田武** かまだたけし
明治26(1893)年～昭和39(1964)年
大正～昭和期の島根県教育長、島根県育英会学生寮の初代寮監。
¶島根歴



**鎌田文治郎** かまたぶんじろう
嘉永1(1848)年～明治31(1898)年
江戸時代後期～明治期の東奥義塾創設者の1人。
¶青森人

**鎌田政挙** かまだまさこと
→鎌田梁洲(かまたりょうしゅう)

**鎌田勝** かまだまさる
大正13(1924)年7月20日～
昭和～平成期の経営コンサルタント。総合経営教育研究所所長。著書に「社長の名言格言集」など。
¶現執1期，現執2期，現執3期

**鎌田元芳** かまたもとよし
大正5(1916)年2月12日～？
昭和～平成期の教育者。KMT式点訳技法を開発。
¶視覚

**鎌田柳泓** かまだりゅうおう，かまたりゅうおう
宝暦4(1754)年～文政4(1821)年3月11日　[別]鎌田柳泓《かまたりゅうこう》
江戸時代後期の心学者。
¶岩史(かまたりゅうおう　[生]宝暦4(1754)年1月1日)，江人，京都大，近世(かまたりゅうおう)，国史(かまたりゅうおう)，国書(かまたりゅうおう)，コン改，コン4，コン5，史人(かまたりゅうおう　[生]1754年1月1日)，思想史(かまたりゅうおう)，新潮([生]宝暦4(1754)年1月1日)，人名(かまたりゅうおう)，姓氏京都(かまたりゅうおう)，世人([没]？)，世百，全書，大百(かまたりゅうこう　[没]1810年？)，日思，日人(かまたりゅうおう)，洋学，歴大(かまたりゅうおう)，和歌山人(かまたりゅうおう)

**鎌田柳泓** かまたりゅうこう
→鎌田柳泓(かまだりゅうおう)

**鎌田梁洲**(鎌田梁州) かまたりょうしゅう
文化10(1813)年～明治8(1875)年　[別]鎌田政挙《かまだまさこと》
江戸時代末期～明治期の津藩家老。訓蒙寮を開いて子弟を教育。
¶維新([生]文化10(1813)年3月20日　[没]明治6(1873)年4月1日)，国書([生]文化10(1813)年3月21日　[没]明治8(1875)年4月1日)，人名，日人，幕末(鎌田梁州　[没]1873年4月1日)，幕末大([生]文化10(1813)年3月20日　[没]明治6(1873)年4月1日)，藩臣5(鎌田政挙　かまださまこと)

**鎌田梁洲** かまたりょうしゅう
文化10(1813)年3月20日～明治6(1873)年
江戸時代後期～明治期の教育者。
¶三重

**蒲池弥太郎** かまちやたろう
生没年不詳
明治期の教育者。
¶岩手人

**鎌野広義** かまのひろよし
明治30(1897)年～昭和58(1983)年
大正～昭和期の教育者。
¶香川人

**蒲之坊雑雲** がまのぼうぞううん
*～明治17(1884)年
江戸時代末期～明治期の浄土真宗本願寺派学僧。大教校教授、勧学。
¶真宗([生]文政5(1822)年　[没]明治17(1884)年2月18日)，仏教([生]文政7(1824)年　[没]明治17(1884)年4月18日)

**鎌原政子** かまはらまさこ
→長谷場政子(はせばまさこ)

**鎌原溶水** かまはらようすい
→鎌原溶水(かんばらようすい)

**釜洞盛太郎** かまぼらもりたろう
明治41(1908)年7月3日～昭和13(1938)年8月23日
大正・昭和期の教育者。国府尋常高等小の校長。
¶飛騨

**釜范銀蔵** かまやちぎんぞう
明治35(1902)年～昭和34(1959)年
昭和期の教育者。
¶青森人

**上泉徳弥** かみいずみとくや
慶応1(1865)年9月25日～昭和21(1946)年11月27日
明治～昭和期の海軍軍人、社会教育家。教化団体国風会会長。共産主義撲滅大会を開くなど思想強化活動。
¶青森人，現情，人名7，世紀，渡航，日人，山形百，陸海

**上岡一嘉** かみおかかずよし
大正8(1919)年12月28日～平成3(1991)年3月6日
昭和期の教育者。青山学院大学教授、白鷗大学学長。白鷗女子短期大学、白鷗大学を創設。
¶学校，世紀，栃木歴，日人

**上岡た津** かみおかたつ
明治23(1890)年10月23日～昭和51(1976)年2月7日
大正～昭和期の教育者。
¶埼玉人，栃木歴

**上岡長四郎** かみおかちょうしろう
明治7(1874)年～昭和27(1952)年
明治～昭和期の下野新聞記者、教育者。足利高等裁縫女学校理事長。
¶学校，栃木人([生]明治2(1869)年　[没]昭和27(1952)年2月26日)，栃木歴

**上岡薇峯** かみおかびほう
文化3(1806)年～明治11(1878)年12月16日
江戸時代末期～明治時代の教育者。山内容道に認められ祐筆。
¶高知人，幕末，幕末大

**神蔵幾太郎** かみくらいくたろう
明治5(1872)年3月10日～昭和5(1930)年1月23日
昭和期の教育者、歌人。
¶町田歴

**神里多盛** かみざとたせい
明治22(1889)年～昭和44(1969)年
大正～昭和期の教育者。摩文仁尋常小学校長。
¶姓氏沖縄

**上島一司** かみしまいっし，かみじまいっし
大正9(1920)年～平成6(1994)年
昭和～平成期の洋画家。
¶高知人(かみじまいっし)，美家(㊥大正9(1920)年1月25日　㊥平成6(1994)年3月30日)，洋画(かみじまいっし)

**上島松蓭** かみしましょうあん
文政1(1818)年～明治12(1879)年9月4日
江戸時代末期～明治時代の会津藩士。藩校日新館の教授、藩候の侍講。
¶幕末，幕末大

**上条蟷司** かみじょうありじ
万延1(1860)年7月7日～大正5(1916)年11月25日
明治期の自由民権運動家。
¶社史，世紀，姓氏長野，長野百，長野歴，日人

**上条憲太郎** かみじょうけんたろう
明治34(1901)年～昭和52(1977)年
大正～昭和期の教育者、禅家。
¶姓氏長野，長野歴

**上条茂** かみじょうしげる
明治28(1895)年～昭和29(1954)年
大正～昭和期の教育者。小学校長。
¶姓氏長野，長野百，長野歴

**上条晴夫** かみじょうはるお
昭和32(1957)年～
昭和～平成期の教育学者。授業づくりネットワーク代表。
¶現執4期

**神田市太郎** かみだいちたろう
？　～昭和1(1926)年
明治～大正期の教員。
¶姓氏沖縄

**上滝タミ** かみだきたみ
明治36(1903)年6月6日～昭和53(1978)年3月11日
昭和期の教育者。富山県内初の女性校長。
¶姓氏富山，富山百

**神竹文子** かみたけあやこ
明治31(1898)年～昭和46(1971)年
大正～昭和期の神竹学園の創立者。

¶島根歴

**上司淵蔵** かみつかさえんぞう，かみづかさえんぞう
嘉永2(1849)年～昭和4(1929)年
明治～昭和期の教育者。
¶姓氏山口(かみづかさえんぞう)，山口百

**神津貞吉** かみつていきち
？　～
明治期の小学校教員。両毛社会党関係者。
¶社史

**上手新一郎** かみでしんいちろう
明治42(1909)年1月5日～平成11(1999)年5月7日
昭和・平成期の教育者。学校長。
¶飛驒

**上寺久雄** かみでらひさお
大正9(1920)年11月21日～
昭和～平成期の教育学者。兵庫教育大学。専門は家庭教育、道徳教育。著書に「道徳指導の本質と系統性」など。
¶現執1期，現執2期，現執3期，現執4期

**上遠恵子** かみとおけいこ
昭和4(1929)年7月17日～
昭和～平成期のフリーライター、視力障害者教育者。レイチェル・カーソン日本協会代表理事。
¶現執4期，児人(生没年不詳)

**上沼八郎** かみぬまはちろう
昭和2(1927)年11月20日～
昭和～平成期の教育学者。高千穂商科大学教授。専門は教育史。著書に「信州教育史の研究」など。
¶現執3期

**神野岐利** かみのきとし
明治30(1897)年～昭和63(1988)年
大正～昭和期の教育者。加世田農学校長。
¶姓氏鹿児島

**上百済** かみのくだら
飛鳥時代の官人。大学博士。
¶古人

**神瀬鹿三** かみのせしかぞう
天保11(1840)年～明治10(1877)年3月21日
㊞神瀬鹿三《こうのせしかぞう》
江戸時代末期～明治期の肥後人吉藩士、志士。西南戦争で人吉隊の一番隊総長を務める。
¶熊本百(こうのせしかぞう　㊥天保11(1840)年3月)，人名，日人，幕末(こうのせしかぞう)

**上原欣堂** かみはらきんどう
明治36(1903)年7月20日～昭和56(1981)年4月10日
昭和期の書家・書道教育家。
¶姓氏富山，富山百

**上貞行** かみまさゆき
生没年不詳
明治期の作曲家。宮内省楽長。「鉄道唱歌」の作曲者で、文部省唱歌の編纂に携わった。
¶先駆

神村栄重 かみむらさかえ
　明治42(1909)年3月28日〜昭和12(1937)年9月
　22日
　昭和期の小学校教員。
　¶社史

上村哲弥 かみむらてつや
　明治26(1893)年7月31日〜昭和53(1978)年3月
　28日
　昭和期の教育事業家。日本両親再教育協会主幹、
　日本女子大学教授。
　¶社史、出文、心理

上村登 かみむらのる
　明治42(1909)年10月12日〜平成5(1993)年1月8
　日
　昭和期の植物学者。
　¶高知人、植物

上森捨次郎 かみもりすてじろう
　安政6(1859)年〜大正8(1919)年
　明治〜大正期の慈善事業家、教育者。
　¶石川百

加宮葵 かみやあおい
　昭和11(1936)年10月3日〜
　昭和〜平成期の音楽教育者。
　¶音人3

神谷い代子 かみやいよこ
　明治35(1902)年4月1日〜昭和57(1982)年8月
　12日
　昭和期の教育者。名古屋市立女子専門学校教授、
　愛知淑徳短期大学教授。女子教育に尽力。共著に
　「被服構成」。
　¶女性、女性普、世紀、日人

神谷喜代助 かみやきよすけ
　文政5(1822)年〜明治12(1879)年
　江戸時代後期〜明治期の寺子屋の師匠。
　¶姓氏愛知

神矢粛一 かみやしゅくいち
　嘉永2(1849)年〜大正8(1919)年
　明治期の教育者。
　¶日人、兵庫百

神谷多兵衛 かみやたへえ
　嘉永4(1851)年〜大正8(1919)年
　江戸時代末期〜大正期の吉浜村の寺子屋の師匠。
　¶姓氏愛知

上柳甫斎 かみやなぎほさい
　天正19(1591)年〜延宝3(1675)年
　江戸時代前期の呉服商、茶人。
　¶茶道、日人

神谷夏吉 かみやなつきち
　明治2(1869)年3月28日〜昭和20(1945)年6月
　明治〜昭和期の教育者、政治家、畜産界の指導者。
　¶沖縄百、姓氏沖縄

神谷春治 かみやはるじ
　生没年不詳

明治期の教育者。
　¶山形百

上山治郎右衛門 かみやまじろえもん
　〜享保20(1735)年5月14日
　江戸時代中期の寺子屋師匠。
　¶飛騨

神山真太郎 かみやましんたろう
　弘化4(1847)年〜大正12(1923)年
　明治期の教育者。
　¶神奈川人

上山義雄 かみやまよしお
　？〜平成8(1996)年3月23日
　昭和〜平成期の出版人。中統教育図書社長。
　¶出文

神吉拙鳩 かみよしせっきゅう
　別神吉拙鳩《かんきせっきゅう》
　江戸時代末期の儒学者。
　¶人名、日人(かんきせっきゅう　生没年不詳)

神吉東郭 かみよしとうかく
　→神吉東郭(かんきとうかく)

上脇武雄 かみわきたけお
　明治34(1901)年〜昭和44(1969)年
　大正〜昭和期の教育者。鹿児島県剣道連盟副会長。
　¶鹿児島百、薩摩、姓氏鹿児島

嘉村平八 かむらへいはち
　明治23(1890)年12月25日〜昭和42(1967)年6月
　28日
　大正〜昭和期の教育者。
　¶福岡百

カメ
　江戸時代後期の女性。教育。柳田氏。天保14年〜
　明治5年まで読書の塾を開いた。
　¶江表(カメ(滋賀県))

加免 かめ★
　1855年〜
　江戸時代末期の女性。教育。大沢敬之亟の長女。
　¶江表(加免(東京都))　㊥安政2(1855)年頃)

亀井改堂 かめいかいどう
　文政7(1824)年閏8月8日〜
　江戸時代後期〜末期の教育者。
　¶三重

亀井甚三郎 かめいじんざぶろう
　安政3(1856)年〜昭和5(1930)年　別亀井甚三郎
　《かめじんざぶろう》
　明治〜大正期の実業家。倉吉私学校を創立。
　¶世紀(㊥安政3(1856)年2月6日　㊦昭和5
　(1930)年6月3日)、鳥取百(かめじんざぶろ
　う)、日人

亀井矩賢 かめいのりかた
　明和3(1766)年6月〜文政4(1821)年2月24日
　別亀井矩賢《かめいのりたか》
　江戸時代中期〜後期の大名。石見津和野藩主。

¶国書，島根人（かめいのりたか），島根百，島根歴，諸系，日人，藩主4

**亀井矩賢** かめいのりたか
→亀井矩賢（かめいのりかた）

**亀井浩明** かめいひろあき
＊〜
昭和〜平成期の教育学者。帝京大学教授。著書に「中学・高校連携のカリキュラムの開発」など。
¶現執3期（[生]？），現執4期（[生]1930年8月31日）

**亀井雷首** かめいらいしゅ
寛政1（1789）年〜嘉永5（1852）年
江戸時代後期の医師、漢学者。
¶国書（[没]嘉永5（1852）年8月23日），人名，日人

**亀尾英四郎** かめおえいしろう
明治28（1895）年3月10日〜昭和20（1945）年10月11日
大正〜昭和期のドイツ文学者、教育家。旧制東京高校教授。終戦直後にヤミを拒絶して栄養失調死したドイツ文学者。訳書に「ゲェテとの対話」など。
¶近文（[生]1898年），現朝，現人，食文，人名7，世紀，日人

**亀ケ森影徳** かめがもりかげのり
万延1（1860）年〜？
明治期の教育者、政治家。初代滝沢村村長。
¶姓氏岩手

**亀ケ森影正** かめがもりかげまさ
文化8（1811）年〜明治19（1886）年
江戸時代後期〜明治期の教育者。
¶姓氏岩手

**亀井甚三郎** かめじんざぶろう
→亀井甚三郎（かめいじんざぶろう）

**亀田鶯谷** かめだおうこく
文化4（1807）年5月3日〜明治14（1881）年8月2日
江戸時代末期〜明治期の儒学者。下総国関宿藩の儒臣。国典も研究をした。著書に「古事記序解」。
¶維新，江文，国書，コン改，コン4，コン5，新潮，人名，日人

**亀谷繁集** かめたにしげとう
？ 〜明治7（1874）年8月3日
江戸時代末期〜明治期の志士。八幡宮神官として子弟の教育に尽力。
¶幕末

**亀田鵬斎** かめだほうさい，かめだぼうさい
宝暦2（1752）年〜文政9（1826）年3月9日
江戸時代中期〜後期の儒学者。折衷学派。
¶朝日（[生]宝暦2年9月15日（1752年10月21日）[没]文政9年3月9日（1826年4月15日）），岩史（[生]宝暦2（1752）年9月15日），江戸，江文（かめだぼうさい），角史，郷土群馬（かめだぼうさい），近世（かめだぼうさい），群馬人（かめだぼうさい），国史，国書（かめだぼうさい [生]宝暦2（1752）年9月15日），コン改，コン4，埼玉人（[生]宝暦2（1752）年9月15日），埼玉百，詩歌（かめだぼうさい），詩作（かめだぼうさい [生]宝暦2（1752）年9月15日），史人（[生]1752年10月4日），人書94，新潮（[生]宝暦2（1752）年9月15日），人名（かめだぼうさい），姓氏群馬（かめだぼうさい），世人（[生]宝暦2（1752）年10月4日），世百（かめだぼうさい），全書，大百，富山百（[生]宝暦2（1752）年10月4日），富山文（かめだぼうさい [生]宝暦2（1752）年9月15日），新潟百（かめだぼうさい），日史（[生]宝暦2（1752）年10月4日），日人，百科，歴大，和俳

**亀田米子** かめだよねこ
明治4（1871）年8月15日〜昭和24（1949）年7月15日
明治〜昭和期の教育者。東京数学院で学び、数学的才能が認められ女流数学者として名が知られた。
¶女性，女性普

**亀田綾瀬** かめだりょうらい
安永7（1778）年〜嘉永6（1853）年
江戸時代後期の儒学者。
¶江文，国書（[生]安永7（1778）年7月10日 [没]嘉永6（1853）年4月14日），埼玉百，詩歌，人名，千葉百，日人，和俳

**亀淵伝蔵** かめぶちでんぞう，かめふちでんぞう
文政10（1827）年〜明治9（1876）年
江戸時代末期〜明治期の和算家。
¶人名，数学（かめふちでんぞう [没]明治9（1876）年10月），日人

**亀村五郎** かめむらごろう
昭和2（1927）年2月7日〜
昭和〜平成期の読書運動家、小学校教諭。
¶現執4期，児作，児人，世紀，日児

**亀谷末子** かめやすえこ
昭和9（1934）年〜平成12（2000）年
昭和・平成期の教育者。
¶戦沖

**亀谷聖馨**（亀屋聖馨） かめやせいけい
安政3（1856）年〜昭和5（1930）年
明治〜昭和期の仏教研究家、教育家。名教中学校長。華厳哲学、仏陀とカントの比較等を研究。
¶人名（亀屋聖馨 [生]1858年），世紀（[没]昭和5（1930）年5月7日），哲学，日人，仏人

**亀山歌子** かめやまうたこ
昭和4（1929）年3月6日〜
昭和期の学校教諭・俳人。
¶飛騨

**亀山喜一** かめやまきいち
大正14（1925）年6月7日〜昭和61（1986）年8月14日
昭和期の教育家。
¶郷土

**亀山祖道** かめやまそどう
昭和9（1934）年〜
昭和期の教育者。
¶中濃続

**亀山南柯** かめやまなんか
文政5(1822)年～明治7(1874)年
江戸時代末期～明治期の安蘇郡下多田村の寺子屋師匠。
¶栃木歴

**亀山恭長** かめやまゆきなが
江戸時代後期の心学者。
¶岐阜百

**亀山佳明** かめやまよしあき
昭和22(1947)年10月26日～
昭和～平成期の教育学者。龍谷大学教授。著書に「子どもの嘘と秘密」など。
¶現執3期，現執4期

**鴨井熊山** かもいゆうざん
享和3(1803)年～安政4(1857)年6月1日
江戸時代末期の儒学者。
¶岡山人，岡山百，岡山歴(㋷享和3(1803)年1月)，国書，人名(㋷1804年)，日人

**蒲生君平** がもうくんぺい
明和5(1768)年～文化10(1813)年7月5日
江戸時代後期の学者、尊王家。「山陵志」の著者。足利学校の再興を画し「学規三章」を定める。
¶朝日(㋷文化10年7月5日(1813年7月31日))，岩史，江人，江戸，江文，角史，京都，京都大，郷土栃木，近世，考古(㋷明和5(1766)年)，国史，国書，コン改，コン4，コン5，詩歌，詩作，史人，思想史，重要，神史，神人(㋷文化10(1813)年7月)，新潮，人名，姓氏京都，世人，世百，全書，大百，栃木歴，日史，日人，百科，平史，平日，山川小，歴大，和俳

**蒲生褧亭** がもうけいてい
天保4(1833)年～明治34(1901)年 ㋷蒲生精庵《がもうせいあん》
江戸時代末期～明治期の漢学者、詩人。
¶維新，江文，国書(蒲生精庵 がもうせいあん㋷明治34(1901)年3月8日)，詩歌，人名，新潟百，日人，和俳

**蒲生済助** がもうさいすけ
文政9(1826)年～明治16(1883)年 ㋷堀斎《ほりいつき》
江戸時代末期～明治期の村松藩士。戊辰戦争では賊軍となった村松藩のために尽力。
¶維新(㋷1818年) ㋷1875年)，人名，人名(堀斎ほりいつき㋷1818年 ㋷1875年)，日人，幕末(㋷1883年8月27日)

**蒲生精庵** がもうせいあん
→蒲生褧亭(がもうけいてい)

**蒲生貞固** がもうていこ
寛保2(1742)年～文化11(1814)年
江戸時代中期～後期の私塾師匠。
¶姓氏山口

**蒲生保郷** がもうやすさと
明治6(1873)年8月～昭和3(1928)年9月11日
明治～昭和期の教育者。

¶世紀，渡航，日人

**蒲生芳郎** がもうよしろう
大正3(1914)年～昭和63(1988)年
昭和期の教育者。島根女子短期大学学長、島根県教育長。
¶島根歴

**鹿持雅澄** かもちまさずみ
寛政3(1791)年～安政5(1858)年 ㋷飛鳥井雅澄《あすかいまさすみ》
江戸時代末期の国学者、歌人。「万葉集古義」の著者。
¶朝日(㋷寛政3年4月27日(1791年5月29日) ㋷安政5年8月19日(1858年9月25日))，維新，角史，近世，高知人，高知百，国史，国書(㋷寛政3(1791)年4月27日 ㋷安政5(1858)年9月27日)，コン改，コン4，詩歌，史人(㋷1791年4月27日 ㋷1858年8月19日)，人書94，神人(㋷寛政3(1791)年4月 ㋷安政5(1858)年8月)，新潮(㋷寛政3(1791)年4月20日 ㋷安政5(1858)年9月27日)，人名，世人(㋷寛政3(1791)年4月20日 ㋷安政5(1858)年9月27日)，世百，大百，日史(㋷寛政3(1791)年4月27日 ㋷安政5(1858)年8月19日)，日人，幕末(㋷1858年9月25日)，藩ீ6，百科，歴大，和俳

**嘉本俊峰** かもとしゅんぽう
万延1(1860)年～昭和15(1940)年
明治～昭和期の山陰慈育家庭学院創立者。
¶島根歴

**賀茂真淵** かものまぶち
元禄10(1697)年3月4日～明和6(1769)年10月30日 ㋷賀茂真淵《かもまぶち》，岡部真淵《おかべまぶち》，県居《あがたい》，県居翁《あがたいのおきな》，県居大人《あがたいのうし》
江戸時代中期の国学者、歌人。復古主義を唱道。著作に「国意考」「万葉考」など。
¶朝日(㋷元禄10年3月4日(1697年4月24日) ㋷明和6年10月30日(1769年11月27日))，岩史，江人(かもぶち)，江戸東，江文，角史，教育，京都，京都大，近世，考古，国史，国書(かもぶち)，コン改(かもまぶち)，コン4(かもまぶち)，コン5(かもまぶち)，詩歌，詩作，史人，静岡百，静岡歴，思想史，重要(かもまぶち)，神史，人書79(かもまぶち)，人書94(かもまぶち)，神人(㋷元禄10(1697)年3月 ㋷明和6(1769)年10月)，新潮，新文，人名(かもまぶち)，姓氏京都，姓氏静岡，世人，世百(かもまぶち)，全書(かもまぶち)，大百，伝記，徳川将，日思，日史，日人，日文，百科，仏教，文学，平史，平日，山川小，歴大，和俳

**加茂秀雄** かもひでお
明治26(1893)年12月26日～昭和52(1977)年6月19日
大正～昭和期の産業教育家。
¶岩手人，姓氏岩手

**加茂弘** かもひろむ
明治33(1900)年～昭和52(1977)年
昭和期の学校図書館学専門家。

¶現執1期

**賀茂真淵** かもまぶち
→賀茂真淵（かものまぶち）

**萱島景矯** かやしまかげただ
安永6（1777）年～弘化3（1846）年　[別]萱島景矯《かやしまけいきょう》
江戸時代後期の日向高鍋藩士、儒学者。
¶人名（かやしまけいきょう　[生]？），日人（[没]1847年），藩臣7

**萱島景矯** かやしまけいきょう
→萱島景矯（かやしまかげただ）

**賀屋忠恕** かやちゅうじょ
天保9（1838）年～明治17（1884）年
江戸時代末期～明治時代の安芸広島藩士、心学者。
¶幕末，幕末大，藩臣6

**榧木寛則** かやのきひろのり
嘉永5（1852）年9月3日～昭和2（1927）年5月5日
明治～昭和期の教育者・弁護士。
¶埼玉人

**萱野考澗** かやのこうかん
延宝3（1675）年～宝暦11（1761）年
江戸時代中期の肥後熊本藩士。
¶大阪人（[没]宝暦11（1761）年3月），人名，日人

**萱野茂** かやのしげる
大正15（1926）年6月15日～平成18（2006）年5月6日
昭和～平成期の著述業、アイヌ民族運動家。萱野茂二風谷アイヌ資料館館長、参議院議員（民主党）。アイヌ語を母語としアイヌの口承文芸の保存に努めた。著書に「ウウェペケレ集大成」など。
¶郷土，現朝（[生]1912年6月15日），現執2期，現執3期，現執4期，現情，現政，児人，世紀，日人，北海道文

**香山晋次郎** かやましんじろう
文久3（1863）年～明治38（1905）年12月28日
江戸時代末期～明治期の医師、教育者。京都私立独逸学校（後の京都薬科大学）創設に参画。
¶学校

**香山崇峰** かやますうほう
生没年不詳
江戸時代中期の儒学者。
¶国書，日人

**賀陽済** かやわたる
文政5（1822）年～明治28（1895）年
江戸時代末期～明治期の教育者。
¶日人

**かよ**
～文政3（1820）年
江戸時代後期の女性。和歌・書・教育。13歳で仙台藩主宗村の娘沛姫の奥女中となり、祐筆を務めた。
¶江表（かよ（宮城県））

**萱生玄順** かようげんじゅん
安永1（1772）年～天保8（1837）年
江戸時代後期の三河田原藩医。
¶国書（[没]天保8（1837）年6月10日），人名，日人，藩臣4

**加用文男** かようふみお
昭和26（1951）年12月3日～
昭和～平成期の児童心理学者。京都教育大学教育学部幼児教育科教授。
¶現執4期

**唐牛東洲** からうしとうしゅう
宝暦9（1759）年～享和3（1803）年　[別]唐牛東洲《かろうじとうしゅう》
江戸時代中期の儒学者。
¶国書（かろうじとうしゅう），人名，日人（かろうじとうしゅう）

**唐崎欽** からさききん
江戸時代中期の教育者。
¶三重

**唐沢孝一** からさわこういち
昭和18（1943）年5月16日～
昭和～平成期の高校教師、鳥類生態学研究家。都市鳥研究会代表。
¶現執3期，現執4期

**唐沢茂** からさわしげる
生没年不詳
大正～昭和期の小学校教員。
¶社史

**唐沢貞治郎** からさわていじろう
文久3（1863）年～昭和9（1934）年
江戸時代末期～昭和期の郷土史家。
¶郷土，長野百，長野歴

**唐沢富太郎** からさわとみたろう
明治44（1911）年4月7日～
昭和期の日本教育史家。著書に「教師の歴史」の3部作、「世界の道徳教育」など。
¶現朝，現執1期，現執2期，現情，現人，児人，児文，世紀，日人

**辛島塩井** からしまえんせい
宝暦4（1754）年～天保10（1839）年
江戸時代中期～後期の肥後熊本藩士。
¶教育，国書（[生]宝暦4（1754）年12月26日　[没]天保10（1839）年2月23日），詩歌，人名，日人（[生]1755年），藩臣7，和俳

**辛島古淵** からしまこえん
寛永8（1631）年～元禄6（1693）年
江戸時代前期の漢学者。
¶国書（[没]元禄6（1693）年7月22日），人名，日人（[生]1632年）

**辛島蘭軒** からしまらんけん
文化3（1806）年～明治18（1885）年
江戸時代末期～明治期の漢学者。
¶人名，日人

か

**烏田圭三** からすだけいぞう
天保1(1830)年～明治16(1883)年11月30日
江戸時代末期～明治期の医師。好生館教授、病院総督などを歴任。
¶姓氏山口([生]1829年), 幕末, 幕末大([生]文政13(1830)年11月3日)

**唐橋君山** からはしくんざん
元文1(1736)年～寛政12(1800)年 [別]唐橋世済《からはしせいさい》
江戸時代中期～後期の漢学者。
¶朝日([没]寛政12年11月8日(1800年12月23日)), 大分歴, 国書(唐橋世済 からはしせいさい [没]寛政12(1800)年12月), 新潮(唐橋世済 からはしせいさい), 人名, 日人, 藩臣7(唐橋世済 からはしせいさい)

**唐橋世済** からはしせいさい
→唐橋君山(からはしくんざん)

**苅田種継** かりたたねつぐ
→苅田種継(かりたのたねつぐ)

**刈谷三郎**(苅谷三郎) かりたにさぶろう
→苅谷三郎(かりやさぶろう)

**苅田首種継** かりたのおびとたねつぐ
→苅田種継(かりたのたねつぐ)

**苅田種継**(刈田種継) かりたのたねつぐ
生没年不詳 [別]苅田種継《かりたたねつぐ》, 苅田首種継《かりたのおびとたねつぐ》
平安時代前期の学者。
¶古代(苅田首種継 かりたのおびとたねつぐ), コン改, コン4, 人名(かりたたねつぐ), 日人, 平史(刈田種継)

**苅谷三郎** かりやさぶろう
弘化1(1844)年～明治43(1910)年3月5日 [別]刈谷三郎《かりたにさぶろう》, 苅谷三郎《かりたにさぶろう》
江戸時代末期～明治時代の志士、漢学者。竜虎軍に属し活躍。大阪陽明学会で後進の指導。
¶維新, コン改(刈谷三郎 かりたにさぶろう), コン改(かりたにさぶろう), コン4(刈谷三郎 かりたにさぶろう), コン5(刈谷三郎 かりたにさぶろう), 新潮, 人名(かりたにさぶろう), 栃木歴([没]明治23(1890)年), 日人, 幕末, 幕末大

**狩谷竹鞆**(狩谷鷹友) かりやたかとも
文政5(1822)年～明治11(1878)年6月30日
江戸時代末期～明治期の加賀藩儒者。藩校明倫堂皇学の訓導。
¶石川百(狩谷鷹友 [生]1823年), 国書(狩谷鷹友), 姓氏石川(狩谷鷹友 [生]1823年), 幕末, 幕末大

**苅谷剛彦** かりやたけひこ
昭和30(1955)年12月19日～
昭和～平成期の教育社会学者。東京大学大学院教育学研究科教授。専門は、社会学、教育社会学、比較社会学。
¶現執4期

**苅宿俊文** かりやどとしぶみ
昭和30(1955)年3月4日～
昭和～平成期の教育学者。
¶現執4期

**苅宿仲衛** かりやどなかえ
安政1(1854)年～明治40(1907)年 [別]虎之助, 俊義
江戸時代末期～明治期の神官、教員。自由党福島部の創立に尽力。
¶社史([没]1907年10月12日), 幕末([生]1854年8月7日 [没]1907年12月23日)

**軽石喜蔵** かるいしきぞう
明治44(1911)年～昭和45(1970)年
昭和期の教育者。
¶姓氏岩手

**軽部征夫** かるべいさお
昭和17(1942)年1月27日～
昭和～平成期の生物工学者。東京工科大学教授、東京大学教授、日本知財学会会長。バイオセンサー研究の先駆者。著書に「バイオセンサー」「バイオエレクトロニックスの未来」。
¶現朝, 現執3期, 現執4期, 世紀, 日人

**唐牛東洲** かろうじとうしゅう
→唐牛東洲(からうしとうしゅう)

**川合章** かわいあきら
大正10(1921)年10月25日～
昭和～平成期の教育学者。埼玉大学教授、中京大学教授。教育方法学を研究。著書に「民主的人格の形成」「人間と文化の見える教育」など。
¶現朝, 現執1期, 現執2期, 現執3期, 現執4期, 現情, 世紀, 日人, 平和

**河合篤叙** かわいあつのぶ
慶応3(1867)年～昭和21(1946)年
明治～昭和期の教育者、実業家、社会事業家。
¶北海道百, 北海道歴

**河合逸治** かわいいつじ
明治19(1886)年6月20日～昭和39(1964)年3月13日
大正～昭和期の英語学者。河合塾創設者。"本音の教育"で教え子に慕われる。
¶現朝, 世紀, 姓氏愛知, 日人

**河合伊六** かわいいろく
昭和3(1928)年3月13日～
昭和～平成期の教育心理学者。広島大学学部教授、大分大学附属養護学校長。
¶現執1期, 現執3期, 心理

**川合殷成** かわいいんせい
慶安1(1648)年～享保17(1732)年
江戸時代中期の寺子屋師匠。
¶長野歴

**河合杏庵** かわいきあん
? ～明治25(1892)年

江戸時代末期～明治期の漢学者。篠山町に私塾を開き子弟に漢学を教授する。
¶藩臣5

**河合象子** かわいきさこ
天保6(1835)年～明治42(1909)年12月16日
明治期の教育者。教師を経て、自宅に石室舎を開く。歌文集「河合象子遺稿」がある。
¶女性，女性普

**河相洌** かわいきよし
昭和2(1927)年10月22日～　[別]河相洌《かあいきよし》
昭和～平成期の児童文学作家、盲学校教諭。
¶視覚，児人(かあいきよし)

**河合清音** かわいきよと
～慶応1(1865)年11月7日
江戸時代末期の歌人・手習い師匠。
¶飛騨

**川合清丸** かわいきよまる
嘉永1(1848)年～大正6(1917)年6月24日　[別]川合清丸《かわいきよまろ》
明治期の社会教育家。太一垣神社社掌。国教創設を提唱、日本国教大道社を創立。「大同叢誌」を発行。
¶朝日([生]嘉永1年11月21日(1848年12月16日)),近現，国史，コン改，コン5，史人([生]1848年11月21日)，神史，神人([生]嘉永6(1848)年11月 [没]大正6(1917)年6月)，新潮([生]嘉永1(1848)年11月21日)，人名，世紀([生]嘉永1(1848)年11月21日)，鳥取百(かわいきよまろ)，日人

**川合清丸** かわいきよまろ
→川合清丸(かわいきよまる)

**川池聡** かわいけさとし
昭和9(1934)年2月11日～
昭和～平成期の音楽教育者。
¶音人2，音人3

**河合絹吉** かわいけんきち
明治8(1875)年～昭和22(1947)年
明治～昭和期の教育家。
¶宮城百

**河合さだ** かわいさだ
明治10(1877)年～？
明治～昭和期のキリスト教伝道者。郷里秋田で教員となり、婦人伝道師として布教につとめる。
¶女性，女性普

**河合寿三郎** かわいじゅさぶろう
明治24(1891)年2月1日～昭和57(1982)年1月3日
大正～昭和期の社会教育家。
¶埼玉人

**川合信水** かわいしんすい
慶応3(1867)年～昭和37(1962)年7月3日
明治～昭和期の宗教家、教育家。前橋市共愛女学校長。著書に「孔子の教育と吾が体験」。
¶キリ([生]慶応3年10月22日(1867年11月17日)),近文，現情([生]慶応3(1867)年10月22日)，世紀([生]慶応3(1867)年10月22日)，山梨百([生]慶応3(1867)年11月17日)，山梨文

**河合精一郎** かわいせいいちろう
文久1(1861)年～昭和8(1933)年
明治～昭和期の教育者。
¶大分歴

**川井清一郎** かわいせいいちろう
明治27(1894)年3月6日～昭和5(1930)年5月17日
明治～昭和期の教師。
¶世紀，姓氏長野，長野歴，日人

**河合専堯** かわいせんぎょう
→河合専堯(かわいもろたか)

**河合竹之助** かわいたけのすけ
天保7(1836)年～明治27(1894)年
江戸時代末期～明治期の加賀藩同心、算学者。七尾詰測量方、軍艦所警固などを歴任。
¶人名，姓氏石川([生]？)，幕末

**川合貞一** かわいていいち
明治3(1870)年3月29日～昭和30(1955)年6月19日
明治～昭和期の哲学者、教育家。慶応義塾大学教授。哲学、心理学、教育学、倫理学などを講じる。
¶人名7，心理，世紀，哲学，渡航，日人

**河合藤左衛門** かわいとうざえもん
明治21(1888)年7月10日～昭和22(1947)年12月
大正～昭和期の教育者。
¶群馬人

**河合久** かわいひさ
～昭和25(1950)年
明治～昭和期の教育者。
¶岡山人

**河合平三** かわいへいぞう
天保6(1835)年～明治11(1878)年
江戸時代後期～明治期の教育者。
¶姓氏富山

**河合正泰** かわいまさやす
昭和4(1929)年4月22日～
昭和～平成期の福祉活動家。刑余者の更生保護施設「宝珠園」を運営。
¶日人

**河井道** かわいみち
明治10(1877)年7月29日～昭和28(1953)年2月11日
明治～昭和期の女子教育家。女子英語塾教授。日本YMCA創設に尽力、総幹事就任。恵泉女学園を創立。「My Lantern」など。
¶学校，キリ，近現，近女，現情，国史，史人，女史，女性，女性普，新宿女，新潮，人名7，世紀，哲学，渡航，日人，平和，北海道百，北海道歴，履歴，履歴2，歴大

**河合専堯** かわいもろたか
元禄5(1692)年～安永9(1780)年　[別]河合専堯《かわいせんぎょう》

江戸時代中期の備前岡山藩士。
¶岡山人（かわいせんぎょう），国書（[没]安永9（1780）年3月），人名，日人

**河合美成** かわいよしなり
〜明治7（1874）年
江戸時代後期〜明治期の通弁、佐渡英学校英学教授。
¶新潟百

か

**河合よしの** かわいよしの
明治17（1884）年〜昭和11（1936）年7月9日
大正〜昭和期の教育者。花嫁学校香蘭塾を開き女子教育にあたる。婦人運動にも奔走。著書に「現代母の悩み」。
¶女性，女性普，人名，世紀，先駆，日人

**河井芳文** かわいよしふみ
昭和11（1936）年2月17日〜
昭和期の教育心理学者。東京学芸大学教授。
¶現執2期

**河内清彦** かわうちきよひこ
昭和22（1947）年5月16日〜
昭和期の教育学者。
¶視覚

**川内正** かわうちただし
大正4（1915）年3月12日〜昭和61（1986）年4月22日
昭和期の教育者。
¶徳島歴

**川内俊彦** かわうちとしひこ
昭和3（1928）年3月26日〜
昭和〜平成期の教育者、同和教育研究者。花園大学講師、大阪府八尾市立公立学校校長。
¶現執1期，現執3期

**川江敏徳** かわえとしのり
*〜享和1（1801）年
江戸時代中期〜後期の漢学者、豊前小倉藩士。
¶人名（[生]？），日人（[生]1719年）

**川勝貴美** かわかつきみ
昭和22（1947）年〜
昭和〜平成期の高等学校教諭。
¶児人

**川勝泰介** かわかつたいすけ
昭和26（1951）年9月13日〜
昭和〜平成期の児童教育学者。
¶児作，児人

**川上あゑ** かわかみあえ
明治40（1907）年〜平成9（1997）年
昭和〜平成期の教育者。
¶青森人

**川上花顛** かわかみかてん
享和2（1802）年〜明治2（1869）年
江戸時代末期の幕府表右筆組頭。
¶人名，日人

**川上規矩** かわかみきく
文久1（1861）年〜昭和9（1934）年
江戸時代末期〜昭和期の教育家。
¶神人

**川上恭蔵** かわかみきょうぞう
文政10（1827）年〜明治31（1898）年8月21日
江戸時代末期〜明治時代の教育者。藩学作人館の興隆に尽力。
¶幕末，幕末大

**川上潔** かわかみきよし
明治43（1910）年8月9日〜昭和58（1983）年6月21日
昭和期の小学校教員。
¶社史

**川上幸三** かわかみこうぞう
昭和12（1937）年10月12日〜
昭和期の養護教育研究家。
¶現執2期

**川上貞夫** かわかみさだお
明治30（1897）年〜昭和52（1977）年
大正〜昭和期の教育者、画家、考古学者。
¶鳥取百

**川上佐太郎** かわかみさたろう
明治4（1871）年〜大正11（1922）年
明治〜大正期の教育者。
¶鳥取百

**川上繁** かわかみしげる
昭和3（1928）年〜
昭和〜平成期の国語教育者、小学校校長。全国小学校国語教育研究会会長、文京区立小日向台町小学校校長。
¶現執3期

**川上末之助** かわかみすえのすけ
明治18（1885）年4月15日〜昭和20（1945）年5月1日
明治〜昭和期の教育者。高山市学務課長。一重ケ根小学校長などを歴任。
¶飛驒

**川上清吉** かわかみせいきち
明治29（1896）年4月20日〜昭和34（1959）年6月1日
明治〜昭和期の宗教学者。
¶佐賀百，島根人，島根百，島根歴，真宗，世紀，日人

**川上南洞** かわかみなんどう
文久1（1861）年〜昭和9（1934）年
明治〜昭和期の教育者、南総中学校等の設立者。
¶千葉百

**川上広樹** かわかみひろき
天保9（1838）年〜明治28（1895）年
江戸時代末期〜明治期の学者、教育者。著書に「足利学校事蹟考」、明治8年教科書「下野地誌略」がある。

¶郷土栃木，人名（[生]1839年），栃木百，栃木歴，日人，藩臣2

**河上亮一** かわかみりょういち
昭和18（1943）年4月21日～
昭和～平成期の中学校教師。プロ教師の会主宰。
¶現執4期

**川北温山** かわきたおんざん
寛政6（1794）年～嘉永6（1853）年
江戸時代末期の漢学者。
¶朝日（[没]嘉永6年1月8日（1853年2月15日）），江文，国書（[生]寛政5（1793）年　[没]嘉永6（1853）年1月8日），コン改，コン4，新潮（[没]嘉永6（1853）年1月8日），人名，日人，藩臣7（[生]寛政5（1793）年），和俳

**河北邦子** かわきたくにこ
昭和25（1950）年8月22日～
昭和～平成期の音楽教育者。
¶音人2，音人3

**川北朝鄰** かわきたちょうりん
天保11（1840）年5月16日～大正8（1919）年2月22日　[別]川北朝隣《かわきたともちか》，川北朝鄰《かわきたともたか，かわきたともちか》
江戸時代末期～大正期の数学教育家。洋算の教科書の編纂。数理書院を創設し、翻訳数学書を出版。
¶朝日（かわきたともちか　[生]天保11年5月16日（1840年6月15日）），科学（かわきたともちか），近現，国史，国書，史人（かわきたともちか），新潮（かわきたともたか），人名，数学（川北朝隣　かわきたともちか），日人，洋学（かわきたともちか）

**川北朝鄰** かわきたともたか
→川北朝鄰（かわきたちょうりん）

**川北朝隣**（川北朝鄰） かわきたともちか
→川北朝鄰（かわきたちょうりん）

**川喜田煉七郎** かわきたれんしちろう
明治35（1902）年2月26日～昭和50（1975）年6月18日
昭和期の建築家、造形教育家。都市改造案、劇場・家具などの計画案を多数発表。新建築工芸研究所設立。
¶現朝，現情，人名7，世紀，日人，美建

**河口愛子** かわぐちあいこ
明治4（1871）年10月6日～昭和34（1959）年9月26日
明治～昭和期の教育者、婦人運動家。小石川高等女学校校長、婦人参政権同盟会理事長。教育社会事業に貢献。著書に「趣味の廃物利用」。
¶学校，近女，熊本人，熊本百，女運（[生]1873年10月6日），女性，女性普，世紀，日人

**川口彰義** かわぐちあきよし
昭和17（1942）年7月15日～
昭和期の教育学者。
¶現執2期

**川口清**(1) かわぐちきよし
明治14（1881）年～昭和39（1964）年
明治～昭和期の教育者。
¶神奈川人，姓氏神奈川

**川口清**(2) かわぐちきよし
明治42（1909）年3月11日～昭和21（1946）年4月10日
昭和期の詩人。
¶姓氏富山，富山文

**川口西洲** かわぐちさいしゅう
→川口西洲（かわぐちせいしゅう）

**河口清之** かわぐちせいし
明治5（1872）年～？
明治期の教育者。
¶群馬人

**川口西洲** かわぐちせいしゅう
享保18（1733）年～文化12（1815）年　[別]川口西洲《かわぐちさいしゅう》
江戸時代中期～後期の漢学者。
¶大阪人（[没]文化12（1815）年1月），国書（かわぐちさいしゅう　[没]文化12（1815）年1月26日），人名，日人

**川口爽郎** かわぐちそうろう
明治41（1908）年～平成1（1989）年
昭和期の教師、俳人。
¶青森人

**川口彝雄** かわぐちつねお
明治13（1880）年4月～昭和10（1935）年12月24日
明治～昭和期の教育者。
¶埼玉人，埼玉百

**川口東洲** かわぐちとうしゅう
天保10（1839）年～明治44（1911）年
江戸時代末期～明治期の書家。
¶日人

**川口徳三** かわぐちとくぞう
明治11（1878）年4月2日～昭和7（1932）年9月20日
明治～昭和期の教育家。浜松高等工業学校長。教育者として、色染化学の発展に尽力。
¶科学，人名，世紀，渡航，日人

**川口虎雄** かわぐちとらお
明治4（1871）年8月20日～昭和19（1944）年5月16日
明治～昭和期の技師。専門は工学教育。福岡県出身。
¶近土，渡航（[没]？），土木

**川口半平** かわぐちはんぺい
明治30（1897）年2月19日～平成2（1990）年4月26日
大正～昭和期の教育者、作家。岐阜県議会議員、県教育長。岐阜児童文学研究会を結成。作品に「山のコボたち」「なみだをふけ門太」など。
¶児人，児文，社史，世紀，日児，日人

**川口尋之** かわぐちひろし
昭和4(1929)年8月2日～
昭和～平成期の音楽教育者、ピアニスト。
¶音人3

**川口孫治郎**（川口孫次郎） かわぐちまごじろう
明治6(1873)年2月15日～昭和12(1937)年
昭和期の教育者・野鳥研究家。
¶飛騨（⊕？　⊗昭和12(1937)年4月19日）、福岡百（⊗昭和12(1937)年3月19日）、和歌山人（川口孫次郎）

**川口幸宏** かわぐちゆきひろ
昭和18(1943)年11月12日～
昭和～平成期の生活指導研究者、教育方法史学者。和歌山大学助教授。
¶現執3期

**川口緑野** かわぐちりょくや
安永2(1773)年～天保6(1835)年
江戸時代後期の水戸藩士、儒学者。
¶国書（⊗天保6(1835)年6月10日）、日人、藩臣2

**川窪予章** かわくぼよしょう
天保5(1834)年～明治42(1909)年
江戸時代末期～明治期の教育者。大阪、神戸などに淳古館という塾を開校。
¶大阪人（⊕明治42(1909)年2月）、人名、日人、幕末、幕末大

**川崎幾三郎** かわさきいくさぶろう
安政2(1855)年～大正10(1921)年11月10日
明治～大正期の実業家。高知汽船を設立。以後高知新聞、土佐銀行など地方殖産に関する会社設立に尽力。土佐中学校（後の土佐高等学校）を創設。
¶朝日（⊕安政2年10月29日(1855年12月8日)）、学校（⊕安政2(1855)年10月29日）、高知人、高知百、国史、コン改、コン5、新潮（⊕安政2(1855)年10月29日）、人名、世紀（⊕安政2(1855)年10月29日）、鉄道（⊕1855年12月8日）、日人

**川崎悦吉** かわさきえつきち
明治16(1883)年4月1日～昭和23(1948)年7月30日
明治～昭和期の小学校教員。村長。
¶高知先

**河崎かよ子** かわさきかよこ
昭和11(1936)年12月23日～
昭和～平成期の小学校教師。五百住小学校教師。
¶現執3期

**川崎源** かわさきげん
→川崎源《かわさきはじめ》

**川崎祐宣** かわさきすけのぶ
明治37(1904)年2月22日～平成8(1996)年6月2日
昭和期の医師。川崎学園を設立、川崎医科大学を開校。
¶岡山百、学校、近医

**川崎祐総** かわさきすけふさ
安永2(1773)年～天保13(1842)年
江戸時代後期の日向飫肥藩士。

¶人名、日人

**川崎善三郎** かわさきぜんざぶろう
万延1(1860)年～昭和19(1944)年
明治～昭和期の剣道家。
¶高知人、高知百、世紀（⊕万延1(1860)年4月20日　⊗昭和19(1944)年5月20日）、日人、山梨百（⊕万延1(1860)年4月　⊗昭和19(1944)年5月）

**川崎卓吉** かわさきたくきち
明治4(1871)年1月18日～昭和11(1936)年3月27日
昭和期の内務官僚、政治家。内務次官。貴族院議員、法制局長官、立憲民政党幹事長、岡田内閣文相などを歴任。
¶近現、現朝（⊕明治4年1月18日(1871年3月8日)）、国史、コン改、コン5、史人、新潮、人名、世紀、日史、日人、広島百、履歴、歴大

**河崎なつ** かわさきなつ
明治22(1889)年6月25日～昭和41(1966)年11月16日
大正～昭和期の教育者、婦人運動家。参議院議員、津田英学塾教授。婦人参政権獲得期成同盟会委員、理事。日本母親大会連絡会実行委員長などを歴任。
¶革命（⊕1887年）、近女、現朝、現情（⊕1887年4月1日）、現人（⊕1887年）、現日（⊕1887年4月1日）、コン改（⊕1887年）、コン4（⊕明治20(1887)年）、コン5（⊕明治20(1887)年）、社運、社史、女運、女史、女性、女性誉、新潮（⊕明治20(1887)年4月1日）、人名7、世紀、政治、哲学、日史、日人、日本（⊕明治20(1887)年）、平和、マス89（⊕1887年）、歴大

**川崎源** かわさきはじめ
大正6(1917)年11月9日～　⊛川崎源《かわさきげん》
昭和期の教育学者。滋賀大学教授。
¶郷土滋賀（かわさきげん）、現情

**川崎フヂエ** かわさきふぢえ
明治31(1898)年～昭和60(1985)年
大正～昭和期の教員。蒲生町婦人会長、同町教育委員・家裁調停員。
¶姓氏鹿児島

**川崎法蓮** かわさきほうれん
*～明治17(1884)年8月17日
江戸時代末期～明治期の浄土真宗本願寺派学僧。筑前長楽寺住職、西本願寺皇学教授。
¶神人（⊕寛政8(1796)年）、人名（⊕1796年）、日人（⊕1797年）、仏教（⊕寛政9(1797)年）

**川崎正行** かわさきまさゆき
*～弘化1(1844)年
江戸時代後期の算家。
¶人名（⊕1760年）、日人（⊕？）

**川崎正悦** かわさきまさよし
明治26(1893)年～昭和53(1978)年
大正～昭和期の博物の教育者。

¶兵庫百

**川崎也魯斎** かわさきやろさい
文化2(1805)年～明治9(1876)年
江戸時代末期～明治期の儒学者。
¶江文，国書(㉜明治9(1876)年6月20日)，人名，日人

**川崎利市** かわさきりいち
明治16(1883)年～昭和19(1944)年
明治～昭和期の教育者。
¶愛媛

**川路幹** かわじかん
明治13(1880)年2月26日～大正12(1923)年10月4日
明治～大正期の教育者。
¶群馬人

**川路寛堂** かわじかんどう
→川路太郎(かわじたろう)

**川路太郎** かわじたろう
弘化1(1844)年～昭和2(1927)年2月5日 ㊺川路寛堂《かわじかんどう》
江戸時代末期～明治期の教育者。神戸松蔭女学校校長。岩倉使節団一行に通訳として随行。帰国後は実業界を経て教育界に転身。
¶維新，海越(㊺弘化1(1845)年12月21日)，海越新(㊺弘化1(1845)年12月21日)，江文，国書，全幕，渡航(川路太郎・川路寛堂 かわじたろう・かわじかんどう)，幕末(㉜1929年2月5日)，幕末大，兵庫百(川路寛堂 かわじかんどう ㉜昭和3(1928)年)，洋学

**川島アクリ** かわしまあくり
明治10(1877)年11月15日～昭和34(1959)年11月25日
明治～昭和期の教育者。「女子は従順であれ」をモットーに川島学園を創立。のち，福岡舞鶴高等学校に発展。
¶学校，女性，女性普，世紀，日人，福岡百

**川島宇一郎** かわしまういちろう
天保12(1841)年～明治37(1904)年
明治期の政治家。滋賀県会議長，衆議院議員。漢学を学び，自邸で教えた。
¶滋賀百，日人

**川島億次郎** かわしまおくじろう
→三島億二郎(みしまおくじろう)

**川嶋貞子** かわしまさだこ
明治22(1889)年5月5日～昭和41(1966)年4月10日
明治～昭和期の社会事業家。
¶世紀，日人

**川島至善** かわしましぜん
明治～大正期の奥州藩士，教育者。戊辰戦争に参加。のち私立磐城女学校を設立。
¶学校

**河島潤安** かわしまじゅんあん
元禄4(1691)年～明和3(1766)年
江戸時代中期の私塾経営者。
¶姓氏岩手

**川島純幹** かわしまじゅんかん
文久3(1863)年～大正9(1920)年
明治～大正期の教育者，官僚。
¶世紀(㊵文久3(1863)年11月 ㉜大正9(1920)年10月25日)，鳥取百，日人，福井百

**河嶋正** かわしまただし
昭和21(1946)年～
昭和～平成期の教諭。
¶児人

**川島照三** かわしまてるぞう
明治26(1893)年～昭和41(1966)年
大正～昭和期の教育者。
¶神奈川人

**川島梅坪** かわしまばいへい
天保6(1835)年～明治24(1891)年
明治期の教育者。
¶埼玉人(㊵天保6(1835)年7月20日 ㉜明治24(1891)年5月25日)，埼玉百，日人

**川島隼彦** かわしまはやひこ
明治14(1881)年6月3日～昭和36(1961)年11月11日
明治～昭和期の教育者。川島学園理事長。
¶学校，薩摩，数学，世紀，姓氏鹿児島，日人

**河島雅弟** かわしままさと
明治1(1868)年～昭和33(1958)年
明治～昭和期の教育者。
¶鳥取百

**川島源吉** かわしまもとし
明治24(1891)年～昭和57(1982)年
大正～昭和期の教育者。
¶高知人

**川嶋優** かわしまゆたか
昭和7(1932)年8月12日～
昭和～平成期の小学校教師。学習院大学名誉教授。
¶現執4期

**川島よし** かわしまよし
→山田よし(やまだよし)

**川島美子** かわしまよしこ
生没年不詳
昭和～平成期の幼児教育研究者。
¶児人

**河津祐之** かわづすけゆき
→河津祐之(かわづすけゆき)

**河津直入** かわづなおり
→河津直入(かわづなおり)

**川澄健一** かわすみけんいち
大正2(1913)年2月18日～

大正~平成期の作曲家、音楽教育者。
¶音人3

**川瀬重豊** かわせしげとよ
江戸時代後期の和算家、長谷川数学道場助教授。
¶数学

**河瀬哲也** かわせてつや
昭和19 (1944) 年10月2日~
昭和~平成期の小学校教師、団体役員。滋賀県同和教育研究会専従事務局長。
¶現執3期、現執4期

**川瀬元九郎** かわせもとくろう
明治期の医学者、スウェーデン体操研究家。
¶教育、体育

**川瀬八洲夫** かわせやすお
昭和11 (1936) 年~
昭和期の教育学者。東京家政大学教授。
¶現執1期

**川瀬友山** かわせゆうざん
生没年不詳
江戸時代後期の心学者。
¶国書5

**河添邦俊** かわぞえくにとし
昭和4 (1929) 年1月27日~
昭和~平成期の障害児教育学者、乳幼児保育研究者。河添育児学研究所長、高知大学教授。
¶現執2期、現執3期

**河添恵子** かわそえけいこ
昭和38 (1963) 年~
昭和~平成期のノンフィクション作家。ケイ・ユニバーサルプランニング代表取締役。専門は、世界各国の小学校・中学校等の学校教育、家庭生活事情。
¶現執4期

**川副忠子** かわぞえただこ
昭和19 (1944) 年~
昭和~平成期の教員、反核・平和運動家。
¶平和

**河添白水** かわそえはくすい
文化13 (1816) 年~嘉永2 (1849) 年
江戸時代後期の教育者。耕読館を設立。
¶姓氏鹿児島

**川添ゆき子** かわぞえゆきこ、かわそえゆきこ
明治30 (1897) 年2月16日~昭和6 (1931) 年2月2日
大正~昭和期の歌人、教育者。和歌山県の富田事業学校に勤務。潮音社特別同人。歌集に「杉の雫」。
¶女性 (かわそえゆきこ)、女性普、人名、世紀、日人

**川田琴卿** かわだきんけい
→川田雄琴 (かわだゆうきん)

**河田菜風** かわださいふう
文政4 (1821) 年~明治13 (1880) 年

江戸時代後期~明治期の私塾経営者。
¶埼玉百

**川田さと** かわださと
明治2 (1869) 年5月1日~昭和24 (1949) 年2月25日
明治~昭和期の教育者。高知女学会などで教師をつとめ、女子教育に貢献。私財をなげうって双葉園を創立。
¶女性、女性普

**河田烝** かわだじょう
明治期の教育者。
¶渡航

**河田清蔵** かわたせいぞう
生没年不詳
江戸時代末期~明治期の教育者。
¶姓氏山口

**川田正澂** かわたせいちょう、かわだせいちょう
→川田正澂 (かわだまさずみ)

**川田千右衛門** かわだせんえもん
明治24 (1891) 年~昭和18 (1943) 年
大正~昭和期の教育者。
¶群馬人

**河田貞次郎** かわだていじろう
慶応4 (1868) 年6月19日~昭和21 (1946) 年10月
江戸時代末期~昭和期の実業家。「教育新聞」を創刊。
¶世紀、日人

**川田貞治郎** (川田貞次郎) かわだていじろう、かわたていじろう
明治12 (1879) 年4月3日~昭和34 (1959) 年6月27日
大正~昭和期の特殊教育研究者。藤倉学園常理事園長。知的障害児に対する教育事業に携わる。論文に「教育的治療学」など。
¶教育 (川田貞次郎)、近医 (かわたていじろう)、心理

**川田鉄弥** かわだてつや
明治6 (1873) 年5月27日~昭和34 (1959) 年7月4日
明治~昭和期の教育者。高千穂学園理事長・学長。
¶学校、高知人

**河田東岡** かわたとうこう、かわだとうこう
正徳4 (1714) 年~寛政4 (1792) 年
江戸時代中期の因幡鳥取藩士、易学者。
¶国書 (かわだとうこう) ②寛政4 (1792) 年6月18日)、人名 (かわだとうこう)、鳥取百、日人 (かわだとうこう)、藩臣5

**川田保則** かわだほうそく
寛政8 (1796) 年~明治15 (1882) 年　⑨川田保則《かわだやすのり》
江戸時代末期~明治期の和算家。
¶人名、数学 (かわだやすのり)　⑤寛政8 (1796) 年7月13日 ②明治15 (1882) 年11月1日)、日人

**川田正澂** かわだまさずみ
*~昭和10 (1935) 年　⑨川田正澂《かわたせい

ちょう，かわだせいちょう》
明治～昭和期の教育家。東京府立高等学校長。仙台第一中学校長、東京府立第一中学校長などを歴任。
¶高知人（かわだせいちょう　[生]1863年），人名（[生]1863年），世紀（かわたせいちょう　[生]文久3（1864）年12月27日　[没]昭和10（1935）年12月10日），日人（かわたせいちょう　[生]1864年）

**河田光夫**　かわだみつお
昭和13（1938）年～
昭和期の高校教師、日本文学・親鸞研究者。
¶現執1期

**川田保則**　かわだやすのり
→川田保則（かわだほうそく）

**川田雄琴**　かわだゆうきん
貞享1（1684）年～宝暦10（1760）年11月29日
[別]川田琴卿《かわだきんけい》
江戸時代前期～中期の儒学者。大洲藩儒官。藩校止善書院明倫堂の教授。
¶朝日（川田琴卿　かわだきんけい　[生]貞享1年4月28日（1684年6月11日）　[没]宝暦10年11月29日（1761年1月4日）），愛媛，愛媛百（[生]貞享1（1684）年4月28日），郷土愛媛，国書（[生]貞享1（1684）年4月28日），コン改（川田琴卿　かわだきんけい），コン4（川田琴卿　かわだきんけい），新潮（川田琴卿　かわだきんけい），人名（川田琴卿　かわだきんけい），日人（[没]1761年），藩臣6

**河田諒介**　かわだりょうすけ
天保14（1843）年～大正4（1915）年
明治・大正期の剣道教師。
¶中濃続

**河内勝学**　かわちしょうがく
寛政12（1800）年～明治10（1877）年
江戸時代末期の教育家、修験者。
¶栃木歴

**河内山寅**　かわちやまとら
→河内山寅（こうちやまとら）

**川地理索**　かわちりさく
明治34（1901）年7月9日～
昭和期の教育学者。
¶現情

**河津祐之**　かわづすけゆき，かわずすけゆき
嘉永3（1850）年～明治27（1894）年
明治期の官吏。文部関係の官吏を経て検事、刑事局長、逓信次官を歴任。
¶海越（かわずすけゆき　[生]嘉永3（1850）年閏4月8日　[没]明治27（1894）年7月12日），海越新（[生]嘉永3（1850）年閏4月8日　[没]明治27（1894）年7月12日），近現（[生]1849年），国際，国史（[生]1849年），史人（[生]1849年4月8日　[没]1894年7月12日），人名，渡航（[生]1850年4月　[没]1894年5月），日人（[生]1849年），幕末（[没]1894年5月），洋学（[生]嘉永2（1849）年）

**河津蘇平**　かわづそへい
安政1（1854）年9月2日～大正3（1914）年1月26日
明治～大正期の教育者。
¶群馬人

**河津直入**　かわづなおいり
→河津直入（かわづなおり）

**河津直入**　かわづなおり，かわずなおり
文政7（1824）年～明治36（1903）年　[別]河津直入《かわづなおいり》
江戸時代末期～明治期の教育者、歌人。国学の復興に尽力。
¶郷土福井，人名（かわづなおいり），日人，藩臣3，福井百，和俳（かわずなおり）

**河津雄介**　かわつゆうすけ
昭和13（1938）年～
昭和～平成期の教育心理学者。
¶現執1期

**川出直吉**　かわでなおきち
明治8（1875）年～昭和6（1931）年
明治～昭和期の神職、教育者。菟足神社宮司、川出裁縫女学校長。
¶姓氏愛知

**川出るい**　かわでるい
慶応3（1867）年～昭和13（1938）年
明治～昭和期の教育者。川出裁縫女学校を創設。
¶愛知女，姓氏愛知

**川戸金兵衛**　かわどきんべえ
弘化3（1846）年～大正10（1921）年
明治～大正期の教育者。
¶神奈川人

**川名ぎん**　かわなぎん
慶応2（1866）年5月4日～昭和2（1927）年4月7日
明治～昭和期の教育者。
¶埼玉人

**川名渡一**　かわなといち
安政6（1859）年6月13日～大正5（1916）年3月27日
明治～大正期の教育者。
¶埼玉人

**川名大**　かわなはじめ
昭和14（1939）年3月31日～
昭和～平成期の俳句研究家、高校教師。
¶現執1期，現執2期，現執3期，現執4期，現俳，俳文

**河波有道**　かわなみありみち
文政5（1822）年11月～明治23（1890）年9月14日
江戸時代後期～明治時代の加賀藩老本多氏家臣、藩校教師。
¶国書，姓氏石川，幕末（[生]1822年12月），幕末大

**川並香順**　かわなみこうじゅん
明治31（1898）年4月4日～昭和41（1966）年4月27日
明治～昭和期の僧侶、教育者。聖徳家政学院創立者。

¶学校

**河浪自安**　かわなみじあん
寛永12(1635)年1月6日～享保4(1719)年3月13日
江戸時代前期～中期の儒学者。
¶国書，佐賀百，人名，日人

**河浪質斎**　かわなみしっさい
寛文12(1672)年～享保19(1734)年8月15日
江戸時代中期の儒学者。
¶国書([生]寛文12(1672)年5月3日)，新潮，人名，日人

**川波友太郎**　かわなみともたろう
文政10(1827)年～明治23(1890)年
明治期の公教育草創期の先達。
¶姓氏富山

**川波素行**　かわなみもとゆき
文政12(1829)年～明治33(1900)年
江戸時代末期～明治期の国学者。
¶国書([生]文政12(1829)年12月　[没]明治33(1900)年3月5日)，人名，日人

**川浪養治**　かわなみようじ
？～昭和60(1985)年11月14日
昭和期の日本画家、中学校教師。
¶植物

**川西函洲**(川西凾洲，川西涵洲)　かわにしかんしゅう
→河西士竜(かわにししりゅう)

**河西好尚**　かわにしこうしょう
弘化3(1846)年～大正4(1915)年2月24日
江戸時代末期～大正時代の教育者。
¶秋田人2([生]弘化3年4月5日)，幕末，幕末大，藩臣1

**河西士竜**　かわにししりゅう
享和1(1801)年～天保13(1842)年　[別]河西士竜《かわにししりょう》，川西函洲《かわにしかんしゅう》，川西凾洲《かわにしかんしゅう》，川西涵洲《かわにしかんしゅう》
江戸時代後期の儒学者。
¶江文(川西凾洲　かわにしかんしゅう)，国書(川西函洲　かわにしかんしゅう　[生]享和1(1801)年4月9日　[没]天保13(1842)年2月19日)，コン改(川西函洲　かわにしかんしゅう)，コン4(川西函洲　かわにしかんしゅう)，詩歌，新潮(川西函洲　かわにしかんしゅう　[生]享和1(1801)年4月9日　[没]天保13(1842)年2月19日)，人名(かわにししりょう)，姓氏愛知(川西涵洲　かわにしかんしゅう　[生]1800年)，日人(川西函洲　かわにしかんしゅう)，藩臣4(川西函洲　かわにしかんしゅう　[生]寛政12(1800)年)，和俳

**河西士竜**　かわにししりょう
→河西士竜(かわにししりゅう)

**河西哲英**　かわにしてつえい
明治23(1890)年～昭和2(1927)年
大正～昭和期の教育者。
¶静岡歴，姓氏静岡

**河野貞幹**　かわのさだもと
明治34(1901)年11月24日～昭和41(1966)年3月26日
大正～昭和期の教育者・キリスト者。
¶福岡百

**河野小石**　かわのしょうせき
文政6(1823)年～明治28(1895)年1月23日　[別]河野小石《こうのしょうせき》
江戸時代末期～明治時代の儒学者。藩儒官、学問所教授などを歴任。
¶国書(こうのしょうせき　[生]文政6(1823)年9月)，人名(こうのしょうせき　[生]1819年)，日人(こうのしょうせき)，幕末，幕末大，広島百(こうのしょうせき　[生]文政6(1823)年9月)

**河野タカ**　かわのたか
明治24(1891)年4月20日～昭和55(1980)年2月28日　[別]河野タカ《こうのたか》
昭和期の教育者。下関女子短大学長。下関市で河野高等技芸院を創設、以後幼稚園から大学まで設立。
¶学校，女性([生]明治25(1892)年頃)，女性普([生]明治25(1892)年頃)，世紀，姓氏山口(こうのたか)，日人(こうのたか)，山口人(こうのたか)，山口百(こうのたか)

**河野保**　かわのたもつ
明治11(1878)年2月11日～？
明治～大正期の教育者。
¶渡航

**河野天鱗**　かわのてんりん
→天鱗(てんりん)

**川野辺敏**　かわのべさとし
昭和5(1930)年11月20日～
昭和～平成期の比較教育学者。国立教育研究所生涯学習研究部長。
¶現執1期，現執2期，現執3期

**河野幹雄**　かわのみきお
昭和9(1934)年7月1日～
昭和～平成期の小学校教師。大阪市立三国小学校教師。
¶現執3期

**河野養哲**　かわのようてつ
→河野養哲(こうのようてつ)

**河野好雄**　かわのよしお
明治43(1910)年～
昭和期の教育者。
¶群馬人

**川畑源吉**　かわばたげんきち
明治14(1881)年～昭和42(1967)年
明治～昭和期の教育者・数学者。
¶姓氏岩手

**河鰭省斎**　かわばたしょうさい
文政9(1826)年～明治22(1889)年　[別]河鰭省斎《かわばたせいさい》
江戸時代末期～明治期の儒学者。横井小楠に学び

「丁未打聞」を著す。
¶国書(かわばたせいさい), コン改, コン4, コン5, 新潮, 人名(かわばたせいさい), 日人, 幕末([没]1889年2月), 藩臣5

**河鰭省斎** かわばたせいさい
→河鰭省斎(かわばたしょうさい)

**川端達夫** かわばたたつお
昭和20(1945)年1月24日～
昭和～平成期の政治家。民主党幹事長、衆議院議員、第12、13代文科相。
¶現政

**川端太平** かわばたたへい
明治27(1894)年～昭和47(1972)年
昭和期の地方史研究家、教育家。福井市宝永小学校校長。福井県史を研究。
¶郷土([生]明治27(1894)年12月3日 [没]昭和47(1972)年5月3日), 史研

**川端槌己** かわばたつちみ
大正4(1915)年4月18日～
昭和期の教育者。
¶群馬人

**河端貞次** かわばたていじ
明治7(1874)年1月26日～昭和7(1932)年4月30日
明治～昭和期の医師。上海居留民団行政委員会長。上海に医院を開く。邦人福祉のため奔走。上海事件の功労者。
¶近医, 人名, 日人

**川畑半平** かわばたはんぺい
文化5(1808)年～明治5(1872)年
江戸時代後期～明治時代の鹿児島県士族。士族平民合同の白山小学校を設立。
¶幕末([没]1872年5月16日), 幕末大([没]明治5(1872)年4月10日)

**河原広三** かわはらこうぞう
明治39(1906)年1月18日～昭和54(1979)年11月5日
昭和期の書店経営者。新興教育研究所関係者。
¶社史

**河原春作** かわはらしゅんさく
明治23(1890)年1月14日～昭和46(1971)年10月11日
大正～昭和期の文部官僚。文部次官。在職中は教育界の指導的地位にあり、後に教育界の長老となる。
¶現朝, 現情, コン改, コン4, コン5, 人名7, 世紀, 政治, 日人, 履歴, 履歴2

**河原士栗** かわはらしりつ
→河原駱之助(かわはららくのすけ)

**河原翠城** かわはらすいじょう
→河原駱之助(かわはららくのすけ)

**川原忠孝** かわはらただたか
文久2(1862)年～昭和10(1935)年
明治～昭和期の教育者。
¶姓氏富山

**川原忠平** かわはらちゅうへい
明治32(1899)年～昭和51(1976)年
明治～昭和期の教育家。高岡第一高校創立者。
¶学校, 姓氏富山

**川原浩** かわはらひろし
大正12(1923)年10月31日～
昭和期の音楽教育学者。
¶音人, 現執2期

**河原文水** かわはらぶんすい
文政10(1827)年～明治15(1882)年10月14日
江戸時代末期～明治時代の民権運動家。私塾を開いて子弟を教育。
¶徳島百, 徳島歴, 幕末, 幕末大

**河原政則** かわはらまさのり
大正12(1923)年～
昭和期の教育心理学・教育相談専門家。大阪市教育研究所所長。
¶現執1期

**河原操子** かわはらみさおこ
→河原操子(かわはらみさこ)

**河原操子** かわはらみさこ
明治8(1875)年6月6日～昭和20(1945)年 [別]河原操子《かわはらみさおこ》
明治～昭和期の教育者。日露戦争開戦直前のカロチンで教育顧問、軍事秘密情報員をつとめる。著書に「蒙古土産」。
¶神奈女2([没]昭和20(1945)年3月7日), 近女, 女史, 女性, 女性普, 信州女, 世紀, 姓氏長野, 長野百([生]1870年 [没]1939年), 長野歴, 日人, 履歴([没]昭和20(1945)年3月7日), 履歴2([没]昭和20(1945)年3月7日), 歴大(かわはらみさおこ)

**河原駱之助** かわはららくのすけ
文政10(1827)年～文久2(1862)年 [別]河原士栗《かわはらしりつ, かわらしりつ》, 河原翠城《かわはらすいじょう》
江戸時代末期の藩校博文館教授。
¶国書(河原翠城 かわはらすいじょう [生]文政10(1827)年9月13日 [没]文久2(1862)年12月18日), 人名(河原士栗 かわらしりつ), 日人(河原士栗 かわはらしりつ [没]1863年), 幕末(河原士栗 かわはらしりつ [没]1862年12月18日), 幕末大(河原士栗 かわはらしりつ [没]文久2(1862)年10月27日), 藩臣5, 兵庫人(河原士栗 かわはらしりつ [生]文政10(1827)年9月13日 [没]文久2(1862)年12月9日), 兵庫百

**河東虎臣** かわひがしこしん
文化2(1805)年～嘉永4(1851)年
江戸時代末期の松山藩士。
¶人名, 日人

**河東静渓** かわひがしせいけい
天保1(1830)年9月1日～明治27(1894)年4月24日
江戸時代後期～明治期の漢学者。

か

¶愛媛百，国書

**川辺橘亭** かわべきってい
→川辺清次郎（かわべせいじろう）

**川部粛之助** かわべしゅくのすけ
→川部旆川（かわべはいせん）

**川辺清次郎** かわべせいじろう
？～天保8（1837）年　[別]川辺橘亭《かわべきってい》
江戸時代後期の対馬藩士。
¶国書（川辺橘亭　かわべきってい　[没]天保8（1837）年4月10日），人名，日人，藩臣7

**河辺貞吉** かわべていきち
元治1（1864）年6月26日～昭和28（1953）年1月17日
明治～昭和期の牧師。日本自由メソジスト協会を建設。聖書塾大阪伝導学館を始める。「河辺貞吉説教集」。大阪伝道学館（後の大阪キリスト教学院）を創設。
¶海越新，学校，キリ（[生]元治1年6月26日（1864年7月29日）），近現，現情，国史，史人，新潮，人名7，世紀，渡航，日人，兵庫百

**川部旆川** かわべはいせん
天保2（1831）年～明治1（1868）年　[別]川部粛之助《かわべしゅくのすけ》
江戸時代末期の播磨林田藩士、儒学者。
¶人名（川部粛之助　かわべしゅくのすけ），日人（川部粛之助　かわべしゅくのすけ），藩臣5

**川辺又治** かわべまたじ
明治44（1911）年2月1日～
昭和期の小学校教員。
¶社史

**川辺ミチ** かわべみち
明治24（1891）年～昭和58（1983）年
大正・昭和期の政治家。熊本市議。初の女性県教育委員長。
¶熊本人

**河辺満甕** かわべみつかめ
明治30（1897）年7月29日～昭和45（1970）年5月9日
大正～昭和期の牧師。関西学院教授、関西学院大学予科科長。
¶キリ，兵庫百

**河辺勇二** かわべゆうじ
？～嘉永1（1848）年
江戸時代末期の孝子、常陸笠間藩士。
¶人名，日人

**川前紫渓** かわまえしけい
文化14（1817）年～明治7（1874）年3月26日
江戸時代末期～明治時代の儒学者。私塾をひらいて町民を訓育。
¶幕末，幕末大

**川又昂** かわまたあきら
明治16（1883）年～昭和47（1972）年
明治～昭和期の教育者。
¶長野歴

**川俣玄玠** かわまたげんかい
天保1（1830）年～明治37（1904）年
江戸時代末期～明治期の医師、教育者。
¶郷土栃木，栃木歴

**川俣英夫** かわまたひでお
安政3（1856）年4月8日～大正13（1924）年1月23日
明治～大正期の医師、教育者。川俣病院長、烏山町長、私立烏山中学校校主。
¶学校，郷土栃木，世紀，栃木歴，日人

**川向秀武** かわむかいひでたけ
昭和12（1937）年4月3日～
昭和～平成期の教育学者。福岡教育大学教授。
¶現執1期，現執2期

**河村郁哉** かわむらいくや
？～
明治期の小学校・中学校教員。城西学園中学校教諭。
¶社史

**河村九淵** かわむらきゅうえん
文久3（1863）年1月13日～昭和9（1934）年4月9日
明治～昭和期の教育者。
¶熊本人，熊本百

**河村彊斎** かわむらきょうさい
文化12（1815）年～慶応1（1865）年
江戸時代末期の儒学者。
¶江文，人名，日人，幕末（[没]1865年6月21日）

**川村欽作** かわむらきんさく
明治1（1868）年～？
江戸時代末期～明治期の教育者。
¶群馬人

**河村光陽** かわむらこうよう
明治30（1897）年8月23日～昭和21（1946）年12月24日
昭和期の童謡作曲家、教育家。作品に「かもめの水兵さん」「うれしいひなまつり」「グッドバイ」など。
¶音楽，音人，芸能，現朝，作曲，児文，世紀，日人

**川村左学** かわむらさがく★
天保12（1841）年11月30日～大正2（1913）年9月23日
明治・大正期の教育者。
¶秋田人2

**河村重治郎** かわむらじゅうじろう★
明治20（1887）年7月28日～昭和49（1974）年3月13日
大正・昭和期の教員。編集者。
¶秋田人2

**川村四郎** かわむらしろう★
明治19（1886）年4月17日～昭和44（1969）年2月10日

明治～昭和期の音感教育家。
¶秋田人2

**川村シン** かわむらしん
明治6(1873)年～昭和13(1938)年
明治～昭和期の教育者。
¶兵庫百

**河村真六** かわむらしんろく
天保5(1834)年～明治29(1896)年
江戸時代末期～明治期の儒学者、教育者。
¶京都府,日人,藩臣5

**河村多賀造** かわむらたがぞう
安政5(1858)年～昭和8(1933)年
明治～昭和期の教育者。
¶静岡歴,姓氏静岡

**河村卓** かわむらたく
明治39(1906)年3月11日～
昭和期の教員、実業補修学校教諭。
¶社史

**河村建夫** かわむらたけお
昭和17(1942)年11月10日～
昭和～平成期の政治家。衆議院議員、第3、4代文科相。
¶現政

**川村竹軒** かわむらちくけん
文政1(1818)年1月21日～明治17(1884)年
江戸時代後期～明治期の教育者。
¶三重

**川村竹坡** かわむらちくは
寛政9(1797)年～明治8(1875)年 [別]川村尚迪《かわむらなおみち》
江戸時代後期～明治期の儒学者。
¶維新(川村尚迪 かわむらなおみち),人名,日人([生]1798年),三重

**川村貞四郎** かわむらていしろう
明治23(1890)年7月23日～昭和62(1987)年6月18日
明治～昭和期の官僚、実業家。東洋インキ社長。
¶世紀,政治,姓氏愛知,日人,履歴,履歴2

**河村敏雄** かわむらとしお
明治34(1901)年7月11日～昭和63(1988)年5月11日
大正～昭和期の出版人。大日本図書社長、教科書協会会長。
¶出文

**川村尚迪** かわむらなおみち
→川村竹坡(かわむらちくは)

**川村直良** かわむらなおよし
→川村榴窠(かわむらりゅうか)

**河村也足** かわむらなりそく
嘉永1(1848)年12月25日～明治36(1903)年
江戸時代後期～明治期の教育者。
¶三重

**川村秀雄** かわむらひでお
明治30(1897)年12月15日～昭和55(1980)年
大正～昭和期の教育者、北海タイムス社長。
¶札幌,北海道百,北海道歴

**川村秀忠** かわむらひでただ
昭和14(1939)年1月21日～
昭和～平成期の障害児教育学者。秋田大学教授、殊教育総合研究所研究室長。
¶現執3期

**川村寛** かわむらひろし
嘉永1(1848)年～昭和11(1936)年
明治～大正期の教育者。
¶世紀,日人

**川村文子** かわむらふみこ
明治8(1875)年11月20日～昭和35(1960)年12月1日
大正～昭和期の女子教育家。川村学園理事長・学園長。新しい時代の女性育成のために川村女学院を創立。
¶学校,近女,現情,女性,女性普,人名7,世紀,日人

**河村幹雄**(川村幹雄) かわむらみきお
明治19(1886)年6月29日～昭和6(1931)年12月29日
明治～昭和期の地質学者。東京帝国大学教授。自宅内に斯道塾を設立、教育に尽力。
¶科学,人名(川村幹雄),世紀,哲学,日人,福岡百([没]昭和6(1931)年12月27日),履歴([没]昭和6(1931)年12月27日)

**河村美津** かわむらみつ
江戸時代末期の歌人、書家。
¶江表(光女(三重県))

**川村榴窠** かわむらりゅうか
文政9(1826)年～明治1(1868)年 [別]川村直良《かわむらなおよし》
江戸時代後期～末期の武士。
¶江文,国書,日人(川村直良 かわむらなおよし)

**川村良次郎** かわむらりょうじろう
嘉永2(1849)年2月15日～昭和6(1931)年12月23日
明治～昭和期の教育者。
¶岡山人,岡山歴

**川本宇之介** かわもとうのすけ
明治21(1888)年7月13日～昭和35(1960)年3月15日
明治～昭和期の障害児教育者。東京聾唖学校長。文部省に入り欧米調査に派遣され、帰国後日本聾口話普及会を設立。
¶教育,現情([生]1888年7月3日),視覚,史人,人名7,世紀,世百新,日史,日人,百科

**川本臥風** かわもとがふう
明治32(1899)年1月16日～昭和57(1982)年12月6日 [別]川本正良《かわもとまさよし》

大正～昭和期の教育者・俳人。
¶愛媛，愛媛百，岡山歴，現俳，四国文（川本正良　かわもとまさよし），俳文

**川元義直**　かわもとぎちょく
明治2（1869）年～昭和32（1957）年
明治～昭和期の教育者、政治家。
¶姓氏鹿児島

**川本九左衛門**　かわもとくざえもん
文化14（1817）年～明治11（1878）年
江戸時代末期～明治期の対馬藩士。
¶人名，日人（[生]1818年），幕末，藩臣7

**川本治雄**　かわもとはるお
昭和24（1949）年5月20日～
昭和～平成期の同和教育者、社会科教育者。近江八幡市教育委員会同和教育指導課企画指導係長。
¶現執3期

**河本英明**　かわもとひであき
昭和2（1927）年3月19日～
昭和期の健康教育専門家。鳥取県教育センター保健研究室研究主事。
¶現執2期

**川本正良**　かわもとまさよし
→川本臥風（かわもとがふう）

**河本ワカ**　かわもとわか
明治25（1892）年～昭和48（1973）年
大正～昭和期の女性。農民の子女。高等小学校にて「女子の独立」と題する作文を書く。
¶神奈川人

**河原士栗**　かわらしりつ
→河原駱之助（かわはららくのすけ）

**河原田稼吉**　かわらだかきち
明治19（1886）年1月13日～昭和30（1955）年1月22日
昭和期の内務官僚、政治家。貴族院議員。林内閣内相、阿部内閣文相などを歴任。
¶会津，岡山歴，近現，現朝，現情，国史，コン改（[生]1896年），コン4，コン5，史人，新潮，人名7，世紀，政治，日人，福島百，履歴，履歴2，歴大

**河原田数馬**　かわらだかずま★
～明治21（1888）年5月
江戸時代末期の教育者。弘道書院教授。
¶秋田人2

**河原田次重**　かわらだつぐしげ★
明治9（1876）年12月28日～昭和4（1929）年2月23日
明治～昭和期の教育者。郷校弘道書院の教授。
¶秋田人2

**河原畑正行**　かわらばたまさゆき
明治38（1905）年～平成15（2003）年
昭和・平成期の教育者。熊本大学教授。
¶熊本人

**かん**
嘉永1（1848）年～
江戸時代後期の女性。教育。伊具郡の医師大寺意安の娘。
¶江表（かん（宮城県））

**菅敦**　かんあつし
天保1（1830）年～大正1（1912）年
江戸時代末期～明治期の西尾藩権大参事。県令安場保和に中学校設置の建白書を送るなど子弟の教育に尽力。
¶姓氏愛知，藩臣4

**菅修**　かんおさむ
明治34（1901）年4月10日～昭和53（1978）年12月15日
昭和期の医師。知的障害児の治療教育家。治療施設の開設、運営に尽力。
¶近医，現朝，世紀，日人

**菅菊太郎**　かんきくたろう
明治8（1875）年4月8日～昭和25（1950）年5月17日
昭和期の地方史研究家。愛媛県立松山農業学校長。愛媛県史を研究。
¶愛媛，愛媛百，郷土，史研，世紀，日人

**神吉拙鳩**　かんきせっきゅう
→神吉拙鳩（かみよしせっきゅう）

**歓喜隆司**　かんぎたかし
昭和3（1928）年1月16日～
昭和～平成期の教育学者。仏教大学教授、大阪教育大学教授。
¶現執1期，現執3期

**菅橘洲**　かんきっしゅう
文化7（1810）年～明治33（1900）年
江戸時代末期・明治期の教育者。小松藩士。
¶愛媛

**神吉東郭**　かんきとうかく
宝暦6（1756）年～天保12（1841）年　[別]神吉東郭《かみよしとうかく》
江戸時代中期～後期の播磨赤穂藩医、儒学者。
¶国書，人名（かみよしとうかく），日人，藩臣5

**願暁**　がんぎょう
？～貞観16（874）年
平安時代前期の元興寺三論宗の学僧。
¶国史，国書（[没]貞観16（874）年2月27日），古人（[生]？），古代，古代普（[生]？），古中，コン改（生没年不詳），コン4（生没年不詳），コン5，史人（[没]874年3月），新潮（[没]貞観16（874）年3月27日），人名，日人，仏教（生没年不詳），仏史，平史

**関月尼**　かんげつに
文政6（1823）年～明治18（1885）年
江戸時代末期～明治時代の尼僧。延岡で生け花、和歌などを多くの女弟子に教え、有名になる。
¶江表（関月尼（宮崎県））

**菅玄同**　かんげんどう
→菅原玄同（すがわらげんどう）

神崎驥一　かんざききいち
　明治17(1884)年8月10日～昭和34(1959)年4月16日
　明治～昭和期の教育者。関西学院院長。
　¶渡航，兵庫百

神崎小魯　かんざきしょうろ
　享和3(1803)年～明治4(1871)年12月16日　㊙神崎朴斎《かんざきぼくさい》
　江戸時代後期～明治期の漢学者。郷校明倫館教授。
　¶岡山人(神崎朴斎　かんざきぼくさい)，岡山歴，国書

神崎朴斎　かんざきぼくさい
　→神崎小魯(かんざきしょうろ)

菅茶山　かんさざん
　延享5(1748)年2月2日～文政10(1827)年8月13日　㊙菅茶山《かんちゃざん》
　江戸時代中期～後期の漢詩人。私塾黄葉夕陽村舎を開設。
　¶朝日(かんちゃざん)　㊐寛延1年2月2日(1748年2月29日)）㊤文政10年8月13日(1827年10月3日)），岩史(かんちゃざん)，江人，角史，教育(かんちゃざん)，近世(かんちゃざん)，国史(かんちゃざん)，国書(かんちゃざん)，国改，コン4(かんちゃざん)，コン5(かんちゃざん)，詩歌，詩作，史人(かんちゃざん)，思想史(かんちゃざん)，人書79，人書94，新潮，人名，世人，世百，全書，大百，日思(かんちゃざん)，日史(かんちゃざん)，日人(かんちゃざん)，藩臣6，百科(かんちゃざん)，広島百(かんちゃざん)，歴大(かんちゃざん)，和俳

神沢繁　かんざわしげる
　→神沢素堂(かんざわそどう)

神沢素堂　かんざわそどう
　天保14(1843)年～明治35(1902)年　㊙神沢繁《かんざわしげる》
　江戸時代末期～明治期の出羽秋田藩士，教育家。
　¶秋田人2(㊐天保14年3月6日　㊤明治35年5月10日)，日人(神沢繁　かんざわしげる)，藩臣1

神沢唯治　かんざわただじ★
　明治7(1874)年1月13日～
　明治期の校長。
　¶秋田人2

菅三品　かんさんぼん，かんさんぽん
　→菅原文時(すがわらのふみとき)

閑室元佶　かんしつげんきつ
　天文17(1548)年～慶長17(1612)年5月20日　㊙円光寺元佶《えんこうじげんきつ》，元佶《げんきつ》，三要《さんよう》，三要元佶《さんようげんきつ》，閑室《かんしつ》，佶長老《きっちょうろう》
　安土桃山時代～江戸時代前期の臨済宗の僧，足利学校庠主。
　¶朝日(㊤慶長17年5月20日(1612年6月19日)），岩史，角史，京都大，近世，国史，国書，コン改，コン4，コン5，佐賀百(円光寺元佶　えんこうじげんきつ)，史人(㊤1612年5月20日，(異説)5月21日)，思想史，新潮(㊤慶長17(1612)年5月20日，(異説)5月21日)，人名(㊐1544年)，姓氏(京都)，世人，世百，戦国(元佶　げんきつ　㊤1549年)，戦辞(三要　さんよう)，全書(三要元佶　さんようげんきつ)，戦人(元佶　げんきつ)，全戦，栃木歴(三要　さんよう)，日史，日人，百科，仏教，仏史(元佶　げんきつ)，名僧，歴大(三要元佶　さんようげんきつ)

菅支那　かんしな
　明治32(1899)年7月25日～昭和57(1982)年10月7日
　昭和期の哲学者，婦人運動家。日本女子大学教授。日本で最初の女性哲学者。桜楓会理事などの要職につき活躍。著書に「哲人群像」。
　¶近女，現情，女性，女性普，世紀，日人

菅治平　かんじへい
　天保13(1842)年～明治42(1909)年
　江戸時代後期～明治期の社会事業家。二戸地域の青年たちの啓蒙・修養団体会輔社の指導者。
　¶姓氏岩手

寒松　かんしょう
　→竜派禅珠(りゅうはぜんしゅ)

菅正十郎　かんしょうじゅうろう
　明治10(1877)年2月22日～昭和25(1950)年10月17日
　明治～昭和期の郷土史家，教育家。
　¶岡山歴，郷土

鑑真　がんじん
　唐・垂拱4(688)年～天平宝字7(763)年5月6日　㊙過海大師《かかいだいし》
　飛鳥時代～奈良時代の唐の学僧，日本律宗の開祖。数度の失敗により盲目となったが，日本に戒律を伝え唐招提寺を開く。
　¶朝日(㊤天平宝字7年5月6日(763年6月21日)），岩史，角史，郷土奈良，国史，古史(㊤688年?)，古人(㊐688年)，古代，古代普(㊐688年)，古中，コン改(㊐持統3(689)年)，コン4(㊐持統3(689)年)，コン5(㊐持統3(689)年)，詩歌，史人(㊤688年?)，思想史，重要，食文，人書79，人書94，人情(㊐689年)，新潮，人名，世人，世百，全書(㊐687年)，対外(㊐688年)，大百，伝記，日思，日史，日人，美術，百科(㊤769年)，福岡百，仏教，仏史，仏人(㊐687年)，平仏(㊐688年)，名僧，山川小(㊐688年?)，歴大

菅誠寿　かんせいじゅ
　明治3(1870)年～昭和42(1967)年
　明治～昭和期の教育者。
　¶愛媛

神田修　かんだおさむ
　昭和4(1929)年5月23日～
　昭和～平成期の教育行政学者，教育法学者。九州大学教授。
　¶現執1期，現執2期，現執3期，現執4期

**神田吉右衛門** かんだきちえもん
明治期の公益家。大火の際に窮民の救済に奔走、コレラ病予防、郷党教育などに尽力。藍綬褒章受章。
¶人名，日人

**神田孝平** かんだこうへい
→神田孝平（かんだたかひら）

**神田五六** かんだごろく
明治29（1896）年～昭和39（1964）年5月12日
明治～昭和期の考古学者。
¶郷土，考古，姓氏長野，長野百，長野歴

**神田順子** かんだじゅんこ
慶応2（1866）年1月～？
明治～昭和期の教育者。東京女子師範学校教授。女子教育に尽力。正六位勲六等を贈られる。
¶女性，女性普

**神田清輝**（神田精輝） かんだせいき
明治27（1894）年5月26日～昭和14（1939）年7月31日
大正～昭和期の教育者、郷土史家。沖縄県立第三高等女学校・沖縄県立中学校校長。
¶沖縄百，社史（神田精輝），姓氏沖縄

**神田孝平** かんだたかひら
文政13（1830）年9月15日～明治31（1898）年7月5日　[別]神田孝平《かんだこうへい》
江戸時代末期～明治期の啓蒙的官僚、学者。兵庫県令、貴族院議員。蕃書調所で数学を教授。西洋経済学を最初に移入・紹介した。
¶朝日（[生]天保1年9月15日（1830年10月31日）），維新，岩史，科学，角史，岐阜百（かんだこうへい　[生]1838年　[没]1904年），教育，郷土岐阜，近現，近文，考古（[生]天保9（1838）年9月15日），国際，国史，国書，コン改，コン4，コン5，史研，史人，思想史，人書94，新潮，新文，人名，数学，世人，世百（かんだこうへい），全書，大百，哲学，長崎遊，日史，日人，日本，幕末（[生]1830年10月31日），幕末大，飛驒，百科，兵庫人（[生]天保1（1830）年9月），兵庫百，文学（かんだこうへい），ミス（[生]文政13年9月15日（1830年10月31日）），明治2，山川小，洋学，履歴，歴大

**菅忠道** かんただみち
明治42（1909）年4月18日～昭和54（1979）年11月20日
昭和期の児童文化、文学研究家。雑誌「教育」の編集に参加。「日本の児童文学」「児童文化の現代」などを著述。
¶近文，現朝，現執1期，現情，現人，コン改，コン4，コン5，札幌，児作，児人，児文，新潮，世紀，日児，日人，平和，北海道歴

**神田乃武** かんだないぶ
安政4（1857）年2月27日～大正12（1923）年12月30日
明治～大正期の英学者。東京帝国大学教授。英語教科書を編纂するなど教育界、英語界で活躍。正則予備校（後の正則学院）を設立。貴族院議員。
¶海越，海越新，学校，教育，キリ（[生]安政4年1月27日（1857年1月27日）），近現，近文，国際，国史，コン改，コン5，史人，新潮，人名（[生]1860年），世紀，世人（[生]安政4（1857）年2月），世百（[生]1860年），先駆，全書，大百，渡航（[没]1923年12月20日），日人，日本，民学，履歴，歴大

**神田嘉延** かんだよしのぶ
昭和19（1944）年8月17日～
昭和～平成期の社会学者、社会教育学者。鹿児島大学教授。
¶現執3期

**神田柳渓** かんだりゅうけい
寛政8（1796）年～嘉永4（1851）年
江戸時代後期の医師。
¶国書（[没]嘉永4（1851）年4月11日），詩歌，人名，日人，洋学（[生]寛政5（1793）年），和俳

**菅恥庵** かんちあん
明和5（1768）年～寛政12（1800）年
江戸時代後期の詩人。
¶国書（[没]寛政12（1800）年8月27日），人名，日人，和俳

**菅茶山** かんちゃざん
→菅茶山（かんさざん）

**観道** かんどう
宝暦2（1752）年～文政5（1822）年8月7日
江戸時代中期～後期の浄土真宗の僧。
¶国書，人名，日人，仏教，仏人，山口百

**菅得庵** かんとくあん
→菅原玄同（すがわらげんどう）

**菅俊一** かんとしかず
明治28（1895）年～昭和32（1957）年
大正・昭和期の教育者。
¶愛媛

**ガントレット恒** がんとれっとつね
明治6（1873）年10月26日～昭和28（1953）年11月29日　[別]ガントレット恒子《がんとれっとつねこ》
明治～昭和期のキリスト教婦人運動家、教師。日本基督教婦人矯風会会頭、日本婦人参政権協会会長。矯風会運動、婦人参政権問題、平和問題の面でも活躍。自伝「七十年の思い出」。
¶キリ，近現（ガントレット恒子　がんとれっとつねこ），近女（ガントレット恒子　がんとれっとつねこ），現朝，現情，現人，国史（ガントレット恒子　がんとれっとつねこ），史人，社史，女運（ガントレット恒子　がんとれっとつねこ），女史，女性，女性普，新潮，人名7，世紀，先駆（ガントレット恒子　がんとれっとつねこ），日人，歴大（ガントレット恒子　がんとれっとつねこ）

**ガントレット恒子** がんとれっとつねこ
→ガントレット恒（がんとれっとつね）

**漢那憲治** かんなけんじ
昭和18（1943）年11月25日～
昭和～平成期の学校教育学者、図書館学研究者。

沖縄キリスト教短期大学教授。
¶現執3期

**神波即山** かんなみそくざん
天保3(1832)年～明治24(1891)年　㊺神波即山《かなみそくざん》
明治期の漢詩人。「明治三十八家絶句」などに収録されている。
¶近文, 詩作, 日人, 幕末(かなみそくざん　㊨1891年1月2日), 和俳(かなみそくざん)

**漢那浪笛** かんなろうてき
明治20(1887)年～昭和14(1939)年
明治～昭和期の教師、詩人。
¶沖縄百

**菅野義之助** かんのぎのすけ
明治7(1874)年1月8日～昭和18(1943)年7月13日
大正～昭和期の教育者・郷土史家。
¶岩手人, 岩手百, 郷土, 世紀, 姓氏岩手(㊨1938年), 日人

**菅野慶助** かんのけいすけ
明治40(1907)年11月15日～平成3(1991)年8月16日
昭和期の学校創立者。福島女子短期大学の設立に関わる。
¶学校

**簡野道明** かんのどうめい
→簡野道明(かんのみちあき)

**簡野道明** かんのみちあき
慶応元(1865)年～昭和13(1938)年2月11日
㊺簡野道明《かんのどうめい》
明治～昭和期の漢学者。東京女子高等師範学校教授。辞典編纂を行う。「辞源」で評価を得た。
¶愛媛, 愛媛百, コン改, コン5, 史人, 人名(かんのどうめい), 世紀, 全書, 大百(かんのどうめい), 日人

**神林惺斎** かんばやしせいさい
文化12(1815)年～明治6(1873)年11月
江戸時代末期～明治時代の儒学者。藩校祐賢堂の大教授。
¶幕末, 幕末大

**神林復所** かんばやしふくしょ
寛政7(1795)年～明治13(1880)年1月26日
江戸時代末期～明治期の奥州藩士。朱子学を信奉。
¶国書(㊨寛政7(1795)年6月25日), 人名, 日人, 幕末(㊨1795年6月24日)

**神原甚造** かんばらじんぞう
明治17(1884)年11月10日～昭和29(1954)年4月2日
明治～昭和期の法学者。京都帝国大学教授、早稲田大学教授、香川大学学長。
¶香川人, 香川百, 世紀, 日人

**神原精二** かんばらせいじ
文政1(1818)年～明治18(1885)年
江戸時代末期～明治期の漢学者。
¶人名, 日人

**神原雅之** かんばらまさゆき
昭和27(1952)年7月8日～
昭和～平成期の音楽教育者。
¶音人3

**鎌原溶水** かんばらようすい
文政3(1820)年～明治15(1882)年　㊺鎌原溶水《かまはらようすい》
江戸時代末期～明治期の信濃松代藩士。
¶人名(かまはらようすい), 日人

**神原六之丞** かんばらろくのじょう
生没年不詳
江戸時代後期～明治期の教育者。
¶姓氏群馬

**神戸絢** かんべあや
明治12(1879)年2月16日～昭和31(1956)年2月23日　㊺神戸絢子《かんべあやこ》
明治～昭和期の音楽教育者、ピアニスト。東京音楽学校教授。フランスの伝統的演奏法を紹介し、高い評価を得た。
¶海越, 海越新, 近女(神戸絢子　かんべあやこ), 芸能, 女性, 女性普, 新芸, 人名7, 世紀, 渡航, 日人

**神戸絢子** かんべあやこ
→神戸絢(かんべあや)

**神戸伊三郎** かんべいさぶろう
明治17(1884)年1月～昭和38(1963)年
明治～昭和期の教育者。
¶科学, 郷土栃木

**神戸大汀** かんべおおはま
文政9(1826)年～明治14(1881)年
江戸時代末期～明治期の武士、神職。
¶日人

**神戸せい** かんべせい
明治17(1884)年8月8日～昭和30(1955)年4月27日
明治～昭和期の教育者。
¶埼玉人

**神戸節三** かんべせつぞう
安政4(1857)年～明治43(1910)年
江戸時代末期～明治期の教育者。
¶静岡歴, 姓氏静岡

**神戸武正** かんべたけまさ
生没年不詳
江戸時代後期の越後三根山藩家老。
¶人名, 日人, 藩臣4

**菅間定勝** かんまさだかつ
文政10(1827)年～明治27(1894)年
江戸時代後期～明治期の教育者。
¶姓氏宮城

## 【き】

き

**希以**　きい★
1830年～
江戸時代後期の女性。教育。忍田右兵衛の妻。
¶江表（希以（東京都）　[生]天保1（1830）年頃）

**木内キヤウ**（木内キャウ）　きうちきょう
明治17（1884）年2月14日～昭和39（1964）年11月7日
明治～昭和期の教育家，政治家。参議院議員。東京市における最初の女性小学校長。著書に「教育一路」など。
¶近女，現朝，現情，女運，女史，女性，女性普（木内キャウ），女性普，人名7，世紀，政治，全書，日人，歴大

**木内成**　きうちしげ
明治11（1878）年9月～？
明治～昭和期の教育者。学習院教授。女高師付属小学校訓導などをつとめる。
¶女性，女性普

**木内晋斎**　きうちしんさい
天保8（1837）年～明治38（1905）年
江戸時代後期～明治期の日本画家。
¶群馬人，姓氏群馬

**木内幸男**　きうちゆきお
昭和6（1931）年7月12日～
昭和～平成期の高校野球監督。常総学院副理事長。野球部監督として取手二高で夏の優勝、常総学院高でセンバツ大会優勝と二度の全国制覇を果たす。
¶世紀，日人

**木浦豊太郎**　きうらとよたろう
明治6（1873）年～？
明治期の美容教育者。
¶姓氏京都

**木岡一明**　きおかかずあき
昭和31（1956）年11月11日～
昭和～平成期の教育学者。国立教育政策研究所高等教育研究部総括研究官。専門は、公教育経営学（学校経営論、教職論、学校評価論）。
¶現執4期

**祇園寺きく**（祗園寺きく）　ぎおんじきく
文久1（1861）年～昭和7（1932）年3月8日
明治～大正期の教育者。祇園寺裁縫学校を創立し、女子教育に貢献。
¶学校，女性，女性普（祗園寺きく），世紀，日人，宮城百

**祇園南海**　ぎおんなんかい
延宝4（1676）年～寛延4（1751）年9月8日　[別]祇園余一《ぎおんよいち》
江戸時代中期の漢詩人、文人画家。江戸文人画の祖。
¶朝日（[没]宝暦1年9月8日（1751年10月26日）），岩史，黄檗，近世，国史，国書，コン改（[生]延宝5（1677）年），コン4，詩歌（[生]1677年），史人，人書94（[生]1677年），新潮（[生]延宝4（1676）年，（異説）延宝5（1677）年），人名（[生]1677年），世人（[生]延宝5（1677）年），世百（[生]1677年），全書（[生]1677年），日史（[生]延宝4（1676）年，（異説）延宝5（1677）年），日人，藩臣5（祇園余一　ぎおんよいち　[生]延宝5（1677）年），美術（[生]延宝4（1676）年，（異説）延宝5（1677）年），百科（[生]延宝4（1676）年，（異説）延宝5（1677）年），名画（[生]1677年），歴大，和俳（[生]延宝5（1677）年）

**祇園余一**　ぎおんよいち
→祇園南海（ぎおんなんかい）

**喜海**　きかい
治承2（1178）年～建長2（1250）年12月20日
鎌倉時代前期の華厳宗の僧。明恵の高弟。
¶朝日（[没]建長2年12月20日（1251年1月13日）），岩史，鎌室（[生]承安4（1174）年），国史，国書，古中，コン改（[生]？），コン4（[生]？），史人，新潮（[生]？），人名（[生]1174年），姓氏京都（[生]1174年），世人（[生]？），日人（[没]1251年），仏教，仏史

**魏学賢**　ぎがくけん
尚灝3（1806）年8月29日～尚泰3（1850）年7月4日
江戸時代後期の文人。
¶沖縄百，姓氏沖縄

**木川達爾**　きがわたつじ
大正8（1919）年1月20日～
昭和～平成期の教育者、専門学校校長。文教大学経営情報専門学校校長。
¶現執3期

**義教**　ぎきょう
元禄7（1694）年～明和5（1768）年6月6日
江戸時代中期の浄土真宗の僧。
¶国書，人名，姓氏富山，富山百，日人，仏教，ふる

**きく**
江戸時代後期の女性。教育。上栗原村の土屋縫之助幸男の妻。天保4年自宅で寺子屋を開業、同13年、夫の死去により継承し、読書、詩、和歌などを指導した。
¶江表（きく（山梨県））

**喜久**(1)　きく★
1828年～
江戸時代後期の女性。教育。篠原子之助の妻。
¶江表（喜久（東京都）　[生]文政11（1828）年頃）

**喜久**(2)　きく★
江戸時代末期の女性。教育。金沢氏。万延1年、千住南宿組に寺子屋墨池堂を開業。
¶江表（喜久（東京都））

**菊岡義衷**　きくおかぎちゅう
慶応1（1865）年～昭和11（1936）年
明治～昭和期の僧、教育者。

¶世紀（[生]慶応1（1865）年8月29日　[没]昭和11（1936）年2月18日），日人

**規工川佑輔** きくかわゆうすけ
昭和4（1929）年～
昭和～平成期の歌人、教育者。岱明町立岱明中学校校長。
¶現執3期

**喜久里教達** きくざときょうたつ
明治32（1899）年～平成1（1989）年
大正～昭和期の教育者。キクザトアオヘビの発見者。
¶姓氏沖縄

**喜久里教文** きくざときょうぶん
明治31（1898）年～昭和62（1987）年？
大正～昭和期の警察官。久米島島長、高等学校設置運動の中心人物。
¶姓氏沖縄

**喜久里教隆** きくざときょうりゅう
明治3（1870）年～明治43（1910）年
明治期の教員。
¶姓氏沖縄

**菊島茂村** きくしまもそん
文政3（1820）年～明治25（1892）年12月20日
江戸時代後期～明治期の漢学者で教育家。
¶山梨百

**菊田縫之丞** きくたぬいのじょう
天保5（1834）年～大正5（1916）年9月15日
江戸時代末期～大正時代の教育者。漢学、国学を学び修験道寿宝院4代住職。
¶姓氏愛知，幕末，幕末大

**菊池一朗** きくちいちろう
昭和31（1956）年～
昭和～平成期の小学校教諭。
¶YA

**菊池入江** きくちいりえ
天保8（1837）年～明治33（1900）年
江戸時代後期～明治期の寺子屋師匠として活躍。
¶青森人

**菊地栄治** きくちえいじ
昭和37（1962）年～
昭和～平成期の教育学者。国立教育政策研究所高等教育研究部総括研究官。専門は、教育社会学、高校教育研究、教育臨床社会学。
¶現執4期

**菊地勝之助** きくちかつのすけ
明治22（1889）年5月23日～昭和50（1975）年12月23日
昭和期の地方史研究家。宮城県立図書館長。宮城県史を研究。
¶郷土，史研，世紀，姓氏宮城，日人，宮城百

**菊池幾久子** きくちきくこ
文政2（1819）年～明治26（1893）年
明治期の婦人運動家。万国婦人矯風会支部会長。既婚婦人のお歯黒廃止、廃娼運動などの生活改善・旧習一掃に貢献。
¶女性，女性普，日人

**菊地菊城**（菊池菊城） きくちきくじょう
天明5（1785）年～元治1（1864）年
江戸時代後期の儒学者。
¶神奈川人，埼玉人（菊池菊城），埼玉百（菊池菊城），姓氏神奈川（[生]1783年），幕末（[没]1864年2月14日）

**菊池喜代太郎** きくちきよたろう
→菊池九郎（きくちくろう）

**菊池金之助** きくちきんのすけ
嘉永5（1852）年～大正1（1912）年
江戸時代後期～明治期の教育者。
¶姓氏長野

**菊池熊太郎** きくちくまたろう
元治1（1864）年～明治41（1908）年
明治期の農学者。雑誌「日本人」を発刊。大同生命保険東京支店長などを歴任。
¶人名，日人

**菊池九郎** きくちくろう
弘化4（1847）年9月18日～大正15（1926）年1月1日
[別]菊池喜代太郎《きくちきよたろう》
明治～大正期の政治家。衆議院議員。東奥義塾を設立。青森県議会議員、弘前市長などを歴任。
¶青森人，青森百，朝日（[生]弘化4年9月18日（1847年10月26日）），維新，学校，キリ，近現，国史，史人，世紀，先駆，日人，幕末，幕末大，藩臣1（菊池喜代太郎　きくちきよたろう），明治1

**菊池敬一** きくちけいいち
大正9（1920）年1月8日～平成11（1999）年6月6日
昭和期の教師、小説家。
¶郷土，児作，児人，世紀，日児

**菊池慶三郎** きくちけいざぶろう
明治7（1874）年～大正3（1914）年
明治～大正期の教育者。
¶姓氏岩手

**菊地慶治** きくちけいじ★
明治23（1890）年3月3日～昭和45（1970）年7月24日
大正・昭和期の教育者、郷土史研究家。
¶秋田人2

**菊池景福** きくちけいふく
→菊池正因（きくちまさより）

**菊池謙二郎** きくちけんじろう
慶応3（1867）年1月19日～昭和20（1945）年2月3日
明治～大正期の政治家、教育家。衆議院議員。第二高等学校長、茨城県立水戸中学校長などを歴任。
¶茨城百，茨城歴，岡山歴，郷土茨城，史研，日人，宮城百

**木口弘記** きぐちこうき
→木口弘記（きぐちひろき）

き

**菊池幸次郎** きくちこうじろう
明治4 (1871) 年～昭和30 (1955) 年
明治～昭和期の農業教育者。
¶青森人，青森百

**菊池三渓**（菊地三渓） きくちさんけい
文政2 (1819) 年～明治24 (1891) 年10月17日
江戸時代末期～明治期の漢学者、随筆作者。和歌山藩名教館教授。「日本野史」を校訂。著書に「訳準綺語」「晴雪楼詩鈔」など。
¶朝日，維新，茨城百，茨城歴，江文，紀伊文，京都文，近文，国書，コン改，コン4，コン5，詩作，新潮，人名，全書，大百，日人，幕末，和歌山人（菊地三渓）

**菊池七郎** きくちしちろう
明治10 (1877) 年12月25日～昭和33 (1958) 年7月19日
明治～昭和期の教育者。
¶渡航

**菊地寂照** きくちじゃくしょう
生没年不詳
明治期の教育者。
¶庄内

**菊池俊諦** きくちしゅんたい
明治8 (1875) 年5月12日～昭和47 (1972) 年7月11日
明治～昭和期の教育学者。
¶心理

**菊池正因** きくちしょういん
→菊池正因（きくちまさより）

**菊地松軒**（菊池松軒） きくちしょうけん
？ ～明治19 (1886) 年
江戸時代末期の忍藩校儒者。
¶埼玉人，埼玉百（菊池松軒）

**菊池翠園** きくちすいえん
文政1 (1818) 年～文久2 (1862) 年
江戸時代後期～末期の教育者。
¶姓氏岩手

**菊地清一** きくちせいいち
文政5 (1822) 年？ ～明治30 (1897) 年
江戸時代後期～明治期の教育者。
¶姓氏宮城

**菊池清治** きくちせいじ
明治19 (1886) 年1月17日～昭和57 (1982) 年10月23日
明治～昭和期の教育者、政治家。松山商科大学教授、八幡浜市長。
¶愛媛，愛媛百，弓道，郷土愛媛，世紀，政治，日人

**菊地総四郎** きくちそうしろう★
明治4 (1871) 年12月6日～大正8 (1919) 年11月20日
明治・大正期の校長。
¶秋田人2

**菊池素行** きくちそこう
江戸時代末期の儒学者、陸奥弘前藩士。
¶人名，日人（生没年不詳）

**菊池大麓** きくちだいろく，きくちたいろく
安政2 (1855) 年～大正6 (1917) 年8月19日
明治～大正期の数学者、政治家。東京帝国大学教授。東京帝国大学総長、桂内閣文相なども歴任。男爵。
¶朝日（[生]安政2年1月29日 (1855年3月17日)），維新，岩史（[生]安政2 (1855) 年1月29日），海越（[生]安政2 (1855) 年3月17日），海越新（[生]安政2 (1855) 年3月17日），岡山人，岡山百（[生]安政2 (1855) 年3月27日　[没]大正6 (1917) 年8月20日），岡山歴（[生]安政2 (1855) 年3月27日　[没]大正6 (1917) 年8月20日），科学（[生]安政2 (1855) 年1月29日），角史（[生]安政2 (1855) 年1月29日），教育，近現，近文，国際，国史，コン改，コン4，コン5，史人（[生]1855年1月29日），思想（[生]安政2 (1855) 年1月29日），新潮（[生]安政2 (1855) 年1月29日），人名，数学（きくちたいろく　[生]安政2 (1855) 年1月29日），世紀（[生]安政2 (1855) 年1月29日），姓氏京都，世人（[生]安政2 (1855) 年3月17日），世百，先駆（[生]安政2 (1855) 年3月17日），全書，大百，渡航（[生]1855年1月　[没]1917年8月20日），日史（[生]安政2 (1855) 年1月29日），日人，日本，幕末（[生]1855年5月3日），幕末大（[生]安政2 (1855) 年3月17日），百科，明治2，山川小（[生]1855年1月29日），履歴（[生]安政2 (1855) 年1月29日　[没]大正6 (1917) 年8月20日），歴大

**菊池武夫**（菊地武夫） きくちたけお
嘉永7 (1854) 年～明治45 (1912) 年7月6日
明治期の法律学者。司法省民事局長。英吉利法律学校の創立に参加。中央大学初代学長、貴族院議員。
¶岩手人（[生]1854年7月28日），岩手百，学校（[生]安政1 (1854) 年7月18日），コン改，コン5，史人（[生]1854年7月28日），新潮（[生]安政1 (1854) 年7月28日），人名（菊地武夫），姓氏岩手，世人（[没]明治45 (1912) 年7月5日），渡航（[没]1912年7月），日人，日本，履歴（[生]嘉永7 (1854) 年7月28日）

**菊池正** きくちただし
明治44 (1911) 年～平成9 (1997) 年
昭和～平成期の教育者。青森高校長。
¶青森人

**菊池辰三郎** きくちたつさぶろう
明治13 (1880) 年～大正11 (1922) 年
明治～大正期の教育者。
¶姓氏岩手

**菊池知勇** きくちちゆう
明治22 (1889) 年4月7日～昭和47 (1972) 年5月8日
[別]菊池知勇《きくちともお》
昭和期の教員。慶応幼稚舎国語科訓導。綴方教育指導者。著書に「児童文章学」「綴方教授細目の新建設」など。
¶岩手人（きくちともお），岩手百，近文，現朝，

菊地長良　きくちちょうりょう
　→菊地長良（きくちながよし）

菊池乙夫　きくちつぎお
　昭和3（1928）年10月20日～
　昭和～平成期の中学・高校教師。数学教育実践研究会会長、算数・数学教育21世紀セミナー代表。専門は、算数教育、数学教育。
　¶現執4期

菊地土之助　きくちつちのすけ
　明治2（1869）年6月9日～？
　明治期の教育者。
　¶群馬人

菊地恒雄　きくちつねお
　昭和19（1944）年～
　昭和～平成期の小学校教諭。
　¶児人

菊地剛　きくちつよし
　明治39（1906）年～
　昭和期の小学校教員。
　¶社史

菊池哲春　きくちてつはる
　明治24（1891）年～昭和60（1985）年
　大正・昭和期の弁護士。愛媛県会議員・愛媛県教育委員会委員長。
　¶愛媛

菊池陶愛　きくちとうあい
　寛政11（1799）年～天保8（1837）年5月27日
　江戸時代後期の漢学者。
　¶岡山人，岡山百（㊦寛政8（1796）年），岡山歴（㊦寛政11（1799）年1月15日），人名（㊦1796年），日人

菊地桐江　きくちとうこう
　生没年不詳
　江戸時代中期の儒学者。
　¶国書，日人

菊池德兵衛　きくちとくべえ
　明治1（1868）年～昭和19（1944）年
　明治～昭和期の教育者。
　¶姓氏岩手

菊地富治　きくちとみじ★
　嘉永5（1852）年1月25日～大正10（1921）年11月5日
　明治・大正期の教育者。校長。秋田県議。
　¶秋田人2

菊地智明　きくちともあき
　昭和31（1956）年～
　昭和～平成期の教育者。
　¶視覚

現情，コン改，コン4，コン5，児文，社史，新潮，世紀，姓氏岩手（きくちともお），短歌，東北近，日児，日人

菊池知勇　きくちともお
　→菊池知勇（きくちちゆう）

菊池豊三郎　きくちとよさぶろう
　明治25（1892）年10月6日～昭和46（1971）年5月31日
　明治～昭和期の官僚。文部省普通学務長。航海練習所長などを歴任。戦後日本教育テレビ取締役。
　¶現情，コン改，コン4，コン5，人名7，世紀，日人

菊地長良（菊池長良）　きくちながよし
　天明6（1786）年～明治5（1872）年2月6日　㊄菊地長良《きくちちょうりょう》
　江戸時代後期～明治期の和算家。
　¶国書（菊池長良），人名（きくちちょうりょう），数学（㊦天明6（1786）年2月25日），日人（菊池長良）

菊池南陽　きくちなんよう
　生没年不詳
　江戸時代中期の儒学者。
　¶江文，国書，人名，世人，日人

菊池規　きくちのりみ
　大正12（1923）年2月17日～＊
　昭和～平成期の作曲家、教員。
　¶岩手人（㊦1989年1月26日），姓氏岩手（㊦1990年）

菊池半隠　きくちはんいん
　万治2（1659）年～享保5（1720）年
　江戸時代前期～中期の儒学者。
　¶国書（㊦享保5（1720）年7月），人名，日人

菊池寿人　きくちひさと
　文久4（1864）年10月20日～昭和17（1942）年9月30日
　明治～昭和期の教育者。旧制一高校長。
　¶岩手人，岩手百，姓氏岩手

菊池秀光　きくちひでみつ
　大正3（1914）年～
　昭和期の教育者。
　¶多摩

木口弘記　きぐちひろき
　安政5（1858）年11月～大正14（1925）年12月27日　㊄木口弘記《きぐちこうき》
　明治～昭和期の教育者、歌人。福島師範学校教師、県下の中学校教師などを歴任。
　¶幕末，福島百（きぐちこうき）

菊地正行　きくちまさゆき
　明治22（1889）年～昭和48（1973）年
　大正・昭和期の教育者。
　¶愛媛

菊池正因　きくちまさより
　寛延1（1748）年～文化10（1813）年　㊄菊池景福《きくちけいふく》，菊池好直《きくちよしなお》，菊池正因《きくちしょういん》
　江戸時代中期の蘭方医。
　¶岡山人（きくちしょういん），岡山百（きくち

しょういん　[没]文化10(1813)年11月27日)，岡山歴(きくちしょういん　[没]文化10(1813)年11月28日)，国書(菊池景福　きくちけいふく)，人名，長崎遊(きくちしょういん)，日人，兵庫人(菊池好直　きくちよしなお　[没]文化10(1813)年11月27日)



**菊池捍　きくちまもる**
明治3(1870)年4月1日～昭和24(1949)年7月26日
明治～昭和期の実業家。農業教育者。
¶岩手人

**菊池道太　きくちみちた**
万延2(1861)年～大正13(1924)年
明治～大正期の教育家。江南義塾盛岡高校創立者。
¶岩手人([生]1861年4月11日　[没]1924年9月5日)，学校，姓氏岩手

**菊池祐義　きくちゆうぎ**
文化12(1815)年～明治15(1882)年
江戸時代後期～明治期の僧・教育者。
¶青森人

**菊池譲　きくちゆずる**
明治27(1894)年1月13日～昭和45(1970)年4月7日
明治～昭和期の教育者。
¶世紀，日人，宮城百

**菊池好直　きくちよしなお**
→菊池正因(きくちまさより)

**菊地良輔　きくちりょうすけ**
昭和5(1930)年2月25日～
昭和～平成期の教育評論家。「子どもと生きる」編集長、東京の民主教育をすすめる教育研究会議副議長。
¶現執3期，現執4期

**菊地良仙　きくちりょうせん**
文政8(1825)年～文久3(1863)年
江戸時代末期の医師。
¶国書([没]文久3(1863)年6月2日)，人名，日人

**木倉豊信　きぐらとよのぶ,きくらとよのぶ**
明治39(1906)年9月20日～昭和42(1967)年8月28日
昭和期の地方史研究家、教育家。富山県史編纂室長。富山県史を研究。越中史料を収集刊行。
¶郷土，史研，世紀，姓氏富山(きくらとよのぶ)，富山考(きくらとよのぶ)，富山百(きくらとよのぶ)，富山文(きくらとよのぶ)，日人(きくらとよのぶ)

**亀渓　きけい★**
文政11(1828)年～
江戸時代後期の女性。教育。徳川(田安)家家臣の娘。
¶江表(亀渓(東京都))

**喜挫　きざ★**
1837年～
江戸時代後期の女性。教育。加藤義促の妻。
¶江表(喜挫(東京都)　[生]天保8(1837)年頃)

**私部石村　きさいべのいわむら**
→私部首石村(きさいべのおびといわむら)

**私部首石村　きさいべのおびといわむら**
[別]私部石村《きさいべのいわむら》
奈良時代の算術家。
¶古代，日人(私部石村　きさいべのいわむら　生没年不詳)

**鬼沢大海　きさわおおみ**
→鬼沢大海(おにざわおおみ)

**木沢鶴人　きざわつると**
明治4(1871)年～大正9(1920)年
明治～大正期の松本戊戌商業学校の創立者。
¶学校，姓氏長野([没]1919年)，長野歴

**木沢天童　きざわてんどう**
明和2(1765)年～文政2(1819)年
江戸時代中期～後期の信濃松本藩士、儒学者。
¶国書([生]明和2(1765)年3月　[没]文政2(1819)年1月3日)，人名，姓氏長野，長野百，長野歴，日人，藩臣3

**きし**
江戸時代後期～末期の女性。教育。桐生本町の絹買商佐羽氏の妻。嘉永年間～明治4年まで子弟の教育をした。
¶江表(きし(群馬県))

**貴志泉　きしいずみ**
昭和29(1954)年～
昭和～平成期の高校教諭。
¶YA

**岸上恢嶺　きしがみかいれい**
天保10(1839)年～明治18(1885)年
江戸時代末期～明治期の浄土宗学僧。浄土宗学校西部大学林司教、宇治平等院住職。
¶日人，仏教([生]天保10(1839)年8月8日　[没]明治18(1885)年2月15日)，仏人

**岸上勇哲　きしがみゆうてつ**
大正3(1914)年～平成1(1989)年
昭和期の教育者。
¶姓氏富山

**岸光景　きしこうけい**
天保10(1839)年9月15日～大正11(1922)年5月3日
明治期の図案家。美術復興運動に尽力。美術界草創期の先覚者。
¶近現，国史，史人，人名([生]1840年)，先駆，日人

**岸幸太郎　きしこうたろう**
天保14(1843)年～明治28(1895)年　[別]岸充豊《きしみつとよ》
江戸時代末期～明治期の和算家、測量家。地租改正の際、二大区に測量術を教授。著書に「数理精括」など。
¶郷土群馬，群馬人，人名，数学(岸充豊　きしみつとよ　[没]明治28(1895)年5月8日)，日人

## 岸盛熙　きしせいき★
～安政6(1859)年7月
江戸時代後期の教育者。大館の郷校博文書院準教授。
¶秋田人2

## 岸田功　きしだいさお
昭和18(1943)年～
昭和～平成期の高等学校教諭、昆虫研究家。
¶児人

## 岸田吟香　きしだぎんこう
天保4(1833)年4月8日～明治38(1905)年6月7日
江戸時代末期～明治期の実業家、文化人。前島密と訓盲院(のち筑波大付属盲学校)を創設。
¶朝日(㊤天保4年4月8日(1833年5月26日))、維新、岩史、岡山人、岡山百、岡山歴、角史、神奈川人、神奈川百、キリ(㊤天保4年4月8日(1833年5月26日))、近現、近文、国際、国史、コン改、コン4、コン5、詩歌、史人、出文、食文(㊤天保4年4月8日(1833年5月26日))、人情、人情3、新潮、人名、姓氏愛知、世人、世百、先駆、全書、大百、伝記、日史、日人、日本、幕末、百科、民学、明治1、洋学、履歴、歴大

## 岸田茂篤　きしだしげあつ
→岸田竹潭(きしだちくたん)

## 岸田俊　きしだしゅん
→岸田俊子(きしだとしこ)

## 岸田大江　きしだたいこう
明治43(1910)年～昭和47(1972)年1月14日
昭和期の書家、教育者。
¶島根百、島根歴

## 岸田竹潭　きしだちくたん
安永6(1777)年～嘉永6(1853)年　㊅岸田茂篤《きしだしげあつ》
江戸時代後期の医師。
¶国書(岸田茂篤　きしだしげあつ　㊁嘉永6(1853)年7月)、人名、日人(岸田茂篤　きしだしげあつ)

## 岸達仲　きしたっちゅう
寛政2(1790)年～弘化4(1847)年
江戸時代後期の私塾経営者。
¶青森人

## 岸田俊子　きしだとしこ
文久3(1863)年12月5日～明治34(1901)年5月25日　㊅岸田俊《きしだしゅん》、中島俊子《なかじまとしこ》、中島湘烟《なかじましょうえん》
明治期の婦人運動家、教育者。女権拡張運動者。昭憲皇太后に「孟子」を進講。
¶朝日(㊤万延1年12月4日(1861年1月14日))、岩史(㊤万延1(1860)年12月4日)、大阪人(中島俊子　なかじまとしこ)、岡山歴(㊤文久1(1861)年)、角史、神奈川人(中島俊子　なかじまとしこ)、㊤1860年)、神奈川百(中島俊子　なかじまとしこ)、京都大、近現、近女(㊤元治1(1864)年)、近文(中島湘烟　なかじましょうえん)、高知人(中島俊子　なかじまとしこ

㊤1860年)、国際(岸田俊　きしだしゅん)、国史、コン改(中島俊子　なかじまとしこ)、コン5(中島俊子　なかじまとしこ)、滋賀文、史人、社史(㊤万延1年12月4日(1861年1月14日))、重要、小説(中島湘烟　なかじましょうえん㊤万延1年12月4日(1861年1月14日))、女運(㊤1864年1月22日)、女性(㊁明治34(1901)年5月)、女文(きしだとしこ(なかじましょうえん))、新潮、新文(中島湘烟　なかじましょうえん)、人名(中島俊子　なかじまとしこ)、姓氏神奈川(中島俊子　なかじまとしこ㊤1860年)、姓氏京都、世人(中島俊子　なかじましょうえん)、世百(中島俊子　なかじましょうえん)、先駆(㊁明治34(1901)年5月)、全書、大百(中島湘烟　なかじましょうえん)、哲学、日史(㊁明治34(1901)年5月12日)、日女(中島湘烟　なかじましょうえん㊤万延1(1860)年12月4日)、日人(中島俊子　なかじまとしこ㊤1864年)、日本、百科、文学(中島湘烟　なかじましょうえん)、民学(㊤万延1(1861)年)、明治1(㊤1864年)、履歴、歴大(㊤1861年)

## 岸谷貞治郎　きしたにていじろう
明治29(1896)年7月1日～昭和57(1982)年5月18日
明治～昭和期の教育者。広島文理大学教授。
¶世紀、日人、広島百

## 岸田日出刀　きしだひでと
明治32(1899)年2月6日～昭和41(1966)年5月3日
昭和期の建築家、随筆家。東京帝国大学教授。東大安田講堂を設計。芸術院賞受賞。写真集に「オットー・ワグナー」「過去の構成」など。
¶近文、現期、現情、コン改、コン4、コン5、史研、新潮、人名7、世紀、全書、大百、名取百、日人、日本、美建、福岡百、福岡文、履歴、履歴2

## 岸田元美　きしだもとみ
大正11(1922)年1月14日～
昭和～平成期の教育心理学者、児童心理学者。徳島文理大学教授、徳島文理大学学部長。
¶現執1期、現執2期、現執3期、心理

## 岸田与一　きしだよいち
明治22(1889)年～昭和48(1973)年
大正～昭和期の教育者。
¶神奈川人

## 鬼室集斯　きしつしゅうし
生没年不詳
飛鳥時代の百済貴族、渡来人。百済滅亡後に日本に亡命。近江朝廷で大学寮の学職頭となる。
¶朝日、岩史、角史、郷土滋賀、古史、古人、古代、古代普、古中、古物、コン改、コン4、コン5、滋賀百、史人、新潮、世人(㊤天智4(665)年?)、対外、日史、日人、百科、歴大

## 岸恒雄　きしつねお
明治41(1908)年3月20日～
昭和期の教育者。
¶群馬人

岸冬斎 きしとうさい★
~文久1(1861)年6月
江戸時代末期の教育者。郷校の教授。
¶秋田人2

岸俊雄 きしとしお
弘化1(1844)年~明治41(1908)年8月
江戸時代末期~明治期の会津藩士。苟新塾を開き数学を教授。
¶人名，数学，日人，幕末，幕末大

岸博実 きしひろみ
昭和24(1949)年6月1日~
昭和期の教師。
¶視覚

岸文雄 きしふみお
昭和11(1936)年3月3日~
昭和~平成期の教員、小説家。
¶四国文

岸辺福雄 きしべふくお
明治6(1873)年2月14日~昭和33(1958)年9月9日
明治~昭和期の幼児教育家、口演童話家。幼稚園の園長在職50年。子供たちの語り部として一生を貫く。
¶近文，現朝，現情，児文，人名7，世紀，全書，日児(㋐明治6(1873)年2月4日)，日人，兵庫百

木島俊太郎 きじましゅんたろう
明治38(1905)年~平成5(1993)年
昭和~平成期の詩人、教育者。
¶島根百，島根文続，島根歴

貴島正秋 きじままさあき
昭和15(1940)年10月7日~
昭和期の教育学者。芦屋大学教授。
¶現執2期

岸充豊 きしみつとよ
→岸幸太郎(きしこうたろう)

岸本与 きしもとあたえ
明治6(1873)年~昭和29(1954)年
明治~昭和期の社会教育家。
¶郷土長野，姓氏長野，長野歴

岸本鍬之助 きしもとくわのすけ
寛政10(1798)年~元治1(1864)年
江戸時代末期の武術家、備前岡山藩剣道師範役。
¶岡山人，剣豪，人名，日人

岸本鹿太郎 きしもとしかたろう
明治2(1869)年1月9日~昭和17(1942)年9月3日
大正~昭和期の陸軍軍人。運輸通信長副官。東京警備司令官などを歴任。
¶岡山人，岡山百，岡山歴，人名7，日人，陸海

岸本進一 きしもとしんいち
昭和20(1945)年~
昭和~平成期の小学校教諭、児童文学作家。
¶児人

岸本唯博 きしもとただひろ
大正13(1924)年~
昭和期の視聴覚教育専門家。東京都立教育研究所勤務。
¶現執1期

岸本辰雄 きしもとたつお
嘉永5(1852)年~明治45(1912)年4月4日
明治期の法律家、教育家。司法省大審院判事。法典編纂に関与。明治法律学校(後の明治大学)を創設、校長・学長。
¶海越(㋐嘉永5(1852)年11月8日)，海越新(㋐嘉永5(1852)年11月8日)，学校(㋐嘉永5(1852)年11月8日)，近現，国際，国史，コン改，コン5(㋐嘉永4(1851)年)，史人(㋐1851年11月8日)，新潮，人名(㋐1913年)，世人，渡航(㋐1912年4月)，鳥取百，日人

岸本裕史 きしもとひろし
昭和5(1930)年1月20日~
昭和~平成期の教育アドバイザー、小学校教師。全国教育科学研究会全国委員。
¶現執1期，現執3期

岸本弘 きしもとひろむ
大正14(1925)年4月18日~
昭和~平成期の心理学者、教育心理学者。明治大学文学部教授。
¶現執1期，現執2期，現執3期，心理

岸本ミツ きしもとみつ
昭和8(1919)年~
昭和期の教育者。
¶戦沖

貴志弥右衛門 きしやえもん
明治15(1882)年2月~昭和11(1936)年11月7日
明治~昭和期の素封家。不動産に投資して当家の基礎をつくる。甲南高等女学校を創設。
¶大阪人(㋐昭和11(1936)年11月)，人名，世紀，茶道(㋐1934年)，日人

喜舎場永珣 きしゃばえいじゅん
明治18(1885)年7月15日~昭和47(1972)年4月2日
明治~昭和期の教育者、郷土史家。小学校校長。沖縄民族研究家。八重山文化の記録・研究で柳田国男賞受賞。著書に「八重山島民謡誌」など。
¶沖縄百，郷土，芸能，現朝，現情，現人，コン改，コン4，コン5，史研，社史，新潮，世紀，姓氏沖縄，全書，日人，歴大

木城花野 きしろはなの
文政5(1822)年12月8日~明治12(1879)年11月1日
江戸時代末期~明治期の歌人、教育者。維新後、私塾を開く。のち御歌所西三条家女方執事、女子師範学校寮監などをつとめる。
¶女性，女性普，日人(㋐1823年)，幕末大(㋐明治12(1879)年11月21日)，和俳

木塚光雄 きずかみつお
→木塚光雄(きづかみつお)

来生広太 きすぎひろた
明治22（1889）年3月30日～昭和32（1957）年6月13日
大正～昭和期の教育者。
¶庄内

木津文彦 きずふみひこ
→木津文彦（きづふみひこ）

義仙 ぎせん
？～安永9（1780）年
江戸時代中期の僧・寺子屋師匠。
¶姓氏神奈川

木曽栄作 きそえいさく
明治38（1905）年～昭和59（1984）年
昭和期の教育者。
¶北海道歴

木曽武元 きそたけもと
江戸時代中期の郷土史家。
¶栃木歴

喜多明人 きたあきと
昭和24（1949）年7月21日～
昭和～平成期の教育法学者、教育行政学者。
¶現執2期、現執3期、現執4期、世紀、YA

北有馬太郎 きたありまたろう
文政11（1828）年～文久2（1862）年　㊞中村貞太郎《なかむらさだたろう》
江戸時代末期の肥前筑後久留米藩浪士。
¶維新、人名（中村貞太郎　なかむらさだたろう　㊐1827年　㊁1861年）、日人（中村貞太郎　なかむらさだたろう）

北浦葉子 きたうらようこ
昭和32（1957）年～
昭和～平成期の反核・平和運動家、教員。
¶平和

北栄慶 きたえいけい
嘉永4（1851）年～明治30（1897）年
明治期の教育者。
¶姓氏神奈川

北岡健二 きたおかけんじ
明治40（1907）年5月22日～
昭和期の教育行政家。
¶現情

北尾隆明 きたおたかあき
昭和24（1949）年～
昭和～平成期の実業家。クイック英語学院代表。
¶現執3期

北尾倫彦 きたおのりひこ
昭和7（1932）年5月29日～
昭和～平成期の学習心理学者、教育心理学者。京都女子大学教授、大阪教育大学教授。
¶現執1期、現執2期、現執3期、現執4期、心理

北垣恭次郎 きたがききょうじろう
明治11（1878）年12月25日～昭和34（1959）年1月1日
明治～昭和期の教育者。東京高等師範学校教授。
¶日児

北垣隆一 きたがきりゅういち
明治45（1912）年3月～
昭和期の教育者。
¶群馬人

北川愛山 きたがわあいざん
文化13（1816）年～明治24（1891）年
江戸時代末期～明治期の漢学者。
¶高知人、高知百、人名、日人

北川茂治 きたがわしげじ
昭和8（1933）年11月30日～
昭和～平成期の官僚。文部省初等中等教育局視学官・教科調査官。
¶現執3期、現執4期

北川淳一郎 きたがわじゅんいちろう
明治24（1891）年～昭和47（1972）年
大正～昭和期の教育者・法律家。
¶愛媛、愛媛百（㊐明治24（1891）年4月22日　㊁昭和47（1972）年3月7日）

北川舜治 きたがわしゅんじ
天保12（1841）年～明治35（1902）年10月15日
明治期の史学者。私塾修文館を開設。国史、藩史、郷土地誌などの編纂著述に努めた。
¶郷土（㊐天保12（1841）年5月）、郷土滋賀、滋賀百、滋賀文（㊐天保12（1841）年5月8日）、人名、日人

喜多川孟敦 きたがわたけあつ
天保10（1839）年～明治28（1895）年12月
江戸時代末期～明治時代の和算家。
¶数学

北川民次 きたがわたみじ
明治27（1894）年1月17日～平成1（1989）年4月26日
大正～昭和期の洋画家。二科展で活躍。二科会長。作品に「タスコの祭」、著書に「絵を描く子供たち」
¶近美、近文、現朝、現情、現人、現日、コン改、コン4、コン5、児人、静岡百、静岡歴、児文、新潮、世紀、姓氏愛知（㊐1893年）、姓氏静岡、世百新、全書、大百、日芸、日児、日人、美家、美術、百科、洋画

喜多川忠一 きたがわちゅういち
大正5（1916）年～
昭和期の教育学者。
¶群馬人

北川忠四郎 きたがわちゅうしろう
文化2（1805）年～明治15（1882）年
江戸時代後期～明治期の社会事業家。
¶滋賀百、日人

北川信通 きたがわのぶみち
文政4（1821）年～明治17（1884）年2月2日
江戸時代末期～明治時代の居合術士。京都警備の

土佐藩士に居合術の師範をする。
¶高知人，幕末，幕末大（㊅文政4（1821）年9月20日）

**北川信従** きたがわのぶより
万延1（1860）年6月15日～大正13（1924）年4月27日
明治～大正期の司法官，政治家。高知県知事。
¶高知先

**喜多川猛虎**（北川孟虎） きたがわもうこ
宝暦12（1762）年～天保4（1833）年
江戸時代中期の算家，尾張藩士。
¶国書（北川孟虎　㊅天保4（1833）年9月11日），人名，日人（北川孟虎）

**喜多川義比** きたがわよしちか
万延1（1860）年9月26日～大正8（1919）年5月27日
明治～大正期の教育家。京都私立独逸学校創立者，京都府立八坂病院薬局長。
¶学校

**木田宏** きだこう
→木田宏（きだひろし）

**北厚治** きたこうじ
文化8（1811）年～明治19（1886）年2月20日
江戸時代末期～明治時代の旗本領代官。領内河川の管理や郷校の開設に尽力した。
¶維新，幕末，幕末大

**北小路昂**（北小路昴，北小路昴） きたこうじたかし
明治41（1908）年8月6日～昭和40（1965）年10月23日
昭和期の教育家，政治家。中学校教諭，京都府会議員。白い鳩保育園長などを歴任。
¶コン改，コン4，コン5（北小路昴），世紀，姓氏京都（北小路昴），日人，平和

**北小路竹窓** きたこうじちくそう
宝暦13（1763）年～弘化1（1844）年
江戸時代中期～後期の儒学者。
¶日人

**北崎稔** きたざきみのる
大正11（1922）年～平成10（1998）年3月9日
昭和～平成期の労働運動家。佐賀県教職員組合委員長，佐賀県組合総評議会議長。休暇闘争などで地方公務員法違反に問われたが最高裁で無罪判決。小説「人間の壁」のモデルの一人。
¶世紀，日人，㊅大正11（1922）年3月3日）

**北沢勝兵衛** きたざわかつべえ
寛政5（1793）年～明治2（1869）年
江戸時代後期～明治期の心学者。
¶国書，長野歴

**北沢杏子** きたざわきょうこ
昭和14（1929）年11月23日～
昭和～平成期の教育評論家，性教育家。アーニ出版代表者，性を語る会代表。
¶近女，現執2期，現執3期，現執4期，児人，世紀，マス89，YA

**北沢敬二郎** きたざわけいじろう
明治22（1889）年5月28日～昭和45（1970）年10月25日
明治期の実業家。大丸社長。住友本社常務理事，大丸会長。日本ユネスコ協会副会長など教育・文化事業でも尽力。
¶大阪人（㊅昭和45（1970）年10月），現朝，現情，現人，現日，実業，新潮，人名7，世紀，日人，山形百

**北沢幸吉** きたざわこうきち
？～文政2（1819）年
江戸時代中期の義民，寺子屋師匠。
¶長野歴

**北沢小八郎** きたざわこはちろう
明治13（1880）年～昭和40（1965）年
明治～昭和期の教育者。
¶姓氏長野

**北沢遜斎** きたざわそんさい
宝永3（1706）年～天明8（1788）年
江戸時代中期～後期の儒学者。
¶国書（㊅宝永3（1706）年3月20日　㊅天明8（1788）年10月27日），日人

**北沢種一** きたざわたねいち
明治13（1880）年～昭和6（1931）年
大正～昭和期の教育者。東京女子高等師範学校教授・附属小学校主事。労作教育の先駆者。著書に「作業教育序説」など。
¶教育，姓氏長野，長野百，長野歴

**北沢千年** きたざわちとし
生没年不詳
昭和期の農業学校教員。
¶社史

**北沢縫太郎** きたざわぬいたろう
嘉永5（1852）年～明治28（1895）年
江戸時代後期～明治期の教育家。
¶姓氏長野

**北沢弥吉郎** きたざわやきちろう
大正2（1913）年～
昭和期の教育学者。文教女子大学教授。
¶現執1期

**北沢弥長治** きたざわやちょうじ
享保16（1731）年～文政2（1819）年
江戸時代後期の心学者。
¶長野歴

**北島一司** きたじまかずし
昭和3（1928）年～
昭和期の教育労働問題専門家。
¶現執1期

**北島雪山** きたじませつさん，きたじませっさん，きたじませつさん
寛永13（1636）年～元禄10（1697）年
江戸時代前期の書家，儒学者。近世唐様の祖。
¶朝日（㊅元禄10年閏2月14日（1697年4月5日）），

江戸，黄檗（[没]元禄10（1697）年閏2月14日），教育，近世，熊本百（きたじませっさん　[没]元禄10（1697）年2月14日），国史，国書（[没]元禄10（1697）年閏2月14日），コン改，コン4，史人（[没]1697年閏2月24日），人書79，新潮（[没]元禄10（1697）年閏2月14日，（異説）11月21日），人名，世人（[没]元禄10（1697）年11月21日），世百，全書（[生]1637年　[没]1698年），大百，長崎百（きたじませつさん），日人，藩臣7（きたじませつさん），美術，百科（[生]寛永14（1637）年　[没]元禄11（1698）年）

**北島忠治**　きたじまちゅうじ
明治34（1901）年2月23日～平成8（1996）年5月28日
昭和期のスポーツ指導者。明治大学ラグビー部監督、関東ラグビーフットボール協会名誉会長。長期にわたって部員を指導。全国制覇6回、大学選手権7回の優勝を果たす。
¶現朝，現情，現日，世紀，日人

**北島波恵**　きたじまなみえ
？～昭和20（1945）年7月10日
大正～昭和期の教育者、大日本婦人会幹事。清流女学校教師、軍人遺族指導員などをつとめた。仙台空襲の際、隣組組長として爆死。
¶女性，女性普

**北島春信**　きたじまはるのぶ
昭和2（1927）年10月1日～
昭和～平成期の演劇教育研究家。政情学園初等科校長。
¶児作，児人，児文，世紀，日児

**北条富司**　きたじょうとみじ
大正13（1924）年1月22日～
昭和期の教育者。
¶群馬人

**北田耕也**　きただこうや
昭和3（1928）年4月2日～
昭和～平成期の教育学者。明治大学教授。
¶現執1期，現執3期，現執4期

**北爪益雄**　きたづめますお
明治30（1897）年2月9日～昭和46（1971）年9月21日
大正～昭和期の洋画家・美術教師。
¶埼玉人

**北俊夫**　きたとしお
昭和22（1947）年11月22日～
昭和～平成期の官僚。文部省初等中等教育局小学校課教科調査官。
¶現執3期，現執4期

**北豊吉**　きたとよきち
明治8（1875）年10月30日～昭和15（1940）年8月31日
昭和期の文部官僚。文部省学校衛生課長。
¶体育，渡航

**木谷麦子**　きたにむぎこ
昭和33（1958）年～
昭和～平成期の性教育研究家、高校教員。
¶YA

**木谷要治**　きたにようじ
昭和6（1931）年2月5日～
昭和～平成期の理科教育学者。横浜国立大学教授・教育実践研究指導センター長。
¶現執3期

**北野興策**　きたのこうさく
昭和10（1935）年1月3日～
昭和期の学校長。
¶飛騨

**北野寿彦**　きたのとしひこ★
昭和9（1934）年～昭和60（1985）年
昭和期の水泳教師。
¶中濃

**北畠道竜**　きたばたけどうりゅう
文政3（1820）年～明治40（1907）年　[別]北畠道竜《きたばたどうりゅう》，法福寺道龍《ほうふくじどうりゅう》
明治期の僧侶。仏教大学創立を志そうとした。教義と僧侶改良論を提唱。
¶朝日（[没]明治40（1907）年11月15日），維新（[生]文政11（1828）年9月26日　[没]明治40（1907）年10月15日），海越新（[生]文政3（1820）年9月16日　[没]明治40（1907）年11月15日），郷土和歌山，コン改，コン4，コン5，真宗（[生]文政3（1820）年9月26日　[没]明治40（1907）年10月15日），新潮（[生]文政3（1820）年9月26日　[没]明治40（1907）年10月15日），人名（[生]1828年），渡航（[没]1907年10月15日），日人，幕末（[生]1828年　[没]1907年10月15日），仏教（[生]文政3（1820）年9月16日　[没]明治40（1907）年11月15日），仏人（きたばたどうりゅう　[生]1821年），和歌山人

**北畠ハン**　きたばたけはん
明治1（1868）年～昭和34（1959）年
明治～昭和期の教育者。私立身章裁縫女学校を設立。
¶姓氏岩手

**北畠道竜**　きたばたどうりゅう
→北畠道竜（きたばたけどうりゅう）

**北原亀二**　きたはらかめじ
明治37（1904）年2月4日～昭和35（1960）年8月25日
大正～昭和期の社会運動家。下伊那自由青年連盟メンバー。
¶社運，社史，世紀，政治，姓氏長野，長野百，長野歴，日人

**北原キヨ**　きたはらきよ
大正14（1925）年4月24日～平成1（1989）年1月14日
昭和期の教育者。武蔵野東学園長。現場教育で自閉児に独自の生活療法を実践。海外でも自閉児教育に貢献。

¶女性，女性普，世紀，日人

**北原千鹿**（北原千禄）　きたはらせんろく
明治20(1887)年5月16日〜昭和26(1951)年12月29日
昭和期の彫金作家。東京府立工芸学校教諭。帝展で「花置物」が特選。日展参事。日本彫金会顧問。
¶香川人，香川百，現朝，現情(北原千禄)，新潮，人名7，世紀，日人，美工，名工

**北原鉄吉**　きたはらてつきち
明治40(1907)年4月23日〜昭和19(1944)年12月18日
昭和期の小学校教員。
¶社史

**北原白秋**　きたはらはくしゅう
明治18(1885)年1月25日〜昭和17(1942)年11月2日　㉟白秋《はくしゅう》
明治〜昭和期の歌人、童謡作家。パンの会設立に参加。代表作に「邪宗門」など。
¶朝日，伊豆，茨城歴，岩歌，大分歴，音楽，角史，神奈川人，神奈川百，鎌倉，紀伊文，教育，近現，近文，熊本人，熊本百，群新百，群馬人，群馬百，芸能，現朝，幻作，現詩，現日，現俳，国史，コン改，コン5，札幌，新潮，詩歌，詩作，児作，史人，静岡百，静岡歴，児文，社史，重要，新宿，新潮，新文，人名7，世紀，姓氏神奈川，世人，世百，全書，大百，太宰府，短歌普，千葉百，伝記，長野歴，奈良文，新潟百，日史，日人，日本，俳句(白秋　はくしゅう　㉟昭和17(1942)年11月)，俳文，百科，兵庫人，福岡百，福岡文，文学，平田，北海道人，町田歴，山梨人，履歴，歴大

**北原房夫**　きたはらふさお
？〜大正7(1918)年
明治〜大正期の私塾経営者。
¶青森人

**北原真人**　きたはらまひと
＊〜昭和63(1988)年10月
昭和期の教育者、地方史研究家。
¶郷土(㊄大正3(1914)年10月)，長野歴(㊄大正2(1913)年)

**北原安定**　きたはらやすさだ
文政3(1820)年〜明治30(1897)年
江戸時代後期〜明治期の伊那郡高遠城下の寺子屋師匠。
¶姓氏長野

**北原義雄**　きたはらよしお
明治29(1896)年1月31日〜昭和60(1985)年11月11日　㉟北半治《きたはんじ》
明治〜昭和期の出版人。アトリエ社創業者。
¶群馬人(北原義雄　きたはらよしお　㊄明治24(1891)年2月14日)，出版，出文

**北半治**　きたはんじ
→北原義雄（きたはらよしお）

**北平久次**　きたひらひさじ
明治26(1893)年6月6日〜昭和35(1960)年11月8日
大正・昭和期の小鷹利村村長・学校長。
¶飛騨

**北平泰人**　きたひらやすと
大正14(1925)年7月20日〜
昭和期の教育者。学校長。
¶飛騨

**木田宏**　きだひろし
大正11(1922)年2月22日〜平成17(2005)年6月27日　㉟木田宏《きだこう》
昭和〜平成期の文部官僚。文部事務次官、独協学園理事長。日本学術振興会理事長、新国立劇場運営財団理事長などを歴任。
¶郷土和歌山，現朝，現執1期(きだこう)，現執2期，現執3期，現執4期，世紀，日人，履歴(㊄大正11(1922)年3月22日)，履歴2(㊄大正11(1922)年3月22日)

**喜田正春**　きだまさはる
明治31(1898)年〜昭和60(1985)年
大正〜昭和期の特殊教育者。
¶心理，多摩

**城多又兵衛**　きたまたべい
→城多又兵衛（きたまたべえ）

**城多又兵衛**　きたまたべえ
明治37(1904)年3月30日〜昭和54(1979)年3月30日　㉟城多又兵衛《きたまたべい》
昭和期の声楽家(テノール)、音楽教育者。東京芸術大学教授。イタリア音楽の普及、ソルフェージュ教育、合唱教育に力を注ぐ。
¶愛媛，愛媛百，音楽(きたまたべい)，音人，現朝，現情，新芸，世紀，日人

**喜多見さき**　きたみさき
文久3(1863)年2月27日〜大正13(1924)年5月17日
明治期の教育者。女子教育に尽力。著書に高等学校用教科書「割烹教科書」「新編割烹教科書」。
¶女性普

**喜多見サキ子**　きたみさきこ
文久3(1863)年2月27日〜？
明治期の教育者。女子教育に尽力。著書に高等学校用教科書「割烹教科書」「新編割烹教科書」。
¶女性

**北見衛**　きたみまもる
江戸時代後期の和算家。
¶数学

**北村稲三**　きたむらいねぞう
明治45(1912)年1月1日〜昭和63(1988)年6月28日
大正・昭和期の教育者。学校長。
¶飛騨

**喜多村和之**　きたむらかずゆき
昭和11(1936)年1月1日〜
昭和〜平成期の教育学者。放送教育開発センター教授、広島大学大学教育センター教授。

¶現執1期，現執2期，現執3期，現執4期

**北村勝雄** きたむらかつお
明治20(1887)年～昭和51(1976)年
明治～昭和期の教育者・郷土史家。
¶姓氏長野

**北村観** きたむらかん★
安永3(1774)年～文政3(1820)年4月
江戸時代後期の詩人。明徳館教授。
¶秋田人2

**北村義太郎** きたむらぎたろう
昭和4(1929)年9月3日～平成16(2004)年2月15日
昭和・平成期の小学校・中学校教師。
¶石川現九

**北村けんじ** きたむらけんじ
昭和4(1929)年9月14日～平成19(2007)年
昭和～平成期の児童文学作家、教育者。多度町立多度南小学校校長、三重芸術文化協会評議員。代表作に「うりんこの山」「ぼくがサムライになった日」など。
¶紀伊文, 現執2期, 現執4期, 幻想, 児作, 児人, 児文, 世紀, 日児, 日人

**北村剛介** きたむらごうすけ
生没年不詳
明治期の教員、通信員。久留米電灯会社支配人。
¶社史

**北村晃三** きたむらこうぞう
昭和21(1946)年12月15日～
昭和～平成期の教育者。埼玉県立南教育センター指導主事。
¶現執3期

**北村古心** きたむらこしん
明治元(1868)年12月1日～昭和26(1951)年4月15日
明治～昭和期の政治家・教育家・武芸家。俳諧、詩文、狂歌、川柳も嗜む文人。
¶東北近

**北村五嶺** きたむらごれい
安永8(1779)年～天保10(1839)年
江戸時代後期の町奉行、勘定奉行。
¶人名, 日人

**北村佐吉** きたむらさきち
嘉永7(1854)年～大正10(1921)年
明治期の政治家。堺教育会長、衆議院議員。堺商業の創立に努めた。
¶世紀(㊕嘉永7(1854)年10月　㊟大正10(1921)年5月25日)，日人

**北村作之助** きたむらさくのすけ
明治17(1884)年～昭和49(1974)年
明治～昭和期の教育者。
¶姓氏富山

**北村重敬** きたむらしげゆき
明治7(1874)年9月26日～昭和30(1955)年6月3日
明治～昭和期の教育者。

¶高知人，四国文

**北村繁** きたむらしげる
大正13(1924)年12月29日～
昭和期の高山市教育委員長・日進木工(株)会長。
¶飛騨

**喜田村修蔵** きたむらしゅうぞう
文政1(1818)年～明治1(1868)年
江戸時代末期の豊前小倉藩士。
¶人名(㊕1820年)，日人(㊟1869年)，藩臣7

**北村修蔵** きたむらしゅうぞう
文政11(1828)年～明治20(1887)年
江戸時代末期～明治期の画家。
¶人名, 日人

**喜多村鐘太郎** きたむらしょうたろう
万延1(1860)年9月16日～大正10(1921)年
江戸時代末期～大正期の教育者。
¶三重続

**北村季晴** きたむらすえはる
明治5(1872)年4月16日～昭和6(1931)年6月17日
明治～昭和期の作曲家、演出家。北村音楽教会創設。邦楽曲を五線譜に採譜した。作品に「露営の夢」など。
¶音人, 芸能, 現朝(㊕明治5年4月16日(1872年5月22日))，コン改，コン5，作曲，児文，新潮(㊕明治5(1872)年4月)，人名, 世紀, 長野歴, 日児(㊕明治5(1872)年5月22日)，日人

**北村鈴重** きたむらすずえ
生没年不詳
大正・昭和期の小学校教師、新婦人協会名古屋支部幹事。
¶愛知女

**北村崇郎** きたむらたかお
昭和2(1927)年7月8日～
昭和～平成期のアメリカ文学者、英語教育学者。名古屋学院大学教授。
¶現執1期, 現執3期

**北村質蔵** きたむらただぞう
大正13(1924)年9月8日～平成9(1997)年8月28日
昭和・平成期の教育者。高山西高校長。
¶飛騨

**北村唯吉** きたむらただよし
昭和4(1929)年12月1日～
昭和期の小学校教師。高知県伊野町立伊野小学校教頭。
¶現執2期

**北村達三** きたむらたつぞう
明治45(1912)年～昭和61(1986)年
昭和期の信州大学教育学部長。
¶長野歴

**北村篤所** きたむらとくしょ 《きたもらよしまさ》
正保4(1647)年～享保3(1718)年　㊟北村可昌
江戸時代前期～中期の儒学者。伊藤仁斎の直弟子。

¶朝日（[没]享保3（1718）年7月），京都大，国書（[没]享保3（1718）年7月11日），新潮（[没]享保3（1718）年7月11日），人名，姓氏京都，日人，藩臣4（北村可昌　きたむらよしまさ）



**北村直躬　きたむらなおみ**
明治25（1892）年1月18日〜昭和47（1972）年1月24日
明治〜昭和期の医学者、教育者。熊本女子大学学長。
¶科学，近医，熊本人，熊本百，世紀，日人

**北村浩　きたむらひろし**
慶応1（1865）年〜昭和17（1942）年
明治〜昭和期の民権運動家、政治家。高知県議会議員、教育者。
¶高知人

**北村文徳　きたむらふみのり**
元治1（1864）年〜大正8（1919）年
明治〜大正期の対華活動家。海外事情講習所を設立し、東洋殖民学校を興す。日清官民の接洽に努力。
¶人名

**北村方義　きたむらほうぎ**
天保5（1834）年〜明治34（1901）年
江戸時代末期〜明治期の信濃須坂藩士。
¶姓氏長野，長野百，長野歴，藩臣3

**北村孫盛　きたむらまごもり**
→田部久（たべきゅう）

**北村益　きたむらます**
明治1（1868）年12月1日〜昭和26（1951）年4月15日
明治〜昭和期の地域発展思想の政治活動家。
¶青森人，青森百（[没]昭和4（1929）年），世紀（[生]明治1（1869）年12月1日），日人

**北村又三郎　きたむらまたざぶろう**
明治4（1872）年12月22日〜昭和11（1936）年8月7日
明治〜昭和期の教育者、政治家。
¶世紀，日人

**北村美那　きたむらみな**
慶応1（1865）年10月18日〜昭和17（1942）年4月10日　[別]北村美那子《きたむらみなこ》
明治〜昭和期の教育者、英語教師。北村透谷の妻。透谷死後、豊島師範学校などで教鞭をとる。のち透谷の詩を英訳。
¶海越，海越新，神奈川人（北村美那子　きたむらみなこ），近女（北村美那子　きたむらみなこ），女性，女性普，新宿女（北村美那子　きたむらみなこ），世紀，姓氏神奈川（北村美那子　きたむらみなこ），日人，町田歴（[生]慶応1（1865）年8月29日）

**北村美那子　きたむらみなこ**
→北村美那（きたむらみな）

**北村可昌　きたむらよしまさ**
→北村篤所（きたむらとくしょ）

**北森義明　きたもりよしあき**
昭和11（1936）年5月7日〜
昭和〜平成期の教育社会学者。順天堂大学体育学部教授、ノースウッド研究所所長。
¶現執2期，現執3期

**北山郁子　きたやまいくこ**
大正15（1926）年〜
昭和期の産婦人科医、性教育家。
¶愛知女

**喜多山永隆　きたやまえいりゅう**
→喜多山永隆（きたやまながたか）

**北山刀自　きたやまとじ★**
〜明治4（1871）年
江戸時代末期〜明治時代の女性。和歌・教育・書簡・画。幕末の思想家で兵学者佐久間象山の姉。
¶江表（北山刀自（長野県））

**喜多山永隆**（喜田山永隆）　**きたやまながたか**
*〜明治6（1873）年　[別]喜多山永隆《きたやまえいりゅう》
江戸時代末期〜明治期の国学者、蘭学者、越前鯖江藩士。
¶人名（喜田山永隆　[生]1810年），日人（[生]1810年），幕末（きたやまえいりゅう　[生]1809年　[没]1873年10月19日），藩臣3（きたやまえいりゅう　[生]文化6（1809）年）

**北昤吉　きたれいきち**
明治18（1885）年7月21日〜昭和36（1961）年8月5日
明治〜昭和期の哲学者、政治家。大東文化学院教授、衆議院議員。多摩芸術大学創設者。自由党結成に尽力。著書に「日本精神の闡明」など。
¶学校，近現，現朝，現情（[没]1961年6月5日），現日，国史，コン改，コン4，コン5，史人，社史，新潮，人名7，世紀，政治，哲学，新潟百，日人，履歴，履歴2

**き知　きち★**
江戸時代後期の女性。教育。渡辺氏。文化年間佐賀町に寺子屋梅園堂を開業。
¶江表（き知（東京都））

**吉　きち★**
江戸時代中期の女性。女筆手本・書・教育。沢田氏。元禄4年に『女筆手本』を著わす。
¶江表（吉（京都府））

**木塚光雄　きづかみつお，きずかみつお**
大正8（1919）年12月11日〜
昭和〜平成期の音楽教育者、作曲家。
¶音人3（きずかみつお）

**木塚泰弘　きづかやすひろ**
昭和10（1935）年5月14日〜
昭和期の教育者。
¶視覚

**吉川惟足　きっかわこれたり，きつかわこれたり**
→吉川惟足（よしかわこれたり）

**吉川惟足** きっかわこれたる，きつかわこれたる
→吉川惟足（よしかわこれたり）

**吉川忠安** きっかわただやす
文政7（1824）年～明治17（1884）年10月9日
江戸時代後期～明治期の武士。
¶維新，国書（[生]文政7（1824）年8月28日），日人，幕末，藩臣1

**吉川忠行** きっかわただゆき
寛政11（1799）年～元治1（1864）年　[別]吉川久治《きっかわひさはる》，吉川忠行《きっかわちゅうこう》
江戸時代末期の出羽秋田藩士。
¶秋田百（きっかわちゅうこう），維新，国書（[生]寛政11（1799）年2月19日　[没]元治1（1864）年3月17日），コン改（吉川久治　きっかわひさはる），コン4（吉川久治　きっかわひさはる），世人（吉川久治　きっかわひさはる），全書，日人，幕末（[没]1864年4月22日），藩臣1（[生]寛政10（1798）年）

**吉川忠行** きっかわちゅうこう
→吉川忠行（きっかわただゆき）

**吉川経幹** きっかわつねまさ，きつかわつねまさ
文政12（1829）年9月3日～慶応3（1867）年3月20日　[別]吉川経幹《きっかわつねもと》，吉川監物《きっかわけんもつ》
江戸時代末期の大名。周防岩国藩主。
¶朝日（[生]文政12年9月3日（1829年9月30日）　[没]慶応3年3月20日（1867年4月24日）），維新（[没]1869年），近世，国史，国書，コン改（きっかわつねもと　[没]明治2（1869）年），コン4（きっかわつねもと　[没]明治2（1869）年），コン5（きっかわつねもと　[没]明治2（1869）年），史人，諸系，新潮，人名（きっかわつねもと　[没]1869年），日人，幕末（[没]1867年4月24日），藩主4（きつかわつねまさ），歴大

**吉川経幹** きっかわつねもと
→吉川経幹（きっかわつねまさ）

**吉川久治** きっかわひさはる
→吉川忠行（きっかわただゆき）

**木津富佐** きづふさ
明治44（1911）年10月7日～昭和63（1988）年11月10日
昭和期の教育・社会ボランティア活動家。
¶姓氏富山，富山百

**木津文彦** きづふみひこ，きずふみひこ
昭和3（1928）年4月14日～平成9（1997）年11月24日
昭和～平成期の音楽教育者、作曲家。
¶音人（きずふみひこ），音人2（きずふみひこ），音人3（きずふみひこ）

**紀藤閑之介** きとうかんのすけ
明治2（1869）年11月7日～昭和36（1961）年9月28日
明治～昭和期の政治家。宇部郷土文化会会長。宇部中学（現宇部高校）などの創立に尽力した。
¶世紀，姓氏山口，日人，山口人，山口百

**鬼頭少山** きとうしょうざん
文政5（1822）年～明治29（1896）年
江戸時代後期～明治期の武士。
¶人名，日人，幕末（生没年不詳），藩臣4（生没年不詳）

**亀徳一男** きとくかずお
明治23（1890）年～昭和54（1979）年
大正～昭和期のキリスト教教育者。
¶兵庫百

**木戸幸一** きどこういち
明治22（1889）年7月18日～昭和52（1977）年4月6日
昭和期の政治家、文相、内大臣。侯爵木戸孝允の孫。天皇側近の重臣。著書に極東軍事裁判資料となった「木戸幸一日記」。
¶岩史，角史，近現，現朝，現情，現人，現日，国史，コン改，コン4，コン5，史人，重要（[没]昭和52（1977）年4月5日），新潮，人名7，世紀，政治，姓氏京都，世人（[生]明治2（1889）年7月18日），世百，世百新，全書，大百，日史，日人，日本，百科，履歴，履歴2，歴大

**木戸耕作** きどこうさく
明治32（1899）年～平成2（1990）年
大正～平成期の教育者。
¶高知人

**木戸昭平** きどしょうへい
昭和3（1928）年5月9日～平成2（1990）年8月2日
昭和～平成期の教育者。
¶高知人，四国文

**木戸保** きどたもつ
大正12（1923）年～
昭和期の教師。松山市立荏原小学校長。
¶現執1期

**城戸朋子** きどともこ
昭和11（1936）年～
昭和～平成期の音楽学者（音楽社会学）、音楽教育者。
¶音人2，音人3

**城戸幡太郎** きどばんたろう
→城戸幡太郎（きどまんたろう）

**城戸宏之** きどひろゆき
昭和9（1934）年2月25日～
昭和～平成期の高校教師。東京都立第五商業高等学校教諭。
¶現執2期，現執3期，現執4期

**城戸幡太郎** きどまんたろう
明治26（1893）年7月1日～昭和60（1985）年11月18日　[別]城戸幡太郎《きどばんたろう》
昭和期の心理学者、教育者。法政大学教授。教育科学研究会を組織。戦後、北大教授、子どもの文化研究所所長などを歴任。
¶岩史，愛媛，教育，郷土愛媛（きどばんたろ

う)，現朝，現執1期，現執2期，現情，現人，現日，コン改，コン4，コン5，札幌，四国文，史人，児人，児文，社史，新潮，心理，世紀，全書，日児，日人，平和，北海道歴，マス89，民学，履歴，履歴2

き

**木戸明** きどめい
天保5 (1834) 年～大正5 (1916) 年9月13日
江戸時代末期～大正時代の勤王の志士。大砲など鋳造して藩に献上。維新後教育界で活躍。
¶高知人，高知百，幕末，幕末大

**木戸裕** きどゆたか
昭和24 (1949) 年8月24日～
昭和～平成期の図書館職員。国立国会図書館人事課長。専門は、比較教育学。
¶現執4期

**木戸麟** きどりん
嘉永1 (1848) 年～明治34 (1901) 年
明治期の教科書『修身説約』の著者。
¶群馬人

**木戸若雄** きどわかお
明治40 (1907) 年4月28日～昭和44 (1969) 年8月6日
昭和期の民間教育史家。明治以来の民間教育運動史研究のため私財を投じて文献収集に努め研究を進めた。
¶現人，世紀

**木戸脇千景** きどわきちかげ
昭和45 (1970) 年5月23日～
昭和期の学校教諭・スキー選手。
¶飛驒

**木浪惣次郎** きなみそうじろう
大正6 (1917) 年～平成11 (1999) 年
昭和～平成期の学校法人木浪学園理事長。
¶青森人

**衣笠権二** きぬがさけんじ
？ ～明治18 (1885) 年6月4日
江戸時代末期～明治期の教育家。長野県師範学校教頭。教育史上画期的な名著「初学入門」を小林常雄と著す。
¶幕末，幕末大

**衣笠弘** きぬがさひろし
天保11 (1840) 年～明治18 (1885) 年　[別]衣笠兄弟《きぬがさきょうだい》
明治～大正期の長野県師範学校首座教官。
¶姓氏長野，長野百，長野歴，福島百 (衣笠兄弟　きぬがさきょうだい)

**衣笠真** きぬがさまこと
[別]衣笠兄弟《きぬがさきょうだい》
江戸時代末期～明治期の漢学者、泉藩校汲深館長。
¶福島百 (衣笠兄弟　きぬがさきょうだい)

**衣川作蔵** きぬがわさくぞう
享和1 (1801) 年～明治14 (1881) 年10月6日
江戸時代末期～明治時代の儒教学者。誠之館発会式で「論語学而篇」を講じ、教授となる。
¶幕末，幕末大

**稀音家六治** きねやろくじ
昭和11 (1936) 年5月21日～
昭和～平成期の長唄三味線方。京都祇園八坂女紅場学園教授。
¶芸能

**紀朝臣作良** きのあそんさくら
？ ～延暦18 (799) 年　[別]紀作良《きのさくら, きのなりよし》
奈良時代～平安時代前期の官人。
¶古代，日人 (紀作良　きのさくら)，平史 (紀作良　きのなりよし)

**紀朝臣広名** きのあそんひろな
生没年不詳　[別]紀広名《きのひろな》
奈良時代の官人。
¶古代，諸系 (紀広名　きのひろな)，日人 (紀広名　きのひろな)

**紀朝臣真人** きのあそんまひと
天平19 (747) 年～延暦24 (805) 年　[別]紀真人《きのまひと》
奈良時代～平安時代前期の官人。
¶古代，諸系 (紀真人　きのまひと)，日人 (紀真人　きのまひと)，平史 (紀真人　きのまひと)

**紀朝臣安雄** きのあそんやすお
→紀安雄 (きのやすお)

**喜能** きのう★
1803年～
江戸時代後期～末期の女性。教育。梅田政起の祖母。文久4年四谷坂町に寺子屋を開業。
¶江表 (喜能 (東京都)　[生]享和3 (1803) 年頃)

**木ノ上宜輝** きのうえよしてる
明治31 (1898) 年～平成1 (1989) 年
大正～昭和期の東町教育長・教育委員長。社会教育者。
¶姓氏鹿児島

**木内博** きのうちひろし★
大正15 (1926) 年4月13日～昭和52 (1977) 年7月12日
昭和期の教育者。中学の吹奏楽指導者。
¶秋田人2

**紀作良** きのさくら
→紀朝臣作良 (きのあそんさくら)

**木下韡村** きのしたいそん
→木下犀潭 (きのしたさいたん)

**木下梅蔵** きのしたうめぞう
明治23 (1890) 年～昭和56 (1981) 年
大正～昭和期の教育者。
¶姓氏愛知

**木下栄蔵** きのしたえいぞう
昭和24 (1949) 年12月7日～
昭和～平成期の教師、数学者。神戸市立工業高等専門学校教授。

¶現執3期，現執4期

**木下一雄** きのしたかずお
明治23（1890）年5月27日～平成1（1989）年5月26日
昭和期の教育学者。東京学芸大学長。教育に関連した審議会などに参加、文部行政の形成と実施に寄与。
¶現朝，現執1期，現情，世紀，日人

**木下勝朗** きのしたかつろう
明治41（1908）年～
昭和期の小学校教員。日本労働組合全国協議会教労山梨支部責任者。
¶社史

**木下𠮷定** きのしたきんさだ
承応2（1653）年～享保16（1731）年
江戸時代前期～中期の大名。備中足守藩主。
¶国書（[生]承応2（1653）年6月7日　[没]享保15（1730）年12月24日），諸系，日人

**木下邦昌** きのしたくにまさ
生没年不詳
明治期の教育者。
¶長野歴

**木下航二** きのしたこうじ
大正14（1925）年12月16日～平成11（1999）年11月19日
昭和～平成期の教育者、作曲家。第五福竜丸事件をきっかけに「原爆を許すまじ」を作曲。
¶作曲，世紀，日人

**木下犀潭** きのしたさいたん
文化2（1805）年～慶応3（1867）年　[別]木下韡村《きのしたいそん》
江戸時代後期～末期の教育者。肥後熊本藩士。藩校時習館の訓導。
¶熊本百（木下韡村　きのしたいそん　[生]文化2（1805）年8月5日　[没]慶応3（1867）年5月6日），国書（木下韡村　きのしたいそん　[没]慶応3（1867）年5月6日），詩作（[生]文化2（1805）年8月5日　[没]慶応3（1867）年5月6日），日人，幕末大（木下韡村　きのしたいそん　[没]慶応3（1867）年4月3日），和俳（木下韡村　きのしたいそん）

**木下茂男** きのしたしげお
明治15（1882）年3月18日～昭和26（1951）年4月19日
明治～昭和期の教育者。
¶世紀，姓氏長野，長野歴，日人

**木下繁弥** きのしたしげみつ
昭和11（1936）年～
昭和～平成期の教育思想史研究者。
¶現執1期

**木下順庵** きのしたじゅんあん
元和7（1621）年6月4日～元禄11（1698）年12月23日
江戸時代前期の儒学者。門下から木門十哲を輩出。
¶朝日（[生]元和7年6月4日（1621年7月22日）　[没]元禄11年12月23日（1699年1月23日）），岩史，江戸東，江文，角史，神奈川人（[生]1626年），教育，京都，京都大，近世，国史，国書，コン改，コン4，詩歌，史人，重要，人書94，新潮，人名，姓氏石川，姓氏京都，世人，世百，全書，大百，伝記，日思，日史，日人（[没]1699年），百科，ふる，歴大，和俳

**木下竹次** きのしたたけじ
明治5（1872）年3月25日～昭和21（1946）年2月14日
大正～昭和期の新教育運動の指導者。奈良女子高等師範学校付属小学校主事。合科学習の実践を全国的に広げた。著書に「学習原論」「学習各論」など。
¶郷土福井，近現，現朝（[生]明治5年3月25日（1872年5月2日）），国史，コン改，コン5，史人，新潮，人名7，世紀，日人，福井百

**木下智古比呂** きのしたちこびろ
？　～明治20（1887）年
明治期の樺太アイヌの指導者。
¶日人

**木下長周** きのしたちょうしゅう
寛政5（1793）年～明治4（1871）年1月12日
江戸時代末期・明治期の寺子屋経営者。
¶町田歴

**木下利彪** きのしたとしあや
→木下利彪（きのしたとしとら）

**木下利彪** きのしたとしとら
明和3（1766）年～享和1（1801）年5月14日　[別]木下利彪《きのしたとしあや》
江戸時代中期～後期の大名。備中足守藩主。
¶岡山人，岡山歴，諸系，人名（きのしたとしあや），日人，藩主4（[生]明和3（1766）年，（異説）明和1年）

**木下俊程** きのしたとしのり
天保4（1833）年～慶応3（1867）年
江戸時代末期の大名。豊後日出藩主。
¶維新，大分百，諸系，新潮（[生]天保4（1833）年2月6日　[没]慶応3（1867）年8月27日），人名，日人，幕末（[没]1867年9月24日），藩主4（[生]天保4（1833）年2月6日　[没]慶応3（1867）年8月20日）

**木下俊懋** きのしたとしまさ
安永1（1772）年～文政5（1822）年
江戸時代後期の大名。豊後日出藩主。
¶諸系，日人，藩主4（[生]安永1（1772）年8月2日　[没]文政5（1822）年7月3日）

**木下春雄** きのしたはるお
昭和期の教育学者（高校教育）。
¶現執1期，現執2期

**木下秀夫** きのしたひでお
明治39（1906）年～
昭和～平成期の教育者。『越中文学読本』を編集。
¶富山文

**木下秀四郎** きのしたひでしろう
　明治2(1869)年～昭和7(1932)年
　明治～昭和期の軍人、教育者。
　¶静岡歴, 姓氏静岡

**木下広次** きのしたひろじ
　嘉永4(1851)年～明治43(1910)年8月22日
　明治期の法学者、教育行政家。東京大学教授、京都帝国大学総長。
　¶朝日(㊥嘉永4(1851)年1月)、海越(㊥嘉永4(1851)年1月25日)、海越新(㊥嘉永4(1851)年1月25日)、熊本人、熊本百(㊥嘉永4(1851)年1月25日)、コン改, コン5, 史人(㊥1851年1月)、人名, 姓氏京都, 渡航, 日人, 履歴(㊥嘉永4(1851)年1月25日)

**木下真弘** きのしたまさひろ
　文政7(1824)年～明治30(1897)年
　江戸時代末期・明治期の藩校の時習館訓導、太政官吏。
　¶熊本人

**木下通子** きのしたみちこ
　昭和39(1964)年～
　昭和～平成期の高校職員。
　¶YA

**木下弥八郎** きのしたやはちろう
　生没年不詳
　江戸時代末期の豊岡藩家老。
　¶維新, コン改, コン4, 人名, 日人, 幕末

**木下百合子** きのしたゆりこ
　昭和22(1947)年4月13日～
　昭和～平成期の社会科教育学者。大阪教育大学助教授。
　¶現執3期

**木下義男** きのしたよしお
　明治25(1892)年～昭和60(1985)年
　大正～昭和期の教育者。
　¶姓氏長野

**木下竜二** きのしたりゅうじ
　明治43(1910)年～昭和19(1944)年
　昭和期の生活綴方運動推進者。
　¶福島百

**木下涼一** きのしたりょういち
　大正2(1913)年～
　昭和期の教育学者。佐賀大学教授。
　¶現執1期

**木下和三郎** きのしたわさぶろう
　明治25(1892)年12月15日～昭和22(1947)年2月22日
　昭和期の教育者。
　¶視覚

**紀種継** きのたねつぐ
　平安時代前期の官人。仁明朝に大学助教従五位下。
　¶古人

**紀為俊** きのためとし
　平安時代後期の官人。
　¶古人

**紀為利** きのためとし
　平安時代後期の官人。
　¶古人

**木野戸勝隆** きのとかつたか
　安政1(1854)年～昭和4(1929)年11月13日　㊛木野戸勝隆《きのべかつたか》
　江戸時代末期～大正期の国学者、神官。近江多賀神社宮司。神官皇学館長、徴古館長などを歴任。従四位に叙せられた。
　¶愛媛百(㊥安政1(1854)年11月9日)、神史, 神人(㊥安政1(1854)年12月9日)、人名(きのべかつたか)、世紀(㊥嘉永7(1854)年11月9日)、日人

**紀作良** きのなりよし
　→紀朝臣作良(きのあそんさくら)

**紀則重** きののりしげ
　平安時代後期の官人。
　¶古人

**紀広名** きのひろな
　→紀朝臣広名(きのあそんひろな)

**木野戸勝隆** きのべかつたか
　→木野戸勝隆(きのとかつたか)

**紀真人** きのまひと
　→紀朝臣真人(きのあそんまひと)

**紀光直** きのみつなお
　平安時代後期の官人。
　¶古人

**紀村景** きのむらかげ
　平安時代中期の勧学院の案主。
　¶古人

**木元順治** きのもとじゅんち★
　元治1(1864)年10月11日～明治42(1909)年8月6日
　明治期の教育家。
　¶秋田人2

**紀安雄** きのやすお
　弘仁13(822)年～仁和2(886)年　㊛紀朝臣安雄《きのあそんやすお》
　平安時代前期の官人、武蔵守。
　¶朝日(㊥仁和2年5月28日(886年7月3日))、古代(紀朝臣安雄　きのあそんやすお)、コン改, コン4, 新潮(㊥仁和2(886)年5月28日)、人名, 世人, 日人, 平史

**紀淑望** きのよしもち
　？～延喜19(919)年　㊛紀淑望《きよしもち》
　平安時代前期～中期の漢学者、歌人。「古今和歌集」真名序の作者。
　¶角史, 国史, 国書(きよしもち)、古史, 古中, コン改, コン4, 詩歌, 史人, 諸系, 新潮, 人

名，世人，日史，日人，百科，平史，和俳

**木場貞吉** きばさだきち
明治期の文部省官吏。貴族院議員。ドイツに留学し行政法を研究。
¶海越（生没年不詳），海越新

**木畑貞清** きばたさだきよ
明治32（1899）年1月26日～昭和62（1987）年6月30日
大正～昭和期の教育者。
¶岡山歴

**木原栄十** きはらえいじゅう
昭和15（1940）年～昭和56（1981）年
昭和期の中津小学校長・上甑村教育長、郷土誌編纂者。
¶姓氏鹿児島

**木原健太郎** きはらけんたろう
大正10（1921）年3月7日～
昭和～平成期の社会学者、教育学者。創価大学教授、名古屋大学教授。
¶現執1期，現執2期，現執3期，現執4期

**木原桑宅** きはらそうたく
文化13（1816）年～明治14（1881）年
江戸時代後期～明治期の儒学者。
¶維新，人名（⊛1814年），日人，幕末（⊛1881年8月23日），藩臣6

**木原草遊** きはらそうゆう
大正4（1915）年3月～
大正～昭和期の教師、鍼灸マッサージ師。
¶視覚

**木原隆忠** きはらたかただ
文政11（1828）年～明治12（1879）年
江戸時代末期～明治時代の佐賀藩士。弘道館で教育に当たる。戊辰戦争で参謀として活躍。
¶佐賀百（⊛明治12（1879）年9月），幕末，幕末大

**木原孝博** きはらたかひろ
昭和6（1931）年6月1日～
昭和～平成期の教育社会学者。岡山大学教授。
¶現執1期，現執2期，現執3期

**木原適処**（木原適所） きはらてきしょ
文政9（1826）年～明治34（1901）年12月7日　別木原秀三郎《きはらひでさぶろう》
江戸時代末期の広島藩士、教育家。広島英学校（のち広島女学院）を創立。
¶維新，学校，人名（木原適所），長崎遊，日人，幕末，藩臣6（木原秀三郎　きはらひでさぶろう）

**木原秀三郎** きはらひでさぶろう
→木原適処（きはらてきしょ）

**木原保也** きはらやすや
明治43（1910）年～
昭和期の小学校教員。
¶社史

**木原雄吉** きはらゆうきち
→木原老谷（きはらろうこく）

**木原老谷** きはらろうこく
文政7（1824）年～明治16（1883）年5月27日　別木原雄吉（きはらゆうきち）
江戸時代末期～明治期の儒学者、教育者。常陸土浦藩士。
¶国書，人名，日人，幕末（木原雄吉　きはらゆうきち），藩臣2（木原雄吉　きはらゆうきち）

**吉備朝臣泉** きびのあそんいずみ
→吉備泉（きびのいずみ）

**吉備朝臣真備** きびのあそんまきび
→吉備真備（きびのまきび）

**吉備泉** きびのいずみ
天平15（743）年～弘仁5（814）年閏7月8日　別吉備朝臣泉《きびのあそんいずみ》
奈良時代～平安時代前期の公卿（参議）。右大臣吉備真備の子。
¶朝日（⊛弘仁5年閏7月8日（814年8月26日）），愛媛百，岡山人，岡山百，岡山歴（吉備朝臣泉　きびのあそんいずみ），公卿（⊛天平12（740）年），古代（吉備朝臣泉　きびのあそんいずみ），コン改，コン4，新潮，人名，新潟百，日史，日人，百科，平史

**吉備真備**（吉備真吉備） きびのまきび
持統9（695）年～宝亀6（775）年10月2日　別下道真備《しもつみちのまきび》，吉備真備《きびのまきび》，吉備朝臣真備《きびのあそんまきび》
奈良時代の学者、官人（右大臣）。吉備彦命の裔。二胤院を創設。
¶朝日（⊛宝亀6年10月2日（775年10月30日）），岩史，岡山（⊛695年），岡山人，岡山百，岡山歴（吉備朝臣真備　きびのあそんまきび），角史，教育，公卿（吉備真吉備　⊛持統8（694）年），公卿普（吉備真備　⊛持統天皇8（694）年），芸能，国史，国書（きびまきび），古史（⊛695年？），古人（下道真備　しもつみちのまきび　⊛695年？），古代（吉備朝臣真備　きびのあそんまきび），古代普（吉備朝臣真備　きびのあそんまきび　⊛695年），古中，コン改（⊛持統9（695）年，（異説）693年，694年），コン4（⊛持統9（695）年，（異説）693年，694年），コン5（⊛持統9（695）年），佐賀百（⊛持統7（693）年ごろ），史人（⊛693年，（異説）695年），思想史，重要（⊛持統7（693）年），人書94（きびまきび），新潮，人名（きびのまび（⊛693年），世人（⊛持統7（693）年），世百，全書，対外（⊛695年），大百（⊛693年），太宰府，伝記，日音，日思，日史，日人，百科，福岡百（⊛？），平日（⊛695年），山川小（⊛693年，695年），歴大

**吉備真備** きびのまび
→吉備真備（きびのまきび）

**吉備真備** きびまきび
→吉備真備（きびのまきび）

**木部達二** きべたつじ
大正4(1915)年1月1日〜昭和23(1948)年2月22日
昭和期の社会運動家。地方文化運動のリーダー。労働者教育者。「庶民大学三島教室」の主宰者。
¶現朝，現人，世紀，日人

**岐部日吉** きべひよし
明治27(1894)年〜昭和59(1984)年
大正〜昭和期の篤志家。
¶大分歴

**義弁** ぎべん
享保6(1721)年〜寛政2(1790)年
江戸時代中期の僧、智海山宝栄寺第20世。
¶人名，日人

**義方尼** ぎほうに★
江戸時代の女性。教育・和歌。相模中荻野の戒善寺に筆塚が建つ。
¶江表(義方尼(神奈川県))

**宜保和子** ぎぼかずこ
昭和17(1942)年〜平成21(2009)年
昭和・平成期の教育者。
¶戦沖

**宜保喜仁** ぎぼきじん
明治41(1908)年5月15日〜昭和57(1982)年12月22日
昭和期の小学校教員。
¶社史

**儀間真勝** ぎましんしょう
昭和8(1933)年〜平成24(2012)年
昭和・平成期の教育者。
¶戦沖

**木全多見** きまたたみ
安政3(1857)年〜昭和11(1936)年2月7日
明治〜昭和期の陸軍軍人。少将、築城本部長代理。陸軍工兵技術界の権威。
¶海越新([生]安政3(1857)年12月14日)，岡山人，岡山歴([生]安政4(1857)年1月9日　[没]昭和11(1936)年4月7日)，人名([生]1856年)，世紀([生]安政3(1857)年12月14日)，渡航([生]1857年1月9日)，日人

**樹ミ** きみ★
1823年〜
江戸時代後期の女性。教育。谷口定吉の妻。
¶江表(樹ミ(東京都)　[生]文政6(1823)年頃)

**君塚皎** きみづかあきら
明治39(1906)年4月23日〜昭和50(1975)年6月27日
昭和期の歯科医師・社会教育家。
¶埼玉人

**木宮泰彦** きみややすひこ
明治20(1887)年10月15日〜昭和44(1969)年10月30日
明治〜昭和期の歴史学者、教育家。常葉学園理事長。対外関係史を研究。著書に「日支交通史」。
¶学校，近現，考古，国史，史研，史人，静岡歴，世紀，姓氏静岡，日人，飛驒

**君和田和一** きみわだかずいち
昭和2(1927)年2月25日〜
昭和〜平成期の中学校教師。京都市立勧修教師。
¶現執3期，世紀

**木村璋** きむらあきら
明治15(1882)年9月16日〜昭和34(1959)年3月10日
明治〜昭和期の教育者。
¶庄内

**木村猪久次** きむらいくじ
明治11(1878)年〜昭和7(1932)年
明治〜昭和期の教育者。
¶高知人

**木村勇** きむらいさむ
明治42(1909)年〜昭和55(1980)年
昭和期の教育者。
¶群馬人

**木村一郎** きむらいちろう
大正10(1921)年3月8日〜
昭和期の教育者。
¶群馬人

**木村栄吉** きむらえいきち
明治3(1870)年8月13日〜昭和16(1941)年9月8日
明治〜昭和期の政治家。香川県会議長。飯山農業、坂出商業、主基農業などの開校と施設充実を推進。
¶香川人，香川百，世紀，日人

**木村永八郎** きむらえいはちろう
慶応1(1865)年〜昭和9(1934)年
明治〜昭和期の教育者。
¶姓氏愛知

**木村和子** きむらかずこ
昭和7(1932)年7月31日〜
昭和〜平成期の音楽教育者。
¶音人2，音人3

**木村菊三郎** きむらきくさぶろう
慶応3(1867)年〜昭和25(1950)年
昭和期の教育者。
¶山口人

**木村吉三郎** きむらきちさぶろう
明治16(1883)年〜昭和25(1950)年
明治〜昭和期の教育者。
¶青森人

**木村久一** きむらきゅういち
明治16(1883)年7月5日〜昭和52(1977)年2月28日
大正〜昭和期の心理学者、教育学者。早教育の提唱者。平凡社「大百科事典」編集長も務め、「百科事典の平凡社」といわれる基盤を築いた。
¶現情，出文，人名7，心理，世紀，日人

**木村熊二** きむらくまじ
弘化2(1845)年〜昭和2(1927)年2月28日

明治期の教育家、宗教家。明治女学校の創立に妻の鐙と共に参加。小諸義塾を開設。
¶朝日 ([生]弘化2年1月25日 (1845年3月3日)), 海越 ([生]弘化2 (1845) 年2月25日), 海越新 ([生]弘化2 (1845) 年2月25日), 学校 ([生]弘化2 (1845) 年1月25日), 郷土長野, キリ ([生]弘化2年2月25日 (1845年4月1日)), 近現, 近文, 国史, コン5, 静岡歴, 女史, 新潮 ([生]弘化2 (1845) 年2月25日), 世紀 ([生]弘化2 (1845) 年1月25日), 姓氏長野, 徳川臣, 渡航 ([生]1845年2月25日), 長野百, 長野歴, 日人, 幕末大 ([生]弘化2 (1845) 年1月25日), 履歴 ([生]弘化2 (1845) 年1月25日), 履歴2 ([生]弘化2 (1845) 年1月25日), 歴大

**木村圭二** きむらけいじ
昭和2 (1927) 年12月25日～
昭和～平成期の音楽教育者、ピアニスト、管弦楽指揮者。
¶音人, 音人2, 音人3

**木村敬二郎** きむらけいじろう
慶応元 (1865) 年～昭和2 (1927) 年
明治～昭和期の教育家。
¶愛媛, 愛媛百 ([生]慶応1 (1865) 年9月25日 [没]昭和2 (1927) 年2月7日)

**木村剛石** きむらごうせき
文久1 (1861) 年11月27日～昭和13 (1938) 年1月8日
明治～昭和期の書家。
¶埼玉人, 埼玉百, 世紀, 日人

**木村孝蔵** きむらこうぞう
万延1 (1860) 年～昭和6 (1931) 年9月2日
明治～昭和期の外科学者。
¶世紀 ([生]万延1 (1860) 年11月1日), 渡航 ([生]1860年11月), 日人

**木村耕造** きむらこうぞう
大正4 (1915) 年～昭和58 (1983) 年
昭和期の教育者。
¶鳥取百

**木村康哉** きむらこうや
明治12 (1879) 年～昭和42 (1967) 年
明治～昭和期の教育者。
¶千葉百

**木村貞子** きむらさだこ
安政3 (1856) 年8月21日～大正15 (1926) 年5月10日
明治～大正期の教育者。華族女学校教授。梅花女塾を開いて、非行少女の教化に尽力。
¶朝日 ([生]安政3年8月21日 (1856年9月19日)), 近女, コン改 ([生]1855年), コン5 ([生]安政2 (1855) 年), 女性, 女性普, 新潮 ([生]安政2 (1855) 年), 人名 ([生]1855年), 世紀, 先駆, 日人

**木村林昱** きむらしげてる
→木村俊左衛門 (きむらとしざえもん)

**木村重弘** きむらしげひろ★
～文久1 (1861) 年5月
江戸時代末期の教育者。藩校教授。
¶秋田人2

**木村重光** きむらしげみつ
元禄16 (1703) 年～宝暦6 (1756) 年
江戸時代中期の心学者。
¶姓氏京都

**木村時習** きむらじしゅう
嘉永3 (1850) 年～昭和3 (1928) 年
明治期の芳賀地方教育界の指導者。
¶栃木歴

**木村静** きむらしず
天保8 (1837) 年1月～明治33 (1900) 年2月11日
[別]木村静子《きむらしずこ》
江戸時代後期～明治期の教育者。
¶岡山百 (きむらしず (しずこ))

**木村志津摩** きむらしずま
→木村志津摩 (きむらしづま)

**木村志津摩** きむらしづま, きむらしずま
生没年不詳
江戸時代後期の舞戸村の正八幡宮神官、寺子屋師匠。
¶青森人 (きむらしずま)

**木村秀** きむらしゅう
明治1 (1868) 年12月～明治20 (1887) 年10月
明治期の教育家。東亜医学校で医学を修め、医術開業試験を受けるが失敗。その後東京女子専門学校を設立。
¶朝日

**木村俊左衛門** きむらしゅんざえもん
→木村俊左衛門 (きむらとしざえもん)

**木村勝庵** きむらしょうあん
天保2 (1831) 年～明治34 (1901) 年
江戸時代後期～明治期の私塾経営者。
¶姓氏愛知

**木村小舟** きむらしょうしゅう★
明治14 (1881) 年～
大正・昭和期の社会教育家。
¶中濃

**木村静幽** きむらせいゆう
天保12 (1841) 年～昭和4 (1929) 年
明治～大正期の実業家。青森県の奨学制度と地場産業の育成に貢献。
¶世紀 ([生]天保12 (1841) 年8月 [没]昭和4 (1929) 年12月12日), 日人

**木村善十郎** きむらぜんじゅうろう
元治1 (1864) 年8月12日～大正12 (1923) 年10月3日
明治～大正期の教育者。
¶群馬人

き

**木村桑雨** きむらそうう
明治14(1881)年～昭和20(1945)年
明治～昭和期の教育者。神官。甲佐、阿蘇高女の校長を歴任。北岡神社の社司。
¶熊本人

**木村園三郎** きむらそのさぶろう
*～慶応1(1865)年
江戸時代末期の水戸藩属吏。
¶維新([生]1849年),人名([生]1848年),日人([生]1848年),幕末([生]1849年 [没]1865年3月13日)

**木村担乎** きむらたんや
嘉永6(1853)年～大正12(1923)年
明治～大正期の教育者。
¶神奈川人

**木村恒右衛門** きむらつねえもん
天保7(1836)年～明治19(1886)年10月20日
江戸時代末期・明治期の政治家。静岡県会議員、豆陽学校創立者の1人。
¶伊豆

**木村恒太郎** きむらつねたろう
天保5(1834)年～明治17(1884)年
江戸時代末期～明治期の自治功労者。郡村を巡視し、各村に公立小学校を設立。
¶人名,日人

**木村弦雄** きむらつるお
天保9(1838)年～明治30(1897)年9月19日
江戸時代末期～明治期の熊本藩士。大楽源太郎事件、広沢参議暗殺事件で投獄。後、学習院校長となる。
¶熊本人,熊本百([生]天保9(1838)年6月11日),人名([生]?),長崎遊,日人,幕末,幕末大

**木村貞子** きむらていこ
明治31(1898)年～昭和61(1986)年
昭和期の教育者。
¶山口人

**木村鉄太** きむらてつた
文政11(1828)年～文久2(1862)年 [別]木村蟠山《きむらばんざん》
江戸時代末期～明治期の教育者。熊本藩士、第五高等学校教授。遣米使節に小栗豊後守従として随行。
¶海越([生]? [没]明治37(1904)年6月6日),海越新,国書(木村蟠山 きむらばんざん [没]文久2(1862)年2月5日),人名([生]1829年),日人,幕末([没]1862年2月5日),幕末大([没]文久2(1862)年1月7日),藩臣7

**木村でん** きむらでん
生没年不詳
江戸時代中期の心学者。
¶姓氏京都

**木村鐙** きむらとう
→木村鐙子(きむらとうこ)

**木村鐙子** きむらとうこ
嘉永1(1848)年～明治19(1886)年8月18日 [別]木村鐙《きむらとう》
明治期の教育者。明治女学校取締。明治女学校を設立、取締。婦人禁酒会を設立したが、コレラにより急逝。
¶朝日([生]嘉永1年6月26日(1848年7月26日)),キリ(木村鐙 きむらとう [生]嘉永1年6月28日(1848年7月28日)),近女(木村鐙 きむらとう),近文(木村鐙 きむらとう),静岡歴(木村鐙 きむらとう),女史(木村鐙 きむらとう),女性(木村鐙 きむらとう [生]嘉永1(1848)年6月28日 [没]明治19(1886)年8月17日),女性普(木村鐙 きむらとう [生]嘉永1(1848)年6月26日),人名,日人,民学(木村鐙 きむらとう)

**木村明昭** きむらとしあき
昭和4(1929)年11月29日～
昭和～平成期の音楽教育家、テノール歌手。
¶音人2,音人3

**木村俊夫** きむらとしお
大正2(1913)年～
昭和期の教育心理学者。茨城大学教授。
¶現執1期

**木村俊左衛門** きむらとしざえもん
寛政9(1797)年～安政5(1858)年 [別]木村俊左衛門《きむらしゅんざえもん》,木村林昱《きむらしげてる》
江戸時代末期の石見津和野藩士。
¶国書(木村林昱 きむらしげてる),島根人(きむらしゅんざえもん),島根百(きむらしゅんざえもん [生]寛政9(1797)年7月26日 [没]安政5(1858)年3月6日),島根歴(きむらしゅんざえもん),人名(木村林昱 きむらしげてる),日人(木村林昱 きむらしげてる),藩臣5

**木村とも** きむらとも
弘化4(1847)年12月13日～大正6(1917)年9月22日
明治期の女子教育者。
¶岡山歴

**木村南冥** きむらなんめい
元禄16(1703)年～宝暦6(1756)年3月19日
江戸時代中期の心学者。
¶国書

**木村宣明** きむらのぶあき
嘉永5(1852)年～大正4(1915)年
明治～大正期の陸軍軍人。中佐、振武学校教頭。中国留学生の教育に貢献。第五師団兵站司令官などを歴任。
¶人名,世紀([生]嘉永5(1852)年2月15日 [没]大正4(1915)年4月15日),日人

**木村信之** きむらのぶゆき
大正12(1923)年1月20日～
昭和～平成期の音楽教育学者。文教大学教授、東京学芸大学教授。
¶音人,音人2,音人3,現執3期

## 木村治綱　きむらはるつな
？〜明治16（1883）年
江戸時代後期の私塾南柯堂の開塾者、儒者。
¶栃木歴

## 木村蟠山　きむらばんざん
→木村鉄太（きむらてつた）

## 木村繁四郎　きむらはんしろう
元治1（1864）年〜昭和20（1945）年
明治〜大正期の教育者。
¶神奈川人

## 木村半兵衛〔3代〕　きむらはんべえ
天保4（1833）年〜明治19（1886）年
江戸時代後期〜明治期の実業家。小俣学校の開設に貢献。
¶人名（――〔代数なし〕㊥1832年）、栃木歴、日人

## 木村久　きむらひさし
昭和10（1935）年4月15日〜
昭和期の教育者。
¶視覚

## 木村寿　きむらひさし
明治33（1900）年2月1日〜
大正〜昭和期の教育者。
¶宮崎百

## 木村秀子　きむらひでこ
明治2（1869）年〜明治20（1887）年10月
明治期の女子教育者。東京女子専門学校を創立。男女交際会を興して風俗の改良を主張。
¶学校、近女（㊥明治21（1888）年）、コン改、コン5、女性、女性普、新潮、人名（㊥？）、先駆、日人

## 木村敏　きむらびん
嘉永3（1850）年〜明治41（1908）年
江戸時代末期〜明治期の教育家。
¶姓氏宮城、宮城百

## 木村不二男　きむらふじお
明治39（1906）年3月28日〜昭和51（1976）年12月12日
昭和期の小説家、教育評論家。
¶秋田人2、児文、児日、北海道百、北海道文、北海道歴

## 木村蕪城　きむらぶじょう
大正2（1913）年6月20日〜平成16（2004）年3月3日
昭和期の俳人、中学校教員。高浜虚子に師事、山口青邨や松本たかしなどの指導を受ける。句集に「一位」「寒泉」。
¶郷土長野、近文、現俳、世紀、俳文

## 木村文助　きむらぶんすけ
明治15（1882）年6月26日〜昭和28（1953）年12月11日
大正〜昭和期の教育者、小学校教師・校長。綴方教育者。綴方教育観は、初めの文芸至上主義から生活主義へ転換した。
¶秋田人2、秋田百、北墓、現朝、コン改（㊥1954

年）、コン4（㊥昭和29（1954）年）、コン5（㊥昭和29（1954）年）、社史（㊥1954年）、世紀、日人、北海道百、北海道歴

## 木村真紀　きむらまさのり
天保8（1837）年〜明治32（1899）年
江戸時代末期〜明治期の和算家。藩の算術世話役。維新後は学校教員となり、門人を集めて数学を教授。
¶数学、日人

## 木村将久　きむらまさひさ
大正2（1913）年〜平成7（1995）年
昭和〜平成期の教育者。歌人。
¶青森人

## 木村松代　きむらまつよ
明治31（1898）年〜昭和13（1938）年9月3日
昭和期の教育者。米国で学び、帰国後は青山学院の教師として教育に従事。
¶近女、社史（㊥1898年2月15日）、女性、女性普

## 木村真記　きむらまとし
天保8（1837）年〜明治32（1899）年
江戸時代末期〜明治期の算家。藩の算術世話役。維新後は学校教員となり、門人を集めて数学を教授。
¶人名

## 木村御綱　きむらみつな
文化12（1815）年〜明治2（1869）年
江戸時代後期〜明治期の国学者。
¶国書（㊥文化11（1814）年）、埼玉人（㊥明治2（1869）年2月29日）、埼玉百

## 木村珉造　きむらみんぞう
明治22（1889）年〜昭和35（1960）年
大正〜昭和期の教育者。
¶姓氏岩手

## 木村宗男　きむらむねお
明治44（1911）年9月6日〜
昭和期の日本語教育研究者。早稲田大学教授、日本語教育学会副会長。
¶現執2期

## 木村素衛　きむらもともり
明治28（1895）年3月11日〜昭和21（1946）年2月12日
昭和期の哲学者、教育学者。京都帝国大学教授。教育学を哲学的基礎に位置づけた。著書に「国家における文化と教育」。
¶石川百、教育、近文（㊥1905年）、現情（㊥1905年3月11日）、コン改、コン4、コン5、思想、新潮、人名7、世紀、姓氏石川、姓氏京都、哲学、長野歴（㊥明治38（1905）年）、日人

## 木村泰夫　きむらやすお
明治37（1904）年5月20日〜昭和51（1976）年12月13日
昭和期の教育者。
¶埼玉人

**木村康信** きむらやすのぶ
　明治40(1907)年4月15日～
　昭和期の教育者、隠岐島前文化財専門委員。
　¶島根百

**木村雄一** きむらゆういち
　？ ～
　昭和期の教員。
　¶社史

**木村祐次郎** きむらゆうじろう
　明治37(1904)年～昭和60(1985)年
　昭和期の蒙古民族の教科書編集者。
　¶青森人

**木村容斎** きむらようさい
　天保5(1834)年～明治21(1888)年
　江戸時代末期～明治期の漢学者。格知塾を開いて子弟を養成。修道館の教官、高田中学校の教官を歴任。
　¶人名, 日人

**木村美江** きむらよしえ
　昭和5(1930)年5月24日～
　昭和～平成期のピアノ教育者。
　¶音人2, 音人3

**木村由雄** きむらよしお★
　明治41(1908)年10月27日～
　昭和期の大平町教育長。
　¶栃木人

**木村善光** きむらよしみつ
　昭和11(1936)年5月4日～
　昭和～平成期の俳諧研究家、教育者。
　¶滋賀文

**木村力雄** きむらりきお
　昭和10(1935)年1月28日～
　昭和～平成期の教育行政学者。東北大学教授。
　¶現執3期

**木村和蔵** きむらわぞう
　明治14(1881)年3月7日～大正9(1920)年
　明治～大正期の教育者。
　¶徳島百(㊥大正9(1920)年8月19日), 徳島歴(㊥大正9(1920)年8月29日)

**木本紀** きもとただす
　明治44(1911)年～昭和63(1988)年
　昭和期の教育者。
　¶山口人

**木本初蔵** きもとはつぞう
　文久3(1863)年～昭和20(1945)年
　明治～昭和期の教育者、ジャーナリスト。
　¶静岡歴, 姓氏静岡

**木元平太郎** きもとへいたろう
　慶応1(1865)年～昭和17(1942)年
　明治～大正期の画家、絵雑誌編集者、教育者。図画教育家の経験をもとに「コドモ」「良友」などの雑誌を発行。
　¶児文, 出文

**木屋和敏** きやかずとし
　大正5(1916)年～昭和52(1977)年
　昭和期の社会保障・教育問題専門家。
　¶現執1期

**木山熊次郎** きやまくまじろう
　明治13(1880)年3月9日～明治44(1911)年9月7日
　明治期の哲学者。
　¶岡山人, 岡山歴

**木山竹治** きやまたけじ
　明治12(1879)年～昭和39(1964)年
　明治～昭和期の考古学者。
　¶考古, 鳥取百

**喜屋武真栄** きゃんしんえい, きやんしんえい
　大正1(1912)年7月25日～平成9(1997)年7月16日
　昭和期の政治家。参議院議員、二院クラブ代表、沖縄県教職員会会長。
　¶現朝(きやんしんえい), 現執1期, 現情(きゃんしんえい), 現人, 現政, 世紀, 政治, 日人, 平和(きやんしんえい)

**喜屋武弘** きゃんひろし
　明治12(1879)年～？
　明治～大正期の教育者。具志川尋常小学校訓導兼校長。
　¶姓氏沖縄

**九華** きゅうか
　→玉崗瑞璵(ぎょくこうずいよ)

**九華玉崗** きゅうかぎょくこう
　→玉崗瑞璵(ぎょくこうずいよ)

**九華瑞璵** きゅうかずいよ
　→玉崗瑞璵(ぎょくこうずいよ)

**久室** きゅうしつ
　？ ～正徳3(1713)年
　江戸時代前期～中期の足利学校第14世庠主、臨済宗の僧。
　¶栃木歴

**久昌夫人** きゅうしょうふじん
　享保3(1718)年～天明6(1786)年
　江戸時代中期の女性。肥前平戸藩主松浦静山(「甲子夜話」の著者)の祖母。
　¶江表(久昌(長崎県)　きゅうしょう)

**久助** きゅうすけ
　生没年不詳
　江戸時代中期の漂流民。
　¶日人

**久太郎** きゅうたろう
　生没年不詳
　江戸時代中期の漂流民。
　¶日人

**喜友名英文** きゆなえいぶん
　明治43(1910)年～平成4(1992)年
　昭和～平成期の教師。
　¶姓氏沖縄

**喜友名朝誓** きゆなちょうせい
　明治24(1891)年～平成2(1990)年
　昭和期の教育者、政治家。屋良小学校校長、嘉手納村長。
　¶姓氏沖縄

**きよ**(1)
　寛政6(1794)年～明治11(1878)年
　江戸時代後期～明治時代の女性。教育。下総取手の寺田大作の娘。
　¶江表(きよ(千葉県))

**きよ**(2)
　江戸時代後期の女性。教育。同心深作次十の妻。嘉永期頃、水戸藩邸内で寺子屋を開業。
　¶江表(きよ(東京都))

**キヨ**
　江戸時代末期の女性。教育。塩尻の上条氏。安政5年～明治1年家塾を開いた。
　¶江表(キヨ(長野県))

**清 きよ★**
　1851年～
　江戸時代後期の女性。教育。寒川輝久の娘。
　¶江表(清(東京都))　㊥嘉永4(1851)年頃)

**恭 きょう★**
　江戸時代後期の女性。教育。浅見氏。天保10年～明治5年まで、塾を開き、読書、習字を教授。
　¶江表(恭(滋賀県))

**行基** ぎょうき、ぎょうぎ
　天智天皇7(668)年～天平21(749)年2月2日
　飛鳥時代～奈良時代の僧。東大寺大仏造立の勧進活動を行い、大僧正に任じられる。
　¶朝日《㊥天平勝宝1年2月2日(749年2月23日))、伊豆(㊥天平感宝1(天平勝宝元)(749)年)、岩史、大阪人、香川人、香川百、角史、神奈川百、鎌古(㊥668年)、教育、京都大、郷土奈良、京都府、高知人、高知百、国史、国書、古史、古人(㊥668年)、古代、古代普(㊥668年)、古中、コン改、コン4、コン5、埼玉人、詩作(㊥?)、史人、思想史、重要、神史、人書79、人書94、新潮、人名、姓氏京都、世人、世百、全書、大百、多摩、伝記、新潟百、日思、日史、日人、飛騨、百科、兵庫百、仏教、仏史、仏人(ぎょうぎ)、平日(㊥668年)、町田歴、名僧、山形百(㊥天智天皇6(667)年)、山川小(㊥668年)、山梨人、山梨百、歴

**京極定家** きょうごくさだいえ
　→藤原定家(2)(ふじわらのさだいえ)

**京極高朗** きょうごくたかあき
　→京極高朗(きょうごくたかあきら)

**京極高朗** きょうごくたかあきら
　寛政10(1798)年～明治7(1874)年2月14日　㊙京極高朗《きょうごくたかあき》
　江戸時代後期～明治期の公家、華族。
　¶維新、香川人、香川百、国書(㊥寛政10(1798)年4月24日)、詩歌(きょうごくたかあき)、諸

系、人名(きょうごくたかあき)　㊥1795年)、日人、幕末、藩主4(㊥寛政10(1798)年4月24日)、和俳

**京極高行** きょうごくたかゆき
　寛政6(1794)年～弘化4(1847)年
　江戸時代後期の大名。但馬豊岡藩主。
　¶諸系、日人、藩主3(㊥寛政6(1794)年6月16日　㊗弘化4(1847)年9月29日)

**仰誓** ぎょうせい
　→仰誓(ごうせい)

**行徳拙軒** ぎょうとくせっけん
　天保4(1833)年～明治40(1907)年
　江戸時代末期～明治期の医師。眼科。医学を再春館で修め、大学東校で西洋医学を学び、共立学舎の教師となる。
　¶人名、日人

**京橋彦三郎** きょうはしひこさぶろう
　明治22(1889)年～昭和27(1952)年
　大正～昭和期の社会教育家。
　¶郷土奈良

**杏凡山** きょうはんざん
　文政3(1820)年～明治18(1885)年　㊙杏凡山《きょうぼんざん》
　江戸時代後期～明治期の儒学者。
　¶人名(きょうぼんざん)、姓氏富山(きょうぼんざん)、日人、幕末(きょうぼんざん)　㊗1885年5月19日)

**刑部卿局** ぎょうぶきょうのつぼね
　？～元和1(1615)年
　安土桃山時代～江戸時代前期の女性。千姫の侍女。
　¶女性、日人(生没年不詳)

**杏凡山** きょうぼんざん
　→杏凡山(きょうはんざん)

**清岡長説** きよおかちょうせつ
　→清岡長説(きよおかながつぐ)

**清岡長説** きよおかながつぐ、きよおかながつく
　＊～明治36(1903)年　㊙清岡長説《きよおかちょうせつ》
　江戸時代末期～明治期の学者、公家(非参議)。非参議清岡長煕の子。
　¶公卿(㊥天保3(1832)年1月24日　㊗明治36(1903)年5月1日)、人名(きよおかちょうせつ㊥1831年)、日人(きよおかながつく　㊥1833年)

**清岡長煕(清岡長熈)** きよおかながてる
　文化11(1814)年～明治6(1873)年
　江戸時代末期～明治期の公家。学習院学頭。日米修好通商条約幕府委任反対、横浜港海港に反対。
　¶維新(清岡長熈)　㊥文化11(1814)年8月8日　㊗明治6(1873)年10月1日)、公卿(㊥文化11(1814)年2月30日　㊗明治6(1873)年10月)、幕末(清岡長煕　㊗1873年10月1日)

**清川円誠** きよかわえんじょう
文久3（1863）年～昭和22（1947）年
明治期の僧侶。
¶札幌（[生]文久3年4月13日），真宗（[没]？），北海道百，北海道歴

**清川英男** きよかわひでお
昭和13（1938）年3月10日～
昭和～平成期の英語教育学者。和洋女子大学教授。
¶現執3期

**清川寛** きよかわひろし
天保14（1843）年8月2日～明治44（1911）年
江戸時代後期～明治期の教育者。
¶札幌

**玉崗** ぎょくこう
→玉崗瑞璵（ぎょくこうずいよ）

**玉崗瑞璵** ぎょくこうずいよ
明応9（1500）年～天正6（1578）年8月10日　[別]玉崗《ぎょくこう》，玉崗瑞璵《ぎょっこうずいよ》，九華《きゅうか》，九華玉崗《きゅうかぎょくこう》，九華瑞璵《きゅうかずいよ》，瑞璵《ずいよ》
戦国時代～安土桃山時代の足利学校第7世庠主。
¶国史（ぎょっこうずいよ），国書，古中（ぎょっこうずいよ），史人（ぎょっこうずいよ），新潮，人名（玉崗　ぎょくこう），世人（九華玉崗　きゅうかぎょくこう），戦辞（九華　きゅうか　[没]天正6年8月10日（1578年9月11日）），戦人（瑞璵　ずいよ），栃木歴（九華　きゅうか），日人（九華瑞璵　きゅうかずいよ），仏教（九華瑞璵　きゅうかずいよ），仏史（ぎょっこうずいよ）

**紀淑望** きよしもち
→紀淑望（きのよしもち）

**清女** きよじょ★
江戸時代後期の女性。教育。村井氏。嘉永3年から5年間、酒匂仙右衛門が清女が改業した寺子屋に従学。
¶江表（清女（東京都））

**清瀬一郎** きよせいちろう
明治17（1884）年7月5日～昭和42（1967）年6月27日
大正～昭和期の政治家、弁護士。改進党幹事長、文相、衆議院議長。東京裁判で東条英機の主任弁護士。新安保条約承認を強行採決。
¶岩史，角史，近現，現朝，現情，現人，現日，国史，コン改，コン4，コン5，史人，社史，新潮，人名7，世紀，政治，全書，日史，日人，履歴，履歴2，歴大

**玉崗瑞璵** ぎょっこうずいよ
→玉崗瑞璵（ぎょくこうずいよ）

**清成八十郎** きよなりはちじゅうろう
天明8（1788）年～嘉永3（1850）年
江戸時代後期の熊本藩士。藩校の時習館の塾長。
¶熊本人

**清野勇** きよのいさむ
嘉永元（1848）年～昭和元（1926）年
江戸時代末期～大正期の医学者。
¶伊豆

**浄野朝臣宮雄** きよののあそんみやお
→浄野宮雄（きよののみやお）

**浄野宮雄** きよののみやお
[別]浄野朝臣宮雄《きよののあそんみやお》
平安時代前期の官吏。
¶古人，古代普（浄野朝臣宮雄　きよののあそんみやお），日人（生没年不詳）

**清原馨** きよはらかおる
明治36（1903）年～昭和60（1985）年
昭和期の教育者。
¶姓氏富山

**清原慶子** きよはらけいこ
昭和26（1951）年9月10日～
昭和～平成期の情報社会学、教育社会学者。日本ルーテル神学大学教授。
¶現執3期，現執4期，現政

**清原千代** きよはらちよ
安政5（1859）年12月7日～大正11（1922）年
明治～大正期の刺繍家。イタリアで教鞭を執る。帰国後女子美術学校を開校し、美術教育の普及に尽力。
¶海越（[没]大正11（1922）年4月），海越新（[没]大正11（1922）年4月），女性（[生]安政5（1858）年12月7日　[没]大正11（1922）年4月17日），女性普（[生]安政5（1858）年12月7日　[没]大正11（1922）年4月17日），世紀（[没]大正11（1922）年4月17日），日人

**清原業忠** きよはらなりただ
→清原業忠（きよはらのなりただ）

**清原業忠** きよはらのなりただ
応永16（1409）年～応仁1（1467）年4月28日　[別]業忠〔舟橋家〕《なりただ》，清原業忠《きよはらなりただ》，船橋業忠《ふなばしなりただ》
室町時代の儒学者。清原家儒学中興の祖。
¶朝日（[没]応仁1年4月28日（1467年5月31日）），鎌室（きよはらなりただ），公卿普（船橋業忠　ふなばしなりただ　[生]応永22（1415）年　[没]？），公家（業忠〔舟橋家〕　なりただ），国史，国書（きよはらなりただ），古中，史人，諸系，新潮，人名（きよはらなりただ），姓氏京都，日史，日人，百科（きよはらなりただ）

**清原教隆** きよはらののりたか
正治1（1199）年～文永2（1265）年7月18日　[別]清原教隆《きよはらのりたか》
鎌倉時代前期の儒学者。北条実時の師。
¶鎌室（きよはらのりたか），国史，古中，史人，諸系，新潮，日史，日人

**清原信政** きよはらのぶまさ
嘉永5（1852）年～大正8（1919）年
明治～大正期の政治家、教育者。

¶姓氏富山

**清原良賢** きよはらのよしかた
？～永享4 (1432) 年10月29日　[別]清原良賢《きよはらよしかた》
室町時代の儒学者。後光厳・後円融・後小松天皇の歴代侍読。
¶朝日 ([没]永享4年10月29日 (1432年11月21日)), 国史, 国書 (きよはらよしかた　[生]貞和4 (1348) 年), 古中, 史人, 諸系, 日史, 日人, 百科 (きよはらよしかた)

**清原教隆** きよはらのりたか
→清原教隆 (きよはらののりたか)

**清原正彦** きよはらまさひこ
明治10 (1877) 年3月15日～昭和16 (1941) 年6月30日
明治～昭和期の社会教育者。
¶豊前

**清原道寿** きよはらみちひさ
明治43 (1910) 年7月18日～
昭和期の産業教育学者。
¶現情, 社史

**清原良賢** きよはらよしかた
→清原良賢 (きよはらのよしかた)

**清藤秋子** きよふじあきこ
慶応2 (1866) 年～？
明治期の教育者。清国婦人の地位向上のため東洋婦人会設立。のち東洋女塾を設立し清国派遣女教師を養成。
¶女性, 女性普, 日人

**清村英診** きよむらえいしん
明治39 (1906) 年12月23日～
昭和期の教育者。川平中学校校長、八重山連合区教育長。
¶社史

**慶世村恒仁** (慶世村恒任) きよむらこうにん
*～昭和4 (1929) 年1月19日
大正～昭和期の教育者、沖縄郷土史家、宮古史研究家、新聞記者。宮古郷土史研究の開拓者の一人。
¶郷土 ([生]明治24 (1891) 年4月21日), コン改 ([生]1892年), コン5 ([生]明治25 (1892) 年), 社史 (慶世村恒任　[生]1891年4月21日), 新潮 ([生]明治25 (1892) 年), 世紀 ([生]明治24 (1891) 年4月21日)

**清村晋卿** きよむらしんけい
→袁晋卿 (えんしんけい)

**潔世王** きよよおう
弘仁11 (820) 年～元慶6 (882) 年
平安時代前期の桓武天皇の孫。
¶古代, 日人

**雲英猶竜** きらゆうりゅう
天保14 (1843) 年～明治12 (1879) 年
江戸時代後期～明治期の教育者。
¶真宗

**霧生鶴太郎** きりうつるたろう
明治20 (1887) 年～昭和47 (1972) 年
明治～昭和期の教育者。
¶神奈川人

**切田太郎** きりたたろう
生没年不詳
明治期の商業教育者。
¶岩手人

**桐谷忠夫** きりたにただお
昭和7 (1932) 年3月24日～
昭和期の『飛騨春秋』編集人・教師。
¶飛騨

**切通唐代彦** きりどうしとよひこ
明治10 (1877) 年9月27日～昭和37 (1962) 年8月4日
明治期の教育者、実業家。豊見城小学校校長、沖縄電気鉄道支配人、八重山教友会副会長。
¶社史

**桐野事雄** きりのじゆう
大正2 (1913) 年4月22日～平成2 (1990) 年4月5日
昭和～平成期の教育者。
¶岡山歴

**桐野与藤次** きりのよとうじ
天保2 (1831) 年～明治37 (1904) 年
江戸時代後期～明治期の薩摩郡樋脇郷塔之原村戸長、樋脇小学校校長。
¶姓氏鹿児島

**桐原健** きりはらたけし
昭和8 (1933) 年～
昭和～平成期の教師、考古学研究家。松本筑摩高校教諭。
¶現執3期

**桐原与喜一** きりはらよきいち
明治27 (1894) 年～昭和43 (1968) 年
昭和期の教育者。
¶姓氏長野

**桐山吾朗** きりやまごろう
昭和12 (1937) 年2月26日～
昭和期の教育者。学校長。
¶飛騨

**桐山篤三郎** きりやまとくさぶろう
安政3 (1856) 年～昭和3 (1928) 年5月20日
江戸時代末期～昭和期の教育家。東京物理学講習所 (後の東京理科大学) の設立に関わる。
¶学校

**桐生清次** きりゅうせいじ
昭和8 (1933) 年12月23日～
昭和～平成期の中学校教師、障害児童教育者。新潟県特殊教育学会理事、新発田市立本丸中学校教諭。
¶現執3期

**木呂子鉞弥** きろこえつや
安政6 (1860) 年12月23日～

明治期の巡査、教員、鉄道員。
¶根千

**琴** きん
1834年～
江戸時代後期の女性。教育。寺田氏。
¶江表（琴（東京都）　[生]天保5（1834）年頃）

**きん**(1)
1829年～
江戸時代後期の女性。教育。浪人荒川八十助の妻。
¶江表（きん（東京都）　[生]文政12（1829）年頃）

**きん**(2)
1832年～
江戸時代後期の女性。教育。幕臣池谷宗七の妻。
¶江表（きん（東京都）　[生]天保3（1832）年頃）

**きん**(3)
1833年～
江戸時代後期の女性。教育。富山氏。
¶江表（きん（東京都）　[生]天保4（1833）年頃）

**金** きん★
1851年～
江戸時代後期の女性。教育。水野寅蔵の長女。
¶江表（金（東京都）　[生]嘉永4（1851）年頃）

**琴虹** きんこう
～嘉永3（1850）年
江戸時代後期の女性。教育・和歌・書。豊後豆田裏町の人。
¶江表（琴虹（大分県））

**金城鍜助** きんじょうかすけ
→天野鍜助（あまのかすけ）

**金城幸暉** きんじょうこうき
明治39（1906）年？～　[別]金城幸暉《かなぐすくこうき》
昭和期の小学校教員。
¶社史

**金城三郎** きんじょうさぶろう
→金城三郎（かなぐすくさぶろう）

**金城順亮** きんじょうじゅんりょう
昭和3（1928）年～昭和64（1989）年
昭和期の教育者。
¶戦沖

**金城仁吉** きんじょうじんきち
明治24（1891）年～昭和25（1950）年
大正～昭和期の教育者。
¶姓氏沖縄

**金城清幸** きんじょうせいこう
大正2（1913）年～
昭和期の小学校教員。
¶社史

**金城哲雄** きんじょうてつお
昭和14（1939）年～
昭和期の教育者。
¶戦沖

**金城時男** きんじょうときお
明治12（1879）年3月27日～？
明治～昭和期の小学校教員、実業家。沖縄砂糖同業組合理事、沖縄県議会議員。
¶沖縄百，社史（[没]1953年），姓氏沖縄

**金城普照** きんじょうふしょう
明治13（1880）年11月15日～昭和15（1940）年8月11日
明治～昭和期の農業技術者、教育者。
¶沖縄百，姓氏沖縄

**金城松栄** きんじょうまつえい
昭和12（1937）年1月3日～
昭和～平成期の数学科教育研究者、小学校校長。琉球大学教授、教育学部附属小学校校長。
¶現執2期

**金城光子** きんじょうみつこ
昭和11（1936）年1月5日～
昭和期の舞踊教育学者。沖縄県女子体育連盟第5期会長、琉球大学教授。
¶現執2期

**金城実** きんじょうみのる
昭和14（1939）年1月3日～
昭和～平成期の彫刻家。西宮市立西高校講師、近畿大学附属高校講師。
¶現執2期

**金城珍諒** きんじょうよしあき
昭和6（1931）年～
昭和期の教育者。
¶戦沖

**金城和信** きんじょうわしん
明治31（1898）年3月1日～昭和53（1978）年11月17日
明治～昭和期の教育者、社会事業家。沖縄真和志村長。
¶沖縄百，世紀，姓氏沖縄，日人

**金太郎** きんたろう
→坂田勲（さかたいさお）

**金野菊三郎** きんのきくさぶろう
明治25（1892）年～昭和62（1987）年
大正～昭和期の教育者。
¶姓氏岩手

**金原省吾** きんばらしょうご
→金原省吾（きんばらせいご）

**金原省吾** きんばらせいご
明治21（1888）年9月1日～昭和33（1958）年8月2日
[別]金原省吾《きんばらしょうご》
昭和期の美学家、美術史家。帝国美術大学教授。満州建国大学教授、新潟大学教授を歴任。著書に「支那上代画論研究」など。
¶近文，現情，新潮，人名7，世紀，姓氏長野，多摩（[没]昭和38（1963）年），短歌，哲学，長野百（きんばらしょうご），長野歴（きんばらしょう

ご），日人

**公望**〔西園寺家〕　きんもち
　→西園寺公望（さいおんじきんもち）

# 【く】

**空海**　くうかい
宝亀5(774)年～承和2(835)年3月21日　㉟弘法《こうぼう》、弘法大師《こうぼうだいし》、高野大師《こうやだいし》
平安時代前期の真言宗の開祖。綜芸種智院創設者。唐に留学、帰国後の816年高野山金剛峯寺を、823年平安京に教王護国寺を開き、真言密教を布教した。書道にも優れていた。
¶朝日《㊌承和2年3月21日(835年4月22日)》、伊豆《㊌宝亀1(770)年》、岩史、愛媛、愛媛百、香川人、香川百、角史、神奈川百、教育、京都、郷土教育、京都人、京都百、郷土和歌山、高知人、国史、国書《㊌宝亀5(774)年6月15日》、古史、古人、古代、古代普、古中、コン改、コン4、コン5、詩歌、詩教、史人、思想史、重要、神史、人書79、人書94、神人《㊌宝亀5(774)年6月》、新潮、新文、人名、姓氏京都、世人《㊌宝亀5(774)年6月15日》、世百、全書、対外、大百《㊌834年》、太宰府、茶道、伝記、徳島百(弘法大師　こうぼうだいし)《㊌宝亀5(774)年6月15日》、徳島歴、日音《㊌宝亀5(774)年6月15日》、日思、日史、日人、日文、美術、百科、福岡百、福島百(弘法大師　こうぼうだいし)、仏教《㊌宝亀5(774)年、(異説)宝亀4(773)年》、仏史、仏人、文学、平家(弘法大師　こうぼうだいし)、平史、平日、名僧、山形百、山川小、山梨百(弘法　こうぼう)、歴大、和歌山人、和俳

**久我松谷**　くがしょうこく
嘉永6(1853)年～明治36(1903)年
江戸時代末期～明治期の漢学者。誠之館教授。岡山県農工銀行の創立、山陽商業銀行の経営に携わった。
¶人名

**久我篤立**　くがとくりゅう
明治～昭和期の曹洞宗僧侶、社会教育家。曹洞宗竜拈寺管長、大僧正、永平寺貫主。
¶人名7《㊌1863年　㉟1944年》、世紀《㊌文久3(1863)年　㉟昭和19(1944)年3月》、日人《㊌1861年　㉟1943年》、仏教《㊌文久1(1861)年8月1日　㉟昭和18(1943)年3月19日》

**久我元**　くがはじめ
大正3(1914)年～
昭和期の社会教育家。
¶郷土福井

**久我房三**　くがふさぞう
嘉永6(1853)年12月20日～明治36(1903)年
江戸時代後期～明治期の漢学者、実業家、政治家。福山藩藩校誠之館の教授。
¶岡山人、岡山歴《㉟明治36(1903)年12月27

日》、日人《㊌1854年》

**九鬼隆国**　くきたかくに
天明1(1781)年～嘉永6(1853)年
江戸時代後期の大名。摂津三田藩主。
¶諸系、日人、藩主3《㉟嘉永5(1852)年12月15日》

**久鬼隆寛**(九鬼隆寛)　くきたかのぶ
元禄13(1700)年～天明6(1786)年
江戸時代中期の大名。丹波綾部藩主。
¶諸系(九鬼隆寛)、日人(九鬼隆寛)、藩主3《㉟天明6(1786)年5月23日》

**九鬼隆由**　くきたかより
享保3(1718)年～延享1(1744)年
江戸時代中期の大名。摂津三田藩主。
¶諸系、日人、藩主3《㉟寛保3(1743)年12月5日》

**久木原定助**　くきはらていすけ
明治32(1899)年～昭和36(1961)年
大正～昭和期の音楽教育家。
¶山形百

**釘本久春**　くぎもとひさはる
明治41(1908)年4月28日～昭和43(1968)年5月11日
昭和期の国文学者、国語学者。文部省国語課長。「外国人のための日本語教育学会」設立。著書に「中世歌論の性格」など。
¶現情、人名7、世紀、日児、日人

**九鬼隆一**　くきりゅういち
嘉永5(1852)年～昭和6(1931)年8月18日
明治期の美術行政家。帝国博物館総長。文部省から派遣され各国の美術・教育事情を視察。内務省に転じ古美術保存に尽力。
¶海越《㊌嘉永5(1852)年8月7日》、海越新《㊌嘉永5(1852)年8月7日》、教育、京都府、近現、考古《㊌嘉永5(1852)年8月7日　㉟昭和6(1931)年8月》、国際、国史、コン改、コン5、史人《㊌嘉永5(1852)年8月8日》、新潮《㊌嘉永5(1852)年8月7日》、人名、世紀《㊌嘉永5(1852)年8月》、姓氏京都、茶道、渡航《㊌1852年8月　㉟1931年8月》、日人、藩臣5、兵庫人《㊌嘉永5(1852)年8月　㉟昭和6(1931)年8月15日》、兵庫百、仏教《㊌嘉永5(1852)年8月7日》、明治1、履歴《㊌嘉永5(1852)年8月8日》

**久下市十郎**　くげいちじゅうろう
慶応3(1867)年7月23日～大正6(1917)年5月18日
明治・大正期の教育功労者。東和田屯田兵村(現、根室市東和田)入地者。
¶根千

**日下誠**　くさかせい
　→日下誠（くさかまこと）

**日下精二**　くさかせいじ
明治44(1911)年5月15日～昭和63(1988)年7月29日
昭和期の小学校教員。
¶社史

## 草鹿丁卯次郎　くさかちょうじろう
慶応3(1867)年～昭和6(1931)年4月24日
明治期の教員、政治経済学者、銀行員。第四高等学校教授、住友銀行監査役。
¶社史(㊃慶応3年2月28日(1867年4月2日)　㊄1921年4月24日)、世紀(㊃慶応3(1867)年2月2日)、姓氏石川、渡航(㊃1867年2月)、日人

## 日下陶渓　くさかとうけい
→日下伯巌(くさかはくがん)

## 日下伯巌　くさかはくがん
天明5(1785)年～慶応2(1866)年　㊙日下陶渓《くさかとうけい》
江戸時代後期の松山藩士、藩校明教館教授。
¶愛媛、愛媛人、愛媛百(㊃天明5(1785)年2月17日　㊄慶応2(1866)年9月14日)、郷土愛媛、国書(日下陶渓　くさかとうけい　㊃天明5(1785)年2月17日　㊄慶応2(1866)年9月14日)、人名(日下陶渓　くさかとうけい)、幕末(㊄1866年10月)、幕末大(㊄慶応2(1866)年9月)

## 日下恒　くさかひとし
明治32(1899)年7月24日～昭和57(1982)年8月14日
昭和期の教育学者。大分大学教授。
¶現情

## 日下部三之介(日下部三之助)　くさかべさんのすけ
安政3(1856)年12月～大正14(1925)年1月2日
明治期の教育評論家。日本教育会理事。教育の普及、教育評論に尽力、教科書疑獄事件に連座。
¶近現、国史、出文、人名、世紀、日人、福島百(日下部三之助)

## 日下部しげ　くさかべしげ
明治38(1905)年5月14日～昭和56(1981)年11月26日
大正・昭和期の教育者。
¶飛騨

## 日下部正一　くさかべしょういち
嘉永4(1851)年～大正2(1913)年
明治～大正期の東亜先覚者。上海の東洋学館の設立発起人の一人として開校準備に尽力。
¶社史(㊄1913年8月5日)、人名、日人

## 日下部政蔵　くさかべまさぞう
明治27(1894)年1月11日～昭和9(1934)年9月29日
大正・昭和期の教師。
¶飛騨

## 日下誠　くさかまこと
明和1(1764)年～天保10(1839)年6月3日　㊙日下誠《くさかせい》、鈴木誠政《すずきせいせい》
江戸時代後期の和算家。
¶朝日(㊃天保10年6月3日(1839年7月13日))、江文(㊃宝暦13(1763)年)、国書、コン改(㊃宝暦13(1763)年)、コン4、史人、新潮、人名、世人(くさかせい　㊃宝暦13(1763)年)、日人、洋学(㊃宝暦13(1763)年)

## 草刈玄水　くさかりげんすい
天保9(1838)年～明治11(1878)年
江戸時代後期～明治期の教育者。
¶姓氏宮城

## 草刈善造　くさかりぜんぞう
大正3(1914)年～
昭和期の教育学者、キブツ研究者。北海道教育大学教授。
¶現執1期

## 草川宣雄　くさかわのぶお
明治13(1880)年～昭和38(1963)年
昭和期の教育家。初期オルガン奏法の普及、音楽教授法、唱歌教育法などに業績を残す。
¶音楽、長野百、長野歴

## 草川正富　くさかわまさとみ
～明治25(1892)年
江戸時代後期～明治期の勢州の教育者。
¶三重続

## 草島時介　くさじまときすけ
明治37(1904)年5月17日～平成2(1990)年7月27日
昭和期の教育者。
¶視覚、心理

## 草津幾生　くさついくお
大正11(1922)年～昭和60(1985)年
昭和期の医師、大分県教育委員長。
¶大分歴

## 日柳三舟　くさなぎさんしゅう
天保10(1839)年～明治36(1903)年　㊙日柳三舟《ひやなぎさんしゅう》
江戸時代後期～明治時代の教育家。浪華文会創業者。
¶大阪人(㊄明治36(1903)年7月)、出文(㊄明治36(1903)年7月23日)、人名(ひやなぎさんしゅう　㊃1844年)、日人

## 草薙裕　くさなぎゆたか
昭和11(1936)年4月28日～
昭和～平成期のコンピュータ言語学者、日本語教育学者。筑波大学教授。
¶現執3期

## 草野雲平　くさのうんぺい
正徳5(1715)年～寛政8(1796)年　㊙草野潜渓《くさのせんけい》
江戸時代中期の肥後熊本藩士。
¶国書(草野潜渓　くさのせんけい　㊄寛政8(1796)年3月5日)、人名(草野潜渓　くさのせんけい)、日人(草野潜渓　くさのせんけい)、藩臣7

## 草野勝彦　くさのかつひこ
昭和17(1942)年2月3日～
昭和期の障害児教育学者。宮崎大学教授、生涯学習教育研究センター長。
¶現執2期

**草野清民** くさのきよたみ
明治2(1869)年4月6日～明治32(1899)年9月10日
明治期の文法学者。中学教師。著書「草野氏日本文法」の創見は世界に大きな影響を与えた。
¶コン改, コン5, 人名, 日人

**草野実馬** くさのじつま
明治42(1909)年1月9日～平成3(1991)年9月21日
昭和期の小学校教員。
¶社史

**草野俊太郎** くさのしゅんたろう
天保7(1836)年～明治35(1902)年
江戸時代後期～明治期の教育者。
¶大分歴

**草野純英** くさのすみひで
大正15(1926)年10月17日～
昭和期のカトリック司祭、高校教師。
¶現執2期

**草野石瀬** くさのせきらい
？～文久1(1861)年
江戸時代末期の儒学者、肥後宇土藩士。
¶江文(⊕寛政4(1792)年)、国書(㊥文久1(1861)年5月7日)、人名, 日人

**草野潜渓** くさのせんけい
→草野雲平(くさのうんぺい)

**草野恵** くさのめぐむ
明治17(1884)年～昭和49(1974)年
明治～昭和期の音楽教育家。
¶鳥取百

**草場勇** くさばいさむ
明治36(1903)年～昭和53(1978)年
昭和期の大分大学学長。
¶大分百, 大分歴

**草場船山** くさばせんざん
文政2(1819)年～明治20(1887)年
江戸時代末期～明治時代の東原庠舎教官。
¶佐賀百(⊕文政2(1819)年7月9日　㊥明治20(1887)年1月16日)、詩歌(⊕1821年　㊥1889年)、詩作(⊕文政2(1819)年7月9日　㊥明治20(1887)年1月16日)、人名(⊕1821年　㊥1889年)、日人, 幕末, 幕末人, 和俳(⊕文政4(1821)年　㊥明治22(1889)年)

**草場大麓** くさばたいろく
元文5(1740)年～享和3(1803)年
江戸時代中期～後期の書家。
¶人名, 日人

**草場佩川**(草場珮川、草葉佩川) くさばはいせん
天明7(1787)年～慶応3(1867)年10月29日
江戸時代後期の漢詩人、肥前佐賀藩の儒官。
¶朝日(⊕天明7年1月7日(1787年2月24日)　㊥慶応3年10月29日(1867年11月24日))、維新, 近世, 考古(草葉佩川　⊕天明6年(1788年1月7日))、国書(⊕天明8(1788)年1月7日)、コン改, コン4, 佐賀百(⊕天明7(1787)年1月7日)、詩歌, 詩作(⊕天明7(1787)年1月7日)、

史人(⊕1787年1月7日)、新潮(⊕天明7(1787)年1月7日)、人名, 世人(草場珮川　㊥慶応2(1867)年10月)、日史(⊕天明7(1787)年1月7日)、日人, 幕末(㊥1864年9月26日)、藩臣7, 百科, 名໗, 和俳

**草間碩** くさませき
嘉永7(1854)年～昭和20(1945)年
明治～昭和期の牧師。
¶世紀(⊕嘉永7(1854)年6月16日　㊥昭和20(1945)年1月18日)、日人

**草間時福** くさまときよし
嘉永6(1853)年5月19日～昭和7(1932)年1月5日
明治期の教育家、新聞記者、官吏。航路標識管理所長、帝国飛行協会副会長。民権派新聞記者として活躍後、立憲政党に尽力。
¶愛媛, 愛媛百, 郷土愛媛, 近現, 国史, 史人, 社史, 世紀, 新潟百(㊥1931年)、日人

**草間実** くさまみのる
明治35(1902)年5月2日～？
大正～昭和期の教師、俳優。
¶映男, 新芸, 男優, 俳優

**具志川聡子** ぐしかわあきこ
昭和16(1941)年～
昭和期の教育者。
¶戦沖

**具志堅勇** ぐしけんいさむ
昭和13(1938)年～平成17(2005)年
昭和・平成期の教育者。
¶戦沖

**久慈源一郎** くじげんいちろう
文久2(1862)年～
明治期の教育者。新聞人。
¶岩手人

**櫛田心法** くしだしんぽう
明治24(1891)年～昭和22(1947)年
大正～昭和期の社会教育家、僧。
¶島根歴

**櫛田北渚** くしだほくしょ
文化12(1815)年～明治5(1872)年
江戸時代末期～明治期の筑前福岡藩士。
¶国書(⊕文化12(1815)年10月22日　㊥明治5(1872)年4月4日)、人名(⊕1814年　㊥1871年)、日人

**串春栄** くしはるえ
明治35(1902)年2月6日～昭和43(1968)年4月12日
昭和期の社会教育家。
¶徳島歴

**櫛引錯斎** くしびきさくさい
文政3(1820)年～明治12(1879)年
江戸時代末期の陸奥弘前藩儒。
¶青森人, 人名, 日人

櫛淵包　くしぶちかね
大正2(1913)年6月19日～
昭和期の教育者。
¶群馬人

櫛淵虚冲軒　くしぶちきょちゅうけん
→櫛淵弥兵衛宣根(くしぶちやへえのぶもと)

櫛淵弥兵衛　くしぶちやへえ
→櫛淵弥兵衛宣根(くしぶちやへえのぶもと)

櫛淵弥兵衛宣根　くしぶちやへえのぶもと
＊～文政2(1819)年　㊙櫛淵虚冲軒《くしぶちきょちゅうけん》、櫛淵弥兵衛《くしぶちやへえ》
江戸時代中期～後期の剣術家。
¶剣豪(櫛淵虚冲軒　くしぶちきょちゅうけん　㊤寛延1(1748)年)、人名(㊤1748年)、体育(㊤1747年)、日人(櫛淵弥兵衛　くしぶちやへえ　㊤1749年　㊥1820年)

串間努　くしまつとむ
昭和38(1963)年～
昭和～平成期の学童文化研究家。「日曜研究家」主筆、昭和レトロ商品博物館名誉館長、三雲社代表取締役。
¶現執4期

九条武子　くじょうたけこ
明治20(1887)年10月20日～昭和3(1928)年2月7日
大正期の歌人。夫への思慕と孤閨の悲愁を歌った処女歌集「金鈴」は世の同情を誘った。
¶朝日、岩歌、岩手人、京都文、近現、近女、近文、現朝、国史、コン改、コン5、詩歌、滋賀文、史人、女史、女性、女性普、女文、真宗、新宿、新宿女、新潮、新文、人名、世紀、姓氏京都、世人、世百、全書、大百、短歌普、茶道、奈良文、日女、日人、日本、百科、兵庫文、仏教、仏人、文学、北海道文(㊥昭和3(1928)年3月7日)、歴大

九条恵子　くじょうやすこ
明治9(1876)年12月～昭和47(1972)年3月
明治～昭和期の華族。大日本婦人教育会評議員、婦人法話会幹事などを歴任。
¶女性、女性普

楠井章　くすいあきら★
明治34(1901)年～昭和45(1970)年
大正・昭和期の教育長。
¶讃岐

葛生志ん　くずうしん
明治26(1893)年1月22日～平成2(1990)年4月13日
明治・平成期の教育者。
¶神奈女2

城田徳明　ぐすくだとくめい
明治32(1899)年5月11日～昭和49(1974)年9月10日
大正～昭和期の小学校教員。高嶺尋常高等小学校教諭、糸満市長。

¶アナ(㊤明治31(1898)年5月11日)、沖縄百、社史

城田徳隆　ぐすくだとくりゅう
明治28(1895)年5月20日～昭和4(1929)年8月27日
大正期の小学校教員。喜屋武小学校教諭。
¶アナ、沖縄百、社史

楠子　くすこ★
天保2(1831)年～大正8(1919)年
江戸時代後期～大正時代の女性。和歌・書・教育。材木町の島田貞吉の娘。
¶江表(楠子(高知県))

楠永直枝　くすながなおえ
万延1(1860)年～＊
明治～昭和期の洋画家、教育者。
¶高知人(㊥1939年)、高知百(㊥1940年)

楠木しげお　くすのきしげお
昭和21(1946)年～
昭和～平成期の高等学校教諭、童謡詩人。
¶児人

楠秀太郎　くすのきしゅうたろう
文久2(1862)年8月12日～？
明治期の教育者。
¶渡航

楠蕉窓　くすのきしょうそう
→楠文蔚(くすのきぶんうつ)

楠潮風　くすのきちょうふう
天保7(1836)年～大正10(1921)年4月
明治・大正期の教育者・俳人。
¶東三河

楠文蔚　くすのきぶんい
→楠文蔚(くすのきぶんうつ)

楠文蔚　くすのきぶんうつ
文政11(1828)年～明治35(1902)年　㊙楠蕉窓《くすのきしょうそう》、楠文蔚《くすのきぶんい》
江戸時代末期～明治期の漢学者。
¶大分百、大分歴、国書(楠蕉窓　くすのきしょうそう　㊤文政11(1828)年8月11日　㊥明治35(1902)年3月20日)、人名(くすのきぶんい)、日人

楠瀬敏則　くすのせとしのり
昭和5(1930)年1月8日～
昭和～平成期の音楽教育者。
¶音人2、音人3

楠瀬洋吉　くすのせようきち
明治35(1902)年～平成2(1990)年
昭和～平成期の教育者。
¶高知人

楠原彰　くすはらあきら
昭和13(1938)年5月19日～
昭和～平成期の教育学者。国学院大学教授。
¶現執1期、現執2期、現執3期、現執4期

**葛原運次郎** くずはらうんじろう
明治13(1880)年～昭和20(1945)年
明治～昭和期の教育者。弘前中学校ストライキ時の校長。
¶青森人，青森百

**葛原しげる**(葛原𦱳) くずはらしげる
明治19(1886)年6月25日～昭和36(1961)年12月7日
明治～昭和期の作詩家、童謡作家。跡見高女教師。代表作「夕日」「とんび」など。
¶近文(葛原𦱳)，芸能，現情，コン改，コン4，コン5，児作(葛原𦱳)，児文(葛原𦱳)，世紀，全書，大百，日児(葛原𦱳)，日人，広島百(葛原𦱳 [没]昭和36(1961)年11月7日)，広島文，民学

**楠美恩三郎** くすみおんざぶろう
慶応4(1868)年3月25日～昭和2(1927)年10月8日
明治～大正期の作曲家、教育家。東京音楽学校教授。作品に唱歌「お星様」など。
¶青森人，青森百，音楽([生]1863年)，音人([生]文久3(1863)年)，作曲，日人，飛驒

**楠見鹿太郎** くすみしかたろう
天保10(1839)年12月5日～明治14(1881)年2月23日
明治期の教育者、政治家。村長。
¶岡山人，岡山歴

**楠美則徳** くすみのりよし
宝暦4(1754)年～文政2(1819)年
江戸時代中期～後期の弘前町奉行。藩校稽古館の総司、平曲家。
¶青森人

**楠本碩水** くすもとせきすい
天保3(1832)年～大正5(1916)年12月23日
江戸時代末期～明治期の儒学者。平戸藩維新館教授。貢士、大学少博士を歴任。私塾鳳鳴書院で教授。
¶朝日([生]天保3年1月26日(1832年2月27日))，維新，近現，近世，国史，コン改，コン4，コン5，詩歌，人書94，人情，新潮([生]天保3(1832)年1月26日)，人名，哲学，長崎百，日人，幕末([生]1833年)，幕末大

**楠本端山** くすもとたんざん
文政11(1828)年1月15日～明治16(1883)年3月18日
江戸時代末期～明治期の儒学者。
¶朝日([生]文政11年1月15日(1828年2月29日))，維新，郷土長崎，近現，近世，国史，国書，コン改，コン4，コン5，詩歌，史人，思想，人書79，人書94，人情，新潮，人名，哲学，長崎百，日思，日人，幕末，藩臣7

**葛谷実順** くずやさねより
→葛谷実順(くずやじつじゅん)

**葛谷実順** くずやじつじゅん
宝永5(1708)年～宝暦2(1752)年3月10日　[別]葛谷実順《くずやさねより》
江戸時代中期の算家。
¶国書(くずやさねより)，人名，数学(くずやさねより)，日人

**楠山三香男** くすやまみかお
大正15(1926)年5月15日～
昭和期の教育問題研究者。秋草学園短期大学講師、サンケイ新聞社客員論説委員。
¶現執2期

**久世順矣** くぜじゅんい
？～文政4(1821)年7月17日
江戸時代中期～後期の心学者。
¶国書

**久世宗一** くせそういち
明治40(1907)年～平成2(1990)年
昭和～平成期の教育者。小学校長。
¶青森人

**久世友輔** くぜともすけ
宝暦1(1751)年11月26日～文化11(1814)年
江戸時代中期～後期の心学者。
¶岐阜百，国書([没]文化11(1814)年7月5日)，藩臣3，三重続

**久世広運** くぜひろたか
寛政11(1799)年～天保1(1830)年　[別]久世広運《くぜひろゆき》
江戸時代後期の大名。下総関宿藩主。
¶諸系，人名(くぜひろゆき)，日人，藩主2([没]天保1(1830)年8月20日)

**久世広運** くぜひろゆき
→久世広運(くぜひろたか)

**久高将憲** くだかしょうけん
明治38(1905)年10月10日～
昭和期の小学校教員、政治家。立法院議員、沖縄県議会議員。
¶社史

**久高利男** くだかとしお
昭和7(1932)年～
昭和期の教育者。
¶戦沖

**百済王仁貞** くだらのこにきしじんてい
？～延暦10(791)年　[別]百済王仁貞《くだらのこにきしにんちょう》，百済仁貞《くだらのにんじょう》
奈良時代～平安時代前期の官人。
¶古人(くだらのこにきしにんちょう　[生]？)，古代，古代普([生]？)，日人(百済仁貞　くだらのにんじょう)

**百済王仁貞** くだらのこにきしにんちょう
→百済王仁貞(くだらのこにきしじんてい)

**百済仁貞** くだらのにんじょう
→百済王仁貞(くだらのこにきしじんてい)

**口羽通博** くちはみちひろ
？～明治18(1885)年
江戸時代末期～明治期の長州藩士。

¶日人

**沓掛斧次郎** くつかけおのじろう
明治10(1877)年～昭和34(1959)年
明治～昭和期の東京府立第一中学校の名物教師。
¶姓氏長野，長野歴



**朽木綱方** くつきつなかた
天明7(1787)年～天保9(1838)年
江戸時代後期の大名。丹波福知山藩主。
¶諸系，日人，藩主3([生]天明6(1786)年12月26日 [没]天保9(1838)年2月27日)

**忽那久吉** くつなきゅうきち
慶応3(1867)年～昭和11(1936)年
明治～昭和期の教育者。
¶愛媛

**工藤猪之助** くどういのすけ
万延1(1860)年～昭和5(1930)年
明治～大正期の教育者。
¶神奈川人

**工藤清** くどうきよし
文久1(1861)年～大正12(1923)年
明治～大正期の教育者。
¶姓氏岩手

**工藤健次** くどうけんじ
大正7(1918)年1月26日～昭和57(1982)年
昭和期のバリトン歌手、教育家。
¶札幌

**工藤左一** くどうさいち
文久4(1864)年2月2日～昭和17(1942)年11月1日
明治～昭和期の教育者。
¶熊本人，熊本百，世紀，日人

**工藤主善** くどうしゅぜん
→工藤他山(くどうたざん)

**工藤精一** くどうせいいち
安政2(1855)年3月～?　[別]工藤精一郎《くどうせいいちろう》
明治期の教育者。札幌農学校教授。公費留学生としてアメリカに渡る。
¶海越(生没年不詳)，海越新，国際，渡航(工藤精一郎　くどうせいいちろう)

**工藤精一郎** くどうせいいちろう
→工藤精一(くどうせいいち)

**工藤卓爾** くどうたくじ
万延1(1860)年～*
明治～大正期の政治家。初代青森市長。女子師範の開校など教育振興に尽力。
¶青森人([没]大正15(1926)年)，青森百([没]大正15(1926)年)，世紀([生]万延1(1860)年3月25日 [没]大正14(1925)年7月19日)，日人([没]1925年)

**工藤他山** くどうたざん
文政1(1818)年～明治22(1889)年2月27日　[別]工藤主善《くどうしゅぜん》
江戸時代末期～明治期の儒学者。稽古館一等教授。私塾「思斉堂」を開く。
¶青森人，維新(工藤主善　くどうしゅぜん)，近現，近世，国史，国書([生]文政1(1818)年10月10日)，コン改，コン4，コン5，詩歌，新潮([生]文政1(1818)年10月10日)，人名，日人，幕末，幕末大([生]文政1(1818)年10月10日)，和俳

**工藤祐** くどうたすく
明治43(1910)年～昭和56(1981)年
昭和期の教育者。学校長。
¶青森人

**工藤正** くどうただし
大正14(1925)年～昭和57(1982)年
昭和期の郷土史家。
¶青森人，郷土

**久藤達郎** くどうたつろう
大正3(1914)年7月28日～平成9(1997)年10月21日
昭和～平成期の人間味と詩情あふれる劇作の達人。
¶東北近

**工藤勉** くどうつとむ
明治29(1896)年～昭和58(1983)年
明治～昭和期の理療教育者。
¶視覚

**工藤恒治** くどうつねじ
明治28(1895)年9月19日～昭和58(1983)年10月7日
昭和期の俳人、歌人、文筆家、教師。
¶社史，庄内

**工藤富次郎** くどうとみじろう
明治15(1882)年5月26日～昭和28(1953)年
明治～昭和期の音楽教育の第一人者。
¶札幌，北海道百，北海道歴

**工藤信彦** くどうのぶひこ
昭和5(1930)年10月16日～
昭和～平成期の高校教師、国語教育研究家。
¶北海道文，YA

**工藤八郎** くどうはちろう
大正1(1912)年10月7日～
大正～平成期の音楽教育者。
¶音人

**工藤秀明** くどうひであき
大正13(1924)年～平成9(1997)年
昭和～平成期の書写教育研究会の創始者、書家。
¶青森人

**工藤秀松** くどうひでまつ
明治35(1902)年～昭和36(1961)年
昭和期の全村教育の尽力者。
¶青森人

**工藤文三** くどうぶんぞう
昭和25(1950)年1月21日～
昭和～平成期の教育学者。国立教育政策研究所教育課程研究センター総括研究官。専門は、教育学。
¶現執4期

**工藤祐吉** くどうゆうきち
明治8(1875)年〜昭和11(1936)年
明治〜昭和期の教育者。
¶姓氏岩手

**工藤豊** くどうゆたか
明治37(1904)年〜平成6(1994)年
昭和〜平成期の教育家。
¶大分歴

**工藤義男** くどうよしお
明治37(1904)年〜平成8(1996)年
昭和〜平成期の教育者。行政相談員。
¶青森人

**久冨善之** くどみよしゆき,くとみよしゆき
昭和21(1946)年2月16日〜
昭和〜平成期の教育社会学者。一橋大学教授。
¶現執2期(くとみよしゆき),現執3期(くとみよしゆき),現執4期

**くに**
1835年〜
江戸時代後期の女性。教育。滋野氏。
¶江表(くに(東京都)) ㊐天保6(1835)年頃)

**国井喜太郎** くにいきたろう
明治16(1883)年4月23日〜昭和42(1967)年2月15日
大正〜昭和期の教育者。国立工芸指導所所長。建築家ブルーノ=タウトを招聘、各地の指導所建設にとりくむ。
¶世紀,富山百,日人,宮城百(㊥昭和44(1969)年)

**国枝松宇** くにえだしょうう
寛政8(1796)年〜明治13(1880)年
江戸時代末期〜明治期の漢学者。孝心厚く、学高く武士の身分となる。著書に「松宇遺稿」など。
¶姓氏愛知,日人

**国枝誠也** くにえだせいや
大正11(1922)年3月1日〜
昭和〜平成期の声楽家、音楽教育者(ソルフェージュ)。
¶音人2,音人3

**国枝元治** くにえだもとじ
明治6(1873)年8月〜昭和29(1954)年9月11日
㊙国枝元治《くにえだもとはる》
明治〜昭和期の数学者、数学教育者。東京文理科大学教授。日本中等教育数学界の創立に力を尽くす。
¶科学(㊐1873年(明治6)8月14日),現情,人名7,数学(くにえだもとはる ㊐明治6(1873)年8月14日),世紀,日人

**国枝元治** くにえだもとはる
→国枝元治(くにえだもとじ)

**国沢新九郎** くにさわしんくろう,くにざわしんくろう
弘化4(1847)年12月22日〜明治10(1877)年3月12日

明治期の洋画家。私塾彰技堂を開き、西欧流の美術教育を行う。初の洋画展覧会を開催。
¶朝日(㊐弘化4年12月22日(1848年1月27日)),海越(くにざわしんくろう ㊐嘉永1(1848)年),海越新(くにざわしんくろう ㊐嘉永1(1848)年),近現,近美,高知人,高知百,国際(くにざわしんくろう ㊐嘉永1(1848)年),国史,コン改(くにざわしんくろう),コン5,史人,新潮,人名(㊐1848年),世百,全書,大百(くにざわしんくろう ㊐1848年),渡航(くにざわしんくろう ㊐1848年),日人(㊐1848年),幕末,美家,美術,名画(くにざわしんくろう)

**国重半山** くにしげはんざん
→国重正文(くにしげまさぶみ)

**国重正文** くにしげまさぶみ,くにしげまさふみ
天保11(1840)年〜明治34(1901)年10月27日
㊙国重半山《くにしげはんざん》
江戸時代末期〜明治期の官吏。内務省神社局長、富山県令。東京国学院長、伏見稲荷神社宮司をつとめる。
¶維新,神人,人名(㊐?),姓氏富山,富山百(くにしげまさふみ ㊐天保11(1840)年10月15日),富山文(国重半山 くにしげまさふみ ㊐天保11(1840)年10月15日 ㊥明治34(1901)年10月25日),日人,幕末,幕末大,ふる(くにしげまさふみ)

**国島笁斎** くにしまかっさい
明和6(1769)年〜文政9(1826)年
江戸時代中期の長門豊浦藩儒。
¶国書(㊥文政9(1826)年10月9日),人名,日人

**国島俊蔵** くにしましゅんぞう
江戸時代末期の長門豊浦藩儒。
¶人名,日人(生没年不詳)

**国島勢以** くにしませい
天保4(1833)年〜明治5(1872)年
江戸時代末期〜明治期の歌人、教育者。森春濤の妻。別れて住む2人は頻繁に手紙をやり取りした。
¶江表(勢以(岐阜県)),女史,女性,女性普

**国末保一** くにすえやすいち
明治36(1903)年3月19日〜昭和53(1978)年3月15日
昭和期の教育者。
¶岡山歴

**国富友次郎** くにとみともじろう
明治3(1870)年2月3日〜昭和28(1953)年12月1日
明治〜大正期の教育者、政治家。岡山実科女学校校長、岡山市議会議長、岡山市市長。
¶岡山人,岡山百,岡山歴,世紀,政治,茶道,日人

**国友古照軒** くにともこしょうけん
文政6(1823)年〜明治17(1884)年
江戸時代後期〜明治期の漢学者。
¶熊本人

**国友善庵** くにともぜんあん
→国友与五郎（くにともよごろう）

**国友尚克** くにともたかかつ
→国友与五郎（くにともよごろう）

**国友与五郎** くにともよごろう
享和1（1801）年〜文久2（1862）年　㊙国友尚克《くにともたかかつ》,国友善庵《くにともぜんあん》
江戸時代末期の水戸藩士。
¶維新, 国書（国友善庵　くにともぜんあん　㊕享和1（1801）年8月23日　㊚文久2（1862）年2月29日）, 人名（国友尚克　くにともたかかつ）, 日人（国友尚克　くにともたかかつ）, 幕末（㊚1862年3月29日）, 藩臣2

**国永正臣** くになががまさおみ
明治9（1876）年11月13日〜昭和42（1967）年8月30日
明治〜昭和期の歯科医。
¶渡航, 福岡百

**国信玉三** くにのぶたまそう
明治26（1893）年2月5日〜昭和63（1988）年3月31日
明治〜昭和期の学校創立者。比治山女子中学校、比治山女子短期大学を設立。
¶学校

**国造塵隠** くにのみやつこじんいん
寛文1（1661）年〜正徳3（1713）年1月7日
江戸時代前期〜中期の儒学者。
¶国書（寛文1（1661）年5月）, コン改, コン4, 新潮, 人名, 日人

**国村三郎** くにむらさぶろう
明治38（1905）年〜昭和55（1980）年
昭和期の教育者、方言研究家、組合活動家。
¶愛媛, 愛媛百（㊕明治38（1905）年9月23日　㊚昭和55（1980）年5月3日）

**椚命啓** くぬぎながひろ
寛政3（1791）年〜天保13（1842）年
江戸時代後期の書家。
¶人名, 日人

**久能昭** くのうあきら
昭和5（1930）年〜
昭和期の予備校教師、農民思想史・農民教育運動研究者。
¶現執1期

**久野春光** くのはるみつ
明治11（1878）年〜昭和21（1946）年
明治〜昭和期の教育者。
¶神奈川人

**九里総一郎** くのりそういちろう
大正13（1924）年10月1日〜平成17（2005）年12月13日
昭和〜平成期の教育者。九里学園理事長。浦和実業専門などを創立。浦和実業学園高等学校を設立。
¶学校

**九里とみ** くのりとみ
明治5（1872）年11月7日〜昭和32（1957）年
明治〜昭和期の教育者。九里裁縫女学校（後の九里学園高等学校）を設立。
¶学校, 山形百

**久芳庄二郎** くばしょうじろう
明治25（1892）年〜昭和40（1965）年
昭和期の教育者。
¶山口人

**久場政用** くばせいよう
明治5（1872）年12月22日〜昭和22（1947）年3月27日
明治〜昭和期の教育者、拓本研究家。
¶沖縄百, 姓氏沖縄

**久場ツル** くばつる
明治14（1881）年〜昭和18（1943）年1月29日
明治〜昭和期の教育者。沖縄の入墨廃止・服装改良運動の先駆者。
¶沖縄百, 社史（㊚1941年）, 女性, 女性普, 世紀, 姓氏沖縄, 先駆, 日人

**句仏** くぶつ
→大谷光演（おおたにこうえん）

**久保井規夫** くぼいのりお
昭和17（1942）年10月〜
昭和〜平成期の中学校教師。吹田市同和教育研究協議会副会長、摂津市立第一中学校教諭。
¶現執3期

**久保侗** くぼおうか
明治期の漢学者。和漢の学に通じ、私塾を開き塾長となった。
¶人名

**久保川平三郎** くぼかわへいざぶろう
明治16（1883）年〜
明治〜大正期の教師。
¶神人

**久保木竹窓** くぼきちくそう
宝暦12（1762）年〜文政12（1829）年
江戸時代後期の儒学者。
¶郷土千葉（㊕1763年）, 国書（㊚文政12（1829）年8月28日）, 人名, 日人

**久保国治** くぼくにじ
明治16（1883）年〜昭和40（1965）年
明治〜昭和期の園芸教育者。
¶長野歴

**久保源太郎** くぼげんたろう
明治35（1902）年3月21日〜平成9（1997）年3月25日
昭和・平成期の教育者。
¶岩手人

**久保五郎左衛門** くぼごろうざえもん
文化1（1804）年〜文久1（1861）年
江戸時代末期の長州（萩）藩士。
¶姓氏山口, 幕末（㊚1861年3月17日）, 幕末大

([没]万延2(1861)年2月7日)

**久保侈堂** くぼしどう
*～明治26(1893)年12月28日
江戸時代末期～明治期の漢学者。佐倉藩校の教授。後、家塾設立。著に「文章規範訓点」。
¶人名([生]1834年), 日人([生]1834年), 幕末([生]1835年), 幕末大([生]天保6(1835)年)

**窪島務** くぼしまつとむ
昭和23(1948)年6月10日～
昭和～平成期の障害児教育学者。滋賀大学教授。
¶現執3期, 現執4期

**久保島信保** くぼじまのぶやす
大正14(1925)年～
昭和期の教師、美術教育研究者。
¶現執1期

**久保舜一** くぼしゅんいち
明治41(1908)年1月9日～平成4(1992)年5月30日
昭和期の教育心理学者。
¶心理

**久保季玆**(久保季茲) くぼすえじ
→久保季茲(くぼすえしげ)

**久保季茲**(久保季玆, 久保季滋) くぼすえしげ
天保1(1830)年～明治19(1886)年3月5日 [別]久保季玆《くぼすえじ》, 久保季茲《くぼすえじ》
江戸時代末期～明治期の国学者。大神神社大宮司、皇典講究所文学部教授。神祇官書記、宮内省御用掛などを歴任。
¶維新, 江文(久保季滋), 国書([生]文政13(1830)年5月12日), コン改(久保季玆), コン改, コン4, コン5(久保季玆), コン5, 神史, 神人, 新潮([生]天保1(1830)年5月12日), 人名(久保季玆), 人名, 日人, 幕末(久保季玆 くぼすえじ [生]1830年7月2日), 幕末(くぼすえじ [生]1830年7月2日), 幕末大(くぼすえじ [生]文政13(1830)年5月12日), 歴大

**久保進** くぼすすむ
明治20(1887)年7月5日～昭和51(1976)年9月3日
明治～昭和期の科学者。
¶徳島百, 徳島歴

**窪全亮** くぼぜんりょう
弘化4(1847)年～大正2(1913)年5月11日
明治～大正期の教育者。
¶神奈川人, 世紀([生]弘化4(1847)年8月19日), 多摩, 日人, 町田歴([生]弘化4(1848)年)

**久保祖舜** くぼそしゅん
天保13(1842)年～大正10(1921)年 [別]祖舜《そしゅん》
明治～大正期の陶業家。屋島焼の創始者。
¶コン改, コン5, 人名, 人名(祖舜 そしゅん), 世紀([没]大正10(1921)年4月27日), 陶工([生]1841年), 日人, 名工([没]大正10年4月27日)

**久保田愛之丞** くぼたあいのじょう
嘉永4(1851)年～昭和6(1931)年
明治～昭和期の教育者。
¶島根人, 島根歴

**窪田鉞郎** くぼたえつろう
明治37(1904)年6月3日～昭和63(1988)年10月21日
昭和期の小学校教員。
¶社史

**久保田鼎** くぼたかなえ
安政2(1855)年～昭和15(1940)年1月10日
明治～昭和期の文部官僚。東京美術学校校長。古社寺保存会委員。
¶海越新, 人名7, 渡航([生]1855年3月4日), 日人

**久保隆美** くぼたかみ
明治40(1907)年～昭和48(1973)年
昭和期の教育者。
¶香川人

**窪田清彦** くぼたきよひこ
大正11(1922)年5月25日～
昭和期の教育者、劇作家。
¶北海道文

**窪田三郎** くぼたさぶろう
万延1(1860)年～明治41(1908)年
江戸時代末期～明治期の南佐久教育に尽くした教育者。
¶長野歴

**窪田茂遂** くぼたしげつぐ
文化14(1817)年～明治10(1877)年3月29日
[別]窪田梨渓《くぼたりけい》
江戸時代末期～明治期の出羽米沢藩士、教育者。
¶国書(窪田梨渓 くぼたりけい), 藩臣1

**窪田茂喜** くぼたしげよし
明治15(1882)年～昭和35(1960)年
明治～昭和期の教育者。
¶長野百, 長野歴

**窪田繁** くぼたしげる
明治27(1894)年～昭和46(1971)年
大正～昭和期の産婦人科医、奄美群島政府衛生部長、名瀬市教育委員長。
¶姓氏鹿児島

**久保田芝水堂** くぼたしすいどう
文化6(1809)年～明治3(1870)年
江戸時代後期の儒学者、昌平校講師。
¶長野歴

**久保田順作** くぼたじゅんさく
明治17(1884)年～昭和45(1970)年
明治～昭和期の教育者。
¶神奈川人

**窪田次郎** くぼたじろう
天保6(1835)年～明治35(1902)年4月18日
江戸時代末期～明治期の医師。福山藩藩校誠之館医学所教授。医生研究所を設立して片山病の研究に専念。
¶岡山歴([生]天保6(1835)年4月24日), 社史([生]天保6年(1835年4月24日)), 人名, 日人,

幕末，幕末大，広島百（㊗天保6(1835)年4月24日），洋学

**窪田二郎** くぼたじろう
明治5(1872)年～昭和12(1937)年
明治～昭和期の教育者。精華学校初代校長。
¶姓氏鹿児島

**窪田真二** くぼたしんじ
昭和28(1953)年5月28日～
昭和～平成期の研究者。筑波大学教育学系教授。専門は、教育学、教育制度、教育行政学、教育法制論。
¶現執4期

**久保田信平** くぼたしんべい
天保3(1832)年～明治9(1876)年
江戸時代末期～明治期の国学者。洲本支庁長。文法、皇学、画を学び、郷党の子弟の教導に尽力。
¶人名，日人

**窪田誠恵** くぼたせいけい
明治10(1877)年5月20日～昭和4(1929)年3月6日
明治～昭和期の在鮮教育家。教会教化、農村啓発の指導者として敬愛された。
¶人名，世紀，日人

**窪田善之** くぼたぜんし
→窪田善之(くぼたよしゆき)

**窪田長松** くぼたちょうまつ
明治30(1897)年5月27日～平成2(1990)年6月6日
昭和・平成期の教育者。教育者工業学校長。北海道議会議員。小樽・函館工業校長から道会議員。
¶北海道建

**久保田力** くぼたつとむ
明治15(1882)年～昭和47(1972)年
明治～昭和期の教育者。
¶北海道百，北海道歴

**窪田知道** くぼたともみち
→窪田善之(くぼたよしゆき)

**久保田南里** くぼたなんり
天保3(1832)年～明治9(1876)年
江戸時代末期～明治期の学者、教育者、大区長。
¶兵庫百

**久保田日亀** くぼたにちき
天保12(1841)年～明治44(1911)年
明治期の日蓮宗僧侶。日蓮宗15代管長。
¶日人，仏教（㊗明治44(1911)年4月13日）

**久保田信之** くぼたのぶゆき
昭和11(1936)年8月28日～
昭和～平成期の教育学者。学習院女子短期大学教授。
¶現執3期，現執4期

**久保田浩** くぼたひろし
大正5(1916)年4月9日～
昭和期の教育者、児童文学者。白梅学園短期大学理事、白梅学園短期大学教授。

¶現執2期，現執3期，現情，児人，世紀，日児

**久保田米僊**（久保田米遷） くぼたべいせん
嘉永5(1852)年2月25日～明治39(1906)年5月19日
明治期の日本画家。鈴木百年に師事。京都美術協会創立に参加するなど京都の絵画振興に尽力。
¶朝日（㊗嘉永5年2月25日(1852年3月15日)），石川百，海越，海越新，京都（久保田米遷），京都大，京都文，近現，近美（㊗嘉永5(1852)年2月），近文，芸能，国史，コン改，コン5，史人，新潮，人名，姓氏石川，姓氏京都，渡航（㊗1906年5月18日），日画，日児（㊗嘉永5(1852)年3月15日），日人，美家，名ırken，明治2

**久保田正尋** くぼたまさひろ
？～
大正期の居村実業補習学校教員。
¶社史

**久保田貢** くぼたみつぐ
昭和40(1965)年～
昭和～平成期の中学校高校教諭。
¶YA

**久保田譲** くぼたゆずる
弘化4(1847)年5月10日～昭和11(1936)年4月14日
明治～大正期の教育行政家。男爵、枢密顧問官。官僚派の教育家。文部次官、文部大臣などを歴任。
¶教育（㊗1922年），コン改，コン5，人名，世紀（㊗弘化4(1847)年5月），渡航，日人，兵庫人，兵庫百，明治1，履歴

**窪田善之** くぼたよしゆき
文政7(1824)年3月～明治10(1877)年　㊙窪田知道《くぼたともみち》、窪田善之《くぼたぜんし》
江戸時代後期～明治期の和算家、暦学者。
¶岡山人（くぼたぜんし），岡山歴（くぼたぜんし㊗明治10(1877)年7月），国書（㊗明治10(1877)年7月18日），人名（くぼたぜんし），数学（窪田知道　くぼたともみち　㊗明治10(1877)年7月18日），日人，藩史6（㊗文政7(1827)年）

**久保田温郎** くぼたよしろう
明治2(1869)年～昭和41(1966)年
明治～昭和期の化学教師、化学者。
¶鹿児島百，薩摩

**窪田梨渓** くぼたりけい
→窪田茂遂(くぼたしげつぐ)

**久保貞三** くぼていぞう
明治16(1883)年～昭和20(1945)年
昭和期の教育者。
¶群馬人

**久保寺正福** くぼでらまさとみ
江戸時代中期～後期の算者、幕臣。
¶国書(生没年不詳)，人名，数学，日人(生没年不詳)

**久保寺正久** くぼでらまさひさ
寛政7（1795）年～？
江戸時代後期の和算家。
¶国書，コン改，コン4，人名，日人

**久保天随** くぼてんずい
明治8（1875）年7月23日～昭和9（1934）年6月1日
[別]久保得二《くぼとくじ》
明治～昭和期の漢文学者。台北帝国大学教授。漢籍の注釈書を多く著す。漢詩人、中国戯曲研究家としても有名。
¶近現，近文，国史，コン5，詩歌，史研，詩作，史人，新潮，新文，人名，世紀，世百，大百，哲学（久保得二　くぼとくじ），長野百，長野歴，日児，日人，文学，宮城百

**久保得二** くぼとくじ
→久保天随（くぼてんずい）

**久保富造** くぼとみぞう
弘化4（1847）年～大正9（1920）年
江戸時代末期～大正期の安蘇郡小見村の和塾教師、小見村副戸長。
¶栃木歴

**久保虎三** くぼとらぞう
慶応3（1867）年～昭和4（1929）年
明治～昭和期の教育者。
¶郷土奈良，世紀（[生]慶応3（1868）年12月9日 [没]昭和4（1929）年5月14日），日人

**久保春海** くぼはるみ
文久1（1861）年3月9日～昭和12（1937）年3月18日
明治～昭和期の政治家、教育家。
¶高知先

**久保弥生** くぼやよい
明治35（1902）年5月15日～平成5（1993）年5月16日
昭和・平成期の社会事業家。教育者。
¶岩手人

**久保義三** くぼよしぞう
昭和2（1927）年3月4日～
昭和～平成期の教育学者。武蔵野美術大学教授。
¶現情

**久保良英** くぼよしひで
明治16（1883）年4月22日～昭和17（1942）年11月12日
明治～昭和期の心理学者。広島文理科大学教授。知能検査の作成に貢献。著書に「形態心理学」など。
¶教育，心理，世紀，全書，哲学，日人

**久保儀平** くぼよしへい
明治7（1874）年～大正3（1914）年
明治・大正期の教育界の指導者。
¶愛媛

**久保六三郎** くぼろくさぶろう
明治40（1907）年10月3日～昭和20（1945）年6月25日　[別]清水六三郎《しみずろくさぶろう》
昭和期の小学校教員。
¶社史

**熊谷一乗** くまがいかずのり
昭和7（1932）年11月26日～
昭和～平成期の教育社会学者。創価大学教授、創価大学教育学部長。
¶現執1期，現執3期，現執4期

**熊谷箕山** くまがいきざん
享保14（1729）年～寛政11（1799）年
江戸時代中期の儒学者。
¶国書（[没]寛政11（1799）年10月12日），人名，日人

**熊谷敬三** くまがいけいぞう
文政2（1819）年～明治33（1900）年
江戸時代後期～明治期の学校建設の功労者。
¶静岡歴，姓氏静岡

**熊谷幸之輔** くまがいこうのすけ
安政4（1857）年～大正12（1923）年4月28日
明治～大正期の医師。外科、愛知医学専門学校長兼病院長。愛知医科大学の基礎を作った。
¶愛知百，秋田人2（[生]安政4年3月23日），近医，人名（[生]？），世紀，渡航（[生]1857年3月23日），日人

**熊谷諭** くまがいさとし
明治1（1868）年～昭和33（1958）年
昭和期の教育者。
¶山口人

**熊谷繁三郎** くまがいしげさぶろう
明治1（1868）年～昭和17（1942）年
明治～昭和期の教育者。
¶群馬人

**熊谷秀之助** くまがいしゅうのすけ
明治36（1903）年～昭和42（1967）年
昭和期の剣道教師。
¶姓氏宮城

**熊谷昌治** くまがいしょうじ
生没年不詳
江戸時代末期～明治期の教育者。本吉郡黄牛村高屋氏の家中。
¶姓氏宮城

**熊谷新次郎** くまがいしんじろう
昭和8（1933）年11月23日～
昭和～平成期の音楽教育者。
¶音人2，音人3

**熊谷精治** くまがいせいじ
明治4（1871）年～昭和11（1936）年
明治～昭和期の教育者、政治家。村長。
¶姓氏岩手

**熊谷仙太** くまがいせんた
明治20（1887）年～昭和10（1935）年
明治～昭和期の音楽教育家。
¶宮城百

**熊谷孝** くまがいたかし
大正1(1912)年～
昭和期の日本文学・国語教育者。国立音楽大学教授。
¶現執1期

**熊谷辰治郎** くまがいたつじろう
*～昭和57(1982)年2月8日
大正～昭和期の教育者・青年団運動活動家。
¶岩手人(㊤1892年11月1日)，姓氏岩手(㊤1893年)

**熊谷直行** くまがいちょっこう
→熊谷直行(くまがいなおゆき)

**熊谷鉄太郎** くまがいてつたろう
明治16(1883)年5月28日～昭和54(1979)年7月11日
明治～昭和期の盲学校教師、牧師。
¶キリ(㊤明治16(1883)年5月27日)，視覚，社史

**熊谷伝兵衛** くまがいでんべえ
生没年不詳
明治期の京都の盲啞教育の先駆者。
¶姓氏京都

**熊谷直孝** くまがいなおたか
文化14(1817)年～明治8(1875)年2月3日
江戸時代末期～明治期の実業家。京都の香商鳩居堂の7代。大年寄に任命され天然痘予防、小学校野設立などに尽力。
¶朝日(㊤文化14(1817)年6月15日(1817年7月28日))，維新，京都大，国際，国書(㊤文化14(1817)年6月15日)，コン5，新潮(㊤文化14(1817)年6月15日)，人名(㊤1846年)，姓氏京都，日人，幕末，新潮大(㊤文化14(1817)年6月18日)

**熊谷直行** くまがいなおゆき
天保14(1843)年～明治40(1907)年3月17日
㊧熊谷直行《くまがいちょっこう》
明治期の実業家、社会事業家。京都鳩居堂主人。小学校設立の意義を訴え、民間産業を奨励。
¶朝日(㊤天保14年6月4日(1843年7月1日))，コン改，コン5，新潮(くまがいちょっこう) ㊤天保14(1843)年6月4日，人名，先駆(㊤天保14(1843)年6月4日)，日人

**熊谷弘士** くまがいひろし
？～昭和55(1980)年3月3日
昭和期の教育者。学校創立者。久留米淑徳女学校を創立、筑邦学園理事長。
¶学校

**熊木直太郎** くまぎなおたろう
安政1(1854)年～明治40(1907)年
江戸時代末期～明治期の教育者。
¶姓氏愛知

**熊木真見子** くまきまみこ
昭和26(1951)年～
昭和～平成期の音楽教育者(小学校教師)。
¶音人2, 音人3

**熊坂台洲**(熊坂台州，熊阪台州) くまさかたいしゅう
元文4(1739)年～享和3(1803)年
江戸時代中期～後期の儒学者。
¶国書(熊坂台州)(㊤元文4(1739)年4月23日 ㊥享和3(1803)年3月21日)，詩歌，人書94(熊阪台州)，人名，日人(熊坂台州)，和俳

**熊坂長庵** くまさかちょうあん
弘化1(1844)年～明治19(1886)年
江戸時代末期～明治期の画家。一円紙幣偽造疑惑で逮捕、樺戸集治監で死亡。容疑に疑問視の見解あり。
¶神奈川人，神奈川百，姓氏神奈川，日人，幕末(㊤1886年4月29日)，北海道歴(㊤弘化2(1845)年)

**熊崎新太郎** くまさきしんたろう
嘉永1(1848)年10月11日～大正13(1924)年11月9日
明治・大正期の剣道師範。
¶飛騨

**熊崎友吉** くまざきともきち
明治38(1905)年10月1日～昭和53(1978)年8月11日
大正・昭和期の教育者。学校長。
¶飛騨

**熊沢怡一郎** くまざわいいちろう
元治1(1864)年4月1日～明治40(1907)年1月17日
江戸時代末期～明治期の教育者。
¶群馬人

**熊沢惟興**(熊沢維興) くまざわこれおき
寛政3(1791)年～嘉永7(1854)年
江戸時代末期の駿河田中藩士。
¶国書(㊤寛政3(1791)年5月9日 ㊥嘉永7(1854)年7月1日)，静岡百(熊沢維興 ㊥?)，静岡歴，姓氏静岡，日人，藩臣4

**熊沢精** くまざわせい
天保7(1836)年～明治33(1900)年
江戸時代末期～明治期の旧平戸藩士。平戸学区取締役、猶興館に奉職。
¶人名，日人

**熊沢利保** くまざわとしやす
慶応1(1865)年11月23日～昭和35(1960)年1月7日
明治～昭和期の教育者。
¶高知先

**熊沢蕃山** くまざわばんざん，くまさわばんさん
元和5(1619)年～元禄4(1691)年8月17日
江戸時代前期の経世家。陽明学者中江藤樹の第一の門人。岡山藩に出仕して藩政を導く。のち著作「大学或問」および幕府への上申書を咎められ、古河に幽閉。
¶朝日(㊤元禄4年8月17日(1691年9月9日))，茨城歴，岩史，江人，大分百，大分歴，岡山，岡山人，岡山百(くまざわばんさん)，岡山歴，角史，教育，郷土滋賀，京都大，近世，国史，国書，コン改，コン4，コン5，詩歌，滋賀百，史

人, 思想史, 重要, 神史, 人書79, 人書94, 神人, 新潮, 新文, 人名, 姓氏京都, 世人, 世百, 全書, 大百, 地理, 伝記, 徳川将, 日音, 日思, 日史, 日科, 藩臣6, 百科, 兵庫百, 文学, 山川小, 歴大, 和俳

**熊沢文男** くまざわふみお
昭和5(1930)年～
昭和期の教師、理科教育研究者。
¶現執1期

**熊沢政吉** くまざわまさきち
明治24(1891)年～昭和30(1955)年
大正～昭和期の教育者。
¶神奈川人

**熊沢竜** くまざわりゅう
明治34(1901)年2月3日～昭和49(1974)年2月28日
昭和期の言語学者、国語教育学者。東京教育大学教授。国語・言語教育に功績が多い。著書に「リンデ言語教育論」など。
¶現情, 人名7, 世紀, 日人

**熊代繁里** くましろしげさと
文政1(1818)年～明治9(1876)年6月5日
江戸時代末期～明治期の学者。安藤家国学教授、皇学教授。熊野本宮権宮司・中講義となる。
¶国書, 人名, 日人, 幕末, 幕末大 ㊤文政1(1818)年6月), 和歌山人

**熊田嘉膳** くまだかぜん
→熊田淑軒(くまだしゅくけん)

**熊田淑軒** くまだしゅくけん
文化14(1817)年～明治20(1887)年1月 ㊙熊田嘉膳《くまだかぜん》
江戸時代末期～明治期の医師、兵学者。三春藩藩医。戊辰戦争の際、藩を政府軍に帰順。維新後は教育界で活躍。
¶維新㊤? ㊙1889年), 長崎遊, 幕末, 藩臣2(熊田嘉膳 くまだかぜん), 福島百, 洋学㊤? ㊙明治22(1889)年)

**熊田貞庵** くまだていあん
天保5(1834)年～明治27(1894)年11月14日
江戸時代末期～明治時代の奥州郡山の医師。医業のかたわら寺子屋を開き子弟を教授。
¶幕末, 幕末大

**熊田晩香** くまだばんこう
文政1(1818)年～明治34(1901)年
江戸時代末期～明治期の志士。
¶人名, 日人

**熊田亘** くまたわたる
昭和35(1960)年～
昭和～平成期の高校教諭。
¶YA

**熊野泰次郎** くまのたいじろう
明治34(1901)年12月29日～昭和60(1985)年7月31日
大正・昭和期の清見村教育長。

¶飛騨

**熊野隆治** くまのたかはる
明治15(1882)年～昭和50(1975)年
明治～昭和期の教育者、社会事業家。
¶姓氏山口, 山口人, 山口百

**熊野一** くまのはじめ
明治42(1909)年～昭和46(1971)年
昭和期の教育者。
¶山口人

**久間修文** くまひさぶみ, くまひさふみ
寛政9(1797)年～万延2(1861)年
江戸時代末期の算家、筑前福岡藩士。
¶国書(くまひさふみ ㊙万延2(1861)年2月4日), 人名, 日人(くまひさふみ)

**隈部直光** くまべなおみつ
昭和4(1929)年11月24日～
昭和期の英語教育学者。大妻女子大学教授。
¶現執2期

**熊見直太郎** くまみなおたろう
明治15(1882)年～昭和37(1962)年
明治～昭和期の女子教育家。神戸実践女子商業学校創設者。
¶学校(㊤明治15(1882)年7月20日), 兵庫人(㊤明治15(1882)年7月22日 ㊙昭和37(1962)年7月8日)

**隈本有尚** くまもとありたか
万延1(1860)年6月7日～昭和18(1943)年11月26日 ㊙隈本有尚《くまもとありなお》
明治～昭和期の心理学者、長崎高等商業学校校長。
¶アナ(㊤万延1(1860)年7月23日), 科学, 心理(㊤?), 数学(くまもとありなお), 渡航(㊤?)

**隈本有尚** くまもとありなお
→隈本有尚(くまもとありたか)

**熊本謙次郎** くまもとけんじろう
慶応3(1867)年11月11日 - 昭和13(1938)年10月26日
江戸時代末期～昭和期の英語教育者。
¶渡航

**熊本高工** くまもとたかのり
大正7(1918)年7月26日～
昭和期の美術・工芸科教育学者。岡山大学教授、上越教育大学教授。
¶現執2期

**汲田克夫** くみたかつお
昭和6(1931)年12月26日～
昭和期の教育史学者。大阪教育大学教授、宮崎県立看護大学教授。
¶現執1期, 現執2期

**玖村敏雄** くむらとしお
明治29(1896)年12月8日～昭和43(1968)年2月21日
大正～昭和期の教育学者。山口大学教授、福岡学

芸大学長。「吉田松陰全集」の編纂に尽力。
¶現情，人名7，世紀，姓氏山口（㊥1966年），哲学，日人，広島百，山口人，山口百

**クメ**
江戸時代中期の女性。教育。幕臣市川氏。天明5年、駿河台鈴木町に御家流筆道指南所を開く。
¶江表（クメ（東京都））

**久米井束** くめいつがね
明治31（1898）年5月19日～平成1（1989）年7月8日
大正～昭和期の文学教育家、児童詩研究教育者、小学校校長。学校図書館協議会会長。著書に「樹は如何に自ら潑剌と天に伸びるか」「創造の詩教育」など。
¶現情，児作，児人，児文，世紀，日児

**久米邦武** くめくにたけ
天保10（1839）年7月11日～昭和6（1931）年2月24日
明治期の歴史学者。帝国大学教授、早稲田大学教授。岩倉具視の遣外使節に随行。啓蒙的な歴史観を主張、「抹殺主義」と一部保守派から非難された。
¶朝日（㊤天保10年7月11日（1839年8月19日）），岩史，海越，海越新，角史，近現，近文，現日，考古，国史，コン改，コン5，佐賀百，史学，史研，史人，思想史，重要，神人，（㊥昭和6（1932）年2月24日），新潮，人名，世紀，世人（㊥昭和6（1931）年6月24日），世百，先駆，全書，全幕，大百，地理，哲学，渡航，日思，日史，日人，日本，能狂言，幕末，百科，平日，民学，山川小，履歴，歴文

**久米宏一** くめこういち
大正6（1917）年11月18日～平成3（1991）年5月1日
昭和期の童画家、版画家。小学校教員、日本児童出版美術家連盟理事。漫画誌「カリカレ」同人。戦後の代表作に「やまんば」「黒潮三郎」など。
¶現情，児人，児文，世紀，日児（㊤大正4（1915）年11月18日）

**久米嵓** くめたかし
慶応2（1866）年～昭和13（1938）年
明治～昭和期の歌人・教育者。
¶愛媛

**粂野豊** くめのゆたか
大正13（1924）年6月28日～
昭和～平成期の体育社会学者、文部省職員。文部省体育局スポーツ課専門員。
¶現執1期，現執2期，世紀，体育

**久米由太郎** くめよしたろう
嘉永5（1852）年～明治31（1898）年
明治期の教育者。
¶姓氏長野，長野百，長野歴，日人，福島百

**公文公** くもんとおる
大正3（1914）年3月26日～平成7（1995）年7月25日
昭和期の教育者。「公文式」の創始者。
¶現朝，現執2期，現執3期，高知人，数学，世紀，日人

**倉石五郎** くらいしごろう
明治32（1899）年8月8日～昭和51（1976）年5月2日
昭和期のドイツ語学者、成蹊大学名誉教授。独自の教授法の教育者として知られている。著書に「不変化詞の研究」など。
¶現執1期，現情，人名7，世紀，日人

**倉石典太** くらいしてんた
→倉石侗窩（くらいしどうか）

**倉石侗窩** くらいしどうか
文化12（1815）年～明治9（1876）年3月9日　㊕倉石典太《くらいしてんた》
江戸時代末～明治期の勤王家、儒者。高田藩に召されて侍講、藩校修道館教授。「大学集説」など著書多数。
¶維新，新潮（倉石典太　くらいしてんた　㊤文化12（1815）年8月17日），人名（倉石典太　くらいしてんた），新潟百，日人，幕末

**倉井友敬** くらいゆうけい
文化14（1817）年～明治31（1898）年
江戸時代後期の雀宮針ヶ谷村に開塾。
¶栃木歴

**倉内史郎** くらうちしろう
昭和3（1928）年12月6日～
昭和期の社会教育学者。東洋大学教授。
¶現執1期，現執2期

**倉岡小夜** くらおかさよ
昭和2（1927）年6月30日～
昭和期の児童福祉学者。聖徳学園短期大学教授、保育研究所研究員。
¶現執2期

**倉岡愛穂** くらおかよしお
明治28（1895）年2月9日～昭和12（1937）年4月9日
昭和期の教員、社会運動家。小学校校長。
¶社運，社史

**鞍懸琢磨（鞍懸啄磨）** くらかけたくま
明治26（1893）年～昭和39（1964）年
大正～昭和期の教育者。
¶愛媛（鞍懸啄磨），愛媛百（㊤明治26（1893）年2月4日　㊦昭和39（1964）年1月17日）

**倉木潜** くらきひそむ
文政10（1827）年11月10日～明治45（1912）年1月
江戸時代末～明治期の岩見津和野藩士、教育家。江戸で南八郎の変名で志士の間を奔走。幕府の追及を避け、医師に扮して各地を巡歴。
¶新潮

**蔵子** くらこ★
～明治37（1904）年
江戸時代末期～明治時代の女性。教育。馬場町の臼井蔵主の娘。
¶江表（蔵子（栃木県））

**倉沢栄吉** くらさわえいきち
明治44（1911）年1月25日～
昭和期の教育学者。東京教育大学教授、文教大学教授。

¶現朝，現執1期，現執2期，現執3期，現情，児人，世紀，日児（[生]明治44（1911）年1月15日），日人

**倉沢奎一** くらさわけいいち
明治28（1895）年10月12日～平成2（1990）年10月6日
大正～平成期の教育者。
¶埼玉人

**倉沢剛** くらさわたかし
明治36（1903）年9月22日～昭和61（1986）年9月4日 [別]倉沢剛《くらさわたけし》
昭和期の教育学者。東京学芸大学教授。日本におけるカリキュラムの自主的編成運動に寄与。教育史も研究。
¶郷土長野，現朝，現情，現人，史研（くらさわたけし），世紀，日人

**倉沢剛** くらさわたけし
→倉沢剛（くらさわたかし）

**倉沢平治右衛門** くらさわへいじうえもん
文政8（1825）年～明治33（1900）年12月10日
[別]倉沢平次右衛門《くらさわへいじえもん》，倉沢平治右衛門《くらさわへいじえもん》
江戸時代末期～明治期の会津藩士、教育者。三戸郡五戸町に私塾「中ノ沢塾」を開く。
¶青森人（くらさわへいじえもん），幕末，藩臣1（倉沢平次右衛門 くらさわへいじえもん）

**倉沢平次右衛門**（倉沢平治右衛門） くらさわへいじえもん
→倉沢平治右衛門（くらさわへいじうえもん）

**倉沢幹彦** くらさわみきひこ
昭和40（1965）年～
平成期の中学校教諭、ドイツ児童文学研究家。
¶児人

**倉島日露子** くらしまひろこ
明治38（1905）年～平成21（2009）年
昭和・平成期の長野生活学園創立者・生活評論家。
¶信州女

**倉田績** くらたいさお
→倉田柚岡（くらたゆうこう）

**倉田寛幹** くらたかんかん
明治16（1883）年～昭和42（1967）年
明治～昭和期の教員、歌人。
¶姓氏長野

**倉田侃司** くらたかんじ
昭和13（1938）年11月26日～
昭和～平成期の教育学者。広島文教女子大学教授。
¶現執3期，現執4期

**蔵田慶蔵** くらたけいぞう
明治4（1871）年～大正12（1923）年
明治～大正期の教育者。
¶鳥取百

**倉田三郎** くらたさぶろう
明治35（1902）年9月21日～平成4（1992）年11月30日
大正～昭和期の洋画家。東京学芸大学教授。作品に「粟ノ須風景」など。詩集「久楽詩篇」を刊行。
¶近美，現執1期，世紀，日人，美家，洋画

**倉田甚左** くらたじんざ
明治26（1893）年12月15日～昭和33（1958）年3月14日
大正・昭和期の国府村農業協同組合長・同村教育長。
¶飛騨

**倉田績** くらたつむぐ
→倉田柚岡（くらたゆうこう）

**倉谷強** くらたにきょう
→倉谷鹿山（くらたにろくざん）

**倉谷鹿山** くらたにろくざん
宝暦9（1759）年～天保4（1833）年 [別]倉谷強《くらたにきょう》
江戸時代中期～後期の陸奥三春藩士、藩校教授。
¶人名，日人（[没]1834年），藩臣2（倉谷強 くらたにきょう），名画

**倉田黙翁** くらたもくおう
文政8（1825）年～明治18（1885）年
江戸時代後期～明治期の寺子屋師匠。
¶埼玉百

**倉田柚岡** くらたゆうこう
文政10（1827）年7月20日～大正8（1919）年4月2日
[別]倉田績《くらたいさお，くらたつむぐ》
江戸時代末期～大正期の神職、陽明学者。陽明学の塾を開き多くの弟子を育てる。
¶国書（倉田績 くらたいさお），神人（倉田績 くらたいさお），人名，日人，幕末（倉田績 くらたつむぐ），幕末大（倉田績 くらたつむぐ），和歌山人（倉田績 くらたつむぐ）

**倉田幽谷** くらたゆうこく
文政10（1827）年～明治33（1900）年
江戸時代末期～明治期の漢学者。
¶江文，国書（[没]明治33（1900）年5月29日），人名，日人

**倉田祐二** くらたゆうじ
慶応3（1867）年～昭和21（1946）年
明治～昭和期の教育者。三日市農学校長。
¶姓氏富山

**倉智佐一** くらちさいち
大正7（1918）年2月10日～平成8（1996）年4月16日
昭和期の教育心理学者。甲南女子大学教授。
¶現執1期，現執2期，心理

**蔵知矩** くらちただし
明治2（1869）年12月2日～昭和19（1944）年7月22日
明治～昭和期の教育者、郷土史家。
¶岡山人，岡山百，岡山歴，郷土，世紀（[生]明治2（1870）年12月2日），日人（[生]明治2（1870）年12月2日）

く

く

**倉手登之助** くらてなるのすけ
明治13(1880)年7月2日～昭和40(1965)年6月30日
明治～昭和期の歌人。教育者。
¶飛驒

**倉富篤堂** くらとみとくどう
文政12(1829)年～明治23(1890)年
江戸時代末期～明治期の漢学者。
¶人名，日人

**倉成竜渚** くらなりりゅうしょ
寛延1(1748)年～文化9(1812)年12月10日 ㊝倉成竜渚《くらなりりゅうちょ，くらなりりょうしょ》
江戸時代中期～後期の豊前中津藩士、儒学者。
¶江文，大分百(くらなりりゅうちょ ㊐1747年)，大分歴(㊐延享4(1747)年)，国書，人名(くらなりりょうしょ)，日人(くらなりりょうしょ ㊞1813年)，藩臣7

**倉成竜渚** くらなりりゅうちょ
→倉成竜渚(くらなりりゅうしょ)

**倉成竜渚** くらなりりょうしょ
→倉成竜渚(くらなりりゅうしょ)

**倉根蒼峰** くらねそうほう
文化3(1806)年～明治13(1880)年
江戸時代末期・明治期の教育者。
¶愛媛

**倉橋惣三** くらはしそうぞう
明治15(1882)年12月28日～昭和30(1955)年4月21日
大正～昭和期の幼児教育家。東京女子高等師範学校講師。「婦人と子供」を編集。付属幼稚園主事として新保育を実践。
¶教育，現朝，現情，コン改，コン4，コン5，史人，児文，新潮，人名7，心理，世紀，哲学，日児(㊞昭和30(1955)年4月1日)，日人，民学

**倉橋常茂** くらはしときしげ
明治25(1892)年～昭和61(1986)年
大正～昭和期の京都土佐塾寮監。
¶高知人

**倉橋克** くらはしまさる
大正7(1918)年～
昭和期の特殊児童教育専門家。金沢大学教授。
¶現執1期

**倉林佐市** くらばやしさいち
明治20(1887)年8月22日～昭和37(1962)年3月16日
明治～昭和期の教育者。
¶群馬人

**蔵原惟郭** くらはらこれひろ
文久1(1861)年7月6日～昭和24(1949)年1月8日
明治～昭和期の政治家、教育家。衆議院議員。熊本女学校などの校長、帝国教育会主幹。普通選挙運動に活動。立憲労働議会を設立。
¶海越新，近現，熊本人，熊本百(㊞昭和24(1949)年1月9日)，現朝(㊐文久1年7月6日(1861年8月11日))，国史，コン改，コン5，社運，社史(㊐文久1年7月6日(1861年8月11日))，新潮，世紀，政治，渡航，日史，日人，日本，幕末(㊞1949年1月9日)，平和，明治1，歴大

**倉光亀峰** くらみつきほう
享保15(1730)年～寛政1(1789)年
江戸時代中期～後期の儒学者。
¶日人

**倉光続光** くらみつつぐみつ
明治20(1887)年～昭和22(1947)年
明治～昭和期の教育者。小学校長。
¶青森人

**蔵元和子** くらもとかずこ
生没年不詳
昭和～平成期の小学校教諭、学校図書館研究家。東京都小学校図書館研究会参与。
¶児人

**倉本勉** くらもとつとむ
昭和14(1939)年8月10日～
昭和期の朝日村教育長。
¶飛驒

**倉谷庄太郎** くらやしょうたろう
明治34(1901)年～昭和46(1971)年
大正～昭和期の教育者。
¶姓氏富山

**庫山寛一** くらやまかんいち
明治41(1908)年4月6日～
昭和期の小学校教員。
¶社史

**栗岩英雄** くりいわひでお
昭和4(1929)年8月19日～
昭和～平成期の教育者。竹早学園つつじがおか幼稚園園長。
¶現執3期

**栗岡英之助** くりおかえいのすけ
大正14(1925)年4月15日～
昭和～平成期の美術教育学者。大阪青山短期大学教授。
¶現執3期

**栗川治** くりかわおさむ
昭和34(1959)年10月31日～
昭和～平成期の教師。
¶視覚

**栗栖天山** くりすてんざん
天保10(1839)年～慶応3(1867)年 ㊝栗栖天山《くるすてんざん》，栗栖平次郎《くるすへいじろう》，来栖平次郎《くるすへいじろう》
江戸時代末期の武士。周防国吉川家臣。
¶維新(栗栖平次郎 くるすへいじろう ㊐1840年)，国書(くるすてんざん ㊐天保10(1839)年8月10日 ㊞慶応2(1866)年12月9日)，新潮(くるすてんざん ㊐天保11(1840)年 ㊞慶応

3(1867)年12月9日), 人名(来栖平次郎　くるすへいじろう　[没]1866年), 日人(くるすてんざん), 幕末([没]1867年1月14日), 藩臣6([没]慶応2(1866)年)

**栗田土満**　くりたひじまろ
元文2(1737)年～文化8(1811)年
江戸時代中期～後期の国学者、歌人。
¶朝日([没]文化8年7月8日(1811年8月26日)), 国書([没]文化8(1811)年7月8日), コン改, コン4, 静岡百, 静岡歴, 神史, 人書94, 神人([没]文化8(1811)年7月8日), 新潮([没]文化8(1811)年7月8日), 人名, 姓氏静岡, 日人, 百科, 和俳

**栗林亀吉**　くりばやしかめよし
昭和6(1931)年9月25日～
昭和期の教育者。学校長。
¶飛驒

**栗林元二郎**　くりばやしもとじろう
明治29(1896)年5月7日～昭和52(1977)年
大正～昭和期の八紘学園創始者。
¶札幌

**栗原与**　くりはらあたう
天保3(1832)年7月～明治41(1908)年12月20日
明治期の教育者。
¶埼玉人

**栗原ウメ**　くりはらうめ
明治14(1881)年2月15日～昭和26(1951)年8月16日
明治～昭和期の機業家。大同毛織の基礎を築いたほか、栗原勤愛学校を開設。
¶女性, 女性普, 世紀, 日人

**栗原克丸**　くりはらかつまる
大正8(1919)年10月31日～
昭和期の高校教師、図書館教育運動家。
¶現執1期, 埼玉文

**栗原九十郎**　くりはらくじゅうろう
大正10(1921)年～
昭和期の教師、算数教育研究者。中央区立泰明小学校長。
¶現執1期

**栗原圭斎**　くりはらけいさい★
寛政4(1792)年～嘉永7(1854)年4月4日
江戸時代後期の郷校教授。
¶秋田人2

**栗原玄二**　くりはらげんじ
明治9(1876)年11月4日～?
明治～大正期の教育者。
¶渡航

**栗原三郎**　くりはらさぶろう
明治43(1910)年～
昭和期の小学校教員。
¶社史

**栗原重雄**　くりばらしげお
明治23(1890)年2月12日～
大正～昭和期の教育者。
¶群馬人

**栗原清五郎**　くりばらせいごろう
生没年不詳
江戸時代後期の埼玉郡井沼村の農民・寺子屋師匠。
¶埼玉人

**栗原大治**　くりはらだいじ
明治33(1900)年～昭和56(1981)年
大正～昭和期の音楽教育家・バイオリン奏者。
¶群馬人

**栗原長治**　くりはらちょうじ
明治33(1900)年～昭和56(1981)年
大正～昭和期の児童文学者。
¶群新百

**栗原光沢吉**　くりはらつやきち
明治30(1897)年2月28日～?
明治～昭和期の教育者。
¶視覚

**栗原登**　くりはらのぼる
明治33(1900)年～
大正～昭和期の教育者、児童劇作家。
¶児文

**栗原又一**　くりばらまたいち
文久3(1863)年7月2日～昭和14(1939)年6月4日
明治～昭和期の教育者。
¶群馬人

**栗本看山**　くりもとかんざん
天保5(1834)年～明治19(1886)年
江戸時代末期・明治期の教育者・西条藩士。
¶愛媛

**栗本廉**　くりもとただし
→栗本廉(くりもとれん)

**栗本祐一**　くりもとゆういち
明治37(1904)年4月16日～昭和56(1981)年10月7日
大正～昭和期の学校創立者。名古屋商科大学を設立。
¶学校

**栗本義彦**　くりもとよしひこ
明治30(1897)年7月18日～昭和49(1974)年8月23日
昭和期の体育指導者。日本体育大学長。マラソン選手。文部省体育振興課長、国体委員長、日本体操協会会長などを歴任。
¶郷土和歌山, 熊本百, 現朝, 現情, 現日, コン改, コン4, コン5, 人名7, 世紀, 体育, 日人, 和歌山人

**栗本廉**　くりもとれん
*～明治25(1892)年4月8日　[別]栗本廉《くりもとただし》
明治期の鉱山技術者、工部省准奏任御用掛。工手学校(後の工学院大学)の設立に関わる。
¶海越([生]安政5(1858)年), 海越新([生]安政5

(1858)年），科学（㊥1854年（安政1）3月15日），学校（㊥安政1(1854)年3月15日），渡航
（くりもとただし　㊥?）

**厨川肇** くりやがわただし
明治11(1878)年〜昭和15(1940)年
明治〜昭和期の教育者。
¶山口百

**栗山朝陽** くりやまちょうよう
明治12(1879)年2月23日〜昭和29(1954)年
明治〜昭和期の俳人。
¶郷土奈良，奈良文

**栗山津祢** くりやまつね
明治25(1892)年〜昭和39(1964)年
明治〜昭和期の教師。
¶近女

**栗山天心** くりやまてんしん
昭和33(1958)年〜
昭和〜平成期の塾経営者，著述家。
¶現執3期

**栗山憓一** くりやまとくいち
*〜安政3(1856)年
江戸時代末期の算家。
¶人名(㊥?)，日人(㊥1795年)

**栗山半左衛門** くりやまはんざえもん
文化9(1812)年〜明治25(1892)年
江戸時代末期〜明治時代の教師。寺子屋で子弟を指導，日新学舎の訓導。有志者に漢学を教える。
¶神奈川人，幕末，幕末大

**栗山実** くりやまみのる
昭和1(1926)年〜
昭和〜平成期の学習コンサルタント，会計士。
¶YA

**久留島通嘉** くるしまみちひろ
天明7(1787)年〜弘化3(1846)年
江戸時代後期の大名。豊後森藩主。
¶諸系，日人，藩主4(㊥弘化3(1846)年8月18日)

**栗栖天山** くるすてんざん
→栗栖天山(くりすてんざん)

**栗栖平次郎**(来栖平次郎) くるすへいじろう
→栗栖天山(くりすてんざん)

**来栖良夫** くるすよしお
大正5(1916)年1月14日〜平成13(2001)年6月6日
昭和期の児童文学作家。日本児童文学者協会理事長。
¶近文，現執1期，現執2期，現情，現日，コン4，コン5，児作，児人，児文，小説，新潮，新文，世紀，日児，日人

**来原慶助** くるはらけいすけ
明治3(1870)年〜昭和5(1930)年9月15日
明治〜昭和期の教育家，ジャーナリスト。満州日報社長兼主筆。東亜書院の副院長兼教頭を歴任，中国の青年子弟の教育に従事。

¶人名，世紀，日人

**呉竹英一** くれたけえいいち
昭和15(1940)年〜
昭和〜平成期の音楽教育者(音楽療法)。
¶音人2，音人3

**紅林晃** くればやしあきら
明治42(1909)年10月17日〜昭和62(1987)年
昭和期の教育者。
¶札幌，北海道歴

**黒井繁乃**(黒井繁野) くろいしげの
文化1(1804)年〜嘉永6(1853)年8月
江戸時代後期の女性。出羽米沢藩士黒井四郎左衛門重慶の娘。
¶江表(繁乃(山形県))，国書(㊥文化1(1804)年7月)，女性，人名(黒井繁野)，日人

**黒岩慈庵** くろいわじあん
寛永4(1627)年〜宝永2(1705)年6月21日　㊋黒岩東峯《くろいわとうほう》
江戸時代中期の南学者。
¶江文(黒岩東峯　くろいわとうほう)，高知人，高知百，国書，コン改，コン4，新潮，人名，日人，藩臣6

**黒岩重治** くろいわしげはる
明治29(1896)年6月〜昭和61(1986)年4月24日
明治〜昭和期の教育者，政治家。衆議院議員。
¶高知人，政治

**黒岩秩子** くろいわちずこ
昭和15(1940)年1月4日〜
昭和〜平成期の教育者。「大地塾」主宰。
¶現執3期，現政

**黒岩東峯** くろいわとうほう
→黒岩慈庵(くろいわじあん)

**黒岩万次郎** くろいわまんじろう
明治2(1869)年12月16日〜昭和20(1945)年9月20日
明治〜昭和期の教育者，民俗研究者。
¶福岡百

**黒岩竜谿** くろいわりゅうけい
→黒岩竜谿(くろいわりょうけい)

**黒岩竜谿** くろいわりょうけい
安永3(1774)年〜天保5(1834)年　㊋黒岩竜谿《くろいわりゅうけい》
江戸時代後期の儒学者。
¶高知人(くろいわりゅうけい)，国書(㊥天保5(1834)年2月25日)，人名，日人

**鉄復堂** くろがねふくどう
安永6(1777)年〜天保14(1843)年11月7日　㊋鉄復堂《てつふくどう》
江戸時代後期の漢学者。
¶国書(てつふくどう)，人名，徳島百(てつふくどう)，徳島歴(てつふくどう)，日人(てつふくどう)

**黒上泰治** くろかみたいじ，くろがみたいじ
明治20(1887)年10月20日〜昭和49(1974)年12月2日
明治〜昭和期の農学者。香川県立農業大学学長，徳島女子大学学長。
¶科学，現情，世紀，徳島百，徳島歴（くろがみたいじ），日人

**黒川顕憲** くろかわあきのり
明治37(1904)年〜昭和43(1968)年
昭和期の教育者。
¶鳥取百

**黒川元興** くろかわげんこう
？〜嘉永4(1851)年
江戸時代末期の算家。
¶人名，日人

**黒川サト** くろかわさと
江戸時代末期・明治期の女子私塾経営。教育者。
¶栃木人，栃木歴

**黒川三益** くろかわさんえき
天保11(1840)年〜明治34(1901)年
江戸時代末期の医師。教育家。
¶長崎遊

**黒川周怡** くろかわしゅうい
？〜文化6(1809)年
江戸時代中期〜後期の岡藩医学校博済館の学頭。
¶大分歴

**黒川武** くろかわたけし
昭和4(1929)年7月21日〜
昭和〜平成期の音楽教育者。
¶音人3

**黒川良安** くろかわまさやす
→黒川良安（くろかわりょうあん）

**黒川通利** くろかわみちなり
嘉永元(1848)年〜大正5(1916)年
明治・大正期の教育者。
¶愛媛

**黒川泰男** くろかわやすお
昭和2(1927)年5月8日〜
昭和〜平成期の英語学者，英語教育学者。大阪電気通信大学教授，日本福祉大学教授。
¶現執1期，現執3期

**黒川義和** くろかわよしかず
大正8(1919)年〜
昭和〜平成期の教育者，性教育書執筆者。日本性教育協会理事。
¶現執1期，YA

**黒川良安** くろかわよしやす
→黒川良安（くろかわりょうあん）

**黒川良安** くろかわりょうあん
文化14(1817)年〜明治23(1890)年9月28日
㊗黒川良安《くろかわまさやす，くろかわよしやす》

江戸時代末期〜明治期の蘭学者，医師。金沢藩医。壮猶館翻訳方，蕃書調所教授手伝，金沢藩医学館総督医を歴任。
¶朝日（㊥文化14年2月4日(1817年3月21日)），石川百（くろかわまさやす），維新，江人，江文，科学（㊥文化14(1817)年2月4日），近医（くろかわまさやす），近現，近世，国史，国書（㊥文化14(1817)年2月），コン改，コン4，コン5，史人（㊥1817年2月4日），新潮（㊥文化14(1817)年2月6日），人名，姓氏石川（くろかわまさやす），姓氏富山，先駆（くろかわまさやす㊥文化14(1817)年2月4日），全書，全幕（くろかわまさやす），対外，大百，富山百（くろかわよしやす㊥文化14(1817)年2月6日），長崎遊，日人，幕末（㊥1817年3月），幕末大（㊥文化14(1817)年2月4日），ふる（くろかわまさやす），洋学（くろかわまさやす）

**黒木欽堂** くろききんどう
慶応2(1866)年〜大正12(1923)年
明治〜大正期の漢学者，書家。
¶香川人，香川百，日人

**黒木茂矩** くろきしげのり
天保3(1832)年〜明治38(1905)年9月26日
江戸時代末期〜明治期の国学者。高松藩講道館皇学寮教授，金比羅宮禰宜。漢詩・和歌に長ず。
¶維新，人名，日人，幕末，幕末大

**黒木長作** くろきちょうさく
明治40(1907)年3月4日〜平成5(1993)年7月2日
昭和・平成期の教育者。学校長・久々野町教育長。
¶飛騨

**黒木伝松** くろきでんまつ
明治33(1900)年〜昭和42(1967)年
大正〜昭和期の歌人。
¶熊本人

**黒木俊治** くろきとしはる
昭和36(1961)年10月24日〜
昭和〜平成期の中学校教師。専門は，社会科教育。
¶現執4期

**黒木まさお** くろきまさお
大正2(1913)年1月31日〜
昭和期の児童文学作家，小・中学校教師。
¶児作，児人（㊥1931年），世紀，日児

**黒河内豊** くろこうちゆたか
大正2(1913)年7月29日〜昭和48(1973)年2月27日
昭和期の英語教育学者。
¶埼玉人

**黒崎勲** くろさきいさお
昭和19(1944)年4月18日〜
昭和〜平成期の教育行財政学者。
¶現執1期，現執4期

**黒崎恵津子** くろさきえつこ
昭和39(1964)年10月13日〜
昭和〜平成期の教師。

¶視覚

**黒崎信　くろさきのぶ**
嘉永6 (1853) 年～昭和11 (1936) 年
大正期の学校・電気事業経営者。東京府麻布区会議員。
¶栃木歴

**黒崎弁之助　くろさきべんのすけ**
明治10 (1877) 年9月17日～昭和21 (1946) 年6月14日
明治～昭和期の教育者。
¶群馬人

**黒沢覚堂　くろさわがくどう**
明治11 (1878) 年～昭和18 (1943) 年
明治～昭和期の幼児教育者、僧。光明山善導寺第29世。
¶姓氏岩手

**黒沢嘉七　くろさわかしち**
明治18 (1885) 年8月5日～大正15 (1926) 年5月31日
明治～大正期の教育者。
¶埼玉人

**黒沢琴古〔1代〕(──〔代数なし〕) くろさわきんこ,くろさわきんこ**
宝永7 (1710) 年～明和8 (1771) 年
江戸時代中期の尺八琴古流の流祖。
¶朝日（㊐明和8年4月23日 (1771年6月5日)）, 音楽, 教育 (くろさわきんこ), 近世, 芸能 (㊐明和8 (1771) 年4月23日), 国史, コン改, コン4, 史人, 新潮 (──〔代数なし〕㊐明和8 (1771) 年4月23日), 人名, 世人, 世百, 全書, 大百, 日音 (㊐明和8 (1771) 年4月23日), 日人, 百科

**黒沢謙三　くろさわけんぞう**
生没年不詳
江戸時代末期～明治期の教育者・医師。
¶姓氏群馬

**黒沢幸蔵　くろさわこうぞう**
明治30 (1897) 年～昭和23 (1948) 年
大正～昭和期の教育者。
¶群馬人

**黒沢四如　くろさわしじょ**
→黒沢四如 (くろさわしにょ)

**黒沢四如　くろさわしにょ**
天明3 (1783) 年～嘉永4 (1851) 年12月25日　㊐黒沢四如《くろさわしじょ》
江戸時代後期の出羽秋田藩士、漢学者。
¶国書 (くろさわしじょう), 人名 (くろさわしじょ), 日人 (くろさわしじょ　㊐1852年), 藩臣1

**黒沢節窩　くろさわせっか**
→黒沢節窩 (くろさわせっこう)

**黒沢節窩　くろさわせっこう**
天和3 (1683) 年～寛延1 (1748) 年　㊐黒沢節窩《くろさわせっか》
江戸時代中期の儒学者。
¶国書 (くろさわせっか), コン改, コン4 (くろさわせっか), 人名 (くろさわせっか), 日人 (くろさわせっか)

**黒沢雪堂　くろさわせつどう**
宝暦8 (1758) 年～文政7 (1824) 年間8月25日
江戸時代後期の漢学者。
¶江文, 国書 (㊐宝暦8 (1758) 年6月15日), 埼玉人, 埼玉百 (㊐1768年), 人名, 日人

**黒沢善市　くろさわぜんいち**
明治18 (1885) 年12月18日～大正7 (1918) 年3月11日
明治～大正期の教育者。
¶埼玉人

**黒沢竹之助　くろさわたけのすけ**
明治39 (1906) 年10月18日～
昭和期の小学校教員。
¶社史

**黒沢雉岡　くろさわちこう**
正徳3 (1713) 年～*
江戸時代中期の儒学者。田安家侍読。
¶朝日 (㊐正徳3年2月8日 (1713年3月4日)　㊦寛政8年12月6日 (1797年1月3日)), 江文 (㊦寛政8 (1796) 年), 近世 (㊦1796年), 国史 (㊦1796年), 国書 (㊐正徳3 (1713) 年2月8日　㊦寛政8 (1796) 年12月6日), コン改 (㊐貞享3 (1686) 年　㊦明和6 (1769) 年), コン4 (㊦寛政8 (1796) 年), 埼玉人 (㊐貞享3 (1686) 年　㊦明和6 (1769) 年6月), 埼玉百 (㊐1686年　㊦1769年), 新潮 (㊐正徳3 (1713) 年2月8日　㊦寛政8 (1796) 年12月6日), 人名 (㊐1686年　㊦1769年), 日人 (㊦1797年)

**黒沢常信　くろさわつねのぶ**
嘉永2 (1849) 年～大正7 (1918) 年
江戸時代末期～大正期の教育者。
¶姓氏宮城

**黒沢登幾　くろさわとき**
文化3 (1806) 年12月21日～明治23 (1890) 年5月8日　㊐黒沢時子《くろさわときこ》
江戸時代末期・明治期の幕末の動乱を強く生き抜いた女性。日本初の女性小学校教師。
¶朝日, 維新 (黒沢時子　くろさわときこ), 茨城百, 茨城歴, 江表 (登幾 (茨城県)), 郷土茨城, 近女, 国書, 女史, 女性, 女性普, 新潮, 人名, 日人 (㊐1807年), 幕末 (㊦1807年), 幕末大 (㊐文化3 (1807) 年12月21日), 歴大, 和俳

**黒沢時子　くろさわときこ**
→黒沢登幾 (くろさわとき)

**黒沢得男　くろさわとくお**
明治34 (1901) 年10月23日～
大正～昭和期の教育者・群馬県教育長。
¶群馬人

**黒沢酉蔵　くろさわとりぞう**
明治18 (1885) 年3月28日～昭和57 (1982) 年2月6

日
明治〜昭和期の酪農家、政治家。衆議院議員。北海道製酪農義塾（後の酪農学園）を創立。北海タイムズ社長。
¶茨城歴，学校，北墓（[没]昭和57（1982）年2月26日），現朝，現情，現人，現日，コン改，コン4，コン5，札幌，社史，食文，新潮，世紀，政治，全書，創業，日人，北海道建，北海道歴

**黒沢惟昭** くろさわのぶあき
昭和13（1938）年10月25日〜
昭和〜平成期の社会教育学者。神奈川大学教授。
¶現執1期，現執2期，現執3期，現執4期

**黒沢兵太郎** くろさわひょうたろう
明治1（1868）年〜昭和2（1927）年 [別]黒沢兵太郎《くろさわへいたろう》
明治〜昭和期の教育者。
¶群馬人，姓氏群馬（くろさわへいたろう）

**黒沢浩** くろさわひろし
昭和6（1931）年2月25日〜
昭和〜平成期の道徳教育家、評論家。
¶現執1期，現執2期，現執4期，児作，児人，世紀，日児，YA

**黒沢兵太郎** くろさわへいたろう
→黒沢兵太郎（くろさわひょうたろう）

**黒沢誠** くろさわまこと
明治37（1904）年12月12日〜平成4（1992）年5月19日
昭和〜平成期の岩手大学学長。
¶岩手人，数学，姓氏岩手

**黒沢政治** くろさわまさはる
明治25（1892）年10月5日〜昭和47（1972）年5月18日
大正〜昭和期の教育者。
¶埼玉人

**黒沢万吉** くろさわまんきち
文久1（1861）年8月25日〜昭和3（1928）年6月28日
明治〜昭和期の社会教育者。
¶群馬人，姓氏群馬

**黒沢宗明** くろさわむねあき
天保5（1834）年〜明治18（1885）年
江戸時代末期〜明治期の出羽秋田藩士。
¶人名，日人

**黒杉政胤** くろすぎまさたね
宝永2（1705）年〜宝暦4（1754）年
江戸時代中期の心学者。
¶姓氏京都

**黒田絵美子** くろだえみこ
昭和33（1958）年〜
昭和〜平成期の翻訳家、英語教師。
¶児人

**黒滝儀任** くろたきぎとう
→黒滝儀任（くろたきよしとう）

**黒滝儀鳳** くろたきぎほう
天明2（1782）年〜文政6（1823）年
江戸時代中期の陸奥弘前藩儒。
¶青森人，人名，日人

**黒滝きよ子** くろたききよこ
明治43（1910）年10月10日〜昭和54（1979）年6月13日
昭和期の教育運動家、無産託児所保母、農民運動家。日本労働組合全国協議会メンバー、日本赤色救援会活動茨城県責任者。
¶社史

**黒田麴廬**（黒田麴盧） くろだきくろ
文政10（1827）年〜明治25（1892）年12月14日
[別]黒田行元《くろだゆきもと》，黒田行光《くろだゆきみつ》
江戸時代末期〜明治期の洋学者、膳所藩士、藩校遵義堂教授。「ロビンソン・クルーソー」蘭語全訳本によって本邦初訳「漂荒紀事」を完成。
¶朝日，郷土滋賀（黒田行光　くろだゆきみつ），国書（[生]文政10（1827）年3月），コン改（黒田麴盧），コン4（黒田麴盧），コン5，滋賀百（黒田麴盧），滋賀文（黒田麴盧　[生]文政10（1827）年3月），人書94，日人，幕末（黒田行元　くろだゆきもと），洋学（黒田麴盧），歴大

**黒滝水斎** くろたきすいさい
天保9（1838）年〜明治34（1901）年
江戸時代末期〜明治期の儒学者。
¶日人

**黒滝チカラ** くろたきちから
→黒滝雷助（くろたきらいすけ）

**黒滝鳴鶴** くろたきめいかく
天明6（1786）年〜嘉永5（1852）年
江戸時代中期の陸奥弘前藩儒。
¶江文（生没年不詳），人名，日人

**黒滝儀任** くろたきよしとう
天保9（1838）年〜明治34（1901）年 [別]黒滝儀任《くろたきぎとう》
江戸時代末期〜明治期の儒学者。師範学校、中学校などで教鞭をとる。著書に「北門古史」など。
¶青森人（くろたきぎとう），人名

**黒田清輝** くろだきよてる
→黒田清輝（くろだせいき）

**黒滝雷助** くろたきらいすけ
明治40（1907）年6月18日〜平成5（1993）年3月5日
[別]黒滝チカラ《くろたきちから》
昭和期の教員、教育文化運動家、農民運動家。大東学園校長、日本教育労働者組合中央委員。
¶社運（黒滝チカラ　くろたきちから），社史，平和（黒滝チカラ　くろたきちから）

**黒田玄鶴** くろだげんかく
安永8（1779）年〜天保6（1835）年11月26日
江戸時代後期の医師、本草学者。
¶国書，新潟百，日人（[没]1836年），洋学

**黒田貞衛** くろださだえ
安政6(1859)年～大正1(1912)年
江戸時代末期～明治期の教育者。
¶姓氏愛知

**黒田定七郎** くろださだしちろう
文久1(1861)年～昭和6(1931)年
明治～昭和期の治水・産業振興功労者、教育者。
¶静岡歴、姓氏静岡

**黒田定治** くろださだはる
文久3(1863)年11月～?
明治期の教育者。女子師範学校教授。師範学科の研究のためイギリス、フランス、ドイツに渡る。単級教授法の提唱者。
¶海越、海越新、心理(㊗文久3(1863)年11月12日 ㊥大正3(1914)年4月13日)、渡航、日人

**黒田サチ** (黒田幸) くろださち
明治23(1890)年～昭和46(1971)年
大正・昭和期の幼児教育家。
¶愛媛(黒田幸)、群新百

**黒田幸** (黒田サチ) くろださち
明治23(1890)年～昭和46(1971)年
大正～昭和期の幼児教育者。清心幼稚園園長。キリスト教精神に基づいて幼児教育に尽力。
¶群馬人、群新百(黒田サチ)、女性、女性普、姓氏群馬

**黒田祥子** くろだしょうこ
昭和10(1935)年～
昭和～平成期の小学校教諭、さし絵画家。
¶児人

**黒田清輝** くろだせいき
慶応2(1866)年6月29日～大正13(1924)年7月15日 ㊙黒田清輝《くろだきよてる(せいき)、くろだきよてる》
明治～大正期の洋画家。子爵、東京美術学校教授、帝国美術院院長、貴族院議員。「読書」「朝妝」がサロンに入選。天真道場を開設、外光派の画風を伝える。帰国後は美術教育に尽力。
¶朝日(㊗慶応2年6月29日(1866年8月9日))、岩史、海越、海越新、鹿児島百(くろだきよてる(せいき))、角library、神奈川人(くろだきよてる)、教育(くろだきよてる)、近現、近美、近文、国史、コン改、コン5、薩摩、史人、重要、新潮、人名、世紀、姓氏鹿児島、姓氏京都、世人、世百、先駆(㊗慶応2(1866)年8月9日)、全書、大百、伝記、渡航(㊥1866年6月 ㊥1924年7月13日)、日史、日人、日本、美家、美術、百科、平日、名画、明治2、洋画、履歴(くろだきよてる)、歴大

**黒田チカ** くろだちか
明治17(1884)年3月24日～昭和43(1968)年11月8日
大正～昭和期の化学者。お茶の水女子大学教授。植物色素を研究。女性として2番目の理学博士。
¶科学、科技、近女、新朝、現情、佐賀百、植物、女史、女性、女性普、新潮、人名、世紀、日人、歴大

**黒田直静** くろだなおちか
文化7(1810)年～安政1(1854)年
江戸時代末期の大名。上総久留里藩主。
¶諸系、日人、藩主2(㊗文化7(1810)年3月15日 ㊥安政1(1854)年4月26日)

**黒田長堅** くろだながかた
明和7(1770)年～天明4(1784)年
江戸時代中期の大名。筑前秋月藩主。
¶諸系、日人、藩主4(㊥天明4(1784)年2月10日)

**黒田斉隆** くろだなりたか
安永6(1777)年～寛政7(1795)年
江戸時代中期～後期の大名。筑前福岡藩主。
¶諸系、日人、藩主4(㊗安永6(1777)年9月21日 ㊥寛政7(1795)年6月23日)

**黒田弘行** くろだひろゆき
昭和9(1934)年～
昭和～平成期の小学校教師。
¶現執1期、現執3期、児人、世紀

**黒田行光** くろだゆきみつ
→黒田麹廬(くろだきくろ)

**黒田行元** くろだゆきもと
→黒田麹廬(くろだきくろ)

**黒田梁洲** くろだりょうしゅう
寛政4(1792)年～安政4(1857)年
江戸時代中期の近江膳所藩儒。
¶国書(㊥安政4(1857)年閏5月24日)、人名、日人

**黒土四郎** くろつちしろう
明治21(1888)年～昭和42(1967)年2月9日
明治～昭和期の教育者。横浜高等学校創立者。
¶学校、神奈川人、姓氏神奈川

**黒沼健次** くろぬまけんじ
昭和3(1928)年7月9日～
昭和期の学校長。
¶飛騨

**黒野義文** くろのよしぶみ
?～大正6(1917)年頃
明治～大正期の教師。ロシアで国際的日本学者の育成に貢献。
¶海越(㊥大正6(1917)年頃)、海越新、渡航、日人

**黒羽亮一** くろはりょういち
昭和3(1928)年8月23日～
昭和～平成期の教育評論家、教育政策学者。国立学位授与機構教授、国立学位授与機構審査研究部長。
¶現執1期、現執2期、現執3期、現執4期、世紀、マス89

**黒部亨** くろべとおる
昭和4(1929)年1月27日～
昭和～平成期の小説家、中学校教員。
¶近文、幻想、世紀、兵庫文

**黒本稼堂　くろもとかどう**
安政5 (1858) 年～昭和11 (1936) 年
明治～大正期の漢学者。
¶石川百，世紀 ([生]安政5 (1858) 年2月10日　[没]昭和11 (1936) 年11月15日)，姓氏石川，日人

**畔柳都太郎　くろやなぎくにたろう**
明治4 (1871) 年5月17日～大正12 (1923) 年2月20日
明治～大正期の英語学者、文芸評論家。「帝国文学」に執筆。一高などの英語教師。「大英和辞典」編纂に尽くすが完成前に病没。
¶朝日 ([生]明治4年5月17日 (1871年7月4日))，コン改，コン5，人名，世紀，日人

**久和　くわ★**
1848年～
江戸時代後期の女性。教育。医師渋谷一良の姉。
¶江表 (久和 (東京都)　[生]嘉永1 (1848) 年頃)

**桑木格助の母　くわきかくすけのはは★**
江戸時代後期の女性。教育。格助は熊本藩士で小姓、玉名郡代を務め「観公嘉善録」を著した文人。今京町に文政年間、習字指導の寺子屋を開業。
¶江表 (桑木格助の母 (熊本県))

**桑子源一郎　くわこげんいちろう**
慶応2 (1866) 年～大正12 (1923) 年
明治～大正期の学校校務功労者。
¶群馬人

**桑沢洋子　くわさわようこ, くわざわようこ**
明治43 (1910) 年11月7日～昭和52 (1977) 年4月12日
昭和期の服飾デザイナー、洋裁教育者。服飾誌編集を経て、桑沢デザイン研究所、東京造形大学を設立。
¶学校，近女，現朝，現情 (くわざわようこ)，現人，現日 (くわざわようこ)，女性 (くわざわようこ)，女性普 (くわざわようこ)，新潮，人名7，世紀，日人，マス89

**桑島尚謙　くわじましょうけん**
?　～明治31 (1898) 年
明治期の医師。医業の傍ら、村治、教育に尽力。
¶人名

**桑島安太郎　くわじまやすたろう**
明治25 (1892) 年～昭和54 (1979) 年
大正～昭和期の教育者。
¶香川人

**桑田源次　くわたげんじ**
慶応3 (1867) 年12月22日～昭和11 (1936) 年1月29日
明治～昭和期の教育者。
¶埼玉人，埼玉百

**桑田秀延　くわだしゅうえん**
→桑田秀延 (くわだひでのぶ)

**桑田秀延　くわだひでのぶ, くわたひでのぶ**
明治28 (1895) 年2月28日～昭和50 (1975) 年4月16日　[別]桑田秀延《くわだしゅうえん》
明治～昭和期の神学者、教育家。東京神学大学学長、フェリス女学院院長。「基督教神学概論」で神学思想を体系化。
¶香川人 (くわたひでのぶ)，香川百 (くわたひでのぶ)，神奈川人 (くわたひでのぶ)，キリ ([没]昭和50 (1975) 年4月10日)，現情，人名7，世紀，哲学 (くわだしゅうえん)，日人 (くわたひでのぶ)

**桑野繁　くわのしげる**
明治41 (1908) 年～昭和16 (1941) 年
昭和期の教育者。
¶大分歴

**桑原一二　くわばらいちじ**
明治28 (1895) 年～昭和23 (1948) 年
大正～昭和期の教育者。
¶群馬人

**桑原空洞　くわばらくうどう**
延宝1 (1673) 年～延享1 (1744) 年5月6日
江戸時代中期の書家。
¶黄檗，国書 ([生]寛文13 (1673) 年2月)，人名，姓氏京都，日人

**桑原功次　くわばらこうじ**
?　～
昭和～平成期の実業家。グレイス英会話スクール校長、グレイス・インターナショナル・コーポレーション代表取締役。
¶現執3期

**桑原作次　くわばらさくじ, くわはらさくじ**
明治41 (1908) 年9月20日～
昭和期の教育学者。埼玉大学教授。
¶現執1期 (くわはらさくじ)，現情

**桑原鷲峯 (桑原鷲峰)　くわばらしゅうほう**
文政2 (1819) 年～慶応2 (1866) 年
江戸時代末期の田辺藩儒。
¶国書 ([没]慶応2 (1866) 年6月21日)，人名 ([生]1820年　[没]1867年)，日人 (桑原鷲峰)

**桑原玉市　くわはらたまいち**
?　～昭和57 (1982) 年12月16日
昭和期の教育者。学校創立者。福岡電波学園電子工業大学 (後の福岡工業大学) 等を創設。
¶学校

**桑原冬夏　くわばらとうか**
生没年不詳
江戸時代後期の心学者。
¶国書

**桑原敏明　くわはらとしあき**
昭和11 (1936) 年5月5日～
昭和～平成期の教育制度学者、比較教育学者。筑波大学教授。
¶現執3期

**桑原北林　くわばらほくりん**
寛政2 (1790) 年～天保15 (1844) 年7月24日
江戸時代後期の儒学者。
¶江文，国書，埼玉人，日人

## 桑本才次郎 くわもとさいじろう
天保1(1830)年～文久3(1863)年10月2日　㊟桑本才次郎正明《くわもとさいじろうまさあき》
江戸時代末期の津和野藩士。
¶島根人，島根百(桑本才次郎正明　くわもとさいじろうまさあき)，島根歴

## 桑本才次郎正明 くわもとさいじろうまさあき
→桑本才次郎(くわもとさいじろう)

## 桑山清輝 くわやまきよてる
大正12(1923)年～昭和62(1987)年
昭和期の教育者。八尾中学校長。
¶姓氏富山

## 桑山兼山 くわやまけんざん
生没年不詳
明治期の教育者。
¶大阪人

## 郡司せい ぐんじせい
明治18(1885)年11月24日～昭和28(1953)年5月15日
明治～昭和期の教育者。千葉県初の女性視学に選任された。
¶女性，女性普，世紀，千葉百(㊟昭和25(1950)年)，日人

## 郡司宗知 ぐんじそうち
文化3(1806)年3月29日～昭和46(1971)年3月23日
昭和期の師範学校教員。
¶社史

# 【け】

## けい
江戸時代後期の女性。教育。美濃加茂郡中川辺村の農業矢島氏。寺子屋は嘉永3年に開業、明治5年に閉業。
¶江表(けい(岐阜県))

## 慶　けい★
1837年～
江戸時代後期の女性。教育。薄井龍之助とふくの長女。
¶江表(慶(東京都)　㊟天保8(1837)年頃)

## 桂庵 けいあん
→桂庵玄樹(けいあんげんじゅ)

## 桂庵玄樹 けいあんげんじゅ
応永34(1427)年～永正5(1508)年6月15日　㊟桂庵《けいあん》，玄樹《げんじゅ》，伊地知佐衛門尉重貞《いぢちさえもんのじょうしげさだ》，伊地知左衛門尉重貞《いぢちさえもんのじょうしげさだ》，島隠《とういん》
室町時代～戦国時代の臨済宗の僧。薩南学派の祖。島陰寺で朱子学をおしえた。
¶朝日(㊟永正5年6月15日(1508年7月12日))，岩史，鹿児島百，角史，鎌室，国史，国書，古中，コン改，コン4，コン5，薩摩，詩歌，史人，思想史，重要，新潮，人名，姓氏鹿児島，姓氏山口(㊟1507年)，世人，世百(桂庵　けいあん)，全書，戦人(玄樹　げんじゅ)，対外，大百，中世，日史，日人，百科，仏教，仏史，仏人(玄樹　げんじゅ)，平日，室町，名僧，山川小，歴大，和俳

## 桂月 けいげつ
→大町桂月(おおまちけいげつ)

## けい女 けいじょ★
1844年～
江戸時代後期の女性。教育。熊谷五郎の娘。
¶江表(けい女(東京都)　㊟弘化1(1844)年頃)

## 慶田喜本 けいだきほん
昭和6(1931)年～平成10(1998)年
昭和・平成期の教育者。
¶戦沖

## 慶田政太郎 けいだまさたろう
嘉永6(1853)年～大正13(1924)年
明治・大正期の陶芸家。穀物商。奥常次郎らと錦城学舎・幼稚園を起こした。
¶薩摩

## 契沖 けいちゅう
寛永17(1640)年～元禄14(1701)年1月25日　㊟円珠庵契沖《えんじゅあんけいちゅう》
江戸時代前期～中期の和学者。「万葉代匠記」の著者。
¶朝日(㊟元禄14年2月25日(1701年4月3日))，岩史(㊟元禄14(1701)年2月25日)，江人，大阪人，大阪墓，角史，教育，近世，国史，国書(㊟寛永17(1640)年8月)，コン改，コン4，コン5，詩歌，詩作，史人(㊟1701年2月25日)，思想史，重要，神史，人書94，神人(㊟元禄14(1701)年1月)，新潮，新文，人名，世人，世百，全書，大百，伝記，徳川将，なにわ，日思，日史，日人，日文，百科，兵庫人(㊟寛永17(1640)年8月)，兵庫百，仏教，仏史，仏人，文学，平史，平日，山川小(㊟1701年2月25日)，歴大，和俳

## 家寛 けかん
生没年不詳　㊟家寛《かかん》
平安時代後期の天台宗大原流の声明家。
¶朝日，国書，日音，日人，仏教，平史(かかん)

## 芥子川律治 けしかわりつじ
＊～昭和61(1986)年10月16日
昭和期の小中学校教員。愛知県第一師範学校付属小学校訓導。
¶郷土，社史(㊟1909年1月21日)，姓氏愛知(㊟1906年)

## 月翁 げつおう
→細川興文(ほそかわおきのり)

## 月江 げっこう
？～宝暦5(1755)年
江戸時代中期の臨済宗の僧。足利学校第16世座主。
¶栃木歴

**月性　げっしょう**
文化14（1817）年～安政5（1858）年5月11日
江戸時代末期の真宗の勤王僧。周防国大島郡遠崎村妙円寺住職。
¶朝日（[生]文化14年9月27日（1817年11月6日）[没]安政5年5月11日（1858年6月21日）），維新，岩史（[生]文化14（1817）年9月27日），角史，近世，国史，国書（[生]文化14（1817）年9月27日），コン改，コン4，詩歌，詩作（[生]文化14（1817）年9月27日），史人（[生]1817年9月27日），人書94，神人（[生]文化14（1817）年9月27日），新潮（[生]文化14（1817）年9月27日），人名，姓氏山口，世人，世百，全書，大百，日史（[生]文化14（1817）年9月27日），日人，幕末（[没]1858年6月28日），百科，仏教，仏史，仏人，名僧，山口百，歴大，和俳

**毛馬内官次　けばないかんじ**
明治3（1870）年～？
明治期の小学校長。
¶社史

**煙山薫朗　けむやまくんろう★**
明治28（1895）年2月15日～昭和48（1973）年8月18日
大正・昭和期の旧畑屋村議。教育長。養蜂家。
¶秋田人2

**顕意　けんい**
暦仁2（1239）年～嘉元2（1304）年　[別]顕意《けんに，けんね》，道教《どうきょう》
鎌倉時代の浄土宗西山義の僧。
¶鎌室，国史，国書（けんに　[生]暦仁1（1238）年　[没]嘉元2（1304）年5月19日），古中，新潮（[没]嘉元2（1304）年5月19日），人名（けんね　[生]1240年），日人，仏教（[没]嘉元2（1304）年5月19日，（異説）嘉元3年5月19日），仏史

**玄慧**（玄恵）**げんえ**
？　～正平5/観応1（1350）年3月2日　[別]玄恵法印《げんえほういん》，玄慧《げんね》，玄恵《げんね》
鎌倉時代後期～南北朝時代の天台宗の僧。
¶朝日（玄恵　[没]観応1/正平5年3月2日（1350年4月9日）），岩史，角史（[生]弘安2（1279）年），鎌室，教育（[生]1269年），芸能（玄恵法印　げんえほういん），国史，国書（玄恵　[生]弘安2（1279）年），古中，コン改（玄恵），コン4（玄恵），詩歌（[生]1269年），史人，重要（玄恵　[生]弘安2（1279）年？），新潮，人名（[生]1269年），世人（[没]正平5/観応3（1350）年2月），世百（げんね），全書（げんね），大百（玄恵　[没]1349年），茶道（玄恵法印　げんえほういん），日史，日人（玄恵），百科，仏教，仏史，歴大（玄恵），和俳

**玄恵法印　げんえほういん**
→玄慧（げんえ）

**兼葭　けんか**
享保1（1716）年～安永7（1778）年　[別]慈恩尼《じおんに》，慈音尼《じおんに》，慈音尼兼葭《じおんにけんか》
江戸時代中期の女性。心学者。近江国堅田の人。江戸で講説。
¶朝日（慈音尼　じおんに），江表（慈音尼兼葭（滋賀県）），国書（慈恩尼　じおんに　[没]安永7（1778）年7月12日），女史（慈音尼兼葭　じおんにけんか），女性（生没年不詳），人名，姓氏京都（慈音尼兼葭　じおんにけんか），日人（慈恩尼　じおんに），歴大（慈音尼　じおんに）

**兼海　けんかい**
嘉承2（1107）年～久寿2（1155）年5月10日
平安時代後期の真言宗の僧。高野山光厳院2世。
¶国史，古史，古中，史人（[没]1155年5月10日，（異説）5月30日），人名（[生]？），日人，仏教（[没]久寿2（1155）年5月10日，（異説）5月30日？），仏史

**玄海　げんかい**
文永4（1267）年～正平2/貞和3（1347）年3月17日
鎌倉時代後期～南北朝時代の真言宗の僧。高野山の密教哲学研究。
¶朝日（[没]貞和3/正平2年3月17日（1347年4月28日）），鎌室，国書，新潮，日人，仏教，仏人，和歌山人

**元佶　げんきつ**
→閑室元佶（かんしつげんきつ）

**源空　げんくう**
→法然（ほうねん）

**兼寿　けんじゅ**
→蓮如（れんにょ）

**玄樹　げんじゅ**
→桂庵玄樹（けいあんげんじゅ）

**玄性　げんしょう**
生没年不詳
戦国時代の新義真言宗の僧。
¶国書，日人，仏教

**見城孫治郎　けんじょうまごじろう**
明治13（1880）年4月10日～昭和23（1948）年10月4日
明治～昭和期の教育者。
¶群馬人

**見城慶和　けんじょうよしかず**
昭和12（1937）年～
昭和～平成期の中学校教師。夜間中学教師となり、中国から来た人向けの日本語学級を担当。
¶世紀（[生]昭和12（1937）年11月），日人（[生]昭和12（1937）年11月27日）

**源信　げんしん**
天慶5（942）年～寛仁1（1017）年6月10日　[別]恵心《えしん》，横川僧都《よかわのそうず》，恵心僧都《えしんそうず》
平安時代中期の天台宗の学僧、浄土教家。比叡山延暦寺で良源に天台教学を学ぶ。のち「往生要集」を書き、自身も念仏運動を指導し、浄土信仰が広まる礎となった。
¶朝日（[没]寛仁1年6月10日（1017年7月6日）），岩史，角史，教育，京都，郷土滋賀，京都大，郷

土奈良，京都府，芸能，国史，国書，古人，古中，コン改，コン4，コン5，詩歌，滋賀百，史人，思想史，重要，人書79，人書94，新潮，新文，人名（恵心 えしん），姓氏京都，世人，世百，全書，対外，大百，伝記，日音，日思，日史，日人，日文，百科，仏教，仏史，仏人，文学，平史，名画，名僧，山川小，歴大



**元田脩三** げんだしゅうぞう
～昭和3（1928）年11月16日
昭和期の田中大秀研究者。教師。
¶飛騨

**元田与喜三** げんだよきぞう
大正10（1921）年8月31日～平成9（1997）年9月29日
昭和・平成期の教育者。河合村教育委員長。
¶飛騨

**顕意** けんに
→顕意（けんい）

**顕意** けんね
→顕意（けんい）

**玄慧** げんね
→玄慧（げんえ）

**剣木亨弘** けんのきとしひろ
明治34（1901）年9月3日～平成4（1992）年11月29日
昭和期の官僚、政治家。文部行政官、参議院議員。「文教の剣木」といわれる。佐藤内閣文相を2期務める。
¶現朝，現情，現日，コン改，コン4，コン5，世紀，政治，日人，履歴，履歴2

**玄葉栄吉** げんはえいきち，げんばえいきち
天保7（1836）年～明治45（1912）年2月2日
江戸時代末期～明治期の和算家、教育者。家塾で門弟を教授。村内耕地図などの測量で、村政に貢献。
¶数学，幕末（げんばえいきち），幕末大（げんばえいきち）

**見目秋三郎** けんもくあきさぶろう
大正2（1913）年～昭和46（1971）年
昭和期の教育者、政治家。
¶栃木歴

**剣持章行** けんもちあきゆき
寛政2（1790）年～明治4（1871）年6月10日 [別]剣持章行《けんもちしょうこう》
江戸時代末期～明治期の和算家。総計術、不定方程式の研究に力を注ぎ、数学的直観性と計算力はきわめて優れていた。
¶朝日（けんもちしょうこう [没]明治4年6月10日（1871年7月27日）），江文，科学（けんもちしょうこう），郷土群馬（けんもちしょうこう），群馬人（けんもちしょうこう），国書（[生]寛政2（1790）年11月3日），コン改（けんもちしょうこう），コン4（けんもちしょうこう），史人（けんもちしょうこう [生]1790年11月3日），人書94（けんもちしょうこう），人名，数学（[生]寛政2（1790）年11月3日），姓氏群馬（けんもちしょうこう），日人，百科

**剣持章行** けんもちしょうこう
→剣持章行（けんもちあきゆき）

**剣持清一** けんもちせいいち
大正4（1915）年～
昭和期の農民教育専門家。山形県国民教育研究所勤務。
¶現執1期

**剣持常昌** けんもちつねまさ
明治40（1907）年～昭和45（1970）年
昭和期の教育者。
¶群馬人

## 【こ】

**小池岩太郎** こいけいわたろう
大正2（1913）年2月22日～平成4（1992）年7月21日
昭和期のデザイン教育者、工芸・インダストリアルデザイナー。東京芸術大学名誉教授、芸術研究振興財団理事長などを歴任。
¶現朝，現情，現日，新潮，世紀，日人

**小池内広** こいけうちひろ
天保3（1832）年～明治10（1877）年1月13日
江戸時代末期～明治時代の商人、神職。新潟皇学校の設立者。弥彦神社権宮司、伊勢神宮禰宜などを務めた。
¶維新，国書（[生]天保3（1832）年3月），幕末（[没]1878年1月13日），幕末大

**小池栄寿** こいけえいじゅ
→小池栄寿（こいけよしひさ）

**小池喜孝** こいけきこう
*～
昭和期の民衆史研究者。著書に「谷中から来た人たち」「鎖塚」など。
¶多摩（[生]大正6（1917）年），北海道文（[生]大正5（1916）年9月11日）

**小池喜八** こいけきはち
明治15（1882）年～昭和29（1954）年
明治～昭和期の教育者。
¶多摩

**小池九一** こいけきゅういち
→小池九一（こいけくいち）

**小池琴河** こいけきんが，こいけきんか
宝暦7（1757）年～天保13（1842）年
江戸時代後期の漢詩人。
¶人名，日人，山梨百（こいけきんか [没]天保13（1842）年6月23日），和俳

**小池九一** こいけくいち
明治11（1878）年1月24日～昭和30（1955）年12月5日 [別]小池九一《こいけきゅういち》
明治～昭和期の社会事業家。

¶札幌（こいけきゅういち），世紀，日人，北海道百（こいけきゅういち），北海道歴（こいけきゅういち）

**小池悟平** こいけごへい
生没年不詳
江戸時代末期の心学者。
¶和歌山人

**小池民次** こいけたみじ
安政5（1858）年～昭和11（1936）年
明治～昭和期の教育者。
¶千葉百

**小池千枝** こいけちえ
大正5（1916）年4月14日～
昭和～平成期の服飾デザイン教育者。文化服装学院学院長、小池千枝コレクション世界の民俗人形博物館名誉館長。パリでサンローランらと共に、立体裁断等の新技術を修得。高田賢三などファッション界のスターを育成。
¶現日，世紀，日人

**小池俊夫** こいけとしお
昭和24（1949）年1月29日～
昭和～平成期の教育学者。
¶現執4期，児人

**小池富次郎** こいけとみじろう
明治10（1877）年～昭和28（1953）年
明治～昭和期の教育者。
¶群馬人

**小池直太郎** こいけなおたろう
明治27（1894）年～昭和18（1943）年
明治～昭和期の郷土史家。
¶郷土，姓氏長野，長野百，長野歴

**小池平八** こいけへいはち
明治42（1909）年4月7日～昭和53（1978）年2月23日
昭和期の小学校教員。
¶社史

**小池松寿** こいけまつとし
昭和12（1937）年12月27日～
昭和～平成期の音楽教育者（ソルフェージュ）。
¶音人，音人2，音人3

**小池みさご** こいけみさご
寛政9（1797）年～明治1（1868）年3月6日
江戸時代後期～末期の寺子屋師匠。
¶山梨百

**小池元子** こいけもとこ
？ ～
昭和期の教育者、社会運動家。クララ洋裁学院長。
¶近女

**小池要五郎** こいけようごろう
生没年不詳
江戸時代後期の心学者。
¶長野歴

**小池栄寿** こいけよしひさ
＊～　[別]小池栄寿《こいけえいじゅ》
昭和期の小学校教員、詩人。
¶社史（こいけえいじゅ　[生]？），北海道文（[生]明治38（1905）年12月21日）

**小池義之** こいけよしゆき
昭和29（1954）年～
昭和～平成期の中学校教諭、理科教育研究家。
¶児人

**小池隆吉** こいけりゅうきち
明治43（1910）年9月1日～平成5（1993）年9月5日
昭和・平成期の萩原町教育長。
¶飛驒

**五井持軒** ごいじけん
寛永18（1641）年～享保6（1721）年閏7月18日
[別]四書屋加助《ししょのやかすけ》
江戸時代前期～中期の儒学者。
¶朝日（[生]寛永18年2月22日（1641年4月2日）[没]享保6年閏7月18日（1721年9月9日）），大阪人，大阪墓，国書（[生]寛永18（1641）年2月22日），コン改，コン4，新潮（[生]寛永18（1641）年2月22日），人名，世人，日人，歴大，和俳

**小石元瑞** こいしげんずい
天明4（1784）年11月20日～嘉永2（1849）年　[別]小石元瑞《こししげんずい》
江戸時代後期の蘭方医。小石元俊の長男。
¶朝日（[生]天明4年11月20日（1784年12月31日）[没]嘉永2年2月10日（1849年3月4日）），岩史（[没]嘉永2（1849）年2月10日），科学（[没]1849年（嘉永2）2月16日），京都，京都大，近世，国史，国書（[没]嘉永2（1849）年2月10日），コン改，コン4，史人（[没]1849年2月16日），新潮（[没]嘉永2（1849）年2月16日），人名，姓氏京都（こししげんずい），世人（[生]天明4（1784）年11月　[没]嘉永2（1849）年2月10日），全書，大百，日人，洋学，歴大

**小泉英二** こいずみえいじ
大正13（1924）年～
昭和期の教育相談・臨床心理学専門家。
¶現執1期

**小泉健作** こいずみけんさく
明治9（1876）年～昭和33（1958）年
明治～昭和期の教育者。
¶神奈川人

**小泉順三** こいずみじゅんぞう
明治36（1903）年～昭和55（1980）年6月5日
大正～昭和期の教育者。米子北高等学校を創設。
¶学校

**小泉俊太郎** こいずみしゅんたろう
安政2（1855）年～＊
江戸時代末期～昭和期の教育者、写真材料商。京都私立独逸学校（後の京都薬科大学）創設に貢献。
¶学校（[生]安政2（1855）年10月22日　[没]昭和12（1937）年8月6日），写家（[没]？）

**小泉松塘**　こいずみしょうとう
嘉永4（1851）年～大正9（1920）年
明治～大正期の書家。浜松県、静岡県に出仕、のちに私塾を開き子弟を教授。
¶人名，世紀（[生]嘉永4（1851）年7月　[没]大正9（1920）年11月），日人

**小泉信三**　こいずみしんぞう
明治21（1888）年5月4日～昭和41（1966）年5月11日
大正～昭和期の経済学者、教育家。慶応義塾大学教授。リカードなどイギリス古典学派を研究。東宮教育参与として皇太子時代の明仁天皇の教育にあたった。
¶岩史，教育，郷土和歌山，近現，近文，現朝，現執1期，現情，現人，現日，国史，御殿場，コン改，コン4，コン5，史人，思想，新潮，新文，人名7，世紀，世人（[生]明治21（1888）年5月10日），世百新，全書，大百，哲学，東京文，日史，日人，日本，百科，文学，履歴，履歴2，歴大，和歌山人

**小泉正松**　こいずみせいしょう
明治43（1910）年1月1日～昭和52（1977）年
昭和期の音楽教育家。
¶札幌，北海道百，北海道歴

**小泉第四**　こいずみだいし
江戸時代末期・明治期の寺子屋運営者。
¶町田歴

**小泉隆**　こいずみたかし
明治38（1905）年～昭和47（1972）年
昭和～平成期のさし絵画家、童画家。
¶神奈川人

**小泉多希子**　こいずみたきこ
大正14（1925）年8月10日～平成5（1993）年2月2日
昭和～平成期の社会教育家、実業家。東京コミュニティカレッジ理事長。
¶女性，女性普

**小泉たね**　こいずみたね
明治5（1872）年～昭和35（1960）年11月26日
明治～昭和期の婦人運動家。藤岡幼稚園園長、小野村社会福祉協議会会長。婦人解放運動・廃娼運動のほか、農村部の託児所・保育所設立にも尽力。
¶郷土群馬，近女，群新百，群馬人，女運，女性，女性普，姓氏群馬

**小泉ハツセ**　こいずみはつせ
明治24（1891）年7月2日～昭和43（1968）年5月3日
大正～昭和期の教育者、消費者運動家。神戸市教育委員、婦人団体協議会会長。婦人の社会意識と消費組合員組織の育成に尽力。
¶近女，社史，女運，女性，女性普，兵庫百

**小泉又一**　こいずみまたいち
慶応1（1865）年5月20日～大正5（1916）年
明治～大正期の教育家。
¶心理（[没]大正5（1916）年6月16日），渡航（[没]1916年5月16日）

**小泉恵**　こいずみめぐむ
大正4（1915）年～昭和59（1984）年
昭和期の音楽教育者。
¶鳥取百

**小泉八雲**　こいずみやくも
嘉永3（1850）年6月27日～明治37（1904）年9月26日　[別]ハーン，ラフカディオ
明治期の教育者、随筆家、小説家。ギリシャ生まれ。新聞記者となり文学評論を書き始める。来日し松江中学英語教師。のち東京専門学校で教えた。
¶朝日，岩史，江戸東，角史，鎌倉，教育（ハーン），京都文，近現，近文，熊本百，幻作，幻想，現俳，国史，コン改，コン5，視覚，滋賀文，史人，静岡百，静岡歴，児文，島根人，島根百（[生]嘉永3（1850）年6月28日，（異説）6月27日），島根歴，重要（ハーン），小説（[生]嘉永3年6月27日（1850年8月4日）），神史，神人（[生]嘉永3（1850）年6月　[没]明治37（1904）年9月），新潮，新文，人名，世紀，姓氏静岡，世人，世百（ハーン），全書，大百，哲学，伝記（ハーン，ラフカディオ），日史（ハーン），日児，日人，日本，俳文，百科（ハーン），兵庫人（[没]明治37（1904）年5月26日），兵庫百，兵庫文，仏教（ラフカディオ・ハーン），文学，民学（ハーン，ラフカディオ），山梨百，履歴，歴大

**小板橋藤作**　こいたばしとうさく
明治13（1880）年2月13日～？
明治～大正期の教育者。
¶群馬人

**小出恵知**　こいでえち
寛延2（1749）年～文政4（1821）年
江戸時代中期～後期の女性。幕臣浅田共常の四女。
¶女性，人名，日人

**小出浩平**　こいでこうへい
明治30（1897）年8月14日～昭和61（1986）年3月17日
大正～昭和期の教育家、童謡作曲家。東邦音楽大学・学習院大学教授、日本教育音楽協会会長。「音楽教育実践諸問題」など著書多数。
¶音楽（[生]1899年），音人，現情，児文，社史，世紀

**古出尺堂**　こいでしゃくどう
明治5（1872）年3月10日～昭和19（1944）年11月29日
明治～昭和期の教育家・郷土史家。
¶徳島百，徳島歴

**小出慎斎**　こいでしんさい
享保6（1721）年～宝暦9（1759）年
江戸時代中期の尾張の儒者。
¶国書（[生]享保6（1721）年2月6日　[没]宝暦9（1759）年10月13日），人名，日人

**小出聖水**　こいでせいすい
明治42（1909）年～昭和50（1975）年
昭和期の書家、書道教育の功労者。
¶姓氏長野，長野歴

**小出千之助** こいでせんのすけ
天保3(1832)年～明治1(1868)年
江戸時代末期の教授、通詞。
¶維新，佐賀百，全幕，長崎遊，幕末([生]1830年 [没]1868年10月20日)，幕末大([没]慶応4(1868)年9月5日)，藩臣7([生]天保2(1831)年)

**小出隆** こいでたかし
明治29(1896)年～昭和57(1982)年
大正～昭和期の八十二銀行頭取、会長。
¶郷土長野，長野歴

**小出隆司** こいでたかし
昭和13(1938)年～
昭和～平成期の小学校教諭、歴史教育研究家。
¶児人

**小出植男** こいでたねお
明治8(1875)年11月27日～昭和26(1951)年3月24日
明治～昭和期の教育家、儒家、郷土史家。
¶徳島歴

**小出侗斎** こいでどうさい，こいでとうさい
寛文6(1666)年～元文3(1738)年
江戸時代中期の尾張の儒者。
¶国書(こいでとうさい　[生]寛文6(1666)年2月2日　[没]元文3(1738)年6月22日)，人名，日人(こいでとうさい)

**小出英筠** こいでふさたけ
*～文政4(1821)年　[別]小出英筠《こいでふさもと》
江戸時代後期の大名。丹波園部藩主。
¶京都府([生]安永3(1774)年)，諸系([生]1775年)，日人([生]1775年)，藩主3(こいでふさもと　[生]安永3(1774)年　[没]文政4(1821)年5月10日)

**小出英筠** こいでふさもと
→小出英筠(こいでふさたけ)

**小出蓬山** こいでほうざん
?～元禄8(1695)年
江戸時代前期～中期の儒学者。
¶日人

**小出まみ** こいでまみ
昭和15(1940)年3月13日～
昭和～平成期の幼児教育研究者。名寄市立女子短期大学教授、つみき主宰。
¶現執2期

**小出有三** こいでゆうぞう
明治26(1893)年3月26日～昭和40(1965)年3月29日
大正～昭和期の教育家、宗教家、曹洞宗僧侶。愛知学院初代院長、短期大学協会会長。
¶愛知百，現情，人名7，世紀，姓氏愛知，日人，仏教，仏人

**小出義雄** こいでよしお
明治34(1901)年～昭和46(1971)年
昭和期の教育者。初代国立八戸工業高等専門学校校長。
¶青森人

**小井戸方三郎** こいどほうざぶろう
明治6(1873)年6月～昭和24(1949)年
明治～昭和期の教育者。
¶群馬人

**小岩井浄** こいわいきよし
明治30(1897)年6月9日～昭和34(1959)年2月19日　[別]小岩井浄《こいわいじょう》
昭和期の社会運動家。弁護士、大阪府議会議員。共産党事件で検挙されるが、獄中から大阪府議当選。のち転向。愛知大学創設に尽力。
¶アナ，岩史，愛媛，大阪人([没]昭和34(1959)年2月)，近現，現朝，現情，国史，コン改，コン4，コン5，史人，社運，社史，新潮，人名7，世紀，姓氏愛知(こいわいじょう)，姓氏長野，世百新，全書，長野百，長野歴，日史，日人，百科，平和，歴大

**小岩井浄** こいわいじょう
→小岩井浄(こいわいきよし)

**孝** こう
～明治9(1876)年
江戸時代末期～明治時代の女性。教育。赤沼氏。
¶江表(孝(神奈川県))

**こう**(1)
1833年～
江戸時代後期の女性。教育。池戸佐五右衛門の妻。
¶江表(こう(東京都)　[生]天保4(1833)年頃)

**こう**(2)
1844年～
江戸時代後期の女性。教育。宮沢氏。
¶江表(こう(東京都)　[生]弘化1(1844)年頃)

**高雲外** こううんがい
→高鋭一(こうえいいち)

**高鋭一** こうえいいち
天保4(1833)年～明治28(1895)年5月10日　[別]高雲外《こううんがい》
江戸時代末期～明治期の洋学者。洋学伝習所教授。内務省に入る。「日本製品図説」の編集。「阿波淡路両国産物誌」を発掘。
¶江文，大阪人(高雲外　こううんがい　[没]明治28(1895)年5月)，国書(高雲外　こううんがい　[生]天保4(1833)年3月13日)，新潮，人名(高雲外　こううんがい　[没]1865年)，徳島百([生]天保4(1833)年3月13日)，徳島歴([生]天保4(1833)年3月13日)，日人(高雲外　こううんがい)，藩臣6，洋学

**公江喜市郎** こうえきいちろう
明治30(1897)年2月16日～昭和56(1981)年9月6日
明治～昭和期の教育者。武庫川学院理事長・院長、日本私立大学協会副会長。武庫川学院、武庫川高等女学校を創設。
¶学校，世紀，日人，兵庫百

## 皇円 こうえん
？～嘉応1(1169)年　㊙功徳院阿闍梨《くどくいんのあじゃり》
平安時代後期の天台宗の僧。豊前守重兼の子。
¶朝日(生没年不詳)，岩史(生没年不詳)，角史(生没年不詳)，鎌室(生没年不詳)，㊙嘉応1(1169)年？)，国史(生没年不詳)，国書(㊙嘉応1(1169)年6月)，古史(生没年不詳)，古中(生没年不詳)，コン改(生没年不詳)，コン4(生没年不詳)，史人(㊙1169年？)，神人(㊙嘉応1(1169)年6月13日)，新潮(㊙嘉応1(1169)年6月13日？)，人名，世人，仏教(㊙嘉応1(1169)年6月)，仏史(生没年不詳)，平史，名僧(生没年不詳)，歴大(㊙1169年？)

## 豪円 ごうえん
？～慶長16(1611)年6月5日
安土桃山時代～江戸時代前期の天台宗の僧。
¶国書，人名，日史(㊙天文4(1535)年)，日人，百科(㊙天文4(1535)年)，仏教

## 甲賀ふじ こうがふじ
安政4(1857)年1月7日～昭和12(1937)年11月16日
明治～昭和期の幼児教育者。国際的視野を持つ幼稚園教育の先駆者。森村幼稚園初代主事。
¶海越新，近女，女性，女性普，世紀，渡航(㊙1856年)，日人

## 郷家和子 ごうけかずこ
昭和21(1946)年2月25日～
昭和期の教育学者。
¶視覚

## 向後千春 こうごちはる
昭和33(1958)年10月2日～
昭和～平成期の研究者。早稲田大学人間科学部助教授。専門は，教育工学，教育心理学，インストラクショナル・デザイン。
¶現執4期

## 康哉 こうさい
？～天保3(1832)年
江戸時代中期の僧、歌人。
¶人名，日人

## 香西照雄 こうさいてるお
大正6(1917)年10月30日～昭和62(1987)年6月25日
昭和期の俳人，教員。成蹊大学兼任講師。中村草田男を師とし，写生が的確で明るく，健康的な句が多い。句集に「対話」など。
¶近文，現執1期，現執2期，現情，現俳(㊙1987年6月24日)，四国文，詩作，世紀，日人，俳文

## 神崎勲 こうざきいさお
元治元(1864)年8月25日～昭和29(1954)年3月1日
明治～昭和期の政治家。政界・財界・教育界で活躍。
¶豊前

## 高津半造 こうずはんぞう
→高津半造(こうづはんぞう)

## 上妻博之 こうずまひろゆき
→上妻博之(こうづまひろゆき)

## 仰誓 ごうせい，こうせい
享保6(1721)年～寛政6(1794)年4月2日　㊙仰誓《ぎょうせい》
江戸時代中期の浄土真宗の僧。
¶国書，島根人(ぎょうせい)，島根百，島根歴，人書94(ぎょうせい)，人名(こうせい)，日人，仏教，仏人

## 甲田元次郎 こうだがんじろう
→甲田元次郎(こうだもとじろう)

## 合田恒斎 ごうだこうさい
安永2(1773)年～文政1(1818)年
江戸時代後期の京都の儒者。
¶人名，日人

## 幸田三郎 こうださぶろう
大正8(1919)年9月3日～
昭和期の教育学者。青山学院大学教授。
¶現情，社史，世紀

## 合田如玉 ごうだじょぎょく
享保10(1725)年～天明1(1781)年
江戸時代中期の京都の儒者。
¶人名，姓氏京都，徳島歴(㊙安永10(1781)年2月2日)，日人

## 行田稔彦 こうだとしひこ
昭和22(1947)年11月2日～
昭和～平成期の小学校教師。
¶現執3期，現執4期

## 甲田元次郎 こうだもとじろう
文久2(1862)年～昭和8(1933)年　㊙甲田元次郎《こうだがんじろう，ころだもとじろう》
明治～昭和期の剣道師範。
¶島根人(ころだもとじろう　㊙文久3(1863)年)，島根百(こうだがんじろう)，島根歴

## 幸地新蔵 こうちしんぞう
明治24(1891)年10月18日～昭和28(1953)年3月8日
大正～昭和期の教育者。
¶沖縄百，姓氏沖縄

## 幸地長堅 こうちちょうけん
？～
昭和期の小学校教員。大阪市北恩加島小学校訓導，関西沖縄県人会副会長。
¶社史

## 河内信朝 こうちのぶとも
嘉永2(1849)年～明治36(1903)年
江戸時代後期～明治の教育者。
¶姓氏山口，山口百

## 河内豊嶙 こうちほうりん
文久3(1863)年～大正12(1923)年6月7日

明治・大正期の教師・画家。
¶飛騨

**河内山寅** こうちやまとら
安政2(1855)年～昭和5(1930)年　[別]河内山寅《かわちやまとら》
明治～大正期の教育者。
¶近女([没]?)，信州女，世紀([生]安政2(1855)年8月26日　[没]昭和5(1930)年8月13日)，姓氏長野，長野百(かわちやまとら)，長野歴(かわちやまとら)，日人

**孝忠寥洋** こうちゅうりょうよう
大正～昭和期の書家、教育者。
¶島根人([生]大正　[没]昭和)，島根百([生]明治25(1892)年1月8日　[没]昭和27(1952)年3月12日)

**高塚幾次郎**(高塚幾治郎) こうづかいくじろう
明治2(1869)年8月10日～昭和14(1939)年4月9日
明治～昭和期の教育者。
¶埼玉人(高塚幾治郎)，埼玉百

**上月景正** こうづきかげまさ
昭和15(1940)年11月12日～
昭和～平成期のコナミ会長・社長、上月教育財団副理事長。
¶創業

**神津専三郎**(神津仙三郎) こうづせんざぶろう，こうづせんさぶろう
嘉永5(1852)年～明治30(1897)年8月18日
明治期の音楽教育者。東京音楽学校教授。文部省から米国オルバニー師範学校に派遣される。東京女子師範教場総監、音楽取調掛などを歴任。
¶朝日([生]嘉永5年3月5日(1852年4月23日))，海越新([生]嘉永5(1852)年3月5日)，音楽(神津仙三郎)，近現(神津仙三郎)，国史(神津仙三郎)，新潮(神津仙三郎)，姓氏長野，先駆([生]嘉永5(1852)年3月5日)，渡航([生]?　[没]1900年8月18日)，長野百，長野歴，日人，洋学(こうづせんさぶろう)

**高津半造** こうづはんぞう，こうずはんぞう
明治9(1876)年9月15日～昭和5(1930)年3月31日
明治～昭和期の教育者。女学校長。
¶徳島百，徳島歴(こうずはんぞう)

**高妻騰雲** こうづまとううん
*～明治33(1900)年9月9日
江戸時代末期～明治期の儒学者。私塾を開設し、郷党を教育。各地の志士と往来、国事を企画。
¶幕末([生]1815年)，幕末大([生]文化10(1813)年1月)

**高妻秀遠** こうづまひでとお
文政3(1820)年～明治24(1891)年5月
江戸時代末期～明治時代の儒学者。家塾で子供を教育。小学の長、戸長等を歴任。
¶維新，幕末，幕末大([生]文政3(1820)年1月)

**上妻博之** こうづまひろゆき，こうずまひろゆき
明治12(1879)年11月28日～昭和42(1967)年7月20日　[別]上妻博之《こうずまひろゆき，こうつままさゆき，こうづままさゆき》
大正～昭和期の地方史研究家。九州学院教諭。熊本県史を研究。植物学に多数の業績を残す。
¶郷土，熊本人(こうづままさゆき)，熊本百(こうづままさゆき)，史研(こうつままさゆき)，植物(こうずまひろゆき)，世紀，日人(こうづままさゆき)

**高妻芳洲** こうづまほうしゅう
→高妻芳洲(たかつまほうしゅう)

**上妻博之** こうつままさゆき，こうづままさゆき
→上妻博之(こうづまひろゆき)

**神津道太郎** こうづみちたろう
弘化3(1846)年～明治23(1890)年9月18日
江戸時代後期～明治時代の数学者。
¶数学

**神津利三郎** こうづりさぶろう
明治2(1869)年～昭和3(1928)年
明治～昭和期の教育者。
¶長野歴

**神戸昌平** ごうどしょうへい
明治5(1872)年～昭和7(1932)年
明治～昭和期の農業教育、振興の功労者。
¶姓氏長野，長野歴

**河野伊三郎** こうのいさぶろう
明治19(1886)年～昭和25(1950)年
昭和期の数学者。
¶姓氏鹿児島

**河野花笑** こうのかしょう
明治23(1890)年～昭和45(1970)年
昭和期の幼児教育者、俳人。
¶山口人

**高野寛順** こうのかんじゅん
大正4(1915)年～
昭和期の教育者。
¶群馬人

**河野乾次郎** こうのかんじろう
安政7(1860)年2月～昭和9(1934)年11月10日
明治～昭和期の教育行政功労者。
¶岡山歴

**河野清丸** こうのきよまる
明治6(1873)年～昭和17(1942)年
明治～昭和期の教育者。
¶愛媛，心理([生]明治6(1873)年3月3日　[没]昭和17(1942)年8月21日)

**河野五郎** こうのごろう
明治37(1904)年6月～昭和55(1980)年9月
昭和期の教育者。
¶群馬人

**河野重男** こうのしげお
昭和1(1926)年7月10日～
昭和～平成期の教育学者。お茶の水女子大学教

授、東京家政学院大学学長。専門は学校の社会学的研究、著書に「教育経営」「現代学校論」。
¶現朝，現執1期，現執2期，現執3期，現情，世紀，日人

**河野シヅ**　こうのしず
慶応3（1867）年8月～大正5（1916）年1月13日
明治～大正期の教育者、実践女学校校長。本願寺小樽別院が創立した実践女学校で顧問を務める。
¶女性，女性普

**河野静夫**　こうのしずお
文政6（1823）年～明治35（1902）年
江戸時代末期～明治期の医師。
¶人名，日人

**河野順一**　こうのじゅんいち
昭和21（1946）年8月13日～
昭和～平成期の社会教育家、社会保険労務士。江戸川労務管理事務所長。
¶現執3期，現執4期

**河野春草**　こうのしゅんそう
大正6（1917）年8月27日～昭和63（1988）年11月10日
昭和期の俳人。
¶四国文，徳島歴

**河野小石**　こうのしょうせき
→河野小石（かわのしょうせき）

**河野省三**　こうのしょうぞう
→河野省三（こうのせいぞう）

**河野省三**　こうのせいぞう
明治15（1882）年8月10日～昭和38（1963）年1月8日　[別]河野省三《こうのしょうぞう》
明治～昭和期の神道学者。国学院大学教授。神祇院参与、宗教教化中央指導員などを歴任。
¶近現，現朝，現情（[生]1882年8月15日），国史，埼玉人，埼玉百（こうのしょうぞう），史研，神史，新潮，人名7，世紀，哲学，日人

**神瀬鹿三**　こうのせしかぞう
→神瀬鹿三（かみのせしかぞう）

**河野タカ**　こうのたか
→河野タカ（かわのたか）

**河野通卿**　こうのつうきょう
天保3（1832）年～明治32（1899）年
江戸時代後期～明治期の教育者。
¶大分歴

**河野徹士**　こうのてつお
明治40（1907）年？～
昭和期の労農党大阪府連書記、堀川商工専修教諭。
¶社史

**河野鉄兜**　こうのてっと，こうのてつと
→河野鉄兜（こうのてっとう）

**河野鉄兜**　こうのてっとう，こうのてつとう
文政8（1825）年～慶応3（1867）年2月6日　[別]河野鉄兜《こうのてっと，こうのてつと》
江戸時代末期の漢詩人。号は鉄兜、秀野。
¶朝日（[没]慶応3年2月6日（1867年3月11日）），維新（こうのてつと），国書（[生]文政8（1825）年12月17日），コン改（こうのてっと），コン4，詩歌（こうのてつと），詩作，新潮（こうのてっと　[生]文政8（1825）年12月17日），人名（こうのてつと），世百，日人（[生]1826年），幕末（こうのてつとう），藩臣5（こうのてつとう），百科，兵庫人（[生]文政8（1825）年2月17日），兵庫百，和俳

**河野天籟**　こうのてんらい
明治～昭和期の教育者、漢詩作家。阿蘇郡中道小学校校長。
¶詩歌（[生]1868年　[没]1948年），詩作（[生]？　[没]昭和16（1941）年5月3日）

**河野東寧**　こうのとうねい
文化11（1814）年～明治21（1888）年
江戸時代後期～明治期の武士、教育者。
¶姓氏群馬

**河野敏鎌**　こうのとがま
弘化1（1844）年～明治28（1895）年4月24日
江戸時代末期～明治期の政治家。子爵、文部卿、文相。改正教育令に尽力。
¶朝日（[生]弘化1年10月20日（1844年11月29日）），維新，岩史（[生]天保15（1844）年10月20日），海越（[生]弘化1（1844）年10月20日），海越新（[生]弘化1（1844）年10月20日），角史，教育，近現，高知人，高知百，国史，コン改，コン5，史人（[生]1844年10月20日），社史（[生]天保15（1844）年10月20日），新潮（[生]弘化1（1844）年10月），人名，世人（[生]弘化11（1844）年1月19日），全書，全幕，渡航（[生]1844年10月　[没]1895年4月26日），日史（[生]弘化1（1844）年10月20日），日人，幕末，百科，明治1，履歴（[生]弘化1（1844）年10月19日），歴大

**河野信一**　こうののぶいち
昭和期の音楽教育者。
¶岐阜百

**河野憲利**　こうののりとし
明治33（1900）年6月15日～平成6（1994）年6月
昭和期の教育者。宮崎県立盲学校校長。
¶視覚

**幸野楳嶺**　こうのばいれい
弘化1（1844）年～明治28（1895）年2月2日
明治期の日本画家。内閣絵画共進会審査員を務め、京都青年絵画研究会、京都美術協会設立に尽力。
¶朝日（[生]弘化1年3月3日（1844年4月20日）），維新，角史，京都，京都大，近現，近美（[生]天保14（1844）年3月3日），国史，コン改，コン5，史人（[生]1844年3月3日），新潮（[生]弘化1（1844）年3月3日），人名，姓氏京都，世人（[生]弘化1（1844）年3月3日），世百，全書，大百，日人，幕末，美家（[生]天保15（1844）年3月3日），美術，名画

**河野鳳渚**　こうのほうしょ
宝暦12（1762）年～文化9（1812）年
江戸時代後期の儒医。

¶人名，日人

**河野丸右衛門** こうのまるうえもん
明治16(1883)年～昭和40(1965)年
明治～昭和期の小学校長、地域開発功労者。
¶姓氏鹿児島

**河野楊庵** こうのようあん
文化11(1814)年～文久3(1863)年
江戸時代末期の医師。
¶人名，日人

**河野庸介** こうのようすけ
昭和26(1951)年～
昭和～平成期の随筆家。国立教育政策研究所、文部科学省初等中等教育局教育課程課教科調査官。専門は、国語科教育。
¶現執4期

**河野養哲** こうのようてつ
寛文1(1661)年～享保12(1727)年 [別]河野養哲《かわのようてつ》
江戸時代中期の儒学者。
¶人名，姓氏山口(かわのようてつ)，日人，山口百(かわのようてつ)

**河野良和** こうのよしかず
昭和9(1934)年5月30日～
昭和～平成期の心理臨床家。河野心理教育研究所所長。
¶現執1期，現執3期

**河野柳吉** こうのりゅうきち
明治19(1886)年～昭和14(1939)年
明治～昭和期の教育者。
¶長野歴

**河野齢蔵** こうのれいぞう
慶応1(1865)年2月8日～昭和14(1939)年4月3日
明治～大正期の登山家、植物学者。高山植物を研究。信濃博物学会、信濃山岳会を創立し後進の育成に努めた。
¶コン改，コン5，写家，植物，新潮，人名7，世紀，姓氏長野，長野百，長野歴，日人

**河野魯斎** こうのろさい
明和1(1764)年～天明6(1786)年
江戸時代中期の播磨赤穂藩の儒官。
¶国書([生]宝暦9(1759)年 [没]天明6(1786)年5月24日)，詩歌，人名，日人([生]1759年)，兵庫人([没]天明6(1786)年5月24日)，和俳

**紅梅茂樹** こうばいしげき
昭和11(1936)年～
昭和～平成期の教員、詩人。
¶児人

**合原窓南** ごうはらそうなん
→合原窓南(あいはらそうなん)

**弘法** こうぼう
→空海(くうかい)

**杲宝** ごうほう，こうほう
徳治1(1306)年～正平17/貞治1(1362)年7月7日
鎌倉時代後期～南北朝時代の真言宗の学僧。東寺三宝と称された。
¶朝日([没]貞治1/正平17年7月7日(1362年7月28日))，岩史，角史，鎌室(こうほう)，国史，国書，古中，コン改(こうほう)，コン4(こうほう)，コン5(こうほう)，史人，思想史，新潮(こうほう)，人名(こうほう)，姓氏京都，世人，全書，大百，日史，日人，仏教，仏史，仏人，名僧，歴大

**弘法大師** こうぼうだいし
→空海(くうかい)

**光明皇后** こうみょうこうごう
大宝1(701)年～天平宝字4(760)年6月7日 [別]安宿媛《あすかべひめ》，藤原安宿媛《ふじわらのあすかべひめ，ふじわらのやすかべひめ》，藤原光明子《ふじわらのこうみょうし》
奈良時代の女性。聖武天皇の皇后。施薬院、悲田院を設置、また国分寺、国分尼寺、東大寺の創建にも関わる。
¶朝日([没]天平宝字4年6月7日(760年7月23日))，岩史，角史，教育，郷土奈良，国史，国書，古史，古代，古中，コン改，コン4，詩歌，史人，重要，諸系，女史，女性，新潮，人名，世人，世百，全書，大百，伝記，日史，日人，百科，仏教，仏史，万葉，歴大

**高村坂彦** こうむらさかひこ
明治35(1902)年12月18日～平成1(1989)年10月7日
昭和期の政治家。衆議院議員、徳山大学理事長。近衛文麿首相秘書官となり、枢機に参画した。徳山大学の設立に関わる。
¶学校，現日，世紀，政治，履歴，履歴2

**高野尚好** こうやなおよし
昭和期の教育者。
¶現執2期

**合谷春子** ごうやはるこ
明治37(1904)年～昭和59(1984)年
大正・昭和期の教師。
¶熊本人

**高山角造** こうやまかくぞう
慶応2(1866)年～大正8(1919)年
明治期の教育者。上都賀学館創立者。
¶栃木歴

**神山和雄** こうやまかずお
文久3(1863)年～？
江戸時代末期～明治期の教育者。
¶北海道百，北海道歴

**高山政雄** こうやままさお
明治40(1907)年～昭和56(1981)年
昭和期の教育家。
¶宮城百

**高良とみ　こうらとみ**
明治29（1896）年7月1日～平成5（1993）年1月17日
明治～平成期の婦人平和運動家。日本女子大学教授、参議院議員。大政翼賛会中央協力会議婦人代表。戦後民主党から参議院当選。
¶革命，郷土群馬，近医，近現，近女，群馬人，現朝，現情，現人，現日，高知人，コン改，コン4，コン5，社史，女運，女史，女性，女性普，新宿女，新潮，心理，世紀，政治，富山百，日人，平和，民学，履歴，履歴2，歴大

**高力双石　こうりきそうせき**
文政12（1829）年～文久1（1861）年
江戸時代末期の画家、肥前平戸藩士。
¶人名，日人

**高力直寛　こうりきちょっかん**
→高力直寛（こうりきょくかん）

**高力直寛　こうりきょくかん**
元治2（1865）年～＊　[別]高力直寛《こうりきちょっかん》
明治～昭和期の教育者。
¶群新百（こうりきちょっかん　[没]1927年），姓氏群馬（[没]1937年）

**高利和三郎　こうりわさぶろう**
文久1（1861）年～？
江戸時代末期～明治期の教育者。
¶群馬人

**古閑勇　こがいさむ**
明治43（1910）年12月27日～昭和15（1940）年11月8日
昭和期の小学校教員。
¶社史

**後閑菊野　こがきくの**
→後閑菊野（ごかんきくの）

**古賀喜三郎　こがきさぶろう**
弘化2（1845）年～大正3（1914）年
明治期の教育者。海軍予備校創立者、日比谷中学創立者。
¶学校（[生]弘化2（1845）年11月24日　[没]大正3（1914）年12月21日），長崎遊，日人

**古賀残星　こがざんせい**
明治36（1903）年5月15日～昭和43（1968）年10月5日
昭和期の柔道家、柔道評論家。学校柔道啓蒙、社会柔道評論など教育文化面で貢献した。
¶現情，佐賀百，人名7，世紀，日人

**古賀静修　こがせいしゅう**
弘化3（1846）年～明治29（1896）年7月13日
江戸時代後期～明治期の教育家。
¶佐賀百

**古賀精里　こがせいり**
寛延3（1750）年10月20日～文化14（1817）年
江戸時代中期～後期の儒学者。「寛政三博士」の一人。
¶朝日（[生]寛延3年10月20日（1750年11月18日）　[没]文化14年5月3日（1817年6月17日）），岩史（[没]文化14（1817）年5月3日），江戸，江文，大阪人（[没]文化14（1817）年5月），角史，神奈川人，教育，近世，国史，国書（[没]文化14（1817）年5月3日），コン改，コン4，佐賀百（[没]文化14（1817）年5月4日），詩歌，史人（[没]1817年5月3日），重要（[没]文化14（1817）年5月3日），新潮（[没]文化14（1817）年5月3日），人名，世人（[没]文化14（1817）年5月4日），世百，全書，大百，日思，日史（[没]文化14（1817）年5月3日），日人，藩臣7，百科，歴大

**古賀恒吉　こがつねきち**
明治16（1883）年4月～昭和28（1953）年8月16日
大正～昭和期の剣道家。満州帝国武道会神武殿の主席師範に招聘され、新興満州剣道界の発展に尽力。
¶人名7，日人

**古賀哲二　こがてつじ**
昭和4（1929）年～
昭和期の高等学校教諭、児童文学作家。
¶児人

**古賀肇　こがはじめ**
明治37（1904）年8月2日～平成1（1989）年6月20日
大正～昭和期の学校創立者。柳川商業学校（後の柳川高等学校）の設立に関わる。
¶学校

**古賀兵蔵　こがひょうぞう**
生没年不詳
江戸時代後期の心学者。
¶国書

**古閑博美　こがひろみ**
昭和25（1950）年12月8日～
昭和～平成期の研究者。嘉悦大学短期大学部助教授、魅力行動学研究所主宰、魅力行動学会会長、日本語表現検定協会会長。専門は、魅力行動学、ホスピタリティ、教育学。
¶現執4期

**古賀マサノ　こがまさの**
明治21（1888）年12月18日～昭和39（1964）年12月5日
昭和期の婦人運動家。佐賀県連合婦人会会長、佐賀女子専門学校校長。1日1円貯金運動を実行。更正資金のための純潔金庫、婦人ホーム建設に尽力。
¶近女（[没]昭和38（1963）年），佐賀百，女性，女性普，世紀，日人

**古賀マツヨ　こがまつよ**
明治24（1891）年12月29日～昭和25（1950）年6月17日
大正～昭和期の教育者。
¶佐賀百

**古賀護太郎　こがもりたろう**
明治期の文部省官吏。鉱山学研究のためベルギー、フランス、イギリスに留学。
¶海越（生没年不詳），海越新，渡航

**古賀米吉**　こがよねきち
明治24(1891)年～
大正～昭和期の教育者。
¶郷土千葉

**粉川光一**　こかわこういち，こがわこういち
大正4(1915)年10月2日～平成1(1989)年11月14日
昭和期の児童劇作家、小学校教諭。
¶児作(こがわこういち)，日児

**後閑菊野**　ごかんきくの
慶応2(1866)年10月9日～昭和6(1931)年6月21日　[別]後閑菊野《こがきくの》
明治～昭和期の教育者。本郷元町桜蔭高等女学校校長、久迩宮邸内学問所教育主任。明治期家事教育の基礎を築き、数多くの委員を歴任。著書に「家事教科書」「家事管理」。共立女子職業学校(後の共立女子学園)の設立に関わる。
¶学校，近女，女性，女性普，人名(こがきくの)，世紀，日人

**後閑祐次**　ごかんすけじ
明治22(1889)年2月21日～昭和53(1978)年5月28日
明治～昭和期の郷土史家。
¶郷土，群馬人，姓氏群馬

**古木俊雄**　こぎとしお
明治43(1910)年1月27日～
昭和期の社会教育評論家、実業家。グローバル・ユース・ビュロー会長。
¶現執2期

**古城憲雄**　こぎのりお
明治41(1908)年～昭和30(1955)年
昭和期の青年教育・農林学研究者。
¶山形百

**古木保彦**　こきやすひこ
弘化1(1844)年～明治10(1877)年
江戸時代後期～明治期の習字教師、戸長。
¶姓氏鹿児島

**五弓豊太郎**　ごきゅうとよたろう
→五弓久文(ごきゅうひさぶみ)

**五弓久文**　ごきゅうひさぶみ，ごきゅうひさふみ
文政6(1823)年～明治19(1886)年　[別]五弓豊太郎《ごきゅうとよたろう》
江戸時代後期～明治期の儒学者。
¶コン5(ごきゅうひさふみ)，神人([生]文政6(1823)年1月24日　[没]明治19(1886)年1月17日)，神人(五弓豊太郎　ごきゅうとよたろう)，日人

**国生岩右衛門**　こくしょういわうえもん
→国生岩右衛門(こくしょういわえもん)

**国生岩右衛門**　こくしょういわえもん
明治1(1868)年～大正9(1920)年3月24日　[別]国生岩右衛門《こくしょういわうえもん》
明治～大正期の教育家、殖産家。
¶鹿児島百(こくしょういわうえもん)，薩摩，世紀，姓氏鹿児島(こくしょういわうえもん)，日人

**黒正巌**　こくしょういわお
明治28(1895)年1月2日～昭和24(1949)年9月3日
大正～昭和期の経済史学者。京都帝国大学教授、岡山大学長。農学史を担当。私財を投じ、日本経済史研究所を設立。昭和高等商業学校(後の大阪経済大学)を発足させた。
¶岡山人，岡山百，岡山歴，学校，近現，現情，国史，コン改，コン4，コン5，史研，史人，新潮，人名7，世紀，姓氏京都，日史，日人，百科，民学

**国分一太郎**　こくぶいちたろう
→国分一太郎(こくぶんいちたろう)

**国分元杏**　こくぶげんきょう
→国分元杏(こくぶんげんきょう)

**国分三亥**　こくぶさんがい
文久3(1863)年12月25日～昭和37(1962)年5月1日
明治～昭和期の司法官、教育家。宮中顧問官、丸の内銀行頭取、二松学舎理事長など歴任。
¶岡山人，岡山歴，神奈川人，現情，人名7，世紀([生]文久3(1864)年12月25日)，日人([生]1864年)，履歴，履歴2

**国分松嶼**　こくぶしょうしょ
→国分松嶼(こくぶんしょうしょ)

**国分青厓**(国分青涯)　こくぶせいがい
安政4(1857)年5月5日～昭和19(1944)年3月5日
江戸時代末期～昭和時代の教育者。
¶近現，近文，国史，コン改，コン5，詩歌，詩作，史人，新潮，新文，人名7，世紀，全書，日史，日人，百科，文学(国分青涯)

**国分高広**　こくぶたかひろ
文政11(1828)年～明治29(1896)年4月26日
[別]国分高広《こくぶんたかひろ》
江戸時代末期～明治期の和算家。
¶国書(こくぶんたかひろ)，人名，数学，日人

**国分義胤**　こくぶよしたね
天保3(1832)年3月13日～明治41(1908)年　[別]国分東野《こっくぶとうや》
江戸時代末期～明治時代の豪農、県議会議員、医師。藩農兵隊を組織訓練。学塾を開く。
¶維新，郷土栃木，国書(国分東野　こっくぶとうや)，栃木人([没]明治41(1908)年12月25日)，栃木歴，幕末，幕末大

**国分一太郎**　こくぶんいちたろう
明治44(1911)年3月13日～昭和60(1985)年2月12日　[別]国分一太郎《こくぶいちたろう》
明治～昭和期の教育評論家、児童文学者。日本作文の会常任委員、教育科学研究会国語部会中央世話人会代表。
¶革命(こくぶいちたろう)，近文，現朝，現執1期，現執2期，現情，現人，現日([生]1911年3月113日)，コン4，コン5，児作，児人，児文，社史，小説，新潮，新文，世紀，東北近，日児，

日人，文学，平和，マス89，民学（[没]昭和59（1984）年），履歴（こくぶいちたろう），履歴2（こくぶいちたろう）

**国分元杏**　こくぶんげんきょう
文政3（1820）年～明治8（1875）年　[別]国分元杏《こくぶげんきょう》
江戸時代末期～明治期の儒医。
¶人名（こくぶげんきょう），日人

こ

**国分松嶼**　こくぶんしょうしょ
文化1（1804）年～明治32（1899）年　[別]国分松嶼《こくぶしょうしょ》
江戸時代末期～明治期の漢学者。
¶江文（こくぶしょうしょ），人名（こくぶしょうしょ），日人

**国分高広**　こくぶんたかひろ
→国分高広（こくぶたかひろ）

**国分行道**　こくぶんゆきみち
弘化3（1846）年～明治42（1909）年
明治期の教育者。
¶日人，宮城百

**小倉**　こくら
～慶安2（1649）年
江戸時代前期の女性。教育。河内の藤原誓宗の娘。
¶江表（小倉（佐賀県））

**小榑久衛**　こぐれきゅうえ
弘化1（1844）年7月30日～大正10（1921）年6月24日
明治～大正期の地域改良家。
¶埼玉人，埼玉百，世紀，日人

**木暮足翁**　こぐれそくおう
江戸時代後期の医師。
¶群新百（[生]1789年　[没]1862年），群馬人（[生]寛政1（1789）年　[没]文久2（1862）年），群馬百（[生]1788年　[没]1861年），人名（[生]1788年　[没]1861年），姓氏群馬（[生]1789年　[没]1862年），日人（[生]1788年　[没]1861年）

**木暮山人**　こぐれやまと
昭和3（1928）年3月7日～平成10（1998）年5月26日
昭和～平成期の政治家。参議院議員。歯友会歯科技術専門学校（後の明倫短期大学）の設立に関わる。
¶学校，現政

**小坂井桂次郎**　こざかいけいじろう，こさかいけいじろう
明治14（1881）年7月13日～昭和41（1966）年9月13日
明治～昭和期の教育者。岐阜県立盲学校校長。岐阜訓盲協会を設立。著書に「家庭衛生マッサージ」。
¶岐阜百（[没]1965年），郷土岐阜，視覚（こさかいけいじろう），世紀，日人

**古坂嵓城**　こさかがんじょう
明治21（1888）年1月2日～昭和49（1974）年11月16日
昭和期の教育家。青山学院理事長。青山学院大学教授、同学院長などを歴任。
¶現情，人名7，世紀，日人

**小坂憲次**　こさかけんじ
昭和21（1946）年3月12日～
昭和～平成期の政治家。衆議院議員、第7代文科相。
¶現政

**小坂佐久馬**　こさかさくま
明治39（1906）年1月8日～昭和63（1988）年7月20日
大正～昭和期の小学校教員、出版業者。北海道庁視学、教育出版社長。
¶現情，社史，出文，世紀

**小坂太郎**　こさかたろう
昭和3（1928）年5月30日～
昭和～平成期の詩人。中学教師の傍ら詩作、農村文化運動などに励む。詩集に「喜多の儀式」など。
¶現朝，世紀

**古坂つぎ**　こさかつぎ
明治24（1891）年1月30日～昭和62（1987）年6月3日
大正～昭和期の教育者。津田塾大学理事、津田スクール・オブ・ビジネス校長。日本YMCA中央委員等を歴任後、津田英語会会長、津田塾会顧問。
¶女性，女性普

**古坂有人**　こさかゆうじん
明治30（1897）年～昭和53（1978）年
大正～昭和期の教育者。
¶青森人

**小崎弘道**　こざきひろみち
安政3（1856）年4月14日～昭和13（1938）年2月26日　[別]小崎弘道《おざきひろみち》
明治～昭和期のキリスト教伝道者、牧師。同志社英学校社長。東京YMCA建設に参加、会長となる。赤坂霊南坂に教会堂を建堂。「東京毎週新誌」刊行。
¶岩史，角史，教育（おざきひろみち），京都大，キリ（[生]安政3年4月14日（1856年5月17日）），近現，近文，熊本人，熊本百（おざきひろみち），現朝（[生]安政3年4月14日（1856年5月17日）），国史，コン改（[没]1939年），コン5（[没]昭和14（1939）年），史人，思想，重要（[没]昭和14（1939）年），新潮，新文（[生]安政3（1856）年4月12日），人名，世紀，姓氏京都，世人，世百，先駆，全書，哲学，日思，日史，日人，日本，幕末（おざきひろみち），百科，文学，履歴，歴大

**小沢昭巳**　こざわあきみ
→小沢昭巳（おざわあきみ）

**小沢咲**　こざわさき
文久3（1863）年～昭和23（1948）年　[別]小沢咲《おざわさき》
明治～昭和期の教育者、書家。鳥取西高等学校付属久松幼稚園の基礎を築く。
¶女性（おざわさき），女性普（おざわさき），世

紀（㊤文久3（1863）年3月21日　㊦昭和23（1948）年1月1日），鳥取百，日人

**小沢慎一郎**　こざわしんいちろう
大正2（1913）年6月16日～昭和61（1986）年1月5日
昭和期の音楽教育家。
¶富山百

**小沢武**　こざわたけし
明治39（1906）年6月23日～昭和60（1985）年3月28日　㊦小沢武《おざわたけし》
昭和期の剣道家。新田宮流抜刀術、北辰一刀流を修業。
¶郷土茨城，佐賀百，世紀，日人（おざわたけし）

**小沢達三**　こざわたつぞう
明治40（1907）年～昭和56（1981）年
昭和期の教育者。
¶姓氏富山

**輿石三郎**　こしいしさぶろう
？～昭和60（1985）年10月9日
昭和期の小学校教員。
¶社史

**輿石守郷**　こしいしもりさと
天保8（1837）年2月～明治44（1911）年8月
江戸時代後期～明治期の神職。
¶山梨百

**越川弥栄**　こしかわやさか
明治15（1882）年9月10日～昭和40（1965）年
明治～昭和期の教育者・教育理論の普及者。
¶群新百，群馬人（㊦？），群馬百

**小石元瑞**　こしもとげんずい
→小石元瑞（こいしげんずい）

**越惣太郎**（越荘太郎）　こしそうたろう
＊～元治1（1864）年　㊦井坂行蔵《いさかこうぞう》
江戸時代末期の医師。
¶維新（㊤1821年），茨城百（㊤1823年），国書（㊤文政4（1821）年　㊤元治1（1864）年9月20日），コン改（㊤文政7（1824）年），コン4（㊤文政7（1824）年），新潮（㊤文政7（1824）年？㊦元治1（1864）年9月20日），人名（越荘太郎㊤1824年），（㊤1824年），幕末（㊤1821年）㊦1864年10月20日）

**越泰蔵**　こしたいぞう
明治24（1891）年11月8日～？
明治～昭和期の教育者。学校創立者。須坂商業学校の設立に関わる。
¶学校

**越田稜**　こしだたかし
昭和12（1937）年8月24日～
昭和～平成期の日本政治思想史、教科書問題、平和教育研究者。
¶現執4期，平和

**越原はる**　こしはらはる
→越原春子（こしはらはるこ）

**越原春子**　こしはらはるこ
明治18（1885）年1月～昭和34（1959）年1月29日
㊦越原はる《こしはらはる》
昭和期の教育者、政治家。名古屋女子高等学校校長、衆議院議員。国民共同党議員として活躍。名古屋女学校（後の名古屋女子大学の母体）を創設。
¶愛知女，愛知百（㊤1885年1月24日），学校，女性（越原はる　こしはらはる），女性普（越原はる　こしはらはる），政治，姓氏愛知，中濃

**越原和**　こしはらやまと
明治19（1886）年～昭和9（1934）年8月
明治～昭和期の女子教育家。名古屋女学校の設立に関わる。
¶学校

**児島幾之允**　こじまいくのじょう
天保7（1836）年～明治10（1877）年
江戸時代末期～明治期の寺子屋師匠、副区長・戸長。
¶姓氏長野

**児島惟謙**　こじまいけん
天保8（1837）年2月1日～明治41（1908）年7月1日
㊦児島惟謙《こじまこれかた，こじまこれかね》
明治期の裁判官。衆議院議員。名古屋裁判所長、大審院判事、大阪控訴院長などを歴任。大津事件で司法権の独立を守る。関西法律学校（後の関西大学）の設立に関わる。
¶朝日（こじまこれかた　㊤天保8年2月1日（1837年3月7日）），岩史（こじまこれかた），愛媛百（こじまこれかね），学校，角史，郷土愛媛（こじまこれかね），近県，国史，コン改，コン5，史人，重要，庄内，人書94，新潮（こじまこれかね），人名，世人，世百，先駆，全書，大百，伝記，日史，日人，日本，幕末（こじまこれかた），藩臣6（こじまこれかた），百科，履歴（こじまこれかた），歴大（こじまこれかた）

**児島馬吉**　こじまうまきち
明治元（1868）年～昭和22（1947）年
明治～昭和期の軍人・教育者・書家。
¶愛媛

**小島英一郎**　こじまえいいちろう
明治30（1897）年～昭和59（1984）年
大正～昭和期の教育者。
¶香川人，香川百

**児島閑窓**　こじまかんそう
文政11（1828）年8月～明治41（1908）年6月5日
江戸時代後期～明治期の教育者・吉田藩士。
¶東三河

**小島勘六**　こじまかんろく
天保14（1843）年～明治41（1908）年
江戸時代後期～明治期の教育者、政治家。幡豆村長。
¶姓氏愛知

**五島キヨミ**　ごしまきよみ
明治34（1901）年～昭和38（1963）年
大正・昭和期の社会福祉・社会教育家。

¶愛媛

**児島邦宏** こじまくにひろ
昭和17(1942)年9月26日～
昭和～平成期の教育経営学者。東京学芸大学教授。
¶現執2期，現執3期，現執4期



**小島軍造** こじまぐんぞう
明治34(1901)年5月24日～昭和55(1980)年8月30日
昭和期の倫理学者、教育哲学者。国際基督教大学教授。
¶群馬人，現執1期，哲学

**児島惟謙** こじまこれかた
→児島惟謙(こじまいけん)

**児島惟謙** こじまこれかね
→児島惟謙(こじまいけん)

**小島秀一** こじましゅういち
明治41(1908)年4月1日～昭和37(1962)年8月27日
昭和期の校長、詩人。
¶日児

**小島省斎** こじましょうさい
文化1(1804)年～明治17(1884)年6月6日 [別]小島省斎《こじませいさい》,小島忠太《こじまちゅうた》
江戸時代後期～明治期の儒学者。
¶朝日([生]文化1年8月11日(1804年9月14日))，維新，国書(こじませいさい [生]文化1(1804)年8月11日)，新潮，人名(小島忠太 こじまちゅうた)，日人，幕末，藩臣5，兵庫人([生]文化1(1804)年8月11日)，兵庫百

**小島省斎** こじませいさい
→小島省斎(こじましょうさい)

**児島桑村** こじまそうそん
→児島東雄(こじまはるお)

**小嶋堯春** こじまたかはる
明治31(1898)年～昭和58(1983)年
大正～昭和期の教育者。
¶栃木歴

**小島是** こじまただし
昭和9(1934)年3月3日～
昭和～平成期のバリトン歌手、音楽教育者(ソルフェージュ)。
¶音人，音人2，音人3

**小島忠太** こじまちゅうた
→小島省斎(こじましょうさい)

**小嶋辻策** こじまつじさく
明治16(1883)年～昭和30(1955)年
明治～昭和期の教師。
¶姓氏岩手

**小島敏男** こじまとしお
昭和14(1939)年11月11日～
昭和～平成期の政治家。衆議院議員、文部科学副大臣。
¶現政

**児島虎三郎** こじまとらさぶろう
慶応3(1867)年～昭和35(1960)年
明治～昭和期の教育者。
¶香川人，香川百

**児島東雄** こじまはるお
文政1(1818)年～明治28(1895)年 [別]児島桑村《こじまそうそん》
江戸時代末期～明治期の教育者。
¶岡山人(児島桑村 こじまそうそん)，岡山歴([生]文政1(1818)年6月15日 [没]明治28(1895)年4月9日)，日人

**小島春比古** こじまはるひこ
天保13(1842)年～明治39(1906)年
江戸時代末期～明治期の国学者。桐生町長。桐生織物学校設立、桐生ヶ岡公園創設など町政公共事業に尽力。
¶人名，日人

**小島彦造** こじまひこぞう
明治1(1868)年～昭和36(1961)年
昭和期の眼科医、高田盲学校長(4代)。
¶新潟百

**小島宏** こじまひろし
昭和17(1942)年～
昭和～平成期の教育者。台東区立根岸小学校校長。
¶現執4期

**小島文吾** こじまぶんご
明治4(1871)年11月4日～昭和29(1954)年9月1日
明治～昭和期の教育者。
¶町田歴

**小嶋政一郎** こじままさいちろう
明治26(1893)年8月1日～昭和52(1977)年11月6日
明治～昭和期の教育者、郷土史家。方財小学校校長。
¶郷土，世紀，日人，宮崎百

**小島昌夫** こじままさお
大正14(1925)年11月3日～
昭和～平成期の教育学者。山野美容芸術短期大学教授。
¶現執1期，現執2期，現執3期，現執4期

**小島政吉** こじままさきち
慶応4(1868)年2月20日～昭和7(1932)年4月14日
江戸時代末期～昭和期の教育者。
¶埼玉人，埼玉百，世紀，長野歴，日人

**小島有隣** こじまゆうりん
文久2(1862)年～大正2(1913)年
江戸時代末期～明治期の石見浜田藩士。
¶島根歴

**小島律子** こじまりつこ
昭和25(1950)年12月16日～
昭和～平成期の音楽教育者。

¶音人2，音人3

**輿水実**　こしみずみのる
明治41（1908）年9月22日～昭和61（1986）年3月5日
昭和期の言語哲学者、国語教育者。国語教育研究所所長。
¶現執1期，現執2期，現情，世紀

**古城和子**　こじょうかずこ
昭和26（1951）年～
昭和期の教育心理学者。九州女子大学教授。
¶現執2期

**古城玄洲**　こじょうげんしゅう
文政9（1826）年～大正4（1915）年
江戸時代末期～大正期の東国東郡国見町岐部の医師。
¶大分百，大分歴

**小杉あさ**　こすぎあさ
明治14（1881）年4月29日～昭和44（1969）年1月16日
明治～昭和期の教育者。静岡県盲人連合会会長。盲聾分離教育を確立。晩年は幅広く視覚障害教育事業に貢献。
¶視覚，静岡女，静岡歴，女性，女性普，姓氏静岡

**小杉巌**　こすぎいわお
明治40（1907）年～昭和50（1975）年
昭和期の教育者、教育史研究者。
¶長野歴

**小杉隆**　こすぎたかし
昭和10（1935）年9月25日～
昭和～平成期の政治家。衆議院議員、環境政務次官、日本野鳥の会会長。
¶現執2期，現政，政治

**小杉復堂**　こすぎふくどう
安政2（1855）年～昭和3（1928）年2月11日
明治～昭和期の漢学者、登山文学者、教育者。
¶姓氏富山，富山百（[生]安政2（1855）年3月28日），富山文（[生]安政2（1855）年11月28日）

**小杉義雄**　こすぎよしお
昭和9（1934）年～
昭和～平成期の小学校教諭、児童文学作家。
¶児人

**小菅吉蔵**　こすげきちぞう
明治9（1876）年10月3・4日～昭和20（1945）年7月23日
明治～昭和期の教育者。
¶町田歴

**小菅武夫**　こすげたけお
明治40（1907）年～昭和4（1929）年
昭和期の殉職教育者。
¶長野歴

**小菅知三**　こすげともぞう
昭和11（1936）年11月6日～
昭和～平成期の中学校教諭。東京都レクリエーション連盟副理事長。
¶現執3期

**小須田健次郎**　こすだけんじろう
明治14（1881）年～昭和42（1967）年
明治～昭和期の教育者。
¶群馬人

**小関太郎**　こせきたろう
大正8（1919）年～平成5（1993）年
昭和～平成期の教育者。
¶山形百新

**巨勢朝臣文雄**　こせのあそんふみお
→巨勢文雄（こせのふみお）

**巨勢文雄**　こせのふみお
天長1（824）年～寛平4（892）年　[別]巨勢朝臣文雄《こせのあそんふみお》
平安時代前期の官人、文章博士、大学頭。
¶朝日（生没年不詳），古人，古代（巨勢朝臣文雄　こせのあそんふみお），古代普（巨勢朝臣文雄　こせのあそんふみお），コン改（生没年不詳），コン4（生没年不詳），コン5，新潮（生没年不詳），人名，日人，平史

**小瀬不二三**　こせふじぞう
大正7（1918）年3月16日～昭和48（1973）年12月12日
昭和期の教育者。学校長。
¶飛驒

**小瀬村幸子**　こせむらさちこ
昭和～平成期の音楽教育者。
¶音人2，音人3

**古銭良一郎**　こせんりょういちろう
昭和1（1926）年～
昭和期の社会科教育研究者。
¶現執1期

**小園登至子**　こそのとしこ，こぞのとしこ
大正9（1920）年2月22日～昭和60（1985）年8月28日
昭和期のピアニスト、音楽教育家。名古屋芸術大学教授。若草会ピアノ研究所を主宰。
¶大阪人（こぞのとしこ　[没]昭和60（1985）年8月），音人，現情，女性，女性普，新芸，世紀

**後醍院良季**　ごだいいんながすえ
万延1（1860）年～昭和5（1930）年
明治～昭和期の教育者。
¶姓氏鹿児島

**後醍院真柱**　ごだいいんまはしら
→後醍院真柱（ごだいいんみはしら）

**後醍院真柱**　ごだいいんみはしら
文化2（1805）年12月2日～明治12（1879）年　[別]後醍院真柱《ごだいいんまはしら》，醍醐院真柱《だいごいんしんちゅう，だいごいんまはしら》
江戸時代後期～明治期の国学者。
¶維新，岡山人（醍醐院真柱　だいごいんしんちゅう　[生]文化3（1806）年），岡山百（醍醐院

真柱　だいごいんまはしら　㊤文化3(1806)年、岡山歴(㊧明治12(1879)年6月13日)、鹿児島百(ごだいいんまはしら)、国書(㊧明治12(1879)年6月13日)、神人(㊧明治12(1879)年6月12日)、人名、姓氏鹿児島、日人(㊤1806年)、幕末(㊤1806年　㊦1879年6月13日)、藩臣7

## 五代国三郎　ごだいくにさぶろう
明治11(1878)年～？
明治～大正期の教員。
¶姓氏沖縄

## 五代五兵衛　ごだいごへえ
＊～大正2(1913)年
明治期の社会事業家。大阪盲唖院を創設。
¶大阪人(㊤嘉永1(1848)年　㊦大正2(1913)年9月)、視覚(㊧嘉永1(1848)年12月7日　㊦1913年9月12日)、世紀(㊤嘉永1(1849)年12月7日　㊦大正2(1913)年9月12日)、日人(㊤1849年)

## 五代友厚　ごだいともあつ
天保6(1835)年12月26日～明治18(1885)年9月25日
明治期の実業家。大阪商業講習所発起人。関西貿易、大阪製銅など多くの事業に関与。大阪商法会議所などの設立に尽力。大阪の恩人と呼ばれる。大阪商業講習所(後の大阪市立大学)を創設。
¶朝日(㊤天保6年12月26日(1836年2月12日))、維新、岩史、海越(㊤天保6(1836)年12月26日)、海越新(㊤天保6(1836)年12月26日)、大阪人(㊧明治18(1885)年5月)、大阪墓(㊧明治18(1885)年9月23日)、鹿児島百、学校、角史、郷土長崎(㊧1834年)、近現、国際、国史、コン改、コン5、薩摩、史人、実業(㊤天保6(1836)年12月26日)、重要、新潮(㊧明治18(1885)年9月23日)、人名、姓氏鹿児島、世人、世百、先駆、全書、全幕、大百、鉄道(㊧1836年2月12日)、伝記(㊧1836年)、渡航、長崎遊、日史、日人(㊧1836年)、日本、幕末(㊤1836年　㊦1885年5月26日)、藩臣7、百科、兵庫百、平日、明治2(㊧1836年)、山川小、履歴、歴大(㊧1836年)

## 五代直四郎　ごだいなおしろう
明治13(1880)年8月1日～昭和6(1931)年1月
明治～昭和期の教育者。
¶群馬人

## 小平小平治　こだいらこへいじ
？～明治28(1895)年
江戸時代末期～明治期の教育者、考古学者。
¶長野歴

## 小平高明　こだいらたかあき
明治9(1876)年～昭和26(1951)年
明治～昭和期の教育家。
¶宮城人

## 小平篤三　こだいらとくぞう
明治31(1898)年～昭和54(1979)年
大正～昭和期の教育学者。
¶群馬人

## 小平等　こだいらひとし
明治41(1908)年9月24日～昭和21(1946)年1月22日
昭和期の小学校教員。
¶社史

## 小竹為吉　こたけためきち
明治18(1885)年1月15日～昭和43(1968)年1月3日
明治～昭和期の教育者。
¶群馬人

## 小舘きわ　こだてきわ
大正2(1913)年～平成11(1999)年
昭和～平成期の学校法人小舘学園創立者。
¶青森人

## 小舘衷三　こだてちゅうぞう
大正9(1920)年8月6日～平成6(1994)年7月18日
昭和期の教育家、地方史研究家。弘前実業高等学校教諭。青森県史を研究。
¶青森人、郷土

## 小谷一雄　こたにかずお
大正1(1912)年12月1日～
昭和期の教育者。学校長。
¶飛騨

## 小谷秋水　こたにしゅうすい
寛政4(1792)年～明治5(1872)年　㊨小谷三治《おだにさんじ》
江戸時代後期～明治期の儒学者。
¶人名(小谷三治　おだにさんじ)、日人、三重

## 小谷巣松　こたにそうしょう
→小谷巣松(おだにそうしょう)

## 小谷恵造　こだによしぞう
昭和9(1934)年5月19日～
昭和～平成期の近世儒学者、高校教師。
¶現執3期

## 小谷善保　こだによしやす
明治6(1873)年～昭和4(1929)年
明治～昭和期の教育者。
¶鳥取百

## 小谷蓮乗　こたにれんじょう
大正8(1919)年11月30日～
昭和期の口演童話家、幼児教育者。
¶日児

## 児玉昌　こだまあきら
明治25(1892)年～昭和28(1953)年　㊨児玉昌《こだまさかえ》
明治期の精神科医師、平民社シンパ。愛知県立病院院長。
¶近医(こだまさかえ)、社史(生没年不詳)

## 児玉菊子　こだまきくこ
安政4(1857)年～昭和8(1933)年
明治～昭和期のロシア正教徒、教育者。
¶伊豆、静岡歴、姓氏静岡

**児玉旗山** こだまきざん
→児玉慎(こだましん)

**児玉暉山** こだまきざん
享和3(1803)年～安政2(1855)年 [別]児玉暉山《こだまくんざん》
江戸時代後期の教育家・新谷藩士。
¶愛媛，愛媛百(こだまくんざん [没]安政2(1855)年3月17日)

**児玉喜八** こだまきはち
安政3(1856)年～明治45(1912)年5月31日
江戸時代末期～明治期の教育者。
¶沖縄百

**小玉暁村** こだまぎょうそん★
明治14(1881)年6月15日～昭和17(1942)年4月15日
明治～昭和期の教員。民謡研究家。
¶秋田人2

**児玉金鱗** こだまきんりん
寛文8(1668)年～寛延1(1748)年
江戸時代中期の薩摩藩儒。
¶国書([没]寛延1(1748)年10月6日)，詩歌，人名，日人，和俳(生没年不詳)

**児玉九十** こだまくじゅう
明治21(1888)年11月15日～平成1(1989)年12月15日
大正～昭和期の教育者。明星学苑理事長。東京都や私学審議会の委員も務め、私学振興に尽力。明星実務学校を設立。後に明星学苑に発展させる。
¶伊豆，学校，現朝，現情，静岡歴，世紀，姓氏静岡，多摩，日人

**児玉暉山** こだまくんざん
→児玉暉山(こだまきざん)

**古玉荊山** こだまけいざん
明治6(1873)年～昭和27(1952)年
明治～昭和期の教育啓蒙家。
¶姓氏岩手

**児玉桂三** こだまけいぞう
明治24(1891)年6月17日～昭和47(1972)年10月1日
昭和期の生化学者。東京帝国大学教授。酵素学、免疫化学などを研究。東京帝国大学医学部長、徳島大学学長などを歴任。
¶科学，近医，現情，人名7，世紀，徳島百，徳島歴，日人

**児玉源太郎** こだまげんたろう
嘉永5(1852)年閏2月25日～明治39(1906)年7月23日
明治期の陸軍軍人。第4次伊藤内閣の陸相、第1次桂内閣の内相・文相などを歴任。日露戦争時には満州軍総参謀長。
¶朝日([生]嘉永5年閏2月25日(1852年4月14日))，岩史，海越新，角史，近現，熊本人，国史，コン改，コン5，史人，重要([没]明治39(1906)年7月24日)，新潮，人名，世紀，姓氏山口，世人([没]明治39(1906)年7月24日)，世百，全書，全幕，大百，鉄道([生]1852年4月14日)，渡航([生]1852年2月25日)，日史，日人，日本，幕末，百科，平日，明治1，山口百，陸海([生]嘉永5年2月25日)，歴大

**児玉昌** こだまさかえ
→児玉昌(こだまあきら)

**児玉さだ** こだまさだ
天保3(1832)年10月22日～明治26(1893)年10月25日
明治期の教育者。田中女学校を開設。「女子に学問を」と唱え実行した。
¶秋田人2，江表(さだ(秋田県))，女性，女性普

**児玉サダ** こだまさだ
天保3(1832)年～明治26(1893)年
江戸時代後期～明治期の女子教育の先駆者。
¶秋田百

**児玉重敏** こだましげとし
明治23(1890)年～昭和33(1958)年
大正～昭和期の鹿屋青年学校長、西長島村教育委員会委員長。
¶姓氏鹿児島

**児玉庄太郎** こだましょうたろう
明治7(1874)年12月7日～昭和34(1959)年9月20日
明治～昭和期の教育者。
¶秋田人2，世紀，日人

**児玉慎** こだましん
享和1(1801)年～天保6(1835)年 [別]児玉旗山《こだまきざん》
江戸時代後期の加賀大聖寺藩士。
¶国書(児玉旗山 こだまきざん [生]享和1(1801)年4月16日 [没]天保6(1835)年1月26日)，人名(児玉旗山 こだまきざん)，姓氏石川，日人(児玉旗山 こだまきざん)，藩臣3

**児玉辰春** こだまたつはる
昭和3(1928)年～
昭和～平成期の教員、児童文学作家。
¶児人

**児玉天雨** こだまてんう
文政9(1826)年～明治21(1888)年
江戸時代末期・明治期の薩摩藩士、書家。藩校造士館儒官のち内府に仕えた。
¶薩摩

**児玉南柯** こだまなんか
延享3(1746)年～文政13(1830)年1月4日
江戸時代中期～後期の武蔵岩槻藩士、儒学者。
¶国書([生]延享3(1746)年11月4日)，埼玉人，埼玉百，日人，藩臣5

**児玉秀雄** こだまひでお
明治9(1876)年7月19日～昭和22(1947)年4月7日
大正～昭和期の官僚、政治家。貴族院議員、文相。植民地行政に従事。岡田内閣拓務相、林内閣逓信相、米内内閣内相を歴任。

こ

¶近現，現朝，国史，コン改，コン5，史人，新潮，人名7，世紀，政治，姓氏山口，渡航，日人，山口人，山口百，履歴，履歴2

こ

**児玉平格　こだまへいかく**
寛政3（1791）年～明治8（1875）年7月15日
江戸時代後期～明治期の旧佐土原藩士で藩校学習館の教主。
¶宮崎百

**児玉三夫　こだまみつお**
大正4（1915）年8月1日～
昭和期の教育哲学者。
¶現情

**児玉嘉之　こだまよしゆき**
昭和期のドイツ教育問題研究者。
¶現執1期

**児玉力蔵　こだまりきぞう**
明治20（1887）年～昭和55（1980）年
明治～昭和期の数学教育者。
¶姓氏岩手

**小長久子　こちょうひさこ**
大正11（1922）年3月7日～
昭和期の音楽教育家。大分大学教授。
¶音人，音人2，音人3，現情

**小塚信達　こづかのぶさと**
→小塚信達（こづかのぶみち）

**小塚信達　こづかのぶみち**
[別]小塚信達《こづかのぶさと》
江戸時代中期の三河挙母藩家老。
¶人名（[生]1714年　[没]1776年），日人（こづかのぶさと　[生]1715年　[没]1777年）

**国分東野　こっくぶとうや**
→国分義胤（こくぶよしたね）

**小堤作右衛門　こづつみさくえもん**
寛政2（1790）年～万延1（1860）年8月20日
江戸時代後期～末期の名主・寺子屋師匠。
¶埼玉人

**五坪茂雄　ごつぼしげお**
明治22（1889）年～昭和36（1961）年
大正～昭和期の教育者、政治家。
¶石川百

**籠手田安定　こてだあんじょう**
→籠手田安定（こてだやすさだ）

**籠手田安定　こてだやすさだ**
天保11（1840）年3月21日～明治32（1899）年3月30日　[別]籠手田安定《こてだあんじょう》
明治期の官吏。男爵、貴族院議員。殖産興業を奨励し、教育事業に尽力。新潟・島根・滋賀県知事などを歴任。
¶朝日（[生]天保11年3月21日（1840年4月23日）），維新（[没]1900年），郷土滋賀（こてだあんじょう），滋賀百，島根人（[生]天保10（1839）年），島根百，島根歴，人名，長崎百（[没]明治33（1900）年），新潟百，日人，幕末，幕末大（[没]明治32（1899）年4月1日），藩臣7，履歴，履歴2

**小寺清先　こでらきよさき**
寛延1（1748）年～文政10（1827）年
江戸時代中期～後期の国学者、神道家。
¶朝日（[没]文政10年閏6月26日（1827年8月18日）），岡山人，岡山百（[没]文政10（1827）年6月26日），岡山歴（[没]文政10（1827）年6月26日），近世，国史，国書（[没]文政10（1827）年閏6月26日），神史，神人（[生]寛保6（1741）年　[没]文政3（1820）年閏6月26日），新潮（[没]文政10（1827）年閏6月26日），人名（[生]1741年　[没]1820年），日人

**小寺清之　こでらきよゆき**
明和7（1770）年～天保14（1843）年
江戸時代後期の備後福山藩士、国学者。
¶岡山人，岡山歴（[没]天保14（1843）年11月10日），国書（[生]明和7（1770）年4月14日　[没]天保14（1843）年11月10日），神人（[生]明和6（1769）年），人名，日人，藩臣6

**小寺謙吉　こでらけんきち,こてらけんきち**
明治10（1877）年4月14日～昭和24（1949）年9月27日
明治～昭和期の政治家、実業家。神戸市長、浪速化学社長。海外で政治経済学を学び、衆議院議員（第一控室会）6期。戦後新日本新聞社長を務める。三田中学校を創立。
¶学校，現朝，現情（[生]1877年4月），コン改，コン4，コン5，人名7，世紀，政治，渡航，日人，兵庫人（こてらけんきち），兵庫百，履歴，履歴2

**小寺茂明　こてらしげあき**
昭和23（1948）年10月17日～
昭和～平成期の英語教育学者。大阪教育大学助教授。
¶現執3期

**小寺仁　こでらじん**
大正5（1916）年～
昭和期の中学校・高校教員。
¶社史

**小寺藍州　こてららんしゅう**
→小寺藍洲（おでららんしゅう）

**小寺隆韶　こでらりゅうしょう**
昭和6（1931）年7月7日～
昭和期の劇作家・演出家・教員。
¶東北近

**こと**
明和7（1770）年～文久1（1861）年
江戸時代中期～末期の女性。福祉・教育。伊勢山田の清水氏。
¶江表（こと（三重県））

**コト**
江戸時代末期～明治時代の女性。教育。中川氏。明治8年まで読書、習字、算術の塾を開く。
¶江表（コト（滋賀県））

琴(1) こと★
江戸時代末期〜明治時代の女性。教育。仙台塩釜の太田氏の娘。画家・小池曲江の孫。寺子屋師匠の佐藤晴俊に嫁ぎ、裁縫・手芸・行儀作法を教えた。
¶江表（琴（宮城県））

琴(2) こと★
安永6（1777）年〜安政4（1857）年
江戸時代中期〜末期の女性。和歌・教育。栗野の旧家佐々木家に生まれる。
¶江表（琴（長野県））

琴(3) こと★
江戸時代後期の女性。教育。高遠下小曽部の新倉氏。嘉永1年〜慶応2年まで琴や生花を教えた。
¶江表（琴（長野県））

後藤歌子 ごとううたこ★
明治27（1894）年〜昭和50（1975）年
大正・昭和期の社会教育家。
¶中濃

後藤一夫 ごとうかずお
明治43（1910）年12月23日〜平成5（1993）年1月10日
大正〜昭和期の小学校教員。
¶社史

後藤蔵四郎 ごとうくらしろう
元治2（1865）年1月〜昭和20（1945）年7月1日
明治〜昭和期の教育者、郷土史家。
¶郷土、島根人、島根百、島根歴、世紀、日人

後藤蔵人 ごとうくらんど
明治42（1909）年10月7日〜昭和57（1982）年7月18日
昭和期の小学校教員。日本プロレタリア文化連盟メンバー。
¶社史

五島慶太 ごとうけいた
明治15（1882）年4月18日〜昭和34（1959）年8月14日
明治〜昭和期の実業家。東急電鉄会長。武蔵電鉄常務、目黒蒲田電鉄専務を経て、東京急行電鉄を設立。東条内閣運輸通信相。東急グループを創出。武蔵高等工科学校（後の武蔵工業大学）、東横学園を創立。
¶岩史、学校、神奈川人、郷土長野、近現、現朝、現情、現人、現日、国史、コン改、コン4、コン5、史人、実業、新潮、人名7、世紀、政治、姓氏長野、全書、創業、大百、茶道、鉄道、長野百、長野歴、日史、日人、日本、履歴、履歴2、歴大

後藤謙 ごとうけん
天保8（1837）年〜大正6（1917）年
江戸時代末期〜大正期の漢学者。福岡師範学校長、三潴郡長などを歴任。
¶人名、日人

後藤源九郎 ごとうげんくろう
？〜大正6（1917）年4月
明治〜大正期の教育者。
¶群馬人

後藤鉀二 ごとうこうじ
明治39（1906）年11月13日〜昭和47（1972）年1月22日
昭和期のスポーツ功労者。卓球指導者。卓球協会理事。戦後"ピンポン外交"を展開した。
¶愛知百、現情、コン改、コン4、コン5、人名7、世紀、姓氏愛知、日人

古藤怜 ことうさとし
大正14（1925）年8月15日〜
昭和〜平成期の教育学者。
¶現執3期

古藤実富 ことうさねとみ，こどうさねとみ
明治39（1906）年3月19日〜昭和36（1961）年6月15日
昭和期の教育者、児童文学者。
¶沖縄百（こどうさねとみ），姓氏沖縄

古藤実冨 こどうさねふ
明治39（1906）年3月19日〜昭和36（1961）年6月15日
昭和期の小学校教員、童話作家。
¶社史

後藤重樹 ごとうしげき
明治41（1908）年〜昭和56（1981）年
昭和期の音楽教育家。
¶群馬人

後藤静夫 ごとうしずお
天保4（1833）年〜明治35（1902）年12月22日
江戸時代末期〜明治時代の医師。広島県病院、医学校の開設を主唱するなど医育、医政、医術の振興に尽くす。
¶幕末、幕末大、藩臣6

後藤松陰 ごとうしょういん
寛政9（1797）年〜元治1（1864）年
江戸時代末期の儒学者。
¶朝日（⑱元治1年10月19日（1864年11月18日）），大阪人（⑱元治1（1864）年10月），大阪墓（⑱元治1（1864）年10月19日），岐阜百，郷土岐阜，国書（⑱寛政9（1797）年1月8日　⑱元治1（1864）年10月19日），コン改，コン4，詩歌，新潮（⑱寛政9（1797）年1月8日　⑱元治1（1864）年10月19日），人名，世人，日人，幕末（⑱1864年11月8日），和俳

後藤松軒 ごとうしょうけん
寛永8（1631）年〜享保2（1717）年
江戸時代前期〜中期の儒学者。
¶会津（⑱寛永9（1632）年），江文，大阪人，国書（⑱享保2（1717）年5月18日），人名，日人

後藤新平 ごとうしんぺい
安政4（1857）年6月4日〜昭和4（1929）年4月13日
明治〜昭和期の政治家。貴族院議員。満鉄の初代総裁。第2次・3次桂内閣通信相、寺内内閣外相などを歴任。信濃木崎夏期大学設立の功労者。

愛知百，朝日（㊋安政4年6月4日（1857年7月24日）），岩史，岩手人，岩手百，海越新，大分歴，角史，近医，近現，近土，熊本人，現朝（㊋安政4年6月4日（1857年7月24日）），現日（㊋1857年6月5日），国史，コン改，コン5，史人，重要（㊋安政4（1857）年6月5日），新潮，人名，世紀，姓氏愛知，姓氏岩手，姓氏長野，世人（㊋安政4（1857）年6月5日），世百，全書，大百，鉄道（㊋1857年7月24日），伝記，渡航，土木，長野歴，日史，日人，日本，百科，福島百，平日，宮城百，明治1，履歴，歴大

### 後藤杉蔵　ごとうすぎぞう
嘉永3（1850）年〜大正1（1912）年
江戸時代後期〜明治期の教育者，地方教育会創設推進者。
¶長野百，長野歴

### 後藤誠也　ごとうせいや
昭和8（1933）年〜
昭和期の教育制度研究者。鳥取大学教授。
¶現執1期

### 五藤洒蘿　ごとうせいら
文化2（1805）年〜明治6（1873）年11月20日
江戸時代末期〜明治時代の俳人。美濃派の宗匠となり、人々に俳諧を指導。家で寺子屋も開く。
¶幕末，幕末大

### 後藤総一郎　ごとうそういちろう
昭和8（1933）年12月5日〜平成15（2003）年1月12日
昭和〜平成期の日本政治思想史学者。明治大学教授、常民大学主宰講師。
¶郷土，現執1期，現執2期，現執3期，世紀，マス89

### 後藤崇　ごとうたかし
昭和6（1931）年10月25日〜
昭和期の口演童話家、小学校教員。
¶日児

### 後藤田純生　ごとうだすみお
昭和3（1928）年8月18日〜
昭和〜平成期の音楽教育者。
¶音人2，音人3

### 後藤忠彦　ごとうただひこ
昭和10（1935）年〜
昭和〜平成期の教育学者。岐阜大学教授。
¶現執3期，現執4期

### 五島忠久　ごとうただひさ
明治43（1910）年9月26日〜
昭和期の言語学者。大阪大学教授、日本児童英語教育学会長。
¶現執1期，現執2期，現情，世紀

### 後藤種親　ごとうたねちか
文政8（1825）年5月8日〜明治27（1894）年8月2日
江戸時代後期〜明治期の教育者。
¶庄内

### 後藤竹秋　ごとうちくしゅう
明治34（1901）年4月2日〜平成1（1989）年11月4日
大正〜昭和期の俳人、教育者。
¶徳島歴

### 後藤募　ごとうつのる
慶応2（1866）年9月25日〜大正5（1916）年4月12日
明治・大正期の教育者。黒土小学校長。
¶豊前

### 後藤貞治　ごとうていじ
？〜
昭和期の大阪労働学校講師。
¶社史

### 古藤伝之亟　ことうでんのじょう
天保10（1839）年〜明治27（1894）年
江戸時代後期〜明治期の教育者。
¶山形百

### 後藤富次郎　ごとうとみじろう
明治39（1906）年10月6日〜平成5（1993）年3月18日
昭和・平成期の教育者。学校長。
¶飛騨

### 後藤富哉　ごとうとみちか
文久1（1861）年3月29日〜大正6（1917）年5月19日
明治〜大正期の教育者・民権運動家。
¶埼玉人

### 後藤豊治　ごとうとよはる
大正2（1913）年〜
昭和期の教育・産業心理学者。国学院大学教授。
¶現執1期

### 後藤楢根　ごとうならね
明治41（1908）年2月2日〜平成4（1992）年1月29日
昭和期の児童文学者、作家。大日本映画教育会主事。日本童話会を創立。新人作家の育成に貢献し、吉川英治賞を受賞。作品に「光に立つ子」など。
¶大分百，大分歴，近文，現情，児作，児人，児文，世紀，日児，日人

### 後藤夷臣　ごとうひなおみ
→後藤夷臣（ごとうひらおみ）

### 後藤夷臣　ごとうひらおみ
寛政3（1791）年〜天保12（1841）年　㊨後藤夷臣《ごとうひなおみ》
江戸時代後期の国学者。
¶国書（ごとうひなおみ　㊋寛政3（1791）年4月10日　㊋天保12（1841）年4月26日），人名（㊋1790年　㊋1840年），日人（ごとうひなおみ）

### 後藤文夫　ごとうふみお
大正6（1917）年〜昭和62（1987）年
昭和期の教育学者、大分大学教授。
¶大分歴

### 五島法眼　ごとうほうがん
明治12（1879）年2月7日〜＊　㊨五島法眼《ごとうほうげん》

明治〜昭和期の教育者。明治40年熊本私立鎮西中学教諭として赴任、大正10年、第2代校長。
¶熊本人（㋰1944年）、熊本百（ごとうほうげん）㋭昭和10（1935）年11月17日

**五島法眼** ごとうほうげん
→五島立（ごとうほうがん）

**後藤忘言** ごとうぼうげん★
慶応1（1865）年2月22日〜大正11（1922）年9月18日
明治・大正期の言論雑誌記者。教師。
¶秋田人2

**後藤牧太** ごとうまきた
嘉永6（1853）年〜昭和5（1930）年3月25日
明治〜大正期の理科教育者。東京師範学校教授。ヨーロッパの理科教育を視察。物理実験を重視
¶海越新、科学（㋰1853年（嘉永6）10月5日）、教育、新潮、人名、世紀、先駆、全書、大百、渡航、日人、百科、洋学

**後藤正利** ごとうまさとし
明治18（1885）年〜昭和20（1945）年
明治〜昭和期の神職・教育者。
¶愛媛、愛媛百（㋰明治18（1885）年5月15日）㋭昭和20（1945）年12月11日

**後藤政紀** ごとうまさのり
文政13（1830）年〜明治24（1891）年5月13日
江戸時代後期〜明治時代の和算家。農業に従事しながら算学を教授。
¶数学

**五島盛繁** ごとうもりしげ
寛政3（1791）年〜慶応1（1865）年
江戸時代末期の大名。肥前福江藩主。
¶諸系、日人、藩主4（㋰寛政3（1791）年9月26日㋭慶応1（1865）年4月19日）

**後藤幸子** ごとうゆきこ
昭和4（1929）年〜昭和58（1983）年6月6日
昭和期の小学校教諭。
¶女性、女性普

**後藤由二** ごとうよしじ
明治40（1907）年11月3日〜昭和59（1984）年7月15日
大正・昭和期の白川村教育長。
¶飛騨

**後藤ヨネ** ごとうよね
明治1（1868）年〜昭和37（1962）年
明治〜昭和期の教育者。
¶大分歴

**後藤良蔵** ごとうりょうぞう
天保8（1837）年〜大正6（1917）年11月18日
江戸時代末期〜大正期の教育者。
¶福岡百

**後藤れい子** ごとうれいこ
昭和9（1934）年〜

昭和〜平成期の詩人、幼児教育研究家。
¶児人

**琴子** ことこ★
江戸時代末期〜明治時代の女性。教育。下総野田の松山塾主2代目松山永治の妻。明治6年、野田小学校創立と同時に採用された。
¶江表（琴子（千葉県））

**小永井小舟** こながいしょうしゅう
文政12（1829）年〜明治21（1888）年
江戸時代末期〜明治期の幕臣。遣米国使に従い渡米。維新後文部省に出仕。豪西塾を開く。
¶維新、江文、国書（㋰明治21（1888）年12月10日）、詩歌、人名、全幕、徳川臣、日人、幕末（㋭1888年12月10日）、幕末大（㋭明治21（1888）年12月10日）、和俳

**小中文三郎** こなかぶんさぶろう
安政6（1859）年〜昭和10（1935）年
明治〜昭和期の教育者。
¶大分歴

**小中村清矩** こなかむらきよのり
文政4（1821）年12月30日〜明治28（1895）年10月11日
江戸時代末期〜明治期の国学者。東京大学教授。古代の太政官制度の調査をすすめた。「古事類苑」の編集に従事。
¶朝日（㋰文政4年12月30日（1822年1月22日））、維新、江文、近現、近文、考古、国史、国書、コン改（㋰明治27（1894）年）、コン4、コン5、史研、史人、神史、神人、新潮、新文（㋰文政4（1821）年12月31日）、人名、姓氏愛知、日音、日史（㋰文政4（1821）年12月31日）、日人（㋭1822年）、幕末（㋭1822年1月22日）、幕末大（㋰文政4（1822）年12月30日）、百科、文学、平史、履歴、歴大、和歌山人

**小梨こま**（小梨コマ） こなしこま
明治7（1874）年〜昭和21（1946）年
明治〜昭和期の教育者。
¶岩手百、女性、姓氏岩手（小梨コマ）

**小梨コマ**（小梨こま） こなしコマ
明治7（1874）年〜昭和21（1946）年
明治〜昭和期の教育者。修紅短期大学創立者、一関修紅高校創立者。女子教育の必要を痛感して裁縫塾を開き、以後47年間指導にあたる。
¶岩手人（㋰1874年3月24日㋭1946年9月29日）、学校、女性普（小梨こま）

**小西有実** こにしありざね
？〜明治20（1887）年
江戸時代末期〜明治期の書家。
¶日人

**小西有義** こにしありよし
？〜明治28（1895）年
江戸時代末期〜明治期の教育者。
¶姓氏富山、富山人

こ

**小西惟冲**　こにしいちゅう
明和6(1769)年～嘉永7(1854)年　[別]小西澹斎《こにしたんさい》
江戸時代中期～後期の播磨竜野藩士。
¶国書(小西澹斎　こにしたんさい　[生]明和6(1769)年10月7日　[没]嘉永7(1854)年2月16日), 日人, 藩臣5

**小西謙**　こにしけん
明治34(1901)年～昭和60(1985)年
大正～昭和期の教育者、初代の長野県教育長、国文学者。
¶姓氏長野, 長野歴

**小西健二郎**　こにしけんじろう
大正13(1924)年2月10日～平成7(1995)年5月2日
昭和～平成期の小学校教師、生活綴方教育運動家。兵庫作文の会で文章指導。主著に「たんばの子」「ぼくも父母も1年生」など。
¶現朝, 現情, 現人, 世紀, 日人

**小西重直**　こにししげなお
明治8(1875)年1月15日～昭和23(1948)年7月21日
大正～昭和期の教育学者。京都帝国大学総長、千葉工業大学長。労作教育論を唱え、日本のペスタロッチと慕われた。
¶会津, 教育, 近現, 国史, コン改, コン5, 史人, 新潮, 人名7, 世紀([生]明治8(1875)年1月), 姓氏京都, 世百, 全書, 大百, 哲学, 渡航, 日人, 福島百, 山形百, 履歴, 履歴2

**小西周輔**　こにししゅうすけ
生没年不詳
江戸時代中期の歌舞伎作者。天明4～7年頃に活躍。
¶歌舞, 歌舞新

**小西信八**　こにししんぱち
安政1(1854)年～昭和13(1938)年7月5日　[別]小西信八《こにしのぶはち》
江戸時代末期～昭和期の教育者。共立女子職業学校(後の共立女子学園)の設立に関わる。
¶学校, 視覚(こにしのぶはち　[生]嘉永7(1854)年1月24日), 史人(こにしのぶはち　[生]1854年1月24日), 渡航([生]1854年1月)

**小西澹斎**　こにしたんさい
→小西惟冲(こにしいちゅう)

**小西定助**　こにしていすけ
明治19(1886)年8月3日～昭和39(1964)年3月18日
明治～昭和期の農業指導者。
¶秋田百([没]昭和41(1966)年), 郷土, 世紀, 日人

**小西信八**　こにしのぶはち
→小西信八(こにししんぱち)

**小沼彰**　こぬまあきら
昭和6(1931)年5月15日～平成5(1993)年8月4日
昭和～平成期の音楽教育者、作曲家、指揮者。
¶音人2, 新芸

**近衛篤麿**　このえあつまろ
文久3(1863)年6月26日～明治37(1904)年1月2日　[別]近衛霞山《このえかざん》
明治期の政治家。貴族院議員、公爵。アジア主義の立場から東亜同文会(後の愛知大学)を結成。対露強硬論、主戦論を推進。
¶朝日([生]文久3年6月26日(1863年8月10日)), 海越新, 江戸東(近衛霞山　このえかざん), 学校, 角史, 近現, 国史, コン改, コン5, 史人([没]1904年1月1日), 重要, 諸系, 新潮, 人名, 姓氏京都, 世人, 世百, 全書, 大百, 渡航, 日史([没]明治37(1904)年1月1日), 日人, 百科, 北海道百, 北海道歴, 明治1, 履歴, 歴大

**近衛霞山**　このえかざん
→近衛篤麿(このえあつまろ)

**許斐遯斎**　このみとんさい
天明2(1782)年～弘化2(1845)年
江戸時代中期の筑前福岡藩儒。
¶人名, 日人

**古波蔵保昌**　こはぐらほしょう
昭和2(1927)年～昭和33(1958)年
昭和期の教師、作詞家。
¶姓氏沖縄

**木場貞長**　こばさだたけ
安政6(1859)年～昭和19(1944)年6月3日　[別]木場貞長《こばさだなが》
明治～大正期の文部官僚、教育行政家。文部参事官。高等教育会議委員などを歴任。著書に「教育行政」。
¶海越新([生]安政6(1859)年9月), 教育, コン改, コン5, 人名7, 世紀([生]安政6(1859)年9月), 渡航, 日人, 履歴(こばさだなが　[生]安政6(1859)年9月3日)

**木場貞長**　こばさだなが
→木場貞長(こばさだたけ)

**小橋一太**　こばしいちた, こはしいちた
明治3(1870)年10月1日～昭和14(1939)年10月2日　[別]小橋一太《こばしいった》
大正～昭和期の官僚、政治家。衆議院議員、東京市長。清浦内閣の書記官長、浜口内閣文相に就任。越後鉄道疑獄事件に連座し辞職。
¶近現, 近土, 熊本人, 熊本百(こばしいった), 現朝([生]明治3年10月1日(1870年10月25日)), 国史, コン改([生]1890年), コン5([生]明治23(1890)年), 史人, 新潮, 人名7, 世紀, 土木(こはしいちた), 日人, 履歴(こはしいちた)

**小橋一太**　こばしいった
→小橋一太(こばしいちた)

**小橋勝之助**　こばしかつのすけ
文久3(1863)年～明治26(1893)年3月12日
江戸時代末期～明治期の社会福祉家。わが国の最も古い児童施設の一つ、博愛社の創設者。
¶朝日([生]文久3年2月25日(1863年4月12日)), キリ([生]文久3年1月25日(1863年3月14日)), 近現, 国史, 日人, 兵庫百

**小橋川斉** こばしがわさい
? ～
昭和期の小学校教員。沖縄教育労働者組合メンバー。
¶社史

**木幡栄周** こばたえいしゅう,こはたえいしゅう
文政8(1825)年～明治13(1880)年 [別]木幡量介《こばたりょうすけ》
江戸時代末期～明治期の学者。島津久光上京の折、京の消息を伝える。廃藩後、学事新興に尽力。
¶維新(木幡量介 こばたりょうすけ),人名,日人,幕末(こはたえいしゅう [没]1880年4月8日),宮崎百

**木幡寛** こはたひろし
昭和24(1949)年～
昭和～平成期の数学教師。
¶児人

**木幡量介** こばたりょうすけ
→木幡栄周(こばたえいしゅう)

**古波津里光** こはつりこう
明治25(1892)年～昭和49(1974)年
大正～昭和期の教育者。国民学校長。
¶姓氏沖縄

**木庭徳治** こばとくじ
*～昭和35(1960)年2月2日
明治～昭和期の壺渓塾創設者。
¶熊本人([生]1872年),熊本百([生]明治6(1873)年10月15日)

**小浜伊次郎** こはまいじろう
明治21(1888)年11月23日～昭和57(1982)年7月30日
大正～昭和期の教育者。盲学校における普通教育の必要性を提唱し「中学講義録」全63巻全科目の点訳を完成させた。
¶視覚

**小浜逸郎** こはまいつお
昭和22(1947)年4月15日～
昭和～平成期の教育評論家。
¶現執3期,現執4期,世紀,マス89

**小浜嘉隆** こはまよしたか
→小浜嘉隆(おはまよしたか)

**小早川潔** こばやかわきよし
安政5(1858)年～?
江戸時代末期～明治期の教育者。
¶長野歴

**小林聡** こばやしあきら
昭和35(1960)年4月11日～
昭和～平成期の作曲家、音楽教育者。
¶作曲

**小林惟孝** こばやしいこう
文化1(1804)年～明治20(1887)年 [別]小林惟孝《こばやしこれたか》,小林百哺《こばやしひゃっぽ》
江戸時代末期の和算家。越後高田藩の藩校修道館などで指導。著書に「算法童啓発心天地」。
¶国書(こばやしこれたか [没]明治20(1887)年1月9日),コン4(小林百哺 こばやしひゃっぽ),人名,新潟人(小林百哺 [没]明治20年1月),日人(こばやしこれたか)

**小林到** こばやしいたる
元治1(1864)年12月28日～大正2(1913)年
明治～大正期の教育者。
¶札幌,北海道百,北海道歴

**小林卯三郎** こばやしうさぶろう
明治20(1887)年9月6日～昭和56(1981)年11月21日
昭和期の教育者。私立奈良盲唖学校を設立。
¶視覚

**小林有也** こばやしうなり
安政2(1855)年6月～大正3(1914)年6月9日
[別]小林有也《こばやしなおや》
明治期の教育者。長野尋常中学校長。東京物理学講習所(後の東京理科大学)の設立に関わる。中学校取調委員。その徳育に大きな感化をあたえた。
¶学校,郷土長野,コン改,コン5,人名(こばやしなおや),世紀,姓氏長野,長野百,長野歴,日人

**小林運平** こばやしうんぺい
慶応1(1865)年～大正5(1916)年
明治～大正期の特殊教育の先覚者。
¶北海道百,北海道歴

**小林英一** こばやしえいいち
明治36(1903)年～昭和46(1971)年
昭和期の教育者。
¶群馬人

**小林岳二** こばやしがくじ
明治12(1879)年～昭和38(1963)年
明治～昭和期の教育者。
¶群馬人

**小林一弘** こばやしかずひろ
昭和10(1935)年3月11日～
昭和期の教育者。
¶視覚

**小林寒翠** こばやしかんすい
→小林虎三郎(こばやしとらさぶろう)

**小林喜三郎** こばやしきさぶろう
慶応2(1866)年～昭和19(1944)年
明治～昭和期の教育者。
¶群馬人,姓氏群馬

**小林恭三郎** こばやしきょうさぶろう
明治7(1874)年2月24日～昭和7(1932)年
明治～昭和期の教育者。
¶三重続

**小林恭二** こばやしきょうじ
昭和32(1957)年11月9日～
昭和～平成期の小説家、俳人。ポストモダン文学

の旗手。著書に「ゼウスガーデン衰亡史」、「俳句という遊び」など。
¶現朝，幻作，現執3期，現執4期，現情，幻想，現文，小説，世紀，日人，兵庫文

こ

**小林金次郎** こばやしきんじろう
明治43(1910)年～平成14(2002)年5月30日
昭和期の教育者、詩人、児童文化研究者。著書に「ふくしまのわらべ歌」「安寿姫と厨子王」など。
¶郷土，児文，日児([生]明治43(1910)年10月7日)

**小林慶一郎** こばやしけいいちろう
明治11(1878)年～昭和41(1966)年
明治～昭和期の社会事業家。『小林知足財団』を運営。小林平兵衛の孫。
¶御殿場

**小林乾一郎** こばやしけんいちろう
弘化2(1845)年～昭和4(1929)年
明治～大正期の教育者、政治家。衆議院議員。女児教舎(のち延岡高女)を設立。宮崎県会議員、同議長を歴任。
¶人名，日人，宮崎百([生]弘化2(1845)年6月15日 [没]昭和4(1929)年1月2日)

**小林源右衛門** こばやしげんえもん
弘化3(1846)年～昭和3(1928)年
明治～昭和期の社会事業家。
¶日人，三重([生]弘化3年11月3日)

**小林健三** こばやしけんぞう
明治36(1903)年～
昭和期の神道学・教育史研究者。
¶現執1期

**小林伍一** こばやしごいち
明治21(1888)年～昭和49(1974)年
大正～昭和期の教育者、政治家。村長。
¶長野歴

**小林好三** こばやしこうぞう
明治10(1877)年4月24日～昭和31(1956)年3月12日
明治～昭和期の教育者・郷土史家。
¶埼玉人

**小林惟孝** こばやしこれたか
→小林惟孝(こばやしいこう)

**小林栄** こばやしさかえ
万延1(1860)年～昭和15(1940)年
明治～昭和期の教育者。
¶会津，日人

**小林佐源治** こばやしさげんじ
明治13(1880)年～昭和39(1964)年
明治～昭和期の新城市一鍬田出身の教育者。
¶姓氏愛知

**小林茂樹** こばやししげき
明治25(1892)年～昭和57(1982)年
明治～昭和期の地理学者、郷土史家。
¶郷土，長野歴

**小林茂園** こばやししげぞの
～大正13(1924)年10月17日
明治・大正期の教師・神職。
¶飛騨

**小林茂太** こばやししげたか
大正2(1913)年～平成10(1998)年
昭和～平成期の教育者。養護学校校長。
¶青森人

**小林茂理** こばやししげり
文久3(1863)年～大正5(1916)年
明治～大正期の実践教育に尽力した教育者。
¶長野歴

**小林しげる** こばやししげる
昭和14(1939)年～
昭和～平成期の小中学校教諭、児童文学作家。
¶児人

**小林茂** こばやししげる
明治1(1868)年～昭和12(1937)年
明治～昭和期の教育者。
¶群馬人

**小林鎮** こばやししずめ
明治19(1886)年12月22日～昭和21(1946)年8月25日
明治～昭和期の宗教家・金光教教師。
¶岡山歴

**小林倭文** こばやししずり
明治40(1907)年5月21日～平成17(2005)年1月17日
昭和期の学校創立者。長野女子短期大学を開学。
¶学校，信州女

**小林重吉** こばやしじゅうきち
文政8(1825)年～明治35(1902)年
明治期の漁業家。函館の町年寄。函館商船学校の生みの親。
¶青森人，維新，北墓([没]明治35(1902)年4月30日)，人名([生]?)，日人，北海道建([生]文政8(1825)年1月13日 [没]明治36(1903)年4月)，北海道百([没]明治36(1903)年)，北海道歴([没]明治36(1903)年)

**小林庄五郎** こばやししょうごろう
嘉永6(1853)年～昭和39(1964)年
明治～昭和期の教育者、政治家。大和村議会議員。
¶姓氏神奈川

**小林穣洲** こばやしじょうしゅう
文政9(1826)年～明治42(1909)年
江戸時代後期～明治期の教育者・書家。
¶姓氏群馬

**小林正盛** こばやししょうせい
明治9(1876)年6月11日～昭和12(1937)年6月18日 [別]小林正盛《こばやしせいせい》
明治～昭和期の僧侶。
¶人名(こばやしせいせい)，世紀，栃木歴，日人，仏人

**小林新**　こばやししん
？～
昭和期の中学校教員。
¶社史

**小林晋斎**　こばやししんさい
？～明治12(1879)年
明治期の漢学者・塾頭。
¶神奈川人，姓氏神奈川

**小林真斉**　こばやししんさい
寛政9(1797)年～明治10(1877)年
江戸時代後期～明治期の藤岡、田沼の和塾師匠。
¶栃木歴

**小林信次**　こばやししんじ
昭和21(1946)年～
昭和～平成期の小学校教師。専門は、教育学、国語教育、学級づくりと授業(学習集団)。
¶現執4期

**小林瑞浄**　こばやしずいじょう
明治7(1874)年～昭和25(1950)年
昭和期の教育者。
¶仏人

**小林進**　こばやしすすむ
昭和24(1949)年3月30日～
昭和期の教育心理学者、心理学者。近畿大学教授。
¶現執2期

**小林澄兄**　こばやしすみえ
明治19(1886)年6月18日～昭和46(1971)年7月14日
大正～昭和期の教育学者。慶応義塾大学教授。
¶教育，現朝，現情，世紀，哲学，日人

**小林省吾**　こばやしせいご
弘化1(1844)年～明治37(1904)年
江戸時代後期～明治期の教育者。旧吉井藩士。
¶姓氏群馬

**小林清作**　こばやしせいさく
明治4(1871)年～昭和10(1935)年
明治～昭和期の女子教育家。愛知淑徳学園創立者。
¶愛知女，愛知百([生]1871年8月4日　[没]1935年9月21日)，学校，姓氏愛知

**小林清治**　こばやしせいじ
明治18(1885)年～昭和63(1988)年
昭和期の教育者。
¶姓氏岩手

**小林正盛**　こばやしせいせい
→小林正盛(こばやししょうせい)

**小林荘**　こばやしそう
明治18(1885)年～昭和20(1945)年
明治～大正期の教育者。
¶姓氏京都

**小林宗作**　こばやしそうさく
明治26(1893)年6月15日～昭和38(1963)年2月8日
大正～昭和期の音楽教育家。
¶郷土群馬，群新百，群馬人，群馬百

**小林曽介**　こばやしそうすけ
文政11(1828)年～明治23(1890)年10月5日
江戸時代末期～明治期の医師・教育者。
¶岡山歴

**小林存**　こばやしぞん
→小林存(こばやしながろう)

**小林大巌**　こばやしだいがん
明治27(1894)年10月25日～昭和51(1976)年7月30日
大正～昭和期の浄土宗僧侶、教育者。浄土宗宗務総長。
¶現情，人名7，世紀，日人，仏教，仏人

**小林孝虎**　こばやしたかとら
大正12(1923)年～平成16(2004)年
昭和・平成期の歌人・教育者。
¶北文

**小林武**　こばやしたけし
明治39(1906)年11月3日～昭和62(1987)年4月4日
昭和期の教育運動家、政治家。日教組委員長、参議院議員。教育二法、勤評、学力テスト等をめぐり文相とわたり会う。社会党党員。
¶革命，現朝，現情，現人，現日，コン改，コン4，コン5，新潮，世紀，政治，日人，平和，北海道歴，履歴，履歴2

**小林田鶴子**　こばやしたずこ
→小林田鶴子(こばやしたづこ)

**小林忠雄**　こばやしただお
明治33(1900)年～昭和39(1964)年
大正～昭和期の教育者。
¶長野歴

**小林忠良**　こばやしただよし
→小林忠良(こばやしちゅうりょう)

**小林多津衛**　こばやしたつえ
明治29(1896)年～平成13(2001)年3月17日
昭和期の作家、平和運動家。
¶世紀([生]明治29(1896)年8月)，日人([生]明治29(1896)年8月7日)

**小林田鶴子**　こばやしたづこ，こばやしたずこ
昭和～平成期の音楽教育者。
¶音人2(こばやしたずこ)，音人3(こばやしたずこ)

**小林千枝子**　こばやしちえこ
昭和30(1955)年1月30日～
昭和～平成期の研究者。作新学院大学経営学部教授。専門は、教育学、教育史。
¶現執4期

**小林忠良**　こばやしちゅうりょう
寛政7(1795)年～明治4(1871)年　[別]小林忠良《こばやしただよし》

江戸時代末期～明治時代の和算家。勧戒之器の3現象を数学的に処理した。
¶科学，コン5，数学（こばやしただよし　㊗寛政8（1796）年　㉝明治4（1871）年8月12日）

**小林勗** こばやしつとむ
明治35（1902）年1月1日～
昭和期の労働運動家、教育者。新潟県教育労働者組合委員長、錦城高等学校長。
¶社運，社史

**小林常男** こばやしつねお
嘉永5（1852）年～？
明治期の教育者。
¶長野歴

**小林恒吉** こばやしつねきち
明治3（1870）年～昭和2（1927）年9月28日
明治～昭和期の教師。
¶飛騨

**小林つや江** こばやしつやえ
明治34（1901）年3月26日～昭和62（1987）年5月1日
大正～昭和期の幼児音楽教育者。日本女子大学・日本女子短期大学教授。著書に『わらべうたとあそび』など。
¶音人，女性，女性普

**小林剛** こばやしつよし
昭和9（1934）年1月16日～
昭和～平成期の教育学者。福井大学教授。
¶現執2期，現執3期，現執4期

**小林哲也** こばやしてつや
大正15（1926）年12月22日～
昭和～平成期の比較教育学者。京都大学教授。
¶現執1期，現執2期，現執4期，現情，世紀

**小林輝行** こばやしてるゆき
昭和13（1938）年12月5日～
昭和～平成期の家庭教育研究者。信州大学教授。
¶現執1期，現執2期

**小林徳衛** こばやしとくえ
明治34（1901）年9月25日～昭和57（1982）年7月20日
大正～昭和期の教育者。
¶群馬人

**小林利宣** こばやしとしのぶ
大正11（1922）年6月1日～平成6（1994）年11月30日
昭和～平成期の教育心理学者。広島文教女子大学教授。
¶現執1期，現執3期，心理

**小林利久** こばやしとしひさ
昭和12（1937）年1月3日～平成3（1991）年8月6日
昭和期の小学校教員、研究家。
¶児人，日児

**小林トミ** こばやしとみ
明治28（1895）年～昭和43（1968）年
昭和期の私立北越産婆学校開設者。
¶新潟百

**小林友雄** こばやしともお
明治27（1894）年～昭和58（1983）年
明治～昭和期の郷土史家、教育家。
¶郷土，栃木歴

**小林虎三郎** こばやしとらさぶろう，こばやしとらざぶろう
文政11（1828）年～明治10（1877）年8月24日
㉙小林寒翠《こばやしかんすい》
江戸時代末期～明治期の越後長岡藩士。長岡藩大参事、国漢学校創設者。戊辰戦争で非戦論を唱える。長岡藩復興、教育振興に尽力。「米百俵」で知られる。
¶維新（㊗1827年），学校，教育（こばやしとらざぶろう），近現，近世，国史，国書（小林寒翠こばやしかんすい），コン改《㊗文政10（1827）年），コン4（㊗文政10（1827）年），コン5（㊗文政10（1827）年），新潮，人名（小林寒翠　こばやしかんすい），全幕，長岡，新潟人，新潟百，日人，幕末，幕末大，藩臣4，洋学（㊗文政10（1827）年），履歴（㊗文政11（1828）年8月18日）

**小林直衛** こばやしなおえ
明治19（1886）年～昭和48（1973）年　㉙小林直樹《こばやしなおき》
明治～昭和期の教育者、長野県教育委員長。
¶姓氏長野（小林直樹　こばやしなおき），長野歴

**小林直樹** こばやしなおき
→小林直衛（こばやしなおえ）

**小林尚二** こばやしなおじ
明治17（1884）年～昭和39（1964）年
明治～昭和期の郷土史家。
¶郷土，長野歴

**小林直次郎** こばやしなおじろう
慶応2（1866）年～昭和4（1929）年
明治～昭和期の教育者。
¶姓氏長野，長野歴

**小林有也** こばやしなおや
→小林有也（こばやしうなり）

**小林存** こばやしながろう
明治10（1877）年6月6日～昭和36（1961）年3月10日　㉙小林存《こばやしぞん》
明治～昭和期の地方史研究家。地方史（新潟県）、民俗学を研究。
¶郷土，史研（こばやしぞん），世紀，新潟百別，日人（こばやしぞん）

**小林日董** こばやしにっとう
嘉永1（1848）年～明治38（1905）年
明治期の日蓮宗僧侶。日蓮宗大学（現・立正大学）創立。
¶新潟百，日人，仏人

**小林信郎** こばやしのぶお
大正10（1921）年4月17日～

昭和期の教育学者。日本女子大学教授。
¶現執1期，現執2期

**小林登** こばやしのぼる
昭和2(1927)年11月23日～
昭和～平成期の小児科学者。東京大学教授、国立小児病院院長。専門は小児免疫アレルギー学、乳児行動科学。臨教審委員、国際小児科学会長も務める。
¶現朝，現執2期，現執3期，現執4期，現情，世紀，日人，マス89

**小林元** こばやしはじめ
生没年不詳
昭和期の小学校教員。
¶社史

**小林ハナ子** こばやしはなこ
～昭和24(1949)年
昭和期の教育者。
¶山口人

**小林秀穂** こばやしひでお
明治17(1884)年12月24日～昭和24(1949)年4月15日
昭和期の教育家。明治大学初代文学部長。新制大学における一般教養の理念を唱えた。
¶現情，人名7，世紀，日人

**小林秀雄** こばやしひでお
明治34(1901)年～昭和35(1960)年
昭和期の教育者。クリスチャン。
¶高知人

**小林秀三郎** こばやしひでさぶろう
嘉永3(1850)年～大正4(1915)年
明治・大正期の社会事業家。『小林知足財団』を運営。小林平兵衛の子。
¶御殿場

**小林秀三** こばやしひでぞう
明治17(1884)年3月11日～明治37(1904)年9月22日 ㊲弘中又一と小林秀三《ひろなかまたいちとこばやしひでぞう》
明治期の教師。田山花袋『田舎教師』の主人公、林清三のモデル。
¶埼玉文(弘中又一と小林秀三　ひろなかまたいちとこばやしひでぞう)

**小林百哺** こばやしひゃっぽ
→小林惟孝(こばやしいこう)

**小林博** こばやしひろし
昭和9(1934)年～
昭和～平成期の中学校教師、性教育研究家。
¶YA

**小林二三雄** こばやしふみお
大正12(1923)年9月23日～
昭和期の教育者・登山家。
¶群馬人

**小林文人** こばやしぶんじん
昭和6(1931)年11月21日～

昭和～平成期の社会教育学者。東京学芸大学教授・附属図書館長。
¶現執1期，現執2期，現執3期，現執4期

**小林平兵衛** こばやしへいべえ
安永8(1779)年～嘉永2(1849)年
江戸時代中期～後期の農政家。
¶静岡歴，姓氏静岡，日人

**小林信** こばやしまこと
生没年不詳
昭和期の小学校教員。
¶社史

**小林正則** こばやしまさのり
嘉永6(1853)年5月3日～明治27(1894)年10月24日
江戸時代後期～明治期の私塾経営者。
¶山梨百

**小林正幸** こばやしまさゆき
昭和32(1957)年3月3日～
昭和～平成期の研究者。東京学芸大学教育学部附属教育実践総合センター教授。専門は、教育臨床心理学。
¶現執4期

**小林増郎** こばやしましろう
明治38(1905)年～
昭和期の小学校教員。
¶社史

**小林幹** こばやしみき
明治36(1903)年11月15日～昭和63(1988)年10月28日
昭和期の郷土史家。高山市郷土館館長。江戸時代後期から明治初めまでの「町年寄日記」などの史料を調査・研究。
¶郷土，郷土岐阜，世紀，日人

**小林光雄** こばやしみつお
昭和5(1930)年1月17日～
昭和～平成期の音楽教育者、合唱指揮者。
¶音人，音人2，音人3

**小林光臣** こばやしみつしげ
昭和7(1932)年3月28日～
昭和期の教育者。学校長。
¶飛騨

**小林満** こばやしみつる
昭和9(1934)年6月10日～
昭和～平成期のバリトン歌手、音楽教育者。
¶音人2，音人3

**小林実** こばやしみのる
大正3(1914)年2月11日～昭和52(1977)年12月25日
昭和期の教科書編集者、科学読書作家。
¶現執1期，児人，日児

**小林安左衛門** こばやしやすざえもん
文化11(1814)年～明治16(1883)年8月8日
江戸時代末期～明治時代の実業家。大年寄。小倉

の酒造業「岩田屋」主人。医学校兼病院の建設に尽くす。
¶維新，幕末，幕末大（[生]文化11（1814）年9月3日）



**小林雄七郎** こばやしゆうしちろう
*～明治24（1891）年
江戸時代後期～明治期の教育者、著述家。
¶新潟百（[生]1844年），日人（[生]1846年）

**小林幸男** こばやしゆきお
昭和23（1948）年11月16日～
昭和～平成期の音楽教育者。
¶音人2，音人3

**小林幸雄** こばやしゆきお
昭和33（1958）年～
昭和～平成期の小学校教師。
¶現執4期

**小林行雄** こばやしゆきお
大正2（1913）年7月12日～
昭和期の文部官僚。
¶現情

**小林洋子** こばやしようこ
昭和9（1934）年10月14日～
昭和～平成期の音楽教育者。
¶音人2，音人3

**小林陽子** こばやしようこ
昭和5（1930）年4月20日～
昭和～平成期の小学校教師。品川区立大原小学校教諭、文部省生徒指導手引き作成委員。
¶現執3期

**小林義則** こばやしよしのり
生没年不詳
明治期の教育者。
¶神奈川人，姓氏神奈川

**小林義晴** こばやしよしはる
明治29（1896）年3月31日～昭和9（1934）年12月5日
明治～昭和期の教育家。
¶世紀，日人

**小林儀秀** こばやしよしひで
明治期の大学南校大助教。イギリスへ公費留学。
¶海越（生没年不詳），海越新

**小林芳文** こばやしよしふみ
昭和19（1944）年4月11日～
昭和～平成期の特殊教育学者。横浜国立大学教授。
¶現執2期，現執4期

**小林美実** こばやしよしみ
昭和7（1932）年3月27日～
昭和～平成期の音楽教育者（幼児音楽）。
¶音人2，音人3

**小林頼利** こばやしよりとし
慶応1（1865）年～昭和22（1947）年
明治～昭和期の教育者。
¶姓氏長野

**小林良一** こばやしりょういち
明治11（1878）年～大正10（1921）年
明治～大正期の教育者、女子教育に尽力。
¶栃木歴

**小林林蔵** こばやしりんぞう
明治3（1870）年～昭和16（1941）年
明治～昭和期の教育者。
¶群馬人

**小林歛企**（小林斂企） こばやしれんき
明治18（1885）年～昭和30（1955）年
大正～昭和期の医師、政治家。神奈川県議会議員。
¶神奈川人，姓氏神奈川（小林斂企）

**小林倭子** こばやしわし
明治11（1878）年7月4日～昭和46（1971）年1月12日
明治～昭和期の教育者。埼玉県教育委員長。
¶埼玉人，埼玉百，世紀，日人

**小林済** こばやしわたる
明治41（1908）年2月6日～昭和61（1986）年6月
昭和期の小学校教員。
¶社史

**小針重雄** こばりしげお
元治1（1864）年7月5日～明治19（1886）年10月5日
[別]定三郎
明治期の農民、酒造業者、小学校教員。
¶社史

**古曳盤谷** こびきばんこく，こひきばんこく
文化4（1807）年～明治18（1885）年
江戸時代末期～明治期の医師、書家、画家。
¶人名，姓氏長野，鳥取百（[生]文化1（1804）年），長野百（こひきばんこく　[生]1806年），長野歴，日人，藩臣5（[生]文化1（1804）年），美家

**小檜山農夫雄** こびやまのぶお，こびやまのぶを
明治7（1874）年～昭和20（1945）年
明治～昭和期の博物学者。教育者。
¶福島百（こびやまのぶを）

**小比類巻チヨ** こひるいまきちよ
明治40（1907）年～平成6（1994）年
昭和～平成期の教員、浜三沢郵便局長女性第1号。
¶青森人

**小鮒寛** こふなひろし
明治44（1911）年～平成6（1994）年3月17日
昭和期の小学校教員。北海道綴方教育連盟メンバー。
¶社史

**五宝翁太郎** ごほうおうたろう
文久3（1863）年12月1日～昭和4（1929）年9月30日
明治～昭和期の教育者、徳島県障害者教育の創始者。
¶徳島歴

**駒井才吉** こまいさいきち
　明治22(1889)年〜昭和55(1980)年
　大正〜昭和期の地方啓蒙家。
　¶姓氏岩手

**駒井重格** こまいしげただ
　嘉永6(1853)年〜明治34(1901)年12月9日　㊛駒井重格《こまいしげのり》
　江戸時代末期〜明治期の大蔵省官吏。高等商業学校校長。専修学校(後の専修大学)創立に参画。著訳書に「自由保護貿易論」「外国為替論」など。
　¶海越，海越新，学校(㊤嘉永6(1853)年11月)，渡航(こまいしげのり　㊤1853年6月)，洋学(㊤嘉永5(1852)年)

**駒井重格** こまいしげのり
　→駒井重格(こまいしげただ)

**駒井虎三郎** こまいとらさぶろう
　明治15(1882)年〜昭和38(1963)年
　明治〜昭和期の教員。
　¶青森人

**駒ケ嶺大三** こまがみねたいぞう
　大正12(1923)年2月2日〜
　昭和〜平成期のバリトン歌手、音楽教育者。
　¶音人3

**駒ケ嶺正義** こまがみねまさよし
　明治43(1910)年〜平成8(1996)年
　昭和〜平成期の学校医、嘱託医。
　¶青森人

**小牧兼生** こまきかねお
　明治25(1892)年〜昭和59(1984)年
　大正〜昭和期の宮之城町教育委員長・商工会長、ライオンズクラブ会長。
　¶姓氏鹿児島

**小牧源之助** こまきげんのすけ
　明治12(1879)年〜昭和29(1954)年
　明治〜昭和期の教育者。
　¶神奈川人

**小牧茂** こまきしげる
　明治37(1904)年〜昭和45(1970)年
　大正〜昭和期の教育者。
　¶神奈川人

**小牧昌業** こまきしょうぎょう
　→小牧昌業(こまきまさなり)

**小牧天山** こまきてんざん
　安永5(1776)年〜嘉永6(1853)年
　江戸時代中期〜後期の儒学者、五藤家の侍読。
　¶高知人

**小牧昌業** こまきまさなり
　天保14(1843)年〜大正11(1922)年10月25日
　㊛小牧昌業《こまきしょうぎょう，こまきまさのり》
　明治〜大正期の政治家。奈良県知事、貴族院議員。黒田清隆の側近の一人。藩校造士館教員、黒田首相秘書官、愛媛県知事を歴任。

¶朝日(㊤天保14年9月12日(1843年10月5日))，維新，人名，世紀(㊤天保14(1843)年9月12日)，姓氏鹿児島(こまきしょうぎょう)，渡航(こまきまさのり　㊤1843年9月)，日人，幕末(㊁1923年10月25日)，藩臣7，履歴(㊤天保14(1843)年9月12日)

**小牧昌業** こまきまさのり
　→小牧昌業(こまきまさなり)

**駒込武** こまごめたけし
　昭和37(1962)年8月25日〜
　昭和〜平成期の研究者。京都大学大学院教育学研究科助教授。専門は、植民地教育史、東アジア近代史。
　¶現執4期

**高麗大記** こまだいき
　文政9(1826)年10月21日〜明治33(1900)年3月2日
　江戸時代後期〜明治期の神官・教育者。
　¶埼玉人，埼玉百

**駒田錦一** こまだきんいち
　明治40(1907)年1月13日〜
　昭和期の教育学者。大阪大学教授。
　¶現執1期，現情

**小町谷迦賀彦** こまちやかがひこ
　安政4(1857)年〜明治38(1905)年
　江戸時代末期〜明治期の教育者。赤穂学校初代校長。
　¶長野歴

**小松彰** こまつあきら
　天保13(1842)年〜明治21(1888)年
　明治期の官僚、実業家。東京株式取引所初代頭取。広い視野を持った論客として信望を得た。倉敷県判事、文部大丞を歴任。
　¶朝日(㊤天保13年3月9日(1842年4月19日)㊁明治21(1888)年3月24日)，コン改，コン5，人名，姓氏長野，長野百，長野歴，日人

**小松応春** こまつおうしゅん
　明治11(1878)年〜昭和18(1943)年
　明治〜昭和期の日本画家、美術教育者。
　¶高知人

**小松かほる** こまつかほる
　生没年不詳
　昭和期の小学校教員。
　¶社史

**小松邦太郎** こまつくにたろう
　明治27(1894)年〜昭和45(1970)年
　大正〜昭和期の学校医。
　¶鳥取百

**小松謙吉** こまつけんきち
　寛政1(1789)年〜安政6(1859)年　㊛小松千年《こまつせんねん》
　江戸時代後期の豊後岡藩儒。
　¶江文(小松千年　こまつせんねん　㊤寛政10(1798)年)，人名，日人(小松千年　こまつせ

んねん)

**小松謙助** こまつけんすけ
明治19(1886)年〜昭和37(1962)年1月28日
明治〜昭和期の学校創立者。東京家庭学園、学校法人白梅学園創立。
¶学校

**小松光一** こまつこういち
昭和18(1943)年11月20日〜
昭和〜平成期の社会教育学者。大地を守る会顧問。
¶現執3期, 現執4期, 世紀, YA

**小松耕輔** こまつこうすけ
明治17(1884)年12月14日〜昭和41(1966)年2月3日
明治〜昭和期の作曲家、教育家。学習院大学、お茶の水女子大学教授。初めて合唱コンクールを開く。著作権擁護にも尽力。
¶秋田人2, 秋田百, 朝日, 音楽, 音人, 芸能, 現朝, 現情, コン改, コン4, コン5, 作曲, 児文, 新潮, 人名7, 世紀, 大百, 日児, 日人

**小松権吉** こまつごんきち
慶応2(1866)年〜昭和5(1930)年
明治〜昭和期の教育者。
¶姓氏宮城

**小松崎進** こまつざきすすむ
大正14(1925)年10月10日〜
昭和〜平成期の小学校教員、読書運動家。
¶児作, 児人, 世紀, 日児

**小松崎兵馬** こまつざきひょうま
大正8(1919)年3月16日〜平成8(1996)年4月23日
昭和〜平成期の教育者。
¶埼玉人

**小松茂人** こまつしげと
生没年不詳
昭和期の小学校教員。
¶社史

**小松千年** こまつせんねん
→小松謙吉(こまつけんきち)

**小松善之助** こまつぜんのすけ
昭和3(1928)年5月20日〜
昭和期の小学校教師。大田区立志茂田小学校教諭。
¶現執2期

**小松宗三郎** こまつそうざぶろう
文久3(1863)年〜昭和9(1934)年
明治〜大正期の教育者。
¶神奈川人

**小松玉六** こまつたまろく
万延1(1860)年〜昭和8(1933)年
明治〜昭和期の教育者。
¶姓氏長野, 長野歴

**小松寿子** こまつとしこ
大正1(1912)年〜平成8(1996)年
昭和〜平成期の医学博士、学校保健に寄与。

¶高知人

**小松俊蔵** こまつとしぞう
明治39(1906)年3月25日〜昭和39(1964)年6月18日
昭和期の小学校教員。
¶社史

**小松敏郎** こまつとしろう
昭和11(1936)年12月11日〜平成22(2010)年9月20日
昭和〜平成期の出版人。学習研究社社長。
¶出文

**小松トミ** こまつとみ
明治4(1871)年2月14日〜昭和22(1947)年7月22日
明治期の教育者。母の会を組織、文盲の根絶に尽力。
¶女性, 女性普

**小松鈍斎** こまつどんさい
寛政12(1800)年〜慶応4(1868)年
江戸時代末期の和算家。
¶国書(㊊寛政12(1800)年1月3日 ㊙慶応4(1868)年7月20日), 人名, 日人

**小松原栄治** こまつばらえいじ
明治30(1897)年12月15日〜昭和53(1978)年2月9日
大正〜昭和期の教育者。
¶庄内

**小松原英太郎** こまつばらえいたろう
嘉永5(1852)年2月16日〜大正8(1919)年12月26日
明治〜大正期の新聞人、政治家。文相、枢密顧問官。「評論新聞」「山陽新報」などの記者。外務省に出仕、埼玉県知事、司法次官などを歴任。
¶朝日(㊊嘉永5年2月16日(1852年3月6日)), 岡山人, 岡山百, 岡山歴, 教育, 近現, 国際, 国史, コン改, コン5, 埼玉人(㊊嘉永5(1852)年2月1日), 埼玉百(㊊1832年), 史人, 社史, 神人, 新潮, 人名, 世紀(㊊嘉永5(1852)年2月6日, ㊙大正8(1919)年12月25日), 世人, 全書, 日人, 幕末, 明治1, 履歴, 歴大

**小松原賢誉** こまつばらけんよ
明治44(1911)年9月20日〜平成7(1995)年1月30日
昭和期の学校創立者。小松原学園を創設。
¶学校, 埼玉人

**小松原醇斎** こまつばらじゅんさい
生没年不詳
江戸時代中期の上野伊勢崎藩儒。
¶江文, 群馬人, 人名, 姓氏群馬, 日人

**小松原次郎** こまつばらじろう
明治33(1900)年4月20日〜昭和59(1984)年10月21日
大正〜昭和期の教育者。
¶岡山歴

小松原義則 こまつはらよしのり
　明治37(1904)年～
　昭和期の養護教育家・画家。
　¶郷土奈良

小松原隆二 こまつばらりゅうじ
　明治8(1875)年6月2日～?
　明治～大正期の教育者。
　¶渡航

小松武平 こまつぶへい
　明治10(1877)年～昭和5(1930)年
　大正～昭和期の教育者、旧制中学校長。
　¶姓氏長野，長野歴

小松満 こまつみつる
　明治31(1898)年11月20日～
　大正～昭和期の教育者。
　¶佐賀百

小松芳男 こまつよしお
　大正7(1918)年～昭和35(1960)年
　昭和期の教員・考古学研究家。
　¶新潟百

小松芳春 こまつよしはる
　明治24(1891)年～昭和23(1948)年
　大正～昭和期の教員・考古学研究家。
　¶新潟百

駒林邦男 こまばやしくにお
　昭和3(1928)年8月29日～
　昭和期の教育方法研究者。日本大学教授、岩手大学教授。
　¶現執1期，現執2期

高麗弥助 こまやすけ
　明治39(1906)年10月15日～昭和54(1979)年3月18日
　昭和期の教育者。
　¶町田歴

小丸寿賀 こまるすが
　明治1(1868)年～昭和31(1956)年
　明治～昭和期の教育者。家事技芸学校を開いて子女教育に尽力。晩年は多くの御詠歌をつくった。
　¶青森人，女性，女性普

五味礼夫 ごみあやお
　明治39(1906)年2月18日～
　昭和期の生物学者・教育者。
　¶群馬人

小水内長太郎 こみずうちちょうたろう
　→小水内長太郎(こみずないちょうたろう)

小水内長太郎 こみずないちょうたろう
　明治41(1908)年8月28日～*　㊙小水内長太郎
　《こみずうちちょうたろう》
　昭和～平成期の早池峰高山植物研究の第一人者。
　¶植物(こみずうちちょうたろう　㊥平成7(1995)年2月2日)，姓氏岩手(㊥1994年)

小溝茂橘 こみぞもきつ
　明治6(1873)年3月20日～?
　明治～大正期の工学者。
　¶徳島百，徳島歴，渡航

五味貞蔵 ごみていぞう
　→五味釜川(ごみふせん)

小南義方 こみなみよしかた
　明治2(1765)年～文政10(1827)年
　江戸時代後期の民政家。
　¶コン改，コン4，日人

小峰柳村 こみねりゅうそん
　明治31(1898)年～昭和63(1988)年
　大正～昭和期の書家・書道教育功労者。
　¶山形百新

五味釜川 ごみふせん
　享保3(1718)年～宝暦4(1754)年　㊙五味貞蔵
　《ごみていぞう》
　江戸時代中期の医師、儒学者、私塾経営者。
　¶国書(㊥宝暦4(1754)年3月12日)，詩歌，新潮(五味貞蔵　ごみていぞう　㊥宝暦4(1754)年3月12日)，人名(㊤1717年)，世人(五味貞蔵　ごみていぞう)，日人，山梨人，山梨百(㊥宝暦4(1754)年3月12日)，和俳(五味貞蔵　ごみていぞう)

五味文嘯 ごみぶんしょう
　?　～文政5(1822)年1月18日
　江戸時代中期～後期の心学者。
　¶国書

小宮孝 こみやたかし
　明治35(1902)年～昭和50(1975)年
　昭和期の経済学者、教育者。
　¶兵庫百

小宮隼人 こみやはやと
　昭和期の道徳教育専門家。
　¶現執1期

小見山栄一 こみやまえいいち
　大正2(1913)年1月12日～昭和38(1963)年7月3日
　昭和期の教育学者。東京高等師範学校教授、東京教育大学助教授などを歴任。
　¶現情，人名7，心理，世紀，日人

小宮山南梁 こみやまなんりょう
　→小宮山綏介(こみやまやすすけ)

小宮山博仁 こみやまひろひと
　昭和24(1949)年～
　昭和～平成期の教育評論家、実業家。エル書房代表取締役。
　¶現執3期，現執4期(㊤1949年8月25日)

小宮山みのり こみやまみのり
　昭和34(1959)年～
　昭和～平成期の小学校教諭。
　¶児人

**小宮山綏介** こみやまやすすけ
文政12(1829)年～明治29(1896)年12月24日
㊚小宮山南梁《こみやまなんりょう》
江戸時代末期～明治期の漢学者。弘道館教授。「国史志表」の編修を命ぜられた。皇典講究所の「古事類苑」の編纂に従事。
¶朝日，近現，近世，国書（小宮山南梁　こみやまなんりょう），コン改，コン5，史研，史人，神人，新潮，人名，日人（小宮山南梁　こみやまなんりょう），幕末（小宮山南梁　こみやまなんりょう），幕末大（小宮山南梁　こみやまなんりょう），藩臣（小宮山南梁　こみやまなんりょう）

**小宮山倭** こみやまやまと
明治37(1904)年～昭和62(1987)年
昭和期の養護教育の推進者。
¶長野歴

**五味百合子** ごみゆりこ
大正2(1913)年～
昭和期の社会事業教育者。
¶近女

**古村精一郎** こむらせいいちろう
明治26(1893)年3月10日～昭和48(1973)年7月3日
大正～昭和期の教育者。
¶秋田人2，秋田百

**小室喜代** こむろきよ
大正4(1915)年1月21日～昭和20(1945)年8月6日
㊚渡辺喜代
昭和期の小学校教員。
¶社史

**小室虚斎** こむろきょさい★
寛政11(1799)年～文久1(1861)年2月29日
江戸時代末期の横手で習遠堂塾を開く。
¶秋田人2

**小室樵山** こむろしょうざん
天保13(1842)年～明治26(1893)年
江戸時代末期～明治期の書家。楷書活版の母字を書く。俊徳塾を興して子弟の育成に貢献。
¶人名，日人

**米田桂次郎** こめだけいじろう
→立石斧次郎（たていしおのじろう）

**米谷金城** こめたにきんじょう
宝暦8(1758)年12月8日～文政7(1824)年
江戸時代後期の儒学者。
¶国書（㊚文政7(1824)年5月17日），人名，日人（㊚1759年）

**菰田万一郎** こもたまんいちろう，こもだまんいちろう
明治15(1882)年11月9日～昭和14(1939)年
大正～昭和期の教育家。文部事務官，督学官などを歴任。
¶人名7（こもだまんいちろう），世紀（㊚昭和14(1939)年3月6日），姓氏長野（㊚1940年），長野歴（㊚昭和15(1940)年），日人

**小森栄治** こもりえいじ
昭和31(1956)年3月17日～
昭和～平成期の中学校教師。専門は、理科教育。
¶現執4期

**小森愚堂** こもりぐどう
→小森宗二（こもりそうじ）

**小森健吉** こもりけんきち
大正6(1917)年～
昭和期の教育学者。仏教大学教授。
¶現執1期

**小森亨** こもりこう
明治31(1898)年4月28日～平成元(1989)年5月21日
昭和期の教育者、画家、中標津郵便局長。
¶根当

**小森茂** こもりしげる
昭和23(1948)年5月7日～
昭和～平成期の官僚。文部省初等中等教育局小学校課教科調査官。
¶現執3期，現執4期

**小森宗二** こもりそうじ
文化2(1805)年～文久2(1862)年　㊚小森愚堂《こもりぐどう》
江戸時代後期の蘭法医。
¶京都大，国書（小森愚堂　こもりぐどう　㊚文化1(1804)年　㊚文久2(1862)年1月20日），新潮，姓氏京都，日人（㊚1804年）

**小森長生** こもりちょうせい
昭和10(1935)年2月10日～
昭和～平成期の高等学校教諭、惑星地質学研究家。
¶現執4期，児人

**小森経夫** こもりのりお
明治7(1874)年～昭和17(1942)年
明治～昭和期の教育者・大洲村長。
¶愛媛

**小森売布** こもりばいふ
元禄10(1697)年～宝暦10(1760)年
江戸時代中期の心学者。
¶姓氏京都

**子安増生** こやすますお
昭和25(1950)年11月16日～
昭和～平成期の教育心理学者、発達心理学者。京都大学助教授。
¶現執3期，現執4期

**子安美知子** こやすみちこ
昭和8(1933)年9月5日～
昭和～平成期のドイツ文学者。早稲田大学教授。シュタイナー教育を研究。著書に『シュタイナー教育を考える』「エンデと語る」など。
¶音人3，現朝，現執2期，現執3期，現執4期，現情，児人，世紀，日人，マス89

**子安義一** こやすよしかず
江戸時代後期～大正時代の和算家。

¶数学

**胡屋朝賞** ごやちょうしょう
明治18（1885）年2月29日～昭和49（1974）年5月30日
明治～昭和期の教育者。
¶沖縄百

**小柳恭治** こやなぎきょうじ
昭和4（1929）年4月21日～昭和62（1987）年2月23日
昭和期の視覚障害児教育専門家。国立特殊教育総合研究所勤務。
¶現執1期，視覚，心理

**小柳津直** こやなぎつなお
？～
昭和期の教員。京都市立三商教諭。
¶社史

**古屋野意春** こやのいしゅん
→古屋野意春（こやのよしはる）

**小谷野敬三** こやのけいぞう
嘉永5（1852）年2月27日～？
明治期の教育者。
¶渡航

**小谷野千代子** こやのちよこ
慶応3（1867）年2月～？
江戸時代末期～明治期の教育者。
¶埼玉人

**古屋野意春** こやのよしはる
宝暦6（1756）年～文化9（1812）年5月24日　㊾古屋野意春《こやのいしゅん》
江戸時代後期の医師、地理学者。
¶岡山人，岡山歴（こやのいしゅん），国書（こやのいしゅん），人名，日人（こやのいしゅん）

**小山敬吾** こやまけいご
明治35（1902）年～昭和54（1979）年
大正～昭和期の教育者。湖南学園理事長。
¶アナ（㊤明治35（1902）年5月19日），社史，姓氏長野

**小山健三** こやまけんぞう
安政5（1858）年～大正12（1923）年12月19日
明治～大正期の官僚、実業家。三十四銀行頭取、貴族院議員。高商校長などを経て文部次官。大阪銀行集会所委員長を兼任。
¶朝日（㊤安政5年6月13日（1858年7月23日）），大阪人（㊾大正12（1923）年12月），近現，国史，コン改，コン5，埼玉百，史人（㊤1858年6月11日），実業（㊤安政5（1858）年6月11日），新潮（㊤安政5（1858）年6月13日），人名，世紀（㊤安政5（1858）年6月13日），日人，履歴（㊤安政5（1858）年6月13日）

**小山作之助** こやまさくのすけ
＊～昭和2（1927）年6月27日　㊾小山作之助《おやまさくのすけ》
明治～昭和期の作曲家、音楽教育家。東京音楽学校教授、日本音楽協会初代会長。「音楽界の西園

寺公望」と評された。作曲した唱歌は多く「夏は来ぬ」「川中島」は名高い。
¶朝日（㊤文久3年12月15日（1864年1月23日）），音楽（㊤1863年），音人（㊤文久3（1863）年），芸能（㊤文久3（1863）年12月15日），作曲（㊤文久3（1864）年12月15日），児文（㊤文久3（1864）年），人名（おやまさくのすけ　㊤1863（㊤文久3（1863）年12月15日），先駆（㊤文久3（1863）年12月15日），新潟人（㊤文久3（1863）年），新潟百（㊤1864年），日児（㊤文久3（1864）年1月19日　㊾昭和2（1927）年6月29日），日人（㊤1864年），日本（㊤文久3（1863）年）

**小山左文二** こやまさぶんじ
明治3（1870）年10月21日～昭和19（1944）年8月24日
明治～昭和期の教育者。
¶岡山歴

**小山杉蹊**（小山杉渓）こやまさんけい
→小山杉渓（おやまさんけい）

**小山正太郎** こやましょうたろう
安政4（1857）年1月21日～大正5（1916）年1月7日
明治～大正期の洋画家。十一字会を結成、「書は美ならず」を発表。図画教育に鉛筆画採用を主張。
¶朝日（㊤安政4年1月21日（1857年2月15日）），角史，近現，近美，国史，コン改，コン5，史人，新潮，人名，世紀，世人，全書，大百，渡航，新潟人（㊾？），新潟百，日史，日人，日本，美家，美術，百科，名画，洋画

**小山忠雄** こやまただお
＊～昭和17（1942）年
明治～昭和期の教育者。札幌師範学校校長。
¶秋田人2（㊤慶応3年2月15日　㊾昭和17年2月16日，札幌（㊤慶応3年2月15日），北海道百（㊤慶応2（1866）年），北海道歴（㊤慶応2（1866）年）

**小山太郎** こやまたろう
明治4（1871）年～昭和44（1969）年
明治～昭和期の小諸義塾の開設者。
¶姓氏長野，長野百，長野歴

**小山利久** こやまとしひさ
弘化4（1847）年6月5日～大正13（1924）年7月24日
江戸時代後期～大正期の弓道家、大日本弓道会中京支部長兼教師。
¶弓道

**小山弘一** こやまひろいち
昭和27（1952）年10月23日～
昭和～平成期の小学校教師。
¶現執4期

**小山文雄** こやまふみお
大正15（1926）年3月14日～
昭和～平成期の著述家、教育者。神奈川文学振興会評議員、藤沢市教育委員会教育長。
¶現執3期

小山光武　こやまみつたけ
　江戸時代中期の心学者、心学講舎博習舎創設者。
　¶岡山歴

小山光利　こやまみつとし
　明治2(1869)年～大正13(1924)年
　明治～大正期の日韓通商協会特派員。北韓におけるロシヤ人の動静調査に従事、また産業、教育方面の開発に貢献。
　¶人名

小山茂市　こやまもいち
　明治25(1892)年～昭和49(1974)年
　大正～昭和期の詩人・教育家。
　¶群新百，群馬人，群馬百

小山門作　こやまもんさく
　明治32(1899)年～平成3(1991)年
　大正～平成期の教育学者。青森大学教授。
　¶青森人

呉来安　ごらいあん
　文政5(1822)年～明治29(1896)年
　江戸時代末期～明治期の医師、清語学校教師。
　¶人名，日人

是永駿　これながしゅん
　昭和18(1943)年9月23日～
　昭和～平成期の中国現代文学研究者。大阪外国語大学学長。
　¶現執4期

甲田元次郎　ころだもとじろう
　→甲田元次郎（こうだもとじろう）

衣川舜子　ころもがわきよこ
　大正2(1913)年5月24日～平成7(1995)年4月16日
　昭和・平成期の教師。
　¶神奈女

強瀬タツ　こわせたつ
　明治38(1905)年1月3日～昭和62(1987)年12月20日
　昭和期の教育者。
　¶埼玉人

小和田武紀　こわたたけき
　明治39(1906)年～昭和49(1974)年
　昭和期の八戸工業大学初代学長。
　¶青森人

金卯右衛門　こんうえもん
　慶応3(1867)年～昭和24(1949)年
　明治～昭和期の教育者。
　¶姓氏岩手

金岳陽　こんがくよう
　宝暦8(1758)年～文化10(1813)年
　江戸時代後期の儒学者。
　¶国書(㊂宝暦8(1758)年2月10日　㊄文化10(1813)年10月16日)，人名，日人

今景彦　こんかげひこ★
　明治3(1870)年1月15日～昭和14(1939)年7月10日
　明治～昭和期の教育者。工業開発にも努めた。
　¶秋田人2

金耕太郎　こんこうたろう
　明治17(1884)年2月15日～昭和16(1941)年
　明治～昭和期の教育者。
　¶札幌

今しげ　こんしげ
　明治21(1888)年～昭和38(1963)年
　明治～昭和期の音楽教育者。地方音楽会の嚆矢としてピアノ、合唱などの発表会を開催。
　¶青森人，女性，女性普

金種山　こんしゅざん
　天明5(1785)年～慶応3(1867)年
　江戸時代中期～末期の寺子屋師匠。
　¶姓氏岩手

近新次郎　こんしんじろう
　嘉永6(1853)年～大正11(1922)年
　江戸時代末期～大正期の教育者。米沢市立高等女学校の初代校長。
　¶山形百

権蔵　ごんぞう
　享保3(1718)年～元文4(1739)年
　江戸時代中期の漂流民。1729年若宮丸が漂流しロシアに渡る。
　¶海越(㊂元文4(1739)年12月15日)，海越新(㊂元文4(1740)年12月15日)，日人

渾大防益三郎　こんだいぼうますさぶろう
　天保13(1842)年～大正3(1914)年
　明治期の実業家。岡山県の教育、福祉の振興に貢献。
　¶岡山百，岡山歴(㊂天保13(1842)年5月17日　㊄大正3(1914)年2月17日)，世紀(㊂天保13(1842)年5月17日　㊄大正3(1914)年2月17日)，日人

権平俊子　ごんだいらとしこ
　昭和3(1928)年～
　昭和期の児童心理専門家、教育評論家。
　¶現執1期

権太政　ごんだただし
　＊～明治43(1910)年
　江戸時代後期～明治期の教育者。
　¶日人(㊂1850年)，山梨百(㊂嘉永2(1849)年㊄明治43(1910)年3月18日)

今田政代　こんたまさよ
　元治1(1864)年8月10日～昭和8(1933)年7月2日
　明治～昭和期の教育者。
　¶庄内

近藤安中　こんどうあんちゅう
　文化7(1810)年～明治25(1892)年
　江戸時代末期～明治期の医師。三河国碧南の開業医。医業のかたわら近傍の子弟の教育にあたった。
　¶洋学

**近藤猪太郎** こんどういたろう
　嘉永1(1848)年〜昭和2(1927)年
　明治〜昭和期の民権運動家、政治家、教育家。
　¶高知人

**近藤市太郎** こんどういちたろう
　安政3(1856)年〜昭和11(1936)年
　明治〜昭和期の教育者。
　¶神奈川人、姓氏神奈川

**近藤有地蔵** こんどううじぞう
　慶応1(1865)年〜昭和24(1949)年10月9日　㊞近藤霞山《こんどうかざん》
　明治〜昭和期の郷土史家・漢詩人。
　¶徳島百(近藤霞山　こんどうかざん　㊤慶応1(1865)年7月25日)、徳島歴(㊤慶応1(1865)年7月24日)

**近藤エイ(近藤エイ)** こんどうえい
　明治43(1910)年〜昭和56(1981)年4月23日
　㊞近藤えい子《こんどうえいこ》
　昭和期の福祉活動家。重症知的障害児施設のぎく学園で子供たちの世話につとめる。
　¶郷土長崎(近藤えい子　こんどうえいこ)、女性(㊤明治43(1910)年頃)、女性普、世紀(近藤エイ　㊤明治43(1910)年3月20日)、日人(近藤えい子　こんどうえいこ　㊤明治43(1910)年3月20日)

**近藤えい子** こんどうえいこ
　→近藤エイ(こんどうえい)

**近藤益雄** こんどうえきお
　明治40(1907)年3月19日〜昭和39(1964)年5月17日
　昭和期の教育者。生活教育を実践、紙芝居協会など設立。戦後、知的障害児施設「のぎく寮」など開設したが、自殺。
　¶近文、現朝、現人、コン改、コン4、コン5、児文、社史、新潮、人名7、世紀、長崎百、日児、日人、俳文、民学

**権藤延陵** ごんどうえんりょう
　天明2(1782)年〜天保13(1842)年
　江戸時代後期の医者・教育者。
　¶長崎遊

**近藤霞山** こんどうかざん
　→近藤有地蔵(こんどううじぞう)

**近藤簣山** こんどうきざん
　文化9(1812)年〜明治21(1888)年
　江戸時代後期〜明治期の儒学者。
　¶人名、日人、幕末(㊤1888年6月17日)、藩臣6

**近藤金羅** こんどうきんら
　寛政11(1799)年〜明治1(1868)年
　江戸時代後期〜末期の俳人。
　¶日人

**近藤国一** こんどうくにいち★
　明治44(1911)年3月31日〜平成8(1996)年5月2日
　昭和・平成期の国語教育家。
　¶秋田人2

**近藤源治** こんどうげんじ
　明治40(1907)年〜昭和46(1971)年5月2日
　昭和期の小学校教員。全国農民組合富山県連書記、日本共産青年同盟富山県委員会県委員・教育部長。
　¶社史

**近藤元粋** こんどうげんすい
　嘉永3(1850)年〜大正11(1922)年1月4日
　明治〜大正期の儒学者、漢詩人。風騒吟社を起こして諸生を教えた。著書に「日本外史講義」など。
　¶朝日、詩歌、世紀、日人

**近藤賢三** こんどうけんぞう
　安政2(1855)年〜明治19(1886)年
　明治期の出版人。修正社創業者。
　¶出版、出文

**近藤原理** こんどうげんり
　昭和6(1931)年12月22日〜
　昭和〜平成期の障害児教育学者。純心女子短期大学教授。
　¶現執1期、現執2期、現執3期、現執4期

**近藤浩斎** こんどうこうさい
　天明1(1781)年〜万延1(1860)年12月22日
　江戸時代後期の漢学者。
　¶国書、人名、日人(㊤1861年)

**近藤耕蔵** こんどうこうぞう
　明治6(1873)年8月3日〜昭和30(1955)年12月17日
　明治〜昭和期の生活科学者。東京女子高等師範学校教授。家庭理科を研究。理科的家事の先覚者。
　¶現情、人名7、世紀、日人

**近藤薫明** こんどうしげあき
　明治30(1897)年11月17日〜平成7(1995)年4月4日
　大正〜平成期の教育者。
　¶埼玉人

**近藤鎮三** こんどうしずぞう
　→近藤昌綱(こんどうまさつな)

**近藤修博** こんどうしゅうはく
　明治40(1907)年〜
　昭和期の教育者。
　¶群馬人

**近藤淳吉** こんどうじゅんきち
　慶応3(1867)年〜昭和17(1942)年
　大正〜昭和期の村長。
　¶世紀(㊤慶応3(1867)年10月18日　㊥昭和17(1942)年1月11日)、長崎百、日人

**近藤準平** こんどうじゅんぺい
　天保12(1841)年〜明治33(1900)年
　明治期の自治功労者、政治家。衆議院議員。私塾を開いて子弟を教授し、洋学を奨励した。静岡県議会議員などを歴任。
　¶静岡百、静岡歴、人名(㊤?)、姓氏静岡、日人

**近藤新一** こんどうしんいち
　明治20(1887)年〜昭和48(1973)年

明治～昭和期の教育家。
¶愛媛，愛媛百（[生]明治20（1887）年5月2日 [没]昭和48（1973）年7月）

**近藤新一郎** こんどうしんいちろう
生没年不詳
明治期の私塾経営者。
¶姓氏愛知



**近藤西涯** こんどうせいがい
享保8（1723）年～文化4（1807）年8月25日
江戸時代中期～後期の備前岡山藩士、儒学者。
¶岡山人，岡山百，岡山歴，国書，人名，日人，藩臣6

**近藤孝弘** こんどうたかひろ
昭和38（1963）年7月24日～
昭和～平成期の研究者。名古屋大学大学院教育発達科学研究科助教授。専門は、比較教育学、カリキュラム学。
¶現執4期

**近藤正** こんどうただし
→近藤正（こんどうまさし）

**近藤辰郎** こんどうたつろう
明治3（1870）年7月30日～昭和32（1957）年1月23日
明治～昭和期の教育家・郷土史家。
¶徳島百，徳島歴

**近藤民雄** こんどうたみお
明治18（1885）年11月30日～昭和42（1967）年7月21日
明治～昭和期の教育者。
¶熊本百

**近藤為治** こんどうためじ
→近藤為治（こんどうためはる）

**近藤為治** こんどうためはる
明治13（1880）年2月10日～昭和33（1958）年3月21日 [別]近藤為治《こんどうためじ》
明治～昭和期の教育者。
¶徳島百，徳島歴（こんどうためじ）

**近藤淡泉** こんどうたんせん
安永3（1774）年8月7日～嘉永5（1852）年9月13日
江戸時代後期の肥後熊本藩士。
¶熊本百，国書，藩臣7

**近藤ちよ** こんどうちよ
大正2（1913）年12月30日～平成8（1996）年9月18日
昭和期の教育家。狭山ケ丘学園を創立。
¶学校，埼玉人

**近藤棠軒** こんどうとうけん
寛政5（1793）年～文政8（1825）年11月27日
江戸時代後期の儒学者。
¶江文（[生]寛政8（1796）年 [没]文政11（1828）年），国書（[生]寛政5（1793）年10月），埼玉百，人名，日人（[没]1826年）

**近藤亨** こんどうとおる
大正10（1921）年～
昭和～平成期の農業技術者。
¶世紀，日人（[生]大正10（1921）年6月18日）

**近藤時太郎** こんどうときたろう
*～昭和27（1952）年5月10日
明治～昭和期の教育者。農林学校校長。
¶沖縄百（[生]明治14（1881）年1月8日），熊本人（[生]1880年）

**近藤篤山** こんどうとくざん
明和3（1766）年～弘化3（1846）年2月26日
江戸時代後期の儒学者。
¶愛媛百（[生]明和3（1766）年11月9日），郷土愛媛，国書（[生]明和3（1766）年11月9日），コン改，コン4，人書94，新潮，人名，日人，藩臣6，和俳

**近藤とし子** こんどうとしこ
大正2（1913）年1月7日～平成20（2008）年
昭和～平成期の栄養士。栄養改善普及会会長、食物学教育研究会専務理事。草の根の栄養指導活動で全国行脚。著書に「子どもの食事のアドバイス」など。
¶近医，近女，現情，世紀，日人，福井百

**近藤富一** こんどうとみいち
→近藤富一（こんどうとみかず）

**近藤富一** こんどうとみかず
明治44（1911）年2月3日～平成3（1991）年9月22日
[別]近藤富一《こんどうとみいち》
大正～昭和期の歌人。
¶四国文，徳島歴（こんどうとみいち）

**近藤ナヲ** こんどうなお
明治19（1886）年12月13日～昭和54（1979）年3月11日
明治～昭和期の教育者。半田裁縫女学校を創設し、良妻賢母と職業婦人の両立を目指す。
¶女性，女性普，徳島歴（[生]明治19（1886）年12月23日）

**近藤南海** こんどうなんかい
文化4（1807）年～文久2（1862）年8月10日
江戸時代末期の小松藩士。
¶愛媛百（[生]文化4（1807）年7月16日），国書（[生]文化4（1807）年7月16日），人名，日人，幕末，藩臣6

**近藤南洋** こんどうなんよう
天保10（1839）年～明治34（1901）年
江戸時代末期・明治期の教育者。
¶愛媛

**近藤典彦** こんどうのりひこ
昭和13（1938）年12月18日～
昭和～平成期の研究者。群馬大学教育学部教授。専門は、国語教育、近代文学。
¶現執4期

**近藤はま** こんどうはま
生没年不詳
明治期の幼稚園教師。私立幼稚園のパイオニアで

ある東京女子師範学校付属幼稚園で教育に従事。
¶先駆

**近藤晴清** こんどうはるきよ
明治44(1911)年～昭和50(1975)年
昭和期の郷土史家。
¶愛媛

**近藤晴彦** こんどうはるひこ
明治31(1898)年8月6日～昭和44(1969)年5月26日
昭和期の洋画家、教員。池袋児童の村小学校講師。
¶社史

**近藤英也** こんどうひでや
明治2(1869)年～昭和27(1952)年
明治～昭和期の教育者。
¶岩手人，姓氏岩手，兵庫百

**近藤斉** こんどうひとし
明治38(1905)年12月29日～昭和57(1982)年12月26日
昭和期の教育学者。東京学芸大学教授。
¶現情

**近藤弘記** こんどうひろき
文政11(1828)年～明治24(1891)年 [別]近藤弘記《こんどうひろぶみ》
明治期の神職。貴船神社祠官。私塾を開いて、和漢詩歌を教授した。
¶大分百([生]1818年)，大分歴(こんどうひろぶみ)，神人(こんどうひろぶみ)，人名(こんどうひろぶみ)，日人(こんどうひろぶみ)

**近藤裕子** こんどうひろこ
昭和28(1953)年1月21日～
昭和～平成期の日本近現代文学、教育学・臨床心理学研究者。
¶現執4期

**近藤宏** こんどうひろし
昭和9(1934)年2月12日～
昭和期の岐阜市立北青少年会館長・学校長。
¶飛騨

**近藤弘記** こんどうひろぶみ
→近藤弘記(こんどうひろき)

**近藤真琴** こんどうまこと
天保2(1831)年9月24日～明治19(1886)年9月4日
江戸時代末期～明治期の洋学者、教育者。海軍兵学校教務副総理。幕府の軍艦総連所翻訳方。蘭学塾、攻玉塾を開く。「かなのとも」を組織、かな文字の普及に努めた。
¶朝日([生]天保2年9月24日(1831年10月29日))，海越，海越新，科学，学校，近現，国際，国史，コン改，コン5，史人，新潮，数学，先駆，全書，渡航，日史，日人，幕末，藩臣4([生]天保3(1832)年)，百科，三重([没]昭和5年3月8日)，洋学，陸海，歴大

**近藤政明** こんどうまさあき
大正8(1919)年～
昭和期の教師、教育相談専門家。新宿区立戸山小学校校長。
¶現執1期

**近藤正秋** こんどうまさあき
大正2(1913)年12月14日～平成9(1997)年2月20日
昭和期の教育者。
¶視覚

**近藤正樹** こんどうまさき
大正1(1912)年11月3日～平成6(1994)年
昭和～平成期の教育学者。島根大学教授、同大学教育学部長。
¶島根百，島根歴

**近藤正** こんどうまさし
明治42(1909)年11月23日～昭和50(1975)年7月9日 [別]近藤正《こんどうただし》
昭和期の教育者。全国愛農会会長。
¶島根歴(こんどうただし [生]昭和9(1934)年 [没]昭和49(1974)年)，世紀，日人，兵庫百

**近藤昌綱** こんどうまさつな
？ ～明治27(1894)年8月4日 [別]近藤鎮三《こんどうやすぞう》
江戸時代末期～明治期の文部中助教。1871年岩倉使節団に随行しアメリカに渡る。
¶海越(生没年不詳)，海越新，渡航(近藤鎮三・近藤昌綱 こんどうしずぞう・こんどうまさつな)，幕末大(近藤鎮三 こんどうやすぞう [生]嘉永2(1849)年)

**近藤政信** こんどうまさのぶ
嘉永3(1850)年～明治36(1903)年
江戸時代後期～明治期の教育者。
¶群馬人

**近藤正英** こんどうまさふさ
嘉永4(1851)年～大正4(1915)年
江戸時代末期～大正期の弁護士、教育家。
¶高知人

**近藤名洲**(近藤名州) こんどうめいしゅう
寛政12(1800)年～明治1(1868)年
江戸時代末期の心学者、儒者。
¶維新，愛媛(近藤名州)，国書([生]寛政12(1800)年10月11日 [没]慶応4(1868)年5月18日)，人名，日人

**近藤基樹** こんどうもとき
元治1(1864)年3月11日～昭和5(1930)年3月8日
明治～大正期の海軍軍人、教育者。造船総監。戦艦「長門」「陸奥」など軍艦の設計に関与。造船業の発展にも貢献。
¶朝日([生]元治1年3月11日(1864年4月16日))，海越，海越新，科学，近現，国史，史人，人名，世紀，全書，大百，渡航，日人，陸海

**近藤元弘** こんどうもとひろ
弘化4(1847)年～明治29(1896)年
江戸時代後期～明治期の教育家。松山藩士近藤名洲の二男。
¶愛媛，愛媛百([生]弘化4(1847)年11月1日 [没]明

治29 (1896) 年1月20日)

**近藤基平** こんどうもとへい
明治9 (1876) 年～昭和21 (1946) 年
明治～昭和期の教育者。
¶群新百, 群馬人

**近藤元晋** こんどうもとゆき
明治2 (1869) 年～昭和35 (1960) 年
明治～昭和期の教育者。
¶愛媛



**近藤元良** こんどうもとよし
寛政12 (1800) 年～慶応4 (1868) 年
江戸時代後期～末期の石門心学講師・六行舎2代舎主兼教授。
¶愛媛, 愛媛百 ([生]寛政12 (1800) 年10月11日 [没]慶応4 (1868) 年5月18日)

**近藤鎮三** こんどうやすぞう
→近藤昌綱 (こんどうまさつな)

**近藤義雄** こんどうよしお
大正9 (1920) 年～
昭和期の教育者・郷土史研究家。
¶群馬人

**権藤与志夫** ごんどうよしお
昭和3 (1928) 年7月28日～
昭和～平成期の比較教育学者。中村学園大学教授。
¶現執1期, 現執2期, 現執3期

**近藤芳樹** こんどうよしき
享和1 (1801) 年～明治13 (1880) 年2月29日
江戸時代末期～明治期の国学者。長州藩校明倫館の助教、維新後は宮内省文字御用掛。著書に歌学書「古風三体考」など。
¶朝日 ([生]享和1年5月25日 (1801年7月5日)), 維新, 近現, 近世, 近文, 国際, 国史, 国書 ([生]享和1 (1801) 年5月25日), コン改, コン4, コン5, 史人 ([生]1801年5月25日), 食文 ([生]享和1年5月25日 (1801年7月5日)), 神人, 新潮 ([生]享和1 (1801) 年5月25日), 人名, 姓氏山口, 日史 ([生]享和1 (1801) 年5月25日), 日人, 幕末, 幕末大 ([生]享和1 (1801) 年5月25日), 藩臣6, 百科, 平史, 山口百, 歴大, 和俳

**近藤芳介** こんどうよしすけ
文政5 (1822) 年～明治31 (1898) 年12月29日
江戸時代末期～明治期の官吏。京都伏見稲荷宮司、豊国神社宮司。明倫館助教。教部省出仕。
¶神人 ([生]文政5 (1822) 年1月23日), 人名, 姓氏京都, 日人, 幕末, 幕末大

**近藤喜則** こんどうよしのり
天保3 (1832) 年～明治34 (1901) 年
明治期の教育家、政治家。
¶日人, 山梨百 ([生]天保3 (1832) 年7月16日 [没]明治34 (1901) 年4月27日)

**近藤鹿斎** こんどうろくさい
嘉永2 (1849) 年12月～明治34 (1901) 年
江戸時代後期～明治期の教育者。
¶三重

**紺野神室** こんのかむろ
文政11 (1828) 年～明治43 (1910) 年
江戸時代後期～明治期の教育者。
¶姓氏岩手

**今野喜平治** こんのきへいじ
明治20 (1887) 年9月1日～昭和25 (1950) 年9月10日
明治～昭和期の教育者。
¶庄内

**今野鳳作** こんのほうさく
文化6 (1809) 年～明治11 (1878) 年
江戸時代後期～明治期の医師、教育者。
¶姓氏宮城

**今野喜清** こんのよしきよ
昭和6 (1931) 年9月9日～
昭和～平成期の教育学者。早稲田大学教授。
¶現執3期

**金ふさ** こんふさ
明治19 (1886) 年8月2日～昭和45 (1970) 年8月1日
明治～昭和期の教育者。
¶岩手人, 姓氏岩手

**昆弥四郎** こんやしろう
文化11 (1814) 年～明治24 (1891) 年
江戸時代後期～明治期の向中野通代官所の御物書役、寺子屋師匠。
¶姓氏岩手

## 【さ】

**佐為王** さいおう
？ ～天平9 (737) 年 [別]橘佐為《たちばなのさい》, 橘宿禰佐為《たちばなのすくねさい》, 佐為王《さいのおおきみ》
奈良時代の王族官人。敏達天皇の5世孫か。
¶朝日 ([没]天平9年8月1日 (737年8月30日)), 古代 (橘宿禰佐為　たちばなのすくねさい), コン改, コン4, 諸系 (橘佐為　たちばなのさい), 新潮 ([没]天平9 (737) 年8月), 人名 (さいのおおきみ), 日史 (橘佐為　たちばなのさい [没]天平9 (737) 年8月1日), 日人 (橘佐為　たちばなのさい), 百科 (橘佐為　たちばなのさい), 万葉 (さいのおおきみ), 歴大 (橘佐為　たちばなのさい)

**西園寺公望** さいおんじきんもち
嘉永2 (1849) 年10月23日～昭和15 (1940) 年11月24日 [別]公望〔西園寺家〕《きんもち》
明治～昭和期の政治家。公爵、内閣総理大臣。私塾・立命館を創設。明治法律学校 (後の明治大学) を設立。伊藤内閣文相。
¶朝日 ([生]嘉永2年10月23日 (1849年12月7日)), 維新, 岩史, 海越 ([生]嘉永2 (1849) 年10月22日), 海越新 ([生]嘉永2 (1849) 年10月22日), 学校, 角史, 神奈川人, 京都大, 京都府, 京都文, 近現, 近文, 公卿 ([生]弘化4 (1847) 年10月22

日），公卿普（㊥弘化4（1847）年10月22日），公家（公望〔西園寺家〕 きんもち ㊥弘化4（1847）年10月22日？），現朝（㊥嘉永2年10月23日（1849年12月7日）），現日，国際，国史，御殿場，コン改，コン5，史人，静岡百，静岡歴，思想史，社史（㊥嘉永2年10月23日（1849年12月7日）），重要，諸系，新潮，人名7，世紀，姓氏京都，世人，世百，全書，大百，鉄道（㊥1849年12月7日），伝記，渡航，新潟百別，日史，日人，日本，幕末，幕末大（㊥嘉永2（1849）年10月22日），百科，平日，平和，明治1，山川小，履歴，歴大

**斎川梧堂** さいかわごどう
明治29（1896）年7月11日～昭和37（1962）年2月16日
大正～昭和期の美術教育家。
¶徳島百，徳島歴

**佐伯巨星塔** さいききょせいとう
明治31（1898）年5月1日～昭和59（1984）年11月13日　 ㊟佐伯巨星塔《さえききょせいとう》
大正～昭和期の俳人・教育者。
¶愛媛，愛媛百，四国文（さえききょせいとう），俳文（さえききょせいとう）

**斎木武** さいきたけし
明治45（1912）年1月1日～
昭和期の小学校教員，口演童話家。
¶日児

**佐伯千尋** さいきちひろ
明治17（1884）年～昭和47（1972）年
明治～昭和期の愛媛師範学校長。
¶愛媛

**西吟** さいぎん
慶長10（1605）年～寛文3（1663）年8月15日
江戸時代前期の浄土真宗本願寺派の学僧。
¶近世，国史，国書，コン改，コン4，コン5，史人，思想史，新潮，人名，日人，仏教，仏史，仏人（㊥1606年）（㊥1664年）

**三枝孝弘** さいぐさたかひろ
大正15（1926）年9月25日～
昭和期の教育学者。白鴎大学教授。
¶現執1期，現執2期

**三枝康高** さいぐさやすたか
大正6（1917）年2月11日～昭和52（1977）年3月27日
昭和期の評論家、日本文学者。静岡大学教授。専門は日本近代文学，文学教育。著書に「太宰治とその生涯」「現代文学の中の戦後」など。
¶近文，現執1期，現執（㊥1978年3月27日），世紀，日人（㊥昭和53（1978）年3月27日）

**西郷竹彦** さいごうたけひこ
大正9（1920）年3月15日～
昭和～平成期の文芸理論家，ロシア文学者。文芸教育研究協議会会長，鹿児島短期大学教授。研究機関誌「文芸教育」を主宰。著書に「子どもの本」，訳書にクドリャーシェフ編「文学の教授」など。

¶近文，現執1期，現執2期，現執3期，現執4期，現情，児作，児人，児文，世紀，日児，日人

**西郷従道** さいごうつぐみち
天保14（1843）年5月4日～明治35（1902）年7月18日
江戸時代末期～明治期の軍人，政治家。侯爵。文部卿，陸軍卿，農商務卿を経て海相，内相を歴任する。
¶朝日（㊥天保14年5月4日（1843年6月1日）），維新，岩史，海越（㊥明治35（1902）年7月15日），海越新（㊥明治35（1902）年7月15日），沖縄百（㊥明治35（1902）年7月15日），鹿児島百，角史，近現，国際，国史，コン改，コン4，コン5，薩摩，史人，重要，人書94，新潮（㊥明治35（1902）年7月15日），人名，姓氏鹿児島，世人，世百，先駆，全書，全幕，大百，太宰府，渡航，栃木歴，日史，日人，日本，幕末，幕末大，藩臣7，百科，平日，北海道建（㊥明治36（1903）年），北海道百（㊥明治36（1903）年），北海道歴（㊥明治36（1903）年），明治1，山川小，陸海，歴大

**斉下蒼月** さいしたそうげつ
明治42（1909）年～平成6（1994）年
昭和～平成期の教育者。
¶青森人

**西条敏美** さいじょうとしみ
昭和25（1950）年12月15日～
昭和～平成期の高校教師。専門は，理科教育，科学史。
¶現執4期

**西条寛雄** さいじょうひろお
明治6（1873）年～昭和45（1970）年11月1日
明治～昭和期の牧師，教育者。鎮西学院院長。
¶キリ（㊥明治6（1873）年2月23日），福岡百（㊥明治6（1873）年12月23日）

**斎田功太郎** さいたこうたろう
安政6（1859）年12月5日～大正13（1924）年1月22日
明治～大正期の植物学者。理学博士。ドイツなどに留学し植物学，博物学教授法を研究。理科教育の発展に貢献。
¶海越（㊥安政6（1860）年12月15日），海越新（㊥安政6（1860）年12月15日），科学，植物，人名，世紀，姓氏長野（㊥1923年），渡航，長野歴（㊥大正12（1923）年），日人

**座田維貞** さいだこれさだ
寛政12（1800）年～安政6（1859）年8月22日　 ㊟座田維貞《ざだこれさだ》
江戸時代末期の学習院雑掌。
¶維新，岐阜百（ざだこれさだ ㊥1793年 ㊥1857年），京都大，国書，神人，新潮，人名，姓氏京都，日人，幕末（㊥1859年9月18日），幕末大（㊥寛政5（1793）年 ㊥安政4（1857）年8月22日）

**斎田喬** さいだたかし
明治28（1895）年7月15日～昭和51（1976）年5月1

日
大正～昭和期の児童劇作家。学校劇運動の中心となる。児童劇作家協会を創立、児童劇集「蝶になる」。
¶香川人，香川百，郷土香川，近文，現情，四国文，児人，児文，新潮，新文，人名7，世紀，日児，日人，文学

## 最澄　さいちょう
神護景雲1(767)年～弘仁13(822)年6月4日
㊄伝教大師《でんきょうだいし、でんぎょうだいし》，叡山大師《えいざんだいし》
奈良時代～平安時代前期の僧。日本天台宗の祖。比叡山に僧侶教育の道場を開設。
¶朝日(㊅弘仁13年6月4日(822年6月26日))，岩史，角史，教育，京都，郷土滋賀，京都史，群新百，群馬人，群馬百，国史，国書，古史(㊅？)，古人(㊅766年，767年)，古代(㊅766年)，古代普(㊅766年)，古中(㊅コン改(㊅天平神護2(766)年)，コン4(㊅天平神護2(766)年)，コン5(㊅天平神護2(766)年)，詩歌(伝教大師　でんぎょうだいし)，滋賀百，詩作(伝教大師　でんきょうだいし　㊅天平神護2(766)年)，史人，思想史，重要(㊅神護景雲1(767)年8月18日？)，神史，人書79(㊅762年)，人書94，神人，新潮，新文(㊅神護景雲1(767)年8月18日)，人名，姓氏京都，姓氏群馬(㊅766年)，世人(㊅神護景雲1(767)年8月18日)，世百，全書(㊅766年，(異説)767年)，対外，大百，太宰府，伝記，日思，日史，日人，美術，百科，福岡百，仏教(㊅神護景雲1(767)年8月18日)，仏史，仏人，文学，平家(伝教大師　でんぎょうだいし)，平史(㊅766年，(異説)767年)，平日，名僧，山川小，歴大(㊅766年，(異説)767年)，和俳

## 斎藤秋男　さいとうあきお
大正6(1917)年6月18日～平成12(2000)年3月19日
昭和期の中国文学者、中国教育研究家。専修大学教授。教育者として中国児童文学を捉える。児童文学関係の訳書に「中国名作選」など。
¶現執1期，現執2期，児文，世紀，日児

## 斎藤昭俊　さいとうあきとし
昭和5(1930)年3月15日～
昭和～平成期の仏教教育学者、インド宗教学者。大正大学教授。
¶現執1期，現執2期，現執3期，現執4期

## 斎藤明敏　さいとうあきとし
？　～嘉永4(1851)年
江戸時代末期の陸奥会津藩士。
¶人名，日人

## 斎藤昭　さいとうあきら
昭和7(1932)年5月20日～
昭和期の教育哲学者。岐阜聖徳学園大学教授。
¶現執1期，現執2期

## 斎藤富　さいとうあつし
明治23(1890)年～昭和55(1980)年
大正～昭和期の教育家。

¶姓氏宮城，宮城百

## 斎藤篤信　さいとうあつのぶ
文政8(1825)年～明治24(1891)年　㊄斎藤篤信《さいとうあつのぶ(とくしん)，さいとうとくしん》
江戸時代末期～明治期の米沢藩士。初代山形師範学校長。戊辰戦争後会津藩等の征討に従う。藩校総係少参事心得。
¶維新，人名(さいとうとくしん)，日人，幕末(㊅1891年10月12日)，山形百(さいとうあつのぶ(とくしん))

## 斉藤斐章　さいとうあやあき
慶応3(1867)年2月26日～昭和19(1944)年5月27日
明治～昭和期の教育者。歴史学者。
¶岩手人

## 斎藤勇[1]　さいとういさむ
明治37(1904)年7月27日～昭和62(1987)年2月3日
大正・昭和期の歌人・教育者。
¶東北近

## 斎藤勇[2]　(斉藤勇)　さいとういさむ
明治36(1903)年10月27日～昭和62(1987)年8月31日
昭和期の小学校教員、社会運動家。総同盟神奈川県連書記、総同盟関東同盟執行委員、全織同盟書記長。
¶社運，社史(斉藤勇)，世紀，姓氏長野，日人

## 斎藤一諾斎　さいとういちだくさい
文化10(1813)年～明治7(1874)年12月18日
㊄斎藤秀全《さいとうひでたけ》
江戸時代末期～明治時代の住職、新撰組隊士、教育者。
¶新撰(斎藤秀全　さいとうひでたけ)，新隊(斎藤秀全　さいとうひでたけ)，全幕，幕末，幕末大

## 斎藤一郎　さいとういちろう
明治39(1906)年～昭和56(1981)年
昭和期の家政学者、教育者。
¶山形百

## 斎藤伊都夫　さいとういつお
大正5(1916)年～
昭和期の社会教育・視聴覚教育専門家。文部省国立室戸少年自然の家所長。
¶現執1期

## 斎藤岩之丞　さいとういわのじょう
寛政11(1799)年～明治21(1888)年
江戸時代後期～明治期の教育者。文人。
¶姓氏群馬

## 斎藤英明　さいとうえいめい
明治26(1893)年～昭和60(1985)年
明治～昭和期の僧侶、教育者。林昌学園設立者・理事長、東北短期大学学長。
¶学校，庄内(㊅明治26(1893)年9月15日　㊄昭

和60(1985)年7月18日),山形百新

**斎藤かをり** さいとうかおり
明治28(1895)年～昭和63(1988)年
大正～昭和期の東京都内女性校長の草分け。
¶青森人

**斎藤角太郎** さいとうかくたろう
明治7(1874)年6月3日～昭和6(1931)年5月24日
明治～昭和期の農業教育者。
¶宮崎百

**斎藤一馬** さいとうかずま
嘉永3(1850)年～昭和5(1930)年
明治～昭和期の教育者、行政官。
¶北海道百，北海道歴

**斎藤兼吉** さいとうかねきち
慶応1(1865)年～昭和29(1954)年
明治～昭和期の教育者。
¶神奈川人

**斎藤寛斎** さいとうかんさい
文政4(1821)年～明治19(1886)年3月2日
江戸時代末期～明治期の教育者。豪農、富農を説得し、太子堂村郷学所を設立、授業料を無料とし貧農の勉学を奨励した。
¶朝日(㊥文政4(1821)年2月)，コン4，コン5，日人，幕末大

**斎藤完二** さいとうかんじ
明治17(1884)年2月14日～昭和17(1942)年5月7日
明治～昭和期の教育者。
¶群馬人

**斎藤歓之助** さいとうかんのすけ
天保4(1833)年～明治31(1898)年
江戸時代末期～明治期の剣道師範。
¶江戸，剣豪，幕末，藩臣7

**斎藤義一** さいとうぎいち
天保13(1842)年～明治37(1904)年
明治期の地方自治功労者。高崎町長などを務め、町市政の発展に貢献。
¶人名，日人

**斎藤喜博**(斉藤喜博) さいとうきはく
明治44(1911)年3月20日～昭和56(1981)年7月24日
昭和期の教育者、歌人。
¶近文，群馬人，現朝，現執1期，現執2期，現情，現人，現日(㊥1982年2月7日)，コン改，コン4，コン5，児人(斉藤喜博)，新潮，世紀，姓氏群馬，全書，短歌，哲学，日人，マス89，履歴，履歴2，YA

**斉藤きみ子** さいとうきみこ
昭和24(1949)年11月28日～
昭和～平成期の児童文学作家、ドラマ教育研究家。専門は、表現教育。
¶現執4期，西女

**斎藤陜山** さいとうきょうざん
天明3(1783)年～天保8(1837)年
江戸時代中期～後期の医師・教育者。
¶多摩

**斎藤恭平** さいとうきょうへい
文政5(1822)年～明治28(1895)年
江戸時代後期～明治期の郷学大成館館長、千石小学校初代校長。
¶姓氏宮城

**斎藤廉** さいとうきよし
明治23(1890)年～昭和42(1967)年
大正～昭和期の教育者。
¶青森人

**斎藤幾世爾** さいとうきよじ
大正14(1925)年～平成3(1991)年
昭和～平成期の教員。歌人。
¶青森人

**斎藤熊雄** さいとうくまお
慶応3(1867)年10月3日～昭和38(1963)年9月30日
明治～昭和期の教育者。
¶群馬人

**斉藤健一** さいとうけんいち
昭和7(1932)年～昭和50(1975)年
昭和期の教育評論家。
¶伊豆

**斎藤健順** さいとうけんじゅん
文政9(1826)年～明治23(1890)年
江戸時代後期～明治期の漢方医、教育家。
¶新潟百別

**斎藤健次郎** さいとうけんじろう
昭和1(1926)年～
昭和期の技術教育研究者。宇都宮大学教授。
¶現執1期

**西塔幸子** さいとうこうこ
明治33(1900)年6月30日～昭和11(1936)年6月22日
大正～昭和期の歌人。
¶岩手人，岩手百(㊥1942年)，世紀，姓氏岩手(㊥1942年)，東北近，日人

**斎藤浩志** さいとうこうし
→斎藤浩志(さいとうひろし)

**斎藤幸之助** さいとうこうのすけ
天明6(1786)年～明治17(1884)年
江戸時代後期～明治期の教育者。
¶姓氏宮城

**斎藤栄** さいとうさかえ
明治39(1906)年～昭和62(1987)年
昭和期の教育者。
¶姓氏岩手

**斎藤朔**(斉藤朔) さいとうさく
明治17(1884)年～昭和13(1938)年5月6日

明治～昭和期の教育者。愛国婦人会岡山支部が創立した実習女学校で教育に従事。
¶岡山歴（斉藤朔），女性，女性普

**斎藤貞衛** さいとうさだえ
天保2（1831）年～明治25（1892）年
江戸時代後期～明治期の教育者。
¶姓氏山口

**斎藤茂男** さいとうしげお
昭和3（1928）年3月16日～平成11（1999）年5月28日
昭和～平成期のジャーナリスト、ノンフィクション作家。教育問題に精通。著書に「父よ母よ！」「妻たちの思秋期」など。
¶現朝，現執2期，現執3期，現情，世紀，日人，平和，マス89

**斎藤静** さいとうしずか
明治24（1891）年5月8日～昭和45（1970）年7月5日
昭和期の英語学者。福井大学教授。著書に「双解英和辞典」、個人雑誌「英語学研究」を発刊。翻訳も多い。
¶現情，コン改，コン4，コン5，新潮，人名7，世紀，全書，日人，福井百

**斎藤七三郎** さいとうしちさぶろう
文政12（1829）年～明治38（1905）年
江戸時代末期～明治時代の書家。厚木町長。厚木村郷学校成思館助教諭となる。
¶神奈川人，幕末，幕末大

**斎藤修助** さいとうしゅうすけ★
明治25（1892）年3月2日～昭和39（1964）年9月6日
大正・昭和期の校長。
¶秋田人2

**斎藤順** さいとうじゅん
嘉永4（1851）年～明治37（1904）年
明治期の教育家。長野県松本地方考古学の始祖。
¶人名，姓氏長野，長野歴，日人

**斉藤俊一** さいとうしゅんいち
昭和6（1931）年～
昭和～平成期の小学校教諭、児童文学作家。
¶児人

**斎藤俊吉** さいとうしゅんきち
明治6（1873）年12月～？
明治～大正期の教育者。
¶渡航

**斎藤章庵** さいとうしょうあん
文政12（1829）年～明治25（1892）年
江戸時代後期～明治期の漢蘭折衷医、教育家。
¶新潟百別

**斎藤正市** さいとうしょういち
明治26（1893）年～昭和62（1987）年
大正～昭和期の教育者。
¶山形百新

**斎藤譲一郎** さいとうじょういちろう
明治5（1872）年～昭和40（1965）年

明治～昭和期の教育家。
¶姓氏宮城，宮城百

**斎藤尚吾**（斉藤尚吾） さいとうしょうご
大正3（1914）年2月2日～
昭和期の小学校教師、読書運動家。
¶現執1期，児人（斉藤尚吾），日児

**斎藤正二**（斉藤正二） さいとうしょうじ
大正14（1925）年12月11日～
昭和～平成期の教育文化史学者、宗教人類学者。創価大学教授。
¶現執1期，現執2期，現執3期，現情，児人（斉藤正二），世紀，短歌

**斎藤省三** さいとうしょうぞう
昭和7（1932）年～
昭和期の教師、英語教育研究者。
¶現執1期

**斎藤尚中** さいとうしょうちゅう
安永2（1773）年～天保15（1844）年6月16日　㊙斎藤尚伸《さいとうひさなか》
江戸時代後期の和算家。
¶数学（斎藤尚伸　さいとうひさなか）

**斎藤如山** さいとうじょさん
宝暦6（1756）年12月晦日～天保1（1830）年
江戸時代中期～後期の教育者。
¶三重

**斎藤諸平** さいとうしょへい
明治15（1882）年9月24日～昭和32（1957）年5月18日
明治～昭和期の教育者。
¶岡山百，岡山歴

**斎藤次郎**(1)（斉藤次郎） さいとうじろう
明治40（1907）年8月21日～平成3（1991）年
昭和期の音楽教育家。山形大学教育学部教授。
¶現情，山形百新（斉藤次郎）

**斎藤次郎**(2)（斉藤次郎） さいとうじろう
昭和14（1939）年9月3日～
昭和～平成期の教育評論家。こども調査研究所所員。
¶現執1期，現執2期，現執3期，現執4期，児作，児人（斉藤次郎），世紀，日児，YA

**斉藤進** さいとうすすむ
昭和13（1938）年～
昭和～平成期の小学校教諭。
¶児人

**斎藤正** さいとうせい
大正4（1915）年1月1日～平成4（1992）年7月13日
昭和期の教育行政官。
¶現執2期，現情，履歴，履歴2

**斎藤誠軒** さいとうせいけん
文政9（1826）年～明治9（1876）年
江戸時代末期～明治期の儒学者。
¶国書（㊤文政9（1826）年2月　㊦明治9（1876）年6月2日），人名，日人，三重

**斎藤西山** さいとうせいざん
→斎藤孟翼（さいとうもうよく）

**斎藤清太郎** さいとうせいたろう
明治5(1872)年～昭和16(1941)年10月16日
大正～昭和期の西洋史学者。東京帝国大学教授。アメリカ、ロシアの歴史を研究。
¶岡山百(㊤明治5(1872)年2月22日)、社史(㊤明治5年2月(1872年3月))、人名7、世紀(㊤明治5(1872)年2月)、渡航(㊤1872年2月)、日人(㊤明治5(1872)年2月22日)

**斎藤拙堂** さいとうせつどう
寛政9(1797)年～慶応1(1865)年
江戸時代末期の儒学者。
¶朝日(㊤慶応1年7月15日(1865年9月4日))、維新、江文、教育、近世、国史、国書(㊤慶応1(1865)年7月15日)、コン改、コン4、詩歌、詩作(㊤慶応1(1865)年7月15日)、史人(㊤1865年7月15日)、人書94、新潮(㊤慶応1(1865)年7月15日)、人名、世人(㊤慶応1(1865)年6月15日)、世百、全書、大百、日史(㊤慶応1(1865)年7月15日)、日人、幕末(㊤1865年9月7日)、藩臣5、百科、三重(㊤安政6年7月15日)、洋学、歴大、和俳

**斎藤善太郎** さいとうぜんたろう
明治27(1894)年11月16日～昭和59(1984)年11月30日
大正～昭和期の教育者。
¶庄内

**斎藤全門** さいとうぜんもん
元禄13(1700)年～宝暦11(1761)年　㊥斎藤全門《さいとうまさかど》
江戸時代中期の心学者。
¶京都大(さいとうまさかど　生没年不詳)、国書(㊤宝暦11(1761)年8月14日)、姓氏京都、日人

**斎藤宗次郎** さいとうそうじろう
明治10(1877)年2月20日～昭和43(1968)年1月2日
明治～昭和期の小学校教諭。
¶岩手百、キリ、姓氏岩手

**斎藤外二** さいとうそとじ
明治32(1899)年～昭和61(1986)年
大正～昭和期の地理教育者。
¶石川百

**斎藤孝** さいとうたかし
昭和35(1960)年～
昭和～平成期の研究者。明治大学文学部教授。専門は、身体論、教育学。
¶現執4期

**斎藤峻**（斉藤峻） さいとうたかし
明治36(1903)年～昭和43(1968)年
昭和期の詩人、青年学校教員。
¶アナ(㊤昭和43(1968)年12月18日)、社史(斉藤峻　㊤1968年12月)

**斉藤武治** さいとうたけじ
大正14(1925)年～
昭和期の高等学校教諭、児童文学作家。
¶児人

**斎藤毅憲** さいとうたけのり
昭和17(1942)年10月23日～
昭和～平成期の経営教育学者。横浜市立大学教授。
¶現執2期、現執3期、現執4期

**斎藤規** さいとうただし
昭和25(1950)年～
昭和～平成期の高校教諭。
¶YA

**斎藤辰** さいとうたつ
明治18(1885)年6月10日～昭和46(1971)年12月30日
明治～昭和期の女子教育功労者。斎藤裁縫塾創立者。
¶学校、庄内、山形百(㊤昭和47(1972)年)

**斉藤太兵衛** さいとうたへえ
明治9(1876)年～昭和36(1961)年
明治～昭和期の実業家、政治家。幼稚園創設者。
¶栃木歴

**斉藤太郎** さいとうたろう
昭和9(1934)年～
昭和期の教育史研究者。
¶現執1期

**斎藤知一郎**（斉藤知一郎） さいとうちいちろう
明治22(1889)年5月5日～昭和36(1961)年2月16日　㊥斎藤知一郎《さいとうともいちろう》
昭和期の実業家。大昭和製紙創設者。斎藤京大製紙を設立。のち参加の数社を合併して大昭和製紙とした。郷土教育にも貢献。
¶現朝(斉藤知一郎　㊤1889年3月18日)、現情、現人、コン改(さいとうともいちろう)、コン4(さいとうともいちろう)、コン5(さいとうともいちろう)、静岡百(斉藤知一郎)、静岡歴(斉藤知一郎)、実業(斉藤知一郎　㊤明治22(1889)年3月18日)、新潮、人名7、世紀(斉藤知一郎　㊤明治22(1889)年3月18日)、姓氏静岡(斉藤知一郎)、創業(斉藤知一郎)、日人(斉藤知一郎)

**斎藤近三** さいとうちかぞう
弘化1(1844)年～昭和9(1934)年
明治～昭和期の教育者・歌人。
¶姓氏群馬

**斎藤竹堂** さいとうちくどう
文化12(1815)年～嘉永5(1852)年閏2月11日
江戸時代末期の儒学者。
¶朝日(㊤文化12年10月11日(1815年11月11日)　㊦嘉永5年閏2月11日(1852年3月31日))、江文(㊤文化13(1816)年)、近世、国史、国書(㊤文化12(1815)年10月11日)、コン改、コン4、詩歌、詩作(㊤文化12(1815)年10月11日)、史人(㊤1815年10月11日)、新潮(㊤文化12(1815)年10月11日)、人名、姓氏岩手、姓氏宮城、世

人（[生]文化12（1815）年10月），日人，藩臣1，宮城百，歴大，和俳

**斎藤智賢**（斎藤知賢）　さいとうちけん
明治20（1887）年～昭和17（1942）年
明治～昭和期の教育者。
¶会津（斎藤知賢），福島百

**斎藤勉**　さいとうつとむ
昭和21（1946）年4月12日～
昭和～平成期の教育哲学者。新潟大学教授。
¶現執2期，現執3期，現執4期

さ

**斎藤貞一**　さいとうていいち
明治8（1875）年～昭和14（1939）年
明治～昭和期の教育者。
¶青森人

**斎藤藤助**　さいとうとうすけ★
文化12（1815）年～明治24（1891）年2月27日
江戸時代末期・明治期の教育者。
¶秋田人2

**斎藤篤信**　さいとうとくしん
→斎藤篤信（さいとうあつのぶ）

**斎藤篤太郎**　さいとうとくたろう
明治18（1885）年～昭和47（1972）年
明治～昭和期の教育者。
¶神奈川人

**斎藤俊章**　さいとうとしあき
明治37（1904）年6月4日～昭和60（1985）年7月15日
昭和期の山梨県の青少年教育などに尽力。
¶山梨百

**斎藤知一郎**　さいとうともいちろう
→斎藤知一郎（さいとうちいちろう）

**斎藤仲次**　さいとうなかじ
明治41（1908）年～
昭和期の野外教育研究者。東京学芸大学教授、日本キャンプ協会副会長。
¶体育

**斎藤信夫**　さいとうのぶお
明治44（1911）年3月3日～昭和62（1987）年9月20日
昭和期の童謡詩人、小学校教員。処女作品は「お猿とからす」。戦後の代表作に「里の秋」など。
¶現情，児文，世紀，日児，日人

**斎藤信子**　さいとうのぶこ
明治40（1909）年9月11日～昭和46（1971）年11月6日
昭和期の教育者。町田高等女学校教諭。理事。
¶町田歴

**斉藤信三郎**　さいとうのぶさぶろう
明治29（1896）年8月29日～昭和51（1976）年10月17日
大正～昭和期の教育者。
¶岡山歴

**斎藤信芳**　さいとうのぶよし
寛保3（1743）年～文化1（1804）年4月1日
江戸時代中期～後期の和算家。船問屋を営み、算学を学び教えた。
¶数学

**斎藤八郎**（斉藤八郎）　さいとうはちろう
嘉永2（1849）年4月10日～大正11（1922）年8月18日
江戸時代末期～大正期の教育者。
¶姓氏富山（斉藤八郎），富山百

**斎藤晴雄**　さいとうはるお
昭和6（1931）年5月14日～
昭和～平成期の教育者、労働運動団体職員。埼玉県教職員組合教育研究所事務局長。
¶現執3期

**斉藤泓**　さいとうひくし
昭和4（1929）年12月12日～
昭和～平成期の音楽教育者。
¶音人3

**斎藤寿雄**　さいとうひさお
弘化4（1847）年～昭和13（1938）年
江戸時代末期～昭和期の医師、政治家。
¶郷土群馬，群馬人，群馬百，世紀（[生]弘化4（1847）年2月10日　[没]昭和13（1938）年2月17日），姓氏群馬，日人

**斎藤尚仲**　さいとうひさなか
→斎藤尚中（さいとうしょうちゅう）

**斎藤斐章**　さいとうひしょう
慶応3（1867）年2月26日～？
明治期の教育者。
¶心理，姓氏岩手（[没]1944年），渡航

**斎藤秀雄**　さいとうひでお
明治35（1902）年5月23日～昭和49（1974）年9月18日
昭和期の指揮者、チェリスト。桐朋大学学長。新交響楽団で主席チェリスト、のち指揮者活動に入る。音楽の早期教育に尽力。
¶演奏，音楽，音人，音人2，芸能，現朝，現情，現人，現日，コン改，コン4，コン5，作曲，新芸，新潮，人名7，世紀，世百新，全書，大百，日人，日本，百科，履歴，履歴2

**斎藤日出於**　さいとうひでお
大正12（1923）年～昭和55（1980）年
昭和期の教師。俳人。
¶青森人

**斎藤秀一**　さいとうひでかず
明治41（1908）年12月24日～昭和15（1940）年9月5日　[別]斎藤秀一《さいとうひでかつ》
昭和期の言語学者。小学校准訓導。日本語のローマ字化、エスペラント使用などを主張して言語革新運動を推進。
¶アナ，社史（さいとうひでかつ），庄内，平和，民学（さいとうひでかつ），山形百（さいとうひでかつ）

**斎藤秀一** さいとうひでかつ
→斎藤秀一（さいとうひでかず）

**斎藤秀三郎** さいとうひでさぶろう
慶応2(1866)年1月2日～昭和4(1929)年11月9日
明治～大正期の英語学者。第一高等学校教授。正則英語学校を設立、斎藤流「英語慣用語法学」を展開。
¶朝日(㊥慶応2年1月2日(1866年2月16日))、学校、教育(㊥1930年)、近現、近文、国史、コン改、コン5、史人、新潮、人名、世紀、姓氏宮城、全書、東北近、日人、宮城百、民学、履歴

**斎藤秀全** さいとうひでたけ
→斎藤一諾斎（さいとういちだくさい）

**斎藤広一** さいとうひろいち
大正4(1915)年3月2日～昭和61(1986)年5月3日
昭和期の歌人・教育者。
¶埼玉人、埼玉文

**斎藤浩志** さいとうひろし
大正15(1926)年5月11日～　㊥斎藤浩志《さいとうこうし》
昭和期の教育学者。神戸大学教授。
¶現執1期、現執2期（さいとうこうし）

**斉藤広** さいとうひろし
？　～
大正期の大阪労働学校講師。
¶社史

**斉藤洋**(1) さいとうひろし
昭和19(1944)年～
昭和～平成期の児童文学作家、大学教師。
¶幻作、幻想

**斉藤洋**(2) さいとうひろし
昭和27(1952)年～
昭和～平成期のドイツ語教師、児童文学作家。
¶現執4期、児人

**斎藤楓山** さいとうふうざん
天保13(1842)年～明治41(1908)年月12・17日
明治・大正期の俳人。
¶町田歴

**斎藤文久** さいとうぶんきゅう
天保3(1832)年～明治21(1888)年
江戸時代後期～明治期の教育者・文人。
¶姓氏群馬

**斎藤文蔵** さいとうぶんぞう
明治19(1886)年7月～昭和5(1930)年11月6日
明治～大正期の教育家。日本外交史の研究家、東京女子師範学校教職。文部省で維新史料の収集編纂にあたる。著書に「日本外交史」。
¶コン改、コン5、人名、世紀、日人

**斎藤平治郎** さいとうへいじろう
安政2(1855)年9月10日～昭和8(1933)年7月2日
明治～昭和期の教育者。
¶群馬人

**斎藤全門** さいとうまさかど
→斎藤全門（さいとうぜんもん）

**斎藤節（斉藤節）** さいとうみさお
明治13(1880)年～昭和34(1959)年
明治～昭和期の教育者。小学校長。
¶郷土長野（斉藤節　㊥1956年）、姓氏長野、長野百（㊥1883年）、長野歴

**斎藤宗雄** さいとうむねお
明治10(1877)年6月12日～昭和32(1957)年12月19日
明治～昭和期の教育者・博物学者。
¶庄内、山形百新

**斎藤鳴湍** さいとうめいたん
文政5(1822)年～明治28(1895)年
江戸時代末期～明治期の漢学者。
¶人名、日人

**斎藤孟翼** さいとうもうよく
宝暦4(1754)年～文化6(1809)年　㊥斎藤西山《さいとうせいざん》
江戸時代中期～後期の肥前蓮池藩士、儒学者。
¶人名（斎藤西山　さいとうせいざん）、日人（斎藤西山　さいとうせいざん）、藩臣7

**斎藤茂三郎** さいとうもさぶろう
明治18(1885)年10月28日～昭和38(1963)年6月18日
明治～昭和期の教育者。
¶埼玉人

**斎藤始雄** さいとうもとお
明治25(1892)年9月24日～昭和42(1967)年10月31日
大正～昭和期の教育者。
¶群馬人

**斎藤元近** さいとうもとちか
明治17(1884)年～昭和26(1951)年
明治～昭和期の教育者。
¶神奈川人

**斎藤弥九郎〔2代〕**（──〔代数なし〕）さいとうやくろう
文政11(1828)年～明治21(1888)年
江戸時代末期～明治期の剣客。講武所の剣術教授方。学問、書画に通達した博雅寛厚の人。
¶近現、近世、剣豪（──〔代数なし〕）、国史、人名、日人

**斎藤弥兵衛** さいとうやへえ
文化14(1817)年～明治18(1885)年
江戸時代末期～明治期の武家。
¶剣豪、人名、日人

**斎藤百合** さいとうゆり
明治24(1891)年3月31日～昭和22(1947)年1月17日
大正～昭和期の盲教育者。幼少期に失明、岐阜訓盲院教員となる。「点字倶楽部」発行、陽光会ホームを開設。
¶愛知、愛知女、近女、視覚、女運、女史、女性、女性普、新潮、世紀、日人

**斎藤由理男** さいとうゆりお★
明治35(1902)年6月13日～昭和20(1945)年7月14日
昭和期のデンマーク体操普及者。
¶秋田人2

**斎藤与一郎** さいとうよいちろう
明治6(1873)年10月26日～昭和36(1961)年1月5日
明治～昭和期の医師。
¶渡航，北海道百，北海道歴

**斎藤洋一** さいとうよういち
昭和6(1931)年1月13日～
昭和～平成期の小学校校長。全日本家庭教育研究会教育対話主事，飛鳥サイエンスクラブ指導員。専門は，家庭教育，子どもが興味をもつ科学実験。
¶現執4期

**斎藤養元** さいとうようげん
享和3(1803)年～明治20(1887)年7月14日
江戸時代末期～明治期の医師。産子方。医業の傍ら自宅に漢学塾を開く。
¶会津(⊕文化3(1806)年)，幕末，幕末大

**斎藤要八** さいとうようはち
文久3(1863)年～昭和9(1934)年
明治～昭和期の訓導。「精和堂」出店。
¶伊豆

**斉藤義夫** さいとうよしお
大正7(1918)年～平成20(2008)年
昭和・平成期の教育者。
¶戦沖

**斎藤孝忠** さいとうよしただ
明治25(1892)年～昭和43(1968)年
大正～昭和期の教育者。
¶神奈川人

**斎藤兆史** さいとうよしふみ
昭和33(1958)年3月18日～
昭和～平成期の英語教育研究者。東京大学大学院総合文化研究科助教授。
¶現執4期

**斎藤由松** さいとうよしまつ
明治7(1874)年～昭和16(1941)年
明治～昭和期の女子教育家。斎藤女学館創設者。
¶学校，新潟百

**斉藤米太郎** さいとうよねたろう
明治41(1908)年～昭和43(1968)年
昭和期の教育者、十勝考古学の先駆者。
¶北海道百，北海道歴

**斎藤鷺江**(斎藤鸞江) さいうらんこう
天明5(1785)年～嘉永1(1848)年8月13日
江戸時代後期の儒学者。
¶大阪人(斎藤鸞江) ⊕嘉永1(1848)年8月)，大阪墓(斎藤鸞江)，国書(斎藤鸞江)，人名，徳島百(斎藤鸞江)，徳島歴(斎藤鸞江)，日人(斎藤鸞江)

**斎藤隆平** さいとうりゅうへい
明治25(1892)年12月6日～昭和49(1974)年10月28日
大正～昭和期の教育者。
¶群新百，群馬人，群馬百

**斎藤レウ** さいとうれう
明治2(1869)年2月13日～昭和26(1951)年3月3日
明治～昭和期の教育者。
¶群馬人

**斎藤廉司** さいとうれんじ
明治8(1875)年～昭和37(1962)年
明治～昭和期の教育者。
¶群馬人

**佐為王** さいのおおきみ
→佐為王(さいおう)

**栽弘義** さいひろよし
昭和16(1941)年5月11日～
昭和～平成期の高校野球監督。沖縄球界のドンとして知られ，豊見城高、沖縄水産高を率いて甲子園春夏通算19回出場。
¶世紀，日人

**斎正子** さいまさこ
明治44(1911)年～昭和61(1986)年10月12日
昭和期の教育者。東京都立高等学校助教授。女性としてはじめて旧制高校の教壇に立つ。
¶女性，女性普，世紀，日人(⊕明治44(1911)年1月1日)

**西蓮寺幸三郎** さいれんじこうざぶろう
明治34(1901)年～昭和4(1929)年
大正～昭和期の全盲、青森県立盲学校・青森県立青森ろう学校の創設者。
¶青森人

**佐伯右文** さえきうもん
安政4(1857)年～明治41(1908)年
明治期の教育家。自邸構内に小学校を興し教育の伸張に尽力。
¶人名，日人

**佐伯桜谷** さえきおうこく
？ ～安政5(1858)年
江戸時代末期の漢学者。
¶江文，国書(⊕安政5(1858)年7月23日)，詩歌，人名，日人，和俳

**佐伯覚灯** さえきかくとう
嘉永6(1853)年～大正3(1914)年6月
江戸時代末期～大正期の僧、女子教育の先駆。
¶大阪人

**佐伯巨星塔** さえききょせいとう
→佐伯巨星塔(さいききょせいとう)

**佐伯元吉** さえきげんきち
慶応1(1866)年～昭和9(1934)年
明治～昭和期の漢学者、教育者。
¶世紀(⊕慶応1(1866)年11月19日　⊗昭和9(1934)年11月24日)，鳥取百(⊕慶応1(1865)

## 佐伯順蔵 さえきじゅんぞう
天明8(1788)年～嘉永2(1849)年
江戸時代後期の越中富山藩儒。
¶人名, 日人

## 佐伯正一 さえきしょういち
大正1(1912)年～
昭和期の教育学者。京都教育大学教授。
¶現執1期

## 佐伯達夫 さえきたつお
＊～昭和55(1980)年3月22日
大正～昭和期の野球指導者。日本中等学校(のち高等学校)野球連盟会長。高校野球の発展につくす。「高校野球は教育の一環」を信念とした。
¶現朝(㊥明治25(1892)年12月17日), 現情(㊥明治26(1893)年2月27日), 世紀(㊥明治26(1893)年2月17日), 日人(㊥明治25(1892)年12月17日)

## 佐伯胖 さえきゆたか
昭和14(1939)年6月27日～
昭和～平成期の教育学者。山学院大学教授、東京大学教授。専門は認知心理学、教育方法学。著書に『「学び」の構造』「コンピュータと教育」など。
¶現朝, 現執2期, 現執3期, 現執4期, 世紀, 日人

## 佐伯義門 さえきよしかど
天保12(1841)年3月15日～明治40(1907)年9月9日
江戸時代後期～明治時代の和算家。備中郷黌興譲館で数学を教授。
¶数学

## 佐伯理一郎 さえきりいちろう
文久2(1862)年3月5日～昭和28(1953)年5月30日
明治～昭和期の産婦人科医師、医史学者。横浜海軍病院を経て、京都同志社病院勤務、のち院長。京都看病婦学校校長となり、看護婦の教育に貢献。
¶海越新, 科学, 京都大, 近医, 現情, 新潮, 人名7, 世紀, 姓氏京都, 渡航, 日人

## 佐枝尹重 さえだこれしげ
→佐枝尹重(さえだのぶしげ)

## 佐枝尹重 さえだのぶしげ
承応3(1654)年～寛保2(1742)年 ㊥佐枝政之進《さえだまさのしん》,佐枝尹重《さえだこれしげ》
江戸時代前期～中期の兵学者、長沼流兵学者。
¶朝日(㊥寛保2年5月20日(1742年6月22日)), 江文, 国書(㊥さえだこれしげ ㊥承応3(1654)年8月28日 ㊥寛保2(1742)年5月20日), 日人(佐枝政之進 さえだまさのしん)

## 佐枝政之進 さえだまさのしん
→佐枝尹重(さえだのぶしげ)

## 酒井朝彦 さかいあさひこ
明治27(1894)年10月1日～昭和44(1969)年5月25日
大正～昭和期の児童文学者。研究社に入り童話を書く。個人誌「童話時代」同人誌「童話文学」。
¶近文, 幻作, 現情, 幻想, コン改, コン4, コン

5, 児作, 児人, 児文, 新潮, 新文, 人名7, 世紀, 全書, 長野百, 長野歴, 日児, 日人, 文学

## 酒井荒三郎 さかいあらさぶろう
慶応1(1865)年～大正12(1923)年
明治～大正期の教育者。
¶姓氏長野

## 酒井晦堂 さかいかいどう
文政12(1829)年～慶応4(1868)年
江戸時代末期の越後長岡藩士。
¶江文, 国書(㊥文政11(1828)年 ㊥慶応3(1867)年7月29日), 人名(㊥1828年), 新潟百, 幕末(㊥1827年 ㊥1868年9月15日), 藩臣4

## 酒井嘉重 さかいかじゅう
慶応3(1867)年～昭和19(1944)年
江戸時代末期～昭和期の女子教育家。静岡和洋学園静岡女子高校創立者。
¶学校, 静岡歴, 姓氏静岡

## 酒井一美 さかいかずみ
生没年不詳
大正～昭和期の小学校教員。
¶社史

## 酒井勝軍 さかいかついさ
明治7(1874)年3月15日～昭和15(1940)年7月6日
明治～昭和期の教育者。
¶渡航, 履歴, 履歴2

## 酒井完一 さかいかんいち
生没年不詳
昭和期の小学校教員。
¶社史

## 酒井其明 さかいきめい
文化5(1808)年～明治8(1875)年
江戸時代後期～明治期の芳賀郡下高根沢村の医師、私塾経営。
¶栃木歴

## 酒井邦秀 さかいくにひで
昭和20(1945)年～
昭和～平成期の英語教師、翻訳家。
¶児人

## 坂井虎山(阪井虎山) さかいこざん
寛政10(1798)年～嘉永3(1850)年
江戸時代末期の儒学者。
¶朝日(㊥嘉永3年9月6日(1850年10月11日)), 国書(㊥嘉永3(1850)年9月6日), コン改, コン4, 詩歌(阪井虎山), 詩作(㊥嘉永3(1850)年9月8日), 新潮(㊥嘉永3(1850)年9月6日), 人名(阪井虎山), 世人, 日人, 藩臣6, 広島百(㊥嘉永3(1850)年9月6日), 和俳

## 酒井小太郎 さかいこたろう
明治6(1873)年10月～？
明治～大正期の教育者。
¶日児

**堺さき**　さかいさき
明治5(1872)年～昭和28(1953)年
明治～昭和期の教育家。
¶郷土福井

**酒井三郎**　さかいさぶろう
明治34(1901)年10月12日～昭和57(1982)年10月22日
昭和期の西洋史学者。
¶現執1期，現情，高知人

**酒井佐保**　さかいさほ
文久1(1861)年～大正7(1918)年　[別]酒井佐保《さかいすけやす》
明治～大正期の教育者。
¶高知人，姓氏京都(さかいすけやす)

**酒井三治**　さかいさんじ
文政11(1828)年3月14日～明治14(1881)年7月11日
明治期の教育者。日新館の教授。
¶高知先

**坂井似堂**　さかいじどう
文政8(1825)年～文久2(1862)年
江戸時代末期の漢学者、安芸広島藩士。
¶人名，日人

**酒井佐保**　さかいすけやす
→酒井佐保(さかいさほ)

**酒井堯**　さかいたかし
？～昭和58(1983)年1月30日
昭和期の教育者。学校創立者。芙蓉高等女学校(後の東京女子学院高等学校)を創立。
¶学校

**坂井隆治**　さかいたかじ
明治38(1905)年6月30日～昭和52(1977)年5月13日
大正～昭和期の社会教育家。佐賀県教育長。
¶佐賀百，世紀，日人

**酒井忠徳**　さかいただあり
宝暦5(1755)年10月2日～文化9(1812)年9月18日
[別]酒井凡兆《さかいぼんちょう》，凡兆《ぼんちょう》
江戸時代中期～後期の大名。出羽庄内藩主。
¶国書，庄内，諸系，人名(酒井凡兆　さかいぼんちょう)，日人，俳諧(凡兆　ぼんちょう　[生]？)，俳句(凡兆　ぼんちょう)，藩主1，山形百([生]宝暦4(1754)年)，和俳

**酒井忠量**　さかいただかず
安政3(1856)年1月6日～大正2(1913)年8月26日
明治～大正期の教育者。
¶庄内

**酒井忠挙**　さかいただたか
慶安1(1648)年～享保5(1720)年　[別]酒井忠明《さかいただあき》
江戸時代前期～中期の大名。上野前橋藩主。
¶郷土群馬，近世，群馬人，群馬百，国史，諸系，人名，姓氏群馬，日人，藩主1([生]慶安1(1648)年3月7日，(異説)3月12日　[没]享保5(1720)年11月13日)

**酒井忠貫**　さかいただつら
宝暦2(1752)年～文化3(1806)年
江戸時代中期～後期の大名。若狭小浜藩主。
¶諸系，日人，藩主3([生]宝暦2(1752)年11月21日　[没]文化3(1806)年1月12日)

**酒井忠学**　さかいただのり
文化6(1809)年～弘化1(1844)年
江戸時代後期の大名。播磨姫路藩主。
¶諸系，日人，藩主3([生]文化5(1808)年11月17日　[没]弘化1(1844)年10月10日)

**酒井忠温**　さかいただはる
元文2(1737)年～享和1(1801)年
江戸時代中期～後期の大名。上野伊勢崎藩主。
¶郷土群馬，群馬人，諸系，姓氏群馬，日人，藩主1([没]享和1(1801)年1月5日)

**酒井忠悌**　さかいただやす
明治26(1893)年6月6日～昭和37(1962)年11月28日
大正～昭和期の教育者。
¶庄内

**坂井辰三郎**　さかいたつさぶろう
*～昭和24(1949)年
明治～昭和期の農業教育者。
¶姓氏長野([生]1881年)，長野歴([生]明治4(1871)年)

**酒井竜正**　さかいたつまさ
→酒井竜正(さかいりゅうせい)

**酒井為太郎**　さかいためたろう
慶応2(1866)年～昭和15(1940)年
明治～昭和期の農業教育の先覚者。
¶茨城百，茨城歴，郷土茨城

**坂井友直**　さかいともなお
明治8(1875)年8月1日～昭和15(1940)年
昭和期の新聞記者、郷土史家。奄美新興同志会メンバー。
¶沖縄百([没]昭和15(1940)年8月)，社史([没]1940年8月7日)，姓氏鹿児島

**酒井直次郎**　さかいなおじろう
明治32(1899)年5月7日～昭和58(1983)年6月15日
大正～昭和期の教育者。
¶庄内

**酒井南嶺**　さかいなんれい
文政11(1828)年～明治14(1881)年
江戸時代後期～明治期の教育者、書道家。
¶高知人

**栄井蓑麻呂**　さかいのみのまろ
→日置造蓑麻呂(へきのみやつこみのまろ)

**酒井春男**　さかいはるお
昭和5(1930)年1月9日～平成3(1991)年8月4日

昭和・平成期の教育者。学校長。
¶飛騨

**酒井平正** さかいひらまさ
明治38(1905)年～
昭和期の小学校教員。日本労働組合全国協議会一般富山支部準キャップ。
¶社史

**酒井弘司** さかいひろし
昭和13(1938)年8月9日～
昭和～平成期の俳人、俳句評論家。「朱夏」創刊主宰、相模原市教育委員会子ども教育相談室長。
¶現執1期，現執2期，現俳

**酒井凡兆** さかいぼんちょう
→酒井忠徳(さかいただあり)

**坂井正広** さかいまさひろ
昭和8(1933)年1月30日～
昭和～平成期の経営学史学者、組織理論学者、経営学教育論学者。青山大学院大学教授。
¶現執1期，現執2期，現執3期

**酒井正幸** さかいまさゆき
昭和4(1929)年9月6日～
昭和～平成期の音楽教育者、吹奏楽指導者。
¶音人2，音人3

**堺万市郎** さかいまんいちろう
大正15(1926)年3月23日～
昭和期の教育者、小説家。
¶北海道文

**酒井明** さかいめい
嘉永4(1851)年～明治40(1907)年3月10日
明治期の官吏。徳島県大書記官、知事などを歴任。
¶人名，徳島百，徳島歴，日人

**酒井悌** さかいやすし
大正2(1913)年9月1日～平成4(1992)年2月28日
昭和期の教育者。中華民国国立北平大学教授。
¶視覚

**酒井竜輔**(酒井龍輔) さかいりゅうすけ
明治32(1899)年～昭和60(1985)年
大正・昭和期の作家・教師。
¶熊本人(酒井龍輔)

**酒井竜正** さかいりゅうせい
弘化3(1846)年～＊ [別]酒井竜正《さかいたつまさ》
江戸時代後期～明治期の文人、教育者。
¶姓氏長野([没]1888年)，長野歴(さかいたつまさ [没]？)

**栄木三浦** さかえきみほ
明治36(1903)年1月～昭和12(1937)年11月13日
昭和期の社会事業家教育者。女性社会事業家の養成とその組織化、強力化に尽力。
¶女性，女性普

**栄田猛猪** さかえだたけい
明治12(1879)年3月24日～昭和37(1962)年5月9日
明治～昭和期の国語学者。東京外国語学校(現東京外語大学)教授。
¶高知人，世紀，日人

**栄忠哉** さかえただや
明治39(1906)年～昭和61(1986)年
昭和期の教育者、喜界町教育委員会教育長。
¶姓氏鹿児島

**栄能義** さかえのうよし
慶応3(1867)年～昭和16(1941)年
明治～昭和期の教育者、政治家。
¶姓氏鹿児島

**栄陽子** さかえようこ
昭和22(1947)年4月6日～
昭和～平成期の留学カウンセラー、国際教育評論家。栄陽子留学研究所主宰。
¶現執3期，現執4期

**坂尾茂** さかおしげる
明治45(1912)年～昭和54(1979)年
昭和期の教育者。
¶鳥取百

**坂上寓所** さかがみぐうしょ
→坂上忠介(さかのうえちゅうすけ)

**坂上忠介** さかがみただすけ
→坂上忠介(さかのうえちゅうすけ)

**阪上順夫** さかがみのぶお
昭和7(1932)年8月30日～
昭和～平成期の政治学者、社会教育学者。東京学芸大学教授、日本公民教育学会会長。
¶現執1期，現執2期，現執3期，現執4期，現情，世紀，マス89

**榊喜洋芽** さかききよめ
嘉永5(1852)年～明治45(1912)年
江戸時代後期～明治期の弁護士、政治家。
¶青森人，青森百

**榊研三** さかきけんぞう
嘉永2(1849)年～明治29(1896)年
明治期の教育者。
¶静岡歴，姓氏静岡

**榊外喜子** さかきときこ
大正14(1925)年～昭和56(1981)年
昭和期の教育者。
¶姓氏富山

**榊原霞洲** さかきばらかしゅう
元禄4(1691)年～寛延1(1748)年
江戸時代中期の漢学者。
¶江文，国書([没]寛延1(1748)年9月1日)，人名，日人，和歌山人

**榊原鍵吉**(榊原健吉) さかきばらけんきち
天保1(1830)年11月5日～明治27(1894)年9月11日
江戸時代末期～明治期の剣術家。将軍徳川家茂の

さ

上洛の警護に当たり、剣術師範並に昇任。維新後、兜割りの特技を天覧に供し名声を博した。
¶朝日（[生]天保1年11月5日（1830年12月19日）），維新，近現，剣豪，国際，国史，コン改（榊原健吉　[没]明治32（1899）年），コン4（[没]明治32（1899）年），コン5（[没]明治32（1899）年），史人，新潮，人名，全書，全幕，体育（榊原健吉），大百（[没]1899年），日史，日人，幕末，幕末大，百科

さ

**榊原千代**　さかきばらちよ
明治31（1898）年7月15日～昭和62（1987）年4月28日
昭和期の政治家。衆議院議員、青山学院理事。女性代議士第一号で、女性初の司法政務次官を務める。フェリス女学院理事等を歴任。
¶神奈女2，キリ，近女，女性，女性普，世紀（[生]明治31（1898）年7月），政治（[生]明治31年7月），日人

**榊原政常**　さかきばらまさつね
明治43（1910）年11月9日～平成8（1996）年3月17日
昭和期の劇作家。高校演劇作家の第一人者。作品に「次郎案山子」「しんしゃく源氏物語」など。
¶近文，現朝，現情，世紀，日人

**榊原烋一**　さかきばらよしかず
大正15（1926）年8月22日～
昭和～平成期の音楽教育者、作曲家。
¶音人2，音人3

**坂口重泰**　さかぐちしげやす
昭和6（1931）年1月1日～
昭和～平成期の音楽教育者。
¶音人2，音人3

**坂口順治**　さかぐちじゅんじ
昭和7（1932）年11月5日～
昭和～平成期の生涯教育学者、集団心理学者。立教大学教授。
¶現執3期

**坂口清一**　さかぐちせいいち
明治32（1899）年7月20日～平成5（1993）年7月30日
昭和期の教育者、生物学者。香川薬草会会長。
¶世紀，日人

**坂口総一郎**　さかぐちそういちろう
明治20（1887）年1月5日～昭和40（1965）年1月4日
明治～昭和期の生物学者。
¶沖縄百（[生]明治20（1887）年1月），科学，植物

**坂口忠興**　さかぐちただおき
寛永12（1635）年～享保15（1730）年
江戸時代前期～中期の大名。備前岡山藩主。
¶岡山人，人名，日人

**坂口便**　さかぐちたより
大正7（1918）年～平成5（1993）年
昭和期の市議会議員、児童文学作家。教員・平和教育運動家。
¶児人，平和

**坂口平兵衛**　さかぐちへいべい
→坂口平兵衛（さかぐちへいべえ）

**坂口平兵衛**　さかぐちへいべえ
安政1（1854）年～昭和8（1933）年　[別]坂口平兵衛《さかぐちへいべい》
明治～昭和期の実業家。
¶鳥取百（さかぐちへいべい），日人

**坂倉スミ**　さかくらすみ
明治32（1899）年6月30日～平成14（2002）年11月9日
昭和・平成期の教育者。
¶神奈女

**坂倉哲太郎**　さかくらてつたろう
明治26（1893）年～昭和36（1961）年
大正～昭和期の教育者。
¶神奈川人

**坂時存**　さかじそん
→坂時存（さかときもり）

**坂下茂**　さかしたしげる
昭和9（1934）年7月25日～
昭和期の教育者。学校長。
¶飛騨

**逆瀬川助熊**　さかせがわすけぐま
明治27（1894）年～昭和44（1969）年
大正～昭和期の教育者。初代県立鶴丸高校校長。
¶姓氏鹿児島

**佐賀そおた**　さがそおた
昭和18（1943）年～
昭和～平成期の教育図書編集者、絵本作家。
¶児人，世紀，YA

**坂田勲**　さかたいさお
明治28（1895）年～昭和58（1983）年　[別]金太郎《きんたろう》
大正～昭和期の教育者。
¶香川人，香川百，姓氏神奈川（金太郎　きんたろう）

**坂田警軒**　さかたけいかん
→坂田警軒（さかたけいけん）

**坂田警軒**　さかたけいけん
天保10（1839）年～明治32（1899）年8月15日
[別]坂田警軒《さかたけいかん》，坂田丈平《さかたじょうへい》
江戸時代末期～明治期の漢学者、教育家、政治家。衆議院議員、興譲館長。小田県初の県会を開かせる。
¶維新（坂田丈平　さかたじょうへい），岡山人，岡山百（[生]天保10（1839）年5月5日），岡山歴（[生]天保10（1839）年5月5日），詩歌（さかたけいかん），人名，日人，幕末（坂田丈平　さかたじょうへい），幕末大（坂田丈平　さかたじょうへい　[生]天保10（1839）年5月5日），和俳（坂田丈平　さかたじょうへい）

**阪田貞雄** さかたさだお
明治30（1897）年〜平成4（1992）年
昭和・平成期の教育者。
¶熊本人

**阪田貞一** さかたさだかず
安政4（1857）年8月〜大正9（1920）年12月1日
㊺坂田貞一《さかたていいち》，阪田貞一《さかたていいち》
明治〜大正期の機械工学者，東京高等工業学校校長。
¶海越（さかたていいち），海越新（さかたていいち），科学（㊤1857年（安政4）8月27日　㊦1920年（大正9）11月30日），人名（坂田貞一　さかたていいち），渡航，日人（さかたていいち）

**佐方鎮子** さかたしずこ
安政4（1857）年3月8日〜昭和4（1929）年7月25日
明治〜大正期の教育者。東京女子高等師範学校・神田高等女学校教授。女子師範学校付属小学校、一橋女学校などで教鞭を執った。共立女子職業学校（後の共立女子学園）の設立に参加した。
¶学校，近女，女性，女性普，人名，世紀，日人

**坂田潤蔵** さかたじゅんぞう
文化6（1809）年〜明治8（1875）年
江戸時代後期〜明治期の教育者。
¶鳥取百

**坂田丈平** さかたじょうへい
→坂田警軒（さかたけいけん）

**坂田四郎吉** さかたしろうきち
明治20（1887）年12月11日〜昭和42（1967）年11月23日
明治〜昭和期の教育者。
¶世紀，新潟百，日人

**坂田隆** さかたたかし
昭和23（1948）年〜
昭和〜平成期の高校教師。東豊中高等学校教諭。
¶現執3期

**坂田祐** さかたたすく
明治11（1878）年2月12日〜昭和44（1969）年12月16日
大正〜昭和期の教育家。関東学院院長。関東学院の創設に参画，学院の発展に尽力。
¶秋田人2（㊤明治11年2月11日），秋田百，学校，神奈川人，キリ，世紀，姓氏神奈川，哲学

**坂田長愛** さかたちょうあい
明治3（1870）年〜昭和20（1945）年
明治〜昭和期の教育者。
¶姓氏鹿児島

**坂田貞一**（阪田貞一）さかたていいち
→阪田貞一（さかたさだかず）

**坂田朋子** さかたともこ
明治25（1892）年〜昭和38（1963）年
大正〜昭和期の政治家。根占町議会議員，町婦人会長・町教育委員。
¶姓氏鹿児島

**坂田直亮** さかたなおすけ
天保12（1841）年〜明治36（1903）年9月11日
江戸時代末期〜明治時代の萩藩寄組浦靫負臣。村長，小学校長。四境の役に大砲隊長として功を挙げる。
¶幕末，幕末大（㊤天保12（1841）年5月2日）

**阪谷鍵治** さかたにけんじ
昭和4（1929）年1月19日〜
昭和期の教育者。学校長。
¶飛騨

**阪谷素** さかたにしろう
→阪谷朗廬（さかたにろうろ）

**阪谷正人** さかたにまさと
昭和36（1961）年9月13日〜平成11（1999）年3月18日
昭和・平成期の飛騨山岳会員・高校教諭。
¶飛騨

**阪谷朗廬**（阪谷朗盧，阪谷朗廬，阪谷郎廬）さかたにろうろ
文政5（1822）年11月17日〜明治14（1881）年1月15日　㊺阪谷素《さかたにしろし》
江戸時代末期〜明治期の儒学者，教育者。郷校興譲館（のち興譲館中学，興譲館高校）設立に尽力。大阪，江戸で儒学をまなんだのち郷里で子弟に教授した。維新後は広島藩，陸軍省，司法省などに出仕。
¶朝日（阪谷朗廬）　㊤文政5年11月17日（1822年12月29日）），維新，岡山人，岡山百（阪谷朗廬），岡山歴（阪谷朗廬），学校，近現（阪谷朗廬），近世（阪谷朗廬），国史，国書，コン改（阪谷朗廬），コン4（阪谷朗廬），コン5（阪谷朗廬），コン5（阪谷朗廬），史人，思想，思想史（阪谷素　さかたにしろし），人書94（阪谷朗廬），新潮，人名，全書，日人，幕末，幕末大，藩臣6（阪谷朗廬），広島百，歴大，和俳

**坂田道太** さかたみちた
大正5（1916）年7月18日〜平成16（2004）年1月13日
昭和期の政治家。衆議院議長，法務大臣。ハト派の政策通で文相，防衛庁長官などを歴任。著書に「大学一混迷から再建へ」など。
¶熊本人，熊本百，朝現，現執1期，現執2期，現情，現人，現政，現日，コン4，コン5，新潮，世紀，政治，日人，履歴，履歴2

**坂田稔** さかたみのる
昭和4（1929）年8月1日〜
昭和期の評論家，受験アドバイザー。東京都立八潮高等学校教諭，新世代センター理事。
¶現執2期

**坂田力三** さかたりきさぶ
大正6（1917）年10月1日〜昭和57（1982）年4月1日
昭和期の教育者。
¶佐賀百

**嵯峨朝来** さがちょうらい
寛保3（1743）年〜文政2（1819）年

江戸時代中期〜後期の儒学者。
¶国書(㊥文政2(1819)年2月5日)、人名、日人

**嵯峨天皇后** さがてんのうのきさき
→橘嘉智子(たちばなのかちこ)

**坂時存** さかときもり
＊〜宝暦9(1759)年1月2日　㊞坂時存《さかじそん》
江戸時代中期の長州(萩)藩士。
¶国書(㊤延宝7(1679)年12月11日)、姓氏山口(さかじそん　㊞1680年)、日人(㊤1680年　㊥1760年)、藩臣6(㊤延宝7(1679)年)

**栄名井聡翁** さかないそうおう
享保18(1733)年10月1日〜文化11(1814)年11月18日
江戸時代中期〜後期の神道学者。塾頭、御連歌衆。諸国を遍歴し、神仏分離と排仏を説く。
¶山梨百

**坂根肇** さかねはじめ
明治41(1908)年？〜？
昭和期の小学校教員。
¶社史

**坂上忠介** さかのうえちゅうすけ
文政1(1818)年〜明治23(1890)年10月14日
㊞坂上寓所《さかがみぐうしょ》、坂上忠介《さかがみただすけ》
江戸時代末期〜明治期の儒学者。
¶維新、江文(坂上寓所　さかがみぐうしょ)、国書、人名(さかがみただすけ)、日人、幕末(㊤1817年)、藩臣6(㊥文化14(1817)年)

**佐香ハル** さがはる
→佐香ハル(さこうはる)

**佐賀藤松** さがふじまつ★
明治4(1871)年〜昭和8(1933)年1月
明治〜昭和期の教育家。
¶秋田人2

**坂部和男** さかべかずお
大正11(1922)年〜
昭和期の教師、農村問題専門家。
¶現執1期

**坂部広胖** さかべこうはん
宝暦9(1759)年〜文政7(1824)年　㊞戸田広胖《とだこうはん》、坂部広胖《さかべひろなお》
江戸時代中期〜後期の和算家。
¶江人、科学(㊥文政7(1824)年8月24日)、コン5、数学(㊥文政7(1824)年8月24日)、徳川臣

**酒巻惣三郎** さかまきそうさぶろう
明治19(1886)年2月1日〜昭和33(1958)年8月28日
明治〜昭和期の教育家、郷土史家。
¶徳島歴

**酒巻雅一** さかまきまさいち
明治26(1893)年1月10日〜昭和35(1960)年10月18日

大正〜昭和期の教育者。
¶埼玉人

**坂牧善辰** さかまきよしたつ
慶応4(1868)年〜昭和11(1936)年
明治〜昭和期の教育者。長岡中学15代校長。
¶長岡

**坂巻徹郎** さかまきよしろう
明治23(1890)年8月13日〜昭和41(1966)年8月18日
大正〜昭和期の教育者。
¶埼玉人

**嵯峨政雄** さがまさお
明治43(1910)年〜昭和53(1978)年
昭和期の教育者。
¶姓氏岩手

**坂本昭** さかもとあきら
昭和18(1943)年9月25日〜
昭和期の教育行政学者、比較教育学者。福岡大学教授。
¶現執2期

**坂本五十鈴** さかもといすず
明治44(1911)年〜
昭和期の婦人社会教育家。
¶静岡女

**坂本清泉** さかもといずみ
大正11(1922)年〜
昭和期の教育学者。大分大学教授。
¶現執1期

**坂本渭川** さかもといせん
文化2(1805)年〜明治11(1878)年6月7日
江戸時代末期〜明治時代の岩国藩士、藩医。養老館教授。吉川家譜を編集。
¶幕末、幕末大

**坂本市郎** さかもといちろう
大正12(1923)年〜
昭和期の教育者、教育学・心理学者。
¶現執1期

**阪本一郎** さかもといちろう
明治37(1904)年7月1日〜昭和62(1987)年8月2日
昭和期の心理学者、読書研究家。日本読書学会会長。幼年語彙・読書を研究。著書に「教育基本語彙」など。
¶現執1期、現執2期、現情、児文、心理、世紀、日児

**坂本数治** さかもとかずはる
明治35(1902)年7月24日〜平成2(1990)年9月26日
昭和・平成期の高山市教育長。
¶飛騨

**坂本葵園**(阪本葵園)　さかもときえん
文政10(1827)年〜明治14(1881)年
江戸時代末期〜明治期の儒学者。
¶大阪人(阪本葵園　㊥明治14(1881)年12月)、

詩歌，人名，日人，和俳

**坂本重寿** さかもとしげとし
明治18(1885)年〜昭和47(1972)年
明治〜昭和期の教育者。
¶高知人，高知百

**坂本重造** さかもとじゅうぞう★
明治43(1910)年1月8日〜平成21(2009)年10月25日
昭和・平成期の小山市教育長。
¶栃木人

**坂本昇一** さかもとしょういち
昭和2(1927)年8月18日〜
昭和〜平成期の教育学者。千葉大学教授。
¶現執1期，現執2期，現執3期，現執4期

**坂本詮明** さかもとせんめい
江戸時代末期の和算家。
¶数学

**坂本泰造** さかもとたいぞう
昭和12(1937)年7月17日〜
昭和〜平成期の小学校教師。春日部市立備後小学校教師。
¶現執3期

**坂元昂**(坂元昂) さかもとたかし
昭和8(1933)年3月7日〜
昭和〜平成期の教育学者。メディア教育開発センター所長、東京工業大学教授。専門は教育工学、学習心理、思考心理。編著に「教育工学の原理と方法」など。
¶現朝，現執1期，現執2期，現執3期，現執4期(坂元昂)，心理(坂元昂)，世紀，日人

**阪本敬彦** さかもとたかひこ
昭和8(1933)年〜
昭和期の読書・教育心理学者。
¶現執1期

**坂元忠芳** さかもとただよし
昭和6(1931)年8月1日〜
昭和〜平成期の教育学者。東京都立大学教授。
¶現執1期，現執2期，現執3期

**坂本坦道** さかもとたんどう
大正1(1912)年〜
昭和期の教育者、漢詩作家。緑村吟詠会会長、全国漢字漢文教育研究会副会長。
¶詩歌

**坂本鶴子** さかもとつるこ
明治2(1869)年12月12日〜昭和26(1951)年12月27日
明治〜昭和期の婦人運動家、教育者。岡山博愛会理事、岡山高等女子職業学校校長。廃娼問題、婦人解放運動などに活躍するほか、社会事業にも携わる。
¶岡山人，岡山歴，女性，女性普(㊛明治2(1869)年頃12月12日)

**阪本天山**(坂本天山) さかもとてんざん
延享2(1745)年〜享和3(1803)年　㊛坂本孫八《さかもとまごはち》
江戸時代中期〜後期の荻野流砲術家。
¶郷土長崎(坂本天山)，郷土長野，姓氏長野，長崎百(坂本天山)，長野歴(坂本孫八　さかもとまごはち)，長野百，長野歴

**坂本則美** さかもとのりみ
*〜大正2(1913)年　㊛坂本則美《さかもとのりよし》
明治期の実業家。貧児救育事業に尽力。
¶京都大(さかもとのりよし　㊛弘化4(1847)年)，高知人(さかもとのりよし　㊛1847年)，人名(㊛1850年)，姓氏京都(さかもとのりよし　㊛1847年)，鉄道(㊛1850/1847年年　㊛1913年10月15日)，日人(さかもとのりよし　㊛1848年)

**坂本則美** さかもとのりよし
→坂本則美(さかもとのりみ)

**坂元彦太郎** さかもとひこたろう
*〜
昭和期の教育学者。岡山大学教授。
¶現執1期(㊛1903年)，現情(㊛1904年1月25日)

**坂本秀夫** さかもとひでお
大正13(1924)年5月20日〜
昭和〜平成期の教育法学研究者。全国高等学校教育法研究会会長。
¶現執2期，現執3期

**坂本平治** さかもとへいじ
文化14(1817)年〜明治28(1895)年8月18日
江戸時代末期〜明治時代の漢学者、教育者。漢学を教える。学制発布後、小学校教員。
¶幕末，幕末大

**坂本孫八** さかもとまごはち
→阪本天山(さかもとてんざん)

**坂本満次郎** さかもとまんじろう
慶応2(1866)年2月8日〜昭和33(1900)年3月20日
明治〜昭和期の教育者。
¶佐賀百，世紀，日人

**坂本玄子** さかもとみちこ
昭和2(1927)年5月11日〜
昭和〜平成期の保健婦。看護教育に従事する傍ら、子どもの身体と教育について研究。著書に「性を教える」。
¶現朝，現執2期，世紀，日人

**坂本光男** さかもとみつお
昭和4(1929)年5月13日〜
昭和〜平成期の教育評論家。全国生活指導研究協議会常任委員。
¶現執2期，現執3期，現執4期，世紀，YA

**坂本紋作** さかもとともんさく
慶応3(1867)年〜大正13(1924)年
明治〜大正期の教育者。
¶青森人

**坂本屋源蔵** さかもとやげんぞう
生没年不詳
江戸時代後期の心学者。
¶和歌山人

**坂本豊** さかもとゆたか
明治32(1899)年～
大正～平成期の教育者。
¶福井百



**坂本要斎** さかもとようさい
天明4(1784)年～弘化4(1847)年10月29日
江戸時代中期～後期の漢方医・寺子屋師匠。
¶埼玉人

**坂本義信** さかもとよしのぶ
明治28(1895)年～昭和63(1988)年
大正～昭和期の洋画家、版画家、教育者。
¶高知人

**坂本竜之輔**(坂本竜之介，坂本龍之輔) さかもとりゅうのすけ
明治3(1870)年～昭和17(1942)年3月26日
明治～昭和期の教育家。東京市万年尋常小学校校長。地域社会の生活実態に密着した教育課程・教育方針を試み、貴重な実践を残した。
¶神奈川人(坂本竜之介　[没]1943年)，史人([生]1870年7月23日)，社史([生]明治3年7月23日(1870年8月19日))，人名7，世紀，姓氏神奈川([没]1943年)，全書，多摩，日人，町田歴(坂本龍之輔　[生]明治3(1870)年7月)，民学

**坂本亮** さかもとりょう
明治40(1907)年12月27日～
昭和期の教育評論家。小学校教員。北海道綴方教育連盟を結成。機関紙「同人通信」などを発行。
¶コン改，コン4，コン5，社史，世紀

**昌谷精渓** さかやせいけい
寛政4(1792)年～安政5(1858)年
江戸時代末期の儒学者、漢詩人。
¶維新，江文，岡山人，岡山百([没]安政5(1858)年8月)，岡山歴([没]安政5(1858)年8月27日)，国書([没]安政5(1858)年8月27日)，人名，日人，幕末([没]1858年10月3日)，藩臣6

**相良惟一** さがらいいち
明治43(1910)年9月27日～昭和62(1987)年5月15日
昭和期の教育行政学者、文部行政官。京都大学教授。著書に「教育行政学」「教育法規」など。
¶現朝，現執1期，現執2期，現情，世紀，日人，履歴，履歴2

**相良和臣** さがらかずおみ
昭和8(1933)年6月19日～
昭和期の団体役員。全国農協中央会教育部長。
¶現執2期

**相良知安** さがらちあん
→相良知安(さがらともやす)

**相良利夫** さがらとしお
弘化3(1846)年～明治15(1882)年
江戸時代後期～明治期の洋学研究会の教師。
¶姓氏神奈川

**相良知安** さがらともやす
天保7(1836)年2月16日～明治39(1906)年6月10日　[別]相良知安《さがらちあん》
明治期の医師。鍋島直正の侍医として上京。医学取調御用掛となり医学教育の西洋化に尽力。
¶朝日(さがらちあん　[生]天保7年2月16日(1836年4月1日))，江文，科学，近医，近現，国史，佐賀百(さがらちあん)，史人，新潮，人名(さがらちあん)，長崎遊，日史，日人，幕末(さがらちあん　[没]1906年6月14日)，藩臣7(さがらちあん)，百科，洋学

**相良長綱** さがらながつな
弘化4(1847)年～明治37(1904)年
江戸時代後期～明治期の文部省総務局長・沖縄県師範学校長、文部省視学官。
¶姓氏鹿児島

**相良長寛** さがらながひろ
宝暦1(1751)年12月6日～文化10(1813)年4月26日
江戸時代中期～後期の大名。肥後人吉藩主。
¶国書，諸系([生]1752年)，人名([没]？)，日人([生]1752年)，藩主4

**相良八重** さがらやえ
大正2(1913)年11月～昭和42(1967)年4月29日
昭和期の陸上競技選手、体育教育者。ロサンゼルス・五輪走高跳びの日本代表。9位の成績をあげた。
¶高知人，高知百，女性，女性普

**佐川雨人** さがわうじん
明治11(1878)年12月29日～昭和43(1968)年1月26日
明治～昭和期の俳人、教育者。明治大学教授。日進英語学校を創立、校長。戦後、奈倉梧月らと碧雲会を結成。句集に「梅」。
¶島根人([生]明治3(1870)年)，島根百，島根文続，世紀，日人

**狭川新三郎** さがわしんざぶろう
寛永18(1641)年～元禄8(1695)年　[別]狭川助直《さがわすけなお》
江戸時代前期の陸奥仙台藩士、剣術家。
¶剣豪，日人(狭川助直　さがわすけなお)，藩臣1([生]寛永17(1640)年)

**狭川助直** さがわすけなお
→狭川新三郎(さがわしんざぶろう)

**寒川道夫** さがわみちお
明治43(1910)年2月25日～昭和52(1977)年8月17日
昭和期の生活綴方指導者。生活綴方運動に参加。私立明星学園教諭、同学園小学校校長。
¶近文，現朝([生]1909年2月25日)，現執1期([生]1909年)，現情，現人，コン改，コン4，コン5，児人，児文([生]明治42(1909)年)，社史([生]1909年2月25日)，新潮，世紀([生]明治42

(1909) 年2月25日), 日児 ([生]明治42 (1909) 年2月25日), 日人, 平和

**佐木秋夫** さきあきお
明治39 (1906) 年11月16日～昭和63 (1988) 年8月20日
昭和期の宗教学者、評論家。唯物論の立場からの宗教研究、とくに新宗教に関する研究を続ける。
¶現朝, 現執1期, 現執2期, 現情, 現人, 社史, 世紀, 日人, 平和, マス2, マス89

**さきおかよしみ**
昭和21 (1946) 年～
昭和～平成期の日本語教師。
¶児人

**先川牧之進** さきかわまきのしん
天保7 (1836) 年～明治25 (1902) 年
江戸時代末期～明治時代の稲田家家臣の子。郷学校取締。徳島藩騒擾事件の時、家来を率い高松藩領に逃避させる。
¶徳島歴, 幕末, 幕末大

**向坂黙爾** さきさかもくじ
文政10 (1827) 年～明治29 (1896) 年
江戸時代末期～明治期の教育家。三池藩廃藩後、私塾を開設して門下の教育にあたる。
¶藩臣7

**崎田茂信** さきたしげのぶ
明治24 (1891) 年～昭和45 (1970) 年
大正～昭和期の教育者。
¶鳥取百

**崎浜秀栄** さきはましゅうえい
大正11 (1922) 年4月20日～
昭和期の技術教育研究者。琉球大学教授。
¶現執2期

**崎浜秀主** さきはましゅうしゅ
明治9 (1876) 年10月14日～昭和37 (1962) 年12月12日
明治～昭和期の那覇商業学校校長、農林漁業中央金庫初代理事長。
¶沖縄百, 姓氏沖縄

**崎原永著** さきはらえいちょ
大正11 (1922) 年～平成10 (1998) 年
昭和・平成期の教育者。
¶戦沖

**崎原正繁** さきはらまさしげ
昭和6 (1931) 年～昭和63 (1988) 年
昭和期の教育者。
¶戦沖

**崎村常雄** さきむらつねお
弘化3 (1846) 年～明治11 (1878) 年5月7日
江戸時代末期～明治期の志士。板垣退助と交わり、植木中学を興して民権論を鼓吹。西南戦争で協同隊を指揮。
¶近現, 熊本百 ([没]明治10 (1877) 年), 国史, コン改 ([没]明治10 (1877) 年), コン5 ([没]明治10 (1877) 年), 史人, 新潮, 日人, 幕末 ([没]1877年)

**崎良平** さきりょうへい
文政9 (1826) 年～明治37 (1904) 年
江戸時代後期～明治期の教育者。
¶姓氏富山

**さく** (1)
1822年～
江戸時代後期の女性。教育。佐藤氏。
¶江表 (さく (東京都)　[生]文政5 (1822) 年頃)

**さく** (2)
1828年～
江戸時代後期の女性。教育。島田氏。
¶江表 (さく (東京都)　[生]文政11 (1828) 年頃)

**サク**
安政6 (1859) 年～昭和15 (1940) 年
江戸時代末期～昭和期の女性。教育。相模小園村の金子忠兵衛とクニの娘。
¶江表 (サク (神奈川県))

**佐久田昌教** さくだしょうきょう, さくたしょうきょう
明治19 (1886) 年6月17日～＊
明治～昭和期の沖縄県視学官、教育者。
¶沖縄百 ([没]昭和36 (1961) 年11月22日), 姓氏沖縄 (さくたしょうきょう　[没]1963年)

**作田彦** さくだひこ
明治21 (1888) 年11月18日～昭和54 (1979) 年11月9日
明治～昭和期の教育者。
¶世紀, 千葉百, 日人

**作田保治** さくだやすはる
明治32 (1899) 年～昭和53 (1978) 年
大正～昭和期の教育者、心理学者。
¶山形百

**作並清亮** さくなみきよすけ
→作並鳳泉 (さくなみほうせん)

**作並鳳泉** さくなみほうせん
天保12 (1841) 年～大正4 (1915) 年　[別]作並清亮《さくなみきよすけ》
江戸時代末期～明治期の漢学者。伊達六代の「治家記録」を編纂。著書に「東藩史稿」「松島勝譜」がある。
¶郷土 (作並清亮　さくなみきよすけ　[生]天保12 (1841) 年2月16日　[没]大正4 (1915) 年7月21日), 日人

**佐久間丑雄** さくまうしお
生没年不詳
明治期の教育者。
¶姓氏京都

**佐久間修** さくまおさむ
大正5 (1916) 年～昭和19 (1944) 年
昭和期の美術教師。
¶熊本人

さ

**佐久間勝彦**　さくまかつひこ
昭和19（1944）年12月17日〜
昭和〜平成期の教育学者。千葉経済短期大学教授。
¶現執3期

**佐久間纉**（佐久間纉）　さくまさん
→佐久間纉（さくまつづき）



**佐久間象山**　さくましょうざん
文化8（1811）年〜元治1（1864）年7月11日　[別]佐久間象山《さくまぞうざん（しょうざん），さくまぞうざん》
江戸時代末期の思想家、信濃松代藩士。神田で塾を開設。
¶朝日（[生]文化8年2月28日（1811年3月22日）[没]元治1年7月11日（1864年8月12日）），維新，伊豆，岩史（[生]文化8（1811）年2月28日），江人，江戸，江文，科学（[生]文化8（1811）年2月28日），角史，教育（さくまぞうざん），京都，京都大，郷土長野（さくまぞうざん），近世，熊本人，群馬人（[没]天治1（1124）年），群馬百（さくまぞうざん），国史，国書（[生]文化8（1811）年2月28日），コン改，コン4，コン5，詩歌，詩作（さくまぞうざん　[生]文化8（1811）年2月28日），史人（[生]1811年2月28日），思想史，重要（[生]文化8（1811）年2月28日），信州人（さくまぞうざん（しょうざん）），人書79，人書94，新潮（[生]文化8（1811）年2月28日），人名，姓氏京都，姓氏長野，世人（[生]文化8（1811）年2月11日），世百（さくまぞうざん），全書，全幕，対外，大百（さくまぞうざん），伝記，長野百（さくまぞうざん），長野歴（さくまぞうざん），日思，日史（[生]文化8（1811）年2月28日），日人，幕末（[没]1864年8月12日），幕末大（[生]文化8（1811）年2月28日），藩臣3，百科，平日，山川小（[生]1811年2月28日），洋学，歴大，和俳

**佐久間晴岳**　さくませいがく
文政2（1819）年〜明治18（1885）年
江戸時代末期〜明治期の画家。
¶人名，姓氏宮城，日人，美家（[没]明治18（1885）年5月12日），宮城百

**佐久間象山**　さくまぞうざん
→佐久間象山（さくましょうざん）

**佐久間惣治郎**　さくまそうじろう
昭和期の教育者。千葉女子商業学校創立者・校長。
¶学校（[生]明治10（1877）年　[没]昭和31（1956）年6月28日），千葉房総（[生]明治10（1877）年3月15日　[没]昭和31（1956）年10月13日）

**佐久間千万太**　さくまちまた
文久2（1862）年〜大正13（1924）年
明治〜大正期の教育者。
¶姓氏宮城

**佐久間纉**　さくまつずき
→佐久間纉（さくまつづき）

**佐久間纉**（佐久間纉）　さくまつづき，さくまつずき，さくまつつき
文政2（1819）年12月15日〜明治29（1896）年
[別]佐久間纉《さくまさん》，佐久間庸軒《さくまようけん》，佐久間纉《さくまさん》
江戸時代末期〜明治期の数学者、数学教育家。数学修業のため、全国各地を旅する。福島県三春に塾を開く。著書「当用算法」。
¶朝日（佐久間纉　[生]文政2年12月15日（1820年1月30日）　[没]明治29（1896）年9月27日），朝日（[生]文政2年12月15日（1820年1月30日）　[没]明治29（1896）年9月27日），維新（佐久間庸軒　さくまようけん），国書（佐久間纉　[没]明治29（1896）年9月29日），人書94（さくまつずき），新潮（佐久間纉　[没]明治29（1896）年9月18日），新潮（[没]明治29（1896）年9月18日），人名（佐久間纉　さくまさん），人名（さくまさん），数学（佐久間纉　[没]明治29（1896）年9月27日），日人（[生]1820年），幕末（佐久間纉　さくまつつき　[没]1896年9月20日），幕末（さくまつつき　[没]1896年9月20日），幕末大（さくまつつき　[生]文政2（1820）年　[没]明治29（1896）年9月20日），藩臣2（佐久間纉），藩臣2，洋学（佐久間纉　さくまさん　[生]天保8（1837）年），洋学（さくまさん　[生]天保8（1837）年），和俳（さくまつずき）

**佐久間貞一**　さくまていいち
嘉永1（1848）年5月15日〜明治31（1898）年11月6日
明治期の実業家。東京市議会議員。教科書出版の大日本図書を創立。移民事業の東洋移民を創立。
¶朝日（[生]嘉永1年5月15日（1848年6月15日）），岩史，角史，近現，近文，国史，コン改（[生]1846年），コン4（[生]弘化3（1846）年），コン5（[生]弘化3（1846）年），史人，静岡歴，実業，社運，社史（[生]嘉永1年5月15日（1848年6月15日）），出版，出文（[生]嘉永1（1848）年5月10日），新潮，人名（[生]1846年），世人（[生]弘化3（1846）年），世百（[生]1846年　[没]1896年），先駆（[没]明治31（1898）年11月），全書，大百（[生]1846年　[没]1896年），日史，日人，幕末大，百科，平日，民学，歴大

**佐久間貞一郎**　さくまていいちろう
明治19（1886）年11月〜？
明治〜昭和期の要視察人。
¶アナ，社史

**佐久間東城**　さくまとうじょう
明治38（1905）年〜平成7（1995）年12月5日
昭和〜平成期の俳人・教育者。
¶埼玉人（[生]明治38（1905）年10月10日），埼玉文

**佐久間信恭**　さくまのぶやす
文久1（1861）年〜大正12（1923）年5月1日
明治〜大正期の英語学者、英語教師。他の英語学者の著作を批判し、多くの人と衝突。著書に「会話作文英和中辞林」など。
¶朝日（[生]文久1年4月10日（1861年5月19日）），熊本人，コン改（[生]？），コン5（[生]？），人名（[生]？），世紀（[生]文久1（1861）年4月10日），日人，洋学

**作間久吉** さくまひさきち
慶応2(1866)年〜昭和17(1942)年
明治〜昭和期の漢学者、教育者、政治家。
¶姓氏山口、山口百

**佐久間文爾** さくまぶんじ
？ 〜寛政11(1799)年　㊗佐久間夜雨亭《さくまやうてい》
江戸時代中期の儒学者。
¶江文(佐久間夜雨亭　さくまやうてい)、人名、日人

**佐久間夜雨亭** さくまやうてい
→佐久間文爾(さくまぶんじ)

**佐久間庸軒** さくまようけん
→佐久間纉(さくまつづき)

**佐久間余三郎** さくまよさぶろう
万延1(1860)年？〜大正15(1926)年
明治〜大正期の教育家。
¶宮城百

**作山美八** さくやまみはち
明治18(1885)年〜昭和39(1964)年
明治〜昭和期の教育者。
¶福島百

**桜井郁二郎** さくらいいくじろう
嘉永5(1852)年〜大正4(1915)年
明治期の医師。産婦人科。日本初の近代医学による桜井病院を開設。著書に「産科論」。
¶科学(㊗1852年(嘉永5)9月6日　㊗1915年(大正4)2月10日)、近医、群馬人、群馬百、先駆、日人

**桜井諟** さくらいいさむ
明治18(1885)年〜昭和47(1972)年
明治〜昭和期の教育者。
¶神奈川人、郷土神奈川、姓氏神奈川

**桜井鴎村** さくらいおうそん
明治5(1872)年6月26日〜昭和4(1929)年2月27日　㊗桜井彦一郎《さくらいひこいちろう》
明治期の評論家、教育者。「英学新報」編集主任。「津田英学塾」(後の津田塾大学)創立に参加。著書に「欧州見物」。
¶愛媛、愛媛百(㊗明治5(1872)年6月25日)、学校、近文、コン改、コン5、四国文、児作(㊗昭和24(1949)年)、児文、新文、人名、世紀、全書、大百、渡航(桜井鴎村・桜井彦一郎　さくらいおうそん・さくらいひこいちろう)、日児(㊗明治5(1872)年7月31日)、日人、文学、洋学

**桜井魁園** さくらいかいえん
文化11(1814)年〜明治2(1869)年　㊗桜井武雄《さくらいたけお》
江戸時代末期の周防徳山藩士。
¶人名(桜井武雄　さくらいたけお)、日人、幕末(㊗1869年5月12日)、藩臣6

**桜井勝美** さくらいかつみ
明治41(1908)年2月20日〜平成7(1995)年7月24日

昭和期の詩人、教育者。杉並区立松渓中学校長。「時間」同人。「葱の精神性」で北川冬彦賞を受賞。詩集に「天塩」など。
¶近文、現詩、現情、世紀、日人、北海道文(㊗明治42(1909)年2月20日)

**桜井菊次郎** さくらいきくじろう
慶応2(1866)年〜昭和34(1959)年
明治〜昭和期の教育者。
¶群馬人

**桜井喜平次** さくらいきへいじ
昭和5(1930)年4月14日〜
昭和期の宮村教育長。
¶飛騨

**桜井キン** さくらいきん
明治26(1893)年10月15日〜昭和56(1981)年12月18日
大正・昭和期の教育者。
¶神奈女

**桜井君節** さくらいくんせつ
明3(1766)年〜文化2(1805)年　㊗桜井竜淵《さくらいりゅうえん》
江戸時代後期の水戸藩儒。
¶国書(桜井竜淵　さくらいりゅうえん　㊗文化2(1805)年4月9日)、人名、日人

**桜井昌一** さくらいしょういち
明治25(1892)年〜昭和48(1973)年
大正〜昭和期の教育者。教育長、保護司。
¶栃木歴

**桜井祐男** さくらいすけお
明治20(1887)年11月4日〜昭和27(1952)年1月22日　㊗桜井祐男《さくらいひろお》
大正〜昭和期の小学校教員。奈良女子高等師範学校附属小学校教諭、芦屋児童の村小学校主事。新教育運動の先達。雑誌「教育文芸」を創刊。
¶現情、コン改(さくらいひろお ㊗1890年)、コン4、コン5、社史(㊗1952年1月27日)、人名7、世紀、姓氏石川(㊗1888年)、日人

**桜井石門** さくらいせきもん
寛政11(1799)年〜＊
江戸時代中期の出石藩儒。
¶国書(㊗寛政11(1799)年5月18日　㊗嘉永3(1850)年12月18日)、人名(㊗1748年　㊗1799年)、日人(㊗1851年)

**桜井孝起** さくらいたかおき
生没年不詳
明治期の教育者。簿記教育の先駆者。横須賀造船所で簿記を教授。
¶先駆

**桜井武雄** さくらいたけお
→桜井魁園(さくらいかいえん)

**桜井ちか** さくらいちか
安政2(1855)年4月4日〜昭和3(1928)年12月19日　㊗桜井ちか子《さくらいちかこ》
明治〜大正期の教育者。桜井女学校(後の女子学

院）を創立、キリスト教主義的良妻賢母教育を目標に全寮制教育を行った。大阪では一致英和女学院（後の大阪女学院）の創立に参画した。
¶朝日（桜井ちか子　さくらいちかこ　[生]安政2年4月4日（1855年5月19日）），海越新，学校，教育，キリ，近現，近女，国史，史人，女史，女性（[生]安政2（1855）年2月4日），女性普，人名，世紀，先駆，渡航，日人，北海道百（桜井ちか子　さくらいちかこ），北海道歴（桜井ちか子　さくらいちかこ），歴大

さ

**桜井ちか子** さくらいちかこ
→桜井ちか（さくらいちか）

**桜井功** さくらいちから
明治23（1890）年～昭和10（1935）年
大正～昭和期の教育者。
¶神奈川人，姓氏神奈川

**桜井肇山** さくらいちょうざん
明治13（1880）年～＊
明治～昭和期の教育者。
¶姓氏岩手（[没]1945年），宮城百（[没]昭和18（1943）年）

**桜井東亭** さくらいとうてい
延享2（1745）年～享和3（1803）年
江戸時代後期の出石藩儒。
¶国書（[没]享和3（1803）年9月），人名，日人

**桜井東門** さくらいとうもん
安永5（1776）年～安政3（1856）年
江戸時代後期の出石藩儒。
¶江文，岡山人，岡山歴（[生]安永5（1776）年10月5日　[没]安政3（1856）年6月4日），国書（[没]安政3（1856）年6月），人名，日人，兵庫人（[生]安永5（1776）年10月5日　[没]安政3（1856）年6月4日），兵庫百

**桜井彦一郎** さくらいひこいちろう
→桜井鷗村（さくらいおうそん）

**桜井秀男** さくらいひでお
生没年不詳
昭和期の小学校教員。
¶社史

**桜井祐男** さくらいひろお
→桜井祐男（さくらいすけお）

**桜井房記** さくらいふさき
嘉永5（1852）年～昭和3（1928）年　[別]桜井房記《さくらいふさのり》
江戸時代末期～昭和期の数学者。東京物理学講習所（後の東京理科大学）の設立に関わる。
¶学校（[没]昭和3（1928）年12月12日），数学（さくらいふさのり），渡航（[没]？）

**桜井房記** さくらいふさのり
→桜井房記（さくらいふさき）

**桜井武平** さくらいぶへい
明治29（1896）年～昭和40（1965）年
大正～昭和期の化学者、理学博士。
¶姓氏長野，長野歴

**桜井政衛** さくらいまさえい
天保15（1844）年9月3日～大正元（1912）年8月3日
明治期の教員、和田屯田（現、根室市）入植者。
¶根千

**桜井政太郎** さくらいまさたろう
昭和12（1937）年1月7日～
昭和期の教師、「手で見る博物館」開設者。
¶視覚

**桜井竜淵** さくらいりゅうえん
→桜井君節（さくらいくんせつ）

**桜井良治** さくらいりょうじ
明治35（1902）年7月15日～昭和32（1957）年9月5日
大正～昭和期の口演童話家、教育者。美濃市教育長。
¶日児

**桜木含英** さくらぎがんえい
元治1（1864）年～昭和22（1947）年
明治～昭和期の教育者。
¶姓氏愛知

**佐倉シゲ** さくらしげ
明治21（1888）年～昭和55（1980）年
大正～昭和期の教育者。
¶姓氏富山

**桜田惣四郎** さくらだそうしろう
文政11（1828）年～明治10（1877）年10月26日
江戸時代末期～明治期の熊本藩士。公武合体論者。西南戦争で熊本隊参謀、死刑となる。
¶熊本百，人名（[生]1829年），日人，幕末

**桜田広利** さくらだひろとし
生没年不詳
大正期の教育者。
¶群馬人

**佐倉友章** さくらともあき
昭和8（1933）年12月23日～平成22（2010）年6月5日
昭和～平成期の音楽教育者。
¶音人，音人2，音人3，現情，新芸

**さくらともこ**
生没年不詳
昭和～平成期の幼児教育学者、童謡作家。乳幼児教育研究会会長。
¶児人

**佐倉信武** さくらのぶたけ
嘉永2（1849）年～明治27（1894）年
明治期の教育家。私立英和女学校を創設。小学校の建築に尽力。
¶静岡歴，人名（[生]1848年），姓氏静岡，日人

**桜本富雄** さくらもととみお
昭和8（1933）年9月28日～
昭和～平成期の詩人。かつしか幼稚園理事長。

¶現執3期，現執4期，児人，世紀，平和

**和気貞臣** さけのさだおみ
→和気貞臣(わけのさだおみ)

**酒匂一雄** さこうかずお
昭和5(1930)年8月27日～
昭和～平成期の社会教育研究者。福島大学教授。
¶現執1期，現執2期

**座光寺為祥** ざこうじためよし
享保20(1735)年～文政1(1818)年　[別]座光寺南屏《ざこうじなんぺい》
江戸時代中期～後期の甲斐の儒医。
¶国書(座光寺南屏　ざこうじなんぺい　[没]文政1(1818)年6月27日)，人名，日人(座光寺南屏　ざこうじなんぺい)

**座光寺南屏** ざこうじなんぺい
→座光寺為祥(ざこうじためよし)

**酒匂清一** さこうせいいち
明治40(1907)年～
昭和期の小学校教員。北海道綴方教育連盟メンバー。
¶社史

**酒向健** さこうたけし
大正7(1918)年9月20日～
昭和～平成期の教育学者。愛知淑徳大学教授。
¶現執3期

**佐香ハル**(佐香春) さこうはる
明治7(1874)年6月6日～昭和33(1958)年　[別]佐香ハル《さがはる》
明治～昭和期の教育者。神田に和洋裁縫専門学校を創立。
¶学校([没]昭和33(1958)年3月20日)，近女，女性，女性(さがはる)，女性，女性普(さがはる)，女性普，女性普(さがはる)，女性普，世紀([没]昭和33(1958)年3月20日)，徳島百([生]明治7(1874)年5月6日　[没]昭和33(1958)年3月20日)，徳島歴(佐香春　[没]昭和33(1958)年3月30日)，日人([没]昭和33(1958)年3月20日)

**佐郷谷慶太郎** さごうやけいたろう
慶応2(1866)年～明治38(1905)年
江戸時代末期～明治期の教育者。
¶姓氏岩手

**迫田栄二** さこたえいじ
明治27(1894)年～昭和44(1969)年
大正～昭和期の教育者。
¶姓氏鹿児島

**佐古田好一** さこだよしかず
明治41(1908)年4月26日～
昭和～平成期の同和教育研究家。部落問題研究所監事。
¶現執1期，現執2期，現執3期

**左近允孝之進** さこんじょうこうのしん
明治3(1870)年5月2日～明治42(1909)年11月11日　[別]左近允孝之進《さこんのじょうこうのしん》
明治期の鍼灸師、教育者。神戸盲唖院院長。二面刷り点字活版機を完成させ、日本初の点字新聞「あけぼの」を刊行した。
¶視覚，日人(さこんのじょうこうのしん)，兵庫百(さこんのじょうこうのしん)

**左近孝枝** さこんたかえ
明治39(1906)年9月22日～昭和52(1977)年7月19日
昭和期の教育者。活水学園理事。青山学院女子専門部講師、東京YMCA秘書科講師などをつとめた。
¶女性，女性普

**左近允孝之進** さこんのじょうこうのしん
→左近允孝之進(さこんじょうこうのしん)

**笹井邦彦** ささいくにひこ
昭和31(1956)年5月11日～
昭和～平成期の音楽教育者。
¶音人2，音人3

**笹井正太郎** ささいしょうたろう
明治17(1884)年～昭和19(1944)年
明治～昭和期の教育者。
¶青森人

**佐々井信太郎** ささいしんたろう
明治7(1874)年5月22日～昭和46(1971)年8月9日
明治～昭和期の歴史学者。大日本報徳社副社長。二宮尊徳の研究に従事。報徳運動の指導者として活躍。
¶神奈川人，神奈川百，史研，世紀，姓氏神奈川，日人

**佐々井秀緒**(佐々井秀男) ささいひでお
*～平成1(1989)年9月24日
昭和期の国語教育家、小学校教員。米子市明道小学校校長。「国語人」創刊。生活綴方運動の中で科学的綴方を主張。本名は秀男。
¶コン改([生]1902年)，コン4([生]明治35(1902)年　[没]平成2(1990)年)，コン5([生]明治35(1902)年　[没]平成2(1990)年)，社史(佐々井秀男　[生]1905年4月14日)，世紀([生]明治38(1905)年4月20日)，日人([生]明治38(1905)年4月20日)

**篠岡謙堂** ささおかけんどう
→篠岡利貞(ささおかとしさだ)

**小砂丘忠義** ささおかただよし
明治30(1897)年4月25日～昭和12(1937)年10月10日
昭和期の民間教育運動家。SNK協会を結成し「極北」を創刊。郷土社を設立、「綴方生活」「綴方読本」を発行し生活綴方を創始。
¶現朝，高知人，高知百，コン改，コン5，四国文，史人，児文，社史，新潮，世紀，哲学，日史，日人，百科，平和，民学

**篠岡利貞** ささおかとしさだ
延宝1(1673)年～元文4(1739)年1月20日　[別]篠岡謙堂《ささおかけんどう》
江戸時代中期の備前岡山藩士。

さ

¶岡山人，岡山歴（篠岡謙堂　ささおかけんどう），国書（篠岡謙堂　ささおかけんどう），藩臣6

**笹尾粂太郎** ささおくめたろう
明治4（1871）年2月25日〜昭和16（1941）年1月29日
明治〜昭和期の哲学・神学教育者。
¶キリ，渡航

**佐坂通泰** ささかつうたい
明和7（1770）年〜天保2（1831）年
江戸時代中期〜後期の忍藩儒官。
¶埼玉百

**笹川孝一** ささがわこういち
昭和26（1951）年3月18日〜
昭和期の社会教育学者。法政大学教授。
¶現執2期

**笹川隆平** ささがわたかひら
大正2（1913）年〜平成1（1989）年10月9日
昭和期の郷土史家。茨木市教育研究所長。
¶郷土，世紀，日人（㊥大正2（1913）年4月13日　㊦平成1（1989）年9月30日）

**笹川種郎** ささがわたねお
→笹川臨風（ささがわりんぷう）

**笹川ミス** ささがわみす
安政2（1855）年〜大正7（1918）年
明治〜大正期の助産婦。新潟私立産婆養成所所長。西洋助産婦第一号。著書に「産婆十三戒」。
¶女性，女性普（㊥大正7（1918）年7月），世紀（㊦安政2（1855）年5月5日　㊦大正7（1918）年1月25日），日人

**笹川臨風** ささがわりんぷう，ささかわりんぷう
明治3（1870）年8月7日〜昭和24（1949）年4月13日
㊦笹川種郎《ささがわたねお》，臨風《りんぷう》
明治〜昭和期の評論家。赤門派の俳人。歴史書から美術批評，小説まで著書多く「支那小説戯曲小史」「日本絵画史」など。
¶郷土栃木，京都文（ささかわりんぷう　㊥明治3（1870）年8月7日（新暦9月2日）），近文（ささかわりんぷう），現朝（㊥明治3年8月7日（1870年9月2日）），現情（ささかわりんぷう），現俳，コン改，コン4，コン5，詩壇，滋文，史研（笹川種郎　ささがわたねお），史人，社史（㊥明治3（1870）年8月7日），新潮（ささかわりんぷう），新文（ささかわりんぷう），人名7，世紀（ささかわりんぷう），世百（ささかわりんぷう），全書（ささかわりんぷう），大百，哲学，栃木百（㊦昭和27（1952）年），栃木歴（ささかわりんぷう），日児，日人，日本，俳諧（臨風　りんぷう），俳句（臨風　りんぷう），履歴，履歴2

**佐々木海量** ささきかいりょう
→海量（かいりょう）

**佐々木勝男** ささきかつお
昭和19（1944）年2月11日〜

昭和〜平成期の教師。川崎市立浅田小学校教師。
¶現執3期，現執4期

**佐々木かね** ささきかね
明治3（1870）年〜昭和20（1945）年4月16日
明治〜昭和期の幼児教育者。私立木更津幼稚園を設立。幼児教育と婦人の教化に尽力。
¶女性，女性普

**佐々木金久** ささきかねひさ
明治7（1874）年〜昭和23（1948）年
明治〜昭和期の教育者。
¶高知人

**佐々木毅一** ささききいち
明治24（1891）年〜昭和19（1944）年
大正〜昭和期の行政面でも活躍した教育者。
¶札幌，北海道百，北海道歴

**佐々木儀蔵** ささききぞう
文政6（1823）年〜明治31（1898）年
江戸時代後期〜明治期の教育者。鹿込小学校初代校長。
¶姓氏岩手

**佐々木吉三郎** ささききちさぶろう
明治5（1872）年〜大正13（1924）年11月20日
明治〜大正期の教育家。海外の教育学・教授学を研究。東京高等師範学校教授を務めた。
¶人名，姓氏宮城，渡航（㊥1872年10月），日人（㊥明治5（1872）年11月），宮城百（㊦大正12（1923）年）

**佐々木君代** ささききみよ
明治10（1877）年6月10日〜昭和8（1933）年9月13日
明治〜昭和期の教育者。東京女子高等師範学校生徒主事を務める。著書に「家事教科書」など。
¶女性，女性普

**佐々木琴台** ささききんだい
→佐々木仁里（ささきじんり）

**佐々木愚山** ささきぐざん，ささきぐさん
文政6（1823）年〜明治29（1896）年
江戸時代末期〜明治期の漢学者。
¶群馬人，群馬百，国書（ささきぐさん　㊦明治29（1896）年9月14日），人名，姓氏群馬，日人

**佐々木賢** ささきけん
昭和18（1933）年7月1日〜
昭和〜平成期の教育評論家。武蔵野第五小学校教諭。
¶現執2期，現執3期

**佐々木源一郎** ささきげんいちろう★
明治32（1899）年6月20日〜昭和20（1945）年8月4日
大正・昭和期の教育者。
¶秋田人2

**佐々木元俊** ささきげんしゅん
文政1（1818）年11月8日〜明治7（1874）年12月16日

江戸時代末期～明治期の医師、蘭学者。弘前藩藩医、蘭学堂教授。著書に「厚生舍密」「練鉄訓象」など。
¶青森人，青森百，維新，江文，科学，国書，人名，日人，幕末，幕末大，藩臣1，洋学

**佐々木昂** ささきこう
→佐々木昂（ささきたかし）

**佐々木弘造** ささきこうぞう
嘉永3（1850）年～大正12（1923）年
明治～大正期の開拓者。
¶青森人，世紀（[生]嘉永3（1850）年9月9日　[没]大正12（1923）年8月13日），日人

**佐々木向陽** ささきこうよう
享和1（1801）年～文久3（1863）年11月15日
江戸時代後期～末期の漢学者。
¶国書，姓氏山口，山口百（[生]？）

**佐々木三治郎** ささきさんじろう★
明治34（1901）年7月10日～昭和54（1979）年2月20日
大正・昭和期の郷土史家。教師。
¶秋田人2

**佐々木修** ささきしゅう
明治35（1902）年～昭和43（1968）年
昭和期の教育者。
¶姓氏岩手

**佐々木縮往** ささきしゅくおう
慶安2（1649）年～享保19（1734）年
江戸時代中期の儒学者、画家。
¶国書（[没]享保19（1734）年6月18日），人名，日人

**佐々木順三** ささきじゅんぞう
明治23（1890）年3月2日～昭和51（1976）年5月2日
昭和期の神学者、教育家。立教大学総長。立教小学校の開設など、立教学院の発展に貢献。
¶現情，人名7，世紀，日人

**佐々木省吾** ささきしょうご
？　～大正8（1919）年
江戸時代末期～明治期の地方教育家。郡視学を務め、のち家塾「遷革舎」を創設。
¶人名，日人

**佐々木嘯堂** ささきしょうどう
宝暦12（1762）年～文政4（1821）年
江戸時代後期の漢学者。
¶人名，日人

**佐々木松墩** ささきしょうとん
天保6（1835）年～明治18（1885）年
江戸時代末期～明治期の儒学者。
¶姓氏山口，日人，山口百

**佐々木仁里** ささきじんり
延享1（1744）年～寛政12（1800）年　[別]佐々木琴台《ささききんだい》
江戸時代中期～後期の儒学者。
¶江文（佐々木琴台　ささききんだい），国書（佐々木琴台　ささききんだい　[生]延享1（1744）年3月16日　[没]寛政12（1800）年8月20日），人名，日人

**佐々木助二** ささきすけじ
慶応3（1867）年～昭和16（1941）年
明治～昭和期の教育者。市成尋常小学校校長。
¶姓氏鹿児島

**佐々木享** ささきすすむ
昭和7（1932）年5月31日～
昭和～平成期の教育学者。名古屋大学教授。
¶現執1期，現執2期，現執3期，現執4期

**佐々木雪峰** ささきせっぽう
文化7（1810）年～明治6（1873）年
江戸時代末期～明治期の漢学者。
¶岡山人，国書，人名，日人

**佐々木昂** ささきたかし
明治39（1906）年10月30日～昭和19（1944）年8月31日　[別]佐々木昂《ささきこう》
昭和期の小学校教員。生活教育・生活綴方教育運動の理論家、指導者。
¶現朝，コン改，コン5，史人（ささきこう），社史（ささきこう），世紀，日人，平和

**佐佐木高行**（佐々木高行） ささきたかゆき
文政13（1830）年10月12日～明治43（1910）年3月2日
江戸時代末期～明治期の高知藩士、政治家。侯爵。藩の大目付など藩政に参画。のち長崎府判事、参議、工部卿、枢密顧問官を歴任。
¶朝日（[生]天保1年10月12日（1830年11月26日）），維新（佐々木高行），岩史，海越（佐々木高行），海越新（佐々木高行），角史，近現，国史，コン改，コン5，史人，重要，神人（佐々木高行），新潮（佐々木高行），人名（佐々木高行），世人（佐々木高行　[生]文政13（1830）年11月12日），渡航（佐々木高行），日史（[生]天保1（1830）年11月12日），日人，幕末（佐々木高行），藩臣6，百科（佐々木高行），履歴，歴大

**佐々木毅** ささきたけし
昭和20（1945）年7月13日～
昭和期の比較教育学者。新潟大学教授。
¶現執2期

**佐々城佑** ささきたすく
明治16（1883）年4月1日～昭和53（1978）年3月24日
明治期の中学校教員。社会革命党（在米）本部委員、日本エスペラント協会会員。
¶アナ，社史

**佐々木忠治** ささきちゅうじ
明治31（1898）年～昭和49（1974）年
大正～昭和期の教育者。
¶姓氏岩手

**佐々木中沢**（佐々木仲沢，佐々木忠沢） ささきちゅうたく
寛政2（1790）年～弘化3（1846）年4月1日
江戸時代後期の蘭方医。号は蘭嵎。

¶朝日（[没]弘化3年4月1日（1846年4月26日）），岩手百（佐々木仲沢　[生]1788年），江文，近世（佐々木仲沢），国史（佐々木仲沢），国書，コン改，コン4，史人（佐々木仲沢），新潮，人名，姓氏岩手，姓氏宮城，世人（佐々木仲沢），全書，大百（佐々木忠沢），日人，宮城百，洋学

**佐々木長左衛門**　ささきちょうざえもん
明治12（1879）年～昭和28（1953）年
明治～昭和期の教育者。旭川市近文の豊栄小学校長。
¶北海道百，北海道歴

さ

**佐々木長治**　ささきちょうじ
慶応3（1867）年～大正3（1914）年
明治～大正期の実業家、社会事業家。郷土の子弟の教育に尽力。
¶日人

**佐々木哲郎**(1)　ささきてつろう
明治15（1882）年10月5日～昭和50（1975）年6月14日
明治～昭和期の教育者。
¶岩手人

**佐々木哲郎**(2)　ささきてつろう
明治28（1895）年～大正12（1923）年
大正期の教育者。
¶姓氏岩手

**佐々木徹郎**　ささきてつろう
大正13（1924）年2月21日～
昭和期の教育社会学者。東北大学教授。
¶現執1期，現執2期

**佐々木徳夫**　ささきとくお
昭和4（1929）年3月19日～
昭和～平成期の昔話採集家、高校教諭。民話の採集・記録に携わる。みちのく昔話研究会を主宰。著書に「陸前の昔話」など。
¶郷土，現執3期，世紀，日人

**佐々木俊介**　ささきとしすけ
昭和11（1936）年～
昭和期の教育方法学者。
¶現執1期

**佐々木俊信**　ささきとしのぶ
寛延3（1750）年～寛政12（1800）年　[別]佐々木竜原《ささきりょうげん》
江戸時代後期の漢学者。
¶国書（佐々木竜原　ささきりょうげん　[没]寛政12（1800）年9月14日），人名，日人（佐々木竜原　ささきりょうげん）

**佐々木俊光**　ささきとしみつ
明治41（1908）年～昭和46（1971）年
昭和期の教育・行政者。
¶山形百

**佐々木俊幸**　ささきとしゆき
昭和22（1947）年～
昭和～平成期の小学校教師。愛知県東浦町立森岡小学校教師。
¶現執3期

**佐々木とよ**　ささきとよ
明治6（1873）年10月26日～昭和26（1951）年8月15日
明治～昭和期の教育者。岐阜裁縫伝習所（現・鶯谷女子高）創立者。
¶学校，世紀，日人

**佐々木直作**　ささきなおさく
文化14（1817）年～明治27（1894）年11月8日
江戸時代末期～明治時代の漢学者。勘定奉行兼京都留守居。盛岡藩降伏に際し幽閉、許され漢学塾を開設。
¶維新，幕末，幕末大（[生]文化14（1817）年12月20日）

**佐々木宣男**　ささきのぶお
明治41（1908）年～昭和63（1988）年
昭和期の音楽教育者。
¶石川百

**佐々木春岡**　ささきはるおか
明治45（1912）年～昭和59（1984）年
昭和期の教育者。
¶鳥取百

**佐々木秀一**　ささきひでいち
明治7（1874）年～昭和20（1945）年
明治～昭和期の道徳教育者、教育学者。
¶青森人，教育

**佐々木宏子**　ささきひろこ
昭和15（1940）年12月20日～
昭和～平成期の幼児発達心理学者。鳴門教育大学教授。
¶現執2期，現執3期，現執4期，児作，児人，世紀，日児

**佐々木浩**　ささきひろし
昭和16（1941）年1月11日～
昭和～平成期の国語教育学者。富山大学教育学部教授。
¶富山文

**佐々木溥**　ささきひろし
文政6（1823）年～明治29（1896）年
江戸時代後期～明治期の教育者。
¶姓氏群馬

**佐々木ほの**　ささきほの
元治1（1864）年～明治31（1898）年8月26日
明治期の裁縫教育者。仙台地方の裁縫の改良に尽力。
¶女性，女性普

**佐々木正治**　ささきまさはる
昭和11（1936）年1月4日～
昭和期の教育社会学者。岡山大学教授。
¶現執2期

**佐々木瑞枝**　ささきみずえ
昭和17（1942）年10月16日～
昭和～平成期の日本語教育学者。山口大学教授。

¶現執3期，現執4期，YA

**佐々木黙文** ささきもくぶん
明治34（1901）年～昭和56（1981）年
大正～昭和期の教育者、俳人。
¶島根歴

**佐佐木勇蔵**（佐々木勇蔵）ささきゆうぞう
明治38（1905）年6月7日～昭和60（1985）年6月17日
昭和期の経営者。泉州銀行設立にくわわり常務取締役に就任。昭和48年泉州高校を創立した。
¶学校（佐々木勇蔵），世紀（佐々木勇蔵），日人

**佐々木可重** ささきよししげ
明治13（1880）年～昭和25（1950）年
明治～大正期の教育者。
¶神奈川人

**佐々木柳庵** ささきりゅうあん
文化13（1816）年～明治4（1871）年
江戸時代末期～明治期の水戸の儒者。
¶国書，人名，日人

**佐々木良吉** ささきりょうきち
明治29（1896）年3月25日～昭和50（1975）年12月6日
大正～昭和期の法学者。
¶庄内，山形百新

**佐々木竜原** ささきりょうげん
→佐々木俊信（ささきとしのぶ）

**佐々木良助** ささきりょうすけ★
明治15（1882）年1月20日～昭和45（1970）年7月9日
明治～昭和期の実践教育者。
¶秋田人2

**佐々木渡** ささきわたる
明治43（1910）年～
昭和期の学校管理専門家。文教大学教授。
¶現執1期

**笹倉強** ささくらつよし
昭和7（1932）年2月10日～
昭和～平成期の声楽家、音楽教育者、合唱指揮者。
¶音人2，音人3

**笹子武夫** ささごたけお
明治32（1899）年～昭和49（1974）年
昭和期の教育者・体育指導者。
¶神奈川人

**佐々茂雄** ささしげお
明治7（1874）年～昭和24（1949）年
明治～昭和期の教育者。
¶北海道百，北海道歴

**佐々蔚** ささしげる
天保13（1842）年～明治35（1902）年
江戸時代後期～明治期の教育者。
¶多摩

**篠島久太郎** ささじまきゅうたろう
文久1（1861）年12月1日～大正15（1926）年5月31日
明治～大正期の教育者。
¶姓氏富山，富山百

**笹島佐吉** ささじまさきち
明治22（1889）年～昭和40（1965）年
大正～昭和期の教育者。
¶香川人

**佐々心山** ささしんざん
生没年不詳
昭和期の教育者、歌人。
¶徳島歴

**笹田留之助** ささだとめのすけ
慶応1（1865）年～昭和19（1944）年
明治～昭和期の教育者・神官。
¶姓氏岩手

**笹谷啓一** ささたにけいいち
昭和4（1929）年11月24日～平成15（2003）年3月17日
昭和・平成期の教育者。大聖寺高等学校13代校長。
¶石川現今

**笹谷秀虎** ささたにひでとら
明治24（1891）年～昭和35（1960）年
大正～昭和期の教育者。
¶姓氏富山

**佐々友房** ささともふさ
→佐々友房（さっさともふさ）

**楽浪河内** さざなみのかわち
生没年不詳 ㊳高丘河内《たかおかのかわち，たかおかのこうち》，高丘連河内《たかおかのむらじかわち，たかおかのむらじこうち》
奈良時代の渡来系官人。父は沙門詠。
¶朝日，古史，古代（高丘連河内　たかおかのむらじこうち），コン改，コン4，新潮，人名（高丘河内　たかおかのこうち），日史（高丘河内　たかおかのかわち），日人（高丘河内　たかおかのかわち），百科（高丘河内　たかおかのかわち），万葉（高丘連河内　たかおかのむらじかわち），歴大（高丘河内　たかおかのかわち），和俳

**笹野雄太郎** ささのゆうたろう
明治9（1876）年8月1日～昭和29（1954）年3月21日
明治～昭和期の実業家。広島女子商業初代理事長。父の跡をつぎ旭牛肉缶詰を発展させる。
¶学校，世紀，日人，広島百

**笹原卯一郎** ささはらういちろう
明治11（1878）年～昭和31（1956）年
明治～昭和期の教育者。
¶高知人

**笹原邦彦** ささはらくにひこ
明治43（1910）年～昭和56（1981）年
昭和期の教育者。

¶高知人

**佐々原宣明** ささはらのぶあき
*～安政2(1855)年　㊙佐々原梅操《ささはらばいそう》
江戸時代末期の書家。
¶江文(佐々原梅操　ささはらばいそう　㊕天保5(1834)年)，国書(佐々原梅操　ささはらばいそう　㊕天保4(1833)年　㊤安政2(1855)年12月21日)，人名(㊕?)，日人(㊕1834年)

**佐々原梅操** ささはらばいそう
→佐々原宣明(ささはらのぶあき)

**笹部貞市郎** ささべていいちろう
明治20(1887)年11月13日～昭和49(1974)年9月22日
明治～昭和期の出版人。聖文社創業者。
¶岡山歴，出版，出文(㊦昭和49(1974)年9月21日)，数学

**小篠敏** ささみぬ
→小篠御野(おざさみぬ)

**小篠敏** ささみね
→小篠御野(おざさみぬ)

**笹村良昌** ささむらよしまさ
天保3(1832)年～明治42(1909)年
江戸時代末期～明治期の高知藩医。万葉・本草学に通じ子弟を教授。
¶高知人，人名，日人

**笹本正樹** ささもとまさき
昭和6(1931)年5月10日～
昭和～平成期の教育方法学者。香川大学教授。
¶現執1期，四国文

**笹森卯一郎**(笹森宇一郎) ささもりういちろう
慶応3(1867)年～明治44(1911)年
明治期の教育家。鎮西学院院長となり子弟の教養に尽力。
¶青森人，人名(笹森宇一郎)，渡航(笹森宇一郎㊤1867年1月　㊦1911年6月12日)，日人

**笹森儀助** ささもりぎすけ
弘化2(1845)年1月25日～大正4(1915)年9月29日
明治期の探検家。青森市長。千島列島探検，奄美・沖縄諸島を調査し国境警備，辺境の社会改革を提言。青森商業補修夜学校を創立。
¶青森人，青森百，朝日(㊤弘化2年1月25日(1845年3月3日))，沖縄百，鹿児島百(㊤弘化3(1846)年)，学校，コン改，コン5，史人，新潮，人名，世紀，姓氏沖縄，姓氏鹿児島(㊤1846年)，全書，日史，日人，百科，民学，歴大

**笹森順造** ささもりじゅんぞう
明治19(1886)年5月18日～昭和51(1976)年2月13日
昭和期の政治家，教育者。衆・参議院議員，自民党両院議員総会長。東奥義塾塾長，青山学院院長。国民協同党を結成。片山内閣復員庁総裁，改進党。
¶青森人，青森百，キリ，現朝，現情，現人，コン改，コン4，コン5，新潮，人名7，世紀，政治，体育，日人

**笹森貞二** ささもりていじ
明治38(1905)年～昭和63(1988)年
昭和期の弘前市教育長。
¶青森人

**佐々楽軒** ささらくけん
文化7(1810)年～*　㊙佐々楽軒《さっさらくけん》
江戸時代後期の川越藩校長善館教授。
¶埼玉人(㊤慶応4(1868)年)，埼玉百(さっさらくけん　㊦1886年)

**佐沢太郎** ささわたろう,さざわたろう
天保9(1838)年～明治29(1896)年
江戸時代末期～明治期の蘭学者，官吏。洋学寮教授，文部省書記官等を歴任。著書に「仏国帝政史」など。
¶江文(さざわたろう)，日人，洋学

**佐治薫子** さじしげこ
昭和10(1935)年10月～
昭和～平成期の音楽教育者，合奏指導者。
¶音人，音人2，音人3

**左氏珠山** さししゅざん
文政12(1829)年～明治29(1896)年7月20日
江戸時代末期～明治時代の朱子学者。申義堂・藩学明倫館の教授。南予中学校長などつとめる。
¶愛媛，愛媛百(㊤文政12(1829)年8月23日)，幕末，幕末大

**指田作太郎** さしださくたろう
明治15(1882)年8月7日～昭和47(1972)年11月
明治～昭和期の実業家。指田製精所創業者。郷里への寄付を基に指田奨学資金基金がつくられた。
¶世紀，多摩，日人

**佐治梅坡** さじばいは
天保11(1840)年～明治20(1887)年8月8日
江戸時代末期～明治期の会津藩士の子。福島師範学校教官。開拓使出仕。「愛国談叢」「作文階梯」等の著書がある。
¶会津，国書(㊤天保11(1840)年4月17日)，日人，幕末，幕末大

**佐島群巳** さじまともみ
昭和4(1929)年8月13日～
昭和～平成期の社会教育学者。日本女子大学教授。
¶現執3期

**佐瀬道子** させみちこ
昭和16(1941)年9月18日～
昭和～平成期の音楽教育者。
¶音人2，音人3

**佐瀬稔** させみのる
昭和7(1932)年6月21日～平成10(1998)年5月23日
昭和～平成期の評論家，ノンフィクション作家。スポーツ評論，教育問題などの分野で活躍。著書に「金属バット殺人事件」など。

¶現執2期，現執3期，現情，世紀，日人，マス89

**佐善修蔵** さぜんしゅうぞう
→佐善元立（さぜんもとたつ）

**佐善元立** さぜんもとたつ
文政11（1828）年〜明治19（1886）年 ㊙佐善修蔵《さぜんしゅうぞう》
江戸時代末期〜明治期の武士、儒者。
¶維新（佐善修蔵　さぜんしゅうぞう），人名，鳥取百，日人，藩臣5

**佐々布遠** さそうとおし
安政1（1854）年12月22日〜昭和6（1931）年9月19日
明治〜昭和期の教育者。
¶熊本百

**さ多** さた★
1823年〜
江戸時代後期の女性。教育。山下粂蔵の妻。
¶江表（さ多（東京都））　㊤文政6（1823）年頃）

**佐多** さた★
1833年〜
江戸時代後期の女性。教育。松本氏。
¶江表（佐多（東京都））　㊤天保4（1833）年頃）

**さだ**
文化1（1804）年〜明治6（1873）年
江戸時代後期〜明治時代の女性。教育。赤須村下平の建築家宮沢清次郎の妻。
¶江表（さだ（長野県））

**定** さだ★
1803年〜
江戸時代後期の女性。教育。斎藤永明の妻。
¶江表（定（東京都））　㊤享和3（1803）年頃）

**定家陽子** さだいえようこ
昭和46（1971）年7月20日〜
昭和〜平成期の教師。
¶視覚

**定形善次郎** さだかたぜんじろう
大正3（1914）年〜昭和48（1973）年
昭和期の教育者。
¶群馬人

**定金恒次** さだかねつねじ
昭和6（1931）年〜
昭和期の教師、国語教育・読書指導専門家。
¶現執1期

**佐竹延長** さたけえんちょう
→佐竹延長（さたけのぶなが）

**佐竹音次郎** さたけおとじろう
元治1（1864）年〜昭和15（1940）年8月16日
明治〜昭和期の教育者、医師。未婚の母なども引き取り、母子一体の保護を行った。
¶朝日（㊤元治1年5月10日（1864年6月13日）），神奈川人，高知人，高知先，世紀，㊤元治1

（1864）年5月10日），先駆（㊤元治1（1864）年5月10日）　㊥昭和15（1946）年8月16日），日人

**佐竹延長** さたけのぶなが
弘化4（1847）年〜大正5（1916）年 ㊙佐竹延長《さたけえんちょう》
明治〜大正期の国学者。江戸で学を成し郷里に開塾、子弟を養成。
¶人名（さたけえんちょう），世紀（㊥大正5（1916）年7月），日人

**佐竹義尚** さたけよしなお
嘉永1（1848）年〜明治42（1909）年10月15日
江戸時代末期〜明治時代の秋田藩角館城代。戊辰戦争で、角館攻撃を退却させる。郷学和義塾を開く。
¶幕末，幕末大（㊤嘉永1（1848）年11月17日）

**佐竹義和** さたけよしまさ
安永4（1775）年〜文化12（1815）年7月8日
江戸時代後期の大名。出羽秋田藩主。
¶秋田百，朝日（㊤安永4年1月1日（1775年1月31日）　㊥文化12年7月8日（1815年8月12日）），岩史（㊤安永4（1775）年1月1日），角史，近世，国史，国書（㊤安永4（1775）年1月1日），コン改，コン4，史人（㊤1775年1月1日），重要，諸系，新潮，人名，世人，全書，日史（㊤安永4（1775）年1月1日），日人，藩主1（㊤安永4（1775）年1月1日），百科，歴大

**佐武林蔵** さたけりんぞう
明治19（1886）年10月15日〜昭和43（1968）年3月11日
明治〜昭和期の実業家、教育者。財団法人教育美術振興会理事長。
¶世紀，日人

**貞子**(1) さだこ★
文政3（1820）年〜明治12（1879）年
江戸時代後期〜明治時代の女性。和歌・教育。佐々木氏の娘。
¶江表（貞子（秋田県））

**貞子**(2) さだこ★
江戸時代後期〜昭和期の女性。書・教育・和歌。伊勢亀山藩藩士渡辺杢平の娘。天保期〜昭和初期に生きた人とされる。
¶江表（貞子（滋賀県））

**座田維貞** さだこれさだ
→座田維貞（さいだこれさだ）

**佐田竹水** さだちくすい
寛政10（1798）年〜元治2（1865）年
江戸時代末期の儒学者。
¶国書（㊥元治2（1865）年3月2日），人名（㊤1800年〜1867年），日人

**佐田正之丞** さだまさのじょう
安政1（1854）年〜大正11（1922）年
明治〜大正期の教育者、政治家。第5代五所川原町長。
¶青森人

**定村青萍**　さだむらせいひょう
明治24（1891）年5月1日～？
大正期の童謡詩人、小学校教員。「教育上より見たる童謡の新研究」で著名。童謡の研究や振興に尽力。
¶児文，日児

**佐塚裕美**　さつかひろみ
生没年不詳
昭和～平成期の小学校教諭。全国国立大学付属連盟家庭科研究会理事。
¶児人

**佐々醒斎**　さっさせいさい
嘉永3（1850）年12月25日～大正10（1921）年
江戸時代後期～大正期の教育者。
¶三重続

**佐々関次郎**　さっさせきじろう
明治15（1882）年～昭和20（1945）年
明治～昭和期の教育者。
¶姓氏富山

**佐々友房**　さっさともふさ
安政1（1854）年1月23日～明治39（1906）年9月28日　[別]佐々友房《ささともふさ》
明治期の政治家、教育者。衆議院議員。西郷隆盛に従い、西南戦争に戦う。熊本国権党、国民協会、帝国党、大同倶楽部の中心メンバーとして活躍。済々黌を創立。
¶朝日（[生]安政1年1月23日（1854年2月20日）），学校，角史，近現，熊本人，熊本百，国史，コン改，コン5，詩歌，史人，重要（ささともふさ），神人（[生]嘉永6（1853）年），新潮，人名，世人，全書，日史，日人，幕末，百科，明治1，履歴，歴大

**佐々楽軒**　さっさらくけん
→佐々楽軒（ささらくけん）

**薩埵元雌**　さったげんし
元文3（1738）年～寛政8（1796）年
江戸時代中期の儒学者。
¶人名，姓氏京都，日人

**薩埵徳軒**　さったとくけん
安永7（1778）年1月17日～天保7（1836）年9月21日
江戸時代後期の心学者。
¶京都大，近世，国史，国書，コン改，コン4，コン5，新潮，人名，姓氏京都，世人，日人

**薩埵正邦**　さったまさくに
安政3（1856）年～明治30（1897）年
明治期の法学者、教育者。東京法学社を創立。東京法学校の主幹として経営と仏法学の教育に専念。
¶学校（[生]安政3（1856）年5月19日　[没]明治30（1897）年6月14日），近現，国史，日人

**サト**
江戸時代末期の女性。教育。黒川氏。慶応1年～明治7年女子を対象にした黒川塾を経営。
¶江表（サト（栃木県））

**里**　さと★
1840年～
江戸時代後期の女性。教育。上田正総の妹。
¶江表（里（東京都）　[生]天保11（1840）年頃）

**佐藤愛三郎**　さとうあいざぶろう
大正8（1919）年2月28日～
昭和期の教育者。
¶群馬人

**佐藤在寛**　さとうありひろ
明治9（1876）年8月17日～昭和31（1956）年10月9日
明治～昭和期の教育者。
¶徳島歴

**佐藤勇**　さとういさむ
明治42（1909）年～平成10（1998）年
昭和～平成期の教師。歌人。
¶青森人

**佐藤維周**　さとういしゅう
宝暦9（1759）年11月～文政9（1826）年5月24日
[別]佐藤維周《さとうこれちか》
江戸時代中期～後期の出羽矢島藩士、漢学者、教育者。
¶国書（さとうこれちか），藩臣1

**佐藤維四郎**　さとういしろう
明治41（1908）年10月14日～平成1（1989）年6月24日
昭和期の小学校教員。
¶社史

**佐藤一斎**（佐藤一斉）　さとういっさい
安永1（1772）年～安政6（1859）年9月24日　[別]佐藤捨蔵《さとうすてぞう》
江戸時代後期の儒学者、林家塾頭、昌平坂学問所教官。
¶朝日（[生]安永1年10月20日（1772年11月14日）　[没]安政6年9月24日（1859年10月19日）），維新，岩史（[生]明和9（1772）年10月20日），江人，江文，角史，岐阜百，教育，郷土岐阜，近世，考古，国史，国書（[生]明和9（1772）年10月21日），コン改，コン4，コン5，詩歌，詩作（[生]安永1（1772）年10月20日），史人（[生]1772年10月20日），思想史，重要（[生]安永1（1772）年10月21日），神史，人書79，人書94，人情3，新潮（[生]安永1（1772）年10月20日），人名，世人（[生]安永1（1772）年10月10日），世百，全書，全幕，大百，徳川臣，日思，日史（[生]安永1（1772）年10月20日），日人，幕末（[没]1859年10月19日），幕末大（[生]明和9（1772）年10月21日），藩臣3，飛騨（佐藤一斉　[生]安永1（1772）年10月20日），百科，平日，山川小（[生]1772年10月20日），歴大

**佐藤一清**　さとういっせい
→葛西一清（かさいいっせい）

**佐藤一艸**　さとういっそう
→佐藤瑞彦（さとうみずひこ）

**佐藤猪之助** さとういのすけ
明治10(1877)年3月3日～昭和40(1965)年
明治～昭和期の教育者。
¶札幌

**佐藤栄一** さとうえいいち
明治44(1911)年～平成4(1992)年
昭和～平成期の教育者。
¶姓氏岩手

**佐藤永弌** さとうえいいち
明治43(1910)年～昭和58(1983)年
昭和期の教育者。
¶北海道歴

**佐藤英一郎** さとうえいいちろう
昭和3(1928)年7月21日～昭和58(1983)年9月7日
昭和期の教育学者。専修大学教授。
¶現執2期

**佐藤栄太郎** さとうえいたろう
昭和3(1928)年1月25日～平成20(2008)年11月13日
昭和～平成期の教育家、彫刻家。佐藤栄学園理事長。
¶美建

**佐藤鉞巌** さとうえつがん
明治11(1878)年～昭和19(1944)年
明治～昭和期の教育者。
¶姓氏愛知

**佐藤応渠** さとうおうきょ
→佐藤元萇(さとうげんちょう)

**佐藤興文** さとうおきふみ
昭和7(1932)年～
昭和期の教育学者。国学院大学教授。
¶現執1期

**佐藤可庵** さとうかあん
文政3(1820)年～明治17(1884)年10月28日
江戸時代末期～明治時代の福山藩士。藩校誠之館教授。藩大属になり訴訟を担当。家で漢学、法律を教授。
¶幕末，幕末大

**佐藤解記** さとうかいき
→佐藤解記(さとうげき)

**佐藤嘉市** さとうかいち
明治10(1877)年～昭和34(1959)年
明治～昭和期の教育者。
¶姓氏長野，長野歴

**佐藤一男** さとうかずお
明治34(1901)年7月25日～昭和62(1987)年12月21日
大正～昭和期の学校創立者。金蘭会短期大学(後の金蘭短期大学)を創立。
¶学校

**佐藤量男** さとうかずお
明治30(1897)年9月14日～昭和49(1974)年7月21日
昭和期の小学校教員。
¶社史

**佐藤和夫** さとうかずお
昭和7(1932)年4月3日～
昭和～平成期の教師、日本軍事史・中世政治思想史研究者。
¶現執1期，現執4期

**佐藤一清** さとうかずきよ
→葛西一清(かさいいっせい)

**佐藤和子** さとうかずこ★
大正6(1917)年7月7日～平成21(2009)年3月
昭和・平成期の教育者。下都賀地区初の女性校長。
¶栃木人

**佐藤カツ** さとうかつ
明治25(1892)年2月2日～昭和44(1969)年8月23日
大正～昭和期の教育者。四国女子大学理事長。女性の自立のための職業教育を実践。
¶学校，女性，女性普，世紀，徳島百，徳島歴([生]明治35(1902)年2月2日)，日人

**佐藤一子** さとうかつこ
昭和19(1944)年8月19日～
昭和～平成期の社会教育学者。埼玉大学教授。
¶現執1期，現執2期，現執3期，現執4期

**佐藤勝也** さとうかつや
明治37(1904)年4月10日～昭和63(1988)年3月19日
大正～昭和期の弁護士、政治家。長崎県知事。
¶政治，徳島歴，長崎百

**佐藤亀吉** さとうかめきち
天保7(1836)年～明治32(1899)年
江戸時代後期～明治期の藩校養賢堂指南役。
¶姓氏宮城

**佐藤義一郎** さとうぎいちろう
天保2(1831)年～明治37(1904)年
江戸時代後期～明治期の武士、社会事業家。
¶日人，三重続

**佐藤伎具能** さとうきくの
慶応2(1866)年2月2日～昭和21(1946)年7月28日
江戸時代末期～昭和期の教育家。志信裁縫黌設立者、岡山高等女子職業学校校長。
¶岡山人，岡山歴，学校

**佐藤義江** さとうぎこう
明治25(1892)年～昭和14(1939)年
大正～昭和期の教育家・体育行政家。
¶宮城百

**佐藤恭平** さとうきょうへい
明治39(1906)年～
昭和期の教育家。
¶群馬人

**佐藤清臣** さとうきよおみ
天保4(1833)年4月16日〜明治43(1910)年3月17日
江戸時代末期〜明治期の国学者。三浦秀波と変名して志士活動。各地を巡回して古道学師を務める。
¶維新，岐阜百，近現，近世，国史，国書，神人，新潮，人名，姓氏愛知，日人，幕末

**佐藤金造** さとうきんぞう
明治12(1879)年2月17日〜昭和36(1961)年1月3日
明治〜昭和期の教育者・歌人。
¶岡山歴

さ

**佐藤邦光** さとうくにみつ
江戸時代末期〜明治期の教育者。
¶三重続

**佐藤熊治郎** さとうくまじろう
明治6(1873)年〜昭和23(1948)年
明治〜昭和期の教育者。広島高等師範学校教授・附属小学校主事。初等教育の発展に貢献。著書に「文化と教育上の諸問題」「教育学通論」など。
¶教育，姓氏長野，姓氏宮城，長野百，長野歴，宮城百

**佐藤敬之輔** さとうけいのすけ
文政6(1823)年〜明治25(1892)年
江戸時代後期〜明治期の教育者。
¶姓氏宮城

**佐藤解記** さとうげき
文化1(1814)年〜安政6(1859)年　[別]佐藤解記《さとうかいき》,佐藤雪山《さとうせつざん》
江戸時代末期の和算家。
¶朝日([没]安政6年6月19日(1859年7月18日))，国書([生]文化11(1814)年1月　[没]安政6(1859)年6月19日)，コン改，コン4，人書94(佐藤雪山　さとうせつざん)，人名(さとうかいき)，世人，日人(佐藤雪山　さとうせつざん)

**佐藤健一** さとうけんいち
昭和13(1938)年7月15日〜
昭和〜平成期の高校教師、和算研究家。
¶現執3期，現執4期

**佐藤源吉** さとうげんきち
文政12(1829)年〜大正3(1914)年
江戸時代末期〜大正期の教育者。
¶伊豆，静岡歴，姓氏静岡

**佐藤憲欽** さとうけんきん
*〜明治26(1893)年10月12日　[別]佐藤憲欽《さとうのりよし》
江戸時代末期〜明治期の教育者。育嬰塾を開き師弟の教育にあたる。著書に「続正日本外史」「辰巳事情」など。
¶人名(さとうのりよし　[生]1826年)，幕末([生]1835年)，藩臣1([生]文政8(1825)年)

**佐藤玄孝** さとうげんこう
文政6(1823)年〜明治33(1900)年5月16日
江戸時代末期〜明治時代の医師、村長。私塾を開設、儒学を講じ、自由民権説を唱導。
¶会津，幕末，幕末大

**佐藤憲士** さとうけんし
明治32(1899)年10月5日〜
明治・大正期の教育者。庁立釧路工業学校の初代校長。
¶北海道建

**佐藤賢次郎** さとうけんじろう
明治19(1886)年〜昭和36(1961)年
明治〜昭和期の教育者。
¶姓氏岩手

**佐藤元萇** さとうげんちょう
文政1(1818)年〜明治30(1897)年8月7日　[別]佐藤応渠《さとうおうきょ》
江戸時代末期〜明治期の医師。医学館教授。種痘法を研究、その術を広める。
¶会津([生]？)，国書(佐藤応渠　さとうおうきょ　[生]文政1(1818)年12月15日)，人名，日人，幕末，幕末大

**佐藤源八** さとうげんはち
明治6(1873)年〜昭和13(1938)年
明治〜昭和期の教師・郷土史家。
¶姓氏岩手

**佐藤孝一**(1) さとうこういち
大正7(1918)年〜昭和47(1972)年
昭和期の詩人、教育者。
¶青森人

**佐藤孝一**(2) さとうこういち
大正5(1916)年〜平成2(1990)年
昭和〜平成期の教育者。
¶姓氏岩手

**佐藤幸司** さとうこうじ
昭和37(1962)年11月〜
昭和〜平成期の小学校教師。専門は、道徳教育。
¶現執4期

**佐藤幸助** さとうこうすけ
生没年不詳
江戸時代中期の教育者。「静斎先生教諭録」の著者。
¶国書

**佐藤香雪** さとうこうせつ
文化9(1812)年2月〜明治23(1890)年2月15日
江戸時代後期〜明治期の儒学者・教育者。
¶徳島歴

**佐藤幸三** さとうこうぞう
明治22(1889)年3月11日〜昭和34(1959)年6月13日
明治〜昭和期の医師、教育者。宮城県医師会会長。
¶世紀，日人，宮城百

**佐藤高明** さとうこうめい
大正13(1924)年〜
昭和〜平成期の文部官僚、日本中世文学者。
¶現執1期，四国文

**佐藤小吉** さとうこきち
明治5(1872)年～昭和36(1961)年
明治～昭和期の教育家、日本婦人の研究家。
¶郷土奈良

**佐藤維周** さとうこれちか
→佐藤維周(さとういしゅう)

**佐藤サイ** さとうさい
生没年不詳
明治期の教諭。日本で初めてスキーを習った女性の一人。
¶先駆

**佐藤定治** さとうさだじ
嘉永5(1852)年～明治42(1909)年
江戸時代後期～明治期の教育者。
¶姓氏岩手

**佐藤貞寄** さとうさだより
明和8(1771)年～天保9(1838)年
江戸時代後期の近江彦根藩士。
¶国書([生]明和8(1771)年2月2日 [没]天保9(1838)年5月6日), 人名, 日人, 藩臣4

**佐藤早苗** さとうさなえ
昭和5(1930)年～
昭和～平成期の理科教育者、校長。、日本理化学協会理事。
¶児人

**佐藤三郎** さとうさぶろう
大正10(1921)年5月18日～
昭和～平成期の教育学者。流通科学大学教授。
¶現執1期, 現執2期, 現執3期, 現情

**佐藤佐平治** さとうさへいじ
正徳3(1713)年～文化6(1809)年
江戸時代中期～後期の篤行家。
¶人名, 日人

**佐藤佐兵衛** さとうさへえ
生没年不詳
江戸時代の教育者。
¶姓氏愛知

**佐藤重信** さとうしげのぶ
文政10(1827)年～明治36(1903)年4月
江戸時代後期～明治時代の数学者。会津若松の人。和算に通じて洋算を教授。
¶数学

**佐藤成充** さとうしげみつ
明暦3(1657)年～宝永5(1708)年 [別]佐藤復斎《さとうふくさい》
江戸時代中期の儒学者。仙台藩江戸藩邸で侍講となる。
¶江文(佐藤復斎 さとうふくさい), 人名, 姓氏宮城([生]1655年), 日人

**佐藤栄義** さとうしげよし
明治45(1912)年～昭和58(1983)年
昭和期の教育者。
¶鳥取百

**佐藤志津** さとうしず
→佐藤志津(さとうしづ)

**佐藤静子** さとうしずこ
嘉永4(1851)年～大正8(1919)年
明治～大正期の教育者。男爵佐藤進夫人。女子美術学校などを経営、婦女の訓育に従事。
¶人名

**佐藤志津** さとうしづ, さとうしず
嘉永4(1851)年～大正8(1919)年3月17日
明治～大正期の教育家。女子美術学校校長。気品ある美貌と才気は社交界の華。全私財を投じて経営に取り組む。
¶朝日([生]嘉永4年5月11日(1851年6月10日)), 郷土千葉, 近女, 女性(さとうしず [生]嘉永4(1851)年12月), 女性普(さとうしず [生]嘉永4(1851)年5月11日), 世紀([生]嘉永4(1851)年6月10日), 千葉百([没]大正8(1919)年3月), 日人

**佐藤重遠** さとうじゅうえん
明治20(1887)年12月～昭和39(1964)年1月5日
明治～昭和期の学校創立者。目白学園を創立。
¶学校, 政治

**佐藤章一** さとうしょういち
大正11(1922)年3月2日～平成4(1992)年8月19日
昭和～平成期の教育者。
¶岡山歴

**佐藤誠実** さとうじょうじつ
天保10(1839)年11月23日～明治41(1908)年3月11日 [別]佐藤誠実《さとうせいじつ, さとうのぶざね》
明治期の国学者。文部省、元老院等に出仕。「古事類苑」の編纂に関わり、完成させた。
¶朝日([生]天保10年11月23日(1839年12月28日)), 江文(さとうのぶざね), 教育, 近現(さとうのぶざね), 国史(さとうのぶざね), コン改, コン5(さとうのぶざね), 史研(さとうのぶざね), 史人(さとうのぶざね), 真宗, 神人, 新潮, 人名(さとうせいじつ), 世紀, 哲学(さとうせいじつ), 日人, 仏人([生]1840年)

**佐藤正四郎** さとうしょうしろう
大正4(1915)年～平成5(1993)年
昭和期の郷土史家。
¶郷土, 山形百新

**佐藤正二郎** さとうしょうじろう
大正2(1913)年5月1日～
昭和期の音楽教育者。広島大学教授。
¶音人2, 音人3, 現情

**佐藤昌介** さとうしょうすけ
安政3(1856)年11月14日～昭和14(1939)年6月5日
明治～昭和期の農政経済学者。東北帝国大学教授、北海道帝国大学総長。札幌農学校に勤務、大農論を説く。大学運営・教育に尽力、北大の父といわれる。
¶岩手人, 岩手百, 海越新([生]安政3(1856)年11月24日), 北墓, キリ([生]安政3年11月14日

(1856年12月11日)), 近現, 国史, コン改, コン5, 札幌, 史人, 新潮, 人名7, 世紀 ([生]安政3(1856)年11月24日), 姓氏岩手, 全書, 渡航([生]1856年11月24日), 日人, 北海道建, 北海道百, 北海道文, 北海道歴, 履歴, 歴大

**佐藤正三** さとうしょうぞう
大正3(1914)年〜昭和43(1968)年
昭和期の弘前市教育委員会の功労者。
¶青森人

さ

**佐藤四郎** さとうしろう
明治26(1893)年〜昭和53(1978)年
大正〜昭和期の教育者。
¶群馬人

**佐藤仁朗** さとうじろう
昭和6(1931)年7月28日〜
昭和期の高校教頭。都立北多摩高校教頭。
¶現執2期

**佐藤真** さとうしん
昭和37(1962)年〜
昭和〜平成期の教育学者。
¶現執4期

**佐藤信一** さとうしんいち
大正8(1919)年3月4日〜
昭和期の教育学者。東北福祉大学教授。
¶現執2期

**佐藤甚右衛門** さとうじんえもん
生没年不詳
江戸時代後期の心学者。
¶国書

**佐藤信淵** さとうしんえん
→佐藤信淵(さとうのぶひろ)

**佐藤新治郎** さとうしんじろう
明治17(1884)年12月28日〜昭和44(1969)年6月30日
明治〜昭和期の教育者。
¶群馬人

**佐藤末吉** さとうすえよし★
慶応3(1867)年2月26日〜昭和31(1956)年12月30日
明治〜昭和期の教育者。校長。早口村長。
¶秋田人2

**佐藤静一** さとうせいいち
昭和12(1937)年3月19日〜
昭和期の教育学者。熊本大学教授。
¶現執1期, 現執2期

**佐藤正行** さとうせいこう
文化14(1817)年〜明治16(1883)年　[別]佐藤正行《さとうまさゆき》
江戸時代末期〜明治期の和算家、陸奥津軽藩士。
¶人名, 数学(さとうまさゆき　[生]文化14(1817)年8月　[没]明治16(1883)年7月), 日人

**佐藤静斎** さとうせいさい
天明6(1786)年〜慶応2(1866)年
江戸時代後期の儒学者。
¶人名, 日人

**佐藤誠実** さとうせいじつ
→佐藤誠実(さとうじょうじつ)

**佐藤精明** さとうせいめい
弘化4(1847)年〜昭和12(1937)年
江戸時代末期〜昭和期の漢学者。小学校長。地誌編纂掛、福島師範助教諭兼舎監等つとめる。
¶幕末, 幕末大

**佐藤雪山** さとうせつざん
→佐藤解記(さとうげき)

**佐藤専一** さとうせんいち
?　〜
大正期の小学校教員。池袋児童の村小学校研究生。
¶社史

**佐藤善次郎**(1)(佐藤善治郎)　さとうぜんじろう
明治3(1870)年〜昭和32(1957)年
明治〜昭和期の女子教育家。横浜実科女学校(後の神奈川学園)を創設。
¶学校(佐藤善治郎), 神奈川人, 姓氏神奈川

**佐藤善次郎**(2)　さとうぜんじろう
明治27(1894)年〜昭和28(1953)年
大正〜昭和期の政治家。青森県立高校誘致に尽力。
¶青森人

**佐藤荘作** さとうそうさく
弘化4(1847)年8月9日〜大正8(1919)年4月2日
明治・大正期の教育者。寺小屋、小野郷学の助教、向明学校訓導、尚絅塾の塾主。
¶町田歴

**佐藤宗次** さとうそうじ
明治17(1884)年4月11日〜?
明治〜大正期の教育者。
¶群馬人

**佐藤泰然** さとうたいぜん
文化1(1804)年〜明治5(1872)年4月10日
江戸時代末期〜明治期の外科医師。下総佐倉に移住し、わが国最初の私立病院佐倉順天堂を開設して医学教育と治療を行った。
¶朝日([没]明治5年4月10日(1872年5月16日)), 維新, 岩史, 江人, 江文, 科学, 学校, 神奈川人, 眼科, 眼科, 近医, 近現, 近世, 国際, 国史, 国書, コン改, コン4, コン5, 史人, 思想史, 庄内([没]明治5(1872)年4月), 新潮, 人名, 世百, 全書, 対外, 大百, 千葉百追, 千葉房総, 長崎遊, 日史, 日人, 幕末, 幕末大, 藩臣3, 百科, 山形百, 山川小, 洋学, 歴大

**佐藤泰平** さとうたいへい
昭和11(1936)年2月9日〜
昭和〜平成期の合唱指揮者、音楽教育家(幼児教育)。
¶音人2, 音人3

**佐藤隆博** さとうたかひろ
昭和15(1940)年4月19日～
昭和～平成期の教育情報工学者。日本電気工業技術短期大学校校長、日本電気総合経営研修所取締役。
¶現執3期, 現執4期

**佐藤高山** さとうたかやま
安政6(1859)年～昭和5(1930)年
明治～昭和期の教育者。
¶会津

**佐藤正夫** さとうただお
明治44(1911)年～
昭和期の教育方法学者。広島大学教授。
¶現執1期

**佐藤達次郎** さとうたつじろう
明治1(1868)年11月7日～昭和34(1959)年7月20日
大正～昭和期の外科医学者、教育者。東京医学専門学校初代校長。順天堂医学専門学校理事長などを歴任。
¶科学, 近医, 現情, 人名7, 世紀, 渡航, 日人, 福井百

**佐藤夕子**(佐藤タネ) さとうたね
明治8(1875)年3月7日～昭和28(1953)年11月22日
明治～昭和期の教育者。高崎技芸高等学校理事長。私立裁縫学院を創立、学校は発展し学校法人高崎技芸高等学校と改称。
¶学校, 近女, 群馬人, 女性(佐藤タネ), 女性普(佐藤タネ), 世紀, 姓氏群馬, 日人

**佐藤千重子** さとうちえこ
明治40(1907)年～昭和56(1981)年5月
昭和期の教育者。若草保育園園長。日中友好運動に参加したほか、自宅に若草文庫を開設し蔵書を公開。
¶静岡女, 静岡歴, 社史(㋐1907年6月5日 ㋑1981年5月14日), 女性, 女性普, 姓氏静岡

**佐藤親雄** さとうちかお
大正6(1917)年6月8日～
昭和期の教育学者。筑波大学教授。
¶現執2期

**佐藤忠三郎** さとうちゅうざぶろう
明治42(1909)年12月5日～
昭和期の小学校教員。
¶社史

**佐藤忠蔵** さとうちゅうぞう
文政11(1828)年～明治35(1902)年
明治期の教育者。
¶神奈川人

**佐藤貞吉** さとうていきち
天保3(1832)年～明治35(1902)年
江戸時代後期～明治期の芋沢小学校世話掛。
¶姓氏宮城

**佐藤禎介** さとうていすけ
昭和14(1929)年4月15日～
昭和～平成期の音楽教育者、合唱指揮者、ピアニスト。
¶音人2, 音人3

**佐藤錠太郎** さとうていたろう
明治8(1875)年～昭和35(1960)年
明治～昭和期の教育者・郷土史家。
¶郷土, 群新百, 群馬人, 群馬百

**佐藤哲**(1) さとうてつ
明治3(1870)年8月16日～昭和17(1942)年5月18日
明治～昭和期の教師。
¶神奈女2

**佐藤哲**(2) さとうてつ
明治30(1897)年～昭和52(1977)年
大正～昭和期の教育者。
¶群馬人

**佐藤鉄章** さとうてつしょう, さとうてっしょう
大正3(1914)年1月9日～平成2(1990)年3月20日
昭和期の小説家。教員。「文芸首都」創刊時からの会員。戦後「若い魂」などで中央文壇に地位を占めた。
¶近文, 現情(さとうてっしょう), 小説(さとうてっしょう), 世紀

**佐藤伝四郎** さとうでんしろう
天保12(1841)年～明治21(1888)年
明治期の政治家、教育者。
¶姓氏宮城

**佐藤智紀子** さとうときこ
昭和28(1953)年8月17日～
昭和～平成期の教育者。
¶視覚

**佐藤時彦** さとうときよし
弘化1(1844)年8月7日～明治41(1908)年　㊙濱北、泰三郎、又兵衛
明治期の教育家。志津川小学校校長。
¶社史(㋑1907年1月7日), 姓氏宮城, 宮城百

**佐藤トク** さとうとく
明治23(1890)年11月17日～昭和41(1966)年1月日
大正～昭和期の幼児教育者。
¶岩手人, 姓氏岩手

**佐藤徳五郎** さとうとくごろう★
文政8(1825)年7月5日～明治31(1898)年12月5日
江戸時代末期・明治期の私塾開設。儒学を教授。
¶秋田人2

**佐藤徳四郎** さとうとくしろう
明治17(1884)年～昭和23(1948)年
明治～昭和期の教育者。岩手県立千厩蚕業学校教師、工兵中尉、小梨村長。
¶姓氏岩手

**佐藤徳助**　さとうとくすけ
明治3(1870)年4月7日～大正4(1915)年7月13日
明治～大正期の学校創立者、政治家。原町(福島県)町長。原町実業補習学校(後の相馬農業高等学校)を設立。
¶学校

**佐藤主殿**　さとうとのも
明治19(1886)年～昭和52(1977)年
明治～昭和期の教育者。
¶大分歴

**佐藤富三郎**　さとうとみさぶろう
明治15(1882)年3月18日～昭和44(1969)年1月11日
明治～昭和期の教育者、地方政治家、文筆家。
¶岡山歴

**佐藤寅太郎**　さとうとらたろう
慶応2(1866)年～昭和18(1943)年
明治～昭和期の教育者、政治家。衆議院議員。
¶郷土長野，世紀([生]慶応2(1867)年12月5日 [没]昭和18(1943)年9月21日)，姓氏長野，長野百，長野歴，日人([生]1867年)

**佐藤伸雄**　さとうのぶお
昭和5(1930)年5月14日～
昭和～平成期の著述家。歴史教育者協議会副委員長。
¶現執1期，現執2期，現執4期

**佐藤暢男**　さとうのぶお
昭和13(1938)年～
昭和期の教育・地域社会学者。
¶現執1期

**佐藤誠実**　さとうのぶざね
→佐藤誠実(さとうじょうじつ)

**佐藤信淵**　さとうのぶひろ
明和6(1769)年？　～嘉永3(1850)年1月6日
[別]佐藤信淵《さとうしんえん,さとうのぶひろ(しんえん)》，佐藤元海《さとうげんかい》
江戸時代中期～後期の経世家。著作に「農政本論」「経済要録」など。
¶秋田人2，秋田百(さとうしんえん　[生]明和9(1772)年)，朝日([没]嘉永3年1月6日(1850年2月17日))，岩史，江人，江戸東，角史，教育，郷土千葉，京都府，近世，国史，国書([生]明和6(1769)年6月15日)，コン改([生]明和6(1769)年,(異説)1767年)，コン4([生]明和6(1769)年,(異説)1767年)，コン5([生]明和6(1769年,1767)年)，埼玉人，埼玉百，史人，思想史，重要([生]明和6(1769)年6月15日？)，植物([生]明和6(1769)年6月15日　[没]嘉永3年1月6日(1850年2月17日))，神史，人書79([生]1769年,(異説)1767年)，人書94，人情，神人，新潮([生]明和6(1769)年6月15日)，人名，世人([生]明和6(1769)年6月15日)，世百([生]1767年)，全書，大百，千葉百，千葉房総，地理(さとうのぶひろ(しんえん))，伝記，徳島百([生]明和6(1769)年6月15日)，徳島歴([生]明和6(1769)年6月　[没]嘉永3(1850)年1月)，日思([生]明和6？(1769？)年)，日史，日人，百科，平日，北海道百，北海道歴，山川小，洋学(さとうしんえん)，歴大

**佐藤範雄**　さとうのりお
安政3(1856)年8月6日～昭和17(1942)年6月20日
明治～昭和期の宗教家・教育者。
¶岡山人，岡山百，岡山歴

**佐藤憲欽**　さとうのりよし
→佐藤憲欽(さとうけんきん)

**佐藤則義**　さとうのりよし
文政3(1820)年～明治29(1896)年
江戸時代末期～明治期の和算家、備後福山藩士。
¶人名，数学，日人

**佐藤梅軒**　さとうばいけん
文政8(1825)年～明治26(1893)年
江戸時代後期～明治期の亀田藩主侍講、家老、藩校・長善館学正。
¶秋田人2([没]明治26年10月12日)，秋田百，日人

**佐藤肇**　さとうはじめ
生没年不詳
江戸時代末期～明治期の教育者。
¶姓氏群馬

**佐藤八朗**　さとうはちろう
生没年不詳
昭和期の小学校教員。
¶社史

**佐藤春雄**　さとうはるお
明治21(1888)年～昭和18(1943)年
大正～昭和期の教育者。
¶姓氏岩手

**佐藤ハルヨ**　さとうはるよ
明治33(1900)年～昭和55(1980)年7月26日
大正～昭和期の女性。財団法人愛知母子福祉理事。名古屋市教育委員として市の教育行政に貢献。県青少年育成県民会議副議長などを歴任。
¶愛知女，埼玉人([生]明治33(1900)年2月21日)，女性，女性普，姓氏愛知

**佐藤秀夫**　さとうひでお
昭和9(1934)年3月31日～
昭和～平成期の日本教育史学者。日本大学教授。
¶現執1期，現執2期，現執3期

**佐藤広市**　さとうひろいち
明治44(1911)年～昭和54(1979)年
昭和期の音楽教育者。
¶福島百

**佐藤宏**　さとうひろし
明治40(1907)年8月16日～昭和55(1980)年5月25日
昭和期の医師。兵庫県肢体不自由児協会会長。専門はスポーツ医学。パラリンピック東京大会の開催に尽力した。
¶日人，兵庫百

**佐藤洋** さとうひろし
昭和33(1958)年～
昭和～平成期の中学校教諭、社会科研究家。
¶YA

**佐藤広治** さとうひろじ
明治18(1885)年～昭和23(1948)年
明治～昭和期の教育家。
¶宮城百

**佐藤広也** さとうひろや
昭和33(1958)年～
昭和～平成期の小学校教諭。
¶YA

**佐藤博之** さとうひろゆき
昭和8(1933)年5月～
昭和～平成期の中学校教師。小野町立浮金中学校教諭。
¶現執3期

**佐藤復斎**(1) さとうふくさい
→佐藤成充(さとうしげみつ)

**佐藤復斎**(2) さとうふくさい
寛延2(1749)年～寛政3(1791)年
江戸時代中期～後期の儒学者。越後新発田藩士。藩校(のちの道学堂)教授。
¶国書(㊼寛政3(1791)年8月3日)、新潟百(㊼1750年)、日人

**佐藤顕理** さとうへんり
安政6(1859)年～大正14(1925)年
明治～大正期の教育者、記者。東洋英和学校教授。教職を経て、東京日日新聞社に入社。その後国際通信社創立に参画。
¶世紀(㊼安政6(1859)年12月 ㊼大正14(1925)年6月22日)、日人、洋学

**佐藤飽斎** さとうほうさい
天明1(1781)年～文久2(1862)年
江戸時代後期の筑前福岡藩儒。
¶人名、日人

**佐藤牧山** さとうぼくさん, さとうぼくさん
享和1(1801)年～明治24(1891)年2月14日
江戸時代末期～明治期の儒学者。著書に「中庸講義」「周易叢説」など。
¶愛知百、維新、国書、詩歌、人名、姓氏愛知(㊼1802年)、日人、幕末、藩臣4(さとうぼくさん)、和俳

**佐藤穂三郎** さとうほさぶろう
明治3(1870)年3月13日～昭和16(1941)年3月
明治～昭和期の教育者。
¶群馬人

**佐藤正雄** さとうまさお
大正7(1918)年1月20日～昭和56(1981)年8月17日
昭和期の教育者・郷土史家。
¶岩手人、姓氏岩手

**佐藤政次郎** さとうまさじろう
明治9(1876)年～昭和31(1956)年
明治～昭和期の社会教育家。
¶北海道百、北海道歴

**佐藤昌之助** さとうまさのすけ
明治14(1881)年～昭和38(1963)年
明治～昭和期の教育者。
¶姓氏宮城

**佐藤昌之** さとうまさゆき
昭和6(1931)年10月28日～
昭和～平成期の音楽教育者(吹奏楽)。
¶音人

**佐藤正行** さとうまさゆき
→佐藤正行(さとうせいこう)

**佐藤正能** さとうまさよし
明治34(1901)年5月10日～昭和54(1979)年11月14日
大正～昭和期の教育者。
¶庄内

**佐藤学** さとうまなぶ
昭和26(1951)年5月30日～
昭和～平成期の学校教育学者。東京大学助教授。
¶現執3期、現執4期

**佐藤守** さとうまもる
大正14(1925)年5月22日～
昭和期の教育学者。秋田大学教授。
¶現執1期、現執2期

**佐藤万吉** さとうまんきち
明治18(1885)年～昭和26(1951)年
明治～昭和期の教育者。
¶姓氏神奈川

**佐藤瑞彦**(佐藤端彦) さとうみずひこ
明治26(1893)年12月18日～昭和56(1981)年9月4日 ㊼佐藤一岬《さとういっそう》
大正～昭和期の教育者。自由学園理事。
¶岩人(佐藤端彦)、岩手百、姓氏岩手(佐藤岬 さとういっそう)、姓氏岩手

**佐藤通雅** さとうみちまさ
昭和18(1943)年1月2日～
昭和～平成期の教師、文芸評論家。宮城広瀬高校教師。
¶岩歌、現執1期、現執2期、現執3期、現執4期、児作、児人、児文、世紀、短歌、日児

**佐藤実** さとうみのる
明治32(1899)年～昭和46(1971)年
大正～昭和期の教育者、サッカー選手。
¶神奈川人

**佐藤美和子** さとうみわこ
昭和29(1954)年～
昭和～平成期の小学校教員・クリスチャン。
¶平和

**佐藤一徳** さとうもとのり
明治42(1909)年12月6日～昭和61(1986)年7月7日
昭和期の教育者・宗教家。
¶岡山歴

**佐藤守男** さとうもりお
昭和5(1930)年7月19日～
昭和～平成期の教育評論家。福島県立いわき養護学校長。
¶現執3期

**佐藤安五郎** さとうやすごろう
明治17(1884)年～昭和46(1971)年
明治～昭和期の教育者。
¶神奈川人

**佐藤保太郎** さとうやすたろう
明治26(1893)年3月5日～昭和52(1977)年3月7日
大正～昭和期の地理・社会科教育研究者。東京教育大学教授。東京教育大学で最初に社会科教育を担当。
¶現情，人名7，世紀，日人

**佐藤裕二** さとうゆうじ
昭和2(1927)年1月1日～
昭和期の教育学者。秋田大学教授。
¶現執2期

**佐藤洋一** さとうよういち
昭和8(1933)年5月27日～
昭和～平成期の作曲家、教育者、ピアノ教育者。
¶音人2, 音人3

**佐藤義栓** さとうよしあき
明治39(1906)年～昭和62(1987)年
昭和期の教育者。
¶大分歴

**佐藤由乙** さとうよしえ
明治36(1903)年10月1日～昭和38(1963)年6月14日
昭和期の学校創設者。
¶埼玉人

**佐藤由子** さとうよしこ
明治38(1905)年～昭和58(1983)年
昭和期の教育者。ユカリ洋裁学院設立。
¶姓氏岩手

**佐藤立軒** さとうりっけん，さとうりつけん
文政5(1822)年～明治18(1885)年
江戸時代末期～明治期の儒学者。
¶江文（さとうりつけん），国書（㊥文政5(1822)年6月 ㊥明治18(1885)年6月18日），人名（㊤1823年），日人

**佐藤竜谷** さとうりゅうこく
寛延2(1749)年～文政10(1827)年
江戸時代後期の肥後熊本藩士。
¶国書（㊥文政10(1827)年11月11日），人名（㊤1753年），日人

**左藤了秀**（佐藤了秀） さとうりょうしゅう
明治1(1868)年～*
明治～昭和期の真宗大谷派僧侶。大谷学園創立者、大谷裁縫女学校設立者。
¶姓氏愛知（佐藤了秀 ㊥1946年），仏人（㊥1945年）

**佐藤麟太郎**(1) さとうりんたろう
天保10(1839)年～明治9(1876)年
江戸時代末期～明治期の官吏。
¶人名，渡航，日人

**佐藤麟太郎**(2) さとうりんたろう
明治32(1899)年7月29日～昭和62(1987)年
大正～昭和期の教育者。札幌市初代教育長。
¶札幌

**佐藤令子** さとうれいこ
昭和10(1935)年1月3日～
昭和期の教育学者。京都橘女子大学教授。
¶現執2期

**佐藤霊山** さとうれいざん
嘉永4(1851)年～昭和2(1927)年9月2日
江戸時代末期～昭和期の僧侶。学校給食の発案者。
¶庄内（㊥嘉永4(1851)年7月15日），食文（㊥嘉永4年7月15日(1851年8月11日)），山形百

**里子** さとこ★
江戸時代中期の女性。和歌。熊本藩士で医師田中省庵の娘。初め夫の元幹は浪人であったが、篤実温厚で学問が抜群であったことにより天明7年、儒学の教授として筑後久留米藩に抱えられた。
¶江表（里子（熊本県））

**里見義裕** さとみよしひろ
明治42(1909)年～平成2(1990)年
昭和～平成期の教育者、著述、書・画・写真家。
¶高知人

**佐鳥浦八郎** さとりうらはちろう
寛政4(1792)年～弘化2(1845)年
江戸時代後期の上野高崎藩士、剣道師範。
¶群馬人（㊥寛政3(1791)年 ㊥弘化2(1845)年2月15日），剣豪，人名（㊤?），日人，藩臣2

**佐中廉** さなかれん
文久2(1862)年～昭和13(1938)年
明治～昭和期の教育者。
¶鳥取百

**真川精太** さながわせいた
昭和期の教育者。
¶視覚

**真川淳** さながわただし
明治44(1911)年5月5日～昭和29(1954)年4月8日
昭和期の国文学者・国語教育研究者。
¶広島百

**真田三六** さなださんろく
明治9(1876)年～昭和36(1961)年
明治～昭和期の教育者。
¶鳥取百

**真田信夫** さなだのぶお
明治36（1903）年～昭和63（1988）年
昭和期の実業家。花之露酒造社長、新制霧島中学校設立委員長。
¶姓氏鹿児島

**真田幸清** さなだゆききよ
寛政12（1800）年～明治4（1871）年
江戸時代後期～明治期の私塾経営者。
¶姓氏宮城

**真田幸貫** さなだゆきつら
寛政3（1791）年9月2日～嘉永5（1852）年
江戸時代末期の大名。信濃松代藩主。
¶朝日（[生]寛政3年9月2日（1791年9月29日）[没]嘉永5年6月3日（1852年7月19日）），維新，岩史（[没]嘉永5（1852）年6月17日），角史，近世，国史，国書（[没]嘉永5（1852）年6月17日），コン改，コン4，史人（[没]1852年6月17日），諸系，新潮（[没]嘉永5（1852）年6月17日），人名，姓氏長野，世人（[没]嘉永5（1852）年5月17日），長野百，長野歴，日史（[没]嘉永5（1852）年6月17日），日人，藩主2（[没]嘉永5（1852）年6月8日），三重続，歴大

**真田幸憲** さなだゆきのり
明治8（1875）年1月～？
明治～大正期の教育者。
¶渡航

**サニマ**
生没年不詳
江戸時代中期の船乗り。1710年漂流しロシアに渡る。ロシア最初の日本語○教師伝兵衛の助手。
¶海越，海越新，日人

**讃岐和家** さぬきかずいえ
大正15（1926）年7月6日～
昭和～平成期の教育哲学者。金城学院大学学長。
¶現執1期，現執2期，現執3期

**佐貫浩** さぬきひろし
昭和21（1946）年10月2日～
昭和～平成期の教育行政学者。法政大学教授。
¶現執2期，現執3期，現執4期

**実川定賢** さねかわさだかた
→実川定賢（さねかわていけん）

**実川定賢** さねかわていけん
安永6（1777）年～天保6（1835）年 [別]実川定賢《さねかわさだかた》
江戸時代後期の算家。
¶国書（さねかわさだかた [没]天保6（1835）年10月8日），人名，日人（さねかわさだかた）

**実吉益美** さねよしますみ
安政4（1857）年～昭和7（1932）年12月26日
江戸時代末期～昭和期の教育者。東京高等女学校（後の東京女子学園）の設立に関わる。
¶学校

**佐野楽哉** さのがくさい
弘化2（1845）年2月2日～昭和3（1928）年
江戸時代後期～昭和期の教育者。
¶三重

**佐野鼎** さのかなえ
天保2（1831）年～明治10（1877）年
江戸時代末期～明治期の加賀藩士、教育者。加賀藩軍艦所奉行補佐を経て、維新後は共立学校を創立。卒業生に島崎藤村ら。
¶石川百（[生]1829年），海越（[没]？），海越新（[生]文政12（1829）年11月 [没]明治10（1877）年10月22日），江文（[生]文政12（1829）年），学校（[生]文政11（1828）年），国書（[没]明治10（1877）年10月24日），静岡歴，姓氏石川（[生]？），姓氏静岡，日人，幕末，幕末大（[生]文政12（1829）年 [没]明治10（1877）年10月22日），藩臣3，ふる，洋学（[生]文政12（1829）年）

**佐野川泰彦** さのかわやすひこ
慶応1（1865）年～明治40（1907）年
明治期の教育家。東京宏文学院教授となり清国留学生を指導。
¶人名

**佐野きく枝** さのきくえ
明治40（1907）年～
昭和期の私立学校経営者。
¶郷土福井

**佐野琴壑** さのきんえい
？ ～文化8（1811）年1月14日 [別]佐野琴壑《さのきんがく》
江戸時代後期の備中岡田藩士、儒学者。
¶岡山人，岡山歴（さのきんがく），国書（さのきんがく），人名（さのきんがく），日人（さのきんがく），藩臣6

**佐野琴壑** さのきんがく
→佐野琴壑（さのきんえい）

**佐野金作** さのきんさく
明治43（1910）年5月15日～
昭和期の教育者。
¶群馬人

**佐野琴嶺** さのきんれい
？ ～万延2（1861）年2月13日
江戸時代末期の備中岡田藩士、儒学者。
¶岡山人，岡山歴，国書，人名，日人，藩臣6

**佐野五郎** さのごろう
明治39（1906）年6月10日～昭和37（1962）年11月3日
昭和期の小学校教員。
¶社史

**佐野善作** さのぜんさく
明治6（1873）年8月29日～昭和27（1952）年5月1日
明治～昭和期の商学者、金融学者。東京商科大学学長。大学の東京国立への移転に尽力。著書に「銀行論」「取引所投機論」など。
¶コン改，コン5，人名7，世紀，多摩，渡航，日人，履歴，履歴2

さ

**佐野常民** さのつねたみ
文政5(1822)年12月28日～明治35(1902)年12月7日
江戸時代末期～明治期の佐賀藩士、政治家。伯爵、初代日本赤十字社社長、農商務相。わが国最初の蒸気船と蒸気車の模型を制作、のち凌風丸を作った。新政府では海軍を創設。
¶朝日([生]文政5年12月28日(1823年2月8日)), 維新, 岩史, 海越([生]文政5(1823)年12月28日), 海越新([生]文政5(1823)年12月28日), 科学, 角史, 教育, 近医([生]文政5(1823)年), 近現, 近世, 国際, 国史, コン改, コン4, コン5, 佐賀百, 史人, 重要, 新潮, 人名, 姓氏京都, 世人, 世百([生]1823年), 先駆([生]文政5(1823)年12月28日 [没]明治35(1902)年12月8日), 全書, 全幕, 大百, 渡航, 長崎百, 長崎遊, 日史, 日人([生]1823年), 日本, 幕末([生]1823年2月8日), 幕末大([生]文政5(1823)年12月28日), 百科, 平日, 明治1([生]1823年), 山川小, 洋学, 履歴, 歴大

**佐野友次郎** さのともじろう
明治14(1881)年～昭和33(1958)年
明治～昭和期の教育者、地方自治功労者。
¶高知人

**佐野友彦** さのともひこ
大正14(1925)年9月21日～
昭和期の学校図書館研究者。
¶日児

**佐野文一郎** さのぶんいちろう
大正14(1925)年～
昭和～平成期の文部官僚。
¶現執1期

**佐野通正** さのみちまさ
弘化4(1847)年12月25日～大正5(1916)年1月
江戸時代末期～大正期の私塾経営者。
¶山梨百

**佐野靖** さのやすし
昭和32(1957)年3月11日～
昭和～平成期の音楽教育者。
¶音人3

**佐野芳史** さのよしふみ
昭和39(1964)年～
昭和～平成期の高校講師。
¶YA

**佐原盛純** さはらもりずみ
→佐原蘇楳(さわらそばい)

**佐份利隆** さぶりたかし
安政5(1858)年1月1日～昭和10(1935)年2月16日
明治～昭和期の教育者、岡山中学校第5代校長、日本紡績技師長。
¶岡山歴

**佐保子** さほこ★
江戸時代末期の女性。和歌。小城藩主鍋島加賀守直英の娘。安政4年序、佐賀藩の藩校弘道館教授で歌人今泉守蟹編「樟葉百歌撰」に載る。
¶江表(佐保子(佐賀県))

**左巻恵美子** さまきえみこ
昭和24(1949)年～
昭和～平成期の高校教諭。
¶YA

**左巻健男** さまきたけお
昭和24(1949)年1月17日～
昭和～平成期の中学校教師。東京大学教育部付属高校・中学教師。
¶現執3期, 現執4期, 児人, 世紀, YA

**座間止水** ざましすい
明治15(1882)年7月23日～昭和25(1950)年9月
明治～昭和期の小学校教員、新聞記者、編集者。「帝国青年」編集長、修養団編集部長。
¶社史

**座間真二郎** ざましんじろう
明治1(1868)年～昭和16(1941)年
明治～大正期の教育者。
¶神奈川人

**佐間田源右衛門** さまだげんうえもん
享和3(1803)年～明治14(1881)年
江戸時代後期～明治期の芳賀郡上延生村の私塾経営者。
¶栃木歴

**座間味盛保** ざまみせいほ
? ～
昭和期の小学校教員。沖縄教育労働者組合メンバー。
¶社史

**寒川辰清** さむかわたつきよ
元禄10(1697)年～元文4(1739)年 [別]寒川辰清《さむかわときよ》
江戸時代中期の近江膳所藩士、儒学者。
¶郷土滋賀, 国書(さむかわときよ [生]元禄10(1697)年11月7日 [没]元文4(1739)年6月24日), 滋賀百, 人名(さむかわときよ), 日人, 藩臣4

**寒川辰清** さむかわときよ
→寒川辰清(さむかわたつきよ)

**佐村嘉一郎** さむらかいちろう
明治13(1880)年11月13日～昭和39(1964)年11月6日
明治～昭和期の柔道家。柔道10段。
¶神奈川人, 熊本百, 現情, 人名7, 世紀, 体育, 日人

**佐村八郎** さむらはちろう
慶応1(1865)年～大正3(1914)年3月10日
明治期の歴史研究家。中学校教員。書誌学を研究。
¶史研, 姓氏山口, 山口百

**鮫島晋** さめじましん
→鮫島晋(さめじますすむ)

鮫島晋 さめじますすむ
嘉永5(1852)年～大正6(1917)年12月9日　⑱鮫島晋《さめじましん》
明治期の教育者。小諸義塾の教師。東京物理学講習所(後の東京理科大学)創設者の一人。共立女子職業学校(後の共立女子学園)創設発起人にも名を連ねた。
¶学校(さめじましん)，長野歴(生没年不詳)

鮫島文男 さめしまふみお
大正7(1918)年～昭和52(1977)年
昭和期の文部官僚、鹿児島県教育長。
¶姓氏鹿児島

鮫島宗美 さめしまむねよし
明治44(1911)年～昭和55(1980)年
昭和期の高校教師。歌人。
¶姓氏鹿児島

佐元光子 さもとみつこ
昭和9(1934)年5月24日～
昭和～平成期の高校教師。鷺宮高校教師。
¶現執3期

佐守信男 さもりのぶお
大正5(1916)年～
昭和期の教育衛生学者。神戸大学教授。
¶現執1期

斎院敬和 さやけいわ
～明治17(1884)年
明治期の文化教育功労者。
¶愛媛

佐山サダ さやまさだ
明治26(1893)年3月23日～昭和49(1974)年5月15日
明治～昭和期の教育者。佐野裁縫女学校創立者・校長。
¶学校, 世紀, 栃木歴, 日人

佐山左右治 さやまそうじ
明治14(1881)年8月20日～昭和42(1967)年4月17日
明治～昭和期の教育者。
¶世紀, 栃木歴, 日人

小百合葉子 さゆりようこ
明治34(1901)年9月25日～昭和61(1986)年1月13日
昭和期の児童演劇指導者。浜松市に劇団たんぽぽを創設、以後児童劇一筋に生きる。
¶児人, 静岡歴, 女性, 女性普, 新芸, 世紀, 姓氏静岡, 日人

皿海達哉(皿海裁哉) さらがいたつや
昭和17(1942)年2月25日～
昭和～平成期の児童文学作家。高校教師のかたわら、文筆活動をする。著書に「にせまつり」「海のメダカ」など。
¶大阪現, 現朝(皿海裁哉), 児作, 児人, 児文, 小説, 世紀, 日児, 日人

猿木宗那 さるきそうな
嘉永2(1849)年4月3日～大正1(1912)年10月5日
⑱猿木宗那《さるきむねやす》
江戸時代末期～明治期の水泳家。水泳教師を務め、遊泳術範士の称号をうけた。
¶熊本人, 熊本百, 人名(さるきむねやす), 世紀, 日人

猿木宗那 さるきむねやす
→猿木宗那(さるきそうな)

申田玄道 さるだげんどう
天保6(1835)年～明治30(1897)年
江戸時代後期～明治期の教育者。
¶高知人

猿田文紀 さるたふみのり
明治26(1893)年～昭和53(1978)年4月22日
明治～昭和期の郷土史家。
¶郷土, 長野歴

猿山英 さるやまえい★
明治38(1905)年10月25日～昭和56(1981)年9月20日
大正・昭和期の教育者。公立学校長。
¶栃木人

佐良土朝教 さろうどとものり★
慶応3(1867)年6月26日～昭和4(1929)年10月27日
明治～昭和期の校長。
¶秋田人2

沢井兵次郎 さわいひょうじろう
慶応2(1866)年～昭和25(1950)年
江戸時代末期～昭和期の教育家。旭川大学高校創立者。
¶学校, 北海道百, 北海道歴

沢井水之助 さわいみずのすけ
天明3(1783)年～嘉永3(1850)年1月15日
江戸時代中期～後期の剣術家。流名不詳。
¶剣豪, 庄内

佐和華谷 さわかこく
＊～天保2(1831)年
江戸時代中期～後期の石見浜田藩士、儒学者。
¶島根人(㊤宝暦9(1759)年), 島根百(㊤宝暦9(1759)年), 島根歴(㊤宝延2(1749)年), 人名(㊤1749年), 日人(㊤1749年), 藩臣5(㊤宝暦9(1759)年)

佐和九華 さわきゅうか
寛政1(1789)年～明治8(1875)年
江戸時代後期～明治期の僧、教育者。
¶島根歴

沢口蔦五郎 さわぐちつたごろう
慶応3(1867)年～昭和14(1939)年
明治～昭和期の教育者、政治家。新治村長。
¶姓氏群馬

沢崎梅子 さわさきうめこ、さわざきうめこ
明治19(1886)年3月29日～昭和52(1977)年2月

21日
昭和期の料理研究家。経済面を考えた料理の普及につとめた。著書に「家庭経済料理」など。
¶現情，女性（さわざきうめこ），女性普（さわざきうめこ），人名7（さわざきうめこ），世紀，日人

**沢崎真彦** さわさきまさひこ
昭和19（1944）年7月15日～
昭和～平成期の音楽教育者。
¶音人2，音人3



**沢住辰蔵** さわずみたつぞう
明治28（1895）年～昭和48（1973）年
大正～昭和期のスポーツ団体役員、教育者。
¶鳥取百

**沢田章子** さわだあきこ
昭和17（1942）年～
昭和期の高校教師、日本現代文学者。
¶現執1期

**沢田栄一** さわだえいいち
大正10（1921）年～平成5（1993）年
昭和～平成期の英語学校経営者。
¶青森人

**沢田一亀** さわだかずき
明治9（1876）年～昭和30（1955）年
明治～昭和期の教育者。
¶高知人

**沢田亀** さわだかめ
文久3（1863）年～昭和23（1948）年
江戸時代末期～昭和期の女子教育家。済美学園創設者。
¶愛媛，愛媛百（[生]文久3（1863）年2月5日　[没]昭和23（1948）年3月26日），学校（[没]昭和22（1947）年3月26日）

**沢田きち** さわだきち
生没年不詳
江戸時代中期の女性。教育者。「女今川」を著した。
¶国書，女性，人名，日人

**沢田慶治** さわだけいじ
明治34（1901）年5月12日～昭和52（1977）年3月
昭和期の教育者。英語の点字教科書を作成。
¶視覚

**沢田慶輔** さわだけいすけ
明治42（1909）年2月18日～平成7（1995）年2月1日
昭和期の教育心理者。東京大学教授。学生相談や生徒指導についての心理学的研究の発展と普及に尽力。
¶現朝，現執1期，現執2期，現情，心理，世紀，日人

**沢田直温** さわだじきおん
→沢田直温（さわだなおはる）

**沢田秀一** さわだしゅういち
大正15（1926）年1月24日～
昭和期の教育心理学者。静岡大学教授。
¶現執1期，現執2期

**沢田泉山** さわだせんざん
文政6（1823）年11月15日～明治43（1910）年12月29日
江戸時代末期の寺子屋師匠。
¶埼玉人，埼玉百

**沢田他人** さわだたにん
元治1（1864）年～昭和19（1944）年
明治～昭和期の教育者。
¶姓氏岩手

**沢田多郎** さわだたろう
大正12（1923）年8月14日～平成5（1993）年2月10日
昭和・平成期の金山町教育長。
¶飛騨

**沢田直温** さわだちょくおん
→沢田直温（さわだなおはる）

**沢田利夫(1)** さわだとしお
昭和7（1932）年6月4日～
昭和～平成期の経営学者、産業教育者。富山大学教授。
¶現執2期，現執3期

**沢田利夫(2)** さわだとしお
昭和10（1935）年12月19日～
昭和～平成期の数学教育研究者。国立教育研究所科学教育研究センター長。
¶現執2期，現執3期

**沢田直温** さわだなおはる
天保5（1834）年～明治29（1896）年2月8日　[別]沢田直温《さわだじきおん，さわだちょくおん》
江戸時代末期～明治期の測量家。幕府軍艦教授所で航海術・測量術を学ぶ。のち明治政府の太政官御用掛などを歴任。
¶石川百，国書（[生]天保5（1834）年1月），人名（さわだちょくおん），姓氏石川，日人，幕末（[生]1834年2月），幕末大（[生]天保5（1834）年1月），洋学（さわだじきおん）

**沢田名垂** さわだなたり
安永4（1775）年～弘化2（1845）年4月30日　[別]沢田名垂《さわだなたれ》
江戸時代後期の国学者、歌人、陸奥会津藩士。
¶会津，朝日（[生]安永4（1775）年4月　[没]弘化2年4月30日（1845年6月4日）），近世，考古（[没]弘化2年（1845年4月3日）），国史，国書，コン改，コン4，史人（[生]1775年4月），神人，新潮，人名，世人，日人，藩臣2（さわだなたれ），福島百，平史，和俳

**沢田名垂** さわだなたれ
→沢田名垂（さわだなたり）

**沢田眉山** さわだびざん
寛政10（1798）年～嘉永6（1853）年
江戸時代後期の儒学者、書家。
¶国書（[没]嘉永6（1853）年10月12日），日人

沢田文明　さわだふみあき
　→望月宗明（もちづきむねあき）

沢田文次　さわだぶんじ
　明治40（1907）年10月15日～平成6（1994）年5月14日
　昭和・平成期の教育者。学校長。
　¶飛騨

沢田勝昭　さわだまさあき
　昭和24（1949）年9月30日～
　昭和期の教育者。
　¶視覚

沢田正好　さわだまさよし
　明治27（1894）年4月20日～昭和40（1965）年12月4日
　大正～昭和期の鍼灸師。私立足利盲学校校長。
　¶視覚, 栃木歴

沢田真弓　さわだまゆみ
　昭和34（1959）年1月18日～
　昭和～平成期の教育者。
　¶視覚

沢田胸作　さわだむねさく
　慶応2（1866）年～？
　江戸時代末期～明治期の教育者。
　¶姓氏神奈川

沢田頼徳　さわだよりのり
　＊～明治29（1896）年
　明治期の国学者。武蔵入間郡藤沢村熊野神社、石上神社などの祠官を務めた。
　¶人名（㊅1827年）, 日人（㊅1823年）

沢田理絵　さわだりえ
　昭和49（1974）年4月17日～
　昭和～平成期の声楽家（ソプラノ）、教師。
　¶視覚

沢野永太郎　さわのえいたろう
　明治3（1870）年～昭和20（1945）年
　明治～昭和期の教育者・郷土史家。
　¶神奈川人, 姓氏神奈川

沢野含斎　さわのがんさい
　文政11（1828）年～明治36（1903）年　㊅沢野修輔
　《さわのしゅうすけ》
　江戸時代末期～明治期の松江藩士、教師。師範学校教師。家塾墾塾を開き秀逸を生む。
　¶島根人（沢野修輔　さわのしゅうすけ）, 島根歴（沢野修輔　さわのしゅうすけ）, 人名, 日人, 幕末（沢野修輔　さわのしゅうすけ）

沢野修輔　さわのしゅうすけ
　→沢野含斎（さわのがんさい）

沢野忠基　さわのただもと
　万延1（1860）年～？
　明治～昭和期の教育者。学校創立者。東京物理学講習所（後の東京理科大学）の設立に関わる。
　¶学校

沢畑頼母　さわはたたのも
　天保10（1839）年～明治27（1894）年11月30日
　江戸時代末期～明治時代の兵学者。開成所教授。秋田藩藩校の著書に「日本語軌範」。
　¶幕末, 幕末大（㊅天保10（1839）年1月20日）, 洋学

沢辺正修　さわべせいしゅう
　安政3（1856）年1月10日～明治19（1886）年6月19日
　明治期の自由民権家。京都府議会議員。天橋義塾社長として自由民権説を鼓吹。立憲政党幹事。
　¶京都府, 近現, 国史, コン改, コン5, 社史, 新潮, 日人

沢辺談右衛門　さわべだんえもん
　明和1（1764）年～嘉永5（1852）年　㊅沢辺北溟《さわべほくめい》, 沢辺北溟《さわべほくめい》
　江戸時代中期～後期の宮津藩城代格。
　¶維新, 国書（沢辺北溟　さわべほくめい　㊅嘉永5（1852）年3月14日）, 人名（沢辺北溟　さわべほくめい）, 日人（沢辺北溟　さわべほくめい）, 幕末

沢辺寿一　さわべとしかず
　大正14（1925）年～
　昭和～平成期の小学校講師。
　¶YA

沢辺北冥（沢辺北溟）　さわべほくめい
　→沢辺談右衛門（さわべだんえもん）

沢柳政太郎　さわやなぎせいたろう
　→沢柳政太郎（さわやなぎまさたろう）

沢柳政太郎　さわやなぎまさたろう
　慶応1（1865）年4月23日～昭和2（1927）年12月24日　㊅沢柳政太郎《さわやなぎせいたろう》
　明治～大正期の教育家。東北帝国大学・京都帝国大学総長。沢柳事件を起こし辞職、成城小学校を創設。子供の自発活動を尊重する教育を実践した。
　¶岩史, 学校, 角史, 教育, 郷土群馬, 京都大, 郷土長野, 近現, 群新百, 群馬人, 群馬百, 現朝（㊅慶応1年4月23日（1865年5月17日））, 国史, コン改, コン5, 史人, 社史, 重要, 女史, 新潮, 人名, 心理, 世紀, 姓氏群馬, 姓氏長野, 世人, 世百, 全書, 体育（さわやなぎせいたろう）, 大百, 哲学, 渡航, 長野百, 長野歴, 日史, 日人, 日本, 百科, 仏人, 宮城百, 民学, 明治1, 履歴, 履歴2, 歴大

沢山繁次郎　さわやましげじろう
　明治5（1872）年～昭和24（1949）年
　明治～昭和期の教育者。
　¶姓氏岩手

沢山保羅　さわやまぽうろ, さわやまぽうろう
　嘉永5（1852）年～明治20（1887）年3月27日
　明治期の牧師、教育家。日本の教会自給論を発表。浪花公会、梅花女学校を創設。地方伝道に尽力。
　¶朝日（㊅嘉永5年3月22日（1852年5月10日））, 海越（㊅嘉永5（1852）年2月25日）, 海越新（㊅嘉永5（1852）年2月25日）, 大阪人（㊅明治

20(1887)年3月)、学校(㊤嘉永5(1852)年3月22日)、キリ(㊤嘉永5年3月22日(1852年5月10日))、近現、国史、コン改、コン5、史人(㊤1852年3月22日)、人名、姓氏山口(さわやまぼうろ)、世百、哲学、渡航、日史(㊤嘉永5(1852)年3月22日)、日人、百科、兵庫百(さわやまぼうろ)、山口百、歴大

## 沢熊山 さわゆうざん
安永8(1779)年~安政2(1855)年
江戸時代の伊予の儒者。
¶ 江文(㊤?)、国書(㊚安政2(1855)年7月15日)、人名、徳島百(㊚安政2(1855)年7月20日)、徳島歴(㊚安政2(1855)年7月20日)、日人

## 佐原純吉 さわらじゅんきち
江戸時代後期~明治時代の和算家。
¶ 数学

## 佐原蘇楳 さわらそばい
天保6(1835)年~明治41(1908)年12月4日　㊅佐原盛純《さはらもりずみ、さわらもりずみ》
江戸時代末期~明治期の教育者、儒学者。金子徳之助、杉原心斎、添川廉斎らに学ぶ。漢詩「白虎隊」の作者。
¶ 会津(佐原盛純 さわらもりずみ　㊤天保7(1836)年)、国書(佐原盛純 さわらもりずみ)、詩歌(佐原盛純 さはらもりずみ)、詩作(佐原盛純 さはらもりずみ)、新潮、人名、日人、幕末(佐原盛純 さわらもりずみ ㊤1836年)、幕末大(佐原盛純 さわらもりずみ ㊤天保7(1836)年)、和俳

## 佐原盛純 さわらもりずみ
→佐原蘇楳(さわらそばい)

## 沢両東四郎 さわりょうとうしろう
明治16(1883)年~昭和43(1968)年
明治~昭和期の教育者、地方行政者。
¶ 愛媛

## 山陰房丹猿 さんいんぼうたんえん
嘉永2(1849)年~大正8(1919)年
明治期の狂歌師。現代の教育家加藤咄堂の父。
¶ 人名、世紀(㊚大正8(1919)年1月15日)、日人

## 三井園蚊牛 さんせいえんぶんぎゅう
寛政4(1792)年~明治5(1872)年　㊅蚊牛《ぶんぎゅう》
江戸時代末期~明治時代の俳諧師。著に「みちのく日記」。寺子屋を営みながら句作。
¶ 御殿場、静岡歴、姓氏静岡、俳文(蚊牛 ぶんぎゅう ㊚明治5(1872)年5月18日)、幕末、幕末大

## 三田葆光 さんたかねみつ、さんだかねみつ
文政7(1824)年~明治40(1907)年
江戸時代末期~明治期の歌人。共立女子職業学校(後の共立女子学園)の設立に関わる。
¶ 学校(㊚明治40(1907)年10月15日)、近文、国書(さんだかねみつ　㊤文政8(1825)年6月21日　㊚明治40(1907)年10月17日)

## 三田谷啓 さんだやひらく
明治14(1881)年9月1日~昭和37(1962)年5月12日
明治~昭和期の教育者。
¶ 心理、世紀、渡航(㊚1961年)、日人、兵庫人(㊚昭和37(1962)年5月13日)、兵庫百

## 山東直砥 さんとうなおと
天保11(1840)年~明治37(1904)年2月14日
江戸時代末期~明治期の紀州藩志士。開拓使判官などをつとめる。育英事業「北門社」を創立。
¶ 出文(㊤天保11(1840)年2月7日)、人名(㊤1839年)、日人、幕末、和歌山人(㊚1894年)

## 三之助 さんのすけ
?~明和2(1765)年
江戸時代中期の漂流民。
¶ 日人

## 三瓶温 さんべいあつし
明治31(1898)年6月24日~昭和41(1966)年3月7日
大正~昭和期の教育者。
¶ 群馬人

## 三幣貞子 さんべいさだこ
明治3(1870)年2月24日~大正2(1913)年9月27日
明治~大正期の教育者。安房西高等学校創立者。生涯を女子教育に専念し、安房女子裁縫伝習所を開設。
¶ 学校、女性、女性普

## 三瓶広 さんべいひろし
文政5(1822)年~明治25(1892)年
江戸時代後期~明治期の教育家。
¶ 姓氏宮城

## 三要 さんよう
→閑室元佶(かんしつげんきつ)

## 三要元佶 さんようげんきつ
→閑室元佶(かんしつげんきつ)

# 【し】

## 自安 じあん★
?~宝暦13(1763)年
江戸時代中期の女性。教育。伊藤仁斎と並び評される大儒、京都の中村惕斎の孫娘。
¶ 江表(自安(徳島県))

## 椎尾弁匡 しいおべんきょう
明治9(1876)年7月6日~昭和46(1971)年4月7日
大正~昭和期の仏教学者。大正大学長、衆議院議員。仏教を現実生活に生かす共生運動を興した。増上寺法王。興学舎、東海中学を設立。
¶ 愛知百、学校、現朝、現情、現人、コン改、コン4、コン5、史人、新潮、人名7、世紀、姓氏愛知、全書、日人、仏教、仏人、平和

椎崎篤　しいざきあつし
　大正15(1926)年2月21日～
　昭和期の児童劇作家、教師。
　¶児作，日児

椎塚蕉華　しいずかしょうげ
　→椎塚蕉華(しいづかしょうか)

椎塚蕉華　しいづかしょうか
　明治17(1884)年2月24日～昭和9(1934)年4月20
　日　㉟椎塚蕉華《しいずかしょうげ》
　明治～昭和期の画家。洋画家椎塚修房の妻。女学
　校で勤務し絵を指導。
　¶近女，女性(しいずかしょうげ)，女性普(しい
　ずかしょうけ)

椎名竜徳　しいなりゅうとく
　明治21(1888)年～昭和22(1947)年
　大正～昭和期の教育家。
　¶群馬人

椎名六郎　しいなろくろう
　明治29(1896)年10月7日～昭和51(1976)年11月
　30日
　明治～昭和期の図書館学者。
　¶香川人，香川百，現執1期，世紀，日人

椎野誠一　しいのせいいち
　～大正4(1915)年3月4日
　明治・大正期の教師・郷土史家。
　¶飛騨

椎野詮　しいのせん
　明治20(1887)年11月8日～昭和22(1947)年1月7
　日
　明治～昭和期の教育家。米沢女子職業学校創設
　者、山形県婦人連盟理事長。
　¶学校，山形百

椎原国幹　しいはらくにもと
　文政3(1820)年～明治32(1899)年
　江戸時代末期～明治期の薩摩藩士。郡長、鹿児島
　学校長。西南戦争で荷駄隊長。後、島津氏の家令。
　¶鹿児島百，薩摩，姓氏鹿児島，日人，幕末，幕
　末大

椎屋宗一郎　しいやそういちろう
　明治39(1906)年6月15日～昭和44(1969)年12月
　12日
　昭和期の宮崎大学文部事務官、アララギ派歌人。
　¶宮崎百

四王天延孝　しおうてんのぶたか
　明治12(1879)年9月2日～昭和37(1962)年8月8日
　㉟四王天延孝《しのうてんのぶたか》
　大正～昭和期の陸軍軍人、政治家。衆議院議員。
　ハルビン特務機関長を務めたのち国際連盟陸軍代
　表、豊予要塞司令官などを歴任。
　¶現朝，埼玉人，埼玉百，新潮，人名7(しのうて
　んのぶたか)，世紀，政治(しのうてんのぶた
　か)，日人，陸海

塩川伊右衛門　しおかわいえもん
　？～元禄6(1693)年
　江戸時代前期の対馬藩士。
　¶大阪人(生没年不詳)，人名，日人，藩臣7

塩川正十郎　しおかわまさじゅうろう
　大正10(1921)年10月13日～
　昭和～平成期の政治家。衆議院議員。自民党の都
　市議員。運輸相、文相、官房長官、自治相など歴
　任。東洋大学理事長を務める。
　¶現朝，現執3期，現情，現政，現日，世紀，政
　治，日人

塩沢清　しおざわきよし
　昭和3(1928)年2月9日～平成3(1991)年
　昭和～平成期の児童文学作家、小・中学校教員。
　¶児作，児人，世紀(㉞平成3(1991)年5月)，日
　児(㉞平成3(1991)年5月13日)，山梨文

塩尻梅宇　しおじりばいう
　文化1(1804)年～明治9(1876)年1月19日　㉟塩
　尻雄右衛門《しおじりゆうえもん》
　江戸時代末期～明治期の儒学者。
　¶岡山人，岡山百(塩尻雄右衛門　しおじりゆう
　えもん)，岡山歴，国書，人名，藩臣6

塩尻雄右衛門　しおじりゆうえもん
　→塩尻梅宇(しおじりばいう)

塩田順庵　しおだじゅんあん，しおたじゅんあん
　文化2(1805)年～明治4(1871)年
　江戸時代末期～明治期の外交家。海防の必要性を
　説き「海防彙議」を著す。函館に病院・学校を
　設立。
　¶江文，国書(㉞明治4(1871)年2月7日)，人名，
　日人，北海道百，北海道歴，洋学(しおたじゅ
　んあん)

塩田随斎　しおだずいさい
　寛政10(1798)年～弘化2(1845)年
　江戸時代後期の詩人。
　¶江文，国書(㉞寛政10(1798)年9月22日　㉞弘
　化2(1845)年2月27日)，人名，日人，三重
　(㉞寛政10年9月22日)，和俳

塩田せつ　しおたせつ
　明治20(1887)年3月29日～昭和33(1958)年10月
　27日
　明治～昭和期の教育者。布鎌尋常小学校、千葉県
　農会立家政女学校の教諭をつとめ県知事、県教育
　会から表彰される。
　¶女性，女性普，世紀，千葉百，日人

塩田芳久　しおたよしひさ
　大正1(1912)年9月20日～昭和63(1988)年7月7日
　昭和期の教育心理学者。名古屋大学教授。
　¶現執1期，心理

塩野直道　しおのなおみち
　明治31(1898)年12月25日～昭和44(1969)年5月
　10日
　大正～昭和期の算数教育の指導者。算数教科書編
　纂者。啓林館取締役。
　¶科学，現朝，現情，現人，島根歴，数学，世紀，
　日人

## 塩谷五十足　しおのやいそく
文久3(1863)年～大正7(1918)年　㊙塩谷五十足《しおやいそく》
明治～大正期の政治家・教育者。
¶群新百, 群馬人, 群馬百, 姓氏群馬(しおやいそく)

## 塩谷治　しおのやおさむ
昭和18(1943)年10月29日～
昭和期の点訳運動家、教師。
¶視覚

## 塩谷温　しおのやおん
明治11(1878)年7月6日～昭和37(1962)年6月3日　㊙塩谷節山《しおのやせつざん》
大正～昭和期の中国文学者。東京帝国大学教授。中国近世の小説・戯曲の研究・紹介に先駆的な役割を果たした。
¶近見, 現朝, 現情, 現人, 国史, コン改, コン4, コン5, 詩歌(塩谷節山　しおのやせつざん), 詩作(塩谷節山　しおのやせつざん), 史人, 新潮, 人名7, 世紀, 全書, 大百, 渡航, 日人, 日本, 履歴, 履歴2

## 塩谷処　しおのやさだむ
文政8(1825)年～明治23(1890)年11月22日　㊙塩谷鼎助《しおのやていすけ》
江戸時代末期～明治期の周防岩国藩士、儒学者。藩学養老館教授、福岡県大参事。密使方に任ぜられ、藩侯の国事斡旋を補佐、参政となる。
¶維新, コン改, コン4, コン5, 新潮, 人名, 日人, 幕末(塩谷鼎助　しおのやていすけ), 幕末大(塩谷鼎助　しおのやていすけ), 藩臣6(塩谷鼎助　しおのやていすけ), 和俳

## 塩谷俊太郎　しおのやしゅんたろう
明治9(1876)年～昭和20(1945)年10月12日
明治～昭和期の神官・社会教育家。
¶埼玉人(㊤明治9(1876)年9月23日), 埼玉百, 神人(㊤昭和20(1947)年)

## 塩谷青山　しおのやせいざん
安政2(1855)年1月27日～大正14(1925)年2月2日
明治～大正期の漢学者。第一高等中学校教授。著書に「青山文鈔」「文章裁錦」など。
¶近文, 詩歌, 詩作, 人名, 世紀, 日人

## 塩谷節山　しおのやせつざん
→塩谷温(しおのやおん)

## 塩谷鼎助　しおのやていすけ
→塩谷処(しおのやさだむ)

## 塩谷宕陰　しおのやとういん
文化6(1809)年4月17日～慶応3(1867)年8月28日
江戸時代末期の儒学者。
¶秋田百, 朝日(㊤文化6年4月17日(1809年5月30日), ㊦慶応3年8月28日(1867年9月25日)), 維新, 江文, 角史, 教育, 近世, 国史, 国書, コン改, コン4, 詩歌, 詩作, 史人, 新潮, 人名, 世人, 世伝, 全書, 大百, 日史, 日人, 幕末(㊦1867年9月5日), 百科, 歴大

## 塩谷松次郎　しおのやまつじろう
明治26(1893)年10月29日～昭和59(1984)年8月13日
大正～昭和期の教育者。
¶埼玉人

## 塩谷立　しおのやりゅう
昭和25(1950)年2月18日～
昭和～平成期の政治家。衆議院議員、第11代文科相。
¶現政

## 塩野勇記　しおのゆうき
昭和12(1937)年2月20日～
昭和～平成期のテノール歌手、音楽教育者。
¶音人2, 音人3, 現執3期

## 塩ハマ子　しおはまこ
明治45(1912)年3月～平成3(1991)年7月
昭和期の社会教育者。
¶女性, 女性普

## 塩原市三郎　しおばらいちさぶろう
明治25(1892)年11月27日～昭和37(1962)年9月16日
明治～昭和期の教育家。塩原学園を創立。
¶学校, 埼玉人

## 塩原キク　しおばらきく
明治30(1897)年10月20日～昭和31(1956)年7月6日
明治～昭和期の教育家。塩原学園を創立。
¶学校, 埼玉人

## 塩原圭次郎　しおばらけいじろう
明治30(1897)年3月10日～昭和62(1987)年10月25日
大正～昭和期の社会教育者、政治家。埼玉県議会議員。
¶埼玉人

## 塩見邦雄　しおみくにお
昭和18(1943)年3月15日～
昭和～平成期の心理学者、教育心理学者。兵庫教育大学教授。
¶現執1期, 現執3期, 現執4期

## 塩見東八　しおみとうはち
明治5(1872)年2月22日～昭和20(1945)年8月3日
明治～昭和期の教育者。
¶岡山歴

## 汐見稔幸　しおみとしゆき
昭和22(1947)年7月25日～
昭和～平成期の言語学者、教育学者。東京大学助教授。
¶現執2期, 現執3期, 現執4期, 児人, 世紀

## 塩見松治　しおみまつじ
大正6(1917)年～？
昭和期の教育者・政治家。
¶姓氏京都

**塩谷五十足** しおやいそく
→塩谷五十足（しおのやいそく）

**塩焼王** しおやきおう
霊亀1（715）年～天平宝字8（764）年　[別]氷上塩焼《ひかみのしおやき，ひがみのしおやき》
奈良時代の公卿（中納言）。天武天皇の孫。
¶公卿普（氷上塩焼　ひがみのしおやき　[没]天平宝字8（764）年9月10日），古人，古代普（[生]？），コン5（[生]？）

**塩谷吟策** しおやぎんさく
安政6（1859）年～？
江戸時代末期～明治期の教育者、開発教授の普及者。
¶長野歴

**塩谷啓介** しおやけいすけ
明和4（1767）年～弘化4（1847）年
江戸時代中期～後期の私塾経営者。
¶姓氏石川

**塩屋古麻呂** しおやのこまろ
生没年不詳　[別]塩屋連古麻呂《しおやのむらじこまろ》
奈良時代の明法家。
¶朝日，国史，古人，古代（塩屋連古麻呂　しおやのむらじこまろ），古代普（塩屋連古麻呂　しおやのむらじこまろ），古中，コン改，コン4，コン5，史人，新潮，人名，日人，歴大，和俳

**塩屋連古麻呂** しおやのむらじこまろ
→塩屋古麻呂（しおやのこまろ）

**塩山清之助** しおやませいのすけ
大正4（1915）年4月6日～平成5（1993）年10月25日
昭和・平成期の教育家。
¶岩手人

**思恩堂非得** しおんどうひとく
生没年不詳
江戸時代後期の心学者。
¶国書

**慈恩尼**（慈音尼） じおんに
→兼葭（けんか）

**慈音尼兼葭** じおんにけんか
→兼葭（けんか）

**鹿海信也** しかうみのぶや
大正12（1923）年～
昭和期の文部官僚。
¶現執1期

**志賀喜久三** しがきくぞう
明治25（1892）年2月23日～昭和30（1955）年2月28日
大正・昭和期の教育者。学校長。
¶飛驒

**志垣寛** しがきひろし
明治22（1889）年5月31日～昭和40（1965）年12月21日
明治～昭和期の雑誌編集者、教育評論家。雑誌「小学校」の編集主任、実験学校池袋児童の村小学校創立に参加、機関誌「教育の世紀」を発行。平凡社に入社。
¶熊本近，熊本人，現情，社史（[生]1889年5月），出文，新潮，人名7，世紀，日人

**紫垣正弘** しがきまさひろ
明治32（1899）年～昭和60（1985）年
大正・昭和期の剣道教師。熊本市の町道場、龍驤館を経営。
¶熊本人

**志賀光謙** しがこうけん★
寛政11（1799）年1月28日～安政5（1858）年3月10日
江戸時代後期の秋田藩校明徳館の助教。
¶秋田人2

**志賀小太郎** しがこたろう
文化10（1813）年～嘉永3（1850）年
江戸時代末期の陸奥会津藩士。
¶会津，人名，日人，藩臣2

**志賀巽軒** しがそんけん
天保2（1831）年～明治12（1879）年
江戸時代末期～明治期の教育家。橘中学校の前身である「銀水義塾」を創設し漢学を教える。
¶日人

**志方鍛** しかたきとう
→志方鍛（しかたたん）

**志方鍛** しかたたん
安政4（1857）年5月9日～昭和6（1931）年1月21日　[別]志方鍛《しかたきとう》
明治～大正期の司法官僚。大阪・東京各控訴員判事。広島控訴院長などを歴任。関西法律学校（後の関西大学）の設立に関わる。
¶学校，コン改，コン5，埼玉人（しかたきとう），人名，世紀，日人（しかたきとう）

**鹿谷輝子** しかたにてるこ
昭和13（1938）年5月21日～
昭和～平成期の声楽家、合唱指揮者、音楽教育家。
¶音人2，音人3

**鹿田文平** しかだぶんぺい
文化12（1815）年～明治4（1871）年　[別]鹿田正明《しかたまさあき》
江戸時代末期～明治期の洋学者。加賀藩壮猶館で西洋兵書の翻訳講義に従事。
¶朝日（[没]明治4年1月6日（1871年2月24日）），国書（鹿田正明　しかたまさあき　[没]明治4（1871）年1月6日），人名，姓氏石川（[生]1814年），日人，幕末（鹿田正明　しかたまさあき　[没]1871年2月24日），洋学

**鹿田正明** しかたまさあき
→鹿田文平（しかだぶんぺい）

**志方正和** しかたまさかず
大正11（1922）年～昭和41（1966）年
昭和期の教師。

¶熊本人

**志賀為吉** しがためきち
文政8 (1825) 年～明治4 (1871) 年　[別]志賀徳卿《しがとくきょう》
江戸時代後期～明治期の武士。
¶維新，人名 (志賀徳卿　しがとくきょう)，日人，幕末 ([没]1871年5月16日)，藩臣1

し

**志賀哲太郎** しがてつたろう
慶応2 (1866) 年～大正13 (1924) 年
明治・大正期の教育者。
¶熊本人

**志賀徳卿** しがとくきょう
→志賀為吉 (しがためきち)

**志賀知子** しがともこ
天保12 (1841) 年～大正6 (1917) 年1月3日
明治～大正期の教育者。生涯独身で通し女子教育に尽力。
¶女性，女性普

**鹿野節次郎** しかのせつじろう
明治40 (1907) 年2月10日～昭和51 (1976) 年6月15日
昭和期の小学校教員。
¶社史

**四竈仁邇** しかまじんじ
文久3 (1863) 年～昭和16 (1941) 年
明治～昭和期の教育家。
¶姓氏宮城，宮城百

**四竈訥治** しかまとつじ
*～昭和3 (1928) 年7月9日
明治期の音楽教育者。
¶芸能 ([生]安政6 (1859) 年3月12日)，民学 ([生]安政1 (1854) 年)

**鹿間やす** しかまやす
明治5 (1872) 年～昭和27 (1952) 年
明治～昭和期の教育者。修業年限4年の鹿間塾を開き、裁縫、行儀作法、女のたしなみなどを指導。
¶女性，女性普

**滋賀有作** しがゆうさく
天保6 (1835) 年～明治28 (1895) 年　[別]滋賀莱橋《しがらいきょう》
江戸時代後期～明治期の教育家。
¶郷土福井 (しがゆうさく (らいきょう))

**滋賀莱橋** (滋賀筴橋) しがらいきょう
天保6 (1835) 年～明治28 (1895) 年
明治期の教育家。福井藩校明新館教授。伊藤仁斎を敬慕し日常生活における実践を重視。
¶コン改，コン5 (滋賀筴橋)，人名，日人

**敷田年治** しきだとしはる，しきたとしはる
文化14 (1817) 年7月20日～明治35 (1902) 年1月30日　[別]敷田年治《しきたねんじ》
江戸時代末期～明治期の国学者。神宮皇学館学頭。和学講談所、大阪の国学講習所などで教えた。著書「古事記標注」。
¶朝日 (しきたとしはる　[生]文化14年7月20日 (1817年9月1日))，大分歴 (しきたとしはる)，大阪人 (しきたねんじ　[没]明治35 (1902) 年1月)，角史，近現，近世，国史，国書 (しきたとしはる)，コン改，コン4，コン5，史研 (しきたとしはる)，史人，神史，神人 (しきたとしはる)，新潮，人名，日人

**敷田年治** しきたねんじ
→敷田年治 (しきだとしはる)

**識名清** しきなきよ
明治43 (1910) 年～平成14 (2002) 年
昭和・平成期の教育者。
¶戦沖

**識名信升** しきなしんしょう
明治39 (1906) 年～昭和63 (1988) 年
昭和期の教育者。波照間国民学校校長。
¶姓氏沖縄

**鴫原一穂** しぎはらかずほ
明治42 (1909) 年～
昭和期の児童詩教育家、洋画家。
¶児人，児文

**志喜屋孝信** しきやこうしん
明治17 (1884) 年4月19日～昭和30 (1955) 年1月26日
大正～昭和期の教育者。沖縄民政府初代知事、琉球大初代学長。沖縄県下教育界のリーダー。沖縄初の大学の育成にも努める。
¶沖縄百，現朝，現情 ([生]1884年11月5日)，現人，世紀，政治，姓氏沖縄，日人，琉沖

**竺道契** じくどうかい
→竺道契 (じくどうけい)

**竺道契** じくどうけい
文化13 (1816) 年～明治9 (1876) 年7月23日　[別]竺道契《じくどうかい》，道契《どうけい》
江戸時代末期～明治期の尊王僧侶。京都嵯峨野常住院に教学を興した。
¶岡山人 (道契　どうけい)，岡山百 (じくどうかい　[没]明治9 (1876) 年7月)，岡山歴 (じくどうかい)，幕末

**志熊敦子** しくまあつこ
昭和1 (1926) 年1月19日～
昭和～平成期の文部官僚。国立婦人教育館長。
¶現情

**志熊清記** しぐませいき
天保10 (1839) 年～昭和3 (1928) 年11月7日
江戸時代末期～大正時代の医師。戦傷者を診る。医務の傍ら寺子屋を開く。
¶幕末，幕末大

**しげ**
1832年～
江戸時代後期の女性。教育。佐藤半兵衛の妻。
¶江表 (しげ (東京都)　[生]天保3 (1832) 年頃)

**シゲ**
江戸時代後期の女性。教育。田辺氏。天保14年、豊後長池町で、寺子屋を開く。
¶江表（シゲ（大分県））

**重清良吉** しげきよりょうきち
昭和3（1928）年～
昭和～平成期の私塾教師、詩人。
¶児人

**志毛藕塘** しげぐうとう
寛政9（1797）年～弘化2（1845）年
江戸時代の儒学者。
¶江文，国書（[生]寛政9（1797）年3月15日 [没]弘化2（1845）年5月18日），人名，日人

**重子** しげこ★
江戸時代末期～明治時代の女性。和歌・教訓書。赤羽の医師河村宗澹の娘。明治9年に往来物『童之教』を出版。
¶江表（重子（東京都））

**繁沢規世** しげさわのりよ
享保17（1732）年～文化3（1806）年 [別]繁沢規世《はんざわのりよ》
江戸時代中期～後期の漢学者、長州（萩）藩士。
¶人名，日人（はんざわのりよ）

**繁下和雄** しげしたかずお
昭和18（1943）年10月30日～
昭和～平成期の音楽教育学者。国立音楽大学教授。
¶音人，音人2，音人3，現執2期，現執3期，現執4期，児人，世紀

**重嶋博** しげしまひろし
昭和14（1939）年3月15日～
昭和～平成期の音楽教育家。
¶音人

**重田道樹** しげたどうじゅ
宝暦2（1752）年～文化8（1811）年1月7日
江戸時代中期～後期の出羽庄内藩医。
¶庄内，藩臣1，山形百（[生]宝暦1（1751）年）

**重富縄山** しげとみじょうざん
文化3（1806）年～明治7（1874）年
江戸時代末期～明治期の漢学者。
¶国書（[没]明治7（1874）年12月17日），人名，日人

**滋野透子** しげのすみこ
大正10（1921）年5月4日～
昭和～平成期の小説家、小・中学校教員。
¶児作，児人，世紀，日児，北海道文

**重野成斎** しげのせいさい
→重野安繹（しげのやすつぐ）

**重野安繹** しげのやすつぐ
文政10（1827）年～明治43（1910）年12月6日
[別]重野成斎《しげのせいさい》
江戸時代末期～明治期の漢学者、歴史学者。帝国大学文科大学教授、貴族院議員。島津久光の命により「皇朝世鑑」の編纂に従事。維新後は修史局、修史館で修史事業に携わる。
¶朝日（[生]文政10年10月6日（1827年11月24日）），維新，岩史（[生]文政10（1827）年10月6日），江戸東，大阪人（重野成斎 しげのせいさい [没]明治43（1910）年12月），沖縄百，鹿児島百，角史，近現，近文，群馬人，考古（[生]文政10（1827）年10月10日），国際，国史，国書（[生]文政10（1827）年10月6日），コン改，コン4，コン5，薩摩，詩歌，史学，史研（[生]文政10（1827）年10月6日），詩作（[生]文政10（1828）年10月6日），史人（[生]1827年10月6日），思想史，重要（[生]文政10（1827）年10月6日），人書79，人書94，新潮（[生]文政10（1827）年10月），人名，姓氏鹿児島，世人（[生]文政10（1827）年10月10日），世百（重野成斎 しげのせいさい），先駆（[生]文政10（1827）年10月6日），全書，哲学，日史（[生]文政10（1827）年10月6日），日人，日本，幕末，幕末大（[生]文政10（1827）年10月6日），藩臣7，百科，平史，明治2，山川小（[生]1827年10月6日），履歴（[生]文政10（1827）年10月6日），歴大

**重野檪軒**（重野櫟軒） しげのれきけん
生没年不詳
江戸時代中期の儒学者。
¶江文（重野櫟軒），国書（重野櫟軒），人名，日人（重野櫟軒）

**重松敬一** しげまつけいいち
大正13（1924）年1月12日～昭和43（1968）年8月10日
昭和期の教育評論家。生活科学調査会会長。
¶現執1期，現情，現人，世紀，哲学

**重松鷹泰** しげまつたかやす
明治41（1908）年8月7日～平成7（1995）年8月7日
昭和期の教育学者。東京府立豊島師範教諭、名古屋大学教授。教育方法研究家。著書に「社会科教育法」「子供のための教育」など。
¶現朝，現執1期，現執2期，現情，現人，社史，心理，世紀

**重本多喜津** しげもとたきつ
安政4（1857）年～昭和18（1943）年
明治・昭和期の教育者。
¶姓氏山口

**重山邦雄** しげやまくにお
昭和9（1934）年3月25日～
昭和期の教育者。学校長。
¶飛驒

**茂世王** しげよおう
生没年不詳
平安時代前期の仲野親王の第1王子、桓武天皇皇孫。
¶諸系，人名，日人

**自好老人** じこうろうじん
生没年不詳
江戸時代末期～明治期の教育者、書家、歌人。
¶姓氏群馬

**獅子吼観定** ししくかんじょう
文政2（1819）年～明治32（1899）年

江戸時代末期〜明治期の浄土宗僧侶。
¶人名，日人

**鹿倉幸作**　ししくらこうさく
生没年不詳
大正期の教員。大正4年より南村尋常小学校（南第二小学校）。剣道の達人。
¶町田歴

**宍倉さとし**　ししくらさとし
昭和5（1930）年〜
昭和〜平成期の高等学校教諭、児童文学作家。
¶児人

**完戸一郎**　ししどいちろう
明治42（1909）年〜昭和57（1982）年
昭和期の教育家、政治家、文化体育功労者。
¶山形百

**宍戸健夫**　ししどたけお
昭和5（1930）年4月25日〜
昭和〜平成期の教育学者。愛知県立大学教授。
¶現執1期，現執3期，現執4期

**宍戸親基**　ししどちかもと
文政2（1819）年9月17日〜明治19（1886）年
江戸時代末期の長州（萩）藩士。
¶コン改，コン4（[生]文政10（1827）年），コン5（[生]文政10（1827）年），新潮（[没]明治19（1886）年7月14日），人名，姓氏山口，日人（[生]1827年）

**四条清延**　しじょうせいえん
享保5（1720）年〜享和2（1802）年
江戸時代中期〜後期の算家、陸奥会津藩士。
¶人名，日人

**四条芳岳**　しじょうほうがく
昭和6（1931）年1月〜
昭和〜平成期の教育研究家。四条ゼミナール理事長、四条教育研究所主宰。
¶現執3期

**静間小次郎**　しずまこじろう
慶応4（1868）年7月15日〜昭和13（1938）年6月20日
大正〜昭和期の俳優。小学校教師を経て、一座を結成、京都を本拠に公演を続け、関西新派の一方の旗頭となる。
¶京都大，芸能，コン改，コン5，新潮，人名，世紀，姓氏京都，日人

**志田義秀**　しだぎしゅう
→志田素琴（しだそきん）

**柴田金右衛門**　しだきんえもん
安永8（1779）年〜安政4（1857）年　[別]柴田金右衛門《しばたきんえもん》，柴田紫秋《しばたししゅう》
江戸時代後期の兵学者、高田藩士。
¶剣豪（柴田金右衛門　しばたきんえもん），国書（柴田紫秋　しばたししゅう　[没]安政4（1857）年3月），人名，日人（柴田金右衛門　しばたきんえもん）

**下嶋善長**　したじまぜんちょう
大正13（1924）年1月3日〜昭和50（1975）年2月5日
昭和期の教育者。学校長。
¶飛驒

**志田素琴**　しだそきん，しだそぎん
明治9（1876）年7月27日〜昭和21（1946）年1月17日　[別]志田義秀《しだぎしゅう》，素琴《そきん》
昭和期の俳人、日本文学者。
¶岡山人，岡山百（[生]明治9（1876）年9月27日），岡山歴（[生]明治9（1876）年9月27日），近文，現情，姓氏富山（志田義秀　しだぎしゅう），富山百（志田義秀　しだぎしゅう），富山文（しだそぎん），俳諧（素琴　そきん）

**信太寿之**　しだとしゆき
文久3（1863）年4月29日〜昭和4（1929）年10月30日
明治〜昭和期の北海道同志教育会農場監督、牧師。
¶秋田人2，キリ

**志多伯克進**　したはくこくしん
明治41（1908）年2月〜昭和54（1979）年3月14日
昭和期の沖縄教育労働者組合幹部。
¶社史

**志多伯静子**　したはくしずこ
明治41（1908）年3月1日〜平成4（1992）年5月15日
昭和期の小学校教員。沖縄教育労働者組合関係者。
¶社史，女運

**下程勇吉**　したほどゆうきち
明治37（1904）年10月6日〜平成10（1998）年3月17日
昭和期の教育学者。教育の人間学的基礎を究明。著書に「近代学習原論」など。
¶現情，コン改，コン4，コン5，世紀

**設楽貞晙**　したらさだあき
万延1（1860）年〜昭和10（1935）年
明治〜昭和期の教育者。
¶姓氏愛知

**設楽天僕**　したらてんぼく
天保12（1841）年〜明治16（1883）年
江戸時代後期〜明治期の医師・教育者。
¶群新百，群馬人，姓氏群馬，長崎遊

**実恵**（実慧）　じちえ
→実慧（じつえ）

**七田忠志**　しちだただし
大正1（1912）年〜昭和56（1981）年9月1日
昭和期の日本史学者。佐賀県立神埼高等学校教諭。考古学を研究。吉野ヶ里遺跡を発見した。
¶郷土（[生]大正1（1912）年10月3日），考古（[生]大正1（1911）年10月3日），史研

**七田真**　しちだまこと
昭和4（1929）年7月28日〜
昭和〜平成期の教育学者。七田チャイルドアカデミー校長、ニューポート大学日本校教育学部教授。
¶現執3期，現執4期

教育篇　405　しなかわ

**七宮矦盛** しちのみやさねもり
＊〜明治42（1909）年
江戸時代末期〜明治期の陸奥一関藩士。
¶岩手人（㊕1835年）、岩手百（㊕1835年）、姓氏岩手（㊕1838年）、藩臣1（㊕天保8（1837）年）

**しづ**
江戸時代後期の女性。教育。武蔵登戸の小川了民の妻。天保年間夫が寺子屋清風堂を開業。文久2年に没した後、継承。
¶江表（しづ（神奈川県））

**実慧**（実惠）　じつえ
延暦5（786）年〜承和14（847）年11月13日　㊋実恵《じちえ》、実慧《じちえ》、道興大師《どうこうだいし》、檜尾僧都《ひのおのそうず》
平安時代前期の真言宗の僧。空海の高野山開創に従う。綜芸種智院を継承。
¶朝日（実惠　㊋承和14年11月13日（847年12月24日））、岩史（実惠　じちえ）、香川人（じちえ）、香川百（じちえ）、国史（実惠　じちえ）、国書、古代（実惠　じちえ）、古中（実惠　じちえ）、コン改、コン4、史人（実惠　じちえ　㊋847年11月13日、異説）12月12日）、新潮（㊋承和14（847）年11月13日？）、人名、世人、全書（じちえ）、大百（じちえ　㊕785年）、日人（実惠　じちえ）、仏教（実惠　じちえ　㊋承和14（847）年11月13日、異説）12月12日？）、仏史（実惠　じちえ）、仏人、平史（実惠）、名僧（実惠　じちえ）

**実海** じっかい、じつかい
文安3（1446）年〜天文2（1533）年
室町時代〜戦国時代の天台宗の僧。
¶国書、埼玉人（㊋天文2（1533）年8月17日）、人名（じつかい）、日人、仏教

**実巌** じつがん
宝暦4（1754）年〜文政4（1821）年
江戸時代中期〜後期の足利学校第19世庠主、臨済宗の僧。
¶栃木歴

**志津里得隣** しづりとくりん
文政5（1822）年3月5日〜明治31（1898）年11月5日
江戸時代末期〜明治期の浄土真宗本願寺派学僧。大ội林教授。
¶真宗、仏教

**志手清彦** してきよひこ
大正5（1916）年〜昭和46（1971）年
昭和期の高校野球監督。
¶大分歴

**幣原坦** しではらたい
→幣原坦（しではらひろし）

**幣原坦** しではらひろし
明治3（1870）年9月18日〜昭和28（1953）年6月29日　㊋幣原坦《しではらたい》
明治〜昭和期の官僚、教育家。台北帝国大学初代総長。東京高師教授、文部省視学官兼東京帝国大学教授などを経て、師範教育の充実に尽力。

¶沖縄百、近現（しではらたいら）、現情、国史（しではらたいら）、コン改、コン4、コン5、史研（しではらたいら）、新潮（㊕明治3（1870）年9月）、人名7、世紀、政治、日人（しではらたいら）、履歴（しではらたいら）、履歴2（しではらたいら）

**紫桃正隆** しとうまさたか
大正10（1921）年5月6日〜
昭和期の高等学校教頭、作家、郷土史家。宮城県立石巻高等学校教頭。
¶現執1期、現執2期

**志藤義孝** しどうよしたか
大正2（1913）年2月2日〜平成2（1990）年5月29日
昭和〜平成期の体育科教育学者。
¶埼玉人

**蔀関牛** しとみかんぎゅう
生没年不詳
江戸時代後期の画家。
¶国書、日人

**品川孝子** しながわたかこ
大正11（1922）年1月3日〜
昭和〜平成期の家庭教育評論家。
¶現執1期、現執3期、現情、心理、世紀

**品川森太** しながわもりた
文久1（1861）年1月13日〜昭和23（1948）年6月15日
明治〜昭和期の教育者。
¶群馬人

**品川弥二郎** しながわやじろう
天保14（1843）年閏9月29日〜明治33（1900）年2月26日
江戸時代末期〜明治期の長州藩士、政治家。子爵。内務少輔、農商務大輔などを経てドイツ駐在特命公使として赴任。国民協会を組織、副会頭。信用組合の設立奨励に尽力。独逸学協会学校の設立に関わる。
¶朝日（㊋天保14年閏9月29日（1843年11月20日））、維新、岩史、海越、海越新、江戸東、学校、角史、近現、京都大、近現、国際、国書、コン改、コン4、コン5、史人、重要、人情1、新潮、人名、姓氏京都、姓氏山口、世人、世百、先駆、全書、全幕、大百、鉄道（㊕1843年11月20日）、渡航、栃木歴、日史、日人、日本、幕末、幕末大、藩臣6、百科、平日、明治1、山川小、山口百、履歴、歴大

**品川悠三郎** しながわゆうざぶろう
元治1（1864）年〜昭和18（1943）年
明治〜昭和期の教育者。日ノ本女学校教頭、副校長。
¶兵庫百

**品川緑朗** しながわろくろう
昭和3（1928）年〜
昭和〜平成期の小学校教諭、詩人。
¶児人

し

## 品田議一郎 しなだぎいちろう
明治15(1882)年～大正13(1924)年
明治～大正期の教育者。
¶群馬人

## 地主悌助 じぬしていすけ
明治22(1889)年7月12日～昭和50(1975)年11月26日
大正～昭和期の洋画家。新潮社日本芸術大賞受賞。
¶近美, 現情, 庄内(㊅明治22(1889)年7月22日), 世紀, 日人, 美家, 山形百, 洋画

## 篠井孝夫 しのいたかお
明治43(1910)年3月13日～昭和59(1984)年1月31日
昭和期の教育者。
¶岡山歴

## 四王天延孝 しのうてんのぶたか
→四王天延孝 (しおうてんのぶたか)

## 篠崎源三 しのざきげんぞう
明治25(1892)年～昭和58(1983)年
大正～昭和期の教育者。
¶栃木歴

## 篠崎五六 しのざきごろく
大正11(1922)年5月12日～
昭和～平成期の教育研究者、ルポライター。「文学作品の読み」を研究。ルポライターとしての著書に「山の学校」「小繋事件の農民たち」など。
¶現朝, 現情, 現人, 世紀

## 篠崎三島 しのざきさんとう
元文2(1737)年～文化10(1813)年
江戸時代中期～後期の儒学者。
¶愛媛百(㊅文化10(1813)年10月30日), 大阪人(㊅元文1(1736)年 ㊅文化10(1813)年10月), 大阪墓(㊅文化10(1813)年10月30日), 郷土愛媛(㊅1816年), 国書(㊅文化10(1813)年10月30日), 詩歌, 人名, 日人, 和俳

## 篠崎小竹 しのざきしょうちく
天明1(1781)年4月14日～嘉永4(1851)年5月8日
江戸時代後期の儒学者、漢詩人。
¶朝日(㊅天明1年4月14日(1781年5月7日) ㊅嘉永4年5月8日(1851年6月7日)), 岩史, 大分百, 大分歴, 大阪人, 大阪墓, 角史, 近世, 国史, 国書, コン改, コン4, コン5, 詩作, 史人, 新潮, 人名, 世人, 世百, 全書, 大百, 日史, 日人, 百科, 名画, 歴大, 和俳

## 篠崎清次 しのざきせいじ
明治14(1881)年～大正6(1917)年
明治期の盲唖教育者。函館平民倶楽部メンバー。
¶社史, 北海道百, 北海道歴

## 篠崎太一 しのざきたいち
明治14(1881)年～昭和35(1960)年
明治～昭和期の教育者。相模原町長。
¶神奈川人, 姓氏神奈川

## 篠崎東海 しのざきとうかい
貞享4(1687)年2月8日～元文5(1740)年7月1日
江戸時代中期の儒学者。
¶江文, 国書, 史人(㊅1739年7月1日), 人名(㊅1686年 ㊅1739年), 世人, 日人

## 篠崎徳太郎 しのざきとくたろう
明治32(1899)年2月8日～昭和59(1984)年10月2日
大正～昭和期の演劇教育者、童謡詩人。
¶児文, 日児

## 篠崎弘嗣 しのざきひろつぐ
明治35(1902)年1月22日～昭和41(1966)年8月21日
昭和期のバイオリン教育者。「バイオリン早教育研究会」を創立、主宰。門下生に潮田益子など。
¶音楽, 音人, 現朝, 現情, 新芸, 人名7, 世紀, 日人

## 篠崎恵昭 しのざきよしあき
昭和8(1933)年2月19日～平成16(2004)年12月8日
昭和～平成期の教師。
¶視覚

## 篠崎雲鳳 しのざうんぽう
文化7(1810)年～明治16(1883)年
江戸時代末期～明治期の詩人。開拓子女黌教授。子女の教育に専心。
¶維新, 伊豆(㊅明治16(1883)年5月20日), 江表(雲鳳(東京都)), 江文, コン改, コン4, コン5, 詩歌, 静岡歴, 女性(㊅明治16(1883)年5月20日), 女性普(㊅明治16(1883)年5月20日), 人名, 姓氏静岡, 日人, 幕末, 幕末大(㊅明治16(1883)年5月20日), 和俳

## 篠田英之介 しのだえいのすけ
大正15(1926)年9月2日～
昭和～平成期の放送研究家。教育開発研究所所長。
¶現執3期

## 篠田勝夫 しのだかつお
昭和26(1951)年～
昭和～平成期の編集者、塾講師。
¶児人

## 篠田時化雄 しのだしげお
安政3(1856)年～昭和11(1936)年
江戸時代末期～昭和期の教育家、宗教家。京都精華学園創立者。
¶学校, 神人(㊅安政3(1856)年12月 ㊅昭和11(1936)年4月), 姓氏京都

## 篠田修輔 しのだしゅうすけ
天保11(1840)年～明治39(1906)年
江戸時代後期～明治期の西江部村学校世話方惣代。
¶姓氏長野

## 篠田勢以子 しのだせいこ
明治期の医師。産科婦人科。本郷教育会の慈善学校森川小学校校医として、貧しい子供たちの衛生を監督。
¶女性(生没年不詳), 女性普

**篠田利英** しのだとしひで
安政4(1857)年1月15日～？
明治～昭和期の教育家。
¶心理，渡航

**篠田武兵衛** しのだぶへえ
？～天保13(1842)年4月18日
江戸時代後期の心学者。
¶埼玉人

**篠田政忠** しのだまさただ
文政8(1825)年～明治44(1911)年
江戸時代後期～明治期の私塾の教師。
¶姓氏愛知

**篠原昭雄** しのはらあきお
昭和6(1931)年3月7日～
昭和～平成期の社会科教育学者。筑波大学教授。
¶現執3期

**篠原幹一** しのはらかんいち
大正4(1915)年～昭和50(1975)年
昭和期の開業医。重度障害児のための芦北学園を開園。
¶熊本人

**篠原健吉** しのはらけんきち
明治42(1909)年～昭和42(1967)年
昭和期の教育者、僻地教育実践者。
¶郷土長野，姓氏長野，長野歴

**篠原茂** しのはらしげる
昭和4(1929)年～
昭和期の高校教師、日本現代文学者。
¶現執1期

**篠原級長** しのはらしななが
→篠原笠山(しのはらりゅうざん)

**篠原正一** しのはらしょういち
～昭和60(1985)年9月26日
昭和期の郷土史家、元・高校教師。
¶郷土

**篠原助市** しのはらすけいち
明治9(1876)年6月6日～昭和32(1957)年8月2日
大正～昭和期の教育者。東北帝国大学・東京文理科大学教授。教育学を理論的教育学と実際的教育学に分けた。著書に「教育の本質と教育学」。
¶愛媛，教育，郷土福井，現朝，現情，コン改，コン4，コン5，史人，新潮，人名7，世紀，世百新，体育，哲学，日人，百科，宮城百

**篠原辰次郎** しのはらたつじろう
慶応4(1868)年～昭和21(1946)年
明治～昭和期の教育者。
¶兵庫人

**篠原澄余**(篠原徴余) しのはらちょうよ
天明8(1788)年～安政2(1855)年
江戸時代の儒学者。
¶国書(篠原徴余　㊥安政2(1855)年5月18日)，人名，日人(篠原徴余)

**篠原秀男** しのはらひでお
明治40(1907)年7月22日～
昭和期の教育者。
¶群馬人

**篠原秀夫** しのはらひでお
昭和30(1955)年7月19日～
昭和～平成期の音楽教育者。
¶音人2，音人3

**篠原鳳作** しのはらほうさく
明治39(1906)年1月7日～昭和11(1936)年9月17日
昭和期の俳人。無季俳句を実践、新興俳句運動を推進した。「傘火」を創刊。
¶沖縄百(㊥明治39(1906)年10月29日)，鹿児島百，近文，現朝，現俳(㊥1905年10月29日)，新文，世紀，姓氏沖縄，姓氏鹿児島，大百，日人，俳文(㊥明治38(1905)年10月29日)，文学

**篠原正敏** しのはらまさとし
大正11(1922)年12月8日～
昭和～平成期の音楽教育者。
¶音人2，音人3

**篠原実** しのはらみのる
明治39(1906)年～昭和59(1984)年
昭和期の島根大学教育学部教授、全国大学国語教育学会名誉会員。
¶島根歴

**篠原陽二** しのはらようじ
明治41(1908)年8月7日～
昭和期の教育学者。京都大学教授。
¶現情

**篠原吉為** しのはらよしため
明治5(1872)年10月1日～大正6(1917)年3月6日
明治～大正期の教育者。
¶岡山歴

**篠原笠山** しのはらりゅうざん
明和6(1769)年～文政6(1823)年　㊙篠原級長
《しのはらしななが》
江戸時代後期～末期の儒学者。
¶国書(㊥文化2(1805)年　㊥安政6(1859)年4月)，人名，大百，日人(㊥1805年　㊥1859年)，藩臣7(篠原級長　しのはらしななが)

**信夫恕軒** しのぶじょけん
天保6(1835)年5月5日～明治43(1910)年12月11日
江戸時代末期～明治期の漢学者。俚諺譜謔を駆使した才気溢れる漢文の書き手。赤穂義士の顕彰者。著書に「恕軒文鈔」。
¶朝日(㊥天保6年5月5日(1835年5月31日))，維新，江戸，近文，国史，近文，コン4，コン5，詩作，人名，取取百，日人，三重，履歴，履歴2

**四戸一雄** しのへかずお
明治42(1909)年～昭和60(1985)年
昭和期の教育者。
¶青森人

**四戸東五郎** しのへとうごろう
文政6(1823)年～安政6(1859)年
江戸時代後期～末期の花巻郷学の教授・儒学者。
¶姓氏岩手

**四宮文造**(四宮文蔵) しのみやぶんぞう
文政1(1818)年～明治15(1882)年9月17日
江戸時代末期～明治時代の詫間流算盤名手、寺子屋師匠。小学校教諭。祥雲学校を私設して教育。
¶数学(四宮文蔵),幕末,幕末大

し

**四宮守正** しのみやもりまさ
明治33(1900)年～昭和49(1974)年
大正～昭和期の教育者、民俗・郷土史研究家。
¶鳥取百

**柴江運八郎** しばえうんはちろう,しばえうんぱちろう
天保5(1834)年～大正1(1912)年
江戸時代末期～明治時代の剣道範士。戊辰戦争、佐賀の乱の際に活躍。要職歴任後、大村に帰郷後は農耕のかたわら剣道を教授。
¶維新(しばえうんぱちろう),幕末([没]1912年10月2日),幕末大([生]天保5(1834)年11月　[没]大正1(1912)年10月29日),藩臣7(しばえうんぱちろう)

**柴垣則義** しばがきのりよし
慶応3(1867)年3月17日～昭和7(1932)年
明治～昭和期の教育者。師範学校長。
¶札幌,北海道百,北海道歴

**柴草要** しばくさかなめ
明治36(1903)年4月22日～昭和18(1943)年11月19日　[別]山本要《やまもとかなめ》
昭和期の中学校教員。富士見実科中等学校教諭。
¶社史

**柴崎虎五郎** しばざきとらごろう
万延1(1860)年～大正15(1926)年
明治～大正期の教育者、実業教育実践者。
¶長野歴

**柴崎寅松** しばさきとらまつ
大正3(1914)年2月10日～
昭和期の教育者。
¶群馬人

**柴崎正行** しばざきまさゆき
昭和26(1951)年9月12日～
昭和～平成期の幼児教育学者、保育学者。文部省初等中等教育局幼稚園課教科調査官。
¶現執3期,現執4期

**柴秋村**(柴秋邨) しばしゅうそん
天保1(1830)年～明治4(1871)年　[別]柴六郎《しばろくろう》
江戸時代末期～明治期の蘭学者。商家に生まれ、のち士族に列せられる。蜂須賀藩洋学校で教師を務める。
¶維新([没]明治4(1871)年3月18日),大阪人([生]文政11(1828)年　[没]明治2(1869)年),国書([没]明治4(1871)年3月18日),詩歌([没]明治4(1871)年3月18日),詩作([没]明治4(1871)年3月18日),人名([生]1828年　[没]1869年),徳島百(柴秋邨　[没]明治4(1871)年3月18日),徳島歴([没]明治4(1871)年3月),日人,幕末(柴秋邨　[没]1871年5月7日),幕末大(柴秋邨　[没]明治4(1871)年3月18日),藩臣6,洋学(柴六郎　しばろくろう),和俳

**芝祐順** しばすけより
昭和6(1931)年7月17日～
昭和～平成期の教育測定学者、教育心理学者。人事測定研究所顧問。
¶現執1期,現執3期,現情,心理,世紀

**芝清七** しばせいひち
明治33(1900)年12月27日～平成2(1990)年12月28日
昭和・平成期の学校長・広瀬郵便局長。
¶飛騨

**芝仙之助** しばせんのすけ
明治5(1872)年3月12日～昭和36(1961)年3月14日
明治～昭和期の学校長・広瀬郵便局長。
¶飛騨

**柴田艾軒** しばたがいけん
→柴田游翁(しばたゆうおう)

**柴田香苗** しばたかなえ
昭和28(1953)年～
昭和～平成期の幼稚園教諭、児童文学作家。
¶児人

**柴田家門** しばたかもん
*～大正8(1919)年8月25日
江戸時代末期～大正期の政治家。貴族院議員、文相。長州閥第2世代に属し、主に内閣周辺で活躍。
¶朝日([生]文久2年12月18日(1863年2月6日)),人名([生]1862年),世紀([生]文久2(1863)年12月18日),日人([生]1863年),山口百([生]1862年),履歴([生]文久2(1862)年12月18日)

**柴田鳩翁** しばたきゅうおう
天明3(1783)年5月5日～天保10(1839)年5月3日
江戸時代後期の石門心学者。
¶朝日([生]天明3年5月5日(1783年6月4日)　[没]天保10年5月3日(1839年6月13日)),岩史,江人,岡山歴,角史,教育,京都,京都大,京都府,近世,国史,国書,コン改,コン4,コン5,史人,思想史,重要,新潮,人名,姓氏京都,世人,世百,全書,大百,日思,日史,日人,百科,兵庫百,歴大

**柴田金右衛門** しばたきんえもん
→紫田金右衛門(しだきんえもん)

**柴田鋼造** しばたこうぞう
昭和10(1935)年1月11日～
昭和～平成期の彫刻家。高校教諭。日展に出品し特選。日展審査員、評議員、理事を歴任。
¶世紀,日人

**柴田さだ** しばたさだ★
明治10(1877)年～

明治期の教員。婦人伝道師。
¶秋田人2

**芝田茂雄** しばたしげお
明治32(1899)年～昭和7(1932)年
大正～昭和期の教育者。
¶鳥取百

**柴田紫秋** しばたししゅう
→柴田金右衛門(しだきんえもん)

**柴田周吉** しばたしゅうきち
明治30(1897)年12月25日～昭和57(1982)年9月2日
明治～昭和期の学校創立者。桐蔭学園の設立に関わる。
¶学校

**柴田修三郎** しばたしゅうざぶろう
→柴田利直(しばたとしなお)

**柴田袖水** しばたしゅうすい
明治2(1869)年～昭和16(1941)年
明治～昭和期の教育者、郷土史家。
¶岐阜百

**柴田俊太郎** しばたしゅんたろう
明治30(1897)年～昭和28(1953)年
大正～昭和期の教育者。
¶鳥取百

**芝田甚兵衛** しばたじんべえ
明和8(1771)年～天保8(1837)年
江戸時代中期～後期の寺子屋師匠。
¶姓氏岩手

**柴田善平** しばたぜんぺい
? ～明治35(1902)年
江戸時代末期～明治期の陶工。捻り細工の名人で、微細な動物や花木などを作った。
¶人名，日人，名工

**芝田徹心** しばたてっしん
明治12(1879)年2月25日～昭和25(1950)年2月6日
大正～昭和期の宗教学者、教育行政家。東京美術学校長、女子学習院長などを歴任。宮中顧問官も務めた。
¶現情，人名7，世紀，日人

**柴田徳次郎** しばたとくじろう
明治23(1890)年12月20日～昭和48(1973)年1月26日
明治～昭和期の国士館創立者。国士舘義塾を設立。
¶学校，福岡百，履歴，履歴2

**柴田利直** しばたとしなお
文政5(1822)年～明治13(1880)年 [別]柴田修三郎《しばたしゅうざぶろう》
江戸時代末期～明治期の教育者。晩年、私立松本学校を創設。著書に「論語助辞解」「論語邦筌」がある。
¶剣豪(柴田修三郎 しばたしゅうざぶろう)，人名，日人，藩臣3

**柴田知常** しばたともつね
明治24(1891)年3月22日～昭和55(1980)年1月20日
大正～昭和期の音楽教育者。上野学園大学教授。音楽教育の向上に尽力。
¶音楽，音人，現情，世紀

**柴田直記** しばたなおき
明治期の教育者。共立女子職業学校(後の共立女子学園)の設立に関わる。
¶学校

**柴谷久雄** しばたにひさお
明治43(1910)年～
昭和期の教育学者。広島大学教授。
¶現執1期

**芝多信憲** しばたのぶのり
寛保3(1743)年～文化8(1811)年
江戸時代中期～後期の陸奥仙台藩士。
¶人名，日人([没]1812年)，藩臣1

**柴田博之** しばたひろゆき
昭和37(1962)年～
昭和～平成期の高校教諭。
¶YA

**柴田風山** しばたふうざん
明暦1(1655)年～享保13(1728)年
江戸時代中期の儒学者。
¶国書([没]享保13(1728)年11月)，人名，日人

**柴田昌治** しばたまさはる
昭和19(1944)年2月29日～
昭和～平成期の実業家。テンポラリーエデュコンサル社長、ドイツ語学院ハイデルベルク学院長。。専門は、教育学。
¶現執3期，現執4期

**柴田やす** しばたやす
明治14(1881)年1月1日～昭和25(1950)年5月14日
大正～昭和期の教育者。柴田学園理事、東北女子園門学校校長。女子教育に尽力。宿願の東北女子短期大学設立の認可を得、開校祝賀式典で倒れ死没。
¶青森人，青森百，学校，女性，女性普，世紀，日人

**柴田游翁**(柴田遊翁) しばたゆうおう
文化6(1809)年～明治7(1874)年 [別]柴田艾軒《しばたがいけん》
江戸時代末期～明治期の心学者。
¶国書(柴田艾軒 しばたがいけん [没]明治7(1874)年12月19日)，人名，日人，三重(柴田遊翁)

**柴田芳枝** しばたよしえ
大正7(1918)年9月11日～平成23(2011)年6月26日
昭和・平成期の教師。
¶石川現終

**柴田義松** しばたよしまつ
昭和5 (1930) 年11月19日〜
昭和〜平成期の教育方法学者、教育心理学者。成蹊大学教授。
¶現執1期，現執2期，現執3期，現執4期，心理

**斯波貞吉** しばていきち
明治2 (1869) 年8月17日〜昭和14 (1939) 年10月14日
明治〜昭和期の新聞記者。教育家。政治家。
¶岩手人，海越新，近現，国史，コン改，コン5，史人，社史 ([生]明治2年8月17日 (1869年9月22日))，新潮，人名7，世紀 ([生]明治2 (1869) 年8月)，先駆 ([生]明治2 (1869) 年8月)，渡航，日史，日人，百科

**柴内魁三** しばないかいぞう
明治12 (1879) 年9月10日〜昭和41 (1966) 年3月9日
大正〜昭和期の教育者。私立岩手盲唖学校校長。
¶岩手人，岩手百，視覚，世紀，姓氏岩手，日人

**柴直太郎** しばなおたろう
安政3 (1856) 年〜大正5 (1916) 年
明治〜大正期の教育者。
¶大阪人

**芝直照** しばなおてる
嘉永1 (1848) 年〜明治32 (1899) 年11月1日
江戸時代末期〜明治時代の陸軍軍人。西南戦争、日清戦争に従軍。宇和島明倫館の官長もつとめる。
¶幕末，幕末大，藩臣6

**柴沼直** しばぬまなおし
明治36 (1903) 年2月22日〜昭和48 (1973) 年3月17日
大正〜昭和期の教育家。東京文理科大、東京教育大学長を務めたのち桐朋学園理事長となる。
¶現情，人名7，世紀，日人，履歴，履歴2

**柴野美啓** しばのびけい
〜弘化4 (1847) 年8月8日 [別]柴野美啓《しばのよしひろ》
江戸時代後期の算家。
¶数学 (しばのよしひろ)

**柴野碧海** しばのへきかい
安永2 (1773) 年〜天保6 (1835) 年7月16日
江戸時代後期の阿波徳島藩儒。柴野栗山の養子。
¶朝日 ([没]天保6年7月16日 (1835年8月10日))，国書，コン改，コン4，新潮，人名，徳島百 ([生]明和8 (1771) 年)，徳島歴，日人，藩臣6

**柴野美啓** しばのよしひろ
→柴野美啓 (しばのびけい)

**柴野栗山** しばのりつざん
元文1 (1736) 年〜文化4 (1807) 年12月1日 [別]柴栗山《しばりつざん》
江戸時代中期〜後期の儒学者。「寛政三博士」の一人。
¶朝日 ([没]文化4年12月1日 (1807年12月29日))，岩史，江人，江文 ([生]享保20 (1735) 年 [没]文化5 (1808) 年)，香川人，香川百，角史，教育，京都，郷土香川，京都大，近世，国史，国書，コン改，コン4，コン5，詩歌 ([生]1734年)，詩作，史人，思想史，重要，人書94，新潮，人名，姓氏京都，世人，世百，全書，大百，伝記，徳川将，徳川臣，徳島百，徳島歴，日思，日史，日人，藩臣6，百科，山川小，歴大，和俳

**柴原恭治** しばはらきょうじ
明治43 (1910) 年〜
昭和期の教育心理学者。三重大学教授。
¶現執1期

**柴原宗助** しばはらそうすけ
弘化4 (1847) 年〜明治42 (1909) 年3月17日
明治期の地方政治家、教育家。
¶岡山人，岡山歴

**柴部寿男** しばべひさお
明治22 (1889) 年1月13日〜昭和48 (1973) 年4月12日
大正〜昭和期の教育者・実業補習教育、青年教育功労者。
¶岡山歴

**斯波安** しばやす
→斯波安子 (しばやすこ)

**斯波安子** しばやすこ
明治9 (1876) 年〜？ [別]斯波安《しばやす》
大正〜昭和期の教育者。全国中等学校女教員会理事、東京民事裁判所人事調停委員。文華高等女学校を設立。著書に「綴り方の本」「小学校作法書」など。
¶学校 (斯波安　しばやす)，近女，女性，女性普

**柴山愛次郎** しばやまあいじろう
天保7 (1836) 年〜文久2 (1862) 年
江戸時代末期の薩摩藩士、尊攘派志士。
¶朝日 ([没]文久2年4月23日 (1862年5月21日))，維新，鹿児島百，京都大，国書 ([没]文久2 (1862) 年4月23日)，コン4，新潮 ([没]文久2 (1862) 年4月23日)，人名，姓氏鹿児島，姓氏京都，日人，幕末 ([没]1862年5月21日)

**柴山茂哉** しばやましげや
明治5 (1872) 年3月15日〜？
明治期の教育者。
¶群馬人

**柴山節子** しばやませつこ
明治44 (1911) 年〜平成5 (1993) 年
昭和・平成期の教育者。静岡星美学園発足に尽力。
¶静岡女

**柴山司** しばやまつかさ
天明8 (1788) 年〜嘉永5 (1852) 年 [別]柴山老山《しばやまろうざん》
江戸時代後期の漢学者。
¶国書 (柴山老山　しばやまろうざん　生没年不詳)，人名，日人 (柴山老山　しばやまろうざん)

**柴山寅次郎** しばやまとらじろう
明治14(1881)年～昭和11(1936)年
明治～昭和期の軍医、校医、青森盲唖学校設立者の1人。
¶青森人

**芝山鳳来**(柴山鳳来) しばやまほうらい
元禄5(1692)年～明和8(1771)年
江戸時代中期の豊後岡藩士。
¶江文(柴山鳳来),人名(柴山鳳来),日人(柴山鳳来),藩臣7

**柴山老山** しばやまろうざん
→柴山司(しばやまつかさ)

**斯波義将** しばよしまさ
正平5/観応1(1350)年～応永17(1410)年5月7日
[別]斯波義将《しばよしゆき》,足利義将《あしかがよしまさ》
南北朝時代～室町時代の武将、室町幕府管領。高経の4男。
¶朝日(しばよしゆき [没]応永17年5月7日(1410年6月9日)),岩史,角史,鎌室,教育,国史,国書,古中,コン改,コン4,史人(しばよしゆき),諸系,新潮,人名,姓氏京都,姓氏富山,世人,世百,全書,富山百,日史(しばよしゆき),日人,百科,歴大

**斯波義将** しばよしゆき
→斯波義将(しばよしまさ)

**司馬凌海** しばりょうかい
天保10(1839)年～明治12(1879)年3月11日
江戸時代末期～明治期の蘭方医。医学校3等教授、愛知県病院医学教師。郷里佐渡で開業、維新後上京文部・宮内省5等出仕を歴任。ドイツ語塾春風社を創設。
¶朝日([生]天保10年2月28日(1839年4月11日)),維新,江文,科学([生]天保10(1839)年2月28日),近医,近現,近世,国史,国書([生]天保10(1839)年2月28日),コン改,コン4,コン5,史人([生]1839年2月28日),新潮([生]天保10(1839)年2月28日),人名,長崎遊,新潟人([没]?),新潟百別,日人,民学,洋学,履歴([生]天保10(1839)年11月28日),履歴2([生]天保10(1839)年11月28日)

**柴六郎** しばろくろう
→柴秋村(しばしゅうそん)

**渋江公木** しぶえきみき
天保4(1833)年5月10日～大正3(1914)年1月26日
[別]渋江公木《しぶえこうぼく》
明治～大正期の神官。肥後菊池神社宮司。私塾遜志堂を開設、育英に尽力。
¶熊本百(しぶえこうぼく),人名

**渋江公正** しぶえきみまさ
寛保3(1743)年～文化11(1814)年5月6日 [別]渋江松石《しぶえしょうせき》
江戸時代中期～後期の神職者、儒学者。
¶熊本百,国書(渋江松石 しぶえしょうせき),人名(渋江松石 しぶえしょうせき),日人(渋江松石 しぶえしょうせき),藩臣7

**渋江公木** しぶえこうぼく
→渋江公木(しぶえきみき)

**渋江貞之丞** しぶえさだのじょう
享保4(1719)年～寛政4(1792)年 [別]渋江紫陽《しぶえしよう》
江戸時代中期の篤行家。
¶神人([生]享保3(1718)年 [没]寛政4(1792)年7月22日),人名,日人(渋江紫陽 しぶえしよう)

**渋江紫陽** しぶえしよう
→渋江貞之丞(しぶえさだのじょう)

**渋江松石** しぶえしょうせき
→渋江公正(しぶえきみまさ)

**渋江孝夫** しぶえたかお
昭和16(1941)年～
昭和～平成期の養護学校教諭、児童文学作家。
¶YA

**渋江保** しぶえたもつ
安政4(1857)年～昭和5(1930)年4月7日
明治～昭和期の翻訳・著述家、心霊研究家。愛知中学校長。多くの催眠術や心霊学の書物を翻訳・著述。著書に「人身磁力催眠術」。
¶朝日([生]安政4年7月26日(1857年9月14日)),静岡歴,世紀([生]安政4(1857)年7月26日),日児([生]安政4(1857)年9月14日),日人,洋学([生]嘉永6(1853)年),履歴([生]安政4(1857)年7月26日)

**渋江晩香** しぶえばんこう
*～大正3(1914)年
江戸時代末期～明治期の菊池神社宮司。
¶日人([生]1833年),幕末([生]1832年 [没]1914年1月26日)

**渋川忠二郎** しぶかわちゅうじろう
嘉永7(1854)年4月21日～大正14(1925)年1月15日
江戸時代末期～大正期の法学者。関西法律学校創立、大阪弁護士会会長。
¶学校,島根歴([生]嘉永1(1848)年),世紀,日人

**渋川伝次郎** しぶかわでんじろう
明治31(1898)年11月10日～平成3(1991)年6月13日
大正～昭和期の殖産家。戦後のりんご園壊滅危機時に、青森県りんご協会を創設し、生産者を教育。りんごを普及させた。
¶青森人,青森百,食文,世紀,日人

**渋沢栄一** しぶさわえいいち
天保11(1840)年2月13日～昭和6(1931)年11月11日
明治～大正期の実業家。陸軍奉行支配調役、子爵。大蔵省、大蔵大丞を経て国立銀行を設立。ほかに王子製紙、東京瓦斯など多数の会社を設立。商法講習所を経営。東京女学館の設立に関わる。
¶青森人,朝日([生]天保11年2月13日(1840年3月16日)),維新,岩史,海越,海越新,学校,角

史，近現，群新百，群馬人，群馬百，芸能，現朝（[生]天保11年2月13日（1840年3月16日）），現日，国際，国史，国書，コン改，コン4，コン5，埼玉人，埼玉百，埼玉文，詩歌，史人，静岡百，静岡歴，思想史，実業，重要，人書79，人書94，人情2，新潮，人名，世紀，姓氏京都，姓氏群馬，姓氏静岡，世人，世百，先駆，全書，全幕，創業，大百，多摩，哲学，鉄道，伝記，徳川将，徳川臣，渡航，日史，日人，日本，幕埼（[没]昭和6（1930）年），幕末，幕末大，百科，平日，宮城百，民学，明治2，山川小，履歴，歴大

し

**渋沢嘉津間** しぶさわかずま
→渋沢嘉津間（しぶさわかづま）

**渋沢嘉津間** しぶさわかづま，しぶさわかずま
安政4（1857）年～昭和7（1932）年
明治～昭和期の教育者。
¶群馬人（しぶさわかずま）

**渋沢宗助** しぶさわそうすけ
寛政6（1794）年～明治3（1870）年12月2日
江戸時代末期～明治期の養蚕改良家。名主。旧態依然たる養蚕方法を改めようと「養蚕手引抄」を自費出版。道場「練武館」を開く。
¶朝日（[生]寛政6年12月2日（1795年1月22日）[没]明治3（1871）年12月2日），国書，埼玉人，埼玉百，日人（[生]1795年 [没]1871年）

**渋沢文隆** しぶさわふみたか
昭和22（1947）年7月31日～
昭和～平成期の地理教育研究者。文部省初等中等教育局中学校課・高等学校課教科調査官。
¶現執3期，現執4期

**渋谷敦** しぶやあつし
大正13（1924）年～平成23（2011）年
昭和・平成期の教師。
¶熊本人

**渋谷英二** しぶやえいじ
明治45（1912）年2月25日～昭和45（1970）年1月10日
昭和期の教育者。
¶庄内

**渋谷敬三** しぶやけいぞう
大正9（1920）年～平成14（2002）年
昭和～平成期の体育行政（学校保健）。
¶近医

**渋谷憲一** しぶやけんいち
昭和2（1927）年11月18日～
昭和～平成期の心理学者。上越教育大学教授、学校教育研究センター長。
¶現執1期，現執3期，現執4期

**渋谷牀山** しぶやしょうざん
弘化4（1847）年～明治41（1908）年8月19日
江戸時代末期～明治期の漢学者。彦根藩校・高等師範学校教授。漢学、洋学を兼ね修める。
¶維新，滋賀文（[生]弘化4（1847）年6月13日），人名，日人，幕末，幕末大（[生]弘化4（1847）年6月13日）

**渋谷善作** しぶやぜんさく
文久3（1864）年～昭和6（1931）年
明治～昭和期の実業家。長岡銀行創立発起人。新潟女学校、北越学館で教師を務めた。
¶人名（[生]1863年），世紀（[生]文久3（1864）年12月10日 [没]昭和6（1931）年11月1日），日人

**渋谷慥爾** しぶやそうじ
？ ～明治28（1895）年1月29日
江戸時代末期～明治期の弁護士、教育者。英吉利法律学校（後の中央大学）創設者・初代幹事。
¶学校

**渋谷孝** しぶやたかし
昭和6（1931）年5月14日～
昭和～平成期の中古文学者、国語科教育学者。宮城教育大学教授。
¶現執1期，現執2期，現執3期，現執4期

**渋谷近蔵** しぶやちかぞう
明治8（1875）年～昭和24（1949）年
明治～昭和期の教育者。
¶神奈川人

**渋谷忠太郎** しぶやちゅうたろう
明治42（1909）年～昭和54（1979）年
昭和期の教育者。
¶山形百

**渋谷信義** しぶやのぶよし
明治41（1908）年5月24日～昭和11（1936）年7月20日 [別]丘村比呂人《おかむらひろと》
昭和期の小学校教員。
¶社史

**渋谷寛** しぶやひろし
嘉永2（1849）年～大正11（1922）年
江戸時代末期～大正期の教育者。
¶高知人

**四方小左衛門** しほうこざえもん
生没年不詳
江戸時代の豊岡藩士、心学者。
¶兵庫百

**しま**
～明治28（1895）年
江戸時代末期～明治時代の女性。教育。熊城氏。
¶江表（しま（千葉県））

**シマ**
江戸時代中期の女性。教育。幕臣市川氏。天明5年に市川クメが開いた御家流筆道指南所市川堂を継承。
¶江表（シマ（東京都））

**島惟精**（島維精） しまいせい
天保5（1834）年～明治19（1886）年
江戸時代末期～明治期の官吏。岩手県令、内務省土木局長。参事院議官、元老院議官などを歴任。
¶維新，岩手百，大分百（島維精），コン5，人名（島維精），姓氏岩手，日人，幕末（[没]1886年5

月11日)

**島巌** しまいまお
→島巌(しまいわお)

**島巌** しまいわお
天保9(1838)年～明治12(1879)年9月4日　㊙島巌《しまいまお》
明治期の政治家・富山県簡易農学校創立の尽力者。
¶姓氏富山，富山百(しまいまお)

**嶋尾正一**(島尾正一) しまおしょういち
明治31(1898)年11月29日～昭和49(1974)年9月19日
大正～昭和期の郷土史家。
¶姓氏富山(島尾正一)，富山文

**島雄益造** しまおますぞう
明治3(1870)年～昭和22(1947)年
明治～昭和期の教育者。
¶鳥取百

**島木赤彦** しまきあかひこ，しまぎあかひこ
明治9(1876)年12月17日～昭和1(1926)年3月27日
明治～大正期の歌人。小学教育に従事したが「アララギ」の編集責任者となり，作家に専念。歌集「馬鈴薯の花」。
¶朝日(しまぎあかひこ)，伊豆，岩歌，角史，郷土長野(しまぎあかひこ)，近現，近文，現日，国史，コン改，コン5，詩歌(しまぎあかひこ)，詩作(しまぎあかひこ)，児作，史人，静岡百，静岡歴，児文(しまぎあかひこ)，重要，信州人，新潮(しまぎあかひこ)　㊙明治(1876)年12月16日)，新文(しまぎあかひこ)　㊙明治9(1876)年12月16日)，人名(しまぎあかひこ)，世記，姓氏長野，世人，世百，全書，大百，短歌普，伝記，長野百，長野歴，奈良文(㊙明治9年12月16日)，日史(しまぎあかひこ)，日児，日人，日本，百科(しまぎあかひこ)，文学(しまぎあかひこ)，北海道文，山形百，山梨人，山梨百(㊙明治9(1876)年12月7日)，歴大

**島倉享一** しまくらきょういち
明治26(1893)年10月21日～昭和51(1976)年12月12日
大正・昭和期の久々野町教育長。
¶飛騨

**島崎赤太郎** しまざきあかたろう
明治7(1874)年7月9日～昭和8(1933)年4月13日　㊙島崎赤太郎《しまざきせきたろう》
明治～昭和期の音楽教育者・オルガン奏者。オルガン音楽の普及と子弟育成に務める。「尋常小学校唱歌」などの選曲編集に尽力。
¶海越，海越新，音楽，音人，現朝，コン改，コン5，作曲，新芸，人名(しまざきせきたろう)，世紀，渡航(㊙1874年7月4日)，日人

**島崎篤子** しまざきあつこ
昭和25(1950)年～
昭和～平成期の音楽教育者。
¶音人2，音人3(㊙昭和25年9月3日)

**島崎赤太郎** しまざきせきたろう
→島崎赤太郎(しまざきあかたろう)

**島崎拙翁** しまざきせつおう
文化11(1814)年～明治19(1886)年
江戸時代末期～明治期の儒学者，教育者。
¶大分歴

**島崎英夫** しまざきひでお
大正10(1921)年～昭和53(1978)年
昭和期の演劇活動家，教育者。
¶高知人

**嶋崎稔** しまざきみのる
昭和28(1953)年～
昭和～平成期の高校教諭。
¶YA

**島崎佳郎** しまざきよしろう
大正9(1920)年～平成3(1991)年
昭和～平成期の教育者。
¶北海道歴

**嶋路和夫** しまじかずお
昭和10(1935)年5月25日～
昭和～平成期の校長、読書教育家。京都市立京極小学校校長。
¶現執2期，児作，児人，世紀，日児

**島地五六** しまじごろく
→島地五六(しまぢごろく)

**島地威雄** しまじたけお，しまぢたけお
明治22(1889)年5月18日～昭和38(1963)年6月26日
大正～昭和期の生物学者，教育者。東京学芸大学教授。ダーウィンに傾倒，進化論を講じる。訳書に「ビーグル号航海記」。
¶科学，現情，現人(しまぢたけお)，佐賀百，人名7(しまぢたけお)，世紀，日人

**島地黙雷** しまじもくらい，しまぢもくらい
天保9(1838)年2月15日～明治44(1911)年2月3日　㊙島地黙雷《しまちもくらい，しまぢもくらい》
明治期の僧侶。政府の神仏習合策を批判し，真宗各派の大教院からの分離を唱え廃止に追い込んだ。女子文芸学舎(後の千代田女学園)を設立。
¶朝日(しまぢもくらい　㊙天保9年2月15日(1838年3月10日))，維新(しまぢもくらい)，岩史，岩手百，海越，海越新，江戸東，学校，角史，京都文，近現，近文(しまぢもくらい)，国際，国史，コン改(しまぢもくらい)，コン5(しまぢもくらい)，史人，思想，重要，実宗，神人，新潮，新文，人名(しまぢもくらい)，姓氏岩手，姓氏山口，世人，世百(しまぢもくらい)，先駆，全書，大百(しまぢもくらい)，哲学(しまぢもくらい)，伝記(しまぢもくらい)，渡航，日思，日史，日人，日本，幕末，百科，仏教，仏人，文学(しまぢもくらい)，民学，山口百，履歴(しまぢもくらい)，歴大

**島尻志道** しまじりしどう
明治13(1880)年～昭和30(1955)年

明治～昭和期の教師。
¶姓氏沖縄

**島尻政長　しまじりまさなが**
昭和12(1937)年11月2日～
昭和～平成期の音楽教育者。
¶音人2，音人3

**島津珍彦　しまずうずひこ**
→島津珍彦(しまづうずひこ)

**嶋末元　しまずえはじめ**
文久2(1862)年9月～大正14(1925)年12月17日
明治～大正期の教育者。私立学校創立者。
¶広島百

**島津重豪　しまずしげひで**
→島津重豪(しまづしげひで)

**島津恂堂　しまずじゅんどう**
→島津恂堂(しまづじゅんどう)

**島津忠徹　しまずただゆき**
→島津忠徹(しまづただゆき)

**島津治子　しまずはるこ**
→島津治子(しまづはるこ)

**島津久芳　しまずひさよし**
→島津久芳(しまづひさよし)

**島田功　しまだいさお**
昭和26(1951)年～
昭和～平成期の小学校教師。専門は、算数・数学教育。
¶現執4期

**島田依史子　しまだいしこ**
明治35(1902)年2月16日～昭和58(1983)年8月23日
大正～昭和期の教育者。文教女子短期大学教授、文京学園理事。私塾本郷女学院を開き、塾はのちに文京学園へと発展。
¶学校，女性，女性普，世紀，日人

**嶋田治　しまだおさむ**
大正3(1914)年～
昭和期の理科教育研究者。山形大学教授。
¶現執1期

**島田勘左衛門　しまだかんざえもん**
明治16(1883)年～昭和31(1956)年
明治～昭和期の教育者。
¶群馬人

**島田寛平　しまだかんぺい**
明治31(1898)年2月19日～昭和42(1967)年12月28日
大正～昭和期の美術教育者、画家。
¶沖縄百

**島田喜知郎　しまだきちろう**
明治45(1912)年6月24日～昭和55(1980)年4月4日
大正・昭和期の教育者。学校長。

¶飛騨

**島田恭順　しまだきょうじゅん★**
嘉永6(1853)年10月15日～明治27(1894)年9月27日
明治期の島田恭順塾長。
¶栃木人

**島田鈞一　しまだきんいち**
慶応2(1866)年～昭和12(1937)年
明治～昭和期の漢学者、教育家。東京文理科大学教授、大正大学教授などを務めた。
¶人名，世紀（㊤慶応2(1866)年7月15日　㊦昭和12(1937)年12月13日），新潟百，日人

**島田篁村　しまだこうそん**
天保9(1838)年～明治31(1898)年8月27日
江戸時代末期～明治期の漢学者。東京大学教授。宋学を根幹に据えた学は中国古典研究の近代化を促す。著書に「篁村遺稿」。
¶朝日（㊤天保9年8月18日(1838年10月6日)），維新，近現，国改，コン4，コン5，詩歌，人名，世百，全書，大百，哲学，新潟百，日人，幕末（㊤1838年10月6日），幕末大（㊤天保9(1838)年8月18日）

**島田修一　しまだしゅういち**
昭和10(1935)年12月23日～
昭和～平成期の教育学者、社会教育研究者。中央大学教授。
¶現執1期，現執2期，現執3期，現執4期

**島田武次　しまだたけじ**
文久1(1861)年12月28日～明治26(1893)年1月23日
江戸時代末期～明治期の教育者。
¶渡航

**島田忠順　しまだただゆき★**
安政元(1818)年～明治29(1896)年
江戸時代末期・明治期の洗心堂塾主。
¶栃木人

**島田太郎　しまだたろう**
明治5(1872)年～昭和23(1948)年
明治～昭和期の教育者。
¶姓氏富山

**島田千秋　しまだちあき**
明治41(1908)年～平成8(1996)年
昭和・平成期の教員、神職、郷土史家。
¶伊豆

**島田伴十郎　しまだともじゅうろう**
天保9(1838)年～明治27(1894)年
江戸時代末期～明治時代の本多氏旧臣。主君の仇討ちを計画。小学校教員。
¶幕末，幕末大

**島谷征良　しまたにせいろう**
昭和24(1949)年9月14日～
昭和～平成期の俳人、高等学校教諭。「一葦」主宰。
¶現執2期，現俳

**島田八郎** しまだはちろう
明治42(1909)年〜
昭和期の小学校教師。日本労働組合全国協議会一般支部教労常任委員長、新教同盟支部常任委員長。
¶社史

**島田伴完** しまだばんかん
寛政12(1800)年8月16日〜明治17(1884)年
江戸時代後期〜明治期の寺子屋師匠・陰陽師。
¶埼玉人，埼玉百

**島田蕃根** しまだばんこん
文政10(1827)年〜明治40(1907)年　[別]島田蕃根《しまだみつね》
江戸時代末期〜明治期の仏教学者。明治初期の宗教行政の確立に尽力。弘教書院を設立し、「縮刷大蔵経」を刊行。
¶朝日([生]文政10年11月8日(1827年12月25日)　[没]明治40(1907)年9月2日)，江戸東(しまだみつね)，コン改，コン4，コン5，人名，姓氏山口，全書，大百，日人，幕末(しまだみつね　[生]1828年　[没]1907年9月2日)，仏教(しまだみつね)

**島田博司** しまだひろし
昭和34(1959)年3月11日〜
昭和〜平成期の教育社会学者。甲南女子大学人間科学部助教授。専門は、教育社会学。
¶現執4期

**島田蕃根** しまだみつね
→島田蕃根(しまだばんこん)

**島田豊** しまだゆたか
明治33(1900)年1月8日〜昭和59(1984)年5月25日
昭和期の舞踊家。島田児童舞踊研究所を開設し子どもの舞踊教育に尽力。
¶四国文，児文

**島地五六** しまぢごろく，しまじごろく
安政3(1856)年〜大正1(1912)年
江戸時代末期〜明治期の教育者。飯田中学初代校長。
¶長野歴(しまじごろく)

**島地威雄** しまぢたけお
→島地威雄(しまじたけお)

**島地黙雷** しまぢもくらい，しまちもくらい
→島地黙雷(しまじもくらい)

**島地雷夢** しまぢらいむ
明治12(1879)年2月14日〜大正3(1914)年2月9日
明治〜大正期の教師。
¶キリ

**島津珍彦** しまづうずひこ，しまずうずひこ
弘化1(1844)年〜明治43(1910)年
江戸時代末期〜明治期の政治家。貴族院議員、男爵。照国神社宮司、鹿児島高等中学造士館長などを歴任。
¶維新，鹿児島百(しまずうずひこ)，コン5，薩摩(しまずうずひこ)，人名，姓氏鹿児島，日人，幕末([没]1910年6月1日)，幕末大([生]弘化1(1844)年10月22日　[没]明治43(1910)年6月16日)，藩臣7

**島津重豪** しまづしげひで，しまずしげひで
延享2(1745)年11月7日〜天保4(1833)年1月15日　[別]島津久方《しまづひさかた》
江戸時代中期〜後期の大名。薩摩藩主。
¶朝日([生]延享2年11月7日(1745年11月29日)　[没]天保4年1月15日(1833年3月6日))，岩史，黄檗(しまずしげひで)，沖縄百(しまずしげひで)，鹿児島百(しまずしげひで)，角史，鎌倉，近世，国史，国書，コン改，コン4，史人，諸系，人書94(しまずしげひで)，新潮，人名，姓氏沖縄，姓氏鹿児島(島津久方　しまづひさかた)，姓氏鹿児島，姓氏神奈川([没]1832年)，世人([生]延享2(1745)年11月　[没]天保4(1833)年2月3日)，世百，全書，大百，日史，日人，藩主4，百科，宮崎百(しまずしげひで)，洋学，歴大

**島津恂堂** しまづじゅんどう，しまずじゅんどう
文化1(1804)年〜明治5(1872)年
江戸時代末期〜明治時代の医師。医業の傍ら藩校矜式館の儒学教授。
¶静岡歴(しまずじゅんどう)，姓氏静岡，幕末，幕末大

**島津忠昌** しまづただまさ
寛正4(1463)年〜永正5(1508)年
戦国時代の薩摩・大隅・日向国守護。立久の嫡子。
¶朝日([没]永正5年2月15日(1508年3月16日))，国史，古中，コン改，コン4，諸系，新潮([没]永正5(1508)年2月15日)，人名，姓氏鹿児島，世人，戦合，戦人，日人

**島津忠徹** しまづただゆき，しまずただゆき
寛政9(1797)年8月2日〜天保10(1839)年4月26日
江戸時代後期の大名。日向佐土原藩主。
¶諸系，日人，藩主4，宮崎百(しまずただゆき)

**島津天錫** しまづてんしゃく
宝暦2(1752)年〜文化6(1809)年
江戸時代中期・後期の武士、漢詩人。
¶国書([生]宝暦2(1752)年6月6日　[没]文化6(1809)年9月11日)，日人

**島津治子** しまづはるこ，しまずはるこ
明治11(1878)年7月7日〜昭和45(1970)年2月14日
明治〜昭和期の教育者。皇宮宮女官長。男爵島津長丸の妻。女子教育に尽力し、私立鶴嶺女学校を創立。
¶近女，女史，女性(しまずはるこ)，女性普(しまずはるこ)，世紀，履歴([生]明治11(1878)年7月9日)，履歴2([生]明治11(1878)年7月9日)

**島津久方** しまづひさかた
→島津重豪(しまづしげひで)

**島津久治** しまづひさはる
天保12(1841)年〜明治5(1872)年
江戸時代末期〜明治期の鹿児島藩士。兄島津忠義の名代で上京、禁門の変を戦う。戊辰戦争に出

陣。維新後は藩の教育に専念。
¶朝日（[生]天保12年4月25日（1841年6月14日）[没]明治5（1872）年1月4日），維新，近現，近世，国史，コン改，コン4，コン5，史人（[生]1841年4月25日　[没]1872年1月4日），新潮（[没]明治5（1872）年1月4日），人名，姓氏鹿児島，日人，幕末（[没]1872年2月12日），幕末大（[生]天保12（1841）年閏4月26日　[没]明治5（1872）年1月3日），藩臣7



**島津久芳**　しまづひさよし，しまずひさよし
文政5（1822）年～明治18（1885）年12月8日
江戸時代末期～明治期の鹿児島藩士。隼人と通称。軍役方から騎兵教授となる。戊辰戦争では戦功を上げた。
¶維新，鹿児島百（しまずひさよし），近現，近世，国史，コン改，コン4，コン5，新潮（[生]文政5（1822）年5月），人名，姓氏鹿児島，日人，幕末，幕末大

**島野嘉作**　しまのかさく
生没年不詳
明治期の農事教師。
¶庄内

**島野初子**　しまのはつこ
明治28（1895）年11月9日～昭和60（1985）年8月8日　[別]矢部初子《やべはつこ》
大正～昭和期の教育者、英語学院・幼稚園経営者。館山白百合学園名誉園長。無料の寺子屋塾を開くなど、国家権力にくみせず、地域に根ざした活動を続ける。
¶近女（矢部初子　やべはつこ），現朝，女運（矢部初子　やべはつこ），女性，女性普，新宿女（矢部初子　やべはつこ），世紀，日人

**嶋野道弘**　しまのみちひろ
昭和21（1946）年1月15日～
昭和～平成期の官僚。文部科学省初等中等教育局視学官。
¶現執4期

**島袋源一郎**　しまぶくろげんいちろう
明治18（1885）年～昭和17（1942）年
大正～昭和期の教育者、沖縄研究者。沖縄県立博物館初代館長。小学校教員、県教育社会主事などを歴任。沖縄の歴史を実地に検証し、伝承研究によって補った。
¶沖縄百（[生]明治18（1885）年10月8日　[没]昭和17（1942）年3月27日），角史，コン改，コン5，社史（[生]1885年10月18日　[没]1942年3月27日），新潮，世紀，姓氏沖縄，日人（[生]明治18（1885）年10月8日　[没]昭和17（1942）年3月27日）

**島袋源七**　しまぶくろげんしち
明治30（1897）年6月～昭和28（1953）年1月28日
大正～昭和期の教育者。
¶沖縄百，姓氏沖縄

**島袋俊一**　しまぶくろしゅんいち
明治35（1902）年9月11日～昭和40（1965）年9月17日
昭和期の農学者。
¶沖縄百，姓氏沖縄

**島袋俊栄**　しまぶくろしゅんえい
生没年不詳
教育者。浜小学校・嘉数小学校長。
¶姓氏沖縄

**島袋盛敏**　しまぶくろせいびん
明治23（1890）年12月19日～昭和45（1970）年1月2日
昭和期の教育者、沖縄研究者。
¶沖縄百，社史

**島袋全利**　しまぶくろぜんり
明治42（1909）年～
昭和期の教育者、小学校校長。
¶社史

**島袋雄喜**　しまぶくろゆうき
？ ～
昭和期の小学校教員。沖縄教育労働者組合メンバー。
¶社史

**島袋良繁**　しまぶくろりょうはん
明治39（1906）年10月8日～昭和49（1974）年9月28日
昭和期の小学校教員。沖縄教育労働者組合国頭地区責任者。
¶社史

**島正夫**　しままさお
明治14（1881）年～昭和21（1946）年
明治～昭和期の教育者、政治家。大沢村長。
¶神奈川人

**島マス**　しまます
明治33（1900）年～昭和63（1988）年7月8日
昭和期の社会事業家。コザ市中部地区社会福祉協議会会長。コザ児童保護所、コザ女子ホームを設立。
¶近女，女性，女性普，世紀，日人（[生]明治33（1900）年3月13日　[没]昭和63（1988）年7月9日）

**島峰徹**　しまみねとおる
明治10（1877）年4月3日～昭和20（1945）年2月10日
明治～昭和期の歯科医学者。東京高等歯科医学校を創立し校長、付属病院長などを歴任。
¶科学，近医，人名7，渡航，日人

**島村彬**　しまむらあきら
安永6（1777）年～弘化2（1845）年
江戸時代後期の筑前福岡藩士。
¶人名，日人

**島村右馬丞**　しまむらうまのじょう
文化13（1816）年～明治3（1870）年
江戸時代末期～明治時代の郷士。家塾を開き文武にわたって門人を指導。
¶高知人，幕末（[没]1870年2月23日），幕末大（[生]文化13（1816）年4月11日　[没]明治3（1870）年1月23日）

島村紀孝　しまむらきこう
　→島村紀孝（しまむらのりたか）

島村玄学　しまむらげんがく
　明治14(1881)年〜昭和44(1969)年
　明治〜昭和期の教育者、地方自治功労者。
　¶高知人

島村弘堂　しまむらこうどう
　文政5(1822)年〜明治9(1876)年1月28日
　江戸時代末期〜明治期の儒学者。
　¶国書(㊥文政5(1822)年1月2日)、人名、日人、
　　兵庫人(㊥文政4(1821)年1月2日)

島村紀孝　しまむらのりたか
　文化4(1807)年〜＊　㊨島村紀孝《しまむらきこう》
　江戸時代末期〜明治期の漢学者、教育者。
　¶維新(㊥1887年)、郷土滋賀(しまむらきこう
　　㊥1893年)、人名(㊥1895年)、日人(㊥1895
　　年)、幕末(㊥1887年6月6日)、幕大(㊥明治
　　20(1887)年6月6日)

島村美代子　しまむらみよこ
　大正10(1921)年1月11日〜
　昭和〜平成期の教育家・国文学者。
　¶富山文

島本蘭渓　しまもとらんけい
　安永1(1772)年〜安政2(1855)年
　江戸時代後期の教育者。家塾で絵と書を教える。
　¶高知人、高知百、幕末(㊥1855年9月18日)、幕
　　末大(㊥安政2(1855)年8月)

嶋祐三　しまゆうぞう
　昭和9(1934)年〜
　昭和期の教師、教育問題専門家。
　¶現執1期

志摩陽伍　しまようご
　昭和5(1930)年2月16日〜
　昭和〜平成期の教育学者。東洋大学教授。
　¶現執1期、現執2期、現情

清水朝三郎　しみずあさざぶろう
　明治16(1883)年10月24日〜昭和22(1947)年4月
　22日
　明治〜昭和期の教育者。
　¶群馬人

清水郁子　しみずいくこ
　明治25(1892)年10月2日〜昭和39(1964)年6月
　24日
　昭和期の教育者。青山学院女子専門部教頭兼教
　授。新進教育評論家として活躍し、「男女共学論」
　を刊行。町田市に桜美林学園を創設。
　¶キリ(㊥昭和39(1964)年6月29日)、近女、現
　　情、島根歴、女史、女性(㊥明治25(1892)年10
　　月20日)、女性普(㊥明治25(1892)年9月13
　　日)、世紀、日人、町田歴

清水郁太郎　しみずいくたろう
　安政4(1857)年10月13日〜明治18(1885)年2月
　26日

江戸時代末期〜明治期の医学者。東京大学教授。
我が国初の産婦人科担当の教授。
　¶海越、海越新、近医、渡航、日人、幕末、広島百

清水石之助　しみずいしのすけ
　慶応2(1866)年3月8日〜昭和16(1941)年7月9日
　明治〜昭和期のへき地教育功労者。
　¶飛驒

清水右平　しみずうへい
　明治43(1910)年4月15日〜
　昭和期の体育教育者。
　¶群馬人

清水雲窩　しみずうんか
　寛政12(1800)年〜＊
　江戸時代末期の筑前福岡藩士。
　¶人名(㊥1869年)、日人(㊥1870年)

清水永三郎　しみずえいざぶろう、しみずえいさぶろう
　安政5(1858)年〜明治35(1902)年
　明治期の農民、教員。小学校長、群馬県議会議
　員、衆議院議員。
　¶郷土群馬、群新百、群馬人、群馬百、社史
　　(㊥安政5年2月16日(1858年3月30日)　㊥1902
　　年11月22日)、姓氏群馬(しみずえいさぶろう)

清水えみ子　しみずえみこ
　昭和14(1929)年10月3日〜
　昭和〜平成期の教育者、児童文学者。
　¶現情、児人、世紀、日児

清水栄盛　しみずえもり
　明治39(1906)年4月14日〜昭和49(1974)年11月4
　日
　大正〜昭和期の教育者・初代道後動物園長。
　¶愛媛百

清水沖一郎　しみずおきいちろう
　明治1(1868)年〜昭和14(1939)年
　明治〜昭和期の教育者。
　¶姓氏石川

清水治　しみずおさむ
　昭和6(1931)年12月1日〜
　昭和期の金山町教育長。
　¶飛驒

清水勝雄　しみずかつお
　明治16(1883)年〜昭和32(1957)年
　明治〜昭和期の教育者。
　¶神奈川人

清水勝造　しみずかつぞう
　文久3(1863)年〜大正12(1923)年
　明治〜大正期の教育者。
　¶姓氏長野、長野歴

清水清　しみずきよし
　大正13(1924)年〜
　昭和〜平成期の生物学教師、生物科学写真家。
　¶児人

**清水謹治　しみずきんじ**
　明治10(1877)年～昭和17(1942)年
　明治～昭和期の教育者、政治家。飯山町長。
　¶長野歴

**清水庫之祐　しみずくらのすけ**
　明治27(1894)年4月28日～昭和26(1951)年6月2日
　明治～昭和期の教育者、郷土史家。
　¶町田歴

**清水謙一郎　しみずけんいちろう**
　明治23(1890)年～昭和56(1981)年
　大正～昭和期の教育者。
　¶姓氏長野, 長野歴

**清水玄道　しみずげんどう**
　明治20(1887)年3月7日～昭和28(1953)年1月7日
　明治～昭和期の真宗大谷派僧侶、社会事業家。
　¶世紀, 姓氏愛知, 日人

**清水賢良　しみずけんりょう**
　天保13(1842)年10月10日～明治19(1886)年2月13日
　江戸時代後期～明治期の教育者。
　¶埼玉人, 埼玉百

**清水江東　しみずこうとう**
　元文5(1740)年～寛政7(1795)年
　江戸時代中期の儒学者。
　¶江文, 国書(㊗寛政7(1795)年6月7日), 人名, 日人

**清水貞徳　しみずさだのり**
　正保2(1645)年～享保2(1717)年6月26日
　江戸時代前期～中期の測量家。
　¶朝日(㊗享保2年6月26日(1717年8月3日)), 江人, 科学, 近世, 国史, 国書, コン改, コン4, コン5, 史人, 人名(㊟?), 数学, 世人(㊟?), 全書, 大百, 日人, 歴大

**志水三郎　しみずさぶろう**
　明治4(1871)年5月13日～昭和27(1952)年3月19日
　明治～昭和期の教育者。
　¶熊本百

**清水治吉　しみずじきち**
　嘉永2(1849)年～明治28(1895)年
　明治期の政治家。新潟県議会議員、豪商、教育家。
　¶新潟百

**清水静海　しみずしずみ**
　昭和24(1949)年6月28日～
　昭和～平成期の数学教育学者。筑波大学助教授。
　¶現執3期, 現執4期

**清水春斎　しみずしゅんさい**
　？～安政3(1856)年
　江戸時代後期～末期の心学者。
　¶国書

**清水信　しみずしん**
　大正9(1920)年11月20日～　㊙清水信《しみずまこと》
　昭和期の小説家、評論家。評論集「日曜手帖」刊行。戦後も教員生活のかたわら文筆活動を続ける。
　¶紀伊文(しみずまこと), 近文(しみずまこと), 現執1期, 現執2期, 現情(しみずまこと), 世紀

**清水雪翁　しみずせつおう**
　安政5(1858)年2月27日～大正2(1913)年12月20日
　明治～大正期の教育者・郷土史家。
　¶埼玉人, 埼玉百

**清水善茂　しみずぜんも**
　明治24(1891)年～昭和22(1947)年
　大正～昭和期の教育者・詩人。
　¶神奈川人, 姓氏神奈川

**清水堯　しみずたかし**
　大正14(1925)年～
　昭和期の理科教育研究者。
　¶児人

**清水驍　しみずたけし**
　昭和1(1926)年12月25日～
　昭和期の教育学者、知能教育研究者。知能教育学会会長、知能教育国際学会会長。
　¶現執2期

**清水親和　しみずちかかず**
　万延1(1860)年11月25日～明治42(1909)年
　江戸時代末期～明治期の教育者。
　¶庄内

**清水富貴寿　しみずときじゅ**
　明治27(1894)年～昭和45(1970)年
　大正～昭和期の教育者。
　¶群馬人

**清水利信　しみずとしのぶ**
　昭和1(1926)年～
　昭和期の教育心理学者。横浜国立大学教授。
　¶現執1期

**清水信頼　しみずのぶより**
　～安政2(1855)年9月8日
　江戸時代末期の和算家。信濃境新田の人。近郷の門人に算学のほか神儒仏道も教えた。
　¶数学

**清水晴国　しみずはるくに**
　文政8(1825)年～明治4(1871)年
　江戸時代末期～明治期の島津家家士。与小頭、高奉行、藩用人、検地主任を務める。
　¶人名, 日人, 幕末(㊗1871年6月19日)

**清水半吾　しみずはんご**
　明治14(1881)年1月23日～昭和51(1976)年4月26日
　明治～昭和期の工学者。山梨県高等工業学校校長。山梨大学工学部の基礎を築く。
　¶山梨百

**清水彦五郎　しみずひこごろう**
　安政1(1854)年～大正2(1913)年

明治〜大正期の英語教師。
¶島根歴

**志水広** しみずひろし
昭和27(1952)年〜
昭和〜平成期の小学校教師。日本数学教育学会算数教育編集部幹事。
¶現執3期, 現執4期(㊤1952年2月28日)

**清水寛** しみずひろし
昭和11(1936)年7月29日〜
昭和〜平成期の障害児教育学者。埼玉大学教授。
¶現執1期, 現執2期, 現執3期, 現執4期

**清水信**(1) しみずまこと
→清水信(しみずしん)

**清水信**(2) しみずまこと
明治43(1910)年〜
昭和期の教員。
¶社史

**清水正男** しみずまさお
大正3(1914)年〜
昭和期の学校図書館・教育工学者。信州大学教授。
¶現執1期

**清水正邦** しみずまさくに
明治37(1904)年〜昭和56(1981)年
昭和期の教育者。長野県短期大学学長、長野市教育委員長。
¶長野歴

**清水正行** しみずまさゆき
大正10(1921)年〜昭和60(1985)年
昭和期の長野県高等学校教職員組合執行委員長。
¶姓氏長野, 長野歴

**清水正淑** しみずまさよし
昭和9(1934)年11月28日〜
昭和期の教育者。学校長。
¶飛騨

**清水宗雄** しみずむねお
明治40(1907)年5月15日〜昭和58(1983)年10月15日
昭和期の小学校教員。
¶社史

**清水靖夫** しみずやすお
昭和9(1934)年〜
昭和〜平成期の高等学校教諭、地図学者。
¶現執4期, 児人, 世紀, YA

**清水安三** しみずやすぞう
明治24(1891)年6月1日〜昭和63(1988)年1月17日
昭和期の教育者、牧師、桜美林学園創設者。桜美林学園を創設。
¶学校, 郷土滋賀, キリ, 現朝, 現情, 現人, 滋賀文, 世紀, 日人, 町田歴

**清水康敬** しみずやすたか
昭和15(1940)年4月4日〜

昭和〜平成期の教育工学者。東京工業大学教育工学開発センター教授、文部省放送教育開発センター教授。
¶現執3期

**清水幸正** しみずゆきまさ
大正10(1921)年〜
昭和期の教育学者。
¶群馬人

**清水洋香** しみずようこう
昭和6(1931)年〜
昭和〜平成期の中学校教諭、馬研究家。
¶児人

**清水与三郎** しみずよさぶろう
明治4(1871)年2月〜?
明治期の教育者。
¶渡航

**清水喜承** しみずよしつぐ
昭和13(1938)年12月2日〜
昭和〜平成期の音楽教育者、バリトン歌手。
¶音人2, 音人3

**清水義範** しみずよしのり
昭和22(1947)年10月28日〜
昭和〜平成期の小説家。SFや教育、学校をテーマにした小説を書く。作品に「魔界の剣闘士」など。
¶幻作, 現執2期, 現執3期, 現執4期, 幻想, 現文, 四国文, 小説, 世紀, 日人, マス89, ミス

**清水良典** しみずよしのり
昭和29(1954)年1月17日〜
昭和〜平成期の文芸評論家、高校教師。
¶京都文, 現執3期, 現執4期

**清水義弘** しみずよしひろ
大正6(1917)年10月13日〜
昭和〜平成期の教育社会学者。東京大学教授。教育社会学の先駆者。中央教育審議会委員。著書に「教育社会学の構造」など。
¶現朝, 現執1期, 現執2期, 現情, 現人, 世紀, 日人, マス89

**清水雷首** しみずらいしゅ
宝暦5(1755)年〜天保7(1836)年
江戸時代中期〜後期の儒学者。
¶国書(㊦天保7(1836)年5月29日), 日人, 三重

**清水楽山** しみずらくさん
文政4(1821)年〜明治21(1888)年
江戸時代末期〜明治期の儒学者。
¶江文, 人名, 日人

**清水利一** しみずりいち
明治27(1894)年〜昭和50(1975)年
大正〜昭和期の教育者。
¶姓氏長野, 長野歴

**清水力夫** しみずりきお
大正3(1914)年〜昭和51(1976)年
昭和期の教師。
¶青森人

し

**清水力次郎** しみずりきじろう
明治3(1870)年12月25日～
明治期の教師。国府高等小学校長など歴任。
¶飛驒

**清水柳平** しみずりゅうへい
明治41(1908)年12月4日～平成7(1995)年5月15日
昭和・平成期の教育者。学校長。
¶飛驒

**志村烏嶺** しむらうれい
明治7(1874)年2月5日～昭和36(1961)年
明治～昭和期の教育者、登山家、山岳写真家。
¶写家([没]昭和34年3月7日)，植物，栃木歴，長野百，長野歴

**志村鏡一郎** しむらきょういちろう
昭和6(1931)年～
昭和期の西洋教育史研究者。静岡大学教授。
¶現執1期

**志村五城** しむらごじょう
→志村東華(しむらとうか)

**志村二郎** しむらじろう
明治32(1899)年～昭和36(1961)年
大正～昭和期の教育者。群馬師範校長。
¶群馬人

**志村恒憲** しむらつねのり
文政6(1823)年～明治31(1898)年1月17日
江戸時代後期～明治時代の和算家。
¶数学

**志村天目** しむらてんもく
*～文化14(1817)年
江戸時代中期～後期の心学者。
¶国書([生]延享2(1745)年　[没]文化14(1817)年1月12日)，長野歴([生]延享2(1745)年)，日人([生]1746年)，山梨百([生]延享3(1746)年　[没]文化14(1817)年1月14日)

**志村東華** しむらとうか
延享3(1746)年～天保3(1832)年　[別]志村五城《しむらごじょう》
江戸時代後期の儒学者。
¶国書(志村五城　しむらごじょう　[没]天保3(1832)年5月18日)，人名，姓氏岩手(志村五城　しむらごじょう)，姓氏宮城(志村五城　しむらごじょう)，日人(志村五城　しむらごじょう)，宮城百(志村五城　しむらごじょう)

**志村東嶼** しむらとうしょ
宝暦2(1752)年～享和2(1802)年
江戸時代中期～後期の陸奥仙台藩士、儒学者。
¶江文，国書([没]享和2(1802)年5月24日)，姓氏岩手，日人，藩臣1，宮城百

**志村蒙庵** しむらもうあん
明和6(1769)年～弘化2(1845)年
江戸時代中期～後期の儒学者。
¶国書([没]弘化2(1845)年1月24日)，日人

**志村洋子** しむらようこ
昭和25(1950)年10月18日～
昭和～平成期のメゾソプラノ歌手、幼児音楽教育者。
¶音人，音人2，音人3

**志村禮治郎** しむられいじろう
明治6(1873)年～昭和19(1944)年
明治～昭和期の教育者。
¶群馬人

**締木信太郎** しめきしんたろう
明治31(1898)年2月12日～昭和55(1980)年9月
明治～昭和期の製パン業者、料理教育者。
¶食文

**七五三満** しめみちる
明治37(1904)年6月11日～昭和34(1959)年9月13日
昭和期の歌人・教師。
¶愛媛百

**下出民義** しもいでたみよし
文久1(1861)年12月～昭和27(1952)年8月16日
明治～大正期のエネルギー業界で活動した実業家。東邦商業学校(後の東邦高等学校)を設立。
¶愛知百([生]1861年1月7日)，学校，政治，姓氏愛知

**下出義雄** しもいでよしお★
明治23(1890)年～昭和33(1958)年
明治～昭和期の経営者。教育者。
¶東海

**下総皖一** しもうさかんいち
→下総皖一(しもふさかんいち)

**下江秀太郎** しもえひでたろう
嘉永1(1848)年～明治37(1904)年
江戸時代後期～明治期の剣術家。北辰一刀流。
¶剣豪，栃木歴

**下河部良佐** しもかわべりょうさ
？～
昭和期の協調会労働学院講師。
¶社史

**下川廉** しもかわれん
明治1(1868)年～昭和33(1958)年
明治～昭和期の教育者。
¶姓氏鹿児島

**下国良之助** しもぐにりょうのすけ
文久2(1862)年？～昭和6(1931)年12月21日
明治～昭和期の教育者、沖縄県尋常中学校教頭。
¶沖縄百

**下河辺光行** しもこうべみつゆき
安政3(1856)年1月1日～昭和19(1944)年1月
江戸時代末期～昭和期の教育者。京都私立独逸学校(後の京都薬科大学)創設に参画。
¶学校

## 下沢勝井　しもざわかつい
昭和3（1928）年6月15日～
昭和期の国語教師、小説家。法政大学講師。
¶現執2期

## 下沢仁　しもざわまさし
大正6（1917）年9月18日～平成11（1999）年7月31日
昭和期の教育者。
¶視覚

## 下地盛路　しもじせいろ
明治34（1901）年～昭和56（1981）年
昭和期の教育者。
¶戦沖

## 下島摯一　しもじますえかず
明治24（1891）年2月12日～昭和36（1961）年5月
大正～昭和期の教育者・剣道家。
¶群馬人、群馬百

## 霜島雄三　しもじまゆうぞう
明治37（1904）年～昭和44（1969）年
昭和期の教育者。
¶神奈川人

## 下条恭兵　しもじょうきょうへい
明治33（1900）年4月～昭和61（1986）年1月12日
大正～昭和期の学校創立者。柏崎専門学校（後の新潟産業大学）を創設。
¶学校、政治

## 下条新一郎　しもじょうしんいちろう
明治39（1906）年6月28日～昭和62（1987）年11月7日
昭和期の小学校教員。
¶社史

## 下城弥一郎　しもじょうやいちろう
嘉永6（1853）年～明治38（1905）年
明治期の実業家、政治家。県会議員。伊勢崎太織会社を組織し、組合検査証を製品に貼付。伊勢崎染織学校を創設。
¶朝日、郷土群馬、群馬人、群馬百、コン改、コン5、人名、姓氏群馬、日人

## 下条康麿　しもじょうやすまろ
明治18（1885）年1月20日～昭和41（1966）年4月25日
昭和期の官僚、政治家。参議院議員。内務省に入り、内閣恩給局長、同統計局長などを歴任。緑風会結成に参加。第2次吉田内閣文相。
¶朝日、現情、現日、コン改、コン4、コン5、新潮、人名7、世紀、政治、長野百、長野歴、日人、履歴、履歴2

## 下瀬川松兵衛　しもせがわまつべえ
明治35（1902）年～昭和47（1972）年
昭和期の教育者。
¶姓氏岩手

## 下園彦二　しもぞのひこじ
明治43（1910）年3月20日～
明治～昭和期の点訳ボランティア、教師。

¶視覚

## 下田功　しもだいさお
明治39（1906）年～
昭和期の群馬高専校長・化学者。
¶群馬人

## 下平可都三（下平可都美、下平且見）　しもだいらかつみ
文政5（1822）年～明治43（1910）年
江戸時代末期～明治期の俳人。北陸・奥州に行脚、旅先で俳諧を教えた。
¶郷土群馬（下平可都美）、群馬人（⑧文政11（1828）年）、群馬百、姓氏群馬（下平且見）、長野歴、日人、俳文（⑧文政5（1822）年1月11日 ⑱明治43（1910）年12月9日）

## 下平才次　しもだいらさいじ
明治35（1902）年～昭和57（1982）年
大正～昭和期の郷土史家。
¶郷土、山形百新

## 下田歌子　しもだうたこ
嘉永7（1854）年8月8日～昭和11（1936）年10月8日
明治～昭和期の女子教育家。愛国婦人会会長。宮内省御用掛となり、華族女学校の設立に参加、教授。実践女学校（後の実践女子大学）を創立。
¶朝日（⑧安政1年8月8日（1854年9月29日））、岩史、海越、海越新、学校、角史、岐阜百、教育、郷土岐阜、近現、近女、近文（⑱1937年）、現朝（⑧安政1年8月8日（1854年9月29日））、国史、コン改、コン5、史人、児文（⑧安政3（1856）年）、女史、女性、女性普、女文、新宿女、新潮、新文（⑧安政3（1856）年7月8日）、人名、世紀、世人、世百、先駆、全書、大百、短歌普（⑧1854年7月8日 ⑱1937年10月8日）、渡航、日史、日児、日女（⑧安政1（1854）年7月8日 ⑱昭和12（1937）年10月8日）、日人、日本、幕百科、文学（⑱1856年）、平日、民学、明治2、履歴、履大

## 霜田一敏　しもだかずとし
昭和6（1931）年5月26日～
昭和～平成期の教育方法学者。愛知教育大学教授。
¶現執1期、現執2期、現執3期

## 下田佐重　しもださじゅう
明治25（1892）年～
大正～昭和期の教育者。
¶多摩

## 下田次郎　しもだじろう
明治5（1872）年3月6日～昭和13（1938）年3月24日
明治～昭和期の教育学者。東京女子高等師範学校教授。教育学、女子教育法を研究。女子教育の権威。
¶教育、人名、心理、世紀、哲学、渡航、日人、広島百

## 霜田静志　しもだせいし
明治23（1890）年7月9日～昭和48（1973）年1月28日
明治～昭和期の教育家。
¶現執1期、現情、心理、世紀

下田たづ　しもだたず
　慶応1(1865)年～？
　明治～昭和期の教育者。桜蔭高等女学校理事。東京女子高等師範学校生徒監、東京高等蚕糸学校講師を務める。
　¶女性，女性普

下田徳太郎　しもだとくたろう
　明治8(1875)年～昭和38(1963)年
　明治～昭和期の郷土史家。
　¶郷土，群馬人，姓氏群馬

下田知江　しもだともえ
　昭和3(1928)年8月3日～平成18(2006)年12月18日
　昭和～平成期の教師。
　¶視覚

下田房雄　しもだふさお
　生没年不詳
　昭和期の小学校教員。
　¶社史

下田芳沢　しもだほうたく
　寛延3(1750)年～文政3(1820)年
　江戸時代後期の儒学者。
　¶江文，国書(㊥文政3(1820)年4月24日)，人名，日人

下田正幸　しもだまさゆき
　昭和3(1928)年4月3日～
　昭和～平成期の音楽教育者、バリトン歌手、合唱指揮者。
　¶音人2，音人3

下田吉人　しもだよしと
　明治30(1897)年12月2日～昭和54(1979)年12月4日
　昭和期の栄養学者、教育者。
　¶科学，現情

下間良弼　しもつまりょうひつ
　？～文久2(1862)年
　江戸時代後期の蘭学者。
　¶新潮，日人

下道真備　しもつみちのまきび
　→吉備真備(きびのまきび)

下斗米重房　しもとまいしげふさ
　明治21(1888)年8月22日～昭和53(1978)年7月31日
　大正～昭和期の教育者、郷土史研究家。
　¶岩手人，姓氏岩手

下斗米精三　しもとまいせいぞう
　生没年不詳
　明治期の教育家。南部藩士。
　¶岩手人

下中弥三郎　しもなかやさぶろう
　明治11(1878)年6月12日～昭和36(1961)年2月21日
　明治～昭和期の出版人、教育運動家。平凡社社長。「児童新聞」などの編集を経て埼玉師範教諭。平凡社を創業、全集や大百科事典などの出版に成功。
　¶アナ，岩史，角史，近現，近文，昭朝，昭情，現人，現日，国史，コン改，コン5，埼玉人，埼玉百，史人，児文，社運，社史，出版，出文，新潮，新文，人名7，世紀，世人，世百新，全書，創業，大百，哲学，伝記，日史，日児(㊥昭和46(1971)年2月21日)，日人，日本，百科，兵庫人(㊥明治11(1878)年6月20日)，兵庫百，兵庫文，文学，平和，民学，履歴(㊥昭和36(1961)年2月11日)，履歴2(㊥昭和36(1961)年2月11日)，歴大

下野宗逸　しものそういつ
　明治31(1898)年～昭和55(1980)年
　大正～昭和期の教育家。
　¶郷土奈良

下野米　しものたから
　明治31(1898)年12月1日～昭和60(1985)年1月9日
　明治～昭和期の音楽教育者、オルガン奏者。
　¶音人

下橋邦彦　しもはしくにひこ
　昭和14(1939)年～
　昭和～平成期の国語教育研究家。
　¶現執1期，YA

下林繁夫　しもばやししげお
　明治18(1885)年10月26日～昭和15(1940)年8月24日
　明治～昭和期の教育者、日本画家。
　¶熊本百

下総皖一(下総暁一)　しもふさかんいち
　明治31(1898)年3月31日～昭和37(1962)年7月8日
　㊥下総皖一《しもうさかんいち》
　大正～昭和期の作曲家、音楽教育家。東京芸術大学教授。著書に「楽典」「作曲法」「和声学」など。「箏協奏曲」「三絃協奏曲」などを作曲。
　¶岩人(しもうさかんいち)，音楽，音人，芸能，現朝，現情，コン改，コン4，コン5，埼玉人(しもうさかんいち)，埼玉百，作曲，児文，世紀，大百，栃木歴，日児，日人，町田歴(下総暁一)

下間忠夫　しもまただお
　明治27(1894)年11月21日～昭和54(1979)年11月23日
　大正～昭和期の地理学者。
　¶熊本百，島根歴

下町七之蔵　しもまちしちのぞう
　明治27(1894)年～昭和34(1959)年
　大正～昭和期の教育者・俳人。
　¶姓氏岩手

下村海南　しもむらかいなん
　→下村宏(しもむらひろし)

下村湖人　しもむらこじん
　明治17(1884)年10月3日～昭和30(1955)年4月20日

大正～昭和期の小説家、教育家。台北高校校長などを務めたが、退職、大日本連合青年団講習所所長。代表作「次郎物語」。
¶近現，近文，熊本人，現朝，現情，現人，国史，コン改，コン4，コン5，佐賀百，児作，史人，児人，児文，小説，新潮，新文，人名7，世紀，世百新，全書，大百，哲学，日史，日児，日人，日本，百科，文学，民学，歴大

**下村寿一** しもむらじゅいち
明治17(1884)年7月31日～昭和40(1965)年1月9日
大正～昭和期の教育行政家。宗教団体法の基礎を作り、女子教育にも尽力。
¶現情，人名7，世紀，日人，履歴，履歴2

**下村哲夫** しもむらてつお
昭和10(1935)年10月1日～
昭和～平成期の教育学者。筑波大学教授。
¶現執1期，現執2期，現執3期，現執4期，現情，世紀

**下村昇** しもむらのぼる
昭和8(1933)年3月1日～
昭和～平成期の著述家、実業家。現代子どもと教育研究所所長、下村教育企画社長。
¶現執3期，児人

**下村博文** しもむらはくぶん
昭和29(1954)年5月23日～
昭和～平成期の政治家。衆議院議員、第18、19代文科相。
¶現政

**下村宏** しもむらひろし
明治8(1875)年5月11日～昭和32(1957)年12月9日 [別]下村海南《しもむらかいなん》
大正～昭和期の言論人、政治家。日本放送協会会長。逓信省に入り、為替貯金局長、総務長官などを歴任。朝日新聞に入社、副社長に。
¶近文(下村海南 しもむらかいなん)，現朝(下村海南 しもむらかいなん)，現人(下村海南 しもむらかいなん)，現日，国史(下村海南 しもむらかいなん)，コン改，新潮([生]明治8(1875)年3月12日)，新文(下村海南 しもむらかいなん [生]明治8(1875)年3月12日)，人名7，世百，大百(下村海南 しもむらかいなん)，日史([没]昭和34(1959)年12月9日)，文学(下村海南 しもむらかいなん)

**下村房次郎** しもむらふさじろう
安政3(1856)年4月4日～大正2(1913)年2月21日
明治期の事業家。日露貿易の必要性を提唱し露国に赴き活躍。郵便電信学校を創設。その後、商業学校(後の東京学園高等学校)の設立に関わる。
¶学校，人名([生]1854年)，世紀，日人，和歌山人

**下村雅忠** しもむらまさただ
江戸時代末期の弘道館教授。
¶幕末(生没年不詳)，幕末大

**下村御鍬** しもむらみくわ
天保14(1843)年～大正8(1919)年
江戸時代末期～明治期の志士、公吏。維新前後に国事に奔走。
¶維新，大分百，大分歴，人名，日人

**下村吉寿** しもむらよしひさ
明治17(1884)年5月27日～昭和47(1972)年1月7日
明治～昭和期の教育者。漢学者。
¶高知先

**下村米太郎** しもむらよねたろう
大正4(1915)年1月1日～平成6(1994)年7月9日
昭和～平成期の音楽教育者、作曲家。
¶音人2

**下村良之介** しもむらりょうのすけ
大正12(1923)年10月15日～平成10(1998)年12月30日
昭和～平成期の日本画家。大谷大学教授。パンリアル美術協会を結成し、前衛美術家として活躍。作品に「反骨の画人」など。
¶近美，現日，真宗([生]大正12(1933)年)，新潮，世紀，日人，美家

**下元西洲** しももとせいしゅう
明和2(1765)年～天保1(1830)年
江戸時代後期の書家。
¶高知人，国書([没]文政13(1830)年3月30日)，人名，日人

**下許武兵衛** しももとぶへえ
天保1(1830)年～
江戸時代末期～明治期の漢学者。維新後、高知に設立された静倹学校で教授を務めた。
¶維新

**下八川共祐** しもやかわきょうすけ
昭和17(1942)年3月25日～
昭和～平成期の音楽教育者。
¶音人2，音人3

**下八川圭祐** しもやかわけいすけ，しもやがわけいすけ
明治35(1902)年12月18日～昭和55(1980)年3月18日
昭和期のバス歌手。学校法人東成学園、昭和音楽短期大学を創設。
¶演奏([生]1902年(明治35年)11月18日)，音楽(しもやがわけいすけ)，音人，学校，芸能(しもやがわけいすけ)，現朝(しもやがわけいすけ [生]1900年11月18日)，現情(しもやがわけいすけ [生]1902年12月28日)，高知人([生]1900年)，埼玉人(しもやがわけいすけ [生]明治33(1900)年12月28日)，新芸，世紀，日人([生]明治33(1900)年11月18日)

**下山嘉一郎** しもやまかいちろう
昭和5(1930)年～
昭和期の学校経営者・詩人。
¶群馬人

**下山玄仲** しもやまげんちゅう
享和3(1803)年～明治4(1871)年
江戸時代後期～明治期の金井島村の医師で寺子屋

師匠。
¶姓氏神奈川

**下山真二** しもやましんじ
昭和33(1958)年5月18日～
昭和～平成期の小学校教師。東京都大田区立蓮沼小学校。専門は、情報教育(コンピュータ・インターネットの活用)、苦手な体育、護身教育。
¶現執4期

**下山剛** しもやまたけし
昭和7(1932)年1月25日～
昭和期の教育心理学者。東京学芸大学教授、東京学芸大学附属教育工学センター長。
¶現執1期, 現執2期

**下山田裕彦** しもやまだやすひこ
昭和12(1937)年8月19日～
昭和～平成期の教育学者。静岡大学教授。
¶現執1期, 現執3期, 現執4期

**下山懋** しもやまつとむ
明治23(1890)年2月23日～昭和62(1987)年1月19日
大正～昭和期の教育者。
¶埼玉人

**下山信之** しもやまのぶゆき
天保12(1841)年～大正4(1915)年
江戸時代末期～大正期の剣術家。
¶栃木歴

**社浦与三郎** しゃうらよさぶろう
明治39(1906)年～昭和57(1982)年
昭和期の教育者。
¶姓氏富山

**周再賜** しゅうさいし
明治21(1888)年8月13日～昭和44(1969)年
大正～昭和期の教育者。
¶郷土群馬, 群馬人, 姓氏群馬

**秋竹** しゅうちく
→竹村秋竹(たけむらしゅうちく)

**宗彭** しゅうほう
→沢庵宗彭(たくあんそうほう)

**十文字こと** じゅうもんじこと
明治3(1870)年11月10日～昭和30(1955)年5月17日
明治～昭和期の教育家。文華高女学校校長。十文字学園創立者。女子の体力向上に力点を置く教育を実施。
¶学校, 現情, 女性, 女性普, 人名7, 世紀, 日人

**十文字良子** じゅうもんじよしこ
大正1(1912)年7月30日～昭和62(1987)年5月27日
昭和期の教育者。十文字学園理事長を務める。
¶女性, 女性普, 世紀, 日人

**守覚** しゅかく
→守覚法親王(しゅかくほっしんのう)

**守覚親王** しゅかくしんのう
→守覚法親王(しゅかくほっしんのう)

**守覚法親王** しゅかくほうしんのう
→守覚法親王(しゅかくほっしんのう)

**守覚法親王** しゅかくほっしんのう
久安6(1150)年3月4日～建仁2(1202)年8月25日
[別]守覚《しゅかく》, 守覚親王《しゅかくしんのう》, 守覚法親王《しゅかくほうしんのう》
平安時代後期～鎌倉時代前期の真言宗の僧(仁和寺御室)。後白河天皇の第2皇子。
¶朝日([生]久安6年3月4日(1150年4月3日) [没]建仁2年8月25日(1202年9月12日)), 岩史, 鎌室, 教育(しゅかくほうしんのう), 国史, 国書(守覚親王 しゅかくしんのう), 古中, コン改(しゅかくほうしんのう), コン4(しゅかくほうしんのう), 史人, 諸系(しゅかくほうしんのう), 新潮, 人名(しゅかくほうしんのう), 姓氏京都, 世人(しゅかくほうしんのう [生]久安6(1150)年3月 [没]建仁2(1202)年8月26日), 日音([没]建仁2(1202)年8月26日), 日史, 日人(しゅかくほうしんのう), 仏教(守覚 しゅかく), 仏史, 平史(しゅかくほうしんのう), 名僧, 歴大(守覚 しゅかく), 和俳

**樹下宇右衛門** じゅげうえもん
? ～天保11(1840)年
江戸時代後期の心学者。
¶国書5

**寿広** じゅこう
平安時代前期の法相宗の僧。
¶古人

**寿山女** じゅざんじょ★
1820年～
江戸時代後期の女性。教育。八木沢義一の叔母。
¶江表(寿山女(東京都) [生]文政3(1820)年頃)

**修多羅亮延** しゅたらりょうえん
天保13(1842)年～大正6(1917)年
明治～大正期の僧侶。天台宗の高僧。
¶人名, 日人

**首藤悦爾** しゅどうえつじ
昭和3(1928)年5月13日～
昭和期の口演童話家、養護学校教師。
¶日児

**主原正夫** しゅはらまさお
大正5(1916)年～
昭和期の教育工学者。
¶現執1期

**春応禅悦** しゅんおうぜんえつ
安永2(1773)年～弘化2(1845)年
江戸時代後期の臨済宗の僧。
¶日人, 仏教

**順継** じゅんけい
文応1(1260)年～?
鎌倉時代後期の新義真言宗の僧。
¶国書, 人名, 日人, 仏教

**峻諦** しゅんたい
寛文4(1664)年～享保6(1721)年1月5日
江戸時代中期の浄土真宗の僧。
¶国書，人名，日人，仏教

**俊範** しゅんぱん，しゅんはん
生没年不詳
鎌倉時代前期の天台宗の僧。
¶鎌室，国書，人名(しゅんはん)，日人，仏教，歴大

**俊嶺** しゅんれい
→中臣俊嶺(なかとみしゅんれい)

**蕣露庵主人** しゅんろあんしゅじん
→渡辺信一郎(わたなべしんいちろう)

**城勇雄** じょういさお
→城竹窓(じょうちくそう)

**湘英** しょうえい
→小笠原湘英(おがさわらしょうえい)

**勝右衛門** しょうえもん
?　～宝暦13(1763)年
江戸時代中期の漂流民。
¶日人

**尚温** しょうおん
清・乾隆49(1784)年～清・嘉慶7(1802)年
[別]尚温王《しょうおんおう》
江戸時代後期の琉球国王。
¶沖縄百([生]乾隆49(1784)年2月1日　[没]嘉慶7(1802)年7月11日)，諸系(尚温王　しょうおんおう)，人名，姓氏沖縄，日人(尚温王　しょうおんおう)

**尚温王** しょうおんおう
→尚温(しょうおん)

**性海** じょうかい
→千輪性海(ちわしょうかい)

**正墻薫** しょうがきかおる
文政1(1818)年～明治8(1875)年　[別]正墻適処《しょうがきてきしょ》，正牆適処《しょうがきてきしょ》
江戸時代後期～明治期の儒学者、教育者。鳥取藩儒。
¶維新([没]1876年)，国書(正墻適処　しょうがきてきしょ　[生]文化15(1818)年1月1日　[没]明治8(1875)年3月9日)，詩作(正墻適処　しょうがきてきしょ　[生]文政1(1818)年1月1日　[没]明治8(1875)年3月9日)，思想(正墻適処　しょうがきてきしょ)，人名([没]1876年)，鳥取百(正墻適処　しょうがきてきしょ)，日人，幕末([没]1876年3月9日)，幕末大([没]明治9(1877)年3月9日)，藩臣5(正牆適処　しょうがきてきしょ)

**正墻適処**(正牆適処) しょうがきてきしょ
→正墻薫(しょうがきかおる)

**聖覚** しょうかく，しょうがく
→聖覚(せいかく)

**庄川松雲** しょうがわしょううん
～昭和29(1954)年
大正～昭和期の教育者。
¶新潟百

**城鞠洲** じょうきくしゅう
寛政12(1800)年～明治3(1870)年
江戸時代末期～明治期の医師。
¶国書([生]寛政12(1800)年5月25日　[没]明治3(1870)年7月18日)，人名，日人

**尚敬** しょうけい
尚貞32(1700)年～尚敬39(1751)年　[別]尚敬王《しょうけいおう》
江戸時代中期の琉球王国の第二尚氏王朝13代の王。
¶朝日([生]尚貞32年6月19日(1700年8月3日)　[没]尚敬39年1月29日(1751年2月24日))，沖縄百([生]康熙39(1700)年6月19日　[没]乾隆16(1751)年1月29日)，近世，国史，コン改([没]寛延2(1749)年)，コン4([没]寛延2(1749)年)，史人([生]1700年6月19日　[没]1751年1月29日)，諸系(尚敬王　しょうけいおう)，新潮，人名，姓氏沖縄，世人，日史([没]1751年1月29日)，日人(尚敬王　しょうけいおう)，百科，歴大，和俳([没]尚敬39(1751)年1月29日)

**正慶岩雄** しょうけいいわお
昭和6(1931)年～
昭和～平成期の英語教育学者。新英語教育研究所所長。
¶現執3期

**尚敬王** しょうけいおう
→尚敬(しょうけい)

**聖憲** しょうけん
徳治2(1307)年～元中9/明徳3(1392)年
鎌倉時代後期～南北朝時代の真言宗の僧。新義派の密教哲学を大成。
¶朝日([没]明徳3/元中9年5月29日(1392年6月20日))，鎌室，国史，国書([没]明徳3(1392)年5月30日)，古中，人書94，人名，日人，仏教([没]明徳3/元中9(1392)年5月30日)，仏史，仏人

**昭憲皇太后** しょうけんこうたいごう，しょうけんこうたいこう
嘉永3(1850)年4月17日～大正3(1914)年4月11日
昭和期の皇族。明治天皇の皇后。明治元年入内の儀ののち皇后。和歌、書道等に秀でる。
¶朝日([生]嘉永2年4月17日(1849年5月9日))，維新，角史([生]嘉永2(1849)年)，近現，近文([生]1849年)，現日([没]1914年3月26日)，国際，国史，コン改，コン4，コン5，詩歌，史人([生]1849年4月17日)，諸系([生]1849年)，女史([生]1849年)，女性，女性普([生]嘉永2(1849)年4月17日)，新潮([生]嘉永2(1849)年4月17日)，新文([生]嘉永2(1849)年4月17日)，人名(しょうけんこうたいこう)，世紀([生]嘉永2(1849)年4月17日)，姓氏京都，全書([生]1849年)，大百，奈良文([生]嘉永2年4月17日)，日史，日女([生]嘉

し

永2(1849)年4月17日)，日人(㊥1849年)，日本，幕末，百科，文学(㊥1849年)，履歴，歴大

**上甲振洋** じょうこうしんよう
文化14(1817)年～明治11(1878)年9月9日
江戸時代後期～明治期の儒学者。
¶維新，愛媛百，国書(㊥文化14(1817)年12月9日)，日人(㊥1818年)，幕末，藩臣6

**上甲宗平** じょうこうそうへい
文化13(1816)年～明治13(1880)年
江戸時代末期・明治期の教育者。
¶愛媛

**上甲米太郎** じょうこうよねたろう
明治35(1902)年4月16日～昭和62(1987)年3月22日
昭和期の教育運動家。新興教育研究所朝鮮支局結成を準備したが、治安維持法違反容疑で起訴され、教職を追われた。
¶コン改，コン4，コン5，社運，新潮，世紀，日人，平和

**浄慈院覚禅** じょうじいんかくぜん
文政元(1818)年10月14日～明治20(1887)年4月24日
江戸時代後期～明治期の学僧・歌人・小学校訓導。
¶東三河

**庄司和晃** しょうじかずあき
昭和4(1929)年2月4日～
昭和～平成期の認識論学者。大東文化大学教授。専門は、認識論、教育学原論。
¶現執1期，現執2期，現執3期，現執4期

**荘司起久** しょうじきく
明治2(1869)年～大正11(1922)年
明治～大正期の教育者。樋口一葉から和歌を習い、その収入を助けた。宮城県女子師範学校教師などをつとめた。
¶女性(㊥明治2(1869)年9月9日 ㊥大正11(1922)年7月24日)，千葉百

**荘司きく子** しょうじきくこ
明治2(1869)年9月9日～大正11(1922)年7月24日
⑨野々宮起久《ののみやきく》
大正～昭和期の教育者。宮城県女子師範学校、大阪松蔭女学校に勤務。
¶女性普(野々宮起久 ののみやきく)，世紀，日人

**庄司郡平** しょうじぐんぺい
生没年不詳
江戸時代末期～明治期の教育者。開成所仏学稽古心得、修道館助教。
¶島根歴

**庄司左一郎** しょうじさいちろう
文久2(1862)年～明治33(1900)年
江戸時代末期～明治期の教育者。
¶姓氏岩手

**庄司鍾五郎** しょうじしょうごろう
明治2(1869)年～昭和11(1936)年10月31日

明治～昭和期の神学者、満鉄社員。神学を学ぶためロシアに留学。ロシア語学校を開設。
¶海越，海越新

**庄子晋作** しょうじしんさく
？～明治22(1889)年
江戸時代後期～明治期の教育者。
¶姓氏宮城

**庄司惣兵衛** しょうじそうべえ
明治25(1892)年～昭和42(1967)年
大正～昭和期の教育者。
¶姓氏岩手

**庄司他人男** しょうじたにお
昭和10(1935)年～
昭和～平成期の教育方法学者。
¶現執1期

**庄司南海** しょうじなんかい
文化10(1813)年～明治24(1891)年
江戸時代末期～明治期の漢学者。
¶江文，人名(㊥1822年)，日人

**庄司浩** しょうじひろし
大正10(1921)年～
昭和期の高校教師、日本古代史研究者。
¶現執1期

**正司昌子** しょうじまさこ
昭和8(1933)年11月29日～
昭和～平成期のピアニスト、音楽教育者。
¶音人2，音人3

**荘司雅子** しょうじまさこ
明治42(1909)年10月6日～平成10(1998)年2月22日
昭和期の教育学者。広島大学教授。日本保育学会などの会長を務める。著書に「フレーベル研究」など。
¶現朝，現執1期，現情，世紀，日人

**定俊** じょうしゅん
元弘3/正慶2(1333)年～？
南北朝時代の真言宗の僧。根来山大伝法院学頭。
¶仏人

**生水修** しょうずおさむ
大正12(1923)年1月4日～平成14(2002)年10月15日
昭和・平成期の教育者。三木小、錦城小・錦城中校長。
¶石川現九

**荘清次郎** しょうせいじろう
文久2(1862)年1月20日～昭和1(1926)年12月25日
明治～大正期の実業家。三菱社に入社、第百十六銀行大阪支店支配人、神戸製紙所業務担当社員。岩崎久弥の家庭教師。
¶朝日(㊥文久2年1月20日(1862年2月18日))，海越新，近ětvrt，国史，コン改，コン5，史人，実業，新潮，人名，世紀，渡航(㊥1862年1月2日)，日人，履歴

## 樵禅　しょうぜん
寛政10（1798）年〜明治8（1875）年
江戸時代後期〜明治期の庶民教育に徹した学僧。
¶愛媛, 愛媛百（⊕寛政10（1798）年10月25日　㊦明治8（1875）年7月10日）

## 城泉太郎　じょうせんたろう
安政3（1856）年〜昭和11（1936）年
明治期の社会思想家。慶応義塾教師となり、ルソー、ロックなどに共鳴し、共和主義を主張。
¶近現, 国史, コン改, コン5, 史人（⊕1856年7月17日　㊦1936年1月8日）, 新潮, 世紀, 日人, 歴大

## 庄蔵　しょうぞう
生没年不詳
江戸時代後期の漂流民。1783年神昌丸が漂流しロシアに渡る。
¶海越, 海越新, 日人（⊕1752年　㊦1796年）

## 上湊正義　じょうそうまさよし
天保8（1837）年3月21日〜明治20（1887）年4月18日
明治期の官吏。
¶岡山人, 岡山歴

## 上代たの（上代タノ）　じょうだいたの
明治19（1886）年7月3日〜昭和57（1982）年4月8日
大正〜昭和期の女子教育家、平和運動家。日本女子大学長。婦人国際平和自由連盟などの委員となる。国際的視野をもつ女子の育成に努める。
¶近現, 近女（上代タノ）, 現朝（上代タノ）, 国史, 女史, 女性, 女性普, 世紀（上代タノ）, 渡航（上代タノ）, 平和, 歴大

## 上代タノ（上代たの）　じょうだいたの
明治19（1886）年7月3日〜昭和57（1982）年4月8日
大正〜昭和期の平和運動家。日本女子大学学長。日本婦人平和協会、世界平和アピール七人委員会などの設立に参加。著書に評伝「リー・ハント」など。
¶近現（上代たの）, 近女, 現朝, 現情, 国史（上代たの）, 島県百, 島根歴, 女性（上代たの）, 日人, マス89

## 勝田主計　しょうだかずえ
明治2（1869）年9月15日〜昭和23（1948）年10月10日　㊨勝田明庵《しょうだめいあん》
明治〜昭和期の官僚、政治家、文相、蔵相。大蔵省入省、朝鮮銀行総裁を経て寺内内閣蔵相に。金輸出禁止やいわゆる西原借款を断行。
¶愛媛, 愛媛人, 愛媛百, 郷土愛媛, 近現, 現朝（⊕明治2年9月15日（1869年10月19日））, 国史, コン改, コン5, 四国文（勝田明庵　しょうだめいあん）, 史人, 新潮, 人名7, 世紀, 政治, 世人, 全書, 渡航, 日史, 日人, 百科, 履歴（⊕昭和23（1948）年10月13日）, 履歴2（⊕昭和23（1948）年10月13日）, 歴大

## 荘田貞子　しょうださだこ
〜嘉永5（1852）年
江戸時代後期の女性。臼杵藩士の妻。賢女として知られた。

¶江表（貞子（大分県））

## 荘田霜渓　しょうだそうけい
天保5（1834）年〜明治20（1887）年
江戸時代末期〜明治期の教育者。美作の郷学知本館・温知館の教授。
¶岡山人, 岡山百（㊦明治20（1887）年2月19日）, 岡山歴, 藩臣6

## 正田実　しょうだみのる
昭和7（1932）年〜
昭和〜平成期の教育学者。滋賀大学教授。
¶現執3期

## 勝田明庵　しょうだめいあん
→勝田主計（しょうだかずえ）

## 正田淑子　しょうだよしこ
明治10（1877）年〜昭和17（1942）年1月15日
大正〜昭和期の教育者。日本女子大学教授。満州帝国道徳総会顧問となり、社会教化事業に従事。著書に「英国婦人消費組合運動」。
¶女性, 女性普, 世紀（⊕明治10（1877）年1月）, 日人（⊕明治10（1877）年1月）

## 正田良　しょうだりょう
昭和32（1957）年11月7日〜
昭和〜平成期の数学教育研究家、著述家。武蔵高等・中学校教諭。
¶現執3期

## 荘田琳庵　しょうだりんあん
寛永16（1639）年〜延宝2（1674）年
江戸時代前期の儒学者。
¶江文, 京都府, 国書（㊦延宝2（1674）年10月）, 詩歌, 人名, 日人, 和俳

## 庄田録四郎　しょうだろくしろう
慶応3（1867）年〜大正11（1922）年
明治〜大正期の教育家。細民教育に従事。
¶人名, 世紀（⊕慶応3（1867）年5月　㊦大正11（1922）年11月13日）, 日人

## 城竹窓　じょうちくそう
文政11（1828）年〜明治33（1900）年9月24日　㊨城勇雄《じょういさお》
江戸時代末期〜明治期の高鍋藩大参事。辞任後、東京府のため「水産図説」を編纂。
¶維新, 国書（⊕文政11（1828）年7月5日）, 人名, 日人, 幕末（城勇雄　じょういさお）, 藩臣7

## 昇地三郎　しょうちさぶろう
明治39（1906）年8月16日〜
昭和〜平成期の教育者。福岡学芸大学（のち福岡教育大学）教授。心身障害児の早期発見、早期教育をめざす「しいのみ学園」を設立。
¶現執1期, 心理, 世紀, 日人

## 城哲三　じょうてつぞう
＊〜明治38（1905）年
明治期の教育家。
¶愛媛（⊕明治1（1868）年）, 愛媛百（⊕明治8（1875）年7月29日　㊦明治38（1905）年4月2日）

し

**尚典** しょうてん
尚泰17(1864)年～大正9(1920)年
明治～大正期の華族。
¶世紀([生]尚泰17(1864)年8月2日　[没]大正9(1920)年9月22日), 日人

**証道元雄** しょうどうげんゆう
? ～元文2(1737)年12月18日
江戸時代中期の黄檗宗の僧。
¶黄檗

**聖徳太子** しょうとくたいし
敏達天皇3(574)年～推古天皇30(622)年2月22日　[別]厩戸皇子《うまやどのおうじ,うまやどのみこ》,豊聡耳皇子《とよとみみのおうじ》
飛鳥時代の用明天皇の子。推古天皇の摂政として蘇我馬子と協力して政治にあたる。冠位十二階、十七条憲法、遣隋使などの業績があり、法隆寺を建立したことも有名。十七条憲法で儒教的心得を説いた。
¶朝日([没]推古30年2月22日(622年4月8日)), 岩史, 愛媛, 大阪人, 角史, 教育, 郷土奈良([生]573年), 国史, 国書, 古史, 古人([生]574年　[没]622年), 古代, 古代普([生]574年　[没]622年), 古中, 古物([生]574年　[没]622年), コン改, コン4, コン5, 詩歌, 詩作([生]敏達天皇3(574)年1月1日), 史人, 思想史([生]敏達3(574)年　[没]推古30(622)年), 重要, 諸系, 人書79, 人書94, 人情, 新潮, 人名([生]?), 姓氏京都, 世人, 世百, 全書, 対外([生]574年　[没]622年), 大百, 伝記([生]574年?), 天皇([生]敏達天皇3(574)年?, 敏達天皇4年?), 日思, 日史([生]574年?), 日人, 美術([生]?), 百科([生]?), 富嶽, 仏教, 仏史, 仏人, 平家, 平日([生]574?年　[没]622年), 万葉, 名僧, 山川小([生]574年　[没]622年2月22日), 山梨人, 歴大, 和俳

**肖奈行文** しょうなのゆきふみ
生没年不詳
奈良時代の学者。
¶朝日, 日人

**庄野貞一** しょうのさだいち
明治20(1887)年4月19日～昭和25(1950)年10月9日
明治～昭和期の教育家。
¶徳島百

**庄野太郎** しょうのたろう
文化10(1813)年～慶応3(1867)年
江戸時代後期～末期の儒学者。
¶徳島歴([没]慶応3(1867)年10月29日), 日人

**庄野ツル** しょうのつる
明治29(1896)年1月1日～昭和23(1948)年10月3日
大正～昭和期の教育者。
¶徳島歴

**小波** しょうは
→巌谷小波(いわやさざなみ)

**生仏** しょうぶつ
生没年不詳
鎌倉時代前期の平家琵琶の開祖。
¶朝日, 音楽, 教育, 芸能, 史人, 日音, 日人, 仏教, 平史

**如竹** じょちく
元亀1(1570)年～明暦1(1655)年　[別]日章《にっしょう》,泊如竹《とまりじょちく》
江戸時代前期の日蓮宗の僧。
¶新潮, 人名(泊如竹　とまりじょちく), 世人([没]明暦1(1655)年5月15日), 日人(日章　にっしょう), 藩臣7, 仏教(日章　にっしょう　[没]明暦1(1655)年5月15日), 三重続

**ジョン・万次郎** じょんまんじろう
→中浜万次郎(なかはままんじろう)

**白井勇** しらいいさむ
明治44(1911)年～
昭和期の教師、国語教育研究者。
¶現執1期

**白井規一** しらいきいち
明治12(1879)年9月14日～?
明治～昭和期の師範学校教師。
¶心理

**白井こう** しらいこう
明治2(1869)年2月9日～昭和29(1954)年7月25日
明治～昭和期の教育者。私立岡崎裁縫女学校を設立し、校長を務める。
¶愛知女, 学校, 女性, 女性普, 世紀, 姓氏愛知, 日人

**白井佐一郎**(白井左一郎) しらいさいちろう
文政4(1821)年～明治10(1877)年
江戸時代末期～明治期の漢学者。
¶江文(白井左一郎), 人名, 日人

**白石一誠** しらいしかずしげ
大正3(1914)年8月19日～昭和39(1964)年1月21日
昭和期の数学者、統計学者。名古屋大学教育学部教授。専門は教育統計学。
¶科学, 心理, 数学

**白石克己** しらいしかつみ
昭和19(1944)年4月20日～
昭和～平成期の教育学者。玉川大学教授。
¶現執3期, 現執4期

**白井重高** しらいしげたか
文政11(1828)年4月26日～明治19(1886)年9月30日
江戸時代末期～明治期の史家、教育者。著書に「戊辰戦争始末」がある。
¶庄内, 藩臣1

**白井重行** しらいしげゆき
→白井矢太夫(しらいやだいふ)

**白石祥三郎** しらいししょうざぶろう
宝暦1(1751)年～文政5(1822)年　[別]白石澹庵

《しらいしたんあん》
江戸時代中期～後期の肥前平戸藩士。
¶人名（白石澹庵　しらいしたんあん），日人（白石澹庵　しらいしたんあん），藩臣7

**白石照山** しらいししょうざん
文化12（1815）年～明治16（1883）年10月3日
江戸時代末期～明治期の教育家。「国権論跋」を執筆し国権主義思想を展開した。門人には福沢諭吉、清浦奎吾らがいる。
¶大分百，大分歴，人名，日人，幕末，幕末大，藩臣7

**白石大介** しらいしだいすけ
昭和18（1943）年9月15日～
昭和～平成期のソーシャルワーク、カウンセリング。聖和大学教授、聖和大学学生相談室室長。
¶現執3期，現執4期

**白石忠孝** しらいしただたか★
明治33（1900）年3月～昭和63（1988）年1月28日
大正・昭和期の第4代栃木商業高校長。
¶栃木人

**白石澹庵** しらいしたんあん
→白石祥三郎（しらいししょうざぶろう）

**白石誠夫** しらいしのぶお
天保8（1837）年～明治43（1910）年
江戸時代後期～明治期の教育者。
¶姓氏群馬

**白石博** しらいしひろし
昭和12（1937）年～
昭和～平成期の小学校教師。
¶現執3期

**白石皆瀬** しらいしみなせ
天保2（1831）年～明治43（1910）年5月27日
明治期の教育者。維新後仙台に私塾を開き宮城県の女子教育の先駆者となる。
¶江表（皆瀬（宮城県）　みなせ），女性，女性普

**白井清三郎** しらいせいざぶろう
生没年不詳
江戸時代後期の寺子屋の師匠。
¶姓氏神奈川

**白井毅** しらいたけし
→白井毅（しらいはたす）

**白井種雄** しらいたねお
？　～昭和49（1974）年12月23日
昭和期の教育者。学校創立者。関西簿記研究所（後の大阪学院大学）を創立。
¶学校

**白井常** しらいつね
明治43（1910）年10月31日～平成11（1999）年7月27日
昭和期の心理学者。東京女子大学教授。発達心理学を研究。幼児教育にも貢献。
¶現朝，現執2期，現情，心理，世紀，日人

**白井毅** しらいはたす
安政4（1857）年～大正14（1925）年　[別]白井毅《しらいたけし》
明治～大正期の啓もう教育家。
¶姓氏長野，長野百（しらいたけし　[没]？），長野歴

**白井久井** しらいひさい
嘉永2（1849）年7月8日～大正1（1912）年9月10日
江戸時代後期～明治期の教育者。
¶庄内

**白井慎** しらいまこと
大正14（1925）年4月3日～
昭和～平成期の教育学者。法政大学教授。
¶現執1期，現執3期

**白井矢太夫** しらいやだいふ
宝暦3（1753）年～文化9（1812）年　[別]白井重行《しらいしげゆき》，白井矢太夫《しらいやたゆう，しらいやだゆう》
江戸時代中期～後期の出羽庄内藩士。久右衛門の長男。
¶朝日，国書（白井重行　しらいしげゆき　[没]文化9（1812）年6月24日），コン改，コン4，庄内（しらいやだゆう　[没]文化9（1812）年6月24日），新潮，日人（しらいやだゆう），藩臣1（しらいやたゆう），山形百（しらいやだゆう）

**白井矢太夫** しらいやたゆう，しらいやだゆう
→白井矢太夫（しらいやだいふ）

**白井柳治郎** しらいりゅうじろう
明治15（1882）年～昭和41（1966）年
明治～大正期のアイヌ民族教育家、アイヌ語地名研究者。
¶郷土（[没]？），北海道百，北海道歴

**白井鹿山** しらいろくざん
文久4（1864）年6月15日～大正8（1919）年4月28日
明治・大正期の教育家。漢詩人。
¶岩手人

**白岩清子** しらいわきよこ
生没年不詳
昭和～平成期の童話作家、幼児教育研究家。
¶児人

**白尾桃庵** しらおとうあん
？　～享保2（1717）年
江戸時代前期～中期の島津光久の侍講。
¶姓氏鹿児島

**白神寿吉** しらがじゅきち
明治13（1880）年5月21日～昭和45（1970）年11月28日
明治～昭和期の教育者・植物学者。
¶岡山歴

**白川渥** しらかわあつし
明治40（1907）年7月27日～昭和61（1986）年2月9日
昭和期の小説家、教育学者。

¶愛媛，郷土愛媛，近文，現情，四国文，小説，新文，世紀，日人，兵庫百，兵庫文，文学

**白川継紹**　しらかわけいしょう
明治19(1886)年3月6日～昭和36(1961)年11月16日
明治～昭和期の学校長・高山市の願生寺25世。
¶飛騨

**白河次郎**　しらかわじろう
明治7(1874)年3月2日～大正8(1919)年12月25日　[別]白河鯉洋《しらかわりよう》
明治～大正期のジャーナリスト、政治家。「九州日報」等主筆、衆議院議員。「神戸新聞」などの主幹。立憲国民党代議士。著書に「孔子」など。
¶岡山人([生]明治8(1875)年)，岡山歴，兵庫人(白河鯉洋　しらかわりよう)



**白川福儀**　しらかわとみよし
安政5(1858)年～大正5(1916)年
明治～大正期の政治家、教育者。
¶愛媛，愛媛百([生]安政5(1858)年9月10日　[没]大正5(1916)年1月4日)，郷土愛媛，世紀([生]安政5(1858)年9月10日　[没]大正5(1916)年1月4日)，日人

**白川利一郎**　しらかわりいちろう
明治20(1887)年4月15日～昭和25(1950)年2月8日
大正・昭和期の教育者。学校長。
¶飛騨

**白河鯉洋**　しらかわりよう
→白河次郎(しらかわじろう)

**白木豊**　しらきゆたか
明治27(1894)年～昭和55(1980)年
大正～昭和期の教育者・歌人。
¶愛媛，愛媛百([生]明治27(1894)年6月21日　[没]昭和55(1980)年6月29日)

**白子森蔵**　しらこもりぞう
大正12(1923)年～
昭和期の小学校教諭、理科教育研究者。校長。
¶児人

**白阪栄彦**(白坂栄彦)　しらさかえいげん
明治期の女子教育家。岡山実科女学校校長。
¶岡山歴(白坂栄彦)，学校

**白崎厳**　しらさきいわお
明治35(1902)年8月27日～平成8(1996)年4月29日
昭和・平成期の中標津中学校長、教育者。
¶根千

**白佐俊憲**　しらさとしのり
昭和12(1937)年10月7日～
昭和～平成期の教育心理学者。北海道女子短期大学教授、ワープロ日商検定試験委員。
¶現執3期

**白洲退蔵**　しらすたいぞう，しらずたいぞう
文政12(1829)年～明治24(1891)年6月13日
江戸時代末期～明治期の三田県大参事。三田藩を討幕派に転換させ、家臣団に実業方面の活動家を輩出した。
¶維新，コン5，人名，日人，幕末，藩臣5，兵庫人(しらずたいぞう)，兵庫百

**白土右門**　しらつちうもん
→白土右門(しらとうもん)

**白土右門**　しらとうもん
文化12(1815)年～明治14(1881)年　[別]白土右門《しらつちうもん》，白土恵堂《しらとけいどう》
江戸時代末期～明治期の篤学者、詩人。著書に「詩語統韻」がある。
¶維新，国書(白土恵堂　しらとけいどう　[生]文化12(1815)年2月13日　[没]明治14(1881)年5月5日)，人名(しらつちうもん)，日人，幕末([没]1881年5月9日)，藩臣1

**白土恵堂**　しらとけいどう
→白土右門(しらとうもん)

**白戸三郎**　しらとさぶろう
大正4(1915)年～
昭和期の学校保健・公衆衛生学者。神奈川県立衛生短期大学教授。
¶現執1期

**白戸光久**　しらとみつひさ
明治13(1880)年～昭和32(1957)年6月
明治～昭和期の教育者。湘南学院創立者。
¶学校，神奈川人

**白鳥義三郎**　しらとりぎさぶろう
明治31(1898)年9月21日～昭和40(1965)年12月27日
明治～昭和期の政治家。習志野市初代市長。市立高校の設置、幼児教育施設の充実などに尽力。
¶世紀，政治，千葉百，日人

**白鳥邦夫**　しらとりくにお
昭和3(1928)年7月10日～平成14(2002)年2月28日
昭和～平成期の文芸評論家、教育者。無名の人たちが昭和史を記録するサークル・山脈の会の活動を始め、会誌「山脈」を創刊。
¶郷土長野，現朝，現執1期，現執2期，現情，現人，世紀，日人，平和

**白鳥吾市**　しらとりごいち
明治18(1885)年～昭和32(1957)年
明治～昭和期の教育者。
¶静岡歴

**白鳥義千代**　しらとりよしちよ
明治24(1891)年～昭和38(1963)年
大正～昭和期の歌人。
¶姓氏長野，長野百，長野歴

**白根孝之**　しらねたかゆき
明治38(1905)年2月24日～昭和56(1981)年11月10日
昭和期の教育学者。
¶現執1期，現情

**白旗源治** しらはたげんじ
明治23(1890)年12月18日〜昭和27(1952)年9月1日
大正〜昭和期の教育者。
¶庄内

**白浜徴** しらはまあきら
慶応1(1865)年12月8日〜昭和3(1928)年 [別]白浜徴《しらはまちょう》
明治〜大正期の教育家。小中学校等の図画教科書を編纂。
¶人名(しらはまちょう [没]1929年)，世紀([生]慶応1(1866)年12月8日 [没]昭和3(1928)年4月9日)，渡航([没]1929年4月9日)，長崎百，日人([生]1866年)

**白浜貫礼** しらはまかんれい
文政5(1822)年〜明治9(1876)年
江戸時代後期〜明治期の教育者。修文館(のち阿久根小学校)を設立。権参事・大参事。
¶姓氏鹿児島

**白浜徴** しらはまちょう
→白浜徴(しらはまあきら)

**白藤慈秀** しらふじじしゅう
明治22(1889)年6月15日〜昭和51(1976)年12月26日
大正・昭和期の教育家。
¶岩手人

**志蘭** しらん★
江戸時代末期〜大正時代の女性。俳諧・書・教育。松山藩家老塚越常右衛門の妻。大正4年、古香洞柴雄輔写本の「松嶺俳諧人名録」に載る。
¶江表(志蘭(山形県))

**慈隆** じりゅう
文化12(1815)年〜明治5(1872)年
江戸時代末期〜明治期の天台宗僧侶。相馬中村藩に学問所を興し子弟を教育。二宮仕法を理解し推進に尽力。
¶維新，近現，近世，国史，人名([生]1819年)，日人，仏教([生]文政2(1819)年 [没]明治5(1872)年12月24日)

**白石 きよし** しろいし きよし
明治22(1889)年〜昭和33(1958)年
大正〜昭和期の教育者。
¶姓氏宮城

**白石慶治** しろいしけいじ
明治19(1886)年〜昭和17(1942)年
明治〜昭和期の教育者。
¶姓氏宮城

**白銀賢瑞** しろがねけんずい
明治20(1887)年〜昭和43(1968)年
明治〜昭和期の教員、住職、考古学研究家。
¶新潟百

**城崎方弘** しろさきまさひろ
江戸時代後期の和算家。
¶数学

**城田綾子** しろたあやこ
明治38(1905)年〜平成20(2008)年
昭和・平成期の教育者。校長。
¶愛知女

**代田斉太郎** しろたさいたろう
文化8(1811)年〜明治32(1899)年
江戸時代後期〜明治期の寺子屋師匠。
¶姓氏長野

**城田正平** しろだしょうへい
明治10(1877)年〜昭和39(1964)年
明治〜昭和期の政治家。群馬県議会議員、教育者。
¶群馬人

**城田豊** しろたゆたか
生没年不詳
昭和期の小学校教員。
¶社史

**城間朝教** しろまちょうきょう
明治22(1889)年2月6日〜昭和54(1979)年1月23日
大正〜昭和期の教育者、図書館長。
¶沖縄百

**城丸章夫** しろまるふみお
大正6(1917)年1月5日〜
昭和〜平成期の教育学者。千葉大学教授、全国生活指導研究協議会常任委員。専門は生活指導および教育経営。著書に「現代日本教育論」など。
¶現朝，現執1期，現執2期，現執3期，現情，世紀，日人，マス89

**志波六郎助** しわろくろうすけ
嘉永1(1848)年10月20日〜昭和5(1930)年3月12日
明治〜大正期の社会教育家。
¶佐賀百，世紀，日人

**信慧**(信恵) しんえ
生没年不詳
平安時代後期の真言宗の僧。
¶日人，仏教，平史(信恵)

**新海栄太郎** しんかいえいたろう
文久4(1864)年1月7日〜昭和10(1935)年10月5日
明治〜昭和期の教育者。山梨英和女学校創立者・校主、山梨県議。
¶学校，世紀，日人，山梨人，山梨百

**深海菊松** しんかいきくまつ
明治7(1874)年3月12日〜？
明治〜大正期の教育者。
¶群馬人

**新海寛** しんかいひろし
昭和5(1930)年11月22日〜
昭和期の数学教育学者。信州大学助教授。
¶現執2期

**新川昭一** しんかわしょういち
昭和2(1927)年5月4日〜
昭和〜平成期の美術工芸教育研究者。愛知産業大

し

学教授。
¶現執3期

**真観 しんかん**
→藤原光俊(ふじわらのみつとし)

**新宮義一 しんぐうぎいち**
明治37(1904)年～平成7(1995)年
昭和～平成期の出雲市教育長。
¶島根歴

**神宮司源蔵 じんぐうじげんぞう**
天明3(1783)年～安政5(1858)年
江戸時代中期～末期の漢学者、藩学造士館教授。
¶姓氏鹿児島

**神宮司五兵衛 じんぐうじごへえ**
寛文11(1671)年～元禄8(1695)年
江戸時代中期の漢学者、日向佐土原藩士。
¶人名、日人

**新宮弘識 しんぐうひろつね**
昭和8(1933)年1月22日～
昭和～平成期の教育原理研究者。淑徳大学教授。
¶現執3期

**新宮凉庭**(新宮涼庭) **しんぐうりょうてい**
天明7(1787)年～安政1(1854)年1月9日
江戸時代後期の蘭方医。丹後国由良の新宮道庵の長子。
¶朝日(⊕天明7年3月13日(1787年4月30日)⊗安政1年1月9日(1854年2月6日))、維新(新宮涼庭 ⊗1855年)、岩手百、科学(⊕1787年(天明7)3月13日)、角史(新宮涼庭)、京都、京都府、近世、国史、国書(⊕天明7(1787)年3月13日)、コン改、コン4、史人(新宮涼庭⊕1787年3月13日)、人書79(新宮凉庭)、新潮(⊕天明7(1787)年3月13日)、人名(新宮凉庭)、姓氏岩手、姓氏京都、世人(新宮凉庭)、全書、大百(新宮涼庭)、日史(⊕天明7(1787)年3月13日)、日人、幕末(新宮涼庭 ⊗1855年6月12日)、藩臣5(新宮涼庭)、洋学、歴大

**新宮凉民 しんぐうりょうみん**
文政3(1820)年～明治8(1875)年3月24日
江戸時代末期～明治期の蘭方医。新宮凉庭に入門し、養子となり本家を継ぐ。京都医学研究会、京都療病院設立など京都医学界の興隆に大きく貢献。
¶岡山歴、科学、国書、新潮、日人、洋学

**心月 しんげつ**
→松浦詮(まつらあきら)

**神興 じんごう**
→南条神興(なんじょうじんこう)

**進鴻渓 しんこうけい**
文政4(1821)年～明治17(1884)年11月21日
江戸時代後期～明治期の儒学者。
¶岡山人、岡山百、岡山歴、詩作、人名、日人、藩臣6

**沈国威 しんこくい**
昭和29(1954)年～

昭和～平成期の中国語学者。関西大学外国語教育研究機構教授。
¶現執4期

**進士仙吉 しんじせんきち**
弘化2(1845)年～明治26(1893)年3月8日
江戸時代末期～明治時代の教育者。石岡小学校初代校長。石岡地方の公立小学校教育の基礎を確立。
¶幕末、幕末大、藩臣2

**晨女 しんじょ★**
1825年～明治13(1880)年
江戸時代後期～明治時代の女性。教育。今井氏。
¶江表(晨女(東京都)) ⊕文教8(1825)年頃)

**秦泉寺正一 じんぜんじしょういち**
大正3(1914)年～
昭和期の造形教育研究者。高知大学教授。
¶現執1期

**真全女 しんぜんじょ★**
江戸時代後期の女性。教育。伊能氏。文化10年に塾を開き、天保7年に閉塾するまで、女子に読み書きを教えた。
¶江表(真全女(千葉県))

**新蔵 しんぞう**
→ニコライ新蔵(にこらいしんぞう)

**新造節三 しんぞうせつぞう**
明治38(1905)年～昭和51(1976)年
昭和期の教育者。
¶山口人

**信谷定爾 しんたにていじ**
安政3(1856)年12月17日～明治26(1893)年11月9日
江戸時代末期～明治期の学校創立者。東京物理学講習所(後の東京理科大学)創設に参画。
¶学校

**神通セキ子 じんづうせきこ**
明治7(1874)年～?
明治～大正期の名教育家。
¶姓氏富山

**真藤峨眉 しんどうがび**
享保15(1730)年～文化8(1811)年
江戸時代中期～後期の漢学者。
¶人名、日人

**進藤香塢 しんどうこうう**
文化5(1808)年～明治9(1876)年
江戸時代末期～明治期の詩僧。
¶国書(⊗明治9(1876)年6月27日)、人名、日人

**進藤栄 しんどうさかえ**
生没年不詳
明治期の教育者。多良間小学校校長。
¶姓氏沖縄

**進藤貞範 しんどうさだのり**
安政4(1857)年1月20日～明治37(1904)年11月6日

明治期の教育家。岡山実科女学校校長。
¶岡山人，岡山歴，学校，日人

**神藤重寿** しんどうしげひさ
明治25(1892)年～昭和46(1971)年
大正～昭和期の教育者。
¶神奈川人

**進藤孝之** しんどうたかゆき
明治41(1908)年1月8日～平成7(1995)年2月24日
昭和・平成期の教育者。学校長。
¶飛驒

**進藤坦平** しんどうたんぺい
明治32(1899)年～平成5(1993)年
昭和・平成期の教師。
¶熊本人

**進藤長作** しんどうちょうさく
明治4(1871)年～昭和22(1947)年
明治～昭和期の教育者。
¶群馬人

**進藤津る** しんどうつる
元治1(1864)年2月17日～昭和15(1940)年7月7日
明治～昭和期の幼児教育者。進徳幼稚園を設立。
¶山梨百

**進藤正朝** しんどうまさとも
文政2(1819)年～明治2(1869)年
江戸時代後期～明治期の教育功労者。
¶多摩

**陣内儀道** じんないぎどう
弘化1(1844)年～明治33(1900)年
江戸時代後期～明治期の僧侶・教育者。
¶姓氏群馬

**進野久五郎** しんのきゅうごろう
明治33(1900)年11月7日～昭和59(1984)年10月19日
大正～昭和期の植物研究家。
¶植物，富山百

**神野太郎** じんのたろう
大正2(1913)年～昭和51(1976)年
昭和期の植物学者。
¶愛媛

**新福祐子** しんぷくゆうこ
昭和4(1929)年～
昭和期の家政学・家庭科教育研究者。
¶現執1期

**神保綱忠** じんぼうつなただ
→神保綱忠(じんぼつなただ)

**神保判太夫** じんぼうはんだゆう
？ ～嘉永4(1851)年 [別]神保判太夫《じんぼはんだゆう》
江戸時代末期の国漢学者。
¶人名，日人(じんぼはんだゆう)

**神保洋子** じんぼうようこ
昭和8(1933)年9月8日～
昭和～平成期の音楽教育者。
¶音人，音人2，音人3

**神保信一** じんぼしんいち
昭和5(1930)年4月27日～
昭和～平成期の学校カウンセリング、教育心理学者。明治学院大学教授。
¶現執1期，現執2期，現執3期，心理([生]昭和5(1930)年4月21日)

**新保西水** しんぼせいすい，しんぽせいすい
天保3(1832)年～明治26(1893)年
江戸時代末期～明治期の国学者。文学一等教授兼侍読として新潟師範学校に務めた。
¶人名，新潟百(しんぽせいすい)，日人

**新保堯司** しんぼたかし
昭和9(1934)年12月5日～
昭和～平成期の声楽家、高校教師。
¶音人，音人2，音人3

**神保綱忠** じんぼつなただ
寛保3(1743)年～文政9(1826)年 [別]神保綱忠《じんぼうつなただ》，神保蘭室《じんぼらんしつ》
江戸時代中期～後期の出羽米沢藩儒。
¶朝日([没]文政9年8月22日(1826年9月23日))，近世，国史，国書(神保蘭室 じんぼらんしつ [没]文政9(1826)年8月22日)，コン改(じんぼうつなただ [生]享保14(1729)年)，コン4(じんぼうつなただ [生]享保14(1729)年)，新潮([没]文政9(1826)年8月22日)，人名(じんぼうつなただ)，日人，藩臣1(神保蘭室 じんぼらんしつ)，山形百(神保蘭室 じんぼらんしつ)

**新保徳寿** しんぼとくじゅ
明治6(1873)年～昭和13(1938)年
明治～昭和期の教育家、仙台高等工業学校長。
¶宮城百

**神保判太夫** じんぼはんだゆう
→神保判太夫(じんぼうはんだゆう)

**神保蘭室** じんぼらんしつ
→神保綱忠(じんぼつなただ)

**新村拓** しんむらたく
昭和21(1946)年12月5日～
昭和～平成期の高校教師、著述家。
¶現執3期，現執4期

**新村洋史** しんむらひろし
昭和18(1943)年4月6日～
昭和～平成期の教育行政学者。中京女子大学助教授。
¶現執2期，現執3期，現執4期

**新名寒川** しんめいかんせん
嘉永5(1852)年～明治19(1886)年
江戸時代末期・明治期の教育者。
¶愛媛

**新免一五坊** しんめんいちごぼう
明治12(1879)年～昭和16(1941)年
明治～昭和期の俳人・歌人・教育者。

¶岡山人，岡山歴（[生]明治12（1879）年5月12日　[没]昭和16（1941）年10月21日），俳文（[生]明治12（1879）年5月6日　[没]昭和16（1941）年10月12日），山梨百

**親鸞**　しんらん
承安3（1173）年～弘長2（1262）年11月28日　[別]見真大師《けんしんたいし,けんしんだいし》,善信《ぜんしん》,範宴《はんえん》,綽空《しゃくくう,しゃっくう》
鎌倉時代前期の僧。浄土真宗の開祖。見真大師。その思想は「教行信証」「悪人正機説」「歎異抄」に詳しい。
¶朝日（[没]弘長2年11月28日（1263年1月9日）），石川百，茨城百，茨城歴，岩史，江戸（親鸞聖人　しんらんしょうにん），角史，神奈川人，神奈川百，鎌古，鎌室，教育，京都，郷土茨城，郷土群馬，京都大，郷土栃木，群新百，群馬人，群馬百，国史，国書，古人，古中，コン改，コン4，コン5，埼玉人，詩歌，史人，思想史，重要（[生]承安3（1173）年4月1日），諸系（[没]1263年），女史，人書79，人書94，人情5，神人（[生]承安3（1173）年4月1日），新潮，新文，人名，姓氏京都，姓氏群馬，世人（[生]承安3（1173）年4月1日），世百，全書，大百，中世，伝記，栃木百，栃木歴，富山百（[生]承安3（1173）年4月1日），長野歴，新潟百，日音（[生]承安3（1173）年4月1日），日思，日史，日人（[没]1263年），濃飛（親鸞，蓮如　しんらん，れんにょ），百科，冨嶽，福井百，仏教，仏史，仏人，文学，平日，名僧，山川小，歴大



## 【す】

**翠**　すい★
江戸時代後期の女性。教育。小倉氏。弘化4年～明治6年まで塾で読書、習字、算術を教授。
¶江表（翠（滋賀県））

**翠羽**　すいう
→三輪ひさ（みわひさ）

**翠羽女**　すいうじょ
→三輪ひさ（みわひさ）

**吹田孤蓬**　すいたこほう
明治40（1907）年6月22日～平成元（1989）年5月31日
昭和期の学校教師。俳人。
¶青森人，東北近

**吹田安兵衛**　すいたやすべえ
大正6（1917）年8月23日～
昭和～平成期の政治家。小浜市長、福井県教育委員長。
¶現政

**随朝欽哉**　ずいちょうきんさい
天保3（1832）年～明治26（1893）年
江戸時代末期～明治期の儒学者。
¶人名，日人

**瑞璵**　ずいよ
→玉崗瑞璵（ぎょくこうずいよ）

**末川博**　すえかわひろし
明治25（1892）年11月20日～昭和52（1977）年2月16日　[別]末川博《すえひろし》
明治～昭和期の民法学者。立命館大学名誉総長。京都帝国大学教授を滝川事件で辞任。民主主義科学者協会会長、民法学者としての業績と共に教育者として功績があった。
¶京都，京都大，近現，現朝，現執1期，現情，現人，現日（[生]1892年11月10日），国史，コン改，コン4，コン5，史人，社史（[生]1892年11月10日），新潮，人名7，世紀，姓氏京都，姓氏山口（すえひろし），世人，世百新，全書，大百，哲学，日史，日人，日本，百科，平和，山口人，山口百，履歴，履歴2，歴大

**陶関山**　すえかんざん
文化7（1810）年～明治17（1884）年10月25日
江戸時代末期～明治期の備中岡田藩士。
¶岡山人，岡山歴，藩臣6

**末武政一**　すえたけまさいち
明治15（1882）年～昭和24（1949）年
明治～昭和期の教育者。
¶北海道歴

**末田重邨**　すえだじゅうそん
文政5（1822）年～明治2（1869）年
江戸時代末期～明治時代の儒学者。三亦舎を設けて教育活動をする。
¶幕末（[没]1869年7月10日），幕末大（[没]明治2（1869）年6月2日）

**末永子晏**　すえながしあん
元文1（1736）年～寛政3（1791）年9月17日
江戸時代中期の教育者。
¶岡山歴

**陶半窓**　すえはんそう
寛政11（1799）年～明治6（1873）年
江戸時代後期～明治期の医者・漢学者。
¶愛媛

**末川博**　すえひろし
→末川博（すえかわひろし）

**末広照啓**　すえひろしょうけい
明治7（1874）年12月～大正14（1925）年12月14日
明治～大正期の僧。曹洞宗大学講師、天台宗大学教授などを歴任。
¶人名，世紀，日人

**末広静古園**　すえひろせいこえん
天保3（1832）年～明治22（1889）年
江戸時代末期・明治期の教育者。
¶愛媛

**末広陽子**　すえひろようこ
昭和8（1933）年8月16日～
昭和～平成期のピアノ教育家、ノンフィクションライター。
¶現執3期

**末松謙澄** すえまつけんちょう
安政2(1855)年8月20日〜大正9(1920)年
明治期の政治家、評論家。貴族院議員、内務大臣。東京日日新聞社に入るが伊藤博文の知遇を受け、外交官として渡英。演劇改良会を組織、伊藤の娘婿。
¶朝日(㊋大正9(1920)年10月5日)、海越(㊋大正9(1920)年10月6日)、海越新(㊋大正9(1920)年10月6日)、角史、教育、近現、近文、芸能(㊋大正9(1920)年10月5日)、国際、国史、コン改、コン5、詩歌、史研(㊋大正9(1920)年10月5日)、詩作(㊋大正9(1920)年10月5日)、史人(㊋1920年10月6日)、新潮(㊋大正9(1920)年10月5日)、新文(㊋大正9(1920)年10月6日)、人名、世紀(㊋大正9(1920)年10月5日)、世人(㊋大正9(1920)年10月6日)、世百、先駆(㊋大正9(1920)年10月5日)、全書、大百、短歌普(㊋1920年10月6日)、哲学、渡航(㊋1920年10月6日)、日史(㊋大正9(1920)年10月5日)、日人、日本、百科、福岡百(㊋大正9(1920)年10月5日)、文学、明治1、山口百、履歴(㊋大正9(1920)年10月5日)、歴大

**末光信三** すえみつしんぞう
明治18(1885)年11月12日〜昭和46(1971)年9月16日　㊟末光信三《すえみつのぶぞう》
明治〜昭和期の教育者。
¶愛媛(すえみつのぶぞう)、愛媛百(すえみつのぶぞう)、渡航

**末光信三** すえみつのぶぞう
→末光信三(すえみつしんぞう)

**末本誠** すえもとまこと
昭和24(1949)年〜
昭和期の社会教育学者。神戸大学助教授。
¶現執2期

**末吉安久** すえよしあんきゅう
明治37(1904)年4月26日〜昭和56(1981)年3月31日
昭和期の工芸家。
¶沖縄百、姓氏沖縄

**末吉捨介** すえよししゃすけ
文化13(1816)年〜明治2(1869)年　㊟末吉捨介《すえよしすてすけ》
江戸時代末期の肥前島原藩士。
¶国書(すえよしすてすけ)　㊋明治2(1869)年5月)、人名(すえよしすてすけ)、日人(すえよしすてすけ)、藩臣7

**末吉捨介** すえよしすてすけ
→末吉捨介(すえよししゃすけ)

**末吉悌次** すえよしていじ
明治42(1909)年1月28日〜
昭和期の教育社会学者。広島大学教授。
¶現執1期、現情

**菅井勝雄** すがいかつお
昭和17(1942)年4月4日〜
昭和〜平成期の教育技術学者。大阪大学教授、東京大学助教授。
¶現執3期

**菅井甘露** すがいかんろ
文化7(1810)年〜明治22(1889)年
江戸時代末期〜明治期の教育者。
¶人書94、新潟百

**菅井喜久治** すがいきくじ
元治1(1864)年〜大正11(1922)年
明治〜大正期の丘珠の守護神といわれた教育者。
¶札幌、北海道歴

**菅井米吉** すがいよねきち
安政5(1858)年1月15日〜明治44(1911)年11月4日
江戸時代末期・明治期の教師。
¶飛騨

**須賀栄子** すかえいこ,すがえいこ
明治5(1872)年4月18日〜昭和9(1934)年10月
明治〜昭和期の教育者。共和裁縫教習所(後の宇都宮女子高等職業学校)を創設。須賀流と呼ばれる裁ち方を考案。
¶学校、郷土栃木(㊋1873年)、近女(すがえいこ)、女性、女性普(すがえいこ)、世紀、先駆、栃木歴(㊋明治6(1873)年)、日人(㊋明治6(1873)年4月18日　㊋昭和9(1934)年10月14日)

**菅川久二** すがかわきゅうじ
慶応1(1865)年〜昭和15(1940)年
明治〜昭和期の教育者・郷土史家。
¶姓氏岩手

**菅沢重雄** すがさわしげお
明治3(1870)年〜昭和31(1956)年
明治〜昭和期の学校創立者。王子高等女学校(後の東京成徳大学高等学校)を創立。
¶学校(㊋明治3(1870)年4月　㊋昭和31(1956)年1月7日)、千葉百

**菅佐原とく** すがさわらとく
慶応2(1866)年〜？
明治〜昭和期の女性。夫の戦死後、舅姑に仕え、子女の教育に尽くす。婦女の鑑として表彰される。
¶女性、女性普

**須賀精斎** すがせいさい
江戸時代中期の尾張藩士、儒学者。
¶国書(㊋元禄2(1689)年1月15日　㊋宝暦5(1755)年10月20日)、人名(㊋1688年　㊋1754年)、日人(㊋1688年　㊋1754年)、藩臣4(㊋元禄2(1689)年　㊋宝暦5(1755)年)

**須賀友正** すかとまさ
明治34(1901)年10月3日〜昭和57(1982)年9月1日
大正〜昭和期の学校創立者。宇都宮短期大学を創立。
¶学校、栃木歴

**菅沼清** すがぬままきよ
天保14(1843)年〜明治30(1897)年5月17日

明治期の教育者。進化会を設立し、女性たちに社会情勢などを講義。死後、遺言により献体。
¶女性，女性普

**菅沼定光** すがぬまさだみつ
嘉永4（1851）年～明治39（1906）年
江戸時代末期～明治期の教育者。
¶岡山人

**菅沼知至** すがぬまともゆき
明治24（1891）年～昭和62（1987）年
大正～昭和期のアララギ派の歌人、教育者。
¶長野歴

す

**菅沼秀子** すがぬまひでこ
生没年不詳
明治期の歌人。教育者。
¶東三河

**菅沼康憲** すがぬまやすのり
昭和7（1932）年6月15日～
昭和～平成期の童謡研究者。高校教師（京浜女子商業高）、童謡研究者。
¶児作，児人，世紀，日児

**菅沼嘉弘** すがぬまよしひろ
昭和11（1936）年～
昭和～平成期の教育学者。
¶児人

**管野喜久治** すがのきくじ
元治1（1864）年～？
江戸時代末期～明治期の教育者。小学校長。
¶姓氏沖縄

**菅野彊斎** すがのきょうさい
明和3（1766）年～文政13（1830）年 [別]菅野彊斎《すげのきょうさい》
江戸時代中期～後期の播磨竜野藩士、儒学者。
¶国書（すげのきょうさい [生]明和3（1766）年8月13日 [没]文政13（1830）年3月4日），人名，日人，藩臣5

**菅野兼山** すがのけんざん
延宝8（1680）年～延享4（1747）年 [別]菅野彦兵衛《すがのひこべえ》
江戸時代中期の儒学者。江戸で私塾会輔堂を開設し武士・町人に講義。
¶江文，コン改，コン4，コン5，埼玉百（菅野彦兵衛 すがのひこべえ），新潮（[没]延享4（1747）年5月25日），人名，日人

**菅野狷介** すがのけんすけ
→菅野白華（すがのはくか）

**菅野凉** すがのすずし
天保12（1841）年～大正9（1920）年
江戸時代末期～大正期の教育者。
¶姓氏愛知

**菅野竹男** すがのたけお
明治41（1908）年10月12日～平成1（1989）年12月13日
昭和期の小学校教員。
¶社史

**菅野朝臣佐世** すがののあそんすけよ
延暦21（802）年～元慶4（880）年 [別]菅野佐世《すがののすけよ》
平安時代前期の官人。
¶古代，日人（菅野佐世 すがののすけよ）

**菅野佐世** すがののすけよ
→菅野朝臣佐世（すがののあそんすけよ）

**菅野白華** すがのはくか
文政3（1820）年2月6日～明治3（1870）年3月8日
[別]菅野白華《すがのはっか，すげのはっか》，菅野狷介《すがのけんすけ》
江戸時代末期～明治期の姫路藩医。江戸藩邸学舎教授。安政の大獄で藩牢に投じられ、後藩校の督学。
¶維新（菅野狷介 すがのけんすけ），江文，国書（すげのはっか），人名，日人，幕末（菅野狷介 すがのけんすけ），幕末大（菅野狷介 すがのけんすけ），藩臣5（すがのはっか），兵庫人，兵庫百

**菅野白華** すがのはっか
→菅野白華（すがのはくか）

**菅野彦兵衛** すがのひこべえ
→菅野兼山（すがのけんざん）

**菅野政五郎** すがのまさごろう
慶応1（1865）年4月19日～昭和8（1933）年1月26日
明治～昭和期の教育者。
¶埼玉人，埼玉百

**菅原玄同** すがはらげんどう
→菅原玄同（すがわらげんどう）

**菅原道真** すがはらみちざね
→菅原道真（すがわらのみちざね）

**菅寿子** すがひさこ
明治42（1909）年5月20日～
昭和～平成期の福祉活動家。紅梅学園を開設。女子知的障害者の生活指導、職業訓練につくした。
¶日人

**菅秀之** すがひでゆき
慶応2（1866）年～大正9（1920）年
明治～大正期の教育者。
¶姓氏富山

**須賀光曠** すがみつひろ
明治24（1891）年～昭和51（1976）年
大正～昭和期の教員、郷土史家。
¶姓氏鹿児島

**菅谷きよ** すがやきよ
明治20（1887）年～
明治～昭和期の洋裁学校創設者。
¶近女

**菅谷正貫** すがやしょうかん
*～昭和58（1983）年9月23日
昭和期の仏教学者。

¶埼玉人（[生]大正3（1914）年），仏人（[生]1913年）

**菅谷徳次郎** すがやとくじろう
慶応2（1866）年～昭和33（1958）年
明治～大正期の初等教育界の指導者。
¶栃木歴

**菅竜一** すがりゅういち
昭和8（1933）年3月23日～
昭和～平成期の劇作家。著作に、教育をテーマにした小説「善財童子ものがたり」、「教育の原型を求めて」など。
¶近文，現執1期，現情，四国文，児作，児人，世紀，日人

**須賀亮斎** すがりょうさい
享保9（1724）年12月11日～文化1（1804）年
江戸時代中期～後期の尾張藩士、儒学者。
¶国書（[没]文化1（1804）年11月29日），人名，日人（[生]1725年），藩臣4

**須川清** すがわきよし
昭和期の教育行政専門家。
¶現執1期

**須川邦彦** すがわくにひこ
明治13（1880）年～昭和24（1949）年6月2日
明治～昭和期の船長、教育者、小説家。東京高等商船教授、東京高等商船校長。
¶日児

**菅原淳茂** すがわらあつしげ
→菅原淳茂（すがわらのあつしげ）

**菅原清公** すがわらきよとも
→菅原清公（すがわらのきよとも）

**菅原源右衛門** すがわらげんえもん
寛政10（1798）年～明治6（1873）年
江戸時代後期～明治時代の和算家。
¶数学

**菅原玄同** すがわらげんどう
天正9（1581）年～寛永5（1628）年6月14日　[別]菅原玄同《すがはらげんどう》，菅玄同《かんげんどう》，菅得庵《かんとくあん》
江戸時代前期の儒学者。医学を曲直瀬玄朔に、儒学を藤原惺窩に学ぶ。
¶朝日（菅得庵　かんとくあん　[没]寛永5年6月14日（1628年7月15日）），国書（菅得庵　かんとくあん），人名，姓氏京都，姓氏京都（菅玄同　かんげんどう），日史，日人（菅得庵　かんとくあん），百科，兵庫人（すがはらげんどう），歴大（菅玄同　かんげんどう）

**菅原是綱** すがわらこれつな
→高辻是綱（たかつじこれつな）

**菅原是善** すがわらこれよし
→菅原是善（すがわらのこれよし）

**菅原繁勝** すがわらしげかつ
明治36（1903）年～昭和41（1966）年
昭和期の遠野市教育長・助役。
¶姓氏岩手

**菅原寿左衛門** すがわらじゅざえもん
明治20（1887）年～昭和8（1933）年
明治～昭和期の教育者。
¶姓氏宮城

**菅原新兵衛** すがわらしんべえ
明治6（1873）年～大正12（1923）年
明治～大正期の教育者。
¶姓氏宮城

**菅原誠喜** すがわらせいき
大正6（1917）年～
昭和期の教育問題専門家。宮城県泉市根白石公民館館長。
¶現執1期

**菅原千広** すがわらちひろ
嘉永4（1851）年～大正13（1924）年
江戸時代末期～大正期の教育者・書家。
¶姓氏岩手

**菅原東海** すがわらとうかい
元文4（1739）年～文政11（1828）年
江戸時代中期～後期の儒学者。
¶江戸東，江文，人名，日人

**菅原藤太郎** すがわらとうたろう
明治23（1890）年～昭和37（1962）年
大正～昭和期の教育者。
¶姓氏岩手

**菅原通** すがわらとおる
文久2（1862）年～昭和13（1938）年
明治～昭和期の聾唖教育者。
¶宮城百

**菅原南山** すがわらなんざん
元禄15（1702）年～天明2（1782）年
江戸時代中期の儒学者。
¶国書，人名，姓氏宮城（[生]1701年），日人

**菅原朝臣清公** すがわらのあそんきよきみ
→菅原清公（すがわらのきよとも）

**菅原朝臣是善** すがわらのあそんこれよし
→菅原是善（すがわらのこれよし）

**菅原朝臣道真** すがわらのあそんみちざね
→菅原道真（すがわらのみちざね）

**菅原淳茂** すがわらのあつしげ
？～延長4（926）年　[別]菅原淳茂《すがわらあつしげ》
平安時代中期の学者。道真の5男。
¶朝日（生没年不詳），国書（すがわらあつしげ　[没]延長4（926）年1月11日），古史，コン改（生没年不詳），コン4（生没年不詳），詩歌，諸系，新潮（[没]延長4（926）年1月11日），人名，日人，平史，和俳

**菅原清公** すがわらのきよきみ
→菅原清公（すがわらのきよとも）

す

**菅原清公** すがわらのきよとも
宝亀1（770）年～承和9（842）年10月17日　[別]菅原清公《すがわらきよとも，すがわらのきよきみ》，菅原朝臣清公《すがわらのあそんきよきみ》
平安時代前期の公卿（非参議）。阿波守土師宇庭の孫，大学頭、文章博士、式部大輔などを歴任。文章院を設立。
¶朝日（すがわらのきよきみ　[没]承和9年10月17日（842年11月22日）），角史，京都大（すがわらのきよきみ），公卿（すがわらのきよきみ　[生]宝亀2（771）年），公卿普（すがわらのきよきみ　[生]宝亀2（771）年），国史，国書（すがわらきよとも），古人，古代（菅原朝臣清公　すがわらのあそんきよきみ），古代普（菅原朝臣清公　すがわらのあそんきよきみ），古中，コン改（すがわらのきよきみ），コン4（すがわらのきよきみ），コン5（すがわらのきよきみ），詩歌（[生]770年？），史人，諸系，新潮，人名（すがわらのきよきみ），姓氏京都（すがわらのきよきみ），世人（すがわらのきよきみ），全書（[生]770年？），対外，太宰府（すがわらのきよきみ），日史，日人，平史（すがわらのきよきみ），歴大（すがわらのきよきみ），和俳

**菅原是綱** すがわらのこれつな
→高辻是綱（たかつじこれつな）

**菅原是善** すがわらのこれよし
弘仁3（812）年～元慶4（880）年8月30日　[別]菅原是善《すがわらこれよし》，菅原朝臣是善《すがわらのあそんこれよし》，菅相公《かんしょうこう》
平安時代前期の学者、公卿（参議）。従五位下・遠江介菅原古人の孫。大学頭、式部大輔、参議を歴任。
¶朝日（[没]元慶4年8月30日（880年10月7日）），岩史，角史，公卿，公卿普，国史，国書（すがわらこれよし），古史，古人，古代（菅原朝臣是善　すがわらのあそんこれよし），古代普（菅原朝臣是善　すがわらのあそんこれよし），古中，コン改，コン4，コン5，詩歌，史人，諸系，新潮，人名，姓氏京都，世人，世百，全書，太宰府，日史，日人，日文，百科，平史，歴大，和俳

**菅原修成** すがわらのながしげ
平安時代中期の官人。輔正の子。
¶古人

**菅原文時** すがわらのふみとき
昌泰2（899）年～天元4（981）年9月8日　[別]菅原文時《すがわらふみとき》，菅三品《かんさんぼん，かんさんぽん》
平安時代中期の歌人、学者、公卿（非参議）。右大臣菅原道真の孫。
¶朝日（[没]天元4年9月8日（981年10月8日）），岩史，角史，公卿，国史，国書（すがわらふみとき），古中，コン改，コン4，詩歌（菅三品　かんさんぼん），史人，諸系，新潮，人名，世人，全書，大百，日史，日人，百科，平史，歴大，和俳

**菅原道真** すがわらのみちざね
承和12（845）年～延喜3（903）年2月25日　[別]菅原朝臣道真《すがわらのあそんみちざね》，菅原道真《すがはらみちざね，すがわらみちざね》
平安時代前期の学者、歌人、公卿（右大臣，従二位）。参議菅原是善の三男。遣唐使の廃止を奏上。讒言により大宰権帥に左遷。後世学問の神として祀られている。また紅梅殿を開設し多くの子弟を教えた。
¶朝日（[没]延喜3年2月25日（903年3月26日）），岩史，浮絵，大阪人（すがわらみちざね），香川人，香川百，角史，教育（すがわらみちざね），京都，京都大（すがはらみちざね），郷土奈良，京都府，公卿（[生]承和2（835）年），公卿普（[生]承和2（835）年），国史，国書（すがわらみちざね），古史，古人，古代（菅原朝臣道真　すがわらのあそんみちざね），古代普（菅原朝臣道真　すがわらのあそんみちざね），古中，コン改，コン4，コン5，詩歌，詩作（[生]承和12（845）年6月25日），史人，思想史，島根人（すがはらみちざね），島根歴（すがわらみちざね），重要（[生]承和12（845）年6月25日），諸系，人書94（すがわらみちざね），神人（すがはらみちざね　[生]承和12（845）年6月25日），新潮，新文，人名，姓氏京都，姓氏山口（すがわらみちざね），世人，世百，全書，対外，大百，太宰府，伝記，日思，日史，日人，日文，百科，兵庫百，福岡百，福岡文（[生]承和12（845年8月1日）年6月25日　[没]延喜3（903年3月26日）年2月25日），文学，平史，平日，山川小，山口百（すがわらみちざね），歴大，和俳

**菅原兵治** すがわらひょうじ
明治32（1899）年4月3日～昭和54（1979）年12月15日
大正～昭和期の教育者。
¶埼玉人，庄内，山形百

**菅原文時** すがわらふみとき
→菅原文時（すがわらのふみとき）

**菅原道真** すがわらみちざね
→菅原道真（すがわらのみちざね）

**菅原道彦** すがわらみちひこ
昭和20（1945）年4月5日～
昭和～平成期の写真家。あそびの学校主宰、子どもの文化研究所。
¶現執2期，現執3期，現執4期，児人，世紀，日児

**菅原芳吉** すがわらよしきち
明治21（1888）年～昭和52（1977）年
大正～昭和期の教育家。
¶宮城百

**菅原隆太郎** すがわらりゅうたろう
明治12（1879）年～昭和38（1963）年2月28日
明治～昭和期の教育者。
¶岩手人，姓氏岩手

**杉梅太郎** すぎうめたろう
→杉民治（すぎみんじ）

**杉浦あや** すぎうらあや
大正3（1914）年～昭和57（1982）年4月20日
昭和期の教育者。暁学園短期大学教授、中日文化

センター講師を務める。
¶女性（[生]大正3（1914）年頃），女性普

**杉浦卯三** すぎうらうぞう
明治24（1891）年5月19日～昭和36（1961）年12月30日
明治～昭和期の教育者。
¶世紀，日人，広島百

**杉浦弘蔵** すぎうらこうぞう
→畠山義成（はたけやまよしなり）

**杉浦鋼太郎** すぎうらこうたろう
安政5（1858）年～昭和17（1942）年12月14日
江戸時代末期～昭和期の教育者。東京高等女学校（後の東京女子学園）の設立に関わる。
¶学校

**杉浦貞二郎** すぎうらさだじろう
明治3（1870）年10月26日～昭和22（1947）年4月24日 [別]杉浦貞二郎《すぎうらていじろう》
明治～昭和期の神学者。立教大学学長。
¶郷土福井（すぎうらていじろう），キリ，渡航

**杉浦重剛** すぎうらしげたけ
→杉浦重剛（すぎうらじゅうごう）

**杉浦重文** すぎうらしげぶみ
文政6（1823）年～明治32（1899）年11月18日
江戸時代末期～明治時代の膳所藩儒。藩校遵義堂教授。地租改正事務にあたる。遵義学校で子弟を教育。
¶幕末，幕末大

**杉浦止斎** すぎうらしさい
正徳1（1711）年～宝暦10（1760）年9月21日
江戸時代中期の藩士・心学者。
¶国書，姓氏京都

**椙浦秀鶩** すぎうらしゅうが
生没年不詳
江戸時代後期の寺子屋の師匠。
¶姓氏神奈川

**杉浦重剛** すぎうらじゅうごう
安政2（1855）年3月3日～大正13（1924）年2月13日 [別]杉浦重剛《すぎうらしげたけ》
明治～大正期の教育者。衆議院議員。東京英語学校を創立、青年の教育に努めた。国粋主義道徳を鼓吹、東宮御学問所御用掛となる。
¶朝日（[生]安政2年3月3日（1855年4月19日）），岩史，海越，海越新，科学，学校，角史，教育（すぎうらしげたけ），郷土滋賀（すぎうらしげたけ），近現，近文（すぎうらしげたけ），国際，国史，コン改，コン5，詩歌，滋賀百（すぎうらしげたけ），滋賀文（すぎうらしげたけ），史研，詩作，史人，重要，植物，神人，新潮，人名，世紀，世人，世百，先駆（すぎうらしげたけ），全書（すぎうらしげたけ），大百（すぎうらしげたけ），哲学，渡航，日史，日人，日本，百科，明治1，洋学，履歴，歴大（すぎうらしげたけ）

**杉浦四郎** すぎうらしろう
明治26（1893）年1月2日～昭和39（1964）年10月10日
大正～昭和期の教育者。徳島県盲人会を組織。
¶視覚，徳島百，徳島歴

**杉浦治郎右衛門** すぎうらじろうえもん
文政3（1820）年～明治28（1895）年
明治期の実業家。京都茶屋一力主人。女子教育機関として婦女職工引立会社を設立。
¶日人

**杉浦貞二郎** すぎうらていじろう
→杉浦貞二郎（すぎうらさだじろう）

**杉浦日出夫** すぎうらひでお
昭和8（1933）年9月25日～
昭和～平成期のピアノ教育者。
¶音人2，音人3

**杉浦藤文** すぎうらふじふみ
昭和16（1941）年4月27日～平成11（1999）年8月13日
昭和～平成期の高校野球監督。中京商業高校の監督をつとめ、昭和41年には史上2校目の春夏連覇をはたした。
¶世紀，日人

**杉浦正和** すぎうらまさかず
昭和26（1951）年～
昭和～平成期の高校教論。
¶YA

**杉浦真崎** すぎうらまさき
元禄3（1690）年～宝暦4（1754）年
江戸時代中期の女性。歌人。
¶近世，国史，国書（[没]宝暦4（1754）年2月29日），コン改，コン4，静岡歴，女性（[没]宝暦4（1754）年2月29日），人名，姓氏静岡，日人，和俳

**杉浦正嘉** すぎうらまさよし
大正10（1921）年1月11日～
昭和～平成期の作曲家、音楽教育家。
¶音人，音人2，音人3

**杉浦守邦** すぎうらもりくに
大正10（1921）年～
昭和期の学校保健・養護教育専門家。山形大学教授。
¶現執1期

**杉浦美朗** すぎうらよしろう
昭和8（1933）年1月1日～
昭和期の教育学者、デューイ研究者。甲南女子大学教授、兵庫教育大学教授。
¶現執1期，現執2期

**椙江玄栄** すぎえげんえい
生没年不詳
明治期の僧、私塾教師。
¶姓氏愛知

**杉江修治** すぎえしゅうじ
昭和23（1948）年6月26日～
昭和～平成期の教育心理学者。中京大学教授。
¶現執2期，現執3期

**杉江俊郎** すぎえとしろう
明治37(1904)年1月16日～昭和54(1979)年4月16日
大正～昭和期の小説家、教育者。
¶紀伊文

**杉魁** すぎかい
文化8(1811)年～明治10(1877)年
江戸時代末期～明治期の述述家。著書に「周易構図」「象義」など。
¶日人

**鋤柄惣吉** すきがらそうきち
明治39(1906)年～昭和42(1967)年
昭和期の教育者。
¶神奈川人

**杉木秀能** すぎきひでの
慶応3(1867)年10月3日～大正4(1915)年8月24日
明治期の教育者。菊芳小学校校長。富山県女性小学校長第一号。
¶女性、女性普、富山百

**杉亨二** すぎきょうじ
→杉亨二(すぎこうじ)

**杉亨二** すぎこうじ
文政11(1828)年～大正6(1917)年12月4日 ⑲杉亨二《すぎきょうじ》
江戸時代末期～大正期の統計学者。スタチスチック社社長。蕃書調所に出仕、統計学の重要性を知る。新政府の政表課に勤め、政府に統計調査の必要性を説いた。
¶朝日(⑲文政11年10月10日(1828年11月16日))、維新、江文、科学(⑲文政11(1828)年10月10日)、郷土長崎、近現、近文、国際、国史、国書(⑲文政11(1828)年10月10日)、コン改、コン4、コン5、史人(⑲1828年8月10日、(異説)10月10日)、静岡百、静岡歴、思想史、新潮(⑲文政11(1828)年10月10日)、人名、数学(杉亨二 すぎきょうじ)、世百(杉亨二 すぎきょうじ)、先駆(⑲文政11(1828)年10月10日)、全書、大百、哲学、徳川臣、長崎百、長崎歴、日史(⑲文政11(1828)年10月10日)、日人、幕末、幕末大、百科、洋学、履歴(⑲文政11(1828)年10月10日)、歴大

**杉崎英夫** すぎさきひでお
明治36(1903)年7月6日～平成1(1989)年5月8日
昭和期の教育者。学校長。
¶飛騨

**杉崎正義** すぎさきまさよし
明治22(1889)年～昭和41(1966)年
大正～昭和期の教育者。
¶神奈川人

**杉崎瑶** すぎさきよう,すぎさきよう
明治10(1877)年3月3日～昭和18(1943)年7月6日
明治～昭和期の教育家。
¶心理(⑲明治10(1877)年3月5日)、世紀、姓氏長野、長野百、長野歴(すぎさきよう)、日人

**椙下義蔵** すぎしたぎぞう
明治42(1909)年6月29日～昭和51(1976)年9月2日
大正・昭和期の教育者。学校長。
¶飛騨

**杉下守中** すぎしたしゅちゅう
明治1(1868)年6月28日～昭和20(1945)年10月16日
明治～昭和期の画家。金桶小学校長。材木商。
¶飛騨

**杉下友之助** すぎしたとものすけ
明治13(1880)年8月18日～昭和22(1947)年9月21日
明治～昭和期の教育者。学校長。飛騨における伝統的な礼法指導者。
¶飛騨

**杉下延郎** すぎしたのぶろう
明治35(1902)年9月28日～昭和34(1959)年6月20日
大正・昭和期の小児科医・高山市教育委員長。
¶飛騨

**杉滝** すぎたき
→杉滝子(すぎたきこ)

**杉滝子** すぎたきこ
文化4(1807)年1月24日～明治23(1890)年8月29日 ⑲杉滝《すぎたき》
江戸時代末期～明治期の女性。吉田松陰の母。松陰の刑死後も塾の維持に努めた。
¶江表(滝子(山口県))、女性、女性普(杉滝 すぎたき)、日人、幕末、幕末大

**杉田吉左衛門** すぎたきちざえもん
明治期の教育者。
¶多摩

**杉田玄瑞** すぎたげんずい
→杉田玄端(すぎたげんたん)

**杉田玄端** すぎたげんたん
文政1(1818)年～明治22(1889)年7月19日 ⑲杉田玄瑞《すぎたげんずい》
江戸時代末期～明治期の蘭方医。若狭小浜藩医になり蕃書調所・洋書調所教授、外国奉行支配翻訳御用頭取などを歴任。東京神田に共立病院を創立。
¶朝日(⑲文政1年9月20日(1818年10月19日))、維新、江文、科学(⑲文政1(1818)年9月20日)、近現、近世、国際、国史、国書(⑲文政1(1818)年9月20日)、コン改、コン4、コン5、史人(⑲1818年9月20日)、静岡百、静岡歴、新潮(⑲文政1(1818)年9月20日)、人名(杉田玄瑞 すぎたげんずい)、全書、大百、徳川臣、日人、幕末(⑲1818年6月23日)、幕末大(⑲文政1(1818)年5月20日)、洋学

**杉田玄白** すぎたげんぱく
享保18(1733)年9月13日～文化14(1817)年4月17日
江戸時代中期～後期の蘭方医、外科医。「解体新

書」の翻訳者。家塾天真楼で教えた。
¶朝日（[生]享保18年9月13日（1733年10月20日）[没]文化14年4月17日（1817年6月1日）），岩史，江人，江文，科学，科人，角史，教育，郷土福井，近世，国史，国書，コン改，コン4，コン5，史人，思想史，重要，人書79，人書94，人情3，新潮，人名，姓氏岩手，世人，世百，全書，対外，大百，伝記，徳川将，長崎百，日思，日史，日人，藩臣3，百科，福井百，平日，山川小，洋学，歴大

**杉田仙十郎** すぎたせんじゅうろう
文政3（1820）年～明治26（1893）年1月10日
江戸時代末期～明治期の政治家。大庄屋、県議会議員。自邸内に学校を設立したことが分にすぎるとして藩から閉門を命じられた。のち、地域のために九頭竜川の治水に尽力。政治家となった長男の物心両面の活動を支えた。
¶朝日（[生]文政3年11月6日（1820年12月11日）），維新，近現，近世，国史，コン4，コン5，人名，日人，幕末

**杉田定一** すぎたていいち
嘉永4（1851）年6月2日～昭和4（1929）年3月23日
明治～昭和期の教育家、政治家。衆議院議員、北海道庁長官。「評論新聞」に入社，愛国社を再興、自由党結成に動く。
¶朝日（[生]嘉永4年6月2日（1851年6月30日）），海越新，角史，郷土奈良（[生]1895年），郷土福井，近現，国際，国史，コン改，コン5，史人，新潮，人名，世紀，世人，世百，全書，渡航，日史，日人，百科，福井百，明治1，履歴，歴大

**杉田貞作** すぎたていさく
明治43（1910）年～平成5（1993）年
昭和～平成期の青森市教育長。
¶青森人

**杉谷代水** すぎたにだいすい，すぎたにたいすい
明治7（1874）年8月21日～大正4（1915）年4月21日
明治～大正期の詩人、劇作家。新体詩に「海賊」、戯曲に「大極殿」、著書に「学童日記」など。
¶近文，児文（すぎたにたいすい），世紀，鳥取百，奈良文，日児，日人

**杉谷正毅** すぎたにまさかた
明治43（1910）年～
昭和期の教育学者。東京経済大学教授。
¶現執1期

**杉谷依子** すぎたによりこ
昭和8（1933）年1月19日～
昭和～平成期の教育者。大阪市教員。市立校の教員全員加盟制の大阪市外国人教育研究協議会を組織、事務局長を務める。
¶現朝，世紀，日人

**杉田稔** すぎたみのる
？～
大正期の大阪市立工業学校長。
¶社史

**杉田裕** すぎたゆたか
大正10（1921）年9月7日～昭和47（1972）年3月28日
昭和期の心理学者、教育学者。
¶心理

**杉田麗子** すぎたれいこ
昭和～平成期の秘書養成教育者。日本秘書協会理事長。
¶YA

**杉徳次郎** すぎとくじろう
嘉永3（1850）年～？
江戸時代末期～明治期の教師。沼津兵学校教員、静岡学問所教授。イギリスに留学し英語、算術などを学ぶ。
¶海越（[没]明治初年），海越新

**杉敏介** すぎとしすけ
明治5（1872）年5月28日～昭和35（1960）年7月2日
明治～昭和期の教育者。旧制一高校長。「吾輩は猫である」の津木ピン助のモデル。
¶近文，現情，世紀，姓氏山口，山口人，山口百

**杉野芳子** すぎのよしこ
明治25（1892）年3月2日～昭和53（1978）年7月24日
昭和期の洋裁教育者、服飾デザイナー。ニューヨークで洋裁を学び、ドレスメーカー女学院を創立。ドレメ式型紙を創案。杉野学園女子大学を開校。
¶学校，郷土千葉，近女，現朝，現情，現人，現日，コン改，コン4，コン5，史人，女史，女性，女性普，新潮，人名7，世紀，千葉百，千葉房総，日人，マス89，歴大

**杉野りう** すぎのりゅう
明治7（1874）年～大正11（1922）年6月2日
明治～大正期の女性。夫が旅順で戦死した後、津高等女学校に裁縫教師として勤務し、遺児を養育。
¶女性，女性普

**杉原凱** すぎはらがい
文化3（1806）年～明治4（1871）年　[別]杉原外之助《すぎはらそとのすけ》
江戸時代末期～明治期の陸奥会津藩士。藩校日新館の学館預。維新後に青森県三戸の学塾長。
¶会津，人名（杉原外之助　すぎはらそとのすけ），日人（杉原外之助　すぎはらそとのすけ），幕末（[没]1871年4月3日），藩臣1

**杉原一雄** すぎはらかずお
明治42（1909）年8月26日～昭和60（1985）年3月3日
大正～昭和期の教員。参議院議員。
¶社史，政治，富山百

**杉原和之** すぎはらかずゆき
昭和期の教育学者。
¶現執1期，現執2期

**杉原九郎** すぎはらくろう
文久3（1863）年12月3日～？

す

江戸時代末期～明治期の教育者。
¶群馬人

**杉原正市** すぎはらしょういち
弘化4(1847)年～昭和2(1927)年
江戸時代末期～昭和期の教育家。静岡精華学園創立者。
¶伊豆，学校，静岡百，静岡歴，姓氏静岡，徳島歴（㊥弘化4(1847)年4月20日　㊟昭和2(1927)年1月5日）

**杉原佐久** すぎはらすけひさ
昭和期の伊豆地方屈指の醸造家。大仁幼稚園院長。
¶伊豆

**杉原誠四郎** すぎはらせいしろう
昭和16(1941)年7月29日～
昭和～平成期の教育学者。武蔵野大学教授。専門は，教育学。
¶現執4期

**杉原外之助** すぎはらそとのすけ
→杉原凱(すぎはらがい)

**杉淵陸三** すぎぶちりくぞう
明治35(1902)年3月2日～昭和53(1978)年4月1日
大正・昭和期の教育者。学校長。鈴虫水車考案者。
¶飛騨

**杉文三** すぎぶんぞう
慶応2(1866)年9月1日～大正2(1913)年11月
江戸時代末期～大正期の教育者。
¶渡航

**杉民治** すぎみんじ
文政11(1828)年～明治43(1910)年11月11日
㊞杉梅太郎《すぎうめたろう》
江戸時代末期～明治期の萩藩士。郡奉行所加勢暫役となり，民政に尽くす。弟・吉田松陰の最もよき理解者として物心両面から援助。
¶朝日（㊥文政11年1月15日(1828年2月29日)），維新，国書(杉梅太郎　すぎうめたろう　㊥文政11(1828)年1月15日)，新潮(㊥文政11(1828)年1月15日)，姓氏山口(㊟1911年)，日人，幕末，藩臣6，山口百

**杉村彰** すぎむらあきら
明治22(1889)年～昭和51(1976)年
昭和～平成期のコルネット奏者。
¶姓氏愛知

**杉村顕道** すぎむらけんどう
明治37(1904)年～平成11(1999)年
昭和期の教員。怪談集のほか句集や「近代名医伝」なども発表。
¶幻作，幻想

**杉村次郎** すぎむらじろう
？　～明治28(1895)年6月1日
江戸時代末期～明治期の学校創立者。工手学校(後の工学院大学)の設立に関わる。
¶学校

**杉村健** すぎむらたけし
昭和8(1933)年2月5日～
昭和～平成期の学習心理学者。奈良教育大学教授。
¶現執1期（㊥1923年），現執2期，現執3期

**杉村正** すぎむらただし
明治40(1907)年～昭和46(1971)年
昭和期の教育者。
¶高知人

**椙村辰之助** すぎむらたつのすけ
明治12(1879)年3月18日～昭和33(1958)年5月25日
明治～昭和期の教育者。千葉県蓮沼小学校校長。
¶世紀，千葉百，日人

**杉村兔喜栄** すぎむらときえ
明治36(1903)年～昭和57(1982)年
昭和期の教育者。
¶姓氏富山

**杉村盛茂** すぎむらもりしげ
明治34(1901)年～昭和57(1982)年
大正～昭和期の高知県教育長。
¶高知人

**杉元厚夫** すぎもとあつお
昭和27(1952)年1月31日～
昭和～平成期の教育学者，スポーツ社会学者。京都教育大学教育学部教授。
¶現執4期

**杉本一義** すぎもとかずよし
昭和6(1931)年5月1日～
昭和期の福祉学者，教育学者。立正大学教授，宇治福祉園理事長。
¶現執2期

**杉本謹節** すぎもときんせつ
明治7(1874)年～？
明治～大正期の教育者。
¶群馬人

**杉本直形** すぎもとなおかた
天保10(1839)年～大正13(1924)年
江戸時代末期～大正期の眼科医，高田盲学校長(2代)。
¶新潟百

**杉本彦治** すぎもとひこはる
天保13(1842)年8月8日～明治33(1900)年10月23日
江戸時代後期～明治期の教育者。
¶熊本百

**杉本良** すぎもとりょう
明治20(1887)年～昭和63(1988)年
明治～昭和期の社会教育者。
¶静岡歴，姓氏静岡

**杉森此馬** すぎもりこれま
安政6(1859)年3月25日～？
明治期の教育者。
¶渡航

杉森シカ　すぎもりしか
　慶応1(1865)年6月10日～昭和37(1962)年8月7日
　江戸時代末期～昭和期の女子教育家。杉森女学園創立者。
　¶学校

杉森秀一郎　すぎもりひでいちろう
　明治5(1872)年～昭和10(1935)年
　明治～昭和期の教育家。
　¶青森人

杉山明男　すぎやまあきお
　大正15(1926)年6月20日～
　昭和期の教育学者、ソビエト教育学者。吉備国際大学教授、神戸大学教授。
　¶現執1期、現執2期

杉山敦麿　すぎやまあつまろ
　大正期の教育者。
　¶岡山歴

椙山いま　すぎやまいま
　昭和14(1939)年9月26日～昭和40(1965)年
　昭和期の教育家。名古屋裁縫女学校(後の椙山女学園)を夫・正弐と共に創設。
　¶学校

椙山今子　すぎやまいまこ
　明治8(1875)年～昭和40(1965)年
　明治～昭和期の教育者。名古屋裁縫女学校(現椙山女学園大学)創立者。
　¶愛知女

杉山宇三郎　すぎやまうさぶろう
　明治14(1881)年5月14日～昭和42(1967)年6月3日
　明治～昭和期の教育者。
　¶岡山人、岡山百、岡山歴

杉山一人　すぎやまかずと
　明治39(1906)年7月5日～　㊞小沢一人
　昭和期の教育者。都立高校長。
　¶社史

杉山重利　すぎやましげとし
　昭和14(1939)年11月18日～
　昭和～平成期の文部省職員。
　¶現執3期、現執4期

杉山重義　すぎやましげよし
　安政4(1857)年6月27日～*
　明治～大正期の牧師、教育者。早稲田大学教授。
　¶社史(㊞1927年)、福島百(㊞?)

杉山正一　すぎやましょういち
　大正13(1924)年10月30日～
　昭和期の小・中学校教師。教育創造研究所長、豊島区立長崎小学校校長。
　¶現執1期、現執2期

杉山正賢　すぎやませいけん
　→杉山正賢(すぎやままさかた)

杉山巣雲　すぎやまそううん
　明和1(1764)年～天保5(1834)年
　江戸時代中期～後期の池田学問所塾主。
　¶姓氏長野、長野百、長野歴

杉山貞　すぎやまただす
　天保14(1843)年8月28日～大正2(1913)年7月22日
　江戸時代末期～大正期の教育者。
　¶福岡百

杉山千代　すぎやまちよ
　明治20(1887)年8月24日～昭和44(1969)年9月10日
　明治～昭和期の教育者。
　¶岡山人、岡山歴

杉山憲夫　すぎやまのりお
　昭和5(1930)年3月3日～
　昭和～平成期の政治家。衆議院議員、沼津学園理事長。
　¶現政

杉山久夫　すぎやまひさお
　昭和10(1935)年～
　昭和期の学校図書館専門家。
　¶現執1期

杉山博　すぎやまひろし
　明治42(1909)年7月28日～平成5(1993)年5月25日
　昭和・平成期の下呂町教育長。
　¶飛驒

椙山正弐　すぎやままさかず
　明治12(1879)年6月26日～昭和39(1964)年2月18日
　明治～昭和期の女子教育家。愛知県私学協会初代会長。椙山女学園創立者、私学の発展に尽力。
　¶愛知女、愛知百、学校、現情、人名7、世紀、姓氏愛知、中濃続(㊞?)、日人

杉山正賢　すぎやままさかた
　明治29(1896)年12月28日～*　㊞杉山正賢《すぎやませいけん、すぎやままさかた》
　昭和期の小学校教員。
　¶御殿場(㊞昭和5(1930?)年?)、静岡歴(㊞昭和4(1929)年)、社史(すぎやませいけん㊞1930年8月9日)、姓氏静岡(すぎやままさかた㊞1929年)

杉山正賢　すぎやままさたか
　→杉山正賢(すぎやままさかた)

杉山正仲　すぎやままさなか
　享保10(1725)年5月～寛政5(1793)年7月23日
　江戸時代中期の筑後久留米藩士。
　¶国書、人名、日人、藩臣7、福岡百

杉山ミヤコ　すぎやまみやこ
　明治43(1910)年～昭和48(1973)年
　昭和期の教育者。
　¶栃木歴

**杉山元治郎** すぎやまもとじろう
明治18(1885)年11月18日～昭和39(1964)年10月11日
大正～昭和期の農民運動家。日本農民組合組合長、衆議院議員。キリスト教の伝道と農作業の中で運動の必要性を痛感。日本農民組合を創設。農民福音学校を開設。
¶岩史，大阪人([没]昭和39(1964)年10月)，角史，キリ，近現，現朝，現情，国史，コン改，コン4，コン5，史人，社運，社史，重要，新潮，人名7，世紀，政治，姓氏宮城，世人，世百新，全書，日史，日人，日本，百科，兵庫百，福島百，平和，履歴，履歴2，歴大

**杉山熊台** すぎやまゆうだい
宝暦5(1755)年～文政5(1822)年
江戸時代中期～後期の儒学者。
¶愛媛百([生]宝暦5(1755)年7月19日　[没]文政5(1822)年8月7日)，郷土愛媛，国書([没]文政5(1822)年8月)，日人

**杉山吉茂** すぎやまよししげ
昭和10(1935)年12月7日～
昭和～平成期の数学教育学者。東京学芸大学教授。
¶現執3期，現執4期

**杉山令吉** すぎやまれいきち
安政2(1855)年7月～？
明治期の教育者。
¶渡航

**直田昇** すぐたのぼる
明治38(1905)年12月～
昭和期の教育者。
¶群馬人

**村士玉水** すぐりぎょくすい
享保14(1729)年～安永5(1776)年　[別]村士玉水《むらしぎょくすい，むらじぎょくすい》
江戸時代中期の備後福山藩士、儒学者。
¶江文，群馬人(むらじぎょくすい)，群馬百(むらしぎょくすい)，国書([没]安永5(1776)年1月4日)，人名(むらじぎょくすい)，姓氏群馬(むらじぎょくすい)，日人，藩臣6([生]享保18(1733)年)

**勝呂宗平** すぐろそうへい
慶応2(1866)年11月～昭和28(1953)年月11日
明治～昭和期の教育者、政治家、実業家。
¶伊豆，静岡歴，姓氏静岡

**助川伊八** すけがわいはち
寛延1(1748)年～文化2(1805)年8月17日
江戸時代中期～後期の剣術家。真景流。
¶剣豪，庄内

**助川啓四郎** すけかわけいしろう
明治20(1887)年8月～昭和18(1943)年10月5日
明治～昭和期の政治家。福島県議、衆議院議員。公民学校校長を務めた後、農村之青年社を興し、「農村之青年」を発刊。
¶人名7，日人

**菅宗蔵** すげそうぞう
明和7(1770)年～文政2(1819)年
江戸時代中期～後期の藩校致道館普請取締役、のち典学兼助教。
¶山形百

**菅野彊斎** すげのきょうさい
→菅野彊斎(すがのきょうさい)

**菅野白華** すげのはっか
→菅野白華(すがのはくか)

**寿香** すこう★
江戸時代後期の女性。教育。御園氏。嘉永2年～明治5年まで読書、習字の塾を開いた。
¶江表(寿香(滋賀県))

**周郷博** すごうひろし
明治40(1907)年6月14日～昭和55(1980)年2月28日
昭和期の教育家。お茶の水女子大学教授。付属幼稚園園長も兼任。子供の人間らしさを育てるものは直感の力であるとした。
¶現朝，現執1期，現執2期([生]明治40(1907)年6月)，現情，児文，新潮，世紀，日児，日人

**調所広丈** ずしょひろたけ
天保11(1840)年～明治44(1911)年　[別]調所広丈《ずしょひろため，ちょうしょひろたけ》
江戸時代末期～明治期の薩摩藩士。鳥取県知事、貴族院議員、男爵。北海道開拓幹事、札幌農学校長、札幌県令を歴任。
¶高知人(ちょうしょひろたけ)，高知百，札幌([生]天保11年4月30日)，姓氏鹿児島，鳥取百(ずしょひろため)，日人，幕末([没]1911年12月30日)，北海道建([生]天保11(1840)年4月　[没]明治44(1911)年12月30日)，北海道百，北海道歴

**調所広丈** ずしょひろため
→調所広丈(ずしょひろたけ)

**鈴江純浄** すずえじゅんじょう
安政1(1854)年～大正7(1918)年
明治～大正期の僧。日露戦争に率先して国債の募集に応じた。
¶高知人，高知百，人名，世紀([生]嘉永7(1854)年9月8日　[没]大正7(1918)年12月27日)，日人

**鈴江吉重** すずえよししげ
慶応3(1867)年～昭和26(1951)年
明治～昭和期の柔道教師五段。
¶高知人，高知百

**鈴木あい** すずきあい
明治38(1905)年～
昭和期の教育者・団体役員。
¶群馬人

**鈴木朖** すずきあきら
宝暦14(1764)年3月3日～天保8(1837)年6月6日
江戸時代中期～後期の国学者。尾張藩士。
¶愛知百，朝日([生]明和1年3月3日(1764年4月3日)　[没]天保8年6月6日(1837年7月8日))，岩史，教育，近世，国史，国書，コン改，コン4，

詩歌，史人，人書79，人情3，神人（[生]明和1（1764）年3月），新潮，人名，姓氏愛知，世人，全書，大百，日思，日史，日人，藩臣4，百科，平史，歴大

**鈴木磯** すずきいそ
安永6（1777）年〜嘉永3（1850）年
江戸時代中期〜後期の女性。鈴木石橋の妻。
¶栃木歴

**鈴木市郎左衛門** すずきいちろうざえもん
寛政10（1798）年〜明治19（1886）年
江戸時代後期〜明治期の芳賀郡亀山村の豪農、自宅に手習塾開設。
¶栃木歴

**鈴木英一** すずきえいいち
昭和7（1932）年1月2日〜
昭和〜平成期の法学者、教育行政学者。名古屋大学教授、愛知私学助成をすすめる会会長。
¶現執1期，現執2期，現執3期，現執4期

**鈴木栄一郎** すずきえいいちろう
明治16（1883）年〜昭和28（1953）年
明治〜昭和期の教育者。
¶愛媛，愛媛百（[生]明治16（1883）年11月2日 [没]昭和28（1953）年11月24日）

**鈴木栄助** すずきえいすけ
大正6（1917）年〜平成8（1996）年6月16日
昭和期の教育者。
¶視覚

**鈴木ゑん** すずきえん
明治25（1892）年9月2日〜昭和7（1932）年10月13日 [別]鈴木艶子
大正期の教員、女中、本屋。
¶社史

**鈴木於菟平** すずきおとへい
文久1（1861）年9月〜？
明治期のロシア語教師。
¶渡航

**鈴木覚治郎** すずきかくじろう
慶応3（1867）年〜昭和19（1944）年
明治〜昭和期の教育者、地方史家。
¶長野歴

**鈴木歌校亭** すずきかこうてい
元文2（1737）年〜文化8（1811）年
江戸時代中期の民間科学者、教育者。
¶栃木歴

**鈴木勝二郎** すずきかつじろう
明治7（1874）年4月9日〜昭和18（1943）年3月10日
明治〜昭和期の教育者。
¶岩手人

**鈴木幹止** すずきかんし
嘉永6（1853）年8月30日〜？
江戸時代後期〜明治期の教育者。
¶群馬人

**鈴木喜久造** すずききくぞう
明治42（1909）年〜
昭和期の小学校教員。
¶社史

**鈴木吉良** すずききちろう
生没年不詳
大正期の教師。
¶飛騨

**鈴木久太郎** すずききゅうたろう
明治15（1882）年〜？
明治〜大正期の教育者。
¶群馬人

**鈴木清** すずききよし
明治39（1906）年10月15日〜昭和57（1982）年9月2日
昭和期の心理学者。東京教育大学教授。
¶伊豆，現執1期，現情，心理，世紀，体育，マス89

**鈴木喜代春** すずききよはる
大正14（1925）年7月9日〜
昭和〜平成期の教育者、児童文学作家。
¶近文，現執1期，現執2期，現執4期，現情，児作，児人，児文，世紀，東北近，日児，日人

**鈴木金谷** すずききんこく
→鱸半兵衛（すずきはんべえ）

**鈴木銀四郎** すずきぎんしろう
天保9（1838）年〜大正12（1923）年1月12日
江戸時代末期〜大正時代の庄屋。雪冤運動に加わる。私塾惜陰舎を開く。
¶幕末，幕末大

**鈴木健一** すずきけんいち
昭和4（1929）年〜
昭和期の近・現代教育史研究者。
¶現執1期

**鈴木彦岳** すずきげんがく
〜大正8（1919）年
明治〜大正期の儒学者、教育者。
¶新潟百

**鈴木堅治** すずきけんじ
大正期の教育者。小学校長、主席訓導を勤めた後、製糸組合賀茂社社長代理。白田水力電気社長。
¶伊豆

**鈴木健次郎** すずきけんじろう
明治40（1907）年2月10日〜昭和45（1970）年8月24日
昭和期の青年指導者、社会教育者。
¶秋田人2，秋田百

**鈴木顕三** すずきけんぞう
昭和21（1946）年2月11日〜
昭和〜平成期のテノール歌手、音楽教育者。
¶音人，音人2，音人3

鈴木券太郎 すずきけんたろう
＊〜昭和14(1939)年
明治〜昭和期の新聞人、教育家。「山陽新報」主筆。群馬・函館・天王寺中学校長を歴任。
¶近現(㊥1862年)，群馬人(生没年不詳)，国史(㊥1862年)，世紀(㊥文久2(1863)年12月㊥昭和14(1939)年3月14日)，日人(㊥1863年)

鈴木源太郎 すずきげんたろう
嘉永5(1852)年〜昭和4(1929)年
明治〜昭和期の教育者。
¶鳥取百

鈴木光愛 すずきこうあい
慶応3(1867)年〜昭和5(1930)年
明治〜昭和期の教育者。栃木県師範学校校長。
¶栃木歴

鈴木幸右衛門 すずきこうえもん
生没年不詳
江戸時代後期の教育者。
¶庄内

鈴木甲蔵 すずきこうぞう
生没年不詳
江戸時代末期〜明治期の医師。名古屋藩医学書教官。
¶姓氏愛知

鈴木剛堂 すずきごうどう
江戸時代末期〜明治期の伊勢津藩士、京都中学校教員。
¶三重

鈴木五郎 すずきごろう
昭和25(1950)年7月10日〜
昭和期の美術教育学者。跡見学園女子大学助教授。
¶現執2期

鈴木佐内 すずきさない
昭和9(1934)年〜
昭和期の僧侶、高校教師、日本文学研究者。
¶現執1期

鈴木柿園 すずきしえん
〜明治20(1887)年
江戸時代後期〜明治期の儒学者、教育者。
¶新潟百

鈴木式部 すずきしきぶ
弘化2(1845)年〜明治4(1871)年
江戸時代末期〜明治期の会津藩士。学校奉行副役、俊才。貨幣贋造の嫌疑で収監、獄中死。
¶幕末

鱸重岑 すずきしげとき
→鱸半兵衛(すずきはんべえ)

鈴木重昌 すずきしげまさ
文化9(1812)年〜明治13(1880)年
江戸時代末期〜明治期の和算家。
¶人名，数学(㊥明治13(1880)年4月7日)，日人

鈴木重麿 すずきしげまろ
→穂積重麿(ほづみしげまろ)

鈴木実太郎 すずきじつたろう
安政6(1859)年〜昭和7(1932)年
明治〜昭和期の政治家、教育者。
¶姓氏愛知

鈴木石橋 すずきしゃっきょう
→鈴木石橋(すずきせっきょう)

鈴木秀一 すずきしゅういち
昭和4(1929)年6月7日〜
昭和〜平成期の教育学者。北海道大学教授、フリースクール・札幌自由が丘学園代表。
¶現執1期, 現執2期, 現執4期

鈴木純一郎 すずきじゅんいちろう
生没年不詳 ㊥牛台
明治期の工業経済学者、教員。東京工業学校・東京高等工業学校講師、経済学攻究会幹事。
¶社史

鈴木春山(1) すずきしゅんさん,すずきしゅんざん
享和1(1801)年〜弘化3(1846)年
江戸時代後期の蘭方医、兵学者。
¶朝日(㊥弘化3年5月10日(1846年6月3日)), 維新, 江文(すずきしゅんざん), 科学(㊥1846年(弘化3)閏5月10日), 国書(㊥弘化3(1846)年閏5月10日), コン改(すずきしゅんざん), コン4(すずきしゅんざん), 史人(㊥1846年閏5月10日), 新潮(㊥弘化3(1846)年5月10日), 人名, 姓氏愛知, 世人(すずきしゅんざん ㊥弘化3(1846)年閏5月10日), 全書, 大百(すずきしゅんざん), 日史(㊥弘化3(1846)年5月10日), 日人, 幕末(㊥1846年5月10日), 藩臣4, 百科, 洋学(すずきしゅんざん)

鈴木春山(2) すずきしゅんざん
文政3(1820)年〜明治29(1896)年
江戸時代末期〜明治期の医師、漢詩人。
¶人名, 日人, 和俳

鈴木順亭 すずきじゅんてい
〜嘉永1(1848)年
江戸時代後期の漢学者。
¶新潟百

鈴木松江 すずきしょうこう
宝永1(1704)年〜天明4(1784)年
江戸時代中期の漢学者。
¶国書, 日人

鈴木正三 すずきしょうさん,すずきしょうざん
天正7(1579)年〜明暦1(1655)年6月25日 ㊥鈴木正三《すずきしょうぞう,すずきまさみつ》, 正三《しょうさん》
安土桃山時代〜江戸時代前期の仮名草紙作者。
¶朝日(㊥明暦1年6月25日(1655年7月28日)), 岩史(㊥天正7(1579)年1月10日), 江戸(すずきまさみつ), 角史, 教育(すずきしょうぞう), 近世, 熊本百, 国史, 国書, コン改, コン4, 史人, 人書94, 人情3, 新潮, 新文, 人名,

姓氏愛知，世人（[生]天正7（1579）年1月10日），世百，全書（すずきしょうぞう），大百（すずきしょうぞう），日思，日史，日人，百科（すずきしょうざん），仏教，仏史，仏人，文学，歴大

**鈴木正三** すずきしょうぞう
→鈴木正三（すずきしょうさん）

**鱸松塘**（鈴木松塘） すずきしょうとう
文政6（1823）年～明治31（1898）年12月24日
[別]鱸元邦《すずきもとくに》
江戸時代末期～明治期の漢詩人。詩集に「松塘小稿」がある。
¶国書（鈴木松塘　[生]文政6（1823）年12月15日），詩歌，詩作（[生]文政6（1823）年12月15日），人名，千葉百追，日人（[生]1824年），幕末（鱸元邦　すずきもとくに），幕末大（鱸元邦　すずきもとくに），和俳

**鈴木松嵐** すずきしょうらん
生没年不詳
江戸時代末期の漢詩人。
¶江文，国書，人名，日人，和俳

**鈴木二郎** すずきじろう
明治24（1891）年7月28日～昭和30（1955）年5月15日
明治～昭和期の教育者。香蘭女学校校長。
¶キリ

**鈴木四郎兵衛** すずきしろべえ
→鈴木石橋（すずきせっきょう）

**鈴木慎一** すずきしんいち
昭和8（1933）年1月1日～
昭和～平成期の教育学者。早稲田大学教授。
¶現執2期，現執3期，現執4期

**鈴木鎮一**（鈴木慎一） すずきしんいち
明治31（1898）年10月17日～平成10（1998）年1月26日
大正～平成期のヴァイオリン教育家。才能教育研究会会長。自らあみ出した「鈴木メソッド」は国外でも有名。門下に江藤俊哉など。
¶石川現九（[没]平成10（1998）年1月），演奏，音楽，音人，音人2，音人3，郷土長野（鈴木慎一），現朝，現執1期，現情，現人，現日，コン改，コン4，コン5，新芸，新潮，世紀，世百新，全書，大百，日人，百科

**鈴木真順** すずきしんじゅん
明治20（1887）年～昭和15（1940）年
明治～昭和期の浄土宗僧侶。東海中学校長。
¶仏人

**鐸木真平** すずきしんぺい
明治9（1876）年8月5日～昭和9（1934）年5月6日
明治～昭和期の教育者。
¶群馬人

**鈴木弼美** すずきすけよし
明治32（1899）年11月21日～平成2（1990）年5月26日
昭和期の教育者。基督教独立学園高校校長。基督教独立学園高等学校を創設。
¶学校，世紀，日人，平和，山形百新

**鈴木セイ** すずきせい
明治45（1912）年3月30日～
昭和～平成期の福祉活動家。榛名荘保養所を開設、結核患者の介護につくした。のち重症心身障害者施設はんなさわらび学園を創設。
¶群馬人，日人

**鈴木清一** すずきせいいち
大正4（1915）年～
昭和期の児童教育専門家。みちてる保育園長。
¶現執1期

**鈴木正気** すずきせいき
昭和6（1931）年4月1日～
昭和～平成期の社会科教育学者。滋賀大学助教授。
¶現執2期，現執3期

**鈴木清助** すずきせいすけ
明治26（1893）年～昭和54（1979）年
大正～昭和期の青年教育功労者、同体育功労者。
¶山形百

**鈴木清太郎** すずきせいたろう
明治4（1871）年～昭和21（1946）年
明治～昭和期の教育者。
¶栃木歴

**鈴木石橋** すずきせっきょう
宝暦4（1754）年～文化12（1815）年2月25日　[別]鈴木四郎兵衛《すずきしろべえ》，鈴木石橋《すずきしゃっきょう》
江戸時代中期～後期の儒学者。
¶郷土栃木（すずきしゃっきょう），国書，コン改，コン4，新潮，人名（鈴木四郎兵衛　すずきしろべえ），栃木百，栃木歴，日人

**鈴木勢津子** すずきせつこ
昭和5（1930）年～
昭和～平成期の小学校教師。専門は、放送教育、視聴覚教育，コンピュータ教育。
¶現執4期

**鈴木高宮** すずきたかみや
文政2（1819）年～明治33（1900）年
江戸時代後期～明治期の神職・寺子屋師匠。
¶姓氏岩手

**鈴木卓苗** すずきたくない
→鈴木卓苗（すずきたくなえ）

**鈴木卓苗** すずきたくなえ
明治12（1879）年4月14日～昭和18（1943）年3月6日　[別]鈴木卓苗《すずきたくない》
明治～昭和期の教育者。私立岩手中学校初代校長。
¶岩手人，姓氏岩手（すずきたくない）

**鈴木竹松** すずきたけまつ
明治22（1889）年～昭和38（1963）年
大正～昭和期の音楽科教員養成者。
¶千葉百

す

**鈴木太左衛門** すずきたざえもん
大正4 (1915) 年～平成5 (1993) 年
昭和～平成期の教育者。青森高校長。
¶青森人

**鈴木忠孝** すずきただたか
文久2 (1862) 年～大正7 (1918) 年
明治～大正期の国学者。国語教員検定試験に合格し、松江中学、鳥取中学、のち跡見女学校などで指導。
¶人名，世紀 ([生]文久2 (1862) 年10月1日 [没]大正7 (1918) 年6月20日)，日人

**鈴木達司** すずきたつじ
大正7 (1918) 年3月25日～
昭和～平成期の教育者、鍼灸師。
¶視覚

**鈴木達治** すずきたつじ
明治4 (1871) 年9月11日～昭和36 (1961) 年8月29日
明治～昭和期の教育者。
¶神奈川人，世紀，姓氏神奈川，渡航，日人

**鈴木たま** すずきたま
明治3 (1870) 年～昭和33 (1958) 年
明治～昭和期の教育者。家事、裁縫、手芸を通して健全な子女の育成と教員養成に尽力。
¶群新百，群馬人，群馬百，女性，女性普，世紀，日人

**鐸木近吉** すずきちかきち
慶応2 (1866) 年12月7日～？
江戸時代末期～明治期の教育者。
¶群馬人，福島百

**鈴木知言** すずきちかのぶ
弘化1 (1844) 年～明治41 (1908) 年
明治期の実業教育家。簡易速成の実務就業者を薫育、実業家を世に送る。
¶人名，日人

**鈴木長太郎** すずきちょうたろう
明治27 (1894) 年～昭和42 (1967) 年
大正～昭和期の教育者、政治家。
¶静岡歴，姓氏静岡

**鈴木千代松** すずきちよまつ
明治9 (1876) 年～昭和10 (1935) 年
明治～昭和期の教育者。
¶鳥取百

**鈴木恒夫** すずきつねお
昭和16 (1941) 年2月10日～
昭和～平成期の政治家。衆議院議員、第10代文科相。
¶現政

**鈴木迪三** すずきてきぞう
明治22 (1889) 年～昭和49 (1974) 年
大正～昭和期の教育者。
¶姓氏長野

**鈴木哲子** すずきてつこ
明治39 (1906) 年8月31日～平成12 (2000) 年1月15日
大正～昭和期の翻訳家、教育者。
¶児作，児人，世紀，日児

**鈴木哲次** すずきてつじ★
弘化4 (1847) 年1月28日～昭和2 (1927) 年1月31日
明治～昭和期の教育者。
¶秋田人2

**鈴木輝雄** すずきてるお★
昭和期の柔道教師。関高柔道部顧問。第5代岐阜県柔道協会長。
¶中濃

**鈴木棟一** すずきとういち
文久3 (1863) 年4月～？
江戸時代末期～明治期の教育者。
¶群馬人

**鈴木藤三郎** すずきとうざぶろう，すずきとうさぶろう
安政2 (1855) 年11月18日～大正2 (1913) 年9月4日
明治期の実業家。日本精糖社長、日本醤油醸造社長。氷砂糖製造法開発。日本精糖創立に参加。衆議院議員。周智農林学校 (後の静岡県立周智高等学校) の設立に関わる。
¶朝日 ([生]安政2年11月18日 (1855年12月26日))，海越新，科学，学校，近現，国史，コン改，コン5 (すずきとうさぶろう)，史人，静岡百，静岡歴，実業，食文 (すずきとうさぶろう [生]安政2年11月18日 (1855年12月26日) [没]1913年9月14日)，新潮，人名，世紀，姓氏静岡，先駆，渡航，日人

**鈴木桃野** すずきとうや
寛政12 (1800) 年～嘉永5 (1852) 年6月15日
江戸時代後期の儒学者。
¶江文，国書，コン改，コン4，新潮，日人

**鈴木暢** すずきとおる
弘化2 (1845) 年～明治42 (1909) 年2月11日 [別]鈴木唯一《すずきゆいち》
明治期の大学南校教員。イギリスに留学する。
¶海越 (生没年不詳)，海越新，渡航 (鈴木唯一・鈴木暢 すずきゆいち・すずきとおる)

**鈴木外喜和** すずきときわ
明治22 (1889) 年～昭和57 (1982) 年
大正・昭和期の教育者。
¶石川現十

**鈴木篤斎** すずきとくさい
享保16 (1731) 年～享和1 (1801) 年
江戸時代中期～後期の儒学者。
¶人名，姓氏宮城 ([生]1731年？)，日人

**鈴木敏子** すずきとしこ
大正13 (1924) 年～
昭和期の教師、日本文学者。
¶現執1期

**鈴木利貞** すずきとしさだ
明治15 (1882) 年～昭和13 (1938) 年

明治～昭和期の教育者。
¶姓氏神奈川

**鈴木敏正** すずきとしまさ
昭和22(1947)年10月27日～
昭和期の農業経済学者、農民教育論学者。北海道大学教授。
¶現執2期

**鈴木富三** すずきとみぞう
明治43(1910)年8月2日～平成9(1997)年1月5日
昭和～平成期の音楽教育者。
¶音人，音人2，音人3

**鈴木知雄** すずきともお
安政1(1855)年12月28日～大正2(1913)年8月12日　[別]鈴木六之助《すずきろくのすけ》
明治～大正期の教育者。第一高等学校教授、日本銀行出納局長。アメリカへ留学。共立学校の創立者。
¶維新(鈴木六之助　すずきろくのすけ　[生]1854年)，海越，海越(鈴木六之助　すずきろくのすけ　[生]安政1(1856)年12月28日)，海越新，世紀，渡航(鈴木知雄・鈴木六之助　すずきともお・すずきろくのすけ　[生]1854年12月28日)，日人

**鈴木朝英** すずきともひで
明治42(1909)年4月23日～平成12(2000)年9月11日
大正～平成期の歴史学者、教育学者。北海道大学教授。民間教育運動の指導者。比較教育研究分野での草分けのひとり。
¶現朝，現情，社史，世紀，日人

**鈴木虎雄** すずきとらお
明治11(1878)年1月18日～昭和38(1963)年1月20日　[別]鈴木豹軒《すずきひょうけん》
大正～昭和期の中国文学者、漢詩人、歌人。京都大学教授。著書に「支那文学研究」「支那詩論史」。根岸短歌会に参加。
¶近現，近文，現情，国史，コン改，コン4，コン5，詩歌(鈴木豹軒　すずきひょうけん)，詩作(鈴木豹軒　すずきひょうけん)，新潮，人名7，世紀，姓氏京都，世百新，全書，大百，新潟人，新潟百，日人，日本，百科

**鈴木直人** すずきなおと
明治18(1885)年～昭和49(1974)年
明治～昭和期の医師。
¶静岡歴，姓氏静岡

**鈴木鳴海** すずきなるみ
明治35(1902)年～昭和63(1988)年
大正～昭和期の教育家。長野県地方労働委員会会長、上田女子短期大学学長。
¶長野歴

**鈴木縫之助** すずきぬいのすけ
天保5(1834)年～明治44(1911)年
明治期の寺子屋師匠。
¶神奈川人

**鈴木望** すずきのぞむ
昭和～平成期のバイオリン教育指導者。
¶音人2，音人3

**鈴木伸男** すずきのぶお
昭和22(1947)年7月29日～
昭和～平成期の中学校教師。豊島区立長崎中学校教頭、全国新聞教育研究協議会副理事長。
¶現執3期

**鈴木暢幸** すずきのぶゆき
明治11(1878)年～
明治～昭和期の教師。
¶神人

**鈴木登** すずきのぼる
明治21(1888)年3月17日～昭和29(1954)年7月18日
大正～昭和期の史学者、教育者。
¶熊本百

**鈴木甫** すずきはじめ
文化8(1811)年～明治29(1896)年
江戸時代末期～明治期の蘭方医。
¶日人

**鈴木春吉** すずきはるきち
明治22(1889)年11月11日～昭和42(1967)年11月7日
明治～昭和期の医師、社会事業家。
¶世紀，日人

**鈴木治太郎** すずきはるたろう
明治8(1875)年4月4日～昭和41(1966)年11月24日
明治～昭和期の心理学者。
¶心理

**鱸半兵衛**(鈴木半兵衛) すずきはんべえ
文化12(1815)年～安政3(1856)年　[別]鈴木金谷《すずききんこく》,鱸重宧《すずきしげとき》
江戸時代末期の蘭学者。水戸藩士。
¶維新，江文(鱸重宧　すずきしげとき)，科学([没]1856年(安政3)8月)，郷土茨城，近世，国史，国書(鈴木金谷　すずききんこく　[没]安政3(1856)年8月30日)，コン改，コン4，新潮([没]安政3(1856)年8月)，人名，世人(鈴木半兵衛)，日人，幕末([没]1856年9月28日)，藩臣2，洋学

**鈴木秀夫** すずきひでお
昭和8(1933)年6月4日～平成8(1996)年2月23日
昭和～平成期の音楽教育者。
¶音人2

**鈴木秀勇** すずきひでお
大正10(1921)年3月20日～
昭和期の教育哲学者。一橋大学教授、札幌大学学長。
¶現執1期，現執2期

**鈴木寿** すずきひとし
明治40(1907)年～昭和45(1970)年8月30日

昭和期の政治家、教育者。初代秋田県教職員組合組合長。
¶秋田人2（[生]明治40年1月14日），秋田百，政治（[生]明治40年1月）

**鈴木百淵**　すずきひゃくえん
生没年不詳
江戸時代中期の心学者。
¶国書，埼玉人，埼玉百

**鈴木豹軒**　すずきひょうけん
→鈴木虎雄（すずきとらお）



**鈴木彪平**　すずきひょうへい
大正3（1914）年1月28日～昭和55（1980）年12月23日
昭和期の教育者。
¶視覚

**鈴木博雄**　すずきひろお
昭和4（1929）年11月18日～
昭和～平成期の教育学者。筑波大学教授。
¶現執1期，現執2期，現執3期，現情，世紀

**鈴木博也**　すずきひろなり
明治15（1882）年～？
大正～昭和期の教育家・政治家。
¶姓氏京都

**鈴木文子**　すずきふみこ
大正15（1926）年3月3日～
大正～昭和期の教育者。
¶視覚

**鈴木文台**　すずきぶんだい，すずきぶんたい
寛政8（1796）年12月8日～明治3（1870）年
江戸時代末期～明治期の漢学者。
¶国書（[没]明治3（1870）年6月17日），人名，新潟百（すずきぶんたい），日人（[生]1797年）

**鈴木雅夫**　すずきまさお
昭和10（1935）年1月19日～
昭和期の理療科教員。
¶視覚

**鈴木正雄**　すずきまさお
明治41（1908）年～昭和54（1979）年
昭和期の高校生物教師。
¶青森人

**鈴木公治**　すずきまさはる
昭和21（1946）年～
昭和～平成期の高等学校教諭、植物生態研究者。
¶児人

**鈴木正三**　すずきまさみつ
→鈴木正三（すずきしょうさん）

**鈴木正幸**　すずきまさゆき
昭和10（1935）年11月23日～
昭和～平成期の教育学者。神戸大学教授。
¶現執2期，現執3期

**鈴木正之**　すずきまさゆき
明治42（1909）年8月13日～平成2（1990）年11月28日
昭和期の小学校教員。
¶秋田人2，社史

**鈴木万寿躬**　すずきますみ★
明治26（1893）年6月～
明治・大正期の教育者。初代栃木商業学校長。
¶栃木人

**鈴木又衛**　すずきまたえ
文久1（1861）年12月28日～昭和5（1930）年
明治～昭和期の初等教育者。
¶札幌

**鈴木又吉郎**　すずきまたきちろう
安政1（1854）年9月24日～昭和23（1948）年3月9日
明治～昭和期の教育者。
¶群馬人

**鈴木三重吉**　すずきみえきち
明治15（1882）年9月29日～昭和11（1936）年6月27日
明治～大正期の小説家、童話作家。「赤い鳥」を創刊。童話、童謡、童画、綴方運動を展開した。
¶朝日，岩史，角史，教育，京都文，近現，近文，現朝，幻作，幻想，現文，国史，コン改，コン5，児作，史人，児文，社史，重要，出版，出文，小説，新宿，新潮，新文，人名，世紀，世人，世百，全書，大百，千葉百，哲学，伝記，日史，日児，日人，日本，百科，広島百，広島文，文学，平和，民学，履歴，歴大

**鈴木美枝子**　すずきみえこ
大正13（1924）年10月24日～
昭和期の高校教師、児童文学作家。
¶日児

**鈴木道太**　すずきみちた
明治40（1907）年8月1日～平成3（1991）年3月13日
昭和期の教育者、小学校訓導。宮城県児童福祉司。宮城県綴方教育研究会結成。生活綴方を中心とする北方性教育を実践。
¶現朝，現執1期，現情，現人，コン改，コン4，コン5，社史（[生]1908年　[没]？），新潮，世紀，日人，平和

**鈴木迪彦**　すずきみちひこ
明治26（1893）年12月19日～昭和21（1946）年3月24日
明治～昭和期の教育者。
¶世紀，千葉百，日人

**鈴木美南子**　すずきみなこ
昭和17（1942）年3月15日～
昭和期の日本社会思想史学者、教育思想史学者。フェリス女学院大学教授。
¶現執2期

**鈴木実**　すずきみのる
昭和7（1932）年7月16日～
昭和～平成期の中学校教師、児童文学作家。
¶現執2期，現執4期，児作，児人，児文，世紀，東北近，日児

**鈴木美也子** すずきみやこ
？〜
昭和〜平成期の幼児教育者。白鳩保育園長。
¶現執3期

**鈴木武登馬** すずきむとめ
文久2(1862)年〜昭和2(1927)年
明治〜昭和期の村長。
¶青森人, 世紀(⊕文久2(1862)年6月12日　⊗昭和2(1927)年6月20日), 日人

**鱸元邦** すずきもとくに
→鱸松塘(すずきしょうとう)

**鈴木弥太郎** すずきやたろう
明治15(1882)年〜昭和41(1966)年
明治〜昭和期の教育者。
¶高知人

**鈴木唯一** すずきゆいち
→鈴木暢(すずきとおる)

**鈴木雄二郎** すずきゆうじろう
嘉永1(1848)年1月〜？
江戸時代後期〜明治期の教育者。
¶群馬人

**鈴木幸子** すずきゆきこ
大正4(1915)年3月9日〜平成4(1992)年2月10日
昭和〜平成期の婦人会指導者・教育委員。
¶埼玉人

**鈴木陽吉** すずきようきち
明治21(1888)年〜昭和37(1962)年
大正〜昭和期の県初等教育界の理論的指導者。
¶栃木歴

**鈴木よし**(1) すずきよし
明治20(1887)年〜昭和32(1957)年4月22日
昭和期の教育者。宮城県女子専門学校教授。神奈川県教育委員を務め県教育の発展に尽力。
¶女性, 女性普

**鈴木よし**(2) すずきよし
昭和13(1938)年10月20日〜平成12(2000)年1月26日
昭和〜平成期の理療科教員。
¶視覚

**鈴木義昶** すずきよしあき
明治41(1908)年〜昭和22(1947)年
昭和期の音楽教育家。
¶鳥取百

**鈴木よね**(鈴木ヨネ) すずきよね
嘉永5(1852)年〜昭和13(1938)年5月6日
明治〜昭和期の実業家。夫の死後受け継いだ鈴木商店を年商15億の店に発展させた女傑。神戸市立女子商業学校(後の神戸市立第一女子商業学校)の設立に貢献。
¶学校, 近女(鈴木ヨネ), 女史(鈴木ヨネ), 女性, 女性普, 日人, 兵庫人(⊕嘉永5(1852)年8月), 兵庫百

**鈴木米次郎** すずきよねじろう
慶応4(1868)年2月6日〜昭和15(1940)年12月28日
明治〜昭和期の音楽教育家。東洋音楽学校を開校し、器楽奏者の育成に尽力。
¶音楽, 音人, 学校, 作曲, 人名7, 世紀, 日人

**鈴木力二** すずきりきじ
明治41(1908)年8月〜昭和59(1984)年1月30日
昭和期の教育者。
¶視覚

**鈴木リデヤ** すずきりでや
大正7(1918)年3月12日〜平成22(2010)年4月1日
昭和・平成期の教育者。作曲家。
¶石川現終

**鈴木亮** すずきりょう
大正13(1924)年〜
昭和〜平成期の高校教師、歴史研究者。学習院大学講師。
¶現執3期

**鈴木蓼処** すずきりょうしょ
天保4(1833)年〜明治11(1878)年
江戸時代末期〜明治期の越前福井藩の漢学者。
¶国書(⊗明治11(1878)年1月8日), 詩歌, 人名, 日人, 和俳

**鈴木六之助** すずきろくのすけ
→鈴木知雄(すずきともお)

**鈴沢寿** すずさわひさし
明治18(1885)年〜昭和20(1945)年
明治〜昭和期の松本高校教授。
¶長野百, 長野歴

**鈴代** すずよ★
江戸時代後期〜末期の女性。教育。波田の森安芸の妻。文化年間〜明治初年まで家塾を開いていた。
¶江表(鈴代(長野県))

**須田覚右衛門**(1) すだかくえもん
＊〜文化4(1807)年1月22日
江戸時代中期〜後期の出羽松山藩士、剣術家。
¶剣豪(⊕元文3(1738)年), 庄内, 藩臣1(⊕？)

**須田覚右衛門**(2) すだかくえもん
？〜文政9(1826)年12月12日
江戸時代後期の出羽松山藩士、剣術家。
¶庄内, 藩臣1

**須田赫二** すだかくじ
明治13(1880)年〜昭和33(1958)年
明治〜昭和期の教育者。
¶福島百

**須田舜之助** すだしゅんのすけ
〜明治8(1875)年6月6日
江戸時代後期〜明治期の剣術師範。
¶庄内

**須田昌平** すだしょうへい
明治38(1905)年1月11日〜昭和61(1986)年7月

13日
昭和期の教員、歌人。
¶伊豆

**須田水明** すだすいめい★
文化3(1806)年～明治21(1888)年5月10日
江戸時代末期・明治期の教育者。郷校教授の傍ら家塾を設けた。
¶秋田人2

**須田節斎** すだせっさい★
～文化13(1816)年
江戸時代後期の郷校教授。
¶秋田人2

**須田武男** すだたけお
明治41(1908)年～昭和51(1976)年
大正・昭和期の教育者、愛媛県議会議員、郷土史研究家。
¶愛媛

**隅田武彦** すだたけひこ
明治29(1896)年6月26日～昭和56(1981)年9月26日
大正～昭和期の科学者、教育者、宗教家。
¶岡山歴, 科学

**須田為興** すだためおき
正徳1(1711)年～安永6(1777)年
江戸時代中期の侍講。
¶姓氏岩手

**須田春子** すだはるこ
明治42(1909)年1月29日～平成7(1995)年12月4日
昭和期の日本史学者。文学博士、青山学院大学教授。古代史(女性史)を研究。
¶史研, 社史(⊕?), 女史, 女性普, 世紀

**須田久徳** すだひさのり
明治44(1911)年～昭和12(1937)年
昭和期の教師。
¶薩摩, 姓氏鹿児島

**須田美喜** すだみき
安政4(1857)年～大正5(1916)年
明治・大正期の教育家。
¶群新百

**須田実** すだみのる
昭和5(1930)年～
昭和～平成期の中学校教師、国語教育学者。前橋市教育研究所長、全国国語教育実践研究会常任理事。
¶現執2期, 現執4期(⊕1930年10月24日)

**ステ**
1818年～
江戸時代後期の女性。教育。加藤伝左衛門の長女。
¶江表(ステ(東京都)) ⊕文政1(1818)年頃)

**須藤市太郎** すどういちたろう
慶応1(1865)年～昭和13(1938)年
明治～昭和期の教育者。

¶姓氏神奈川

**須藤いま子** すどういまこ, すとういまこ
大正2(1913)年～平成2(1990)年8月19日
昭和期の学校創立者。群馬女子短期大学、群馬女子短期大学附属高等学校を開校。
¶学校(⊕大正2(1913)年8月11日), 群馬人(すといまこ), 姓氏群馬(すとういまこ)

**須藤克三** すどうかつぞう, すとうかつぞう
明治39(1906)年10月30日～昭和57(1982)年10月18日
昭和期の児童文学者、教育者。農村文化運動、児童文化運動の指導者として地域に根ざした活動を展開。
¶近文, 現朝, 現執1期, 現情(すとうかつぞう), 現人(すとうかつぞう), 児作(⊕昭和52(1977)年), 児人(⊕1977年), 児文, 世紀, 東北近(すとうかつぞう), 日児, 日人(すとうかつぞう), 山形百(すとうかつぞう)

**須藤勘弥** すどうかんや
文化3(1806)年～明治25(1892)年
江戸時代後期～明治期の名主・教育者。
¶姓氏群馬

**須藤きよう** すとうきよう
?～
大正期の小学校教員。池袋児童の村小学校研究生。
¶社史

**須藤春一** すどうしゅんいち
明治41(1908)年～
昭和期の安全教育学者。仙台大学副学長。
¶現執1期, 体育

**須藤多市** すどうたいち
明治38(1905)年1月25日～平成2(1990)年10月30日
昭和～平成期の教育者。
¶埼玉人

**主藤高陳** すとうたかつら
嘉永2(1849)年～明治19(1886)年
江戸時代後期～明治期の教育者。
¶姓氏宮城

**須藤敏昭** すどうとしあき
昭和18(1943)年5月15日～
昭和～平成期の教育者。大東文化大学教授。専門は技術教育。子どもの遊びと手の労働研究会代表も務める。
¶現執1期, 現執2期, 現執3期, 現執4期

**須藤延芳** すとうのぶよし
明治16(1883)年～昭和23(1948)年
明治～昭和期の教育者。
¶群馬人

**須藤半五郎** すとうはんごろう
安永4(1775)年8月21日～嘉永4(1851)年7月25日
⊕須藤忘斎《すどうぼうさい》
江戸時代後期の出羽秋田藩士、教育家。
¶秋田人2, 国書(須藤忘斎 すどうぼうさい),

藩臣1

**須藤半兵衛** すとうはんべい
*〜嘉永6(1853)年 [別]須藤半兵衛《すどうはんべえ》
江戸時代後期の剣術家。小野派一刀流。
¶青森人([生]?),剣豪(すどうはんべえ [生]寛政2(1790)年)

**須藤半兵衛** すどうはんべえ
→須藤半兵衛(すとうはんべい)

**須藤忘斎** すどうぼうさい
→須藤半五郎(すとうはんごろう)

**須藤雅路** すどうまさじ
明治33(1900)年10月2日〜昭和54(1979)年5月17日
昭和期のデザイン教育家、インダストリアル・デザイナー。東京芸術大学教授。
¶現情

**須藤紋一** すどうもんいち
明治31(1898)年10月〜昭和39(1964)年10月22日
昭和期の印刷業者、出版業者。池袋児童の村小学校理事、扶桑閣社長。
¶社史

**須藤芳子** すとうよしこ,すどうよしこ
*〜昭和11(1936)年11月24日
昭和期の小学校教員。
¶社史([生]?),女運(すどうよしこ [生]1909年)

**須長茂夫** すながしげお
昭和15(1940)年2月4日〜
昭和〜平成期の教育評論家。著書に「どぶ川学級」「子どもが生きるとき」など。
¶現執3期

**須永通屋** すながつうおく
? 〜享和2(1802)年
江戸時代中期〜後期の数学者。
¶人名,数学([没]享和2(1802)年7月15日),日人

**砂川恵教** すながわけいきょう
安政6(1859)年〜明治38(1905)年
江戸時代末期〜明治期の下地小学校の経営協力者。
¶姓氏沖縄

**砂川恵達** すなかわけいだつ
明治31(1898)年3月4日〜昭和56(1981)年1月22日
大正〜昭和期の教育者。
¶社史

**砂川泰信** すながわたいしん
明治41(1908)年〜昭和62(1987)年
昭和期の城辺町教育委員会教育長、同町文化財審議委員長、町史編纂委員。
¶姓氏沖縄

**砂川広海** すながわひろみ
明治38(1905)年〜昭和48(1973)年
昭和期の砂川小学校長、城辺町助役、同町農協長。
¶姓氏沖縄

**砂子由次郎** すなこよしじろう
明治41(1908)年〜平成4(1992)年
昭和〜平成期の日本僻地教育振興会副会長。
¶姓氏岩手

**砂崎宏** すなざきひろし
明治42(1909)年〜
昭和期の教育学者。
¶郷土滋賀

**砂沢喜代次**(砂沢喜代治) すなざわきよじ
明治43(1910)年9月14日〜昭和58(1983)年
昭和期の教育学者。北海道大学教授。
¶現執1期,札幌(砂沢喜代治),北海道歴

**砂田栄吉** すなだえいきち
明治33(1900)年〜昭和59(1984)年
大正〜昭和期の高岡市教育長・同収入役。
¶姓氏富山

**砂田克彦** すなだかつひこ
昭和6(1931)年11月1日〜
昭和期の高根村教育長。
¶飛驒

**砂田重民** すなだしげたみ
大正6(1917)年3月4日〜平成2(1990)年9月24日
昭和期の政治家。衆議院議員、福田改造内閣文部大臣。
¶現情,現政,政治,兵庫百

**砂田清兵衛** すなだせいべえ
天保10(1839)年1月28日〜明治21(1888)年1月1日
江戸時代末期・明治期の教師。
¶飛驒

**砂田俊彦** すなだとしひこ
大正7(1918)年6月30日〜昭和56(1981)年1月31日
昭和期の教育者。学校長。
¶飛驒

**沙田真管** すなたますげ
安政1(1854)年〜大正5(1916)年
明治〜大正期の教育者。
¶姓氏岩手

**砂本貞吉** すなもとていきち
安政3(1856)年9月30日〜昭和13(1938)年5月7日
江戸時代末期〜昭和期の牧師、教育者。広島女学会創立者、広島美以教会創立者・初代牧師。
¶学校,広島百

**須之内品吉** すのうちしなきち
明治16(1883)年〜昭和40(1965)年
明治〜昭和期の政治家・教育者。
¶愛媛,愛媛百([生]明治16(1883)年11月24日 [没]昭和40(1965)年11月20日)

**洲崎義郎** すのさきよしろう
明治21(1888)年12月25日〜昭和49(1974)年4月1

す

日
明治～昭和期の政治家、教育者。
¶世紀，日人

**春原千幹** すのはらちから
明治31（1898）年1月12日～
大正～昭和期の教育者。
¶群馬人

**春原平八郎** すのはらへいはちろう
明治15（1882）年7月11日～昭和40（1965）年6月25日
明治～昭和期の弓道家、弓道範士。
¶弓道，長野歴

**須磨** すま★
～明治30（1897）年
江戸時代末期～明治時代の女性。和歌・書・教育。江戸小石川の椿椿山の養女（松尾氏の二女、椿山の姪）。
¶江表（須磨（愛知県））

**すみ**
1806年～
江戸時代後期の女性。教育。河内氏。
¶江表（すみ（東京都） [生]文化3（1806）年頃）

**寿美** すみ★
1814年～
江戸時代後期の女性。教育。笹川義潔の母。
¶江表（寿美（東京都） [生]文化11（1814）年頃）

**角尾稔** すみおみのる
大正11（1922）年～
昭和期の幼児教育研究者。東京学芸大学教授。
¶現執1期

**住一雄** すみかずお
明治6（1873）年8月8日～昭和27（1952）年1月21日
明治～昭和期の僻地教育功労者。
¶飛騨

**寿美金三郎** すみきんざぶろう，すみきんさぶろう
明治22（1889）年3月10日～昭和48（1973）年7月3日
大正～昭和期の教育者、文学者。
¶高知人（すみきんさぶろう），高知先，高知百

**スミ子** すみこ★
江戸時代末期の女性。教育。原田氏。私塾芝香堂を開業。
¶江表（スミ子（東京都））

**鷲見三郎** すみさぶろう
明治35（1902）年7月27日～昭和59（1984）年11月26日
昭和期のヴァイオリニスト、バイオリン教育者。桐朋学園などで後進の指導に当たり多くの優れたヴァイオリニストを育てる。
¶演奏，音楽，音人，芸能，現朝（[没]1984年10月26日），新芸，世紀，日人

**鷲見臣一郎** すみしんいちろう
明治38（1905）年12月11日～昭和57（1982）年5月21日
大正～昭和期の教育者。美濃加茂市教育長。
¶世紀，日人

**住昂** すみたかし
明治44（1911）年12月20日～昭和58（1983）年10月1日
大正・昭和期の教育者。学校長。
¶飛騨

**角田錦江** すみたきんこう
江戸時代末期～明治期の教育者。
¶岐阜百

**角竹喜登** すみたけよしのぶ
→角竹喜登（すみたけよしのり）

**角竹喜登** すみたけよしのり
明治18（1885）年1月2日～昭和39（1964）年3月19日 [別]角竹喜登《すみたけよしのぶ》
大正～昭和期の地方史研究家、教育家。岐阜県公立学校教員。岐阜県史を研究。
¶岐阜百，郷土，考古（すみたけよしのぶ），史研，世紀，日人，飛騨

**角田真平** すみたしんぺい
明治36（1903）年11月3日～昭和53（1978）年9月15日
昭和期の教員。
¶社史

**隅田団之丞** すみだだんのじょう
文政2（1819）年～明治19（1886）年8月
江戸時代末期～明治時代の医師。開業のかたわら家塾を開き子弟を教育。
¶幕末，幕末大

**住田智見**（住田知見） すみだちけん，すみたちけん
明治1（1868）年11月23日～昭和13（1938）年7月1日
明治～昭和期の仏教学者、真宗大谷派僧侶。同朋大学創設者、大谷大学学長。
¶愛知百，真宗（すみたちけん），姓氏愛知（住田知見 [没]1943年），仏教

**炭谷恵副** すみたにけいすけ
明治35（1902）年～昭和54（1979）年
昭和期の教育者。
¶香川人

**角田文平** すみたぶんぺい
明治41（1908）年12月21日～昭和60（1985）年2月18日
昭和期の教員。
¶社史

**角田政治** すみだまさじ
明治3（1870）年8月7日～昭和27（1952）年2月5日
明治～昭和期の教育者、地理学者、郷土史家。
¶熊本人，熊本百

**角虎夫** すみとらお
明治44（1911）年～昭和18（1943）年3月
昭和期の小学校教員。

¶社史

**住野仙蔵** すみのせんぞう
万延1(1860)年～昭和9(1934)年
明治～昭和期の教育者。
¶鳥取百

**住寛** すみひろし
明治43(1910)年8月15日～平成9(1997)年12月11日
昭和・平成期の教育者。学校長。
¶飛騨

**角谷源之助** すみやげんのすけ
慶応2(1866)年～昭和20(1945)年
明治～昭和期の教育者。
¶静岡歴

**住谷天来** すみやてんらい
明治2(1869)年2月16日～昭和19(1944)年1月27日
明治～昭和期の宗教家、キリスト教社会主義者。甘楽教会牧師。群馬のキリスト教平和主義者。月刊「神の国」「聖化」を刊行。
¶朝日([生]明治2年2月16日(1869年3月28日)), アナ, 郷土群馬, キリ([生]明治2年2月16日(1869年3月28日)), 群馬人([没]昭和19(1944)年1月21日), 群馬百, 詩作, 社史([没]1944年1月21日), 世紀, 姓氏群馬, 日人, 平和, 歴大

**住吉貞之進** すみよしていのしん
嘉永5(1852)年～大正2(1913)年
江戸時代末期～大正期の教育者。
¶北海道百, 北海道歴

**皇晃之** すめらぎきらゆき
明治41(1908)年2月5日～
昭和期の教育学者。東北大学教授。
¶現情

**皇至道** すめらぎしどう
明治32(1899)年6月19日～
昭和期の教育学者。広島大学教授。
¶郷土滋賀, 現執1期, 現情

**陶山栄助** すやまえいすけ
生没年不詳
江戸時代後期の淘綾郡小田村の旗本間宮庄五郎知行所名主。
¶神奈川人, 姓氏神奈川

**陶山善四郎** すやまぜんしろう
文政4(1821)年～明治13(1880)年1月3日
江戸時代末期～明治期の越後長岡藩校崇徳館都講。
¶幕末, 幕末大, 藩臣4([没]明治10(1877)年)

**巣山了然** すやまりょうぜん
→巣山了然(すやまりょうねん)

**巣山了然** すやまりょうねん
明治14(1881)年～? [別]巣山了然《すやまりょうぜん》
明治～大正期の教育者。
¶群馬人, 姓氏富山(すやまりょうぜん)

**摺河ウメ** すりがうめ
→摺河ウメ(するがうめ)

**摺河ウメ** するがうめ
明治29(1896)年8月24日～昭和52(1977)年3月7日 [別]摺河ウメ《すりがうめ》
大正～昭和期の教育者。播磨学園中学校校長、播磨高等学校校長。兵庫県私学総連合に参画し、兵庫県私学の拡充発展に貢献。
¶女性(すりがうめ), 女性普(すりがうめ), 世紀, 日人, 兵庫百

**諏訪伊助** すわいすけ
天保4(1833)年～明治32(1899)年6月7日
江戸時代末期～明治時代の会津藩家老、教育者。廃藩後、藩校日新館の復興を企画、士族子弟の教育を果たし、私立会津中学校の創立に継承された。
¶会津, 幕末, 幕末大, 藩臣2

**諏訪きぬ** すわきぬ
昭和15(1940)年8月24日～
昭和～平成期の教育学者。専門は保育。
¶現執3期

**洲脇光一** すわきみつかず
昭和7(1932)年6月3日～
昭和～平成期の音楽教育者。甲南女子大学教授。
¶音人, 音人2, 音人3, 現情

**諏訪忠粛** すわただかた
宝暦13(1763)年～文政5(1822)年
江戸時代中期～後期の大名。信濃高島藩主。
¶諸系, 長野歴, 日人, 藩主2([生]明和5(1768)年4月4日 [没]文政5(1822)年6月28日)

**諏訪俊彦** すわとしひこ
昭和19(1944)年4月16日～
昭和期の野球指導者。大垣商業高校野球部監督。
¶飛騨

## 【せ】

**世阿弥** ぜあみ, せあみ
正平18/貞治2(1363)年～嘉吉3(1443)年 [別]世阿弥元清《ぜあみもときよ》, 観世元清《かんぜもときよ》, 観世三郎元清《かんぜさぶろうもときよ》
南北朝時代～室町時代の能役者。能芸の基礎を確立。著書「風姿花伝(花伝書)」は芸道奥義・教育原理の書として知られる。
¶朝日([没]嘉吉3年8月8日?(1443年9月1日?)), 岩史([没]嘉吉3年8月8日(1443年)?), 音楽([生]1363年? [没]1443年?), 角史([没]嘉吉3(1443)年?), 鎌室, 教育, 京都([没]嘉吉2(1442)年), 京都大(世阿弥元清 ぜあみもときよ), 芸能([没]嘉吉3(1443)年8月8日?), 国史(生没年不詳), 国書(生没年不詳), 古中(生没年不詳), コン改, コン4, コン5, 史人([生]1363年? [没]1443年8月8日?), 思想史([生]貞治2/正平18(1363)年? [没]?), 重要(世阿弥元清 ぜあみもときよ), 人書79, 人

書94（[没]1443年頃），人情4，新潮（世阿弥元清　ぜあみもときよ　[生]貞治2/正平18（1363）年？　[没]嘉吉3（1443）年？），新文（[生]貞治3（1364）年？　[没]文安1（1444）年？），人名（せあみ），姓氏京都，世人，世百，全書（[生]1363年？　[没]1443年？），大百（[生]1362年，(異説) 1363年），中世（世阿弥元清　ぜあみもときよ　[生]1363年？　[没]1443年？），伝記，内乱（世阿弥元清　ぜあみもときよ），新潟百，日音（[生]貞治2/正平18（1363）年？　[没]嘉吉3（1443）年8月8日？），日思，日史（[生]貞治2/正平18（1363）年？　[没]嘉吉3（1443）年8月8日？），日人，日文（[生]貞治2（1363）年？），能狂言（[生]貞治2（1363）年？　[没]嘉吉3（1443）年？），百科（[生]正平18？/貞治2（1363）年？　[没]嘉吉3（1443）年？），仏教（[生]貞治2/正平18（1363）年，(異説) 貞治3/正平19（1364）年　[没]嘉吉3（1443）年8月8日），文学（[生]1364年　[没]1444年），平日，室町，山川小（[生]1363年？　[没]1443年8月8日？），歴大（[生]1363年？　[没]？）



**世阿弥元清**　ぜあみもときよ
→世阿弥（ぜあみ）

**せい**(1)
1832年～
江戸時代後期の女性。教育。松原智量の妻。
¶江表（せい（東京都）　[生]天保3（1832）年頃）

**せい**(2)
1832年～
江戸時代後期の女性。教育。家塾開業願などは佐々木勢以名で提出。
¶江表（せい（東京都）　[生]天保3（1832）年頃）

**セイ**
文化14（1817）年～明治13（1880）年
江戸時代後期～明治時代の女性。教育。小川村の素封家薄井友次郎の娘。
¶江表（セイ（栃木県））

**精**　せい★
文政7（1824）年～明治32（1899）年
江戸時代後期～明治時代の女性。教育。川越の商家伏見屋4代目吉田平兵衛の娘。
¶江表（精（埼玉県））

**聖覚**　せいかく
仁安2（1167）年～文暦2（1235）年3月5日　[別]聖覚《しょうかく，しょうがく》
平安時代後期～鎌倉時代前期の天台宗の僧。藤原通憲の孫。
¶朝日（[没]嘉禎1年3月5日（1235年3月25日）），岩史，鎌室，教育（しょうかく　[生]？），国史，国書，古中，コン改（しょうがく），コン4（しょうがく），史人，諸系，新潮，人名（しょうかく　[生]？），姓氏京都，世人（[没]嘉禎1（1235）年3月2日），世人（しょうかく　[生]嘉応1（1169）年　[没]嘉禎3（1237）年），日史（しょうかく），日人，仏教，仏史，平史（しょうかく），名僧，歴大

**清家堅庭**　せいけかたにわ
文化11（1814）年～明治10（1877）年
江戸時代末期～明治期の伊予の神職。
¶日人

**清家清**　せいけきよし
大正7（1918）年12月13日～平成17（2005）年4月8日
昭和・平成期の建築家。札幌市立高専の初代校長。
¶現朝，現執1期，現執2期，現執3期，現執4期，現情，現人，現日，新潮，世紀，日人，美建，北海道建，マス89

**清家中枝**　せいけなかえ
慶応2（1866）年～昭和4（1929）年
明治～昭和期の教育者。
¶愛媛

**青郊**　せいこう
延享1（1744）年～文化7（1810）年
江戸時代中期～後期の足利学校第18世庠主、臨済宗の僧。
¶栃木歴

**清寿院**　せいじゅいん★
正徳3（1713）年～宝暦12（1762）年
江戸時代中期の女性。教育。下総佐倉藩藩士小林由兵衛の娘。
¶江表（清寿院（千葉県））

**清田藍卿**　せいたらんけい
宝永3（1706）年～寛政5（1793）年
江戸時代中期～後期の儒学者。
¶日人

**清野高童**　せいのこうどう
明治41（1908）年5月26日～
昭和期の教員。
¶社史

**清野さなへ**　せいのさなえ
明治41（1908）年6月10日～　[別]相馬さなへ《そうまさなえ》
昭和期の小学校教員。
¶社史

**清墨庵**　せいぼくあん
→安達月識（あだちげっしん）

**瀬尾健造**　せおけんぞう
？ ～明治37（1904）年
江戸時代末期～明治期の文学訓導。
¶姓氏石川

**瀬尾チカ**　せおちか
明治20（1887）年12月30日～昭和31（1956）年11月20日
明治～昭和期の教育者。成安裁縫学校（現・成安女子高）創立者。
¶学校，京都大，世紀，姓氏京都，日人

**妹尾輝雄**　せおてるお
明治43（1910）年3月16日～
昭和期の小学校教員。米子市就将小学校校長。
¶社史

**瀬川栄志** せがわえいし,せかわえいし
昭和3(1928)年11月5日〜
昭和〜平成期の国語科教育学者。全国小学校国語教育研究会会長、中京女子大学教授。
¶現執1期(せかわえいし),現執2期,現執4期

**瀬川賢一** せがわけんいち
昭和42(1967)年11月27日〜
昭和期の教員・書家。
¶飛騨

**瀬川午朗** せがわごろう
明治28(1895)年〜昭和39(1964)年
大正〜昭和期の教育者。
¶姓氏岩手

**瀬川正三郎** せがわしょうざぶろう
明治23(1890)年2月14日〜昭和47(1972)年12月15日
大正〜昭和期の柔道教師、整復師。
¶岩手人,岩手百,姓氏岩手

**瀬川昌耆** せがわまさとし
安政3(1856)年4月17日〜大正9(1920)年12月21日
明治〜大正期の小児科医。著書「病児及虚弱児の養育法」が著名。
¶海越新,科学,近医,人名,世紀,渡航,日人

**瀬川安信** せがわやすのぶ
明治26(1893)年〜昭和45(1970)年
大正〜昭和期の教育者。「富山市史」三巻を編集。
¶姓氏富山

**せき**
江戸時代後期〜末期の女性。教育。松代藩藩士田中佐左衛門の妻。文化期〜慶応期頃まで読み方と習字を教えた。
¶江表(せき(長野県))

**関一楽** せきいちらく
→関幸輔(せきこうすけ)

**関計夫** せきかずお
明治39(1906)年3月22日〜平成3(1991)年12月13日
昭和期の教育心理学者。九州大学教授。
¶現執1期,現執2期,現情,心理,世紀,日児([生]明治39(1906)年3月23日)

**関和彦** せきかずひこ
昭和21(1946)年6月6日〜
昭和〜平成期の教育者。共立女子第二高等学校教頭。
¶現執4期

**関亀太郎** せきかめたろう
安政5(1858)年〜大正7(1918)年
明治〜大正期の剣道師範。
¶島根人,島根百,島根歴

**関川秋岳** せきがわしゅうがく
文政8(1825)年〜明治20(1887)年
江戸時代後期〜明治期の寺子屋師匠。
¶姓氏長野

**関川秀雄** せきがわひでお,せきかわひでお
明治41(1908)年12月1日〜昭和52(1977)年12月16日
昭和期の映画監督。作品に「きけわだつみの声」「ひろしま」など。進歩的映画、娯楽的映画で活躍。
¶映監,映人,監督,芸能,現朝(せきかわひでお),現情,現人,新潮([没]昭和52(1977)年12月18日),人名7,世紀,日人,平和(せきかわひでお)

**関川弥治右衛門** せきがわやじえもん
文化8(1811)年〜慶応2(1866)年
江戸時代後期〜末期の寺子屋師匠。
¶姓氏長野

**関寛之** せきかんし
→関寛之(せきひろゆき)

**関口謙三** せきぐちけんぞう★
生没年不詳
江戸時代末期の教育者。
¶秋田人2

**関口秀南** せきぐちしゅうなん
享和2(1802)年〜明治5(1872)年
江戸時代末期〜明治時代の医師。侍医。藩校弘道館で医学館総教となった。
¶幕末([没]1872年11月19日),幕末大([没]明治5(1872)年10月19日)

**関口泰** せきぐちたい
明治22(1889)年3月1日〜昭和31(1956)年4月14日
大正〜昭和期のジャーナリスト、評論家。朝日新聞社論説委員、文部省社会教育局長などを歴任。著書に「教育を守るために」など。
¶神奈川人,近文,現朝,現情,現人,人名7,世紀,哲学,日人,履歴,履歴2

**関口隆克** せきぐちたかかつ
明治37(1904)年〜
昭和期の大学教育専門家。開成中学校・高等学校校長。
¶現執1期

**関口隆吉** せきぐちたかよし
天保7(1836)年9月17日〜明治22(1889)年5月17日 [別]関口隆吉《せきぐちりゅうきち》
江戸時代末期〜明治期の官吏。静岡県知事。維新後出仕、山口県令となり、萩の乱を鎮圧。静岡女学校(後の静岡英和女学院)の設立に関わる。
¶維新,学校,近現,国史,史人([生]1836年12月),静岡百,静岡歴,新潮,人名,姓氏静岡,姓氏山口(せきぐちりゅうきち),日史,日人,幕末,履歴,歴大

**関口義** せきぐちただし
昭和7(1932)年12月12日〜
昭和〜平成期の教育学者。京都教育大学教授。専門は教育社会学。著書に「各種学校概説」「各種学校生との意識調査」など。

せ

¶現執3期，現執4期，YA

**関口湛蔵** せきぐちたんぞう
文政6（1823）年～明治31（1898）年
江戸時代末期の茂木藩士、関口塾頭。
¶栃木歴

**関口ツネ** せきぐちつね
生没年不詳
江戸時代後期の寺子屋の師匠。
¶姓氏神奈川



**関口藤右衛門** せきぐちとうえもん
明和1（1764）年～嘉永2（1849）年
江戸時代中期～後期の豪農。
¶神奈川人，日人

**関口開** せきぐちひらき
天保13（1842）年～明治17（1884）年4月12日
[別]関口開《せきぐちひらく》
明治期の数学者、数学教育者。小、中、師範学校教師。チェンバーの書を訳し「数学問題集」「新撰数学」出版。
¶朝日（せきぐちひらく　[生]天保13（1842）年7月），石川百，維新，科学（[生]天保13（1842）年6月29日），近現，近世，国史，新潮（せきぐちひらく　[生]天保13（1842）年6月29日），人名，数学（[生]天保13（1842）年6月30日），姓氏石川，先駆（[生]天保13（1842）年7月），日人，幕末，幕末大，ふる，洋学

**関口開** せきぐちひらく
→関口開（せきぐちひらき）

**関口保宣** せきぐちほせん
宝暦5（1755）年～天保1（1830）年8月7日
江戸時代中期の心学者。
¶埼玉人，埼玉百

**関口隆吉** せきぐちりゅうきち
→関口隆吉（せきぐちたかよし）

**関口礼子** せきぐちれいこ
昭和12（1937）年3月18日～
昭和～平成期の教育学者。図書館情報大学教授。専門は比較教育学、教育社会学。著書に「誕生から死まで―カナダと日本の生活文化比較」など。
¶現執3期，現執4期

**関啓子** せきけいこ
昭和23（1948）年7月9日～
昭和～平成期の教育学者。一橋大学大学院社会学研究科教授。専門は、教育社会学、地球市民論、教育思想史、環境教育学、比較教育学。
¶現執4期

**関元洲** せきげんしゅう
宝暦3（1753）年～文化3（1806）年
江戸時代中期～後期の尾張藩士、儒学者。
¶国書（[生]宝暦3（1753）年5月24日　[没]文化3（1806）年2月4日），人名，日人，藩臣4

**関源内** せきげんない
元禄10（1697）年～明和2（1765）年12月29日
[別]関思恭《せきしきょう》，関鳳岡《せきほうこう》
江戸時代中期の常陸土浦藩祐筆、儒学者。
¶江文（関鳳岡　せきほうこう），国書（関思恭　せきしきょう　[生]元禄10（1697）年2月17日），人名（関思恭　せきしきょう），日人（関思恭　せきしきょう　[没]1766年），藩臣2

**関幸輔** せきこうすけ
正保1（1644）年～享保15（1730）年　[別]関一楽《せきいちらく》
江戸時代前期～中期の豊後岡藩士。
¶大分歴，国書（関一楽　せきいちらく　[没]享保15（1730）年8月13日），日人（関一楽　せきいちらく），藩臣7

**関耕平** せきこうへい
明治14（1881）年3月1日～昭和15（1940）年10月13日
明治～昭和期の教育者。
¶群馬人

**積惟勝** せきこれかつ
明治39（1906）年1月1日～昭和58（1983）年8月25日
大正～昭和期の教育者、児童文学作家。
¶日児

**関佐団次** せきさだんじ
明治39（1906）年1月9日～
昭和期の教育者。
¶群馬人

**関幸代** せきさちよ
昭和12（1937）年6月9日～
昭和期の教師、社会運動家。
¶視覚

**関沢謙一郎** せきざわけんいちろう
天保7（1836）年～明治35（1902）年
明治期の教育者、政治家、実業家。芳賀郡小貝村初代村長。
¶栃木歴

**関思恭** せきしきょう
→関源内（せきげんない）

**瀬木繁造** せぎしげぞう
明治36（1903）年8月13日～昭和48（1973）年7月5日
大正・昭和期の宮村教育長。
¶飛騨

**関重広** せきしげひろ
明治25（1892）年9月6日～昭和57（1982）年2月13日
明治～昭和期の電気工学者。日本電子工学院院長、小田原女子短期大学学長。
¶科学，郷土神奈川，現情，世紀，姓氏神奈川，日人

**関重政** せきしげまさ
天保2（1831）年～明治7（1874）年12月14日
江戸時代後期～明治期の弓道家、大和流弓術家、伊勢崎藩校学習堂頭取、剣術、弓術師範。

¶弓道

## 関峋一　せきしゅんいち
昭和6（1931）年〜
昭和期の教育心理学者。神戸大学教授。
¶現執1期

## 関新吾　せきしんご
嘉永7（1854）年5月〜大正4（1915）年9月13日
明治期の新聞記者、政治家。「山陽新聞」社長、福井県知事。岡山県教育会長。
¶岡山人、岡山百、岡山歴、コン改、コン5、人名、世紀（㊄安政1（1855）年）、日人、福井百

## 関信三　せきしんぞう
天保14（1843）年〜明治13（1880）年4月12日
㊄安藤劉太郎《あんどうりゅうたろう》
明治期の教育者。幼稚園教育の開拓者。フレーベル流保育理論の実践統一に貢献。
¶海越、海越新、教育（㊄？　㊁1879年）、キリ（安藤劉太郎　あんどうりゅうたろう　㊄？）、近現、国史、史人（㊁1843年1月20日　㊄1879年11月4日、（異説）1880年4月12日）、姓氏愛知（㊁1879年）、渡航（関信三・安藤劉太郎　せきしんぞう・あんどうりゅうたろう）、日人、民学（㊄？　㊁明治12（1879）年）

## 尺振八　せきしんぱち
天保10（1839）年〜明治19（1886）年11月28日
江戸時代末期〜明治期の英語学者、教育者。共立学舎を開く。訳書にスペンサーの教育論『斯氏教育論』など。
¶朝日、維新、海越（㊄明治19（1886）年11月29日）、海越新（㊄明治19（1886）年11月29日）、江文、教育、近現、近文、国際、国史、コン改、コン4、コン5、史人、新潮（㊄明治19（1886）年11月29日）、人名、先駆、全幕、哲学、日人、幕末、幕末大、洋学

## 関塚茂七　せきずかもしち★
明治24（1891）年3月4日〜昭和50（1975）年11月27日
大正・昭和期の藤岡町長・栃木県教育長。
¶栃木人

## 関赤城　せきせきじょう
明和3（1766）年〜文化5（1808）年
江戸時代後期の儒学者。
¶江文、群馬人（㊄文化5（1808）年5月7日）、国書（㊁文化5（1808）年5月7日）、人名、日人

## 関雪江　せきせつこう
文政10（1827）年〜明治10（1877）年11月24日
㊄関鉄蔵《せきてつぞう》
江戸時代末期〜明治期の商人、詩人。
¶維新、江文、国書、詩歌、人名、日人、幕末、幕末（関鉄蔵　せきてつぞう）、藩臣2（関鉄蔵　せきてつぞう）、和俳

## 関孝和　せきたかかず
＊〜宝永5（1708）年10月24日
江戸時代前期〜中期の和算家、暦算家。
¶朝日（㊄寛永17（1640）年頃　㊁宝永5年10月24日（1708年12月5日））、岩史（㊄寛永17（1640）年頃）、江人（㊄1640年頃）、江文東、江文（㊄？）、科学（㊄？）、角史（㊄寛永19（1642）年？）、教育（㊄？）、郷土群馬（㊄？）、近世（㊄？）、群新百（㊄？）、群馬人（㊄1637年）、群馬百（㊄？）、国史（㊄？）、国書（㊄寛永17（1640）年？）、コン改（㊄？）、コン4（㊄？）、コン5（㊄？）、史人（㊄1640年？）、思想史（㊄？）、重要（㊄寛永19（1642）年？）、人書94（㊄1642年）、人情3（㊄？）、新潮（㊄寛永17（1640）年頃）、人名（㊄？）、数学（㊄寛永17（1640）年？、姓氏群馬（㊄1637年？）、世人（㊄寛永19（1642）年　㊁宝永5（1708）年12月24日）、世百（㊄？）、全書（㊄1640年？）、大百（㊄1640年？）、伝記（㊄？）、徳川将（㊄？）、徳川臣（㊄寛永17（1640）？）、日史（㊄？）、日人（㊄1640年頃）、藩臣3（㊄寛永19（1642）年）、百科（㊄寛永17（1640）年頃）、平日（㊄？）、山川小（㊄1640年？）、山梨百（㊄寛永19（1642）年）

## 関忠夫　せきただお
大正3（1914）年〜
昭和期の美術史研究者、博物館教育専門家。
¶現執1期

## 関田為平　せきだためへい
明治18（1885）年10月29日〜昭和31（1956）年2月22日
明治〜昭和期の社会教育家、政治家。
¶高知人、高知先、高知百

## 関田貢　せきたみつぐ
明治26（1893）年11月〜昭和50（1975）年7月12日
大正〜昭和期の教育者・初等教育功労者。
¶埼玉人

## 関田義臣　せきたよしおみ
明治15（1882）年5月19日〜昭和53（1978）年5月18日
明治〜昭和期の行政家。
¶世紀、日人

## 関庸孝　せきつねたか
文化12（1829）年〜明治44（1911）年
江戸時代後期〜明治期の教育者。
¶姓氏宮城

## 関鉄蔵　せきてつぞう
→関雪江（せきせっこう）

## 関藤十郎　せきとうじゅうろう
慶応1（1865）年8月28日〜昭和17（1942）年4月10日
明治〜昭和期の学校創設者。
¶埼玉人

## 関時発　せきときあき
慶応3（1867）年9月17日〜昭和20（1945）年2月25日
明治〜昭和期の教育者。
¶庄内、山形百

せ

**関世美** せきときよし
享保3(1718)年～天明3(1783)年　[別]関南瀕《せきなんぴん》
江戸時代中期の丹波篠山藩士、学者。
¶日人(関南瀕　せきなんぴん)，藩臣5，兵庫人([生]享保3(1718)年5月10日　[没]天明3(1783)年4月28日)

**瀬木紀彦** せぎとしひこ
昭和21(1946)年12月8日～
昭和期の飛驒山岳会員・教員。
¶飛驒

**関長誠** せきながのぶ
延享2(1745)年～文化7(1810)年2月11日
江戸時代中期～後期の大名。備中新見藩主。
¶岡山人([生]寛保2(1742)年)，岡山百([生]延享2(1745)年6月24日)，岡山歴([生]延享2(1745)年6月24日)，諸系，日人，藩主4([生]延享2(1745)年6月24日，(異説)寛保2年6月24日)

**関南瀕** せきなんぴん
→関世美(せきときよし)

**関根カン** せきねかん
明治39(1906)年7月18日～
昭和期の教育者。
¶群馬人

**関根源一郎** せきねげんいちろう
明治40(1907)年10月10日～
昭和期の教育者。
¶群馬人

**関根庄一** せきねしょういち
昭和3(1928)年1月5日～
昭和～平成期の教育評論家。総合教育研究所所長。著書に「進路指導の要点」「翼は心につけて」など。
¶現執1期，現執2期，現執3期

**関根専吉** せきねせんきち
文政11(1828)年～大正6(1917)年3月25日
江戸時代末期～明治時代の俳人。私塾易簡軒を開き、近隣の子弟を教育する。
¶幕末，幕末大

**関根宗次** せきねそうじ
明治15(1882)年6月22日～昭和32(1957)年2月12日
明治～昭和期の教護教育者。
¶埼玉人

**関根健夫** せきねたけお
昭和30(1955)年10月17日～
昭和～平成期の教育コンサルタント。アイベック・ビジネス教育研究所代表取締役。著書に「エキスパートナースのためのマナーブック」「看護ふれ愛人間関係学」など。
¶現執3期

**関根範重郎** せきねはんじゅうろう
文化14(1817)年～明治37(1904)年
江戸時代末期～明治期の教育者。
¶神奈川人

**関根文之助** せきねぶんのすけ
大正1(1912)年9月28日～平成6(1994)年1月16日
昭和期の日本思想家。高千穂商科大学学長、文学・哲学博士。
¶キリ，群馬人([生]大正8(1919)年)，現情，世紀，日児

**関根正明** せきねまさあき
昭和6(1931)年9月11日～
昭和～平成期の教育者。著書に「教師―自己の伸ばし方磨き方」。
¶現執3期，現執4期

**関根正直** せきねまさなお
万延1(1860)年3月3日～昭和7(1932)年5月26日
明治～昭和期の国文学者、教育家。東京女子高等師範学校教授。「古事類苑」の編纂に参画。帝国学士院会員。
¶近現，近文，考古([没]昭和7(1932)年5月6日)，国史，コン改，コン5，史研，史人，神人，人名，世紀，全書，大百，日人

**関根光男** せきねみつお
昭和3(1928)年～
昭和期の小学校教諭、児童文学作家。
¶児人

**関根矢作** せきねやさく
享和3(1803)年～明治29(1896)年7月30日
江戸時代末期～明治期の篤農家。今市から大室(下野河内郡)まで用水路を開く。維新後戸長、村長を務める。
¶朝日([生]享和3年4月17日(1803年6月6日))，維新，郷土栃木，近現，近世，国史，コン改，コン4，コン5，史人([生]1803年4月17日)，新潮([生]享和3(1803)年4月17日)，人名，栃木歴，日人，幕末

**関野光雄** せきのみつお
大正5(1916)年4月20日～平成13(2001)年12月31日
昭和期の教育者。
¶視覚

**関野光之助** せきのみつのすけ
慶応3(1867)年～昭和21(1946)年
明治～昭和期の教育者、政治家。
¶姓氏神奈川

**関野嘉雄** せきのよしお
明治35(1902)年3月22日～昭和37(1962)年12月4日
大正～昭和期の児童文化研究家、視聴覚教育研究家。東京市教育局職員。著作に「映画教育の理論」など。
¶京都文，近文，現情，児文，社史，世紀，日児

**尺秀三郎** せきひでさぶろう
文久2(1862)年3月15日～昭和9(1934)年11月5日
明治～大正期の教育学者、ドイツ語学者。東京外国語学校教授、精華学校長。大日本図書編輯所長

などを歴任。
¶海越新，コン改，コン5，社史（[生]文久2年3月15日（1862年4月13日）），人名，世紀，渡航，日人

**関萍雨** せきひょうう
明治10（1877）年～昭和32（1957）年
明治～昭和期の俳人。小学校作文教育にはじめて口語写生文を用いた。
¶伊豆，近文（[生]1880年），静岡百，静岡歴，世紀（[生]明治13（1880）年3月21日 [没]昭和32（1957）年7月11日），姓氏静岡

**関兵右衛門** せきひょううえもん
文政11（1828）年～明治22（1889）年6月15日
[別]関兵右衛門《せきひょうえもん》
江戸時代末期～明治時代の土浦藩士。関流砲術家元。藩校郁文館で西洋流・関流砲術師範方をつとめる。
¶幕末，幕末大（せきひょうえもん）

**関兵右衛門** せきひょうえもん
→関兵右衛門（せきひょううえもん）

**関寛之** せきひろゆき
明治23（1890）年12月3日～昭和37（1962）年12月23日 [別]関寛之《せきかんし》
明治～昭和期の教育学者。東洋大学教授。児童の宗教教育を研究。著書に「日本児童宗教意識の研究」など。
¶教育，心理（せきかんし）

**関平次郎** せきへいじろう
明治31（1898）年8月3日～昭和50（1975）年4月25日
大正～昭和期の教育者。
¶群馬人

**関鳳岡** せきほうこう
→関源内（せきげんない）

**関勝和** せきまさかず★
天保12（1841）年1月20日～大正15（1926）年9月29日
明治・大正期の教育者。
¶秋田人2

**関政富** せきまさとみ
享保8（1723）年～宝暦10（1760）年6月4日
江戸時代中期の大名。備中新見藩主。
¶岡山人（[生]享保3（1718）年），岡山百（[生]享保8（1723）年3月22日），岡山歴（[生]享保8（1723）年3月22日），諸系，人名（[生]1718年），日人，藩主4（[生]享保8（1723）年3月22日，（異説）享保3年3月22日）

**関本健治** せきもとけんじ
明治16（1883）年9月2日～昭和45（1970）年1月10日
昭和期の教育者。宮崎県立盲学校校長。
¶視覚（[没]1970年1月），世紀，日人，宮崎百，宮崎百一

**関本素康** せきもとそこう
明治14（1881）年～昭和9（1934）年
明治～昭和期の教育者。
¶静岡歴，姓氏静岡

**関本諦承** せきもとたいしょう
万延1（1860）年～昭和13（1938）年
明治～昭和期の浄土宗西山派僧侶。粟生光明寺70世。修徳高等女学校・西山高等女学校を創立。
¶学校，郷土和歌山，仏教，和歌山人

**関本天山** せきもとてんざん
明治14（1881）年7月10日～昭和9（1934）年12月25日
明治～昭和期の僧。青竜寺住職。
¶伊豆

**関盛治** せきもりはる
明治11（1878）年2月～昭和8（1933）年11月22日
明治～昭和期の教育者、実業家。
¶世紀，渡航，日人

**関靖** せきやすし
明治10（1877）年3月4日～昭和33（1958）年8月9日
明治～昭和期の日本史学者、教育家。神奈川県立金沢文庫長。中世文化史を研究。初代文庫長。
¶神奈川人，神奈川百，史研（[生]明治10（1877）年2月4日），人名7，世紀，姓氏神奈川，日人

**関谷忠** せきやただし
昭和21（1946）年～
昭和～平成期の中学校教諭、児童文学作家。
¶児人

**関谷潜** せきやひそむ
明和2（1765）年～？
江戸時代中期の国学者。
¶国書，人名，日人

**関屋政春** せきやまさはる
元和1（1615）年～貞享2（1685）年12月14日
江戸時代前期の加賀藩士、軍学者。
¶国書，人名，日人（[没]1686年），藩臣3（[生]？）

**関屋竜吉** せきやりゅうきち
明治19（1886）年7月2日～昭和51（1976）年11月5日
大正～昭和期の教育行政家。文部省役人を数々歴任後、日本女子の社会教育に尽力。
¶現情，人名7，世紀，日人，履歴，履歴2

**世耕弘一** せこうこういち
明治26（1893）年3月30日～昭和40（1965）年4月27日
昭和期の政治家、学校経営者。近畿大学初代総長。隠退蔵物資摘発を行う。近畿大学の設立に関わる。
¶大阪人（[没]昭和40（1965）年4月），学校，郷土和歌山，現朝，現情，現人，現日，コン改，コン4，コン5，新潮，人名7，世紀，政治，日人，履歴，履歴2，和歌山人

**瀬島源三郎** せじまげんざぶろう
明治23（1890）年6月26日～昭和54（1979）年9月19日
明治～昭和期の学校創立者。大阪鉄道学校（後の大阪産業大学）を創立。

¶岡山歴，学校

**瀬下善吉** せじもぜんきち
明治23(1890)年～昭和51(1976)年
大正～昭和期の教育者。
¶群馬人

**せつ**(1)
～明治32(1899)年
江戸時代末期～明治時代の女性。教育。菱田氏。
¶江表(せつ(千葉県))

**せつ**(2)
江戸時代後期の女性。教育。湯浅新左衛門の妻。家塾で手習い師匠をした。
¶江表(せつ(千葉県))

**瀬戸歌次郎** せとうたじろう
明治7(1874)年～昭和23(1948)年
明治～昭和期の教育者。伊那実科高等女学校の初代校長。
¶長野歴

**背戸川忠蔵** せとがわちゅうぞう
明治14(1881)年～昭和12(1937)年2月23日
昭和期の小学校校長。南砺勤労農民組合組合長、富山県農民組合連合会執行委員。
¶社史

**瀬戸口克己** せとぐちかつみ
明治32(1899)年12月20日～昭和33(1958)年12月16日
大正～昭和期の教育者。
¶佐賀百

**瀬戸尊** せとたかし
明治33(1900)年1月30日～昭和47(1972)年2月28日
昭和期の音楽教育者。
¶現情

**瀬戸団治** せとだんじ
明治38(1905)年9月10日～平成3(1991)年7月1日
大正～平成期の彫刻家、教員。日展参与。
¶姓氏長野、美建

**瀬戸哲郎** せとてつろう
大正8(1919)年1月21日～昭和60(1985)年
昭和期の詩人。
¶札幌、北海道文、北海道歴

**瀬戸虎記** せととらき
明治2(1869)年12月16日～大正9(1920)年2月9日
明治～大正期の教育者。文部省視学官、第一高等学校長などを歴任。
¶岩手人、高知人、人名、世紀(㊥明治2(1870)年12月16日)、日人(㊥明治2(1870)年12月16日)

**瀬戸仁** せとひとし
大正14(1925)年11月23日～
昭和期の国語教育学者、国文学者。信州大学教授。
¶現執2期

**瀬戸真** せとまこと
昭和5(1930)年2月23日～
昭和～平成期の教育者。東京都公立学校教諭、文部省初中局小学校教育課教科調査官、島根大学教授などを務める。
¶現執2期、現執3期

**瀬戸山三男** せとやまみつお
明治37(1904)年1月7日～平成9(1997)年6月23日
昭和期の政治家。衆議院議員。佐藤内閣建設相、福田内閣法相、中曽根内閣文相などを歴任。憲法改正論者。
¶熊本人、熊本百、現朝、現執2期、現情、世紀、政治、日人、宮崎百

**瀬名波佐善** せななはさぜん
明治27(1894)年～昭和20(1945)年
昭和期の沖縄教育界の指導者。
¶姓氏沖縄

**瀬沼克彰** せぬまよしあき
昭和13(1938)年9月20日～
昭和～平成期の社会学者。余暇論、生涯学習論を研究。著書に「余暇教育の研究」など。
¶現執2期、現執3期、現執4期

**妹尾和弘** せのおかずひろ
昭和32(1957)年～
昭和～平成期の高校教諭。
¶YA

**妹尾豊三郎** せのおとよさぶろう
明治31(1898)年～昭和63(1988)年
明治～昭和期の郷土史家。
¶郷土、島根歴

**妹尾芳太郎** せのおよしたろう
明治31(1898)年3月7日～昭和44(1969)年1月
大正～昭和期の教育家、政治家、実業家。
¶徳島歴

**妹尾良彦**(1) せのおよしひこ
明治19(1886)年～昭和16(1941)年
明治～昭和期の中学教師、神職。
¶神人

**妹尾良彦**(2) せのおよしひこ
～昭和59(1984)年
昭和期の教育者。
¶熊本人

**世舞子** せまこ★
天保3(1832)年～大正8(1919)年
江戸時代後期～大正時代の女性。和歌・漢詩・書。常陸成沢に日新塾を開いた教育者加倉井砂山と宇良子の二女。
¶江表(世舞子(茨城県))

**瀬間福一郎** せまふくいちろう
明治10(1877)年～昭和37(1962)年
明治～昭和期の鍼灸師、教育者。失明軍人のための訓盲所で指導にあたる。
¶群新百、群馬人(㊥明治10(1877)年12月4日)，

群馬百，視覚（㊤明治10（1877）年12月），姓氏群馬

**瀬谷桐斎** せやどうさい
安永2（1773）年～天保4（1833）年
江戸時代後期の国学者，出羽秋田藩士。
¶国書（㊤安永2（1773）年11月1日　㊦天保4（1833）年2月29日），人名（㊤1772年），日人

**瀬山士郎** せやましろう
昭和21（1946）年1月24日～
昭和～平成期の教育者。専門は数学教育。著書に「ぐにゃぐにゃ世界の冒険」「はじめての現代数学」など。
¶現執3期，YA

**世良彰雄** せらあきお
明治40（1907）年1月19日～昭和58（1983）年8月22日
昭和期の教育者。
¶視覚

**瀬良垣宗十** せらがきそうじゅう
明治38（1905）年～昭和51（1976）年
昭和期の教育者，政治家。石川市長，澄井中小学校長。
¶姓氏沖縄

**世良長造** せらちょうぞう
明治1（1868）年9月14日～昭和44（1969）年1月2日
明治～昭和期の教育者・郷土史家。
¶岡山歴

**芹沢勝助** せりざわかつすけ
大正4（1915）年6月27日～平成10（1998）年12月13日
昭和期の教育者。失明傷痍軍人教育所講師。
¶視覚

**芹沢潜** せりざわせん
文政7（1824）年～明治38（1905）年
江戸時代末期～明治期の教育家。
¶静岡歴，人名，姓氏静岡，日人

**芹沢浩** せりざわひろし
昭和27（1952）年2月8日～
昭和～平成期の都立高校教員（都立大田ろう学校）。
¶現執4期

**世礼国男** せれいくにお
明治28（1895）年4月20日～昭和24（1949）年1月23日
大正～昭和期の教育家、沖縄研究家。知念高校校長、コザ高校校長。教職の傍ら沖縄古典音楽を研究。楽譜「声楽譜附工工四」（全4巻）などを刊行。
¶沖縄百（㊤明治30（1897）年7月20日　㊦昭和25（1950）年1月23日），コン改，コン4，コン5，世紀，姓氏沖縄（㊤1897年　㊦1950年），日音，日人（㊤明治30（1897）年7月20日　㊦昭和25（1950）年1月23日）

**瀬脇寿人** せわきひさと
→手塚律蔵（てづかりつぞう）

**せん**
1819年～
江戸時代後期の女性。教育。広瀬氏。
¶江表（せん（東京都））㊤文政2（1819）年頃）

**慚安** ぜんあん
奈良時代の東大寺大学頭。
¶古人

**善意** ぜんい
元禄11（1698）年～安永4（1775）年
江戸時代中期の僧。越中最初の学塾尺伸堂を開く。
¶ふる

**宣界** せんかい
→藤井宣界（ふじいせんかい）

**千賀覚次** せんがかくじ
慶応2（1866）年～？
明治期の足利西小学校長。図案教育・水泳教育創案者。
¶栃木歴

**千家尊宣** せんげたかのぶ
明治31（1898）年9月19日～昭和47（1972）年10月30日
大正～昭和期の神職・教育者。
¶島根百，島根歴

**仙石久賢** せんごくひさかた
江戸時代中期～後期の出石藩家老。
¶人名（㊤？　㊦1808年），日人（㊤1746年　㊦1809年）

**仙石久行** せんごくひさゆき
宝暦3（1753）年～天明5（1785）年
江戸時代中期の大名。但馬出石藩主。
¶諸系，人名，日人，藩主3（㊤宝暦3（1753）年10月28日　㊦天明5（1785）年9月17日）

**仙石政辰** せんごくまさとき
享保8（1723）年8月21日～安永8（1779）年8月24日
江戸時代中期の大名。但馬出石藩主。
¶近世（㊤1722年），国史（㊤1722年），国書，コン改（㊤享保7（1722）年），コン4（㊤享保7（1722）年），諸系，新潮，人名，日人，藩主3，兵庫人，歴大，和俳

**仙崎武** せんざきたけし
大正15（1926）年1月1日～
昭和～平成期の教育者。文教大学教授。東京都立高校教師、日本進路指導学会会長などを務める。著書に「欧米におけるキャリアエデュケーション」。
¶現執3期，現執4期

**千秋順之介**（千秋順之助）　せんしゅうじゅんのすけ
→千秋藤篤（せんしゅうふじあつ）

**千秋武子** せんしゅうたけこ
昭和11（1936）年～平成7（1995）年
昭和～平成期の教育者。
¶青森人

**千秋藤篤　せんしゅうふじあつ**
文化12(1815)年～元治1(1864)年　[別]千秋順之介《せんしゅうじゅんのすけ》,千秋順之助《せんしゅうじゅんのすけ》,千秋藤範《せんしゅうふじのり》
江戸時代末期の尊皇論者、儒学者。
¶朝日([生]文化12年8月30日(1815年10月2日)[没]元治1年10月18日(1864年11月17日)),維新(千秋順之介　せんしゅうじゅんのすけ　[生]1814年),国書(千秋藤範　せんしゅうふじのり　[生]文化12(1815)年8月30日　[没]元治1(1864)年10月18日),コン改,コン4,新潮([生]文化12(1815)年8月30日　[没]元治1(1864)年10月18日),人名(千秋順之介　せんしゅうじゅんのすけ),日史([生]文化12(1815)年8月30日　[没]元治1(1864)年10月18日),日人,幕末(千秋順之助　せんしゅうじゅんのすけ　[生]1815年10月2日　[没]1864年11月17日),藩臣3(千秋順之助　せんしゅうじゅんのすけ)

**千秋藤範　せんしゅうふじのり**
→千秋藤篤(せんしゅうふじあつ)

**千住武次郎　せんじゅたけじろう**
明治3(1870)年8月1日～昭和32(1957)年1月26日
明治～大正期の地方史研究家。佐賀県立佐賀中学校長。佐賀県史を研究。
¶郷土,佐賀百,史研,世紀,日人

**千住虎吉　せんじゅとらきち**
天保13(1842)年～明治43(1910)年11月19日
江戸時代後期～明治期の教育家、実業家。
¶佐賀百

**千手八太郎　せんじゅはちたろう**
元文2(1737)年～文政2(1819)年　[別]千手廉斎《せんじゅれんさい》
江戸時代中期～後期の日向高鍋藩士、儒学者。
¶国書(千手廉斎　せんじゅれんさい　[没]文政2(1819)年1月3日),日人(千手廉斎　せんじゅれんさい　[生]1738年),藩臣7

**千手廉斎　せんじゅれんさい**
→千手八太郎(せんじゅはちたろう)

**千宗易　せんそうえき**
→千利休(せんのりきゅう)

**千田軍之助　せんだぐんのすけ**
安政3(1856)年～大正3(1914)年3月2日
江戸時代末期～大正期の政治家。私学猛山学校を設立。農業保護政策、紀勢鉄道敷設案の実現に尽力。
¶郷土和歌山,人名,世紀([生]安政3(1856)年2月),日人,幕末,和歌山人

**千田米蔵　せんだよねぞう**
昭和4(1929)年3月11日～平成17(2005)年2月27日
昭和～平成期の教育者。
¶視覚

**千徳太郎治　せんとくたろうじ**
明治5(1872)年～?
明治～大正期の樺太アイヌ民族指導者、教育所教員。内淵村村長。
¶社史([没]1929年8月),北海道百,北海道歴

**善名秀三　ぜんなひでぞう**
明治15(1882)年7月3日～昭和25(1950)年1月12日
明治～昭和期の学校長・神職。
¶飛騨

**千成俊夫　せんなりとしお**
昭和6(1931)年1月2日～
昭和～平成期の音楽教育者。
¶音人,音人2,音人3

**善野秀　ぜんのしゅう**
文政8(1825)年～明治29(1896)年
江戸時代末期～明治期の儒学者。
¶人名,栃木歴,日人

**千宗易　せんのそうえき**
→千利休(せんのりきゅう)

**千猶鹿子　せんのゆかこ**
→千猶鹿子(せんゆかこ)

**千利休　せんのりきゅう**
大永2(1522)年～天正19(1591)年2月28日　[別]千宗易《せんそうえき,せんのそうえき》,千利休《せんりきゅう》,利休《りきゅう》
戦国時代～安土桃山時代の茶人。号は宗易。堺の商人の出で、侘び茶を完成。織田信長・豊臣秀吉に仕えたが、秀吉により自刃させられた。
¶朝日(せんりきゅう　[没]天正19年2月28日(1591年4月21日)),岩史,大阪墓,角史,教育,京都,京都大,近世,国史,国書(千宗易　せんそうえき),古中,コン改,コン4,史人,重要,食文([没]天正19年2月28日(1591年4月21日)),人書79,人書94(せんりきゅう),人情(せんりきゅう　[生]1521年),人情4([生]1521年),新潮,新文,人名(せんりきゅう　[生]1521年),姓氏京都,世人,世百,戦合,戦国(千宗易　せんそうえき　[生]?),戦辞([没]天正19年2月28日(1591年4月21日)),全書,戦人(せんりきゅう),大百,茶道,伝記,徳島歴,日思,日史,日人,美術,百科,仏教,文学,平日,歴大(せんりきゅう)

**善波功　ぜんばこう**
明治9(1876)年～昭和31(1956)年
明治～昭和期の教育者。
¶高知人,高知百

**仙波光三　せんばこうぞう**
明治29(1896)年～昭和57(1982)年
大正・昭和期の教育者。
¶愛媛

**仙波詮賢　せんばのりかた**
嘉永6(1853)年～大正13(1924)年
江戸時代末期～大正期の大谷村生まれの教育者。

¶姓氏神奈川

**千本福隆** せんぽんよしたか
→千本福隆(せんもとよしたか)

**千本福隆** せんもとよしたか
嘉永7(1854)年5月24日～大正7(1918)年10月30日　㊙千本福隆《せんぽんよしたか》
明治～大正期の物理学者、数学者。師範学校調査のためフランスに留学。自然科学教育に尽力。東京物理学講習所(後の東京理科大学)の設立に関わる。
¶海越(せんぽんよしたか)、海越新(せんぽんよしたか)、科学、学校、人名(せんぽんよしたか)、数学(せんぽんよしたか)、世紀、渡航、日人

**千猶鹿子** せんゆかこ
嘉永4(1851)年～大正5(1916)年　㊙千猶鹿子《せんのゆかこ》
明治～大正期の茶道家。旧公卿などに茶道を指南、門下に婦人が多いという裏千家の伝統をつくる。
¶女性(せんのゆかこ)、女性普(せんのゆかこ)、世紀、茶道(せんのゆかこ)、日人(㊤1850年)

**千利休** せんりきゅう
→千利休(せんのりきゅう)

## 【そ】

**宗祇**(宗祗) そうぎ
応永28(1421)年～文亀2(1502)年7月30日　㊙飯尾宗祇《いいおそうぎ,いいのおそうぎ,いのおそうぎ》,飯尾宗祇《いいおそうぎ》
室町時代～戦国時代の連歌師。正風連歌を大成。諸国を遍歴し歌を詠む。歌集に「新撰菟玖波集」がある。
¶朝日(飯尾宗祇　いのおそうぎ　㊤文亀2年7月30日(1502年9月1日))、茨城百、岩史、江戸(飯尾宗祇　いいおそうぎ)、角史、神奈川人(飯尾宗祇　いいおそうぎ)、神奈川百、鎌倉、鎌室(飯尾宗祇　いいおそうぎ)、教育、京都、京都大、郷土和歌山(飯尾宗祇　いいおそうぎ)、群馬人、国史(飯尾宗祇　いのおそうぎ)、国書、古中(飯尾宗祇　いのおそうぎ)、コン改(飯尾宗祇　いいおそうぎ)、コン4(飯尾宗祇　いいおそうぎ)、埼玉人、詩歌、静岡百、静岡歴、重要、人書79、人書94(飯尾宗祇　いいおそうぎ)、新潮、新文、人名(飯尾宗祇　いいおそうぎ)、姓氏京都(飯尾宗祇　いのおそうぎ)、姓氏群馬(飯尾宗祇　いいおそうぎ)、世人(飯尾宗祇　いいおそうぎ)、世百、戦辞(宗祇　㊤文亀2年7月30日(1502年9月1日))、全書、戦人、大百、伝記、栃木歴(飯尾宗祇　いいおそうぎ)、富山文、長野県(飯尾宗祇　いいおそうぎ)、日史、日人、俳句(㊤文亀2(1502)年7月29日)、百科、福岡百(宗祇)、仏教、文学、平史、山口百(飯尾宗祇　いいおそうぎ)、歴史(宗祇)、和俳

**像外法全** ぞうげほうぜん★
～明治4(1871)年
江戸時代末期・明治期の寺子屋の師匠をつとめた禅僧。
¶江神奈

**漱石** そうせき
→夏目漱石(なつめそうせき)

**宗蔵** そうぞう
元禄7(1694)年頃～元文1(1736)年9月18日
江戸時代中期の漂流民。1729年若宮丸が漂流しロシアに渡る。
¶海越、海越新(㊤元禄7(1694)年頃)、日人

**左右田尉九郎** そうだじょうくろう
？～享和1(1801)年
江戸時代中期～後期の筑後久留米藩士。
¶人名、日人、藩臣7、福岡百(㊤享和1(1801)年7月6日)

**宗道臣** そうどうしん
明治44(1911)年2月10日～昭和55(1980)年5月12日
昭和期の宗教家、教育家。
¶岡山百、岡山歴、香川人、郷土香川、現情(㊤1911年4月2日)、世紀(㊤明治44(1911)年4月2日)、人日、日人

**僧忍** そうにん
生没年不詳
飛鳥時代の留学僧。
¶仏教

**宗彭** そうほう
→沢庵宗彭(たくあんそうほう)

**相馬勇** そうまいさむ
大正12(1923)年4月29日～昭和52(1977)年12月5日
昭和期の学校教育専門家。宮城県教育庁勤務。
¶現執1期、心理、宮城百

**相馬勝夫** そうまかつお
明治37(1904)年11月26日～昭和58(1983)年1月31日
昭和期の専修大学総長。
¶岡山歴

**相馬寛斎** そうまかんさい
寛政3(1791)年～文久2(1862)年
江戸時代後期～末期の書家。
¶青森人、日人

**相馬寒六郎** そうまかんろくろう
明治36(1903)年1月11日～昭和53(1978)年2月21日
大正～昭和期の小学校教諭、新興教育運動家。社会党三八支部書記長。
¶社運、社史

**相馬九方** そうまきゅうほう
享和1(1801)年～明治12(1879)年3月28日
江戸時代後期～明治期の儒学者。

¶大阪墓，国書，人名，日人，藩臣5

**相馬正一** そうましょういち
昭和4（1929）年2月11日～
昭和～平成期の高校教師、太宰治研究者。
¶現執1期，現執4期

**相馬助治** そうますけじ
明治44（1911）年3月20日～昭和59（1984）年10月28日
大正～昭和期の栃木県教員組合の組織者、政治家。衆議院議員、参議院議員。
¶政治，栃木歴



**相馬忠胤** そうまただたね
寛永14（1637）年～延宝1（1673）年
江戸時代前期の大名。陸奥相馬藩主。
¶諸系，日人，藩主1（[没]延宝1（1673）年10月2日），福島百

**相馬永胤** そうまながたね
嘉永3（1850）年～大正13（1924）年
明治期の実業家、銀行家。横浜正金銀行重役。専修学校（後の専修大学）創立、のち専修大学学長。日本興業銀行監査役。
¶海越（[生]嘉永3（1850）年11月22日　[没]大正13（1924）年1月26日），海越新（[生]嘉永3（1850）年11月22日　[没]大正13（1924）年1月26日），学校（[生]嘉永3（1850）年11月20日　[没]大正13（1924）年1月25日），コン改，コン5，新潮（[生]嘉永3（1850）年11月20日　[没]大正13（1924）年1月25日），人名，世紀（[生]嘉永3（1850）年11月20日　[没]大正13（1924）年1月25日），渡航（[生]1850年11月20日　[没]1924年1月25日），日人，履歴（[生]嘉永3（1850）年11月22日　[没]大正13（1924）年1月26日）

**相馬益胤** そうまましたね
寛政8（1796）年～弘化2（1845）年
江戸時代後期の大名。陸奥相馬藩主。
¶諸系，日人，藩主1（[生]寛政8（1796）年1月10日　[没]弘化2（1845）年6月11日）

**相馬安兵衛** そうまやすべえ
嘉永5（1852）年～大正6（1917）年
明治～大正期の白金村の庄屋。研成義塾創立の際の支援者。
¶長野歴

**副島功** そえじまいさお
昭和8（1933）年10月13日～
昭和期の中学校教員、脚本家。
¶児人，日児

**副田美代次** そえだみよじ
明治45（1912）年3月28日～昭和18（1943）年10月9日
昭和期の教育者。
¶佐賀百

**副田凱馬** そえだよしま
明治39（1906）年～昭和63（1988）年
大正・昭和期の小学校教師。作文教育家。
¶薩摩

**曽我耐軒** そがたいけん
文化13（1816）年～明治3（1870）年
江戸時代後期～明治期の水野忠邦の家臣。岡崎藩藩校允分館文学総括。
¶江文，国書（[生]文化13（1816）年9月11日　[没]明治3（1870）年9月20日），人名，姓氏愛知，日人，幕末，藩臣4，飛騨

**曽我部清澄** そがべきよずみ
明治40（1907）年～昭和56（1981）年
昭和期の物理学者、教育者。
¶高知人

**曽木正明** そぎまさあき
明治44（1911）年～昭和39（1964）年
昭和期の教育者。
¶神奈川人

**素琴** そきん
→志田素琴（しだそきん）

**十河六有** そごうろくゆう
安永4（1775）年～天保6（1835）年
江戸時代後期の漢学者。
¶人名，日人

**祖舜** そしゅん
→久保祖舜（くぼそしゅん）

**曽出征男** そでいくお
昭和14（1939）年2月7日～
昭和期の教育者。学校長。
¶飛騨

**袖垣治彦** そでがきはるひこ
昭和4（1929）年4月15日～
昭和期の学校長・版画家。
¶飛騨

**曽根守愚** そねしゅぐ
生没年不詳
江戸時代後期の心学者。
¶国書

**曽根威彦** そねたけひこ
昭和19（1944）年3月5日～
昭和～平成期の音楽教育者、合唱指揮者。
¶音人2，音人3

**埇田太郎** そねだたろう
明治37（1904）年～昭和45（1970）年
昭和期の教育者。
¶高知人

**曽根俊臣** そねとしおみ
文化11（1814）年～慶応4（1868）年7月2日　[別]曽根魯庵《そねろあん》
江戸時代末期の出羽米沢藩士、教育者。
¶国書（曽根魯庵　そねろあん），藩臣1

**曽根原邦三郎** そねはらくにさぶろう
生没年不詳
昭和期の小学校教員。

¶社史

**曽根松太郎** そねまつたろう
明治3(1870)年～昭和20(1945)年
明治～昭和期の教育者。
¶愛媛，出文([生]明治3(1870)年10月20日 [没]昭和20(1945)年7月13日)

**曽根魯庵** そねろあん
→曽根俊臣(そねとしおみ)

**その**
1838年～
江戸時代後期の女性。教育。金井氏。
¶江表(その(東京都) [生]天保9(1838)年頃)

**園田清秀** そのだきよひで
明治36(1903)年～昭和10(1935)年12月8日
大正～昭和期のピアニスト、音楽教育家。
¶演奏([生]1903年(明治36年)5月5日)，大分百，大分歴，新芸

**園田多祐** そのだたすけ
天保1(1830)年～明治32(1899)年
江戸時代末期～明治期の地方功労者。兵庫県会議員、銀行頭取などをつとめ、学校建築、土木工事等多額の資金を投じ、公共事業に尽力。
¶人名，日人，藩臣5

**園田太邑** そのだたむら
安政1(1854)年～昭和3(1928)年10月22日
明治～大正期の地方政治家。九州改進党、政友会の重鎮として活躍。
¶熊本百，人名，世紀([生]安政1(1855)年)，日人

**園田千代志** そのだちよし
明治28(1895)年～昭和25(1950)年
大正～昭和期の教師。
¶姓氏鹿児島

**園田南涯** そのだなんがい
天保5(1834)年～＊
江戸時代後期～明治期の僧、私塾経営者。
¶大分百([没]1894年)，大分歴([没]明治30(1897)年)

**園田雅春** そのだまさはる
昭和23(1948)年2月17日～
昭和～平成期の教育者。集団活動と文化創造研究会同人。著書に「ドラマのある6年の学級経営」など。
¶現執3期，現執4期，児人

**園田雅代** そのだまさよ
昭和30(1955)年2月12日～
昭和～平成期の臨床心理士。創価大学教育学部教授。専門は、臨床心理学、カウンセリング。
¶現執4期

**園田幸男** そのだゆきお
昭和8(1933)年7月17日～
昭和～平成期の音楽教育者。
¶音人2，音人3

**薗田行保** そのだゆきやす
安永6(1777)年～嘉永7(1854)年
江戸時代後期の女子教育家。
¶国書([没]嘉永7(1854)年8月)，埼玉人，人名，日人

**園原咲也** そのはらさくや
明治18(1885)年8月26日～昭和56(1981)年7月4日
明治～昭和期の教育者、植物研究家。
¶沖縄百，植物，世紀，姓氏沖縄，日人

**園部ピア** そのべぴあ
明治13(1880)年5月29日～昭和38(1963)年11月17日
明治期の教育者。聖霊学園を設立。藍綬褒章受章。
¶秋田人2，秋田百，学校，女性，女性普，世紀，日人

**園部良恭** そのべりょうきょう
弘化2(1845)年～明治41(1908)年
江戸時代後期～明治期の私立育材館設立の功労者。
¶姓氏群馬

**園基秀** そのもとひで
正平24/応安2(1369)年～文安2(1445)年
南北朝時代～室町時代の公卿(権中納言)。華道青山流中興の祖。権中納言園基光の子。
¶鎌室，公卿([没]?)，諸系，人名，日人

**園山酉山** そのやまゆうざん
宝暦3(1753)年～文政4(1821)年
江戸時代中期～後期の漢学者。
¶江文，国書([没]文政4(1821)年4月22日)，島根人，人名，日人

**傍島まね** そばじままね
明治期の音楽教育者。青森県における唱歌教員の元祖。
¶女性(生没年不詳)，女性普

**傍島万年** そばじままね
文久2(1862)年～昭和2(1927)年
明治～昭和期の青森県の音楽教育の始祖。
¶青森人

**蘇峰** そほう
→徳富蘇峰(とくとみそほう)

**そめ**
1846年～
江戸時代後期の女性。教育。鈴木金之助の娘。
¶江表(そめ(東京都) [生]弘化3(1846)年頃)

**征矢野琢磨** そやのたくま
文久1(1861)年～明治31(1898)年
江戸時代末期～明治期の教育者。
¶姓氏長野

**空辰男** そらたつお
昭和3(1928)年～
昭和～平成期の教員。
¶平和

そ

**尊円**　そんえん
→尊円入道親王（そんえんにゅうどうしんのう）

**尊円親王**　そんえんしんのう
→尊円入道親王（そんえんにゅうどうしんのう）

**尊円入道親王**　そんえんにゅうどうしんのう
永仁6（1298）年8月1日～正平11/延文1（1356）年9月23日　[別]尊円《そんえん》，尊円親王《そんえんしんのう》，尊円法親王《そんえんほうしんのう，そんえんほっしんのう》，守彦親王《もりひこしんのう》，尊彦親王《たかひこしんのう》
鎌倉時代後期～南北朝時代の僧。伏見天皇の第6皇子。能書家。
¶朝日（[生]永仁6年8月1日（1298年9月7日）　[没]延文1/正平11年9月23日（1356年10月17日）），岩史，角史（尊円親王　そんえんしんのう），鎌室，教育（尊円法親王　そんえんほうしんのう），京都（尊円法親王　そんえんほうしんのう），国史，国書（尊円親王　そんえんしんのう），古中，コン改（尊円法親王　そんえんほうしんのう），コン4（尊円法親王　そんえんほうしんのう），史人，重要（尊円法親王　そんえんほっしんのう），諸系，新潮，人名，姓氏京都，世人（尊円法親王　そんえんほうしんのう），世百（尊円親王　そんえんしんのう），全書（尊円法親王　そんえんほうしんのう），大百（尊円法親王　そんえんほうしんのう），伝記（尊円親王　そんえんしんのう），日史（尊円親王　そんえんしんのう），日人，美術（尊円親王　そんえんしんのう），百科（尊円親王　そんえんしんのう），仏教（尊円　そんえん），歴大（尊円親王　そんえんしんのう）

**尊円法親王**　そんえんほうしんのう
→尊円入道親王（そんえんにゅうどうしんのう）

**尊円法親王**　そんえんほっしんのう
→尊円入道親王（そんえんにゅうどうしんのう）

**尊由**　そんゆう
→大谷尊由（おおたにそんゆ）

**尊量**　そんりょう
？　～慶長19（1614）年4月15日
安土桃山時代～江戸時代前期の羽黒山の学頭。
¶庄内，山形百

## 【た】

**他阿尊覚**　たあそんかく
文政2（1819）年～明治36（1903）年
江戸時代末期～明治期の高僧。
¶人名，新潟百，日人

**ダイ**
江戸時代末期の女性。教育。大渡周策の妻。神宮寺の地内に万延1年～明治5年大渡女塾を経営。
¶江表（ダイ（大分県））

**帯雲**　たいうん
江戸時代末期の画僧。
¶人名，日人（生没年不詳）

**大愚良寛**　だいぐりょうかん
→良寛（りょうかん）

**醍醐院真柱**　だいごいんしんちゅう
→後醍院真柱（ごだいいんみはしら）

**醍醐院真柱**　だいごいんまはしら
→後醍院真柱（ごだいいんみはしら）

**大黒梅陰**　だいこくばいいん
寛政9（1797）年～嘉永4（1851）年
江戸時代後期の儒学者。
¶江文，国書（[没]嘉永4（1851）年5月13日），コン改，コン4，新潮（[没]嘉永4（1851）年5月13日），人名，日人，三重続

**大正はり井**（大正はり𛄁）　たいしょうはりい
明治35（1902）年～昭和63（1988）年
昭和期の服飾教育者。
¶郷土福井（大正はり𛄁），福井百

**大道寺重祐**　だいどうじしげすけ
→大道寺友山（だいどうじゆうざん）

**大道寺友山**　だいどうじゆうざん
寛永16（1639）年～享保15（1730）年11月2日
[別]大道寺重祐《だいどうじしげすけ》
江戸時代前期～中期の兵法家。
¶会津，岩史，角史，教育，近世，国史，国書，コン改，コン4，史人，新潮，人名（大道寺重祐　だいどうじしげすけ），世人，世百，全書，大百，日思，日史，日人，藩臣2（大道寺重祐　だいどうじしげすけ），藩臣3，百科，福井百，歴大

**大堂他人**　だいどうたひと
明治44（1911）年8月29日～昭和59（1984）年5月22日
昭和期の教育者。
¶視覚

**大徳周乗**　だいとくしゅうじょう
文政11（1828）年6月29日～明治32（1899）年8月14日
江戸時代後期～明治期の教育者、私塾師匠、修験大徳院主。
¶埼玉人

**田井中伊平**　たいなかいへい
享和2（1802）年～明治16（1883）年9月26日
江戸時代末期～明治時代の心学者。故郷で心学を説き、伊賀、伊勢、越前まで教化に出る。
¶幕末，幕末大

**大弐局**　だいにのつぼね
生没年不詳
鎌倉時代前期の鎌倉幕府の女房として、源頼家と実朝の教育係を務めた女性。
¶女史

**田結荘千里** たいのそうせんり
　→田結荘千里（たゆいのしょうちさと）

**大坊謹道** だいぼうきんどう
　明治18（1885）年～昭和43（1968）年
　明治～昭和期の高岡市西広谷生まれの教育者。
　¶姓氏富山

**大夢** たいむ
　→直山大夢（なおやまだいむ）

**平良銀永** たいらぎんえい
　昭和3（1928）年～平成9（1997）年
　昭和・平成期の教育者。
　¶戦沖

**平良恵義** たいらけいぎ
　明治33（1900）年～昭和40（1965）年
　大正～昭和期の小学校長、文教図書宮古支店初代支店長。
　¶姓氏沖縄

**平良恵路** たいらけいろ
　明治36（1903）年～平成1（1989）年
　昭和期の教員。全国中学校長会長、教科書検定委員、国語審議会委員。
　¶姓氏沖縄

**平良仁一** たいらじんいち
　明治32（1899）年1月12日～
　大正～昭和期の教育者。
　¶社史

**平良正久** たいらせいきゅう
　昭和4（1929）年～平成20（2008）年
　平安時代の貴族。
　¶戦沖

**平胤満** たいらたねまろ
　元禄4（1691）年～明和1（1764）年
　江戸時代中期の国学者。
　¶人名、日人

**平良朝順** たいらちょうじゅん
　生没年不詳
　大正～昭和期の教育者、政治家。具志川村議会議員。
　¶姓氏沖縄

**平良徳平** たいらとくへいいち
　明治16（1883）年～昭和11（1936）年
　明治～昭和期の小学校の訓導、農業技術者。
　¶姓氏沖縄

**平潔行** たいらのきよゆき
　生没年不詳
　平安時代前期の桓武天皇の玄孫。
　¶諸系、人名、日人

**平実世** たいらのさねよ
　生没年不詳
　平安時代前期の桓武天皇の皇孫。
　¶諸系、人名、日人

**平文吉** たいらぶんきち
　明治39（1906）年4月15日～
　昭和期の小学校教員。社会科学研究会沖縄師範生班責任者。
　¶社史

**平良文太郎** たいらぶんたろう
　明治33（1900）年～昭和58（1983）年
　大正～昭和期の英語教育者。沖縄外国語学校長。
　¶姓氏沖縄

**平良良松** たいらりょうしょう
　明治40（1907）年11月12日～平成2（1990）年3月19日
　昭和期の教育者、政治家。那覇市長。ペルー日本人学校教師の後、戦後は沖縄社会大衆党所属の立法委員。
　¶革命、現朝、現情、現人、社史、世紀、政治、姓氏沖縄、日人、平和

**田内董史**（田内董文）たうちただふみ
　寛政11（1799）年～弘化4（1847）年
　江戸時代後期の教育家・歌人。
　¶愛媛、愛媛百、国書（㊤寛政12（1800）年　㊦弘化4（1847）年10月27日）、人名（田内董文）、日人、和俳（田内董文）

**田浦武雄** たうらたけお
　大正12（1923）年1月24日～
　昭和～平成期の教育学者。名古屋大学教授。専門は教育哲学。
　¶現執1期、現執2期、現執3期

**田浦安次郎** たうらやすじろう
　明治25（1892）年～昭和26（1951）年
　大正～昭和期の教育者。鰺ケ沢国民学校長。
　¶青森人

**田岡秋邨** たおかしゅうそん
　明治35（1902）年9月18日～平成3（1991）年5月27日
　昭和期の日本画家。
　¶高知人、美家

**田岡凌雲** たおかりょううん
　天保4（1833）年～明治18（1885）年
　江戸時代末期～明治期の志士。尊王攘夷派。明倫館教授。郡書記となり後進の育成に尽力。
　¶維新（㊤1832年　㊦1865年）、コン改、コン4、コン5、人名、全幕（㊤天保3（1832）年）、日人

**たか**
　文化14（1817）年～明治19（1886）年
　江戸時代後期～明治時代の女性。教育・和歌。大福寺の山伏神子高の妻。
　¶江表（たか（富山県））

**多可** たか★
　1839年～
　江戸時代後期の女性。教育。中川氏。
　¶江表（多可（東京都））　㊦天保10（1839）年頃）

**高井薫** たかいかおる
　昭和17（1942）年4月16日～

昭和期の倫理学者、教育学者。作陽音楽大学教授、岡山商科大学教授。
¶現執2期

**高井清忠** たかいきよただ
嘉永2(1849)年～大正14(1925)年
江戸時代末期～大正期の教師。
¶姓氏群馬

**高井計之助** たかいけいのすけ
明治8(1875)年～昭和9(1934)年8月24日　[別]高井計之助《たかいけんのすけ》
明治～昭和期の珠算家。珠算教授法の第一人者。日本大学教授を務めた。
¶人名, 数学(たかいけんのすけ), 世紀, 日人



**高井計之助** たかいけんのすけ
→高井計之助(たかいけいのすけ)

**高井鴻山** たかいこうざん
文化3(1806)年～明治16(1883)年
江戸時代末期～明治期の豪農、文人。儒学・書画・国学・蘭学を学び帰省、窮民救済。塾を開設。
¶維新, 浮絵, 郷土長野, 近現, 近世, 国史, 国書([没]明治16(1883)年2月6日), コン改, コン4, コン5, 史人([没]1883年2月6日), 人書94, 新潮([没]明治16(1883)年2月6日), 人名, 姓氏長野, 長野百, 長野歴, 日人, 幕末([没]1883年2月16日), 幕末大([没]明治16(1883)年2月16日), 歴大

**高石邦男** たかいしくにお
昭和5(1930)年3月3日～
昭和～平成期の教育行政官。北九州市教育長、事務次官などを歴任。リクルート汚職事件に関係して辞職。
¶現朝, 現執1期, 履歴, 履歴2

**高石憲二郎** たかいしけんじろう
明治37(1904)年1月1日～平成7(1995)年12月4日
昭和・平成期の教育者。学校長。
¶飛騨

**高石次郎** たかいしじろう
明治44(1911)年～昭和50(1975)年6月22日
昭和期の教育者。
¶高知人, 四国文

**高石昌弘** たかいしまさひろ
昭和4(1929)年3月16日～
昭和期の医師、健康教育学者。東京大学教授、大妻女子大学人間生活科学研究所所長。
¶現執1期, 現執2期

**高井潤一郎** たかいじゅんいちろう
明治17(1884)年9月17日～昭和14(1939)年10月5日
明治～昭和期の教育者。
¶群馬人

**高井省司** たかいしょうじ
大正9(1920)年～
昭和期の小学校教諭、児童文学作家。
¶児人

**高井鉦三** たかいせいぞう
明治34(1901)年2月21日～昭和34(1959)年11月18日
大正～昭和期の教育者・自由教育推進者。
¶埼玉人

**高井宣風** たかいせんぷう
→高井宣風(たかいのりかぜ)

**高市次郎** たかいちじろう
明治9(1876)年～昭和32(1957)年
明治～昭和期の教育者。
¶愛媛

**高市光男** たかいちみつお
昭和12(1937)年11月5日～
昭和期の中学校教師、部落問題研究者。部落問題研究所研究員。
¶現執2期

**高井宣風** たかいのりかぜ
寛保3(1743)年～天保3(1832)年　[別]高井宣風《たかいせんぷう》
江戸時代中期～後期の歌人。
¶江文, 国書([生]寛保3(1743)年2月　[没]天保3(1832)年1月29日), 人名, 長野歴(たかいせんぷう　[生]寛政3(1791)年), 日人, 和俳

**高井伴寛** たかいばんかん
→高井蘭山(たかいらんざん)

**高井浩** たかいひろし
明治44(1911)年3月29日～昭和54(1979)年11月9日
昭和期の教育学者。
¶群新百, 群馬人

**高井弥吉** たかいやきち
明治26(1893)年～昭和45(1970)年
大正～昭和期の富山市の教育者。
¶姓氏富山

**高井蘭山** たかいらんざん
宝暦12(1762)年～天保9(1838)年12月23日
[別]高井伴寛《たかいばんかん》, 蘭山《らんざん》
江戸時代中期～後期の読本作者。
¶朝日([没]天保9年12月23日(1839年2月6日)), 教育, 国書, 新潮, 人名, 日音(高井伴寛　たかいばんかん　[生]宝暦12(1762)年?), 日人([没]1839年), 俳句(蘭山　らんざん)

**高内寿郎** たかうちじゅろう
明治38(1905)年9月1日～昭和10(1935)年4月3日
昭和期の教員。
¶社史

**高浦勝義** たかうらかつよし
昭和20(1945)年～
昭和～平成期の教育者。国立教育研究所教育指導研究部教育方法研究室長などを務める。著書に「オープン教育とデューイ」など。
¶現執3期

**高浦豊太郎** たかうらとよたろう
　天保4（1833）年〜大正10（1921）年
　明治〜大正期の教育家、陽明学者。家塾日彰館を設立、子弟の教育に貢献。
　¶人名、日人

**高岡元真** たかおかげんしん
　天保14（1843）年〜大正9（1920）年
　明治〜大正期の医家。私立熊本医学校を設立し熊本県の医育に貢献。
　¶学校（㊍天保14（1843）年4月8日　㊥大正9（1920）年1月4日）、人名、日人

**高岡清次** たかおかせいじ
　明治7（1874）年〜明治42（1909）年
　明治期の教育者。
　¶日人

**高丘河内** たかおかのかわち
　→楽浪河内（さざなみのかわち）

**高丘河内** たかおかのこうち
　→楽浪河内（さざなみのかわち）

**高丘連河内** たかおかのむらじかわち
　→楽浪河内（さざなみのかわち）

**高丘連河内** たかおかのむらじこうち
　→楽浪河内（さざなみのかわち）

**高岡隆心** たかおかりゅうしん
　*〜昭和14（1939）年10月19日
　明治〜昭和期の高野山真言宗僧侶。古義真言宗管長・金剛峰寺座主。
　¶人名7（㊍1866年）、世紀（㊍慶応2（1867）年12月15日）、新潟百（㊍1862年）、日人（㊍1867年）、仏教（㊍慶応2（1866）年12月15日）、仏人（㊍1866年）

**高尾鉄叟** たかおてっそう
　天保2（1831）年〜明治38（1905）年
　江戸時代末期〜明治期の武道家。報国館を起こし剣道柔道の師範を務めた。
　¶岡山人、岡山歴（㊍明治38（1905）年2月15日）、人名、長崎歴、日人

**高尾野タマ** たかおのたま
　明治42（1909）年〜
　昭和期の教員。
　¶社史

**高折宮次** たかおりみやじ
　明治26（1893）年5月25日〜昭和38（1963）年11月9日
　大正〜昭和期のピアニスト、音楽教育者。ウイーン国際音楽コンクール審査員。
　¶音楽（㊍1964年）、音人、芸能、現朝、現情、新芸、人名7、世紀、日人、北海道百、北海道歴

**鷹谷俊之** たかがいしゅんし
　明治24（1891）年12月1日〜昭和45（1970）年6月20日　㊥鷹谷俊之《たかがいとしゆき》
　明治〜昭和期の浄土真宗本願寺派僧侶、仏教教育者。武蔵野女子学院創設者。

¶現情、真宗、人名7、世紀、日人、仏教（たかがいとしゆき）、仏人（たかがいとしゆき）

**鷹谷俊之** たかがいとしゆき
　→鷹谷俊之（たかがいしゅんし）

**高川弘三** たかがわこうぞう
　昭和8（1933）年8月25日〜
　昭和期の教育者。学校長。
　¶飛騨

**高川義治** たかがわよしはる
　明治39（1906）年〜昭和59（1984）年
　昭和期の滑川市の教育者。
　¶姓氏富山

**高木章** たかぎあきら
　?〜昭和41（1966）年11月17日
　昭和期の教育者。学校創立者。中野高等無線電信学校、国際外国語学校（後の国際短期大学）を設立。
　¶学校

**高木有制** たかぎありのり
　文化5（1822）年〜明治7（1874）年5月16日　㊥高木守衛《たかぎもりえ》
　江戸時代末期〜明治期の加賀藩士。藩論を尊攘へ転換。後勤王党弾圧に連座。
　¶維新、国書、人名（高木守衛　たかぎもりえ）、姓氏石川（㊍?）、日人、幕末

**高木勝太郎** たかぎかつたろう
　明治41（1908）年5月7日〜昭和60（1985）年3月18日
　大正・昭和期の教育者。学校長。
　¶飛騨

**高木兼寛** たかぎかねひろ、たかきかねひろ
　嘉永2（1849）年9月15日〜大正9（1920）年4月13日　㊥高木兼寛《たかきかねひろ（けんかん）》
　明治〜大正期の海軍軍医。海軍軍医総監、男爵、貴族院議員。成医会（後の東京慈恵会医科大学）結成、看護婦養成所設立。脚気予防に成功。
　¶朝日（たかきかねひろ　㊍嘉永2年9月15日（1849年10月30日））、維新、海越（㊥大正9（1920）年4月12日）、海越新（㊥大正9（1920）年4月12日）、科学（たかきかねひろ）、鹿児島百（たかきかねひろ）、学校（たかきかねひろ）、近医、近現（たかきかねひろ）、国際、国史（たかきかねひろ）、コン改、コン5、薩摩（たかきかねひろ）、史人、食文（㊍嘉永2年9月15日（1849年10月30日））、新潮（たかきかねひろ）、人名、世紀（たかきかねひろ）、姓氏鹿児島、先駆、全書、大百、渡航、日史、日人（たかきかねひろ）、幕末大（たかきかねひろ）、百科、宮崎百（たかきかねひろ（けんかん））、宮崎百一（たかきかねひろ）、明治1（たかきかねひろ）、洋学、陸海、歴大（たかきかねひろ）

**高木きみ** たかぎきみ
　明治15（1882）年〜昭和35（1960）年
　明治〜昭和期の教育者。
　¶神奈川人、姓氏神奈川

## 高木君 たかぎきみ
\*～昭和35（1960）年
明治～昭和期の教育者。神奈川裁縫女学校（後、高木高等女学校）を経て、高木学園女子商業高等学校）を設立。
¶学校（㊥明治15（1882）年）、神奈女2（㊥明治14（1881）年5月9日　㊥昭和35（1960）年6月24日）

## 高城研 たかぎけん
明治9（1876）年～昭和35（1960）年
明治～大正期の教育者。
¶神奈川人

## 高木兼寛 たかぎけんかん
→高木兼寛（たかぎかねひろ）

## 高木憲次 たかぎけんじ
明治21（1888）年2月9日～昭和38（1963）年4月15日
大正～昭和期の整形外科医、整形外科学者。東京帝国大学教授。整肢療護園を開設。レントゲン、スポーツ医学などの面に新領域を開く。
¶科学、科技、教育、近医（㊥明治22（1889）年）、現朝、現情、現人、現日、新潮（㊥明治22（1889）年2月9日）、人名7（㊥1889年）、世紀、日人（㊥明治22（1889）年2月9日）

## 高木作蔵 たかぎさくぞう
安政2（1855）年～明治38（1905）年
明治期の軍人。
¶日人

## 高木定 たかぎさだ
明治41（1908）年10月20日～平成2（1990）年10月17日
昭和・平成期の教育者。学校長。
¶飛騨

## 高木準次 たかぎじゅんじ
嘉永6（1853）年～大正11（1922）年
江戸時代末期～大正期の教育家。
¶郷土奈良

## 高木松居 たかぎしょうきょ
文政11（1828）年～明治13（1880）年
江戸時代末期～明治期の漢学者。
¶人名、日人

## 高木仁三郎 たかぎじんざぶろう、たかぎじんさぶろう
昭和13（1938）年7月18日～平成12（2000）年10月8日
昭和～平成期の科学評論家。原子力資料情報室代表。若い科学者育成を目的とした高木学校を設立。著書に「わが内なるエコロジー」など。
¶科学、現朝、現執2期、現執3期、現情、幻想、世紀、日人、平和、マス89、履歴2（たかぎじんさぶろう）、YA

## 高木誠治 たかぎせいじ
大正6（1917）年～平成20（2008）年
昭和・平成期の教師。
¶熊本人

## 高木惣吉 たかぎそうきち
明治26（1893）年11月10日～昭和54（1979）年7月27日
昭和期の海軍軍人。経済全般にわたる調査活動を行う。終戦工作に関与。
¶近現、熊本百、現朝（㊥1893年11月1日）、現執1期、現情、現人、現日（㊥1900年11月1日）、国史、世紀、日人、平和、陸海（㊥明治26年11月1日）、歴実

## 高木文平 たかぎふみひら
→高木文平（たかぎぶんぺい）

## 高木文平 たかぎぶんぺい
天保14（1843）年～明治43（1910）年　㊥高木文平《たかぎふみひら》
江戸時代末期～明治期の旗本領代官。
¶維新、京都大、京都府、姓氏京都、先駆（たかぎふみひら）㊥天保14（1843）年3月11日㊥?）、鉄道（㊥1843年4月10日　㊥1910年9月27日）、日人

## 高木正坦 たかぎまさひら
文政12（1829）年～明治24（1891）年
江戸時代末期～明治期の丹南藩主、丹南藩知事。
¶諸系、日人、藩主3（㊥明治24（1891）年1月）

## 高木壬太郎 たかぎみずたろう
元治1（1864）年5月20日～大正10（1921）年1月27日
明治～大正期の神学者、牧師。青山学院院長。築地協会牧師。「基督教大辞典」の編纂事業完成。
¶朝日（㊥元治1年5月20日（1864年6月23日））、海越新、キリ、近現、国史、コン改、コン5、史人、静岡歴、新潮、人名、世紀、姓氏静岡、世百、哲学、渡航（㊥1864年5月）、日人、歴実

## 高木守衛 たかぎもりえ
→高木有制（たかぎありのり）

## 高木盛之輔 たかぎもりのすけ
\*～大正8（1919）年2月19日
江戸時代末期～大正期の会津藩士、司法官。地方裁判所検事正。戊辰戦争、西南戦争で活躍。
¶会津（㊥安政1（1854）年）、幕末（㊥1859年）

## 高木安忠 たかぎやすただ
明治43（1910）年1月12日～平成6（1994）年5月14日
昭和・平成期の学校長・丹生川村教育長。
¶飛騨

## 高木義明 たかぎよしあき
昭和20（1945）年12月22日～
昭和～平成期の政治家。衆議院議員、第14代文科相。
¶現政

## 高木与次兵衛 たかぎよじべい
明治39（1906）年～　㊥高木与次兵衛《たかぎよじべえ》
昭和～平成期の教育者。
¶郷土福井（たかぎよじべえ）、福井百

### 高木与次兵衛 たかぎよじべえ
→高木与次兵衛（たかぎよじべい）

### 高楠順次郎 たかくすじゅんじろう
慶応2(1866)年5月17日～昭和20(1945)年6月28日
明治～昭和期のインド学者、仏教学者。東京帝国大学教授、東京外国語学校校長。東京帝国大学で初代梵語学講座担任教授となる。武蔵野女子学院を創立。
¶海越、海越新、学校、角史、近現、現朝(㊥慶応2年5月17日(1866年6月29日) ㊦1945年6月21日)、現人、国史、御殿場、コン改、コン5、史人、思想、出版、出文、真宗、新潮(㊥昭和20(1945)年6月21日)、人名7、世紀、世人(㊥慶応2(1866)年5月)、世百、先駆(㊥昭和20(1945)年6月21日)、全書、大百、哲学、渡航(㊥1866年5月 ㊦1945年6月21日)、日史、日人、日本、百科、兵庫人(㊥慶応2(1866)年5月)、広島百、仏教、仏人、履歴、歴大

### 高久清吉 たかくせいきち
大正14(1925)年～
昭和～平成期の教育学者。筑波大学教授。
¶現執1期

### 高倉翔 たかくらしょう
昭和7(1932)年5月14日～
昭和～平成期の教育行政学者。明海大学学長、筑波大学名誉教授。専門は、教育行政学。
¶現執4期

### 高倉輝男 たかくらてるお
大正7(1918)年12月～平成12(2000)年4月12日
昭和期の弓道家、弓道教士。
¶弓道

### 高桑糺 たかくわただす
大正11(1922)年1月18日～
昭和期の地理学者、社会科教育学者。香川大学教授。
¶現執2期

### 高桑正茂 たかくわまさしげ
明治23(1890)年3月9日～昭和36(1961)年4月27日
大正・昭和期の白川村教育長。
¶飛騨

### 高桑元吉 たかくわもときち
→高桑元吉（たかくわもとよし）

### 高桑元吉 たかくわもとよし
生没年不詳 ㊦高桑元吉《たかくわもときち》
江戸時代末期の越中富山藩御用商人。
¶コン改、コン4、人名、世人、日人、藩臣3（たかくわもときち）

### 高桑康雄 たかくわやすお
昭和4(1929)年8月21日～
昭和～平成期の教育者。教育方法、教育経営を研究。著書に「教育経営の革新と視聴覚教育」など。
¶現執3期

### たか子 たかこ★
～明治14(1881)年
江戸時代末期～明治時代の女性。和歌・教育。足利の桜井氏。
¶江表（たか子(栃木県)）

### 高坂知甫 たかさかともすけ
明治40(1907)年7月26日～
大正～平成期の医師、音楽教育者。山形市のオーケストラ活動の創始者。
¶音人

### 高崎毅 たかさきたけし
大正5(1916)年4月5日～昭和48(1973)年6月29日
昭和期の牧師、実践神学者、教育家。東京神学大学学長。
¶キリ、現情、世紀

### 高碕達之助 たかさきたつのすけ
明治18(1885)年2月7日～昭和39(1964)年2月24日
明治～昭和期の実業家、政治家。衆議院議員、電源開発総裁、経済企画庁長官。東洋製缶設立。LT貿易の道を開く。日ソ交渉に功績があった。東洋罐詰専修学校（後の東洋食品工業短期大学）を創立。
¶岩史、大阪人(㊥昭和39(1964)年2月)、学校、近現、現朝、現情、現人、現日(㊥1885年2月18日)、国史、コン改、コン4、コン5、史人、実業、重要、植物、食文、新潮、人名7、世紀、政治、世百新、全書、創業、日史、日人、百科、平和、履歴、履歴2、歴大

### 高崎親広 たかさきちかひろ
文政2(1819)年～明治10(1877)年
江戸時代後期～明治期の武士、神職。
¶維新、人名、姓氏鹿児島、日人、幕末(㊥1877年6月26日)、藩臣7

### 高里好之介 たかざとこうのすけ
明治39(1906)年～昭和58(1983)年
昭和期の学校長、宮古群島政府社会教育課長。
¶姓氏沖縄

### 高沢幸太郎 たかざわこうたろう
明治43(1910)年～昭和53(1978)年
昭和期の教育者。
¶群馬人

### 高塩背山 たかしおはいざん
明治15(1882)年1月30日～昭和31(1956)年5月30日
明治～昭和期の歌人、小学校教師。喜連川神社神。歌集に「狭間」。
¶近文、現情、世紀、栃木歴

### 多賀シゲ たがしげ
明治12(1879)年6月16日～昭和20(1945)年7月9日
明治～昭和期の明徳学園創立者。
¶新宿女

た

**高下治作** たかしたじさく
明治17(1884)年2月17日〜昭和33(1958)年12月13日
大正・昭和期の教育者。
¶町田歴

**高階重紀** たかしなしげき
明治45(1912)年〜昭和59(1984)年
昭和期の洋画家・教育者。
¶愛媛，愛媛百

**高階春帆** たかしなしゅんぱん
文政8(1825)年〜明治38(1905)年3月
江戸時代末期〜明治期の摂津高槻藩士。
¶大阪墓，日人([没]1906年)，藩臣5

**高階経徳** たかしなつねのり
安政5(1858)年〜明治43(1910)年
明治期の教育者。
¶御殿場

**高階遠仲** たかしなのとおなか
平安時代後期の官人。
¶古人

**高階順兼** たかしなのよりかね
平安時代後期の官人。
¶古人

**高科正信** たかしなまさのぶ
昭和28(1953)年〜
昭和〜平成期の小学校教諭、児童文学作家。
¶児人

**高階玲治** たかしなれいじ
昭和10(1935)年1月7日〜
昭和〜平成期の教育者。国立教育研究所企画調整部連絡協力室室長などを務める。著書に「教務主任の職務と実践課題」など。
¶現執3期，現執4期，北海道文

**高島巌** たかしまいわお
明治31(1898)年4月4日〜昭和51(1976)年5月8日
大正〜昭和期の社会事業家。ホスピタリズム論争に関与。
¶現朝，世紀，日人

**高嶋嘉右衛門** たかしまかうえもん
→高島嘉右衛門(たかしまかえもん)

**高島嘉右衛門**(高嶋嘉右衛門) たかしまかえもん
天保3(1832)年11月1日〜大正3(1914)年11月14日　[別]高嶋嘉右衛門《たかしまかうえもん》，呑象《どんしょう》
明治期の実業家。北海道炭鉱鉄道社長、高島学校創立者。横浜にガス会社、鉄道事業を興し、北海道開拓に尽力。「高島易」開祖。
¶朝日([生]天保3年11月1日(1832年11月22日))，維新，茨城百(高嶋嘉右衛門　たかしまかうえもん)，神奈川人，神奈川百，郷土茨城(高嶋嘉右衛門)，近現，芸能([没]大正3(1914)年10月16日)，国際，国史，コン改，コン4，コン5，史人([没]1914年10月16日)，実業，人情，新潮，人名，世紀，姓氏神奈川，先駆，全書，大百，哲学，鉄道([生]1832年12月24日)，日史([没]大正3(1914)年10月16日)，日人，日本，俳句(呑象　どんしょう)，幕末(高嶋嘉右衛門)，百科，平日，北海道百，北海道歴，明治2，履歴，歴大

**高嶋健一** たかしまけんいち
昭和4(1929)年4月14日〜平成15(2003)年5月18日
昭和期の歌人。「水甕」運営委員長、静岡県立大学教授。教育心理学者として「探求学習における発問と応答」、歌集に「甲南五人」「方嚮」など。
¶現情，世紀，短歌，日人，兵庫文

**高島捨太** たかしますてた
元治1(1864)年〜明治44(1911)年5月9日
江戸時代末期〜明治期の教育者。
¶渡航

**高嶋哲夫** たかしまてつお
昭和24(1949)年7月7日〜
昭和〜平成期の科学者、教育家、小説家。
¶小説，兵庫文

**高嶋輝夫** たかしまてるお
明治39(1906)年〜昭和43(1968)年
昭和期の教育者。
¶高知人

**高島徳太郎** たかしまとくたろう
明治14(1881)年〜昭和31(1956)年
明治〜昭和期の教育者。
¶青森人

**高島鞆之助**(高島鞆之輔) たかしまとものすけ
天保15(1844)年11月9日〜大正5(1916)年1月11日
明治期の陸軍軍人。中将、子爵。戊辰・西南戦争従軍。台湾副総督、陸相、枢密顧問官などを努める。大阪偕行社附属小学校(後の追手門学院)を創設。
¶朝日([生]弘化1年11月9日(1844年12月18日))，維新，海越，海越新，鹿児島百，学校，近現，国際，国史，コン改(高島鞆之輔)，コン5，史人，新潮，人名，姓氏鹿児島，渡航([生]1844年11月　[没]1916年1月)，日史([生]弘化1(1844)年3月7日)，日人，幕末，明治1，陸海

**高島信義** たかしまのぶよし
明治34(1901)年7月11日〜昭和60(1985)年2月2日
大正〜昭和期の教育者。
¶世紀，日人

**高嶋伸欣** たかしまのぶよし
昭和17(1942)年〜
昭和〜平成期の教育者。筑波大学大学付属高校教諭などを務める。著書に「1980年代の教科書問題」など。
¶現執3期，現執4期([生]1942年4月10日)，平和

**高島房次郎** たかしまふさじろう
慶応2(1866)年6月20日〜？
江戸時代末期〜明治期の教育者。

¶群馬人

**高島文鳳** たかしまぶんぽう
寛政4(1792)年〜安政4(1857)年
江戸時代後期〜末期の女性。漢詩人。
¶江表(文鳳(東京都))

**高島平三郎** たかしまへいざぶろう,たかしまへいさぶろう
慶応1(1865)年10月1日〜昭和21(1946)年
明治〜大正期の教育者、児童心理学者、体育学者。東京高師等で教鞭をとる。教科書を編修。著書に「体育原理」「児童心理講話」。
¶教育, 現情, コン改, コン4, コン5, 史人, 児文, 新潮, 心理(㊦昭和21(1946)年2月15日), 世紀, 姓氏長野(㊦1948年), 先駆, 体育(㊤1867年), 日児(たかしまへいさぶろう ㊤慶応1(1865)年9月12日 ㊦昭和21(1946)年4月5日), 日人, 仏教(㊦昭和21(1946)年2月15日), 民学

**高島米峰**(高島米峯,高嶋米峰) たかしまべいほう
明治8(1875)年1月15日〜昭和24(1949)年10月25日
明治〜大正期の宗教家、教育家。東洋大学学長。仏教清徒同志会結成。雑誌「新仏教」で既成教団の退廃批判。
¶アナ(高島米峯), 教育(高嶋米峰), 近現, 近文(高嶋米峰), 現情(高嶋米峰), 国史, コン改(高嶋米峰), コン4(高嶋米峰), コン5, 史人, 社史, 出版(高嶋米峰), 出文(高嶋米峰), 真宗, 新潮, 新文(高嶋米峰), 人名7, 世紀(高嶋米峰), 全書, 大百, 哲学, 日史(高嶋米峰), 日人, 百科(高嶋米峰), 仏教, 仏人, 文学(高嶋米峰), 民学, 履歴(高嶋米峰), 履歴2(高嶋米峰)

**高嶋正士** たかしままさし
大正14(1925)年〜
昭和期の教育心理学者。共立女子大学短期大学部教授。
¶現執1期

**高嶋由太郎** たかしまよしたろう
明治41(1908)年5月2日〜平成1(1989)年10月23日
昭和期の上宝村教育長。
¶飛騨

**高杉栄次郎** たかすぎえいじろう
慶応3(1867)年7月19日〜昭和17(1942)年9月11日
江戸時代末期〜昭和期の教育者。
¶渡航

**高杉宮内** たかすぎくない
天明3(1783)年〜文政6(1823)年
江戸時代後期の近江彦根藩の兵学者。
¶人名, 日人

**高杉幸子** たかすぎこうこ
明治5(1872)年8月14日〜昭和13(1938)年1月18日
明治〜昭和期の教師。
¶神奈女2

**高杉晋吾** たかすぎしんご
昭和8(1933)年3月18日〜
昭和〜平成期の評論家、ノンフィクション作家。差別問題、企業の環境対応などについて執筆。著書に「教育棄民」「産業廃棄物」など。
¶現執1期, 現執2期, 現執3期, 現執4期, 現情, 世紀, マス89

**高杉自子** たかすぎよりこ
大正13(1924)年4月28日〜
昭和〜平成期の教育者。高杉幼児教育研究所を主宰。著書に「魅力ある保育者たち」「言葉にみる子供の世界」など。
¶現執3期

**鷹巣呉門** たかすごもん
安永1(1772)年〜文政11(1828)年
江戸時代後期の豊後岡藩儒。
¶人名, 日人

**高瀬陣治** たかせじんじ
明治13(1880)年〜昭和24(1949)年
明治〜昭和期の新川郡三郷村の教育者。
¶姓氏富山

**高瀬荘太郎** たかせそうたろう
明治25(1892)年3月9日〜昭和41(1966)年9月4日
大正〜昭和期の会計・経営学者、政治家。東京商科大学長、参議院議員。日本経営学会理事長などのほか、文相、通産相、郵政相なども歴任。
¶現朝, 現情, 現日, コン改, コン4, コン5, 静岡百, 静岡歴, 新潮, 人名7, 世紀, 政治, 姓氏静岡, 日人, 履歴, 履歴2

**高瀬泰作** たかせたいさく
明治14(1881)年〜昭和44(1969)年
明治〜昭和期の教育者。
¶群馬人, 姓氏群馬

**高瀬忠広** たかせただひろ★
明治29(1896)年8月20日〜平成2(1990)年2月5日
昭和・平成期の教育功労者。
¶秋田人2

**高瀬常男** たかせつねお
大正15(1926)年3月10日〜昭和53(1978)年7月24日
昭和期の教育心理学・教育人間学者。京都大学教授。
¶現執1期, 心理

**高瀬広居** たかせひろい
昭和2(1927)年11月11日〜平成18(2006)年5月28日
昭和〜平成期の評論家。宗教、教育、社会問題などについて執筆。著書に「NHK王国」「仏心」など。
¶現執1期(㊤1925年), 現執2期(㊤大正14(1925)年11月11日), 現執3期, 現執4期, 出文

**高瀬文淵** たかせぶんえん
元治1(1864)年～昭和15(1940)年1月26日
明治期の評論家、小説家。「小桜緘」誌上の評論、「若菜」が有名。
¶郷土千葉、近文、コン改、コン5、新潮《⊕元治1(1864)年1月26日》、新文《⊕元治1(1864)年3月10日》、世紀《⊕文久4(1864)年1月26日》、全書、大百《⊕1935年》、千葉百、日児《⊕文久4(1864)年3月2日》、日人、文学

**高瀬屋佐太郎** たかせやさたろう
？～宝暦1(1751)年
江戸時代中期の教育者。
¶長崎歴

**高瀬利兵衛** たかせりへえ
元文4(1739)年～文化1(1804)年
江戸時代中期～後期の故実家、肥後熊本藩士。
¶人名、日人

**高田朝吉** たかだあさきち
明治4(1871)年12月22日～昭和46(1971)年10月31日
明治～昭和期の教育者。
¶埼玉人

**高田馬治** たかたうまじ
明治15(1882)年12月25日～昭和43(1968)年2月3日
明治～昭和期の教育者、郷土史家。岡山県立高松農学校校長。
¶岡山人、岡山百、岡山歴、郷土、世紀、日人

**多賀たかこ** たがたかこ
昭和14(1939)年10月29日～
昭和～平成期の高校教諭、エッセイスト。
¶現執4期、YA

**高田儀光** たかだぎこう
明治8(1875)年～昭和48(1973)年
明治～昭和期の教育者、僧。田沼町・本光寺44世。
¶栃木歴

**高田弘治** たかだこうじ★
明治15(1882)年3月27日～昭和47(1972)年11月10日
明治～昭和期の教育功労者。
¶秋田人2

**高田早苗** たかたさなえ、たかださなえ
安政7(1860)年3月14日～昭和13(1938)年12月3日 ⊕高田半峰《たかだはんぽう》
明治～昭和期の教育家、政治家。早稲田大学総長、衆議院議員。大学教育・経営に尽力。外務省通商局長、文相などを歴任。
¶岩史、角史、教育(たかださなえ)、近現、近文(高田半峰　たかだはんぽう)、国史、コン改、コン5、埼玉人(たかださなえ)、埼百(たかださなえ)、史人、新宿(たかださなえ)、新潮(たかださなえ)、新文(高田半峰　たかだはんぽう)、人名7(たかださなえ)、世紀(たかださなえ)、世人(たかださなえ)　⊕昭和13(1938)年12月4日、全書(たかださなえ)、大百(たかださなえ)、哲学(たかださなえ)、日史(⊕万延1(1860)年3月24日)、日人(たかださなえ)、日本、百科、文学(高田半峰　たかだはんぽう)、平日、町история(たかださなえ)、明治1(たかださなえ)、履歴(たかださなえ)、歴大

**高田重允** たかだしげみつ
生没年不詳
江戸時代中期の心学者。
¶国書

**高田真治** たかだしんじ
明治26(1893)年8月6日～昭和50(1975)年11月24日 ⊕高田陶軒《たかだとうけん》
大正～昭和期の中国哲学者。東京大学教授、国士舘大学教授。中国思想の一般的研究と経学を研究。
¶現情、詩作(高田陶軒　たかだとうけん)、世紀、哲学

**高田種弌** たかだたねいち
明治期の教育者。
¶渡航

**高田剛** たかだつよし
昭和23(1948)年8月6日～平成8(1996)年5月15日
昭和～平成期の教育者。
¶視覚

**高田哲郎** たかだてつお
昭和10(1935)年1月10日～
昭和～平成期の方言研究者、中学校教師。秩父方言の集録と研究に従事。著書には「へき地における国民教育の創造」「秩父の女衆」など。
¶現執3期

**高田陶軒** たかだとうけん
→高田真治(たかだしんじ)

**高田敏子** たかだとしこ
明治25(1892)年4月10日～昭和49(1974)年4月1日
大正・昭和期の教育者。
¶神奈女

**高田俊治** たかだとしはる
昭和17(1942)年9月28日～
昭和～平成期の音楽教育者、作曲家。
¶音人2、音人3

**高田豊彦** たかだとよひこ
大正14(1925)年～平成10(1998)年
昭和～平成期の天間林村教育委員長、天間林農業委員長。
¶青森人

**高田なほ子** たかだなおこ
→高田なほ子(たかだなほこ)

**高田なほ子** たかだなほこ、たかたなほこ
明治38(1905)年1月18日～平成3(1991)年5月19日 ⊕《たかだなおこ》
大正～昭和期の平和運動家、政治家。日教組初代婦人部長。日本の女性教師の代弁者。
¶革命、近女、現朝、現情(たかだなおこ)、現人

（たかだなおこ），女史（たかだなおこ），女性（たかだなおこ　[生]明治38（1905）年1月），女性普（たかだなおこ　[生]明治38（1905）年1月），世紀，政治，日人（たかだなおこ），平和（たかたなほこ）

**高谷竜洲**　たかたにりゅうしゅう
文政1（1818）年～明治28（1895）年　[別]高谷竜洲《たかやりゅうしゅう》
江戸時代末期～明治期の儒学者。
¶大分百（たかやりゅうしゅう），人名，日人

**高田典衛**　たかたのりえ，たかだのりえ
大正4（1915）年11月21日～
昭和期の体育学者。筑波大学教授、文部省体育官。
¶現執1期（たかだのりえ），現執2期，世紀，体育

**高田半峰**　たかだはんぽう
→高田早苗（たかたさなえ）

**高田ひさ**　たかだひさ
明治27（1894）年～
大正・昭和期の教師、新婦人協会名古屋支部幹事、桜楓会名古屋支部幹事。
¶愛知女

**高田文哉**　たかだぶんや
明治16（1883）年～昭和16（1941）年
大正～昭和期の教育者。
¶神奈川人

**高田政孝**　たかだまさたか
？　～大正11（1922）年頃
大正期の小学校教員。
¶アナ，社史（生没年不詳）

**高田義甫**　たかだよしすけ
弘化3（1846）年～明治26（1893）年7月14日　[別]高田義甫《たかだよしとし，たかだよしなみ》
江戸時代末期～明治時代の教育者。
¶郷土滋賀，国書（たかだよしとし　[生]弘化3（1846）年2月22日），滋賀百（たかだよしなみ），幕末，幕末大

**高田吉人**　たかだよしと
明治15（1882）年～昭和20（1945）年
明治～昭和期の人格主義教育に努めた教育者。
¶姓氏長野，長野歴

**高田義甫**　たかだよしとし
→高田義甫（たかだよしすけ）

**高田義甫**　たかだよしなみ
→高田義甫（たかだよしすけ）

**高田美満**　たかだよしみつ
大正3（1914）年～平成5（1993）年
昭和～平成期の教育者。
¶青森人

**高知虎雄**　たかちとらお
明治44（1911）年5月9日～昭和61（1986）年3月28日
昭和期の小学校教員。
¶社史

**高津允中**　たかついんちゅう
延享3（1746）年～文化5（1808）年
江戸時代中期～後期の私塾経営者。
¶姓氏山口

**高塚竹堂**　たかつかちくどう
明治22（1889）年～昭和43（1968）年
大正～昭和期の書家。学校教科書や書き方手本を多く執筆。泰東書道員・東方書道会の創立に尽力。
¶静岡百，静岡歴，姓氏静岡，大百

**高塚昌彦**　たかつかまさひこ
昭和～平成期のピアノ教師。
¶音人2

**高塚道雄**　たかつかみちお
大正8（1919）年4月1日～
昭和期の書家・学校長。
¶飛騨

**高津鍬三郎**　たかつくわさぶろう
元治1（1864）年～大正10（1921）年11月23日
明治期の国文学者。一高教授。著作に「日本文学史」「日本中文典」など。東京高等女学校（後の東京女子学園）の設立に関わる。
¶学校，近文，人名，世紀，日人

**高津才次郎**　たかつさいじろう
明治18（1885）年～昭和44（1969）年
明治～昭和期の教育者・俳諧研究者。
¶姓氏長野

**高津作吉**　たかつさくきち
明治30（1897）年～昭和26（1951）年
大正～昭和期の教育者。
¶長野歴

**高辻是綱**　たかつじこれつな
長元3（1030）年～嘉承2（1107）年　[別]菅原是綱《すがわらこれつな，すがわらのこれつな》
平安時代後期の公卿、高辻氏の祖。
¶国書（菅原是綱　すがわらこれつな　[生]？　[没]嘉承2（1107）年3月），諸系，人名（[生]？），日人，平史（菅原是綱　すがわらのこれつな）

**高津淄川**　たかつしせん
＊～慶応1（1865）年
江戸時代後期の陸奥会津藩儒。
¶会津（[生]天明5（1785）年），国書（[生]天明7（1787）年7月　[没]慶応1（1865）年10月2日），人名（[生]1780年），日人（[生]1785年）

**高津仲次郎**　たかつなかじろう
安政4（1857）年～昭和3（1928）年
明治～昭和期の政治家。前橋英学校（後の共愛学園）を設立。
¶学校（[生]安政4（1857）年10月　[没]昭和3（1928）年12月19日），郷土群馬，群馬人，群馬百，姓氏群馬，日人

**高津南陽**　たかつなんよう
？　～文政2（1819）年

江戸時代中期～後期の私塾経営者。
¶姓氏山口

**高妻芳洲** たかつまほうしゅう
文化8（1811）年～文久1（1861）年12月22日 [別]高妻芳洲《こうづまほうしゅう》
江戸時代末期の豊後佐伯藩儒。
¶大分百（こうづまほうしゅう），国書，人名，日人（[没]1862年）

**鷹取健** たかとりたけし
昭和10（1935）年～
昭和～平成期の中学校教諭、化学教育研究家。
¶YA

た

**高梨憲司** たかなしけんじ
昭和24（1949）年1月2日～
昭和期の教育者。
¶視覚

**高梨正太郎** たかなししょうたろう
安政3（1856）年～？
江戸時代末期～明治期の教育者。
¶群馬人

**高梨庸雄** たかなしつねお
昭和11（1936）年7月5日～
昭和～平成期の教育者。弘前大学教授。専門は英語科教育。
¶現執3期

**高梨波右衛門** たかなしなみえもん
文政11（1828）年～明治39（1906）年
江戸時代後期～明治期の教育者。
¶姓氏岩手

**高梨賢英** たかなしまさひで
昭和20（1945）年～
昭和～平成期の幼稚園教諭、シナリオ制作者。
¶児人

**高梨美津** たかなしみつ
*～大正11（1922）年10月31日
明治～大正期の助産婦教育者。市原産婆講習所を開設。
¶女性（[生]安政5（1858）年12月13日），女性普（[生]安政5（1858）年12月13日），世紀（[生]安政5（1859）年12月13日），日人（[生]1859年）

**高波恵明** たかなみけいめい
明治27（1894）年～昭和22（1947）年
大正～昭和期の書道教育家。
¶新潟百

**高根松宇** たかねしょうう
～安政2（1855）年
江戸時代後期～末期の教育者。
¶三重

**高野栄次郎** たかのえいじろう
明治43（1910）年8月～
昭和期の教育者。
¶群馬人

**鷹野一弥** たかのかずや
明治19（1886）年～昭和47（1972）年
明治～昭和期の小学校教師。
¶姓氏長野

**高埜帰一** たかのきいち
明治36（1903）年～
大正～昭和期の俳人、漢詩作家。飯岡町教育委員長。
¶詩歌

**高野桂一** たかのけいいち
大正15（1926）年8月28日～
昭和～平成期の教育者。九州大学教授。専門は学校経営学、教育法学など。
¶現執1期，現執2期，現執3期

**高野佐三郎** たかのささぶろう，たかのさざぶろう
文久2（1862）年～昭和25（1950）年12月31日
[別]高野佐三郎《たかのすけさぶろう》
明治～昭和期の剣道家。剣道範士。道場修道学院を開く。警視庁、東京高師などで教授。
¶近現（たかのさざぶろう），現朝（[生]文久2年6月13日（1862年7月9日）），現情（[生]文久2（1862）年6月），国史（たかのさざぶろう），コン改（たかのすけさぶろう），コン4，コン5，埼玉人（[生]文久2（1862）年2月6日 [没]昭和25（1950）年12月30日），埼玉百，史人（たかのさざぶろう [生]1862年6月2日 [没]1950年12月30日），新潮（[生]文久2（1862）年6月2日），人名7，世紀（[生]文久2（1862）年6月13日），全書，体育，大百，日人

**高野俊治(1)** たかのしゅんじ
文政5（1822）年～明治16（1883）年
江戸時代後期～明治期の寺子屋師匠。
¶姓氏岩手

**高野俊治(2)** たかのしゅんじ
明治15（1882）年8月1日～昭和32（1957）年12月22日
明治～昭和期の教育者・地方自治功労者。
¶岩手人，姓氏岩手

**高野佐三郎** たかのすけさぶろう
→高野佐三郎（たかのささぶろう）

**高野瀬宗則** たかのせむねのり
嘉永5（1852）年～大正4（1915）年4月3日
江戸時代後期～大正期の学校創立者。東京物理学講習所（後の東京理科大学）の設立に関わる。
¶学校

**高野善一** たかのぜんいち
大正12（1923）年～昭和50（1975）年
昭和期の政治・経済・教育専門家。
¶現執1期，姓氏岩手

**高野惣右衛門** たかのそううえもん
文化6（1809）年～文久1（1861）年
江戸時代後期～末期の名主・教育者。
¶姓氏群馬

**鷹羽雲淙** たかのはうんそう
寛政8(1796)年～慶応2(1866)年 [別]鷹羽竜年《たかのはりゅうねん》
江戸時代末期の漢詩人。
¶江文，国書([生]寛政8(1796)年8月16日 [没]慶応2(1866)年1月8日)，人名，日人，三重，和俳(生没年不詳)，和俳(鷹羽竜年 たかのはりゅうねん)

**高野はま** たかのはま
明治26(1893)年～昭和45(1970)年
大正～昭和期の歌人、小学校教師。
¶栃木歴

**鷹羽竜年** たかのはりゅうねん
→鷹羽雲淙(たかのはうんそう)

**高野はる子** たかのはるこ
生没年不詳
明治期の教員。福岡県立久留米高等女学校教諭。
¶社史

**高野弘正** たかのひろまさ
明治33(1900)年10月31日～昭和62(1987)年5月27日
大正～昭和期の武道家。修道学院院長、一刀流中西派宗家。
¶世紀，日人

**高野巳之助** たかのみのすけ
明治19(1886)年～昭和44(1969)年
昭和期の音楽教育家。
¶神奈川人

**高場乱** たかばおさむ
天保3(1832)年～明治24(1891)年3月31日
江戸時代末期～明治期の女性医師、教育家。眼科。帯刀男装し乗馬で患家をまわった。興志塾、漸強義塾で教える。
¶朝日，江表(乱(福岡県) おさむ [生]天保2(1831)年)，眼科([生]？)，近女，コン改，コン5，社史([生]天保2年10月8日(1831年11月11日))，女性，女性普，人名，日人([生]1831年)，幕末([生]1831年)，幕末大([生]天保2(1831)年)，福岡百([生]天保2(1831)年10月8日)，民学，歴大

**高萩保治** たかはぎやすはる
昭和3(1928)年9月1日～
昭和～平成期の音楽教育学者。東京学芸大学名誉教授、国際音楽教育協会会長。専門は、音楽教育、比較音楽教育、鑑賞教育。
¶音人，音人2，音人3，現執4期

**高羽幸槌** たかばこうずち,たかばこうづち
明治4(1871)年6月11日～昭和8(1933)年4月18日
明治～昭和期の日本画家。
¶世紀，日人(たかばこうづち)，美家，広島百(たかばこうづち)

**高羽幸槌** たかばこうづち
→高羽幸槌(たかばこうずち)

**高橋昭** たかはしあきら
昭和4(1929)年3月31日～
昭和～平成期の小学校教師、児童文学作家。
¶児作，児人，世紀，日児

**高橋篤** たかはしあつし
文化14(1817)年～明治9(1876)年
江戸時代末期～明治期の漢学者。
¶人名，日人

**高橋一庵** たかはしいちあん
寛政6(1794)年～天保9(1838)年
江戸時代後期の儒学者。
¶国書([没]天保9(1838)年7月17日)，人名，日人

**高橋一洵** たかはしいちじゅん
明治32(1899)年～昭和33(1958)年
大正・昭和期の教育者、俳人。
¶愛媛

**高橋一郎(2)** たかはしいちろう★
明治29(1896)年10月18日～昭和38(1963)年7月21日 [別]高橋一郎《たかはしいちろう》
昭和期の教育功労者。
¶秋田人2，秋田百(たかはしいちろう)

**高橋一勝** たかはしいっしょう
嘉永6(1853)年～明治19(1886)年
明治期の代言人。大学卒代言人の嚆矢。英吉利法律学校(後の中央大学)の設立に関わる。
¶学校([生]嘉永6(1853)年5月12日)，人名([生]？)，日人

**高橋恵三郎** たかはしえさぶろう
明治42(1909)年～昭和58(1983)年
昭和期の島根県高等学校体育連盟第11代会長、高校スポーツの発展に寄与。
¶島根歴

**高橋敷** たかはしおさむ
昭和4(1929)年12月11日～
昭和期の教育評論家、比較教育学者。ペルー中央大学教授、東海学園大学教授。
¶現執2期

**高橋確斎** たかはしかくさい
文化8(1811)年～明治14(1881)年
江戸時代末期～明治期の漢学者、信濃高遠藩士。
¶人名，日人

**高橋一雄** たかはしかずお
昭和4(1929)年6月30日～
昭和～平成期の音楽教育者。
¶音人2，音人3

**高橋勝司** たかはしかつし
昭和4(1929)年2月19日～
昭和～平成期の音楽教育者、作曲家。
¶音人3

**高橋亀吉** たかはしかめきち
慶応3(1867)年～昭和18(1943)年
大正～昭和期の教育者。
¶群馬人

**高橋喜三郎** たかはしきさぶろう
明治21(1888)年～昭和56(1981)年
大正～昭和期の柔道教師、講道館理事、9段。
¶宮城百([没]昭和56(1981)年12月15日)

**高橋杵三郎** たかはしきねさぶろう
天保7(1836)年～明治35(1902)年
明治期の碁客。定石の通、活きた碁経と称された碁界の第一人者。
¶人名, 日人

**高橋鳩雨** たかはしきゅうう
文化10(1813)年～明治32(1899)年
江戸時代末期～明治時代の教育者。小学校教師、夜は家塾を開き村民を教える。
¶神奈川人, 姓氏神奈川, 幕末, 幕末大



**高橋久次郎** たかはしきゅうじろう
明治31(1898)年～昭和51(1976)年
大正～昭和期の教育者。
¶姓氏岩手

**高橋玉斎** たかはしぎょくさい
天和3(1683)年～宝暦10(1760)年
江戸時代中期の陸奥仙台藩士、儒学者。
¶国書([生]貞享3(1686)年　[没]宝暦13(1763)年), 人名, 姓氏宮城, 日人, 藩臣1

**高橋清** たかはしきよし
昭和5(1930)年8月6日～
昭和～平成期の音楽教育者。
¶音人2

**高橋清輝** たかはしきよてる
昭和17(1942)年～
昭和～平成期の高校教諭、登山家。
¶YA

**高橋清行** たかはしきよゆき
昭和26(1951)年～
昭和～平成期の高校教師。
¶YA

**高橋金三郎** たかはしきんざぶろう
大正4(1915)年5月27日～
昭和期の理科教育学者、授業分析研究者。宮城教育大学教授、宮城教育大学授業分析センター所長・教授。
¶現執1期, 現執2期

**高橋熊五郎** たかはしくまごろう★
明治19(1886)年8月4日～昭和38(1963)年1月20日
明治～昭和期の教育者。
¶秋田人2

**高橋恵子** たかはしけいこ
昭和15(1940)年1月24日～
昭和～平成期の教育者。聖心女子大学教授。教育心理学、発達心理学を研究。著書に「自立への旅だち」など。
¶現執3期

**高橋系吾** たかはしけいご
明治43(1910)年～
昭和期の幼児教育・家庭教育専門家。道灌山学園保育専門学校校長・幼稚園長。
¶現執1期

**高橋敬十郎** たかはしけいじゅうろう
→高橋白山(たかはしはくざん)

**高橋健三**(高橋建三) たかはしけんぞう
安政2(1855)年9月～明治31(1898)年7月22日
明治期の官僚、ジャーナリスト。内閣官報局長。新聞「日本」、美術雑誌「国華」の創刊に関与。英吉利法律学校(後の中央大学)の設立に関わる。
¶朝日, 学校, 近現, 近文, 国史, コン改(高橋建三), コン5, 史人, 出文, 新潮, 人名(高橋建三), 全書, 日史, 日人, 百科, 明治1, 履歴, 歴大

**高橋玄利** たかはしげんり
天明6(1786)年～万延1(1860)年
江戸時代中期～末期の文人・教育者。
¶多摩

**高橋恒三** たかはしこうぞう
大正11(1922)年～
昭和期の教育行政専門家。
¶現執1期

**高橋斎女** たかはしさいじょ
天保12(1841)年～昭和7(1932)年
明治～昭和期の俳人・女子教育者。
¶姓氏岩手

**高橋作也** たかはしさくや
文政8(1825)年～慶応1(1865)年　[別]高橋坦堂《たかはしたんどう》
江戸時代末期の近江膳所藩士。尊攘派の志士。
¶朝日([生]文政8年6月10日(1825年7月25日)　[没]慶応1年10月21日(1865年12月8日)), 維新, 国書(高橋坦堂　たかはしたんどう　[生]文政8(1825)年6月10日　[没]慶応1(1865)年10月21日), 新潮([生]文政8(1825)年6月11日　[没]慶応1(1865)年11月21日), 日人, 幕末([没]1865年12月8日)

**高橋定右衛門** たかはしさだえもん
～明治3(1870)年
江戸時代後期～明治期の教育者。
¶多摩

**高橋敏** たかはしさとし
昭和15(1940)年3月1日～
昭和～平成期の民俗学者。国立歴史民俗博物館教授。民衆史を研究。著書に「日本民衆教育史研究」「民衆と豪農」など。
¶郷土, 現執3期, 現執4期

**高橋智** たかはしさとる
昭和29(1954)年12月17日～
昭和～平成期の教育学者。東京学芸大学教育学部・連合学校教育学研究科教授。専門は、障害児教育学、特別ニーズ教育学、日本障害児教育史。

¶現執4期

**高橋三朗** たかはしさぶろう
昭和4(1929)年〜
昭和期の教育者、エッセイスト。
¶伊豆

**高橋さやか** たかはしさやか
大正10(1921)年8月27日〜
昭和〜平成期の作家、評論家。保育などについて執筆。著書に「現代の人間と教育」「おもちゃと子ども」など。
¶現執1期、現執3期、兒作、兒人、兒文、世紀、日兒

**高橋忍南** たかはししなん
→高橋祐雄(たかはしすけお)

**高橋しのぶ** たかはししのぶ
昭和44(1969)年9月30日〜
昭和〜平成期の教師。
¶視覚

**高橋シホ** たかはししほ
明治1(1868)年12月8日〜昭和28(1953)年4月27日
明治〜昭和期の教育者。青森県立弘前高等女学校の教諭。各地の小学校教師を歴任。歌集「詠草」。
¶秋田人2、秋田百、女性、女性普

**高橋俊示** たかはししゅんじ
明治38(1905)年12月8日〜
明治・大正期の学校長・岐阜地理学会名誉会長。
¶飛騨

**高橋俊乗** たかはししゅんじょう
明治25(1892)年5月23日〜昭和23(1948)年6月16日　㋺高橋俊乗《たかはしとしあき、たかはしとしのり》
大正〜昭和期の日本教育史学者。龍谷大学教授。教育史を教育と文化の関連で研究。著書に「日本教育文化史」。
¶大阪人(たかはしとしあき)、教育、現情、コン改、コン4、コン5、真宗(㋑明治25(1892)年5月　㋺昭和23(1948)年6月)、新潮、人名7、世紀、姓氏京都、日人、仏人(たかはしとしのり)

**高橋俊三** たかはししゅんぞう
昭和11(1936)年11月〜
昭和〜平成期の教育者。専門は国語、国語教育。著書に「意欲と能力を育てる国語の授業」「話力をつける」など。
¶現執3期、現執4期

**高橋正吉** たかはししょうきち
明治36(1903)年9月26日〜平成4(1992)年1月30日
昭和〜平成期の教育者。
¶埼玉人

**高橋小膳** たかはししょうぜん
明治1(1764)年〜天保14(1843)年
江戸時代中期〜後期の寺子屋師匠。
¶埼玉百

**高橋史朗** たかはししろう
昭和25(1950)年11月20日〜
昭和〜平成期の教育者。明星大学教授。著書に「総点検・戦後教育の実像」「教科書検定」など。
¶現執3期、現執4期

**高橋信一** たかはししんいち
大正6(1917)年〜昭和61(1986)年
昭和期の版画家。
¶美家(㋑大正6(1917)年7月25日　㋺昭和61(1986)年12月16日)、洋画

**高橋礒一** たかはししんいち
大正2(1913)年3月28日〜昭和60(1985)年8月6日
昭和期の日本史学者。歴史教育者協議会委員長、東京平和委員会会長。
¶近現、現朝、現執1期、現執2期、現情、現人、史研、世紀、日人(㋑大正2(1913)年1月15日)、平和、マス89、民学

**高橋翠邨** たかはしすいそん
安政1(1854)年〜昭和19(1944)年
明治〜昭和期の漢学教育者。
¶新潟百

**高橋祐雄** たかはしすけお
文政5(1822)年〜大正7(1918)年　㋺高橋忍南《たかはししなん、たかはしにんなん》
江戸時代末期〜明治期の儒学者。
¶国書(㋑文政5(1822)年6月9日)、幕末(高橋忍南　たかはししなん)、藩臣2、福島百(高橋忍南　たかはしにんなん)

**高橋誠一郎** たかはしせいいちろう
明治17(1884)年5月9日〜昭和57(1982)年2月9日
昭和期の経済学者。慶応義塾大学教授、日本芸術院長。文相となり教育基本法など公布。浮世絵研究家、蒐集家。
¶浮絵、映人、歌舞大、近現、近文、芸能、現朝、現執1期、現情、現人、現日、考古、国史、コン改、コン4、コン5、史人、新潮、世紀、政治、姓氏神奈川、全書、大百、渡航、日人、日本、マス89、民学、履歴、履歴2、歴大

**高橋政貞** たかはしせいてい ★
天保1(1830)年7月6日〜明治45(1912)年2月29日
江戸時代末期・明治期の教育者。
¶秋田人2

**高橋積太郎** たかはしせきたろう
文久3(1863)年〜大正6(1917)年
明治〜大正期の教育者。
¶群馬人

**高橋節蔵** たかはしせつぞう
昭和2(1927)年〜平成12(2000)年
昭和・平成期の教師。
¶御殿場

**高橋千之助** たかはしせんのすけ
明治8(1875)年〜昭和34(1959)年
明治〜昭和期の教育者。
¶姓氏宮城

高橋隆道 たかはしたかみち
　明治23(1890)年9月15日〜昭和47(1972)年7月21日
　大正〜昭和期の教育者。宮崎大学初代学長。
　¶宮崎百

高橋竹之助（高橋竹之介）たかはしたけのすけ
　天保13(1842)年〜明治42(1909)年11月7日
　江戸時代末期〜明治期の勤王の志士。戊辰戦争の際、政府の嚮導官となる。誠意塾を開き子弟を教育。
　¶維新，近現（高橋竹之介），近世（高橋竹之介），国史（高橋竹之介），国書（高橋竹之介），コン改，コン4，コン5，新潮，人名（㊥1841年），日人，幕末（高橋竹之介），幕末大（高橋竹之介）

高橋武行 たかはしたけゆき
　明治39(1906)年〜平成4(1992)年
　昭和〜平成期の教育者、地方政治家。
　¶高知人

高橋田麿 たかはしたまろ
　明治17(1884)年〜昭和29(1954)年
　昭和期の教育者。
　¶栃木歴

高橋坦堂 たかはしたんどう
　→高橋作也（たかはしさくや）

高橋澹然 たかはしたんねん
　安永5(1776)年〜天保10(1839)年3月27日
　江戸時代中期〜後期の私塾経営者。
　¶山梨百

高橋忠治 たかはしちゅうじ
　昭和2(1927)年5月15日〜
　昭和〜平成期の小学校教師、児童文学作家。
　¶児作，児人，児文，世紀，日児

高橋忠次郎 たかはしちゅうじろう
　明治3(1870)年3月13日〜大正2(1913)年10月16日
　明治〜大正期の体育教師、遊戯研究家。わが国初の女性体育教師養成機関の東京女子体操学校を設立。「遊戯雑誌」を創刊。
　¶朝日（㊥明治3年3月13日（1870年4月13日）），学校，世紀，姓氏宮城，体育（㊥1910年頃），渡航，日人

高橋仲善 たかはしちゅうぜん
　寛政11(1799)年〜嘉永7(1854)年
　江戸時代末期の和算家。
　¶国書（㊥嘉永7(1854)年7月10日），人名，日人

高橋千代 たかはしちよ
　明治23(1890)年〜昭和44(1969)年3月3日
　大正〜昭和期の婦人運動家。週刊「婦女新聞」記者。新婦人協会幹事、副会長を歴任。藍綬褒章受章。著書に「教太郎」。
　¶近女，社史（㊥1890年8月26日），女運（㊥1890年8月26日），女史，女性，女性普，世紀（㊥明治23(1890)年8月26日），姓氏山口，日人，山口百

高橋長滋 たかはしちょうじ
　明治27(1894)年〜昭和30(1955)年
　大正〜昭和期の教育者。
　¶神奈川人

高橋長三 たかはしちょうぞう
　明治19(1886)年4月28日〜昭和50(1975)年4月20日
　明治〜昭和期の弓道家、剣道師範、弓道錬士。
　¶弓道

高橋勉(1) たかはしつとむ
　昭和3(1928)年〜
　昭和期の教育学・社会教育専門家。早稲田大学教授。
　¶現執1期

高橋勉(2) たかはしつとむ
　昭和6(1931)年1月25日〜
　昭和〜平成期の教師。著書に「六郷小学校通信簿」「教育・その混乱と崩壊」など。
　¶現執3期

高橋恒治 たかはしつねはる
　大正6(1917)年3月10日〜
　昭和期の音楽教育者。京都教育大学教授。
　¶音人，音人2，音人3，現情

高橋恒道 たかはしつねみち
　天保1(1830)年〜明治29(1896)年
　江戸時代後期〜明治期の歌人・教育者。
　¶北海道百，北海道歴

高橋亭之助 たかはしていのすけ
　天保13(1842)年〜大正3(1914)年
　江戸時代末期〜大正期の教育者。
　¶多摩

高橋哲夫 たかはしてつお
　昭和8(1933)年11月13日〜
　昭和〜平成期の教師。著書に「人間形成」など。
　¶現執3期

高橋鉄雄 たかはしてつお
　昭和12(1937)年1月5日〜
　昭和〜平成期の音楽教育者。
　¶音人，音人2，音人3

高橋藤七 たかはしとうしち
　明治22(1889)年〜昭和12(1937)年
　大正〜昭和期の教育者。
　¶姓氏岩手

高橋東平 たかはしとうへい
　文化9(1812)年〜明治7(1874)年
　江戸時代末期〜明治時代の旗本渡辺能登守の代官。私塾を開き弟子を多く養成した。
　¶静岡歴，姓氏静岡，幕末，幕末大

高橋桐陽 たかはしとうよう
　*〜明治19(1886)年
　江戸時代後期〜明治期の漢学者。
　¶愛媛百（㊥文化12(1815)年4月4日　㊥明治19(1886)年7月3日），国書（㊥文化14(1817)年

[没]明治19(1886)年7月)

**高橋俊乗** たかはしとしあき
→高橋俊乗(たかはししゅんじょう)

**高橋俊乗** たかはしとしのり
→高橋俊乗(たかはししゅんじょう)

**高橋富兄** たかはしとみえ
文政8(1825)年～大正3(1914)年
江戸時代末期～大正期の国学者。第四高等中学校教授。著書に「類題石川歌集」「日本文法問答」など。
¶石川百, 国書([生]文政8(1825)年5月5日 [没]大正3(1914)年9月21日), 人名, 日人, 幕末([生]1825年6月 [没]1914年9月), 幕末大([生]文政8(1825)年5月 [没]大正3(1914)年9月)

**高橋友右衛門** たかはしともうえもん
寛政12(1800)年～明治13(1880)年
江戸時代後期～明治期の教育者。
¶姓氏群馬

**高橋豊治** たかはしとよじ
明治27(1894)年12月5日～昭和51(1976)年2月9日
昭和期の鍼灸師、教育者。
¶視覚

**高橋忍南** たかはしにんなん
→高橋祐雄(たかはしすけお)

**高橋昇** たかはしのぼる
明治38(1905)年4月29日～昭和39(1964)年10月9日
昭和期の小学校教員。
¶社史

**高橋登** たかはしのぼる
昭和34(1959)年5月10日～
昭和～平成期の教育学者。大阪教育大学教育学部助教授。専門は、教育心理学、発達心理学。
¶現執4期

**高橋則雄** たかはしのりお
昭和23(1948)年～
昭和～平成期の著述家、高校教師。貿易実務などについて執筆。著書に「入門 英文ビジネスレターの書き方」など。
¶現執3期

**高橋梅洲** たかはしばいしゅう
宝暦8(1758)年～天保3(1832)年
江戸時代後期の儒学者。
¶国書([生]宝暦8(1758)年8月8日 [没]天保3(1832)年11月13日), 人名, 日人

**高橋白山** たかはしはくざん, たかはしはくさん
天保7(1836)年～明治37(1904)年3月10日 [別]高橋敬十郎《たかはしけいじゅうろう》
江戸時代末期～明治期の漢学者、教育者。
¶維新, 国書([生]天保7(1836)年12月), 詩歌, 人名, 姓氏長野(たかはしはくさん), 長野百(たかはしはくさん), 長野歴(たかはしはくさん), 日人([生]1837年), 幕末, 幕末大([生]天保7(1837)年12月), 藩臣3(高橋敬十郎 たかはしけいじゅうろう), 和俳

**高橋始** たかはしはじめ
明治32(1899)年4月1日～昭和33(1958)年1月26日
大正～昭和期の教育者・自由律俳人。
¶愛媛百

**高橋春時** たかはしはるとき
明治34(1901)年～平成4(1992)年
昭和～平成期の教育家。『岩手西和賀の方言』を発刊。
¶姓氏岩手

**高橋彦之丞** たかはしひこのじょう
明治7(1874)年～昭和21(1946)年
明治～昭和期の教育者・郷土史研究家。
¶愛媛, 愛媛百([生]明治7(1874)年9月3日 [没]昭和21(1946)年8月5日)

**高橋恒** たかはしひさし
明治34(1901)年～昭和44(1969)年
昭和期の教育者・スポーツ指導者。
¶神奈川人

**高橋英男** たかはしひでお
大正15(1926)年11月2日～
昭和～平成期の音楽教育者。
¶音人2

**高橋秀雄** たかはしひでお
明治40(1907)年11月30日～
昭和期の教育者。
¶群馬人

**高橋復斎** たかはしふくさい
天明8(1788)年～天保5(1834)年
江戸時代後期の漢学者。
¶愛媛

**高橋福治** たかはしふくじ
明治28(1895)年7月7日～昭和49(1974)年12月31日
大正～昭和期の教育者。沖縄県立盲聾唖学校校長。
¶視覚

**高橋ふみ** たかはしふみ
明治34(1901)年～昭和20(1945)年
大正～昭和期の教育者・哲学者。
¶石川百, ふる, 北陸20

**高橋文子** たかはしふみこ
昭和15(1940)年8月10日～
昭和期の教育者。学校長。
¶飛驒

**高橋マキ** たかはしまき
明治18(1885)年5月17日～昭和30(1955)年6月19日
明治～昭和期の教育者。
¶群馬人

**高橋政秋** たかはしまさあき
昭和7(1932)年6月10日～
昭和～平成期の作詞・作曲家、小学校教諭。
¶音人2, 音人3, 児人

**高橋正夫** たかはしまさお
昭和13(1938)年1月9日～
昭和～平成期の教育者。新潟大学教授。専門は英語科教育。著書に「入試指導を考える」「身近な話題を英語で表現する指導」など。
¶現執3期, 現執4期

**高橋真照** たかはしまさてる
明治43(1910)年～
昭和期の社会教育専門家。淑徳大学学長。
¶現執1期

**高橋政弘** たかはしまさひろ★
？～天保5(1834)年6月15日
江戸時代後期の明徳館教授。
¶秋田人2(㊥天明12年12月5日)

**高橋正之** たかはしまさゆき
明治19(1886)年～昭和19(1944)年2月29日
明治～昭和期の教育者。
¶郷土千葉, 世紀, 千葉百, 日人

**高橋勝** たかはしまさる
昭和21(1946)年10月19日～
昭和～平成期の教育学者。横浜国立大学教育人間科学部教授。専門は、教育哲学、人間形成論、教育人間学。
¶現執4期

**高橋万蔵** たかはしまんぞう
明治32(1899)年～
大正～昭和期の教育者。
¶多摩

**高橋峯次郎** たかはしみねじろう
明治16(1883)年～昭和42(1967)年
明治～昭和期の教育者。
¶姓氏岩手

**高橋実** たかはしみのる
昭和15(1940)年7月4日～
昭和期の高校教師、近世文学者。小千谷西高校教諭。
¶現執2期

**高橋元夫** たかはしもとお
生没年不詳
平成期の幼稚舎教諭、司書。全日本小学校図書館研究会副会長。
¶児人

**高橋本吉** たかはしもとよし★
明治6(1873)年2月17日～大正9(1920)年11月26日
明治・大正期の教師。実業家。官吏。会社員。政治家。
¶秋田人2

**高橋守雄** たかはしもりお
明治16(1883)年～昭和32(1957)年
明治～昭和期の政治家。熊本市長、熊本商大初代学長。
¶熊本人

**高橋守平** たかはしもりへい
明治27(1894)年～*
大正～昭和期の教育者、政治家。小学校教員、丹荘村村長、平凡社副社長。
¶埼玉人(㊥明治27(1894)年10月13日 ㊦昭和35(1960)年1月8日), 埼玉百(㊥1959年), 社史(㊥?), 政治(㊥明治27年10月 ㊦昭和35年1月8日)

**高橋弥右衛門** たかはしやえもん
明治24(1891)年～昭和38(1963)年
大正～昭和期の教育者。
¶姓氏岩手

**高橋保永** たかはしやすなが
江戸時代後期の和算家。
¶数学

**高橋康文** たかはしやすふみ, たかはしやすぶみ
明治27(1894)年12月18日～昭和45(1970)年2月5日
大正～昭和期の岩手大教授。
¶岩手人, 岩手百(たかはしやすぶみ), 姓氏岩手(たかはしやすぶみ)

**高橋弥太郎** たかはしやたろう★
明治44(1911)年3月11日～平成1(1989)年2月3日
昭和期の私学教育者。
¶秋田人2

**高橋豊** たかはしゆたか
大正2(1913)年1月25日～昭和57(1982)年5月16日
昭和期の新聞記者。毎日新聞編集委員・論説委員。
¶徳島歴

**高橋容斎** たかはしようさい
享保11(1726)年～享和3(1803)年
江戸時代中期～後期の儒学者。
¶人名, 日人

**高場昭次** たかばしょうじ
昭和2(1927)年2月21日～
昭和～平成期の教育者。安田女子大学教授。広島県立梅田高校長なども務める。著書に「新学級づくり」など。
¶現執3期

**高橋吉衡** たかはしよしひら
嘉永3(1850)年～大正11(1922)年
明治・大正期の教育者。
¶愛媛

**高橋蘭斎** たかはしらんさい
寛政11(1799)年～明治15(1882)年
江戸時代後期～明治期の蘭方医・教育者。
¶群新百, 群馬人, 群馬百(㊥1809年), 姓氏群馬

### 高橋隆一　たかはしりゅういち
明治8(1875)年〜昭和18(1943)年
大正〜昭和期の政治家。貴族院議員、簸川郡教育会長。
¶島根歴

### 高橋隆介　たかはしりゅうすけ
昭和22(1947)年10月25日〜
昭和〜平成期の学習指導者。中高受験の進学指導などに従事。著書に「親と子のための血液型受験法」など。
¶現執3期

### 高橋竜池　たかはしりゅうち
寛政11(1799)年〜元治1(1864)年
江戸時代末期の漢学者。
¶人名、日人

### 高橋令子　たかはしれいこ
大正14(1925)年〜
昭和期の看護教育者。
¶兵庫百

### 高橋洌子　たかはしれいこ
昭和11(1936)年5月27日〜
昭和〜平成期の音楽学者。JMLセミナー入野義朗音楽研究所所長。専門は音楽教育。著書に「音楽の基礎ソルフェージュシリーズ」。
¶音人、音人2、音人3、現執3期

### 高橋済　たかはしわたる
天保5(1834)年〜明治34(1901)年7月7日
江戸時代末期〜明治期の教育者。館林東校校長をつとめる。著書「蘭舟翁遺稿」がある。
¶維新、群馬人、幕末、幕末大《㊤天保5(1834)年5月1日》、藩臣2

### 高畑浅次郎　たかはたあさじろう
明治21(1888)年1月11日〜昭和59(1984)年6月9日
大正〜昭和期の教育者。
¶岡山歴

### 高畑喜代蔵　たかはたきよぞう
？〜
大正期の小学校教員。池袋児童の村小学校研究生。
¶社史

### 高畠耕斎　たかばたけこうさい
文化10(1813)年〜安政6(1859)年
江戸時代末期の医師(阿波徳島藩医)。
¶コン改、コン4、人名、徳島百《㊤文化11(1814)年11月13日》、徳島歴《㊤文化11(1814)年11月13日　㊦安政6(1859)年5月20日》、日人、藩臣6《㊤文化11(1814)年》、洋学

### 高畠五郎　たかばたけごろう、たかはたけごろう
文政8(1825)年〜明治17(1884)年9月4日　㊥高畠道純《たかばたけどうじゅん》
江戸時代末期〜明治期の翻訳官。審書調所教授。兵部省・海軍省で翻訳課副長・海軍権大書記官を歴任。
¶維新、海越、海越新、江文、新潮《㊤文政8(1825)年5月5日》、徳島百《高畠道純　たかばたけどうじゅん》《㊤文政8(1825)年5月5日》、徳島歴《高畠道純　たかばたけどうじゅん》、渡航、長崎遊、日人、幕末大《㊤文政8(1825)年5月5日》、藩臣6、洋学

### 高畠道純　たかばたけどうじゅん
→高畠五郎《たかばたけごろう》

### 高畠東陵　たかばたけとうりょう
寛延1(1748)年〜文政7(1824)年
江戸時代中期〜後期の土佐藩士、書家。
¶人名、日人《㊧1825年》、藩臣6

### 高畠槇三郎　たかばたけまきさぶろう
嘉永5(1852)年9月12日〜明治37(1904)年9月29日
明治期の英語教師。
¶徳島歴

### 高畠保三郎　たかばたけやすさぶろう
安政2(1855)年5月15日〜大正15(1926)年11月6日
明治〜大正期の英語教師。
¶徳島歴

### 高浜亀山　たかはまきざん
寛保3(1743)年〜文化1(1804)年
江戸時代中期〜後期の播磨姫路藩儒。
¶国書《㊧文化1(1804)年3月10日》、人名、日人

### 高浜長江　たかはまちょうこう
＊〜大正1(1912)年1月29日　㊥高浜謙三《たかはまけんぞう》
明治期の詩人。青山学院教員。詩集に「小羊」「煉獄へ」、詩文集に「酔後の花」「草雲雀」。
¶近文《㊥？》、社史《㊧1871年6月21日》、世紀《㊤明治9(1876)年6月21日》、鳥取百《㊤明治4(1871)年》

### 高原庄七　たかはらしょうしち
昭和期の音楽教育家。
¶群馬人《㊤大正6(1917)年　㊦昭和38(1963)年》、群馬百《㊤1922年　㊦1961年》

### 高原寿雄　たかはらひさお
明治18(1885)年12月6日〜昭和18(1943)年4月24日
明治〜昭和期の珠算教育者。岡山市立女子商業学校初代校長。
¶岡山歴

### 高平久作　たかひらきゅうさく
天保6(1835)年〜明治42(1909)年
江戸時代後期〜明治期の西成田小学校教員、のち黒川郡富谷村助役。
¶姓氏宮城

### 高藤太一郎　たかふじたいちろう
明治11(1878)年7月1日〜昭和37(1962)年6月20日
明治〜昭和期の教育者。
¶岩手人

**高松覚太郎** たかまつかくたろう
慶応3(1867)年～昭和17(1942)年
明治～昭和期の教育家・地方行政官。
¶姓氏富山，富山百

**高松ミキ** たかまつみき
明治32(1899)年～昭和16(1941)年2月14日
大正～昭和期の教育者。
¶神奈女，姓氏神奈川

**多賀幹子** たがみきこ
昭和24(1949)年9月26日～
昭和～平成期のジャーナリスト。女性・教育・社会問題などについて執筆。著書に「追いつめられた子供たち」など。
¶現執3期，日女



**高見三郎** たかみさぶろう
明治37(1904)年1月8日～昭和53(1978)年2月28日
昭和期の内務官僚、政治家。衆議院議員。静岡県副知事、第3次佐藤内閣の文部大臣。
¶現情，静岡歴，人名7，世紀，政治，日人，山口人，山口百

**高見沢孟** たかみざわはじめ
昭和10(1935)年～
昭和～平成期の教育者。昭和女子大学教授。専門は日本語教育。著書に「新しい外国語教授法と日本語教育」「オフィスの日本語」など。
¶現執3期

**田上新平** たがみしんぺい
寛政8(1796)年～明治5(1872)年9月
江戸時代後期～明治期の心学者。
¶国書

**鷹見星皐** たかみせいこう
宝暦1(1751)年～文化8(1811)年
江戸時代中期～後期の三河田原藩家老。
¶江文(㊤寛延3(1750)年)，国書(㊦文化8(1811)年10月3日)，人名(㊤1750年)，日人，藩臣4

**高嶺秀夫** たかみねひでお
安政1(1854)年～明治43(1910)年2月22日
明治期の教育者。東京師範学校・女子高等師範学校校長。ペスタロッチの教育法を研究。
¶会津，朝日(㊤安政1年8月15日(1854年10月6日))，海越(㊤嘉永7(1854)年8月14日)，海越新(㊤嘉永7(1854)年8月14日)，教育，近現，国際，国史，コン改，コン5，史人(㊤1854年8月14日)，新潮(㊤安政1(1854)年8月14日)，人名，世百，先駆(㊤嘉永7(1854)年8月15日)，全書，哲学，渡航(㊤1854年8月)，日史(㊤安政1(1854)年8月15日)，日人，百科，福島百，洋学

**高嶺方美** たかみねほうび
明治16(1883)年～昭和18(1943)年5月13日
明治～昭和期の裁判官。
¶沖縄百，姓氏沖縄

**高見弥一郎** たかみやいちろう
→大石団蔵(おおいしだんぞう)

**高宮サゝ子** たかみやささこ
明治35(1902)年～平成4(1992)年
昭和～平成期の教育者。女子文化学院長。
¶島根歴

**高宮広雄** たかみやひろお
明治36(1903)年11月7日～昭和34(1959)年9月20日
昭和期の教育者。
¶沖縄百，姓氏沖縄

**高宮行男** たかみやゆきお
大正6(1917)年1月26日～
昭和期の予備校経営者。高宮学園代々木ゼミナール理事長・校長。無試験入学制度、衛星授業などのアイデア商法で大学受験予備校の経営に尽力。
¶現朝，現情，現人，世紀，日人

**高村馨** たかむらかおる
明治41(1908)年～
昭和期の小学校教員。
¶社史

**高村喜美子** たかむらきみこ
昭和2(1927)年9月24日～昭和56(1981)年5月5日
昭和期の小学校教師、詩人。
¶児人，日児

**高村雅一** たかむらまさいち
明治24(1891)年～昭和37(1962)年
大正～昭和期の教育者。
¶姓氏山口

**高村悠斎** たかむらゆうさい
生没年不詳
江戸時代後期の医者・心学者。
¶国書

**高本順** たかもとしたごう
→高本紫溟(たかもとしめい)

**高本紫溟** たかもとしめい
元文3(1738)年～文化10(1813)年12月26日
㊿高本順《たかもとしたごう》，李紫溟《りしめい》
江戸時代中期～後期の肥後熊本藩士。
¶熊本百，国書，人名(高本順　たかもとしたごう)，人名(李紫溟　りしめい)，日人(㊦1814年)，藩臣7

**高森栄喜三** たかもりえきぞう
明治17(1884)年～昭和26(1951)年2月20日
明治～昭和期の政治家。奈良県豊原村村長。私財を投じて私立豊農塾を開設。
¶郷土奈良，世紀，日人

**高森邦明** たかもりくにあき
昭和5(1930)年6月15日～
昭和～平成期の国語教育学者、児童文学研究者。筑波大学教授。
¶現執1期，現執2期，児作，児人，世紀，日児

**高森良人** たかもりよしと
明治27（1894）年4月4日～
大正～昭和期の中国哲学者、教育者、文学博士。
¶熊本百

**高森義文** たかもりよしふみ
昭和13（1938）年10月17日～
昭和～平成期の音楽教育者、指揮者、作曲家。
¶音人3

**多賀谷荘蔵** たがやしょうぞう
文久3（1863）年1月15日～昭和2（1927）年10月11日
明治～昭和期の教育者。
¶群馬人

**高柳英竜**（高柳英龍） たかやなぎえいりゅう
昭和2（1927）年3月31日～平成15（2003）年3月23日
昭和・平成期の教育者、書家。書道研究英龍会を設立。
¶石川現九（高柳英龍）

**高柳義一** たかやなぎぎいち
明治27（1894）年12月1日～昭和63（1988）年2月3日
昭和期の細菌学者、内科学者。東北薬科大学学長・理事長。東北薬学専門学校（後の東北薬科大学）を創設。
¶科学，学校，現情

**高柳信一** たかやなぎしんいち
大正10（1921）年5月5日～平成16（2004）年
昭和～平成期の法学者。
¶現朝，現執1期，現執2期，現執3期，現情，世紀，日人，平和，マス89

**高楊浦里** たかやなぎほり
明和3（1766）年～文政3（1820）年
江戸時代中期～後期の儒学者。
¶国書（[没]文政3（1820）年6月16日），日人

**高柳誠** たかやなぎまこと
昭和25（1950）年9月13日～
昭和～平成期の詩人。玉川大学助教授。教壇に立つ傍ら詩作活動を行う。詩集に「アリスランド」など。
¶幻作，現詩，幻想，世紀，日人

**高柳美知子** たかやなぎみちこ
昭和6（1931）年11月24日～
昭和～平成期の性教育研究家。人間と性教育研究協議会代表幹事。
¶現執4期，YA

**高山畏斎** たかやまいさい
享保12（1727）年3月18日～天明4（1784）年
江戸時代中期の筑後久留米藩士。
¶国書（[没]天明4（1784）年7月17日），人書94，人名，日人，藩臣7，福岡百（[没]天明4（1784）年7月14日）

**高山紀斎** たかやまきさい
嘉永3（1850）年12月12日～昭和8（1933）年2月8日
明治～大正期の歯科医。日本の歯科医学校の鼻祖、高山歯科医学院（後の東京歯科大学）を開校。
¶海越新（[生]嘉永3（1851）年12月12日），岡山人，岡山百，岡山歴，学校，近医，国際，人名，世紀（[生]嘉永3（1851）年12月12日），渡航（[生]1850年12月　[没]1933年2月5日），日人（[生]1851年）

**高山健次** たかやまけんじ
明治7（1874）年～＊
明治～昭和期の教育者。
¶姓氏長野（[没]1928年），長野歴（[没]昭和13（1938）年）

**田ヶ谷雅夫** たがやまさお
昭和6（1931）年10月21日～
昭和期の教育者。
¶視覚

**高山茂樹** たかやましげき
天保6（1835）年～明治29（1896）年
明治期の地方教育家。上毛地方最初の小学校を設立、教導にあたる。
¶神人，人名，日人

**高山信濃** たかやましなの
江戸時代中期の日向飫肥藩儒。
¶人名，日人（生没年不詳）

**高山松堂** たかやましょうどう
明治2（1869）年～昭和34（1959）年
明治～昭和期の習字教育者。
¶青森百

**高山次嘉** たかやまつぎよし
昭和5（1930）年11月5日～
昭和期の教育学者。新潟大学教授、日本社会科教育学会会長。
¶現執2期

**高山寿春** たかやまとしはる
昭和10（1935）年～
昭和期の教育者。
¶視覚

**高山彦雄** たかやまひこお
文政2（1819）年～明治27（1894）年
江戸時代後期～明治期の歌人、寺子屋師匠。
¶長野歴

**高山盈** たかやまみつ
→高山盈子（たかやまみつこ）

**高山盈子** たかやまみつこ
？～明治36（1903）年　[別]高山盈《たかやまみつ》
明治期の女流教育家。華族女学校教師。赤十字社看護婦取締となり戦傷兵の救護に活躍した。
¶近女（高山盈　たかやまみつ　[生]天保14（1843）年），コン改，コン5，女性（[没]明治36（1903）年），女性普（[没]明治36（1903）年頃1月21日），人書94（高山盈　たかやまみつ　[生]1843年），人名，日人（[生]1842年）

**高山盈子女** たかやまみつこじょ
～明治36（1903）年

江戸時代末期～明治期の教育者、看護師。
¶三重続

**高谷道男** たかやみちお
明治24(1891)年10月12日～
大正～昭和期の教育者、日本プロテスタント史家。明治学院大学教授、桜美林大学経済学部長。
¶キリ

**高谷竜洲** たかやりゅうしゅう
→高谷竜洲(たかたにりゅうしゅう)

**多賀嘉彰** たがよしあき
文政11(1828)年～明治40(1907)年
江戸時代末期～明治期の肥前平戸藩士、書家。
¶維新、人名、日人

**高よし樹** たかよしき
大正3(1914)年3月31日～
昭和期の児童文学作家、校長。
¶日児

**宝田蘭陵** たからだらんりょう
生没年不詳
江戸時代中期の漢学者。
¶国書、人名、日人

**財津愛象** たからづあいぞう
明治18(1885)年～昭和6(1931)年10月4日
明治～昭和期の中国文学者。懐徳堂主任教授。「十三経註疏索引」の編集を行った。
¶コン改、コン5、人名、世紀、日人

**高良勉** たからべん
昭和24(1949)年9月1日～
昭和～平成期の詩人、高校教師。沖縄県公文書館史料編集室主任専門員。
¶現執4期

**宝山栽松** たからやまさいしょう
明治1(1868)年3月16日～昭和3(1928)年
江戸時代末期～昭和期の教育者。
¶三重

**高良隆徳** たからりんとく
明治5(1872)年12月26日～大正8(1919)年4月24日
明治～大正期の教育者、政治家。
¶沖縄百、姓氏沖縄

**田川貞二** たがわていじ
？～
昭和期の教育者、小学校教師。
¶社史

**田川時彦** たがわときひこ
昭和4(1929)年～平成15(2003)年
昭和～平成期の教師、被爆者救援・反核運動家。
¶平和

**たき**
1824年～
江戸時代後期の女性。教育。加藤太七の妻。弘化3年、堀江町に花形流筆道を教える寺子屋詞堂を開業。
¶江表(たき(東京都)) ㊞文政7(1824)年頃)

**タキ**(1)
弘化3(1846)年～
江戸時代後期の女性。教育。松前藩藩士の娘。
¶江表(タキ(北海道))

**タキ**(2)
江戸時代後期の女性。教育。相模小田原藩藩士牟礼氏の娘。嘉永2年～慶応4年まで寺子屋の師匠をする。
¶江表(タキ(神奈川県))

**多喜** たき★
1821年～
江戸時代後期の女性。教育。布施嘉七の妻。
¶江表(多喜(東京都)) ㊞文政4(1821)年頃)

**滝井純** たきいじゅん
昭和3(1928)年11月30日～
昭和期の校長、演劇教育研究家。川崎市立新作小学校長。
¶児作、日児

**滝上鴻斎** たきうえこうさい
寛政3(1791)年～天保7(1836)年
江戸時代後期の教育者。
¶姓氏群馬

**滝内大三** たきうちだいぞう
昭和18(1943)年7月30日～
昭和～平成期の教育者。大阪経済大学教授。教育史などを研究。著書に「西欧人間形成史」「個性教育の創造」など。
¶現執3期

**滝内政治郎** たきうちまさじろう
明治40(1907)年4月12日～昭和52(1977)年3月16日
昭和期の医学放射線技術教育者。医学放射線の技術教育に尽力。保険文化賞受賞。著書に「放射線小辞典」など。
¶科学、近医、現情、人名7、世紀、日人

**滝鶴台** たきかくだい
宝永6(1709)年～安永2(1773)年1月24日
江戸時代中期の儒学者、長州(萩)藩の御手大工引頭市右衛門重慶の長男。
¶朝日(㊞安永2年1月24日(1773年2月15日))、江文、近世、国史、国書、コン改、コン4、史人、新潮、人名、姓氏山口、世人、日人、藩臣6、山口百

**滝川有乂** たきがわありはる
→滝川有人(たきがわありんど)

**滝川有人** たきがわありんど
天明7(1787)年～天保15(1844)年 ㊞滝川新平《たきがわしんぺい》、滝川有乂《たきかわゆうかい、たきがわありはる》
江戸時代後期の加賀藩士、算学者。
¶国書(滝川有乂 たきがわありはる ㊞天保15(1844)年9月13日)、人名(滝川有乂 たきか

わゆうかい), 世人, 日人(滝川有乂　たきがわありはる), 幕末(滝川新平　たきがわしんぺい　[没]1844年10月24日)

**滝川一益** たきがわかずます
明治38(1905)年1月4日～平成3(1991)年7月30日
昭和期の学校創立者。滝川学園の設立に関わる。
¶学校

**滝川質直** たきがわかたなお
文政5(1822)年～明治13(1880)年11月11日
江戸時代後期～明治時代の和算家。
¶数学

**滝川新平** たきがわしんぺい
→滝川有人(たきがわありんど)

**滝川政式** たきがわせいしき
江戸時代末期～明治期の和歌山藩士、教育者。
¶三重

**滝川友直** たきがわともなお
文化13(1816)年～文久2(1862)年
江戸時代後期～末期の藩士・和算家。
¶数学

**滝川弁三** たきがわべんぞう, たきかわべんぞう
嘉永4(1851)年～大正14(1925)年1月12日
江戸時代末期～大正期の政治家、実業家。貴族院議員。マッチの製造に着手、清燧社を神戸に設立。東洋マッチ株式会社と改名、生産高は全国の五分の一を占め、"マッチ王"と称される。貴族院議員も務めた。公共事業、子弟教育にも関わり、滝川中学校を設立した。
¶学校([生]嘉永4(1851)年11月21日), 人名(たきかわべんぞう), 世紀([生]嘉永4(1851)年11月21日), 日人, 幕末, 藩臣6, 兵庫人([生]嘉永4(1851)年10月21日), 兵庫百, 山口百

**滝川有乂** たきかわゆうかい
→滝川有人(たきがわありんど)

**滝川幸辰** たきがわゆきとき, たきかわゆきとき
明治24(1891)年2月24日～昭和37(1962)年11月16日　[別]滝川幸辰《たきがわゆきとし》
大正～昭和期の刑法学者。京都帝国大学総長。「刑法読本」が危険思想として問題化、滝川事件となる。日本刑法学会初代会長。
¶岡山人(たきかわゆきとき), 岡山百, 岡山歴, 京都大, 近現, 現朝(たきかわゆきとき), 現情(たきかわゆきとき), 現人, 現日, 国史, コン改(たきかわゆきとき), コン4(たきかわゆきとき), コン5(たきかわゆきとき), 史人, 社史, 重要, 新潮, 人名7(たきかわゆきとき), 世紀(たきかわゆきとき), 姓氏京都, 世人(たきがわゆきとし), 世百新(たきかわゆきとき), 全書, 大百, 哲学, 日史(たきかわゆきとき), 日人, 日本, 百科(たきかわゆきとき), 平和(たきかわゆきとき), 履歴, 履歴2, 歴大

**滝川幸辰** たきがわゆきとし
→滝川幸辰(たきがわゆきとき)

**滝川柳糸** たきかわりゅうし
宝暦8(1758)年～文政7(1824)年
江戸時代中期～後期の寺子屋師匠。
¶姓氏岩手

**滝口向陽** たきぐちこうよう
文化14(1817)年～明治9(1876)年6月17日
江戸時代末期～明治時代の教育家。廃藩後、私塾養英亭をひらき子弟の教育にあたる。
¶幕末, 幕末大, 藩臣7

**滝口松嶺** たきぐちしょうれい
生没年不詳
江戸時代中期の儒学者。
¶日人

**多紀元悳** たきげんとく
享保17(1732)年～享和1(1801)年　[別]多紀元徳《たきもとのり》, 多紀元悳《たきもとのり》, 多紀藍渓《たきらんけい》
江戸時代中期～後期の幕府医師。
¶朝日([没]享和1年5月10日(1801年6月20日)), 近世(多紀藍渓　たきらんけい), 国史(多紀藍渓　たきらんけい), 国書(多紀元徳　たきもとのり　[没]享和1(1801)年5月10日), 新潮([没]享和1(1801)年5月10日), 人名(多紀元徳　たきもとのり), 世人(多紀元徳　たきもとのり), 全書, 大百(たきもとのり), 日人(多紀元徳　たきもとのり)

**たき子** たきこ★
～明治19(1886)年
江戸時代末期～明治時代の女性。教育。川端氏。
¶江表(たき子(千葉県))

**滝鴻** たきこう
延享2(1745)年～寛政4(1792)年　[別]滝高渠《たきこうきょ》
江戸時代中期の漢学者、長州(萩)藩士。
¶国書(滝高渠　たきこうきょ　[生]元文2(1737)年　[没]天明4(1784)年1月26日), 人名, 日人(滝高渠　たきこうきょ)

**滝高渠** たきこうきょ
→滝鴻(たきこう)

**多喜恒斎** たきこうさい
文政11(1828)年11月26日～明治36(1903)年
江戸時代後期～明治期の伊勢津藩士、教育者。
¶三重

**滝沢菊太郎** たきざわきくたろう
安政1(1854)年10月～昭和8(1933)年
昭和期の産業構造学者、産業組織学者。名古屋大学教授、中京大学教授。
¶群新百, 群馬人, 群馬百, 長野歴

**滝沢伝** たきざわつとう
明治13(1880)年～昭和25(1950)年
明治～昭和期の教育者。
¶姓氏長野

**滝沢常雄** たきざわつねお
明治35(1902)年～昭和50(1975)年

大正～昭和期の教育者。
¶神奈川人

**滝沢常次郎** たきざわつねじろう
明治41（1908）年～昭和48（1973）年
昭和期の教育者。
¶姓氏富山

**滝沢広人** たきざわひろと
昭和41（1966）年1月～
昭和～平成期の中学校教師。専門は、英語教育。
¶現執4期



**滝沢又市** たきざわまたいち
明治1（1868）年～昭和12（1937）年
明治～昭和期の教育者。
¶神奈川人

**滝沢万治郎** たきざわまんじろう
明治27（1894）年～昭和38（1963）年
大正～昭和期の教育者。
¶姓氏長野

**滝誠斎** たきせいさい
天保10（1839）年～明治12（1879）年9月5日
江戸時代末期～明治期の漢学者、儒医。維新後は中学校教官、道修小学校巡講師となる。
¶大阪人（[生]天保4（1833）年），幕末，幕末大

**滝田紫城** たきたしじょう
文政5（1822）年～明治30（1897）年9月13日
江戸時代末期～明治期の蘭学者。西洋馬術を学ぶ。「五畜療養書」を翻訳し藩主に献上。著書に「農家日用全書」。
¶人名，長崎遊，日人，幕末，藩臣7，福岡百（[生]文政5（1822）年7月27日），洋学

**滝信四郎** たきのぶしろう
明治1（1868）年7月15日～昭和13（1938）年11月26日
江戸時代末期～昭和期の実業家。滝実業学校を創設。
¶愛知百，学校，世紀，日人

**滝野遊軒** たきのゆうけん
元禄8（1695）年～宝暦12（1762）年
江戸時代中期の柔術家。
¶人名，全書，日人

**滝原吉右エ門** たきはらきちえもん
明治45（1912）年3月30日～平成6（1994）年7月19日
昭和・平成期の教育者。学校長・高山市社会福祉協議会事務局長。
¶飛騨

**滝充** たきみつる
昭和29（1954）年1月1日～
昭和～平成期の教育学者。国立教育政策研究所生徒指導研究センター総括研究官。
¶現執4期

**滝本助造** たきもとすけぞう
明治9（1876）年～昭和25（1950）年
明治～昭和期の教育者。
¶姓氏富山

**多紀元徳**（多紀元悳） たきもとのり
→多紀元悳（たきげんとく）

**多紀藍渓** たきらんけい
→多紀元悳（たきげんとく）

**沢庵** たくあん
→沢庵宗彭（たくあんそうほう）

**沢庵禅師** たくあんぜんじ
→沢庵宗彭（たくあんそうほう）

**沢庵宗彭**（沢庵宗澎） たくあんそうほう
天正1（1573）年12月1日～正保2（1645）年12月11日　[別]宗彭《しゅうほう，そうほう》，沢庵《たくあん》，沢庵禅師《たくあんぜんじ》，普光国師《ふこうこくし》
安土桃山時代～江戸時代前期の臨済宗の僧。但馬国出石生まれ。
¶朝日（[生]天正1年12月1日（1573年12月24日）[没]正保2年12月11日（1646年1月27日）），岩史，江戸（沢庵宗澎），科学，角史，鎌倉（[没]正保2（1646）年），教育，京都大，近世，国史，国書，コン改，コン4，詩歌，史人，重要（[生]天正1（1573）年12月），食文（[没]正保2年12月11日（1646年1月16日）），人書94，新潮，人名，姓氏京都（[没]1646年），世人（[生]天正1（1573）年12月），世百，戦国（宗彭　そうほう），全書（沢庵　たくあん），戦人，大百（沢庵　たくあん），茶道，伝記，日思，日史（沢庵　たくあん[没]正保2（1645）年11月29日），日人（[没]1646年），百科（沢庵　たくあん），兵庫人（沢庵　たくあん），兵庫百，仏教，仏史，仏人（沢庵　たくあん），名僧，山形百（沢庵禅師　たくあんぜんじ），歴大，和俳

**多久弘一** たくこういち
昭和～平成期の予備校講師。代々木ゼミナール校長。
¶YA

**多久茂文** たくしげぶみ，たくしげふみ
＊～正徳1（1711）年
江戸時代前期の肥前佐賀藩国老。郷校東原庠舎を設立、校内に孔子廟を祀った。
¶佐賀百（たくしげふみ　[生]寛文9（1669）年11月26日　[没]正徳1（1711）年8月29日），人名（[生]1602年　[没]1644年），日人（[生]1670年）

**田口衛門** たぐちえもん
明治39（1906）年9月28日～平成3（1991）年5月7日
昭和・平成期の教育者。学校長。
¶飛騨

**田口京平** たぐちきょうへい
明治40（1907）年1月6日～平成1（1989）年8月11日
昭和期の教育者。学校長。
¶飛騨

**田口銀六** たぐちぎんろく
大正4（1915）年11月10日～平成7（1995）年4月

**田口小作** たぐちしょうさく
弘化4（1847）年〜昭和4（1929）年
明治〜昭和期の岩手県最初の学校視学官。
¶岩手人，姓氏岩手

**田口貞治** たぐちじょうじ★
明治19（1886）年〜大正14（1925）年8月10日
明治・大正期の教師。
¶栃木人

**田口昌竜** たぐちしょうりゅう
嘉永2（1849）年〜大正8（1919）年
江戸時代末期〜大正期の僧、私塾経営者。
¶大分百，大分歴

**田口敬** たぐちたかし
昭和5（1930）年7月4日〜
昭和期の教育者。学校長。
¶飛騨

**田口太郎** たぐちたろう
天保12（1841）年4月27日〜大正12（1923）年4月20日
江戸時代末期〜大正期の官吏。江戸開成所教官、紙幣寮権助。広島藩の尊攘派の中心。イギリスに留学。
¶維新，海越，海越新，人名，渡航，日人，幕末

**田口恒司** たぐちつねじ
昭和7（1932）年2月19日〜
昭和期の教育者。学校長・萩原町教育長。
¶飛騨

**田口丁十郎** たぐちていじゅうろう
明治20（1887）年2月8日〜昭和35（1960）年4月19日
明治〜昭和期の教育者。
¶群馬人

**田口東陽** たぐちとうよう★
弘化3（1846）年〜大正13（1924）年8月
明治・大正期の教育者。中学の校長。
¶秋田人2

**田口利弘** たぐちとしひろ
昭和13（1938）年6月20日〜平成9（1997）年6月23日
昭和・平成期の下呂町教育長。
¶飛騨

**田口富五郎** たぐちとみごろう
明治33（1900）年〜昭和33（1958）年
大正〜昭和期の教育者。
¶群馬人

**田口秀実** たぐちひでみ，たぐちひでざね
文政11（1828）年〜明治25（1892）年4月27日
江戸時代末期〜明治期の神官。大洗神社神官。私塾を開いて村内子弟の教育にあたる。
¶神人，幕末（たぐちひでざね），幕末大（たぐちひでざね）

**田口方一** たぐちまさかず
昭和11（1936）年6月20日〜
昭和期の学校長・神職。
¶飛騨

**田口正邦** たぐちまさくに
昭和13（1938）年11月1日〜
昭和期の下呂町教育長。
¶飛騨

**田口通正** たぐちみちまさ
明治41（1908）年3月24日〜昭和57（1982）年4月29日
大正・昭和期の学校長・神職。
¶飛騨

**田口芳五郎** たぐちよしごろう
明治35（1902）年7月20日〜昭和53（1978）年2月23日
昭和期のカトリック聖職者。駐日ローマ教皇使節の秘書、大阪大司教、枢機卿などを歴任。英知大学を開設し、初代学長。
¶学校，郷土長崎，キリ，現情，新潮，人名7，世紀，日人，履歴（㊤明治35（1902）年2月23日），履歴2（㊤明治35（1902）年2月23日）

**田口由之助** たぐちよしのすけ
明治3（1870）年1月11日〜昭和26（1951）年2月1日
明治〜昭和期の教育者。学校長。
¶飛騨

**田口義紀** たぐちよしのり
昭和15（1940）年2月13日〜
昭和期の教育者。学校長。
¶飛騨

**田口義祐** たぐちよしゆう
昭和6（1931）年5月27日〜
昭和期の朝日村教育長。
¶飛騨

**詫間晋平** たくましんぺい
昭和10（1935）年4月26日〜
昭和期の教育工学者、知識工学者。国立特殊教育総合研究所教育工学研究部長、川崎医療福祉大学教授。
¶現執1期，現執2期

**詫摩武俊** たくまたけとし
昭和2（1927）年6月30日〜
昭和〜平成期の心理学者。東京国際大学教授、東京都立大学教授。専門は性格心理学、幼児教育。著書に「性格はいかにつくられるか」「幼児教育」など。
¶現朝，現執1期，現執2期，現執3期，現執4期，現情，心理，世紀，日人，マス89

**内匠ちゑ** たくみちえ
明治28（1895）年〜
大正〜昭和期の教育者。
¶兵庫百

**宅和純** たくわあつし
大正7(1918)年～平成5(1993)年
昭和期の教師。
¶平和

**武井一三** たけいいちぞう
天保11(1840)年～明治29(1896)年
江戸時代後期～明治期の教育者。
¶姓氏長野

**武居敬斎** たけいけいさい
天明5(1785)年～安政2(1855)年
江戸時代後期の福島藩儒。
¶国書([没]安政2(1855)年9月4日), 人名, 長野歴, 日人

**竹井玄隆** たけいげんりゅう
明治期の教師、医師。
¶姓氏鹿児島

**武井三郎** たけいさぶろう
生没年不詳
昭和期の小学校教員。
¶社史

**武居三吉** たけいさんきち
明治29(1896)年10月26日～昭和57(1982)年6月25日
明治～昭和期の農芸化学者。
¶科学, 科技, 現情, 世紀, 姓氏京都, 姓氏長野, 長野歴, 日人

**武石弘** たけいしひろし
大正4(1915)年～昭和63(1988)年
昭和期の大分県教育委員長。
¶大分歴

**武井泰郎** たけいたいろう
文政8(1825)年～明治31(1898)年
江戸時代後期～明治期の教育者。
¶姓氏群馬

**武居用拙** たけいようせつ
文化13(1816)年～明治25(1892)年6月
江戸時代後期～明治期の漢学者。
¶国書, 姓氏長野, 長野百, 長野歴

**竹内安真** たけうちあんしん
寛政1(1789)年～嘉永6(1853)年
江戸時代後期の府内藩校の儒官。
¶大分百

**竹内運平** たけうちうんぺい
明治14(1881)年～昭和20(1945)年
大正～昭和期の地方史研究家、教育家。青森県立弘前中学校教諭。津軽地方と蝦夷地の交渉史を研究。
¶青森人, 青森百, 郷土, 史研

**竹内瑛二郎** たけうちえいじろう
明治37(1904)年1月20日～昭和63(1988)年2月17日
大正・昭和期の詩人・教育者。
¶秋田人2, 東北近

**竹内オサム** たけうちおさむ
昭和26(1951)年7月1日～
昭和～平成期の社会学者。同志社大学教授。専門は教育学。漫画の表現と社会との摩擦を「マンガ事件学」という切り口で研究。
¶現執3期, 現執4期, 児作, 児人, 世紀, 兵庫文, YA

**竹内賀久治** たけうちかくじ
明治8(1875)年～昭和21(1946)年11月18日
明治～昭和期の弁護士、教育者。
¶岡山百([生]明治8(1875)年10月3日), 岡山歴([生]明治8(1875)年10月13日), 世紀([生]明治8(1875)年10月13日), 日人([生]明治8(1875)年10月13日), 履歴([生]明治8(1875)年10月3日), 履歴2([生]明治8(1875)年10月3日)

**竹内勝美** たけうちかつみ
昭和2(1927)年12月4日～平成15(2003)年3月27日
昭和～平成期の教育者。
¶視覚

**竹内菊雄** たけうちきくお
明治31(1898)年～昭和50(1975)年
大正～昭和期の教育者。
¶長野歴

**竹内清承** たけうちきよつぐ
～天保5(1834)年7月4日
江戸時代後期の藩士・暦学家。
¶数学

**竹内敬** たけうちけい
明治22(1889)年～昭和43(1968)年12月28日
明治～昭和期の教育者、植物研究家。京都市向島小学校校長、花明山植物園長。
¶京都府, 植物([生]明治22(1889)年12月12日), 世紀, 日人

**竹内玄同** たけうちげんどう
文化2(1805)年～明治13(1880)年　[別]竹内玄同《たけのうちげんどう》
江戸時代末期～明治時代の医師。藩医。その後幕府奥医師、西洋医学所教授・取締となる。
¶朝日(たけのうちげんどう　[没]明治13(1880)年1月12日), 維新, 江人, 江文(たけのうちげんどう), 科学(たけのうちげんどう　[没]明治13(1880)年1月12日), 近現(たけのうちげんどう), 近世(たけのうちげんどう), 国史(たけのうちげんどう), 国書(たけのうちげんどう　[没]明治13(1880)年1月12日), コン改, コン4, コン5, 史人(たけのうちげんどう　[没]1880年11月12日), 新潮(たけのうちげんどう　[没]明治13(1880)年1月12日), 人名(たけのうちげんどう), 姓氏石川(たけのうちげんどう), 全書, 対外(たけのうちげんどう), 大百, 徳川臣(たけのうちげんどう　[生]1795年), 長崎遊(たけのうちげんどう), 日人(たけのうちげんどう), 幕末([没]1880年1月13日), 幕末(たけのうちげんどう　[没]1880年1月13日), 幕末([没]1880年1月13日), 幕末(たけのうちげんどう　[没]1880年1月13日), 幕末大([没]明治13

(1880)年1月13日)，藩臣3(たけのうちげんどう)，福井百([生]寛政7(1795)年)，洋学(たけのうちげんどう [生]寛政7(1795)年)

**竹内孝貞** たけうちこうてい
生没年不詳
江戸時代後期の教育家。
¶国書

**竹内五右衛門** たけうちごえもん
～慶長20(1615)年5月7日
江戸時代前期の豊臣秀頼の剣術師範。
¶大坂

**竹内左馬次郎** たけうちさまじろう
明治3(1870)年2月5日～昭和20(1945)年1月5日
明治～昭和期の教育者。
¶岡山歴

**竹内式部** たけうちしきぶ
→竹内式部(たけのうちしきぶ)

**竹内重信** たけうちしげのぶ
文政13(1830)年6月21日～明治23(1890)年10月11日 [別]竹内重信《たけのうちじゅうしん》
江戸時代末期～明治期の和算家。藩数学寮の教頭を務め数学の研究に努めた。
¶国書，人名(たけのうちじゅうしん)，数学，日人

**竹内実次** たけうちじつじ
明治37(1904)年～
大正～昭和期の中学校教員。立正中学教諭。
¶社史

**竹内修敬** たけうちしゅうけい
文化12(1815)年～明治7(1874)年6月10日 [別]竹内修敬《たけうちのぶよし,たけのうちしゅうけい》
江戸時代末期～明治期の和算学者。藩校明倫堂算学教授。小学校算術教師。著書に「算法円理括発」など。
¶国書([没]明治8(1875)年6月25日)，人名(たけのうちしゅうけい)，数学(たけうちのぶよし)，姓氏愛知，日人，幕末，幕末大

**竹内俊一** たけうちしゅんいち
昭和25(1950)年4月5日～
昭和～平成期の音楽教育者。
¶音人，音人2，音人3

**竹内真一** たけうちしんいち
昭和7(1932)年9月16日～ [別]泉信三《いずみしんぞう》
昭和～平成期の教育学者。明治学院大学教授。青年期教育を研究。著書に「青年運動の歴史と理論」「青年労働者の世界」など。
¶現執1期(泉信三 いずみしんぞう)，現執1期，現執2期，現執3期，世紀

**竹内甚左衛門** たけうちじんざえもん
? ～天保5(1834)年
江戸時代後期の藩校の天文暦学学頭。
¶青森人

**竹内節** たけうちせつ
江戸時代末期～明治期の多古藩士。大学校の少主簿、宮内大録、宮内権少丞をつとめる。
¶維新，幕末(生没年不詳)

**竹内赳夫** たけうちたけお
慶応2(1866)年～大正6(1917)年12月22日 [別]竹内赳夫《たけのうちたけお》
明治～大正期の陸軍軍人。少将。日独戦役に青島軍政長官を務めた。
¶人名(たけのうちたけお)，世紀(たけのうちたけお)，姓氏京都([生]?)，渡航([生]1867年2月)，日人(たけのうちたけお)

**竹内武信** たけうちたけのぶ
天明2(1782)年～嘉永6(1853)年 [別]竹内武信《たけのうちぶしん》
江戸時代後期の和算家、上田藩士。
¶郷土長野，国書([生]天明4(1784)年6月14日 [没]嘉永6(1853)年9月25日)，人名(たけのうちぶしん [生]1784年)，姓氏長野，長野百，長野歴，日人([生]1784年)

**竹内度道** たけうちただみち
→竹内度道(たけのうちただみち)

**竹内竜幸** たけうちたつゆき
大正14(1925)年2月10日～
大正～昭和期の点訳ボランティア、教師。
¶視覚

**竹内淡軒** たけうちたんけん
文化13(1816)年～元治1(1864)年 [別]竹内淡軒《たけのうちたんけん》
江戸時代末期の豊後府内藩儒。
¶大分百([生]1796年)，人名(たけのうちたんけん)，日人(たけのうちたんけん)

**竹内忠告** たけうちちゅうこく
弘化4(1847)年4月21日～明治14(1881)年12月15日
江戸時代後期～明治期の甲府学校教頭。
¶山梨百

**竹内綱** たけうちつな
→竹内綱(たけのうちつな)

**竹内恒** たけうちつね
明治36(1903)年～昭和50(1975)年
昭和期の教育者、考古学者。
¶長野歴

**竹内常一** たけうちつねかず
昭和10(1935)年1月13日～
昭和～平成期の教育者。国学院大学教授。専門は生活指導、中等教育。主著に「生活指導の理論」「教育への構図」など。
¶現執1期，現執2期，現執3期，現執4期

**竹内常助** たけうちつねすけ★
生没年不詳
大曲市の秋田師範。文化人。
¶秋田人2

**竹内東仙** たけうちとうせん
天保9(1838)年頃～大正13(1924)年4月1日
江戸時代末期～大正時代の二本松藩士、漢学者。藩校敬学館教授。明倫塾を開く。著に「東仙詩文抄」など多数。
¶幕末，幕末大，福島百([生]天保9(1838)年)

**竹内東門〔代数なし〕** たけうちとうもん
→竹内東門〔1代〕(たけのうちとうもん)

**竹内俊雄** たけうちとしお
明治26(1893)年～昭和18(1943)年
大正～昭和期の教育者。
¶神奈川人

**竹内修敬** たけうちのぶよし
→竹内修敬(たけうちしゅうけい)

**竹内一** たけうちはじめ
明治36(1903)年～昭和20(1945)年
昭和期の陸上競技選手、体育教育者。
¶高知人

**竹内春子** たけうちはるこ
明治41(1908)年？ ～ [別]西田春子《にしだはるこ》
昭和期の小学校教員。
¶社史

**竹内英夫** たけうちひでお
明治37(1904)年～昭和58(1983)年2月23日
昭和期の教育者。
¶徳島歴

**竹内秀男** たけうちひでお
昭和17(1942)年7月11日～
昭和～平成期の音楽教育者。
¶音人2，音人3

**竹内吹栄** たけうちふきえ
大正7(1918)年～
昭和期の小学校教諭。
¶児人

**竹内豊洲** たけうちほうしゅう
→竹内豊洲(たけのうちほうしゅう)

**竹内正雄** たけうちまさお
明治27(1894)年11月25日～昭和45(1970)年10月8日
大正～昭和期の教育者。
¶埼玉人

**竹内正俊** たけうちまさとし
弘化4(1847)年～明治13(1880)年
江戸時代後期～明治期の教育者。
¶姓氏静岡

**竹内明太郎** たけうちめいたろう
→竹内明太郎(たけのうちあきたろう)

**竹内泰信** たけうちやすのぶ
天保14(1843)年～明治30(1897)年
江戸時代後期～明治期の地方自治功労者、啓蒙家。
¶姓氏長野，長野歴

**竹内譲** たけうちゆずる
明治38(1905)年～昭和6(1931)年
昭和期の小学校訓導、郷土史研究の先駆者。
¶姓氏鹿児島

**竹内洋** たけうちよう
昭和17(1942)年1月8日～
昭和～平成期の社会学者。専門は教育社会学、産業社会学。著書に「選抜社会」「複眼サラリーマン学」など。
¶現執2期，現執3期，現執4期

**竹内芳太** たけうちよした
明治23(1890)年～昭和31(1956)年
昭和期の教育者、俳人。
¶山口人

**竹内米吉** たけうちよねきち
安政6(1859)年～昭和3(1928)年
明治～大正期の教育者。
¶神奈川人

**武岡鶴代** たけおかつるよ
明治28(1895)年9月18日～昭和41(1966)年9月30日
大正～昭和期の声楽家。国立音楽学校教授。日本の代表的な声楽家として活躍。
¶演奏，岡山，岡山百([没]昭和41(1966)年9月31日)，岡山歴，音楽，音人，芸能，現情，女性，女性普，新芸，人名7，世紀，日人

**竹川訓由** たけかわくにゆき
昭和27(1952)年12月16日～
昭和～平成期の小学校教師。TOSS/Human代表。専門は、教育技術、学級づくり。
¶現執4期

**武川行男** たけかわゆきお
昭和12(1937)年10月29日～
昭和～平成期の教育者。豊島区立大塚台小学校校長。
¶現執3期

**武隈徳三郎** たけくまとくさぶろう
明治29(1896)年8月3日～昭和26(1951)年11月28日
大正～昭和期のアイヌの教員、鉄道員。北海道庁立井目戸尋常小学校長。
¶社史

**竹腰俊蔵** たけこししゅんぞう，たけごししゅんぞう
明治28(1895)年～昭和38(1963)年
明治～昭和期の政治家、教育者。群馬県知事。
¶群新百(たけごししゅんぞう)，群馬人(たけごししゅんぞう)，群馬百(たけごししゅんぞう)，政治([生]明治28年12月 [没]昭和38年3月28日)，姓氏群馬(たけごししゅんぞう)

**竹崎虎惣太** たけざきこそうた
明治14(1881)年～昭和30(1955)年
明治～昭和期の教育者。
¶高知人

**竹崎茶堂** たけざきさどう，たけさきさどう
文化9(1812)年～明治10(1877)年5月26日　㋫竹崎律次郎《たけさきりつじろう，たけざきりつじろう》
江戸時代末期～明治期の官学者、教育者。細川藩民部大属。藩政改革を行った。
¶維新(竹崎律次郎　たけさきりつじろう)，熊本百，コン改(たけさきさどう)，コン4(たけさきさどう)，コン5(たけさきさどう)，人名，全幕(竹崎律次郎　たけざきりつじろう)，日人，幕末，幕末大，藩臣7

**竹崎順子** たけざきじゅんこ，たけさきじゅんこ
文政8(1825)年10月25日～明治38(1905)年3月7日
明治期の教育家。キリスト教に入信。海老名弾正が創立した熊本女学校の舎監、後に校長を努める。
¶朝日(㋫文政8年10月25日(1825年12月4日))，江表(順子(熊本県))，学校，キリ，近現，近女，熊本人，熊本百，国史，コン改(たけさきじゅんこ)，コン4(たけさきじゅんこ)，コン5(たけさきじゅんこ)，女史(たけさきじゅんこ)，女性，女性普，人書94，新潮，人名，日人，幕末，幕末大，歴史

**竹崎八十雄** たけざきやそお
明治8(1875)年10月5日～昭和25(1950)年5月11日
明治～昭和期の教育者、牧師。同志社宗教主任、大江高等女学校校長。
¶キリ

**竹崎律次郎** たけさきりつじろう，たけざきりつじろう
→竹崎茶堂(たけざきさどう)

**竹下一郎** たけしたいちろう
明治11(1878)年8月12日～大正1(1912)年9月13日
明治期の教員、画家。
¶島根百

**竹下英二** たけしたえいじ
昭和18(1943)年6月16日～
昭和～平成期の音楽学者、音楽教育者。
¶音人

**竹下雄一郎** たけしたゆういちろう
弘化1(1844)年～昭和11(1936)年
明治期の佐土原の教育者。
¶宮崎百

**武島繁太郎** たけしましげたろう
明治20(1887)年3月17日～昭和46(1971)年11月20日
明治～昭和期の歌人。
¶岩手人，東北近

**武島守男** たけじままもりお
明治17(1884)年～昭和16(1941)年
明治～昭和期の教育者。校長。
¶姓氏沖縄

**武居魁助** たけすえかいすけ
明治18(1885)年1月10日～昭和27(1952)年8月19日
明治～昭和期の教育者。
¶岡山人，岡山百，岡山歴

**竹添井井** たけぞえせいせい
天保13(1842)年3月27日～大正6(1917)年3月31日
江戸時代後期～大正時代の官人、教育者。
¶詩作

**竹園一** たけぞのはじめ
大正5(1916)年～
昭和期の教育者。
¶群馬人

**武田明** たけだあきら
大正2(1913)年12月15日～平成4(1992)年7月29日
昭和～平成期の民俗学者。多度津町長。
¶郷土香川，現執1期，現執2期，世紀，日人

**武田一郎** たけだいちろう
明治32(1899)年9月21日～昭和48(1973)年12月23日
昭和期の教育学者、教育行政家。十文字学園女子短期大学学長。デューイ教育思想を研究。日本デューイ学会理事として尽力。
¶現情，人名7，世紀，哲学，日人

**武田巖雄** たけだいわお
天保4(1833)年～明治26(1893)年
明治期の祠官。典籍を蒐集し産神天満宮に文庫を設けた。
¶人名，日人

**武田丑太郎** たけだうしたろう
安政6(1859)年3月9日～大正6(1917)年12月19日
明治～大正期の数学者。
¶徳島百，徳島歴

**武田雲室** たけだうんしつ
→雲室(うんしつ)

**武田恵喜秀** たけだえきひで
明治40(1907)年10月12日～平成10(1998)年12月28日
昭和～平成期のピアニスト、音楽教育家。
¶音人，音人2，音人3

**武田キヨ**(武田きよ)　たけだきよ
明治29(1896)年9月21日～昭和29(1954)年3月14日
昭和期の政治家。衆議院議員、大正学園理事。婦人参政権獲得同盟中国支部長。民主党総務委員などを歴任。
¶近女，女性(㋫明治29(1896)年9月)，女性普(㋫明治29(1896)年9月)，世紀，政治，姓氏山口，日人，広島百(武田きよ　㋫昭和29(1954)年3月11日)，山口人

**武田錦** たけだきん
→武田錦子(たけだきんこ)

**武田錦子** たけだきんこ
文久1(1861)年2月～大正2(1913)年8月29日
㊞武田錦《たけだきん》
明治～大正期の英学者、教育者。東京女子高等師範学校教授。セイラム師範学校、ウエスタン女子大学で学び、帰国後、英語教育に携わる。
¶朝日、海越新、近女、コン改、コン5、女性、女性普(武田錦　たけだきん　㊥文久1(1863)年2月7日)、人名、渡航、日人

**竹田健一** たけだけんいち
明治24(1891)年～昭和43(1968)年
大正～昭和期の教師。
¶姓氏愛知

**武田源三郎** たけだげんざぶろう
明治33(1900)年～昭和60(1985)年
大正～昭和期の教育者。
¶山形百新

**竹田謙窓** たけだけんそう
天保4(1833)年～明治22(1889)年
江戸時代末期～明治期の儒学者。
¶日人

**竹田梧亭** たけだごてい
天明7(1787)年～天保11(1840)年
江戸時代後期の筑前福岡藩儒。
¶人名、日人

**武田定則** たけださだのり
～明治39(1906)年
江戸時代末期～明治時代の和算家。弘前の人。数理研究舎を開き子弟を教授。
¶数学

**竹田定簡** たけださだひろ
文化12(1815)年～明治22(1889)年
江戸時代末期～明治期の漢学者、筑前福岡藩士。
¶人名、日人

**竹田定良** たけださだよし
元文3(1738)年～寛政10(1798)年　㊞竹田梅廬《たけだばいろ》
江戸時代中期の筑前福岡藩士、儒学者。
¶国書(竹田梅廬　たけだばいろ　㊥寛政10(1798)年6月23日)、人名(竹田梅廬　たけだばいろ)、日人(竹田梅廬　たけだばいろ)、藩臣7

**武田三右衛門** たけださんえもん
？　～天保14(1843)年
江戸時代後期の寺子屋師匠・盛岡藩士。
¶姓氏岩手

**武田茂** たけだしげる
？　～
昭和期の女学校教員。
¶社史

**武田実菴** たけだじつあん
寛政12(1800)年～安政3(1856)年
江戸時代後期～末期の漢学塾師匠。
¶埼玉百

**武田秀蔵** たけだしゅうぞう
明治41(1908)年10月3日～
昭和期の教員。
¶社史

**武田熟軒** たけだじゅくけん
→武田敬孝(たけだゆきたか)

**竹田春江** たけだしゅんこう
天和3(1683)年～宝暦9(1759)年
江戸時代中期の兵学者。
¶人名、日人

**武田準平** たけだじゅんぺい
天保9(1838)年11月24日～明治15(1882)年
江戸時代後期～明治期の医師、政治家。
¶愛知百(㊳1882年1月2日)、姓氏愛知、日人(㊥1839年)

**武田信玄** たけだしんげん
大永1(1521)年11月3日～元亀4(1573)年4月12日
㊞武田晴信《たけだはるのぶ》
戦国時代の武将。もともと甲斐の守護だったが信濃に進出して、数度越後の上杉謙信と川中島で対陣。のち上洛を目指したが道半ばで死去。
¶朝日(㊤大永1年11月3日(1521年12月1日)㊥天正1年4月12日(1573年5月13日))、岩史、江戸、角史、神奈川人、教育、群馬人、群馬百、系東(武田晴信　たけだはるのぶ)、国史、国書、古中、コン改、コン6、埼玉人、詩歌、詩作、史人、静岡百、静岡歴、重要、諸系、人書79、人書94、人情、新潮、人名、姓氏静岡、姓氏長野、世人、世百、戦合、戦国(武田晴信　たけだはるのぶ)、戦辞(武田晴信　たけだはるのぶ　㊤大永1年11月3日(1521年12月1日)㊥天正1年4月12日(1573年5月13日))、全書、戦人、大百、伝記、長野百、長野歴、日史、日人、百科、山梨百、歴大

**竹田榛斎** たけだしんさい
寛政5(1793)年～文政12(1829)年
江戸時代後期の儒学者。
¶日人

**竹田仁風** たけだじんぶう
明治20(1887)年～昭和46(1971)年
明治～昭和期の教育者、歌人。
¶島根歴

**武田孝雄** たけだたかお
昭和3(1928)年～
昭和期の学校経営者。
¶群馬人

**武田鷹芳** たけだたかよし
明治42(1909)年～昭和60(1985)年
昭和期の教育者、歌人、漢詩人。
¶山形百新

**武田忠** たけだただし
昭和11(1936)年1月2日～
昭和～平成期の教育者。宮城教育大学教授。教育方法論などを研究。著者に「私の小学校留学記」

など。
¶現執3期，兒人

**武田全** たけだたもつ
明治33(1900)年〜平成2(1990)年
昭和・平成期の歌人・教育者。
¶熊本人

**武田丹渓** たけだたんけい
明治25(1892)年〜昭和6(1931)年
大正〜昭和期の美術教育者。
¶宮城百

**竹田智了** たけだちりょう
明治44(1911)年3月26日〜平成11(1999)年12月13日
昭和・平成期の教育者。学校長・高山市の東等寺19世。
¶飛騨

**武田常夫** たけだつねお
昭和4(1929)年〜
昭和期の教師、文学教育専門家。
¶現執1期

**武田貞之助** たけだていのすけ
慶応4(1868)年4月15日〜昭和17(1942)年3月11日
江戸時代末期〜昭和期の弁護士。
¶世紀，日人

**武田轍郎** たけだてつろう
明治23(1890)年3月1日〜昭和45(1970)年4月1日
大正・昭和期の教育者。
¶根千（㊊明治23(1890)年3月）

**武田次雄** たけだなみお
明治31(1898)年〜昭和47(1972)年
大正〜昭和期の教育者。
¶長野歴

**竹田梅廬** たけだばいろ
→竹田定良（たけださだよし）

**武田晴信** たけだはるのぶ
→武田信玄（たけだしんげん）

**武田秀夫** たけだひでお
昭和14(1939)年1月1日〜
昭和〜平成期の教育者。霞国語教室主宰。著書に「当世教師廃業事情」「さようなら少年の夢」など。
¶現執3期

**武田宏子** たけだひろこ
昭和5(1930)年7月14日〜
昭和〜平成期のピアノ教育者。
¶音人2，音人3

**竹田復斎** たけだふくさい
明治6(1769)年〜寛政11(1799)年
江戸時代中期の筑前福岡藩儒。
¶人名，日人

**竹田正直** たけだまさなお
昭和11(1936)年9月18日〜

昭和期の教育学者。北海道大学教授。
¶現執2期

**武田ミキ** たけだみき
明治34(1901)年11月20日〜平成5(1993)年12月27日
昭和期の学校創立者。武田学園理事長を務めた。広島文教女子大学等を創立。
¶学校

**武田道子** たけだみちこ
昭和17(1942)年7月23日〜
昭和〜平成期の音楽教育者。
¶音人2，音人3

**武田貢** たけだみつぎ
慶応1(1865)年〜大正8(1919)年11月11日
明治〜大正期の女流教育家。華族女学校教授。大正婦人会理事、東頂婦人会、婦人衛生会などの役員として活躍。
¶女性，女性普，人名，世紀，日人

**武田雄三** たけだゆうぞう
明治12(1879)年〜昭和16(1941)年
明治〜昭和期の教育者。
¶高知人

**武田敬孝** たけだゆきたか
文政3(1820)年〜明治19(1886)年　㊊武田熟軒《たけだじゅくけん》
江戸時代末期〜明治期の宮内省官吏。有栖川宮相談役、華頂宮家令など就任。遺稿に「駅窓雑録」「静余小録」など。
¶維新，愛媛百（㊊明治19(1886)年2月），国書（武田熟軒　たけだじゅくけん　㊊文政3(1820)年2月4日　㊊明治19(1886)年2月7日），人名（㊊1826年），日人，幕末（㊊1886年2月7日），藩臣6

**武田芳三郎** たけだよしさぶろう
万延2(1861)年〜大正11(1922)年
明治〜大正期の牧師、教育者。
¶静岡歴

**武田頼礼** たけだよりのり
嘉永5(1852)年〜明治20(1887)年
江戸時代後期〜明治期の教育者。習成小学初代校長。
¶姓氏山口

**武知愛山** たけちあいざん
文化13(1816)年〜明治26(1893)年
江戸時代末期〜明治期の伊予松山藩儒。
¶人名，日人

**武智雅一** たけちまさかず
明治38(1905)年〜昭和59(1984)年
昭和期の教育者・国文学者。
¶愛媛，愛媛百（㊊明治38(1905)年12月17日　㊊昭和59(1984)年12月31日）

**武富圯南** たけどみいなん，たけとみいなん
文化5(1808)年〜明治8(1875)年
江戸時代末期〜明治時代の藩校弘道館教授。

¶国書(たけとみいなん [生]文化5(1808)年4月18日 [没]明治8(1875)年2月27日), 幕末, 幕末大

**武富セツ**(竹富セツ) たけとみせつ
明治16(1883)年9月6日～昭和43(1968)年7月13日
明治～昭和期の教育者。
¶沖縄百, 近女(竹富セツ), 世紀, 姓氏沖縄, 日人

**武富廉斎** たけとみれんさい, たけどみれんさい
寛永14(1637)年～享保3(1718)年
江戸時代前期の漢学者、音楽家。
¶人名, 日人(たけどみれんさい)

た

**竹中庄右衛門** たけなかしょうえもん
? ～明治44(1911)年
明治期の教育者。
¶姓氏京都

**竹中祐博** たけなかすけひろ
明治43(1910)年2月7日～平成4(1992)年5月7日
昭和～平成期の音楽教育者。
¶富山百

**竹中靖一** たけなかせいいち
→竹中靖一(たけなかやすかず)

**武中武二** たけなかたけじ
? ～昭和57(1982)年5月24日
昭和期の教育者。学校創立者。成徳女子商業学校(後の下北沢成徳高等学校)を設立。
¶学校

**竹中常喜** たけなかつねき
明治18(1885)年～昭和35(1960)年
明治～昭和期の教育者。
¶高知人

**竹中暉雄** たけなかてるお
昭和18(1943)年12月24日～
昭和～平成期の教育学者。桃山学院大学教授。比較教育学、教育史などを研究。
¶現執3期

**竹中靖一** たけなかやすかず
明治39(1906)年6月9日～昭和61(1986)年12月19日 [別]竹中靖一《たけなかせいいち》
昭和期の実業家。近畿大学教授。「石門心学の経済思想」で日本学士院賞受賞。"石門心学"の研究で知られ、明誠舎を復活。
¶大阪人(たけなかせいいち [没]昭和61(1986)年12月), 現情, 世紀, 日人, 兵庫文

**竹長吉正** たけながよしまさ
昭和21(1946)年10月3日～
昭和～平成期の教育者。専門は国語科教育など。著書に「日本近代戦争文学史」「帰国子女のことばと教育」など。
¶現執3期, 現執4期, 埼玉文

**竹内明太郎** たけのうちあきたろう
安政7(1860)年2月28日～昭和3(1928)年3月23日 [別]竹内明太郎《たけうちめいたろう》
明治～大正期の実業家、政治家。茨城無煙炭、夕張炭鉱等諸会社の重役を務めた。高知工業学校を設立。
¶学校, 高知人(たけうちめいたろう), 実業, 人名, 世紀, 日人(たけうちめいたろう)

**竹内熊太郎** たけのうちくまたろう
明治13(1880)年～昭和21(1946)年
明治～昭和期の教育家。
¶鳥取百

**竹内玄同** たけのうちげんどう
→竹内玄同(たけうちげんどう)

**竹内惟忠** たけのうちこれただ
安政5(1858)年～明治40(1907)年
明治期の国学者。子爵。家塾道生館の幹事となり後進の指導に尽力。
¶人名, 日人

**竹内式部** たけのうちしきぶ
正徳2(1712)年～明和4(1767)年12月5日 [別]竹内式部《たけうちしきぶ》
江戸時代中期の尊王思想家、垂加神道家。京都で塾を開く。のち宝暦事件、明和事件に連座して流罪となった。
¶朝日([没]明和4年12月5日(1768年1月24日)), 岩史, 角史, 京都, 京都大, 近世, 国史, 国書, コン改, コン4, 史人, 重要, 神史, 神人(たけうちしきぶ), 新潮, 人名, 姓氏京都, 世人, 世百, 全書, 大百, 新潟百, 日思, 日史, 日人([没]1768年), 百科, 三重, 歴大

**竹内修敬** たけのうちしゅうけい
→竹内修敬(たけうちしゅうけい)

**竹内重信** たけのうちじゅうしん
→竹内重信(たけうちしげのぶ)

**竹内千之** たけのうちせんし
文政7(1824)年～明治15(1882)年12月23日
江戸時代末期～明治期の儒学者。世子茂村の侍講。維新後は私塾を開く。
¶コン改, コン4, コン5, 新潮, 人名, 日人, 幕末, 幕末大

**竹内赳夫** たけのうちたけお
→竹内赳夫(たけうちたけお)

**竹内度道** たけのうちただみち
安永9(1780)年～天保11(1840)年1月25日 [別]竹内度道《たけうちただみち》, 武内度道《たけうちただみち》
江戸時代後期の和算家。
¶数学(たけうちただみち)

**竹内淡軒** たけのうちたんけん
→竹内淡軒(たけうちたんけん)

**竹内綱** たけのうちつな
天保10(1839)年12月26日～大正11(1922)年1月9日 [別]竹内綱《たけうちつな》
江戸時代末期～大正期の高知藩士、政治家、実業家。衆議院議員。大蔵省出仕。高島炭坑経営。京

釜鉄道などの経営。高知工業高等学校、秋田鉱山専門学校(後の秋田大学鉱山学部)を創立。
¶朝日(㋐天保10年12月26日(1840年1月30日))、学校、角史(たけうちつな)、近現(たけうちつな)、高知経(たけうちつな)、高知人(たけうちつな)、高知百(たけうちつな)、国際(たけうちつな ㋐天保9(1838)年)、国史(たけうちつな)、コン改(㋐1838年)、コン4(㋐天保9(1838)年)、コン5(㋐天保9(1838)年)、史人、社史(たけうちつな)、新潮、人名(㋐1838年)、世紀(㋐天保10(1840)年12月26日)、世人(㋐天保9(1838)年12月1月19日)、㋓大正11(1922)年1月19日)、世百(㋐1859年)、全書(たけうちつな ㋐1840年)、日史(たけうちつな)、日人(㋐1840年)、幕末(たけうちつな)、百科、履歴(たけうちつな)、歴大(たけうちつな)

**竹内東門**〔1代〕(——〔代数なし〕)たけのうちとうもん
宝暦1(1751)年～文化12(1815)年 ㋲竹内東門〔代数なし〕《たけうちとうもん》、竹内東門《たけうちとうもん》
江戸時代後期の豊後府内藩の儒医。
¶国書(——〔代数なし〕 たけうちとうもん ㋓文化12(1815)年4月15日)、人名、日人

**竹内東門**〔2代〕たけのうちとうもん
寛政1(1789)年～嘉永6(1853)年
江戸時代後期の豊後府内藩の儒医。
¶人名、日人

**竹内武信** たけのうちぶしん
→竹内武信(たけうちたけのぶ)

**竹内文** たけのうちふみ
慶応4(1868)年3月8日～大正10(1921)年12月13日
明治～大正期の教育家・私立津山女学校創立者。
¶岡山歴

**竹内豊洲** たけのうちほうしゅう
寛政7(1795)年～元治2(1865)年 ㋲竹内豊洲《たけうちほうしゅう》
江戸時代末期の豊後府内藩儒。
¶国書(たけうちほうしゅう ㋓元治2(1865)年2月11日)、人名、日人

**竹内正志** たけのうちまさし
安政1(1854)年～大正9(1920)年9月3日
明治～大正期の政治家。衆議院議員、閑谷学校教頭、大阪毎日新聞社記者などを経て、政界で活躍。
¶岡山人、岡山百(㋐嘉永7(1854)年4月16日)、岡山歴(㋐嘉永7(1854)年4月16日)、社史、人名、日人

**竹内廉** たけのうちれん
天保9(1838)年～明治35(1902)年8月4日
江戸時代後期～明治期の教育家・津山藩士。
¶岡山歴

**竹野栄** たけのさかえ
大正11(1922)年4月27日～
昭和～平成期の校長、児童文学作家。
¶児作、児人、児文、世紀、日児

**武信音市** たけのぶおといち
明治40(1907)年～昭和33(1958)年
昭和期の教育者。
¶鳥取百

**竹野谷仁重** たけのやひとしげ
明治35(1902)年4月29日～昭和41(1966)年2月8日
昭和期の美術教育家・水彩画家。
¶埼玉人

**竹葉寅一郎** たけばとらいちろう
明治1(1868)年12月20日～昭和20(1945)年8月16日
明治～昭和期の部落改善家、感化教育家。地方自治体の指導による部落改善事業の端緒を作る。
¶社史、日史

**竹花庄蔵** たけはなしょうぞう
明治37(1904)年～昭和50(1975)年
昭和期の教育者、政治家。御明神村長。
¶姓氏岩手

**竹鼻正脩**(竹花正脩) たけはなせいしゅう
＊～文化2(1805)年
江戸時代中期～後期の伊予小松藩士。世子一柳頼欽の侍読。藩校培達校を設立。
¶日人(竹花正脩 ㋐1745年)、藩臣6(㋐延享1(1744)年)

**竹葉秀雄** たけばひでお
明治35(1902)年～昭和51(1976)年
昭和期の教育家。
¶愛媛、愛媛百(㋐明治35(1902)年3月20日 ㋓昭和51(1976)年12月18日)

**嵩原久二** たけはらきゅうじ
明治6(1873)年1月5日～昭和32(1957)年4月2日
明治～昭和期の教育者、政治家。大宜味村長。
¶沖縄百、姓氏沖縄

**竹蓋幸生** たけふたゆきお
昭和10(1935)年5月20日～
昭和～平成期の教育者。千葉大学教授。専門は英語教育など。著書に「英語教師のパソコン」「日本人英語の科学」など。
¶現執3期

**武部欽一** たけべきんいち
明治14(1881)年4月25日～昭和30(1955)年8月2日
大正～昭和期の教育家。文部省参事官、普通学長などを歴任。大日本青年館理事。
¶現情、人名7、世紀、日人

**建部新八郎** たけべしんぱちろう
安政3(1856)年～明治32(1899)年
明治期の教育者。
¶静岡歴、姓氏静岡

**建部遯吾** たけべとくご
→建部遜吾(たけべとんご)

**武部敏行** たけべとしゆき
文化8(1811)年〜明治20(1887)年
江戸時代末期〜明治期の加賀藩十村役。経済・農政に研鑽を積む。著書に「井田疑問」「海防私議」など。
¶国書(生没年不詳), 人名, 日人, 幕末([生]1811年4月6日　[没]1887年5月31日)

**建部遯吾** たけべとんご
明治4(1871)年3月21日〜昭和20(1945)年2月18日　[別]建部遯吾《たけべとくご》
明治〜大正期の社会学者。衆議院議員、貴族院議員、東京帝国大学教授。社会学の開祖。百科全書的な普通社会学を体系化した。
¶教育(たけべとくご), 近現, 現朝([生]明治4年3月21日(1871年5月10日)), 国史, コン改, コン5, 史人, 新潮, 人名7, 世紀, 世百([没]1944年), 全書, 大百, 哲学, 渡航, 新潟人, 新潟百, 日人, 明治2, 履歴

**建部政賢** たけべまさかた
延享4(1747)年〜文政1(1818)年
江戸時代中期〜後期の大名。播磨林田藩主。
¶諸系, 日人, 藩主3([生]延享4(1747)年9月26日　[没]文政1(1818)年5月24日)

**建部政和** たけべまさより
天保4(1833)年〜文久3(1863)年
江戸時代末期の大名。播磨林田藩主。
¶諸系, 日人, 藩主3([没]文久3(1863)年2月2日)

**武部良明** たけべよしあき
大正9(1920)年12月6日〜
昭和〜平成期の教育者。日本速記協会会長、早稲田大学教授。留学生の日本語教育に携わる。著書に「漢字の用法」「文字表記と日本語教育」など。
¶現執2期, 現執3期

**竹前健之丞** たけまえけんのじょう
明治9(1876)年〜昭和22(1947)年
明治〜昭和期の教育者。
¶姓氏長野, 長野歴

**武政佐喜馬** たけまささきま
*〜明治32(1899)年
江戸時代末期〜明治期の土佐勤王党の志士。父親の養良塾を守り多くの人材を育成。
¶幕末([生]1835年　[没]1899年2月9日), 幕末大([生]天保6(1836)年12月16日　[没]明治32(1899)年2月8日)

**武政守山** たけまさしゅざん
*〜明治32(1899)年
江戸時代末期の漢学者。
¶高知人([生]1835年), 人名, 日人([生]1836年)

**武見日恕** たけみにちじょ
嘉永6(1853)年10月2日〜大正6(1917)年7月3日
明治〜大正期の僧。
¶世紀, 日人, 履歴

**竹村悦人** たけむらえつんど
文化11(1814)年〜文久2(1862)年
江戸時代後期〜末期の三戸給人、私塾経営者。
¶青森人

**竹村悔斎**(竹村晦斎) たけむらかいさい
天明5(1785)年〜文政3(1820)年
江戸時代の挙母藩儒。
¶江文(竹村晦斎), 国書([没]文政3(1820)年1月15日), 人名, 姓氏愛知, 日人

**武村耕靄** たけむらこうあい
嘉永5(1852)年1月〜大正4(1915)年6月6日
江戸時代後期〜大正時代の日本画家、教育者。女子高等師範学校教授、共立女子職業学校(後の共立女子学園)創立に関わった。
¶学校, 女性, 女性普, 世紀, 日画([生]嘉永5(1852)年11月25日　[没]大正4(1915)年6月8日), 日人, 美家

**竹村黄塔** たけむらこうとう
慶応1(1865)年11月22日〜明治34(1901)年2月1日
明治期の俳人。正岡子規と親しく、蕪村句集講義に参加。
¶愛媛, 愛媛百, 近文, 現俳, 日人([生]1866年), 俳文

**武村重和** たけむらしげかず
昭和11(1936)年2月24日〜
昭和〜平成期の教育者。広島大学教授。専門は自然科学教育。著書に「理科の授業原理」「理科の授業研究」など。
¶現執1期, 現執2期, 現執3期, 現執4期

**竹村茂正** たけむらしげまさ
天保7(1836)年〜明治30(1897)年
江戸時代後期の国学者、教育者。皇学舎を設立して子弟の教育にあたった。吉田学校校長。竹村茂枝の子。
¶維新, 伊豆([生]天保年間　[没]?), 神人([生]天保7(1836)年8月1日　[没]明治30(1897)年4月3日), 人名, 日人

**竹村秋竹** たけむらしゅうちく
明治8(1875)年9月〜大正4(1915)年12月27日
[別]秋竹《しゅうちく》
明治期の俳人。「ほととぎす」同人。著作に「明治俳句」。
¶石川百, 愛媛百, 近文, 四国文, 人名, 姓氏石川, 日人, 俳諧(秋竹　しゅうちく　[生]?), 俳句(秋竹　しゅうちく), 俳文

**竹村昌次** たけむらしょうじ
明治9(1876)年〜昭和17(1942)年
明治〜昭和期の教育者、文部省史料編纂官。
¶長野歴

**武村千佐子** たけむらちさこ
嘉永5(1852)年〜大正4(1915)年
江戸時代末期〜大正期の美術教育者、画家。
¶姓氏宮城, 宮城百

**竹村東野** たけむらとうや
文化1(1804)年〜慶応2(1866)年

江戸時代末期の藩校教授。
¶高知人（㊗1805年），高知百，国書（㊗慶応2(1866)年7月1日），人名，日人，幕末（㊗1866年8月10日），幕末大（㊗文化2(1805)年9月23日 ㊗慶応2(1866)年7月1日），藩臣6

**武元君立** たけもとくんりつ
明和7(1770)年～文政3(1820)年 ㊗武元君立《たけもとくんりゅう》，武元北林《たけもとほくりん》
江戸時代後期の備前岡山藩士，農民学者。
¶岡山人（武元北林 たけもとほくりん ㊗明和6(1769)年），岡山百（たけもとくんりゅう），岡山歴（たけもとくんりゅう ㊗文政3(1820)年9月27日），国書（武元北林 たけもとほくりん ㊗明和6(1769)年 ㊗文政3(1820)年9月27日），日人（武元北林 たけもとほくりん），藩臣6，歴大（たけもとくんりゅう）

**武元君立** たけもとくんりゅう
→武元君立（たけもとくんりつ）

**竹本健司** たけもとけんじ
昭和8(1933)年4月6日～
昭和～平成期の俳人，教育者。新見市立法曽小学校教頭。
¶現執2期，現俳

**竹本友水** たけもとともみず
大正5(1916)年～
昭和期の文理大学高師関係者。
¶社史

**武元北林** たけもとほくりん
→武元君立（たけもとくんりつ）

**武谷祐之** たけやすけゆき
→武谷祐之（たけやゆうし）

**武安宥** たけやすたもつ
昭和12(1937)年～
昭和～平成期の教育者。関西学院大学教授。
¶現執3期

**竹山梅七郎** たけやまうめしちろう
文政1(1818)年～明治22(1889)年
江戸時代末期～明治時代の遠江国長上郡下堀村庄屋。市野銀行・笠井銀行重役。吾憂社を創立，福沢諭吉の著を教科書に啓蒙思想を教育。
¶静岡歴，姓氏静岡，幕末，幕末大

**竹山屯** たけやまとむろ
→竹山屯（たけやまとん）

**竹山屯** たけやまとん
天保11(1840)年～大正7(1918)年8月31日 ㊗竹山屯《たけやまたむろ》
江戸時代末期～明治期の医師。新潟病院院長，新潟医学専門学校校長。新潟医科大学創立功労者。
¶維新（たけやまたむろ），眼科（㊗?），近医（たけやまたむろ），長崎遊（たけやまたむろ），新潟百別（たけやまたむろ），幕末（たけやまたむろ），幕末大（たけやまたむろ） ㊗天保11(1840)年6月10日，洋学（たけやまたむろ）

**武谷祐之** たけやゆうし
文政3(1820)年～明治27(1894)年 ㊗武谷澹蘭《たけやれいらん》，武谷祐之《たけやすけゆき》
江戸時代末期～明治期の蘭方医。福岡藩の牛痘接種普及に努め，蘭学顧問として後進の育成，藩医学校賛生館の創設に尽力。
¶朝日（㊗文政3年4月2日(1820年5月13日) ㊗明治27(1894)年2月1日），維新，近医（たけやすけゆき），近現，近世，国史，国書（武谷澹蘭 たけやれいらん ㊗文政3(1820)年4月2日 ㊗明治27(1894)年2月1日），人名（たけやすけゆき），長崎遊，日人，幕末（㊗1894年2月），幕末大（㊗明治27(1894)年2月），藩臣7，福岡百（㊗文政3(1820)年4月2日 ㊗明治27(1894)年2月），洋学

**武谷澹蘭** たけやれいらん
→武谷祐之（たけやゆうし）

**多湖貫斎** たこかんさい
生没年不詳
江戸時代後期の儒学者。
¶国書，日人

**多胡純策** たごじゅんさく
大正6(1917)年～
昭和期の教育者。
¶群馬人

**多湖松江** たこしょうこう，たごしょうこう
宝永6(1709)年～安永3(1774)年
江戸時代中期の信濃松本藩の儒医。藩儒官。
¶江文，国書（㊗安永3(1774)年11月20日），人名，姓氏長野，長野歴，日人（たごしょうこう）

**多胡辰敬** たこときたか，たごときたか
? ～*
戦国時代の武士。
¶教育，国書（たごときたか ㊗永禄5(1562)年2月5日），戦西，戦人（㊗永禄5(1562)年?）

**多湖訥斎** たことっさい
生没年不詳
江戸時代後期の儒学者。
¶日人

**多胡羊歯** たごようし，たこようし
明治33(1900)年1月25日～昭和54(1979)年12月23日
大正～昭和期の童謡詩人。童謡集に「くらら咲く頃」。
¶近文（たこようし），現詩，児文（たこようし），世紀（㊗?），姓氏富山（たこようし），富山百，富山文，日児（たこようし）

**太宰春台** だざいしゅんだい
延宝8(1680)年9月14日～延享4(1747)年5月30日
江戸時代中期の儒学者。「経済録」「産語」を著述。
¶朝日（㊗延宝8年9月14日(1680年11月5日) ㊗延享4年5月30日(1747年7月7日)），岩史，江戸，江文，角史，神奈川人，教育，郷土長野，近世，国史，国書，コン改，コン4，詩歌，史人，重要，人書94，人情3，神人，新潮，

人名，姓氏長野，世人，世百，全書，大百，伝記，長野百，長野歴，日音，日思，日史，日人，藩臣3，百科，歴大

**田坂誠喜** たさかせいき
？ ～
昭和期の教員。
¶社史

**田坂保基** たさかやすもと
文政4（1821）年～明治33（1900）年
江戸時代後期～明治期の教育家。桃蹊堂を開いた。
¶姓氏山口

た

**田崎清忠** たざききよただ
昭和5（1930）年11月15日～
昭和～平成期の教育者。横浜国立大学教授。専門は英語教育。著書に「動詞と遊ぼう」「英語教育理論」など。
¶現執1期，現執3期，現執4期

**田崎慎治** たざきしんじ
明治5（1872）年3月29日～昭和29（1954）年4月3日
明治～昭和期の神戸商大初代学長。
¶兵庫人

**田沢昌永** たざわまさなが
天保9（1838）年～
江戸時代後期～明治時代の和算家。静岡中学校に奉職。著書に『代数学初歩』。
¶数学

**田沢康三郎** たざわやすさぶろう
大正3（1914）年4月9日～平成9（1997）年1月22日
昭和期の宗教家。松緑神道大和山教主、新日本宗教団体連合会理事長。松風塾高等学校を開塾。
¶学校，現執1期，現執2期

**田沢義鋪** たざわよしはる
明治18（1885）年7月20日～昭和19（1944）年11月24日
昭和期の官僚、教育家。貴族院議員、大日本連合青年団理事長。内務省に入り、青年団育成にあたる。
¶岩史，角史，近現，現朝，国史，コン改，コン5，佐賀百（[没]昭和19（1944）年11月23日），史人，静岡百，静岡歴，社史，新潮，人名7，世紀，姓氏静岡，世人（[生]明治18（1885）年5月20日），哲学，日史，日人，百科，民学，履歴，歴大

**田近洵一** たじかじゅんいち
→田近洵一（たぢかじゅんいち）

**多治貞峯**（多治比貞峯） たじひのさだみね
→多治真人貞峯（たじひのまひとさだみね）

**多治比豊浜** たじひのとよはま
奈良時代の官人。
¶古人

**多治真人貞峯** たじひのまひとさだみね
延暦18（799）年～貞観16（874）年　[別]多治貞峯《たじひのさだみね》，多治比貞峯《たじひのさだみね》
平安時代前期の官人。
¶古代，諸系（多治比貞峯　たじひのさだみね），日人（多治貞峯　たじひのさだみね）

**田島五百子** たじまいおこ
～昭和10（1935）年1月17日
昭和期の歌人・教師。
¶飛驒

**田島一郎**(1) たじまいちろう
大正1（1912）年9月29日～昭和60（1985）年4月4日
昭和期の数学教育学者。洗足学園大学理事、慶応義塾大学教授。
¶現執1期，現執2期，数学

**田島一郎**(2) たじまいちろう
昭和9（1934）年11月28日～
昭和期の教育者。横浜市立小菅ケ谷小学校教諭。
¶現執2期

**田島稲三** たじまいなぞう
～昭和4（1929）年10月10日
昭和期の教師。
¶飛驒

**田島清**(1) たしまきよし
明治17（1884）年～昭和25（1950）年
明治～昭和期のフランス語教官。
¶高知人

**田島清**(2) たじまきよし
明治25（1892）年～昭和56（1981）年
大正～昭和期の教育者、信州白樺派。
¶長野歴

**田島佳子** たじまけいこ
昭和3（1928）年1月1日～平成16（2004）年9月8日
昭和～平成期の長唄三味線方、邦楽教育者。
¶音人，音人2，音人3，芸能，新芸

**田島賢亮** たしまけんすけ
明治31（1898）年～昭和58（1983）年
大正～昭和期の教育者・自由律俳人。
¶山形百新

**田島伸二** たじましんじ
昭和22（1947）年～
昭和期の国際識字文化センター代表・寓話作家・識字教育家。
¶広島文

**田島宗仁** たじまそうじ
明治28（1895）年1月～
大正～昭和期の政治家。太田市長・教育者。
¶群馬人

**田島武夫** たじまたけお
明治32（1899）年～昭和62（1987）年3月13日
大正～昭和期の研究者、口演童話家。群馬女子短期大学教授。
¶群新百，群馬人，姓氏群馬，日児（[生]明治32（1899）年8月19日）

## 田島信元 たじまのぶもと
昭和21(1946)年6月24日～
昭和～平成期の教育学者。東京外国語大学教授。専門は発達心理学、文化心理学。
¶現執3期、現執4期

## 田島秀男 たじまひでお
昭8(1933)年5月23日～
昭和～平成期の音楽教育者、バリトン歌手。
¶音人2, 音人3

## 田尻稲次郎 たじりいなじろう
嘉永3(1850)年～大正12(1923)年8月15日
明治～大正期の財政学者。子爵。専修学校(後の専修大学)創立、財政学を講じる。財政学の著書多数。
¶朝日(㊤嘉永3年6月29日(1850年8月6日))、海越(㊤嘉永3(1850)年6月29日　㊦大正12(1923)年8月14日)、海越新(㊤嘉永3(1850)年6月29日　㊦大正12(1923)年8月14日)、鹿児島百、学校(㊤嘉永3(1850)年6月29日)、近現、国史、コン改、コン5、薩摩、史人(㊤1850年6月29日)、食文(㊤嘉永3年6月29日(1850年8月6日))、新潮(㊤嘉永3(1850)年6月　㊦大正13(1924)年8月15日)、人名(㊦1924年)、世紀(㊤嘉永3(1850)年6月29日)、姓氏鹿児島、世百(㊦1924年)、渡航(㊤1850年6月)、長崎遊、日人、幕末、明治1、履歴(㊤嘉永3(1850)年6月24日　㊦大正12(1923)年8月14日)、歴大

## 田尻常雄 たじりつねお
明治9(1876)年2月25日～昭和32(1957)年4月18日
明治～昭和期の渡航者。
¶神奈川人、渡航

## 田代三良 たしろさぶろう
大正7(1918)年～
昭和～平成期の高校教師、高校教育書執筆家。
¶現執2期、YA

## 田代善吉 たしろぜんきち
明治9(1876)年9月3日～昭和30(1955)年9月17日
大正期の教育家、地方史研究家。下野中学校教諭。栃木県史を研究。文化財保護に従事。
¶郷土、郷土栃木、考古、史研、世紀、栃木百、栃木歴、日人

## 田代博 たしろひろし
昭和25(1950)年～
昭和～平成期の高校教師。山岳展望研究会主宰。総合科学としての山岳展望学の確立に取りくむ。著書に「山岳展望の楽しみ方」など。
¶現執3期、現執4期(㊤1950年3月25日)

## 田代元弥 たしろもとや
大正8(1919)年3月1日～
昭和期の教育学者。
¶現情

## 田鶴子・田鶴 たづこ・たず★
江戸時代後期の女性。教育・和歌。大成氏。天保2年、豊田郡御手洗に巣鶴庵という私塾を開き、教育にあたった。
¶江表(田鶴子・田鶴(広島県))

## 田制佐重 たせいすえしげ
明治19(1886)年11月25日～昭和29(1954)年10月30日
明治～昭和期の教育学者。教育社会学の草分け。デューイの教育思想の紹介。
¶心理、哲学

## 田雑イヨノ たぞういよの
文政8(1825)年～大正2(1913)年5月12日
江戸時代末期～大正期の教育者。
¶佐賀百

## 田添幸枝 たぞえゆきえ
慶応3(1867)年～昭和19(1944)年
明治～昭和期の画家、教師。活水女学校教師。中国で四川省師範学校教師となる。
¶社史、女運(㊤1868年1月19日　㊦1944年1月)、女性、女性普

## タタ
江戸時代末期の女性。教育。熊本藩士黒田氏の家族。高瀬村で安政頃寺子屋を開業する。
¶江表(タタ(熊本県))

## 多田井貞子 たたいさだこ
生没年不詳
昭和期の小学校教員。
¶社史

## 忠内次郎三 ただうちじろぞう
天保10(1839)年～明治2(1869)年
江戸時代後期～明治時代の剣術家。流名不詳。
¶全幕

## 多田嘉津 ただかつ
明治27(1894)年1月10日～昭和62(1987)年6月27日
大正～昭和期の教育者・華道家元。
¶埼玉人

## 但田清 ただきよし
教育者。
¶姓氏富山

## 多田公之助 ただこうのすけ
明治43(1910)年4月29日～昭和63(1988)年8月13日
昭和期の小学校教員。
¶社史

## 忠貞王 ただちかおう
弘仁11(820)年～元慶8(884)年
平安時代前期の公卿(参議)。桓武天皇の孫。
¶公卿(㊦元慶8(884)年8月27日)、諸系、人名、日人、平史

## 多田順映 ただじゅんえい
文久1(1861)年～大正12(1923)年
明治～大正期の社会事業家。
¶岐阜百、郷土岐阜、世紀(㊤文久1(1861)年4月㊦大正12(1923)年7月19日)、日人

た

**多田信作** ただしんさく
昭和7 (1932) 年8月2日～
昭和～平成期の教育者、玩具収集家。芸術教育研究所所長、おもちゃ美術館館長。
¶現執3期

**多田晋** ただすすむ
大正10 (1921) 年～？
昭和～平成期の教育者。
¶石川文

**多田宅兵衛** ただたくべえ
文政1 (1818) 年～？
江戸時代後期～末期の寺子屋師匠。鋏細工で什器や玩具を製作。
¶姓氏石川



**多田綱宏** ただつなひろ
安政2 (1855) 年～明治43 (1910) 年5月17日
江戸末期・明治期の教育者。
¶岩手人

**多田伝三** ただでんぞう
明治41 (1908) 年10月20日～平成2 (1990) 年11月19日
昭和～平成期の教育者、歌人。
¶徳島歴

**多田徳雄** ただとくお
明治22 (1889) 年2月15日～昭和51 (1976) 年10月4日
明治～昭和期の教育者。
¶世紀，日人，兵庫百，広島百

**多田俊文** ただとしふみ
昭和11 (1936) 年1月31日～
昭和期の教育者。東京学芸大学名誉教授。NHK学校放送番組企画委員など歴任。
¶現執1期，現執3期，飛騨

**多田名美** ただなみ
明治2 (1869) 年11月18日～昭和31 (1956) 年5月30日
明治～昭和期の社会事業家。高知市小学校訓導。日本基督教婦人矯風会支部、土佐婦人協会を創立。高知高等学校寄宿舎建設後、寮母。
¶高知人，高知百，女性，女性普

**唯野真琴** ただのまこと
明治16 (1883) 年～昭和27 (1952) 年
明治～昭和期の教育者。
¶神奈川人

**多田房之輔** ただふさのすけ
文久2 (1862) 年～昭和15 (1940) 年
明治～昭和期の教育者、教育ジャーナリスト。
¶出文 ([生]文久2 (1862) 年6月　[没]昭和15 (1940) 年11月18日)，世紀 ([生]文久2 (1862) 年6月　[没]昭和15 (1940) 年11月18日)，千葉百，日人

**鑪幹八郎** たたらみきはちろう
昭和9 (1934) 年8月3日～
昭和～平成期の教育心理学者。広島大学教授。
¶現執1期，現執2期，現執3期，現執4期，心理

**館井文次郎** たちいぶんじろう
明治13 (1880) 年～昭和22 (1947) 年
明治～昭和期の教育者。富山県立盲学校長。
¶姓氏富山

**立入隼人** たちいりはやと
明治39 (1906) 年～平成2 (1990) 年
昭和期の教育者。
¶栃木歴

**太刀掛呂山** たちかけろざん
大正1 (1912) 年～
昭和期の高等学校校長、漢詩作家。広島県立音戸高等学校校長。
¶詩歌

**田近洵一** たぢかじゅんいち, たじかじゅんいち
昭和8 (1933) 年3月1日～
昭和～平成期の国語教育学者。東京学芸大学教授。
¶現執1期，現執2期 (たじかじゅんいち)，現執3期 (たじかじゅんいち)，現執4期

**田近善造** たぢかぜんぞう
明治29 (1896) 年3月28日～昭和44 (1969) 年6月25日
大正・昭和期の教育者。学校長。
¶飛騨

**立川政従** たちかわまさより
文化14 (1817) 年～明治11 (1878) 年8月6日　[別]立川従《たつかわまさる》
江戸時代末期～明治期の教育者。経世の学を講義。荒地開墾、新制学校開設に尽力。
¶維新 (立川従　たつかわまさる)，滋賀百 (立川従　たつかわまさる)，人名，日人，幕末 (立川従　たつかわまさる)，幕末大 (立川従　たつかわまさる　[生]文化14 (1817) 年11月11日)

**立木朋吉** たちきともよし
生没年不詳
昭和期の小学校教員。
¶社史

**館天籟** たちてんらい
→館天籟 (たててんらい)

**立花鑑賢** たちばなあきかた
寛政1 (1789) 年～天保1 (1830) 年
江戸時代後期の大名。筑後柳河藩主。
¶諸系，人名，日人，藩主4 ([生]寛政1 (1789) 年7月8日　[没]天保1 (1830) 年4月11日)

**立花あさこ** たちばなあさこ
昭和27 (1952) 年～
昭和～平成期の幼稚園教諭、童話作家。
¶児人

**橘嘉智子** たちばなかちこ
→橘嘉智子 (たちばなのかちこ)

**橘協** たちばなかのう
安政5 (1858) 年2月20日～

明治期の教師。札幌農学校で土木工学科教授。
¶北海道建

**橘観斎** たちばなかんさい
＊〜天保11(1840)年
江戸時代末期〜明治期の教育者。
¶石川百(㊥1765年)，姓氏石川(㊥？)

**立花寛蔵** たちばなかんぞう
生没年不詳
明治期の教育者。
¶岩手人

**橘耕斎** たちばなこうさい
文政3(1820)年〜明治18(1885)年5月31日
明治の洋学者。ロシアに渡り，アジア局訳管を努める。日露辞書「和魯通言比考」を著す。
¶朝日，維新，海越，海越新，近現，近世，国史，国書，史人，静岡百(㊥文政2(1819)年)，静岡歴(㊥文政2(1819)年)，新潮，姓氏静岡，渡航，日人，幕末(㊥1819年)，洋学，歴大

**橘孝三郎** たちばなこうざぶろう，たちばなこうさぶろう
明治26(1893)年3月18日〜昭和49(1974)年3月30日
明治〜昭和期の国家主義者，農本主義者。自営農村勤労学校の愛郷塾を開設。五・一五事件に参加。
¶アナ，茨城百，茨城歴，岩史，角史，近現，現朝，現人，現日(㊥1893年3月8日)，国史，コン改，コン5，史人，社史，重要(㊥明治26(1893)年3月8日)，新潮(㊥明治26(1893)年3月8日)，人名7，世紀(㊥明治26(1893)年3月8日)，世人(㊥明治26(1893)年3月8日)，世百，世百新，全書(たちばなこうざぶろう)，大百，哲学，哲日，日本(たちばなこうざぶろう)，百科，平日，民学，履歴(たちばなこうざぶろう)，履歴2(たちばなこうざぶろう)，歴大

**橘重美** たちばなしげみ
大正12(1923)年〜
昭和期の安全教育学者。天理大学教授。
¶体育

**橘周存** たちばなしゅうそん，たちばなしゅうそん
元治1(1864)年〜昭和6(1931)年1月10日
明治〜昭和期の盲人教育の功労者。
¶庄内(たちばなしゅうそん)，山形百

**立花銑三郎** たちばなせんざぶろう
慶応3(1867)年〜明治34(1901)年5月12日
明治期の哲学者。学習院大学教授。「国文学」創刊に参与。ダーウィンの初訳「生物始源，一名種源論」が有名。
¶朝日(㊥慶応3年5月1日(1867年6月3日))，新潮(㊥慶応3(1867)年5月1日)，哲学，渡航(㊥1867年5月1日)，日人

**立花種恭** たちばなたねゆき
天保7(1836)年〜明治38(1905)年1月30日
江戸時代末期〜明治期の幕府官僚。三池藩知事，貴族院議員。華族学校初代校長，宮内省用掛を歴任。
¶朝日(㊥天保7年2月28日(1836年4月13日))，

維新，諸系，人書94，全幕，日人，幕末，幕末大(㊥天保7(1836)年2月28日)，藩主1，藩主4(㊥天保7(1836)年2月28日)，福岡百

**橘智恵子** たちばなちえこ
明治22(1889)年6月15日〜大正11(1922)年10月1日
明治〜大正期の代用教員。石川啄木の同僚。啄木がひそかに思いを寄せていた。
¶女性，女性普，北海道文

**橘朝臣氏公** たちばなのあそんうじきみ
→橘氏公(たちばなのうじきみ)

**橘朝臣嘉智子** たちばなのあそんかちこ
→橘嘉智子(たちばなのかちこ)

**橘氏公** たちばなのうじきみ
延暦2(783)年〜承和14(847)年12月19日　㊥橘朝臣氏公《たちばなのあそんうじきみ》
平安時代前期の公卿(右大臣)。参議橘奈良麻呂の孫。橘嘉智子とともに学館院を開設。
¶朝日(㊥承和14年12月19日(848年1月28日))，角史，公卿，公卿普，国史，古史，古人，古代(橘朝臣氏公　たちばなのあそんうじきみ)，古代普(橘朝臣氏公　たちばなのあそんうじきみ)，古中，史人，諸系(㊥848年)，人名，日人(㊥848年)，平史

**橘嘉智子** たちばなのかちこ
延暦5(786)年〜嘉祥3(850)年5月4日　㊥橘嘉智子《たちばなかちこ》，橘朝臣嘉智子《たちばなのあそんかちこ》，嵯峨天皇后《さがてんのうのきさき》，檀林皇后《だんりんこうごう》
平安時代前期の女性。嵯峨天皇の皇后。橘氏公とともに学館院を開設。
¶朝日(㊥嘉祥3年5月4日(850年6月17日))，岩史，角史，京都，京都大，国史，国書(嵯峨天皇后　さがてんのうのきさき)，古史，古人，古代(橘朝臣嘉智子　たちばなのあそんかちこ)，古代普(橘朝臣嘉智子　たちばなのあそんかちこ)，古中，コン改，コン4，コン5，史人，諸系，女史，女性，人書94(たちばなかちこ)，新潮，人名，姓氏京都，世人，世百，全書，大百，天皇，日史，日人，百科，平史，平日，山川小，歴大

**橘佐為** たちばなのさい
→佐為王(さいおう)

**橘宿禰佐為** たちばなのすくねさい
→佐為王(さいおう)

**橘正通** たちばなのまさみち
生没年不詳　㊥橘正通《たちばななまさみち》
平安時代の学者。
¶国書(たちばなまさみち)，諸系，人名，日人，平史

**橘正通** たちばなのまさみち
→橘正通(たちばなのまさみち)

**橘宗利** たちばなむねとし
明治25(1892)年3月3日〜昭和34(1959)年7月

30日
明治～昭和期の歌人。開成高校教諭。歌集に「萩壺」。
¶近文，現情，世紀

**館良臣** たちよしたみ
→山本良臣（やまもとよしたみ）

**たつ**
江戸時代末期の女性。教育。熊本藩士鳥井氏の家族。健軍村で安政2年、寺子屋を開業する。
¶江表（たつ（熊本県））

た

**辰馬吉左衛門** たつうまきちざえもん
慶応4（1868）年5月5日～昭和18（1943）年10月10日　[別]辰馬吉左衛門《たつまきちざえもん》
明治～昭和期の実業家。辰馬海上火災保険社長。積荷および運送保険の元受けを開始。辰馬学院設立を創立。甲陽中学校、甲陽高等商業学校の設立に関わる。
¶朝日（[生]明治1年5月5日（1868年6月24日）），学校，コン5，食文（[生]慶応4年5月5日（1868年6月24日）），新潮（たつまきちざえもん），人名7（たつまきちざえもん），世紀，日人，兵庫人（[没]昭和18（1943）年10月13日），兵庫百

**辰馬吉男** たつうまよしお
明治39（1906）年2月2日～平成1（1989）年6月15日
大正～昭和期の学校創立者。甲陽学院高等学校、甲陽中学校の設立に関わる。
¶学校

**立川従** たつかわまさる
→立川政従（たちかわまさより）

**立川涼** たつかわりょう
昭和5（1930）年12月25日～
昭和～平成期の環境化学者。愛媛大学教授、愛媛県環境創造センター所長。高知大学学長在職中、大学改革を実施。著書に「環境化学と私」。
¶現朝，世紀，日人

**竜玉淵** たつぎょくえん
寛延4（1751）年～文政4（1821）年　[別]竜玉淵《りゅうぎょくえん》
江戸時代中期～後期の近江彦根藩士、儒学者。
¶国書（りゅうぎょくえん　[生]寛延4（1751）年2月6日　[没]文政4（1821）年2月24日），日人（りゅうぎょくえん），藩臣4

**辰嶋幸夫** たつしまゆきお
昭和8（1933）年9月10日～
昭和期の中学校教師、劇作家。
¶児作，日児

**龍草廬** たっそうりょ
→竜草廬（りゅうそうろ）

**立田清人** たつだきよと
明治37（1904）年3月21日～昭和48（1973）年6月19日
大正・昭和期の白川村教育長。白川郷遠山家民俗館初代館長。
¶飛騨

**立田長太郎** たつだちょうたろう
明治25（1892）年2月5日～昭和58（1983）年2月6日
大正・昭和期の教育者。
¶飛騨

**辰野金吾** たつのきんご
嘉永7（1854）年8月22日～大正8（1919）年3月25日
明治～大正期の建築家。東京帝国大学工科大学長、建築学会会長。作品に、日本銀行、東京駅、日銀主要支店など。工手学校（後の工学院大学）の設立に関わる。
¶朝日（[生]嘉永7年8月22日（1854年10月13日）），岩史，海越，海越新，学校，神奈川人，近現，現日，国史，コン改，コン5，佐賀百，史人，重要，新潮，人名，世紀，世人，世百，先駆，全書，大百，鉄道（[生]1854年10月13日），渡航，日史，日人，日本，美術，百科，履歴，歴大

**竜草蘆** たつのそうろ
正徳4（1714）年1月19日～寛政4（1792）年2月2日
江戸時代中期の教育者。
¶詩作

**龍草廬** たつのそうろ
→竜草廬（りゅうそうろ）

**辰野千寿** たつのちとし
大正9（1920）年5月31日～
昭和～平成期の教育心理学者。応用教育研究所所長、筑波大学教授、上越教育大学教授。
¶現執1期，現執2期，現執3期，現情，心理，世紀

**竜野定一** たつのていいち
*～昭和61（1986）年
大正～昭和期の教育者。鹿児島県立大島中学校長。全国公民館連協会長。
¶薩摩（[生]明治22（1899）年），姓氏鹿児島（[生]1889年）

**辰野弘宣** たつのひろのぶ
昭和5（1930）年2月4日～
昭和～平成期の心理・教育研究家。プレシエール教育・文化研究所所長。専門は、催眠学、イメージ学、教育学。
¶現執4期

**辰馬吉左衛門** たつまきちざえもん
→辰馬吉左衛門（たつうまきちざえもん）

**辰巳守** たつみまもる
大正9（1920）年～
昭和期の文理大学高師関係者。
¶社史

**竜山義亮** たつやまぎりょう
明治15（1882）年12月5日～昭和52（1977）年6月20日
昭和期の教育学者。東洋大学教授。
¶現情，姓氏富山

**立石巌** たていしいわお
生没年不詳
昭和期の小学校教員。
¶社史

### 立石斧次郎 たていしおのじろう
天保14(1843)年〜大正6(1917)年1月13日 ㊗長野桂次郎《ながのけいじろう》，米田桂次郎《こめだけいじろう》
江戸時代末期〜大正期の通訳。ハワイ移民監督。遣米使節に同行し，トミーの名で親しまれる。金沢藩藩校致遠館の英語教師などを歴任。
¶海越（㊙大正6(1917)年10月），海越新（㊙天保14(1843)年9月16日），国際，世紀（長野桂次郎　ながのけいじろう　㊙天保14(1843)年9月16日），全幕，渡航（長野桂次郎　ながのけいじろう　㊙1843年10月9日），日人，幕末（㊚1917年10月），幕末大（米田桂次郎　こめだけいじろう　㊙天保14(1843)年9月16日），洋学（長野桂次郎　ながのけいじろう）

### 立石清重 たていしせいじゅう
文政12(1829)年〜明治27(1894)年8月23日
江戸時代末期〜明治期の大工。代表作「開智学校」は和洋折衷の擬洋風建築の白眉。
¶朝日，郷土長野，姓氏長野，長野歴，日人，美建（㊙文政12(1829)年6月15日），歴大

### 立沢千尋 たてざわちひろ
生没年不詳
昭和期の小学校教員。
¶社史

### 館下チヨ たてしたちよ
明治35(1902)年2月19日〜平成6(1994)年10月4日
昭和〜平成期の教育者。岩手県下初の女性校長。
¶岩手人，姓氏岩手

### 伊達純 だてじゅん
大正9(1920)年1月7日〜平成12(2000)年4月27日
昭和〜平成期のピアニスト，教育家。東京芸術大学教授。教職のかたわら演奏活動も展開。
¶演奏，音楽，音人，音人2，音人3，現情，新芸，世紀

### 舘田きね たてだきね
明治31(1898)年〜昭和54(1979)年9月
明治〜昭和期の教育者。五所川原第一高等学校創立者・名誉校長。
¶青森人，学校

### 立津春方 たてつしゅんぽう
明治3(1870)年10月15日〜昭和18(1943)年9月12日
明治〜昭和期の教育者，政治家，農民運動家。農民党代表。
¶沖縄百，社史，姓氏沖縄

### 館天籟 たててんらい
安永7(1778)年〜文政10(1827)年　㊗館天籟《たちてんらい》
江戸時代後期の出羽秋田藩士，漢学者。
¶秋田百（たちてんらい），江文（㊙?），人名（たちてんらい），日人（たちてんらい），藩臣1

### 館野彦衛門 たてのひこえもん
天保4(1833)年〜明治38(1905)年11月17日
江戸時代末期〜明治時代の水戸藩士。藩校弘道館で北辰一刀流剣術副師をつとめる。
¶幕末，幕末大

### 立野寛 たてのひろし
文政13(1830)年4月22日〜明治18(1885)年3月15日
江戸時代末期〜明治期の藩校句読師。広島藩士。江戸で周旋力。戊辰戦争で日誌方兼参謀。広島新聞発刊。
¶維新，国書，人名（㊙1833年），日人（㊙1833年），幕末，幕末大

### 立野元定 たてのもとさだ
文政10(1827)年〜明治19(1886)年
江戸時代末期〜明治時代の教育者。身教館教授。中国等の兵書も学び，漢詩和歌に優れる。私塾静古堂で教育。
¶佐賀百（㊚明治19(1886)年4月18日），幕末，幕末大

### 建部有典 たてべゆうてん
明治45(1912)年4月4日〜昭和60(1985)年1月29日
大正〜昭和期の声楽家，合唱指導者。
¶音人，山形百新

### 伊達豊 だてみのる
明治30(1897)年5月7日〜昭和36(1961)年10月12日
大正〜昭和期の児童劇作家。日本児童劇協会の結成に務める。著書に「家庭及学校用児童劇」など。
¶近文，児作，児文，世紀，日児

### 伊達宗敬 だてむねたか
明治3(1870)年〜昭和5(1930)年
江戸時代末期〜明治期の大名。伊予三河吉田藩主。
¶姓氏岩手

### 伊達宗翰 だてむねもと
寛政8(1796)年〜弘化2(1845)年
江戸時代後期の大名。伊予三河吉田藩主。
¶諸系，日人，藩主4（㊙寛政8(1796)年6月19日　㊚弘化2(1845)年7月8日）

### 伊達宗敬 だてむねよし
嘉永4(1851)年〜明治9(1876)年8月29日
江戸時代末期〜明治期の吉田藩主，吉田藩知事。
¶諸系，日人，幕末，藩主4（㊙嘉永4(1851)年2月23日）

### 伊達村候(伊達村侯) だてむらとき
享保10(1725)年〜寛政6(1794)年9月14日
江戸時代中期の大名。伊予宇和島藩主。
¶朝日（㊙享保10年5月11日(1725年6月21日)，㊚寛政6年10月20日(1794年11月12日)），愛媛百（㊙享保10(1725)年5月11日），郷土愛媛（伊達村候），近世，国史，国書（㊙享保10(1725)年5月11日），コン改，コン4，史人（㊙1725年5月11日），諸系，新潮（㊙享保10(1725)年5月11日），人名（伊達村候），世人，藩主4（㊙享保10(1725)年5月11日，(異説)享保8年　㊚寛政6(1794)年9月14日，(異説)10月20日）

**伊達村寿** だてむらなが
　宝暦13(1763)年～天保7(1836)年3月10日
　江戸時代中期～後期の大名。伊予宇和島藩主。
　¶国書(㊥宝暦13(1763)年1月4日)，諸系，日人，藩主4(㊥宝暦13(1763)年1月4日，(異説)宝暦11年)

**伊達村芳** だてむらよし
　安永7(1778)年～文政3(1820)年
　江戸時代後期の大名。伊予三河吉田藩主。
　¶諸系，日人，藩主4(㊥安永7(1778)年3月8日　㊦文政3(1820)年8月13日)

**帯刀貞代** たてわきさだよ
　明治37(1904)年6月7日～平成2(1990)年3月31日
　大正～平成期の婦人運動家。全国婦人同盟結成。共産青年同盟に加わる。女性史研究。
　¶岩史，革命，近現，近女，現朝，現執1期，現情，現人，コン改，コン4，コン5，史人，思想，島根歴，社運，社史，女運，女史，女性，女性普，新潮，世紀，世百新，全書，日史，日人，百科，平和，民学，歴大

**立脇美晴** たてわきみはる
　生没年不詳
　平成期の幼稚園教諭、評論家。
　¶児人

**田所恭介** たどころきょうすけ
　昭和21(1946)年～
　昭和～平成期の小学校教師。
　¶現執3期

**田所貢** たどころみつぐ
　安政4(1857)年～明治24(1891)年
　江戸時代末期～明治期の教育者。旧制松江中学の第5代校長。
　¶島根歴

**田戸マサヤ** たどまさや
　明治25(1892)年～昭和45(1970)年
　大正～昭和期の教師。
　¶姓氏神奈川

**田中昭徳** たなかあきのり
　昭和3(1928)年～
　昭和期のドイツ教育史研究者。鳴門教育大学教授。
　¶現執1期

**田中晃** たなかあきら
　昭和4(1929)年5月28日～平成8(1996)年9月13日
　昭和・平成期の学校長・吹奏楽指導者。
　¶飛騨

**田中有文** たなかありぶみ
　寛政11(1799)年～慶応1(1865)年　㊦田中泥斎
《たなかでいさい》
　江戸時代末期の上野館林藩士。
　¶人名(田中泥斎　たなかでいさい)，日人(田中泥斎　たなかでいさい)，藩臣2

**田中一造** たなかいちぞう
　明治14(1881)年～昭和39(1964)年
　明治～昭和期の教育者。

　¶長野歴

**田中一如** たなかいちにょ
　明和6(1769)年～弘化3(1846)年
　江戸時代中期～後期の松山心学の祖。藩士田中佐五兵衛利里の長男。
　¶愛媛，愛媛百(㊥弘化3(1846)年9月12日)，郷土愛媛

**田中一寧** たなかいちねい
　元治2(1865)年1月19日～昭和20(1945)年8月6日
　明治～昭和期の教育者。
　¶庄内

**田中一郎** たなかいちろう
　大正14(1925)年11月7日～
　昭和～平成期の教育運動家。日教組委員長、日本教育会館館長。小・中学校教諭を経て、日教組中央執行委員、同書記次長となり、育児休業法を成立させた。
　¶現朝(㊥1924年11月7日)，現情，写真(㊥1914年)，世紀，日人

**田中稲城** たなかいなぎ,たなかいなき
　安政3(1856)年1月6日～大正14(1925)年2月22日
　明治～大正期の図書館学者。帝国図書館初代館長。日本の図書館学研究の先導者。全国の図書館発展と図書館員の育成に尽力。
　¶朝日，海越，海越新，教育，コン改，コン5，人名(㊥大正14(1925)年2月23日)，世紀，姓氏山口，哲学(㊥安政3(1856)年1月6日　㊦大正14(1925)年4月22日)，渡航(㊥1925年2月23日)，日人，明治2，山口百，履歴(たなかいなき)

**田中巌** たなかいわお
　明治23(1890)年～昭和30(1955)年
　昭和期の教育者。
　¶山口人

**田中悦平** たなかえつへい
　明治37(1904)年3月17日～昭和44(1969)年12月14日
　昭和期の教育者。
　¶群馬人

**田中嘉十郎** たなかじゅうろう
　明治4(1871)年～昭和2(1927)年
　明治～昭和期の教育者。
　¶群馬人

**田中克佳** たなかかつよし
　昭和14(1939)年10月27日～
　昭和～平成期の教育学者。慶応義塾大学教授。
　¶現執3期

**田中かね** たなかかね
　明治24(1891)年～昭和51(1976)年
　大正～昭和期の教育者。
　¶鳥取百

**田中可然** たなかかねん
　→田中可然(たなかよしのり)

**田中亀一** たなかかめいち
明治16(1883)年12月23日～昭和36(1961)年10月20日
明治～昭和期の教育者。
¶群馬人

**田中寛一**(田中貫一) たなかかんいち
明治15(1882)年1月20日～昭和37(1962)年11月12日
大正～昭和期の教育心理学者。東京高等師範学校教授、東京文理科大学教授。著書に「教育的測定学」「田中ビネー式知能検査法」など。
¶岡山人, 岡山百, 岡山歴, 教育, 現朝, 現情(田中貫一), コン改, コン4, コン5, 史人, 新潮, 人名7, 心理, 世紀([生]明治15(1882)年1月10日), 全書, 哲学, 日人, 日本

**田中葵園** たなかきえん
*～弘化3(1846)年
江戸時代後期の漢学者。
¶国書([生]天明2(1782)年6月8日 [没]弘化2(1845)年5月3日), 人名([生]1783年), 新潟百([生]1783年), 日人([生]1782年)

**田中儀蔵** たなかぎぞう
明治37(1904)年～
昭和期の小学校教員。
¶社史

**田中吉造** たなかきちぞう
明治28(1895)年9月1日～昭和57(1982)年3月16日
大正～昭和期の教育者。
¶埼玉人

**田中喜美子** たなかきみこ
昭和5(1930)年～
昭和～平成期の社会運動家。「ファム・ポリテック」編集長。教育分野で独自の活動を展開。著書に「書きたい女たちへ」「いじめられっ子も親のせい!?」など。
¶現執3期, 現執4期([生]1930年2月15日), 世紀([生]昭和5(1930)年2月15日), 日人, マス89

**田中恭子** たなかきょうこ
昭和1(1926)年～
昭和期の小学校教諭、詩人。
¶児人

**田中金一** たなかきんいち
明治33(1900)年2月4日～昭和58(1983)年4月18日
大正・昭和期の国府村教育長。
¶飛騨

**田中金四郎** たなかきんしろう
明治24(1891)年～昭和41(1966)年
大正～昭和期の教職者。
¶青森人

**田中銀之助** たなかぎんのすけ
明治13(1880)年4月19日～昭和22(1947)年1月31日
明治～昭和期の作曲家、音楽教育家。
¶作曲, 兵庫百

**田中芹坡** たなかきんぱ
文化12(1815)年～明治15(1882)年 [別]田中芹坡《たなかせつは》
江戸時代末期～明治期の漢詩文家。
¶国書([没]明治15(1882)年1月10日), 滋賀百, 滋賀文(たなかせつは), 人名, 日人

**田中金兵衛〔2代〕** たなかきんべえ
天保7(1836)年～明治38(1905)年
明治期の公共事業家。
¶日人

**田中敬一** たなかけいいち
安政5(1858)年～
明治期の教育者。
¶岡山人

**田中謙斎** たなかけんさい
? ～安政3(1856)年?
江戸時代後期～末期の儒学者。
¶国書(生没年不詳), 日人

**田中玄宰** たなかげんさい
→田中玄宰(たなかはるなか)

**田中謙助** たなかけんすけ
文政11(1828)年～文久2(1862)年
江戸時代末期の薩摩藩士。尊攘派の志士。
¶薩摩

**田中謙三** たなかけんぞう
天保4(1833)年～明治40(1907)年
江戸時代後期～明治期の教育者。
¶群馬人

**田中源太郎** たなかげんたろう
明治41(1908)年1月26日～昭和61(1986)年5月6日
昭和期の小学校教員。
¶社史, 平和

**田中鴻一** たなかこういち
昭和11(1936)年1月16日～
昭和期の教育者。学校長。
¶飛騨

**田中光顕** たなかこうけん
→田中光顕(たなかみつあき)

**田中耕太郎(1)** たなかこうたろう
明治1(1868)年3月26日～昭和14(1939)年11月9日
江戸時代末期～昭和期の軍人。
¶渡航, 陸海

**田中耕太郎(2)** たなかこうたろう
明治23(1890)年10月25日～昭和49(1974)年3月1日
明治～昭和期の法学者。参議院議員、東京帝国大学教授。第1次吉田内閣の文相。教育基本法制定に尽力。

¶岩史，教育，キリ，近現，現朝，現執1期，現情，現人，現日（[生]1890年10月15日），国史，コン改，コン4，コン5，佐賀百，史人，思想，新潮，人名7，世紀，政治，世百新，全書，大百，哲学，日史，日人，日本，百科，履歴，履歴2，歴大

**田中貢太郎** たなかこうたろう
慶応2（1866）年11月1日～昭和11（1936）年12月27日
明治～昭和期の教師。
¶飛驒

**田中江南** たなかこうなん
享保13（1728）年～安永9（1780）年
江戸時代の儒学者。
¶江文（[没]安永10（1781）年），国書，人名，日人

た

**田中耕之助** たなかこうのすけ
明治24（1891）年～昭和58（1983）年
昭和期の教育者。
¶山口人

**田中コノ** たなかこの
明治44（1911）年～平成10（1998）年
昭和～平成期の女性教師。
¶青森人

**田中完一** たなかさだかず
大正12（1923）年8月29日～昭和60（1985）年7月8日
昭和期の自然保護運動家、医師。志津川愛鳥会を設立、自然保護運動に尽力。著書に「鳥きち藪医」（正続）、「野鳥は空に 花は野に」など。
¶現朝，世紀，日人

**田中算翁** たなかさんおう
享和2（1802）年～明治6（1873）年　[別]田中昌言《たなかまさとき》
江戸時代末期～明治期の和算家。
¶埼玉百，人名，数学（田中昌言　たなかまさとき　[没]明治6（1873）年6月7日），日人

**田中三興** たなかさんこう
→田中三興（たなかみつおき）

**田中散木** たなかさんぼく
→田中世継（たなかつぐよし）

**田中成和** たなかしげかず
昭和29（1954）年～
昭和～平成期の塾講師、童話作家。
¶児人

**田中重寿** たなかしげとし
明治41（1908）年～
昭和期の小学校教員。
¶社史

**田中重信** たなかしげのぶ
大正8（1919）年6月27日～平成6（1994）年7月1日
昭和期の学校創立者。田中学園を創設。
¶学校

**田中重久**（たなかしげひさ） たなかしげひさ
明治38（1905）年～昭和54（1979）年
大正～昭和期の美術史家。京都府立洛北高等学校教諭。仏教美術史を研究。
¶現執1期（たなかしげひさ），考古（[生]明治38（1905）年7月17日　[没]昭和54（1979）年5月24日），史研

**田中重之** たなかしげゆき
明治31（1898）年12月15日～昭和60（1985）年4月9日
明治～昭和期の内務官僚。
¶埼玉人，履歴，履歴2

**田中重好** たなかしげよし
天明8（1788）年12月2日～万延1（1860）年4月26日
江戸時代後期～末期の兵学者・郷学師・教師。
¶国書

**田中茂** たなかしげる
明治22（1889）年12月7日～昭和47（1972）年11月13日
大正・昭和期の教育者。学校長。
¶飛驒

**田中止水** たなかしすい
延宝2（1674）年～元文4（1739）年　[別]田中甚兵衛《たなかじんべえ》，田中保親《たなかやすちか》
江戸時代中期の肥後熊本藩の剣術師範役。
¶剣豪（田中甚兵衛　たなかじんべえ），人名，日人（田中保親　たなかやすちか）

**田中寿一** たなかじゅいち
明治19（1886）年10月5日～昭和35（1960）年11月11日
明治～昭和期の教育者。名城大学理事長。
¶学校，現情，世紀，姓氏愛知，日人，福岡百

**田中修蔵** たなかしゅうぞう
？～
昭和期の小学校教員。池袋児童の村小学校訓導。
¶社史

**田中秋童** たなかしゅうどう
明治44（1911）年11月10日～平成1（1989）年12月30日
昭和期の俳人・教育者。
¶岡山歴

**田中常憲** たなかじょうけん
→田中常憲（たなかつねのり）

**田中省三** たなかしょうぞう
＊～大正14（1925）年6月
明治～大正期の私立福山中学校の創設者。実業家。代議士。
¶学校（[生]安政5（1858）年），姓氏鹿児島（[生]1859年）

**田中治郎左衛門** たなかじろうざえもん
万延1（1860）年～昭和20（1945）年
明治～昭和期の商人、社会事業家。木綿問屋「田端屋」をつぐ。津市市会議長として津市立工芸学

校の移転、愛児園創設などにつくした。
¶世紀（[生]万延1（1860）年3月27日　[没]昭和20（1945）年8月22日），日人

**田中治六** たなかじろく
明治2（1869）年～？
明治～昭和期の教育家。
¶心理

**田中真一郎** たなかしんいちろう
明治34（1901）年2月1日～昭和62（1987）年8月31日
大正・昭和期の医師。岐阜県教育委員長。
¶飛騨

**田中新治** たなかしんじ
明治42（1909）年6月15日～平成3（1991）年5月9日
昭和期の教員。
¶社史

**田中新二** たなかしんじ
大正3（1914）年11月1日～昭和58（1983）年12月24日
昭和期の教育者。学校長。
¶飛騨

**田中甚兵衛** たなかじんべえ
→田中止水（たなかしすい）

**田中正吾** たなかせいご
大正7（1918）年6月4日～
昭和期の教育学者。
¶現執1期，心理

**田中芹坡** たなかせつは
→田中芹坡（たなかきんぱ）

**田中善蔵** たなかぜんぞう
文政8（1825）年～慶応3（1867）年11月12日
江戸時代末期の紀伊和歌山藩士。
¶朝日，日人，幕末，和歌山人

**田中孝彦** たなかたかひこ
昭和20（1945）年9月11日～
昭和～平成期の教育学者。
¶現執3期，現執4期，児人

**田中武男** たなかたけお
明治29（1896）年11月18日～昭和58（1983）年1月27日
大正～昭和期の教育者・新教育推進者。
¶埼玉人

**田中唯一郎** たなかただいちろう
慶応3（1867）年～大正10（1921）年9月26日
明治～大正期の教育家。早稲田大学経営。立憲改進党に属し、条約改正に尽力。早稲田実業学校の創立に尽力。
¶コン改，コン5，埼玉人（[生]慶応3（1867）年5月5日），人名，世紀，日人

**田中忠夫** たなかただお
明治31（1898）年～昭和53（1978）年
昭和期の教育者。
¶愛媛，愛媛百（[生]明治31（1898）年4月13日　[没]昭和53（1978）年12月1日）

**田中竜夫** たなかたつお
明治43（1910）年9月20日～平成10（1998）年3月30日
昭和期の政治家。衆議院議員、山口県知事。通産大臣、文部大臣などを歴任。
¶現情，現政，現日，世紀，政治，日人，履歴，履歴2

**田中館愛橘**（田中舘愛橘） たなかだてあいきつ
安政3（1856）年9月18日～昭和27（1952）年5月21日
明治～昭和期の物理学者。東京帝国大学教授、貴族院議員。重力、地震、航空など多方面に研究。日本式ローマ字論者。
¶岩史，岩手人，岩手百，海越，海越新，科学，科技，角史，教育，近現，近文，現朝（[生]安政3年9月18日（1856年10月16日）），現情，現人，現日，国史，コン改，コン4，コン5（田中舘愛橘），史人，社史，重要（[生]安政3（1856）年11月16日），新潮，人名7，世紀，姓氏岩手，世人，世百，世百新，先駆，全書，大百，伝記，東北近（田中舘愛橘），渡航（[生]1856年11月16日），日史，日人，日本，百科，平日，民学，明治2，履歴，履歴2，歴大

**田中主税** たなかちから
生没年不詳
昭和期の小学校教員。
¶社史

**田中力** たなかちから
昭和21（1946）年～
昭和～平成期の小学校教師。
¶現執4期

**田中千鶴** たなかちづる
大正2（1913）年～昭和60（1985）年
昭和期の教育者。洋裁女学院長。
¶高知人

**田中千代** たなかちよ
明治39（1906）年8月9日～平成11（1999）年6月28日
昭和期の洋裁教育者、服飾デザイナー。田中千代学園理事長。洋裁研究所を開く。教科書としての著書多数。田中千代学園を創立。
¶学校，近女，現朝，現情，現人，現日，コン改，コン4，コン5，新潮，世紀，日人，兵庫百，マス89，履歴，履歴2

**田中澄** たなかちょう
大正9（1920）年～平成7（1995）年
昭和～平成期の教育者。六ケ所村教育委員教育長。
¶青森人

**田中世継**（田中世誠） たなかつぐよし
寛延2（1749）年～文化13（1816）年　[別]田中散木《たなかさんぼく》
江戸時代中期～後期の近江彦根藩士。
¶国書（田中散木　たなかさんぼく　[生]寛延2

(1749) 年2月1日　[没]文化13 (1816) 年5月4日), 人名 (田中世誠), 日人 (田中世誠), 藩臣4

**田中つね** たなかつね
？ ～昭和12 (1937) 年5月8日
大正～昭和期の栄養教育者。わが国最初の婦人栄養技手。地方特産物の活用の研究を続け、新分野を開拓。
¶女性, 女性普, 先駆

**田中常憲** たなかつねのり
明治6 (1873) 年～昭和35 (1960) 年　[別]田中常憲《たなかじょうけん》
明治～昭和期の歌人、教育者。
¶京都文, 姓氏鹿児島 (たなかじょうけん)



**田中禎一** たなかていいち
昭和10 (1935) 年11月22日～
昭和期の教師。
¶視覚

**田中貞吉** たなかていきち
安政4 (1857) 年～明治38 (1905) 年12月9日
明治期の南米探検家。藩主吉川重吉に同行してアメリカに留学。海外植民事業の立案。
¶海越, 海越新, 人名, 渡航, 富山百 ([没]明治37 (1904) 年12月9日), 日人

**田中泥斎** たなかでいさい
→田中有文 (たなかありぶみ)

**田中哲雄** たなかてつお
明治38 (1905) 年5月3日～昭和62 (1987) 年3月4日
昭和期の教育者。
¶山梨百

**田中鉄夫** たなかてつお
大正2 (1913) 年～
昭和期の教諭、日本画家。
¶児人

**田中登作** たなかとうさく
安政2 (1855) 年8月16日～明治33 (1900) 年7月2日
江戸時代末期・明治期の教育者。斐太中学校長。
¶飛驒

**田中統治** たなかとうじ
昭和26 (1951) 年4月23日～
昭和～平成期の研究者。筑波大学教育学系教授。専門は、教育学、カリキュラム研究、教育社会学。
¶現執4期

**田中洞僊** たなかどうせん
～大正3 (1914) 年
明治～大正期の教育者。
¶三重

**田中徳太郎** たなかとくたろう
安政4 (1857) 年～
明治期の教育者。
¶三重続

**田中敏隆** たなかとしたか
大正11 (1922) 年12月11日～
昭和～平成期の教育心理学者。大阪教育大学教授。
¶現執1期, 現執3期, 心理

**田中友次郎** たなかともじろう
明治34 (1901) 年1月～
大正～昭和期の教育者。
¶群馬人

**田中豊太郎** たなかとよたろう
明治28 (1895) 年8月25日～昭和52 (1977) 年5月14日
昭和期の小学校教師、国語教育学者。
¶日児

**田中寅之助** たなかとらのすけ
明治4 (1871) 年8月26日～昭和26 (1951) 年11月
明治～昭和期の教育者。学校長。
¶飛驒

**田中直達** たなかなおさと
生没年不詳
明治期の教育者。
¶新潟百

**田中直美** たなかなおみ
明治37 (1904) 年～昭和47 (1972) 年
昭和期の教育者。
¶姓氏長野

**田中玄宰** たなかはるなか
寛延1 (1748) 年～文化5 (1808) 年　[別]田中玄宰《たなかげんさい》
江戸時代中期～後期の陸奥会津藩家老。
¶会津, 朝日 ([生]寛延1年10月8日 (1748年10月29日)　[没]文化5年8月7日 (1808年9月26日)), 岩史 ([生]寛延1 (1748) 年10月8日　[没]文化5 (1808) 年8月7日), 近世, 国史, 国書 ([生]寛延1 (1748) 年10月8日　[没]文化5 (1808) 年8月7日), コン4, 人名 (たなかげんさい　[生]1747年), 日人, 藩臣2

**田中治彦** たなかはるひこ
昭和28 (1953) 年～
昭和～平成期の研究者。立教大学文学部教育学科教授。専門は、社会教育学、国際教育学。
¶現執4期

**田中彦右衛門** たなかひこえもん
天明5 (1785) 年～安政5 (1858) 年
江戸時代後期～末期の実用流師範役。
¶姓氏岩手

**田中尚** たなかひさし
嘉永4 (1851) 年～大正6 (1917) 年
江戸時代末期～大正期の教育者。
¶鳥取百

**田中久直** たなかひさなお
大正8 (1919) 年～
昭和期の国語教育研究者。
¶現執1期

**田中弘義** たなかひろよし
弘化4 (1847) 年～明治21 (1888) 年12月5日

江戸時代後期～明治時代のフランス語教師。
¶幕末大

**田中福太郎** たなかふくたろう
生没年不詳
大正期の教師。飯田中学校長兼教諭。斐太中学校長兼教諭。
¶飛驒

**田中ふさ子** たなかふさこ
大正5（1916）年8月1日～昭和18（1943）年1月25日
昭和期の教育者。綴方教師と文集の交換をする。「綴方風土記」「坪田編」に「出水」が記載される。
¶郷土長野，女性，女性普，信州女，世紀，姓氏長野，長野歴，日人

**田中不二雄** たなかふじお
大正3（1914）年8月10日～
昭和期の教育者。学校長。剣道範士。
¶飛驒

**田中不二子** たなかふじこ
昭和5（1930）年～昭和56（1981）年3月
昭和期の幼児教育者。
¶女性，女性普

**田中不二麿**（田中不二麻呂） たなかふじまろ
弘化2（1845）年6月12日～明治42（1909）年2月1日
江戸時代末期～明治期の政治家。子爵、文部卿代行、枢密院顧問官、法相。岩倉遣外使節に随行して欧米の教育事情を視察。帰国後、文部大輔、司法卿、駐仏公使などを務める。教育令の制定に尽力。
¶愛知，愛知百，朝日（田中不二麻呂 [生]弘化2年6月12日（1845年7月16日）），維新，岩史，海越，海越新，角史，教育（田中不二麻呂），近現（田中不二麻呂），国際，国史（田中不二麻呂），コン改，コン4，コン5，史人（田中不二麻呂），思想史（田中不二麻呂），新潮，人名，姓氏愛知，世人，世百（田中不二麻呂），先駆，全書（田中不二麻呂），体育，渡航，日史（田中不二麻呂），日人，幕末，幕末大，藩臣4，百科（田中不二麻呂），明治1，履歴，歴大（田中不二麻呂）

**田中穂積** たなかほづみ
明治9（1876）年2月17日～昭和19（1944）年8月22日
明治～昭和期の経済学者、教育家。早稲田大学総長。早大で講義、経営に尽力。文教審議会委員等も歴任。
¶近現，国史，史人，新潮（[生]明治9（1876）年2月），人名7，世紀（[生]明治9（1876）年2月），姓氏長野，渡航，長野百，長野歴，日人，履歴

**田中真紀子** たなかまきこ
昭和19（1944）年1月14日～
昭和～平成期の政治家。衆議院議員、外相、第17代文科相。田中角栄元首相の長女。
¶現政，世紀，日人，履歴，履歴2

**田中誠** たなかまこと
明治41（1908）年～昭和55（1980）年
昭和期の萩高教諭。
¶山口人

**田中征男** たなかまさお
昭和19（1944）年7月14日～
昭和期の教育学者。和光大学教授。
¶現執2期

**田中正男** たなかまさお
明治38（1905）年6月15日～昭和48（1973）年9月13日
昭和期の教員。
¶社史

**田中正雄** たなかまさお
明治14（1881）年2月13日～昭和44（1969）年3月2日
明治～昭和期の教育者。広島県社会福祉協議会会長。広島教育治療学園（現六方学園）を創立、知的障害児の教育につくす。
¶日人，広島百

**田中昌人** たなかまさと
昭和7（1932）年1月22日～
昭和～平成期の教育学者。京都大学教授、龍谷大学文学部教授。専門は発達診断、発達保障論、障害者教育など。著書に「発達保障への道」「人間発達の科学」など。
¶現朝，現執1期，現執3期，現情，現人，心理，世紀，日人

**田中昌言** たなかまさとき
→田中算翁（たなかさんおう）

**田中正行** たなかまさゆき
明治21（1888）年1月29日～昭和53（1978）年1月8日
大正～昭和期の教育者。
¶熊本人，熊本百

**田中真澄** たなかますみ
昭和11（1936）年3月15日～
昭和～平成期の社会教育家。ヒューマンスキル研究所所長。
¶現執2期，現執3期，現執4期

**田中未来** たなかみき
大正10（1921）年6月28日～
昭和～平成期の教育学者。白梅学園短期大学教授。
¶現執2期，現執3期

**田中光顕** たなかみつあき
天保14（1843）年～昭和14（1939）年3月28日
[別]田中光顕《たなかこうけん》
江戸時代末期～明治期の高知藩士、政治家。子爵、宮内相。土佐勤王党に参加。警視総監、学習院院長などを歴任。
¶維新，海越（[生]天保14（1843）年閏9月25日），海越新（[生]天保14（1843）年閏9月25日），角史，近現，高知人，高知百，国史，コン改，コン5，史研（[生]天保14（1843）年閏9月25日），史人（[生]1843年閏9月25日），静岡歴，神人，新潮（[生]天保14（1843）年閏9月25日），人名7，世紀（[生]天保14（1843）年9月25日），世人（[生]天保14

(1843) 年9月25日), 全書, 太宰府, 多摩, 渡航 ([生]1843年9月), 日史 ([生]天保14 (1843) 年閏9月25日), 日人, 幕末 (たなかこうけん [没]1939年3月8日), 藩臣6, 兵庫百, 明治1, 履歴 ([生]天保14 (1843) 年閏9月25日), 歴大

**田中三興** たなかみつおき
文政3 (1820) 年〜明治16 (1883) 年　[別]田中三興《たなかさんこう》
江戸時代末期〜明治期の治水功労者。
¶埼玉人 (たなかさんこう　[生]文政3 (1820) 年7月 [没]明治16 (1883) 年9月), 埼玉百, 人名, 日人

**田中美名人** たなかみなと
万延1 (1860) 年8月〜?
江戸時代末期〜明治期の教育者。
¶群馬人

**田中みほ** たなかみほ
慶応1 (1865) 年4月1日〜昭和17 (1942) 年1月
明治〜昭和期の女性。津軽家の娘の家庭教師を務める。弘前に父伊東梅軒の碑を建てる。
¶女性, 女性普

**田中躬之** たなかみゆき
寛政8 (1796) 年〜安政4 (1857) 年
江戸時代末期の儒学者。
¶石川百, 国書 ([没]安政4 (1857) 年7月19日), 人名, 姓氏石川, 日人, 幕末 ([没]1857年9月7日)

**田中棟八** たなかむねはち
安政5 (1858) 年12月18日〜昭和16 (1941) 年11月11日
明治〜昭和期の教育者。
¶徳島百, 徳島歴

**田中安次郎** たなかやすじろう
明治17 (1884) 年1月10日〜
明治期の教師。長野県諏訪中学校体育教師。
¶飛驒

**田中保親** たなかやすちか
→田中止水 (たなかしすい)

**田中幸夫** たなかゆきお
明治34 (1901) 年11月23日〜昭和57 (1982) 年2月12日
大正〜昭和期の考古学者。
¶郷土, 考古, 福岡百

**田中義章** たなかよしあき
昭和10 (1935) 年〜
昭和期の教育社会学者。
¶現執1期

**田中義男** たなかよしお
明治34 (1901) 年1月13日〜平成7 (1995) 年7月7日
昭和期の文部官僚。
¶履歴, 履歴2

**田中義雄** たなかよしお
明治31 (1898) 年〜昭和20 (1945) 年
大正〜昭和期の教育者。
¶鳥取百

**田中好賢** たなかよしかた
明治8 (1875) 年〜大正4 (1915) 年
明治〜大正期の学校教育者。
¶愛媛, 愛媛百 ([生]明治8 (1875) 年2月8日　[没]大正4 (1915) 年1月5日)

**田中義廉** たなかよしかど
天保12 (1841) 年2月11日〜明治12 (1879) 年10月3日
江戸時代末期〜明治期の洋学者、教科書編纂者。文部省出仕、「小学読本」を編纂。「万国史略」等教科書執筆。教育社設立。
¶朝日 ([生]天保12年2月11日 (1841年4月2日)), 科学, 出文, 人書94, 新潮, 姓氏長野, 長野歴, 日人, 洋学

**田中義人** たなかよしと
明治35 (1902) 年〜昭和48 (1973) 年
昭和期のバイオリニスト。
¶薩摩

**田中訓之助** たなかよしのすけ
慶応1 (1865) 年4月9日〜大正12 (1923) 年4月6日
明治〜大正期の教育者。
¶埼玉人

**田中可然** たなかよしのり
天保4 (1833) 年〜大正13 (1924) 年12月13日
[別]田中可然《たなかかねん》
江戸時代末期〜大正期の和算家。広島藩校の数学教授。航海測量士。藩校閉鎖後、兵部省出仕。
¶数学 ([生]天保3 (1832) 年), 幕末 (たなかかねん), 幕末大 (たなかかねん)

**田中由古** たなかよしひさ
寛延2 (1749) 年〜文化4 (1807) 年
江戸時代中期〜後期の因幡鳥取藩士、儒学者。
¶鳥取百, 藩臣5

**田中蘭陵** たなからんりょう
元禄12 (1699) 年〜享保19 (1734) 年
江戸時代中期の儒学者。
¶朝日, 江文, 国書 ([没]享保19 (1734) 年2月25日), コン改, コン4, 詩歌, 庄内 ([生]正徳1 (1711) 年　[没]延享3 (1746) 年3月23日), 新潮 ([没]享保19 (1734) 年2月25日), 人名, 日人, 和俳

**田中隆三** たなかりゅうぞう
元治1 (1864) 年〜昭和15 (1940) 年12月6日
大正〜昭和期の官僚、政治家。衆議院議員、枢密院顧問官。農商務次官。文相を歴任。
¶秋田人2 ([生]元治1年10月15日), 秋田百, 新潮 ([生]元治1 (1864) 年10月), 人名7, 世紀 ([生]元治1 (1864) 年10月), 日人, 履歴 ([生]元治1 (1864) 年10月15日)

**田中良三** たなかりょうぞう
昭和21 (1946) 年7月2日〜
昭和〜平成期の教育者。愛知県立大学教授、見晴台学園学園長。
¶現執2期, 現執3期, 現執4期

**棚橋絢子** たなはしあやこ,たなばしあやこ
天保10(1839)年2月24日～昭和14(1939)年9月21日
明治～昭和期の教育者。金声小学校創設。愛敬女学校、東京高等女学校(後の東京女子学園)等で校長を歴任。
¶愛知女,大阪人([没]昭和14(1939)年9月),学校,岐阜百(たなばしあやこ),郷土岐阜(たなばしあやこ),近現,近女,国際,国史,コン改,コン5,史人,女史,女性,女性普,新潮,人名7,世紀,哲学,日人

**棚橋イチ** たなはしいち
明治11(1878)年1月1日～昭和31(1956)年2月14日
明治～昭和期の教育者。徳島高等女学校創立時に教諭、寄宿舎舎監を兼務。女教員会を発足。
¶大阪人([没]昭和31(1956)年2月),女性,女性普

**棚橋一郎** たなはしいちろう
*～昭和17(1942)年2月7日
明治～昭和期の教育家。郁文館を設立。東京高等女学校(後の東京女子学園)を創立に関わる。東京市会議員。
¶学校([生]文久2(1862)年11月13日),哲学([生]1863年)

**棚橋源太郎** たなはしげんたろう
明治2(1869)年6月8日～昭和36(1961)年4月3日
明治～大正期の理科教育の指導者。東京国立博物館館長。直感教授理論に基づく郷土教育や理科教育の理論と実践で知られる。
¶科学,現朝([生]明治2年6月8日(1869年7月16日)),現情,コン改,コン4,コン5,新潮,人名7,世紀,渡航,日人

**棚橋衡平** たなはしこうへい,たなばしこうへい
天保5(1834)年4月17日～明治43(1910)年10月2日 [別]棚橋天籟《たなはしてんらい》
明治期の教育家。岐阜師範学校長、大阪府立農学校長などを歴任。
¶維新(棚橋天籟 たなはしてんらい),学校,岐阜百(棚橋天籟 たなはしてんらい),郷土岐阜(たなばしこうへい),コン5(棚橋天籟 たなはしてんらい),人名([生]1833年),日人,幕末(棚橋天籟 たなはしてんらい),幕末大(棚橋天籟 たなはしてんらい),飛騨

**棚橋天籟** たなはしてんらい
→棚橋衡平(たなはしこうへい)

**田辺一郎** たなべいちろう
明治26(1893)年～昭和50(1975)年
大正～昭和期の地理学者、教育家。
¶宮城百

**田辺義尊** たなべぎそん
明治6(1873)年～?
明治～大正期の教育者。
¶鳥取百

**田辺清春** たなべきよはる
明治32(1899)年～? [別]王無久《おうむきゅう》
大正～昭和期の教育実践者。プロレタリア教育の先駆的実践として、国史科「仁徳天皇」、国語科「胃と身体」の授業を発表。
¶高知先([生]明治32年4月 [没]昭和58年5月),コン改,コン4,コン5,社史(王無久 おうむきゅう),世紀

**田辺顕三郎** たなべけんざぶろう
明治2(1869)年～?
明治期の教育者。
¶大分歴

**田辺貞吉** たなべさだきち
弘化4(1847)年～大正15(1926)年 [別]田辺貞吉《たなべていきち》
明治～大正期の官吏、実業家。文部省督学局少視学、東京府師範学校長などを務めた。
¶大阪人(たなべていきち [没]大正15(1926)年1月),静岡歴(たなべていきち),人名,世紀(たなべていきち [生]弘化4(1847)年11月14日 [没]大正15(1926)年1月3日),姓氏静岡(たなべていきち),渡航([生]1847年11月14日 [没]1926年1月3日),日人

**田辺晋斎** たなべしんさい
元禄6(1693)年～安永1(1772)年12月12日 [別]田辺希文《たなべまれふみ,たなべまれぶみ》
江戸時代中期の儒学者。
¶国書([生]元禄5(1692)年6月16日),人名(田辺希文 たなべまれぶみ),姓氏京都,姓氏宮城(田辺希文 たなべまれふみ),日人([生]1692年 [没]1773年),宮城百(田辺希文 たなべまれふみ)

**田辺新之助** たなべしんのすけ
文久2(1862)年～昭和19(1944)年
明治～昭和期の教育者。
¶神奈川人,姓氏神奈川

**田辺整斎** たなべせいさい
→田辺希賢(たなべまれかた)

**田辺石菴**(田辺石庵) たなべせきあん
天明1(1781)年～安政3(1856)年12月12日
江戸時代後期の儒学者。
¶江文(田辺石庵),国書(田辺石庵),人名,日人(田辺石庵 [没]1857年)

**田辺建雄** たなべたつお
昭和3(1928)年3月22日～
昭和期の教師、社会運動家。
¶視覚

**田辺貞吉** たなべていきち
→田辺貞吉(たなべさだきち)

**田辺友三郎** たなべともさぶろう
元治1(1864)年～昭和8(1933)年
明治～大正期の教育家、唱歌作詞者。浜松市立高等女学校校長。唱歌「ももたろう」を作詞。
¶静岡歴,児文

**田辺信一** たなべのぶかず
大正14(1925)年～昭和49(1974)年

昭和期の社会教育専門家。
¶現執1期

**田辺史百枝** たなべのふひとももえ
→田辺百枝(たなべのももえ)

**田辺百枝** たなべのももえ
生没年不詳 [別]田辺史百枝《たなべのふひとももえ》
飛鳥時代の「大宝律令」撰定者。
¶古代(田辺史百枝 たなべのふひとももえ), コン改, コン4, 人名, 日人, 和俳

た

**田名部彦一** たなべひこいち
明治3(1870)年～大正8(1919)年10月28日
明治～大正期の郷土史家。編著に「奈良縣史」「大和人物志」などがある。
¶郷土, 人名, 世紀, 日人

**田辺希賢** たなべまれかた
承応2(1653)年～元文3(1738)年 [別]田辺整斎《たなべせいさい》
江戸時代前期～中期の陸奥仙台藩士、儒学者。
¶国書(田辺整斎 たなべせいさい [生]承応2(1653)年2月9日 [没]元文3(1738)年10月1日), 人名, 姓氏宮城, 世人([没]元文3(1738)年10月), 日人(田辺整斎 たなべせいさい), 藩臣1, 宮城百

**田辺希文** たなべまれふみ,たなべまれぶみ
→田辺晋斎(たなべしんさい)

**田辺明庵** たなべめいあん
文政5(1822)年～明治30(1897)年
江戸時代末期～明治期の教育家。著書に「皇国名家絶句類纂」「明庵詩稿」がある。
¶姓氏石川, 藩臣3

**田辺洋二** たなべようじ
昭和8(1933)年4月1日～
昭和～平成期の英語教育学者。早稲田大学教授。
¶現執1期, 現執3期, 現執4期

**田辺楽斎** たなべらくさい
宝暦4(1754)年～文政6(1823)年
江戸時代後期の儒学者。
¶国書([没]文政6(1823)年4月17日), 人名, 日人, 宮城百

**田辺竜作** たなべりゅうさく
天保5(1834)年～文久3(1863)年 [別]田部竜作《たべりゅうさく》
江戸時代末期の豊後岡藩士、志士。
¶人名, 日人(田部竜作 たべりゅうさく)

**田辺和気子** たなべわきこ
? ～明治32(1899)年
明治期の教育者。京都師範学校。後述と詩文が「田辺和気子刀自遺稿」として刊行。
¶女性, 女性普

**谷合侑** たにあいすすむ
昭和7(1932)年6月14日～
昭和期の教育者。
¶視覚

**谷昭佳** たにあきよし
平成期の大学職員。
¶写人

**谷栄** たにえ★
江戸時代後期の女性。教育。花津氏。弘化4年～明治6年寺子屋を経営。
¶江表(谷栄(秋田県))

**谷岡登** たにおかのぼる
明治27(1895)年～昭和49(1974)年11月22日
明治～昭和期の学校創立者。大阪城東商業学校(後の大阪商業大学)を創立。
¶学校

**谷垣専一** たにがきせんいち
大正1(1912)年1月18日～昭和58(1983)年6月27日
昭和期の政治家。衆議院議員、第2次大平内閣文部大臣。
¶京都府, 現情, 政治

**谷垣守** たにかきもり
元禄11(1698)年～宝暦2(1752)年3月30日
江戸時代中期の土佐藩士、儒学者、国学者。
¶高知人, 高知百, 国書([生]元禄11(1698)年7月), 人書94, 神人, 人名, 日人, 藩臣6

**谷和樹** たにかずき
昭和39(1964)年2月28日～
昭和～平成期の小学校教師。
¶現執4期

**谷川彰英** たにかわあきひで
昭和20(1945)年8月26日～
昭和～平成期の教育学者。「連続セミナー 授業を創る会」代表。
¶現執3期, 現執4期

**谷川五男** たにがわいつお
昭和25(1950)年～
昭和～平成期の教諭、童画家。
¶児人

**谷川英一** たにかわえいいち
明治40(1907)年8月18日～昭和59(1984)年11月13日
昭和期の教育者、水産製造学。
¶科学, 北海道歴

**谷川熊五郎** たにがわくまごろう
嘉永3(1850)年～大正10(1921)年
江戸時代末期～大正期の教育家。
¶山口百

**谷川士清** たにかわことすが,たにがわことすが
宝永6(1709)年2月26日～安永5(1776)年10月10日
江戸時代中期の国学者、神道家。
¶朝日([生]宝永6年2月26日(1709年4月5日) [没]安永5年10月10日(1776年11月20日)), 角史(たにがわことすが), 近世, 考古, 国史, 国書

(たにがわことすが)，古史，コン改，コン4，詩歌，史人，神史，人書79，神人(たにがわことすが　[没]安永5(1776)年10月)，新潮，人名，世人(たにがわことすが)，世百(たにがわことすが)，全書，大百，日思(たにがわことすが)，日史，日人，百科，三重，歴大，和俳

**谷川澄雄** たにかわすみお
昭和1(1926)年～
昭和期の小学校教諭、評論家。日本市立小学校連合会国語研究主任。
¶児人

**谷川達海** たにかわたつみ，たにがわたつみ
嘉永5(1852)年2月11日～大正10(1921)年4月22日
江戸時代末期～大正期の岡山藩士、実業家。旧藩士授産のため有終社を設立。閑谷学校を再開。
¶岡山人(たにがわたつみ)，岡山百(たにがわたつみ)，岡山歴(たにがわたつみ)，世紀(たにがわたつみ)，日人(たにがわたつみ)，幕末

**谷川物外** たにがわぶつがい
享保17(1732)年1月1日～文化7(1810)年8月9日
江戸時代中期～後期の心学者。
¶国書

**谷川道雄**(谷川道夫) たにがわみちお
大正14(1925)年12月2日～
昭和～平成期の東洋史学者。河合文化教育研究所主任研究員、京都大学教授。
¶現執1期，現執2期，現情(谷川道夫)，世紀

**谷川竜山** たにがわりゅうざん
安永3(1774)年～天保2(1831)年　[別]谷川竜山《たにがわりょうざん》
江戸時代中期～後期の易学者。
¶大阪人(たにがわりょうざん　[没]天保2(1831)年12月)，国書([没]天保2(1831)年12月4日)，日人([没]1832年)

**谷川竜山** たにがわりょうざん
→谷川竜山(たにがわりゅうざん)

**谷口安宅** たにぐちあたか
[別]谷口安宅《たにぐちやすいえ》
江戸時代後期の藩士・和算家。
¶数学(たにぐちやすいえ)

**谷口廻瀾** たにぐちかいらん
明治13(1880)年9月5日～昭和17(1942)年3月10日
明治～昭和期の漢学者、教育者。
¶島根人，島根百，島根歴，世紀，日人

**谷口耕平** たにぐちこうへい
大正13(1924)年5月25日～
昭和期の教育者。学校長。
¶飛騨

**谷口春斎** たにぐちしゅんさい
天保1(1830)年～明治25(1892)年
江戸時代末期～明治期の医家。開業医として活躍の傍ら門生の養成に尽力。
¶人名，日人

**谷口舜三** たにぐちしゅんぞう
昭和7(1932)年7月29日～平成3(1991)年1月4日
昭和・平成期の教育者。学校長。
¶飛騨

**谷口素庵** たにぐちそあん
→谷口泰庵(たにぐちたいあん)

**谷口素静** たにぐちそじょう
明治35(1902)年10月19日～平成3(1991)年7月7日
昭和・平成期の金沢大学厚生課長。
¶飛騨

**谷口泰庵** たにぐちたいあん
天保6(1835)年～明治24(1891)年　[別]谷口素庵《たにぐちそあん》
江戸時代末期～明治時代の医師。廃藩後、私立病院を興し、後進の指導と診療に当たる。
¶愛媛，愛媛百([没]明治24(1891)年10月)，長崎遊，幕末([没]1891年10月20日)，幕末大([没]明治24(1891)年10月20日)，藩臣6，洋学(谷口素庵　たにぐちそあん)

**谷口隆** たにぐちたかし
昭和3(1928)年3月25日～平成18(2006)年9月10日
昭和～平成期の出版人。教育出版社長、大日本印刷取締役。
¶出文

**谷口武** たにぐちたけし
明治29(1896)年1月14日～昭和35(1960)年3月7日
昭和期の教育者、児童文学作家。和光学園校長。作品に「イエス・キリスト」「イソップ動物園」など。
¶四国文，児文，世紀，日児，日人

**谷口保** たにぐちたもつ
明治36(1903)年～昭和40(1965)年
昭和期の曽於郡岩南小学校長、栗野・大口の各中学校校長、宮之城町教育長。
¶姓氏鹿児島

**谷口恒男** たにぐちつねお
大正1(1912)年～平成5(1993)年
昭和～平成期の教育学者。山形大学教授。
¶山形百新

**谷口鉄美** たにぐちてつみ
明治37(1904)年6月11日～平成4(1992)年4月1日
昭和期の小学校教員。鳥取県岩美郡岩美町網代小学校校長。
¶社史

**谷口徹** たにぐちとおる
昭和10(1935)年2月4日～
昭和期の宮川村教育長。
¶飛騨

**谷口俊雄** たにぐちとしお
明治44(1911)年5月24日〜昭和57(1982)年5月20日
大正・昭和期の教育者。学校長。
¶飛騨

**谷口留次郎** たにぐちとめじろう
文久3(1863)年〜昭和30(1955)年
大正〜昭和期の教育者。按摩鍼治に携わり理療科体系を確立させた。
¶視覚

**谷口長雄** たにぐちながお
慶応1(1865)年4月6日〜大正9(1920)年1月14日
明治〜大正期の医師。愛媛県立松山病院長などを務めた。熊本医学校を創立。
¶愛媛, 愛媛百, 科学, 学校, 郷土愛媛, 近医, 熊本人, 熊本百, 人名, 世紀, 渡航, 日人

**谷口久吉** たにぐちひさきち
明治22(1889)年12月1日〜昭和43(1968)年11月2日
昭和期の経営者。後楽園の整備、岡山大の創設などにつくす。「萩の塚句集」を著すなど俳人としても知られる。
¶岡山人, 岡山百, 岡山歴, 世紀, 日人

**谷口秀之助** たにぐちひでのすけ
〜昭和9(1934)年4月10日
昭和期の教師。
¶飛騨

**谷口安宅** たにぐちやすいえ
→谷口安宅(たにぐちあたか)

**谷口良子** たにぐちよしこ
大正15(1926)年4月30日〜
昭和期の教育者。学校長。
¶飛騨

**谷口藍田** たにぐちらんでん
文政5(1822)年〜明治35(1902)年11月14日
江戸時代末期〜明治期の儒学者。鹿児島藩弘文館などで教授。著書に「藍田先生全集」。
¶維新, 国書(㊄文政5(1822)年8月15日), コン改, コン4, コン5, 佐賀百(㊄文政5(1822)年8月15日), 詩歌, 詩作(㊄文政5(1822)年8月15日), 新潮(㊄文政5(1822)年8月15日), 人名, 長崎遊, 日人, 幕末(㊄1822年9月29日), 幕末大, 和俳

**谷玖満子** たにくまこ
弘化1(1844)年〜明治42(1909)年
江戸時代末期〜明治時代の女性。軍人谷干城の妻。
¶江表(玖満子(高知県))

**谷三山** たにさんざん
享和2(1802)年〜慶応3(1867)年12月11日
江戸時代末期の儒学者。
¶朝日(㊄慶応3年12月11日(1868年1月5日)), 維新, 郷土奈良, 国書, コン改, 新潮, 人名, 日人(㊄1868年), 幕末(㊄1868年1月5日), 藩臣4

**谷時中** たにじちゅう
慶長3(1598)年〜慶安2(1649)年
江戸時代前期の儒学者。
¶朝日(㊄慶安2年12月29日(1650年1月31日)), 岩史(㊄慶安2(1649)年12月29日), 角史, 教育, 近世(㊄1599年), 高知人, 高知百(㊄1599年), 国史(㊄1599年), 国書(㊄慶安4(1599)年慶安2(1649)年12月30日), コン改, コン4, 詩歌, 史人(㊄1598年, (異説)1599年㊄1649年12月30日), 重要(㊄慶安2(1649)年12月29日), 神史(㊄1599年), 新潮(㊄慶安2(1649)年12月29日), 人名, 世人(㊄慶安2(1649)年12月30日), 全書, 大百, 日思, 日史(㊄慶安2(1649)年12月30日), 日人(㊄1599年㊄1650年), 藩史6(㊄慶長4(1599)年), 百科, 仏教(㊄慶長4(1599)年, (異説)慶長3年 ㊄慶安2(1649)年12月30日), 歴大(㊄1598年, (異説)1599年)

**谷篠山** たにじょうざん
天保13(1842)年〜明治33(1900)年
明治期の国漢学者、神職者。敦篤堂を設立した。
¶人名, 日人

**谷城東** たにじょうとう
嘉永5(1852)年12月11日〜明治15(1882)年
江戸時代後期〜明治期の教育者。
¶三重

**谷頭有寿** たにずありとし
文政3(1820)年〜明治14(1881)年 ㊃谷頭溟南《やがしらめいなん》
江戸時代末期〜明治期の漢学者、豊前小倉藩士。
¶国書(谷頭溟南 やがしらめいなん ㊄文政3(1820)年5月22日 ㊄明治14(1881)年10月19日), 人名, 日人

**谷世範** たにぜあん
→谷世範(たにぜはん)

**谷世範** たにぜはん, たにせはん
天保11(1840)年〜大正7(1918)年11月25日 ㊃谷世範《たにぜあん》
江戸時代末期〜明治期の医師。松山病院設立に奔走し、医長をつとめ、私立普済病院を開設、かたわら門下生の教育にあたる。
¶愛媛(たにぜあん), 愛媛百(たにせはん ㊄天保11(1840)年3月8日), 郷土愛媛, 長崎遊, 幕末, 藩臣6

**谷千生**(谷千成) たにちなり
天保3(1832)年8月1日〜明治21(1888)年9月8日
江戸時代末期〜明治期の国学者。国文法を研究。著書に「日本小文典批評」など。
¶大阪人, 人名(㊄?), 徳島百, 徳島歴(谷千成), 日人

**谷伝左衛門** たにでんざえもん
慶長11(1606)年〜慶安2(1649)年
江戸時代前期の伊達忠宗の子光宗の侍講。
¶姓氏宮城

谷忍斎 たににんさい
　？〜延享1(1744)年12月5日
　江戸時代中期の有職故実家。
　¶大阪墓, 国書, 人名, 日人(㊥1745年)

谷野せつ たにのせつ
　明治36(1903)年1月10日〜平成11(1999)年1月28日
　大正〜昭和期の労働行政家。初の女性行政官。労働基準法の制定に参画。
　¶近女, 現朝, 女運, 女史, 世紀, 日人, マス89(㊥1904年), 履歴, 履歴2

谷騰 たにのぼる
　明治25(1892)年〜昭和13(1938)年
　大正〜昭和期の教育家。昭和学園開設。
　¶滋賀百

渓百年 たにひゃくねん
　宝暦4(1754)年〜天保2(1831)年
　江戸時代後期の儒学者。
　¶朝日(㊥？), 国書(㊥天保2(1831)年5月11日), 人名(㊥？), 鳥取百, 日人

谷北渓 たにほっけい
　→谷真潮(たにましお)

谷昌恒 たにまさつね
　大正11(1922)年7月4日〜
　昭和〜平成期の教育評論家。北海道家庭学校校長。
　¶現執1期, 現執3期

谷真潮 たにましお
　享保14(1729)年〜寛政9(1797)年10月18日
　㊥谷北渓《たにほっけい》, 谷真潮《たにしんちょう》
　江戸時代中期の国学者。谷垣守の長男。
　¶朝日(㊥寛政9年10月18日(1797年12月5日)), 近世, 高知人(㊥1727年), 高知百, 国史, 国書, コン改, コン4, 史人(㊥1729年1月3日, (異説)1727年1月3日), 神ヅ, 人書94(㊥1727年), 神人(㊥享保12(1727)年), 新潮, 人名(谷北渓　たにほっけい㊥1727年), 世人(㊥享保12(1727)年), 日人(㊥1727年, (異説)1729年), 藩臣6, 百科(㊥享保12(1727)年)

谷本清人 たにもときよむね
　明治14(1881)年〜
　明治〜大正期の教育者。
　¶高知人

谷本重清 たにもとしげきよ
　明治41(1908)年9月14日〜昭和63(1988)年11月12日
　昭和期の僧侶。修徳高校校長。
　¶社史

谷本多加子 たにもとたかこ
　明治39(1906)年11月26日〜昭和55(1980)年9月5日
　大正〜昭和期の学校創立者。谷本英学院を創立。関西外国語学校, 関西外国語短期大学, 関西外国語大学を開設。
　¶学校

谷本富 たにもととみ
　→谷本富(たにもととめり)

谷本富 たにもととめり
　慶応3(1867)年10月17日〜昭和21(1946)年2月1日　㊥谷本富《たにもととみ, たにもととめる》
　明治〜昭和期の教育学者。文学博士。日本におけるヘルバルト学派の教育学研究者の第一人者。
　¶香川人(㊥慶応2(1866)年), 香川百(㊥慶応2(1866)年), 教育(たにもととめる), 郷土香川(㊥1886年), 近現, 現情(㊥慶応2(1866)年10月17日), 国史, コン改, コン4, コン5, 史人, 思想(㊥慶応2(1866)年10月17日), 真宗(たにもととみ), 新潮, 人名7(㊥1866年), 心理, 世紀(㊥慶応2(1866)年10月17日), 姓氏京都, 哲学(㊥1866年), 渡航, 日人, 仏人, 履歴, 履歴2

谷本富 たにもととめる
　→谷本富(たにもととめり)

谷本守彦 たにもともりひこ
　昭和14(1939)年4月4日〜
　昭和期の久々野町教育長。
　¶飛騨

谷本与三次郎 たにもとよそじろう
　明治33(1900)年1月16日〜昭和51(1976)年7月27日
　大正・昭和期の教師。石川県議会議員。鶴来町長。
　¶石川現十

谷八十吉 たにやそはち
　明治42(1909)年2月8日〜昭和61(1986)年2月20日
　昭和期の教育者。
　¶岡山歴

谷山四方一 たにやまよもいち
　明治16(1883)年7月22日〜昭和45(1970)年1月4日
　明治〜昭和期の教育者。
　¶世紀, 日人, 広島百

谷脇豊蔵 たにわきとよぞう
　大正11(1922)年10月10日〜平成10(1998)年12月24日
　昭和・平成期の高山市教育長。
　¶飛騨

田沼志一 たぬましん
　明治10(1877)年7月3日〜昭和45(1970)年
　明治〜昭和期の教育者。私立横浜女学校生徒監。私立横浜女学校校長。横浜市文化賞, 私学教育功労者などを受賞。
　¶学校(㊥昭和45(1970)年1月3日), 神奈川人, 神奈女2(㊥昭和45(1970)年3月20日), 郷土神奈川, 女性, 女性普, 世紀(㊥昭和45(1970)年1月3日), 姓氏神奈川(㊥1887年), 日人(㊥昭和45(1970)年1月3日)

**田沼太右衛門** たぬまたえもん
嘉永6(1853)年～昭和7(1932)年3月30日
明治～昭和期の実業家。横浜米穀取引所理事長、田沼書店創業者、神奈川県議、横浜学園創立者。
¶学校，神奈川人，神奈川百，出文([生]嘉永6(1853)年6月28日)

**種市有鄰** たねいちうりん
明治3(1870)年～昭和20(1945)年
明治～昭和期の教育者、郷土史家。
¶青森人

**種市与四郎** たねいちよしろう
明治40(1907)年～昭和54(1979)年
昭和期の教育者。小学校校長。
¶青森人

た

**種野友直** たねのともなお
文化14(1817)年～明治11(1878)年8月2日
江戸時代末期～明治時代の徂徠派古学者。修道館儒員。廃藩後、公立小学校設立に尽力。
¶国書，幕末，幕末大

**種村ひろし** たねむらひろし
大正13(1924)年～
昭和期の高校教諭、動物学者。
¶児人

**胤保〔広橋家〕** たねやす
→広橋胤保(ひろはしたねやす)

**種山健** たねやまたけし
明治40(1907)年4月20日～昭和47(1972)年5月24日
昭和期の小学校教員。
¶社史

**田上田鶴子** たのうえたずこ
享和2(1802)年～慶応3(1867)年
江戸時代後期～末期の女性。心学者。
¶江表(田鶴子(広島県))，女性

**田内菜園** たのうちさいえん
寛政6(1794)年～*
江戸時代末期の土佐藩士。
¶高知人([没]1857年)，幕末([没]1858年2月6日)，藩臣6(生没年不詳)

**田内千秋** たのうちちあき
文久2(1862)年～昭和5(1930)年
明治～昭和期の洋画家、教育者。
¶高知人

**田野俊貞** たのしゅんてい
安政2(1855)年9月6日～明治43(1910)年
江戸時代末期～明治期の医師。
¶島根百，島根歴

**田能村竹田** たのむらちくでん
安永6(1777)年6月10日～天保6(1835)年　[別]竹田《ちくでん》
江戸時代後期の南画家。
¶朝日([生]安永6年6月10日(1777年7月14日)　[没]天保6年6月29日(1835年7月24日))，岩史([没]天保6(1835)年8月29日)，大分百([生]1776年)，大分歴，大阪人([生]安永4(1775)年　[没]天保6(1835)年8月)，大阪墓([没]天保6(1835)年8月29日)，角史，京都，京都大，近世，国史，国書([没]天保6(1835)年8月29日)，コン改，コン4，詩歌，詩作([没]天保6(1835)年6月29日)，史人([没]1835年8月29日)，重要([没]天保6(1835)年6月29日)，人書79，人書94，新潮([没]天保6(1835)年8月29日)，人名，姓氏京都，世人([没]天保6(1835)年8月29日)，世百，全書，大百，茶道，伝記，日思，日史([没]天保6(1835)年8月29日)，日人，藩臣7，美術，百科，兵庫百，名画，歴大，和俳

**田能村祐麒** たのむらゆうき
大正12(1923)年3月8日～
昭和～平成期の教育者。田能村教育問題研究所所長、全国性教育団体連絡協議会理事長。
¶現執3期

**頼母木こま** たのもきこま
→頼母木駒子(たのもぎこまこ)

**頼母木駒子** たのもぎこまこ
明治7(1874)年4月1日～昭和11(1936)年10月14日　[別]頼母木こま《たのもきこま》
明治～昭和期の音楽家。東京音楽学校教授。多くのヴァイオリニストを育てる。従四位勲五等。
¶音人，芸能(頼母木こま　たのもきこま)，女性，女性普，新芸，人名，世紀，日人

**田野義雄** たのよしお
明治21(1888)年～昭和30(1955)年
大正～昭和期の教育者。
¶姓氏長野，長野歴

**田端一村** たばたかずむら
明治33(1900)年9月15日～昭和20(1945)年6月
大正～昭和期の詩人、教師。
¶沖縄百，姓氏沖縄

**田端翠雲** たばたすいうん
～大正2(1913)年
明治～大正期の教育者。
¶三重

**田花為雄** たばなためお
明治29(1896)年8月27日～昭和58(1983)年7月19日
昭和期の教育学者。大阪大学教授。
¶現情

**田原栄** たはらさかえ
明治34(1901)年～昭和30(1955)年
明治期の教育者。
¶群馬人

**田原至誠** たはらしせい
明治43(1910)年～昭和47(1972)年
昭和期の教育者。
¶大分歴

**田原法水** たはらほうすい，たばらほうすい
天保14(1843)年～昭和2(1927)年2月15日

明治～大正期の宗教家、教育家。僧侶、長崎県少林寺住職。一向宗を琉球で開教した。
¶維新（たばらほうすい），沖縄百（[生]天保14（1843）年12月15日），国際，コン改，コン4，コン5，社史（[生]1843年12月15日），真宗（たばらほうすい　[生]天保14（1843）年12月5日），世紀，姓氏沖縄，日人（[生]1844年），幕末（[没]1927年2月1日）

**田淵五十生**　たぶちいそお
昭和20（1945）年5月10日～
昭和～平成期の教育者。奈良教育大学教授。
¶現執3期

**田淵巌**　たぶちいわお
明治27（1894）年8月29日～昭和46（1971）年5月7日
昭和期の実業家、教育者。大日本美談社社長、英才塾塾長。
¶日児

**田淵竹野**　たぶちたけの
明治34（1901）年～平成4（1992）年
大正～平成期の教育者。タブチ女子専門学院を創設。
¶島根歴

**田部井鹿蔵**　たべいしかぞう
明治13（1880）年1月12日～昭和30（1955）年6月14日
明治～昭和期の教育者。群馬県渋川小学校校長、群馬県教育委員長。
¶郷土，郷土群馬，群新百，群馬人，群馬百，世紀，姓氏群馬，日人

**田部井平人**　たべいひらと
明治37（1904）年2月20日～昭和44（1969）年6月28日
昭和期の教育者。
¶群馬人

**田部井不二子**　たべいふじこ
明治42（1909）年6月20日～平成7（1995）年8月16日
昭和～平成期の社会教育家，政治家。市議会議員。
¶埼玉人

**田部井文雄**　たべいふみお
昭和4（1929）年～
昭和～平成期の中国文学者。六朝・唐代詩、漢文教育を研究。
¶現執3期

**田部井鉚太郎**　たべがいりゅうたろう
文久2（1862）年～大正7（1918）年
明治～大正期の教育家、画家。
¶姓氏愛知

**田部久**　たべきゅう
明治39（1906）年～昭和57（1982）年10月6日
[別]北村孫盛《きたむらまごもり》
昭和期の教育実践家。終戦後、教育組合運動を組織。著書に「無産少年運動」。
¶コン改，コン4，コン5，社運（北村孫盛　きたむらまごもり），社史（北村孫盛　きたむらまごもり　[生]1906年11月18日），世紀，日人，平和（北村孫盛　きたむらまごもり）

**田部竜作**　たべりゅうさく
→田辺竜作（たなべりゅうさく）

**たま**(1)
江戸時代末期～明治時代の女性。教育。本町の塾主佐羽清兵衛の妻。幕末から明治4年まで、佐羽たま塾を開いていた。
¶江表（たま（群馬県））

**たま**(2)
1837年～
江戸時代後期の女性。教育。石井真兵衛の妻。
¶江表（たま（東京都）　[生]天保8（1837）年頃）

**玉井清弘**　たまいきよひろ
昭和15（1940）年7月21日～
昭和～平成期の歌人、高校教師。「音」創刊に参加。家集に「久露」「六白」など。
¶岩歌，現執4期，現情，四国文，世紀，短歌，日人

**玉井清太郎**　たまいせいたろう
明治25（1892）年6月11日～大正6（1917）年
明治～大正期の飛行家。
¶世紀（[没]大正6（1917）年5月20日），日人

**玉井竹堂**　たまいちくどう
文化12（1815）年～明治30（1897）年
江戸時代末期～明治期の儒学者、教育家。
¶人名，日人

**玉井忠田**　たまいちゅうでん
文化5（1808）年～*
江戸時代末期～明治期の医師。
¶人名（[没]1879年），日人（[没]1877年）

**玉江末駒**　たまえすえごま
明治17（1884）年～昭和28（1953）年
明治～昭和期の教育者。
¶姓氏鹿児島

**瑞岡宜慶**　たまおかぎけい
文政7（1824）年～明治15（1882）年
江戸時代後期～明治期の教育者。
¶姓氏山口

**玉岡忍**　たまおかしのぶ
明治42（1909）年6月25日～昭和56（1981）年5月10日
昭和期の音楽・教育心理学者。共立女子大学教授。
¶現執1期，心理

**玉置往子**（玉置住子）　たまおきすみこ
明治7（1874）年8月9日～？
明治～昭和期の教育者。女芸一般を教授。徳川家の生花教師。
¶女性（玉置住子），女性普

**玉尾研平**　たまおけんぺい
*～昭和11（1936）年4月7日

明治～昭和期の教育者。
¶群馬人（㊤万延1（1860）年11月8日），姓氏群馬
（㊤1850年）

**珠川善子** たまかわよしこ
明治36（1903）年～昭和45（1970）年
大正～昭和期の教育者。名古屋市立保育短大（現名市大）学長。
¶愛知女

**玉城オト** たまきおと
明治30（1897）年～平成5（1993）年
昭和期の小学校教員。
¶社史（㊤1898年），㊥1992年），女運，女史

**玉置譲斎** たまきじょうさい
文政11（1828）年～明治22（1889）年
江戸時代末期～明治期の兵学者。
¶江文，人名，日人

**玉木西涯** たまきせいがい
＊～明治15（1882）年9月11日
江戸時代末期～明治期の漢学者。明徳寺に私塾を開く。京都本願寺育英学校の教師。
¶人名（㊤1835年），日人（㊤1835年），幕末（㊤？），幕末大（㊤天保5（1834）年）

**玉城泰一** たまきたいいち
明治25（1892）年12月1日～昭和35（1960）年6月8日
大正～昭和期の教育者、政治家。
¶沖縄百，姓氏沖縄

**玉置高良** たまきたかなが
天保8（1837）年～明治22（1889）年8月19日　㊥玉置高良《たまきたかよし》
江戸時代末期～明治期の郷士。郷校文武館創設に尽力。宇智吉野郡長。
¶郷土奈良（たまきたかよし），人名，日人，幕末（たまきたかよし），幕末大（たまきたかよし）

**玉置高良** たまきたかよし
→玉置高良（たまきたかなが）

**玉置哲淳** たまきてつじゅん
昭和19（1944）年4月17日～
昭和～平成期の教育学者。大阪教育大学教授。
¶現執3期，現執4期

**玉木直子** たまきなおこ
明治6（1873）年～昭和13（1938）年5月17日
明治～昭和期の教育者。日本女子大学教授。創立当初から校長を助け、隠れた功績を残す。
¶女性，女性普

**玉木直太郎** たまきなおたろう
安政3（1856）年～昭和9（1934）年
明治～昭和期の教育者。
¶姓氏長野

**玉木文之進** たまきぶんのしん
文化7（1810）年9月24日～明治9（1876）年11月6日
江戸時代後期～明治期の長州藩士。松下村塾開設者。藩校明倫館塾頭。甥の吉田松陰らを指導。

¶朝日（㊤文化7年9月24日（1810年10月22日）），維新，江人，神奈川人，近現，近世，国史，コンス，コン4，コン5，史人，新潮，姓氏山口，全書，全幕，日史，日人，幕末，幕末大，藩臣6，百科，山口百

**玉木リツ** たまきりつ
安政2（1855）年～昭和19（1944）年2月4日
明治～昭和期の教育者、玉木女学校創設者。内国博覧会で毛糸編みのテーブル掛けが一等賞を獲得した。
¶学校，女性，女性普，世紀，日人

**玉越三朗** たまこしさぶろう
大正3（1914）年～
昭和期の幼児教育研究者。千葉経済短期大学教授。
¶現執1期

**玉城源光** たましろげんこう
明治40（1907）年～昭和31（1956）年
昭和期の屋我地小学校長、屋我地中学校長。
¶姓氏沖縄

**玉城義雄** たましろよしお
昭和14（1939）年～
昭和期の教育者。
¶戦沖

**玉城柳耕** たましろりゅうこう
明治22（1889）年～昭和20（1945）年
大正～昭和期の教育者。佐敷国民学校長。
¶姓氏沖縄

**玉田永教** たまだえいきょう
→玉田永教（たまだながのり）

**玉田栄二郎** たまだえいじろう
明治12（1879）年～昭和39（1964）年
明治～昭和期の教員・郷土史家。
¶愛媛，愛媛百（㊤明治12（1879）年9月1日　㊥昭和39（1964）年3月25日）

**玉田勝郎** たまだかつろう
昭和16（1941）年12月26日～
昭和～平成期の教育者。関西大学教授。
¶現執3期

**玉田しづ** たまだしづ
明治21（1888）年～昭和48（1973）年
大正～昭和期の教育者。
¶兵庫百

**玉田永教** たまだながのり
生没年不詳　㊥玉田永教《たまだえいきょう》
江戸時代後期の神道家。
¶近世，国史，国書，史人，神史，神人，日史（㊤宝暦6（1756）年？㊥天保7（1836）年9月16日），日人（㊤1756年　㊥1836年），百科（たまだえいきょう　㊤宝暦5（1755）年？　㊥天保7（1836）年）

**玉名程三** たまなていぞう
文久1（1861）年～昭和12（1937）年11月6日
江戸時代末期～昭和期の教育家。東京物理学講習

所(後の東京理科大学)の設立に関わる。
¶学校

**玉松操** たままつみさお
文化7(1810)年～明治5(1872)年2月15日
江戸時代末期～明治期の公卿、国学者。岩倉具視の腹心として王政復古の詔勅案作成の参加。
¶維新、岩史(⊕文化7(1810)年3月17日)、角史、教育、京都大、近現、近世、国史、コン改、コン4、コン5、史人(⊕1810年3月17日)、思想史、神史、神人(⊕文化7(1810)年3月)、新潮(⊕文化7(1810)年3月17日)、人名、姓氏京都、世人、世百、全書、全幕、大百、日史(⊕文化7(1810)年3月17日)、日人、幕末(⊕1872年3月23日)、幕末大(⊕文化7(1810)年3月17日)、百科、履歴(⊕文化7(1810)年3月17日)、歴大

**玉虫一郎一** たまむしいちろういち
明治1(1868)年～昭和17(1942)年
明治～昭和期の教育家。
¶宮城百

**玉本格** たまもといたる
大正7(1918)年～平成12(2000)年4月26日
昭和～平成期の教育家、詩人。
¶兵庫文

**玉利喜造** たまりきぞう
安政3(1856)年4月25日～昭和6(1931)年4月21日 ㊙玉利喜造《たまりよしぞう》
明治～大正期の農学者。東京帝国大学教授。盛岡高等農林創設など農学の実地教育に尽力。
¶岩手人(たまりよしぞう)、海越新、科学、鹿児島百、コン改、コン5、薩摩、史人、植物、新潮、人名、世史、姓氏鹿児島、渡航、日人、百科

**玉利源熊** たまりげんぐま
明治23(1890)年～昭和48(1973)年
大正～昭和期の教育者。大島郡教育会長、笠利村長、名瀬市教育委員。
¶姓氏鹿児島

**玉利喜造** たまりよしぞう
→玉利喜造(たまりきぞう)

**たみ**
江戸時代の女性。教育。倉知氏。手習いを営む。
¶江表(たみ(山形県))

**田宮宇内** たみやうない
宝暦11(1761)年～天保1(1830)年 ㊙田宮北固《たみやほっこ》
江戸時代後期の儒家。
¶高知人(田宮北固 たみやほっこ)、高知百、国書(⊕文政13(1830)年2月)、人名、日人

**田宮猛雄** たみやたけお
明治22(1889)年1月31日～昭和38(1963)年7月11日
大正～昭和期の細菌学・衛生学者。東京大学教授、国立がんセンター初代総長。ツツガムシ病の研究で知られ、日本医師会長、日本医学会会長を務めた。

¶科学、近医、現情、現人、現日、世紀、日人、山梨百、履歴、履歴2

**田宮輝夫** たみやてるお
昭和2(1927)年1月26日～
昭和～平成期の教育者。日本作文の会常任委員長。
¶現執1期、現執2期、現執3期

**田宮北固** たみやほっこ
→田宮宇内(たみやうない)

**民良介** たみりょうすけ
？～安政5(1858)年
江戸時代後期～末期の前田図書に仕え、子弟にも教授。
¶姓氏石川

**田村顕允** たむらあきさね
→田村顕允(たむらあきまさ)

**田村顕允** たむらあきまさ
天保3(1832)年～大正2(1913)年11月20日 ㊙田村顕允《たむらあきさね》
江戸時代末期～明治期の亘理藩士。家老、紋鼈製糖社長。牧畜の導入、有珠郷学校の設立などの施策を立て、有珠郡伊達村の開拓を成功に導いた。
¶朝日(⊕天保3年11月6日(1832年11月27日))、近現、国史、史人(⊕1832年11月6日)、食文(⊕天保3年11月6日(1832年11月27日))、人書94(㊨1912年)、人名(㊨1912年)、姓氏宮城(たむらあきさね)、日人、北海道百、北海道歴、歴大

**田村一二** たむらいちじ
明治42(1909)年9月1日～平成7(1995)年11月8日
昭和・平成期の教育者。
¶郷土滋賀、滋賀文

**田村一三** たむらいちぞう
明治15(1882)年1月2日～明治37(1904)年4月15日
明治期の軍事探偵、日本語教師。
¶日人

**田村梶子** たむらかじこ
天明5(1785)年～文久2(1862)年
江戸時代後期～末期の女性。歌人。
¶朝日(㊨文久2年9月15日(1862年11月6日))、江表(梶子(群馬県))、群新百、群馬人、群馬百、女史、女性(⊕安永4(1775)年 ㊨文久2(1862)年9月)、姓氏群馬、日人、歴大、和俳(⊕安永4(1775)年)

**田村国雄** たむらくにお
？～昭和45(1970)年1月16日
昭和期の教育者。学校創立者。目黒商業女学校(後の目黒学園女子商業高等学校)を設立。
¶学校

**田村邦行** たむらくにみち
文政3(1820)年～安政4(1857)年
江戸時代末期の大名。陸奥一関藩主。
¶岩手百、諸系、姓氏岩手、日人、藩主1(⊕文政3(1820)年7月23日 ㊨安政4(1857)年2月19

日）

**田村熊蔵** たむらくまぞう
明治36（1903）年～昭和37（1962）年
大正～昭和期の音楽教育家。
¶鳥取百

**田村左源太** たむらさげんた
明治9（1876）年7月5日～昭和34（1959）年1月21日
明治～昭和期の郷土史家、教育者。
¶徳島歴

**田村三郎** たむらさぶろう
昭和2（1927）年7月13日～
昭和～平成期の数学教育学者。大阪産業大学教授、神戸大学教授。
¶現執2期，現執3期



**田村修二** たむらしゅうじ
明治39（1906）年10月25日～平成9（1997）年11月12日
昭和・平成期の教育運動家、小学校教員。秋田県議。
¶秋田人2，社史

**田村鐘次郎** たむらしょうじろう
昭和4（1929）年～
昭和期の教育心理学者。
¶群馬人

**田村信一** たむらしんいち
明治27（1894）年～昭和25（1950）年
大正～昭和期の教育者。
¶群馬人

**田村翠巌** たむらすいがん
？ ～明治16（1883）年7月
江戸時代後期～明治期の教育者。
¶山梨百

**田村武夫** たむらたけお
昭和7（1932）年1月18日～
昭和期の教育社会学者。青山学院大学文学部助教授。
¶現執2期

**田村弾右衛門** たむらだんえもん
～延宝9（1681）年6月15日
江戸時代前期の剣術師範。
¶庄内

**田村哲夫** たむらてつお
昭和11（1936）年2月26日～
昭和～平成期の教育家。渋谷教育学園理事長、青葉学園理事長。渋谷教育学園理事長。
¶学校，現執4期

**田村藤十郎** たむらとうじゅうろう
明治8（1875）年1月22日～昭和11（1936）年9月
明治～昭和期の教育者。
¶群馬人

**田村遂** たむらとげる
明治39（1906）年～昭和48（1973）年
昭和期の教育者。
¶群馬人

**田村虎蔵** たむらとらぞう
明治6（1873）年5月24日～昭和18（1943）年11月7日
明治～大正期の作曲家、教育家。言文一致の唱歌を目指す。代表作に「金太郎」「浦島太郎」。
¶音楽，音人，芸能，現朝，コン改，コン5，作曲，児文，新潮，人名7，世紀，姓氏京都，全書，鳥取百，日児，日人

**田村直臣** たむらなおおみ
安政5（1858）年8月9日～昭和9（1934）年1月7日
[別]田村直臣《たむらなおみ》
明治～昭和期のプロテスタント牧師。日本の日曜学校事業の先駆者。著書に「信仰50年史」。
¶海越新，大阪人，近現（たむらなおみ），現朝（[生]安政5年8月9日（1858年9月15日）），国史（たむらなおみ），コン改（[没]1935年），コン5，史人，児文，新潮，人名，世紀，世百，渡航（たむらなおみ），日史，日児（[生]安政5（1858）年9月15日），日人，百科（[没]昭和10（1935）年），歴大

**田村直臣** たむらなおみ
→田村直臣（たむらなおおみ）

**田村ナカ** たむらなか
天保9（1838）年2月26日～明治34（1901）年4月
明治期の教育者。女子教育振興に貢献。秋田県知事から表彰を受ける。木杯下賜。
¶女性，女性普

**田村仲子** たむらなかこ★
天保9（1838）年2月26日～明治34（1901）年4月
江戸時代末期・明治期の教育者。
¶秋田人2

**田村初太郎** たむらはつたろう
嘉永5（1852）年8月15日～大正4（1915）年5月21日
江戸時代末期～明治時代の留学生。アメリカに留学する。
¶幕末大

**田村春吉** たむらはるきち
明治16（1883）年4月～昭和24（1949）年5月17日
大正～昭和期の医学者、教育者。名古屋大学総長。名古屋医科大学、名古屋帝国大学教授。名古屋医学の独立、名古屋文化の向上に貢献。
¶愛知百（[生]1883年4月28日），科学，近医，現情，人名7，世紀，姓氏愛知，日人（[生]明治16（1883）年4月28日）

**田村宏** たむらひろし
大正12（1923）年7月24日～平成23（2011）年5月18日
昭和～平成期のピアニスト、ピアノ教育家。東京芸術大学教授、日本ピアノ教育連盟理事、日本ショパン協会理事などを務める。
¶演奏，音楽，音人，音人2，音人3，芸能，現朝，現情，世紀

**田村正明** たむらまさあき
明和1 (1764) 年～天保12 (1841) 年
江戸時代中期～後期の武士。
¶日人

**田村村資** たむらむらすけ
宝暦13 (1763) 年1月3日～文化5 (1808) 年10月27日
江戸時代中期～後期の大名。陸奥一関藩主。
¶国書，諸系，茶道，日人，藩主1

**田村木国** たむらもっこく
明治22 (1889) 年1月1日～昭和39 (1964) 年6月6日 [別]木国《もこく》
明治～昭和期の新聞人、俳人。全国中学校野球大会を立案、創始。句集に「秋郊」「大月夜」など。
¶紀伊文，近文，現情，現俳，人名7，世紀，奈良文，日人，俳句 (木国　もこく　[没]昭和39 (1964) 年5月6日)，俳文，和歌山人

**田村義勝** たむらよしかつ
？ ～明治37 (1904) 年
江戸時代末期～明治期の教育者。晩翠舎 (のちの高鍋学校漢学部) を設立した。
¶維新

**為谷次郎** ためがやじろう
明治期の教育者。
¶姓氏静岡

**為藤五郎** ためとうごろう
明治20 (1887) 年2月1日～昭和16 (1941) 年7月4日
昭和期の教育ジャーナリスト、社会運動家。教育週報社社長兼主筆、東京市会議員。
¶社運 ([生]1888年)，社史，出文 ([生]明治21 (1888) 年2月1日)，人名7，世紀 ([生]明治21 (1888) 年2月1日)，日人，豊前

**田本寛治** たもとかんじ
明治35 (1902) 年2月12日～昭和5 (1930) 年12月24日
昭和期の小学校教員。
¶社史

**田盛正雄** たもりまさお
大正5 (1916) 年5月23日～昭和58 (1983) 年12月21日
昭和期の教育者。石垣小学校・石垣中学校校長、八重山群島政府総務部地方課長、八重山連合区教育長。
¶社史

**田結荘千里** たゆいそうせんり
→田結荘千里 (たゆいのしょうちさと)

**田結荘千里** たゆいのしょうちさと
文化12 (1815) 年～明治29 (1896) 年3月28日
[別]田結荘千里《たいのそうせんり，たゆいそうせんり》
江戸時代末期～明治期の砲術家。西洋砲術を学び、教授する。著書に「桑土芻言」。
¶朝日 ([生]文化11 (1814) 年)，大阪人 (たゆいそうせんり　[没]明治29 (1896) 年3月)，大阪墓 (たいのそうせんり)，科学 ([生]文化11 (1814) 年4月4日)，国書 ([生]文化12 (1815) 年4月4日)，新潮 ([生]文化11 (1814) 年)，日人，洋学

**たよ**
1829年～
江戸時代後期の女性。教育。広田義信の妻。
¶江表 (たよ (東京都)　[生]文政12 (1829) 年頃)

**樽谷隆之** たるたにたかゆき
大正12 (1923) 年～昭和57 (1982) 年
昭和期の教育者。
¶香川人，香川百

**樽見厚子** たるみあつこ
昭和24 (1949) 年～
昭和～平成期の小学校教諭、評論家。
¶児人

**垂水優香子** たるみゆかこ
昭和～平成期のバイオリン教育指導者。
¶音人2，音人3

**多和田真淳** たわだしんじゅん
明治40 (1907) 年1月7日～平成2 (1990) 年12月21日
昭和期の教育者、植物研究家。
¶植物，世紀，姓氏沖縄，日人

**俵木浩太郎** たわらぎこうたろう
昭和14 (1939) 年3月17日～
昭和～平成期の研究者。玉川大学通信教育部教授。専門は、教育学。
¶現執4期

**田原栄** たわらさかえ
安政5 (1858) 年～大正3 (1914) 年
明治期の理学者。東京専門学校幹事、早稲田大学予科長などを歴任。
¶人名，世紀，日人

**俵谷正樹** たわらやまさき
大正15 (1926) 年2月18日～昭和58 (1983) 年11月23日
昭和期の教育学者。兵庫教育大学教授、文部省社会教育官。
¶現執2期

**俵義文** たわらよしふみ
昭和16 (1941) 年～
昭和～平成期の教育活動家。
¶現執4期

**壇秋芳** だんあきよし
文化1 (1804) 年～明治19 (1886) 年　[別]壇東郊《だんとうこう》
江戸時代末期～明治期の漢学者。
¶国書 (壇東郊　だんとうこう　[没]明治19 (1886) 年12月)，人名，日人

**丹桂之助** たんけいのすけ★
明治33 (1900) 年11月20日～昭和40 (1965) 年5月5日
大正・昭和期の秋田工専の初代校長。

丹下うめ（丹下ウメ）　たんげうめ
　→丹下梅子（たんげうめこ）

丹下梅子　たんげうめこ
明治6（1873）年～昭和30（1955）年1月29日　㊔丹下うめ《たんげうめ》、丹下ウメ《たんげうめ》
明治～昭和期の女性。農学博士。ビタミンB2の研究に尽力。女性として初めて東北帝大の教師となった。
　¶科学（丹下ウメ　たんげうめ　㊄1873年（明治6）3月17日）、科技（丹下うめ　たんげうめ　㊄1879年3月）、鹿児島百（丹下ウメ　たんげうめ）、近女（丹下ウメ　たんげうめ　㊄1879年3月）、現情（丹下ウメ　たんげうめ　㊄1879年3月）、薩摩、女性（丹下うめ　たんげうめ　㊄明治6（1873）年3月）、女性普（丹下ウメ　たんげうめ　㊄明治6（1873）年3月）、新潮（丹下ウメ　たんげうめ　㊄明治12（1879）年3月）、人名7（丹下ウメ　たんげうめ　㊄1879年）、世紀（丹下ウメ　たんげうめ　㊄明治12（1879）年3月）、姓氏鹿児島、先駆（丹下ウメ　たんげうめ　㊄明治6（1873）年3月17日）、日人（丹下ウメ　たんげうめ　㊄明治12（1879）年3月）

丹下光亮　たんげみつすけ
文政4（1821）年～明治11（1878）年
江戸時代末期・明治期の今治藩心学者。
　¶愛媛

丹沢正作　たんざわしょうさく
明治9（1876）年3月22日～大正15（1926）年7月16日
明治～大正期の社会運動家。
　¶アナ、山梨百

丹沢美助　たんざわよしすけ
明治13（1880）年3月9日～？
明治～大正期の教育者。
　¶群馬人

丹治経三　たんじつねぞう
明治13（1880）年9月6日～昭和46（1971）年2月22日
明治～昭和期の実業家、教育者。
　¶近土、土木

丹治明斎　たんじめいさい
天保7（1836）年～明治42（1909）年10月19日
江戸時代末期～明治時代の算学者。和算の研鑽に励み、算学を教授。
　¶幕末、幕末大

壇東郊　だんとうこう
　→壇秋芳（だんあきよし）

反中一男　たんなかかずお
明治38（1905）年10月27日～平成2（1990）年1月29日
昭和・平成期の教育者。学校長。
　¶飛騨

丹波美佐尾　たんばみさお
明治25（1892）年11月4日～昭和56（1981）年5月21日
大正・昭和期の教師・社会運動家。
　¶神奈女

丹部トモ　たんべとも
明治34（1901）年～
大正～昭和期の英語教育者。
　¶兵庫百

潭北　たんほく，たんぼく，たんぼく
　→常盤潭北（ときわたんぼく）

丹美園　たんみえ
文政8（1825）年～明治8（1875）年12月
江戸時代末～明治時代の教育者。屋敷に婦女子のみ教える寺子屋を開く。
　¶愛媛、江表（美園（愛媛県）　みえ）、幕末、幕末大

【ち】

地安坊覚仁　ちあんぼうかくにん
平安時代中期の遠江国般若院の学頭。
　¶姓氏静岡

智運禅察　ちうんぜんさつ
文化8（1811）年～明治27（1894）年？
江戸時代後期～明治期の田沼・普應山興聖寺住職、私塾指導者。
　¶栃木歴

ちゑ
江戸時代後期の女性。教育。下野壬生藩の元藩士玉江半十郎の妻。文化13年夫が開業した寺子屋起雲堂を天保10年から引き継ぐ。
　¶江表（ちゑ（東京都））

ち加　ちか★
1825年～
江戸時代後期の女性。教育。大熊晴山の妻。
　¶江表（ち加（東京都））　㊄文政8（1825）年頃

近石泰秋　ちかいしやすあき
明治40（1907）年10月22日～平成5（1993）年2月23日
昭和期の教育者。香川大学教授。
　¶郷土、世紀、日人

近田登志子　ちかだとしこ
昭和6（1931）年3月20日～
昭和～平成期の接遇教育専門家。接遇教育センター所長。
　¶現執3期

千頭清臣　ちかみきよおみ
安政3（1856）年11月8日～大正5（1916）年9月9日
㊔千頭徳馬《ちかみとくま》、千頭清臣《ちかみきよみ》
明治期の官僚、政治家。貴族院議員。内務書記

教育篇　　　　　　　　　　　527　　　　　　　　　ちのねい

官，栃木など県知事を歴任。
¶朝日（⊕安政3年11月8日(1856年12月5日)），海越新，高知人（ちかみきよみ），高知百，コン改，コン5，新潮，人名，世紀，渡航（千頭清臣・千頭徳馬　ちかみきよおみ・ちかみとくま），栃木歴，新潟百，日人，宮城百

**千頭清臣　ちかみきよみ**
→千頭清臣（ちかみきよおみ）

**千頭徳馬　ちかみとくま**
→千頭清臣（ちかみきよおみ）

**近森一重　ちかもりかずしげ**
明治36(1903)年1月1日〜昭和51(1976)年6月21日
昭和期の音楽教育者。
¶現情

**値賀盛純　ちがもりずみ**
天保4(1833)年〜明治39(1906)年
明治期の教育家、地方政客。天草小学校、熊本師範学校の教師を務めた。
¶人名，日人

**近森幸衛　ちかもりゆきえ**
明治16(1883)年〜昭和25(1950)年
明治〜昭和期の教育者。
¶高知人

**智関　ちかん**
？〜明治1(1868)年
江戸時代後期〜末期の子女教育に尽くした尼僧。
¶姓氏長野，長野歴

**智観　ちかん★**
江戸時代末期の尼僧。教育。安政年間長崎村金剛院で私塾を開く。
¶江表（智観（東京都））

**智鏡尼　ちきょうに★**
江戸時代後期の女性。教育・家訓。越前大野郡中野村の花倉家の25代当主の妻。寛政4年「智鏡尼上座遺訓」を子供達に書き残した。
¶江表（智鏡尼（福井県））

**千喜良英之助　ちぎらえいのすけ，ちきらえいのすけ**
明治29(1896)年9月15日〜昭和40(1965)年8月11日
大正〜昭和期の教育者。
¶岩手人，岩手百（ちきらえいのすけ），姓氏岩手，山形百

**千国安之輔　ちくにやすのすけ**
明治44(1911)年9月17日〜
昭和期の研究者、校長、科学読み物作家。
¶児人，日児

**智慧諦定　ちけいたいじょう**
文政12(1829)年〜明治38(1905)年
江戸時代末期〜明治期の尼僧。関本尼僧取締。寺子屋で村の児童の教育を行い、僧、尼の指導、僧俗教化に尽力。
¶朝日（⊕明治38(1905)年6月23日），日人

**千島岫雲　ちしましゅううん**
延享3(1746)年〜文化10(1813)年
江戸時代中期〜後期の書家。
¶埼玉人（⊕延享4(1747)年　⊕文化10(1813)年3月28日），人名，日人

**智真　ちしん**
→一遍（いっぺん）

**知真庵　ちしんあん**
生没年不詳
江戸時代後期の心学者。真言宗の僧。
¶国書

**智関禅尼　ちせきぜんに★**
〜慶応4(1868)年
江戸時代末期の女性。教育・和歌。高井郡岩井の池田茂平の娘。
¶江表（智関禅尼（長野県））

**知足庵　ちそくあん**
生没年不詳
江戸時代後期の教師。
¶国書

**千田七郎　ちだしちろう**
明治40(1907)年9月5日〜
昭和期の小学校教員。
¶社史

**千田精吾　ちだせいご**
明治27(1894)年〜昭和35(1960)年
大正〜昭和期の教育者。
¶姓氏岩手

**知念徹馬　ちねんてつま**
明治43(1910)年〜
昭和期の小学校教員。第二大里校訓導。
¶社史

**千野幸三郎　ちのこうざぶろう**
明治14(1881)年11月6日〜昭和51(1976)年2月9日
明治〜昭和期の教育者。
¶埼玉人

**千野徳　ちのとく**
生没年不詳
江戸時代後期の寺子屋師匠。
¶姓氏神奈川

**千野敏子　ちのとしこ**
大正元(1924)年〜昭和21(1946)年
昭和期の教師。遺稿『葦折れぬ』で知られる。
¶信州女，姓氏長野，長野歴

**茅根伊予之介　ちのねいよのすけ**
文政7(1824)年〜安政6(1859)年　⊕茅根寒緑《ちのねかんりょく》
江戸時代末期の尊攘派水戸藩士。安政の大獄で刑死。
¶朝日（⊕安政6年8月27日(1859年9月23日)），維新，国書（茅根寒緑　ちのねかんりょく　⊕安政6(1859)年8月27日），人名，日人，幕末

**茅根寒緑** ちのねかんりょく
→茅根伊予之介（ちのねいよのすけ）

**千野兵庫** ちのひょうご
江戸時代中期〜後期の信濃高島藩家老。
¶日人（⊕1736年　⊗1812年），藩臣3（⊕元文4（1739）年　⊗文政3（1820）年）

**千野光茂** ちのみつしげ
明治21（1888）年11月2日〜昭和32（1957）年9月12日
大正〜昭和期の生物学者、信濃教育会長。
¶科学，姓氏長野，長野歴

**千野陽一** ちのよういち
昭和6（1931）年6月26日〜
昭和期の社会教育学者。東北福祉大学教授、東京農工大学教授。
¶現執1期，現執2期

**千葉いし** ちばいし
明治17（1884）年〜昭和37（1962）年
明治〜昭和期の教育者。
¶姓氏岩手

**千葉市之丞** ちばいちのじょう
天保12（1841）年〜明治41（1908）年
江戸時代後期〜明治期の教育者。
¶姓氏宮城

**千葉逸斎** ちばいっさい，ちばいつさい
寛政4（1792）年〜嘉永1（1848）年
江戸時代後期の陸奥一関藩士、儒学者。
¶岩手百，江文，国書（⊗嘉永1（1848）年5月4日），人名，姓氏岩手（ちばいっさい），日人，藩臣1（⊕寛政2（1790）年）

**千葉芸閣** ちばうんかく
享保12（1727）年〜寛政4（1792）年
江戸時代中期〜後期の儒学者。
¶江文（⊕享保2（1717）年），国書（⊗寛政4（1792）年11月7日），詩歌，人名，世人（⊗寛政4（1792）年11月7日），日人，和俳

**千葉栄助** ちばえいすけ
文久3（1863）年〜昭和6（1931）年
明治〜昭和期の教育者・地方自治功労者。
¶姓氏岩手

**千葉華岳** ちばかがく
天明1（1781）年〜天保10（1839）年
江戸時代後期の書家、儒者。
¶人名，日人

**千葉葛野** ちばかずぬ
→千葉葛野（ちばかどの）

**千葉葛野** ちばかどの
寛政12（1800）年〜安政2（1855）年　⊛千葉葛野《ちばかずぬ》
江戸時代末期の国学者。
¶江戸東，江文，国書（⊗安政2（1855）年3月7日），人名（ちばかずぬ），姓氏長野，長野歴，日人，藩臣3，和俳

**千葉キク子** ちばきくこ
明治38（1905）年10月30日〜平成2（1990）年9月7日
昭和・平成期の教師・歌人。
¶神奈女

**千葉吉蔵** ちばきちぞう
天明8（1788）年〜明治6（1873）年
江戸時代後期〜明治期の教育者。
¶姓氏岩手

**千葉くら** ちばくら
明治9（1876）年〜昭和10（1935）年
明治〜昭和期の教育者。千葉学園。千葉学園之母体を創設。八戸千葉裁縫女学校初代校長。
¶女性

**千葉クラ（千葉くら）** ちばくら
明治9（1876）年1月22日〜昭和10（1935）年1月20日
明治〜昭和期の教育者。千葉学園の母体を創設。八戸千葉裁縫女学校初代校長。
¶青森人，青森百，学校，女性普（千葉くら），世紀，日人

**千葉源之助** ちばげんのすけ
明治8（1875）年5月18日〜昭和33（1958）年7月20日
明治〜昭和期の教育者。秋田女子技芸学校校長。
¶秋田人2，秋田百，世紀，日人

**千葉定吉** ちばさだきち
？　〜明治12（1879）年
江戸時代末期〜明治期の剣士。道場を構える。鳥取藩に仕官し剣術師範を務める。
¶人名，日人，幕末（⊗1879年12月5日）

**千葉七郎** ちばしちろう
？　〜昭和61（1986）年7月31日
昭和期の教育者。学校創立者。網走学園を創設。
¶学校

**千葉清治** ちばせいじ
明治31（1898）年〜昭和47（1972）年
昭和期の教育者。
¶神奈川人，姓氏神奈川

**千葉卓三郎** ちばたくさぶろう，ちばたくざぶろう
嘉永5（1852）年6月17日〜明治16（1883）年11月12日
明治期の社会活動家。自由民権家、勧能学校教員。学習結社のブレーン。「五日市憲法草案」を起草。
¶角史，キリ，コン改，コン5，史人，社史，重要，姓氏宮城，全書，多摩（ちばたくざぶろう），日史，日人，宮城百，歴大

**千葉胤道** ちばたねみち
文化12（1815）年〜明治1（1868）年
江戸時代末期の和算家。
¶数学

千葉天水　ちばてんすい
　明治26(1893)年10月18日〜昭和56(1981)年7月9日
　大正〜昭和期の書道教育家。
　¶佐賀百

千葉桃三　ちばとうぞう
　〜寛政6(1794)年
　江戸時代中期の和算家。
　¶数学

千葉寿夫　ちばとしお
　大正11(1922)年5月19日〜平成17(2005)年3月15日
　昭和・平成期の文化人。文学、演劇、教育、教育史と多岐に亘る分野で活躍。
　¶東北近

千葉富江　ちばとみえ
　明治37(1904)年〜昭和54(1979)年
　昭和期の教育者。
　¶青森百

千葉春雄　ちばはるお
　明治23(1890)年5月5日〜昭和18(1943)年7月10日
　大正〜昭和期の生活綴方運動指導者。雑誌「教育・国語教育」を主宰。雑誌「綴方倶楽部」創刊。
　¶現朝、コン改、コン5、児文、社史、新潮、人名7、世紀、姓氏宮城、日人、平和、宮城百、民学

千葉房夫　ちばふさお
　明治42(1909)年〜昭和63(1988)年
　昭和期の教育者・郷土史家。
　¶姓氏岩手

千葉命吉　ちばめいきち
　明治20(1887)年3月26日〜昭和34(1959)年12月29日
　大正〜昭和期の教育者。創造教育の理論的指導者。著書に「独創主義教育価値論」「独創教育学」など。
　¶秋田人2、秋田百、近現、現情、国史、人名7、世紀、日人、広島百

千葉弥次馬　ちばやじま
　文久2(1862)年〜大正9(1920)年
　明治〜大正期の医師、教育者。
　¶眼科、世紀(⊕文久2(1862)年5月15日　㉜大正9(1920)年7月12日)、日人

千葉勇五郎　ちばゆうごろう
　明治3(1870)年8月13日〜昭和21(1946)年4月21日
　明治〜昭和期の牧師。関東学院長。バプテスト教会牧師。著書に「イエス研究」「パウロ研究」など。
　¶海越新、神奈川人、神奈川百、キリ(⊕明治3年8月13日(1870年9月8日))、近現、現情、国史、コン改、コン4、コン5、史人、新潮、人名7、世紀、哲学、渡航(⊕1870年9月8日)、日人

千葉有定　ちばゆうてい
　慶応1(1865)年〜昭和18(1943)年
　明治〜昭和期の小学校長、社会教育に尽力。
　¶青森人

茅原芳男　ちはらよしお
　昭和4(1929)年12月16日〜
　昭和〜平成期の音楽教育者(邦楽)。
　¶音人、音人2、音人3

千葉柳水　ちばりゅうすい
　天明2(1782)年〜天保12(1841)年
　江戸時代後期の儒学者。
　¶人名、姓氏岩手、日人(⊕1842年)

千葉良俊　ちばりょうしゅん
　文化6(1809)年〜明治16(1883)年
　江戸時代末期〜明治期の医師。一関藩藩医。医学塾「施無畏堂」で多くの弟子を育成。維新後は地域の発展に貢献。
　¶洋学

千葉良純　ちばりょうじゅん
　弘化2(1845)年〜大正4(1915)年
　江戸時代末期〜大正期の教育者。
　¶姓氏宮城

千葉良蔵　ちばりょうぞう
　＊〜万延1(1860)年
　江戸時代末期の医師。
　¶人名、日人(⊕1788年)、洋学(⊕寛政1(1789)年)

千万　ちま★
　江戸時代中期の女性。教育。伊勢桑名藩藩士畑勝時の娘。宝暦2年、深川常磐町に寺子屋澄江堂を開業。
　¶江表(千万(東京都))

中馬興丸　ちゅうまおきまる
　明治4(1871)年〜昭和11(1936)年3月14日
　明治〜昭和期の医家、代議士。尼崎市医師会長、尼崎訓盲院長などを務めた。
　¶人名、日人(⊕明治4(1871)年2月)、兵庫人(⊕明治4(1871)年2月12日)、兵庫百

中馬庚　ちゅうまかのえ
　→中馬庚(ちゅうまんかなえ)

中馬田鶴子　ちゅうまたづこ
　大正14(1925)年6月20日〜
　大正〜昭和期の教師。
　¶視覚

中馬庚　ちゅうまんかなえ
　明治3(1870)年2月9日〜昭和7(1932)年3月21日
　㉙中馬庚《ちゅうまかのえ、ちゅうまんかのえ》
　明治〜昭和期の野球選手、教育者。東京第一高等中学校に在学中活躍。日本で最初の野球専門書「野球」を著す。野球殿堂入り。
　¶秋田人2、鹿児島百、現朝(⊕慶応3年2月9日(1870年3月14日))、コン改(ちゅうまかのえ⊕1867年)、コン5(ちゅうまかのえ　⊕慶応3(1867)年)、薩摩、史人(ちゅうまかのえ)、世紀(⊕慶応3(1867)年2月9日)、姓氏鹿児島、先駆(⊕慶応3(1870)年3月14日)、徳島百(ちゅ

うまかのえ），徳島歴（ちゅうまかのえ），日人，百科（ちゅうまかのえ），履歴（ちゅうまんかのえ）

**中馬庚** ちゅうまんかのえ
→中馬庚（ちゅうまんかなえ）

**中馬誠之助** ちゅうまんせいのすけ
生没年不詳
明治期の小学校教員、平民社系社会主義者。
¶社史

**チヨ**
江戸時代後期の女性。教育。安井氏。天保8年〜明治6年まで塾を開いた。
¶江表（チヨ（滋賀県））

ち

**ち代** ちよ★
1844年〜
江戸時代後期の女性。教育。佐々氏。
¶江表（ち代（東京都） [生]弘化1（1844）年頃）

**千代**(1) ちよ★
1831年〜
江戸時代後期の女性。教育。杉浦吉兵衛の妻。
¶江表（千代（東京都） [生]天保2（1831）年頃）

**千代**(2) ちよ★
1846年〜
江戸時代後期の女性。教育。農民間宮保太郎の妻。
¶江表（千代（東京都） [生]弘化3（1846）年頃）

**澄睿** ちょうえい
？ 〜弘仁8（817）年
平安時代前期の三論宗の僧。
¶日人，仏教（[没]弘仁8（817）年3月）

**長三洲**（長三州） ちょうさんしゅう
天保4（1833）年〜明治28（1895）年3月13日 [別]長炗《ちょうひかる》
江戸時代末期〜明治期の勤王の志士、文人、書家。長州の騎兵隊入隊。東宮侍書。詩集に「三洲居士集」。
¶朝日（[生]天保4年9月22日（1833年11月3日）），維新，大分百（長三州 [生]1829年），大分歴，大阪人（[没]明治28（1895）年3月），教育（長炗 ちょうひかる），近現，近世，近文，国史，コン改，コン4，コン5，詩歌，詩作（[生]天保4（1833）年9月22日），史人（[生]1833年9月22日），人書94，新潮（[生]天保4（1833）年9月22日），人名，世百，全書，大百，日人，幕末（[生]1829年），山口百（長三州）

**長俊一** ちょうしゅんいち
明治14（1881）年〜昭和48（1973）年
明治〜昭和期の化学者、教育者。
¶山形百

**朝順則** ちょうじゅんそく
天保12（1841）年〜明治32（1899）年
江戸時代後期〜明治期の教育者。
¶姓氏富山

**調所広丈** ちょうしょひろたけ
→調所広丈（ずしょひろたけ）

**長助** ちょうすけ
生没年不詳
江戸時代中期の漂流民。
¶日人

**張忠一** ちょうただいち
明治14（1881）年〜昭和46（1971）年
昭和期の教育者。
¶山口人

**長南信太郎** ちょうなんのぶたろう
明治13（1880）年5月10日〜昭和38（1963）年9月20日
明治〜昭和期の教育者。
¶庄内

**長南博昭** ちょうなんひろあき
昭和18（1943）年8月11日〜
昭和〜平成期の教育研究者。山形県教育庁教育次長。専門は、理科教育と感性教育。
¶現執4期

**張二男松** ちょうにおまつ
元治2（1865）年2月22日〜昭和27（1952）年9月12日
明治〜昭和期の教育者。
¶佐賀百

**長梅外** ちょうばいがい
文化7（1810）年〜明治18（1885）年10月28日
江戸時代末期〜明治期の医者、儒学者。長州藩学教授。東京で斯文会を興し講師となる。
¶維新，大分歴，国書（[生]文化7（1810）年4月6日），コン5，詩歌，人名，日人，幕末，幕末大（[生]文化7（1810）年4月6日），和俳

**長炗** ちょうひかる
→長三洲（ちょうさんしゅう）

**長友松軒** ちょうゆうしょうけん
享保3（1718）年〜天明7（1787）年9月3日
江戸時代中期の往来物作者。
¶国書

**長朗** ちょうろう
延暦22（803）年〜元慶3（879）年
平安時代前期の僧。
¶古代，日人，仏教（生没年不詳）

**知里高央** ちりたかお
→知里高央（ちりたかなか）

**知里高央** ちりたかなか
明治40（1907）年4月15日〜昭和40（1965）年8月25日 [別]知里高央《ちりたかお》
大正〜昭和期の教師、アイヌ語彙研究者。著書に「アイヌ語彙記録」。
¶コン改（ちりたかお），コン4（ちりたかお），コン5（ちりたかお），社史（[生]1907年4月5日），世紀，日人，北海道文

**千輪性海** ちわしょうかい，ちわじょうかい
安政5(1858)年1月1日～大正1(1912)年11月5日
[別]性海《じょうかい》
明治期の僧、社会事業家。
¶岡山人(性海　じょうかい)，岡山人(ちわじょうかい)，岡山百，岡山歴(ちわじょうかい)，日人

**千輪清海** ちわせいかい
明治21(1888)年～昭和42(1967)年
大正～昭和期の僧・教育者。
¶岡山人

**珍海** ちんかい
寛治5(1091)年～仁平2(1152)年11月23日
平安時代後期の三論宗の僧。宮廷画家藤原基光の子。
¶朝日([没]仁平2年11月23日(1152年12月20日))，角史，郷土奈良，国史，国書，古人，古中，史人，思想史，新潮，人名，世人([没]?)，日史，日人，美家，百科，仏教，仏史，仏人([生]?)，平史，密教([生]1091・2年　[没]1152年11月22・23日)，名画，歴大

**陳焜旺** ちんこんおう
大正12(1923)年11月28日～
昭和～平成期の在日華僑。
¶日人

**枕山** ちんざん
→勝月枕山(かつきちんざん)

## 【つ】

**築道和明** ついどうかずあき
昭和29(1954)年12月18日～
昭和～平成期の英語教育学者。島根大学助教授。
¶現執3期

**通夢** つうむ
安永6(1777)年～嘉永3(1850)年
江戸時代中期～後期の僧、書家、寺子屋師匠。
¶姓氏長野

**塚越要** つかごしかなめ
明治37(1904)年2月25日～昭和63(1988)年2月13日
昭和期の陸上競技選手(跳躍)・教育者。
¶埼玉人

**塚越輝平** つかごしてるへい
明治13(1880)年～昭和27(1952)年
明治～昭和期の教育者。
¶群馬人

**塚越桃翁** つかごしとうおう
文化3(1806)年～明治15(1882)年
江戸時代後期～明治期の教育者。
¶姓氏群馬

**塚越朋治郎** つかごしともじろう
明治15(1882)年3月3日～昭和39(1964)年1月30日
明治～昭和期の教育者。
¶群馬人

**塚越本二** つかごしほんじ
明治23(1890)年4月23日～昭和50(1975)年5月10日
大正～昭和期の教育者・実業家。
¶群馬人

**塚越万平** つかごしまんぺい
明治10(1877)年～昭和20(1945)年
明治～昭和期の教育者。
¶群馬人

**塚越累平** つかごしるいへい
明治28(1895)年～昭和41(1966)年
大正～昭和期の教育者。
¶群馬人

**塚田喜太郎** つかだきたろう
明治27(1894)年～?
明治～昭和期の口演童話家、幼児教育者。
¶日児

**塚田孔平** つかだこうへい
文政2(1819)年～明治2(1869)年
江戸時代後期～明治期の剣術家。北辰一刀流。
¶剣豪，姓氏長野，長野歴

**塚田泰三郎** つかだたいざぶろう
明治30(1897)年6月28日～昭和60(1985)年6月29日
明治～昭和期の民芸研究家。栃木県立美術館館長。
¶郷土栃木，世紀，栃木歴，日人

**冢田大峯**(塚田大峯，冢田大峰) つかだたいほう
延享2(1745)年～天保3(1832)年3月21日　[別]塚田多門《つかだたもん》
江戸時代中期～後期の儒学者。折衷学派。
¶愛知百，朝日([生]延享2年3月30日(1745年5月1日)　[没]天保3年3月21日(1832年4月21日))，江文(冢田大峰)，郷土長野，近世，国史，国書([生]延享2(1745)年3月30日)，コン改，コン4，詩歌，史人(冢田大峰　[生]1745年3月30日)，新潮([生]延享2(1745)年3月30日)，人名，姓氏長野，世人(塚田大峯　[生]延享2(1745)年12月3日)，世百(塚田多門　つかだたもん)，全書，長野百(冢田大峰)，長野歴，日思，日人，藩臣4，歴大，和俳

**塚田多門** つかだたもん
→冢田大峯(つかだたいほう)

**塚田知一** つかだちいち
明治21(1888)年～昭和7(1932)年
大正～昭和期の教育者。
¶群馬人

**塚田正公** つかだまさきみ
大正3(1914)年1月13日～
昭和期の児童文学作家、教員。伝記を中心に創

作。作品に「美と愛のたたかい」など。
¶児作，児人，世紀，日児

**塚野捨三** つかのすてぞう
明治30(1897)年10月17日～昭和48(1973)年8月22日
大正～昭和期の校長、口演童話家。西浦・大野小学校校長。
¶日児

**塚原浅茅** つかはらあさじ
弘化1(1844)年～大正7(1918)年
江戸時代末期～大正期の古田学校37年間勤務の郷先生、国学者。
¶長野百，長野歴

つ

**塚原葦穂** つかはらあしほ
明治21(1888)年～昭和40(1965)年
大正～昭和期の教育者、政治家。諏訪市長。
¶姓氏長野，長野歴

**塚原主計** つかはらかずえ
明治39(1906)年～昭和46(1971)年
昭和期の第2代山形県教育長。
¶山形百

**塚原重応** つかはらじゅうおう
文政4(1821)年～？
江戸時代後期～末期の旧幕臣、中泉学校(磐田中部小学校)初代校長。
¶静岡歴，姓氏静岡

**塚原政次** つかはらせいじ
→塚原政次(つかはらまさつぐ)

**塚原善兵衛** つかはらぜんべえ
明治41(1908)年12月9日～平成12(2000)年4月13日
昭和期の学校創立者。塚原学園理事長、塚原青雲高校校長。
¶学校

**塚原千尋** つかはらちひろ
明治39(1906)年12月30日～平成2(1990)年7月1日
昭和～平成期の教育者。
¶埼玉人

**塚原等** つかはらひとし
安政3(1856)年1月13日～大正11(1922)年12月12日
明治～大正期の社会事業家。私立山梨盲唖学校設立者。
¶山梨百

**塚原政次** つかはらまさじ
→塚原政次(つかはらまさつぐ)

**塚原政次** つかはらまさつぐ
明治5(1872)年9月14日～昭和21(1946)年10月24日 [別]塚原政次《つかはらせいじ，つかはらまさじ》
明治～昭和期の児童心理学者。児童心理や教育の重要性を研究。
¶心理，哲学(つかはらせいじ)，渡航(つかはらまさじ)，兵庫人(つかはらまさじ)

**塚原保幸** つかはらやすゆき
生没年不詳
昭和期の小学校教員。
¶社史

**塚原雄太** つかはらゆうた
大正9(1920)年6月12日～
昭和～平成期の教育研究家、中学校教師。夜間中学設立運動に尽力、夜間中学教師を務める。著書に「私は口をきかない」など。
¶現朝，現情，現人，世紀，日人

**塚本小治郎** つかもとこじろう
明治8(1875)年～昭和27(1952)年
明治～昭和期の教育者。
¶姓氏山口

**塚本里**(塚本さと) つかもとさと
天保14(1843)年～＊
明治～昭和期の私立女子学校の創設者。
¶郷土滋賀(塚本さと [没]1870年)，滋賀百([没]1928年)

**塚本里子** つかもとさとこ
天保14(1843)年8月6日～昭和3(1928)年1月4日
大正～昭和期の教育者。淡海実務学校創設。
¶女性，女性普，人名，世紀，日人

**塚本長蔵** つかもとちょうぞう
明治39(1906)年～昭和56(1981)年10月19日
大正～昭和期の口演童話家、社会教育家。
¶日児

**塚本哲三** つかもとてつぞう
明治14(1881)年～昭和28(1953)年
大正～昭和期の教育者。日土講習会講師、「考え方」編集主任。
¶民学

**塚本ハマ** つかもとはま
慶応2(1866)年6月20日～昭和16(1941)年6月30日
明治～大正期の教育者。大阪府師範学校教諭。青山女学院教頭。高等女学校用教科書「家事教本」公刊。退職後生活合理化運動を行う。
¶大阪人([没]昭和16(1941)年6月)，近女，静岡女，静岡歴，女運，女史([生]1886年)，女性，女性普，人名7，世紀，姓氏静岡，日人

**塚本英世** つかもとひでよ
大正5(1916)年12月2日～昭和57(1982)年6月21日
昭和期の学校創立者。浪速外国語学校、浪速芸術大学(後の大阪芸術大学)を設立。
¶学校

**塚本ふじ** つかもとふじ
明治3(1870)年～昭和2(1927)年1月4日
明治～大正期の婦人運動家。神戸高等女学校教諭。神戸市における先駆者。東京朝日新聞社全関西婦人連合会議長。

¶近女，女性，女性普，人名，世紀，日人

**塚本正之** つかもとまさゆき
天保3（1832）年～大正7（1918）年
明治～大正期の商人。川並戸長をふりだしに村会議員などを歴任した。滋賀県、山梨県に植林した。
¶維新，郷土滋賀，滋賀百，日人

**津軽儼淵** つがるげんえん
安永2（1773）年～文政11（1828）年
江戸時代中期の陸奥弘前藩の国老。
¶国書（[没]文政11（1828）年8月9日），人名，日人

**津川仲道** つがわなかみち
生没年不詳
江戸時代後期の心学者。
¶国書

**月浦利雄** つきうらとしお
明治31（1898）年～昭和48（1973）年
大正～昭和期の教育家。
¶姓氏宮城，宮城百

**月形鷦巣** つきがたいらん
→月形深蔵（つきがたしんぞう）

**月形漪嵐** つきがたきらん
→月形深蔵（つきがたしんぞう）

**月形健助** つきがたけんすけ
江戸時代末期の儒学者。
¶人名，日人（生没年不詳）

**月形鶴窠**（月形鷦窠） つきがたしょうか
→月形質（つきがたすなお）

**月形深蔵** つきがたしんぞう
寛政10（1798）年～文久2（1862）年　[別]月形漪嵐《つきがたきらん》，月形鷦嵐《つきがたいらん》
江戸時代末期の儒学者。
¶維新，国書（月形鷦嵐　つきがたいらん　[生]寛政10（1798）年3月3日　[没]文久2（1862）年4月5日），人名（月形漪嵐　つきがたきらん），日人（月形漪嵐　つきがたきらん），幕末（[没]1862年5月3日），藩臣7

**月形質** つきがたすなお
宝暦7（1757）年～天保13（1842）年12月6日　[別]月形鶴窠《つきがたしょうか》，月形鷦窠《つきがたしょうか》
江戸時代中期～後期の筑前福岡藩士。
¶国書（月形鶴窠　つきがたしょうか），人名（月形鷦窠　つきがたしょうか），日人（月形鷦窠　つきがたしょうか　[没]1843年），藩臣7

**月田蒙斎** つきだもうさい
文化4（1807）年～慶応2（1866）年
江戸時代末期の漢学者。
¶国書（[生]文化4（1807）年3月9日　[没]慶応2（1866）年7月29日），詩歌，詩作（[生]文化4（1807）年3月9日　[没]慶応2（1866）年7月29日），人書94，人名，日人，和俳

**築山和一** つきやまかずひと
慶応1（1865）年～昭和13（1938）年
明治～昭和期の留学生、私塾経営者。米国オークランドに私塾尚志社を開き在留苦学生を収容。
¶姓氏愛知

**月山左一郎** つきやまさいちろう
天保6（1835）年～明治30（1897）年
江戸時代後期～明治期の教育者・自治功労者。
¶姓氏愛知

**次山信男** つぎやまのぶお
昭和9（1934）年10月10日～
昭和～平成期の教育学者。東京学芸大学教育実習研究指導センター教授。
¶現執2期，現執3期，現執4期

**津久井玉一郎** つくいたまいちろう
安政4（1857）年～大正3（1914）年
明治～大正期の政治家。群馬県議会議員、教育者。
¶群馬人

**津久井藤一郎** つくいとういちろう
明治17（1884）年～昭和33（1958）年
明治～昭和期の教育者。
¶群馬人

**柘植葛城** つげかつじょう
→柘植葛城（つげかつらぎ）

**柘植葛城** つげかつらぎ
文化1（1804）年～明治7（1874）年　[別]柘植葛城《つげかつじょう》
江戸時代末期～明治期の社会活動家。詩社「白鷗吟社」結成。「立教館」を設立。
¶大阪墓（[没]明治7（1874）年12月5日），国書（つげかつじょう　[生]文化1（1804）年7月26日　[没]明治7（1874）年1月6日），コン改，コン4，コン5，日人，洋学（つげかつじょう），和俳

**柘植哉子** つげかなこ
明治44（1911）年2月8日～
昭和期の珠算教育者。
¶群馬人

**津下精斎** つげせいさい
＊～明治32（1899）年8月4日
江戸時代末期～明治期の医師。岡山藩の医学館教授方試補。岡山県病院運営、米国医師招聘。
¶岡山人（[生]文政9（1826）年），岡山百（[生]文化9（1812）年11月2日），岡山歴（[生]文政9（1826）年11月2日），幕末（[生]1812年）

**柘植善吾** つげぜんご
天保13（1842）年～明治36（1903）年8月1日
江戸時代末期～明治期の教育家。三潴県立宮本洋学校校長となり、本格的な英語教育に尽力。
¶海越（[生]天保13（1842）年7月19日），海越新（[生]天保13（1842）年7月19日），渡航（[生]1842年7月12日），長崎遊，日人，幕末，幕末大，藩臣7，福岡百（[生]天保13（1842）年7月19日）

**津坂孝綽** つさかこうしゃく，つざかこうしゃく
→津阪東陽（つさかとうよう）

**津阪東陽**(津坂東陽) つさかとうよう
宝暦7(1757)年～文政8(1825)年 [別]津坂孝綽《つさかこうしゃく,つざかこうしゃく》
江戸時代中期～後期の漢学者。
¶朝日([生]宝暦7年12月6日(1758年2月4日) [没]文政8年8月23日(1825年10月5日)),近世,国史,国書([生]宝暦7(1757)年12月26日 [没]文政8(1825)年8月23日),コン改(津坂孝綽 つざかこうしゃく),コン4(津坂孝綽 つざかこうしゃく),詩歌(津坂東陽),新潮(津坂孝綽 つざかこうしゃく [生]宝暦7(1757)年12月 [没]文政8(1825)年8月23日),人名(津坂孝綽 つざかこうしゃく),世人(津坂孝綽 つさかこうしゃく),世百,日人([生]1758年),藩臣5,三重([生]宝暦7年12月26日),和俳

つ

**都崎雅之助**(都崎雅之介) つざきまさのすけ
明治30(1897)年11月8日～昭和58(1983)年5月13日
昭和期の経営工学者。茨城大学教授。
¶科学,香川人,香川百(都崎雅之介),現情

**辻井正** つじいただし
昭和15(1940)年2月21日～
昭和～平成期の教育評論家。大阪おもちゃライブラリー主宰。
¶現執3期,現執4期

**辻幸三郎** つじさいざぶろう
明治21(1888)年7月22日～昭和40(1965)年6月27日
昭和期の教育学者。
¶現情

**辻重固** つじしげかた
文政11(1828)年～大正1(1912)年11月26日
江戸時代末期～明治期の土佐国郷士。江戸詰め。後、益習学舎を設け子弟教育に専念。
¶高知人,幕末,幕末大([生]文政11(1829)年11月26日)

**辻重忠** つじしげただ
明治3(1870)年～大正6(1917)年
明治～大正期の教育者。
¶高知人

**辻新次** つじしんじ
天保13(1842)年1月9日～大正4(1915)年
明治期の教育行政家。大日本教育会長、男爵。文部省書記官として近代教育制度の確立に貢献。
¶朝日([生]天保13年1月9日(1842年2月18日) [没]大正4(1915)年11月30日),維新,教育,近現,国際,国史,コン改,コン4,コン5,史人([没]1915年11月30日),信州人,人情3,新潮([没]大正4(1915)年12月1日),人名,世紀([没]大正4(1915)年11月30日),姓氏長野,世人([没]大正4(1915)年11月30日),世百,先駆([没]大正4(1915)年11月30日),全書,長野歴,日人,幕末([没]1915年12月3日),幕末大([没]大正4(1915)年12月3日),藩臣3,洋学,履歴([没]大正4(1915)年12月1日)

**辻正賢** つじせいけん
～文政6(1823)年2月 [別]辻正賢《つじまさかた》
江戸時代後期の和算家。
¶数学(つじまさかた)

**辻田克巳** つじたかつみ
昭和6(1931)年3月28日～
昭和～平成期の高校教師、俳人。「幡」主宰。
¶京都文,現執2期,現執3期,現執4期,現俳,俳文

**辻田力** つじたちから
明治39(1906)年～昭和55(1980)年
大正・昭和期の教育者。愛媛大学学長。
¶愛媛

**辻輝子** つじてるこ
明治40(1907)年12月1日～昭和48(1973)年7月5日
昭和期の声楽家。福岡女学院音楽教師。山田耕作の妻。新作歌曲の普及に尽力。
¶女性,女性普,新芸,世紀,日人,福岡百

**辻成人** つじなりと
昭和1(1926)年～昭和62(1987)年
昭和期の石川整肢学園園長。
¶石川百

**辻董重** つじのぶしげ
明治19(1886)年～昭和36(1961)年
明治～昭和期の教育者。
¶高知人

**辻正賢** つじまさかた
→辻正賢(つじせいけん)

**辻マツ** つじまつ
明治15(1882)年11月23日～昭和40(1965)年11月18日 [別]小此木マツ《おこのぎまつ》
明治～昭和期の教育者。東京女高師教授。YWCA同盟委員長、世界YWCA常任委員兼副会長。
¶女性,女性普,世紀,渡航(辻マツ・小此木マツ つじまつ・おこのぎまつ),日人

**辻村景子** つじむらけいこ
明治33(1900)年～昭和50(1975)年1月13日
大正～昭和期の教育者。金城学院大学教授。家事審判所調停委員として活躍。
¶女性,女性普

**辻村泰兄** つじむらやすえ
文久1(1861)年～大正11(1922)年
明治～大正期の教育者。
¶神奈川人,姓氏神奈川

**辻村泰男** つじむらやすお
大正2(1913)年1月10日～昭和54(1979)年4月1日
昭和期の教育学者。
¶現執1期,視覚,心理

**辻本一郎** つじもといちろう
大正2(1913)年3月31日～平成14(2002)年10月16日
昭和期の学校創立者。京都学園名誉学園長。

¶学校

**辻本繁** つじもとしげる
明治26 (1893) 年8月28日～昭和54 (1979) 年5月11日
明治～昭和期の聾唖教育者。
¶世紀，日人

**辻本モト** つじもともと
明治33 (1900) 年8月～昭和56 (1981) 年10月26日
昭和期の社会事業家。室蘭ろうあ学校を設立した。
¶女性，女性普

**都築貞枝** つずきさだえ, つづきさだえ
明治34 (1901) 年4月21日～昭和62 (1987) 年10月20日
大正～昭和期の教育者。福岡県立高校校長。高官学園理事長、都築育英学園理事長などを歴任。勲三等宝冠章受章。
¶大阪人 ([没]昭和62 (1987) 年10月)，学校，女性，女性普，世紀 (つづきさだえ)，日人 (つづきさだえ)

**都築頼助** つずきよりすけ, つづきよりすけ
明治36 (1903) 年8月3日～昭和47 (1972) 年10月28日
大正～昭和期の教育家。都築学園創立者、都築育英学園創立者。
¶学校，福岡百 (つづきよりすけ)

**津田一左衛門** つだいちざえもん
→津田正之 (つだまさゆき)

**津田梅子** つだうめこ
元治1 (1864) 年12月3日～昭和4 (1929) 年8月16日
明治～大正期の女子教育者。女子高等師範学校教授、女子英語塾 (のち津田塾大学) 創始者。8歳で岩倉使節団に随行し渡米した開拓使派遣女子留学生。
¶朝日 ([生]元治1年12月3日 (1864年12月31日))，岩史，海越，海越新，学校，角史，教育，郷土千葉，キリ ([生]元治1年12月3日 (1864年12月31日))，近現，近女，現朝 ([生]元治1年12月3日 (1864年12月31日))，国際，国史，コン改，コン5，史人，重要 ([生]元治1 (1864) 年12月8日)，女史，女性，女性普，新宿女 ([生]1864年12月31日)，新潮，人名，世紀，世人 ([生]元治1 (1864) 年12月8日)，世百，先駆，全書，大百，多摩 ([没]昭和2 (1927) 年)，千葉百，千葉房総 ([生]元治1 (1864) 年12月3日 (新暦12月31日)　[没]昭和4 (1929) 年8月16日)，哲学，渡航 ([生]1864年12月　[没]1929年7月20日)，日史，日女，日人，日本，幕末 ([生]1865年1月　[没]1929年7月20日)，百科，平日，民学，明治2，履歴，歴大

**津高正文** つだかまさふみ
大正9 (1920) 年～
昭和期の社会教育研究者。神戸大学教授。
¶現執1期

**津田金平** つだきんぺい
？ ～明治8 (1875) 年10月21日　[別]津田柳雪《つだりゅうせつ》
江戸時代末期～明治期の儒学者。
¶人名，日人，幕末，藩臣5 (津田柳雪　つだりゅうせつ)，兵庫人

**蔦子** つたこ★
天保1 (1830) 年～明治30 (1897) 年
江戸時代後期～明治時代の女性。教育。高遠藩藩士坂井順右衛門の娘。
¶江表 (蔦子 (長野県))

**津田耕烟** つだこうえん
文政10 (1827) 年～明治5 (1872) 年
江戸時代末期～明治期の中津藩士。
¶人名，日人

**津田栄** つださかえ
明治28 (1895) 年12月29日～昭和36 (1961) 年
大正～昭和期の科学教育家。清泉女子大学教授、化学教育研究所所長。
¶科学 ([没]1961年 (昭和36) 9月21日)，科技 ([没]1961年9月19日)

**津田純一** つだじゅんいち
嘉永3 (1850) 年5月12日～大正13 (1924) 年
明治～大正期の教育家。アメリカに留学し法律、経済、哲学などを修める。
¶海越，海越新，大分歴，人名，世紀 ([没]大正13 (1924) 年1月23日)，渡航，日人

**津田淳三** つだじゅんぞう
文政7 (1824) 年～明治12 (1879) 年
江戸時代末期～明治期の医師。卯辰山養生所頭取。緒方洪庵の適塾で塾頭。加賀藩種痘所設立に貢献。著書に「薬名字韻引」。
¶石川百，国書 ([没]明治12 (1879) 年10月18日)，人名，姓氏石川，日人，幕末 ([没]1879年10月)，幕末大 ([没]明治12 (1879) 年10月)，ふる，洋学

**津田真一郎** つだしんいちろう
→津田真道 (つだまみち)

**津田仙** つだせん
天保8 (1837) 年7月6日～明治41 (1908) 年4月24日
明治期の洋学者、教育者。青山学院女子部創立者。日本初のホテル築地ホテル理事。農学者、キリスト者としても知られる。耕教学舎 (後の青山学院女子部) の設立に関わる。
¶朝日 ([生]天保8年7月6日 (1837年8月6日)　[没]明治41 (1908) 年4月23日)，維新 ([没]1907年)，岩史，海越，海越新，科学，学校，郷土千葉，キリ，近現，国際 ([没]明治40 (1907) 年)，国史，コン改，コン5，史人，思想史，出文，植物，食文 ([生]天保8年7月6日 (1837年8月6日)　[没]1908年4月2日)，新潮，人名，世人，世百，先駆 ([没]明治41 (1908) 年4月23日)，全書，大百，多摩，千葉百 ([生]天保7 (1836) 年)，渡航，日史，日人，幕末 ([没]1907年4月24日)，幕末大，百科，北海道百，北海道文，北海道歴，民学，明治2，洋学，履歴，歴大

**津田棕亭** つだそうてい
文化8 (1811) 年～安政4 (1857) 年
江戸時代末期の医師。

¶人名，日人

**津田東巌**（津田東厳）　つだとうがん
　天保1(1830)年〜明治25(1892)年
　江戸時代末期〜明治期の水戸藩士、学者。「大日本史」の完成に尽力。著書に「水戸藩死事録」など。
　¶国書(㊥明治25(1892)年12月8日)，人名，日人，幕末(津田東巌)，藩臣2

**津田東陽**　つだとうよう
　元禄15(1702)年〜宝暦4(1754)年
　江戸時代中期の儒学者。
　¶姓氏山口，日人

**津田永忠**　つだながただ
　寛永17(1640)年〜宝永4(1707)年2月5日
　江戸時代前期〜中期の備前岡山藩士。
　¶朝日(㊥宝永4年2月5日(1707年3月8日))，岡山人，岡山百，岡山歴，近世，国史，国書，コン改，コン4，史人，新潮，人名，世人，日人，藩臣6，歴大

**津田白印**　つだはくいん
　文久2(1862)年4月1日〜昭和21(1946)年2月15日
　明治〜昭和期の日本画家。淳和女学校校長。
　¶岡山人，岡山百，岡山歴，学校，世紀，日画，日人，美家

**津田初子**　つだはつこ
　天保13(1842)年2月24日〜明治42(1909)年8月26日
　明治期の女性。津田梅子の母。青山女子学院の創立に尽力。
　¶女性，女性普

**蔦文也**　つたふみや
　大正12(1923)年8月28日〜平成13(2001)年4月28日
　昭和〜平成期の高校野球監督。池田高校野球部監督。甲子園出場は14回，優勝3回，準優勝2回，戦績は37勝11敗。
　¶現朝，現日，世紀，日人

**津田真道**　つだまさみち
　→津田真道(つだまみち)

**津田正之**　つだまさゆき
　文政4(1821)年〜明治5(1872)年　㊨津田一左衛門《つだいちざえもん》
　江戸時代末期〜明治期の筑後久留米藩士，剣術師範。
　¶剣豪(津田一左衛門　つだいちざえもん)，藩臣7

**津田又三郎**　つだまたさぶろう
　明治40(1907)年〜昭和38(1963)年
　昭和期の教育者。石川県立鶴来高等学校長。
　¶姓氏石川

**津田真道**　つだまさみち
　文政12(1829)年6月25日〜明治36(1903)年9月3日　㊨津田真道《つだまさみち》，津田明導《つだみょうどう》，津田真一郎《つだしんいちろう》
　明治期の官僚，啓蒙思想家。貴族院議員。法制関係の官職歴任。明六社同人として啓蒙的論説多数。
　¶朝日(㊥文政12年6月25日(1829年7月25日))，維新，岩史，海越，海越新，江文，岡山，岡山人，岡山百(つだまさみち)，岡山歴，角史，近現，近世，近文，国際，国史(つだまさみち)，国書，コン改(㊥1902年)，コン4，コン5，史人，静岡百，静岡歴，思想，思想史，重要，女史，真宗(津田明導　つだみょうどう)，㊤文久2(1862)年4月1日　㊦昭和21(1946)年2月15日)，新潮，新文，人名(つだまさみち)，姓氏静岡(津田真一郎　つだしんいちろう)，世人(㊤文政12(1829)年6月)，世百，全書，哲学，徳川臣，渡航，日史，日人，日本，幕末(㊥1900年9月3日)，幕外大，藩臣6，百科，文学，山川小，洋学，履歴，歴大

**津田道夫**　つだみちお
　昭和4(1929)年5月14日〜
　昭和〜平成期の評論家。トロツキズムを現代マルクス主義で解明，全学連の指導的立場に立つ。
　¶革命，現朝，現執1期，現執2期，現執3期，現執4期，現情，現人，世紀，日人，平和，マス89

**津田明導**　つだみょうどう
　→津田真道(つだまみち)

**津田元徳**　つだもとのり
　明治〜昭和期の教育家。
　¶心理(㊤明治3(1870)年12月　㊦?)，鳥取百(㊤明治4(1871)年　㊦昭和37(1962)年)

**津田八洲男**　つだやすお
　昭和15(1940)年〜
　昭和〜平成期の小学校教師，作文研究者。青森市立原別小学校教頭，青森県作文の会事務局長。
　¶現執3期

**津田善清**　つだよしきよ
　明治27(1894)年〜昭和55(1980)年
　大正〜昭和期の教育者。
　¶鳥取百

**津田柳雪**　つだりゅうせつ
　→津田金平(つだきんぺい)

**土井八枝**　つちいやえ
　→土井八枝(どいやえ)

**槌賀安平**　つちがやすへい
　明治19(1886)年5月29日〜昭和46(1971)年9月19日
　明治〜昭和期の生物学者。
　¶植物，兵庫百

**土川隆**　つちかわたかし
　昭和9(1934)年10月18日〜
　昭和期の久々野教育長。
　¶飛騨

**土作彰**　つちさくあきら
　昭和40(1965)年7月21日〜
　昭和〜平成期の小学校教師。専門は，学級経営，教育方法論。
　¶現執4期

## 土田右馬太郎 つちだうまたろう
明治15(1882)年6月17日～昭和35(1960)年11月5日
明治～昭和期の政治家。上郷村長、茨城県会議員。農業教育、土木事業に尽力。
¶世紀、日人

## 土田杏村 つちだきょうそん
明治24(1891)年1月15日～昭和9(1934)年4月25日
大正～昭和期の思想家。日本文化学院開設者、信濃自由大学講師。個人雑誌「文化」創刊。晩年は国文学の哲学的研究。
¶アナ、角史、京都大、京都文、近現、近文、現朝、国史、コン改、コン5、史人、思想、社史、新潮、新文、人名、世紀、姓氏京都、姓氏長野、世人、世百、全書、大百、短歌普、哲学、長野歴、新潟県、新潟百、日史、日児、日人、日本、百科、文学、民学、履歴、歴大

## 土田茂範 つちだしげのり
昭和4(1929)年～
昭和期の教師、教育問題専門家。
¶現執1期

## 土田南皐 つちだなんこう
？～明治20(1887)年
江戸時代後期～明治期の教育者。
¶姓氏石川

## 土田廉 つちだれん
明治32(1899)年～平成2(1990)年
大正～平成期の教育者。青森高校長。
¶青森人

## 土橋七郎兵衛 つちはししちろべえ
貞享4(1687)年～享保15(1730)年
江戸時代中期の教育家。
¶人名

## 土橋友直 つちはしともなお
貞享2(1685)年～享保15(1730)年　㊛上橋友直《どばしともなお》
江戸時代中期の民衆教育実践家。
¶朝日、大阪人(どばしともなお　㊚享保15(1730)年10月)、大阪墓(㊛享保15(1730)年10月2日)、コン改、コン4、コン5、日人

## 土橋八千太 つちはしやちた
慶応2(1866)年10月28日～昭和40(1965)年3月11日
明治～昭和期の天文学者、カトリック司祭。上智大学長。最初のイエズス会士。著書に「邦暦西暦対照表」。
¶海越新(㊚昭和40(1907)年3月11日)、科学、キリ(㊛慶応2年4月12日(1866年5月26日)　㊚昭和40(1965)年11月3日)、近現、現情、国史、史人、新潮、人名7、世紀、渡航、長野歴、日人

## 土持三郎 つちもちさぶろう
昭和6(1931)年1月3日～
昭和期の矯正教育者、法務省職員。法務省瀬戸少年院長。

¶現執2期

## 土谷温斎 つちやうんさい
→土屋温斎(つちやおんさい)

## 土屋栄吉 つちやえいきち
明治30(1897)年～昭和35(1960)年
大正～昭和期の教育、行政、団体指導者。
¶山形百

## 土屋温斎 つちやおんさい
文政6(1823)年～明治23(1890)年5月7日　㊛土谷温斎《つちやうんさい》
江戸時代末期～明治期の和算家、学校経営。東京日本橋浜町に和算専門豊国学校経営。
¶大分百(土谷温斎　つちやうんさい)、大分歴、国書、コン改、コン4、コン5、人名、数学、日人

## 土屋一夫 つちやかずお
明治39(1906)年～平成7(1995)年
昭和・平成期の教育者。
¶御殿場

## 土屋軍治郎 つちやぐんじろう
明治20(1887)年2月～昭和47(1972)年
明治～昭和期の教育者。
¶群馬人

## 土屋賢二 つちやけんじ
昭和19(1944)年11月26日～
昭和～平成期の研究者。お茶の水女子大学文教育学部教授。
¶現執4期

## 土屋公平 つちやこうへい
昭和5(1930)年6月26日～
昭和～平成期の音楽教育者、作曲家。
¶音人2、音人3

## 土屋三余 つちやさんよ
文化12(1815)年～慶応2(1866)年
江戸時代末期の漢学者。
¶静岡歴、人名、姓氏静岡、日人、幕末

## 土屋茂 つちやしげる
生没年不詳
昭和期の小学校教員。
¶社史

## 土屋周作 つちやしゅうさく
明治26(1893)年1月～昭和45(1970)年4月7日
明治～昭和期の教育学者。
¶心理

## 土屋性一郎 つちやしょういちろう
明治9(1876)年～昭和7(1932)年
明治～昭和期の教育者。
¶群馬人

## 土屋蕭海 つちやしょうかい
文政12(1829)年12月15日～元治1(1864)年　㊛土屋矢之介《つちややのすけ》、土屋矢之助《つちややのすけ》
江戸時代末期の長州(萩)藩寄組。

¶維新（土屋矢之介　つちやゃのすけ），国書（[没]元治1（1864）年9月10日），コン改（土屋矢之助　つちややのすけ），コン4（土屋矢之助　つちややのすけ），新潮（[没]元治1（1864）年9月10日），人名（土屋矢之助　つちややのすけ），世人，日人（[生]1830年），幕末（[生]1830年 [没]1864年10月11日），藩臣6，山口百

**土屋四郎　つちやしろう**
明治29（1896）年8月20日～昭和56（1981）年
大正～昭和期の法学者、札幌短期大学長。
¶札幌，北海道歴

つ

**土屋真吾　つちやしんご**
弘化3（1846）年～
江戸時代末期～明治期の原保村名主。静岡県会議員。
¶伊豆

**土屋宗鑑　つちやそうかん**
～享和3（1803）年12月19日
江戸時代後期の高山の地役人・能書家。寺子屋師匠。
¶飛騨

**土屋孝子　つちやたかこ**
昭和7（1932）年6月17日～
昭和期の幼稚園教諭、読書運動家。
¶日児

**土屋太七　つちやたしち**
慶応元（1865）年1月～
明治期の教育者。実業家。稲梓村小学校訓導、稲梓村役場書記、賀茂郡役所課長を歴任。
¶伊豆

**土屋忠雄　つちやただお**
大正3（1914）年1月14日～昭和56（1981）年12月26日
昭和期の教育学者。日本大学教授。
¶現執1期，現情

**土屋竹雨　つちやちくう**
明治20（1887）年4月10日～昭和33（1958）年11月5日
大正～昭和期の漢詩人。大東文化学院教授。漢詩壇の第一人者として余香吟社など多くの詩社を指導。
¶近文，現情，詩歌，詩作，庄内，新潮，人名7，世紀，東北近，日人，山形百

**土屋智重　つちやちじゅう**
明治5（1872）年～昭和29（1954）年
明治～昭和期の教育家。三島高校創立者。
¶伊豆，学校，静岡歴，姓氏静岡

**土屋忠二郎　つちやちゅうじろう**
明治20（1887）年～昭和25（1950）年
明治～昭和期の教育者。
¶群馬人

**土屋テル子　つちやてるこ**
明治21（1888）年～昭和57（1982）年
大正～昭和期の歌人、足利高等女学校教諭。土屋文明の妻。
¶栃木歴

**土屋寅直　つちやともなお**
文政3（1820）年～明治28（1895）年11月29日
江戸時代後期～明治期の大名、華族。
¶茨城百，国書（[生]文政3（1820）年2月24日），諸系，日人，幕末，藩主2（[生]文政3（1820）年2月24日）

**土屋宣三　つちやのぶぞう**
明治期の中川村小学校校長、中川村長。
¶伊豆

**土屋弼太郎　つちやのりたろう**
明治18（1885）年～昭和45（1970）年
明治～昭和期の教育者、地方文化史の研究者。
¶姓氏長野，長野歴

**土屋英直　つちやひでなお**
明和6（1769）年11月28日～享和3（1803）年8月12日
江戸時代中期～後期の大名。常陸土浦藩主。
¶国書，諸系，日人，藩主2

**土屋均　つちやひとし**
明治15（1882）年～昭和8（1933）年
明治～昭和期の教育者。
¶姓氏岩手

**土谷斉　つちやひとし**
明治38（1905）年～昭和63（1988）年
大正～昭和期の郷土史家。
¶大分歴，郷土

**土屋弘　つちやひろむ**
天保13（1842）年～大正15（1926）年
江戸時代末期～大正期の教育者。奈良県師範学校長など歴任。著書に「皇朝言行録」など。
¶藩臣5

**土谷フデ　つちやふで**
明治8（1875）年7月10日～昭和19（1944）年5月30日
明治～昭和期の教育者。宇和島高等女学校教諭。宇和島実科女学校の創立時の校長。愛媛県最初の女性校長。
¶愛媛，愛媛百，近女，女性，女性普，世紀，日人

**土屋麓　つちやふもと**
天保8（1837）年10月3日～明治40（1907）年2月15日
江戸時代末期～明治期の都賀町大柿の私塾経営者。
¶栃木人，栃木歴

**土屋鳳洲　つちやほうしゅう**
天保12（1841）年12月13日～大正15（1926）年3月15日
江戸時代末期～明治時代の岸和田藩士、漢学者。
¶維新，国書，詩歌，詩作，人名，世紀（[生]天保12（1842）年12月13日），日人（[生]1842年），幕末，幕末大，和俳

**土谷政吉** つちやまさきち
文久3(1863)年～明治38(1905)年
江戸時代末期～明治期の教育者。
¶長野歴

**土屋政朝** つちやまさとも
生没年不詳
江戸時代末期～明治期の洋学者。
¶国書

**土屋操** つちやみさお
明治14(1881)年5月1日～昭和22(1947)年4月20日
明治～昭和期の教諭、郷土史家。
¶山梨百

**土屋美智子** つちやみちこ
昭和30(1955)年～
昭和～平成期の高等学校教諭、児童文学作家。
¶児人

**土屋基規** つちやもとのり
昭和17(1942)年8月26日～
昭和～平成期の教育学者。神戸大学助教授。
¶現執1期, 現執2期, 現執3期, 現執4期

**土屋康雄** つちややすお
明治34(1901)年9月2日～昭和58(1983)年3月28日
昭和期の教育者。下河津村見高小学校長。
¶伊豆

**土屋矢之介**(土屋矢之助) つちややのすけ
→土屋蕭海(つちやしょうかい)

**土屋祐堅** つちやゆうけん
生没年不詳
江戸時代後期の教育者、僧侶。
¶姓氏群馬

**土屋良遵** つちやりょうじゅん
明治7(1874)年～昭和35(1960)年
明治～昭和期の教育者。
¶姓氏長野, 長野歴

**筒井虎竜馬**(筒井虎龍馬) つついこりょうま
明治6(1873)年6月～昭和25(1950)年11月
明治～昭和期の医師。教育功労者。
¶高知先(筒井虎龍馬)

**筒井秋水** つついしゅうすい
文化12(1815)年～明治27(1894)年
江戸時代末期～明治時代の漢学者。子弟の教育にあたり、多くの逸材を育てる。
¶姓氏愛知, 幕末, 幕末大, 藩臣4

**筒井載子** つついたいこ
大正7(1918)年～昭和54(1979)年5月27日
昭和期の料理研究家。白百合学園学園長。
¶女性, 女性普

**筒井健雄** つついたけお
昭和10(1935)年10月13日～
昭和期の教育心理学者。信州大学教授。
¶現執2期

**筒井酉司** つついとりじ
生没年不詳
明治期の教育者。
¶山形百

**筒井八百珠** つついやおじゅ
文久3(1863)年10月17日～大正10(1921)年1月28日
明治～大正期の医師。千葉医学専門学校教授、岡山医学専門学校長などを務めた。
¶岡山人, 岡山百, 岡山歴, 科学, 近医, 人名, 世紀, 渡航([生]1863年10月), 日人

**筒井泰蔵** つついやすぞう
生没年不詳
昭和期の小学校教員。
¶社史

**都築温** つづきあつし
弘化2(1845)年～明治18(1885)年9月27日 [別]都築温《つづきおん》, 都築鶴洲《つづきかくしゅう》
江戸時代末期～明治期の武士、官吏。
¶維新, 愛媛百(都築鶴洲 つづきかくしゅう [生]弘化2(1845)年6月27日), 郷土愛媛, 人名(つづきおん), 日人, 幕末, 藩臣6(都築鶴洲 つづきかくしゅう)

**続有恒** つづきありつね
大正3(1914)年12月15日～昭和47(1972)年9月25日
昭和期の教育心理学者。名古屋大学教授。教育評価の第一人者として著名。主著に「教育評価」など。
¶現執1期, 現情, 人名7, 心理, 世紀, 日人

**都築温** つづきおん
→都築温(つづきあつし)

**都築鶴洲** つづきかくしゅう
→都築温(つづきあつし)

**都築貞枝** つづきさだえ
→都築貞枝(つずきさだえ)

**都筑利治** つづきとしはる
天保5(1834)年～明治41(1908)年
江戸時代後期～明治期の教育者。
¶埼玉百

**都築頼助** つづきよりすけ
→都築頼助(つずきよりすけ)

**都竹甚太郎** つづくじんたろう
明治24(1891)年1月21日～昭和30(1955)年3月3日
大正・昭和期の教育者。学校長。
¶飛騨

**堤衛門** つつみえもん
慶応2(1866)年3月～大正14(1925)年5月1日
明治・大正期の教師。
¶飛騨

**堤きよ　つつみきよ**
慶応1(1865)年5月29日～昭和19(1944)年11月10日
明治～昭和期の幼児教育者。
¶群馬人，姓氏群馬

**堤静男　つつみしずお**
弘化2(1845)年5月～大正4(1915)年12月
江戸時代末期～大正期の東松浦郡北波多村出身の教育者。
¶佐賀百

**堤辰二　つつみたつじ**
安政3(1856)年～明治38(1905)年
江戸時代末期～明治期の教育者・群馬県版教科書編著者。
¶群新百，群馬人，群馬百，姓氏群馬



**黒葛原兼成　つづらばらかねなり**
明治1(1868)年～昭和26(1951)年
明治～昭和期の教育者、政治家。下屋久村第8代村長。屋久島の小学校長を経て下屋久村長。台湾からポンカンの苗を取り寄せて今日の屋久島ポンカンの土台を作った。
¶薩摩

**綱子　つなこ★**
～明治16(1883)年
江戸時代末期～明治時代の女性。教育。宇和島藩藩士荒木謙一郎の伯母。
¶江表(綱子(愛媛県))

**綱島憲次　つなしまけんじ**
明治34(1901)年10月7日～平成7(1995)年2月8日
大正～平成期の教育者・埼玉県教育長。
¶埼玉人

**ツネ**
～明治9(1876)年
江戸時代末期～明治時代の女性。教育・和歌。武蔵久本の農業兼よろづ屋関口武兵衛の妻。
¶江表(ツネ(神奈川県))

**常　つね★**
1824年～
江戸時代後期の女性。教育。村上氏。
¶江表(常(東京都)　[生]文政7(1824)年頃)

**津禰　つね★**
1820年～
江戸時代後期の女性。教育。黒田氏。
¶江表(津禰(東京都)　[生]文政3(1820)年頃)

**恒石敬磨　つねいしけいま**
明治30(1897)年～昭和47(1972)年
大正～昭和期の洋画家、教育者。
¶高知人

**恒川泰蔵　つねかわたいぞう**
天明6(1786)年～弘化2(1845)年　[別]恒川樸巌《つねかわぼくがん》
江戸時代後期の漢学者。
¶国書(恒川樸巌　つねかわぼくがん　[没]弘化2(1845)年7月)，人名，日人

**恒川宕谷　つねかわとうこく**
文政12(1829)年～明治40(1907)年10月12日
江戸時代末期～明治時代の書家。白川学校創設、習字担当教師となる。
¶愛知百，姓氏愛知，幕末，幕末大

**恒川樸巌　つねかわぼくがん**
→恒川泰蔵(つねかわたいぞう)

**恒遠頼母　つねとうたのも**
→恒遠頼母(つねとおたのも)

**恒遠精斎　つねとおせいさい**
天保13(1842)年～明治28(1895)年
明治期の漢学者。京都龍谷大学寮の教授を務めた。
¶人名，日人，豊前([生]天保13(1842)年3月1日　[没]明治28(1895)年11月6日)

**恒遠醒窓　つねとおせいそう**
→恒遠頼母(つねとおたのも)

**恒遠頼母　つねとおたのも**
享和3(1803)年～文久3(1863)年　[別]恒遠醒窓《つねとおせいそう》，恒遠頼母《つねとうたのも》
江戸時代末期の儒学者。
¶維新，国書(恒遠醒窓　つねとおせいそう　[生]享和3(1803)年10月8日　[没]文久3(1863)年5月3日)，人名([没]1861年)，日人(恒遠醒窓　つねとおせいそう)，幕末(つねとうたのも　[没]1863年6月18日)

**常野トシ子　つねのとしこ**
昭和13(1938)年4月17日～
昭和～平成期のピアニスト、オルガン奏者、音楽教育学。
¶音人2，音人3

**恒松強　つねまつきょう**
天保13(1842)年～明治36(1903)年
江戸時代後期～明治期の漢学者、私塾圭山堂開設。
¶島根歴

**常見育男　つねみいくお**
明治34(1901)年6月9日～
昭和期の日本教育史学者。常磐学園園長。
¶現執2期

**常見浩斎　つねみこうさい**
延享3(1746)年～天保6(1835)年
江戸時代中期～後期の伊勢津藩儒。
¶江文([生]元文5(1740)年)，郷土群馬，群馬人，国書([没]天保6(1835)年12月26日)，人名([生]1740年)，日人([没]1836年)

**常光徹　つねみつとおる**
昭和23(1948)年～
昭和～平成期の中学校教諭、評論家。
¶四国文，児人

**常見ろく　つねみろく**
明治12(1879)年6月26日～昭和29(1954)年2月1日

明治～昭和期の教育者。太田裁縫女学校創立、後に常盤学園理事長。
¶学校，近女，群馬人，女性，女性普，世紀，姓氏群馬，日人

**角替九一郎** つのがえくいちろう
明治33(1900)年～平成1(1989)年
大正～昭和期の城東町教育長。
¶姓氏静岡

**津野幸治** つのこうじ
昭和10(1935)年1月9日～
昭和期の社会運動家、教師。
¶視覚

**津野滄洲** つのそうしゅう
享保3(1718)年～寛政2(1790)年
江戸時代中期の飛騨養蚕、製糸業の啓蒙運動者。
¶岐阜百，国書，飛騨（⊕寛政2(1790)年7月23日）

**角田桜岳** つのだおうがく
→角田桜岳（かくだおうがく）

**角田霞樵** つのだかしょう
寛政1(1789)年～嘉永2(1849)年
江戸時代後期の教育者、俳人。
¶姓氏群馬

**角田貫次** つのだかんじ
明治6(1873)年9月18日～昭和16(1941)年12月24日
明治～昭和期の教育者。
¶庄内

**角田九華** つのだきゅうか
天明4(1784)年～安政2(1855)年
江戸時代後期の儒学者。
¶朝日（⊕安政2年12月28日(1856年2月4日)），維新，大分百，大分歴，大阪人（⊕安政2(1855)年12月），国書（⊕安政2(1855)年12月28日），詩歌，人名，日人（⊕1856年），藩臣7，和俳

**角田敬次** つのだけいじ
慶応4(1868)年1月23日～大正8(1919)年7月1日
明治～大正期の教育者。
¶庄内

**角田紫陽** つのだしよう
大正4(1915)年1月16日～昭和57(1982)年5月27日
昭和期の俳人・教員。
¶埼玉人，埼玉文

**角田所左衛門** つのだしょざえもん
天保8(1837)年～大正9(1920)年
明治～大正期の教育行政家。
¶神奈川人

**角田卓二** つのだたくじ
明治33(1900)年4月22日～昭和29(1954)年6月7日
大正～昭和期の教育者。
¶群馬人

**角田忠守** つのだただもり
文化7(1810)年～明治27(1894)年3月10日
江戸時代後期～明治期の神職。
¶国書，姓氏長野，長野百，長野歴

**角田伝** つのだつたえ
慶応4(1868)年～昭和27(1952)年
明治～昭和期の教育者。
¶群新百，群馬人，群馬百

**角田てる** つのだてる
明治30(1897)年～昭和50(1975)年
大正～昭和期の教育者。群馬県最初の女子奏任教師。女性校長第一号。全国婦人校長会副会長などを歴任。
¶群新百，群馬人，群馬百，女性，女性普，世紀（⊕明治30(1897)年6月28日）⊕昭和50(1975)年12月18日），姓氏群馬，日人（⊕明治30(1897)年6月28日 ⊕昭和50(1975)年12月18日）

**角田実** つのだみのる
昭和4(1929)年1月6日～
昭和～平成期の実業家。英語教育研究所代表。
¶現執3期

**角田柳作** つのだりゅうさく
明治10(1877)年1月28日～昭和39(1964)年11月29日
明治～昭和期の日本文化研究家。コロンビア大学に日本文化研究所を創設。著書に「井原西鶴」。
¶郷土群馬，近文（⊕1878年），群新百，群馬人，群馬百，現情（⊕1878年9月8日），人名7（⊕1878年），世紀（⊕明治11(1878)年9月8日），姓氏群馬，日人（⊕明治11(1878)年9月8日），民学，履歴，履歴2

**椿惣一** つばきそういち
明治15(1882)年～昭和44(1969)年
明治～昭和期の教育者。
¶山口人，山口百

**椿原彦右衛門** つばきはらひこえもん
弘化3(1846)年9月～大正7(1918)年11月
明治・大正期の教師。
¶飛騨

**津波古政正** つはこせいせい
尚灝13(1816)～尚泰30(1877)年
江戸時代末期～明治期の政治家。尚泰王の侍講、国師。理知的でバランス感覚を持つ政治家として知られる。
¶朝日（⊕尚灝13年8月21日(1816年9月12日)），維新，沖縄百（⊕尚灝13(1816)年8月21日），近現，近世，国史，コン改（生没年不詳），コン4（生没年不詳），姓氏沖縄，日人，幕末（⊕1816年8月21日），歴大

**津波古ヒサ** つはこひさ
昭和2(1927)年～
昭和期の教育者。
¶戦沖

**坪井為春　つぼいいしゅん**
文政7(1824)年～明治19(1886)年3月30日　[別]坪井為春《つぼいためはる》,坪井芳洲《つぼいほうしゅう》
明治期の蘭方医。西洋医学所教授、埼玉県立医学校長。訳書に「医療新書」「丹氏医療大成」。
¶江文，科学，国書(坪井芳洲　つぼいほうしゅう)，埼玉人(つぼいためはる)，新潮(つぼいためはる)，日人，山形百新(つぼいためはる(ほうしゅう))，洋学

**坪井玄道　つぼいかねみち**
→坪井玄道(つぼいげんどう)

**坪井玄道　つぼいげんどう**
嘉永5(1852)年1月9日～大正11(1922)年11月2日　[別]坪井玄道《つぼいかねみち》
明治～大正期の体育家。普通体操の普及、戸外遊戯の紹介、体育教員の養成に努めた。女子体育の発展にも尽力。
¶朝日([生]嘉永5年1月9日(1852年1月29日))，教育，郷土千葉，近現，国史，コン改，コン5，史人，人名，世紀，世百，先駆，全書(つぼいかねみち)，体育，千葉百([没]大正11(1922)年2月)，渡航，日史，日人，百科，洋学

**坪井次郎　つぼいじろう**
*～明治36(1903)年7月13日
明治期の衛生学者。京都帝国大学医科大学学長、医学博士。ドイツに留学し結核治療法を学ぶ。ドイツの近代衛生学の移植。
¶海越([生]文久2(1862)年7月)，海越新([生]文久2(1862)年7月)，科学([生]1862年(文久2)7月)，近医([生]文久3(1863)年)，社史([生]文久2(1862)年7月　[没]1903年7月11日)，人名([生]1863年)，姓氏京都([生]1861年)，渡航([生]1863年7月)，日人([生]1863年)

**坪井信道　つぼいしんどう**
寛政7(1795)年1月2日～嘉永1(1848)年11月8日　[別]坪井信道《つぼいのぶみち》
江戸時代後期の蘭方医。坪井信之の四男。蘭学塾安懐堂・日習堂を開設。
¶朝日([生]寛政7年1月2日(1795年2月20日)　[没]嘉永1年11月8日(1848年12月3日))，維新，岩史，江人，江戸，江文，科学，岐阜百(つぼいのぶみち)，郷土岐阜，近世，国史，国書，コン改，コン4，コン5，史人，思想史，人書79，新潮，人名，世人，全書，対外，大百，長崎遊，日史，日人，幕末([没]1848年12月3日)，幕末大，藩臣6，洋学，歴大

**坪井直　つぼいすなお**
大正14(1925)年～
昭和～平成期の被爆者支援・反核運動家、教員。
¶平和

**坪井仙次郎　つぼいせんじろう**
安政1(1854)年3月25日～昭和20(1945)年
江戸時代末期～昭和期の師範学校教師。
¶心理

**坪井忠彦　つぼいただひこ**
明治32(1899)年～昭和51(1976)年
大正～昭和期の教育者。
¶姓氏愛知

**坪井為春　つぼいためはる**
→坪井為春(つぼいいしゅん)

**坪井信道　つぼいのぶみち**
→坪井信道(つぼいしんどう)

**坪井芳洲　つぼいほうしゅう**
→坪井為春(つぼいいしゅん)

**坪井むつ　つぼいむつ**
弘化4(1847)年～大正14(1925)年
明治・大正期の教師。
¶御殿場

**坪内主馬　つぼうちしゅめ**
天保1(1830)年～明治14(1881)年7月31日
江戸時代末期～明治時代の旧幕臣、心形刀流の剣客。剣術師範。金吾堂の「江戸切絵図」に名が載っている。
¶幕末，幕末大

**坪内逍遙　つぼうちしょうよう**
安政6(1859)年5月22日～昭和10(1935)年2月28日　[別]坪内雄蔵《つぼうちゆうぞう》
明治～大正期の小説家、劇作家。早稲田大学講師。文学の地位を高めた。文芸協会を設立。
¶愛知，愛知百，朝日([生]安政6年5月22日(1859年6月22日))，伊豆，岩史，角史，歌舞，歌舞新，歌舞事，歌舞大，紀伊文，岐阜百([生]1895年)，教育(坪内雄蔵　つぼうちゆうぞう)，郷土岐阜，近現，近文，芸能，現朝([生]安政6年5月22日(1859年6月22日))，幻作，幻想，現日([生]1859年6月22日)，現俳，現文，国史，コン改，コン5，滋賀文，史人，静岡百，静岡歴，思想，児文，重要，小説([生]安政6年5月22日(1859年6月22日)　[没]昭和10(1935)年1月28日)，新宿，新潮，新文，人名，世紀，姓氏愛知，世人([没]昭和10(1935)年11月28日)，世百，全書，大百，中濃続，哲学，伝記，奈良文，日音，日史，日児([生]安政6(1859)年6月22日　[没]昭和10(1935)年2月8日)，日人，日本，俳文，百科，文学，民学，明治2，履歴，歴大

**坪内雄蔵　つぼうちゆうぞう**
→坪内逍遙(つぼうちしょうよう)

**坪川常通　つぼかわつねみち**
文政6(1823)年～？
江戸時代末期の加賀大聖寺藩士。
¶国書，数学([没]明治22(1889)年)，姓氏石川，藩臣3

**坪川文八　つぼかわぶんぱち**
文政6(1823)年～明治22(1889)年
江戸時代末期～明治期の和算家。
¶人名，日人

**坪田耕三　つぼたこうぞう**
昭和22(1947)年～

昭和〜平成期の小学校教師。日本数学教育学会渉外部幹事。
¶現執3期，現執4期

**坪能由紀子** つぼのうゆきこ
昭和23(1948)年8月28日〜
昭和〜平成期の音楽教育者。
¶音人2，音人3

**坪谷雄四郎** つぼやゆうしろう
明治40(1907)年9月16日〜昭和43(1968)年12月2日
大正・昭和期の文化人。根室高等学校教師、劇団カシオペア代表。
¶根千

**坪谷令子** つぼやれいこ
昭和23(1948)年〜
昭和〜平成期の小学校教諭、童画家。
¶児人

**津曲市郎** つまがりいちろう
元治1(1864)年〜昭和11(1936)年
明治〜昭和期の肝属郡視学。高山実科高等女学校を設立。
¶姓氏鹿児島

**津曲貞助** つまがりさだすけ
明治12(1879)年4月27日〜昭和24(1949)年6月18日
明治〜昭和期の実業家。鹿児島県に津曲学園、のち鹿児島高女・鹿児島中学(ともに現鹿児島高)、鹿児島高商(現鹿児島経済大)などを設立。
¶鹿児島百，学校，薩摩，世紀，姓氏鹿児島，日人

**妻木棲碧** つまきせいへき
文政8(1825)年〜明治24(1891)年
江戸時代末期〜明治期の大目付。
¶人名，日人

**津守通** つもりのとおる
生没年不詳　[別]津守連通《つもりのむらじとおる》
奈良時代の陰陽家。名は道とも。
¶朝日，国史，古史(津守連通　つもりのむらじとおる)，古中，コン改，コン4，史人，新潮，人名，日人，万葉(津守連通　つもりのむらじとおる)

**津守連通** つもりのむらじとおる
→津守通(つもりのとおる)

**津守真** つもりまこと
大正15(1926)年1月9日〜
昭和〜平成期の教育者、発達心理学者。愛育養護学校長。
¶現執1期，現執3期，現執4期，心理

**つや**
江戸時代後期の女性。教育。御家人黒田藤一郎の妻。文化9年に栢植藤十郎が八丁堀日比谷町に開業した寺子屋螢泉堂の2代目。
¶江表(つや(東京都))

**津山東溟** つやまとうめい
延享1(1744)年〜*
江戸時代後期の学者。
¶人名([没]1801年)，日人([没]1802年)

**露木和男** つゆきかずお
昭和24(1949)年8月21日〜
昭和〜平成期の小学校教師。筑波大学附属小学校教諭。
¶現執3期，現執4期

**露木惣蔵** つゆきそうぞう
明治9(1876)年〜昭和42(1967)年
明治〜昭和期の教育者。
¶姓氏神奈川

**露木広吉** つゆきひろきち
明治24(1891)年〜昭和53(1978)年
大正〜昭和期の教育者。
¶姓氏神奈川

**露口悦次郎** つゆぐちえつじろう
慶応3(1867)年〜昭和28(1953)年
明治〜昭和期の中等学校長。
¶愛媛

**鶴岡貞之** つるおかさだゆき
明治20(1887)年2月11日〜昭和28(1953)年10月19日
大正〜昭和期の機械設計士、社会運動家。日本大衆政治学校、全国大衆政治学校主事。
¶アナ，社運，社史

**鶴岡千代子** つるおかちよこ
昭和1(1926)年〜
昭和期の教諭、詩人。
¶児人

**鶴岡トシ** つるおかとし
*〜昭和53(1978)年
大正〜昭和期の私学教育者。北海道女子栄養学校創立者、北海道栄養短期大学学長。
¶学校([生]明治27(1894)年7月11日　[没]昭和53(1978)年8月3日)，札幌([生]明治27年7月11日)，北海道百([生]明治25(1892)年)，北海道歴([生]明治25(1892)年)

**敦賀民平** つるがみんぺい
生没年不詳
明治期の教育者。私立桔梗学院創立者。
¶青森人

**鶴崎規矩子** つるさききくこ
万延1(1860)年〜昭和16(1941)年
江戸時代末期〜昭和期の教育家。日曜学校太子館創立者、太子館理事長。
¶学校

**鶴崎久米一** つるざきくめいち，つるさきくめいち
安政6(1859)年5月20日〜昭和17(1942)年1月23日
明治〜昭和期の教育者。兵庫県立一中初代校長。
¶兵庫人，兵庫百(つるさきくめいち)

## ツ女 つるじょ★
江戸時代末期の女性。教育。長沢氏。万延1年～明治6年まで開かれた寺子屋で教授。
¶江表（ツル女（長野県））

## 都留仙次 つるせんじ
明治17（1884）年1月20日～昭和39（1964）年1月20日
明治～昭和期の教育家、旧約聖書学者。横浜フェリス女学院院長。キリスト教教育および学校経営に貢献。聖書の現代語訳を完成。
¶大分歴、キリ、世紀（㊣昭和39（1964）年1月21日）、哲学、渡航

## 鶴田憲次 つるたけんじ
明治37（1904）年～昭和56（1981）年
昭和期の教育者。
¶鳥取百

## 鶴田松山 つるだしょうざん
天和2（1682）年～延享2（1745）年
江戸時代前期～中期の儒学者。
¶日人

## 鶴田省庵 つるだせいあん
正保1（1644）年～享保16（1731）年
江戸時代前期～中期の儒学者。
¶日人

## 鶴田清司 つるだせいじ
昭和30（1955）年11月5日～
昭和～平成期の研究者。都留文科大学文学部初等教育学科教授。専門は、国語教育。
¶現執4期

## 鶴田常吉 つるたつねきち
明治27（1894）年4月10日～昭和63（1988）年9月29日
大正～昭和期の教育者。
¶徳島歴

## 鶴虎太郎 つるとらたろう
明治3（1870）年5月25日～昭和26（1951）年12月30日
明治～昭和期の教育家。広陵学園を創立した。
¶学校

## 鶴襄 つるのぼる
大正4（1915）年1月25日～平成18（2006）年12月21日
昭和期の学校創立者。鶴学園の創立理事長。広島工業大学を創立。
¶学校

## 鶴原九皐 つるはらきゅうこう
江戸時代前期～中期の儒学者。
¶人名（㊣1751年　㊤1795年）、日人（㊣1666年　㊣1711年）

## 都留春夫 つるはるお
大正12（1923）年4月3日～
昭和期の教育学者。国際基督教大学教授。
¶現執2期

## 津留宏 つるひろし
大正4（1915）年7月10日～昭和57（1982）年10月13日
昭和期の教育心理学者。神戸大学教授。
¶現執1期、心理

## 鶴見一之 つるみかずゆき
明治14（1881）年11月12日～昭和34（1959）年10月12日
明治～昭和期の教育家、技師。
¶科学、近土、渡航（㊣1959年10月）、土木、宮城百

## 鶴見達 つるみき
文政3（1820）年～明治29（1896）年
江戸時代後期～明治期の加賀藩士。加賀藩校明倫堂の教師。
¶姓氏石川

## 鶴見弘 つるみこう
？～安政3（1856）年
江戸時代後期～末期の加賀藩校の教師。
¶姓氏石川

## 鶴見小十郎 つるみこじゅうろう
文政3（1820）年～明治29（1896）年
江戸時代末期～明治期の加賀藩儒者。明倫堂易学主付、権大属を務める。
¶人名、日人、幕末（㊣1896年6月）

## 露見忠良 つるみただよし
昭和17（1942）年12月30日～
昭和期の教師、詩人。
¶視覚

## 鶴峯戊申（鶴峰戊申、鶴峰戊申、鶴峯戊甲）つるみねしげのぶ
天明8（1788）年～安政6（1859）年　㊅鶴峰戊申《つるみねほしん》、鶴峯戊申《つるみねほしん》
江戸時代後期の国学者、究理学者。
¶朝日（㊣天明8年7月22日（1788年8月23日）、㊤安政6年8月24日（1859年9月20日））、維新（つるみねほしん　㊤1786年）、江人（鶴峯戊甲）、江文、大分百（鶴峰戊申）、大分歴（鶴峰戊申）、大阪人（鶴峰戊申　㊤安政6（1859）年8月）、近世、考古（㊣天明8年（1788年7月22日）　㊤安政6年（1859年8月24日））、国史、国書（㊣天明8（1788）年7月22　㊤安政6（1859）年8月24日）、コン改、コン4、コン5（㊣天明6（1786）年）、史人（㊣1788年7月22日　㊤1859年8月24日）、思想史（鶴峰戊申）、神史、神人（鶴峰戊申　つるみねほしん　㊤天明6（1786）年）、新潮（㊣天明8（1788）年7月22日　㊤安政6（1859）年8月24日）、人名（㊤1786年）、数学（㊣天明8（1788）年7月22　㊤安政6（1859）年8月24日）、世人（㊤天明6（1786）年　㊤安政6（1859）年8月4日）、全書、日人、幕末（鶴峰戊申　㊤1859年9月20日）、幕末大（鶴峰戊申　㊤安政6（1859）年8月24日）、藩臣2（鶴峰戊申　つるみねほしん　㊤天明6（1786）年）、洋学、歴大、和俳

**鶴峰戊申** (鶴峯戊申) **つるみねぼしん**
→鶴峯戊申(つるみねしげのぶ)

**鶴見守義 つるみもりよし**
安政5(1858)年3月12日～昭和14(1939)年12月
江戸時代末期～昭和期の司法官。関西法律学校(後の関西大学)創設に参画。
¶学校

## 【て】

**てい・鍗 てい**
～明治20(1887)年
江戸時代末期～明治時代の女性。教育。旗本曽我若狭守の家臣阿部喜三郎の娘。
¶江表(てい・鍗(群馬県))

**禎 てい**
文化8(1811)年～明治22(1889)年
江戸時代後期～明治時代の女性。教育。上総一宮の田中右近の長女。
¶江表(禎(千葉県))

**てい**(1)
1846年～
江戸時代後期の女性。教育。芝金杉浜町の地主里見氏の長女。
¶江表(てい(東京都)　[生]弘化3(1846)年頃)

**てい**(2)
1852年～
江戸時代後期の女性。教育。船橋氏。
¶江表(てい(東京都)　[生]嘉永5(1852)年頃)

**テイ**(1)
江戸時代後期の女性。教育。木下氏。肥前諫早で文政2年に寺子屋を開業する。
¶江表(テイ(長崎県))

**テイ**(2)
江戸時代後期の女性。教育。町人の松藤氏。弘化年間～明治2年まで女子170人余を教育。
¶江表(テイ(大分県))

**庭訓舎綾人 ていきんしゃあやんど**
？　～文化10(1813)年
江戸時代後期の狂歌師。
¶国書([没]文化10(1813)年3月23日)，人名，日人

**貞子 ていこ★**
文化11(1814)年～明治7(1874)年
江戸時代後期～明治時代の女性。教育。高安定義の娘。
¶江表(貞子(富山県))

**鄭弘良 ていこうりょう**
生没年不詳
江戸時代中期の教育者。
¶沖縄百，姓氏沖縄

**貞樹女 ていじゅじょ★**
1808年～
江戸時代後期の女性。教育。守山義制の母。
¶江表(貞樹女(東京都)　[生]文化5(1808)年頃)

**程順則 ていじゅんそく**
清・康熙2(1663)年10月28日～清・雍正12(1734)年12月8日　[別]名護寵文《なごちょうぶん》
江戸時代中期の琉球の政治家、儒者。琉球最初の教育機関明倫堂設立に尽力。
¶朝日([生]尚質16年10月28日(1663年11月27日)　[没]尚敬22年12月8日(1735年1月1日))，岩史，沖縄百，近世，国史，国書，コン改，コン4，史人，新潮，姓氏沖縄，伝記(名護寵文　なごちょうぶん)，日史([没]1724年12月8日)，日人([没]1735年)，歴大，和俳

**諦定 ていじょう★**
1829年～
江戸時代後期の女性。教育。中島氏。
¶江表(諦定(東京都)　[生]文政12(1829)年頃)

**貞心尼 ていしんに★**
～天保12(1841)年
江戸時代後期の女性。教育。武蔵加瀬村の人。
¶江表(貞心尼(神奈川県))

**貞徳 ていとく**
→松永貞徳(まつながていとく)

**鄭秉哲 ていへいてつ**
尚貞27(1695)年～尚穆9(1760)年
江戸時代中期の琉球国の上級役人。
¶朝日([生]尚貞27年4月15日(1695年5月27日)　[没]尚穆9年2月15日(1760年3月31日))，沖縄百([生]尚貞27(1695)年4月15日　[没]尚穆9(1760)年2月15日)，国書([生]元禄8(1695)年4月15日　[没]宝暦10(1760)年2月15日)，コン改，コン4，姓氏沖縄，日人

**てう**
1840年～
江戸時代後期の女性。教育。伊沢長七郎の妻。
¶江表(てう(東京都)　[生]天保11(1840)年頃)

**出牛恒 でうしつね**
明治43(1910)年5月19日～平成6(1994)年9月13日
昭和～平成期の教育者・女性運動家。
¶埼玉人

**手賀勝美 てがかつみ**
明治9(1876)年3月7日～？
明治～大正期の教育者。
¶群馬人

**出口王仁三郎 でぐちおにさぶろう**
明治4(1871)年～昭和23(1948)年1月19日　[別]出口王仁三郎《でぐちわにさぶろう》
昭和期の宗教家。大本教主として布教と国際化を図る。
¶朝日([生]明治4年7月12日(1871年8月27日))，岩史([生]明治4(1871)年7月12日)，角史，京都

府, 京都文 (㊥明治4 (1871) 年7月12日 (新暦8月27日)), 近現, 現朝 (㊥明治4年8月22日 (1871年10月6日)), 現情 (㊥明治4 (1871) 年8月22日), 現人, 現日 (㊥明治4年8月12日 ㊡1946年1月19日), 国史, コン改, コン4, コン5, 史人 (㊥1871年7月12日), 思想 (㊥明治4 (1871) 年7月12日), 社史 (㊥1871年10月6日), 重要 (でぐちわにさぶろう) (㊥明治4 (1871) 年8月22日), 神史, 神人 (㊥明治4 (1871) 年8月22日), 新潮 (㊥明治4 (1871) 年8月22日), 人名7, 世紀 (㊥明治4 (1871) 年7月12日), 世人 (でぐちわにさぶろう), 世百 (でぐちわにさぶろう), 全書, 大百 (でぐちわにさぶろう), 短歌 (㊥1871年8月22日 ㊡1948年1月18日), 茶道, 哲学, 伝記, 陶工 (でぐちわにさぶろう), 日思, 日史 (㊥明治4 (1871) 年7月12日), 日人 (でぐちわにさぶろう) (㊥明治4 (1871) 年7月12日), 日本, 百科, 平和, 民学, 履歴 (㊥明治4 (1871) 年7月12日), 履歴2 (㊥明治4 (1871) 年7月12日), 歴大

**出口敬亭** でぐちけいてい
明治23 (1890) 年～昭和32 (1957) 年
大正・昭和期の教育者。新聞記者。
¶熊本人

**出口王仁三郎** でぐちわにさぶろう
→出口王仁三郎 (でぐちおにさぶろう)

**勅使河原彰** てしがわらあきら
昭和21 (1946) 年～
昭和～平成期の中学校教師。西東京市立田無第三中学校主任。
¶現執4期

**出島明雅** でじまあきまさ
→出島竹斎 (でじまちくさい)

**手島郁郎** てしまいくろう
明治43 (1910) 年8月26日～昭和48 (1973) 年12月25日
昭和期の教師、伝道者。
¶キリ, 履歴, 履歴2

**手島和庵** てしまかあん
→手島和庵 (てしまわあん)

**手島勝朗** てしまかつろう
昭和16 (1941) 年～
昭和～平成期の算数・数学教育学者, 小学校教師。
¶現執3期, 現執4期 (㊥1941年3月16日)

**手島毅庵** てしまきあん
寛政2 (1790) 年9月7日～天保9 (1838) 年1月2日
江戸時代後期の心学者。
¶国書

**手島近右衛門** てしまきんえもん
宝暦10 (1760) 年～天保12 (1841) 年
江戸時代中期～後期の教師。
¶国書

**手島純** てしまじゅん
昭和29 (1954) 年～

昭和～平成期の高校教師。
¶YA

**出島甚太郎** でじまじんたろう
→出島竹斎 (でじまちくさい)

**手島精一** てじませいいち, てしませいいち
嘉永2 (1849) 年11月28日～大正7 (1918) 年1月23日
明治～大正期の教育家。東京職工学校校長。わが国工業教育の発展に貢献。東京教育博物館長を歴任。東京職工学校 (後の東京工業大学) 創設に尽力。共立女子職業学校 (後の共立女子学園) 設立発起人の一人として創設に参加。同校校長を兼ね, 女子職業教育にも注力した。
¶朝日 (㊥嘉永2年11月28日 (1850年1月11日)), 海越 (㊡大正7 (1918) 年1月21日), 海越新 (㊡大正7 (1918) 年1月21日), 学校, 教育, 郷土千葉, 近現, 国史, コン改, コン5, 史人, 静岡歴, 写家, 人名 (てしませいいち), 世紀 (㊥嘉永2 (1850) 年11月28日), 姓氏静岡, 世百, 先駆, 全書, 大百, 千葉広, 渡航 (㊥1849年1月28日 ㊡1918年1月21日), 日史, 日児 (㊥嘉永2 (1850) 年1月11日 ㊡大正7 (1918) 年1月21日), 日人 (㊥1850年), 藩臣3, 百科, 洋学, 履歴, 歴大

**出島竹斎** でじまちくさい
文化13 (1816) 年～明治20 (1887) 年 ㊥出島甚太郎《でじまじんたろう》, 出島明雅《でじまあきまさ》
江戸時代末期～明治期の駿河国の勤王の志士。民政に協力。宮司。皇学舎を設けて子弟の教育にあたった。
¶静岡歴, 人名 (出島明雅　でじまあきまさ), 姓氏静岡 (出島甚太郎　でじまじんたろう), 日人, 幕末, 幕末大

**手島堵庵** てじまとあん, てしまとあん
享保3 (1718) 年～天明6 (1786) 年2月9日
江戸時代中期の石門心学者。通称は近江屋嘉左衛門。
¶朝日 (㊥享保3年5月13日 (1718年6月12日) ㊡天明6年2月9日 (1786年3月8日)), 岩史 (てしまとあん ㊥享保3 (1718) 年5月13日), 江人, 大阪人 (㊥享保2 (1717) 年 ㊡天明6 (1786) 年2月), 大阪墓, 角史 (てしまとあん), 教育, 京都, 京都大, 近世 (てしまとあん), 国史 (てしまとあん), 国書 (てしまとあん ㊥享保3 (1718) 年5月13日), コン改, コン4, コン5, 史人 (㊥1718年5月13日), 思想史 (てしまとあん), 重要 (てしまとあん ㊥享保3 (1718) 年5月3日), 女史 (てしまとあん), 新潮 (てしまとあん ㊥享保3 (1718) 年5月13日), 人名 (てしまとあん), 姓氏京都, 世人 (てしまとあん ㊥享保3 (1718) 年5月3日), 世百, 全書, 大百, 伝記, 徳川将, 日思 (てしまとあん), 日史 (㊥享保3 (1718) 年5月13日), 日人, 百科, 仏教 (㊥享保3 (1718) 年5月13日), 平田, 山川小 (てしまとあん ㊥1718年5月13日), 歴大 (てしまとあん)

**手島宗義** てしまむねよし
生没年不詳
江戸時代中期の心学者。
¶国書

**手島和庵** てしまわあん
延享4(1747)年2月15日〜寛政3(1791)年10月24日，㊙手島和庵《てじまかあん》
江戸時代中期〜後期の心学者。
¶国書，姓氏京都(てじまかあん)

**手塚かね** てづかかね
→手塚かね(てづかかね)

**手塚岸衛** てづかきしえ
→手塚岸衛(てづかきしえ)

**手塚武彦** てづかたけひこ
→手塚武彦(てづかたけひこ)

**手塚太郎** てづかたろう
→手塚太郎(てづかたろう)

**手塚政孝** てづかまさたか
→手塚政孝(てづかまさたか)

**手塚律蔵** てづかりつぞう
→手塚律蔵(てづかりつぞう)

**てつ**
1810年〜
江戸時代後期の女性。教育。池田実光の叔母。
¶江表(てつ(東京都)  ㊤文化7(1810)年頃)

**手塚カネ** てつかかね
明治13(1880)年〜昭和19(1944)年
明治〜大正期の教育者、家庭方面の研究者。
¶栃木歴

**手塚かね** てづかかね, てずかかね
明治13(1880)年〜昭和19(1944)年5月11日
大正〜昭和期の教育者。日本女子大学教授。同校家政科の基礎を築く。西洋料理の権威として活躍。
¶女性(てづかかね)，女性普

**手塚岸衛** てづかきしえ, てずかきしえ
明治13(1880)年7月13日〜昭和11(1936)年10月7日，㊙手塚岸衛《てずかきしえ, てづかきしえい》
大正期の教育家。「自由教育」運動を展開。自由ヶ丘学園創設。
¶学校(てづかきしえい，近現，群馬人，現朝(てづかきしえい  ㊤1941年10月7日)，国史，コン改，コン5，史人，新潮(㊤明治13(1880)年7月)，世紀，哲学，栃木百，栃木歴，日人，平和，民学(てづかきしえい)

**手塚岸衛** てづかきしえい
→手塚岸衛(てづかきしえ)

**手塚語重** てづかごじゅう
文久3(1863)年5月10日〜昭和17(1942)年2月19日
明治〜昭和期の教育者。
¶山梨百

**手塚省三** てづかしょうぞう
寛政10(1798)年〜明治13(1880)年
江戸時代末期〜明治期の教育者。
¶栃木歴

**手塚武彦** てづかたけひこ, てずかたけひこ
昭和4(1929)年12月4日〜
昭和〜平成期の教育学研究者。国立教育研究所次長。
¶現執1期，現執3期(てずかたけひこ)

**手塚太郎** てづかたろう, てずかたろう
文久2(1862)年〜昭和7(1932)年11月19日
明治〜大正期の司法官。関西法律学校(後の関西大学)の設立に関わる。
¶学校(てづかたろう  ㊤文久2(1862)年1月16日)，世紀(㊤文久2(1862)年1月)，日人

**手塚藤兵衛** てづかとうべえ
江戸時代後期の宇都宮の商人、私塾経営者。
¶栃木歴

**手塚縫蔵** てづかぬいぞう
明治12(1879)年2月12日〜昭和29(1954)年8月16日
明治〜昭和期の教育者。
¶郷土長野，キリ，世紀，姓氏長野，長野百，長野歴，日人(㊤明治12(1879)年1月12日)

**手塚政孝** てづかまさたか, てずかまさたか
昭和12(1937)年〜
昭和期の保健体育教育学者。明治大学教授。
¶現執2期(てずかまさたか)

**手塚増子** てづかますこ
文化11(1814)年〜文久2(1862)年
江戸時代後期〜末期の女性。尊攘志士小島強介の義母。
¶江表(増子(栃木県))

**手塚又四郎** てづかまたしろう
明治36(1903)年4月24日〜昭和46(1971)年5月5日
昭和期の美術教育者。
¶現情，埼玉人

**手塚律蔵** てづかりつぞう, てずかりつぞう
文政5(1822)年6月8日〜明治11(1878)年11月29日，㊙瀬脇寿人《せわきひさと》
江戸時代末期〜明治期の洋学者。外務省に転じウラジオストック駐在、帰途病死。訳書に「西洋鉄煩鋳造篇」。
¶朝日(文政5年6月8日(1822年7月25日)，維新，海越(てづかりつぞう)，海越新(瀬脇寿人 せわきひさと)，海越新，江文，科学(てづかりつぞう)，郷土千葉，近現，近世，国際(㊤文政6(1823)年)，国史，国書，コン改(㊤文政6(1823)年)，コン4(㊤文政6(1823)年)，コン5(㊤文政6(1823)年)，史人，人書94(てづかりつぞう)，新潮，人名(瀬脇寿人 せわきひさと  ㊤1823年)，姓氏山口(㊤1823年)，全書，大百，千葉百，日人，幕末，山口百(㊤1823年)，洋学，歴大

て

手塚六郎　てづかろくろう
　明治38(1905)年8月12日～昭和59(1984)年
　昭和期の太平洋戦争後の6・3制定着に貢献した教育者。
　¶札幌

鉄復堂　てつふくどう
　→鉄復堂(くろがねふくどう)

出原帰耕　ではらきこう★
　文政3(1820)年12月～明治11(1878)年2月
　江戸時代末期・明治期の教育者。私塾を建て子弟を教育。
　¶秋田人2

出原佃　ではらつくだ
　明治17(1884)年～昭和52(1977)年
　明治～昭和期の教育者。北京高等工業学校校長。
　¶姓氏愛知

出水力　でみずつとむ
　昭和20(1945)年1月1日～
　昭和～平成期の技術史・産業技術論研究者、高校教師。藤井寺工業高等学校教師。
　¶現執3期

出村慎一　でむらしんいち
　昭和24(1949)年7月11日～
　昭和～平成期の体育・スポーツ科学者。金沢大学教授。
　¶現執3期、現執4期

出村鈬　でむらたまき
　万延1(1860)年～昭和5(1930)年
　明治～昭和期の教育者。
　¶姓氏愛知

寺井金五郎　てらいきんごろう
　安政2(1855)年5月12日～大正15(1926)年6月15日
　明治・大正期の教育者。別海小学校初代校長。
　¶根千

寺井五郎　てらいごろう
　明治39(1906)年～平成10(1998)年
　昭和～平成期の童話教育者。
　¶青森人

寺石正路　てらいしまさじ
　→寺石正路(てらいしまさみち)

寺石正路　てらいしまさみち
　慶応4(1868)年9月2日～昭和24(1949)年12月23日　㊙寺石正路《てらいしまさじ》
　明治～大正期の地方史研究家。旧制高知高校教諭。高知県史を研究。宿毛貝塚・平塚貝塚を発見。
　¶愛媛、愛媛百、郷土、考古(てらいしまさじ)、高知人、高知百、史研、四国史、世紀、日人

寺井方信　てらいまさのぶ
　？　～寛政1(1789)年閏6月13日
　江戸時代中期～後期の心学者。
　¶国書

寺内信一　てらうちしんいち
　文久3(1863)年～昭和20(1945)年
　明治～昭和期の美術研究所長兼教師。
　¶姓氏愛知

寺尾慎一　てらおしんいち
　昭和26(1951)年2月2日～
　昭和～平成期の研究者。福岡教育大学教授。専門は、教育方法学、生活科教育学。
　¶現執4期

寺尾寿　てらおひさし
　安政2(1855)年～大正12(1923)年8月6日
　明治～大正期の天文学者。東京帝国大学教授、日本天文学会初代会長。日本人として初めて天文学を教える。東京物理学講習所(後の東京理科大学)の設立に関わる。
　¶朝日、海越(㊙安政2(1855)年9月　㊙大正12(1923)年8月)、海越新(㊙安政2(1855)年9月㊙大正12(1923)年8月)、科学(㊙1855年(安政2)9月25日)、学校(㊙安政2(1855)年9月25日)、近現、国史、コン改、コン5、史人(㊙1855年9月25日)、新潮(㊙安政2(1855)年9月)、人名、数学(㊙安政2(1855)年9月)、世紀(㊙安政2(1855)年9月25日)、世人(㊙安政2(1855)年9月25日)、全書、大百、渡航(㊙1855年9月　㊙1923年8月)、日人、日本、福岡百(㊙安政2(1855)年9月25日)、履歴(㊙安政2(1855)年9月25日)、歴大

寺門仁　てらかどじん
　大正15(1926)年10月13日～平成9(1997)年6月27日
　昭和～平成期の詩人。高校教員の傍ら詩作。「地球」「風」などに寄稿。詩集に「石の額橡」「遊女」など。
　¶近文、現詩、現情、世紀、日人

寺門静軒　てらかどせいけん
　寛政8(1796)年～明治1(1868)年
　江戸時代末期～明治期の儒学者、詩人。駒込吉祥寺門前町で私塾を開く。代表作「江戸繁昌記」は「繁昌記」ものの大流行を生む。
　¶朝日(㊙明治1年3月24日(1868年4月16日))、維新、茨城百、茨城歴、岩史(㊙慶応4(1868)年3月24日)、江戸東、江文、角史、近世、国史、国書(㊙慶応4(1868)年3月24日)、コン改、コン4、埼玉人(㊙慶応4(1868)年3月24日)、埼玉百、詩歌、詩作、史人(㊙1868年3月24日)、新潮(㊙慶応4(1868)年3月24日)、人名、全書、大百、新潟百別、日史(㊙明治1(1868)年3月24日)、日人、幕末(㊙1868年4月16日)、百科、歴大、和俳

寺門先行　てらかどせんこう
　＊～明治39(1906)年
　江戸時代末期～明治期の儒学者。
　¶国書(㊙天保2(1831)年)、日人(㊙1832年)

寺門銕蔵　てらかどてつぞう
　文政2(1819)年～明治22(1889)年12月17日
　江戸時代末期～明治時代の土浦藩士。藩校郁文官

**寺門天行** てらかどてんこう
江戸時代末期〜明治期の漢学者。拡充師範学校で教鞭を執り、のち私塾を開き門生に教授。
¶人名

**寺川清庵** てらかわせいあん
安政5(1858)年〜明治32(1899)年
江戸時代末期〜明治期の社会教育家。
¶大分歴

**寺崎修一** てらさきしゅういち★
明治29(1896)年6月21日〜昭和11(1936)年4月5日
大正・昭和期のインド哲学者。教師。
¶秋田人2

**寺崎昌男** てらさきまさお
昭和7(1932)年9月26日〜
昭和〜平成期の教育学者。桜美林大学大学院教授、東京大学教授。専門は日本教育史、大学教育。著書に「日本における大学自治制度の成立」など。
¶現朝、現執1期、現執2期、現執3期、現執4期、現情、世紀、日人、平和

**寺沢好太** てらさわこうた
明治11(1878)年〜昭和25(1950)年
明治〜昭和期の教育者。
¶姓氏長野、長野歴

**寺沢精一** てらさわせいいち
文久2(1862)年11月15日〜大正14(1925)年7月1日
明治〜大正期の教育者・牧師。
¶群馬人

**寺師忠夫** てらしただお
明治38(1905)年2月25日〜昭和53(1978)年1月3日
昭和期の教育者、方言学者。
¶沖縄百、姓氏鹿児島

**寺島誠市** てらじませいいち
生没年不詳
昭和期の小学校教員。
¶社史

**寺嶋宗一郎** てらしまそういちろう
明治25(1892)年11月5日〜昭和44(1969)年1月5日
大正〜昭和期の農民運動家。日本農民組合大阪府連合会長、枚方市長。日農最初の農民学校を開設。
¶現朝、社運、社史、世紀、政治、日人

**寺島花野** てらしまはなの、てらじまはなの
安政2(1855)年6月13日〜大正9(1920)年2月3日
明治〜大正期の地歌、箏曲家。
¶音人(てらじまはなの)、新芸(てらじまはなの)、人名(てらじまはなの ㊥1875年)、世紀(てらじまはなの)、日音、日人

**寺島美紀子** てらしまみきこ
？〜
昭和〜平成期の高校教師。松任農業高校教諭、朝日大学講師。
¶現執3期

**寺島宗則** てらしまむねのり、てらじまむねのり
天保3(1832)年5月23日〜明治26(1893)年 ㊥松木弘安《まつきこうあん》、松木弘庵《まつきこうあん》
江戸時代末期〜明治期の鹿児島藩士、政治家。蕃書調所教授手伝、第4代文部卿、枢密顧問官、伯爵。樺太・千島交換条約締結。
¶朝日(㊤天保3年5月23日(1832年6月21日) ㊦明治26(1893)年6月6日)、維新、岩史(㊦明治26(1893)年6月6日)、海越(てらじまむねのり ㊦明治26(1893)年6月7日)、海越新(てらじまむねのり ㊦明治26(1893)年6月7日)、江文(松木弘安 まつきこうあん)、鹿児島百(てらじまむねのり)、角史(てらじまむねのり ㊦1893年6月7日)、神奈川人、近現、国際、国史、国書(㊦明治26(1893)年6月7日)、コン改(㊤1834年)、コン4、コン5、薩摩、史人(㊦1893年6月7日)、重要(てらじまむねのり ㊦明治26(1893)年6月6日)、人事94(てらじまむねのり)、新潮(㊦明治26(1893)年6月6日)、人名(てらじまむねのり)、姓氏鹿児島、姓氏神奈川、世人(てらじまむねのり)、先駆(㊤天保4(1833)年5月23日 ㊦明治26(1893)年6月7日)、全書(てらじまむねのり)、全幕、大百(てらじまむねのり)、伝記(てらじまむねのり)、徳川臣(松木弘庵 まつきこうあん)、渡航(寺島宗則・松木弘安 てらしまむねのり・まつきこうあん ㊦1893年6月7日)、長崎遊、日史(てらじまむねのり ㊦明治26(1893)年6月6日)、日人(てらじまむねのり)、日本、幕末(㊦1893年6月7日)、幕末大(㊦明治26(1893)年6月7日)、藩臣7(てらじまむねのり)、百科(てらじまむねのり)、平日(てらじまむねのり)、明治1、山川小(㊦1893年6月7日)、洋学、履歴(㊦明治26(1893)年6月6日)、歴大

**寺島洋之助** てらしまようのすけ
大正11(1922)年10月2日〜
昭和〜平成期の教育家。民主教育の実践に力を注いだが、偏向教育とされた。著書に実践記録「入道雲」など。
¶現朝、現人、世紀、平和

**寺島隆吉** てらじまりゅうきち
昭和19(1944)年〜
昭和〜平成期の高校教師、英語学研究者。石川県立富来高校教諭、岐阜大学助教授。
¶現執3期

**寺島錬二** てらじまれんじ
明治16(1883)年〜昭和36(1961)年
明治〜昭和期の教育者、書家、郷土史家。
¶群馬人

**寺田稲城** てらだいなき
生没年不詳

江戸時代末期～明治期の教育者、歌人。
¶青森人（[生]幕末　[没]明治）

**寺田精一** てらだせいいち
明治17（1884）年5月13日～大正11（1922）年9月4日
大正期の犯罪心理学者。囚人の心理状態を調査して犯罪心理を研究。
¶コン改，コン5，新潮，人名，心理，世紀，日人

**寺田利彦** てらだとしひこ
明治25（1892）年～昭和48（1973）年
大正～昭和期の音楽教育家。
¶鳥取百

て

**寺田徳裕** てらだのりひろ
文政11（1828）年～明治26（1893）年10月21日
江戸時代末期～明治時代の会津藩士。戊辰戦争後、私塾有隣間を設置。沼垂小学校長をつとめる。
¶幕末，幕末大

**寺田勇吉** てらだゆうきち
嘉永6（1853）年6月～大正10（1921）年10月11日
明治～大正期の教育家。東京高商校長。精華学校を創立。
¶海越新，学校，人名，世紀，体育，渡航（[生]1853年6月12日），日人

**寺田臨川** てらだりんせん
延宝6（1678）年～延享1（1744）年
江戸時代中期の安芸広島藩士、儒学者。
¶国書（[生]延宝6（1678）年7月8日　[没]延享1（1744）年11月4日），詩歌，人名，日人，藩臣6，和俳

**寺地茂雄** てらぢしげお
昭和6（1931）年2月14日～昭和59（1984）年11月19日
昭和期の高山市教育委員長・丸進工機社長。
¶飛騨

**寺地舟里** てらちしゅうり
文化6（1809）年～明治8（1875）年12月7日
江戸時代末期～明治期の蘭方医。福山藩医学校付属同仁館病院長。医学、理化学、本草学、西洋砲術に詳しく、福山地方に種痘を普及させた。
¶科学，日人，広島百

**寺中作雄** てらなかさくお
明治42（1909）年11月6日～平成6（1994）年10月21日
昭和期の文部行政官。フランス大使館参事官、国立競技場理事長などを歴任。
¶現朝，現情，世紀，日人，履歴，履歴2

**寺西昭** てらにしあきら
昭和45（1970）年8月22日～
昭和～平成期の社会運動家、教師。
¶視覚

**寺西易堂** てらにしえきどう
文政9（1826）年～大正5（1916）年4月
江戸時代末期～大正期の教育者。
¶大阪人，姓氏愛知

**寺西秀夫** てらにしひでお
大正15（1926）年3月31日～
昭和～平成期の音楽教育者、合唱指導者。
¶音人2，音人3

**寺部だい** てらべだい
明治15（1882）年10月20日～昭和41（1966）年5月18日
明治～昭和期の教育者、安城学園（現安城学園高校、愛知学泉大学）創立者。
¶愛知女，愛知百，学校，女性，女性普，世紀，姓氏愛知（[生]1883年），日人

**寺本恵真** てらもとえしん
明治36（1903）年3月10日～昭和45（1970）年
昭和期の私学教育の恩人。
¶札幌

**寺本潔** てらもときよし
昭和31（1956）年9月20日～
昭和～平成期の社会科教育学者。愛知教育大学助教授。
¶現執3期，現執4期

**寺本奚淵** てらもとけいえん
天保5（1834）年～明治22（1889）年
江戸時代後期～明治期の忍藩士、藩校培根堂の助教。
¶埼玉百

**寺本彦** てらもとひこ
明治38（1905）年～昭和49（1974）年
昭和期の島根大学教育学部教授。
¶島根歴

**寺本光照** てらもとみつてる
昭和25（1950）年1月22日～
昭和～平成期の小学校教師、鉄道ライター。八尾市立南高安小学校教諭。
¶現執3期

**寺本和則** てらもとよしのり
昭和5（1930）年11月12日～
昭和～平成期の音楽教育者。
¶音人2，音人3

**寺山真寿野** てらやまますの
明治23（1890）年1月20日～昭和52（1977）年4月4日
大正～昭和期の社会福祉家・岡山県黄薇学園長。
¶岡山歴

**寺脇研** てらわきけん
昭和27（1952）年7月13日～
昭和～平成期の官僚、映画評論家。文部省初等中等局職業教育課長。
¶映人，現執3期，現執4期，履歴2

**てる**
1857年～
江戸時代末期の女性。教育。星野康斎の娘。
¶江表（てる（東京都）　[生]安政4（1857）年頃）

**照** てる★
～文政10（1827）年
江戸時代後期の女性。教育。尾張藩藩士土御門泰邦の娘。
¶江表（照（愛知県））

**照井猪一郎** てるいいいちろう
明治20（1887）年～昭和39（1964）年2月25日
明治～昭和期の劇作家、教育者。
¶秋田人2（[生]明治20年9月7日），秋田百，日児（[生]明治20（1887）年4月7日）

**照井一宅** てるいいったく，てるいいつたく
文政2（1819）年～明治14（1881）年
江戸時代後期～明治期の儒学者。
¶岩手百，国書（[没]明治14（1881）年2月21日），姓氏岩手（てるいいつたく），日人

**照子** てるこ★
文政7（1824）年～明治4（1871）年
江戸時代後期～明治時代の女性。和歌・教育。西久方町の医師田村勝蔵の娘。
¶江表（照子（群馬県））

**照屋忠英** てるやちゅうえい
明治25（1892）年2月15日～昭和20（1945）年4月18日
大正～昭和期の教育者。
¶沖縄百，姓氏沖縄

**照屋秀夫** てるやひでお
明治34（1901）年～昭和20（1945）年
大正～昭和期の教師、姫百合部隊の引率者。
¶姓氏沖縄

**天海秀次** てんかいひでじ★
明治38（1905）年2月23日～
明治・大正期の国分寺町教育長。
¶栃木人

**天願貞順** てんがんていじゅん
明治16（1883）年～昭和43（1968）年
明治～昭和期の喜舎場・具志川両小学校長、奏任官。
¶姓氏沖縄

**伝教大師** でんきょうだいし，でんぎょうだいし
→最澄（さいちょう）

**伝田青磁** でんだせいじ
明治23（1890）年～昭和42（1967）年
大正～昭和期の歌人。
¶姓氏長野，長野百，長野歴

**田頭喜久弥** でんとうきくや
昭和6（1931）年11月6日～
昭和～平成期の音楽教育者、作曲家、指揮者。
¶音人2，音人3

**伝野矢継** でんのやつぎ
寛政4（1792）年～？
江戸時代末期～明治期の兵術教師。家塾を開き兵術、剣術を教える。
¶幕末，幕末大

**伝兵衛** でんべえ
生没年不詳
江戸時代中期の商人。ペテルブルグで日本語学校初代教師。1695年ロシアに渡った最初の漂流日本人。
¶海越，海越新，日人，北海道歴

**天鱗** てんりん
文化4（1807）年～明治24（1891）年 [別]河野天鱗《かわのてんりん》
江戸時代末期～明治期の三論宗僧侶。
¶真宗（河野天鱗 かわのてんりん [生]文化4（1807）年1月27日 [没]明治24（1891）年12月26日），人名，日人

## 【と】

**戸井和彦** といかずひこ
昭和32（1957）年10月12日～
昭和～平成期の小学校教師。専門は、エネルギー・食・環境教育、理科教育。
¶現執4期

**土居光華** どいこうか，どいこうが
弘化4（1847）年～大正7（1918）年
明治期の漢学者、自由民権家、ジャーナリスト。北辰社社長、衆議院議員。民権派の「報国新誌」創刊。女子教育や被差別部落解放に先駆的活動。
¶維新，教育，近現，国史，史人（[生]1847年6月24日 [没]1918年12月11日），静岡百，静岡歴，社史（[生]弘化4年（1847年6月24日） [没]1918年12月11日），出文（[生]弘化4（1847）年6月24日 [没]大正7（1918）年12月11日），神人（[生]弘化4（1847）年6月 [没]大正7（1918）年12月），新潮（[生]弘化4（1847）年6月 [没]大正7（1918）年12月），人名，日人，幕末（[没]1918年12月），兵庫人（[生]弘化4（1847）年6月 [没]大正7（1918）年12月11日），洋学（どいこうが），歴大

**土井贅牙** どいごうが
文化14（1817）年～明治13（1880）年6月11日
江戸時代末期～明治期の儒学者。藩版「資治通鑑」校訂に参画。細心ながら行動は放胆で、奇行に事欠かなかった。
¶朝日（[生]文化14年12月28日（1818年2月3日）），維新，国書（[生]文化14（1817）年12月28日），コン改，コン4，コン5，詩歌（[生]1818年 [没]1881年），思想（[生]文化14（1817）年12月28日），人書94，人名，世百，日人（[生]1818年），幕末，三重（[生]文化14年2月28日），和俳

**戸石泰一** といしたいいち
大正8（1919）年1月28日～昭和53（1978）年10月31日
昭和期の小説家・教員。
¶東北近

**土肥樵石** どいしょうせき
→土肥樵石（どひしょうせき）

と

**土井善右衛門** どいぜんえもん
文政11(1828)年～明治16(1883)年
明治期の教育者。遷喬舎。私財を投じ私塾を設立。ジェームス＝ジャイを招き特異な教育を行った。
¶コン改，コン4，コン5，人名，日人，広島百

**土井惣左衛門** どいそうざえもん
天保10(1839)年～明治19(1886)年
江戸時代後期～明治期の私塾経営者。
¶姓氏愛知

**土井竹治** どいたけはる
明治20(1887)年5月～？
明治～昭和期の教育家。
¶心理

**戸井田研斎** といだけんさい
文化9(1812)年～明治25(1892)年
江戸時代末期～明治期の上野前橋藩士。川越藩儒官。
¶埼玉人，埼玉百，藩臣2

**戸板省吾** といたせいご
文政6(1823)年～明治39(1906)年
江戸時代後期～明治期の教育家。
¶姓氏宮城

**戸井田盛蔵** といだせいぞう
明治12(1879)年11月～？
明治期の小学校教員。岩手県立水産学校教諭。
¶社史

**戸板せき** といたせき
明治2(1869)年～昭和4(1929)年
明治～昭和期の教育家。
¶宮城百

**戸板せき子**(戸板関子) といたせきこ
明治2(1869)年～昭和4(1929)年1月14日
明治～大正期の教育者。女子の裁縫教育の普及、発展に尽力。私立戸板裁縫学校を設立、後進を育成。
¶女性(戸板関子)，人名，先駆

**戸板関子** といたせきこ
明治2(1869)年4月19日～昭和4(1929)年1月14日
明治～大正期の教育者。女子の裁縫教育の普及、発展に尽力。私立戸板裁縫学校(後の戸板女子短期大学)を設立、後進を育成。
¶学校，近女，女運，女性普，世紀，日人

**土肥敏雄** どいとしお
生没年不詳
明治期の柳井小学校校長。
¶社史

**土井利実** どいとしざね
元禄3(1690)年～元文1(1736)年11月26日
江戸時代中期の大名。肥前唐津藩主。
¶佐賀百，諸系，人名([生]？)，日人，藩主4

**土井利忠** どいとしただ
文化8(1811)年～明治1(1868)年12月3日
江戸時代末期の大名。越前大野藩主。
¶朝日([生]文化8年4月3日(1811年5月24日)[没]明治1年12月3日(1869年1月15日))，維新，郷土福井，近世，国史，コン改，コン4，史人([生]1811年4月3日)，諸系([没]1869年)，新潮([生]文化8(1811)年4月3日)，人名，日人([没]1869年)，幕末([没]1869年1月15日)，藩主3([生]文化8(1811)年4月3日)，福井百

**土井昇** どいのぼる
明治12(1879)年2月12日～昭和34(1959)年5月18日
明治期の小学校教員。
¶アナ，社史(生没年不詳)

**土居正賢** どいまさかた
明治22(1889)年～昭和51(1976)年
大正～昭和期の教育者。
¶愛媛，愛媛百([生]明治22(1889)年10月9日[没]昭和51(1976)年7月2日)

**土居通夫** どいみちお
天保8(1837)年～大正6(1917)年9月9日
明治～大正期の実業家。大阪電灯及び京阪電鉄社長など。大阪商業会議所会頭など。関西法律学校(後の関西大学)の設立に関わる。
¶朝日([生]天保8年4月21日(1837年5月25日))，維新，愛媛百([生]天保8(1837)年4月21日)，大阪人，学校([生]天保8(1837)年4月21日)，郷土愛媛，近現，国史，コン改，コン4，コン5，史人([生]1837年4月21日)，実業([生]天保8(1837)年4月21日)，新潮([生]天保8(1837)年4月21日)，人名，先駆([生]天保8(1837)年4月)，鉄道([生]1837年5月25日)，日人，幕末，藩臣6，明治2

**戸井美智子** といみちこ
昭和4(1929)年12月14日～
昭和期の福祉施設職員、英語教師、点字製作ボランティア。
¶視覚

**土井八枝** どいやえ
明治12(1879)年～昭和23(1948)年5月10日
[別]土井八枝《つちいやえ》
大正～昭和期の随筆家。随筆集「藪柑子」を出版。各種婦人団体、学校の理事を歴任。
¶高知人，高知百(つちいやえ　[没]1958年)，四国文([生]明治12年2月21日)，女性，女性普

**土井美夫** どいよしお
明治34(1901)年～昭和61(1986)年
大正～昭和期の教育者。
¶植物

**東井義雄** とういよしお
大正1(1912)年4月9日～平成3(1991)年4月18日
昭和期の教育者。著書に「村を育てる力」など。
¶現朝，現執1期，現執2期，現情，現人，コン改，コン4，コン5，社史，真宗，新潮，世紀，日人，平和，民学

**道暁** どうぎょう
→無住(むじゅう)

**東儀頼玄** とうぎよりはる
天保5 (1834) 年～明治31 (1898) 年12月
江戸時代末期～明治期の宮内省楽師。横笛の名手。学校唱歌の作曲も行った。
¶音人，新芸，人名，日人

**道契** どうけい
→竺道契 (じくどうけい)

**登子** とうこ★
江戸時代末期の女性。和歌。福島藩校講学所師範高橋秀雄の妻。文久1年序、村上忠順編『類題和歌玉藻集』下に載る。
¶江表 (登子 (福島県))

**道興** どうこう
奈良時代の唐僧。
¶古代，日人 (生没年不詳)

**桃江舎漁舟** とうこうしゃぎょしゅう
生没年不詳
江戸時代中期の教師・著述家。
¶国書

**東後勝明** とうごかつあき
昭和13 (1938) 年11月16日～
昭和～平成期の英語教育学者。NHKラジオ「英語会話」講師、早稲田大学教授。
¶現執2期，現執3期，現執4期

**東条一堂** とうじょういちどう
安永7 (1778) 年～安政4 (1857) 年　[別]東条一堂《とうじょういつどう》
江戸時代後期の儒学者。
¶朝日 ([生]安永7年11月7日 (1778年12月25日) [没]安政4年7月13日 (1857年9月1日))，維新，江文，郷土千葉，近世，国史，国書 (とうじょういつどう　[生]安永7 (1778) 年11月7日　[没]安政4 (1857) 年7月13日)，コン改 ([生]安永6 (1777) 年)，コン4，新潮 ([生]安永7 (1778) 年11月7日 [没]安政4 (1857) 年7月13日)，人名 (とうじょういつどう)，世百，全書，大百，千葉百，日人，幕末 ([没]1857年9月1日)

**東条一堂** とうじょういつどう
→東条一堂 (とうじょういちどう)

**東条英庵** とうじょうえいあん
文政4 (1821) 年～明治8 (1875) 年7月17日
江戸時代後期～明治期の蘭学者。
¶朝日，維新，国書，新潮，日人，幕末，藩臣6，山口百，洋学

**東条芹水** とうじょうきんすい
文政9 (1826) 年7月11日～明治32 (1899) 年6月11日
江戸時代後期～明治期の私塾師匠。
¶埼玉人，埼玉百

**東条琴台** とうじょうきんだい
寛政7 (1795) 年6月7日～明治11 (1878) 年
江戸時代末期～明治期の儒学者、考証学者。著書に「伊豆七島図考」「先哲叢談後篇」「同続篇」など。
¶朝日 ([生]寛政7年6月7日 (1795年7月22日) [没]明治11 (1878) 年9月26日)，維新，岩史 ([没]明治11 (1878) 年9月26日)，江文，角史 ([没]明治11 (1878) 年9月27日)，近現，近世，国史，国書 ([没]明治11 (1878) 年9月26日)，コン改，コン4，コン5，詩歌，史人 ([没]1878年9月26日)，新潮 ([没]明治11 (1878) 年9月27日)，人名，世人 ([没]明治11 (1878) 年9月27日)，新潟百，日人，幕末 ([生]1795年7月　[没]1878年9月27日)，歴大，和俳 ([没]明治11 (1878) 年9月27日)

**東条舜清** とうじょうしゅんせい
寛政8 (1796) 年～明治9 (1876) 年
江戸時代後期～明治期の私塾師匠。
¶埼玉百

**東照大権現** とうしょうだいごんげん
→徳川家康 (とくがわいえやす)

**東上高志** とうじょうたかし
昭和5 (1930) 年1月27日～
昭和～平成期の部落問題研究者。滋賀大学教授、部落問題研究所常任理事。専門は、部落問題、同和教育。
¶現執1期，現執2期，現執3期，現執4期

**東条英機** とうじょうひでき
明治17 (1884) 年12月30日～昭和23 (1948) 年12月23日
昭和期の陸軍軍人、政治家。太平洋戦争開戦時の首相、陸相、内相、文相。軍部独裁体制で戦争遂行。A級戦犯として刑死。
¶岩史，岩手人 ([生]1884年7月30日)，岩手百，沖縄百，角史，近現，現朝，現人，現日，国史，コン改，コン5，史人，重要，新潮，人名7，世紀，政治，姓氏岩手，世人，世百，世百新，全書，大百，伝記，日史，日人，日本，百科，平日，陸海，歴大

**東条方庵** とうじょうほうあん
文化6 (1809) 年12月24日～明治13 (1880) 年
江戸時代末期～明治期の儒学者。
¶江文，国書 ([没]明治13 (1880) 年2月5日)，人名，日人 ([生]1810年)

**東城芳勇** とうじょうよしお
明治28 (1895) 年～昭和59 (1984) 年
大正～昭和期の一関市教育委員長。
¶姓氏岩手

**堂園休次郎** どうぞのきゅうじろう
明治10 (1877) 年～昭和43 (1968) 年
明治～昭和期の教師、医師。
¶薩摩

**藤堂高芥** とうどうこうかい
→藤堂高芬 (とうどうたかか)

**藤堂紫朗** とうどうしろう
安政5 (1858) 年～明治42 (1909) 年
明治期の露語学者。露語研究の先駆者で陸軍の対露政策上に貢献。
¶人名，日人

と

**藤堂高芬** とうどうたかか
天明5(1785)年～天保11(1840)年　[別]藤堂高芥《とうどうこうかい》
江戸時代後期の教育者、伊勢津藩士。藩校有造館の設立に尽力。
¶人名(藤堂高芥　とうどうこうかい), 日人, 藩臣5, 三重(藤堂高芥)

**藤堂高邦** とうどうたかくに
弘化3(1846)年～明治35(1902)年4月6日
江戸時代末期～明治期の久居藩主、久居藩知事、子爵。
¶維新([生]1849年), 諸系, 日人, 幕末, 藩主3([生]弘化3(1846)年8月)

**藤堂高兌** とうどうたかさわ
天明1(1781)年4月2日～文政7(1824)年12月18日
江戸時代後期の大名。伊勢津藩主、伊勢久居藩主。
¶朝日([生]天明1年4月2日(1781年4月25日)　[没]文政7年12月18日(1825年2月5日)), 近世, 国史, 国書, コン改([生]安永6(1777)年,(異説)1781年), コン4([生]安永6(1777)年,(異説)1781年), 諸系([没]1825年), 新潮, 人名, 日人([没]1825年), 藩主3

**藤堂高猷** とうどうたかゆき
文化10(1813)年2月9日～明治28(1895)年2月9日
江戸時代末期～明治期の大名。伊勢津藩主。
¶朝日([生]文化10年2月9日(1813年3月11日)　[没]明治28(1895)年2月12日), 維新, 弓道, 近現, 近世, 国史, 国書, コン改, コン4, 史人, 諸系, 新潮([没]明治28(1895)年2月2日), 人名([生]1823年), 日人, 幕末, 藩主3, 三重

**藤堂長観** とうどうながみ
寛政3(1791)年～天保8(1837)年
江戸時代後期の伊勢津藩家老。
¶人名, 日人

**藤堂光寛** とうどうみつひろ
宝暦5(1755)年～文政8(1825)年
江戸時代後期の武士。伊勢津藩の重臣。
¶近世, 国史, 国書([没]文政9(1826)年11月23日), 人名, 日人([生]1754年,(異説)1755年　[没]1826年), 藩臣5([没]文政9(1826)年), 三重

**桃原用永** とうばるようえい
明治37(1904)年～
大正～昭和期の教育者、政治家。石垣市市長。
¶社史([生]1904年5月9日), 政治

**藤平典** とうへいのり
昭和3(1928)年～
昭和～平成期の被爆者支援・反核運動家、教員。
¶平和

**藤平真** とうへいまこと
大正期の上野原農学校経営者。
¶栃木歴

**藤間源左衛門** とうまげんざえもん
天保13(1842)年～明治43(1910)年
江戸時代末期～明治時代の浜田・松江藩御用商人。初代大社町長。酒造、回船業を営む。大社に初めて学校を創る。
¶島根人, 島根歴, 幕末, 幕末大

**当銘正幸** とうめまさゆき
昭和7(1932)年～
昭和期の教育者。
¶戦沖

**当銘由金** とうめゆうきん
明治37(1904)年5月5日～平成15(2003)年4月6日
大正～平成期の教育家。文教図書社長。
¶出文

**当山久三**(当山久山) とうやまきゅうぞう
明治1(1868)年11月9日～明治43(1910)年9月17日
明治期の教育者、民権運動家。謝花昇らと沖縄で民権運動を展開する。
¶朝日([生]尚泰21年11月9日(1868年12月22日)), 沖縄百, コン改, コン5, 史人, 社史([没]1910年9月18日), 新潮, 世紀, 姓氏沖縄, 伝記, 日人, 琉沖(当山久山)

**当山正堅** とうやませいけん
明治19(1886)年9月11日～昭和27(1952)年5月30日
明治～昭和期の教育者、社会事業家。
¶沖縄百, 姓氏沖縄

**遠山啓** とうやまひらく
→遠山啓(とおやまひらく)

**道瑜** どうゆ
応永29(1422)年～？
室町時代～戦国時代の真言僧。根来寺左学頭。
¶国史(生没年不詳), 国書, 古中(生没年不詳), 人名, 日人, 仏教([没]明応2(1493)年), 仏史(生没年不詳)

**東陽円月** とうようえんげつ
文政1(1818)年～明治35(1902)年12月17日
[別]円月《えんげつ》
江戸時代末期～明治期の浄土真宗の僧。
¶大分歴, 国書(円月　えんげつ　[生]文化14(1817)年), 真宗, 日人, 仏教, 仏人([生]1817年)

**塘林虎五郎** とうりんとらごろう
→塘林虎五郎(ともばやしとらごろう)

**遠近鶴鳴** とおちかかくめい
寛政7(1795)年～天保15(1844)年9月7日
江戸時代後期の土佐藩士、学者。
¶高知人, 高知百, 国書, 藩臣6

**遠見豊子** とおみとよこ
？　～昭和54(1979)年8月3日
昭和期の音楽教育者。お茶の水女子大学教授。ピアニストの指導に尽力。日本ショパン協会、日タイ協会の理事。
¶女性, 女性普

**遠山敦子** とおやまあつこ
昭和13(1938)年12月10日～
昭和～平成期の政治家。第2代文科相。
¶現政

**遠山参良** とおやまさぶろう
慶応2(1866)年1月13日～昭和7(1932)年10月9日
[別]遠山参良《とおやまさんりょう》
明治～昭和期の教師、牧師。九州学院初代院長。九州学院の設立に関わる。
¶海越新，学校，キリ(とおやまさんりょう)，熊本人，熊本百，人名(とおやまさんりょう)，世紀，渡航(とおやまさんりょう)，日人

**遠山参良** とおやまさんりょう
→遠山参良(とおやまさぶろう)

**遠山留八郎** とおやまとめはちろう
慶応1(1865)年～？
江戸時代末期～明治期の教育者。
¶姓氏岩手

**遠山直三郎** とおやまなおさぶろう
生没年不詳
明治期の小学校訓導。
¶姓氏愛知

**遠山憲美** とおやまのりよし
嘉永2(1849)年～？
江戸時代末期の盲唖教育家。
¶愛媛([没]？)，姓氏京都

**遠山啓** とおやまひらく
明治42(1909)年8月21日～昭和54(1979)年9月11日　[別]遠山啓《とうやまひらく》
昭和期の数学者、数学教育家。東京工業大学教授。代数関数の非アーベル的理論で著しい結果を得る。
¶科学，熊本人，現朝，現執1期，現執2期，現情，現人，現日([没]1979年1月11日)，コン改(とうやまひらく)，コン4，コン5，児人([生]？)，新潮，数学，世紀，全書，日人，マス89(とうやまひらく)，民学，YA([没]？)

**渡海紀三朗** とかいきさぶろう
昭和23(1948)年2月11日～
昭和～平成期の政治家。衆議院議員、第9代文科相。
¶現政

**戸賀崎熊太郎〔3代〕**(戸ケ崎熊太郎) とがさきくまたろう
文化4(1807)年～慶応1(1865)年
江戸時代末期の剣術師。
¶維新，コン改(戸ケ崎熊太郎)，コン4(戸ケ崎熊太郎)，新潮(戸ケ崎熊太郎　[生]文化4(1807)年2月15日　[没]慶応1(1865)年5月29日)，世人(戸ケ崎熊太郎)，大百，日人，幕末([没]1865年7月21日)

**富樫勲** とがしいさお
明治18(1885)年8月22日～昭和38(1963)年
明治～昭和期の初等教育者。
¶札幌，北海道百，北海道歴

**渡嘉敷唯功** とかしきいこう
明治7(1874)年8月10日～昭和28(1953)年12月26日
明治～昭和期の沖縄県視学、水産学校校長。
¶沖縄百

**渡嘉敷唯選** とかしきいせん
明治19(1886)年～昭和2(1927)年
明治～昭和期の美術教師。
¶沖縄百

**渡嘉敷真昌** とかしきしんしょう
明治42(1909)年～？
昭和期の小学校教員。
¶社史

**渡嘉敷真睦** とかしきしんぼく
明治24(1891)年3月3日～昭和39(1964)年4月6日
大正～昭和期の教育者、経営者。
¶沖縄百，姓氏沖縄

**富樫武治** とがしたけじ★
明治15(1882)年6月27日～大正13(1924)年2月21日
明治・大正期の教員。秋田の少年野球活動に尽力。
¶秋田人2

**富樫ツタ** とがしつた★
明治31(1898)年10月20日～昭和56(1981)年11月27日
大正・昭和期の教員。女性町議。
¶秋田人2

**富樫つる子**(富樫ツル子) とがしつるこ
明治2(1869)年～昭和12(1937)年
明治～昭和期の教育者。生涯を小学校教育に尽力。少年野球チームを援助しネット裏に現れる「野球女史」。
¶女運，女性普(富樫ツル子　[生]明治2(1869)年10月8日　[没]昭和12(1937)年11月18日)

**富樫ツル子** とがしつるこ
明治2(1869)年10月8日～昭和12(1937)年11月18日
明治～昭和期の教育者。生涯を小学校教育に尽力。少年野球チームを援助しネット裏に現れる「野球女史」。
¶秋田人2，女性

**戸梶徳喜** とかじのりき
明治42(1909)年～平成2(1990)年
昭和～平成期の教育者。
¶高知人

**砥上種樹** とがみたねき
明治21(1888)年3月18日～昭和46(1971)年12月1日
明治～昭和期の教育者、評論家。
¶日児

**東川志郎** とがわしろう
大正7(1918)年～
昭和期の珠算教育家。

¶郷土奈良

**戸川正章** とがわまさあき
文政2(1819)年〜明治5(1872)年
江戸時代末期〜明治期の筑前福岡藩士。
¶人名, 日人

**登き** とき★
1830年〜
江戸時代後期の女性。教育。岩田七郎の母。
¶江表(登き(東京都)　⊕天保1(1830)年頃)

**時枝茂夫** ときえだしげお
大正6(1917)年〜昭和58(1983)年
昭和期の教育者。
¶山口人

**時尾克太郎** ときおかつたろう
文化14(1817)年〜文久2(1862)年
江戸時代後期〜末期の宗教家、黒住宗忠七高弟の1人。
¶岡山百, 岡山歴(⊕文久2(1862)年12月21日)

**時岡亮庵** ときおかりょうあん
〜文化1(1804)年
江戸時代後期の医者・教育家。
¶長崎遊

**土岐正三** どきしょうぞう
明治44(1911)年4月20日〜昭和20(1945)年8月30日
昭和期の小学校教員。
¶社史

**鴇田恵吉** ときたえきち
明治14(1881)年2月20日〜昭和41(1966)年6月16日
明治〜昭和期の郷土史家。
¶郷土, 世紀, 日人

**時田田鶴** ときたたづ
慶応2(1866)年6月27日〜昭和27(1952)年10月28日
明治〜昭和期の教育者・社会活動家。
¶神奈女2

**時任紹彦** ときとうつぐひこ
明治33(1900)年〜昭和60(1985)年
大正・昭和期の教育者。時任学園鉄道高校初代理事長兼校長。
¶薩摩

**時任基清** ときとうもときよ
昭和8(1933)年6月7日〜
昭和期の教育者。
¶視覚

**時山勇** ときやまいさむ
明治12(1879)年〜昭和32(1957)年
明治〜昭和期の教育者。
¶鳥取百

**土岐頼之** ときよりゆき
文政9(1826)年〜明治6(1873)年
江戸時代後期〜明治期の大名。
¶諸系, 姓氏群馬, 日人, 藩主1(⊕文政10(1827)年　⊛明治6(1873)年5月5日)

**常磐井厳戈** (常盤井厳戈) ときいいかしほこ
文政2(1819)年7月14日〜文久3(1863)年3月13日
江戸時代末期の国学者。
¶維新, 愛媛百, 郷土愛媛(常盤井厳戈), 国書, 神人, 人名, 日人, 幕末(常盤井厳戈)

**常盤潭北** ときわたんぼく, ときわたんほく, ときわたんぼく
延宝5(1677)年〜延享1(1744)年　⊛潭北《たんぼく, たんほく, たんぽく》
江戸時代中期の俳人、教育者。
¶教育, 郷土栃木, 国書(潭北　たんぽく　⊛延享1(1744)年7月3日), 人名(ときわたんほく ⊕?), 世人, 栃木百(ときわたんぼく), 栃木歴(ときわたんぼく), 日人(ときわたんぼく), 俳諧(潭北　たんぼく　⊛?), 俳句(潭北　たんぼく　⊛延享1(1744)年7月3日), 俳文(潭北　たんぼく　⊛延享1(1744)年7月3日), 和俳

**常葉三俊** ときわみとし
明治26(1893)年〜昭和45(1970)年
大正〜昭和期の教育者。
¶神奈川人

**とく**
江戸時代後期の女性。教育。松前藩藩士近藤氏の家族。嘉永5年〜明治8年まで23年間、諸礼、読み書きを教えた。
¶江表(とく(北海道))

**徳江倫蔵** とくえりんぞう
明治17(1884)年〜昭和26(1951)年
明治〜昭和期の教育者。
¶群馬人

**徳川家康** とくがわいえやす
天文11(1542)年〜元和2(1616)年4月17日　⊛松平家康《まつだいらいえやす》, 東照大権現《とうしょうだいごんげん》, 三河大納言《みかわだいなごん》, 駿河大納言《するがだいなごん》, 松平元康《まつだいらもとやす》
安土桃山時代〜江戸時代前期の江戸幕府初代の将軍(在職1603〜1605)。幼少時は織田・今川で人質生活を送る。今川義元が討たれると三河の大名として独立、織田信長と同盟を結ぶ。信長の没後は豊臣秀吉に臣従、関東の経営を任され江戸を本拠とした。秀吉の死後、関ヶ原で石田三成らを破り、江戸幕府を創設。晩年大坂城に豊臣氏を滅ぼし幕府の土台を盤石にした。
¶愛知, 愛知百(⊕1542年12月26日), 朝日(⊕天文11年12月26日(1543年1月31日)　⊛元和2年4月17日(1616年6月1日)), 伊豆, 岩史(⊕天文11(1542)年12月26日), 江人, 沖縄百(⊕天文11(1542)年12月26日), 角史, 神奈川人, 鎌倉, 鎌倉新(⊕天文11(1542)年12月26日), 教育, 京都, 京都大, 近世, 公卿, 公卿普, 公家(家康〔徳川家〕 いえやす), 群馬人, 系東(松平家康　まつだいらいえやす), 芸能, 国

史，国書（㊥天文11（1542）年12月26日），古中，コン改，コン4，コン5，史人（㊥1542年12月26日），静岡百，静岡歴，思想史（東照大権現とうしょうだいごんげん）（㊗元和2（1616）年4月14日），植物（㊥天文11年12月26日（1543年1月31日）㊗元和2年4月17日（1616年6月1日）），食文（㊥天文11年12月26日（1543年1月31日）㊗元和2年4月17日（1616年6月1日）），諸系（㊥1543年），人書94，人情，神人，新潮（㊥天文11（1542）年12月26日），人名，姓氏愛知，姓氏京都，姓氏静岡，世人（㊥天文11（1542）年12月26日），世百，戦合，戦国，戦辞（㊥天文11年12月26日（1543年1月31日）㊗元和2年4月17日（1616年6月1日）），全書，戦人，全戦，戦武，対外，大百，多摩，茶道，中世，伝記，徳川将，徳川松，栃木歴，内乱，長野歴，日史（㊥天文11（1542）年12月26日），日人（㊥1543年），濃飛（徳川家康，石田三成　とくがわいえやす，いしだみつなり），百科，仏教（㊥天文11（1542）年12月26日　㊗元和2（1616）年4月14日），平田，町田歴（㊥天文11（1542）年12月26日），山川小（㊥1542年12月26日），山梨人，山梨百，歴大

**徳川斉昭　とくがわなりあき**
寛政12（1800）年～万延1（1860）年8月15日　㋞水戸烈公《みとれっこう》
江戸時代末期の大名。水戸藩第9代藩主。弘道館を開設。
¶朝日（㊥寛政12年3月11日（1800年4月4日）㊗万延1年8月15日（1860年9月29日）），維新，茨城百，茨城歴，岩史（㊥寛政12（1800）年3月11日），江人，江戸，角史，教育，郷土茨城，近世，公卿（㊥寛政12（1800）年3月12日），公卿普（㊥寛政12（1800）年3月12日），国史，国書（㊥寛政12（1800）年3月11日），コン改，コン4，コン5，詩歌，詩作（㊥寛政12（1800）年3月11日），史人（㊥1800年3月11日），思想史，重要（㊥寛政12（1800）年3月11日），諸系，神人，新潮（㊥寛政12（1800）年3月11日），人名，世人（㊥寛政12（1800）年3月11日），全書，全幕，大百，茶道，伝記，徳川将，徳川松，日思，日史（㊥寛政12（1800）年3月11日），日人，幕末（㊗1860年9月29日），幕末大（㊥寛政12（1800）年3月11日），藩主2（㊥寛政12（1800）年3月11日），百科，平田，北海道百，北海道歴，山川小（㊥1800年3月11日），歴大

**徳川斉朝　とくがわなりとも**
寛政5（1793）年～嘉永3（1850）年
江戸時代末期の大名。尾張藩主。
¶諸系，日人，藩主2（㊥寛政5（1793）年8月23日㊗嘉永3（1850）年3月晦日）

**徳川治宝　とくがわはるとみ**
明和8（1771）年6月18日～嘉永5（1852）年12月7日
江戸時代後期の大名。紀伊和歌山藩主。
¶朝日（㊥明和8年6月18日（1771年7月29日）㊗嘉永5年12月7日（1853年1月16日）），郷土和歌山，近世，国史，国書，コン4，史人，諸系（㊗1853年），茶道，日人（㊗1853年），藩主3（㊥嘉永6（1852）年1月20日，（異説）12月7日），

和歌山人（㊗1853年）

**徳川光圀　とくがわみつくに**
寛永5（1628）年6月10日～元禄13（1700）年12月6日　㋞水戸黄門《みとこうもん》，水戸光圀《みとみつくに》，義公《ぎこう》，水戸義公《みとぎこう》
江戸時代前期～中期の大名。水戸藩第2代藩主。学問を奨励し，自ら「大日本史」の編纂にあたり，水戸学を興した。「水戸黄門漫遊記」は後世の創作。
¶朝日（㊥寛永5年6月10日（1628年7月11日）㊗元禄13年12月6日（1701年1月14日）），茨城百，茨城歴，岩史，江人，江戸（水戸光圀　みとみつくに），角史，神奈川人，鎌倉，教育，郷土茨城，近世，公卿，公卿普，考古（㊥元禄13年（1700年12月）），国史，国書，コン改，コン4，コン5，詩歌，史人，思想史，人名，人書94，神人，新潮，新文，人名，姓氏神奈川，世人，世百，全書，大百，伝記，徳川将，栃木歴，日思，日史，日人（㊗1701年），藩主2，百科，仏教，文学，平史，平日，山川小，歴大，和俳

**徳川宗睦　とくがわむねちか**
享保18（1733）年～寛政11（1799）年12月20日
江戸時代中期の大名。尾張藩主。
¶朝日（㊥享保18年9月20日（1733年10月27日）㊗寛政11年12月20日（1800年1月14日）），岐阜百，近世，国史，国書（㊥享保18（1733）年9月20日），コン改，コン4，史人（㊥1733年9月20日），諸系（㊥享保18（1733）年9月），人名，姓氏愛知，日人（㊗1800年），藩主2（㊥享保18（1733）年9月20日）

**徳川慶永　とくがわよしなが**
→松平慶永（まつだいらよしなが）

**徳川米子　とくがわよねこ**
明治25（1892）年3月～昭和55（1980）年10月10日
明治～昭和期の女性。貴族院議員徳川義親の妻。聾教育振興会婦人部幹部長として活躍。
¶女性，女性普

**得子　とくこ★**
文政10（1827）年～明治37（1904）年
江戸時代後期～明治時代の女性。教育・俳諧・旅日記・画。元仙台藩士新関信親の娘。
¶江表（得子（宮城県））

**禿すみ　とくすみ**
明治9（1876）年～昭和25（1950）年
明治～昭和期の女子教育の先覚者。
¶郷土福井，福井百

**禿須美（禿すみ）　とくすみ**
明治9（1876）年～昭和25（1950）年
明治～昭和期の教育者。福井仁愛学園創立者。婦人仁愛会教団を創立。仏教に根ざした女子教育に尽力。藍綬褒章受章。
¶学校，近女（禿すみ），女性，女性普，世紀，日人（㊥明治9（1876）年2月15日）　㊗昭和25

(1950)年5月12日)

**徳大寺実堅** とくだいじさねみ
寛政2(1790)年～安政5(1858)年
江戸時代末期の公家(内大臣)。権大納言徳大寺公迪の子。
¶維新、公卿(㊥寛政2(1790)年5月23日　㊦安政5(1858)年11月11日)、国書(㊥寛政2(1790)年5月23日　㊦安政5(1858)年11月11日)、諸系、人名、日人、幕末(㊥1858年12月15日)

**徳田克己** とくだかつみ
昭和33(1958)年6月21日～
昭和～平成期の心身障害学者、教育心理学者。筑波大学講師。
¶現執3期、現執4期、視覚

**徳田溎**(とくだきよ) **とくだきよ**
大正9(1920)年11月23日～
昭和～平成期の校長、読書運動家。
¶児作、児人(とくだきよ)、世紀、日児

**徳田錦江** とくだきんこう
宝永7(1710)年～明和8(1771)年12月29日
江戸時代中期の水戸藩士、学者。
¶国書、日人(㊥1772年)、藩臣2

**徳武一雄** とくたけかずお
生没年不詳
昭和期の小学校教員。
¶社史

**徳武輝治** とくたけてるじ
明治13(1880)年～昭和22(1947)年
明治～昭和期の教育者。
¶姓氏長野

**徳武敏夫** とくたけとしお
大正8(1919)年9月20日～
昭和期の教科書問題研究家。教科書検定訴訟を支援する全国連絡会常任委員。
¶現執1期、現執2期

**徳田親安** とくだちかやす
昭和1(1926)年～昭和49(1974)年
昭和期のスポーツ教育者。
¶神奈川人

**徳田正雄** とくだまさお
生没年不詳
教育者。平安座、天願、具志川の各小学校長をつとめる。
¶姓氏沖縄

**渡久地正保** とぐちしょうほ
大正1(1912)年～昭和45(1970)年
昭和期の教員。国頭郡東村の有銘小学校長。
¶姓氏沖縄

**渡久地政一** とぐちせいいち
明治41(1908)年1月15日～平成11(1999)年5月1日
昭和～平成期の音楽教育者。琉球大学教授、沖縄芸能協会長。

¶新芸

**徳富猪一郎** とくとみいいちろう
→徳富蘇峰(とくとみそほう)

**徳富一敬** とくとみいっけい
→徳富一敬(とくとみかずたか)

**徳富一敬**(徳富一啓) **とくとみかずたか**
文政5(1822)年～大正3(1914)年5月26日　㊦徳富一敬《とくとみいっけい》、徳富太多七《とくとみただしち》
江戸時代末期～明治期の漢学者。徳富蘇峰の大江義塾で儒学を講義。
¶朝日(とくとみいっけい　㊥文政5年9月24日(1822年11月7日))、維新(とくとみいっけい)、キリ(とくとみいっけい　㊥文政5年9月24日(1822年11月7日))、熊本人、熊本百(㊥文政5(1822)年9月24日)、コン改、コン4、コン5、新潮(㊥文政5(1822)年9月24日)、人名(徳富一啓)、全幕、日人、幕末、幕末大(㊥文政5(1822)年9月24日)、藩臣7(徳富太多七　とくとみただしち)

**徳富蘇峰** とくとみそほう
文久3(1863)年1月25日～昭和32(1957)年11月2日　㊦蘇峰《そほう》
明治～昭和期の評論家、ジャーナリスト。貴族院議員。大江義塾創立。「国民の友」「国民新聞」創刊。「近世日本国民史」全百巻。
¶朝日(㊥文久3年1月25日(1863年3月14日))、伊豆、岩史、海越、海越新、角史、京都大、京都文(㊥文久3年1月25日(1863年3月14日))、キリ(㊥文久3年1月25日(1863年3月14日))、近現、近文、熊本近、熊本人、熊本百、現朝(㊥文久3年1月25日(1863年3月14日))、現情、現人、現日、国史、コン改、コン4、コン5、詩歌、史学、滋賀文、史研、詩作、史人、静岡百、静岡歴、思想、社史(㊥文久3(1863)年1月25日)、重要、出版、出文、新潮、新文、人名7、世紀、政治、姓氏京都、世人、世百、世百新、先駆、全書、全日、太宰府、哲学、伝記、渡航(徳富蘇峰・徳富猪一郎　とくとみそほう・とくとみいいちろう)、奈良文、日思、日史、日人、日本、俳句(蘇峰　そほう)、百科、兵庫文、冨嶽、文学、平日、平和、北海道文、民学、明治1、山梨人、山梨百、山梨文、履歴、履歴2、歴大

**徳富太多七**(1) **とくとみただしち**
→徳富一敬(とくとみかずたか)

**徳富太多七**(2) **とくとみただしち**
＊～文政1(1818)年
江戸時代中期～後期の開拓家。
¶人名(㊥1738年)、日人(㊥1739年)

**徳富太多七**(3) **とくとみただしち**
文政5(1822)年～大正3(1914)年
江戸時代末期～明治期の熊本藩惣庄屋。実学党派の中心人物として民権私塾大江義塾の設立にも参加。
¶藩臣7

徳富久 とくとみひさ
　→徳富久子（とくとみひさこ）

徳富久子 とくとみひさこ
　文政12（1829）年4月11日～大正8（1919）年2月18日　㊙徳富久《とくとみひさ》
　江戸時代末期～明治期の女性。熊本女学会創設者。徳富一敬の妻。蘇峰、蘆花の母。熊本女学会（後に熊本英学校附属女学校と改称、その後、熊本女学校）を創設。
　¶学校、近女（徳富久　とくとみひさ）、女性、女性普、新潮（㊥文政12（1829）年4月）、日人

徳留斌 とくとめさかん
　明治34（1901）年～昭和62（1987）年
　大正～昭和期の教育者、政治家。鹿児島県議会議員。
　¶姓氏鹿児島

得永敬二 とくながけいじ
　明治27（1894）年～昭和19（1944）年
　大正～昭和期の教育者。
　¶姓氏富山

徳永四郎 とくながしろう
　大正～昭和期の学校創立者。浪華高等商業学校（後の浪商学園）を設立。
　¶学校

徳永千規 とくながちのり
　文化1（1804）年～明治3（1870）年
　江戸時代後期～明治期の国学者。
　¶高知人（㊤1806年　㊦1872年）、高知百、国書（㊦明治3（1870）年5月13日）、人名、日人、幕末（㊦1872年6月14日）、藩臣6

徳永規矩 とくながのりかね
　→徳永規矩（とくながもとのり）

徳永阜山 とくながふざん
　明治42（1909）年10月13日～昭和48（1973）年4月20日
　昭和期の尺八奏者・教育者。
　¶愛媛百

徳永規矩 とくながもとのり
　文久1（1861）年～明治36（1903）年10月21日　㊙徳永規矩《とくながのりかね》
　江戸時代末期～明治期の著者。大江義塾の開校に尽力。熊本英語学会（後に熊本英学校と改称）を設立。
　¶学校、キリ、熊本人（とくながのりかね）、熊本百（とくながのりかね）、人名（㊤？）、日人、幕末（とくながのりかね）

徳永恕 とくながゆき
　明治20（1887）年11月21日～昭和48（1973）年1月11日
　昭和期の社会事業家。二葉保育園理事長。二葉学園設立。日本初の母子保護施設「母の家」創立。
　¶キリ、近女、現朝、現情、現人、社史、女運、女史、女性、女性普、新潮、人名7、世紀、世百新、日人、百科、歴大

徳永ヨシ とくながよし
　明治28（1895）年1月3日～昭和32（1957）年9月2日
　大正～昭和期の教育者。活水女子専門学校教授。福岡女学校校長。福岡YWCA会長、福岡市教育委員会委員など。
　¶キリ、女性、女性普、世紀、日人、福岡百

得能久吉 とくのうひさきち
　明治21（1888）年～昭和34（1959）年
　大正～昭和期の教育者・政治家。
　¶愛媛、愛媛百（㊤明治21（1888）年8月16日　㊦昭和34（1959）年11月6日）

徳野常道 とくのつねみち
　大正10（1921）年6月27日～平成16（2004）年6月25日
　昭和～平成期の教育者。東福岡学園創立者。
　¶学校

徳弘万 とくひろよろず
　明治5（1872）年～昭和11（1936）年
　明治～昭和期の教育者。
　¶高知人

徳村政秀 とくむらせいしゅう
　昭和2（1927）年～昭和63（1988）年
　昭和期の与那原町教育委員、沖縄県書店商業組合初代理事長。
　¶姓氏沖縄

徳山清長 とくやまきよなが
　大正4（1915）年～昭和61（1986）年
　昭和期の教育者。
　¶戦沖

徳山慶三郎 とくやまけいざぶろう
　明治21（1888）年～昭和42（1967）年
　大正～昭和期の教育者。
　¶群馬人

徳山重陽 とくやまじゅうよう
　寛政9（1797）年～明治3（1870）年
　江戸時代後期～明治期の儒学者。
　¶日人

徳山博良 とくやまひろよし
　大正14（1925）年4月17日～
　昭和～平成期の音楽教育者。
　¶音人2、音人3

戸倉伊八郎 とくらいはちろう
　江戸時代末期～明治期の洋学者。
　¶国書（生没年不詳）、姓氏石川

戸倉ハル とくらはる
　明治29（1896）年～昭和43（1968）年9月16日
　大正～昭和期の女子体育指導者。東京女子高等師範学校助教授。お茶の水女子大学教授。日本女子体育連盟会長などを歴任。著作に「唱歌遊戯」など。
　¶香川人、香川百、近女、高知人、女性（㊦明治29（1896）年2月9日）、女性普（㊦明治29（1896）年2月9日）、世紀（㊦明治29（1896）年11月9日）、体育、日人（㊦明治29（1896）年11月9日）

と

**禿了教** とくりょうきょう
*～昭和12(1937)年
江戸時代末期～昭和期の女子教育家、僧侶。仁愛女学校校長、浄覚寺住職。
¶学校([生]弘化3(1846)年),福井百([生]安政1(1854)年)

**徳令** とくれい
享和3(1803)年8月10日～明治25(1892)年7月2日
江戸時代末期～明治期の真宗大谷派学僧。私塾修文館開設者、大講義。
¶仏教

**土光登美** どこうとみ
明治4(1871)年8月8日～昭和20(1945)年4月21日
明治～昭和期の教育者。橘学苑校長。
¶岡山歴,学校,神奈女2,世紀,日人

**所谷敏雄** ところだにとしお
大正6(1917)年～平成18(2006)年
昭和・平成期の教育者。
¶戦沖

**野老誠** ところまこと
明治37(1904)年5月1日～昭和46(1971)年8月9日
大正～昭和期の教育家。衆議院議員、日本PTA全国協議会会長。PTA活動及び社会教育に尽力。著書に「親と子のしあわせ」など。
¶現情,人名7,世紀,千葉百,日人

**戸坂イク** とさかいく
明治37(1904)年5月9日～平成4(1992)年4月15日
昭和期の家政科教員。戸坂潤の妻。
¶社史

**登坂健児** とさかけんじ
昭和2(1927)年5月14日～
昭和～平成期の政治家。燕市長、加茂暁星学園理事長。
¶現政

**戸坂太郎** とさかたろう
明治35(1902)年～昭和58(1983)年
昭和期の美術教育者。
¶北海道歴

**戸崎允明** とざきえんめい
→戸崎淡園(とさきたんえん)

**戸崎淡園** とさきたんえん,とざきたんえん
享保9(1724)年～文化3(1806)年 [別]戸崎允明《とざきえんめい》
江戸時代中期～後期の漢学者。常陸松川の人。
¶朝日([没]文化3年11月14日(1806年12月23日)),江文,近世,国史,国書(とざきたんえん [没]文化3(1806)年11月14日),詩歌(とざきたんえん [生]1729年),人名,日人,藩臣2(戸崎允明 とざきえんめい),和俳

**戸崎半蔵** とざきはんぞう
明治17(1884)年3月3日～昭和39(1964)年6月28日
明治～昭和期の教育者。
¶群馬人

**戸沢惟顕** とざわいけん
宝永7(1710)年～安永2(1773)年
江戸時代中期の儒学者。
¶日人

**戸沢姑射** とざわこや
→戸沢正保(とざわまさやす)

**戸沢正保** とざわまさやす
明治6(1873)年6月～昭和30(1955)年3月12日
[別]戸沢姑射《とざわこや》
明治～昭和期の英文学者、教育家。第五高等学校教授。わが国英文学の先達の一人。山口高校教授、東京外語校長などを歴任。
¶近文(戸沢姑射 とざわこや),現情,人名7,世紀,日人([生]明治6(1873)年6月9日)

**利岡完** としおかたもつ
明治42(1909)年～昭和54(1979)年
昭和期の教育家、高知県相撲連盟役員。
¶高知人

**敏子** としこ★
江戸時代末期の女性。和歌・書・教育。大津の八木立礼静脩の妻。夫が安政3年に病没する。
¶江表(敏子(滋賀県))

**豊島勝蔵** としまかつぞう
大正2(1913)年～平成13(2001)年
昭和～平成期の教育者、郷土史家。
¶青森人

**豊島洞斎** としまとうさい
文政7(1824)年～明治39(1906)年 [別]豊島洞斎《とよしまどうさい》
江戸時代後期～明治期の漢学者。
¶神奈川人(とよしまどうさい),日人

**戸津高知** とずたかとも
→戸津高知(とづたかとも)

**登勢** とせ★
江戸時代後期の女性。教育。玉江氏。弘化4年、寺子屋を開業。
¶江表(登勢(東京都))

**東世子** とせこ
文化3(1806)年～明治15(1882)年
江戸時代後期～明治時代の女性。和歌・教育。河井氏の娘。
¶江表(東世子(東京都))

**戸田氏庸** とだうじつね
天明3(1783)年～天保12(1841)年
江戸時代後期の大名。美濃大垣藩主。
¶岐阜百,諸系,日人,藩主2([生]安永9(1780)年 [没]天保12(1841)年3月19日)

**戸田金一** とだきんいち
昭和5(1930)年1月1日～
昭和～平成期の教育学者。秋田大学教授。
¶現執1期,現執4期

## 戸田香園　とだこうえん
文政12(1829)年〜明治37(1904)年
江戸時代後期〜明治期の神職。
¶神人，栃木歴

## 戸田茂　とだしげる
明治23(1890)年10月29日〜昭和48(1973)年
大正〜昭和期の医学者、教育者。
¶岡山百（㊙昭和48(1973)年10月17日），岡山歴（㊙昭和48(1973)年9月17日）

## 戸田忠雄　とだただお
昭和12(1937)年〜
昭和〜平成期の高校教師。長野高校教諭、卓球長野県国体監督。
¶現執3期

## 戸田唯巳　とだただみ
大正8(1919)年8月12日〜
昭和〜平成期の教育者、教育評論家。西宮市大社小学校長。
¶現執1期，現執2期，現執3期

## 戸谷喜八郎　とだにきはちろう
大正14(1925)年7月26日〜平成11(1999)年10月2日
昭和・平成期の国府町教育長。
¶飛騨

## 戸谷重太郎　とだにじゅうたろう
明治44(1911)年12月2日〜
昭和期の教育者。学校長。
¶飛騨

## 戸谷澹斎　とたにたんさい
天保13(1842)年〜明治35(1902)年
明治期の漢学者。
¶大阪人（㊙明治35(1902)年11月），大阪墓（㊙明治35(1902)年11月7日）

## 戸田誠　とだまこと
明治39(1906)年10月8日〜平成10(1998)年8月14日
昭和・平成期の教育者。学校長。
¶飛騨

## 戸田正敏　とだまさとし
昭和32(1957)年〜
昭和〜平成期の小学校教師。
¶現執3期（㊙昭和32(1957)年12月），現執4期（㊙1957年12月24日）

## 戸田光行　とだみつゆき
→松平光行（まつだいらみつゆき）

## 栃木南厓　とちぎなんがい
＊〜明治9(1876)年10月25日
江戸時代末期〜明治期の会津藩士、教育者。長沼流兵学に通じ、戊辰戦争の時藩主に極論戦略を上書。
¶幕末（㊙1817年），幕末大（㊙文化4(1807)年）

## 栃内吉忠　とちないよしただ
文政8(1825)年〜明治26(1893)年

江戸時代末期〜明治時代の八戸藩儒、勤王家。藩の儒学小教授。勤王を唱えて山下組を創る。
¶青森人，幕末，幕末大

## 栃原潤　とちはらじゅん
明治33(1900)年9月20日〜昭和57(1982)年
大正〜昭和期の医師・教育功労者。
¶群馬人，姓氏群馬

## 栃原東皐　とちはらとうこう
天保2(1831)年3月3日〜明治15(1882)年7月25日
江戸時代後期〜明治期の教育者。
¶熊本百

## 戸塚国次郎　とつかくにじろう
慶応2(1866)年〜大正12(1923)年
明治〜大正期の教育者、地方自治功労者。
¶静岡歴，姓氏静岡

## 戸塚啓治　とつかけいじ
文政12(1829)年〜明治36(1903)年
江戸時代後期〜明治期の和算の指導者。
¶静岡歴，姓氏静岡

## 十束文男　とつかふみお
昭和4(1929)年1月23日〜
昭和〜平成期の中学校長、教育学者。品川区立浜川中学校長、明治学院大学非常勤講師、品川区立教育センター非常勤相談員。
¶現執3期

## 戸塚廉　とつかれん，とづかれん
明治40(1907)年7月12日〜？
昭和期の教育運動家。戦後、掛川市で「おやこ新聞」を発行。著書に「野に立つ教師五十年」など。
¶アナ，現朝（とづかれん），現執1期（㊙1908年），現執2期，現情，現人（㊙1908年），コン改，コン4，コン5，児人，児文，社運（㊙1908年），社史，新潮，世紀，日児，日人，平和

## 戸津高知　とつたかとも，とずたかとも，とつたかとも
明治5(1872)年11月3日〜昭和34(1959)年
明治〜昭和期の教育家、政治家。札幌商業学校創設者、札幌市議、北海道議。
¶学校（とずたかとも　㊙昭和34(1959)年12月30日），札幌，北海道百（とつたかとも），北海道文（とつたかとも　㊙明治5(1872)年1月13日　㊙昭和34(1959)年12月3日），北海道歴（とつたかとも）

## 十時梅厓（十時梅崖）　ととときばいがい，とどきばいがい
寛延2(1749)年〜享和4(1804)年
江戸時代中期〜後期の儒学者。
¶朝日（十時梅厓　とどきばいがい　㊙享保17(1732)年　㊙享和4年1月23日(1804年3月4日)），大阪人（㊙文化1(1804)年1月），大阪墓（とどきばいがい　㊙文化1(1804)年1月25日），国書（㊙享和4(1804)年1月23日），コン改（十時梅厓　とどきばいがい　㊙元文2(1737)年，(異説)1736年，1734年），コン4（十時梅厓　とどきばいがい　㊙元文2(1737)年，(異説)1736年，1734年），新潮（十時梅厓　とどきばいがい　㊙文化1(1804)年1月23日），人名，

**十時弥** とときわたる
明治7(1874)年6月6日〜昭和15(1940)年4月29日
明治〜昭和期の教育家。第五高等学校校長。学習院教授、広島高等学校長などを歴任。
¶人名7, 心理, 日児, 日人

**戸所文太郎** とどころぶんたろう
大正2(1913)年12月〜
昭和期の社会教育者。
¶群馬人

**百々升益** どどしょうえき
文化5(1808)年〜天保14(1843)年
江戸時代後期の儒学者。
¶江文, 人名, 日人

**利波多美** となみたみ
明治40(1907)年〜平成13(2001)年
昭和・平成期の教育者。焼津市議を2期務めた。
¶静岡女

**利根川浩** とねがわひろし
生没年不詳
明治期の教育者。
¶群馬人

**利根山光人** とねやまこうじん
大正10(1921)年〜平成5(1993)年
昭和〜平成期の洋画家。烏山高女美術教師、日本美術家連盟理事。メキシコで壁画制作やマヤ遺跡の探索などを行う。作品に「交響・春の祭典」著書に「マヤ」など。
¶栃木歴

**殿岡利男** とのおかとしお
明治42(1909)年〜昭和57(1982)年
昭和期の興国化学工業(アキレス)社長、栃木県教育委員長。
¶栃木歴

**外崎覚** とのさきかく
→外崎覚(とのさきさとる)

**外崎覚** とのさきさとる, とのざきさとる
安政6(1859)年〜昭和7(1932)年　㊛外崎覚《とのさきかく》
明治〜大正期の漢学者。東奥義塾で漢文を教授。著書に「山陵三千誌」など。
¶青森人(とのさきかく)、青森百(とのさきかく)、人名(とのざきさとる)、世紀(とのさきかく㊛昭和7(1932)年8月18日)、日人

**戸野みちゑ** とのみちえ
明治3(1870)年2月7日〜？
明治〜昭和期の教育者。東京女高師教諭、文華高等女学校設立者、東京中村高等女学校校長。生活改善中央理事会や少年保護婦人協会評議会で活躍。教育功労者として表彰された。
¶学校, 女性, 女性普

**外村てい** とのむらてい
明治44(1911)年〜昭和36(1961)年11月26日

昭和期の同盟通信記者。初代社会教育局婦人教育課長を務める。
¶近女, 女性, 女性普

**鳥羽源蔵** とばげんぞう
明治5(1872)年1月20日〜昭和21(1946)年5月23日
明治〜昭和期の博物学者。
¶岩手人

**土橋明次** とばしあけじ
明治44(1911)年11月15日〜
昭和期の小学校教員。
¶社史

**土橋友直** どばしともなお
→土橋友直(つちはしともなお)

**鳥羽亮** とばりょう
昭和21(1946)年8月31日〜
昭和〜平成期の小説家。小学校勤務の傍ら推理小説や時代小説を執筆。作品に「剣の道殺人事件」など。
¶小説, 世紀, 日人, ミス

**飛沢栄三** とびさわえいぞう
明治36(1903)年3月〜昭和42(1967)年
昭和期の北海高校野球部監督。
¶北墓(㊛昭和42(1967)年6月21日)、札幌、北海道百、北海道歴

**飛島貫治** とびしまかんじ
明治24(1891)年〜昭和54(1979)年
大正〜昭和期の水産学、教育者。
¶札幌(㊛明治24年7月16日)、根千、北海道百、北海道歴

**土肥秋窓** どひしゅうそう
宝暦4(1754)年〜天保5(1834)年　㊛土肥藤右衛門《どひとうえもん》、渭虹《いこう》
江戸時代中期〜後期の武士・俳人。
¶剣豪(土肥藤右衛門　どひとうえもん), 国書(渭虹　いこう　㊛天保5(1834)年4月17日), 日人

**土肥樵石** どひしょうせき
天保12(1841)年〜大正4(1915)年9月24日　㊛土肥樵石《どいしょうせき》
明治〜大正期の書家。華族女学校の書道教師を務め、草書・仮名に優れる。
¶熊本人(どいしょうせき), 熊本百, 人名(㊛1843年), 世紀(㊛天保12(1841)年10月11日

**飛田逸民** とびたいつみん
＊〜文久1(1861)年
江戸時代中期〜後期の水戸藩儒。
¶国書(㊛安永6(1777)年　㊚文久1(1861)年6月23日), 人名(㊛1718年　㊚1804年), 日人(㊛1778年)

**土肥藤右衛門** どひとうえもん
→土肥秋窓(どひしゅうそう)

**飛松与次郎** とびまつよじろう
明治22(1889)年2月26日～昭和28(1953)年9月10日
明治～大正期の小学教員、社会運動家。准訓導心得、書記。
¶アナ，社運，社史，日人

**土肥モト** どひもと
明治11(1878)年1月19日～昭和28(1953)年3月6日
明治～昭和期の教育者。土肥裁縫女学校創設者。
¶学校，世紀，日人，広島百

**戸伏列** とぶしつらね
天保8(1837)年～明治34(1901)年
江戸時代後期～明治期の教育者。
¶大分歴

**戸部愿山** とべげんざん
→戸部良凞(とべよしひろ)

**戸部知底** とべちてい
江戸時代後期の私塾経営者。
¶姓氏石川

**戸部良凞**(戸部良熙) とべながひろ
→戸部良凞(とべよしひろ)

**戸部実之** とべみゆき
昭和9(1934)年～
昭和～平成期の英語教育学者。東海大学外国語教育センター教授。
¶現執3期

**戸部良凞**(戸部良熙) とべよしひろ
正徳3(1713)年～寛政7(1795)年 [別]戸部良凞《とべながひろ》,戸部良熙《とべながひろ》,戸部愿山《とべげんざん》
江戸時代中期の土佐藩士。
¶沖縄百(戸部良熙)，高知人，高知百(とべながひろ)，国書(戸部愿山 とべげんざん [没]寛政7(1795)年12月21日)，コン改，コン4，人名(戸部愿山 とべげんざん)，日人(戸部愿山 とべげんざん [没]1796年)，藩臣6(戸部良熙 とべながひろ)

**苫米地武男** とまべちたけお
明治37(1904)年～平成3(1991)年
昭和～平成期の教師。文化財協会理事。
¶青森人

**苫米地英俊** とまべちひでとし
明治17(1884)年12月1日～昭和41(1966)年5月5日
大正～昭和期の教育者、政治家。衆議院議員。小樽高等商業学校校長、農林政務次官などを歴任。著書に「国際貿易話法」など。
¶現情，人名7，世紀，政治，日人，北海道建，北海道百，北海道歴

**泊如竹** とまりじょちく
→如竹(じょちく)

**都丸十九一** とまるとくいち
大正6(1917)年～平成12(2000)年3月21日
昭和～平成期の郷土史家。
¶郷土，群馬人

**都丸仁作** とまるにさく
明治33(1900)年～昭和41(1966)年
大正～昭和期の教育者。
¶群馬人

**都丸ぬい** とまるぬい
文化9(1812)年～明治24(1891)年
江戸時代末期～明治時代の女性。鶴岡藩士都丸広治の姉。地域の子弟に「史記」などの漢籍を教える。
¶江表(ぬい(山形県))

**都丸梁香** とまるりょうこう
天保14(1843)年～明治40(1907)年
江戸時代後期～明治期の医師。
¶群新百，群馬人，姓氏群馬

**トミ**
宝暦13(1763)年～文政11(1828)年
江戸時代中期～後期の女性。教育。人吉藩藩士田代政定の妻。
¶江表(トミ(熊本県))

**登美** とみ★
1842年～
江戸時代後期の女性。教育。関氏。
¶江表(登美(東京都) [生]天保13(1842)年頃)

**富家五十鈴** とみいえいすず
→富家五十鈴(とみやいすず)

**富井於菟**(富井於莵，冨井於菟) とみいおと
慶応2(1866)年～明治18(1885)年12月2日 [別]富井於菟《とみいとら》
明治期の教育者。明治女学校開設時に教師となる。
¶近女(富井於莵)，女運([生]1866年6月7日)，女性(とみいとら [生]慶応2(1865)年6月7日)，女性普(とみいとら [生]慶応2(1865)年6月7日)，日人，兵庫百，歴大(冨井於菟)

**富井忠三郎** とみいちゅうざぶろう
文政11(1828)年4月8日～
江戸時代後期～末期の伊勢名賀郡の文人、塾頭。
¶三重続

**富井於菟** とみいとら
→富井於菟(とみいおと)

**富岡兵吉** とみおかひょうきち
→富岡兵吉(とみおかへいきち)

**富岡兵吉** とみおかへいきち
明治2(1869)年3月3日～大正15(1926)年2月18日
[別]富岡兵吉《とみおかひょうきち》
明治～大正期の教育者。
¶群馬人(とみおかひょうきち [生]明治4(1871)年7月3日)，視覚(とみおかひょうきち)，世紀(とみおかひょうきち)，姓氏群馬，日人(とみおかひょうきち)

と

**冨岡三智子** とみおかみちこ
昭和33(1958)年～
昭和～平成期の高校教諭、写真家、日本画家。
¶写人

**冨岡以直** とみおかもちなお
享保2(1717)年5月～天明7(1787)年12月19日
江戸時代中期の心学者。
¶国書，姓氏京都

**富川盛武** とみかわせいぶ
明治28(1895)年3月19日～昭和13(1938)年10月1日
大正～昭和期の軍人。陸軍大尉、剣道教士。
¶沖縄百，姓氏沖縄

**富沢カネ** とみざわかね
明治37(1904)年4月25日～昭和59(1984)年
大正～昭和期の教育者。山形高等女子職業学校(後の山形城北高等学校、山形女子短期大学)を創設。財団法人富沢学園を設立。
¶学校，山形百新

**富沢文明** とみざわぶんめい
延享4(1747)年～文政8(1825)年　㊥富沢良貞《とみざわよしさだ》
江戸時代中期～後期の儒学者・書家。
¶群馬人，姓氏群馬(富沢良貞　とみざわよしさだ)

**富沢昌義** とみざわまさよし
？～昭和51(1976)年7月14日
昭和期の教育者。学校創立者。財団法人富沢学園を設立。
¶学校

**富沢美穂子** とみざわみほこ
明治25(1892)年10月25日～昭和11(1936)年5月30日
昭和期の婦人運動家。立教高等女学校教師。王朝文学を研究。婦選獲得同盟の理事。
¶女性，女性普

**富沢元徳** とみざわもとのり
文化5(1808)年～慶応2(1866)年
江戸時代後期～末期の医師・教育者。
¶姓氏群馬

**富沢良貞** とみざわよしさだ
→富沢文明(とみざわぶんめい)

**富助一** とみすけいち
明治17(1884)年3月29日～昭和47(1972)年2月18日
明治～昭和期の小学校教諭、童話作家。
¶キリ

**富田厚積** とみたあつみ
天保7(1836)年～明治40(1907)年
江戸時代後期～明治期の教育家。
¶郷土福井

**富田礼彦** とみたいやひこ，とみだいやひこ
文化8(1811)年～明治10(1877)年5月3日　㊥富田礼彦《とみたのりひこ》，富田節斎《とみたせっさい》
江戸時代末期～明治期の高山県判事。梅村騒動の際、乱民の助命を願い割腹するが助かる。
¶維新，岐阜百，郷土岐阜(とみだいやひこ)，国書(富田節斎　とみたせっさい　㊥文化8(1811)年2月29日)，神人(とみたのりひこ)，人名(とみたのりひこ)，日人，幕末

**冨田エイ**(富田エイ)　とみたえい
明治21(1888)年4月9日～昭和22(1947)年1月9日
明治～昭和期の社会事業家。愛染橋夜学校教師。愛染園を設立、園長就任。
¶近女，女性普(富田エイ)

**富田鷗波** とみたおうは
天保7(1836)年～明治40(1907)年4月30日
江戸時代末期～明治期の教育者。福井県下初の新聞「撮要新聞」を編集・発行した。
¶人名，日人，幕末，幕末大，藩臣3

**富田織部** とみたおりべ
文化12(1815)年～明治1(1868)年
江戸時代末期の三条家臣、儒者。
¶維新，国書(㊥文化14(1817)年　㊨慶応4(1868)年9月5日)，人名，鳥取百，日人，藩臣5(㊥文化14(1817)年)

**富田かね** とみたかね，とみたかね
明治6(1873)年1月10日～昭和32(1957)年10月26日
明治～昭和期の教育者。富田女学校を創立、校長就任。教育功労者として藍綬褒章受章。
¶学校，郷土岐阜，女性(とみたかね)，女性普(とみたかね)，世紀，日人

**富田虞軒** とみたぐけん
寛永1(1624)年～貞享4(1687)年6月　㊥富田玄真《とみたげんしん》
江戸時代前期の儒学者。
¶岡山人(富田玄真　とみたげんしん)，岡山歴，国書，人名，日人

**富田玄真** とみたげんしん
→富田虞軒(とみたぐけん)

**富田小一郎**(富田小一郎)　とみたこいちろう
安政6(1859)年5月22日～昭和20(1945)年2月2日
明治～昭和期の教育者。盛岡実践女学校創立者。
¶岩手人(富田小一郎)，岩手百，学校，世紀，姓氏岩手，日人

**冨田覚** とみたさとる
昭和10(1935)年3月31日～
昭和～平成期の音楽教育者。
¶音人2，音人3

**富田俊一** とみたしゅんいち
明治26(1893)年12月2日～昭和45(1970)年12月26日
大正～昭和期の教育者。
¶群馬人

**富田精** とみたせい
嘉永5(1852)年10月8日～大正3(1914)年1月8日
江戸時代末期～大正期の山梨師範学校教授。
¶山梨百

**富田節斎** とみたせっさい
→富田礼彦(とみたいやひこ)

**富田大鳳** とみたたいほう
宝暦12(1762)年～享和3(1803)年　[別]富田日岳《とみたにちがく》
江戸時代中期～後期の肥後熊本藩士。
¶熊本百([没]享和3(1803)年3月25日)，国書(富田日岳　とみたにちがく　[没]享和3(1803)年2月25日)，人名，日人，藩臣7

**富田常次郎** とみたつねじろう
慶応1(1865)年～昭和12(1937)年1月13日
明治～大正期の柔道家。巴投げが絶妙。郷里に講道館分場を設立。八段。
¶コン改，コン5，史人，静岡百，静岡歴，新潮，世紀，姓氏静岡，体育，日人

**富田凸斎** とみたてつさい
享和2(1802)年～万延1(1860)年
江戸時代末期の算者。
¶人名，日人

**富田鉄之助** とみたてつのすけ
天保6(1835)年10月16日～大正5(1916)年2月27日
明治～大正期の官僚。日本銀行総裁、貴族院議員。富士紡績の設立、会長。横浜火災を設立、社長に就任。共立女子職業学校(後の共立女子学園)の設立に関わる。
¶朝日([生]天保6年10月16日(1835年12月5日))，維新，海越，海越新，学校，近現，国際，国史，コン改，コン4，コン5，史人，実業，新潮，人名，姓氏宮城，先駆，全書，鉄道([生]1835年12月5日)，渡航，日人，幕末，宮城百，明治1，洋学，履歴

**富田徳風** とみたとくふう
江戸時代中期～後期の漢学者・国学者。
¶国書([生]？　[没]文化9(1812)年3月19日)，姓氏富山([生]1766年　[没]1817年)

**富田豊治** とみたとよじ
明治36(1903)年5月28日～平成3(1991)年10月29日
昭和・平成期の学校長・書家。
¶飛騨

**富田日岳** とみたにちがく
→富田大鳳(とみたたいほう)

**富田礼彦** とみたのりひこ
→富田礼彦(とみたいやひこ)

**富田伴七** とみたばんしち
昭和6(1931)年10月18日～
昭和期の教育者。
¶視覚

**富田博** とみたひろし
大正8(1919)年3月11日～
昭和期の口演童話家、小学校教師。
¶日児

**富田博之**(富田博之) とみたひろゆき
大正11(1922)年6月20日～平成6(1994)年12月21日
昭和期の演劇教育研究者。機関誌「演劇と教育」主宰。
¶近文，現朝，現執1期，現執2期(富田博之)，現情，児作，児人，児文，世紀，東北近，日児，日人

**富田富士也** とみたふじや
昭和29(1954)年8月9日～
昭和～平成期の教育・心理カウンセラー。子ども家庭教育フォーラム代表。専門は、カウンセリング、心理学、教育、家族、人権、コミュニケーション、社会病理。
¶現執4期

**富田武陵** とみたぶりょう
寛保2(1742)年～文化9(1812)年6月3日
江戸時代中期～後期の教育家。
¶山梨人，山梨百

**富田連** とみたむらじ
？～弘化3(1846)年12月10日
江戸時代後期の剣術家。直心影流。
¶剣豪，庄内

**富田泰州** とみたやすくに
寛政4(1792)年～天保11(1840)年
江戸時代後期の歌人、近江彦根藩の軽卒。
¶国書([没]天保11(1840)年4月25日)，人名，日人，和俳

**富永岩太郎** とみながいわたろう
慶応2(1866)年1月14日～明治41(1908)年11月11日
江戸時代末期～明治期の師範学校教師。
¶心理

**富永堅吾** とみながけんご
明治16(1883)年～昭和35(1960)年
明治～昭和期の教師、剣道指導者。
¶熊本人

**富永シゲヨ** とみながしげよ
安政5(1858)年9月24日～昭和15(1940)年9月18日
明治～昭和期の女子教育家。
¶岩手人，姓氏岩手

**富永実達** とみながじったつ
明治2(1869)年2月1日～？
明治期の教育者。
¶沖縄百

**富永仁里** とみながじんり
元禄10(1697)年～宝暦11(1761)年
江戸時代中期の儒学者。

¶国書（㊥元禄10（1697）年2月　㊧宝暦11（1761）年10月5日），人名，日人

**富永徳司** とみながとくじ
明治33（1900）年～昭和42（1967）年
大正～昭和期の教育者。
¶姓氏山口，山口人

**富永恕助** とみながひろすけ★
天保8（1837）年～明治28（1895）年3月5日
江戸時代末期・明治期の郷校教授。朋来堂家塾を経営。
¶秋田人2

**富永芳春** とみながほうしゅん
貞享1（1684）年～元文4（1739）年
江戸時代中期の町人学者。
¶大阪墓（㊧元文4（1739）年10月），国書（㊥貞享1（1684）年7月15日　㊧元文4（1739）年12月14日），人名，日人（㊧1740年）

**富永有隣** とみながゆうりん
文政4（1821）年～明治33（1900）年12月20日
江戸時代末期～明治期の長州藩士。獄中吉田松陰に出会い松下村塾の賓師となる。周防宮基塾を開く。
¶朝日（㊥文政4年5月14日（1821年6月13日）），維新，近現，近世，高知人，国史，コン改，コン4，コン5，史人（㊥1821年5月14日），新潮（㊥文政4（1821）年5月14日），姓氏山口，全幕，日人，幕末，幕末大（㊥文政4（1821）年5月14日），藩臣6，山口百

**富永芳久** とみながよしひさ
文化10（1813）年～明治13（1880）年9月6日
江戸時代末期～明治期の国学者、出雲大社の社家。
¶国書（㊥文化10（1813）年1月24日），島根人，島根百，島根歴，人名（㊧1814年），日人

**富成梓子** とみなりあずさこ
明治期の女性。実業家・富成富吉の妻。商業教育の効果を発揮し夫の片腕となる。
¶女性（生没年不詳），女性普

**富原初子** とみはらはつこ
明治21（1888）年2月27日～昭和49（1974）年4月15日
大正～昭和期の教員。
¶社史

**富原守哉** とみはらもりや
昭和11（1936）年10月20日～
昭和～平成期の音楽教育者。
¶音人2，音人3

**富村真吏** とみむらしんり
明治41（1908）年6月2日～昭和20（1945）年11月14日
昭和期の小学校教員。
¶社史

**富本佳郎** とみもとよしろう
昭和2（1927）年10月7日～
昭和期の教育学者。神戸大学教授、神戸女子大学長。
¶現執2期

**富家五十鈴** とみやいすず
文化3（1806）年～慶応1（1865）年　㊨富家五十鈴《とみいえいすず》，富家松浦《ふけしょうほ》
江戸時代末期の書家。
¶国書（富家松浦　ふけしょうほ　㊧慶応1（1865）年10月7日），人名，日人（とみいえいすず）

**冨安芳和** とみやすよしかず
昭和13（1938）年3月23日～
昭和～平成期の教育心理学者。慶応義塾大学教授。
¶現執1期，現執3期

**冨山保** とみやまたもつ
明治23（1890）年～昭和34（1959）年
昭和期の産業教育者。
¶神奈川人

**富山時子** とみやまときこ
明治18（1885）年2月11日～昭和40（1965）年1月13日
明治～昭和期の教育者。
¶女性，女性普

**富山義昭** とみやまよしあき
昭和9（1934）年5月30日～
昭和～平成期の高校教師。東京都立三田高校教諭。
¶現執3期

**富吉一郎** とみよしいちろう
明治36（1903）年～昭和55（1980）年
昭和期の教育者、作詞家。
¶島根歴

**とめ**(1)
享和2（1802）年～明治32（1899）年
江戸時代後期～明治時代の女性。教育。磐井郡一関村の一関藩家老伊藤喜左衛門の二女。
¶江表（とめ（岩手県））

**とめ**(2)
江戸時代後期の女性。教育。柘植藤十郎の妻。文化9年八丁堀日比谷町に寺子屋瑩泉堂を開業。
¶江表（とめ（東京都））

**都免・トメ** とめ★
～文政2（1819）年
江戸時代後期の女性。教育。小田手長桃田村の人。
¶江表（都免・トメ（熊本県））

**留岡きく子** とめおかきくこ
明治7（1874）年10月4日～昭和8（1933）年4月19日
明治～昭和期の女性。社会事業家留岡幸助の後妻。夫の教育実践と社会事業を支える。
¶女性，女性普

**留岡清男** とめおかきよお
明治31（1898）年9月16日～昭和52（1977）年2月3日
昭和期の教育家。法政大学教授、北星学園女子短大学長。父の跡を継ぎ北海道家庭学校を運営。城

戸幡太郎と「教育」創刊。
¶現朝，現情，現人，コン改，コン4，コン5，札幌，社史，新潮，人名7，心理，世紀，日人，北海道百，北海道歴，民学

## 留岡幸助 とめおかこうすけ
元治1(1864)年3月4日〜昭和9(1934)年2月5日
昭和期の社会事業家。巣鴨、北海道に家庭学校創立、少年の感化救済に尽力。「基督教新聞」主筆。
¶岩史，海越新，岡山，岡山人，岡山百，岡山歴，角史，北墓，教育，キリ(㊤元治1年3月4日(1864年4月9日))，近現，現朝(㊤元治1年3月4日(1864年4月9日))，国史，コン改，コン5，史人，真宗，新潮，人名，世紀，世百，全書，哲学，渡航，日史，日人，百科，北海道，北海道歴，民学，履歴，歴大

## 留岡幸男 とめおかゆきお
明治27(1894)年4月16日〜昭和56(1981)年5月3日
明治〜昭和期の官僚、弁護士。警視総監。不良少年感化のための家庭学校を創設。留岡幸助の子。
¶岡山歴，コン改，コン4，コン5，札幌(㊤明治27年3月)，世紀，日人，北海道建(㊤明治27(1894)年4月)，北海道歴，履歴，履歴2

## 友井楨 ともいこずえ
明治22(1889)年1月13日〜昭和37(1962)年2月4日
大正〜昭和期の牧師。関東学院教授、日本基督教団総務部総主事。
¶神奈川人，神奈川百，キリ

## 友枝庄蔵 ともえだしょうぞう
天保11(1840)年〜明治20(1887)年12月7日
江戸時代末期〜明治時代の教育者。家塾忍済学舎を開いて子弟を教育。
¶熊本人，熊本百(㊤天保11(1840)年1月3日)，幕末，幕末大

## 友岡子郷 ともおかしきょう
昭和9(1934)年9月1日〜
昭和〜平成期の俳人、高校教師。
¶現執2期，現執3期，現執4期，現俳，俳文，兵庫文

## 友金藤吉 ともかねとうきち
明治20(1887)年5月23日〜昭和46(1971)年5月10日
明治〜昭和期の教育者。
¶岡山人，岡山百，岡山歴，世紀，日人

## 友国晴子 ともくにはるこ
安政5(1858)年2月7日〜大正14(1925)年10月26日
明治〜大正期の教育者。閉校された親和女学校(後の親和高等女学校)を再発足させた。
¶学校，近女，女性，女性普，人名，世紀，日人，兵庫人，兵庫百

## 供田武嘉津 ともだたけかつ
大正5(1916)年7月25日〜
大正〜平成期の音楽教育者。

¶音人2，音人3

## 友田泰正 ともだやすまさ
昭和15(1940)年2月13日〜
昭和期の社会教育論学者。大阪大学教授。
¶現執2期

## 友永儀三郎 ともながぎさぶろう
明治37(1904)年〜昭和60(1985)年
昭和期の教育者。大分商業高校長。
¶大分歴

## 朝長熊平 ともながくまへい
？〜明治2(1869)年　㊅朝長熊平《あさながくまへい》
江戸時代末期の肥前大村藩士。
¶維新，人名(あさながくまへい)，日人(あさながくまへい)

## 朝長晋亭 ともながしんてい
→朝長晋亭(あさながしんてい)

## 友成将監 ともなりしょうげん
→友成安良(ともなりやすよし)

## 友成安良 ともなりやすよし
文政3(1820)年〜明治24(1891)年　㊅友成将監《ともなりしょうげん》
江戸時代末期〜明治期の軍事官吏。幕府講武所で砲術を教授。静岡県陸軍造兵司、陸軍権中令史など。
¶朝日(㊁明治24(1891)年10月)，コン改，コン4，コン5，新潮(㊁明治24(1891)年10月)，人名，日人，幕末大(友成将監　ともなりしょうげん　㊅文政3(1820)年2月20日　㊁明治24(1891)年2月10日)

## 友納友次郎 とものうともじろう
明治11(1878)年11月23日〜昭和20(1945)年7月17日
明治〜昭和期の教育者。
¶日児，福岡百

## 友野霞舟 とものかしゅう
寛政3(1791)年〜嘉永2(1849)年
江戸時代後期の儒学者。
¶江文，国書(㊁嘉永2(1849)年6月24日)，詩歌，人名(㊅？)，日人，和俳

## 伴野友彦 とものともひこ
延享4(1747)年〜天保5(1834)年
江戸時代後期の心学者。
¶長野歴

## 友野則祐 とものりすけ
→友野則裕(とものりひろ)

## 友野則裕 とものりひろ
文化8(1811)年8月9日〜明治25(1892)年9月28日　㊅友野則祐《とものりすけ》
江戸時代後期〜明治時代の和算家。
¶数学(友野則祐　とものりすけ)

**伴野文太郎** ともののぶんたろう
明治2(1869)年～昭和9(1934)年
明治～昭和期の教育者。
¶姓氏長野

**塘林虎五郎** ともばやしとらごろう
慶応2(1866)年11月3日～昭和7(1932)年11月2日
[別]塘林虎五郎《とうりんとらごろう》
明治～昭和期の社会事業家。貧児孤児の救済保育に尽力。
¶熊本人，熊本百，人名(とうりんとらごろう)，世紀，日人

**伴林光平** ともばやしみつひら，ともはやしみつひら
文化10(1813)年9月9日～文久4(1864)年2月16日
[別]伴林光平《ばんばやしみつひら，ともばやしみつひら，ばんばやしみつひら》
江戸時代末期の志士。号は斑鳩隠士、岡陵、嵩斎など。
¶朝日([生]文化10年9月9日(1813年10月2日)[没]元治1年2月16日(1864年3月23日))，維新，岩史，大阪墓(ばんばやしみつひら)，角史，教育，郷土奈良，近世，考古，国史，国書(ばんばやしみつひら)，コン改(ともはやしみつひら)，コン4(ともはやしみつひら)，詩歌(ばんばやしみつひら)，詩作(ばんばやしみつひら，ともばやしみつひら)，史人，神人(ばんばやしみつひら)，新潮，人名(ばんばやしみつひら)，姓氏京都，世人([生]文化11(1814)年)，全書(ばんばやしみつひら)，日史，日人，幕末([没]1864年3月23日)，百科，兵庫百(ばんばやしみつひら)，歴大，和俳

**伴部安崇** ともべやすたか
寛文7(1667)年～元文5(1740)年7月14日
江戸時代中期の神道家。
¶江文，国書([生]寛文7(1667)年12月1日)，神史，神人([生]寛文7(1667)年12月)，人名，日人([生]1668年)

**友松文雄** ともまつふみお
明治16(1883)年～昭和31(1956)年
明治～昭和期の教育者。
¶鳥取百

**友道琢磨** ともみちたくま
明治17(1884)年～？
明治～大正期の教育者。
¶群馬人

**友安三冬** ともやすみふゆ
天明8(1788)年～文久2(1862)年
江戸時代後期の神官、医師。
¶香川人，香川百，国書([没]文久2(1862)年10月10日)，人名，日人，幕末([没]1862年12月1日)，藩臣6

**友安盛敏** ともやすもりとし
天保4(1833)年～明治19(1886)年
江戸時代末期～明治期の国学者。皇学寮助教、皇典講究所分所長を務めた。
¶人名，日人

と

**友利明長** ともりめいちょう
明治44(1911)年12月2日～昭和60(1985)年10月1日
昭和期の音楽教育学者。
¶埼玉人

**土門退蔵** どもんたいぞう
明治42(1909)年10月2日～
昭和期の小学校教員。
¶社史

**鳥谷部悦人** とやべえつと
慶応1(1865)年～明治29(1896)年
江戸時代末期～明治期の教育者。
¶青森人

**外山国彦** とやまくにひこ
明治18(1885)年1月24日～昭和35(1960)年8月24日
明治～昭和期のバリトン歌手。
¶音人，芸能，現情，高知人，高知百，新芸，人名7，世紀，日人

**外山浩爾** とやまこうじ
昭和7(1932)年6月21日～
昭和～平成期の音楽教育者。
¶音人，音人2，音人3，現情

**外山定男** とやまさだお
明治39(1906)年11月～昭和63(1988)年
昭和期の詩人、翻訳家。
¶北海道文，北海道歴

**外山正一** とやましょういち
→外山正一(とやままさかず)

**外山八郎** とやまはちろう
大正2(1913)年5月22日～平成8(1996)年1月19日
昭和期のナショナル・トラスト運動家。高校教師、天神崎保全市民協議会専務理事。
¶現朝，植物，世紀，日人

**外山ハツ** とやまはつ
明治26(1893)年～昭和58(1983)年4月23日
大正～昭和期の教育者。函館大妻技芸学校(後の函館大妻高等学校)を設立、校長就任。学校の発展に尽力。北海道社会貢献賞受賞、函館市政功労者。
¶学校([生]明治26(1893)年11月29日)，女性，女性普

**外山正一** とやままさかず
嘉永1(1848)年9月27日～明治33(1900)年3月8日
[別]外山正一《とやましょういち》
明治期の教育者、詩人。文相、東京帝国大学総長、貴族院議員。蕃書調で所英学を学び渡米。漢字廃止ローマ字採用提唱。東京女学館の創立に関わり、正則学院も創立した。
¶朝日([生]嘉永1年9月27日(1848年10月23日))，岩史，海越，海越新，江戸東，学校，教育，キリ([生]嘉永1年9月27日(1848年10月23日))，近現，近文，芸能，現詩，国際，国史，コン改，コン5，詩歌(とやましょういち)，史人，静岡歴，思想，重要，新潮，新文，人名(とやましょうい

ち），心理，世人，世百（とやましょういち），先駆，全書，大百，哲学，渡航，日史，日人，日本，百科，文学，明治2，洋学，履歴，歴大

**外山林助** とやまりんすけ
～明治23（1890）年
江戸時代後期～明治期の新潟県立新潟医学校教諭。
¶新潟百別

**と代** とよ★
1799年～
江戸時代後期の女性。教育。坪内誠三郎の母。
¶江表（と代（東京都））　㊥寛政11（1799）年頃

**登代** とよ★
1813年～
江戸時代後期の女性。教育。商人中村三右衛門の養母。
¶江表（登代（東京都））　㊥文化10（1813）年頃

**豊川行平** とよかわこうへい
大正3（1914）年1月25日～昭和52（1977）年3月8日
昭和期の衛生学者。東京帝国大学教授。東大紛争時、大学側の当事者として対応。著書に「流行病の発生と終熄」など。
¶科学，近医，現情，人名7，世紀，日人，履歴，履歴2

**豊川善曄** とよかわぜんよう
明治21（1888）年5月22日～昭和16（1941）年8月17日
明治～昭和期の教育者、校長。
¶沖縄百，社史，姓氏沖縄，新潟百（生没年不詳）

**豊城豊雄** とよきとよお
＊～大正6（1917）年
明治～大正期の国学者。長野県皇典講究所教官を務めた。
¶人名（㊥1837年），日人（㊥1838年）

**豊口鋭太郎** とよぐちえいたろう★
明治6（1873）年11月4日～昭和27（1952）年9月6日
明治～昭和期の教育者。
¶秋田人2

**豊国洞伝** とよくにどうでん
文政6（1823）年～明治39（1906）年
江戸時代後期～明治期の僧侶・教育者。
¶姓氏群馬

**とよ子** とよこ★
寛政2（1790）年～安政5（1858）年
江戸時代後期～末期の女性。教育。川越の商家伏見屋2代目吉田平兵衛の娘。
¶江表（とよ子（埼玉県））

**豊子** とよこ★
江戸時代末期の女性。和歌。筑後本柳小路の柳川藩士で同藩文武館教授寮頭、のち、助教兼寺社方安successfully丸の娘。文久2年刊、厳丸編『柳河百家集』に載る。
¶江表（豊子（福岡県））

**豊前王** とよさきおう
延暦24（805）年～貞観7（865）年
平安時代前期の官人。
¶国書（㊥貞観7（865）年2月2日），古代，日人，平史

**豊沢登** とよさわのぼる
明治38（1905）年～昭和49（1974）年
昭和期の教育学者。日本工業大学教授、東京農工大学教授。
¶哲学

**豊階真人安人** とよしなのまひとやすひと
→豊階安人（とよしなのやすひと）

**豊階安人** とよしなのやすひと
延暦16（797）年～貞観3（861）年　㊥豊階真人安人《とよしなのまひとやすひと》
平安時代前期の学者、官人。
¶古代（豊階真人安人　とよしなのまひとやすひと），コン改，コン4，新潮（㊥貞観3（861）年9月24日），人名，日人，平史

**豊島至** とよしまいたる
明治34（1901）年10月10日～昭和22（1947）年9月20日
大正～昭和期の奄美の教育者、政治家。
¶沖縄百

**豊島洞斎** とよしまどうさい
→豊島洞斎（としまとうさい）

**豊田一載** とよだいっさい
生没年不詳
江戸時代中期～後期の心学者。
¶国書

**豊田宇一** とよだういち★
明治23（1890）年12月1日～昭和21（1946）年5月29日
大正・昭和期の青少年教育家、農業者。
¶秋田人2

**豊田薫** とよだかおる
昭和2（1927）年～
昭和～平成期の高校教師。
¶現執3期，現執4期

**豊田謙次** とよたかねつぐ
→豊田謙次（とよたけんじ）

**豊田君夫** とよだきみお
昭和3（1928）年～
昭和～平成期の幼児教育者。氷川幼稚園園長。
¶現執3期

**豊田潔臣** とよたきよおみ
明治2（1869）年～昭和15（1940）年10月6日
明治～昭和期の教育家。
¶徳島百，徳島歴

**豊田謙次**（豊田謙治，豊田謙二）**とよたけんじ，とよだけんじ**
天保3（1832）年～慶応1（1865）年12月15日　㊥豊

田謙次《とよたかねつぐ》
江戸時代末期の勤王志士。
¶維新，岡山人，岡山百（豊田謙治），岡山歴（豊田謙二），新潮（とよたかねつぐ　[没]慶応1（1865）年12月25日），人名（とよだけんじ），日人（とよだけんじ　[没]1866年），幕末（[没]1866年2月10日）

**豊田五郎** とよたごろう
明治元（1868）年～昭和27（1952）年
明治～昭和期の教育者。
¶愛媛

と

**豊田重穂** とよだしげほ
大正2（1913）年1月23日～平成4（1992）年10月30日
昭和～平成期の教育者。
¶埼玉人

**豊田周衛** とよだしゅうえ
明治期の学校創立者。東京物理学講習所（後の東京理科大学）の設立に関わる。
¶学校

**豊田太蔵** とよだたぞう
安政3（1856）年5月9日～昭和12（1937）年12月5日
明治～昭和期の教育者。育英黌創設者。
¶学校，世紀，鳥取百，日人

**豊田恒雄** とよたつねお
慶応1（1865）年9月1日～昭和17（1942）年3月12日
明治～昭和期の教育者。
¶岡山歴

**豊田照明** とよたてるあき
江戸時代末期の和算家。
¶数学

**豊田ひさき** とよだひさき
昭和19（1944）年1月30日～
昭和～平成期の教育学者。大阪市立大学大学院文学研究科教授。専門は、教育学、教育方法学（とくに授業論）、教授学史。
¶現執4期

**豊田久亀** とよだひさき
昭和19（1944）年1月30日～
昭和～平成期の教育学者。大阪市立大学教授。
¶現執2期，現執3期

**豊田芙雄** とよだふゆ，とよたふゆ
弘化2（1845）年10月21日～昭和16（1941）年12月1日　[別]豊田芙雄子《とよだふゆこ》
明治～大正期の教育者。水戸初等女学校教諭。最初の幼稚園保母。創世記の幼稚園教育の確立に尽力。共立女子職業学校（後の共立女子学園）の設立に関わる。
¶茨城百（豊田芙雄子　とよだふゆこ），茨城歴，海越新，学校，教育，近女，女性，女性普，人名7，世紀，先駆（とよたふゆ　[没]昭和2（1927）年12月1日），渡航（[生]1845年12月21日），栃木歴，日人，幕末（豊田芙雄子　とよだふゆこ）

**豊田芙雄子** とよだふゆこ
→豊田芙雄（とよだふゆ）

**豊田文三郎** とよだぶんざぶろう，とよだぶんさぶろう
嘉永6（1853）年～明治29（1896）年
明治期の政治家。衆議院議員。私立大阪教育会、私立大阪衛生会などを創立。
¶大阪人（とよだぶんさぶろう　[没]明治29（1896）年8月），人名，日人

**豊田政次郎** とよだまさじろう
明治25（1892）年1月25日～昭和54（1979）年10月8日
昭和期のこひつじ保育園及こひつじ幼稚園の基礎を築いた。
¶町田歴

**豊田政義** とよだまさよし
江戸時代の伊勢桑名藩士、松平家学頭。
¶三重続

**豊田道之助** とよだみちのすけ，とよたみちのすけ
明治17（1884）年～昭和6（1931）年
明治期の小学校教員。
¶アナ，社史（とよたみちのすけ）

**豊永恵三郎** とよながけいさぶろう
昭和11（1936）年～
昭和～平成期の在外被爆者支援活動家、教員。
¶平和

**豊原百太郎** とよはらひゃくたろう
嘉永2（1849）年10月～明治17（1884）年1月26日
[別]久恒，連
明治期の官吏、教育者。大蔵省書記官、札幌農学校教授。イギリスに留学し応用化学を研究。
¶海越（[生]？），海越新，渡航

**豊原和太治** とよはらわたじ
延享4（1747）年～享和1（1801）年9月20日
江戸時代中期～後期の教育者。
¶庄内

**豊増昇** とよますのぼる
明治45（1912）年5月23日～昭和50（1975）年10月9日
昭和期のピアニスト、ピアノ教育者。活発な演奏活動の一方、後進の指導にあたる。
¶演奏，音楽，音人，芸能，現朝，現情，現人，コン改，コン4，コン5，佐賀百（[生]明治45（1912）年5月3日），新芸，新潮，人名7，世紀，日人

**豊増一女** とよますはじめ
明治4（1871）年9月18日～昭和25（1950）年5月27日
明治～昭和期の教育者。佐賀市新道幼稚園長、佐賀市婦人会長、成美女学校創設者。
¶学校，近女，佐賀百，世紀，日人

**豊村家長** とよむらのいえなが
？～延暦22（803）年
奈良時代～平安時代前期の大学助教。
¶古人（[生]？），平史

**豊由照泰** とよよしてるやす
文化12(1815)年～明治20(1887)年
江戸時代後期～明治時代の和算家。京都の僧侶で和算塾を開いた。のち小学校教員。
¶数学

**とら**
1851年～
江戸時代後期の女性。教育。紫村太助の娘。
¶江表(とら(東京都)　[生]嘉永4(1851)年頃)

**登里** とり★
1837年～
江戸時代後期の女性。教育。医師木村元昌の姉。
¶江表(登里(東京都)　[生]天保8(1837)年頃)

**鳥井理** とりいおさむ
昭和5(1930)年5月13日～平成4(1992)年8月10日
昭和・平成期の教育者。学校長。
¶飛騨

**鳥居嘉三郎** とりいかさぶろう
生没年不詳
明治期の盲唖教育者。
¶姓氏京都

**鳥居きみ** とりいきみ
→鳥居きみ子(とりいきみこ)

**鳥居きみ子** とりいきみこ
明治14(1881)年～昭和34(1959)年8月19日
[別]鳥居きみ《とりいきみ》
明治～昭和期の教育者、人類学研究者。考古学者鳥居竜蔵の妻。夫の調査研究を助ける。徳島市、鳴戸市名誉市民。
¶近女([生]明治15(1882)年)，女性(鳥居きみ　とりいきみ)，女性普(鳥居きみ　とりいきみ)

**鳥居忠五郎** とりいちゅうごろう
明治31(1898)年2月4日～昭和61(1986)年6月28日
大正～昭和期の教育音楽家、音楽教育者。
¶音人，キリ([生]明治31(1898)年1月4日)，現情，世紀

**鳥居篤治郎** とりいとくじろう
明治27(1894)年8月12日～昭和45(1970)年9月11日
大正～昭和期のエスペランティスト。日本盲人会連合会長、京都ライトハウス理事長。
¶京都大，京都府，視覚，社史，世紀，姓氏京都，日人

**鳥居忱** とりいまこと
安政2(1855)年5月4日～大正6(1917)年
明治期の作詞家、教育者。東京音楽学校(現東京芸大)教授。唱歌教育の先駆者。代表作に「箱根八里」「秋のあわれ」。
¶近文，芸能([没]大正6(1917)年5月15日)，社史([生]嘉永6年5月(1853年6～7月))，世紀，先駆

**鳥井亮左衛門** とりいりょうざえもん
？～文化7(1810)年
江戸時代中期～後期の儒学者。
¶日人

**鳥居礼三** とりいれいぞう
明治39(1906)年10月15日～昭和47(1972)年10月21日
昭和期の教育者。
¶山梨百

**鳥海貞三郎** とりうみていざぶろう
？～
大正期の小学校教員。池袋児童の村小学校訓導。
¶社史

**鳥飼玖美子** とりかいくみこ
昭和21(1946)年3月21日～
昭和～平成期の研究者。立教大学大学院異文化コミュニケーション研究科教授。専門は、英語コミュニケーション論、通訳論、翻訳論、英語教育、英語教授法、会議通訳法。
¶現執4期

**鳥潟恒吉** とりがたつねきち，とりかたつねきち
＊～大正3(1914)年10月19日
明治～大正期の教育者。初代大分県立病院医学校長。
¶秋田人2([生]安政2年12月)，大分百(とりかたつねきち　[生]1855年)，大分歴([生]安政2(1855)年)，近医([生]安政3(1856)年)，世紀([生]安政2(1856)年12月)，日人([生]1856年)

**取越哲夫** とりこしてつお
昭和15(1940)年9月22日～
昭和～平成期の音楽教育者。
¶音人2，音人3

**鳥崎寿太郎** とりざきじゅたろう
元治2(1865)年～昭和8(1933)年6月30日
明治～昭和期の教育者。書家。
¶岩手人

**鳥海弘毅** とりのうみこうき
嘉永2(1849)年～大正3(1914)年
江戸時代末期～明治期の教育者。秋田県の教育振興に大きな業績を残す。
¶藩臣1

**刀利康嗣** とりのやすつぐ
飛鳥時代の官人。大学博士。
¶古人

**鳥原ツル** とりはらつる
明治28(1895)年1月8日～昭和56(1981)年11月24日
明治～昭和期の教育者。古城小学校校長。
¶近女，世紀，日人，宮崎百，宮崎百一

**鳥谷南山** とりやなんざん
安永6(1777)年5月朔日～嘉永2(1849)年
江戸時代中期～後期の教育者。
¶三重

**鳥山確斎** とりやまかくさい
→鳥山新三郎(とりやましんざぶろう)

鳥山義所 とりやまぎしょ
→鳥山新三郎（とりやましんざぶろう）

鳥山銀十郎 とりやまぎんじゅうろう
　明治13(1880)年12月29日～大正14(1925)年3月24日
　明治～大正期の教育者。
　¶群馬人

鳥山新三郎 とりやましんざぶろう
　文政2(1819)年～安政3(1856)年　別鳥山碓斎《とりやまかくさい》、鳥山義所《とりやまぎしょ》
　江戸時代末期の儒学者。
　¶維新、江文（鳥山碓斎　とりやまかくさい）、国書（鳥山義所　とりやまぎしょ　愛安政3(1856)年7月29日）、人名、千葉百（鳥山碓斎　とりやまかくさい）、日人、幕末（愛1856年8月29日）

鳥山敏子 とりやまとしこ
　昭和16(1941)年10月3日～
　昭和～平成期の小学校教諭。
　¶映人、現執4期、児人

鳥山啓 とりやまひらく
　天保8(1837)年～大正3(1914)年2月28日
　江戸時代末期～大正期の教育者。藩校、華族女学校などで教鞭を執る。著書に「究理早合点」「西洋訓蒙図彙」。
　¶科学（愛天保8(1837)年3月25日）、人名、日人、幕末、幕末大（愛天保8(1837)年3月25日）、洋学、和歌山人（愛1842年）

殿地千年 どんじちとし
　大正13(1924)年10月16日～平成1(1989)年6月2日
　昭和期の教育者。学校長。
　¶飛騨

吞象 どんしょう
→高島嘉右衛門（たかしまかえもん）

頓野広太郎 とんのひろたろう
　安政6(1859)年～明治31(1898)年
　江戸時代末期～明治期の科学者、教育者。
　¶山口百

【な】

内木慶三 ないきけいぞう
　明治26(1893)年11月5日～昭和51(1976)年6月26日
　大正・昭和期の教育者。学校長。
　¶飛騨

内木幸平 ないきこうへい
　昭和7(1932)年4月11日～
　昭和期の教育者。学校長。
　¶飛騨

内木定一郎 ないきさだいちろう
　明治34(1901)年10月7日～昭和36(1961)年11月1日
　大正・昭和期の教育者。学校長。
　¶飛騨

内木晋 ないきすすむ
　大正10(1921)年6月30日～
　昭和期の教育者。学校長。
　¶飛騨

内木玉枝 ないきたまえ
　明治11(1878)年12月1日～昭和49(1974)年7月22日
　明治～昭和期の教育者。中京裁縫女学校を創設、中京大学設立、学園総長就任。従四位勲三等宝冠章受章。
　¶愛知女、愛知百（愛1878年2月11日）、学校、女性、女性普、世紀、姓氏愛知、日人

内木文英 ないきふみえ
　大正13(1924)年8月27日～
　昭和～平成期の劇作家、教師。東海大学付属浦安高校長、全国高等学校演劇協議会長、全日本アマチュア演劇協議会副理事長。
　¶児作、児人、児文、世紀

内藤一人 ないとういちと
　明治37(1904)年4月30日～平成4(1992)年11月17日
　昭和～平成期の教育者。
　¶岡山歴

内藤市郎太 ないとういちろうた★
　生没年不詳
　江戸時代後期の教育者。内藤天爵に学び、また玉置流筆道を習う。盛岡で家塾を開く。
　¶秋田人2

内藤岩雄 ないといわお
　明治7(1874)年～昭和19(1944)年
　明治～昭和期の教育者。
　¶鳥取百

内藤儀十郎 ないとうぎじゅうろう
　弘化4(1847)年5月20日～大正8(1919)年8月13日
　江戸時代末期～大正期の教育家。済々黌幹事兼教師、同女学校（後の尚絅高等学校）校長を務める。
　¶学校、熊本人、熊本百、人名、世紀、日人、幕末

内藤湖南 ないとうこなん
　慶応2(1866)年7月18日～昭和9(1934)年6月26日　別内藤虎次郎《ないとうとらじろう》
　明治～昭和期の東洋史学者。京都大学教授。敦煌文書など調査。狩野直喜と京都支那学を創始。
　¶秋田人2、秋田百、岩史（愛慶応2(1866)年8月17日）、岩手人、岩手百（愛1860年）、角史、京都、京都大、京都府、京都文（愛慶応2(1866)年8月7日）、近現（内藤虎次郎　ないとうとらじろう）、近文、現朝（内藤虎次郎　ないとうとらじろう）　愛慶応2年8月17日(1866年9月25日)）、現日（愛1934年6月27日）、考古（内藤虎次郎　ないとうとらじろう）　愛慶応2(1868)年

7月18日), 国史(内藤虎次郎　ないとうとらじろう), コン改, コン5, 詩歌, 史学, 史研(内藤虎次郎　ないとうとらじろう　[生]慶応2(1866)年8月17日), 詩作, 史人([生]1866年8月17日), 思想, 社史([生]1866年9月25日), 重要(内藤虎次郎　ないとうとらじろう), 新潮, 新文, 人名, 世紀, 姓氏岩手, 姓氏京都, 世人, 世百, 全書, 大百, 哲学, 伝記, 東北近, 奈良文, 日思, 日史, 日人, 日本, 百科, 文学, 平和, 民学, 履歴([生]慶応2(1866)年8月17日), 歴大

**内藤定次郎** ないとうさだじろう
→内藤真矩(ないとうしんく)

**内藤学文** ないとうさとふみ, ないとうさとぶみ
宝暦1(1751)年～寛政6(1794)年
江戸時代中期の大名。三河挙母藩主。
¶諸系, 人名(ないとうさとぶみ), 姓氏愛知, 日人, 藩主2([生]宝暦1(1751)年9月16日　[没]寛政6(1794)年6月10日)

**内藤真矩** ないとうさねのり
→内藤真矩(ないとうしんく)

**内藤真矩** ないとうしんく
寛政8(1796)年～明治3(1870)年7月14日　[別]内藤真矩《ないとうさねのり, ないとうまさのり》, 内藤定次郎《ないとうさだじろう》
江戸時代末期～明治期の算学者。
¶大阪人(ないとうさねのり　[没]明治3(1870)年7月), 岡山人, 岡山歴(内藤定次郎　ないとうさだじろう), 国書, 人名, 数学(ないとうまさのり), 日人

**内藤介右衛門** ないとうすけえもん
天保10(1839)年～明治32(1899)年6月16日
江戸時代末期～明治時代の会津藩家老、教育者。維新後、漢学塾を開いて地域住民の師弟に教えた。
¶維新, 全幕, 幕末, 幕末大, 藩臣2

**内藤清右衛門** ないとうせいえもん
宝暦1(1751)年～天保2(1831)年
江戸時代中期～後期の儒学者。
¶日人, 山梨百([生]宝暦1(1751)年9月24日　[没]天保2(1831)年10月12日)

**内藤静修** ないとうせいしゅう
*～天保5(1834)年　[別]内藤昌盈《ないとうまさみつ》
江戸時代後期の漢詩人、長州(萩)藩士。
¶国書(内藤昌盈　ないとうまさみつ　[生]宝暦9(1759)年　[没]天保5(1834)年8月24日), 人名([生]1757年), 日人([生]1759年), 和俳([生]宝暦7(1757)年)

**内藤誉三郎** ないとうたかさぶろう
大正1(1912)年1月8日～昭和61(1986)年3月16日
[別]内藤誉三郎《ないとうたかぶろう, ないとうよさぶろう》
昭和期の官僚、政治家。大妻女子大学長、参議院議員。文部省事務次官、参院議員3期。文部大臣などを歴任し、日教組と妥協のない教育行政を推進。
¶郷土神奈川, 現朝, 現情, 現人, 現日, コン4(ないとうたかぶろう), コン5, 新潮, 世紀, 政治, 日人, マス89, 履歴(ないとうよさぶろう), 履歴2(ないとうよさぶろう)

**内藤俊史** ないとうたかし
昭和25(1950)年4月22日～
昭和～平成期の教育心理学者、比較文化心理学者。お茶の水女子大学助教授。
¶現執3期

**内藤高治** ないとうたかはる
文久2(1862)年～昭和4(1929)年
明治～昭和期の剣士。武術専門学校主任教授。養真館を創設。関西剣道界の最高指導者。
¶世紀([没]昭和4(1929)年4月9日), 全書, 日人

**内藤誉三郎** ないとうたかぶろう
→内藤誉三郎(ないとうたかさぶろう)

**内藤耻叟** ないとうちそう
文政10(1827)年～明治35(1902)年6月7日
江戸時代末期～明治期の歴史学者。弘道館教授、東京帝国大学教授。宮内省嘱託。著書に「安政紀事」「徳川十五代史」など。
¶朝日([生]文政10年11月5日(1827年12月22日)　[没]明治36(1903)年6月7日), 維新([生]1826年), 茨城歴, 近現([没]1903年), 近世([没]1903年), 群新百([生]1826年), 群馬人([生]文政9(1826)年), 群馬百([生]1826年), 国史([没]1903年), コン改([生]1826年), コン4([生]文政9(1826)年), コン5([生]文政9(1826)年), 史研([生]文政10(1827)年11月15日　[没]明治36(1903)年6月7日), 史人([生]1827年11月15日　[没]1903年6月7日), 思想史([没]明治36(1903)年), 神人([生]文政10(1827)年11月5日　[没]明治36(1903)年6月8日), 新潮([生]文政9(1826)年), 人名([生]1826年), 哲学([生]1826年), 日史([生]文政10(1827)年11月15日　[没]明治36(1903)年6月7日), 日児([生]文政10(1827)年12月22日), 日人([没]1903年)

**内藤長太夫** ないとうちょうだゆう
天保12(1841)年～明治44(1911)年
明治期の農事改良家、公益家。米質の改良に努め地元米の普及に貢献。
¶人名, 日人

**内藤天爵**(1) ないとうてんしゃく
？～文政7(1824)年
江戸時代中期～後期の盛岡藩世子の侍講。
¶姓氏岩手

**内藤天爵**(2) ないとうてんしゃく
寛政6(1794)年5月29日～嘉永2(1849)年8月20日
江戸時代後期の南部藩士。
¶秋田人2, 岩手人([生]？)

**内藤虎次郎** ないとうとらじろう
→内藤湖南(ないとうこなん)

**内藤信思** ないとうのぶこと
文化9(1812)年12月22日～明治7(1874)年5月14日　[別]内藤信思《ないとうのぶもと》, 内藤信親

な

《ないとうのぶちか》
　江戸時代末期〜明治期の大名。越後村上藩主。
　¶維新, 国書(内藤信親　ないとうのぶちか), 諸系(ないとうのぶもと　㊋1813年), 人名, 新潟百(ないとうのぶもと), 日人(ないとうのぶもと　㊋1813年), 藩主3(ないとうのぶもと)

**内藤信親**　ないとうのぶちか
　→内藤信思(ないとうのぶこと)

**内藤信思**　ないとうのぶもと
　→内藤信思(ないとうのぶこと)

**内藤裕子**　ないとうひろこ
　昭和33(1958)年10月4日〜
　昭和〜平成期のこどもの遊びと環境プランナー。
　¶現執4期

**内藤政陽**　ないとうまさあき
　元文4(1739)年〜天明1(1781)年
　江戸時代中期の大名。日向延岡藩主。
　¶国書(㊋元文2(1737)年5月19日　㊟天明1(1781)年閏5月24日), 諸系, 日人, 藩主4(㊋元文4(1739)年5月19日　㊟天明1(1781)年閏5月24日), 宮崎百(㊋元文2(1737)年　㊟天明1(1781)年5月24日)

**内藤政氏**　ないとうまさうじ
　文化7(1810)年〜明治14(1881)年4月28日　別内藤政次郎《ないとうまさじろう》
　江戸時代末期〜明治期の和算家。
　¶国書(内藤政次郎　ないとうまさじろう　㊋文化7(1810)年1月11日), 人名, 数学(㊋文化7(1810)年正月11日)

**内藤政次郎**　ないとうまさじろう
　→内藤政氏(ないとうまさうじ)

**内藤政挙**　ないとうまさたか
　*〜昭和2(1927)年5月23日
　江戸時代末期〜明治期の延岡藩主、延岡藩知事、子爵。
　¶維新(㊋1850年), 諸系(㊋1852年), 人名(㊋1850年), 世紀(㊋嘉永3(1850)年5月10日), 日人(㊋1852年), 藩主4(㊋嘉永5(1852)年5月10日)

**内藤政民**　ないとうまさたみ
　文化3(1806)年〜*
　江戸時代末期の大名。陸奥湯長谷藩主。
　¶諸系(㊟1855年), 日人(㊟1855年), 幕末(㊋1810年　㊟1859年11月17日), 藩主1(㊟安政6(1859)年10月23日)

**内藤真矩**　ないとうまさのり
　→内藤真矩(ないとうしんく)

**内藤政文**　ないとうまさふみ
　天保1(1830)年〜安政5(1858)年
　江戸時代末期の大名。三河挙母藩主。
　¶諸系, 日人, 藩主2(㊋文政13(1830)年6月13日　㊟安政5(1858)年9月30日)

**内藤政峻**　ないとうまさみち
　安永7(1778)年〜文政5(1822)年
　江戸時代後期の大名。三河挙母藩主。
　¶諸系, 日人, 藩主2(㊋安永7(1778)年1月29日　㊟文政5(1822)年6月20日)

**内藤昌盈**　ないとうまさみつ
　→内藤静修(ないとうせいしゅう)

**内藤満寿**　ないとうます
　文政6(1823)年3月3日〜明治34(1901)年2月20日
　江戸時代後期〜明治期の女子教育の先駆者。
　¶山梨百

**内藤由己男**　ないとうゆきお
　明治32(1899)年5月〜
　大正〜昭和期の教育者。
　¶群馬百

**内藤誉三郎**　ないとうよさぶろう
　→内藤誉三郎(ないとうたかさぶろう)

**内藤頼直**　ないとうよりなお
　天保11(1840)年〜明治12(1879)年
　江戸時代末期〜明治期の高遠藩主、高遠藩(県)知事。
　¶維新, 諸系, 長野歴, 日人, 幕末(㊟?), 藩主2(㊋天保11(1840)年10月27日　㊟明治12(1879)年8月17日)

**内藤頼博**　ないとうよりひろ
　明治41(1908)年3月12日〜平成12(2000)年12月5日
　昭和期の裁判官。名古屋最高裁判所長官。「少年友の会」を主宰。
　¶現朝, 現情, 現人, 世紀, 日人

**内藤頼寧**　ないとうよりやす
　寛政12(1800)年2月28日〜文久2(1862)年10月2日
　江戸時代末期の大名。信濃高遠藩主。
　¶国書, 諸系, 日人, 藩主2

**直**　なお
　文政11(1828)年〜明治30(1897)年
　江戸時代後期〜明治時代の女性。和歌・教育。肥前島原の隅部与八郎維政の娘。
　¶江表(直(長崎県))

**なを**(1)
　1818年〜
　江戸時代後期の女性。教育。篠原倪山の娘。
　¶江表(なを(東京都)　㊋文政1(1818)年頃)

**なを**(2)
　1842年〜
　江戸時代後期の女性。教育。井上氏。
　¶江表(なを(東京都)　㊋天保13(1842)年頃)

**直居鉄**　なおいてつ
　大正15(1926)年10月13日〜
　大正〜昭和期の教育者。
　¶視覚

**直江菱舟** なおえりょうしゅう
？ ～明治27（1894）年
江戸時代後期～明治期の教育者。
¶姓氏石川

**なおき**
江戸時代後期の女性。教育。筑後久留米藩藩士鳥取文吾の妻。文吾は藩の祐筆で櫛原小路に住み、文政8年から寺子屋の師匠となる。
¶江表（なおき（福岡県））

**浪越重之** なおしげゆき
安政2（1855）年～大正5（1916）年
明治～大正期の教育者。
¶高知人

**直山大夢** なおやまだいむ，なおやまたいむ
寛政6（1794）年～明治7（1874）年　[別]大夢《たいむ》
江戸時代末期～明治期の歌人、俳人。
¶近文（なおやまたいむ），国書（大夢　たいむ　[没]明治7（1874）年2月17日），人名，姓氏石川（[生]？），日人（なおやまたいむ），俳諧（大夢　たいむ　[生]？），俳句（大夢　たいむ　[没]明治7（1874）年2月16日），和俳（なおやまたいむ）

**なか**(1)
江戸時代後期の女性。教育。黒田藤蔵の妻。文化9年に柘植藤十郎が開業した寺子屋瑩泉堂に、養子で入った3代目の夫藤蔵と共に教授にあたる。
¶江表（なか（東京都））

**なか**(2)
江戸時代後期の女性。教育。石黒菊太郎の妻。嘉永6年、新革屋町に寺子屋雲陽堂を開業。
¶江表（なか（東京都））

**なか**(3)
1849年～
江戸時代後期の女性。教育。小沢氏。
¶江表（なか（東京都）　[生]嘉永2（1849）年頃）

**中** なか★
1817年～
江戸時代後期の女性。教育。中沢氏。
¶江表（中（東京都）　[生]文化14（1817）年頃）

**仲新** なかあらた
大正1（1912）年11月24日～昭和60（1985）年8月7日
昭和期の教育学者。日本大学教授。日本近代地方教育史研究の業績は教育史学界に影響を与える。
¶現朝，現執1期，現情，史研，世紀，日人

**永愛亮** ながいあいすけ
明治13（1880）年～昭和44（1969）年
明治～昭和期の喜界町教育長。
¶姓氏鹿児島

**長井有年** ながいありとし
嘉永4（1851）年～昭和6（1931）年
明治～昭和期の教育者。
¶姓氏山口

**永井伊豆守尚敬** ながいいずのかみなおひろ
→永井直敬（ながいなおひろ）

**永井悦子** ながいえつこ
昭和35（1960）年～
昭和～平成期の小学校教員。
¶平和

**永井亀彦** ながいかめひこ
明治10（1877）年11月6日～昭和40（1965）年10月5日
明治～昭和期の教育者、動植物学者。
¶沖縄百，鹿児島百，薩摩，姓氏鹿児島（[生]1878年）

**永井久一郎** ながいきゅういちろう
嘉永4（1851）年8月2日～大正2（1913）年1月29日
明治～大正期の官吏、実業家。アメリカに留学し英語、ラテン語を修得。東京府書籍館の設置に尽力。専門は衛生行政。愛知県出身。共立女子職業学校（後の共立女子学園）の設立に関わる。
¶海越，海越新，学校，近土（[生]1852年8月2日　[没]1913年1月2日），人名，世紀，姓氏愛知，渡航，土木（[生]1852年8月2日　[没]1913年1月2日），日人（[生]1852年），履歴（[生]嘉永5（1852）年8月2日　[没]大正2（1913）年1月2日）

**中井喜代之** なかいきよし
大正3（1914）年～？
昭和期の小学校教員。北海道綴方教育連盟メンバー。
¶社史

**中井金三** なかいきんぞう
明治16（1883）年8月21日～昭和44（1969）年2月9日
明治～昭和期の教育者。
¶世紀，鳥取百，日人

**永井幸次** ながいこうじ
明治7（1874）年2月21日～昭和40（1965）年4月7日
明治～昭和期の音楽教育者。大阪音楽学校（後の大阪音楽大学）を開校。
¶大阪人（[没]昭和40（1965）年4月），音楽，音人，学校，芸能，現情，作曲，人名7，世紀，鳥取百，日人

**中井厚沢** なかいこうたく
安永4（1775）年～天保3（1832）年
江戸時代後期の蘭方医。
¶朝日，科学，国書，日人，洋学

**長井五郎** ながいごろう
大正14（1925）年3月31日～平成6（1994）年7月29日
昭和～平成期の埼玉県教育長・民俗学者。
¶埼玉人，埼玉文

**永井繁子** ながいしげこ
→瓜生繁子（うりゅうしげこ）

**永井茂弥** ながいしげや
明治24（1891）年11月30日～昭和42（1967）年3月2日

な

明治〜昭和期の出版人。日本出版配給社長、中教出版社長、教科書協会初代会長。
¶出版，出文

**中井甃庵**（中井甃菴） なかいしゅうあん
元禄6（1693）年〜宝暦8（1758）年6月17日
江戸時代中期の儒学者。
¶朝日（[生]元禄6年9月29日（1693年10月28日）[没]宝暦8年6月17日（1758年7月21日）），大阪人，大阪墓，近世，国史，国書（[生]元禄6（1693）年9月29日），コン改，コン4，史人（[生]1693年9月29日），重要，新潮，人名（中井甃菴），世人，日人，兵庫人，兵庫百，歴大

**永井昭三** ながいしょうぞう
昭和3（1928）年1月22日〜
昭和期の理科教育者、小学校教師。
¶児人，日児

な

**中井正太郎** なかいしょうたろう
生没年不詳
明治期の社会事業家。自宅を民間の女紅場に提供。
¶姓氏京都

**長井仁** ながいじん
昭和10（1935）年9月2日〜
昭和期の教師。
¶視覚

**中井酔亭** なかいすいてい
宝暦1（1751）年〜寛政5（1793）年7月2日
江戸時代中期〜後期の心学者。
¶国書

**中泉哲俊** なかいずみてつとし★
明治35（1902）年3月25日〜昭和47（1972）年4月3日
大正・昭和期の近世教育研究者。
¶秋田人2

**中井碩果** なかいせきか
→中井抑楼（なかいよくろう）

**中井碩果** なかいせつか
→中井抑楼（なかいよくろう）

**永井泰量** ながいたいりょう
明治15（1882）年3月20日〜昭和49（1974）年
明治〜昭和期の僧侶、教育者、政治家。葛生高等学校創立者・校長、栃木県議。
¶学校，栃木歴

**中井竹山** なかいちくざん，ながいちくざん
享保15（1730）年〜享和4（1804）年
江戸時代中期〜後期の儒学者。学問所懐徳堂の隆盛を導いた。
¶朝日（[生]享保15年5月13日（1730年6月27日）[没]享和4年2月5日（1804年3月16日）），岩史（[生]享保15（1730）年5月15日 [没]享和4（1804）年2月5日），江人，大阪人（[没]文化1（1804）年2月），大阪墓（[没]文化1（1804）年2月5日），角史，教育，近世，国史，国書（[生]享保15（1730）年5月15日 [没]享和4（1804）年2月5日），コン改，コン4，コン5，詩歌，史人（[生]1730年5月15日 [没]1804年2月5日），思想史，重要（[没]文化1（1804）年2月2日），人書94，新潮（[没]文化1（1804）年2月5日），人名，世人（[没]文化1（1804）年2月2日），世百，全書，大百，伝記，徳川将，日思，日史（[生]享保15（1730）年5月15日 [没]文化1（1804）年2月5日），日人，百科，平日，山川小（[生]1730年5月15日 [没]1804年2月5日），歴大（ながいちくざん），和俳

**中井桐園** なかいとうえん
*〜明治14（1881）年1月29日
江戸時代末期〜明治期の漢学者。懐徳堂預かり人。のち好徳学院を開く。
¶大阪人（[生]文政3（1820）年 [没]明治14（1881）年1月），大阪墓（[生]文政6（1823）年），幕末（[生]1859年）

**永井道明** ながいどうめい
明治1（1868）年12月18日〜昭和25（1950）年12月19日 [別]永井道明《ながいみちあきら，ながいみちあき》
明治〜大正期の学校体育指導者。「学校体操教授要目」の作成に尽力。
¶茨城歴（ながいみちあき [生]万延1（1860）年），現情（[生]明治1（1868）年12月），コン改，コン4，コン5，新潮，人名7，世紀（[生]明治1（1869）年12月18日），体育，渡航（永井道明・永井道明 ながいどうめい・ながいみちあきら [没]1950年12月13日），日人（ながいみちあきら [生]明治1（1869）年12月18日），兵庫百（ながいみちあき）

**永井東陵** ながいとうりょう
文政5（1822）年〜明治43（1910）年
江戸時代後期〜明治期の私学教育の先覚者。
¶静岡歴，姓氏静岡

**永井撤** ながいとおる
昭和30（1955）年3月8日〜
昭和〜平成期の臨床心理士。東京都立大学人文学部心理教育学科教授。
¶現執4期

**永井徳資** ながいとくし
文政4（1821）年〜明治16（1883）年 [別]永井徳資《ながいのりつぐ》
江戸時代末期〜明治期の和算家・医師。
¶人名，数学（ながいのりつぐ），日人

**中井利安** なかいとしやす
→中井利安（なかいりあん）

**中井虎男** なかいとらお
明治11（1878）年1月8日〜昭和44（1969）年10月12日
明治〜昭和期の教育者。
¶香川人，香川百，世紀，日人

**永井直進** ながいなおのぶ
宝暦11（1761）年〜文化12（1815）年
江戸時代中期〜後期の大名。摂津高槻藩主。
¶諸系，日人，藩主3（[没]文化12（1815）年2月2日）

**永井直敬** ながいなおひろ
寛文4（1664）年～正徳1（1711）年6月3日　㊚永井伊豆守尚敬《ながいいずのかみなおひろ》
江戸時代中期の大名。下野烏山藩主、播磨赤穂藩主、信濃飯山藩主、武蔵岩槻藩主。
¶国書，埼玉人，埼玉百（永井伊豆守尚敬　ながいいずのかみなおひろ　㊚1644年），諸人，人名，栃木歴，長野歴，日人，藩主1，藩主2，藩主3

**永井徳資** ながいのりつぐ
→永井徳資（ながいとくし）

**中井憲照** なかいのりてる
昭和14（1939）年1月5日～
昭和～平成期の音楽教育者、合唱指導者。
¶音人2，音人3

**長井春海** ながいはるみ
昭和19（1944）年3月15日～
昭和～平成期の音楽教育者。
¶音人3

**永井彦熊** ながいひこぐま
明治28（1895）年～昭和57（1982）年
大正～昭和期の教師、郷土史家。
¶姓氏鹿児島

**永井彦太郎** ながいひこたろう
文化11（1814）年～明治26（1893）年　㊚大江通亮《おおえみちあきら》
江戸時代末期～明治時代の教育者。廃藩後、行方郡石神村戸長となり大きな功績をたてる。
¶幕末，幕末大，藩臣2

**永井福治** ながいふくじ
明治29（1896）年～昭和41（1966）年
昭和期の教育者、政治家。小田原市議会議員。
¶神奈川人

**永井文吉** ながいふみきち
→水井文吉（みずいぶんきち）

**中井方明** なかいまさあき
天明2（1782）年～文政13（1830）年閏3月15日
江戸時代中期～後期の暦算家。
¶数学

**永井昌彦** ながいまさひこ
大正13（1924）年3月14日～平成15（2003）年1月29日
大正～平成期の点字指導員、教師。
¶視覚

**仲井間宗一** なかいまそういち
明治24（1891）年3月13日～昭和40（1965）年12月2日
大正～昭和期の弁護士、政治家。衆議院議員、琉球大学教理事長。文部参与官、国語審議会委員などを歴任し、文教行政面に尽力。
¶沖縄百，現情，人名7，世紀，政治，姓氏沖縄，日人

**永井道明** ながいみちあき
→永井道明（ながいどうめい）

**永井道明** ながいみちあきら
→永井道明（ながいどうめい）

**永井道雄** ながいみちお
大正12（1923）年3月4日～平成12（2000）年3月17日
昭和～平成期の教育社会学者。国連大学協力会理事長、上智大学教授。朝日新聞論説委員、文部大臣、脳死臨調会長などを歴任。著書に「日本の大学」など。
¶石川百，現朝，現執1期，現執2期，現執3期，現情，現人，現日，コン4，コン5，新潮，世紀，政治，日人，日本，マス89，履歴（㊚平成12（2000）年3月7日），履歴2（㊚平成12（2000）年3月7日）

**永井八重子** ながいやえこ
明治35（1902）年1月21日～昭和58（1983）年12月26日
大正～昭和期の音楽教育者。大阪音楽学校教授。大阪音楽学校名誉教授、理事、評議員歴任。
¶女性，女性普，新芸

**永井泰雄** ながいやすお
昭和22（1947）年7月3日～
昭和期の実業家。永井商店代表取締役・高山商工会議所副会頭・高山市教育委員長。
¶飛騨

**中井抑楼** なかいよくろう
明和8（1771）年～天保11（1840）年　㊚中井碩果《なかいせきか，なかいせつか》
江戸時代後期の儒学者。
¶大阪人（中井碩果　なかいせきか　㊚天保11（1840）年3月），大阪墓　なかいせつか　㊚天保11（1840）年3月24日），国書（中井碩果　なかいせきか　㊚天保11（1840）年3月24日），人名，日人

**中井利安** なかいりあん
宝暦1（1751）年～寛政5（1793）年　㊚中井利安《なかいとしやす》
江戸時代後期の心学者。
¶大阪人（㊚寛政5（1793）年7月），大阪墓（なかいとしやす　㊚寛政5（1793）年7月2日）

**中井履軒** なかいりけん
享保17（1732）年5月26日～文化14（1817）年2月15日
江戸時代中期～後期の儒学者。号は履軒幽人、天楽楼主人。
¶朝日（㊚享保17年5月26日（1732年6月18日）㊚文化14年2月15日（1817年4月1日）），岩史，大阪人（㊚文化14（1817）年2月），大阪墓，角史，教育，近世，国史，国書，コン四，コン4，詩歌，史人，重要，食文（㊚享保17年5月26日（1732年6月18日）　㊚文化14年2月15日（1817年4月1日）），人書94，新潮，人名，世人，世百，全書，大百，日思，日史，日人，百科，歴大，和俳

**永井隆正** ながいりゅうしょう
昭和23（1948）年2月4日～

なかいり

**永井鱗太郎** ながいりんたろう
明治40(1907)年2月26日～昭和60(1985)年11月5日
昭和期の児童劇作家。子供町童話劇学校を結成。著書に「お菓子のてがみ」など。
¶近文，児人，児文，世紀，日児，日人，福井百

**中内功**（中内功） なかうちいさお
大正11(1922)年8月2日～平成17(2005)年9月19日
昭和～平成期の経営者。ダイエー社長。薬局からダイエーを発展させ、小売業売上高日本一のスーパーに成長させた。
¶現朝，現執2期（中内功），現執3期（中内功），現情，現人，現日（中内功），コン4（中内功），コン5（中内功），新潮，世紀，創業，日人（中内功），履歴，履歴2

**中内敏夫** なかうちとしお
昭和5(1930)年11月25日～
昭和～平成期の教育学者。中京大学教授、一橋大学教授。専門は教育学、比較教育社会史。著書に「学力とは何か」「軍国美談と教科書」など。
¶現朝，現執1期，現執2期，現執3期，現執4期，現情，世紀，日人

**中内樸堂** なかうちぼくどう
文政5(1822)年～明治15(1882)年
江戸時代末期～明治期の伊勢の儒者。
¶人名，日人，三重

**長江いわ子** ながえいわこ
天保6(1835)年～大正14(1925)年
江戸時代末期～大正時代の女性。生活困窮者の救済にあたる。賢婦人と仰がれる。
¶江表（いわ子（秋田県））

**中江宜伯** なかえぎはく
寛永19(1642)年～寛文4(1664)年
江戸時代前期の備前岡山藩士、儒学者。
¶岡山人，人名，日人（㊗1643年），藩臣6

**長江正一** ながえしょういち
明治30(1897)年～昭和54(1979)年
明治～昭和期の歴史学者。徳島県女子師範学校教諭。中世史を研究。
¶郷土（㊗明治30(1897)年2月10日　㊗昭和54(1979)年7月3日），史研，徳島歴

**中江兆民** なかえちょうみん
弘化4(1847)年11月1日～明治34(1901)年12月13日　㊙中江篤介《なかえとくすけ》
明治期の自由民権思想家、評論家。東京外国語学校校長、衆議院議員。自由主義思想の啓蒙。差別問題へ取り組む。国民党を組織する。
¶朝日（㊗弘化4年11月1日(1847年12月8日)），岩史，海越，海越新，大阪人（㊗明治34(1901)年12月），角史，近文，近文，高知人，高知県，国際，国史，コン改，コン5，札幌（中江篤介　なかえちょうみん），詩歌，四国史，史人（㊗1847年11月1日，（異説）11月27日），思想，社史，重要（㊗明治34(1901)年12月12日），小説（㊗弘化4年11月1日(1847年12月8日)），新潮，新文（㊗弘化4(1847)年10月1日），人名（中江篤介　なかえとくすけ），世人（㊗明治34(1901)年12月12日），世百，先駆，全書，大百，哲学，伝記，渡航（中江篤介・中江兆民　なかえあつすけ・なかえちょうみん），長崎遊，奈良人（なかえとくすけ），日思，日史，日人，日本，幕末，百科，文学，平和，北海道文（中江篤介　なかえとくすけ），北海道文，北海道歴（中江篤介　なかえとくすけ），民学，明治2，履歴，歴大

**中江藤樹** なかえとうじゅ
慶長13(1608)年3月7日～慶安1(1648)年8月25日　㊙近江聖人《おうみせいじん》
江戸時代前期の儒学者。日本の陽明学の祖。多くの弟子を育てた。
¶朝日（㊗慶長13年3月7日(1608年4月21日)　㊗慶安1年8月25日(1648年10月11日)），岩史，江人，愛媛，愛媛人，愛媛百，角史，教育，郷土愛媛，郷土滋賀，近世，国史，国書，コン改，コン4，コン5，詩歌，滋賀百，詩作，史人，思想史，重要，神歌，人書79，人書94，人情3，神人，新潮，人名，姓氏京都，世人，世百，全書，大百，伝記，鳥取百，日思，日史，日人，藩臣6，百科，平日，山川小，歴大，和俳

**中江篤介** なかえとくすけ
→中江兆民（なかえちょうみん）

**中江岷山** なかえびんざん
→中江岷山（なかえみんざん）

**長江みさを** ながえみさお
明治16(1883)年～昭和38(1963)年
明治～昭和期の教育者。
¶姓氏宮城

**中江岷山** なかえみんざん
明暦1(1655)年～享保11(1726)年6月10日　㊙中江岷山《なかえびんざん》
江戸時代前期の儒学者。
¶岩史（なかえびんざん），大阪人（㊗享保11(1726)年6月），大阪墓，角史，国書（なかえびんざん），コン改，コン4，新潮，人名，世人，大百，日人，三重

**長尾彰夫** ながおあきお
昭和21(1946)年10月11日～
昭和～平成期の教育学者。大阪教育大学助教授。
¶現執3期，現執4期

**長尾宇迦** ながおうか
大正15(1926)年2月3日～
昭和～平成期の小説家、高校教諭。
¶近文，世紀

**長尾雨山** ながおうざん
元治1(1864)年9月18日～昭和17(1942)年4月1日
明治～昭和期の書家、漢学者。東京高等師範学校教授。平安書道会副会長として活躍。
¶香川人，香川百，近文，四国文，詩作（㊗昭和

18(1943)年4月1日）．新潮，人名7，世紀，姓氏京都，世百，日人，民学

**長尾栄一** ながおえいいち
昭和6(1931)年1月25日～
昭和期の教育者。
¶視覚

**長岡栄子** ながおかえいこ
明治10(1877)年4月9日～昭和47(1972)年4月22日
明治～昭和期の幼児教育者。
¶岩手人，姓氏岩手

**長尾薫** ながおかおる
生没年不詳
明治期の教育者。別府町・浜脇町学校組合立工業徒弟学校の初代校長。
¶大分歴

**永岡国雄** ながおかくにお
昭和6(1931)年1月19日～平成4(1992)年7月5日
昭和～平成期の音楽教育者、バイオリニスト。
¶音人2

**長岡慶信** ながおかけいしん
明治21(1888)年9月18日～昭和49(1974)年7月2日
大正～昭和期の真言宗豊山派の僧。東京仏教団理事長。児童問題を研究。小原国芳らと宗教教育の行脚をする。
¶群馬人，現情，新潮，人名7，世紀，日人，仏教，仏人

**長岡治三郎** ながおかじさぶろう
天保10(1839)年～明治24(1891)年11月6日
江戸時代末期～明治期の教育者。大村藩士族、東京府師範学校校長。大村純熈に同行し渡英。料理道具・洋書を購入し欧米文化の摂取につとめた。
¶維新，海越，海越新，渡航

**永岡順** ながおかじゅん
大正15(1926)年10月24日～
昭和～平成期の教育学者、教育経営学者。文教大学教授。
¶現執3期

**長尾一雄** ながおかずお
昭和7(1932)年5月12日～平成10(1998)年4月27日
昭和～平成期の演劇評論家、能楽評論家。慶応義塾高等学校教諭。
¶音人，音人2，音人3，現執1期，現執2期，現執3期

**長岡高人** ながおかたかと
明治45(1912)年～平成5(1993)年
昭和～平成期の教育者。
¶岩手人，郷土（⑫平成5(1993)年3月26日），姓氏岩手

**長岡毅** ながおかたけし
大正10(1921)年10月20日～
昭和～平成期の実業家。日本通運社長、日通学園理事長。一貫して国際輸送・航空輸送部門を担当。国際輸送部長、副社長、会長などを歴任。
¶世紀，日人

**長岡常次郎** ながおかつねじろう
生没年不詳
明治～大正期の教育学者。
¶姓氏京都

**長岡敏夫** ながおかとしお
大正6(1917)年8月19日～平成3(1991)年12月23日
昭和～平成期のピアノ教育者。
¶音人2，島根歴

**長岡拡** ながおかひろむ
明治11(1878)年9月11日～昭和5(1930)年6月24日
明治～昭和期の英語・英文学者。
¶岩手人，根千

**長岡文雄** ながおかふみお
大正6(1917)年12月18日～
昭和～平成期の教育学者。仏教大学教授。
¶現執2期，現執3期

**長岡禎利** ながおかよしとし
明治33(1900)年1月～
大正～昭和期の教育者。
¶群馬人

**長尾寛治** ながおかんじ
明治32(1899)年2月17日～昭和57(1982)年2月1日
明治～昭和期の教育者。明道小学校校長。
¶世紀，鳥取百，日人

**中尾邦夫** なかおくにお
大正3(1914)年～
昭和期の青年学校教員。
¶社史

**長尾源太郎** ながおげんたろう
天保4(1833)年～？
江戸時代末期～明治期の私塾の師匠。
¶埼玉人

**永長信一** ながおさのぶかず
大正11(1922)年8月14日～
昭和～平成期の音楽教育者。
¶音人，音人2，音人3，群馬人

**中尾十郎** なかおじゅうろう
？～明治15(1882)年
明治期の実業家、公共事業家。私財を投じて金屋学校を設立。
¶日人

**長尾四郎右衛門** ながおしろうえもん
安政1(1854)年～明治44(1911)年
明治期の公共事業家。
¶日人

**長尾前**　ながおすすむ
明治14（1881）年～昭和14（1939）年
明治～昭和期の教育者。
¶高知人

**長尾精一**　ながおせいいち
嘉永4（1851）年～明治35（1902）年
江戸時代後期～明治期の医学者。
¶香川人（[没]明治34（1901）年），香川百（[没]明治34（1901）年），郷土千葉，近医，千葉百（[生]嘉永3（1850）年），日人

**中尾靖軒**　なかおせいけん
＊～大正4（1915）年4月12日
明治・大正期の漢学者、教育者。
¶紀伊文（[生]天保7（1836）年8月13日），和歌山人（[生]1837年）



**長尾正人**　ながおせいじん
明治34（1901）年10月21日～昭和61（1986）年10月1日　[別]長尾正人《ながおまさと》
大正～昭和期の育種学者。
¶科学，現情，札幌（ながおまさと），世紀，日人，北海道歴

**中尾清太郎**　なかおせいたろう
明治6（1873）年12月25日～昭和39（1964）年11月29日
明治～昭和期の教員、会社員。早稲田大学講師、ライオン社理事。
¶社史

**長尾高明**　ながおたかあき
昭和11（1936）年8月6日～
昭和～平成期の古典教育研究者。宇都宮大学教授。
¶現執3期

**長尾辰夫**　ながおたつお
明治38（1905）年4月11日～昭和45（1970）年3月3日
昭和期の詩人。
¶東北近

**長尾十三二**　ながおとみじ
大正13（1924）年2月8日～
昭和～平成期の教育学者。北京師範大学客座教授、東京教育大学教授。専門は西洋教育史、教育学教育論。著書に「近代ヨーロッパの教育と政治」など。
¶現朝，現執1期，現執2期，現執3期，世紀，日人

**長尾金村**　ながおのかねむら
奈良時代の官人。
¶古人

**中尾信夫**　なかおのぶお
昭和22（1947）年2月6日～
昭和～平成期の教育者、小説家。
¶四国文

**長尾教夫**　ながおのりお
大正12（1923）年5月18日～平成7（1995）年3月11日
昭和・平成期の教育者。学校長。
¶飛驒

**長尾博**　ながおひろし
昭和33（1958）年～
昭和～平成期の教育者。
¶視覚

**長尾文蔵**　ながおぶんぞう
明治2（1869）年～昭和10（1935）年
明治～昭和期の教育家。
¶鳥取百

**長尾真**　ながおまこと
昭和11（1936）年10月4日～
昭和～平成期の情報工学者。京都大学学長、国立大学協会会長。専門は有線通信工学、情報処理。コンピュータによる自然言語の研究を続け、機械翻訳システムを開発。
¶現朝，現執2期，現執3期，現執4期，世紀，日人

**長尾正人**　ながおまさと
→長尾正人（ながおせいじん）

**長尾優**　ながおまさる
明治20（1887）年5月22日～昭和50（1975）年10月21日
大正～昭和期の歯科医学者。東京医科歯科大学学長。日本歯科医学会初代会長。東京医学歯学専門学校付属病院長、鶴見大学歯学部長などを歴任。
¶科学，香川人，香川百，近医，現情，人名7，世紀，日人

**長尾益吉**　ながおますきち
天保13（1842）年～明治30（1897）年
江戸時代後期～明治期の医師・教育者。
¶香川人，香川百

**長尾又六**　ながおまたろく
明治5（1872）年1月20日～昭和30（1955）年3月5日
明治～昭和期の教育者。
¶根千

**長尾無墨**　ながおむぼく
？　～明治27（1894）年
明治期の南画家。雁の画に優れ日本の辺寿民と称された。
¶姓氏長野，長野百，長野歴，日人

**中垣長太郎**　なかがきちょうたろう
明治12（1879）年5月26日～
明治期の教師。稲越尋常小学校長。
¶飛驒

**中垣安太郎**　なかがきやすたろう
安政5（1858）年1月2日～大正5（1916）年3月1日
明治～大正期の教育者。
¶福岡百

**中神守節**　なかがみしゅせつ
明和3（1766）年～文政7（1824）年　[別]中神守節《なかがみもりとき》
江戸時代後期の儒学者。
¶江文（なかがみもりとき），国書（なかがみもりとき　[没]文政7（1824）年9月13日），人名，日人

（なかがみもりとき）

**中神守節** なかがみもりとき
→中神守節（なかがみしゅせつ）

**中神良甫** なかがみりょうほ
寛政3（1791）年〜明治2（1869）年12月29日
江戸時代末期の医師・寺子屋師匠。
¶埼玉人，埼玉百

**中川昭栄** なかがわあきえ
昭和19（1944）年〜
昭和〜平成期の小学校教諭、翻訳家。
¶児人

**中川新** なかがわあらた
〜昭和33（1958）年
昭和期の教育者。
¶山口人

**中川斎** なかがわいつき
明治19（1886）年1月2日〜昭和51（1976）年11月17日
明治〜昭和期の教育者、郷土史家。
¶熊本人，熊本百

**中川恵正** なかがわえしょう
昭和18（1943）年8月29日〜
昭和期の教育心理学者。香川大学教授。
¶現執2期

**中川克一** なかがわかついち
文久2（1862）年〜大正2（1913）年
明治期の漢学者。麹町に日新学舎を設立し子弟の教育に貢献。
¶人名，世紀（㊥文久2（1862）年11月3日　㊦大正2（1913）年1月16日），日人

**中川かね子** なかがわかねこ
生没年不詳
明治期の教員。福岡県立久留米高等女学校教諭。
¶社史

**中川謙叔** なかがわかねよし
→中川謙叔（なかがわけんしゅく）

**中川寛蔵** なかがわかんぞう
嘉永5（1852）年〜昭和6（1931）年
明治〜昭和期の教育者。
¶青森人

**中川謙叔** なかがわけんしゅく
寛永1（1624）年〜万治1（1658）年11月18日　㊥中川謙叔《なかがわかねよし》
江戸時代前期の儒学者。
¶岡山人，国書（なかがわかねよし），新潮，人名，世人，日人，藩臣6（なかがわかねよし）

**中川謙二郎**（中川謙次郎） なかがわけんじろう
嘉永3（1850）年9月21日〜昭和3（1928）年4月18日
明治〜大正期の教育家。東京女子高等師範学校長。学習院、女子師範などで教諭。文部省視学官。共立女子職業学校（後の共立女子学園）の設立に関わる。

¶学校，コン改，コン5，新潮，人名（中川謙次郎），世紀，日人

**中川源造** なかがわげんぞう
安政2（1855）年〜明治40（1907）年
明治期の地方開発者。高田中学校、高田師範学校の設立運動に尽力。
¶人名，日人

**中川弘一郎** なかがわこういちろう
昭和7（1932）年3月28日〜平成9（1997）年2月19日
昭和期の音楽教育学者。愛知県立大学教授。
¶音人，音人2，音人3，現執2期

**中川小十郎** なかがわこじゅうろう
慶応2（1866）年1月4日〜昭和19（1944）年10月7日
明治〜昭和期の官僚、教育家。貴族院議員、立命館大学総長。西園寺公望首相秘書官。台湾銀行頭取。京都法政学校（後の立命館大学）を設立。
¶学校，京都大，近現，現朝（㊥慶応2年1月4日（1866年2月18日）），国史，コン改，コン5，新潮，人名7（㊦1867年），世紀，姓氏京都，日史（㊥慶応2（1866）年1月8日），日人，履歴

**中川貞** なかがわさだ
明治34（1901）年5月30日〜平成4（1992）年10月31日
昭和・平成期の教育者。学校長。
¶飛騨

**中川幸子** なかがわさちこ
安政4（1857）年〜明治43（1910）年　㊨中川幸子《なかがわゆきこ》
明治期の民権運動家。女権伸張、婦選獲得などを訴える三省学舎を開設。
¶社史，女連，女性（なかがわゆきこ），女性普（なかがわゆきこ），姓氏富山，富山百（㊥安政4（1857）年7月15日　㊦明治43（1910）年8月28日），日人

**中川暁** なかがわさとる
昭和3（1928）年12月17日〜
昭和〜平成期の小学校教師。
¶現執3期

**中川三郎** なかがわさぶろう
明治32（1899）年〜昭和33（1958）年
昭和期の教育者・歯科医師。
¶神奈川人

**中川重麗** なかがわしげあき
嘉永2（1849）年2月2日〜大正6（1917）年5月16日
江戸時代後期〜大正期の美学者、俳人、編集者。京都私立独逸学校（後の京都薬科大学）の設立に関わる。
¶映人，学校

**中川茂夫** なかがわしげお
？〜
昭和期の教員。
¶社史

**中川静** なかがわしずか
慶応2（1866）年〜昭和10（1935）年

明治～大正期の教育家, 実業家。熊本商業校長, 神戸高等商業学校教授などを務めた。
¶人名, 世紀 (㊞慶応2 (1866) 年2月　㊨昭和10 (1935) 年2月23日), 日人

**中川子訥**　なかがわしとつ
嘉永1 (1848) 年～明治4 (1871) 年
江戸時代末期～明治期の儒学者。
¶人名, 日人

**仲川十左衛門**　なかがわじゅうざえもん
明治15 (1882) 年～昭和14 (1939) 年
明治～昭和期の社会教育事業家。
¶新潟百

**中川靖太郎**　なかがわせいたろう
？　～明治12 (1879) 年
江戸時代末期～明治期の儒学者。
¶人名, 日人

**中川潜叟**　なかがわせんそう
？　～明治16 (1883) 年
江戸時代末期～明治期の武士, 教育家。
¶人名, 日人, 藩臣7

**中川泉三**　なかがわせんぞう
明治2 (1869) 年4月14日～昭和14 (1939) 年12月27日
明治～大正期の教員, 地方史研究家。滋賀県坂田郡会議員。滋賀県史を研究。
¶郷土, 郷土滋賀, 考古, 滋賀百, 滋賀文, 史研, 世紀, 日人

**中川太郎**　なかがわたろう
万延1 (1860) 年8月8日～大正8 (1919) 年8月3日
明治～大正期の教育者。
¶山梨百

**中川長五郎**　なかがわちょうごろう
明治36 (1903) 年2月8日～平成4 (1992) 年6月5日
昭和・平成期の書家・学校教諭。
¶飛騨

**中川鶴胤**　なかがわつるたね
明治42 (1909) 年7月3日～昭和42 (1967) 年4月17日
大正～昭和期の歌人, 教育者。
¶紀伊文

**中川直亮**　なかがわなおすけ
明治13 (1880) 年～昭和33 (1958) 年
大正～昭和期の教育者。
¶神奈川人

**中川元**　なかがわはじめ
嘉永4 (1852) 年12月16日～大正2 (1913) 年9月28日
明治～大正期の文部官吏, 教育者。フランスに渡り師範制度調査, パリ万国博覧会日本代表団通訳を務める。
¶海越, 海越新, 渡航, 長野百 (㊞1851年), 長野歴 (㊞嘉永4 (1851) 年), 日人, 宮城百 (㊞嘉永4 (1851) 年)

**中川八郎**　なかがわはちろう
生没年不詳
明治期の英語教師。もと新宮藩士。
¶飛騨

**中川久貞**　なかがわひささだ
享保9 (1724) 年1月19日～寛政2 (1790) 年5月20日
江戸時代中期の大名。豊後岡藩主。
¶国書, 諸系, 人名, 日人, 藩主4

**中川久忠**　なかがわひさただ
元禄10 (1697) 年～寛保2 (1742) 年
江戸時代中期の大名。豊後岡藩主。
¶諸系, 人名 (㊞1698年), 日人, 藩主4 (㊞元禄11 (1697) 年2月24日　㊨寛保2 (1742) 年10月13日

**中川秀恭**　なかがわひでやす
明治41 (1908) 年1月1日～
大正～昭和期の哲学者, 神学者。
¶キリ, 現執1期, 現執2期, 現情, 島根百, 世紀

**中川宏**　なかがわひろし
昭和4 (1929) 年3月27日～
昭和期の科学読物作家, 生物教諭。
¶児人, 日児

**中川正春**　なかがわまさはる
昭和25 (1950) 年6月10日～
昭和～平成期の政治家。衆議院議員, 第15代文科相。
¶現政

**中川将行**　なかがわまさゆき
嘉永1 (1848) 年～明治30 (1897) 年2月5日
明治期の数学者, 教育者。実用数学を標榜する見地から, 和算を徹底的に批判。和算の衰退に拍車をかける。
¶朝日, 科学, 静岡歴, 数学, 大百 (㊞1852年？ ㊨1895年)

**中川又七郎**　なかがわまたしちろう
慶応2 (1866) 年8月6日～大正7 (1918) 年8月22日
明治～大正期の教育者。
¶群馬人

**中川幸子**　なかがわゆきこ
→中川幸子 (なかがわさちこ)

**中川横太郎**　なかがわよこたろう
天保7 (1836) 年～明治36 (1903) 年4月15日
江戸時代末期～明治期の社会事業家。小学校の新設, 岡山県医学校の設立などに尽力。
¶岡山人, 岡山百, 岡山歴, 学校, 日人, 幕末, 幕末大

**中川与志**　なかがわよし
明治2 (1869) 年7月4日～大正11 (1922) 年3月22日
明治～大正期の宗教家, 教育者。修徳学校創立者。
¶学校

**中川良助**　なかがわりょうすけ
明治15 (1882) 年～昭和39 (1964) 年
明治～昭和期の教育者。

¶千葉百

**中川良三** なかがわりょうぞう
大正14(1925)年3月14日〜
昭和期のハウテック代表取締役会長・岐阜県教育委員長。
¶飛騨

**中桐確太郎** なかぎりかくたろう
明治5(1872)年11月15日〜昭和19(1944)年4月1日
明治〜昭和期の教育家、哲学者。早稲田大学教授。「一燈園」のために尽力。
¶近文([没]1945年), 人名7, 世紀, 哲学, 日人

**中桐星城** なかぎりせいじょう
天保13(1842)年〜明治32(1899)年
明治期の儒学者。郷里に明道社、明親館などを開設。著書に「文園自耕」など。
¶人名, 日人

**中岫武男** なかぐきたけお
明治37(1904)年〜平成6(1994)年
昭和〜平成期の社会事業家。中岫土地改良区理事長、天間林村教育委員、天間林村民生児童委員。
¶青森人

**永国淳哉** ながくにじゅんや
昭和14(1939)年〜
昭和〜平成期の教育者。
¶四国文

**永久保秀二郎** ながくぼしゅうじろう
嘉永2(1849)年3月3日〜大正13(1924)年12月24日 [別]永久保秀次郎《ながくぼひでじろう》, 永久保秀二郎《ながくぼひでじろう》, 永久保周治郎, 観潮楼主人, 春湖, 春湖山人
明治〜昭和期の教員、伝道師。
¶社史, 北海道百(ながくぼひでじろう), 北海道歴(永久保秀次郎 ながくぼひでじろう)

**長久保赤水** ながくぼせきすい
享保2(1717)年〜享和1(1801)年
江戸時代中期〜後期の地図作者。農民出身の儒者。
¶朝日([生]享保2年11月6日(1717年12月8日) [没]享和1年7月23日(1801年8月31日)), 茨城百, 岩史([生]享保2(1717)年11月6日 [没]享和1(1801)年7月23日), 江文, 角史, 郷土茨城, 近世, 考古, 国史, 国書([生]享保2(1717)年11月6日 [没]享和1(1801)年7月23日), コン改, コン4, 史人([生]1717年11月6日 [没]1801年7月23日), 重要([没]享和1(1801)年7月25日), 人書94, 新潮([生]享保2(1717)年11月6日 [没]享和1(1801)年7月25日), 人名, 世人([没]享和1(1801)年7月25日), 全書, 大百, 日史([生]享保2(1717)年11月6日 [没]享和1(1801)年7月23日), 日人, 藩臣2, 百科, 洋学, 歴大

**永久保秀次郎**(永久保秀二郎) ながくぼひでじろう
→永久保秀二郎(ながくぼしゅうじろう)

**永窪玲子** ながくぼれいこ
昭和44(1969)年〜
平成期の高等学校教諭、翻訳家。
¶児人

**中隈仙五郎** なかくませんごろう
生没年不詳
明治期の教育者。北海道庁立根室実業学校の初代校長。
¶根千

**長倉矯介** ながくらきょうすけ
明治27(1894)年6月12日〜昭和50(1975)年1月27日
昭和期の法学者、教育学者。
¶現情

**長倉三郎** ながくらさぶろう
大正9(1920)年10月3日〜
昭和期の物理化学者。分子軌道論を用いて分子内・分子間の電荷移動理論を確立。
¶現朝, 現情, 現日, 静岡歴, 新潮, 世紀, 日人, 日本

**仲子**(1) なかこ★
天保9(1838)年〜明治34(1901)年
江戸時代後期〜明治時代の女性。教育・和歌。大館の漢詩人二階堂竹逕の娘。
¶江表(仲子(秋田県))

**仲子**(2) なかこ★
寛政2(1790)年〜弘化3(1846)年
江戸時代後期の女性。心学・和歌。林氏。矢口来応の妻。
¶江表(仲子(広島県))

**中小路清雄** なかこうじきよお
昭和5(1930)年1月1日〜
昭和期の労働運動家。日本教職員組合書記長。
¶現執2期, 現情

**仲子岐陽** なかこきよう
[別]仲子岐陽《なかのこきよう》
江戸時代中期の武士、儒者。
¶国書(なかのこきよう [生]享保7(1722)年 [没]明和3(1766)年6月25日), 日人([生]1721年 [没]1765年)

**中込道夫** なかごめみちお
大正15(1926)年6月10日〜
昭和〜平成期の政治学者。足利工業大学、関口精機労働組合労働学校長。
¶現執2期, 現執3期, 世紀, マス89

**那珂梧楼** なかごろう
→那珂通高(なかみちたか)

**長坂クララ** ながさかくらら
元治1(1864)年11月25日〜明治44(1911)年2月8日
明治期のキリスト教伝道者。新潟女学校教師。和服の宣教師と慕われた。植物学の研究者としても著名。
¶女性, 女性普, 日人

**長坂賢諒** ながさかけんりょう
享和2(1802)年～明治9(1876)年
江戸時代後期～明治期の教育者。
¶姓氏岩手

**長坂端午** ながさかたんご
明治40(1907)年5月5日～昭和52(1977)年4月9日
昭和期の教育学者。東京教育大学教授。
¶現情，長野歴

**長坂利郎** ながさかとしろう
明治20(1887)年～昭和18(1943)年
明治～昭和期の教育者。小学校長。
¶姓氏長野，長野百，長野歴

**長坂直温** ながさかなおあつ
生没年不詳
明治期の教師。横須賀造船所でわが国初の簿記法教師として授業を行う。
¶先駆

**長坂好子** ながさかよしこ
明治24(1891)年5月29日～昭和45(1970)年9月30日
大正～昭和期のソプラノ声楽家、音楽教育者。東京音楽学校教授。後進の指導育成に尽力。
¶音楽，音人，芸能，現情，女性，女性普，新芸，人名7，世紀，日人

**長崎郁夫** ながさきいくお
昭和28(1953)年1月18日～
昭和～平成期の教育者。
¶視覚

**永崎一則** ながさきかずのり
大正15(1926)年6月9日～
昭和～平成期の話力学者。話力総合研究所所長。専門は、話力学、人間関係、教授法。
¶現執1期，現執2期，現執3期，現執4期

**長崎勘介** ながさきかんすけ
寛政12(1800)年～元治2(1865)年　[別]長崎梅軒《ながさきばいけん》
江戸時代末期の陸奥黒石藩家老。
¶江文(長崎梅軒　ながさきばいけん)，人名(長崎梅軒　ながさきばいけん)，日人(長崎梅軒　ながさきばいけん)，藩臣1

**長崎玉淵** ながさきぎょくえん
天保8(1837)年～明治24(1891)年
明治期の教育者。
¶姓氏神奈川

**長崎金城** ながさききんじょう
天明7(1787)年～安政6(1859)年
江戸時代中期の陸奥弘前藩儒。
¶青森人，国書，人名，日人

**長崎政次郎** ながさきせいじろう
明治28(1895)年5月15日～昭和45(1970)年8月4日
大正～昭和期の出版人。長崎次郎書店社長、熊本県教科書供給所社長。
¶出版，出文

**長崎太郎** ながさきたろう
明治25(1892)年6月18日～昭和44(1969)年12月7日
明治～昭和期の教育者。
¶高知人，高知百，四国文

**長崎梅軒** ながさきばいけん
→長崎勘介(ながさきかんすけ)

**中里清** なかざときよし
明治34(1901)年6月16日～昭和49(1974)年1月18日
大正～昭和期の歌人・教育者。
¶埼玉人

**仲里朝章** なかざとちょうしょう
明治24(1891)年11月7日～昭和48(1973)年2月10日
大正～昭和期の牧師、教育者。沖縄キリスト教短期大学初代理事長・学長。
¶沖縄百

**中里朝忠** なかざとともただ
江戸時代末期の真岡中村八幡の神主。
¶栃木歴

**仲里松吉** なかざとまつきち
明治25(1892)年～昭和52(1977)年
大正～昭和期の教育者。謝花小学校長、沖縄県視学・教育長。
¶姓氏沖縄

**長沢市蔵** ながさわいちぞう
文久2(1862)年7月22日～大正4(1915)年3月
明治～大正期の教育者。
¶山梨百

**永沢英蔵** ながさわえいぞう
大正10(1921)年～昭和61(1986)年
昭和期の教育者。青森高校長。
¶青森人

**中沢和子** なかざわかずこ
昭和2(1927)年5月3日～
昭和～平成期の幼児教育研究者。上越教育大学教授。
¶現執2期，現執3期

**長沢亀之助** ながさわかめのすけ
万延1(1860)年11月22日～昭和2(1927)年10月16日
明治～大正期の数学者。東洋和英女学校校長。数学教育に関する著訳書多数。雑誌「えっくす・わい」を創刊。
¶科学，教育，新潮，人名，数学，世紀([生]万延1(1861)年11月22日)，日人([生]1861年)

**長沢金太郎** ながさわきんたろう
文政3(1820)年～明治1(1868)年　[別]長沢赤城《ながさわせきじょう》
江戸時代末期の越後長岡藩士。
¶国書(長沢赤城　ながさわせきじょう　[没]明治1

(1868)年9月8日)，人名(長沢赤城　ながさわせきじょう)，日人(長沢赤城　ながさわせきじょう)，幕末([生]1819年　[没]1868年10月23日)，藩臣4

**中沢健一** なかざわけんいち
大正14(1925)年8月1日〜
昭和期の教育者。学校長・競技スキー指導者。
¶飛騨

**中沢見作** なかざわげんさく，なかざわけんさく
文政5(1822)年〜明治22(1889)年
江戸時代末期〜明治期の教育家。唐津藩政改革に加わり、耐恒寮という洋学校で漢学を教える。
¶長崎遊(なかざわけんさく)，藩臣7

**中沢洽樹** なかざわこうき
大正4(1915)年11月15日〜平成9(1997)年6月18日
昭和期の旧約聖書学者。立教大学教授。
¶キリ，現執1期，現情，高知人，世紀

**永沢幸七** ながさわこうしち
大正2(1913)年3月24日〜
昭和期の教育心理学者。東京家政学院大学教授。
¶現執1期，心理

**中沢鴻洲** なかざわこうしゅう
天明4(1784)年〜安政3(1856)年
江戸時代中期〜末期の心学者。
¶国書

**長沢小作** ながさわこさく
明治19(1886)年12月27日〜*
大正〜昭和期の教育者。福井県訓盲学舎(現県立盲学校)を開設。
¶郷土福井([没]1977年)，世紀([没]昭和53(1978)年4月26日)，日人([没]昭和53(1978)年4月26日)，福井百([没]昭和52(1977)年)

**中沢正七** なかざわしょうしち
明治3(1870)年〜昭和19(1944)年
明治〜昭和期の教育者。北陸女学校校長。
¶石川百，姓氏石川

**中沢正寿** なかざわしょうじゅ
大正4(1915)年〜平成8(1996)年3月22日
昭和期の心理学者。静岡大学教授。
¶群馬人，現執1期，心理([生]大正4(1915)年6月21日)

**中沢次郎** なかざわじろう
大正11(1922)年7月28日〜
昭和期の教育学者。東京農業大学教授、東京家政学院大学教授。
¶現執1期，現執2期

**長沢赤城** ながさわせきじょう
→長沢金太郎(ながさわきんたろう)

**中沢雪城** なかざわせつじょう
*〜慶応2(1866)年
江戸時代後期〜末期の書家。
¶国書([生]文化7(1810)年　[没]慶応2(1866)年2月1日)，新潟百，日人([生]1808年，(異説)1810年)，三重

**長沢潜軒** ながさわせんけん
元和7(1621)年〜延宝4(1676)年
江戸時代前期の儒学者。
¶高知人，人名，世人([生]元和8(1622)年)，日人，藩臣6

**長沢泰子** ながさわたいこ
昭和10(1935)年8月25日〜
昭和期の言語障害児教育研究者。広島大学教授。
¶現執2期

**中沢竹太郎** なかざわたけたろう
明治41(1908)年〜昭和58(1983)年
昭和期の洋画家。
¶高知人，美家([生]明治41(1908)年1月15日　[没]昭和58(1983)年11月18日)，洋画

**中沢忠太郎** なかざわただたろう
明治4(1871)年4月19日〜大正6(1917)年11月26日
明治〜大正期の教育学者。
¶山梨百

**中沢つじ江** なかざわつじえ
生没年不詳
昭和期の小学校教員。
¶社史

**長沢東海** ながさわとうかい
→長沢不怨斎(ながさわふえんさい)

**中沢道二** なかざわどうじ
→中沢道二(なかざわどうに)

**中沢道二** なかざわどうに
享保10(1725)年〜享和3(1803)年6月11日　[別]中沢道二《なかざわどうじ》
江戸時代中期〜後期の石門心学者。
¶朝日([生]享保10年8月15日(1725年9月21日)　[没]享和3年6月11日(1803年6月29日))，岩史([生]享保10(1725)年8月15日)，江人，江戸，角史，京都大，京都府，近世，群馬人([生]享保10(1725)年8月15日)，国史，国書([生]享保10(1725)年8月15日)，コン改，コン4，コン5，史人([生]1725年8月15日)，思想史，重要([生]享保10(1725)年8月25日)，新潮([生]享保10(1725)年8月15日)，人名，姓氏京都(なかざわどうじ)，世人([生]享保10(1725)年8月25日)，世百，全書，大百(なかざわどうじ　[没]1802年)，長野歴，日思，日史([生]享保10(1725)年8月15日)，日人，百科，福島百([生]享保10(1725)年頃)，山川小([生]1725年8月15日)，歴大

**長沢時基** ながさわときもと
慶応1(1865)年〜大正9(1920)年
明治〜大正期の図案教師。
¶姓氏群馬

**長沢寿夫** ながさわとしお
昭和31(1956)年12月20日〜
昭和〜平成期の家庭教師。

な

¶現執3期

**長沢利英** ながさわとしひで
嘉永3(1850)年8月23日～明治38(1905)年1月5日
明治期の教育者。山形県師範学校教授。
¶庄内(㊤嘉永1(1848)年8月23日),植物,山形百

**長沢不怨斎** ながさわふえんさい
元禄10(1697)年12月～延享2(1745)年 ㊙長沢東海《ながさわとうかい》
江戸時代中期の出雲松江藩士,儒学者。
¶江文(長沢東海 ながさわとうかい),国書(長沢東海 ながさわとうかい ㊤延享2(1745)年10月18日),島根人(長沢東海 ながさわとうかい),島根歴(長沢東海 ながさわとうかい ㊤元文3(1738)年),人名(長沢東海 ながさわとうかい),日人(長沢東海 ながさわとうかい ㊤1698年),藩臣5

**中沢宗弥** なかざわむねや
明治19(1886)年～昭和40(1965)年
明治～昭和期の教育者。
¶群新百,群馬人,群馬百

**中沢弥数** なかざわやかず
明治40(1907)年8月2日～平成5(1993)年3月22日
昭和・平成期の教育者。学校長。
¶飛騨

**長沢靖** ながさわやすし
昭和33(1958)年～
昭和～平成期の中学校教諭、童画家。
¶児人

**仲至信** なかしのぶ
昭和4(1929)年7月22日～
昭和期の久々野町助役・同教育長。
¶飛騨

**中島章夫** なかじまあきお
昭和11(1936)年1月27日～
昭和～平成期の政治家。参議院議員、衆議院議員、国際教育交流馬場財団理事長。
¶現政

**中嶋明勲** なかじまあきのり
昭和8(1933)年12月23日～
昭和～平成期の教育社会学者、家族社会学者。名古屋工業大学教授。
¶現執3期

**中島昭美** なかじまあきよし
昭和2(1927)年4月1日～平成12(2000)年2月
昭和～平成期の盲聾教育学者。
¶視覚

**中嶋巌** なかじまいわお
大正6(1917)年5月9日～平成14(2002)年6月23日
昭和期の教育者。
¶視覚

**中島歌子** なかじまうたこ
天保12(1841)年12月14日～明治36(1903)年1月30日
明治期の歌人。樋口一葉らを教導。歌集に「萩のつくし」。
¶朝日(㊤弘化1(1844)年),維新,茨城百,江表(歌子(東京都)),郷土茨城,近女,近文,コン改,コン4,コン5,埼玉人(㊤弘化1(1844)年12月14日),女史,女性,女性普,新潮(㊤弘化1(1844)年12月14日),新文(㊤弘化1(1844)年12月14日),人名,短歌普(㊤1844年12月14日),日女(㊤弘化1(1844)年12月14日),日人(㊤1845年),幕末,幕末大(㊤天保12(1842)年12月14日),文化(㊤1844年)

**永島運一** ながしまうんいち
明治35(1902)年～昭和63(1988)年
大正～昭和期の教育者。永島学園創設者・初代理事長。
¶学校,島根百(㊤明治35(1902)年7月5日),島根歴

**中島永元** なかじまえいげん
→中島永元(なかじまながもと)

**長島織吉** ながしまおりきち
明治4(1871)年～昭和12(1937)年
明治～昭和期の郷土史家。
¶郷土,群馬人,姓氏群馬

**中島海** なかじまかい
明治27(1894)年～昭和26(1951)年
大正～昭和期の体育・遊戯研究者。東京高等師範学校教授。
¶体育

**中島勝義** なかじまかつよし
安政5(1858)年～昭和7(1932)年
明治～大正期のジャーナリスト。「東京曙新聞」「攪眠新誌」「興民新誌」などに寄稿。
¶近現,国史,世紀(㊤安政5(1858)年5月5日 ㊙昭和7(1932)年7月15日),日人

**長島かね** ながしまかね
明治23(1890)年4月7日～昭和46(1971)年10月7日
大正～昭和期の教育者。
¶埼玉人

**中島嘉平治** なかじまかへいじ
文化13(1816)年～明治28(1895)年
江戸時代後期～明治期の教育者。
¶姓氏長野

**長島亀之助** なかじまかめのすけ
明治34(1901)年～昭和54(1979)年
大正～昭和期の教育者、道元研究者。
¶長野歴

**中島漢山** なかじまかんざん
文化12(1815)年～明治29(1896)年
江戸時代末期・明治期の教育者、松山藩士。
¶愛媛

**中島義一** なかじまぎいち
明治26(1893)年3月15日～昭和8(1933)年10月

26日
明治～昭和期の中学校教師(豊岡中)。
¶世紀, 日児, 日人

**中島菊夫** なかじまきくお
明治30(1897)年10月8日～昭和37(1962)年4月21日
大正～昭和期の教育者、小学校教師、新聞記者、雑誌編集者。
¶四国文, 社史, 世紀, 日児, 日人, 漫人

**中島吉郎** なかしまきちろう
慶応3(1867)年8月9日～大正11(1922)年4月14日
明治～大正期の教育者。神陽学館創設者。私塾・神陽学館を開く。その後、神陽女学校や農業補習学校(後の神埼清明高等学校)を設立。
¶学校, 佐賀百, 世紀, 日人

**中島久万吉**(中島九万吉, 中嶋久万吉) なかじまくまきち
明治6(1873)年7月24日～昭和35(1960)年4月25日
大正～昭和期の実業家、政治家。古河電工社長、貴族院議員。日本貿易会を設立、国際電信電話創立委員長、文化放送会長を歴任。城西実務学校(後の城西学園)を創立。
¶朝日, 学校, 神奈川人, 神奈川百(中島九万吉), 近現, 現朝, 現情(中嶋久万吉), 現日(㊛1876年7月24日), 高知人, 高知百, 国史, コン改, コン4, コン5, 史人, 実業, 新潮, 人名7(中嶋久万吉), 世紀, 政治, 人人, 世百, 全書, 創業, 大百, 日史, 日人, 履歴, 履歴2, 歴大

**中島桂太郎** なかじまけいたろう
大正5(1916)年～平成10(1998)年
昭和・平成期のエンジン開発者。トヨタ第一技術部次長、トヨタ米国支店長。
¶高知経

**中島健吉** なかじまけんきち
大正10(1921)年1月2日～
昭和・平成期の実業家。平和社長。パチンコ製造会社平和商会(現・平和)を創業。教育助成のための平和中島財団を設立。
¶現朝, 世紀, 日人

**中島健三** なかじまけんぞう
大正10(1921)年10月12日～平成6(1994)年10月21日
昭和～平成期の教育学者。
¶現執1期, 現執3期, 数学

**中島源太郎** なかじまげんたろう
昭和4(1929)年2月11日～平成4(1992)年2月7日
昭和～平成期の政治家。衆議院議員。衆議院議員連続7期。自民党三塚派に所属。衆議院外務委員長、文部大臣などを歴任。
¶映人, 群新百, 群馬人, 現朝, 現政, 世紀, 政治, 日人

**中島元洞** なかじまげんどう
安永1(1772)年～弘化3(1846)年
江戸時代後期の心学者。

¶長野歴

**中島研六** なかじまけんろく
明治33(1900)年～平成1(1988)年2月20日
大正～昭和期の口演童話家、教育者。
¶群馬人, 日児(㊛明治33(1900)年3月28日 ㊛平成1(1988)年2月20日)

**中島康吉** なかじまこうきち
明治40(1907)年3月23日～平成2(1990)年3月28日
昭和・平成期の教育者。学校長。
¶飛騨

**長嶋行吉**(長島行吉) ながしまこうきち
明治4(1871)年～昭和35(1960)年
明治～昭和期の教育家。静岡女子商業学園創立者。
¶学校, 静岡歴, 姓氏静岡(長島行吉)

**中島衡平** なかじまこうへい
文政5(1822)年～慶応4(1868)年 ㊛中島操存斎《なかじまそうそんさい》
江戸時代末期の筑前秋月藩士、儒学者。
¶国書(中島操存斎 なかじまそうそんさい ㊛慶応4(1868)年5月24日), 人名(中島操存斎 なかじまそうそんさい), 日人(中島操存斎 なかじまそうそんさい), 藩臣7

**中島這棗** なかじまこのすて
→中島這棗(なかじまこれすて)

**中島這季** なかじまこれすえ
寛政7(1795)年～元治1(1864)年12月16日
江戸時代末期の算学者、信濃松本藩士。
¶国書, 人名(㊛1796年), 長野百, 長野歴, 日人(㊛1865年)

**中島這棗** なかじまこれすて
文政10(1827)年～大正1(1912)年 ㊛中島這棗《なかじまこのすて》
江戸時代末期～明治期の算術家。松本藩勘定奉行として藩政に尽くす。
¶人名, 数学(㊛文政10(1827)年6月 ㊛明治45(1912)年2月17日), 姓氏長野(なかじまこのすて), 長野歴, 藩臣3(なかじまこのすて)

**中島才吉** なかじまさいきち
弘化3(1846)年～大正14(1925)年
江戸時代末期～大正期の外交官。ミラノ公使館領事。イタリアに赴任、ローマ公使館勤務。フランス語教育に尽力。
¶海越, 海越新, 国際, 日人

**中島幸子** なかじまさちこ
明治35(1902)年～
大正～昭和期の評論家、翻訳家。「女人芸術」執筆者。
¶近女, 社史(㊛1902年12月11日), 世紀

**中島三郎助** なかじまさぶろうすけ
*～明治2(1869)年 ㊛中島三郎助《なかじまさぶろうすけ》, 中島木鶏《なかじまもくけい》
江戸時代末期～明治期の幕臣。下田奉行書与力、軍艦頭取出役。洋式の軍事技術を修得、桂小五郎

に砲術を教えた。軍艦開陽の砲術指導者。
¶朝日（[生]文政3（1820）年　[没]明治2年5月15日（1869年6月24日）），維新（[生]1820年），神奈川人（[生]1821年），神奈川百（[生]1820年），北墓（中島三郎助、恒太郎、英次郎　なかじまさぶろうすけつねたろうふさじろう　[生]？　[没]明治2（1869）年5月16日），人名（中島木鶏　なかじまもくけい　[生]1820年），姓氏神奈川（[生]1821年），全幕（[生]文政4（1821）年），徳川臣（なかじまさぶろすけ　[生]1821年），長崎遊（[生]文政3（1820）年），日人（[生]1820年），幕末（[生]1821年2月27日　[没]1869年6月25日），幕末大（[生]文政4（1821）年1月25日　[没]明治2（1869）年5月16日）

な

**中島三郎助**　なかじまさぶろすけ
→中島三郎助（なかじまさぶろうすけ）

**中島鹿吉**　なかじましかきち
明治17（1884）年2月15日～昭和33（1958）年4月17日
明治～昭和期の郷土史家。
¶郷土，高知人，高知百，四国文

**中島子玉**　なかしましぎょく
享和1（1801）年～天保5（1834）年
江戸時代後期の豊後佐伯藩士、教育家。
¶大分百，大分歴，藩臣7

**永島梔岡**　ながしましこう
文化8（1811）年～明治9（1876）年12月25日
江戸時代後期～明治期の俳人・寺子屋師匠。
¶東三河

**長島重三郎**　ながしまじゅうざぶろう
明治11（1878）年～昭和42（1967）年
大正～昭和期の教育家・社会事業家。
¶神奈川人

**中島湘烟**　なかじましょうえん
→岸田俊子（きしだとしこ）

**中島鉦次**　なかしましょうじ
大正9（1920）年11月30日～
昭和期の教育者。学校長。
¶飛騨

**中島治郎兵衛**　なかじまじろべえ
天保8（1837）年～明治39（1906）年
明治期の政治家。神奈川県会議員、東京府北多摩郡会議長。東京府立第二中学を誘致。
¶多摩，日人

**中島仁市**　なかじまじんいち★
大正6（1917）年3月8日～平成22（2010）年5月22日
昭和・平成期の栃木市教育長。
¶栃木人

**中島真孝**　なかじましんこう
明治22（1889）年1月7日～昭和49（1974）年3月30日
大正～昭和期の教育家、仏教家。宗教教育学の展開に寄与。
¶世紀，哲学，仏人

**中島盛一**　なかじませいいち
明治22（1889）年～？
大正～昭和期の教育者。
¶群馬人

**中島盛太郎**　なかじませいたろう
明治17（1884）年～昭和27（1952）年
明治～昭和期の教育者。
¶群馬人

**中島石浦**　なかじませきほ
生没年不詳
江戸時代中期～後期の儒学者。
¶国書，日人

**中島惣左衛門**　なかじまそうざえもん
明治17（1884）年～昭和36（1961）年
明治～昭和期の埴科、更級郡の地方史家、教育者。
¶姓氏長野，長野歴

**中島惣助**　なかじまそうすけ
明治期の塾教師。フランスに留学し鉱山学を学ぶ。
¶海越（生没年不詳），海越新，渡航

**中島操存斎**　なかじまそうそんさい
→中島衡平（なかじまこうへい）

**中島太郎**　なかじまたろう
明治37（1904）年2月15日～昭和45（1970）年5月2日
昭和期の教育学者。横浜国立大学教授、東北大学教授。教育制度、教育行政学を研究。著書に「学級編成の諸問題」「教育行政」など。
¶現情，埼玉人，人名7，世紀，日人

**長島竹澗**（長島竹澗）　ながしまちくかん
文政6（1823）年～明治22（1889）年
江戸時代末期・明治期の僧。大聖寺住職。竜泉寺住職。竜泉寺塾を開校。
¶伊豆（[生]文政8（1825）年），静岡歴，姓氏静岡（長島竹澗）

**中島忠右衛門**　なかじまちゅうえもん
天明6（1786）年～安政4（1857）年　[別]中島竜橋《なかじまりゅうきょう》
江戸時代後期の近江彦根藩士、儒学者。
¶国書（中島竜橋　なかじまりゅうきょう　[生]天明6（1786）年2月　[没]安政4（1857）年3月18日），日人（中島竜橋　なかじまりゅうきょう），藩臣4

**中島長吉**　なかじまちょうきち
明治4（1871）年1月1日～明治28（1895）年1月1日
明治期の教育者。
¶群新百，群馬人，群馬百（[没]1899年）

**中島恒雄**　なかじまつねお
昭和22（1947）年6月26日～
昭和～平成期の社会福祉学、教育学研究者。
¶現執4期

**中島東関**　なかじまとうかん
→中島嘉春（なかじまよしはる）

**中島徳治** なかじまとくじ
明治15(1882)年～昭和22(1947)年
明治～昭和期の政治家。若柳町長。若柳高等女学校の設立に尽力。
¶姓氏宮城

**中島徳蔵** なかじまとくぞう
文久4(1864)年～昭和15(1940)年
明治～昭和期の倫理学者。東洋大学学長。実践倫理を説いては第1人者と言われた。
¶群新百，群馬人，群馬百，姓氏群馬，哲学

**永島利明** ながしまとしあき
昭和10(1935)年11月6日～
昭和～平成期の技術科教育学者。茨城大学教授。
¶現執3期

**中島俊子** なかじまとしこ
→岸田俊子(きしだとしこ)

**中島仲重** なかじまなかしげ
明治17(1884)年～大正10(1921)年 [別]中島仲重《なかじまなかじゅう》
明治～大正期の殉職教育者。
¶郷土長野，姓氏長野(なかじまなかじゅう)，長野歴

**中島仲重** なかじまなかじゅう
→中島仲重(なかじまなかしげ)

**中島永元** なかじまながもと
天保15(1844)年7月16日～大正11(1922)年11月10日 [別]中島永元《なかじまえいげん》
明治～大正期の教育家。文部省参事官等を務め日本教育制度の確立に尽力。
¶海越(生没年不詳)，海越新，人名(なかじまえいげん)，世紀，渡航(なかじまえいげん)，日人

**中島信虎** なかじまのぶとら
慶応2(1866)年～昭和12(1937)年
明治～昭和期の教育者。
¶群新百，群馬人，群馬百

**中島春義** なかじまはるよし
明治37(1904)年6月27日～昭和62(1987)年5月11日
昭和期の教育者。
¶埼玉人

**中島半次郎** なかじまはんじろう，なかしまはんじろう
明治4(1871)年12月23日～昭和1(1926)年
明治～大正期の教育家。早稲田大学高等学院長。著書に「人格的教育学の思潮」。
¶教育，近文，熊本人(なかしまはんじろう [生]1872年)，コン改，コン5，史人([没]1926年12月20日)，人名，世紀([生]明治4(1872)年12月23日 [没]大正15(1926)年12月20日)，哲学，渡航([没]1926年10月15日)，日人([生]明治4(1872)年12月24日 [没]大正15(1926)年12月21日)

**中島秀雄(1)** なかしまひでお
明治22(1889)年～昭和31(1956)年
大正・昭和期の熊本県社会教育課相談役。元毎日新聞記者。
¶熊本人

**中島秀雄(2)** なかしまひでお
明治44(1911)年12月17日～平成9(1997)年7月20日
昭和・平成期の教育者。学校長。
¶飛騨

**中島ひろい** なかじまひろい
安政5(1858)年1月8日～昭和17(1942)年
明治～昭和期の社会教育者。仏教会館を設立。愛国婦人会会員、宮城県支部評議委員、婦人会長などを歴任。
¶女性，女性普，姓氏宮城

**中嶋博和** なかじまひろかず
昭和2(1927)年10月24日～
昭和～平成期の小学校教師。石神井台小学校教諭、東京学芸大学非常勤講師。
¶現執3期

**中嶋公喜** なかじまひろき
昭和4(1929)年～
昭和～平成期の小学校教師。加平小学校長、東京都学級教育研究会主宰。
¶現執3期

**中島広定** なかじまひろさだ
文政6(1823)年～明治13(1880)年
明治期の国学師範。菊池神社の宮司。
¶熊本人

**中島弘** なかしまひろし
昭和10(1935)年9月2日～
昭和期の教育者。学校長。
¶飛騨

**中島広足** なかじまひろたり，なかしまひろたり
寛政4(1792)年～文久4(1864)年1月21日
江戸時代末期の国学者、歌人。号は橿園、田翁など。
¶朝日([生]寛政4年3月5日(1792年4月25日) [没]元治1年1月21日(1864年2月28日))，維新，岩史([生]寛政4(1792)年3月5日)，角史，京都大，郷土長崎(なかしまひろたり)，近世，熊本百(なかしまひろたり)，国史，国書([生]寛政4(1792)年3月5日)，コン改，コン4，詩歌，史人([生]1792年3月5日)，人書94，神人([生]寛政4(1792)年3月5日)，新潮([生]寛政4(1792)年3月5日 [没]元治1(1864)年1月22日)，人名，世人，世百，全書，大百，長崎百(なかしまひろたり)，長崎歴(なかしまひろたり)，日史([生]寛政4(1792)年3月5日 [没]元治1(1864)年1月22日)，日人，幕末(なかしまひろたり)，百科，歴大，和俳

**中島撫山** なかじまぶざん
文政12(1829)年4月2日～明治44(1911)年6月24日
江戸時代末期～明治期の儒学者。
¶国書，埼玉人，日人

な

中島米華 なかじまべいか
享和1(1801)年～天保5(1834)年
江戸時代後期の豊後佐伯藩儒。
¶国書(㊅天保5(1834)年3月15日), 詩歌, 人書94, 人名, 日人, 和俳

長島真人 ながしままこと
昭和28(1953)年11月24日～
昭和～平成期の音楽教育者。
¶音人2, 音人3

中島正勝 なかじままさかつ
明治15(1882)年11月27日～昭和36(1961)年9月17日
明治～昭和期の教育者。
¶熊本百

中島正寛 なかじままさひろ
大正8(1919)年4月30日～平成9(1997)年2月22日
昭和・平成期の教育者。学校長。
¶飛騨

中島真知子 なかじままちこ
昭和27(1952)年～
昭和～平成期の教育評論家。テス中島教育研究所代表。
¶現執3期

中島木鶏 なかじまもくけい
→中島三郎助(なかじまさぶろうすけ)

中島ヤス なかじまやす, なかじまやす
明治9(1876)年8月26日～昭和26(1951)年3月18日
明治～昭和期の教育者。佐賀裁縫女学校を設立、名誉校長。藍綬褒章受章。
¶学校, 近女(なかじまやす), 佐賀百, 女性(なかじまやす), 女性普(なかじまやす), 世紀, 日人

中島康 なかじまやすし
昭和9(1934)年1月28日～
昭和期の教育者。学校長。
¶飛騨

中島靖 なかじまやすし
嘉永5(1852)年～明治39(1906)年6月
江戸時代後期～明治期の教育者。
¶郷土栃木, 栃木人

中島雄太郎 なかじまゆうたろう
*～昭和12(1937)年
明治～昭和期の教育者。
¶群馬人(㊅文久3(1863)年), 姓氏群馬(㊅1865年)

中嶋洋一 なかじまよういち
昭和30(1955)年1月～
昭和～平成期の英語教育者。富山県教育委員会礪波教育事務所指導主事。専門は、英語教育。
¶現執4期

中島洋々子 なかじまようようし
明治38(1905)年～昭和35(1960)年

昭和期の教育者・俳人。
¶姓氏長野

中島良晴 なかしまよしはる
昭和27(1952)年7月2日～
昭和期の書塾経営。
¶飛騨

中島嘉春 なかじまよしはる
安永1(1772)年～天保6(1835)年 ㊙中島東関《なかじまとうかん》
江戸時代後期の漢学者。
¶江文(中島東関 なかじまとうかん), 国書(中島東関 なかじまとうかん ㊅天保6(1835)年9月21日), 人名, 日人(中島東関 なかじまとうかん)

永島善道 ながしまよしみち
明治31(1898)年～昭和43(1968)年
大正～昭和期の音楽教育家。
¶鳥取百

中島力造 なかじまりきぞう, なかしまりきぞう
安政5(1858)年1月8日～大正7(1918)年12月21日
明治～大正期の倫理学者。東京帝国大学教授。新カント派の紹介に尽力。著書に「列伝体正用哲学小史」。
¶海越, 海越新, 教育, 近現, 国史, コン改(㊅1857年), コン5(㊅安政4(1857)年), 史人(なかしまりきぞう), 人名, 心理, 世紀(㊅安政5(1858)年2月21日), 姓氏京都(㊅1857年), 世百(㊅1857年), 全書, 哲学, 渡航(㊅1858年2月21日), 日人

中島竜橋 なかじまりゅうきょう
→中島忠右衛門(なかじまちゅうえもん)

長嶋類蔵 ながしまるいぞう
慶応3(1867)年11月2日～昭和32(1957)年1月2日
明治～昭和期の教育者。
¶群馬人

中島和三 なかじまわぞう
慶応1(1865)年～昭和19(1944)年
明治～昭和期の教育、自治功労者。
¶高知人, 高知百

中城克巳 なかじょうかつみ
大正4(1915)年～平成8(1996)年
昭和～平成期の洋画家、教育者。
¶高知人

中城正 なかじょうただし
生没年不詳
昭和期の小学校教員。
¶社史

中条唯七郎 なかじょうただしちろう
安永2(1773)年～嘉永2(1849)年
江戸時代中期～後期の和漢学者・謡曲家。
¶国書, 姓氏長野, 長野歴

永末ミツエ(永末ミツエ) ながすえみつえ
明治37(1904)年12月11日～昭和59(1984)年8月

15日
昭和期の教育者。和洋文化女学校(博多女子商の前身)を設立。理事長、校長をつとめる。
¶学校，女性(永末ミツエ ㋕明治38(1905)年)，女性普(永末ミツエ ㋕明治38(1905)年)，世紀，日人

**永杉喜輔** ながすぎきすけ
明治42(1909)年10月～
昭和期の教師、社会教育・家庭教育専門家。群馬大学教授。
¶群馬人，現執1期

**中清泉** なかせいせん
天明3(1783)年～弘化4(1847)年
江戸時代後期の讃岐丸亀藩士、儒学者。
¶国書(㋕弘化4(1847)年1月18日)，人名，日人，藩臣6

**中瀬花船** なかせかせん
明治43(1910)年11月3日～昭和52(1977)年7月17日
昭和期の教育者、俳人。
¶徳島歴

**永瀬吉郎** ながせきちろう
安政4(1857)年1月3日～昭和13(1938)年3月9日
明治～昭和期の高山、古川各小学校長。
¶飛驒

**長瀬原兵衛** ながせげんべえ
享和1(1801)年～明治7(1874)年
江戸時代後期の宇都宮藩士、私塾。
¶栃木歴

**長瀬栄** ながせさかえ
大正15(1926)年12月3日～
昭和期の教育者。学校長。
¶飛驒

**長瀬定市** ながせさだいち
明治12(1879)年～昭和39(1964)年
明治～昭和期の郷土史家、教育者。
¶島根歴

**長瀬修作** ながせしゅうさく
生没年不詳
昭和期の小学校教員。
¶社史

**長瀬荘一** ながせそういち
昭和25(1950)年～
昭和～平成期の研究者。神戸女子短期大学教授。専門は、教育課程論、学習評価。
¶現執4期

**中瀬喜陽** なかせひさはる
昭和8(1933)年2月21日～
昭和～平成期の高校教師。南方熊楠邸保存顕彰会理事。
¶現執4期

**長瀬鳳輔** ながせほうすけ
慶応1(1865)年～大正15(1926)年7月7日

明治～大正期の教育家、外交問題研究家。国士館中学校校長。アメリカに留学。バルカン問題に関する権威。
¶海越(㋕慶応1(1865)年10月)，海越新(㋕慶応1(1865)年10月)，岡山人，人名，世紀(㋕慶応1(1865)年10月3日)，渡航(㋕1865年3月)，日人

**長瀬正三** ながせまさぞう
大正3(1914)年6月12日～平成9(1997)年10月29日
昭和・平成期の高山市教育長。
¶飛驒

**永瀬由郎** ながせよしろう
文政4(1821)年9月～明治21(1888)年4月6日
江戸時代末期・明治期の煥章学校教師。
¶飛驒

**長瀬米一郎** ながせよねいちろう
明治38(1905)年～平成8(1996)年
昭和～平成期の教育者。
¶青森人

**仲惣左衛門** なかそうざえもん
文化6(1809)年～明治4(1871)年5月3日
江戸時代末期～明治時代の農民。自宅で寺子屋を開く。凶作で農民一揆を指導、絞首刑。
¶幕末，幕末大(㋕明治4(1871)年3月14日)，兵庫人

**中曽根都太郎** なかそねくにたろう
明治15(1882)年2月1日～昭和36(1961)年4月1日
明治～昭和期の教育者。
¶群新百，群馬人，群馬百

**仲宗根恵蔵** なかそねけいぞう
昭和14(1939)年～
昭和期の教育者。
¶戦沖

**仲宗根源和** なかそねげんわ
明治28(1895)年10月6日～昭和53(1978)年10月18日
大正～昭和期の教員、社会主義運動家。沖縄県会議員。共産主義運動に従事。
¶沖縄百，現朝，社運，社史，世紀，姓氏沖縄，日人，平和

**仲曽根サダヨ** なかそねさだよ
明治28(1895)年5月13日～昭和56(1981)年12月28日
昭和期の教師、社会運動家。
¶社史

**仲宗根政善** なかそねせいぜん
明治40(1907)年4月26日～平成7(1995)年2月14日
昭和期の教育者。琉球大学副学長。ひめゆり学徒隊の引率者。
¶現朝，現執2期，現情，現人，世紀，日人，平和，民学，琉

**仲宗根弘明** なかそねひろあき
昭和10（1935）年～
昭和期の教育者。
¶戦沖

**中曽根弘文** なかそねひろふみ
昭和20（1945）年11月28日～
昭和～平成期の政治家。参議院議員、文相、科学技術庁長官。
¶現政

**中園淳太郎** なかぞのじゅんたろう
明治17（1884）年～昭和16（1941）年
明治～昭和期の体育教師・ラグビー功労者。
¶福岡百

**中園進** なかぞのすすむ
明治28（1895）年9月24日～昭和34（1959）年4月25日
大正～昭和期の教育者・体育功労者。
¶福岡百

**中園雄司** なかぞのゆうじ
昭和13（1938）年1月1日～
昭和～平成期の経営教育コンサルタント。日本能率協会マネジメントセンター経営教育総合研究所経営コンサルタント。
¶現執3期

**中田篤郎** なかたあつろう
→中田篤郎（なかたとくろう）

**永田英治** ながたえいじ
昭和24（1949）年9月14日～
昭和～平成期の研究者。宮城教育大学教育学部教授。専門は、理科教育学、科学史。
¶現執4期

**中田栄太郎** なかたえいたろう，なかだえいたろう
明治19（1886）年～昭和52（1977）年
明治～昭和期の教育者。
¶姓氏富山，富山百（なかだえいたろう）

**長滝谷富貴子** ながたきやふきこ
昭和25（1950）年～
昭和～平成期の中学校教諭、翻訳家。
¶児人

**仲田精利** なかたきよとし
明治36（1903）年11月3日～昭和19（1944）年12月21日
昭和期の教育者。
¶沖縄百

**中田邦造** なかたくにぞう，なかだくにぞう
明治30（1897）年6月1日～昭和31（1956）年
昭和期の石川県立図書館長。
¶石川百，社史（なかだくにぞう　[没]1956年11月5日），世紀（[没]昭和31（1956）年11月5日），姓氏石川（なかだくにぞう），日児（なかだくにぞう　[没]昭和31（1956）年11月15日），日人（[没]昭和31（1956）年11月15日）

**中岳治麿** なかだけおさまろ
大正15（1926）年8月9日～
昭和期の教育工学者。京都文教短期大学教授。
¶現執2期

**中田賢照** なかたけんしょう
明治24（1891）年～昭和50（1975）年
大正～昭和期の教育者。
¶姓氏富山

**永田健助** ながたけんすけ
＊～明治42（1909）年
江戸時代末期～明治期の地理学者。大学南校教員などを経て、慶応義塾大学で教鞭を執る。著訳書に「宝氏経済学」。
¶人名（[生]？），洋学（[生]弘化1（1844）年）

**中田源太郎** なかたげんたろう★
明治38（1905）年8月27日～
明治・大正期の都賀町教育長。
¶栃木人

**中田高寛** なかだこうかん
→中田高寛（なかだたかひろ）

**仲田紘基** なかだこうき
昭和17（1942）年～
昭和～平成期の評論家、中学校教諭。
¶児人

**長田シゲ** ながたしげ
明治33（1900）年～昭和54（1979）年4月16日
昭和期の社会事業家。光の園白菊寮を設立。
¶大分百，大分歴，女性，女性普，世紀（[生]明治33（1900）年7月31日），日人（[生]明治33（1900）年7月31日）

**仲田順光** なかだじゅんこう
明治26（1893）年～昭和49（1974）年
明治～昭和期の女子教育家。藤枝学園創立者。
¶学校，静岡歴，姓氏静岡

**中田正一** なかたしょういち
明治39（1906）年～平成3（1991）年10月27日
昭和期の教育者。「風の学校」主宰。
¶世紀（[生]明治39（1906）年10月），日人（[生]明治39（1906）年10月28日），平和

**永田松窓** ながたしょうそう
天保4（1833）年～明治7（1874）年
江戸時代末期～明治期の筑前福岡藩士、志士。
¶人名，日人

**永田新八郎** ながたしんぱちろう
文政2（1819）年～慶応3（1867）年
江戸時代後期～末期の俳人、画家、寺子屋師匠。
¶姓氏神奈川

**永田青嵐** ながたせいらん
明治9（1876）年7月23日～昭和18（1943）年9月17日
明治～昭和期の俳人、教育者、政治家。
¶兵庫文

な

**永田善斎** ながたぜんさい
慶長2(1597)年～寛文4(1664)年
江戸時代前期の儒学者。
¶国書(㊥寛文4(1664)年4月3日), 人名, 日人

**中田高寛** なかだたかのり
→中田高寛(なかだたかひろ)

**中田高寛** なかだたかひろ
元文4(1739)年～享和2(1802)年 ㊥中田高寛《なかだこうかん,なかだたかのり》
江戸時代中期～後期の数学者。
¶国書(㊥元文4(1739)年3月12日 ㊥享和2(1802)年11月5日), 人名(なかだこうかん), 姓氏富山, 富山百(㊥元文4(1739)年3月 ㊥享和2(1802)年11月), 日人, 藩臣3, 洋学(なかだたかのり)

**永田伝** ながたつたえ
昭和1(1926)年～
昭和期の教育労働問題専門家。
¶現執1期

**中館衛門** なかだてえもん
江戸時代後期～末期の家士・教師。
¶国書(㊥文政2(1819)年 ㊥?), 姓氏岩手(㊥1820年 ㊥1896年)

**永田桐隠**(永田桐隠) ながたどういん, ながたとういん
天明1(1781)年～天保7(1836)年10月7日
江戸時代後期の儒学者。
¶岡山人(永田桐隠 ながたとういん ㊥天明2(1782)年), 岡山歴(永田桐隠 ながたとういん), 国書(永田桐隠 ながたとういん ㊥天明1(1782)年), 人名(㊥1835年), 日人(永田桐隠 ながたとういん)

**永田時雄** ながたときお
大正13(1924)年12月15日～
昭和～平成期の教育コンサルタント。荏原製作所研修室長, 日東工器顧問。
¶現執2期, 現執3期

**仲田徳三** なかだとくぞう
慶応4(1868)年8月～昭和37(1962)年9月17日
明治～昭和期の政治家, 教育者。
¶沖縄百, 姓氏沖縄

**中田徳太郎** なかだとくたろう
明治8(1875)年1月21日～大正7(1918)年2月22日
明治・大正期の教師。秋田工業学校長。
¶飛騨

**中田篤郎** なかたとくろう
明治17(1884)年2月12日～昭和27(1952)年12月4日 ㊥中田篤郎《なかたあつろう》
明治～昭和期の法医学者。徳島大学初代学長。大阪医科大学法医学講座初代教授として同教室の充実発展に尽力。著書に「中田新法医学」など。
¶大阪人(㊥昭和27(1952)年12月), 科学, 近医, 現情(㊥1952年12月3日), 人名7, 世紀, 徳島百, 徳島歴(なかたあつろう), 日人

**中谷彪** なかたにかおる
昭和18(1943)年8月7日～
昭和～平成期の教育学者、教育行政学者。大阪教育大学教授。
¶現執3期, 現執4期

**籠谷雄** ながたにがんゆう
明治29(1896)年1月27日～昭和39(1964)年10月2日
大正～昭和期の真宗大谷派僧侶、宗教教育者。大谷大学教授、宗務総長。
¶真宗, 世紀, 鳥取百, 日人, 仏人

**中谷幸次郎** なかたにこうじろう
明治44(1911)年10月22日～平成7(1995)年5月24日
昭和～平成期の教育者。
¶埼玉人

**中谷桑南** なかたにそうなん
文政2(1819)年～明治16(1883)年
江戸時代末期～明治期の僧。
¶科学(㊥1883年(明治16)3月10日), 日人, 和歌山人

**中谷真弓** なかたにまゆみ
*～
昭和～平成期の幼児教育者。保育手芸研究所「ユミ」主宰。
¶現執3期(㊥?), 児人(㊥1944年), 世紀

**永田登** ながたのぼる
明治42(1909)年11月15日～
昭和期の小学校教員。
¶社史

**仲田紀夫** なかだのりお
大正14(1925)年8月9日～
昭和～平成期の数学旅行作家、数学教育学者。埼玉大学教授。
¶現執2期, 現執3期, 現執4期

**永田弘** ながたひろし
明治43(1910)年1月1日～
昭和期の教育者。学校長・久々野町議。
¶飛騨

**仲田文雄** なかだふみお
昭和14(1939)年～
昭和期の教育者。
¶戦沖

**永田方正** ながたほうせい
天保15(1844)年～明治44(1911)年8月22日
明治期の教育者、アイヌ研究者。アイヌ教育の調査を行い、アイヌ語研究にかかわる。著書に「北海小文典」など。
¶朝日(㊥天保15年3月1日(1844年4月18日)), 愛媛, 愛媛百(㊥天保15(1844)年3月1日), キリ(㊥天保15年3月1日(1844年4月18日)), コン改(㊥1838年), コン5(㊥天保9(1838)年), 札幌(㊥弘化1年3月1日), 世紀(㊥天保15(1844)年3月1日), 日人, 根千(㊥天保15

(1844) 年3月1日), 北海道百 ([生]天保9 (1838) 年), 北海道歴 ([生]天保9 (1838) 年　[没]明治41 (1908) 年)

**中田雅子** なかたまさこ
明治22 (1889) 年～昭和44 (1969) 年
昭和期の福祉事業家。社会事業家の夫とともに貧困家庭救済、幼児教育につくす。
¶静岡女

**中田三千蔵** なかだみちぞう
明治28 (1895) 年2月20日～昭和45 (1970) 年12月16日
大正・昭和期の教育者。学校長。
¶飛騨

**永田芳子** ながたよしこ
大正12 (1923) 年1月5日～昭和50 (1975) 年2月25日
昭和期の社会教育者、ガールスカウト運動推進者。
¶沖縄百

**永田義直** ながたよしなお
明治41 (1908) 年4月5日～昭和58 (1983) 年4月18日
昭和期の高校校長、民話・民俗学専門家。
¶現執1期, 現執2期

**仲地稔** なかちみのる
昭和10 (1935) 年～
昭和期の教育者。
¶戦沖

**中塚元重** なかつかもとしげ
生没年不詳
昭和期の小学校教員。
¶社史

**永津俊治** ながつとしはる
昭和5 (1930) 年10月20日～
昭和～平成期の生化学者。名古屋大学教授、東京工業大学教授。代謝生物化学、神経生化学を研究。藤田学園保健衛生大学総合医学研究所教授を務める。
¶現朝, 世紀, 日人

**中津燎子** なかつりょうこ
大正14 (1925) 年10月19日～
昭和～平成期のノンフィクション作家、英語教師。著書に「なんで英語やるの?」など。発音訓練から異文化を学ぶ「未来塾」を開設。
¶日女, マス89

**中天游** (中天遊) なかてんゆう
天明3 (1783) 年～天保6 (1835) 年
江戸時代後期の医師、蘭学者。号は思思斎。
¶朝日 ([没]天保6年3月26日 (1835年4月23日)), 大阪人 ([生]天明2 (1782) 年　[没]天保6 (1835) 年3月), 大阪墓 (中天遊　[没]天保6 (1835) 年3月26日), 科学 ([没]1835年 (天保6) 3月26日), 近世, 国史, 国書 ([没]天保6 (1835) 年3月24日), コン改, コン4, 史人 ([没]1835年3月26日), 新潮 ([没]天保6 (1835) 年3月26日), 全書, 大百, 日人, 洋学

**長戸得斎** ながとくさい
享和2 (1802) 年～嘉永7 (1854) 年
江戸時代末期の美濃加納藩士、儒学者。
¶江文 (生没年不詳), 国書 ([生]享和2 (1802) 年6月3日　[没]嘉永7 (1854) 年10月21日), 人名, 日人, 藩臣3

**永富亀山** ながとみきざん
宝暦7 (1757) 年～享和1 (1801) 年
江戸時代中期～後期の肥前福江藩士、儒学者。
¶人名, 日人, 藩臣7

**中臣俊嶺** なかとみしゅんれい
文化7 (1810) 年～明治21 (1888) 年　[別]俊嶺《しゅんれい》
江戸時代末期～明治期の浄土真宗本願寺派学僧。勧学。
¶国書 (俊嶺　しゅんれい　[生]文化7 (1810) 年1月　[没]明治21 (1888) 年12月13日), 真宗 ([生]文化7 (1810) 年3月15日　[没]明治21 (1888) 年12月23日), 日人, 仏教 ([生]文化7 (1810) 年3月15日　[没]明治21 (1888) 年12月23日)

**永冨正之** ながとみまさゆき
昭和7 (1932) 年10月13日～
昭和～平成期の作曲家、音楽教育家。
¶音人, 音人2, 音人3, 作曲

**中留武昭** なかどめたけあき, なかとめたけあき
昭和15 (1940) 年3月19日～
昭和～平成期の学校経営学者、教育行政学者。奈良教育大学教授。
¶現執3期 (なかとめたけあき), 現執4期

**長門頼三** ながとらいぞう
明治20 (1887) 年～昭和22 (1947) 年
明治～昭和期の教育家。
¶姓氏宮城, 宮城百

**長戸路政司** ながとろまさじ
明治17 (1884) 年12月10日～昭和55 (1980) 年6月3日
明治～昭和期の弁護士。八日市場女学校を設立。以後、東敬愛実科女学校、千葉敬愛短期大学、千葉敬愛経済大学などを開校。千葉敬愛学園、長戸路学園理事長。
¶学校, 郷土千葉, 世紀, 千葉百, 日人

**中西晃** なかにしあきら
昭和3 (1928) 年10月6日～
昭和～平成期の教育学者。東京学芸大学教授。
¶現執3期

**中西忠節** なかにしいさお
明治37 (1904) 年8月23日～平成12 (2000) 年1月2日
昭和・平成期の版画教育の功労者。
¶飛騨

**中西泉** なかにしいずみ
明治31 (1898) 年～昭和49 (1974) 年
大正～昭和期の教育家、私学経営者。

¶姓氏愛知

**中西牛郎** なかにしうしお
安政6(1859)年〜昭和5(1930)年10月18日 ㉖中西牛郎《なかにしうしろう》
明治〜昭和期の国粋主義者、宗教思想家。雑誌「経世博義」で国粋主義を主張。天理教、桑扶教の教典を編纂。
¶海越新, 近現, 熊本百（なかにしうしろう）, 国史, 人名, 世紀, 哲学, 渡航（㉖1856年）, 日人

**中西牛郎** なかにしうしろう
→中西牛郎（なかにしうしお）

**中西栄作** なかにしえいさく
明治31(1898)年3月4日〜昭和40(1965)年3月15日
大正・昭和期の教育者。
¶飛騨

**中西喜六** なかにしきろく
文化4(1807)年〜安政2(1855)年
江戸時代後期〜末期の儒学者、私塾経営者。
¶島根歴

**中西敬司** なかにしけいし
昭和3(1928)年5月14日〜
昭和期の荘川村教育長。
¶飛騨

**中西智子** なかにしさとこ
昭和22(1947)年〜 ㉖中西智子《なかにしともこ》
昭和〜平成期の音楽教育者。
¶音人2（なかにしともこ）, 音人3（㉖昭和22年11月30日）

**中西タキノ** なかにしたきの
明治22(1889)年12月23日〜昭和44(1969)年12月30日
大正〜昭和期の教育家、政治家。
¶徳島歴

**中西駿郎** なかにしとしろう
大正13(1924)年〜
昭和期の教師・郷土史家。
¶多摩

**中西智子** なかにしともこ
→中西智子（なかにしさとこ）

**中西信男** なかにしのぶお
昭和2(1927)年8月10日〜平成12(2000)年11月5日
昭和〜平成期の教育心理学者。明治学院大学教授、大阪大学教授。
¶現執1期, 現執2期, 現執3期, 心理

**中西秀雄** なかにしひでお
明治6(1873)年〜？
明治〜大正期の教育者。
¶群馬人

**中西正雄** なかにしまさお
明治39(1906)年1月3日〜昭和59(1984)年8月13日
大正・昭和期の教育者。
¶飛騨

**長西良輔** ながにしりょうすけ
昭和5(1930)年12月1日〜
昭和期の教育哲学者。広島女学院大学短期大学部助教授。
¶現執2期

**長沼依山** ながぬまいざん
＊〜昭和57(1982)年5月6日
大正〜昭和期の口演童話家、教育者。済美女学校校長。
¶児文（㉖明治28(1895)年）, 日児（㉖明治26(1893)年4月3日）

**中沼円太郎** なかぬまえんたろう
？ 〜天保7(1836)年
江戸時代後期の漢学塾「隠岐看農軒」の創立者。
¶島根歴

**中沼葵園** なかぬまきえん
文化13(1816)年〜明治29(1896)年5月1日 ㉖中沼了三《なかぬまりょうぞう》
江戸時代末期〜明治期の儒学者。彰仁親王の侍読、明治天皇の侍講など努める。文武館（後の十津川高等学校）を開く。その後、湖南学舎を設立。
¶朝日（㉖文化13年8月15日(1816年9月6日)）, 維新（中沼了三 なかぬまりょうぞう）, 学校（中沼了三 なかぬまりょうぞう ㉖文化13(1816)年8月15日）, 島根人（中沼了三 なかぬまりょうぞう）, 島根百（中沼了三 なかぬまりょうぞう ㉖文化13(1816)年5月6日）, 島根歴（中沼了三 なかぬまりょうぞう）, 新潮（㉖文化13(1816)年8月15日）, 人名（㉖1830年）, 姓氏京都（㉖1830年）, 日人, 幕末, 幕末大（㉖文化13(1816)年5月6日）

**長沼静** ながぬましず
大正9(1920)年〜
昭和〜平成期の着物着付け教育者。長沼静きもの学院長、日本和装教育協会会長。日本初のきもの着つけ教室を創設。著書に「着付実技書」「おびむすび」など。
¶近女, 世紀, 日人（㉖大正9(1920)年1月10日）

**長沼新平** ながぬましんぺい
明治26(1893)年4月3日〜昭和57(1982)年5月6日
大正〜昭和期の教育者・児童文学者。
¶埼玉人

**長沼忠郷** ながぬまたださと
寛保3(1743)年〜文化4(1807)年
江戸時代中期〜後期の上野沼田藩士、剣術師範。
¶藩臣2

**長沼亨** ながぬまとおる
明治15(1882)年〜？
明治〜大正期の教育者。
¶群馬人

**長沼富寛** なかぬまとみひろ
弘化4(1847)年～
江戸時代後期の和算家。
¶数学

**長沼直兄** ながぬまなおえ
明治27(1894)年11月16日～昭和48(1973)年2月9日
大正～昭和期の出版人。開拓者創業者、総司令部顧問、東京日本語学校校長。
¶出版, 出文

**長沼直郷** ながぬまなおさと
天明1(1781)年～天保10(1839)年
江戸時代後期の上野沼田藩士、剣術師範。
¶藩臣2

**長沼正巳** ながぬままさみ
明治42(1909)年9月28日～
昭和期の教育学者。岐阜大学教授。
¶現情

**長沼宗雄** ながぬまむねお
慶応3(1867)年～昭和27(1952)年
明治～昭和期の政治家。群馬県議会議員、教育者。
¶群馬人

**中沼了三** なかぬまりょうぞう
→中沼葵園(なかぬまきえん)

**中根環堂** なかねかんどう
明治9(1876)年8月24日～昭和34(1959)年11月18日
明治～昭和期の教育家、曹洞宗僧侶。鶴見大学理事長兼学長、駒沢大学学長。
¶神奈川人(㊤1870年), 姓氏神奈川, 渡航, 仏教, 仏人

**中根彦循** なかねげんじゅん
元禄14(1701)年～宝暦11(1761)年8月21日
江戸時代中期の算学者。
¶科学, 国書, コン改, コン4, 人名, 世人, 日人

**中根重一** なかねしげかず
嘉永4(1851)年10月25日～明治39(1906)年9月16日　㊙中根重一《なかねじゅういち》
明治期の官僚。新潟県立新潟医学校教師。
¶眼科, 新潟百別(なかねじゅういち), 履歴, 履歴2

**中根重一** なかねじゅういち
→中根重一(なかねしげかず)

**中根半嶺** なかねはんれい
天保2(1831)年～大正3(1914)年
江戸時代末期～明治期の書家。漢代の曹全碑の書に私淑し、隷書に巧妙であった。
¶人名, 世紀(㊤天保2(1831)年2月16日　㊨大正3(1914)年6月23日), 新潟百, 日人

**中野光** なかのあきら
昭和4(1929)年7月1日～
昭和～平成期の教育学者。中央大学教授。
¶現執1期, 現執2期, 現執3期, 現執4期, 世紀

**YA**

**中野幾雄** なかのいくお
昭和3(1928)年12月19日～
昭和～平成期の専門学校経営者。シンクライト産業英語学校主宰。
¶現執3期

**中野英一** なかのえいいち
昭和8(1933)年9月30日～
昭和期の教育者。学校長。
¶飛騨

**永野和男** ながのかずお
昭和23(1948)年～
昭和～平成期の研究者。聖心女子大学教授。専門は、教育工学、教育情報学。
¶現執4期

**中野和光** なかのかずみつ
昭和19(1944)年10月15日～
昭和期の教育学者。福岡教育大学助教授。
¶現執2期

**中野嘉太郎** なかのかたろう
慶応1(1865)年8月8日～昭和17(1942)年4月26日
明治～大正期の地方史研究家、教育家。花園尋常小学校長。熊本県史を研究。
¶郷土, 熊本人, 熊本百, 史研

**中野絹子** なかのきぬこ
明治19(1886)年～昭和28(1953)年
明治～昭和期の教育者。豊橋松操女学校(現松操日本文化伝承校)創立者。
¶愛知女

**中野公済** なかのきみなり
明治4(1871)年～昭和25(1950)年
明治～昭和期の教育者。
¶青森人

**中野君規** なかのきみのり
？～天保11(1840)年
江戸時代後期の近江彦根藩士。
¶国書(㊨天保11(1840)年3月25日), 日人, 藩臣4

**長野桂次郎** ながのけいじろう
→立石斧次郎(たていしのじろう)

**仲子岐陽** なかのこきよう
→仲子岐陽(なかこきよう)

**中野権六** なかのごんろく
文久1(1861)年～大正10(1921)年6月4日
明治～大正期の社会教育家、実業家。佐賀毎日新聞社長。米国で「日本人新聞」を主宰。
¶海越新, コン改, コン5, 人名, 世紀, 渡航, 日人

**中野繁記** なかのしげき
天保2(1831)年～明治26(1893)年
明治期の学校創設者。
¶姓氏岩手

**中野重人** なかのしげと
昭和12(1937)年9月15日～
昭和～平成期の文部官僚。文部省視学官。
¶現執3期，現執4期

**永野重史** ながのしげふみ
昭和7(1932)年2月4日～
昭和～平成期の心理学者。国立教育研究所教育指導研究部長。
¶現執1期，現執2期，現執3期，心理

**中野寿吉** なかのじゅきち
→中野寿吉(なかのひさきち)

**長野主膳** ながのしゅぜん
文化12(1815)年～文久2(1862)年8月27日　㊙長野義言《ながのよしこと，ながのよしとき》
江戸時代末期の国学者、近江彦根藩士、号は桃廼舎。
¶朝日(長野義言　ながのよしこと　㉓文久2年8月27日(1862年9月20日))，維新，岩史(長野義言　ながのよしとき　㊤文化12(1815)年10月16日)，角史，郷土滋賀(長野義言　ながのよしとき　㊤1814年)，京都大，近世(長野義言　ながのよしとき)，国史(長野義言　ながのよしとき)，国書(長野義言　ながのよしとき　㊤文化12(1815)年10月16日)，コン改(長野義言　ながのよしこと)，コン4(長野義言　ながのよしこと)，滋賀百(長野義言　ながのよしとき)，史人，新潮(㊤文化12(1815)年10月16日)，人名，姓氏京都，世人(長野義言　ながのよしこと)，全書，日史(㊤文化12(1815)年10月16日)，日人，藩臣4(長野義言　ながのよしとき　㉓文久3(1863)年)，百科，平史(長野義言　ながのよしとき)，三重，歴大(長野義言　ながのよしとき)

**長野松斎** ながのしょうさい★
文化7(1810)年4月19日～明治12(1879)年8月
江戸時代末期・明治期の教育者、武人。
¶秋田人2

**中野佐三** なかのすけぞう
明治35(1902)年2月25日～昭和44(1969)年8月22日
昭和期の教育心理学者。東京教育大学教授。児童心理、教育心理学を研究。著書に「児童の思考心理」など。
¶現情，人名7，心理，世紀，日人

**長野捨五郎** ながのすてごろう
明治14(1881)年～昭和27(1952)年
明治～昭和期の教育家。
¶大分歴

**中野清渓** なかのせいけい
→中野南強(なかのなんきょう)

**中野宗三郎** なかのそうさぶろう
明治5(1872)年～昭和21(1946)年
明治～昭和期の社会事業家。中柴農民義塾を開設。
¶姓氏山口

**永野たけ** ながのたけ
明治4(1871)年4月17日～昭和25(1950)年11月5日
明治～昭和期の教育者。長生裁縫女学校創立、校長就任。
¶学校，女性，女性普

**中野保** なかのたもつ
嘉永5(1852)年～昭和12(1937)年
明治～昭和期の私塾経営者。
¶長野歴

**永野親亮** ながのちかすけ
天保11(1840)年～明治12(1879)年
江戸時代後期～明治期の教育家。
¶高知人

**中野トク** なかのとく
大正10(1921)年～平成11(1999)年
昭和～平成期の教師。
¶青森人

**中野篤一郎** なかのとくいちろう
明治3(1870)年6月～昭和37(1962)年12月21日
明治期の「机間体操」研究家。
¶世紀，体育，日人，兵庫百

**中野敏宗** なかのとしむね
大正8(1919)年4月15日～
昭和期の教育者。
¶群馬人

**中野寅市** なかのとらいち
明治41(1908)年2月6日～平成6(1994)年3月14日
昭和期の小学校教員。大阪教育労働組合メンバー。
¶社史

**中野業国** なかのなりくに
文化10(1813)年～明治22(1889)年
江戸時代末期～明治期の農民、教育者。
¶京都府

**中野南強** なかのなんきょう
寛政11(1799)年～明治17(1884)年　㊙中野清渓《なかのせいけい》
江戸時代後期～明治期の武士、詩人。
¶国書(中野清渓　なかのせいけい　㉓明治17(1884)年8月)，人名，日人，藩臣7，和俳

**中野初子** なかのはつね
安政6(1859)年1月5日～大正3(1914)年2月16日
明治期の電気工学者。東京帝国大学教授、電気学会長。米コーネル大学留学、米欧の電気工場を視察。工手学校(後の工学院大学)の設立に関わる。
¶朝日(㊤安政6年1月5日(1859年2月7日))，海越新，科学，学校，コン改，コン5，新潮，人名，世紀，全書，大百，渡航，日人

**中野寿吉** なかのひさきち
元治2(1865)年1月20日～明治45(1912)年1月20日　㊙中野寿吉《なかのじゅきち》
明治期の教育者、実業家、政治家。

¶岡山人，岡山歴(なかのじゅきち)

**中野等** なかのひとし
明治13(1880)年10月22日～昭和30(1955)年5月27日
明治～昭和期の渡航者。
¶埼玉人，埼玉百，渡航

**中野洋** なかのひろし
昭和18(1943)年12月25日～
昭和期の日本語学者。国立国語研究所日本語教育センター長。
¶現執1期，現執2期

**長野豊山** ながのぶざん
→長野豊山(ながのほうざん)

な

**長野藤夫** ながのふじお
昭和37(1962)年2月7日～
昭和～平成期の中学校教師。専門は、国語科教育、道徳教育。
¶現執4期

**中野冨美**(中野富美) なかのふみ
明治16(1883)年3月8日～昭和41(1966)年2月18日
大正～昭和期の教育者。松村裁縫速進教授所を創立。教育功労者として藍綬褒章、勲四等瑞宝章受章。
¶学校，滋賀百(中野富美)，女性，女性普，世紀，日人

**長野芳斎** ながのほうさい
文化5(1808)年～明治24(1891)年
江戸時代後期の筑前福岡藩士。
¶国書([生]文化5(1808)年4月 [没]明治24(1891)年8月15日)，人名([生]1788年)，日人

**長野豊山** ながのほうざん，ながのほうさん
天明3(1783)年7月28日～天保8(1837)年 [別]長野豊山《ながのぶざん》
江戸時代後期の儒学者。
¶愛媛百([没]天保8(1837)年8月22日)，江文(ながのぶざん)，群馬人，国書([没]天保8(1837)年8月22日)，埼玉人(ながのほうさん [没]天保8(1837)年8月22日)，詩歌，人名，日人，三重，和俳

**中野雅夫** なかのまさお
慶応2(1866)年～昭和32(1957)年
明治～昭和期の教育者、政治家、実業家。
¶愛媛

**中野正直** なかのまさなお
? ～安政6(1859)年
江戸時代後期～末期の教育者。藩校明倫堂教授。
¶姓氏石川

**中野みち子** なかのみちこ
昭和4(1929)年3月29日～
昭和～平成期の児童文学者、小学校教師。
¶児作，児人，児文，女文，世紀，日児

**中野ミツ** なかのみつ
弘化4(1847)年～大正15(1926)年
明治～大正期の出版人。双松堂中野書林創業者、大洲女学校(後の大洲高等学校)創立者。
¶学校，出文

**中野与右衛門** なかのよえもん
明治22(1889)年～昭和16(1941)年
明治～昭和期の教育家、植物研究家。
¶植物

**中埜喜雄** なかのよしお
昭和7(1932)年11月12日～
昭和期の日本近世近代現代法制史研究者。ノートルダム女子大学教授、中埜学園理事長。
¶現執1期，現執2期

**永野芳夫** ながのよしお
明治27(1894)年8月29日～昭和42(1967)年12月22日
明治～昭和期の哲学者。玉川大学教授。英米思想の受容と普及の先駆者。
¶大分歴，現情，植物，人名7，心理，世紀，哲学，日人

**長野義言** ながのよしこと
→長野主膳(ながのしゅぜん)

**中野善達** なかのよしたつ
昭和9(1934)年2月10日～
昭和～平成期の障害児教育学者。佐野国際情報短期大学教授。
¶現執1期，現執2期，現執4期，視覚

**長野義言** ながのよしとき
→長野主膳(ながのしゅぜん)

**中野義見** なかのよしみ
明治30(1897)年8月2日～昭和44(1969)年4月3日
大正～昭和期の音楽教育家。国立音楽大学教授。著書に「音楽の鑑賞教育」など。
¶音楽，音人，現情，人名7，世紀，日人

**中野与之助** なかのよのすけ
明治20(1887)年8月12日～昭和49(1974)年6月24日
大正～昭和期の宗教家。精神文化国際機構初代総裁。各国の宗教との交流を推進。学校法人中野学園を設立。
¶学校，現朝，現情，現人，神人，人名7，世紀，日人，平和

**長橋熊次郎** ながはしくまじろう
明治18(1885)年～昭和8(1933)年
明治～昭和期の音楽教育家。
¶山形百

**永橋成文** ながはししげふみ
江戸時代の勢州桑名藩藩士、越後柏崎の学頭。
¶三重続

**永橋卓介** ながはしたくすけ
明治32(1899)年12月10日～昭和50(1975)年
明治～昭和期の宗教学者。

¶現情，高知人，世紀（[没]昭和50（1975）年1月1日），日児（[没]昭和50（1975）年4月19日）

**中橋徳五郎** なかはしとくごろう
文久1（1861）年～昭和9（1934）年3月25日
明治～昭和期の政治家、実業家。大阪商船社長、衆議院議員（政友会）、内相、商工相、文相。関西財界の巨頭。政友本党結成。田中内閣商工相、犬養内閣内相歴任。
¶石川百（[生]1864年），海越（[生]元治1（1864）年9月10日），海越新（[生]元治1（1864）年9月10日），大阪人（[没]昭和9（1934）年3月），近現，現朝（[生]文久1年9月10日（1861年10月13日）），国史，コン改，コン5，史人（[生]1861年9月10日），実業（[生]元治1（1864）年9月10日），新潮，人名（[生]1864年），世紀（[生]文久1（1861）年9月10日），姓氏石川（[生]1864年），世人（[生]文久1（1861）年9月10日），先駆（[生]文久2（1861）年9月10日），全書，鉄道（[生]1861年10月13日），渡航（[生]1861年9月10日），日史（[生]文久1（1861）年9月10日），日人，ふる，履歴（[生]元治1（1864）年9月10日），歴大

**中畑助次郎** なかはたすけじろう
昭和12（1937）年8月25日～
昭和期の教育者。学校長。
¶飛驒

**永畑道子** ながはたみちこ
昭和5（1930）年9月27日～
昭和～平成期の小説家、評論家。女子美術短期大学教授。
¶現執2期，現執3期，現執4期，現情，児人，小説，世紀，マス89，YA

**中畑稔** なかはたみのる
昭和10（1935）年3月29日～
昭和期の教育者。学校長。
¶飛驒

**長浜功** ながはまいさお
昭和16（1941）年7月1日～
昭和～平成期の社会教育学者。東京学芸大学教授。
¶現執1期，現執2期，現執3期，現執4期

**永浜寅二郎** ながはまとらじろう
明治35（1902）年～昭和49（1974）年5月4日
大正～昭和期の中学校教員、エスペランティスト。
¶社史

**長浜治二** ながはまはるじ
明治33（1900）年～昭和44（1969）年
大正～昭和期の長浜学園理事長。
¶姓氏鹿児島

**中浜万次郎** なかはままんじろう
文政10（1827）年～明治31（1898）年11月12日
[別]ジョン・万次郎《じょんまんじろう》
江戸時代末期～明治期の漁民、翻訳家。開成学校教授。ペリー来航時に幕府に出仕。のち渡米。著書に「漂巽記略」など。
¶朝日（[生]文政10年1月1日（1827年1月27日）），維新，岩史（ジョン万次郎　じょんまんじろう　[生]文政10（1827）年，（異説）文政11（1828）年），海越（ジョン万次郎　じょんまんじろう），海越新（ジョン万次郎　じょんまんじろう），江人，江戸東，沖縄百（ジョン・万次郎　じょんまんじろう　[生]文政10（1827）年1月1日），鹿児島百（ジョン万次郎　じょんまんじろう（なかはままんじろう）），角史，近現（[生]1828年），近世（[生]1828年），高知人，高知百，国際（ジョン万次郎　じょんまんじろう），国史（[生]1828年），国書（[生]文政11（1828）年），コン改，コン4，コン5，史人（[生]1827年，（異説）1828年），写家（[生]文政10年1月1日），人書94（[生]1828年），新潮（[生]文政10（1827）年1月1日），人名，姓氏沖縄（ジョン万次郎　じょんまんじろう），世人，世百，先駆，全書，全幕，対外（[生]1828年），大百，伝記（ジョン万次郎　じょんまんじろう），徳川臣，渡航，日史，日人，日本（[生]文政11（1828）年），幕末，幕末大（[生]文政10（1827）年1月1日），藩臣6，百科，民学，山川小（[生]1827年，1828年），洋学，履歴（[生]文政10（1827）年1月1日），歴大（[生]1828年）

**中林清丸** なかばやしきよまる
明治18（1885）年～昭和50（1975）年
明治～昭和期の剣道教育者。
¶鳥取百

**中林左近** なかばやしさこん
明治45（1912）年5月4日～平成1（1989）年5月28日
昭和期の教育者。
¶視覚

**中林直俊** なかばやしなおとし
明治14（1881）年～昭和15（1940）年
明治～昭和期の教育者。台湾嘉義農林学校長。
¶姓氏鹿児島

**中原市五郎** なかはらいちごろう
慶応3（1867）年5月15日～昭和16（1941）年3月22日
明治～昭和期の医師、歯科教育家。歯科、日本歯科教育会会長。生涯、歯科教育のために尽くした。私立共立歯科医学校を創立し、日本歯科医学専門学校（後の日本歯科大学）へと発展させた。
¶科学，学校，近医，人名7，世紀，姓氏長野（[生]1866年），全書，長野歴（[生]慶応2（1866）年），日人

**中原イ子** なかはらいね
明治25（1892）年～昭和54（1979）年3月24日
大正～昭和期の教育者。京都女子大学教授。調理学ですぐれた教育実績。京都女子大学名誉教授。著書に「割烹指導方策」など。
¶女性，女性普

**永原岩熊** ながはらいわくま
天保8（1837）年～大正3（1914）年
明治・大正期の教育者。
¶熊本人

**中原英寿** なかはらえいじゅ
明治22（1889）年5月21日～昭和41（1966）年9月22日

な

大正～昭和期の教育者。
¶埼玉人

**中原都男** なかはらくにお
明治33(1900)年～昭和45(1970)年
大正～昭和期の音楽教育者。
¶京都大

**中原幸吉** なかはらこうきち
明治22(1889)年3月7日～昭和46(1971)年12月4日
大正～昭和期の政治家、琉歌歌人。伊江島小学校長、伊江村村長。
¶沖縄百、姓氏沖縄

**中原淳蔵** なかはらじゅんぞう
安政3(1856)年12月～昭和5(1930)年12月5日
明治～昭和期の工学者。九州帝国大学教授、工学博士。イギリスに留学し機械工学を修める。
¶海越(㊦昭和6(1931)年1月5日)、海越新(㊦昭和6(1931)年1月5日)、科学(㊦1856年(安政3)12月7日)、熊本人、熊本百(㊦安政3(1856)年12月7日)、人名(㊦1931年)、世紀(㊦安政3(1857)年12月7日)、渡航(㊦1931年1月5日)、日人(㊦1857年)

**仲原善忠** なかはらぜんちゅう
明治23(1890)年7月15日～昭和39(1964)年11月25日
明治～昭和期の歴史・地理学者。沖縄研究家。「おもろさうし」の研究に貢献。
¶沖縄百、郷土、現朝、コン改、コン4、コン5、世紀、姓氏沖縄、全書、日人、平和、民学、歴大

**中原貞七** なかはらていしち
安政5(1858)年～昭和16(1941)年10月23日
明治～昭和期の教育者。
¶岩手人

**中原篷** なかはらとま
明治6(1873)年9月～昭和38(1963)年1月30日
明治～昭和期の医師。気軽に往診し、村医、学校医を務める。銃後婦人として活躍。
¶群馬人、女性、女性普、山口人、山口百

**中原仲章** なかはらなかあき
→源仲章(みなもとのなかあきら)

**中原成人** なかはらなると
明治31(1898)年～昭和36(1961)年
大正～昭和期の教育者。松山市初代教育長。
¶愛媛

**中原春芳** なかはらはるよし
明治34(1901)年～昭和55(1980)年
大正・昭和期の教師。
¶熊本人

**永原まつよ** (永原マツヨ) ながはらまつよ
明治31(1898)年8月2日～昭和58(1983)年6月12日
大正～昭和期の教育者。西九州大学学長。佐賀栄養専門学校、西九州大学、佐賀短期大学など永原学園グループを創設。

¶学校、女性普(永原マツヨ)、世紀

**永原マツヨ** ながはらまつよ
明治31(1898)年8月2日～昭和58(1983)年6月12日
大正～昭和期の教育者。永原学園理事長。佐賀栄養専門学院を設立。著書に「あすなろう」などがある。
¶佐賀女、女性、日人

**中原力蔵** なかはらりきぞう
明治19(1886)年～昭和38(1963)年
明治～昭和期の教育者。
¶鳥取百

**長久繁松** ながひさしげまつ
明治30(1897)年～昭和56(1981)年
大正～昭和期の教育者。
¶姓氏富山

**中平博亀** なかひらひろき
大正5(1916)年～昭和43(1968)年
昭和期の教育者。
¶高知人

**永淵アサ子** ながふちあさこ
天保14(1843)年～大正8(1919)年
明治～大正期の教育者。佐賀女学校創立に参画。
¶学校(㊦天保14(1843)年9月9日 ㊦大正8(1919)年3月9日)、佐賀百、世紀(㊦天保14(1843)年9月9日 ㊦大正8(1919)年3月9日)、日人

**永洞清吉** ながほらせいきち
天保2(1831)年～大正5(1916)年
明治～大正期の教育者。
¶青森人、世紀、日人

**名嘉真賢勇** なかまけんゆう
? ～
昭和期の小学校教員。
¶社史

**永松勝海** ながまつかつうみ
明治27(1894)年9月29日～昭和39(1964)年1月5日 ㊦永松勝海《ながまつかつみ》
大正～昭和期の歯科医学者。九州歯科医学専門学校教授。九州歯科大学学長、日本歯科医学会副会長などを歴任。
¶大分歴(ながまつかつみ)、科学、現情、人名7、世紀、日人、福岡百(ながまつかつみ)

**永松勝海** ながまつかつみ
→永松勝海(ながまつかつうみ)

**仲間平助** なかまへいすけ
明治18(1885)年～昭和41(1966)年
明治～昭和期の小学校訓導。アルゼンチン移民。
¶姓氏沖縄

**中丸英夫** なかまるひでお
明治34(1901)年2月27日～昭和54(1979)年1月28日
大正・昭和期の教育者。観世流謡曲の指導者。

¶飛騨

**永海佐一郎** ながみさいちろう
明治22（1889）年3月10日〜昭和53（1978）年1月13日
大正〜昭和期の化学者。東京高等工業学校教授。水溶液中の無機化学反応の系統化の研究を基礎に化学教育の改善に努める。
　¶科学，現情，現人，島根百，島根歴，人名7，世紀，日人

**中溝昌弘** なかみぞまさひろ
天保12（1841）年〜
江戸時代後期〜明治期の教育・政治家。
　¶多摩

**那珂通高** なかみちたか
文政10（1827）年〜明治12（1879）年5月1日　㊙江幡五郎《えはたごろう》，江鶏五郎《えばたごろう》，那珂梧楼《なかごろう》
江戸時代末期〜明治期の盛岡藩士，儒学者。藩校教授。戊辰戦争で敗れ禁固，釈放後は私塾の経営に当たり，文部省の教科書編纂に参加。
　¶朝日（江鶏五郎　えばたごろう），維新，岩手人（那珂梧楼　なかごろう　㊛1827年11月24日），岩手百（那珂梧楼　なかごろう），江文（那珂梧楼　なかごろう），国際，国書（那珂梧楼　なかごろう　㊛文政10（1827）年11月24日），コン5，詩歌（那珂梧楼　なかごろう），新潮（江鶏五郎　えばたごろう），人名（那珂梧楼　なかごろう），姓氏岩手（那珂梧楼　なかごろう），全幕（江幡五郎　えはたごろう），日史，日人（那珂梧楼　なかごろう　㊛1828年），幕末（那珂梧楼　なかごろう），幕末大（那珂梧楼　なかごろう），藩臣1（那珂梧楼　なかごろう），百科，歴大

**那珂通世** なかみちよ
嘉永4（1851）年1月6日〜明治41（1908）年3月2日
明治期の東洋歴史学者，文学者。東京高等師範学校教授。「東洋史」の名称を創唱し，発展に寄与。著書に「支那通史」「成吉思汗実録」など。共立女子職業学校（後の共立女子学園）の設立に関わる。
　¶朝日（㊛嘉永4年1月6日（1851年2月6日）），岩史，岩手人，学校，角史，近現，考古，国史，コン改，コン5，史学，史研，史人，思想史，重要（㊛嘉永4（1851）年1月），人著94，新潮，人名，姓氏岩手，世人（㊛嘉永4（1851）年1月），世百，先駆，全書，大百，哲学，日思，日史，日人，日本，百科，明治2，山川小，履歴，歴大

**中満重明** なかみつしげあき
昭和2（1927）年〜平成20（2008）年
昭和・平成期の教師。
　¶熊本人

**中満杉蔵** なかみつすぎぞう
明治40（1907）年〜
昭和期の小学校教師。
　¶社史

**長峯幾千代** ながみねいくちよ
慶応2（1866）年〜大正14（1925）年
明治〜大正期の教育者。波野小学校校長。

¶姓氏鹿児島

**仲嶺貞夫** なかみねさだお
昭和14（1939）年〜
昭和期の教育者。
　¶戦沖

**永峰秀樹（永峯秀樹）** ながみねひでき
嘉永1（1848）年6月1日〜昭和2（1927）年12月3日
明治〜昭和期の英学者，教育家，翻訳家。維新後は海軍兵学校教官をつとめ，著訳書に「ウォーカー氏富国論」「物理問答」。
　¶近文，数学（永峯秀樹），世紀，長崎遊，日児（永峯秀樹　㊛嘉永1（1848）年7月1日），日人，幕末大，山梨人，山梨文（永峯秀樹），洋学

**中村愛松** なかむらあいしょう
＊〜大正14（1925）年
江戸時代末期〜大正期の教育者・俳人。
　¶愛媛百（㊛嘉永6（1853）年7月11日　㊙大正14（1925）年4月10日），四国文（㊛安政2年　㊙大正14年10月10日）

**中村敦雄** なかむらあつお
昭和39（1964）年2月19日〜
昭和〜平成期の研究者。群馬大学教育学部助教授。専門は，国語教育。
　¶現執4期

**中村郁次郎** なかむらいくじろう
明治11（1878）年〜昭和19（1944）年3月8日
明治〜昭和期の教育者・実業家。
　¶群馬人

**中村勇** なかむらいさみ
明治35（1902）年〜平成10（1998）年
昭和〜平成期の教育者。青森高校長。
　¶青森人

**中村梅吉** なかむらうめきち
明治34（1901）年3月19日〜昭和59（1984）年8月4日
昭和期の政治家，弁護士。自由党結成に参加。法相，建設相，党総務会長，文相などを歴任。
　¶現職，現情，現日（㊙1984年8月14日），コン改，コン4，コン5，新潮，世紀，政治，日人

**中村栄三郎** なかむらえいざぶろう
江戸時代後期の寺子屋師匠・儒者。
　¶埼玉人（生没年不詳），埼玉百

**中村円太** なかむらえんた
天保6（1835）年〜慶応1（1865）年
江戸時代末期の筑前福岡藩士。
　¶維新，人名，日人，幕末（㊙1865年2月21日），藩臣7

**中村佳永子** なかむらかえこ
明治42（1909）年9月1日〜昭和62（1987）年1月24日
昭和期の音楽家，教育者。
　¶徳島歴

### 中村確堂　なかむらかくどう
＊〜明治30(1897)年
明治期の漢学者。著書に「碧悟翠竹居文鈔」など。
¶人名(㊃?)，日人(㊃1832年)

### 中村景美　なかむらかげよし
→中村景美(なかむらけいび)

### 中村一正　なかむらかずまさ
明治7(1874)年〜昭和15(1940)年
明治〜昭和期の教師。郷土史家。
¶姓氏鹿児島

### 中村和幸　なかむらかずゆき
昭和29(1954)年〜
昭和〜平成期の翻訳家、高校教師。
¶現執3期

### 中村一義　なかむらかずよし
嘉永6(1853)年〜大正14(1925)年
明治・大正期の俳人、教育者。
¶愛媛

### 中村嘉田　なかむらかでん
安永6(1777)年〜文政13(1830)年
江戸時代後期の漢学者。
¶国書(㊃安永6(1777)年9月6日　㊁文政13(1830)年9月12日)，人名，日人

### 中村亀夫　なかむらかめお
明治35(1902)年7月2日〜昭和55(1980)年11月4日
昭和期の教育者。
¶岡山歴

### 中村勘助　なかむらかんすけ
天保1(1830)年〜明治19(1886)年4月2日
江戸時代末期〜明治時代の教育者。維新の際、私塾養成塾を開設。
¶幕末，幕末大

### 中村寛澄　なかむらかんちょう
？〜昭和19(1944)年
明治〜昭和期の明徳学園(明徳商業高等学校)の創設者。
¶京都大，姓氏京都，日人

### 中村紀久二　なかむらきくじ
昭和7(1932)年2月11日〜
昭和〜平成期の教科書史研究者。教科書研究センター附属教科書図書館長補佐・センター主任研究員。
¶現執3期，現執4期

### 中村義上　なかむらぎじょう
弘化2(1845)年〜昭和14(1939)年
明治期の篤農家。村内に溜池を築造し稲の増産に寄与した。
¶近現，国史，世紀(㊃弘化2(1845)年5月10日)，日人

### 中村帰道　なかむらきどう
文化2(1805)年〜明治18(1885)年
江戸時代後期の心学者。

¶姓氏長野，長野歴

### 中村牛荘　なかむらぎゅうそう
天明3(1783)年〜明治2(1869)年
江戸時代後期の儒学者。
¶国書(㊁明治2(1869)年4月18日)，人名(㊃1785年　㊁1870年)，日人，幕末(㊁1869年5月29日)，藩臣6

### 中村京太郎　なかむらきょうたろう
明治13(1880)年3月25日〜昭和39(1964)年12月24日
明治〜昭和期の盲教育者。点字新聞「あけぼの」創刊。「点字大阪毎日新聞」初代編集長。点字教科書を作成。
¶キリ，現情，視覚，静岡歴，新潮，人名7，世紀，姓氏静岡，渡航，日人

### 中村恭平　なかむらきょうへい
安政2(1855)年5月21日〜昭和9(1934)年1月21日
明治〜昭和期の教育家。同志と東京物理学校(後の東京理科大学)を創設し校長を務めた。
¶学校，人名，世紀，日人

### 中村精男　なかむらきよお
安政2(1855)年4月18日〜昭和5(1930)年1月3日
明治〜昭和期の気象学者。東京物理学校校長。中央気象台長を経て、東京物理学講習所(後の東京理科大学)に関わる。
¶朝日(㊃安政2年4月18日(1855年6月2日))，海越，海越新，科学，学校，近現，国史，コン改，コン5，史人，社史，新潮(㊃安政2(1855)年4月19日)，人名，世紀，全書，大百，渡航，日人，百科，山口百，歴大

### 中村清子　なかむらきよこ
明治44(1911)年〜
昭和期の絵本作家。横浜みこころ幼稚園園長。
¶児人

### 中村清　なかむらきよし
昭和17(1942)年10月15日〜
昭和〜平成期の教育学者。宇都宮大学教授。
¶現執2期，現執4期

### 中村国穂　なかむらくにほ
明治9(1876)年〜大正9(1920)年
明治〜大正期の教育者。
¶長野百，長野歴

### 中村君山　なかむらくんざん
元禄14(1701)年〜宝暦13(1763)年
江戸時代中期の儒学者。
¶日人

### 中村敬宇　なかむらけいう
→中村正直(なかむらまさなお)

### 中村慶三郎　なかむらけいざぶろう
明治36(1903)年〜昭和62(1987)年
昭和期の教育者、地質学者。
¶高知人

**中村慶次郎** なかむらけいじろう
明治4(1871)年7月21日～昭和18(1943)年8月10日
明治～昭和期の教育者。
¶飛騨

**中村景美** なかむらけいび
寛延3(1750)年～文政8(1825)年2月2日　㊞中村景美《なかむらかげよし》
江戸時代中期～後期の算学者。
¶数学(なかむらかげよし)

**中村健二** なかむらけんじ
大正6(1917)年1月2日～
昭和期の精薄児教育者。弘済学園園長、厚生省中央福祉審議会特別委員。
¶現執1期、現執2期

**仲村兼明** なかむらけんめい
昭和5(1930)年～
昭和期の教育者。
¶戦沖

**中村弘毅** なかむらこうき
→中村弘毅(なかむらひろたけ)

**中村拡三** なかむらこうぞう
大正12(1923)年3月21日～
昭和～平成期の教育評論家。解放教育研究所事務局長。
¶現執1期、現執2期、現執3期

**中村興三** なかむらこうぞう
→中村尚輔(なかむらひさすけ)

**中村黒水** なかむらこくすい
文政3(1820)年～明治17(1884)年　㊞中村元起《なかむらもとおき》、中村忠蔵《なかむらちゅうぞう》
江戸時代末期～明治期の儒学者、教育者。藩学進徳館の創設を建言。
¶維新(中村元起　なかむらもとおき)、国書(㊕文政3(1820)年6月2日　㊟明治17(1884)年4月30日)、人名、長野百、長野歴、日人、幕末、幕末大、藩臣3(中村忠蔵　なかむらちゅうぞう)

**中村コトリ** なかむらことり
明治15(1882)年～昭和37(1962)年
明治～昭和期の教育者。
¶姓氏山口

**中村権平** なかむらごんべい
明治32(1899)年9月3日～昭和55(1980)年1月27日
昭和期の教育者、郷土史家。
¶町田歴

**中村作太郎** なかむらさくたろう
大正2(1913)年11月13日～平成13(2001)年6月11日
昭和・平成期の教育者。
¶北海道建

**中村貞吉** なかむらさだきち
安政5(1858)年～明治28(1895)年7月17日　㊞中村貞吉《なかむらていきち》
明治期の工部大学校教員。イギリスに留学する。工手学校(後の工学院大学)の設立に関わる。
¶海越(㊕?)、海越新(なかむらていきち)、学校(㊕安政5(1858)年7月　㊟明治28(1895)年7月11日)、渡航(なかむらていきち)

**中村貞太郎** なかむらさだたろう
→北有馬太郎(きたありまたろう)

**中村三郎** なかむらさぶろう
明治38(1905)年4月22日～昭和54(1979)年2月3日
大正・昭和期の丹生川村教育長。
¶飛騨

**中村三近子** なかむらさんきんし
寛文11(1671)年～寛保1(1741)年
江戸時代前期～中期の儒学者。節用集「俗字指南車」、教訓書「六諭衍義小意」、教訓絵本「絵本池の心」などを著した。
¶国書(㊟寛保1(1741)年11月10日)、日人

**中村三蕉** なかむらさんしょう
文化14(1817)年～明治27(1894)年8月27日
江戸時代末期～明治期の丸亀藩士。藩校正明館教授、小中学校教員を務める。
¶国書、人名、日人、幕末、幕末大

**中村子愷** なかむらしがい
明和8(1771)年～寛政7(1795)年
江戸時代中期～後期の儒学者。
¶日人

**中村重勝** なかむらしげかつ
安永4(1775)年～文政7(1824)年　㊞中村滄浪亭《なかむらそうろうてい》
江戸時代後期の近江彦根藩士。
¶国書(中村滄浪亭　なかむらそうろうてい　㊕安永4(1775)年4月21日　㊟文政7(1824)年9月21日)、人名、藩臣4(㊟文政5(1822)年)

**中村治四郎** なかむらじしろう
*～昭和49(1974)年11月14日
昭和期の学校創立者。九州商科大学(後の九州産業大学)を開設。
¶学校(㊕?)、福岡百(㊕明治40(1907)年8月26日)

**中村七五郎** なかむらしちごろう
安政1(1854)年～大正1(1912)年
江戸時代末期～明治期の教育者。
¶姓氏長野、長野歴

**中村七友斎** なかむらしちゆうさい
→中村嘉種(なかむらよしたね)

**中村修二** なかむらしゅうじ
昭和23(1948)年～
昭和～平成期の高等学校教諭、画家。
¶児人

中村習輔 なかむらしゅうすけ
享保17(1732)年～文化13(1816)年
江戸時代中期～後期の心学者。信濃心学の開祖。
¶郷土長野,姓氏長野,長野百,長野歴

中村寿之助 なかむらじゅのすけ
明治31(1898)年4月29日～昭和44(1969)年6月10日
大正～昭和期の出版人。開隆堂出版創業者、教科書協会理事。
¶秋田人2,秋田百,出版,出文

中村淳 なかむらじゅん
昭和5(1930)年8月4日～
昭和～平成期の音楽指導者、合唱指揮者、作曲家。
¶音人2,音人3

中村順司 なかむらじゅんじ
昭和21(1946)年8月5日～
昭和～平成期の高校野球監督。名古屋商科大学監督。PL学園コーチを務め、春3回、夏3回の優勝成績を残す。
¶世紀,日人

中村順蔵 なかむらじゅんぞう
文化10(1813)年～明治9(1876)年
江戸時代後期～明治期の儒学者、開港条約幕府通訳、足利学校訓導。
¶栃木歴

中村詳一 なかむらしょういち
明治22(1889)年～昭和37(1962)年
昭和期の教育者。
¶山口人

中村城山 なかむらじょうざん
弘化2(1845)年～明治21(1888)年
明治期の芳賀郡茂木町の漢学者、私塾経営者。
¶栃木歴

中村新太郎(1) なかむらしんたろう
明治14(1881)年4月21日～昭和16(1941)年12月8日
明治～昭和期の地質学者。京都帝国大学教授。徹底した野外調査教育で学生を指導、優れた専門家を養成。地質学界の進歩に貢献。
¶科学,人名7,世紀,全書,大百,日人

中村新太郎(2) なかむらしんたろう
明治43(1910)年～昭和52(1977)年
昭和期の小学校教師、児童文学作家、評論家。作品に「村の風俗」「天平の虹」など。
¶現執1期,児作(⊕明治42(1910)年),児文,社史,世紀,児作(⊕明治43(1910)年9月27日)

長村靖斎 ながむらせいさい
明和4(1767)年～文政3(1820)年
江戸時代後期の肥前平戸藩老臣。
¶国書(⊕文政3(1820)年5月21日),人名(⊕1770年),日人

中村清蔵 なかむらせいぞう
万延1(1860)年12月24日～大正14(1925)年11月9日
明治～大正期の実業家。中加貯蓄銀行会長、倉庫銀行頭取。東京廻米問屋市場設立に参画。設立後総行事(代表者)を経て顧問となる。深川女子技芸学校(後の中村高等学校)を創立。
¶学校,コン改,コン5,新潮,人名,世紀(⊕万延1(1861)年12月24日),日人(⊕1861年)

中村雪樹 なかむらせつじゅ
→中村雪樹(なかむらゆきき)

中村仙巌 なかむらせんがん
嘉永2(1849)年8月9日～昭和4(1929)年3月10日
⑲中村仙巌尼《なかむらせんがんに》
江戸時代末期～大正期の尼僧。仙巌学園を創設。地方における女子教育の先駆者。孤児の養育や尼の教育に尽力。
¶朝日(⊕嘉永2年8月9日(1849年9月25日)),学校,女性(中村仙巌尼　なかむらせんがんに),女性普(中村仙巌尼　なかむらせんがんに),世紀,日人(中村仙巌尼　なかむらせんがんに),仏人(中村仙巌尼　なかむらせんがんに)

中村仙巌尼 なかむらせんがんに
→中村仙巌(なかむらせんがん)

中村全亨 なかむらぜんりょう
大正3(1914)年1月15日～平成5(1993)年2月5日
昭和期の学校創立者。九州電気学校(後の九州電機短期大学)を創立。
¶学校

中村滄浪亭 なかむらそうろうてい
→中村重勝(なかむらしげかつ)

中村外治 なかむらそとじ
大正5(1916)年6月28日～平成14(2002)年7月27日
昭和・平成期の教育社。音楽家。
¶石川現九

中村太五 なかむらだいご
明治33(1900)年～昭和17(1942)年
大正～昭和期の安ân青年学校教師。
¶姓氏沖縄

中村太六 なかむらたいろく
明治43(1910)年～昭和23(1948)年
昭和期の教育者。校長。
¶姓氏沖縄

中村武雄 なかむらたけお
明治28(1895)年～昭和53(1978)年
昭和期の教育者。
¶群馬人

中村剛 なかむらたけし
嘉永3(1850)年～?
江戸時代末期～明治期の教育者。
¶群馬人

中村太郎 なかむらたろう
明治44(1911)年1月11日～平成14(2002)年5月11日

**中村淡斎** なかむらたんさい
→伯先（はくせん）

**中村千賀** なかむらちか，なかむらちが
安政7（1860）年2月28日〜昭和21（1946）年2月5日
明治〜昭和期の手芸教育者。中村女子手芸学校開設。高知県婦人慈善会設立。藍綬褒章受章。
¶高知人，高知百，女性（なかむらちが），女性普（なかむらちが），世紀，日人

**中村忠蔵** なかむらちゅうぞう
→中村黒水（なかむらこくすい）

**中村貞吉** なかむらていきち
→中村貞吉（なかむらさだきち）

**中村惕斎**（中村畷斎）なかむらてきさい
寛永6（1629）年2月9日〜元禄15（1702）年7月26日
江戸時代前期〜中期の朱子学者。
¶朝日（㊍寛永6年2月9日（1629年3月3日）　㊥元禄15年7月26日（1702年8月19日）），岩史，岡山人，角史，教育，京都大人（中村畷斎），近世，国史，国書，コン改，コン4，史人，人書94，新潮，人名，姓氏京都，世人（㊥元禄15（1702）年7月25日），全書，大百，日思，日史，日人，洋学，歴人

**中村伝喜** なかむらでんよし
明治36（1903）年6月4日〜昭和60（1985）年
昭和期の教育者、土佐梁山泊の創始者。
¶高知人，四国文

**中村亨** なかむらとおる
昭和9（1934）年11月1日〜
昭和期の教育学者。西南女学院大学教授。
¶現執2期

**中村ときを** なかむらときお，なかむらときを
明治39（1906）年9月10日〜
大正〜昭和期の小説家、校長。
¶現執2期，児作（なかむらときを），児人（なかむらときを），世紀，日児

**中村徳水** なかむらとくすい
寛政12（1800）年〜安政3（1856）年4月3日
江戸時代末期の安芸広島藩士、心学者。
¶国書，藩臣6，広島百

**中村徳美** なかむらとくび
安永6（1777）年〜天保13（1842）年
江戸時代中期〜後期の私塾経営者。
¶姓氏山口

**中村俊夫** なかむらとしお
文化8（1811）年〜明治6（1873）年6月3日
江戸時代末期〜明治期の大洲藩士。藩校明倫堂学頭。尊王論者。
¶維新，人名，日人，幕末，幕末大（㊍文化8（1811）年11月1日）

**中村直吉** なかむらなおきち
明治13（1880）年8月15日〜＊
明治〜昭和期の社会事業家。
¶兵庫人（㊥昭和24（1949）年12月17日），兵庫百（㊥昭和14（1939）年）

**中村のぶ** なかむらのぶ
明治8（1875）年〜昭和14（1939）年
明治〜昭和期の幼児教育者。養生幼稚園を創設、園長就任。
¶女性，女性普

**中村徳勝** なかむらのりかつ
正徳2（1712）年〜寛政2（1790）年　㊕中村鸞渓
《なかむららんけい》
江戸時代中期の近江大溝藩士、儒学者。
¶国書（中村鸞渓　なかむららんけい　㊍正徳2（1712）年10月20日　㊥寛政2（1790）年2月6日），人名（中村鸞渓　なかむららんけい），日人（中村鸞渓　なかむららんけい），藩臣4

**中村ハル** なかむらはる
明治17（1884）年6月1日〜昭和46（1971）年9月2日
明治〜昭和期の女子教育家。中村学園創立、理事長就任。
¶学校，現情，女性，女性普，人名7，世紀，日人，福岡百

**中村春雄** なかむらはるお
大正4（1915）年1月11日〜平成3（1991）年6月19日
昭和・平成期の教育者。
¶飛騨

**中村春吉** なかむらはるきち
明治36（1903）年3月16日〜昭和53（1978）年7月19日
昭和期の学校創設者。
¶埼玉人

**中村春二** なかむらはるじ
明治10（1877）年3月31日〜大正13（1924）年2月21日
明治〜大正期の教育者。私学の必要性を痛感、家塾風の実務学校、中学校、小学校、専門学校、女学校を開設。財団法人成蹊学園を設立。
¶朝日，学校，近現，国吏，コン5，社史，世紀，哲学，日人，民学

**中村久夫** なかむらひさお
明治41（1908）年6月16日〜昭和15（1940）年4月30日
大正・昭和期の教師、洋画家。
¶石川現九

**中村尚輔** なかむらひさすけ
文化6（1809）年〜明治12（1879）年　㊕中村興三
《なかむらこうぞう》
江戸時代後期〜明治期の国学者。
¶国書（㊥明治12（1879）年7月8日），人名（中村興三　なかむらこうぞう），日人，和俳（中村興三　なかむらこうぞう）

**中村久也** なかむらひさや
昭和11(1936)年～
昭和期の英語教師。
¶視覚

**中村秀樹** なかむらひでき
昭和25(1950)年～
昭和～平成期の小学校教諭、児童文学作家。
¶児人

**中村浩** なかむらひろし
昭和13(1938)年3月25日～
昭和～平成期の音楽教育者。
¶音人2, 音人3

**中村博** なかむらひろし
昭和3(1928)年7月7日～
昭和～平成期の民話研究家、小学校教員。
¶四国文, 児作, 児人, 世紀, 日児

な

**中村弘毅** なかむらひろたけ
天保9(1838)年～明治20(1887)年　[別]中村弘毅《なかむらこうき》
明治期の官吏。内務書記官長、元老院議官などを歴任。
¶維新, 高知人, 人名(なかむらこうき), 日人

**中村文** なかむらふみ
大正3(1914)年12月23日～
大正～昭和期の教育者。
¶視覚, 戦沖

**中村文雄** なかむらふみお
昭和6(1931)年8月18日～
昭和～平成期の評論家、著述家。神奈川県高校教科研究会歴史分科会会長、全歴研常任理事。
¶現執3期

**中村文子** なかむらふみこ
大正2(1913)年～
昭和期の教師・婦人運動家・平和運動家。
¶平和

**中村文仲** なかむらぶんちゅう
文化10(1813)年～明治28(1895)年
江戸時代後期～明治期の私塾紅暁岱の手習師匠。
¶姓氏岩手

**中村愿** なかむらまこと
天保6(1835)年～
江戸時代後期の数学者。
¶数学

**中村政夫** なかむらまさお
明治40(1907)年～平成12(2000)年
昭和～平成期の教育者。弘前大学教授、東北女子大学教授。
¶青森人

**中村正雄** なかむらまさお
慶応3(1867)年11月20日～昭和18(1943)年1月11日
江戸時代末期～昭和期の博物学者。
¶庄内, 植物, 新潟百, 山形百

**中村正直** なかむらまさなお
天保3(1832)年5月26日～明治24(1891)年6月7日
[別]中村敬宇《なかむらけいう》
明治期の啓蒙学者、教育者。東京大学教授、貴族院議員。同人舎を開き、明六社に参加。女子・盲人教育にも尽力。著書に「西国立志編」など。
¶朝日([生]天保3年5月26日(1832年6月24日)), 維新(中村敬宇　なかむらけいう), 伊豆(中村敬宇　なかむらけいう), 岩史, 海越, 海越新, 江文(中村敬宇　なかむらけいう), 角史, 教育, キリ([生]天保3年5月26日(1832年6月24日)), 近現, 近文(中村敬宇　なかむらけいう), 国際, 国史, 国書(中村敬宇　なかむらけいう), コン改, コン5, 詩歌(中村敬宇　なかむらけいう), 詩作(中村敬宇　なかむらけいう　[没]明治24(1891)年6月), 史人, 静岡百, 静岡歴, 思想, 思想史, 児文(中村敬宇　なかむらけいう), 重要, 出版, 出文, 女史, 人書79(中村敬宇　なかむらけいう), 人書94, 新潮, 新文(中村敬宇　なかむらけいう　[没]明治24(1891)年6月1日), 人名(中村敬宇　なかむらけいう), 姓氏静岡, 世人, 世百, 先駆, 全書, 大百, 哲学(中村敬宇　なかむらけいう), 渡航(中村敬宇・中村正直　なかむらけいう・なかむらまさなお), 日思, 日史, 日児(中村敬宇　なかむらけいう　[生]天保3(1832)年6月24日), 日人, 日本, 幕末(中村敬宇　なかむらけいう), 幕末大(中村敬宇　なかむらけいう), 百科, 文学(中村敬宇　なかむらけいう), 民学, 山川小, 山梨百(中村敬宇　なかむらけいう　[没]明治24(1891)年6月20日), 洋学, 履歴(中村敬宇　なかむらけいう　[生]天保3(1832)年5月25日), 歴大

**中村雅彦** なかむらまさひこ
昭和33(1958)年2月22日～
昭和～平成期の神職。愛媛大学教育学部教授。
¶現執4期

**中村正持** なかむらまさもち
明治1(1868)年～昭和11(1936)年
明治～昭和期の教育者。
¶高知人

**中村まつ** なかむらまつ
明治27(1894)年～
明治～昭和期の盲学校教師。
¶近女, 信州女

**中村万吉** なかむらまんきち
明治2(1869)年～明治44(1911)年
明治期の女子教育家。浜松学芸高校創立者。
¶学校

**中村みつ** なかむらみつ
明治7(1874)年～昭和17(1942)年
明治～昭和期の女子教育家。浜松学芸高校創立者。
¶学校, 静岡歴, 姓氏静岡

**中村実** なかむらみのる
昭和9(1934)年1月12日～
昭和期の教育者。高山短期大学理事長兼学長。

¶飛騨

**中村三義** なかむらみよし
明治38(1905)年～昭和49(1974)年
昭和期の教育者。宮之城高校初代校長。
¶姓氏鹿児島

**中村元起** なかむらもとおき
→中村黒水(なかむらこくすい)

**中村守臣** なかむらもりおみ
安永8(1779)年～嘉永7(1854)年
江戸時代末期の国学者。
¶国書(⊕嘉永7(1854)年閏7月7日)、島根人、島根百、島根歴、神史、神人、人名、世人、日人

**中村守隆** なかむらもりたか
昭和10(1935)年5月25日～
昭和期の教育者。学校長。
¶飛騨

**中村守手** なかむらもりて
文政3(1820)年～明治15(1882)年
江戸時代末期～明治期の国学者。熊野大社宮司。藩校修道館教授を務める。
¶国書(⊕文政3(1820)年2月12日 ㊣明治15(1882)年2月4日)、島根人、島根百(⊕文政3(1820)年2月 ㊣明治15(1882)年2月4日)、島根歴、人名、日人、幕末(㊣1882年2月)、幕末大(㊣明治15(1882)年2月)

**中村雄次郎** なかむらゆうじろう
嘉永5(1852)年～昭和3(1928)年10月20日
明治～昭和期の陸軍軍人。中将、男爵。陸軍士官学校、陸軍大学校の創立に関係。満鉄総裁、宮内大臣などを歴任。
¶朝日(⊕嘉永5年2月28日(1852年3月18日))、海越(⊕嘉永5(1852)年2月29日)、海越新(⊕嘉永5(1852)年2月29日)、近現、国史、コン改、コン5、史人(⊕1852年2月)、人名、世紀(⊕嘉永5(1852)年2月28日)、世人、鉄道(⊕1852年3月18日)、渡航(㊣1852年2月㊣1928年10月10日)、日人、三重県、陸海(⊕嘉永5年2月28日)、和歌山人

**中村有三** なかむらゆうぞう
昭和5(1930)年～
昭和期の前橋育英学園創設者。
¶群馬人

**中村雪樹** なかむらゆきき
天保2(1831)年～明治23(1890)年9月23日 ㊣中村雪樹《なかむらせつじゅ》
江戸時代末期～明治期の長州藩藩士。萩町長、萩中学校長。山口藩権大参事、山口県大属などを務める。
¶維新、人名(なかむらせつじゅ)、姓氏山口、日人、幕末、幕末大(⊕天保2(1831)年1月16日)

**中村ユス** なかむらゆす
天保12(1841)年12月28日～大正13(1924)年11月25日
明治期の教育者。中村高等女学校校長。裁縫塾を開塾。中村裁縫伝習所を創立、校長就任。発展に尽力。
¶学校、女性、女性普、世紀(⊕天保12(1842)年12月28日)、日人(⊕1842年)、山口百

**中村百合蔵** なかむらゆりぞう
？～明治28(1895)年
江戸時代末期～明治期の教育者。
¶姓氏山口

**中村洋炳** なかむらようへい
昭和2(1927)年10月28日～平成6(1994)年3月12日
昭和・平成期の教育者。学校長。
¶飛騨

**中村陽平** なかむらようへい
天保6(1835)年～明治27(1894)年
江戸時代後期～明治期の教育者。
¶姓氏宮城

**中村義章** なかむらよしあき
文政1(1818)年10月21日～明治8(1875)年12月27日
江戸時代後期の名主・寺子屋師匠。
¶埼玉人

**中村好明** なかむらよしあき
大正6(1917)年9月28日～
昭和期の教育者。
¶飛騨

**中村良臣** なかむらよしおみ
寛政7(1795)年～嘉永3(1850)年6月27日
江戸時代末期の国学者。
¶国書(⊕寛政7(1795)年5月3日)、人名、日人、兵庫人、兵庫百

**中村義方** なかむらよしかた
文政7(1824)年～明治26(1893)年3月3日
江戸時代末期～明治期の算学者。
¶国書、人名、数学、日人

**中村嘉種** なかむらよしたね
延宝6(1678)年～延享1(1744)年 ㊣中村七友斎《なかむらしちゆうさい》
江戸時代中期の儒学者。
¶高知人、国書(中村七友斎 なかむらしちゆうさい ㊣延享1(1744)年9月)、人名、日人

**中村由太郎** なかむらよしたろう
明治29(1896)年～昭和58(1983)年5月
明治～昭和期の実業家、教育者。光星学院高等学校(後の八戸学院光星高等学校)を創立。その後、八戸大学(後の八戸学院大学)を開学。
¶学校

**中村鶯渓** なかむららんけい
→中村徳勝(なかむらのりかつ)

**中村栗園** なかむらりつえん
文化3(1806)年～明治14(1881)年
江戸時代後期～明治期の儒学者。
¶維新、大分百、大分歴、国書(⊕文化3(1806)

年8月　[没]明治14(1881)年12月20日)，詩歌，滋賀百，人名，日人，藩臣4，和俳

**中村柳坡** なかむらりゅうは
～明治12(1879)年
江戸時代後期～明治期の漢学者、蘭方医、教育家。
¶新潟百別

**中村良左衛門** なかむらりょうざえもん
文化14(1817)年～明治25(1892)年
江戸時代後期～明治期の学制発布の際学区取締。
¶姓氏長野

**中村梁山** なかむらりょうざん
享保16(1731)年～寛政13(1801)年
江戸時代中期～後期の儒学者。
¶国書([没]寛政13(1801)年1月22日)，人名，日人



**中村亮平** なかむらりょうへい
明治22(1889)年～昭和22(1947)年7月7日
大正～昭和期の美術研究家、高校教諭。
¶近文([生]1887年)，姓氏長野，長野百，長野歴，日児([生]明治20(1887)年6月19日)

**中村六三郎** なかむらろくさぶろう
天保12(1841)年～明治40(1907)年1月9日
江戸時代末期～明治期の幕臣、数学教師。広島師範学校長。維新後、三菱商船学校(後の東京海洋大学)校長等を歴任。著書に「小学幾何用法」。
¶学校([生]天保12(1841)年2月)，歌舞新(生没年不詳)，郷土長崎，静岡歴，人名，数学，長崎百([生]天保13(1842)年　[没]明治41(1908)年)，日人，幕末大([生]天保12(1841)年2月)，洋学

**中本研一** なかもとけんいち
明治42(1909)年～昭和48(1973)年
昭和期の教育家、俳人。
¶滋賀百

**仲本賢弘** なかもとけんこう
大正8(1919)年～平成25(2013)年
昭和・平成期の教育者。
¶戦沖

**仲本秀一** なかもとしゅういち
明治14(1881)年～昭和8(1933)年
明治～昭和期の教師。具志川郵便局長。
¶姓氏沖縄

**中本恕堂** なかもとじょどう
明治32(1899)年9月7日～昭和48(1973)年3月11日
明治～昭和期の俳人、教員。石川県で教職につくかたわら句作。
¶石川百，世紀，姓氏石川，日人

**名嘉元精一** なかもとせいいち
明治30(1897)年～昭和27(1952)年
大正～昭和期の教育者。校長。
¶姓氏沖縄

**仲本朝愛** なかもとちょうあい
明治39(1906)年2月10日～昭和42(1967)年3月1日
昭和期の小学校教員。
¶社史

**仲本とみ** なかもとふみ
昭和15(1926)年～
昭和期の教育者。
¶戦沖

**中本右三** なかもとゆうぞう
明治36(1903)年6月14日～平成8(1996)年5月25日
昭和・平成期の久々野町教育長。
¶飛驒

**中森孜郎** なかもりしろう
大正15(1926)年11月20日～
昭和期の保健体育教育学者。宮城教育大学付属小学校校長、宮城教育大学教授。
¶現執1期，現執2期

**中森孟夫** なかもりたけお
明治1(1868)年10月5日～昭和21(1946)年3月3日
江戸時代末期～昭和期の教育者。京都女子手芸学校(後の京都橘女子高等学校)、京都工科学校などを創設。
¶学校，世紀，日人

**永森文秀** ながもりぶんしゅう
明治32(1899)年～昭和60(1985)年
大正～昭和期の教育者。
¶姓氏富山

**中谷勲** なかやいさお
明治29(1896)年～大正9(1920)年
大正期の白樺派教員。
¶郷土長野，姓氏長野，長野百，長野歴

**中家一郎** なかやいちろう
大正3(1914)年8月28日～
昭和期の教育者。
¶飛驒

**長屋喜一** ながやきいち★
明治28(1895)年～
昭和期の倫理学者。道徳教育研究会(後の日本道徳教育学会)を結成。
¶中濃

**長屋順耳** ながやじゅんじ
明治7(1874)年2月3日～昭和26(1951)年8月19日
明治～昭和期の教育家。女子学習院長。東京外国語学校長、宮中顧問官などを歴任。勲一等瑞宝章を受章。
¶人名7，渡航，日人

**中谷省三** なかやしょうぞう
昭和23(1948)年～
昭和～平成期の教諭、木版画家。
¶児人

**永易実** ながやすみのる
昭和11(1936)年～
昭和期の小学校教師、作文教育専門家。
¶現執1期

**中舎高郎** なかやたかお
大正9(1920)年3月9日～
昭和期の学校長。
¶飛騨

**中屋弼馬** なかやひつま
明治3(1870)年～昭和26(1951)年
明治～昭和期の教育者、地方自治功労者。
¶高知人

**中藪淳成** なかやぶじゅんせい
明治37(1904)年～昭和48(1973)年
昭和期の教育者。
¶姓氏富山

**中谷文作** なかやぶんさく
明治5(1872)年～昭和36(1961)年
明治～昭和期の教育者・郷土史研究家。
¶郷土福井

**中山幾之進** なかやまいくのしん
→中山幾之進吉寿(なかやまいくのしんよしとし)

**中山幾之進吉寿** なかやまいくのしんよしとし
*～明治18(1885)年7月6日 [別]中山幾之進《なかやまいくのしん》
江戸時代後期～明治期の剣術家。柳剛流中山派。
¶埼玉人(中山幾之進 なかやまいくのしん [生]文政8(1825)年),埼玉百([生]1820年)

**永山卯三郎** ながやまうさぶろう
明治8(1875)年12月22日～昭和38(1963)年12月20日
明治～昭和期の地方史研究家。岡山師範学校教諭。岡山県史を研究。
¶岡山人,岡山百,岡山歴,郷土,考古([生]明治8(1875)年12月),史研,世紀,日人

**中山美石** なかやまうまし
安永4(1775)年～天保14(1843)年
江戸時代後期の三河吉田藩士、儒学者。
¶国書([生]安永4(1775)年10月10日 [没]天保14(1843)年8月6日),人名([生]1779年),姓氏愛知,日人,藩臣4,百科,和俳

**名嘉山英子** なかやまえいこ
大正10(1921)年～平成19(2007)年
昭和・平成期の教育者。
¶戦沖

**中山治** なかやまおさむ
昭和22(1947)年12月7日～
昭和～平成期の臨床心理学者。国際基督教大学教育研究所研究員、関東学院大学非常勤講師。
¶現執3期

**永山亥軒** ながやまがいけん
→永山平太(ながやまへいた)

**中山薫** なかやまかおる
昭和12(1937)年～
昭和期の高校教師、民俗学者。
¶現執1期

**中山和彦** なかやまかずひこ
昭和9(1934)年1月6日～
昭和～平成期の情報科学者、教育工学者。筑波大学教授。
¶現執2期,現執3期

**中山克己** なかやまかつみ
弘化3(1846)年～大正2(1913)年
江戸時代末期～大正期の教育者。
¶群馬人,姓氏群馬

**中山亀太郎** なかやまかめたろう
明治42(1909)年～
昭和期の小学校教員。
¶社史

**中山桑石** なかやまくわし
文化2(1805)年～安政3(1856)年
江戸時代末期の国学者。
¶江文,国書([没]安政3(1856)年1月24日),人名,日人

**中山源吉** なかやまげんきち★
明治30(1897)年10月20日～昭和44(1969)年8月1日
大正・昭和期の教育者。
¶秋田人2

**中山賢士** なかやまけんじ
明治13(1880)年5月20日～昭和42(1967)年4月28日
明治～昭和期の教員。
¶庄内

**中山維貞**(中山惟貞) なかやまこれさだ
延享2(1745)年～*
江戸時代中期の漢学者。
¶人名([没]1790年),日人(中山惟貞 [没]1791年)

**永山貞武** ながやまさだたけ
享和2(1802)年～弘化2(1845)年 [別]永山徳夫《ながやまとくお》,永山二水《ながやまじすい,ながやまにすい》
江戸時代後期の肥前佐賀藩士。
¶国書(永山二水 ながやまじすい [没]弘化2(1845)年7月30日),人名(永山徳夫 ながやまとくお),日人(永山二水 ながやまにすい),藩臣7

**永山二水** ながやまじすい
→永山貞武(ながやまさだたけ)

**中山修輔** なかやましゅうすけ
→中山信安(なかやまのぶやす)

**中山周平** なかやましゅうへい
大正4(1915)年3月11日～
昭和期の理科教育者、校長。
¶児人,日児

**中山城山** なかやまじょうざん
宝暦13(1763)年～天保8(1837)年
江戸時代中期～後期の讃岐高松藩士、儒学者。
¶香川人,香川百,郷土香川([生]1764年),国書

(㉕天保8(1837)年4月23日)，人名，日人，藩臣6

**中山昌礼** なかやましょうれい
宝暦12(1762)年～文化12(1815)年12月13日
㊞中山黙斎《なかやまもくさい》
江戸時代中期～後期の教育者。肥後熊本藩士。熊本藩の藩校時習館の塾長。
¶教育，熊本人(中山黙斎　なかやまもくさい)，国書(中山黙斎　なかやまもくさい)　㊥宝暦12(1762)年1月11日)，人名(中山黙斎　なかやまもくさい)，日人(中山黙斎　なかやまもくさい　㉕1816年)，藩臣7

**中山駿馬** なかやましんま
明治31(1898)年8月23日～昭和42(1967)年1月5日
明治～昭和期の生物学者。
¶高知人，高知百，世紀，日人

**中山菁莪** なかやませいが
享保13(1728)年～文化2(1805)年
江戸時代中期～後期の出羽秋田藩士、漢学者。
¶秋田百，国書(㊥享保13(1728)年2月26日　㉕文化2(1805)年5月27日)，人名，日人，藩臣1

**中山盛茂** なかやませいも
明治37(1904)年6月22日～昭和53(1978)年2月6日
昭和期の教育者。
¶沖縄百，姓氏沖縄

**中山孝史** なかやまたかし
昭和23(1948)年5月18日～
昭和～平成期の熊本大学教育学部助教授。
¶音人

**中山毎吉** なかやまつねきち
明治1(1868)年1月28日～昭和17(1942)年11月13日
明治～大正期の地方史研究家、教育家。海老名小学校長。神奈川県史を研究。
¶郷土(㊤明治1(1868)年28月)，考古，史研，姓氏神奈川(㉕1943年)

**中山伝蔵** なかやまでんぞう
元治1(1864)年～昭和7(1932)年
明治～昭和期の剣道家。
¶世紀(㊤元治1(1864)年9月2日　㉕昭和7(1932)年5月2日)，多摩，日人

**永山徳夫** ながやまとくお
→永山貞武(ながやまさだたけ)

**中山虎彦** なかやまとらひこ
明治37(1904)年～昭和36(1961)年
昭和期の教育者。
¶大分歴

**中山成彬** なかやまなりあき
昭和18(1943)年6月7日～
昭和～平成期の政治家。衆議院議員、第5、6代文科相。
¶現政

**永山二水** ながやまにすい
→永山貞武(ながやまさだたけ)

**中山信安** なかやまのぶやす
天保3(1832)年～明治33(1900)年6月19日　㊞中山修輔《なかやましゅうすけ》
江戸時代末期～明治期の開港論者。茨城県権令。師範学校創設、地租改正を手がける。
¶茨城百，茨城歴，人名，日人，幕末，幕末大(中山修輔　なかやましゅうすけ)

**中山紀正** なかやまのりまさ
大正3(1914)年～昭和49(1974)年
昭和期の教育者。
¶神奈川人

**中山梅軒** なかやまばいけん
文化5(1808)年～明治13(1880)年
江戸時代後期～明治期の尾張藩士。藩校明倫堂教授。
¶姓氏愛知

**中山博道** なかやまはくどう
→中山博道(なかやまひろみち)

**中山洋司** なかやまひろし
昭和19(1944)年1月9日～
昭和～平成期の教育者。神奈川県立教育センター教育研修部教科第二研修室長。
¶現執3期

**永山寛** ながやまひろし
明治36(1903)年～昭和20(1945)年
昭和期の沖縄県社会教育主事補、沖縄県視学。
¶姓氏沖縄

**中山博道** なかやまひろみち
明治6(1873)年2月～昭和33(1958)年12月14日
㊞中山博道《なかやまはくどう》
明治～昭和期の剣道家。剣、居合、杖術各範士の称号を持つ唯一の人。道場有信館を開く。
¶石川百，現情(㉕1953年12月14日)，新潮，人名7，世紀，姓氏石川(なかやまはくどう)，姓氏富山(なかやまはくどう　㉕1960年)，全書，体育，日人

**永山平太** ながやまへいた
文化12(1815)年～明治12(1879)年　㊞永山亥軒《ながやまがいけん》
江戸時代末期～明治期の加賀藩士。佐久間象山らと親交。自説を唱して禁固になる。
¶国書(永山亥軒　ながやまがいけん　㉕明治12(1879)年8月)，人名(㊤1805年)，姓氏石川(㊤?)，日人(永山亥軒　ながやまがいけん)，幕末(㉕1879年8月15日)

**中山正熊** なかやままさくま
明治7(1874)年～昭和25(1950)年
明治～昭和期の農業指導者。
¶薩摩

**中山正心** なかやままさもと
明治8(1875)年～昭和25(1950)年
明治～昭和期の教育者。

¶現政

¶群新百，群馬人，群馬百

**中山優** なかやままさる
明治27（1894）年～昭和48（1973）年
大正・昭和期の教育者。
¶熊本人

**中山黙斎** なかやまもくさい
→中山昌礼（なかやましょうれい）

**永山盛輝** ながやまもりてる
文政9（1826）年～明治35（1902）年
江戸時代末期～明治期の官吏。貴族院議員。学制の地方定着に尽力、教育権令と呼ばれる。
¶朝日（㊤文政9年8月15日（1826年9月16日）㊦明治35（1902）年1月18日）、維新、鹿児島百、郷土長野、コン改、コン4、コン5、薩摩、新潮（㊤文政9（1826）年8月5日　㊦明治35（1902）年1月17日）、人名、姓氏鹿児島、姓氏長野、長野百（㊦1901年）、長野歴、新潟百、日人、幕末（㊦1902年1月17日）、幕末大（㊤文政9（1826）年8月15日　㊦明治35（1902）年1月17日）、飛騨（㊤文政9（1826）年8月）

**中山義崇** なかやまよしたか
大正13（1924）年4月20日～平成15（2003）年11月24日
昭和～平成期の電気工学者。熊本工業大学学長。君が淵電気電波専門学校、君が淵学園、君が淵電波工業高等学校を設立。その後、熊本工業大学（後の崇城大学）を設立。
¶学校，現情

**長屋万里** ながやまんり
明治29（1896）年～昭和28（1953）年
大正～昭和期の教育者。
¶群馬人

**長屋由郎** ながやよしろう
嘉永3（1850）年7月17日～
江戸時代後期～明治期の教育者。酒田高等女学校初代校長。
¶庄内，山形百（生没年不詳）

**長与専斎** ながよせんさい
天保9（1838）年8月28日～明治35（1902）年9月8日
明治期の医学者、医政家。東京医学校校長、衛生局長、貴族院議員。医事、保健衛生に関する諸制度の確立に貢献。著書に自伝「松香私志」など。
¶朝日（㊤天保9年8月28日（1838年10月16日））、維新、岩史、海越、海越新、大阪人（㊦明治35（1902）年8月）、科学、角史、教育、郷土長崎、近医、近現、近土、国際、国史、コン改、コン5、史人、食文（㊤天保9年8月28日（1838年10月16日））、新潮、人名、姓氏神奈川、世人（㊦明治35（1902）年9月28日）、世日、先駆（㊤天保9（1839）年8月28日）、日人、幕末（㊤天保9（1838）年8月28日）、全書、大百、渡航、土木、長崎歴、日史、日人、幕末、藩臣7、百科、民学、山川小、洋学、履歴、歴大

**長与又郎** ながよまたお
明治11（1878）年4月6日～昭和16（1941）年8月16日　㊦長与又郎《ながよまたろう》

明治～昭和期の病理学者。伝染病研究所所長、癌研究会癌研究所所長。心臓の病理、恙虫の研究で有名。癌研究所創設、日本癌学会を創始。
¶科学、教育（ながよまたろう）、近医、近現、現朝、国史、コン改、コン5、史人、新潮、人名7、世紀、世人（㊤明治11（1878）年4月）、全書（ながよまたろう）、大百（ながよまたろう㊦1877年）、渡航、日史、日人、百科（ながよまたろう）、履歴、歴大

**長与又郎** ながよまたろう
→長与又郎（ながよまたお）

**半井梧庵**（半井梧菴）なからいごあん
文化10（1813）年～明治22（1889）年1月2日
江戸時代末期～明治期の医師。今治藩藩校「克明館」で医学等を教授。著書に「遠西写真全書」「刻医学心得序」。
¶愛媛百（半井梧菴㊤文化10（1813）年6月23日）、郷土愛媛、国書（㊤文化10（1813）年6月23日）、人名（㊦？）、日人、幕末、幕末大、藩臣6、洋学

**長良景山** ながらけいさん
江戸時代後期の教育者。
¶三重

**半谷悌三郎** なからやていざぶろう
明治35（1902）年？～
大正期の教員。
¶社史

**柳楽愛蔵** なぎらあいぞう
安政3（1856）年～大正12（1923）年
明治～大正期の出雲の包蒙塾主。
¶島根歴

**名久井良作** なくいりょうさく
明治45（1912）年～昭和46（1971）年
昭和期の岩手大学教育学部教授。
¶青森人

**名草逸峰** なぐさいっぽう
文政4（1821）年～明治22（1889）年
江戸時代末期～明治期の画家。
¶高知人，人名，日人

**名草宿禰豊成** なぐさのすくねとよなり
宝亀3（772）年～斉衡1（854）年　㊦名草豊成《なくさのとよなり，なぐさのとよなり》
平安時代前期の学者、官人。大学博士、直講、助教を歴任。
¶古代、日人（名草豊成　なぐさのとなり）、平史（名草豊成　なくさのとよなり）

**名草豊成** なくさのとなり，なぐさのとよなり
→名草宿禰豊成（なぐさのすくねとよなり）

**名草道主** なぐさのみちぬし，なくさのみちぬし
生没年不詳
平安時代前期の大学寮の教官。
¶古人（なくさのみちぬし）、平史（なくさのみちぬし），和歌山人

### 南雲総次郎 なぐもそうじろう
明治10(1877)年～昭和35(1960)年
明治～昭和期の教育者。
¶北海道百，北海道歴

### 名倉松窓 なぐらしょうそう，なくらしょうそう
*～明治34(1901)年
江戸時代末期～明治期の儒学者，官吏。元老院書記生修史館掌記を務めた。
¶人名(なくらしょうそう ㊤?)，日人(㊤1822年)

### 名幸澄子 なこうすみこ
昭和13(1938)年～
昭和期の教育者。
¶戦沖

### 名越順直 なごしじゅんちょく
～明治25(1892)年
江戸時代後期～明治期の教育者。
¶三重

### 名護寵文 なごちょうぶん
→程順則(ていじゅんそく)

### 名越時孝 なごやときたか
安政2(1855)年～昭和4(1929)年4月13日
明治～大正期の教育者，文人。茨城師範学校等の教師。「水戸藩史料」編纂に従事。
¶茨城百，茨城歴，幕末

### 奈須川半蔵 なすかわはんぞう
？～
江戸時代の八戸藩士。馬術師範役を務めた。
¶青森人

### 名須川良 なすかわりょう
明治5(1872)年2月27日～昭和18(1943)年9月23日
明治～昭和期の英語教育者。
¶岩手人，姓氏岩手

### 名須川良平 なすかわりょうへい
江戸末期・明治期の漢学者。教育者。
¶岩手人(㊤1830年12月18日 ㊥1899年2月3日)，姓氏岩手(㊤1829年 ㊥1900年)

### 奈須正裕 なすまさひろ
昭和36(1961)年11月20日～
昭和～平成期の研究者。立教大学文学部教育学科教授。専門は，教育心理学。
¶現執4期

### 灘尾弘吉 なだおひろきち
明治32(1899)年12月21日～平成6(1994)年1月22日
大正～昭和期の政治家。文相，厚相，衆議院議長。大分県知事，内務次官などを歴任。戦後自由党から当選，文相，厚相などを歴任。
¶大分歴，近現，現朝，現情，現人，現日，コン改，コン4，コン5，社史，新潮，世紀，政治，日人，広島百，履歴，履歴2

### 夏川嘉久次(夏川嘉久治) なつかわかくじ
明治31(1898)年8月18日～昭和34(1959)年4月8日
大正～昭和期の実業家。近江絹糸紡績会長，近江航空社長。近江絹糸専務，社長を歴任。近江航空を設立。近江実修工業学校(後の近江高等学校)を創立。
¶学校，現朝，現情，現人，現日，コン改(夏川嘉久治)，コン4(夏川嘉久治)，コン5(夏川嘉久治)，滋賀百(夏川嘉久治)，新潮，人名7(㊥1957年)，世紀，日人，履歴，履歴2

### 納所弁次郎 なっしょべんじろう
→納所弁次郎(のうしょべんじろう)

### 夏目漱石 なつめそうせき
慶応3(1867)年1月5日～大正5(1916)年12月9日
明治～大正期の小説家，英文学者，評論家。英語教師，第一高等学校教授。松山中学，第五高等学校で英語教師を務めた。「吾輩は猫である」を始め「坊つちゃん」「草枕」「三四郎」「門」などの作品がある。
¶朝日(㊤慶応3年1月5日(1867年2月9日) ㊥大正5(1916)年12月5日)，伊豆(㊥慶応3(1916)年12月9日)，岩史，海越(㊥慶応3(1867)年2月9日)，海越新(㊥慶応3(1867)年2月9日)，愛媛，愛媛人，愛媛百，大分歴，大阪文(㊥慶応3(1867)年2月9日)，角史，神奈川人，鎌倉，鎌倉新，紀伊文(㊥慶応3(1867)年2月9日)，郷土愛媛，京都文，近現，近文，熊本人，熊本百，幻作，幻想，現日，現俳(㊥1867年2月9日)，現文，国史，コン改，コン5，詩歌，滋賀文，四国文，詩作(㊥慶応3(1869)年1月5日)，史人，思想，児文，重要，小説(㊥慶応3年1月5日(1867年2月9日))，食文(㊥慶応3年1月5日(1867年2月9日))，新宿(㊥慶応3(1867)年2月9日(旧暦1月5日))，新潮，新文，人名，世紀，世人，世百，先駆(㊤大正5(1916)年12月5日)，全書，大百，太宰府，千葉百，哲学，伝記，東京文，渡航(夏目漱石・夏目金之助なつめそうせき・なつめきんのすけ)，栃木文，奈良人，日思，日史，日人，日本，俳諧(漱石 そうせき)，俳句(漱石 そうせき)，百科，兵庫文，冨嶽，文学，平和，北海道文，北海道歴，明治2，履歴，歴大

### 夏目芳子 なつめよしこ
大正12(1923)年～
昭和期の教育者。
¶信州女

### なつめりちこ
昭和26(1951)年～
昭和～平成期の小学校教諭，絵本作家。
¶児人

### 名取弘文 なとりひろふみ
昭和20(1945)年2月4日～
昭和～平成期の教育評論家，小学校教師。
¶現執2期，現執3期，現執4期，児人，世紀，マス89，YA

**名取簡夫** なとりふみお
明治35(1902)年4月25日～昭和35(1960)年9月5日
昭和期の小学校教員。
¶社史

**名取与兵衛** なとりよへえ
生没年不詳
江戸時代後期の心学者。
¶長野歴

**那根亨** なねとおる
明治36(1903)年4月20日～平成2(1990)年12月25日
昭和期の教育者、校長。竹富町社会教育委員。
¶社史

**名畑応順** なばたおうじゅん
明治28(1895)年11月28日～昭和52(1977)年7月9日
大正・昭和期の宗教家・教育者。
¶飛騨

**那波網川** なばもうせん
→那波網川(なわもうせん)

**那波木庵** なばもくあん
→那波木庵(なわもくあん)

**那波魯堂** なばろどう
→那波魯堂(なわろどう)

**並河栄四郎** なびかえいしろう
明治5(1872)年～昭和26(1951)年
明治～昭和期の教育者、政治家。広瀬町長、安来小学校長。
¶島根歴

**鍋島安房** なべしまあわ
→鍋島茂真(なべしましげざね)

**鍋島茂真** なべしましげざね
文化10(1813)年～慶応2(1866)年　[別]鍋島安房《なべしまあわ》
江戸時代末期の肥前佐賀藩士。
¶維新(鍋島安房　なべしまあわ), 人名([生]1816年), 日人, 幕末([没]1866年5月19日), 藩臣7

**鍋島寿美枝** なべしますみえ
生没年不詳
昭和～平成期の小学校教諭、童話作家。
¶児人

**鍋島直堯** なべしまなおたか
寛政12(1800)年～明治6(1873)年
江戸時代後期～明治期の大名、華族。
¶諸系, 日人, 藩主4([生]寛政12(1800)年7月28日　[没]明治6(1873)年8月17日)

**鍋島直紀** なべしまなおただ
文政9(1826)年～明治24(1891)年
江戸時代末期～明治期の蓮池藩主、蓮池藩知事、子爵。
¶諸系, 日人, 藩主4([生]文政9(1826)年5月25日　[没]明治24(1891)年2月23日)

**鍋島直温** なべしまなおはる
明和3(1766)年～文政8(1825)年
江戸時代中期～後期の大名。肥前蓮池藩主。
¶諸系, 人名([生]1763年　[没]?), 日人, 藩主4([生]明和3(1766)年5月7日　[没]文政8(1825)年11月1日)

**鍋島直寛** なべしまなおひろ
延享3(1746)年～安永2(1773)年
江戸時代中期の大名。肥前蓮池藩主。
¶諸系, 日人, 藩主4([生]延享3(1746)年3月18日　[没]安永2(1773)年7月26日)

**鍋島直凞** なべしまなおひろ
→鍋島治茂(なべしまはるしげ)

**鍋島直愈** なべしまなおます
宝暦6(1756)年3月15日～享和1(1801)年7月2日
江戸時代中期～後期の大名。肥前小城藩主。
¶国書, 諸系, 人名([没]?), 日人, 藩主4

**鍋島直泰** なべしまなおやす
明治40(1907)年10月3日～昭和56(1981)年4月11日
大正～昭和期の華族。
¶佐賀百, 世紀([没]昭和56(1981)年4月1日), 日人

**鍋島直彬** なべしまなおよし
天保14(1843)年12月11日～大正4(1915)年6月14日
江戸時代末期～明治期の官吏。子爵、貴族院議員。公武合体の急務を奏上。鹿島藩知事、のち沖縄県令。
¶維新, 海越([生]天保14(1844)年12月11日), 海越新([生]天保14(1844)年12月11日), 沖縄百, 近現, 近世, 国史, コン改, コン4, コン5, 佐賀百([没]大正4(1915)年6月12日), 史人, 諸系([生]1844年), 新潮, 人名, 姓氏沖縄, 渡航([生]1843年12月), 日史, 日人([生]1844年), 幕末([生]1844年1月30日), 藩主4([没]大正4(1915)年6月13日)

**鍋島治茂** なべしまはるしげ
延享2(1745)年8月4日～文化2(1805)年1月10日　[別]鍋島直凞《なべしまなおひろ》
江戸時代中期～後期の大名。肥前鹿島藩主、肥前佐賀藩主。
¶国書, 佐賀百, 諸系, 人名, 日人, 藩主4, 藩主4(鍋島直凞　なべしまなおひろ　[没]文化2(1805)年1月12日)

**鍋谷仁三次** なべたににさんじ
明治18(1885)年～昭和6(1931)年
明治～昭和期の教育者。
¶姓氏富山

**鍋山雅実** なべやままさみ
昭和19(1944)年8月19日～
昭和期の教育者・高山市の宝円寺18世。
¶飛騨

な

**鍋山実** なべやまみのる
明治40（1907）年3月10日～昭和56（1981）年12月16日
大正・昭和期の教育者・高山市の宝円寺17世。
¶飛騨

**なほ**
1828年～
江戸時代後期の女性。教育・俳諧。浅草猿屋町の山田屋金右衛門の娘。
¶江表（なほ（東京都）　[生]文政11（1828）年頃）

**生井整是** なまいせいし
明治19（1886）年～昭和54（1979）年
明治～昭和期の教育者、政治家。
¶栃木歴

**生井武司** なまいたけし
大正4（1915）年8月4日～平成1（1989）年11月10日
昭和期の歌人。
¶短歌，栃木歴

**生江義男** なまえよしお
大正6（1917）年3月2日～平成3（1991）年4月28日
昭和期の教育者。桐朋学園理事長、日本私学研究所所長。
¶現朝，現執2期，世紀，日人

**生田目高周** なまためたかちか★
～弘化3（1846）年7月
江戸時代後期の教育者。
¶秋田人2

**生津好雄** なまづよしお
明治43（1910）年2月26日～平成4（1992）年8月22日
昭和・平成期の教育者・実業家。
¶飛騨

**波江** なみえ★
1819年～
江戸時代後期の女性。教育。斎藤氏。
¶江表（波江（東京都）　[生]文政2（1819）年頃）

**浪江** なみえ★
1828年～
江戸時代後期の女性。教育。村上氏。
¶江表（浪江（東京都）　[生]文政11（1828）年頃）

**波岡三郎** なみおかさぶろう
明治30（1897）年～昭和45（1970）年
大正～昭和期の教育者。日ノ本学園第8代校長。
¶兵庫百

**濤川栄太** なみかわえいた
昭和18（1943）年～
昭和～平成期の教育評論家、著述家。日本教育文化研究会代表、新松下村塾塾長。
¶現執3期，現執4期

**並河寒泉** なみかわかんせん
寛政9（1797）年～明治12（1879）年2月6日
江戸時代末期～明治期の儒学者。懐徳堂教授。懐徳堂閉校まで在職、諸生を薫育。竹山遺著「逸史」13巻を出版。
¶朝日（[生]寛政9年6月1日（1797年6月25日）），大阪人（[没]明治12（1879）年2月），大阪墓，国書（[生]寛政9（1797）年6月1日），コン改（[生]寛政8（1796）年　[没]明治11（1878）年），コン4（[生]寛政8（1796）年　[没]明治11（1878）年），コン5（[生]寛政8（1796）年　[没]明治11（1878）年），人名（[生]1796年　[没]1878年），日人，幕末，幕末大

**並川五一** なみかわごいち
→並河誠所（なみかわせいしょ）

**並河誠所** なみかわせいしょ
寛文8（1668）年～元文3（1738）年　[別]並河永《なみかわながし》，並川五一《なみかわごいち》
江戸時代中期の儒学者。
¶朝日（[没]元文3年3月10日（1738年4月28日）），江文，大阪人（[没]元文3（1738）年3月），近世，国史，国書（[没]元文3（1738）年3月10日），コン改，コン4，静岡歴（並川五一　なみかわごいち），神人（並河永　なみかわながし　[没]元文3（1738）年3月），新潮（[没]元文3（1738）年3月10日），人名，姓氏京都，姓氏静岡（並川五一　なみかわごいち），世人，日人，平史，歴大

**並河永** なみかわながし
→並河誠所（なみかわせいしょ）

**並河昇** なみかわのぼる
明治31（1898）年4月18日～昭和50（1975）年5月29日
明治～昭和期の教育者。
¶世紀，日人

**並木伊三郎** なみきいさぶろう
*～昭和8（1933）年9月25日
大正～昭和期の洋裁技術者。文化女子大学創立者。並木婦人子供服裁縫教授所を開校。
¶学校（[生]明治23（1890）年），多摩（[生]明治20（1887）年）

**並木小四郎** なみきこしろう★
明治39（1906）年4月1日～昭和51（1976）年1月1日
大正・昭和期の教育者。
¶栃木人

**並木文右衛門** なみきぶんえもん
慶応2（1866）年～昭和13（1938）年
明治～昭和期の富山県盲教育の創始者。
¶姓氏富山，富山百，日人（[生]慶応3（1868）年12月30日　[没]昭和13（1938）年3月4日）

**並木みつ** なみきみつ
明治20（1887）年12月5日～昭和58（1983）年2月14日
明治～昭和期の教育者。
¶埼玉人

**並木与一** なみきよいち
明治20（1887）年～昭和51（1976）年
明治～昭和期の教育功労者。
¶多摩

**浪本勝年** なみもとかつとし
昭和17(1942)年9月9日〜
昭和〜平成期の教育学者。立正大学教授。
¶現執1期，現執2期，現執3期，現執4期

**滑川道夫**(滑川通夫) なめかわみちお
明治39(1906)年11月3日〜平成4(1992)年12月13日
昭和・平成期の児童文学者・教育学者。
¶秋田人2，秋田百，近文，現朝，現執1期，現執2期，現執3期，現情，現人，現日，コン改，コン4，コン5，児作，児人(滑川通夫)，児文，社史，新潮，世紀，東北近，日児，日人，平和，マス89

**行田守斎** なめたしゅさい
〜寛政2(1790)年
江戸時代中期の教育者。
¶大阪墓

**滑川穫堂** なめりかわかくどう★
明治14(1881)年10月11日〜昭和7(1932)年4月13日
明治〜昭和期の教員。
¶秋田人2

**奈良井秀萃** ならいひでとみ
明和7(1770)年〜天保8(1837)年
江戸時代中期〜後期の歌人、寺子屋師匠。
¶姓氏長野

**奈良一元** ならかずもと
明治37(1904)年〜昭和53(1978)年
昭和期の下北教育事務所初代所長。
¶青森人

**楢崎浅太郎** ならざきあさたろう
明治14(1881)年11月8日〜昭和49(1974)年3月1日
明治〜昭和期の教育心理学者。東京文理大学教授、近畿大学教授。
¶岡山歴，心理，世紀，日人

**楢崎茂** ならざきしげる
天保11(1840)年〜大正9(1920)年
江戸時代末期〜大正期の教育者。
¶姓氏山口

**楢崎碧渓** ならさきへきけい
天保13(1842)年〜明治34(1901)年8月27日
江戸時代末期〜明治時代の徳山藩士、書道家。学館興譲館最後の習書場教師。
¶幕末，幕末大

**楢柴竹造** ならしばたけぞう
文久1(1861)年〜昭和5(1930)年
明治〜大正期の地方史研究家。私立造士学舎校長。鳥取県史を研究。
¶郷土，史研，鳥取百

**奈良松荘** ならしょうそう，ならしょうぞう
天明6(1786)年〜文久2(1862)年
江戸時代後期の勤王家。
¶維新，国書([没]文久2(1862)年1月28日)，コン改，コン4，新潮([没]文久2(1862)年1月28日)，人名，世人(ならしょうぞう)，日人，和俳

**奈良節夫** ならせつお
大正4(1915)年〜平成18(2006)年
昭和・平成期の歌人、教師、書家。
¶群新百

**奈良伝** ならつたえ
明治31(1898)年〜昭和54(1979)年
大正〜昭和期の社会教育者。神戸YMCA第3代総主事。
¶兵庫百

**楢原忠次郎** ならはらちゅうじろう
明治12(1879)年〜昭和9(1934)年
明治〜昭和期の教育者。
¶群馬人

**奈良彦太郎** ならひこたろう
明治3(1870)年〜昭和18(1943)年
明治〜昭和期の教育者。
¶青森人

**奈良靖規** ならやすのり★
明治30(1897)年10月25日〜昭和60(1985)年4月30日
大正・昭和期の教育者。
¶秋田人2

**成沢直太郎** なりさわなおたろう
明治1(1868)年10月2日〜昭和9(1934)年8月20日
明治〜昭和期の教育者。
¶庄内

**成沢米三** なりさわよねぞう
明治32(1899)年12月25日〜昭和54(1979)年6月7日
大正〜昭和期の教育者。
¶庄内，山形百

**成田岩見** なりたいわみ
生没年不詳
昭和期の小学校教員。
¶社史

**成田克矢** なりたかつや
大正14(1925)年〜
昭和期の教育行政学者。
¶現執1期

**成田国英** なりたくにひで
*〜
昭和〜平成期の研究者。日本体育大学教授。専門は、初等教育(教員原理、特別活動、生徒指導)。
¶現執3期([生]?)，現執4期([生]1939年)

**成田繁七** なりたしげしち
明治42(1909)年〜平成5(1993)年
昭和〜平成期の教育者。小学校長。
¶青森人

**成田順** なりたじゅん
明治20(1887)年8月16日〜昭和51(1976)年6月

な

24日
大正〜昭和期の家政学者。東京女子高等師範学校教授。家政学会の重鎮。戦後文化女子大学学長、日本家政学会会長などを歴任。勲三等宝冠章受章。
¶近女，現情，女性，女性普，人名7，世紀，日人

**成田清兵衛**　なりたせいべえ
寛永15(1638)年〜享保3(1718)年
江戸時代中期の居合剣術組討ち三芸の師範。
¶熊本人

**成田碩内**　なりたせきない
元治1(1864)年〜昭和5(1930)年
明治〜昭和期の教育者・文人。
¶大分歴

**業忠〔舟橋家〕**　なりただ
→清原業忠(きよはらのなりただ)



**成田タカ**　なりたたか
慶応4(1868)年1月1日〜昭和25(1950)年9月23日
明治〜昭和期の教育者。
¶根千

**成田忠久**　なりたただひさ
明治30(1897)年9月22日〜昭和35(1960)年10月24日　[別]成田忠久《なりたちゅうきゅう》
明治〜昭和期の教育運動家、豆腐製造業、編集者。自宅に北方教育社創立。「北方教育」創刊。生活綴り方運動を組織。
¶秋田人2([没]昭和35年10月20日)，秋田百，現朝(なりたちゅうきゅう)，コン改，コン4，コン5，社史(なりたちゅうきゅう)，新潮，世紀，日人，平和

**成田竹軒**　なりたちくけん
明和7(1770)年〜天保9(1838)年
江戸時代中期〜後期の教育者。
¶三重

**成田忠久**　なりたちゅうきゅう
→成田忠久(なりたただひさ)

**成田隆一**　なりたりゅういち
昭和3(1928)年11月15日〜
昭和期の教育者。
¶視覚

**就子**　なるこ
〜明治21(1888)年
江戸時代末期〜明治時代の女性。和歌・教育。宮崎市三郎種寛の娘。
¶江表(就子(秋田県))

**成沢多美也**　なるさわたみや
明治36(1903)年4月28日〜昭和63(1988)年10月19日
大正〜昭和期の教育家、野鳥愛護家。高校教師。ユニークな野鳥愛護活動を実践。
¶現朝，世紀，日人

**成沢利貞**　なるさわとしさだ
弘化1(1844)年〜大正2(1913)年
江戸時代末期〜大正期の教育者。
¶長野歴

**成沢玲川**　なるさわれいせん
明治10(1877)年12月14日〜昭和37(1962)年10月20日
明治〜昭和期の編集者。邦字新聞「央州日報」経営。幼児教育誌「子宝」を編集。著書に「家族合せ」「遊戯全書」など。
¶近文，現情，写家，出文，世紀，姓氏長野，長野百，長野歴

**成島錦江**　なるしまきんこう
元禄2(1689)年〜宝暦10(1760)年9月19日
江戸時代中期の歌人、儒学者、詩人。
¶朝日([生]元禄2年1月15日(1689年2月4日)　[没]宝暦10年9月19日(1760年10月27日))，江文，国書([生]元禄2(1689)年1月15日)，コン改，コン4，詩歌，人書94，新潮，人名，世人，日人，和俳

**成瀬重吉**　なるせじゅうきち
安政6(1859)年〜昭和17(1942)年
明治〜昭和期の教育家、農業指導、泗南夜学校の設立。
¶栃木歴

**成瀬仁蔵**　なるせじんぞう
安政5(1858)年6月23日〜大正8(1919)年3月4日
[別]成瀬仁蔵《なるせにぞう》
明治〜大正期の教育家。日本女子大学校を創立。女子高等教育の発展に貢献。
¶朝日([生]安政5年6月23日(1858年8月2日))，大阪人(なるせにぞう　[没]大正8(1919)年3月)，学校，角史，教育，キリ，近現，国史，コン改，コン5，史人，重要([没]大正8(1919)年3月3日)，女史，新潮，人名(なるせにぞう)，世紀，姓氏山口(なるせにぞう)，世人，世百，先駆，全書，大百，哲学，新潟百別，日史，日人，日本，百科，民学，明治2，山口百，履歴，歴大

**成瀬孟男**　なるせたけお
大正4(1915)年〜
平成期の茨城県教育長。
¶郷土茨城

**成瀬仁蔵**　なるせにぞう
→成瀬仁蔵(なるせじんぞう)

**成瀬政男**　なるせまさお
明治31(1898)年2月3日〜昭和54(1979)年7月12日
昭和期の機械工学者。東北大学教授。歯車を研究。職業訓練大学校初代校長を務める。著書に「歯車」「日本技術の母胎」など。
¶科学，現情，現人，世紀，日人，宮城百

**成瀬裕蔵**(成瀬祐蔵)　なるせゆうぞう
文政2(1819)年〜明治27(1894)年
江戸時代末期〜明治期の儒学者。維新後、典学館の教授をつとめる。
¶姓氏愛知(成瀬祐蔵)，幕末，藩臣4(成瀬祐蔵)

**鳴門義民**　なるとぎみん
→鳴門義民(なるとよしたみ)

**成富一郎** なるとみいちろう
生没年不詳
明治期の教育者。
¶庄内

**鳴門義民**(鳴戸義民) なるとよしたみ
天保6(1835)年7月15日～大正3(1914)年11月8日
[別]鳴門義民《なるとぎみん》
江戸時代末期～明治時代の外国雑貨商、英学塾主宰、農学校教員。
¶維新(なるとぎみん), 人書94([没]1913年), 先駆(鳴戸義民), 徳島百, 徳島歴([没]大正2(1913)年11月8日), 幕末, 幕末大

**鳴海助一** なるみすけいち
明治39(1906)年3月1日～平成2(1990)年1月27日
昭和期の教師、方言研究家。津軽方言を調査・研究しその成果を「津軽のことば」「続津軽のことば」としてまとめた。
¶青森百, 郷土, 世紀, 日人

**鳴海民之助** なるみたみのすけ
明治18(1885)年～昭和42(1967)年
明治～昭和期の教育者。
¶青森人

**名和謙次** なわけんじ
天保12(1841)年～明治24(1891)年
江戸時代後期～明治期の教育者、静岡藩士。
¶静岡歴, 姓氏静岡

**縄手才吉** なわてさいきち
天保14(1843)年～明治43(1910)年
明治期の村長。
¶日人

**名和童山** なわどうざん
天保6(1835)年～明治44(1911)年8月16日
江戸時代末期～明治時代の教育者。八代郡北部小学校校長。新川義塾を創設し子弟を教育。
¶熊本百([生]天保6(1835)年8月), 幕末, 幕末大

**那波網川** なわもうせん
宝暦7(1757)年～文化10(1813)年7月25日 [別]那波網川《なばもうせん》
江戸時代後期の儒学者。
¶人名, 徳島百(なばもうせん), 徳島歴(なばもうせん), 日人(なばもうせん), 兵庫人(なばもうせん)

**那波木庵** なわもくあん
慶長19(1614)年～天和3(1683)年 [別]那波木庵《なばもくあん》
江戸時代前期の儒学者。
¶国書(なばもくあん [没]天和3(1683)年9月23日), 人名, 日人(なばもくあん), 和歌山人

**那波魯堂** なわろどう
享保12(1727)年～寛政1(1789)年9月11日 [別]那波魯堂《なばろどう》
江戸時代中期の儒学者。
¶朝日(なばろどう [没]寛政1年9月11日(1789年10月29日)), 岩史(なばろどう), 京都大(なばろどう), 近世, 国史, 国書(なばろどう), コン4, 詩歌, 史人, 人名, 姓氏京都(なばろどう), 全書, 徳島百(なばろどう), 徳島歴(なばろどう), 日人(なばろどう), 藩臣6(なばろどう), 兵庫人(なばろどう), 歴大(なばろどう), 和俳

**南宮大湫** なんぐうたいしゅう
享保13(1728)年～安永7(1778)年3月3日
江戸時代中期の漢学者。美濃今尾の人。
¶朝日([生]享保13年3月1日(1728年4月9日) [没]安永7年3月3日(1778年3月31日)), 江文, 近世, 国史, 国書([生]享保13(1728)年3月1日), コン改, コン4, 詩歌, 新潮, 人名, 世人, 日人, 三重, 和俳

**南宮藍川** なんぐうらんせん
明和2(1765)年～寛政3(1791)年
江戸時代中期の儒学者。
¶人名, 日人

**南合貴園** なんごうひえん
江戸時代末期～明治期の教育者。
¶三重

**南枝** なんし★
～天保6(1835)年
江戸時代後期の女性。俳諧・教育。武蔵保土ヶ谷の幸田氏の娘。
¶江表(南枝(神奈川県))

**南条神興** なんじょうじんこう, なんじょうしんこう
文化11(1814)年8月15日～明治20(1887)年6月28日 [別]神興《じんごう》
江戸時代末期～明治期の真宗大谷派学僧。講師、教学事務顧問・大学寮総監。
¶国書(神興 じんごう), 真宗, 人名, 日人, 福井百, 仏教, 仏人(なんじょうしんこう)

**南日恒太郎** なんにちつねたろう
明治4(1871)年9月30日～昭和3(1928)年7月20日
明治～大正期の英語学者。富山高校校長。「英文解釈法」で受験参考書の開拓者といわれる。
¶コン改, コン5, 人名, 世紀, 姓氏富山, 富山人, 富山百, 富山文, 日人

**南日実** なんにちみのる
明治29(1896)年～昭和49(1974)年
大正～昭和期の教育者。
¶姓氏富山

**難波喜造** なんばきぞう
大正13(1924)年～
昭和期の日本文学・国語教育研究者。奈良教育大学教授。
¶現執1期

**難波正**(1) なんばただし
安政6(1859)年4月～大正9(1920)年12月22日
[別]難波正《なんばまさし》
明治～大正期の電気工学者、京都帝国大学教授。
¶海越(生没年不詳), 海越新, 岡山人([没]大正8(1919)年), 岡山歴, 科学, 学校, 世紀, 渡航

な

（なんばまさし　[没]1919年12月23日），日人

**難波正(2)** なんばただし
大正1（1912）年12月10日～
大正～平成期の音楽学者（音楽史）、音楽教育者。
¶音人，音人2，音人3

**難波諦観** なんばていかん
弘化4（1847）年～明治39（1906）年
江戸時代後期～明治期の教育者。
¶姓氏山口

**難波輝夫** なんばてるお
明治42（1909）年11月3日～昭和63（1988）年10月6日
昭和期の教育者。
¶岡山歴

な

**難波抱節** なんばほうせつ
寛政3（1791）年～安政6（1859）年　[別]難波立愿《なんばりつげん，なんばりゅうげん》
江戸時代末期の医師。
¶朝日（[没]安政6年8月22日（1859年9月18日）），岡山人（難波立愿　なんばりゅうげん），岡山百（[没]安政6（1859）年8月22日），岡山歴（[没]安政6（1859）年8月23日），国書（難波立愿　なんばりゅうげん　[没]安政6（1859）年8月23日），人書94（難波立愿　なんばりつげん），人名（難波立愿　なんばりつげん），日人（難波立愿　なんばりゅうげん），幕末（[没]1859年9月18日），洋学

**難波正** なんばまさし
→難波正(1)（なんばただし）

**難波磊二** なんばらいじ
明治30（1897）年1月1日～昭和33（1958）年1月31日
大正～昭和期の教育者。
¶岡山人，岡山歴

**南原繁** なんばらしげる
明治22（1889）年9月5日～昭和49（1974）年5月19日
昭和期の政治学者、評論家。東京大学総長、日本学士院院長。政治学史の研究に多くの実績。著書に「国家と宗教」「人間と政治」など。
¶岩歌，岩史，香川人，香川百，角史，郷土香川，キリ，近現，近文，現朝，現執1期，現情，現人，現日，国史，コン改，コン4，コン5，讃岐，四国文，史人，思想，新潮，人名7，世紀，世百新，全書，大百，短歌，哲学，富山百，富山文，日史，日人，日本，百科，ふる，平和，履歴，履歴2，歴大

**難波立愿** なんばりつげん
→難波抱節（なんばほうせつ）

**難波立愿** なんばりゅうげん
→難波抱節（なんばほうせつ）

**南部明子** なんぶあきこ
大正9（1920）年11月3日～？
昭和～平成期の教育者。光塩学園創立者、理事長、光塩学園女子短期大学学長。南部服装研究所（後の光塩学園）を設立。
¶学校

**南部英子** なんぶえいこ
生没年不詳
平成期の高等学校教諭、翻訳家。
¶児人

**南部錦渓** なんぶきんけい
万延1（1860）年～大正9（1920）年
明治～大正期の日本画家、教育者。
¶高知人

**南部彰三**（南部章三） なんぶしょうぞう
明治31（1898）年6月26日～？
大正～昭和期の教師、俳優。
¶映男，新芸，男優，俳優（南部章三）

**南部草寿** なんぶそうじゅ
？～元禄1（1688）年
江戸時代前期の儒学者。
¶国書（[没]元禄1（1688）年11月2日），新潮，人名，姓氏富山，長崎歴，日人，藩臣3

**南部高治** なんぶたかはる
明治44（1911）年1月2日～平成1（1989）年9月7日
昭和期の学校創立者。南部服装研究所（後の光塩学園）を設立。
¶学校，埼玉人

**南部利剛** なんぶとしひさ
文政9（1826）年12月28日～明治29（1896）年
江戸時代末期～明治期の大名。奥羽越列藩同盟に参加。のち医学校日新堂を開校。歌集に「桜園集」。
¶青森人，青森百，朝日（[生]文政9年12月28日（1827年1月25日）　[没]明治29（1896）年10月30日），維新，岩手百，諸系（[生]1827年），新潮（[没]明治29（1896）年11月2日），姓氏岩手，全幕，日人（[生]1827年），幕末（[生]1827年　[没]1896年10月3日），幕末大（[生]文政9（1827）年12月28日　[没]明治29（1896）年11月2日），藩主1（[没]明治29（1896）年11月2日）

**南部伯民** なんぶはくみん
明和7（1770）年～文政6（1823）年
江戸時代後期の医師。
¶教育（[没]1820年），国書（[没]文政6（1823）年10月22日），人名，姓氏山口（[生]1769年），日人，藩臣6，洋学

**南部英麿** なんぶひでまろ
安政3（1856）年9月11日～明治43（1910）年5月14日　[別]大隈英麿《おおくまひでまろ》，南部英麿《なんぶひでまろ》
江戸時代末期～明治期の教育家。大隈重信の養嗣子。早稲田大学初代校長。
¶岩手人，岩手百，海越，海越新，国際（大隈英麿　おおくまひでまろ），姓氏岩手，渡航（南部英麿・大隈英麿　なんぶひでまろ・おおくまひでまろ），日人，幕末

**南部泰** なんぶゆたか
明治31（1898）年～昭和45（1970）年
大正～昭和期の教育者。新制八戸高校の初代校長。
¶青森人

**南摩羽峰**（南摩羽峯） なんまうほう
→南摩綱紀（なんまつなのり）

**南摩綱紀** なんまこうき
→南摩綱紀（なんまつなのり）

**南摩綱紀** なんまつなのり
文政6（1823）年～明治42（1909）年4月13日　[別]南摩羽峰《なんまうほう》，南摩羽峯《なんまうほう》，南摩綱紀《なんまこうき》
江戸時代末期～明治期の教育者。著書に「内国史略」「追遠録」など。
¶会津，維新，江文（南摩羽峰　なんまうほう），国書（南摩羽峯　なんまうほう　[生]文政6（1823）年11月25日），詩歌，思想史，人名，栃木歴，日人，根千（[生]文政6（1823）年11月25日），幕末，幕末大（[生]文政6（1823）年11月25日），藩臣2，福島百（なんまこうき），和俳

**南里有隣** なんりありちか
→南里有鄰（なんりゆうりん）

**南里有鄰**（南里有隣） なんりゆうりん
文化9（1812）年～元治1（1864）年　[別]南里有隣《なんりありちか》
江戸時代末期の国学者、肥前藩士。
¶朝日（[生]文化9年1月11日（1812年2月23日）[没]元治1年10月14日（1864年11月13日）），近世，国史，国書（南里有隣　なんりありちか　[生]文化9（1812）年1月11日　[没]元治1（1864）年10月14日），コン改，コン4，佐賀百（南里有隣　[生]文化8（1811）年　[没]元治1（1864）年10月16日），新潮，世人，日人，和俳

**南里悦史** なんりよしふみ
昭和期の社会教育研究者。
¶現執2期

## 【に】

**新居敦次郎**（新居敦二郎） にいあつじろう
嘉永2（1849）年9月29日～大正6（1917）年3月23日
明治～大正期の教育者、官吏。県立徳島中学校校長。貴族院、大蔵省を経て、札幌農学校で漢学を教授。
¶徳島百（新居敦二郎），徳島歴，幕末

**新岡旭宇** にいおかきょくう
＊～明治37（1904）年
江戸時代末期～明治期の書家。
¶青森人（[生]天保6（1835）年），日人（[生]1834年）

**新岡精弥** にいおかせいや
大正10（1921）年～平成1（1989）年
昭和期の青西高校長。青森県高体連会長。
¶青森人

**新興蒙所** にいおきもうしょ
貞享4（1687）年～宝暦5（1755）年　[別]新興蒙所《におうもうしょ》
江戸時代の書家。
¶大阪人（[生]貞享5（1688）年　[没]宝暦5（1755）年11月），国書（におうもうしょ　[没]宝暦5（1755）年11月25日），人名，日人

**新倉啓助** にいくらけいすけ
明治9（1876）年9月24日～昭和21（1946）年4月9日
明治～昭和期の教育者。
¶町田歴

**新里宝三** にいさとほうぞう
明治32（1899）年～昭和57（1982）年
大正～昭和期の教育者。
¶姓氏岩手

**新島淳良** にいじまあつよし
昭和3（1928）年2月7日～平成14（2002）年1月12日
昭和～平成期の中国研究者。早稲田大学教授。中国思想史、中国文学などを研究。著書に「毛沢東の思想」「中国の教育」など。
¶革命，現朝，現執1期，現執2期，現執3期，現情，現人，現日，世紀，日人，マス89

**新島繁** にいじましげる
明治34（1901）年11月3日～昭和32（1957）年12月19日　[別]野上巌《のがみいわお》
大正～昭和期の評論家、文化・教育運動家。神戸大学教授。日本民主主義文化連盟などの創立に尽力。著書に「社会運動思想史」など。
¶近文，現情，コン改（[生]1900年），コン4，コン5，社運，社史（野上巌　のがみいわお　[没]1957年12月16日），新潮，人名7，世紀，日人，民学（[生]明治33（1900）年），山口人，山口百

**新島七五三太** にいじましめた
→新島襄（にいじまじょう）

**新島襄** にいじまじょう，にいしまじょう
天保14（1843）年1月14日～明治23（1890）年1月23日　[別]新島七五三太《にいじましめた》
明治期のキリスト教主義教育家、宗教家。同志社英学校を創立。また関西に組合派の教会を設立。
¶朝日（[生]天保14年1月14日（1843年2月12日）），維新，岩史（にいしまじょう），海越，海越新，学校，角史，神奈川人，神奈川百，教育，京都，郷土群馬，京都大，京都文，キリ（[生]天保14年1月14日（1843年2月12日）），近現，近文，群新百，群馬人，群馬百，国際，国史，コン改，コン4，コン5，詩歌，詩作，史人，思想，思想史，社史，重要，人書79，人書94，人情5，新潮，新文，人名，姓氏京都，姓氏群馬，世人，世百，先駆，全書，大百，哲学，伝記，渡航（新島襄・新島七五三太　にいじまじょう・にいじましめた　[生]1843年2月12日），日思，日史（にいしまじょう），日人，日本，幕末，幕末大，藩臣2，百科（にいしまじょう），文学，平日，平和（[没]明治23（1990）年），北文，北海道百，北海道歴，民学，明治2，山川小，履歴，歴大

**新島八重**　にいじまやえ
弘化2(1845)年～昭和7(1932)年6月14日　[別]新島八重子《にいじまやえこ》
明治～昭和期の教育家。会津若松城の戦いで銃をもって戦う。同志社の経営に参加、伝道と女子教育に尽力。
¶会津(新島八重子　にいじまやえこ)，朝日(新島八重子　にいじまやえこ)，江表(八重子(福島県))，近医，近女，女史，女性([生]弘化2(1845)年11月3日)，女性普([生]弘化2(1845)年11月3日　[没]昭和7(1931)年6月14日)，人書94，人名(新島八重子　にいじまやえこ)，世紀(新島八重子　にいじまやえこ　[生]弘化2(1845)年11月3日)，全幕，日人(新島八重子　にいじまやえこ)，幕末，幕末大，福島百(新島八重子　にいじまやえこ)，歴大

に

**新島八重子**　にいじまやえこ
→新島八重(にいじまやえ)

**新居水竹**　にいすいちく
文化10(1813)年～明治3(1870)年　[別]新居与一助《にいよいちすけ，にいよいちのすけ》
江戸時代末期～明治期の武士。長久館学頭。阿波藩家臣。騒擾事件の際、指導的立場にあったため藩邸で切腹。
¶維新(新居与一助　にいよいちすけ)，国書([生]文化10(1813)年4月15日　[没]明治3(1870)年9月15日)，人名，徳島百(新居与一助　にいよいちのすけ　[生]文化10(1813)年4月15日　[没]明治3(1870)年9月15日)，徳島歴([没]明治3(1870)年9月15日)，日人，幕末(新居与一助　にいよいちのすけ　[没]1870年10月10日)，幕末大(新居与一助　にいよいちのすけ　[没]明治3(1870)年9月16日)，藩臣6

**新井田秀子**　にいだひでこ
明治14(1881)年～昭和39(1964)年
明治～大正期の教育者。
¶青森人，女性，女性普

**新津スマ**　にいづすま
明治18(1885)年11月7日～昭和55(1980)年2月28日
明治～昭和期の教師。
¶新宿女

**新名百刀**　にいなもと
明治5(1872)年～昭和17(1942)年
明治～昭和期の教育者。新名学園創立者。
¶学校，神奈川人，神奈女([生]明治5(1872)年10月1日　[没]昭和17(1942)年9月16日)，近女，姓氏神奈川

**新納時升**　にいのうときのり
→新納時升(にいろときます)

**新原俊秀**　にいばらとしひで
安政6(1859)年2月23日～？　[別]渋谷春吉《しぶたにはるきち》
明治期の教員。文部省属官、神奈川県高等学校・神奈川県女子師範学校校長。
¶社史

**新穂登免**　にいほとめ
明治5(1872)年4月29日～昭和46(1971)年1月13日
明治～昭和期の教育者。玉名実践女学院校長。
¶学校，熊本百，世紀，日人

**新美濤園**　にいみとうえん
宝暦4(1754)年～寛政4(1792)年
江戸時代中期～後期の儒学者、尾張藩黌明倫堂教授。
¶姓氏愛知

**新村郁郎**　にいむらいくろう
生没年不詳
昭和期の小学校教員。
¶社史

**新村豊**　にいむらゆたか
大正12(1923)年10月8日～昭和61(1986)年11月17日
昭和期の心理学者。北九州大学教授。
¶現執1期，現執2期，心理

**新村良太郎**　にいむらりょうたろう
生没年不詳
昭和期の小学校教員。
¶社史

**新居与一助**　にいよいちすけ
→新居水竹(にいすいちく)

**新居与一助**　にいよいちのすけ
→新居水竹(にいすいちく)

**新納竹之助**　にいろたけのすけ
？～明治28(1895)年
江戸時代末期～明治期の陸軍教授。
¶国際

**新納時升**　にいろときのり
→新納時升(にいろときます)

**新納時升**　にいろときます
安永7(1778)年12月～慶応1(1865)年　[別]新納時升《にいのうときのり，にいろときのり》
江戸時代後期の薩摩藩士。新納時意の子。
¶朝日([没]慶応1年1月22日(1865年2月17日))，維新(にいろときのり)，国書([没]慶応1(1865)年1月22日)，コン改([生]安永6(1777)年　[没]元治1(1864)年)，コン4([生]安永6(1777)年　[没]元治1(1864)年)，新潮([没]慶応1(1865)年1月22日)，人名([生]1777年　[没]1864年)，姓氏鹿児島(にいのうときのり)，日人([生]1779年)，幕末(にいろときのり　[没]1865年2月17日)，藩臣7

**贄田太二郎**　にえだたじろう
明治35(1902)年～
昭和期の教育者。
¶群馬人

**仁王仁太夫**　におうにだゆう
生没年不詳
江戸時代前期の力士。

¶日人

**新興蒙所** におうもうしょ
→新興蒙所(にいおきもうしょ)

**仁尾重実** におしげみ
元治1(1864)年9月15日～昭和21(1946)年7月30日
明治～昭和期の教育者。柏島水産補習学校初代校長。
¶高知先

**二階堂清寿** にかいどうせいじゅ
明治15(1882)年～昭和55(1980)年
明治～昭和期の体育教育者。日本女子体育大学長。
¶体育, 宮城百

**二階堂トクヨ** にかいどうとくよ
明治13(1880)年12月5日～昭和16(1941)年7月17日
大正～昭和期の女子教育者。女子体育の功労者。二階堂体操塾(後の日本女子体育大学)を創設。著書に「体操通俗講話」など。
¶学校, 近女, 現朝, コン改, コン5, 史人, 女史, 女性(㊙昭和16(1941)年7月27日), 女性普(㊙昭和16(1941)年7月27日), 新潮, 人気7, 世紀, 姓氏宮城, 体育, 日史, 日人, 百科, 宮城百, 民学, 歴大

**二木梅之助** にきうめのすけ
明治2(1869)年10月12日～明治44(1911)年10月10日
明治期の教育者。
¶飛騨

**仁木永祐** にきえいすけ
文政13(1830)年～明治35(1902)年9月24日
江戸時代末期～明治期の医師。郷校籾山校を設立。血税一揆勃発の際には, 慰諭に努めた。
¶岡山人, 岡山歴(㊤文政13(1830)年2月8日), 日人, 幕末, 幕末大

**二木春吉** にきはるきち
明治24(1891)年2月12日～昭和43(1968)年12月10日
大正・昭和期の教育者。
¶飛騨

**仁木ふみ子** にきふみこ
昭和1(1926)年～
昭和期の高校教師, 読書指導・女子教育専門家。
¶現執1期

**二木正一** にきまさかず
明治33(1900)年8月12日～昭和50(1975)年11月22日
大正・昭和期の朝日村教育長。
¶飛騨

**二木芳純** にきよしずみ
大正11(1922)年9月28日～
昭和期の教育者。学校長。
¶飛騨

**ニコライ新蔵** にこらいしんぞう
宝暦9(1759)年～文化13(1816)年 ㊙新蔵《しんぞう》
江戸時代中期～後期の漂流民。1783年神昌丸が漂流しロシアに渡る。イルクーツクで日本語学校の教師となった。
¶朝日(生没年不詳), 海越(新蔵 しんぞう), 海越新(新蔵 しんぞう), 日人(新蔵 しんぞう ㊙1810年)

**西周** にしあまね
文政12(1829)年2月3日～明治30(1897)年1月31日
江戸時代末期～明治期の啓蒙思想家, 哲学者。東京師範校長, 男爵。私塾育英社を開く。「哲学」ほかの学術用語を創出。軍人勅諭の原案を起草。独逸学協会学校の設立に関わる。
¶朝日(㊤文政12年2月3日(1829年3月7日)), 維新, 岩史, 海越, 海越新, 江人, 江文, 学校, 角史, 教育, 近現, 近世, 近文, 国際, 国史, 国書, コン改, コン4, コン5, 史人, 静岡百, 静岡歴, 思想, 思想史, 島根人, 島根百, 島根歴, 重要, 人書79, 人書94, 人情, 新潮, 新文, 人名, 心理, 世人(㊙明治30(1897)年5月21日), 世百, 先賢, 全書, 大百, 哲学, 伝記, 徳川臣, 渡航, 日思, 日史, 日人, 日本, 幕末, 幕末大, 藩臣5, 百科, 文学, 平日, 山川小, 洋学, 履歴, 歴大

**西内清顕** にしうちきよあき
明治32(1899)年～昭和45(1970)年
大正～昭和期の洋画家, 教育者。
¶高知人

**西内精四郎** にしうちせいしろう
明治11(1878)年～昭和18(1943)年
明治～昭和期の教育者。
¶高知人, 高知百

**西内雅** にしうちただし
明治36(1903)年8月16日～平成5(1993)年4月19日
昭和期の日本主義者。
¶郷土, 高知人, 履歴, 履歴2

**西大条規** にしおえだただし
嘉永6(1853)年～昭和11(1936)年
明治～昭和期の教育家。
¶宮城百

**西岡昭夫** にしおかあきお
昭和2(1927)年9月15日～
昭和～平成期の高校教師, 公害反対運動家。気象観測など実地調査をもとに実践的公害教育を行う。
¶現朝, 現執1期, 現人, 世紀, 日人

**西岡翠園** にしおかすいえん
文化9(1812)年～慶応3(1867)年
江戸時代末期の三河吉田藩士, 儒学者。
¶人名(㊤1803年), 日人, 藩臣4

**西尾一之** にしおかずゆき
→西尾治郎作(にしおじろさく)

**西岡武夫** にしおかたけお
昭和11(1936)年2月12日～
昭和～平成期の政治家。参議院議員。文相、自民党総務会長などを務める。日の丸・君が代義務化を推進。
¶現朝，現執2期，現情，現政，世紀，政治，日人

**西岡恒也** にしおかつねや
昭和3(1928)年9月18日～
昭和期の教育者、社会運動家。
¶視覚

**西岡天津** にしおかてんしん
？ ～文化14(1817)年
江戸時代後期の三河吉田藩士、儒学者。
¶国書([没]文化14(1817)年3月6日)，日人，藩臣4



**西岡寅雄** にしおかとらお
大正4(1915)年～平成4(1992)年
昭和・平成期の体育教師。
¶熊本人

**西尾幹二** にしおかんじ
昭和10(1935)年7月20日～
昭和～平成期のドイツ文学者、評論家。電気通信大学教授を務める。著書に「ヨーロッパ像の転換」「ニーチェ」など。
¶近文，現朝，現執1期，現執2期，現執3期，現執4期，現情，作家，新文，世紀，日人，マス89

**西尾治郎作** にしおじろさく
弘化2(1845)年～大正1(1912)年　[別]西尾一之《にしおかずゆき》
江戸時代末期～明治期の和算家。「小学算法必要」「籌算完璧」を著す。
¶人名，数学(西尾一之　にしおかずゆき)，日人

**西尾忠善** にしおただよし
明和5(1768)年～天保2(1831)年
江戸時代中期～後期の大名。遠江横須賀藩主。
¶諸系，日人，藩主2([没]天保1(1830)年12月17日)

**西尾彦朗** にしおひころう
*～昭和61(1986)年2月5日
昭和期の教育者。中津川市長、岐阜県教育委員長。教育によって村の振興をめざす「興村教育」を推進。
¶現情([生]1898年5月30日)，世紀([生]明治32(1899)年)，政治([生]明治32年)，日人([生]明治31(1898)年5月30日)

**西尾実** にしおみのる
明治22(1889)年5月14日～昭和54(1979)年4月16日
昭和期の国文学者、国語教育家。東京女子大学教授。全日本国語教育学会会長。著書に「日本文芸史における中世的なるもの」など。
¶郷土長野，近現，近文，現朝，現執1期，現情，現人，現日([生]1889年2月25日)，コン改，コン4，コン5，新潮，世紀，姓氏長野，世百新，全書，大百，長野百，長野歴，日人，能狂言，百科，マス89

**西尾麟角** にしおりんかく
文化4(1807)年～文久1(1861)年
江戸時代末期の修験道実相院西尾家の十四代目。
¶静岡歴，姓氏静岡，幕末

**西潟訥** にしがたおそし
天保9(1838)年～大正4(1915)年　[別]西潟訥《にしかたとつ，にしがたとつ》
江戸時代末期～大正期の司法官。上等裁判所判事。官軍の北進に際し、北辰隊を編成。戦後認められて越後府に採用される。
¶維新(にしかたとつ)，新潟百，日人(にしかたとつ)，幕末(にしがたとつ　[生]？　[没]1915年4月22日)

**西潟訥** にしかたとつ，にしがたとつ
→西潟訥(にしがたおそし)

**西亀正夫** にしかめまさお
明治16(1883)年1月1日～昭和20(1945)年8月7日
明治～昭和期の地理学者、教育者。
¶日児

**西川吉之助** にしかわきちのすけ
→西川吉之助(にしかわよしのすけ)

**西川喜代子** にしかわきよこ
大正9(1920)年11月28日～昭和61(1986)年10月11日
昭和期の幼児教育者。華頂短期大学教授。全国国公立幼稚園長副会長、京都市教育委員会委員を歴任。
¶女性，女性普

**西川如見** にしかわじょけん
慶安1(1648)年～享保9(1724)年
江戸時代前期～中期の天文学者、地理学者。
¶朝日([没]享保9年8月10日(1724年9月26日))，岩史([没]享保9(1724)年8月10日)，江人，科学([没]享保9(1724)年8月10日)，角史，教育，郷土長崎，近世，国史，国書([没]享保9(1724)年8月19日)，コン改，コン4，コン5，史人([没]1724年8月10日)，思想史，重要([没]享保9(1724)年9月24日)，神人，新潮([没]享保9(1724)年9月20日)，人名，世人([没]享保9(1724)年9月24日)，世百，全書，対外，大百，地理，伝記，徳川将，長崎百，長崎歴，日思，日史([没]享保9(1724)年8月10日)，日人，百科，平日，山川小([没]1724年8月10日)，洋学，歴大

**西川武治** にしかわたけじ
明治32(1899)年4月10日～昭和60(1985)年8月20日
大正～昭和期の口演童話家、小学校教師。
¶日児

**西川玉之助** にしかわたまのすけ
元治1(1864)年12月27日～*
明治～昭和期の教育者、実業家。
¶渡航([没]？)，兵庫百([没]昭和29(1954)年)

**西河通徹**(西川通徹) にしかわつうてつ
安政3(1856)年～昭和4(1929)年9月29日　[別]西

河通徹《にしかわみちつら》
明治～昭和期のジャーナリスト。民権派ジャーナリストとして国会開設を要求する言論活動を展開。
¶朝日(㊤安政3年11月18日(1856年12月15日))，愛媛百(にしかわみちつら) ㊤安政3(1856)年11月18日)，近現(西川通徹)，国史，社史(㊤?)，世紀(㊤安政3(1856)年11月18日)，日人

**西川鉄次郎** にしかわてつじろう
嘉永6(1853)年～昭和7(1932)年6月1日
江戸時代末期～昭和期の学校創立者。長崎控訴院院長、英吉利法律学校(後の中央大学)創設者。
¶学校

**西川晩翠** にしかわばんすい
? ～安政4(1857)年4月9日
江戸時代後期～末期の心学者。
¶国書

**西川宏** にしかわひろし
昭和5(1930)年～
昭和期の考古学者、歴史教育研究者。
¶現執1期

**西川平吉** にしかわへいきち
明治25(1892)年～昭和39(1964)年
大正～昭和期の教育者。
¶和歌山人

**西河通徹** にしかわみちつら
→西河通徹(にしかわつうてつ)

**西川泰夫** にしかわやすお
昭和14(1939)年7月30日～
昭和～平成期の心理学者。上智大学教授。
¶現執2期，現執3期，現執4期

**西川吉輔** にしかわよしすけ
文化13(1816)年～明治13(1880)年5月19日
江戸時代末期～明治期の商人、社会運動家。家塾を開く。足利三代木像梟首事件に連座。のち近江日吉神社大宮司となる。
¶維新，郷土滋賀，国書(㊤文化13(1816)年7月2日)，コン改，コン4，コン5，滋賀百，神人(㊤明治13(1880)年1月19日)，新潮(㊤文化13(1816)年7月2日)，人名，日人，幕末，幕末大(㊤文化13(1816)年7月2日)

**西川吉之助** にしかわよしのすけ
明治7(1874)年～昭和15(1940)年 ㊤西川吉之助《にしかわきちのすけ》
明治～昭和期の聾教育者。滋賀県立聾話学校校長。聾教育の革新と口話法の普及発達に貢献。
¶教育，郷土滋賀(にしかわきちのすけ)，滋賀百

**西川隆範** にしかわりゅうはん
昭和28(1953)年2月4日～
昭和～平成期の宗教学者。シュタイナー幼稚園保母養成所客員講師。
¶現執3期，現執4期

**西毅一** にしきいち
天保14(1843)年～明治37(1904)年3月28日 ㊤久之助，伯毅，薇山
明治期の教育家、政治家。女子教訓所設立。国会開設・自由民権運動を指導。
¶維新，大阪人(㊤明治27(1894)年3月)，岡山，岡山人，岡山百，岡山歴(㊤天保14(1843)年7月)，近現，国際(㊤天保4(1833)年 ㊤明治27(1894)年)，国史，コン改(㊤1833年 ㊤1894年)，コン5(㊤天保4(1833)年 ㊤明治27(1894)年)，史人(㊤1843年7月 ㊤1894年3月28日)，社史(㊤天保14(1843)年7月)㊤1904年7月28日)，新潮(㊤天保14(1843)年7月16日 ㊤明治27(1894)年3月28日)，人名(㊤1894年)，渡航(㊤1843年7月16日 ㊤1894年3月28日)，日人，幕末，藩臣6

**西口敏夫** にしぐちとしお
大正2(1913)年9月19日～昭和59(1984)年3月1日
昭和期の社会運動家。奈良県同和教育研究会会長、全国同和教育研究協議会委員長。
¶現朝，世紀，日人

**西久保礼造** にしくぼひろなり
昭和3(1928)年11月16日～ ㊤西久保礼造《にしくぼれいぞう》
昭和～平成期の幼児教育学者。福島大学教授。
¶現執1期(にしくぼれいぞう)，現執2期，現執3期

**西久保礼造** にしくぼれいぞう
→西久保礼造(にしくぼひろなり)

**西敬** にしけい
安政2(1855)年～?
江戸時代末期～明治期の佐倉藩士、洋画家。長崎師範、香川師範で教鞭を執る。著作に「長崎県管内全図」。
¶郷土千葉，千葉百，日人，幕末

**西孔陽** にしこうよう
～大正8(1919)年
明治～大正期の教育者。
¶三重

**錦織絧堂** にしこおりけいどう
慶応1(1865)年～昭和27(1952)年
明治～昭和期の内村鱸香塾の塾頭、簸川中学創立に尽力。
¶島根歴

**錦織竹香** にしこおりちくこう
安政1(1854)年12月25日～昭和20(1945)年3月5日 ㊤錦織竹香《にしこおりちっこう，にしこおりちつこう》
明治～大正期の教育者。奈良女子高等師範学校教授兼舎監。五二年間教育に尽力の功績で従四位瑞宝冠章受章。
¶近女，島根人(にしこおりちつこう)，島根百(にしこおりちっこう)，島根歴(にしこおりちっこう)，女性，女性普，世紀(にしこおりちっこう ㊤安政1(1855)年12月25日)，日人(㊤1855年)

**錦織竹香** にしこおりちっこう，にしこおりちつこう
→錦織竹香（にしこおりちくこう）

**西鼓岳** にしこがく
享和3（1803）年～安政4（1857）年
江戸時代末期の儒学者。
¶国書（[没]安政4（1857）年2月2日），人名，日人

**錦織晩香** にしごりばんこう，にしこりばんこう
文化13（1816）年～明治21（1888）年3月1日
江戸時代末期～明治期の儒学者。廃藩置県後、私塾希賢舎を開き、多くの人材を育成。
¶人名，日人，幕末（にしこりばんこう），幕末大（にしこりばんこう）

**錦織兵三郎** にしごりひょうざぶろう
明治12（1879）年～昭和39（1964）年
明治～昭和期の教育者。
¶静岡歴，姓氏静岡

**西坂成庵** にしざかせいあん
→西坂錫（にしさかたまう）

**西坂錫** にしさかたまう
文化2（1805）年～文久2（1862）年　[別]西坂錫《にしざかよう》，西坂成庵《にしざかせいあん》
江戸時代末期の儒学者。
¶国書（西坂成庵　にしざかせいあん　[没]文久2（1862）年7月27日），人名（にしざかよう　[生]？　[没]1863年），日人（西坂成庵　にしざかせいあん），幕末（[没]1862年8月22日）

**西坂衷** にしさかちゅう
？～文久2（1862）年
江戸時代後期～末期の加賀藩士。私塾孝友堂を開いた。
¶姓氏石川

**西坂成一** にしさかなりかず
＊～明治20（1887）年10月31日
江戸時代末期～明治期の儒学者。加賀藩士、大学寮長、東京府訓導。加賀藩藩主前田斉泰の命により「史記考異」を編纂。
¶姓氏石川（[生]？），幕末（[生]1831年）

**西阪保治** にしざかやすはる
明治16（1883）年8月16日～昭和45（1970）年1月26日
明治～昭和期の牧師、文書伝道者。大阪女学院理事長、新教出版社取締役。
¶キリ

**西坂錫** にしざかよう
→西坂錫（にしさかたまう）

**西崎恵** にしざきめぐむ
＊～昭和38（1963）年9月7日
昭和期の文部官僚。全日本社会教育連合会理事長。
¶岡山人（[生]明治37（1904）年），現情（[生]1903年7月22日）

**西里子** にしさとこ
万延1（1860）年12月～？
明治期の看護教育者。京橋看護会を創立し、看護婦の養成に努めた。東京派出看護会第一位と称される。
¶女性

**西敏** にしさとし
大正13（1924）年9月13日～平成18（2006）年12月15日
昭和～平成期の教育者。加世田女子高学園（現・希望が丘学園）などの創立者。
¶学校

**西沢昭男** にしざわあきお
昭和3（1928）年8月15日～
昭和～平成期の音楽教育者、作曲家。
¶音人2，音人3

**西沢愚公** にしざわぐこう
寛保3（1743）年～文政4（1821）年　[別]西沢曠谷《にしざわこうや》，西沢曠野《にしざわこうや》
江戸時代中期～後期の儒学者。
¶埼玉人（西沢曠野　にしざわこうや　[没]文政4（1821）年9月25日），埼玉百（西沢曠野　にしざわこうや），人名，日人（西沢曠谷　にしざわこうや）

**西沢弘三** にしざわこうぞう
明治42（1909）年4月23日～
昭和期の小学校教員。
¶社史

**西沢曠谷**（西沢曠野）にしざわこうや
→西沢愚公（にしざわぐこう）

**西沢正太郎** にしざわしょうたろう
大正12（1923）年1月5日～
昭和～平成期の児童文学作家。「プリズム村誕生」を発刊。作品に「青いスクラム」「野っぱらクラス」など。
¶近文，現情，児作（[生]大正12（1923）年1月15日），児人，世紀，日児，日人

**西沢武彦** にしざわたけひこ
大正9（1920）年～昭和62（1987）年
昭和期の地方史研究家。長野県史刊行会常任編纂委員。長野県史を研究。
¶郷土（[生]大正9（1920）年1月9日　[没]昭和62（1987）年4月28日），史研，長野歴

**西沢照** にしざわてる
明治28（1895）年頃～昭和57（1982）年8月22日
大正～昭和期の家政学者。可部女子短期大学教授。女子教育に対する功労者として勲三等瑞宝章受章。
¶女性（[生]明治28（1895）年頃），女性普

**西沢藤吉** にしざわとうきち
明治18（1885）年7月16日～？
明治～大正期の教育者。
¶群馬人

**西沢二松** にしざわにしょう
明治10（1877）年～昭和31（1956）年
明治～昭和期の教育者。
¶高知人

**西沢幸雄** にしざわゆきお
明治41（1908）年9月4日～
昭和期の小学校教員。
¶社史

**西沢蘭陵** にしざわらんりょう
＊～嘉永4（1851）年1月11日
江戸時代中期～後期の儒学者。
¶埼玉人（㊤明和3（1766）年），埼玉百（㊤1767年）

**西滋勝** にししげかつ
大正14（1925）年～
昭和期の同和教育研究者。和歌山大学教授。
¶現執1期

**西島庄右衛門** にしじましょうえもん，にししましょうえもん
江戸時代中期～後期の儒学者。
¶郷土奈良（にししましょうえもん　㊤1754年㊦1831年），日人（㊤1755年　㊦1832年）

**西島洋造** にしじまようぞう
大正11（1922）年～
昭和期の高等学校教諭、翻訳家。
¶児人

**西島蘭渓** にしじまらんけい
安永9（1780）年～嘉永5（1852）年
江戸時代後期の儒学者。林述斎、柳谷の弟子。
¶朝日（㊤安永9年12月28日（1781年1月22日）㊦嘉永5年12月15日（1853年1月24日）），江文、国書（㊤安永9（1780）年12月28日　㊦嘉永5（1852）年12月15日），コン改、コン4、詩歌、人名、日人（㊤1781年　㊦1853年）、和俳

**西島柳谷** にしじまりゅうこく
宝暦10（1760）年～文政6（1823）年
江戸時代後期の儒学者。
¶江文、国書（㊤文政6（1823）年7月22日），人名、日人

**西条億重** にしじょうおくしげ
明治42（1909）年11月3日～？
昭和期の小学校教員。
¶社史

**西穣司** にしじょうじ
昭和22（1947）年9月12日～
昭和～平成期の研究者。上越教育大学発達臨床コース教授。専門は、教育学、学校経営、教師教育。
¶現執4期

**西晋一郎** にししんいちろう
明治6（1873）年3月29日～昭和18（1943）年11月13日
明治～昭和期の倫理学者。広島文理科大学教授。西洋と東洋の道徳の折衷を試みる。著書に「東洋倫理」など。
¶教育、近現、国史、思想、新潮、人名7、世紀、全書、哲学、鳥取百、日人、広島百、履歴

**西園芳信** にしぞのよしのぶ
昭和23（1948）年1月19日～
昭和～平成期の音楽教育者。
¶音人2，音人3

**西田可蔵** にしだかぞう
文政5（1822）年～明治15（1882）年10月17日
江戸時代末期～明治時代の土佐藩家臣。戊辰戦争に参加。維新後は子弟の教育に専念。
¶幕末、幕末大

**西田寛雄** にしだかんゆう
明治17（1884）年～昭和41（1966）年
明治～昭和期の政治家。沖縄県議会議員、城辺村長、宮古連合区教育委員長。
¶姓氏沖縄

**西田亀久夫** にしだきくお
大正5（1916）年～
昭和期の教育行政・教育計画専門家。
¶現執1期

**西田幾多郎** にしだきたろう
明治3（1870）年4月19日～昭和20（1945）年6月7日
明治～昭和期の哲学者。京都帝国大学教授。西田哲学と呼ばれる独創的な体系を樹立。著書に「善の研究」「思索と体験」など。
¶朝日、石川百、石川文、岩史、角史、神奈川人、鎌倉、鎌倉新、教育、京都、京都文、キリ、近現、近文、現朝（㊤明治3年5月19日（1870年6月17日））、現人、現日、国史、コン改、コン5、詩歌、史人、思想（㊤明治3（1870）年4月19日）、重要、真宗、新潮、新文（㊤明治3（1870）年旧4月19日）、人名7、世紀（㊤明治3（1870）年4月19日）、姓氏長野、姓氏京都、姓氏長野、世人、世百、全書、大百、哲学、伝記、長野百、長野歴、日思、日史、日人、日本、百科、仏教、仏人、ふる、文学、平日、北陸20、山口人、山口百、履歴、歴大

**西田敬止** にしだけいし
万延1（1861）年～昭和4（1929）年
明治～昭和期の教育者。
¶世紀（㊤万延1（1861）年12月5日　㊦昭和4（1929）年11月16日）、日人

**西田琴** にしだこと
明治16（1883）年11月2日～昭和48（1973）年4月19日
明治～昭和期の教育者。西田幾多郎の妻。
¶石川現九

**西田千太郎** にしだせんたろう
文久2（1862）年～明治30（1897）年
明治期の教育者。
¶熊本人、島根人（㊤明治36（1903）年）、島根百（㊤文久2（1862）年9月18日　㊦明治30（1897）年3月15日）、島根歴、日人

**西田泰介** にしだたいすけ
明治43（1910）年9月12日～昭和61（1986）年3月10日
昭和期の教育者・文部官僚。

¶岡山歴

**西館弥輔** にしだてやすけ
明治21(1888)年～
大正・昭和期の図画教員。
¶青森美

**西田天香** にしだてんこう
明治5(1872)年2月10日～昭和43(1968)年2月29日
明治～昭和期の宗教家。一燈園創始者で、光明祈願による新生活を提唱。
¶アナ(㊥明治5(1872)年3月18日),学校,角史,郷土滋賀,京都大,京都文,近文,現朝(㊥明治5年2月10日(1872年3月18日)),現情,現人,コン改,コン4,コン5,滋賀百,滋賀文,史人,思想,新潮,人名7,世紀,政治,世人,世百新,全書,大百,哲学,日史,日人,日本,百科,仏教,民学,履歴,履歴2

**西田辰正** にしだときまさ
天保11(1840)年～明治32(1899)年11月9日
江戸時代末期～明治時代の富山藩士。質実剛健を核に置いた人物養成を通して、近代初等教育の普及に尽力。
¶維新,富山百,幕末(㊥1840年8月4日),幕末大(㊥天保11(1840)年7月7日)

**西谷右門** にしたにうもん
文政5(1822)年～明治22(1889)年
江戸時代末期～明治期の殖産家。
¶京都府,日人

**西谷淇水** にしたにきすい
文政7(1824)年～明治24(1891)年
江戸時代末期～明治期の教育者。
¶京都大,姓氏京都,日人

**西谷三四郎** にしたにさんしろう
大正3(1914)年8月24日～平成6(1994)年1月25日
昭和期の障害児教育専門家。
¶現執1期,心理

**西谷忠雄** にしたにただお
明治4(1871)年～昭和6(1931)年
明治～昭和期の教育者。
¶兵庫百

**西谷英雄** にしたにひでお
大正15(1926)年1月1日～
昭和～平成期の教育者。土佐市に知的障害児施設「光の村学園」を運営、障害児の福祉と生涯教育に尽力した。
¶世紀,日人

**西田のぶ** にしだのぶ
明治13(1880)年9月15日～昭和23(1948)年4月22日
明治～昭和期の女子教育家。須磨裁縫女学校創設者。
¶学校

**西田正雄** にしだまさお
大正7(1918)年10月20日～平成1(1989)年8月30日
昭和期の教育者。学校長。
¶飛騨

**西田真成** にしだまさなり
嘉永2(1849)年～明治26(1893)年2月
江戸時代末期・明治期の僧・教育者。
¶飛騨

**西出ヨウ子** にしでようこ
昭和8(1933)年10月19日～平成17(2005)年5月11日
昭和・平成期の教育者。
¶石川現十

**西道仙**(西道遷) にしどうせん
天保7(1836)年～大正2(1913)年7月10日
江戸時代末期～明治時代の社会教育家、医師。長崎自由新聞社長。長崎文庫を創立し子文書を収集・刊行した。
¶維新,郷土長崎,熊本人,コン改,コン4,コン5,詩歌(西道遷),詩作,人名,長崎百,日人,幕末大

**仁科琴浦** にしなきんぽ
宝暦6(1756)年～文化11(1814)年5月8日
江戸時代後期の儒学者。
¶岡山人,岡山歴,国書,人名,日人

**仁科博之** にしなひろゆき
昭和4(1929)年2月2日～
昭和～平成期の音楽教育者。
¶音人2,音人3

**西野以知次** にしのいちじ
明治43(1910)年1月1日～平成1(1989)年2月12日
昭和期の教育者。学校長。
¶飛騨

**西野金助** にしのきんすけ
明治23(1890)年1月30日～昭和42(1967)年
大正～昭和期の工業教育の先導者。
¶札幌,北海道建(㊥昭和42(1967)年3月28日),北海道百,北海道歴

**西野正吉** にしのしょうきち
明治23(1890)年1月7日～昭和53(1978)年7月16日
大正～昭和期の教育者。常陸太田市長。茨城県下の中学校長を歴任したのち教育委員会教育長となり、民主教育の推進につくす。
¶郷土茨城,世紀,日人

**西野常竜** にしのじょうりゅう
＊～文化8(1811)年7月9日
江戸時代中期～後期の漢学者。
¶国書(㊥元文3(1738)年),姓氏群馬(㊥?)

**西野宗右衛門** にしのそうえもん
？～明治30(1897)年6月16日
明治期の教育家、戸長区会議員。維新後は家塾を創設して子弟教育にあたる。
¶幕末

**西野惣吉** にしのそうきち
明治10(1877)年〜昭和36(1961)年
明治〜昭和期の教育者。
¶徳島百，徳島歴(㋺明治10(1877)年10月24日 ㋱昭和36(1961)年1月19日)

**西之園晴夫** にしのそのはるお
昭和10(1935)年11月23日〜
昭和〜平成期の教育工学者。京都教育大学附属教育実践研究指導センター教授、国立大学教育工学センター協議会会長。
¶現執1期，現執3期，現執4期

**西野宣明** にしののぶあき
享和2(1802)年〜明治16(1883)年 ㋱西宮宣明《にしのみやのぶあき》
江戸時代末期〜明治期の国学者。「常陸国風土記」の八種の異本を校訂し、「訂正常陸国風土記」として公刊。著書に「松宇日記」「牛乳考」など。
¶維新，江文，国書(西宮宣明 にしのみやのぶあき)，神人，日人，幕末，藩臣2

**西野範夫** にしののりお
昭和12(1937)年4月27日〜
昭和期の美術教育学者。上越教育大学教授、兵庫教育大学大学院教授。
¶現執2期

**西野機繁** にしのはたしげ
明治37(1904)年3月18日〜昭和60(1985)年9月2日
大正・昭和期の教育者。
¶飛驒

**西宮藤朝** にしのみやとうちょう
明治24(1891)年12月7日〜昭和45(1970)年5月19日
大正・昭和期の文芸評論家・教育者。
¶秋田人2，新宿，東北近

**西宮宣明** にしのみやのぶあき
→西野宣明(にしののぶあき)

**西宮藤長** にしのみやふじなが
文政8(1825)年〜明治28(1895)年10月22日
江戸時代末期〜明治期の漢学者、教育者。秋田県女子師範学校長、県教育勅語奉会長を務める。
¶秋田人2(㋺文政8年5月27日)，秋田百，日人，幕末，幕末大(㋺文政8(1825)年5月25日)，藩臣1

**西野みよ** にしのみよ
明治12(1879)年〜昭和34(1959)年
明治〜昭和期の教育家。
¶姓氏宮城

**西野みよし** にしのみよし
明治12(1879)年8月1日〜昭和34(1959)年11月30日
明治〜昭和期の教育者。東京女高師(現お茶の水女子大学)教授。
¶世紀，日人

**西野茂俊** にしのもりとし
明治43(1910)年4月10日〜
大正〜昭和期の理科教育家、小学校教諭。
¶日児

**西橋綾** にしはしあや
大正3(1914)年3月4日〜平成3(1991)年7月10日
昭和・平成期の音楽教育者。
¶根千

**西橋芳生** にしはしよしお
明治45(1912)年5月8日〜平成9(1997)年1月2日
昭和・平成期の音楽教育者。
¶根千

**西林克彦** にしばやしかつひこ
昭和19(1944)年4月16日〜
昭和〜平成期の研究者。宮城教育大学教育学部教授。専門は、教育心理学。
¶現執4期

**西原晃樹** にしはらあさき
→西原晃樹(にしはらちょうじゅ)

**西原慶一** にしはらけいいち
明治29(1896)年〜昭和50(1975)年
昭和期の国語教育者。実践国語研究所長。国語教育の全国的な組織と発展に貢献。
¶現情(㋺1896年6月10日 ㋱1975年10月19日)，児文，社史，世紀，日児(㋺明治29(1896)年6月10日 ㋱昭和50(1975)年10月19日)

**西原晃樹** にしはらちょうじゅ
天明1(1781)年〜安政6(1859)年 ㋱西原晃樹《にしはらあさき》
江戸時代後期の国学者、筑後柳川藩士、国学師範。
¶朝し(にしはらあさき ㋺天明1年2月15日(1781年3月9日) ㋱安政6年7月27日(1859年8月25日))，維新，国書(㋺安永10(1781)年2月15日 ㋱安政6(1859)年7月27日)，コン改，コン4，コン5，新潮(㋺天明1(1781)年2月15日 ㋱安政6(1859)年7月20日)，人名，日人(にしはらあさき)，幕末(㋱1859年8月25日)，幕末大(㋺安永10(1781)年2月15日 ㋱安政6(1859)年7月27日)，藩臣7，福岡百(㋺安永10(1781)年2月15日 ㋱安政6(1859)年7月20日)，和俳

**西原春夫** にしはらはるお
昭和3(1928)年3月13日〜
昭和〜平成期の法学者。日本私立大学連盟会長、早稲田大学総長。専門は刑事法。著書に「刑法総論」「交通事故と信頼の原則」など。
¶現朝，現執1期，現執2期，現執3期，現執4期，現情，世紀，日人

**西久光** にしひさみつ
明治19(1886)年6月9日〜昭和45(1970)年7月3日
大正〜昭和期の物理学者。九州帝国大学教授。粘性流体の表面張力の測定、結晶水の赤外線吸収などを研究。著書に「ラマン効果」など。
¶科学，現情，佐賀百，人名7，世紀，日人，福岡百

**西平守由** にしひらしゅゆう
明治21(1888)年2月6日～昭和45(1970)年3月4日
大正～昭和期の教師。
¶沖縄百

**西平直喜** にしひらなおき
大正15(1926)年1月13日～
昭和～平成期の心理学者。山梨大学教授、創価大学教授。
¶現執1期，現執2期，現執3期，現執4期，心理

**西平英夫** にしひらひでお
明治41(1908)年～昭和26(1951)年1月14日
昭和期の沖縄師範学校教授、戦後は山口大学教授。
¶沖縄百，姓氏沖縄

**西平秀毅** にしひらひでき
明治42(1909)年～昭和57(1982)年
昭和期の教師。伊良部村史編集委員。
¶姓氏沖縄

**西前四郎** にしまえしろう
昭和10(1935)年～平成8(1996)年
昭和～平成期の登山家、高等学校教諭。
¶YA

**西松二郎** にしまつじろう
安政2(1855)年～明治42(1909)年　[別]芳菲山人《ほうひさんじん》
明治期の教育者。
¶川柳(芳菲山人　ほうひさんじん)，日児(芳菲山人　ほうひさんじん　[生]安政2(1855)年6月30日　[没]明治42(1909)年2月15日)，日人

**西村アヤ** にしむらあや
明治41(1908)年9月10日～昭和63(1988)年2月18日　[別]石田アヤ《いしだあや》
大正～昭和期の教育家、英米文学翻訳家。父のあとを継いで文化学院校長となる。訳書にワイルダー「長い冬」。
¶紀伊文(石田アヤ　いしだあや　[生]明治41年9月4日)，近女(石田アヤ　いしだあや)，近文，現朝(石田アヤ　いしだあや)，現情(石田アヤ　いしだあや)，女性(石田アヤ　いしだあや)，女性普(石田アヤ　いしだあや)，世紀(石田アヤ　いしだあや)，日児，日女，日人(石田アヤ　いしだあや)

**西村幾世** にしむらいくよ
?　～安政6(1859)年
江戸時代末期の女性。女性心学者。
¶女性，兵庫人

**西村伊作** にしむらいさく
明治17(1884)年9月6日～昭和38(1963)年2月11日
明治～昭和期の教育家。文化学院校長。文化学院を創立、自由主義的教育を目指す。
¶アナ，学校，紀伊文，郷土和歌山([生]1883年)，近文，現朝，現情，現人，現日，コン改，コン4，コン5，史人，社史，新潮，人名7，世紀，世人，世百新，全書，日史，日人，百科，平和，民学，履歴，履歴2，和歌山人

**西村吉郎** にしむらきちろう
明治36(1903)年10月16日～平成8(1996)年3月11日
昭和・平成期の古川町教育長。
¶飛騨

**西村謙三** にしむらけんぞう
文久1(1861)年～昭和12(1937)年
大正～昭和期の教育者、郷土史家。
¶郷土([生]文久1(1861)年9月13日　[没]昭和12(1937)年7月10日)，佐賀百，世紀([生]文久1(1861)年9月13日　[没]昭和12(1937)年7月10日)，日人

**西村茂樹** にしむらしげき
文政11(1828)年3月13日～明治35(1902)年8月18日
江戸時代末期～明治期の道徳思想家、官僚。修身学社創立者、華族女学校長。国民道徳新興運動を展開。著書に「日本道徳論」など。
¶朝日([生]文政11年3月13日(1828年4月26日))，維新，岩史，角史，教育，郷土千葉，近現，近世，近文，国際，国史，国書，コン改，コン4，コン5，史研，史人，思想，思想史，重要，出版([生]文政11(1826)年)，出文，人書79，人書94，神人，新潮，新文([生]文政11(1828)年3月12日)，人名，心理，世人([生]文政11(1828)年8月13日)，世百，全書，大百，千葉百，千葉房総([生]文政11(1828)年3月13日　[没]明治35(1902)年8月18日)，哲学，伝記，栃木歴，日思，日史，日人，日本，幕末([没]1902年7月18日)，幕末大([没]明治35(1902)年7月18日)，百科，文学，平日，民学，明治2，山川小，洋学，履歴，歴大

**西村俊一** にしむらしゅんいち
昭和16(1941)年4月25日～
昭和～平成期の教育学者。東京学芸大学海外子女教育センター教授。
¶現執3期

**西村尚軒** にしむらしょうけん
天保8(1837)年～大正11(1922)年
江戸時代末期～大正期の教育者。
¶高知人

**西村正三郎** にしむらしょうざぶろう
万延2(1861)年1月28日～明治29(1896)年1月26日
明治期の教育史家。外国の教育史を研究。著書に「師範学校教科書・海外教育史要」など。
¶教育，出文，渡航

**西村四郎** にしむらしろう
明治40(1907)年～
昭和期の家庭教師。
¶社史

**西村末六** にしむらすえろく
明治32(1899)年3月9日～
大正～昭和期の教育家。
¶佐賀百

### 西村清雄　にしむらすがお
明治4(1871)年2月13日〜昭和39(1964)年12月25日
明治〜昭和期の教育家。
¶愛媛, 愛媛百, 郷土愛媛(㊁1965年), キリ(㊊明治4年2月13日(1871年4月2日)), 世紀, 日人

### 西村捨三　にしむらすてぞう
天保14(1843)年7月29日〜明治41(1908)年1月14日
明治期の官僚。大阪府知事。淀川改修, 上水道整備に尽力。平安神宮創建に参画。大阪築港にも貢献。
¶朝日(㊊天保14年7月29日(1843年8月24日)), 維新, 海越新, 大阪人(㊊安政1(1854)年㊁明治41(1908)年1月), 沖縄百(㊊天保14(1843)年7月), 郷土滋賀, 近土, 滋賀百, 世紀, 姓氏沖縄, 鉄道(㊊1843年7月), 渡航, 土木, 日人, 幕末, 履歴

### 西村潜堂　にしむらせんどう
？〜天保8(1837)年
江戸時代末期の心学者。
¶兵庫百

### 西村太冲（西村太仲, 西村太冲）　にしむらたちゅう
明和4(1767)年〜天保6(1835)年
江戸時代中期〜後期の暦算家。西村遠里門下。
¶朝日(㊊天保6年5月21日(1835年6月16日)), 近世, 国史, 国書(㊊天保6(1835)年5月21日), コン改, コン4, 新潮(㊊天保6(1835)年5月21日), 人名(西村太冲), 世人, 日人, 洋学(西村太仲)

### 西村貞　にしむらてい
安政1(1854)年〜？
明治期の教育者。体操伝習所主幹。
¶体育, 渡航, 栃木歴

### 西村鉄馬　にしむらてつま
明治15(1882)年4月5日〜昭和19(1944)年8月26日
明治〜昭和期の教育家。上成尋常小などの校長を歴任。
¶高知先

### 西村時衛　にしむらときえ
大正1(1912)年12月30日〜平成7(1995)年4月10日
昭和期の教育者。
¶高知人, 四国文

### 西村皓　にしむらひろし
大正14(1925)年〜
昭和期の教育学者。慶応義塾大学教授。
¶現執1期

### 西村房太郎　にしむらふさたろう
明治7(1874)年9月15日〜昭和43(1968)年2月9日
明治〜昭和期の教育者。東京府立第一中学校校長。島根県第一中学校校長, 千葉県立千葉中学校校長などを歴任。

### 西村盛人　にしむらもりひと
明治8(1875)年〜昭和43(1968)年2月
島根歴, 人名7, 世紀, 日人

### 西村平三　にしむらへいぞう
明治41(1908)年7月6日〜昭和60(1985)年12月20日
昭和期の出版人。西村書店創業者, 中央教科書供給所社長。
¶出版, 出文

### 西村実義　にしむらみよし
明治39(1906)年〜昭和40(1965)年
昭和期の教育者。
¶鳥取百

### 西村綾子　にしむらやすこ
大正11(1922)年7月9日〜
昭和期の家庭科教育学者, 被服学者。岡山大学教授。
¶現執2期

### 西村芳雄　にしむらよしお
明治36(1903)年12月22日〜昭和53(1978)年4月26日
大正〜昭和期の教育者。
¶佐賀百, 世紀, 日人

### 西村喜久　にしむらよしひさ
昭和18(1943)年11月17日〜
昭和〜平成期の英会話講師。滋賀英会話学院主宰, アスカ・ビジネス・カレッジ所長。
¶現執3期

### 西本勇　にしもといさむ
明治42(1909)年1月15日〜昭和44(1969)年12月17日
昭和期の小学校教員。
¶社史

### 西本脩　にしもとおさむ
大正13(1924)年3月10日〜
昭和期の乳幼児教育学者。大阪樟蔭女子大学教授・大阪樟蔭女子大学付属幼稚園長。
¶現執2期

### 西元宗助　にしもとそうすけ
明治42(1909)年〜平成2(1990)年12月13日
昭和期の教育学者, 浄土真宗の篤信者。
¶真宗

### 西本正信　にしもとまさのぶ
明治37(1904)年11月25日〜昭和53(1978)年8月24日
大正・昭和期の荘川村教育長。
¶飛騨

### 西本三十二　にしもとみとじ
明治32(1899)年1月2日〜昭和63(1988)年1月9日
大正〜昭和期の教育学者。日本放送教育協会理事長。教育工学などの先駆的研究者・実践者。
¶現朝, 現執1期, 現情, 心理, 世紀, 日人

に

**西本洋一** にしもとよういち
昭和7（1932）年～
昭和～平成期の教育学者。東海大学教授。
¶現執1期

**西本善栄** にしもとよしてる
明治38（1905）年～
昭和期の教育家。
¶郷土奈良

**西森三蔵** にしもりさんぞう
文政1（1818）年～明治16（1883）年2月10日
江戸時代末期～明治時代の教育者。江ノ口小学校校長。詩と書にすぐれ家塾を開き、毎年山内容堂に経義を講じた。
¶幕末，幕末大（㊥文政1（1818）年10月3日）

**西森茂夫** にしもりしげお
昭和13（1938）年～平成16（2004）年
昭和～平成期の教師・平和運動家。
¶平和

**西森元** にしもりもと
明治10（1877）年6月27日～昭和30（1955）年9月15日
明治～昭和期の教育者。岡山県女子師範学校教諭専任。岡山県女教員会初代会長。勲六等瑞宝章受章。真備高等女学校開校後初代校長。
¶岡山人，岡山百，岡山歴，学校，近女，女性，女性普，世紀，日人

**西山信次** にしやましんじ
明治21（1888）年9月9日～昭和51（1976）年10月30日
大正～昭和期の教育者。
¶群馬人

**西山拙斎** にしやませっさい，にしやませつさい
享保20（1735）年8月17日～寛政10（1798）年11月5日
江戸時代中期の儒学者、漢詩人。欽塾を開いた。
¶朝日（㊥享保20年8月17日（1735年10月3日）㊦寛政10年11月5日（1798年12月11日）），大阪人（㊦寛政11（1799）年11月），岡山，岡山人，岡山百，岡山歴，京都大（㊦寛政11（1799）年），国書，詩代，史人，思想史，人書94（㊥1799年），新潮，人名（㊦1799年），姓氏京都（にしやませつさい），世人，日人，和俳

**西山哲治** にしやまてつじ
明治16（1883）年2月13日～昭和14（1939）年12月15日
明治～昭和期の教育学者、新教育運動家。精力的な著述活動において、教育改革気運を盛り上げる役割を果たす。
¶人名7，世紀，哲学，渡航，日人

**西山富佐太**（西山冨佐太）　にしやまふさた
明治22（1889）年7月18日～昭和47（1972）年8月7日
大正～昭和期の教育者。
¶岡山人，岡山百（西山冨佐太），岡山歴（西山冨佐太）

**西山政猪** にしやままさい
明治16（1883）年～昭和26（1951）年
明治～昭和期の文部官僚、玉川学園長。
¶高知人

**西山貞** にしやまみさお
明治21（1888）年～昭和41（1966）年
大正～昭和期の教育家。
¶宮城百

**西山森太** にしやまもりた
慶応2（1866）年5月30日～昭和11（1936）年2月23日
明治～昭和期の教育者、笠岡高等女学校育ての親、植物研究者。
¶岡山歴

**西山豊** にしやまゆたか
明治40（1907）年～昭和47（1972）年
昭和期の教師、僧、郷土史家。
¶青森人

**西山庸平** にしやまようへい
明治5（1872）年2月26日～昭和14（1939）年12月9日
明治～昭和期の教育者、教育学者。
¶高知人，高知先，高知百（㊥1869年），心理，日人

**西谷善慎** にしやよしかた
天保3（1832）年～明治27（1894）年2月9日
江戸時代末期～明治時代の考証学者。下田原藩教授。下田原藩大目付、加判などを歴任。著書に「庸学稽古論」。
¶幕末，幕末大

**西由郎** にしよしろう
明治15（1882）年～昭和9（1934）年4月
明治～昭和期の教育者。
¶飛騨

**西依墨山** にしよりぼくさん
享保11（1726）年～寛政12（1800）年
江戸時代中期～後期の若狭小浜藩士、儒学者。
¶国書（㊥享保11（1726）年7月13日　㊦寛政12（1800）年1月11日），日人，藩臣3

**西脇英逸** にしわきえいいつ
明治42（1909）年～
昭和期の教育学者。大阪教育大学教授。
¶現執1期

**西脇利忠** にしわきとしただ
→西脇利忠（にしわきりちゅう）

**西脇りか**（西脇リカ）　にしわきりか
明治12（1879）年～昭和46（1971）年
明治～昭和期の教育者。
¶大阪人（西脇リカ　㊦昭和46（1971）年3月），岡山歴（㊥明治12（1879）年2月2日　㊦昭和46（1971）年3月31日）

**西脇利忠** にしわきりちゅう
生没年不詳　㊦西脇利忠《にしわきとしただ》

江戸時代前期の算学者。
¶国書（にしわきとしただ），人名，日人（にしわきとしただ）

**日蓮** にちれん
貞応1（1222）年～弘安5（1282）年10月13日 [別]日蓮上人《にちれんしょうにん》，立正大師《りっしょうだいし》
鎌倉時代後期の僧。日蓮宗の開祖。清澄山の道善房の弟子。その著「立正安国論」は当時としては過激な宗旨のため流刑にもなったが、その後も布教に努めた。
¶朝日（[没]弘安5年10月13日（1282年11月14日）），伊豆，岩史，浮絵（日蓮上人 にちれんしょうにん），角史，神奈川人，神奈川百，鎌倉，鎌倉新（[生]貞応1（1222）年2月16日），鎌古，鎌室，教育，京都大，郷土千葉，群馬人，国史，国書（[生]承久4（1222）年2月16日），古中，コン改，コン4，コン5，埼玉人（[生]承久4（1222）年2月16日），史人，静岡百，静岡歴，思想史，重要，女史，人書79，人書94，人情，人情5，神人（[生]貞応1（1222）年2月16日），新潮（[生]貞応1（1222）年2月16日），新文（[生]承久4（1222）年2月16日），人名，姓氏神奈川，姓氏静岡，世人，世百，全書，対外，大百，千葉百（[生]貞応1（1222）年2月16日），中世（[没]1283年），伝記，内乱，長野歴，日思，日史（[生]貞応1（1222）年2月16日），日人，百科，富嶽，仏教（[生]承久4（1222）年2月16日），仏史，仏人，文学，平日，町田歴，名僧，山川小，山梨人，山梨百（[生]承久4（1222）年2月16日），歴大

**日渓** にっけい
→法霖（ほうりん）

**日秀** にっしゅう
明応4（1495）年～天正5（1577）年11月12日
戦国時代の真言宗の僧。根来寺第21代学頭。
¶国史，国書，古中，戦人，日人，仏教，仏人

**日章** にっしょう
→如竹（じょちく）

**新田大作** にっただいさく
大正13（1924）年4月17日～昭和61（1986）年8月17日
昭和期の中国哲学者。実践女子大学教授。
¶現執1期，詩作

**新田長次郎** にったちょうじろう
安政4（1857）年5月29日～昭和11（1936）年7月17日
明治～昭和期の実業家・私学教育功労者。松山高等商業学校を設立。
¶海越新，愛媛，愛媛人，愛媛百，大阪人（[没]昭和11（1936）年7月），学校，北墓，郷土愛媛，世紀，渡航，日人，北海道建，北海道百，北海道歴，和歌山人

**新田仲太郎** にったなかたろう
明治11（1878）年12月8日～昭和44（1969）年12月2日
明治～昭和期の実業家・教育功労者。新田高校創立者。
¶愛媛，愛媛百，学校

**新田登** にったのぼる
昭和10（1935）年4月24日～平成8（1996）年12月6日
昭和・平成期の教育者。室蘭工大でシステム工学科講座を担当。
¶北海道建

**新田義尊** にったよしたか
生没年不詳
明治期の沖縄県師範学校教諭。
¶沖縄百

**日潮** にっちょう
*～寛延1（1748）年9月20日
江戸時代中期の日蓮宗の僧。身延山久遠寺第36世。
¶朝日（[生]延宝2（1674）年 [没]寛延1年9月20日（1748年10月12日）），国書（[生]延宝2（1674）年12月18日），コン改（[生]延宝7（1679）年），コン4（[生]延宝7（1679）年），新潮（[生]延宝7（1679）年），日人（[生]1675年），仏教（[生]延宝2（1674）年），仏人（[生]1674年）

**仁藤玉濤** にとうぎょくとう
生没年不詳
江戸時代後期の寺子屋の師匠。
¶姓氏神奈川

**新渡戸稲造**（新渡部稲造） にとべいなぞう
文久2（1862）年～昭和8（1933）年10月15日
明治～昭和期の農学者、教育者。第一高等学校校長、東京女子大学初代総長。一般教養という教育精神の先覚者。
¶青森人，朝日（[生]文久2年8月8日（1862年9月1日）），岩史（[生]文久2（1862）年8月8日），岩手人（[生]1862年9月1日），岩手百，海越（[生]文久2（1862）年9月1日），海越新（[生]文久2（1862）年9月1日），愛媛百（[生]文久2（1862）年9月1日），科学（[生]1862年（文久2）8月8日），角史，北墓，教育，キリ（[生]文久2年9月1日（1862年9月1日）），近現，近文，熊本人，現朝（[生]文久2年9月1日（1862年10月23日）），現日（[生]1862年9月1日 [没]1933年10月16日），国史，コン改，コン5，札幌（[生]文久2年8月3日），詩歌（新渡部稲造），史人（[生]1862年8月8日），思想（[生]文久2（1862）年8月8日），社史（[生]文久2年9月1日（1862年10月23日）），植物（[生]文久2（1862）年8月8日），新潮（[生]文久2（1862）年8月3日），新文（[生]文久2（1862）年8月3日 [没]昭和8（1933）年10月16日），人名，世紀（[生]文久2（1862）年8月8日），姓氏岩手，世人（[生]文久2（1862）年8月3日），世百，先駆（[生]文久2（1862）年9月1日），全書，大百，太宰府，哲学，東北近（[生]文久2（1862）年8月8日），渡航（[生]1862年9月1日 [没]1933年10月），日思，日史（[生]文久2（1862）年8月8日），日人，日本，百科，文学，平日，平和，北海道建（[生]文久2（1862）年8月3日 [没]昭和8（1933）年10月16日），北海道百，北海道文（[生]文久2（1862）年9月1日 [没]昭和8（1933）年10月16日），北海道歴，宮城百，民学，明治2，

に

新渡戸仙岳　にとべせんがく
安政5(1858)年8月29日〜昭和24(1949)年9月26日
明治期の地方史研究家、教育家。盛岡高等女学校長。盛岡史を研究。
¶岩手人, 岩手百(⊕1857年), 郷土, 史研, 世紀, 姓氏岩手, 日人

新渡戸まり子　にとべまりこ
安政4(1857)年8月14日〜昭和13(1938)年9月23日
江戸時代末期〜昭和期の女性。新渡戸稲造の妻。動物愛護運動の先駆者。夫の名著「武士道」はまり子との対話から生れた。
¶女性, 女性普, 世紀, 先駆, 日人

蜷川竜夫　にながわたつお
明治9(1876)年11月15日〜昭和16(1941)年12月17日
明治〜昭和期の教育者。
¶世紀, 姓氏富山(⊕1942年), 富山百, 日人

蜷川親継　にながわちかつぐ
? 〜昭和62(1987)年1月9日
昭和期の教育者。学校創立者。日本文化大学を創設。
¶学校

二宮錦水　にのみやきんすい
文化2(1805)年〜明治7(1874)年
江戸時代後期〜明治期の儒学者。
¶日人, 幕末(⊗1874年6月29日), 藩臣6

二宮邦次郎　にのみやくにじろう
万延1(1860)年1月2日〜大正15(1926)年9月7日
明治〜大正期の宣教師、女子教育家。松山女学校創立者。
¶愛媛, 愛媛百, 学校

二宮啓任　にのみやけいにん
大正10(1921)年〜昭和52(1977)年
昭和期の教育者、郷土史家。
¶山口人

二宮源兵　にのみやげんぺい
明治29(1896)年〜昭和47(1972)年
大正〜昭和期の教育者。
¶愛媛, 愛媛百(⊕明治29(1896)年1月13日 ⊗昭和47(1972)年5月19日)

二宮素香　にのみやそこう
安政1(1854)年〜明治42(1909)年8月
江戸時代末期〜明治期の俳人・教育者。
¶愛媛百

二宮照子　にのみやてるこ
大正15(1926)年3月13日〜昭和62(1987)年12月11日
昭和期の教育者。熊本大学教授。
¶女性, 女性普

二宮徳馬　にのみやとくま
＊〜昭和55(1980)年12月3日
昭和期の社会教育家。
¶現執1期(⊕1901年), 現情(⊕1910年12月27日)

二宮友二　にのみやともじ
明治13(1880)年〜昭和42(1967)年
明治〜昭和期の教員。
¶姓氏鹿児島

二宮治重　にのみやはるしげ
明治12(1879)年2月17日〜昭和20(1945)年2月17日
明治〜昭和期の陸軍軍人。中将、文相。関東軍の戦線拡大路線を容認。
¶岡山歴, 現朝, コン改, コン5, 人名7, 世紀, 日人, 陸海

二宮文右衛門　にのみやぶんえもん
明治17(1884)年〜昭和21(1946)年
大正〜昭和期の体育教育者。東京高師体育科主任教授。
¶体育

二宮わか　にのみやわか
文久1(1861)年9月22日〜昭和5(1930)年10月25日　⊛二宮わか子《にのみやわかこ》
明治〜昭和期の教育者。民間児童福祉の先覚者。低所得者層家族救済に尽力。
¶近女, 現朝(⊕文久1年9月22日(1861年10月25日)), 女運(二宮わか子　にのみやわかこ), 女性, 女性普, 世紀, 日人

二宮わか子　にのみやわかこ
→二宮わか(にのみやわか)

二瓶清　にへいきよし
明治16(1883)年8月18日〜昭和40(1965)年9月13日
明治〜昭和期の考古学者。
¶会津, 考古

二瓶直中　にへいただなか
天明8(1788)年12月7日〜明治6(1873)年11月10日　⊛二瓶直中《にへいなおなか》
江戸時代末期〜明治時代の国学者。和歌・国学を究め、私塾を開く。著書に「都のつと」。
¶会津(にへいなおなか), 幕末, 幕末大(⊕天明8(1788)年11月10日), 和俳

二瓶直中　にへいなおなか
→二瓶直中(にへいただなか)

二部静世　にべしずよ
昭和19(1944)年〜
昭和〜平成期の小学校教諭、童画家。
¶児人

二本木実　にほんぎみのる
明治42(1909)年8月25日〜昭和50(1975)年
昭和期の教育者。
¶札幌, 北海道歴

二文字理明 にもんじまさあき
昭和21（1946）年2月7日～
昭和～平成期の研究者。大阪教育大学教育学部第一部教養学科教授。専門は、障害児教育、障害者政策、北欧社会論。
¶現執4期

如幻 にょげん
生没年不詳
戦国時代の寺子屋の師匠。
¶姓氏岩手

韮塚一三郎 にらづかいちさぶろう，にらつかいちさぶろう
明治32（1899）年10月16日～平成5（1993）年
昭和～平成期の郷土史家。
¶郷土（㊥？），埼玉人（㊦平成5（1993）年5月11日），埼玉文（にらつかいちさぶろう）

丹羽氏祐 にわうじすけ
明和2（1765）年2月24日～*
江戸時代中期～後期の心学者。
¶岐阜百（㊤文政2（1819）年），国書（㊦文政4（1821）年9月30日）

丹羽雲気 にわうんき
*～寛政12（1800）年
江戸時代中期～後期の儒学者。
¶江文（㊤享保8（1723）年），日人（㊦？）

丹羽貴知蔵 にわきちぞう
明治43（1910）年2月17日～平成4（1992）年12月8日
昭和～平成期の教育者。北海道大学学長。
¶科学，札幌，北海道建（㊤明治43（1910）年3月17日），北海道歴

丹羽思亭 にわしてい
寛政7（1795）年～弘化3（1846）年
江戸時代後期の儒学者。
¶国書（㊤寛政7（1795）年2月28日 ㊦弘化3（1846）年閏5月8日），人名，新潟百，日人

丹羽松三郎 にわしょうざぶろう
生没年不詳
江戸時代後期の手代・藩校明倫堂助教。
¶国書

丹羽嘯堂 にわしょうどう
→丹羽文虎（にわぶんこ）

丹羽貴明 にわたかあき
明和8（1771）年～弘化2（1845）年
江戸時代後期の陸奥二本松藩家老。
¶近世，国史，国書（㊦弘化2（1845）年2月27日），日人，藩臣5（㊤安永1（1772）年）

丹羽健夫 にわたけお
昭和11（1936）年2月23日～
昭和～平成期の学習塾教師。河合塾進学教育本部長・全国進学情報センター所長。
¶現執3期，現執4期

丹羽長富 にわながとみ
享和3（1803）年～慶応2（1866）年
江戸時代末期の大名。陸奥二本松藩主。
¶維新，諸系，日人，幕末（㊦1866年8月12日），藩史1（㊤享和3（1803）年8月27日 ㊦慶応2（1866）年7月3日）

庭野三省 にわのさんせい
昭和26（1951）年4月29日～
昭和～平成期の教育者。芦ケ崎小学校（津南町）校長。専門は、国語教育、学校経営。
¶現執4期

丹羽文虎 にわふみとら
→丹羽文虎（にわぶんこ）

丹羽文虎 にわぶんこ
寛保1（1741）年～寛政5（1793）年 ㊨丹羽文虎《にわふみとら》，丹羽嘯堂《にわしょうどう》
江戸時代中期の三河西尾藩士。
¶国書（丹羽嘯堂 にわしょうどう ㊦寛政5（1793）年11月20日），人名，姓氏愛知（㊤1740年）日人（丹羽嘯堂 にわしょうどう），藩臣4（にわふみとら ㊤元文5（1740）年）

庭山耕園 にわやまこうえん
明治2（1869）年1月14日～昭和17（1942）年7月15日
明治～昭和期の日本画家。
¶大阪人（㊤昭和18（1943）年），世紀，日画，日人，美家

二羽弥 にわわたる
明治44（1911）年7月20日～平成22（2010）年8月31日
昭和・平成期の教育者。九谷焼資料館館長。
¶石川現終，石川文

仁孝天皇 にんこうてんのう
寛政12（1800）年2月21日～弘化3（1846）年1月26日
江戸時代後期の第120代の天皇（在位1817～1846）。光格大皇の第6皇子、寛宮。
¶朝日（㊤寛政12年2月21日（1800年3月16日）㊦弘化3年1月26日（1846年2月21日）），岩史，角史，京都大，近世，国史，国書，コン改，コン4，史人，重ествен，諸系，新潮，人名，姓氏京都，世人，全書，大百，日史，日人，歴大

【ぬ】

ぬい
1822年～
江戸時代後期の女性。教育。渡辺平三郎の妻。
¶江表（ぬい（東京都） ㊦文政5（1822）年頃）

縫 ぬい★
1824年～
江戸時代後期の女性。教育。黒川氏。
¶江表（縫（東京都） ㊦文政7（1824）年頃）

## 縫部義憲 ぬいべよしのり
昭和20(1945)年12月1日〜
昭和〜平成期の研究者。広島大学大学院教育学研究科日本語教育学講座教授。専門は、英語教育学、日本語教育学。
¶現執4期

## 額賀キヨ ぬかがきよ
＊〜昭和42(1967)年8月1日
明治〜昭和期の女子教育家。学校法人大成学園創立。大成学園を創立。
¶茨城歴（㊐明治14(1881)年），学校（㊐？）

## 額賀三郎 ぬかがさぶろう
？〜昭和28(1953)年2月13日
昭和期の教育者。大成学園を創立。
¶学校

## 額賀保羅 ぬかがほうろ
大正6(1917)年〜
昭和期の小学校教員、印刷業者。日本組合基督教会関係者。
¶社史，平和

## 額田晋 ぬかだすすむ
明治19(1886)年12月22日〜昭和39(1964)年9月29日
大正〜昭和期の内科医学者。東邦大学理事長。帝国女子医学専門学校（後の東邦大学）の創立者。東邦大学医学部長、同大学学長などを歴任。
¶岡山人，岡山百，岡山歴，科学，学校，近医，現情，人名7，世紀，日人

## 額田豊 ぬかだゆたか
明治11(1878)年3月23日〜昭和47(1972)年7月29日
大正〜昭和期の内科医学者。東邦大学理事長。帝国女子医学専門学校（後の東邦大学）の創立者。著書は「医化学講義」など。駒場東邦高等学校も創設した。
¶岡山百，岡山歴，科学，学校，神奈川人，近医，現情，食文（㊐1878年3月20日），人名7，世紀，渡航（㊐1880年3月23日），日人

## 糠塚良一 ぬかづかりょういち
昭和11(1936)年2月14日〜
昭和期の教育者。学校長。
¶飛騨

## 貫名海雲 ぬきなかいうん
？〜明治20(1887)年
江戸時代後期〜明治期の書家。
¶日人

## 貫名海屋 ぬきなかいおく
安永7(1778)年〜文久3(1863)年5月6日　㊙貫名菘翁《ぬきなすうおう》，海屋《かいおく》
江戸時代後期の儒学者、書家、画家。「幕末の三筆」の一人。
¶朝日（㊐安永7(1778)年3月　㊛文久3年5月6日(1863年6月21日)），維新，大阪人（㊐元治1(1864)年），角史，京都，京都大，近世，国史，国書（㊐安永7(1778)年3月），コン改，コン4，詩歌，史人，島根歴，人書94，新潮，人名，姓氏京都，世人，世百，全書，大百，茶道，伝記，徳島百（貫名菘翁　ぬきなすうおう　㊐安永7(1778)年3月），徳島歴（貫名菘翁　ぬきなすうおう），日人，美術，百科，三縄続，名画，歴大，和俳

## 貫名菘翁 ぬきなすうおう
→貫名海屋（ぬきなかいおく）

## 橳島周司 ぬでじましゅうじ
嘉永6(1853)年〜？
江戸時代後期〜明治期の教育者。
¶群馬人

## 橳島福七郎 ぬでじまふくしちろう
嘉永5(1852)年〜昭和12(1937)年
明治〜昭和期の政治家。群馬県議会議員、教育者。
¶群馬人

## 布浦伊三郎 ぬのうらいさぶろう
元治1(1864)年〜昭和2(1927)年
明治〜大正期の教育者、政治家。京都府議会議員。
¶姓氏京都

## 沼賀健次 ぬまがけんじ
明治41(1908)年3月30日〜昭和63(1988)年5月5日
大正〜昭和期の政治家。高崎市長、上武大学副学長。
¶群馬人，現政，姓氏群馬

## 沼川三郎 ぬまかわさぶろう
→横井太平（よこいたいへい）

## 沼口竜雄 ぬまぐちたつお
明治26(1893)年〜昭和52(1977)年
大正〜昭和期の教育者。
¶姓氏鹿児島

## 沼里末吉 ぬまさとすえきち
明治11(1878)年〜昭和37(1962)年
明治〜昭和期の教育者。
¶姓氏岩手

## 沼尻完蔵 ぬまじりかんぞう
→沼尻墨僊（ぬまじりぼくせん）

## 沼尻墨僊 ぬまじりぼくせん
安永4(1775)年3月15日〜安政3(1856)年　㊙沼尻完蔵《ぬまじりかんぞう》
江戸時代後期の地理学者。折りたたみ式地球儀を考案。
¶朝日（㊐安永4年3月15日(1775年4月14日)　㊛安政3年4月26日(1856年5月29日)），維新，茨城百，科学（㊛1856年(安政3)4月26日），郷土茨城（㊐1855年），国書（㊛安政3(1856)年4月26日），コン改（㊐安永3(1774)年），コン4（㊐安永3(1774)年），史人（㊐1856年4月26日），新潮（㊐安永3(1774)年），人名（沼尻完蔵　ぬまじりかんぞう　㊐1774年），日人，幕末（㊐1755年　㊛1856年5月29日），洋学

**沼田泉** ぬまたいずみ
大正12(1923)年～
昭和～平成期の小学校教諭、幼稚園長。全国小学校道徳教育研究会長。
¶現執3期

**沼田音吉** ぬまたおときち
明治14(1881)年1月6日～昭和29(1954)年4月10日
明治～昭和期の教育者。
¶群馬人

**沼田香雪**(1) ぬまたこうせつ
文化14(1817)年4月30日～明治38(1905)年5月5日
江戸時代末期～明治期の漢詩人。著書「後凋園徒然草」は夫、子を失った経緯を綴ったもの。孫らの教育に尽くす。
¶朝日（⊕文化14年4月30日（1817年6月14日））、江表（香雪（秋田県））、女史、女性、女性普、日人、幕末、幕末大、和俳

**沼田香雪**(2) ぬまたこうせつ
嘉永2(1849)年6月12日～大正2(1913)年3月11日
江戸時代末期～明治期の教育者。私立学校創立者。
¶広島百

**沼田孤松**(沼田狐松) ぬまたこしょう
寛政3(1791)年～安政2(1855)年
江戸時代末期の詩人、儒者。
¶国書（沼田孤松　⊕寛政3(1791)年1月9日⊕安政2(1855)年9月9日）、人名（⊕1790年）、日人

**沼田俊一** ぬまたしゅんいち
昭和4(1929)年2月1日～
昭和～平成期の音楽教育者。
¶音人2, 音人3

**沼田竹渓** ぬまたちくけい
文化12(1815)年～明治9(1876)年11月22日
⊕沼田竹渓《ぬまたちっけい》
江戸時代末期～明治期の広島藩士。豊田郡横寺村に学塾を開いたほか、三原市に菁莪舎を設ける。著書に「桂園詩集」。
¶国書（⊕文化12(1815)年1月）、日人、幕末（ぬまたちっけい）、幕末大（ぬまたちっけい）⊕文化12(1815)年1月15日

**沼田竹渓** ぬまたちっけい
→沼田竹渓（ぬまたちくけい）

**沼田藤次** ぬまたとうじ
明治14(1881)年10月22日～昭和11(1936)年1月29日
明治～昭和期の教育家。「少女世界」の主宰者、頌栄高等女学校で女子の薫育に携わる。
¶出文, 人名, 世紀, 日人

**沼田裕之** ぬまたひろゆき
昭和11(1936)年4月22日～
昭和～平成期の研究者。鎌倉女子大学教授。専門は教育学。

¶現執4期

**沼田平治** ぬまたへいじ★
明治9(1876)年7月15日～昭和21(1946)年10月20日
明治～昭和期の教育家。
¶秋田人2

**沼田笠峰** ぬまたりゅうほう
明治14(1881)年10月22日～昭和11(1936)年1月29日
明治～昭和期の編集者、作家、教育者。
¶日児

**沼田櫟斎** ぬまたれきさい★
生没年不詳
江戸時代後期の大館沼田氏。大館博文書院の教授。
¶秋田人2

**沼野一男** ぬまのいちお
大正12(1923)年1月23日～
昭和～平成期の教育工学者。神田外語大学教授。
¶現執1期, 現執3期

**沼間守一** ぬまもりかず
天保14(1843)年12月2日～明治23(1890)年5月17日　⊕慎次郎, 不二峰楼主人, 弄花生
江戸時代末期～明治期のジャーナリスト、政治家。東京横浜毎日新聞社長。維新後、英学教授を経て司法省判事。のち東京府議会議長。
¶朝日（⊕天保14年12月2日（1844年1月21日））、維新、岩史、海越新（⊕天保14(1845)年12月2日）、角史、神奈川人、近現、近文、国際、国史、コン改, コン5, 社史（⊕天保14(1844)年12月2日）、重要, 庄内, 新潮, 人名, 世人, 世百, 先駆, 全書, 大百, 哲学（⊕1844年）、渡航, 長崎遊, 日史, 日人（⊕1844年）、日本, 幕末（⊕1844年1月21日）、百科, 明治1（⊕1844年）、洋学, 履歴, 歴大

## 【ね】

**根上ツナ** ねがみつな
明治39(1906)年～平成12(2000)年
昭和・平成期の教育者。
¶御殿場

**根岸雲巣** ねぎしうんそう
*～嘉永4(1851)年
江戸時代中期～後期の寺子屋師匠。
¶姓氏長野（⊕1771年）、長野歴（⊕安永1(1772)年）

**根木鹿松** ねきしかまつ
天保14(1843)年12月6日～大正10(1921)年11月21日
江戸時代末期～大正期の数学者・教育者。
¶岡山歴

**根岸金作** ねぎしきんさく
明治22(1889)年～昭和43(1968)年

大正～昭和期の教育者。
¶神奈川人

**根岸草笛** ねぎしくさぶえ
明治41（1908）年～昭和62（1987）年1月
昭和期の幼児教育者。季節保育所の普及と向上に尽力。長野県立保育専門学院初代院長。著書に「農村幼児教育」など。
¶近女、女性、女性普、世紀（㊧明治41（1908）年3月15日）、日人（㊧明治41（1908）年3月15日）

**根岸重明** ねぎししげあき
慶長10（1605）年～天和2（1682）年　㊥根来重明《ねごろしげあき》、根来八九郎《ねごろはちくろう》
江戸時代前期の剣道家、天心独名流の祖。
¶剣豪（根来八九郎　ねごろはちくろう）、コン改、コン4、人名、日人（根来重明　ねごろしげあき）

**根岸松齢** ねぎししょうれい
天保4（1833）年～明治30（1897）年
江戸時代末期～明治期の剣術家。海軍塾塾頭。安中藩剣術指南役。上遠野伝の手裏剣術を再興、さらに工夫発展、根岸流手裏剣術を創流。
¶朝日（㊧明治30（1897）年7月15日）、群馬人、姓氏群馬、日人、藩臣2

**根岸伴七** ねぎしばんしち
→根岸友山（ねぎゆうざん）

**根岸寛** ねぎしひろし
明治45（1912）年7月17日～平成12（2000）年1月14日
昭和期の教育者。
¶視覚

**根岸福弥** ねぎしふくや
明治2（1869）年～昭和10（1935）年
明治～昭和期の教育学者。
¶群馬人

**根岸友山** ねぎしゆうざん, ねぎしゆうさん
文化6（1809）年11月27日～明治23（1890）年12月3日　㊥根岸伴七《ねぎしばんしち》
江戸時代末期～明治期の志士。市内攪乱作戦に従事し、捕虜となるが、王政復古で釈放。
¶維新、剣豪、国書、コン改、コン4、コン5、埼玉人、新撰、新潮、人名（根岸伴七　ねぎしばんしち）、全書（ねぎしゆうさん）、日人（㊧1810年）、幕末（㊧1810年）、歴大

**猫山常蔵** ねこやまつねぞう
明治10（1877）年8月15日～昭和5（1930）年3月16日
明治～昭和期の教育者。
¶郷土岐阜、世紀、日人、飛騨（㊧？）

**根来重明** ねごろしげあき
→根岸重明（ねぎししげあき）

**根来秀斎** ねごろしゅうさい
寛政8（1796）年～安政6（1859）年
江戸時代後期の庶民教育者。

¶大阪人（㊧安政6（1859）年7月）、大阪墓（㊧安政6（1859）年7月17日）

**根来八九郎** ねごろはちくろう
→根岸重明（ねぎししげあき）

**根津嘉一郎〔1代〕** ねづかいちろう
→根津嘉一郎〔1代〕（ねづかいちろう）

**根津一** ねずはじめ
→根津一（ねづはじめ）

**根津嘉一郎〔1代〕** ねづかいちろう, ねずかいちろう
万延1（1860）年～昭和15（1940）年1月4日
明治～昭和期の実業家、政治家。東武鉄道社長。東武系企業集団の創設者、「鉄道王」と称された。武蔵高等学校を創立。
¶朝日（――〔代数なし〕　㊧万延1年6月15日（1860年8月1日））、岩史（――〔代数なし〕　㊧万延1（1860）年6月15日　㊧昭和15（1940）年1月14日）、学校（ねづかいちろう　㊧万延1（1860）年6月15日）、角史（――〔代数なし〕、近現（――〔代数なし〕、群馬人（――〔代数なし〕　㊧万延1（1860）年6月　㊧昭和15（1940）年1月）、現朝（㊧万延1年6月15日（1860年8月1日））、現日（㊧1860年6月15日）、国史（――〔代数なし〕）、コン改（――〔代数なし〕）、コン5（――〔代数なし〕）、埼玉人（――〔代数なし〕　㊧万延1（1860）年8月1日）、史人（――〔代数なし〕　㊧1860年6月15日）、実業（㊧万延1（1860）年6月15日）、食文（――〔代数なし〕　㊧万延1年6月15日（1860年8月1日））、新潮（――〔代数なし〕　㊧万延1（1860）年6月）、人名7（――〔代数なし〕）、世紀（㊧万延1（1860）年6月15日）、世人（――〔代数なし〕　㊧万延1（1860）年6月）、先駆（㊧万延1（1860）年6月15日）、全書（――〔代数なし〕）、創業、大百（――〔代数なし〕）、茶道（――〔代数なし〕、鉄道（㊧1860年8月1日）、日史（――〔代数なし〕　㊧万延1（1860）年6月15日）、日人、日本（――〔代数なし〕）、百科（――〔代数なし〕）、平日（――〔代数なし〕）、民学（――〔代数なし〕）、山梨百（――〔代数なし〕　㊧万延1（1860）年6月15日）、履歴（――〔代数なし〕　㊧万延1（1860）年6月15日）、歴大（――〔代数なし〕）

**根津欽次郎** ねづきんじろう
生没年不詳
江戸時代末期の教授方手伝。1860年咸臨丸の教授方手伝としてアメリカに渡る。
¶海越新

**根津一** ねづはじめ, ねずはじめ
万延1（1860）年5月2日～昭和2（1927）年2月18日
明治～昭和期の陸軍軍人。少佐、東亜同文書院長。「清国通商総覧」を編纂刊行。
¶現現（ねづはじめ）、現朝、国史、コン改、コン5、史人、人名、世紀、日人、山梨百、陸軍

**根本格斎** ねもとかくさい★
文化5（1808）年5月～安政4（1857）年5月4日
江戸時代後期の教育者。久保田藩士。

¶秋田人2

**根本和成** ねもとかずしげ
昭和4(1929)年4月22日～
昭和～平成期の理科教育学者。東京学芸大学附属高校教諭、上越教育大学教授。
¶現執3期

**根本二郎** ねもとじろう
昭和3(1928)年11月1日～
昭和～平成期の実業家。日本郵船社長、日本経済団体連合会会長。日本郵船会長、中央教育審議会会長などを歴任。
¶世紀、日人

**根本正** ねもとただし
嘉永4(1851)年10月～昭和8(1933)年1月5日
明治～昭和期の政治家、禁酒運動家。衆議院議員。禁酒禁煙、小学校教育費全廃運動を志し、法案成立に尽力。
¶茨城百、海越新、郷土茨城、キリ、近現、国史、コン改、コン5、新潮、人名、世紀、渡航、日人

**根本通明** ねもとつうめい
→根本通明(ねもとみちあき)

**根本正雄** ねもとまさお
昭和24(1949)年5月20日～
昭和～平成期の小学校教師。法則化体育授業研究会代表。
¶現執3期、現執4期

**根本通明**(根本道明) ねもとみちあき
文政5(1822)年2月15日～明治39(1906)年10月3日 ㊙根本通明《ねもとつうめい》
江戸時代末期～明治期の儒学者。文科大学教授。根本義塾を創立。朱子学派から清朝考証学者に転じ、易学でも知られる。
¶秋田人2、維新、コン改、コン4、コン5、詩歌、史人(ねもとつうめい)、新潮、人名、世百(ねもとつうめい)、全書(ねもとつうめい)、大百(ねもとつうめい)、日人、幕末、幕末大、藩臣1(ねもとつうめい)、履歴(根本道明)

## 【の】

**能重真作** のうじゅうしんさく
昭和8(1933)年8月31日～
昭和～平成期の教育評論家、中学校教諭。東京都教職員組合非行対策委員長。
¶現執2期、現執3期、現執4期

**納所弁次郎** のうしょべんじろう
慶応1(1865)年9月24日～昭和11(1936)年5月11日 ㊙納所弁次郎《なっしょべんじろう》
明治～昭和期の唱歌教育者。学習院大学教授。「桃太郎」他有名唱歌を多数作曲。
¶音楽、音人、芸能、現朝㊙慶応1年9月24日(1865年11月12日))、作曲、人名(なっしょべんじろう)、世紀、日人

**能成** のうせい
→安倍能成(あべよししげ)

**納富介次郎** のうとみかいじろう、のうどみかいじろう
弘化1(1844)年～大正7(1918)年3月9日 ㊙納富介堂《のうどみかいどう》
明治期の官吏、工芸教育者。各地で工芸の技術や図案を指導。石川県の工業学校などを創立。
¶朝日(㊙天保14(1843)年)、石川百、維新(のうどみかいじろう)、海越、海越新、香川人(のうどみかいじろう)、香川百(のうどみかいじろう)、コン改、コン5、佐賀百(納富介堂 のうどみかいどう ㊙天保15(1844)年4月3日)、史人、新潮(㊙弘化1(1844)年4月3日)、人名、姓氏石川、姓氏京都、先駆、渡航、富山百(㊙天保15(1844)年4月3日)、長崎遊(のうどみかいじろう)、日人(のうどみかいじろう)、幕末(のうどみかいじろう)、美工(㊙天保15(1844)年4月3日)、ふる

**納富介堂** のうどみかいどう
→納富介次郎(のうどみかいじろう)

**納原善雄** のうはらよしお
昭和8(1933)年3月28日～
昭和～平成期のテューバ奏者、音楽教育者。
¶音人2、音人3

**能美雪水** のうみせっすい
→能美隆庵(のうみりゅうあん)

**能美ヨシ子** のうみよしこ
明治44(1911)年7月22日～平成14(2002)年9月22日
昭和期の学校創立者。能美学園星琳高校理事長。
¶学校

**能美隆庵** のうみりゅうあん
文政8(1825)年～明治23(1890)年1月27日 ㊙能美雪水《のうみせっすい》
江戸時代末期～明治期の医師。長州藩侍医。「英国志」を校訂刊行。
¶維新、国書(㊙文政8(1825)年2月15日)、人名(能美雪水 のうみせっすい)、姓氏山口、日人、幕末、洋学

**野賀岐山** のがぎざん
文政7(1824)年～明治22(1889)年
江戸時代後期～明治期の教育者。
¶静岡歴、姓氏静岡

**野方正作** のがたせいさく
明治5(1872)年10月～
明治・大正期の訓導兼校長。東洋醸造会社支配人。
¶伊豆

**野上巌** のがみいわお
→新島繁(にいじましげる)

**野上栄治** のがみえいじ
文政11(1828)年～明治39(1906)年
江戸時代後期～明治期の教育者。
¶姓氏山口

**野上員行** のがみかずゆき
昭和9(1934)年～
昭和～平成期の中学校教諭、シナリオライター。
¶児人

**野上国佐** のがみくにすけ
→野上陳令(のがみのぶはる)

**埜上定** のがみさだむ
昭和7(1932)年9月20日～
昭和～平成期のバリトン歌手、音楽教育者。
¶音人2，音人3

**野上陳令** のがみちんれい
→野上陳令(のがみのぶはる)

**野上通煥** のがみつうかん★
～文久2(1862)年5月
江戸時代末期の横手郷校教授。
¶秋田人2



**野上俊夫** のがみとしお
明治15(1882)年5月2日～昭和38(1963)年5月24日
明治～昭和期の心理学者。京都帝国大学教授。ホールの学風を受け、成長期の日本心理学に貢献。著書に「青年の心理と教育」など。
¶現情，人名7，心理，世紀，姓氏京都，全書，哲学，新潟百，日人

**野上陳令** のがみのぶはる
安永3(1774)年10月8日～弘化3(1846)年2月25日　[別]野上国佐《のがみくにすけ》,野上陳令《のがみちんれい》
江戸時代後期の教育者。明徳館の4代目祭酒。
¶秋田人2，剣豪(野上国佐　のがみくにすけ　[生]安永5(1776)年)，国書，人名([没]1844年)，日人，藩臣1(のがみちんれい　[生]安永5(1776)年)

**野上皐三博** のがみふみひろ
昭和12(1937)年7月15日～
昭和～平成期の音楽教育者。三重大学教授。
¶演奏，音人2，音人3，現情

**野上文山** のがみぶんざん
文政8(1825)年～明治6(1873)年
江戸時代末期～明治期の国学者。
¶人名，姓氏富山，富山百，日人

**野上弥文** のがみますぶみ
明治35(1902)年2月8日～平成2(1990)年7月11日
昭和～平成期の社会科教育学者。
¶埼玉人

**野上芳彦** のがみよしひこ
昭和5(1930)年1月8日～
昭和～平成期の心理学者、社会福祉団体役員。京都精華大学教授北九州市立ひまわり学園長、明るい社会づくり運動全国協議会副会長。
¶現執3期

**濃宜水通** のぎのみなみち
奈良時代の官人。
¶古人

**乃木希典** のぎまれすけ
嘉永2(1849)年11月11日～大正1(1912)年9月13日
明治期の陸軍軍人。大将、伯爵。精神主義と求道的人柄で明治天皇から信任。天皇大喪当日、夫人とともに自決。
¶朝日([生]嘉永2年11月11日(1849年12月25日))，岩史，海越，海越新，香川人，香川百，角史，郷土栃木，近現，現日，国際，国史，コン改，コン5，詩歌，詩作，史人，重要，神人，新潮，人名，世紀，姓氏山口，世人，世百，全書，大百，哲学，伝記，渡航，栃木百，栃木歴，日史，日人，日本，幕末，藩臣6，百科，宮城百，明治1，山口百，陸海，歴大

**野木村弥五郎** のぎむらやごろう
明治36(1903)年～
昭和期の教育者。
¶群馬人

**野口彰** のぐちあきら
明治27(1894)年12月4日～昭和30(1955)年11月24日
昭和期の教育者。全日本中学校長会会長。
¶現情，新潟百

**野口明** のぐちあきら
明治28(1895)年～昭和54(1979)年
大正～昭和期の教育家。
¶宮城百

**野口綾子** のぐちあやこ
明治35(1902)年11月1日～
昭和期の社会教育家。ガールスカウト日本連盟会長。
¶群馬人，現情

**野口勇** のぐちいさむ
昭和3(1928)年1月28日～
昭和期の教育者。
¶飛騨

**野口援太郎** のぐちえんたろう
明治1(1868)年9月18日～昭和16(1941)年1月11日
大正～昭和期の教育家。城西学園園長。池袋児童の村小学校設立。のち新教育協会創立。
¶学校，教育，近現，現朝([生]明治1年9月14日(1868年10月29日))，国史，コン改，コン5，史人，社史([生]1868年9月14日)，新潮，人名7，世紀，哲学，日人，百科，兵庫百，福岡百([生]明治1(1868)年9月14日)，平和，民学，歴大

**野口清寿** のぐちきよとし
文政1(1818)年～明治2(1869)年　[別]野口清寿《のぐちせいじゅ》
江戸時代後期～明治期の和算家。
¶人名(のぐちせいじゅ)，数学([没]明治2(1869)年正月25日)，日人(のぐちせいじゅ)

**野口啓吉** のぐちけいきち
昭和11(1936)年9月6日～
昭和～平成期の音楽教育者。
¶音人2，音人3

**野口桂子** のぐちけいこ
平成期の教育ジャーナリスト。武蔵工業大学講師、神奈川大学講師。
¶テレ

**野口源三郎** のぐちげんざぶろう
明治21(1888)年8月24日～昭和42(1967)年3月16日
明治～昭和期の体育教育者。「オリンピック陸上競技法」は大正時代の名著。
¶現朝([生]1884年8月24日)，現情，コン改，コン4，コン5，埼玉人([生]明治21(1888)年8月21日)，埼玉百，人名7，世紀，姓氏長野，体育，長野百，長野歴，日人，日本

**野口耕勇** のぐちこうゆう
明治37(1904)年3月12日～昭和60(1985)年11月27日
大正・昭和期の教育者。学校長。
¶飛騨

**野口周善** のぐちしゅうぜん
明治12(1879)年～昭和25(1950)年
明治～昭和期の僧侶、教育家。樹徳高校創立者。
¶学校，群馬人

**野口清寿** のぐちせいじゅ
→野口清寿(のぐちきよとし)

**野口哲太郎** のぐちてつたろう
天保4(1833)年～文久3(1863)年　[別]野口東溟《のぐちとうめい》
江戸時代末期の水戸藩郷校守。
¶維新，国書(野口東溟　のぐちとうめい)，幕末，幕末大，藩臣2

**野口伝兵衛**(野口伝平衛) のぐちでんべえ
明治30(1897)年3月5日～昭和20(1945)年1月6日
昭和期の農民運動家、小学校教員。木崎村無産高等農民学校主事。新潟県連合会書記長。無産農民学校の指導にあたった。
¶アナ(野口伝平衛)，コン改，コン5，社運，社史，世紀，新潟百別，日人，平和

**野口東溟** のぐちとうめい
→野口哲太郎(のぐちてつたろう)

**野口寧斎** のぐちねいさい
慶応3(1867)年～明治38(1905)年5月12日
明治期の漢詩人。詩誌「百花欄」創刊。著書に「門出小草」「征露宣戦歌」など。
¶朝日([生]慶応3年3月25日(1867年4月29日))，江戸東，近文，コン改，コン5，詩歌，詩作([生]慶応3(1867)年3月25日)，新潮，新文，人名，世百，全書，大百，長崎百，日児，日人，百科，文学

**野口彦治** のぐちひこじ
明治34(1901)年2月5日～平成7(1995)年8月15日
昭和・平成期の教育者。
¶飛騨

**野口秀並** のぐちひでなみ
天保7(1836)年～大正9(1920)年
明治～大正期の教育家。高知中学助教諭、辞職後も自宅にて和漢など子弟の教育にあたる。著書に「海南史」。
¶高知人，人名，世紀([没]大正9(1920)年8月3日)，日人

**野口裕之** のぐちひろゆき
昭和27(1952)年2月19日～
昭和期の教育心理学者。名古屋大学助教授。
¶現執2期

**野口名順** のぐちめいじゅん
文化4(1807)年～明治10(1877)年
江戸時代後期～明治期の医師・教育者。
¶多摩

**野口幽香** のぐちゆか
慶応2(1866)年2月1日～昭和25(1950)年1月27日
明治～昭和期の幼児教育家、社会事業家。日本で最初の託児所、二葉幼稚園開設。
¶キリ([生]慶応2年2月1日(1866年3月17日))，近現，近女，現朝([生]慶応2年2月1日(1866年3月17日))，現情，国史，コン改，コン4，コン5，女運，女史，女性，女性普，新宿女，新潮，人名7，世紀，先駆，全書，日人，民学，歴大

**野口良子** のぐちよしこ
昭和12(1937)年1月27日～
昭和～平成期の中学校教諭。
¶現執3期

**野口芳宏** のぐちよしひろ
昭和11(1936)年～
昭和～平成期の小学校校長。木更津市立請西小学校校長。
¶現執3期([生]昭和11(1936)年2月)，現執4期([生]1936年2月17日)

**野口祥昌** のぐちよしまさ
明治33(1900)年7月30日～昭和45(1970)年
大正～昭和期の私学教育者。
¶札幌

**野崎一歩斎** のざきいっぽさい
生没年不詳
江戸時代後期の心学者。
¶国書

**野崎雅明** のざきがめい
→野崎雅明(のざきまさあき)

**野崎欣一** のざききんいち
大正13(1924)年～昭和20(1945)年
昭和期の教育者。
¶薩摩

**野崎伝三郎** のざきでんざぶろう
生没年不詳
江戸時代後期の寺子屋師匠。

の

¶姓氏神奈川

**野崎藤橋** のざきとうきょう
明和3（1766）年～文政11（1828）年
江戸時代中期～後期の因幡鳥取藩士、儒学者。
¶江文，国書（[没]文政11（1828）年4月1日），人名，鳥取百，日人，藩臣5

**野崎利夫** のざきとしお
*～？
大正～昭和期の英独語塾経営者。
¶アナ（[生]明治41（1908）年），社史（[生]1909年？）

**野崎武吉郎** のざきぶきちろう
嘉永1（1848）年8月3日～大正14（1925）年10月25日
明治～大正期の塩業家。十州塩田組合本部長、貴族院議員。台湾塩田開発や塩専売法の成立に尽力。慈善事業、育英・社会事業にも貢献。
¶朝日（[生]嘉永1年8月3日（1848年8月31日）），岡山人，岡山百，岡山歴，世紀，日人

の

**野崎史子** のざきふみこ
明治35（1902）年9月16日～昭和40（1965）年12月18日
大正～昭和期の幼児教育者。昭安幼稚園、今治教会付属若葉幼稚園、新居浜市立高津保育園などに勤務。
¶女性，女性普

**野崎雅明** のざきまさあき
宝暦7（1757）年～文化13（1816）年　[別]野崎雅明《のざきがめい》
江戸時代中期～後期の越中富山藩士、藩校学生。
¶国書（[没]文化13（1816）年10月），人名（のざきがめい），姓氏富山，富山百（[没]文化13（1816）年10月25日），富山文，日人，藩臣3

**野崎正衛** のざきまさえ
明治29（1896）年10月22日～平成1（1989）年10月27日
大正～昭和期の教育者。
¶岡山歴

**野崎又六** のざきまたろく
弘化2（1845）年5月8日～大正10（1921）年11月22日
江戸時代末期～大正期の教育者・新聞人。
¶岡山人，岡山歴

**野崎六助** のざきろくすけ
昭和22（1947）年11月9日～
昭和～平成期の文芸評論家、作家。京都文学学校自主講座運動に関わる。映画批評などを寄稿。著書に「亡命者帰らず」など。
¶現執3期，現執4期，幻想，小説，世紀，日人，ミス

**野沢樹** のざわき
生没年不詳
昭和期の小学校教員。
¶社史

**野沢謹弥** のざわきんや
天保12（1841）年～明治12（1879）年？
明治期の教員。
¶姓氏岩手

**野沢俊冏** のざわしゅんけい
嘉永5（1852）年～昭和8（1933）年
明治～昭和期の僧。
¶世紀（[生]嘉永5（1852）年11月8日　[没]昭和8（1933）年2月2日），日人

**野沢俊次郎** のざわしゅんじろう
慶応1（1865）年～昭和3（1928）年
江戸時代末期～昭和期の渡航者。
¶渡航，北海道百，北海道歴

**野沢寅** のざわとら
明治35（1902）年10月17日～昭和53（1978）年2月22日
昭和期の教育者。栃木高校学校長、栃木県連合教育会長、報徳精神の実践者。
¶栃木人，栃木歴

**野沢浩** のざわひろし
明治37（1904）年～昭和41（1966）年
大正～昭和期の教育者、サッカー功労者。
¶愛媛，愛媛百（[生]明治37（1904）年1月　[没]昭和41（1966）年11月28日）

**野沢武右衛門** のざわぶえもん
寛政2（1790）年～文久2（1862）年
江戸時代後期～末期の遠野南部家の家士・教師。
¶国書，姓氏岩手（生没年不詳）

**野沢方嶺** のざわほうれい
江戸時代末期～明治期の教育家。
¶人名（[生]1802年　[没]1889年），日人（[生]1806年　[没]1893年）

**野沢昌樹** のざわまさき
享保7（1722）年～寛政12（1800）年
江戸時代中期～後期の山県大弐の兄。
¶国書（[没]寛政12（1800）年閏4月7日），静岡百，静岡歴，人名（[生]1732年），姓氏静岡，日人，山梨百（[生]？　[没]寛政12（1800）年4月7日）

**野地潤家** のじじゅんや，のぢじゅんや
大正9（1920）年11月4日～
昭和～平成期の国語教育学者。広島大学教授、鳴門教育大学教授。
¶現執1期（のぢじゅんや），現執2期，現情，世紀

**野島績** のじまいさお
寛政11（1799）年～明治7（1874）年
江戸時代末期～明治期の儒学者。
¶人名，日人

**野島純吉** のじまじゅんきち
大正14（1925）年～昭和63（1988）年
昭和期の島根県教職員組合執行委員長。
¶島根歴

**能島通貴** のじまみちたか
明治24（1891）年～昭和32（1957）年

大正〜昭和期の教育者。
¶愛媛、愛媛百（⊕明治24（1891）年8月27日 ㊣昭和32（1957）年3月1日）

**野尻維則** のじりこれのり
天保10（1839）年〜明治21（1888）年
江戸時代末期〜明治期の肥後熊本藩郷士。
¶維新、人名（⊕1838年）、日人

**野尻繁一** のじりしげいち
明治43（1910）年9月17日〜平成5（1993）年12月18日
昭和・平成期の教育者。学校長。
¶飛騨

**野尻精一** のじりせいいち
万延1（1860）年〜昭和7（1932）年
明治〜昭和期の教育者。ドイツに留学し教育学を学ぶ。ヘルバルト教育学の移入、師範教育に尽力。
¶海越（㊣昭和7（1932）年3月）、海越新（㊣昭和7（1932）年3月）、世紀（⊕万延1（1860）年3月 ㊣昭和7（1932）年3月14日）、渡航（㊣1932年3月14日）、日人

**野尻哲** のじりてつ
大正1（1912）年〜平成4（1992）年
昭和〜平成期の教育者。
¶大分歴

**野尻仁太郎** のじりにたろう
明治31（1898）年8月24日〜昭和59（1984）年5月13日
大正・昭和期の教育者。学校長。
¶飛騨

**野杉春男** のすぎはるお
昭和5（1930）年3月27日〜昭和47（1972）年11月28日
昭和期の養護教育者。
¶福岡百

**能勢明陳** のせあきのぶ
→能勢軍治（のせぐんじ）

**野瀬市太郎** のせいちたろう
明治1（1868）年9月30日〜昭和6（1931）年10月12日
江戸時代末期〜昭和期の政治家。滋賀県会議員、甲良村長。教育に尽力。
¶世紀、日人

**能勢軍治** のせぐんじ
寛政2（1790）年〜明治2（1869）年　㊣能勢明陳《のせあきのぶ》
江戸時代末期の儒学者。
¶人名、日人（能勢明陳　のせあきのぶ）

**能勢栄** のせさかえ
嘉永5（1852）年〜明治28（1895）年
明治期の教育学者、教育行政官。東京高等女学校校長。福島県師範学校長、文部省書記官などを歴任。著書に「教育学」など。
¶朝日、海越、海越新、岡山歴（⊕明治28（1895）年12月）、教育、芸能（⊕嘉永5（1852）年7月

㊣明治28（1895）年12月18日）、国際、コン改、コン5、心理、姓氏長野（⊕1853年）、体育（⊕1851年）、渡航、長野百（㊣1892年）、長野歴、日人、幕末、福島百

**能勢二郎左衛門** のせじろうざえもん
→能勢直陳（のせなおのぶ）

**能勢道仙** のせどうせん
天保4（1833）年〜明治11（1878）年　㊣能勢頼善《のせらいぜん》
江戸時代末期〜明治期の医師。
¶岡山人、岡山歴（能勢頼善　のせらいぜん ⊕天保4（1833）年11月10日 ㊣明治11（1878）年11月）、人名、日人、藩臣6

**能勢直陳** のせなおのぶ
文政4（1821）年〜明治27（1894）年　㊣能勢二郎左衛門《のせじろうざえもん》
江戸時代末期〜明治期の日向国佐土原藩士、儒学者。藩政改革を推進。生麦事件補償金借用を幕府と交渉。
¶維新（能勢二郎左衛門　のせじろうざえもん）、近現、近世、国史、国書（⊕文政4（1821）年10月 ㊣明治27（1894）年8月12日）、神人、人名、日人、幕末（㊣1894年8月12日）、藩臣7、宮崎百（⊕文政4（1821）年10月 ㊣明治27（1894）年8月）

**野瀬寛顕** のせひろあき
明治31（1898）年〜
昭和期の教育学者。
¶現執1期

**能勢頼善** のせらいぜん
→能勢道仙（のせどうせん）

**野田貞雄** のださだお
明治25（1892）年1月12日〜昭和20（1945）年6月21日
大正〜昭和期の教育者。
¶沖縄百

**野田西派** のだせいは
江戸時代後期の漢学者・岡山藩校の学員。
¶岡山歴

**野田十代治** のだとよじ
元治1（1864）年〜大正11（1922）年
明治〜大正期の教育者・地方史研究家。
¶姓氏岩手

**野田寛** のだひろし
慶応2（1866）年4月15日〜昭和29（1954）年5月16日
大正〜昭和期の教育者。
¶熊本人、熊本百

**野田別天楼** のだべってんろう,のだべつてんろう
明治2（1869）年5月24日〜昭和19（1944）年9月26日　㊣別天楼《べってんろう》
明治〜昭和期の俳人。古俳書の翻刻、刊行に尽力。句集に「雁来紅」「野老」など。
¶岡山人、岡山百、岡山歴、近文、現俳、新文、人

名7，世紀，奈良文（のだべつてんろう），日人，俳諧（別天楼　べってんろう），俳句（別天楼　べってんろう），俳文，兵庫百，兵庫文，文学

**野田昌徳** のだまさのり
明治29（1896）年～昭和35（1960）年
大正～昭和期の教育者。鹿屋農学校教師、校長。
¶姓氏鹿児島

**野田松二郎** のだまつじろう
天保2（1831）年～？
江戸時代後期～明治期の教育者。
¶姓氏愛知

**野田義夫** のだよしお
明治7（1874）年7月7日～昭和25（1950）年11月1日
明治～昭和期の教育学者。教育・道徳・宗教に関する著述と実践活動を行う。
¶教育，世紀，哲学，渡航

の

**野地潤家** のぢじゅんや
→野地潤家（のじじゅんや）

**野附彰常** のつきあきつね，のづきあきつね
文政8（1825）年3月30日～明治25（1892）年1月16日
江戸時代後期～明治期の教育功労者。
¶庄内（のづきあきつね），山形百

**野津左馬之助** のつさまのすけ，のづさまのすけ
慶応3（1867）年1月28日～昭和18（1943）年2月17日
明治～昭和期の郷土史家。
¶郷土，考古（のづさまのすけ），島根人，島根百，島根歴，世紀，長野歴，日人

**野津静一郎** のつせいいちろう
明治6（1873）年～昭和36（1961）年
明治～昭和期の郷土史家。松江中学校教諭。
¶郷土，島根歴

**野津基明** のづもとあき
享和3（1803）年～明治9（1876）年
江戸時代後期～明治期の武士。
¶国書（[生]享和3（1803）年4月8日），人名，日人，藩臣4（[生]？）

**野手一郎** のでいちろう
嘉永6（1853）年～明治35（1902）年
江戸時代末期～明治期の社会運動家。小学校教師を務めるかたわら、自由民権運動に参加。
¶茨城百，茨城歴，日人（[生]1854年），幕末

**能登好美** のとよしみ
大正15（1926）年～昭和60（1985）年
昭和期の教育者。泊小学校校長。
¶青森人

**野中兼山** のなかけんざん
元和1（1615）年～寛文3（1663）年12月15日
江戸時代前期の土佐藩士、政治家、儒者。
¶朝日（[没]寛文3年12月15日（1664年1月13日）），岩史，角史，教育，近世，高知人，高知百，国史，国書（[生]慶長20（1615）年1月21日），コン改，コン4，史人，重要（[生]元和1（1615）年1月21日），食文（[没]寛文3年12月15日（1664年1月13日）），人書94，新潮（[生]元和1（1615）年6月），人名，世人（[生]元和1（1615）年1月21日），世百，全書，大百（[生]1613年），伝記，日思，日史（[生]元和1（1615）年1月21日），日人（[没]1664年），藩臣6，百科，歴大

**野中水村** のなかすいそん
明治6（1873）年～昭和9（1934）年
明治～昭和期の教育者。
¶愛媛

**野中太一郎** のなかたいちろう
明治34（1901）年1月21日～昭和63（1988）年11月22日
大正・昭和期の清見村教育委員長。
¶飛驒

**野中武雄** のなかたけお
嘉永1（1848）年～明治35（1902）年
明治期の教育家。奈良、滋賀、兵庫等の各県立師範学校で音楽、国語を教授。
¶人名，日人

**野中利次** のなかとしつぐ
明治39（1906）年10月15日～平成9（1997）年9月10日
昭和・平成期の教育者。学校長。
¶飛驒

**野中久徴** のなかひさよし
弘化3（1846）年～明治36（1903）年
江戸時代末期・明治期の教育者。
¶愛媛

**野中万** のなかまん
天正14（1586）年～慶安4（1651）年
江戸時代前期の女性。野中兼山の母。
¶江表（秋田夫人（高知県））

**野波健彦** のなみたけひこ
昭和17（1942）年10月2日～
昭和～平成期の音楽教育者。
¶音人2，音人3

**野々口隆正** ののぐちたかまさ
→大国隆正（おおくにたかまさ）

**野々口為志** ののぐちためし
？　～明治29（1896）年11月15日　[別]野々口為志《ののぐちためよし》
江戸時代末期～明治期の洋学者。熊本藩藩立洋学校で幹事となり、横井太平らの教師招聘に尽力。
¶熊本人（ののぐちためよし　[生]？），幕末，幕末大

**野々口為志** ののぐちためよし
→野々口為志（ののぐちためし）

**野々宮起久** ののみやきく
→荘司きく子（しょうじきくこ）

野々宮きく子　ののみやきくこ
　明治2(1869)年9月～大正11(1922)年7月24日
　大正～昭和期の教育者。宮城県女子師範学校、大阪松蔭女学校に勤務。
　¶郷土千葉，女性，千葉百

野々村恵子　ののむらけいこ
　昭和13(1938)年7月2日～
　昭和期の社会教育指導者。練馬区教育委員会社会教育主事、日本社会事業大学非常勤講師。
　¶現執2期

野々村文宏　ののむらふみひろ
　昭和36(1961)年～
　昭和期のコラムニスト。高校中退後、雑誌「ログイン」編集者となる。怪獣評論やロック評論も手がける。
　¶マス89

野々山正九郎　ののやませいくろう
　生没年不詳
　江戸時代の倍田の教育者。
　¶姓氏愛知

野々山直記　ののやまなおき
　嘉永4(1851)年～大正14(1925)年
　明治期の教育者。
　¶姓氏長野，長野歴

野原休一　のはらきゅういち
　明治4(1871)年11月10日～昭和23(1948)年6月29日
　昭和期の豊浦中学校教員、Internacia Pedagogia Revuo日本通信員。
　¶社史，世紀，日人，山口人，山口百

野原恭四郎　のはらきょうしろう
　生没年不詳
　明治期の沖縄の民権運動家、教育者。大里尋常小学校訓導。
　¶社史

野原幸輝　のはらこうき
　明治20(1887)年～
　明治～大正期の小学校教員。中頭郡役所職員。
　¶社史

野原常　のはらつね
　明治8(1875)年～昭和20(1945)年
　明治～昭和期の教師。
　¶熊本人

のぶ(1)
　～明治16(1883)年
　江戸時代末期～明治時代の女性。教育。関口氏。
　¶江表（のぶ（千葉県））

のぶ(2)
　1825年～
　江戸時代後期の女性。教育。医師千村春徳の母。
　¶江表（のぶ（東京都））　㊥文政8(1825)年頃

信(1)　のぶ★
　江戸時代末期～明治時代の女性。教育。旗本で昌平黌の助教を務めた安藤定共の娘。明治維新後から明治4年まで私塾を続けた。
　¶江表（信（千葉県））

信(2)　のぶ★
　明治1(1764)年～天保3(1832)年
　江戸時代中期～後期の女性。教育・和歌・書。伊賀上野東町の医師西村良化の娘。
　¶江表（信（滋賀県））

乃婦　のぶ★
　1817年～
　江戸時代後期の女性。教育。沢木金蔵の妻。
　¶江表（乃婦（東京都））　㊥文化14(1817)年頃

信清権馬　のぶきよごんま
　明治2(1869)年6月27日～昭和3(1928)年12月2日
　明治～昭和期の教育家、政治家。江陽学舎創立者、高知市議、高知県議。
　¶学校，高知人，高知百

信清誠一　のぶきよせいいち
　明治34(1901)年～昭和58(1983)年
　大正～昭和期の画家、学校経営者。
　¶高知人

宣諭〔伏原家〕　のぶさと
　→伏原宣諭（ふせはらのぶさと）

野又貞夫　のまたさだお
　明治34(1901)年12月23日～昭和51(1976)年10月5日
　大正～昭和期の学校創立者。野又学園を創設。
　¶学校

能見一郎左衛門　のみいちろうざえもん
　生没年不詳
　江戸時代後期の但馬の心学者。
　¶兵庫百

野溝伝一郎　のみぞでんいちろう
　明治10(1877)年～昭和22(1947)年
　明治～昭和期の青年教育功労者、政治家。衆議院議員。
　¶長野歴

野宮健司　のみやけんじ
　昭和21(1946)年9月28日～
　昭和期の教育者。
　¶飛騨

野村秋足　のむらあきたり
　文政2(1819)年～明治35(1902)年
　江戸時代後期～明治期の国学者。
　¶愛知百（㊙1902年12月22日），国書（㊙明治35(1902)年12月29日），人名，姓氏愛知，日人，藩臣4

野村新　のむらあらた
　昭和8(1933)年～
　昭和～平成期の教育学者。大分大学教授。
　¶現執1期

**野村越三** のむらえつぞう
明治17(1884)年〜大正14(1925)年
明治〜大正期のスポーツ教育者。
¶大分歴

**野村吉之助** のむらきちのすけ
明治39(1906)年〜
昭和期の教育者。
¶群馬人

**野村記陸** のむらきろく
享保3(1718)年〜明和9(1772)年1月8日
江戸時代中期の寺子屋経営・俳人。
¶飛驒

**野村邦夫** のむらくにお
昭和9(1934)年〜
昭和〜平成期の中学校教諭、木版画家。
¶児人

**野村公** のむらこう
昭和3(1928)年2月20日〜
昭和〜平成期の音楽教育者。
¶音人

**野村行一** のむらこういち
明治17(1884)年2月4日〜昭和32(1957)年7月29日
明治〜昭和期の官僚。東宮侍従長。日光に疎開中の皇太子(天皇明仁)の教育掛。
¶郷土福井，世紀，日人，福井百

**野村篁園** のむらこうえん
安永4(1775)年〜天保14(1843)年
江戸時代後期の漢詩人。古賀精里に従学。
¶朝日([没]天保14年6月29日(1843年7月26日))，江文，国書([没]天保14(1843)年6月29日)，詩歌，詩作([没]天保14(1843)年6月29日)，人書94，人名，日人，和俳

**野村孝司** のむらこうじ
*〜？
大正〜昭和期の小学校教員、雑誌社員。
¶アナ([生]明治37(1904)年)，社史([生]1905年？)

**野村幸治** のむらこうじ
昭和17(1942)年9月15日〜
昭和〜平成期の音楽教育者。
¶音人2，音人3

**野村幸祐** のむらこうすけ
明治35(1902)年1月25日〜平成3(1991)年
昭和期の放送事業家。山口放送社長。
¶現情，姓氏山口

**野村定治** のむらさだじ
明治43(1910)年2月8日〜昭和58(1983)年11月15日
大正・昭和期の教育者。学校長。
¶飛驒

**野村貞処** のむらさだより
→野村貞処(のむらていしょ)

**野村習説** のむらしゅうぜつ
弘化3(1846)年〜明治14(1881)年9月14日
江戸時代後期〜明治期の医師・教育者。
¶岡山歴

**野村昇司** のむらしょうじ
昭和8(1933)年6月10日〜
昭和〜平成期の児童文学作家、小学校教師。
¶幻作，現執2期，幻想，児作，児人，世紀，日児

**野村進** のむらすすむ
大正12(1923)年10月15日〜平成15(2003)年8月23日
昭和・平成期の教育者。
¶石川現九

**野村精策** のむらせいさく
明治43(1910)年4月17日〜平成3(1991)年3月12日
昭和期の小学校教員。
¶社史

**野村正素** のむらせいそ
→野村素介(のむらもとすけ)

**野村西巒** のむらせいらん
明和1(1764)年〜文政10(1827)年
江戸時代後期の伊勢津藩儒。
¶国書([没]文政10(1827)年10月21日)，コン改，コン4，人名，日人，三重続

**野村素介** のむらそすけ
→野村素介(のむらもとすけ)

**野村武衛** のむらたけえ
明治28(1895)年2月1日〜昭和62(1987)年7月19日
明治〜昭和期の数学者。東亜大学の設立に関わる。
¶学校，数学

**野村丈正** のむらたけのぶ
昭和8(1933)年12月9日〜
昭和期の宮川村教育長。
¶飛驒

**野村鈔吉** のむらちんきち
安政2(1855)年10月2日〜明治29(1896)年1月20日
江戸時代末期〜明治期の教育家、司法官。関西法律学校創立者、大阪始審裁判所検事。
¶学校

**野村綱** のむらつな
弘化2(1845)年〜明治39(1906)年
明治期の教育者。
¶姓氏鹿児島，日人，宮崎百([生]弘化2(1845)年11月19日　[没]明治39(1906)年5月17日)

**野村統寛** のむらつなひろ
明治42(1909)年10月15日〜
昭和期の教育者。学校長。
¶飛驒

**野村貞処** のむらていしょ
文化8(1811)年〜明治27(1894)年 [別]野村貞処《のむらさだより》
江戸時代末期〜明治期の和算家。
¶国書，人名，数学(のむらさだより [没]明治27(1894)年1月20日)，日人

**野村伝四** のむらでんし
明治13(1880)年10月20日〜昭和23(1948)年
明治〜昭和期の教育者。県立奈良図書館長。各地で中等教員、校長を歴任。著書に「大隅肝属郡方言集」。
¶郷土奈良，近文，世紀([没]昭和23(1948)年7月26日)，姓氏鹿児島，奈良文

**野村藤陰**(野村藤蔭) のむらとういん
文政10(1827)年〜明治32(1899)年
江戸時代末期〜明治期の教育者。「鷃笑新誌」を発刊し、儒学を広めた。
¶維新，岐阜百，郷土岐阜，国書(野村藤蔭 [生]文政10(1827)年10月 [没]明治32(1899)年3月25日)，人名，日人，幕末([没]1899年3月15日)，幕末大([生]文政10(1827)年10月 [没]明治32(1899)年3月15日)，藩臣3

**野村朋一** のむらともかず
明治32(1899)年11月5日〜昭和57(1982)年9月19日
大正・昭和期の医師。高山市学校衛生会初代理事長など歴任。
¶飛驒

**野村信義** のむらのぶよし
嘉永3(1850)年〜大正8(1919)年
明治〜大正期の地方政治家、教育者。
¶高知人

**野村範家** のむらのりいえ
文久2(1862)年〜昭和9(1934)年
明治〜昭和期の教育者・初等教育の実践家。
¶姓氏富山，富山百

**野村ヒデ** のむらひで
明治7(1874)年〜昭和13(1938)年2月13日
大正〜昭和期の教育者。村尾裁縫学校を継承し、校長就任。女子教育会の重鎮。
¶女性，女性普

**野村恢司** のむらひろし
昭和5(1930)年10月21日〜
昭和期の宮川村教育長。
¶飛驒

**野村房雄** のむらふさお，のむらふさを
明治21(1888)年〜昭和33(1958)年
大正〜昭和期の美術教育者、画家。
¶宮城百(のむらふさを)

**野村浮木** のむらふぼく
〜延享1(1744)年4月
江戸時代中期の寺子屋経営。
¶飛驒

**野村ミス** のむらみす
明治29(1896)年8月〜昭和54(1979)年3月15日
昭和期の政治家。国民協同党。新潟県田代小学校訓導となり教育に尽力。婦人運動家部長。
¶女性，女性普，世紀([生]明治29(1896)年8月19日)，政治([生]明治29年8月19日)，日人

**野村稔** のむらみのる
明治14(1881)年〜昭和45(1970)年
明治〜昭和期の教育者。
¶高知人

**野村睦子** のむらむつこ
？ 〜
昭和〜平成期の幼稚園教諭、教育相談員。文部省初等中等教育局視学官・幼稚園課教科調査官。
¶現執3期

**野村宗男** のむらむねお
明治15(1882)年6月3日〜昭和50(1975)年6月23日
明治〜昭和期の古川町助役・教育者。飛驒三曲会会長。
¶飛驒

**野村素介** のむらもとすけ
天保13(1842)年〜昭和2(1927)年12月23日
[別]野村正素《のむらせいそ》,野村素介《のむらそすけ》
明治〜昭和期の官吏、政治家。男爵。藩政改革を行う。茨城県参事、元老院議官などを経て、貴族院議員。
¶朝日([生]天保13年5月18日(1842年6月26日))，維新，海越新([生]天保13(1842)年5月18日)，近現，国史，コン改，コン4，コン5，新潮([生]天保13(1842)年5月)，人名，世紀([生]天保13(1842)年5月18日)，姓氏山口，渡航(野村素介・野村正素 のむらもとすけ・のむらせいそ)，日人，幕末(のむらそすけ)，藩臣6(のむらそすけ)，山口百，履歴([生]天保13(1842)年5月18日)，履歴2([生]天保13(1842)年5月18日)

**野村安信** のむらやすのぶ
宝暦3(1753)年〜寛政10(1798)年5月1日
江戸時代中期の寺子屋師匠。
¶飛驒

**野村良雄** のむらよしお
明治31(1898)年〜昭和52(1977)年
昭和〜平成期の教育者・僧侶。
¶群馬人

**野村義弘** のむらよしひろ
明治30(1897)年〜昭和45(1970)年9月23日
大正〜昭和期の教育者・植物学者。
¶愛媛，愛媛百([生]明治30(1897)年3月30日)，植物([生]明治31(1898)年3月30日)

**野村芳兵衛** のむらよしべえ
明治29(1896)年3月26日〜昭和61(1986)年11月4日
大正〜昭和期の教育者。「綴方生活」「生活学校」創刊。生活教育運動に強い影響を与えた。

¶アナ([没]昭和61(1986)年11月14日)，郷土岐阜，近現，現朝，現執1期，現情，現人，国史，コン改，コン4，コン5，社史，新潮，世紀，中濃，日児，日人，平和，民学

**野村美敬** のむらよしゆき
天明2(1782)年～文政13(1830)年1月14日
江戸時代後期の寺子屋教師。
¶飛騨

**野村良哲** のむらりょうてつ
天保1(1830)年～明治35(1902)年
江戸時代末期～明治期の医師。伊予国志津川村の開業医。医業の傍ら寺子屋を開き近在の子弟の教育に従事。
¶洋学

**野本喜一郎** のもときいちろう
大正11(1922)年5月8日～昭和61(1986)年8月8日
昭和期の高校野球監督・プロ野球選手。
¶埼玉人

**野元菊雄** のもときくお
大正11(1922)年9月10日～
昭和～平成期の言語学者。日本語教育センター所長、松蔭女子学院大学教授。社会言語学、日本語教育を研究。著書に「基準国文法」「日本人と日本語」など。
¶現執1期，現執2期，現執3期，現執4期，現情，世紀，日人，マス89

**野本恭八郎** のもときょうはちろう
嘉永5(1852)年10月24日～昭和11(1936)年
明治～昭和期の実業家、社会事業家。長岡電灯会社取締役。長岡の豪商。全財産を投じて日本互尊社を設立し社会教育事業に寄与した。
¶近現，国史，人名，世紀([没]昭和11(1936)年12月4日)，長岡，日人

**野本三吉** のもとさんきち
昭和16(1941)年11月30日～
昭和～平成期の教育評論家、ノンフィクション作家。横浜市立大学教授。専門は教育問題、社会福祉論。著書に「いのちの群れ」など。
¶現朝，現執1期，現執2期，現執3期，現執4期，現情，現人，世紀，日人

**野本雪巌** のもとせつがん
宝暦11(1761)年～天保5(1834)年12月3日
江戸時代中期～後期の豊前中津藩士、儒学者。
¶江文([生]宝暦10(1760)年)，大分歴，国書，人名，日人([没]1835年)，藩臣7

**野本白巌**(野本白岩) のもとはくがん
寛政9(1797)年～安政3(1856)年
江戸時代末期の豊前中津藩士、儒学者。
¶大分百(野本白岩)，大分歴，国書([生]寛政9(1797)年3月6日　[没]安政3(1856)年7月3日)，コン改，コン4，人名，日人，藩臣7

**野本尚敬** のもとひさゆき
大正3(1914)年～昭和56(1981)年
昭和期の物理学者・教育者。
¶愛媛，愛媛百([生]大正3(1914)年11月3日　[没]昭和56(1981)年11月20日)

**野矢一郎** のやいちろう
昭和4(1929)年4月2日～
昭和～平成期の児童文学作家。
¶現執2期，児作，児人，世紀

**埜谷博** のやひろし
大正4(1915)年8月4日～平成16(2004)年6月29日
昭和・平成期の教育者。
¶石川現九

**乗杉嘉寿** のりすぎかじゅ
→乗杉嘉寿(のりすぎよしひさ)

**乗杉嘉寿** のりすぎかず
→乗杉嘉寿(のりすぎよしひさ)

**乗杉嘉寿** のりすぎよしとし
→乗杉嘉寿(のりすぎよしひさ)

**乗杉嘉寿** のりすぎよしひさ
明治11(1878)年11月19日～昭和22(1947)年2月1日　[別]乗杉嘉寿《のりすぎかじゅ，のりすぎかず，のりすぎよしとし》
大正～昭和期の教育行政家。東京音楽学校長。社会教育の創設に尽くし、初代文部省社会教育課長に就任。
¶教育(のりすぎよしとし)，現情，島根歴(のりすぎかじゅ)，真宗(のりすぎかじゅ)，人名7，世紀，姓氏富山(のりすぎかじゅ)，富山百(のりすぎかず　[生]明治12(1879)年)，日人(のりすぎかじゅ)

**乗竹東谷** のりたけとうこく
享保18(1733)年～寛政6(1794)年
江戸時代中期の藩士。
¶国書([生]享保15(1730)年6月8日　[没]寛政6(1794)年4月12日)，コン改，コン4，新潮([没]寛政6(1794)年4月)，人名，日人

**野呂喜代吉** のろきよきち
明治6(1873)年～昭和29(1954)年
明治～昭和期の教育者。水産補修学校用の水産教科書を初めて編纂した。
¶青森人

**野呂松廬** のろしょうろ
寛政3(1791)年～天保14(1843)年
江戸時代後期の儒学者。
¶国書([没]天保14(1843)年6月23日)，人名，日人

**野呂隆** のろたかし
昭和4(1929)年～
昭和期の社会教育専門家。
¶現執1期

## 【は】

**梅園** ばいえん★
1822年～

江戸時代後期の女性。教育。小沢光信の姉。
¶江表（梅園（東京都）　[生]文政5（1822）年頃）

**灰谷健次郎** はいたにけんじろう
昭和9（1934）年10月31日～平成18（2006）年11月23日
昭和～平成期の児童文学作家。太陽の会理事長。小学校教師を経て作家活動に従事。作品に「兎の眼」「太陽の子」など。
¶現朝，幻作，現執2期（[生]昭和9（1934）年10月30日），現執3期，現執4期，現情，幻想，現日，コン4，コン5，作家，児作，児人，児文，小説，新潮，新文，世紀，全書，日児，日人，兵庫百，兵庫文，平和，マス89

**パウロ三木** ぱうろみき
→三木パウロ（みきぱうろ）

**南風原英意** はえばらえいい，はえはらえいい
明治14（1881）年12月29日～昭和32（1957）年7月6日
明治～昭和期の教育者。平得小学校校長、石垣町社会教育主事。
¶沖縄百（はえはらえいい），社史，姓氏沖縄（はえはらえいい）

**芳賀高迪** はがこうてき★
～万延1（1860）年6月
江戸時代末期の郷校教授。書家。
¶秋田人2

**芳賀篁墩** はがこうとん★
文政11（1828）年～大正3（1914）年4月18日
明治・大正期の時習書院教官。
¶秋田人2

**芳賀純** はがじゅん
昭和6（1931）年10月12日～
昭和～平成期の言語心理学者、教育心理学者。筑波大学教授。
¶現執1期，現執2期，現執3期，児人，心理，世紀，日児

**芳賀卓治** はがたくじ
明治21（1888）年3月30日～昭和38（1963）年2月11日
大正・昭和期の教育者。
¶町田歴

**袴田得三** はかまだとくぞう
？～大正12（1923）年
明治～大正期の盛岡藩士・教育者。
¶姓氏岩手

**芳賀矢一** はがやいち
慶応3（1867）年5月14日～昭和2（1927）年2月6日
明治～大正期の国文学者、国語学者。東京帝国大学教授。国文学研究を国学からの流れに位置づけた。また国定教科書等を編纂。
¶岩史，角史，教育，郷土福井，近現，近文，芸能，現朝（[生]慶応3年5月14日（1867年6月12日）），国史，コン改，コン5，史研，史人，思想，重要，神史，神人，新潮，新文，人名，世紀，世人，世百，先駆（[生]慶応3（1867）年6月12日），全書，大百，哲学，伝記，渡航，日思，日史，日児（[生]慶応3（1867）年6月16日），日人，日本，百科，文学，宮城百，明治2，履歴，履歴2，歴大

**萩谷鉉三郎** はぎたにげんざぶろう★
嘉永4（1851）年12月～昭和4（1929）年8月21日
明治～昭和期の教育家、求道館長。
¶栃木人

**萩庭三寿** はぎにわさんじゅ
明治23（1890）年～昭和34（1959）年
大正～昭和期の教育家。
¶宮城百

**萩原恭平** はぎはらきょうへい
→萩原恭平（はぎわらきょうへい）

**萩原西疇** はぎはらせいちゅう
文政12（1829）年～明治31（1898）年
江戸時代末期・明治期の教育者。儒官。
¶愛媛

**萩屋為昌** はぎやためまさ★
～文化10（1813）年8月
江戸時代後期の湯沢の詩人。湯沢時習館教授。
¶秋田人2

**萩原一郎** はぎわらいちろう
明治15（1882）年～昭和37（1962）年
明治～昭和期の教育者。
¶神奈川人

**萩原恭平** はぎわらきょうへい
明治31（1898）年11月19日～昭和44（1969）年7月13日　[別]萩原恭平《はぎはらきょうへい》
昭和期の英語学者。中学校英語教科書「Jack and Betty」の共著者。
¶現情（はぎはらきょうへい），埼玉人，人名7（はぎはらきょうへい），世紀，日人

**萩原玄次郎** はぎわらげんじろう
天保12（1841）年10月27日～大正2（1913）年11月7日
江戸時代末期の村吏。
¶岡山人，岡山歴

**萩原嵩岳** はぎわらすうがく
→萩原楽亭（はぎわららくてい）

**萩原代治郎** はぎわらだいじろう
明治3（1870）年～昭和9（1934）年
明治～昭和期の教育者。
¶群馬人

**萩原大麓** はぎわらだいろく
宝暦2（1752）年～文化8（1811）年
江戸時代中期～後期の儒学者。
¶江文，国書（[没]文化8（1811）年5月8日），日人

**萩原登喜一** はぎわらときいち
明治23（1890）年～昭和49（1974）年
昭和期の農業団体役員。

¶群馬人，姓氏群馬

**萩原彦吉**　はぎわらひこきち
明治15（1882）年4月27日～昭和33（1958）年1月9日
明治～昭和期の教育者。
¶群馬人

**萩原まさ**　はぎわらまさ
明治17（1884）年～昭和49（1974）年
明治～昭和期の女性。手編物機を発明。戦後、白萩学園を設立、校長就任。藍綬褒章受章。
¶群馬人，女性，女性普，世紀（[生]明治17（1884）年4月7日　[没]昭和49（1974）年1月17日），日人（[生]明治17（1884）年4月7日　[没]昭和49（1974）年1月17日）

**萩原増兵衛**　はぎわらますべえ
天明8（1788）年～明治1（1868）年
江戸時代後期～末期の寺子屋師匠。
¶姓氏群馬



**萩原楽亭**　はぎわららくてい
寛政2（1790）年～文政12（1829）年3月24日　[別]萩原嵩岳《はぎわらすうがく》
江戸時代後期の儒学者。
¶江文（萩原嵩岳　はぎわらすうがく），国書，日人（[生]1792年　[没]1831年）

**萩原連之助**　はぎわられんのじょ★
文政11（1828）年～明治37（1904）年
江戸時代末期・明治期の剣術道場の師範。
¶江神奈

**白隠**　はくいん
→白隠慧鶴（はくいんえかく）

**白隠慧鶴**　はくいんえかく，はくいんえがく
貞享2（1685）年12月25日～明和5（1768）年12月11日　[別]慧鶴《えかく》，白隠《はくいん》，正宗国師《しょうじゅうこくし，しょうそうこくし》
江戸時代中期の僧。近世臨済禅中興の祖。
¶朝日（[没]明和5年12月11日（1769年1月18日）），岩史，愛媛百（白隠　はくいん），角史，教育，郷土岐阜，京都大，近世，国史，国書，コン改，コン4，詩歌，史人，静岡百（白隠　はくいん），静岡歴（白隠　はくいん），島根歴，重要（白隠　はくいん），人書94，新潮，人名，姓氏京都（[没]1769年），姓氏静岡，世人（慧鶴　えかく），世人，世百，全書（白隠　はくいん），大百，茶道（はくいんえがく），伝記，長野百（白隠　はくいん），長野歴，日思，日史（白隠　はくいん），日人（[生]1686年　[没]1769年），美術（白隠　はくいん），百科（白隠　はくいん），仏教，仏史，仏人（白隠　はくいん），名僧，歴大（白隠　はくいん）

**白極誠一**　はくごくせいいち
嘉永3（1850）年～明治38（1905）年
江戸時代後期～明治期の教育家。
¶宮城百

**白斎**（白斉）　はくさい
？～嘉永4（1851）年　[別]伊藤熊四郎《いとうくましろう》
江戸時代末期の俳人。
¶国書（[生]安永1（1772）年　[没]嘉永4（1851）年11月30日），日人（伊藤熊四郎　いとうくましろう），俳諧，俳句（白斉　[没]嘉永4（1851）年11月30日），和俳

**伯左門**　はくさもん
明治41（1908）年10月一日～昭和62（1987）年4月14日
大正・昭和期の教育者。エスペランチスト。
¶飛騨

**朴沢綾子**　はくざわあやこ
→朴沢綾子（ほうざわあやこ）

**白秋**　はくしゅう
→北原白秋（きたはらはくしゅう）

**伯先**　はくせん
＊～文政3（1820）年　[別]中村淡斎《なかむらたんさい》
江戸時代後期の俳人、医師、教育家。
¶国書（[生]宝暦6（1756）年9月　[没]文政3（1820）年8月23日），日人（中村淡斎　なかむらたんさい　[生]1756年），俳諧（[生]？），和俳（[生]？）

**羽倉惟得**　はぐらこれのり，はくらこれのり
明和2（1765）年～文政10（1827）年
江戸時代後期の歌人。
¶江文（はくらこれのり），国書（はくらこれのり　[没]文政10（1827）年2月7日），人名，日人，和俳

**羽倉御風**　はくらのりかぜ
→荷田御風（かだののりかぜ）

**羽黒成実**　はぐろなりざね
寛永6（1629）年～元禄15（1702）年　[別]羽黒養潜《はぐろようせん》
江戸時代前期～中期の近江彦根藩士。
¶国書（羽黒養潜　はぐろようせん　[没]元禄15（1702）年1月11日），人名（羽黒養潜　はぐろようせん），日人（羽黒養潜　はぐろようせん），藩臣4

**羽黒養潜**　はぐろようせん
→羽黒成実（はぐろなりざね）

**羽毛田成斎**　はけたせいさい
天保5（1834）年～明治25（1892）年
江戸時代後期～明治期の寺子屋師匠。
¶姓氏長野

**箱石鶴文**　はこいしかくぶん
明治40（1907）年～昭和58（1983）年
昭和期の幼児教育者。三戸郡最初の保育園を開設。
¶青森人

**波来谷乗勝**　はこたにじょうしょう
明治19（1886）年～昭和19（1944）年
明治～昭和期の天王谷学園（養護施設）園長。
¶兵庫百

**枷場重男** はさばしげお
→枷場重男（かさばしげお）

**枷場重正** はさばしげまさ
大正10（1921）年9月17日～平成14（2002）年10月22日
昭和・平成期の教育者・土木工学者。
¶石川現九

**玻座真里模** はざまりも
明治16（1883）年8月30日～昭和23（1948）年
大正～昭和期の教育家、政治家。石垣小学校校長、石垣村村長、石垣町町長。
¶沖縄百（[没]昭和23（1948）年4月16日），社史（[没]1948年6月16日），姓氏沖縄

**間人たねこ**（間人たね子） はしうどたねこ
弘化4（1847）年～大正11（1922）年
明治～昭和期の幼児教育者。間人幼保育場を設立。
¶女性，女性普，兵庫百（間人たね子　[没]大正10（1921）年）

**間人近直** はしうどちかなお
？～文政7（1824）年
江戸時代中期～後期の寺子屋師匠。
¶兵庫人

**橋口壮助**（橋口壯介） はしぐちそうすけ
天保12（1841）年～文久2（1862）年
江戸時代後期～末期の薩摩藩士、尊攘志士。藩校造士館訓導。橋口彦次の子。
¶鹿児島百，京都大，姓氏鹿児島（橋口壮介），姓氏京都

**橋口杢之助** はしぐちもくのすけ
安政3（1856）年～明治42（1909）年
明治期の教育者、政治家。山ヶ野小学校初代校長、横川尋常高等小学校初代校長、横川村3代村長。
¶姓氏鹿児島

**橋健堂** はしけんどう
？～明治14（1881）年
江戸時代後期～明治期の加賀藩の文学訓導。
¶姓氏石川

**橋詰淳子** はしずめあつこ
→橋詰淳子（はしづめあつこ）

**橋爪貞雄** はしずめさだお
→橋爪貞雄（はしづめさだお）

**橋詰義衛** はしずめよしえ
→橋詰義衛（はしづめよしえ）

**橋田邦彦** はしだくにひこ
明治15（1882）年3月15日～昭和20（1945）年9月14日
大正～昭和期の生理学者、政治家。東京帝国大学教授、文相。生物電気の発生など実験生理学で業績を残す。著書に「業としての科学」など。
¶科学，教育，近医，近現，現朝，現人，現日，国史，コン改，コン5，史人，思想，新潮，人名7，世紀，政治，世百新，全書，大百，哲学，鳥取百，日史，日人，百科，履歴，履歴2

**橋正** はしただし
昭和3（1928）年1月19日～
昭和期の教育者。学校長。
¶飛驒

**橋詰淳子** はしづめあつこ，はしずめあつこ
昭和16（1941）年6月28日～
昭和～平成期の読書運動家、小学校教師。
¶児人，日児（はしずめあつこ）

**橋爪兼太郎** はしづめかねたろう
明治6（1873）年～大正13（1924）年
明治～大正期の教育者。
¶大分歴

**橋爪玉斎** はしづめぎょくさい
天保3（1832）年～明治27（1894）年
江戸時代後期～明治期の画家・寺子屋師匠。
¶姓氏長野

**橋爪玄惟** はしづめげんい
寛保1（1741）年～天保12（1841）年
江戸時代中期～後期の国学者。
¶国書，姓氏長野，長野歴

**橋爪貞雄** はしづめさだお，はしずめさだお
大正6（1917）年10月13日～
昭和期の教育社会学者。岐阜教育大学学長、愛知教育大学学長。
¶現執1期，現執2期（はしずめさだお），現執3期（はしずめさだお），現情，世紀

**橋爪助次郎**（橋瓜助次郎） はしづめすけじろう
文化1（1804）年～明治13（1880）年3月30日
江戸時代末期～明治時代の会津藩士。戊辰戦争では軍事目付として活躍。戦後は会津で子弟の教育に専念。
¶幕末（橋瓜助次郎），幕末大

**橋詰義衛** はしづめよしえ，はしずめよしえ
生没年不詳
昭和期の小学校教員。
¶社史（はしずめよしえ）

**土師百村** はじのももむら
生没年不詳
奈良時代の官吏。
¶日人

**橋場兼吉** はしばかねきち
慶応2（1866）年～昭和26（1951）年
明治～昭和期の教育者。
¶群馬人

**橋村正璟** はしむらしょうえい
弘化2（1845）年7月14日～大正8（1919）年
江戸時代後期～大正期の教育者。神宮皇學館教授。
¶三重続

**橋村徳一** はしむらのりかず
明治12（1879）年～
昭和期の聾教育者。名古屋市立盲唖学校校長。日本の聾教育における口話法の礎石となった。昭和17年退職後、聾唖者の福祉事業に尽力。

は

¶教育

**橋本愛子** はしもとあいこ
明治44（1911）年頃～昭和56（1981）年10月15日
昭和期の教育者。福岡市内平尾小学校教頭などを歴任。
¶女性（⊕明治44（1911）年頃），女性普

**橋本一郎** はしもといちろう
明治15（1882）年～
明治～大正期の教育者。
¶高知人

**橋本梅尾** はしもとうめお
文化11（1814）年～明治15（1882）年
江戸時代後期～明治期の女性。橋本左内の母。
¶維新（⊕1817年），江表（梅尾（福井県）），郷土福井，コン5（⊕文化14（1817）年），女性，女性普，日人（⊕1817年）

**橋本塩巌** はしもとえんがん
文化13（1816）年～明治15（1882）年
江戸時代末期～明治期の儒学者。
¶人名，日人

**橋本雅峰** はしもとがほう
明治41（1908）年4月10日～平成9（1997）年12月27日
昭和・平成期の教育者・書家。
¶飛騨

**橋本亀一** はしもとかめいち
慶応3（1867）年10月19日～昭和20（1945）年3月6日
明治～昭和期の教育家、郷土研究家。
¶徳島歴

**橋下京子** はしもときょうこ
昭和24（1949）年～
昭和～平成期の高等学校教諭。
¶YA

**橋本喬木** はしもときょうぼく
明治31（1898）年～昭和52（1977）年
大正～昭和期の大分県教育長。
¶大分歴

**橋本啓三郎** はしもとけいざぶろう
弘化1（1844）年～昭和2（1927）年
明治期の和算家。最上流を修め、山東塾を創立、著書に「和算摘要」など。
¶人名，世紀（⊕弘化1（1845）年　㊣昭和2（1927）年9月19日），日人

**橋本賢助** はしもとけんすけ
明治29（1896）年～昭和46（1971）年
大正～昭和期の理科教育者。
¶山形百

**橋本興一** はしもとこういち
明治37（1904）年11月7日～
昭和期の教育者。
¶群馬人

**橋本晃一** はしもとこういち
昭和～平成期の音楽教育者。
¶音人3

**橋本香坡** はしもとこうは
文化6（1809）年～慶応1（1865）年
江戸時代末期の沼田藩士。
¶維新，大阪人（⊕慶応1（1865）年10月），郷土群馬（⊕1867年），群馬人，国書（⊕文化6（1809）年2月　㊣慶応1（1865）年10月10日），姓氏群馬，日人，幕末（⊕1865年11月27日），藩臣2，兵庫人（⊕文化6（1809）年2月　㊣慶応1（1865）年10月10日），兵庫百

**橋本惟孝** はしもとこれたか
安政1（1854）年～？
江戸時代末期～明治期の教育者。
¶群馬人

**橋本犀之助** はしもとさいのすけ
明治32（1899）年～昭和20（1945）年
大正～昭和期の教育家。
¶滋賀百

**橋本定男** はしもとさだお
昭和23（1948）年～
昭和～平成期の教育者。横越町立横越小学校校長。
¶現執4期

**橋本祐子** はしもとさちこ
明治42（1909）年2月8日～平成7（1995）年10月6日
明治～平成期の赤十字青少年教育活動家。
¶女性普

**橋本左内** はしもとさない
天保5（1834）年～安政6（1859）年10月7日
江戸時代末期の越前福井藩士、改革論者。緒方洪庵に入門。藩主松平慶永を助けて将軍継嗣問題で活躍したが、安政の大獄で刑死。
¶朝日（⊕天保5年3月11日（1834年4月19日）　㊣安政6年10月7日（1859年11月1日）），維新，岩史（⊕天保5（1834）年3月11日），江人，角史，教育，京都大，郷土福井，近世，国史，国書（⊕天保5（1834）年3月11日），コン改，コン4，コン5，詩歌，詩作（⊕天保6（1835）年3月11日），女性（⊕1834年3月11日），思想史，重要（⊕天保5（1834）年3月11日），人書79，人書94，新潮（⊕天保5（1834）年3月11日），人名，姓氏京都，世人（⊕天保5（1834）年3月），世百，全書，全幕，大百，伝記，徳川将，日思，日史（⊕天保5（1834）年3月11日），日人，幕末（⊕1859年11月1日），幕末大（⊕天保5（1834）年3月11日），藩臣3，百科，福井百，平山，山川少（⊕1834年3月11日），洋学，歴大，和俳

**橋本三郎** はしもとさぶろう
昭和3（1928）年～
昭和期の教育問題専門家。日本教職員組合中央執行委員。
¶現執1期

**橋本三太郎** はしもとさんたろう
大正5（1916）年～

昭和期の西洋教育史研究者。弘前大学教授。
¶現執1期

**橋本重隆** はしもとしげたか
明治20(1887)年～
明治～昭和期の教育者。
¶高知人

**橋本重治** はしもとじゅうじ
明治41(1908)年6月29日～平成4(1992)年10月3日
昭和期の教育評価学者。東京教育大学教授、応用教育研究所長。
¶現執1期，現執2期，心理

**橋本重次郎** はしもとじゅうじろう
明治15(1882)年8月31日～昭和39(1964)年2月9日
明治～昭和期の教育者。官立群馬師範の初代校長。
¶群新百，群馬人，鳥取百

**橋本守善** はしもとしゅぜん
天保7(1836)年～明治27(1894)年12月23日
㊼橋本守善《はしもともりよし》
江戸時代末期～明治期の和算家。日本橋田所町に私塾「最上社」を創立、簿記・和洋数学を教授。
¶国書(はしもともりよし) ㊗天保8(1837)年)，人名，数学(はしもともりよし)，日人

**橋本春陵** はしもとしゅんりょう
明治23(1890)年～昭和47(1972)年
大正～昭和期の僧・児童福祉教育家。
¶郷土奈良

**橋本新太郎** はしもとしんたろう
元治1(1864)年～昭和33(1958)年
明治期の教育者、剣術家。
¶栃木歴

**橋本誠一** はしもとせいいち
明治36(1903)年～昭和39(1964)年
昭和期の教育者。太宰治の国語教師。
¶青森人

**橋本節子** はしもとせつこ
大正9(1920)年～
昭和期の音楽教育家。
¶群馬人

**橋本孝** はしもとたかし
明治44(1911)年～
昭和期の小学校教員。
¶社史

**橋本武** はしもとたけし
明治45(1912)年7月11日～
昭和～平成期の教育家。
¶兵庫文

**橋本竹之助** はしもとたけのすけ
明治6(1873)年5月5日～
明治・大正期の教育者。札幌工業の初代校長。
¶北海道建

**橋本千代** はしもとちしろ
明治27(1894)年10月25日～昭和42(1967)年11月28日
大正～昭和期の美術教育者。
¶広島百

**橋本ときお** はしもとときお
昭和8(1933)年11月15日～
昭和～平成期の児童文学作家、小学校教師。
¶児作，児人，児文，世紀，日児

**橋本友和** はしもととともかず
大正12(1923)年12月2日～
昭和期の古川町教育長。
¶飛騨

**橋本直信** はしもとなおのぶ
～文化12(1815)年6月17日
江戸時代後期の和算家。奥州安積郡の人。渡辺一に最上流の算学を学ぶ。江戸に出て教授。
¶数学

**橋本晩翠** はしもとばんすい
文化9(1812)年～明治20(1887)年2月7日
江戸時代後期～明治期の儒者。
¶徳島百(㊗文化9(1812)年9月26日)，徳島歴

**橋本ひな子** はしもとひなこ
大正1(1912)年11月15日～
昭和期の女性。高山市婦人連絡協議会会長・高山生活学校代表。
¶飛騨

**橋本福太郎** はしもとふくたろう
大正2(1913)年～昭和44(1969)年
昭和期の教育者。
¶群馬人

**橋本孫一郎** はしもとまごいちろう
文久2(1862)年～昭和12(1937)年
明治～昭和期の教育者。
¶静岡歴，姓氏静岡

**橋本守善** はしもともりよし
→橋本守善(はしもとしゅぜん)

**橋本よしじ** はしもとよしじ
文久2(1862)年～昭和18(1943)年
明治～昭和期の教育者。
¶宮城百

**橋本竜伍**(橋本龍伍) はしもとりゅうご
→橋本竜伍(はしもとりょうご)

**橋本竜伍** はしもとりょうご
明治39(1906)年6月2日～昭和37(1962)年11月21日 ㊼橋本竜伍《はしもとりゅうご》，橋本龍伍《はしもとりゅうご》
昭和期の官僚、政治家。衆議院議員。衆議院議員連続当選六回、第三次吉田内閣厚相、第二次岸内閣厚相、文相を歴任。
¶岡山人(はしもとりゅうご)，岡山百，岡山歴，熊本人(橋本龍伍　はしもとりゅうご)，現朝，現情，コン改，コン4，コン5，新潮，人名7，世

紀，政治，日人，履歴，履歴2

**橋本令子** はしもとれいこ
昭和23 (1948) 年～
昭和～平成期の小学校教諭、児童文学作家。
¶児人

**橋本魯堂** はしもとろどう
天保7 (1836) 年～大正7 (1918) 年
江戸時代末期～大正期の教育者。
¶姓氏愛知

**蓮池五郎** はすいけごろう
明治37 (1904) 年3月18日～昭和53 (1978) 年6月4日
昭和期の教育者。神戸厚生館鍼療所所長。
¶視覚，庄内

**蓮沼景正** はすぬまかげまさ★
寛政7 (1795) 年～安政2 (1855) 年11月16日
江戸時代後期の教育者。
¶秋田人2

は

**蓮沼友治** はすぬまともじ
弘化1 (1844) 年～明治7 (1874) 年
江戸時代後期～明治期の教育家。
¶鳥取百

**蓮沼門三** はすぬまもんぞう
明治15 (1882) 年2月22日～昭和55 (1980) 年6月6日
大正～昭和期の社会教育家。「修養団」を設立。機関紙「向上」を発刊。著書に「蓮沼門三論」。
¶会津，近現，コン改，コン4，コン5，世紀，哲学，日人，福島百追，民学，履歴，履歴2

**蓮実長** はすみたけし
明治12 (1879) 年～昭和51 (1976) 年
明治～昭和期の教育者。
¶栃木歴

**長谷川昭道** はせがわあきみち
文化12 (1815) 年12月29日～明治30 (1897) 年1月30日 [別]長谷川昭道《はせがわしょうどう》
江戸時代末期～明治時代の松代藩士。財政方に力を発揮し、藩校の創設にも尽力。
¶維新，近世(はせがわしょうどう)，国史，国書，コン改，コン4，コン5，史人，思想史，新潮，人名，姓氏長野(はせがわしょうどう [生]1814年)，長野百(はせがわしょうどう [生]1814年)，長野歴(はせがわしょうどう [生]文化11 (1814) 年)，日史，日人([生]1816年)，幕末，幕末大([生]文化12 (1816) 年12月29日)，藩臣3(はせがわしょうどう)，百科

**長谷川一郎** はせがわいちろう
明治13 (1880) 年2月18日～昭和39 (1964) 年4月17日
明治～昭和期の教育者、郷土史家。津久井地方の郷土史や民俗を研究、「津久井大観」を著す。
¶神奈川人，神奈川百，郷土神奈川，姓氏神奈川，日人

**長谷川桜南** はせがわおうなん
文政12 (1829) 年～明治18 (1885) 年7月5日
江戸時代末期～明治期の広島藩士。桜南舎を創立し望月淳三らを育成。のちに浚明館に招かれ子弟の教育に従事。
¶人名，日人，幕末，幕末大

**長谷川亀太郎** はせがわかめたろう
明治28 (1895) 年～昭和62 (1987) 年
大正～昭和期の教育者。
¶姓氏富山

**長谷川規一** はせがわきいち
文化4 (1807) 年～慶応1 (1865) 年
江戸時代末期の和算家。
¶国書([没]慶応1 (1865) 年10月17日)，人名，日人

**長谷川きた子** はせがわきたこ
明治5 (1872) 年～大正14 (1925) 年3月25日
明治～大正期の英語教育者。香蘭女学校教授。「慈母」と教え子から慕われる。万国連合女子青年大会に出席。
¶女性，女性普，世紀，日人

**長谷川吉三郎** はせがわきちさぶろう
慶応1 (1865) 年～昭和8 (1933) 年
明治～昭和期の教育者。山形商業学校開校の功労者。
¶山形百

**長谷川潔** はせがわきよし
弘化2 (1845) 年～明治29 (1896) 年
明治期の僧、教育者。
¶姓氏愛知

**長谷川謹造** はせがわきんぞう
文化5 (1808) 年～明治29 (1896) 年
江戸時代後期～明治期の農村指導者。
¶日人

**長谷川源五郎** はせがわげんごろう
慶応3 (1867) 年～昭和27 (1952) 年
明治～昭和期の歌人、教育者。
¶姓氏愛知

**長谷川五作** はせがわごさく
明治13 (1880) 年～昭和38 (1963) 年
明治～昭和期のエノキダケ栽培法確立者、教育者。
¶郷土長野，姓氏長野，長野百，長野歴

**長谷川茂雄** はせがわしげお
明治40 (1907) 年1月6日～昭和51 (1976) 年7月5日
昭和期の体育教師。徳島県にラグビー・フットボールを紹介した。
¶徳島歴

**長谷川順次郎** はせがわじゅんじろう
生没年不詳
明治期の教育者。栃木県立医学校長。
¶新潟百別

**長谷川昭道** はせがわしょうどう
→長谷川昭道(はせがわあきみち)

**長谷川誠一**　はせがわせいいち
？～
昭和期の中学校教員。
¶社史

**長谷川霜烏**　はせがわそうう
明治40（1907）年～昭和60（1985）年
昭和期の教育者、川柳作家。
¶青森人

**長谷川泰**　はせがわたい
天保13（1842）年6月～明治45（1912）年3月11日
明治期の医学者、政治家。長崎医学校校長などを経て済生学舎を設立、多くの医師を養成した。
¶朝日，維新，科学，学校，近医，近現，国史，コン改，コン4，コン5，史人，新潮（[生]天保13（1842）年8月），人名，世紀，世百，先駆，全書，大百，新潟百別，日史（[生]天保13（1842）年6月8日），日人，幕末大（[生]天保13（1842）年8月），百科，明治2，洋学

**長谷川孝**　はせがわたかし
昭和16（1941）年4月16日～
昭和期の教育評論家、教育ジャーナリスト。毎日新聞社学生新聞本部編集員。
¶現執2期

**長谷川卓郎**　はせがわたくろう
明治12（1879）年5月23日～昭和27（1952）年6月16日
明治～昭和期の教育者、編集者。佐波郡剛志小学校校長。
¶群馬人，出文，世紀，日人

**長谷川竜雄**　はせがわたつお
明治37（1904）年～
昭和期の教育者。
¶群馬人

**長谷川哲雄**　はせがわてつお
昭和29（1954）年～
昭和～平成期の高等学校教諭、植物画家。
¶児人

**長谷川鉄雄**　はせがわてつお
明治14（1881）年～昭和20（1945）年
明治～昭和期の女子教育家。誠心高校創立者。
¶学校，静岡歴，姓氏静岡

**長谷川初音**　はせがわはつね
明治23（1890）年5月15日～昭和54（1979）年2月18日
明治～昭和期の牧師、教育者。神戸女学院宗教主事。日本組合基督教会伝道師。芦屋浜教会、西宮香櫨園、六甲キリスト教会などを設立。
¶近女，女運，女性，女性普，世紀（[没]昭和57（1982）年2月18日），日人，兵庫百（[没]昭和57（1982）年）

**長谷川半七**　はせがわはんしち
文政5（1822）年～明治28（1895）年
江戸時代後期～明治期の寺子屋の師匠。
¶姓氏長野

**長谷川宏**　はせがわひろし
昭和15（1940）年4月1日～
昭和～平成期の学習塾経営者、哲学者、評論家。赤門塾主宰。
¶現執1期，現執2期，現執3期，現執4期

**長谷川ふさ**　はせがわふさ
明治12（1879）年9月10日～昭和24（1949）年10月19日
明治～昭和期の教員・小坂婦人会初代会長。
¶飛騨

**長谷川基**　はせがわもとい
明治17（1884）年～昭和35（1960）年
明治～昭和期の軍人。陸軍中将、小学校准教員。
¶島根歴

**長谷川洋三**　はせがわようぞう
大正3（1914）年11月6日～
昭和～平成期の森田理論学習運動家。生活の発見会会長。
¶現執3期

**長谷川良晴**　はせがわよしはる
大正3（1914）年～
昭和期の小学校教員。
¶社史

**長谷川嘉彦**　はせがわよしひこ
昭和18（1943）年6月29日～
昭和期の社会教育評論家、実業家。龍門出版社社長、受験進学研究会代表。
¶現執2期

**長谷川雷助**　はせがわらいすけ
明治24（1891）年10月15日～昭和55（1980）年12月3日
大正～昭和期の教育者。神奈川県下の小中学校で児童の個性を伸ばす教育を実践。
¶郷土神奈川（[生]1895年），世紀，日人

**長谷川良信**　はせがわりょうしん
明治23（1890）年10月11日～昭和41（1966）年8月4日
明治～昭和期の社会事業家、教育家。大乗淑徳学園を創設。
¶学校，現朝，埼玉人，世紀，哲学，日人，仏人

**長谷場純孝**　はせばすみたか
安政1（1854）年4月1日～大正3（1914）年3月15日
明治期の政治家。衆議院議長、文相。民権結社公友会を結成。のち衆議院議長となる。
¶朝日（[生]安政1年4月1日（1854年4月27日）），鹿児島百，角史，近現，国史，コン改，コン5，薩摩，史人，社史，新潮，人名，世紀，姓氏鹿児島，渡航，日史，日人，明治1，履歴

**長谷場政子**　はせばまさこ
明治5（1872）年～＊　[別]鎌原政子《かまはらまさこ》
明治期の神戸YWCA初代会長、教師。
¶渡航（長谷場政子・鎌原政子　はせばまさこ・かまはらまさこ　[没]？），兵庫百（[没]昭和31

は

（1956）年）

**馳浩** はせひろし
昭和36（1961）年5月5日～
昭和～平成期のプロレスラー、政治家。衆議院議員、第20代文科相。
¶石川百、現政、テレ

**長谷博文** はせひろふみ
昭和35（1960）年3月～
昭和～平成期の小学校教師。専門は、社会科教育。
¶現執4期

**長谷部哲郎** はせべてつろう
明治40（1907）年1月26日～
昭和期の小学校教員。
¶社史

**長谷理和** はせりわ
*～大正7（1918）年2月4日
明治～大正期の教育者。長谷裁縫私塾を創設、教授、校長を歴任した。仙台市教育会、帝国教育会等の褒章を授与される。
¶女性（㊥天保11（1840）年）、女性普（㊥天保11（1840）年）、姓氏宮城（㊥1838年）、日人（㊥1839年）、宮城百（㊥天保9（1838）年）

**羽曽部忠** はそべただし
大正13（1924）年5月20日～
昭和～平成期の詩人、小学校教師。
¶児人、児文、世紀、日児（㊥大正12（1923）年5月20日）

**畑井多仲** はたいたちゅう
寛政11（1799）年～嘉永3（1850）年　㊥畑井蟠竜《はたいばんりゅう》
江戸時代末期の陸奥黒石藩士、儒学者。
¶人名（畑井蟠竜　はたいばんりゅう）、日人（畑井蟠竜　はたいばんりゅう）、藩臣1

**畑井蟠竜** はたいばんりゅう
→畑井多仲（はたいたちゅう）

**秦鼎** はたかなえ
→秦滄浪（はたそうろう）

**秦緘斎** はたかんさい
天保5（1834）年～明治39（1906）年
江戸時代後期～明治期の私塾経営者。
¶島根歴

**畑久治** はたきゅうじ
明治30（1897）年～昭和49（1974）年
昭和期の教育者。玉手山短期大学大学長。
¶姓氏石川

**畑駒岳** はたくがく
享保19（1734）年～明和7（1770）年11月3日
江戸時代中期の出羽秋田藩士、教育家。
¶秋田人2、藩臣1

**秦蔵吉** はたくらきち
元治1（1864）年9月24日～？
江戸時代末期～明治期の教育者。

¶沖縄百、姓氏沖縄

**畑思斎** はたしさい★
宝暦4（1754）年～文政2（1819）年5月19日
江戸時代後期の医学館学頭。
¶秋田人2

**畠中愷夫** はたけなかやすお
明治9（1876）年～昭和34（1959）年
明治～昭和期の教育者。
¶高知人

**畠中芳雄** はたけなかよしお
明治33（1900）年～昭和44（1969）年
大正～昭和期の教育者、政治家。
¶高知人

**畑半野** はたけはんや★
寛政4（1792）年～文久3（1863）年8月
江戸時代末期の明徳館教授。
¶秋田人2

**畠山金四郎** はたけやまきんしろう
明治43（1910）年1月30日～昭和54（1979）年3月7日
昭和期の小学校教員。
¶社史

**畠山義成**（畠山養成）　はたけやまよしなり
天保14（1843）年～明治9（1876）年10月20日
㊥杉浦弘蔵《すぎうらこうぞう》
江戸時代末期～明治期の文部省官吏、教育家。東京開成学校校長。教育行政の近代化に尽力。
¶朝日（㊥天保13（1842）年9月）、維新、海越、海越新、国際、国書、姓氏鹿児島、先駆（畠山養成　㊥天保13（1842）年9月）、渡航（畠山義成・杉浦弘蔵　はたけやまよしなり・すぎうらこうぞう）、日人、幕末、幕末大、藩臣7

**畑良太** はたけりょうた★
～文化11（1814）年6月17日
江戸時代後期の郷校教授。
¶秋田人2

**畑黄山** はたこうざん
享保6（1721）年～文化1（1804）年　㊥畑柳安《はたりゅうあん》
江戸時代中期～後期の医師。後桜町天皇に侍医。
¶朝日（㊥享保6（1721）年2月　文化1年5月26日（1804年7月3日））、京都大、近世、国史、国書（畑柳安　はたりゅうあん　㊥享保6（1721）年2月1日　文化1（1804）年5月26日）、コン改、コン4、新潮（㊥享保6（1721）年2月1日　㊥文化1（1804）年5月26日）、人名（畑柳安　はたりゅうあん）、姓氏京都、日人

**波多腰彦蔵の妻** はたごしひこぞうのつま★
江戸時代後期の女性。教育。下呉田の人。天保期～弘化期に家塾を開いた。
¶江表（波多腰彦蔵の妻（長野県））

**羽田貞義** はたさだよし、はださだよし
元治1（1864）年7月11日～昭和8（1933）年
明治～昭和期の教育者。

¶群馬人（はださだよし [没]？），姓氏長野，長野百，長野歴

**畠沢郎** はたざわつかさ
昭和17（1942）年7月5日～
昭和～平成期の音楽教育者。
¶音人，音人2，音人3

**秦重雄** はたしげお
昭和28（1953）年1月23日～
昭和～平成期の高校教師。部落問題研究所研究員。
¶現執4期

**畑島喜久生** はたじまきくお，はたしまきくお
昭和5（1930）年3月1日～
昭和～平成期の小学校教諭、児童文学者。
¶現執2期，現執3期，児人（はたしまきくお），世紀

**秦惣五郎** はたそうごろう
文化2（1805）年～明治12（1879）年
江戸時代後期～明治期の被差別部落の中の武術道場師範。
¶大分歴

**秦滄浪** はたそうろう
宝暦11（1761）年～天保2（1831）年 [別]秦鼎《はたかなえ》
江戸時代中期～後期の尾張藩士。
¶国書（[生]宝暦11（1761）年4月8日 [没]天保2（1831）年7月1日），詩歌（秦鼎 はたかなえ），人名，日人，藩臣4，和俳

**畠田武彦** はただたけひこ
昭和4（1929）年4月6日～
昭和期の教育者。
¶視覚

**畑足子** はたたるこ
明治12（1879）年～昭和13（1938）年
大正～昭和期の聾教育者。米国より口話による画期的な教育法を習得して帰国、聾教育史に新時代を画す。
¶教育，女性，女性普，世紀，日人

**畑徳三郎** はたとくさぶろう
嘉永3（1850）年7月16日～昭和7（1932）年2月5日
明治～昭和期の金光教教師。
¶岡山歴

**畑中太沖** はたなかたちゅう
嘉永4（1851）年～大正9（1920）年
江戸時代末期～大正期の教育家。
¶姓氏宮城

**畑中裕作** はたなかゆうさく
明治36（1903）年12月21日～平成3（1991）年2月4日
昭和・平成期の高山市教育長。
¶飛騨

**波多野ガク** はたのがく
明治37（1904）年2月9日～昭和59（1984）年
昭和期の教育者・婦人運動家。
¶熊本人，熊本百

**波多野尹政** はたのただまさ
弘化2（1845）年～明治40（1907）年
明治期の実業家。教育事業、銀行業に関わった。
¶日人

**波多野鶴吉** はたのつるきち
安政5（1858）年～大正7（1918）年2月23日
明治期の実業家。郡是製糸社長。郡是製糸を設立、取締役に就任。クリスチャンとして女子工員教育にも尽力。
¶朝日（[生]安政5年2月13日（1858年3月27日）），京都府，近現，国史，コン改，コン5，史人（[生]1858年2月13日），実業（[生]安政5（1858）年4月1日），新潮（[生]安政5（1858）年4月1日），人名，世人，先駆（[生]安政5（1858）年2月13日），全書，日人，歴大

**波多野貞之助** はたのていのすけ
元治1（1864）年～大正12（1923）年
明治期の教育者。師範教育研究のためドイツに留学。
¶海越，海越新，教育，渡航（[生]1864年8月 [没]？）

**波多野伝八郎** はたのでんはちろう
明治18（1885）年～昭和49（1974）年
明治～昭和期の教育者。
¶新潟百別

**波多野培根** はたのますね
慶応4（1868）年6月20日～昭和20（1945）年11月7日
明治～昭和期の教育者。
¶福岡百

**秦政春** はたまさはる
昭和24（1949）年1月16日～
昭和～平成期の教育社会学者。大阪大学教授。
¶現執2期，現執4期

**幟持朴堂** はたもちぼくどう
明治20（1887）年2月15日～昭和50（1975）年7月3日
明治～昭和期の書道教育家。
¶佐賀百

**秦安雄** はたやすお
昭和6（1931）年1月5日～
昭和期の障害児教育学者。日本福祉大学教授。
¶現執2期

**畑山博** はたやまひろし
昭和10（1935）年5月18日～平成13（2001）年9月2日
昭和～平成期の小説家、放送作家。教育や子育てがテーマ。NHK教育テレビ「若い広場」を7年間担当。作品に「いつか汽笛を鳴らして」等。
¶近文，現朝，幻作，現執1期，現執2期，現執3期，現情，幻想，作家，四国文，小説，新文，世紀，全書，日人，北海道文，マス89

**畑柳安** はたりゅうあん
→畑黄山（はたこうざん）

**秦利舞子** はたりんこ
明治9（1876）年～昭和6（1931）年7月3日
大正～昭和期の洋裁教育者。シンガーミシン女学院を創立。ミシン裁縫教育の普及に尽力。
¶近女（㊤明治20（1887）年　㊦昭和16（1941）年），女性，女性普，人名，世紀，先駆，日人

**畑玲子** はたれいこ
昭和6（1931）年1月5日～
昭和～平成期の音楽教育者。
¶音人2，音人3

**八賀一治** はちがかずはる
昭和4（1929）年10月15日～
昭和期の教育者。学校長。
¶飛騨

**八賀晋** はちがすすむ
昭和19（1934）年5月15日～
昭和期の教育者・考古学者。
¶飛騨

**蜂須賀哉芽** はちすかさいが
明治29（1896）年～昭和21（1946）年
大正～昭和期の俳人・教育者。
¶群馬人

**蜂須賀茂韶** はちすかもちあき
弘化3（1846）年8月8日～大正7（1918）年2月10日
江戸時代末期～明治期の政治家。侯爵、元老院議官、文相。徳島藩知事となり、のち東京府知事、貴族院議員などを歴任。
¶朝日（㊤弘化3年8月8日（1846年9月28日）），維新，海越，海越新，近現，国際，国史，コン改，コン5，コン系，史人，諸系，新潮（㊦大正7（1918）年2月11日），人名，世紀，世人（㊦嘉永2（1849）年8月），先駆，全幕，徳島百，徳島歴，渡航，日史，日人，幕末，幕末大，藩主4，百科，明治1，履歴

**八野忠次郎** はちのちゅうじろう
明治41（1908）年6月22日～平成5（1993）年11月5日
昭和期の高校教師、宮大工。
¶世紀，日人，美建

**八戸宜民** はちのへよしたみ
嘉永3（1850）年～明治29（1896）年
江戸時代後期～明治期の教育者。
¶姓氏岩手

**蜂屋慶** はちやけい
大正9（1920）年～
昭和期の教育学者。京都大学教授。
¶現執1期

**蜂屋定憲** はちやさだのり
天保14（1843）年～明治26（1893）年
明治期の教育家、官吏。静岡県尋常師範学校長。教育功労者で小学校新設のために尽力、数十校を設置。

¶伊豆，静岡百，静岡歴，人名，姓氏静岡（㊤1834年），日人

**廿日出彪** はつかでひろし
明治34（1901）年4月～昭和22（1947）年10月19日
大正～昭和期の学校創立者。興誠商業学校（後の興誠学園）を創設。
¶学校，静岡歴，姓氏静岡

**八景園花芳** はっけいえんはなよし
文化6（1809）年～明治26（1893）年
江戸時代末期～明治期の狂歌師。
¶人名，日人，和俳

**初瀬是教** はつせぜきょう★
文政6（1823）年～明治9（1876）年3月7日
江戸時代末期・明治期の寺子屋経営者。
¶秋田人2

**八田華陽** はったかよう
宝暦12（1762）年～文化14（1817）年
江戸時代後期の儒学者。
¶江文，国書（㊦文化14（1817）年8月29日），人名，日人

**八田昭平** はったしょうへい
昭和2（1927）年7月10日～
昭和期の教育学者。愛知学院大学教授。
¶現執1期，現執2期

**八田三喜** はったみき
明治6（1873）年～昭和37（1962）年
明治～昭和期の教育家。新潟高等学校長。
¶哲学，新潟百

**服部綾雄**(1) はっとりあやお
文化12（1815）年～明治12（1879）年3月24日
江戸時代末期～明治時代の幕臣。若年寄、学習院教授。長崎奉行経て、勘定奉行、静岡県権大参事などを歴任。
¶維新，徳川臣（㊤1812年），幕末，幕末大

**服部綾雄**(2) はっとりあやお
文久2（1862）年12月11日～大正3（1914）年4月1日
明治～大正期の教育家、政治家。岡山金光中学校校長、衆議院議員。
¶海越新（㊤文久2（1864）年12月11日），岡山人，岡山百，岡山歴，学校，静岡歴，社史（㊦文久2年（1862年12月）），世紀（㊦文久2（1863）年12月11日），姓氏静岡，渡航，日人（㊤1863年）

**服部一三** はっとりいちぞう
嘉永4（1851）年2月11日～昭和4（1929）年
明治期の官僚。神戸県知事。日本地震学会初代会長を務めたほか、日本最初のゴルフ大会に参加。共立女子職業学校（後の共立女子学園）の設立に関わる。
¶海越（㊦昭和4（1929）年1月25日），海越新（㊦昭和4（1929）年1月25日），学校（㊦昭和4（1929）年1月24日），国際，人名，世紀（㊦昭和4（1929）年1月24日），先駆（㊦昭和4（1929）年1月24日），渡航（㊦1929年1月24日），日人，兵庫人（㊦昭和4（1929）年1月25日），兵庫百，履

歴（㉝昭和4（1929）年1月25日）

**服部寛斎** はっとりかんさい
寛文7（1667）年～享保6（1721）年
江戸時代中期の儒学者。
¶江文, 国書（㊅延宝3（1675）年10月25日　㉝享保6（1721）年6月3日）, 詩人, 人名, 日人, 和叢

**服部教一** はっとりきょういち
明治5（1872）年～昭和31（1956）年
明治～昭和期の教育家。
¶札幌（㊅明治5年7月20日）, 政治（㊅明治5年7月㉝昭和31年6月21日）, 渡航（㊅1872年7月㉝1956年6月）, 北海道建（㊅明治5（1872）年7月20日　㉝昭和31（1956）年6月）, 北海道百, 北海道歴

**服部潔** はっとりきよし
昭和6（1931）年8月18日～
昭和～平成期の小学校教諭。川口市立仲町小学校教諭、全国生活指導研究協議会中央常任委員、日本生活指導研究所事務局長。
¶現執2期, 現執3期

**服部絢一** はっとりけんいち
大正8（1919）年1月5日～平成16（2004）年12月4日
昭和・平成期の教育者・医師。
¶石川現十, 科学, 近医

**服部小糸** はっとりこいと
明治29（1896）年2月24日～昭和48（1973）年8月13日
大正～昭和期の教育者。
¶庄内

**服部松渓** はっとりしょうけい
～明治12（1879）年
江戸時代後期～明治期の教育者。
¶三重

**服部承風** はっとりしょうふう
昭和～平成期の漢詩作家、文学者。
¶詩歌（㊅1931年）, 詩作（㊅昭和5（1930）年7月19日）

**服部純雄** はっとりすみお
明治20（1887）年8月7日～昭和20（1945）年6月25日
明治～昭和期の教育者。
¶岡山歴

**服部大方** はっとりだいほう, はっとりたいほう
明治7（1770）年～弘化3（1846）年
江戸時代中期～後期の儒学者、医師。
¶江文, 国書（はっとりたいほう）（㊅弘化3（1846）年6月27日）, 日人（はっとりたいほう）

**服部竹塢** はっとりちくお
寛政2（1790）年～安政3（1856）年
江戸時代末期の伊勢津藩儒。
¶国書（㉝安政3（1856）年3月18日）, 人名, 日人, 三重

**服部東陽** はっとりとうよう
文政10（1827）年～明治8（1875）年7月30日
江戸時代末期～明治時代の毛利家家臣。藩校明倫館助教に招かれ、藩儒となる。
¶幕末, 幕末大, 山口百

**服部富三郎** はっとりとみさぶろう
文久1（1861）年～昭和14（1939）年
明治～昭和期の教育者。
¶姓氏愛知

**服部南郭** はっとりなんかく
天和3（1683）年～宝暦9（1759）年6月21日
江戸時代中期の古文辞学派の儒学者、文人。荻生徂徠に入門。
¶朝日（㊅天和3年9月24日（1683年11月12日）㉝宝暦9年6月21日（1759年7月15日））, 岩史（㊅天和3（1683）年9月24日）, 江戸, 江文, 角史, 神奈川人, 京都大, 近世, 国史, 国書（㊅天和3（1683）年9月24日）, コン改, コン4, 詩歌, 詩作（㊅天和3（1683）年9月24日）, 史人（㊅1683年9月24日）, 重要, 人書79, 人書94, 新潮（㉝宝暦9（1759）年7月21日）, 新文（㊅天和3（1683）年9月24日）, 人名, 人名京都, 世人, 世百, 全書, 大百, 日思, 日史（㊅天和3（1683）年9月24日）, 日人, 美術, 百科, 文学, 名画, 歴大, 和俳

**服部仁平治** はっとりにへいじ
明治24（1891）年～昭和52（1977）年
明治～昭和期の教育家。富士学園創立者。
¶学校, 静岡歴, 姓氏静岡

**服部信猷** はっとりのぶあつ
万延1（1860）年～昭和20（1945）年
明治～昭和期の教育・篤志家。
¶姓氏愛知

**服部北蓮** はっとりほくれん
明治32（1899）年4月3日～昭和61（1986）年5月2日
昭和期の書家。埼玉大学教授、二松学舎大学教授、埼玉県書道人連盟会長。著書に「日本書道文化史」などがある。
¶埼玉人, 日人

**服部栗斎** はっとりりっさい, はっとりりつさい
元文1（1736）年～寛政12（1800）年
江戸時代中期～後期の儒学者。麹町教授所の長。
¶朝日（㊅元文1年4月27日（1736年6月6日）㉝寛政12年5月11日（1800年7月2日））, 江文, 大阪人（㊅寛政12（1800）年5月）, 国書（㊅寛政12（1800）年5月11日）, コン改, コン4, コン5, 新潮（はっとりりつさい　㉝寛政12（1800）年5月11日）, 人名, 日人, 藩臣3

**服部鵺吉** はっとりりょうきち
文政9（1826）年～明治11（1878）年
江戸時代末期～明治期の儒医。
¶人名, 日人

**服部良之助** はっとりりょうのすけ
江戸時代末期～明治期の薩摩士族。西南戦争の薩軍分隊長（のち小隊長）、のち教師。

¶姓氏鹿児島

**初野満** はつのみつる
明治24（1891）年9月23日～昭和56（1981）年1月10日
大正～昭和期の教育者。
¶埼玉人

**波頭夕子** はとうたね，はどうたね
明治30（1897）年12月19日～昭和63（1988）年5月13日
大正・昭和期の教育者。
¶愛媛，郷土愛媛（はどうたね），近女，女性，女性普，世紀，日人

**鳩山一郎** はとやまいちろう
明治16（1883）年1月1日～昭和34（1959）年3月7日
大正～昭和期の政治家，弁護士。文相，総理大臣。鳩山和夫の長男。立憲政友会から衆議院議員。戦後自民党を結成。
¶岩史，角史，近現，現朝，現情，現人，現日，国史，コン改，コン4，コン5，史人，重要，新潮，人名7，世紀，政治，人，世7，世7新，全書，大百，伝記，日史，日人，百科，履歴，履歴2，歴大

**鳩山薫** はとやまかおる
明治21（1888）年11月～昭和57（1982）年8月15日
大正～昭和期の社会活動家。共立女子学園校長。政治家鳩山一郎の妻。結核予防会東京婦人委員会常任理事など要職で活躍。勲一等瑞宝章など受章。
¶郷土神奈川，近現，近女，現情（⊕1888年11月21日），女史，女性，女性普，世紀，日人（⊕明治21（1888）年11月21日）

**鳩山邦夫** はとやまくにお
昭和23（1948）年9月13日～
昭和～平成期の政治家。衆議院議員，労相。宮沢内閣の文相。羽田内閣の労相。兄・由紀夫らと民主党結成。のち自民党に復帰。
¶現政，世紀，政治，日人

**鳩山春子** はとやまはるこ
文久1（1861）年3月23日～昭和13（1938）年7月12日
明治～昭和期の女子教育者。共立女子職業学校校長。共立女子職業学校（後の共立女子学園）設立に参与。各種社会事業にも活躍。夫は鳩山和夫。
¶海越，海越新，学校，教育（⊕1863年），近現，近女，現朝（⊕文久1年3月23日（1861年5月2日）），国史，コン改（⊕1863年），コン5，史人，女史，女性，女性普，信州女，新潮，世紀，姓氏長野，先駆，長野百，長野歴，日女，日人，民学（⊕文久3（1863）年），明治2，歴大

**羽鳥喜義** はとりきよし
明治40（1907）年6月1日～昭和43（1968）年10月18日
昭和期の教育者。
¶群馬人

**羽鳥耕作** はとりこうさく
明治27（1894）年6月12日～昭和18（1943）年10月

大正～昭和期の教育者。
¶群馬人

**羽鳥升平** はとりしょうへい
明治13（1880）年12月23日～昭和33（1958）年5月18日
明治～昭和期の教育者。
¶群馬人

**羽鳥ひて** はとりひて
明治24（1891）年～昭和29（1954）年5月15日
大正～昭和期の幼児教育者。
¶埼玉人

**羽鳥博愛** はとりひろよし
大正15（1926）年7月5日～
昭和～平成期の英語学者，英語教育学者。東京学芸大学教授。
¶現執2期，現執4期

**花井一彦** はないかずひこ
昭和14（1939）年2月28日～
昭和期の教育者。
¶飛騨

**花井清** はないきよし
昭和3（1928）年7月1日～
昭和～平成期の音楽教育学者。信州大学教授。
¶音人2，音人3，現執3期

**花井重次** はないしげじ
明治33（1900）年3月18日～昭和56（1981）年6月9日
昭和期の地理学者。日本地理教育学会会長。
¶現情，山梨百

**華岡鹿城** はなおかかじょう
→華岡鹿城（はなおかろくじょう）

**花岡真節** はなおかしんせつ
天保10（1839）年～明治17（1884）年
江戸時代末期～明治期の医師。大学東校教授。維新後，東京神田に弘医会を設立し我が国の医学知識の普及に貢献。
¶洋学

**花岡泰雲** はなおかたいうん
明治43（1910）年10月14日～昭和57（1982）年11月21日
昭和期の小学校教員。
¶秋田人2，社史

**花岡タネ** はなおかたね
明治11（1878）年1月14日～昭和42（1967）年8月15日
明治～昭和期の教育者。坂出実業学校を開設，経営に尽力。勲四等瑞宝章，紫綬褒章受章。坂出市名誉市民。
¶香川人，香川百，学校，女性，女性普，世紀，日人

**花岡初太郎** はなおかはつたろう
明治7（1874）年～大正12（1923）年
明治～大正期の盲教育者。

¶郷土長野，姓氏長野，長野百，長野歴

**華岡良平** はなおかりょうへい
→華岡鹿城（はなおかろくじょう）

**華岡鹿城** はなおかろくじょう
安永8（1779）年～文政10（1827）年4月28日 [別]華岡鹿城《はなおかかじょう》，華岡良平《はなおかりょうへい》
江戸時代後期の医師。
¶大阪人（[没]文政9（1826）年），大阪墓，近世，国史，国書，人名（華岡良平 はなおかりょうへい），日人，洋学，和歌山人（はなおかかじょう）

**花形精** はながたせい
文政8（1825）年10月13日～明治32（1899）年10月11日
江戸時代後期の寺子屋師匠。
¶埼玉人

**花形みつる** はながたみつる
昭和28（1953）年～
昭和～平成期の塾講師、小説家。
¶幻想，YA

**花木チサヲ** はなきちさを，はなきちさお
明治27（1894）年5月20日～昭和23（1948）年8月11日
明治～昭和期の女子教育者。
¶近女，女史，新宿女（はなきちさお）

**花城永渡** はなぐすくえいと
明治11（1878）年9月24日～昭和13（1938）年1月31日 [別]花城永渡《はなしろえいと》
大正期の教育者、政治家、弁護士。衆議院議員、那覇市議会議長。
¶沖縄百（はなしろえいと），社史，姓氏沖縄（はなしろえいと）

**花城直俊** はなぐすくちょくしゅん
明治16（1883）年5月18日～昭和32（1957）年6月30日
大正～昭和期の教育者、政治家。竹富小学校校長、村長、村議会議員。
¶社史，姓氏沖縄

**花崎哲司** はなざきさとし
昭和33（1958）年3月21日～
昭和～平成期の声楽家、音教教育者。
¶音人2，音人3

**花城永渡** はなしろえいと
→花城永渡（はなぐすくえいと）

**花城恵喜** はなしろけいき
大正12（1923）年～昭和62（1987）年
昭和期の教育者。
¶戦沖

**華園雄尊** はなぞのゆうそん
明治20（1887）年～昭和17（1942）年
明治～昭和期の園芸教育者。
¶長野歴

**花田一重** はなだかずえ
明治22（1889）年1月1日～昭和46（1971）年4月1日
明治～昭和期の郷土史家、教育家。
¶岡山歴，郷土

**花田大五郎** はなだだいごろう
明治15（1882）年3月11日～昭和42（1967）年7月26日
明治～昭和期のジャーナリスト、歌人。大阪朝日新聞を白虹筆禍事件に際し退社。後に教育界で活躍。
¶大分歴，近現，熊本人，現日，国史，福岡百

**花田仲之助** はなだちゅうのすけ
万延1（1860）年6月10日～昭和20（1945）年1月2日 [別]花田仲之助《はなだなかのすけ》
明治～大正期の陸軍軍人、社会教育家。少佐、国民精神総動員中央連盟理事。明治末期から戦時中、官製国民運動に伴う思想教化事業の指導者。
¶鹿児島百，人名7（はなだなかのすけ），世紀，姓氏鹿児島，日人，陸海（はなだなかのすけ）

**花田仲之助** はなだなかのすけ
→花田仲之助（はなだちゅうのすけ）

**花田比露思**（花田比露志） はなだひろし
明治15（1882）年3月11日～昭和42（1967）年7月26日
明治～昭和期の歌人。歌集「さんげ」、歌論集「歌に就ての考察」など。
¶大阪人（花田比露志 [没]昭和42（1967）年7月），紀伊文，近文，現情，人名7，世紀，短歌，奈良文（[没]昭和43年7月26日），日人，兵庫百，兵庫文，福岡文，和歌山人

**花田弥作** はなだやさく
明治12（1879）年～昭和20（1945）年
明治～昭和期の教育者。「桃園会」を結成して青年を指導し、詩吟と剣舞をも伝授。
¶青森人

**花野** はなの★
文政5（1822）年～明治12（1879）年
江戸時代後期～明治時代の女性。和歌・教育。伊豆韮山代官江川家の家臣飯田源忠の娘か。
¶江表（花野（静岡県））

**花房端連** はなふさたんれん，はなぶさたんれん
文政7（1824）年～明治32（1899）年4月7日 [別]花房端連《はなふさまさつら，はなぶさまさつら》
明治期の実業家。初代岡山市長。第二十二国立銀行設立。郷校閑谷黌を再興。救貧院、感化院を設立。
¶朝日（はなぶさまさつら [生]文政7年8月3日（1824年8月26日）），維新（はなふさまさつら），岡山人，岡山百（[生]文政7（1824）年8月3日），岡山歴（はなぶさたんれん [生]文政7（1824）年8月3日），コン改（はなぶさまさつら），コン4（はなぶさまさつら），コン5（はなぶさまさつら），新潮（はなぶさまさつら [生]文政7（1824）年8月3日），人名（はなぶさまさつら），日人（はなぶさまさつら），幕末（はなふさまさつら），藩臣6

**花房端連** はなふさまさつら，はなぶさまさつら
→花房端連（はなふさたんれん）

**花村大** はなむらまさる
大正1（1912）年9月14日～
大正～平成期の音楽教育者。
¶音人，音人2，音人3

**塙一瓢** はなわいっぴょう
安永2（1773）年～嘉永5（1852）年
江戸時代中期～後期の儒学者。
¶江文，国書（[没]嘉永5（1852）年9月25日），日人

**塙忠韶** はなわただつぐ
天保3（1832）年～大正7（1918）年
江戸時代末期～明治期の国学者。和学講談所附、文部少教授等歴任。
¶人名，日人

**塙保己一** はなわほきいち
延享3（1746）年5月5日～文政4（1821）年9月12日
[別]塙保己一《はなわほきのいち》
江戸時代中期～後期の国学者。幼くして盲目となったが学問に精進。和学講談所を創設し「群書類従」の編纂にあたる。
¶朝日（[生]延享3年5月5日（1746年6月23日）[没]文政4年9月12日（1821年10月7日）），岩史，江人，江戸東（はなわほきのいち），江文，角史，教育，近世，国史，国書，コン改，コン4，コン5，埼玉人，埼玉百，史人，思想史，重要，神史，人書79，人書94，神人，新潮，新文，人名（はなわほきのいち），世人，世百（はなわほきのいち），全書（[没]1822年），大百（はなわほきのいち），伝記，徳川将，日音（はなわほきのいち　[没]文政4（1821）年9月21日），日史，日人，百科，仏人，文学（はなわほきのいち），平史，平日，山川小，歴大

**塙保己一** はなわほきのいち
→塙保己一（はなわほきいち）

**羽生永明** はにうえいめい
→羽生永明（はにゅうえいめい）

**羽仁翹** はにぎょう
昭和6（1931）年3月3日～
昭和～平成期の教育家。自由学園学園長、ジャパンタイムズ編集局取締役主幹。
¶現執4期

**羽仁協子** はにきょうこ
昭和4（1929）年11月5日～
昭和～平成期の音楽教育者。
¶音人3

**羽仁五郎** はにごろう
明治34（1901）年3月29日～昭和58（1983）年6月8日
大正～昭和期の歴史家学者、評論家、社会運動家。参議院議員。人民中心史観を貫く。著書に「明治維新」「都市の倫理」など。
¶岩史，革命，角史，郷土群馬，近現，近文，群馬人，現朝，現執1期，現執2期，現情，現人，現日，国史，コン改，コン4，コン5，作家，史学，史研，史人，思想，社運，社史，新潮，新文，世紀，政治，姓氏群馬，世百新，全書，大百，日思，日史，日人，日本，百科，文学，平和，マス2，マス89，民学，履歴，履歴2，歴大

**羽仁説子** はにせつこ
明治36（1903）年4月2日～昭和62（1987）年7月10日
昭和期の社会運動家、評論家。「日本子どもを守る会」会長。「婦人之友」記者。女性運動、児童福祉の発展に尽力。夫は羽仁五郎。
¶岩史，革命，近現，近女，近文，現朝，現執1期，現執2期，現情，現人，現日，コン改，コン4，コン5，史人，児人，社史，女運，女史，女性，女性普，新潮，世紀，日児，日人，平和，マス89，歴大（[生]1906年）

**羽仁もと子** はにもとこ
明治6（1873）年9月8日～昭和32（1957）年4月7日
明治～昭和期の女子教育者。自由学園園長。「婦人之友」創刊。のち自由学園を創立。自労自治教育を実践。
¶青森人，岩史，岩手人，学校，角史，教育，キリ，近現，近女，近文，現朝，現情，現人，現日，国史，コン改，コン4，コン5，史人，児文，社史（[没]1953年4月7日），出版，出文，女運，女史，女性，女性普，女文，新潮，人名7，世紀，姓氏岩手，世百，世百新，先駆，全書，大百，哲学，東北近，日史，日児，日女，日人，日本，百科，平和，マス89，民学，履歴，履歴2，歴大

**羽生氏熟** はにゅううじなり
嘉永2（1849）年～昭和7（1932）年
明治期の殖産家。
¶秋田百，世紀（[生]嘉永2（1849）年3月15日　[没]昭和7（1932）年1月9日），日人

**羽生永明** はにゅうえいめい
慶応4（1868）年9月1日～昭和5（1930）年7月11日
[別]羽生永明《はにうえいめい》
明治～昭和期の国学者、歌人、平賀元義研究家。
¶岡山百，岡山歴（はにうえいめい），長野歴

**羽生科山** はにゅうかざん
文政5（1822）年～明治28（1895）年
江戸時代末期～明治期の飯田藩権大参事。学校創立に尽力し、辞めてからも育英事業に専念。
¶長野歴，藩臣3

**羽仁吉一** はによしかず
明治13（1880）年5月1日～昭和30（1955）年10月26日
明治～大正期の教育者。「婦人之友」社主。「婦人之友」の創刊、自由学園の創設など、生涯教育、社会教育の分野の先駆者。
¶学校，現情，出文，人名7，世紀，日人

**羽石朝太** はねいしあさた
明治19（1886）年～昭和50（1975）年
明治～昭和期の教育者。中川尋常小学校校長、栃木県視学。
¶栃木歴

**羽田松雄** はねだまつお
明治34 (1901) 年2月2日〜昭和58 (1983) 年1月27日
大正〜昭和期の小学校教員。
¶社史

**馬場一梯** ばばいってい
明暦3 (1657) 年〜享保12 (1727) 年
江戸時代前期〜中期の土佐藩士、書家。
¶高知人, 国書 ([没]享保12 (1727) 年8月), 人名 ([生]?), 日人, 藩臣6

**馬場儀左衛門** ばばぎざえもん
安永2 (1773) 年〜安政2 (1855) 年
江戸時代中期〜末期の心学者。
¶姓氏長野

**馬場惞輔** ばばきんすけ
明治12 (1879) 年〜昭和31 (1956) 年
明治〜昭和期の教育、行政家。
¶島根人

**馬場健作** ばばけんさく
明治44 (1911) 年6月24日〜昭和19 (1944) 年11月1日
昭和期の小学校教員。
¶社史

**馬場源六** ばばげんろく
明治29 (1896) 年〜昭和28 (1953) 年
昭和期の教育者。長野県学務課長。
¶姓氏長野, 長野歴

**馬場佐十郎** ばばさじゅうろう
天明7 (1787) 年〜文政5 (1822) 年7月27日 [別]馬場貞由《ばばさだよし, ばばていゆ》
江戸時代後期の蘭学者、オランダ通詞。
¶朝日 ([没]文政5年7月27日 (1822年9月12日)), 維新, 岩史, 科学, 教育 ([生]?), 郷土長崎, 近世 (馬場貞由 ばばさだよし), 国史 (馬場貞由 ばばさだよし), 国書, コン改, コン4, 史人, 新潮, 人名, 世人, 世白, 全書, 大百, 長崎百, 長崎歴 (馬場貞由 ばばていゆ), 日史, 日人, 百科, 洋学, 歴大 (馬場貞由 ばばさだよし)

**馬場貞由** ばばさだよし
→馬場佐十郎 (ばばさじゅうろう)

**馬場純一** ばばじゅんいち
明治40 (1907) 年〜昭和61 (1986) 年
昭和期の教育者。国立松江高専初代校長。
¶島根歴

**馬場四郎** ばばしろう
大正2 (1913) 年9月19日〜昭和47 (1972) 年6月15日
昭和期の教育社会学者。戦後社会科の教科誕生に尽力、社会科教育の在り方を追求。主著に「社会科の本質」。
¶現情, 人名7, 世紀, 日人

**馬場武義** ばばたけよし
明治期の教育者。
¶渡航

**馬場辰猪** ばばたつい
嘉永3 (1850) 年5月15日〜明治21 (1888) 年11月1日
明治期の政治家、民権論者。自由民権思想の啓蒙に努めた。「天賦人権論」を著す。
¶朝日 ([生]嘉永3年5月15日 (1850年6月24日)), 岩史, 海越, 海越新, 角史, 教育, 近現, 近文, 高知人, 高知百, 国際, 国史, コン改, コン5, 四国文, 史人, 社史 ([生]嘉永3年5月15日 (1850年6月24日)), 重要, 新潮, 新文, 人名, 世人 ([没]明治21 (1888) 年11月3日), 世百, 全書, 大百, 哲学, 渡航, 新潟百, 日史, 日人, 日本, 百科, 文学, 平和 ([没]明治21 (1988) 年), 民学, 明治1, 履歴, 歴大 ([没]1988年)

**馬場貞由** ばばていゆ
→馬場佐十郎 (ばばさじゅうろう)

**羽場徳蔵** はばとくぞう
昭和3 (1928) 年12月7日〜昭和63 (1988) 年
昭和期の美術教育家。弘前市立博物館館長。
¶青森人, 現執2期

**馬場はる** ばばはる
明治19 (1886) 年2月22日〜昭和46 (1971) 年5月20日
大正〜昭和期の社会活動家。富山県に大金を寄付し高等学校の設立を願い出る。「ヘルン文庫」を寄贈。富山名誉市民。
¶女性, 女性普, 姓氏富山, 富山人, 富山百, 日人, ふる, 北陸20

**馬場弘** ばばひろし
大正11 (1922) 年8月30日〜
大正〜昭和期の教育者。
¶視覚

**馬場不知姣斎** ばばふちこうさい
文政12 (1829) 年〜明治35 (1902) 年
江戸時代末期〜明治期の吟詠家。著作に「東遊小稿」「備作人物伝」など。
¶岡山人, 岡山歴 ([生]文政12 (1829) 年7月 [没]明治35 (1902) 年1月11日), 日人

**馬場正男** ばばまさお
大正2 (1913) 年12月12日〜
昭和期の国語教育者、校長、児童文学作家。成城学園初等学校長。
¶日児

**馬場了本** ばばりょうほん
明和1 (1764) 年〜安政2 (1855) 年
江戸時代後期の心学者。
¶長野歴

**羽生康二** はぶこうじ
昭和10 (1935) 年〜
昭和〜平成期の詩人、高等学校教師。慶応高校教諭。
¶現執3期

**羽淵強一** はぶちきょういち
昭和17（1942）年5月12日～
昭和～平成期の中学校教師。専門は、社会科教育、郷土史、歴史教育論。
¶現執4期

**土生米作** はぶよねさく
明治24（1891）年～昭和45（1970）年
大正～昭和期の教育家。
¶大分歴

**はま**(1)
1812年～
江戸時代後期の女性。教育。高井氏。
¶江表（はま（東京都）　㊍文化9（1812）年頃）

**はま**(2)
1819年～
江戸時代後期の女性。教育。村田忠道の母。
¶江表（はま（東京都）　㊍文政2（1819）年頃）

**浜栄三郎** はまえいさぶろう
明治27（1894）年～昭和41（1966）年
大正～昭和期の教育者。小学校長、島根県視学、県教職員組合執行委員長。
¶島根歴

**浜尾新** はまおあらた
嘉永2（1849）年4月20日～大正14（1925）年9月25日
明治期の教育家。東京大学総長、枢密院議長、子爵。文部省学務局長を経て、文相に就任。
¶朝日（㊍嘉永2年4月20日（1849年5月12日））、海越新、江戸東、角史、教育、近現、現日、国際、国史、コン改、コン5、史人、新潮、人名、世紀、世人、世百、全書、大百、渡航、日史、日人、日本、百科、兵庫人、明治2、履歴、歴大

**浜尾実** はまおみのる
大正14（1925）年6月20日～
昭和～平成期の教育評論家、宮内庁職員。宮内庁東宮侍従。
¶現執3期、現執4期

**浜上薫** はまがみかおる
昭和34（1959）年5月11日～
昭和～平成期の小学校教師。松任市立旭丘小学校教諭。
¶現執3期

**浜口儀兵衛〔7代〕**（浜口儀兵衛）はまぐちぎへえ
→浜口梧陵（はまぐちごりょう）

**浜口梧陵**（浜口悟陵）はまぐちごりょう
文政3（1820）年6月15日～明治18（1885）年4月21日　㊛浜口儀兵衛〔7代〕《はまぐちぎへえ》、浜口儀兵衛《はまぐちぎへえ》
江戸時代末期～明治期の官吏。和歌山県議会議長。開国論者。訓練所耐久社を設け、郷里青年を教育、農民兵を組織。
¶朝日（浜口儀兵衛〔7代〕　はまぐちぎへえ　㊍文政3年6月15日（1820年7月24日））、海越、海越新、郷土千葉（浜口儀兵衛　はまぐちぎへ

え　㊛1888年）、郷土和歌山、コン改（浜口悟陵）、コン5、実業、食文（浜口儀兵衛〔7代〕㊍文政3年6月15日（1820年7月24日））、新潮、先駆（浜口儀兵衛〔7代〕はまぐちぎへえ）、全幕、千葉百（浜口儀兵衛はまぐちぎへえ　㊛明治21（1888）年）、日人、幕末、履歴、和歌山人

**浜口喬夫** はまぐちたかお
明治41（1908）年～平成7（1995）年
昭和～平成期の洋画家、教育者。
¶高知人

**浜崎洋三** はまさきようぞう、はまざきようぞう
昭和11（1936）年～平成8（1996）年
昭和～平成期の郷土史家。
¶郷土（㊍昭和11（1936）年6月25日　㊛平成8（1996）年9月13日）、史研（はまざきようぞう）

**浜三嶺** はまさんれい
寛政5（1793）年～明治11（1878）年
江戸時代末期～明治期の筑前福岡藩儒。
¶人名、日人

**浜島祖宗** はまじまそそう
文化8（1811）年～明治27（1894）年
江戸時代後期～明治期の僧、教育者。
¶姓氏愛知

**浜島伝造** はましまでんぞう
？～明治18（1885）年
江戸時代後期～明治期の庄屋、寺子屋師匠。
¶姓氏長野

**浜雪堂** はませつどう
文政8（1825）年～明治23（1890）年
江戸時代後期～明治期の教育者。
¶姓氏長野

**浜田イネ** はまだいね
明治14（1881）年～昭和44（1969）年
明治～昭和期の女子教育者。
¶姓氏鹿児島

**浜田喜美子** はまだきみこ
大正1（1912）年～平成6（1994）年
昭和～平成期の社会教育家。
¶高知人

**浜田恭子** はまだきょうこ
昭和4（1929）年～
昭和期の教育者。
¶児人

**浜田楠治** はまだくすじ
明治19（1886）年～
明治～大正期の教育者。
¶高知人

**浜田健次郎** はまだけんじろう
万延1（1860）年～大正7（1918）年
明治期の実業家。大阪商業会議所書記長。官報局時代送り仮名制定に腐心。商業学校（後の東京学園高等学校）の設立に関わる。

¶大阪人([没]大正7(1918)年1月),学校([没]大正7(1918)年1月23日),コン改,コン5,人名,日人

**浜田元竜** はまだげんりょう
文政5(1822)年～明治12(1879)年3月3日
江戸時代末期～明治時代の医師。土佐藩藩医、藩校医学館教授。藩主山内家一族付の医師として活躍。
¶高知人,幕末,幕末大

**浜田三郎** はまださぶろう
明治25(1892)年12月21日～昭和48(1973)年11月10日
大正～昭和期の彫刻家。作品に「猫を持つ女」「楽人」。中学、高校で教鞭。
¶近美,世紀,日人,美建

**浜田襄太郎** はまだじょうたろう
明治16(1883)年～
明治～大正期の教育者。
¶高知人

**浜田孝志** はまだたかし
昭和14(1939)年～
昭和～平成期の中学教諭、高等学校教諭。
¶YA

**浜谷秀雄** はまたにひでお
明治44(1911)年5月5日～昭和56(1981)年12月20日
昭和期の教育者。
¶町田歴

**浜田博文** はまだひろふみ
昭和36(1961)年12月1日～
昭和～平成期の研究者。筑波大学教育学系助教授。専門は、教育学、学校経営学、教師教育学。
¶現執4期

**浜田陽太郎** はまだようたろう
大正14(1925)年8月15日～平成10(1998)年4月28日
昭和～平成期の教育学者。立教大学総長、日本私立大学連盟会長。専門は教育社会学教育史。主著に「近代農民教育の系譜」、エッセイ集「ダッグアウトの孤独」など。
¶現朝,現執1期,現情,世紀,日人

**浜田義雄** はまだよしお
大正8(1919)年11月23日～昭和55(1980)年2月6日
昭和期の教育者。
¶群馬人

**浜田芳雄** はまだよしお
明治26(1893)年5月8日～昭和12(1937)年6月29日
大正・昭和期の子供相撲の指導者。教育者。
¶高知先

**浜田善昌** はまだよしまさ
明治41(1908)年～昭和20(1945)年8月17日
[別]黒田善昌《くろだよしまさ》
昭和期の教員。
¶社史

**浜田留美** はまだるみ
昭和8(1933)年～
昭和～平成期の日本語学校教諭、紙芝居作家。
¶児人

**浜とみゑ** はまとみえ
生没年不詳
昭和期の小学校教員。
¶社史

**浜浪雄** はまなみお
明治42(1909)年7月31日～昭和49(1974)年8月2日
昭和期の小学校教員。
¶社史

**浜野覚蔵** はまのかくぞう
生没年不詳
江戸時代末期の豊前中津藩士。
¶人名,日人,藩臣7

**浜野箕山** はまのきざん
文政8(1825)年～大正5(1916)年 [別]浜野章吉《はまのしょうきち》,浜野箕山《はまのみざん》
江戸時代末期～明治期の儒学者。福山藩士。藩の学制改革に寄与したほか、藩の財政再建にも尽力。
¶人名,日人,幕末(浜野章吉 はまのしょうきち [没]1916年4月23日),藩臣6(はまのみざん [生]文政7(1824)年)

**浜野定四郎** はまのさだしろう
弘化2(1845)年～明治42(1909)年 [別]浜野定四郎《はまのていしろう》
明治期の英学者。福沢塾に入学、以来四十余年教師または塾長として教育に当たる。
¶大分歴(はまのていしろう),コン改,コン5,新潮([没]明治42(1909)年11月14日),人名,日人

**浜野章吉** はまのしょうきち
→浜野箕山(はまのきざん)

**浜野定四郎** はまのていしろう
→浜野定四郎(はまのさだしろう)

**浜野政雄** はまのまさお
大正3(1914)年7月18日～
昭和期の音楽教育者。東京芸術大学教授。
¶音人,音人2,音人3,現情

**浜野箕山** はまのみざん
→浜野箕山(はまのきざん)

**浜野実** はまのみのる
昭和31(1956)年～
昭和～平成期の中学教諭、高等学校英語科教諭。
¶YA

**浜野弥右衛門** はまのやえもん
文化14(1817)年9月25日～明治24(1891)年8月17日
江戸時代後期～明治期の名主・寺子屋師匠。

¶埼玉人

**浜野保樹** はまのやすき
昭和26(1951)年4月11日～
昭和～平成期のメディア研究家。放送教育開発センター助教授。
¶現執3期，現執4期

**浜正雄** はままさお
大正3(1914)年3月2日～平成16(2004)年5月3日
昭和・平成期の教師・政治家。
¶石川現九

**浜本左哉** はまもとささい
元治1(1864)年～大正13(1924)年
明治～大正期の教育者、俳人。
¶高知人

**浜本純逸** はまもとじゅんいつ
昭和12(1937)年11月28日～
昭和～平成期の日本語教育学者。神戸大学教授。
¶現執2期，現執3期，現執4期

**羽室嘉右衛門** はむろかえもん
安政3(1856)年～大正13(1924)年
明治～大正期の丹波の実業家。
¶京都府、世紀(㊲安政3(1856)年11月 ㊳大正13(1924)年8月25日)、日人

**葉室黄華** はむろこうか
寛政3(1791)年～天保2(1831)年
江戸時代後期の肥後藩儒。
¶国書(㊲寛政3(1791)年9月25日 ㊳天保2(1831)年3月27日)、人名、日人

**早川章** はやかわあきら
文久2(1862)年6月12日～昭和27(1952)年2月16日
明治～昭和期の地方政治家・教育者。
¶飛騨

**早川喜四郎** はやかわきしろう
慶応2(1866)年4月18日～昭和18(1943)年4月23日
明治～昭和期の司祭。平安女学院院長。
¶キリ、渡航

**早川金十郎** はやかわきんじゅうろう
文久1(1861)年12月9日～昭和10(1935)年10月27日
明治～昭和期の教育者、政治家。
¶埼玉人

**早川史郎** はやかわしろう
昭和10(1935)年1月20日～
昭和～平成期の童謡作家、幼児教育研究者。聖徳学園短期大学教授、明福寺ルンビニー幼稚園講師。
¶音人、音人2、音人3、現執3期

**早川八郎左衛門正紀** はやかわはちろうざえもんまさのり
→早川正紀(はやかわまさとし)

**早川正紀** はやかわまさとし
元文4(1739)年～文化5(1808)年11月10日 ㊲早川正紀《はやかわまさのり》、早川八郎左衛門正紀《はやかわはちろうざえもんまさのり》
江戸時代中期～後期の代官。庶民に教育を広めた。飢饉災害の復の道を「六本の教」によって論す。
¶朝日(㊳文化5年11月10日(1808年12月26日))、岩史、江人、岡山、岡山百(はやかわまさのり)、岡山歴、教育、近世、国史、国書、コン改、コン4、コン5、埼玉人(㊲元文3(1738)年)、埼玉百(早川八郎左衛門正紀 はやかわはちろうざえもんまさのり)、史人、新潮(はやかわまさのり)、人名(はやかわまさのり)、世人(はやかわまさのり)、世百、全書、徳川臣、徳川代、日史、日人、歴大

**早川正紀** はやかわまさのり
→早川正紀(はやかわまさとし)

**早川麻百合** はやかわまゆり
昭和30(1955)年～
昭和～平成期の高等学校教諭、翻訳家。
¶児人

**早川水門** はやかわみなと
明治25(1892)年10月18日～
大正～昭和期の教育者。
¶群馬人

**早川芳太郎** はやかわよしたろう
大正11(1922)年～
昭和期の文部省職員。文部省体育局スポーツ課長。
¶体育

**早坂久之助** はやさかきゅうのすけ
明治16(1883)年9月14日～昭和34(1959)年 ㊲早坂久之助《はやさかひさのすけ》。長崎教区長。日本人初の司教として叙階。長崎純心聖母会設立。純心女学院(後の純心女子高等学校)を創立。
¶学校(㊳昭和34(1959)年8月3日)、キリ(はやさかひさのすけ ㊲明治22(1889)年)、朝現(㊳1959年10月26日)、現情(㊳1959年8月3日)、新潮(㊳昭和34(1959)年8月3日)、人名7、世紀(㊳昭和34(1959)年8月3日)、渡航(㊳1959年10月26日)、長崎百、長崎歴、日人(㊳昭和34(1959)年10月26日)、歴大

**早坂哲郎** はやさかてつろう
慶応1(1865)年～昭和15(1940)年
明治～昭和期の教育家。
¶宮城百

**早坂久之助** はやさかひさのすけ
→早坂久之助(はやさかきゅうのすけ)

**早坂冬治** はやさかふゆじ
明治30(1897)年～昭和47(1972)年
大正～昭和期の教育者。
¶姓氏宮城

**早坂礼吾** はやさかれいご
大正2(1913)年～

昭和期の国文学者・教育家。
¶多摩

**早崎巌川** はやさきがんせん
文化2(1805)年～明治19(1886)年
江戸時代末期～明治期の儒学者。
¶人名，日人，三重，三重続

**早崎勤** はやざきつとむ
明治8(1875)年～昭和22(1947)年
明治～昭和期の教育者。
¶高知人

**早崎春香** はやさきはるか
文久1(1861)年～大正13(1924)年
明治～大正期の教育者。
¶薩摩，世紀，日人，兵庫百

**林皝** はやしあきら
→林復斎(はやしふくさい)

**林勇** はやしいさむ
明治27(1894)年～昭和45(1970)年
大正～昭和期の教育者。
¶長野歴

**林伊十郎** はやしいじゅうろう
明治6(1873)年6月5日～昭和11(1936)年4月8日
明治～昭和期の教育者。
¶群馬人

**林一郎** はやしいちろう
明治38(1905)年1月25日～平成8(1996)年3月8日
昭和・平成期の教育者。
¶科学，北海道建

**林恵海** はやしえかい
明治28(1895)年～昭和60(1985)年1月22日
[別]林恵海《はやしめぐみ》
明治～昭和期の学校創立者。東亜大学の設立に関わる。
¶学校([生]明治28(1805)年5月)，現情(はやしめぐみ [生]1895年5月3日)

**林桜園** はやしおうえん
寛政10(1798)年～明治3(1870)年
江戸時代末期～明治期の国学者。学は国学、神道、老子、仏典などにも及んだ。のち藩校時習館に出仕。
¶朝日([没]明治3年10月12日(1870年11月5日))，維新([生]1797年)，近現([生]1797年)，熊本人，熊本百([没]明治3(1870)年閏10月12日)，国史([生]1797年)，コン改，コン5，史人([生]1797年，(異説)1798年 [没]1870年10月12日)，神史([生]1797年)，神人([生]寛政9(1797)年 [没]明治3(1870)年閏10月12日)，新潮([没]明治3(1870)年1月12日)，人名，日人，幕末([生]1797年 [没]1870年12月13日)，藩臣7

**林大** はやしおおき
大正2(1913)年5月18日～平成16(2004)年3月3日
昭和期の国語学者。国立国語研究所の基礎を固め、現代国語、方言、国語史研究、日本語教育などの事業を推進。
¶現朝，世紀，日人

**林屋山** はやしおくざん
延享1(1744)年～寛政9(1797)年
江戸時代中期の儒学者。
¶国書([没]寛政9(1797)年5月27日)，人名，日人

**林芥蔵** はやしかいぞう
享和1(1801)年～安政5(1858)年 [別]林毛川《はやしもうせん》
江戸時代末期の勝山藩士。
¶維新，国書(林毛川 はやしもうせん [没]安政5(1858)年7月12日)，人名(林毛川 はやしもうせん)，日人(林毛川 はやしもうせん)，幕末([没]1858年8月20日)，藩臣3

**林学斎** はやしがくさい
天保4(1833)年～明治39(1906)年
江戸時代末期～明治期の儒学者。
¶江文，国書([生]天保4(1833)年10月1日 [没]明治39(1906)年7月14日)，諸系，人名，日人

**林鶴梁** はやしかくりょう
文化3(1806)年～明治11(1878)年1月16日
江戸時代末期～明治期の儒学者。遠江中泉代官、出羽幸生の代官などを歴任。尊皇を唱えて排斥。
¶朝日([生]文化3年8月13日(1806年9月24日))，維新，江戸東，江文，郷土群馬，近現，近世，群馬人，群馬百，国史，国書([生]文化3(1806)年8月13日)，コン改，コン4，コン5，静岡百，静岡歴，新潮([生]文化3(1806)年8月13日)，人名，姓氏群馬，姓氏静岡，日人，幕末，山梨百

**林勝造** はやしかつぞう
昭和期の非行少年矯正教育家。
¶現執2期

**林克己** はやしかつみ
昭和25(1950)年～
昭和～平成期の小学校教諭、翻訳家。
¶児人

**林克之** はやしかつゆき
江戸時代中期～後期の陸奥藩黌立教館学頭。
¶三重続

**林鵞峰**(林鵞峯) はやしがほう
元和4(1618)年～延宝8(1680)年 [別]林春斎《はやししゅんさい》
江戸時代前期の儒学者。林羅山の3男。
¶朝日([生]元和4年5月29日(1618年7月21日) [没]延宝8年5月5日(1680年6月1日))，岩史([生]元和4(1618)年5月29日 [没]延宝8(1680)年5月5日)，江人，江文，角史(林鵞峯)，神奈川人(林鵞峯)，教育，近世(林鵞峯)，国史(林鵞峯)，国書([生]元和4(1618)年5月29日 [没]延宝8(1680)年5月5日)，コン改，コン4，コン5，史人([生]1618年5月29日 [没]1680年5月5日)，思想史，重要([生]元和4(1618)年5月29日 [没]延宝8(1680)年5月5日)，諸系，新潮([生]元和4(1618)年5月29日 [没]延宝8(1680)年2月28日)，人名(林春斎 はやししゅんさい)，姓氏京都(林鵞峯)，世人(林鵞峯 [生]元和4(1618)

年5月29日 [没]延宝8(1680)年5月5日), 世百, 全書, 対外(林鵞峯), 徳川将, 徳川臣(林鵞峯), 日思, 日史(林鵞峯 [生]元和4(1618)年5月 [没]延宝8(1680)年5月5日), 日人, 冨嶽, 平日(林鵞峯), 山川小([生]1618年5月29日 [没]1680年5月5日), 歴大(林鵞峯)

**林川イサヲ** はやしかわいさを
明治8(1875)年3月1日~昭和22(1947)年10月4日
明治~昭和期の刺繍芸術家。社会教育福祉家。
¶豊前

**林菊三郎** はやしきくさぶろう
明治18(1885)年10月4日~昭和38(1963)年7月31日
明治~昭和期の教育者。
¶世紀, 鳥取百, 日人

**林喜太郎** はやしきたろう
明治6(1873)年5月8日~昭和22(1947)年8月25日
明治~昭和期の歴史学者。
¶姓氏富山, 富山百

**林清子** はやしきよこ
生没年不詳
大正期の教育者・女性運動家。
¶愛知女

**林喜代松** はやしきよまつ
大正5(1916)年~
昭和期の教育者。
¶群馬人

**林欽次**(林欽二) はやしきんじ
文政5(1822)年~明治29(1896)年
江戸時代末期~明治期のフランス語教師。維新後名古屋藩洋学校教師となる。その後、東京で「迎曦塾」を開く。
¶維新, 国際, 人名(林欽二), 日人([生]1825年), 幕末([没]1896年2月24日), 洋学([生]文政7(1824)年)

**林欽二** はやしきんじ
生没年不詳
明治期の教育家。
¶大阪人

**林錦峰** はやしきんぽう
明和4(1767)年~寛政5(1793)年
江戸時代中期の儒官。
¶江文([没]寛政4(1792)年), 国書([没]寛政5(1793)年4月20日), 諸系, 人名, 日人

**林国雄**(林圀雄) はやしくにお
宝暦8(1758)年~文政2(1819)年2月27日
江戸時代中期~後期の国学者。
¶朝日([没]文政2年2月27日(1819年3月22日)), 江文([生]安永9(1780)年 [没]天保10(1839)年), 国書([生]安永9(1780)年 [没]天保10(1839)年2月26日), 神人([生]安永9(1780)年 [没]天保10(1839)年), 新潮, 人名(林圀雄), 世人, 日人, 和俳

**林邦雄** はやしくにお
昭和7(1932)年8月21日~
昭和期の教育心理学者。静岡大学教授、目白大学教授。
¶現執2期

**林啓介** はやしけいすけ
昭和10(1935)年9月23日~
昭和~平成期の経営教育コンサルタント。
¶現執3期

**林健** はやしけん
文政11(1828)年~嘉永6(1853)年 [別]林壮軒《はやしそうけん》
江戸時代末期の儒官。
¶江文(林壮軒 はやしそうけん), 国書(林壮軒 はやしそうけん [生]文政12(1829)年6月21日 [没]嘉永6(1853)年7月16日), 諸系(林壮軒 はやしそうけん), 人名, 日人(林壮軒 はやしそうけん)

**林源二郎** はやしげんじろう
大正9(1920)年1月1日~
昭和期の音楽教育者。信州大学教授。
¶現情

**林元碩** はやしげんせき
生没年不詳
江戸時代後期の心学者。
¶国書

**林健造** はやしけんぞう
大正6(1917)年~
昭和期の幼児造形教育専門家。十文字学園女子短期大学教授。
¶現執1期

**林吾一** はやしごいち
嘉永4(1851)年4月~?
明治~昭和期の教育家。
¶心理

**林孝道** はやしこうどう
慶応1(1865)年4月8日~昭和21(1946)年12月17日
明治~昭和期の僧。高山市の雲竜寺31世。孝道幼稚園初代園長。
¶飛驒

**林こと** はやしこと
明治26(1893)年~昭和45(1970)年
大正~昭和期の教育者。
¶群馬人, 群馬百

**林惟純** はやしこれずみ
天保4(1833)年1月14日~明治29(1896)年3月31日
江戸時代後期~明治時代の神官、教育者。
¶幕末大

**林五郎三郎** はやしごろうさぶろう
天保3(1832)年~元治1(1864)年 [別]林五郎三郎《はやしごろさぶろう》
江戸時代末期の水戸藩士。弘道館舎長、潮来郷

校掛。
¶維新（はやしごろさぶろう），人名，日人，幕末（はやしごろさぶろう　[没]1864年10月19日），藩臣2

**林五郎三郎** はやしごろさぶろう
→林五郎三郎（はやしごろうさぶろう）

**林崎政子** はやしざきまさこ
嘉永6（1853）年～大正2（1913）年
江戸時代末期～大正期の教育者。石見女学校教師、上村裁縫場教師。
¶島根歴

**林貞子** はやしさだこ
明治7（1874）年4月25日～昭和15（1940）年7月29日
明治～昭和期の教育者。日本最初のチャリティ独唱会を開く。母校フェリス女学院の復興に尽力、副校長就任。
¶神奈女，女性，女性普

**林三郎** はやしさぶろう
明治36（1903）年1月15日～昭和62（1987）年4月29日
大正・昭和期の高根村教育長。
¶飛騨

**林繁男**（松繁男） はやししげお
大正8（1919）年10月～
大正～昭和期の点字楽譜研究者、理療科教員。
¶視覚（松繁男）

**林重浩** はやししげひろ
明治4（1871）年9月22日～昭和19（1944）年5月15日
明治～昭和期の教育者。
¶鳥取百，日人

**林茂** はやししげる
大正13（1924）年1月2日～
昭和期の清見村教育長。
¶飛騨

**林子平** はやししへい
元文3（1738）年～寛政5（1793）年6月21日
江戸時代中期の経世家。「三国通覧図説」「海国兵談」の著者。
¶朝日（[生]元文3年6月21日（1738年8月6日）[没]寛政5年6月21日（1793年7月28日）），岩史（[生]元文3（1738）年6月21日），江人，江文，角史，教育，近世，国史，国書（[生]元文3（1738）年6月21日），コン改，コン4，コン5，詩歌，詩作（[生]元文3（1738）年6月21日），史人（[生]1738年6月21日），思想史，重要，人書79，人書94，新潮，人名，姓氏宮城，世人，世百，全書，対外，大百，地理，伝記，徳川将，長崎遊，日思，日史（[生]元文3（1738）年6月21日），日人，百科，平日，北海道百，北海道歴（[生]元文），宮城百，山川小（[生]1738年6月21日），洋学，歴大，和俳

**林述斎** はやしじゅっさい，はやしじゅつさい
明和5（1768）年6月23日～天保12（1841）年7月14日
江戸時代中期～後期の儒学者。幼年に大塩竃渚、服部仲山に師事。
¶朝日（[生]明和5年6月23日（1768年8月5日）[没]天保12年7月14日（1841年8月30日）），岩史，江文，角史，教育，郷土岐阜，近世，国史，国書，コン改，コン4，詩歌，詩作，史人，諸系，新潮，人名，世人，世百，全書（はやしじゅつさい），大百，日思（はやしじゅつさい），日史（[没]天保12（1841）年7月20日），日人，百科，歴大，和俳

**林春斎** はやししゅんさい
→林鵞峰（はやしがほう）

**林正路** はやししょうじ
明治25（1892）年～昭和45（1970）年
昭和期の教育者。
¶山口人

**林進治** はやししんじ
明治44（1911）年～
昭和期の教育評論家。
¶現執1期

**林甚八** はやしじんぱち
文久2（1862）年9月6日～昭和23（1948）年1月19日
明治～昭和期の地方政治家。
¶岡山人，岡山百，岡山歴

**林双橋** はやしそうきょう
文政11（1828）年～明治29（1896）年
江戸時代末期～明治期の儒学者。
¶姓氏京都，日人

**林壮軒** はやしそうけん
→林健（はやしけん）

**林蓀坡** はやしそんぱ
→林孚尹（はやしふいん）

**林竹二** はやしたけじ
明治39（1906）年12月21日～昭和60（1985）年4月1日
大正～昭和期の教育哲学者。東北大学教授。入試改革や授業巡礼を行った。田中正造研究でも有名。
¶郷土栃木，現朝，現執1期，現執2期，現情，現人，現日（[生]1906年12月11日），新潮，世紀，栃木歴，日人，マス2，マス89，民学

**林竹治郎** はやしたけじろう
明治4（1871）年4月15日～昭和16（1941）年
明治～昭和期の画家、美術教育者。
¶札幌，北海道百，北海道歴

**林忠保** はやしただやす
明治28（1895）年9月14日～昭和43（1968）年11月2日
大正～昭和期の音楽教育者。
¶岡山歴

**林田敏貞** はやしだとしさだ
明治29（1896）年2月25日～昭和45（1970）年6月21日

は

大正～昭和期の教育者。
¶熊本百

**林胤吉** はやしたねきち
明治12(1879)年12月1日～昭和31(1956)年5月1日
明治～昭和期の教育者。
¶群馬人, 姓氏群馬

**林田撫水** はやしだぶすい
明治11(1878)年7月4日～?
明治～大正期の詩人, 教育者。
¶日児

**林保** はやしたもつ
大正7(1918)年9月7日～
昭和期の教育心理学者。
¶現執1期, 現情

**林単山** はやしたんざん
明和3(1766)年～天保7(1836)年
江戸時代後期の漢学者。
¶国書(㊥天保7(1836)年4月10日), 人名, 日人

**林力** はやしちから
大正13(1924)年8月29日～
昭和～平成期の同和教育者、社会問題研究者。九州産業大学教授、部落解放基本法」制定要求国民運動県実行委員会事務局長。
¶現執2期, 現執3期

**林蝶子** はやしちょうこ
明治5(1872)年～昭和20(1945)年
明治～昭和期の女性。大阪外国語大学創立の資金を寄付した。
¶大阪人

**林鶴一** はやしつるいち
明治6(1873)年6月13日～昭和10(1935)年10月4日
明治～大正期の数学者。東北帝国大学名誉教授。「東北数学雑誌」創刊。数学教育に関する著作に著しい貢献。和算史の研究でも有名。
¶科学, 近現, 国史, コン改, コン5, 史人, 新潮, 人名, 数学, 世紀, 全書, 徳島百, 徳島県, 日人, 百科, 宮城百, 歴大

**林樫宇** はやしていう
寛政5(1793)年～弘化3(1846)年12月2日
江戸時代後期の幕府儒官。
¶江文(㊥寛政4(1792)年), 国書(㊥寛政5(1793)年5月27日), 諸系(㊥1847年), 人名, 日人(㊥1847年)

**林貞造** はやしていぞう
文化8(1811)年～明治32(1899)年7月8日
江戸時代末期の私塾師匠。
¶埼玉人

**林伝次** はやしでんじ
明治24(1891)年～昭和34(1959)年
大正～昭和期の教育者。
¶愛媛, 埼玉人(㊥明治24(1891)年12月5日 ㊥昭和34(1959)年8月22日)

**林道記** はやしどうき
弘化1(1844)年～大正4(1915)年
江戸時代末期～大正期の教育者、平原義塾の開設者。
¶長野歴

**林東溟** はやしとうめい
宝永5(1708)年～安永9(1780)年
江戸時代中期の漢学者。藩校明倫館に入学、山県周南に徂徠学を学ぶ。
¶朝日(㊥安永9年9月25日(1780年10月22日)), 江文, 国書(㊥安永9(1780)年9月25日), コン改, コン4, コン5, 詩歌, 新潮(㊥安永9(1780)年9月25日), 人名, 日人, 和俳(㊥安永9(1780)年9月25日)

**林友三郎** はやしともさぶろう
大正12(1923)年～
昭和～平成期の中学校教諭。全国生徒指導研究協議会常任委員。
¶YA

**林南涯** はやしなんがい
安永4(1775)年～天保12(1841)年
江戸時代後期の尾張藩の儒員。
¶国書(㊥天保12(1841)年閏1月8日), 人名, 日人

**林野滋樹** はやしのしげき
大正10(1921)年1月8日～
昭和～平成期の英語教育学者、言語学者。阪南大学教授。
¶現執3期, YA

**林信篤** はやしのぶあつ
→林鳳岡(はやしほうこう)

**林信亮** はやしのぶすけ
宝永6(1709)年～天明1(1781)年
江戸時代中期の幕府の儒官。
¶国書(㊥天明1(1781)年閏5月21日), 人名, 日人

**林信孝** はやしのぶたか
昭和29(1954)年～
昭和～平成期の中学・高等学校英語科教諭。
¶YA

**林昇** はやしのぼる
天保4(1833)年10月～明治39(1906)年7月
江戸時代後期～明治期の教育者・神官。
¶群馬人

**林原耕三** はやしばらこうぞう
→林原耒井(はやしばららいせい)

**林原耒井** はやしばららいせい
明治20(1887)年12月6日～昭和50(1975)年4月23日 ㊨林原耕三《はやしばらこうぞう》
明治～昭和期の英文学者、俳人。明治大学教授。句集に「蜩」ほか, 俳論集「俳句形式論」など。
¶愛媛, 愛媛百, 近文, 現情(林原耕三　はやしばらこうぞう), 現俳, 新文, 人名7(林原耕三 はやしばらこうぞう), 世紀(林原耕三　はや

しばらこうぞう），日人，俳文，福井俳

## 林晩翠　はやしばんすい
文化1（1804）年〜文久1（1861）年
江戸時代末期の勤皇派の豪商。漢学の私塾を開設した。
¶島根人，島根歴

## 林尚男　はやしひさお
昭和2（1927）年10月18日〜
昭和〜平成期の日本語教育学者、日本文学者。弘前大学助教授。
¶現執2期，現執3期

## 林寿人　はやしひさと
慶応1（1865）年〜昭和19（1944）年
明治〜昭和期の教育者。
¶神奈川人，姓氏神奈川

## 林裕子　はやしひろこ
昭和21（1946）年4月1日〜
昭和〜平成期の音楽教育者。
¶音人，音人2，音人3

## 林公　はやしひろし
昭和18（1943）年〜
昭和〜平成期の高校教師。全国朝の読書連絡会会長。専門は、哲学、教育哲学。
¶現執4期

## 林博太郎　はやしひろたろう
明治7（1874）年2月4日〜昭和43（1968）年4月28日
明治〜昭和期の教育学者。東京帝国大学教授。学習院教授、貴族院議員などを歴任。戦後は高千穂商大理事長。
¶近現，現情，国史，コン改，コン4，コン5，新潮，人名7，心理，世紀，政治，哲学，渡航，日人，山口人，山口百，履歴，履歴2

## 林孚一　はやしふいち
文化8（1811）年〜明治25（1892）年9月13日
江戸時代末期〜明治期の勤王志士。禁門の変や天狗党の乱の敗残者の保護にあたる。維新後は地方自治に貢献。
¶維新，岡山人，岡山百（㊤文化8（1811）年5月28日），岡山歴（㊤文化8（1811）年1月28日），人名，日人，幕末

## 林孚尹　はやしふいん
天明1（1781）年〜天保7（1836）年　㊥林蓀坡《はやしそんぱ》
江戸時代後期の儒学者。
¶国書（林蓀坡　はやしそんぱ　㊤天明1（1781）年6月16日　㊦天保7（1836）年7月22日），人名，日人（林蓀坡　はやしそんぱ）

## 林復斎　はやしふくさい
寛政12（1800）年〜安政6（1859）年9月17日　㊥林韑《はやしあきら》
江戸時代末期の儒学者。日米和親条約締結の際の日本全権。
¶朝日（㊤寛政12年12月27日（1801年2月10日）㊦安政6年9月17日（1859年10月12日）），維新，岩史（㊤寛政12（1800）年12月27日，江文，近世，国史，国書（㊤寛政12（1800）年12月27日），コン改，コン4，史人（㊤1800年12月27日），重要（林韑　はやしあきら），諸系（㊤1801年），新潮，人名，姓氏神奈川（林韑　はやしあきら　㊤1801年），世人，日史，日人（㊤1801年），幕末（㊦1859年10月12日），百科，歴大

## 林文雄　はやしふみお
明治34（1901）年〜昭和22（1947）年
大正〜昭和期の医師。星塚敬愛学園初代園長。
¶姓氏鹿児島

## 林部一二　はやしべいちじ
大正6（1917）年〜
昭和期の社会教育専門家。
¶現執1期

## 林鳳岡　はやしほうこう
寛永21（1644）年12月14日〜享保17（1732）年6月1日　㊥林信篤《はやしのぶあつ》
江戸時代前期〜中期の儒学者。大学頭。聖堂（孔子廟）を湯島昌平坂に移した。
¶朝日（㊤正保1年12月14日（1645年1月11日）㊦享保17年6月1日（1732年7月22日）），岩史，江文，角史，教育（林信篤　はやしのぶあつ），近世，国書，国書，コン改，コン4，史人，重要，諸系（㊤1645年），神人（林信篤　はやしのぶあつ），新潮（㊦享保17（1732）年6月30日），人名，世人，世百，全書，大百，太宰府（林信篤　はやしのぶあつ），日見，日人（㊤1645年），平日（林信篤　はやしのぶあつ），歴大

## 林鳳谷　はやしほうこく
享保6（1721）年〜安永2（1773）年12月11日
江戸時代中期の幕府の儒官。
¶江文，国書，諸系（㊦1774年），人名，日人（㊦1774年）

## 林鳳潭　はやしほうたん
宝暦11（1761）年〜天明7（1787）年
江戸時代中期の儒学者。
¶江文，諸糸，人名，日人

## 林孫市（松孫市）　はやしまごいち
明治38（1905）年11月25日〜昭和50（1975）年4月22日
大正〜昭和期の教員、弓道家、剣道錬士、弓道錬士。
¶弓道（松孫市），弓道

## 林正木　はやしまさき
明治19（1886）年〜昭和17（1942）年
明治〜昭和期の大分県の地方教育会の恩人。宮司。
¶大分百，大分歴

## 林正義（松正義）　はやしまさよし
昭和12（1937）年4月17日〜
昭和期の教育者。
¶視覚（松正義）

## 林亦彦　はやしまたひこ
？〜昭和29（1954）年

大正～昭和期の教育者。
¶姓氏山口

**林恵海**　はやしめぐみ
→林恵海(はやしえかい)

**林毛川**　はやしもうせん
→林芥蔵(はやしかいぞう)

**林森太郎**　はやしもりたろう
明治5(1872)年7月15日～昭和12(1937)年10月3日
明治～昭和期の教育家・国文学者。
¶徳島百，徳島歴

**林康豊**　はやしやすとよ
昭和12(1937)年5月22日～
昭和～平成期の合唱指揮者、音楽教育者(ソルフェージュ)。
¶音人，音人2，音人3

は

**林八十司**　はやしやそじ
明治10(1877)年～昭和24(1949)年
明治～昭和期の教育者、政治家。伊那町長。
¶長野歴

**林瑜**　はやしゆ
？　～天保7(1836)年
江戸時代後期の加賀藩校明倫堂助教・藩主侍講。
¶姓氏石川

**林雄一郎**　はやしゆういちろう
大正1(1912)年12月31日～
大正～平成期の合唱指揮者、音楽教育者。
¶音人3

**林祐作**　はやしゆうさく
明治43(1910)年11月10日～昭和53(1978)年12月23日
大正・昭和期の馬瀬村教育長。
¶飛騨

**林祐次**　はやしゆうじ
大正15(1926)年3月10日～
昭和～平成期の音楽教育者、声楽家。
¶音人2，音人3

**林幸光**　はやしゆきみつ
明治31(1898)年～昭和48(1973)年
大正・昭和期の教育者。
¶鹿児島百，薩摩

**林翼**　はやしよく
延享1(1744)年～寛政9(1797)年
江戸時代中期～後期の加賀藩校明倫堂助教。
¶姓氏石川

**林抑斎**　はやしよくさい
文化10(1813)年～明治4(1871)年
江戸時代末期～明治期の備中松山藩士。
¶人名，日人

**林義直**　はやしよしなお
慶応2(1866)年～
江戸時代末期～明治期の教育者。
¶多摩

**林芳正**　はやしよしまさ
昭和36(1961)年1月19日～
昭和～平成期の政治家。参議院議員、第22、23代文科相。
¶現政

**林芳弥**　はやしよしや
明治19(1886)年～昭和4(1929)年
明治～昭和期の教育者、歌人。
¶姓氏長野

**林頼三郎**　はやしらいざぶろう，はやしらいさぶろう
明治11(1878)年9月6日～昭和33(1958)年5月7日
大正～昭和期の司法官僚。中央大学学長。検事総長、大審院長を経て、広田内閣法相、貴族院議員。
¶近現，現朝，現情，国史，コン改(はやしらいさぶろう)，コン4(はやしらいさぶろう)，コン5(はやしらいさぶろう)，埼玉人，埼玉百(はやしらいさぶろう)，新潮，人名7，世紀，政治，日人，履歴，履歴2

**林羅山**　はやしらざん
天正11(1583)年8月～明暦3(1657)年1月23日
[別]林道春《はやしどうしゅん》
江戸時代前期の儒学者。藤原惺窩に師事。推挙されて将軍家の侍講となる。
¶朝日([没]明暦3年1月23日(1657年3月7日))，岩史，江人，江文，角史，神奈川人，鎌倉，鎌倉新([生]天正11(1583)年8月？日)，教育，京都，京都大，近世，国史，国書，コン改，コン4，コン5，埼玉百，詩歌，詩作，史人，静岡百，静岡歴，思想史，重要，諸系，神史，人書94，神人([没]明暦3(1657)年1月)，新潮，新文，人名，姓氏京都，世人，世百，戦国，全書，戦人，全戦，戦武，対外，大百，太宰府，伝記，徳川将，徳川臣，栃木歴，日思，日史，日人，日文，百科，富嶽，仏教，文学，平日，山川小，歴大，和俳

**林榴岡**　はやしりゅうこう
天和1(1681)年～宝暦8(1758)年11月11日
江戸時代中期の儒学者。
¶江文，国書，諸系，新潮，人名，日人

**林柳波**　はやしりゅうは
明治25(1892)年3月18日～昭和49(1974)年3月27日
明治～昭和期の童謡詩人、教育者。明治薬科大学講師。「うみ」「おうま」「うぐいす」などを作詞。
¶郷土群馬，群新百，群馬人，群馬百，児文，世紀，姓氏群馬，日児，日人

**林良斎**　はやしりょうさい
文化4(1807)年～嘉永2(1849)年5月4日
江戸時代末期の儒学者。
¶大阪人，国書([生]文化5(1808)年)，人書79，人書94，新潮，人名，世人，日人，藩臣6([生]文化5(1808)年)

**林了蔵**　はやしりょうぞう
文政12(1829)年～慶応1(1865)年
江戸時代末期の水戸藩士。

¶維新，人名，日人，幕末（[没]1865年5月），藩臣2

**林良造** はやしりょうぞう
天保11（1840）年～大正6（1917）年
江戸時代末期～大正期の医師、教育者。
¶鳥取百

**林亮太郎** はやしりょうたろう
明治38（1905）年10月17日～
昭和期の教育者。
¶群馬人

**林霊法** はやしれいほう
明治39（1906）年9月20日～平成12（2000）年3月7日
昭和期の僧侶。東海学園女子短期大学長、知恩寺法主。新大乗仏教運動を展開。東海女子高等学校を創立、東海学園女子短期大学を設立。
¶学校（[生]明治39（1906）年9月29日），現朝，現執1期，現情，現人，社運，社史，世紀（[生]明治39（1906）年9月29日），日人，平和

**早田伝之助** はやたでんのすけ
寛政3（1791）年～明治7（1874）年
江戸時代末期～明治時代の豪農、心学者。
¶幕末，幕末大，福島百

**早田幸政** はやたゆきまさ
昭和28（1953）年1月6日～
昭和～平成期の大学評価論、教育法研究者。大学基準協会大学評価・研究部部長。専門は、大学評価論、教育法。
¶現執4期

**早野橘隧** はやのきっすい
→早野流水（はやのりゅうすい）

**早野仰斎** はやのぎょうさい
→早野仰斎（はやのこうさい）

**早野仰斎** はやのこうさい
延享3（1746）年～寛政2（1790）年 [別]早野仰斎《はやのぎょうさい》
江戸時代中期の儒学者。
¶大阪人（[没]寛政2（1790）年3月），大阪墓（はやのぎょうさい [没]寛政2（1790）年3月27日），人名，日人（はやのぎょうさい）

**早野元光** はやのもとみつ
安政2（1855）年～昭和10（1935）年
明治～昭和期の心学者。
¶神奈川人

**早野流水** はやのりゅうすい
安永7（1778）年～天保2（1831）年 [別]早野橘隧《はやのきっすい》
江戸時代後期の儒学者。
¶国書（早野橘隧 はやのきっすい [生]安永7（1778）年11月1日 [没]天保2（1831）年3月29日），人名，日人

**早藤喜代蔵** はやふじきよぞう
安政6（1859）年～明治43（1910）年
明治期の教育者。
¶日人

**早淵四郎** はやぶちしろう
明治20（1887）年～昭和32（1957）年
明治～昭和期の軍人、教育者。陸軍中将。
¶姓氏鹿児島

**葉山高行** はやまたかゆき
寛政8（1796）年～元治1（1864）年
江戸時代末期の肥前平戸藩老。
¶国書（[没]元治1（1864）年5月26日），人名，日人

**羽山八百蔵** はやまやおぞう
嘉永6（1853）年～明治45（1912）年
江戸時代後期～明治期の教育者。
¶鳥取百

**速水敏彦** はやみずとしひこ
昭和22（1947）年～
昭和～平成期の教育心理学者。名古屋大学助教授。
¶現執3期（[生]昭和22（1947）年4月），現執4期（[生]1947年4月10日）

**速水博司** はやみずひろし
昭和8（1933）年12月26日～
昭和～平成期の高等学校教師、日本語学者、中古文学者。南多摩高校教諭、東洋大学非常勤講師。
¶現執3期

**はやみねかおる**
昭和39（1964）年4月16日～
昭和～平成期の小学校教諭、児童文学作家。
¶紀伊文（[生]昭和39年4月（日不詳）），幻想，児人，小説，ミス

**早見豊陽** はやみほうよう
元治1（1864）年～昭和3（1928）年
明治～昭和期の教育家。
¶大分歴

**速水巻太郎** はやみまきたろう
生没年不詳
明治期の英語教師。
¶徳島歴

**葉養正明** はようまさあき
昭和24（1949）年4月11日～
昭和～平成期の研究者。東京学芸大学教育学部教授。専門は、教育経営論、教育制度論。
¶現執4期

**原愛造** はらあいぞう
明治24（1891）年～昭和39（1964）年
大正～昭和期の洋画家、美術教育者。
¶和歌山人

**原市之進** はらいちのしん
天保1（1830）年～慶応3（1867）年 [別]原伍軒《はらごけん》
江戸時代末期の幕臣。菁莪塾を経営し子弟の教育に当たる。
¶朝日（[生]天保1年1月6日（1830年1月30日） [没]慶応3年8月14日（1867年9月11日）），維新，茨城百，茨城歴，京都大，近世，国史，国書

（原伍軒　はらごけん　㉕慶応3（1867）年8月14日）、コン5、史人（⊕1830年1月6日　㉕1867年8月14日）、新潮（㉕慶応3（1867）年8月14日）、人名、姓氏京都、世人（㉕慶応3（1867）年8月14日）、全幕、徳川将、徳川臣、日人、幕末大（㉕1867年9月）、幕末大（⊕文政13（1830）年1月6日　㉕慶応3（1867）年8月14日）、藩臣2

### 原右膳　はらうぜん
天明4（1784）年〜元治1（1864）年
江戸時代後期の医師。
¶静岡歴、姓氏静岡、幕末

### 原加賀子　はらかがこ
昭和8（1933）年6月12日〜
昭和〜平成期の教育コンサルタント、コミュニケーションインストラクター。東京工芸大女子大学講師。
¶現執3期、現執4期

### 原花祭　はらかさい
享保4（1719）年〜明和6（1769）年
江戸時代中期の儒学者。佐賀藩士。郷校東原庠舎（多久聖堂）で指導。
¶国書（㉕明和6（1769）年4月29日）、人名、日人

### 原克　はらかつ
明治37（1904）年2月11日〜昭和32（1957）年4月19日
昭和期の青森師範学校教諭。
¶社史

### 原川治兵衛　はらかわじへえ
＊〜明治36（1903）年
江戸時代後期〜明治期の産業教育の推進者。
¶静岡歴（⊕天保10（1839）年）、姓氏静岡（⊕？）

### 原狂斎　はらきょうさい
享保20（1735）年〜寛政2（1790）年
江戸時代中期の儒学者、折衷学者。
¶江文、国書（㉕寛政2（1790）年4月20日）、コン改、コン4、新潮（⊕元文3（1738）年　㉕寛政5（1793）年4月20日）、人名（⊕1738年　㉕1793年）、世人（⊕元文3（1738）年　㉕寛政5（1793）年4月20日）、日人

### 原勤堂　はらきんどう
文政8（1825）年〜明治29（1896）年
江戸時代末期〜明治期の医師。
¶大阪人（㉕明治29（1896）年1月）、人名、日人

### 原口泰　はらぐちたい
天保14（1843）年〜？
江戸時代後期〜明治期の教育者。
¶群馬人

### 原口文益　はらぐちぶんえき
文化13（1816）年〜慶応3（1867）年
江戸時代後期〜末期の安蘇郡下永野村に開塾した教育者、医師、出流山挙兵に参加。
¶栃木歴

### 原口元照　はらぐちもとてる
生没年不詳

明治期の教育家。
¶佐賀百

### 原口盛次　はらぐちもりじ
昭和4（1929）年3月13日〜
昭和〜平成期の小・中学校校長、教育者。中野区教育委員会指導室教育相談員。
¶現執3期

### 原口隆造　はらぐちりゅうぞう
＊〜明治34（1901）年11月12日
江戸時代末期〜明治期のドイツ語教師。独逸学校教授。京都府療病院監事、京都医学予科校講師等を歴任。著書に「独逸語階梯」。
¶学校（⊕安政1（1854）年）、洋学（⊕嘉永5（1852）年）

### 原コウ子　はらこうこ
明治29（1896）年1月15日〜昭和63（1988）年6月25日
大正〜昭和期の俳人。大阪府立小学校教師。夫を助け雑詠の共選にあたる。句集に「昼顔」「胡卉」など。
¶大阪人（㉕昭和63（1988）年6月）、大阪文、現俳、女性、女性普、女文、世紀、日人、俳文

### 原伍軒　はらごけん
→原市之進（はらいちのしん）

### 原古処　はらこしょ
明和4（1767）年〜文政10（1827）年
江戸時代中期〜後期の漢詩人。徂徠学、古文辞学を修める。
¶朝日（⊕明和4年9月29日（1767年10月21日）㉕文政10年1月22日（1827年2月17日））、国書（⊕明和4（1767）年9月29日　㉕文政10（1827）年1月22日）、日人、藩臣7、福岡百（⊕明和4（1767）年9月29日　㉕文政10（1827）年1月22日）、和俳

### 原才三郎　はらさいざぶろう
明治9（1876）年〜昭和20（1945）年
明治〜昭和期の教育功労者。
¶長野歴

### 原采蘋（原菜蘋）　はらさいひん
寛政10（1798）年4月〜安政6（1859）年
江戸時代末期の女性。漢詩人。
¶朝日（㉕安政6年10月1日（1859年10月26日））、岩史（㉕安政6（1859）年10月1日）、近世、国史、国書（㉕安政6（1859）年10月1日）、コン改（原菜蘋）、コン4（原菜蘋）、詩歌（原菜蘋）、女史、女性、新潮（㉕安政6（1859）年11月2日）、人名（原菜蘋）、幕末（原菜蘋㉕1859年10月26日）、福岡百（㉕安政6（1859）年10月1日）、歴大、和俳

### 原崎孝　はらざきたかし
昭和9（1934）年3月4日〜
昭和〜平成期の評論家、高校教師。
¶紀伊文、近文、現詩、世紀

原サダメ　はらさだめ
　明治26（1893）年9月19日〜
　大正〜昭和期の幼児教育家。
　　¶熊本百

原三郎　はらさぶろう
　明治33（1899）年6月28日〜
　明治・大正期の教育者。
　　¶北海道建

原沢延寿　はらさわえんじゅ
　明治28（1895）年12月19日〜
　大正〜昭和期の教育者。
　　¶群馬人

原沢省二郎　はらさわしょうじろう
　明治24（1891）年〜昭和46（1971）年
　大正〜昭和期の教育者。
　　¶群馬人

原沢豊作　はらさわとよさく
　明治1（1868）年〜昭和13（1938）年
　明治〜昭和期の教育者。
　　¶姓氏群馬

原沢保之助　はらさわやすのすけ
　明治40（1907）年〜
　昭和期の教育者。
　　¶群馬人

原潤庵　はらじゅんあん
　生没年不詳
　江戸時代の母里藩医、庶民教育の先覚者。
　　¶島根歴

原小一　はらしょういち
　明治40（1907）年10月24日〜昭和62（1987）年4月29日
　昭和期の小学校教員。
　　¶社史

原省蔵　はらせいぞう
　文政8（1825）年〜明治29（1896）年
　江戸時代後期〜明治期の教育者。
　　¶姓氏石川

原双桂　はらそうけい
　享保3（1718）年10月13日〜明和4（1767）年
　江戸時代中期の儒学者。伊藤東涯に師事。
　　¶朝日（㉓享保3年10月13日（1718年11月5日）㉓明和4年9月4日（1767年9月26日））、国書（㉓明和4（1767）年閏9月4日），詩歌，新潮（㉓明和4（1767）年9月4日），人名，姓氏京都，世人（㉓明和4（1767）年9月4日），日人，藩臣3，和俳（㉓明和4（1767）年9月4日）

原素行　はらそこう
　明治30（1897）年〜*
　大正・昭和期の小学校教員、農民運動家。
　　¶社史（㉓1968年），新潟百別（㉓1972年）

原田明彦　はらだあきひこ
　昭和11（1936）年6月6日〜平成9（1997）年9月7日
　昭和・平成期の教育者・僧。古川町の慈眼寺19世。
　　¶飛騨

原田彰　はらだあきら
　昭和12（1937）年〜
　昭和期の教育社会学者。
　　¶現執1期

原田斧治　はらだおのじ
　生没年不詳
　江戸時代中期の三河吉田藩士、剣術師範。
　　¶剣豪，藩臣4

原田一男　はらだかずお
　明治29（1896）年〜昭和51（1976）年
　大正〜昭和期の教育者。
　　¶山形百

原田かめよ　はらだかめよ
　明治21（1888）年2月11日〜昭和36（1961）年12月14日
　大正〜昭和期の教育者。
　　¶岡山人，岡山歴

原田鑑三郎　はらだかんざぶろう
　生没年不詳
　明治期の教師。フランス語教師のパイオニア。横須賀製鉄所でフランス語を教授。
　　¶先駆

原武　はらたけし
　明治32（1899）年〜昭和37（1962）年
　大正〜昭和期の教育者、政治家。長野県議会議員。
　　¶姓氏長野，長野歴

原田健太郎　はらだけんたろう
　明治39（1906）年6月13日〜昭和59（1984）年7月17日
　大正・昭和期の教育者。学校長。
　　¶飛騨

原田吾一　はらだごいち
　生没年不詳
　江戸時代末期の幕臣。遣仏使節に随行。
　　¶海越新

原田小四郎　はらだこしろう
　文化9（1812）年〜明治12（1879）年
　江戸時代末期〜明治時代の佐賀藩士。藩校弘道館で子弟の教育にあたる。藩主鍋島直正の信任厚く御側役となる。
　　¶幕末，幕末大

原田定助　はらださだすけ
　慶応3（1867）年〜大正14（1925）年
　明治〜大正期の綿糸商。足利中学創立の功労者、栃木県議会議長。
　　¶栃木百，栃木歴

原田重彦　はらだしげひこ
　明治29（1896）年〜平成1（1989）年
　大正〜昭和期の教育者、政治家。牧園町立持松小学校長、牧園町議会議員。
　　¶姓氏鹿児島

**原田茂** はらだしげる
大正11 (1922) 年〜
昭和期の道徳教育研究者、青年心理学者。東京理科大学教授。
¶現執1期

**原田修一** はらだしゅういち
明治26 (1893) 年〜昭和32 (1957) 年
大正〜昭和期の教育者。
¶兵庫百

**原田秀穂** はらだしゅうすい
明治37 (1904) 年7月17日〜平成1 (1989) 年
大正〜昭和期の口演童話家、小・中学校教師。
¶日児

**原田紫陽** はらだしよう
天保10 (1839) 年〜明治11 (1878) 年
江戸時代末期〜明治時代の佐賀藩士。藩校弘道館教授。戊辰戦争に参加。詩文・学問ともにすぐれ、著作に「左年表」。
¶幕末、幕末大

**原田図書** はらだずしょ
生没年不詳
江戸時代後期の寺子屋の師匠。
¶姓氏神奈川

**原田高敏** はらだたかとし
嘉永3 (1850) 年1月4日〜明治43 (1910) 年4月29日
江戸時代末期〜明治期の地方官吏。西端村村長などを歴任。教育にも尽力し、産業振興の働きのため藍綬褒章をうけた。
¶姓氏愛知、幕末、藩臣4

**原正** はらただし
大正13 (1924) 年7月4日〜
昭和期の教育者。
¶伊豆

**原田助** はらだたすく
文久3 (1863) 年〜昭和15 (1940) 年2月21日 ㊗原田助《はらだたすけ》
明治〜大正期の牧師、教育者。同志社総長、ハワイ大学東洋学部部長。同志社大学を開学。その後、排日運動の中で日米関係の改善に尽力。
¶海越新 (㊤文久3 (1863) 年11月10日)、キリ (㊤文久3年11月10日 (1863年12月20日))、近現、国史、社ँख (㊤文久3年11月10日 (1863年12月20日))、人名7 (はらだたすけ)、世紀 (㊤文久3 (1863) 年11月10日)、渡航、日人、兵庫人 (はらだたすけ ㊥昭和15 (1940) 年2月)、兵庫百

**原田助** はらだたすけ
→原田助 (はらだたすく)

**原田種成** はらだたねしげ
明治44 (1911) 年〜
昭和期の中国古典学者、漢字教育学者。大東文化大学教授。
¶群馬人、現執1期、現執2期 (㊤明治44 (1911) 年1月2日)

**原田隣造** はらだちかぞう
明治31 (1898) 年10月25日〜昭和63 (1988) 年4月23日
大正〜昭和期の体育指導者。埼玉県高等学校体育連盟創始者・埼玉陸上競技協会初代理事長 (後の会長)。
¶埼玉人

**原田東岳** はらだとうがく
宝永6 (1709) 年〜天明3 (1783) 年
江戸時代中期の豊後日出藩士。
¶大分歴 (㊥?)、国書 (㊥天明3 (1783) 年12月3日)、人名 (㊤1729年)、日人、藩臣7

**原田道立** はらだどうりゅう
生没年不詳
江戸時代後期の大坂の心学者。
¶兵庫百

**原田虎男** はらだとらお
明治25 (1892) 年〜昭和54 (1979) 年
大正〜昭和期の教育者。旧制松江高等学校最後の校長。
¶島根歴

**原田直友** はらだなおとも
大正12 (1923) 年12月15日〜
昭和期の詩人。教職のかたわら詩作に専念。詩と批評誌「ぎんやんま」発刊。
¶児人、児文、世紀、日児

**原田治子** はらだはるこ
昭和7 (1932) 年〜
昭和期の小学校教頭。荒川区立第二瑞光小学校教頭。
¶現執1期、現執2期

**原田半之允** はらだはんのじょう
寛政7 (1795) 年〜安政3 (1856) 年
江戸時代末期の常陸土浦藩士、教育家。
¶藩臣2

**原田尚健** はらだひさたけ
明治3 (1870) 年〜大正4 (1915) 年
明治〜大正期の教育者。竹子小学校の2代校長。
¶姓氏鹿児島

**原田復初** はらだふくしょ
明和4 (1767) 年〜文政8 (1825) 年
江戸時代後期の儒学者。
¶国書 (㊤明和4 (1767) 年11月23日 ㊥文政8 (1825) 年8月2日)、人名、日人

**原田政七** はらだまさしち
明治9 (1876) 年〜昭和32 (1957) 年
明治〜昭和期の足利の生糸商、学事功労者。足利英語学校長、足利学校管理委員などを歴任。
¶栃木歴

**原田満左右** はらだまさすけ
明治40 (1907) 年3月15日〜昭和57 (1982) 年2月10日
昭和期の教育者。

¶岡山歴

**原田政彦** はらだまさひこ
昭和8(1933)年9月8日～
昭和期の教育者。
¶飛騨

**原田三夫** はらだみつお
明治23(1890)年1月1日～昭和52(1977)年6月13日
大正～昭和期の科学啓蒙家。少年向き科学書の著者として地歩を確立。「科学知識」「科学画報」の創刊に関与。
¶科技，郷土千葉，現朝，現情，現人，児文，出版，出文，植物，新潮，人名7，世紀，千葉百，日児，日人，北海道文([没]昭和52(1977)年12月3日)，民学

**原田実** はらだみのる
明治23(1890)年4月8日～昭和50(1975)年1月6日
大正～昭和期の教育学者、教育評論家。早稲田大学教授。新教育運動や婦人運動を支持、新学校運動を推進。
¶教育，近文，現情，新潮，人名7，世紀，千葉百，哲学，日人

**原為二** はらためじ
明治43(1910)年5月7日～昭和20(1945)年12月4日
昭和期の小学校教員。
¶社史

**原田紋右衛門** はらだもんえもん
慶応1(1865)年～昭和3(1928)年
明治～昭和期の社会事業家。作手農林学校の設立発起人。
¶姓氏愛知

**原田由右衛門** はらだよしえもん
文化14(1817)年～明治31(1898)年10月28日
江戸時代末期～明治時代の教育者。地域の文化活動に尽力。門人によって顕彰碑が二カ所に建立されている。
¶神奈川人，幕末，幕末大

**原田林市** はらだりんいち
明治18(1885)年10月9日～昭和51(1976)年2月12日
明治～昭和期の教育者。
¶岡山人，岡山百，岡山歴

**原坦山** はらたんざん
文政2(1819)年10月18日～明治25(1892)年7月27日
明治期の曹洞宗僧侶。蘭医学や仙術を研究。のち東大印度哲学科初代講師となる。
¶朝日([生]文政2年10月18日(1819年12月5日))，維新，江戸，角史，神奈川人，神奈川百，近現，近世，国史，国書，コン改，コン4，コン5，史人，思想史，新潮，人名，世人，世百，全書，大百，哲学，日史，日人，日本，幕末，幕末大，百科，福島百，仏教，仏人，歴大

**原伝** はらつたえ
文久3(1863)年～昭和5(1930)年
江戸時代末期～昭和期の教育者。
¶姓氏長野

**原道卿** はらどうきょう
→原道卿(はらどうけい)

**原道卿** はらどうけい
天明2(1782)年～弘化1(1844)年 [別]原道卿《はらどうきょう》，原平次《はらへいじ》
江戸時代後期の剣術家、安芸広島藩士。
¶剣豪(原平次 はらへいじ)，人名([生]1772年 [没]1834年)，日人(はらどうきょう)

**原時行** はらときゆき
文政9(1826)年～明治32(1899)年7月7日
江戸時代末期～明治期の日向延岡藩士。
¶人名，日人([生]1827年)，幕末，宮崎百([生]文政9(1826)年12月12日)

**原俊之** はらとしゆき
明治41(1908)年9月17日～
昭和期の教育学者。九州大学教授。
¶現情

**原斗南** はらとなん
生没年不詳
江戸時代中期の儒学者。
¶大阪人，国書，人名，日人

**原寅一** はらとらいち
明治11(1878)年1月11日～昭和15(1940)年2月25日
明治～昭和期の教育者。
¶庄内

**原野駿雄** はらのとしお
明治27(1894)年～昭和57(1982)年
大正～昭和期のキリスト教伝道者、宗教教育家、神学者。
¶兵庫百

**原信好** はらのぶよし
→原信好(はらまよみ)

**原白圭** はらはくけい
寛政6(1794)年～文政11(1828)年 [別]原白圭《はらはっけい》
江戸時代後期の儒学者。
¶国書([生]寛政6(1794)年1月 [没]文政11(1828)年6月5日)，人名(はらはっけい)，日人

**原白圭** はらはっけい
→原白圭(はらはくけい)

**原尚** はらひさし
明治25(1892)年～昭和49(1974)年
大正～昭和期の教育者。
¶愛媛，愛媛百([生]明治25(1892)年5月6日 [没]昭和49(1974)年12月30日)

**原平次** はらへいじ
→原道卿(はらどうけい)

原瓶城　はらへいじょう
　天保5(1834)年～明治29(1896)年11月25日
　江戸時代後期～明治期の儒学者・教育者。
　¶徳島歴

原正敏　はらまさとし
　大正12(1923)年5月16日～
　昭和～平成期の技術教育学者、図学者。東京大学教授、千葉大学教授。
　¶現執1期、現執3期

原まさる　はらまさる
　明治39(1906)年3月15日～昭和57(1982)年3月9日
　大正～昭和期の童話教育研究家、口演童話家。
　¶児文、日児

原勝　はらまさる
　明治28(1895)年1月5日～昭和56(1981)年8月23日
　大正～昭和期の林学者。鳥取高農(現鳥取大学農学部)教授。鳥取砂丘の緑化と砂防の研究にとりくむ。砂丘地農業化に貢献した。
　¶科学、現情、鳥取百、日人

原松太　はらまつた
　明治18(1885)年12月24日～昭和34(1959)年5月20日
　大正～昭和期の教育者、牧師。西南女学院院長。
　¶キリ、福岡百

原信好　はらまよみ
　文政5(1822)年～明治17(1884)年6月26日　別原信好《はらのぶよし》
　江戸時代末期～明治時代の神官。筑摩県皇学教授。神葬祭運動を行い、平田篤胤没後の門人となる。山本学校訓導などをつとめた。
　¶維新、人書94、姓氏長野(はらのぶよし)、長野歴、幕末、幕末大《文政5(1822)年1月13日》

原みさほ　はらみさほ
　明治27(1894)年～昭和45(1970)年
　大正～昭和期の教育功労者。
　¶姓氏長野

原ムメ　はらむめ
　明治24(1891)年10月18日～昭和55(1980)年6月7日
　大正～昭和期の教育者。原裁縫技芸女学校を創立、理事長兼校長就任。戦後「あけぼの会」を結成、活躍。
　¶女性、女性普、世紀、徳島歴、日人

原モト　はらもと
　明治22(1889)年3月12日～昭和22(1947)年3月16日
　大正・昭和期の教育者。
　¶神奈女

原豊一郎　はらゆういちろう
　？　～
　昭和期の教員。
　¶社史

原祐民　はらゆうみん
　天保8(1837)年9月～大正15(1926)年9月
　江戸時代末期～大正期の医師。医学研修のためドイツに留学。郷土の子弟の教育に尽力。
　¶海越、海越新、渡航

原来太郎　はららいたろう
　安政3(1856)年～明治43(1910)年
　明治期の教育家。三原郡督学、津名郡教育会理事などの公職に就き、育英事業に尽力。
　¶人名、日人

原律平　はらりつへい
　天保11(1840)年～明治29(1896)年
　江戸時代後期～明治期の教育者。
　¶姓氏宮城

原亮一郎　はらりょういちろう
　明治2(1869)年2月～昭和10(1935)年10月9日
　明治～昭和期の実業家。東京図書株式会社社長。小学校国定教科書発行を目的とする東京書籍を創立。
　¶海越、海越新、出文(㊥明治2(1869)年2月12日)、人名、世紀、渡航、日人

針谷巌　はりがいいわお
　大正11(1922)年～
　昭和期の教育者。
　¶群馬人

針谷台作　はりがいだいさく
　明治12(1879)年～昭和13(1938)年
　明治～昭和期の教育者。
　¶群馬人

針谷半右衛門　はりがいはんうえもん
　明和3(1766)年～嘉永2(1849)年
　江戸時代中期～後期の和塾師匠。
　¶栃木歴

針谷よ志　はりがやよし
　明治25(1892)年9月30日～昭和50(1975)年5月6日
　大正～昭和期の婦人会指導者、政治家、教育委員。
　¶埼玉人

針塚長太郎　はりづかちょうたろう
　明治4(1871)年11月30日～昭和24(1949)年9月21日
　明治～昭和期の教育者。上田蚕糸専門学校(現信州大学繊維学部)校長。養蚕業の発展のために力をつくした。
　¶郷土群馬、群新百、群馬人、群馬百、世紀(㊥明治4(1872)年11月30日)、姓氏群馬、姓氏長野、渡航、長野百、長野歴、日人(㊥明治4(1872)年11月30日)

はる(1)
　寛政10(1798)年～
　江戸時代後期の女性。教育。増田八十八の妻。
　¶江表(はる(東京都))

はる(2)
1854年～
江戸時代末期の女性。教育。農民大野惣左エ門の娘。
¶江表（はる（東京都））　㊤安政1（1854）年頃

ハル
1820年～
江戸時代後期の女性。教育。岩井氏。
¶江表（ハル（東京都））　㊤文政3（1820）年頃

葉留　はる★
江戸時代末期～明治時代の女性。教育。小川忠儀の母。明治7年、深川諸町に読書、習字を教える家塾を開業した。
¶江表（葉留（東京都））

春田横塘　はるたおうとう
明和5（1768）年～文政11（1828）年
江戸時代後期の儒学者。
¶大阪人（㊥文政11（1828）年8月）、大阪墓（㊥文政11（1828）年8月9日）、国書（㊤明和5（1768）年12月7日　㊥文政11（1828）年8月9日）、人名、日人

春田九皐　はるたきゅうこう
文化9（1812）年～文久2（1862）年
江戸時代末期の儒学者。
¶江文、国書（㊥文久2（1862）年2月3日）、人名、日人

春田正治　はるたまさはる
大正5（1916）年4月29日～
昭和期の教育学者。和光学園理事長。和光学園を総合学園に発展させたほか、民間教育運動にも指導的役割を果たした。
¶現朝、現執1期、現情、世紀

春山弟彦　はるやまおとひこ
天保2（1831）年～明治32（1899）年
江戸時代末期～明治期の国学者。語学教育に尽力。著書に「日本文典」「語学手引」など。和歌も巧みで「姫路の三山」と称された。
¶人名、日人、藩臣5、兵庫人（㊤明治32（1899）年4月13日）、兵庫百

春山庫喜　はるやまくらき
明治30（1897）年～昭和39（1964）年
大正～昭和期の教育者。
¶大分歴

春山作樹　はるやまさくき
明治9（1876）年8月13日～昭和10（1935）年12月29日
明治～昭和期の教育学者。東京帝国大学教授。社会教育的立場からの日本教育史を構想。著書に「教育学講義」など。
¶大阪人（㊥昭和10（1935）年12月）、教育（⊤1875年）、現朝、コン改、コン5、新潮、人名、世紀、世百（㊤1875年）、全書、哲学、渡航、日人、履歴

はん(1)
江戸時代後期の女性。教育。三春藩藩士増田安教の妻。天保2年父が富吉町に寺子屋鈴松堂を開業、跡を継いだ夫が病死、その後、校主となり、大正12年の関東大震災時まで存続。
¶江表（はん（東京都））

はん(2)
江戸時代後期の女性。教育。牛奥村の農業曽根平治右衛門の娘。天保年間に父が開いた寺子屋を文久年間継承した。
¶江表（はん（山梨県））

はん・波無　はん★
江戸時代末期～明治時代の女性。教育。御家人高尾幸蔵の娘。明治7年、文池堂波無と称し家塾開業願を提出。
¶江表（はん・波無（東京都））

伴建尹　ばんけんいん
？～享和3（1803）年　別伴建尹《ばんたけただ》
江戸時代中期の陸奥弘前藩儒。
¶国書（㊥伴建尹　㊤享和3（1803）年11月1日）、人名、日人（㊥伴建尹ばんたけただ）

坂西周次　ばんざいかねつぐ
？～永禄5（1562）年
戦国時代～安土桃山時代の武田家臣。信濃先方衆。
¶姓氏長野、姓氏山梨

半沢里史　はんざわさとし
昭和37（1962）年～
平成期の中学・高等学校教諭。
¶YA

繁沢規世　はんざわのりよ
→繁沢規世（しげさわのりよ）

伴茂樹　ばんしげき
昭和11（1936）年～
昭和～平成期の児童教育研究家。育心塾主宰、GMG八王子ゴルフ場理事。
¶現執3期

番匠鉄雄　ばんじょうてつお
明治30（1897）年～平成7（1995）年
大正～平成期の教育者。
¶石川百

繁昌正道　はんじょうまさみち
大正～昭和期の教育者。
¶姓氏鹿児島

万代組子　ばんだいくみこ
＊～天保8（1837）年
江戸時代後期の女性。心学者。
¶江表（組子（広島県）　㊤天明4（1784）年）、女性（㊤天明3（1783）年）

伴建尹　ばんたけただ
→伴建尹（ばんけんいん）

飯田宏作　はんだこうさく
＊～大正1（1912）年

明治期の弁護士。東京控訴院判事、東京弁護士会会長。和仏法律学校を創立し校長を務め、相馬事件、星亨暗殺事件などの弁護で活躍。
¶人名(㊕1858年)，日人(㊕1856年)

**半田多加** はんだたか
天保14(1843)年～大正13(1924)年
江戸時代末期～大正期の幼児教育功労者。
¶群馬人，姓氏群馬

**伴只七** ばんただしち
安永2(1773)年～天保5(1834)年　㊋伴東山《ばんとうざん》
江戸時代後期の近江彦根藩士、儒学者。
¶国書(伴東山　ばんとうざん)　㊋天保5(1834)年7月29日)，人名(伴東山　ばんとうざん)，日人(伴東山　ばんとうざん)，藩臣4

**半田たつ子** はんだたつこ
昭和3(1928)年1月9日～
昭和期の家庭科教育評論家。家庭科の男女共修をすすめる会世話人、「新しい家庭科‐We」編集長。
¶現執2期

**半田忠蔵** はんだちゅうぞう★
万延1(1860)年3月3日～明治32(1899)年8月24日
明治期の教育者。
¶秋田人2

**繁田武平** はんだぶへい
＊～昭和15(1940)年9月20日　㊋繁田翠軒《はんだすいけん》
明治～昭和期の政治家。町長・教育者。
¶埼玉人(㊕慶応3(1867)年2月16日)，埼玉百(はんだぶへい(すいけん)　㊕1866年)

**半田良平** はんだりょうへい
明治20(1887)年9月10日～昭和20(1945)年5月19日
大正～昭和期の歌人。「国民文学」創刊に参加。歌集は生前に「野づかさ」のみ。
¶岩歌，郷土栃木，近文，現朝，コン改，コン5，詩作，新潮，新文，人名7，世紀，全書，大百，短歌普，栃木歴，日人，日本，文学，宮城百

**伴侗庵(伴洞庵)** ばんとうあん，ばんどうあん
文化3(1806)年～明治6(1873)年
江戸時代後期～明治期の儒学者。
¶国書(㊕文化3(1806)年6月27日　㊋明治6(1873)年1月16日)，人名，日人，藩臣4(伴洞庵　ばんどうあん)

**伴東山** ばんとうざん
→伴只七(ばんただしち)

**坂東藤太郎** ばんどうとうたろう
明治32(1899)年7月23日～昭和41(1966)年10月7日
昭和期の教育学者。香川大学教授。
¶香川人，香川百，現情

**板東富根** ばんどうとみね
文久3(1863)年2月11日～昭和12(1937)年8月14日

明治～昭和期の私立幼稚園創設者。
¶徳島百，徳島歴

**坂東祐司** ばんどうゆうじ
昭和8(1933)年～昭和59(1984)年
昭和期の教育者。
¶香川人，香川百

**万葉友吉** ばんばともきち
明治22(1889)年9月4日～昭和44(1969)年5月29日
大正・昭和期の教育者。
¶飛騨

**伴林光平** ばんばやしみつひら
→伴林光平(ともばやしみつひら)

**半谷三郎** はんやさぶろう
明治35(1902)年9月27日～昭和19(1944)年3月24日
大正・昭和期の詩人・教育者。
¶東北近

**半谷梯三郎** はんやていさぶろう
明治35(1902)年9月27日～昭和19(1944)年3月24日
大正期の教員。
¶アナ

**ハーン，ラフカディオ**
→小泉八雲(こいずみやくも)

**万里** ばんり
→万里集九(ばんりしゅうく)

**万里集九** ばんりしゅうきゅう
→万里集九(ばんりしゅうく)

**万里集九(万利集九)** ばんりしゅうく
正長1(1428)年9月9日～？　㊋万里《ばんり》，万里集九《ばんりしゅうきゅう，ばんりしゅく，まんりしゅうく》，集九《しゅうきゅう，しゅうく》，梅庵《ばいあん》
室町時代の臨済宗の学僧、漢詩人、相国寺雲頂院、大圭宗价の弟子。
¶朝日(ばんりしゅうきゅう)　㊕正長1年9月9日(1428年10月17日))，岩史，江戸，角史，神奈川人(生没年不詳)，鎌倉(まんりしゅうく　生没年不詳)，鎌倉新，鎌室，岐阜百(万利集九)，郷土岐阜(生没年不詳)，京都大，群馬人(万里　ばんり)，国史(ばんりしゅうきゅう)，国書(ばんりしゅうきゅう)，古中(ばんりしゅうきゅう)，コン改，コン4，コン5，埼玉人，史人，思想史(ばんりしゅうきゅう)，重要(㊕正長1(1428)年9月9日？)，新潮，人名，姓氏神奈川(生没年不詳)，姓氏群馬(生没年不詳)，世人，戦辞(㊕正長1年9月9日(1428年10月17日))，中世(㊋？)，富山百，内乱，新潟百，日人(ばんりしゅうきゅう)，俳文，飛騨(ばんりしゅうきゅう　㊕正長1(1429)年9月9日　㊋？)，百科，仏教，仏史(ばんりしゅうきゅう)，平日，武蔵人(㊋？)，名僧(ばんりしゅうきゅう)，山川小(㊋？)，歴大(ばんりしゅく)，和俳

万里集九 ばんりしゅく
→万里集九（ばんりしゅうく）

## 【ひ】

樋浦大三 ひうらだいぞう
明治37（1904）年4月20日～平成5（1993）年5月6日
昭和・平成期の建設業、教育者。
¶北海道建

稗方弘毅 ひえかたこうき
明治20（1887）年9月20日～昭和48（1973）年3月8日
明治～昭和期の教育者。
¶熊本人、熊本百

比江島重孝 ひえじましげたか
大正13（1924）年10月26日～昭和59（1984）年1月31日
昭和期の民話研究家、校長。
¶現執2期、児人、児文、世紀、日児

稗田菫平 ひえだきんぺい
大正15（1926）年4月8日～
昭和～平成期の詩人、小学校教師。
¶児人、児文、世紀、富山文、日児

稗田雪涯 ひえだせつがい
慶応1（1865）年～昭和21（1946）年
明治～昭和期の教育者。私塾豊華義塾塾長。
¶姓氏山口

日尾邦子 ひおくにこ
文化12（1815）年～明治18（1885）年10月24日
江戸時代末期～明治時代の教育者。まれにみる才女として評判。著書に歌集「竹のした風」。
¶江表（邦子（東京都））、国書、庄内、女史、女性、女性普、日人

日尾荊山 ひおけいざん,
寛政1（1789）年～安政6（1859）年
江戸時代後期の儒学者、国学者。
¶維新、江文、国書（㊧寛政1（1789）年6月15日　㊥安政6（1859）年8月12日）（㊤天明8（1788）年　㊥安政6（1859）年8月12日）、人名、日人、幕末（㊥1859年9月8日）

日尾直 ひおなお
→日尾直子（ひおなおこ）

日尾直子 ひおなおこ
文政12（1829）年～明治30（1897）年10月7日
㊧日尾直《ひおなお》
江戸時代末期～明治期の教育者。華族や貴紳の子女を多く教育。著書に「竹の下つゆ」「竹の下陰」。
¶江表（直子（東京都））、国書（日尾直　ひおなお）、埼玉人（㊥文政12（1829）年6月）、女史、女性、女性普、日人、町田歴

比嘉永元 ひがえいげん
明治21（1888）年4月11日～昭和52（1977）年10月27日
大正～昭和期の教育者。
¶沖縄百、姓氏沖縄

比嘉永俊 ひがえいしゅん
明治39（1906）年～
昭和期の教育者。
¶戦沖

檜垣益人 ひがきますと
明治29（1896）年～平成2（1990）年
昭和期の教員・反核運動家。
¶平和

比嘉景常 ひがけいじょう
明治25（1892）年3月4日～昭和16（1941）年10月19日
大正～昭和期の小学校教師。沖縄美術協会会長。
¶沖縄百、社史

日景弁吉 ひかげべんきち
嘉永1（1848）年12月26日～大正8（1919）年
江戸時代末期～大正期の地域振興、青少年教育功労者。
¶秋田人2（㊥大正8年6月30日）、秋田百、日人（㊤1849年）

日影義郎 ひかげよしろう
昭和5（1930）年5月22日～
昭和期の教育者。
¶飛騨

東恩納寛文 ひがしおんなかんぶん
明治5（1872）年3月18日～昭和20（1945）年5月21日
明治～昭和期の教育者。
¶沖縄百

東方芝山 ひがしかたしざん
文化10（1813）年～明治12（1879）年
江戸時代後期～明治期の漢学者。
¶石川百、国書（㊥明治12（1879）年1月12日）、姓氏石川、日人、藩臣3

干河岸貫衛 ひがしかんえい
明治37（1904）年～昭和41（1966）年
昭和期の教育者。
¶神奈川人

東くめ ひがしくめ
明治10（1877）年6月30日～昭和44（1969）年3月5日
明治～昭和期の教育者。口語体唱歌研究に尽力。作品集「幼稚園唱歌」を出版。「お正月」「はとぽっぽ」など。
¶大阪人、紀伊文、郷土和歌山、近女、近文、芸能、現情、児文、女性、女性普、世紀、日児、日女、日人、和歌山人

東崇一 ひがしそういち
→東沢瀉（ひがしたくしゃ）

東沢瀉 ひがしたくししゃ
→東沢瀉（ひがしたくしゃ）

**東沢瀉** ひがしたくしゃ, ひがしたくしや
天保3(1832)年10月9日～明治24(1891)年2月20日　[別]東崇一《ひがしそういち》, 東沢瀉《ひがしたくししゃ》
江戸時代末期～明治期の儒学者、教育家。保津村に沢瀉塾を開き、育英に従事した。著書に「証心録」「大学正文」など。
¶維新(東崇一　ひがしそういち), 国書, 思想, 思想史, 人書79, 人書94, 新潮, 人名, 姓氏山口(ひがしたくししゃ), 哲学, 日人, 幕末, 幕末大, 藩臣6(ひがしたくしや)

**東尚胤** ひがしひさたね
明治12(1879)年9月5日～昭和43(1968)年7月26日
明治～昭和期の教育者。
¶埼玉人

**東坊城綱忠** ひがしぼうじょうつなただ
宝永3(1706)年10月25日～天明1(1781)年6月26日
江戸時代中期の公家(権大納言)。権中納言東坊城資長の子。
¶公卿, 国書, 諸系, 人名, 日人



**東基吉** ひがしもときち
明治5(1872)年3月25日～昭和33(1958)年4月20日
明治～昭和期の教育家。東京女子高等師範学校教授。
¶児文, 日児

**東元やす** ひがしもとやす
明治24(1891)年～昭和41(1966)年6月25日
昭和期の幼児教育者。高知市本願寺構内に幼稚園を設立。地域子女の育成に尽力。
¶女性, 女性普

**東元安** ひがしもとやす
明治24(1891)年～昭和41(1966)年
大正～昭和期の幼稚園経営者。
¶高知人

**東山明** ひがしやまあきら
昭和12(1937)年8月2日～
昭和～平成期の美術教育学者。神戸大学助教授。
¶現執3期, 現執4期

**東山太三郎** ひがしやまたさぶろう★
明治4(1871)年3月28日～昭和19(1944)年3月17日
明治～昭和期の教育者。
¶秋田人2

**比嘉重徳** ひがじゅうとく
明治8(1875)年10月5日～昭和30(1955)年1月26日
明治～昭和期の教育者、郷土研究者。
¶沖縄百, 姓氏沖縄

**比嘉秀平** ひがしゅうへい
明治34(1901)年6月7日～昭和31(1956)年10月25日
昭和期の教育家、政治家。知事官房長官などを経て、琉球臨時中央政府行政主席となる。
¶沖縄百, 現朝, 現情, 現人, コン改, コン4, コン5, 新潮, 人名7, 世紀, 政治, 姓氏沖縄, 世人, 日人, 平和

**比嘉盛春** ひがせいしゅん
？～
昭和期の小学校教員。
¶社史

**比嘉盛雄** ひがせいゆう
？～
昭和期の教員。
¶社史

**比嘉鉄也** ひがてつや
昭和2(1927)年7月31日～
昭和～平成期の政治家。名護市長、名護総合学園理事長。
¶現政

**比嘉俊成** ひがとしなり
明治30(1897)年11月3日～昭和52(1977)年11月17日
大正～昭和期の教育者、歌人。
¶沖縄百

**氷上塩焼** ひかみのしおやき, ひがみのしおやき
→塩焼王(しおやきおう)

**比嘉メリー** ひがめりー
大正1(1912)年2月2日～昭和48(1973)年2月3日
昭和期の教育者、児童福祉事業家。沖縄県立第一高等女学校教諭、児童養護施設愛隣園園長。
¶社史

**比嘉保彦** ひがやすひこ
明治1(1867)年～昭和12(1937)年12月11日
明治～昭和期の教育者、聖職者。日本メソジスト読谷山教会牧師。
¶社史([生]明治1年(1867年))

**比嘉善雄** ひがよしお
明治37(1904)年～昭和60(1985)年
昭和期の教育者、政治家。
¶姓氏沖縄

**比嘉良行** ひがよしゆき
昭和15(1926)年～
昭和期の教育者。
¶戦沖

**日置健太郎** ひきけんたろう
嘉永6(1853)年12月31日～大正11(1922)年5月8日
明治期の官吏。
¶岡山人, 岡山歴

**疋田運猷** ひきたうんゆう
明治2(1869)年～昭和38(1963)年
明治～昭和期の真言宗智山派僧侶。白石市延命寺住職、多摩寺第1世、刈田造士館創立者。
¶学校, 姓氏宮城, 仏人([没]1962年)

**疋田桂太郎** ひきだけいたろう，ひきたけいたろう
明治3 (1870) 年2月〜昭和8 (1933) 年3月8日
明治〜昭和期の実業家。
¶世紀，渡航 (ひきたけいたろう　[生]1870年2月14日)，日人

**比企野善太郎** ひきのぜんたろう
明治12 (1879) 年〜昭和48 (1973) 年
明治〜昭和期の教育者。
¶神奈川人

**樋口勘次郎** (樋口勘治郎，樋口勧治郎)　ひぐちかんじろう
明治4 (1871) 年〜大正6 (1917) 年12月13日
明治期の教育学者。「統合主義新教授法」を著し、活動主義の教育を提唱。のち国家社会主義教育を主張。
¶朝日 ([生]明治4年11月27日 (1872年1月7日))，教育，近現，国史，コン改，コン5，史人 ([生]1871年11月27日)，児文，社史，新潮 ([生]明治4 (1871) 年11月)，世紀 ([生]明治4 (1872) 年11月27日)，姓氏長野 (樋口勧治郎)，体育 ([生]1859年　[没]1945年)，渡航 (樋口勘治郎　[生]1871年11月)，長野歴 (樋口勘治郎)，日児 ([生]明治4 (1871) 年12月18日)，日人 ([生]明治4 (1872) 年11月27日)

**樋口杏斎** ひぐちきょうさい
天保13 (1842) 年6月7日〜大正6 (1917) 年11月11日
江戸時代末期〜大正期の医者・教育者。
¶徳島百，徳島歴

**樋口順泰** ひぐちじゅんたい
天保14 (1843) 年〜*
江戸時代末期〜明治期の医家。貧民施療のために慈恵医会を創立。
¶人名 ([没]1915年)，日人 ([没]1916年)

**樋口松平** ひぐちしょうへい
文久1 (1861) 年〜昭和23 (1948) 年
明治〜昭和期の実業家。近江蚊帳を製造販売し成功を収める。学校の増改築、橋・道路の改修事業など地域振興に多額の寄付をした。
¶滋賀百，世紀 ([生]文久1 (1861) 年4月8日　[没]昭和23 (1948) 年10月12日)，日人

**樋口真吉** ひぐちしんきち
→樋口武 (ひぐちたけし)

**樋口甚蔵** ひぐちじんぞう
延享4 (1747) 年〜寛政8 (1796) 年
江戸時代中期の儒学者。
¶人名，日人，福岡百 ([生]延享4 (1747) 年1月29日　[没]寛政8 (1796) 年11月5日)

**樋口澄雄** ひぐちすみお
明治40 (1907) 年〜
昭和期の教師、社会科教育専門家。白梅学園短期大学教授。
¶現執1期

**樋口隆次郎** ひぐちたかじろう
明治19 (1886) 年〜昭和21 (1946) 年
明治〜昭和期の教育者。
¶姓氏群馬

**樋口武** ひぐちたけし
文化12 (1815) 年〜明治3 (1870) 年　[別]樋口真吉《ひぐちしんきち》
江戸時代末期〜明治期の志士。中村に家塾を開き、土佐西部方面の首領格として活躍した。のち徳大寺家公務人。
¶近現，コン5，史人 ([生]1815年11月　[没]1870年6月14日)，長崎遊 (樋口真吉　ひぐちしんきち)，日人 (樋口真吉　ひぐちしんきち)

**樋口忠彦** ひぐちただひこ
昭和16 (1941) 年12月17日〜
昭和〜平成期の英語学者、英語教育学者。近畿大学助教授。
¶現執3期

**樋口長市** ひぐちちょういち
明治4 (1871) 年11月5日〜昭和20 (1945) 年
明治〜昭和期の教育者。東京高等師範学校教授。特殊教育の功労者。著書に「特殊児童の教育保護」など。
¶教育，心理，姓氏長野，長野百，長野歴

**樋口千代松** ひぐちちよまつ
慶応2 (1866) 年11月8日〜昭和21 (1946) 年
明治〜昭和期の教育者。
¶群新百，群馬人 ([没]？)，群馬百，姓氏群馬

**樋口てう** ひぐちてう
明治13 (1880) 年6月30日〜昭和48 (1973) 年7月29日
明治〜昭和期の文書伝道者、幼児教育者。上諏訪幼稚園園長。
¶キリ

**樋口正虎** ひぐちまさとら
安永5 (1776) 年〜嘉永1 (1848) 年
江戸時代後期の剣道家。
¶人名，日人

**樋口安一郎** ひぐちやすいちろう
明治8 (1875) 年5月1日〜？
明治〜大正期の教育者。
¶群馬人

**樋口和堂** ひぐちわどう
天保6 (1835) 年〜明治31 (1898) 年
明治期の漢学者。伏見兵学校長、明善堂教官などを歴任。
¶人名，日人

**彦坂繁三郎** ひこさかしげさぶろう
明治7 (1874) 年8月24日〜昭和17 (1942) 年1月10日
明治〜昭和期の韮山尋常中学教諭。
¶伊豆

**ひさ**(1)
1831年～
江戸時代後期の女性。教育。村田顕友の妻。
¶江表(ひさ(東京都)　[生]天保2(1831)年頃)

**ひさ**(2)
1844年～
江戸時代後期の女性。教育。福岡九兵衛の娘。
¶江表(ひさ(東京都)　[生]弘化1(1844)年頃)

**ヒサ**
江戸時代末期の女性。教育。商人の村田氏。安政4年～明治8年女子に読書、習字を教えた。
¶江表(ヒサ(滋賀県))

**飛佐**　ひさ★
1824年～
江戸時代後期の女性。教育。滝沢錦十郎の養母。
¶江表(飛佐(東京都)　[生]文政7(1824)年頃)

ひ

**久木幸男**　ひさきゆきお
大正13(1924)年～
昭和～平成期の日本教育史研究者。横浜国立大学教授。
¶現執1期

**久田鶴峯**　ひさだかくほう
昭和22(1947)年11月18日～平成16(2004)年3月16日
昭和・平成期の書道教諭。
¶石川現九

**久田邦明**　ひさだくにあき
昭和25(1950)年3月25日～
昭和～平成期の教育学者。神奈川大学講師、東京学芸大学講師。
¶現執3期，現執4期

**久田精之助**　ひさだせいのすけ
明治42(1909)年～昭和63(1988)年
昭和期の教育者。
¶群馬人，姓氏群馬

**久田済時**　ひさたなりとき
？　～大正5(1916)年
明治～大正期の加賀藩士。加賀藩校明倫堂助教・藩主侍読。
¶姓氏石川

**久永松陵**　ひさながしょうりょう
寛政10(1798)年～安政3(1856)年
江戸時代末期の儒学者。
¶国書([没]安政3(1856)年12月)，人名，日人

**久野タマ**　ひさのたま
明治22(1889)年～昭和60(1985)年
昭和期の教育者。
¶神奈女2

**久間有隣**　ひさまありちか
弘化2(1845)年～明治33(1900)年
江戸時代末期～明治期の佐賀藩士、歌人。子弟の養成など、地方歌壇の振興に尽力、歌集「蝶園遺稿」一巻。
¶人名，日人

**久松定弘**　ひさまつさだひろ
安政4(1857)年1月2日～大正2(1913)年　[別]久松定弘《ひさまつていこう》
明治～大正期の教員、哲学者。子爵、第一高等学校教授、貴族員議員。フォイエルバッハの「道義学之原理」を翻訳。
¶海越(ひさまつていこう　[没]大正2(1913)年7月8日)，海越新(ひさまつていこう　[没]大正2(1913)年7月8日)，国際(ひさまつていこう)，社史([生]安政4年1月2日(1857年1月27日)　[没]1913年7月7日)，世紀([没]大正2(1913)年7月7日)，哲学(ひさまつていこう)，渡航([没]1913年7月)

**久松定通**　ひさまつさだみち
→松平定通(まつだいらさだみち)

**久松鶴一**　ひさまつつるいち
明治20(1887)年～昭和51(1976)年
大正・昭和期の教育者、実業家、政治家。
¶愛媛

**久松定弘**　ひさまつていこう
→久松定弘(ひさまつさだひろ)

**久松寅幸**　ひさまつとらゆき
昭和26(1951)年11月27日～
昭和～平成期の教育者。
¶視覚

**久松義典**　ひさまつよしのり
*～明治38(1905)年6月2日
明治期の教育者、政治家、小説家。栃木県師範学校校長。立憲改進党に加盟し、のち社会主義に転向。著書に「泰西革命史鑑」など。
¶紀伊文([生]安政2(1855)年10月)，近文([生]1855年)，社史([生]安政2(1855)年10月？)，新潮([生]安政2(1855)年10月)，新文([生]安政2(1855)年10月？　日)，栃木人([生]安政1(1854)年　[没]明治43(1910)年)，栃木歴，日人([生]1855年)，文学([生]1855年)，北海道百([生]安政3(1856)年)，北海道文([生]安政3(1856)年1月10日　[没]明治38(1905)年6月)，北海道歴([生]安政3(1856)年)，三重続([生]安政2年10月)

**久道憲太郎**　ひさみちけんたろう
明治33(1900)年～昭和41(1966)年
大正～昭和期の政治家。島根県議会議員、邇摩・矢上高等学校校長。
¶島根歴

**久村静弥**　ひさむらせいや
安政1(1855)年～昭和9(1934)年
明治～大正期の教育者。
¶世紀([生]安政1(1855)年12月15日　[没]昭和9(1934)年11月30日)，日人

**久本嘉三治**　ひさもとかそうじ
慶応4(1868)年4月26日～大正9(1920)年3月3日
明治～大正期の教育者・実業者。
¶岡山歴

土方雄興　ひじかたかつおき
寛政11（1799）年1月9日〜天保9（1838）年
江戸時代後期の大名。伊勢菰野藩主。
¶諸系，日人，藩主3（㊽天保9（1838）年7月2日），三重

土方雄房　ひじかたかつふさ
正徳1（1711）年〜宝暦8（1758）年
江戸時代中期の大名。伊勢菰野藩主。
¶諸系，人名（㊧1707年），日人，藩主3（㊧宝永8（1711）年4月1日　㊽宝暦8（1758）年11月20日）

土方康夫　ひじかたやすお
昭和6（1931）年5月16日〜昭和63（1988）年8月31日
昭和期の教育学者。
¶心理

土方寧　ひじかたやすし
安政6（1859）年2月12日〜昭和14（1939）年5月18日
明治〜昭和期の法学者。東京帝国大学教授。英吉利法律学校（後の中央大学）創立に参画。わが国の英法と民法の先駆者。
¶海越，海越新，学校，高知人，高知百，コン改，コン5，新潮，人名7，世紀，世百，全書，大百，渡航，日人，履歴

菱川岡山　ひしかわこうざん
→菱川秦嶺（ひしかわしんれい）

菱川秦嶺　ひしかわしんれい
寛延1（1748）年〜享和3（1803）年　㊧菱川岡山《ひしかわこうざん》
江戸時代中期〜後期の儒学者。
¶江文，大阪人（菱川岡山　ひしかわこうざん　㊽享和3（1803）年7月），岡山人，岡山歴（㊧？　㊽享和3（1803）年7月7日），国書（㊧享和3（1803）年7月9日），人名，㊽享和3（1803）年7月9日），人名，日人

菱田毅斎　ひしだきさい
天明4（1784）年〜安政4（1857）年
江戸時代後期の美濃大垣藩士。
¶郷土岐阜，国書（㊽安政4（1857）年2月13日），日人，藩臣3

菱沼太郎　ひしぬまたろう
大正4（1915）年7月17日〜
昭和期の学校劇研究家，小学校教師。
¶児作，日児

菱村光広　ひしむらみつひろ
明治7（1874）年11月6日〜昭和21（1946）年9月5日
明治〜昭和期の教育者。学校長。
¶飛騨

菱村幸彦　ひしむらゆきひこ
昭和9（1934）年11月9日〜
昭和〜平成期の文部省職員。放送大学学園監事，文部省初等中等教育局長。
¶現執2期，現執3期，現執4期，飛騨

備瀬知範　びせちはん
明治30（1897）年7月30日〜昭和33（1958）年3月29日
大正〜昭和期の音楽教育家。
¶沖縄百

比田井天来　ひだいてんらい
明治5（1872）年1月23日〜昭和14（1939）年1月4日
明治〜昭和期の書家。碑版法帖や臨書の研究で独自の書風。書学院創立。書に「学書筌蹄」など。
¶郷土長野（㊧1935年），近現，現朝（㊧明治5年1月23日（1872年3月2日）），国史，コン改，コン5，史人，新潮，人名7，世紀，姓氏長野，世百，全書，大百，長野百，長野歴，日人，美術，百科

日台利夫　ひだいとしお
昭和5（1930）年〜
昭和〜平成期の社会科教育学者。都立多摩教育研究所長，静岡大学教授。
¶現執3期

比田井南谷　ひだいなんこく
大正1（1912）年2月1日〜平成11（1999）年10月15日
昭和期の書家。書学院長。
¶現情，世紀，日人

日高明実　ひだかあきざね
文化6（1809）年〜弘化4（1847）年2月27日　㊽日高耳水《ひだかじすい》
江戸時代後期の日向高鍋藩士，儒学者。高鍋藩儒官。
¶国書（日高耳水　ひだかじすい），藩臣7，宮崎百（日高耳水　ひだかじすい）

日高佐七　ひだかさしち
明治11（1878）年〜昭和36（1961）年
明治〜昭和期の教育者。鹿児島県立加治木中学校長，鹿児島県教育会副会長。
¶姓氏鹿児島

日高重孝　ひだかしげたか
明治17（1884）年10月3日〜昭和55（1980）年3月5日　㊽日高重孝《ひだかじゅうこう》
昭和期の地方史研究家。宮崎県立博物館長。宮崎県史を研究。
¶郷土，考古，史研，世紀，日人，宮崎百，宮崎百一（ひだかじゅうこう）

日高耳水　ひだかじすい
→日高明実（ひだかあきざね）

日高重孝　ひだかじゅうこう
→日高重孝（ひだかしげたか）

日高新左衛門　ひだかしんざえもん
弘化4（1847）年〜明治30（1897）年
江戸時代後期〜明治期の僧。清月寺住職，私塾の師匠。
¶姓氏鹿児島

日高真実　ひだかしんじつ
→日高真実（ひだかまさね）

**日高誠実** ひたかせいじつ,ひだかせいじつ
→日高誠実(ひだかのぶざね)

**日高第四郎** ひだかだいしろう
明治29(1896)年2月16日～昭和52(1977)年12月14日
昭和期の教育者。国立教育研究所所長、学習院女子短期大学学長。三高教授、一高教頭などを歴任。文部省学校教育局長に就任。戦後の学制改革に尽力。
¶キリ,現朝,現情,現人,現日,新潮,人名7,世紀,哲学,日人,履歴,履歴2

**日高秩父** ひたかちちぶ,ひだかちちぶ
嘉永5(1852)年～大正9(1920)年4月19日
明治～大正期の書家。官吏生活を送ったが、書家として教育書道の分野に業績をのこす。
¶人名,世紀(ひだかちちぶ [生]嘉永5(1853)年12月5日),世百(ひだかちちぶ),栃木人,栃木歴(ひだかちちぶ)

ひ

**日高藤吉郎** ひだかとうきちろう
? ～昭和7(1932)年2月23日
明治期の軍人、日本体育会創立貢献者。文武講習館を創設、後に成城学校と改称。日本体育会を創立。
¶学校

**日高兜陽** ひだかとうよう
明治30(1897)年～
大正～昭和期の高等学校教諭、漢詩作家。
¶詩歌

**日高藤陵** ひだかとうりょう
? ～
江戸時代末期～明治期の栃木町の儒学者、筆子塾。
¶栃木歴

**日高誠実** ひだかのぶざね
天保7(1836)年～大正4(1915)年8月24日 [別]日高誠実《ひたかせいじつ,ひだかせいじつ》
江戸時代末期～明治期の漢学者。明倫堂教授、下院議長などを歴任。地方開発、青年教育に尽くす。
¶郷土千葉,人書94(ひだかせいじつ),人名(ひたかせいじつ),千葉百,日人,幕末,幕末大([生]天保7(1836)年2月29日),藩臣7,宮崎百(ひだかせいじつ [生]天保7(1836)年2月29日)

**日高梅渓** ひだかばいけい
嘉永6(1853)年～大正9(1920)年
明治～大正期の書家。
¶日人

**日高ハル** ひだかはる
明治5(1872)年～昭和32(1957)年
明治～昭和期の教育者。鶴嶺女学校舎監。
¶姓氏鹿児島

**日高真実** ひだかまさざね
→日高真実(ひだかまさね)

**日高正健** ひだかまさたけ
慶応3(1867)年～大正5(1916)年
明治～大正期の教育者。大崎尋常高等小学校長。
¶姓氏鹿児島

**日高真実** ひだかまさね
元治1(1864)年9月17日～明治27(1894)年8月20日 [別]日高真実《ひだかしんじつ,ひだかまさざね》
明治期の教育学者。最初の教育学専修留学生。
¶海越,海越新,教育(ひだかしんじつ [生]1865年),哲学,渡航(ひだかまさざね)

**日高幸男** ひだかゆきお
大正2(1913)年8月26日～
昭和期の社会教育学者:財団役員。生涯学習開発財団理事、早稲田大学教授。
¶現執1期,現執2期

**日田権一** ひだけんいち
明治10(1877)年12月27日～昭和41(1966)年
[別]日田権一《ひたごんいち》
明治～大正期の教育家。
¶心理([没]?),山口人(ひたごんいち),山口百(ひたごんいち)

**日田権一** ひたごんいち
→日田権一(ひだけんいち)

**肥田除風** ひだじょふう
? ～天保11(1840)年
江戸時代後期の教育家。
¶国書

**飛田多喜雄** ひだたきお
明治40(1907)年11月15日～
昭和期の国語教育者。国語教育実践研究所長。
¶現執1期,現情

**肥田埜孝司** ひだのこうじ
大正14(1925)年～
昭和期の小学校教諭、中学校教諭。日本想像学会評議員。
¶YA

**肥田野直** ひだのただし
大正9(1920)年7月9日～
昭和～平成期の教育心理学者。東京大学教授、大学入試センター教授。著書に「心理学的測定」「心理教育統計学」など。
¶現朝,現執1期,現情,心理,世紀,日人

**肥田野築村** ひだのちくそん,ひたのちくそん
享和1(1801)年～明治7(1874)年
江戸時代末期～明治期の儒学者。
¶国書(ひたのちくそん [没]明治7(1874)年1月3日),人名,新潟百,日人

**英** ひで
嘉永4(1851)年～昭和12(1937)年
江戸時代後期～昭和時代の女性。回想記・教育。幡多郡中村の漢学者で初代熊本県令安岡良亮の娘。
¶江表(英(高知県))

**ひで子** ひでこ★
～明治23(1890)年

江戸時代末期～明治時代の女性。教育。三木氏。
¶江表（ひで子（千葉県））

## 秀子 ひでこ★
文政9（1826）年～明治14（1881）年
江戸時代後期～明治時代の女性。和歌・漢詩。常陸成沢に日新塾を開いた教育者加倉井砂山と宇良子の長女。
¶江表（秀子（茨城県））

## 秀島寛三郎 ひでしまかんざぶろう
天明5（1785）年～明治4（1871）年　卿秀島鼓渓
《ひでしまこけい》
江戸時代後期の庄屋、教育家。庄屋の子弟を中心に教育。著作に「松浦記集成」など。
¶維新、国書（秀島鼓渓　ひでしまこけい　㊌天明5（1785）年6月　㊋明治4（1871）年5月21日）、佐賀百（㊌天明5（1785）年6月　㊋明治4（1871）年5月21日）、人名、日人、幕末（秀島鼓渓　ひでしまこけい）

## 秀島鼓渓 ひでしまこけい
→秀島寛三郎（ひでしまかんざぶろう）

## 尾藤二洲 びとうじしゅう
延享4（1747）年10月8日～文化10（1813）年　卿尾藤二洲《びとうにしゅう》
江戸時代中期～後期の儒学者。朱子学の復興に尽力。
¶朝日（㊌延享4年10月8日（1747年11月10日）㊋文化10年12月14日（1814年2月3日））、岩史（びとうにしゅう）㊋文化10（1813）年12月14日）、愛媛、愛媛人、愛媛百（㊋文化10（1813）年12月4日）、江文（びとうにしゅう）㊌延享2（1745）年）、大阪人（びとうにしゅう）㊋文化10（1813）年12月）、角史（㊌延享2（1745）年）、教育（びとうにしゅう）㊌1745年）、郷土愛媛（びとうにしゅう）㊌1745年）、近世、国書、国書（㊋文化10（1813）年12月14日）、コン改（㊌延享2（1745）年）、コン4（㊌延享2（1745）年）、詩歌（びとうにしゅう）㊌1745年）、詩作（㊋文化10（1814）年12月14日）、史人（㊌1813年12月14日）、重要（びとうにしゅう）㊌延享2（1745）年10月8日　㊋文化10（1813）年12月4日）、人書94、新潮（㊋文化10（1813）年12月14日）、人名（びとうにしゅう）㊌1745年）、新人（びとうにしゅう）㊌延享2（1745）年10月8日　㊋文化10（1813）年12月4日）、世百（㊌1745年）、全書、大百（㊌1745年）、日思、日史（㊋文化10（1813）年12月4日）、日人（㊌1814年）、百科、歴大（㊋1814年）、和俳（㊌延享2（1745）年10月8日　㊋文化10（1813）年12月4日）

## 尾藤公 びとうただし
昭和17（1942）年10月23日～
昭和～平成期の高校野球監督。箕島高校野球部監督として甲子園に出場し、春、夏の全国大会で優勝。
¶世紀、日人

## 尾藤二洲 びとうにしゅう
→尾藤二洲（びとうじしゅう）

## 尾藤操 びとうみさお
明治45（1912）年～昭和60（1985）年10月16日
昭和期の社会事業家。授産所設置運動の先駆けとなる。なずな学園を創設。
¶女性、女性普、世紀（㊌大正1（1912）年9月8日）、日人（㊌大正1（1912）年9月8日）

## 一柳末延 ひとつやなぎすえのぶ
文化11（1814）年～安政2（1855）年
江戸時代末期の大名。播磨小野藩主。
¶諸系、日人、藩主3（㊌文化11（1814）年8月10日　㊋安政2（1855）年3月27日）

## 一柳末彦 ひとつやなぎすえよし
天保14（1843）年～明治14（1881）年
江戸時代後期～明治期の大名。
¶諸系、日人、藩主3（㊌天保14（1843）年3月15日　㊋明治14（1881）年6月28日）

## 一柳満喜子 ひとつやなぎまきこ
明治17（1884）年3月18日～昭和44（1969）年9月7日
大正～昭和期の教育者。清友園幼稚園を設立。戦後、近江兄弟社となった学園の発展に尽力。
¶学校、郷土滋賀、キリ、近女、滋賀百、女性、女性普、世紀、日人

## 一柳米来留 ひとつやなぎめれる
明治13（1880）年10月28日～昭和39（1964）年5月7日
明治～昭和期のキリスト教伝道者、社会事業家。近江兄弟社社長。近江兄弟社小学校、中学校、高校を開設。著書に「吾家の設計」「失敗者の自叙伝」など。
¶近現、現情、現人、国史、史人、人名7、日人、歴大

## 一柳頼親 ひとつやなぎよりちか
寛政3（1791）年～天保3（1832）年
江戸時代後期の大名。伊予小松藩主。
¶諸系、日人、藩主4（㊌寛政3（1792）年1月11日　㊋天保3（1832）年4月7日）

## 人見円吉 ひとみえんきち
→人見東明（ひとみとうめい）

## 人見璣邑 ひとみきゆう
→人見弥右衛門（ひとみやえもん）

## 人見東明 ひとみとうめい
明治16（1883）年1月16日～昭和49（1974）年2月4日　卿人見円吉《ひとみえんきち》
大正～昭和期の詩人、教育者、評論家。早稲田詩社などの設立に参画。のち日本女子高等学院（後の昭和女子大学）設立。詩集に「夜の舞踏」など。
¶岡山百（㊋昭和49（1974）年11月4日）、岡山歴、学校、近文、現朝、現詩、現執1期（人見円吉　ひとみえんきち）、現情、コン改、コン4、コン5、史人、新潮、新文、人名7、世紀、全書、大百、日人、文学、民学（人見円吉　ひとみえんきち）

## 人見亨 ひとみとおる
明治42（1909）年4月1日～昭和34（1959）年3月1日

昭和期の小学校教諭、新興教育運動家。
¶社運，社史

**人見卜幽** ひとみぼくゆう
→人見卜幽軒（ひとみぼくゆうけん）

**人見卜幽軒** ひとみぼくゆうけん
慶長4(1599)年～寛文10(1670)年 ㊕人見卜幽《ひとみぼくゆう》
江戸時代前期の儒学者。菅得庵、林羅山に師事。
¶朝日（㊌慶長4(1599)年3月 ㊛寛文10年7月8日(1670年8月23日)），江文，近世（人見卜幽 ひとみぼくゆう），国史（人見卜幽 ひとみぼくゆう），国書（㊌慶長4(1599)年3月 ㊛寛文10(1670)年7月26日），コン改，コン4，新潮（㊌慶長4(1599)年1月3日 ㊛寛文10(1670)年7月8日），人名，世人㊌慶長4(1599)年1月3日 ㊛寛文10(1670)年7月8日），日人，藩臣4（人見卜幽 ひとみぼくゆう ㊌慶長3(1598)年）

**人見緑** ひとみみどり
明治20(1887)年10月10日～昭和36(1961)年2月23日
明治～昭和期の教育家。日本女子高等学院（後の昭和女子大学）を創立。
¶学校

**人見弥右衛門** ひとみやえもん
享保14(1729)年～寛政9(1797)年 ㊕人見璣邑《ひとみきゆう》
江戸時代中期の尾張藩士。
¶朝日（㊌享保14年10月24日(1729年12月14日) ㊛寛政9年2月2日(1797年2月28日)），近世（人見璣邑 ひとみきゆう），国史（人見璣邑 ひとみきゆう），国書（人見璣邑 ひとみきゆう ㊌享保14(1729)年10月24日 ㊛寛政9(1797)年2月2日），コン改，コン4，新潮（㊛寛政9(1797)年2月2日），人名（人見璣邑 ひとみきゆう），日人，藩臣4

**雛田松渓** ひなだしょうけい
文政2(1819)年～明治19(1886)年2月8日 ㊕雛田中清《ひなたなかきよ》
江戸時代末期～明治期の教育者。尊攘を唱えて、北越鎮撫使に越後平定策を献策。
¶人名（雛田中清 ひなたなかきよ），新潟百，日人，幕末，幕末5

**雛田千尋** ひなたちひろ
明治1(1868)年～明治41(1908)年9月21日
明治期の教育者。日本女子大学教授兼舎監。大学創立時より女子教育事業に尽力。
¶女性，女性普，日人

**雛田中清** ひなたなかきよ
→雛田松渓（ひなだしょうけい）

**日根野鏡水** ひねのきょうすい
天明6(1786)年～安政1(1854)年 ㊕日根野弘亨《ひねのひろあき》
江戸時代後期の土佐藩士、漢詩人。
¶高知人（㊌1785年 ㊛1853年），高知百，国書，人名（日根野弘亨 ひねのひろあき），日人，藩臣6，和俳

**日根野弘亨** ひねのひろあき
→日根野鏡水（ひねのきょうすい）

**日野有範**(1) ひのありのり
→藤原有範(2)（ふじわらありのり）

**日野有範**(2) ひのありのり
乾元1(1302)年～正平18/貞治2(1363)年12月1日 ㊕藤原有範《ふじわらありのり，ふじわらのありのり》
鎌倉時代後期～南北朝時代の公卿（非参議）。非参議藤原藤範の子。大学頭、治部卿などを歴任。崇徳天皇の侍読。
¶朝日（藤原有範 ふじわらありのり ㊛貞治2/正平18年12月1日(1364年1月5日)），鎌室（藤原有範 ふじわらありのり），公卿（藤原有範 ふじわらありのり），国史，国書（藤原有範 ふじわらありのり），古中，日史，日人（㊛1364年），百科

**日野嘉三** ひのかぞう
寛政12(1800)年～文久3(1863)年 ㊕日野嘉三と日野義順《ひのかぞうとひのぎじゅん》
江戸時代後期～末期の教育家。
¶多摩（日野嘉三と日野義順 ひのかぞうとひのぎじゅん）

**樋野含斎** ひのがんさい
？ ～慶応1(1865)年
江戸時代末期の儒学者。
¶人名，日人

**日野九右衛門** ひのくえもん
天保5(1834)年9月4日～明治13(1880)年10月21日
江戸時代後期～明治期の教育功労者。
¶庄内

**日野圭一** ひのけいいち
昭和14(1939)年～昭和55(1980)年
昭和期の島根大学教育学部講師。
¶島根歴

**日野五七郎** ひのごしちろう
慶応3(1867)年6月19日～昭和10(1935)年9月2日
明治～昭和期の教育者・薬剤師。
¶富山百

**日野実綱** ひのさねつな
→藤原実綱（ふじわらのさねつな）

**日野醸泉** ひのじょうせん
天明5(1785)年～安政5(1858)年
江戸時代末期の漢学者。
¶国書（㊛安政5(1858)年11月14日），人名（㊌？），日人

**日野資業** ひのすけなり
永延2(988)年～延久2(1070)年8月24日 ㊕藤原資業《ふじわらすけなり，ふじわらのすけなり》
平安時代中期の学者、公卿（非参議）。参議藤原有国の七男。法界寺文庫を開設。

¶朝日（[生]正暦1（990）年　[没]延久2年8月24日（1070年10月1日）），京都大，公卿（藤原資業　ふじわらのすけなり），公卿普（藤原資業　ふじわらのすけなり），国史（藤原資業　ふじわらのすけなり），国書（藤原資業　ふじわらすけなり），古人（藤原資業　ふじわらのすけなり），古中（藤原資業　ふじわらのすけなり），コン改（[生]正暦1（990）年），コン4（[生]正暦1（990）年），コン5（[生]正暦1（990）年），諸系，新潮（[没]延久2（1070）年8月24日，（異説）9月24日），人名，姓氏京都（藤原資業　ふじわらのすけなり），日史（藤原資業　ふじわらのすけなり），日人，百科（藤原資業　ふじわらのすけなり），兵庫百（藤原資業　ふじわらのすけなり），平史（藤原資業　ふじわらのすけなり），和俳

**日野信行** ひののぶゆき
昭和33（1958）年3月14日〜
昭和〜平成期の英語教育学者。大阪大学講師。
¶現執3期

**日野真澄** ひのますみ
明治7（1874）年1月12日〜昭和18（1943）年5月14日
明治〜昭和期の神学者、教育者。
¶キリ，渡航

**日野雪子** ひのゆきこ
文化4（1807）年〜明治15（1882）年12月17日
江戸時代末期〜明治期の教育者。寺子屋をつくり、多い時で塾生は六〇名を超える。
¶江表（雪子（秋田県）），女性，女性普

**日野霊瑞** ひのれいずい
文政1（1818）年8月10日〜明治29（1896）年
江戸時代末期〜明治期の浄土宗学僧。増上寺71・73世、知恩院77世、浄土宗管長。
¶史人（[没]1896年5月13日），人名，長野歴，日人，仏教（[没]明治29（1896）年5月3日）

**日比茂樹** ひびしげき
昭和18（1943）年11月17日
昭和〜平成期の児童文学作家。小学校教師をつとめるかたわら創作。著書に「バレンタインデーの贈り物」「白いパン」など。
¶現情，埼玉文，児作，児人，世紀，日児（[生]昭和18（1943）年1月17日），日人

**日比野寛** ひびのかん
→日比野寛（ひびのゆたか）

**日比野寛** ひびのひろし
→日比野寛（ひびのゆたか）

**日比野寛** ひびのゆたか
慶応2（1866）年〜昭和25（1950）年4月2日　[別]日比野寛《ひびのかん，ひびのひろし》
大正〜昭和期の教育家、体育指導者。日本陸連常務理事、衆議院議員。
¶愛知百（[生]1866年11月3日），現情（ひびのひろし　[生]慶応2（1866）年11月），人名7（ひびのひろし），世紀（[生]慶応2（1866）年11月3日），姓氏愛知，体育（ひびのかん），日人

**日比野良為** ひびのよしなり
→日比野良為（ひびのりょうい）

**日比野良為** ひびのりょうい
生没年不詳　[別]日比野良為《ひびのよしなり》
江戸時代中期の和算家。
¶国書（ひびのよしなり），人名，日人（ひびのよしなり）

**日比裕** ひびゆたか
昭和11（1936）年2月8日〜
昭和期の教育学者。名古屋大学教授、東海学園大学教授。
¶現執1期，現執2期

**姫井桃源** ひめいとうげん
寛延3（1750）年〜文政1（1818）年8月1日
江戸時代中期〜後期の備前岡山藩士、儒学者。
¶岡山人，岡山百，岡山歴，国書，人名，日人，藩臣6

**日柳三舟** ひやなぎさんしゅう
→日柳三舟（くさなぎさんしゅう）

**日向煕** ひゅうがひろし
明治34（1901）年12月26日〜平成1（1989）年7月28日
大正〜昭和期の教育者。
¶埼玉人

**兵藤瀞**（兵頭瀞） ひょうどうきよし
寛政11（1799）年〜弘化4（1847）年　[別]兵頭瀞《ひょうどうせい》
江戸時代後期の美濃大垣藩士。
¶国書（[生]寛政11（1799）年3月13日　[没]弘化4（1847）年3月27日），人名（兵頭瀞　ひょうどうせい），日人（兵頭瀞），藩臣3

**兵頭賢一** ひょうどうけんいち
明治5（1872）年〜昭和25（1950）年
明治〜昭和期の教育者・地方史研究家。
¶愛媛，愛媛百（[没]昭和25（1950）年3月21日）

**兵頭瀞** ひょうどうせい
→兵藤瀞（ひょうどうきよし）

**兵頭義高** ひょうどうよしたか
明治39（1906）年〜昭和61（1986）年
大正・昭和期の教育者。
¶愛媛

**平井昶** ひらいいたる
明治29（1896）年〜？　[別]今成昶《いまなりいたる》，波城
大正〜昭和期の小学校教員。校長、埼玉県視学。
¶アナ，社史

**平井乙麿** ひらいおとまろ
明治34（1901）年4月11日〜平成9（1997）年4月14日
昭和・平成期の歌人、教育家。
¶京都文，短歌

**平井清隆** ひらいきよたか
明治38(1905)年4月10日～平成12(2000)年4月3日
昭和・平成期の劇作家、同和教育・部落史研究者。
¶現執1期、滋賀文

**平井金三郎** ひらいきんざぶろう、ひらいきんさぶろう
安政6(1859)年～大正5(1916)年　㊙平井金三《ひらいきんぞう》
明治～大正期の教育者、言語学者。早稲田大学教授。日印協会・ローマ字ひろめ会・心象研究会を創立。
¶コン改、コン5(ひらいきんさぶろう)、社史(平井金三　ひらいきんぞう　㊤安政6年(1859年11月25日)、㊦?)、人名(平井金三　ひらいきんぞう　㊤?)、世紀(㊤大正5(1916)年3月13日)、姓氏京都、日人

**平井金三** ひらいきんぞう
→平井金三郎(ひらいきんざぶろう)

**平池南桑** ひらいけなんそう
明治23(1890)年～昭和59(1984)年8月28日
明治～昭和期の教育者。
¶詩作

**平井建二** ひらいけんじ
昭和20(1945)年11月30日～
昭和～平成期の音楽教育者。
¶音人

**平井幸市** ひらいこういち
明治42(1909)年6月25日～
昭和期の河合村教育委員会長・同農協組合長。
¶飛騨

**平石石山** ひらいしせきざん
天保4(1833)年～明治29(1896)年
江戸時代末期～明治期の勤王の志士。芳賀郡祖母井村の医師、私塾経営者。
¶栃木歴

**平井惣太郎** ひらいそうたろう
明治13(1880)年～昭和25(1950)年
明治～昭和期の教育者、実業家。
¶高知人

**平井正** ひらいただし
大正1(1912)年10月8日～平成13(2001)年3月15日
昭和～平成期の福祉活動家。平井点字社代表。日本で唯一の点字楽譜専門出版所を設立、約500曲を点訳、出版。
¶音人2、視覚、出文、世紀、日人

**平井澹所** ひらいたんしょ
宝暦12(1762)年～文政3(1820)年
江戸時代中期～後期の伊勢桑名藩儒。寛政の学制改革に尽力。
¶朝日(㊤宝暦10(1760)年　㊦文政3年8月19日(1820年9月25日))、江文、国書(㊤文政3(1820)年8月19日)、コン改、コン4、コン5、埼玉百、新潮(㊤文政3(1820)年8月19日)、人名、日人、藩臣4、三重

**平井呈一** ひらいていいち
明治35(1902)年6月16日～昭和51(1976)年5月19日
大正～昭和期の英文学者、翻訳家、小・中学校教師。主訳書に「全訳小泉八雲作品集」。
¶近文、幻作、幻想、世紀、ミス

**平出隆** ひらいでたかし
昭和25(1950)年11月21日～
昭和～平成期の詩人。多摩美術大学教授。詩学、評論が専門。米国アイオワ大より国際創作プログラムに招かれる。詩集に「旅籠屋」など。
¶現朝、現詩、現執2期、現執3期、現執4期、小説、新文、世紀、日人、福岡文、マス89

**平出千文** ひらいでちふみ
昭和32(1957)年～
昭和～平成期の高等学校数学科教諭。
¶YA

**平出直弥** ひらいでなおや
明治33(1900)年～平成1(1989)年
大正～昭和期の教育者。青森県陸上競技協会理事。
¶青森人

**平井登代** ひらいとよ
明治12(1879)年2月15日～昭和25(1950)年3月20日
明治～昭和期の救護看護婦・看護教育者。
¶埼玉人

**平井英雄** ひらいひでお
？～
昭和期の小学校教員。
¶社史

**平井広五郎** ひらいひろごろう
慶応2(1866)年4月～？　㊙百痴居士
明治期の英文学者、翻訳家、教員。早稲田大学専門部・高等予科講師。
¶社史

**平井博英** ひらいひろひで
昭和8(1933)年7月14日～
昭和期の教育者。APH外語学院長。
¶飛騨

**平井又八** ひらいまたはち
明治1(1868)年10月～明治43(1910)年
明治期の教育者。
¶岡山人、岡山歴

**平井庸吉** ひらいようきち
明治4(1872)年12月20日～昭和22(1947)年3月20日
明治～昭和期の牧師。女子聖学院院長。
¶キリ

**平井雷太** ひらいらいた
昭和24(1949)年11月15日～
昭和～平成期の教育研究家。すくーるらくだ主宰、セルフラーニング研究所代表。

¶現執3期，現執4期

**平岩愃保** ひらいわのぶやす
→平岩愃保(ひらいわよしやす)

**平岩愃保** ひらいわよしやす
安政3(1856)年12月17日～昭和8(1933)年7月26日 [別]平岩愃保《ひらいわのぶやす》
明治～大正期のキリスト教指導者。日本メソジスト教会二代監督、教会条例制定編纂委員長。各地の教会を牧師として歴任。のち自宅で伝道、阿佐ヶ谷教会の基礎を築く。静岡女学校(後の静岡英和女学院)の設立に関わる。
¶朝日([生]安政3年12月17日(1857年1月12日))，学校，キリ([生]安政3(1857)年12月17日)，近現，国史，コン改，コン5，史人，静岡歴，新潮，世紀([生]安政3(1857)年12月17日)，姓氏静岡，体育(ひらいわのぶやす)，日人([生]1857年)，山梨百，歴大([生]1857年)

**平岡淇水** ひらおかきすい★
生没年不詳
明治期の教員。
¶秋田人2

**平岡孝輔** ひらおかこうすけ
？～
昭和期の中学校教員。城西学園中学校教諭。
¶社史

**平岡静人** ひらおかしずと
明治27(1894)年8月24日～平成6(1994)年6月20日
昭和期の僧侶。清風学園の設立に関わる。
¶学校

**平岡道生** ひらおかみちお
安政3(1856)年～昭和8(1933)年12月28日
江戸時代末期～昭和時代の数学者。
¶数学

**平岡通也** ひらおかみちや
明治10(1877)年～昭和36(1961)年
明治～昭和期の教育者。秋田鉱山専門学校長。
¶秋田百

**平岡盛三郎** ひらおかもりさぶろう
→市川森三郎(いちかわもりさぶろう)

**平尾沂水**(平尾芹水) ひらおぎんすい，ひらおきんすい
宝暦14(1764)年～天保8(1837)年
江戸時代後期の近江彦根藩儒、国学者。
¶国書(平尾芹水 ひらおきんすい [生]宝暦14(1764)年2月 [没]天保8(1837)年6月19日)，人名，日人(平尾芹水 ひらおきんすい)

**平生釟三郎** ひらおはちさぶろう
慶応2(1866)年5月22日～昭和20(1945)年11月27日 [別]平生釟三郎《ひらおはつさぶろう》，平尾釟三郎《ひらおはつざぶろう》
明治～昭和期の実業家、政治家。日本製鉄会長、川崎造船所社長、文相。東京海上保険専務に就任。のち甲南学園理事長、大日本産業報国会会長などを歴任。
¶学校([没]昭和20(1945)年10月27日)，角史，岐阜百(平尾釟三郎 ひらおはつざぶろう)，教育，郷土岐阜(ひらおはつさぶろう)，近現，現朝([生]慶応2年5月22日(1866年7月4日))，現情([生]慶応2(1866)年4月 [没]1945年10月27日)，現日([没]1945年10月27日)，国史，コン改，コン4，コン5，史人，実業，新潮，人名7([没]1946年)，世紀([没]昭和20(1945)年10月27日)，政治([没]昭和20年10月27日)，世人([没]昭和20(1945)年10月27日)，全書，日史，日人，兵庫人，兵庫百，兵庫文，履歴，履歴2，歴大

**平生釟三郎**(平尾釟三郎) ひらおはつさぶろう，ひらおはつざぶろう
→平生釟三郎(ひらおはちさぶろう)

**平垣美代司** ひらがきみよし
大正6(1917)年7月14日～昭和59(1984)年6月26日
昭和期の労働運動家。日教組書記長。
¶革命，現朝，現執1期，現情，現人，世紀，日人

**平賀コマ** ひらがこま
明治34(1901)年～平成2(1990)年
大正～平成期の教育者、婦人運動家。
¶高知人

**平方金七** ひらかたきんしち
明治22(1889)年3月16日～昭和48(1973)年2月12日
明治～昭和期の官吏、教育者。明和女子短期大学創設者。
¶学校，郷土群馬，群馬人，世紀，姓氏群馬，日人

**平方竜男** ひらかたたつお
明治22(1889)年2月15日～昭和51(1976)年1月27日
大正～昭和期の鍼灸師、教育者。
¶視覚

**平賀元義** ひらがもとよし
寛政12(1800)年～慶応1(1865)年12月28日
江戸時代末期の歌人、国学者。万葉調の和歌を指導。
¶朝日([生]寛政12年7月3日(1800年8月22日) [没]慶応1年12月28日(1866年2月13日))，維新，岡山人，岡山百([生]寛政12(1800)年7月3日)，岡山歴([生]寛政12(1800)年7月3日)，角史，近世，国史，国書([生]寛政12(1800)年7月3日)，コン改，コン4，詩歌，詩作，史人([生]1800年7月3日)，人書94，新潮，新文([生]寛政12(1800)年7月3日)，人名，世人，世百，全書，大百，日史([生]寛政12(1800)年7月3日)，日人([没]1866年)，幕末([没]1866年2月13日)，百科，文学，歴大，和俳

**平賀義美** ひらがよしとみ
→平賀義美(ひらがよしみ)

**平賀義美** ひらがよしみ
安政4(1857)年9月18日～昭和18(1943)年3月2日 [別]平賀義美《ひらがよしとみ》
明治～大正期の応用化学者。大阪工業試験所初代

所長、関西商工学校創立者。染色織物工業の発展に寄与、大阪織物会社を設立。
¶海越新, 科学, 学校, 新潮, 世紀, 先駆, 渡航（ひらがよしとみ ㊥1857年8月6日）, 日人

**平川惟一** ひらかわいいち
嘉永3（1850）年～明治10（1877）年3月3日　㊥平川惟一《ひらかわただいち》
江戸時代末期～明治時代の熊本藩士。植木中学校を創立して自由民権を鼓吹。鍋田付近の戦いで戦死。
¶熊本百（㊥嘉永3（1850）年4月9日）, 人名（ひらかわただいち　㊥1849年）, 日人, 幕末, 幕末大

**平川清** ひらかわきよし
大正10（1921）年～平成14（2002）年
昭和～平成期の青森県教育長。
¶青森人

**平川サキ子** ひらかわさきこ
明治42（1909）年～平成4（1992）年
昭和・平成期の教師。作家平川虎臣の妻。
¶熊本人

**平川正寿** ひらかわせいじゅ
明治7（1874）年7月8日～昭和38（1963）年5月19日
明治～昭和期の教育者。普連土女学校長。
¶キリ

**平川惟一** ひらかわただいち
→平川惟一（ひらかわいいち）

**平川坦翁** ひらかわたんおう
文化12（1815）年～明治16（1883）年
江戸時代末期～明治期の儒学者。
¶人名, 日人

**平川仲五郎** ひらかわなかごろう
明治期の教育者。東京物理学校・東京文理科大学教授。
¶伊豆

**平川駿太** ひらかわはやた
文化12（1815）年～明治16（1883）年
江戸時代末期・明治期の時習館訓導、侍読。
¶熊本人

**平口斉** ひらぐちひとし
明治39（1906）年～昭和58（1983）年
昭和期の教育者、現在の私立島田学園高校の実質的な創立者。
¶静岡歴, 姓氏静岡

**平沢薫** ひらさわかおる
明治43（1910）年3月20日～
昭和期の教育学者。東京教育大学教授。
¶現執1期, 現情

**平沢茂** ひらさわしげる
昭和18（1943）年9月1日～
昭和～平成期の教育学者。亜細亜大学教授。
¶現執3期

**平沢静香** ひらさわしずか
昭和4（1929）年2月21日～平成15（2003）年5月21日
昭和・平成期の教師。
¶石川現九

**平沢唯志** ひらさわただし
安永7（1778）年～嘉永4（1851）年
江戸時代中期～後期の花巻郷学の学頭。
¶姓氏岩手

**平沢東貫** ひらさわとうかん
明治26（1893）年～昭和61（1986）年
大正～昭和期の教育者、宗教家、文化人。
¶山形百新

**平沢直吉** ひらさわなおきち
明治15（1882）年～昭和39（1964）年11月10日
明治～昭和期の出版人。東京堂取締役、実践学園理事。東京堂教習所、実践商業学校（後の実践学園高等学校）を創立。
¶学校, 出版, 出文（㊥明治15（1882）年12月28日）

**平沢義子** ひらさわよしこ
昭和13（1938）年9月30日～
昭和～平成期のピアニスト、音楽教育者（幼児音楽）。
¶音人3

**平島邦夫** ひらしまくにお
昭和3（1928）年9月30日～
昭和～平成期の音楽教育家。福岡教育大学教授。
¶音人, 現情

**平瀬作五郎** ひらせさくごろう
安政3（1856）年1月7日～大正14（1925）年1月4日
明治期の植物学者、図学者。イチョウの発生研究からその精子を発見、植物分類学上の大きな業績と評価。
¶朝日（㊥安政3年1月7日（1856年2月12日））, 科学, 近現, 国史, コン改, コン5, 植物, 新潮, 人名, 世百, 先駆, 全書, 大百, 日人, 百科, 福井百

**平瀬光慶** ひらせみつよし
安政1（1854）年～昭和13（1938）年
明治～昭和期の教育者。『近江商人』の著作者。
¶郷土滋賀, 滋賀百, 世紀（㊥安政1（1855）年㊥昭和13（1938）年11月21日）, 日人

**平田篤胤** ひらたあつたね
安永5（1776）年8月24日～天保14（1843）年閏9月11日
江戸時代後期の出羽久保田藩士、備中松山藩士、国学者。国粋主義的な復古神道を大成した。
¶秋田人2, 秋田百, 朝日（㊥安永5年8月24日（1776年10月6日）㊥天保14年閏9月11日（1843年11月2日））, 伊豆, 岩史, 江人, 江戸東, 江文, 岡山人, 岡山歴, 角史, 教育（㊥1766年）, キリ（㊥天保14（1843）年9月11日）, 近世, 考古（㊥天保14年（1843年9月11日））, 国史, 国書, 古史, コン改, コン4, コン5, 埼玉

人，埼玉百，詩歌，史人，思想史，重要，神史，人書79，人書94，神人，新潮，新文，人名，世人，世百，全書，大百，千葉百，伝記，徳川将，日思，日史，日人，日文，藩臣1，藩臣6，百科，文学，平史，平日，三重続，山川小，歴大，和俳

**平田永哲** ひらたえいてつ
昭和10(1935)年8月13日～
昭和期の特殊教育学者、児童心理学者。琉球大学教授、琉球大学付属小学校校長。
¶現執2期，戦沖

**平田嘉三** ひらたかぞう
大正14(1925)年5月28日～
昭和～平成期の教育学者、近代フランス史学者。広島大学教授、広島女学院理事。
¶現執1期，現執2期，現執3期

**平田鉄胤**(平田銕胤) ひらたかねたね
寛政11(1799)年～明治13(1880)年
江戸時代末期～明治期の国学者、神道家。明治天皇侍講。平田篤胤の女婿。篤胤没後平田学派を率いて活動、門弟育成指導など学問維持に尽力。
¶秋田百(平田銕胤)，朝日(平田銕胤 [没]明治13(1880)年10月5日)，維新(平田銕胤)，岩史([没]明治13(1880)年10月25日)，愛媛百(平田銕胤)，江文([生]寛政13(1801)年 [没]明治15(1882)年)，教育(平田銕胤 [生]1801年 [没]1882年)，郷土愛媛，京都大，近現，近世，国史，国書(平田銕胤 [生]寛政11(1799)年11月6日 [没]明治13(1880)年10月25日)，コン改(平田銕胤)，コン4(平田銕胤)，埼玉人，史人([没]1880年10月25日)，神史，神人([生]享和1(1801)年 [没]明治15(1882)年10月)，新潮(平田銕胤 [没]明治13(1880)年10月5日)，人名(平田銕胤)，姓氏京都，世百(平田銕胤 [生]1801年 [没]1882年)，千葉百(平田銕胤)，哲学(平田銕胤)，日史(平田銕胤 [没]明治13(1880)年10月5日)，日人(平田銕胤)，幕末(平田銕胤 [没]1880年10月5日)，藩臣1(平田銕胤 [生]寛政9(1797)年)，藩臣6(平田銕胤)，百科(平田銕胤)，履歴([没]明治13(1880)年10月15日)，歴大

**平田華蔵** ひらたけぞう
明治16(1883)年～昭和43(1968)年3月17日
[別]平田華蔵《ひらたよしぞう》
明治～昭和期の学校創立者。国府台高等女子学校(後の国府台女子学院高等部)を創設。
¶学校，心理(ひらたよしぞう [生]明治16(1883)年2月2日)

**平田豪谷** ひらたごうこく
文政5(1822)年～明治5(1872)年
江戸時代末期～明治期の儒学者。
¶岡山人，岡山歴([生]文政5(1822)年5月6日 [没]明治5(1872)年11月12日)，人名，日人

**平田駒太郎** ひらたこまたろう
明治4(1871)年～大正10(1921)年
明治～大正期の植物研究家。
¶島根百([生]明治4(1871)年12月11日 [没]大正10(1921)年8月9日)，島根歴，植物

**平田新左衛門** ひらたしんざえもん
→平田涪渓(ひらたふけい)

**平田丹海** ひらたたんかい
文政11(1828)年～明治30(1897)年
江戸時代末期～明治期の書家。
¶京都府，日人

**平田亨** ひらたとおる
大正9(1920)年5月16日～昭和58(1983)年7月23日
昭和期の教育者。
¶庄内

**広田虎之助** ひらたとらのすけ
→広田虎之助(ひろたとらのすけ)

**平田のぶ**(平田ノブ) ひらたのぶ
明治28(1895)年3月30日～昭和33(1958)年4月14日
大正～昭和期の教育家、婦人運動家。全国小学校女教員会機関誌「かがやき」の編集に従事。
¶近女(平田ノブ)，現情，女運，女史(平田ノブ)，女性(平田ノブ)，女性普(平田ノブ)，人名7，世紀，日人，広島百

**平田ノブ**(平田のぶ) ひらたのぶ
明治28(1895)年3月30日～昭和33(1958)年4月14日
大正～昭和期の教育家、婦人運動家。全国小学校女教員会機関誌「かがやき」の編集に従事。
¶女性，人名7(平田のぶ)

**平田延胤** ひらたのぶたね
文政11(1828)年～明治5(1872)年1月24日
江戸時代末期～明治期の秋田藩士。皇学教授。秋田藩勤王参戦の藩論工作に尽力。
¶秋田百，維新，江文，国書([生]文政11(1828)年9月13日)，神人([生]文政11(1828)年9月13日)，人名，日人，幕末([生]1836年 [没]1872年3月3日)，幕末大([生]文政11(1828)年9月)

**平田涪渓** ひらたばいけい
→平田涪渓(ひらたふけい)

**平田ヒデ** ひらたひで
明治35(1902)年6月～昭和53(1978)年1月4日
大正～昭和期の教育者。岩手県高等女学校教諭。戦後、日本社会党、衆議院議員。会津児童園理事、婦人問題研究会理事などを歴任。
¶女性，女性普，世紀([生]明治35(1902)年6月23日)，政治([生]明治35年6月23日)，日人

**平田準** ひらたひとし
明治44(1911)年～平成5(1993)年
昭和～平成期の大分県教育長。
¶大分歴

**平田涪渓** ひらたふけい，ひらたぶけい
寛政8(1796)年～明治12(1879)年5月7日 [別]平田涪渓《ひらたばいけい》，平田新左衛門《ひらたしんざえもん》
江戸時代末期～明治期の長州藩儒。私塾稀翠疎香書屋を開く。

¶人名(ひらたばいけい)，姓氏山口，日人，幕末，幕末大(ひらたぶけい)，藩臣6(平田新左衛門　ひらたしんざえもん)

**平田文昭**　ひらたふみあき
昭和4(1929)年2月6日～平成3(1991)年12月20日
昭和・平成期の教育者。菜香学園理事長・高山文化服装専門学校理事長。
¶飛騨

**平田文右衛門**　ひらたぶんえもん
嘉永2(1849)年～明治34(1901)年
明治期の実業家。学校、病院の設立などに貢献。
¶日人

**平田宗史**　ひらたむねふみ
昭和14(1939)年8月6日～
昭和期の日本教育史学者。福岡教育大学教授。
¶現執2期

**平田華蔵**　ひらたよしぞう
→平田華蔵(ひらたけぞう)

**平地均**　ひらちひとし
明治16(1885)年11月～
明治・大正期の教育者。苫小牧工業の初代校長で技術者教育。
¶北海道建

**平塚盛歓**　ひらつかせいきん
文政7(1824)年～明治27(1894)年
江戸時代末期～明治期の漢学者、教育者。著書に「春江詩文」「精神発揮」「書経考」など。
¶藩臣1

**平塚甲**　ひらつかはじむ
大正15(1926)年4月5日～平成3(1991)年11月14日
昭和・平成期の丹生川村教育長。
¶飛騨

**平塚益徳**　ひらつかますのり
明治40(1907)年6月19日～昭和56(1981)年3月10日
昭和期の教育学者。九州帝国大学教授、国立教育研究所長。国立教育研究所で「教育百年史」を完成。「平塚益徳講演集」がある。
¶現朝，現執1期，現情，現人，史研，新潮，世紀，哲学，日人，福岡百，マス89

**平手言辰**　ひらてときたつ
寛永20(1643)年～享保8(1723)年
江戸時代前期～中期の武士。飯田氏家臣。
¶人名，日人

**平手政秀**　ひらてまさひで，ひらでまさひで
戦国時代の武将。平手経秀の子。織田信秀の重臣。
¶愛知百(㊌1493年　㊊1544年1月13日)，姓氏愛知(ひらでまさひで　㊌1492年　㊊1553年)

**平沼淑郎**　ひらぬまよしろう
文久4(1864)年2月7日～昭和13(1938)年8月14日
明治～昭和期の経済学者。早稲田大学学長。近世史を研究。社会経済史学界の創立に参画。

¶岡山人，岡山百，岡山歴，近現，国史，コン改，コン5，史研，史人，人名，世紀，日人

**平野一郎**　ひらのいちろう
昭和4(1929)年1月16日～
昭和期の西洋教育史学者。名古屋外国語大学教授、愛知教育大学教授。
¶現執1期，現執2期

**平野運平**　ひらのうんぺい
明治19(1886)年3月23日～大正8(1919)年
明治～大正期の海外開拓家。労働者総監督。サンパウロ州に農園を開設、小学校設立、邦人の移住歓迎など農園の開発に尽力。
¶静岡歴，人名(㊌1881年)，世紀(㊊大正8(1919)年2月6日)，姓氏静岡，日人

**平野橘翁**　ひらのきつおう
天明4(1784)年～慶応3(1867)年
江戸時代中期～末期の心学者。
¶国書，日人

**平野重久**　ひらのしげひさ
文化11(1814)年～明治16(1883)年　㊔平野縫殿《ひらのぬい》
江戸時代後期～明治期の武士。
¶維新，人名，日人，幕末(㊊1883年12月3日)，藩臣3(平野縫殿　ひらのぬい)

**平野重左衛門**　ひらのじゅうざえもん
文政10(1827)年～明治10(1877)年
江戸時代後期～明治期の黒羽藩下の庄の山方奉行、私塾「平野塾」経営。
¶栃木歴

**平野順三**　ひらのじゅんぞう
明治41(1908)年1月2日～昭和14(1939)年11月14日　㊔純象《じゅんぞう》
昭和期の小学校教員。
¶社史

**平野俊平**　ひらのしゅんぺい
文政12(1829)年～明治18(1885)年6月30日
江戸時代末期～明治期の蘭学者。岡山藩兵学館教授。岡山藩文学教授、英語学教授等を歴任。著書に「観銃式」。
¶岡山歴，国書，洋学

**平野紫陽**　ひらのしよう
明治8(1875)年～昭和29(1954)年
明治～昭和期の教育者。
¶詩作

**平野昌伝**　ひらのしょうでん
江戸時代末期の測量術家。
¶科学，国書(生没年不詳)，人名，数学，日人(生没年不詳)

**平野武夫**　ひらのたけお
明治39(1906)年～
昭和期の倫理学・教育学者。奈良大学教授。
¶現執1期

### 平野恒　ひらのつね
明治32(1899)年2月1日～平成10(1998)年1月20日　㊛平野恒子《ひらのつねこ》
昭和期の社会事業家、幼児教育家。白峰学園理事長、横浜女子短期大学学長。白峰学園を設立し、附属幼稚園を設置。
¶学校, 神奈女(平野恒子　ひらのつねこ), 郷土神奈川, 近女(平野恒子　ひらのつねこ), 世紀, 日人

### 平野恒子　ひらのつねこ
→平野恒(ひらのつね)

### 平野智美　ひらのともみ
昭和7(1932)年～
昭和期の教育学者。上智大学教授。
¶現執1期

### 平野縫殿　ひらのぬい
→平野重久(ひらのしげひさ)

### 平野伸人　ひらののぶと
昭和21(1946)年～
昭和～平成期の教員、平和運動家。
¶平和

### 平野秀吉　ひらのひできち
明治6(1873)年～昭和22(1947)年
明治～昭和期の教育者。
¶新潟百

### 平野博文　ひらのひろふみ
昭和24(1949)年3月19日～
昭和～平成期の政治家。衆議院議員、第16代文科相。
¶現政

### 平野ふみ子　ひらのふみこ
生没年不詳
昭和期の大学教員、翻訳家。
¶児人

### 平野婦美子　ひらのふみこ
明治41(1908)年9月19日～
昭和期の教育者。「女教師の記録」を出版。文部省推薦図書。
¶近女, 現朝, 社史(㊞1907年9月11日), 世紀, 日人

### 平野マツエ　ひらのまつえ
明治29(1896)年～昭和60(1985)年
大正・昭和期の教育者。藤崎台童園園長。戦災孤児の救済事業に取り組んだ。
¶熊本人

### 平野雄三　ひらのゆうぞう
昭和10(1935)年3月21日～
昭和～平成期のバイオリニスト、音楽教育者。
¶音人2, 音人3

### 平野流香　ひらのりゅうこう
明治16(1883)年4月24日～昭和25(1950)年10月5日
明治～昭和期の教育者、郷土史家。
¶郷土, 熊本人, 熊本百, 世紀, 日人

### 平野林一　ひらのりんいち
大正3(1914)年10月18日～平成10(1998)年5月6日
昭和・平成期の教育者。学校長。
¶飛騨

### 平林潔　ひらばやしきよし
明治6(1873)年～大正9(1920)年
明治～大正期の教育者。諏訪の私学湖畔学堂の創設者。
¶姓氏長野, 長野歴

### 平林淳信　ひらばやしじゅんしん
？　～宝暦3(1753)年
江戸時代中期の手習い師匠、儒者。
¶姓氏長野

### 平林貴邦　ひらばやしたかくに
明治39(1906)年～昭和50(1975)年
昭和期の教育学者。信州大学教授。
¶長野歴

### 平林武夫　ひらばやしたけお
明治39(1906)年～昭和46(1971)年
昭和期の教育者、山岳家。
¶姓氏長野, 長野歴

### 平林浩　ひらばやしひろし
昭和9(1934)年2月16日～
昭和期の教師。
¶視覚

### 平原春好　ひらはらはるよし
昭和8(1933)年2月26日～
昭和～平成期の教育学者、教育法学者。帝京大学教授、神戸大学教授。
¶現執1期, 現執2期, 現執4期

### 平原美夫　ひらはるよしお
明治44(1911)年～昭和50(1975)年
大正・昭和期の高鍋高校野球部監督。
¶宮崎百一

### 平部嶠南　ひらべきょうなん
文化12(1815)年～明治23(1890)年10月26日
江戸時代末期～明治期の地方史研究家。飫肥藩家老。宮崎県史を研究。
¶維新, 考古, 国書(㊞文化12(1815)年9月28日), 史研(㊞文化12(1815)年9月28日), 人名, 全幕, 日人, 幕末, 幕末大(㊞文化12(1815)年9月), 藩臣7, 宮崎百(㊞文化12(1815)年9月28日)

### 平松折次　ひらまつおりじ
明治13(1880)年～昭和43(1968)年
明治～昭和期の教育者。
¶大分百, 大分歴

### 平松楽斎　ひらまつがくさい
寛政4(1792)年4月6日～嘉永5(1852)年　㊛平松楽斎《ひらまつらくさい》, 平松正懿《ひらまつまさよし》

江戸時代末期の伊勢津藩士。
¶国書（ひらまつらくさい　[没]嘉永5（1852）年1月26日），コン改，コン4，全書，日人（ひらまつらくさい），藩臣5（平松正愨　ひらまつまさよし），三重，歴大（ひらまつらくさい）

**平松誠一**　ひらまつせいいち
天保12（1841）年3月27日～昭和6（1931）年8月13日
江戸時代後期～昭和時代の測量家。数学、測量の私塾を開く。
¶岡山人，岡山歴，科学，人名，数学，日人

**平松旦海**　ひらまつたんかい
文政6（1823）年～明治34（1901）年
江戸時代末期～明治期の儒学者。
¶岡山人，岡山歴（[生]文政6（1823）年9月9日　[没]明治34（1901）年2月10日），人名，日人



**平松久司**　ひらまつひさし
昭和10（1935）年1月1日～
昭和～平成期の音楽教育者、吹奏楽指導者、トランペット奏者。
¶音人，音人2，音人3

**平松正愨**　ひらまつまさよし
→平松楽斎（ひらまつがくさい）

**平松もと**　ひらまつもと
？　～明治15（1882）年11月21日
明治期の寺子屋師匠。没後、門人らが竜服寺地蔵堂に墓碑を建てる。
¶江表（もと（千葉県）　[生]文化14（1817）年），女性，女性普

**平松楽斎**　ひらまつらくさい
→平松楽斎（ひらまつがくさい）

**平村ペンリウク**　ひらむらぺんりうく
天保4（1833）年～明治36（1903）年11月28日
明治期の事業家。平取コタンの首長。佐瑠太学校平取分校の設置に尽力、アイヌ民族の子弟を就学させた。
¶朝日（[生]天保4（1833）年1月），北墓，日人，北海道百，北海道歴

**平元謹斎**　ひらもときんさい
文化7（1810）年～明治9（1876）年4月2日
江戸時代末期～明治期の漢学者。著書は「周易考」「儀礼考」など六十巻にのぼる。
¶秋田百，国書（[生]文化7（1810）年1月25日），人名，日人，幕末（[生]1804年），藩臣1

**平元憲昌**　ひらもとのりまさ
天保3（1832）年～？
江戸時代後期～明治期の俳人・教育者。
¶姓氏神奈川

**平本弘子**　ひらもとひろこ
昭和23（1948）年5月13日～
昭和～平成期のソプラノ歌手、幼児教育者。
¶音人2，音人3

**平山行蔵**　ひらやまぎょうぞう
→平山子竜（ひらやましりょう）

**平山清武**　ひらやまきよたけ
昭和7（1932）年～
昭和期の教育者。
¶戦沖

**平山行蔵**　ひらやまこうぞう
→平山子竜（ひらやましりょう）

**平山子竜**　ひらやましりゅう
→平山子竜（ひらやましりょう）

**平山子竜**　ひらやましりょう
宝暦9（1759）年～文政11（1828）年12月24日
[別]平山行蔵《ひらやまぎょうぞう，ひらやまこうぞう》，平山子竜《ひらやましりゅう》，平山兵原《ひらやまへいげん》
江戸時代中期～後期の兵学者。幕臣伊賀組の家に生まれる。
¶朝日（[没]文政11年12月14日（1829年1月19日）），江文（ひらやましりゅう），教育（平山行蔵　ひらやまこうぞう　[生]1737年　[没]1806年），近世，剣豪（平山行蔵　ひらやまこうぞう），国史，国書（平山兵原　ひらやまへいげん　[生]宝暦9（1759）年12月8日），コン改，コン4，史人（平山行蔵　ひらやまこうぞう　[生]1759年12月8日），新潮，人名（[生]1737年　[没]1806年），世人（ひらやましりゅう），全書（平山行蔵　ひらやまぎょうぞう），日人（[生]1760年　[没]1829年），洋学（平山行蔵　ひらやまこうぞう）

**平山太郎**　ひらやまたろう
？　～明治24（1891）年6月8日
明治期の文部省官吏。東京図書館長、第五高等学校校長。藩主の子島津政之進らに随行しアメリカに留学。
¶海越，海越新，渡航

**平山信子**　ひらやまのぶこ
明治22（1889）年～昭和52（1977）年11月21日
大正～昭和期の教師、女性運動家。新婦人協会から婦人選挙権獲得同盟までの活動家。東京家庭裁判書調停委員等を務める。
¶近女，女性，女性普

**平山兵原**　ひらやまへいげん
→平山子竜（ひらやましりょう）

**平山昌幸**　ひらやままさゆき
大正14（1925）年～平成2（1990）年
昭和～平成期の教育者、漫画家。
¶高知人

**平山レン**　ひらやまれん
明治33（1900）年～平成11（1999）年
大正～平成期の教育者。青森県内初の女性教育委員。
¶青森人

**平吉誠舒**　ひらよしせいじょ
文政13（1830）年～明治23（1890）年
江戸時代末期～明治時代の教育者。戊辰戦争で活

躍。以後は養蚕業を育成するかたわら子弟の教育にあたった。
¶佐賀百([生]文政13(1830)年5月17日　[没]明治23(1890)年5月3日)，幕末，幕末大

**比留川仁亮** ひるかわにんりょう
弘化3(1846)年～大正6(1917)年
江戸時代末期～大正期の教育者。
¶姓氏神奈川

**比留間安治** ひるまやすじ
*～昭和55(1980)年1月20日
大正～昭和期の自治・教育功労者、学校創立者、事業家。昭和第一工業学校(後の昭和第一学園高等学校)を創設。
¶学校([生]？)，多摩([生]明治31(1898)年)

**広池千九郎** ひろいけせんくろう
→広池千九郎(ひろいけちくろう)

**広池千太郎** ひろいけせんたろう
大正11(1922)年8月14日～
昭和期の教育学者。麗沢大学教授。
¶現情

**広池千九郎** ひろいけちくろう
慶応2(1866)年3月29日～昭和13(1938)年6月4日
[別]広池千九郎《ひろいけせんくろう》
明治～大正期の法学者。神宮皇学館教授。東洋法制史を研究。道徳科学専攻塾(広池学園)を創設。
¶大分百，大分歴，学校，史研(ひろいけせんくろう)，神人(ひろいけせんくろう　[没]？)，世紀，哲学，日人，民学，履歴

**広井玄清** ひろいげんせい
文政7(1824)年～明治28(1895)年7月11日
江戸時代末期～明治時代の医師。医業のかたわら塾生を教育。
¶幕末，幕末大

**広井鴻** ひろいこう
明和7(1770)年～嘉永6(1853)年　[別]広井遊冥《ひろいゆうめい》
江戸時代後期の土佐藩士。
¶高知人，国書(広井遊冥　ひろいゆうめい　[生]明和7(1770)年10月15日　[没]嘉永6(1853)年9月11日)，人名，日人(広井遊冥　ひろいゆうめい)，幕末([没]1853年10月13日)

**広井遊冥** ひろいゆうめい
→広井鴻(ひろいこう)

**広井良図** ひろいりょうと
文政10(1827)年～明治36(1903)年8月2日
江戸時代末期～明治時代の教育者。赤間関学区取締、教育会議議員をつとめ、教育行政に携わる。
¶幕末，幕末大([生]文政10(1827)年2月19日)，藩臣6

**広江勇** ひろえいさむ
明治38(1905)年～平成8(1996)年
昭和～平成期の教育者。鳥取高農、鳥取大学教授。
¶島根歴

**広岡浅子** ひろおかあさこ
嘉永2(1849)年～大正8(1919)年1月14日
明治～大正期の実業家。日本女子大学校創立発起人となり開校に尽力。財界、教育界、婦人界の舞台で活躍。
¶朝日([生]嘉永2年9月3日(1849年10月18日))，大阪人([生]嘉永3(1850)年　[没]大正8(1919)年1月)，近女，女運([生]1849年10月18日)，女史，女性([生]嘉永2(1849)年10月18日)，女性普([生]嘉永2(1849)年9月3日)，人名，世紀([生]嘉永2(1849)年9月3日)，日人，歴大

**広岡伊勢吉** ひろおかいせきち
明治27(1894)年～昭和43(1968)年
大正～昭和期の教育者、自治功労者。
¶長野歴

**広岡善寿** ひろおかぜんじゅ
明治8(1875)年10月2日～昭和25(1950)年1月18日
明治～昭和期の浄土真宗本願寺派僧侶、教育者。正願寺住職。
¶郷土福井，世紀，日人，福井百

**広岡淑生** ひろおかよしお
明治31(1898)年9月1日～昭和63(1988)年7月8日
大正～昭和期の吹奏楽指揮者、音楽教育者。吹奏楽器の普及に尽力。
¶音楽，音人，現情，世紀

**広岡亮蔵** ひろおかりょうぞう
明治41(1908)年10月25日～
昭和期の教育学者。名古屋大学教授。
¶現執1期，現執2期，現情

**弘鴻** ひろこう
→弘鴻(ひろひろし)

**広沢応知** ひろさわおうち
文久2(1862)年12月21日～昭和9(1934)年12月5日
明治～昭和期の教育者。
¶豊前

**広沢康郎** ひろさわやすお
大正11(1922)年～
昭和期の小説家・教育者。
¶東北近

**弘重寿輔** ひろしげじゅすけ
明治18(1885)年10月30日～昭和27(1952)年2月25日
明治～昭和期の医師。和光学園の開設に関わる。
¶学校

**広島秀太郎** ひろしまひでたろう
万延1(1860)年～大正15(1926)年1月17日
江戸時代末期～大正期の教育者。徳島県最初の郷土史研究書である「小学阿波国史」「阿波国文明小史」を刊行。
¶徳島歴([生]万延1(1860)年7月3日)，幕末

**広瀬和育** ひろせかずやす
→広瀬和育(ひろせわいく)

ひ

広瀬亀之助　ひろせかめのすけ
　明治7(1874)年2月18日～大正7(1918)年11月
　23日
　明治・大正期の教員・俳人。
　¶飛騨

広瀬久明　ひろせきゅうめい
　安政1(1854)年5月20日～*
　明治～大正期の教育者。
　¶群馬人(㉕大正11(1922)年9月26日)，姓氏群
　　馬(㉕1927年)

広瀬旭荘(広瀬旭荘)　ひろせきょくそう
　文化4(1807)年5月17日～文久3(1863)年8月17日
　江戸時代末期の儒学者、詩人、教育者。
　¶朝日(㉕文化4年5月17日(1807年6月22日)
　　㉕文久3年8月17日(1863年9月29日))，維新，
　　江文，大分百(㉕1858年)，大分歴，大阪人，大
　　阪墓，角史，近世，国史，国書，コン改，コン
　　4，コン5，詩歌，詩作(広瀬旭荘)，詩作，史人，思
　　想史，島根歴，女史，人書94，新潮，人名，世
　　人，世百，全書，大百，富山文(㉕文化4(1807)
　　年5月11日)，日思，日史，日人，幕末(㉕1863
　　年9月29日)，幕末大，百科，三重，歴大，和書

広瀬曲巷　ひろせきょっこう
　文政7(1824)年～明治31(1898)年
　江戸時代末期～明治期の筑後久留米藩士。
　¶人名，日人

弘世現　ひろせげん
　明治37(1904)年5月21日～平成8(1996)年1月
　10日
　昭和期の実業家。日本生命保険社長。日本生命を
　保有契約高世界一に育成。日生劇場を開設し文
　化・教育活動に尽力。
　¶現朝，現情，現人，現日，コン改，コン4，コン
　　5，実業，新潮，世紀，日人

広瀬元恭　ひろせげんきょう
　文政4(1821)年～明治3(1870)年
　江戸時代末期～明治期の蘭学者、医師。官軍病院
　院長。京都で開業とともに時習堂を設立。学識は
　幅広く、著書に「理学提要」「知生論」など。
　¶朝日(㉕文政4(1821)年3月　㉕明治3年10月27
　　日(1870年11月20日))，維新，科学(㉕1821年
　　(文政4)3月　㉕1870年(明治3)10月27日)，京
　　都大，近現，近世，国史，国書(㉕明治3
　　(1870)年10月27日)，コン改，コン4，コン5，
　　史人(㉕1870年10月27日)，新潮，人名，姓氏
　　京都，世人(㉕明治3(1870)年10月17日)，全
　　書，大百，日人，幕末(㉕1870年10月31日)，
　　山梨百(㉕明治3(1870)年10月27日)，洋学

広瀬幸吉　ひろせこうきち
　明治7(1874)年～昭和26(1951)年
　明治～昭和期の教育者。
　¶大分歴

広瀬重吉　ひろせじゅうきち
　明治16(1883)年～昭和32(1957)年
　明治～昭和期の教育者。
　¶大分歴

広瀬治郎右衛門　ひろせじろうえもん
　宝暦8(1758)年～文政5(1822)年8月2日
　江戸時代中期～後期の寺子屋師匠。
　¶岡山歴

弘世助三郎　ひろせすけさぶろう
　天保14(1843)年1月3日～大正2(1913)年11月
　17日
　明治期の実業家。彦根中学、第百三十三銀行の設
　立に尽力。日本生命保険では創業基盤の確立に
　貢献。
　¶朝日(㉕天保14年1月3日(1843年2月1日))，大
　　阪人(㉕大正2(1913)年11月)，京近江，コン改
　　(㉕1844年)，コン5(㉕弘化1(1844)年)，実
　　業，新潮，世紀，先駆，日人

広瀬青邨(広瀬青村)　ひろせせいそん
　文政2(1819)年～明治17(1884)年2月3日
　江戸時代末期～明治期の儒学者。学習院教授。修
　史局などに出仕したのち東京に私塾「東宜園」を
　開く。
　¶朝日(㉕文政2年8月15日(1819年10月3日))，
　　維新，大分百(広瀬青村)，国書，コン改，コン
　　4，コン5，詩歌，詩作(広瀬青村)，詩作，史
　　人，日人，幕末，幕末大，山梨百(広瀬
　　青村　㉕明治17(1884)年12月)，和書(㉕文政
　　2(1819)年8月15日)

広瀬為興　ひろせためおき
　嘉永5(1852)年～大正10(1921)年
　江戸時代末期～大正期の民権派教育者。
　¶高知人

広瀬淡窓(1)(広瀬淡窓)　ひろせたんそう
　天明2(1782)年4月11日～安政3(1856)年11月1日
　江戸時代後期の儒学者、教育家。漢学私塾咸宜園
　の創設、経営者。
　¶朝日(㉕天明2年4月11日(1782年5月22日)
　　㉕安政3年11月1日(1856年11月28日))，維新，
　　岩史，江人，大分百，大分歴，角史，教育，郷
　　土長崎，近世，考古，国史，国書，コン改，コ
　　ン4，コン5，詩歌，詩作(広瀬淡窓)，詩作，史
　　人，思想史，重要，人書79，人書94，人情3，
　　新潮，新文，人名，世人，世百，全書，大百，
　　太宰府，伝記，長崎遊，日思，日史，日人，幕
　　末(㉕1856年11月28日)，幕末大，飛騨，百科，
　　福岡百(㉕天明2(1782)年4月10日)，文学，平
　　日，山川小，歴大，和書

広瀬淡窓(2)　ひろせたんそう
　昭和26(1951)年2月24日～
　昭和～平成期の陶芸家。
　¶陶工

広瀬恒子　ひろせつねこ
　明治1(1868)年9月20日～昭和2(1927)年2月1日
　江戸時代末期～昭和期の教育者。
　¶近女，滋賀文

広瀬昭正　ひろせてるまさ
　昭和5(1930)年9月19日～
　昭和期の教育者。学校長。
　¶飛騨

## 広瀬典 ひろせてん
明和5(1768)年～文政12(1829)年　⑲広瀬蒙斎
《ひろせもうさい》
江戸時代中期～後期の陸奥白河藩士、儒学者。
¶江文(広瀬蒙斎　ひろせもうさい)、国書(広瀬蒙斎　ひろせもうさい)　㉕文政12(1829)年2月10日)、人名(広瀬蒙斎　ひろせもうさい)、日人(広瀬蒙斎　ひろせもうさい)、藩臣2, 福島百(㉓明和5(1768)年？)

## 広瀬寅夫 ひろせとらお
明治38(1905)年7月24日～平成8(1996)年10月30日
昭和・平成期の歌人・学校長。
¶飛騨

## 広瀬ハマコ ひろせはまこ
明治38(1905)年2月15日～昭和63(1988)年4月23日
昭和期の教育者。ランバス女学院院長。広島女学院の基礎をつくり、名誉院長、理事長就任。
¶女性、女性普、世紀(㉓昭和63(1988)年4月24日)、日人

## 広瀬文哲 ひろせぶんてつ
？～明治35(1902)年
江戸時代末期～明治期の教育者。
¶姓氏富山

## 広瀬蒙斎 ひろせもうさい
→広瀬典(ひろせてん)

## 広瀬林外 ひろせりんがい
天保7(1836)年～明治7(1874)年5月14日
江戸時代末期～明治期の儒学者。咸宜園で学び三才子とうわれる。維新後修史館に奉職。
¶朝日、維新、大分百(㉓1837年)、国際、国書、コン改、コン4、コン5、詩歌、新潮、人名、日人、幕末(㉓1837年)、和俳

## 広瀬和育 ひろせわいく
嘉永2(1849)年4月14日～大正14(1925)年4月29日　⑲広瀬和育《ひろせかずやす》
江戸時代末期～明治期の村長。貴族院議員。五十年間村長として村民を啓蒙、藍綬褒章受章。
¶人名(ひろせかずやす)、世紀、日人、山梨百

## 広田亥一郎 ひろたいいちろう
天保13(1842)年～明治12(1879)年2月24日
江戸時代末期～明治期の教育者。算術、測量学を教授。著書に「洋算階梯」がある。
¶数学、姓氏石川、幕末(㉓1842年11月)、幕末大(㉓天保13(1842)年10月)、藩臣3

## 広田憲寛 ひろたけんかん
文政1(1818)年～明治21(1888)年
江戸時代末期～明治期の蘭学者、教育者。辞書「訳鍵」を増補改正し、ハンディな蘭日辞典「増補改正訳鍵」全5巻を刊行。
¶朝日(㉓文政1年6月10日(1818年7月12日)　㉓明治21(1888)年9月9日)、科学(㉓文政1(1818)年6月10日　㉓明治21(1888)年9月9日)、近現、近世、国書、国書1(㉓文政1(1818)年6月10日　㉓明治21(1888)年9月9日)、日人、幕末(㉓1888年9月8日)、幕末大(㉓明治21(1888)年9月8日)、洋学

## 弘田里 ひろたさと
明治2(1869)年5月1日～昭和25(1950)年2月22日
大正～昭和期の社会事業家。無料保育園双葉園を創立。子供たちの保育にあたり戦時体制下を生きぬく。
¶高知人、高知百、女性、女性普、世紀、日人

## 広田精一(1) ひろたせいいち
天保11(1840)年～元治1(1864)年　⑲太田民吉
《おおたみんきち》
江戸時代末期の下野宇都宮藩士。
¶維新、神人(㉓天保11(1840)年6月28日　㉓元治1(1864)年7月22日)、人名(㉓1837年)、日人

## 広田精一(2) ひろたせいいち
明治4(1871)年10月20日～昭和6(1931)年1月25日
明治～昭和期の出版人。オーム社創業者、東京電機学校創立者。電機学校(後の東京電機大学)の設立に関わる。
¶海越新、学校、出版、出文、人名、世紀、渡航、日人

## 広田清治 ひろたせいじ
明治20(1887)年～昭和49(1974)年
明治～昭和期の教育者。
¶神奈川人

## 弘田正郎 ひろたせいろう
嘉永5(1852)年～大正11(1922)年4月　⑲弘田正郎《ひろたまさろう》
江戸時代末期～大正期の教育者。
¶高知人、庄内(ひろたまさろう)

## 弘田琢磨 ひろたたくま
天保14(1843)年～大正9(1920)年
明治期の教育家。基金を投じ小学校を設立、子弟を教育。山河を開拓し公園設置など公共事業に尽力。
¶高知人、人名、世紀(㉓天保14(1843)年7月12日　㉓大正9(1920)年2月12日)、日人

## 広田照幸 ひろたてるゆき
昭和34(1959)年8月2日～
昭和～平成期の教育社会学者。東京大学大学院教育学研究科教授。専門は、近代日本史、教育史、教育社会学。
¶現執4期

## 広田虎之助 ひろたとらのすけ
慶応2(1866)年～大正6(1917)年　⑲広田虎之助
《ひらたとらのすけ》
明治～大正期の教育者。
¶世紀、日人、兵庫百(ひらたとらのすけ)

## 広田典夫 ひろたのりお
昭和4(1929)年～平成2(1990)年
昭和～平成期の教育者、考古学研究者。

¶高知人

**弘田正郎** ひろたまさろう
→弘田正郎（ひろたせいろう）

**広田松五郎** ひろたまつごろう
文久2（1862）年～大正15（1926）年
明治～大正期の教育者。
¶群馬人

**広田美須々** ひろたみすず
明治17（1884）年10月10日～昭和22（1947）年1月6日
大正～昭和期の音楽教育者。東京音楽学校助教授。神戸女学院音学部ピアノ科教師。
¶女性，女性普

**広田令麿** ひろたよしまろ
昭和16（1941）年2月11日～
昭和期の清見村教育長・同村の恵林寺15世。
¶飛騨



**弘田竜太郎** ひろたりゅうたろう
明治25（1892）年6月30日～昭和27（1952）年11月17日
大正～昭和期の作曲家。東京音楽学校教授。ドイツ留学後、母校教授。のち幼児教育に携わる。作品に「浜千鳥」「叱られて」など。
¶音楽，音人，近文，芸能，現朝，現情，高知人，高知百，コン改，コン4，コン5，作曲，四国文，児文，新潮，人名7，世紀，世百新，大百（[生]1893年），日児，日人，百科，歴大（[生]1893年）

**広田良** ひろたりょう
明治44（1911）年4月1日～
昭和期の教育者。
¶群馬人

**広津藤吉** ひろつとうきち
明治4（1871）年3月13日～昭和35（1960）年1月10日
明治～昭和期の教育者。梅光女学院院長。
¶大分歴，キリ，姓氏山口，山口人，山口百

**広津藍渓** ひろつらんけい
宝永6（1709）年5月5日～寛政6（1794）年11月13日
江戸時代中期の筑後久留米藩士。
¶国書，人名（[生]1719年），日人，藩臣7，福岡百

**弘中ツチ** ひろなかつち
→山本ツチ（やまもとつち）

**弘中又一** ひろなかまたいち
明治6（1873）年12月10日～昭和13（1938）年8月6日　[別]弘中又一と小林秀三《ひろなかまたいちとこばやしひでぞう》
明治～昭和期の教師。夏目漱石「坊っちゃん」のモデル。
¶埼玉文（弘中又一と小林秀三　ひろなかまたいちとこばやしひでぞう）

**広根徳太郎** ひろねとくたろう
明治39（1906）年3月3日～平成7（1995）年
昭和・平成期の教育者。山形大学学長。
¶石川現十（[没]平成7（1995）年6月15日），科学（[没]1995年（平成7）6月16日），平和

**広野昭甫** ひろのしょうほ
昭和4（1929）年4月20日～
昭和～平成期の中学校教師、国語教育学者。文教大学講師。
¶現執3期，世紀，YA

**広橋胤保** ひろはしたねやす
文政2（1819）年2月1日～明治9（1876）年11月14日　[別]胤保〔広橋家〕《たねやす》
江戸時代末期～明治期の公家。権大納言。明治天皇の習字師範。王政復古の際には参朝停止となる。
¶維新，公卿（[没]明治9（1876）年10月），公卿普（[没]明治9（1876）年10月），公家（胤保〔広橋家〕　たねやす），国書，諸系，日人，幕末，幕末大

**弘鴻** ひろひろし
文政12（1829）年～明治36（1903）年　[別]弘鴻《ひろこう》
江戸時代末期～明治期の教育者。山口に召され明倫館助教となる。学制頒布に際し「算法小学」を著す。
¶科学（[没]明治36（1903）年1月9日），人名，姓氏山口，日人，幕末（ひろこう　[没]1903年1月9日），幕末大（ひろこう　[生]文政12（1829）年6月15日　[没]明治36（1903）年8月2日），山口百

**樋渡清廉** ひわたしきよかど
明治3（1870）年11月10日～昭和28（1953）年4月22日
明治～昭和期の教育者、書家。
¶世紀，姓氏鹿児島，日人

**樋渡熊雄** ひわたしくまお
明治20（1887）年6月5日～昭和53（1978）年8月8日
明治～昭和期の教育者。群馬女子師範校長。
¶群馬人

**樋渡直哉** ひわたしなおや
昭和23（1948）年～
昭和～平成期の高校教師、教育学者。武蔵村山東高校教諭。
¶現執3期，YA

**樋渡雄七** ひわたしゆうしち
文政10（1827）年～明治20（1887）年　[別]樋渡重政《ひわたりしげまさ》，樋渡雄七《ひわたりゆうしち》
江戸時代末期～明治期の庄屋。肥前小城藩の会計を担当し、算学指南役となる。
¶維新（ひわたりゆうしち），佐賀百，人名（ひわたりゆうしち），数学（樋渡重政　ひわたりしげまさ），日人，幕末（樋渡重政　ひわたりしげまさ）

**樋渡重政** ひわたりしげまさ
→樋渡雄七（ひわたしゆうしち）

**樋渡雄七** ひわたりゆうしち
→樋渡雄七（ひわたしゆうしち）

## 【ふ】

**婦恵** ふえ★
寛延3（1750）年〜
江戸時代中期の女性。教育・和歌。上妻小左衛門定英の姉。
¶江表（婦恵（鹿児島県））

**笛木国太郎** ふえきくにたろう
天保11（1840）年〜大正1（1912）年
江戸時代後期〜明治期の植林家、教育者、文人。
¶姓氏群馬

**深井景員** ふかいかげかず
嘉永2（1849）年〜大正6（1917）年
江戸時代末期〜大正期の教育者。
¶群馬人

**深井鑑一郎** ふかいかんいちろう
慶応1（1865）年〜昭和18（1943）年3月24日
江戸時代末期〜昭和期の教育家。城北学園創立者。
¶学校（慶応1（1865）年5月5日）、埼玉人（慶応1（1865）年5月6日）

**深井源治** ふかいげんじ
明治22（1889）年3月24日〜昭和47（1972）年4月3日
大正〜昭和期の教育者。
¶徳島歴

**深井仁子** ふかいじんこ
天保12（1841）年2月〜大正7（1918）年9月24日
江戸時代末期〜明治期の女子教育家。各地を遊説。国振学校を興し、深井幼稚園を経営するなど女子教育に尽力。
¶朝日、江表（仁子（群馬県）　ひとこ　天保11（1840）年）、郷土群馬、近女、群新百、群馬人、群馬百、コン改、コン5、女性、女性普、新潮、人名、世紀、姓氏群馬、日人

**深井照代** ふかいてるよ
明治43（1910）年1月18日〜平成2（1990）年11月9日
昭和〜平成期の教育者。
¶埼玉人

**深井譲** ふかいゆずる
天保8（1837）年〜明治38（1905）年
江戸時代後期〜明治期の教育者。
¶静岡歴、姓氏静岡

**深井耀子** ふかいようこ
昭和15（1940）年3月20日〜
昭和〜平成期の社会教育学者、図書館学者。阪南大学教授。
¶現執2期、現執3期、現執4期

**深浦泰平** ふかうらたいへい
明治41（1908）年10月17日〜平成8（1996）年8月29日
昭和・平成期の教育者。学校長。
¶飛騨

**深尾けん** ふかおけん
明治21（1888）年9月18日〜昭和62（1987）年10月30日
明治期の教員。
¶静岡女、静岡歴、社史、女運、姓氏静岡

**深尾韶（深尾詔）** ふかおしょう
明治13（1880）年11月12日〜昭和38（1963）年11月8日
明治期の小学校教員、新聞記者、社会運動家。少年団日本連盟理事、法恩会静岡分会長。
¶アナ、静岡歴（深尾詔）、社運、社史（1963年11月7日）、世紀、姓氏静岡、日人

**深尾友文** ふかおともふみ
文政6（1823）年〜明治28（1895）年
江戸時代後期〜明治期の池田学問所の最後の師匠。
¶長野歴

**深川明子** ふかがわはるこ
昭和13（1938）年3月21日〜
昭和期の教育学者。
¶児作

**深沢君山** ふかざわくんざん
寛保1（1741）年4月5日〜文化6（1809）年6月26日
江戸時代中期〜後期の播磨三日月藩家老。
¶国書、人名、日人、藩臣5、兵庫人、兵庫百

**深沢利重** ふかざわとししげ、ふかざわとししげ
安政3（1856）年〜昭和9（1934）年
明治期の蚕糸業家。
¶アナ（安政3（1856）年3月23日　昭和9（1934）年10月7日）、大分歴（ふかざわとししげ）、郷土群馬、群馬人、群馬百、社史、世紀（ふかざわとししげ　安政3（1856）年3月23日　昭和9（1934）年10月7日）、姓氏群馬、日人

**深沢白人** ふかざわはくじん
？〜昭和23（1948）年
昭和期の小学校教員。
¶アナ、社史

**深沢久** ふかざわひさし
昭和30（1955）年〜
昭和〜平成期の小学校教師、道徳授業研究者。群馬法則化サークル・からっ風代表、全国ネットワーク・道徳授業記録隊長。
¶現執3期、現執4期

**深沢義旻** ふかざわよしあき
昭和5（1930）年〜
昭和期の小学校教師、児童詩教育専門家。
¶現執1期

**深沢由次郎** ふかざわよしじろう
明治5（1872）年8月10日〜昭和18（1943）年10月12日
明治〜昭和期の教育者。受験英語界にも活躍。
¶山梨百

**深瀬堅吾**　ふかせけんご
享和1(1801)年～明治5(1872)年
江戸時代末期～明治時代の土佐藩郷士、教育者。藩校教授館で論語の講釈を行い、教育功労者として表彰される。
¶幕末([没]1872年2月16日)，幕末大([没]明治5(1872)年1月8日)

**深田九皐**　ふかだきゅうこう
元文1(1736)年～享和2(1802)年
江戸時代中期～後期の儒学者。
¶国書([生]元文1(1736)年10月15日　[没]享和2(1802)年7月13日)，人名，日人

**深田厚斎**　ふかだこうさい
正徳4(1714)年～天明4(1784)年
江戸時代中期の儒学者。
¶国書([生]正徳4(1714)年3月9日　[没]天明4(1784)年4月30日)，日人

**深田香実**　ふかだこうじつ
安永2(1773)年～嘉永3(1850)年　[別]深田正韶《ふかだまさあき》
江戸時代後期の尾張藩士、儒学者。
¶国書([没]嘉永3(1850)年6月19日)，人名(深田正韶　ふかだまさあき)，茶道，日人，藩臣4

**深田静夫**　ふかだしずお
？～
昭和～平成期の専門学校教師。早稲田法科専門学院院長、大研社会科学研究所長。
¶現執3期

**深田正韶**　ふかだまさあき
→深田香実(ふかだこうじつ)

**深田康守**　ふかだやすもり
生没年不詳
明治期の教育者。
¶庄内

**深町景知**　ふかまちかげとも
文政10(1827)年～明治14(1881)年
江戸時代末期～明治期の教育者。著書に「家制要覧」「中庸弁義」など。
¶藩臣3

**深見有常**　ふかみありつね
嘉永2(1849)年～？
江戸時代後期～明治期の鹿児島准中学校教官、私学校講師、西南戦争従軍者。
¶姓氏鹿児島

**深水経孝**　ふかみつねたか
大正8(1919)年～昭和26(1951)年
昭和期の美術教師。
¶熊本人

**深谷考**　ふかやこう
昭和25(1950)年11月19日～
昭和～平成期の予備校講師、執筆業。市民のための文章講座「貘の会」主宰。
¶現執3期

**深谷鋿作**　ふかやしょうさく
昭和4(1929)年3月8日～
昭和期の教育学者。
¶現執1期，現執2期

**深山正光**　ふかやままさみつ
大正15(1926)年12月21日～
昭和期の教育学者。静岡大学教授。
¶現執1期，現執2期

**布川英三**　ふかわえいぞう
明治32(1899)年～昭和55(1980)年
大正～昭和期の教育者。
¶群馬人

**府川勝蔵**　ふかわかつぞう
明治22(1889)年7月23日～昭和48(1973)年9月30日
明治～昭和期の植物学者、教育者。
¶植物

**府川源一郎**　ふかわげんいちろう
昭和23(1948)年7月1日～
昭和～平成期の小学校教諭、国語教育学者。
¶現執3期，現執4期

**吹野冏**　ふきのけい
天保10(1839)年～明治17(1884)年
江戸時代後期～明治期の教育者。
¶姓氏神奈川

**ふ久**　ふく★
1846年～
江戸時代後期の女性。教育。石川氏。
¶江表(ふ久(東京都)　[生]弘化3(1846)年頃)

**福井昭史**　ふくいあきふみ
昭和25(1950)年11月23日～
昭和～平成期の音楽教育者。
¶音人3

**福井清**　ふくいきよし
大正6(1917)年～
昭和期の教育者。
¶群馬人

**福井幸右衛門**　ふくいこうえもん
文政2(1819)年～明治8(1875)年
江戸時代後期～明治期の寺子屋師匠。
¶姓氏長野

**福井脩治**　ふくいしゅうじ
明治40(1907)年～昭和63(1988)年
昭和期の教育者。
¶山口人

**福井雪水**　ふくいせっすい, ふくいせつすい
文化11(1814)年～明治3(1870)年　[別]福井文忠《ふくいぶんちゅう》
江戸時代後期～明治期の教育者。
¶伊豆，静岡歴，姓氏静岡(ふくいせつすい)，姓氏山口(福井文忠　ふくいぶんちゅう)

**福井達雨**　ふくいたつう
昭和7(1932)年3月25日～
昭和～平成期の発達心理学者、障害児教育研究者。止揚学園園長、京都教育大学・盛岡大学講師。
¶郷土滋賀，現執2期，現執3期，現執4期，滋賀文，児人，世紀

**福井直秋**　ふくいなおあき
明治10(1877)年10月17日～昭和38(1963)年12月12日
明治～昭和期の音楽教育家。武蔵野音楽大学初代学長。多くの音楽家を育て教育界に重きをなす。武蔵野音楽学校(後の武蔵野音楽大学)を創設。
¶音楽，音人，学校，芸能，現情([生]1887年10月17日)，現人([生]1887年)，児文，新潮([生]明治20(1887)年10月17日)，人名7，世紀，姓氏富山，富山人，富山百，長野歴([生]明治22(1889)年)，日人，ふる

**福井直俊**　ふくいなおとし
明治37(1904)年2月15日～平成13(2001)年4月2日
大正～平成期のピアニスト、音楽教育者。
¶音楽，音人，音人2，音人3，芸能，現情，新芸，世紀

**福井直弘**　ふくいなおひろ
明治45(1912)年7月28日～昭和56(1981)年8月30日
昭和期のバイオリニスト、音楽教育者。
¶音楽，音人，芸能，現情，新芸，世紀，富山百

**福井一**　ふくいはじめ
昭和27(1952)年8月11日～
昭和～平成期の音楽教育者。著書に「バンド・ディレクターズ・ハンドブック」「法螺の研究」など。
¶音人2，音人3

**福井彦次郎**　ふくいひこじろう
安政5(1858)年～*
明治～大正期の教育者。
¶大阪人([没]大正2(1913)年11月)，高知人([没]1914年)

**福井裕文**　ふくいひろふみ
昭和19(1944)年7月8日～
昭和期の大学受験予備校経営者。
¶群馬人

**福井文忠**　ふくいぶんちゅう
→福井雪水(ふくいせっすい)

**福井茂三郎**　ふくいもさぶろう
明治22(1889)年12月10日～昭和21(1946)年
大正～昭和期の算数・数学教育者。
¶札幌

**福井康之**　ふくいやすゆき
昭和9(1934)年7月8日～
昭和～平成期の教育臨床心理学者、発達心理学者。愛媛大学教授、日本いのちの電話連盟代議員。
¶現執2期，現執3期，現執4期

**福井義成**　ふくいよしなり
元治1(1864)年～昭和17(1942)年
明治～昭和期の教育家。
¶郷土奈良

**福王是翁**　ふくおうぜおう
生没年不詳
江戸時代後期の心学者。
¶国書

**福王弥左衛門**　ふくおうやざえもん
生没年不詳
江戸時代後期の三木の心学者。
¶兵庫百

**福岡孝弟**　ふくおかこうてい
→福岡孝弟(ふくおかたかちか)

**福岡世徳**　ふくおかせいとく
→福岡世徳(ふくおかつぐのり)

**福岡精馬**　ふくおかせいま
天保1(1830)年～明治9(1876)年1月31日
江戸時代末期～明治時代の高知藩士、社会運動家。藩校文武館教授、立志社副社長。維新後は立志学舎を主宰し、自由民権運動の普及に尽力。
¶高知人，幕末，幕末大([生]文政13(1830)年10月26日)

**福岡大助**　ふくおかだいすけ
明治31(1898)年5月9日～昭和49(1974)年9月18日
昭和期の教師。
¶町田歴

**福岡孝弟**(福岡孝悌)　ふくおかたかちか
天保6(1835)年～大正8(1919)年　[別]福岡孝弟《ふくおかこうてい》
江戸時代末期～明治期の高知藩士，政治家。子爵、第6代文部卿。幕府の大政奉還に尽力、公儀政体論を主張。「五箇条の御誓文」起草の功労者。
¶朝日([生]天保6年2月5日(1835年3月3日)　[没]大正8(1919)年3月7日)，維新，岩史([生]天保6(1835)年2月5日　[没]大正8(1919)年3月7日)，江人，角史，教育，京都大(福岡孝悌)，近現，高知人，高知百，国史，国書([生]天保6(1835)年2月5日　[没]大正8(1919)年3月7日)，コン改，コン4，コン5，史人([生]1835年2月6日　[没]1919年3月7日)，重要([生]天保6(1835)年2月6日　[没]大正8(1919)年3月5日)，新潮([生]天保6(1835)年2月5日　[没]大正8(1919)年3月5日)，人名，姓氏京都(福岡孝悌)，世人([生]天保6(1835)年2月6日　[没]大正8(1919)年3月5日)，世百(ふくおかこうてい)，全書，全幕，大百，日史([生]天保6(1835)年2月5日　[没]大正8(1919)年3月6日)，日人，日本，幕末([没]1919年3月5日)，幕末大([生]天保6(1835)年2月5日　[没]大正8(1919)年3月7日)，藩臣6，百科，山川小([生]1835年2月6日　[没]1919年3月7日)，履歴([生]天保6(1835)年2月6日　[没]大正8(1919)年3月7日)，歴大

ふ

**福岡孝済** ふくおかたかのり
文政13(1830)年10月26日～明治9(1876)年1月21日
江戸時代後期～明治期の教育家。
¶国書

**福岡世徳** ふくおかつぐのり
嘉永1(1848)年10月15日～昭和2(1927)年1月30日 [別]福岡世徳《ふくおかせいとく》
江戸時代末期～大正期の松江藩士、政治家。松江市長、衆議院議員。松江藩権大属などを経て教師となる。のち山陰自由党を結成。
¶島根人(ふくおかせいとく), 島根百(ふくおかせいとく), 島根歴(ふくおかせいとく [生]嘉永2(1849)年), 世紀(ふくおかせいとく), 日人, 幕末(ふくおかせいとく), 幕末大(ふくおかせいとく)



**福岡益雄** ふくおかますお
明治27(1894)年9月17日～*
大正～昭和期の出版人。日本書籍出版協会副会長。文芸書を数多く出版。句集に「牡丹の芽」「白牡丹」。
¶京都文([没]昭和44(1969)年12月24日), 近文([没]1969年), 現情([没]1970年12月24日), 出版([没]昭和44(1969)年), 出文([没]昭和45(1970)年12月24日), 人名7([没]1970年), 世紀([没]昭和45(1970)年12月24日), 日人([没]昭和44(1969)年12月24日)

**福尾武彦** ふくおたけよし
大正8(1919)年～
昭和期の社会教育研究者。千葉大学名教授。
¶現執1期

**福川清** ふくかわきよし, ふくがわきよし
弘化3(1846)年～明治21(1888)年2月4日
江戸時代末期～明治時代の高知藩郷士。戊辰の役に参加し、戦功により新留守居組に昇進。のちに青年教育に尽力。
¶高知人(ふくがわきよし), 幕末, 幕末大([生]弘化3(1846)年5月)

**福川泉吾** ふくかわせんご, ふくがわせんご
天保2(1831)年～明治45(1912)年
江戸時代後期～明治期の実業家。周智高校創立者。
¶学校, 静岡歴, 姓氏静岡(ふくがわせんご)

**福光園寺実恵** ふくこうおんじじっけい
安土桃山時代の甲斐・福光園寺の住職。
¶武田

**福沢一太郎** ふくざわいちたろう
文久3(1863)年10月12日～昭和13(1938)年6月24日
明治～昭和期の新聞記者。アメリカに渡り実業学校に入学。慶応義塾の教育に参与。
¶海越, 海越新, 渡航([生]?)

**福沢英之助** ふくざわえいのすけ
弘化4(1847)年～明治33(1900)年1月8日 [別]和田慎次郎《わだしんじろう》
江戸時代末期～明治期の実業家、啓蒙著作家。イギリスに留学し英語、物理などの教授を受ける。
¶海越, 海越新, 渡航(福沢英之助・和田慎次郎 ふくざわえいのすけ・わだしんじろう)

**福沢周亮** ふくざわしゅうすけ
昭和8(1933)年4月26日～
昭和～平成期の教育心理学者、言語心理学者。筑波大学教授。
¶現執1期, 現執3期, 児人, 心理, 世紀

**福沢準一** ふくざわじゅんいち
明治41(1908)年9月25日～昭和43(1968)年4月18日
昭和期の小学校教員。
¶社史

**福沢桃十** ふくざわももじゅう
文久2(1862)年～昭和2(1927)年
明治～昭和期の教育者。
¶長野歴

**福沢泰江** ふくざわやすえ
明治4(1871)年9月30日～昭和12(1937)年7月10日
明治～昭和期の学校創立者。赤穂村立公民実業学校(後の赤穂高等学校)を創立。
¶学校, 郷土長野, 姓氏長野, 長野百, 長野歴, 日人

**福沢諭吉** ふくざわゆきち
天保5(1834)年12月12日～明治34(1901)年2月3日
江戸時代末期～明治期の啓蒙思想家、教育家、ジャーナリスト。東京学士会院初代会長。慶応義塾を創立、多彩な啓蒙活動を展開。著書に「学問ノスヽメ」「文字之教」など。
¶朝日([生]天保5年12月12日(1835年1月10日)), 維新, 岩史, 海越([生]天保5(1835)年12月12日), 海越新([生]天保5(1835)年12月12日), 江文, 大分百([生]1835年), 大分歴, 大阪人([生]天保5(1834)年12月 [没]明治34(1901)年1月), 大阪文([生]天保6(1835)年1月10日), 学校, 角史, 教育, 京都文([生]天保5(1835)年12月12日(新暦1月10日)), 近現, 近文, 国際([生]天保5(1835)年), 国史, 国書, コン改([生]1835年), コン4([生]天保5(1835)年), コン5([生]天保5(1835)年), 詩歌, 史学, 史研, 史人, 思想([生]天保5(1835)年12月12日), 思想史, 児文, 重要, 出版, 出文, 小説([生]天保5年12月12日(1835年1月10日)), 食文([生]天保5年12月12日(1835年1月10日)), 女史([生]1835年), 人書79, 人書94, 人情([生]1835年), 人情3([生]1835年), 新潮, 新文, 人名, 世人, 世百([生]1835年), 先駆, 全書, 全幕, 大百([生]1835年), 地理, 哲学([生]1835年), 鉄道([生]1835年1月14日), 伝記([生]1835年), 徳川将, 徳川臣([生]1835年), 渡航, 長崎百, 長崎遊, 長崎歴([生]天保6(1835)年), 日思([生]天保5(1835)年), 日史, 日児([生]天保5(1835)年1月10日), 日人([生]1835年), 日本, 幕末([生]1835年), 幕末大([生]天保5(1835)年12月12日), 藩臣7, 百科, 文学, 平日, 平和([生]天保5(1835)年), 民

学（[生]天保5（1835）年），明治2（[生]1835年），山川小，洋学，履歴，歴大

**福士勇** ふくしいさむ
明治13（1880）年～昭和39（1964）年
明治～昭和期の教員。
¶青森人

**福士清一** ふくしせいいち
明治43（1910）年～昭和59（1984）年
昭和期の教育者。
¶青森人

**福島昭男** ふくしまあきお
[別]福島昭男《ふくしまてるお》
昭和期の教育問題研究者。
¶現執1期（ふくしまてるお），現執2期

**福島甲子三** ふくしまかしぞう
安政5（1858）年12月27日～昭和15（1940）年3月19日
江戸時代末期～昭和期の実業家、教育者。
¶近土，土木

**福島佐松** ふくしまさまつ
明治39（1906）年9月3日～
大正～昭和期の校長、口演童話家。
¶児人，日児

**福島松江** ふくしましょうこう
享保7（1722）年～明和9（1772）年
江戸時代中期の美濃岩村藩士、儒学者。
¶江文（[生]正徳2（1712）年），国書（[没]明和9（1772）年6月10日），人名（[生]1712年），日人，藩臣3

**福島達夫** ふくしまたつお
昭和6（1931）年～
昭和期の地理学者、環境教育専門家。
¶現執1期

**福島綱雄** ふくしまつなお
安政5（1858）年～大正14（1925）年
明治～大正期の教育者。
¶世紀（[生]安政5（1858）年7月24日　[没]大正14（1925）年3月5日），日人

**福島昭男** ふくしまてるお
→福島昭男（ふくしまあきお）

**福島正彬** ふくしままさあき★
明治39（1906）年11月23日～
明治・大正期の葛生町教育長。
¶栃木人

**福島政雄** ふくしままさお
明治22（1889）年2月15日～昭和51（1976）年2月3日
明治～昭和期の教育学者。ペスタロッチ研究における草分け的存在。
¶現執1期，現情，人名7，世紀，哲学，日人

**福士百衛** ふくしももえ
明治23（1890）年～昭和33（1958）年
大正～昭和期の青森県中等教育の重鎮。
¶青森人

**福寿坊莫武** ふくじゅぼうもむ
宝暦2（1752）年～天保2（1831）年
江戸時代中期～後期の教育者。
¶姓氏群馬

**福住正兄** ふくずみまさえ
文政7（1824）年～明治25（1892）年5月20日
江戸時代末期～明治期の農政家、旅館経営者。報徳仕法実践のため、家業の旅館を再興。のち史跡の保存など箱根観光に貢献。
¶朝日（[生]文政7年8月21日（1824年9月13日）），維新，角史，神奈川人，神奈川百，郷土神奈川，近現，近世，国史，国書（[生]文政7（1824）年8月21日），コン改，コン4，コン5，史人（[生]1824年8月21日），神史，神人，新潮（[生]文政7（1824）年8月21日），人名，姓氏神奈川，世人，先駆（[生]文政7（1824）年8月21日），全書，大百，日人，幕末

**福田郁司** ふくだいくじ
大正6（1917）年～
昭和期の教育者。
¶群馬人

**福田渭水** ふくだいすい
文政1（1818）年～慶応2（1866）年
江戸時代の諫早領主の儒員。郷学好古館で指導。
¶国書，人名，長崎百，日人

**福田英子** ふくだえいこ
→福田英子（ふくだひでこ）

**福田兼助** ふくだかけすけ
天保1（1830）年～明治11（1878）年
江戸時代後期～明治期の寺子屋の教育者。
¶姓氏愛知

**福田行忍** ふくだぎょうにん
天保8（1837）年10月13日～明治34（1901）年9月30日
江戸時代末期～明治期の浄土真宗本願寺派学僧。勧学、大学林教授。
¶真宗，仏教

**福田剣山** ふくたけんざん
明治30（1897）年6月27日～昭和43（1968）年10月29日
大正～昭和期の教育者、郷土史家。
¶徳島歴

**福田源蔵** ふくだげんぞう
明治14（1881）年10月15日～昭和49（1974）年1月3日
明治～昭和期の教育者。
¶熊本人，熊本百

**福田好司** ふくだこうじ★
明治36（1903）年～
昭和期の教育者。関工業学校（関商工高）創設。
¶中濃

**福田才治** ふくださいじ
大正6(1917)年5月8日〜
昭和期の教育者。
¶群馬人

**福田繁** ふくだしげる
明治43(1910)年9月3日〜
昭和期の官僚、団体役員。文部事務次官、宗教法人審議会会長。
¶現執2期

**福田昇八** ふくだしょうはち
昭和8(1933)年1月29日〜
昭和〜平成期の英文学者、英語教育学者。熊本大学教授、熊本県英語教育振興会主任理事。
¶現執3期

**福田節子** ふくだせつこ
昭和16(1941)年2月3日〜
昭和〜平成期の小学校教師、教育学者。千葉大学講師。
¶現執3期

**福田扇馬** ふくだせんま
弘化3(1846)年〜明治25(1892)年11月27日
江戸時代末期〜明治時代の教育者。私塾按柳亭を開き逸材を育てた。
¶幕末、幕末大(㊄弘化3(1846)年1月27日)

**福田隆** ふくだたかし
大正6(1917)年10月18日〜平成3(1991)年11月13日
昭和・平成期の教育者。染色家。
¶岩手人

**福田孝之** ふくだたかゆき
万延1(1860)年〜大正2(1913)年
明治〜大正期の教育者。
¶姓氏岩手

**福田忠義** ふくだただよし
昭和5(1930)年2月18日〜平成11(1999)年7月19日
昭和〜平成期の労働運動家。連合副会長。岡山県教組委員長、日教組委員長などを歴任。対決路線から対話路線への方針転換。
¶世紀、日人

**福田為造** ふくだためぞう
明治14(1881)年〜昭和41(1966)年
明治〜昭和期の教育者。長岡高等工業学校初代校長。
¶新潟百

**福田為之進** ふくだためのしん
文化10(1813)年〜明治19(1886)年8月20日
江戸時代末期〜明治時代の会津藩士。南北両学館で教授。維新後は会津で精義塾を開く。
¶幕末、幕末大

**福田忠太郎** ふくだちゅうたろう
明治3(1870)年〜昭和17(1942)年
明治〜昭和期の教育家。

¶世紀、日人、兵庫百

**福田哲夫** ふくだてつお
大正3(1914)年3月29日〜
昭和期の高根村教育長。
¶飛騨

**福田南兵衛** ふくだなんべえ
明治37(1904)年〜平成2(1990)年
昭和〜平成期の教育者。有明町教育長。
¶姓氏鹿児島

**福田二城** ふくだにじょう
文化3(1806)年〜明治9(1876)年
江戸時代後期〜明治期の庄屋。
¶日人

**福田範吾** ふくだはんご
生没年不詳
江戸時代末期の寺子屋師匠。
¶姓氏岩手

**福田半僊** ふくだはんせん
文化8(1811)年〜明治31(1898)年
江戸時代後期〜明治期の教育者。
¶姓氏山口

**福田英子** ふくだひでこ
慶応1(1865)年10月5日〜昭和2(1927)年5月2日
㊅景山英子《かげやまひでこ》、福田英子《ふくだえいこ》
明治〜大正期の社会運動家。女子実業学校・角筈工芸学校設立者。婦人の政治・社会参加を主張。「世界婦人」を創刊。
¶朝日(㊄慶応1年10月5日(1865年11月22日))、アナ、岩史、大阪人(㊄慶応3(1867)年)、大阪文(㊄昭和2(1927)年5月20日)、岡山、岡山人(景山英子 かげやまひでこ ㊄慶応3(1867)年)、岡山百、岡山歴(景山英子 かげやまひでこ)、角史、神奈川人、神奈女(㊄昭和2(1927)年5月4日)、教育(景山英子 かげやまひでこ ㊄1867年)、郷土栃木、近現、近女、近文、近朝、現日(㊄1927年2月17日)、国史、コン改、コン5、史人、社運(㊄1867年)、社史(㊄慶応1年10月5日(1865年11月22日))、重要(景山英子 かげやまひでこ ㊄慶応1年10月5日(1865年11月22日))、小説(㊄慶応1年10月5日(1865年11月22日))、女運(㊄1865年11月22日)、女史、女性、女性普、女文、新宿女、新潮(景山英子 かげやまひでこ)、新文、人名(景山英子 かげやまひでこ ㊄1867年)、世紀、世人(景山英子 かげやまひでこ ㊄慶応3(1867)年10月5日)、世百、先駆、全書、大百、哲学(㊄1867年)、栃木人(㊄慶応1年10月5日(1865年11月22日))、栃木歴、日思、日史、日女、日人、日本(景山英子 かげやまひでこ)、百科、文学、平日、平和、明治1(景山英子 かげやまひでこ)、履歴、履歴2、歴大

**福田昌子** ふくだまさこ
明治45(1912)年7月8日〜昭和50(1975)年12月30日
昭和期の医師、政治家。衆議院議員。婦人児童問

¶学校，近医，近女，現情，女性（㊅明治45 (1912) 年7月），女性普（㊅明治45 (1912) 年7月），人名7，世紀，政治，日人，福岡百

## 福田正造　ふくだまさぞう
明治26 (1893) 年～昭和30 (1955) 年
大正～昭和期の教育者。
¶神奈川人，姓氏神奈川

## 福田守夫　ふくだもりお
大正13 (1924) 年11月4日～
大正～昭和期の教師、川柳作者。
¶視覚

## 福田安蔵　ふくだやすぞう
明治36 (1903) 年4月24日～
昭和期の教育者。
¶群馬人

## 福田幸夫　ふくだゆきお
昭和12 (1937) 年4月19日～
昭和～平成期のドイツ語学者、言語教育学者。広島大学教授、大東文化大学教授。
¶現執3期

## 福田ヨシ(福田与志)　ふくだよし
明治5 (1872) 年～大正1 (1912) 年
明治～大正期の盲唖教育家。松江盲唖学校を創立。
¶朝日（福田与志　㊁大正1 (1912) 年11月28日），コン改，女性（㊅大正1 (1912) 年11月），人名

## 福田与志(福田ヨシ)　ふくだよし
明治5 (1872) 年4月14日～大正1 (1912) 年11月28日
明治～大正期の盲唖教育家。松江盲唖学校を創立。
¶近女，コン5（福田ヨシ），視覚（㊅明治5 (1872) 年6月15日），島根人，島根百，島根歴，女性普（福田ヨシ），世紀，日人

## 福田令寿　ふくだよしのぶ
明治6 (1873) 年1月10日～昭和48 (1973) 年8月7日
㊁福田令寿《ふくだれいじゅ》
明治～昭和期の医師、教育家、社会事業家。
¶キリ，熊本人（ふくだれいじゅ），熊本百（ふくだれいじゅ），渡航（㊅1872年12月7日）

## 福田米子　ふくだよねこ
? ～大正4 (1915) 年1月15日
明治期の教育者。東京女子師範学校の寄宿舎教育に尽力。
¶女性，女性普

## 福田理軒　ふくだりけん
文化12 (1815) 年～明治22 (1889) 年
江戸時代末期～明治期の数学者。大阪に開塾、のち東京に順天求合社を開く。著書に「算法玉手箱」など。
¶朝日（㊁明治22 (1889) 年8月17日），大阪人（㊁明治22 (1889) 年8月），科学（㊁明治22 (1889) 年8月17日），近現，近世，国史，国書（㊁明治22 (1889) 年3月19日），史人（㊅1815年5月　㊁1889年3月19日），新潮（㊅文化12 (1815) 年5月　㊁明治22 (1889) 年3月19日），人名，数学（㊅文化12 (1815) 年5月　㊁明治22 (1889) 年8月17日），大百，日人，洋学

## 福田令寿　ふくだれいじゅ
→福田令寿（ふくだよしのぶ）

## 福地幸造　ふくちこうぞう
大正10 (1921) 年～
昭和期の高等学校教諭。兵庫県立青雲高等学校通信制教諭。
¶現執2期

## 福地曠昭　ふくちひろあき
昭和6 (1931) 年2月28日～
昭和～平成期の社会運動家。沖縄人権協会理事長、沖縄県教組委員長。沖縄問題に取り組む。著書に「沖縄の混血児と母」「村と戦争」など。
¶革命，現朝，現執1期，現人，世紀，日人，平和

## 福亭三笑　ふくていさんしょう
生没年不詳
江戸時代後期の戯作者。
¶国書，人名，日人

## 福富称　ふくとみかのう
文化9 (1812) 年～明治24 (1891) 年4月27日
江戸時代末期～明治時代の高知藩士。学塾竜池園を開き、子弟を教育。
¶幕末，幕末大

## 福富孝季　ふくとみたかすえ
安政4 (1857) 年～明治24 (1891) 年
明治期の教育者。
¶高知人，高知百，渡航（㊅1857年11月　㊁1891年4月9日），日人

## 福富実　ふくとみみのる
明治42 (1909) 年～昭和52 (1977) 年
昭和期の美術教育者、栃木高校教員。
¶栃木歴

## 福冨芳美　ふくとみよしみ
大正3 (1914) 年11月23日～平成4 (1992) 年4月22日
昭和～平成期の服飾デザイナー、教育者。神戸文化短期大学学長、神戸ファッション専門学校校長。海外で服飾学の研鑽を積み、明石短期大学を創立、学長となる。
¶学校，世紀，日人，兵庫百

## 福中袈裟吉　ふくなかけさきち
明治22 (1889) 年～昭和47 (1972) 年
大正～昭和期の教育者。
¶姓氏鹿児島

## 福永晶爾　ふくながしょうじ
明治42 (1909) 年3月6日～昭和63 (1988) 年11月7日
昭和期の小学校・高等女学校教員。米子市教委社会教育課長。
¶社史

**福永津義** ふくながつぎ
明治23 (1890) 年8月5日～昭和43 (1968) 年7月29日
大正～昭和期の教育者。
¶福岡百

**福西志計子** ふくにししげこ
弘化4 (1847) 年～明治31 (1898) 年
明治期のキリスト教教育者。キリスト教婦人会の創立に尽力。キリスト教の色彩の濃い順正女学校を創立。
¶岡山，岡山人，岡山百 ([没]明治31 (1898) 年8月21日)，岡山歴 ([生]弘化4 (1847) 年12月 [没]明治31 (1898) 年8月31日)，学校 ([生]弘化4 (1847) 年12月 [没]明治31 (1898) 年8月31日)，近女，女性 ([没]明治31 (1898) 年8月21日)，女性普 ([没]明治31 (1898) 年8月21日)，日人

**福羽美静** ふくばびせい
天保2 (1831) 年7月17日～明治40 (1907) 年8月14日 [別]福羽美静《ふくばよししず,ふくわよししず》
江戸時代末期～明治期の国学者。子爵。尊攘派として国事に奔走。維新後、神道政策推進に尽力。
¶朝日 ([生]天保2年7月17日 (1831年8月24日))，維新，角史，京都大，近現，近世，近文 (ふくわよししず)，国際，国史，国書，コン改，コン4，コン5，史人，島根人，島根百 (ふくばよししず)，島根歴 (ふくばよししず)，神史，神人，新潮，人名，姓氏京都 (ふくばよししず)，世人，全書，日思 (ふくばよししず)，日史 (ふくばよししず)，日人，幕末，藩臣5 (ふくばよししず)，履歴 (ふくばよししず)，歴大

**福羽美静** ふくばよししず
→福羽美静 (ふくばびせい)

**福原軍造** ふくはらぐんぞう
明治35 (1902) 年1月28日～昭和63 (1988) 年11月17日
大正～昭和期の学校創立者。福原学園を創設、九州女子大学、九州女子短期大学などを設立。
¶学校

**福原兼固** ふくはらけんこ
明治13 (1880) 年～？
明治～大正期の教育者、政治家。具志川村長。
¶姓氏沖縄

**福原謙七** ふくはらけんしち
天保12 (1841) 年8月2日～大正13 (1924) 年2月6日
[別]横尾謙七《よこおけんしち》
明治～大正期の教育家。故郷で靖獻学舎をおこし子弟の教育に尽力。
¶人名 ([没]1923年)，世紀，日人，藩臣5 (横尾謙七 よこおけんしち)，兵庫人

**福原燧洋** ふくはらすいよう
文久3 (1863) 年～明治43 (1910) 年
明治期の教育者。
¶愛媛

**福原鐐二郎** ふくはらりょうじろう
慶応4 (1868) 年6月25日～昭和7 (1932) 年1月17日
明治～大正期の官吏。東北帝国大学総長、帝国美術院院長。文部省の中枢にあり、学制改革に尽力。当時の官界で「模範的官僚」などと評された。
¶人名，世紀，渡航，日史，日人，宮城百 ([生]慶応3 (1867) 年)，履歴

**福本寿栄** ふくもとじゅえい
明治11 (1878) 年～昭和6 (1931) 年12月
明治～昭和期の教育者。三浦高等学校創立者。
¶学校，神奈川人

**福本友治郎** ふくもとともじろう
明治1 (1868) 年～昭和25 (1950) 年
明治～大正期の教育者。
¶神奈川人

**福本礼一** ふくもとれいいち
大正4 (1915) 年11月15日～平成2 (1990) 年11月2日
昭和～平成期の教育者、歌人。
¶徳島歴

**福山憲市** ふくやまけんいち
昭和35 (1960) 年～
昭和～平成期の小学校教師。
¶現執4期

**福山重一** ふくやましげかず
明治42 (1909) 年1月21日～平成4 (1992) 年9月21日
昭和期の教育学者。名城大学教授。芦屋大学を創設。
¶学校，現執2期，現情，心理

**福山黙童** (福山黙堂) ふくやまもくどう
天保12 (1841) 年～大正5 (1916) 年
江戸時代末期～明治期の曹洞宗の僧。大学林総監となる。
¶日人 (福山黙堂)，仏人

**福来四郎** ふくらいしろう
大正9 (1920) 年4月27日～
昭和～平成期の教育者。神戸市立盲学校の教師として生徒に粘土工作を指導。国際親善にもつくした。
¶視覚，日人

**福良一作** ふくらいっさく
嘉永4 (1851) 年10月～明治34 (1901) 年8月10日
江戸時代後期～明治期の教育者。
¶徳島歴

**福羽美静** ふくわよししず
→福羽美静 (ふくばびせい)

**富家松浦** ふけしょうほ
→富家五十鈴 (とみやいすず)

**福家惣衛** ふけそうえ
→福家惣衛 (ふけそうえい)

ふ

**福家惣衛** ふけそうえい
明治17(1884)年4月10日〜昭和46(1971)年2月4日 [別]福家惣衛《ふけそうえ》
昭和期の地方史研究家、教育家。丸亀高等女学校校長。香川県史を研究。
¶香川人(ふけそうえ), 郷土, 郷土香川(ふけそうえ), 考古, 史研, 世紀, 日人(ふけそうえ [没]昭和46(1971)年2月3日)

**福家弘** ふけひろし
明治41(1908)年1月3日〜
大正〜昭和期の国語教育家、校長。
¶日児

**房** ふさ★
1838年〜
江戸時代後期の女性。教育。山崎氏。
¶江表(房(東京都) [生]天保9(1838)年頃)

**ふじ**
江戸時代後期の女性。教育。東浅井郡朝日村津里の光照寺の娘。夫の勘右衛門が文化3年に開いた寺子屋の三代目師匠。
¶江表(ふじ(滋賀県))

**フジ**
江戸時代末期の女性。教育。加藤氏。文久年間から大村藩家臣の子女の教育にあたる。
¶江表(フジ(長崎県))

**藤井稜威** ふじいいず, ふじいいづ
嘉永6(1853)年〜明治31(1898)年
江戸時代後期〜明治期の神職。
¶神人, 姓氏山口(ふじいいづ)

**藤井葦川** ふじいいせん
天保10(1839)年〜明治25(1892)年3月10日
江戸時代末期〜明治時代の医師。福山誠之館教授補を務めた。
¶幕末, 幕末大

**藤井稜威** ふじいいづ
→藤井稜威(ふじいいず)

**藤井いつ子** ふじいいつこ
大正15(1926)年2月16日〜昭和55(1980)年11月12日
昭和期の教育者。
¶女性, 女性普

**藤井逸郎** ふじいいつろう
大正12(1923)年4月27日〜平成8(1996)年10月11日
昭和期の詩人、教師。
¶岩手人, 児人, 姓氏岩手, 東北近, 日児

**藤井音松** ふじいおとまつ
明治27(1894)年〜昭和34(1959)年
昭和期の教育者。
¶山口人

**藤井槐庵** ふじいかいあん
江戸時代の儒学者。忍藩儒員、藩校進修館教授。
¶埼玉百

**藤井豁爾** ふじいかつじ
万延1(1860)年12月18日〜昭和12(1937)年
明治〜昭和期の教育者。
¶岡山歴

**藤井帰一郎** ふじいきいちろう★
万延1(1860)年11月〜昭和17(1942)年9月18日
明治〜昭和期の教育者。六郷小学校初代校長。
¶秋田人2

**藤井喜代子** ふじいきよこ
昭和18(1943)年4月1日〜
昭和〜平成期のソプラノ歌手、音楽教育者(リトミック)。
¶音人2, 音人3

**藤井圀彦** ふじいくにひこ
昭和5(1930)年2月15日〜
昭和〜平成期の国語科教育学者、俳人。文教大学講師。
¶現執3期, 現執4期

**藤井熊男** ふじいくまお
明治35(1902)年〜昭和57(1982)年3月2日
昭和期の教育者。
¶群馬人

**藤井健造** ふじいけんぞう
明治39(1906)年1月14日〜平成3(1991)年2月10日
昭和期の学校創立者。大手前文化学院を創設。
¶学校

**藤井吾一** ふじいごいち
大正2(1913)年〜昭和51(1976)年
昭和期の教育者。
¶群馬人

**藤井高蔵** ふじいこうぞう
明治13(1880)年7月1日〜大正13(1924)年6月9日
明治〜大正期の女子教育家。奈良育英学園創立者。
¶学校

**藤井最証** ふじいさいしょう
天保9(1838)年〜明治40(1907)年
江戸時代末期〜明治期の暦算家。西洋の天文と仏説の天文との相違を研究した仏説天文の最後の一人。
¶人名, 日人

**藤井貞泰** ふじいさだやす
昭和16(1941)年2月2日〜
昭和〜平成期のジャズピアニスト、編曲家、ジャズ教育家。ジャズスクール藤社長。
¶ジヤ

**藤井周一** ふじいしゅういち
明治19(1886)年〜昭和51(1976)年
明治〜昭和期の教育者。
¶愛媛

**藤井樹郎** ふじいじゅろう
明治39(1906)年〜昭和40(1965)年
大正〜昭和期の児童文学作家、小学校教員。

¶児作，児文，日児（[生]明治39（1906）年2月7日 [没]昭和40（1965）年3月11日）

**藤井準一郎** ふじいじゅんいちろう
明治3（1870）年～昭和29（1954）年
明治～昭和期の教師、墓の研究者。
¶島根人，島根歴

**富士井春瑞** ふじいしゅんずい
天保7（1836）年～明治31（1898）年
江戸時代後期～明治期の医師、教育者、村長。
¶姓氏岩手

**藤井ショウ** ふじいしょう
明治15（1882）年12月15日～昭和17（1942）年3月4日
明治～昭和期の女子教育家。奈良育英学園創立者。
¶学校，郷土奈良，近女

**藤井正太郎** ふじいしょうたろう
明治15（1882）年～昭和45（1970）年10月15日
明治～昭和期の医師、教育者。関西学生水上競技連盟会長。
¶世紀，日人，兵庫百

**藤井真美** ふじいしんみ
大正14（1925）年8月11日～
昭和期の学校保健学者。岐阜大学教授。
¶現執2期

**藤井誠二** ふじいせいじ
昭和40（1965）年～
昭和～平成期のフリーライター、教育問題研究者。「チルドレンズ・レポート」編集委員。
¶現執3期，現執4期，YA

**藤井節三** ふじいせつぞう
明治9（1876）年5月17日～昭和17（1942）年7月
明治～昭和期の教育家。
¶群馬人

**藤井宣界** ふじいせんかい
文化8（1811）年～明治23（1890）年2月28日　[別]宣界《せんかい》
江戸時代末期～明治期の浄土真宗本願寺派学僧。越後光西寺住職、勧学。
¶国書（宣界　せんかい），真宗，人名，日人，仏教，仏人（宣界　せんかい）

**藤井曹太郎** ふじいそうたろう
安政2（1855）年4月～大正12（1923）年5月24日
明治～大正期の教育家。盈進商業実務学校創立者。
¶学校

**藤井忠志** ふじいただし
昭和30（1955）年9月12日～
昭和～平成期の中学校教師。本州産クマゲラ研究会代表、岩手県立博物館学芸第三課長・主任専門学芸員。
¶現執4期

**藤井種太郎** ふじいたねたろう
明治14（1881）年～昭和43（1968）年
明治～昭和期の倫理学者、教育家。福島学芸大学長、宮中顧問官内親王伝育掛長。
¶哲学

**藤井千鶴子** ふじいちずこ
昭和6（1931）年～
昭和期の同和教育研究家。福岡県同和教育運動研究会副会長。
¶現執2期

**藤井徳三郎** ふじいとくさぶろう
明治20（1887）年～昭和47（1972）年
大正～昭和期の教育者。
¶神奈川人，姓氏神奈川

**藤井俊雄** ふじいとしお
明治44（1911）年～平成2（1990）年
昭和～平成期の教育者、官吏。のち放送・交通界に転身。
¶山形百新

**藤井能三** ふじいのうぞう，ふじいのうそう
弘化3（1846）年～大正2（1913）年4月20日　[別]藤井能三《ふじいよしぞう》
明治～大正期の港湾改良家。私費で伏木小学校、女学校を作る。ウラジオストク航路を開き大型船の入港を可能とした。
¶朝日（[生]弘化3年9月21日（1846年11月9日）），近土（ふじいのうそう　[生]1846年9月22日），人名（ふじいよしぞう），世紀（[生]弘化3（1846）年9月21日），姓氏富山，土木（[生]1846年9月22日），富山人（ふじいのうそう　[生]弘化3（1846）年9月13日），富山百（ふじいのうそう），日人，幕末，ふる（ふじいのうそう），北陸20

**藤井則行** ふじいのりゆき
昭和9（1934）年～
昭和～平成期の童話詩人、高校教諭。
¶児人，児文，世紀（[生]昭和9（1934）年8月15日），日児（[生]昭和9（1934）年8月1日）

**藤井英男** ふじいひでお
明治41（1908）年1月12日～昭和63（1988）年2月9日
大正・昭和期の教育者。学校長。
¶飛騨

**藤井平左衛門** ふじいへいざえもん
→藤井藍田（ふじいらんでん）

**藤井正男** ふじいまさお
明治39（1906）年3月19日～平成7（1995）年6月12日
昭和期の学校創立者。福山電波工業専門学校を創立。
¶学校

**藤井能三** ふじいよしぞう
→藤井能三（ふじいのうぞう）

**藤井藍田** ふじいらんでん
文化13（1816）年～慶応1（1865）年　[別]藤井平左衛門《ふじいへいざえもん》
江戸時代末期の呉服商。
¶維新，大阪人（[没]慶応1（1865）年閏5月12日），

ふ

大阪墓，人書94，人名（藤井平左衛門　ふじいへいざえもん），徳島百（[生]文政12（1829）年2月　[没]慶応1（1865）年閏5月12日），徳島歴（[生]文化10（1813）年2月　[没]慶応1（1865）年5月13日），日人，幕末（[没]1865年6月6日）

**富士居力次郎** ふじいりきじろう
明治8（1875）年6月27日～昭和21（1946）年10月24日
明治～昭和期の教育者。
¶徳島百，徳島歴

**藤井力三** ふじいりきぞう
昭和4（1929）年7月5日～平成9（1997）年8月6日
昭和・平成期の上宝村教育長。
¶飛騨

**藤井利誉** ふじいりよ
明治5（1872）年～昭和20（1945）年
明治～昭和期の教育者。
¶福島百

**藤生金六** ふじうきんろく
安政6（1859）年8月4日～明治40（1907）年7月13日
江戸時代末期～明治期の教育者。
¶群新百，庄内，福島百（生没年不詳）

**藤生高十郎** ふじうたかじゅうろう
→藤生高十郎（ふじゅうたかじゅうろう）

**藤生宣明** ふじうのりあき
大正10（1921）年～
昭和期の教育者。
¶群馬人

**藤江石亭** ふじえせきてい
元文4（1739）年～文化10（1813）年5月
江戸時代中期～後期の漢学者。阿波藩洲学問所教官。
¶国書，兵庫百

**藤江岱山** ふじえたいざん
→藤江梅軒（ふじえばいけん）

**藤江梅軒** ふじえばいけん
宝暦8（1758）年～文政6（1823）年　[別]藤江岱山《ふじえたいざん》
江戸時代中期～後期の播磨竜野藩士、儒学者。
¶国書（[没]文政6（1823）年8月17日），人名（藤江岱山　ふじえたいざん），日人，藩臣5

**藤岡覚音** ふじおかかくおん，ふじおかがくおん
文政6（1823）年～明治40（1907）年8月23日
江戸時代後期～明治期の僧侶。
¶熊本百（ふじおかがくおん　[生]文政6（1823）年10月3日），真宗（[生]文化4（1821）年10月），人名，日人（ふじおかがくおん）

**藤岡亀三郎** ふじおかかめさぶろう
明治19（1886）年～昭和20（1945）年
明治～昭和期の美術教育者で洋画家。
¶長野歴

**藤岡貞彦** ふじおかさだひこ
昭和10（1935）年2月1日～
昭和～平成期の教育学者。一橋大学教授。
¶現執1期，現執2期，現執3期，現執4期

**藤岡継平** ふじおかつぐひら
明治8（1875）年6月18日～昭和14（1939）年2月7日
大正期の歴史研究家。広島高等師範学校教授、文部省図書局編修課長などを歴任。
¶史研

**藤岡信勝** ふじおかのぶかつ
昭和18（1943）年10月21日～
昭和～平成期の教育学者。東京大学教授、「授業づくりネットワーク」編集代表。
¶現執2期，現執3期，現執4期，世紀，履歴2，YA

**藤岡博昭** ふじおかひろあき
昭和2（1927）年10月18日～
昭和～平成期の教育者。たけのこ村主宰。特殊学級出身達と共に農耕とハニワ制作を実践する村を開村。著書に「やったらできた」など。
¶世紀，日人

**藤生貞子** ふじおさだこ
明治1（1868）年頃～？
明治～昭和期の英語教育者。北星女学校教授。札幌長老派伝道協会女子寄宿学校在職。翻訳書「山桜」。
¶女性（[生]明治1（1868）年頃），女性普

**藤尾孝治** ふじおたかはる
大正5（1916）年～
昭和期の教師、教師論専門家。
¶現執1期

**藤尾正行** ふじおまさゆき
大正6（1917）年1月1日～
昭和～平成期の政治家。衆議院議員、自民党政調会長。衆議院議員11選。労働大臣など歴任。「文芸春秋」での発言で中国・韓国などから抗議を受け文相を罷免。
¶郷土栃木，現朝，現執2期，現情，現政，現日（[生]1917年6月1日），世紀，政治，日人

**藤川一太郎** ふじかわいちたろう
明治38（1905）年2月5日～昭和19（1944）年6月29日
昭和期の剣道指導者、教士。天覧試合で優勝。
¶徳島百，徳島歴

**藤川要** ふじかわかなめ
明治44（1911）年～
昭和期の教員。
¶社史

**藤川三渓** ふじかわさんけい
文化13（1816）年～明治22（1889）年10月22日
[別]藤川将監《ふじかわしょうげん》
江戸時代末期～明治期の高松藩士、実業家。竜虎隊を組織、奥羽戦線に従事。大日本水産学校を設立し、水産業の発展に尽力。
¶朝日（[生]文化13年11月24日（1817年1月11日）），

維新（藤川将監　ふじかわしょうげん　[生]1818年　[没]1891年），香川人，香川百，郷土香川（[生]1818年　[没]1891年），国書（[生]文化13（1816）年11月24日），コン5，食文（[生]文化13年11月24日（1816年1月11日）），人書94（[生]1818年　[没]1891年），新潮（[生]文政1（1818）年　[没]明治24（1891）年7月22日），人名（[生]1818年　[没]1891年），長崎遊，日人（[生]1817年），幕末，幕末大（[生]文化13（1816）年11月24日　[没]明治22（1891）年10月22日），藩臣6

**藤川春竜**　ふじかわしゅんりゅう
→藤川春竜（ふじかわはるたつ）

**藤川将監**　ふじかわしょうげん
→藤川三渓（ふじかわさんけい）

**藤川大祐**　ふじかわだいすけ
昭和40（1965）年～
昭和～平成期の教育学者。千葉大学教育学部助教授。専門は、教育方法、教育内容、授業実践開発。
¶現執4期



**藤川治水**　ふじかわちすい
昭和5（1930）年～
昭和期の漫画評論家、小・中学校教師。
¶日児

**藤川恒六**　ふじかわつねろく
明治3（1870）年～昭和14（1939）年
明治～昭和期の教育者・『横野乃華』発行者。
¶群馬人

**藤川冬斎**　ふじかわとうさい
寛政8（1796）年～明治2（1869）年
江戸時代末期の儒学者。
¶維新，郷土奈良，国書（[没]明治2（1869）年2月10日），人名，日人，幕末（[没]1869年3月22日），藩臣4

**藤川春竜**　ふじかわはるたつ
天保10（1839）年～昭和4（1929）年　[別]藤川春竜《ふじかわしゅんりゅう》
江戸時代末期～昭和期の教育者。浜松の瞬養校の訓導となり、明治初期の数学教育に貢献。
¶静岡歴（ふじかわしゅんりゅう），数学（[生]天保10（1839）年10月9日），姓氏静岡（ふじかわしゅんりゅう），幕末（ふじかわしゅんりゅう），幕末大（ふじかわしゅんりゅう）

**藤木紫香**　ふじきしこう
明治7（1874）年10月10日～昭和34（1959）年5月9日
明治～昭和期の日本画家・教育者。
¶愛媛百

**藤木実斎**　ふじきじつさい
文政7（1824）年～安政6（1859）年　[別]藤木実斎《ふじのきじっさい》
江戸時代末期の漢学者。
¶国書（ふじのきじっさい　[没]安政6（1859）年1月9日），人名，日人

**伏木田隆作**　ふしきだりゅうさく
明治33（1900）年1月5日～昭和37（1962）年
大正～昭和期の教育家。北海道尚志学園創立者。
¶学校（[没]昭和37（1962）年4月11日），北海道建，北海道百，北海道歴

**伏木貞三**　ふしきていぞう
大正15（1926）年7月6日～平成17（2005）年11月2日
昭和～平成期の随筆家、教育者。
¶滋賀文

**藤木光好**　ふじきみつよし
？～天保7（1836）年
江戸時代中期の歌人、寺子屋師匠。
¶長野歴

**富士憲郎**　ふじけんろう
明治22（1889）年2月20日～昭和48（1973）年5月21日
大正～昭和期の教師・俳人。
¶徳島歴

**婦志子**　ふじこ★
安政2（1855）年～大正14（1925）年
江戸時代末期～大正時代の女性。教育・和歌。東京府士族糟屋十郎兵衛の娘。
¶江表（婦志子（福井県））

**藤五代策**　ふじごよさく
明治9（1876）年～昭和10（1935）年11月10日
明治～昭和期の教員、理工玩具研究家。理工玩具研究所を起こし、理工玩具の研究、少年の発明思想指導に尽力。
¶人名，世紀，日児（[生]明治9（1876）年2月28日），日人

**藤崎熊太郎**　ふじさきくまたろう
文化10（1813）年～明治4（1871）年
江戸時代末期～明治時代の佐賀藩多久家士。東原庠舎の教授を務め、多久の政務に参与。
¶幕末，幕末大

**藤崎敬**　ふじさきけい
昭和9（1934）年3月18日～
昭和～平成期の小学校校長。金富小学校校長。
¶現執3期

**藤崎八三郎**　ふじさきはちさぶろう
明治8（1875）年～昭和26（1951）年
明治～昭和期の陸軍工兵大佐。教師。
¶熊本人

**藤沢章彦**　ふじさわあきひこ
昭和21（1946）年8月4日～
昭和～平成期の音楽教育者。
¶音人2，音人3

**藤沢倉之助**　ふじさわくらのすけ
元治1（1864）年～昭和12（1937）年
明治～昭和期の教育者。
¶長野歴

**藤沢晋** ふじさわすすむ
大正3(1914)年8月10日〜昭和50(1975)年2月7日
昭和期の日本史学者。岡山大学教授。交通史を研究。
¶岡山百，岡山歴，郷土，現執1期，史研

**藤沢宗平** ふじさわそうへい
大正3(1914)年12月8日〜昭和49(1974)年3月15日
昭和期の考古学者。
¶考古，長野歴

**藤沢次謙** ふじさわつぐかね
天保6(1835)年〜明治14(1881)年5月2日　㉑藤沢次謙《ふじさわつぐよし》
江戸時代末期〜明治時代の幕臣、陸軍軍人。陸軍副総裁。軍艦奉行、陸軍奉行並などを歴任。沼津兵学校を創立。
¶維新，神奈川百(ふじさわつぐよし)，静岡歴(ふじさわつぐよし)，姓氏神奈川，徳川臣(ふじさわつぐよし)，幕末(㉑1835年5月8日)，幕末大(ふじさわつぐよし)　㉑天保6(1835)年4月11日)

**藤沢次謙** ふじさわつぐよし
→藤沢次謙(ふじさわつぐかね)

**藤沢典明** ふじさわてんめい
→藤沢典明(ふじさわのりあき)

**藤沢東畡** ふじさわとうがい
寛政6(1794)年〜元治1(1864)年12月16日
江戸時代末期の儒学者。泊園書院を開く。
¶朝日(㉑元治1年12月16日(1865年1月13日))，維新，大阪人(㉑元治1(1864)年12月)，大阪墓，香川人，香川百，教育，郷土香川，国書(㉑寛政6(1794)年12月13日)，コン改，コン4，新潮(㉑寛政6(1794)年12月13日)，人名，日人(㉑1795年〜1865年)，藩記6，兵庫百

**藤沢寿雄** ふじさわとしお
生没年不詳
昭和期の小学校教員。
¶社史

**藤沢直枝** ふじさわなおえ
明治3(1870)年〜昭和19(1944)年
明治〜昭和期の郷土史家。
¶郷土，考古(㉑明治3(1870)年3月4日　㉑昭和19(1944)年2月24日)，姓氏長野，長野百，長野歴

**藤沢南岳** ふじさわなんがく
天保13(1842)年〜大正9(1920)年
江戸時代末期〜明治期の儒学者。泊園書院を継承し数千の門人を教育。のち、大成教会をおこした。
¶朝日(㉑天保13年9月9日(1842年10月12日)　㉑大正9(1920)年1月31日)，維新，大阪人(㉑大正9(1920)年1月)，大阪墓(㉑大正9(1920)年2月2日)，大阪文(㉑天保13(1842)年9月9日　㉑大正9(1920)年2月2日)，香川人，香川百，教育，近現，国史，コン改，コン5，新潮(㉑天保13(1842)年9月9日　㉑大正9(1920)

年2月2日)，人名，日人，幕末(㉑1920年1月31日)，三重，履歴(㉑天保13(1842)年9月9日　㉑大正13(1920)年1月31日)，履歴2(㉑天保13(1842)年9月9日　㉑大正9(1920)年1月31日)

**藤沢典明** ふじさわのりあき
大正5(1916)年1月16日〜昭和62(1987)年11月11日　㉑藤沢典明《ふじさわてんめい》
昭和期の洋画家。戦前は新制作展に出品。美術教育に尽力し、著書に「子どもの美術」など。
¶郷土福井(ふじさわてんめい)，近美，現情，世紀，日人，美家，福井百(㉑昭和61(1986)年)，洋画

**藤沢英昭** ふじさわひであき
昭和19(1944)年4月10日〜
昭和〜平成期の芸術教育学者。千葉大学教授。
¶現執3期

**藤沢兵文** ふじさわひょうふみ
昭和11(1936)年10月23日〜平成17(2005)年2月21日
昭和・平成期の教育者。
¶石川現十

**藤沢法暎** ふじさわほうえい
昭和11(1936)年11月26日〜
昭和〜平成期の教育学者。金沢大学教授。
¶現執3期，現執4期

**藤沢誠** ふじさわまこと
明治34(1901)年〜昭和58(1983)年
大正〜昭和期の教育者。信州大学教授。
¶長野歴

**藤沢利喜太郎** ふじさわりきたろう
文久1(1861)年9月9日〜昭和8(1933)年12月23日
明治〜大正期の数理学者。東京帝国大学教授、貴族院議員。イギリス、ドイツ留学後、ドイツ式の研究中心の教育を行い優秀な数学者を育成。
¶海越(㉑文久1(1861)年4月)，海越新(㉑文久1(1861)年4月)，科学，教育，近現，現朝(㉑文久1年9月9日(1861年10月12日))，国史，コン改，コン5，史人，新潮，人名，数学，世紀，世人(㉑文久1(1861)年4月)，先駆，全書，大百，渡航(㉑1861年4月)，新潟百，日史，日人，日本，百科，履歴，歴大

**藤島宇策** ふじしまうさく
昭和1(1926)年〜
昭和〜平成期の中学校教諭、漫画評論家。
¶幻作，幻想，世紀，日児(㉑大正15(1926)年9月16日)

**藤代市産** ふじしろいちめ
天明7(1787)年〜安政6(1859)年12月4日
江戸時代末期の女性。教育者。
¶江表(市産(千葉県)　いちめ)，女性

**藤田明** ふじたあきら
明治10(1877)年11月15日〜大正4(1915)年11月5日
明治期の歴史研究家、教育家。東京帝国大学文科

大学史料編纂掛史料編纂官。中世史を研究。
¶考古, 史研

**藤田あぐり** ふじたあぐり
→井口あぐり（いのぐちあぐり）

**ふじたあさや**
昭和9(1934)年3月6日～
昭和～平成期の劇作家、演出家。日本演出者協会副理事長、日本劇団協議会常務理事。学校演劇活動にも貢献。主な作品に戯曲「臨界幻想」「日本の教育1960」など。
¶芸能, 現朝, 現執2期, 現執4期, 現情, 現人, 児作, 世紀, 日人

**藤田畏斎** ふじたいさい
→藤田源之允（ふじたげんのじょう）

**藤田和弘** ふじたかずひろ
昭和17(1942)年4月5日～
昭和～平成期の運動障害教育学者。筑波大学助教授。
¶現執3期

**藤田和也** ふじたかずや
昭和19(1944)年5月10日～
昭和～平成期の保健教育学者。一橋大学教授。
¶現執3期

**藤田勝太郎** ふじたかつたろう
明治26(1893)年～昭和48(1973)年
大正・昭和期の教育者。
¶神奈川人

**藤田恭平** ふじたきょうへい
昭和2(1927)年1月30日～
昭和～平成期の教育評論家。「月刊 教育の森」編集者、明治大学講師。
¶現執1期, 現執2期, 現執3期

**藤田邦綱** ふじたくにつな
㊨邦綱〔藤田(1)〕《くにつな》
安土桃山時代の武蔵国鉢形城主北条氏邦の家臣。大学頭。
¶後北（邦綱〔藤田(1)〕 くにつな）

**藤田恵一** ふじたけいいち
昭和6(1931)年～
昭和～平成期の音楽教育者。
¶音人2, 音人3

**藤田敬所** ふじたけいしょ
元禄11(1698)年～安永5(1776)年
江戸時代中期の豊前中津藩士、儒学者。
¶大分百, 大分歴, 人名, 日人, 藩臣7

**藤田啓介** ふじたけいすけ
大正14(1925)年3月21日～平成7(1995)年6月11日
昭和～平成期の生化学者。学校法人藤田学園を設立し、名古屋衛生技術短期大学(後の藤田保健衛生大学短期大学)などを開学。
¶学校, 近医, 現情

**藤武** ふじたけし
昭和2(1927)年～
昭和期の幼児教育研究者。香川大学教授。
¶現執1期

**藤田源之允** ふじたげんのじょう
天明1(1781)年～嘉永1(1848)年 ㊨藤田畏斎
《ふじたいさい》
江戸時代後期の常陸土浦藩士、儒学者。
¶国書（藤田畏斎 ふじたいさい ㊥嘉永1(1848)年6月15日）, 人名（藤田畏斎 ふじたいさい）, 日人（藤田畏斎 ふじたいさい）, 藩臣2

**藤田豪之助** ふじたごうのすけ★
明治21(1888)年3月15日～昭和58(1983)年7月24日
大正・昭和期の歌人、教師。
¶秋田人2

**藤田呉江** ふじたごこう
文政10(1827)年～明治18(1885)年
江戸時代末期～明治期の富士藩士。
¶江文（㊨文政11(1828)年）, コン改, コン4, コン5, 人名, 富山百（㊨文政11(1828)年11月21日 ㊥明治18(1885)年5月18日）, 日人（㊨1828年）, 幕末（㊨1828年1月7日 ㊥1885年5月22日）, 名画

**藤田維正** ふじたこれまさ
文政8(1825)年～明治25(1892)年8月18日 ㊨藤田容斎《ふじたようさい》
江戸時代末期～明治期の加賀藩士。廃藩後師範学校で教鞭を執る。著書に「詔令集」「新童子教」など。
¶国書（藤田容斎 ふじたようさい）, 姓氏石川（㊨?）, 幕末

**藤田習斎** ふじたしゅうさい
文政10(1827)年～明治24(1891)年8月17日
江戸時代後期～明治期の私塾経営者。
¶山梨百

**藤田昌士** ふじたしょうじ
昭和9(1934)年2月28日～
昭和期の教育学者。帝京平成大学教授、国立教育研究所室長。
¶現執2期

**藤田進** ふじたすすむ
大正2(1913)年2月10日～平成15(2003)年3月1日
昭和期の労働運動家、政治家。大阪工業大学総長、参議院議員。電産中央執行委員長などを経て総評議長。炭労、電産の2大争議を指導。著書に「基幹産業社会化の動向」。摂南大学、広島国際大学を創設。
¶革命, 学校, 現朝, 現情, 現人, コン4, コン5, 世紀, 政治, 日人

**藤田たか** ふじたたか
慶応3(1867)年～昭和11(1936)年
明治～昭和期の教育者。小学校教師。青森市処女会の女子教育、愛国婦人運動家会などに尽力。
¶女性, 女性普

## 藤田隆三郎 ふじたたかさぶろう
\*〜昭和5(1930)年12月27日　⑲藤田隆三郎《ふじたりゅうざぶろう》
江戸時代末期〜昭和期の学校創立者。英吉利法律学校(後の中央大学)の設立に関わる。
¶海越新(ふじたりゅうざぶろう　㊤？)、学校(㊤安政3(1856)年5月2日)

## 藤田高綱(2)　ふじたたかつな★
天保14(1843)年〜大正2(1913)年　⑲藤田高綱《ふじたたかつな》
明治期の剣術家。旧制栃木中学校剣術教授。
¶栃木人、栃木歴(ふじたたかつな)

## 藤田たき　ふじたたき
明治31(1898)年12月23日〜平成5(1993)年1月4日
大正〜昭和期の教育者、女性運動家。日本婦人有権者同盟会長、津田塾大学学長。日本の女性の地位向上に長年尽力。
¶愛知女、近現、近女、現朝、現執2期、現情、現人、社史、女運、女史、女性、女性普、世紀、日人、日本、マス89、履歴、履歴2、歴大

## 藤田武男　ふじたたけお
明治33(1900)年〜昭和60(1985)年
昭和期の教育者。
¶山口人

## 藤田胤雄　ふじたたねお★
明治22(1889)年1月5日〜昭和36(1961)年4月2日
大正・昭和期の教育者。
¶秋田人2

## 藤田丹岳　ふじたたんがく
？〜天保12(1841)年
江戸時代中期の儒医。
¶国書、人名、日人

## 藤田鉄椎　ふじたてつつい
弘化3(1846)年〜大正4(1915)年4月30日
江戸時代末期〜大正期の僧侶・教育者。
¶愛媛百

## 藤田東湖　ふじたとうこ
文化3(1806)年3月16日〜安政2(1855)年10月2日
江戸時代末期の水戸藩士、天保改革派の中心人物、後期水戸学の大成者。藩校弘道館設立に貢献。「弘道館記述義」を著した。
¶朝日(㊤文化3年3月16日(1806年5月4日)、㊥安政2年10月2日(1855年11月11日))、維新、茨城百、茨城歴、岩史、江人、江戸、江文、角史、教育、郷土茨城、近世、国史、国書、コン改、コン4、コン5、詩作、詩人、思想史、重要、神史、人書94、新潮、人名、世人、世b、全書、全幕、大百、伝記、日思、日史、日人、幕末(㊦1855年11月11日)、幕末大、藩臣名、百科、平日、山川小、歴大、和俳

## 藤田利勝　ふじたとしかつ
生没年不詳
明治期の教育者。
¶青森百

## 藤田友治　ふじたともじ
昭和22(1947)年8月6日〜
昭和〜平成期の高校教師。大阪府立布施高校教師。
¶現執3期

## 藤田豊八　ふじたとよはち
明治2(1869)年9月15日〜昭和4(1929)年7月15日
明治〜大正期の東洋史学者。東京帝国大学教授。東亜学院を創設。のち上海で東文学社を設立。著書に「東西交渉史の研究」など。
¶近現、現朝(㊤明治2年9月15日(1869年10月19日))、考古、国史、コン改、コン5、史人、新潮(㊤明治3(1870)年9月15日)、人名(㊤1870年)、世紀、世百、全書、徳島百(㊤明治2(1869)年9月)、徳島歴(㊤明治2(1869)年6月17日)、日人

## 藤谷茂　ふじたにしげる
安政6(1859)年1月19日〜大正3(1914)年
明治〜大正期の教育者、政治家。
¶世紀(㊤大正3(1914)年7月21日)、日人、三重統

## 藤谷庸夫　ふじたにつねお
明治29(1896)年〜昭和37(1962)年
大正〜昭和期の美術教育者。
¶愛媛、愛媛百(㊤明治29(1896)年3月7日　㊦昭和37(1962)年11月25日)

## 藤谷みさを　ふじたにみさを
明治34(1901)年〜昭和59(1984)年
大正・昭和期の教師。徳富蘇峰秘書。
¶山梨人

## 藤田秀雄　ふじたひでお
昭和6(1931)年3月13日〜
昭和〜平成期の社会教育学者。立正大学教授、第五福竜丸展示館理事。
¶現執1期、現執2期、平和

## 藤田英典　ふじたひでのり
昭和19(1944)年5月6日〜
昭和〜平成期の教育社会学者。東京大学大学院教授、東京大学大学院教育学研究科長。
¶現執2期、現執4期

## 藤田広　ふじたひろし
明治42(1909)年6月28日〜平成9(1997)年2月15日
昭和期の弓道家、教員。弓道範士、村教育長。
¶弓道

## 藤田博　ふじたひろし
大正12(1923)年〜
昭和期の社会教育専門家。
¶現執1期

## 藤田博保　ふじたひろやす
大正13(1924)年5月21日〜
昭和期の小説家、児童文学作家、教員。農村小説を志し、十代で地上文学賞を受賞。作品に「情っぱりとシャモ」など。
¶幻作、幻想、児作、児人、世紀、日児

藤田福二　ふじたふくじ
明治35(1902)年5月18日～昭和19(1944)年10月10日
昭和期の小学校教員、実業補習学校教諭。
¶社史

藤田文蔵　ふじたぶんぞう
文久1(1861)年8月6日～昭和9(1934)年
明治～昭和期の彫刻家。彫塑を学び、「陸奥宗光像」など肖像彫刻を得意とする。女子美術学校(後の女子美術大学)を創立。
¶朝日(㊤文久1年8月6日(1861年9月10日)㊦昭和9(1934)年3月9日)，学校(㊦昭和9(1934)年4月9日)，キリ(㊤文久1年8月6日(1861年9月10日))，近美(㊦昭和9(1934)年4月9日)，新潮(㊦昭和9(1934)年3月9日)，人名，世紀(㊦昭和9(1934)年4月9日)，鳥取百，日人

藤田雅子　ふじたまさこ
昭和17(1942)年11月11日～
昭和～平成期の障害児教育学者。文教大学教授。
¶現執3期，児人

藤田昌孝　ふじたまさたか
元治1(1864)年7月28日～大正10(1921)年11月4日
明治～大正期の教育者。
¶岡山人，岡山歴

藤田守　ふじたまもる
嘉永5(1852)年～昭和17(1942)年
明治～大正期の教育者。
¶世紀(㊤嘉永5(1852)年9月　㊦昭和17(1942)年11月)，日人

藤田本太郎　ふじたもとたろう
明治45(1912)年～平成7(1995)年
昭和～平成期の教育者。弘前高校副校長。
¶青森人

藤田紋太郎　ふじたもんたろう
明治5(1872)年～昭和9(1934)年
明治～昭和期の政治家。教育模範村を築いた村長。
¶青森人

藤田幽谷　ふじたゆうこく
安永3(1774)年～文政9(1826)年12月1日
江戸時代後期の儒学者、水戸藩士、彰考館総裁立原翠軒門下。
¶朝日(㊤安永3年2月18日(1774年3月29日)㊦文政9年12月1日(1826年12月29日))，茨城百，岩史(㊤安永3(1774)年2月18日)，角史，教育，郷土茨城，近世，国史，国書(㊤安永3(1774)年2月18日)，コン改，コン4，詩歌(㊤1772年)，史人(㊤1774年2月18日)，重要，人書94，新潮(㊤安永3(1774)年2月18日)，人名，世人，世百，全書，大百，日思，日History，人名，世人，世百，全書，大百，日思，日史，藩臣2，百科，平史，歴大(㊦1828年)，和俳

藤田容斎　ふじたようさい
→藤田維正(ふじたこれまさ)

藤田義祐　ふじたよしすけ
明治5(1872)年～大正10(1921)年
明治～大正期の教育者、書家。
¶姓氏愛知

藤田隆三郎　ふじたりゅうざぶろう
→藤田隆三郎(ふじたたかさぶろう)

藤友雄暉　ふじともゆうき
昭和20(1945)年2月6日～
昭和期の教育心理学者。北海道教育大学函館校教授。
¶現執2期

藤永保　ふじながたもつ
大正15(1926)年10月2日～
昭和～平成期の発達心理学者。お茶の水女子大学教授、国際基督教大学教授。
¶現執1期，現執2期，現執3期，現執4期，現情，心理，世紀

藤波甚助(藤浪甚助)　ふじなみじんすけ
嘉永3(1850)年～大正6(1917)年
明治～大正期の教育家。静岡英語専門学校創立。
¶郷土(㊤嘉永3(1850)年5月　㊦大正6(1917)年1月)，コン改，コン5，静岡歴，人名，世紀(㊤嘉永3(1850)年5月　㊦大正6(1917)年1月)，姓氏静岡(藤浪甚助)，日人，幕末

藤沼恵　ふじぬまけい
明治31(1898)年8月11日～昭和44(1969)年11月24日
昭和期のオルガン奏者。ウィステリアコールを結成、教会音楽や宗教曲を演奏。
¶大分百，大分歴，女性，女性普，新芸，世紀，日人

藤根吉春　ふじねよしはる
元治2(1865)年4月4日～昭和16(1941)年3月5日
明治～昭和期の教育者。
¶岩手人，姓氏岩手

藤野彬　ふじのあきら
明治28(1895)年～昭和59(1984)年
大正～昭和期の教育者。
¶姓氏岩手

藤野海南　ふじのかいなん
文政9(1826)年～明治21(1888)年3月18日　㊥藤野正啓《ふじのまさひら》、藤野南海《ふじのなんかい》
江戸時代末期～明治期の武士、歴史学者。
¶朝日(藤野正啓　ふじのまさひら　(㊤文政9年5月9日(1826年6月14日))，維新(藤野正啓　ふじのまさひら)，愛媛百(㊦明治21(1888)年3月)，コン改，コン5，史研，人名，日人，幕末(藤野正啓　ふじのまさひら)，幕末(藤野南海　ふじのかいなん)

藤木実斎　ふじきじっさい
→藤木実斎(ふじきじっさい)

藤野君山　ふじのくんざん
*～昭和18(1943)年11月

明治〜昭和期の漢詩作家、教育家。賜菊園学会長。漢詩に長け、吟詠詩も多数のこす。
¶詩歌（⊕？），詩作（⊕文久3（1863）年）

**藤野圭二郎** ふじのけいじろう
天保14（1843）年4月8日〜明治44（1911）年8月3日
明治期の教育者。
¶伊豆

**藤野治兵衛** ふじのじへい
江戸時代末期の流人。寺子屋師匠。
¶姓氏鹿児島

**藤野高明** ふじのたかあき
昭和13（1938）年12月21日〜
昭和期の教育者。
¶視覚

**藤野武** ふじのたけし
明治45（1912）年3月30日〜平成7（1995）年5月1日
昭和期の教育心理学者。北海道教育大学教授。
¶現執1期，心理

**藤野憲夫** ふじのとしお
明治22（1889）年6月21日〜昭和20（1945）年6月16日
大正〜昭和期の教育者。沖縄県立第一中学校最後の校長（第18代）。
¶沖縄百

**藤野稔寛** ふじのとしひろ
昭和27（1952）年1月28日〜
昭和〜平成期の教師、図形点訳ソフトウェア制作者。
¶視覚

**藤野南海** ふじのなんかい
→藤野海南（ふじのかいなん）

**藤野正啓** ふじのまさひら
→藤野海南（ふじのかいなん）

**藤野義夫** ふじのよしお
明治35（1902）年〜昭和58（1983）年
昭和期のドイツ語教師。旧制松江高校、島根大学教授。
¶島根歴

**藤林きよし** ふじばやしきよし
明治40（1907）年〜昭和54（1979）年
昭和期の幼児教育者。
¶青森人

**藤原恭一** ふじはらきょういち
→藤原恭一（ふじわらきょういち）

**藤原銀次郎** ふじはらぎんじろう
→藤原銀次郎（ふじわらぎんじろう）

**藤原治** ふじはらはる
明治41（1908）年〜平成4（1992）年
昭和〜平成期の教育者。松江北・安来高等学校校長。
¶島根歴

**藤原英夫** ふじはらひでお
→藤原英夫（ふじわらひでお）

**藤平栄** ふじひらさかえ
明治41（1908）年〜昭和57（1982）年
昭和期の宇治電小使。
¶高知人

**藤巻幸造** ふじまきこうぞう
明治34（1901）年7月12日〜昭和62（1987）年
大正〜昭和期の教育者。長野県教育委員長、長野県教組委員長。
¶郷土長野，世紀（⊕昭和62（1987）年5月3日），姓氏長野，長野歴，日人（⊕昭和62（1987）年5月13日）

**藤牧三渓** ふじまきさんけい
天保7（1836）年4月〜明治40（1907）年
江戸時代後期〜明治期の教育者。
¶三重

**伏見猛弥** ふしみたけや
明治37（1904）年1月2日〜昭和47（1972）年3月15日
昭和期の教育学者。玉川大学教授。社会構造と思想構造の組合せから「教育現象学」を著す。英才教育研究所を設立。
¶現情，新潮，人名7，世紀，日人

**藤村幸三郎** ふじむらこうざぶろう
明治36（1903）年5月3日〜昭和58（1983）年2月19日
昭和期の中・高校教諭、パズル研究家。
¶現執2期

**藤村紫朗** ふじむらしろう
弘化2（1845）年〜明治42（1909）年
明治期の行政官、政治家。愛知県知事、男爵。教育、勧業、土木事業など多方面で急進的な文明開化政策を進める。
¶朝日（⊕弘化2年3月1日（1845年4月7日）　⊕明治42（1909）年1月5日），維新，愛媛，愛媛百（⊕弘化2（1845）年3月1日　⊕明治42（1909）年1月4日），熊本近，熊本人，熊本百（⊕弘化2（1845）年3月1日　⊕明治42（1909）年1月4日），食文（⊕弘化2年3月1日（1845年4月7日）⊕1909年1月5日），人名，日人，幕末（⊕1908年1月4日），山梨人（⊕1908年），山梨百（⊕弘化2（1845）年3月1日　⊕明治41（1908）年1月4日）

**藤村信吉** ふじむらしんきち
文久3（1863）年〜昭和12（1937）年
明治〜昭和期の水産技師、教育者。
¶北海道百，北海道歴

**藤村トヨ** ふじむらとよ
明治10（1877）年6月16日〜昭和30（1955）年1月18日
明治〜昭和期の女子体育指導者。東京女子体育専門学校校長。海外視察ののちベルリン体育大の教師を招聘、ドイツ体操を奨励。東京女子体育専門学校（後の東京女子体育大学）の校長になる。
¶香川人（⊕明治9（1876）年），香川百（⊕明治9

(1876)年），学校，近女（㊂明治9（1876）年），現朝，現情，コン改，コン4，コン5，史人，女性，女性普，新潮，人名7，世紀，世百新，体育，日人，百科，民学

**藤村晴** ふじむらはる
安政2（1855）年10月～昭和10（1935）年
江戸時代末期～昭和期の教育者。共立女子・職業学校（後の共立女子学園）の設立に関わる。
¶学校

**藤村前吉** ふじむらまえよし
明治22（1889）年～昭和49（1974）年
大正～昭和期の政治家。知名村長、知名町長。大島郡内の社会教育の草分。
¶姓氏鹿児島

**藤村幸夫** ふじむらゆきお
昭和2（1927）年7月21日～
昭和期の教育者。学校長。
¶飛騨

**藤村与六** ふじむらよろく
明治5（1872）年～昭和42（1967）年
明治～昭和期の教育者。
¶鳥取百

**藤本巌** ふじもといわお
昭和～平成期の高等学校教諭。発達障害児の性教育研究会理事、日本性教育学会評議員、全国性教育研究団体連絡協議会常任理事。
¶YA

**藤本菊二** ふじもときくじ
明治35（1902）年～昭和59（1984）年
昭和期の教育者。
¶山口人

**藤本恵司** ふじもとけいじ
昭和36（1961）年3月4日～
昭和～平成期の英語教師。
¶視覚

**藤本浩之輔** ふじもとこうのすけ
昭和8（1933）年1月27日～
昭和～平成期の教育人間学者。京都大学教授。
¶現執1期，現執3期

**藤本幸邦** ふじもとこうほう
明治43（1910）年8月29日～
昭和～平成期の僧侶、社会運動家。円福寺住職、世界法民太陽学園長。曹洞宗北信越管区教化センター統監等歴任。世界一家を唱し、戦災孤児救済やアジア難民救援の活動を推進。
¶世紀，日人

**藤本重郎** ふじもとじゅうろう
嘉永2（1849）年～昭和9（1934）年
明治～昭和期の社会教育家。
¶鳥取百

**藤本寿吉** ふじもとじゅきち
安政2（1855）年～明治23（1890）年7月17日
江戸時代末期～明治期の学校創立者。工手学校（後の工学院大学）の設立に関わる。
¶学校

**藤本勉** ふじもとつとむ
大正2（1913）年11月28日～昭和62（1987）年8月5日
昭和期の小説家、教育者。
¶滋賀文

**藤本鉄石** ふじもとてっせき
文化13（1816）年3月17日～文久3（1863）年
江戸時代末期の尊攘派志士。
¶朝日（㊂文化13年3月17日（1816年4月14日）〜㊂文久3年9月25日（1863年11月6日）），維新，岡山人，岡山百（㊂文久3（1863）年9月25日），岡山歴（㊂文久3（1863）年9月25日），角史，近世，国史，国書（㊂文久3（1863）年9月25日），コン改（㊂文化14（1817）年），コン4（㊂文化14（1817）年），史人（㊂文久3（1863）年9月25日），重要（㊂文久3（1863）年9月），人書94，新潮（㊂文久3（1863）年9月25日），人名，世人（㊂文化13（1816）年3月　㊂文久3（1863）年9月15日），全書，日史（㊂文久3（1863）年9月25日），幕末（㊂1863年11月6日），百科，兵庫百，名画（㊂1817年），歴大

**藤本伝吉** ふじもとでんきち
慶応3（1867）年4月15日～昭和10（1935）年5月31日
明治～昭和期の教育者、賛美歌作者。
¶キリ

**藤本与喜** ふじもととよもし
安政6（1859）年～昭和19（1944）年
明治～昭和期の教育者、宗教家。
¶鳥取百

**藤本文朗** ふじもとぶんろう
昭和10（1935）年2月27日～
昭和～平成期の障害児教育学者。滋賀大学教授。
¶現執1期，現執3期，現執4期

**藤本万治** ふじもとまんじ
明治16（1883）年9月21日～昭和43（1968）年12月25日
昭和期の教育者。愛媛大学教授。
¶現情，山口人

**藤本光清** ふじもとみつきよ
明治22（1889）年1月17日～昭和39（1964）年8月12日
明治～昭和期の教育者。
¶世紀，日人

**藤本実** ふじもとみのる
明治40（1907）年7月14日～昭和32（1957）年9月25日
昭和期の教育者・歌人。
¶岡山人，岡山歴

**藤本幸雄** ふじもとゆきお
昭和15（1940）年2月9日～
昭和～平成期の小学校教諭員、読書運動家。

¶日児

**藤森和子** ふじもりかずこ
生没年不詳
昭和期の中学校教諭、翻訳家。
¶児人

**藤森恭助** ふじもりきょうすけ
→藤森弘庵（ふじもりこうあん）

**藤森桂谷** ふじもりけいこく
天保6（1835）年10月6日～明治38（1905）年7月26日
明治期の日本画家。川村雨谷に入門。滋味豊かな南画山水を得意とした。
¶近美、人名（㊥1834年）、姓氏長野、長野歴、日画、日人、美家

**藤森弘庵** ふじもりこうあん
寛政11（1799）年3月11日～文久2（1862）年10月8日　㊦藤森恭助《ふじもりきょうすけ》、藤森天山《ふじもりてんざん》
江戸時代末期の儒学者。
¶朝日（㊥寛政11年3月11日（1799年4月15日）㊚文久2年10月8日（1862年11月29日））、維新、茨城百、江文、郷土茨城、近世、国書、国書、コン改、コン4、詩歌、詩作、史人、新潮、人名、世人、長野百、日史、日人、幕末、藩臣2（藤森恭助　ふじもりきょうすけ）、百科、兵庫人、和俳

**藤森佐吾吉** ふじもりさごきち
慶応2（1866）年～明治34（1901）年
江戸時代末期～明治期の教育者。
¶姓氏長野

**藤森定能** ふじもりさだよし
生没年不詳
昭和期の小学校教員。
¶社史

**藤森省吾** ふじもりしょうご
→藤森省吾（ふじもりせいご）

**藤森省吾** ふじもりせいご
明治18（1885）年2月10日～昭和20（1945）年9月4日　㊦藤森省吾《ふじもりしょうご》
明治～昭和期の農村教育家、泉野小学校長。
¶郷土長野（ふじもりしょうご）、姓氏長野、長野百（ふじもりしょうご）、長野歴、日人

**藤森彦男** ふじもりよしお
安政4（1857）年7月8日～明治41（1908）年1月13日
江戸時代後期～明治期の詩歌人・教育家。
¶東三河

**藤森芳郎** ふじもりよしろう
昭和3（1928）年9月25日～
昭和～平成期の高校教師、教育アドバイザー。天神塾塾長。
¶孰3期

**藤森良蔵** ふじもりりょうぞう
明治15（1882）年7月～昭和21（1946）年11月22日

明治～昭和期の数学教育者。予備校の先駆、日土講習会を開設。著書「幾何学学び方考え方と解き方」がベストセラー。
¶現情、出文（㊥明治15（1882）年7月15日）、人名7、数学、世紀、長野百、長野歴、日人、民学

**不二門智光** ふじもんちこう
天保12（1841）年～大正7（1918）年　㊦不二門智光《ふにもんちこう》
明治～大正期の僧侶。比叡山延暦寺座主。因州吉祥院を創設、徳源院中理教寺を再設し観音寺と改称、勉学寮の復建など貢献。
¶人名、世紀（㊥大正7（1918）年4月11日）、鳥取百（ふにもんちこう）、日人

**藤山左市** ふじやまさいち
慶応1（1865）年6月28日～大正5（1916）年7月28日
明治～大正期の教育者。初代富岡中学校長。
¶徳島百、徳島歴

**藤山豊** ふじやまゆたか
文久4（1864）年1月10日～昭和4（1929）年12月12日
明治～昭和期の教育者。
¶庄内

**藤生高十郎** ふじうたかじゅうろう
安政5（1858）年～*　㊦藤生高十郎《ふじうたかじゅうろう》
明治期の政治家。群馬県議会議員、教育者。
¶群馬人（ふじうたかじゅうろう　㊚大正3（1914）年）、姓氏群馬（㊚1910年）

**普潤** ふじゅん
→岩佐普潤（いわさふにん）

**藤吉利男** ふじよしとしお
明治39（1906）年9月6日～昭和50（1975）年12月17日
昭和期の教育学者。福岡教育大学学長。「コアカリキュラム批判」、機関誌「季刊教育問題」を刊行。
¶人名、人名7、世紀、日人、福岡百

**藤原明衡** ふじわらあきひら
→藤原明衡（ふじわらのあきひら）

**藤原晃** ふじわらあきら
明治39（1906）年10月16日～
昭和期の小学校教諭、新興教育運動家。教労長野支部書記長。
¶社運、社史

**藤原敦宗** ふじわらあつむね
→藤原敦宗（ふじわらのあつむね）

**藤原有範**(1) ふじわらありのり
→日野有範(2)（ひのありのり）

**藤原有範**(2) ふじわらありのり
？～安元2（1176）年5月18日　㊦日野有範《ひのありのり》
平安時代後期の武将。
¶鎌室、国書（日野有範　ひのありのり）、諸系（日野有範　ひのありのり　生没年不詳）、日

人（日野有範　ひのありのり　生没年不詳）

**藤原幾太**　ふじわらいくた
明治27(1894)年4月24日～昭和51(1976)年1月19日
大正～昭和期の教育者・歌人。
¶岡山歴

**藤原市太郎**　ふじわらいちたろう
元治1(1864)年～昭和14(1939)年1月15日
江戸時代末期～昭和期の教育家。大阪歯科大学創立者。
¶学校、近医

**藤原音松**　ふじわらおとまつ
明治26(1893)年～昭和36(1961)年
大正～昭和期の歴史学者・教育家。
¶多摩

**藤原薫**　ふじわらかおる
昭和8(1933)年10月1日～
昭和～平成期のテノール歌手、音楽教育者、合唱指揮者。
¶音人、音人2、音人3

**藤原和好**　ふじわらかずよし
昭和19(1944)年3月3日～
昭和～平成期の国語教育学者。三重大学教授、三重民間教育研究所所長。
¶現執3期

**藤原嘉藤治**　ふじわらかとうじ
明治29(1896)年2月10日～昭和52(1977)年3月22日
大正～昭和期の音楽教員、詩人、地域振興者。
¶岩手人、姓氏岩手

**藤原喜悦**　ふじわらきえつ
大正13(1924)年6月24日～
昭和～平成期の教育心理学者。東京学芸大学教授。
¶現執1期、現執2期、現執3期、心理

**藤原恭一**　ふじわらきょういち
大正4(1915)年2月24日～平成7(1995)年　㊛藤原恭一《ふじはらきょういち》
昭和～平成期の体育指導者、行政家。
¶島根百（ふじはらきょういち）、島根歴

**藤原喜代蔵**　ふじわらきよぞう
明治16(1883)年4月1日～昭和34(1959)年2月18日
明治～昭和期の教育史家。
¶世紀、鳥取百、日人

**藤原銀次郎**　ふじわらぎんじろう
明治2(1869)年6月17日～昭和35(1960)年3月17日　㊛藤原銀次郎《ふじはらぎんじろう》
大正～昭和期の実業家、政治家。王子製紙社長、貴族院議員。戦時下商工大臣、軍需大臣など歴任。戦後、藤原科学財団を設立し教育や社会事業に貢献。藤原工業大学（後の慶応義塾大学工学部）を設立。
¶朝日（㊛明治2年6月17日（1869年7月25日））、岩史、学校、角史、郷土長野、近現、現朝、（㊛明治2年6月17日（1869年7月25日））、現情、現人、現日、国史、コン改、コン4、コン5、史人、実業、島根百（ふじはらぎんじろう）、島根歴、新潮、人名7、世紀、政治、姓氏長野、世人、世百、世百新、全書、大百、茶道、渡航、長野百、長野歴、日史、日人、日本、百科、平日、北海道百、北海道歴、履歴、履歴2、歴大

**藤原定家**　ふじわらさだいえ
→藤原定家(2)（ふじわらのさだいえ）

**藤原実綱**　ふじわらさねつな
→藤原実綱（ふじわらのさねつな）

**藤原実範**　ふじわらさねのり
→藤原実範（ふじわらのさねのり）

**藤原繁**　ふじわらしげる
明治40(1907)年～
昭和期の教育事業家。
¶多摩

**藤原松園**　ふじわらしょうえん
明治41(1908)年7月21日～昭和44(1969)年6月7日
昭和期の教育者。
¶世紀、日人、広島百

**藤原季綱**　ふじわらすえつな
→藤原季綱（ふじわらのすえつな）

**藤原資業**　ふじわらすけなり
→日野資業（ひのすけなり）

**藤原佐世**　ふじわらすけよ
→藤原佐世（ふじわらのすけよ）

**藤原惺窩**　ふじわらせいか
永禄4(1561)年～元和5(1619)年9月12日
安土桃山時代～江戸時代前期の儒学者。父は冷泉為純。朱子学を学び、近世日本での朱子学の祖とされる。その学派は京学と呼ばれ、門人に林羅山らがいる。
¶朝日（㊛元和5年9月12日（1619年10月19日））、岩史、角史、神奈川人、教育、京都、京都大、近世、国史、国書、古中、コン改、コン4、コン5、詩作、史人、思想史、重要、諸系、神史、人書94、神人、新潮、新文、人名、姓氏京都、世人、世百、戦国、全書、戦人、全戦、対外、大百、伝記、徳川将、日思、日史、日人、百科、兵庫人、兵庫百、仏教、文学、平日、山川小、歴大、和歌山人

**藤原高夫**　ふじわらたかお
大正9(1920)年5月8日～昭和55(1980)年2月14日
昭和期の教育者、声楽家、合唱指揮者。香川大学教授。香川二期会合唱団、香川勤労者音楽協議会、全日本合唱連盟などの創設にかかわる。
¶香川人、香川百、世紀、日人

**藤原孝範**　ふじわらたかのり
→藤原孝範（ふじわらのたかのり）

**藤原忠朝**　ふじわらただとも
文政3(1820)年6月22日～明治26(1893)年4月

教育篇　719　ふしわら

17日
江戸時代末期〜明治期の国学者。
¶岡山人（㊦文政4（1821）年），岡山百，岡山歴，人名（㊦1821年），日人

**藤原忠通**　ふじわらただみち
→藤原忠通（ふじわらのただみち）

**藤原経衡**　ふじわらつねひら
→藤原経衡（ふじわらのつねひら）

**藤原定家**　ふじわらていか
→藤原定家(2)（ふじわらのさだいえ）

**藤原明賢**　ふじわらのあきかた
平安時代中期の官人。
¶古人

**藤原明衡**　ふじわらのあきひら
＊〜治暦2（1066）年　㊙藤原明衡《ふじわらあきひら》，明衡《めいこう》
平安時代中期の学者，漢詩人。文章博士，大学頭。「本朝文粋」を編集。書簡文集「明衡往来」を著した。
¶朝日（㊦？）　㊙治暦2年10月18日（1066年11月8日）），岩史（㊦？）　㊙治暦2（1066）年10月18日，角史（㊦？），教育（㊦989年），京都（㊙治暦，京都大（㊦？），国史（㊦？），国書（ふじわらあきひら　㊙永祚1（989）年　㊙治暦2（1066）年10月18日，古史（㊦989年），古人（㊦989年），古中（㊦？），コン改（㊦？），コン4（㊦？），コン5（㊦？），詩歌（㊦989年），史人（㊦？）㊙1066年10月18日，思想史（㊦？），島根歴（ふじわらあきひら㊦？），諸系（㊦989年），人書94（ふじわらあきひら㊦991年頃），新潮（㊙永祚1（989）年？），新文（㊙永祚1（989）年　㊙治暦2（1066）年10月18日，人名（㊦989年），姓氏京都（㊙永祚1（989）年？），世百（㊦989年？），全書（㊦989年？），日音（㊙永祚1（989）年　㊙治暦2（1066）年10月18日），日史（㊙永祚1（989）年　㊙治暦2（1066）年10月18日），日人（㊙989年？），日文（㊦？），百科（㊙永祚1（989）年），文学（㊦989年），平史（㊦989年），平日（㊦989年），山川小（㊦？）㊙1066年10月18日，歴大（㊦？），和俳（㊙永祚1（989）年）

**藤原朝臣不比等**　ふじわらのあそみふひと
→藤原不比等（ふじわらのふひと）

**藤原朝臣佐世**　ふじわらのあそんすけよ
→藤原佐世（ふじわらのすけよ）

**藤原朝臣不比等**　ふじわらのあそんふひと
→藤原不比等（ふじわらのふひと）

**藤原朝臣冬嗣**　ふじわらのあそんふゆつぐ
→藤原冬嗣（ふじわらのふゆつぐ）

**藤原朝臣武智麻呂**　ふじわらのあそんむちまろ
→藤原武智麻呂（ふじわらのむちまろ）

**藤原朝臣刷雄**　ふじわらのあそんよしお
→藤原刷雄（ふじわらのよしお）

**藤原敦宗**　ふじわらのあつむね
長久3（1042）年〜天永2（1111）年　㊙藤原敦宗《ふじわらあつむね》
平安時代中期〜後期の学者，漢詩人。
¶朝日（㊙天永2年9月16日（1111年10月20日）），国史，国書（ふじわらあつむね　㊙天永2（1111）年9月16日），古中，コン4，日人，平史（㊦1043年），和俳

**藤原有範**　ふじわらのありのり
→日野有範(2)（ひのありのり）

**藤原家行**　ふじわらのいえゆき
平安時代後期の官人。学生・秀才・勧学院学頭となり，従五位下。
¶古人

**藤原刷雄**　ふじわらのきよお
→藤原刷雄（ふじわらのよしお）

**藤原行成**　ふじわらのこうぜい
→藤原行成（ふじわらのゆきなり）

**藤原是人**　ふじわらのこれひと
奈良時代の官人。
¶古人

**藤原定家**(1)　ふじわらのさだいえ
→藤原定家(2)（ふじわらのさだいえ）

**藤原定家**(2)　ふじわらのさだいえ
応保2（1162）年〜仁治2（1241）年8月20日　㊙京極定家《きょうごくさだいえ》，藤原定家《ふじわらさだいえ，ふじわらていか，ふじわらのさだいえ，ふじわらのていか，ふじわらのていか（さだいえ），ふじわらのていか》，定家《ていか》
平安時代後期〜鎌倉時代前期の歌人・公卿（権中納言）。非参議・皇太后宮大夫藤原俊成の次男。歌道の第一人者で「新古今和歌集」選者。日記に「明月記」がある。
¶朝日（ふじわらのていか　㊙仁治2年8月20日（1241年9月26日）），岩史，角史，鎌室（ふじわらさだいえ），教育，京都（ふじわらのていか（さだいえ）），京都大，公卿（京極定家　きょうごくさだいえ），国史，国書（ふじわらのていか），古史，古中，コン改，コン4，詩歌，詩作（ふじわらのさだいえ，ふじわらのていか），史人，重要（ふじわらのていか），諸系，人書79，人書94（ふじわらさだいえ），人情，人情3，新潮，新文，人名（ふじわらのていか），姓氏京都，世人，世百，全書（ふじわらのていか），大百（ふじわらのていか），茶道，伝記，鳥取百，日思（ふじわらのていか），日史（ふじわらのていか），日人，美術，百科，仏教，文学，平史，歴大（ふじわらのていか），和歌山人，和俳

**藤原刷雄**　ふじわらのさつお
→藤原刷雄（ふじわらのよしお）

**藤原実定**　ふじわらのさねただ
平安時代後期の官人。父は定輔。
¶古人

**藤原実綱** ふじわらのさねつな
長和2(1013)年〜永保2(1082)年　[別]藤原実綱《ふじわらさねつな》,日野実綱《ひのさねつな》
平安時代中期〜後期の文人。日野流の発展に寄与。
¶国史，国書(ふじわらさねつな　[生]長和1(1012)年)，古中，コン4，諸系(日野実綱　ひのさねつな)，日人(日野実綱　ひのさねつな)，平史

**藤原実範** ふじわらのさねのり
生没年不詳　[別]藤原実範《ふじわらさねのり》
平安時代後期の学者、漢詩人。藤原義忠に師事。
¶朝日，国史，国書(ふじわらさねのり)，古人，古中，コン4，コン5，諸系，日人，平史，和俳

**藤原季綱** ふじわらのすえつな
生没年不詳　[別]藤原季綱《ふじわらすえつな》
平安時代中期〜後期の漢詩人。
¶国史，国書(ふじわらすえつな)，古中，諸系，日人，平史，和俳

**藤原資業** ふじわらのすけなり
→日野資業(ひのすけなり)

**藤原佐世** ふじわらのすけよ
承和14(847)年〜*　[別]藤原佐世《ふじわらすけよ》,藤原朝臣佐世《ふじわらのあそんすけよ》
平安時代前期の儒学者。菅原是善の門下。
¶朝日([没]昌泰1年10月27日(898年11月14日))，岩史([没]昌泰1(898)年10月27日)，角史([没]寛平9(897)年)，京都大([生]?　[没]昌泰1(898)年)，国史([没]897年)，国書(ふじわらすけよ　[没]寛平9(897)年)，古代(藤原朝臣佐世　ふじわらのあそんすけよ　[没]897年)，古中([没]897年)，コン改([生]?　[没]昌泰1(898)年)，コン4([生]?　[没]昌泰1(898)年)，史人([没]897年10月27日)，諸系([没]897年)，新潮([生]?　[没]昌泰1(898)年10月27日)，人名([生]?　[没]898年)，姓氏京都([没]897年)，世人([生]?　[没]昌泰1(898)年)，世百([生]?　[没]898年)，全書([生]?　[没]897年)，大百([生]?　[没]898年)，日史([生]?　[没]昌泰1(898)年10月27日)，日人([没]897年)，百科([生]?　[没]昌泰1(898)年)，平史([没]897年)，歴大([没]897年)

**藤原孝範** ふじわらのたかのり
保元3(1158)年〜天福1(1233)年　[別]藤原孝範《ふじわらたかのり》
平安時代後期〜鎌倉時代前期の官吏・漢詩人。
¶国書(ふじわらたかのり　[没]天福1(1233)年8月)，古人，諸系，日人，平史

**藤原忠通** ふじわらのただみち
承徳1(1097)年〜長寛2(1164)年2月19日　[別]藤原忠通《ふじわらただみち》，法性寺殿《ほっしょうじどの》
平安時代後期の公卿(摂政・関白・太政大臣)。摂政・関白・太政大臣藤原忠実の長男。父忠実・弟頼長との確執が保元の乱の直接の契機となった。
¶朝日([生]承徳1年閏1月29日(1097年3月15日)　[没]長寛2年2月19日(1164年3月13日))，岩史([生]永長2(1097)年閏1月29日)，角史，鎌室(ふじわらただみち)，教育，京都，京都大，公卿，国史，国書(ふじわらただみち　[生]永長2(1097)年閏1月29日)，古史，古中，コン改，コン4，詩歌，詩作([生]承徳1(1097)年閏1月29日)，史人([生]1097年閏1月29日)，重要，諸系，新潮，人名，姓氏京都，世人，世百，全書，大百，伝記，日史([生]承徳1(1097)年閏1月29日　[没]長寛2(1164)年2月29日)，日人，美術，百科，仏教([生]承徳1(1097)年閏1月29日)，平史，歴大，和俳

**藤原経衡** ふじわらのつねひら
寛弘2(1005)年〜延久4(1072)年　[別]藤原経衡《ふじわらつねひら》
平安時代中期の歌人。
¶国書(ふじわらつねひら　[没]延久4(1072)年6月20日)，諸系，人名([生]?)，日人，平史(生没年不詳)

**藤原定家** ふじわらのていか
→藤原定家(2)(ふじわらのさだいえ)

**藤原仲継** ふじわらのなかつぐ
奈良時代の官人。
¶古人

**藤原範兼** ふじわらののりかね
嘉承2(1107)年〜永万1(1165)年4月26日　[別]藤原範兼《ふじわらのりかね》
平安時代後期の学者、歌人、公卿(非参議)。参議藤原巨勢麻呂の裔。
¶朝日([没]永万1年4月26日(1165年6月6日))，公卿，国書(ふじわらのりかね)，諸系，人名，全書，新潟百，日人，平史，和俳

**藤原不比等** ふじわらのふひと
斉明5(659)年〜養老4(720)年8月3日　[別]藤原朝臣不比等《ふじわらのあそみふひと,ふじわらのあそんふひと》,藤原不比等《ふじわらふひと》，淡海公《おうみこう,たんかいこう》
飛鳥時代〜奈良時代の官人(右大臣)。藤原鎌足の子。「大宝律令」「養老律令」を制定。大宝律令で教育機関の大学寮が定められた。
¶朝日([没]養老4年8月3日(720年9月9日))，岩史，角史，郷土奈良，公卿，公卿普，国史，国書(ふじわらふひと)，古史，古人([生]659年)，古代(藤原朝臣不比等　ふじわらのあそんふひと)，古代普(藤原朝臣不比等　ふじわらのあそんふひと　[生]659年)，古中，コン改([生]斉明5(659)年,(異説)658年)，コン4([生]斉明5(659)年,(異説)658年)，コン5([生]斉明5(659年，658)年)，史人，思想史，重要([生]斉明5(659)年?)，諸系，人書94(ふじわらふひと　[生]659年,(異説)658年)，新潮([生]斉明5(659)年,(異説)斉明4(658)年)，人名，世人，世百，全書([生]658年,(異説)659年)，大百，伝記，日史，日人，百科，仏教，平日([生]659年)，万葉(藤原朝臣不比等　ふじわらのあそみふひと)，山川小([生]659年)，歴大

**藤原冬嗣** ふじわらのふゆつぐ
宝亀6(775)年〜天長3(826)年7月24日　[別]藤原朝臣冬嗣《ふじわらのあそんふゆつぐ》,藤原冬嗣《ふじわらふゆつぐ》

平安時代前期の公卿（左大臣）。右大臣藤原内麻呂の次男。初の蔵人頭で北家隆盛の基礎を築く。「文華秀麗集」を編集。
¶朝日（㊟天長3年7月24日（826年8月30日））, 岩史, 角史, 教育, 京都, 京都大, 公卿, 公卿普, 国史, 国書（ふじわらふゆつぐ）, 古史, 古人, 古代（藤原朝臣冬嗣　ふじわらのあそんふゆつぐ）, 古中普（藤原朝臣冬嗣　ふじわらのあそんふゆつぐ）, 古中, コン改, コン4, コン5, 史人, 思想史, 重要, 諸系, 新潮, 人名, 姓氏京都, 世人, 世百, 全書, 大百, 伝記, 日史, 日人, 百科, 仏教《㊟天長3（826）年7月26日》, 平史, 平日, 山川小, 和俳

**藤原真葛** ふじわらのまくず
奈良時代の官人。父は継縄。
¶古人

**藤原真鷲** ふじわらのまわし
奈良時代の官吏。
¶古人, 日人（生没年不詳）

**藤原光俊** ふじわらのみつとし
建仁3（1203）年～建治2（1276）年　㊞真観《しんかん》, 藤原光俊《ふじわらみつとし》
鎌倉時代前期の歌人。
¶朝日（㊟建治2年6月9日（1276年7月21日））, 国史, 国書（ふじわらみつとし）　㊟建治2（1276）年6月9日）, 古中, コン4, 諸系, 人名（㊟1210年）, 全書（真観　しんかん）, 日人, 和俳

**藤原武智麻呂** ふじわらのむちまろ
天武9（680）年～天平9（737）年7月25日　㊞藤原朝臣武智麻呂《ふじわらのあそんむちまろ》
飛鳥時代～奈良時代の官人（左大臣）。藤原南家の祖。中臣御食子の曽孫。
¶朝日（㊟天武9（680）年4月　㊟天平9年7月25日（737年8月25日））, 岩史, 角史, 公卿（㊟天平9（737）年7月27日）, 国史, 古史, 古代（藤原朝臣武智麻呂　ふじわらのあそんむちまろ）, 古中, コン改, コン4, 史人, 重要, 諸系, 新潮, 人名, 世人, 世百, 全書, 大百, 日史（㊟天武9（680）年4月15日）, 日人, 百科, 歴大

**藤原棟綱** ふじわらのむねつな
平安時代後期の官人。父は棟方。
¶古人

**藤原師兼** ふじわらのもろかね
生没年不詳
鎌倉時代後期の歌人。
¶人名, 日人, 和俳

**藤原行成** ふじわらのゆきなり
天禄3（972）年～万寿4（1027）年12月4日　㊞藤原行成《ふじわらのこうぜい, ふじわらゆきなり》
平安時代中期の書家, 公卿（権大納言）。太政大臣藤原伊尹の孫。能書家として知られる。三蹟の一人。
¶朝日（㊟万寿4年12月4日（1028年1月3日））, 岩史, 角史, 教育, 京都, 京都大, 公卿, 公卿普, 国史, 国書（ふじわらゆきなり）, 古史, 古代, コン改（㊟天禄2（971）年）, コン4, 歌制, 史人, 重要, 諸系（㊟1028年）, 新潮（ふじわらのこうぜい　㊟天禄2（971）年）, 人名, 姓氏京都, 世人, 世百, 全書, 大百, 茶道, 伝記, 日史, 日人（㊟1028年）, 美術, 百科, 仏教, 平史, 歴大, 和俳

**藤原刷雄** ふじわらのよしお
生没年不詳　㊞藤原刷雄《ふじわらのきよお, ふじわらのさつお》, 藤原朝臣刷雄《ふじわらのあそんよしお》
奈良時代の貴族。藤原仲麻呂の子。留学生として入唐。
¶朝日, 国史, 古史, 古代（藤原朝臣刷雄　ふじわらのあそんよしお）, 古中, コン改（ふじわらのさつお）, コン4, 史人, 諸系, 新潮（ふじわらのさつお）, 人名（ふじわらのきよお）, 日史, 日人, 百科, 歴大

**藤原範兼** ふじわらのりかね
→藤原範兼（ふじわらののりかね）

**藤原英夫** ふじわらひでお
明治44（1911）年3月16日～平成9（1997）年　㊞藤原英夫《ふじはらひでお》
昭和期の教育哲学者, 教育制度学者。大阪大学教授, 奈良女子大学教授, 甲南女子大学教授。
¶現執1期, 現執2期, 島根歴（ふじはらひでお）

**藤原英太郎** ふじわらひでたろう
嘉永7（1854）年2月27日～明治16（1883）年10月12日
江戸時代末期～明治期の教育者, 郡長。
¶岡山歴

**藤原宏** ふじわらひろし
大正10（1921）年8月1日～
昭和～平成期の国語教育学者。兵庫教育大学教授, 早稲田大学客員教授。
¶現執2期, 現執3期

**藤原不比等** ふじわらふひと
→藤原不比等（ふじわらのふひと）

**藤原冬嗣** ふじわらふゆつぐ
→藤原冬嗣（ふじわらのふゆつぐ）

**藤原正教** ふじわらまさのり
大正11（1922）年～平成5（1993）年
昭和～平成期の教育者。
¶大分歴

**藤原光俊** ふじわらみつとし
→藤原光俊（ふじわらのみつとし）

**藤原衆海** ふじわらもろうみ
生没年不詳
平安時代中期の大学寮学生。
¶国書

**藤原幸男** ふじわらゆきお
昭和23（1948）年9月25日～
昭和～平成期の教育学者。琉球大学助教授。
¶現執2期, 現執3期

**藤原行成** ふじわらゆきなり
→藤原行成（ふじわらのゆきなり）

**藤原義隆** ふじわらよしたか
昭和5（1930）年～
昭和～平成期の小学校教師。滋賀大学非常勤講師。
¶現執3期

**布施いと** ふせいと
文政9（1826）年～明治40（1907）年
明治期の仇討ち女性。夫の仇討ちを頼んだ男をも殺害。
¶滋賀百

**布施松翁** ふせしょうおう
享保10（1725）年～天明4（1784）年
江戸時代中期の心学者。「松翁道話」を著す。
¶岩史（㊥享保10（1725）年12月22日　㊦天明4（1784）年7月7日）、教育、近世、国史、国書（㊥享保10（1725）年12月22日　㊦天明4（1784）年7月7日）、コン改、コン4、コン5、史人（㊥1725年12月22日　㊦1784年7月7日）、思想史、新潮、人名、姓氏京都、世人、日思、日人（㊥1726年）、歴大

**布施豊世** ふせとよせ
生没年不詳
明治～大正期の教育者。
¶庄内

**伏原宣諭** ふせはらのぶさと
文政6（1823）年12月3日～明治9（1876）年8月21日
㊦宣諭〔伏原家〕《のぶさと》
江戸時代末期～明治時代の公家。少納言、侍従。睦仁親王の読書師範。
¶維新、公卿、公卿普、公家（宣諭〔伏原家〕のぶさと）、幕末、幕末大（㊥文政6（1824）年12月3日）

**二神喜十** ふたがみきじゅう
明治23（1890）年～昭和56（1981）年
大正～昭和期の教育者・牧師。
¶愛媛、愛媛百（㊥明治23（1890）年5月10日　㊦昭和56（1981）年8月11日）

**二神常一** ふたがみつねいち
明治21（1888）年～昭和52（1977）年
大正・昭和期の教育者。
¶愛媛

**二木栄松** ふたきえいしょう
嘉永6（1853）年8月15日～明治21（1888）年7月7日
江戸時代後期～明治期の教育者。
¶庄内

**二木謙吾** ふたつぎけんご
明治30（1897）年1月1日～昭和58（1983）年12月22日
明治～昭和期の学校創立者。宇部学園を創立。
¶学校、政治、山口人

**二ツ森十郎** ふたつもりじゅうろう
大正1（1912）年～昭和60（1985）年
昭和期の剣道七段教士の教育者。

¶青森人

**二ツ森比呂志** ふたつもりひろし
昭和～平成期のピアニスト、音楽教育者。ヤマハピアノ指導スタッフ、音楽総合クーブラン代表、ステラ五重奏団団員。
¶演奏

**二見源吾** ふたみげんご
明治20（1887）年～昭和39（1964）年
明治～昭和期の小学校校長、鹿児島県視学、溝辺村教育委員。
¶姓氏鹿児島

**二見淑子** ふたみよしこ
昭和～平成期の民族音楽、音楽教育者。
¶音人2、音人3

**二村守** ふたむらまもる
昭和2（1927）年5月17日～
昭和期の下呂町教育長。
¶飛騨

**二荒芳徳** ふたらよしのり
明治19（1886）年10月26日～昭和42（1967）年4月21日
大正～昭和期の内務官僚。大日本少年団連盟理事長。東宮職御用掛、貴族院議員、ボーイスカウト日本連盟コミッショナーを歴任。
¶愛媛百、現朝、現情、コン改、コン4、コン5、新潮、人名7、世紀、政治、日人、履歴、履歴2

**淵菔卿** ふちかけい
正徳5（1715）年～天明2（1782）年
江戸時代中期の儒学者。
¶京都大、人名、姓氏京都、日人

**淵上郁太郎** ふちがみいくたろう、ふちかみいくたろう
天保8（1837）年～慶応3（1867）年2月18日
江戸時代末期の筑後久留米藩尊攘派志士。
¶朝日（㊥天保8（1837）年10月20日（1837年11月17日））、維新、人名（ふちかみいくたろう）、日人、幕末

**淵上猛夫** ふちがみたけお
明治44（1911）年11月19日～平成1（1989）年8月30日
昭和期の国府町教育長。
¶飛騨

**淵沢能恵** ふちざわのえ、ふちさわのえ
嘉永3（1850）年～昭和11（1936）年2月8日　㊦淵沢能恵《ふちざわよしえ》
明治～昭和期の教育者。朝鮮女子教育の開拓者。日韓婦人会をおこし、淑明女学校を創立、学監となる。
¶岩手人（ふちさわのえ　㊥1850年6月1日）、岩手百（ふちさわのえ）、近女、女運、女史、女性（ふちざわよしえ）、女性普（ふちざわよしえ）、人名（ふちざわよしえ）、世紀、姓氏岩手（ふちさわのえ）、日人（ふちざわよしえ）

**淵沢能恵** ふちざわよしえ
→淵沢能恵（ふちざわのえ）

淵伯養（淵白養）ふちはくよう
　？〜元文1（1736）年
　江戸時代中期の儒学者。
　¶姓氏京都（淵白養），日人

吹越精　ふっこしただし
　明治44（1911）年〜平成9（1997）年
　昭和〜平成期の教育者。野辺地中学校長。
　¶青森人

仏厳　ぶつごん
　生没年不詳
　鎌倉時代前期の医僧。
　¶日人，仏教

ふで
　1794年〜
　江戸時代後期の女性。教育。医師森治朗左衛門の母。
　¶江表（ふで（東京都））　⊕寛政6（1794）年頃）

筆子　ふでこ★
　寛政11（1799）年〜明治24（1891）年
　江戸時代後期〜明治時代の女性。教育。陸奥白河藩藩士丹羽侠斎の娘。
　¶江表（筆子（埼玉県））

船石保太　ふないしやすた
　慶応1（1865）年〜昭和19（1944）年
　明治〜昭和期の学校医，眼科。
　¶近医

船江友太郎　ふなえともたろう
　明治41（1908）年〜平成5（1993）年
　昭和〜平成期の教員，行政の立場から陸上競技の発展に尽くす。
　¶島根歴

船川幡夫　ふなかわはたお
　大正3（1914）年11月7日〜
　昭和期の医師，小児保健学者，学校保険学者。小児科，東京大学教授，大妻女子大学講師。
　¶現執1期，現執2期

船木正文　ふなきまさふみ
　昭和25（1950）年7月14日〜
　昭和〜平成期の教育法学者。大東文化大学助教授。
　¶現執3期

船越義珍（富名腰義珍）　ふなこしぎちん
　明治1（1868）年11月10日〜昭和32（1957）年4月26日
　明治〜昭和期の武道家。沖縄師範武道教師。首里手（唐手，のち空手）の普及に尽力。自派を松濤館流と名づけた。著書に「空手道教範」。
　¶朝日（富名腰義珍　⊕尚泰21年11月10日（1868年12月23日）），沖縄百，世紀，姓氏沖縄，体育（⊕1870年）　㉓1956年），伝記（⊕1870年），日人

船越経三　ふなこしけいぞう
　明治44（1911）年11月12日〜
　昭和期の教員，経済学者。神奈川大学教授。

¶社史

船越清蔵　ふなこしせいぞう
　文化2（1805）年〜文久2（1862）年
　江戸時代末期の長門清末藩士。
　¶維新，国書（⊕文化2（1805）年8月23日　㉓文久2（1862）年8月8日），人書79，新潮（⊕文化2（1805）年8月23日　㉓文久2（1862）年8月8日），日人，幕末（㉓1862年9月1日），藩臣6

船越善作　ふなこしぜんさく
　生没年不詳
　明治期の教育者。
　¶姓氏京都

船坂清子　ふなさかきよこ
　明治41（1908）年2月1日〜
　昭和期の教育者。私立コスモス保育園の開設者。
　¶飛騨

船坂忠一　ふなさかちゅういち
　弘化1（1844）年6月〜大正7（1918）年1月24日
　明治・大正期の詩人，教師。
　¶飛騨

船田快光　ふなだかいこう★
　明治31（1898）年1月1日〜昭和44（1969）年4月13日
　大正・昭和期の教育者。大宮幼稚園創設者。
　¶栃木人

船田キミ　ふなだきみ
　明治1（1868）年〜昭和19（1944）年8月28日
　明治〜昭和期の女性。作新学院創立者船田兵吾の妻。開校当時金策に苦労しながら夫を支える。
　¶女性，女性普

船田享二　ふなだきょうじ
　明治31（1898）年1月13日〜昭和45（1970）年3月14日
　大正〜昭和期のローマ法学者。衆議院議員。著書に「ローマ法」など。
　¶郷土栃木，現朝，現情，人名7，世紀，政治，栃木百，栃木歴，日人

船田小常　ふなだこつね
　明治36（1903）年〜昭和48（1973）年
　昭和期の教育者。作新学院長，作新高等理容美容学院長。
　¶郷土栃木，栃木百，栃木歴

船田兵吾　ふなだひょうご
　明治1（1868）年9月28日〜大正13（1924）年12月11日
　明治〜大正期の教育者。作新学院創設者。
　¶学校，郷土栃木，世紀，栃木百，栃木歴，日人

船田ミサヲ（船田操）　ふなだみさお，ふなだみさを
　明治5（1872）年1月13日〜昭和31（1956）年5月19日
　明治〜昭和期の教育者。済美高等女学校を設立，専務理事，理事長歴任。
　¶愛媛，学校，女性普（船田操），世紀，日人（ふなだみさを）

**船田操**（船田ミサヲ）　ふなだみさお，ふなだみさを
明治5（1872）年1月13日～昭和31（1956）年5月19日
明治～昭和期の教育者。済美高等女学校理事長。
¶愛媛百（船田ミサヲ　ふなだみさを），郷土愛媛（ふなだみさを），女性

**船田譲**　ふなだゆずる
大正12（1923）年6月13日～昭和60（1985）年8月10日
昭和期の政治家。栃木県知事、参議院議員、作新学院院長。
¶郷土栃木，政治，栃木歴

**船渡吉郎**　ふなときちろう
明治34（1901）年8月11日～昭和46（1971）年12月24日
大正・昭和期の教育者。学校長。
¶飛騨

**船戸鉄夫**　ふなとてつお
昭和4（1929）年～平成25（2013）年8月
昭和・平成期の教師。
¶中濃続

**船戸政一**　ふなとまさいち
昭和4（1929）年～
昭和期の教育者。
¶中濃続

**舟橋晴潭**（船橋晴潭）　ふなばしせいたん
文化7（1810）年～安政3（1856）年
江戸時代末期の儒学者。
¶国書（生没年不詳），埼玉人（[没]安政3（1856）年8月25日），埼玉百（船橋晴潭），人名，日人（船橋晴潭）

**船橋業忠**　ふなばしなりただ
→清原業忠（きよはらのなりただ）

**舟橋三十子**　ふなはしみとこ
平成期の作曲家、音楽教育者。
¶音人（[生]昭和24年9月30日），音人2（[生]昭和24年9月30日），音人3（[生]昭和24年9月30日），作曲

**船曳磐主**　ふなびきいわぬし
→船曳鉄門（ふなびきかねと）

**船曳鉄門**　ふなびきかねと
文政6（1823）年～明治28（1895）年　[別]船曳鉄門《ふなびきてつもん》，船曳磐主《ふなびきいわぬし》
江戸時代末期～明治期の神官、歌人。筑前香椎宮宮司、筑後高良神社権宮司などを歴任。福岡県から筑後国史・地誌の編集を命じられ、多くの考古学上の発見をする。
¶国書（船曳磐主　ふなびきいわぬし　[生]文政6（1823）年12月4日　[没]明治28（1895）年2月10日），神人，人名，日人（[生]1824年），幕末（ふなびきてつもん　[没]1895年2月10日），藩臣7（ふなびきてつもん）

**船曳西河**　ふなびきせいか
生没年不詳
江戸時代中期の播磨三日月藩医。
¶日人，藩臣5

**船曳鉄門**　ふなびきてつもん
→船曳鉄門（ふなびきかねと）

**船曳文陽**　ふなびきぶんよう
延享4（1747）年～文化11（1814）年
江戸時代中期～後期の播磨三日月藩医。
¶人名，日人，藩臣5

**船本楠吉**　ふなもとくすきち
安政6（1859）年3月12日～昭和19（1944）年3月21日
明治～昭和期の教育者。
¶高知先

**船山謙次**　ふなやまけんじ
大正2（1913）年11月1日～
昭和期の教育学者。北海道教育大学教授。
¶現執1期，現執2期，現情，世紀

**不二門智光**　ふにもんちこう
→不二門智光（ふじもんちこう）

**船副使麻呂**　ふねのふくしまろ
[別]船連副使麻呂《ふねのむらじふくしまろ》
平安時代前期の学者、官吏。
¶古人，古代普（船連副使麻呂　ふねのむらじふくしまろ），日人（生没年不詳），平史（生没年不詳）

**船連副使麻呂**　ふねのむらじふくしまろ
→船副使麻呂（ふねのふくしまろ）

**布野雲平**（布野運平）　ふのうんぺい
生没年不詳
江戸時代末期の洋学教授。
¶島根百，島根歴（布野運平）

**富原薫**（冨原薫）　ふはらかおる
明治38（1905）年7月3日～昭和50（1975）年1月25日
昭和期の童謡詩人、小学校教員。
¶御殿場（冨原薫），静岡歴，児文（冨原薫），姓氏静岡，日児

**富原義徳**（冨原義徳）　ふはらよしのり
明治26（1893）年12月19日～昭和25（1950）年2月22日
明治～昭和期の小学校教員、童謡詩人。
¶御殿場（冨原義徳），静岡歴，姓氏静岡，日児

**ふみ**(1)
1821年～
江戸時代後期の女性。教育。増田氏。
¶江表（ふみ（東京都）　[生]文政4（1821）年頃）

**ふみ**(2)
1835年～
江戸時代後期の女性。教育。飯田氏。
¶江表（ふみ（東京都）　[生]天保6（1835）年頃）

**文貞**　ふみさだ★
天保6（1835）年～明治31（1898）年

江戸時代後期～明治時代の女性。書・画・囲碁・教育。山辺の大庄屋渡辺荘右衛門の娘。
¶江表（文貞（山形県））

**降旗勝信** ふりはたかつのぶ
昭和7（1932）年3月31日～
昭和～平成期の理科教育学者。東京学芸大学教授。
¶現執3期

**降旗信一** ふりはたしんいち
昭和37（1962）年～
昭和～平成期の教育学者。日本ネイチャーゲーム協会理事長、日本環境教育フォーラム理事、自然体験活動推進協議会理事。専門は、環境教育、自然体験活動、ネイチャーゲーム。
¶現執4期

**降幡雷淵** ふりはたらいえん
→降幡雷淵（ふるはたらいえん）

**古市公威** ふるいちきみたけ
→古市公威（ふるいちこうい）

**古市金峨** ふるいちきんが
文化2（1805）年10月～明治13（1880）年
江戸時代末期～明治期の画家。
¶岡山人，岡山百（[没]明治13（1880）年3月14日），岡山歴（[没]明治13（1880）年2月14日），島根歴，人名，日人，美家（[生]文化2（1802）年　[没]明治13（1880）年2月14日）

**古市公威** ふるいちこうい
嘉永7（1854）年～昭和9（1934）年1月28日　[別]古市公威《ふるいちきみたけ》
明治～大正期の土木工学者。東京帝国大学工科大学初代学長、土木学会初代会長。土木行政、土木工学の基礎を築く。工手学校（後の工学院大学）を創立、技術者を養成。京釜鉄道総裁。
¶岩史（ふるいちきみたけ　[生]嘉永7（1854）年閏7月21日），海越（[生]嘉永7（1854）年7月12日），海越新（[生]嘉永7（1854）年7月12日），科学（ふるいちきみたけ　[生]1854年（嘉永7）閏7月12日），学校（[生]嘉永7（1854）年閏7月12日），神奈川人（ふるいちきみたけ），近現，近土（[生]1854年7月12日），現朝（ふるいちきみたけ [生]嘉永7年7月12日（1854年8月5日）），国際，国史，コン改，コン5，史人（[生]1854年閏7月21日），新潮（[生]安政1（1854）年7月），人名，世紀（ふるいちきみたけ　[生]嘉永7（1854）年閏7月12日），先駆（[生]安政1（1854）年8月5日），全書（ふるいちきみたけ），大百，鉄道（ふるいちきみたけ　[生]1854年9月4日），渡航，土木（[生]1854年7月12日），新潟百，日史（ふるいちきみたけ　[生]安政1（1854）年閏7月21日），日人，幕末（[生]1854年8月5日），百科（ふるいちきみたけ），兵庫人（ふるいちきみたけ　[生]安政1（1854）年閏7月12日），履歴（ふるいちきみたけ　[生]安政1（1854）年閏7月12日）

**古市静** ふるいちしずか
弘化4（1847）年～大正12（1923）年
江戸時代末期～大正期の幼児教育者。
¶姓氏鹿児島

**古市静子** ふるいちしずこ
弘化4（1847）年～昭和8（1933）年
明治～大正期の幼児教育者。「うさぎ幼稚園」を開設。保育と経営に尽力。
¶薩摩，女性，女性普

**古江綾子** ふるえあやこ
大正15（1926）年3月31日～昭和55（1980）年8月5日
昭和期の教育者。日本女子体育大学教授、日本女子体育連盟副理事長。十文字学園女子短期大学助教授などを歴任後、文部省教材等調査研究会委員など務める。
¶女性，女性普，世紀，日人

**古岡秀人** ふるおかひでと
明治41（1908）年12月15日～平成6（1994）年5月17日
大正～平成期の出版人。学習研究社創業者。直販方式で学年別学習誌を小中学校に拡大。
¶現朝，現情，現人，出版，出文，世紀，創業，日児，日人，マス2，マス89

**古岡舩** ふるおかひろし
昭和8（1933）年8月1日～
昭和～平成期の出版人。学習研究社社長。
¶現情

**古岡勝** ふるおかまさる
大正8（1919）年10月1日～平成17（2005）年9月30日
昭和～平成期の出版人。学習研究社副社長。
¶出文

**古川清行** ふるかわきよゆき
大正14（1925）年12月10日～
昭和～平成期の小学校校長。東京都中央区立城東小学校校長、武蔵野短期大学講師。
¶現執1期，現執2期，現執3期，現執4期

**古川原** ふるかわげん
明治41（1908）年6月3日～平成3（1991）年11月20日
昭和期の教育学者。長崎総合科学大学教授。
¶現執1期，現執2期，現情，世紀

**古川重親** ふるかわしげちか
安政2（1855）年～昭和3（1928）年
明治～昭和期の政治家。吉松村2代村長、鹿児島県議会議員、吉松教育長初代会長。
¶姓氏鹿児島

**古川節蔵** ふるかわせつぞう
→古川正雄（ふるかわまさお）

**古川丈夫** ふるかわたけお
明治33（1900）年～昭和34（1959）年8月9日
大正～昭和期の体育指導者。
¶群新百，群馬人（[生]明治34（1901）年1月31日），群馬百

**古川竹二** ふるかわたけじ
明治24（1891）年12月1日～昭和15（1940）年2月12日

明治〜昭和期の教育学者。
¶心理

**古河太四郎**（古川太史郎，古川太四郎）　**ふるかわたしろう**
弘化2（1845）年2月20日〜明治40（1907）年12月26日
明治期の盲唖教育者。大阪盲唖院院長。日本初の盲唖院を開設。「古川氏盲唖教育法」が没後文部省より集大成。
¶朝日（古川太四郎　[生]弘化2年2月20日（1845年3月27日）），大阪人（古川太史郎），教育，京都大（[没]昭和40（1965）年），近現，国際（古川太四郎），国史，コン改（古川太四郎），コン5（古川太四郎），視覚，史人，新潮（古川太四郎　[没]明治40（1907）年12月25日），人名（古川太四郎），世紀（古川太四郎），姓氏京都，世百（古川太四郎），先駆（古川太四郎），全書（古川太四郎），日史，日人，百科，民学（古川太四郎）



**古川常一郎**　**ふるかわつねいちろう**
？　〜明治34（1901）年1月27日
明治期の官吏、語学教師。東京外国語学校教員、内閣官報局。ロシアに留学しロシア語を学ぶ。官版ロシア語辞典の共編者。
¶海越，海越新，渡航，日人

**古川鉄治郎**　**ふるかわてつじろう**
明治11（1878）年2月12日〜昭和15（1940）年1月19日
明治〜昭和期の経営者。
¶日人

**古川のぼる**　**ふるかわのぼる**
昭和9（1934）年11月29日〜
昭和〜平成期の教育事業家。日本家庭教師センター学院理事長。
¶現執2期，現執3期

**古川正雄**　**ふるかわまさお**
天保8（1837）年3月4日〜明治10（1877）年4月2日
[別]古川節蔵《ふるかわせつぞう》
江戸時代末期〜明治期の幕臣、教育者。維新後、築地海軍兵学校教官等を務める。著書に「洋行漫筆」。
¶海越新，江文，教育（[生]？　[没]1887年），全幕（古川節蔵　ふるかわせつぞう），渡航，幕末大，広島百，洋学

**古川安定**　**ふるかわやすさだ**
大正13（1924）年〜平成1（1989）年
昭和期の音楽教育者。
¶島根歴

**古木弘造**　**ふるきこうぞう**
明治43（1910）年2月21日〜昭和51（1976）年7月12日
昭和期の教育学者、名古屋大学教授。日本社会教育学会の創立に尽力、著書に「育児保育史」など。
¶現情，人名7，世紀，姓氏神奈川，日人

**古沢南洋**　**ふるさわなんよう**
文化6（1809）年〜明治9（1876）年　[別]古沢義正《ふるさわよしまさ》
江戸時代末期〜明治期の武士。高知藩士、郷校名教館教授。土佐勤王党に参加。
¶維新（[没]明治9（1876）年7月8日），高知人，人名，日人，幕末（古沢義正　ふるさわよしまさ　[没]1876年7月7日）

**古沢義正**　**ふるさわよしまさ**
→古沢南洋（ふるさわなんよう）

**古嶋寿**　**ふるしまひさし**
大正13（1924）年5月29日〜
昭和期の神岡町教育長。
¶飛驒

**古島稔**　**ふるしまみのる**
大正14（1925）年〜
昭和期の学校教育専門家。
¶現執1期

**古瀬キヨ**　**ふるせきよ**
明治45（1912）年4月7日〜昭和62（1987）年
昭和期の洋画家。
¶札幌，美家（[没]昭和62（1987）年9月13日）

**古瀬健三郎**　**ふるせけんざぶろう**
明治26（1893）年3月2日〜昭和33（1958）年3月13日
大正・昭和期の教育者。学校長。
¶飛驒

**古瀬鶴之助**　**ふるせつるのすけ**
明治2（1869）年12月27日〜昭和3（1928）年10月25日
明治〜昭和期の教育者。史跡・植物研究家。
¶飛驒

**古田秋三**　**ふるたあきぞう**
明治41（1908）年10月20日〜昭和57（1982）年9月2日
大正・昭和期の教育者。学校長。
¶飛驒

**古田含章**　**ふるたがんしょう**
生没年不詳
江戸時代中期の儒学者。
¶国書，人名，日人

**布留武郎**　**ふるたけお**
明治40（1907）年3月3日〜昭和55（1980）年4月21日
大正〜昭和期の視聴覚教育者。
¶心理

**古田健一**　**ふるたけんいち**
明治40（1907）年11月3日〜平成4（1992）年6月13日
昭和・平成期の教育者。学校長。
¶飛驒

**古田貞**　**ふるたさだ**
明治2（1869）年7月28日〜大正11（1922）年10月18日
明治〜大正期の教育家。鳥取女子高校創設者。

¶学校，世紀，鳥取百，日人

**古田貞衛** ふるたさだえ
明治20（1887）年〜昭和40（1965）年
明治〜昭和期の教育者。
¶高知人

**古田重二良** ふるたじゅうじろう
明治34（1901）年6月23日〜昭和45（1970）年10月26日
昭和期の私学経営者。日本大学会頭、日本会議長。日大を日本最大の大学に育て独裁体制をしく。のち日大闘争を招いた。秋田短期大学、秋田経済大学（後のノースアジア大学）を創立した。
¶秋田人2（㊤明治34年6月2日），秋田百，学校，現朝，現情，現人，現日，新潮，人名7，世紀，日人，履歴（㊤明治34（1901）年6月3日），履歴2（㊤明治34（1901）年6月3日）

**古田弘計**（古田広計） ふるたひろかず
生没年不詳
江戸時代後期の豊後岡藩の老職、国学者。
¶国書（古田広計），人名，日人（古田広計）

**古田拡** ふるたひろむ
明治29（1896）年〜昭和60（1985）年
大正・昭和期の教育者。
¶愛媛

**古野有隣** ふるのありちか
昭和6（1931）年3月12日〜
昭和期の社会教育学者。金沢美術工芸大学教授、金沢大学大学教育開放センター教授。
¶現執1期，現執2期

**古畑勲** ふるはたいさお
生没年不詳
昭和期の小学校教員。
¶社史

**古畑玉函** ふるはたぎょくかん
安永7（1778）年〜嘉永1（1848）年
江戸時代後期の儒学者。
¶江文，人名，日人

**古旗安好** ふるはたやすよし
明治43（1910）年〜
昭和期の教育社会心理学者。福島大学教授。
¶現執1期

**降幡雷淵** ふるはたらいえん
文久1（1861）年〜大正8（1919）年　㊙降幡雷淵《ふりはたらいえん》
明治〜大正期の郷土史家。
¶郷土，姓氏長野（ふりはたらいえん），長野歴

**古屋愛日斎** ふるやあいじつさい
享保16（1731）年〜寛政10（1798）年
江戸時代中期〜後期の儒学者。
¶国書（㊤享保16（1731）年2月1日　㊙寛政10（1798）年1月22日），日人

**古谷伊三郎** ふるやいさぶろう
文化11（1814）年〜明治9（1876）年3月23日

江戸時代末期〜明治時代の心学者。30余年にわたって周長諸郡を巡回して心学道話によって庶民を教育した。
¶幕末，幕末大

**古屋兎丸** ふるやうさまる
昭和43（1968）年1月25日〜
昭和〜平成期の高等学校教諭、漫画家。
¶幻想，漫人，YA

**古屋雲城** ふるやうんじょう
？〜明治15（1882）年8月
江戸時代後期〜明治期の私塾経営者。
¶山梨百

**古屋一雄** ふるやかずお
明治39（1906）年11月9日〜昭和44（1969）年4月13日
昭和期の教育者。
¶山梨百

**古屋喜代子** ふるやきよこ
明治43（1910）年3月15日〜昭和54（1979）年10月4日
昭和期の教育家。山梨学院創立者。
¶学校，山梨百

**古谷剛次郎** ふるやごうじろう
明治17（1884）年〜昭和47（1972）年
明治〜昭和期の教育家。
¶多摩

**古谷定吉** ふるやさだきち
→古谷道生（ふるやどうせい）

**古屋三郎**(1) ふるやさぶろう
生没年不詳
昭和期の小学校教員。
¶社史

**古屋三郎**(2) ふるやさぶろう
大正10（1921）年〜
昭和〜平成期の教育者。日本学校体育学会理事長。
¶現執3期

**古屋周斉** ふるやしゅうさい
享和1（1801）年〜明治12（1879）年1月11日
江戸時代後期〜明治期の私塾経営者。
¶山梨百

**古屋修則** ふるやしゅうそく
大正13（1924）年12月7日〜昭和57（1982）年10月5日
昭和期の教育者。世界の青年活動に尽くす。
¶山梨百

**古谷正三** ふるやしょうぞう
明治29（1896）年〜昭和63（1988）年
大正〜昭和期の教育者。
¶姓氏神奈川

**古屋真一** ふるやしんいち
明治40（1907）年2月〜平成14（2002）年11月6日
昭和期の学校創立者。山梨学院創立者。

¶学校

**古屋昔陽** ふるやせきよう
享保19(1734)年〜文化3(1806)年
江戸時代中期〜後期の儒学者。
¶会津，江文，国書(㉓文化3(1806)年4月1日)，人名，日人

**古屋竹原** ふるやちくげん
天明8(1788)年〜文久1(1861)年
江戸時代後期の画家。
¶高知人，高知百，人名，日人，幕末(㉓1861年8月1日)

**古谷道生** ふるやどうせい
文化12(1815)年〜明治21(1888)年8月1日　㉑古谷道生《ふるやみちお》，古谷定吉《ふるやさだきち》
江戸時代末期〜明治期の算学者。地租改正に伴う測量を実施。
¶維新，国書(㉓文化12(1815)年4月3日)，静岡歴，人名，数学(ふるやみちお　㉓文化12(1815)年4月3日)，姓氏静岡，日人，幕末，幕末大，藩臣4，洋学(古谷定吉　ふるやさだきち)

**古屋登世子** ふるやとよこ
明治20(1887)年〜昭和30(1955)年
大正〜昭和期の英語教育者。古家英語塾創設。「凡人の哲学」の英訳は特に著名。自伝「狂乱から復活へ」。
¶大阪人，女性(㉓明治20(1887)年頃)，女性普，山梨百(㉓明治13(1880)年8月24日　㉓昭和45(1970)年)

**古屋蜂谷** ふるやほうこく
？〜明治4(1871)年10月11日
江戸時代後期〜明治期の神職，私塾経営者。
¶山梨百

**古屋蜂城**（古屋峰城）ふるやほうじょう
明和2(1765)年〜嘉永5(1852)年8月16日
江戸時代後期の漢学者，画家。
¶国書(古屋峰城)，人名，日人，山梨百

**古谷道生** ふるやみちお
→古谷道生(ふるやどうせい)

**古家良** ふるやりょう
大正13(1924)年9月3日〜
昭和期の丹生川村教育長。
¶飛騨

**不破幸蔵** ふわこうぞう
明治39(1906)年？〜
昭和期の小学校教員，ジャーナリスト。
¶社史

**不破外栄** ふわそとえ
明治35(1902)年1月1日〜昭和49(1974)年4月5日
昭和期の女子体育教育者。
¶群馬人

**文輝** ぶんき★
〜明治24(1891)年
江戸時代末期〜明治時代の女性。教育・画。高瀬氏。
¶江表(文輝(東京都))

**蚊牛** ぶんぎゅう
→三井園蚊牛(さんせいえんぶんぎゅう)

**文室如正** ふんやのゆきまさ
→文室如正(ふんやゆきまさ)

**文室如正** ふんやゆきまさ
㉑文室如正《ふんやのゆきまさ》
平安時代中期の漢学者・漢詩人。
¶古人(ふんやのゆきまさ)

## 【へ】

**閉伊貞節** へいていせつ
天保12(1841)年〜明治28(1895)年
江戸時代後期〜明治期の教育者。
¶姓氏岩手

**日置謙** へきけん
明治6(1873)年3月4日〜昭和21(1946)年6月6日
明治〜大正期の地方史研究家。石川県立金沢第一中学校教諭，石川県史編纂員。石川県史を研究。
¶石川百，郷土，史研，世紀，姓氏石川，日人，ふる，北陸20

**日置造簀麻呂** へきのみやつこみのまろ
慶雲1(704)年〜？　㉑栄井簀麻呂《さかいのみのまろ》
奈良時代の官人。
¶古代，日人(栄井簀麻呂　さかいのみのまろ)

**平識善順** へしきぜんじゅん
文政7(1824)年〜？
江戸時代後期〜末期の教育者。旧首里士族。
¶姓氏沖縄

**平敷りつ子** へしきりつこ
大正6(1917)年〜
昭和期の教師。
¶平和

**戸次久** べっきひさ
明治7(1874)年4月21日〜昭和25(1950)年8月26日
明治〜昭和期の教育者。紫水会の事業として託児所幼愛園を創立，管理に尽力。
¶近女，女性，女性普

**別天楼** べってんろう
→野田別天楼(のだべってんろう)

**別府哲** べっぷあきら
昭和期の教育問題専門家。
¶現執1期

**蛇口臨書堂** へびぐちりんしょどう
安永3 (1774) 年～嘉永2 (1849) 年
江戸時代中期～後期の寺子屋師匠。
¶姓氏岩手

**逸見嘉一** へんみかいち
明治35 (1902) 年～昭和45 (1970) 年8月9日
昭和期の小学校教員。中川村小学校校長。
¶埼玉人 ([生]明治35 (1902) 年3月31日), 社史

**逸見満清** へんみまんせい
天和3 (1683) 年～明和5 (1768) 年4月7日 [別]逸見満清《へんみみつきよ》
江戸時代中期の和算家。
¶数学 (へんみみつきよ)

**逸見満清** へんみみつきよ
→逸見満清 (へんみまんせい)

## 【ほ】

**帆足万里** ほあしばんり
安永7 (1778) 年～嘉永5 (1852) 年6月14日
江戸時代後期の儒学者。豊後日出藩主木下家家臣。著書に「入学新論」「東潜夫論」がある。
¶朝日 ([生]安永7年1月15日 (1778年2月11日) [没]嘉永5年6月14日 (1852年7月30日)), 岩史 ([生]安永7 (1778) 年1月15日), 江人, 大分百 ([没]1853年), 大分歴, 科学 ([生]安永7 (1778) 年1月15日), 教育, 近世, 国史, 国書 ([生]安永7 (1778) 年1月15日), コン改, コン4, コン5, 史人 ([生]1778年1月15日), 思想史, 植物 ([生]安永7年1月15日 (1778年2月11日) [没]嘉永5年6月14日 (1852年7月30日)), 人書79 ([没]1853年), 人書94, 新潮 ([生]安永7 (1778) 年1月15日), 人名, 世人, 世百, 全書, 全幕, 大百, 伝記, 日思, 日史 ([生]安永7 (1778) 年1月15日), 日人, 藩臣7, 百科, 洋学, 歴大, 和俳

**帆足亮吉** ほあしりょうきち
天保6 (1835) 年～*
江戸時代末期～明治期の地方議員。大分県会議員を経て、私塾函江書塾を開き子弟教育を行う。
¶大分歴 ([没]明治18 (1885) 年), 藩臣7 ([没]明治16 (1883) 年)

**豊谷** ほうこく★
江戸時代後期の女性。画。八重樫氏。花巻の寺子屋師匠豊沢の娘。
¶江表 (豊谷 (岩手県))

**朴沢綾子** ほうざわあやこ
明治30 (1897) 年～昭和62 (1987) 年4月6日 [別]朴沢綾子《はくざわあやこ, ほおざわあやこ》
大正～昭和期の教育者。朴沢学園理事長。戦後、仙台大学創設。仙台公安委員などを歴任。藍綬褒章、勲三等瑞宝章受章。
¶女性 (はくざわあやこ), 女性普 (はくざわあやこ), 世紀, 日人 (ほおざわあやこ)

**朴沢三代治** ほうざわみよじ
→朴沢三代治 (ほおざわみよじ)

**宝樹院** ほうじゅいん★
江戸時代の女性。和歌。西氏。明治29年刊、佐賀藩の藩校弘道館教授で歌人今泉蟹守編「西肥女房百歌撰」に載る。
¶江表 (宝樹院 (佐賀県))

**法住** ほうじゅう
享保8 (1723) 年～寛政12 (1800) 年
江戸時代中期～後期の真言宗の僧。豊山派最大の学匠。
¶朝日 ([生]享保8年5月6日 (1723年6月8日) [没]寛政12年5月10日 (1800年7月1日)), 近世, 国史, 国書 ([没]寛政12 (1800) 年5月10日), 日人, 仏教 ([没]寛政12 (1800) 年5月10日), 仏史, 仏人, 和歌山人 ([生]1724年)

**法恕** ほうじょ
延享1 (1744) 年～文化8 (1811) 年
江戸時代中期～後期の根来寺蓮華院学頭。
¶和歌山人

**北条愛子** ほうじょうあいこ
明治44 (1911) 年～
昭和期の幼児教育者。
¶静岡女

**北条韶美** ほうじょうあきよし
明治26 (1893) 年～昭和22 (1947) 年
大正～昭和期の教育者・地域振興者。
¶姓氏岩手

**北条蠖堂** ほうじょうかくどう
生没年不詳
江戸時代末期の儒学者。
¶国書, 人名, 日人

**北条角磨** ほうじょうかくま
文政1 (1818) 年～明治35 (1902) 年 [別]北条角磨《ほうじょうすみまろ》
江戸時代末期～明治期の新庄藩士。
¶維新 (北条角磨 ほうじょうすみまろ), 人名 (北条角磨 ほうじょうすみまろ), 日人 (北条角磨 ほうじょうすみまろ), 幕末 ([生]1818年5月 [没]1902年7月20日), 藩臣1, 山形百新

**北条霞亭** ほうじょうかてい
安永9 (1780) 年～文政6 (1823) 年
江戸時代後期の漢詩人。
¶朝日 ([生]安永9年9月5日 (1780年10月2日) [没]文政6年8月17日 (1823年9月21日)), 江文, 近世, 国史, 国書 ([没]文政6 (1823) 年8月17日), コン改, コン4, 詩歌, 史人 ([生]1780年9月5日 [没]1823年8月17日), 人書94, 新潮 ([生]安永9 (1780) 年9月5日 [没]文政6 (1823) 年8月17日), 人名, 姓氏京都, 世人, 全書, 日史 ([生]安永9 (1780) 年9月5日 [没]文政6 (1823) 年8月17日), 日人, 藩臣6, 百科, 広島百 ([生]安永9 (1780) 年9月5日 [没]文政6 (1823) 年8月17日), 三重, 歴大, 和俳

ほ

**北条巻蔵** ほうじょうけんぞう
*〜明治26(1893)年
江戸時代末期〜明治期の教育者。最上高等小学校長。鹿児島に赴き、西郷隆盛の遺児を教育。帰郷後は地域の教育界のリーダーとして活躍。
¶幕末([生]1856年)，山形百新([生]安政1(1854)年)

**北条実時** ほうじょうさねとき
元仁1(1224)年〜建治2(1276)年　[別]金沢実時《かなざわさねとき,かねさわさねとき,かねざわさねとき》，称名寺殿《しょうみょうじどの》
鎌倉時代前期の武将。金沢文庫を創設。
¶朝日([没]建治2年10月23日(1276年11月30日))，角史，神奈川人，神奈川百，鎌倉，鎌室，教育([生]1224年？)，郷土神奈川，国史(金沢実時　かねざわさねとき)，古中(金沢実時　かねざわさねとき)，コン改(金沢実時　かねざわさねとき)，コン4(金沢実時　かねざわさねとき)，コン5(金沢実時　かねざわさねとき)，史人(金沢実時　かねざわさねとき　[没]1276年10月23日)，思想史(金沢実時　かねざわさねとき)，重要([没]建治2(1276)年10月23日)，諸系(金沢実時　かねざわさねとき)，新潮(金沢実時　かねざわさねとき　[没]建治2(1276)年10月23日)，人名([生]1225年)，姓氏神奈川，世人([没]建治2(1276)年10月23日)，世百(金沢実時　かねさわさねとき)，全書(金沢実時　かねさわさねとき)，大百，中世，伝記，内乱，新潟百，日史(金沢実時　かねさわさねとき　[没]建治2(1276)年10月23日)，日人(金沢実時　かねざわさねとき)，百科(金沢実時　かねさわさねとき)，仏教(金沢実時　かねさわさねとき　[没]建治2(1276)年10月)，北条，山川小(金沢実時　かねざわさねとき　[没]1276年10月23日)，歴大(金沢実時　かねさわさねとき)

**北条重時** ほうじょうしげとき
建久9(1198)年〜弘長1(1261)年11月3日　[別]極楽寺重時《ごくらくじしげとき》
鎌倉時代前期の武将。鎌倉幕府執権義時の3男。
¶朝日([生]建久9年6月6日(1198年7月11日)　[没]弘長1年11月3日(1261年11月26日))，岩史([生]建久9(1198)年6月6日)，角史，神奈川人，神奈川百，鎌倉，鎌室，教育，京都，郷土神奈川，京都大，郷土長野，国史，国書([生]建久9(1198)年6月6日)，古中，コン改，コン4，史人([生]1198年6月6日)，重要，諸系，新潮，人名，姓氏京都，姓氏長野，世人，世百，全書，大百([生]1196年)，長野百，長野歴，日史([生]建久9(1198)年6月6日)，日人，百科，仏教，北条，歴大

**北条角麿**(1) ほうじょうすみまろ
→北条角磨(ほうじょうかくま)

**北条角麿**(2) ほうじょうすみまろ
文政1(1818)年〜明治35(1902)年
江戸時代末期〜明治期の漢学者、教育者。
¶日人

**北条早雲** ほうじょうそううん
永享4(1432)年〜永正16(1519)年8月15日　[別]伊勢宗瑞《いせそうずい》，伊勢盛時《いせもりとき》，伊勢新九郎《いせしんくろう》，伊勢早雲《いせそううん》，伊勢長氏《いせおさうじ,いせながうじ》，宗瑞《そうずい》，早雲庵宗瑞《そううんあんそうずい》，天岳《てんがく》，北条長氏《ほうじょうながうじ》
室町時代〜戦国時代の武将。後北条氏の初代。堀越公方を滅ぼし小田原城を本拠地とする。戦国大名北条氏の基礎を築いた。
¶朝日([没]永正16年8月15日(1519年9月8日))，岩史([生]永享4(1432)年？)，岡山人，岡山百，岡山歴(伊勢盛時　いせもりとき)，角史，神奈川人，神奈川百，鎌倉，鎌室，教育，郷土神奈川，系東，国史，古中，コン改，コン4，埼玉人，埼玉百，史人，静岡百，静岡歴，重要，諸系，人書94，人情，新潮，人名，姓氏神奈川，姓氏静岡，世人，世百，戦合，戦辞(伊勢宗瑞　いせそうずい　[生]康正2(1456)年　[没]永正16年8月15日(1519年9月8日))，全書，戦人，大百，伝記，日史，日人，百科，山梨百，歴大([生]？)

**北条時敬** ほうじょうときたか
安政5(1858)年3月23日〜昭和4(1929)年4月27日　[別]北条時敬《ほうじょうときゆき,ほうじょうときよし》
明治〜昭和期の教育者、教育行政者。東北帝国大学総長、貴族院議員。広島高等師範学校長、東北帝国大学総長など歴任。
¶石川百(ほうじょうときゆき)，教育，人名(ほうじょうときよし　[生]1859年)，世紀(ほうじょうときよし)，姓氏石川(ほうじょうときゆき)，日人(ほうじょうときよし)，ふる(ほうじょうときゆき)，北陸20(ほうじょうときゆき)，宮城百，山口百(ほうじょうときゆき)，履歴(ほうじょうときゆき)

**北条時敬** ほうじょうときゆき
→北条時敬(ほうじょうときたか)

**北条時敬** ほうじょうときよし
→北条時敬(ほうじょうときたか)

**北条泰時** ほうじょうやすとき
寿永2(1183)年〜仁治3(1242)年6月15日
鎌倉時代前期の鎌倉幕府第3代の執権(在職1224〜1242)。義時の長男。和田義盛の乱、承久の乱に活躍。六波羅探題の後執権に就任。連署・評定衆を創設し、また後成敗式目を制定するなど幕府制度の確立に尽力した。
¶鎌倉新，鎌古

**法幢** ほうどう
文化10(1813)年〜明治13(1880)年
江戸時代後期の浄土真宗の僧。
¶栃木歴

**法然** ほうねん
長承2(1133)年〜建暦2(1212)年1月25日　[別]源空《げんくう》，法然房源空《ほうねんぼうげんくう》，円光大師《えんこうだいし》，慧成大師《えじょうだいし》，弘覚大師《こうかくだいし》，黒谷

上人《くろだにしょうにん》、慈教大師《じきょうだいし》、東漸大師《とうぜんだいし》、法然上人《ほうねんしょうにん》、法然房《ほうねんぼう》、明照大師《みょうしょうだいし》
平安時代後期～鎌倉時代前期の浄土宗の開祖。初め天台に学ぶが、のち専修念仏を唱え浄土宗を開く。旧仏教からの反発により流罪となったが、多くの信者により教義は広まった。著作に「選択本願念仏集」がある。
¶朝日（㊥長承2年4月7日（1133年5月13日）〜㊥建暦2年1月25日（1212年2月29日））、岩史、岡山、岡山人、岡山百（㊥長承2（1133）年4月7日）、岡山歴（法然房源空　ほうねんぼうげんくう）、香川人、香川百、角史、鎌倉（源空　げんくう）、鎌室（源空　げんくう）、教育、京都、郷土香川（法然房源空　ほうねんぼうげんくう）、京都大、群馬人、国史（源空　げんくう）、国書（源空　げんくう）㊥長承2（1133）年4月7日）、古史、古人、古中（源空　げんくう）、コン改、コン4、コン5、詩歌、史人（㊥1133年4月7日）、思想史、重要、政人、人書79、人書94、新潮（㊥長承2（1133）年4月7日）、新文、人名、姓氏京都（源空　げんくう）、世人（㊥長承2（1133）年4月7日）、世百、全書（源空　げんくう）、大百（源空　げんくう）、中世、伝記、内乱、日音（㊥長承2（1133）年4月7日）、日思、日史（㊥長承2（1133）年4月7日）、日人、百科、仏教（源空　げんくう　㊥長承2（1133）年4月7日）、仏史（源空　げんくう）、仏人、文学、平家（㊥建暦1（1211）年）、平史、平日、名僧（源空　げんくう）、山川小（㊥1133年4月7日）、歴大、和俳（㊥長承2（1133）年4月7日）

## 法然房源空　ほうねんぼうげんくう
→法然（ほうねん）

## 朴木佳緒留　ほうのきかおる
昭和24（1949）年11月16日〜
昭和〜平成期の教育学者。神戸大学発達科学部教授。専門は、教育学。
¶現執4期

## 芳原松陵　ほうばらしょうりょう
大正3（1914）年〜
昭和期の中学校教諭、漢詩作家。
¶詩歌

## 芳菲山人　ほうひさんじん
→西松二郎（にしまつじろう）

## 法明　ほうみょう
→法明尼（ほうみょうに）

## 法明尼　ほうみょうに
生没年不詳　㊥法明《ほうみょう》
飛鳥時代の女性。尼僧。
¶朝日、国史、古代（法明　ほうみょう）、古中、女性、人囚（法明　ほうみょう）、日人、仏教、仏史、仏人㊥760年頃）

## 蓬莱尚賢　ほうらいひさかた
→荒木田尚賢（あらきだひさかた）

## 法霖　ほうりん
元禄6（1693）年〜寛保1（1741）年10月17日　㊥日渓《にっけい》
江戸時代中期の浄土真宗本願寺派の学僧。西本願寺第4代能化。
¶朝日（㊥寛保1年10月17日（1741年11月24日））、近世、国史、国書、コン改、コン4、コン5、史人、思想史、新潮、人名（日渓　にっけい）、人名、世人、日人、仏教、仏史、仏人、和歌山人

## 朴沢綾子　ほおざわあやこ
→朴沢綾子（ほうざわあやこ）

## 朴沢三代治　ほおざわみよじ
文政5（1822）年〜明治28（1895）年　㊥朴沢三代治《ほうざわみよじ》
明治期の教育者。朴沢松操学校創設者。
¶学校（ほうざわみよじ）、姓氏宮城、日人、宮城百（ほうざわみよじ）

## 喰代豹蔵　ほおじろひょうぞう
天保13（1842）年12月26日〜？
江戸時代後期〜明治期の教育者。群馬師範校長。
¶群馬人

## 外薗幸一　ほかぞのこういち
昭和23（1948）年3月15日〜
昭和期の倫理学者、教育哲学者、仏教学者。鹿児島経済大学教授。
¶現執2期

## 穂岐山礼　ほきやまれい
昭和6（1931）年5月18日〜
昭和期の高校教師、読書運動家。
¶日児

## 朴沢ひろ　ぼくさわひろ
安政5（1858）年〜昭和12（1937）年
江戸時代末期〜昭和期の女子教育者。
¶近女

## 保坂元哉　ほさかげんさい
明治15（1882）年2月25日〜昭和9（1934）年1月8日
明治〜昭和期の教育者。
¶群馬人

## 保坂弘司　ほさかこうじ
→保坂弘司（ほさかひろし）

## 保坂亨　ほさかとおる
昭和31（1956）年〜
昭和〜平成期の教育学者。千葉大学教育学部附属教育実践総合センター教授。専門は、教育相談。
¶現執4期

## 保坂展人　ほさかのぶと
昭和30（1955）年11月26日〜
昭和〜平成期のジャーナリスト、フリーライター。衆議院議員。"内申書裁判"を起こすが、逆転敗訴。青生舎を主宰。著書に「先生、涙をください」など。
¶現朝、現執2期、現執3期、現執4期、現政、世紀、日人、平和、マス89、YA（㊥1956年）

**保坂弘司** ほさかひろし
明治39(1906)年4月10日～昭和58(1983)年2月3日　㉟保坂弘司《ほさかこうじ》
大正～昭和期の出版人。学燈社創業者、学習書協会理事長。
¶現執1期，現情，出版(ほさかこうじ)，出文，世紀

**保崎熊蔵** ほさきくまぞう
明治7(1874)年～昭和21(1946)年
明治～昭和期の教育者。
¶長野歴

**星旭** ほしあきら
昭和6(1931)年2月25日～
昭和～平成期の日本音楽史・音楽教育学者。宇都宮大学教授。
¶音人，音人2，音人3，現執1期，現執2期，現執3期

**星井田宏** ほしいだひろし★
明治29(1896)年2月11日～昭和55(1980)年7月20日
大正・昭和期の岩舟町教育長。
¶栃木人

**星雲吉** ほしうんきち
文政8(1825)年～明治22(1889)年
江戸時代末期～明治期の数学教師。慰斗戸の鹿島神社にイタリアのマルハッチの作図題と同じ天元術の算学を奉納。
¶会津，幕末

**星加宗一** ほしかそういち
→星加宗一(ほしかむねいち)

**星克** ほしかつ
明治27(1894)年1月11日～昭和40(1965)年1月30日　㉟星迷鳥
明治期の小学校教員、政治家、詩人。
¶社史

**星加宗一** ほしかむねいち
明治34(1901)年5月24日～昭和50(1975)年9月9日　㉟星加一《ほしかそういち》
大正～昭和期の教育者、国文学者。
¶愛媛(ほしかそういち)，愛媛百，世紀，日人(ほしかそういち)

**星川三柳亭** ほしかわさんりゅうてい
生没年不詳
江戸時代末期の寺子屋師匠。
¶姓氏岩手

**星寛治** ほしかんじ
昭和10(1935)年9月7日～
昭和～平成期の農民、詩人。高畠町教育委員長。日本の有機農業の先駆者の一人。著書に詩集「減びない土」エッセー集「農からの発想」など。
¶現朝，現情，世紀，マス89

**星菊太** ほしきくた
明治1(1868)年～大正8(1919)年
明治～大正期の教育者。

¶会津

**星研堂** ほしけんどう
寛政5(1793)年～明治2(1869)年
江戸時代末期の書家。
¶会津，国書(㊊寛政5(1793)年9月25日　㊣明治2(1869)年11月23日)，人名，日人，幕末(㊣1869年12月25日)，福島百

**星虎男** ほしとらお
昭和13(1938)年12月22日～
昭和期の教育者、リハビリテーション研究者。
¶視覚

**保科五無斎** ほしなごむさい
→保科百助(ほしなひゃくすけ)

**保科百助** ほしなひゃくすけ
慶応4(1868)年6月8日～明治44(1911)年6月7日　㉟保科五無斎《ほしなごむさい》
明治期の教育者、岩石鉱物研究家、地質学研究者。玄能石・緑簾石を発見し名を広めた。教育にも熱心で多彩な活動を行った。
¶科学，郷土長野(保科五無斎　ほしなごむさい)，姓氏長野，長野百(保科五無斎　ほしなごむさい)，長野歴(保科五無斎　ほしなごむさい)，日人，民学

**星野あい** ほしのあい
明治17(1884)年9月19日～昭和47(1972)年12月5日
大正～昭和期の女子教育家。津田塾大学学長、名誉学長。著書に「小伝」がある。
¶神奈川百，神奈女2(㊊明治17(1884)年9月12日)，近女，群新百，群馬人，群馬百，現情，女史，女性，女性普，人名7，世紀，姓氏群馬，渡航，日人

**星野華村** ほしのかそん
文政5(1822)年～文久3(1863)年
江戸時代末期の儒学者。
¶群馬人，姓氏群馬

**星野葛山** ほしのかっさん，ほしのかつさん
→星野蕗(ほしのしとみ)

**星野香保**(星野嘉保) ほしのかほ
？～明治37(1904)年
明治期の教育者。長岡女学校を経営。生涯を女子教育にあてた。
¶近女(星野嘉保)，女性(生没年不詳)，女性普，日人

**星野薯山** ほしのきざん
→星野文平(ほしのぶんぺい)

**星野吉兵衛** ほしのきちべえ
文化7(1810)年～明治13(1880)年
江戸時代後期～明治期の教育者。
¶姓氏群馬

**星野清重** ほしのきよしげ
弘化2(1845)年～大正10(1921)年
江戸時代末期～大正期の神官・教育家。

¶多摩

**星野孝一** ほしのこういち
明治36(1903)年2月20日～昭和53(1978)年8月14日
大正～昭和期の出版人。文星堂星野書店社長、日本出版配給理事・取締役、全国教科書供給協会副会長。
¶出版，出文

**星野孝太郎** ほしのこうたろう
元治1(1864)年6月～大正6(1917)年12月
明治～大正期の教育者。
¶群馬人

**星野葛** ほしのしとみ
安永2(1773)年～文化9(1812)年12月4日　創星野葛山《ほしのかっさん，ほしのかつさん》
江戸時代後期の信濃高遠藩士。
¶国書(星野葛山　ほしのかつさん)，人名(星野葛山　ほしのかつさん)，日人(星野葛山　ほしのかっさん)　㊤1774年　㊦1813年)，藩臣3

**星野成章** ほしのせいしょう
安政4(1857)年～明治20(1887)年
江戸時代末期～明治期の教育者。
¶郷土，島根歴

**星野太郎** ほしのたろう
明治3(1870)年10月～昭和8(1933)年11月25日
明治～昭和期の教育者。
¶世紀，日人

**星野鉄太郎** ほしのてつたろう
天保8(1837)年～明治42(1909)年
明治期の教育者、政治家。初代静岡市長、衆議院議員。静岡漆工学校、静岡高女の校長を務めた。
¶人名，姓氏静岡，日人

**星野喆之介** ほしのてつのすけ
文久2(1862)年～昭和12(1937)年
明治～昭和期の私塾経営者。
¶姓氏長野

**星野東郭** ほしのとうかく
＊～天保6(1835)年
江戸時代後期の儒学者。
¶人名(㊤1790年)，日人(㊤1794年)

**星野通** ほしのとおる
明治33(1900)年～昭和51(1976)年
大正～昭和期の教育者。
¶愛媛，愛媛百(㊤明治33(1900)年10月1日　㊦昭和51(1976)年2月10日)

**星野兵四郎** ほしのひょうしろう
慶応3(1867)年～昭和7(1932)年
明治～昭和期の政治家。群馬県藤岡町長、多野郡会議員、多野郡教育会長を歴任。
¶姓氏群馬

**星野フサ** ほしのふさ
慶応4(1868)年3月6日～昭和26(1951)年8月2日
江戸時代末期～昭和期の教育者、社会事業家。久留米婦人協会を組織。久留米慈善病院、久留米幼稚園を創設、女子職業学校を設立、校主就任。
¶学校，女性，女性普，世紀，日人，福岡百

**星野文平** ほしのぶんぺい
天保6(1835)年～文久3(1863)年　創星野蓍山《ほしのきざん》
江戸時代末期の志士。
¶維新，国書(星野蓍山　ほしのきざん　㊥文久3(1863)年2月10日)，人名(㊤1838年　㊥1864年)，日人，幕末(㊥1863年3月28日)

**星野マン** ほしのまん
明治4(1871)年9月5日～昭和34(1959)年1月7日
明治～昭和期の教育家。
¶岩手人

**星野保幸** ほしのやすゆき
安政2(1855)年12月23日～昭和3(1928)年8月15日
明治～大正期の政治家。座間村長。明治の学校委員を務めた。
¶町田歴

**星野圭朗** ほしのよしお
昭和7(1932)年3月10日～
昭和～平成期の音楽教育者。
¶音人，音人2，音人3

**星野芳樹** ほしのよしき
明治42(1909)年3月30日～平成4(1992)年5月31日
昭和期の政治家。参議院議員。上海に渡り中国人の教育に当たる。労働者農民党から参議院選挙に立候補。
¶群馬人(㊤明治42(1909)年3月)，現朝，現情，現人，世紀，政治，日人，平和

**星野りち** ほしのりち
文久2(1862)年1月8日～昭和22(1947)年4月26日
明治～昭和期の教育者・学校設立者。
¶埼玉人

**星一** ほしはじめ
明治6(1873)年12月25日～昭和26(1951)年1月19日
明治～昭和期の政治家、実業家。参議院・衆議院議員。星製薬を設立。第1回参院選全国区に1位当選。日本の製薬王といわれた。星薬学専門学校(後の星薬科大学)を建学。
¶海越新，学校，近医，現朝，現情，現人，幻想，現日，コン改，コン4，コン5，実業，新潮，人名7，世紀，政治，全書，渡航(㊥1951年1月21日)，日人，民学，履歴，履歴2

**星村平和** ほしむらへいわ
昭和6(1931)年1月4日～
昭和～平成期の社会科教育研究者。国立教育研究所教科教育研究部長。編著書に「日本史教育に生きる感性と情緒」「歴史学習の理論と実践」など。
¶現執3版

ほ

**星理作** ほしりさく
　明治12(1879)年～昭和21(1946)年
　明治～昭和期の教育者。
　¶青森人

**穂積五一** ほづみごいち
　→穂積五一(ほづみごいち)

**穂積清軒** ほづみせいけん
　→穂積清軒(ほづみせいけん)

**穂積陳重** ほづみのぶしげ
　→穂積陳重(ほづみのぶしげ)

**穂積八束** ほづみやつか
　→穂積八束(ほづみやつか)

**細井広沢** ほそいこうたく
　万治1(1658)年～享保20(1735)年12月23日
　江戸時代前期～中期の儒学者、書家。「万葉集」注釈に携わる。
　¶朝日(㋐万治1年10月8日(1658年11月3日) ㋨享保20年12月23日(1736年2月4日))、江戸、江文、角史、教育、近世、考古(㋐万治1年(1658年10月)) ㋨享保20年(1735年12月22日))、国史、国書(㋐万治1(1658)年10月8日)、コン改、コン4、詩歌、史人(㋐1658年10月8日)、静岡百、静岡歴、人書79、人書94、新潮(㋐万治1(1658)年10月8日)、人名、姓氏静岡、世人、世百、全書、大百、日史(㋐万治1(1658)年10月)、日人(㋨1736年)、美術、百科、洋学、歴大、和俳

**細井為五郎** ほそいためごろう
　明治5(1872)年7月10日～昭和25(1950)年5月1日
　明治～昭和期の学校創設者。
　¶埼玉人

**細井敏彦** ほそいとしひこ
　昭和26(1951)年～
　昭和～平成期の高等学校教諭。
　¶YA

**細井平洲** ほそいへいしゅう
　享保13(1728)年～享和1(1801)年6月29日　㋵紀徳民《きのとくみん》、紀平洲《きのへいしゅう》
　江戸時代中期～後期の尾張藩儒。折衷学派。藩校興譲館の創設に尽力。
　¶愛知、愛知百(㋐1728年6月28日)、朝日(㋐享保13年6月28日(1728年8月3日) ㋨享和1年6月29日(1801年8月8日))、岩波(㋐享保13(1728)年6月28日)、江人、愛媛、江文、角史、教育、近世、国史、国書(㋐享保13(1728)年6月28日)、コン改、コン4、コン5、詩歌、詩作(㋐享保13(1728)年6月28日)、史人(㋐1728年6月28日)、思想史、人書94、新潮(㋐享保13(1728)年6月28日)、人名、姓氏愛知、世人(㋐享保13(1728)年6月28日)、世百、全書、大百、長崎遊、日思、日史(㋐享保13(1728)年6月)、日人、藩臣4、百科、山形百、歴大、和俳

**細井寧雄** ほそいやすお
　享和2(1802)年～明治6(1873)年6月7日
　江戸時代後期～明治時代の和算家。
　¶数学

**細井寧利** ほそいやすとし
　弘化4(1847)年～大正7(1918)年9月
　江戸時代後期～大正時代の和算家。父寧雄に算学を学び、家塾を継ぐ。
　¶数学

**細井弛** ほそいゆるむ★
　宝暦13(1763)年3月4日～文政8(1825)年5月18日
　江戸時代後期の秋田藩校教授。
　¶秋田人2

**細江康吉** ほそえこうきち
　明治26(1893)年9月20日～昭和44(1969)年1月4日
　大正・昭和期の教育者。学校長。
　¶飛騨

**細江鋤男** ほそえすきお
　明治44(1911)年4月16日～平成1(1989)年8月18日
　昭和期の教育者。学校長。
　¶飛騨

**細江亭太郎** ほそえていたろう
　慶応2(1866)年6月17日～昭和11(1936)年4月14日
　明治～昭和期の馬瀬村長・校長。
　¶飛騨

**細江広久** ほそえひろひさ
　昭和2(1927)年6月13日～
　昭和期の教育者。学校長。
　¶飛騨

**細江正明** ほそえまさあき
　昭和7(1932)年2月16日～平成3(1991)年1月30日
　昭和・平成期の教育者。学校長。
　¶飛騨

**細江雅紀** ほそえまさき
　昭和33(1958)年1月27日～
　昭和期の弓道家・高校教諭。
　¶飛騨

**細江栄男** ほそえよしお
　明治36(1903)年6月8日～昭和50(1975)年1月21日
　大正・昭和期の萩原町教育長。
　¶飛騨

**細川興徳** ほそかわおきのり
　宝暦9(1759)年～天保8(1837)年
　江戸時代中期～後期の大名。常陸谷田部藩主。
　¶諸系、日人、藩主2(㋨天保8(1837)年9月16日)

**細川興文** ほそかわおきのり
　享保8(1723)年9月13日～天明5(1785)年7月5日　㋵月翁《げつおう》
　江戸時代中期の大名。肥後宇土藩主。
　¶朝日(㋐享保8年9月13日(1723年10月11日) ㋨天明5年7月5日(1785年8月9日))、近世

([生]1725年)，熊本百([生]享保10(1725)年9月13日)，国史([生]1725年)，国書，コン改，コン4，諸系，人名([生]1725年)，日人，俳句(月翁　げつおう)，藩主4，歴大，和俳

**細川修** ほそかわおさむ
昭和15(1940)年～
昭和～平成期の高校教師、評論家。
¶児人

**細川乙羽** ほそかわおとは
明治41(1908)年12月2日～平成14(2002)年9月14日
昭和・平成期の教師。坊守。
¶石川現九

**細川銀台** ほそかわぎんだい
→細川重賢(ほそかわしげかた)

**細川哲** ほそかわさとし
昭和4(1929)年～
昭和期の社会科教育・教育法研究者。鳥取大学教授。
¶現執1期

**細川重賢** ほそかわしげかた
享保5(1720)年～天明5(1785)年10月26日　[別]細川銀台《ほそかわぎんだい》
江戸時代中期の大名。肥後熊本藩主。
¶朝日([生]享保5年12月26日(1721年1月23日)　[没]天明5年10月22日(1785年11月23日))，岩史([生]享保5(1720)年12月26日　[没]天明5(1785)年10月22日)，江戸東(細川銀台　ほそかわぎんだい)，角史，教育，近世，熊本百([生]享保5(1720)年12月26日)，国史，国書([生]享保5(1720)年12月26日)，コン改，コン4，史人([生]1720年12月26日　[没]1785年10月22日)，重要，諸系([生]1721年)，新潮，人名，世人，世百([生]1718年)，全書([生]1720年，(異説)1718年)，大百([生]1718年)，日史，日人([生]1721年)，藩主4([生]享保3(1718)年12月26日)，百科，歴大

**細川実夫** ほそかわじつお
生没年不詳
明治期の教員、助役、平民社シンパ。
¶社史

**細川潤次郎** ほそかわじゅんじろう
天保5(1834)年2月2日～大正12(1923)年7月20日
江戸時代末期～大正期の法学者、官僚。貴族院議員、男爵。藩政改革に尽力。維新後、出版条例などを起草、のち「古事類苑」編纂総裁。
¶朝日([生]天保5年2月2日(1834年3月11日))，維新，海越，海越新，近現，高知人，高知百，国際，国史，コン改，コン5，詩歌，史研，史人，植物，神人，新潮，人名，世紀，全書，大百，渡航，長崎遊，日史，日人，幕末，履歴

**細川清斎** ほそかわせいさい
寛政5(1793)年～明治3(1870)年8月26日
江戸時代末期～明治時代の藩校教授館教授。
¶高知人，国書，幕末([没]1870年9月21日)，幕末大

**細川泰子** ほそかわたいこ
明治39(1906)年9月21日～平成2(1990)年6月12日
昭和期の学校創立者。盛岡生活学園(後の学校法人盛岡大学)を創立。
¶岩手人，学校，姓氏岩手

**細川利庸** ほそかわとしつね
宝暦4(1754)年～文化3(1806)年
江戸時代中期～後期の大名。肥後熊本新田藩主。
¶諸系，日人，藩主4([生]宝暦4(1754)年7月28日　[没]文化2(1805)年2月17日)

**細川隼人** ほそかわはやと
明治19(1886)年～昭和54(1979)年
大正～昭和期の教育家、地方史研究家。長野県諏訪市立中学校教諭。長野県史を研究。
¶郷土([生]明治19(1886)年3月19日　[没]昭和54(1979)年3月3日)，史研，姓氏長野([生]1889年)，長野歴

**細川護久** ほそかわもりひさ
天保10(1839)年～明治26(1893)年
江戸時代末期～明治期の政治家。熊本藩知事。開化政策を実行。洋学校・医学校を創設。西南戦争では各地を巡行、鎮静を説き政府軍を援助。
¶朝日([生]天保10年3月1日(1839年4月14日)　[没]明治26(1893)年9月1日)，維新，近現，近世，熊本百([生]天保10(1839)年3月1日　[没]明治26(1893)年9月1日)，国際，国史，コン5，諸系，新潮([生]天保10(1839)年3月1日　[没]明治26(1893)年8月30日)，日人，幕末([没]1893年8月30日)，藩主4([生]天保10(1839)年3月1日　[没]明治26(1893)年9月1日)

**細川行真** ほそかわゆきざね
天保13(1842)年～明治35(1902)年
江戸時代末期～明治期の大名、華族。
¶諸系，日人，藩主4([生]天保13(1842)年9月2日　[没]明治35(1902)年4月9日)

**細木真一郎** ほそぎしんいちろう
大正2(1913)年～昭和50(1975)年
昭和期の教育者、組合活動家。
¶高知人

**細田多次郎** ほそだたじろう
明治2(1869)年～昭和25(1950)年
明治～昭和期の教育者。静岡県立(中泉)農学校校長。
¶静岡百，静岡歴，姓氏静岡

**細田友雄** ほそだともお
大正2(1913)年11月21日～
昭和期の教育者。東京教育大学名誉教授。
¶飛驒

**細田洋** ほそだひろし
明治9(1876)年3月27日～昭和38(1963)年2月16日
明治～昭和期の教育者。学校創設者。
¶埼玉人

**細田ヨシ** ほそだよし
明治23(1890)年4月11日～昭和50(1975)年7月13日
大正～昭和期の教育者。
¶埼玉人

**細野馨斎** ほそのけいさい
？ ～明治33(1900)年
江戸時代末期～明治期の教育者。金沢卯辰山集学所教師。
¶姓氏石川

**細野正** ほそのただし
嘉永3(1850)年1月22日～昭和19(1944)年2月2日
明治～昭和期の教育者、郷土史家。
¶郷土，世紀，日人

**細野幸夫** ほそのゆきお
？ ～
昭和～平成期の小学校教諭。著書に「遊ばせ方のじょうずな教師」など。
¶現執3期

**細野要斎** ほそのようさい
文化8(1811)年～明治11(1878)年12月23日
江戸時代末期～明治期の儒学者。著書に尾張藩先人達の業績などを記した「尾張名家誌」がある。
¶国書(⊕文化8(1811)年3月15日)，人書94，人名，姓氏愛知，日人，幕末，藩臣4

**細村迪夫** ほそむらみちお
昭和9(1934)年8月20日～
昭和期の障害児教育学者。国立特殊教育総合研究所理事長、群馬大学教授。
¶現執2期

**細谷建治** ほそやけんじ
昭和21(1946)年9月6日～
昭和～平成期の小学校教諭、評論家。
¶児作，児人，日児

**細谷純** ほそやじゅん
昭和7(1932)年～
昭和～平成期の教育学者。
¶現執1期

**細屋大円** ほそやだいえん
～弘化4(1847)年
江戸時代後期の漢方医、村上藩藩医、医学教授。
¶新潟百別

**細谷チヲ** ほそやちお
明治43(1910)年～昭和48(1973)年
昭和期の教育者。
¶姓氏宮城

**細谷恒夫** ほそやつねお
明治37(1904)年7月6日～昭和45(1970)年8月17日
大正～昭和期の教育学者。東北帝国大学教授、山形大学教授。著書に「ディルタイ・ナトルプ」「教師の社会的地位」など。
¶現情，新潮，人名7，世紀，哲学，日人，宮城

百，山形百

**細谷俊夫** ほそやとしお
明治42(1909)年8月29日～
昭和期の教育学者。日本産業教育学会理事長、東京大学教授。名大教育学部の創設に尽力。著書に「技術教育概論」「近代社会の教育」など。
¶現朝，現執1期，現情，社史，心理，世紀，日人

**細谷則理** ほそやのりさと★
慶応2(1866)年10月18日～昭和17(1942)年6月19日
明治～昭和期の地方史研究者、教師。
¶秋田人2

**細谷孫一** ほそやまごいち
大正4(1915)年3月5日～昭和63(1988)年3月27日
昭和期の郷土史家、教育家。
¶岡山歴，郷土

**堀田一記** ほったいっき
天保6(1835)年～明治22(1889)年
江戸時代後期～明治期の教育者。
¶姓氏愛知

**堀田省軒** ほったしょうけん
→堀田省軒(ほったせいけん)

**堀田省軒** ほったせいけん
文化5(1808)年～明治12(1879)年 ⑲堀田省軒《ほったしょうけん》
江戸時代末期～明治期の儒学者。
¶国書(⊕明治12(1879)年6月15日)，人名，日人，兵庫人(ほったしょうけん) ⊕文化5(1808)年10月 ⊕明治12(1879)年6月26日)，兵庫百(ほったしょうけん)

**堀田正忠** ほったまさただ
安政6(1859)年12月27日～昭和13(1938)年3月11日
江戸時代末期～昭和期の検察官、教育家。関西法律学校(後の関西大学)の創立に関わる。東京法学社(後の法政大学)創立にも関わる。
¶学校

**堀田正倫** ほったまさとも
嘉永4(1851)年～明治44(1911)年1月11日
江戸時代末期～明治期の佐倉藩主、佐倉知事。アメリカに留学、農業振興にも尽力。
¶維新，海越(⊕嘉永4(1851)年12月6日)，海越新(⊕嘉永4(1851)年12月6日)，神奈川人，郷土千葉，国際，コン5，諸系，人名，千葉百，日人，幕末，藩主2(⊕嘉永4(1851)年12月6日)

**穂積以貫** ほづみいかん
元禄5(1692)年～明和6(1769)年 ⑲穂積以貫《ほづみこれつら》
江戸時代中期の儒学者。伊藤東涯に入門。
¶朝日(ほづみこれつら ⊕明和6年8月21日(1769年9月20日))，大阪人(⊕明和6(1769)年8月)，国書(ほづみこれつら ⊕明和6(1769)年9月21日)，コン改，コン4，新潮(⊕明和6(1769)年9月22日)，人名，姓氏京都，

日人，兵庫人（㊲明和6（1769）年8月21日），兵庫百（ほづみこれつら）

**穂積五一** ほづみごいち，ほずみごいち
明治35（1902）年3月26日～昭和56（1981）年7月17日
大正～昭和期の社会教育家。海外技術者研修協会理事長。学生の思想団体「七生社」の育成に尽力。
¶現朝，現情，現人，社史（ほづみごいち），世紀，日人，履歴（㊲明治35（1902）年3月25日），履歴2（㊲明治35（1902）年3月25日）

**穂積以貫** ほづみこれつら
→穂積以貫（ほづみいかん）

**穂積重麿** ほづみしげまろ
安永3（1774）年8月22日～天保8（1837）年9月8日
㊅鈴木重麿《すずきしげまろ》
江戸時代後期の伊予宇和島藩士。
¶愛媛百，国書，人名（鈴木重麿 すずきしげまろ），日人，藩臣6

**穂積清軒** ほづみせいけん，ほずみせいけん
天保7（1836）年～明治7（1874）年8月29日
江戸時代末期～明治期の洋学者。豊橋の吉田城内に英学塾好問社を開き、女子教育も行う。
¶朝日，コン改，コン4，コン5，人名（㊲1837年），姓氏愛知，日人，幕末（㊲1836年1月），幕末大（㊲天保6（1836）年12月），藩臣4（ほづみせいけん）

**穂積陳重** ほづみのぶしげ，ほずみのぶしげ
安政3（1856）年7月11日～大正15（1926）年4月7日
㊅入江陳重《いりえのぶしげ》
明治～大正期の法学者。東京帝国大学教授、枢密院議長、男爵。日本で最初の法学博士。法典調査会主査委員として民法起草に参画。英吉利法律学校（後の中央大学）の設立に関わる。
¶朝日（㊲安政3年7月11日（1856年8月11日）），岩史，海越（ほづみのぶしげ ㊲安政2（1855）年7月11日），海越新（㊲安政2（1855）年7月11日），愛媛（㊲安政2（1855）年），愛媛百（㊲1855年），愛媛百（㊲安政2（1855）年），愛媛百7（㊲安政2（1855）年），学校（ほづみのぶしげ），角史，郷土愛媛（ほづみのぶしげ），近現，国史，コン改，コン5（㊲安政2（1855）年），史研，史人，重要（ほづみのぶしげ ㊲新潮），新潮（㊲安政2（1855）年4月5日），人名，世紀，世人（㊲昭和1（1926）年4月8日），世百，先駆，全書，大百，渡航（穂積陳重・入江陳重 ほづみのぶしげ・いりえのぶしげ），日史，日人，日本，百科，明治2，履歴（㊲安政2（1855）年7月11日 ㊵大正15（1926）年4月8日），履歴2（㊲安政2（1855）年7月11日 ㊵大正15（1926）年4月8日），歴大

**穂積八束** ほづみやつか，ほずみやつか
万延1（1860）年～大正1（1912）年10月5日
明治期の法学者。東京帝国大学法科大学学長、貴族院議員。上杉・美濃部論争では天皇主権説を擁護。著書に「憲法大意」など。
¶朝日（㊲万延1年2月25日（1860年3月17日）），岩史（㊲安政7（1860）年2月28日），海越（ほづみやつか ㊲安政7（1860）年2月25日），海越新

（㊲安政7（1860）年2月25日），愛媛，愛媛人，愛媛百（㊲万延1（1860）年2月28日），角史，教育，郷土愛媛（ほづみやつか），近現，国史，コン改，コン5，史人（㊲1860年2月28日），思想（㊲万延1（1860）年2月25日），重要（ほづみやつか ㊲万延1（1860）年2月），新潮（㊲万延1（1860）年2月5日），人名，世紀（㊲安政7（1860）年2月25日），世人，世百，全書，大百，哲学，渡航，日史（㊲万延1（1860）年2月28日），日人，日本，百科，明治2，履歴（㊲万延1（1860）年2月28日），歴大

**甫守ふみ子** ほもりふみこ
慶応4（1868）年8月8日～？
明治～昭和期の教育家。青山学院女子専門部、大妻技芸学校、千代田女子専門学校などの講師をつとめる。
¶女性

**洞口昭男** ほらぐちあきお
昭和2（1927）年1月25日～
昭和期の教育者。学校長。
¶飛騨

**洞辰朗** ほらたつろう
昭和10（1935）年6月3日～
昭和期の教育者・洋画家。
¶飛騨

**堀井公子** ほりいきみこ
昭和37（1962）年1月13日～
昭和～平成期の学校職員。
¶視覚

**堀維孝** ほりいこう
慶応4（1868）年2月8日～昭和29（1954）年10月31日
明治～昭和期の教育者。
¶庄内，山形百

**堀斎** ほりいつき
→蒲生済助（がもうさいすけ）

**堀内郁之助** ほりうちいくのすけ
安政1（1854）年～明治4（1871）年
江戸時代末期～明治期の画家、教育者。
¶神奈川百，姓氏神奈川

**堀内亀之助** ほりうちかめのすけ
明治～大正期の剣道師範。
¶姓氏長野（㊲1868年 ㊵1923年），長野歴（㊲慶応3（1867）年 ㊵大正13（1924）年）

**堀内桂次郎** ほりうちけいじろう
慶応3（1867）年～大正11（1922）年
明治～大正期の松本郁文学校の創設者。
¶姓氏長野，長野歴

**堀内治大夫** ほりうちじだゆう
寛政7（1795）年～慶応1（1865）年
江戸時代後期～末期の庄屋。寺子屋師匠。
¶姓氏長野

**堀内修平** ほりうちしゅうへい
文化6（1809）年～文久2（1862）年
江戸時代後期～末期の蚕種製造業、寺子屋教師。
¶姓氏長野

**堀内武雄** ほりうちたけお
大正4（1915）年～
昭和期の国語教育専門家。
¶現執1期

**堀内孜** ほりうちつとむ
昭和22（1947）年5月20日～
昭和～平成期の教育学者。京都教育大学教育学部教授・附属京都小学校長。専門は、公教育経営学。
¶現執4期

**堀内輝三** ほりうちてるぞう
明治44（1911）年5月26日～
昭和期の教員、読書指導研究者。
¶日児

**堀内文吉** ほりうちぶんきち
明治16（1883）年5月15日～昭和45（1970）年10月17日
明治～昭和期の教育者。韮崎中学初代校長。
¶山梨百

**堀内守** ほりうちまもる
昭和7（1932）年4月10日～
昭和～平成期の教育学者。名古屋大学教授。専門から小説、文明論まで幅広く執筆。著書に「叱り効果」「手の宇宙誌」SF「数奇なる試練」など。
¶現執1期，現執2期，現執3期，現執4期

**堀内柳南** ほりうちりゅうなん
明治6（1873）年4月20日～昭和7（1932）年2月1日
明治～昭和期の教育者。
¶山梨百，山梨文

**堀江明美** ほりえあきよし
明治29（1896）年3月28日～昭和41（1966）年5月10日
昭和期の教育者、政治家。
¶町田歴

**堀栄二** ほりえいじ
明治19（1886）年10月～昭和21（1946）年4月9日
明治～昭和期の教育家。享栄学園創立者。
¶学校，姓氏愛知

**堀江貞尚** ほりえさだなお
明治36（1903）年2月25日～昭和48（1973）年1月15日
大正～昭和期の教育者。
¶心理

**堀江重治** ほりえじゅうじ
明治15（1882）年4月22日～昭和18（1943）年12月30日
明治～昭和期の政治家、教育者。
¶町田歴

**堀江松潭** ほりえしょうたん
天保2（1831）年9月2日～慶応2（1866）年
江戸時代後期～末期の教育者。
¶三重

**堀江正章** ほりえせいしょう
→堀江正章（ほりえまさあき）

**堀江卓** ほりえたかし
明治34（1901）年9月11日～昭和47（1972）年7月4日
昭和期の教員。政治家。
¶町田歴

**堀江正章** ほりえまさあき
安政5（1858）年～昭和7（1932）年10月26日　[別]堀江正章《ほりえせいしょう》
明治～昭和期の洋画家。中学校教師、コバルト先生の異名をとる。人物画、肖像画を得意とした。
¶郷土千葉（ほりえせいしょう），近美（[生]安政5（1858）年1月29日），世紀（[生]安政5（1858）年1月29日），千葉百，日人，美家（[生]安政5（1858）年1月29日），名画，洋画（[生]安政5（1858）年10月（？）29日）

**堀江宗彰** ほりえむねあき
文政11（1828）年～？
江戸時代後期～末期の国学者。
¶日人

**堀江宗生** ほりえむねお
昭和12（1937）年5月12日～
昭和期の教育行政学者。東海大学教授。
¶現執2期

**堀尾金八郎** ほりおきんぱちろう
慶応3（1867）年～昭和19（1944）年6月5日
明治～昭和期の教育者。津山高等女学校初代校長。
¶岡山歴

**堀尾鍬作** ほりおこうさく
明治期の教育者。
¶岡山人

**堀尾幸平** ほりおこうへい
昭和10（1935）年3月30日～
昭和～平成期の教員、小説家。
¶児作，児人，世紀，日児

**堀尾秀斎** ほりおしゅうさい
正徳3（1713）年11月16日～寛政6（1794）年
江戸時代中期の漢学者。
¶国書（[没]寛政6（1794）年1月7日），人名，日人（[生]1714年）

**堀尾青史** ほりおせいし
大正3（1914）年3月22日～平成3（1991）年11月6日
昭和期の児童文学作家、紙芝居作家。子どもの文化研究所所長。日本教育紙芝居協会の機関誌編集にあたる。
¶児作，児人，児文，世紀，日児，兵庫文

**堀尾輝久** ほりおてるひさ
昭和8（1933）年1月5日～
昭和～平成期の教育学者。中央大学文学部教授、東京大学教授。日本学術会議会員。著書に「現代

教育の思想と構造」「天皇制国家と教育」など。
¶現朝，現執1期，現執2期，現執3期，現執4期，現情，世紀，日人，マス89

**堀和郎** ほりかずお
昭和20（1945）年12月10日〜
昭和期の教育行政学者。宮崎大学教授。
¶現執2期

**堀勝名** ほりかつな
→堀平太左衛門（ほりへいたざえもん）

**堀木茄亭** ほりきかてい
天保14（1843）年〜大正2（1913）年
江戸時代後期〜大正期の教育者。
¶三重

**堀木忠良** ほりきただよし
天保14（1843）年〜大正2（1913）年
明治期の政治家，公共事業家。四日市灯台の建設や教育の普及に尽力。
¶日人

**堀義太郎** ほりぎたろう
安政5（1858）年〜昭和22（1947）年
明治〜昭和期の教育者。
¶山形百新

**堀口兼太郎** ほりぐちかねたろう
明治9（1876）年〜昭和31（1956）年
明治〜昭和期の教師。
¶姓氏群馬

**堀口きみこ**（掘口きみこ） ほりぐちきみこ
明治18（1885）年〜昭和19（1944）年
大正〜昭和期の教育者。理学博士，東京高等女子師範学校教授。文部省督学官，女子中学教育審査委員など歴任。女史教育につとめる。
¶女性，女性普（掘口きみこ）

**堀口君子** ほりぐちきみこ
明治18（1885）年〜昭和19（1944）年
明治〜昭和期の教育家、日本最初の女性理学博士。
¶科学，郷土長野，信州女，姓氏長野，長野百，長野歴

**堀口昌吉** ほりぐちしょうきち
明治25（1892）年〜昭和52（1977）年
大正〜昭和期の教育者。
¶山形百新

**堀口俊一** ほりぐちとしかず
大正12（1923）年〜
昭和期の英語教育研究者。東京学芸大学教授。
¶現執1期

**堀口秀嗣** ほりぐちひでつぐ
昭和21（1946）年5月4日〜
昭和〜平成期の教育工学専門家。東京学芸大学助教授などを経て，国立教育研究所教育情報資料センター教育ソフト開発研究室室長。
¶現執3期

**堀口森蔵** ほりぐちもりぞう
天保7（1836）年〜明治35（1902）年
江戸時代末期〜明治期の弓術家。
¶埼玉人，埼玉百，日人

**堀口藍園** ほりぐちらんえん
文政1（1818）年〜明治24（1891）年
江戸時代末期〜明治期の藍染め業。
¶維新，郷土群馬，群馬人，群馬百，国書（㊤文政1（1818）年10月10日　㊦明治24（1891）年9月30日），コン改，コン4，コン5，人名，姓氏群馬，日人，幕末（㊦1891年9月30日）

**堀景山** ほりけいざん
元禄1（1688）年〜宝暦7（1757）年
江戸時代中期の儒医。本居宣長の師。
¶朝日（㊦宝暦7年9月19日（1757年10月31日）），岩史（㊦宝暦7（1757）年9月19日），角史，京都大，近世，国史，国書（㊦宝暦7（1757）年9月19日），コン改，コン4，詩歌，史人（㊦1757年9月19日），神史，神人（㊦宝暦7（1757）年9月19日），新潮（㊦宝暦7（1757）年9月19日），人名，姓氏京都，世人，全書，日史（㊦宝暦7（1757）年9月19日），藩臣6，百科，広島百（㊤元禄1（1688）年10月　㊦宝暦7（1757）年9月17日），歴大，和俳

**保利耕輔** ほりこうすけ
昭和9（1934）年9月23日〜
昭和〜平成期の政治家。衆議院議員，自治相，文相。
¶現政，佐賀百，政治

**堀越千代** ほりこしちよ
安政6（1859）年8月15日〜昭和23（1948）年4月4日
㊥堀越千代子《ほりこしちよこ》
明治〜昭和期の教育者。フランス式裁縫をまなび，東京に和洋裁縫女学校を創立。和洋学園へ発展させた。
¶学校，近女（堀越千代子　ほりこしちよこ），女性（㊦？），女性普（㊦？），世紀，日人

**堀越千代子** ほりこしちよこ
→堀越千代（ほりこしちよ）

**堀越久良** ほりこしひさよし
明治41（1908）年〜
昭和期の教育者。高崎短期大学長。
¶群馬人

**堀越喜晴** ほりこしよしはる
昭和32（1957）年2月14日〜
昭和〜平成期の教育者。
¶視覚

**堀左山** ほりさざん
寛政11（1799）年〜天保14（1843）年
江戸時代後期の漢学者。
¶国書（㊦天保14（1843）年3月3日），人名，新潟百，日人

**堀貞道** ほりさだみち
弘化1（1844）年〜元治1（1864）年

江戸時代末期の下野宇都宮藩士。
¶維新，人名，日人（[没]1865年）

**堀沢周安**　ほりざわしゅうあん
→堀沢周安（ほりざわちかやす）

**堀沢周安**　ほりざわちかやす，ほりさわちかやす
明治2（1869）年～昭和16（1941）年　[別]堀沢周安《ほりざわしゅうあん》
明治～昭和期の教育者。
¶愛媛，愛媛百（ほりさわちかやす　[生]明治2（1869）年1月8日　[没]昭和16（1941）年4月14日），香川人（ほりさわちかやす），香川百（ほりさわちかやす），姓氏愛知（ほりざわしゅうあん）

**堀七蔵**　ほりしちぞう
明治19（1886）年3月30日～昭和53（1978）年11月18日
大正～昭和期の教育家。理科教育の指導者。臨時教科書編纂委員会委員などを歴任。
¶科学，現朝，現情，心理，世紀，姓氏富山，日児，日人



**堀衆楽**　ほりしゅうらく
延宝5（1677）年～宝暦6（1756）年
江戸時代中期の書家。
¶人名，日人

**堀春台**　ほりしゅんだい
生没年不詳
江戸時代中期の女性。陸奥弘前藩主津軽信政の娘。
¶江表（春台（長野県）），女性，日人

**堀省斎**　ほりしょうさい
宝暦11（1761）年～文化3（1806）年
江戸時代中期～後期の因幡鳥取藩士、儒学者。
¶人名，鳥取百，日人，藩臣5

**堀松碩**　ほりしょうせき
江戸時代末期の歌人、書家。
¶人名，日人（生没年不詳）

**堀省三**　ほりしょうぞう
弘化1（1844）年～明治24（1891）年
江戸時代末期～明治時代の教育家。足柄県教員講習所で小学校教員を養成。
¶神奈川人，姓氏神奈川，幕末，幕末大

**堀正平**　ほりしょうへい
明治21（1888）年12月2日～昭和38（1963）年12月27日
明治～昭和期の剣道家。
¶世紀，日人，広島百

**堀四郎**　ほりしろう
文政2（1819）年～明治29（1896）年　[別]堀政材《ほりまさたね》
江戸時代末期～明治期の加賀藩士。旧藩史の編纂に従事。郡奉行、世子前田慶寧の近習を歴任。
¶維新，人名，日人，幕末（堀政材　ほりまさたね　[没]1896年3月17日）

**堀真一郎**　ほりしんいちろう
昭和18（1943）年5月28日～
昭和～平成期の教育学者。和歌山県橋本市のフリースクール・きのくに子どもの村学園建設運動に携わる。
¶現執3期，現執4期

**堀静軒**　ほりせいけん
天明3（1783）年～嘉永4（1851）年
江戸時代後期の因幡鳥取藩士、儒学者。
¶人名，日人，藩臣5

**堀退蔵**　ほりたいぞう
文化5（1808）年～明治28（1895）年8月10日
江戸時代末期～明治時代の儒学者。詩文・書画に優れ、維新後、私塾を開き地方青年の教育に尽力。
¶幕末，幕末大

**堀田竜也**　ほりたたつや
昭和39（1964）年3月13日～
昭和～平成期の教育工学者。静岡大学情報学部情報社会学科助教授。専門は、教育工学。
¶現執4期

**堀達之助**　ほりたつのすけ
文政6（1823）年12月23日～明治27（1894）年1月3日
江戸時代末期～明治期の英学者。ペリー再航時に通訳として活躍。「英和対訳袖珍辞書」を刊行。
¶青森人，朝日（[生]文政6年12月23日（1824年1月23日）），維新，神奈川人，教育，郷土長崎，近現，近世，国史，国書，コン改，コン4，コン5，新潮，人名，長崎百，日人（[生]1824年），幕末，洋学，歴大

**堀達也**　ほりたつや
昭和10（1935）年11月22日～
昭和～平成期の政治家。北海道知事、札幌大学理事長。
¶現政

**堀貞一**　ほりていいち
文久3（1863）年1月4日～昭和18（1943）年8月26日
明治～昭和期の宗教家、教育者。前橋教会牧師、共愛女学校校長。
¶キリ，群馬人，群馬百，社史，姓氏群馬

**堀哲三郎**　ほりてつさぶろう
明治26（1893）年～昭和48（1973）年
大正～昭和期の郷土史家。
¶山口人

**堀長勝**　ほりながかつ
享和1（1801）年～安政4（1857）年
江戸時代末期の陸奥会津藩士、教育者。
¶会津（[没]安政5（1858）年），幕末（[没]1857年6月28日），幕末大（[没]安政4（1857）年閏5月7日）

**堀之内英一**　ほりのうちえいいち
昭和5（1930）年10月21日～
昭和期の教育者。学校長。
¶飛騨

**堀之内勉** ほりのうちつとむ
昭和2 (1927) 年～平成13 (2001) 年
昭和・平成期の国語教育実践家。
¶伊豆

**堀久** ほりひさし
昭和3 (1928) 年3月2日～昭和57 (1982) 年10月7日
昭和期の教育学者。
¶現執1期，現執2期

**堀平太左衛門** ほりへいたざえもん
享保1 (1716) 年～寛政5 (1793) 年　[別]堀勝名《ほりかつな》
江戸時代中期の肥後熊本藩大奉行、家老。奉行分職制を確立。
¶朝日（[没]寛政5年4月23日 (1793年6月1日)），角史，近世（堀勝名　ほりかつな），熊本百（[没]寛政5 (1793) 年4月23日），国史（堀勝名　ほりかつな），国書（堀勝名　ほりかつな　[生]享保1 (1716) 年12月3日　[没]寛政5 (1793) 年4月23日），新潮（[没]寛政5 (1793) 年4月24日），人名，世人，世百（堀勝名　ほりかつな），日史（堀勝名　ほりかつな　[没]寛政5 (1793) 年4月24日），日人（[生]1717年），藩臣7，百科（堀勝名　ほりかつな）

**堀部直人** ほりべなおと
明治8 (1875) 年～明治37 (1904) 年
明治期の教師。北京の八旗学堂教官。
¶熊本人

**堀政材** ほりまさたね
→堀四郎（ほりしろう）

**堀勝** ほりまさる
明治32 (1899) 年1月22日～昭和51 (1976) 年8月27日
明治～昭和期の植物学者。
¶植物，和歌山人

**堀水孝教** ほりみずこうきょう
明治33 (1900) 年11月7日～平成2 (1990) 年4月27日
昭和期の学校創立者。旭川実業高等学校を創設。
¶学校

**堀本伊三郎** ほりもといさぶろう
生没年不詳
江戸時代後期の寺子屋の師匠。
¶姓氏神奈川

**堀本昌義** ほりもとまさよし
昭和6 (1931) 年9月1日～
昭和期の神岡町教育長。
¶飛騨

**堀芳孝** ほりよしたか
明治35 (1902) 年～昭和52 (1977) 年
昭和期の教育者、植物学者。
¶福井百

**堀義彦** ほりよしひこ
明治9 (1876) 年～昭和6 (1931) 年
明治～昭和期の教育者。
¶大分歴

**堀流水軒** ほりりゅうすいけん
生没年不詳
江戸時代中期の書家兼作者、「商売往来」の原作者。
¶朝日，国書，日人

**本郷房太郎** ほんごうふさたろう
万延1 (1860) 年1月24日～昭和6 (1931) 年3月20日
明治～昭和期の陸軍軍人。大将、青島守備軍司令官。軍隊教育令の制定に努めた。教育総監部本部長、陸軍次官などを歴任。
¶朝日（[生]万延1年1月24日 (1860年2月15日)），近現，現日，国史，人名，世紀，渡航，日史，日人，兵庫人，陸海

**本郷基継** ほんごうもとつぎ
→本郷基継（ほんごうもとつぐ）

**本郷基継** ほんごうもとつぐ
*～？　[別]本郷基継《ほんごうもとつぎ》
明治～昭和期の小学校教員、新聞記者。
¶アナ（[生]明治26 (1893) 年），社史（ほんごうもとつぎ　[生]？）

**本純** ほんじゅん
元禄15 (1702) 年～明和6 (1769) 年4月17日
江戸時代中期の天台宗の僧。
¶国書，日人，仏教

**本庄一郎** ほんじょういちろう
天明6 (1786) 年～安政5 (1858) 年　[別]本庄星川《ほんじょうせいせん》，本荘星川《ほんじょうせいせん》
江戸時代後期の筑後久留米藩士。
¶江文（本荘星川　ほんじょうせいせん），国書（本庄星川　ほんじょうせいせん　[生]天明6 (1786) 年10月24日　[没]安政5 (1858) 年2月15日），日人（本荘星川　ほんじょうせいせん），藩臣7

**本庄京三郎** ほんじょうきょうざぶろう
明治1 (1868) 年4月13日～昭和13 (1938) 年12月23日
江戸時代末期～昭和期の実業家、教育者。関西工学専修学校設立者・校主。
¶学校

**本庄清子** ほんじょうきよこ
明治39 (1906) 年～昭和9 (1934) 年1月20日
昭和期の社会運動家、文化運動者。小学校教員。日本プロレタリア作家同盟に加入、出版部員として活躍。
¶社史，女性，女性普

**本城敬三** ほんじょうけいぞう
明治29 (1896) 年～昭和54 (1979) 年
大正～昭和期の社会教育家。
¶兵庫百

**本荘堅宏** ほんじょうけんこう
文久3 (1863) 年～昭和9 (1934) 年
明治～昭和期の僧、教育家。東亜先覚者で、日露郵報社を設立、セミヨノフ将軍を援助してシベリ

ア独立を画策。
¶人名，世紀（[没]昭和9（1934）年12月20日），日人

**本庄貞居** ほんじょうさだすえ
？　～明和7（1770）年
江戸時代中期の神道学者。
¶人名，日人

**本城紫巌** ほんじょうしがん
→本城紫巌（ほんじょうしげん）

**本城紫巌** ほんじょうしげん
元文2（1737）年～享和3（1803）年10月4日　[別]本城紫巌《ほんじょうしがん》
江戸時代中期～後期の周防徳山藩士。
¶国書（ほんじょうしがん），姓氏山口（[生]？），藩臣6（ほんじょうしがん）

**本庄星川**（本荘星川） ほんじょうせいせん
→本庄一郎（ほんじょういちろう）



**本荘星川** ほんじょうせいせん
天明6（1786）年10月24日～安政5（1858）年2月15日
江戸時代後期～末期の久留米藩明善堂教官。
¶福岡百

**本城太華** ほんじょうたいか
江戸時代後期の儒学者。
¶人名（[生]？　[没]1844年），日人（[生]1775年　[没]1845年）

**本庄太一郎** ほんじょうたいちろう
文久3（1863）年～昭和2（1927）年
明治～昭和期の教育者、神戸市教育局長。
¶島根歴，心理

**本庄波衛** ほんじょうなみえ
万延1（1860）年～昭和3（1928）年
明治～昭和期の事業家。満州事業家で、渓城鉄道敷設権を獲得し、満鉄の出資により十三里の工事を完成。
¶人名，世紀（[生]万延1（1860）年11月20日　[没]昭和3（1928）年10月6日），日人

**本庄陸男**（本庄睦男） ほんじょうむつお
明治38（1905）年2月20日～昭和14（1939）年7月23日　[別]本庄陸男《ほんじょうりくお》
昭和期の小説家、教育評論家。全日本無産者芸術連盟、「人民文庫」に参加。作品に「白い壁」「石狩川」など。
¶北墓，近現，近文，国史，コン改，コン5，埼玉文（[生]明治39（1906）年2月20日），児文（本庄睦男），社運（ほんじょうりくお），社史，小説，新潮，新文（[生]明治39（1906）年2月20日），人名7，世紀，全書，大百（[生]1906年），東北近，日史（本庄睦男），日児，日人，百科，文学（[生]1906年），平和，北文（[生]明治39（1906）年），北海道百，北海道文，北海道歴

**本庄陸男** ほんじょうりくお
→本庄陸男（ほんじょうむつお）

**本荘了寛** ほんじょうりょうかん
弘化4（1847）年～大正9（1920）年
明治～大正期の僧。島地黙雷に学んだ後、郷里佐渡の小学校教師。雑誌「北溟雑誌」を発行し郷党の知見開発に尽力。
¶人名，世紀（[没]大正9（1920）年3月7日），新潟百，日人

**本多新** ほんだあらた
天保14（1843）年～大正3（1914）年1月12日　[別]本多新《ほんだしん》
明治～大正期の自由民権運動家。自由党札幌支部を創設し、北海道の民権運動の草分けとして活躍。
¶朝日（[生]天保14年閏9月5日（1843年10月27日）），社史（ほんだしん　[生]天保14（1843）年9月5日），世紀（[生]天保14（1843）年閏9月5日），全書，日人，北海道百，北海道歴

**本田有明** ほんだありあけ
昭和27（1952）年～
昭和～平成期の経営・教育コンサルタント。本田事務所代表。
¶現執4期

**本多猗蘭** ほんだいらん
元禄4（1691）年6月～宝暦7（1757）年
江戸時代中期の教育者。
¶三重

**本田乙之進** ほんだおつのしん
明治19（1886）年～昭和22（1947）年
昭和期の教育者。
¶山口人

**本多亀三** ほんだかめぞう
慶応3（1867）年～昭和5（1930）年
明治～昭和期の教育者・郷土史家。
¶群馬人，姓氏群馬

**本田カヨ子** ほんだかよこ
昭和16（1941）年～
昭和～平成期の教師、児童文学作家。
¶児人

**本田喜市** ほんだきいち
大正5（1916）年2月14日～
昭和期の小学校教員。
¶社史

**本多公栄** ほんだこうえい
昭和8（1933）年1月2日～
昭和～平成期の社会科教育学者。宮城教育大学教授。
¶現執1期，現執2期，現執3期

**本多浩治** ほんだこうじ
明治29（1896）年～昭和46（1971）年
大正～昭和期の政治家、ジャーナリスト、教育者。
¶青森人

**本多光太郎**（本多光多郎） ほんだこうたろう
明治3（1870）年2月23日～昭和29（1954）年2月12日
明治～昭和期の金属物理学者。東北帝国大学総

長、東京理科大学初代学長。物理冶金学を研究。KS磁石鋼を発明した。
¶愛知，愛知百，朝日（[生]明治3年2月23日（1870年3月24日）），岩史，科学，科技，科人（[生]1870年1月24日），角史，教育，近現，現朝（[生]明治3年2月23日（1870年3月24日）），現情，現人，現日，国史，コン改，コン4，コン5，史人，重要，新潮，人名7，世紀，姓氏愛知，姓氏宮城，世人（本多光多郎），世百，世百新，全書，大百，伝記，渡航，日史，日人，日本，百科，平日，宮城百，履歴，履歴2，歴大

**本多主馬** **ほんだしづま**
→本多主馬（ほんだしゅめ）

**本田秀岳** **ほんだしゅうがく**
昭和4（1929）年12月11日～
昭和期の書道教師。
¶飛騨

**本田周司** **ほんだしゅうじ**
昭和2（1927）年2月21日～
昭和～平成期の作曲家、高校教師。
¶音人，音人2，音人3

**本多主馬** **ほんだしゅめ**
明治6（1873）年9月6日～昭和13（1938）年2月3日
[別]本多主馬《ほんだしづま》
明治～昭和期の僧侶、教育家。大谷大学学長、権僧正。天台教学の権威。日蓮宗の教義に通暁。
¶真宗（ほんだしづま），人名，世紀，日人

**本田皞** **ほんだしろき**
大正15（1926）年2月4日～
昭和～平成期の音楽教育者。
¶音人

**本多新** **ほんだしん**
→本多新（ほんだあらた）

**本田親二** **ほんだしんじ**
→本田親二（ほんだちかじ）

**本多雪堂** **ほんだせつどう**
文政8（1825）年～明治17（1884）年
江戸時代末期～明治期の武士。
¶維新，コン5，人名，日人，幕末（[没]1884年8月9日），藩臣4

**本多忠雄** **ほんだただお**
明和2（1765）年8月2日～文化13（1816）年12月14日
江戸時代中期～後期の心学者。
¶国書

**本多忠籌** **ほんだただかず**
元文4（1739）年12月8日～文化9（1812）年12月15日
江戸時代中期～後期の大名。陸奥泉藩主。
¶朝日（[生]元文4年12月8日（1740年1月6日）[没]文化9年12月15日（1813年1月17日）），岩史，角史，教育，近世，国史，国書，コン改，コン4，史人，諸系（[生]1740年　[没]1813年），人名，世人，世百，全書，日史，日人（[生]1740年　[没]1813年），藩主1（[没]文化9（1812）年2月15日），百科

**本多忠升** **ほんだただたか**
寛政3（1791）年10月9日～安政6（1859）年
江戸時代末期の大名。伊勢神戸藩主。
¶国書（[没]安政6（1859）年8月22日），諸系，日人，藩主3（[没]安政6（1859）年8月22日），三重

**本多忠直** **ほんだただなお**
弘化1（1844）年～明治13（1880）年
江戸時代末期～明治期の岡崎藩主、岡崎藩知事。
¶諸系，渡航（[生]1844年5月　[没]1880年4月），日人，藩主2（[没]明治13（1880）年4月29日）

**本多忠徳** **ほんだただのり**
文政1（1818）年～万延1（1860）年
江戸時代末期の大名。陸奥泉藩主。
¶維新，国書（[生]文政1（1818）年9月18日　[没]万延1（1860）年6月12日），諸系，日人，幕末（[没]1860年7月28日），藩主1（[生]文政1（1818）年9月18日　[没]万延1（1860）年6月12日）

**本多ちゑ** **ほんだちえ**
明治31（1898）年6月23日～昭和43（1968）年6月24日
大正～昭和期の教育者、社会事業家、岡山県民生部婦人児童課初代課長。
¶岡山歴

**本多親秋** **ほんだちかあき**
文政5（1822）年～明治28（1895）年
江戸時代末期～明治期の教育者、公共事業家。
¶長崎百，日人

**本田親二** **ほんだちかじ**
明治18（1885）年1月1日～昭和23（1948）年　[別]本田親二《ほんだしんじ》
明治～昭和期の心理学者。小学児童を対象とした「国民知能検査基準」を作成。
¶心理，哲学（ほんだしんじ）

**本多てい** **ほんだてい**
文久2（1862）年1月9日～昭和6（1931）年3月18日
[別]本多貞子《ほんだていこ》
明治～大正期の婦人運動家。函館遺愛女学校教員。基督教婦人矯風会で幹部、副会頭として尽力。「婦人新報」編集人・発行印刷人。
¶女運（本多貞子　ほんだていこ），女性，女性普

**本多貞子** **ほんだていこ**
→本多てい（ほんだてい）

**本多鼎介** **ほんだていすけ**
天保10（1839）年～明治31（1898）年
江戸時代末期～明治期の武士、政治家。
¶日人，福井百

**本田鉄洲** **ほんだてっしゅう**
宝暦1（1751）年～寛政9（1797）年
江戸時代の儒学者。
¶江文，人名，日人（生没年不詳）

**本田東陵** **ほんだとうりょう**
寛延2（1749）年～寛政8（1796）年

ほ

江戸時代中期の陸奥白河藩士、藩校教授。
¶国書（[没]寛政8（1796）年3月16日），人名，日人，藩臣2（[生]享保10（1725）年），福島百，三重

**本多徳蔵**　ほんだとくぞう
→本多庸一（ほんだよういつ）

**本多利明**　ほんだとしあき
寛保3（1743）年～文政3（1820）年12月22日　[別]本多利明《ほんだとしあき（としあきらりめい），ほんだとしあきら，ほんだりめい》
江戸時代中期～後期の経世家。「経世秘策」「西域物語」などの著者。
¶朝日（[没]文政3年12月22日（1821年1月25日）），石川百，岩史，江人（[生]1743・44年），江文，科学，角史，近世（ほんだとしあきら），国史（ほんだとしあきら），国書（ほんだとしあきら），コン改，コン4，コン5，史人，思想史，重要（[生]延享1（1744）年？　[没]文政4（1821）年3月16日），人書79（[生]1743年，（異説）1744年），人書94（[生]1744年　[没]1821年），新潮，人名（[生]1744年　[没]1821年），数学（ほんだとしあきら），姓氏石川，世人（[生]延享1（1744）年），世百（ほんだとしあきら　[生]1744年　[没]1821年），全書（[生]1743年，（異説）1744年），大百（[生]1744年　[没]1821年），地理（ほんだとしあき（としあきらりめい）），伝記，新潟百（ほんだりめい），日思，日史，日人（[没]1821年），百科，北海道百，北海道歴，山川小，洋学，歴大

**本多利明**　ほんだとしあきら
→本多利明（ほんだとしあき）

**本田弘人**　ほんだひろと
明治31（1898）年2月17日～昭和53（1978）年4月9日
大正～昭和期の教育者。
¶熊本百

**本田不二郎**　ほんだふじろう
明治45（1912）年～平成14（2002）年
昭和・平成期の教師。
¶熊本人

**本多文雄**　ほんだふみお
明治5（1872）年～昭和31（1956）年
明治～昭和期の新聞人・教育者。
¶茨城歴

**本多正寛**　ほんだまさひろ
文化5（1808）年～万延1（1860）年
江戸時代末期の大名。駿河田中藩主。
¶諸系，日人，藩主2（[生]文化5（1808）年5月9日　[没]万延1（1860）年2月17日）

**本多正訥**　ほんだまさもり
文政10（1827）年～明治18（1885）年
江戸時代末期～明治期の長尾藩主、長尾藩知事。
¶維新，コン5，静岡歴，諸系，姓氏静岡，日人，幕末，藩主2（[生]文政10（1827）年2月10日　[没]明治18（1885）年11月1日）

**本多光大**　ほんだみつひろ
明治20（1887）年～昭和42（1967）年
明治～昭和期の教師。駒寄村村議会議員、北群馬郡町村会副会長、群馬県護国神社総代会長。
¶姓氏群馬

**本多庸一**　ほんだよういち
→本多庸一（ほんだよういつ）

**本多庸一**（本田庸一）　ほんだよういつ
嘉永1（1848）年12月13日～明治45（1912）年3月26日　[別]本多庸一《ほんだよういち》，本多徳蔵《ほんだとくぞう》
明治期のキリスト教指導者。日本メソジスト教会初代監督。弘前公会を設立、自由民権運動にも関与。来徳女学校（後の弘前学院）を開設。東京英和学校（のちの青山学院）校長。
¶青森人（ほんだよういち），青森百（ほんだよういち），朝日（[生]嘉永1年12月13日（1849年1月7日）），維新（ほんだよういち），海越新（[生]嘉永1（1850）年12月13日），学校，教育（ほんだよういち），キリ（[生]嘉永1（1849）年12月13日），近現，国史，コン改（ほんだよういち），コン4，コン5，史人，社史，人書79（ほんだよういち），新潮，人名（ほんだよういち），世紀（[生]嘉永1（1849）年12月13日），世人（ほんだよういち），世百（ほんだよういち），全書，哲学（ほんだよういち），渡航，日史，日人（[生]1849年），日本（本田庸一），幕末（ほんだよういち），幕末大（ほんだよういち　[生]嘉永1（1849）年12月13日），藩臣1（本多徳蔵　ほんだとくぞう），百科，履歴（ほんだよういち　[生]嘉永1（1848）年11月18日），歴大

**本多能子**　ほんだよしこ
大正8（1919）年4月24日～平成5（1993）年11月1日
昭和～平成期のピアニスト、音楽教育者。
¶音人2

**本多利明**　ほんだりめい
→本多利明（ほんだとしあき）

**本多和一郎**　ほんだわいちろう
嘉永5（1852）年～明治28（1895）年
明治期の教育者。
¶日人，和歌山人

**凡兆**　ほんちょう
→酒井忠徳（さかいただあり）

**本堂順一**　ほんどうじゅんいち
明治27（1894）年～昭和28（1953）年
大正～昭和期の教育者。
¶長野歴

**本堂寛**　ほんどうひろし
昭和7（1932）年8月2日～
昭和～平成期の国語教育学者。青山学院大学教授。著書に「日本言語地図」（第4～6巻）「国語科の個別化・個性化指導」など。
¶現執3期

**本富安四郎** ほんとみやすしろう
→本富安四郎（ほんぷやすしろう）

**本富安四郎** ほんぷやすしろう
慶応1（1865）年～大正1（1912）年 [別]本富安四郎《ほんとみやすしろう》
江戸時代末期～明治期の郷土史家、教師。『薩摩見聞記』の著者。
¶鹿児島百，姓氏鹿児島（ほんとみやすしろう）

**本間郁子** ほんまいくこ
生没年不詳
明治期の歌人。和歌を有賀長隣に学び優れた才能を見せる。地方教育に尽力。
¶女性

**本間伊三郎** ほんまいさぶろう
大正12（1923）年1月28日～平成3（1991）年11月11日
大正～平成期の教育者。
¶視覚

**本間喜一** ほんまきいち
明治24（1891）年7月15日～昭和62（1987）年5月9日
大正～昭和期の司法官僚。初代最高裁事務総長、愛知大学学長。大学の自治のために尽力。
¶現朝，現情，世紀，日人

**本間虚舟** ほんまきょしゅう
嘉永1（1848）年11月25日～大正9（1920）年11月14日
江戸時代末期～明治期の播磨竜野藩士。
¶藩臣5，兵庫人

**本間金蔵** ほんまきんぞう
明治3（1870）年1月4日～大正7（1918）年5月2日
明治～大正期の教育者。
¶埼玉人

**本間金之助** ほんまきんのすけ
弘化2（1845）年～昭和4（1929）年
明治～大正期の実業家。貧困家庭のための福田小学校を設立。
¶世紀（[生]弘化2（1845）年2月10日 [没]昭和4（1929）年1月14日），日人

**本間国光** ほんまくにみつ
寛政6（1794）年～嘉永4（1851）年6月23日
江戸時代後期の教育者。
¶庄内

**本間玄調** ほんまげんちょう
→本間棗軒（ほんまそうけん）

**本間俊平** ほんましゅんぺい
明治6（1873）年8月15日～昭和23（1948）年8月13日
明治～昭和期の社会事業家。刑余者、非行少年の更生補導に当たる。森鷗外「鎚一下」のモデル。
¶キリ，新潮，人名7，世紀，姓氏山口，新潟百，日人，山口百，歴大

**本間季隆** ほんますえたか
江戸時代後期の和算家。
¶数学

**本間棗軒** ほんまそうけん
文化1（1804）年～明治5（1872）年 [別]本間玄調《ほんまげんちょう》
江戸時代末期～明治期の医師。弘道館医学教授。全身麻酔による血瘤剔出など近代医学の発展に貢献。
¶朝日（[没]明治5年2月8日（1872年3月16日）），維新（本間玄調 ほんまげんちょう），江人，江文，科学（[没]明治5（1872）年2月8日），近現，近世，国史，国書（[没]明治5（1872）年2月8日），コン改，コン4，コン5，史人（[没]1872年2月28日），人書94，人情5（本間玄調 ほんまげんちょう），新潮（[没]明治5（1872）年2月8日），人名，全書，対外，日人，幕末（本間玄調 ほんまげんちょう [没]1872年3月16日），幕末大（本間玄調 ほんまげんちょう [没]明治5（1872）年2月8日），藩臣2（本間玄調 ほんまげんちょう），洋学（本間玄調 ほんまげんちょう）

**本間覃山** ほんまたんざん
安政4（1857）年～明治42（1909）年
江戸時代末期～明治期の書家。青森県立師範学校の書道講師。
¶青森人

**本間徹夫** ほんまてつお
昭和5（1930）年～
昭和期の高等学校教諭。
¶YA

**本間昇** ほんまのぼる
昭和9（1934）年～
昭和～平成期の歴史教育研究家。小学校教諭を経て、初等教育に関する著作、子ども向けの歴史書を執筆。
¶現執3期，現執4期（[生]1934年1月14日）

**本間黙斎** ほんまもくさい
宝暦5（1755）年～文政12（1829）年
江戸時代後期の漢学者。
¶人名，新潟百，日人

**本間与吉** ほんまよきち
元治1（1864）年～明治30（1897）年11月
江戸時代末期～明治期の教育者。
¶庄内

## 【ま】

**邁** まい
～明治17（1884）年
江戸時代末期～明治時代の女性。教育。京都の大納言四辻公萬の娘。
¶江表（邁（高知県））

**米田一穂** まいたかずほ
明治43（1910）年3月29日～平成6（1994）年5月6日

昭和～平成期の俳人。「萬緑」同人。俳人協会評議員。青森県俳句懇話会、「薫風」顧問。
¶東北近

**米田謙斉** まいたけんさい
天保12（1841）年～明治34（1901）年
明治期の教育者。
¶青森人

**毎田周一** まいだしゅういち，まいたしゅういち
明治39（1906）年9月22日～昭和42（1967）年2月27日
大正～昭和期の仏教思想家。信州真正仏教大学を設立。
¶石川百，現執1期，世紀，姓氏石川（まいたしゅういち），姓氏長野，哲学，長野百，長野歴，日人，仏人

**米田武右衛門** まいたぶえもん
？ ～
江戸時代末期の三戸代官所与力。
¶青森人



**前川玄業** まえかわげんぎょう
昭和5（1930）年～
昭和期の教育者。
¶戦沖

**前川豊次** まえかわとよじ
明治40（1907）年8月8日～昭和49（1974）年1月8日
昭和期の教育者。
¶群馬人

**前川峯雄** まえかわみねお
明治39（1906）年9月14日～昭和56（1981）年8月22日
昭和期の体育学者。日本体育学会長。レクリエーション研究者で学校・社会体育の指導者。
¶香川人，香川百，近医，現朝，現執1期，現執2期，世紀，体育，日人

**前沢絢子** まえさわあやこ
明治42（1909）年1月14日～平成18（2006）年5月5日
昭和期の翻訳家、教育者。
¶視覚

**前沢淵月** まえざわえんげつ
明治16（1883）年～昭和24（1949）年
明治～昭和期の教師。
¶姓氏長野

**前沢誠助** まえざわせいすけ
明治13（1880）年～大正12（1923）年
明治～大正期の教育者。
¶長野歴

**前沢博人** まえざわひろと
明治22（1889）年～昭和50（1975）年
大正～昭和期の教育者。
¶姓氏長野

**前島密** まえじまひそか，まえしまひそか
天保6（1835）年1月7日～大正8（1919）年4月27日
明治期の官吏、実業家。東京専門学校校長、男爵。近代郵便制度の確立に尽力。駅逓局長、逓信次官などを歴任。のち貴族院議員。
¶朝日（[生]天保6年1月7日（1835年2月4日）），維新，岩史，海越，海越新，角史，神奈川人，近現，近文，国際，国史，コン改，コン5，史人，静岡百，静岡歴，重要（[没]大正8（1919）年4月），新潮（[没]大正8（1919）年4月28日），人名，世人，世百，先駆，全書，大百，鉄道（[生]1835年2月4日），伝記，渡航（まえしまひそか　[没]1919年4月28日），長崎遊，長崎歴，新潟人（[没]？），新潟百別，日史，日人，日本，幕末，百科，平日，北海道百，北海道歴，明治1，履歴，歴大

**真栄城徳仁** まえしろとくじん
昭和7（1932）年～平成24（2012）年
昭和・平成期の教育者。
¶戦沖

**前田卯門** まえだうもん
明治42（1909）年11月15日～平成6（1994）年4月27日　[別]高橋
昭和期の小学校教員。
¶社史

**前田雲洞** まえだうんどう
延享3（1746）年～天保3（1832）年閏11月20日
江戸時代中期～後期の儒学者。
¶郷土福井，国書，日人（[没]1833年）

**前田治** まえだおさむ
明治42（1909）年9月2日～昭和40（1965）年10月31日
昭和期の教育者。
¶徳島百，徳島歴

**前田薫** まえだかおる
明治43（1910）年～
昭和期の社会教育家。
¶兵庫百

**前田嘉助** まえだかすけ
生没年不詳
江戸時代末期の心学者。
¶和歌山人

**前田幸太郎** まえだこうたろう
明治16（1883）年～昭和40（1965）年
昭和期の教育者。
¶神奈川人，神奈川百

**前田栄** まえださかえ
大正9（1920）年1月3日～平成8（1996）年5月21日
昭和・平成期の教育者。
¶飛騨

**前田茂** まえだしげ
明治1（1868）年5月15日～大正2（1913）年12月20日　[別]今村茂《いまむらしげ》
江戸時代末期～大正期の女子教育者。
¶近女，渡航（前田茂・今村茂　まえだしげ・いまむらしげ）

**前田次左衛門** まえだじざえもん
　天保10(1839)年〜＊
　明治期の教育者。
　¶神奈川人(㊥1907年.)，姓氏神奈川(㊥？)

**前田重次郎** まえだじゅうろう
　安政6(1859)年〜昭和4(1929)年
　明治〜昭和期の教育者。
　¶鳥取百

**前田松寿** まえだしょうじゅ
　明治4(1871)年〜昭和28(1953)年
　明治〜昭和期の教育者。女子教育に尽くした。
　¶姓氏静岡

**前田譲蔵** まえだじょうぞう
　天保2(1831)年〜大正1(1912)年
　江戸時代後期〜明治期の教育者。
　¶姓氏鹿児島

**前田伸右衛門** まえだしんえもん
　享保17(1732)年〜文化8(1811)年　㊋前田伸右衛門《まえだのぶえもん》
　江戸時代中期〜後期の肥前蓮池藩士。
　¶佐賀百(まえだのぶえもん)，日人(まえだのぶえもん)，藩臣7

**前田澄子** まえだすみこ
　明治36(1903)年頃〜昭和56(1981)年5月20日
　昭和期の教育者。洗足学園学園長、大学長などを歴任。
　¶女性(㊥明治36(1903)年頃)，女性普

**前田清次** まえだせいじ
　明治11(1878)年〜明治40(1907)年
　明治期の日本語教師。ウラジオストック東洋学院の教師を務め、開戦後も留まりロシア政府顧問となる。
　¶人名，日人

**前田武彦** まえだたけひこ
　昭和42(1967)年〜
　平成期の小学校教諭。
　¶YA

**前田多門**(前田多聞)　まえだたもん
　明治17(1884)年5月11日〜昭和37(1962)年6月4日
　明治〜昭和期の政治家、実業家。公明選挙連盟理事長、東京通信工業(現・ソニー)社長。貴族院議員となり、文相に就任、教育改革を推進する。公職追放後、実業家に転身。
　¶郷土群馬，キリ，近現，群馬人，現朝，現情，現人，現日，国史，コン改，コン4，コン5，史人，新潮，人名7，世紀，政治，姓氏群馬，新潟百別(前田多聞　生没年不詳)，日人，平和，履歴，履歴2，歴文

**前田綱紀** まえだつなのり
　寛永20(1643)年〜享保9(1724)年5月9日
　江戸時代前期〜中期の大名。加賀藩主。
　¶朝日(㊥寛永20年11月16日(1643年12月26日)㊥享保9年5月9日(1724年6月29日))，石川百，岩史(㊥寛永20(1643)年11月16日)，江文，角史，教育，近世，国史，国書(㊥寛永20(1643)年11月16日)，コン改，コン4，史人(㊥1643年11月16日)，重要(㊥寛永20(1643)年11月16日)，諸系，新潮，人名，姓氏石川，世人，世百，全書，大百，茶道，伝記，富山百(㊥寛永20(1643)年11月16日)，日史，日人，藩主3(㊥寛永20(1643)年11月16日)，百科，歴大

**前田幹** まえだつよし
　昭和9(1934)年〜
　昭和期の教育学者。上越教育大学教授。
　¶現執1期

**前田東渠** まえだとうきょ
　→前田利与(まえだとしとも)

**前田徳五郎** まえだとくごろう
　明治期の小学校教師。競智小学校訓導。
　¶アナ，社史(生没年不詳)

**前田利豁** まえだとしあきら
　文政6(1823)年〜明治10(1877)年
　江戸時代末期〜明治期の七日市藩主、七日市藩知事。
　¶諸系，日人，藩主1(㊥文政6(1823)年1月9日㊥明治10(1877)年8月)

**前田利与** まえだとしとも
　元文2(1737)年10月19日〜寛政6(1794)年8月22日　㊋前田東渠《まえだとうきょ》
　江戸時代中期の大名。越中富山藩主。
　¶国書(㊥寛政6(1794)年8月29日)，諸系，姓氏富山，富山百，富山文(前田東渠　まえだとうきょ)，日人，藩主3

**前田利平** まえだとしひら
　＊〜嘉永2(1849)年
　江戸時代後期の大名。加賀大聖寺藩主。
　¶諸系(㊥1824年)，姓氏石川(㊥1823年)，日人(㊥1824年)，藩主3(㊥文政6(1823)年12月22日　㊥嘉永2(1849)年7月7日)

**前田豊子** まえだとよこ
　明治42(1909)年2月7日〜平成4(1992)年10月21日
　昭和期の体育学者、教育者。
　¶現情，富山百

**前田のゑ** まえだのえ，まえだのゑ
　明治25(1892)年〜昭和60(1985)年
　昭和期の教育者。
　¶静岡女(まえだのゑ)

**前田伸右衛門** まえだのぶえもん
　→前田伸右衛門(まえだしんえもん)

**前田梅洞** まえだばいどう
　天明5(1785)年〜安政3(1856)年
　江戸時代後期の越前福井藩士、儒学者。
　¶国書(㊥天明5(1785)年2月11日　㊥安政3(1856)年7月19日)，人名，日人，藩臣3

**前田肇** まえだはじむ
昭和12(1937)年3月26日〜
昭和期の教育者。学校長。
¶飛驒

**前田治脩** まえだはるなが
延享2(1745)年1月4日〜文化7(1810)年1月7日
江戸時代中期〜後期の大名。加賀藩主。
¶朝日(生延享2年1月4日(1745年2月1日)　没文化7年1月7日(1810年2月10日)), 石川百, 近世, 国史, 国書, 史人, 諸系, 人名, 姓氏石川, 富山百, 日人, 藩主3

**前田博**(1) まえだひろし
明治42(1909)年〜
昭和期の教育学者。京都大学教授。
¶現執1期

**前田博**(2) まえだひろし
昭和8(1933)年1月9日〜
昭和〜平成期の音楽教育者。
¶音人2, 音人3

**前田豊山** まえだほうざん
天保2(1831)年〜大正2(1913)年
明治期の朱子学者。子弟の教育、孤児の保育に尽力、藍綬褒章受章。
¶薩摩, 人名, 日人

**前田昌宏** まえだまさひろ
昭和6(1931)年〜
昭和〜平成期の高等学校教諭。
¶YA

**前田充明** まえだみつあき
明治42(1909)年〜
昭和期の文部省職員。文部省体育局長、国立競技場理事長。
¶体育

**前田美稲子** まえだみねこ
明治43(1910)年〜
大正・昭和期の名古屋市教育委員。
¶愛知女

**前田美子** まえだよしこ
昭和13(1938)年2月7日〜
昭和〜平成期の音楽教育者。
¶音人3

**前田若尾** まえだわかお
明治21(1888)年10月21日〜昭和22(1947)年10月6日
大正〜昭和期の教育者。東京本郷錦秋女学校教師。平塚裁縫女学校、高等女学校を創立。全国高等女学校校長協会理事などを歴任。
¶学校, 高知人, 女性, 女性普, 世紀, 日人

**前津松** まえつまつ
明治31(1898)年〜昭和43(1968)年
大正〜昭和期の政治家。竹富町議会議員、波照間区長、竹富町教育委員。
¶姓氏沖縄

**前波仲尾** まえなみなかお
慶応3(1867)年〜
明治期の教育者。
¶岩手人

**前野良沢** まえのりょうたく
享保8(1723)年〜享和3(1803)年10月17日
江戸時代中期〜後期の蘭学者、蘭方医。「解体新書」を翻訳。
¶朝日(没享和3年10月17日(1803年11月30日)), 岩史, 江人, 江戸東, 江文, 大分百, 大分歴, 科学, 角史, 教育(生1722年), 近世, 国史, 国書, コン改, コン4, コン5, 史人, 思想史, 重要, 新潮, 人名, 世人, 世百, 全書, 対外, 大百, 太宰府, 伝記, 徳川将, 長崎百, 長崎遊, 長崎歴, 日思, 日史, 日人, 藩臣7, 百科, 平日, 山川小, 洋学, 歴大

**前原弥一郎** まえはらやいちろう
明治8(1875)年〜昭和38(1963)年
明治〜昭和期の農学校助教諭。
¶薩摩

**前原悠一郎** まえはらゆういちろう
明治6(1873)年10月31日〜昭和37(1962)年3月29日
明治〜昭和期の実業家。模範工場桐生撚糸(のちの日本絹撚)を創立。社内に実業補習学校を創設し、企業内教育をおこなった。
¶群新百, 群馬人, 世紀, 姓氏群馬, 日人

**前山光則** まえやまみつのり
昭和22(1947)年7月22日〜
昭和〜平成期の著述家、高校教師(人吉高定時制)。
¶現執4期

**真壁平左衛門**(真壁平左衛門・平之丞) まかべへいざえもん
安永3(1774)年〜安政6(1859)年
江戸時代後期の剣道師範。
¶江神奈(真壁平左衛門・平之丞), 神奈川人(生1775年), 姓氏神奈川

**まき**
1843年〜
江戸時代後期の女性。教育。小林文昇の妻。
¶江表(まき(東京都)　生天保14(1843)年頃)

**満喜** まき★
1822年〜
江戸時代後期の女性。教育。和田篤祐の妻。
¶江表(満喜(東京都)　生文政5(1822)年頃)

**槙枝元文** まきえだもとふみ
大正10(1921)年3月4日〜平成22(2010)年12月4日
昭和期の労働運動家。日本教職員組合委員長。
¶岡山百, 革命, 現朝, 現執1期, 現執2期, 現情, 現人, 現日, 新潮, 世紀, 日人, 平和, 履歴, 履歴2

**牧ケ野教信** まきがのきょうしん
明治19(1886)年～昭和39(1964)年
明治～昭和期の美術教育者、洋画家。
¶高知人

**牧口常三郎** まきぐちつねさぶろう
明治4(1871)年6月6日～昭和19(1944)年11月18日
明治～昭和期の宗教家、教育者。創価教育学会会長。創価教育学会を創立し全国的に布教活動を行う。
¶岩史、角史、近現、現朝(㊗明治4年6月6日(1871年7月23日))、現日、国史、コン改、コン5、札幌、史人、思想、社史、新潮、人名7、世紀、世人、全書、大百、哲学、新潟人(㊗昭和19年11月)、新潟百、日史、日人、百科、仏教、仏人、平我、平和、北海道百、北海道歴、民77、履歴

**牧慶順** まきけいじゅん
天保5(1834)年～明治9(1876)年
江戸時代後期～明治期の私塾経営者。
¶姓氏愛知

**牧源太郎** まきげんたろう
慶応2(1866)年～明治44(1911)年
江戸時代末期～明治期の教師。
¶大分百

**牧沢伊平** まきざわいへい
明治36(1903)年～昭和18(1943)年
昭和期の小学校教員。池袋児童の村小学校訓導。
¶アナ、社史

**牧志つるゑ** まきしつるえ
明治30(1897)年1月22日～昭和54(1979)年7月13日
大正～昭和期の児童教育・婦人運動家、教員。やえやま幼稚園園長。
¶社史

**真木水竹** まきすいちく
文政12(1829)年～明治26(1893)年
江戸時代末期～明治期の漢学者、磐城平藩士。
¶人名、日人

**牧瀬五一郎** まきせごいちろう
慶応2(1866)年11月16日～？
明治期の教育家。
¶心理

**牧善輔**(牧善助) まきぜんすけ
享和1(1801)年～文久3(1863)年　㊗牧百峰《まきひゃくほう》、牧百峯《まきひゃくほう》
江戸時代末期の地下、儒者。
¶維新、国書(牧百峰　まきひゃくほう　㊗文久3(1863)年2月13日)、人名(牧百峯　まきひゃくほう)、姓氏京都(牧善助)、日人(牧百峰　まきひゃくほう)

**槙宗説** まきそうせつ
天保5(1834)年4月17日～明治21(1888)年12月1日

明治期の標津の医師、教育者、行政官。
¶根千

**牧園進士** まきぞののぶこと
→牧園茅山(まきぞのぼうざん)

**牧園茅山** まきぞのぼうざん
明和4(1767)年～天保7(1836)年　㊗牧園進士《まきぞののぶこと》
江戸時代中期～後期の筑後柳河藩士、儒学者。
¶国書(㊗明和4(1767)年1月10日　㊗天保7(1836)年5月15日)、人名(牧園進士　まきぞののぶこと)、日人、藩臣7

**牧田章** まきたあきら
昭和4(1929)年1月29日～
昭和期の教育者、俳人。
¶視覚

**牧田嘉一郎** まきたかいちろう
明治27(1894)年～昭和35(1960)年
大正～昭和期の美術教育者。
¶愛媛、愛媛百(㊗明治27(1894)年2月15日　㊗昭和35(1960)年10月11日)

**蒔田雁門** まきたがんもん
？　～嘉永3(1850)年
江戸時代末期の儒学者。
¶大阪人(㊗嘉永3(1850)年6月)、大阪墓(㊗嘉永3(1850)年6月26日)、国書(㊗嘉永3(1850)年6月26日)、人名、日人

**牧田茂** まきたしげる
明治40(1907)年～平成4(1992)年
昭和～平成期の教育者、歌人。
¶徳島歴

**牧田環** まきたたまき
明治4(1871)年7月20日～昭和18(1943)年7月6日
明治～昭和期の実業家、技術者。三池炭鉱会長。三池炭鉱取締役、同常務、三井合名理事などを歴任。四条畷学園高等女学校(後の四条畷学園高等学校)を創設。
¶大阪人(㊗昭和18(1943)年7月)、学校、近現、国史、史人、実業、新潮、人名7、世紀、全書、渡航、日史、日人、歴大

**牧辰雄** まきたつお
明治11(1878)年12月14日～昭和38(1963)年11月3日
明治～昭和期の教育者。
¶群馬人

**牧田実** まきたみのる
明治28(1895)年～昭和37(1962)年
大正～昭和期の美術教育家。
¶新潟百

**牧田利作** まきたりさく
明治11(1878)年11月5日～？
明治～大正期の教育者。
¶群馬人

**牧亭駒人〔2代〕** まきていこまんど
寛政7(1795)年～明治28(1895)年
江戸時代末期～明治期の狂歌師。
¶人名，日人

**牧戸秀之助** まきどひでのすけ
明治6(1873)年1月23日～昭和18(1943)年5月2日
明治～昭和期の教師。下呂の淡水魚を調査。
¶飛騨

**槇智雄** まきともお
明治24(1891)年12月12日～昭和43(1968)年10月3日
大正～昭和期の政治学者。防衛大初代校長。人格教育を重視した教育方針をかかげた。
¶現朝([生]1891年12月)，世紀，日人，履歴，履歴2

**牧野一郎** まきのいちろう
明治21(1888)年～昭和27(1952)年
大正～昭和期の音楽教育家。
¶鳥取百



**牧野宇一郎** まきのういちろう
大正9(1920)年～
昭和期の教育哲学者。大阪市立大学教授。
¶現執1期

**牧野吉五郎** まきのきちごろう
昭和2(1927)年7月28日～
昭和～平成期の教育史学者。弘前大学教授。
¶現情

**牧野賢一** まきのけんいち
明治26(1893)年10月17日～平成6(1994)年5月1日
大正～昭和期の教育者、私立静岡学園創立者。静岡学園大学予備校を開設。
¶学校，静岡歴

**牧野岡山** まきのこうざん
文化12(1815)年～明治13(1880)年　[別]牧野宗玄《まきのそうげん》
江戸時代末期～明治期の医師。
¶岡山人，岡山歴(牧野宗玄　まきのそうげん　[没]明治13(1880)年9月8日)，人名，日人

**牧野貞喜** まきのさだはる
宝暦8(1758)年8月6日～文政5(1822)年10月17日
[別]牧野貞喜《まきのさだよし》
江戸時代後期の大名。常陸笠間藩主。
¶郷土茨城，近世，国史，国書，諸系，人名(まきのさだよし)，日人，藩主2

**牧野貞幹** まきのさだもと
天明7(1787)年1月16日～文政11(1828)年8月18日
江戸時代後期の大名。常陸笠間藩主。
¶国書，諸系，日人，藩主2

**牧野貞喜** まきのさだよし
→牧野貞喜(まきのさだはる)

**牧野周吉** まきのしゅうきち
明治29(1896)年1月1日～昭和56(1981)年
昭和期の教育者、哲学者。
¶社史，姓氏鹿児島

**牧野松村** まきのしょうそん
文政6(1823)年～明治24(1891)年
江戸時代末期～明治期の儒学者。
¶人名，日人

**牧野信之助** まきのしんのすけ
明治17(1884)年4月23日～昭和14(1939)年9月25日
大正～昭和期の歴史家。石川県立師範学校教諭。中世史を研究。各地の郷土史編纂に携わる。
¶郷土福井，近現，考古，国史，史研，世紀，日史，日人，福井百，歴大

**牧野随吉** まきのずいきち
万延1(1860)年～昭和4(1929)年
明治期の自由民権運動家。
¶世紀([生]万延1(1860)年6月18日　[没]昭和4(1929)年4月5日)，姓氏神奈川，日人

**牧野宗玄** まきのそうげん
→牧野岡山(まきのこうざん)

**牧野堯** まきのたかし
明治19(1886)年～昭和31(1956)年
明治～昭和期の教育者。
¶姓氏愛知

**牧野誠成** まきのたかしげ
天保3(1832)年～明治2(1869)年
江戸時代末期の大名。丹後田辺藩主。
¶維新，諸系，日人，幕末([没]1869年4月16日)，藩主3([生]天保3(1832)年5月19日　[没]明治2(1869)年3月5日)

**牧野忠精** まきのただきよ
宝暦10(1760)年10月19日～天保2(1831)年
江戸時代後期の老中。越後長岡藩主。
¶京都大([没]文政11(1828)年)，近世，国史，国書([没]天保2(1831)年7月14日)，コン改([没]文政11(1828)年)，コン4，史人([没]1831年7月14日)，諸系，新潮([没]天保2(1831)年7月10日)，人名([没]1828年)，姓氏京都，世人([没]文政11(1828)年)，茶道([没]1828年)，新潟百，日人，藩主3([没]天保2(1831)年7月)

**牧野剛** まきのつよし
昭和20(1945)年9月24日～
昭和～平成期の教育研究者。河合塾講師、翔学舎校長。
¶現執4期，平和

**牧野照** まきのてらす
？～明治36(1903)年
明治期の政客、教育家。独逸義塾を創立し子弟の教育にあたり、海軍省では参謀部第二課長となる。
¶岡山人，岡山歴，人名，日人

**牧野虎次** まきのとらじ
明治4(1871)年～昭和39(1964)年2月1日
明治～昭和期の牧師、教育者。同志社大学総長。「基督教世界」を編集。

¶京都大，キリ（㊥明治4年7月3日（1871年8月18日）），近現，現朝（㊥明治4年7月3日（1871年8月18日）），現情（㊥明治4（1871）年7月3日），国史，滋賀百，人名7，世紀（㊥明治4（1871）年7月3日），姓氏京都，渡航（㊥1871年8月18日），日人（㊥明治4（1871）年7月3日）

## 牧野伸顕（牧野信顕）　まきののぶあき
文久1（1861）年10月22日～昭和24（1949）年1月25日
明治～昭和期の政治家、外交官。伯爵。文相、外相などの閣僚を歴任。宮廷派勢力の中心的存在。
¶朝日（㊥文久3年10月22日（1863年12月2日）），岩史，海越，海越新，鹿児島百，角史，教育（㊥1862年），郷土福井，近現，現朝（㊥文久1年10月22日（1861年11月24日）），現情，現人，現日，国史，コン改，コン4，コン5，薩摩，史人，新潮，人名7，世紀，政治，姓氏鹿児島，世人，世百，全書（牧野信顕），大百，鉄道（㊥1861年11月24日），伝記，渡航，日史，日人，日本，百科，福井百，平日，平和，明治1，履歴，履歴2，歴大

## 真木序　まきのぶ
明治2（1869）年～大正13（1924）年
明治～大正期の教育者。
¶姓氏長野，長野歴

## 牧野宣成　まきのふさしげ
明和2（1765）年～文化8（1811）年
江戸時代中期～後期の大名。丹後田辺藩主。
¶諸系，日人，藩主3（㊥明和2（1765）年7月8日　㊦文化8（1811）年3月29日）

## 牧野黙庵　まきのもくあん
寛政8（1796）年～嘉永2（1849）年
江戸時代後期の儒学者。
¶江文，国書（㊦嘉永2（1849）年7月4日），人名，日人

## 牧野康長　まきのやすなが
寛政10（1798）年～明治1（1868）年
江戸時代末期の大名。信濃小諸藩主。
¶諸系，長野歴，日人，藩主2（㊥寛政8（1796）年　㊦慶応4（1868）年1月4日）

## 牧野よし　まきのよし
天保14（1843）年7月8日～昭和5（1930）年10月30日
明治～昭和期の教師。
¶神奈女

## 牧野隆信　まきのりゅうしん
大正6（1917）年1月11日～平成18（2006）年1月19日
昭和・平成期の教育者、郷土史家。
¶石川現十

## 牧野良信　まきのりょうしん
大正3（1914）年5月12日～昭和57（1982）年11月15日
昭和期の宮川村教育長。
¶飛騨

## 牧野良三　まきのりょうぞう
明治18（1885）年5月26日～昭和36（1961）年6月1日
大正～昭和期の政治家。衆議院議員。日本民主党の「憂うべき教科書の問題」を作成。
¶郷土岐阜，近現，現朝，現情，国史，コン改，コン4，コン5，史人，人名7，世紀，政治，日人，飛騨，平和，履歴，履歴2

## 牧原半陶　まきはらはんとう，まきばらはんとう
天明6（1786）年～天保13（1842）年
江戸時代中期の陸奥会津藩儒。
¶会津（まきばらはんとう），江文（㊥？），国書（㊥天明6（1786）年1月），人名，日人

## 牧百峰（牧百峯）　まきひゃくほう
→牧善輔（まきぜんすけ）

## 牧柾名　まきまさな
昭和4（1929）年10月11日～
昭和～平成期の教育行政学者。著書に「かがやける子どもの権利」「教育権と教育の自由」など。
¶現執1期，現執3期，現執4期

## 牧昌見　まきまさみ
昭和10（1935）年10月29日～
昭和～平成期の教育経営学者。国立教育研究所勤務。主著に「日本教員資格制度史研究」「学校経営と校長の役割」など。
¶現執1期，現執2期，現執3期，現執4期

## 槇村正直　まきむらまさなお
天保5（1834）年5月23日～明治29（1896）年4月21日
明治期の官僚、長州藩士。京都府知事、貴族院議員。京都府に学校、勧業場、授産所などを創設し、文化・産業の振興に尽力。
¶朝日（㊥天保5年5月23日（1834年6月29日）），維新，角史，教育，京都，京都大，京都府，現，現国際，国史，コン改，コン4，コン5，史人，新潮，姓氏京都，姓氏山口，伝記，日史，日人，幕末，幕末大，藩征6，山口百，履歴，歴大

## 槇山栄次　まきやまえいじ
慶応3（1867）年～昭和8（1933）年
明治～昭和期の教育学者。東京女子高等師範学校教授。教授法、教育方法論を研究。著書に「教育教授の新潮」「教授法の新研究」など。
¶秋田百，教育，札幌（㊥慶応3年4月14日），世紀（㊥慶応3（1867）年4月14日　㊦昭和8（1933）年6月12日），渡航（㊥1867年4月　㊦1933年6月12日），日人，北海道百，北海道歴，山形百

## マクワガ葉子　まくわがようこ
生没年不詳
平成期の英語教育研究者、翻訳家。
¶児人

## 馬越祐一　まこしゆういち，まごしゆういち
明治35（1902）年～昭和43（1968）年
大正～昭和期の洋画家、中学教師。
¶美家（㊥明治35（1902）年5月20日　㊦昭和43（1968）年6月30日），福井百（まごしゆうい

ち)，洋画

**孫福正**　まごふくただし
明治40(1907)年2月2日～？
大正～昭和期の教育者、植物研究家。
¶植物

**馬籠李七郎**　まごめりしちろう
嘉永5(1852)年～明治35(1902)年
江戸時代後期～明治期の教育者、地域産業教育に貢献。
¶栃木歴

**まさ(1)**
1825年～
江戸時代後期～明治時代の女性。教育。大沢忠兵衛の妻。明治5年兼房町に寺子屋を開業。
¶江表(まさ(東京都)　[生]文政8(1825)年頃)

**まさ(2)**
1856年～
江戸時代末期～明治時代の女性。教育。明治政府に開拓使九等として出仕した小林省三の娘。明治5年開業した水野てるの水交女塾で英学を教えた。
¶江表(まさ(東京都)　[生]安政3(1856)年頃)



**まさ(3)**
1843年～
江戸時代後期の女性。教育。小西欣蔵ときくの娘。万延1年寺子屋を開業。
¶江表(まさ(東京都)　[生]天保14(1843)年頃)

**マサ**
江戸時代末期の女性。教育。植村氏。文久4年、備後尾道土堂町に寺子屋を開業する。
¶江表(マサ(広島県))

**正井儀之丞**　まさいぎのじょう
慶応2(1866)年～昭和31(1956)年
明治～昭和期の教育者、「雲藩職制」の編者。
¶島根歴

**政井輝男**　まさいてるお
明治39(1906)年1月1日～平成3(1991)年5月8日
昭和・平成期の教育者。学校長。
¶飛騨

**政井亮一**　まさいりょういち
昭和11(1936)年8月3日～
昭和期の教育者。学校長。
¶飛騨

**間崎霞**　まざきかすみ
明治15(1882)年～昭和25(1950)年
明治～昭和期の軍人、教育家。
¶高知人

**間崎滄浪**　まざきそうろう，まさきそうろう
天保5(1834)年～文久3(1863)年　[別]間崎哲馬《まさきてつま》
江戸時代末期の土佐藩郷士。安積艮斎に入門、塾頭に抜擢。
¶朝日([没]文久3年6月8日(1863年7月23日))，維新(間崎哲馬　まさきてつま)，高知人(まさきそうろう)，高知百，国書(まさきそうろう　[没]文久3(1863)年6月8日)，コン改，コン4，コン5，新潮([没]文久3(1863)年6月8日)，人名(間崎哲馬　まさきてつま)，全幕(間崎哲馬　まさきてつま)，日人(まさきそうろう)，幕末([没]1863年7月18日)，幕末大([没]文久3(1863)年6月9日)，藩臣6，和俳

**正木退蔵**　まさきたいぞう
*～明治29(1896)年
江戸時代末期～明治期の教育者、外交官。東京職工学校長、公使館領事。工業教育に尽力。
¶海越([生]？　[没]明治29(1896)年4月5日)，海越新([生]弘化2(1845)年　[没]明治29(1896)年4月5日)，国際([生]？)，渡航([生]1845年)，日人([生]1846年)，幕末([生]1846年　[没]1896年12月1日)，藩臣6([生]弘化3(1846)年)

**間崎哲馬**　まさきてつま
→間崎滄浪(まざきそうろう)

**正木時雄**　まさきときお
明治15(1882)年2月27日～昭和26(1951)年4月2日
明治～昭和期の教育者。
¶群馬人

**正木直太郎**　まさきなおたろう
安政3(1856)年～昭和9(1934)年
江戸時代末期～昭和期の教育者。
¶長野百，長野歴

**正木直彦**　まさきなおひこ
文久2(1862)年10月26日～昭和15(1940)年3月2日
明治～昭和期の美術教育家、行政家。帝国美術院院長。文部省視学官、東京美術学校校長などを歴任。
¶大阪人([没]昭和15(1940)年3月)，近現，考古([生]文久2(1862)年10月　[没]昭和15(1940)年2月2日)，国史，コン改，コン5，新潮，人名7，世紀，世百，渡航，日人，履歴

**真崎平九郎**　まさきへいくろう
安政2(1855)年～大正11(1922)年
明治～大正期の教育者。
¶鳥取百

**正木正**　まさきまさし
明治38(1905)年1月1日～昭和34(1959)年9月3日
昭和期の心理学者。東北大学教授、京都大学教授。教育心理学の現場の問題と理論の統一の仕方を探求。
¶近医，現朝，現情，社史，人名7，心理，世紀，日人

**正木洋**　まさきよう
昭和6(1931)年8月2日～
昭和～平成期の高等学校教諭、市民運動家。北電誘致に疑問をもつ会代表。
¶現執2期，現人，世紀

教育篇　　　　　　　　　　753　　　　　　　　　　　　ます

真佐子(1)　まさこ★
　天保11(1840)年〜昭和2(1927)年
　江戸時代後期〜昭和時代の女性。漢詩・和歌・教育。儒者中条侍郎の養女。
　¶江表(真佐子(京都府))

真佐子(2)　まさこ★
　弘化1(1844)年〜昭和2(1927)年
　江戸時代後期〜昭和時代の女性。教育・和歌・漢詩。京都の儒者宇田淵の娘。
　¶江表(真佐子(愛媛県))

真砂長七郎　まさごちょうしちろう
　弘化2(1845)年〜明治29(1896)年
　江戸時代後期〜明治期の教育者。
　¶和歌山人

正田隆　まさだたかし
　明治22(1889)年1月1日〜昭和20(1945)年12月31日
　大正〜昭和期の教育者。
　¶岡山歴

真塩紋弥　ましおもんや
　天保9(1838)年〜明治44(1911)年
　江戸時代後期〜明治期の社会運動家。秩場騒動のときの大総代。
　¶郷土群馬，群馬人，群馬百，姓氏群馬

真境名盛徳　まじきなせいとく
　？〜
　昭和の小学校教員。沖縄教育労働者組合メンバー。
　¶社史

益子甲子之助　ましこかしのすけ
　元治1(1864)年〜昭和14(1939)年
　明治〜昭和期の社会事業家。益子塾の創立者。
　¶郷土栃木，栃木歴

真下晩菘　ましたばんしょう
　→真ト晩菘(よしもばんすう)

真下晩菘　ましたばんすう
　→真下晩菘(ましもばんすう)

真下飛泉　ましたひせん
　→真下飛泉(ましもひせん)

真篠将　ましのすすむ
　大正5(1916)年1月14日〜
　昭和期の音楽教育者。兵庫教育大学教授。
　¶音人，音人2，音人3，現執1期，現情

真篠俊男(真篠俊雄)　ましのとしお
　明治26(1893)年〜昭和54(1979)年
　昭和期の音楽理論家、教育家。東京音楽学校教授。洗足学園大学などの講師を歴任。著書に「音楽通論」がある。
　¶音楽，音人(㊍明治26年11月9日　㊼昭和54年10月1日)，群馬人(真篠俊雄)

馬島春海　まじましゅんかい
　天保12(1841)年〜明治38(1905)年11月16日

江戸時代末期〜明治時代の漢学者。騎兵隊書記を経て、萩に帰り、漢学塾晩成堂を開く。
　¶幕末，幕末大(㊍天保12(1841)年閏1月20日)

真嶋正市　ましましょういち
　明治19(1886)年〜昭和49(1974)年
　明治〜昭和期の物理学者・教育者。
　¶香川人

真下卓司　ましもたくじ
　明治20(1887)年12月2日〜昭和50(1975)年1月30日
　明治〜昭和期の教育者。
　¶群馬人

真下健　ましもたけし
　明治45(1912)年6月25日〜
　昭和期の教育者。
　¶群馬人

真下晩菘　ましもばんすう
　寛政11(1799)年〜明治8(1875)年10月17日
　㊙真下晩菘《ましたばんしょう，ましたばんすう》
　江戸時代末期〜明治期の幕臣。御留守居支配。蕃書調所調役、陸軍奉行などに累進。維新後は私塾を開く。
　¶維新，国書，人名(ましたばんしょう)，多摩(ましたばんすう)，日人，幕末(ましたばんしょう)，幕末，幕末大(ましたばんしょう)，幕末，幕末大，町田歴，山梨百

真下飛泉　ましもひせん
　明治11(1878)年10月10日〜大正15(1926)年10月25日
　㊙真下飛泉《ましたひせん》
　明治〜大正期の歌人、詩人。軍歌「戦友」を発表し、日本軍歌を一大革新した。
　¶京都大，京都府，京都文，近文，芸能，現詩，詩歌(ましたひせん)，児文，新潮(㊍明治11(1878)年10月15日　㊼大正15(1926)年10月15日)，人名(ましたひせん)，世紀，日児，日人(㊍明治11(1878)年10月15日)

増山雪斎　ましやませっさい
　→増山雪斎(ますやませっさい)

増山均　ましやまひとし
　昭和23(1948)年1月1日〜
　昭和〜平成期の児童福祉学者。著書に「子ども研究と社会教育」「地域づくりと子育てネットワーク」など。
　¶現執2期，現執3期，現執4期

増山真緒子　ましやままおこ
　昭和24(1949)年1月15日〜
　昭和〜平成期の英語教師。河合塾で英語を担当。共著書に「ことばが誕生するとき—言語・情動・関係」。
　¶現執3期

増山正賢　ましやままさかた
　→増山雪斎(ますやませっさい)

ます(1)
　江戸時代末期の女性。教育。松前藩藩士横井氏の

家族。文久2年～明治1年まで6年間、読み書きを教えた。
¶江表（ます（北海道））

**ます(2)**
1855年～
江戸時代末期の女性。教育。医師松村闇晴の娘。
¶江表（ます（東京都）　[生]安政2（1855）年頃）

**マス**
江戸時代末期の女性。教育。覚真寺徹英の妻。片諏訪村で元治1年寺子屋を開業する。
¶江表（マス（熊本県））

**満寿(1)　ます★**
1816年～
江戸時代後期の女性。教育。花輪氏。
¶江表（満寿（東京都）　[生]文化13（1816）年頃）

**満寿(2)　ます★**
1833年～
江戸時代後期の女性。教育。刀根立石の妻。
¶江表（満寿（東京都）　[生]天保4（1833）年頃）



**増井勝之　ますいかつゆき**
享保6（1721）年～安永2（1773）年　[別]増井玄覧《ますいげんらん》
江戸時代中期の豊前小倉藩士、儒学者。
¶国書（増井玄覧　ますいげんらん　[没]安永2（1773）年8月8日），人名（増井玄覧　ますいげんらん），日人（増井玄覧　ますいげんらん），藩臣7

**増井玄覧　ますいげんらん**
→増井勝之（ますいかつゆき）

**増岡広海　ますおかひろみ**
文化6（1809）年～明治26（1893）年4月18日
江戸時代末期～明治期の寺子屋師匠、歌人、国学者。
¶埼玉人

**馬杉雲外　ますぎうんがい**
天保4（1833）年～明治32（1899）年
江戸時代末期～明治期の漢詩人。
¶日人

**馬杉繋　ますぎけい**
天保4（1833）年～明治32（1899）年
江戸時代末期～明治期の詩人、行政官。和漢学の私塾、温知塾を開設。著に「三器略伝」「続日本外史」など。
¶人名

**馬杉七郎　ますぎしちろう**
明治39（1906）年10月18日～昭和63（1988）年12月2日
大正～昭和期の漢詩人、教育者。
¶滋賀文

**増子　ますこ★**
江戸時代末期の女性。和歌。筑後本柳小路の柳川藩士で同藩文武館教授寮頭、のち、助教兼寺社方安武厳丸の妻。文久2年刊、夫厳丸編『柳河百家集』に載る。
¶江表（増子（福岡県））

**満寿子　ますこ★**
文政6（1823）年～明治34（1901）年
江戸時代後期～明治時代の女性。教育・書簡・和歌・紀行文。連雀の商家坂本茂介の娘。
¶江表（満寿子（山梨県））

**増子喜一郎　ますこきいちろう**
慶応1（1865）年～大正13（1924）年
明治～大正期の教育家。早稲田中学校創立に参画し創立事務、経営、学生の養成に尽力。
¶人名，世紀（[生]慶応1（1865）年11月2日　[没]大正13（1924）年2月11日），日人

**増島蘭園　ますじまらんえん**
明和6（1769）年～天保10（1839）年
江戸時代中期～後期の漢学者。昌平黌に学ぶ。
¶朝日（[生]明和6年10月13日（1769年11月10日）　[没]天保10年9月4日（1839年10月10日）），江文，近世，国史，国書（[生]明和6（1769）年10月13日　[没]天保10（1839）年9月4日），新潮（[生]明和6（1769）年10月13日　[没]天保10（1839）年9月4日），人名，日人，洋学

**増島六一郎　ますじまろくいちろう**
安政4（1857）年6月～昭和23（1948）年11月13日
明治～昭和期の弁護士、法学者。イギリスに留学し法律学を修める。英吉利法律学校（後の中央大学）創立に参画。
¶海越，海越新，学校，現情，国際，人名7，世紀，渡航，日人

**増田永修　ますだえいしゅう**
明治28（1895）年11月22日～昭和53（1978）年4月15日
大正～昭和期の教育者。
¶富山百，富山文

**増田悦子　ますだえつこ**
昭和20（1945）年～
昭和～平成期の小学校教師、児童文学作家。
¶児人

**増田岳陽　ますだがくよう**
文政8（1825）年～明治32（1899）年
江戸時代末期～明治時代の武士。家老。史学、武道に優れ、藩校日知館の教授を経て家老となる。廃藩後、高等師範学校教授。
¶静岡歴，姓氏静岡，幕末，幕末大

**増田貫一　ますだかんいち**
明治41（1908）年1月16日～昭和50（1975）年12月4日
昭和期の教育文化運動家、労働運動家。日本労働組合全国協議会教育労働部神奈川支部責任者。
¶社運，社史，平和

**増田玄次郎　ますだげんじろう**
元治1（1864）年8月8日～大正11（1922）年5月7日
明治～大正期の教育者。
¶埼玉人，埼玉百

**増田周吉** ますだしゅうきち
明治9(1876)年〜昭和19(1944)年
明治〜昭和期の教育者。
¶神奈川人

**増田紫陽** ますだしよう
文化13(1816)年12月29日〜明治33(1900)年
江戸時代末期〜明治期の漢学者。
¶国書(㊥明治33(1900)年11月29日), 人名, 日人(㊤1817年)

**増田信一** ますだしんいち
昭和8(1933)年〜
昭和期の中学校教師、評論家。日本読書学会常任理事、日本教育学会理事。
¶児人

**増田孝雄** ますだたかお
大正15(1926)年11月14日〜
昭和〜平成期の教育問題専門家。昭和49年の東京都教職員組合による春闘全国統一ストを企画・指導。著書に「教育はよろこび」など。
¶現執2期, 現執3期

**増田孝** ますだたかし
明治37(1904)年3月31日〜平成11(1999)年11月20日
昭和期の学校創立者。折尾女子学園を創設。
¶学校

**増田近一** ますだちかいち
明治22(1889)年3月〜昭和6(1931)年5月
大正〜昭和期の教育者。小学校長。
¶島根百, 島根歴

**益田親孚** ますだちかさね
文化10(1813)年〜明治32(1899)年
江戸時代末期〜明治期の長州(萩)藩士、教育者。
¶人名

**増田長人** ますだちょうにん
明治19(1886)年11月〜
明治・大正期の教育者。
¶北海道建

**増田勉** ますだつとむ
大正5(1916)年1月2日〜平成19(2007)年8月21日
昭和期の洋画家。
¶美家, 平和

**増谷かめ** ますたにかめ
文久2(1862)年3月10日〜昭和14(1939)年1月23日
江戸時代末期〜昭和期の女子教育家。増谷裁縫女学校校長。
¶学校

**増谷くら** ますたにくら
明治29(1896)年7月28日〜昭和57(1982)年3月5日
大正〜昭和期の教育者。増谷式和裁教育に尽力。戦後教授副学院長などを歴任。
¶学校, 女性, 女性普, 世紀, 日人, 兵庫百

**増田実** ますだみのる
明治39(1906)年11月23日〜
昭和期の小学校教員。
¶社史

**益田元甫** ますだもとほ
大正4(1915)年〜平成2(1990)年
昭和〜平成期の教師。作曲家。
¶姓氏鹿児島

**益田元道** ますだもとみち
元禄15(1702)年〜寛保2(1742)年
江戸時代中期の毛利藩永代家老。郷校育英館を開設。
¶姓氏山口

**増田ユリヤ** ますだゆりや
昭和39(1964)年〜
平成期のリポーター、ディレクター、高等学校講師。
¶YA

**増戸てつ子** ますとてつこ
安政4(1857)年〜大正4(1915)年
明治〜大正期の教育者。
¶山形百

**益永忠雄** ますながただお
慶応2(1866)年〜昭和17(1942)年
明治〜昭和期の教育者。
¶大分歴

**増淵穣** ますぶちじょう
→増淵穣(ますぶちみのる)

**鱒淵昇** ますぶちのぼる
大正5(1916)年6月20日〜昭和60(1985)年6月30日
昭和期の体育科教育学者。
¶埼玉人

**増淵穣** ますぶちみのる
明治40(1907)年8月15日〜昭和55(1980)年
㊳増淵穣《ますぶちじょう》
昭和期の教育運動家。日本教育労働者組合を結成。
¶コン改, コン4, コン5, 社運(ますぶちじょう), 世紀, 日人, 日本, 平和

**増淵幸男** ますぶちゆきお
昭和20(1945)年9月24日〜
昭和〜平成期の教育学者。著書に「教育学の論理」「ヤスパースの教育哲学研究」など。
¶現執3期

**増村王子** ますむらきみこ
大正2(1913)年1月25日〜
昭和期の読書運動家。小学校教員、日本子どもの本研究会会長。読書教育の理論化を行う。著書に「本とわたしと子どもたち」など。
¶現執1期, 児作, 児人(㊤1919年), 児文, 世紀, 日児

**増村度次** ますむらたくじ
明治1(1868)年9月〜昭和17(1942)年5月18日

江戸時代末期～昭和期の教育家。有恒学舎舎主。
¶学校，世紀，新潟人（[没]？），日人

**増村朴斎**　ますむらぼくさい
明治1（1868）年～昭和17（1942）年
明治～昭和期の教育家。
¶新潟百

**増茂丁林**　ますもていりん
文化3（1806）年～明治25（1892）年
江戸時代後期～明治期の教育者。東小保方村議会議員。
¶姓氏群馬

**桝本楳子**　ますもとうめこ
明治25（1892）年～平成4（1992）年
大正～平成期の書道教育家。
¶山形百新

**増山雪斎**　ますやませっさい
宝暦4（1754）年～文政2（1819）年1月29日　[別]増山正賢《ましやままさかた，ますやままさかた》，増山雪斎《ましやませっさい》
江戸時代中期～後期の大名。伊勢長島藩主。
¶朝日（ましやませっさい　[生]宝暦4年10月14日（1754年11月27日）　[没]文政2年1月29日（1819年2月23日）），近世（ましやませっさい　[生]1745年），国史（ましやませっさい），国書（増山正賢　ましやままさかた　[生]宝暦4（1754）年10月14日），コン改，コン4，史人（ましやませっさい　[生]1754年10月14日），諸系（増山正賢　ましやままさかた），新潮，人名，茶道（増山正賢　ますやままさかた），日史（ましやませっさい），日人（増山正賢　ましやままさかた），藩主3（増山正賢　ましやままさかた　[生]宝暦4（1754）年10月14日），美術，百科，名画，和俳

**増山正賢**　ますやままさかた
→増山雪斎（ますやませっさい）

**間瀬勘作**　ませかんさく
明治18（1885）年～平成1（1989）年
明治～昭和期の教育者。
¶姓氏愛知

**柵木鴻堂**　ませきこうどう
明治39（1906）年～昭和30（1955）年
大正・昭和期の書家、教育者。
¶群新百

**間瀬正次**　ませまさつぐ
大正1（1912）年9月1日～
昭和期の教育学者。大東文化大学教授。
¶現執1期，現執2期

**股野達軒**　またのたっけん，またのたつけん
文化13（1816）年～明治27（1894）年
江戸時代後期～明治期の儒学者。
¶国書（[生]文化13（1816）年8月11日　[没]明治27（1894）年2月19日），人名（[生]1815年），日人，藩臣5（またのたつけん）

**俣野時中**　またのときなか
安政4（1857）年4月4日～明治45（1912）年4月21日
江戸時代末期～明治期の教育者。
¶庄内

**真玉橋朝英**　まだんばしちょうえい
明治29（1896）年7月29日～昭和49（1974）年5月18日
大正～昭和期の教育者。
¶沖縄百

**まち**
江戸時代後期～明治時代の女性。教育。大塚政策の妻。元文年間小松原剛治が開業した信古堂6代目塾主となった夫を支える。
¶江表（まち（東京都））

**町田歌吉**　まちだうたきち
明治4（1871）年～昭和7（1932）年
明治～昭和期の教育・地方自治功労者。
¶姓氏長野

**町田菊次郎**　まちだきくじろう
嘉永3（1850）年～大正6（1917）年
明治～大正期の蚕糸業者。改良進歩をはかり功績をあげた。
¶郷土群馬，群馬人，群馬百，人名（[生]？），世紀（[没]大正6（1917）年4月2日），姓氏群馬，日人

**町田金作**　まちだきんさく
明治37（1904）年～昭和46（1971）年
昭和期の教育者。
¶群馬人

**町田源三郎**　まちだげんざぶろう
大正3（1914）年11月5日～昭和49（1974）年8月17日
昭和期の美術教育・洋画家（水彩画家）。
¶埼玉人

**町田則文**　まちだそくぶん
→町田則文（まちだのりふみ）

**町田猛郎**　まちだたけしろう
→町田猛郎（まちだたけろう）

**町田猛郎**　まちだたけろう
安政3（1856）年～大正5（1916）年6月8日　[別]町田猛郎《まちだたけしろう》
明治期の質屋、姫路市議会議員、衆議院議員。
¶社史（[生]安政3年2月（1856年3～4月）），兵庫人（まちだたけしろう　[生]安政3（1856）年2月）

**町田則文**　まちだのりふみ
安政3（1856）年～昭和4（1929）年11月23日　[別]町田則文《まちだそくぶん》
明治期の教育家。茨城第二中学校校長。茨城教育協会の創立に参加。教育論文「明治国民教育史」を著す。
¶教育（まちだそくぶん），視覚（[生]安政3（1856）年11月25日），世紀（[生]安政3（1856）年11月25日），日人，幕末

**町田梅屋** まちだばいおく
文政5(1822)年～明治15(1882)年
江戸時代末期～明治期の漢学者。
¶高知人([生]1823年), 高知百, 人名, 日人

**町田武太郎** まちだぶたろう
明治17(1884)年10月10日～昭和43(1968)年3月6日
明治～昭和期の教育者。
¶埼玉人

**町田元之助** まちだもとのすけ
文久2(1862)年12月12日～昭和10(1935)年3月6日
明治～昭和期の教育者・政治家。
¶埼玉人

**町田守弘** まちだもりひろ
昭和26(1951)年7月5日～
昭和～平成期の研究者。早稲田大学教育学部教授。専門は、国語教育。
¶現執4期

**町田亘** まちだわたる
天保4(1833)年～明治21(1888)年
江戸時代末期・明治期の教育者。
¶愛媛

**町原熙麿** まちはらひろまろ
文化12(1815)年～明治23(1890)年
江戸時代末期～明治期の漢学者。
¶日人

**町村信孝** まちむらのぶたか
昭和19(1944)年10月17日～
昭和～平成期の政治家。衆議院議員、外相、第1代文科相。
¶現政

**まつ**
1816年～
江戸時代後期～明治時代の女性。教育。宮本氏。明治3年浅草に寺子屋陽泉堂を開業。
¶江表(まつ(東京都) [生]文化13(1816)年頃)

**松井恵戒** まついえかい
明治14(1881)年11月13日～昭和39(1964)年2月15日
明治～昭和期の教育家、宗教家。
¶岡山百, 岡山歴

**松井円戒** まついえんかい
大正3(1914)年3月20日～昭和62(1987)年8月24日
昭和期の教育者・僧侶。
¶岡山歴

**松井河楽** まついからく
寛永20(1643)年～享保13(1728)年
江戸時代前期～中期の儒学者。
¶岡山人, 岡山百, 岡山歴, 国書, 人名, 日人

**松井渙斎** まついかんさい
文化3(1806)年～安政1(1854)年
江戸時代末期の詩人。
¶江文, 国書([生]文化3(1806)年10月 [没]嘉永7(1854)年2月13日), 人名, 日人

**松井簡治** まついかんじ
文久3(1863)年～昭和20(1945)年9月26日
明治～昭和期の国文学者、教育者。東京文理科大学教授。二十余年を要し、共著「大日本国語辞典」を完成、修訂。
¶郷土千葉, 現朝([生]文久3年5月18日(1863年7月3日)), 現情([生]文久3(1863)年5月18日), コン改, コン4, コン5, 新潮([生]文久3(1863)年5月18日), 人名7, 世紀([生]文久3(1863)年5月18日), 全書, 大百, 千葉百([没]昭和20(1945)年9月), 日人

**松生利直** まついけとしなお
明治31(1898)年12月15日～昭和63(1988)年12月8日
大正～昭和期の僻地教育者。
¶岩手人, 姓氏岩手

**松井健蔵** まついけんぞう
文化3(1806)年～安政1(1854)年2月
江戸時代後期～末期の教育者。「松声堂」教授。
¶山梨百

**松井耕雪** まついこうせつ
文政2(1819)年～明治18(1885)年5月12日
江戸時代末期～明治期の豪商。藩校立教館を創設し、数学の振興に努め、府中製産役所を興し、物産品の輸出に尽力。
¶維新, 郷土福井, 人名, 日人, 幕末, 幕末大([生]文政2(1819)年3月13日)

**松石弌平** まついしいっぺい
明治25(1892)年～
大正～昭和期の教育家。
¶郷土奈良

**松井繁** まついしげる
昭和23(1948)年3月23日～
昭和期の教育者。
¶視覚

**松井省吾** まついしょうご
明治38(1905)年～昭和50(1975)年
昭和期の教育者。
¶神奈川人, 姓氏神奈川

**松井庄五郎** まついしょうごろう
明治2(1869)年12月～昭和6(1931)年11月29日
明治～昭和期の融和運動家。大和同志会を結成、全国各地の同志会結成を呼びかけた。教育や生活改善事業に関与。
¶朝日, 社史, 真宗([生]明治2(1869)年12月23日), 世紀([生]明治2(1870)年12月), 日史, 日人([生]明治2(1870)年12月)

**松井専松** まついせんしょう
明治14(1881)年～昭和18(1943)年
明治～昭和期の羽咋郡第一部小学校教員集会副会長。

¶姓氏石川

**松井斌二** まついたけじ
天保2(1831)年～大正5(1916)年
江戸時代末期～大正期の教育家。旧藩主小笠原家の旧記取調の仕事に従事。「御当家末書」全十六巻の校訂を完成。
¶藩臣7

**松井田靏子** まついたずこ
→松井田靏子(まついたづこ)

**松井田靏子** まついたづこ,まついたずこ
明治44(1911)年2月16日～
昭和期の教育者。
¶群馬人(まついたずこ)

**松井恒子** まついつねこ
昭和3(1928)年～昭和57(1982)年1月3日
昭和期の労働運動家。愛知県教員組合婦人部長。
¶女性,女性普

**松井豊吉** まついとよきち
明治2(1869)年～昭和21(1946)年
明治～昭和期の静岡県盲学校創立者。
¶静岡歴,姓氏静岡

ま

**松井直吉** まついなおきち
安政4(1857)年6月25日～明治44(1911)年2月1日
明治期の化学者、教育行政家。東京帝国大学教授。東京化学会会長、文部省局長などを歴任。
¶朝日([生]安政4年6月25日(1857年8月14日)),海越新,科学,岐阜百,郷土岐阜,近現,国史,史人,新潮,人名,全書,大百,渡航([生]1867年6月25日　[没]1911年1月31日),日人,日本([没]明治44(1991)年),履歴,歴大

**松井永賜** まついながます
天保元(1830)年～明治32(1899)年
明治期の教育者。
¶御殿場

**松井正夫** まついまさお
明治31(1898)年～昭和31(1956)年
大正～昭和期の新潟高等学校(旧制)最後の校長・新潟大学理学部初代学部長。
¶新潟百

**松井勝** まついまさる
大正8(1919)年5月30日～
昭和～平成期の音楽教育者、ピアニスト。
¶音人2

**松井万蔵** まついまんぞう
明治7(1874)年～昭和6(1931)年
明治～昭和期の教育家。
¶郷土奈良

**松井幹夫** まついみきお
昭和2(1927)年～
昭和～平成期の中学校教諭、高等学校教諭。
¶児人,世紀,YA

**松井元興** まついもとおき
明治6(1873)年12月25日～昭和22(1947)年5月24日
明治～昭和期の渡航者。
¶科学,京都大,姓氏京都,渡航,日人,福岡百

**松井百太郎** まついももたろう
元治1(1864)年～昭和7(1932)年
明治～昭和期の大日本武徳会範士。警視庁などで柔剣道を教授する。
¶人名,世紀([没]昭和7(1932)年8月16日),日人

**松井弓夫** まついゆみお
昭和7(1932)年1月25日～
昭和期の教育者。
¶飛騨

**松井義彰** まついよしあき
生没年不詳
江戸時代中期～後期の儒学者。
¶日人,宮崎百

**松浦詮** まつうらあきら
→松浦詮(まつらあきら)

**松浦一秀** まつうらいっしゅう
明治20(1887)年～昭和22(1947)年
明治～昭和期の僧、社会教育家。
¶島根歴

**松浦清** まつうらきよし
→松浦静山(まつらせいざん)

**松浦栄** まつうらさかえ
*～平成2(1990)年
大正～平成期の行政官、法学者。
¶札幌([生]明治13年7月1日),北海道歴([生]明治33(1900)年)

**松浦鎮次郎** まつうらしげじろう
明治5(1872)年1月10日～昭和20(1945)年9月28日　[別]松浦鎮次郎《まつうらしずじろう,まつうらちんじろう》
大正～昭和期の官僚。貴族院議員、文相。文部次官、京城帝国大学総長、九州帝国大学総長などを歴任。
¶愛媛(まつうらちんじろう),愛媛百(まつうらちんじろう),教育,郷土愛媛(まつうらちんじろう),コン改,コン5,新潮,人名7,世紀,政治,渡航,日人,履歴(まつうらしずじろう),履歴2(まつうらしずじろう)

**松浦鎮次郎** まつうらしずじろう
→松浦鎮次郎(まつうらしげじろう)

**松浦昇平** まつうらしょうへい
?　～昭和48(1973)年10月17日
昭和期の教育者。学校創立者。松蔭女学校を設立。
¶学校

**松浦寿恵子** まつうらすえこ
明治37(1904)年～昭和9(1934)年9月21日
大正～昭和期の教育者。京都市淳和尋常高等小学校教員。室戸台風で校舎が倒壊した際に殉職。

¶岡山人，岡山歴，京都大，女性，女性普，世紀，姓氏京都，日人

**松浦静山** まつうらせいざん
→松浦静山（まつらせいざん）

**松浦善太郎** まつうらぜんたろう
文久3（1863）年11月～大正2（1913）年8月5日
明治～大正期の盲唖教育者。
¶岡山人，岡山歴

**松浦泰次郎** まつうらたいじろう
明治5（1872）年11月20日～昭和28（1953）年12月12日
明治～昭和期の実業家。広島市に缶詰工場を建設、軍用品として採用された。広島盲学校、広島聾唖学校を設立。
¶世紀，日人，広島百

**松浦鎮次郎** まつうらちんじろう
→松浦鎮次郎（まつうらしげじろう）

**松浦篤所** まつうらとくしょ
天明1（1781）年～文化10（1813）年
江戸時代後期の儒学者。
¶国書（[没]文化10（1813）年9月7日），人名，日人

**松浦寅三郎** まつうらとらさぶろう
慶応2（1866）年8月4日～昭和22（1947）年1月15日
江戸時代末期～昭和期の教育行政官。
¶庄内，履歴，履歴2

**松江** まつえ
寛政8（1796）年～文化10（1813）年12月8日 [別]烈女松江《れつじょまつえ》
江戸時代後期の女性。婦女教育の模範とされた。
¶愛媛百（烈女松江 れつじょまつえ）

**松岡明義** まつおかあきよし
文政9（1826）年5月～明治23（1890）年6月22日
江戸時代末期～明治期の有職故実家。女子師範学校、皇典講究所の教授を務め、東京大学御用掛となる。著書に「差貫考」など。
¶朝日，江文，弓道，近現，近世，国史，国書，神史，神人，人名，日人

**松岡紋子** まつおかあやこ
昭和5（1930）年～
昭和期の政治家。静岡県議会議員。女性教師の地位向上を目指す。
¶静岡女

**松岡巌** まつおかいわお
大正1（1912）年～昭和51（1976）年
昭和期の教育者。
¶香川人

**松岡円平** まつおかえんぺい
文化5（1808）年～慶応1（1865）年
江戸時代後期～末期の文筆家・俳人。花巻城郷学の学頭。
¶姓氏岩手

**松岡喝山** まつおかかつさん
明治9（1876）年～昭和9（1934）年
明治～昭和期の臨済宗大学学長。
¶姓氏愛知

**松岡勝彦** まつおかかつひこ
明治8（1875）年～昭和14（1939）年
明治～昭和期の教育者。経営者。
¶熊本人

**松岡毅軒** まつおかきけん
→松岡時敏（まつおかときとし）

**松岡小鶴** まつおかこつる
文化3（1806）年～明治6（1873）年10月15日
江戸時代末期～明治期の医師。婿を迎えたが父と折り合いが悪く離婚、書物で医を学び女医として開業。
¶朝日，女性，女性普，人名，日人

**松岡重三郎** まつおかじゅうざぶろう
明治33（1900）年～昭和56（1981）年
大正～昭和期の教育者。
¶群馬人

**松岡重四郎** まつおかじゅうしろう
生没年不詳
江戸時代後期～明治期の教育者。
¶姓氏群馬

**松岡修太郎** まつおかしゅうたろう
明治29（1896）年12月29日～昭和60（1985）年1月26日
大正・昭和期の教育者。
¶岩手人

**松岡節** まつおかせつ
昭和7（1932）年～
昭和期の放送教育家、童話作家。
¶児人

**松岡忠一** まつおかちゅういち
明治14（1881）年～昭和44（1969）年6月7日
明治～昭和期の農学者、教育家。
¶岩手人

**松岡時敏** まつおかときとし
文化11（1814）年～明治10（1877）年11月6日
[別]松岡毅軒《まつおかきけん》
江戸時代後期～明治期の儒学者。
¶維新，高知人（松岡毅軒 まつおかきけん），高知百（松岡毅軒 まつおかきけん），国書（松岡毅軒 まつおかきけん [生]文化11（1814）年12月26日），コン5，人名，日人（松岡毅軒 まつおかきけん [生]1815年），幕末（松岡毅軒 まつおかきけん），藩臣6（松岡毅軒 まつおかきけん）

**松岡利紀** まつおかとしのり
弘化1（1844）年～明治40（1907）年
明治期の教育者。
¶神奈川人

**松岡登波** まつおかとなみ
　明治期の教育者。共立女子職業学校（後の共立女子学園）の設立に関わる。
　¶学校

**松岡寿** まつおかひさし
　文久2(1862)年2月5日～昭和19(1944)年4月28日
　明治～昭和期の洋画家、美術教育家。東京高等工芸校長。明治美術会結成に参加。作品に「ベルサリエーレの歩哨」。
　¶海越（㊥昭和19(1944)年4月20日）、海越新（㊥昭和19(1944)年4月20日）、岡山、岡山人、岡山百、岡山歴、近現、近美、国史、コン改（㊥1943年）、コン5、史人、新潮、人名7、世紀、世百、全書、大百、渡航、日人、美家、美術、名画、洋画

**松岡弘** まつおかひろし
　昭和13(1938)年12月14日～
　昭和～平成期の健康・保健教育研究者。
　¶現執1期、現執4期

**松岡弘** まつおかひろむ
　明治23(1890)年～昭和58(1983)年3月8日
　明治～昭和期の教育者。信濃教育会会長、日本連合教育会会長。
　¶郷土長野、世紀、姓氏長野、長野歴、日人（㊥明治23(1890)年12月19日）

**松岡フジ** まつおかふじ
　安政3(1856)年～大正7(1918)年
　明治～大正期の篤行家。
　¶姓氏山口、山口百

**松岡正男** まつおかまさお
　明治13(1880)年2月8日～昭和19(1944)年10月28日
　大正期の新聞記者、教育者。大阪毎日新聞経済部長、京城日報社社長。
　¶青森人、社史

**松岡昌幸** まつおかまさゆき
　昭和32(1957)年6月20日～
　昭和～平成期の異文化カウンセラー、留学カウンセラー、作家。REF留学教育フォーラム代表理事、高校留学フォーラム代表理事、留学協会理事。専門は、留学教育、留学全般の研究。
　¶現執4期

**松岡みち子**（松岡美知子）　まつおかみちこ
　天保3(1832)年～明治44(1911)年
　江戸時代末期～明治期の教育家。私立中山女学校長。
　¶女性普（松岡美知子　㊋天保3(1832)年11月15日　㊥明治44(1911)年2月）、日人

**松岡美知子**（松岡道子）　まつおかみちこ
　天保3(1832)年11月15日～明治44(1911)年2月
　江戸時代末期～明治期の教育家。私立中山女学校長。広島の私立中山女学校で校主を助け、校運を開拓し校長となる。
　¶女性、人名（松岡道子）

**松岡康毅** まつおかやすこわ
　→松岡康毅（まつおかやすたけ）

**松岡康毅** まつおかやすたけ
　弘化3(1846)年6月23日～大正12(1923)年9月1日
　㊥松岡康毅《まつおかやすこわ》
　明治～大正期の法曹家、政治家。農商務大臣、貴族院議員。検事総長、内務次官などを歴任。日本法律学校を再興。男爵。
　¶朝日（㊋弘化3年6月23日(1846年8月14日)）、海越新、近現、国史、史人（まつおかやすこわ）、人名、世紀、徳島百、徳島歴（㊋弘化3(1846)年6月）、渡航（㊥1923年9月）、日人、幕末、明治1、履歴

**松岡隣** まつおかりん
　文政3(1820)年～明治31(1898)年1月19日
　江戸時代末期～明治期の蘭学者。岡山本藩に出仕、兵学館で兵学・砲術を教授、のち新政府に出仕。
　¶維新、岡山人、岡山百（㊋文政3(1820)年1月7日）、岡山歴、人名、日人、幕末、幕末大（㊋文政3(1820)年1月7日）

**松岡蘆堤**（松岡芦堤）　まつおかろてい
　文化12(1815)年～明治19(1886)年6月22日
　江戸時代末期～明治期の教育家。漫遊を好み、九州から東北まで足跡は全国にわたる。福山で私塾を開き、徒弟を指導。
　¶国書（㊋文化12(1815)年2月15日）、人名（松岡芦堤）、日人、幕末、幕末大（㊋文化12(1815)年2月15日）

**松尾治左衛門** まつおじざえもん
　嘉永2(1849)年～明治42(1909)年
　江戸時代後期～明治期の教育・逓通信事業に貢献。
　¶青森人

**松尾周蔵** まつおしゅうぞう
　安政3(1856)年9月16日～明治25(1892)年2月11日
　江戸時代末期～明治期の教育者。
　¶岡山人、岡山歴

**松尾伸三郎** まつおしんさぶろう
　昭和16(1941)年～
　昭和～平成期の教師、童話作家。
　¶児人

**松尾長造** まつおちょうぞう
　明治24(1891)年5月～？
　明治～昭和期の文部官僚。
　¶心理

**松尾禎吉** まつおていきち
　明治34(1901)年～昭和61(1986)年
　大正～昭和期の全国町村教育長会会長。
　¶青森人

**松尾禎作** まつおていさく
　明治26(1893)年2月22日～昭和35(1960)年3月23日
　昭和期の地方史研究家。佐賀大学講師。佐賀県史を研究。

¶郷土，考古，佐賀百，史研，世紀，日人

**松尾洞軒** まつおどうけん
文政8(1825)年～安政6(1859)年
江戸時代後期～末期の医師，私塾師匠。
¶島根歴

**松尾俊応** まつおとしお
明治11(1878)年～昭和37(1962)年
明治～昭和期の教育者・僧侶。
¶群馬人

**松尾利信** まつおとしのぶ
明治30(1897)年10月25日～昭和57(1982)年10月5日
昭和期の口演童話家，教育者。
¶日児

**松尾俊郎** まつおとしろう
明治30(1897)年8月19日～昭和54(1979)年7月20日
明治～昭和期の地理学者。
¶現情，佐賀百，世紀，日人

**松尾弘** まつおひろし
明治39(1906)年～
昭和期の中学校教員。
¶社史

**松尾造酒蔵** まつおみきぞう
明治23(1890)年3月1日～昭和60(1985)年1月20日
大正～昭和期の牧師，教育者。女子神学校校長，横須賀学院院長。
¶キリ

**松尾安次郎** まつおやすじろう
明治16(1883)年～昭和15(1940)年
明治～昭和期の教育者。
¶青森人

**松尾弥太郎** まつおやたろう
明治44(1911)年12月18日～平成1(1989)年3月14日
昭和期の読書運動家。全国学校図書館協議会事務局長，学校図書館ブックセンター理事長。短大などの講師として司書教諭を養成。著書に「本を読む子・読まない子」など。
¶現執1期，児人，児文，世紀，日人

**松尾幽蘭** まつおゆうらん
文政1(1818)年～明治26(1893)年
江戸時代後期～明治期の女性。私塾師匠，松尾洞軒の妻。
¶島根歴

**松尾吉哉** まつおよしや
明治15(1882)年～？
明治～大正期の教育者。
¶姓氏岩手

**松尾亮平** まつおりょうへい
明治34(1901)年11月23日～昭和46(1971)年10月30日

昭和期の新聞人。朝日新聞大阪本社編集局長、日刊スポーツ新聞大阪本社長。朝日新聞社を経てスポーツ紙の経営に従事。一方で大阪市教育委員を務める。
¶大阪人（㉒昭和46(1971)年10月），現情，人名7，世紀，日人

**松家昇一** まつかしょういち
大正1(1912)年12月26日～昭和47(1972)年6月16日
昭和期の女子教育功労者。
¶徳島歴

**松香洋子** まつかようこ
昭和17(1942)年5月17日～
昭和～平成期の英語教育者。松香フォニックス研究所・英語教室代表。著書に「娘と私の英語留学記」「英語、好きですか」など、その他フォニックス関係論文多数。
¶現執3期，現執4期

**松川磐根** まつかわいわね
嘉永1(1848)年～明治40(1907)年
江戸時代後期～明治期の地方政治家・教育者。
¶姓氏岩手

**松川滋安** まつかわしげやす
文化9(1812)年～明治8(1875)年
江戸時代後期～明治期の藩校撲奮場の設立者。
¶姓氏岩手

**松木弘安**（松木弘庵） まつきこうあん
→寺島宗則（てらしまむねのり）

**松木輝殷** まつきてるしげ
天保14(1843)年～明治44(1911)年9月
江戸時代後期～明治期の藤村式学校建築の創始者。
¶山梨百

**松木俊章** まつきとしあき
文化1(1804)年～嘉永1(1848)年
江戸時代後期の国学者。
¶人名，日人

**松木魯堂** まつきろどう
天明5(1785)年～天保9(1838)年　㊿松本魯堂《まつもとろどう》
江戸時代後期の出羽米沢藩士。
¶国書（松本魯堂　まつもとろどう　㉒天保9(1838)年10月24日），日人（松本魯堂　まつもとろどう），藩臣1

**松隈謙** まつくまけん
天保3(1832)年～明治25(1892)年
江戸時代末期～明治時代の教育家。藩校集成館の教授を経て、維新後は漢学二等教師に任じられ、私塾も開く。
¶神奈川人，幕末，幕末大

**松坂忠則**（松阪忠則） まつさかただのり，まつざかただのり
明治35(1902)年1月20日～昭和61(1986)年3月2日
大正～昭和期の国語学者、児童文学者。カナモジ

やカナ・タイプの普及に尽力。作品に「山の王者」など。
¶近文, 現執1期, 現情, 児文（松阪忠則）, 世紀, 日児（まつざかただのり）, 日人, 民学（まつざかただのり）

**松崎庚子良** まつざきこうしろう
明治33（1900）年5月20日～昭和51（1976）年2月5日
大正～昭和期の学校創設者。
¶埼玉人

**松崎慊堂** まつざきこうどう
明和8（1771）年9月27日～天保15（1844）年4月21日
江戸時代後期の儒学者、遠江掛川藩儒。
¶朝日（㊤明和8年9月27日（1771年11月3日）㊦弘化1年4月21日（1844年6月6日）), 岩史, 江戸, 江文, 角史, 近世, 熊本百, 国史, 国書, コン改, コン4, 詩歌, 詩代, 史人, 静岡歴, 重要, 人書94, 新潮（㊤明和8（1771）年9月28日), 人名, 姓氏静岡, 世人, 世百, 全書, 大百, 日思, 日史, 日人, 藩臣4, 百科, 歴大, 和俳

**松崎蔵六** まつざきぞうろく
→松崎量平（まつざきりょうへい）

**松崎利雄** まつざきとしお
昭和8（1933）年～平成17（2005）年3月
昭和～平成期の高校教諭、著述家。
¶児人, 数学

**松崎友三郎** まつざきともさぶろう
明治27（1894）年～昭和50（1975）年
大正～昭和期の教育者、政治家。小学校長、八川村村長。
¶島根歴

**松崎博** まつざきひろし
昭和22（1947）年7月25日～
昭和～平成期の英会話教育者。アメリカンハウス代表。著書に「英会話たったの90日」「松崎の体験的英語征服法」など。
¶現執3期, 現執4期

**松崎運之助** まつざきみちのすけ
昭和20（1945）年11月5日～
昭和～平成期の中学校教師。専門は、生涯教育、人権教育、多文化共生教育。
¶現執4期

**松崎量平** まつざきりょうへい
文政10（1827）年～明治38（1905）年　㊄松崎蔵六《まつざきぞうろく》
江戸時代後期～明治期の伊那地方の教育功労者。
¶姓氏長野（松崎蔵六　まつざきぞうろく）, 長野歴

**松沢一鶴** まつざわいっかく
明治33（1900）年9月7日～昭和40（1965）年1月10日
昭和期の水泳指導者。東京都教育委員長。ロサンゼルスオリンピックに水泳コーチ、ベルリンオリンピックに競泳監督として参加。
¶群馬人, 群馬百, 現朝, 現情, 現人, 新潮, 人名7, 世紀, 姓氏群馬, 体育, 日人, 日本

**松沢一美** まつざわかずみ
生没年不詳
昭和期の小学校教員。
¶社史

**松沢章山** まつざわしょうざん
天保2（1831）年10月3日～明治30（1897）年1月2日
江戸時代末期～明治期の教育者。
¶埼玉人

**松沢卓郎** まつざわたくろう
明治31（1898）年5月～
大正～昭和期の教育者。
¶四国文

**松沢忠太** まつざわちゅうた
明治20（1887）年～昭和19（1944）年
明治～昭和期の吃音矯正教育家、楽石社副社長。
¶姓氏長野, 長野百, 長野歴

**松沢光雄** まつざわみつお
大正4（1915）年9月13日～
昭和～平成期の教育学者。跡見女子大学教授。学力の向上は全職員一体の道徳教育としつけにあることを実践で証明。著書に「親のしつけが学力を向上させる」など。
¶現執2期, 現執3期

**松下香住** まつしたかすみ
昭和30（1955）年～
昭和～平成期の教師、絵本画家。
¶児人

**松下吉衛** まつしたきちえい
明治22（1889）年4月28日～昭和62（1987）年
大正～昭和期の教育者。
¶栃木人, 栃木歴

**松下鳩台** まつしたきゅうだい
明和8（1771）年7月10日～嘉永2（1849）年9月29日
江戸時代後期の三河岡崎藩士、儒学者。
¶国書, 姓氏愛知, 藩臣4

**松下元芳** まつしたげんぽう
天保2（1831）年～明治2（1869）年12月9日　㊄松下元芳《まつしたもとよし》
江戸時代末期の医師。
¶維新（まつしたもとよし）, 日人（㊦1870年）, 幕末（㊦1870年1月10日）, 藩臣7, 福岡百, 洋学（まつしたもとよし）

**松下大三郎** まつしただいざぶろう, まつしただいさぶろう
明治11（1878）年10月24日～昭和10（1935）年5月2日
明治～昭和期の国文学者。日本最初の口語文典「日本俗語文典」を著す。
¶コン改, コン5, 史人, 静岡百, 静岡歴, 人名, 世紀, 姓氏静岡（まつしただいさぶろう）, 全書（まつしただいさぶろう）, 大百, 日史（㊦昭

10(1935)年6月23日), 日人, 百科, 歴大

**松下筑陰** まつしたちくいん
明和1(1764)年～文化7(1810)年
江戸時代中期～後期の豊後佐伯藩士、教育家。
¶大分歴, 国書([没]文化7(1810)年8月24日), 日人, 藩臣7

**松下綱武** まつしたつなたけ
明治20(1887)年～大正7(1918)年8月10日
明治期の教育家。文館教授。藩校致道館教授、小監察軍備係などを歴任。維新後は教育界で活躍。
¶幕末

**松下鳳兮** まつしたほうけい
天保10(1839)年～大正7(1918)年
江戸時代末期～大正期の教育者、易学者。
¶高知人

**松下雅雄** まつしたまさお
明治10(1877)年～昭和18(1943)年
明治～昭和期の教育者。
¶群新百, 群馬人([没]?), 群馬百

**松下正寿** まつしたまさとし
明治34(1901)年4月14日～昭和61(1986)年12月24日
昭和期の国際法学者、弁護士。立教大学総長。東京裁判で東条英機の弁護を担当。著書に「米国戦争権論」「明日をひらく思考」。
¶青森人, 青森百, 現朝, 現執1期, 現執2期, 現情, 現人, 新潮, 世紀, 政治, 世人, 日人, 平和, マス2, マス89, 履歴, 履歴2

**松下元芳** まつしたもとよし
→松下元芳(まつしたげんぽう)

**松島栄一** まつしまえいいち
大正6(1917)年8月24日～平成14(2002)年12月12日
昭和～平成期の日本史学者。
¶近文, 現朝, 現執1期, 現執2期, 現執3期, 現情, 現日, 世紀, 日人, 平和, マス2, マス89

**松島鑑** まつしまかん
明治19(1886)年～昭和36(1961)年
明治～昭和期の長野県教育委員長。
¶姓氏長野, 長野百, 長野歴

**松島喜代太郎** まつしまきよたろう
明治16(1883)年～昭和33(1958)年
明治～昭和期の教育者、地方自治功労者。
¶長野歴

**松島剛** まつしまごう, まつしまこう
嘉永7(1854)年10月2日～昭和15(1940)年1月6日
[別]松島剛《まつしまたけし》
江戸時代末期～明治期の翻訳家、地理学者。慶応幼稚舎、東京英和学校等で教鞭を執る。明治の地理教育に貢献。
¶近文, 心理, 世紀, 哲学, 日人(まつしまこう), 洋学(まつしまこう), 和歌山人(まつしまたけし)

**松島茂善** まつしましげよし
大正2(1913)年～
昭和期の体育行政官。文部省体育局審議官。
¶体育

**松島省弥** まつしましょうや
*～文政9(1826)年4月12日
江戸時代後期の備前岡山藩士、心学者。
¶岡山人, 岡山歴([生]明和3(1766)年), 藩臣6([生]?)

**松島剛** まつしまたけし
→松島剛(まつしまごう)

**松島彝** まつしまつね
明治23(1890)年2月14日～昭和60(1985)年10月9日
昭和期の作曲家・教師。
¶神奈女2, 日人

**松島直内** まつしまなおただ
? ～明治41(1908)年
江戸時代末期の家塾塾主。
¶和歌山人

**松島八郎** まつしまはちろう
明治29(1896)年～昭和35(1960)年
大正～昭和期の教育者、飯田りんご並木の創設者。
¶長野歴

**松島与次郎** まつしまよじろう
明治43(1910)年3月2日～昭和54(1979)年4月13日
大正・昭和期の教育者。学校長。
¶飛騨

**松島力男** まつしまりきお
明治33(1900)年～昭和33(1958)年
大正～昭和期の教育者。
¶姓氏長野

**松代信子** まつしろのぶこ
昭和12(1937)年10月10日～
昭和～平成期のピアニスト、音楽教育者(ソルフェージュ)。
¶音人2, 音人3

**松園嘉三次** まつぞのかそうじ
天保15(1844)年～大正11(1922)年
明治～大正期の殖産家。
¶世紀([生]天保15(1844)年9月22日 [没]大正11(1922)年1月12日), 長崎百, 日人

**松田明** まつだあきら
昭和7(1932)年6月13日～
昭和～平成期の音楽教育者、作曲家、尺八奏者。
¶音人, 音人2, 音人3

**松田いせ路** まつだいせじ
明治40(1907)年2月16日～
昭和期の児童文学作家、校長。
¶日児

ま

**松田一橘** まつだいっきつ
　？ 〜明治41(1908)年
　明治期の日本語教師。
　¶日人

**松平惇典** まつだいらあつのり
　→松平孫三郎(まつだいらまごさぶろう)

**松平家康** まつだいらいえやす
　→徳川家康(とくがわいえやす)

**松平確堂** まつだいらかくどう
　→松平斉民(まつだいらなりたみ)

**松平容頌** まつだいらかたのぶ
　延享1(1744)年〜文化2(1805)年7月29日
　江戸時代中期〜後期の大名。陸奥会津藩主。
　¶会津, 近世(⊕1742年), 国史(⊕1742年), 国書(⊕寛保4(1744)年1月9日), コン改, コン4, 史人(⊕1744年1月9日), 諸系, 新潮, 人名, 世人, 日人, 藩主1(⊕延享1(1744)年1月9日), 福島百(⊕寛保2(1742)年)

**松平勝権** まつだいらかつのり
　文化4(1807)年〜明治1(1868)年
　江戸時代末期の大名。下総多古藩主。
　¶諸系, 日人, 藩主2(⊕文化4(1807)年5月 ㊣慶応4(1868)年閏4月23日)

**松平定則** まつだいらさだのり
　寛政5(1793)年〜文化6(1809)年
　江戸時代後期の大名。伊予松山藩主。
　¶諸系, 日人, 藩主1(⊕寛政5(1793)年7月27日 ㊣文化6(1809)年7月5日)

**松平定通** まつだいらさだみち
　文化1(1804)年12月9日〜天保6(1835)年　㊨久松定通《ひさまつさだみち》
　江戸時代後期の大名。伊予松山藩主。
　¶愛媛百(⊕天保6(1835)年6月19日), 郷土愛媛, 国書(㊣天保6(1835)年6月20日), 諸系(㊣1805年), 人名(久松定通　ひさまつさだみち), 日人(㊣1805年), 藩主4(㊣天保6(1835)年6月20日)

**松平定剛** まつだいらさだよし
　明和8(1771)年〜天保14(1843)年
　江戸時代後期の大名。伊予今治藩主。
　¶諸系, 日人, 藩主4(⊕明和8(1771)年6月30日 ㊣天保14(1843)年1月16日)

**松平下総守忠誠** まつだいらしもふさのかみただざね
　→松平忠誠(まつだいらただざね)

**松平下総守忠堯** まつだいらしもふさのかみただたか
　→松平忠堯(まつだいらただたか)

**松平春岳**(松平春嶽) まつだいらしゅんがく
　→松平慶永(まつだいらよしなが)

**松平すず**(松平すゞ) まつだいらすず
　明治24(1891)年〜昭和47(1972)年
　大正〜昭和期の教師。いずみの会会員。
　¶愛知女, 女性普(松平すゞ)

**松平忠堯** まつだいらただあき
　→松平忠堯(まつだいらただたか)

**松平忠侯** まつだいらただこれ, まつだいらだたこれ
　寛政11(1799)年11月22日〜天保11(1840)年4月9日
　江戸時代後期の大名。肥前島原藩主。
　¶国書, 諸系, 日人, 藩主4(まつだいらだたこれ)

**松平忠学** まつだいらただささと
　天明8(1788)年〜嘉永4(1851)年
　江戸時代後期の大名。信濃上田藩主。
　¶諸系, 長野歴, 日人, 藩主2(⊕天明8(1788)年7月19日 ㊣嘉永4(1851)年7月10日)

**松平忠誠** まつだいらただざね
　天保11(1840)年1月15日〜明治2(1869)年6月5日　㊨松平下総守忠誠《まつだいらしもふさのかみただざね》
　江戸時代末期の大名。武蔵忍藩主。
　¶維新, 埼玉人, 埼玉百(松平下総守忠誠　まつだいらしもふさのかみただざね), 諸系, 日人, 藩主1

**松平忠翼** まつだいらただすけ
　安永9(1780)年〜文政4(1821)年
　江戸時代後期の大名。伊勢桑名藩主。
　¶諸系, 日人, 藩主3(㊣文政4(1821)年3月20日)

**松平忠堯** まつだいらただたか
　享和1(1801)年〜元治1(1864)年　㊨松平下総守忠堯《まつだいらしもふさのかみただたか》, 松平忠堯《まつだいらただあき》
　江戸時代末期の大名。伊勢桑名藩主, 武蔵忍藩主。
　¶埼玉人(⊕享和2(1802)年6月9日 ㊣元治1(1864)年8月14日), 埼玉百(松平下総守忠堯　まつだいらしもふさのかみただたか), 諸系, 日人, 藩主1(⊕享和2(1802)年6月9日 ㊣元治1(1864)年8月14日), 藩主3(まつだいらただあき)

**松平忠敏** まつだいらただとし
　㊨松平上総介《まつだいらかずさのすけ》
　江戸時代後期〜明治時代の幕臣。
　¶徳川臣

**松平忠福** まつだいらただよし
　＊〜寛政11(1799)年5月22日
　江戸時代中期の大名。上野小幡藩主。
　¶国書(⊕寛保2(1742)年12月26日), 諸系(⊕1743年), 日人(⊕1743年), 藩主1(⊕寛保2(1742)年12月26日)

**松平忠馮** まつだいらただより
　明和8(1771)年〜文政2(1819)年
　江戸時代後期の大名。肥前島原藩主。
　¶諸系, 日人, 藩主4(⊕明和8(1771)年5月6日 ㊣文政2(1819)年1月28日)

**松平立行** まつだいらたてゆき
　大正12(1923)年3月23日〜
　昭和〜平成期のテノール歌手、音楽教育者。
　¶音人3

**松平近儔** まつだいらちかとも
＊～天保11(1840)年2月16日
江戸時代中期～後期の大名。豊後府内藩主。
¶国書([生]宝暦4(1754)年)，諸系([生]1755年)，日人([生]1755年)，藩主4([生]宝暦4(1754)年)

**松平近説** まつだいらちかよし
文政11(1828)年～明治19(1886)年
江戸時代末期～明治期の府内藩(大分藩)主、府内藩(大分藩)知事。
¶大分歴，諸系，日人，藩主4

**松平輝高** まつだいらてるたか
→大河内輝高(おおこうちてるたか)

**松平天行** まつだいらてんこう
文久3(1863)年～昭和21(1946)年
明治～昭和期の教育者。
¶詩作

**松平直致** まつだいらなおむね
嘉永2(1849)年～明治17(1884)年
江戸時代末期～明治期の明石藩主、明石藩知事、子爵。
¶諸系，日人，藩主3([生]嘉永2(1849)年8月4日 [没]明治17(1884)年6月28日)

**松平直義** まつだいらなおよし
宝暦4(1754)年～享和3(1803)年
江戸時代中期～後期の大名。出雲広瀬藩主。
¶諸系，日人，藩主4([生]宝暦4(1754)年4月28日 [没]享和3(1803)年10月22日)

**松平斉民** まつだいらなりたみ
文化11(1814)年～明治24(1891)年 [別]松平確堂《まつだいらかくどう》
江戸時代末期～明治期の津山藩主。教育を奨励、人材育成に尽力。静寛院の警固、徳川家達の後見人となる。
¶朝日([生]文化11年7月29日(1814年9月12日) [没]明治24(1891)年3月23日)，維新，江人(松平確堂 まつだいらかくどう)，江戸東(松平確堂 まつだいらかくどう)，岡山人，岡山歴([生]文化11(1814)年7月29日 [没]明治24(1891)年3月23日)，近現，近世，国史，国書([生]文化11(1814)年7月29日 [没]明治24(1891)年3月24日)，コン改，コン4，コン5，諸系，新潮([生]文化11(1814)年7月 [没]明治24(1891)年3月24日)，人名，全幕，徳川将，徳川松，日人，幕末([没]1891年3月24日)，幕末大([生]文化11(1814)年7月29日 [没]明治24(1891)年3月24日)，藩主4([生]文化11(1814)年7月29日 [没]明治24(1891)年3月23日)

**松平斉典** まつだいらなりつね
寛政9(1797)年11月2日～嘉永3(1850)年1月20日 [別]松平大和守斉典《まつだいらやまとのかみなりつね》
江戸時代末期の大名。武蔵川越藩主。
¶朝日([生]寛政9年11月2日(1797年12月19日) [没]嘉永3年1月20日(1850年3月3日))，神奈川人([没]1849年)，近世，群馬人([没]弘化3(1846)年)，国史，国書，埼玉人，埼玉百(松平大和守斉典 まつだいらやまとのかみなりつね [没]1849年)，史人，諸系([没]1849年)，人名([没]1849年)，日人([没]1849年)，藩主1

**松平南海** まつだいらなんかい
→松平宗衍(まつだいらむねのぶ)

**松平信宝** まつだいらのぶたか
文化14(1817)年～明治5(1872)年 [別]松平信宝《まつだいらのぶみち》
江戸時代後期～明治期の大名、華族。
¶諸系，日人，藩主1(まつだいらのぶみち [生]文化14(1817)年5月19日 [没]明治5(1872)年3月7日)

**松平信復** まつだいらのぶなお
享保4(1719)年～明和5(1768)年9月19日
江戸時代中期の大名。遠江浜松藩主、三河吉田藩主。
¶国書([生]享保4(1719)年4月4日)，諸系，日人，藩主2

**松平信久** まつだいらのぶひさ
昭和16(1941)年～
昭和～平成期の教育学者。立教大学教授。共著書に「教育心理学」「教師のライフコース」など。
¶現執3期，現執4期

**松平信豪** まつだいらのぶひで
文化10(1813)年～慶応1(1865)年
江戸時代末期の大名。丹波亀山藩主。
¶京都府，諸系，日人，藩主3([生]文化11(1800)年 [没]慶応1(1865)年10月19日)

**松平信宝** まつだいらのぶみち
→松平信宝(まつだいらのぶたか)

**松平信行** まつだいらのぶゆき
寛政2(1790)年～明治6(1873)年
江戸時代後期～明治期の大名、華族。
¶諸系，日人，藩主1([生]寛政2(1790)年9月15日 [没]明治6(1873)年12月13日)，山形百

**松平乗紀** まつだいらのりただ
延宝2(1674)年～享保1(1716)年12月25日 [別]石川乗紀《いしかわのりただ》
江戸時代中期の大名。信濃小諸藩主、美濃岩村藩主。
¶諸系([没]1717年)，人名，日人([没]1717年)，藩主2，藩主2(石川乗紀 いしかわのりただ)

**松平乗利** まつだいらのりとし
文化8(1811)年～安政1(1854)年
江戸時代末期の大名。三河奥殿藩主。
¶諸系，日人，藩主2([生]文化8(1811)年3月18日 [没]安政1(1854)年8月27日)

**松平乗全** まつだいらのりやす
寛政6(1794)年12月9日～明治3(1870)年7月6日
江戸時代末期～明治期の大名。三河西尾藩主。
¶維新，国書，コン5，諸系([生]1795年)，新潮，姓氏愛知，日人([生]1795年)，幕末，藩主2

**松平浜子**　まつだいらはまこ
明治14(1881)年11月13日～昭和42(1967)年3月16日
大正～昭和期の教育者。関東高等女学校(後の関東短期大学)を開設。北関東唯一の女子専門学校を開校、校長就任。勲四等宝冠章受章。
¶学校，近女，群馬人，女性，女性普，世紀，日人

**松平治好**　まつだいらはるよし
明和5(1768)年～文政9(1826)年
江戸時代中期～後期の大名。越前福井藩主。
¶諸系，日人，藩主3([生]明和5(1768)年3月25日　[没]文政8(1825)年12月1日)

**松平孫三郎**　まつだいらまごさぶろう
文政8(1825)年～明治21(1888)年3月31日　[別]松平惇典《まつだいらあつのり》
江戸時代末期～明治期の武士。
¶国書(松平惇典　まつだいらあつのり)，日人，幕末，藩臣5

**松平正義**　まつだいらまさよし
文化3(1806)年～天保8(1837)年　[別]大河内正義《おおこうちまさよし》
江戸時代後期の大名。上総大多喜藩主。
¶諸系(大河内正義　おおこうちまさよし)，日人(大河内正義　おおこうちまさよし)，藩主2([没]天保8(1837)年7月11日)

**松平光行**　まつだいらみつゆき
明和6(1769)年～*　[別]戸田光行《とだみつゆき》
江戸時代中期～後期の大名。信濃松本藩主。
¶国書(戸田光行　とだみつゆき　[生]明和6(1769)年3月29日　[没]天保10(1839)年12月14日)，諸系(戸田光行　とだみつゆき　[没]1840年)，日人(戸田光行　とだみつゆき　[没]1840年)，藩主2([生]明和6(1769)年3月28日　[没]天保10(1839)年12月14日)

**松平宗衍**　まつだいらむねのぶ
享保14(1729)年～天明2(1782)年　[別]松平南海《まつだいらなんかい》
江戸時代中期の大名。出雲松江藩主。
¶朝日([生]享保14年5月28日(1729年6月24日)　[没]天明2年10月4日(1782年11月8日))，江戸東(松平南海　まつだいらなんかい)，近世，国史，コン改，コン4，史人([生]1729年5月28日　[没]1782年10月4日)，島根人，島根歴，諸系，新潮([没]天明2(1782)年10月4日)，人名，世人，日人，藩主4([生]享保14(1729)年5月28日　[没]天明2(1782)年10月4日)

**松平康定**　まつだいらやすさだ
延享4(1747)年～文化4(1807)年
江戸時代後期の大名。石見浜田藩主。
¶江文，近世，国史，国書([生]延享4(1747)年12月1日　[没]文化4(1807)年3月11日)，島根人，島根百([没]文化4(1807)年3月22日)，島根歴，諸系([生]1748年)，人名，日人([生]1748年)，藩主4([没]文化4(1807)年3月23日)

**松平康哉**　まつだいらやすちか
宝暦2(1752)年～寛政6(1794)年
江戸時代中期の大名。美作津山藩主。
¶岡山人([没]寛政2(1790)年)，岡山歴([生]宝暦2(1752)年4月19日　[没]寛政6(1794)年8月19日)，諸系，新潮([没]寛政6(1794)年8月26日)，人名([生]1754年)，世人，日人，藩主4([生]宝暦2(1752)年4月19日　[没]寛政6(1794)年8月19日)

**松平大和守斎典**　まつだいらやまとのかみなりつね
→松平斉典(まつだいらなりつね)

**松平慶永**　まつだいらよしなが
文政11(1828)年9月2日～明治23(1890)年6月2日　[別]松平春岳《まつだいらしゅんがく》，松平春獄《まつだいらしゅんがく》，徳川慶永《とくがわよしなが》
江戸時代末期～明治期の福井藩主。幕末に倒幕派と幕閣・佐幕派の間に介入し政局の収拾に尽力。
¶朝日([生]文政11年9月2日(1828年10月10日))，維新，岩史，江人(松平春岳　まつだいらしゅんがく)，江戸東(松平春岳　まつだいらしゅんがく)，角史，京都大，郷土福井，近現，近世，国際，国史，国書，コン改，コン4，コン5，詩歌(徳川慶永　とくがわよしなが)，詩作(松平春岳　まつだいらしゅんがく)，詩作(松平春獄　まつだいらしゅんがく)，史人，重要，諸系，人書79(松平春岳　まつだいらしゅんがく　[没]1880年)，人書94(松平春岳　まつだいらしゅんがく)，新潮，人名，姓氏京都，世人，世百，先駆，全書，全幕，大百，鉄道([生]1828年10月10日)，伝記，徳川将，徳川松，日史，日人，日本，幕末，幕末大，藩主3，百科，福井百，平日，山川小，履歴，歴大

**松平頼真**　まつだいらよりさね，まつだいらよりざね
寛保3(1743)年～安永9(1780)年
江戸時代中期の大名。讃岐高松藩主。
¶香川人(まつだいらよりざね)，香川百(まつだいらよりざね)，諸系(まつだいらよりざね)，人名(まつだいらよりざね)，日人(まつだいらよりざね)，藩主4([生]寛保3(1743)年1月23日　[没]安永9(1780)年3月5日)

**松平頼桓**　まつだいらよりたけ
享保5(1720)年～元文4(1739)年
江戸時代中期の大名。讃岐高松藩主。
¶香川人，香川百，諸系，日人，藩主4([生]享保5(1720)年6月18日　[没]元文4(1739)年9月16日)

**松平頼常**　まつだいらよりつね
承応1(1652)年～宝永1(1704)年
江戸時代前期～中期の大名。讃岐高松藩主。
¶朝日([生]承応1年11月21日(1652年12月21日)　[没]宝永1年4月3日(1704年5月6日))，香川人，香川百，近世，国史，国書([生]承応1(1652)年11月21日　[没]宝永1(1704)年4月3日)，コン4，諸系，人名，日人，藩主4([生]承応1(1652)年11月21日　[没]宝永1(1704)年4月3日)

**松平頼寿**　まつだいらよりなが
明治7(1874)年12月10日～昭和19(1944)年9月13日

明治～大正期の政治家。貴族院議員。本郷中学校を創立。帝都教育会会長、大東文化学院総長などを歴任。
¶香川人，香川百，学校，郷土香川，人名7，世紀，日人

**松平頼寛** まつだいらよりひろ
元禄16（1703）年～宝暦13（1763）年10月28日
江戸時代中期の大名。陸奥守山藩主。
¶江文（[生]元禄15（1702）年　[没]宝暦12（1762）年），国書（[生]元禄16（1703）年2月7日），諸系，人名（[生]1702年　[没]1762年），日人，藩主1，福島百

**松平頼啓** まつだいらよりゆき
天明5（1785）年～嘉永1（1848）年
江戸時代後期の大名。伊予西条藩主。
¶諸系，日人，藩主4（[生]天明4（1784）年12月23日　[没]嘉永1（1848）年7月9日）

**松田栄** まつだえい
明治31（1898）年～昭和60（1985）年
大正～昭和期の教育者。戦後、高松女子商業高校校長などを歴任した。
¶香川人，女性，女性普

**松田黄牛** まつだおうぎゅう
→松田黄牛（まつだこうぎゅう）

**松田覚神** まつだかくしん
明治33（1900）年～昭和63（1988）年
大正・昭和期の教育者。星稜高校初代校長。
¶石川現九

**松田和孝** まつだかずたか
→松田東吉郎（まつだとうきちろう）

**松田勝子** まつだかつこ
文政9（1826）年7月～明治30（1897）年4月1日
江戸時代末期～明治期の教育者。僻地教育、女子教育に貢献。
¶江表（勝子（滋賀県）），滋賀百，女性，女性普，日人

**松田喜一** まつだきいち
明治20（1887）年12月1日～昭和43（1968）年7月30日
大正～昭和期の社会運動家、労働運動家。部落解放運動指導者。全国水平社創立に参画。
¶熊本百

**松田邦三** まつだくにぞう
生没年不詳
昭和期の小学校教員。
¶社史

**松田源五郎** まつだげんごろう
天保11（1840）年～明治34（1901）年
明治期の実業家。長崎商業会議所会頭、第十八銀行頭取。永見松田商社を組織、第十八銀行の基礎、日本の商事会社の先駆けとなる。また「長崎新聞」を創刊、商業学校を創立。
¶郷土長崎（[生]1839年），人名，長崎百，長崎歴，日人

**松田源治** まつだげんじ
明治8（1875）年10月4日～昭和11（1936）年2月1日
大正～昭和期の政治家、弁護士。衆議院副議長。拓務大臣、文部大臣などを歴任。
¶大分百，大分歴，近現，現朝，国史，コン改，コン5，社史，新潮，人名，世紀，日史，日人，明治1，歴大

**松田黄牛** まつだこうぎゅう
宝暦11（1761）年～嘉永6（1853）年　[別]松田黄牛《まつだおうぎゅう》
江戸時代中期～後期の儒学者。
¶国書（[生]宝暦11（1761）年7月　[没]嘉永6（1853）年8月12日），姓氏長野（まつだおうぎゅう），長野百（まつだおうぎゅう），長野歴（まつだおうぎゅう），日人

**松田昭一** まつだしょういち
昭和2（1927）年～
昭和期の小学校教員、労働運動家。宮崎県教祖委員長。
¶現執2期

**松田甚次郎** まつたじんじろう，まつだじんじろう
明治42（1909）年3月3日～昭和18（1943）年8月4日
昭和期の農民、農村改革運動者。最上共働村塾塾長。
¶社史，山形百（まつだじんじろう）

**松田進勇** まつだしんゆう
明治37（1904）年11月11日～昭和63（1988）年2月21日
大正～昭和期の医師。杏林学園を設立。
¶学校，近医

**松田清三郎** まつだせいざぶろう
天保6（1835）年～大正3（1914）年
明治～大正期の教育家。玄海島で、学制が頒布されるまでの四十年間、島の子弟の教育に挺身。
¶人名，日人

**松田竹千代** まつだたけちよ
明治21（1888）年2月2日～昭和55（1980）年12月1日
昭和期の政治家。衆議院議長。政務次官、郵政相、文相などを歴任。
¶現朝，現情，現日（[生]1888年2月），コン改，コン4，コン5，新潮（[生]明治21（1888）年2月），世紀，政治，日人，履歴，履歴2

**松田丹司** まつだたんじ
明治1（1868）年～昭和12（1937）年
明治～昭和期の教師、政治家。
¶姓氏宮城

**松田哲** まつだてつ
明治19（1886）年～昭和43（1968）年
明治～昭和期の教育者。
¶鳥取百

**松田東吉郎** まつだとうきちろう
天保8（1837）年～安政6（1859）年　[別]松田和孝《まつだかずたか》，松田蓼水《まつだりょうすい》

ま

江戸時代末期の越前福井藩士。
  ¶維新，国書(松田蓼水　まつだりょうすい
  ②安政6(1859)年6月20日)，人名(松田和孝
  まつだかずたか)，日人(松田和孝　まつだか
  ずたか)，幕末(②1859年7月19日)

**松田昇** まつだのぼる
  明治38(1905)年〜昭和57(1982)年
  昭和期の高校野球の指導者。
  ¶高知人

**松田範祐** まつだのりよし
  昭和15(1940)年〜
  昭和〜平成期の児童文学作家。
  ¶幻作，幻想，児作，児人，世紀

**松田秀雄** まつだひでお
  嘉永4(1851)年〜明治39(1906)年
  明治期の政治家、代議士。東京府農工銀行頭取。
  衆議院議員、東京市長などを歴任。神田高等女学
  校(後の神田女学園高等学校)の設立に関わる。
  ¶学校(②明治39(1906)年1月23日)，人名，日人

**松田藤子** まつだふじこ
  明治32(1899)年5月2日〜平成1(1989)年10月6日
  明治〜昭和期の学校創立者。津山女子高等技芸学
  院(後の作陽学園)を創立。
  ¶岡山歴，学校

**松田文子** まつだふみこ
  昭和15(1940)年5月7日〜
  昭和〜平成期の発達・教授心理学者。広島大学大
  学院教育学研究科教授。専門は教育心理学、発達
  心理学、心理的時間。
  ¶現執1期、現執4期

**松田正久** まつだまさひさ
  弘化2(1845)年〜大正3(1914)年
  明治〜大正期の政治家。衆議院議長。大蔵大臣、
  文部大臣などを歴任。
  ¶朝日(⑪弘化2年4月12日(1845年5月17日)
  ②大正3(1914)年3月4日)，岩史(⑪弘化2
  (1845)年4月12日　②大正3(1914)年3月4
  日)，海越(⑪弘化2(1845)年4月　②大正3
  (1914)年3月5日)，海越新(⑪弘化2(1845)年
  4月　②大正3(1914)年3月5日)，角史，近現，
  国史，コン改，コン5，佐賀百(⑪弘化2(1845)
  年2月4日　②大正3(1914)年3月5日)，史人
  (⑪1845年4月　②1914年3月5日)，新潮(⑪弘
  化2(1845)年4月　②大正3(1914)年3月5日)，
  人名，世紀(⑪弘化2(1845)年4月12日　②大正
  3(1914)年3月4日)，世人，世百，全書，渡航
  (⑪1845年4月12日　②1914年3月5日)，長崎
  百，長崎歴，日史(⑪弘化2(1845)年4月12日
  ②大正3(1914)年3月7日)，日人，幕末，百科，
  明治1，履歴(⑪弘化2(1845)年4月12日　②大
  正3(1914)年3月4日)，歴大

**松田道** まつだみち
  明治1(1865)年〜昭和31(1956)年
  江戸時代末期〜昭和期の女子教育者。
  ¶近女

**松田道一郎** まつだみちいちろう
  文政7(1824)年〜明治26(1893)年9月21日
  江戸時代末期・明治期の教育者。
  ¶町田歴

**松田光雄** まつだみつお
  大正6(1917)年6月17日〜昭和55(1980)年6月
  12日
  昭和期の教育者。学校長。
  ¶飛騨

**松田稔** まつだみのる
  明治35(1902)年〜昭和46(1971)年
  昭和期の音楽教育家。
  ¶鳥取百

**松田元一郎** まつだもといちろう
  明治7(1874)年〜昭和12(1937)年
  明治〜昭和期の教育者。栃木県立代用宇都宮盲啞
  学校長。栃木県聾学校教育を開始する。
  ¶栃木歴

**松田蓼水** まつだりょうすい
  →松田東吉郎(まつだとうきちろう)

**松月秀雄** まつづきひでお
  明治25(1892)年9月18日〜
  昭和期の教育学者。
  ¶現情

**松戸節三** まつどせつぞう
  大正3(1914)年4月22日〜平成11(1999)年2月7日
  昭和期の教育者。日本体育協会評議員、千葉県体
  育協会会長。千葉県立美術館長、東京五輪組織委
  員会式典課長などを歴任。
  ¶郷土千葉，世紀，日人

**松永いし** まつながいし
  明治17(1884)年〜昭和19(1944)年10月26日
  明治〜昭和期の女子教育家。焼津高校創立者。
  ¶学校，静岡歴，姓氏静岡

**松永鬼子坊** まつながきしぼう
  明治13(1880)年〜昭和46(1971)年
  明治〜昭和期の教育者、俳人。
  ¶愛媛

**松永健哉** まつながけんや
  明治40(1907)年8月16日〜平成8(1996)年2月
  19日
  昭和期の教育運動家。校外教育の実践・理論化を
  推進。長欠児童の援助に尽力。著書に「校外教育
  十講」。
  ¶近文，現朝，コン改，コン4，コン5，児文，社
  史(②1996年2月20日)，新潮，世紀，日児，日
  人，平和

**松永尺五** まつながせきご
  文禄1(1592)年〜明暦3(1657)年6月2日
  江戸時代前期の儒学者。惺窩門四天王の一人。京
  都に春秋館、講習堂、尺五堂を開く。
  ¶朝日(②明暦3年6月2日(1657年7月12日))，岩
  史，角史，教育，京都，京都大，近世，国史，
  国書，コン改，コン4，コン5，詩歌，史人，思

想史，重要，新潮，人名，姓氏京都，世人，世百，全書，伝記，日思，日史，日人，百科，山川小，歷大，和俳

### 松永貞徳 まつながていとく
元亀2(1571)年～承応2(1653)年11月15日　㊚貞徳《ていとく》
安土桃山時代～江戸時代前期の俳人、歌学者。貞門俳諧の祖で、地下歌学の第一人者。
¶朝日(㊧承応2年11月15日(1654年1月3日))，岩史，角史，教育，京都，京都大，近世，国史，国書，コン改，コン4，詩歌(貞徳　ていとく)，詩作，史人(貞徳　ていとく)，重要，人書94，新潮(貞徳　ていとく)，新文，人名，姓氏京都，世人，世百(貞徳　ていとく)，全書(貞徳　ていとく)，大百(貞徳　ていとく)，伝記，日史(貞徳　ていとく)，日人(㊧1654年)，俳諧(貞徳　ていとく　㊧?)，俳句(貞徳　ていとく)，百科(貞徳　ていとく)，文学，平史，歷大(貞徳　ていとく)，和俳

### 松永東 まつながとう
明治20(1887)年10月15日～昭和43(1968)年1月22日　㊚松永東《まつながはじめ》
明治～昭和期の政治家、弁護士。衆議院議員。武州鉄工所社長のほか、文部大臣などを歷任。
¶郷土長崎(まつながはじめ)，近現，現朝，現情，国史，コン改，コン4，コン5，埼玉人(㊧昭和43(1968)年1月23日)，新潮，人名7，世紀，政治，長崎百(まつながはじめ)，日人

### 松永東 まつながはじめ
→松永東(まつながとう)

### 松永光 まつながひかる
昭和3(1928)年11月23日～
昭和～平成期の政治家。衆議院議員、蔵相、文相。
¶現情，現政，政治

### 松永満子 まつながみつこ
明治42(1909)年～平成1(1989)年
昭和期の教育者。島根県で最初の女性公立小学校長。
¶島根歷

### 松永緑 まつながみどり
明治26(1893)年～？
大正～昭和期の横山尋常高等小学校校長、加治木町助役。
¶姓氏鹿児島

### 松永宮生 まつながみやお
明治36(1903)年～昭和63(1989)年
大正・昭和期の教育者、作詞家。富士学園長。
¶薩摩

### 松永嘉夫 まつながよしお
昭和8(1933)年12月15日～
昭和～平成期の国際経済学者。名古屋市立大学教授。名古屋市立大学夜間大学院開設のレールを敷いた。著書に「円の経済学」など。
¶現執1期，現執2期，現執3期

### 松波資之 まつなみすけゆき
天保1(1830)年～明治39(1906)年　㊚松波遊山《まつなみゆさん》
江戸時代末期～明治期の歌人。
¶京都大，近文，国書(㊧文政13(1830)年11月19日　㊚明治39(1906)年9月13日)，詩歌(松波遊山　まつなみゆさん)，人名，姓氏京都，日人(㊧1831年)，和俳

### 松濤泰巌 まつなみたいがん
明治16(1883)年6月18日～昭和37(1962)年6月25日
明治～昭和期の教育学者。教育方法論を研究。
¶現情，人名7，世紀，哲学，日人，仏人

### 松波遊山 まつなみゆさん
→松波資之(まつなみすけゆき)

### 松野勇雄 まつのいさお
嘉永5(1852)年～明治26(1893)年
江戸時代末期～明治期の国学者。皇学校教授、皇典講究所幹事などを歷任。国学院の開学に尽力。私立補充中学校(後の都立戸山高等学校)の設立にも関わった。
¶維新，学校(㊧嘉永5(1852)年3月29日　㊚明治26(1893)年8月6日)，近現，国史，神史，神人(㊧嘉永5(1852)年3月　㊚明治26(1893)年8月)，人名，日人，幕末(㊧1893年8月6日)

### 松野クララ まつのくらら
嘉永6(1853)年8月2日～昭和16(1941)年
明治期の幼児教育家。女子師範附属幼稚園主席保母。女子師範学校保母練習科でフレーベルの保育学を指導。
¶教育，近女，女性，女性普，新潮，人名7，世紀，日人

### 松野憲治 まつのけんじ
明治31(1898)年～昭和36(1961)年
昭和期の教育者。
¶視覚

### 松野重太郎 まつのしげたろう
→松野重太郎(まつのじゅうたろう)

### 松野重太郎 まつのじゅうたろう
明治1(1868)年5月3日～*　㊚松野重太郎《まつのしげたろう》
明治～昭和期の教育者、植物研究家。
¶神奈川百(㊧1946年)，植物(まつのしげたろう　㊚昭和22(1947)年5月7日)

### 松野伝 まつのつとう
明治28(1895)年～昭和33(1958)年
大正～昭和期の農学者。
¶青森人，青森百

### 松野博一 まつのひろかず
昭和37(1962)年9月13日～
昭和～平成期の政治家。衆議院議員、第21代文科相。
¶現政

**松信定雄　まつのぶじょうゆう**
明治20(1887)年1月20日～昭和45(1970)年12月2日
明治～昭和期の僧侶、教育者。
¶佐賀百, 真宗, 世紀, 日人

**松野八重子　まつのやえこ**
弘化1(1844)年～大正3(1914)年
江戸時代末期～大正期の私塾経営者。
¶栃木歴

**松畑熙一　まつはたきいち**
昭和15(1940)年3月31日～
昭和～平成期の英語科教育学者。岡山大学教授。著書に「生徒と共に歩む英語教育」「英語は楽しく学ばせたい」など。
¶現執3期

**松林久吉　まつばやしきゅうきち**
→松林久吉(まつばやしひさきち)

**松林松陵　まつばやししょうりょう**
文化14(1817)年～明治13(1880)年
江戸時代末期～明治期の真宗大谷派碩学。
¶人名, 日人

ま

**松林飯山　まつばやしはんざん**
→松林廉之助(まつばやしれんのすけ)

**松林久吉　まつばやしひさきち**
明治40(1907)年9月7日～昭和53(1978)年7月11日　[別]松林久吉《まつばやしきゅうきち》
昭和期の寄生虫学者。慶応義塾大学教授。原虫疾患の権威。
¶科学, 近医, 現情, 人名7(まつばやしきゅうきち), 世紀, 日人

**松林廉之助　まつばやしれんのすけ**
天保10(1839)年～慶応3(1867)年1月3日　[別]松林飯山《まつばやしはんざん》
江戸時代末期の肥前大村藩士、藩校五教館教授。
¶朝日([生]天保10(1839)年2月　[没]慶応3年1月3日(1867年2月7日)), 維新, 江文(松林飯山　まつばやしはんざん), 国書(松林飯山　まつばやしはんざん　[生]天保10(1839)年2月16日), 人名(松林飯山　まつばやしはんざん), 全幕, 日人(松林飯山　まつばやしはんざん), 幕末, 幕末大([生]天保10(1839)年2月), 藩臣7

**松原郁二　まつばらいくじ**
明治35(1902)年12月19日～昭和52(1977)年5月3日
大正～昭和期の教育者。東京教育大学教授、大学設置審議会専門委員(美術)。
¶世紀, 日人, 広島百

**松原温三　まつばらおんぞう**
明治2(1869)年～＊
明治期の尚志社の創設者。
¶姓氏長野([没]1901年), 長野歴([没]昭和34(1959)年)

**松原金次郎　まつばらきんじろう**
文化14(1817)年～明治13(1880)年
江戸時代後期～明治期の教育者。
¶姓氏岩手

**松原三五郎　まつばらさんごろう**
元治1(1864)年～昭和21(1946)年10月30日
明治～昭和期の洋画家。大阪師範学校教諭。作品に「松木重太郎像」。
¶大阪人(生没年不詳), 岡山人, 岡山百, 岡山歴([生]元治1(1864)年6月13日), 近美, 世紀([生]元治1(1864)年6月13日), 日人, 美家([生]元治1(1864)年6月13日), 洋画

**松原達哉　まつばらたつや**
昭和5(1930)年4月3日～
昭和～平成期の教育心理学者。著書に「心理テスト法入門」「学校教育相談」など。
¶現執1期, 現執2期, 現執3期, 現執4期, 心理

**松原多摩喜　まつばらたまき**
？　～
大正期の教員。鹿児島第七高等学校教師。
¶社史

**松原一　まつばらはじめ**
明治29(1896)年～昭和40(1965)年
大正～昭和期の洋画家・教育者。
¶愛媛, 愛媛百

**松原葆斎　まつばらほうさい, まつばらぼうさい**
文政8(1825)年～明治31(1898)年
江戸時代末期～明治期の儒学者。
¶人名([生]1824年　[没]1897年), 姓氏長野, 長野百, 長野歴, 日人, 藩臣3(まつばらぼうさい)

**松原靖子　まつばらやすこ**
昭和10(1935)年9月12日～
昭和～平成期の音楽教育者。
¶音人2, 音人3

**松原隆三　まつばらりゅうぞう**
大正15(1926)年2月26日～
昭和～平成期の教育学者。兵庫教育大学教授。専門は障害児教育。編著に「心身障害教育の今日的課題 第3巻」など。
¶現執3期

**松藤司　まつふじつかさ**
昭和29(1954)年～
昭和～平成期の小学校教師。
¶現執4期

**松前章広　まつまえあきひろ**
安永4(1775)年～天保4(1833)年
江戸時代後期の大名。蝦夷松前藩主、陸奥梁川藩主。
¶朝日([生]安永4年7月30日(1775年8月25日)　[没]天保4年7月25日(1833年9月8日)), 角史([没]天保5(1834)年), 国書([生]安永4(1775)年7月30日　[没]天保4(1833)年7月25日), 諸系, 日人, 藩主1, 福島百([没]天保5(1834)年), 北海道百([没]天保5(1834)年), 北海道歴([没]天保5(1834)年)

## 松前重義 まつまえしげよし
明治34(1901)年10月24日〜平成3(1991)年8月25日
昭和期の電気技術者、政治家。東海学園総長、衆議院議員。電話通信の無装荷ケーブル方式を発明、多重通信を進歩させた。航空科学専門学校(後の東海大学)、国際武道大学を創設。
¶科学, 科技, 学校, 近現, 熊本人, 熊本百, 現朝, 現執1期, 現執2期, 現情, 現人, 現日, コン改, コン4, コン5, 史人, 静岡歴, 出版, 新潮, 世紀, 政治, 全書, 日人, 平和, マス89, 履歴, 履歴2

## 松前達郎 まつまえたつろう
昭和2(1927)年2月19日〜
昭和〜平成期の電気工学者、教育者、政治家。参議院議員。
¶現執4期, 現情, 現政, 政治

## 松前昌広 まつまえまさひろ
文政10(1827)年〜嘉永6(1853)年
江戸時代末期の大名。蝦夷松前藩主。
¶諸系, 日人, 藩主1(㊥文政8(1825)年8月27日) ㊡嘉永6(1853)年8月8日)

## 松丸志摩三 まつまるしまぞう
明治40(1907)年8月19日〜昭和48(1973)年11月7日
昭和期の農民教育家、畜産学者。農民と農業関係者に対し実効ある行動を呼びかけた純在野の活動家。
¶現執1期, 現情, 現人, 人名7, 世紀, 日人

## 松宮観山 まつみやかんざん
貞享3(1686)年〜安永9(1780)年
江戸時代中期の兵学者。「蝦夷談筆記」を著す。
¶朝日(㊥貞享3年10月8日(1686年11月23日) ㊡安永9年6月24日(1780年7月25日)), 江文, 教育(㊥1696年), 近世, 国史, 国書(㊥貞享3(1686)年10月8日 ㊡安永9(1780)年6月24日), コン改, コン4, 史人(㊥1686年10月8日 ㊡1780年6月24日), 神人, 新潮(㊡安永9(1780)年6月24日), 人名, 世人, 世百, 全書, 大百, 栃木歴, 日史(㊡安永9(1780)年6月24日), 日人, 百科, 和俳

## 松村明敏 まつむらあきとし
明治11(1878)年7月15日〜?
明治〜大正期の教育者。
¶群馬人

## 松村勇夫 まつむらいさお
明治22(1889)年〜昭和36(1961)年
大正〜昭和期の教育者。
¶群馬人

## 松村九山 まつむらきゅうざん
寛保3(1743)年〜文政5(1822)年
江戸時代の越前大野藩の漢学者。
¶国書(㊥寛保3(1743)年7月23日 ㊡文政5(1822)年5月13日), 人名, 日人

## 松村きん まつむらきん
明治31(1898)年2月27日〜
大正〜昭和期の教育者。
¶群馬人

## 松村謙 まつむらけん
大正4(1915)年2月27日〜昭和55(1980)年7月19日
昭和期の教育学者。
¶群馬人, 現執1期

## 松村元綱 まつむらげんこう
生没年不詳 ㊟松村元綱《まつむらもとつな》
江戸時代後期のオランダ通詞、蘭学者。「成形実録」編纂事業に従事。
¶朝日, 国書(まつむらもとつな), 日人, 洋学

## 松村謙三 まつむらけんぞう
明治16(1883)年1月24日〜昭和46(1971)年8月21日
昭和期の政治家。衆議院議員、農相、文相、厚相。農地改革に尽力、日中総連絡役など閣僚として活躍。
¶岩史, 角史, 近現, 現朝, 現情, 現人, 現日(㊡1971年8月22日), 国史, コン改, コン4, コン5, 史人, 新潮, 人名7, 世紀, 政治, 姓氏富山, 世人, 全書, 富山人, 富山百, 日史, 日人, ふる, 平和, 北陸20, 履歴, 履歴2, 歴大

## 松村さだ まつむらさだ
明治3(1870)年〜?
明治期の幼児教育者。
¶群馬人

## 松村如蘭 まつむらじょらん
天保9(1838)年〜明治39(1906)年11月16日
江戸時代末〜明治時代の教育家。藩の致道館で漢学を講義。維新後は高知県の教育界の重鎮として活躍。
¶高知人, 幕末, 幕末大(㊥天保9(1838)年1月)

## 松村将 まつむらすすむ
昭和13(1938)年〜
昭和〜平成期の教育学者。
¶現執1期

## 松村精一郎 まつむらせいいちろう
→松村西荘(まつむらせいそう)

## 松村西荘 まつむらせいそう
嘉永2(1849)年〜明治24(1891)年5月 ㊟松村精一郎《まつむらせいいちろう》
江戸時代後期〜明治期の盲唖教育者、地理学者、漢学者。
¶石川百(松村精一郎 まつむらせいいちろう), 姓氏富山(松村精一郎 まつむらせいいちろう), 富山百, 富山文

## 松村大成 まつむらたいせい
文化5(1808)年〜慶応3(1867)年
江戸時代末期の肥後熊本藩士、医師。
¶朝日(㊡慶応3年1月12日(1867年2月16日)), 維新, 熊本百(㊥文化5(1808)年5月 ㊡慶応3

(1867)年1月13日),人名,日人,幕末(㊻1867年1月12日),藩臣7

**松村武雄** まつむらたけお
明治43(1910)年～平成4(1992)年
昭和・平成期の熊本学園理事長。
¶熊本人

**松村伝** まつむらつたえ
明治4(1871)年～昭和17(1942)年
明治～昭和期の教育者。
¶高知人

**松村直行** まつむらなおゆき
昭和8(1933)年3月7日～
昭和～平成期の音楽教育者。
¶音人,音人2,音人3

**松村晴夫** まつむらはるお
明治40(1907)年～平成1(1989)年
昭和期の教育者。
¶山口人

**松村博** まつむらひろし
昭和4(1929)年8月6日～
昭和期の教育者。学校長。
¶飛騨

**松村蓬麻** まつむらほうま
明治7(1874)年～昭和26(1951)年
明治～昭和期の教育者、松濤義塾の創立者。
¶姓氏長野,長野歴

**松村元綱** まつむらもとつな
→松村元綱(まつむらげんこう)

**松村弥七** まつむらやしち
文化14(1817)年～明治18(1885)年12月17日
江戸時代末期・明治期の寺子屋師匠。
¶町歴

**松本維栄** まつもといえい
生没年不詳
明治期の教師。
¶姓氏沖縄

**松本生太** まつもといきた
→松本生太(まつもとせいた)

**松本巌** まつもといわお
→松本古堂(まつもとこどう)

**松本栄児** まつもとえいじ
明治12(1879)年～大正14(1925)年
明治～大正期の教育者。
¶大分歴

**松本英三** まつもとえいぞう
明治37(1904)年3月15日～平成2(1990)年10月30日
昭和～平成期の教育者。
¶埼玉人

**松元栄之丞** まつもとえいのじょう
明治1(1868)年～昭和22(1947)年
明治～昭和期の教育者。与勝小学校長。
¶姓氏沖縄

**松本荻江** まつもとおぎえ
嘉永4(1851)年6月～明治32(1899)年
明治期の女流教育家。東京女子師範学校教授。神戸女子神学校教授。実践女学校創設時校主を助ける。
¶学校(㊻明治32(1899)年9月15日),近女,国際(㊻?),埼玉人・弘化2(1845)年1月28日㊻明治32(1899)年9月15日),女性(㊻明治32(1899)年9月10日),女性普(㊻明治32(1899)年9月10日),人名,日人

**松本亀次郎** まつもとかめじろう
慶応2(1866)年～昭和20(1945)年
明治～昭和期の教育者。
¶静岡歴,姓氏静岡,日人

**松本吉助** まつもときちすけ
明治18(1885)年11月13日～昭和38(1963)年12月2日
明治～昭和期の教育者。学校長。
¶飛騨

**松本キミ子** まつもときみこ
昭和15(1940)年5月4日～
昭和～平成期の画家、彫刻家、美術教育家。「誰でも絵が描ける方法」として独自の「キミ子方式」を開発。
¶現執3期,現執4期,児人

**松本邦正** まつもとくにまさ
明治43(1910)年～昭和48(1973)年
昭和期の作新学院高教諭、同校野球部育ての親。
¶栃木歴

**松本奎堂** まつもとけいどう
天保2(1831)年12月7日～文久3(1863)年9月25日
㊟松本謙三郎《まつもとけんざぶろう》
江戸時代末期の三河刈谷藩士、尊攘派志士。天誅組総裁。
¶愛知百,朝日(㊻天保2年12月7日(1832年1月9日)㊻文久3年9月25日(1863年11月6日)),維新,角史,近世,国史,国書,コン改,コン4,詩歌(㊻1830年),史人,重要(㊻文久3(1863)年9月24日),新潮,人名(松本謙三郎まつもとけんざぶろう),姓氏愛知,世人(㊻文久3(1863)年9月24日),全書,大百,日史,日人(㊻1832年),百科,兵庫百,歴大(㊻1832年),和俳

**松本謙三郎** まつもとけんざぶろう
→松本奎堂(まつもとけいどう)

**松本源太郎** まつもとげんたろう
安政6(1859)年3月11日～大正14(1925)年
明治～大正期の教育家。学習院女学部長として女子教育に専心。
¶人名,世紀(㊻大正14(1925)年10月29日),哲学,日人(㊻1857年)

## 松本五右衛門 まつもとごえもん
~天保8(1837)年2月22日
江戸時代後期の剣術師範。
¶庄内

## 松本古堂 まつもとこどう
文政2(1819)年~明治11(1878)年1月 ㊞松本巌《まつもといわお》
江戸時代末期~明治期の儒学者、医師。
¶維新(松本巌 まつもといわお)、島根人(松本巌 まつもといわお)、島根百(松本巌 まつもといわお) ㊛文政2(1819)年2月10日)、島根歴(松本巌 まつもといわお)、人名(松本巌 まつもといわお)、日人、幕末(松本巌 まつもといわお)

## 松本駒次郎 まつもとこまじろう
万延1(1860)年~昭和24(1949)年
明治~昭和期の教育者。
¶姓氏富山

## 松本茂 まつもとしげる
昭和30(1955)年~
昭和~平成期のコミュニケーション教育学者。日本ディベート協議会(JDA)専務理事。「英語ディベート実践マニュアル」「USA TODAY発言する英語」など。
¶現執3期、現執4期(㊛1955年8月13日)

## 松本順 まつもとじゅん
→松本良順(まつもとりょうじゅん)

## 松本昌三 まつもとしょうぞう
昭和7(1932)年4月6日~
昭和期の教育者。
¶視覚

## 松本四郎 まつもとしろう
明治38(1905)年~平成3(1991)年
昭和~平成期の教育者・画家。
¶姓氏岩手

## 松本住次郎 まつもとすみじろう
明治22(1889)年1月3日~昭和39(1964)年11月20日
大正~昭和期の教育者。
¶群馬人

## 松本生太 まつもとせいた
明治13(1880)年4月19日~昭和47(1972)年7月29日 ㊞松本生太《まつもといきた》
明治~昭和期の教育家、弁護士。京浜女子大学創立者。京浜女子大学(後の鎌倉女子大学)を創立。日本私立短期大学協会会長等を歴任し、私学の発展に尽力。
¶岡山人(まつもといきた)、岡山歴、学校、神奈川人、現情、人名7、世紀、日人

## 松元宗正 まつもとそうせい
?~
昭和期の教員。
¶社史

## 松本隆興 まつもとたかおき
嘉永7(1854)年6月15日~昭和3(1928)年12月20日
明治~昭和期の教育者。松本商業校長。
¶学校、世紀、日人、広島百

## 松本孝幸 まつもとたかゆき
昭和34(1959)年11月3日~
昭和~平成期の高校教師。著書に「やわらかな未知のものがたり」「吉本ばなな論—『フツー』という無意識」など。
¶現執3期

## 松本多喜男 まつもとたきお
大正2(1913)年~昭和46(1971)年
昭和期のバイオリニスト・音楽教育家。
¶愛媛、愛媛百㊞大正2(1913)年10月10日 ㊁昭和46(1971)年4月3日)

## 松本恒敏 まつもとつねとし
大正6(1917)年10月22日~
昭和~平成期の音楽教育者。
¶音人2

## 松本恒之助 まつもとつねのすけ
嘉永1(1848)年~昭和17(1932)年
江戸時代末期~明治期の漢・蘭方医、教育者。
¶神奈川人、姓氏神奈川

## 松本恒之 まつもとつねゆき
昭和9(1934)年~
昭和期の教育・犯罪心理学者。
¶現執1期

## 松本亨 まつもととおる
大正2(1913)年~昭和54(1979)年
昭和期の英語教育専門家。松本亨高等英語専門学校長。
¶現執1期

## 松本鍍三郎 まつもととさぶろう
慶応3(1867)年~昭和22(1947)年
明治~昭和期の教育者。
¶大分歴

## 松本敏雄 まつもととしお
明治6(1873)年~昭和7(1932)年
明治~昭和期の教育者。北川尻尋常小学校訓導兼校長。
¶姓氏石川

## 松本虎雄 まつもととらお
明治22(1889)年~大正8(1919)年
明治~大正期の訓導・殉職者。
¶世紀(㊁大正8(1919)年11月20日)、多摩(㊞明治20(1887)年)、日人

## 松本尚家 まつもとなおいえ
明治43(1910)年3月25日~
昭和期の英語教育学者。東京外国語大学教授。
¶現情

## 松本伸夫 まつもとのぶお
大正11(1922)年~

昭和期の教育心理学者。
¶現執1期

**松本昇** まつもとのぼる
文化1(1804)年〜明治8(1875)年
江戸時代後期の壬生藩剣術師範、剣術家。
¶栃木歴

**松本彦三郎** まつもとひこさぶろう
明治40(1907)年10月25日〜？
大正〜昭和期の心理学者。岩手県師範学校教諭。
¶社史(生没年不詳)、心理

**松本博** まつもとひろし
明治29(1896)年〜昭和50(1975)年
大正〜昭和期の島根県高校長協会会長、島根大学教授。
¶島根歴

**松本深** まつもとふかし
明治13(1880)年〜昭和29(1954)年
明治〜昭和期の教育者。
¶長野歴

**松本文雄** まつもとふみお
大正5(1916)年〜平成2(1990)年
昭和〜平成期の大分県教育委員長。
¶大分歴

**松本亦太郎** まつもとまたたろう
慶応1(1865)年9月15日〜昭和18(1943)年12月24日
明治〜昭和期の心理学者。東京帝国大学教授、日本心理学会初代会長。東京帝国大学などに心理学実験室を創設し実験心理学の基礎を構築。
¶海越新、教育、郷土群馬、近医、群新百、群馬人、群馬百、現朝(⊕慶応1年9月15日(1865年11月3日))、コン改、コン5、史人、児文、新潮、人名7、心理、世紀、姓氏京都、世百、全書、大百、哲学、渡航(⊕1865年9月)、日人、百科、履歴

**松本万年** まつもとまんねん
文化12(1815)年〜明治13(1880)年
江戸時代末期〜明治期の医師、漢学者。東京師範学校教諭。医業の傍ら子弟の教育にあたる。止敬学舎を設立し、女子教育にあたる。
¶埼玉人(⊕文化12(1815)年8月 ⊗明治13(1880)年9月13日)、人名、日人、幕末(⊗1880年9月18日)、幕末大(⊕文化12(1815)年8月25日 ⊗明治13(1880)年9月18日)

**松本ミサヲ** まつもとみさお
昭和10(1935)年7月3日〜
昭和〜平成期の音楽教育者。
¶音人2、音人3

**松本美津枝** まつもとみつえ
昭和11(1936)年〜
昭和〜平成期の小学校教師。著書に「教育のしごと」「大人って、りっぱみたい」など。
¶現執2期、現執3期

**松本みどり** まつもとみどり
昭和26(1951)年〜
昭和〜平成期の高校教諭、児童文学作家。
¶児人

**松本峰男** まつもとみねお
明治40(1907)年2月16日〜昭和44(1969)年4月3日
昭和期の小学校教員。
¶社史

**松本安三** まつもとやすぞう
明治41(1908)年3月23日〜平成7(1995)年1月3日
昭和・平成期の教育者。学校長。
¶飛騨

**松本与賢** まつもとよけん
文政4(1821)年〜明治41(1908)年
江戸時代後期〜明治期の教育者。別府学校初代校長。
¶大分歴

**松本義懿** まつもとよしいち
明治30(1897)年〜昭和51(1976)年
大正〜昭和期の教育者、中江藤樹の研究家。
¶滋賀百

**松本良遠** まつもとりょうえん
文化11(1814)年〜明治12(1879)年2月
江戸時代末期〜明治時代の福山藩士。藩校誠之館の皇学寮講師となり、廃藩後は福山西八幡宮の祠官となった。
¶幕末、幕末大

**松本良順** まつもとりょうじゅん
天保3(1832)年6月16日〜明治40(1907)年3月12日 ⊗⊕松本順《まつもとじゅん》
江戸時代末期〜明治時代の蘭方医。坪井信道に入門。
¶朝日(松本順 まつもとじゅん ⊕天保3年6月16日(1832年7月13日))、維新、岩史、江人、江文、科学(松本順 まつもとじゅん)、教育(松本順 まつもとじゅん)、近世(松本順 まつもとじゅん)、国史(松本順 まつもとじゅん)、国書、コン改、コン4、コン5、史人(松本順 まつもとじゅん)、食文(⊕天保3年6月16日(1832年7月13日))、人書94、新潮(松本順 まつもとじゅん)、人名(松本順 まつもとじゅん)、先駆、全書、全幕、大百、徳川臣、日史、日人(松本順 まつもとじゅん)、幕末、幕末大、百科、洋学、歴大(松本順 まつもとじゅん)

**松本良之助** まつもとりょうのすけ
明治16(1883)年〜昭和51(1976)年
明治〜昭和期の社会福祉・社会教育者。
¶愛媛

**松本魯堂** まつもとろどう
→松木魯堂(まつきろどう)

**松矢勝宏** まつやかつひろ
昭和15(1940)年〜

昭和～平成期の教育学者。東京学芸大学助教授。
¶YA

**松山鎰** まつやまいつ
嘉永4(1851)年～大正6(1917)年8月7日 [別]松山鎰《まつやまかぎ》
明治～大正期の教育者。静岡師範学校付属小学校教師。東洋婦人会創立。常盤松高等女学校設立。
¶学校，静岡女，静岡歴，女性(まつやまかぎ)，女性普(まつやまかぎ)，世紀，姓氏静岡，日人

**松山鎰** まつやまかぎ
→松山鎰(まつやまいつ)

**松山高** まつやまたか
慶応3(1867)年12月15日～昭和26(1951)年3月5日
明治～昭和期の教育者。双葉裁縫女学院を創設。高知教会経営の清和女学校の校長をつとめる。
¶高知人，高知百，女性，女性普，世紀([生]慶応3(1868)年12月15日)，日人([生]慶応3(1868)年12月15日)

**松山棟庵**(松山棟安) まつやまとうあん
天保10(1839)年～大正8(1919)年
明治期の医師、教育者。慶応義塾医学所校長。有志共立東京病院設立に尽力、医学教育に当る。英文医書翻訳の嚆矢「窒扶斯新論」を著す。
¶朝日([生]天保10年9月17日(1839年10月23日) [没]大正8(1919)年12月1日)，科学([生]天保10(1839)年9月17日 [没]大正8(1919)年12月12日)，神奈川人，郷土和歌山(松山棟安)，近医，新潮([生]天保10(1839)年9月17日 [没]大正8(1919)年12月12日)，人名([生]1837年)，姓氏神奈川，日人，幕末([没]1919年12月18日)，幕末大([生]天保10(1839)年9月17日 [没]大正8(1919)年12月18日)，洋学，和歌山人

**松山秀男** まつやまひでお
明治42(1909)年3月28日～？
昭和期の教師、社会運動家。熊本消費組合常任書記。
¶社運，社史

**松山義根** まつやまよしね
天保12(1841)年～*
明治期の政治家。衆議院議員。楽田村に義校を設立、教鞭を執る。丹羽・葉栗郡書記、郡長を歴任。
¶姓氏愛知([没]1896年)，幕末([没]1894年)

**松浦詮** まつらあきら
天保11(1840)年10月18日～明治41(1908)年4月13日 [別]松浦詮《まつうらあきら》，心月《しんげつ》
江戸時代末期～明治期の平戸藩主。貴族院議員、伯爵。洋式の医学・砲術を奨励し藩の警備強化に尽力。猶興書院(後の長崎県立猶興館高等学校)を設立。
¶朝日([生]天保11年10月18日(1840年11月13日))，維新(まつうらあきら)，学校，弓道([没]明治41(1908)年4月11日)，近現，近世，国史，コン改(まつうらあきら)，コン4(まつうらあきら)，コン5(まつうらあきら)，史人(まつうらあきら)，諸系，新潮([没]明治41(1908)年4月11日)，人名(まつうらあきら)，世紀(まつうらあきら)，日人，俳句(心月 しんげつ)，幕末，藩主4，履歴(まつうらあきら)

**松浦清** まつらきよし
→松浦静山(まつらせいざん)

**松浦静山** まつらせいざん
宝暦10(1760)年～天保12(1841)年6月29日
[別]松浦清《まつうらきよし，まつらきよし》，松浦静山《まつうらせいざん》
江戸時代中期～後期の大名。肥前平戸藩主。
¶朝日([生]宝暦10年1月20日(1760年3月7日) [没]天保12年6月29日(1841年8月15日))，岩史([生]宝暦10(1760)年1月20日)，江戸東，角史，近世，剣豪(まつうらせいざん)，考古(まつうらせいざん [没]天保12年(1841年6月25日))，国史，国書([生]宝暦10(1760)年1月20日)，コン改，コン4，詩歌(まつうらせいざん)，史人(まつうらせいざん [生]1760年1月20日)，諸系，人書94，新潮([生]宝暦10(1760)年1月20日)，人名(まつうらせいざん)，世人(まつうらせいざん)，全書，大百，長崎百(松浦清 まつらきよし(せいざん))，日史，日人，藩主4(松浦清 まつらきよし [生]宝暦10(1760)年1月20日)，百科，歴大(松浦清 まつうらきよし)

**松良みつ** まつらみつ
明治28(1895)年7月24日～昭和49(1974)年5月3日
昭和期の教育者。常盤木学園高等女学校創設。
¶学校，女性，女性普，世紀，日人，宮城百

**真井耕象** まないこうしょう
明治34(1901)年3月3日～平成12(2000)年2月16日
昭和・平成期の教育者。
¶北海道建

**曲直瀬一渓** まなせいっけい
→曲直瀬道三(まなせどうさん)

**曲直瀬正盛** まなせしょうせい
→曲直瀬道三(まなせどうさん)

**曲直瀬道三**(――) まなせどうさん，まなせどうざん
永正4(1507)年～文禄3(1594)年1月4日 [別]曲直瀬一渓《まなせいっけい》，曲直瀬正盛《まなせしょうせい，まなせまさもり》
安土桃山時代の医学者。
¶朝日([生]永正4年9月18日(1507年10月23日) [没]文禄3年1月4日(1594年2月23日))，岩史([生]永正4(1507)年9月18日)，江戸(まなせどうざん)，角史，京都，京都大，キリ([没]文禄4(1595)年)，近世(曲直瀬正盛 まなせしょうせい)，国史(曲直瀬正盛 まなせしょうせい)，国書(曲直瀬一渓 まなせいっけい [生]永正4(1507)年9月18日)，古中，コン改([没]天正2(1574)年)，コン4，コン5，史人([生]1507年9月18日)，植物(――〔1代〕 [生]永正4年9月18日(1507年10月23日) [没]文禄3年1月4日(1594年2月23日))，人書94([没]1574年)，

ま

新潮（㊥永正4（1507）年9月18日），人名，姓氏京都，世人（㊧文禄4（1595）年1月4日），世百（㊧1595年），戦国（曲直瀬正盛 まなせまさもり ㊥1508年 ㊧1595年），全書，戦人（曲直瀬正盛 まなせまさもり ㊧文禄4（1595）年），全戦，大百，茶道（㊧1595年），栃木歴，日史（㊥永正4（1507）年9月18日），日人（曲直瀬正盛 まなせしょうせい），百科，平日，山川小（㊥1507年9月18日），歴大

### 曲直瀬正盛 まなせまさもり
→曲直瀬道三（まなせどうさん）

### 間部詮允 まなべあきさね
寛政2（1790）年～文化11（1814）年
江戸時代後期の大名。越前鯖江藩主。
¶諸系，日人，藩主3（㊥寛政2（1790）年1月6日 ㊧文化11（1814）年7月17日）

### 真鍋京子 まなべきょうこ
昭和2（1927）年11月26日～
昭和～平成期の小説家、幼児教育者。
¶滋賀文

### 真鍋広済 まなべこうさい
明治37（1904）年～昭和45（1970）年
昭和期の教育家、国文学者。
¶郷土滋賀，滋賀百

### 間乃遺乗 まのいじょう
安政2（1855）年～大正10（1921）年
明治～大正期の教育家。
¶大分歴

### 間乃遺乗 まのいへい
安政2（1855）年～大正10（1921）年
明治～大正期の教育家。留心学舎を創立、その発展に尽力。
¶人名，世紀（㊥安政2（1855）年1月22日 ㊧大正10（1921）年12月7日），日人

### 真野肇 まのはじめ
～大正7（1918）年
江戸時代末期～明治時代の和算家。慶応4年小筒組差図役贐取、明治16年海軍兵学校教官。
¶数学

### 真野房子 まのふさこ
明治32（1899）年7月15日～昭和61（1986）年12月22日
昭和期の美容教育者。パーマネント技術「真野式ウェーブ」を普及させる。戦後、真野学園真野美容専門学校校長。
¶近女，現情，女性，女性普，新宿女，世紀，日人

### 真野宮雄 まのみやお
昭和3（1928）年2月14日～
昭和～平成期の教育学者。筑波大学教授。東京教育大学教育学部助教授を経て、筑波大学教育学系教授。第二学群長も務めた。
¶現執3期

### 馬淵曜 まぶちあきら
明治7（1874）年～昭和34（1959）年
昭和期の教育者。
¶神奈川人

### 馬淵克巳 まぶちかつみ
明治32（1899）年4月3日～昭和56（1981）年2月2日
大正・昭和期の教育者。高山西高校初代校長。
¶飛騨

### 馬淵重馬 まぶちじゅうま
明治6（1873）年～昭和43（1968）年
明治～昭和期の教育者、地方自治功労者、郷土史家。
¶高知人

### 馬淵テフ子 まぶちちょうこ
明治44（1911）年6月5日～昭和60（1985）年2月23日
大正・昭和期の飛行家・教師。
¶神奈女

### 馬淵文邸 まぶちふみいえ
～文政13（1830）年7月11日
江戸時代後期の和算家。
¶数学

### 馬淵冷佑 まぶちれいゆう
＊～昭和16（1941）年9月2日
大正～昭和の国語教育者、童話作家。教師用解説書の著者として活躍。共著で「日本お伽文庫」を完成。
¶児文（㊥明治12（1879）年），日児（㊥明治8（1875）年8月3日）

### 真船和夫 まふねかずお
大正4（1915）年8月10日～平成18（2006）年2月4日
昭和・平成期の科学教育学者。東京学芸大学教授。科学教育研究協議会創立に参加、日本子どもの本学会会長なども務めた。
¶科学，現朝，現執1期，現執2期，児人，世紀，日児，日人

### 間宮喜十郎 まみやきじゅうろう
嘉永3（1850）年～明治28（1895）年
江戸時代後期～明治期の教育者。
¶静岡歴，姓氏静岡

### 間宮五郎兵衛 まみやごろべえ
→間宮久也（まみやひさなり）

### 間宮仙之助 まみやせんのすけ
明治12（1879）年～昭和27（1952）年
明治～昭和期の教育者。
¶神奈川人

### 間宮久忠 まみやひさただ
？ ～明和6（1769）年
江戸時代中期の剣術家。
¶人名，日人

### 間宮久也 まみやひさなり
？ ～延宝6（1678）年 ㊨間宮五郎兵衛《まみやごろべえ》
江戸時代前期の安芸広島藩士。
¶剣豪（間宮五郎兵衛 まみやごろべえ），日人

（間宮五郎兵衛　まみやごろべえ），藩臣6

**馬屋原重帯** まやはらしげよ
宝暦12（1762）年～天保7（1836）年
江戸時代後期の儒学者。
¶国書（[没]天保7（1836）年7月13日），人名，日人

**真山寛** まやまかん
*～明治29（1896）年
明治期の教育家。外記丁小学校校長。
¶社史（[生]安政2年7月16日（1855年8月28日）[没]1896年12月28日），姓氏宮城（[生]1854年），日人（[生]1856年），宮城百（[生]安政1（1854）年）

**間山祐真** まやますけまさ
宝暦13（1763）年～文政8（1825）年
江戸時代後期の国学者、陸奥弘前藩士。
¶国書（[没]文政8（1825）年6月26日），人名，日人

**真弓村睛** まゆみそんせい
安政3（1856）年1月1日～明治33（1900）年
江戸時代末期～明治期の教育者。伊勢神崎郡小学校長。
¶三重続

**丸岡南陔** まるおかなんがい
文政8（1825）年～明治19（1886）年
江戸時代末期～明治期の漢詩人。
¶人名，日人，和俳

**丸川義三** まるかわぎぞう
[別]丸川義三《まるかわよしぞう》
江戸時代末期～明治期の新見藩士。
¶人名（[生]？　[没]1870年），日人（まるかわよしぞう　[生]1830年　[没]1868年），幕末（まるかわよしぞう　[生]1830年　[没]1868年2月12日），藩臣6（[生]？　[没]明治3（1870）年）

**丸川松隠** まるかわしょういん
宝暦8（1758）年6月21日～天保2（1831）年8月4日
江戸時代中期～後期の備中新見藩士、儒学者。
¶大阪人（[没]天保2（1831）年8月），岡山人，岡山百，岡山歴，国書，人名，日人，藩臣6

**丸川義三** まるかわよしぞう
→丸川義三（まるかわぎぞう）

**丸川廉斎** まるかわれんさい
寛政9（1797）年～弘化4（1847）年1月8日
江戸時代後期の備中新見藩士。
¶岡山人，岡山百，岡山歴，人名，日人，藩臣6

**丸木清美** まるきせいみ
大正3（1914）年11月12日～平成6（1994）年8月27日
昭和期の医師、病院経営者。毛呂病院院長。埼玉医科大学を創立。
¶学校，近医，埼玉人，世紀，日人

**丸木チカ** まるきちか
明治39（1906）年12月13日～平成2（1990）年3月19日
昭和～平成期の教育者・女性視学。
¶埼玉人

**丸木政臣** まるきまさおみ
大正13（1924）年10月10日～平成25（2013）年
昭和～平成期の教育者、教育評論家。和光学園園長。学ぶ喜び、生きる希望を持たせる教育を探し求め、「教育革命」「生活べんきょう」などの著書がある。
¶熊本人，現朝，現執1期，現執2期，現執3期，現執4期，現情，現人，現日，世紀，日人，平和，マス89，YA

**円子経雄** まるこつねお
明治22（1889）年5月16日～？
大正～昭和期の柔道家・体育教師。
¶埼玉人

**丸島千代三** まるしまちよぞう
明治36（1903）年11月18日～昭和45（1970）年12月14日
大正～昭和期の教育者、口演童話家。東京童話会会長、城北ひまわり幼稚園園長。
¶日児

**丸谷明夫** まるたにあきお
昭和20（1945）年9月5日～
昭和～平成期の音楽教育者。
¶音人2，音人3

**円中文助** まるなかふみすけ
→円中文助（まるなかぶんすけ）

**円中文助** まるなかぶんすけ
嘉永6（1853）年～大正12（1923）年9月1日　[別]円中文助《まるなかふみすけ》
明治～大正期の生糸検査技師。洋式製糸技術の摂取、改良と直輸出へ尽力。製糸機械を発明。
¶朝日，海越（[生]？），海越新，近現，国史，世紀，渡航（まるなかふみすけ），日人

**丸野織之助** まるのおりのすけ
江戸時代末期～明治期の教育者。
¶姓氏鹿児島

**丸野敬策** まるのけいさく
明治43（1910）年10月28日～昭和58（1983）年4月23日
大正・昭和期の教育者。学校長。
¶飛騨

**丸野俊一** まるのしゅんいち
昭和23（1948）年3月7日～
昭和～平成期の教育心理学者。九州大学教授。主な著書に「知能はいかにつくられるか」など。
¶現執2期（[生]昭和24（1949）年3月7日），現執3期，現執4期

**丸野末二** まるのすえじ
明治11（1878）年～大正8（1919）年
明治～大正期の教育者。知覧村立工業徒弟学校初代校長。
¶姓氏鹿児島

**丸橋光** まるはしみつ
明治期の教育者。共立女子職業学校（後の共立女子学園）の設立に関わる。

¶学校

**丸林実千代** まるばやしみちよ
昭和40(1965)年12月25日～
昭和～平成期の音楽教育者。
¶音人3

**丸茂五郎** まるもごろう
明治44(1911)年～
昭和期の教員。明星学園教師、日本共産青年同盟第二早高細胞キャップ、日本共産青年同盟全学事務責任者。
¶社史

**丸山一彦** まるやまかずひこ
大正10(1921)年～
昭和期の俳諧・国語教育史研究者。宇都宮大学教授。
¶現執1期

**丸山克彦** まるやまかつひこ
生没年不詳
昭和期の小学校教員。
¶社史

**丸山尚** まるやまかのう
明治12(1879)年～昭和22(1947)年
明治～昭和期の教育者。
¶姓氏長野

**丸山清康** まるやまきよやす
明治34(1901)年4月19日～昭和41(1966)年12月3日
昭和期の郷土史家。
¶郷土, 郷土群馬(㊥1969年), 群新百, 群馬人, 群馬百, 数学, 世紀, 姓氏群馬(㊥1969年), 日人

**丸山久保吉** まるやまくぼきち
明治6(1873)年～昭和6(1931)年
明治～昭和期の教育者。
¶姓氏長野, 長野歴

**丸山孝一郎** まるやまこういちろう
嘉永2(1849)年～大正1(1912)年
明治期の教育家、政治家。衆議院議員。興亜学校校長。後年、地方自治、産業開発などに尽力。
¶人名, 日人, 山形百

**丸山茂太** まるやましげた
明治39(1906)年3月6日～昭和32(1957)年1月30日
昭和期の小学校教員。
¶社史

**丸山子堅** まるやましけん
天保13(1842)年～大正5(1916)年
江戸時代末期～大正期の教育者。
¶長野歴

**丸山静子** まるやましずこ
大正2(1913)年1月3日～
昭和期の小学校教員。
¶社史

**丸山丈作** まるやまじょうさく
明治8(1875)年3月15日～昭和46(1971)年5月6日
昭和期の教育者。東京府立第六高等女学校校長、私立トキワマツ学園校長。
¶社史

**丸山昌平** まるやましょうへい
昭和9(1934)年1月1日～
昭和期の学校教諭。
¶飛騨

**丸山清次郎** まるやませいじろう
天保11(1840)年～昭和11(1936)年
明治～昭和期の社会事業家。清崎小学校への通学路を開削。
¶姓氏愛知

**丸山忠璋** まるやまただあき
昭和18(1943)年～
昭和～平成期の音楽教育者。
¶音人3

**丸山董** まるやまただし
明治16(1883)年～昭和37(1962)年
明治～昭和期の教育者。
¶青森人

**丸山近美** まるやまちかみ
明治10(1877)年7月20日～*
明治～昭和期の教育者。
¶埼玉人(㊥昭和34(1959)年11月1日), 埼玉百(㊥1961年)

**丸山千代**(丸山ちよ) まるやまちよ
明治20(1887)年5月27日～昭和42(1967)年4月11日
大正～昭和期の社会運動家。民間保育事業の先覚者。教育的実践を通じて家庭や地域の改善に尽力。
¶近女, 現朝, 女史, 女性(㊥明治20(1887)年5月28日), 女性普(㊥明治20(1887)年5月28日), 世紀(丸山ちよ), 日人

**丸山通一** まるやまつういち
明治2(1869)年8月25日～昭和13(1938)年1月7日
㊥丸山通一《まるやまみちかず》
明治～昭和期の牧師、教育家。普及福音協会において中心的役割を果たす。
¶キリ(まるやまみちかず), 世紀, 哲学

**丸山輝吉** まるやまてるきち
明治37(1904)年7月27日～昭和47(1972)年9月12日
大正・昭和期の教育者。学校長。
¶飛騨

**丸山東一** まるやまとういち
明治28(1895)年～昭和16(1941)年
大正～昭和期の教育者、歌人。
¶長野歴

**円山信庸** まるやまのぶつね
弘化4(1847)年～明治44(1911)年
江戸時代後期～明治期の教育家。

¶郷土栃木，栃木百，栃木歴

**丸山抱石** まるやまほうせき
文化14（1817）年～明治31（1898）年1月27日
江戸時代末期～明治時代の会津藩士、画人。京都常詰番頭。書画、詩を好み、武芸を能くした。学校奉行を歴任。
¶幕末，幕末大

**丸山正彦** まるやままさひこ
→丸山正彦（まるやままひこ）

**丸山正彦** まるやままひこ
安政6（1859）年6月17日～大正3（1914）年11月6日 [別]丸山正彦《まるやままさひこ》
明治期の国学者。陸軍教授。軍事史を編修。
¶史研，神人，人名（まるやままさひこ），日人

**丸山通一** まるやまみちかず
→丸山通一（まるやまつういち）

**円山光正** まるやまみつまさ
昭和23（1948）年9月30日～
昭和期の教育者、パソコン教室講師。
¶視覚

**円山溟北**（丸山溟北） まるやまめいほく
文政1（1818）年～明治25（1892）年5月31日
江戸時代末期～明治期の漢学者。
¶維新，国書，神人（丸山溟北），人名，新潟百，日人

**丸山株徳** まるやまもとのり
天保5（1834）年～明治42（1909）年
江戸時代末期～明治期の歌人。子弟の教育に尽力。和歌の遺稿は十数冊に及ぶ。
¶人名

**丸山弥三左衛門** まるやまやさざえもん
明治5（1872）年～昭和27（1952）年
明治～昭和期の氷見市女良の教育者。
¶姓氏富山

**丸山淑人** まるやまよしと
嘉永2（1849）年～？
明治期の教育家。横浜共立修文館館長、東京府尋常中学校校長。
¶学校

**丸山良二** まるやまりょうじ
明治～昭和期の障害児教育者。
¶岡山歴

**丸山竜川** まるやまりょうせん
天保13（1842）年～大正5（1916）年
江戸時代末期～明治期の漢学者。神奈川県師範学校などの教諭を歴任。龍川漢文詩学に造詣が深い。
¶人名，世紀（[生]天保13（1842）年7月 [没]大正5（1916）年11月29日），日人

**丸山良平** まるやまりょうへい
昭和22（1947）年11月7日～
昭和期のひだクリエイト協会員・学校教諭。
¶飛騨

**丸山林平** まるやまりんぺい
明治24（1891）年1月19日～昭和49（1974）年6月10日
明治～昭和期の国語教育研究者。
¶児文，日児

**万英子** まんえいこ
昭和12（1937）年5月10日～
昭和～平成期のピアニスト、音楽教育者。
¶音人3

**万波槐里** まんなみかいり
天保12（1841）年～明治35（1902）年
明治期の教育家。廃藩後、県の学官として学制改革に力を尽くす。
¶岡山人（[生]天保15（1844）年），人名，日人

**万波醒廬**（万波醒盧） まんなみせいろ
宝暦12（1762）年～天保14（1843）年11月26日
江戸時代中期～後期の備前岡山藩士。藩校教授、閑谷学校教授。
¶岡山人，岡山百（万波醒盧），岡山歴（万波醒盧），国書，人名，日人（[没]1844年），藩臣6

**万本光恵** まんもとみつえ
昭和23（1948）年～
昭和～平成期の小学校教師、童画家。
¶児人

**万里集九** まんりしゅうく
→万里集九（ばんりしゅうく）

## 【み】

**三明太蔵** みあけたぞう
明治20（1887）年～昭和45（1970）年
明治～昭和期の教育者。
¶鳥取百

**三井雪航** みいせっこう
→三井雪航（みついせっこう）

**三浦浅一郎** みうらあさいちろう
明治21（1888）年2月14日～昭和49（1974）年12月12日
明治～昭和期の郷土史家。
¶郷土，群馬人

**三浦按針** みうらあんじん
永禄7（1564）年9月24日～元和6（1620）年 [別]アダムズ,ウィリアム
安土桃山時代～江戸時代前期の日本に来た最初のイギリス人。徳川家康の政治顧問。本名ウィリアム・アダムズ。
¶朝日（[没]元和6年4月24日（1620年5月26日）），岩史（ウィリアム・アダムス [没]元和6年4月24日（1620年5月26日）），江戸東，大分百，大分歴，沖縄百（ウィリアム・アダムズ [没]1620年4月24日），角史（アダムズ），神奈川人，神奈川百，教育，郷土神奈川，郷土長崎，キリ（[没]元和6年4月24日（1620年5月26日）），近世（アダ

み

ムス [没]元和6年4月24日（1620年5月16日（ユリウス暦））），国史（アダムス），コン改，コン4，史人（アダムズ [没]元和6年（1620年4月24日）），静岡百，静岡歴，人書79（アダムズ），人書94（アダムズ），人情，新潮（[没]元和6（1620）年4月24日），人名（[生]？），姓氏神奈川，世人（ウィリアム・アダムズ [没]1620年5月16日），世百（アダムズ），全書，戦人（アダムス），伝記（アダムズ），長崎歴，日史（アダムズ [没]元和6年4月24日（1620年5月16日）），日人，百科（アダムズ），歴大（アダムズ）

**三浦カネ子** みうらかねこ
生没年不詳
昭和期の教員。
¶社史

**三浦菊太郎** みうらきくたろう
明治4（1871）年～昭和19（1944）年
明治～昭和期の教育者。
¶群馬人，日児（[生]明治4（1871）年9月10日 [没]昭和19（1944）年10月25日）

**三浦袈裟次** みうらけさじ
生没年不詳
昭和期の小学校教員。
¶社史

**三浦謙次郎** みうらけんじろう
明治18（1885）年～昭和15（1940）年
明治～昭和期の教育者。
¶愛媛

**三浦黄鶴** みうらこうかく
明和1（1764）年～文政2（1819）年 [別]三浦修齢《みうらしゅうれい》，三浦坦斎《みうらたんさい》
江戸時代中期～後期の豊後杵築藩士。
¶大分百，大分歴（三浦修齢 みうらしゅうれい），国書（三浦坦斎 みうらたんさい [没]文政2（1819）年1月10日），人名，日人，藩臣7

**三浦幸平** みうらこうへい
明治23（1890）年～昭和50（1975）年6月7日
明治～昭和期の学校創立者。中部工業短期大学を創設、中部工業大学（後の中部大学）を開設。
¶学校，姓氏愛知

**三浦敏** みうらさとし
安政1（1854）年～大正4（1915）年9月11日
明治期の教育者、考古学者。
¶郷土，考古，世紀（[生]安政1（1855）年），日人，宮崎百

**三浦自祐** みうらじゆう
文政11（1828）年～明治44（1911）年8月30日
江戸時代末期～明治時代の医師。藩医学校「日新堂」設立に名を連ねる。「廻生堂」を開き子弟の教育にあたる。
¶姓氏岩手，幕末，幕末大

**三浦修吾** みうらしゅうご
明治9（1876）年4月28日～大正9（1920）年12月27日
明治～大正期の教育者。
¶日児

**三浦修二** みうらしゅうじ★
大正14（1925）年8月8日～平成2（1990）年8月3日
昭和・平成期の音楽教育者。
¶秋田人2

**三浦修齢** みうらしゅうれい
→三浦黄鶴（みうらこうかく）

**三浦正一** みうらしょういち
明治38（1905）年2月24日～昭和53（1978）年5月24日
昭和期の小学校教員。
¶社史

**三浦二郎** みうらじろう
大正14（1925）年2月2日～平成8（1996）年12月28日
昭和・平成期の教育者、野鳥を愛好した自然保護運動家。
¶根千

**三浦次郎右衛門** みうらじろううえもん
？ ～文政12（1829）年 [別]三浦次郎右衛門《みうらじろうえもん》
江戸時代後期の下総古河藩士、剣術師範。
¶剣豪（みうらじろうえもん），藩臣3

**三浦次郎右衛門** みうらじろうえもん
→三浦次郎右衛門（みうらじろううえもん）

**三浦清一郎** みうらせいいちろう
昭和16（1941）年～
昭和～平成期の社会教育・生涯学習研究家。九州共立大学理事。主著に「成人の発達と生涯学習」「現代教育の忘れもの―青少年の欠損体験と野外教育の方法」など。
¶現執2期，現執3期（[生]昭和16（1941）年2月15日）

**三浦省軒** みうらせいけん
嘉永2（1849）年～大正8（1919）年
江戸時代末期～大正期の教育者。新潟県立新潟医学校校長。
¶新潟百別

**三浦泰** みうらたい
明治43（1910）年2月1日～平成5（1993）年5月1日
昭和～平成期の音楽教育者。
¶音人，音人2

**三浦孝啓** みうらたかひろ
昭和22（1947）年～
昭和期の新聞記者、編集者。「日教組・教育新聞」編集部記者。
¶現執2期

**三浦坦斎** みうらたんさい
→三浦黄鶴（みうらこうかく）

**三浦晟彦** みうらてるひこ
嘉永3（1850）年10月25日～昭和8（1933）年10月7日

明治～昭和期の教育者。
¶熊本人，熊本百

### 三浦東耕　みうらとうこう★
嘉永2(1849)年5月5日～明治45(1912)年5月13日
江戸時代末期・明治期の教員。
¶秋田人2

### 三浦藤作　みうらとうさく
明治20(1887)年～昭和35(1960)年7月6日
明治～昭和期の倫理学者、著述家。倫理学、倫理教育、日本思想史を研究。
¶世紀(㊤明治20(1887)年9月　㊦?)，姓氏愛知，哲学，日児(㊤明治20(1887)年9月3日)

### 三浦渡世平　みうらとよへい
安政3(1856)年12月25日～昭和13(1938)年5月25日
明治～昭和期の教育者。
¶愛知百，静岡歴，世紀(㊤安政3(1857)年12月25日)，姓氏愛知，日人(㊤1857年)

### 三浦梅園　みうらばいえん
享保8(1723)年8月2日～寛政1(1789)年3月14日
江戸時代中期の哲学者、経済学者。梅園塾での門人の教育に当たる。
¶朝日(㊤享保8年8月2日(1723年9月1日)　㊦寛政1年3月14日(1789年4月9日))，岩史，江人，大分百，大分歴，角史，近世，国史，国書，コン改，コン4，コン5，詩歌，史人，思想史，重要，人書79，人書94，神人(㊤享保8(1723)年8月3日)，新潮，人名，世人，世百，全書，大百，伝記，長崎遊，日思，日史，日人，藩臣7，百科，山川小，洋学，歴大，和俳

### 三浦一　みうらはじめ
明治41(1908)年12月11日～昭和56(1981)年1月19日
昭和期の教育者、口演童話家。北海道児童文化会長。
¶日児

### 三浦ヒロ　みうらひろ
明治31(1898)年～*
大正～昭和期の女子体育者。聖心女学院初等科教師、静岡市立長田中学教師。国民保健体操(ラジオ体操)を創案。
¶近女(㊤平成4(1992)年)，静岡女(㊤平成4(1992)年)，静岡歴，世紀(㊤昭和44(1969)年)，体育(㊤1893年　㊦1969年)

### 三浦広栄　みうらひろえ
明治25(1892)年4月10日～昭和60(1985)年11月6日
大正～昭和期の教育者。
¶庄内

### 三浦平三郎　みうらへいさぶろう
*～寛政7(1795)年　㊛三浦瓶山《みうらへいざん》
江戸時代中期の越中富山藩士、儒学者。富山藩藩校広徳館の初代学頭。
¶江文(三浦瓶山　みうらへいざん　㊤享保10

(1725)年)，国書(三浦瓶山　みうらへいざん　㊤享保10(1725)年　㊦寛政7(1795)年9月10日)，姓氏富山(三浦瓶山　みうらへいざん　㊤1723年)，日人(三浦瓶山　みうらへいざん　㊤1723年)，藩臣3(㊤享保8(1723)年)，ふる(三浦瓶山　みうらへいざん　㊤1725年)

### 三浦瓶山　みうらへいざん
→三浦平三郎(みうらへいさぶろう)

### 三浦正雄　みうらまさお
平成期の高等学校教諭。
¶YA

### 三浦正　みうらまさし
昭和9(1934)年～
昭和～平成期の教育学者。拓殖大学教授。
¶現執1期

### 三浦政治　みうらまさじ
明治13(1880)年～昭和37(1962)年6月10日
大正～昭和期の小学校教員、アイヌ教育家。
¶キリ(㊤明治13(1880)年5月12日)，社史(㊤1880年5月25日)

### 三浦三義人　みうらみきと
明治27(1894)年～昭和57(1982)年
大正～昭和期の教育者。中学校校長。
¶青森人

### 三浦桃之助　みうらもものすけ
*～昭和16(1941)年　㊛井上桃之助《いのうえもものすけ》
明治期の教員。
¶群馬人(㊤文久3(1863)年)，社史(㊤文久1年10月6日(1861年11月8日)　㊦1941年9月7日)

### 三浦泰生　みうらやすお
昭和5(1930)年～
昭和期の日本近代文学・国語教育研究者。
¶現執1期

### 三浦保行　みうらやすゆき
明治23(1890)年1月23日～昭和55(1980)年2月1日
明治～昭和期の教育者。
¶世紀，日人

### 三浦靫郎　みうらゆきお
大正1(1912)年～*
昭和期の校長、翻訳家。付属大泉中学校校長。
¶児人

### 三浦隆治　みうらりゅうじ
明治43(1910)年1月19日～平成7(1995)年2月9日
昭和・平成期の教育者、根室市教育長。
¶根千

### ミエ
江戸時代末期の女性。教育。熊本藩士江口氏の家族。坪井村で万延1年、寺子屋を開業する。
¶江表(ミエ(熊本県))

みえのし

**三重野栄子** みえのしげこ
大正15(1926)年5月10日～
昭和～平成期の政治家。参議院議員、アジアの子どもと女性教育基金の会会長。
¶現政

**三重野友美** みえのともみ
明治32(1899)年～昭和55(1980)年
大正～昭和期の教育者。
¶大分歴

**美尾浩子** みおひろこ
昭和11(1936)年～平成3(1991)年
昭和・平成期の大学教員。女性の地位向上施策に尽力。
¶静岡女

**三上アイ** みかみあい
明治13(1880)年3月～昭和45(1970)年6月1日
明治～昭和期の教育者。島根県川本に川本女学館、江津女子高を創設、両校を統合して江の川高とした。のち江の川学園として発展させる。
¶学校、島根人、島根歴、女性(㊃?)、女性普(㊃?)、世紀、日人

**三上昭彦** みかみあきひこ
昭和17(1942)年6月20日～
昭和～平成期の教育行政学者。明治大学教授。著書に「教育行政の原理と課題」など。
¶現執2期、現執3期、現執4期

**三上晃** みかみあきら
大正10(1921)年5月20日～
昭和期の教育者。日本相対磁波研究所長。広島県で障害児教育に従事したのち、植物の交信能力について研究。著書に「植物の超能力」など。
¶現執3期

**三上和夫** みかみかずお
昭和21(1946)年6月8日～
昭和～平成期の教育行政者。著書に「教育改革の視野」「学区制度と住民の権利」など。
¶現執3期、現執4期

**三上斎太郎** みかみさいたろう
明治42(1909)年～＊
昭和期の小学校教員。
¶青森人(㊃昭和58(1983)年)、社史(㊃?)

**三上周治** みかみしゅうじ
昭和26(1951)年6月4日～
昭和～平成期の小学校教師。専門は、理科教育、理論言語の指導、性教育。
¶現執4期

**三上忠貞** みがみちゅうてい
生没年不詳
明治期の民権運動家、教育者。
¶長野歴

**三上敏夫** みかみとしお
大正14(1925)年7月10日～
昭和期の小学校教諭、児童文学作家。北海道作文教育協議会副会長。

¶現執1期、児人、北海道文

**三神とめ** みかみとめ
享和2(1802)年～明治32(1899)年
江戸時代後期～明治期の社会事業家。藩内の子女200余人を教育。機織上下の織り方を指導。
¶姓氏岩手

**三上留吉** みかみとめきち
明治30(1897)年～昭和37(1962)年
大正～昭和期の音楽教育家。
¶鳥取百

**三上満** みかみみつる
昭和7(1932)年3月12日～
昭和～平成期の教育評論家。全日本教職員組合協議会を結成。
¶現執1期、現執2期(㊃昭和7(1932)年3月10日)、現執3期、現執4期

**み起** みき★
1850年～
江戸時代後期の女性。教育。商人高橋平吉の妻。
¶江表(み起(東京都)) ㊃嘉永3(1850)年頃)

**三木一成** みきいっせい
昭和8(1933)年～昭和54(1979)年
昭和期の洋画家、教員。
¶高知人

**三木雲門** みきうんもん
？～寛政11(1799)年
江戸時代後期の儒学者。
¶国書(㊃寛政11(1799)年3月)、人名(㊃1840年)、日人

**三木一治** みきかずじ
昭和3(1928)年～昭和48(1973)年
昭和期の音楽教育家。
¶香川人、香川百

**三木繁** みきしげる
明治41(1908)年7月29日～昭和51(1976)年10月31日
昭和期の高校教師。自由ケ丘学園教諭。
¶社史

**三木茂** みきしげる
明治38(1905)年11月15日～昭和53(1978)年9月14日
昭和期のカメラマン、映画作家。柳田国男と出会い、民俗学、教育の視点で映画を作成。作品に「土に生きる」「黒い太陽」など。
¶映監、映人、監督、現朝、高知人、社史(㊃1976年9月14日)、世紀、日芸、日人

**三木順治** みきじゅんじ
明治17(1884)年～昭和40(1965)年
明治～昭和期の教育者。
¶鳥取百

**三木省吾** みきしょうご
昭和5(1930)年12月8日～昭和58(1983)年7月15日

昭和期の教育家。三木学園創設者・理事長。
¶学校

**三木二郎** みきじろう
大正9(1920)年～昭和55(1980)年
昭和期の教育者。
¶姓氏神奈川

**三木テイ** みきてい
明治39(1906)年2月10日～平成1(1989)年8月21日
昭和期の教育者。
¶埼玉人

**三木杜雨** みきとう
明治36(1903)年～昭和59(1984)年
昭和期の俳人・教育者。
¶香川人

**御木徳一** みきとくいち
→御木徳一(みきとくはる)

**御木徳一** みきとくはる
明治4(1871)年1月27日～昭和13(1938)年7月6日
[別]御木徳一《みきとくいち》
大正～昭和期の宗教家。神道徳光教を布教、ひとのみち教団を組織するが弾圧、解散となる。中野中学校を創立。
¶学校，現朝([生]明治4年1月27日(1871年3月17日))，コン改(みきとくいち)，コン5(みきとくいち)，史人，新潮，世紀，全書，日人，平和，民学，履歴

**三木パウロ** みきぱうろ
永禄7(1564)年～慶長1(1597)年12月19日 [別]パウロ三木《ぱうろみき》，三木ポウロ《みきぽうろ》，三木ポオロ《みきぽおろ》
安土桃山時代のイエズス会修士。日本二十六聖人の一人。
¶教育(三木ポウロ みきぽうろ)，キリ，近世([生]? [没]1596年)，国史([生]?)，新潮([没]慶長1(1596)年12月19日)，人名([生]1565年)，世人(三木ポウロ みきぽうろ)，世百，全書(パウロ三木 ぱうろみき [生]1564年頃)，戦人([没]慶長1(1596)年)，戦補(三木ポオロ みきぽおろ [没]1596年)，日人

**三木ポウロ** みきぽうろ
→三木パウロ(みきぱうろ)

**三木ポオロ** みきぽおろ
→三木パウロ(みきぱうろ)

**三国大学** みくにだいがく
文化7(1810)年～明治29(1896)年 [別]三国幽眠《みくにゆうみん》
江戸時代末期～明治期の儒学者。鷹司家侍講となるが安政の大獄で追放。著書に「孝経傍訓」など。
¶維新(三国幽眠 みくにゆうみん)，岩史([生]文化7(1810)年10月1日 [没]明治29(1896)年5月31日)，角史([没]明治29(1896)年5月30日)，京都大，郷土福井，国書(三国幽眠 みくにゆうみん [生]文化7(1810)年10月1日 [没]明治29(1896)年5月31日)，コン改，コン4，コン5，史人([生]1810年10月1日 [没]1896年5月30日)，新潮([没]明治29(1896)年5月30日)，人名(三国幽眠 みくにゆうみん)，姓氏京都，世人([生]文化7(1810)年10月 [没]明治29(1896)年5月30日)，全幕，日人(三国幽眠 みくにゆうみん)，幕末(三国幽眠 みくにゆうみん [没]1896年5月31日)，幕末大(三国幽眠 みくにゆうみん [生]文化7(1810)年10月1日 [没]明治29(1896)年5月31日)，福井百(三国幽眠 みくにゆうみん)，歴大

**三国幽眠** みくにゆうみん
→三国大学(みくにだいがく)

**三隈一成** みくまかずなり
? ～
昭和期の教員、心理学者、著述家。城西児童研究所所長、城西嬰児学校主事。
¶社史

**御厨勝一** みくりやかついち
明治9(1876)年3月17日～昭和29(1954)年2月26日
明治～昭和期の教育家、佐賀県立教護院初代院長。
¶佐賀百

**御厨良一** みくりやりょういち
昭和3(1928)年7月～
昭和～平成期の教育者。文部省学習指導要領改訂協力者委員などを務める。著書に「哲学が好きになる本」など。
¶現執3期，世紀，YA

**神子上忠明** みこがみただあき
→小野忠明(おのただあき)

**御子柴朔朗** みこしばさくろう
明治5(1872)年～昭和28(1953)年
明治～昭和期の教育者。
¶長野歴

**御子柴昭治** みこしばしょうじ
昭和2(1927)年～
昭和～平成期の教育相談員。
¶YA

**御子柴鉄史** みこしばてつし
生没年不詳
昭和期の小学校教員。
¶社史

**三坂圭治** みさかけいじ
明治38(1905)年～平成5(1993)年
昭和期の教育家、地方史研究家。山口大学教授。山口県史を研究。
¶郷土([生]明治38(1905)年3月14日 [没]平成5(1993)年11月16日)，史研

**三坂美信** みさかよしのぶ
安永7(1778)年～天保14(1843)年4月8日
江戸時代中期～後期の心学者。
¶国書

**操子　みさこ★**
江戸時代末期の女性。和歌。周防徳山藩士粟屋記礼の母。
¶江表（操子（山口県））

**みさご**
〜明治1（1868）年
江戸時代末期の女性。教育。小池氏。
¶江表（みさご（山梨県））

**見里朝慶　みさとちょうけい**
明治32（1899）年5月5日〜昭和55（1980）年7月22日
大正〜昭和期の教育者、琉歌研究者。
¶沖縄百、姓氏沖縄

**三沢英一　みさわえいいち**
明治15（1882）年〜昭和17（1942）年
明治〜昭和期の教育者。南安曇郡三田村田多井の人。
¶姓氏長野

**三沢勝衛　みさわかつえ**
明治18（1885）年1月25日〜昭和12（1937）年8月18日
明治〜昭和期の地理学者、教育者。太陽黒点を観測。
¶科学、郷土、郷土長野、現朝、信州人、世紀、姓氏長野、長野百、長野歴、日人

**美沢進　みさわすすむ**
嘉永2（1849）年〜大正12（1923）年
明治〜大正期の教育者。
¶岡山人（㊙嘉永5（1852）年）、神奈川人、世紀（㊙大正12（1923）年9月16日）、姓氏神奈川、日人

**三沢糾　みさわただす**
大正〜昭和期の教育者。
¶大阪人

**三沢智雄　みさわともお**
明治31（1898）年〜昭和42（1967）年
大正〜昭和期の宗教教育家。
¶長野歴

**三沢房太郎　みさわふさたろう**
明治32（1899）年〜昭和57（1982）年
大正〜昭和期の民生・教育に尽力。
¶姓氏宮城

**三沢力太郎　みさわりきたろう**
安政3（1856）年〜大正14（1925）年
明治〜大正期の教育者。
¶長野歴

**三品容斎　みしなようさい**
明和6（1769）年〜弘化4（1847）年
江戸時代中期〜後期の伊予西条藩士、儒学者。
¶愛媛百（㊙弘化4（1847）年8月20日）、郷土愛媛、人名、日人、藩臣6

**三島億二郎　みしまおくじろう**
文政8（1825）年〜明治25（1892）年　㊙川島億次郎《かわしまおくじろう》
江戸時代末期・明治期の長岡洋学校、長岡会社病院（長岡赤十字病院）創設者。
¶維新、長岡、新潟百（㊙1890年）、日人、幕末（㊙1892年3月25日）、藩臣4（川島億次郎　かわしまおくじろう）

**三島かほる　みしまかおる**
明治36（1903）年〜昭和62（1987）年6月9日
大正〜昭和期の教育者。仙台YMCAを創始し、理事長就任。仙台ユネスコ協会幹事などを歴任。
¶女性、女性普

**三島駒治　みしまこまじ**
明治3（1870）年9月10日〜昭和17（1942）年1月3日
明治〜昭和期の教育家。東北法律学校設立者、三島学園創立者・理事長。
¶学校、姓氏岩手、姓氏宮城、宮城百

**三島章道　みしましょうどう**
→三島通陽（みしまみちはる）

**三島中洲（三嶋中洲）　みしまちゅうしゅう**
文政13（1830）年12月9日〜大正8（1919）年5月12日　㊙三島中洲《みしまちゅうしゅう》
江戸時代末期〜明治期の漢学者、法律家、教育者。二松学舎（後の二松学舎大学）の創設者。著書に「中洲詩稿」「中洲文稿」など。
¶朝日（㊙天保1年12月9日（1831年1月22日））、維新、岡山人、岡山歴、学校、近現、近文、国史、国書、コン改（三嶋中洲）、コン4（三嶋中洲）、コン5（三嶋中洲）、詩歌、詩作、史人、思想（㊙天保1（1831）年12月9日）、思想史、人書94、新潮、文人、先駆（㊙天保1（1831）年12月9日）、全書、大百、日史、日人（㊙1831年）、幕末、幕末大（㊙文政13（1831）年12月9日）、藩臣6、百科、三重、履歴（みしまちゅうしょう）

**三島中洲　みしまちゅうしょう**
→三島中洲（みしまちゅうしゅう）

**三島敏男　みしまとしお**
昭和期の障害児教育者。東京都立江東聾学校教諭。
¶現執2期

**三島通陽　みしまみちはる**
明治30（1897）年1月1日〜昭和40（1965）年4月20日　㊙三島章道《みしましょうどう》
大正〜昭和期の少年団指導者、政治家、小説家。貴族院議員。日本ボーイスカウトの創始者。小説「寺田屋騒動」なども著作。
¶近文（三島章道　みしましょうどう）、現朝、現情、コン改、コン4、コン5、小説（三島章道　みしましょうどう）、新潮、新文（三島章道　みしましょうどう）、人名7、世紀、政治、体育（㊙1895年）、日人、日本、文学（三島章道　みしましょうどう）、履歴、履歴2

**三島通良（三嶌通良、三嶋通良）　みしまみちよし**
慶応2（1866）年6月6日〜大正14（1925）年3月9日
明治〜大正期の医師。学校保健制度の創設者。帝国痘苗院を設立、痘苗の供給と種痘術の普及に尽力。

¶朝日（三嶌通良　[生]慶応2年6月6日（1866年7月17日）），科学，教育，近医，コン5，埼玉人，埼玉百，人名，心理，世紀，世百，体育，渡航（三嶋通良・三島通良　みしまみちよし・みしまみちよし），日史（[生]慶応2（1866）年6月），日人，百科

**三島よし** みしまよし
明治5（1872）年2月14日～昭和25（1950）年1月8日
明治～昭和期の教育者。東北女子職業学校創立、校長、理事長歴任。
¶岩手人，学校，女性，女性普，世紀，姓氏岩手，日人，宮城百

**美代敦本**（美代厚本） みしろあつもと
寛文2（1662）年～享保19（1734）年
江戸時代中期の儒学者。
¶高知人（美代厚本），国書（[没]享保19（1734）年5月16日），人名，日人，藩臣6

**美寿** みす★
天明3（1783）年～安政4（1857）年
江戸時代中期～末期の女性。日記・俳諧・随筆・教育。猪尻の徳島藩家老稲田家家臣三宅民助の娘。
¶江表（美寿（徳島県））

**水井笙子** みずいしょうこ
昭和20（1945）年～
昭和～平成期の教師。
¶YA

**水出熊雄** みずいでくまお
明治29（1896）年～昭和53（1978）年
大正～昭和期の農村、青年教育に貢献した教育者。
¶長野歴

**水井文吉** みずいぶんきち
明治1（1868）年～明治33（1900）年　[別]永井文吉《ながいふみきち》
江戸時代末期～明治期の教育者。
¶姓氏山口（永井文吉　ながいふみきち），山口百

**水内喜久雄** みずうちきくお
昭和26（1951）年～
昭和～平成期の小学校教諭、児童文学作家。
¶現執4期，児人

**水上善治** みずかみぜんじ
文政11（1828）年～明治31（1898）年
江戸時代末期～明治期の社会事業家。
¶姓氏富山，日人

**水上文淵** みずかみぶんえん
文久1（1861）年6月13日～昭和4（1929）年1月30日
明治～昭和期の教育家。
¶山梨百

**水川隆夫** みずかわたかお
昭和9（1934）年3月2日～
昭和期の国語教育学者。京都女子大学教授。「漱石と落語」で話題を呼んだ。他の著書に「説明的文章指導の再検討」など。
¶現執3期

**水木太郎** みずきたろう
明治35（1902）年～昭和60（1985）年
昭和期の東郡医師会長、平内町教育委員長。
¶青森人

**水木千昭** みずきちあき
昭和4（1929）年6月18日～
昭和期の教育者。学校長。
¶飛騨

**水月哲英** みずきてつえい
→水月哲英（みづきてつえい）

**水木敏夫** みずきとしお
大正12（1923）年8月8日～昭和52（1977）年8月25日
昭和期の中学特殊教育の功労者。
¶飛騨

**水筑竜** みずきりゅう
→秋月橘門（あきづききつもん）

**水口忠孝** みずくちただたか
明治29（1896）年～昭和53（1978）年
大正～昭和期の教育者。
¶大分歴

**水口彦太郎** みずくちひこたろう
大正5（1916）年9月8日～昭和57（1982）年7月15日
昭和期の教育者。学校長。
¶飛騨

**溝口亮一** みずぐちりょういち
明治33（1900）年～昭和59（1984）年
大正～昭和期の信州大学教育学部長。
¶長野歴

**水越敏行** みずこしとしゆき
昭和7（1932）年5月13日～
昭和～平成期の教育学者。大阪大学教授。専門は教育方法学、教育工学。著書に「発見学習の研究」「個を生かす教育」など。
¶現執1期，現執2期，現執3期，現執4期

**水沢謙一** みずさわけんいち
明治43（1910）年5月23日～平成6（1994）年7月2日
大正～昭和期の校長、童話研究家。長岡市立新町小学校校長。
¶郷土，児人，日児

**水沢澄夫** みずさわすみお
明治38（1905）年8月14日～昭和50（1975）年2月13日
昭和期の美術評論家。町田市立郷土資料館初代館長。中国での尾形光琳展開催に尽力。
¶現朝，現情，人名7，世紀，栃木歴，日人

**水沢南芳** みずさわなんぼう，みずさわなんほう
万延1（1860）年～大正3（1914）年2月
明治～大正期の女流画家。華族女学校教師。滝和亭入門、日下部鳴鶴に学び、漢籍にも明るい。
¶近女（[生]万延1（1869）年），女性，女性普，人名，世紀，新潟百（みずさわなんぽう），日人，美家

**水島銕也**（水島鉄也）　みずしまてつや
元治1（1864）年～昭和3（1928）年11月2日
明治～昭和期の教育家。神戸高等商業学校初代校長。神戸高等商業学校校長として二十数年同校のために尽す。
¶大分歴，人名，渡航（水島鉄也　⊕1864年6月），日人，兵庫人（⊕元治1（1864）年6月29日）

**水島ヒサ**　みずしまひさ
明治32（1899）年10月29日～昭和47（1972）年
大正～昭和期の教育者，政治家。北海道議会議員。
¶札幌，北海道百，北海道歴

**水田勝巳**　みずたかつみ
明治44（1911）年7月9日～
昭和期の音楽教育家。
¶現情

**水谷鑑**　みずたにあきら
明治42（1909）年～昭和52（1977）年
昭和期の学校法人水谷学園理事長。
¶島根歴

**水谷修**(1)　みずたにおさむ
昭和7（1932）年12月11日～
昭和～平成期の日本語教育学者。国立国語研究所所長。スタンフォード大日本研究センター語学主任，名古屋大総合言語センター教授などを歴任。
¶現執2期，現執3期，現執4期

**水谷修**(2)　みずたにおさむ
昭和31（1956）年～
昭和～平成期の作家，教育評論家。横浜市立戸塚高等学校定時制社会科教諭，青少年の薬物問題を考える会代表幹事。
¶現執4期

**水谷儀一郎**　みずたにぎいちろう
大正～昭和期の教育者。
¶岐阜百

**水谷キワ**　みずたにきわ
*～昭和35（1960）年1月16日
明治～昭和期の教育者。今市裁縫女学校を創立，校長就任。女子教育に専念。文部大臣表彰，県文化賞など受賞。
¶学校（⊕明治15（1882）年9月14日），島根人（⊕明治17（1884）年），島根歴（⊕明治16（1883）年），女性（⊕明治17（1884）年），女性普（⊕明治17（1884）年），世紀（⊕明治15（1882）年9月14日），日人（⊕明治15（1882）年9月14日）

**水谷宗次**　みずたにそうじ
明治9（1876）年3月31日～大正12（1923）年1月30日
明治～大正期の実業家。水谷毛織工場を設立。郡立稲沢農学校の県立移管に尽力。
¶世紀，姓氏愛知，日人

**水谷竹荘**　みずたにちくそう
文政7（1824）年～明治28（1895）年
江戸時代末期～明治期の教育者。青少年教育に専念。
¶藩臣4

**水谷直孝**　みずたになおたか
安政6（1859）年～明治41（1908）年
明治期の教育者。
¶日人

**水谷信子**　みずたにのぶこ
昭和4（1929）年～
昭和～平成期の日本語教育学者。お茶の水女子大学教授。著書に「日英比較話しことばの文法」「英語の生態」など。
¶現執3期，現執4期（⊕1929年6月）

**水谷平八郎**　みずたにへいはちろう
明治40（1907）年5月18日～昭和58（1983）年
昭和期の実業家，政治家。群馬県議会議員，群馬県教育委員長：太田商工会議所会頭。
¶群馬人，姓氏群馬

**水田三喜男**　みずたみきお
明治38（1905）年4月13日～昭和51（1976）年12月22日
昭和期の政治家。衆議院議員，大蔵大臣。政調会で活躍。経済審議庁長官，党政調会長などを歴任。城西大学を開設。
¶学校，近現，現朝，現情，現人，現日，コン改，コン4，コン5，新潮，人名7，世紀，政治，千葉百，日人，履歴，履歴2

**水登勇太郎**　みずとゆうたろう
嘉永5（1852）年～大正6（1917）年
明治～大正期の農事改良家。英和学校校長。ホルスタイン種を初めて輸入し，乳牛の飼養，牛乳の改良に尽力。
¶石川百，人名，姓氏石川，日人

**水沼与一郎**　みずぬまよいちろう
明治33（1900）年4月29日～平成3（1991）年
大正～平成期の札幌慈恵女子高等学校の創設者。
¶札幌

**水野元朗**　みずのげんろう
→水野元朗（みずのもとあきら）

**水野弘毅**　みずのこうき
明治8（1875）年10月13日～明治43（1910）年12月9日
明治期の社会教育事業家。
¶岡山歴

**水野茂一**　みずのしげかず
昭和3（1928）年1月1日～
昭和～平成期の幼児教育研究家。東京こども教育センター教室社長。著書に「落ちこぼれ教育論」「ママ，おはなしきいて」など。
¶現執3期

**水野寿美子**　みずのすみこ
生没年不詳
昭和～平成期の小中学校教諭，評論家。
¶児人

**水野忠鼎** みずのただかね
延享1(1744)年～文政1(1818)年
江戸時代中期～後期の大名。肥前唐津藩主。
¶諸系，日人，藩主4

**水野忠邦** みずのただくに
寛政6(1794)年6月23日～嘉永4(1851)年
江戸時代末期の大名、老中。遠江浜松藩主、肥前唐津藩主。11代将軍家斉の死後、天保の改革を断行したが、緊縮政策・風紀取締・上知令が不評で失脚。改革は頓挫した。
¶朝日([生]寛政6年6月23日(1794年7月19日) [没]嘉永4年2月10日(1851年3月12日))，岩史([没]嘉永4(1851)年2月10日)，江戸東，江文，角史，教育，京都大，近世，国史，国書([没]嘉永4(1851)年2月10日)，コン改，コン4，佐賀百，史人([没]1851年2月10日)，静岡百，静岡歴，重要([没]嘉永4(1851)年2月10日)，諸系，人書79，人書94，新潮([没]嘉永4(1851)年2月10日)，人名，姓氏京都，姓氏静岡，世人([没]嘉永4(1851)年2月16日)，世百，全書，大百，伝記，日史([没]嘉永4(1851)年2月16日)，日人，藩主2([没]嘉永4(1851)年2月10日)，藩主4，百科，歴大

**水野忠順** みずのただより
文政7(1824)年～明治17(1884)年
江戸時代末期～明治期の鶴牧藩主、鶴牧藩知事。
¶諸系，日人，藩主2([生]文政7(1824)年9月 [没]明治17(1884)年12月9日)

**水野てい** みずのてい
嘉永3(1850)年～昭和2(1927)年2月20日
明治～昭和期の根室の教育者。
¶根千

**水野鼎蔵** みずのていぞう
明治23(1890)年～昭和43(1968)年
明治～昭和期の実業家、教育者。上田城南高校創立者、上田化工専務取締役、上田市長。
¶学校，長野歴

**水野敏雄** みずのとしお
明治26(1893)年9月25日～昭和56(1981)年12月4日
大正～昭和期の教育学者。島根大学教授、同大学長。
¶島根百，島根歴

**水野釺子** みずのとしこ
明治43(1910)年～平成13(2001)年
昭和・平成期の名古屋芸術大学創立者。
¶愛知女

**水野允陽** みずののぶあき
大正15(1926)年5月13日～
昭和～平成期の音楽教育者、指揮者。
¶音人2，音人3

**水野文一** みずのふみかず
大正14(1925)年5月20日～
昭和～平成期の音楽教育者、吹奏楽指導者。
¶音人2

**水野正一** みずのまさかず
明治26(1893)年～大正6(1917)年
大正期の鍋屋上野小学校訓導。
¶姓氏愛知

**水野元朗** みずのもとあきら
元禄5(1692)年～寛延1(1748)年 [別]水野元朗《みずのげんろう》
江戸時代中期の出羽庄内藩士。藩校致道館に徂徠学をもたらした先駆者。
¶朝日([没]寛延1年7月9日(1748年8月2日))，近世，国史，国書([生]元禄5(1692)年10月26日 [没]延享5(1748)年7月9日)，コン改，コン4，コン5，庄内(みずのげんろう [生]元禄5(1692)年10月26日 [没]延享5(1748)年7月9日)，新潮([没]寛延1(1748)年7月9日)，人名([生]1693年)，日人，藩臣1(みずのげんろう)，山形百(みずのげんろう)，歴大(みずのげんろう)

**水野康孝** みずのやすたか
明治29(1896)年3月3日～昭和62(1987)年3月11日
明治～昭和期の声楽家。
¶岡山百，岡山歴，音人，新芸

**水野竜門**(1)(水野龍門) みずのりゅうもん
天保8(1837)年～明治16(1883)年
江戸時代末期・明治期の教育者。
¶愛媛(水野龍門)

**水野竜門**(2) みずのりゅうもん
文政9(1826)年～明治16(1883)年10月15日
江戸時代後期～明治期の今治藩士・教育家。
¶愛媛百

**水野錬太郎** みずのれんたろう
明治1(1868)年1月10日～昭和24(1949)年11月25日
明治～昭和期の内務官僚、政治家。貴族院議員。内務次官、内相、文相などを歴任。
¶秋田人2，秋田百，岩史，角史，近現，現朝([生]慶応4年1月10日(1868年2月3日))，現情，現日，国史，コン改，コン4，コン5，史人，出版，出文，神人([生]慶応4(1867)年)，新潮，人名7，世紀，政治，世人，世百，全書，渡航，日史，日人，百科，履歴，履歴2，歴大

**水原梅屋** みずはらばいおく
天保6(1835)年～明治26(1893)年
江戸時代末期～明治期の漢学者。維新後、若松校で教鞭、のち塾を若松町に開き教授。
¶大阪人([没]明治26(1893)年12月)，人名，日人

**水原久雄** みずはらひさお
天保8(1837)年～？
江戸時代末期～明治期の勤王家。九州三瀦県知事。教育行政に尽力。
¶岡山人，岡山百([生]天保8(1837)年1月)，幕末

**三須英雄** みすひでお
明治28(1895)年～昭和45(1970)年
昭和期の教育者。
¶山口人

**水船六洲**(水船六州) **みずふねろくしゅう**
大正1(1912)年3月26日〜昭和55(1980)年6月30日
昭和期の彫刻家、教員。日展理事、関東学院小学校校長。新文展「江川太郎左衛門」で特選。木彫に絵画的彩色を施す。
¶近美，現情，世紀，日人，美家，美建，広島百(水船六州)，洋画(水船六州)

**水間大吉 みずまだいきち**
生没年不詳
昭和期の小学校教員。
¶社史

**水町義夫 みずまちよしお**
明治18(1885)年2月16日〜昭和42(1967)年12月13日
明治〜昭和期の教育者。
¶福岡百

**水間鉄翁 みずまてつおう**
文化2(1805)年〜明治17(1884)年
江戸時代末期〜明治期の教育者。
¶人名，日人



**三角寿々 みすみすず**
→三角錫子(みすみすずこ)

**三角錫子 みすみすずこ**
明治5(1872)年4月20日〜大正10(1921)年3月12日　[別]三角寿々《みすみすず》
明治〜大正期の女子教育家。東京高等女学校教師。常盤松女学校を創立。
¶江戸東，学校，神奈川人(三角寿々　みすみすず)，神奈女2([生]明治5(1872)年4月29日)，近女，コン改，コン5，女史，女性，女性普，人名，世紀，姓氏神奈川，日人，歴大

**水本ふさ みずもとふさ**
明治4(1871)年2月8日〜昭和11(1936)年
明治〜昭和期の教育者。白菊婦人会を結成。愛国人会、国防婦人会会長に就任。
¶郷土福井，女性，女性普

**水山烈 みずやまれつ**
嘉永2(1849)年10月10日〜大正6(1917)年6月23日
明治期の教育者。修道中学理事長。
¶学校，世紀，日人，広島百

**三瀬諸淵 みせもろぶち**
天保10(1839)年〜*
明治期の蘭学者、医師。大阪医学校・病院の開設などに尽力。監獄衛生の創始者としても著名。
¶愛媛([没]明治11(1878)年)，愛媛人([没]1877年)，愛媛百([生]天保10(1839)年10月1日　[没]明治11(1878)年10月19日)，郷土愛媛([没]1877年)

**溝井英雄 みぞいひでお**
大正15(1926)年6月7日〜
昭和〜平成期の児童文学作家、教師。
¶幻作，幻想，児作，児人，児文，世紀，日児

**溝上茂夫 みぞうえしげお**
明治35(1902)年〜
昭和期の教育学者。富山大学教授。
¶現執1期

**溝上泰子 みぞうえやすこ**
明治36(1903)年11月11日〜平成2(1990)年10月11日
昭和期の家政学者。島根大学教授。多数の大学で非常勤講師をしながら講演、著書を残す。「生活人間学」など。
¶神奈女2，近女([没]平成4(1992)年)，島根百，島根歴，女史，女性([生]明治36(1903)年11月　[没]平成2(1990)年10月)，女性普([生]明治36(1903)年11月　[没]平成2(1990)年10月)，世紀，日人，民学

**溝上泰 みぞうえやすし**
昭和7(1932)年4月2日〜
昭和〜平成期の社会科教育学者。小学校社会科学習指導要領の作成に携わる。編著書に「小学校社会科指導細案」など。
¶現執2期，現執3期，現執4期

**溝上忠友 みぞがみちゅうゆう**
天保11(1840)年2月17日〜大正11(1922)年6月27日
江戸時代末期〜大正期の教育家。
¶佐賀百

**溝口勝信 みぞぐちかつのぶ**
江戸時代後期の和算家。
¶数学

**溝口喜平 みぞぐちきへい**
元治1(1864)年〜大正9(1920)年
明治〜大正期の教育家。
¶大分歴

**溝口直養 みぞぐちなおやす，みぞくちなおやす**
元文1(1736)年〜寛政9(1797)年
江戸時代中期の大名。越後新発田藩主。
¶近世(みぞくちなおやす)，国史(みぞくちなおやす)，国書([生]元文1(1736)年11月23日　[没]寛政9(1797)年7月26日)，諸系，新潮([生]元文1(1736)年11月28日　[没]寛政9(1797)年7月26日)，人名，世人([没]寛政9(1797)年閏7月1日)，新潟百(みぞくちなおやす)，日人，藩主3([生]享保20(1735)年　[没]寛政9(1797)年閏7月1日)

**溝口靖夫 みぞぐちやすお**
明治39(1906)年9月2日〜昭和53(1978)年4月14日
昭和期の神戸女学院大学学長・文学博士。
¶岡山歴，兵庫百

**御園生卯七 みそのううしち**
文久3(1863)年〜昭和19(1944)年
明治〜昭和期の教育家。
¶郷土千葉([生]1861年)，世紀([生]文久3(1863)年9月15日　[没]昭和19(1944)年11月19日)，千葉百，日人

**聖園テレジア** みそのてれじあ
明治23（1890）年12月～昭和40（1965）年9月14日
明治～昭和期の社会事業家、教育者。ドイツ生まれ。教会聖心愛子会を開設。御園学園短期大学の基礎をつくる。
¶秋田百，学校，神奈川人（[生]1891年），神奈川百，キリ（[生]1890年12月3日），女性，女性普，世紀，日人（[生]1890年12月3日）

**溝端泰一** みぞばたたいいち
大正5（1916）年5月7日～
昭和期の清見村教育委員長。
¶飛騨

**溝淵進馬** みぞぶちしんま
明治3（1870）年12月25日～昭和10（1935）年9月11日 [別]溝淵進馬《みぞぶちすすめ》
明治～昭和期の教育家。各地の高校長を歴任。著書に「教育学講義」。
¶高知人（みぞぶちすすめ），高知百，人名，世紀（[生]明治3（1871）年12月25日），哲学（[没]1944年），渡航，日人（[生]明治3（1871）年12月25日）

**溝淵進馬** みぞぶちすすめ
→溝淵進馬（みぞぶちしんま）

**溝淵信義** みぞぶちのぶよし
明治31（1898）年～昭和46（1971）年
大正～昭和期の教育者、同和教育推進者。
¶高知人，高知百

**溝淵政次郎** みぞぶちまさじろう
慶応2（1866）年10月19日～昭和20（1945）年7月29日
明治～昭和期の下ノ加江郵便局長を務める傍ら、「伊豆田村塾」を開いて地域教育の発展に貢献。
¶高知先

**溝部ミツヱ**（溝部ミツエ） みぞべみつえ
明治33（1900）年～昭和39（1964）年
大正～昭和期の教育家。別府高等技芸学校設立者、別府女子短期大学設立者。
¶大分歴（溝部ミツエ），学校

**三田喜作** みたきさく
大正3（1914）年～
昭和期の富岡市教育長。
¶群馬人

**三田吉郎次** みたきちろうじ
明治22（1889）年～昭和20（1945）年
大正～昭和期の教育者。
¶群馬人

**三田憲** みたけん
明治18（1885）年～昭和19（1944）年
明治～昭和期の教育者。遠野小学校校長。
¶姓氏岩手

**箕田源二郎** みたげんじろう
大正7（1918）年3月31日～平成12（2000）年
昭和～平成期の絵本作家。"新しい画の会"結成に参加。絵本作品に「おかあさんの木」「こぶとり」など。
¶現朝，児人，児文，世紀，日児，日人，美家，平和

**三田俊次郎** みたしゅんじろう
文久3（1863）年～昭和17（1942）年
明治～昭和期の医学教育者。岩手医学専門学校を創設。
¶岩手人（[生]1863年3月3日 [没]1942年9月13日），岩手百，学校（[生]文久3（1863）年3月 [没]昭和17（1942）年9月），近医，姓氏岩手，日人

**三田称平** みたしょうへい
文化9（1812）年～明治26（1893）年 [別]三田地山《みたちざん》
江戸時代末期～明治期の下野黒羽藩士、地下。
¶維新，郷土栃木（三田地山 みたちざん [生]1811年），人名，栃木百，栃木歴，日人（[生]1813年），藩臣2

**三田地山** みたちざん
→三田称平（みたしょうへい）

**三田忠兵衛** みたちゅうべえ
生没年不詳
明治期の教育者。
¶姓氏京都

**三田てる** みたてる
明治5（1872）年～昭和29（1954）年
大正～昭和期の教育者。私立東北高等女学校教師。盛岡実科高等学校を創設、校長に就任した。
¶岩手人（[生]1872年9月21日 [没]1954年2月12日），学校，女性，女性普，世紀，姓氏岩手，日人（[生]明治5（1872）年9月21日 [没]昭和29（1954）年2月12日）

**三田藤吾** みたとうご
明治14（1881）年～？
明治～大正期の教育者。スケートを普及させた。
¶青森人

**三谷恒斎** みたにこうさい
文化11（1814）年～明治25（1892）年
江戸時代末期～明治時代の二本松藩儒者。幕末期は勤皇論を唱え、維新後は学務官となり、山梨県の学校教育を大成させた。
¶幕末，幕末大

**三谷甚治郎** みたにじんじろう
明治34（1901）年9月26日～昭和59（1984）年1月9日
大正～昭和期の教育者。
¶庄内

**三谷隆正** みたにたかまさ
明治22（1889）年2月6日～昭和19（1944）年2月17日
大正～昭和期のキリスト教育者、法哲学者。ヒルティ、カントを学ぶ。著書に「信仰の論理」「幸福論」など。
¶神奈川百，キリ，近現，近文，現朝，国史，コン改，コン5，史人，思想，新潮，人名7，世紀，姓氏神奈川，全書，哲学，日史，日人，百科，履歴

み

### 三谷民子 みたにたみこ
明治6(1873)年2月16日～昭和20(1945)年4月1日
明治～昭和期のキリスト教女子教育家。女子学院校長。英語・西洋史・聖書を指導。
¶キリ，近女，現朝，現人，女性，女性普，世紀，渡航，日人

### 三谷長博 みたにながひろ
明治35(1902)年4月25日～昭和58(1983)年
昭和期の教員、画家。
¶島根百，島根歴

### 三谷嘉明 みたによしあき
昭和17(1942)年4月29日～
昭和～平成期の障害児教育学者。愛知県心身障害者コロニー発達障害研究所能力開発部第二研究室室長を務める。
¶現執3期

### 三田村鐘三郎 みたむらしょうざぶろう
明治期の教育者。
¶渡航

### 三田義正 みたよしまさ
文久1(1861)年～昭和10(1935)年
明治～昭和期の実業家。岩手中学校(後の岩手高等学校)を創設。
¶岩手百，学校(㊍文久1(1861)年4月21日　㊡昭和10(1935)年12月31日)，姓氏岩手，日人

### 三田りゑ みたりえ
明治42(1909)年12月1日～
昭和期の小学校教員。
¶社史

### みち
江戸時代の女性。教育。下総匝瑳郡八日市場の源右衛門の娘。
¶江表(みち(千葉県))

### ミチ
江戸時代後期の女性。教育。下波田の大月氏。弘化4年～慶応2年家塾を開いた。
¶江表(ミチ(長野県))

### 道喜美代 みちきみよ
明治42(1909)年6月1日～昭和60(1985)年3月10日
昭和期の教育者。日本女子大学学長、理事長。日本家政学会会長、日本私立大学連盟理事を歴任。
¶科学，現情，女性，女性普，世紀，日人

### 道下俊一 みちしたとしかず
大正15(1926)年～
昭和～平成期の医師。浜中町立診療所(北海道)所長。辺地医療に献身。
¶世紀，日人，(㊍大正15(1926)年7月29日)

### 道永卯之助 みちながうのすけ
慶応3(1867)年～大正8(1919)年
明治～大正期の教育者、政治家。蘭牟田小学校長、蘭牟田区長。
¶姓氏鹿児島

### みつ
江戸時代後期の女性。教育。美濃加和屋町の日比野氏。寺子屋を開業。
¶江表(みつ(岐阜県))

### 三井栄親 みついえいしん
文政1(1818)年12月1日～明治15(1882)年8月13日
江戸時代末期～明治の医師。
¶維新，山梨百

### 三井喜禎 みついきてい
明治28(1895)年～昭和50(1975)年
大正～昭和期の教育者、郷土史家。
¶姓氏鹿児島

### 三井喜美子 みついきみこ
昭和31(1956)年～
昭和～平成期の高校教諭、編集者。
¶児人

### 三井内蔵助 みついくらのすけ
文化7(1810)年～明治22(1889)年
江戸時代後期～明治の教育者。
¶御殿場

### 三石初雄 みついしはつお
昭和23(1948)年6月14日～
昭和～平成期の研究者。東京学芸大学教員養成カリキュラム開発研究センター教授。専門は、教育内容・方法論、教育課程論、教科教育。
¶現執4期

### 三石由起子 みついしゆきこ
昭和29(1954)年6月5日～
昭和～平成期の小説家、翻訳家。三石METHOD代表。「ダイアモンドは傷つかない」でデビュー、独自の英才教育三石METHODで個人教授を行う。
¶現執3期，児人，世紀

### 三井雪航 みついせっこう
寛政7(1795)年～嘉永4(1851)年　㊋三井雪航《みいせっこう》，三井隆斎《みついりゅうさい》
江戸時代末期の儒医。
¶国書(三井隆斎　みついりゅうさい　㊡嘉永4(1851)年6月)，人名，日人(みいせっこう)

### 三井為友 みついためとも
明治44(1911)年12月12日～平成10(1998)年9月13日
昭和期の教育学者。著書に「南海虜囚の詩」、「月刊社会教育」初代編集長をつとめる。
¶現朝，現執1期，現執2期，現情，世紀，日人

### 三井隆斎 みついりゅうさい
→三井雪航(みついせっこう)

### 満岡市兵衛 みつおかいちべえ
文化9(1812)年～明治11(1878)年　㊋満岡白里《みつおかはくり》
江戸時代末期～明治時代の藩校弘道館教授。
¶国書(満岡白里　みつおかはくり　㊡明治11(1878)年11月)，幕末，幕末大

**光岡金雄** みつおかかねお
安政3（1856）年～大正14（1925）年
明治～大正期の教育者。
¶岡山人，岡山百，岡山歴（㊐安政3（1856）年11月　㊡大正14（1925）年10月8日）

**満岡白里** みつおかはくり
→満岡市兵衛（みつおかいちべえ）

**満川尚美** みつかわなおみ
昭和22（1947）年10月8日～
昭和～平成期の小学校教師。専門は、歴史教育、社会科教育、環境教育。
¶現執4期

**満川日湖** みつかわにっこ
文化6（1809）年～明治16（1883）年
江戸時代末期の真岡荒町の医師、私塾教師。
¶栃木歴

**三木九良左エ門** みつきくろうざえもん
大正9（1920）年11月17日～
昭和期の学校長・郷土史家。
¶飛騨

**水月哲英** みづきてつえい，みずきてつえい
明治1（1868）年～昭和23（1948）年
江戸時代末期～昭和期の宗教家、教育者。筑紫高等女学校創立者・初代校長。
¶学校（みずきてつえい），福岡百（㊐慶応4（1868）年2月5日　㊡昭和23（1948）年4月21日）

**箕作麟祥** みつくりあきよし
→箕作麟祥（みつくりりんしょう）

**箕作奎吾** みつくりけいご
嘉永5（1852）年1月26日～明治4（1871）年6月14日
江戸時代末期～明治期の教師。幕府開成所教授。幕府留学生としてイギリスに留学。帰国後は大学中教授などを務めた。
¶海越，海越新，江文，岡山歴，国際，国書，渡航，洋学

**箕作阮甫** みつくりげんぽ
寛政11（1799）年9月7日～文久3（1863）年6月17日
江戸時代末期の蘭学者。わが国初の医学雑誌「泰西名医彙講」を編訳刊行。
¶朝日（㊐寛政11年9月7日（1799年10月5日）㊡文久3年6月17日（1863年8月1日）），維新，岩史，江戸東，江文，岡山人，岡山百，岡山歴，科学，角史，教育，近世，国史，国書，コン改，コン4，史人，重要，人書94（㊐1798年），新潮，人名，世人，世百，全書，大百，長崎歴，日史，日人，幕末（㊡1863年8月1日），藩臣6，百科，洋学，歴大

**箕作秋坪** みつくりしゅうへい
文政8（1825）年12月8日～明治19（1886）年12月3日
江戸時代末期～明治期の洋学者、教育指導者。中等高等師範科設置に尽力し、高等師範学校の基礎を構築。
¶朝日（㊐文政8年12月8日（1826年1月15日）），維新，海越（㊐文政8（1826）年12月8日），海越新（㊐文政8（1826）年12月8日），江人（㊐1826年），江文，岡山人，岡山百，岡山歴，科学，近現，近世，近文，国際，国史，国書，コン改，コン4，コン5，史人，思想史，重要，新潮，人名，全書（㊐1826年），全幕，大百，哲学，日史，日人（㊐1826年），幕末，幕末大（㊐文政8（1826）年12月8日），藩臣6，百科，民学，洋学

**箕作麟祥** みつくりりんしょう
弘化3（1846）年7月29日～明治30（1897）年　㊞箕作麟祥《みつくりあきよし》
明治期の洋学者、法学者。貴族院議員、和仏法律学校校長。日本にフランス法を紹介し、明治民法・商法編纂に貢献。
¶朝日（㊐弘化3年7月29日（1846年9月19日）㊡明治30（1897）年11月29日），維新，岩史（㊡明治30（1897）年11月29日），海越（㊡明治30（1897）年12月1日），海越新（㊡明治30（1897）年12月1日），江文，岡山人，岡山百（㊡明治30（1897）年11月29日），岡山歴（㊐弘化3（1846）年7月26日　㊡明治30（1897）年11月29日），角史，教育，近現，近文，国際，国史，国書（㊡明治30（1897）年11月29日），コン改，コン4，コン5，史人（㊡1897年11月29日），思想史，人書94，新潮（㊡明治30（1897）年11月29日），人名，世人（㊐弘化1（1844）年7月29日　㊡明治30（1897）年12月1日），世百，先駆（㊡明治30（1897）年12月1日），全書，体育（㊐1844年），大百，哲学，渡航（㊡1897年12月1日），日史（㊡明治30（1897）年12月1日），日人，日本，幕末（㊡1897年11月29日），幕末大（㊡明治30（1897）年12月1日），百科，平日，山川小（㊡1897年11月29日），洋学，履歴（㊡明治30（1897）年11月29日），歴大（みつくりあきよし）

**光島賢正** みつしまけんせい
明治35（1902）年6月1日～昭和47（1972）年5月8日
昭和期の教育者。
¶熊本百

**満田オリガ** みつだおりが
明治20（1887）年～昭和36（1961）年
明治～昭和期の満田裁縫練習所（現桜丘高校）創立者。
¶愛知女

**光田繁光** みつだしげみつ
明治32（1899）年～昭和47（1972）年
大正・昭和期の教育者。
¶愛媛

**満田樹吉** みつだじゅきち
明治17（1884）年～昭和22（1947）年
明治～昭和期の満田裁縫練習所（現桜丘高校）創立者。
¶愛知女

**満田ゆい**（満田ユイ） みつだゆい，みつたゆい
明治17（1884）年～昭和7（1932）年
明治～昭和期の学校法人実践学園（志賀フヂ理事

み

長）の創立者。
¶鹿児島百，薩摩，姓氏鹿児島（満田ユイ　みつたゆい）

**満田ユイ　みつだゆい**
明治17（1884）年1月6日～昭和7（1932）年6月7日
明治～昭和期の教育者。鹿児島女子技芸学校創立、校長就任。併設の商業学校では実習教育を含めた先駆的教育をする。
¶学校，女性，女性普，世紀，日人

**三土忠造　みつちちゅうぞう**
明治4（1871）年6月25日～昭和23（1948）年4月1日
大正～昭和期の政治家。衆議院議員。文部大臣、大蔵大臣、内務大臣などを歴任。
¶香川人，香川百，角史，郷土香川（[没]1949年），近現，現朝（[生]明治4年6月25日（1871年8月11日）），現情，現人，国史，コン改，コン4，コン5，讃岐，史人，新潮，人名7，世紀，政治，世人，世百，全書（[没]1949年），鉄道（[生]1871年8月11日　[没]1949年4月1日），渡航，日史，日人，百科，履歴，履歴2，歴大

み

**三土梅堂　みつちばいどう**
弘化1（1844）年～大正7（1918）年
江戸時代末期～大正期の教育者。
¶香川人，香川百

**三塚邦昌　みつづかほうしょう**
昭和3（1928）年2月25日～
昭和期の古川町教育長。
¶飛騨

**光永久夫　みつながひさお**
生没年不詳
昭和期の教師、著述家。
¶児人

**三橋嘉一　みつはしかいち**
明治25（1892）年～昭和49（1974）年
大正～昭和期の教育者。
¶神奈川人

**三橋喜久雄　みつはしきくお**
→三橋喜久雄（みはしきくお）

**三橋辰雄　みつはしたつお**
大正12（1923）年10月6日～
昭和期の教育者。文化研究所所長、芸術学院長。プロレタリア文芸の発展に尽力。多くの活動家育成にも努めた。著書に「教育とは何か」など。
¶現執3期

**三橋藤太郎　みつはしとうたろう**
明治11（1878）年1月25日～
明治・大正期の教育者。職業教育に尽力。
¶北海道建

**三森浜吉　みつもりはまきち**
明治15（1882）年～昭和35（1960）年
大正～昭和期の教育者。
¶神奈川人，姓氏神奈川

**満山雷夏　みつやまらいか**
元文1（1736）年～寛政2（1790）年
江戸時代中期の厳原藩儒。
¶国書（[生]元文1（1736）年9月28日　[没]寛政2（1790）年8月4日），人名（[生]？　[没]1792年），日人

**三津理山　みつりざん**
寛政11（1799）年5月21日～明治10（1877）年1月2日
江戸時代末期～明治期の僧侶。
¶国書，真宗，人名，日人

**水戸黄門　みとこうもん**
→徳川光圀（とくがわみつくに）

**水戸秀郎　みとひでお**
明治37（1904）年～昭和57（1982）年
昭和期の教育者。大三沢町立大三沢高等学校初代校長。
¶青森人

**三戸雅乙　みとまさおと**
明治21（1888）年～昭和20（1945）年
大正～昭和期の教育者。
¶姓氏山口

**三苫正雄　みとままさお**
明治26（1893）年8月3日～昭和44（1969）年7月7日
昭和期の美術教育者、鋳金家。
¶現情

**水戸光圀　みとみつくに**
→徳川光圀（とくがわみつくに）

**みな**(1)
江戸時代中期の女性。教育。高梨弥左衛門信真の娘。享保10年に「見那礼さを」を著す。
¶江表（みな（埼玉県））

**みな**(2)
1830年～
江戸時代後期の女性。教育。伊藤氏。
¶江表（みな（東京都）　[生]天保1（1830）年頃）

**皆川寛　みなかわかん**
→皆川寛（みながわひろし）

**皆川淇園　みながわきえん，みなかわきえん**
享保19（1734）年～文化4（1807）年5月16日
江戸時代中期～後期の儒学者。開物学を創始。私学弘道館を開設。
¶朝日（[生]享保19年12月8日（1735年1月1日）　[没]文化4年5月16日（1807年6月21日）），岩史（[生]享保19（1734）年12月8日），江人，角史（みなかわきえん），教育，京都，京都大，京都府，近世，国史，国書（[生]享保19（1734）年12月8日），コン改，コン4，コン5，詩歌，詩作（[生]享保19（1735）年12月8日），史人（[生]1734年12月8日），思想史，人書94，新潮，人名，姓氏京都，世人（[生]享保19（1734）年12月8日），世百，全書，大百，日思（[生]享保19（1743）年），日史，日人（[生]1735年），藩臣5，百科，名画，歴大，和俳

**皆川梅翁** みながわばいおう
→皆川宗海（みながわむねみ）

**皆川寛** みながわひろし
＊～大正6（1917）年　[別]皆川寛《みなかわかん》
明治～大正期の教育者。
¶神奈川人（[生]1861年），姓氏神奈川（みなかわかん　[生]1862年）

**皆川宗海** みながわむねみ
寛政6（1794）年～明治8（1875）年3月1日　[別]皆川梅翁《みながわばいおう》
江戸時代後期～明治期の藩校修身館の学頭。
¶秋田人2（[生]寛政6年4月21日），国書（皆川梅翁　みながわばいおう），人名（[生]1788年），日人

**皆川宗光** みながわむねみつ★
安政3（1856）年4月1日～昭和3（1928）年1月24日
明治～昭和期の長福寺塾主。
¶栃木人

**皆川盛貞** みなかわもりさだ
寛政6（1794）年～明治8（1875）年
江戸時代末期～明治期の出羽本荘藩士、漢学者、教育者。
¶藩臣1

**皆木繁宏** みなきしげひろ
明治38（1905）年～
昭和期の郷土史家・青年教育関係。
¶多摩

**水口武彦** みなくちたけひこ
昭和13（1938）年9月14日～
昭和期の教育者。学校長。
¶飛騨

**湊末吉** みなとすえきち
明治18（1885）年～昭和20（1945）年
明治～昭和期の新湊市の教育者。
¶姓氏富山

**湊要之助** みなとようのすけ
慶応2（1866）年～明治37（1904）年
明治期の教育者。
¶青森人，日人

**南淵請安** みなぶちしょうあん
→南淵請安（みなぶちのしょうあん）

**南淵漢人請安** みなぶちのあやひとしょうあん
→南淵請安（みなぶちのしょうあん）

**南淵請安** みなぶちのしょうあん，みなふちのじょうあん，みなぶちのじょうあん
生没年不詳　[別]南淵漢人請安《みなぶちのあやひとしょうあん》，南淵請安《みなぶちしょうあん，みなみぶちしょうあん，みなみぶちのしょうあん》
飛鳥時代の学僧。遣隋使小野妹子らに従って隋へ留学。中大兄皇子らに儒教を教授し、大化改新に協力した。
¶朝日，岩史，角史，国史（みなぶちのじょうあん），古史，古人（みなふちのじょうあん），古代（南淵漢人請安　みなぶちのあやひとしょうあん），古代普（南淵漢人請安　みなぶちのあやひとしょうあん），古中（みなぶちのじょうあん），古物，コン改（みなみぶちしょうあん），コン4（みなみぶちしょうあん），コン5（みなみぶちしょうあん），史人，思想史，重要，新潮，人名（みなぶちしょうあん），世人，世百，全書（みなみぶちのしょうあん），対外（みなぶちのじょうあん），大百，日史，日人，百科，仏教（みなみぶちのしょうあん），平日，山川小，歴大

**南方一枝** みなみがたいっし
天保7（1836）年～大正1（1912）年1月
江戸時代末期～明治時代の藩士。日新隊書記。水西塾を開き、吉川家譜篇纂に携わる。
¶幕末，幕末大

**南川定軒** みなみかわていけん
享和2（1802）年～安政4（1857）年
江戸時代後期～末期の教育家。
¶三重

**南清** みなみきよし
明治17（1884）年～昭和46（1971）年7月28日
明治～昭和期の教育者。
¶群馬人

**南敬介** みなみけいすけ
明治20（1887）年～昭和24（1949）年
明治～昭和期の教育者。
¶姓氏鹿児島

**南月渓** みなみげっけい
文政5（1822）年～明治15（1882）年6月26日
江戸時代末期～明治期の僧侶、士族。田野浄土寺や安芸町妙山寺の住職。
¶高知人，幕末

**南健吉** みなみけんきち
生没年不詳
明治期の教員。福岡県立中学明善校助教諭心得。
¶社史

**南貞助** みなみさだすけ
→南貞助（みなみていすけ）

**南鷹次郎** みなみたかじろう
安政6（1859）年3月16日～昭和11（1936）年8月9日
明治～昭和期の農学者。東北帝国大学総長。札幌農学校教授から東北帝国大学教授。のち欧米各国に派遣される。
¶海越新，科学，札幌，植物，人名，世紀，渡航，長崎百（[没]昭和12（1937）年），日人，北海道建，北海道百，北海道歴

**南舘忠智** みなみたてただのり
昭和13（1938）年～
昭和期の教育心理学者。三重大学教授。
¶現執1期

**南恒雄** みなみつねお
明治37（1904）年3月30日～
昭和～平成期の教育者。
¶奈良文

**南定四郎** みなみていしろう
昭和7(1932)年～
昭和～平成期のエイズ教育家、編集者。砦出版編集長、エイズ・アクション事務局長。
¶YA

**南貞助**(南貞介) みなみていすけ
弘化4(1847)年～大正4(1915)年 ㊙南貞助《みなみさだすけ》
江戸時代末期～明治時代の英語学者、実業家。高杉晋作の従兄。英字塾「南英学舎」を創立。後年は実業界で活躍。
¶海越(南貞介 生没年不詳)、海越新(南貞介)、先駆(南貞介 生没年不詳)、全幕、渡航(みなみさだすけ)、洋学

**南信** みなみのぶ
大正3(1914)年～平成15(2003)年
昭和～平成期の教育者。
¶石川百

**南信子** みなみのぶこ
大正3(1914)年11月11日～平成15(2003)年9月20日
昭和・平成期の北陸学院短大教授。付属幼児児童教育研究所長などを歴任。
¶石川現九

**南弘** みなみひろし
明治2(1869)年10月10日～昭和21(1946)年2月8日
明治～昭和期の官僚、政治家。貴族院議員。国語審議会を設立し、雑誌「国語運動」を発行。
¶近現、現朝(㊕明治2年10月10日(1869年11月13日))、現情、国史、コン改、コン4、コン5、史人、新潮、人名7、世紀、政治、姓氏富山、富山百、日人、履歴、履歴2

**南淵請安** みなみぶちしょうあん
→南淵請安(みなぶちのしょうあん)

**南淵請安** みなみぶちのしょうあん
→南淵請安(みなぶちのしょうあん)

**源高行** みなもとのたかゆき
平安時代後期の官人。
¶古人

**源仲章** みなもとのなかあき
→源仲章(みなもとのなかあきら)

**源仲章** みなもとのなかあきら
?～承久1(1219)年 ㊙源仲章《みなもとのなかあき》、中原仲章《なかはらなかあき》
鎌倉時代前期の儒学者、武士。源実朝の近臣。
¶朝日(㊋承久1年1月27日(1219年2月13日))、神奈川人(みなもとのなかあき)、鎌倉(中原仲章 なかはらなかあき)、諸系、日史(㊋承久1(1219)年1月27日)、日人、平史

**源義兼** みなもとのよしかね
→足利義兼(あしかがよしかね)

**皆本二三江** みなもとふみえ
大正15(1926)年9月30日～
昭和期の美術教育学者。武蔵野女子大学教授。
¶現執2期

**源義兼** みなもとよしかね
→足利義兼(あしかがよしかね)

**源利亜** みなもとりあ
明治14(1881)年～昭和47(1972)年
明治～昭和期の体育教育者。青森県立青森高等女学校体操教師。
¶青森人

**三根円次郎** みねえんじろう
明治6(1873)年～昭和10(1935)年
明治～昭和期の教育者。
¶高知人、高知百

**峯尾悟** みねおさとる
明治34(1901)年～昭和40(1965)年
大正～昭和期の教育者。
¶滋賀百

**峰岸休文** みねぎしきゅうぶん
?～万延1(1860)年
江戸時代後期～末期の医師、私塾経営者。
¶栃木歴

**峰岸政之助** みねぎしまさのすけ
明治36(1903)年11月21日～昭和43(1968)年6月21日
昭和期の教育者。
¶埼玉人

**峰岸米造**(峯岸米造) みねぎしよねぞう
明治3(1870)年1月26日～昭和22(1947)年1月10日
明治～昭和期の教育者、歴史学者。高等師範教授。「西洋略史」「日本略史」などの歴史教科書を著述。
¶郷土群馬、群新百(峯岸米造)、群馬人(峯岸米造)、群馬百(峯岸米造)、世紀、姓氏群馬、日人

**峯堅雅** みねけんが
明治16(1883)年～昭和47(1972)年
大正～昭和期の僧侶・教育者。
¶神奈川人、姓氏神奈川

**峰是三郎**(峯三郎) みねこれさぶろう
安政5(1858)年～昭和6(1931)年7月18日 ㊙峰青嵐《みねせいらん》、青嵐《せいらん》
明治～昭和期の俳人。季題趣味的詠法の中に艶なる情趣を詠い上げた。著書に「俳句資料解釈」など。
¶佐賀百(㊕安政5(1858)年3月)、心理(峯是三郎 ㊕安政5(1858)年3月)、世紀(峰青嵐 みねせいらん ㊕安政5(1858)年3月4日)、日人、俳句(青嵐 せいらん)

**峯繁** みねしげる
宝永7(1710)年～安永1(1772)年
江戸時代中期の塾師。
¶佐賀百

峰島喜代（峯島喜代）みねしまきよ
 天保4（1833）年〜大正7（1918）年
 明治〜大正期の女流実業家。尾張屋銀行を株式化、峰島合資を設立。勲七等宝冠章受章。
 ¶女性（㊥大正7（1918）年12月）、女性普（㊥大正7（1918）年12月）、人名（峯島喜代）、世紀（㊥大正7（1918）年12月14日）、日人

峰地光重　みねじみつしげ，みねぢみつしげ
 明治23（1890）年7月8日〜昭和43（1968）年12月28日
 大正〜昭和期の教育運動家、小学校教員。綴方運動を推進。著書に「文化中心綴方新教授法」など。
 ¶現朝（みねぢみつしげ）、コン改（みねぢみつしげ）、コン4（みねぢみつしげ）、コン5（みねぢみつしげ）、児文、社史（㊥1968年12月）、新潮（㊥明治23（1890）年7月）、世紀、鳥取百、日児、日人、平和、民学

峰青嵐　みねせいらん
 →峰是三郎（みねこれさぶろう）

嶺田楓江　みねたふうこう，みねだふうこう
 文化14（1817）年〜明治16（1883）年12月28日
 江戸時代末期〜明治期の丹後藩士。著書「海外新話」により投獄。維新後、木更津市で開塾。
 ¶朝日、維新（みねだふうこう）、江文、京都府（みねだふうこう）、近現、近世、国史、国書、新潮、人名、対外、千葉百（㊥文政1（1818）年）、日人、幕末（みねだふうこう）、幕末大（みねだふうこう）、藩臣5、洋学（㊥文政1（1818）年）、歴大（㊥1818年）

峰地光重　みねぢみつしげ
 →峰地光重（みねじみつしげ）

峰間信吉　みねましんきち
 明治6（1873）年〜昭和24（1949）年
 明治〜昭和期の教育者。
 ¶茨城百、茨城歴、郷土茨城

峯村長次郎　みねむらちょうじろう
 江戸時代後期の寺子屋師匠。
 ¶姓氏富山

峯山巌　みねやまいわお
 明治38（1905）年〜平成4（1992）年
 昭和〜平成期の教育者、考古学者。
 ¶北海道歴

箕浦猪之吉　みのうらいのきち
 弘化1（1844）年〜明治1（1868）年3月16日
 江戸時代末期〜明治期の志士。土佐藩藩校の助教。堺妙国寺事件で切腹。
 ¶高知人、高知百、コン改、幕末、藩臣6

箕浦居南　みのうらきょなん
 文化12（1815）年〜文久2（1862）年
 江戸時代後期の土佐藩教授役（崎門学派）。
 ¶高知人

箕浦耕雨　みのうらこうう
 天明4（1784）年〜天保13（1842）年
 江戸時代後期の漢学者。

¶高知人（㊥1782年　㊨1840年）、国書（㊥天保13（1842）年11月）、人名、日人

箕浦貞吉　みのうらさだよし
 延享2（1745）年〜文政2（1819）年
 江戸時代中期〜後期の土佐藩教授役（崎門学派）。
 ¶高知人、高知百

箕浦小石　みのうらしょうせき
 天明7（1787）年〜弘化2（1845）年
 江戸時代後期の土佐藩教授役。
 ¶高知人

箕浦靖山　みのうらせいざん
 享保4（1719）年〜享和3（1803）年8月1日　㊨箕浦世亮《みのうらせいりょう》
 江戸時代中期〜後期の儒学者、医師。
 ¶国書、コン改、コン4、新潮、人名、鳥取百（箕浦世亮　みのうらせいりょう）、日人、藩臣5（箕浦世亮　みのうらせいりょう）

箕浦世亮　みのうらせいりょう
 →箕浦靖山（みのうらせいざん）

箕浦直彜（箕浦直彝）みのうらなおつね
 享保15（1730）年〜文化13（1816）年
 江戸時代中期〜後期の土佐藩教授役（崎門学派）。
 ¶高知人、高知百（箕浦直彝）

美努浄麻呂　みののきよまろ
 →美努連浄麻呂（みののむらじきよまろ）

美努連浄麻呂　みののむらじきよまろ
 ㊨美努浄麻呂《みののきよまろ》
 飛鳥時代の中級官人、学者。
 ¶古代、日人（美努浄麻呂　みののきよまろ　生没年不詳）

美濃部たか　みのべたか
 明治28（1895）年〜昭和44（1969）年3月15日
 大正〜昭和期の体育指導者。大妻女子大学教授。女子体操教育の祖と言われる。
 ¶女性、女性普、世紀、日人（㊥明治28（1895）年3月22日）

箕村喜佐太郎　みのむらきさたろう
 嘉永5（1852）年3月17日〜大正8（1919）年6月12日
 江戸時代末期〜大正期の教育者。
 ¶徳島歴

実生すぎ　みばいすぎ
 明治24（1891）年4月9日〜昭和44（1969）年5月25日
 大正〜昭和期の教育者。兵庫県軍政部教育顧問。進駐軍の教育行政と日本の教育現場との交渉の橋渡しとなる。女性心理学者の草分けの一人。
 ¶大阪人（㊥昭和44（1969）年5月）、キリ、女性、女性普、心理、世紀、日人

三橋喜久雄　みはしきくお
 明治21（1888）年10月20日〜昭和44（1969）年9月24日　㊨三橋喜久雄《みつはしきくお》
 大正〜昭和期の体育指導者。三橋体育研究所長、日本オリンピック協会常務理事。

¶神奈川人（みつはしきくお　[生]1889年），現情，人名7，世紀，体育，鳥取百，日人

**三原朝雄**　みはらあさお
明治42（1909）年8月20日～平成13（2001）年3月7日
昭和期の政治家。衆議院議員、総務長官、防衛庁長官、文相。
¶現執2期，現情，現政，世紀，政治

**三原介人**　みはらかいじん
弘化3（1846）年～昭和1（1926）年
江戸時代末期～大正期の教育者。助産婦と看護婦養成に献身した。
¶島根歴

**三原スヱ**（三原スエ）　みはらすえ
*～昭和61（1986）年7月8日
昭和期の社会事業家。瀬戸青少年会館理事長、丸亀少女の家院長。約800人の少女の保護・更生に当たった。
¶女性（三原スエ　[生]明治37（1904）年），日人（[生]明治36（1903）年9月1日）

**三原大乗**　みはらだいじょう
大正8（1919）年～
昭和期の労働運動家。日本教職員組合副委員長。
¶現執1期



**三部安紀子**　みべあきこ
昭和～平成期の音楽教育者。
¶音人3

**三保家寛斎**　みほのやかんさい
天保8（1837）年～明治28（1895）年
江戸時代後期～明治期の教育者。
¶姓氏群馬

**御牧赤報**　みまきせきほう
安永2（1773）年～天保4（1833）年
江戸時代後期の儒学者。
¶国書（[没]天保4（1833）年9月11日），人名，日人（[生]1772年）

**三間重敏**　みましげとし
昭和4（1929）年12月8日～
昭和期の高校教師。伊丹北高校教諭。
¶現執2期

**美馬順三**　みまじゅんぞう
寛政7（1795）年～文政8（1825）年6月11日
江戸時代後期の蘭方医。鳴滝塾の塾頭。
¶朝日（[没]文政8年6月11日（1825年7月26日）），江人，科学，近世，国史，国書，コン改（[生]文化4（1807）年　[没]天保8（1837）年），コン4（[生]文化4（1807）年　[没]天保8（1837）年），コン5（[生]文化4（1807）年　[没]天保8（1837）年），史人，新潮，人名，世人，全書，対外，大百，徳島百，徳島歴，長崎百，長崎遊，長崎歴，日人，藩臣6，洋学

**美馬敏男**　みまとしお
大正10（1921）年～平成5（1993）年
昭和～平成期の教育者、同和教育推進者。
¶高知人

**三村和海**　みむらかずみ
明治24（1891）年～昭和30（1955）年
大正～昭和期の教育者、政治家。福島町町長。
¶長野歴

**三村寿八郎**　みむらじゅはちろう
明治2（1869）年～昭和1（1926）年
明治～大正期の教育者。
¶姓氏長野（[没]1925年），長野百，長野歴

**三村信斎**　みむらしんさい
文化5（1808）年～文久2（1862）年
江戸時代末期の書家。
¶人名，日人

**三村伝**　みむらつたえ
文久3（1863）年～昭和5（1930）年
明治～昭和期の教育者。
¶長野歴

**三村寛子**　みむらひろこ
昭和23（1948）年4月18日～
昭和～平成期の環境プランナー。こども環境教育研究所で「地球の未来と科学を考える、新しいこども教育」を実施。
¶現執3期

**三村安治**　みむらやすじ
明治3（1870）年～昭和7（1932）年
明治～昭和期の教育者。諏訪高等女学校長。
¶姓氏長野，長野百（[没]1931年），長野歴

**三室戸為光**　みむろどためみつ
明治36（1903）年5月5日～昭和63（1988）年6月2日
大正～昭和期の学校創立者。
¶学校

**三室戸敬光**　みむろどゆきみつ
*～昭和31（1956）年
大正～昭和期の華族。貴院議員、宮中顧問官、東京高等音楽院院長。天皇機関説問題では美濃部批判の強硬派の立場をとった。東京高等音楽院大塚分教場（後の三室戸学園）を開設。
¶学校（[生]明治6（1873）年5月18日　[没]昭和31（1956）年10月31日），コン改（[生]1872年），コン4（[生]明治5（1872）年），コン5（[生]明治5（1872）年），世紀（[生]明治6（1873）年5月18日　[没]昭和31（1956）年10月31日），政治（[生]明治5年），姓氏京都（[生]1872年），日人（[生]明治6（1873）年5月18日　[没]昭和31（1956）年10月31日），履歴（[生]明治6（1873）年5月18日　[没]昭和31（1956）年10月30日），履歴2（[生]明治6（1873）年5月18日　[没]昭和31（1956）年10月30日）

**水毛生伊余門**　みもういよもん
文化12（1815）年～明治23（1890）年　[別]水毛生伊余門《みもふいよもん》
江戸時代末期～明治期の農事指導者。
¶姓氏石川（みもふいよもん），日人

**御本小一郎**　みもとこいちろう
明治35（1902）年8月28日～平成12（2000）年8月2

日
昭和期の教育者。
¶視覚

**水毛生伊余門** みもふいよもん
→水毛生伊余門(みもういよもん)

**三守益** みもります
明治期の教育者。共立女子職業学校(後の共立女子学園)の設立に関わる。
¶学校

**三守守** みもりまもる
安政6(1859)年～昭和7(1932)年1月27日
明治～昭和期の数学者、教育者。東京工業高等学校名誉教授。東京物理学校(後の東京理科大学)を創設。数学教科書の著作多数。
¶学校([生]安政6(1859)年4月26日), 人名, 数学([生]安政6(1859)年4月20日), 世紀([生]安政6(1859)年4月26日), 徳島百([生]安政6(1859)年4月26日), 徳島歴([生]安政6(1859)年4月20日), 日人

**みや**
寛文1(1661)年～寛延3(1750)年
江戸時代前期～中期の女性。教育。人吉藩藩士有瀬四兵衛の娘。
¶江表(みや(熊本県))

**三弥** みや★
1844年～
江戸時代後期の女性。教育。安藤氏。
¶江表(三弥(東京都) [生]弘化1(1844)年頃)

**宮井安泰** みやいあんたい
→宮井安泰(みやいやすひろ)

**宮井安泰** みやいやすひろ
宝暦10(1760)年～文化12(1815)年 [別]宮井安泰《みやいあんたい》
江戸時代後期の数学者。
¶国書([没]文化12(1815)年8月22日), 人名(みやいあんたい [生]?), 姓氏石川([生]?), 世人, 日人

**宮入源之助** みやいりげんのすけ
慶応4(1868)年～昭和28(1953)年
明治～昭和期の学校教育、社会教育の功労者。
¶長野歴

**宮内翁助** みやうちおうすけ
嘉永6(1853)年2月4日～大正1(1912)年12月6日
明治期の教育者、政治家、実業家。衆議院議員。私立学校明倫館を設立。
¶埼玉人, 埼玉百, 世紀, 日人

**宮内研山** みやうちけんざん
文政7(1824)年～明治18(1885)年
江戸時代末期・明治期の教育者。
¶愛媛

**宮内純** みやうちじゅん
明治13(1880)年4月10日～昭和37(1962)年10月17日
明治～昭和期の教育者、政治家。町村長。
¶埼玉人

**宮内孝** みやうちたかし
大正1(1912)年～
昭和期の幼児教育専門家。千葉大学教授。
¶現執1期

**宮内兎美衛** みやうちとみえ
慶応1(1865)年～昭和17(1942)年
明治～昭和期の教育者。
¶高知人, 高知百

**宮内勝** みやうちまさる
昭和20(1945)年4月8日～
昭和期の教育者。
¶視覚

**宮内嘉雄**(宮内喜雄) みやうちよしお
文政9(1826)年～明治33(1900)年
江戸時代末期～明治期の国学者。詩文、国文に長じ、子弟を教導。著書に「古事記傳抄十二巻」など。
¶人名(宮内喜雄), 日人

**宮内嘉長** みやうちよしなが
寛政1(1789)年～天保14(1843)年
江戸時代後期の国学者。
¶岩史([没]天保14(1843)年5月17日), 国書([没]天保14(1843)年5月17日), コン4, 人名, 千葉百, 日人

**宮内義道** みやうちよしみち
明治33(1900)年～昭和53(1978)年
大正～昭和期の教育実践家、政治家。高山町議会議員、同議長、鹿児島県議会議員。
¶姓氏鹿児島

**宮垣直人** みやがきなおと
昭和27(1952)年2月13日～
昭和期の高山市教育委員長。
¶飛騨

**宮川寛雄** みやがわかんゆう
明治38(1905)年10月21日～昭和55(1980)年1月21日
昭和期の教育者、検事、弁護士。沖縄教育労働者組合関係者。
¶社史

**宮川菊芳** みやがわきくよし
明治24(1891)年10月28日～昭和26(1951)年8月2日
明治～昭和期の小学校教師、劇作家。
¶日児

**宮川視明** みやがわしめい
文政6(1823)年～明治9(1876)年
江戸時代後期～明治期の教育家。高水学園創立者。
¶学校, 姓氏山口

**宮川スミ** みやがわすみ
→大江スミ(おおえすみ)

**宮川静一郎** みやかわせいいちろう
明治23(1890)年〜昭和46(1971)年
大正〜昭和期の教育者。
¶群馬人

**宮川胆斎** みやがわたんさい
文政2(1819)年〜明治15(1882)年
江戸時代末期〜明治期の儒学者、高田藩士。
¶剣豪，人名，新潟百，日人

**宮川俊彦** みやがわとしひこ
昭和29(1954)年1月4日〜
昭和〜平成期の教育評論家。国語作文教育研究所長。作文指導の経験から、文章分析による子どもの内面研究法を確立。著書に「いじめ―表現教育の現場から」など。
¶現執3期，現執4期

**宮川文平** みやかわぶんぺい，みやがわぶんぺい
文久1(1861)年〜昭和6(1931)年
明治〜大正期の医家。中越盲唖学校、柏崎産婆学校を創設し、社会事業に貢献。
¶眼科（みやがわぶんぺい），近医，人名，世紀（㊀文久1(1861)年5月 ㊁昭和6(1931)年9月17日），新潟百，日人

**宮川保全** みやがわほぜん
嘉永5(1852)年2月17日〜大正11(1922)年11月26日　㊅宮川保全《みやかわやすとも，みやがわやすのり》
江戸時代後期〜大正時代の教育家。中央堂主人、大日本図書専務、共立女子職業学校創立者。
¶学校，静岡歴（みやがわやすのり）　㊀嘉永2(1849)年），出文，数学（みやかわやすとも）

**宮川操** みやがわみさお
安政1(1854)年〜明治41(1908)年
明治期の教師。
¶姓氏愛知

**宮川八岐** みやかわやき
昭和20(1945)年〜
昭和〜平成期の教育者。文部科学省初等中等教育局視学官。
¶現執4期

**宮川保全** みやかわやすとも
→宮川保全（みやがわほぜん）

**宮川保全** みやがわやすのり
→宮川保全（みやがわほぜん）

**宮城源栄** みやぎげんえい
明治17(1884)年2月8日〜
大正期の法律事務所所長。ハワイ・ワイアラエ日本語学校長。
¶社史

**宮城謙山** みやぎけんざん
享保6(1721)年〜文化1(1804)年
江戸時代中期〜後期の教育者。新発田藩道学堂教授。
¶新潟百

**宮城康輝** みやぎこうき
大正7(1918)年〜平成10(1998)年
昭和・平成期の教育者。
¶戦沖

**宮城浩蔵** みやぎこうぞう
嘉永5(1852)年4月15日〜明治26(1893)年2月13日
江戸時代末期〜明治期の裁判官。司法省検事、大審院判事、明治大学創立者。フランスに留学し法律学を学ぶ。法典編纂に寄与。
¶海越，海越新，学校，人名（㊀1850年），渡航（㊀1850年2月 ㊁1893年2月），日人，山形百（㊀嘉永3(1850)年）

**宮城佐次郎** みやぎさじろう★
明治14(1881)年11月1日〜昭和22(1947)年6月9日
明治〜昭和期の教育者。
¶秋田人2

**宮城真治** みやぎしんじ
明治16(1883)年8月4日〜昭和31(1956)年5月24日
昭和期の教育者、沖縄学研究者。今帰仁小学校校長、沖縄県議会議員。
¶沖縄百，社史，姓氏沖縄

**宮城信範** みやぎしんぱん
明治23(1890)年10月26日〜昭和30(1955)年12月28日
大正〜昭和期の教育者、宗教家、法曹人。新城小学校長、桃林寺住職代理、石垣治安裁判所判事。
¶沖縄百，社史，姓氏沖縄

**宮城聡** みやぎそう
明治28(1895)年〜平成3(1991)年
大正〜平成期の小学校教諭、『改造』記者、作家。
¶姓氏沖縄

**宮城武久** みやぎたけひさ
昭和19(1944)年3月27日〜
昭和期の教育者、福祉活動家。
¶視覚

**宮城タマヨ** みやぎたまよ
明治25(1892)年2月1日〜昭和35(1960)年11月19日
昭和期の政治家、社会教育家。参議院議員。日本人初の婦人保護司。売春防止法成立に尽力。
¶近女，現朝，現情，現人，女史，女性，女性普，新潮，人名7，世紀，政治，日人，山口人，山口百

**宮城恒彦** みやぎつねひこ
昭和9(1934)年〜
昭和〜平成期の教師。
¶平和

**宮城信夫** みやぎのぶお
昭和15(1940)年〜
昭和期の教育者。
¶戦沖

**宮城文** みやぎふみ
明治24 (1891) 年11月28日～平成2 (1990) 年2月4日
明治～昭和期の教育者、婦人運動家。女性の地位向上に尽力するかたわら、幼稚園を経営、幼児教育にも熱を入れる。
¶郷土，現人，社史，世紀，姓氏沖縄，日人

**宮城与三郎** みやぎよさぶろう
明治33 (1900) 年1月23日～昭和13 (1938) 年10月2日
昭和期の小学校教員、日本語教師、旧ソ連で粛清された日本人。
¶社史

**三宅逸平次** みやけいっぺいじ
天保1 (1830) 年～明治39 (1906) 年
江戸時代後期～明治期の教育者。
¶姓氏長野

**三宅凹山** みやけおうざん
*～明治43 (1910) 年12月6日
江戸時代後期～明治期の教育者、漢学者。
¶姓氏愛知 ([生]？)，東三河 ([生]文政12 (1829) 年)

**三宅勝武** みやけかつたけ
嘉永6 (1853) 年～昭和4 (1929) 年
明治期の教育者。
¶神奈川人

**三宅花圃** みやけかほ
明治1 (1868) 年12月23日～昭和18 (1943) 年7月18日
明治期の歌人、小説家。閨秀作家の先駆。作品に「藪の鶯」「萩桔梗」など。
¶近女，近文，コン改，コン5，史人，小説 ([生]明治1年12月23日 (1869年2月4日))，女史，女性，女性普，女文，新潮，新文，人名7，世紀 ([生]明治1 (1869) 年12月23日)，全書，大百，日児 ([生]明治1 (1869) 年2月4日　[没]昭和18 (1943) 年7月16日)，日女，日人 ([生]明治1 (1869) 年12月23日)，文学，歴大

**三宅春楼** みやけしゅんろう
正徳2 (1712) 年～天明2 (1782) 年
江戸時代中期の儒学者。
¶大阪人 ([没]天明2 (1782) 年10月)，大阪墓 ([没]天明2 (1782) 年10月9日)，国書 ([生]正徳2 (1712) 年11月15日　[没]天明2 (1782) 年10月9日)，人名，日人

**三宅石庵** みやけせきあん
寛文5 (1665) 年～享保15 (1730) 年　[別]三宅万年《みやけまんねん》
江戸時代中期の儒学者。浅見絅斎に師事。大坂懐徳堂の初代学主。
¶朝日 ([生]寛文5年1月19日 (1665年3月5日)　[没]享保15年7月16日 (1730年8月29日))，岩史 ([生]寛文5 (1665) 年1月19日　[没]享保15 (1730) 年7月16日)，大阪人 ([没]享保15 (1730) 年7月)，大阪墓 ([没]享保15 (1730) 年7月16日)，角史，近世，国史，国書 ([生]寛文5 (1665) 年1月19日　[没]享保15 (1730) 年7月16日)，コン改，コン4，コン5，史人 ([生]1665年1月19日　[没]1730年7月16日)，思想史，重要 ([没]享保15 (1730) 年7月26日)，新潮 ([没]享保15 (1730) 年7月26日)，人名，姓氏京都，世人 ([没]享保15 (1730) 年7月16日)，日思，日人，山川小 ([生]1665年1月19日　[没]1730年7月16日)，歴大，和俳

**三宅大蔵** みやけたいぞう
～嘉永4 (1851) 年
江戸時代後期の教育者。
¶高知人

**三宅タキ** みやけたき
安政6 (1859) 年～昭和3 (1928) 年
明治～昭和期の教育者。
¶姓氏山口

**三宅澹庵** みやけたんあん
？～万治2 (1659) 年
江戸時代前期の儒学者。
¶国書 ([没]万治2 (1659) 年8月15日)，日人，三重

**三宅均** みやけひとし
文政12 (1829) 年～明治43 (1910) 年
江戸時代後期～明治期の真言宗の僧、教育者。
¶静岡歴，姓氏静岡

**三宅勝** みやけまさる
昭和4 (1929) 年2月25日～
昭和期の教育者。
¶視覚

**三宅康和** みやけやすかず
寛政10 (1798) 年～文政6 (1823) 年
江戸時代後期の大名。三河田原藩主。
¶諸系，日人，藩主2 ([生]寛政10 (1798) 年8月9日　[没]文政6 (1823) 年2月8日)

**三宅米吉** みやけよねきち
万延1 (1860) 年5月13日～昭和4 (1929) 年11月11日
明治～昭和期の考古学者。東京文理科大学初代学長。同志と考古学会を創設し考古学の発展・普及に尽力。著書に「考古学研究」など。
¶朝日 ([生]万延1年5月13日 (1860年7月1日))，海越新，教育，近現，考古 ([没]昭和4 (1925) 年11月11日)，国史，コン改，コン5，史研，史人，重要，出文，新潮，人名，世紀，世人，全書，体育，哲学，渡航，日人，歴大，和歌山人

**宮越栄蔵** みやごしえいぞう
明治38 (1905) 年～
昭和～平成期の教育者。鯖江女子師範教諭、福井県郷土地理談話会創立者。
¶福井百

**宮腰他一雄** みやごしたいちお
明治38 (1905) 年～昭和34 (1959) 年
昭和期の教育者。
¶姓氏富山

**都田忠次郎** みやこだちゅうじろう
明治4 (1871) 年9月26日～昭和12 (1937) 年8月5日
明治～昭和期の教育家。

み

¶世紀，鳥取百，日人

**宮坂喜十** みやさかきじゅう
慶応1(1865)年～昭和19(1944)年
明治～昭和期の教育者。
¶長野歴

**宮坂広作** みやさかこうさく
昭和6(1931)年7月20日～
昭和～平成期の教育学者。東京大学教授。著書に
「近代日本社会教育政策史」「生涯学習の理論」など多数。
¶現執1期，現執3期，現執4期，現情，世紀

**宮坂実之助** みやさかじつのすけ
生没年不詳
昭和期の教員。諏訪郡原実業補習学校教諭。
¶社史

**宮坂善左衛門** みやさかぜんざえもん
寛保2(1742)年～天保7(1836)年
江戸時代中期～後期の心学者、名主。
¶姓氏長野，長野歴

**宮坂哲文** みやさかてつふみ，みやさかてつぶみ
大正7(1918)年5月10日～昭和40(1965)年1月24日
昭和期の教育学者。東京大学教授、日本教育学会常任理事。
¶現朝，現情，現人，コン4，コン5，新潮，人名7，世紀，姓氏長野，長野百(みやさかてつぶみ)，長野歴(みやさかてつぶみ)，日人

**宮坂英弌** みやさかふさかず
明治20(1887)年3月4日～昭和50(1975)年6月11日
大正～昭和期の地方史研究家、教育家。泉野尋常高等小学校訓導。考古学を研究。長野県の縄文時代集落遺跡研究で著名。
¶郷土，考古，史研，世紀，姓氏長野，長野百，長野歴，日人

**宮坂元裕** みやさかもとひろ
昭和15(1940)年8月17日～
昭和期の美術教育学者。上越教育大学教授、横浜国立大学教授。
¶現執2期

**宮崎章** みやざきあきら
明治28(1895)年～昭和43(1968)年
大正～昭和期の教育者。
¶神奈川人

**宮崎畏斎** みやざきいさい
生没年不詳
江戸時代中期～後期の儒学者。
¶江文，国書(㊤安永1(1772)年)，日人

**宮崎市蔵** みやざきいちぞう
明治2(1869)年～昭和23(1948)年
明治～昭和期の教育者。
¶姓氏長野，長野歴

**宮崎雲台** みやざきうんだい
元文3(1738)年～文化7(1810)年
江戸時代中期～後期の医師、漢詩人。
¶国書(㊤文化7(1810)年9月16日)，人名，日人，和俳

**宮崎栄五郎** みやざきえいごろう
→宮崎義比(みやざきよしちか)

**宮崎清光** みやざききよみつ
明治27(1894)年～昭和17(1942)年
大正～昭和期の教育者。
¶神奈川人

**宮崎小三郎** みやざきこざぶろう，みやざきこさぶろう
文化13(1816)年～明治1(1868)年10月9日
江戸時代末期の医師。
¶高知人(みやざきこさぶろう)，幕末

**宮崎昇作** みやざきしょうさく
昭和43(1968)年～
昭和～平成期の教師、児童文学作家。
¶児人

**宮崎青谷** みやざきせいこく
文化8(1811)年～慶応2(1866)年
江戸時代末期の伊勢津藩士、画人。
¶維新，国書(㊤慶応2(1866)年10月9日)，人名，日人，三重，三重続

**宮崎総五** みやざきそうご
文政11(1828)年～明治42(1909)年
江戸時代末期～明治期の篤行家。貴族院議員。朝陽義塾を設立、安倍川架橋、宇津谷トンネル掘削、静岡病院の設立などに尽力。
¶静岡百，静岡歴，人名，姓氏静岡，日人，幕末，幕末大

**宮崎貴** みやざきたかし
明治16(1883)年～昭和50(1975)年
明治～昭和期の教育者。
¶群馬人

**宮崎匠** みやざきたくみ
明治30(1897)年～昭和36(1961)年
昭和期の教育者。
¶山口人

**宮崎民蔵** みやざきたみぞう
慶応1(1865)年～昭和3(1928)年8月15日
明治～大正期の社会運動家、教師。荒尾村長、横浜大同学校教師。宮崎滔天の兄。土地均分論を主張し大逆事件で弾圧を受ける。
¶朝日(㊤慶応1年5月20日(1865年6月13日))，アナ(㊤慶応1(1865)年5月20日)，近現，熊本百(㊤慶応1(1865)年5月20日)，国史，コン改，コン5，史人(㊤1865年5月20日)，社運，社史(㊤慶応1年5月20日(1865年6月13日))，新潮(㊤慶応1(1865)年5月20日)，人名，世紀(㊤慶応1(1865)年5月20日)，世人(㊤慶応1(1865)年6月13日　㊦昭和3(1928)年7月15日)，日史(㊤慶応1(1865)年6月13日　㊦昭和3(1928)年7月15日)，日人，百科，平和，歴大

**宮崎貞蔵** みやざきていぞう
天保14(1843)年～大正3(1914)年
江戸時代末期～大正期の教育者。
¶鳥取百

**宮崎鉄太郎** みやざきてつたろう★
明治33(1900)年7月11日～
明治・大正期の大平村教育長。
¶栃木人

**宮崎俊明** みやざきとしあき
昭和12(1937)年5月15日～
昭和期の教育学者。鹿児島大学教授。
¶現執2期

**宮崎稔子** みやざきとしこ
明治8(1875)年9月31日～昭和31(1956)年7月31日
明治～昭和期の教育者。
¶埼玉人

**宮崎直男** みやざきのぶお
昭和6(1931)年12月27日～
昭和～平成期の教育専門家。専門は特殊教育。著書に「交流の多い特殊学級教育」「特異行動のある子どもの指導」など。
¶現執1期，現執2期，現執3期，現執4期

**宮崎梅塘** みやざきばいとう
明治1(1868)年2月1日～昭和31(1956)年2月21日
江戸時代末期～昭和期の俳人、教育者。
¶姓氏長野，俳文

**宮崎繁次郎** みやざきはんじろう
生没年不詳
明治期の教育者。埼玉県学校柔道の先駆者。
¶埼玉人

**宮崎久** みやざきひさし
弘化4(1847)年～明治43(1910)年
江戸時代後期～明治期の教育家。
¶姓氏富山

**宮崎百穀** みやざきひゃっこく★
生没年不詳
江戸時代中期の佐竹北家組下の士。私塾『致道館』を開いた。
¶秋田人2

**宮崎通泰**(宮崎道泰) みやざきみちやす
文政1(1818)年～明治8(1875)年
江戸時代末期～明治期の蘭方医、国学者。
¶国書([没]明治8(1875)年6月)，埼玉人(宮崎道泰)，埼玉百([没]1874年)，人名([没]1874年)，日人

**宮崎源井** みやざきもとい
明治22(1889)年11月18日～昭和29(1954)年5月30日
大正～昭和期の教育者、地方自治功労者。
¶高知人，高知先

**宮崎元彦** みやざきもとひこ
天明5(1785)年～慶応1(1865)年
江戸時代中期～末期の神職・教育者。
¶姓氏群馬

**宮崎有敬** みやざきゆうけい
天保3(1832)年～明治28(1895)年
江戸時代末期～明治期の製糸業。上毛繭糸改良会社社長。踏転器械を発明し、教授所設立。
¶群新百，群馬人，群馬百，姓氏群馬，幕末([没]1895年4月3日)

**宮崎義比** みやざきよしちか
天保6(1835)年～明治20(1887)年7月5日　[別]宮崎栄五郎《みやざきえいごろう》
江戸時代末期～明治時代の加賀藩校教師。
¶剣豪(宮崎栄五郎　みやざきえいごろう)，姓氏石川([生]?)，幕末，幕末大

**宮里悦** みやざとえつ
明治38(1905)年4月15日～平成6(1994)年1月9日
昭和期の小学校教員、婦人運動家。沖縄県婦人連合会会長。ドル不安を佐藤首相に直訴。
¶現朝，社史([没]1994年1月)，世紀，日人，平和

**宮里考助** みやさとこうすけ
? ～
昭和期の小学校教員。那覇市松山尋常高等小学校教諭、沖縄教育労働者組合那覇地区委員。
¶社史

**宮沢菊松** みやざわきくまつ
明治29(1896)年～平成9(1997)年
大正～平成期の教育功労者。村議。
¶青森人

**宮沢欽斎** みやざわきんさい
享保20(1735)年～寛政9(1797)年
江戸時代中期～後期の儒学者。
¶国書([没]寛政9(1797)年5月11日)，姓氏愛知([生]?)，日人，三重([没]安永9年5月11日)

**宮沢賢治** みやざわけんじ
明治29(1896)年8月27日～昭和8(1933)年9月21日
大正～昭和期の詩人、童話作家。「注文の多い料理店」「銀河鉄道の夜」など多数の著名な童話作品を執筆。
¶アナ，岩歌，岩史，岩手百，角史，近現，近文，現朝，幻作，現詩，幻想，現日，現文，国史，コン改，コン5，詩歌，滋賀文，詩作，児作，史人，児文，社史，小説，植物，食文，新潮，新文([生]明治29(1896)年8月1日)，人名，世紀，姓氏岩手，世人([生]明治29(1896)年8月1日)，世百，全書，大百，短歌普，哲学，伝記，奈良文，日史，日児([生]明治29(1896)年8月1日)，日人，日本，百科，仏教，文学，平和，北海道文，民学，山梨百([生]明治29(1896)年8月21日)，履歴，歴大

**宮沢正一** みやざわしょういち
大正1(1912)年～平成3(1991)年
昭和～平成期の教育功労者。
¶青森人

**宮沢トシ** みやざわとし
明治31(1898)年11月5日～大正11(1922)年
明治～大正期の女性。花巻高女教師。宮沢賢治の妹。
¶世紀(㊥大正11(1922)年11月27日), 日人

**宮治周平** みやじしゅうへい
文化9(1812)年～明治5(1872)年
江戸時代後期～明治期の私塾経営者。
¶姓氏愛知

**宮地静軒** みやぢせいけん
→宮地静軒(みやぢせいけん)

**宮下有常** みやしたありつね
文化11(1814)年～明治4(1871)年 ㊵宮下尚綱
《みやしたしょうけい》
江戸時代末期～明治期の漢学者。
¶国書(宮下尚綱 みやしたしょうけい ㊵明治4(1871)年8月), 人名, 長野歴, 日人

**宮下一郎** みやしたいちろう
明治37(1904)年～昭和57(1982)年
昭和期の教育者・郷土史家。
¶姓氏長野

**宮下和男** みやしたかずお
昭和5(1930)年3月14日～
昭和～平成期の児童文学作家、教師。
¶児作, 児人, 児文, 世紀, 日児

**宮下尚綱** みやしたしょうけい
→宮下有常(みやしたありつね)

**宮下全司** みやしたぜんじ
昭和6(1931)年1月30日～
昭和期の児童文学作家、高校教師。
¶群馬人, 児作, 児人, 日児

**宮下琢磨**(宮下琢麿) みやしたたくま
明治11(1878)年6月8日～昭和27(1952)年9月29日
明治～昭和期の教育者、移民事業家。片倉製糸の今井五介の秘書として海外発展計画を推進、信濃海外協会設立につくす。「邦人活躍の南洋」を刊行。
¶世紀(宮下琢麿), 長野歴, 日人

**宮下昇** みやしたのぼる
生没年不詳
昭和期の小学校教員。
¶社史

**宮下正美** みやしたまさみ
明治34(1901)年5月15日～昭和57(1982)年12月17日
大正～昭和期の教育者、児童文学者。著作は家庭教育関係書が多い。代表作に「山をゆく歌」「消えた馬」。
¶近文, 現執1期, 現情, 児作, 児文, 世紀, 日児

**宮下真澄** みやしたますみ
明治40(1907)年～昭和43(1968)年7月5日
大正～昭和期の考古学者。
¶考古, 長野歴

**宮下希賢** みやしたまれかた
江戸時代中期の薩摩藩校造士館助教。
¶姓氏鹿児島

**宮下八十二郎** みやしたやそじろう
文久1(1861)年～昭和17(1942)年
明治期の神職、私塾桃源義塾の師範。
¶長野歴

**宮下よし** みやしたよし
明治期の女性。村に小学校を造るとき最高額の寄付をした。倹約の鑑とされる。
¶女性(生没年不詳), 女性普

**宮下与兵衛** みやしたよへえ
昭和28(1953)年～
昭和～平成期の高等学校教諭。
¶YA

**宮島詠士** みやじまえいし
慶応3(1867)年～昭和18(1943)年7月9日
明治～昭和期の書家。詠帰舎を開いて中国語を指導。
¶現朝(㊥慶応3年10月20日(1867年11月15日)), 世紀(㊥慶応3(1867)年10月20日), 日人

**宮島一信** みやじまかずのぶ
明治42(1909)年2月14日～昭和8(1933)年1月6日
昭和期の小学校教員。
¶社史

**宮島元貞** みやじまげんてい
文政7(1824)年～明治35(1902)年
江戸時代後期～明治期の安曇郡千国村の医師、寺子屋師匠。
¶姓氏長野

**宮島誠一郎** みやじませいいちろう
天保9(1838)年～明治44(1911)年3月15日
江戸時代末期～明治期の出羽米沢藩士、政治家、漢詩人。貴族院議員。大陸問題に着目、興亜学校を創立。詩集に「養浩堂詩集」。
¶朝日(㊥天保9年7月6日(1838年8月25日)), 維新, コンS, 詩作(㊥天保9(1838)年7月9日), 人書94, 新潮(㊥天保9(1838)年7月20日), 人名, 全幕, 日人, 幕末, 幕末大(㊥天保9(1838)年7月6日), 藩臣1, 山形百

**宮島堯** みやじまたかし
大正8(1919)年～
昭和期の教育法学・労働法学者。工学院大学教授。
¶現執1期

**宮島為三郎** みやじまためさぶろう
慶応3(1867)年～昭和16(1941)年
明治～昭和期の教育者。
¶姓氏愛知

**宮島初子** みやじまはつこ
明治44(1911)年頃～昭和56(1981)年12月27日
昭和期の服飾教育者。服飾界の発展に貢献。著書に「北国の子供服」など。

¶女性（㋿明治44（1911）年頃），女性普，世紀（㋿明治44（1911）年1月12日），日人（㋿明治44（1911）年1月12日）

**宮島豊** みやじまゆたか
明治39（1906）年〜
昭和期の中学校教員。仙台第一中学教諭。
¶社史

**宮地弥典** みやじやすすけ
昭和18（1943）年〜平成27（2015）年
昭和・平成期の実業家。宮地電機2代目社長。高知県教育委員長。
¶高知経

**宮庄太朗** みやしょうたろう
文久2（1862）年〜昭和20（1945）年
明治〜昭和期の教育者。
¶姓氏岩手

**宮田篤親** みやたあつちか
文政4（1821）年〜明治29（1896）年3月11日
江戸時代末期〜明治時代の神官。水戸藩大久保郷校の館守。著書に「潜行紀聞」など。
¶維新，幕末，幕末大（㋿文政4（1821）年12月25日）

**宮田栄二** みやたえいじ
大正10（1921）年4月1日〜
昭和期の教育者。学校長。
¶飛騨

**宮田円陵** みやたえんりょう
文化7（1810）年〜明治3（1870）年　㋹宮田敏《みやたびん》
江戸時代後期〜明治期の儒学者。
¶国書（㋿明治3（1870）年閏10月16日），人名（㋿？　㋺1869年），姓氏愛知，姓氏長野（宮田敏　みやたびん　㋺1869年），長野歴（㋿明治2（1869）年），日人，幕末，藩臣4

**宮田角右衛門** みやたかくえもん
文政1（1818）年〜明治25（1892）年6月22日
江戸時代後期〜明治期の教育者。1869年（明治2）に創設の学而館の教導。
¶庄内，山形百（生没年不詳）

**宮田慶三郎** みやたけいざぶろう
明治39（1906）年1月7日〜平成9（1997）年5月22日
昭和期の学校創立者。岐阜歯科大学（後の朝日大学）を設立。
¶学校

**宮武実相** みやたけじつそう
宝暦6（1756）年〜文政7（1824）年
江戸時代中期〜後期の僧侶・寺子屋師匠。
¶姓氏群馬

**宮武英男** みやたけひでお
明治39（1906）年8月2日〜平成2（1990）年6月23日
昭和期の魚津高校野球部監督。
¶富山百

**宮田壺隠** みやたこいん
宝暦4（1754）年〜文政4（1821）年
江戸時代中期・後期の村医者、熊本藩校時習館の訓之。
¶熊本人，人名，日人

**宮田貞則**（宮田定則，宮畑定則）　みやたさだのり
延宝4（1676）年〜宝暦3（1753）年
江戸時代中期の土佐の儒者。
¶高知人（宮畑定則），人名，日人（宮田定則）

**宮田脩** みやたしゅう
明治7（1874）年10月3日〜昭和12（1937）年3月19日
明治〜昭和期の教育家。成女高等女学校長、東京私立高等女学校協会理事長。成女高等女学校校長として三十有余年、女子人格主義を高唱。
¶人名，日人

**宮田正作** みやたしょうさく
大正13（1924）年〜
昭和期の教育者。教育長、郷土史研究家。
¶多摩

**宮田瑞山** みやたずいさん
大正2（1913）年1月26日〜平成2（1990）年11月3日
昭和〜平成期の教育者・尺八演奏家。
¶岡山歴

**宮田静処** みやたせいしょ
〜大正15（1926）年
明治〜大正期の教育家。
¶岡山人

**宮田丈夫** みやたたけお
明治42（1909）年8月20日〜
昭和期の教育学者。聖徳学園短期大学教授。
¶現執1期，現情

**宮田富晴** みやだとみはる
大正6（1917）年9月11日〜
昭和期の荘川村教育長。
¶飛騨

**宮田朝海** みやたともみ
明治43（1910）年〜昭和58（1983）年
昭和期の生活綴方指導者。
¶島根歴

**宮田寅治** みやたとらじ
安政1（1854）年〜昭和13（1938）年
明治期の自由民権運動家。
¶神奈川人，世紀（㋿嘉永7（1854）年5月25日　㋺昭和13（1938）年10月12日），姓氏神奈川，日人

**宮田敏** みやたびん
→宮田円陵（みやたえんりょう）

**宮田福次** みやたふくじ
明治23（1890）年9月23日〜昭和43（1968）年2月7日
大正〜昭和期の教育者。
¶群馬人

**宮田光男** **みやたみつお**
大正14(1925)年9月28日～
昭和～平成期のフリーライター、教育者。
¶現執3期

**宮地茂** **みやちしげる**
大正3(1914)年5月15日～
昭和期の文部官僚。福山大学学長・理事長。
¶現執1期，現情

**宮地静軒** **みやぢせいけん, みやじせいけん**
延宝2(1674)年～宝暦3(1753)年
江戸時代中期の土佐藩士、儒学者。
¶高知人(みやじせいけん)，高知百(みやじせいけん)，国書(みやじせいけん　[没]宝暦3(1753)年9月1日)，人名，日人(みやじせいけん)，藩臣6(みやじせいけん)

**宮地誠哉** **みやちせいや**
大正14(1925)年～
昭和期の教育学者。国学院大学教授。
¶現執1期



**宮地忠明** **みやちただあき**
昭和18(1943)年～
昭和期の高校教師、地理教育者。東京都立武蔵高校教諭。
¶現執2期

**宮永虞臣** **みやながぐしん**
寛政10(1798)年～安政2(1855)年　[別]宮永虞臣《みやながやすおみ》,宮永大倉《みやながたいそう》
江戸時代末期の儒学者、勤王家。
¶国書(宮永大倉　みやながたいそう　[没]安政2(1855)年4月4日)，人名(みやながやすおみ　[生]1787年)，日人(みやながやすおみ)，幕末([没]1855年5月19日)

**宮永大倉** **みやながたいそう**
→宮永虞臣(みやながぐしん)

**宮永虞臣** **みやながやすおみ**
→宮永虞臣(みやながぐしん)

**宮永保親** **みやながやすちか**
文政2(1819)年～明治19(1886)年5月
江戸時代末期～明治時代の神官、国学者。私塾敬神塾を開く。著書に「国考証」など。
¶国書([生]文政2(1819)年1月21日　[没]明治19(1886)年5月17日)，幕末，幕末大，福岡百([生]文政2(1819)年1月)

**宮野尹賢** **みやのいんけん**
→宮野尹賢(みやのこれかた)

**宮ノ腰久司** **みやのこしひさし**
昭和9(1934)年2月26日～平成10(1998)年2月8日
昭和・平成期の教育者。学校長。
¶飛驒

**宮野尹賢** **みやのこれかた**
天和2(1682)年～宝暦8(1758)年　[別]宮野尹賢《みやのいんけん》
江戸時代中期の儒学者、神道家。伊藤東涯に入門。
¶朝日([没]宝暦8年2月29日(1758年4月7日))，国書(みやのいんけん　[没]宝暦8(1758)年3月29日)，人名，日人

**宮野二郎** **みやのじろう**
明治45(1912)年5月18日～
大正～昭和期の児童文学作家、小学校教師。
¶日児

**宮之原貞光** **みやのはらさだみつ**
大正6(1917)年10月4日～昭和58(1983)年10月29日
昭和期の労働運動家。参議院議員、日教組委員長。
¶革命，現朝，現執1期，現情，現人，現日，コン4，コン5，新潮，世紀，政治，姓氏鹿児島([生]1971年)，日人

**宮信徳** **みやのぶのり**
江戸時代末期の水泳教師。
¶三重

**宮橋慥軒** **みやはしぞうけん**
安政1(1854)年2月11日～明治19(1886)年
江戸時代末期～明治期の教育者。
¶三重

**宮発太郎** **みやはつたろう**
生没年不詳
江戸時代後期の水泳師範。
¶埼玉人，日人

**宮原阿つ子** **みやはらあつこ**
明治40(1907)年10月19日～昭和60(1985)年3月22日
昭和期の歌人。中学校教員。「常春」「潮音」「白夜」などに参加。歌集「黒耀」「紫内」「昆崙」を刊行。
¶現情，女性，女性普，世紀，日人

**宮原閑山** **みやはらかんざん**
天保14(1843)年～明治25(1892)年
江戸時代末期・明治期の教育者。
¶愛媛

**宮原信** **みやはらしん**
明治2(1869)年～昭和22(1947)年
明治～昭和期の教育者。横川小学校校長。
¶姓氏鹿児島

**宮原誠一** **みやはらせいいち**
明治42(1909)年8月26日～昭和53(1978)年9月26日
昭和期の教育学者。東京大学教授。文部省社会教育局を経、社会教育理論を中心に研究活動を推進。
¶現朝，現執1期，現情，現人，コン改，コン4，コン5，史人，社史([没]1978年9月27日)，新潮，世紀，姓氏長野，哲学，日人，平和，民学，履歴，履歴2

**宮原節庵** **みやはらせつあん**
→宮原潜叟(みやはらせんそう)

**宮原潜叟** **みやはらせんそう, みやばらせんそう**
文化3(1806)年～明治18(1885)年　[別]宮原節庵

《みやはらせつあん》
江戸時代末期～明治期の儒学者、書家。
¶国書(宮原節庵　みやはらせつあん　㊤文化3(1806)年10月8日　㊦明治18(1885)年10月6日)，人名(みやばらせんそう)，日人

宮原蒼雪　みやはらそうせつ，みやばらそうせつ
文化1(1804)年～明治9(1876)年
江戸時代末期～明治期の儒学者。
¶江文，人名(みやばらそうせつ)，日人(㊤1806年)

宮原武夫　みやはらたけお
昭和8(1933)年1月2日～
昭和～平成期の社会科教育学者。千葉大学教授。
¶現執3期

宮原桐月　みやはらとうげつ
明和6(1769)年～天保14(1843)年9月19日
江戸時代中期～後期の漢学者。松山藩儒官。
¶愛媛百，江文

宮原南陸　みやはらなんりく
→宮原半左衛門(みやはらはんざえもん)

宮原半左衛門　みやはらはんざえもん
享保1(1716)年～寛政4(1792)年　㊥宮原南陸
《みやはらなんりく》
江戸時代中期の筑後久留米藩士。
¶人名(宮原南陸　みやはらなんりく)，日人(宮原南陸　みやはらなんりく)，藩臣7

宮原竜山　みやはらりゅうざん
→宮原竜山(みやばらりょうざん)

宮原竜山　みやばらりょうざん，みやはらりょうざん
宝暦10(1760)年～文化8(1811)年　㊥宮原竜山
《みやはらりゅうざん》
江戸時代後期の伊予松山藩儒。
¶江文(みやはらりゅうざん)，国書(みやはらりゅうざん)㊤宝暦10(1760)年11月　㊦文化8(1811)年6月17日)，人名，日人(みやはらりょうざん)

宮原良平　みやはらりょうへい
天保13(1842)年～明治44(1911)年
江戸時代後期～明治期の教育者。
¶長崎百

宮部金吾　みやべきんご
安政7(1860)年～昭和26(1951)年3月16日
明治～昭和期の植物学者。北海道帝国大学教授。植物病理学・分類学・地理学の分野で活躍。文化勲章受章。
¶海越新(㊤安政7(1860)年3月7日)，科学(㊤1860年(安政7(1860)年)閏3月7日)，科技(㊤安政7(1860)年閏3月7日)，北墓，キリ(㊤万延1年閏3月7日(1860年4月27日))，近現，現朝(㊤安政7年3月7日(1860年3月28日))，現情(㊤万延1(1860)年3月7日)，現人，国史，コン改，コン4，コン5，札幌(㊤万延1(1860)年閏3月7日)，史人(㊤1860年閏3月7日)，植物(㊤安政7(1860)年3月7日)，新潮(㊤万延1(1860)年3月7日)，人名7，世紀

(㊤安政7(1860)年3月7日)，世百新，全書，大百，渡航(㊤1860年4月27日)，日人，日本，根千(㊤万延1(1860)年閏3月7日)，百科，北海道百，北海道文(㊤万延1(1860)年3月7日)，北海道歴，履歴(㊤万延1(1860)年閏3月7日)，履歴2(㊤万延1(1860)年閏3月7日)，歴大

宮部鼎蔵　みやべていぞう
文政3(1820)年4月～元治4(1864)年6月5日
江戸時代末期の肥後熊本藩士、兵法師範職。
¶朝日(㊤元治1年6月5日(1864年7月8日))，維新，岩手人，角史，京都，京都大，近世，熊本人，熊本百，国史，国書，コン改，コン4，コン5，史人，思想史，重要，新潮，人名，姓氏京都，世人，全幕，日史，日人，幕末，幕末大，藩臣7，百科，歴大

宮部義正　みやべよしまさ
享保14(1729)年～寛政4(1792)年
江戸時代中期の上野高崎藩士、歌人。
¶群馬人，国書(㊤寛政4(1792)年1月21日)，庄内(㊤享保18(1733)年　㊦寛政4(1792)年1月21日)，人名，姓氏群馬，日人，藩臣2，和俳

宮部頼子　みやべよりこ
昭和20(1945)年8月26日～
昭和～平成期の情報科学、図書館情報学教育学者。
¶現執3期

宮丸吉衛　みやまるよしえ
大正10(1921)年1月17日～
昭和期の高校教員。
¶社史

宮村喜楽　みやむらきらく
江戸時代末期～明治期の教育者。
¶三重続

宮本アサ　みやもとあさ
慶応4(1868)年4月23日～昭和13(1938)年5月1日
大正～昭和期の教育者。女子師範学校附属小学校勤務。植物学、和歌、国学、漢詩などを学び、琴、三味線などに通じていた。
¶女性，女性普

宮本一郎　みやもといちろう
大正3(1914)年10月18日～昭和57(1982)年8月10日
昭和期の学校創立者。静修学園理事長に就任し、主に女子教育に尽くした。
¶学校

宮本愚翁　みやもとぐおう
天保10(1839)年～明治36(1903)年
江戸時代末期～明治時代の安芸広島藩士、心学者。
¶国書(㊤天保10(1839)年3月　㊦明治36(1903)年3月22日)，幕末，幕末大，藩臣6，広島百(㊤天保10(1839)年3月2日　㊦明治36(1903)年3月22日)

宮本楠保　みやもとくすほ
明治25(1892)年6月11日～昭和20(1945)年2月20日

大正〜昭和期の教育者。
¶高知人，高知先，高知百

**宮本邦基** みやもとくにのり
明治9(1876)年〜昭和31(1956)年
明治〜昭和期の考古学者。
¶郷土，姓氏長野，長野歴

**宮本元甫** みやもとげんぽ
寛政8(1796)年〜慶応2(1866)年
江戸時代末期の蘭方医、摂津高槻藩医。
¶朝日，近世，国史，国書，人名([生]?)，姓氏京都，日人，藩臣5([生]寛政9(1797)年)，洋学

**宮本貞夫** みやもとさだお
慶応2(1866)年〜昭和18(1943)年
明治〜昭和期の教育者。
¶姓氏長野，長野歴

**宮本尚一郎** みやもとしょういちろう
寛政5(1793)年〜文久2(1862)年 [別]宮本水雲《みやもとすいうん》，宮本茶村《みやもとちゃそん》
江戸時代末期の水戸藩郷士、学者。
¶維新，国書(宮本茶村 みやもとちゃそん [生]寛政5(1793)年3月15日 [没]文久2(1862)年6月25日)，新潮([生]寛政5(1793)年5月15日 [没]文久2(1862)年6月25日)，人名(宮本水雲 みやもとすいうん)，日人(宮本茶村 みやもとちゃそん)，幕末(宮本茶村 みやもとちゃそん [没]1862年7月21日)，藩臣2(宮本茶村 みやもとちゃそん)

み

**宮本水雲** みやもとすいうん
→宮本尚一郎(みやもとしょういちろう)

**宮本茶村** みやもとちゃそん
→宮本尚一郎(みやもとしょういちろう)

**宮本二七郎** みやもとにしちろう
明治4(1871)年7月7日〜昭和14(1939)年9月15日
明治〜昭和期の彫刻家。
¶世紀，日人，広島百

**宮本正之** みやもとまさゆき
? 〜享保12(1727)年
江戸時代中期の文教功労者。
¶人名，日人

**宮本満枝** みやもとみつえ
明治41(1908)年2月6日〜昭和53(1978)年1月15日
昭和期の教育者・婦人会指導者。
¶埼玉人

**宮本光雄** みやもとみつお
昭和16(1941)年2月28日〜
昭和〜平成期の社会科教育学者。熊本大学教授。
¶現執2期，現執3期

**宮本吉正** みやもとよしまさ
明治31(1898)年〜昭和51(1976)年
大正〜昭和期の教育者。
¶姓氏山口，山口人

**宮杜左並** みやもりさなみ
文政8(1825)年〜慶応1(1865)年
江戸時代後期〜末期の花巻郷学の学頭。
¶姓氏岩手

**宮良永益** みやらえいえき
明治27(1894)年11月25日〜昭和33(1958)年6月25日
大正〜昭和期の教育者、政治家。黒島尋常校校長、石垣市助役。
¶社史

**宮良賢貞** みやらけんてい
明治34(1901)年12月15日〜昭和47(1972)年12月29日
昭和期の教育者、新聞記者、民俗芸能研究者。
¶沖縄百，社史，姓氏沖縄

**宮良高清** みやらこうせい
明治40(1907)年11月16日〜昭和20(1945)年6月29日
昭和期の教育者。
¶社史

**宮良信友** みやらしんゆう
明治44(1911)年1月17日〜昭和39(1964)年10月7日
昭和期の教育者。
¶社史

**宮良孫良** みやらそんりょう
明治41(1908)年9月19日〜平成2(1990)年4月12日
昭和期の教育者。
¶社史

**宮良貴子** みやらたかこ
昭和18(1943)年〜
昭和〜平成期の教師、童画家。
¶児人

**宮良高司** みやらたかし
明治38(1905)年10月13日〜平成3(1991)年3月15日
昭和期の教育者、農民運動家。
¶社史

**宮良長義** みやらちょうぎ
*〜?
大正〜昭和期の教育者、政治家。黒島国民学校校長、八重山地方庁長、沖縄県議会議員。
¶社史([生]1906年12月25日)，平和([生]明治37(1904)年)

**宮良ルリ** みやらるり
昭和1(1926)年8月16日〜
昭和〜平成期の教育者。ひめゆり平和記念資料委員会委員。小・中学校の数学教諭を務めた。著書に「私のひめゆり戦記」。
¶現朝，世紀，日人，平和

**宮脇二郎** みやわきじろう
昭和5(1930)年11月22日〜昭和55(1980)年1月
昭和期の教育心理学者。岐阜大学助教授。

¶現執2期

**ミヨ**
江戸時代後期の女性。教育。下江氏。館林城下で嘉永4年〜明治5年まで教育。
¶江表(ミヨ(群馬県))

**名井于石** みょういうせき
天保4(1833)年〜明治44(1911)年1月4日
江戸時代末期〜明治時代の教育者。周防国吉敷村郷校憲章館学頭。私塾修焉斎を興し、良城小学校を創設。
¶幕末, 幕末大

**名井守介** みょういもりすけ
天保4(1833)年〜明治44(1911)年
江戸時代後期〜明治期の教育家。
¶山口百

**明神勲** みょうじんいさお
昭和16(1941)年9月14日〜
昭和期の教育学者。北海道教育大学教授。
¶現執2期

**妙心尼** みょうしんに★
江戸時代後期の女性。教育。黒木氏。弘化2年〜明治3年まで二本松で寺子屋を開き、筆道、読書を教えた。
¶江表(妙心尼(福島県))

**三好愛吉** みよしあいきち
明治3(1870)年〜大正8(1919)年2月11日
明治〜大正期の教育家。
¶世紀([生]明治3(1871)年12月23日), 姓氏長野, 長野歴, 新潟百, 日児([生]明治3(1871)年2月12日), 日人([生]明治3(1871)年12月23日), 宮城百

**三善和気** みよしかずおき
明治14(1881)年4月24日〜昭和38(1963)年2月13日
明治〜大正期の作曲家、音楽教育者。
¶芸能, 作曲

**三好京三** みよしきょうぞう
昭和6(1931)年3月27日〜平成19(2007)年5月11日
昭和〜平成期の小説家、小学校教諭。「子育てごっこ」で文学界新人賞、直木賞。他の作品に「分校日記」「生きよ義経」など。
¶現朝, 現執2期, 現執3期, 現執4期, 現情, 作家, 児人, 小説, 新文, 世紀, 日人, マス89

**三善清行** みよしきよゆき
承和14(847)年〜延喜18(918)年12月7日 [別]三善宿禰清行《みよしのすくねきよゆき》, 三善清行《みよしのきよゆき》, 善相公《ぜんしょうこう》
平安時代前期〜中期の学者、公卿(参議)。渡来系氏族の三善宿禰の子孫。
¶朝日([没]延喜18年12月7日(919年1月11日)), 岩史(みよしのきよゆき [没]延喜18(918)年12月6日?), 岡山歴, 角史, 教育([生]846年), 京都, 京都大, 公卿(みよしのきよゆき [没]延喜18(918)年12月6日), 国史, 国書, 古史(みよしのきよゆき), 古代(三善宿禰清行 みよしのすくねきよゆき), 古中, コン改, コン4, 詩歌, 史人(みよしのきよゆき), 重要(みよしのきよゆき), 諸系([没]919年), 人書94, 新潮, 人名, 姓氏京都(みよしのきよゆき), 世人, 世百(みよしのきよゆき), 全書, 大百, 日史(みよしのきよゆき), 日人([没]919年), 百科, 平史(みよしのきよゆき), 歴大, 和俳

**三好新次** みよししんじ
大正4(1915)年3月6日〜
昭和期の教育者。神奈川県教職員組合委員長、三浦市教育長。
¶現人, 世紀

**三好晋六郎** みよししんろくろう
安政4(1857)年7月21日〜明治43(1910)年1月28日
明治期の造船学者。東京帝国大学工科大学教授。造艦技術の発展に功績。築地工手学校(後の工学院大学)校長を歴任。
¶朝日([生]安政4年7月21日(1857年9月9日)), 海越([没]明治43(1910)年1月29日), 海越新([没]明治43(1910)年1月29日), 科学, 学校, 静岡歴, 人名, 大百, 渡航([生]1857年7月), 日人

**三好得恵** みよしとくえ
明治13(1880)年〜昭和34(1959)年
明治〜昭和期の教育者。
¶郷土福井, 福井百

**三善清行** みよしのきよゆき
→三善清行(みよしきよゆき)

**三善宿禰清行** みよしのすくねきよゆき
→三善清行(みよしきよゆき)

**三好信浩** みよしのぶひろ
昭和7(1932)年8月18日〜
昭和〜平成期の教育史学者。広島大学教授。
¶現執1期, 現執2期, 現執3期, 現執4期

**三善道統** みよしのみちむね
→三善道統(みよしみちむね)

**三好芳石** みよしほうせき
弘化2(1845)年〜大正11(1922)年
明治〜大正期の書家。筆跡は雄大。三好学校を開校。文墨協会などの顧問なども務めた。
¶人名, 世紀([没]大正11(1922)年10月10日), 日人

**三善道統** みよしみちむね
生没年不詳 [別]三善道統《みよしのみちむね》
平安時代中期の官吏、漢詩人。
¶国書, 古人(みよしのみちむね), 諸系, 日人, 平史(みよしのみちむね)

**三吉米熊**(三好米熊) みよしよねくま
万延1(1860)年6月10日〜昭和2(1927)年8月31日
明治〜昭和期の教育者、養蚕学者。
¶海越新, 信州人, 世紀, 姓氏長野, 渡航([没]?), 長野百, 長野歴(三好米熊), 日人

三代勢 みよせ★
1824年～
江戸時代後期の女性。教育。加藤氏。
¶江表（三代勢（東京都）) ㊤文政7 (1824) 年頃）

御代田豊 みよだゆたか
嘉永4 (1851) 年～明治38 (1905) 年
江戸時代後期～明治期の教育者。福島県議会議員。
¶福島百

三代の みよの★
江戸時代後期の女性。教育。加藤伝左衛門の二女。天保6年、小日向西古川町に加藤舎を開業。
¶江表（三代の（東京都）)

三輪桓一郎 みわかんいちろう
文久1 (1861) 年～大正9 (1920) 年2月1日 ㊟三輪恒一郎《みわつねいちろう》
明治～大正期の数学者。京都帝国大学教授。東京物理学講習所（後の東京理科大学）設立者の一人。
¶科学（㊤1861年（文久1）3月12日），学校，数学（三輪恒一郎　みわつねいちろう　㊤文久1 (1861) 年3月　㊦大正9 (1920) 年2月），渡航（㊤1861年3月12日）

三輪希賢 みわきけん
→三輪執斎（みわしっさい）

三輪建二 みわけんじ
昭和31 (1956) 年～
昭和～平成期の教育学者。お茶の水女子大学文教育学部教授。専門は、社会教育、生涯学習論。
¶現執4期

三輪定宣 みわさだのぶ
昭和12 (1937) 年8月2日～
昭和～平成期の教育行財政学者。千葉大学教授。
¶現執1期，現執2期，現執3期，現執4期

三輪三吉 みわさんきち
万延1 (1860) 年～大正7 (1918) 年
明治～大正期の教育者。
¶長野歴

三輪執斎 みわしっさい
寛文9 (1669) 年～延享1 (1744) 年　㊟三輪希賢《みわきけん》，三輪善蔵《みわぜんぞう》
江戸時代中期の儒学者。日本に陽明学を普及。
¶朝日（㊤享保1年1月25日 (1744年3月9日)），岩史（㊦寛保4 (1744) 年1月25日），江文，角史，教育，京都大，近世，国史，国書（㊦寛保4 (1744) 年1月25日），コン改，コン4，史人（㊦1744年1月25日），神人（三輪希賢　みわきけん），新潮（㊦延享1 (1744) 年1月25日），人名，姓氏京都，姓氏群馬（三輪善蔵　みわぜんぞう），世人（㊦延享1 (1744) 年4月29日），世百，全書，大百，日思，日人，藩臣2（三輪善蔵　みわぜんぞう），歴大

三輪十次 みわじゅうじ
昭和6 (1931) 年1月10日～平成10 (1998) 年1月27日
昭和～平成期の音楽教育者。

¶音人2，音人3

三輪翠羽 みわすいう
→三輪ひさ（みわひさ）

三輪善蔵 みわぜんぞう
→三輪執斎（みわしっさい）

三輪田元道 みわだげんどう
明治3 (1870) 年3月7日～昭和40 (1965) 年1月12日 ㊟三輪田元道《みわだもとみち》
明治～昭和期の教育者。三輪田学園理事長。私学恩給財団（共済組合）の設立に尽力、私学振興に貢献した。著書に「家庭の研究」など。
¶現朝（㊤明治5年3月7日 (1872年4月14日))，現情，人名7，世紀（㊤明治5 (1872) 年3月7日），哲学（みわだもとみち），日人（みわだもとみち）

三輪田繁子 みわだしげこ，みわたしげこ
＊～昭和43 (1968) 年10月1日
昭和期の教育者。夫、三輪田元道とともに三輪田高女で教育につくす。
¶女性（みわたしげこ　㊤明治16 (1883) 年頃），女性普（みわたしげこ　㊤明治16 (1883) 年頃），世紀（㊤明治15 (1882) 年5月24日），日人（㊤明治15 (1882) 年5月24日）

三輪田高房 みわだたかふさ，みわたたかふさ
文化6 (1823) 年～明治43 (1910) 年11月5日
江戸時代末期～明治期の神官。藩主松平定昭の侍講、藩校明教館の教授、久邇宮朝彦親王の侍講となる。
¶神人（みわたたかふさ），人名（みわたたかふさ），日人，幕末，幕末大

三輪田真佐子 みわだまさこ，みわたまさこ
天保14 (1843) 年1月1日～昭和2 (1927) 年5月3日
明治～大正期の女子教育者。三輪田女学校の創設し、国家主義的良妻賢母主義を唱道。
¶朝日（㊤天保14年1月1日 (1843年1月30日)），愛媛，愛媛百（㊤弘化1 (1844) 年1月1日　㊦昭和2 (1927) 年4月1日），学校，教育（みわたまさこ），郷土愛媛（みわたまさこ），近現（みわたまさこ），近女（みわたまさこ），国史（みわたまさこ），コン改（みわたまさこ），コン5，史人（みわたまさこ），女性（みわたまさこ），女性普（みわたまさこ），新潮（みわたまさこ），人名（みわたまさこ），世紀，世百（みわたまさこ），先駆（みわたまさこ），全書（みわたまさこ），大百（みわたまさこ），日史（みわたまさこ），日女，日人，百科（みわたまさこ），明治2（みわたまさこ）

三輪田元道 みわだもとみち
→三輪田元道（みわだげんどう）

三輪恒一郎 みわつねいちろう
→三輪桓一郎（みわかんいちろう）

三輪東皐 みわとうこう
享保10 (1725) 年～寛政7 (1795) 年
江戸時代中期～後期の私塾経営者。
¶姓氏山口

**三輪蟠竜** みわばんりゅう
享和3（1803）年～明治12（1879）年
江戸時代末期～明治期の儒医。
¶人名，日人

**三輪ひさ** みわひさ
明和4（1767）年～弘化3（1846）年 [別]三輪翠羽《みわすいう》，翠羽《すいう》，翠羽女《すいうじょ》
江戸時代後期の女性。俳人、教育者。
¶江表（翠羽（秋田県） すいう），国書（翠羽 すいう [没]弘化3（1846）年1月16日），女性（[没]弘化3（1846）年1月15日），人名（三輪翠羽 みわすいう），日人（三輪翠羽 みわすいう），俳諧（翠羽女 すいうじょ [生]？），俳句（翠羽女 すいうじょ [没]弘化3（1846）年1月16日），和俳

**三輪弘忠** みわひろただ
安政3（1856）年9月30日～昭和2（1927）年12月5日
明治期の教育者。宝飯郡第一尋常高等小学校長。作品「少年之玉」が和装五冊本として刊行。
¶児文，日児

**三輪正治** みわまさはる
弘化3（1846）年9月12日～明治39（1906）年11月20日
江戸時代末期～明治期の自由民権運動家。三師社の設立、学塾正道館の創立に参加。
¶幕末

**三輪義方** みわよしかた
天保9（1838）年～明治35（1902）年
江戸時代末期～明治期の国学者。女子高等師範学校教授。著書に「教科適用中古歌選」がある。
¶人名，日人

**明徹** みんてつ
？ ～寛文12（1672）年
江戸時代前期の足利学校第11世庠主、臨済宗の僧。
¶栃木歴

## 【む】

**無為庵如黙** むいあんじょもく
→無為庵如黙（むいあんにょもく）

**無為庵如黙**（無為庵如嘿） むいあんにょもく
寛永4（1627）年～元禄4（1691）年11月17日 [別]無為庵如黙《むいあんじょもく（にょもく）》
江戸時代前期の臨済宗の僧。
¶会津（むいあんじょもく（にょもく）），国書（無為庵如嘿），日人（無為庵如嘿 [没]1692年），藩臣2，福島百，仏教（無為庵如嘿 生没年不詳）

**向川原安夫** むかいがわらやすお
昭和4（1929）年4月7日～
昭和期の教育者。学校長。
¶飛騨

**向井元升** むかいげんしょう
慶長14（1609）年2月2日～延宝5（1677）年11月1日
江戸時代前期の医師、儒者。
¶朝日（[生]慶長14年2月2日（1609年3月7日） [没]延宝5年11月1日（1677年11月25日）），科学，教育，京都大，郷土長崎，近世，国史，国書，コン改，コン4，史人，新潮，人名，姓氏京都，世人，全書，大百，長崎百，長崎歴，日人，洋学，歴大

**向井周太郎** むかいしゅうたろう
昭和7（1932）年10月25日～
昭和～平成期のインダストリアルデザイナー。武蔵野美術大学教授、向井デザイン研究所代表。「うむ（UMU）」の会主宰。著書に「デザインの原点」「かたちのセミオシス」など。
¶現朝，現執3期，現情，世紀，日人

**向原寛** むかいはらひろし
昭和6（1931）年9月11日～
昭和～平成期の音楽教育者。高知大学教授。
¶音人，音人2，音人3，現情

**向山玉雄** むかいやまたまお
昭和8（1933）年1月18日～
昭和～平成期の食農教育研究家。奈良教育大学教授。
¶現執3期

**武笠三** むかささん
明治4（1871）年1月6日～昭和4（1929）年3月18日
明治～昭和期の作詞家・教育家、国分学者。
¶キリ，埼玉人

**無雁正** むかりただし
昭和13（1938）年1月31日～
昭和期の教育者。学校長。
¶飛騨

**牟岐喆雄** むきてつお
明治34（1901）年～平成6（1994）年
大正～平成期の教育学者。
¶姓氏岩手

**椋木啓治** むくのきけいじ
安政6（1859）年～昭和9（1934）年
明治～昭和期の教育者，政治家。日置村長。
¶姓氏山口

**椋木潜** むくのきひそむ
文政11（1828）年～大正1（1912）年
江戸時代末期～明治期の儒学者、津和野藩士。和宮降嫁の阻止、坂下門外の変などに関与。
¶維新，近現，近世，国史，コン改，コン4，コン5，島根人，島根百（[生]文政11（1828）年11月10日 [没]明治45（1912）年1月31日），島根歴，新潮（[生]文政11（1828）年11月10日 [没]明治45（1912）年1月31日），人名，日人，幕末（[没]1912年1月25日），藩臣5

**六車久行** むぐるまひさゆき
明治37（1904）年～＊
昭和期の教育者、高校野球研究家。
¶香川人（[没]昭和58（1983）年），讃岐（[没]昭和57（1982）年）

**向島安市** むこうじまやすいち
明治43(1910)年10月23日～昭和56(1981)年7月7日
昭和期の教育学者。四国女子大学教授。
¶現執1期，徳島歴

**向山洋一** むこうやまよういち
昭和18(1943)年9月15日～
昭和～平成期の教育者。教育技術法則化運動代表、「教育ツーウェイ」編集長。著書に「子供を動かす法則と応用」「教師としての『責任のとり方』」など多数。
¶現朝，現執2期，現執3期，現執4期，世紀，日人，YA

**虫明妙子** むしあけたえこ
大正2(1913)年2月11日～昭和55(1980)年11月20日
昭和期の教育者。
¶岡山歴

**無住** むじゅう
嘉禄2(1226)年12月28日～正和1(1312)年10月10日　[別]一円《いちえん》,道暁《どうぎょう》,無住一円《むじゅういちえん》,無住道暁《むじゅうどうぎょう》，一円房《いちえんぼう》,大円国師《だいえんこくし》
鎌倉時代後期の臨済宗聖一派の僧。仏教説話集「沙石集」の著者。
¶朝日(無住一円　むじゅういちえん　[生]嘉禄2年12月28日(1227年1月17日)　[没]正和1年10月10日(1312年11月9日))，岩史，角史，鎌室(無住道暁　むじゅうどうぎょう)，教育(無住一円　むじゅういちえん)，国史(無住道暁　むじゅうどうぎょう)，国書(無住道暁　むじゅうどうぎょう)，古中(無住道暁　むじゅうどうぎょう)，コン改(無住一円　むじゅういちえん)，コン4(無住一円　むじゅういちえん)，詩歌(一円　いちえん)，史人，重要，人書94(無住一円　むじゅういちえん)，新潮(無住道暁　むじゅうどうぎょう)，新文，人名(一円　いちえん)，世人(一円　いちえん)，世人(無住一円　むじゅういちえん)，全書，日史，日人(無住道暁　むじゅうどうぎょう　[生]1227年)，百科，仏教(無住道暁　むじゅうどうぎょう)，仏史(無住道暁　むじゅうどうぎょう)，仏人(道暁　どうぎょう)，文学，名僧(無住道暁　むじゅうどうぎょう)，歴大(無住道暁　むじゅうどうぎょう)

**無住一円** むじゅういちえん
→無住(むじゅう)

**無住道暁** むじゅうどうぎょう
→無住(むじゅう)

**務台伴語** むたいばんご
文化11(1814)年～明治20(1887)年
江戸時代後期～明治期の塾主。
¶姓氏長野，長野歴

**務台理作** むたいりさく,むだいりさく
明治23(1890)年8月8日～昭和49(1974)年7月5日
明治～昭和期の哲学者。慶応義塾大学教授。マルクス、実存主義の結合を指標。著書に「ヘーゲル研究」など。
¶岩史，郷土長野，近現，近文，現朝，現執1期，現情，現人，国史，コン改，コン4，コン5，史人，思想，新潮，人名7，世紀，姓氏長野，哲学，長野百(むだいりさく)，長野歴，日人，日本，平和

**牟田口カオル** むたぐちかおる
昭和26(1951)年～
昭和～平成期の養護学校教員。カオル裁判(ポロシャツ憲法九条訴訟)原告。
¶平和

**牟田口辰己** むたぐちたつみ
昭和27(1952)年9月19日～
昭和～平成期の視覚障害教育研究者。
¶視覚

**無着成恭** むちゃくせいきょう
昭和2(1927)年3月31日～
昭和～平成期の教育者。点数廃止連合会会長、南無の会道場首管、曹洞宗国際ボランティア会理事。心にとどく教育を実践、原点の教育をめざす。著書に「詩の授業」「教育をさがせ」など。
¶近文，現朝，現執1期，現執2期，現執3期，現執4期，現情，現人，現日，児人，児文，新潮，世紀，東北近，日人，平和，マス89

**陸奥広吉** むつこうきち
→陸奥広吉(むつひろきち)

**陸奥広吉** むつひろきち
明治2(1869)年3月～昭和17(1942)年11月19日
[別]陸奥広吉《むつこうきち》
明治期の外交官。日本初の自動車を献上。
¶海越新，神奈川人(むつこうきち)，人名7，世紀，姓氏神奈川(むつこうきち)，先駆，渡航，日人([生]明治2(1869)年3月5日)，履歴([生]明治2(1869)年3月5日)

**武藤阿竜** むとうありゅう
文政2(1819)年～明治10(1877)年　[別]武藤阿竜《むとうおりゅう》
江戸時代末期～明治期の漢学者。
¶高知人(むとうおりゅう)，人名，日人

**武藤厳男** むとういつお
弘化3(1846)年～大正12(1923)年
明治～大正期の地方史研究家。済々黌教頭。熊本県史を研究。
¶熊本人

**武藤阿竜** むとうおりゅう
→武藤阿竜(むとうありゅう)

**武藤亀人** むとうかめと
明治1(1868)年～昭和14(1939)年
明治～昭和期の教育者、政治家。長谷村長。
¶大分歴

**武藤環山** むとうかんざん
天保7(1836)年～明治41(1908)年

江戸時代末期〜明治期の政治家。衆議院議員。木下梅里に漢学を学び梅里の私塾を継承。のち政治家として欽定憲法の制定を主張、国権党を結成。長く地方自治に尽くす。
¶熊本人，人名，日人（[生]1837年）

**武藤吉祥** むとうきっしょう
→武藤虎峰（むとうこほう）

**武藤虎峰** むとうこほう
文化7（1810）年〜慶応1（1865）年　[別]武藤吉祥《むとうきっしょう》
江戸時代末期の儒学者。
¶大分百，大分歴（武藤吉祥　むとうきっしょう　[生]文化5（1808）年），国書（[没]慶応1（1865）年7月30日），人名，日人

**武藤静子** むとうしずこ
生没年不詳
昭和期の小学校教員。
¶社史

**武藤清栄** むとうせいえい
昭和26（1951）年4月27日〜
昭和〜平成期のカウンセラー、メンタルヘルス教育者。
¶現執4期

**無藤隆** むとうたかし
昭和21（1946）年11月29日〜
昭和〜平成期の発達心理学者。お茶の水女子大学教授。
¶現執2期，現執3期，現執4期

**武藤孝典** むとうたかすけ
昭和5（1930）年2月18日〜
昭和期の教育社会学者。信州大学教授。
¶現執3期

**武藤知足斎** むとうちそくさい
→武藤盛達（むとうもりしげ）

**武藤鉄城** むとうてつじょう★
明治29（1896）年4月20日〜昭和31（1956）年8月20日
大正〜昭和期の教員、考古・民俗学者。秋田県文化財専門委員。秋田県内の考古学・民俗学の研究に専念。スキー、ラグビーの普及指導に尽力。
¶秋田人2

**武藤藤太** むとうとうた
生没年不詳
江戸時代後期の私塾経営者。「振鷺堂」を開塾。
¶山梨百

**武藤東里** むとうとうり
宝暦4（1754）年〜文政7（1824）年
江戸時代後期の儒学者。
¶人名，日人

**武藤富男** むとうとみお
明治37（1904）年2月20日〜平成10（1998）年2月7日
大正〜昭和期のキリスト教事業家。教文館社長、明治学院学長。L.L.ラクーアの音楽伝道を推進。
¶キリ，現朝，現執1期，現情，現人，世紀，日人，平和，履歴，履歴2

**武藤虎太** むとうとらた
慶応3（1867）年〜昭和9（1934）年
明治〜昭和期の教育者。
¶世紀（[生]慶応3（1867）年7月　[没]昭和9（1934）年3月29日），日人，宮城百

**武藤弘行** むとうひろゆき
明治45（1912）年3月3日〜昭和52（1977）年1月15日
昭和期の洋画家・教育者。
¶埼玉人

**武藤元信** むとうもとのぶ
安政1（1854）年〜大正7（1918）年12月20日
明治〜大正期の漢学者。師範学校教師。枕草子の研究を行う。著書に「清少納言枕草紙考異」など。
¶石川百，人名，世紀（[生]安政1（1855）年），姓氏石川，日人，幕末

**武藤盛達** むとうもりしげ
宝暦13（1763）年〜天保7（1836）年　[別]武藤知足斎《むとうちそくさい》
江戸時代後期の国学者。
¶国書（武藤知足斎　むとうちそくさい　[没]天保7（1836）年5月），人名（[生]？），日人

**武藤やち** むとうやち
生没年不詳
明治期の幼児教育者。
¶北海道百，北海道歴

**武藤好春** むとうよしはる
江戸時代末期の土佐藩校文武館頭取。『艱危憤怨録』を著す。
¶高知百

**武藤良由** むとうよしゆ
文化10（1813）年〜明治15（1882）年
江戸時代末期〜明治期の教育者。
¶日人

**宗像誠也** むなかたせいや
明治41（1908）年4月9日〜昭和45（1970）年6月22日
昭和期の教育学者。東京大学教授。教育運動を推進し教育行政学を確立。「宗像誠也教育学著作集」がある。
¶現朝，現執1期，現情，現人，現日，コン改，コン4，コン5，史人（[生]1908年4月8日），社史，新潮，人名7，心理，世紀，全書，哲学，日人，平和，履歴，履歴2

**棟方悌二** むなかたていじ
明治4（1871）年〜大正14（1925）年
明治〜大正期の弘前中学校教員。郷土史研究の開拓者。
¶青森人

**宗像正子** むなかたまさこ
明治25（1892）年11月3日〜昭和51（1976）年11月

15日
昭和期の婦人運動家。女子聖学院教師。世界基督教矯風会副会頭、東京家庭裁判所調停員、日本キリスト教文化協議会理事長などを務める。
¶女性, 女性普, 世紀, 日人

**宗川茂弘** むねかわしげひろ
寛政9(1797)年〜明治15(1882)年6月6日
江戸時代末期〜明治時代の教育者。維新後、余市開拓に参加。旧藩士や幼年者に学問を教える。
¶会津, 幕末, 幕末大, 藩臣2

**宗村佐信** むねむらすけのぶ
明治37(1904)年6月3日〜昭和50(1975)年8月29日
大正〜昭和期の学校創立者。暁学園を設立。
¶学校

**むのたけじ**
大正4(1915)年1月2日〜
昭和〜平成期のジャーナリスト。たいまつ新聞主幹。教育問題や農村問題を論じた。真実の情報・報道を求め、鋭い時評を展開。
¶近文, 現朝, 現執1期, 現情, 現人, 現日, コン改, コン4, コン5, 新潮, 世紀, 日人, 平和, マス2, マス89

**無満** むまん
→藍沢無満（あいざわむまん）

**むめ**(1)
1817年〜
江戸時代後期の女性。教育。小島氏。
¶江表（むめ（東京都）　⊕文化14(1817)年頃）

**むめ**(2)
1819年〜
江戸時代後期の女性。教育。医師中山玄貞の妻。
¶江表（むめ（東京都）　⊕文政2(1819)年頃）

**村井淳志** むらいあつし
昭和33(1958)年3月3日〜
昭和〜平成期の教育学者。金沢大学教育学部教授。専門は、社会科教育。
¶現執4期

**村井琴山** むらいきんざん
享保18(1733)年〜文化12(1815)年
江戸時代中期〜後期の医師。医学館教授。
¶朝日（⊕文化12年3月1日(1815年4月10日)）, 近世, 熊本百（⊕享保18(1733)年7月16日　⊕文化12(1815)年3月1日）, 国史, 国書（⊕享保18(1733)年7月16日　⊕文化12(1815)年3月1日）, コン改, コン4, コン5, 新潮（⊕文化12(1815)年3月1日）, 人名, 世人, 日人, 名भ

**村井見朴** むらいけんぼく
元禄15(1702)年〜宝暦10(1760)年11月13日
江戸時代中期の医師。
¶熊本百（⊕元禄15(1702)年4月）, 国書（⊕元禄15(1702)年4月13日）, 人名, 日人

**村井俊明** むらいとしあき
安政2(1855)年〜大正12(1923)年
明治・大正期の教育者・漢詩人・歌人・国文学者。
¶愛媛

**村井知至** むらいともよし
文久1(1861)年9月19日〜昭和19(1944)年2月16日
明治期の社会主義者、英語教育者。ユニテリアン同志と社会主義研究会を組織。
¶海越新, 愛媛, 愛媛百, キリ（⊕文久1年9月19日(1861年10月22日)）, 近現, 近文, 国史, コン改, コン5, 社運, 社史（⊕文久1年1月19日(1861年10月22日)）, 新潮, 人名7, 世紀, 世百, 全書, 渡航, 日史, 日人, 百科, 平和, 歴大

**村井昌弘** むらいまさひろ
元禄6(1693)年〜宝暦9(1759)年7月20日
江戸時代中期の兵法家、測量家。
¶近世, 国史, 国書, 新潮, 人名, 数学, 世人（生没年不詳）, 日人

**村井守** むらいまもる
明治17(1884)年〜昭和27(1952)年
昭和期の教育者。
¶山口人

**村井実** むらいみのる
大正11(1922)年3月6日〜
昭和期の教育学者。著書に「教師ソクラテスの研究」「ペスタロッチーとその時代」など。
¶現朝, 現執1期, 現執2期, 現執3期, 現執4期, 現情, 世紀, 日人, マス89

**村井養斎** むらいようさい
天保8(1837)年〜明治43(1910)年
江戸時代末期〜明治期の儒学者。広島の官立英語学校、その後県立第一中学校等で教鞭。
¶人名, 日人

**村井由清** むらいよしきよ
宝暦2(1752)年〜文化10(1813)年5月23日
江戸時代中期〜後期の心学者。
¶国書

**村岡石蔵** むらおかいしくら★
明治13(1880)年8月〜昭和32(1957)年11月16日
明治〜昭和期の教員。
¶秋田人2

**村岡素一郎** むらおかそいちろう
嘉永3(1850)年10月18日〜昭和7(1932)年5月25日
明治〜昭和期の根室の花咲尋常高等小学校第9代校長。
¶根千

**村丘笠城** むらおかりゅうじょう
天保1(1830)年〜明治13(1880)年
江戸時代後期〜明治期の教育者。
¶多摩

**村尾次郎** むらおじろう
大正3(1914)年9月20日〜平成18(2006)年12月9日
昭和〜平成期の歴史学者、文部省教科書調査官。

皇国史観の平泉澄に師事する。戦後の「教科書裁判」で家永三郎と対決した。
¶現執1期, 現情, 現人, 現日, 世紀, 履歴, 履歴2

## 村尾まつ　むらおまつ
天保11(1840)年2月〜大正8(1919)年11月26日
明治期の教育者。村尾裁縫学校を創立、校長就任。
¶女性, 女性普

## 村尾マツ　むらおまつ
天保11(1840)年〜大正8(1919)年
江戸時代末期〜大正期の教育者。
¶山口百

## 村上明彦　むらかみあきひこ
明治22(1889)年〜昭和40(1965)年
大正〜昭和期の教育者。
¶姓氏長野, 長野百, 長野歴

## 村上英俊　むらかみえいしゅん
→村上英俊（むらかみひでとし）

## 村上円二　むらかみえんじ
？〜嘉永3(1850)年
江戸時代後期の寺子屋師匠。
¶姓氏群馬

## 村上綜　むらかみおさむ
昭和10(1935)年8月3日〜
昭和〜平成期のテノール歌手、音楽教育者、合唱指揮者。
¶音人, 音人2, 音人3

## 村上恭助　むらかみきょうすけ
生没年不詳
明治期の教育者。遠野小学校長。
¶姓氏岩手

## 村上耕作　むらかみこうさく
文政7(1824)年〜明治22(1889)年
江戸時代後期〜明治期の寺子屋師匠、村上戸長、連合戸長。
¶姓氏群馬

## 村上壼天子　むらかみこてんし
明治20(1887)年12月1日〜昭和59(1984)年12月26日
明治〜昭和期の教育者・俳人。
¶愛媛人, 愛媛百, 郷土愛媛

## 村上姑南　むらかみこなん
文政1(1818)年〜明治23(1890)年
江戸時代末期〜明治期の儒学者。都講となり、のちに藩儒に招聘される。
¶維新, 大分百（⊕1823年）, 大分歴, 人名, 日人, 幕末（⊕1890年6月21日）

## 村上五郎　むらかみごろう
昭和期の政治家。和歌山県初代教育長。
¶愛媛百（⊕安政5(1858)年1月6日　⊕昭和2(1927)年4月16日）, 和歌山人（⊕1906年　⊕1987年）

## 村上三十郎　むらかみさんじゅうろう
天保14(1843)年〜？
江戸時代後期〜明治期の教育者。村上学校の創設者。
¶姓氏長野

## 村上俊亮　むらかみしゅんすけ
明治34(1901)年4月28日〜昭和52(1977)年3月19日
昭和期の教育学者。東京高等農林学校教授。文部省教学官などを歴任し、新制大学制度の確立に貢献。著書に「リットの文化哲学と教育学」など。
¶現情, 人名7, 心理, 世紀, 日人, 宮崎百（⊕明治36(1903)年4月28日）

## 村上真輔（村上慎輔）　むらかみしんすけ
寛政10(1798)年〜文久2(1862)年12月9日
江戸時代末期の播磨赤穂藩士。
¶全幕（村上慎輔）, 幕末大

## 村上壬平　むらかみじんぺい
明治15(1882)年〜昭和23(1948)年
明治〜昭和期の教育者、行政官。
¶北海道百, 北海道歴

## 村上随憲　むらかみずいけん
寛政10(1798)年〜慶応1(1865)年
江戸時代末期の医師。
¶群馬人（⊕寛政1(1789)年）, 群馬百（⊕1789年）, 埼玉人（⊕寛政10(1798)年2月12日　⊕慶応1(1865)年11月10日）, 人名, 姓氏群馬（⊕1789年）, 日人, 洋学

## 村上専精　むらかみせんしょう, むらかみせんじょう
嘉永4(1851)年〜昭和4(1929)年10月31日
明治〜大正期の仏教史学者。大谷大学長。仏教史研究を導き、大乗非仏論を提唱。東洋女学校（後の東洋女子高等学校）を設立。
¶岩史（⊕嘉永4(1851)年4月2日）, 学校（⊕嘉永4(1851)年4月2日）, 角史（むらかみせんじょう）, 近現（むらかみせんじょう）, 近文（⊕1928年）, 現朝（⊕嘉永4年4月2日(1851年5月2日)）, 国史（むらかみせんじょう）, コン改（むらかみせんじょう）, コン5（むらかみせんじょう）, 史研（むらかみせんじょう　⊕嘉永4(1851)年4月1日）, 史人（⊕1851年4月1日）, 思想（⊕嘉永4(1851)年4月2日）, 真宗（⊕嘉永4(1851)年4月2日）, 新潮（⊕嘉永4(1851)年4月2日）, 人名（むらかみせんじょう）, 世紀（⊕嘉永4(1851)年4月2日）, 姓氏愛知（むらかみせんじょう）, 姓氏京都（むらかみせんじょう）, 世人（むらかみせんじょう）, 全書, 大百, 哲学, 日思（むらかみせんじょう）, 日人, 日本（むらかみせんじょう）, 兵庫人（むらかみせんじょう　⊕昭和2(1927)年10月31日）, 兵庫百, 仏教（⊕嘉永4(1851)年4月2日）, 仏人, 歴大

## 村上代三郎　むらかみだいさぶろう, むらかみだいざぶろう
文政6(1823)年〜明治15(1882)年
江戸時代末期〜明治期の医師、教育者。適塾門下生。郷里で私塾を開き多くの子弟の育成に尽力。

¶国書（[没]明治15（1882）年2月），人名，日人，洋学（むらかみだいざぶろう [生]文政9（1826）年）

**村上田長** むらかみたおさ
天保9（1838）年～明治39（1906）年 [別]村上田長《むらかみでんちょう》
江戸時代末期～明治期の儒医。田舎新聞社（のち二豊新聞）を創立。その後県立大分尋常中学校校長。
¶大分百，大分歴（むらかみでんちょう），人名（むらかみでんちょう），日人

**村上忠次** むらかみちゅうじ
生没年不詳
江戸時代中期の土佐藩士。
¶高知人

**村上田長** むらかみでんちょう
→村上田長（むらかみたおさ）

**村上俊江** むらかみとしえ
明治4（1871）年～昭和32（1957）年
明治～昭和期の教育者。
¶高知人



**村上登司文** むらかみとしぶみ
昭和30（1955）年～
昭和～平成期の教育学者。
¶平和

**村上豊吉郎** むらかみとよきちろう
明治8（1875）年～昭和9（1934）年
明治～昭和期の教育者。
¶姓氏石川

**村上寅次** むらかみとらじ
大正2（1913）年8月10日～
昭和期の教育学者。西南大学教授。
¶現情

**村上英俊** むらかみひでとし
文化8（1811）年4月8日～明治23（1890）年1月10日 [別]村上英俊《むらかみえいしゅん》
江戸時代末期～明治期のフランス語学者。フランス学の始祖。「三語便覧」「五方通語」などを編纂。
¶朝日（むらかみえいしゅん [生]文化8年4月8日（1811年5月29日）），維新，江文，科学，教育（むらかみえいしゅん），郷土栃木（むらかみえいしゅん），郷土長野，近現（むらかみえいしゅん），近世（むらかみえいしゅん），近文，国史（むらかみえいしゅん），国書（むらかみえいしゅん），コン改，コン4，コン5，史人，人書79，人書94，新潮，人名，姓氏長野，世人，先駆，全書，哲学，栃木歴（むらかみえいしゅん），長野百（むらかみえいしゅん），長野歴，日史，日人，幕末（[没]1890年1月7日），百科，洋学（むらかみえいしゅん），歴大

**村上寛** むらかみひろし
明治12（1879）年～昭和34（1959）年
明治～昭和期の教育者。
¶姓氏山口，山口人

**村上仏山** むらかみぶつざん，むらかみふつざん
文化7（1810）年10月25日～明治12（1879）年9月27日
江戸時代末期～明治期の漢詩人・儒者。私塾水哉園を開く。著書に「仏山堂詩鈔」など。
¶維新，教育，国書，詩歌（むらかみふつざん），詩作，人名（むらかみふつざん），日人，幕末，幕末大，福岡百，和俳

**村上政吉** むらかみまさきち
寛政10（1798）年～安政1（1854）年
江戸時代末期の真岡の精耕堂塾主。
¶栃木歴

**村上正名** むらかみまさな
大正7（1918）年6月26日～平成14（2002）年2月9日
昭和期の高校教師、中世考古学研究者。広島県文化財保護審議委員、福山市立女子短期大学教授。
¶郷土，現執1期，現執2期，考古

**村上万寿男** むらかみますお
明治20（1887）年～昭和59（1984）年
大正・昭和期の教育者、俳人。
¶愛媛

**村上芳夫** むらかみよしお
大正2（1913）年～
昭和期の教育学者。聖カタリナ女子短期大学教授。
¶現執1期

**村上竜** むらかみりゅう
安政1（1854）年～大正12（1923）年
明治～大正期の教育者。
¶鳥取百

**村上隆一** むらかみりゅういち
明治21（1888）年～昭和43（1968）年
大正～昭和期の美術教育者。
¶姓氏岩手，宮城百

**村川雅弘** むらかわまさひろ
昭和30（1955）年6月17日～
昭和～平成期の研究者。鳴門教育大学学校教育学部教授。専門は、教育学、教育工学、教育方法。
¶現執4期

**村木定雄** むらきさだお
明治34（1901）年～
昭和期の地理学者。群馬大学教授、和光大学教授。
¶群馬人，現情（[生]1901年8月26日）

**村木道彦** むらきみちひこ
昭和17（1942）年11月17日～
昭和～平成期の歌人、高校教師。
¶岩歌，幻作，幻想，世紀，短歌

**村木息長** むらきやすなが
寛政1（1789）年～明治9（1876）年6月2日
江戸時代後期の国学塾主宰。
¶幕末，幕末大

**村越邦男** むらこしくにお
昭和18（1943）年9月2日～
昭和期の教育心理学者。中央大学教授。

¶現執2期

**村社宏** むらこそひろし
明治42(1909)年4月18日～昭和18(1943)年7月8日
昭和期の社会運動家。
¶島根百，島根歴，社運

**村崎サイ**(村崎さい) むらさきさい
元治1(1864)年6月7日～昭和20(1945)年7月4日
明治～昭和期の教育者。村崎女子商業学校創立者。
¶香川人(村崎さい)，香川百(村崎さい)，学校，近女，女性，女性普，徳島百([生]元治1(1864)年6月1日)，徳島歴，日人

**村沢久** むらさわひさし
生没年不詳
昭和期の小学校教員。
¶社史

**村士玉水** むらしぎょくすい，むらじぎょくすい
→村士玉水(すぐりぎょくすい)

**村島帰之**(村嶋帰之) むらしまよりゆき
明治24(1891)年10月20日～昭和40(1965)年1月13日
大正期の社会活動家、教育者。社団法人白十字会常任理事。
¶神奈川人，社運，社史，世紀，日人，兵庫百，兵庫文(村嶋帰之　[生]明治24(1891)年11月20日)

**村瀬玄妙** むらせげんみょう
大正2(1913)年1月17日～昭和63(1988)年2月13日
昭和期の禅僧。著書「転んだら起きればよい」など。
¶現朝，現情，世紀，姓氏長野，長野歴，日人

**村瀬庄兵衛** むらせしょうべえ
天明4(1784)年～文久2(1862)年　[別]村瀬通吉《むらせみちよし》
江戸時代後期の臼杵藩士。
¶維新(村瀬通吉　むらせみちよし　[生]1783年)，人名(村瀬通吉　むらせみちよし)，日人(村瀬通吉　むらせみちよし)，幕末([生]1783年　[没]1862年4月14日)，藩臣7

**村瀬仁市** むらせじんいち
明治35(1902)年5月～？
大正～昭和期の教育者、歴史家。
¶滋賀文

**村瀬素石** むらせそせき
天保10(1839)年9月9日～大正1(1912)年
江戸時代後期～明治期の教育者。
¶三重

**村瀬太乙** むらせたいいつ
→村瀬太乙(むらせたいおつ)

**村瀬太乙** むらせたいおつ
享和3(1803)年～明治14(1881)年　[別]村瀬太乙《むらせたいいつ》
江戸時代末期～明治期の豪農、儒学者。
¶愛知百([生]1803年7月7日　[没]1881年7月27日)，維新(むらせたいいつ　[生]1804年)，岐阜百([生]1804年)，国書(むらせたいいつ　[生]享和3(1803)年7月7日　[没]明治14(1881)年7月3日)，思想(むらせたいいつ)，人名(むらせたいいつ)，姓氏愛知，日人(むらせたいいつ)，幕末([生]1804年　[没]1881年7月3日)，藩臣4

**村瀬玉三郎** むらせたまさぶろう
明治1(1868)年～大正11(1922)年
明治～大正期の教育者。
¶姓氏愛知

**村瀬主税** むらせちから
生没年不詳
江戸時代後期の陸奥三春藩士、藩校教授。
¶藩臣2

**村瀬藤城** むらせとうじょう
*～嘉永6(1853)年
江戸時代末期の庄屋。
¶維新([生]1792年)，岐阜百([生]1791年　[没]1893年)，郷土岐阜([生]1791年)，国書([生]寛政3(1791)年　[没]嘉永6(1853)年9月3日)，詩歌([生]1792年)，人名([生]1790年)，日人([生]1791年)，幕末([生]1792年　[没]1853年5月3日)，和俳([生]寛政4(1792)年)

**村瀬春雄** むらせはるお
明治4(1871)年～大正13(1924)年4月9日
明治～大正期の保険学者、実業家。保険論研究者。実業と教育の両面に尽力。
¶海越([生]明治4(1871)年3月29日)，海越新([生]明治4(1871)年3月29日)，コン改，コン5，新潮，世紀，渡航([生]1871年3月)，日人([生]明治4(1871)年3月29日)

**村瀬正章** むらせまさゆき
大正4(1915)年～
昭和期の教師、海運史研究者。
¶現執1期

**村瀬通吉** むらせみちよし
→村瀬庄兵衛(むらせしょうべえ)

**村瀬屋恒右衛門** むらせやつねえもん
生没年不詳
江戸時代後期の私塾教師。
¶飛騨

**村瀬幸浩** むらせゆきひろ
昭和16(1941)年11月2日～
昭和～平成期の性教育専門家。
¶現執3期，現執4期，世紀，YA

**村瀬義雄** むらせよしお
明治38(1905)年4月22日～
昭和期の小学校教員。
¶社史

**村田宇一郎** むらたういちろう
明治1(1868)年1月10日～？
明治～昭和期の教育家。
¶心理

**村田栄一** むらたえいいち
昭和10(1935)年12月23日～
昭和～平成期の教育評論家。教育工房主宰、現代学校運動JAPAN代表。著書に「戦後教育の現在」「教育戯術」など。
¶現朝，現執1期，現執2期，現執3期，現執4期，現情，現人，児人，世紀，日人，平和，マス89

**村田海石** むらたかいせき
天保7(1836)年～大正1(1912)年4月11日
江戸時代末期～明治時代の書家。端正な書風で知られる。教育書道界に功績をのこす。
¶大阪人([没]明治45(1912)年4月)，大百([生]1835年)，幕末，幕末大

**村田蠖堂** むらたかくどう
→村田精一(むらたせいいち)

**村田嘉言** むらたかげん
？～嘉永2(1849)年　[別]村田嘉言《むらたよしこと》，一柳嘉言《ひとつやなぎよしこと》
江戸時代後期の国学者。
¶大阪人(むらたよしこと　[没]嘉永2(1849)年6月)，大阪墓(むらたよしこと　[没]嘉永2(1849)年6月5日)，国書(むらたよしこと　[没]嘉永2(1849)年6月5日)，人名(むらたよしこと)，日人(むらたよしこと)，幕末([没]1849年7月24日)，三重続(一柳嘉言)

**村田きみ** むらたきみ
文化1(1804)年～明治2(1869)年
江戸時代後期～明治時代の節婦。出羽国松山藩藩士、五十嵐嘉平次の娘。
¶江表(キミ(山形県))

**村田謙造** むらたけんぞう
明治20(1887)年1月2日～昭和50(1975)年3月23日
大正～昭和期の簿記教育家。東京都法人格種学校協会初代会長。四つ珠算盤を考案。村田速算学校、女子経理学校など開設。
¶学校，現情，新潮，人名7，世紀，先駆，日人

**村田恒光** むらたこうこう
→村田恒光(むらたつねみつ)

**村田小藤太** むらたことうた
文政6(1823)年～明治38(1905)年
江戸時代末期～明治期の剣道師範。藩士の教育に努めた。維新後74歳で剣道選士に推挙された。
¶藩臣1

**村田三右衛門** むらたさんえもん
生没年不詳
江戸時代後期の寺子屋の師匠。
¶姓氏神奈川

**村田繁蔵** むらたしげぞう
明治20(1887)年5月9日～
明治・大正期の教育者。丹生川尋常高等小学校長など歴任。健康第一協会。健康婦人会を設立。常務理事。
¶飛騨

**村田茂** むらたしげる
昭和8(1933)年7月2日～
昭和期の特殊教育学研究者。国立久里浜養護学校校長、筑波大学教授。
¶現執1期，現執2期

**村田鈔三郎** むらたしょうざぶろう
文久1(1861)年～昭和12(1937)年
明治～昭和期の教育者。
¶長野歴

**村田四郎** むらたしろう
明治20(1887)年9月2日～昭和46(1971)年2月7日
明治～昭和期の神学者、教育家。キリスト教神学の研究と布教、キリスト教教育に貢献。
¶神奈川人，神奈川百，キリ，現情，人名7，世紀，哲学，渡航，日人

**村田季武** むらたすえたけ
享保6(1721)年～寛政2(1790)年11月24日
江戸時代中期の教育者。
¶大阪墓

**村田鈴子** むらたすずこ
昭和5(1930)年1月7日～
昭和期の教育行政学者。群馬県立女子大学教授。
¶現執3期

**村田晋** むらたすすむ
天保12(1841)年～明治23(1890)年
江戸時代後期～明治期の教育者、初代淀江小校長。
¶鳥取百

**村田精一** むらたせいいち
天保14(1843)年～慶応3(1867)年　[別]村田蠖堂《むらたかくどう》
江戸時代末期の近江膳所藩士。
¶維新，新潮(村田蠖堂　むらたかくどう　[生]天保14(1843)年7月10日　[没]慶応3(1867)年6月)，人名([生]1841年　[没]1866年)，日人([没]1866年)，幕末([没]1867年7月)

**村田専三郎** むらたせんざぶろう
明治24(1891)年～昭和43(1968)年
昭和期の技術教育家。
¶岩手人，北海道建([生]明治24(1891)年7月　[没]昭和43(1968)年10月)

**村田蔵六** むらたぞうろく
→大村益次郎(おおむらますじろう)

**村田勤** むらたつとむ
慶応2(1866)年2月23日～大正10(1921)年
明治～大正期の教育者。
¶キリ

**村田恒光** むらたつねみつ
？～明治3(1870)年　[別]村田恒光《むらたこうこう》
江戸時代後期～明治期の和算家、測量家。
¶朝日([没]明治3年9月14日(1870年10月8日))，科学([没]1870年(明治3)9月14日)，国書([没]明治3(1870)年9月14日)，新潮，人名(むらたこうこう)，数学([没]明治3(1870)年9月14日)，

世人(生没年不詳)，日人，藩臣5

**村田豊治** むらたとよはる
大正5(1916)年～
昭和期の教師・平和運動家。
¶平和

**村田昇** むらたのぼる
大正15(1926)年5月5日～
昭和～平成期の教育学者、指揮者。大津管弦楽団名誉団長・指揮者。
¶音人2，音人3，郷土滋賀，現執1期，現執3期，現執4期

**村田春門** むらたはるかど
明和2(1765)年～天保7(1836)年
江戸時代後期の国学者、歌人。
¶江文，大阪人(㊙天保7(1836)年11月)，大阪墓(㊙天保7(1836)年10月24日)，国書(㊥明和2(1765)年2月11日　㊥天保7(1836)年11月24日)，人名，日人，平史，三重，和俳

**村田春野** むらたはるの
享和1(1801)年～明治4(1871)年
江戸時代末期～明治期の国学者。家学を継承し、塾を開く。
¶大阪人(㊙明治4(1871)年2月)，国書(㊥明治4(1871)年2月1日)，人名，日人，幕末(㊙1871年3月)，幕末大(㊥明治4(1871)年1月)

**村田久辰** むらたひさとき
明暦3(1657)年～享保9(1724)年
江戸時代前期～中期の剣術家。
¶日人

**村田豊二** むらたぶんじ
明治35(1902)年～平成2(1990)年
昭和～平成期の教育者。
¶姓氏富山

**村田正宣** むらたまさのぶ
天保13(1842)年～明治10(1877)年
江戸時代末期～明治期の佐土原藩士。
¶人名，日人

**村田素之輔** むらもとのすけ
？～文政3(1820)年
江戸時代中期～後期の教育者。
¶姓氏宮城

**村田泰足** むらたやすたり
寛延2(1749)年～文政6(1823)年
江戸時代中期～後期の近江彦根藩士。
¶国書(㊥文政6(1823)年11月5日)，人名，日人，藩臣4

**村田保太郎** むらたやすたろう
昭和3(1928)年7月1日～
昭和期の心身障害児教育研究家。子どもと教育総合研究所主宰。
¶現執3期

**村田泰彦** むらたやすひこ
大正13(1924)年2月15日～

昭和期の教育行政学者。神奈川大学教授。
¶現執3期

**村田嘉言** むらたよしこと
→村田嘉言(むらたかげん)

**村田廉窩** むらたれんか
天保13(1842)年～明治38(1905)年
明治期の儒学者。立志塾及び全修学校を開き子弟を教育。
¶人名，日人

**村中利男** むらなかとしお
大正14(1925)年1月17日～
昭和期の教育者。学校長・民俗芸能史研究家。
¶飛騨

**村永大和** むらながひろかず
昭和10(1935)年8月18日～
昭和期の高校教師、短歌評論家。埼玉県立所沢高校教諭。
¶現執2期

**村中義夫** むらなかよしお
昭和3(1928)年3月26日～
昭和期の教育者。
¶視覚

**村野喜十** むらのきじゅう
明治16(1883)年7月15日～昭和14(1939)年8月13日
明治～昭和期の鶴川尋常高等小学校長。
¶町田歴

**村野山人** むらのさんじん
嘉永1(1848)年～大正10(1921)年1月13日
明治～大正期の実業家。神戸電気鉄道会社社長、豊川鉄道会社社長。神戸電気鉄道会社などを創立、鉄道事業の発展に大きく寄与。村野徒弟学校(後の神戸村野工業高等学校)を設立。
¶鹿児島百，学校(㊥嘉永1(1848)年7月8日　㊙大正11(1922)年1月13日)，人名(㊙1922年)，鉄道(㊥1848年8月6日)，日人，兵庫人(㊥嘉永1(1848)年7月8日)，兵庫白

**村野矩邦** むらののりくに
寛政5(1793)年～安政1(1854)年1月11日
江戸時代後期の茶商・剣術師範。
¶埼玉人

**村野守次** むらのもりつぐ★
～平成(1989)年
昭和期の歴史家。教育者。加治木高校、鹿児島甲南高校校長。
¶薩摩

**村松志保子**(村松しほ子)　むらまつしほこ
安政1(1854)年～＊
明治期の女医。東京産婆会第六部支部長。安生堂病院を設立。
¶女性普(村松しほ子　㊙安政1(1854)年8月㊙？)，日人(㊙1922年)

**村松喬** むらまつたかし
大正6（1917）年5月22日～昭和57（1982）年11月15日
昭和期の新聞記者、教育評論家。東海大学教授、毎日新聞論説委員。
¶近文，現朝，現執1期，現執2期，現情，現人，世紀，日人，マス89

**村松民治郎** むらまつたみじろう
明治5（1872）年～大正8（1919）年
明治～大正期の教育者。
¶姓氏長野，長野百，長野歴

**村松博雄** むらまつひろお
大正15（1926）年12月7日～昭和53（1978）年4月25日
昭和期の医師。村松医院院長。医学教育、性教育、婦人問題について論文の執筆、TV出演など多方面で活躍した。
¶近医，現執1期，世紀，日人，平和

**村松政克** むらまつまさかつ
嘉永4（1851）年～明治11（1878）年
江戸時代末期～明治期の武士、教員。
¶高知人，日人



**村松正久** むらまつまさひさ
享和1（1801）年～明治18（1885）年
江戸時代後期～明治期の医師、寺子屋師匠。
¶姓氏長野

**村松元** むらまつもと
明治42（1909）年12月12日～
昭和期の小学校教員。
¶静岡歴，社史，女運

**村松行人** むらまつゆきと
昭和11（1936）年～
昭和～平成期の経営コンサルタント。現代教育企画代表。
¶現執3期

**村山偉** むらやまい
宝暦8（1758）年～文政3（1820）年　[別]村山芝塢《むらやましう，むらやましお》
江戸時代後期の儒学者。
¶江文（村山芝塢　むらやましう），国書（村山芝塢　むらやましう　[没]文政3（1820）年8月18日），人名，日人（村山芝塢　むらやましお）

**村山熊太** むらやまくまた
明治14（1881）年3月10日～昭和50（1975）年7月15日
明治～昭和期の教育者。
¶香川人，香川百，世紀，日人

**村山貞雄** むらやまさだお
大正8（1919）年1月20日～平成12（2000）年10月12日
昭和期の教育学者。日本女子大学教授。
¶現執1期，現執2期，現執3期，現情，心理，世紀

**村山佐太郎** むらやまさたろう
明治20（1887）年5月22日～昭和48（1973）年12月26日
昭和期の水産学者、実業家。北海道大学教授、日本水産社長。
¶科学，群馬人，現情，北海道歴

**村山芝塢** むらやましう
→村山偉（むらやまい）

**村山芝塢** むらやましお
→村山偉（むらやまい）

**村山士郎** むらやましろう
昭和19（1944）年6月11日～
昭和～平成期の教育行政学者。大東文化大学教授。
¶現執3期，現執4期

**村山貞之助** むらやまていのすけ
明治19（1886）年～昭和53（1978）年
明治～昭和期の教育者、政治家。加美郡鳴瀬村村長。
¶姓氏宮城

**村山俊蔵** むらやまとしぞう
明治41（1908）年3月6日～昭和49（1974）年2月1日
昭和期の小学校教員。
¶社史

**村山俊太郎** むらやまとしたろう
明治38（1905）年7月15日～昭和23（1948）年12月9日
昭和期の教育運動家。山形県教員組合副委員長。教育労働運動の山形における指導者。
¶現朝，現人，コン改，コン4，コン5，社運，社史，新潮，世紀，世人，東北近（[没]昭和23（1948）年7月15日），日人，平和，民学，山形百

**村山遯軒** むらやまとんけん
天保2（1831）年～明治35（1902）年
江戸時代末期～明治期の儒学者。詩書に親しみ、子弟を教授した。のち淡水詩会を創立。
¶人名，新潟百

**村山ひで** むらやまひで
明治41（1908）年10月1日～平成13（2001）年3月10日
昭和期の教育運動家。
¶近女，社史（[没]？），女運，世紀，平和

**村山正明** むらやままさあき
明治35（1902）年～
昭和期の体育教育者。尚絅学園熊本女子短期大学教授、九州体育学会副会長。
¶体育

**村山保信** むらやまやすのぶ
文政13（1830）年～大正11（1922）年
江戸時代末期～明治期の和算家。
¶数学（[生]文政13（1830）年3月12日　[没]大正11（1922）年3月），日人

**村山祐一** むらやまゆういち
昭和17（1942）年5月10日～

昭和～平成期の幼児教育学者。保育研究所所長、鳥取大学教授。
¶現執2期，現執4期

**村山陽** むらやまよう
昭和6(1931)年4月21日～
昭和期の画家、小学校教員。
¶児人，日児

**村山芳子** むらやまよしこ
明治41(1908)年～平成14(2002)年
昭和・平成期の教育者、女性活動のリーダー。
¶信州女

**室桜関** むろおうかん
文政1(1818)年～明治18(1885)年
江戸時代末期～明治期の磐城平藩儒者。平藩の兵制改革に尽力。著書に「桜関詩鈔」など。
¶維新，人名，日人，幕末(㊤1818年12月19日 ㊦1885年7月30日)，福島百

**室鳩巣** むろきゅうそう
万治1(1658)年～享保19(1734)年
江戸時代前期～中期の儒学者。木下順庵に入門。8代吉宗に信任されて世嗣家宣の奥儒者となる。
¶朝日(㊤万治1年2月26日(1658年3月29日) ㊦享保19年8月14日(1734年9月11日))，石川百，岩史(㊤明暦4(1658)年2月26日 ㊦享保19(1734)年8月14日)，江人，江戸東，江文，岡山人，岡山歴(㊤明暦4(1658)年2月26日 ㊦享保19(1734)年8月14日)，角史，教育，近世，国史，国書(㊤明暦4(1658)年2月26日 ㊦享保19(1734)年8月14日)，コン改，コン4，コン5，詩歌，詩作(㊤万治1(1658)年2月26日 ㊦享保19(1734)年8月12日)，史人(㊤1658年2月26日 ㊦1734年8月14日)，思想史，重要(㊤享保19(1734)年8月12日)，人書94，人情3，新潮(㊤万治1(1658)年2月26日 ㊦享保19(1734)年8月14日)，新文(㊤享保19(1734)年8月12日)，人名，姓氏石川，姓氏京都，世人，世石，全書，大百，伝記，徳川将，徳川臣，日思，日史(㊤万治1(1658)年2月26日 ㊦享保19(1734)年8月12日)，日人，飛騨(㊤万治1(1658)年2月26日 ㊦享保19(1734)年8月14日)，百科，ふる，文学，平日，山川小(㊤1658年2月26日 ㊦1734年8月14日)，歴大，和俳

**室崎琴月** むろさききんげつ，むろざききんげつ
明治24(1891)年2月20日～昭和52(1977)年3月21日
明治～昭和期の歌曲作曲家、音楽教育家。中央音楽学校校長。童謡や歌曲を作曲。作品に「夕日」など。
¶作曲(むろざききんげつ)，児文，世紀，姓氏富山(むろざききんげつ)，富山人(むろざききんげつ)，富山百，日児(㊦昭和52(1977)年3月2日)，日人，ふる(むろざききんげつ)

**室俊司** むろしゅんじ
昭和6(1931)年11月23日～
昭和期の教育学者。立教大学教授、全国PTA問題研究会会長。
¶現執1期，現執2期

**室野玄一** むろのげんいち
昭和期の日本キリスト教団の牧師。農民道場聖労学園を創設。
¶伊豆

**室橋信好** むろはしのぶよし
安政3(1856)年～昭和3(1928)年
明治～昭和期の教育者。
¶群馬人，姓氏群馬

**室良悦** むろりょうえつ
生没年不詳
江戸時代の津和野藩医。
¶島根百，島根歴

## 【め】

**明栄** めいえい★
1801年～
江戸時代後期の女性。教育。尼僧。
¶江表(明栄(東京都))　㊤享和1(1801)年頃)

**女鹿佐織** めがさおり
慶応3(1867)年～昭和29(1954)年
明治～昭和期の教育者。
¶青森人

**目賀田種太郎**(目嘉田種太郎) めがたたねたろう
嘉永6(1853)年～大正15(1926)年9月10日
明治～大正期の官僚。貴族院議員、大蔵省主税局長。日清・日露戦争期の国家財政調整役。専修学校(後の専修大学)の設立に関わる。
¶朝日(㊤嘉永6年7月21日(1853年8月25日))，海越(㊤嘉永6(1853)年7月)，海越新(㊤嘉永6(1853)年7月)，学校(㊤嘉永6(1853)年7月21日)，角史，神奈川人(目嘉田種太郎)，近現，国際，国史，コン，コン5，史人(㊤1853年7月21日)，静岡歴，新潮(㊤嘉永6(1853)年7月)，人名，世紀(㊤嘉永6(1853)年7月21日)，姓氏神奈川，渡航(㊤1853年7月)，日史(㊤嘉永6(1853)年7月)，日人，幕末(㊤1853年8月)，百科，明治1，履歴(㊤嘉永6(1853)年7月21日)

**目賀田八郎** めがたはちろう
昭和5(1930)年10月27日～
昭和期の社会科教育学者。
¶現執3期

**妻鹿友樵** めがゆうしょう
文政9(1826)年～明治29(1896)年
江戸時代末期～明治期の医師。
¶大阪人(㊦明治29(1896)年7月)，人名，日人

**銘苅愛子** めかるあいこ
昭和14(1939)年～
昭和期の教育者。
¶戦沖

**巡政民** めぐりまさたみ
大正4(1915)年～
昭和期の教育学・社会学者。大阪経済大学教授。

¶現執1期

**目黒伸一** めぐろしんいち
昭和3(1928)年10月23日～
昭和期の教師。
¶視覚

**目黒甚七** めぐろじんしち
慶応3(1867)年12月12日～昭和27(1952)年3月7日
明治～昭和期の出版人。目黒書店創業者、全国書籍商組合連合会会長。
¶現情、出版、出文、人名7、世紀(㋑慶応3(1868)年12月12日)、新潟百、日人(㋑慶応3(1868)年12月12日)

**目黒道琢** めぐろどうたく
享保9(1724)年～寛政10(1798)年
江戸時代中期の医師。曲直瀬玄佐の門の塾頭。
¶朝日(㋑元文4年3月10日(1739年4月17日)㋒寛政10年8月30日(1798年10月9日))、江文(㋑元文4(1739)年)、国書(㋒寛政10(1798)年8月31日)、人名、日人

**飯塚鉄雄** めしずかてつお
→飯塚鉄雄(めしづかてつお)

**飯塚鉄雄** めしづかてつお, めしずかてつお
大正10(1921)年8月21日～
昭和～平成期の体育学者、教育学者。東京都立大学教授。
¶現執1期、現執2期(めしずかてつお)、現情、世紀、体育

**目取真俊** めどるましゅん
昭和35(1960)年10月6日～
昭和～平成期の小説家、国語教師。沖縄の自然と共同体、そこに生きる人間との関わりを描く。著書に「水滴」「魂込め」など。
¶現執4期、幻想、小説、世紀、日人、平和

**米良石操** めらせきそう
文化13(1816)年～明治21(1888)年
江戸時代末期～明治期の教育家。著書に「宗名言録前集定釈」十巻を著し東京臨池社から出版。
¶藩臣7

**米良東嶠** めらとうきょう
文化8(1811)年～明治4(1871)年
江戸時代後期～明治期の儒学者。
¶維新、大分百、大分歴、国書(㋑文化8(1811)年9月4日 ㋒明治4(1871)年3月2日)、コン5、人名、日人、藩臣7

**校条武雄** めんじょうたけお
大正1(1912)年12月16日～
大正～平成期の音楽教育者、器楽教育者、ピアニスト。
¶音人2、音人3

## 【も】

**馬上孝太郎** もうえこうたろう
明治6(1873)年1月10日～昭和20(1945)年5月25日
明治～昭和期の教育者。
¶世紀、日人、福島百

**馬上元** もうえはじめ
明治17(1884)年～
大正・昭和期の守山町立高等技芸学校長。
¶愛知女

**毛利昭子** もうりあきこ
大正3(1914)年～昭和42(1967)年
昭和期の北海道教育委員。
¶北海道百、北海道歴

**毛利栄五郎** もうりえいごろう
弘化3(1846)年～昭和9(1934)年
明治～昭和期の教育者。
¶愛媛、愛媛百(㋑弘化3(1846)年8月 ㋒昭和9(1934)年9月19日)

**毛利空桑** もうりくうそう
寛政9(1797)年～明治17(1884)年12月22日
江戸時代末期～明治期の儒学者。私塾知来館創立。
¶維新、大分百、大分歴、熊本人、国書(㋑寛政9(1797)年1月15日)、思想、人名94、全幕、日人、幕末、幕末大(㋑寛政9(1797)年1月15日)

**毛利重能** もうりしげよし
生没年不詳 ㋾毛利勘兵衛重能《もりかんひょうえしげよし》
江戸時代前期の和算家。数学者として名前を残した最初の人物。
¶朝日、江人、大坂(毛利勘兵衛重能 もりかんひょうえしげよし)、科学、教育、近世、国史、国書、コン改、コン4、コン5、史人、新潮、人名、数人、戦国、全書、戦人、大百、日史、日人、百科、歴大

**毛利高標** もうりたかしな
→毛利高標(もうりたかすえ)

**毛利高標** もうりたかすえ
宝暦5(1755)年～享和1(1801)年 ㋾毛利高標《もうりたかしな》
江戸時代中期～後期の大名。豊後佐伯藩主。
¶朝日(㋑享和11年8月7日(1801年9月14日))、江文、大分百、大分歴、近世、国史、国書(㋑宝暦5(1755)年11月9 ㋒享和1(1801)年8月2日)、諸系、人書94(もうりたかしな)、人名(もうりたかしな)、日人、藩主4(㋑宝暦5(1755)年11月 ㋒享和1(1801)年8月7日)

**毛利高範** もうりたかのり
慶応2(1866)年～昭和14(1939)年
明治～昭和期の速記教育者。式部官、貴族院議

員。毛利式速記学校を創立して校長となる。著書に「毛利式日本速記法」など。
¶大分歴，熊本人，人名7，日人（[生]1867年）

**毛利勅子** もうりときこ
文政2（1819）年～明治12（1879）年
江戸時代末期～明治期の女性。徳山藩主毛利広鎮の七女。
¶江表（勅子（山口県）　ときこ），女性，女性普，姓氏山口，日人，幕末（[没]1879年2月2日），幕末大（[生]文政2（1819）年2月　[没]明治12（1879）年2月2日），山口百

**毛利就馴** もうりなりよし
寛延3（1750）年～文政11（1828）年　[別]毛利就馴《もうりたかよし》
江戸時代中期～後期の大名。周防徳山藩主。
¶諸系，日人，藩主4（[生]寛延3（1750）年11月6日　[没]文政11（1828）年3月20日）

**毛利広政** もうりひろまさ
貞享4（1687）年～享保18（1733）年
江戸時代中期の長州（萩）藩士。
¶人名（[生]1684年　[没]1730年），日人，藩臣6

**毛利匡邦** もうりまさくに
宝暦11（1761）年～天保3（1832）年
江戸時代中期～後期の大名。長門清末藩主。
¶諸系，日人，藩主4（[生]宝暦11（1761）年10月2日　[没]天保3（1832）年10月7日）

**毛利匡芳** もうりまさよし
*～寛政4（1792）年
江戸時代中期の大名。長門長府藩主。
¶諸系（[生]1761年），人名（[生]？），日人（[生]1761年），藩主4（[生]宝暦8（1758）年1月15日　[没]寛政4（1792）年6月18日）

**毛利安子** もうりやすこ
天保14（1843）年～大正14（1925）年7月25日
江戸時代末期～大正期の女性。長府藩主毛利元運の二女。婦人界の向上と慈善事業に尽力。日本婦人協会会長。
¶女性，女性普，世紀（[生]天保14（1843）年3月），日人，山口百

**毛利吉元** もうりよしもと
延宝5（1677）年～享保16（1731）年
江戸時代中期の大名。長州（萩）藩主。藩校明倫館を創設。
¶諸系，人名，姓氏山口，日人，藩主4（[生]延宝5（1677）年8月24日　[没]享保16（1731）年9月13日），山口百

**最上長助** もがみちょうすけ
明治22（1889）年～昭和30（1955）年
大正～昭和期の小学校教員。
¶姓氏宮城

**茂木善次** もぎぜんじ
寛政2（1790）年～明治8（1875）年
江戸時代後期～明治期の足利学校代官、足利学校の再建に尽力。
¶栃木歴

**茂木孝匡** もぎたかまさ
→茂木柳斎（もてぎりゅうさい）

**茂木徳治** もぎとくじ★
文久2（1862）年6月10日～大正14（1925）年1月22日
明治・大正期の教育家。
¶秋田人2

**茂木俊彦** もぎとしひこ
昭和17（1942）年10月13日～
昭和～平成期の教育心理学者。東京都立大学教授。
¶現執2期，現執3期，現執4期

**茂木久周** もぎひさちか
寛政2（1790）年～明治8（1875）年　[別]茂木久周《もてぎひさちか》
江戸時代末期～明治期の足利学校代官。
¶国書（もてぎひさちか　[没]明治8（1875）年6月16日），人名，日人

**茂木好文** もぎよしぶみ
宝永6（1709）年～天明2（1782）年
江戸時代中期の足利学校代官。
¶人名，日人

**木母** もくぼ
→安田木母（やすだもくぼ）

**木国** もこく
→田村木国（たむらもっこく）

**門司東里** もじとうり
江戸時代後期の儒学者。
¶人名（[生]？　[没]1817年），日人（[生]1773年　[没]1818年）

**物集和子** もずめかずこ
明治21（1888）年～昭和54（1979）年7月27日
明治～大正期の小説家。「ホトトギス」で「かんざし」を発表。青鞜発起人の一人。聾教育振興会婦人部常任理事。
¶近女，社史（[生]1888年？），女性，女性普，先駆（[没]昭和54（1979）年7月29日），日人（[生]明治21（1888）年10月）

**鵜目貫一郎** もずめかんいちろう
生没年不詳
江戸時代末期～明治期の学者。岩出山学問所有備館学頭。北海道実地調査に同行し記録を残した。
¶姓氏宮城

**物集高世** もずめたかよ
文化14（1817）年～明治16（1883）年1月2日
江戸時代末期～明治期の国学者。宣教権少博士。杵築藩教授方、藩校学習館国学教授を歴任。著書に「辞格考」「神道余論」など。
¶朝日（[生]文化14年2月1日（1817年3月18日）），維新，大分百，大分歴，近現，近世，近文（[生]1823年），国史，国書（[生]文化14（1817）年2月1日），コン改（[生]天保4（1833）年），コン4（[生]天保4（1833）年），コン5（[生]天保4（1833）

年)，史人([生]1817年2月1日)，神史，神人([生]文化14(1817)年2月1日)，人名([生]1823年)，哲学([生]1823年)，日史，日人，幕末，幕末大([生]文化14(1817)年2月1日)，百科，民学，歴大

**森内繁富　もちうちしげとみ**
→森内繁富(もりうちしげとみ)

**望月一宏　もちずきかずひろ**
→望月一宏(もちづきかずひろ)

**望月桂　もちずきかつら**
→望月桂(もちづきかつら)

**望月誼三　もちずきぎぞう**
→望月誼三(もちづきぎぞう)

**望月玉泉　もちずきぎょくせん**
→望月玉泉(もちづきぎょくせん)

**望月クニ　もちずきくに**
→望月クニ(もちづきくに)

**望月軍四郎　もちずきぐんしろう**
→望月軍四郎(もちづきぐんしろう)



**望月宗明　もちずきむねあき**
→望月宗明(もちづきむねあき)

**望月敬明　もちずきよしあき**
→望月敬明(もちづきよしあき)

**望月善次　もちずきよしつぐ**
→望月善次(もちづきよしつぐ)

**持田栄一　もちだえいいち**
大正14(1925)年1月5日～昭和53(1978)年7月27日
昭和期の教育学者。著書に「学校の理論」「学制改革」などがある。
¶現朝，現執1期，現情，新潮，人名7，世紀，哲学，日人

**持田真作　もちだしんさく**
明治27(1894)年9月27日～昭和43(1968)年4月4日
大正～昭和期の教育者。
¶埼玉人

**持田盛二　もちだせいじ**
→持田盛二(もちだもりじ)

**持田盛二　もちだもりじ**
明治18(1885)年1月26日～昭和49(1974)年2月9日　[別]持田盛二《もちだせいじ》
明治～昭和期の剣道家。第一回昭和天覧試合の選定選士の部で優勝。
¶郷土群馬(もちだせいじ)，群馬人([没]昭和49(1974)年2月)，群馬百，現朝，現情，人名7，世紀，姓氏群馬(もちだせいじ)，日人

**望月厚志　もちづきあつし**
昭和28(1953)年12月21日～
昭和～平成期の研究者。常葉学園大学教育学部生涯学習学科教授。専門は、教育学(教育社会学、生涯教育、教師教育、教育調査、看護教育)。
¶現執4期

**望月海音　もちづきかいおん**
文化11(1814)年6月10日～明治15(1882)年10月8日　[別]海音《かいおん》
江戸時代末期～明治期の浄土真宗本願寺派学僧。勧学、大教校教授、履信教校教授。
¶国書(海音　かいおん)，真宗([没]明治15(1882)年1月8日)，仏教

**望月一宏　もちづきかずひろ，もちずきかずひろ**
大正13(1924)年10月28日～
昭和～平成期の教育評論家。
¶現執2期(もちずきかずひろ)，現執3期(もちずきかずひろ)

**望月桂　もちづきかつら，もちずきかつら**
明治20(1887)年1月11日～昭和50(1975)年12月13日　[別]望月桂《もちづきけい》
明治～昭和期の画家、漫画家、社会運動家。プロレタリア美術展の先駆となる黒耀会展覧会を開催。
¶アナ，近文(もちづきけい)，現朝，社運，社史(もちずきかつら　[生]1887年1月1日)，世紀，姓氏長野，長野歴，日人，平和

**望月誼三　もちづきぎぞう，もちずきぎぞう**
明治40(1907)年2月20日～平成8(1996)年6月11日
昭和期の師範学校教員、国語学研究者。掛川中学校教諭、静岡師範学校教諭。
¶社史(もちずきぎぞう)

**望月玉泉　もちづきぎょくせん，もちずきぎょくせん**
天保5(1834)年6月14日～大正2(1913)年9月16日
江戸時代末期～大正期の日本画家。代表作は「雪中芦雁」「山端月」。
¶京都(もちずきぎょくせん)，京都大，近美，人名，世紀，姓氏京都，日画，日人，美家(もちずきぎょくせん)，名画

**望月クニ　もちづきくに，もちずきくに**
*～昭和30(1955)年2月4日
明治～昭和期の幼児教育者。神戸幼稚園園長。保育事業に功績を残す。愛児園を創立、経営と共に個性のある保育をした。
¶女性(もちずきくに　[生]明治2(1869)年11月17日)，女性普(もちずきくに　[生]明治2(1869)年11月17日)，世紀([生]明治1(1868)年11月7日)，日人([生]明治1(1868)年11月7日)，兵庫人([生]明治2(1869)年11月17日)，兵庫百([生]明治1(1868)年)

**望月軍四郎　もちづきぐんしろう，もちずきぐんしろう**
明治12(1879)年8月15日～昭和15(1940)年2月1日
大正～昭和期の実業家。日清生命社長。サシ丸株式店を開業。京浜・湘南両電鉄取締役として活躍。大宮工業商業学校を創立。
¶学校(もちずきぐんしろう)，神奈川人，現朝，コン改，コン5，静岡歴，実業，新潮，世紀，姓氏神奈川，姓氏静岡，鉄道，日人

**望月桂** もちづきけい
→望月桂（もちづきかつら）

**望月健一** もちづきけんいち
大正9（1920）年〜
昭和期の文部省職員。文部省体育局体育官、冬季オリンピック等準備室長。
¶体育

**望月直弥** もちづきなおや
明治3（1870）年〜大正7（1918）年
明治〜大正期の東穂高禁酒会のリーダー。
¶長野百，長野歴

**望月久貴** もちづきひさたか
大正2（1913）年〜
昭和期の国語教育研究者。東京学芸大学教授。
¶現執1期

**望月久知** もちづきひさとも
嘉永1（1848）年11月5日〜大正1（1912）年10月27日
江戸時代後期〜明治期の教育者。
¶埼玉人

**望月宗明** もちづきむねあき，もちずきむねあき
大正11（1922）年7月13日〜　[別]沢田文明《さわだふみあき》
昭和期の教育運動家、教育評論家。日教組情宣局編集部長。
¶現執1期（沢田文明　さわだふみあき），現執1期，現執2期（もちずきむねあき）

**望月与三郎** もちづきよさぶろう
明治5（1872）年11月6日〜昭和14（1939）年9月7日
明治〜昭和期の地域振興家。
¶世紀，日人，山梨百

**望月敬明** もちづきよしあき，もちずきよしあき
大正5（1916）年12月15日〜
昭和期の音楽学者。福井大学教授。
¶音人（もちずきよしあき），音人2（もちずきよしあき），現情，福井百（[生]大正15（1926）年）

**望月福子** もちづきよしこ
天保10（1839）年〜明治42（1909）年
江戸時代末期〜明治期の教育家。2代松声堂。長く育英に従事し子弟数四百余人に達した。
¶江表（福子（群馬県）　よしこ），人名，日人

**望月善次** もちづきよしつぐ，もちずきよしつぐ
昭和17（1942）年3月11日〜
昭和〜平成期の教育学者。岩手大学教授。専門は国語科教育。
¶現執3期（もちずきよしつぐ）

**持永秀貫** もちながひでつら
天保2（1831）年〜明治35（1902）年
江戸時代後期〜明治期の地方行政家、教育家。
¶佐賀百

**持丸理喜男** もちまるりきお
明治41（1908）年〜
昭和期の教育者。
¶群馬人

**茂木久吉** もてぎきゅうきち
明治39（1906）年10月15日〜　[別]逸見久吉《へんみきゅうきち》，杉丈二《すぎじょうじ》，藤野信二《ふじのしんじ》
昭和期の小学校教員。
¶社史

**茂木重許** もてぎしげもと
明治21（1888）年〜昭和40（1965）年
大正〜昭和期の教育者。
¶群馬人

**茂木久周** もてぎひさちか
→茂木久周（もぎひさちか）

**茂木むめ** もてぎむめ
明治23（1890）年〜
大正〜昭和期の教育者。
¶群馬人

**茂木保太郎** もてぎやすたろう
明治31（1898）年〜昭和53（1978）年
大正〜昭和期の教育者。
¶群馬人

**茂木柳斎** もてぎりゅうさい
文政1（1818）年〜明治35（1902）年　[別]茂木孝匡《もぎたかまさ》
江戸時代末期〜明治期の和算家。
¶数学（茂木孝匡　もぎたかまさ　[没]明治35（1902）年6月24日），日人

**もと**(1)
江戸時代の女性。教育。白塚氏。手習所を営んだ。
¶江表（もと（山形県））

**もと**(2)
1819年〜
江戸時代後期の女性。教育。相沢勘七の妻。
¶江表（もと（東京都）　[生]文政2（1819）年頃）

**元** もと★
安永4（1775）年〜文政5（1822）年
江戸時代中期〜後期の女性。教育。安房館山新井浦の羽山氏の娘。
¶江表（元（千葉県））

**基佐江里** もといさえさと
昭和22（1947）年〜
昭和期のフリージャーナリスト。教育、戦後史、人物ルポなどを手がける。著書に「聞け！ 血涙の叫び—旧台湾出身日本兵秘録」など。
¶マス89

**本居内遠** もとおりうちとう
→本居内遠（もとおりうちとお）

**本居内遠** もとおりうちとお
寛政4（1792）年2月23日〜安政2（1855）年10月4日
[別]本居内遠《もとおりうちとう》
江戸時代末期の国学者。江戸藩邸内の古学館教授。
¶朝日（[生]寛政4年2月23日（1792年3月15日）

も

[没]安政2年10月4日（1855年11月13日）），維新，岩史，郷土和歌山（もとおりうちとう），近世，国史，国書，コン改，コン4，コン5，史人，神人，新潮，人名，姓氏愛知，世人，日史，日人，百科，三重続，歴大，和歌山人（もとおりうちとう）

**本居大平** もとおりおおひら
宝暦6（1756）年～天保4（1833）年　[別]稲垣大平《いながきおおひら》，稲懸大平《いながけおおひら》
江戸時代中期～後期の国学者。本居宣長の養子。千余人の門弟を育てた。
¶朝日（[生]宝暦6年2月17日（1756年3月17日）[没]天保4年9月11日（1833年10月23日）），岩史（[生]宝暦6（1756）年2月17日　[没]天保4（1833）年9月11日），角史，郷土和歌山，近世，群馬人，国史，国書（[生]宝暦6（1756）年2月17日　[没]天保4（1833）年9月11日），コン改，コン4，コン5，史人（[生]1756年2月17日　[没]1833年9月11日），思想史，神史，人書94，神人，新潮（[生]宝暦6（1756）年2月17日　[没]天保4（1833）年9月11日），人名，世人（[生]宝暦6（1756）年2月17日　[没]天保4（1833）年9月11日），世百，全書，大百，日史（[生]宝暦6（1756）年2月17日　[没]天保4（1833）年9月11日），日人，藩臣5，百科，三重（[生]宝暦6年2月17日），歴大，和歌山人



**本居宣長** もとおりのりなが
享保15（1730）年5月7日～享和1（1801）年9月29日　[別]鈴廼屋《すずのや》
江戸時代中期～後期の国学者。「古事記伝」の著者。「古道」を唱える。
¶朝日（[生]享保15年5月7日（1730年6月21日）[没]享和1年9月29日（1801年11月5日）），岩史，江人，角史，教育，京都，京都大，郷土和歌山，近世，考古，国史，国書，古史，コン改，コン4，コン5，詩歌，詩作，史人，思想史，重要，女史，神史，人書79，人書94，人情3，神人，新潮，新文，人名，姓氏京都，世人，世百，全書，大百，地理，伝記，徳川将，日思，日史，日人，日文，藩臣5，百科，文学，平史，平日，三重，山川小，歴大，和歌山人，和俳

**本居春庭** もとおりはるにわ
宝暦13（1763）年～文政11（1828）年　[別]後鈴屋《のちのすずのや》
江戸時代中期～後期の国学者。本居宣長の長男。「詞八衢」の著者。松坂で門人に教授。
¶朝日（[生]宝暦13年2月3日（1763年3月17日）[没]文政11年11月7日（1828年12月13日）），岩史（[生]宝暦13（1763）年2月3日　[没]文政11（1828）年11月7日），江人，近世，国史，国書（[生]宝暦13（1763）年2月3日　[没]文政11（1828）年11月7日），コン改，コン4，コン5，史人（[生]1763年2月3日　[没]1828年11月7日），思想史，神史，人書94，神人，新潮（[生]宝暦13（1763）年2月3日　[没]文政11（1828）年11月7日），人名，世人（[没]文政11（1828）年11月7日），世百，全書，大百，日思，日史（[没]文政11（1828）年11月7日），日人，百科，平史，三重（[生]宝暦13年2月3日），歴大

**本木梅太郎** もとぎうめたろう
明治7（1874）年～昭和31（1956）年
明治～昭和期の教育家。
¶多摩

**元木健** もときけん
昭和5（1930）年3月31日～
昭和～平成期の教育学者。大阪大学教授。
¶現執1期，現執3期

**本沢竹雲** もとざわちくうん，もとさわちくうん
天保7（1836）年～明治40（1907）年9月7日
江戸時代末期～明治期の教員。上ノ山藩校教員。格知学舎を開塾し、西洋文化を認めない復古教育を行う。
¶日人，幕末（もとさわちくうん　[生]1836年3月26日），幕末大（もとさわちくうん　[生]天保7（1836）年2月10日），山形百

**本島寛** もとじまひろし
明治37（1904）年～
昭和期の教育行政家。
¶群馬人

**元田永孚** もとだえいふ
→元田永孚（もとだながざね）

**元田作之進** もとださくのしん
文久2（1862）年～昭和3（1928）年4月16日
明治～昭和期の牧師、教育者。立教大学学長、日本聖公会初代邦人主教。16歳で小学校校長。宗教教育禁令では当局の認可前提で課外宗教教育の存続を図る。
¶朝日（[生]文久2年2月22日（1862年3月22日）），海越新（[生]文久2（1862）年2月22日），キリ（[生]文久2年2月23日（1862年3月23日）），近現，国史，史人（[生]1862年2月22日），社史（[生]文久2年2月22日（1862年3月22日）），人名，世紀（[生]文久2（1862）年2月22日），世百，渡航（[生]1862年2月12日），日史（[生]文久2（1862）年2月22日），日人，百科，福岡百（[生]文久2（1862）年2月22日），歴大

**元田直** もとだすなお
→元田直（もとだなおし）

**元田竹渓** もとだちくけい
寛政12（1800）年～明治13（1880）年12月30日
[別]元田竹渓《もとだちっけい》
江戸時代末期～明治時代の儒学者。杵築藩藩校学習館教授となり攘夷論を主張。著書に「大学標注」など。
¶維新，大分百（もとだちっけい），大分歴（もとだちっけい），国書（[生]寛政12（1800）年11月4日），コン改（[生]享和1（1801）年），コン4，コン5，新潮（[生]享和1（1801）年），人名（[生]1801年），日人，幕末，幕末大（[生]寛政12（1800）年11月4日），藩臣7

**元田竹渓** もとだちっけい
→元田竹渓（もとだちくけい）

**元田東野** もとだとうや
→元田永孚(もとだながざね)

**元田直** もとだなおし
天保6(1835)年〜大正5(1916)年 ㊚元田直《もとだすなお》
江戸時代末期〜明治期の法律家。東京府立尋常師範学校校長。太政官大史、岡山県権大参事など歴任。のち法律学校を創立。私立補充中学校(後の都立戸山高等学校)の設立に関わる。
¶維新, 大分歴(もとだすなお) ㊚天保5(1834)年), 学校(㊛大正5(1916)年2月4日), 神人(㊛大正5(1916)年4月4日), 人名(㊛1834年), 日人

**元田永孚** もとだながざね
文政1(1818)年10月1日〜明治24(1891)年1月22日 ㊚元田永孚《もとだえいふ》,元田東野《もとだとうや》
江戸時代末期〜明治期の熊本藩士、儒学者。「教学大旨」「幼学綱要」を編纂、教育勅語の起草。
¶朝日(㊛文政1年10月1日(1818年10月30日)), 維新, 岩史, 角史, 教育(もとだえいふ), キリ(もとだえいふ), ㊛文政1年10月1日(1818年10月31日)) ㊛明治24(1891)年1月21日), 近現, 熊本人, 熊本百, 国史, 国書(元田東野 もとだとうや), コン改, コン4, コン5, 詩歌(もとだえいふ), 詩作(元田東野 もとだとうや), 史人, 思想㊛明治24(1891)年1月21日), 思想史, 児文, 重要(もとだえいふ), 神史, 人書94, 神人, 新潮, 人名(もとだえいふ), 世人(もとだえいふ), 世百, 先駆, 全書(元田東野 もとだとうや), 大百(元田東野 もとだとうや), 哲学, 日思, 日史(㊛明治24(1891)年1月21日), 日人, 日本, 幕末(㊛1891年1月21日), 幕末史(㊛明治24(1891)年1月21日), 百科, 平日, 明治1, 山川小, 履歴, 歴大

**元田肇** もとだはじめ
安政5(1858)年〜昭和13(1938)年10月1日
明治〜昭和期の政治家。衆議院議長。政友会幹事長、逓信相、鉄道相などを歴任。英吉利法律学校(後の中央大学)の設立に関わる。
¶大分百, 大分歴, 学校(㊛安政5(1858)年1月15日), 角史, 近現, 現朝(㊛安政5年1月15日(1858年2月28日)), 現日(㊛1858年1月), 国史, コン改, コン5, 史人(㊛1858年1月), 新潮(㊛安政5(1858)年1月), 人名7, 世紀(㊛安政5(1858)年1月), 世人, 全書, 鉄道(㊛1858年2月28日), 日史(㊛安政5(1858)年1月15日), 日人, 日本, 百科, 履歴(㊛安政5(1858)年1月15日), 歴大

**本永守靖** もとながもりやす
昭和8(1933)年8月9日〜
昭和期の国語教育学者。琉球大学教授。
¶現執2期

**本成康浩** もとなりやすひろ
昭和10(1935)年〜平成23(2011)年
昭和・平成期の教育者。
¶戦沖

**本橋渓水** もとはしけいすい
天明3(1783)年1月〜嘉永4(1851)年7月7日
江戸時代後期の寺子屋師匠。
¶埼玉人

**本村武史** もとむらたけし
大正4(1915)年3月30日〜昭和43(1968)年12月17日
昭和期の教員。
¶沖縄百

**本山定男** もとやまさだお
昭和2(1927)年10月25日〜
昭和〜平成期の音楽教育家、フルート奏者、リコーダー奏者。
¶音人, 音人2, 音人3

**本山節子** もとやませつこ
大正1(1912)年3月11日〜
昭和期の小学校教員。
¶社史

**本山久平** もとやまひさへい
明治18(1885)年〜？
明治〜大正期の教育者。
¶群馬人

**本山弘治** もとやまひろじ
明治22(1889)年〜昭和16(1941)年
大正〜昭和期の歴史教育の功労者。
¶長野歴

**本山政雄** もとやままさお
明治43(1910)年10月10日〜平成21(2009)年
昭和期の教育学者。名古屋大学教授、名古屋市長。障害児の就学問題や私学助成問題に取り組み、市民運動にも参加。
¶愛知女, 現朝, 現執1期, 現情, 現人, 現政, コン改, コン4, コン5, 社史, 世紀, 政治, 日人

**本山幸彦** もとやまゆきひこ
大正13(1924)年〜
昭和期の日本思想史・教育史研究者。京都大学教授。
¶現執1期

**元良勇次郎** もとらゆうじろう
安政5(1858)年11月1日〜大正1(1912)年12月13日
明治期の心理学者。帝大文科大学教授。心理学、倫理学を研究。著書に「倫理学」「心理学綱要」など。正則予備校(後の正則学院)の設立に関わる。
¶朝日(㊛安政5年11月1日(1858年12月5日)), 海越(㊛大正1(1912)年12月12日), 海越新(㊛大正1(1912)年12月12日), 学校, キリ, 近現, 近文, 国史, コン改, コン5, 史人, 思想, 社史(㊛安政5年11月1日(1858年12月5日)), 新潮, 人名, 心理, 世百, 全書, 大百, 哲学, 渡航(㊛1912年12月12日), 日人, 百科, 兵庫人(㊛大正1(1912)年12月12日), 兵庫百, 履歴

**茂庭秀福** もにわしゅうふく
安政4(1857)年〜昭和9(1934)年

明治〜昭和期の教育家。
¶宮城百

**籾木与左衛門** もみきよざえもん
寛文12(1672)年〜寛保1(1741)年
江戸時代中期の儒学者。
¶人名，日人

**籾山清兵衛** もみやませいべえ
宝暦3(1753)年〜文政5(1822)年
江戸時代中期〜後期の教育家。
¶国書

**桃井春蔵** ももいしゅんぞう
文政8(1825)年〜明治18(1885)年12月8日　[別]桃井春蔵《もものいしゅんぞう》,桃井直正《もものいなおまさ》
江戸時代末期〜明治期の剣道家。鏡新明智流4代目。
¶朝日(もものいしゅんぞう)，維新(もものいしゅんぞう)，江戸(もものいしゅんぞう)，大阪人([生]文政7(1824)年)，大阪墓(桃井直正　もものいなおまさ)，近現(もものいしゅんぞう)，近世(もものいしゅんぞう)，剣豪(もものいしゅんぞう)，国史(もものいしゅんぞう)，新潮(もものいしゅんぞう)，人名(もものいしゅんぞう)，全書(もものいしゅんぞう)，日人(もものいしゅんぞう)，幕末(もものいしゅんぞう　[生]1824年)，歴大(もものいしゅんぞう)

**百川治兵衛** ももかわじへえ,ももかわじべえ
天正8(1580)年〜寛永15(1638)年　[別]百川正次《ももかわまさつぐ》
江戸時代前期の和算家。
¶朝日(ももかわじべえ　[生]天正8(1580)年？　[没]寛永15(1638)年？)，大阪人([没]寛永15(1638)年9月)，科学，国書([生]？　[没]寛永15(1638)年9月27日)，史人(ももかわじべえ　[生]1580年？　[没]1638年9月24日,(異説)9月27日)，新潮，人名，世人(百川正次　ももかわまさつぐ)，大百，日史([没]寛永15(1638)年9月24日,(異説)9月27日)，日人，百科，歴大([生]1580年？　[没]1638年？)

**百川正次** ももかわまさつぐ
→百川治兵衛(ももかわじへえ)

**百瀬昭次** ももせあきつぐ
昭和12(1937)年〜
昭和〜平成期の教育評論家。百瀬創造教育研究所主宰。
¶現執3期，現執4期

**桃西河** ももせいか
寛延1(1748)年〜文化7(1810)年
江戸時代中期〜後期の出雲松江藩士、儒学者。
¶国書([没]文化7(1810)年8月19日)，島根人([生]宝暦8(1758)年　[没]文政4(1821)年)，島根歴([生]宝暦1(1751)年)，人名，日人，藩臣5

**桃節山** ももせつざん,ももせつさん
天保3(1832)年〜明治8(1875)年　[別]桃好裕《ももよしひろ》
江戸時代末期〜明治期の教育者。島根県歴史編修御用掛、教員伝習校教師兼監事などを歴任。著書に「出雲私史」「孝経詳解」など。
¶維新(桃好裕　ももよしひろ)，国書([生]天保3(1832)年11月1日　[没]明治8(1875)年11月18日)，コン改，コン4，コン5，島根人(ももせつさん)，島根歴，人名，日人，幕末([没]1875年11月13日)，幕末大([生]天保3(1832)年11月1日　[没]明治8(1875)年11月13日)，藩臣5

**百瀬波一** ももせなみいち
生没年不詳
昭和期の小学校教員。
¶社史

**百瀬葉千助** ももせはちすけ
明治6(1873)年9月15日〜大正10(1921)年4月10日
明治〜大正期のあか牛改良の父。
¶熊本人，熊本百，世紀，日人

**百瀬泰男** ももせやすお
明治41(1908)年1月21日〜平成2(1990)年12月31日
昭和期の学校創立者。学校法人明泉学園を設立、鶴川女子短期大学を開学。
¶学校

**百瀬吉雄** ももせよしお
明治41(1908)年9月28日〜
昭和期の小学校教員。
¶社史

**桃井春蔵** もものいしゅんぞう
→桃井春蔵(ももいしゅんぞう)

**桃井直正** もものいなおまさ
→桃井春蔵(ももいしゅんぞう)

**桃白鹿** ももはくろく
享保7(1722)年〜享和1(1801)年
江戸時代中期〜後期の出雲松江藩士、儒学者。
¶江文，国書([生]享保7(1722)年11月　[没]享和1(1801)年8月19日)，島根人([生]享保8(1723)年　[没]享和2(1802)年)，島根百([生]享保8(1723)年　[没]享和2(1802)年)，島根歴，人名，日人，藩臣5

**桃原邑子** ももはらむらこ
明治45(1912)年3月4日〜＊　[別]桃原邑子《ももはらゆうこ》
昭和・平成期の歌人。
¶熊本人(ももはらゆうこ　[没]1999年)，西女([没]平成11(1998)年6月8日)

**桃原邑子** ももはらゆうこ
→桃原邑子(ももはらむらこ)

**桃好裕** ももよしひろ
→桃節山(ももせつざん)

**茂与** もよ
〜文化6(1809)年

江戸時代後期の女性。教育。播磨高砂の小山正房の娘。
¶江表（茂与（兵庫県））

**森顕胤** もりあきたね
1715年〜天明5（1785）年
江戸時代中期の白川家学頭。
¶冨嶽（㊥1715頃）

**森昭** もりあきら
大正4（1915）年10月30日〜昭和51（1976）年12月18日
昭和期の教育学者。大阪大学教授。
¶大阪人（㊥昭和51（1976）年12月），現執1期，現執，新潮，人名7，世紀，哲学，日人

**森有礼** もりありのり
弘化4（1847）年7月13日〜明治22（1889）年2月12日
明治期の政治家、教育家。駐英公使。初代文相着任中、学制を全般的改正・学校令を公布。
¶朝日（㊥弘化4年7月13日（1847年8月23日）），維新，岩史，海越，海越新，江戸東，沖縄百，鹿児島百，角史，キリ，近現，近文，国際，国史，コン改，コン4，コン5，薩摩，史人，思想，思想史，重要，出版，出文，女史，人書79，人書94，新潮，人名，姓氏鹿児島，世人（㊥弘化4（1847）年7月　㊥明治22（1889）年2月11日），世百，先駆，全書，全幕，体育（㊥1841年），大百，哲学，伝記，渡航（㊥1847年8月），日思，日史，日人，幕，幕末大，藩臣7，百科，平日，明治1，山川小，履歴，歴大

**森井月艇** もりいげつてい，もりいげっつい
寛政9（1797）年〜嘉永4（1851）年
江戸時代末期の医師。
¶国書（もりいげってい）　㊥嘉永4（1851）年7月5日），人名，日人（もりいげってい）

**森井恕三郎** もりいじょさぶろう
＊〜明治7（1874）年　㊥森井恕三郎《もりいによさぶろう》
江戸時代後期〜明治期の教育者。
¶神奈川人（㊥1833年），姓氏神奈川（もりいによさぶろう　㊥1837年），日人（㊥1835年）

**森泉賢吾** もりいずみけんご
明治43（1910）年1月14日〜
昭和期の教育者。
¶群馬人

**森磯吉** もりいそきち
明治28（1895）年〜昭和50（1975）年5月7日
明治〜昭和期の学校創立者。帝塚山学園を設立。
¶学校

**森一夫** もりいちお
昭和12（1937）年7月30日〜
昭和〜平成期の教育評論家。大阪教育大学教授。
¶現執2期，現執3期，現執4期

**森井恕三郎** もりいによさぶろう
→森井恕三郎（もりいじょさぶろう）

**森上史朗** もりうえしろう
昭和6（1931）年7月8日〜
昭和〜平成期の幼児教育研究家。
¶現執1期，現執2期，現執3期，現執4期

**森宇左衛門** もりうざえもん
文化2（1805）年〜文久3（1863）年
江戸時代末期の儒学者。
¶人名，日人

**森丑太郎** もりうしたろう
明治13（1880）年〜昭和30（1955）年
明治〜昭和期の教育者。
¶神奈川人

**守内喜一郎** もりうちきいちろう
明治15（1882）年〜昭和25（1950）年
明治〜昭和期の教育学者。
¶姓氏富山

**森内繁富** もりうちしげとみ
宝暦8（1758）年〜天保4（1833）年　㊥森内繁富《もちうちしげとみ》
江戸時代後期の算数家。
¶国書（もちうちしげとみ　㊥天保4（1833）年5月），人名（㊥？），日人

**森雲竹** もりうんちく
寛永8（1631）年〜正徳2（1712）年　㊥森友益《もりともます》
江戸時代前期〜中期の医師。
¶国書（森友益　もりともます　㊥正徳2（1712）年6月11日），人名，日人

**森英太郎** もりえいたろう
天保12（1841）年〜明治32（1899）年
明治期の官吏・教育者。
¶岡山人，岡山百，岡山歴（㊥天保12（1841）年7月　㊥明治32（1899）年2月12日）

**森鷗村** もりおうそん
天保2（1831）年〜明治40（1907）年1月20日
江戸時代末期〜明治期の漢学者。道義振興のため「文明新誌」を発行。著作に「変人伝」など。
¶維新，郷土栃木，近文，国書，コン5，社史（㊥？），人書79，人名，栃木歴，日人，幕末

**森岡勇** もりおかいさみ
明治18（1885）年〜昭和19（1944）年
明治〜昭和期の教育者。
¶高知人

**森岡貞篤** もりおかさだあつ
明治31（1898）年〜昭和37（1962）年
大正〜昭和期の教育者。
¶高知人

**森岡参樹** もりおかさんじゅ
安永7（1778）年〜文化8（1811）年
江戸時代後期の儒学者。
¶大阪人，人名，日人

**森岡常蔵** もりおかつねぞう
明治4（1871）年2月1日〜昭和19（1944）年6月8日

明治～昭和期の教育家、教育学者。東京文理科大学長。著書に「各科教授法精義」なと。
¶教育（㊥1945年），郷土福井，人名7，世紀，渡航，日人

**森岡天涯** もりおかてんがい
明治12（1879）年～昭和9（1934）年
明治～昭和期の社会教育者。
¶愛媛，愛媛百（㊥明治12（1879）年6月21日 ㊦昭和9（1934）年8月10日）

**森岡半次** もりおかはんじ
明治24（1891）年6月10日～？
大正～昭和期の教育者。
¶日人

**森岡幸夫** もりおかゆきお
？～明治11（1878）年
江戸時代末期～明治期の国学者。津和野藩士。備前国天主教徒殉教者。宣教師大主典。
¶コン改，コン4，コン5，人名，日人

**森槐南** もりかいなん
文久3（1863）年11月16日～明治44（1911）年3月7日　㊦森春濤と槐南《もりしゅんとうとかいなん》
明治期の漢詩人。明治漢詩壇の第一人者。著書に「古詩平仄論」など。
¶愛知百，朝日（㊥文久3年11月16日（1863年12月26日）），岐阜百（森春濤と槐南　もりしゅんとうとかいなん　㊥1819年　㊦1890年），近現，近文，国史，コン改，コン5，詩歌，詩作，史人，新潮，新文，人名，世紀，姓氏愛知，世百，全書，大百，日史，日人，日本，百科，文学，歴大

**森嘉吉** もりかきち
明治32（1899）年12月15日～平成1（1989）年11月3日
明治～昭和期の学校創立者。西大寺女子高等学校（学校法人金山学園）を創設。
¶岡山歴，学校

**森景鎮** もりかげちか
→森要蔵（もりようぞう）

**森和男** もりかずお
大正8（1919）年3月9日～昭和57（1982）年6月13日
昭和期の農業経営学者。
¶香川人，香川百，現執2期

**森上展安** もりがみのぶやす
昭和28（1953）年1月12日～
昭和～平成期の情報サービスコンサルティング、著述家。森上教育研究所代表取締役社長。専門は、学習塾経営、中学受験、私立（中・高）経営、初等・中等教育、中高一貫、私立小学校経営。
¶現執4期

**森川紘一** もりかわこういち
昭和15（1940）年12月1日～
昭和～平成期の小学校教諭。
¶現執3期

**森川辰蔵** もりかわたつぞう
明治37（1904）年～昭和55（1980）年

昭和期の教育家。
¶郷土奈良

**森川つき** もりかわつき
明治10（1877）年7月9日～昭和33（1958）年6月16日
明治～昭和期の人。高山で初の幼稚園を開設した。
¶飛騨

**森川輝紀** もりかわてるみち
昭和20（1945）年1月3日～
昭和～平成期の教育史学者。埼玉大学教授。
¶現執3期，YA

**森川平治** もりかわへいじ
明治24（1891）年6月～昭和25（1950）年10月
明治～昭和期の建設業者。
¶北海道建

**毛利勘兵衛重能** もりかんひょうえしげよし
→毛利重能（もうりしげよし）

**森喜右衛門** もりきえもん
文政12（1829）年～慶応1（1865）年　㊨森祐信《もりすけのぶ》
江戸時代末期の近江膳所藩士。
¶維新，国書（森祐信　もりすけのぶ　㊥文政12（1829）年9月15日　㊦慶応1（1865）年10月21日），人名，日人，幕末（㊦1865年12月8日）

**森枳園** もりきえん
→森立之（もりりっし）

**森義八郎** もりぎはちろう
明治33（1900）年2月1日～昭和40（1965）年6月25日
大正～昭和期の作曲家。
¶作曲，山形百新

**森暁助** もりぎょうすけ
文政8（1825）年～明治31（1898）年
江戸時代末期～明治期の三河吉田藩士、剣術師範。
¶剣豪，藩臣4

**森清克** もりきよかつ
＊～昭和21（1946）年1月18日
明治～昭和期の獣医、教育者。大分県私立盲唖学校校長。
¶大分百，大分歴（㊥明治43（1910）年），視覚（㊥明治11（1878）年9月22日）

**盛口襄** もりぐちじょう
昭和3（1928）年～
昭和～平成期の詩人、教育者。渋谷教育学園幕張高校非常勤講師。専門は、化学教育、実験開発。
¶現執4期，北海道文（㊥昭和3（1928）年3月10日）

**森口奈良吉** もりぐちならきち
明治8（1875）年6月18日～昭和43（1968）年2月4日
明治～昭和期の教育者、神職。春日大社宮司。
¶郷土奈良，世紀，日人

**森口喜雄** もりぐちよしお
昭和6（1931）年3月13日～

昭和～平成期の音楽教育者。
¶音人2，音人3

**森久保仙太郎** もりくぼせんたろう
大正6(1917)年10月2日～
昭和期の絵本作家、教育評論家。東京教育大学附属図書館図書文化協会主事。絵本の代表作に「くまさぶろう」ほか、著書「母と子の手帖」など。
¶児文，世紀

**森久保安美** もりくぼやすみ
大正13(1924)年11月18日～
昭和～平成期の国語教育者。大村はま国語教室の会副理事長。
¶現執2期，現執3期

**森栗茂一** もりくりしげかず
昭和29(1954)年6月26日～
昭和～平成期の文部科学教官。大阪外国語大学外国語学部国際文化学科教授。
¶現執4期

**森桂園** もりけいえん
安政3(1856)年～昭和4(1929)年12月15日
江戸時代末期～昭和期の教育者、作家。
¶岐阜百，郷土岐阜，日児

**森慶三郎** もりけいさぶろう
生没年不詳
昭和期の技師、教育者。室蘭高等工業校長。
¶北海道建

**森源** もりげん
明治44(1911)年～平成7(1995)年
昭和～平成期の教育者、政治家。
¶姓氏静岡

**森巻耳** もりけんじ
安政2(1855)年～大正3(1914)年11月29日
明治～大正期の教育者。岐阜聖公会訓盲院創立者。
¶石川百，キリ，視覚(㊌安政2(1855)年2月15日)，世紀(㊌安政2(1855)年2月15日)，日人

**森源三** もりげんぞう
＊～明治43(1910)年6月
江戸時代末期～明治期の越後長岡藩士。札幌農学校の第三代校長。藩士の家族を救済するための産物会所の監督となる。
¶札幌(㊌天保7年7月)，人名(㊌1837年)，新潟百別(㊌1837年)，日人(㊌1835年)，幕末(㊌1837年)，幕末大(㊌天保8(1837)年)，北海道建(㊌天保6(1835)年7月)，北海道百(㊌1835年)，北海道歴(㊌天保6(1835)年)

**森孝三郎** もりこうざぶろう
明治43(1910)年10月13日～昭和62(1987)年11月28日
昭和期の教育者。
¶徳島歴

**森維明** もりこれあき
～安政6(1859)年
江戸時代後期～末期の教育者。
¶三重

**森崎隆** もりさきたかし
明治37(1904)年～昭和36(1961)年
昭和期の政治家・教育者。
¶香川人，香川百

**森沢栄晴** もりさわよしはる
明治43(1910)年～平成10(1998)年
昭和～平成期の教育者。
¶高知人

**森沢磊五郎** もりさわらいごろう
明治27(1894)年7月24日～昭和59(1984)年8月3日
大正～昭和期の教育者。
¶岡山歴

**森茂樹** もりしげき
明治26(1893)年2月26日～昭和46(1971)年4月21日
大正～昭和期の病理学者。京都大学教授。内分泌学、腫瘍の発生、発育に対する内分泌の影響についての研究で知られる。神戸学院大学を設立。
¶科学，学校，近医，現情，人名7，世紀，日人

**森苞樹** もりしげき
安政5(1858)年7月21日～大正2(1913)年8月16日
明治～大正期の教育者、政治家。
¶徳島百，徳島歴

**森繁吉** もりしげきち
明治2(1869)年～昭和18(1943)年
明治～昭和期の医師。
¶庄内(㊌明治6(1873)年1月16日)　㊥昭和21(1946)年3月11日)，姓氏長野，長野歴

**森しげる** もりしげる
昭和7(1932)年～
昭和期の教育学者。
¶現執1期

**森下定八** もりしたさだはち
明治3(1870)年7月27日～昭和17(1942)年12月26日
明治～昭和期の教育者。
¶群馬人，姓氏群馬

**森下正作** もりしたしょうさく
明治10(1877)年～昭和42(1967)年
明治～昭和期の教育者。
¶群馬人，姓氏群馬

**森下二郎** もりしたじろう
明治18(1885)年9月9日～昭和37(1962)年6月27日
明治～昭和期の教育者、反戦の思想家、無教会派信徒。
¶キリ，姓氏長野，長野百，長野歴，平和

**森下外紀弘** もりしたときひろ
昭和12(1937)年9月7日～
昭和期の学校長。
¶飛騨

**森下一** もりしたはじめ
昭和16(1941)年6月19日～
昭和～平成期の精神科医、福祉活動家。兵庫県に登校拒否児のための全寮制私立高校・生野学園を設立。
¶世紀、日人

**森下弘** もりしたひろむ
昭和5(1930)年～
昭和～平成期の教員、書道家。
¶平和

**森下房吉** もりしたふさきち
明治39(1906)年4月27日～平成8(1996)年9月8日
昭和・平成期の教育者。学校長。
¶飛驒

**森下松衛** もりしたまつえ
明治9(1876)年5月15日～昭和33(1958)年4月9日
明治～昭和期の出版人。学芸図書社長。
¶出版、出文、姓氏群馬(㊤1956年)

**森下八三雄** もりしたやさお
？～
大正期の小学校教員。
¶アナ、社史

**森島敏昌** もりしまとしまさ
→森島敏昌(もりしまびんしょう)

**森島敏昌** もりしまびんしょう
文化5(1808)年1月15日～明治13(1880)年2月23日　㊨森島敏昌《もりしまとしまさ》、永田敏昌《ながたとしまさ》
江戸時代末期～明治時代の和算家。
¶数学(もりしまとしまさ)

**森春濤** もりしゅんとう
文政2(1819)年4月2日～明治22(1889)年11月21日　㊨森春濤と槐南《もりしゅんとうとかいなん》
江戸時代末期～明治期の漢詩人。茉莉吟社を創始。
¶愛知百、朝日(㊤文政2(1819)年4月2日)、維新、江戸東、岐阜百(森春濤と槐南　もりしゅんとうとかいなん　㊥1890年)、近文、国史、国書、コン改(㊤文政1(1818)年　㊥文政1(1818)年(1888)年)、コン4(㊤文政1(1818)年　㊥明治21(1888)年)、コン5(㊤文政1(1818)年　㊥明治21(1888)年)、詩歌(㊤1818年　㊥1888年)、詩作、史人、人書94、人情3(㊤1818年　㊥1888年)、新潮、人名(㊤1818年　㊥1888年)、姓氏愛知、世百、全書、大百、日史、日人、幕末、幕末大、百科

**森鐘太郎**(森鍾太郎)　もりしょうたろう
天保12(1841)年～明治42(1909)年
江戸時代末期～明治期の浜田藩士、柔道教師。
¶島根人、島根百、幕末(森鍾太郎　㊥1909年10月9日)、藩臣5

**森甚一郎** もりじんいちろう
明治42(1909)年6月8日～昭和57(1982)年8月14日
昭和期の教育者、郷土史家。

¶徳島歴

**森伸介** もりしんすけ
寛政5(1793)年～明治3(1870)年
江戸時代後期～明治期の日光学問所初代師範。
¶栃木歴

**森新太郎** もりしんたろう
文政12(1829)年～明治42(1909)年11月30日
江戸時代末期～明治期の武士、教育者。
¶維新(㊤1828年)、高知人、コン5、人名(㊤1828年)、日人、幕末、幕末大、藩臣6

**森祐信** もりすけのぶ
→森喜右衛門(もりきえもん)

**森誠光** もりせいこう
生没年不詳
江戸時代末期・明治期の算術教師。
¶飛驒

**森瀬一幸** もりせかずゆき
昭和12(1937)年10月4日～
昭和期の高山市教育長。
¶飛驒

**森遷** もりせん
嘉永4(1851)年～大正14(1925)年
明治～大正期の農業家。除虫菊の栽培に尽力。著書に「小豆郡史」など。
¶人名、世紀(㊤嘉永4(1851)年1月19日　㊥大正14(1925)年5月4日)、日人

**森善次** もりぜんじ
明治30(1897)年10月15日～昭和44(1969)年10月21日
大正～昭和期の教育者、文化運動家。
¶北海道文

**森総之助** もりそうのすけ
明治9(1876)年5月11日～昭和28(1953)年4月23日
明治～昭和期の物理学者。
¶科学、高知人、高知百

**森外三郎** もりそとさぶろう
慶応1(1865)年～？
大正～昭和期の教育者。
¶姓氏京都

**森泰蔵** もりたいぞう
明治7(1874)年～昭和22(1947)年
明治～昭和期の社会事業家。神戸盲唖教育協会を設立。
¶兵庫百

**森田一郎** もりたいちろう
＊～昭和51(1976)年
大正～昭和期の数学者。京都外国語学校、京都外国語大学を創立。
¶学校(㊤？　㊥昭和51(1976)年8月29日)、数学(㊤明治35(1902)年8月4日　㊥昭和51(1976)年8月28日)

## 盛田英治 もりたえいじ
明治32(1899)年～平成1(1989)年
大正～昭和期の教員、融雪研究家。
¶青森人

## 森隆夫 もりたかお
昭和6(1931)年7月30日～
昭和～平成期の教育学者。お茶の水女子大学教授。
¶現執1期、現執2期、現執3期、現執4期、現情、世紀、マス89

## 森田月瀬 もりたげつらい
→森田葆庵(もりたほうあん)

## 森田倭文子 もりたしずこ
明治41(1908)年3月3日～平成6(1994)年11月27日
昭和期の教育者、平和運動家。京都外国語大学創立者。京都外国語学校、京都外国語大学を創立。
¶学校、世紀、日人

## 守田精一 もりたせいいち
文政7(1824)年～明治43(1910)年
明治期の公益家、政治家。今井海浜埋築工事に尽力。米商組合の創設や教育事業にも貢献。
¶人名、日人

## 森田精一 もりたせいいち
明治19(1886)年12月～昭和52(1977)年4月6日
明治～昭和期の教育者。
¶群馬人

## 森田節斎 もりたせっさい、もりたせつさい
文化8(1811)年～明治1(1868)年
江戸時代末期の儒学者、志士。尊攘論を提唱。
¶朝日(㊙明治1年7月26日(1868年9月12日))、維新、大阪人(㊙明治1(1868)年7月)、岡山人、岡山百(㊙慶応4(1868)年7月26日)、岡山歴(㊙慶応4(1868)年7月26日)、京都大、郷土奈良、郷土和歌山、国書(㊙慶応4(1868)年7月26日)、コン改、コン4、詩録、史人(㊙1868年7月26日)、人書79、新潮(㊙慶応4(1868)年7月26日)、人名、姓氏京都、日人、幕末(もりたせつさい ㊙1868年9月12日)、歴大、和歌山人、和俳

## 森忠哲 もりただあきら
天明8(1788)年～文化4(1807)年
江戸時代後期の大名。播磨赤穂藩主。
¶諸系、日人、藩主3(㊙文化4(1807)年5月25日)

## 森忠興 もりただおき
宝暦2(1752)年～天明4(1784)年
江戸時代中期の大名。播磨赤穂藩主。
¶諸系、日人、藩主3(㊙天明4(1784)年1月30日)

## 守田保 もりたたもつ
明治23(1890)年7月12日～*
明治～昭和期の教育者。
¶心理(㊙昭和32(1957)年)、山口人(㊙1955年)

## 森立之 もりたつゆき
→森立之(もりりっし)

## 森田哲郎 もりたてつろう
大正9(1920)年～昭和63(1988)年
昭和期の実業家。全国木材連合会常務理事、教育技術研究所社長。
¶青森人

## 森田俊男 もりたとしお
大正10(1921)年6月25日～
昭和～平成期の教育政策学者。民主教育研究所顧問。
¶現執1期、現執2期、現執3期、現執4期、平和

## 森田利房 もりたとしふさ
文久2(1862)年～?
江戸時代末期～明治期の教育者。
¶群馬人

## 森田虎雄 もりたとらお
明治35(1902)年12月20日～昭和56(1981)年3月25日
昭和期の歌人、高校教員。
¶愛媛百

## 森田信義 もりたのぶよし
昭和18(1943)年1月～
昭和～平成期の国語教育者。広島大学教授。
¶現執3期

## 森田梅庵 もりたばいあん
文化10(1813)年～明治5(1872)年
江戸時代後期～明治期の舞木村名主、教育者。
¶姓氏群馬

## 森田半兵衛 もりたはんべえ
享保2(1802)年～嘉永1(1848)年
江戸時代後期の教育家。
¶多摩

## 森田尚人 もりたひさと
昭和19(1944)年6月27日～
昭和～平成期の教育思想史。中央大学教授。
¶現執3期

## 森田博 もりたひろし
昭和7(1932)年3月18日～
昭和～平成期の劇作家、中学校教師。
¶大阪文、児作、児人、児文、世紀、日児

## 森田葆庵 もりたほうあん
文政9(1826)年～明治21(1888)年　㊙森田月瀬《もりたげつらい》
江戸時代末期～明治期の儒医。
¶国書(森田月瀬　もりたげつらい　㊙明治21(1888)年6月8日)、人名、日人

## 森田松栄 もりたまつえ
明治19(1886)年5月3日～昭和8(1933)年6月18日
明治～昭和期の教育者、エスペランティスト。
¶女運

## 森田幹太郎 もりたみきたろう
慶応3(1867)年～昭和5(1930)年
明治～昭和期の教育者。小学校長。
¶多摩

**森田実**　もりたみのる
明治8(1875)年～*
明治～昭和期の教育者。神宮皇学館館長。
¶神人([没]昭和28(1953)年)，渡航([生]1875年10月　[没]?)

**森田珉岑**　もりたみんしん★
寛政4(1792)年～慶応2(1866)年9月
江戸時代末期の学者。角館郷校の弘道書院教授。
¶秋田人2

**森田無絃**　もりたむげん
文政9(1826)年～明治29(1896)年
江戸時代末期～明治期の女性。学問に励み、海内第一の女学者と称された。節斎と放浪しながら塾を開き教育に携わった。
¶朝日([没]明治29(1896)年2月28日)，女史，女性，女性普，日人

**森為泰**　もりためひろ
文化8(1811)年～明治8(1875)年　[別]森為泰《もりためやす》
江戸時代末期～明治期の歌人。
¶国書(もりためやす　[生]文化8(1811)年2月　[没]明治8(1875)年4月16日)，島根人(もりためやす)，島根歴(もりためやす)，人名，日人，和俳

**森為泰**　もりためやす
→森為泰(もりためひろ)

**森田保三**　もりたやすぞう
明治16(1883)年～昭和29(1954)年
明治～昭和期の教育者。
¶群馬人

**森田勇造**　もりたゆうぞう
昭和15(1940)年6月12日～
昭和～平成期の教育人類学者。青少年交友協会理事長、野外文化研究所長。
¶現執3期，現執4期，世紀，YA

**森田百合子**　もりたゆりこ
明治45(1912)年6月6日～
大正～平成期の音楽教育者。
¶音人2，音人3

**森田良行**　もりたよしゆき
昭和5(1930)年1月2日～
昭和～平成期の国語学者、日本語教育学者。早稲田大学教授。
¶現執3期，現執4期

**森竹亭**　もりちくてい
→森鉄之助(もりてつのすけ)

**森中和**　もりちゅうか
→森包荒(もりほうこう)

**森綱蔵**　もりつなぞう
生没年不詳
江戸時代後期の寺子屋の師匠。
¶姓氏神奈川

**森恒太郎**　もりつねたろう
元治1(1864)年8月13日～昭和9(1934)年4月7日
明治～昭和期の政治家、教育者。
¶視覚

**森鉄之助**　もりてつのすけ
文化10(1813)年～明治6(1873)年7月30日　[別]森竹亭《もりちくてい》
江戸時代末期～明治期の狭山藩藩儒。代官所主善館教授、河内狭山藩となる。
¶維新(森竹亭　もりちくてい)，人名，日人，幕末，幕末大

**森昭三**　もりてるみ
昭和9(1934)年9月13日～
昭和～平成期の健康教育学者。筑波大学教授。
¶現執1期，現執2期，現執3期，現執4期

**森戸辰男**　もりとたつお
明治21(1888)年12月23日～昭和59(1984)年5月28日
大正～昭和期の経済学者、政治家。広島大学長、日本育英会会長。文相在任中、六三制の実施、公選制教育委員会の設置などを行った。
¶アナ，革命，近現，現朝，現執1期，現情，現人，現日，国史，コン改，コン4，コン5，史人，社運，社史，重要，新潮，世紀，政治，世人，全書([生]1881年)，日人，日本，広島百([生]明治21(1888)年9月23日)，平和，マス2，マス89，履歴，履歴2，歴大

**森友益**　もりともます
→森雲竹(もりうんちく)

**森豊良**　もりとよりょう
明治38(1905)年～昭和55(1980)年
昭和期の初等教育者、喜界島方言収集家。
¶姓氏鹿児島

**森直淳**　もりなおあつ
明治35(1902)年～昭和42(1967)年
昭和期の農業教育者。山形県立農事試験場長、山形県立村山農業高等学校長。
¶山形百新

**森中和**　もりなかかず
→森包荒(もりほうこう)

**森永種夫**　もりながたねお
明治39(1906)年～
昭和期の教育家。
¶郷土長崎

**森長勲**　もりながのり
文久1(1861)年9月21日～昭和6(1931)年3月8日
明治～昭和期の教育者。
¶山梨百

**森野宏**　もりのひろし
昭和2(1927)年4月11日～
昭和期の教育者。学校長。
¶飛驒

**森はな** もりはな
明治42(1909)年4月16日～平成1(1989)年6月14日
昭和・平成期の教育者、児童文学者。
¶児作，児人([没]?)，児文，女性，女性普([生]明治42(1909)年9月16日)，世紀，日児，日人，兵庫百，兵庫文

**森快温** もりはやあつ
明和6(1769)年～享和1(1801)年9月27日
江戸時代中期～後期の大名。播磨三日月藩主。
¶国書([生]明和6(1769)年10月1日)，諸系，日人，藩主3([生]明和6(1769)年10月18日)

**森彦三** もりひこぞう
慶応3(1867)年～*
明治期の鉄道技術者、教育者。名古屋高等工業学校校長。国産蒸気機関車第1号を製作。
¶先駆(生没年不詳)，鉄道([生]1867年4月7日 [没]1958年2月15日)，渡航([生]1867年3月3日 [没]?)

**森秀夫** もりひでお
大正11(1922)年4月9日～
昭和～平成期の教育制度学者。日本文化大学教授。
¶現執3期

**森均** もりひとし
昭和20(1945)年10月5日～
昭和期の益田の森塾長。
¶飛驒

**森広忠次** もりひろちゅうじ
文化5(1808)年～明治14(1881)年
江戸時代後期～明治期の私塾経営者。
¶姓氏山口

**守部大隅** もりべのおおすみ
生没年不詳 [別]守部連大隅《もりべのむらじおおすみ》，鍛大角《かぬちのおおすみ》，鍛冶造大角《かぬちのみやつこおおすみ》，鍛冶大隅《かぬちのおおすみ》
飛鳥時代～奈良時代の官人、学者。大宝律令の編纂者の一人。
¶朝日，国史，古代(守部連大隅 もりべのむらじおおすみ)，古中，コン改(鍛冶大隅 かぬちのおおすみ)，コン4(鍛冶大隅 かぬちのおおすみ)，新潮(鍛冶大隅 かぬちのおおすみ)，人名，人名(鍛大角 かぬちのおおすみ)，世人([生]斉明5(659)年 [没]天平3(731)年)，世人(鍛冶造大角 かぬちのみやつこおおすみ)，日人

**守部連大隅** もりべのむらじおおすみ
→守部大隅(もりべのおおすみ)

**森部英生** もりべひでお
昭和17(1942)年8月14日～
昭和～平成期の研究者。群馬大学教育学部教授。専門は、教育制度、教育法規。
¶現執4期

**森包荒** もりほうこう
文政11(1828)年～明治32(1899)年8月29日
[別]森中和《もりちゅうか，もりなかかず》
江戸時代末期～明治期の教育者。藩学教成館学頭、一関藩権大参事。用人兼公議人、岩手県師範学校長を兼任。
¶岩手百，姓氏岩手(森中和 もりちゅうか)，姓氏岩手，幕末，幕末大，藩臣1(森中和 もりなかかず)

**盛政貞人** もりまささだと
大正6(1917)年～平成6(1994)年
昭和～平成期の島根大学教育学部教授。
¶島根歴

**森尹祥** もりまさよし
元文5(1740)年～寛政10(1798)年3月14日
江戸時代中期～後期の和学者。
¶江文，国書

**森松雄** もりまつお
明治40(1907)年2月13日～昭和62(1987)年8月30日
大正～昭和期の出版人。教育同人社創業者。
¶出文

**森松次郎**(1) もりまつじろう
天保6(1835)年～明治35(1902)年2月26日
江戸時代末期～明治期の伝道師。五島キリシタンの復活を主導。
¶キリ([生]天保7年10月12日(1836年11月20日))，近現，国史，史人([生]1835年12月1日)，日人，歴大

**森松次郎**(2) もりまつじろう
安政1(1854)年9月～昭和5(1930)年5月18日
明治期の田辺高等小学校校長、紀州田辺理想青年会関係者。
¶社史

**森光繁** もりみつしげ
明治24(1891)年10月11日～昭和51(1976)年2月10日
明治～昭和期の郷土史家、教育家。
¶愛媛，愛媛百，郷土

**森三美** もりみよし
明治5(1872)年7月16日～大正2(1913)年12月13日
明治～大正期の洋画家。小、中学校で図画教師。青木繁らを育てる。
¶近美，世紀，日人，美家，福岡百([没]大正2(1913)年12月11日)，洋画

**森村市左衛門**(1) もりむらいちざえもん
天保10(1839)年～大正8(1919)年9月11日
江戸時代末期～明治期の貿易商、実業家。
¶愛知百([生]1839年10月27日)，朝日([生]天保10年10月28日(1839年12月3日))，近現，国史，コン改，コン4，コン5，史人([生]1839年10月28日)，静岡歴，実業([生]天保10(1839)年10月28日)，食文([生]天保10年10月28日(1839年12月3日))，新潮([生]天保10(1839)年10月 [没]大正8

も

（1919）年9月12日），人名，世紀（㊐天保10（1839）年10月28日），姓氏愛知，姓氏静岡，先駆（㊐天保10（1839）年10月28日），全書，創業，日史（㊐天保10（1839）年10月28日），日人，明治2，履歴（㊐天保10（1839）年10月27日 ㊣大正8（1919）年9月17日），歴大

**森村市左衛門**(2) もりむらいちざえもん
明治6（1873）年～昭和37（1962）年7月5日 ㊕森村開作《もりむらかいさく》
明治～昭和期の実業家、男爵。森村学園を創立。
¶学校，実業，渡航（森村開作 もりむらかいさく ㊐1873年12月26日）

**森村開作** もりむらかいさく
→森村市左衛門(2)（もりむらいちざえもん）

**森村茂樹** もりむらしげき
大正5（1916）年～昭和54（1979）年
昭和期の医学教育、精神科。
¶近医

**森盲天外** もりもうてんがい
元治1（1864）年8月13日～昭和9（1934）年4月7日
明治～昭和期の政治家。愛媛県余土村長。青年教育を推進。
¶愛媛百，郷土愛媛，日人，俳文

**森本綾** もりもとあや
大正2（1913）年11月7日～
昭和期の上宝村教育委員長。
¶飛騨

**森基** もりもとい
大正12（1923）年5月15日～
大正～昭和期の教育者。
¶視覚

**森本一秋** もりもとかずあき
？ ～
大正期の関西民衆党教育部長。
¶社史

**森本克彦** もりもとかつひこ
昭和13（1938）年4月21日～平成9（1997）年3月28日
昭和・平成期の教育者。学校長。
¶飛騨

**森本慶三** もりもとけいぞう
明治8（1875）年3月10日～昭和39（1964）年12月5日
明治～昭和期のキリスト教伝道者、事業家。津山基督教図書館、津山基督教学園などを創設、地域の文化向上と人材の育成に尽力。
¶朝日，岡山人，岡山歴，キリ，社史，世紀，哲学，日人，平和

**森本厚吉** もりもとこうきち
明治10（1877）年3月2日～昭和25（1950）年1月31日
明治～昭和期の評論家。北海道帝国大学教授。女子文化高等学院を創設、生活文化の啓蒙向上に寄与。

¶学校，京都文，近文，現情，札幌（㊐明治10年3月），社史（㊐1877年3月4日），世紀，渡航，北海道

**森本香谷** もりもとこうこく
慶応3（1867）年7月18日～昭和12（1937）年11月9日
明治～昭和期の教員、画家。
¶島根百，島根歴

**森本真章** もりもとしんしょう
大正7（1918）年8月23日～
昭和期の教育学者。鳴門市教育長、福井工業大学教授、国際教育研究所代表。
¶現執2期

**森本清蔵** もりもとせいぞう
元治1（1864）年～？
江戸時代末期～明治期の教育者。
¶姓氏愛知

**森本弌** もりもとはじめ
大正8（1919）年3月10日～平成4（1992）年6月4日
昭和期の郷土史家。
¶郷土，世紀，日人

**森本治枝** もりもとはるえ
＊～平成7（1995）年3月12日
大正～昭和期の数学者。専門は数学教育。
¶科学（㊐1902年（明治35）12月6日），数学（㊐明治36（1903）年）

**森本秀夫** もりもとひでお
大正12（1923）年10月13日～昭和63（1988）年1月17日
昭和期の劇作家、校長。全国中学校演劇教育研究会会長。
¶児作，日児

**森本博之** もりもとひろゆき
大正4（1915）年1月19日～
昭和期の教育者。学校長。
¶飛騨

**森本正一** もりもとまさかず
大正11（1922）年9月2日～
昭和～平成期の国語教育学者。広島大学教授。
¶現執3期

**森本安昌** もりもとやすまさ
明治40（1907）年～
昭和期の教育家。
¶郷土奈良

**森本良雄** もりもとよしもと
明治40（1907）年～
昭和期の教育者。国立市教育委員長。
¶多摩

**守屋東** もりやあずま
明治17（1884）年7月7日～昭和50（1975）年12月18日
明治～昭和期の婦人運動家、社会事業家、女子教育家。大東学園高校理事長。「禁酒の母」と呼ば

れ未成年者禁酒法の制定に尽力。
¶学校，キリ，近女，現朝，現情，女運，女史，女性，女性普，世紀，日人

**守屋貫雅** もりやかんが
明治24（1891）年～昭和28（1953）年
大正～昭和期の教育者。
¶神奈川人

**守屋貫量** もりやかんりょう
安政6（1859）年～大正13（1924）年
明治～大正期の教育者・僧侶。
¶神奈川人，姓氏神奈川

**守屋喜元** もりやきげん
明治13（1880）年8月15日～昭和49（1974）年11月1日
明治～昭和期の教育者・埼玉県官吏。
¶埼玉人

**守屋喜七** もりやきしち
明治5（1872）年～昭和21（1946）年
明治～昭和期の小学校長、信濃教育会主事。
¶姓氏長野，長野百，長野歴

**守屋くの** もりやくの
明治28（1895）年10月8日～昭和33（1958）年1月15日
昭和期の薙刀指導者、天流道。岡山第一女学校薙刀教授。薙刀錬士、薙刀教師。武得会から薙刀範士の称号をうける。
¶岡山人，岡山歴，女性，女性普

**守屋荒美雄** もりやすさびお
明治5（1872）年5月15日～昭和13（1938）年2月8日
明治～昭和期の出版人、教師。帝国書院創業者。
¶岡山人，岡山歴，出版，出文

**森保太郎** もりやすたろう
明治13（1880）年～大正12（1923）年
明治～大正期の教育家。
¶郷土奈良

**守屋誠司** もりやせいじ
昭和32（1957）年12月3日～
昭和～平成期の研究者。京都教育大学教育学部教授。専門は、数学教育学、教育工学。
¶現執4期

**森谷たま** もりやたま
明治17（1884）年12月1日～昭和17（1942）年8月9日
明治～昭和期の教育家。山形精華高等学校創立者。
¶学校，山形百

**守屋恒三郎** もりやつねさぶろう
明治12（1879）年10月29日～大正13（1924）年3月1日
明治～大正期の図書館人、教育者。
¶日児

**守屋富太郎** もりやとみたろう
嘉永5（1852）年～大正10（1921）年3月
明治～大正期の植林家。樹種地質などを研究、落葉松など多くの植林事業に尽力。
¶植物，人名，世紀，日人

**森山幾之進** もりやまいくのしん
生没年不詳
江戸時代末期の三輪村の畔頭役、寺子屋師匠。
¶姓氏山口

**森山右一** もりやまういち
明治32（1899）年～昭和45（1970）年
大正～昭和期の教育者。
¶姓氏山口，山口人

**森山謙一郎** もりやまけんいちろう
明治35（1902）年～平成2（1990）年
昭和～平成期の教師。短歌の潮音社顧問。
¶青森人

**森山七兵衛** もりやましちべえ
文化8（1811）年～明治25（1892）年
江戸時代後期～明治期の教育者。
¶姓氏山口

**森山沾一** もりやませんいち
昭和21（1946）年～
昭和～平成期の社会教育学者、同和教育学者。
¶現執3期，現執4期（[生]1946年7月15日）

**守山諦聞** もりやまていもん
弘化1（1844）年～大正2（1913）年
江戸時代末期～大正期の僧、教育者。
¶姓氏愛知

**森山真弓** もりやままゆみ
昭和2（1927）年11月7日～
昭和～平成期の政治家。衆議院議員、法務大臣、文相。海部内閣の環境庁長官、官房長官、宮沢改造内閣の文相、小泉内閣法相、改造内閣でも留任。
¶現朝，現執2期，現政，写人，世紀，政治，日人，マス89，履歴，履歴2

**守屋美賀雄** もりやみかお
明治39（1906）年3月25日～昭和57（1982）年10月18日
大正～昭和期の数学者。
¶岡山歴，科学，数学

**森要蔵** もりようぞう
文化7（1810）年～明治1（1868）年　[別]森景鎮《もりかげちか》
江戸時代末期の剣術師範。
¶剣豪，国書（森景鎮　もりかげちか　[没]慶応4（1868）年7月1日），幕末，幕末大，藩臣3

**森養竹〔4代〕** もりようちく
→森立之（もりりっし）

**森与志男** もりよしお
昭和5（1930）年12月5日～
昭和～平成期の高校教師、小説家。日本民主主義文学同盟事務局長。
¶現執2期，現執4期

も

**森嘉種**　もりよしたね
文久2(1863)年～昭和8(1933)年9月4日
明治～昭和期の教育者。石川義塾(後の学法石川高等学校)を創立。
¶学校([生]文久2(1862)年12月23日)，世紀([生]文久2(1863)年12月23日)，日人

**森喜朗**　もりよしろう
昭和12(1937)年7月14日～
昭和～平成期の政治家。衆議院議員、文相、首相。第2次中曾根内閣文相、のち通産相、建設相を歴任。
¶石川百，近現，現朝，現執2期，現情，現政，現日，世紀，政治，日人，履歴，履歴2

**森蘭谷**　もりらんこく
天保6(1835)年～明治36(1903)年
江戸時代末期・明治期の教育者、吉田藩の儒者。
¶愛媛

**森立之**　もりりっし
文化4(1807)年～明治18(1885)年12月6日　[別]森立之《もりたつゆき》，森養竹〔4代〕《もりようちく》，森枳園《もりきえん》
江戸時代末期～明治期の医師。「医心方」を校正。編著に「遊相医和」「素問攷註」など。
¶朝日([生]文化4(1807)年11月)，維新(森養竹〔4世〕　もりようちく)，維新(森養竹〔4代〕　もりようちく)，江文，近現(もりたつゆき)，近世(もりたつゆき)，国史(もりたつゆき)，国書(もりたつゆき　[生]文化4(1807)年11月25日)，コン改，コン4，コン5，新潮，人名(森養竹〔4世〕　もりようちく)，全書(もりたつゆき)，日人，幕末(森枳園　もりきえん)，藩臣6(森枳園　もりきえん)，歴大(もりたつゆき)

も

**森林助**　もりりんすけ
明治13(1880)年～昭和10(1935)年
明治～大正期の地方史研究家、教育家。青森県立弘前中学校教諭。青森県史を研究。
¶青森人，郷土，史研

**森脇知己**　もりわきともき
明治44(1911)年～昭和63(1988)年
昭和期の歯科医。日本歯科医師会副会長、江津市教育委員長。
¶島根歴

**森脇兵一**　もりわきひょういち
明治31(1898)年～昭和50(1975)年
昭和期の教育者。
¶山口人

**森脇村次郎**　もりわきむらじろう
慶応3(1867)年7月10日～昭和13(1938)年1月10日
明治～昭和期の教育者。旧制島根県立直江農学校長。
¶島根人，島根百，島根歴

**森脇義一**　もりわきよしかず
明治29(1896)年～昭和28(1953)年
大正～昭和期の初代江津市教育委員長。
¶島根歴

**森わさ**　もりわさ
慶応4(1868)年6月4日～昭和28(1953)年10月12日
明治～昭和期の教育者。森裁縫女学校を設立。神戸学院の基礎。教育功労者として文部大臣から表彰される。
¶学校，女性，女性普，世紀，日人，兵庫百

**師井恒男**　もろいつねお
明治44(1911)年3月5日～
昭和期の小学校教師、教育問題専門家。
¶現執1期，社史

**諸岡一羽**　もろおかいつう
→諸岡一羽(もろおかいっぱ)

**諸岡一羽**(師岡一波)　もろおかいっぱ
天文2(1533)年～文禄2(1593)年　[別]諸岡一羽《もろおかいつう》
戦国時代～安土桃山時代の剣術家。
¶人名(もろおかいつう)，全書([没]1593年？)，大百([生]1532年)，日人(師岡一波)

**諸岡和房**　もろおかかずふさ
昭和4(1929)年8月10日～
昭和期の社会教育学者。九州大学教授、福岡YMCA国際ホテル福祉専門学校校長。
¶現執1期，現執2期

**師岡節斎**　もろおかせっさい
天保1(1830)年～明治32(1899)年
江戸時代末期～明治期の国学者。愛媛皇典講究分所教授理事。監察司知事、宣教権中博士など歴任後、神道事務局にて教授。
¶人名

**諸葛信澄**　もろくずしんちょう
→諸葛信澄(もろくずのぶずみ)

**諸葛信澄**　もろくずのぶずみ
嘉永2(1849)年～明治13(1880)年12月21日
[別]諸葛信澄《もろくずしんちょう》
江戸時代末期～明治期の教育者。東京・大阪師範学校長。武芸をよくする。維新後は文部省に勤める。
¶教育(もろくずしんちょう)，日人，幕末，幕末大，山口百

**諸沢正道**　もろさわまさみち
大正12(1923)年9月26日～平成15(2003)年11月22日
昭和～平成期の官僚。文部事務次官、国立科学博物館長、常磐大学短期大学部学長。
¶現執2期，履歴，履歴2

**諸沢みよ**　もろさわみよ
明治20(1887)年12月18日～昭和49(1974)年7月25日
明治～昭和期の教育者。小田木裁縫伝習所開設。水戸常盤女学校に改組校長就任。常磐学園理事長。正五位勲三等瑞宝章受章。
¶茨城歴，学校，女性，女性普，世紀，日人

毛呂昌　もろしょう
　明治19(1886)年～昭和46(1971)年
　明治～昭和期の政治家。群馬県議会議員、教育者。
　¶群馬人

両角王渓　もろずみおうけい
　寛政8(1796)年～安政6(1859)年
　江戸時代後期の丹波亀山藩校教授。
　¶京都府

諸角和儔　もろずみかずとし
　＊～昭和48(1973)年3月9日
　昭和期の教育者、評論家。
　¶日児(㊥昭和2(1927)年9月5日)，北海道文
　　(㊥昭和7(1932)年)

両角喜重　もろずみきじゅう
　明治12(1879)年～昭和28(1953)年
　明治～昭和期の歌人、教育者。
　¶姓氏長野，長野歴

両角栄　もろすみさかえ
　生没年不詳
　昭和期の小学校教員。
　¶社史

両角英運　もろずみひでゆき
　明治37(1904)年～昭和45(1970)年
　昭和期の全国高等学校校長会長。
　¶長野歴

毛呂百人　もろずんど
　慶応4(1868)年9月5日～昭和22(1947)年11月9日
　明治～昭和期の教育者。
　¶庄内

毛呂桑陰　もろそういん
　嘉永7(1854)年～昭和5(1930)年
　明治～昭和期の教育者。
　¶群新百，群馬人，群馬百，姓氏群馬

諸富祥彦　もろとみよしひこ
　昭和38(1963)年5月4日～
　昭和～平成期の心理カウンセラー。千葉大学教育学部助教授。
　¶現執4期

毛呂八郎兵衛　もろはちろうべえ
　正徳2(1712)年8月21日～安永5(1776)年10月6日
　江戸時代中期の剣術家。円輝流の祖。
　¶庄内

門　もん★
　1849年～
　江戸時代後期の女性。教育。柳沢柳吉の妻。
　¶江表(門(東京都)　㊥嘉永2(1849)年頃)

門田杉東　もんでんさんとう
　天保2(1831)年～大正4(1915)年9月20日
　江戸時代末期～明治時代の儒学者。藩校誠之館の文学教授。福山藩少属、沼名前神社、吉備津神社禰宜を歴任。
　¶幕末，幕末大

門田秀夫　もんでんひでお
　昭和2(1927)年2月22日～
　昭和～平成期の同和教育学者。関西外国語大学教授。
　¶現執2期，現執3期

門馬尚子　もんまなおこ
　生没年不詳
　平成期の教師、翻訳家。
　¶児人

## 【や】

やう
　1835年～
　江戸時代後期の女性。教育。福井氏。
　¶江表(やう(東京都)　㊥天保6(1835)年頃)

やえ
　～明治23(1890)年
　江戸時代末期～明治時代の女性。教育。石井氏。
　¶江表(やえ(神奈川県))

やゑ
　1824年～
　江戸時代後期の女性。教育。岩田氏。
　¶江表(やゑ(東京都)　㊥文政7(1824)年頃)

八重　やえ★
　江戸時代の女性。教育。松野氏。私塾を経営。
　¶江表(八重(栃木県))

八重樫七兵衛　やえがししちべえ
　明治5(1872)年～昭和22(1947)年
　明治～昭和期の教育者。
　¶姓氏岩手

八重樫寿太郎　やえがしじゅたろう
　明治2(1869)年9月6日～昭和8(1933)年1月13日
　明治～昭和期の教育功労者。
　¶岩手人，姓氏岩手

八重樫尚伯　やえがししょうはく
　天保7(1836)年～明治45(1912)年9月21日
　江戸時代後期～明治期の医師。
　¶岩手人

八重野範三郎　やえののりさぶろう
　嘉永2(1849)年4月～大正11(1922)年1月20日
　江戸時代末期～大正期の教育者。
　¶福岡百

谷開石雄　やがいいしお
　昭和6(1931)年1月1日～
　昭和期の教育者。学校長・岐阜県立図書館長。
　¶飛騨

矢ケ崎奇峰　(矢ケ崎奇峰)　やがさききほう
　明治3(1870)年10月5日～昭和23(1948)年4月15日
　明治～昭和期の俳人。子規庵句会の一員として活

躍。「奇峰文集」がある。
¶近文（矢ヶ崎奇峰），世紀，姓氏長野（矢ヶ崎奇峰），長野歴，俳文

**矢ケ崎輝雄** やがさきてるお
明治20（1887）年～昭和42（1967）年
明治～昭和期の教育者。
¶長野歴

**谷頭溟南** やがしらめいなん
→谷頭有寿（たにずありとし）

**矢川徳光** やがわとくみつ
明治33（1900）年11月26日～昭和57（1982）年2月23日
昭和期の教育学者。新興教育研究所中央委員としてソビエト教育学を紹介。
¶現朝，現執1期，現情，現人，コン改，コン4，コン5，思想，新潮，世紀，日人，平和

**八木淳** やぎあつし
大正10（1921）年9月4日～
昭和～平成期の教育評論家。
¶現執2期，現日，世紀



**八木岡新右衛門** やぎおかしんうえもん
→八木岡新右衛門（やぎおかしんえもん）

**八木岡新右衛門**（八木岡新衛門） やぎおかしんえもん
*～昭和5（1930）年6月7日　[別]八木岡新右衛門《やぎおかしんうえもん》
明治～昭和期の園芸技術者。
¶茨城百（やぎおかしんうえもん　[生]1880年），郷土茨城（[生]1880年），群馬人（八木岡新衛門　[生]明治13（1880）年），植物（[生]明治14（1881）年7月27日），世紀（[生]明治14（1881）年7月27日），日人（[生]明治14（1881）年7月27日）

**八木一男** やぎかずお
明治18（1885）年8月2日～昭和42（1967）年2月17日
明治～昭和期の教育者、伝道者。日本水上学校校長。
¶キリ

**八木晃介** やぎこうすけ
昭和19（1944）年～
昭和～平成期の社会教育論学者。花園大学教授。
¶現執2期，現執3期，現執4期（[生]1944年9月5日）

**八木繁一** やぎしげいち
明治26（1893）年1月15日～昭和55（1980）年6月9日
大正～昭和期の教育者、植物研究家。オキチモズクを発見。昭和天皇に県内の動植物について進講した。
¶愛媛，愛媛人，愛媛百，植物，世紀，日人

**八木静修** やぎしずさね，やぎしずざね
→八木静修（やぎせいしゅう）

**柳下換** やぎしたかん
昭和32（1957）年～
昭和～平成期の教育研究家。ヒューマンネットワークス代表、インターネットハイスクール「風」代表。
¶YA

**柳下太一郎** やぎしたたいちろう
生没年不詳
江戸時代後期の寺子屋師匠。
¶姓氏神奈川

**柳下とみ** やぎしたとみ
明治17（1884）年7月26日～昭和48（1973）年6月12日
明治～昭和期の教育者。前橋和洋裁縫女学校創設、校長。婦人活動に積極的に参加し、群馬県知事から表彰された。
¶群馬人（[没]昭和48（1973）年4月），女性（[没]？），女性普（[没]？），世紀，日人

**八木正一** やぎしょういち
昭和24（1949）年1月14日～
昭和～平成期の音楽教育学者。埼玉大学教授。
¶音人2，音人3，現執3期，現執4期

**八木昌平** やぎしょうへい
明治9（1876）年4月12日～昭和39（1964）年
大正～昭和期の地方史研究家。群馬県立高等女学校校長。群馬県史、特に桐生織物史を研究。
¶郷土（[没]明治39（1906）年9月27日），郷土群馬，群新百，群馬人（[没]昭和39（1964）年9月27日），群馬百，史研，姓氏群馬

**八木真平** やぎしんぺい
明治37（1904）年2月3日～平成11（1999）年8月7日
昭和～平成期の音楽教育者。
¶音人，音人2，音人3

**八木静修** やぎせいしゅう
文化6（1809）年～安政3（1856）年　[別]八木静修《やぎしずさね，やぎしずざね》
江戸時代末期の国学者、幕府旗下士。
¶江文（やぎしずざね），大阪人（[没]安政3（1856）年12月），国書（やぎしずさね　[没]安政3（1856）年12月20日），人名，日人（[没]1857年）

**柳沼亀吉** やぎぬまかめきち
文久2（1862）年～明治17（1884）年
明治期の小学校教員。福島県常葉町西向小学校校長。
¶社史

**八木沼健夫** やぎぬまたけお
大正5（1916）年2月2日～
昭和期の教師、生物学者。追手門学院大学教授、東亜蜘蛛学会会長。
¶現執2期

**八木橋雄次郎** やぎはしゆうじろう
明治41（1908）年12月21日～昭和59（1984）年8月14日
大正～昭和期の詩人、小学校教員。日本国語教育学会理事長。
¶秋田人2，児文（[没]昭和58（1983）年），日児

**柳生力** やぎゅうつとむ
昭和5(1930)年1月4日〜
昭和〜平成期の音楽教育者、音楽評論家。
¶音人，音人2，音人3

**柳生宗冬** やぎゅうむねふゆ
慶長18(1613)年〜延宝3(1675)年
江戸時代前期の大名、剣術家。大和柳生藩主。
¶江人，近世，剣豪，国史，コン改，コン4，コン5，史人([没]1675年9月29日)，諸系，新潮([没]延宝3(1675)年9月23日)，人名，世人，全書，大百([生]1615年)，徳川臣，日人，藩主3([没]延宝3(1675)年9月29日)

**八木美穂** やぎよしほ
寛政12(1800)年〜安政1(1854)年
江戸時代末期の国学者。「万葉集略解補闕」の著者。
¶朝日([生]寛政12(1800)年7月 [没]安政1年6月26日(1854年7月20日))，維新，国書([生]寛政12(1800)年7月12日 [没]嘉永7(1854)年6月26日)，コン改，コン4，静岡百，静岡歴，神人([生]寛政12(1800)年7月12日 [没]安政1(1854)年6月26日)，人名，姓氏静岡，日人，和俳

**八木竜三郎** やぎりゅうざぶろう
明治16(1883)年〜昭和23(1948)年
明治〜昭和期の教育者。
¶京都府，世紀，日人

**役重真喜子** やくしげまきこ
昭和42(1967)年〜
昭和〜平成期の地方公務員、作家。東和町(岩手県)教育次長。
¶現執4期

**薬師寺和寿** やくしじかずとし
大正4(1915)年〜昭和61(1986)年
昭和期の大分県教育委員。
¶大分歴

**薬師寺清右衛門** やくしじせいえもん
天保11(1840)年〜大正5(1916)年3月14日
江戸時代末期〜明治期の政治家。県議会議員。学校教育や農業の改良に尽力。養蚕などの畜産の普及に努める。
¶幕末

**薬智** やくち
生没年不詳
平安時代後期の天台宗の僧。
¶朝日，コン改，コン4，新潮，人名，日人

**矢口謙斎** やぐちけんさい
文化14(1817)年〜明治12(1879)年
江戸時代末期の儒学者。
¶江文，人名，日人

**矢口亨** やぐちとおる
明治33(1900)年〜昭和52(1977)年
大正〜昭和期の教育者。『無明録』を執筆。
¶長野歴

**矢口新** やぐちはじめ
大正2(1913)年2月25日〜
昭和期の教育学者。能力開発工学センター所長。
¶現執1期，現情

**谷口雅子** やぐちまさこ
昭和18(1943)年9月24日〜
昭和期の社会教育学者。福岡教育大学教授。
¶現執2期

**矢口来応** やぐちらいおう
天明2(1782)年〜安政5(1858)年
江戸時代後期の心学者。
¶教育，コン改，コン4，コン5，新潮([生]天明2(1782)年2月1日 [没]安政5(1858)年6月27日)，世人([生]天明2(1782)年2月1日 [没]安政5(1858)年6月27日)，日人，藩臣6

**役田昇** やくでんのぼる
大正6(1917)年12月11日〜
昭和期の宮村教育委員長・学校長。
¶飛驒

**八雲数枝** やくもかずえ，やぐもかずえ
明治13(1880)年11月18日〜昭和43(1968)年9月27日
明治〜昭和期の社会事業家。夫竜震と因伯保児院を創設。実子との区別なく育てる。仏教婦人会などでも活躍。
¶女性，女性普(やぐもかずえ)，世紀，鳥取百，日人

**矢倉久泰** やぐらひさやす
昭和15(1940)年2月24日〜
昭和〜平成期の教育ジャーナリスト。毎日新聞論説委員。
¶現執2期，現執3期，現執4期

**屋崎隼人** やさきはやと，やざきはやと
? 〜元禄10(1697)年
江戸時代前期〜中期の弓術家。
¶剣豪(やざきはやと)，日人([没]1698年)，宮城百

**矢崎雅久** やざきまさひさ
昭和17(1942)年〜
昭和期の教師、児童文学作家。
¶児人

**矢崎リツ** やざきりつ
明治22(1889)年〜昭和56(1981)年7月17日
昭和期の教育者。共立女子学園評議委員。
¶女性，女性普

**矢崎良平** やざきりょうへい
明治41(1908)年10月4日〜昭和9(1934)年11月6日
昭和期の小学校教員。
¶社史

**矢沢邦彦** やざわくにひこ
明治16(1883)年〜昭和29(1954)年
明治〜昭和期の文人、教育者。
¶長野歴

**矢沢淳三** やざわじゅんぞう
天保4(1833)年～明治32(1899)年
江戸時代後期～明治期の教育功労者。
¶郷土長野，姓氏長野，長野歴

**矢沢米三郎** やざわよねさぶろう
慶応4(1868)年5月16日～昭和17(1942)年3月31日
江戸時代末期～昭和期の教育家、動植物学者。
¶郷土長野，植物，姓氏長野，長野百，長野歴

**矢島焞辰** やじまあきたつ
寛政8(1796)年～嘉永2(1849)年　[別]矢島伊浜《やじまいひん》
江戸時代後期の豊前小倉藩士、儒学者。
¶国書(矢島伊浜　やじまいひん　[没]嘉永2(1849)年8月27日)，人名(矢島伊浜　やじまいひん)，日人(矢島伊浜　やじまいひん)，藩臣7

**矢島伊浜** やじまいひん
→矢島焞辰(やじまあきたつ)

**矢島楫子**(矢嶋揖子，矢嶋楫子) やじまかじこ
天保4(1833)年4月24日～大正14(1925)年6月16日
明治～大正期の女子教育者、女性運動家。女子学院院長。女子英語教育に尽力。東京婦人矯風会会長として廃娼運動を展開。
¶朝日(矢嶋楫子　[生]天保4年4月24日(1833年6月11日))，岩史，海越，海越新，江表(楫子(熊本県))，教育，キリ(矢嶋楫子)，近現(矢嶋楫子)，近女，熊本人(矢嶋楫子)，熊本百([生]天保5(1834)年4月24日)，群新百，現日，国史(矢嶋楫子)，コン改，コン5，史人，思想史，重要，女運，女史，女性([没]大正14(1925)年6月14日)，女性普([没]大正14(1925)年6月14日)，新宿女，新潮，人名([生]1834年)，世紀，世人([生]天保5(1834)年4月24日)，世百，先駆(矢嶋揖子)，全書，大百，日史，日人，日本，百科，平日，民学，明治2(矢嶋楫子)，履歴(矢嶋楫子)，歴大

**矢島鐘二** やじまかねじ
明治16(1883)年～昭和35(1960)年　[別]矢島鐘二《やじましょうじ》
明治～昭和期の体育指導者。
¶群馬人，群馬百(やじましょうじ)，姓氏群馬

**矢島喜源次** やじまきげんじ
明治1(1868)年12月～*
明治期の俳人、教育者。
¶滋賀文([没]？)，鳥取百([没]昭和35(1960)年)

**矢島錦蔵** やじまきんぞう
文久3(1863)年～大正5(1916)年
明治～大正期の教育家。
¶神人，心理

**矢嶋作郎**(矢島作郎) やじまさくろう
天保10(1839)年～明治44(1911)年11月7日
[別]伊藤湊《いとうたい，いとうみなと》
江戸時代末期～明治時代の徳山藩士。東京貯蓄銀行社長、東京電灯会社社長、衆議院議員。東京に訓育唖院、正則英語学校を建てた。
¶海越(伊藤湊　いとうみなと　生没年不詳)，海越(矢島作郎　生没年不詳)，海越新(伊藤湊　いとうみなと)，海越新(矢島作郎)，姓氏山口，渡航(伊藤湊　いとうたい)，渡航(矢島作郎)，幕末，幕末大([生]天保10(1839)年1月18日)，山口百(矢島作郎)

**矢島周平** やじましゅうへい
明治40(1907)年4月29日～昭和57(1982)年6月20日
昭和期の小学校教員。
¶社史

**矢島鐘二** やじましょうじ
→矢島鐘二(やじまかねじ)

**矢島武** やじまたけし
明治45(1912)年～平成4(1992)年
昭和～平成期の旭川大学長。
¶北海道歴

**矢島竹厓** やしまちくがい
文政9(1826)年～明治25(1892)年4月
江戸時代末期～明治時代の福山藩士、儒学家。藩校誠之館教授、大目付軍法取吟味掛。徒士頭・儒者を歴任。
¶幕末，幕末大([生]文政9(1826)年4月)

**矢島晁英** やじまちょうえい
天保3(1832)年2月4日～
江戸時代後期～明治期の教育者。
¶庄内

**矢島鶴子** やじまつるこ
寛政10(1798)年～嘉永6(1853)年
江戸時代末期の女性。肥後上益城郡鯰の郷士矢島忠左衛門直明の妻。
¶江表(鶴子(熊本県))，人名，日人

**矢島敏彦** やじまとしひこ
*～文政11(1828)年5月6日
江戸時代後期の数学者。
¶新潮([生]宝暦12(1762)年？)，人名([生]1766年)，数学([生]宝暦13(1763)年1月21日)，姓氏長野([生]1763年　[没]1830年)，世人([生]明和3(1766)年)，長野百([生]1762年)，長野歴([生]宝暦13(1763)年)，日人([生]1763年)

**矢島直方** やじまなおかた
文政6(1823)年～明治18(1885)年
江戸時代末期～明治期の地方開発者。
¶人名，日人

**矢島胖** やじまひろし
明治28(1895)年～昭和43(1968)年
大正～昭和期の教育者。
¶群新百，群馬人，群馬百，姓氏群馬

**矢島立軒** やじまりっけん
文政9(1826)年～明治4(1871)年　[別]矢島立軒《やじまりゅうけん》
江戸時代末期～明治期の儒学者。
¶維新(やじまりゅうけん)，郷土福井，国書

(㋶文政9(1826)年3月23日 ㋬明治4(1871)年10月23日)、人名、日人、幕末(㋬1871年12月6日)、藩臣3

**矢島立軒** やじまりゅうけん
→矢島立軒(やじまりっけん)

**矢島麟太郎** やじまりんたろう
明治20(1887)年～昭和34(1959)年
明治～昭和期の教育者、基督者。
¶姓氏長野、長野歴

**八代斌助** やしろひんすけ
明治33(1900)年3月3日～昭和45(1970)年10月10日
大正～昭和期のキリスト教伝道者。世界協会一致運動に尽力。八代学院院長。
¶学校、キリ、現朝、現人、人名7、世紀、哲学、日人、兵庫百、北海道百、北海道歴

**矢代操** やしろみさお
嘉永6(1853)年～明治24(1891)年
明治期の法学者。独力で講法学会(のち明治法律学校)を興す。
¶学校(㋬明治24(1891)年4月2日)、人書94、人名、日人

**やす**(1)
江戸時代前期の女性。教育・書。大津の窪田宗保の娘。万治3年に『女初学文章』を著した。
¶江表(やす(滋賀県))

**やす**(2)
1841年～
江戸時代後期の女性。教育。経師職武藤藤兵衛の妹。
¶江表(やす(東京都)) ㋫天保12(1841)年頃)

**ヤス**
天保5(1834)年～
江戸時代後期の女性。教育。松前藩藩士青山氏の妻。
¶江表(ヤス(北海道))

**や寿** やす★
江戸時代末期の女性。教育。荒井芳兵衛の妻。元治1年夫が深川大島町に寺子屋荒井塾を開業、夫の死後継承する。
¶江表(や寿(東京都))

**屋寿** やす★
1825年～
江戸時代後期の女性。教育。奥平芳蔵の妻。
¶江表(屋寿(東京都)) ㋫文政8(1825)年頃)

**安井英二** やすいえいじ
明治23(1890)年9月18日～昭和57(1982)年1月9日
大正～昭和期の内務官僚、政治家。大阪府知事。第1次・第2次近衞内閣で文相・内相兼厚相に就任。
¶岡山百、岡山歴(㋬明治23(1890)年9月23日)、近現、現朝、現情、国史、コン改、コン5、史人、世紀、政治、栃木歴、日史、日人、履歴、履歴2

**安井儀** やすいぎ
寛延1(1748)年～寛政9(1797)年12月6日 ㋭安井金竜《やすいきんりゅう》
江戸時代中期の儒学者。
¶国書(安井金竜 やすいきんりゅう)、人名、日人(安井金竜 やすいきんりゅう) ㋬1798年)

**安井金竜** やすいきんりゅう
→安井儀(やすいぎ)

**安井好尚** やすいこうしょう
弘化4(1847)年9月28日～大正11(1922)年10月10日
明治～大正期の農村指導者。
¶島根人、島根百、島根歴、世紀、日人

**安井滄洲** やすいそうしゅう
明和4(1767)年～天保6(1835)年
江戸時代中期～後期の日向飫肥藩士。
¶国書(㋫明和4(1767)年閏9月3日 ㋬天保6(1835)年閏7月21日)、人名(㋬1762年)、日人、藩臣7、宮崎百(㋫明和4(1767)年9月3日 ㋬天保6(1835)年7月21日)

**安井息軒** やすいそくけん
→安井息軒(やすいそっけん)

**安井息軒** やすいそっけん
寛政11(1799)年1月1日～明治9(1876)年9月23日 ㋭安井息軒《やすいそくけん》
江戸時代末期～明治期の儒学者。ペリー来航に際し「海防私議」を著述。著書に「書説摘要」「弁妄」など。
¶朝日(㋫寛政11年1月1日(1799年2月5日))、維新、岩史、江戸東、江文(やすそくけん)、角史、キリ(㋫寛政11年1月1日(1799年2月5日))、近現、近世、国史、国書、コン改、コン4、コン5、埼玉百(やすいそくけん)、詩歌(やすいそくけん)、史人、思想、重案、人書79、人書94、新潮、人名、世人、世百、全書(やすいそくけん)、大百、哲学、日思、日史、日人、日本、幕末(やすいそくけん)、藩臣7(やすいそくけん)、百科、北海道百、北海道歴、宮崎百、歴大、和俳

**安居次夫** やすいつぐお
明治44(1911)年8月29日～
昭和期の教育者。
¶群馬人

**安井てつ** やすいてつ
明治3(1870)年2月23日～昭和20(1945)年12月2日
明治～昭和期の女子教育者。東京女子大学学長。進歩的女子高等教育の発展に貢献。著書に「若き日のあと」。
¶岩史、岩手人(㋫1870年3月24日)、海越、海越新、キリ(㋫明治3年2月23日(1870年3月24日))、近現、近女、現朝(㋫明治3年2月23日(1870年3月24日))、国史、コン改、コン5、史人、女史、女性、女性新、新潮、人名7、世紀、世百、世百新、全書、哲学、渡航、日史、日女、日人、百科、履歴、履歴2、歴大

**安井俊夫** やすいとしお
昭和10(1935)年～
昭和～平成期の社会科教育者。愛知大学教授。
¶現執3期, 現執4期

**安井朴堂** やすいぼくどう
安政4(1858)年～昭和13(1938)年
江戸時代末期～昭和時代の教育者。
¶詩作

**安井司** やすいまもる
昭和1(1926)年～
昭和期の教師、地理学者。大阪市立梅香中学校校長。
¶現執1期

**安井稔** やすいみのる
大正10(1921)年12月20日～
昭和～平成期の英語学者。東北大学教授、静岡精華短期大学学長。著書に「素顔の新言語学」「英語学と英語教育」など。
¶現朝, 現執1期, 現執2期, 現執4期, 世紀, 日人

**安岡源太郎** やすおかげんたろう
明治19(1886)年～昭和33(1958)年
明治～昭和期の教育者。
¶高知人

**安岡三四郎** やすおかさんしろう
大正8(1919)年～昭和59(1984)年
昭和期の弁護士、高知県教育長。
¶高知人

**安岡伸好** やすおかしんこう
大正7(1918)年1月3日～
昭和期の小説家、教員。
¶近文, 世紀

**保岡川荘** やすおかせんそう
文政11(1828)年～明治16(1883)年
江戸時代末期の儒学者。
¶人名, 日人

**安岡大六** やすおかだいろく
明治33(1900)年7月6日～昭和48(1973)年1月12日
大正～昭和期の郷土史家。
¶高知人, 高知先, 高知白

**安岡正篤** やすおかまさひろ
明治31(1898)年2月13日～昭和58(1983)年12月13日
大正～昭和期の陽明学者。金鶏学院創設者。戦後の歴代首相の指南役。著書に「王陽明研究」など。
¶岩史, 大阪人(⊕昭和58(1983)年12月), 角史, 近現, 現朝, 現執2期, 現情(⊕1983年2月13日), 現人, 現日, 国史, コン改, コン4, コン5, 埼玉人, 詩作, 史人, 思想, 社史, 新潮, 世紀, 世人, 世百新, 史日, 日人, 日本, 百科, 平日, マス89, 民学, 履歴, 履歴2, 歴大

**安岡又三郎** やすおかまたさぶろう
明治6(1873)年～昭和20(1945)年
明治～昭和期の教育者。

¶高知人

**保岡亮吉** やすおかりょうきち
嘉永4(1851)年10月～大正8(1919)年9月
江戸時代末期～大正期の教育者。
¶群馬人, 姓氏群馬

**保岡嶺南**(安岡嶺南) やすおかれいなん
享和3(1803)年～明治1(1868)年
江戸時代末期の武蔵川越藩士、儒学者。
¶江文, 郷土群馬(⊕1801年), 群馬人, 群馬百, 国書(⊕慶応4(1868)年6月23日), 埼玉人(安岡嶺南 ⊕享和1(1801)年), 埼玉百(⊕1801年), 人名, 姓氏群馬(⊕1801年), 日人, 藩臣3

**安賀秀三** やすがひでぞう
明治35(1902)年～昭和46(1971)年
昭和期の鉄工、高校教師。労働農民党東京府連書記、堺商工高校教師。
¶社史

**安川敬一郎** やすかわけいいちろう
嘉永2(1849)年4月17日～昭和9(1934)年11月30日
明治～大正期の実業家。安川財閥の創業者。明治専門学校(のち九州工業大)を創立。
¶岩史, 近現, 現朝(⊕嘉永2年4月17日(1849年5月9日)), 国史, コン改, コン5, 史人, 実業, 新潮(⊕嘉永2(1849)年4月), 人名, 世紀, 全書, 創業, 鉄道(⊕1849年5月10日), 日人, 福岡百, 履歴

**安川重行** やすかわしげゆき
昭和1(1926)年～
昭和期の教師、部落問題専門家。
¶現執1期

**安川善一郎** やすかわぜんいちろう
明治期の政治家。朝日村長。八尾蚕業学校を創立。
¶姓氏富山

**八杉晴実** やすぎはるみ
昭和9(1934)年7月20日～
昭和期の学校外教育研究家。東進会主宰、家族ネットワーク代表。
¶現執2期

**安子** やすこ★
天保6(1835)年～大正2(1913)年
江戸時代後期～大正時代の女性。和歌・教育。加賀藩藩士山内信一の娘。
¶江表(安子(京都府))

**安嶋弥** やすじまひさし
大正11(1922)年9月23日～
昭和～平成期の官僚、歌人。東宮大夫。東宮大夫として皇太子家にかかわる事務一切を担当。退官後、日本工芸会、日本赤十字社などの役員を歴任。
¶石川文, 現朝, 世紀, 日人, 履歴, 履歴2

**安田昭信** やすだあきのぶ
明治29(1896)年～昭和52(1977)年
大正～昭和期の教育者。
¶群馬人

**安田力** やすだいさお
明治7(1874)年3月19日～昭和37(1962)年10月1日
明治～昭和期の真宗大谷派僧侶、教育者。東海同朋大学初代学長、真宗大谷派宗務総長。
¶現情，真宗，人名7，世紀，日人，仏教([生]明治7(1874)年9月17日)，仏人

**安田磐子** やすだいわこ
明治4(1871)年10月8日～明治28(1895)年8月24日
明治期の教育者。新潟県高田女学校英語教師。日曜学校を被差別部落に開設、教師。
¶女性，女性普

**安田閑々思** やすだかんかんし
明治32(1899)年～昭和53(1978)年
大正～昭和期の教員、薩摩琵琶弾奏家、俳人。
¶鹿児島百，薩摩

**安田恭輔** やすだきょうすけ
明治1(1868)年～昭和33(1958)年
明治～昭和期のイヌイットの教育と経済開発のために活躍。
¶姓氏宮城

**安武厳丸** やすたけいずまる
文化14(1817)年～明治10(1877)年4月
江戸時代末期～明治期の柳河藩士・国学者。尊攘運動に奔走。伝習館助教授などを経て私塾回天社を継承。著書に「和漢百家咏史」など。
¶維新，国書，人名，日人([生]1818年　[没]1878年)，幕末，幕末大

**安武東陽男** やすたけとよお
明治43(1910)年～
昭和期の教員。
¶社史

**安武真理** やすたけまり
昭和36(1961)年～
昭和～平成期の教師、児童文学作家。
¶児人，世紀，YA

**保田三友** やすださんゆう
天保5(1834)年～明治22(1889)年
江戸時代末期～明治期の教育者。
¶神奈川人

**安田茂晴** やすだしげはる
大正13(1924)年2月4日～平成7(1995)年8月27日
昭和～平成期の実業家。東邦観光創業者、両洋学園創立者、理事長。ポランの広場高等学校を開校。その後身として京都美山高等学校を開校。
¶学校

**安田静馬** やすだしずま
明治17(1884)年～昭和27(1952)年
明治～昭和期の教育愛に生きた教師。
¶姓氏長野，長野歴

**安田丈助** やすだじょうすけ
明治32(1899)年5月3日～昭和52(1977)年5月31日
大正～昭和期の山梨県教育委員長。
¶山梨百

**安田竹荘** やすだちくそう
文化4(1807)年～明治4(1871)年
江戸時代末期～明治期の儒医。
¶人名，日人

**保田司之助** やすだつかさのすけ
生没年不詳
明治期の天然理心流剣術師範。
¶姓氏神奈川

**保田棟太** やすだとうた
安政3(1856)年～大正8(1919)年　[別]保田棟太《やすだむねた》
江戸時代末期～大正期の数学者。東京物理学講習所(後の東京理科大学)の設立に関わる。
¶学校(やすだむねた　[没]大正8(1919)年6月28日)，数学

**保田久成** やすだひさなり
天保7(1836)年～明治37(1904)年
江戸時代末期～明治期の英文学者、印刷業者。沼津兵学校掛川支寮教授、秀英舎社長。教育者を経て、秀英舎創立に貢献。わが国印刷業発展のため「印刷雑誌」を創刊。
¶人名，日人，洋学

**保田光則** やすだみつのり
寛政9(1797)年～明治3(1870)年
江戸時代末期～明治期の国学者。著書に「増補雅言集覧」「新撰陸奥風土記」がある。
¶国書([生]寛政9(1797)年3月　[没]明治3(1870)年3月17日)，人名，姓氏宮城，日人，藩臣1

**保田棟太** やすだむねた
→保田棟太(やすだとうた)

**安田木母** やすだもくぼ
慶応4(1868)年3月16日～明治44(1911)年10月11日　[別]木母《もくぼ》
明治期の俳人。教師のかたわら正岡子規に学ぶ。京都の日本派俳人の先達。「木母句集柚味噌」がある。
¶京都文，人名，世紀，日人，俳諧(木母　もくぼ)，俳句(木母　もくぼ)

**保田安兵衛** やすだやすべえ
？～宝暦2(1752)年
江戸時代中期の寺子屋手習師匠。
¶姓氏神奈川

**安田裕** やすだゆたか
明治34(1901)年～昭和47(1972)年
大正～昭和期の教育者。
¶千葉百追

**安田リョウ** やすだりょう
明治17(1884)年9月30日～昭和52(1977)年11月8日
明治～昭和期の教育者。広島技芸女学校を創立。戦後安田学園を再建し、学園長に就任した。
¶学校，近女，女運，女性，女性普

**安永善右衛門** やすながぜんうえもん
文政9（1826）年～明治40（1907）年
江戸時代後期～明治期の私塾経営者。
¶姓氏鹿児島

**安永蕗子** やすながふきこ
大正9（1920）年2月19日～平成24（2012）年3月17日
昭和～平成期の歌人、書家、教師。「椎の木」主宰、熊本県教育委員長。歌集「魚愁」「青湖」など、評論集「幻視流域」などのほかエッセー集も著す。
¶岩歌，近女，熊本人，熊本百，現朝，幻作，現執2期，現執4期，現情，幻想，現日，女文，新文，世紀，短歌，西女，日女，日人，マス89

**安並梅所** やすなみばいしょ
文久2（1862）年～大正9（1920）年
明治～大正期の漢詩人、教育者。
¶高知人

**安並雅景** やすなみまさかげ
安永9（1780）年～嘉永4（1851）年
江戸時代後期の土佐藩士、国学者。
¶高知人，高知百，国書（[没]嘉永4（1851）年12月），人名，日人，藩臣6，和俳

**安野南岳** やすのなんがく
宝暦11（1761）年～文政12（1829）年
江戸時代後期の儒学者。
¶国書（[没]文政12（1829）年11月16日），人名，日人

**安広一郎** やすひろいちろう
文政12（1829）年～明治34（1901）年
江戸時代末期～明治期の儒学者。
¶人名，日人

**安広伴一郎** やすひろともいちろう
安政6（1859）年10月13日～昭和26（1951）年
[別]安広伴一郎《やすひろばんいちろう》
明治～昭和期の官僚。満鉄総裁、法制局長官。代表的な山県系官僚と目された。内務、文部、逓信各省の局長を歴任。
¶朝日（[生]安政6年10月13日（1859年11月7日）[没]昭和26（1951）年5月27日），海越新（[没]昭和26（1951）年5月27日），現情（[生]安政6（1859）年10月　[没]1951年5月29日），人名7，世紀（[没]昭和26（1951）年5月27日），渡航（やすひろばんいちろう　[没]1951年5月29日），日人，履歴（[没]昭和26（1951）年5月29日），履歴2（[没]昭和26（1951）年5月29日）

**安広伴一郎** やすひろばんいちろう
→安広伴一郎（やすひろともいちろう）

**安間一** やすまはじめ
明治30（1897）年～昭和46（1971）年
大正～昭和期の教育者。
¶姓氏沖縄

**安光南里** やすみつなんり
文化7（1810）年～＊
江戸時代後期～末期の漢学者、庄屋。
¶高知人（[没]1860年），国書（[没]万延1（1860）年12月8日），人名，日人（[没]1861年），幕末（[没]1861年1月18日）

**安美賀** やすみよし
明治18（1885）年4月10日～昭和28（1953）年5月5日
明治～昭和期の教育者、建築家。
¶世紀，栃木歴，日人，美建

**矢集虫麻呂**（箭集虫麻呂，箭集虫万呂） やずめのむしまろ
生没年不詳　[別]箭集宿禰虫麻呂《やつめのすくねむしまろ》，矢集虫麻呂《やつめのむしまろ》
奈良時代の官人、法律学者。養老律令の編者の一人。
¶朝日（箭集虫麻呂），国史（やつめのむしまろ），古人（箭集虫万呂），古代（箭集宿禰虫麻呂　やつめのすくねむしまろ），古代普（箭集宿禰虫麻呂　やつめのすくねむしまろ），古中（やつめのむしまろ），史人，新潮（箭集虫麻呂），人名，世人，日史，日人，百科

**燕子** やすらけいこ
～1881年
江戸時代末期～明治時代の女性。和歌・教育。中屋正兵衛の妻。
¶江表（燕子（東京都）　[没]明治14（1881）年頃）

**八十** やそ★
1834年～
江戸時代後期の女性。教育。最上信成の妻。
¶江表（八十（東京都）　[生]天保5（1834）年頃）

**八十島信之助** やそしましんのすけ，やそじましんのすけ
大正3（1914）年10月1日～平成2（1990）年7月16日
昭和期の法医学者。札幌医科大学教授。
¶科学，近医，世紀，日人，北海道歴（やそじましんのすけ）

**谷田貝公昭** やたがいまさあき
昭和18（1943）年～
昭和～平成期の保育学者。目白大学教授。
¶現執3期，現執4期（[生]1943年6月10日）

**矢田希一** やだきいち
文政11（1828）年～明治26（1893）年
江戸時代後期～明治期の教育者。
¶大分歴

**矢田猿馬** やださるま
明治28（1895）年～昭和58（1983）年
大正～昭和期の教育者、政治家。犬飼町長。
¶大分歴

**矢田鶴之助** やだつるのすけ
明治5（1872）年～昭和25（1950）年5月30日
明治～昭和期の教育者。
¶世紀，長野歴，日人

**谷田部梅吉** やたべうめきち
安政4（1857）年～明治36（1903）年

江戸時代末期～明治期の数学者。東京物理学講習所（後の東京理科大学）の設立に関わる。
¶学校（㊄明治36（1903）年8月20日），数学

**矢田部宏** やたべひろし
昭和9（1934）年4月21日～
昭和～平成期の作曲家、音楽教育者。
¶音人2，音人3

**矢田安史郎** やたやすしろう，やだやすしろう
明治44（1911）年～昭和50（1975）年
昭和期の洋画家。
¶島根歴，美家，洋画（やだやすしろう）

**谷内田盛一** やちだせいいち
明治32（1899）年12月19日～昭和46（1971）年8月30日
大正～昭和期の教育者。
¶群新百，群馬人

**八尾彦一** やつおひこいち
明治34（1901）年～昭和61（1986）年
大正～昭和期の教育者。
¶姓氏富山

**八代柳垞** やつしろりゅうだ★
文化11（1814）年～明治37（1904）年2月
江戸時代末期・明治期の横手郷校教授見習。
¶秋田人2

**八ツ塚実** やつずかみのる
昭和10（1935）年9月28日～
昭和～平成期の教育研究家。
¶現執3期

**八波則吉** やつなみのりきち
明治9（1876）年～昭和28（1953）年12月7日　㊄八波則吉《やつなみのりよし》
明治～昭和期の日本文学者、教科書編集者。第四高等学校（現金沢大学）教授。
¶石川百，石川文（㊄明治9年3月），熊本人，児文（やつなみのりよし），姓氏石川，日児（㊄明治8（1875）年3月1日），福岡百（㊄明治9（1876）年3月1日　㊄昭和28（1953）年12月）

**八波則吉** やつなみのりよし
→八波則吉（やつなみのりきち）

**箭集宿禰虫麻呂** やつめのすくねむしまろ
→矢集虫麻呂（やずめのむしまろ）

**矢集虫麻呂** やつめのむしまろ
→矢集虫麻呂（やずめのむしまろ）

**矢動丸宏**（矢動丸広）やどうまるひろし
大正2（1913）年3月2日～平成11（1999）年8月7日
昭和期の高等学校教諭、市民運動家。佐世保ペンクラブ会長。
¶革命，現朝（矢動丸広），現人，世紀，日人（矢動丸広），平和（矢動丸広）

**矢富熊一郎**（矢冨熊一郎）やどみくまいちろう
明治26（1893）年12月24日～昭和56（1981）年1月26日

大正～昭和期の教育者、郷土史家。
¶島根百，島根歴（矢冨熊一郎）

**柳井智彦** やないともひこ
昭和28（1953）年8月10日～
昭和～平成期の英語教育学者。大分大学教授。
¶現執3期

**矢内原忠雄** やないはらただお
明治26（1893）年1月27日～昭和36（1961）年12月25日
大正～昭和期の経済学者。東京大学総長。植民政策を批判的に研究。平和主義者としても著名。
¶岩史，愛媛，愛媛人，愛媛百，角史，教育，郷土愛媛，キリ，近現，近文，現朝，現情，現人，現日（㊄1961年1月12日），国史，コン改，コン4，コン5，史学（㊄1964年），四国文，史人，思想，社史，重要，新潮，人名7，世紀，世人，世百，世百新，全書，大百，哲学，伝記，日思，日史，日人，日本，百科，兵庫百，平日，平和，民学，履歴，履歴2，歴大

**柳井道民** やないみちたみ
明治1（1868）年11月27日～昭和8（1933）年6月14日
明治～昭和期の教育者。
¶岡山百

**柳内達雄** やなうちたつお
明治44（1911）年9月9日～昭和53（1978）年6月23日
昭和期の教師、児童文化評論家。著書に「作文が好きになる本」「私たちの詩と作文」など。
¶近文，現朝，現情，児文，世紀，日人

**谷中敦** やなかあつし
昭和7（1932）年～平成18（2006）年
昭和～平成期の教員、反核・平和運動家。
¶平和

**柳河春三** やながわしゅんさい
→柳河春三（やながわしゅんさん）

**柳河春三**（柳川春三）やながわしゅんさん
天保3（1832）年2月25日～明治3（1870）年2月20日
㊄柳河春三《やながわしゅんさい，やながわしゅんぞう》，柳川春三《やながわしゅんぞう》
江戸時代末期～明治期の洋学者。開成所で海外新聞翻訳に従事。日本人による日本最初の新聞である「中外新聞」を創刊する。
¶愛知百，朝日（㊄天保3年2月25日（1832年3月27日）　㊄明治3（1870）年2月20日），維新（柳川春三　やながわしゅんぞう），岩史（やながわしゅんさん　㊄天保3（1832）年2月15日），江人，江文，科学，紀伊文（やながわしゅんさい），教育（柳川春三　やながわしゅんぞう），郷土歌山（柳川春三　やながわしゅんぞう），近現，近文，近文，国際（やながわしゅんさい），国史，国書（㊄天保3（1832）年2月15日），コン改，コン4，コン5，史人，写家，出版，出文，人情（柳川春三），新潮，新文，人名（柳川春三），数学，世人（柳川春三），先駆，全書，大百，徳川臣，日史，日人，日本，幕末（㊄1870

年3月21日），幕末大，百科（柳川春三），文学，民学，洋学，歴大，和歌山人（柳川春三）

**柳河春三**（柳川春三）　やながわしゅんぞう
→柳河春三（やながわしゅんさん）

**柳川震沢**　やながわしんたく
？〜元禄3（1690）年
江戸時代前期〜中期の儒学者。
¶黄檗，国書，詩歌，人名，日人（㊵1650年），和俳

**柳川秀勝**　やながわひでかつ
天保4（1833）年〜明治41（1908）年
江戸時代末期〜明治期の殖産家。常陸国鹿島郡に柳川新田を開墾。
¶近現，近世，国史，人名，日人

**柳沢寛順**　やなぎさわかんじゅん
文化13（1816）年〜明治18（1885）年
江戸時代後期〜明治期の寺子屋師匠。
¶姓氏長野

**柳沢吾一**　やなぎさわごいち
→柳沢維賢（やなぎさわこれかた）

**柳沢維賢**　やなぎさわこれかた
明和6（1769）年〜嘉永3（1850）年　㊙柳沢維賢《やなぎさわこれかた》，柳沢吾一《やなぎさわごいち》
江戸時代中期の書家。
¶愛知百（やなぎさわこれかた），人名（㊶？），姓氏愛知（柳沢吾一　やなぎさわごいち），日人（やなぎさわこれかた）

**柳沢維賢**　やなぎさわこれかた
→柳沢維賢（やなぎさわこれかた）

**柳沢周之助**　やなぎさわしゅうのすけ★
明治11（1878）年1月2日〜昭和8（1933）年5月22日
明治〜昭和期の校長。
¶秋田人2

**柳沢延房**　やなぎさわのぶふさ
明治35（1902）年〜昭和53（1978）年
昭和期の教育者。信州大学教授、長野県短期大学長。
¶長野歴

**柳沢平助**　やなぎさわへいすけ
慶応2（1866）年〜昭和23（1948）年
明治〜昭和期の教育者、考古学者。
¶長野歴

**柳平彬**　やなぎだいらさかん
昭和15（1940）年1月20日〜
昭和〜平成期の教育コンサルタント。グループ・ダイナミックス研究所所長、STEP勇気づけセンター所長。
¶現執2期，現執3期，現執4期

**柳田懿春**　やなぎたえしゅん
享和3（1803）年〜明治18（1885）年
江戸時代後期〜明治期の上三川村の私塾玉柳軒塾主、権少講議（神官）、槍術家。
¶栃木歴

**柳田桂祐**　やなぎだけいゆう
文化6（1809）年〜明治27（1894）年
江戸時代後期〜明治期の私塾経営者。
¶姓氏岩手

**柳田未央**　やなぎだみおう
明治25（1892）年〜昭和37（1962）年
昭和期の教育者、俳人。
¶山口人

**柳田理科雄**　やなぎたりかお
昭和36（1961）年〜
昭和〜平成期の塾講師。
¶現執4期，YA

**柳利秋**　やなぎとしあき
大正8（1919）年8月12日〜平成10（1998）年3月2日
昭和・平成期の教育者。学校長。
¶飛騨

**柳原多美雄**　やなぎはらたみを，やなぎはらたみお
明治34（1901）年〜昭和52（1977）年
大正〜昭和期の教育者・郷土史研究家。
¶愛媛，愛媛百（やなぎはらたみお　㊤明治34（1901）年4月23日　㊦昭和52（1977）年9月25日）

**柳久雄**　やなぎひさお
大正7（1918）年1月31日〜
昭和期の西洋教育史学者。創価大学教授。
¶現執1期，現執2期

**柳町健郎**　やなぎまちたけお
明治44（1911）年3月13日〜
大正〜昭和期の小説家。水海道二高校長。ヒューマニスト的な作風で「蘭子」や「伝染病院」などを書く。
¶近文，世紀

**梁島章子**　やなしまたかこ
昭和12（1937）年10月13日〜
昭和〜平成期の音楽教育者。
¶音人2，音人3

**柳瀬修**　やなせおさむ
昭和4（1929）年5月21日〜
昭和期の算数教育者。玉川大学講師。
¶現執3期

**梁瀬我聞**　やなせがもん
文化10（1827）年〜明治34（1901）年
明治期の僧。兵庫教校を開き英才を出す。のち本願寺大学林教授として尽力。
¶真宗（㊤文化10（1827）年5月13日　㊦明治34（1901）年10月5日），日人

**柳瀬教順**　やなせきょうじゅん
明治28（1895）年4月1日〜昭和39（1964）年12月7日
大正・昭和期の教育者。学校長。
¶飛騨

**梁瀬広記**（簗瀬広記） **やなせこうき**
天保10（1839）年～明治24（1891）年1月9日
江戸時代末期～明治期の教育家。本山小学校初代校長となり、教育に尽力し五島島内の多くの子弟を教える。
¶幕末，藩臣7（簗瀬広記）

**柳瀬勝善** **やなせまさよし**
天保6（1835）年～大正2（1913）年
明治期の教育者。
¶日人

**柳瀬三代蔵** **やなせみよぞう**
明治2（1869）年～大正3（1914）年
明治～大正期の教育功労者。
¶静岡歴，姓氏静岡

**梁田葦洲** **やなだいしゅう**
文化13（1816）年～明治9（1876）年
江戸時代末期～明治期の儒学者。
¶人名，日人

**梁田象水** **やなだしょうすい**
*～寛政7（1795）年
江戸時代中期の播磨明石藩士、儒学者。
¶国書（[生]享保4（1719）年　[没]寛政7（1795）年1月29日），人名（[生]1719年），日人（[生]1720年），藩臣5（[生]享保5（1720）年）

**屋能** **やの★**
1825年～
江戸時代後期の女性。教育。大坂城番横山金三郎の娘。
¶江表（屋能（東京都）　[生]文政8（1825）年頃）

**矢野市之進** **やのいちのしん**
→矢野敬勝（やのよしかつ）

**矢野ウラ** **やのうら**
明治27（1894）年2月23日～昭和44（1969）年5月11日
大正・昭和期の女性。根室初等教育と婦人団体結成に尽力。
¶根千

**矢野栄子** **やのえいこ**
文久1（1861）年～明治44（1911）年
江戸時代末期～明治期の女性。東京高等商業学校創立者矢野二郎の妻。学生の面倒をよく見、学生たちに敬慕される。
¶女性，女性普

**矢野毅卿** **やのきけい**
安永2（1773）年～文化13（1816）年　[別]矢野蕉園《やのしょうえん》
江戸時代後期の豊後杵築藩士。
¶大分百，国書（矢野蕉園　やのしょうえん　[没]文化13（1816）年4月17日），詩歌，人名，日人，和俳

**矢野口波子** **やのぐちなみこ**
大正1（1912）年2月14日～
昭和期の小学校教員。
¶社史

**矢野玄道** **やのくろみち**
→矢野玄道（やのはるみち）

**矢野顕蔵** **やのけんぞう**
元治1（1864）年？～昭和2（1927）年
明治～昭和期の教育者。
¶姓氏宮城

**矢野健太郎** **やのけんたろう**
明治45（1912）年3月1日～平成5（1993）年12月25日
昭和期の数学者。一般相対性理論の数学的基礎である微分幾何学の世界的研究者。
¶科学，科技，現朝，現執1期，現執2期，現情，現人，現日，新潮，数学，世紀，日人，日本，マス89，履歴，履歴2

**矢野孝吉** **やのこうきち**
明治14（1881）年～昭和30（1955）年
明治～昭和期の教育者。
¶大分歴

**矢野蕉園** **やのしょうえん**
→矢野毅卿（やのきけい）

**矢野二郎** **やのじろう**
弘化2（1845）年1月15日～明治39（1906）年6月17日　[別]矢野次郎兵衛《やのじろべえ》
明治期の教育者。貴族院議員。商法講習所所長、高商校長などを歴任。商業教育の先覚者。共立女子職業学校（後の共立女子学園）の設立に関わる。
¶海越新（矢野次郎兵衛　やのじろべえ），学校，教育，近現，国史，コン改，コン5，史人，新潮，人名，渡航，日人，幕末大，洋学，履歴（[没]昭和39（1964）年6月17日），履歴2（[没]昭和39（1964）年6月17日）

**矢野次郎兵衛** **やのじろべえ**
→矢野二郎（やのじろう）

**矢野拙斎** **やのせっさい**
寛文2（1662）年～享保17（1732）年1月12日　[別]天野拙斎《あまのせっさい》
江戸時代中期の儒学者。
¶江文，国書，コン改，コン4，新潮，人名（天野拙斎　あまのせっさい），人名，姓氏京都，日人，藩臣2（天野拙斎　あまのせっさい　[生]？）

**矢野大珠** **やのたいしゅ**
明治30（1897）年～昭和53（1978）年
大正～昭和期の教育者・宗教家。
¶香川人，香川百

**矢野佐** **やのたすく**
明治38（1905）年8月7日～昭和53（1978）年1月16日
大正～昭和期の高校教諭、日本植物友の会の会員。植物の観察・分類などについての研究。
¶植物

**矢野貫城** **やのつらき**
明治19（1886）年7月4日～昭和50（1975）年11月4日
明治～昭和期の教育家、経済学者。私立学校教育

の発展に尽力。
¶キリ，現情，高知人（㊥1974年），世紀，哲学

**矢野寿男** やのとしお
大正14（1925）年～
昭和期の中学教師、教育評論家。「十代を追求する会」主宰。
¶現執2期

**矢野酉雄** やのとりお
明治30（1897）年10月6日～昭和38（1963）年11月20日
昭和期の教育評論家、政治家。参院議員、教育公論社長。第3次吉田茂内閣の厚生政務次官ののち教育公論社長。著書に「胎教と幼児教育」など。
¶現情，人名7，世紀，政治，日人

**矢野直道** やのなおみち
弘化4（1847）年～明治31（1898）年
明治期の国学者。大学校御用掛兼教官。兄玄道の許で国学を修め、終世兄の著述を助けた。著書に「日蕕草」「続日本紀私記」。
¶人名，日人

**矢野成文** やのなりあや
天保1（1830）年～明治27（1894）年
明治期の教育者。
¶姓氏宮城，日人，宮城百

**矢野春雄** やのはるお
明治43（1910）年2月27日～昭和54（1979）年5月31日
昭和期の弓道家、教員、弓道教士。
¶弓道

**矢野玄道** やのはるみち
文政6（1823）年11月17日～明治20（1887）年5月19日　㊥矢野玄道《やのくろみち》
江戸時代末期～明治期の国学者。修史事業に尽力、史料編纂所設立の基礎を構築。著書に「神典翼」など。
¶朝日（㊥文政6年11月17日（1823年12月18日）），維新，岩史，江戸東，愛媛百，教育（やのくろみち），郷土愛媛，京都大，近現，近世，国史，国書，コン改，コン4，コン5，詩歌，史研，史人，神史，神人，新潮，人名，姓氏京都，全書，日思，日史，日人，幕末，百科，平史，民学，歴大，和俳

**矢野久英** やのひさひで
大正12（1923）年8月1日～
昭和期の体育教育学者。東京学芸大学教授、全国体育学習研究会副会長。
¶現執2期

**矢野文雄** やのふみお
→矢野竜渓（やのりゅうけい）

**矢野真和** やのまさかず
昭和19（1944）年9月30日～
昭和～平成期の社会学者。東京大学大学院教育学研究科教授。専門は、高等教育論、教育経済学。
¶現執3期，現執4期

**矢野間徳次郎** やのまとくじろう
明治12（1879）年～昭和18（1943）年
明治～昭和期の教育者。
¶群馬人

**矢野敬勝** やのよしかつ
文政10（1827）年～明治19（1886）年6月26日　㊥矢野市之進《やのいちのしん》
江戸時代末期～明治時代の剣士。郡中学校演武場教師。直清流の剣を藩士に教える。
¶全幕（矢野市之進　やのいちのしん），幕末，幕末大

**矢野四年生** やのよねお
昭和4（1929）年6月10日～
昭和期の読書運動家、小学校教師。
¶日児

**矢野竜渓** やのりゅうけい
嘉永3（1850）年12月1日～昭和6（1931）年6月18日　㊥矢野文雄《やのふみお》
明治期の政治家、小説家。大隈重信のブレーン。著書に「人権新説駁論」「新社会」など。三田英学校（後の錦城学園高等学校）を設立。
¶アナ，岩史，海越新（㊥嘉永3（1851）年12月1日），大分百（矢野文雄　やのふみお），大分歴，大阪人（㊥昭和6（1931）年6月），大阪文，学校，角史，近現（矢野文雄　やのふみお），近文，幻作，幻想（㊥1851年），国際（矢野文雄　やのふみお），国史（矢野文雄　やのふみお），コン改，コン5，史人，児文，重要，出版，出文，小説，新潮，新文，人名，世紀，嘉永3（1851年12月1日），世人，世百（矢野文雄　やのふみお），全書，大百，徳島百，徳島歴（矢野文雄　やのふみお），渡航（矢野竜渓・矢野文雄　やのりゅうけい・やのふみお），日史，日人（㊥1851年），日本，幕末（矢野文雄　やのふみお），百科，文学，平和，ミス（㊥嘉永3年12月1日（1851年1月2日）），明治1（矢野文雄　やのふみお　㊥1851年），履歴（矢野文雄　やのふみお），歴大

**矢作英輔** やはぎえいすけ
文化10（1813）年～明治14（1881）年
江戸時代後期～明治期の教育者。
¶姓氏岩手

**矢橋六郎** やばしろくろう
明治38（1905）年11月16日～昭和63（1988）年7月4日
昭和期の洋画家。岐阜県教育委員長。作品に名古屋駅のモザイク「明と東海の四季」。
¶郷土岐阜，近美，世紀，日人，美家，洋画

**八幡郁** やはたかおる
慶応3（1867）年～昭和10（1935）年8月
明治～昭和期の笹峠開さく者、教育者。
¶兵庫人

**八幡美智子** やはたみちこ
？～
昭和期の教員。
¶社史

**矢幡洋** やはたよう
昭和33（1958）年～
昭和～平成期の臨床心理士。矢幡心理教育研究所代表。
¶現執4期

**屋比久孟林** やびくもうりん
明治38（1905）年～昭和24（1949）年
昭和期の教育者。
¶姓氏沖縄

**八尋樹蒼** やひろきそう
明治17（1884）年2月12日～？
明治～昭和期の教育者。広島盲学校校長。
¶視覚

**矢吹一郎右衛門** やぶきいちろうえもん
江戸時代前期の教育者。
¶岡山人

**藪孤山** やぶこざん，やぶこさん
享保20（1735）年～享和2（1802）年4月20日
江戸時代後期の藩校時習館2代祭酒。
¶朝日（[没]享和2年4月20日（1802年5月21日）），近世，熊本人，熊本百（やぶこさん　[生]享保20（1735）年3月27日），国史，国書（[生]享保20（1735）年閏3月27日），コン改，コン4，詩歌，詩作，新潮，人名（やぶこさん），日人，藩臣7，和俳

**矢部貞治** やべさだじ
→矢部貞治（やべていじ）

**矢部貞治** やべていじ
明治35（1902）年11月9日～昭和42（1967）年5月7日　[別]矢部貞治《やべさだじ》
昭和期の政治学者。東京帝国大学教授。大政翼賛運動の原案を執筆。著書に「近衛文磨」「矢部貞治日記」など。
¶岩史，近現，現朝，現執1期，現情，現人，現日（[没]1965年5月7日），コン4，コン5，史研，新潮，人名7，世紀，全書，哲学，鳥取百，日人，履歴（やべさだじ），履歴2（やべさだじ）

**矢部初子** やべはつこ
→島野初子（しまのはつこ）

**山内錦太郎** やまうちきんたろう
安政4（1857）年11月28日～大正13（1924）年7月27日
明治・大正期の教育者。
¶高知先

**山内元八** やまうちげんはち
慶応1（1865）年～昭和9（1934）年
明治～昭和期の青森県下普通教育の先駆者。
¶青森人

**山内香雪** やまうちこうせつ
寛政11（1799）年～万延1（1860）年　[別]山内香雪《やまのうちこうせつ》
江戸時代末期の書家。
¶会津，国書（[没]安政7（1860）年2月3日），人名（やまのうちこうせつ），日人，幕末（[没]1860年2月24日），藩臣2

**山内佐太郎** やまうちさたろう
→山内佐太郎（やまのうちさたろう）

**山内司馬太郎** やまうちしばたろう
明治16（1883）年～昭和54（1979）年
明治～昭和期の教育者。
¶姓氏愛知

**山内朝二** やまうちちょうじ
明治23（1890）年～昭和43（1968）年
大正～昭和期の教育者。
¶姓氏沖縄

**山内篤処** やまうちとくしょ
→山内篤処（やまのうちとくしょ）

**山内豊策** やまうちとよかず
安永2（1773）年4月16日～文政8（1825）年　[別]山内豊策《やまのうちとよかず》
江戸時代後期の大名。土佐藩主。
¶高知人，国書（やまのうちとよかず　[没]文政8（1825）年8月5日），諸系，日人，藩主4（[没]文政8（1825）年8月3日）

**山内豊資** やまうちとよすけ
寛政6（1794）年10月17日～明治5（1872）年1月4日　[別]山内豊資《やまのうちとよすけ》
江戸時代後期～明治期の大名、華族。
¶維新（やまのうちとよすけ），高知人，国書（やまのうちとよすけ），諸系，人名（やまのうちとよすけ），日人，藩主4

**山内豊敷** やまうちとよのぶ
正徳2（1712）年6月8日～明和4（1767）年11月19日　[別]山内豊敷《やまのうちとよのぶ》
江戸時代中期の大名。土佐藩主。
¶高知人，国書（やまのうちとよのぶ），諸系（[没]1768年），人名（やまのうちとよのぶ　[生]1709年），日人（[没]1768年），藩主4

**山内豊範** やまうちとよのり
弘化3（1846）年～明治19（1886）年　[別]山内豊範《やまのうちとよのり》
江戸時代末期～明治期の武士。16代土佐藩主。朝廷より国事周旋・京都警衛を命じられ、勅使大原重徳の江戸下向を護衛。私塾・海南学校を経営。
¶朝日（[生]弘化3年4月17日（1846年5月12日）　[没]明治19（1886）年7月11日），維新（やまのうちとよのり），学校（[生]弘化3（1846）年4月17日　[没]明治19（1886）年7月13日），近現，近世，高知人，高知百，国史，コン5（やまのうちとよのり），諸系，人書94（やまのうちとよのり），日人，幕末（[没]1886年7月11日），藩主4（[生]弘化3（1846）年4月17日　[没]明治19（1886）年7月13日）

**山内日吉** やまうちひよし
明治42（1909）年～昭和49（1974）年
昭和期の器械体操選手、器械運動研究者。福岡教育大学教授。
¶香川人，香川百，体育

や

**山内浩** やまうちひろし
明治36 (1903) 年～昭和57 (1982) 年
昭和期の教育者・洞穴研究者。
¶愛媛, 愛媛百 ([生]明治36 (1903) 年10月3日 [没]昭和57 (1982) 年2月3日), 高知人

**山内勇仙** やまうちゆうせん
明治26 (1893) 年9月18日～昭和34 (1959) 年4月21日
大正・昭和期の孝道幼稚園の創立者。
¶飛騨

**山内リヱ** (山内リエ) やまうちりえ
大正11 (1922) 年2月15日～平成12 (2000) 年10月8日
昭和期の陸上競技選手、教員。菊花女子専門学校。
¶近女 (山内リエ), 世紀, 体育

**山浦政** やまうらただし
明治19 (1886) 年～昭和38 (1963) 年
明治～昭和期の小県東部実科中等学校長、郷土史家。
¶姓氏長野, 長野百, 長野歴

**山岡熊治** やまおかくまじ
明治1 (1868) 年10月25日～大正10 (1921) 年8月7日
明治～大正期の陸軍軍人。中佐、盲人協会会長。軍使として旅順水師営のロシア軍営に赴き非戦闘員の避難を勧告、勇名をはせた。
¶朝日 ([生]明治1年10月25日 (1868年12月8日)), 高知人, 世紀, 日人, 陸海

**山岡次郎** やまおかじろう
嘉永3 (1850) 年～明治38 (1905) 年
明治期の化学者、技官。大蔵省税関監定官。染色の研究、工業化、技術指導に活躍。共立女子職業学校 (後の共立女子学園) の設立に関わる。
¶朝日 ([没]明治38 (1905) 年2月19日), 海越 ([没]明治38 (1905) 年2月21日), 海越新 ([没]明治38 (1905) 年2月21日), 科学 ([没]1905年 (明治38) 2月21日), 学校 ([没]明治38 (1905) 年2月21日), 新潮, 渡航 ([没]1905年2月19日), 日人

**山岡望** やまおかのぞむ
明治25 (1892) 年3月27日～昭和53 (1978) 年8月22日
明治～昭和期の教育者。日本獣医畜産大学教授、国際基督教大学教授。
¶岡山百, 岡山歴, 科学, 世紀, 日人

**山岡寛人** やまおかひろと
昭和19 (1944) 年～
昭和～平成期の中学教諭、高等学校教諭。
¶現執4期, YA

**山岡元貞** やまおかもとさだ
天保15 (1844) 年9月17日～明治36 (1903) 年8月20日
明治期の儒学者。岡山県会議長。
¶岡山人, 岡山百, 岡山歴, 人名, 日人

**山尾庸三** やまおようぞう
天保8 (1837) 年10月8日～大正6 (1917) 年12月21日
江戸時代末期～明治期の長州藩士、政治家。子爵。法制局長官、臨時建築局総裁などを歴任。工業教育・美術教育に尽力。
¶朝日 ([生]天保8年10月8日 (1837年11月5日)), 維新, 岩史, 海越 ([没]大正6 (1917) 年12月22日), 海越新 ([没]大正6 (1917) 年12月22日), 教育, 近現, 近土, 国際, 国史, コン5, 視覚, 史人, 新潮 ([没]大正6 (1917) 年12月22日), 人名, 姓氏山口, 全幕, 大百, 鉄道 ([生]1837年11月5日), 渡航 ([没]1917年12月22日), 土木, 日人, 幕末 ([没]1917年12月22日), 幕末大 ([没]大正6 (1917) 年12月22日), 藩臣6, 山口百, 洋学, 履歴

**山鹿素行** やまがそこう
元和8 (1622) 年～貞享2 (1685) 年9月26日
江戸時代前期の儒学者、兵学者。古学派の代表的儒者で主な著作に「聖教要録」「武家事紀」などがある。
¶会津, 青森百, 朝日 ([生]元和8年8月16日 (1622年9月21日) [没]貞享2年9月26日 (1685年10月23日)), 岩史 ([生]元和8 (1622) 年8月16日), 江人, 江戸東, 江文, 角史, 教育, 近世, 国史, 国書 ([生]元和8 (1622) 年8月16日), コン改, コン4, コン5, 詩歌, 詩作 ([生]元和8 (1622) 年8月16日), 史人 ([生]1622年8月16日), 思想史, 重要 ([生]元和8 (1622) 年8月26日), 神史, 人書79, 人書94, 神人, 新潮 ([生]元和8 (1622) 年8月26日), 新文 ([生]元和8 (1622) 年8月16日), 人名, 世人 ([生]元和8 (1622) 年8月26日), 世百, 全書, 体育, 大百, 地理, 伝記, 徳川将, 長崎百, 日思, 日史 ([生]元和8 (1622) 年8月16日), 日人, 藩臣5, 百科, 兵庫人, 兵庫百, 福島百, 文学, 平日, 山川小 ([生]1622年8月16日), 歴大

**山県有朋** やまがたありとも
天保9 (1838) 年～大正11 (1922) 年2月1日
江戸時代末期～大正期の陸軍軍人、政治家。元帥、首相、公爵。軍制、地方制度を確立し、西南戦争を鎮圧。首相となり教育勅語を発布。日清・日露戦争に軍政両面で関与した。
¶朝日 ([生]天保9年閏4月22日 (1838年6月14日)), 維新, 岩史 ([生]天保9 (1838) 年閏4月22日), 海越 ([生]天保9 (1838) 年閏4月22日), 海越新 ([生]天保9 (1838) 年閏4月22日), 江戸, 角史, 近現, 近文, 現日 ([生]1838年4月22日), 国際, 国史, 国書 ([生]天保9 (1838) 年閏4月22日), コン改, コン4, コン5, 詩歌, 史人 ([生]1838年閏4月22日), 思想史, 重要 ([生]天保9 (1838) 年4月22日), 人書94, 人情, 人情1, 新潮 ([生]天保9 (1838) 年6月14日), 人名, 世紀 ([生]天保9 (1838) 年閏4月22日), 姓氏神奈川, 姓氏京都, 姓氏山口, 世人 ([生]天保9 (1838) 年4月22日), 世百, 先駆 ([生]天保9 (1838) 年4月22日), 全書, 全幕, 大百, 鉄道 ([生]1838年6月14日), 伝記, 渡航, 栃木歴, 新潟百, 日史 ([生]天保9 (1838) 年閏4月22日), 日人, 日本, 幕末, 幕末大 ([生]天保9 (1838) 年閏4月22日), 藩臣6, 百科,

平日，明治1，山川小（㊤1838年閏4月22日），山口百，陸海（㊦天保9年閏4月22日），歴大

## 山形猪鹿浪 やまがたいから
明治14（1881）年～昭和30（1955）年
明治～昭和期の教師。
¶熊本人

## 山鹿泰治 やまがたいじ
明治25（1892）年6月26日～昭和45（1970）年12月6日
大正～昭和期の無政府主義者、エスペランティスト。日中エスペラント運動の連携に尽力。
¶アナ，革命，現動，現情，現人，社運，社史，新潮（㊦明治25（1892）年6月25日），世紀，日人，平和，民学

## 山県修 やまがたおさむ
万延1（1860）年～昭和21（1946）年
明治～昭和期の理学者。
¶山口人

## 山県源四郎 やまがたげんしろう
明治29（1896）年～昭和56（1981）年
昭和期の教育者。
¶山口人

## 山県紫溟 やまがたしめい
*～慶応2（1866）年
江戸時代末期の教授。
¶人名（㊤1815年），日人（㊤1815年），幕末（㊤1814年　㊦1866年11月2日），幕末大（㊦文化11（1814）年　㊦慶応2（1866）年9月25日）

## 山県周南 やまがたしゅうなん
貞享4（1687）年～宝暦2（1752）年8月12日
江戸時代中期の古文辞学派の儒学者。徂徠学を長州に広めた。
¶朝日（㊦宝暦2年8月12日（1752年9月19日）），岩史，角史，近世，国史，国書（㊦貞享4（1687）年5月3日），コン改，コン4，詩歌，詩作，史人（㊦1687年？），人書94，新潮，人名，姓氏山口，世人，世百，全書，日思，日史，藩臣，藩臣6（㊦貞享3（1686）年　㊦宝暦1（1751）年），百科，山口百，歴大，和俳

## 山県守雌斎 やまがたしゅしさい
→山県頼賢（やまがたよりかた）

## 山県太華（山県大華） やまがたたいか
天明1（1781）年～慶応2（1866）年
江戸時代後期の儒学者、長州（萩）藩士、明倫館学頭。
¶朝日（㊦慶応2（1866）年8月），岩史（㊦慶応2（1866）年8月26日），角史，近世，国史，国書（㊦慶応2（1866）年8月16日），コン4（山県大華），コン5（山県大華），史人（㊦1866年8月），思想史，新潮（山県大華）（㊦慶応2（1866）年8月26日），人名（山県大華），姓氏山口，世人（山県大華），日史（㊦慶応2（1866）年8月26日），日人，幕末（㊦1866年9月24日），幕末大（㊦慶応2（1866）年8月16日），藩臣6，百科，山口百，歴大

## 山方泰護 やまがたたいご
→山方泰護（やまがたやすもり）

## 山県大弐 やまがただいじ
→山県大弐（やまがただいに）

## 山県大弐 やまがただいに
享保10（1725）年～明和4（1767）年　㊦山県大弐
《やまがただいじ》
江戸時代中期の儒学者、尊王家。大岡忠光に仕えたが、のち「柳子新論」で幕政を批判。明和事件により死罪となった。
¶朝日（㊦明和4年8月22日（1767年9月14日）），岩史（㊦明和4（1767）年8月22日），江戸，江文（㊦明和5（1768）年），角史，教育，近世，群馬人，国史，国書（㊦明和4（1767）年8月22日），コン改，コン4，埼玉人（㊦明和4（1767）年8月22日），埼玉百，詩歌（やまがただいじ），史人（㊦明和4（1767）年8月22日），重要（㊦明和4（1767）年8月21日），神史，新潮（㊦明和4（1767）年8月21日），人名，姓氏群馬，世人（㊦明和4（1767）年8月21日），世百，全書，大百，伝記，日思，日史（㊦明和4（1767）年8月22日），日人，藩臣5，百科，三重続，山梨百（㊦明和4（1767）年8月21日），歴大

## 山県長白 やまがたちょうはく
慶安1（1648）年～享保13（1728）年　㊦山県良斎
《やまがたりょうさい》
江戸時代中期の儒学者。
¶人名，日人（山県良斎　やまがたりょうさい）

## 山県悌三郎 やまがたていざぶろう，やまがたていさぶろう
安政5（1858）年12月17日～昭和15（1940）年1月18日
江戸時代末期～昭和時代の社会教育家。少年園創業者。
¶近文，滋賀文（やまがたていさぶろう），児文，出版（やまがたていさぶろう），出文，世紀（㊦安政5（1859）年12月17日），日児（㊦安政5（1859）年1月20日）

## 山県百齢 やまがたひゃくれい★
寛政5（1793）年3月5日～文政13（1830）年7月19日
江戸時代後期の明徳館教授。
¶秋田人2

## 山形寛 やまがたひろし
明治21（1888）年～昭和44（1969）年
大正～昭和期の美術教育者。
¶宮城百

## 山県墨僊（山県墨僊） やまがたぼくせん
天明6（1786）年～明治6（1873）年3月3日
江戸時代後期の書道家。
¶国書，人名，日人（山県墨僊），幕末

## 山方泰護 やまがたやすもり
寛文2（1662）年～享保5（1720）年　㊦山方泰護
《やまがたいご》
江戸時代中期の出羽秋田藩家老。
¶秋田百（やまがたたいご），国書（㊦寛文2

(1662)年1月29日　[没]享保5(1720)年11月4日)，人名，日人，藩臣1

**山県頼賢　やまがたよりかた**
寛政3(1791)年～文政13(1830)年　[別]山県守雌斎《やまがたしゅしさい》
江戸時代後期の儒学者。
¶国書(山県守雌斎　やまがたしゅしさい　[生]寛政5(1793)年3月5日　[没]文政13(1830)年7月19日)，人名，日人(山県守雌斎　やまがたしゅしさい)

**山県良斎　やまがたりょうさい**
→山県長白(やまがたちょうはく)

**山鹿旗之進　やまがはたのしん**
万延1(1860)年1月25日～昭和29(1954)年4月1日
明治～大正期の牧師、教育者。各地の教会牧師を歴任。婦人伝道者養成に尽力。
¶海越新，神奈川人，神奈川百，キリ，近現，現情，国史，人名7，世紀，渡航，日人

**山上卓樹　やまがみたくじゅ**
安政2(1855)年4月～昭和6(1931)年4月19日
[別]山上作太郎
明治期のキリスト教教育者、自由民権運動家。
¶社史



**山鹿元次郎　やまがもとじろう**
安政5(1859)年～昭和22(1947)年12月31日
明治～昭和期の牧師、教育者。来徳女学校(のち弘前女学校)校長をへて弘前教会牧師。東奥義塾や弘前女学校の理事もつとめた。
¶青森人([生]安政5(1858)年)，キリ([生]安政5年12月30日(1859年2月2日))，世紀([生]安政5(1859)年12月30日)，日人

**山川岩之助　やまかわいわのすけ**
大正15(1926)年8月20日～
昭和期の文部省体育官。文部省体育局体育課教科調査官。
¶現執2期，体育

**山川大蔵　やまかわおおくら**
→山川浩(やまかわひろし)

**山川玉樵　やまかわぎょくしょう**
文化13(1816)年～慶応2(1866)年
江戸時代末期の儒学者。
¶人名，日人

**山川健次郎　やまかわけんじろう**
安政1(1854)年～昭和6(1931)年6月26日　[別]山川慎《やまかわしん》
明治期の物理学者、教育家。東京帝国大学総長、貴族院議員。日本初のX線実験者。「物理学述語和英仏独対訳字書」を作成。
¶会津，青森人，青森百，海越，海越新，科学([生]嘉永7(1854)年7月17日)，教育，近現，熊本人，現朝([生]安政1年閏7月17日(1854年9月9日))，国際，国史，コン改，コン5，史人([生]1854年閏7月17日)，新潮([生]安政1(1854)年7月17日)，人名，世紀([生]嘉永7(1854)年7月17日)，姓氏京都，世人([生]安政1(1854)年7月17日)，先駆([生]安政1(1854)年閏7月17日)，全幕，大百，渡航([生]1854年7月17日)，日史([生]安政1(1854)年閏7月17日)，日人，日本，幕末，福岡百([生]嘉永7(1854)年7月17日)，福島百([生]安政2(1855)年)，平日，明治2，履歴([生]安政1(1854)年閏7月17日)

**山川慎　やまかわしん**
→山川慎蔵(やまかわしんぞう)

**山川慎蔵　やまかわしんぞう**
天保5(1834)年～明治33(1900)年　[別]山川慎《やまかわしん》
江戸時代末期～明治期の儒学者、和算家。兄より家学を継承した。著書に「日本日郭勃注荘子書入本」などがある。
¶人名，数学(山川慎　やまかわしん　[生]天保5(1834)年5月17日　[没]明治33(1900)年12月20日)，日人

**山川捨松　やまかわすてまつ**
→大山捨松(おおやますてまつ)

**山川孫水　やまかわそんすい**
寛政1(1789)年～慶応2(1866)年　[別]山川元輔《やまかわもとすけ》
江戸時代後期の儒学者、算数家。
¶大阪人([没]慶応2(1866)年3月)，国書(山川元輔　やまかわもとすけ　[没]慶応2(1866)年3月9日)，人名，数学([没]慶応2(1866)年3月9日)，日人

**山川大次郎　やまかわだいじろう**
大正6(1917)年8月17日～
昭和期の教育家。
¶現情，現人，世紀

**山川剛　やまかわたけし**
昭和11(1936)年～
昭和～平成期の教員。
¶平和

**山川武正　やまかわたけまさ**
大正5(1916)年～
昭和期の群馬県教育長。
¶群馬人

**山川健　やまかわたける**
明治25(1892)年10月18日～昭和19(1944)年2月22日
昭和期の官僚。貴族院議員、社会教育局長。学校体育の振興に貢献。
¶コン改，コン5，新潮，人名7，世紀，日人

**山川東林　やまかわとうりん**
天明4(1784)年～天保14(1843)年11月18日
江戸時代後期の豊前中津藩士、儒学者。
¶大分百([生]1783年)，大分歴，国書，人名，日人([没]1844年)，藩臣7([生]天明5(1785)年)

**山川波次　やまかわなみじ**
慶応3(1867)年～昭和14(1939)年
江戸時代末期～昭和期の女子教育家。明善高等女学校を創立。
¶香川人，香川百，学校

**山川浩** やまかわひろし
弘化2(1845)年～明治31(1898)年2月4日　[別]山川大蔵《やまかわおおくら》
江戸時代末期～明治期の会津藩士、陸軍軍人。少将、貴族院議員。幕府樺太境界議定の派遣員として露独仏三国を巡航。
¶会津，青森人，朝日([生]弘化2年11月6日(1845年12月4日))，維新，国際，コン5，新潮([生]弘化2(1845)年11月6日)，人名，全書，体育，日人，幕末，藩臣1，藩臣2(山川大蔵　やまかわおおくら)，福島百，明治1，陸海([生]弘化2年11月6日)

**山川二葉** やまかわふたば
天保15(1844)年8月～明治42(1909)年11月14日
明治期の教育者。東京女子師範学校舎監。共立女子職業学校(後の共立女子学園)設立に参加。
¶学校，近女，女性，女性普，日人，幕末

**山川丙三郎** やまかわへいざぶろう
明治9(1876)年～昭和22(1947)年
明治～昭和期の教育者。
¶宮城百

**山川道子** やまかわみちこ
明治38(1905)年5月1日～昭和63(1988)年8月19日
大正～昭和期の教育者。聖和女子短期大学教授。聖和女子大学学長、幼稚園年功大学学長など歴任。教育功労賞、文化賞受賞。
¶女性，女性普，世紀，日人，兵庫百

**山川元輔** やまかわもとすけ
→山川孫水(やまかわそんすい)

**山岸介庵** やまぎしかいあん
寛政10(1798)年～明治6(1873)年
江戸時代末期～明治期の書家。
¶人名，日人

**山岸駿介** やまぎししゅんすけ
昭和10(1935)年12月4日～
昭和～平成期の教育ジャーナリスト。多摩大学客員教授。専門は、教育制度論、高等教育問題。
¶現執4期

**山岸蘭室** やまぎしらんしつ
天保7(1836)年～明治7(1874)年
江戸時代末期～明治期の漢学者、書家。
¶人名，日人

**山岸良二** やまぎしりょうじ
昭和26(1951)年～
昭和～平成期の高校・中学教師。
¶現執4期

**山木眉山** やまきびざん
→山本子善(やまもとしぜん)

**山極真衛** やまぎわしんえ
明治29(1896)年8月22日～昭和34(1959)年12月4日　[別]山極真衛《やまぎわしんえい》
昭和期の教育学者。東京高等師範学校教授。ドイツ教育学、特にシュライエルマッハーの教育理論を研究。
¶現情(やまぎわしんえい)，人名7(やまぎわしんえい)，世紀，日人

**山極真衛** やまぎわしんえい
→山極真衛(やまぎわしんえ)

**山極隆** やまぎわたかし
昭和9(1934)年～
昭和～平成期の教育学者(理科)。
¶現執3期

**山際凱子** やまぎわよしこ
明治39(1906)年～昭和57(1982)年6月22日
昭和期の教育者。三島学園教授。東京家裁調停委員。
¶女性，女性普

**山口英風** やまぐちえいふう
嘉永6(1853)年～大正10(1921)年
明治～大正期の教育者、地方政治家。
¶長野歴

**山口薫** やまぐちかおる
大正13(1924)年10月31日～
昭和～平成期の障害児教育専門家。東京学芸大学教授。
¶現執1期，心理

**山口勝哉** やまぐちかつや
明治35(1902)年～昭和60(1985)年
昭和期の医師。学校保健医会長。
¶姓氏鹿児島

**山口寛一** やまぐちかんいち
天保7(1836)年～大正4(1915)年
江戸時代末期～明治期の教育者。
¶神奈川人，姓氏神奈川

**山口菅山** やまぐちかんざん
安永1(1772)年～嘉永7(1854)年8月5日
江戸時代後期の儒学者。
¶維新，江文，郷土福井，国書，日人，幕末，藩臣3

**山口坎山** やまぐちかんざん
～嘉永3(1850)年
江戸時代後期の和算の教師。
¶新潟百

**山口喜一郎** やまぐちきいちろう
明治5(1872)年4月17日～昭和27(1952)年2月29日
明治～昭和期の日本語教育家。外地での日本語教育に従事、日本語だけによる直接法の指導理論と実践を確立。
¶世紀，全書，大百，日人

**山口菊十郎** やまぐちきくじゅうろう
明治8(1875)年～昭和28(1953)年
明治～昭和期の教育者。
¶長野歴

**山口久太** やまぐちきゅうた
→山口久太(やまぐちひさた)

**山口袈裟治　やまぐちけさじ**
明治3(1870)年～昭和10(1935)年
明治～昭和期の初等教育に45年間尽くした教育者。
¶長野歴

**山口健三　やまぐちけんぞう**
文化2(1805)年～明治10(1877)年
江戸時代後期～明治期の教育者・医師。
¶姓氏群馬

**山口耕軒　やまぐちこうけん**
明和4(1767)年～天保8(1837)年
江戸時代中期～後期の尾張藩重臣志水氏の私塾時習館学頭。
¶姓氏愛知

**山口剛斎　やまぐちごうさい**
享保19(1734)年～享和1(1801)年6月11日
江戸時代中期～後期の石見津和野藩士、儒学者。
¶大阪人([没]没年不明)，国書，島根人，島根百，島根歴，人名，日人，藩臣5

**山口康助　やまぐちこうすけ**
大正10(1921)年～
昭和期の日本教育史・歴史教育研究者。東京学芸大学教授。
¶現執1期



**山口五四郎　やまぐちごしろう**
～嘉永4(1851)年8月15日
江戸時代後期の私塾教師。
¶庄内

**山口西園　やまぐちさいえん**
？～嘉永5(1852)年1月23日　[別]山口西園《やまぐちせいえん》
江戸時代末期の安芸広島藩士、儒学者。
¶国書(やまぐちせいえん　[生]安永8(1779)年)，人名(やまぐちせいえん)，日人([生]1779年)，藩臣6，広島百

**山口西里　やまぐちさいり**
元文4(1739)年～寛政11(1799)年　[別]山口西里《やまぐちせいり》
江戸時代中期の安芸広島藩士、儒学者。
¶人名(やまぐちせいり　[生]？)，日人，藩臣6

**山口幸男　やまぐちさちお**
昭和8(1933)年7月1日～
昭和期の教育学者。日本福祉大学教授、日本福祉大学副学長。
¶現執1期，現執2期

**山口茂樹　やまぐちしげき**
天保3(1832)年～明治27(1894)年
江戸時代末期～明治期の儒学者、教育者。維新後豊津中学校五等教授となる。
¶人名，日人

**山口茂樹　やまぐちしげじゅ**
大正6(1917)年3月5日～
昭和期の白川村農協組合長・同教育委員長。
¶飛騨

**山口重直　やまぐちしげなお**
大正9(1920)年～
昭和～平成期の教師、評論家。
¶児人

**山口修斎　やまぐちしゅうさい**
？～明治4(1871)年12月21日
江戸時代末期～明治期の儒学者。
¶人名，日人([没]1872年)，幕末，藩臣6

**山口準之助　やまぐちじゅんのすけ**
文久1(1861)年4月21日～昭和20(1945)年
明治～昭和期の鉄道技術者、鉄道院東部鉄道管理局長。工手学校(後の工学院大学)の設立に関わる。
¶科学，学校([没]？)，近土，土木

**山口慎斎　やまぐちしんさい**
享和1(1801)年～文久1(1861)年
江戸時代末期の石見津和野藩士、儒学者。
¶日人，藩臣5

**山口信邦　やまぐちしんぼう**
天保13(1842)年～明治43(1910)年
江戸時代後期～明治期の教育者。
¶静岡歴，姓氏静岡

**山口末一　やまぐちすえいち**
明治27(1894)年6月11日～平成2(1990)年
昭和期の学校創立者。希望学園を創設。
¶学校([没]平成2(1990)年8月22日)，札幌

**山口西園　やまぐちせいえん**
→山口西園(やまぐちさいえん)

**山口盛包　やまぐちせいほう**
明治15(1882)年10月17日～昭和20(1945)年6月6日　[別]喜友名盛包
明治期の教育者、政治家。大浜尋常高等小学校校長、石垣町議会議員、石垣町町長。
¶社史，姓氏沖縄

**山口世陽　やまぐちせいよう**
元治元(1864)年1月16日～大正8(1919)年2月15日
明治・大正期の教育者。戸田尋常小学校校長。韮山尋常高等小学校初代校長など歴任。
¶伊豆

**山口西里　やまぐちせいり**
→山口西里(やまぐちさいり)

**山口泉処　やまぐちせんしょ**
→山口直毅(やまぐちなおき)

**山口竹恵　やまぐちたけえ**
明治20(1887)年9月13日～昭和44(1969)年3月20日
明治～昭和期の教育者。
¶庄内

**山口正　やまぐちただし**
明治42(1909)年～
昭和期の日本上代文学・国語教育研究者。茨城大

学教授。
¶現執1期

**山口近治** やまぐちちかじ
明治38(1905)年7月25日～昭和63(1988)年8月6日
昭和期の小学校教員、社会運動家。
¶社運, 社史, 平和

**山口ちせ** やまぐちちせ
明治21(1888)年～昭和34(1959)年
明治～大正期の教育者。青森盲人教育所校長。
¶青森人, 青森百, 女性, 女性普

**山口鍖太** やまぐちちんた
明治4(1871)年4月26日～昭和7(1932)年11月9日
明治～昭和期の英語学者。
¶海越新, 世紀, 渡航([没]?), 日人

**山口透** やまぐちとおる
昭和3(1928)年9月10日～
昭和～平成期の教育学者。金城学院大学教授。
¶現執1期, 現執2期, 現執3期, 現執4期

**山口直毅** やまぐちなおき
天保1(1830)年～明治28(1895)年12月10日
[別]山口泉処《やまぐちせんしょ》
江戸時代末期～明治期の幕臣、儒者。幕末の外交、兵制改革に尽力。維新後は神祇局に出仕、権少教となる。
¶江文(山口泉処　やまぐちせんしょ), 国書, 人名(山口泉処　やまぐちせんしょ), 日人, 幕末([生]1828年)

**山口直** やまぐちなおし
文化13(1816)年～明治6(1873)年10月7日
江戸時代後期～明治期の尊攘運動家。
¶維新, 新潮, 人名, 日人, 幕末

**山口忌寸田主** やまぐちのいみきたぬし
→山口田主(やまぐちのたぬし)

**山口田主** やまぐちのたぬし
生没年不詳　[別]山口忌寸田主《やまぐちのいみきたぬし》
奈良時代の算術家。暦算の第一人者。
¶朝日, 古代(山口忌寸田主　やまぐちのいみきたぬし), 日人

**山口西成** やまぐちのにしなり
延暦21(802)年～貞観6(864)年
平安時代前期の官吏。
¶日人, 平史

**山口初太郎** やまぐちはつたろう
明治18(1885)年～昭和30(1955)年
明治～昭和期の教育者。農水小学校校長。
¶札幌

**山口半峰** やまぐちはんぽう
明治2(1869)年1月2日～昭和14(1939)年1月30日
明治～昭和期の書家。尋常小学校教科書「国語書キ方手本」を書いた。
¶世紀, 日人

**山口久太** やまぐちひさた
明治44(1911)年4月26日～平成5(1993)年7月12日　[別]山口久太《やまぐちきゅうた》
昭和期の体育学者、教育者。八千代松陰学園理事長、日本体育協会副会長。八千代松陰高等学校を創立。
¶学校, 郷土千葉(やまぐちきゅうた), 現情, 佐賀百

**山口弘明** やまぐちひろあき
昭和10(1935)年2月17日～
昭和～平成期の経営コンサルタント。教育システム研究所所長。
¶現執2期, 現執3期, 現執4期

**山口博史** やまぐちひろし
昭和25(1950)年2月1日～
昭和～平成期の作曲家、教育者。
¶作曲

**山口弘達** やまぐちひろよし
万延1(1860)年～昭和7(1932)年
江戸時代末期～明治期の牛久藩主、牛久藩(県)知事。
¶諸系, 人名, 世紀([生]万延1(1860)年3月23日　[没]昭和7(1932)年7月11日), 日人, 幕末([没]1932年7月13日), 藩主2([生]万延1(1860)年3月23日　[没]昭和7(1932)年7月18日)

**山口勿庵** やまぐちぶつあん
～明治42(1909)年
明治期の教育者。
¶三重

**山口冨美子** やまぐちふみこ
明治42(1909)年3月30日～平成12(2000)年3月17日
昭和・平成期の教師・政治家。
¶神奈女

**山口正雄** やまぐちまさお
明治34(1901)年7月29日～昭和56(1981)年1月11日
大正・昭和期の教育者。学校長。
¶飛驒

**山口昌隆** やまぐちまさたか
文政3(1820)年～明治16(1883)年
江戸時代後期～明治期の教育者。
¶伊豆, 静岡歴, 姓氏静岡

**山口正之** やまぐちまさゆき
明治34(1901)年2月26日～昭和39(1964)年10月22日
大正～昭和期の史学家、教育者。
¶滋賀文

**山口百々男** やまぐちももお
昭和10(1935)年11月12日～
昭和～平成期の通訳ガイド教育家。日本外国語専門学校長、大阪外語専門学校理事。
¶現執3期

**山口余一　やまぐちよいち**
天保13(1842)年～明治42(1909)年
明治期の教育者。韮山中学校校長。静岡県第八大区長、静岡県民会の公選議員。伊豆国人民総代。
¶伊豆

**山口竜輔　やまぐちりゅうすけ**
明治15(1882)年1月20日～昭和15(1940)年2月16日
明治～昭和期のスキー指導者。
¶秋田人2、秋田百、世紀、日人（㊥明治15(1882)年1月27日）

**山口亮一　やまぐちりょういち**
明治13(1880)年8月10日～昭和42(1967)年10月31日
明治～昭和期の洋画家。
¶佐賀百、日人、洋画

**山口良吾　やまぐちりょうご**
明治16(1883)年7月18日～昭和29(1954)年7月19日
明治～昭和期の神官。佐嘉神社宮司。佐賀史を研究。
¶郷土、佐賀百、史研、世紀、日人

**山口鈴　やまぐちれい**
昭和25(1950)年～
昭和～平成期の教師、児童文学作家。
¶児人

**山口六平　やまぐちろくへい、やまぐちろくべい**
嘉永2(1849)年～明治39(1906)年
明治期の実業家、政治家。群馬県原町に私財を投じ小学校を設立。
¶郷土群馬（やまぐちろくべい　㊥1886年）、群馬人、群馬百、姓氏群馬、日人

**山腰滋信　やまこししげのぶ**
明治39(1906)年10月1日～
明治・大正期の学校長・高山市連合長寿会長。高山市ゲートボール協会初代会長。
¶飛騨

**山越忍空　やまこしにんくう**
明治6(1873)年～昭和9(1934)年
明治～昭和期の鑁阿寺住職、栃木県最初の私立幼稚園創始者。
¶栃木歴

**山崎闇斎　やまざきあんさい、やまさきあんさい**
元和4(1618)年12月9日～天和2(1682)年9月16日
江戸時代前期の儒学者、神道家。垂加神道を創始して崎門学派の祖となる。「文会筆録」の著者。
¶会津、朝日（㊥元和4年12月9日(1619年1月24日)　㊦天和2年9月16日(1682年10月16日)）、岩史、江人、角史、教育、京都、京都大、近世、高知人、高知百、国史、国書、コン改、コン4、コン5、詩歌、詩作（㊥元和4(1619)年12月9日）、史人、思想史、重要、神学、人書94、神人、新潮、岩人、姓氏京都、世人、世百、全書、大百、伝記、徳川将、日思、日史、日人（㊥1619年）、藩臣2、百科、兵庫人（やまさき

あんさい）、兵庫百、福島百、平日、山川小、歴大、和俳

**山崎延吉　やまざきえんきち**
→山崎延吉（やまざきのぶよし）

**山崎馨　やまざきかおる**
昭和5(1930)年～
昭和期の教師、画家。
¶児人

**山崎勝謙　やまざきかつかた**
寛政6(1794)年～嘉永5(1852)年
江戸時代末期の国学者。
¶人名、日人

**山崎匡輔　やまざききょうすけ**
明治21(1888)年2月9日～昭和38(1963)年8月8日
大正～昭和期の土木工学者、教育行政家。東京帝京大学助教授。土木学界の発展に貢献。戦後文部次官、成城大学長。
¶科学、近土、群馬人、現情、コン改、コン4、コン5、人名7、世紀、土木、日人、履歴、履歴2

**山崎欣多　やまざききんた**
生没年不詳
昭和期の小学校教員。
¶社史

**山崎熊次　やまざきくまじ**
明治3(1870)年10月21日～？
明治期の教育者。
¶群馬人

**山崎慶子　やまざきけいこ**
昭和2(1927)年8月1日～
昭和～平成期の司書教諭。ケイ・プランニング代表。
¶現執4期

**山崎鯢山　やまざきげいざん**
文政5(1822)年～明治29(1896)年5月4日
江戸時代末期～明治時代の儒学者。盛岡に集義塾を開き経史を講じ詩文を教えた。
¶岩手人（㊥1822年1月1日）、岩手百、国書（㊥文政5(1822)年1月3日）、詩歌（㊨1894年）、人名（㊨1894年）、姓氏岩手、日人、幕末、幕末大、和俳（㊥明治27(1894)年）

**山崎衡山　やまざきこうざん**
天保2(1831)年～明治27(1894)年
江戸時代末期～明治期の幕臣。
¶人名、日人

**山崎晃資　やまざきこうすけ**
昭和12(1937)年12月1日～
昭和～平成期の医師。東海大学教育研究所教授・附属相模中学校・高等学校校長。
¶現執4期

**山崎孝太郎　やまざきこうたろう**
嘉永2(1849)年～明治41(1908)年
江戸時代後期～明治期の札幌商業倶楽部創立副会長、幌西学校校主。

¶札幌

**山崎慈子** やまさきしげこ
昭和4(1929)年4月3日～
昭和期の三絃・琴教師。
¶飛騨

**山崎茂** やまさきしげる
明治40(1907)年5月23日～昭和57(1982)年2月2日
昭和期の医師・社会教育家。
¶埼玉人

**山崎秀源** やまさきしゅうげん
文久3(1863)年～昭和20(1945)年
明治～昭和期の教育者。
¶神奈川人

**山崎子列** やまさきしれつ
→山崎忠央(やまさきただなか)

**山崎新市** やまさきしんいち
明治8(1875)年3月8日～昭和30(1955)年1月27日
明治～昭和期の郷土史家、教育家。
¶郷土，高知人

**山崎真之** やまさきしんじ
→山崎真之(やまざきまさゆき)

**山崎慎六郎** やまさきしんろくろう
天保2(1831)年～明治11(1878)年
江戸時代末期～明治時代の郷士。中村文武館や自宅道場で子弟に砲術や洋学を教育。
¶高知人，幕末(㊳1878年2月21日)，幕大(㊺天保2(1831)年1月28日 ㊳明治11(1878)年2月22日)

**山崎荘三郎** やまさきそうざぶろう
明治38(1905)年12月16日～平成6(1994)年3月17日
昭和・平成期の教育者。大阪学芸大学教授。大阪教育大学名誉教授。
¶飛騨

**山崎匠** やまさきたくみ
昭和17(1942)年～
昭和～平成期の画家、教師。
¶児人

**山崎忠央** やまさきただなか
万治3(1660)年～享保19(1734)年 ㊳山崎子列《やまざきしれつ》
江戸時代中期の陸奥会津藩士、道学者。
¶会津，国書(㊺万治3(1660)年1月 ㊳享保19(1734)年10月)，日人(山崎子列 やまざきしれつ)，藩臣5

**山崎為徳** やまさきためのり，やまさきためのり
安政4(1857)年～明治14(1881)年11月9日
明治期の神学者。
¶岩手人(㊺1857年3月3日)，岩手百，キリ(㊺安政4(1857)年9月)，熊本人(やまさきためのり)，姓氏岩手，日人

**山崎周信** やまさきちかのぶ
明治期の学校創立者。東京女子体操学校の設立に関わる。
¶学校

**山崎貞** やまさきてい
明治16(1883)年～昭和5(1930)年9月26日
明治～昭和期の英学者。「公式応用新英文解釈研究」「新々和文英訳研究」「新自修英文法」等の指導書を出版。
¶人名，世紀，日人

**山崎貞士** やまさきていし
明治37(1904)年～平成19(2007)年
昭和・平成期の教育者。宏道流生花師匠。
¶熊本人

**山崎鉄雄** やまさきてつお
明治26(1893)年3月18日～昭和48(1973)年3月31日
大正～昭和期の教育者・岡山県バレーボール界の先駆者。
¶岡山歴

**山崎ときの** やまさきときの
明治22(1889)年～昭和53(1978)年
大正～昭和期の教育者。
¶兵庫百

**山崎寿春** やまさきとしはる
明治11(1878)年7月18日～昭和39(1964)年11月19日
明治～昭和期の教育者。駿台予備校創立者。「愛情教育」を校是とし受験生教育に尽力。駿台高等予備学校(後の駿台予備学校)を創立。
¶学校，現朝，世紀，日人

**山崎直文** やまさきなおぶみ，やまさきなおふみ
明治23(1890)年10月23日～昭和15(1940)年9月14日
大正～昭和期の鍼灸教育者。
¶高知人(やまさきなおふみ)，高知先

**山崎延吉** やまさきのぶきち
→山崎延吉(やまざきのぶよし)

**山崎延吉** やまさきのぶよし
明治6(1873)年6月26日～昭和29(1954)年7月19日 ㊳山崎延吉《やまざきえんきち,やまざきのぶきち》
明治～昭和期の農業教育家、農政家。愛知県立農林学校初代校長、衆議院議員。農本主義の教化に尽力。主著に農政の手引き書「農村自治の研究」など。
¶石川百，角史，教育(やまざきえんきち)，現朝，現情，コン改(やまざきのぶきち)，コン4,コン5，史人(やまざきのぶきち)，社史，新潮，人名7，世紀，政治，姓氏愛知，姓氏石川，世百新，日史，日人，百科，民学(やまざきのぶきち)，履歴，履歴2，歴大

**山崎一** やまざきはじめ
明治39(1906)年11月27日～平成2(1990)年

**山崎治夫** やまさきはるお
明治44(1911)年〜昭和43(1968)年
昭和期のキリスト教育者。
¶兵庫百

**山崎秀冠** やまざきひでか
大正7(1918)年3月8日〜
昭和期の学校経営者。
¶群馬人

**山崎兵蔵** やまさきひょうぞう
明治20(1887)年1月11日〜昭和38(1963)年3月8日
明治〜昭和期の教育者。福光町刀利分教場教員。刀利地方の学校教育、交通産業の発達、文化の向上に尽くした。
¶教育, 世紀, 富山百(⊕明治20(1887)年1月), 日人, ふる

**山崎博** やまざきひろし
明治23(1890)年〜昭和34(1959)年
大正〜昭和期の教育者。
¶神奈川人, 姓氏神奈川

**山崎房一** やまさきふさいち
大正15(1926)年4月18日〜
昭和〜平成期の教育心理評論家。陽光学院院長、新家庭教育協会理事長。
¶現執3期

**山崎武平治** やまさきぶへいじ
明和1(1764)年〜文政9(1826)年
江戸時代中期〜後期の俳人、旅籠経営者、教育者。
¶埼玉人

**山崎弁栄** やまざきべんえい
→山崎弁栄(やまざきべんねい)

**山崎弁栄** やまざきべんねい, やまさきべんねい
安政6(1859)年〜大正9(1920)年12月4日　⑪山崎弁栄《やまざきべんえい》
明治〜大正期の僧。光明主義運動の提唱者。インド仏跡参拝を行い、帰国後、独自の伝道活動を展開する。光明学園を設立。
¶朝日(⊕安政6年2月20日(1859年3月24日)), 学校(⊕安政6(1859)年2月20日), 神奈川人, 近現, 国史, 埼玉人(⊕安政6(1859)年2月20日), 世紀(⊕安政6(1859)年2月20日), 姓氏神奈川, 千葉百(やまざきべんえい), 哲学(やまさきべんねい), 日人, 幕末(やまざきべんえい), 仏教(⊕安政6(1859)年2月20日), 仏人, 民学

**山崎正董**(山崎正薫) やまざきまさただ, やまざきまさただ
明治5(1872)年4月11日〜昭和25(1950)年5月29日
明治〜昭和期の医師、史論家。
¶科学(やまざきまさただ), 近医, 熊本人(やまさきまさただ), 熊本百(やまさきまさただ), 高知人(やまさきまさただ), 高知百, 四国文, 渡航(山崎正薫)

**山崎真秀** やまざきまさひで
昭和5(1930)年9月25日〜
昭和〜平成期の教育法学者。静岡大学教授。
¶現執1期, 現執3期, 現執4期, 現政

**山崎真之** やまざきまさゆき
文久1(1861)年〜昭和9(1934)年　⑪山崎真之《やまざきしんじ》
明治〜昭和期の教育者。
¶郷土奈良(やまざきしんじ), 世紀(⊕文久1(1861)年8月15日), 日人

**山崎弥久太郎** やまさきやくたろう
明治8(1875)年〜昭和11(1936)年
明治〜昭和期の教育者。
¶高知人

**山崎弥生** やまざきやよい
明治15(1882)年〜昭和27(1952)年
明治〜昭和期の教育者。
¶長野歴

**山崎弓束** やまさきゆづか
安政1(1854)年1月〜明治43(1910)年1月7日
江戸時代末期・明治期の教育者。上枝村などの戸長。
¶飛騨

**山崎与三郎** やまさきよさぶろう
明治22(1889)年10月1日〜昭和51(1976)年7月14日
明治〜昭和期の教育者、平和運動家。
¶世紀, 日人, 広島百

**山崎蘭洲** やまざきらんしゅう
享保18(1733)年〜寛政11(1799)年
江戸時代中期の陸奥弘前藩士。
¶青森百, 国書(⊕享保18(1733)年8月25日) ⊗寛政11(1799)年2月4日), 人名, 日人, 藩臣1

**山崎立生** やまさきりっせい, やまざきりっせい
文政12(1829)年〜明治14(1881)年12月13日
江戸時代末期〜明治期の医師。藩兵の軍医となって東行。楠正興らと医学校を創設。
¶高知人, 人名(やまざきりっせい　⊕1830年), 日人(やまざきりっせい　⊕1830年), 幕末, 幕末大(⊕文政12(1829)年2月7日)

**山崎林平** やまざきりんぺい
昭和5(1930)年〜
昭和期の小学校教師、社会科教育専門家。
¶現執1期

**山路一遊** やまじいちゆう
安政5(1858)年〜昭和7(1932)年
明治〜大正期の教育者。
¶愛媛, 愛媛百(⊕安政5(1858)年10月17日 ⊗昭和7(1932)年8月19日), 郷土愛媛(⊕1857年), 滋賀百, 世紀(⊕安政5(1858)年10月17日 ⊗昭和7(1932)年8月19日), 日人

山士家光与 やましげみつよ★
文政12(1829)年5月～明治28(1895)年
江戸時代末期・明治期の教育家。
¶栃木人

山路石颷 やまじせきはん
→山路忠恭(やまじちゅうきょう)

山下勲 やましたいさお
昭和12(1937)年2月28日～
昭和～平成期の障害児心理学者。福岡教育大学教授、福岡教育大学障害児治療教育センター長。
¶現執3期

山下克巳 やましたかつみ
明治17(1884)年～昭和34(1959)年
明治～昭和期の教育者、政治家。安来町尋常高等小学校長、安来町長。
¶島根歴

山下亀三郎 やましたかめさぶろう
慶応3(1867)年4月9日～昭和19(1944)年12月13日
明治～昭和期の実業家。山下新日本汽船の創業者。山水中学校(後の桐朋高等学校)を創立。
¶愛媛百、学校、神奈人、郷土愛媛、近現、現朝(⊕慶応3年4月9日(1867年5月12日))、現日(⊕1867年4月)、国史、コン改、コン5、史人、実業、新潮、人名7、世紀、姓氏神奈川、全書、日人、兵庫人(⊕昭和19(1944)年12月)、兵庫百、履歴、歴大

山下清孟 やましたきよはる
明治40(1907)年9月25日～平成3(1991)年10月6日
昭和～平成期の音楽教育者。
¶音人、音人2

山下欣一 やましたきんいち
昭和4(1929)年2月5日～
昭和～平成期の高校教師、民俗学者。鹿児島経済大学助教授。
¶幻作、現執1期、現執2期、現執3期、現執4期、幻想、児人、世紀

山下楠一 やましたくすかず
大正15(1926)年9月30日～
昭和期の高校教師、教育労働運動家。埼玉県高等学校教育研究会議理事長。
¶現執1期、現執2期

山下域之 やましたくにゆき
明治13(1880)年～昭和32(1957)年
明治～昭和期の教育者。
¶姓氏神奈川

山下国幸 やましたくにゆき
大正15(1926)年3月17日～
昭和期の小学校教師。北海道教育大学岩見沢分校非常勤講師。
¶現執2期

山下顕光 やましたけんこう★
明治43(1910)年～平成10(1998)年

昭和期の教育者。初代関市教育長。
¶中濃

山下康爾 やましたこうじ
昭和14(1939)年7月30日～
昭和期の大学職員。岐阜大学農学部事務長。
¶飛騨

山下五郎 やましたごろう
明治44(1911)年5月15日～昭和63(1988)年1月8日
大正・昭和期の教育者。学校長。
¶飛騨

山下重輔 やましたしげすけ
明治35(1902)年～昭和50(1975)年
昭和期の教育者。
¶千葉百

山下秋堂 やましたしゅうどう
元治1(1864)年3月15日～昭和19(1944)年
明治～昭和期の教育者。
¶岡山百(⊕昭和19(1944)年9月29日)、岡山歴(⊕昭和19(1944)年9月24日)、世紀(⊕昭和19(1944)年9月24日)、日人

山下西涯 やましたせいがい
寛延2(1749)年～享和2(1802)年8月5日
江戸時代後期の儒学者。
¶岡山人、岡山歴、国書(⊕寛延2(1749)年12月16日)、人名、日人(⊕1750年)、兵庫人

山下清三 やましたせいぞう
明治40(1907)年1月16日～平成3(1991)年3月5日
昭和期の小学校教員、児童文学作家。
¶児作、児人、世紀、日児

山下曽士男 やましたそとお
大正14(1925)年8月27日～
昭和期の技能専門校長。
¶飛騨

山下武 やましたたけし
昭和5(1930)年5月19日～
昭和期の教育学者。早稲田大学教授。
¶現執2期

山下忠 やましたただし
明治38(1905)年～昭和52(1977)年
昭和期の教育者。
¶宮城百

山下谷次 やましたたにじ
明治5(1872)年2月～昭和11(1936)年6月5日
明治～昭和期の教育者・政治家。
¶香川人、香川百(⊕昭和15(1940)年)、世紀、日人

山地立固 やまじたつかた
→山地立固(やまぢたつかた)

山下徳治 やましたとくじ
明治25(1892)年1月15日～昭和40(1965)年7月10日

大正〜昭和期の教育学者、教育運動家。新興教育研究所所長。ソビエト教育学の紹介に尽力。著書に「新興ロシアの教育」など。
¶近現，現朝，現情，国史，コン改，コン4，コン5，社運，社史，新潮，人名7（[生]1895年），心理（[生]明治25（1892）年1月25日），世紀，世百新，哲学，日史，日人，百科，平和，民学

**山下富雄**　やましたとみお
昭和13（1938）年5月2日〜
昭和期の教育者。沼津工業高等専門学校長。
¶飛騨

**山下直平**　やましたなおへい
明治15（1882）年〜昭和35（1960）年
明治〜昭和期の教育者。
¶北海道百，北海道歴

**山下正夫**　やましたまさお
明治44（1911）年2月5日〜昭和61（1986）年4月25日
大正・昭和期の教育者。斐太高校通信教育部の功労者。
¶飛騨

**山下待夫**　やましたまちお
明治11（1878）年1月9日〜昭和43（1968）年2月15日
明治〜昭和期の教育者、郷土史家。
¶徳島歴

**山下康哉**　やましたやすや
天保10（1839）年〜大正1（1912）年
明治期の教育者、政治家。渋谷村長。
¶神奈川人，姓氏神奈川

**山下義男**　やましたよしお
大正15（1926）年〜平成23（2011）年
昭和・平成期の教師。
¶中濃続

**山路忠恭**　やまじちゅうきょう
安政7（1860）年2月5日〜昭和4（1929）年3月24日
[別]山路石飄《やまじせきはん》
明治〜昭和期の教育者、漢学漢詩人。
¶島根人（山路石飄　やまじせきはん），島根百，島根歴

**山科三郎**　やましなさぶろう
昭和8（1933）年〜
昭和〜平成期の教育評論家。労働者教育協会常任理事。
¶現執1期，現執2期，現執3期，世紀，YA

**山科太室**　やましなたいしつ
元文4（1739）年〜寛政1（1789）年
江戸時代中期〜後期の医師。
¶日人

**山城基靖**　やましろきせい
大正2（1913）年〜昭和36（1961）年
昭和期の学校医・石川中学校PTA会長。
¶姓氏沖縄

**山城見信**　やましろけんしん
昭和12（1937）年〜
昭和期の教師、画家。
¶児人

**山城善三**　やましろぜんぞう
明治29（1896）年7月5日〜昭和60（1985）年
大正〜昭和期の教育者、政治家。小禄尋常高等小学校校長、竹富村町長。
¶社史，姓氏沖縄

**山城八郎**　やましろはちろう
明治7（1874）年〜昭和1（1926）年
明治〜大正期の教育者、実業家。
¶姓氏沖縄

**山城文盛**　やましろぶんせい
明治40（1907）年6月7日〜平成6（1994）年12月15日
昭和期の小学校教員。
¶社史

**山城宗雄**　やましろむねお
明治28（1895）年11月21日〜昭和39（1964）年5月5日
大正〜昭和期の教育者。
¶沖縄百

**山住昭文**　やまずみあきぶみ
平成期の教師、著述家。
¶児人（生没年不詳），世紀，YA

**山住正己**　やまずみまさみ
昭和6（1931）年1月30日〜平成15（2003）年2月1日
昭和〜平成期の教育学者。東京都立大学教授、子どもと教科書全国ネット21代表委員。長年教科書問題に取り組み、“家永教科書訴訟”では家永三郎教授の証人にもなった。
¶現朝，現執1期，現執2期，現執3期，現情，現日，児人，児文，世紀，日人，平和，マス89

**山瀬幸人**　やませこうじん
安政2（1855）年〜昭和10（1935）年
明治〜昭和期の政治家、実業家、教育者。
¶世紀（[生]安政2（1855）年2月20日　[没]昭和10（1935）年12月3日），鳥取百，日人

**山勢司都子**　やませしずこ
→山勢松韻〔3代〕（やませしょういん）

**山勢松韻〔3代〕**　やませしょういん
昭和7（1932）年12月6日〜　[別]山勢司都子《やませしずこ》
昭和〜平成期の箏曲家（山田流）。
¶音人（山勢司都子　やませしずこ），音人2（山勢司都子　やませしずこ），音人3，芸能（山勢司都子　やませしずこ）

**山添匡**　やまぞいきょう★
生没年不詳
明治・大正期の山添塾主。
¶栃木人

## 山田愛之助 やまだあいのすけ
文化13(1816)年〜明治29(1896)年2月
江戸時代末期〜明治時代の越後長岡藩校崇徳館都講。
¶幕末,幕末大,藩臣4

## 山田暁生 やまだあきお
昭和11(1936)年11月7日〜
昭和〜平成期の中学校教師、教育評論家。山田中学生問題研究所代表、やまびこ会主宰。
¶現執2期,現執3期,現執4期

## 山田顕義 やまだあきよし
弘化1(1844)年〜明治25(1892)年　㊾山田顕義《やまだけんぎ》
江戸時代末期〜明治期の長州藩士、陸軍軍人、政治家。中将、伯爵。刑法草案審査委員、法相、枢密顧問官などを歴任。国学院(後の国学院大学)、日本法律学校(後の日本大学)の設立に関わる。
¶朝日(㊗弘化1年10月9日(1844年11月18日)　㊥明治25(1892)年11月11日)、維新、岩史(㊗天保15(1844)年10月9日　㊥明治25(1892)年11月11日)、海越(㊗天保15(1844)年10月9日　㊥明治25(1892)年11月11日)、海越新(㊗天保15(1844)年10月9日　㊥明治25(1892)年11月11日)、学校(㊗天保15(1844)年10月9日　㊥明治25(1892)年11月11日)、角史(㊥明治25(1892)年11月14日)、近現、国際、国史、コン改、コン4、コン5、史人(㊗1844年10月9日　㊥1892年11月11日)、重要(㊗弘化1(1844)年9月　㊥明治25(1892)年11月14日)、神史、神人(㊗弘化1(1884)年10月)、新潮(㊗弘化1(1844)年9月　㊥明治25(1892)年11月14日)、人名、姓氏山口、世人(㊗天保15(1844)年9月　㊥明治25(1892)年11月14日)、先駆(㊗天保15(1844)年10月9日　㊥明治25(1892)年11月11日)、全書、体育(やまだけんぎ)、大百、哲学、渡航(㊗1844年9月　㊥1892年11月14日)、日史(㊗弘化1(1844)年10月9日　㊥明治25(1892)年11月14日)、日人、日本、幕末(㊥1892年11月14日)、藩臣6、百科、明治1、山口百、陸海(㊗弘化1年10月9日　㊥明治25年11月14日)、歴大

## 山田浅蔵 やまだあさぞう
大正8(1919)年12月19日〜
昭和〜平成期の音楽教育者。
¶音人2,音人3

## 山田有年 やまだありとし
？〜明治24(1891)年　㊾山田有年《やまだゆうねん》
明治期の有職故実家。維新後制度取調、皇学所講官、大学少博士を歴任。廃官後式部寮常典となった。
¶国書(㊥明治24(1891)年4月13日)、神人、人名(やまだゆうねん)、日人

## 山田市郎兵衛 やまだいちろうべえ
嘉永4(1851)年〜昭和3(1928)年　㊾山田市郎兵衛《やまだいちろべえ》
明治〜昭和期の実業家。

¶大阪人,世紀(やまだいちろべえ)　㊾嘉永4(1851)年5月　㊥昭和3(1928)年7月27日)、日人(やまだいちろべえ)

## 山田市郎兵衛 やまだいちろべえ
→山田市郎兵衛(やまだいちろうべえ)

## 山平耕一 やまだいらこういち
明治29(1896)年〜昭和44(1969)年
大正〜昭和期の教育者。
¶姓氏岩手

## 山田修 やまだおさむ
大正10(1921)年〜
昭和期の僻地教育者。
¶群馬人

## 山高幾之丞 やまたかいくのじょう
元治1(1864)年2月〜？
江戸時代末期〜明治期の教育者。群馬女子師範校長。
¶群馬人

## 山田嘉吉 やまだかきち
元治2(1865)年〜昭和9(1934)年7月21日
明治〜昭和期の言語学者。哲学、医学、社会学等にも造詣が深い。著書に「社会学概論」など。
¶社史(㊗慶応1年12月10日(1866年1月26日))、女史、人名、世紀(㊗慶応1(1866)年12月10日)、日人

## 山田かめ やまだかめ
慶応2(1866)年〜昭和14(1939)年
明治〜昭和期の教育者。
¶鳥取百

## 山田亀之介 やまだかめのすけ
明治8(1875)年〜昭和39(1964)年
昭和期の教育者、郷土史家。
¶山口人

## 山田巌雄 やまだがんゆう
明治34(1901)年12月17日〜
大正〜昭和期の僧侶、口演童話家、幼児教育研究者。玉川女子短期大学教授。
¶日児

## 山田喜之助 やまだきのすけ
安政6(1859)年〜大正2(1913)年
明治期の法律家、政治家。東京弁護士会長、衆議院議員、衆議院書記官長、司法次官などを務めた。英吉利法律学校(後の中央大学)の設立に関わる。
¶大阪人(㊥大正2(1913)年2月)、学校(㊗安政6(1859)年6月1日　㊥大正2(1913)年2月20日)、人名、日人、履歴(㊗安政6(1859)年6月1日　㊥大正2(1913)年2月20日)

## 山田きみ やまだきみ
明治21(1888)年4月26日〜昭和36(1961)年2月23日
大正〜昭和期の教育者。青森裁縫女学校を開設。
¶青森人,青森百,学校,女性,女性普,世紀,日人

**山田公章** やまだきみあき
→山田亦介（やまだまたすけ）

**山田清人** やまだきよと
明治39（1906）年6月15日～昭和54（1979）年8月2日　㊞山田清人《やまだきよんど》
昭和期の教員、小学校訓導。日本の民間教育運動の指導者の一人。
¶現朝，現孰1期，現情，社史（やまだきよんど），世紀，日人

**山田清実** やまだきよみ
明治39（1906）年8月5日～
昭和期の小学校教員。
¶社史

**山田清人** やまだきよんど
→山田清人（やまだきよと）

**山田クニ** やまだくに
明治12（1879）年～昭和31（1956）年4月5日
明治～昭和期の教育者。
¶徳島百（㊤明治12（1879）年3月4日），徳島歴（㊤明治12（1879）年2月4日）

**山田国広** やまだくにひろ
明治40（1907）年1月22日～昭和62（1987）年12月27日
昭和期の小学校教員。
¶社史

**山田源一郎** やまだげんいちろう
明治3（1870）年～昭和2（1927）年5月23日
明治～大正期の作曲家、音楽教育者。日本音楽学校を創設。
¶音楽，学校，芸能（㊤明治3（1870）年1月17日），作曲（㊤明治2（1869）年10月17日）

**山田顕義** やまだけんぎ
→山田顕義（やまだあきよし）

**山田玄策** やまだげんさく
明治11（1878）年～昭和13（1938）年
明治～昭和期の学校医。
¶青森人

**山田玄太郎** やまだげんたろう
明治6（1873）年～昭和18（1943）年
明治～昭和期の植物病理学者。
¶鳥取百，山形百新

**山田幸太郎**（山田孝太郎）やまだこうたろう
明治4（1871）年～昭和29（1954）年
明治～昭和期の教育者。札幌第一中学校長。
¶札幌（山田孝太郎），北海道百，北海道歴

**山田孝堂** やまだこうどう
文政1（1818）年～明治27（1894）年
江戸時代末期～明治期の医師。
¶大阪人（㊤明治27（1894）年11月），人名，日人，兵庫人（㊤文化13（1816）年　㊥明治27（1894）年11月14日）

**山田孝道** やまだこうどう，やまたこうどう
文久3（1863）年～昭和3（1928）年2月7日
明治～昭和期の曹洞宗僧侶。曹洞宗大学林教頭。
¶島根人（やまたこうどう），島根百，島根歴，仏人

**山田維則** やまだこれのり
安永4（1775）年～文久1（1861）年
江戸時代中期～末期の藩士・漢学者。
¶国書，姓氏長野，長野歴

**山田栄** やまださかえ
明治35（1902）年4月13日～
昭和期の教育学者。東京教育大学教授。
¶現孰1期，現情

**山田貞芳** やまださだよし
明治2（1869）年3月8日～大正9（1920）年6月9日　㊞山田貞芳《やまだていほう》
明治～大正期の漢学者、郷土史家、教育家。
¶岡山人（やまだていほう），岡山百，岡山歴，郷土

**山田敏** やまださとし
昭和9（1934）年9月22日～
昭和～平成期の教育学者。信州大学教授、椙山女学園大学教授。
¶現孰2期，現孰4期

**山田三川** やまださんせん
文化1（1804）年～文久2（1862）年
江戸時代末期の学者、文人。
¶江文，群馬人，群馬百，国書（㊤文化1（1804）年2月　㊥文久2（1862）年8月），人名94，姓氏群馬，日人，幕末（㊥1863年9月8日），藩臣1（生没年不詳），藩臣2

**山田十竹** やまだじっちく
天保8（1837）年～明治34（1901）年8月26日
江戸時代末期～明治期の教育者、漢学者。著書に「日本志略」「明治小学」などがある。
¶維（㊤1905年），人名（㊥1905年），日人，幕末（㊥1833年），幕末大（㊥明治38（1905）年8月26日），藩臣6（㊤天保4（1833）年），広島百（㊤天保4（1833）年12月9日）

**山田袖香** やまだしゅうこう
文政8（1825）年～明治39（1906）年
江戸時代末期～明治期の女流歌人。
¶大阪人（㊤明治40（1907）年1月），人名，日人

**山田秋籟** やまだしゅうらい
文政5（1822）年1月5日～明治3（1870）年10月8日
江戸時代末期・明治期の私塾教師。
¶飛騨

**山田準** やまだじゅん
慶応3（1867）年11月23日～昭和27（1952）年11月21日　㊞山田済斎《やまだせいさい》
明治～昭和期の中国哲学者、号済斎。二松学舎学長。著書に「陽明学精義」など。
¶岡山人，岡山百（山田済斎　やまだせいさい），岡山歴（山田済斎　やまだせいさい），鹿児島

百，現情，詩作(山田済斎　やまだせいさい)，
人名7，世紀，日人

### 山田純　やまだじゅん
昭和26(1951)年5月12日〜
昭和〜平成期の英語教育学者。広島大学助教授。
¶現執2期，現執3期

### 山田潤次　やまだじゅんじ
昭和31(1956)年2月20日〜
昭和〜平成期の音楽教育者。
¶音人2，音人3

### 山田昌栄　やまだしょうえい
文化5(1808)年〜明治14(1881)年
江戸時代末期〜明治期の医師。大学東校(後の医科大学)教授をつとめ、済衆病院を開き、皇太子嘉仁親王(のちの大正天皇)を拝診するなど名医として名高い。
¶藩臣2

### 山田松斎　やまだしょうさい
文化6(1809)年〜明治29(1896)年10月6日
江戸時代末期〜明治時代の桑名藩士、津藩士。維新後私塾を開き、子弟3500人余りにのぼる。
¶維新，幕末，幕末大，三重

### 山田省助　やまだしょうすけ
天保7(1836)年〜明治41(1908)年
明治期の水泳教師。
¶日人，三重

### 山田尚俌　やまだしょうほ
天保12(1841)年〜明治43(1910)年
江戸時代後期〜明治期の教育者。
¶香川人，香川百

### 山田仁右衛門　やまだじんえもん
？〜
江戸時代中期の剣術家。梶派一刀流。
¶青森人

### 山田晋香　やまだしんこう
天保13(1842)年〜明治43(1910)年
明治〜大正期の漢学者。師範教育に従事し、高松高等女学校設立に尽力。
¶人名，日人

### 山田親幸　やまだしんこう
昭和9(1934)年7月15日〜
昭和期の教育者、福祉活動家。
¶視覚

### 山田新川　やまだしんせん
文政10(1827)年〜明治38(1905)年
江戸時代末期〜明治期の漢詩人。
¶詩歌，人名，姓氏富山，富山百(㊆文政10(1827)年8月17日　㊂明治38(1905)年2月4日)，富山文(㊆文政10(1827)年8月17日　㊂明治38(1905)年2月4日)，日人，和俳

### 山田新平　やまだしんぺい
昭和・平成期の山田和服裁縫所(現名古屋文化短大)創立者。学校法人山田学園を創設。

¶愛知女(㊆1910年　㊂1997年)，学校(㊆？　㊂平成13(2001)年12月31日)

### 山田翠雨　やまだすいう
文化12(1815)年〜明治8(1875)年
江戸時代末期〜明治期の儒学者。
¶国書(㊂明治8(1875)年8月5日)，人名，日人

### 山田季治(1)　やまだすえじ
嘉永1(1848)年〜大正5(1916)年
江戸時代末期〜大正期の教育者。
¶鳥取百

### 山田季治(2)　やまだすえじ
生没年不詳
明治期の日本郵船会社根室支店支配人。根室英語学校創立者。
¶根千

### 山田済斎　やまだせいさい
→山田準(やまだじゅん)

### 山田静斎　やまだせいさい
？〜寛政6(1794)年
江戸時代中期の儒学者。
¶人名，日人

### 山田政治郎　やまだせいじろう
文久1(1861)年〜昭和19(1944)年
明治〜昭和期の医師。平和町内3小学校の校医。
¶姓氏愛知

### 山田蘇作　やまだそさく
→山田蘇作(やまだもとさく)

### 山田大夢　やまだだいむ
文政12(1829)年8月7日〜明治22(1889)年3月25日
江戸時代後期〜明治時代の教育者。
¶静岡歴，姓氏静岡，幕末大

### 山田堯明　やまだたかあき
明治37(1904)年〜昭和48(1973)年
昭和期の音楽教育家。
¶鳥取百

### 山田高生　やまだたかお
昭和7(1932)年11月15日〜
昭和期の教育者。成城大学名誉教授、一橋大学社会学博士。
¶伊豆，現執1期，現執2期

### 山田武甫　やまだたけとし
天保2(1831)年〜明治26(1893)年
江戸時代末期〜明治期の熊本藩士、政治家。衆議院議員。英学校・医学校創立し北里柴三郎らを育成。
¶朝日(㊆天保2(1831)年12月　㊂明治26(1893)年2月25日)，近現，熊本人，熊本百(㊆天保2(1831)年2月　㊂明治26(1893)年2月23日)，国史，コン改，コン4，コン5，史人(㊆1831年12月　㊂1893年2月23日)，新潮(㊆明治26(1893)年2月25日)，人名，日人(㊆1832年)，幕末(㊂1893年2月23日)，幕末大(㊂明治26

(1893)年2月23日)，福井百

**山田武麿** やまだたけまろ
大正3(1914)年12月11日～昭和61(1986)年
昭和期の日本史学者、教育家。群馬大学・群馬県立女子大学教授。近世社会経済史を研究。
¶郷土([没]昭和61(1986)年10月29日)，群新百，群馬人，史研，姓氏群馬

**山田楽** やまだたのし
天保11(1840)年12月24日～明治37(1904)年5月28日
江戸時代末期～明治期の実業家。第八十九国立銀行頭取。徳島県の教育と経済の近代化に指導的役割を担った。
¶静岡歴，徳島百，徳島歴，幕末

**山田千代** やまだちよ
慶応3(1867)年5月8日～昭和35(1960)年7月16日
明治～昭和期の教育者。
¶神奈女

**山田千代子** やまだちよこ
嘉永4(1851)年～大正2(1913)年3月24日
明治期の幼児教育家。独立園として始めての私立幼稚園を設立。
¶女性，女性普，人名，日人

**山田珍苗** やまだちんみょう
安永7(1778)年～天保13(1842)年
江戸時代中期～後期の和塾師匠、修験者。
¶栃木歴

**山田勉** やまだつとむ
昭和5(1930)年5月3日～
昭和期の教育学者。横浜国立大学教授。
¶現執1期，現執2期

**山田常三** やまだつねぞう
大正3(1914)年～
昭和～平成期の音楽教育家。
¶福井百

**山田鼎斎** やまだていさい
?　～明治6(1873)年
江戸時代末期～明治期の書家。薩摩藩校造士館の教授をつとめた。詩文にも長じていた。
¶幕末

**山田禎三郎** やまだていさぶろう
明治4(1871)年～昭和5(1930)年
明治～昭和期の政治家。衆議院議員、千葉県師範学校長。
¶姓氏長野，長野歴

**山田貞芳** やまだていほう
→山田貞芳(やまださだよし)

**山田輝夫** やまだてるお
大正13(1924)年～
昭和期の教師、童画家。
¶児人

**山田東海** やまだとうかい
天明8(1788)年～嘉永1(1848)年
江戸時代後期の儒学者。
¶国書([没]嘉永1(1848)年8月9日)，人名([生]1787年　[没]1847年)，日人

**山田豊吉** やまだとよきち
?　～安政4(1857)年
江戸時代後期～末期の安曇郡鼠穴村の寺子屋師匠。
¶姓氏長野

**山田直次郎** やまだなおじろう
明治41(1908)年～昭和45(1970)年
昭和期の教育者。
¶群新百，群馬人

**山田直矢** やまだなおや
万延元(1860)年～昭和14(1939)年
明治～昭和期の官僚、政治家。三井工業学校創立者で初代校長。
¶薩摩([没]昭和15(1940)年)，人名7，日人

**山田夏子** やまだなつこ
明治39(1906)年～昭和61(1986)年12月2日
昭和期の服飾評論家。「フランス服飾小事典」「フランス色名辞典」を翻訳。フランス政府から棕櫚文化勲章受章。
¶女性，女性普，世紀，日人

**山田白金**(山田銀) やまだのしろがね，やまだのしろかね
生没年不詳
奈良時代の法律家。
¶史人，日史，日人(山田銀)，百科，歴大(やまだのしろかね)

**山田春城** やまだのはるき
→山田春城(やまだはるき)

**山田史御方** やまだのふひとみかた
→山田御方(やまだのみかた)

**山田信義** やまだのぶよし
昭和8(1933)年3月21日～
昭和～平成期の音楽教育者。
¶音人2，音人3

**山田昇** やまだのぼる
昭和10(1935)年12月13日～
昭和期の教育学者。和歌山大学教授、奈良女子大学教授。
¶現執1期，現執2期

**山田御方**(山田三方) やまだのみかた
生没年不詳　[別]山田史御方《やまだのふひとみかた》
飛鳥時代～奈良時代の官人、文人。
¶朝日，国史，古史，古代(山田史御方　やまだのふひとみかた)，古中，詩歌(山田三方)，人名(山田三方)，日史，日人，百科(山田三方)，和俳

**山田梅村** やまだばいそん
文化13(1816)年～明治14(1881)年

や

江戸時代末期～明治期の儒学者。
¶香川人，香川百，国書（[生]文化12（1815）年 [没]明治14（1881）年1月10日），人名，日人

**山田梅東** やまだばいとう
寛政9（1797）年～明治9（1876）年
江戸時代末期～明治期の儒学者。
¶国書（[生]寛政9（1797）年4月14日　[没]明治9（1876）年1月3日），人名，日人

**山田春城** やまだはるき
弘仁1（810）年～天安2（858）年　[別]山田春城《やまだのはるき》
平安時代前期の学者、官人。
¶コン改（[生]天長3（826）年），コン4（[生]天長3（826）年），人名（やまだのはるき），日人（やまだのはるき），平史（やまだのはるき）

**山田英夫** やまだひでお
昭和30（1955）年2月23日～
昭和～平成期の経営教育家。早稲田大学システム科学研究所助教授、早稲田大学ビジネススクール助教授。
¶現執3期，現執4期

**山田兵庫** やまだひょうご
明治4（1871）年～昭和18（1943）年
明治～昭和期の教育者。
¶姓氏富山

**山田広士** やまだひろし
明治41（1908）年1月3日～昭和51（1976）年5月17日
大正・昭和期の学校長。
¶飛驒

**山田拓民** やまだひろたみ
昭和6（1931）年～
昭和～平成期の反核運動家、高校教員。
¶平和

**山田福三郎** やまだふくさぶろう
明治1（1868）年～大正3（1914）年5月18日
明治～大正期の弁護士。
¶神奈川人，世紀，渡航，日人

**山田文恵** やまだふみえ
明治23（1890）年～昭和31（1956）年
大正・昭和期の教育者。
¶信州女

**山田文祥** やまだふみよし
？ ～明治14（1881）年
江戸時代後期～明治期の教育者。
¶姓氏石川

**山田文蔵** やまだぶんぞう
明治17（1884）年10月6日～昭和32（1957）年12月12日
明治～昭和期の教育者。
¶群馬人

**山田弁作** やまだべんさく
明治16（1883）年～
明治～昭和期の柏陰女塾塾長。
¶伊豆

**山田方谷** やまだほうこく
文化2（1805）年2月21日～明治10（1877）年6月26日
江戸時代後期～明治期の儒学者。
¶朝日（[生]文化2年2月21日（1805年3月21日）），維新，岩史，岡山人，岡山百，岡山歴，近現，近世，国史，国書，コン改，コン4，コン5，詩歌，詩作，史人，思想，人書94，新潮，人名，姓氏京都，哲学，日思，日史，日人，幕末，藩臣6，百科，歴大

**山田正敏** やまだまさとし
昭和7（1932）年～
昭和期の教育学者。愛知県立大学教授、愛知県民間教育研究団体連絡協議会代表。
¶現執2期

**山田益盛** やまだますもり
嘉永4（1851）年～大正10（1921）年
江戸時代末期～大正期の教育者。
¶姓氏長野，長野歴

**山田亦介** やまだまたすけ
*～元治1（1864）年12月19日　[別]山田公章《やまだきみあき》
江戸時代末期の長州（萩）藩士。長沼流兵学を吉田松陰に教授。
¶朝日（[生]文化7（1810）年　[没]元治1年12月19日（1865年1月16日）），維新（[生]1810年），近世（[生]1808年），国史（[生]1808年），国書（山田公章 やまだきみあき　[生]文化5（1808）年12月18日），コン改（[生]文化6（1809）年），コン4（[生]文化6（1809）年），コン5（[生]文化6（1809）年），新潮（[生]文化7（1810）年），人名（[生]1809年），全幕（[生]文化7（1810）年），日人（[生]1809年　[没]1865年），幕末（[生]1810年　[没]1865年1月16日），幕末大（[生]文化7（1810）年　[没]元治1（1865）年12月19日），藩臣6（[生]文化7（1810）年）

**山田万三郎** やまだまんざぶろう，やまだまんさぶろう
弘化4（1847）年～明治28（1895）年
江戸時代末期～明治時代の大庄屋。農業振興、青少年教育に貢献。維新後県会議員。
¶幕末，幕末大，和歌山人（やまだまんさぶろう）

**山田美都** やまだみつ
明治19（1886）年～昭和50（1975）年8月2日　[別]山田美都子《やまだみつこ》
明治～昭和期の小学校教員。
¶近女，社史，女運（山田美都子　やまだみつこ　[生]1886年8月15日）

**山田光男** やまだみつお
明治33（1900）年8月2日～昭和52（1977）年5月13日
大正～昭和期の教育者・登山家。
¶福岡百

**山田美都子** やまだみつこ
→山田美都（やまだみつ）

や

**山田三義　やまだみよし**
明治15 (1882) 年～昭和8 (1933) 年
明治～昭和期の教育者。
¶姓氏岩手

**山田蘇作　やまだもとさく**
寛政6 (1794) 年～元治1 (1864) 年　[別]山田蘇作《やまだそさく》
江戸時代末期の肥前福江藩士。
¶人名 (やまだそさく), 日人, 幕末 ([没]1864年12月20日), 藩臣7

**山田安男　やまだやすお**
昭和5 (1930) 年4月3日～
昭和期の教育者、点訳指導者。
¶視覚

**山田安民　やまだやすたみ**
慶応4 (1868) 年2月1日～昭和18 (1943) 年4月13日
江戸時代末期～昭和期の実業家。私立奈良盲唖学校を開設。
¶大阪人, 郷土奈良, 世紀, 日人

**山田有慶　やまだゆうけい**
明治22 (1889) 年2月13日～昭和53 (1978) 年11月5日
大正～昭和期の雅叙園支配人。
¶沖縄百, 姓氏沖縄

**山田有功　やまだゆうこう**
明治26 (1893) 年5月9日～昭和50 (1975) 年2月16日
大正～昭和期の教育者、学者。
¶沖縄百, 姓氏沖縄

**山田有年　やまだゆうねん**
→山田有年 (やまだありとし)

**山田囿八　やまだゆうはち**
文化5 (1808) 年～明治10 (1877) 年
江戸時代後期～明治期の筑摩郡乱橋村の庄屋。私塾経営者、文人。
¶姓氏長野

**山田よし　やまだよし**
[別]川島よし《かわしまよし》
明治期の教育者。
¶渡航 (山田よし・川島よし　やまだよし・かわしまよし)

**山田良政　やまだよしまさ**
慶応4 (1868) 年1月1日～明治33 (1900) 年10月22日　[別]山田良政《やまだりょうせい》
明治期の教師。南京同文書院教授兼幹事。中国革命援助者。
¶青森人 (やまだりょうせい), 社史 ([生]慶応4年1月1日 (1868年1月25日)), 人名, 日人, 履歴, 履歴2

**山田与太郎　やまだよたろう**
明治11 (1878) 年1月15日～昭和38 (1963) 年5月
明治～昭和期の教育者。
¶庄内

**山田竜渓　やまだりゅうけい**
文化7 (1810) 年～明治10 (1877) 年4月14日
江戸時代後期～明治期の私塾師匠。
¶庄内

**山田良政　やまだりょうせい**
→山田良政 (やまだよしまさ)

**山田礼子　やまだれいこ**
昭和31 (1956) 年～
昭和～平成期の教育学者。同志社大学文学部教授。専門は、教育学 (教育社会学、比較教育学、異文化間教育学)。
¶現執4期

**山田鹿庭　やまだろくてい**
宝暦6 (1756) 年～天保7 (1836) 年
江戸時代後期の儒学者。
¶国書 ([没]天保7 (1836) 年6月), 人名, 日人

**山地立固　やまぢたつかた, やまじたつかた**
生没年不詳
江戸時代後期の陸奥三春藩士、藩校学長。
¶藩臣2 (やまじたつかた)

**山手茂　やまてしげる**
昭和7 (1932) 年3月15日～
昭和～平成期の社会学者。東洋大学教授。
¶現執1期, 現執2期, 現執3期, 現執4期

**山出半次郎　やまではんじろう**
文久元 (1861) 年～昭和19 (1944) 年
明治～昭和期の教育者。
¶御殿場

**山寺常山　やまでらじょうざん**
文化4 (1807) 年～明治11 (1878) 年7月3日
江戸時代後期～明治期の武士、兵学者。
¶維新, 国書, 人名, 姓氏長野, 長野百, 長野歴, 日人, 幕末, 藩臣3 ([生]文化5 (1808) 年)

**大和明　やまとあきら**
昭和11 (1936) 年3月16日～
昭和～平成期のジャズ評論家、教師。
¶現執3期

**大和七郎　やまとしちろう**
明治35 (1902) 年3月7日～昭和62 (1987) 年
大正・昭和期の石川県公立小学校訓導兼小学校長。宇ノ気町長。
¶石川現九

**大和淳二　やまとじゅんじ**
大正13 (1924) 年8月14日～
昭和期の音楽教育学者。神戸大学教授、東京音楽大学教授。
¶音人2, 音人3, 現執2期

**大和真道** (和真道)　**やまとしんどう**
天保4 (1833) 年～明治27 (1894) 年4月11日
江戸時代末期～明治時代の僧侶。自坊に不老渓塾を開いて郷党を教化。
¶幕末, 幕末大 (和真道　[生]天保4 (1833) 年1月28日)

**山鳥吉五郎** やまどりきちごろう
明治14(1881)年〜昭和21(1946)年
明治〜昭和期の植物研究家。
¶植物，兵庫百

**山中共古** やまなかきょうこ
嘉永3(1850)年〜昭和3(1928)年
明治〜昭和期の民俗学者。静岡藩英学校教授、小学校教師。牧師。
¶山梨文

**山中吾郎** やまなかごろう
明治43(1910)年7月23日〜昭和58(1983)年6月2日
昭和期の教育者、政治家。岩手県教育長、衆議院議員。
¶岩手人，岩手百，政治，姓氏岩手

**山中崔十** やまなかさいじゅ
安政3(1856)年〜昭和10(1935)年 [別]山中崔十《やまなかさいじゅう》
明治〜昭和期の医師、政治家。
¶眼科(やまなかさいじゅう)，世紀([生]安政3(1856)年10月21日 [没]昭和10(1935)年1月31日)，日人

**山中崔十** やまなかさいじゅう
→山中崔十(やまなかさいじゅ)

**山中貞治** やまなかさだじ
明治34(1901)年9月21日〜昭和44(1969)年11月7日
大正・昭和期の教育者。別府峡観光化を推進。
¶高知先

**山中順三** やまなかじゅんぞう
明治42(1909)年〜平成9(1997)年6月23日
昭和・平成期の教育者。
¶岩手人

**山中宗古** やまなかそうこ
元禄5(1692)年〜宝暦4(1754)年
江戸時代中期の儒学者。
¶人名，日人

**山中チト** やまなかちと
大正2(1913)年6月30日〜
昭和期の小学校・中学校教員。
¶社史

**山中天水** やまなかてんすい
宝暦8(1758)年〜寛政2(1790)年
江戸時代中期の儒学者。
¶江文，国書([没]寛政2(1790)年9月6日)，詩歌，人名，日人，三重([生]宝暦2年)，和俳

**山中恒** やまなかひさし
昭和6(1931)年7月20日〜
昭和〜平成期の児童文学作家。"児童読み物作家"として作品を数多く発表。「あばれはっちゃく」などの他、戦時下教育を告発する「ボクラ少国民」など。
¶近文，現朝，幻作，現執1期，現執2期，現執3期，現執4期，現情，現人，幻想，現日，作家，児作，児人，児文，小説，新潮，新文，世紀，全書，日児，日人，平和，北海道文，マス89

**山中正雄** やまなかまさお
嘉永1(1848)年〜大正8(1919)年
明治期の教育者。
¶日人，広島百([生]嘉永1(1848)年6月8日 [没]大正8(1919)年11月15日)

**山中六彦** やまなかむつひこ
明治21(1888)年〜昭和54(1979)年
大正〜昭和期の教育者。
¶姓氏山口，山口人

**山名虚舟** やまなきょしゅう
江戸時代後期の教育者。
¶三重

**山梨正雄** やまなしまさお
昭和18(1943)年5月1日〜
昭和期の障害教育研究者、歩行訓練士。
¶視覚

**山名次郎** やまなじろう
元治1(1864)年〜昭和32(1957)年6月9日
明治〜昭和期の教育者、実業家。北海道尋常師範学校長となり、「社会教育論」を著す。のち実業界に転じ、日本勧業銀行鑑定役などをつとめた。
¶教育，現情，人名7，世紀，日人，北海道百，北海道歴

**山名善譲斎** やまなぜんじょうさい
江戸時代後期の教育者。
¶三重

**山名光子** やまなみつこ
明治41(1908)年〜
大正・昭和期の全国女性校長会会長。
¶愛知女

**山西シゲノ** やまにしげの
→山西シゲノ(やまにししげの)

**山西孝三** やまにしこうぞう
*〜大正10(1921)年
明治期の教育者。
¶姓氏長野([生]1872年)，長野歴([生]天保5(1834)年)

**山西シゲノ** やまにししげの
明治23(1890)年〜昭和35(1960)年 [別]山西シゲノ《やまにしげの》
大正〜昭和期の教育者。公選で、香川県で最初の県教育委員。
¶香川人(やまにしげの)，女性，女性普

**山根薫** やまねかおる
明治35(1902)年6月14日〜昭和55(1980)年8月23日
昭和期の教育心理学・発達心理学者。埼玉大学教授。
¶現執1期，埼玉人，島根歴，心理

や

**山根華陽**　やまねかよう
元禄10(1697)年～明和8(1771)年12月28日
江戸時代中期の長州(萩)藩士。
¶国書，人名，姓氏山口，日人([没]1772年)，藩臣6

**山根俊男**　やまねとしお
昭和8(1933)年9月16日～
昭和～平成期の音楽教育者、音楽学者(ベートーベン)。
¶音人

**山根俊久**　やまねとしひさ
明治29(1896)年～昭和54(1979)年
明治～昭和期の郷土史家。
¶郷土，島根百([生]明治29(1896)年2月9日　[没]昭和54(1979)年4月19日)，島根歴

**山根南溟**　やまねなんめい
寛保2(1742)年～寛政5(1793)年
江戸時代中期の儒学者。
¶国書([没]寛政5(1793)年8月14日)，人名([生]?　[没]1795年)，日人

**山野昭典**　やまのあきのり
昭和3(1928)年10月21日～
昭和期の口演童話家、小学校教師。
¶日児



**山井介堂**　やまのいかいどう
→山井璞輔(やまのいはくすけ)

**山井幹六**　やまのいかんろく
弘化2(1845)年～明治40(1907)年
江戸時代末期・明治期の教育者。
¶愛媛

**山井清渓**　やまのいせいけい
弘化3(1846)年～明治45(1912)年5月29日
明治期の伊予西条藩儒。維新後東京青山に開塾。のち第一高等学校教授。
¶維新，国書([生]弘化3(1846)年2月25日)，詩歌，人名，日人([没]1907年)，幕末，幕末大，和俳

**山井璞輔**　やまのいはくすけ
文政5(1822)年～文久2(1862)年　[別]山井介堂《やまのいかいどう》
江戸時代末期の儒学者。
¶江文(山井介堂　やまのいかいどう)，人名，日人

**山井道子**　やまのいみちこ
嘉永5(1852)年～?
江戸時代末期～明治期の儒学者。女子修身に関する著述「女子修身鑑」「女子雅俗消息用文」出版。
¶女性，女性普，日人

**山内香雪**　やまのうちこうせつ
→山内香雪(やまうちこうせつ)

**山内才治**　やまのうちさいじ
明治29(1896)年～昭和47(1972)年
大正～昭和期の教育家、国語教育研究家、作文宮城の創始者。
¶宮城百

**山之内作次郎**　やまのうちさくじろう
→山之内貞奇(やまのうちさだよし)

**山之内貞奇**　やまのうちさだよし
寛政10(1798)年～明治7(1874)年　[別]山内貞奇《やまのうちていき》，山之内作次郎《やまのうちさくじろう》
江戸時代後期～明治期の武士。
¶維新，鹿児島百(山之内作次郎　やまのうちさくじろう)，国書([没]明治7(1874)年1月17日)，人名(山内貞奇　やまのうちていき)，姓氏鹿児島，日人，幕末(山之内作次郎　やまのうちさくじろう)，藩臣7

**山内佐太郎**　やまのうちさたろう
明治7(1874)年4月～昭和20(1945)年　[別]山内佐太郎《やまうちさたろう》
明治～昭和期の教育家。
¶世紀，日人，兵庫百(やまうちさたろう)

**山内昭道**　やまのうちしょうどう
昭和3(1928)年3月2日～
昭和～平成期の教育学者、保育学者。東京家政大学教授・同附属みどりが丘幼稚園園長。
¶現執3期

**山野内四郎**　やまのうちしろう
?　～昭和55(1980)年1月8日
昭和期の教育者。学校創立者。水城高等学校を設立。
¶学校

**山内成善**　やまのうちせいぜん
天保1(1830)年～明治7(1874)年8月16日
江戸時代後期～明治期の教育者。
¶庄内

**山内太郎**　やまのうちたろう
大正12(1923)年7月24日～
昭和～平成期の教育学者。東京大学教授。
¶現情

**山内貞奇**　やまのうちていき
→山之内貞奇(やまのうちさだよし)

**山内篤処**　やまのうちとくしょ
天保6(1835)年～明治18(1885)年　[別]山内衡《やまのうちまもる》，山内篤処《やまうちとくしょ》
江戸時代末期～明治期の教育者。儒学を学び、私塾を開設し子弟の教育に貢献。
¶維新(山内衡　やまのうちまもる)，コン改，コン4，コン5，新潮([没]明治18(1885)年1月30日)，人名，鳥取百(やまうちとくしょ)，日人

**山内俊温**　やまのうちとしあつ
安永7(1778)年～天保15(1844)年8月9日　[別]山内俊温《やまのうちとしなが》
江戸時代後期の陸奥会津藩士。
¶会津(やまのうちとしなが)，国書，藩臣2

**山内俊温**　やまのうちとしなが
→山内俊温(やまのうちとしあつ)

**山内豊策** やまのうちとよかず
→山内豊策(やまうちとよかず)

**山内豊資** やまのうちとよすけ
→山内豊資(やまうちとよすけ)

**山内豊敷** やまのうちとよのぶ
→山内豊敷(やまうちとよのぶ)

**山内豊範** やまのうちとよのり
→山内豊範(やまうちとよのり)

**山内憲氏** やまのうちのりうじ
天保3(1832)年～明治7(1874)年6月4日
江戸時代末期・明治期の神官、教師。
¶町田歴

**山内衡** やまのうちまもる
→山内篤処(やまのうちとくしょ)

**山入端立文** やまのはりゅうぶん
? ～昭和12(1937)年5月4日
昭和期の小学校教員。
¶社史

**山辺公善直** やまのべのきみよしなお
→山辺善直(やまのべのよしなお)

**山辺善直** やまのべのよしなお
[別]山辺公善直《やまのべのきみよしなお》,山辺善直《やまべのよしなお》
平安時代前期の官吏。
¶古人(やまべのよしなお),古代(山辺公善直 やまのべのきみよしなお),古代普(山辺公善直 やまのべのきみよしなお),日人(生没年不詳),平史(生没年不詳)

**山野辺良一** やまのべりょういち
明治45(1912)年～昭和63(1988)年
昭和期の教育者、郷土史家。
¶島根歴

**山端息耕** やまはたそっこう
明治12(1879)年～昭和40(1965)年
明治～昭和期の子守教育功労者。
¶群新百,群馬人

**山辺英太郎** やまべえいたろう
明治16(1883)年7月17日～昭和27(1952)年12月28日
明治～昭和期の新聞人。教育者。
¶岩手人

**山辺善直** やまべのよしなお
→山辺善直(やまのべのよしなお)

**山辺安之助** やまべやすのすけ
慶応3(1867)年～大正12(1923)年7月 [別]ヤシノシケ
明治～大正期の樺太アイヌの漁師。落帆村総代。
¶社史,北海道百,北海道歴

**山枡儀重** やまますぎじゅう
→山枡儀重(やまますのりしげ)

**山枡直好**(山桝直好) やまますなおよし
文政8(1825)年～明治23(1890)年
江戸時代末期～明治期の公共事業家、教育者。久米郡長。郡立農学校の設立を提案、翌年久米河村農学校が開校される。
¶鳥取百,日人,幕末(山桝直好),幕末大(山桝直好)

**山枡儀重** やまますのりしげ
明治22(1889)年4月～昭和12(1937)年12月25日
[別]山枡儀重《やまますぎじゅう》
明治～昭和期の政治家。衆議院議員。総理大臣秘書官、文部参与官等を歴任。
¶人名(やまますぎじゅう),世紀,鳥取百,日人

**山村きよ** やまむらきよ
明治38(1905)年～昭和56(1981)年9月9日
大正～昭和期の教育者。聖徳短期大学教授。全国国公立幼稚園長会副会長。
¶女性,女性普

**山村潔** やまむらきよし
富山県立高岡高等女学校校長、富山市初代教育長。
¶姓氏富山

**山村公治** やまむらこうじ
大正8(1919)年3月4日～
昭和～平成期の歌人、教育家。
¶郷土奈良,奈良文

**山村権之助** やまむらごんのすけ
慶応3(1867)年～昭和16(1941)年
大正～昭和期の教育運動家。
¶世紀([生]慶応3(1867)年9月 [没]昭和16(1941)年4月5日),日人

**山村良祺** やまむらたかのり
寛政10(1798)年～慶応2(1866)年 [別]山村良祺《やまむらよしやす》
江戸時代末期の尾張藩士。
¶国書([生]寛政10(1798)年11月13日 [没]慶応2(1866)年4月7日),人名(やまむらよしやす),姓氏長野,長野歴,日人,藩臣4

**山村忠吉** やまむらちゅうきち
明治9(1876)年2月22日～昭和31(1956)年5月30日
明治～昭和期の学校創設者。
¶埼玉人

**山村ふさ** やまむらふさ
大正8(1919)年～
昭和期の教育運動家、女性運動家。日中友好協会全国婦人委員会委員長。
¶近女

**山村婦みよ** やまむらふみよ
明治35(1902)年9月1日～平成8(1996)年7月11日
昭和期の女子教育家。山村学園を創設。
¶学校,埼玉人

**山村勉斎** やまむらべんさい
天保7(1836)年～明治40(1907)年
江戸時代末期～明治期の漢学者。維新後、広瀬に

私立皇漢学修文館を開き多くの子弟を教える。著書に「四書五経磨鏡録」など。
¶島根人，島根百（⊕天保7（1836）年8月28日 ⊗明治40（1907）年4月30日），島根歴，人書94，人名，日人，幕末，藩臣5

## 山村弥久馬　やまむらやくま
文久3（1863）年～大正13（1924）年
明治・大正期の教育者。
¶岩手人

## 山村要二　やまむらようじ
明治36（1903）年3月30日～平成4（1992）年2月20日
昭和～平成期の陸上競技選手（中距離）・学校創設者。
¶埼玉人

## 山村賢明　やまむらよしあき
昭和8（1933）年5月8日～
昭和期の教育社会学者。筑波大学教授、立教大学教授、文教大学教授。
¶現執1期，現執2期

## 山村良祺　やまむらよしやす
→山村良祺（やまむらたかのり）

## 山室民子　やまむろたみこ
明治33（1900）年9月18日～昭和56（1981）年11月14日
大正～昭和期の伝道及社会事業、キリスト教教育者。救世軍活動家で女性初の文部省視学官。
¶岡山歴，近女，現朝，現情，現人，現人改，コン4，コン5，社史（⊗1981年11月4日），女史，女性，女性普，世紀，日人，歴大

## 山室光子　やまむろみつこ
～平成11（1999）年1月9日
昭和～平成期の教育者、美術工芸家。
¶美工

## 山元愛介　やまもとあいすけ
明治8（1875）年～昭和10（1935）年
明治～昭和期の教育者。池田小学校校長。
¶姓氏鹿児島

## 山本昭夫　やまもとあきお
昭和6（1931）年～昭和50（1975）年
昭和期の教育者。
¶神奈川人

## 山本明治　やまもとあきはる
大正1（1912）年～昭和57（1982）年
昭和期の教育者。
¶山口人

## 山本あや　やまもとあや
大正6（1917）年～
昭和期の教師・女性運動家。
¶近女

## 山本安良　やまもとあんりょう
生没年不詳
江戸時代後期の医師、儒者。

## 山本迂斎　やまもとうさい
文政2（1819）年～明治22（1889）年4月5日　⊗山本竹園《やまもとちくえん》
江戸時代末期～明治期の儒学者。高知藩の郷校名教館教授。
¶高知人，人名，日人，幕末（山本竹園　やまもとちくえん），幕末大（山本竹園　やまもとちくえん）

## 山本丑次郎　やまもとうしじろう
明治3（1870）年～昭和3（1928）年
明治期の教育家、政治家。京都府議会議員。
¶姓氏京都

## 山本丑三（山本丑蔵）　やまもとうしぞう
明治26（1893）年11月1日～昭和45（1970）年7月21日
昭和期の教育者。国立学園長。
¶多摩（山本丑蔵），町田歴

## 山本梅　やまもとうめ
弘化3（1846）年1月～昭和8（1933）年8月24日
明治～昭和期の教育者。岡山師範学校教師。裁縫学校旭西学舎創設、校主。裁縫教育に専念、多くの子女を育成。
¶岡山人，岡山歴，女性，女性普

## 山本永吉　やまもとえいきち
→山本亡羊（やまもとぼうよう）

## 山本霞岳　やまもとかがく
明和3（1766）年～天保10（1839）年
江戸時代後期の漢学者。
¶高知人，国書（⊕明和3（1766）年5月6日　⊗天保10（1839）年4月18日），人名，日人

## 山本覚馬　やまもとかくま
文政11（1828）年～明治25（1892）年12月28日
江戸時代末期～明治期の会津藩士、政治家。初代京都府議会議長に着任し、府政に尽力。
¶会津，朝日（⊗文政11年1月11日（1828年2月25日）），維新，京都，京都大，キリ（⊕文政11年1月11日（1828年2月25日）），近現，近世，国際，国史，コン改，コン4，コン5，史人（⊕1828年1月11日），思想史，人書94，新潮（⊕文政11（1828）年1月），人名，姓氏京都，日史（⊕文政11（1828）年1月11日），日人，幕末（⊕1828年2月25日），幕末大（⊗文政11（1828）年1月），藩臣2，福島百，洋学，履歴（⊕文政11（1828）年1月11日），歴大

## 山本果采　やまもとかさい
明治25（1892）年～大正11（1922）年5月8日
大正期の俳人、小学校教師。
¶島根人，島根百，島根歴

## 山元加津子　やまもとかつこ
昭和32（1957）年～
平成期の養護学校教諭、作家。
¶幻想

## 山本鼎 やまもとかなえ
明治15(1882)年10月14日～昭和21(1946)年10月8日
明治～昭和期の版画家、洋画家、美術教育家。版画「デッキの女」、油彩「ブルターニュの女」などを制作。
¶岩史, 浮絵, 郷土長野, 近現, 近美, 近文, 現朝, 現情(㉓1882年10月24日), 現日, 国史, コン改, コン4, コン5, 史人, 児文, 社伝(㉓1946年10月6日), 信州人, 新潮, 人名7, 世紀, 姓氏長野, 世百, 全書, 大百, 長野百, 長野歴, 日史, 日児(㉓明治15(1882)年10月24日), 日人, 美家, 美術, 百科, 平日, 民学, 名ım, 洋画

## 山本金雄 やまもとかねお
大正9(1920)年7月19日～平成6(1994)年11月23日
昭和～平成期の音楽教育者、指揮者、合唱指導者。
¶音人2

## 山本亀三 やまもとかめぞう
明治26(1893)年1月17日～昭和53(1978)年5月22日
昭和期の教育者。「史跡高ヶ坂遺跡」発見功労者。
¶町田歴

## 山本喜市 やまもときいち
明治13(1880)年～大正10(1921)年
明治～大正期の教育者。
¶栃木歴

## 山本亀園 やまもときえん
？～天保7(1836)年
江戸時代後期の国学者。
¶日人

## 山本宜喚 やまもとぎかん
万延1(1860)年～昭和20(1945)年2月15日
江戸時代末期～昭和期の教育者。東京高等女学校(後の東京女子学園)の設立に関わる。
¶学校

## 山本キク やまもときく
明治25(1892)年～昭和48(1973)年8月20日
大正～昭和期の教育者。東京女子高等師範学校教授。女子美術、和裁、食物で教育にあたる。著書に「新撰裁縫教授法」。
¶女性, 女性普

## 山本竟山 やまもときょうざん
文久3(1863)年～昭和9(1934)年
明治～昭和期の書家。中国に遊学し金石学、古碑法帖を研究。
¶岐阜百, 近現, 国史, 世紀(㉓文久3(1863)年9月28日 ㉓昭和9(1934)年1月24日), 日人

## 山本玉岡 やまもとぎょくこう
宝暦13(1763)年～文化6(1809)年11月30日
㉓山本玉岡《やまもとぎょっこう》
江戸時代後期の土佐国佐川の儒者。
¶高知人(やまもとぎょっこう), 国書, 人名, 日人(㉓1810年)

## 山本玉岡 やまもとぎょっこう
→山本玉岡(やまもとぎょくこう)

## 山本熊太郎 やまもとくまたろう
明治28(1895)年～昭和54(1979)年
大正～昭和期の小学校訓導、師範学校教授。
¶島根歴

## 山本庫次郎 やまもとくらじろう
慶応3(1867)年～昭和10(1935)年
明治～昭和期の教育者。
¶島根人, 島根百, 島根歴

## 山本慶一(1) やまもとけいいち
明治22(1889)年3月24日～昭和48(1973)年4月30日
明治～昭和期の教育者。
¶世紀, 鳥取百, 日人

## 山本慶一(2) やまもとけいいち
昭和3(1928)年5月21日～平成5(1993)年8月3日
大正～昭和期の地方史家・教育者。
¶岡山歴

## 山本慶治 やまもとけいじ
明治14(1881)年4月12日～昭和38(1963)年4月4日
明治～昭和期の出版人。培風館創業者、中等学校教科書社長。
¶出版, 出文

## 山本源左衛門 やまもとげんざえもん
文化1(1804)年～明治1(1868)年
江戸時代末期の教育家。
¶人名, 日人

## 山本健慈 やまもとけんじ
昭和23(1948)年8月29日～
昭和期の社会教育学者。和歌山大学生涯学習教育センター教授、和歌山大学生涯学習教育センター長。
¶現執2期

## 山本賢次 やまもとけんじ
安政3(1856)年1月16日～大正12(1923)年12月
明治～大正期の教育者。
¶岡山歴

## 山本顕三 やまもとけんぞう
嘉永1(1848)年～大正13(1924)年
明治～大正期の医学教育者。大阪府立医学校長。
¶大阪人

## 山本五一 やまもとごいち
明治41(1908)年6月1日～昭和53(1978)年6月18日
昭和期の教員、社会運動家。小学校訓導。
¶社運, 社史

## 山本亨斎 やまもとこうさい
寛政7(1795)年～安政4(1857)年
江戸時代末期の儒学者。
¶国書(㉓安政4(1857)年5月2日), 人名, 日人, 和歌山

**山本皓堂**　やまもとこうどう
明治9 (1876) 年12月～昭和22 (1947) 年10月25日
明治～昭和期の教育者・彫刻家。
¶愛媛百，美建

**山元却星雄**　やまもとこせいゆう
明治41 (1908) 年8月30日～？
昭和期の小学校教員。日南新興教育研究会責任者。
¶社史

**山本コト**　やまもとこと
明治20 (1887) 年2月12日～昭和53 (1978) 年2月13日　[別]山本琴子《やまもとことこ》
大正～昭和期のキリスト教教育者。大阪YWCA創刊事就任、日本YWCA同盟主任幹事就任し指導者養成に尽力。
¶大分百 ([生]1886年)，大分歴，女運 (山本琴子　やまもとことこ)，女性，女性普，世紀，日人

**山本琴子**　やまもとことこ
→山本コト (やまもとこと)

**山本栄**　やまもとさかえ
明治34 (1901) 年1月5日～
大正～平成期の音楽教育者。
¶音人2

**山本作郎**　やまもとさくろう
明治26 (1893) 年～昭和39 (1964) 年
大正～昭和期の教育者。宇都宮高校長。
¶栃木歴

**山本佐三**　やまもとさぞう
明治31 (1898) 年1月21日～昭和34 (1959) 年7月23日
昭和期の教員。札幌商業教諭。
¶社史

**山本子善**　やまもとしぜん
寛政12 (1800) 年～天保8 (1837) 年　[別]山木眉山《やまきびざん》
江戸時代後期の儒学者。
¶国書 (山木眉山　やまきびざん　[没]天保8 (1837) 年7月7日)，人名，人名 (山木眉山　やまきびざん)，日人 (山木眉山　やまきびざん)

**山本秋水**　やまもとしゅうすい
→山本正誼 (やまもとまさよし)

**山本淳**　やまもとじゅん
明治17 (1884) 年～昭和34 (1959) 年
明治～昭和期の教育者、土佐美術研究家。
¶高知人，高知百

**山本駿次朗**　やまもとしゅんじろう
大正3 (1914) 年12月3日～
昭和期の幼児教育者、著述家。高知県久礼町立保育園長。
¶現執2期

**山本焦逸**　やまもとしょういつ
享和2 (1802) 年～嘉永2 (1849) 年
江戸時代後期の私塾経営者。
¶栃木歴

**山本松桂**　やまもとしょうけい
宝暦1 (1751) 年～文化10 (1813) 年
江戸時代後期の儒学者。
¶江文 ([生]宝暦4 (1754) 年　[没]文化13 (1816) 年)，人名，日人

**山本正三郎**　やまもとしょうざぶろう
明治5 (1872) 年～昭和37 (1962) 年
明治～昭和期の彫金家・教育者。
¶香川人，香川百

**山本鈴子**　やまもとすずこ
明治39 (1906) 年5月5日～平成6 (1994) 年7月6日
昭和～平成期の家政教育学者。
¶埼玉人

**山本清一郎**　やまもとせいいちろう
明治12 (1879) 年11月16日～昭和36 (1961) 年2月19日
明治～昭和期の教育者。滋賀県盲人協会会長。
¶郷土滋賀，滋賀百，世紀，日人

**山本晴海**　やまもとせいかい
→山本晴海 (やまもとはるみ)

**山本せつ**　やまもとせつ
明治41 (1908) 年2月1日～平成4 (1992) 年1月7日
昭和～平成期の教育者。
¶埼玉人

**山本艸堂**　やまもとそうどう
明治15 (1882) 年～昭和34 (1959) 年
明治～昭和期の郷土史家、教育家。
¶大分歴，郷土

**山本宗平**　やまもとそうへい
天保12 (1841) 年～明治39 (1906) 年
江戸時代後期～明治期の教育者。
¶富山百

**山本村家**　やまもとそんか
明治16 (1883) 年4月27日～昭和19 (1944) 年10月16日
明治～昭和期の俳人。小学校教師。
¶現俳，島根人，島根百 ([没]昭和19 (1944) 年10月17日)，島根歴，俳文

**山本たい**　やまもとたい
明治13 (1880) 年11月16日～昭和42 (1967) 年4月7日
明治～昭和期の女性。滋賀県立盲学校創立者山本清一郎の妻。献身的な内助で夫を助ける。
¶女性，女性普

**山本大膳**　やまもとだいぜん, やまもとたいぜん
明和5 (1768) 年～？　[別]山本雅直《やまもとまさなお》
江戸時代の由学館 (石和教諭所) の説立者。
¶教育 (やまもとたいぜん)，埼玉人，徳川臣 (山本雅直　やまもとまさなお　[没]？)，徳川代 (山本雅直　やまもとまさなお)，山梨百 (やまもとたいぜん)

**山本隆貞** やまもとたかさだ
～天保8(1837)年12月4日
江戸時代後期の和算家。江戸日本橋の人。阿波山城谷村の庄屋深川源兵衛に迎えられ開塾。
¶数学

**山本高春** やまもとたかはる
明治28(1895)年9月～昭和22(1947)年7月
大正～昭和期の私立中央高等普通学校教員。
¶社史

**山本タキエ** やまもとたきえ
明治41(1908)年～
昭和期の小学校教員。
¶社史

**山本滝之助** やまもとたきのすけ
明治6(1873)年11月15日～昭和6(1931)年10月26日
明治～昭和期の社会教育家。地域青年会の必要性を主張、青年団の結成を促進した。
¶朝日, 岩史, 教育, 近現, 国史, コン改, コン5, 史人, 社史([生]1873年1月11日), 新潮, 世紀, 全書, 哲学, 日史, 日人, 百科, 広島百, 民学, 歴大

**山本忠彰** やまもとただあき
～明治31(1898)年
明治期の教育者。松山藩士。
¶愛媛

**山本正** やまもとただし
明治25(1892)年～昭和34(1959)年
大正～昭和期の教育家。
¶郷土福井

**山本澹斎** やまもとたんさい
寛政10(1798)年～明治2(1869)年 [別]山本澹泊斎《やまもとたんぱくさい》
江戸時代末期の国学者、医師。
¶国書(山本澹泊斎 やまもとたんぱくさい [生]寛政10(1798)年1月18日 [没]明治2(1869)年4月11日), 人名(山本澹泊斎 やまもとたんぱくさい), 日人(山本澹泊斎 やまもとたんぱくさい), 幕末([没]1869年5月22日)

**山本澹泊斎** やまもとたんぱくさい
→山本澹斎(やまもとたんさい)

**山本竹園** やまもとちくえん
→山本迂斎(やまもとうさい)

**山本知都子** やまもとちずこ
→山本知都子(やまもとちづこ)

**山本竹渓** やまもとちっけい
文政7(1824)年～明治27(1894)年6月29日
江戸時代末期～明治期の教育者。山本澹斎の次男。名教館助教。
¶高知人, 幕末([生]?), 幕末大

**山本知都子** やまもとちづこ, やまもとちずこ
大正15(1926)年3月16日～昭和62(1987)年8月1日
昭和期の児童文学作家、小学校教員。
¶児作, 日児(やまもとちずこ)

**山本知代** やまもとちよ
昭和26(1951)年～
昭和～平成期の塾講師、エッセイスト。
¶YA

**山本長治** やまもとちょうじ
明治19(1886)年～大正12(1923)年
大正期の剣術家。旧制栃木中学教員。
¶栃木歴

**山本ツチ**(山本つち) やまもとつち
明治20(1887)年10月25日～昭和56(1981)年9月11日 [別]弘中ツチ《ひろなかつち》
昭和期の教育者。女子学院院長・名誉院長。著書に「椋の木」。訳書にポーター「パレアナ」。
¶近女(山本つち), 女性, 女性普, 世紀, 渡航(山本ツチ・弘中ツチ やまもとつち・ひろなかつち), 日児(山本つち [没]昭和56(1981)年9月1日), 日人

**山本恒夫** やまもとつねお
昭和12(1937)年5月5日～
昭和～平成期の教育学者。筑波大学教授。
¶現執1期, 現執2期, 現執3期, 現執4期

**山本定一** やまもとていいち
明治23(1890)年～?
大正～昭和期のロシア語教師。製氷会社支配人。
¶青森人

**山本鼎湖** やまもとていこ
万延1(1860)年9月21日～昭和6(1931)年4月5日
明治～昭和期の画家、歌人、教育者。
¶徳島百, 徳島歴

**山本哲士** やまもとてつじ
昭和23(1948)年7月10日～
昭和～平成期の教育評論家。信州大学教授。
¶現執2期, 現執3期, 現執4期, 世紀, マス89

**山本鉄之丞** やまもとてつのじょう
文化9(1812)年～嘉永3(1850)年
江戸時代末期の常陸笠間藩士、剣術師範。
¶剣豪, 藩臣2

**山本輝代** やまもとてるよ
明治27(1894)年～昭和47(1972)年
大正～昭和期の神戸YWCA第8代会長、教育者。
¶兵庫百

**山本伝兵衛** やまもとでんべえ
文政9(1826)年～明治22(1889)年12月22日
江戸時代末期～明治時代の萩藩士。大津郡小学校教師より学区取締となる。
¶幕末, 幕末大

**山本藤助** やまもととうすけ
明治7(1874)年6月1日～大正15(1926)年8月16日
明治～大正期の実業家。帝塚山学院を創立。
¶学校, 世紀, 鳥取百([没]大正11(1922)年), 日人

**山本東籬 やまもととうり**
延享2(1745)年〜文化3(1806)年12月21日
江戸時代中期の儒学者。
¶国書，人名，日人([没]1807年)，和歌山人

**山本登喜 やまもとときき**
万延1(1860)年4月〜昭和8(1933)年3月
明治期の女性。政治家山本権兵衛の妻。家政を整え子女の教育にいそしむ。
¶女性，女性普

**山本なおこ**(山本なお子) **やまもとなおこ**
昭和23(1948)年12月22日〜
昭和〜平成期の教師、児童文学作家。
¶児作(山本なお子)，児人

**山本直三 やまもとなおぞう**
昭和4(1929)年〜
昭和〜平成期のワープロ教育家。愛知学泉大学教授、東芝日本語ワープロスクール校長。
¶現執2期，現執3期

**山本直英 やまもとなおひで**
昭和7(1932)年10月20日〜平成12(2000)年6月27日
昭和〜平成期の性教育研究者。"人間と性"教育研究所所長、吉祥女子中・高校教育研究所所長。
¶現執3期，児人，世紀，YA

**山本日下 やまもとにっか**
享保10(1725)年〜天明8(1788)年
江戸時代中期の漢学者。
¶高知人，国書([生]享保10(1725)年6月3日　[没]天明8(1788)年9月1日)，人名，日人

**山本信哉 やまもとのぶき**
明治6(1873)年7月19日〜昭和19(1944)年12月18日
大正〜昭和期の国史・神学者。東京帝国大学史料編纂所史料編纂官。国史学・神道学を研究。著書に「神道綱要」など。
¶愛媛，愛媛百，郷土，近現，国史，史研，神史，神人，世紀，哲学，日人

**山本信実 やまもとのぶさね，やまもとのぶざね**
嘉永4(1851)年〜昭和11(1936)年
江戸時代末期〜明治期の数学者。大学南校教師などを経て、以後著作に専念。著書に「小学校教科書」など。
¶数学，洋学(やまもとのぶざね)

**山本昇(1) やまもとのぼる**
明治12(1879)年〜昭和31(1956)年
明治〜昭和期の教育者。山口県師範学校長。
¶高知人，山口人([生]?)

**山本昇(2) やまもとのぼる**
昭和9(1934)年7月27日〜
昭和〜平成期の音楽教育者、ピアニスト。
¶音人2，音人3

**山本典人 やまもとのりと**
昭和3(1928)年〜
昭和期の教師、児童文学作家。
¶児人

**山本徳行 やまもとのりゆき**
明治30(1897)年〜昭和53(1978)年
大正〜昭和期の教育家。
¶愛媛，愛媛百([生]明治30(1897)年3月6日　[没]昭和53(1978)年1月25日)

**山本梅崖 やまもとばいがい**
嘉永5(1852)年〜昭和3(1928)年9月6日
明治期の漢学者、ジャーナリスト。自由主義者で、朝鮮独立を企て檄文を執筆。
¶大阪人，大阪文([生]嘉永5(1852)年2月12日)，岡山人，岡山百([生]嘉永5(1852)年2月12日)，岡山歴([生]嘉永5(1852)年2月12日)，詩歌，四国文([生]嘉永5年閏2月12日)，新潮([生]嘉永5(1852)年2月)，人名，世紀([生]嘉永5(1852)年2月12日)，日人

**山本背松 やまもとはいしょう**
文化9(1812)年〜明治7(1874)年
江戸時代末期〜明治期の漢学者。
¶大阪人([没]明治7(1874)年7月)，人名，日人([生]1822年)，三重続

**山本肇 やまもとはじめ**
安政1(1854)年〜明治24(1891)年
江戸時代末期〜明治期の教育者。
¶姓氏神奈川

**山本晴雄 やまもとはるお**
明治36(1903)年1月15日〜平成7(1995)年10月14日
昭和期の教育学者。創価大学教授。
¶現執1期，心理

**山本晴海 やまもとはるみ**
文化1(1804)年12月17日〜慶応3(1867)年　[別]山本晴海《やまもとせいかい》
江戸時代末期の砲術家。
¶国書([没]慶応3(1867)年2月15日)，コン改，コン4，新潮([没]慶応3(1867)年2月15日)，人名，世人([生]享和3(1803)年)，長崎百(やまもとせいかい)，日人([生]1805年)

**山本宏 やまもとひろし**
明治40(1907)年〜昭和41(1966)年
昭和期の教育者。
¶神奈川人

**山本弘 やまもとひろし**
大正6(1917)年4月20日〜
昭和〜平成期の音楽教育者。
¶音人3，飛驒

**山本洋幸 やまもとひろゆき**
昭和期の高等学校教師。筑波大学附属高等学校教諭。
¶現執2期

**山本復斎 やまもとふくさい**
延宝8(1680)年11月13日〜享保15(1730)年11月12日

江戸時代中期の儒学者。
¶国書, 神人(㊣元禄1(1688)年), 人名, 日人, 兵庫人, 兵庫百

**山本芳翠** やまもとほうすい
嘉永3(1850)年〜明治39(1906)年11月15日
明治期の洋画家。作品に「西洋婦人像」「十二支」など。
¶朝日(㊣嘉永3年7月5日(1850年8月12日)), 海越(㊣嘉永3(1850)年7月), 海越新(㊣嘉永3(1850)年7月), 江戸東, 角史, 神奈川人, 岐阜百, 郷土岐阜, 近現, 近美(㊣嘉永3(1850)年7月5日), 芸能(㊣嘉永3(1850)年7月5日), 国際, 国史, コン改, コン5, 史人(㊣1850年7月5日), 新潮(㊣嘉永3(1850)年7月5日), 人名, 世人(㊣嘉永3(1850)年7月), 世百, 全書, 大百, 渡航(㊣1850年7月), 日人, 美家(㊣嘉永3(1850)年7月5日), 美術, 百科, 名画, 洋画(㊣嘉永3(1850)年7月5日), 洋学, 歴大

**山本亡羊** やまもとぼうよう
安永7(1778)年〜安政6(1859)年　㊞山本永吉《やまもとえいきち》
江戸時代後期の本草家。小野蘭山に入門。京都本草学派の主導者。
¶朝日(㊣安永7年6月16日(1778年7月10日)　㊥安政6年11月27日(1859年12月20日)), 維新(山本永吉　やまもとえいきち), 科学(㊥1859年(安政6)11月27日), 京都, 京都大, 国書(㊣安永7(1778)年6月16日　㊥安政6(1859)年11月27日), コン改, コン4, 新潮(㊥安政6(1859)年11月27日), 人名, 江戸京都, 日人, 幕末(㊥1859年12月20日), 洋学

**山本孫三郎** やまもとまごさぶろう
＊〜天保9(1838)年
江戸時代後期の加賀藩士、藩校の読師。
¶石川百(㊣1803年), 藩臣3(㊣?)

**山本孫義** やまもとまごよし
明治31(1898)年〜昭和41(1966)年
大正〜昭和期の教育者。
¶神奈川人

**山本政雄** やまもとまさお
明治39(1906)年5月14日〜昭和55(1980)年1月19日
大正〜昭和期の弓道家、弓道錬士。教員、のち校長。
¶弓道

**山本昌蔭** やまもとまさかげ
明和6(1769)年〜安政1(1854)年
江戸時代中期〜末期の国学者。
¶日人

**山本雅直** やまもとまさなお
→山本大膳(やまもとだいぜん)

**山本正誼** やまもとまさよし
享保19(1734)年〜文化5(1808)年10月16日
㊞山本秋水《やまもとしゅうすい》
江戸時代中期〜後期の薩摩藩士。

¶国書(山本秋水　やまもとしゅうすい), 薩摩, 姓氏鹿児島, 藩臣7

**山本馬太郎** やまもとまたろう
明治3(1870)年〜昭和11(1936)年
明治〜昭和期の教育者。
¶姓氏愛知

**山本又六** やまもとまたろく
明治14(1881)年〜昭和55(1980)年
明治〜昭和期の教育者、染職技術指導者。
¶静岡歴, 姓氏静岡

**山本松次郎** やまもとまつじろう
弘化2(1845)年〜明治35(1902)年
明治期の語学者。日本初期の独和辞書「袖珍字語譯嚢」を出版。
¶コン改, コン5, 新潮(㊣弘化2(1845)年1月15日　㊥明治35(1902)年11月4日), 人名, 長崎歴, 日人

**山本道子** やまもとみちこ
昭和8(1933)年6月13日〜
昭和期の教育学者。
¶児作

**山本実** やまもとみのる
昭和8(1933)年〜
昭和期の教育学者。岩手大学教授。
¶現執1期

**山本秀** やまもとみのる
大正2(1913)年2月9日〜平成8(1996)年10月5日
昭和期の音楽教育学者。広島大学教授。
¶音人, 音人2, 音人3, 現情

**山本六十二** やまもとむそじ
明治39(1906)年8月〜
昭和期の教育者。
¶群馬人

**山本弥作** やまもとやさく
＊〜昭和21(1946)年
昭和期の小学校教員、農民運動家。全国農民組合埼玉県連書記。
¶埼玉人(㊣不詳　㊥昭和21(1946)年8月12日), 社史(㊣1912年　㊥1946年1月12日)

**山本安次郎** やまもとやすじろう
文化2(1805)年〜明治9(1876)年
江戸時代後期〜明治期の高浜村の寺子屋師匠。
¶姓氏愛知

**山本祐作** やまもとゆうさく
明治11(1878)年〜大正13(1924)年
明治〜大正期の教育者。大分高商初代校長。
¶大分歴

**山本幸彦** やまもとゆきひこ
弘化1(1844)年〜大正2(1913)年5月23日
明治期の教育者、政治家。衆議院議員。高知師範校長などを務め、自由党結成に参加。
¶近現, 高知人, 国史, コン改, コン5, 社史(㊣天保15(1844)年11月), 新潮, 人名, 日人

([生]1845年)

**山本喜男** やまもとよしお
明治43(1910)年3月15日～
昭和期の清見村教育長・学校長。
¶飛騨

**山本由方** やまもとよしかた
嘉永5(1852)年9月20日～明治25(1892)年4月1日
明治期の開拓使、農商務省勤務。大日本水産学芸委員。
¶根千

**山本良臣** やまもとよしたみ
生没年不詳　[別]館良臣《たちよしたみ》
江戸時代後期の医師、本草家。亡羊の弟子。
¶朝日，新潮(館良臣　たちよしたみ)，日人

**山本由紀** やまもとよしのり
昭和15(1940)年9月27日～
昭和～平成期のテクニカルライター、高校教諭。兵庫県立姫路南高校教諭。
¶現執3期

**山本楽所** やまもとらくしょ
明和1(1764)年～天保12(1841)年
江戸時代後期の儒学者。
¶国書([没]天保12(1841)年1月12日)，人名，日人，和歌山人



**山本栗斎** やまもとりっさい，やまもとりつさい
天保14(1843)年11月17日～明治42(1909)年
明治期の医師、漢詩人。県会議員、上田村長を務めた後、医業に専念。詩作では「湖山詩史」などがある。
¶維新，郷土滋賀(やまもとりつさい)，滋賀百(やまもとりつさい)，滋賀文([没]1909年11月1日)，人名，日人([生]1844年)

**山本笠山** やまもとりゅうざん
天保9(1838)年～明治32(1899)年
江戸時代末期～明治期の儒医。志士と交遊し勤王の大義を提唱。家業の医師を継ぎ、傍ら村童を教えた。
¶岡山人，岡山歴([没]明治32(1899)年5月)，人名，長崎遊，日人

**山本柳亭** やまもとりゅうてい
？　～天保8(1837)年12月4日
江戸時代後期の教育者、数学者。
¶徳島歴

**山本良吉** やまもとりょうきち
明治4(1871)年10月10日～昭和17(1942)年7月12日
明治～昭和期の倫理学者、教育家。学習院教授。武蔵高等学校教授、校長を歴任。著書に「倫理学史」など。
¶人名7，日人，ふる

**山本れん** やまもとれん
明治36(1903)年～昭和56(1981)年7月22日
大正～昭和期の音楽教育者。埼玉大学教授。埼玉大学名誉教授。
¶埼玉人([生]明治36(1903)年7月17日)，女性([生]明治36(1903)年頃)，女性普

**山森栄三郎** やまもりえいざぶろう
明治39(1906)年12月～昭和36(1961)年
大正～昭和期の教育家。松韻学園創立者。
¶学校

**山家五郎** やまやごろう
天保14(1843)年～明治28(1895)年
江戸時代後期～明治期の教育者。
¶姓氏宮城

**山谷勇平** やまやゆうへい
昭和3(1928)年～昭和45(1970)年
昭和期の歌人、教員。
¶青森人

**山脇玄** やまわきくろし
→山脇玄(やまわきげん)

**山脇玄** やまわきげん
嘉永2(1849)年3月3日～大正14(1925)年10月7日
[別]山脇玄《やまわきくろし》
明治～大正期の法律学者、政治家。太政官権少書記官。勅撰貴族院議員。高等女子実修学校(後の山脇学園)を創立。
¶海越，海越新，学校，郷土福井(やまわきくろし)，コン改，コン5，女史，人名，世紀，渡航，日人，福井百，履歴

**山脇房子** やまわきふさこ
慶応3(1867)年6月4日～昭和10(1935)年11月19日
明治～昭和期の女子教育者。山脇女子実修学校校長。英語、洋風作法を学ぶ。著書に「若き女性に贈る」。
¶近現，近女，国史，コン改，コン5，史人，島根人，島根百，島根歴，女史，女性，女性普，新潮，人名，世紀，日女，日人

**弥吉菅一** やよしかんいち
明治44(1911)年9月27日～平成12(2000)年3月14日
昭和期の近世文学研究家、国語教育・児童文学研究家。大阪教育大学名誉教授、梅花女子大学教授。国語教育活動と児童文学の学的樹立に尽力。「日本児童詩教育の歴史的研究」などを著す。
¶現執1期，児作，児人，児文，世紀，日児

**屋良朝苗** やらちょうびょう
明治35(1902)年12月13日～平成9(1997)年2月14日
昭和期の教育者、政治家。沖縄県知事。沖縄初の公選主席。著書に「屋良朝苗回顧録」。
¶岩史，革命，近現，現朝，現情，現人，現日，コン改，コン4，コン5，史人，重要，新潮，世紀，政治，全書，日史，日人，平和，履歴，履歴2，歴大

## 【ゆ】

**湯浅かつじ** ゆあさかつじ
　明治39(1906)年11月24日〜昭和59(1984)年10月6日
　昭和期の教育者、俳人。
　¶徳島歴

**湯浅寛** ゆあさかん
　？〜天保13(1842)年
　江戸時代後期の小松の集義堂で教授。
　¶姓氏石川

**湯浅正次** ゆあさしょうじ
　明治44(1911)年〜平成11(1999)年1月7日
　昭和期の政治家。安中市長、新島学園理事長。
　¶群馬人、現政(㊥明治44年1月4日)

**湯浅とみ** ゆあさとみ
　明治10(1877)年7月29日〜昭和39(1964)年7月20日
　大正〜昭和期の教育者。二葉幼稚園を設立。
　¶女性、女性普

**湯浅八郎** ゆあさはちろう
　明治23(1890)年4月29日〜昭和56(1981)年8月15日
　昭和期のキリスト教教育者。国際基督教大学初代総長。昆虫学を学び、京都帝国大学教授、同志社大総長などを歴任。
　¶科学、郷土群馬、京都大、群新百、群人(㊥昭和56(1981)年7月15日)、現朝、現情、現人、新潮、世紀、姓氏京都、姓氏群馬、日人、平和、履歴、履歴2、歴大

**湯浅初子** ゆあさはつこ
　万延1(1860)年〜昭和10(1935)年3月13日
　明治〜大正期の女流教育者、社会運動家。基督教婦人矯風会設立に加わり廃娼運動に尽力。
　¶郷土群馬、キリ(㊥昭和9(1934)年3月13日)、近女(㊥昭和9(1934)年)、熊本人、群新百、群馬人、女性(㊥安政7(1860)年1月23日)、女性普(㊥安政7(1860)年1月23日)、人名(㊤1861年 ㊦1936年)、世紀(㊥文久1(1861)年)、姓氏群馬、日人

**湯浅満太郎** ゆあさまんたろう
　明治25(1892)年〜昭和45(1970)年
　大正〜昭和期の教育者。
　¶群馬人

**湯浅廉孫** ゆあされんそん
　明治6(1873)年〜
　明治〜大正期の教師。
　¶神人

**唯権太夫** ゆいごんだゆう
　？〜安政6(1859)年
　江戸時代後期〜末期の儒学者。
　¶日人

**由比質** ゆいただす
　→由比質(ゆひただす)

**由井天山** ゆいてんざん
　寛保1(1741)年〜文化8(1811)年
　江戸時代中期〜後期の儒学者。
　¶人名、日人

**結城清一** ゆうきせいいち
　明治39(1906)年11月25日〜昭和55(1980)年6月26日
　昭和期の教育者。
　¶岡山歴

**結城国足** ゆうきくにたり
　寛政12(1800)年〜明治21(1888)年11月14日
　㊙結城国足《ゆうきくにたる》
　江戸時代末期〜明治時代の歌人。和歌教授所を開いた。
　¶札幌(ゆうきくにたる ㊥寛政12年2月)、幕末、幕末大、北海道文(ゆうきくにたる)、北海道歴(ゆうきくにたる)

**結城国足** ゆうきくにたる
　→結城国足(ゆうきくにたり)

**結城香崖** ゆうきこうがい
　＊〜明治13(1880)年10月26日
　江戸時代末期〜明治期の儒学者。
　¶国書(㊥文政1(1818)年)、人名(㊤1818年 ㊦1879年)、日人(㊥1817年)、幕末(㊥1816年)、藩臣6(㊥文化14(1817)年)

**結城三郎** ゆうきさぶろう
　〜大正11(1922)年12月23日
　明治・大正期の教師。
　¶北墓

**上江洲由恭** ゆうきょう
　→上江洲由恭(うえずゆうきょう)

**結城林蔵** ゆうきりんぞう
　慶応2(1866)年2月20日〜昭和20(1945)年5月
　明治〜昭和期の印刷指導者。
　¶写家、渡航、新潟百

**融源** ゆうげん
　保安1(1120)年〜建保5(1217)年
　平安時代後期〜鎌倉時代前期の真言宗の僧。
　¶国史、国書(生没年不詳)、古中、コン改(生没年不詳)、コン4(生没年不詳)、人名、日人(㊥1218年)、仏教(㊥？ ㊦久安3(1147)年11月2日？)、仏史

**湯上二郎** ゆがみじろう
　大正11(1922)年3月14日〜
　昭和〜平成期の社会教育学者。大正大学教授。
　¶現執3期

**湯川麑洞** ゆかわげいどう
　＊〜明治7(1874)年
　江戸時代末期〜明治期の儒学者。
　¶江文(㊥文化12(1815)年)、国書(㊥文化11(1814)年 ㊦明治7(1874)年10月)、人名

(㊤1815年), 日人(㊤1814年)

**湯川退軒** ゆかわたいけん
天保10(1839)年～明治33(1900)年
江戸時代末期～明治期の教育者。
¶日人, 和歌山人

**湯川長平** ゆかわちょうへい
文化8(1811)年～明治17(1884)年
江戸時代末期の家塾塾生。
¶和歌山人

**ゆき**
1850年～
江戸時代後期の女性。教育。千葉氏。
¶江表(ゆき(東京都) ㊤嘉永3(1850)年頃)

**行友恥堂** ゆきともちどう
文化11(1814)年～明治32(1899)年6月16日
江戸時代末期～明治時代の神官。私塾時習館で子弟教育にあたる。
¶幕末, 幕末大

**幸ふく**(幸フク) ゆきふく
明治2(1869)年～昭和29(1954)年
明治～昭和期の社会事業家、教育家。私立城南高校(大分市)創立者。
¶大分百, 大分歴(幸フク), 女性



**幸フク**(幸ふく) ゆきふく
明治2(1869)年～昭和29(1954)年 ㊙幸ふく《ゆきふく》
明治～昭和期の社会事業家、教育功労者。南大分小学校付属幼稚園、城南女学校の創設に尽力。紺綬褒章受章。
¶学校(㊦昭和29(1954)年2月), 女性普(幸ふく)

**行本吉敏** ゆきもとよしとし
→行本健左衛門(ゆくもとけんざえもん)

**行吉哉女** ゆきよしかなめ
明治36(1903)年12月17日～平成15(2003)年10月7日
昭和期の教育者。行吉学園学園長、神戸女子大学学長。著書に「洋装研究」「基礎代謝の季節変化の人種的差異に関する研究」など。神戸新装女学院、神戸女子短期大学を設立。
¶学校, 近女, 現情, 世紀, 日人, 兵庫百

**湯口三義** ゆぐちみつよし
昭和14(1939)年1月19日～
昭和期の教育者。学校長。
¶飛驒

**湯口竜淵**(湯口龍淵) ゆぐちりゅうえん, ゆくちりゅうえん
宝暦13(1763)年～天保4(1833)年3月19日
江戸時代中期の儒学者、出羽秋田藩士。
¶秋田人2(湯口龍淵), 国書(ゆくちりゅうえん), 人名, 日人

**行本健左衛門** ゆくもとけんざえもん
文化5(1808)年6月24日～慶応4(1868)年1月5日
㊙行本吉敏《ゆきもとよしとし》
江戸時代末期の数学者。
¶岡山人(行本吉敏 ゆきもとよしとし), 岡山歴

**弓削吉兵衛** ゆげきちべえ
江戸時代後期の日置郡市来郷最初の寺子屋開設者。
¶姓氏鹿児島

**弓削春穏** ゆげはるお
明治41(1908)年～昭和61(1986)年
昭和期の郷土史家。
¶郷土, 長野歴

**遊佐確斎** ゆさかくさい
寛延1(1748)年～文化10(1813)年
江戸時代後期の漢学者。
¶人名, 日人

**遊佐木斎** ゆさぼくさい
万治1(1658)年～享保19(1734)年10月16日
㊙遊佐木斎《ゆさもくさい》
江戸時代前期～中期の陸奥仙台藩儒。
¶朝日(㊤万治1年閏12月16日(1659年2月7日) ㊦享保19年10月16日(1734年11月11日)), 近世, 国史, 国書(㊤万治1(1658)年12月26日), コン改, コン4, 史人(㊤1658年閏12月16日), 神史, 神人, 新潮(㊤万治1(1658)年12月16日), 人名, 姓氏宮城(ゆさもくさい), 世人(㊤万治1(1658)年12月16日), 日人(㊤1659年), 藩臣1

**遊座也足** ゆざまたたる
天保11(1840)年～大正10(1921)年
江戸時代末期～大正期の郷先生。
¶姓氏長野, 長野歴

**遊佐木斎** ゆさもくさい
→遊佐木斎(ゆさぼくさい)

**湯沢卯吉** ゆざわうきち
明治24(1891)年1月10日～昭和27(1952)年8月26日
明治～昭和期の教育者。
¶世紀, 日人

**湯沢徳治** ゆざわとくじ
明治19(1886)年～昭和37(1962)年
明治～昭和期の教育者。
¶群新百, 群馬人

**湯沢博寛** ゆざわひろのり
明治22(1889)年～昭和53(1978)年
大正～昭和期の理科教育の理論家、実践家。
¶姓氏長野, 長野歴

**湯地幸平** ゆじこうへい
→湯地幸平(ゆちこうへい)

**遊多** ゆた★
1820年～
江戸時代後期～明治時代の女性。教育。吉田盛玉の伯母。明治2年寺子屋を開業。
¶江表(遊多(東京都) ㊤文政3(1820)年頃)

**湯田戸一** ゆだといち
生没年不詳
昭和期の小学校教員。
¶社史

**湯地幸平** ゆちこうへい
明治3(1870)年4月2日～昭和6(1931)年8月10日
[別]湯地幸平《ゆじこうへい》
明治～昭和期の官吏、政治家。貴族院議員、帝国教育会評議員議長。台湾総督府警視総長、福井県知事、内務省警保局長等を歴任。のち貴族院議員。
¶人名，日人，福井百，宮崎百(ゆじこうへい)

**柚木卯馬** ゆのきうま
明治24(1891)年11月21日～昭和50(1975)年12月11日
明治～昭和期の小学校教員、小説家。
¶日児

**柚木修** ゆのきおさむ
昭和25(1950)年～
昭和～平成期の著述業、自然教育家。日本野鳥の会主任研究員。
¶現執3期

**柚木正次郎** ゆのきしょうじろう
天保12(1841)年～明治10(1877)年8月10日
江戸時代末期～明治時代の鹿児島県士族。郷校育英館の訓導師をつとめた。熊本城総攻撃・田原坂の戦いで活躍。
¶幕末，幕末大

**柚木武夫** ゆのきたけお
明治37(1904)年7月20日～昭和55(1980)年3月23日
昭和期の教育者。『滑川の俳諧』を刊行。
¶姓氏富山，富山文

**柚木馥** ゆのきふく
昭和10(1935)年11月22日～
昭和期の障害児教育学者。桜花学園大学教授。
¶現執1期，現執2期

**湯原元一** ゆはらげんいち
→湯原元一(ゆはらもといち)

**湯原元一** ゆはらもといち
文久3(1863)年8月12日～昭和6(1931)年10月4日
[別]湯原元一《ゆはらげんいち》
明治～大正期の教育家。東京音楽学校長、東京女子高等師範学校長。「倫氏教育学」はヘルバルト派教育思想の紹介書として著名。
¶教育(ゆはらげんいち)，佐賀百，人名，心理，世紀，世百(ゆはらげんいち)，全書，新潟百(生没年不詳)，日人，北海道百(ゆはらげんいち)，北海道歴(ゆはらげんいち)

**柚原譲** ゆはらゆずる
明治31(1898)年8月16日～昭和56(1981)年4月13日
大正・昭和期の教育者。学校長。
¶飛騨

**由比質** ゆひただす
明治3(1870)年～昭和5(1930)年4月7日 [別]由比質《ゆいただす》
明治～昭和期の教育者。
¶愛媛(ゆいただす)，愛媛百(ゆいただす [生]明治3(1870)年1月)，高知人，高知百(ゆいただす)，世紀([生]明治3(1870)年10月19日)，日人([生]明治3(1870)年10月19日)

**雪吹敏光** ゆぶきとしみつ
明治7(1874)年11月25日～昭和20(1945)年12月2日
明治～昭和期の教育者。
¶島根人，島根百，島根歴

**湯槇ます** ゆまきます
明治37(1904)年11月10日～平成3(1991)年4月30日
大正～昭和期の看護婦。聖路加国際病院総婦長、東京大学教授。国内外を問わず活躍。日本看護協会会長を歴任。フローレンス・ナイチンゲール記章受章。
¶岡山歴，科学，近医，女史，世紀，全書，日人

**由美原泉** ゆみげんせん
元禄2(1689)年～明和9(1772)年 [別]由美希賢《ゆみまれかた》
江戸時代中期の儒学者。
¶国書(由美希賢 ゆみまれかた [生]元禄2(1689)年8月1日 [没]明和9(1772)年10月30日)，人名([生]1692年)，日人

**由美希賢** ゆみまれかた
→由美原泉(ゆみげんせん)

**湯本アサ** ゆもとあさ
明治35(1902)年～昭和54(1979)年
昭和期の教育者・社会衛生学者。
¶神奈女([生]明治35(1902)年6月20日 [没]昭和54(1979)年11月2日)，群馬人

**湯本貞司** ゆもとさだじ
明治26(1893)年～昭和52(1977)年
大正～昭和期の教育者、政治家、郷土史家。六合村村長。
¶姓氏群馬

**湯本貞次郎** ゆもとさだじろう
明治3(1870)年～大正7(1918)年
明治～大正期の教育者。
¶群馬人

**湯本武比古** ゆもとたけひこ
*～大正14(1925)年9月27日
明治～大正期の教育学者。学習院教授。「読書入門」など教科書を編纂。著書に「新編教育学」など。精華学校、京北中学校などを設立。
¶朝日([生]安政2年12月1日(1856年1月8日))，海越新([生]安政2(1856)年12月1日)，学校([生]安政2(1855)年12月1日)，近現([生]1855年)，国史([生]1855年)，コン改([生]1857年)，コン5([生]安政4(1857)年)，史人([生]1857年1月1日)，出文([生]安政2(1855)年12月1日)，新潮([生]安

ゆ

政4(1857)年12月1日)，人名(㊥1857年)，心理(㊥安政4(1857)年12月1日)，世紀(㊥安政2(1856)年12月1日)，姓氏長野(㊥1855年)，先駆(㊥安政2(1856)年12月1日)，渡航(㊥1857年12月1日)，長野百(㊥1855年)，長野歴(㊥安政2(1855)年)，日人(㊥1858年)，履歴(㊥安政2(1855)年12月1日)

### 湯本武彦　ゆもとたけひこ
＊～明治6(1873)年
江戸時代末期～明治期の儒学者。
¶人名(㊥1847年)，日人(㊥1846年)

### 湯本宜成　ゆもとのりしげ
弘化1(1844)年～昭和2(1927)年
明治～昭和期の教育者。
¶姓氏長野

### 湯本文彦　ゆもとふみひこ
天保14(1843)年6月7日～大正10(1921)年9月25日
明治～大正期の神官、地方史研究家。京都帝室博物館学芸委員。京都・鳥取史を研究。
¶郷土，京都大，史研，姓氏京都，鳥取百，日人

### 湯本政治　ゆもとまさじ
慶応1(1865)年～大正7(1918)年
明治～大正期の教育者。
¶姓氏長野，長野歴

### 湯山勇　ゆやまいさむ
明治45(1912)年1月18日～昭和59(1984)年6月16日
昭和期の教育者、政治家。衆議院議員。
¶愛媛，愛媛百，郷土愛媛，世紀，政治，日人

### 湯山樗庵　ゆやまちょあん
？～安政5(1858)年
江戸時代後期～末期の寺子屋師匠。
¶姓氏長野

### 湯山柳雄　ゆやまやなお
安政2(1855)年～昭和9(1934)年
明治～昭和期の政治家、事業家、教育者。
¶静岡歴，姓氏静岡

### 由良とめ　ゆらとめ
明治25(1892)年9月8日～昭和47(1972)年12月10日
大正～昭和期の教育者。
¶岡山歴

### 由良霊松　ゆられいしょう
文政4(1821)年～明治18(1885)年
江戸時代末期～明治期の神官。
¶群馬人，姓氏群馬，日人

## 【よ】

### 用貝勇　ようがいいさむ
大正1(1912)年～平成6(1994)年

昭和～平成期の教育者。
¶姓氏鹿児島

### 庸子　ようこ★
江戸時代の女性。和歌。鍋島氏。明治29年刊、今泉蟹守編「西肥女房百歌撰」に載る。
¶江表(庸子(佐賀県))

### 雍子　ようこ★
江戸時代の女性。和歌。鍋島氏。明治29年刊、今泉蟹守編「西肥女房百歌撰」に載る。
¶江表(雍子(佐賀県))

### 養田辰二　ようだたつじ
昭和3(1928)年～
昭和期の評論家。菅谷中学校校長。熱心な教育者。亡き妻との記録「陽子の詩・辰二の詩」「愛は果てなく」でも知られる。
¶マス89

### 楊徳昌　ようとくしょう
尚穆29(1780)年12月9日～尚育8(1842)年4月17日
江戸時代中期～後期の総理唐栄司。
¶沖縄百，姓氏沖縄

### 与賀田辰雄　よがたたつお
明治35(1902)年1月27日～昭和61(1986)年1月7日
大正～昭和期の出版人。東京書籍社長、教科書協会会長。
¶出文

### 与儀達敏　よぎたつびん
明治34(1901)年5月19日～昭和40(1965)年2月25日
大正～昭和期の教育者、政治家。
¶沖縄百，姓氏沖縄

### 横井古城　よこいこじょう
弘化2(1845)年～大正5(1916)年
明治～大正期の戦史編纂者。日清・日露戦争に従軍し、征清・征露の戦史編纂に当たった。
¶大分歴，人名，世紀(㊥弘化2(1845)年1月8日㊦大正5(1916)年3月16日)，日人

### 横井小楠　よこいしょうなん
文化6(1809)年8月13日～明治2(1869)年1月5日
江戸時代末期～明治期の熊本藩士、論策家。家塾を開設。藩政改革で重商主義論策を提示。著書「国是三論」。
¶朝日(㊥文化6年8月13日(1809年9月22日)㊦明治2(1869)年1月5日)，維新，岩史，江人，角史，教育(㊥1810年)，京都，京都大，郷土福井，京都文，キリ，近現，近世，近文，熊本人，熊本百，国史，国書，コン改，コン4，コン5，詩歌，詩作，史人，思想，思想史，重要，人書79，人書94，新潮，人名，姓氏京都，世人(㊥文化7(1810)年8月13日)，世百，全書，全幕，大百，哲学，徳川将，日思，日史，日人，日本，幕末，幕末大，藩臣7，百科，福井百，平日，平和(㊦明治2(1969)年)，民学，山川小，歴大，和俳

**横井大平　よこいたいへい, よこいだいへい**
嘉永3(1850)年～明治4(1871)年　[別]沼川三郎《ぬまかわさぶろう》
江戸時代末期～明治期の海軍軍人。
¶維新，海越([没]明治4(1871)年2月3日)，海越新([没]明治4(1871)年2月3日)，キリ(よこいだいへい　[没]明治4年4月2日(1871年5月20日))，熊本人，熊本百([没]明治4(1871)年4月3日)，渡航(横井太平・沼川三郎　よこいたいへい・ぬまかわさぶろう　[没]1871年2月3日)，長崎遊，幕末([没]1871年5月20日)

**横井玉子　よこいたまこ**
安政2(1855)年9月12日～明治36(1903)年1月4日
明治期の女子教育家。女子美術教育のパイオニア(女子美術学校)。
¶朝日([生]安政2年9月12日(1855年10月22日))，学校，近女([没]明治35(1902)年)，熊本近([生]1854年)，熊本人([生]1854年)，女史([生]1854年)，女性([生]安政2(1855)年9月2日 [没]明治35(1902)年12月31日)，女性普，新潮([没]明治35(1902)年12月31日)，先駆，日人([没]1902年)

**横井時雄　よこいときお**
安政4(1857)年10月17日～昭和2(1927)年9月13日　[別]伊勢時雄《いせときお》
明治～大正期の牧師、政治家、教育家。同志社社長、衆議院議員。今治教会を設立、のち本郷教会牧師となる。
¶朝日([生]安政4年10月17日(1857年12月3日))，海越新，岡山歴，京都大([没]昭和3(1928)年)，京都文，キリ([生]安政4年10月17日(1857年12月3日)　[没]昭和3(1928)年9月13日)，近現，近文，国史，コン改([没]1928年)，コン5，史人([没]1928年9月13日)，社史([生]安政4年10月17日(1857年12月3日))，新潮([没]昭和3(1928)年9月13日)，世紀，姓氏京都，世人([没]昭和3(1928)年)，全書([没]1928年)，哲学([没]1928年)，渡航([生]1857年12月3日)，日史，日人，百科，明治2，履歴，履歴2，歴大

**横井時敬　よこいときよし**
安政7(1860)年1月7日～昭和2(1927)年11月1日
明治～大正期の農学指導者。東京帝国大学教授、東京農業大学初代学長。種籾の塩水選法を開発、農業評論家として「産業時論」発行。
¶朝日([生]万延1(1860)年1月)，岩史，科学，角史，教育，近現，熊本近，熊本人，熊本百([没]昭和2(1927)年11月2日)，国史，コン改，コン5，史人，植物，食文([生]安政7年1月7日(1860年1月29日))，新潮，人名，世紀，世人，世百，全書，大百，渡航([没]1927年11月)，日史，日人，日本，百科，福岡百([生]安政7(1860)年1月 [没]昭和2(1927)年11月2日)，履歴，履歴2，歴大

**横井豊山　よこいほうざん**
文化11(1814)年～安政2(1855)年
江戸時代末期の儒学者。
¶大分歴，国書([生]文化11(1814)年7月26日 [没]安政2(1855)年7月21日)，人名，新潟百，日人

**横尾謙七　よこおけんしち**
→福原謙七(ふくはらけんしち)

**横尾賢宗　よこおけんしゅう**
*～大正9(1920)年
明治～大正期の曹洞宗僧侶。曹洞宗第一中学林長。
¶姓氏宮城([生]1853年？)，仏人([生]1851年)

**横尾紫洋　よこおしよう**
→横尾文輔(よこおふみすけ)

**横尾惣三郎　よこおそうざぶろう, よこおそうさぶろう**
明治20(1887)年12月12日～昭和36(1961)年1月21日
明治～昭和期の農事教育家。
¶埼玉人(よこおそうさぶろう)，埼玉百，履歴，履歴2

**横尾東作　よこおとうさく**
天保10(1839)年～明治36(1903)年
江戸時代末期～明治期の英語教授。藩校などの教授を経て、警視庁に勤務。「南洋公海」を設立し南進論を主張。
¶維新，姓氏宮城([没]1902年)，日人，幕末([生]1839年2月18日　[没]1903年7月22日)，宮城百([没]明治35(1902)年)，洋学

**横尾文輔　よこおふみすけ**
享保19(1734)年～天明4(1784)年　[別]横尾紫洋《よこおしよう》
江戸時代中期の儒学者。
¶国書(横尾紫洋　よこおしよう　[没]天明4(1784)年10月)，人名，日人

**横川楳子**(横川梅子)　**よこがわうめこ, よこかわうめこ**
嘉永6(1853)年1月～大正15(1926)年1月3日
江戸時代末期～大正期の教育者。八王寺女学校設立、経営。
¶学校，神奈女(よこかわうめこ)，女性(よこかわうめこ)，女性普(よこかわうめこ)，世紀，多摩(横川梅子)，日人

**横川末吉　よこがわすえきち, よこかわすえきち**
明治39(1906)年～昭和56(1981)年
昭和期の地方史研究家、教育家。高知学芸高校講師。高知県史を研究。
¶郷土([生]明治39(1906)年11月20日　[没]昭和56(1981)年11月25日)，高知人，史研(よこかわすえきち)

**横沢多利治　よこざわたりじ**
明治1(1868)年～昭和30(1955)年
明治～昭和期の教育家。
¶宮城百

**横沢正彦　よこさわまさひこ**
明治40(1907)年～昭和61(1986)年
昭和期の教育者、碌山美術館設立の功労者。
¶長野歴

**横地石太郎　よこじいしたろう**
万延1(1860)年1月16日～昭和19(1944)年5月27日　[別]横地石太郎《よこちいしたろう》
明治～昭和期の教育者。

¶愛媛，愛媛百（よこちいしたろう），郷土（よこちいしたろう）

**横島章**　よこしまあきら
昭和14（1939）年10月12日～
昭和～平成期の教育心理学者、社会心理学者。宇都宮大学教授。
¶現執3期

**横島浩**　よこしまひろし
昭和36（1961）年6月28日～
昭和～平成期の作曲家、養護教師（和光養護学校）。
¶作曲

**横須賀薫**　よこすかかおる
昭和12（1937）年1月17日～
昭和～平成期の教育者、評論家。
¶現執4期，児人

**横田栄三郎**　よこたえいざぶろう
明治31（1898）年～昭和52（1977）年
大正～昭和期の教育者。
¶兵庫百

**横田何求**　よこたかきゅう
→横田俊益（よこたとします）

よ

**横田五郎兵衛**　よこたごろうべえ
→横田五郎兵衛（よこたごろべえ）

**横田五郎兵衛**　よこたごろべえ
天保5（1834）年～明治25（1892）年　[別]横田五郎兵衛《よこたごろうべえ》
江戸時代後期～明治期の実業家。
¶埼玉人（[生]天保5（1834）年11月22日　[没]明治25（1892）年5月29日），埼玉百（よこたごろうべえ），日人

**横田三郎**　よこたさぶろう
大正12（1923）年～
昭和～平成期の教育学者。大阪市立大学教授。
¶現執1期

**横田俊益**　よこたしゅんえき
→横田俊益（よこたとします）

**横田純太**　よこたじゅんた
明治24（1891）年3月10日～昭和54（1979）年10月9日
大正～昭和期の教育者。
¶岡山歴

**横田笙嶹**　よこたしょうとう
文化3（1806）年～明治21（1888）年　[別]横田樗園《よこたちょえん》
江戸時代後期～明治期の儒学者。
¶国書（横田樗園　よこたちょえん　[生]文化3（1806）年5月25日　[没]明治21（1888）年1月），人名，日人，藩臣4

**横田泰邦**　よこたたいほう
明治12（1879）年～昭和49（1974）年
明治～昭和期の教育者。
¶姓氏愛知

**横田保**　よこたたもつ
天保2（1831）年～明治34（1901）年
明治期の殖産家。士族授産のため茶畑を作り、移住を奨励し私立小学校を建て、一村を形成した。
¶静岡歴，人名（[生]1832年），姓氏静岡，日人

**横田蝶次郎**　よこたちょうじろう
江戸時代末期～明治時代の洋学者。盛岡藩洋算教授。江戸で洋学を修め、のち教授。英文の原本を翻訳して教材とした。
¶幕末（[生]1848年　[没]1875年2月24日），幕末大（[生]天保9（1838）年　[没]大正7（1918）年10月26日）

**横田樗園**　よこたちょえん
→横田笙嶹（よこたしょうとう）

**横田伝松**　よこたでんまつ
明治12（1879）年～昭和15（1940）年
明治～昭和期の郷土史・民俗学研究家。
¶愛媛

**横田桃水**　よこたとうすい
明治23（1890）年～昭和3（1928）年
大正～昭和期の教育者。
¶群新百，姓氏群馬

**横田俊益**　よこたとします
元和6（1620）年～元禄15（1702）年　[別]横田何求《よこたかきゅう》，横田俊益《よこたしゅんえき》
江戸時代前期～中期の陸奥会津藩士、儒学者。
¶会津，国書（横田何求　よこたかきゅう　[生]元和6（1620）年1月16日　[没]元禄15（1702）年1月6日），人名（横田何求　よこたかきゅう），日人（横田何求　よこたかきゅう），藩臣2，福島百（よこたしゅんえき）

**横谷捨次郎**　よこたにすてじろう
明治11（1878）年～昭和23（1948）年
明治～昭和期の俳人、教育者。
¶姓氏富山

**横田莠**　よこたはぐさ
天保3（1832）年～明治32（1899）年
江戸時代末期～明治期の儒学者、教育家。藩学明倫館教授兼幹事。廃藩後は福井師範学校教諭、中学校長等を歴任。
¶人名，日人

**横田默輔**　よこたもくすけ
天保7（1836）年～大正5（1916）年
江戸時代末期～大正期の私塾経営者。
¶姓氏山口

**横田米**　よこたよね
明治3（1870）年4月5日～昭和29（1954）年1月8日
明治～昭和期の教育者・私学功労者。
¶岡山歴

**横地石太郎**　よこちいしたろう
→横地石太郎（よこじいしたろう）

**横地清** よこちきよし
大正11(1922)年7月10日～
昭和～平成期の算数・数学教育者。東海大学教授、日本幼年教育協議会会長。
¶現執1期，現執3期，現執4期

**横野富三郎** よこのとみさぶろう
明治36(1903)年～昭和20(1945)年
昭和期の中学校教員。
¶社史

**横浜正大** よこはままさひろ
大正2(1913)年～平成12(2000)年
昭和～平成期の教師。
¶青森人

**横堀真太郎** よこぼりしんたろう
明治35(1902)年～昭和51(1976)年
昭和期の教育者・詩人。
¶群新百，群馬人

**横松宗** よこまつたかし
大正2(1913)年7月19日～
昭和～平成期の中国思想史・教育史研究者。八幡大学学長。
¶現執1期，現執2期，社史，世紀

**横溝藿里** よこみぞがくり，よこみぞかくり
天明1(1781)年～天保5(1834)年7月15日
江戸時代後期の儒学者。
¶岡山人(よこみぞかくり)，岡山百(よこみぞかくり)，国書(よこみぞかくり)，人名(㊴1782年)，日人(よこみぞかくり)

**横森忠蔵** よこもりちゅうぞう
嘉永6(1853)年～大正14(1925)年
江戸時代末期～大正期の教育者。
¶姓氏長野

**横谷瑛司** よこやえいじ
大正11(1922)年11月20日～
昭和～平成期のピアニスト、音楽教育者。
¶音人2，音人3

**横山一成** よこやいっせい
明治40(1907)年11月8日～昭和54(1979)年10月31日
昭和期の教育者、県庁職員。大館尋常高等小学校訓導、千秋学園長、秋田県コロニー管理者。
¶社史

**横山巌** よこやまいわお
大正11(1922)年～
昭和期の群馬県教育長。
¶群馬人

**横山黄木** よこやまおうぼく
→横山又吉(よこやままたきち)

**横山錦栅** よこやまきんさく
明治期の教育者。
¶渡航

**横山恵作** よこやまけいさく
文政9(1826)年～明治5(1872)年
江戸時代末期～明治時代の医師。医業のかたわら、家塾で子弟教育をおこなった。
¶幕末(㊴1872年3月5日)，幕末大(㊴明治5(1872)年1月26日)

**横山謙益** よこやまけんえき
寛永6(1629)年～元禄12(1699)年
江戸時代前期の漢学者。
¶人名，姓氏宮城，日人

**横山謙斎** よこやまけんさい
文政7(1824)年8月7日～明治36(1903)年8月14日
明治期の医師。
¶岡山人，岡山百，岡山歴

**横山謙堂** よこやまけんどう
文政7(1824)年～明治36(1903)年
江戸時代末期～明治期の医師。岡山藩種痘医をへて、教育分野に転じ各地の小学校で教鞭を執る。
¶洋学

**横山験也** よこやまけんや
昭和29(1954)年3月4日～
昭和～平成期の小学校教師。日本基礎学習ゲーム研究会会長、「楽しい学習ゲーム」編集長。
¶現執3期，現執4期

**横山左久衛** よこやまさくえ
明治39(1906)年～平成1(1989)年10月15日
昭和期の教育者。
¶岡山歴

**横山敏** よこやまさとし
昭和21(1946)年3月20日～
昭和～平成期の教育社会学者。仙台大学教授。
¶現執2期，現執3期

**横山秋谷** よこやましゅうこく
→横山儋人(よこやまたんじん)

**横山昭作** よこやましょうさく
昭和2(1927)年～
昭和期の児童文学作家。成城学園幼稚園園長。
¶児人

**横山真** よこやましん
大正4(1915)年～昭和17(1942)年
昭和期の小学校教員。
¶社史

**横山壮次郎** よこやまそうじろう
慶応4(1868)年8月～明治42(1909)年12月12日
明治期の満洲農事改良家。満州の農業技術者の養成、農作農産の改良に貢献した。
¶人名，日人

**横山武夫** よこやまたけお
明治34(1901)年12月15日～平成元(1989)年8月22日
大正～昭和期の教育者。短歌同人雑誌「羅漢柏」を創刊。
¶青森人，東北近

**横山儋人** よこやまたんじん
天明4(1784)年～文化7(1810)年　[別]横山秋谷《よこやましゅうこく》
江戸時代後期の儒学者。
¶江文(横山秋谷　よこやましゅうこく), 国書([没]文化7(1810)年9月16日), 人名, 日人([生]1744年)

**横山猶蔵** よこやまなおぞう
→横山猶蔵(よこやまゆうぞう)

**横山久子** よこやまひさこ
?　～明治23(1890)年9月4日
江戸時代後期～明治期の教育者。
¶埼玉人

**横山宏** よこやまひろし
大正10(1921)年3月1日～
昭和期の文部省職員、社会教育学者。国立教育研究所室長。
¶現執1期, 現執2期

**横山増右衛門** よこやまますえもん
明治21(1888)年3月21日～昭和18(1943)年9月21日
明治～昭和期の村長。
¶世紀, 日人



**横山又吉** よこやままたきち
安政2(1855)年10月15日～昭和14(1939)年10月6日　[別]横山黄木《よこやまおうぼく》
明治～大正期の教育者。高知商業高校長。
¶学校, 高知経, 高知人, 高知百, 四国文(横山黄木　よこやまおうぼく), 世紀, 日人

**横山弥五郎** よこやまやごろう
天保13(1842)年～明治30(1897)年
江戸時代後期の教育者。
¶岐阜百

**横山祐吉** よこやまゆうきち
明治38(1905)年1月2日～昭和53(1978)年1月28日
大正～昭和期の青少年運動家。日本ユースホステル協会会長。青少年育成事業に携わる。日本ユースホステル運動の生みの親。
¶現情, 人名7, 世紀([没]昭和53(1978)年1月26日), 多摩, 日人

**横山有策** よこやまゆうさく
明治15(1882)年12月18日～昭和4(1929)年4月2日
明治～昭和期の英文学者。教育に専念。著書に「文学概論」「英文学史要」。
¶岡山人([生]明治16(1883)年), 岡山百, 岡山歴, 近文, 人名([生]1883年), 世紀, 渡航, 日人

**横山猶蔵** よこやまゆうぞう
天保6(1835)年～安政5(1858)年　[別]横山猶蔵《よこやまなおぞう》
江戸時代末期の越前福井藩士。
¶維新, 人名(よこやまなおぞう), 日人, 幕末([没]1858年9月19日)

**横山吉男** よこやまよしお
昭和3(1928)年9月24日～
昭和～平成期の教師、文学遺跡研究者。
¶現執3期

**横山義彦** よこやまよしひこ
享和3(1803)年～明治6(1873)年2月
江戸時代後期～明治期の歌人。
¶国書, 姓氏長野, 長野歴

**横湯園子** よこゆそのこ
昭和14(1939)年10月25日～
昭和～平成期の教育学者、児童青年精神医学者。千葉県市川市教育センター専門研究員、女子美術大学助教授。
¶現執3期, 現執4期

**与座忠志** よざただし
昭和15(1940)年～平成21(2009)年
昭和・平成期の教育者。
¶戦沖

**与謝野晶子** よさのあきこ
明治11(1878)年12月7日～昭和17(1942)年5月29日　[別]晶子《あきこ》
明治～昭和期の歌人、詩人、評論家。第一詩集「みだれ髪」以下、著名な反戦詩「君死にたまふこと勿れ」などがある。
¶朝日, 石川百, 岩歌, 岩史, 海越, 海越新, 大分歴, 大阪人([没]昭和17(1942)年5月), 大阪文, 角史, 鎌倉, 紀伊文, 京都大, 京都文, 近現, 近女, 近文, 群馬人, 現朝, 幻作, 現詩, 幻想, 現日, 国史, コン改, コン5, 詩歌, 滋賀文([生]1879年12月7日), 四国文, 詩作, 児作, 史人, 静岡百, 静岡歴, 児文, 島根歴, 社史, 重要, 小説, 女運, 女史, 女性, 女性普, 女文, 新潮, 新文, 人名7, 世紀, 世人, 世百, 全書, 大百, 短歌普, 千葉百, 哲学, 伝記, 富山文, 奈良文, 日思, 日史, 日児, 日女, 日人, 日本, 俳句(晶子　あきこ), 百科, 兵庫文, 文学, 平和, 北海道文, 民学, 明治2, 山梨百, 履歴, 歴大

**与謝野馨** よさのかおる
昭和13(1938)年8月22日～
昭和～平成期の政治家。自民党政調会長、衆議院議員、通産相、文相。
¶現政, 政治

**与謝野礼厳** よさのれいげん
→与謝野礼厳(よさのれいごん)

**与謝野礼厳** よさのれいごん
文政6(1823)年9月13日～明治31(1898)年8月17日　[別]与謝野礼厳《よさのれいげん》
江戸時代末期～明治期の僧侶、歌人。勤王僧として活躍。のち教育施設設立、鉱業・養蚕業の奨励に尽力。
¶維新, 京都府, 京都文, 近文, 詩歌, 真宗, 人書79, 新潮, 新文, 人名(よさのれいげん), 日人, 幕末, 幕末大, 福井百, 仏人, 文学, 和俳

**よし**
1842年～

江戸時代後期の女性。教育。松山久左衛門の娘。
¶江表(よし)(東京都) ㊥天保13(1842)年頃

**吉井秋男** よしいあきお
昭和8(1933)年11月3日～平成3(1991)年7月22日
昭和・平成期の教育者。学校長。
¶飛騨

**吉井清一郎** よしいせいいちろう
明治34(1901)年～昭和33(1958)年
大正～昭和期の教育者。
¶高知人

**吉井善三郎** よしいぜんざぶろう
大正12(1923)年10月8日～
昭和期の読書運動家、中学校教員。
¶現執1期, 日児

**吉井ノブ** よしいのぶ
大正1(1912)年？～
昭和期の小学校教員。
¶社史

**芳江吉保** よしえよしやす
昭和期の教育者。
¶視覚

**吉岡荒太** よしおかあらた
明治1(1868)年12月8日～大正11(1922)年7月5日
明治～大正期の教育家、医学博士。東京女医学校創設者。
¶佐賀百

**吉岡勲** よしおかいさお
大正3(1914)年3月23日～平成5(1993)年5月4日
昭和期の日本史学者。皇学館大学助教授。岐阜県史を研究。
¶郷土, 史研, 世紀, 日人

**吉岡勘之助** よしおかかんのすけ
生没年不詳
明治期の浜田中学教諭、高架式製塩法を考案。
¶島根歴

**吉岡郷甫** よしおかきょうすけ
→吉岡郷甫(よしおかきょうほ)

**吉岡郷甫** よしおかきょうほ
明治9(1876)年1月～昭和12(1937)年10月 ㊗吉岡郷甫《よしおかきょうすけ》
明治～大正期の国文学者。東京女子高等師範学校校長。口語文で読本を編集。著書に「日本口語法」「文語口語対照法」など。
¶埼玉人(よしおかきょうすけ), 児文, 姓氏山口(よしおかきょうすけ), 山口百(よしおかきょうすけ)

**吉岡犀吉** よしおかさいきち
明治5(1872)年～昭和8(1933)年
明治～昭和期の教育者、日本画家。
¶高知人

**吉岡重美** よしおかしげよし
明治12(1879)年～昭和7(1932)年

明治～昭和期の教育者、鳥取県立米子中学校長。
¶島根歴

**吉岡忍** よしおかしのぶ
昭和23(1948)年7月6日～
昭和～平成期のノンフィクション作家。教育・技術・社会問題などをテーマにルポルタージュを発表。著書に「日本人ごっこ」「M/世界の憂鬱な先端」など。
¶現朝, 現執2期, 現執3期, 現執4期, 現情, 世紀, 日人, 平和, マス89, YA

**吉岡順助** よしおかじゅんすけ
明治14(1881)年～昭和33(1958)年
明治～昭和期の教育家。
¶多摩

**吉岡たすく** よしおかたすく
大正4(1915)年4月24日～平成12(2000)年5月22日
昭和～平成期の児童文化研究家、小学校長。
¶現執1期, 現執2期, 現執3期, 児人, 世紀, 日児

**吉岡力** よしおかつとむ
明治41(1908)年1月19日～昭和50(1975)年10月25日
大正～昭和期の西洋史学者。東京大学教授。歴史教育に尽力。「世界史の研究」は名著とされる。
¶現情, 人名7, 世紀, 日人, 山口人, 山口百

**吉岡哲夫** よしおかてつお
慶応3(1867)年11月2日～？
明治期の教育者。泰西学館館長。
¶社史

**吉岡哲太郎** よしおかてつたろう
万延1(1860)年～大正4(1915)年8月1日
明治期の出版人。明治新文学の文芸作品叢書「新著百種」を刊行。東京高等女学校(後の東京女子学園)の設立に関わる。
¶学校

**吉岡信之** よしおかのぶゆき
文化10(1813)年～明治7(1874)年6月2日
江戸時代後期～明治期の国学者、歌人。
¶維新(㊥1814年), 神奈川人, 国書(㊥文化10(1813)年11月), 人名, 姓氏神奈川, 日人, 幕末, 藩臣3

**吉岡ハツエ** よしおかはつえ
明治31(1898)年～？
大正～昭和期の女医初の学校医。
¶青森人

**吉岡ふぢ子** よしおかふぢこ
→吉岡ふぢ子(よしおかふぢこ)

**吉岡ふぢ子**(吉岡藤子) よしおかふぢこ,よしおかふじこ
明治40(1907)年～昭和9(1934)年
昭和期の教員。
¶大阪人(吉岡藤子 よしおかふじこ), 岡山人, 岡山歴(よしおかふじこ ㊥明治42(1909)年 ㊳昭和9(1934)年9月21日), 山口百(吉岡藤子

よしおかふじこ)

**吉岡美国** よしおかみくに
→吉岡美国(よしおかよしくに)

**吉岡弥生** よしおかやよい
明治4(1871)年3月10日～昭和34(1959)年5月22日
明治～昭和期の女子医学教育者。東京女子医大学頭。東京女子医大の創立者。著書に「女性の出発」など。
¶岩史，科学，学校，角史，教育([没]1960年)，近医，近現，近女，現朝([生]明治4年3月10日(1871年4月29日))，現情，現人，現日，国史，コン改([没]1960年)，コン4，コン5，佐賀百([没]昭和34(1959)年5月)，史人，静岡女，静岡百([没]昭和19(1944)年)，静岡歴，女運([生]1871年4月7日)，女史，女性，女性普，新宿女，新潮，人名7，世紀，姓氏静岡，世人，世百新，全書，哲学，日史，日人，日本，百科，平日，マス89，民学，履歴，履歴2，歴大

**吉岡美国** よしおかよしくに
文久2(1862)年9月26日～昭和23(1948)年2月26日　[別]吉岡美国《よしおかみくに》
明治～昭和期の教育家。関西学院院長。南メソジスト教会日本宣教部における、邦人指導者の第一人者。
¶海越新，キリ，世紀，哲学，渡航([生]1862年10月)，兵庫人(よしおかみくに)，兵庫百，兵庫文

よ

**芳岡良音** よしおかりょうおん
明治35(1902)年～昭和44(1969)年
昭和期の富山県師範学校教師。
¶姓氏富山

**吉雄菊瀕** よしおきくひん
文政12(1829)年～明治24(1891)年
江戸時代末期～明治期の医師。
¶日人

**吉雄俊蔵** よしおしゅんぞう
天明7(1787)年～天保14(1843)年　[別]吉雄常三《よしおじょうさん，よしおじょうぞう》，吉雄南皐《よしおなんこう》
江戸時代後期の蘭学者。尾張藩の侍医。
¶朝日(吉雄常三　よしおじょうさん　[没]天保14年9月2日(1843年9月25日))，江文(吉雄常三　よしおじょうぞう)，科学([没]1843年(天保14)9月2日)，近世(吉雄南皐　よしおなんこう)，国史(吉雄南皐　よしおなんこう)，国書(吉雄南皐　よしおなんこう　[没]天保14(1843)年9月2日)，コン改(吉雄常三　よしおじょうさん)，コン4(吉雄常三　よしおじょうさん)，新潮，全書([没]1847年)，大百([没]1847年)，日人，洋学，歴大

**吉雄常三** よしおじょうさん
→吉雄俊蔵(よしおしゅんぞう)

**吉雄常三** よしおじょうぞう
→吉雄俊蔵(よしおしゅんぞう)

**吉雄南皐** よしおなんこう
→吉雄俊蔵(よしおしゅんぞう)

**芳川顕正**(吉川顕正) よしかわあきまさ
天保12(1841)年12月10日～大正9(1920)年1月10日　[別]芳川越山《よしかわえつざん》，芳川顕正《よしかわけんしょう》
明治～大正期の官僚、政治家。伯爵、枢密顧問官。文部大臣、法務大臣などを歴任。
¶朝日([生]天保12年12月10日(1842年1月21日))，維新，海越([生]天保12(1842)年12月10日)，海越新([生]天保12(1842)年12月10日)，角史，教育，近現，国際([生]天保12(1842)年)，国史，コン改，コン5，詩作(芳川越山　よしかわえつざん)，史人，神人，新潮([没]大正9(1920)年1月)，人名，世紀([生]天保12(1842)年12月10日)，全幕，体育，鉄道([生]1842年1月21日)，徳島百([没]大正9(1920)年1月9日)，徳島歴，渡航([没]1920年1月9日)，長崎遊，日史，日人([生]1842年)，日本(吉川顕正)，幕末(よしかわけんしょう)，藩臣6，百科，明治1([生]1842年)，履歴，歴大

**芳川越山** よしかわえつざん
→芳川顕正(よしかわあきまさ)

**吉川介山** よしかわかいざん
文政12(1829)年～明治30(1897)年
江戸時代末期～明治期の漢学者。御前での神典講義に陪席。廃藩後は師範学校、中学校の教諭として教育に尽力。
¶人名，日人

**吉川喜美** よしかわきみ
明治38(1905)年1月11日～昭和52(1977)年5月11日
大正・昭和期の教育者。文化学園初代校長。
¶高知先

**芳川恭助** よしかわきょうすけ
文政8(1825)年～明治19(1886)年1月
江戸時代後期～明治期の儒学者・教育者。忍藩儒者芳川波山の養子。
¶埼玉人

**吉川邦弘** よしかわくにひろ
昭和18(1943)年～
昭和～平成期の教師、児童文学作家。
¶児人

**芳川顕正** よしかわけんしょう
→芳川顕正(よしかわあきまさ)

**芳川顕雄** よしかわけんゆう
明治27(1894)年5月10日～昭和33(1958)年9月20日
大正～昭和期の白馬山願成寺39世和尚。
¶岩手人

**吉川幸次郎** よしかわこうじろう
明治37(1904)年3月18日～昭和55(1980)年4月8日
昭和期の中国文学者。京都大学教授。中国文学、

江戸期の漢学などを研究。著書に「元雑劇研究」など。
¶京都大，京都文，近現，近文，現朝，現執1期，現執2期，現情，現人，現日，国史，コン改，コン4，コン5，詩作，史人，思想，新潮，新文，世紀，姓氏京都，世百新，全書，大百，日人，日本，百科，兵庫百，兵庫文，文学，マス2，マス89，履歴，履歴2

**吉川惟足** よしかわこれたり
元和2（1616）年～元禄7（1694）年11月16日 [別]吉川惟足《きっかわこれたり，きっかわこれたる，きつかわこれたり，きつかわこれたる，よしかわこれたる》
江戸時代前期の神道学者。吉川神道を創唱。
¶会津，朝日（[没]元禄7年11月16日（1695年1月1日）），岩史（[生]元和2（1616）年2月28日），江文，角史，神奈川人（きっかわこれたり），鎌倉（きつかわこれたり），教育（きっかわこれたる），京都大，近世（よしかわこれたる），国史（よしかわこれたる），国書（よしかわこれたる [生]元和2（1616）年2月28日），コン改，コン4，史人（[生]1616年2月28日），重要，神史（よしかわこれたる），神人（よしかわこれたる [生]元和2（1616）年2月28日），新潮（[生]元和2（1616）年1月28日），人名（きっかわこれたる [生]1615年），姓氏神奈川（きつかわこれたる），姓氏京都（よしかわこれたる [没]1695年），世人（きっかわこれたり），世百（よしかわこれたる），全書，大百（よしかわこれたる），茶道（きっかわこれたり [生]1615年），日思（よしかわこれたる），日史（[生]元和2（1616）年1月28日），日人（[没]1695年），藩臣2，百科，福島百，歴大（よしかわこれたる）

**吉川惟足** よしかわこれたる
→吉川惟足（よしかわこれたり）

**吉川静雄** よしかわしずお
明治41（1908）年～
明治～昭和期の教育者。学校長。三島市教育長。
¶伊豆

**吉川治太夫** よしかわじだゆう
文化6（1809）年～文久3（1863）年
江戸時代末期の神戸藩士。
¶維新，新潮（[生]文化6（1809）年12月25日 [没]文久3（1863）年9月3日），人名，日人（[生]1810年），幕末（[没]1863年10月15日），藩臣4，三重（[生]文化6年10月25日）

**吉川治郎左衛門** よしかわじろうざえもん
安政3（1856）年～大正13（1924）年
明治～大正期の農村指導者，地方政治家。新田開発，琵琶湖沿岸の干拓，堤防の改良など。県会議員。
¶近現，国史，世紀（[生]安政3（1856）年7月23日 [没]大正13（1924）年7月8日），日人

**吉川季次郎** よしかわすえじろう
慶応2（1866）年～昭和16（1941）年
明治～昭和期のクリスチャン教育者。
¶高知人

**吉川泰二郎** よしかわたいじろう
嘉永4（1851）年～明治28（1895）年
明治期の実業家，教育家。愛知県英語学校長。日本郵船社長。武力輸送・オーストラリア移民に尽力。
¶青森人（[生]嘉永2（1849）年），国史，コン改，コン5，実業（[生]嘉永4（1852）年12月29日 [没]明治28（1895）年11月11日），人名，日人（[生]1852年）

**吉川哲太郎** よしかわてつたろう
明治33（1900）年2月19日～
昭和期の教育学者。同志社大学教授。
¶現情

**芳川波山** よしかわはざん
寛政6（1794）年～弘化3（1846）年
江戸時代後期の武蔵忍藩士，儒学者。
¶江文，国書（[没]弘化3（1846）年12月），埼玉人（[没]弘化3（1846）年12月23日），埼玉百，静岡歴（[生]寛政5（1793）年），姓氏静岡（[生]1793年），藩臣3

**吉川弘** よしかわひろし
昭和7（1932）年12月20日～
昭和期の社会教育学者。新潟大学教授，横浜国立大学教授。
¶現執1期，現執2期

**吉川与一** よしかわよいち
明治14（1881）年2月5日～昭和41（1966）年2月8日
明治～昭和期の教育者。
¶埼玉人

**吉木末吉** よしきすえきち
明治37（1904）年7月25日～昭和52（1977）年6月7日
大正・昭和期の教育者。学校長。
¶飛騨

**吉国好** よしくによしみ
慶応2（1866）年～昭和25（1950）年
明治～昭和期の教員，警察署長，大島無尽や大島電気の社長。
¶姓氏鹿児島

**淑子** よしこ★
文政11（1828）年～明治43（1910）年
江戸時代後期～明治時代の女性。漢学・教育。毛利一門の長門吉敷毛利家家臣服部東一の娘。
¶江表（淑子（山口県））

**芳子** よしこ★
江戸時代の女性。和歌。村田氏。明治29年刊，佐賀藩の藩校弘道館教授で歌人今泉蟹守編「西肥女房百歌撰」に載る。
¶江表（芳子（佐賀県））

**吉沢恭周** よしざわきょうしゅう
享保11（1726）年～文化13（1816）年
江戸時代中期～後期の算学塾の開拓者。
¶埼玉百

**吉沢俊一**　よしざわしゅんいち
明治22(1889)年～昭和25(1950)年
大正～昭和期の教育者、考古学者。
¶長野歴

**吉沢庄作**　よしざわしょうさく
明治5(1872)年12月29日～昭和31(1956)年9月11日
明治～昭和期の教育者、博物学者、登山家。
¶姓氏富山，富山百

**吉沢利男**　よしざわとしお
明治38(1905)年2月18日～昭和62(1987)年4月9日
昭和期の小学校教員。
¶社史

**吉沢敏二**　よしざわとしじ
生没年不詳
昭和期の小学校教員。
¶社史

**吉沢虎三**　よしざわとらぞう
大正3(1914)年2月5日～平成元(1989)年2月19日
昭和期の教育者、中標津町公民館長、中標津町郷土研究会会長。
¶根千



**吉沢元次郎**　よしざわもとじろう
明治9(1876)年～昭和9(1934)年
明治～昭和期の南小谷小学校用務員。
¶姓氏長野

**吉島佐意**　よしじまさい
明治39(1906)年11月23日～平成4(1992)年4月10日
昭和・平成期の婦人教育功労者。
¶飛騨

**吉津度**　よしずわたる
→吉津度(よしづわたる)

**吉田幾世**　よしだいくよ
明治45(1912)年11月12日～平成15(2003)年5月18日
昭和・平成期の社会活動家。教育家。
¶岩手人

**吉田巌(1)**　よしだいわお
明治15(1882)年7月6日～昭和38(1963)年6月4日
大正～昭和期のアイヌ民族教育家。北海道庁立第二伏古尋常小学校校長、帯広市史編さん委員、旧土人保導委員。
¶社史，北海道百，北海道歴

**吉田巌(2)**　よしだいわお
明治27(1894)年8月3日～昭和49(1974)年3月1日
大正～昭和期の教育者。
¶徳島百，徳島歴

**吉田雨村**　よしだうそん
慶応2(1866)年～大正3(1914)年
明治～大正期の教育者。私立田布施実業女学校を設立。
¶姓氏山口

**吉田瑩一郎**　よしだえいいちろう
昭和4(1929)年4月14日～
昭和～平成期の保健科教育法研究者、安全教育研究者。日本体育大学教授。
¶現執3期

**吉田可久**　よしだかきゅう
→吉田拡斎(よしだかくさい)

**吉田拡斎**　よしだかくさい
[別]吉田可久《よしだかきゅう》
江戸時代末期～明治期の儒学者。
¶人名(吉田可久　よしだかきゅう　[生]1693年　[没]1767年)，人名([生]1823年　[没]1891年)，日人(吉田可久　よしだかきゅう　[生]1693年　[没]1767年)，日人([生]1823年　[没]1891年)

**吉田鶴仙**　よしだかくせん
？　～安政3(1856)年
江戸時代末期の儒学者。
¶人名，日人

**吉田和子**　よしだかずこ
生没年不詳
昭和～平成期の教師、評論家。
¶児人

**吉田一士**　よしだかずし
安政5(1858)年～明治24(1891)年
明治期の教育者。関西法律学校(後の関西大学)創設に参画。
¶学校([生]安政5(1858)年10月7日　[没]明治24(1891)年5月10日)，日人

**吉田数馬**　よしだかずま
弘化4(1847)年12月17日～明治43(1910)年
江戸時代末期～明治期の教育家。征韓論で敗れ下野。海南学校を開校、校長となる。
¶学校([没]明治43(1910)年8月14日)，高知人，高知百，人名([生]1846年)，日人([生]1848年)，幕末([没]1910年8月14日)，幕末大([没]明治43(1910)年8月12日)

**吉田活堂**　よしだかつどう
寛政3(1791)年～弘化1(1844)年　[別]吉田令世《よしだのりよ》
江戸時代後期の国学者、水戸藩士、藩校弘道館助教。
¶朝日(吉田令世　よしだのりよ　[没]弘化1年5月23日(1844年7月8日))，江文(吉田令世　よしだのりよ)，国書(吉田令世　よしだのりよ　[没]天保15(1844)年5月23日)，思想史(吉田令世　よしだのりよ)，人書94，神人(吉田令世　よしだのりよ)，人名，日人(吉田令世　よしだのりよ)，藩臣2，百科(吉田令世　よしだのりよ)

**吉鷹正信**　よしたかまさのぶ
天保8(1837)年～明治34(1901)年
江戸時代末期～明治期の祠官、教育者。
¶人名，日人，三重続([生]天保8年4月6日)

**吉田亀太郎　よしだかめたろう**
安政5(1858)年9月20日～昭和6(1931)年12月26日
明治～昭和期の日本基督教会牧師。
¶埼玉人，姓氏宮城，福島百

**吉田貫一　よしだかんいち**
明治14(1881)年～昭和32(1957)年
明治～昭和期の教育者，政治家。静内町長、北海道議会議員。
¶北海道百，北海道歴

**吉田久五郎　よしだきゅうごろう**
昭和2(1927)年7月29日～
昭和～平成期の岩手大学教育学部教授。
¶音人

**吉田熊次　よしだくまじ**
明治7(1874)年2月27日～昭和39(1964)年7月15日
明治～昭和期の教育学者。東京帝国大学教授。初の国定修身教科書の編集に参加。著書に「系統的教育学」など。
¶教育，近現，現朝，現情，国史，コン改，コン4，コン5，史人，新潮，人名7，世紀，世百新，全書，哲学，渡航，(⊕1874年2月)，日史，日人，百科，山形百，(⊖昭和24(1949)年)，履歴，履歴2

**吉田庫三　よしだくらぞう**
慶応3(1867)年～大正11(1922)年
明治～大正期の教育者。
¶神奈川人

**吉田景雲　よしだけいうん**
天保14(1843)年～大正4(1915)年
江戸時代末期～大正期の湯長谷藩校致道館教授・漢学者。
¶福島百

**吉田慶助　よしだけいすけ★**
明治31(1898)年5月25日～昭和31(1956)年10月24日
大正・昭和期の初代秋田県教育長。
¶秋田人2

**吉武以梯　よしたけいてい**
天保13(1842)年～明治37(1904)年
江戸時代末期～明治期の医師。洋医術を修め、医業を開いた。維新後、教育その他の公共事業に尽力した。
¶大分歴，科学(⊕1842年(天保13)1月25日 ⊖1904年(明治37)8月7日)，人名，長崎遊，日人

**吉武栄之進　よしたけえいのしん**
元治1(1864)年6月19日～昭和2(1927)年1月3日
明治～昭和期の教育者。東京高等工業学校長。東京高等工業学校教授，文部省視学官，東京高等工芸学校長，東京高等工業学校長を歴任。
¶科学，人名，世紀，渡航，長野歴，日人

**吉武法命　よしたけほうめい**
天和3(1683)年～宝暦9(1759)年12月3日
江戸時代中期の肥前唐津藩代官、儒学者。
¶国書，佐賀百，藩臣7(⊕貞享2(1685)年)

**吉武律平　よしたけりっぺい**
文化6(1809)年～明治32(1899)年
江戸時代後期～明治期の漢学者、教育者。
¶大分歴

**吉田源応　よしだげんおう**
嘉永2(1849)年6月10日～昭和2(1927)年7月25日
㊞吉田源応《よしだげんのう》
明治～昭和期の僧侶、社会事業家。天台座主。延暦寺および四天王寺管主となり、天王寺の大梵鐘を作った。社会事業にも尽力。天王寺高等女学校の設立に関わる。
¶学校，人名，世紀，姓氏愛知(よしだげんのう)，日人

**吉田玄魁堂　よしだげんかいどう**
江戸時代後期の和算家。宅間流算学を教授。門人に田原忠継、田原忠重など。
¶数学

**吉田健康　よしだけんこう**
弘化1(1844)年～明治28(1895)年9月2日
江戸時代末期～明治期の医師。長崎病院長。長崎医学校校長、第五高等学校医学部長等を歴任。
¶維新，近医(⊕弘化3(1846)年　⊖明治30(1897)年)，長崎百(⊕弘化3(1846)年　⊖明治30(1897)年?　⊖明治30(1897)年)，幕末，幕末大，洋学

**吉田源三郎　よしだげんざぶろう**
慶応2(1866)年～昭和27(1952)年
明治～昭和期の教育者。
¶群馬人

**吉田源応　よしだげんのう**
→吉田源応(よしだげんおう)

**吉田小五郎　よしだこごろう**
明治35(1902)年1月16日～昭和58(1983)年8月20日
大正～昭和期の教育者、随筆家。慶応義塾幼稚舎長。翻訳「日本切支丹宗門史」、随筆「犬・花・人間」など。
¶近文，現執1期，現情，史研，児文，世紀

**吉田五左衛門　よしだござえもん**
明治19(1886)年9月13日～昭和45(1970)年
明治～昭和期の手工教育者。
¶札幌，北海道百，北海道歴

**吉田惟孝　よしだこれたか**
明治12(1879)年～昭和19(1944)年
明治～昭和期の教育者・教育学者。
¶熊本人，富山百

**吉田証　よしださとし**
大正14(1925)年5月10日～
昭和～平成期の僧侶、同和教育研究家。本福寺住職、大谷派同和関係寺院協議会会長、丹波文化研究所長。
¶現執3期

**吉田敏** よしださとし
明治42（1909）年3月6日～平成9（1997）年3月20日
大正～平成期の詩人、教育者。
¶紀伊文

**吉田三郎** よしださぶろう
明治37（1904）年2月16日～昭和46（1971）年3月5日
昭和期の教育者。
¶岡山歴

**吉田シカ** よしだしか
明治期の小学校用務員。誠実でよく働き勤続20年。新潟県から金1円を受賞。
¶女性（生没年不詳），女性普

**吉田芝渓** よしだしけい
宝暦2（1752）年～文化8（1811）年　[別]吉田友直《よしだともなお》
江戸時代後期の農学者、教育者。
¶朝日（吉田友直　よしだともなお　[没]文化8年6月19日（1811年8月7日）），郷土群馬，群新百，群馬人，群馬百，国書（[没]文化8（1811）年6月19日），コン改（吉田友直　よしだともなお），コン4（吉田友直　よしだともなお），新潮（吉田友直　よしだともなお），人名，姓氏群馬，日人



**吉田重子** よしだしげこ
昭和31（1956）年2月29日～
昭和～平成期の教師、社会運動家。
¶視覚

**吉田重信** よしだしげのぶ
？　～寛文2（1662）年
江戸時代前期の弓術家。
¶国書（[没]寛文2（1662）年5月15日），日人

**吉田茂** よしだしげる
明治5（1872）年5月6日～昭和26（1951）年11月21日
明治～昭和期の教員、実業家、地方政治家。
¶岡山歴

**吉田順五** よしだじゅんご
明治41（1908）年4月9日～平成4（1992）年
昭和期の実験物理学者。北海道大学教授。
¶科学（[没]1992年（平成4）8月1日），現情，札幌，北海道歴

**吉田じやう** よしだじょう
明治20（1887）年～
大正・昭和期の教諭。
¶愛知女

**吉田松陰** よしだしょういん
文政13（1830）年8月4日～安政6（1859）年10月27日
江戸時代末期の長州（萩）藩士。佐久間象山に師事し、ペリー来航時に密航を企てたが失敗。のち許されて松下村塾を開き、高杉晋作・久坂玄瑞・伊藤博文・山県有朋ら尊王攘夷派の人材を輩出する。安政の大獄で再び獄に入り刑死。
¶朝日（[生]天保1年8月4日（1830年9月20日）　[没]安政6年10月27日（1859年11月21日）），維新，伊豆，岩史，岩手人，岩手百，江人，江戸，角史，鎌倉，鎌倉新，教育，郷土長崎，近世，熊本人，群馬人，国史，国書，コン改，コン4，コン5，詩歌，詩作，史人，静岡百，静岡歴，思想史，重要，人書79，人書94，人情，人情3，新潮，人名，姓氏岩手，姓氏山口，世人，世百，全書，全幕，大百，伝記，徳川将，長崎百，長崎遊，長崎歴，新潟百別，日思，日史，日人，幕末（[没]1859年11月21日），幕末大，藩臣6，百科，平日，山川小，山口百，歴大，和俳

**吉田祥朔** よしだしょうさく
明治10（1877）年～昭和42（1967）年
明治～昭和期の地方史研究家、教育家。山口県立山口中学校教諭。山口県史を研究。
¶郷土（[生]明治10（1877）年2月13日　[没]昭和42（1967）年4月13日），史研，山口人，山口百

**吉田松霧** よしだしょうむ
天保13（1842）年～明治42（1909）年9月12日
江戸時代末期～明治期の柔道家。備前藩の柔道師範として指南した。
¶岡山人，岡山百，岡山歴，人名，日人

**葭田真斎** よしだしんさい
明治36（1903）年～昭和53（1978）年
昭和期の神官、書家、教育者。
¶栃木歴

**吉田スマ** よしだすま
明治3（1870）年～昭和9（1934）年4月22日
明治期の教育者。下関高等女学校教師。野田高等女学校教師、吉敷婦人会創設。農村婦人の生活改善に尽力。
¶女性，女性普，世紀，日人

**吉田寸草** よしだすんそう
明治15（1882）年1月30日～昭和40（1965）年3月28日
明治～昭和期の俳人。
¶岡山人，岡山百，岡山歴，世紀，日人

**吉田節子** よしだせつこ
昭和18（1943）年12月19日～
昭和～平成期の音楽教育者。
¶音人2，音人3

**吉田雪洲** よしだせっしゅう
～明治37（1904）年
江戸時代末期～明治期の教育者。
¶三重

**吉田拙蔵** よしだせつぞう
文政9（1826）年～明治20（1887）年11月20日
江戸時代末期～明治期の蘭学者。幕府の蝦夷地開拓計画に従事。廃藩後は学区取締、軍吏として地方教育の発展に貢献。
¶維新，郷土福井，国書（[生]文政9（1826）年7月10日），人名，日人，幕末，幕末大（[生]文政9（1826）年7月10日），福井百，洋学

**吉田センタ** よしだせんた
明治40(1907)年11月20日～昭和50(1975)年9月19日
昭和期の童話作家・高校教師。
¶愛媛百

**吉田泰造** よしだたいぞう
天保12(1841)年～大正15(1926)年1月21日
江戸時代末期～大正期の教育者。
¶熊本人，熊本百

**吉田多市** よしだたいち
明治4(1871)年～昭和12(1937)年9月
明治～昭和期の盲教育者。
¶大阪人

**吉田孝** よしだたかし
昭和25(1950)年9月10日～
昭和～平成期の音楽教育者。
¶音人2，音人3

**吉田隆** よしだたかし
明治40(1907)年～平成8(1996)年
昭和～平成期の幼児教育の発展に尽力。
¶青森人

**吉田他吉** よしだたきち
明治28(1895)年～昭和48(1973)年
大正～昭和期の教育者。
¶石川百，姓氏石川

**吉田太郎**(1) よしだたろう
天保2(1831)年～慶応3(1867)年
江戸時代末期の筑前福岡藩士。
¶維新，人名，日人，幕末([没]1867年7月13日)，藩臣7

**吉田太郎**(2) よしだたろう
明治36(1903)年～
昭和期の社会科教育・歴史教育研究者。京浜女子大学教授。
¶現執1期

**吉田竹嶺** よしだちくれい
安永1(1772)年～天保10(1839)年
江戸時代後期の儒医。
¶国書([没]天保10(1839)年7月8日)，人名，日人

**吉田つぎ** よしだつぎ
嘉永6(1853)年～昭和6(1931)年6月15日
大正期の社会事業家。吉田高等女学校に蓄財をすべて投じるぐらい多くの寄付をする。
¶女性，女性普

**吉田恒三** よしだつねぞう
明治5(1872)年2月3日～昭和32(1957)年5月16日
明治～昭和期の音楽教育家、声明研究家。京都地方音楽教育の先駆者。天台宗大原声明を研究し成果をあげた。
¶音人，京都大([生]明治4(1871)年)，現朝([生]明治5年2月3日(1872年3月11日))，現情，新潮，人名7，世紀，姓氏京都([生]1871年)，日音，日人，福井百，仏教

**吉田庸徳** よしだつねのり
弘化1(1844)年～明治13(1880)年 [別]吉田庸徳《よしだようとく》
江戸時代末期～明治期の数学者。忍藩藩学校培根堂教授。数学、洋学などを学び、十八歳で算術書を編纂。著書に「西洋度量早見」など。
¶埼玉人(よしだようとく [没]明治13(1880)年6月)，埼玉百(よしだようとく)，数学，洋学(よしだようとく)

**吉田貞介** よしだていすけ
昭和10(1935)年～
昭和期の教育工学者。金沢大学教授。
¶現執2期

**吉田昭久** よしだてるひさ
昭和9(1934)年9月5日～
昭和期の臨床心理学者、教育臨床心理学者。茨城大学教授。
¶現執2期

**吉田東篁** よしだとうこう
文化5(1808)年～明治8(1875)年
江戸時代後期～明治期の儒学者。
¶維新，郷土福井，詩歌，人名，日人，幕末([没]1875年5月2日)，藩臣3，福井百，和俳

**吉田藤三郎** よしだとうさぶろう
安政2(1856)年～昭和6(1931)年
明治～昭和期の養護教育家。
¶郷土奈良([生]1855年)，世紀([生]安政2(1856)年12月20日 [没]昭和6(1931)年5月12日)，日人

**吉田東洋** よしだとうよう
文化13(1816)年～文久2(1862)年4月8日 [別]吉田正秋《よしだまさあき》
江戸時代末期の土佐藩士、学塾少林塾長。
¶朝日([没]文久2年4月8日(1862年5月6日))，維新，岩史，江人，角史，近世，高知人([生]1815年)，高知百，国史，国書，コン改，コン4，コン5，史人，思想史，人書94，新潮([生]文化13(1816)年6月)，人名(吉田正秋 よしだまさあき)，世人，世百，全書，全幕，大百，日史，日人，幕末([没]1862年5月6日)，幕末大([生]文化13(1816)年6月)，藩臣6([生]文化12(1815)年)，百科，山川小，歴大

**吉田時太** よしだときた
文化6(1809)年～明治19(1886)年
江戸時代末期～明治期の教育者。私塾「休々草堂」を開き近隣の子弟に漢籍を教える。教え子に田山花袋がいる。
¶藩臣2

**吉田友直** よしだともなお
→吉田芝渓(よしだしけい)

**吉田倶之** よしだともゆき
*～明治20(1887)年
江戸時代末期～明治期の儒学者。
¶人名([生]1822年)，日人([生]1821年)

**吉田とよ子　よしだとよこ**
　？～安政5(1858)年6月3日
　江戸時代後期～末期の寺子屋師匠。
　¶埼玉人

**吉田豊隆　よしだとよたか**
　生没年不詳
　江戸時代前期の弓術家。
　¶日人

**吉田直義　よしだなおよし**
　文政4(1821)年～明治21(1888)年
　江戸時代末期～明治期の柔道家。維新後、一時衰退した富山の柔道振興に尽力。
　¶人名，日人，藩臣3

**吉田直人　よしだなおんど**
　天保5(1834)年～慶応2(1866)年
　江戸時代末期の因幡鳥取藩士。
　¶維新，人名(㊤1835年)，日人

**吉田昇　よしだのぼる**
　大正5(1916)年1月15日～昭和54(1979)年1月22日
　昭和期の教育学者。
　¶現執1期，現執2期，現情，世紀

**吉田令世　よしだのりよ**
　→吉田活堂(よしだかつどう)

**吉田ハツヨ　よしだはつよ**
　明治42(1909)年12月24日～昭和60(1985)年8月14日
　昭和期の体育指導者。中村学園大学教授。福岡県体育協会最初の女性理事。福岡市教育文化功労賞、福岡市民スポーツ賞受賞。
　¶女性，女性普，世紀，日人

**吉田広一　よしだひろいち**
　大正7(1918)年3月20日～昭和42(1967)年1月28日
　昭和期の教育者・運動選手。
　¶徳島百，徳島歴

**吉田宏　よしだひろし**
　昭和14(1939)年～
　昭和期の教師、都市地理学者。
　¶現執1期

**由田浩　よしだひろし**
　大正2(1913)年2月23日～昭和52(1977)年10月3日
　昭和期の由田学園理事長。
　¶社史

**吉田広道　よしだひろみち**
　生没年不詳
　江戸時代後期の心学者。
　¶国書

**吉田文山　よしだぶんざん**
　明治9(1876)年～昭和36(1961)年
　明治～昭和期の日本画家、教育者。
　¶郷土福井

**吉田平陽　よしだへいよう**
　寛政2(1790)年～文久3(1863)年
　江戸時代末期の秋月藩士。
　¶国書(㊤文久2(1862)年2月29日)，人名(㊤1791年　㊥1864年)，日人，幕末(㊤1863年4月16日)，藩臣7

**吉田璞堂　よしだぼくどう**
　天保2(1831)年～慶応3(1867)年
　江戸時代末期の国学者。
　¶国書，人名，日人

**吉田正秋　よしだまさあき**
　→吉田東洋(よしだとうよう)

**吉田雅雄　よしだまさお**
　明治40(1907)年1月29日～昭和15(1940)年
　昭和期の六高社会科学研究会教育班長。
　¶社史

**吉田政次　よしだまさじ**
　大正14(1925)年8月25日～
　昭和～平成期の音楽教育者、作曲家。
　¶音人3

**吉田マツ　よしだまつ**
　明治17(1884)年2月17日～昭和51(1976)年12月5日
　明治～昭和期の教育者。精華女学校を発展。理事長、名誉学長。博多女流教育者三傑。藍綬褒章、勲三等瑞宝章受章。
　¶学校，女性，女性普，世紀，日人，福岡百

**吉田万次　よしだまんじ**
　明治25(1892)年3月2日～昭和33(1958)年12月21日
　明治～昭和期の学校創立者。一宮女子商業学校を設立。
　¶学校，近医

**吉田瑞穂　よしだみずほ**
　明治31(1898)年4月21日～平成8(1996)年12月18日
　大正～昭和期の教師、詩人。児童詩、綴方教育に尽力。
　¶近文，現朝，現情，児人，児文，世紀，日児，日人

**吉田光由　よしだみつよし**
　慶長3(1598)年～寛文12(1672)年11月21日
　江戸時代前期の和算家。「塵劫記」の著者。熊本藩主細川忠利に講義。
　¶朝日(㊤寛文12年11月21日(1673年1月8日))，岩史，江人，科学，角文，教育，京都大，近世，国史，国書，コン4，コン5，史人，重要，新潮，人名，数学，姓氏京都，世人，世百，全書，大百，伝記，日史，日人(㊤1673年)，百科，平日，山川小，歴大

**吉田以忠　よしだもちただ**
　元文4(1739)年～安永8(1779)年
　江戸時代中期の書家、長州(萩)藩士。
　¶人名，日人

**吉田元吉**　よしだもときち
明治38(1905)年～昭和53(1978)年
昭和期の教育者。出雲高等学校校長。
¶島根歴

**吉田源子**　よしだもとこ
安永9(1780)年～嘉永1(1848)年12月21日
江戸時代後期の女性。酒井忠学の娘の侍講を務めた。
¶江表(源子(兵庫県)), 女性

**吉田元利**　よしだもととし
嘉永6(1853)年～明治43(1910)年
江戸時代末期～明治時代の会津藩士、教育家。戊辰の役には白虎寄合一番隊に編入。のち函館女学校校長など歴任。
¶幕末, 幕末大

**吉田茂平**　よしだもへい
明治35(1902)年12月19日～平成3(1991)年
昭和～平成期の教育者、政治家。群馬県議会議員。
¶群新百, 群馬人, 姓氏群馬

**吉田森**　よしだもり
明治35(1902)年～昭和55(1980)年
昭和期の教育者。
¶福井百

**吉田盛雄**　よしだもりお
明治9(1876)年3月16日～大正13(1924)年11月16日
明治～大正期の教育者。
¶群馬人

**吉田安二**　よしだやすじ
明治25(1892)年12月4日～昭和44(1969)年12月29日
明治～昭和期の弓道家、教員、滴翠館弓道場主、弓道達士(教士5段)。
¶弓道

**吉田弥平**　よしだやへい
明治2(1869)年1月3日～昭和12(1937)年11月23日
明治～昭和期の国文学者。中等教育国語教科書の改善に尽力した。
¶人名, 世紀, 日人

**吉田幸雄**　よしだゆきお
？～昭和60(1985)年10月11日
昭和期の教育者。学校創立者。明徳義塾を創立。
¶学校

**吉田誉一**　よしだよいち
生没年不詳
昭和期の小学校教員。
¶社史

**吉田庸徳**　よしだようとく
→吉田庸徳(よしだつねのり)

**吉田芳雄**　よしだよしお
明治37(1904)年10月23日～昭和55(1980)年12月
昭和期の教育者。
¶埼玉人

**吉田頼吉**　よしだらいきち
明治5(1872)年～＊
明治～昭和期の教育者。
¶姓氏長野([没]1980年), 長野歴([没]昭和35(1960)年)

**吉田亮**　よしだりょう
明治28(1895)年～昭和46(1971)年
大正～昭和期の教育者。
¶多摩

**吉田良太郎**　よしだりょうたろう
明治34(1901)年～
大正～昭和期の教育者。
¶群馬人

**吉田緑泉**　よしだりょくせん
明治28(1895)年～昭和46(1971)年
大正～昭和期の歌人。
¶郷土群馬, 群馬人, 群馬百

**吉津度**　よしづわたる, よしずわたる
明治11(1878)年1月～昭和31(1956)年6月30日
明治～昭和期の学校創立者。大阪高等医学専門学校(後の大阪医科大学)創立。
¶学校(よしずわたる), 近医

**吉利平次郎**　よしとしへいじろう
明治1(1868)年～昭和21(1946)年
明治～昭和期の教諭。
¶姓氏鹿児島

**吉富功修**　よしとみかつのぶ
昭和19(1944)年5月13日～
昭和～平成期の音楽教育者。
¶音人2, 音人3

**吉留幸太夫**　よしどめこうだゆう
→吉留渉(よしどめわたる)

**吉留渉**　よしどめわたる
安永1(1772)年～天保5(1834)年　[別]吉留幸太夫《よしどめこうだゆう》
江戸時代後期の剣道師範、書道家。
¶剣豪(吉留幸太夫　よしどめこうだゆう), 人名, 日人

**吉永市之助**　よしながいちのすけ
～昭和48(1973)年
昭和期の学校経営者。吉永学園～鹿児島照国高校、伊集院の南日本短大の設立者。
¶薩摩

**吉永カヲル**　よしながおをる
明治28(1895)年～平成8(1996)年
昭和・平成期の教師。民生児童委員。
¶熊本人

**吉永貫一**　よしながかんいち
明治15(1882)年～？
明治～大正期の教育者。
¶群馬人

吉永清 よしながきよし
明治43(1910)年〜
昭和期の教育者。
¶群馬人

好永邦夫 よしながくにお
生没年不詳
平成期の教師、評論家。
¶児人

吉永幸司 よしながこうし
昭和15(1940)年8月30日〜
昭和〜平成期の国語教育研究者、小学校教頭。
¶現執3期，現執4期

吉永豊実 よしながとよみ
明治39(1906)年6月1日〜平成6(1994)年12月4日
昭和期の法制史研究家。
¶郷土，高知人

吉永虎馬 よしながとらま
明治4(1871)年7月15日〜昭和21(1946)年2月22日
明治〜昭和期の植物学者。
¶高知人，高知百，植物，世紀，日人

吉灘好栄 よしなだよしえ
→吉灘好栄(よしなだよしえい)

吉灘好栄 よしなだよしえい
明治22(1889)年5月8日〜昭和40(1965)年4月29日 ㊙吉灘好栄《よしなだよしえ》
明治〜昭和期の教育者。
¶世紀，鳥取百(よしなだよしえ)，日人

吉波愷堂 よしなみがいどう
→吉波彦作(よしなみひこさく)

吉波彦作 よしなみひこさく
明治9(1876)年3月5日〜昭和40(1965)年2月27日 ㊙吉波愷堂《よしなみがいどう》
明治〜昭和期の漢学者、漢詩人。
¶姓氏富山(㊙1956年)，富山百，富山文(吉波愷堂 よしなみがいどう)

吉成就子 よしなりなりこ
文化14(1817)年〜明治21(1888)年12月25日
江戸時代末期〜明治期の歌人。私塾で女子教育を行う。「明治歌集」に多くの歌を残している。
¶女性，女性普，日人，和俳

吉成半治 よしなりはんじ★
享和1(1801)年〜慶応3(1867)年8月
江戸時代末期の郷校教授。
¶秋田人2

吉野栄蔵 よしのえいぞう
明治13(1880)年〜昭和37(1962)年
明治〜昭和期の教育功労者。
¶静岡歴，姓氏静岡

芳野桜陰 よしのおういん
弘化1(1844)年〜明治5(1872)年
江戸時代末期〜明治期の儒学者。

¶維新，江文(㊙天保14(1843)年)，人名，日人

芳野金陵 よしのきんりょう
享和2(1802)年12月20日〜明治11(1878)年8月5日
江戸時代後期〜明治期の儒学者。
¶朝日(㊙享和2年12月20日(1803年1月13日))，維新，江戸東，江文，近現，近世，国史，国書，コン改，コン4，コン5，詩歌，静岡歴，新潮，人名，世百，千葉百(㊙享和1(1801)年)，日人(㊙1803年)，幕末(㊙1801年)，藩臣4，和俳

吉野敬介 よしのけいすけ
昭和41(1966)年〜
昭和〜平成期の塾講師。
¶YA

吉野維文 よしのこれぶみ
安政2(1855)年〜明治34(1901)年
江戸時代末期〜明治期の教育者。
¶姓氏富山

吉野十郎 よしのじゅうろう
天保14(1843)年〜明治33(1900)年
明治期の郷学校設立者・郡長。
¶神奈川人，姓氏神奈川

吉野信次 よしのしんじ
明治21(1888)年9月17日〜昭和46(1971)年5月9日
明治〜昭和期の官僚、政治家。運輸大臣。商工相、満州重工業開発副総裁などを歴任。
¶近現，現朝，現情，国史，コン改，コン4，コン5，史人，実業，新潮，人名7，世紀，政治，姓氏宮城，世人，全書，日史，日人，宮城百，履歴，履歴2，歴大

吉野孝雄 よしのたかお
昭和20(1945)年〜
昭和〜平成期の宮武外骨研究家、評論家、高校教諭(千葉商)。
¶現執3期，現執4期

芳野世経 よしのつぐつね
嘉永2(1849)年〜昭和2(1927)年
明治〜大正期の政治家。東京府会議長、東京府教育会長。私学蓬莱学校を設立。
¶世紀(㊙嘉永2(1849)年11月 ㊙昭和2(1927)年6月20日)，日人

吉野力蔵 よしのりきぞう
明治28(1895)年〜昭和36(1961)年
大正〜昭和期の教育家。
¶多摩

吉原はる よしはらはる
明治20(1887)年〜昭和50(1975)年
明治〜昭和期の教育者。
¶神奈川人

吉原正仁 よしはらまさひと
明治29(1896)年〜昭和47(1972)年
昭和期の教育者。
¶神奈川人

**吉原養順** よしはらようじゅん
→吉原養順（よしわらようじゅん）

**善淵愛成** よしぶちちかなり
→善淵愛成（よしぶちのちかなり）

**善淵愛成** よしぶちのあいせい
→善淵愛成（よしぶちのちかなり）

**善淵朝臣永貞** よしぶちのあそんながさだ
→善淵永貞（よしぶちのながさだ）

**善淵朝臣広岑** よしぶちのあそんひろみね
[別]善淵広岑《よしぶちのひろみね》
平安時代前期の明経家。
¶古代，日人（善淵広岑　よしぶちのひろみね　生没年不詳）

**善淵愛成** よしぶちのちかなり
生没年不詳　[別]善淵愛成《よしぶちちかなり，よしぶちのあいせい》
平安時代前期の学者。
¶角史，国史，国書（よしぶちちかなり），古人，古中，史人（[生]822年　[没]890年？），人名（よしぶちのあいせい），日人，平史

**善淵永貞** よしぶちのながさだ
弘仁4（813）年～仁和1（885）年　[別]善淵朝臣永貞《よしぶちのあそんながさだ》
平安時代前期の明経家。
¶郷土岐阜，古代（善淵朝臣永貞　よしぶちのあそんながさだ），人名，日人，平史

**善淵広岑** よしぶちのひろみね
→善淵朝臣広岑（よしぶちのあそんひろみね）

**吉益秀一** よしますひでいち
明治28（1895）年8月1日～昭和11（1936）年3月15日
大正～昭和期の書家、教育者。
¶徳島歴

**吉益亮** よしますりょう
→吉益亮子（よしますりょうこ）

**吉益亮子** よしますりょうこ
安政4（1857）年～明治19（1886）年　[別]吉益亮《よしますりょう》
江戸時代末期～明治期の英語教師。最初のアメリカ女子留学生。女子英学教授所を設立。
¶海越（[生]？），海越新，近女（[生]安政1（1854）年），女性，女性普，先駆，渡航（吉益亮　よしますりょう），日人

**吉松儀一郎** よしまつぎいちろう
宝暦5（1755）年～天明7（1787）年4月2日　[別]吉松文山《よしまつぶんざん》
江戸時代中期の石見津和野藩士。
¶国書（吉松文山　よしまつぶんざん），島根歴（[生]宝暦6（1756）年），藩臣5

**吉松正修** よしまつせいしゅう
？～天明7（1787）年4月2日
江戸時代中期の津和野藩校養老館の助教授。
¶島根百

**吉松不二心斎** よしまつふじしんさい
寛政1（1789）年～嘉永2（1849）年
江戸時代後期の儒学者、教育者。
¶姓氏長野，長野歴

**吉松文山** よしまつぶんざん
→吉松儀一郎（よしまつぎいちろう）

**吉松佑一** よしまつゆういち
明治29（1896）年11月20日～昭和48（1973）年3月29日
明治～昭和期の教師、伝説研究家。
¶日児

**吉丸一昌** よしまるかずまさ
明治6（1873）年9月15日～大正5（1916）年3月7日
明治～大正期の国文学者。東京音楽学校教授。唱歌作詞者として一般に知られる。作品集に「新作唱歌」。
¶大分百，大分歴，近文，熊本人，芸能，児文，世紀，日児，日人

**ヨシミ**
江戸時代の女性。教育。滝行の修験者佐元の妻。村の女性達に裁縫を教えた。
¶江表（ヨシミ（岩手県））

**芳見** よしみ★
江戸時代中期の女性。教育。小沢氏。安永5年、麹町平河町の寺子屋三水堂を再興。
¶江表（芳見（東京都））

**吉見英受** よしみえいじゅ
天保4（1833）年～明治40（1907）年
江戸時代末期～明治期の鍼医。
¶人名（[生]1832年），姓氏長野，長野歴，日人

**吉水智承** よしみずちしょう
明治30（1897）年～昭和50（1975）年
大正～昭和期の教育者。
¶神奈川人，姓氏神奈川

**善道真貞** よしみちのさねさだ
神護景雲2（768）年～承和12（845）年　[別]善道真貞《よしみちのまさだ》
平安時代前期の学者、令義解撰修者。
¶人名，日人，平史（よしみちのまさだ）

**善道真貞** よしみちのまさだ
→善道真貞（よしみちのさねさだ）

**吉峯清** よしみねきよし
明治25（1892）年～昭和20（1945）年
大正～昭和期の教育者。
¶姓氏沖縄

**吉見政男** よしみまさお
大正3（1914）年～昭和55（1980）年
昭和期の高校教諭（声楽と合唱指導）。
¶島根歴

**吉村彰** よしむらあきら
安政1（1854）年～明治41（1908）年

明治期の教育家。広島藩校修道館で学んだ。師範学校教師となり、二十五年間つとめた。
¶人名、日人

**吉村伊右衛門** よしむらいうえもん
明治39 (1906) 年～昭和25 (1950) 年
昭和期の教育者。初代上伊集院中学校長。
¶姓氏鹿児島

**吉村一信** よしむらかずのぶ
大正13 (1924) 年6月23日～昭和62 (1987) 年11月16日
昭和期の口演童話家、教師。
¶日児

**吉村敬子** よしむらけいこ
昭和31 (1956) 年～
昭和～平成期の教師、児童文学作家。
¶児人

**吉村茂三郎** よしむらしげさぶろう
明治7 (1874) 年～昭和28 (1953) 年
大正期の地方史研究家、教育家。佐賀県立唐津中学校教諭。佐賀県史を研究。
¶郷土 (㊦明治7 (1874) 年4月12日 ㊦昭和28 (1953) 年7月23日)、考古 (㊦明治7 (1874) 年4月)、史研

**吉村七郎** よしむらしちろう
昭和1 (1926) 年～
昭和～平成期の小学校教諭、中学校教諭。
¶YA

**吉村清太郎** よしむらせいたろう
明治28 (1895) 年3月15日～
大正～昭和期の小学校教員。大正尋常高等小学校校長。
¶社史

**吉村専蔵** よしむらせんぞう
明治40 (1907) 年～平成2 (1990) 年
昭和～平成期の社会福祉事業家。大村報徳学園園長。
¶姓氏鹿児島

**吉村徳蔵** よしむらとくぞう
＊～平成4 (1992) 年
昭和～平成期の日本史研究者、高校教師。
¶現執1期 (㊦1927年)、現執2期 (㊦昭和2 (1927) 年)、史研 (㊦1926年)、世紀 (㊦大正15 (1926) 年12月24日 ㊦平成4 (1992) 年1月18日)

**吉村友喜** よしむらともき
明治7 (1874) 年～昭和39 (1964) 年
明治～昭和期の教育者。
¶高知人

**吉村寅太郎** よしむらとらたろう
弘化5 (1848) 年2月5日～大正6 (1917) 年1月14日
明治～大正期の教育者。四高校長、成女学校 (のち成女高等学校) 創立者。
¶学校、世紀、日人、広島百、宮城百

**吉村斐山** よしむらひざん
文政5 (1822) 年～明治15 (1882) 年9月11日
江戸時代末期～明治期の儒学者、教育者。廃藩後、家塾の咬菜塾を開き門人を育てた。
¶国書、人名、哲学、日人、幕末、幕末大、藩臣6 (㊦文政6 (1823) 年)

**吉村英夫** よしむらひでお
昭和15 (1940) 年1月1日～
昭和～平成期の高校教師、映画評論家。
¶大阪文、現執3期、現執4期、世紀、YA

**吉用寿栄**（吉用スヱ） よしもちすえ
明治13 (1880) 年11月29日～昭和34 (1959) 年9月17日
明治～昭和期の教育者。
¶大分百、大分歴 (吉用スヱ)、世紀、日人

**吉本青司** よしもとあおし
大正2 (1913) 年1月17日～平成7 (1995) 年6月14日
昭和期の詩人、教育家。
¶高知人、四国文

**葭本重雄** よしもとしげお
明治36 (1903) 年11月7日～昭和13 (1938) 年2月20日
昭和期の教育者。
¶徳島百、徳島歴

**吉本二郎** よしもとじろう
大正3 (1914) 年7月28日～
昭和期の学校経営学者。東京教育大学教授、大正大学教授。
¶現執1期、現執2期

**吉本清三** よしもとせいぞう
明治38 (1905) 年12月20日～昭和60 (1985) 年3月27日
大正・昭和期の教育者。学校長。
¶飛騨

**吉本道堅** よしもとどうけん
明治27 (1894) 年～昭和47 (1972) 年
昭和期の教育者・僧侶。
¶神奈川人

**吉本均** よしもとひとし
大正13 (1924) 年1月15日～
昭和～平成期の教育学者。神戸女子大学教授、広島大学教授。
¶現執1期、現執2期、現執3期

**吉本復斎** よしもとふくさい
文化11 (1814) 年～嘉永1 (1848) 年
江戸時代後期の儒学者。
¶人名、日人

**善元幸夫** よしもとゆきお
昭和25 (1950) 年6月3日～
昭和～平成期の小学校教師、中国帰国児のための「日本語学級」教師。
¶現執3期、現執4期

**吉元豊** よしもとゆたか
大正15(1926)年9月24日～平成8(1996)年1月1日
昭和・平成期の地質研究者。高等学校教諭。
¶根千

**吉本吉山** よしもとよしやま
明治16(1883)年10月25日～昭和41(1966)年2月5日
大正～昭和期の小学校教員、警察官、農民。石垣町議会議員、石垣市議会議員。
¶社史

**吉本六兵衛** よしもとろくべえ
明治18(1885)年～昭和37(1962)年
明治～昭和期の教育者。
¶姓氏富山

**吉森章夫** よしもりあきお
昭和10(1935)年9月21日～
昭和～平成期の音楽教育学者。徳島大学教授。
¶現情

**吉森梅子** よしもりうめこ
安政7(1860)年～昭和12(1937)年
江戸時代末期～昭和期の女子教育家。愛知淑徳学園創立者。
¶愛知女，学校，姓氏愛知

**芳山正城** よしやませいじょう
慶応3(1867)年～昭和29(1954)年
明治～昭和期の教育者。
¶姓氏京都

**吉原呼我** よしわらこが
～明治33(1900)年
明治期の教育者。開心庠舎舎長。足柄県師範学校教師。旧制韮山中学校校長。漢学専門学校「中権精舎」を創設、郷土の師弟教育に励んだ。
¶伊豆

**吉原守拙** よしわらしゅせつ
文政2(1819)年～明治29(1896)年3月17日
明治期の教育者。三島学校訓導・校長。
¶伊豆

**吉原信一** よしわらしんいち
明治12(1879)年～昭和39(1964)年
明治～昭和期の教育者。
¶姓氏長野

**吉原養順** よしわらようじゅん
文政10(1827)年～明治40(1907)年　[別]吉原養順《よしはらようじゅん》
江戸時代末期～明治期の医師、教育家。
¶人名(よしはらようじゅん)，日人，三重([生]文政10年1月15日)

**与世里盛春** よせざとせいしゅん
→与世里盛春(よせざともりはる)

**与世里盛春** よせざともりはる
明治23(1890)年4月17日～昭和51(1976)年8月20日　[別]与世里盛春《よせざとせいしゅん》
明治～昭和期の教育者、植物研究家。
¶沖縄百(よせざとせいしゅん)，郷土千葉，植物，世紀，千葉百，日人

**代情通蔵** よせみちぞう
明治31(1898)年8月28日～昭和43(1968)年4月24日
明治～昭和期の郷土史家、民俗研究家、教育家。
¶郷土，飛騨

**四十宮石田** よそみやせきでん
文化13(1816)年～明治9(1876)年3月31日
江戸時代後期～明治期の儒官。
¶徳島百，徳島歴

**四十宮北邨** よそみやほくそん
弘化2(1845)年～明治15(1882)年2月12日
江戸時代後期～明治期の儒学者・教育者。
¶徳島歴

**依田逸夫** よだいつお
昭和15(1940)年～
昭和期の教師、児童文学作家。
¶児人

**依田稼堂** よだかどう
嘉永2(1849)年～大正3(1914)年
江戸時代末期～大正期の漢学者。
¶姓氏長野，長野歴

**依田喜一郎** よだきいちろう
明治4(1871)年5月28日～
明治期の斐太中学校長。岐阜中学校長。
¶飛騨

**依田佐二平** よださじべい
弘化3(1846)年～大正13(1924)年
明治～大正期の実業家、政治家。豆陽学校の設立に尽力。
¶静岡百，静岡歴，世紀([生]弘化3(1846)年2月10日　[没]大正13(1924)年10月15日)，姓氏静岡，日人

**与田左門** よたさもん
明治40(1907)年7月15日～昭和59(1984)年12月26日
大正～昭和期の郷土史家、教育者。
¶紀伊文

**依田忠雄** よだただお
明治34(1901)年3月12日～
大正～昭和期の教育者。
¶群馬人

**依田雄甫** よだゆうほ
元治1(1864)年～昭和12(1937)年
明治～昭和期の陸軍大学教授、慶応義塾教授。著書に「墨水二十四景記」「世界読史地図」「日露戦記」等がある。
¶人名，世紀([没]昭和12(1937)年1月5日)，日人

**依田豊** よだゆたか
明治9(1876)年11月～昭和8(1933)年1月10日
明治～昭和期の教育者、地理学者。
¶世紀，姓氏長野，長野歴，日人

四倉ミツエ　よつくらみつえ
明治22(1889)年11月1日～昭和38(1963)年6月30日
明治～昭和期の女子教育家。清尚学院高校創立者。
¶学校

四衢廉　よつつじきよし
昭和11(1936)年4月30日～
昭和期の第2山ゆり学園施設長。
¶飛騨

四谷穂峰（四屋穂峰）　よつやすいほう
天保2(1831)年～明治39(1906)年
江戸時代末期～明治期の漢学者。修史館編修官、元老院書記官。また東京帝国大学、華族女学校等の講師を務めた。
¶国書（四屋穂峰），人名，日人

淀川茂重　よどがわもじゅう，よどかわもじゅう
明治28(1895)年～昭和26(1951)年
大正～昭和期の教育研究者。
¶姓氏長野，長野百（よどかわもじゅう），長野歴

米内山やす　よないやまやす
明治31(1898)年～昭和56(1981)年
大正～昭和期の女性。上北郡連合婦人会会長、青森県社会教育委員。
¶青森人

与那覇勝子　よなはかつこ
昭和13(1938)年～
昭和期の教育者。
¶戦沖

与那嶺松助　よなみねまつすけ
明治43(1910)年7月12日～昭和48(1973)年7月30日
昭和期の心理学者。
¶沖縄百，心理，姓氏沖縄

米川千嘉子　よねかわちかこ
昭和34(1959)年10月29日～
昭和～平成期の歌人、高校教師。短歌同人「かりん」所属。著書に歌集「夏空の櫂」「一夏」。
¶岩取，世紀，短歌，日人，YA

米倉伍作　よねくらごさく
明治30(1897)年～昭和45(1970)年
大正～昭和期の利賀村の教育者。
¶姓氏富山

米倉昌達　よねくらまさよし
明治19(1886)年～昭和12(1937)年2月17日
明治～昭和期の教育者。日本医科大学教授。子爵、貴族院議員。日本医学専門学校教授兼学生監、京都薬学専門学校長等を歴任。
¶科学（⊕1886年（明治19）7月），近医，人名，日人（⊕明治19(1886)年7月15日）

米沢純夫　よねざわすみお
昭和3(1928)年9月24日～
昭和期の小学校音楽教師。千代田区立神田小学校教諭。

¶現執2期

米沢千秋　よねざわちあき
明治30(1897)年9月7日～平成3(1991)年3月26日
大正～平成期の教育者・歌人。
¶岡山歴

米沢武平　よねざわぶへい
明治3(1870)年～昭和19(1944)年
明治～昭和期の教育者。
¶姓氏長野，長野百，長野歴

米田一貫　よねだいっかん
生没年不詳
江戸時代中期の心学者・医者。
¶国書

米田吉盛　よねだよしもり
明治31(1898)年11月10日～昭和62(1987)年5月17日
昭和期の神奈川大学創立者。衆議院議員。横浜専門学校（後の神奈川大学）を創立。
¶愛媛，愛媛人，学校，郷土愛媛，現情，政治

米津亀太郎　よねづかめたろう
天保9(1838)年～明治43(1910)年
江戸時代末期～明治期の教育者。私立盉簪学校を創立。
¶姓氏愛知

米原正義　よねはらまさよし
大正12(1923)年2月22日～
昭和～平成期の日本史学者。国学院大学教授、国史学会会長。著書に「戦国武士と文芸の研究」「校注・陰徳太平記」など。
¶現執1期，現執3期，現執4期，現情，島根百，世紀，日人

米本四州　よねもとししゅう
天保13(1842)年～明治29(1896)年7月23日
江戸時代後期～明治期の儒学者・官吏。
¶徳島百，徳島歴

米山愛紫　よねやまあいし
明治39(1906)年3月30日～昭和48(1973)年9月7日
大正～昭和期の童謡詩人、教育行政者。
¶日児

米山検校　よねやまけんぎょう
？～明和8(1771)年12月9日
江戸時代中期の検校。
¶近世，国史，史人，日人（⊕1702年　⊗1772年），歴大

米山道雄　よねやまみちお
昭和11(1936)年2月4日～
昭和～平成期の作曲家、高校教師、合唱指揮者。
¶音乱3

容羽子　よふこ★
江戸時代末期の女性。和歌。出雲広瀬藩藩士で藩校皇学館訓導細野安恭の妻。文久2年序、西田惟恒編『文久二年八百首』に載る。

¶江表(容羽子(島根県))

**一町田朝行** よぼろだともゆき
江戸時代末期の書家。
¶人名，日人(生没年不詳)

**与村弘宣の妻** よむらひろのぶのつま★
〜明暦2(1656)年
江戸時代前期の女性。教育。与村定幸、弘正、阿部弘忠の母。
¶江表(与村弘宣の妻(三重県))

**四方田正作** よもだしょうさく
明治36(1903)年5月9日〜昭和51(1976)年5月29日
昭和期の教育者。
¶埼玉人

**与良清** よらきよし
明治40(1907)年〜昭和53(1978)年
大正〜昭和期の郷土史家。
¶郷土，姓氏長野，長野歴

**与良熊太郎** よらくまたろう
万延1(1860)年〜昭和1(1926)年
明治〜大正期の教授法研究者。
¶姓氏長野，長野百，長野歴

**与良松三郎** よらまつさぶろう，よらまつさぶろう
明治5(1872)年3月23日〜昭和13(1938)年10月17日
明治〜昭和期の新聞人。名古屋新聞社長。小山松寿とともに名古屋新聞の経営に参画。
¶愛知百(よらまつさぶろう)，人名7，姓氏愛知，姓氏長野，長野百(㊥1936年)，長野歴，日人

**撰梅正人** よりうめまさと
昭和23(1948)年3月15日〜
昭和期の高等学校教師。東京都立立川高等学校教諭。
¶現執2期

**随子** よりこ★
江戸時代後期の女性。和歌。出雲広瀬藩藩士で藩校皇学館訓導細野安恭の娘。天保13年刊、千家尊孫編『類題八雲集』に載る。
¶江表(随子(島根県))

**從野静江** よりのしずえ
明治40(1907)年6月25日〜平成2(1990)年11月13日
昭和〜平成期の幼児教育者。
¶岡山歴

**寄藤好実** よりふじよしざね
文久3(1863)年〜昭和3(1928)年
明治〜大正期の教育家。徳島女子師範学校長、大連官立高等女学校長。開智学校長として信濃小学教育に尽力した。
¶人名，世紀(㊥文久3(1863)年5月 ㊦昭和3(1928)年5月21日)，姓氏長野，長野歴，日人

**万富三** よろずとみぞう
明治17(1884)年2月15日〜昭和21(1946)年10月10日
明治〜昭和期の教育者。図案教育界の権威。岐阜、山口、静岡、東京の各師範学校教諭を歴任。
¶飛騨

**万屋秀雄** よろずやひでお
昭和10(1935)年10月18日〜
昭和〜平成期の現代児童文学者、文学教育研究者。鳥取大学教授。
¶現執2期，現執3期，児作，児人，児文，世紀，日児

# 【ら】

**頼聿庵** らいいつあん
享和1(1801)年〜安政3(1856)年
江戸時代末期の安芸広島藩士、儒学者。
¶大阪人(㊦安政3(1856)年8月)，人名，日人，藩臣6，広島百(㊥享和1(1801)年2月10日 ㊦安政3(1856)年8月30日)

**頼我** らいが
嘉元2(1304)年〜天授5/康暦1(1379)年4月22日
鎌倉時代後期〜南北朝時代の真言宗の僧。東寺勧学院学頭。
¶国書，仏人

**頼杏坪** らいきょうへい
宝暦6(1756)年〜天保5(1834)年7月23日 ㊙頼杏坪《らんきょうへい》
江戸時代中期〜後期の儒学者。服部栗斎の弟子。
¶朝日(㊦天保5年7月23日(1834年8月27日))，江戸，江文，近世，国史，国書(㊥宝暦6(1756)年7月)，コン改，コン4，詩歌，史人，島根歴，新潮，人名，世人(㊥宝暦6(1756)年7月 ㊦天保5(1834)年5月1日)，世百，全書，日史(㊥宝暦6(1756)年7月)，日人，藩臣6，百科，広島百(㊥宝暦6(1756)年7月)，歴大(らんきょうへい)，和俳

**頼豪** らいごう
弘安5(1282)年〜？
鎌倉時代後期〜南北朝時代の真言宗の僧。
¶国史，国書，古中，日人(㊦1360年)，仏教(㊦延文5/正平15(1360)年)，仏史

**頼山陽** らいさんよう
安永9(1780)年12月27日〜天保3(1832)年9月23日
江戸時代後期の儒学者。京都で塾を開設。「日本外史」「日本政記」を著した。
¶朝日(㊦安永9年12月27日(1781年1月21日) ㊦天保3年9月23日(1832年10月16日))，岩史，江人，大分歴，角史，教育(㊦1772年)，京都，京都大，郷土長崎，近世，熊本人，国史，国書，コン改，コン4，コン5，詩歌，詩作，史人，思想史，重要，人書79，人書94，人情，新潮，新文，人名，姓氏広島，世人，世百，全書，日児，太宰府，伝記，日思，日史，日人(㊦1781年)，藩臣6，百科，兵庫百，広島百，文学，平日，三

ら

重続，山川小，歴大，和俳

**頼支峰**　らいしほう
文政6（1823）年11月6日～明治22（1889）年7月8日
江戸時代後期～明治期の教育者。
¶詩作

**頼春水**　らいしゅんすい
延享3（1746）年6月30日～文化13（1816）年2月19日
江戸時代中期～後期の安芸広島藩儒。頼山陽の父。
¶朝日（[生]延享3年6月30日（1746年8月16日）[没]文化13年2月19日（1816年3月17日）），岩史，江文，角史，近世，国史，国書，コン改，コン4，詩歌，史人，新潮，人名，世人，世百，全書，日思，日史（[生]延享3（1746）年8月　[没]文化13（1816）年2月18日），日人，藩臣6，百科，広島百，歴大，和俳

**頼成一**　らいせいいち
明治24（1891）年8月31日～昭和26（1951）年7月21日
明治～昭和期の教育者。
¶世紀，日人，広島百

**頼達堂**　らいたつどう
文化12（1815）年～明治17（1884）年
江戸時代末期～明治期の漢学者。
¶大阪人（[没]明治17（1884）年6月），人名，日人

**頼宝**　らいほう
弘安2（1279）年～元徳2（1330）年
鎌倉時代後期の真言宗の僧。東寺三宝の一人。
¶国史，国書（[没]元徳2（1330）年7月9日），古中，日人，仏教（[没]元徳2（1330）年7月9日？），仏史，仏人

**頼元鼎**　らいもとかね
寛政2（1790）年～文化12（1815）年
江戸時代後期の儒学者。
¶人名，日人

**頼瑜**　らいゆ
嘉禄2（1226）年～嘉元2（1304）年1月1日
鎌倉時代後期の真言宗の僧。新義真言宗中興の祖。
¶朝日（[没]嘉元2年1月1日（1304年2月7日）），岩史，鎌室，国史，国書，古中，コン4，人書94，新潮，人名，世人，全書，大百，日人，仏教，仏史，仏人，名僧，歴大，和歌山人

**頼誉**　らいよ
長禄3（1459）年～享禄4（1531）年12月4日
戦国時代の真言宗の僧。根来寺学頭。
¶国史（生没年不詳），国書，古中（生没年不詳），人名，日人（[没]1532年），仏教，仏史（生没年不詳），仏人

**頼養堂**　らいようどう
安永4（1775）年～嘉永4（1851）年
江戸時代後期の儒学者。
¶人名，日人

**らん**
延享4（1747）年～文化3（1806）年
江戸時代中期～後期の女性。和歌・文章・教育。仙台大町の町人村上氏の娘。
¶江表（らん（宮城県））

**藍英**　らんえい★
～慶応2（1866）年
江戸時代末期の女性。教育。相賀氏。
¶江表（藍英（東京都））

**蘭花亭香保留**　らんかていかおる
～明治25（1892）年
江戸時代末期～明治時代の狂歌師。
¶江表（香保留・かほる（長野県））

**頼杏坪**　らんきょうへい
→頼杏坪（らいきょうへい）

**蘭山**　らんざん
→高井蘭山（たかいらんざん）

**藍荃**　らんせん★
江戸時代後期の女性。教育。浅草下平右衛門町の篠塚稲荷別当清山菅弘の妻。寛政5年から続く寺子屋の発展に尽力。
¶江表（藍荃（東京都））

## 【り】

**りう**
江戸時代末期～明治時代の女性。教育。石井氏。読み書き、算術を教える。明治5年廃業。
¶江表（りう（神奈川県））

**リウ**
江戸時代末期の女性。教育。斎藤氏。文久1年～慶応3年まで、広田猪尾と共に教授。
¶江表（リウ（滋賀県））

**里う**　りう★
1855年～
江戸時代末期の女性。教育。長沢常弥の三女。
¶江表（里う（東京都）　[生]安政2（1855）年頃）

**りか**
1807年～
江戸時代後期の女性。教育。平野三右衛門の妻。
¶江表（りか（東京都）　[生]文化4（1807）年頃）

**利喜**　りき★
～慶応3（1867）年
江戸時代末期の女性。教育。大橋氏。
¶江表（利喜（東京都））

**里喜**　りき★
1803年～
江戸時代後期の女性。教育。山里清兵衛の妻。
¶江表（里喜（東京都）　[生]享和3（1803）年頃）

**力女**　りきじょ★
文化14（1817）年～明治34（1901）年
江戸時代後期～明治時代の女性。俳諧・教育。篠ノ井長谷の風間りき。

¶江表（力女（長野県））

**李紫溟** **りしめい**
→高本紫溟（たかもとしめい）

**李真栄** **りしんえい**
元亀2（1571）年～寛永10（1633）年
江戸時代前期の藩侍講。
¶和歌山人

**李梅渓** **りばいけい**
元和3（1617）年～天和2（1682）年
江戸時代前期の紀伊和歌山藩士。
¶郷土和歌山，国書（[没]天和2（1682）年10月22日），日人，藩臣5，和歌山人

**隆** **りゅう**
文政6（1823）年～明治32（1899）年
江戸時代後期～明治時代の女性。写真・教育。上野山田郡桐生の岡田忠右衛門の娘。
¶江表（隆（群馬県））

**柳** **りゅう★**
1826年～
江戸時代後期の女性。教育。藤堂良連の妻。
¶江表（柳（東京都） [生]文政9（1826）年頃）

**柳園種春** **りゅうえんたねはる**
寛政12（1800）年～明治4（1871）年 [別]小沢種春《おざわたねはる》
江戸時代後期～明治期の教育者、歌人、戯作者。
¶愛媛（小沢種春 おざわたねはる），愛媛百（小沢種春 おざわたねはる [生]寛政12（1800）年9月10日 [没]明治4（1871）年2月3日），国書（[生]寛政12（1800）年9月12日 [没]明治4（1871）年2月3日），新潮（[生]寛政12（1800）年9月12日 [没]明治4（1871）年2月3日），日人，幕末（小沢種春 おざわたねはる [没]1871年3月15日），和俳

**竜玉淵** **りゅうぎょくえん**
→竜玉淵（たつぎょくえん）

**劉琴渓** **りゅうきんけい**
宝暦2（1752）年～文政7（1824）年
江戸時代後期の儒学者。
¶大阪人（[没]文政7（1824）年12月），大阪墓（[没]文政7（1824）年12月23日），国書（[没]文政7（1824）年12月23日），詩歌，人名，日人（[没]1825年），和俳

**柳郊** **りゅうこう**
寛延2（1749）年～文政1（1818）年
江戸時代中期～後期の私塾経営者。
¶姓氏岩手

**竜崎致斎** **りゅうざきちさい**
～宝暦12（1762）年
江戸時代中期の教育者。
¶三重

**竜崎ヒサ** **りゅうざきひさ**
大正1（1912）年～昭和17（1942）年
昭和期の教育者。
¶神奈川人

**劉三吉** **りゅうさんきち**
→劉石秋（りゅうせきしゅう）

**劉石秋** **りゅうせきしゅう**
寛政8（1796）年～明治2（1869）年 [別]劉三吉《りゅうさんきち》
江戸時代末期～明治期の儒学者。学習院漢学史、維新後は詩文史となる。
¶京都府，国書（[没]明治2（1869）年5月29日），コン改（[生]天明6（1786）年），コン4（[生]天明6（1786）年），コン5（[生]天明6（1786）年），詩歌，新潮（[生]天明6（1786）年 [没]明治2（1869）年5月29日），人名，姓氏京都（劉三吉 りゅうさんきち），長崎遊，日人，藩臣5，飛騨（[没]明治2（1869）年5月29日），三重，和俳

**竜草廬**（龍草廬） **りゅうそうろ**
正徳4（1714）年～寛政4（1792）年 [別]龍草廬《たっそうりょ，たつのそうろ》
江戸時代中期の漢詩人。
¶コン5（龍草廬），詩作（龍草廬 たつのそうろ [生]正徳4（1714）年1月19日 [没]寛政4（1792）年2月2日）

**竜派禅珠**（龍派禅珠） **りゅうはぜんしゅ，りゅうはぜんじゅ**
天文18（1549）年～寛永13（1636）年4月20日
[別]寒松《かんしょう》，禅珠《ぜんしゅ》
安土桃山時代～江戸時代前期の五山派の僧。足利学校第10世庠主。
¶神奈川人，近世，国史，国書（りゅうはぜんじゅ），埼玉人，史人，新潮，世人（寒松 かんしょう），戦辞（[没]寛永13年4月20日（1636年5月24日）），栃木歴（寒松 かんしょう [生]天文19（1550）年），日人，仏教，仏史，仏人（寒松 かんしょう），武蔵人（龍派禅珠），名僧，歴大（寒松 かんしょう）

**笠美波** **りゅうみは**
大正3（1914）年～昭和19（1944）年
昭和期の代用教員、詩人。
¶熊本人

**劉冷窓** **りゅうれいそう**
*～明治3（1870）年
江戸時代後期～明治期の儒学者。
¶京都府（[生]文政7（1824）年），日人（[生]1825年）

**良** **りょう★**
江戸時代後期の女性。書・教育・俳諧。書家で俳人神田元岩井町住の黒川惟草の娘。天保7年～嘉永4年黒川惟草編『俳諧人名録』に載る。
¶江表（良（東京都））

**良寛** **りょうかん**
宝暦8（1758）年～天保2（1831）年1月6日 [別]大愚良寛《だいぐりょうかん》，大愚《たいぐ》
江戸時代中期～後期の歌人、漢詩人。
¶朝日（[生]？ [没]天保2年1月6日（1831年2月18日）），岩史（[生]宝暦8（1758）年12月），岡山人，岡山百，岡山歴（[生]宝暦8（1758）年12月），角史，教育（[生]1757年），近世，国史（[生]？），国書（[生]宝暦8（1758）年12月），コン改，コン4，

り

詩歌，詩作，史人（⊕1758年12月），重要，人書79，人書94，人情，人情3，人情5，新潮（⊕宝暦8（1758）年12月），新文，人名，世人，世百，全書（⊕1757年,（異説）1758年），大百，茶道，伝記，新潟百（⊕1757年），日思，日史（⊕宝暦8（1758）年12月），日人（⊕1757年,（異説）1758年），俳句，美術，百科，仏教（大愚良寛　だいぐりょうかん　⊕宝暦8（1758）年10月2日），仏史（⊕?），仏人，文学，名僧，歴大（⊕1756年），和俳

**領家幹助** りょうけかんすけ
嘉永4（1851）年4月4日～大正3（1914）年1月5日
江戸時代末期～大正期の医師。
¶島根百，島根歴

**了俊** りょうしゅん
→今川了俊（いまがわりょうしゅん）

**良殿** りょうでん
文永1（1264）年～建武3/延元1（1336）年
鎌倉時代後期～南北朝時代の僧。
¶鎌室，人名，日人，仏教，（⊕建武3/延元1（1336）年9月5日）

**りん**
嘉永2（1849）年～明治42（1909）年
江戸時代後期～明治時代の女性。教育。会津藩藩士日向新介とまつえの娘。
¶江表（りん（福島県））

**綸　りん★**
江戸時代末期～明治時代の女性。教育。相沢新田の農桑寺部氏の娘。夫と共に寺部塾を経営，明治6年頃に閉塾。
¶江表（綸（栃木県））

**臨風** りんぷう
→笹川臨風（ささがわりんぷう）

## 【る】

**るい**
～安政4（1857）年
江戸時代末期の女性。教育。幕臣荒井金蔵の妻。
¶江表（るい（東京都））

**留守伊予子** るすいよこ
享和4（1804）年～明治18（1885）年
明治期の教育者。
¶岩手人，（⊕1804年10月20日　㊛1885年10月22日），岩手百，姓氏岩手，日人

**留守括嚢** るすかつのう
→留守希斎（るすきさい）

**留守希斎** るすきさい
宝永2（1705）年～明和2（1765）年　㊛留守括嚢《るすかつのう》，留守退蔵《るすたいぞう》，留守友信《るすとものぶ》
江戸時代中期の儒学者。

¶大阪人（㊛明和2（1765）年4月），大阪墓（留守退蔵　るすたいぞう　㊛明和2（1765）年4月27日），国書（㊛明和2（1765）年4月27日），人名，姓氏岩手（留守括嚢　るすかつのう），日人，宮城百（留守友信　るすとものぶ）

**留守退蔵** るすたいぞう
→留守希斎（るすきさい）

**留守友信** るすとものぶ
→留守希斎（るすきさい）

## 【れ】

**霊旺** れいおう
安永4（1775）年12月28日～嘉永4（1851）年
江戸時代後期の浄土真宗の僧。
¶人名，日人（⊕1776年），仏教（㊛嘉永4（1851）年8月15日）

**烈女松江** れつじょまつえ
→松江（まつえ）

**蓮如** れんにょ
応永22（1415）年～明応8（1499）年3月25日　㊛兼寿《けんじゅ》，蓮如兼寿《れんにょけんじゅ》，慧灯大師《えとうだいし》，信証院《しんしょういん》
室町時代～戦国時代の浄土真宗の僧。本願寺第8世宗主。本願寺中興の祖。
¶朝日（㊛応永8年3月25日（1499年5月5日）），石川百，岩史，大阪人（㊛明応8（1499）年3月26日），角史，鎌室，教育，京都，京都府（蓮如兼寿　れんにょけんじゅ），郷土福井，国史，国書（兼寿　けんじゅ　⊕応永22（1415）年2月25日），古中，コン改，コン4，詩歌，史人（⊕1415年2月25日），重要（⊕応永22（1415）年2月），人書79，人書94，人情5，新潮（⊕応永22（1415）年2月25日），人名，姓氏愛知，姓氏石川，姓氏京都（蓮如兼寿　れんにょけんじゅ），世人，世百，戦合，全書，戦人，大百，伝記，長野歴，新潟百，日音（⊕応永22（1415）年2月25日），日思，日史（⊕応永22（1415）年2月25日），日人，百科，福井百，仏教（⊕応永22（1415）年2月25日　㊛明応8（1499）年2月25日），仏史，仏人，名僧，歴大，和歌山人，和俳

**蓮如兼寿** れんにょけんじゅ
→蓮如（れんにょ）

**連仏重寿** れんぶつしげとし
明治31（1898）年～昭和42（1967）年
大正～昭和期の教育者，歌人。
¶鳥取百

## 【ろ】

**六川静治** ろくがわせいじ
明治20（1887）年～昭和34（1959）年
明治～昭和期の教育者，政治家。長野県議会議員。

¶長野歴

**六波羅嵩** ろくはらたかし
生没年不詳
昭和期の教員。実業補習学校助教諭心得。
¶社史

**盧草拙**（盧草拙，盧岬拙）ろそうせつ
延宝3（1675）年4月27日～享保14（1729）年
江戸時代中期の天文学者。鎖国時代の本草学の祖。
¶朝日（盧草拙 ㉕延宝3年4月27日（1675年5月21日）㉓享保14年9月9日（1729年10月1日）），科学（㉓1729年（享保14）9月9日），近世，国史，国書（㉓享保14（1729）年9月9日），コン改（盧岬拙），コン4（盧草拙），詩歌（㉓1671年），新潮（㉓享保14（1729）年5月），人名（㉕1671年），世人（㉕寛文11（1671）年），日人，和俳

**六角鬼洞** ろっかくきどう
？　～天保7（1836）年
江戸時代後期の漢学者。
¶長野歴

**六角恒広** ろっかくつねひろ
大正8（1919）年～
昭和期の中国語教育史・中国経済研究者。早稲田大学教授。
¶現執1期

## 【わ】

**和哥** わか★
1844年～
江戸時代後期の女性。教育。吉田宗広の妻。
¶江表（和哥（東京都）　㉕弘化1（1844）年頃）

**和賀井栄順** わがいえいじゅん
江戸時代末期～明治期の私塾経営者。
¶栃木歴

**若井成章** わかいなりあき
文政5（1822）年4月15日～明治23（1890）年
江戸時代末期～明治期の尾張藩士。
¶国書（㉓明治23（1890）年10月31日），日人（㉕1823年），藩臣4

**若井弥一** わかいやいち
昭和22（1947）年9月4日～
昭和～平成期の研究者。上越教育大学学校教育学部教授。専門は、教育行政。
¶現執4期

**若海鯨一郎** わかうみげいいちろう
明治44（1911）年～昭和36（1961）年
昭和期の日本画家、中学校教諭。
¶日画，美家（㉓明治44（1911）年10月8日　㉓昭和36（1961）年4月6日）

**若江儀三郎** わかえぎさぶろう
明治37（1904）年～
昭和期の教育者。

¶群馬人

**若江秋蘭** わかえしゅうらん
→若江薫子（わかえにおこ）

**若江薫子** わかえにおこ
天保6（1835）年～明治14（1881）年10月11日
㉑若江秋蘭《わかえしゅうらん》
江戸時代末期～明治期の漢学者、歌人。一条家の寿栄姫の侍読となり皇后教育にあたる。著書に「和解女四書」など。
¶朝日，維新，江表（薫子（京都府）　におこ），香川人，香川百，京都大，近現（若江秋蘭　わかえしゅうらん），近女，国史（若江秋蘭　わかえしゅうらん），国書，人名（若江秋蘭　わかえしゅうらん），姓氏京都，日人，幕末，幕末大，歴大，和俳

**若木勝蔵** わかきかつぞう，わかぎかつぞう
明治30（1897）年1月～昭和44（1969）年11月9日
明治～昭和期の政治家。参議院議員、北海道教育会副会長。
¶政治，北海道百，北海道歴（わかぎかつぞう）

**若杉慧** わかすぎけい
明治36（1903）年8月29日～昭和62（1987）年
㉑若杉慧《わかすぎさとし》
昭和期の小説家。教師の傍ら著作。作品に「エデンの海」「青春前期」など。
¶近文，現執1期（わかすぎさとし），現情，作家（わかすぎさとし），児文（わかすぎさとし），小説（㉓昭和62（1987）年8月23日），新潮（㉓昭和62（1987）年8月24日），新文（わかすぎさとし ㉓昭和62（1987）年8月23日），世紀（㉓昭和62（1987）年8月24日），奈良文（わかすぎさとし），日児（㉓昭和62（1987）年8月24日），日人（わかすぎさとし ㉓昭和62（1987）年8月24日），兵庫百，兵庫文（㉓昭和62（1987）年8月23日），文学（わかすぎさとし），マス89

**若杉慧** わかすぎさとし
→若杉慧（わかすぎけい）

**若田清一** わかたせいいち
明治29（1896）年1月2日～昭和55（1980）年11月28日
大正・昭和期の教育者。学校長。
¶飛騨

**若槻幾斎** わかつききさい
延享3（1746）年～文政9（1826）年
江戸時代後期の儒学者。
¶京都大，国書（㉓文政9（1826）年11月26日），人名，姓氏京都，日人

**若月真作** わかつきしんさく
大正3（1914）年2月17日～
昭和期の読書運動家、教師。
¶日児

**若槻翠雨** わかつきすいう
文化10（1813）年～明治11（1878）年11月26日
江戸時代後期～明治期の郷学校の教官。

¶徳島歴

**若月大野** わかつきたいや, わかつきだいや
享保6（1721）年～寛政2（1790）年
江戸時代中期の儒学者。
¶国書（わかつきだいや　[没]寛政2（1790）年7月2日），人名，日人

**若槻武樹** わかづきたけき, わかつきたけき
文政8（1825）年～明治34（1901）年
江戸時代末期～明治期の地方開発者。
¶静岡歴，人名（わかつきたけき），姓氏静岡（わかつきたけき），日人

**若月てつ** わかつきてつ
大正14（1925）年～
昭和期の学習漫画家。
¶YA

**若菜俊文** わかなとしゆき
昭和20（1945）年～
昭和～平成期の高等学校教諭。
¶YA

**若林有信** わかばやしありのぶ
→若林有信（わかばやしゆうしん）

**若林快雪** わかばやしかいせつ
天保14（1843）年～大正11（1922）年
明治期の書家。華族女学校教授。富山県師範学校および富山中学校教諭、大阪府師範学校教諭をつとめた。
¶人名（[没]1908年），世紀，姓氏富山，富山百，日人



**若林強斎** わかばやしきょうさい
延宝7（1679）年7月8日～享保17（1732）年1月20日
江戸時代中期の儒学者。
¶朝日（[生]延宝7年7月8日（1679年8月14日）　[没]享保17年1月20日（1732年2月15日）），岩史，角史，郷土滋賀（[生]1676年），近世，国史，国書，コン改，コン4，詩歌，滋賀百，史人，神史，人書94，神人，新潮，人名，姓氏京都，世人（[生]延宝4（1676）年7月8日　[没]享保17（1732）年5月3日），世百，全書，大百，日思，日史，日人，百科，歴大，和俳

**若林繁太** わかばやししげた
大正14（1925）年1月24日～
昭和～平成期の教育者。篠ノ井旭高校校長として高校中途退学者を全国から受け入れた。著書に「教育は死なず」など。
¶現朝，現執2期，現執3期，現情，現日，世紀，日人，マス89，YA

**若林順成** わかばやしじゅんせい
明治26（1893）年1月4日～昭和35（1960）年5月30日
大正・昭和期の忠生第1小学校校長。
¶町田歴

**若林竜夫** わかばやしたつお
明治37（1904）年1月9日～昭和52（1977）年12月26日
昭和期の社会事業教育家。明治学院大学学長、日本社会事業学校連盟会長。
¶キリ

**若林千鶴** わかばやしちづる
昭和29（1954）年～
昭和～平成期の教師、翻訳家。
¶児人

**若林利代** わかばやしとしよ
昭和2（1927）年～
昭和期の児童文学作家、教師。
¶児人

**若林虎三郎** わかばやしとらさぶろう
?　～明治17（1884）年
明治期の教育者。東京師範学校助教諭。開発教授法を提唱。共著書に「改正教授術」。
¶教育

**若林昇** わかばやしのぼる
明治33（1900）年5月16日～昭和58（1983）年8月9日
昭和期の小学校教員。町田市文化財専門委員。
¶町田歴

**若林敏** わかばやしびん
江戸時代後期～明治期の寺子屋経営者。
¶姓氏石川

**若林文平** わかばやしぶんぺい
明治16（1883）年5月16日～昭和28（1953）年9月11日
明治～昭和期の町田尋常高等小学校代用教員。町田町町長。
¶町田歴

**若林牧春** わかばやしぼくしゅん
明治19（1886）年9月11日～昭和49（1974）年6月29日
明治～昭和期の歌人、教育家。日常環境に詩境を求め、正しい諧調を信条とする。歌集に「冬鶯集」。
¶近文，現情，世紀，多摩（[没]昭和46（1971）年）

**若林有信** わかばやしゆうしん
文政4（1821）年～明治28（1895）年　[別]若林有信《わかばやしありのぶ》
明治期の教育行政家。
¶日人，町田歴（わかばやしありのぶ）

**若林良之** わかばやしよしゆき
万延元（1860）年～大正13（1924）年
明治・大正期の民権派教員。官吏。
¶町田歴

**若原敬経** わかはらたかつね
安政1（1854）年～昭和1（1926）年
明治～大正期の教員・裁判所職員。
¶姓氏愛知

**若松賤子** わかまつしずこ
元治元（1864）年3月1日～明治29（1896）年2月10日
明治期の翻訳家。「忘れ形見」「小公子」など口語

体の名訳を発表。
¶会津，朝日（[生]元治1年3月1日（1864年4月6日）），角史，神奈川人，神奈川百，神奈女，鎌倉，キリ（[生]元治1年3月1日（1864年4月6日）），近現，近女，近文，国史，コン改，コン5，児作，史人，児文，小説（[生]元治1年3月1日（1864年4月6日）），女運，女史，女性，女性普，女文，新潮，新文，人名（[生]1865年），姓氏神奈川，世人（[生]元治1（1864）年2月），世百，先駆，全書，大百，哲学，東北近，日史，日児（[生]元治1（1864）年4月6日），日女，日人，百科，福島百，文学，民学，履歴，歴大

**若松竹軒** わかまつちくけん
天保2（1831）年～明治41（1908）年
江戸時代末期～明治期の漢学者。成城学校で倫理漢文歴史を講じ、商工学校で倫理漢文を講じた。著書に「大学句解」など。
¶人名，日人

**若松直良** わかまつなおよし
明治20（1887）年6月25日～昭和43（1968）年12月7日
明治～昭和期の教育者。
¶庄内

**若山英次** わかやまえいじ
明治38（1905）年10月1日～昭和8（1933）年6月8日
大正・昭和期の明治専門学校教師。
¶飛驒

**若山貞二郎** わかやまていじろう
昭和11（1936）年1月22日～
昭和～平成期の経営教育コンサルタント。日本能率協会指導部長、アクティブ・マネジメント主宰。
¶現執3期

**若山勿堂** わかやまふつどう，わかやまぶつどう
享和2（1802）年～慶応3（1867）年7月16日
江戸時代末期の儒学者。
¶江文，国書（わかやまぶつどう），人名，徳島百（わかやまぶつどう　[生]寛政10（1798）年），徳島歴，日人（わかやまぶつどう）

**和賀ワカ** わがわか
明治31（1898）年～昭和48（1973）年
大正～昭和期の教育者。
¶姓氏岩手

**脇愚山** わきぐざん
宝暦14（1764）年～文化11（1814）年　[別]脇蘭室《わきらんしつ》
江戸時代中期～後期の儒学者。肥後熊本藩校時習館訓導。
¶朝日（[生]宝暦14年5月12日（1764年6月11日）　[没]文化11年10月3日（1814年11月14日）），大分歴（脇蘭室　わきらんしつ），熊本人，国書（脇蘭室　わきらんしつ　[生]宝暦14（1764）年5月12日　[没]文化11（1814）年10月3日），コン改，コン4，コン5，思想史（脇蘭室　わきらんしつ），人書94，新潮（[生]明治1（1764）年5月12日　[没]文化11（1814）年10月3日），人名，日人（脇蘭室　わきらんしつ），歴大（脇蘭室　わきらんしつ），和俳（[没]文化11（1814）年10月3日）

**脇坂義堂** わきさかぎどう，わきざかぎどう
？　～文政1（1818）年
江戸時代後期の心学者。
¶京都大，近世，国史，国書（[没]文化15（1818）年4月3日），コン改，コン4，コン5，史人，思想史，人書94，新潮（[没]文政1（1818）年4月3日），人名（わきざかぎどう），姓氏京都，世人，日人，飛驒（[生]？）

**脇坂安董** わきざかやすただ，わきさかやすただ
明和5（1768）年6月5日～天保12（1841）年
江戸時代中期～後期の大名。播磨竜野藩主。
¶朝日（わきさかやすただ　[生]明和5年6月5日（1768年7月18日）　[没]天保12年閏1月23日（1841年3月15日）），岩史（わきさかやすただ　[没]天保12（1841）年閏1月23日），近世（わきさかやすただ），国史（わきさかやすただ），国書（わきさかやすただ　[没]天保12（1841）年閏1月23日），コン改（わきさかやすただ　[生]宝暦6（1756）年），コン4（わきさかやすただ　[生]宝暦6（1756）年），史人（[没]1841年閏1月23日），諸系，新潮（[生]宝暦6（1756）年　[没]天保12（1841）年2月24日），人名（[生]1782年），日史（[没]天保12（1841）年2月24日），日人，藩主3（[没]天保12（1841）年2月24日）

**脇田英彦** わきたひでひこ
明治43（1910）年～昭和17（1942）年4月8日
昭和期の教員、社会運動家。小学校訓導。
¶神奈川人，社運，社史（[生]1910年10月13日），姓氏神奈川，日人（[生]明治43（1910）年11月14日），平和

**脇田裕** わきたひろし
明治37（1904）年～昭和56（1981）年
昭和期の教育者。島根県教育長、島根県立女子短期大学長。
¶島根歴

**脇田良吉** わきたりょうきち
明治8（1875）年3月8日～昭和23（1948）年3月12日
明治～昭和期の教育者。
¶心理，姓氏京都

**脇村市太郎** わきむらいちたろう
明治7（1874）年～昭和35（1960）年4月8日
大正～昭和期の経営者。和歌山県田辺で薬種商を営む。脇村奨学会を設立し、地元の大学進学者に育英奨学金を支給した。
¶世紀，日人，和歌山人

**脇屋恕亭** わきやじょてい
寛政6（1794）年～天保10（1839）年
江戸時代後期の園部藩儒。
¶京都府，国書（[生]寛政6（1794）年9月　[没]天保10（1839）年2月12日），人名，日人

**脇蘭室** わきらんしつ
→脇愚山（わきぐざん）

**涌井貞美** わくいさだみ
昭和27（1952）年12月14日～
昭和～平成期の高校教師、数学教育者。
¶現執3期，現執4期

**涌井良幸** わくいよしゆき
昭和25（1950）年7月13日～
昭和～平成期の高校教師、数学教育者。
¶現執3期，現執4期

**湧川清栄** わくがわせいえい
明治41（1908）年～平成3（1991）年8月5日
昭和期の新聞記者、大学教員。「日布時事」記者、シカゴ・コロンビア・ハーバード大学日本語講師。
¶社史

**和久山きそ** わくやまきそ
慶応1（1865）年6月25日～昭和18（1943）年2月15日
明治～昭和期の幼児教育者。頌栄幼稚園園長、保母伝習所所長。多数の幼稚園児と幼児教育者を育てる。
¶キリ，女性，女性普，世紀（[生]元治2（1865）年1月31日），日人

**和気仲世** わけなかよ
→和気朝臣仲世（わけのあそんなかよ）

**和気朝臣仲世** わけのあそんなかよ
延暦3（784）年～仁寿2（852）年　[別]和気仲世《わけなかよ，わけのなかよ》
平安時代前期の中級官人。
¶国書（和気仲世　わけなかよ　[没]仁寿2（852）年2月19日），古代，諸系（和気仲世　わけのなかよ），日人（和気仲世　わけのなかよ），平史（和気仲世　わけのなかよ）

**和気朝臣広世** わけのあそんひろよ
→和気広世（わけのひろよ）

**和気貞臣** わけのさだおみ
弘仁8（817）年～仁寿3（853）年　[別]和気貞臣《さけのさだおみ》
平安時代前期の儒学者。
¶岡山人（さけのさだおみ），諸系，人名，日人，平史（さけのさだおみ）

**和気仲世** わけのなかよ
→和気朝臣仲世（わけのあそんなかよ）

**和気広世** わけのひろよ
生没年不詳　[別]和気広世《わけひろよ》，和気朝臣広世《わけのあそんひろよ》
奈良時代の官僚、学者。大学頭、式部大輔、左中弁などを歴任。学府・弘文院を創設。
¶朝日，岡山人，岡山百，岡山歴（和気朝臣広世　わけのあそんひろよ），教育，京都大，国書（わけひろよ），古史，古人，古代（和気朝臣広世　わけのあそんひろよ），古代普（和気朝臣広世　わけのあそんひろよ），コン改，コン4，コン5，史人，思想史，諸系，新潮，人名，姓氏京都，世人，全書，大百，日人，仏教，平史

**和気広世** わけひろよ
→和気広世（わけのひろよ）

**分部光実** わけべみつざね
宝暦6（1756）年～文化5（1808）年
江戸時代中期～後期の大名。近江大溝藩主。
¶諸系，日人，藩主3（[生]宝暦6（1756）年5月22日　[没]文化5（1808）年4月14日）

**和気柳斎** わけりゅうさい
安永6（1777）年～嘉永6（1853）年
江戸時代末期の儒学者。
¶江文，国書（[没]嘉永6（1853）年4月26日），人名（[生]1792年），日人

**若生精一郎** わこうせいいちろう
弘化4（1847）年～明治15（1882）年
明治期の教育家、ジャーナリスト。仙台培根小学校校長。
¶社史（[生]弘化4年3月23日（1847年5月6日）　[没]1882年2月28日），姓氏宮城，日人，宮城百

**和合恒男** わごうつねお
明治34（1901）年5月10日～昭和16（1941）年5月16日
大正～昭和期の日蓮主義青年団メンバー。
¶郷土長野，社史，世紀，姓氏長野，長野百，長野歴，日人

**輪湖漣** わこさざなみ
生没年不詳
昭和期の小学校教員。
¶社史

**鷲岳三蔵** わしおかさんぞう
明治30（1897）年～昭和41（1966）年
大正～昭和期の教育功労者。
¶青森人

**鷲沢八重吉** わしざわやえきち
慶応1（1865）年～明治35（1902）年
江戸時代末期～明治期の長野小学校訓導、日本最初の晩熟生学級創設者。
¶姓氏長野，長野百，長野歴

**鷲津毅堂** わしずきどう
→鷲津毅堂（わしづきどう）

**鷲田貞** わしだてい
明治38（1905）年6月27日～昭和37（1962）年4月27日
昭和期の教育者。
¶埼玉人

**鷲津毅堂** わしづきどう，わしずきどう
文政8（1825）年11月8日～明治15（1882）年10月5日　[別]鷲津宣光《わしづのぶみつ》
江戸時代末期～明治期の儒学者。「聖武記採要」を板行。太政官権弁事、大学校少丞などを歴任。
¶朝日（[生]文政8年11月8日（1825年12月17日）），維新，江文，近現（鷲津宣光　わしづのぶみつ），近世（鷲津宣光　わしづのぶみつ），近文，国際（鷲津宣光　わしづのぶみつ），国史（鷲津宣光　わしづのぶみつ），国書，コン改

（鷲津宣光　わしづのぶみつ），コン4，コン5，詩歌，詩作，新潮，人名，姓氏愛知，東北近，日人，幕末，幕末大，藩臣4（鷲津宣光　わしづのぶみつ），三重，歴大，和俳（わしずきどう）

**鷲津宣光** わしづのぶみつ
→鷲津毅堂（わしづきどう）

**鷲野南村** わしのなんそん
文化2（1805）年～明治10（1877）年
江戸時代後期～明治期の庄屋・漢学者。
¶愛媛

**輪島聞声** わじまもんしょう，わじまもんじょう
嘉永5（1852）年5月15日～大正9（1920）年4月3日
[別]輪島聞声《わじまもんせい》
明治～大正期の尼僧、教育者。東京尼衆教場教授。尼衆教場、淑徳女学校などを創設、女性教育に着眼し具体化した功績は大きい。
¶朝日（わじまもんじょう　[生]嘉永5年5月15日（1852年7月2日）），学校，コン改（わじまもんじょう），コン5（わじまもんじょう），女性（わじまもんせい），女性普（わじまもんじょう），世紀，日人，仏教，仏人，北海道百（わじまもんじょう），北海道歴（わじまもんじょう）

**輪島聞声** わじまもんせい
→輪島聞声（わじまもんしょう）

**和蛇田石太郎** わじゃたいしたろう
明治29（1896）年～昭和44（1969）年
大正～昭和期の教育者。
¶姓氏岩手

**和田幾太郎** わだいくたろう
天保14（1843）年～大正5（1916）年11月29日
明治～大正期の教育者。小学校設立後、各小学校を転任。堺高等小学校の紛糾解決に当たる。
¶幕末

**和田イソ** わだいそ
明治14（1881）年～昭和31（1956）年
明治～昭和期の教師。上甑村婦人会長。
¶姓氏鹿児島

**和田亀千代** わだかめちよ
明治30（1897）年～昭和39（1964）年
大正～昭和期の戸隠村の自治功労者。
¶姓氏長野，長野歴

**和田吉之助** わだきちのすけ★
大正12（1923）年4月7日～平成2（1990）年4月8日
昭和・平成期の郷土研究家。亀田の生き字引。道川中校長、亀田小校長、岩城町史編纂室長。
¶秋田人2

**和田喜八郎** わだきはちろう
明治5（1872）年6月17日～昭和11（1936）年1月9日
明治～昭和期の教育家。函館師範学校長、沖縄師範校長、宮城一女校長、秋田師範校長、秋田県教育会会長を歴任。
¶秋田人2，秋田百，北海道百，北海道歴

**和田啓子** わだけいこ
昭和6（1931）年11月15日～
昭和～平成期の音楽教育者。
¶音人2，音人3

**和田重雄** わだしげお
明治38（1905）年？～？
昭和期の教員。
¶社史

**和田重正** わだしげまさ
明治40（1907）年～
昭和期の教育問題専門家。
¶現執1期

**和田繁** わだしげる
明治39（1906）年10月7日～昭和59（1984）年1月12日
大正・昭和期の教育者。学校長。
¶飛騨

**和田甚五兵衛** わだじんごべえ
？～文政7（1824）年
江戸時代中期～後期の文筆家・教育者。
¶姓氏岩手

**和田信二** わだしんじ
明治25（1892）年～昭和40（1965）年
大正～昭和期の青年教育・行政功労者。
¶鹿児島百，薩摩，姓氏鹿児島（[生]1889年）

**和田慎次郎** わだしんじろう
→福沢英之助（ふくざわえいのすけ）

**和田伸也** わだしんや
昭和52（1977）年7月9日～
昭和～平成期の教育者。
¶視覚

**和田省斎** わだせいさい
→和田正尹（わだまさただ）

**和田盛二** わだせいじ
昭和18（1943）年～
昭和期の教育学者。
¶現執2期

**渡瀬寅次郎** わたせとらじろう
安政6（1859）年6月25日～大正15（1926）年11月8日　[別]渡瀬寅次郎《わたらせとらじろう》
明治～大正期の教育家。関東学院初代院長。少数精鋭主義の人格主義教育をめざした。札幌基督教会を設立。
¶朝日（[生]安政6年6月25日（1859年7月24日）），海越新，札幌，静岡歴，植物（[没]大正5（1916）年11月8日），食文（[生]安政6年6月25日（1859年7月24日）），世紀（[没]大正5（1916）年11月8日），先駆，渡航，日人，北海道百（わたらせとらじろう），北海道歴

**渡瀬昌治** わたせまさはる
昭和22（1947）年8月31日～
昭和～平成期の音楽教育者。
¶音人2，音人3

和田為盛　わだためもり
　享和3(1803)年～慶応1(1865)年
　江戸時代末期の神官。
　¶人名，日人

和田伝　わだつとう
　天保14(1843)年～大正5(1916)年4月15日
　江戸時代末期～明治期の剣道師範役。西南戦争の田原坂の戦いで捕らえられたが放免され，私道場を再建し子弟教育にあたった。
　¶熊本人，熊本百(㊊天保14(1843)年1月26日)，幕末，幕末大

和田常雄　わだつねお
　昭和4(1929)年2月20日～
　昭和～平成期の小学校教師，算数・数学教育研究者。大東文化大学講師。
　¶現執3期

和田篤太郎　わだとくたろう
　天保3(1832)年～明治34(1901)年
　明治期の寺子屋師匠，俳人，出版人。春陽堂創業者。文芸出版の草分「文芸世界」「春陽文庫」を発行。
　¶姓氏神奈川

和田朝盛　わだとももり
　㊙和田朝盛《わだのとももり》
　鎌倉時代前期の学問所番衆。和田常盛の子。
　¶鎌倉新(生没年不詳)，古人(わだのとももり)

和田トヨ　わだとよ
　明治16(1883)年頃～昭和42(1967)年6月24日
　昭和期の教育者。目白保育学園創立，理事長。目白幼稚園園長，東京教育専修学校校長。勲五等瑞宝章受章。
　¶女性(㊊明治16(1883)年頃)，女性普

渡部明綱　わたなべあきつな
　嘉永7(1854)年～大正15(1926)年
　明治・大正期の私立愛媛愛媛県高等女学校創立者の1人で，初代校長。
　¶愛媛

渡辺安積　わたなべあさか
　安政6(1859)年～明治20(1887)年2月24日　㊙渡辺安積《わたなべあんせき》
　江戸時代末期～明治期の学校創立者。英吉利法律学校(後の中央大学)創設者。
　¶学校，山口百(わたなべあんせき)

渡辺厚子　わたなべあつこ
　昭和25(1950)年～
　昭和～平成期の養護学校教員・大泉ブラウス裁判原告。
　¶平師

渡辺安積　わたなべあんせき
　→渡辺安積(わたなべあさか)

渡辺重石丸　わたなべいかりまる
　→渡辺重石丸(わたなべいかりまろ)

渡辺重石丸　わたなべいかりまろ
　天保8(1837)年～大正4(1915)年　㊙渡辺重石丸《わたなべいかりまる》
　江戸時代末期～大正期の国学者。私塾道生館を開いて子弟を教授，敬神尊皇の精神を鼓吹。著書に「固本策」。
　¶朝日(㊊天保8年11月15日(1837年12月12日)，㊌大正4(1915)年10月19日)，維新(わたなべいかりまる)，大分百(㊊1836年　㊌1917年)，近現，近世，国史，コン改，コン4，コン5，思想史(㊊天保7(1836)年)，神史，神人(㊊天保7(1836)年11月　㊌大正4(1915)年10月)，人名，全書，日人，幕末(わたなべいかりまる　㊌1917年3月)，幕末大(わたなべいかりまる　㊊天保8(1837)年11月15日　㊌大正4(1915)年10月19日)，藩臣7(わたなべいかりまる　㊊天保7(1836)年)，歴大(㊊1836年)

渡辺功　わたなべいさお
　昭和5(1930)年7月27日～
　昭和期の学校保健学者。静岡大学教授，静岡産業大学教授。
　¶現執2期

渡辺以親　わたなべいしん
　→渡辺以親(わたなべゆきちか)

渡辺市美　わたなべいちみ
　大正14(1925)年11月20日～
　昭和～平成期の教育者。山形県の大井沢小学校などで僻地教育にあたる。子供の学力の向上と住民の生活改善に尽力した。
　¶日人

渡辺一八大　わたなべいわお
　大正3(1914)年1月22日～昭和49(1974)年1月22日
　昭和期の彫塑家，教育者。
　¶高知人，高知百，美建

渡辺卯三郎　わたなべうさぶろう
　天保2(1831)年～明治14(1881)年
　江戸時代末期～明治期の医師。大聖寺藩藩医。大聖寺同洋学館教頭，金沢病院分院顧問等を歴任。
　¶姓氏石川，日人，藩臣3，洋学(㊊天保1(1830)年)

渡辺永助　わたなべえいすけ
　明治5(1872)年8月11日～昭和38(1963)年
　明治～昭和期の北海道小学校長会の初代会長。
　¶札幌(㊌昭和33年5月13日)，北海道百，北海道歴

渡辺欧舟　わたなべおうしゅう
　～明治26(1893)年
　明治期の教育家。
　¶埼玉百

渡辺温　わたなべおん
　→渡辺温(わたなべゆたか)

渡辺海旭　わたなべかいきょく，わたなべかいぎょく
　明治5(1872)年1月15日～昭和8(1933)年1月26日

明治～大正期の浄土宗僧侶、仏教学者。比較宗教学を研究。教育と宗政、社会事業に尽力。
¶近現，現朝([生]明治5年1月15日(1872年2月23日))，国史，コン改，コン5，史人([生]1872年1月5日)，新潮(わたなべかいぎょく)，人名，世紀(わたなべかいぎょく)，全書(わたなべかいぎょく)，大百(わたなべかいぎょく)，哲学(わたなべかいぎょく)，渡航，日人(わたなべかいぎょく)，仏教(わたなべかいぎょく)，仏人(わたなべかいぎょく)，民学(わたなべかいぎょく)，歴大

**渡辺確斎** わたなべかくさい
*～文政7(1824)年　[別]渡辺道可《わたなべどうか》
江戸時代後期の陸奥仙台藩医。
¶人名([生]1759年　[没]1810年)，世人([生]安永2(1773)年)，日人(渡辺道可　わたなべどうか　[生]1772年)，藩臣1(渡辺道可　わたなべどうか　[生]安永2(1773)年)

**渡辺格司** わたなべかくし，わたなべかくじ
明治35(1902)年6月3日～昭和56(1981)年9月11日
大正・昭和期のドイツ語教師。
¶近文(わたなべかくじ)，熊本人，現執1期(わたなべかくじ)，現情(わたなべかくじ)，世紀(わたなべかくじ)

**渡辺華洲** わたなべかしゅう
嘉永5(1852)年～昭和4(1929)年9月19日
明治～昭和期の教育者。下妻中学校水海道分校設立運動に尽力、成功をおさめた。
¶幕末

**渡辺嘉重** わたなべかじゅう
安政5(1858)年10月9日～昭和12(1937)年2月4日
明治～昭和期の教育者。新治郡中家村に中等教育機関である常総学院を設立。
¶茨城歴([没]昭和11(1936)年)，学校，世紀，日人，幕末([生]1857年)

**渡辺和子** わたなべかずこ
昭和2(1927)年2月11日～
昭和～平成期の修道女、教育哲学者。ノートルダム清心学園理事長、日本カトリック学校連合会理事長。
¶近女，現執2期，現執3期，現執4期，現情，現人，世紀，マス89

**渡辺カネ** わたなべかね
安政6(1859)年～昭和20(1945)年
江戸時代末期～昭和期の北海道開拓者。開墾のかたわら塾を開き人々に読み書きを教える。
¶女性，女性普，日人，北海道百，北海道歴

**渡辺鎌吉** わたなべかまきち
慶応3(1867)年～昭和13(1938)年
明治～昭和期の宇都宮子守学校の創始者、西校(宇都宮西小)校長。
¶栃木歴

**渡部寛一郎** わたなべかんいちろう
嘉永6(1853)年12月26日～昭和13(1938)年3月10日
明治～昭和期の教育者。
¶島根人，島根百，島根歴，世紀([生]嘉永6(1854)年12月26日)，日人([生]1854年)

**渡辺喜作** わたなべきさく
明治14(1881)年2月3日～？
明治～大正期の小学校校長。岡山県視学官。
¶社史

**渡辺恭平** わたなべきょうへい
天保13(1842)年～明治19(1886)年
江戸時代末期～明治期の儒医。鳥取藩医学寮教官を務めた。
¶人名，鳥取百，日人

**渡辺欣作** わたなべきんさく
→渡辺彝(わたなべつね)

**渡辺邦伸** わたなべくにのぶ
文化5(1808)年～安政2(1855)年
江戸時代後期～末期の剣術家。
¶日人

**渡辺熊四郎〔1代〕** わたなべくましろう
天保11(1840)年～明治40(1907)年　[別]渡辺孝平《わたなべこうへい》
明治期の実業家。函館で雑貨商を始め、諸種の商店を経営。のち学校建築、水道敷設など公益のため尽力。藍綬褒章受章。
¶人名(――〔代数なし〕)，日人，幕末(渡辺孝平　わたなべこうへい)，北海道建(渡辺孝平　わたなべこうへい　[生]天保11(1840)年6月　[没]明治40(1907)年11月20日)

**渡辺熊四郎〔2代〕** わたなべくましろう
弘化4(1847)年～大正5(1916)年
江戸時代後期～明治期の実業家。初代の養子となり明治29年襲名。明治41年鶴岡学校理事長。谷地頭運動場、千代ケ岱小学校建築のため敷地や資金を提供。
¶世紀([生]弘化4(1847)年1月　[没]大正5(1916)年9月28日)，日人

**渡部馨一** わたなべけいいち
？～昭和20(1945)年3月3日
昭和期の教員。
¶社史

**渡辺慶一** わたなべけいいち
明治38(1905)年～昭和62(1987)年
昭和期の地方史研究家。新潟県立直江津高等学校教諭。新潟県史を研究。県史、上越一帯の町村史などの編纂に参与。
¶郷土([生]明治38(1905)年8月26日　[没]昭和62(1987)年10月14日)，現執2期，史研

**渡辺源一** わたなべげんいち
明治42(1909)年1月2日～昭和57(1982)年8月5日
昭和期の教育者。
¶岡山歴

**渡辺顕治** わたなべけんじ
昭和期の教育学者。
¶現執2期

**渡辺玄丹** わたなべげんたん
天保14(1843)年～？
江戸時代末期～明治期の医師。広島庄原地方で種痘やコレラの予防等に尽力したほか、庄原英学校設立等にも貢献。
¶洋学

**渡辺洪基** わたなべこうき
弘化4(1848)年～明治34(1901)年5月24日　[別]渡辺洪基《わたなべひろもと》
明治期の官僚。帝国大学総長、貴族院議員。外務省大書記官、元老議官などを歴任。工手学校(後の工学院大学)の設立に関わる。
¶朝日([生]弘化4年12月23日(1848年1月28日)), 維新, 海越([生]弘化5(1848)年1月29日), 海越新([生]弘化5(1848)年1月29日), 学校([生]弘化4(1847)年12月23日), 郷土福井([生]1847年), 近現([生]1847年), 国際, 国史([生]1847年), コン改, コン5, 史人([生]1847年12月23日), 新潮([生]弘化4(1847)年12月23日), 人名, 世紀([生]弘化4(1848)年12月23日), 全幕([生]弘化4(1847)年), 多摩(わたなべひろもと), 鉄道(わたなべひろもと　[生]1848年1月28日), 渡航(わたなべひろもと　[生]1848年12月23日), 日史([生]弘化4(1847)年12月23日), 日人, 幕末, 福井百([生]弘化4(1847)年), 明治1, 山形百([没]明治35(1902)年), 洋学, 履歴([生]弘化4(1847)年12月23日)

**渡辺浩次郎** わたなべこうじろう
？～
昭和期の教員。
¶社史

**渡辺孝平** わたなべこうへい
→渡辺熊四郎〔1代〕(わたなべくましろう)

**渡辺荒陽** わたなべこうよう
宝暦2(1752)年～天保9(1838)年
江戸時代の儒学者。
¶国書([生]宝暦2(1752)年2月15日　[没]天保9(1838)年2月1日), 埼玉人([没]不詳), 人名, 日人

**渡辺表** わたなべこずえ
明治7(1874)年～昭和19(1944)年
明治～昭和期の教育者。
¶高知人

**渡辺重兄** わたなべしげえ
明治7(1874)年～？
明治～昭和期の教師。
¶神人

**渡辺滋子** わたなべしげこ
明治16(1883)年1月3日～昭和44(1969)年4月2日
大正～昭和期の歌人。札幌市立高等女学校教師。「潮音」加入、幹部同人。歌集「担道」。
¶女性, 女性普, 北海道文

**渡辺重名** わたなべしげな
宝暦9(1759)年～天保1(1830)年12月23日
江戸時代中期～後期の国学者、豊前中津藩校進脩館教授。
¶朝日([生]宝暦9年3月16日(1759年4月13日)　[没]天保1年12月23日(1831年2月5日)), 大分百, 大分歴, 近世, 国史, 国書([生]宝暦9(1759)年3月16日), コン改, コン4, コン5, 神史, 神人([生]宝暦9(1759)年3月16日), 新潮([生]宝暦9(1759)年3月5日, (異説)3月16日), 人名([生]1758年), 日人([没]1831年), 藩臣7, 百科, 和俳

**渡辺重春** わたなべしげはる
天保2(1831)年～明治23(1890)年
江戸時代末期～明治期の国学者。著書に「豊前志」「古史伝拾遺」などがある。
¶維新, 大分百([没]1891年), 郷土奈良, 国書([生]天保2(1831)年3月10日　[没]明治23(1890)年5月9日), 神史, 神人, 人名, 日人, 藩臣7

**渡辺繁** わたなべしげる
明治43(1910)年～平成4(1992)年
昭和～平成期の体育教育者。
¶栃木歴

**渡部思斎** わたなべしさい
天保3(1832)年～明治22(1889)年2月28日
明治期の教育者、政治家。学塾研幾堂で教育に当たる。県会議員に選ばれ民権思想の推進啓蒙をした。
¶会津([生]文政12(1829)年), 幕末, 幕末大

**渡辺自適** わたなべじてき
文政8(1825)年～慶応2(1866)年
江戸時代末期の家塾主宰。
¶新潟百([生]1826年), 幕末([没]1866年9月), 幕末大([没]慶応2(1866)年8月)

**渡辺重蔵** わたなべじゅうぞう
明治19(1886)年～昭和41(1966)年
明治～昭和期の教育家。
¶宮城百

**渡辺寿堂** わたなべじゅどう
文化6(1809)年～明治29(1896)年
江戸時代後期～明治期の教育者。
¶姓氏岩手

**渡部種徳** わたなべしゅとく
寛延3(1750)年～天明2(1782)年12月8日
江戸時代中期の教育者。
¶庄内

**渡辺正庵** わたなべしょうあん
→渡辺正庵(わたなべせいあん)

**渡辺信一郎** わたなべしんいちろう
昭和9(1934)年12月23日～平成16(2004)年
[別]蕣露庵主人《しゅんろあんしゅじん》
昭和～平成期の著述家。深沢高校校長。
¶現執4期, 現執4期(蕣露庵主人　しゅんろあんしゅじん), 川柳

**渡辺正庵** わたなべせいあん
寛永8(1631)年～元禄12(1699)年　[別]渡辺正庵《わたなべしょうあん》
江戸時代前期の儒学者。
¶人名，日人，宮崎百(わたなべしょうあん　[没]元禄12(1699)年8月10日)

**渡辺正紀** わたなべせいき
明治33(1900)年1月14日～昭和57(1982)年6月6日
大正～昭和期の教育者。
¶埼玉人

**渡辺碩也** わたなべせきや
天保4(1833)年～明治26(1893)年
江戸時代末期～明治期の儒学者。伊勢津藩藤堂侯に仕え藩校有造館の教授となった。
¶人名，日人，三重([没]明治22年)

**渡辺千治郎** わたなべせんじろう
明治2(1869)年～？
明治期の教育者。
¶徳島百，徳島歴

**渡部善次郎** わたなべぜんじろう
明治10(1877)年～昭和14(1939)年
明治～昭和期の教育者。松山高等商業学校校長。
¶愛媛

**渡辺宗順** わたなべそうじゅん
生没年不詳
明治期の教育者。能見学校長。
¶姓氏愛知

**渡辺泰治** わたなべたいじ
明治7(1874)年～昭和38(1963)年
明治～昭和期の教育者。
¶神奈川人

**渡辺太一** わたなべたいち
大正8(1919)年9月19日～昭和59(1984)年7月22日
昭和期の弓道家、教育長、弓道錬士。
¶弓道

**渡辺竹雄** わたなべたけお
明治42(1909)年～昭和62(1987)年
大正・昭和期の教育者。
¶御殿場

**渡辺武夫** わたなべたけお
生没年不詳
昭和期の小学校教員。
¶社史

**渡辺武** わたなべたけし
昭和1(1926)年～
昭和期の教師、話し方専門家。
¶現執1期

**渡辺唯一** わたなべただいち
嘉永4(1851)年～大正13(1924)年
明治・大正期の教育者。
¶愛媛

**渡辺正** わたなべただし
昭和7(1932)年3月30日～平成13(2001)年1月27日
昭和～平成期の教育者。
¶視覚

**渡辺辰五郎** わたなべたつごろう
天保15(1844)年～明治40(1907)年
明治期の教育家。女子職業学校、渡辺裁縫女学校を創立し、裁縫を教授した。共立女子職業学校(後の共立女子学園)設立者の一人。
¶学校([生]天保15(1844)年8月2日　[没]明治40(1907)年5月26日)，郷土千葉，人名，千葉百，日人

**渡辺たま** わたなべたま
→渡辺玉子(わたなべたまこ)

**渡辺玉子**(渡辺多満子) わたなべたまこ
安政5(1858)年～昭和13(1938)年　[別]渡辺たま《わたなべたま》
明治～昭和期の社会事業家。横浜孤児院院長、横浜保育院院長などを歴任。横浜女子商業補習学校の設立に関わる。
¶学校(渡辺たま　わたなべたま　[生]安政5(1858)年3月5日　[没]昭和13(1938)年10月26日)，近女(渡辺たま　わたなべたま)，コン改，コン5，女性(渡辺多満子　[生]安政5(1858)年3月5日　[没]昭和13(1938)年10月26日)，女性普(渡辺多満子　[生]安政5(1858)年3月5日　[没]昭和13(1938)年10月26日)，新潮，世紀，日人

**渡辺坦平**(渡辺担平) わたなべたんぺい
明治12(1879)年～昭和45(1970)年
明治～昭和期の教育者。
¶姓氏長野，長野歴(渡辺担平)

**渡辺常**(渡辺つね) わたなべつね
元治1(1864)年～昭和21(1946)年3月16日
明治～昭和期の教育者、婦人運動家。神戸婦人矯風会会長。矯風会の禁酒運動、廃娼運動に尽力。
¶女性，女性普，渡航(渡辺つね)

**渡辺彝** わたなべつね
天明1(1781)年～文久2(1862)年　[別]渡辺欣作《わたなべきんさく》
江戸時代後期の比企郡牛ヶ谷戸村の寺子屋の師匠。
¶埼玉人，埼玉百(渡辺欣作　わたなべきんさく)

**渡辺道可** わたなべどうか
→渡辺確斎(わたなべかくさい)

**渡辺橙斎** わたなべとうさい
天保8(1837)年～明治23(1890)年
江戸時代末期～明治期の儒学者。藩学大教授となった。
¶人名，日人

**渡辺徹** わたなべとおる
明治16(1883)年9月7日～昭和32(1957)年1月12日
明治～昭和期の心理学者。日本大学教授。人格心理学を研究。

¶教育, 現情, 心理, 世紀, 哲学

**渡辺徳太郎** わたなべとくたろう
明治3(1870)年〜昭和21(1946)年
明治〜昭和期の教育者。
¶山形百

**渡辺徳八郎** わたなべとくはちろう
文政2(1819)年〜明治22(1889)年
江戸時代後期〜明治期の教育者、幕末に開塾。
¶栃木歴

**渡辺年** わたなべとし
明治20(1887)年〜昭和38(1963)年
明治〜昭和期の教育家。
¶多摩

**渡辺登美** わたなべとみ
明治13(1880)年〜昭和39(1964)年3月
明治〜昭和期の教育者。渡辺女子高等学校(後の帯広渡辺学園)を設立。
¶学校

**渡辺留吉** わたなべとめきち
＊〜昭和28(1953)年
明治〜昭和期の郷土科学者。
¶栃木百(㊕明治5(1872)年), 栃木歴(㊕明治4(1871)年)

**渡辺知行** わたなべともゆき
生没年不詳
江戸時代末期の医師。
¶石川百

**渡辺直之進** わたなべなおのしん
慶応2(1866)年〜昭和7(1932)年
明治〜昭和期の教育者。
¶姓氏岩手

**渡辺楳雄** わたなべばいゆう
明治26(1893)年2月9日〜昭和53(1978)年4月18日
明治〜昭和期の曹洞宗僧侶、仏教学者。仏教学を講ずる。総持寺学園園長、鶴見大学長を務める。
¶現情, 島根歴, 人名7, 世紀, 哲学, 日人, 仏教, 仏人

**渡辺巴洲** わたなべはしゅう
明和2(1765)年〜文政7(1824)年
江戸時代中期〜後期の儒学者。
¶日人

**渡辺敏** わたなべはやし
弘化4(1847)年〜昭和5(1930)年2月21日　㊞渡辺敏《わたなべびん》
明治〜昭和期の教育家。長野高等女学校初代校長。女子の体育普及に力を入れ服装改善を図ったことで有名。社会人教育の普及も唱えた。
¶朝日(㊕弘化4年1月28日(1847年3月14日)), 科学(㊕弘化4(1847)年1月28日), 郷土長野(わたなべびん), 世紀(㊕弘化4(1847)年1月28日), 姓氏長野, 長野百, 長野歴, 日人

**渡部英男** わたなべひでお
明治34(1901)年〜昭和55(1980)年
大正〜昭和期の小学校長。八戸卓球協会会長。
¶青森人

**渡辺末雄** わたなべひでお
明治34(1901)年〜昭和50(1975)年
昭和期の教育者。
¶神奈川人

**渡辺宏** わたなべひろし
昭和5(1930)年〜平成3(1991)年
昭和〜平成期の詩人、教育者。山形県立博物館長、山形県立山形北高校長。
¶山形百新

**渡辺洪基** わたなべひろもと
→渡辺洪基(わたなべこうき)

**渡辺宏之** わたなべひろゆき
明治41(1908)年〜平成5(1993)年
昭和〜平成期の栃木県山岳連盟会長、実業家、社会教育家。
¶栃木歴

**渡辺敏** わたなべびん
→渡辺敏(わたなべはやし)

**渡辺弗措** わたなべふっそ
文政1(1818)年〜明治18(1885)年
江戸時代後期〜明治期の儒学者。
¶人名, 日人, 藩臣5, 兵庫人(㊕文政3(1820)年10月8日 ㊣明治18(1885)年3月6日), 兵庫百

**渡辺筆子** わたなべふでこ
→石井筆子(いしいふでこ)

**渡辺富美雄** わたなべふみお
昭和3(1928)年5月25日〜
昭和期の国語教育学者、日本語学者。東京家政学院大学教授。
¶現執1期, 現執2期

**渡辺文吉** わたなべぶんきち
文政11(1828)年〜明治27(1894)年
江戸時代後期〜明治期の教育家。
¶多摩

**渡辺平和** わたなべへいわ
明治28(1895)年〜大正8(1919)年
大正期の殉職教育者。
¶長野歴

**渡辺真楫** わたなべまかじ
文政13(1830)年〜明治24(1891)年
江戸時代末期〜明治期の国学者。各地に出張して教育を施し幾多の人材を養成した。
¶江文, 国書(㊕文政13(1830)年4月 ㊣明治24(1891)年3月5日), 人名, 日人

**渡辺孫一郎** わたなべまごいちろう
明治18(1885)年9月〜昭和30(1955)年6月12日
大正〜昭和期の数学者、数学教育者。日本数学教育会会長。確率論で創造的結果を得る。平明な数

学教科書の著者。
¶科技([没]1955年6月)，郷土栃木，現情，新潮，人名7，数学([生]明治18(1885)年9月1日)，世紀，栃木歴([没]昭和26(1951)年)，日人

**渡辺誠** わたなべまこと
明治36(1903)年1月10日～昭和33(1958)年9月6日
昭和期の教育学者。九州大学教授。
¶現情

**渡辺政次郎** わたなべまさじろう
明治12(1879)年1月4日～昭和16(1941)年6月2日
明治～昭和期の弓道家、陸軍軍人、のち教員、弓道錬士。
¶弓道

**渡辺正知** わたなべまさとも
文政9(1826)年～慶応2(1866)年
江戸時代末期の儒学者。
¶人名，日人

**渡辺増治** わたなべますじ
大正13(1924)年～
昭和期の教師、評論家。
¶児人

**渡辺又次郎** わたなべまたじろう
慶応2(1866)年11月～昭和5(1930)年11月23日
江戸時代末期～昭和期の図書館人、教育者。
¶日児

**渡部学** わたなべまなぶ
大正2(1913)年8月21日～
昭和期の朝鮮教育史学者。武蔵大学教授。
¶現執1期，現執2期

**渡辺学** わたなべまなぶ
昭和7(1932)年6月4日～
昭和～平成期の作曲家、音楽教育者。
¶音人，音人2，音人3

**渡辺操** わたなべみさお
安政2(1855)年12月～大正9(1920)年3月18日
明治～大正期の教育家。良文農学校(後の小見川高等学校)を創立。
¶学校

**渡辺光雄** わたなべみつお
昭和17(1942)年8月21日～
昭和期の教育法学者。筑波大学教授、筑波大学教育機器センター長。
¶現執2期

**渡辺村男** わたなべむらお
安政4(1857)年～昭和10(1935)年
明治～昭和期の教育者。
¶青森人

**渡辺連** わたなべむらじ
昭和3(1928)年3月28日～
昭和～平成期の音楽教育者、吹奏楽指揮者、ファゴット奏者。
¶音人2，音人3

**渡辺蒙庵** わたなべもうあん
貞享4(1687)年～安永4(1775)年
江戸時代中期の漢学者。
¶朝日([没]安永4年2月27日(1775年3月28日))，近世，国史，国書([没]安永4(1775)年2月27日)，コン改，コン4，静岡百，静岡歴，人名([没]?)，姓氏静岡，日人，藩臣4，和俳

**渡辺森蔵** わたなべもりぞう
明治9(1876)年～大正8(1919)年
明治～大正期の音楽教育家。
¶山形百

**渡部康夫** わたなべやすお
昭和25(1950)年～
昭和～平成期の小学校教諭。
¶YA

**渡辺康麿** わたなべやすまろ
昭和10(1935)年7月24日～
昭和～平成期のカウンセラー、教育学者。玉川大学助教授、自己形成史分析学会会長。
¶現執3期，現執4期，世紀，YA

**渡辺弥蔵(1)** わたなべやぞう
生没年不詳
明治期の教育家。
¶岩手人

**渡辺弥蔵(2)** わたなべやぞう
明治12(1879)年12月5日～昭和53(1978)年1月3日
明治～昭和期の教育者。
¶世紀，日人，広島百

**渡辺雪雄** わたなべゆきお
明治37(1904)年1月2日～昭和49(1974)年11月19日
昭和期の小学校教員。
¶社史

**渡辺以親** わたなべゆきちか
寛政7(1795)年～?　[別]渡辺以親《わたなべいしん》
江戸時代後期の測量家・和算家。
¶科学(わたなべいしん)，数学

**渡辺水哉** わたなべゆきちか
嘉永5(1852)年～昭和2(1927)年
江戸時代後期～昭和期の軍人、教育者。
¶静岡歴，姓氏静岡

**渡辺行郎** わたなべゆきろう
昭和4(1929)年9月11日～
昭和期の教育経済学者。愛知教育大学教授。
¶現執1期，現執2期

**渡辺温** わたなべゆたか
天保8(1837)年～明治31(1898)年　[別]渡辺温《わたなべおん》
江戸時代末期～明治期の教育者、実業家。東京外国語学校長、開成所教授。東京瓦斯等の創立に参画。著訳書に「通俗伊蘇普物語」など。

¶児文，洋学（わたなべおん）

**渡辺予斎**　わたなべよさい
文化3（1806）年8月～安政6（1859）年9月24日
江戸時代後期～末期の漢学者。
¶国書，新潟百

**渡辺利市**　わたなべりいち
弘化4（1847）年～明治15（1882）年9月8日
江戸時代後期～明治期の教育者。
¶庄内

**渡辺陸雄**　わたなべりくお
昭和4（1929）年9月20日～
昭和～平成期の音楽教育者、合唱指揮者。
¶音人2，音人3

**渡辺柳斎**　わたなべりゅうさい
宝暦12（1762）年～文政7（1824）年
江戸時代中期～後期の讃岐丸亀藩士、儒学者。
¶国書（[没]文政7（1824）年11月6日），人名（[生]1749年　[没]1810年），日人，藩臣6

**渡辺量兵衛**　わたなべりょうへえ
文政1（1818）年～明治35（1902）年
江戸時代末期～明治期の剣術家、宇都宮藩剣術師範。
¶栃木歴

**渡辺緑村**　わたなべりょくそん
明治22（1889）年3月28日～昭和27（1952）年1月5日
明治～昭和期の教育者。
¶詩作

**和田朝盛**　わだのとももり
→和田朝盛（わだとももり）

**和田登**　わだのぼる
昭和11（1936）年1月1日～
昭和～平成期の児童文学作家、小学校教員。
¶現執2期，現執4期，幻想，児作，児人，児文，世紀，日児

**和田典子**　わだのりこ
大正4（1915）年～
昭和～平成期の高等学校教諭。
¶現執1期，YA

**綿引東海**　わたびきとうかい
天保8（1837）年～大正4（1915）年
江戸時代末期～明治期の漢学者。弘道館訓導となり、のち宮内省に出仕した。著書に「自強齋叢書十二冊」など。
¶人名，日人

**綿引弘**　わたひきひろし
昭和11（1936）年2月23日～
昭和～平成期の社会科（世界史）高校教師。桐朋高校部部長。
¶現執3期

**綿引匏水**　わたびきほうすい
安政4（1857）年～大正8（1919）年2月16日
明治～大正期の天民義塾塾長。
¶山梨百

**和田寿**　わだひさし
明治22（1889）年～昭和24（1949）年
大正～昭和期の教育家。
¶大分歴

**渡部邦雄**　わたべくにお
昭和13（1938）年12月20日～
昭和～平成期の研究者。東京農業大学教授・教職・学術情報センター長。専門は、学校教育（生徒指導、特別活動、教育課程）。
¶現執4期

**和田本次郎**　わだほんじろう
明治16（1883）年6月30日～昭和51（1976）年6月21日
明治～昭和期の社会教育者。
¶群新百，群馬人，群馬百

**和田正尹**　わだまさただ
貞享2（1685）年～元文4（1739）年　[別]和田省斎《わだせいさい》
江戸時代中期の国学者。
¶国書（和田省斎　わだせいさい　[没]元文4（1739）年6月），人名，日人

**和田雄治**　わだゆうじ
安政6（1859）年9月4日～大正7（1918）年1月5日
明治期の気象学者、海洋学者。海流調査のパイオニア。東京物理学講習所（後の東京理科大学）の設立に関わる。
¶朝日（[生]安政6年9月4日（1859年9月29日）），海越新，科学，学校，コン改，コン5，新潮，人名（[生]1856年），世紀，世百，先駆（[没]大正7（1911）年1月5日），全書，大百，渡航（[生]1856年9月），日人，百科

**和田豊**　わだゆたか
元治1（1864）年3月16日～昭和15（1940）年9月20日
江戸時代末期～昭和期の師範教育功労者。
¶兵庫人

**和田義睦**　わだよしむつ
生没年不詳
明治期の学生。東京大学創立当時、角帽を創案。
¶先駆

**和田義郎**　わだよしろう
天保11（1840）年～明治25（1892）年
明治期の教育者。明治前期、慶応義塾幼稚舎の創設者。
¶コン改，コン5，新潮（[没]明治25（1892）年1月17日），日人

**渡瀬寅次郎**　わたらせとらじろう
→渡瀬寅次郎（わたせとらじろう）

**和田蘭石**　わだらんせき
明和6（1769）年～天保8（1837）年
江戸時代後期の儒学者。
¶岡山人（[没]天保6（1835）年），岡山歴（[没]天保8

(1837)年2月9日），人名，日人

### 渡利アイ　わたりあい
明治21(1888)年8月5日〜昭和5(1930)年4月13日
明治〜昭和期の教育家。竹田裁縫女学校(後の山本学園高等学校)を開校。
¶学校

### 亘理晋　わたりすすむ
嘉永6(1853)年〜昭和6(1931)年
江戸時代末期〜昭和期の医師。宮城県医師会会長、刈田造士館(後の宮城県白石高等学校)創立者。
¶学校

### 亘理南山　わたりなんざん
明和3(1766)年〜天保13(1842)年
江戸時代中期〜後期の私塾経営者。
¶姓氏山口

### 渡里義広　わたりよしひろ
明治35(1902)年〜昭和63(1988)年
昭和期の教育者。
¶山形百新

### 和田廉之助　わだれんのすけ
？〜
大正期の天王寺師範学校校長。
¶社史

### 王仁　わに
伝説上の人物。百済からの渡来者。応神天皇の代に「論語」「千字文」を伝え教えたとされる。
¶朝日，岩史，大阪人(生没年不詳)，角史，古史，古人，古代，古代普，古中，古物，コン改，コン4，コン5，詩作，史人，思想史，重要(生没年不詳)，人書94(生没年不詳)，新潮，人名，世人，全書(生没年不詳)，対外，伝記，日人，百科，山川小，歴大

### 鰐淵健之　わにぶちけんし
明治27(1894)年1月22日〜平成1(1989)年2月17日
大正〜昭和期の医学博士、教育者。
¶科学，近医，熊本人，熊本百

## 日本人物レファレンス事典
### 教育篇

2018年10月25日　第1刷発行

発　行　者／大高利夫
編集・発行／日外アソシエーツ株式会社
　　　　　〒140-0013 東京都品川区南大井6-16-16 鈴中ビル大森アネックス
　　　　　電話(03)3763-5241（代表）　FAX(03)3764-0845
　　　　　URL http://www.nichigai.co.jp/
発　売　元／株式会社紀伊國屋書店
　　　　　〒163-8636 東京都新宿区新宿 3-17-7
　　　　　電話(03)3354-0131（代表）
　　　　　ホールセール部（営業）電話(03)6910-0519

　　　　　電算漢字処理／日外アソシエーツ株式会社
　　　　　印刷・製本／株式会社平河工業社

不許複製・禁無断転載　　　《中性紙三菱クリームエレガ使用》
〈落丁・乱丁本はお取り替えいたします〉
ISBN978-4-8169-2744-7　　　Printed in Japan, 2018

本書はディジタルデータでご利用いただくことができます。詳細はお問い合わせください。

## 博物図譜レファレンス事典

動植物を細密に描いた博物画について、どのようなものがどの図鑑・図譜に掲載されているかを検索できる図版索引。各図版データには掲載ページ、図版の種類（カラー／白黒）のほか、出典図譜名、作者名、制作年、素材、寸法、所蔵先なども掲載。「作品名索引」「作者・画家名索引」付き。

### 植物篇　A5・600頁　定価（本体18,500円+税）　2018.6刊
### 動物篇　A5・700頁　定価（本体18,500円+税）　2018.6刊

## 伝記ガイダンス 明治を生きた人々

明治時代に活躍した人物を知るための伝記ガイド。伝記、評伝、日記、書簡集、雑誌特集号などを一覧できる。各人物の生没年、簡略なプロフィール、記念館・記念碑の名称・所在地もわかる。

### Ⅰ 政治・経済
A5・660頁　定価（本体12,500円+税）　2018.4刊
西郷隆盛、秋山真之、五代友厚、アーネスト・サトウ、広岡浅子ら1,360人を収録。

### Ⅱ 学術・文化
A5・730頁　定価（本体12,500円+税）　2018.4刊
夏目漱石、津田梅子、滝廉太郎、E.W.フェノロサ、三遊亭円朝ら1,383人を収録。

## 日本全国 歴史博物館事典

A5・630頁　定価（本体13,500円+税）　2018.1刊

日本全国の歴史博物館・資料館・記念館など275館を収録した事典。全館にアンケート調査を行い、沿革・概要、展示・収蔵、事業、出版物・グッズ、館のイチ押しなどの最新情報のほか、外観・館内写真、展示品写真を掲載。

## 郷土・地域文化の賞事典

A5・510頁　定価（本体15,000円+税）　2017.7刊

郷土・地域文化に関する162賞を収録した事典。地域の伝統文化や名産品、地域産業、ふるさとづくりに贈られる賞、自治体が文化発信のため設立した賞などの概要と歴代の受賞情報を掲載。「受賞者名索引」付き。

---

データベースカンパニー
**日外アソシエーツ**
〒140-0013　東京都品川区南大井6-16-16
TEL.(03)3763-5241　FAX.(03)3764-0845　http://www.nichigai.co.jp/